lonely planet

Japan

Rebecca Milner,
Ray Bartlett, Andrew Bender, Craig McLachlan, Kate Morgan,
Simon Richmond, Tom Spurling, Phillip Tang, Benedict Walker,
Wendy Yanagihara

REISEPLANUNG

OSAKA-JŌ S.395

NISHIKI-MARKT, KYOTO S.329

REISEZIELE IN JAPAN

Inhalt

REISEZIELE IN JAPAN

TAKASHI YASUI/500PX ©

NATIONALES KUNST-ZENTRUM TOKIO S. 83

Inhalt

Willkommen in Japan

Japan ist ein wahrhaft zeitloser Ort, wo sich alte Traditionen mit modernem Leben vermischen, so als wäre es die natürlichste Sache der Welt

Traditionelle Kultur

Japan scheint unglaublich modern, doch auf einer Rundreise lässt sich in die traditionelle Kultur des Landes eintauchen. Man kann in einem *ryokan* (traditionellem Gästehaus) übernachten, auf Futons und Tatamimatten schlafen (oder noch einen Schritt weitergehen und die Nacht auf einem historischen Bauernhof verbringen), mit Mönchen singen und lernen, wie man *matcha* (Grünteepulver) zu Schaum schlägt. Vom Glamour eines Geisha-Tanzes in Kyoto bis zur schlichten Schönheit eines Zen-Steingartens – Japan bringt sogar abgehetzte Reisende zum Staunen.

Spektakuläre Landschaften

Japan ist ein langer, schmaler vulkanischer Archipel. Mehr als zwei Drittel des Landes besteht aus Bergen mit sprudelnden Thermalquellen. In den wärmeren Monaten wandert man durch Zedernhaine und Wildblumenwiesen hoch zu aufragenden Gipfeln und antiken Schreinen (Letztere wurden von Wanderasketen errichtet). Die schneereichen Winter locken Skifahrer aus aller Welt. (Wer Wandern oder Skifahren noch nie mit einem Onsenbad verbunden hat, weiß nicht, was ihm entgeht.) In den südlichen Regionen locken tropische Strände zum Sonnenbaden, Schnorcheln, Tauchen und Surfen.

Exquisite Küche

In Japan sind Restaurants oft nur auf ein über Generationen verfeinertes Gericht spezialisiert und zelebrieren jeden Schritt – von der Beschaffung frischer, regionaler Zutaten bis zur Zubereitung. Außerdem muss man nicht weit reisen, um die ungeheure Vielfalt der japanischen Küche zu entdecken. Riesige Unterschiede gibt's etwa zwischen den herzhaften Eintöpfen der Berge und dem zarten Sushi, für das die Küste berühmt ist. Zudem genießt man hier äußerst saisonales Essen – man kann also regelmäßig wiederkommen und etwas vollkommen Neues probieren.

Dynamische Städte

Die neonbeleuchteten Straßen japanischer Städte wirken wie im Science-Fiction-Kino, dabei sind viele schon Jahrzehnte alt. Seitdem haben Städte wie Tokio und Osaka architektonische Meisterwerke hinzugefügt und dabei die Stilvorgaben für Gebäude und Städte neu definiert. Es herrscht ein unablässiges Treiben in diesen Zentren mit ihrem pulsierenden Leben auf der Straße, konstant geöffneten Bars und Restaurants sowie kreativen Hotspots, die Trendsetter für Mode und Popkultur in aller Welt sind. Das Reisen ist immer angenehm und effizient – egal, ob in den U-Bahnen oder *shinkansen* (Hochgeschwindigkeitszügen) zwischen Städten.

Warum ich Japan liebe

Von Rebecca Milner, Autorin

Ich lebe seit 15 Jahren in Tokio und entdecke immer noch Neues – manchmal sogar täglich. Das ist der Vorteil daran, an einem Ort zu leben, der sich ständig ändert und neu erfindet: Es wird einfach nie langweilig. Über die Jahre hatte ich oft Gelegenheit, Japan der Familie und den Freunden, die zu Besuch waren, näherzubringen. Das Staunen und Strahlen auf ihren Gesichtern zu sehen, wenn sie zum ersten Mal den Goldenen Tempel von Kyoto erblicken oder die Freundlichkeit von völlig Fremden erfahren, versetzt mich immer wieder zu dem Moment zurück, als ich zum ersten Mal in dieses Land reiste und seinem Bann sofort erlegen war.

Mehr über unsere Autoren, siehe S. 1014

Osaka (S. 389)

Japan

Südwestinseln
Shanghai
Amakusa-Inseln
Kyūshū
Kagoshima
RUSSLAND
125°O
130°O
Níngbō
Pǔtuóshān
Tanegashima
CHINA
Yakushima
30°N
Tokara-Inseln
Südwestinseln
Urzeitliche Wälder und tropische Strände (S. 842)
Amami
Amami-Inseln
Okinawa-Stadt
Nago
Okinawa-hontō
Naha
Taipeh
Miyako-Inseln
Hirara
25°N
TAIWAN
Ishigaki
Yaeyama-Inseln
Nördlicher Wendekreis
0
400 km
PJÖNGJANG
NORD-KOREA
Japanisches Meer
Kyoto
Beeindruckende shintoistische und buddhistische Bauwerke (S. 321)
Kanazawa
Kunsthandwerkstradition und leckere Meeresfrüchte (S. 268)
SEOUL
Naoshima
Zeitgenössische Kunst im Binnenmeer (S. 501)
Toyama
Kanazawa
Takayama
SÜDKOREA
Oki-Inseln
Fukui
Hiroshima
Lebendige Stadt mit einer tragischen Geschichte (S. 473)
Matsue
Tottori
Gifu
Izumo
Kyoto
Hamada
Okayama
Himeji
Osaka
Nagoya
Tsu-shima
Hagi
Hiroshima
Kōbe
Tsu
Naoshima
Nara
Ise
Shimonoseki
Miyajima
Takamatsu
Wakayama
Kitakyūshū
Tokushima
Miyajima
Fotogener Schrein direkt am Meer (S. 485)
Fukuoka
Matsuyama
Shingū
Beppu
Shikoku
Oita
Kōchi
Aso-san (1592m)
Usuki
Nagasaki
Kumamoto
siehe Detailplan Südwestinseln
135°O
Kyūshū
Miyazaki
Kōya-san
Geheimnisvoller buddhistischer Friedhof am Oku-no-in (S. 444)
125°O
130°O
Kagoshima

0
500 km
Ochotskisches Meer
RUSSLAND
150°O
145°O
140°O
45°N
40°N
35°N
HÖHE
3000 m
2000 m
1500 m
1000 m
750 m
500 m
250 m
0
Rebun-tō
Rishiri-tō
Shiretoko-Nationalpark
Abashiri
Daisetsuzan National-park
Akan National-park
Biei
Ishikari
Takikawa
Hokkaidō
Otaru
Sapporo
Kushiro
Obihiro
Shikotsu-tōya-Nationalpark
Okushiri-tō
Hakodate
Hokkaidō
Überwältigende Gipfel und unberührte Natur (S. 624)
Aomori
Hachinohe
Towada-Hachimantai-Nationalpark
Tazawa-ko
Akita
Morioka
Kakunodate
Oshu
Hiraizumi
Sakata
Shinjō
Tsuruoka
Sado-ga-shima
Mogami
Sendai
Yamagata
Niigata
Fukushima
Honshū
Kamikōchi
Von Bergen umgebenes Heiligtum (S. 297)
Tokio
Shoppingparadies und kulinarisches Highlight (S. 70)
Nagano
Nikkō
Maebashi
Utsunomiya
Matsumoto
Mito
Kamikōchi
Urawa
Tone
Kōfu
TOKIO
Chiba
Fuji (3776 m)
Yokohama
Shizuoka
Tsumago
Magome
Fuji
Ewiges Symbol des Landes (S. 169)
PAZIFISCHER OZEAN
Tsumago & Magome
Atmosphärische alte Shukuba (Post-)Stationen (S. 248)
Nara
Heimat der größten Buddhastatue Japans (S. 425)
Kumano Kodō
Japans antiker Pilgerweg (S. 451)
Ogasawara Archipel (500 km)

Japans
Top 25

1

Tempel & Gärten in Kyoto

1 Kyoto (S. 321), Japans 1000-jährige Kaiserstadt, zählt über 1000 Tempel. Zu den monumentalen Beispielen zählt der Kinkaku-ji, ein exquisiter Pavillon mit Blattgoldmantel, zu den dezenteren der Shōren-in mit seiner einfachen Schönheit und schmucklosem Holz, der zu einem *matcha* im Teehaus einlädt. Andere sind noch meditativer, insbesondere der Ryōan-ji mit eindrucksvollem Zen-Steingarten. Während die berühmten Tempel viele Besucher anziehen, ist die Mehrheit weniger frequentiert und lockt mit friedvollen Momenten in idyllischer Umgebung.

Kinkaku-ji, Kyoto (S. 347)

Entspannung in Onsen

2 Im hoch vulkanischen Japan sprudeln unzählige Onsen (heiße Quellen; S. 63). Der Akt des Badens hat sich zu einer Art Volksreligion entwickelt und das Land ist mit Tempeln und Schreinen gespickt, die der wohl entspanntesten aller Glaubensrichtungen gewidmet sind. Noch nicht überzeugt? Dann einfach ausprobieren und allen Stress vergessen! Bäder gibt's fast überall, besonders bekannt sind jedoch die in Kyūshū und Tōhoku (Nord-Honshū). Einen Besuch lohnen außerdem Kurokawa-Onsen und Nyūtō-Onsen, die versteckt in den Bergen liegen.

BULE SKY STUDIO/SHUTTERSTOCK ©

2

IPLAN/GETTY IMAGES ©

3

Die japanische Küche

3 Zu den Highlights einer Japanreise gehört die facettenreiche Landesküche (S. 54). Sushi (roher Fisch auf Essigreis) ist die berühmteste Spezialität, in den Bergen locken jedoch herzhaftere, vom Land gespeiste Leckereien. Schlechtes Essen findet man in Japan kaum, dafür wird zu viel Sorgfalt auf Zutaten und Präsentation verwandt. Zudem gibt's für jedes Budget ein Mahl der Superlative: Sogar eine einfache Schüssel Nudeln kann ein unvergessliches kulinarisches Erlebnis sein.

Die Kirschblüte (Hanami)

4 Im Frühling leuchten die Kirschbäume in Weiß und Rosa und locken Einheimische in die Parks und ans Flussufer, um bei Sake Kirschblütenpartys namens *hanami* zu feiern. *Yozakura*-Feste (zur nächtlichen Kirschblüte) mit Grillspezialitäten und Musik dauern bis tief in die Nacht. Die besten Standorte werden heiß diskutiert, zu den Favoriten zählen jedoch Kyotos Maruyama-kōen (S. 337; oben rechts) mit seinem dramatischen, ausladenden Kirschbaum und Tokios Yoyogi-kōen, dessen Grasflächen Schauplatz einer einwöchigen Party werden.

Übernachtung im Ryokan

5 *Ryokan* heißt eigentlich „Gästehaus", doch im modernen Hotelzeitalter meint es eine Unterkunft, deren Ästhetik und Service von japanischer Tradition geprägt sind. Die meisten *ryokan* (S. 950) haben Tatamiböden aus Reisstrohmatten und Futons (wattierte Matratzen) anstelle von Betten. Normalerweise sind sie in niedrigen Gebäuden mit verschlungenen Gängen aus poliertem Holz untergebracht. In besseren Häusern trägt das Personal Kimonos und geht auf jeden Gästewunsch ein. Zudem gibt's dort exquisite Küche aus hiesigen, saisonalen Zutaten – eine unvergessliche Erfahrung.

4

5

Tokios moderne Architektur

6 Das zukunftsorientierte Tokio (S. 70) testet stets die architektonischen Grenzen des dicht besiedelten, erdbebengefährdeten Stadtgebiets aus – mit immer höheren moderneren Gebäuden. Ausgefallene Designer-Boutiquen preisgekrönter japanischer Architekten säumen Omote-sandō, riesige Malls definieren die urbane Landschaft neu und der weltweit höchste freistehende Turm, der Tokyo Sky Tree, beruht auf alten Bautechniken. Schon lange inspiriert Tokio die Designer, und oft springt der Funke auch auf den Laien über. Omote-sandō (S. 91)

Oku-no-in auf dem Kōya-san

7 Eine Fahrt mit der Seilbahn zur heiligen buddhistischen Klosteranlage Kōya-san ist wie eine Reise in eine andere Welt mit über hundert Tempeln. Die Hauptattraktion ist der Oku-no-in (S. 445), dessen Wege durch mächtige Sicheltannen und baufällige, von Moos und Flechten bedeckte Stein-Stupas führen. In anderen Tempeln kann man außerdem übernachten, traditionelle vegetarische buddhistische Küche genießen und frühmorgens mit den ansässigen Mönchen meditieren.

6

MILOSZ MASLANKA/SHUTTERSTOCK ©

MTAIRA/GETTY IMAGES ©

Tsumago & Magome

8 Die Postorte Tsumago und Magome liegen am alten Nakasendō (S. 248), einem von fünf Fernwegen zwischen Tokio und Kyoto, die in der Feudalzeit von Fürsten und Boten benutzt wurden. Der alte mit großen Steinen gepflasterte Pfad ist bis heute erhalten. Wer möchte, kann eine 7,8 km lange Wanderung zwischen den beiden Städten durch verschlafene alpine Dörfer, Zedernwälder, Wasserräder und Reisfelder unternehmen. Die zwei Orte selbst punkten mit engen Gassen und niedrigen dunklen Holzhäusern, die Pensionen, Nudelrestaurants und Kunsthandwerkerläden beherbergen. Tsumago

Daibutsu (Großer Buddha) von Nara

9 Die 15 m hohe Buddhastatue von Nara aus vergoldeter Bronze wurde im 8. Jh. in der Entstehungszeit des japanischen Reiches gegossen und gehört zu den größten ihrer Art der Welt. Sie steht im Tempel Tōdai-ji (S. 428), einem der weltweit größten Holzbauten. Der Große Buddha lässt sich nur mit Superlativen beschreiben und ist ein eindrucksvoller Anblick. Er ist aber nur eine von vielen Attraktionen auf der weitläufigen Grasfläche des Nara-kōen (Nara-Park). Auch die Relikte im nahe gelegenen Nara-Nationalmuseum gehören dazu.

10

11

Hiroshima

10 Hiroshima (S. 473) ist heute eine progressive Stadt mit hübschen, schattigen Boulevards. Erst ein Abstecher zum Friedensmuseum macht das Ausmaß der menschlichen Tragödie klar, die der Abwurf der Atombombe auslöste. Ein Besuch ist eine bewegende Geschichtsstunde und der umliegende Park, der zu großen Teilen von dem Modernisten Tange Kenzō entworfen wurde, lädt zu nachdenklichen Momenten ein. Die Zielstrebigkeit und die Küche der Stadt sorgen dafür, dass man sie in guter Erinnerung behält.

Sumo

11 Reinigendes Salz fliegt durch die Luft. Zwei Giganten springen auf, prallen aufeinander und versuchen, den anderen hochzustemmen. Wem gelingt es, den anderen aus dem heiligen Ring zu befördern und in der Rangfolge aufzusteigen? Von den alten Ritualen bis zu schnellen Runden: Sumo ist ein faszinierendes Spektakel. Wettbewerbe finden mehrmals im Jahr statt (in Tokio (S. 151), Nagoya, Osaka und Fukuoka). Außerhalb der Saison kann man sich in einem der Zentren, wo die Ringer leben und sich vorbereiten, ein frühmorgendliches Training ansehen.

Fuji

12 Bereits von Weitem beeindruckt der Fuji (S. 169), doch aus der Nähe betrachtet verschlägt einem die perfekte Symmetrie von Japans höchstem Berg glatt den Atem. Keine Attraktion des Landes wird so sehr verehrt wie der Fuji-san – und keine seit so langer Zeit. Jedes Jahr besteigen Hunderttausende den heiligen Vulkan und setzen damit eine jahrhundertealte Pilgertradition fort. Wer sich mit einem Blick von weniger einschüchternden Gipfeln in der Nähe begnügt, kann auf den Spuren der berühmtesten Maler und Dichter des Landes wandeln.

Kunst auf Naoshima

13 Naoshima (S. 501) zählt zu Japans großen Erfolgsgeschichten: Eine ländliche Insel, der einst eine Zukunft als Geisterstadt drohte, ist heute ein weltweit bedeutendes Zentrum zeitgenössischer Kunst. Viele von Japans renommiertesten Architekten leisteten ihren Beitrag, um die natürliche Schönheit der Insel zu unterstreichen und bestehende Siedlungen zu ergänzen. Die dabei entstandene Mischung aus Avantgarde und Tradition ist faszinierend und inspirierte Einheimische zur Eröffnung von Cafés und Gästehäusern. *Pumpkin* von Yayoi Kusuma

Skifahren

14 Im Winter bedeckt tiefer pudriger Schnee Japans Berge. In den letzten Jahrzehnten hat sich Niseko (S. 644) zu einem der Top-Wintersportorte Asiens gemausert, mit internationalen Besuchern und einer florierenden, kosmopolitischen Après-Ski-Szene. Wer sich mit unberührten Hängen und einem abendlichen Thermalbad zufrieden gibt, findet zahlreiche kleinere Resorts mit weniger Besuchern, die an die Zeiten erinnern, als Japans Schneesicherheit noch ein Geheimnis war. Abenteuerlustige finden abseits der Pisten Adrenalinkicks. Gala Yuzawa (S. 614)

Unterwegs auf alten Pilgerrouten

15 Jahrhundertelang durchquerten Asketen auf der Suche nach Erleuchtung Japans abgeschiedene Berge, die wie das Ende der Welt wirkten. Bis heute folgen Pilger ihren Spuren. Tief im südlichen Kansai verbindet das Wegenetz Kumano Kodō (S. 453) drei Shintō-Schreine. Die 88-Tempel-Route auf Shikoku ist der berühmteste buddhistische Pilgerweg Japans, und Dewa Sanzan in Nord-Honshū führt zu drei heiligen Gipfeln. Dank moderner Transportmittel lassen sich die Wege heute an einem Tag erkunden. Kumano Kodō (S. 451)

14

HAANISM/GETTY IMAGES ©

15

Kanazawa

16 Kanazawa (S. 268), eine alte feudale Hauptstadt an der Küste des Japanischen Meeres, blieb von Besuchern lange unbemerkt, vielleicht wegen der umständlichen Anbindung (dies hat sich mit der Inbetriebnahme des Hokuriku-*shinkansen* zwischen Tokio und Kanazawa 2015 geändert). Insider schätzen die Stadt schon lange für ihre Küche, die auf frischem Fisch von der nahe gelegenen Küste beruht, und der bedeutenden Handwerkstradition, die Lackwaren, das Färben von Kimonos und Goldblattverzierungen umfasst. Kenroku-en (S. 269)

Burgen

17 Japans Burgen beschwören ihre feudale Vergangenheit mit Samurai, Ninja und Shogunen herauf. Die geschwungenen Dächer der Burgfriede, die oft mehrere Stockwerke umfassen, zeugen von traditionellen Elementen. Die Burgen bestehen aus Holz, ihre Fundamente hingegen teils aus riesigen Steinen. Es gibt nur noch wenige Originalbauten. Am eindrucksvollsten sind die umfassend restaurierte, wiedereröffnete „Weißer-Reiher-Burg" Himeji-jō (S. 422) und ihr natürliches Gegenstück Matsumoto-jō, die furchterregende schwarze „Krähenburg". Matsumoto-jō (S. 288)

18

19

Wildes Hokkaidō

18 Hokkaidō (S. 624), Japans letzte Wildnis, ist eine größtenteils ursprüngliche, vulkanische Landschaft aus massiven Bergen, gespickt mit kristallblauen Calderaseen und schimmernden schwefelreichen Thermalquellen. Flora und Fauna hat mehr mit dem russischen Sachalin gemein als das restliche Land. Der weite Horizont, die offenen Flächen und die dramatische Topografie laden zu Wanderungen, Radtouren und Roadtrips ein. Dank der neuen Expresszugverbindung mit Tokio ist Japans nördlichste Insel besser zugänglich als jemals zuvor. Jigoku-dani (S. 654)

Strände & Wälder der südwestlichen Inseln

19 Die Inselgruppe Nansei-shotō (Südwestliche Inseln; S. 842) erstreckt sich über rund 1000 km südwestlich von Kyūshū Richtung Taiwan. Das tropische Klima ist fast ganzjährig mild. Einige Inseln, darunter Ishigaki und die Kerama-Inseln, sind für palmenbestandene weiße Sandstrände und türkisfarbenes Wasser bekannt. Andere wie Yakushima und das abgeschiedene Iriomote-jima bedecken Primärwälder, die zu den letzten Japans gehören. Kabira-wan, Ishigaki-jima (S. 882)

Städte bei Nacht

20 Nach Sonnenuntergang passiert etwas Magisches im Land der aufgehenden Sonne: Die grauen Straßen der Städte verwandeln sich in leuchtende Canyons. Am dramatischsten ist das Lichtspektakel auf dem Dōtombori-Kanal in Osaka (S. 397) und in Tokios Kabukichō-Viertel, wobei jede größere Stadt einen farbenfrohen Unterhaltungsbezirk aufweist. Wer bei Nacht einen Wolkenkratzer, ein Observatorium oder eine Hotelbar erklimmt, wird mit einem traumhaften Blick auf Japans Metropolen belohnt, deren Lichter glitzernden Sternen ähneln. Kabukichō (S. 95)

Geisha-Kultur in Kyoto

21 Geishas stehen sinnbildlich für traditionelle japanische Kultur und verkörpern die Ästhetik einer vergangenen Zeit. Ihr Erbe ist in Kyoto am stärksten. Ein paar Mal im Jahr, meist im Frühling, führen Geishas öffentliche Tänze vor (ein seltener Genuss!). Das ganze Jahr über kann man außerdem durch Kyotos historische Geisha-Viertel wie Gion (S. 338) spazieren. Sie werden von exklusiven Teehäusern gesäumt; in den wunderschönen laternenbeleuchteten Holzhäusern mit Bambusblenden in den Fenstern unterhalten Geishas bis heute ein exklusives Publikum.

22

PIUS LEE/SHUTTERSTOCK ©

23

Kamikōchi

22 Das von mächtigen Gipfeln umgebene Hochlandtal (S. 297) wartet mit einer der eindrucksvollsten Landschaften Japans auf. Gemütliche Tageswanderungen führen entlang dem unberührten Azusa-gawa durch Wälder voller Weiden, Lärchen und Ulmen. Über Kamikōchi, die Wiege des japanischen Alpinismus, gelangen ambitionierte Wanderer auf einige der höchsten Berge des Landes wie den Yariga-take (3180 m). Privatfahrzeuge sind in Kamikōchi nicht zugelassen, deswegen ist der Besucheransturm begrenzt.

Miyajima

23 Mitten im Meer vor Miyajima (S. 485) liegt eins der faszinierendsten Fotomotive in ganz Japan: Das *torii*, das zinnoberrote Tor am Eingang eines Shintō-Schreins. Ganz besonders gilt das bei Flut, wenn das Wasser gegen den zum Weltkulturerbe erklärten, direkt am Ufer errichteten Schrein Itsukushima-jinja schlägt. Die meisten Besucher unternehmen einen Tagesausflug aus Hiroshima hierher. Wer in einem *ryokan* übernachtet, hat die Insel bis zur Ankunft der ersten Fähre fast komplett für sich.

Traditionelle Feste

24 *Matsuri* (traditionelle Feste) sind wie Reisen in die Vergangenheit. Männer und Frauen tragen bunte Baumwoll-Kimonos, Erstere teils auch nur kurze Jacken und *fundoshi* (Lendenschurze der Sumo-Ringer). Es gibt Straßenumzüge mit tragbaren Schreinen oder Wagen, Tänze, Freudenfeuer oder Trommelmusik. Die Feierlichkeiten gehen auf Shintō- und buddhistische Traditionen zurück, festigen jedoch auch das jahrhundertealte Gemeinschaftsgefüge. Sie finden das ganze Jahr über statt, die meisten jedoch im August.

Shoppen in Tokio

25 Tokio ist eins der weltgrößten Einkaufsparadiese – dank prachtvoller alter Kaufhäuser, Avantgarde-Boutiquen, Vintage-Läden und Stilexperten, die globale Trends setzen. Harajuku (S. 155) ist das Herzstück von Tokios exzentrischer Modeszene, wobei man hier statt shoppen auch gut Leute beobachten kann. Ginza, das klassische Einkaufsviertel der Stadt, wurde kürzlich modernisiert. Tokios Einwohner sind unabhängig vom Einkommen leidenschaftliche Shopper. Wer möchte, leistet ihnen bei der Jagd nach dem neuesten Trend oder der perfekten Teetasse Gesellschaft.

PERATI KOMSON/SHUTTERSTOCK ©

Gut zu wissen

Weitere Informationen siehe S. 893

Währung
Yen (¥)

Sprache
Japanisch

Visa
Deutsche, Österreicher und Schweizer bekommen bei der Einreise ein Visum für 90 Tage.

Geld
Geldautomaten gibt es in Postfilialen und einigen Lebensmittelgeschäften. Die meisten Hotels und Kaufhäuser, aber nur einige Restaurants und *ryokan* akzeptieren Kreditkarten.

Handys
Prepaid SIM-Karten mit Datentarif (nur in Handys ohne SIM-Lock zu verwenden) gibt's online, an Flughafenkiosks und in Elektronikfachgeschäften. Für Telefongespräche kann man Prepaid-Handys mieten.

Zeit
Japan ist der Mitteleuropäischen Zeit acht Stunden voraus.

Reisezeit

Hochsaison
(April & Mai, Aug.)

➡ Im April und Mai ist das Wetter meist toll; der August ist heiß, schwül und Festivalzeit.

➡ Unterkünfte sind während der Kirschblüte (Ende März–Anfang April), der Goldenen Woche (Anfang Mai) und O-Bon (Mitte August) rar und teuer.

Zwischensaison
(Jun. & Jul., Sept.–Dez.)

➡ Im Juni und Juli ist Regenzeit (außer in Hokkaidō); Taifune gibt's im September.

➡ Das Herbstlaub (November) lockt die Massen in die Resorts und treibt die Preise in die Höhe.

Nebensaison
(Jan.–März)

➡ Kalte Tage und verschneite Berggipfel machen diese Zeit zur Haupt-Skisaison, anderswo ist es aber leer und günstig.

➡ Viele Geschäfte schließen um den Jahreswechsel (Ende Dez. & Anfang Jan.)

Nützliche Websites

Lonely Planet (www.lonelyplanet.com/japan) Reiseinfos, Tipps und Foren.

Japan National Tourism Organization (www.jnto.go.jp) Japans offizielle Website für Touristen mit Planungstipps und Veranstaltungskalender.

HyperDia (www.hyperdia.com) Umfangreiche Zugfahrpläne und Tarife.

Japan Meteorological Agency Tropical Cyclone Page (www.jma.go.jp/en/typh) Wetterberichte und -vorhersagen, darunter auch Infos zu Taifunen.

Bento (http://bento.com) Englischsprachiger Restaurantführer für Japans wichtigste Städte.

Tokyo Cheapo (https://tokyocheapo.com) Spartipps für die Reise nach Tokio und durch Japan.

Wichtige Telefonnummern

Bei Anrufen aus dem Ausland wird die „0" der Ortsvorwahl weggelassen.

Krankenwagen & Feuerwehr	☎119
Polizei	☎110
Landesvorwahl	☎81
Internationaler Zugangscode	☎010
Internationale Vermittlungsstelle	☎0051

Wechselkurse

Eurozone	1 €	121 ¥
Schweiz	1 SFr	112 ¥

Aktuelle Wechselkurse siehe unter www.xe.com

Tagesbudget

Günstig: unter 8000 ¥

- Bett im Schlafsaal: 3000 ¥
- Schale mit Nudeln: 750 ¥
- Beer zur Happy hour: 500 ¥
- U-Bahn-Tageskarte: 600 ¥
- Eintritt für einen Tempel oder ein Museum: 500 ¥

Mittelteuer: 8000–20 000 ¥

- Doppelzimmer im Businesshotel: 10 000 ¥
- Abendessen für zwei im *izakaya* (Pub im japanischen Stil): 6000 ¥
- Halbtägiger Fahrradausflug oder Kochkurs: 5000 ¥
- Eintritt für Tempel und Museen: 1500 ¥

Teuer: Mehr als 20 000 ¥

- Doppelzimmer in einem guten Hotel: ab 25 000 ¥
- Abendessen für zwei im Sushi-Restaurant: ab 15 000 ¥
- Taxifahrt zwischen Sehenswürdigkeiten: 2500 ¥

Öffnungszeiten

Einige Attraktionen unter freiem Himmel (z. B. Gärten) schließen im Winter früher. Typische Öffnungszeiten:

Banken Mo–Fr 9–15 Uhr (manche bis 17 Uhr)

Bars von ca. 18 Uhr bis open end

Kaufhäuser 10–20 Uhr

Museen 9–17 Uhr, letzter Einlass 16.30 Uhr; Montag oft geschlossen (wenn Montag ein Feiertag ist, schließen Museen am Dienstag)

Postfilialen Mo–Fr 9–17 Uhr; größere Filialen haben länger und auch samstags geöffnet

Restaurants Mittags 11.30–14 Uhr; abends 18–22 Uhr; letzte Bestellung 30 Min. vor Feierabend

Ankunft in Japan

Narita Airport (S. 975) Schnellzüge und Busse ins Zentrum Tokios (ca. 3000 ¥; 1–2 Std.) fahren von 6 bis 22.30 Uhr oft. Taxis in die Stadt kosten ab 20 000 ¥.

Haneda Airport (S. 975) Züge oder Busse ins Zentrum Tokios (400 ¥–1200 ¥, 30–45 Min.; abhängig vom Ziel in der Stadt) fahren regelmäßig zwischen 5.30 und 24 Uhr. Es gibt nur wenige Nachtbusse. Taxis kosten zwischen 5000 und 8000 ¥).

Kansai International Airport (S. 975) Schnellzüge fahren regelmäßig von Kyoto (ab 2850 ¥, 75 Min.) und Osaka (1430 ¥, 35 Min.). Busse kosten 1050–1550 ¥ ins Zentrum von Osaka (50 Min.) und 2550 ¥ nach Kyoto (90 Min.). Züge und Busse fahren bis kurz vor Mitternacht. Ein Sammeltaxi nach Kyoto kostet 3600 ¥, ein reguläres nach Osaka ab 14 500 ¥

Unterwegs vor Ort

Auto Leihwagen gibt's fast überall, die Straßen sind super, Fahren ist sicher und ein Auto macht unabhängig. Besonders in Hokkaidō, Kyūshū und Okinawa zu empfehlen. Linksverkehr.

Bus Die günstigste Wahl für weite Strecken und für einige Berge und ländliche Gebiete die einzige Option.

Fähre Gut für Fahrten zu fernen Inseln und entspanntes Reisen.

Flugzeug Ein großes nationales Flugnetz und immer mehr Billigairlines machen Flüge zu einer guten Option für weite Strecken und Traveller mit wenig Zeit.

Zug Schnell, praktisch und zuverlässig, bringt einen fast überall hin und ist mit einem Rail Pass auch recht günstig.

Mehr zum Thema **Unterwegs vor Ort** siehe S. 975

Japan für Einsteiger

Mehr dazu siehe Praktische Information (S. 893)

Checkliste

➡ Einen Japan Rail Pass kaufen.

➡ Wer in Japan ein Auto mieten will, benötigt einen internationalen Führerschein.

➡ Tickets für Sumo oder Vorstellungen im Nationaltheater (gute Plätze sichern) und für das Ghibli-Museum in Tokio kaufen, wenn der Besuch geplant ist.

➡ Online nach Events in der Stadt suchen, die interessant sein könnten (oder die Suche nach einer Unterkunft erschweren könnten).

Ins Gepäck

➡ Slipper, da man die Schuhe oft ausziehen muss.

➡ Alle Medikamente, die man möglicherweise benötigt, da sie in Japan schwer zu finden sein könnten.

➡ So wenig wie möglich! Hotelzimmer sind klein und Züge oft überfüllt. Das meiste, was man benötigt, kann man vor Ort kaufen.

Reisetipps

➡ Für weite Entfernungen sollte man einen Japan Rail Pass zur unbegrenzten Nutzung des umfangreichen, schnellen und effizienten japanischen Bahnnetzes kaufen. Es gibt auch günstigere regionale Pässe.

➡ In einem *ryokan* (traditionelles japanisches Gästehaus) übernachten und mindestens einen Onsen (natürliche heiße Quelle) besuchen.

➡ Die meisten Restaurants bieten Mittagsmahlzeiten, die halb so viel kosten wie ein Abendessen, oft aber fast genauso groß sind.

➡ Pocket-WiFi mieten. In Japan gibt's kostenlose WLAN-Netze, doch sie sind oft langsamn. Mit WLAN kann man Navigations-Apps nutzen.

➡ Japanische Redewendungen lernen – Einheimische schätzen das.

Die richtige Kleidung

Mehrere Schichten sind ideal, denn das Wetter kann sich täglich ändern (zudem hilft es, wenn man im heißen Sommer in ein klimatisiertes Café kommt). Da man nicht selten die Schuhe auszieht und auf dem Fußboden sitzt, sind auch in der Sandalensaison Socken zu empfehlen (und Miniröcke eher nicht).

In den Städten ist legere Kleidung kein Problem, doch wer in Sportklamotten rumläuft, könnte sich schnell fehl am Platz fühlen. Einige Spitzenklasserestaurants und Bars haben eine Kleiderordnung, die aber meist nur ärmellose T-Shirts und Sandalen bei Männern ausschließt.

Schlafen

Es ist sehr ratsam, im Voraus zu buchen, besonders in bedeutenden Touristenorten.

➡ **Hotels** In allen großen Städten gibt's Mittelklasse- und Luxusunterkünfte, japanische und internationale Hotelketten sowie ein paar echte Boutique-Unterkünfte.

➡ **Businesshotels** Kompakt, konzentrieren sich oft um Bahnhöfe.

➡ **Ryokan** Traditionelles japanisches Gästehaus, meistens auf dem Land und in Ferienorten.

➡ **Hostels & Pensionen** Preiswert und in Touristengegenden zahlreich vorhanden; oft sprechen die Mitarbeiter Englisch. Die meisten haben Schlafsäle und Doppelzimmer.

Bargeld

Viele Einrichtungen in Japan, besonders außerhalb der Großstädte, akzeptieren keine Kreditkarten. *Ryokan* und kleinere Restaurants und Geschäfte akzeptieren meist nur Bargeld – deshalb an den Geldautomaten in Städten gut eindecken.

Feilschen

Feilschen ist in Japan nicht üblich, außer auf Flohmärkten.

Trinkgeld

Trinkgeld ist in Japan nicht üblich. (Wer in einem Restaurant Geld auf dem Tisch lässt, wird oft von der Bedienung bis auf die Straße verfolgt, um es zurückzugeben.) Restaurants und Hotels der Spitzenklasse setzen meistens eine Servicegebühr von 10 % auf die Rechnung.

Sprache

Englischkenntnisse sind in Japan meist gering, aber auch unberechenbar – in den unwahrscheinlichsten Situationen sprechen Japaner fließend Englisch. Große Städte sind gut auf Englisch ausgeschildert und man findet sich leicht zurecht. Englisch wird in Schulen unterrichtet, auf langsam gesprochene, einfache Fragen bekommt man daher meist eine Antwort. Mit dem jüngsten Aufwärtstrend im Tourismus stellen mehr Einrichtungen Angestellte und Kellner mit Englischkenntnissen ein. Die meisten Japaner kommen mit geschriebenem Englisch besser klar als mit gesprochenem, daher sind E-Mails oft die beste Möglichkeit der Kommunikation.

Nützliche Sätze für die Reise

1 Haben Sie Zimmer im westl./japan. Stil?
洋室/和室はありますか?
j ō·schi·tsu/ua·schi·tsu ua a·ri·maß ka

Einige Unterkünfte haben nur Zimmer im japanischen Stil oder eine Mischung aus westlich-japanischem Stil.

2 Ich brauche (Löffel/Messer/Gabel).
(スプーン/ナイフ/フォーク)をください。
(spūn/nai·fu/fō·ku) o ku·da·sai

Wer die Kunst des Stäbchenessens nicht beherrscht, sollte keine Angst haben, im Restaurant um Besteck zu bitten.

3 Wie komme ich zu/nach ...?
…へはどう行けばいいですか?
... e ua d ō i·ke·ba ī deß ka

Eine Adresse zu finden, kann in Japan schwierig sein, weil diese meist nur einen Bereich (keine Straße) angibt und Hausnummern nicht immer fortlaufend sind.

4 Ich hätte gern einen Nichtraucherplatz.
禁煙席をお願いします。
kin·en·ße·ki o o·ne·gai schi·maß

Es gibt in vielen Restaurants und Hochgeschwindigkeitszügen Raucherplätze, also immer sagen, was genau Sie möchten.

5 Was ist die Spezialität der Region?
地元料理は何がありますか?
dschi·mo·to·riō·ri ua na·ni ga a·ri·maß ka

Die meisten Regionen Japans haben eine lokale Spezialität und die Einheimischen sprechen meist gern über Essen.

Etikette

Japan ist berühmt für seine Etikette – sie ist aber nicht so streng, wie man denkt (und ausländische Besucher werden meistens mit Nachsicht behandelt).

- **Begrüßungen** Japaner begrüßen einander in der Regel mit einer leichten Verbeugung, Ausländer aber eventuell mit einem Händeschütteln. Umarmungen und Küsse auf die Wange verschrecken sie.
- **Schlange stehen** Die Japaner sind berühmt für ihre Schlangen – sie stellen sich an U-Bahn-Türen, Ramen-Läden etc. ordentlich an.
- **Essen & Trinken** Auf der Straße und in der U-Bahn wird das Essen und Trinken allgemein missbilligt, Getränke in wiederverschließbaren Behältern sind eine Ausnahme.
- **Schuhe ausziehen** In vielen Unterkünften und Restaurants (und sogar in einigen Museen) muss man die Schuhe an der Tür ausziehen. Einfach kurz umschauen, ob ein Schild oder Schuhe im Foyer darauf hinweisen, dass diese Regel gilt. Auf Tatamimatten immer die Schuhe ausziehen.
- **Religiöse Stätten** Für Schreine und Tempel gibt's keine Bekleidungsvorschriften. Es ist aber höflich, leise zu sprechen.

Was gibt's Neues?

Olympische Spiele 2020

Japan rüstet seine touristische Infrastruktur für 2020 auf. Autovermietungen bieten englischsprachige Navis, und Kyoto baut neue touristenfreundliche Einrichtungen. Die Veränderungen sind zwar nicht flächendeckend, aber es gibt immer mehr englischsprachige Servicedienstleistungen.

Neue Shinkansen-Linien

Der 2016 eröffnete Hokkaidō-*shinkansen* (Hochgeschwindigkeitszug) fährt von Tokio nach Hakodate, der südlichsten Stadt auf Hokkaidō. Schon seit 2015 verbindet der Hokuriku-*shinkansen* Tokio mit Nagano und Kanazawa. Außerdem gibt's neue Zugpässe.

Narita Airport Terminal 3

2015 wurde auf dem Flughafen Narita ein drittes Terminal für die vielen neuen Budgetfluglinien eröffnet. Fliegen ist jetzt eine sehr preisgünstige Reisemöglichkeit.

Themenzüge in Nord-Honshū

Es wurden mehrere neue Touristenzüge – einige mit Sakebars und Fußbädern – in Betrieb genommen, die auf malerischen Routen durch die Berge oder an der Küste entlangfahren. (S. 558)

Bessere WLAN-Abdeckung

Immer mehr Sehenswürdigkeiten, Städte und Präfekturen bieten kostenloses WLAN. Der Zugang ist nicht flächendeckend, aber viel besser als früher. Auch in den meisten Unterkünften gibt's kabelloses Internet.

Auferstandenes Sanriku Kaigan

Seit die Küstenregion in Nord-Honshū 2011 durch den Tsunami stark zerstört wurde, arbeitet sie eifrig am Wiederaufbau und ist sehr kreativ dabei, sich neu zu erfinden. Aus den Bemühungen ist eine dynamische neue Gourmetszene hervorgegangen. (S. 569)

Ohne Gepäck reisen

Japanische Gepäck-Kurierdienste ermöglichen Reisenden, Koffer zum Flughafen oder zum nächsten Hotel zu verschicken. (S. 977)

Neue Museen

Seit 2016 widmet sich ein stilvolles neues Museum in Tokio dem *ukiyo-e*-(Holzdruck-)Künstler Hokusai (S. 107); in Kyoto wurde ein Eisenbahnmuseum (S. 326) eröffnet.

Tsukiji-Markt in Limbo

Das Schicksal von Tokios berühmtem Fischmarkt ist weiter ungewiss, doch der quirlige Freiluftmarkt bleibt geöffnet. (S. 79)

Bucht von Tokio

Vor der Bucht von Tokio bietet die Tennōzu-Insel mehrere neue Kunstattraktionen, z. B. das exzellente Archi-Depot, ein Museum für architektonische Modellbauten. (S. 110)

Naoshima entfaltet sich

Neue Installationen bereichern die moderne Kunstausstellung auf den Inseln des Seto-Inlandsees, vor allem auf Teshima (2016). (S. 506)

Rabatte für Busfahrten

Der neue Shōryūdō-Highway-Buspass ermöglicht unbegrenzte Busfahrten zu bedeutenden Reisezielen in den Japanischen Alpen (die mit dem Zug nur schwer zu erkunden sind). (S. 252)

Noch mehr Tipps und Empfehlungen gibt's auf lonelyplanet.com/japan

Wie wär's mit…

Tempel & Schreine

Kinkaku-ji Kyotos legendärer goldener Tempel. (S. 347)

Tōdai-ji Antike hölzerne Behausung der berühmten Daibutsu-(Großen-Buddha-) Statue von Nara. (S. 428)

Sensō-ji Tokios bekanntester buddhistischer Tempel und Pilgerstätte seit über einem Jahrtausend. (S. 106)

Tōshō-gū Kunstvolles Mausoleum für Tokugawa Ieyasu, Japans legendären Shōgun. (S. 215)

Oku-no-in Himmlische Auswahl an Tempeln und moosbedeckten Stupas im Wald. (S. 445)

Ise-jingū Japans spirituelles Zentrum, der Sonnengöttin gewidmet. (S. 459)

Zenkō-ji Prachtvoller historischer Tempel in Nagano mit faszinierenden Geheimgängen und Geschichten. (S. 303)

Fushimi Inari-Taisha Allee aus *torii* (Toren) hoch zum Hügel von Kyoto – ideales Fotomotiv. (S. 327)

Gärten

Kenroku-en Der Spaziergarten von Kanazawa gilt als Meisterwerk der Form. (S. 269)

Ryōan-ji Kyotos berühmter Zen-Steingarten. (S. 347)

Ritsurin-kōen Angelegter Garten aus dem 17. Jh. in Takamatsu, einst die Spielwiese von Fürsten. (S. 750)

Katsura Rikyū Ehemalige kaiserliche Villa mit aussichtsreichen Gärten. (S. 351)

Byōdō-in Veranschaulichung eines „Reines-Land-Gartens" aus der Heian-Zeit. (S. 346)

Saihō-ji Kyotos „Koke-dera" (Moostempel) inmitten einer bezaubernden moosbewachsenen Umgebung. (S. 351)

Kunstmuseum Adachi Der schöne Garten bei diesem Museum in Matsue ergänzt die Gemälde im Inneren. (S. 517)

Kōraku-en Weitläufiger Spaziergarten mit Teichen und Teehäusern in Okayama. (S. 495)

Museen

Nationalmuseum Tokio Die weltweit größte Sammlung japanischer Kunst. (S. 99)

Nationalmuseum Kyoto Kyotos Top-Museum mit klassischen Kunstwerken, historischen Artefakten und Tempelschätzen. (S. 335)

Gasshō-zukuri Folk Village Freilichtmuseum mit traditioneller ländlicher Architektur. (S. 265)

Staatliches Museum für Völkerkunde Interaktive Vitrinen zu vergangenen und gegenwärtigen Kulturen aus aller Welt. (S. 401)

Edo-Tokyo-Museum Die Geschichte, wie sich ein Fischerdorf in eine moderne Metropole verwandelte. (S. 107)

Friedensmuseum Hiroshima Ergreifende und herzzerbrechende Darstellung zur Atombombe und ihren Folgen. (S. 477)

Japanisches Museum für volkstümliches Kunsthandwerk Tolle Ausstellungen über die Schönheit von Alltagsgegenständen. (S. 89)

Museum der Präfektur und Kunstmuseum Okinawa Tiefer Einblick in die Geschichte, die Lebensart und das Ökosystem von Okinawa. (S. 802)

Burgen

Himeji-jō Die Grande Dame unter den japanischen Burgen – kürzlich renoviert. (S. 422)

Matsumoto-jō Japans älteste erhaltene Burg aus Holz in den Bergen von Nagano. (S. 288)

Matsue-jō Aussicht vom originalen Holzwehrturm und Bootsfahrt um den Burggraben. (S. 515)

Matsuyama-jō Eine der ursprünglichen Burgen Japans erhebt sich über Matsuyama auf der Insel Shikoku. (S. 733)

Hikone-jō Dieses Schmuckstück aus dem 17. Jh. bietet einen intakten Burgturm. (S. 465)

Inuyama-jō Japans älteste erhaltene Burg wurde ab 1440 als Fort genutzt. (S. 242)

Nijō-jō Kyotos Burg ist für ihre knarrenden „Nachtigallenböden" bekannt. (S. 329)

Shuri-jō Das Machtzentrum des einstigen Königreichs Ryūkyū, nachgebaut anhand historischer Aufzeichnungen. (S. 863)

Osaka-jō Nachbau der prachtvollen Burg Osakas. (S. 395)

Moderne Architektur

Naoshima Insel mit Museen für zeitgenössische Kunst, einige darunter entworfen vom japanischen Architekten Andō Tadao. (S. 501)

Omote-sandō Einkaufsboulevard mit Bauwerken im zeitgenössischen japanischen Design. (S. 91)

D.-T.-Suzuki-Museum Denkmal für den Zen-Lehrer D. T. Suzuki von Taniguchi Yoshio. (S. 272)

Tokyo Metropolitan Government Building Das vom überragenden modernen Architekten Tange Kenzō errichtete Rathaus von Tokio wurde von den Kathedralen Europas inspiriert. (S. 93)

Miho-Museum Von I.M. Pei entworfenes Museum antiker Artefakte. (S. 466)

Museum für zeitgenössische Kunst des 21. Jhs. Eleganter Raum des Duos SANAA. (S. 272)

Umeda Sky Building 40-stöckiger Triumphbogen von Hara Hiroshi in Osaka. (S. 392)

Archi-Depot Tokios Fundgrube für Architekturmodelle von Berühmtheiten. (S. 112)

Shoppen

Harajuku Modeviertel in Zentral-Tokio. Markengeschäf-

Oben: Umeda Sky Building

Unten: Ameya-yokochō

te auf den Hauptstraßen, Avantgarde-Boutiquen in den Nebenstraßen. (S. 155)

Innenstadt von Kyoto Kaufhäuser, berühmte Einzelhändler mit traditionellem Kunsthandwerk, Teegeschäfte und mehr. (S. 380)

Kanazawa Eine Stadt mit einer gut erhaltenen Kunsthandwerkskultur –besonders für Lackwaren und Goldblatt bekannt. (S. 276)

Minami Osakas pfiffiges Einkaufsviertel bietet jede Menge Geschäfte auf der Hauptstraße und Secondhandläden. (S. 411)

Morioka Der Ort schlechthin in Japan, um Teekessel und andere Waren aus Gusseisen zu erwerben. (S. 562)

Tsuboya-Töpferstraße Traditionelle Töpferwaren aus Okinawa in Naha. (S. 861)

Märkte

Tsukiji-Markt Shoppen wie die Profis, vor allem Küchenutensilien und Zutaten. (S. 79)

Nishiki-Markt Kyotos zentraler Lebensmittelmarkt mit haufenweise eingepackten Souvenirs wie Reiscracker und Sake. (S. 329)

Daichi Makishi Kōsetsu Ichiba Der zentrale Markt von Naha lockt mit Inselspezialitäten. (S. 861)

Hirome Ichiba Pulsierender Markt in Kōchi (Shikoku) mit Dutzenden Restaurants und Essensständen. (S. 728)

Dōguya-suji-Arkade Überdachte Arkade mit unzähligen Küchenutensilien in Osaka. (S. 411)

Ameya-yokochō Tokios letzter Markt im Freien entstand in den turbulenten Tagen nach dem Zweiten Weltkrieg. (S. 158)

Strände

Nishibama-Strand Der Abschnitt von Aka-jima ist wohl der beste Sandstrand auf den Kerama-Inseln von Okinawa. (S. 870)

Sunayama-Strand Ein Bilderbuchstrand mit einem Felsbogen auf Miyako-jima. (S. 875)

Habushi-ura Der Abschnitt auf Nii-jima ist eine Anlaufstelle für Surfer aus Tokio. (S. 198)

Kominato Kaigan Tropische Idylle auf Chichi-jima, 1000 km vom Festland entfernt. (S. 224)

Shirara-hama Kansais beliebtester Strand, weißer Sand und regionale Strandkultur. (S. 457)

Ikumi-Strand Das Zentrum der wachsenden Surfergemeinde von Shikoku. (S. 715)

Zugfahrten

Kurobe Kyōkoku Tetsudō K.K. Fahrt über die Hängebrücken der Kurobe-Schlucht. (S. 287)

Rizōto Shirakami Zug auf der Gonō Linie dicht an der zerklüfteten Nordküste zwischen Akita und Aomori. (S. 558)

Sanraizu Seto Japans letzter Zug mit Schlafwagen der alten Schule verkehrt von Tokio nach Takamatsu und Izumo. (S. 983)

Senmō-honsen Winziger Zug entlang der Nordküste von Hokkaidō, vorbei an historischen Bahnhöfen aus Holz. (S. 695)

Enoden Straßenbahn, die durch Küstenorte zwischen Kamakura und Enoshima gondelt. (S. 199)

Malerische Aussichtspunkte

Miyajima Bei Hochwasser den schwimmenden *torii* (Tor) sehen. (S. 485)

Matsushima Über die Bucht zu Hunderten kleinen windgepeitschten Inseln mit knorrigen Kiefern blicken. (S. 556)

Kamikōchi Die schneebedeckten Gipfel der Japanischen Alpen von diesem idyllischen Flusstal aus bewundern. (S. 297)

Kussharo-ko Den Calderasee in Hokkaidō sieht man am besten aus den Bergen. (S. 691)

Sakurajima Kagoshimas Vulkan erkunden, der sich über die Stadt erhebt. (S. 829)

Iya-Tal Nach Oku-Iya („tiefes Iya") fahren, um die Rankenbrücken über der Schlucht zu entdecken. (S. 718)

Hakone An klaren Tagen sieht man das Spiegelbild des Fuji auf dem Ashi-ko. (S. 178)

Oki-Inseln Zerklüftete Küstenklippen auf abgelegenen Inseln. (S. 521)

Popkultur

Akihabara Tokios angesagte Location für Fans von Anime, Manga und Videospielen. (S. 96)

Ghibli-Museum Das Museum wurde vom führenden japanischen Animator Miyazaki Hayao entworfen. (S. 112)

Harajuku Wo Tokios Modetrends erwachen. (S. 89)

Internationales Mangamuseum Kyoto Manga-Galerien, Sonderausstellungen und Workshops. (S. 329)

Mizuki-Shigeru-Museum Pilgerort in Honshū für Fans der Figuren von Mizuki. (S. 521)

Amerika-Mura Farbenfrohes enges Straßengewirr in Osaka mit Streetwear und Secondhandläden. (S. 396)

Maricar *Cosplay* (Kostümspiel-) GoKartfahren durch Tokios Straßen. (S. 115)

Monat für Monat

TOP-EVENTS

Kirschblüte, April

Gion Matsuri, Juli

Yuki Matsuri, Februar

Nebuta Matsuri, August

Sanja Matsuri, Mai

Januar

Nach dem Neujahrsfest erwacht Japan aus der Feiertagslethargie. In den Bergen und im Norden herrscht tiefer Winter und die Skisaison beginnt (in Schneeregionen vorsichtig fahren).

Shōgatsu (Neujahr)

Familien kommen zusammen, um zu essen und auf Gesundheit und Glück anzustoßen. Offiziell gehen die Feiertage vom 1. bis zum 3. Januar, aber viele Geschäfte und Attraktionen schließen die ganze erste Woche und es herrscht reger Reiseverkehr. Der *Hatsu-mōde* ist der erste rituelle Schreinbesuch des neuen Jahres.

Volljährigkeitstag

Am zweiten Montag im Januar ist Seijin-no-hi (Volljährigkeitstag), hier feiern alle, die im vergangenen Jahr 20 (das Alter der Volljährigkeit) geworden sind, kollektiv Geburtstag. Bei den Zeremonien an den Shintō-Schreinen tragen die jungen Frauen herrliche Kimonos.

Februar

Der Februar ist der kälteste Monat und der Höhepunkt der Skisaison in Japan.

Setsubun Matsuri

Im traditionellen Mondkalender ist der 3. Februar der erste Frühlingstag – ein Übergang, den man früher für die Vorankündigung des Bösen hielt. Als Abwehr besuchen die Japaner buddhistische Tempel, werfen geröstete Bohnen und rufen dabei: *„Oni wa soto! Fuku wa uchi!"* („Dämonen raus! Glück herein!").

Yuki Matsuri

Jedes Jahr lockt das berühmte Schneefestival Anfang Februar zwei Millionen Besucher nach Sapporo. Die Highlights sind der internationale Schneeskulpturen-Wettbewerb, Eisrutschen und Irrgärten für Kinder sowie viele Trinkgelage. Man sollte sehr früh buchen. (S. 636)

Pflaumenblüte

Gegen Ende des Monats öffnen sich die Blüten der Pflaume *(ume)* – das erste Zeichen, dass der Winter vorbei ist. Der Kairaku-en in Mito ist der berühmteste Aussichtsplatz, um dies zu beobachten, aber auch in den Parks und Gärten in ganz Japan findet man Pflaumenbäume.

März

Jetzt lässt sich der Frühling nach und nach blicken. Es gibt ein japanisches Sprichwort: *sankan-shion* – drei Tage kalt, vier Tage warm.

Hina Matsuri

Um den 3. März (auch bekannt als Mädchenfest) werden öffentliche Plätze und Häuser mit *o-hina-sama* (Prinzessinnen)-Puppen in traditioneller Hofkleidung geschmückt.

AnimeJapan

Die früher als Tokyo International Anime Fair bekannte Messe AnimeJapan (www.anime-japan.jp) ist die größte Anime-Messe der Welt und findet Ende März in Tokio statt. Dort gibt's Events und Ausstellungen für Branchenkenner und Fans.

April

Ein fantastischer Monat für eine Reise nach Japan: Es wird wärmer und die Kirschbäume blühen, allerdings sind Orte wie Kyoto jetzt besonders gut besucht.

Kirschblüte

Wenn die Kirschbäume mit Blüten übersät sind, feiern die Japaner ausgelassene *hanami*-Partys. Die Blüten sind launisch und lassen sich zeitlich schwer festlegen: Normalerweise liegt der Höhepunkt der Blütezeit in Tokio oder Kyoto etwa zwischen dem 25. März und dem 7. April.

Takayama Spring Matsuri

Am 14. und 15. April findet in der Bergstadt Takayama der aufwendigere Frühlingsteil des berühmten Festes statt (der zweite Teil ist im Oktober). Es gibt Paraden spektakulärer Festwagen mit strahlenden Laternen und einen Löwentanz. Unterkünfte unbedingt weit im Voraus buchen. (S. 255)

Mai

Eine der besten Reisezeiten: An den meisten Orten ist es warm und sonnig und das frische Grün in den Bergen ist atemberaubend. In der „Goldenen Woche" muss man mit Touristenschwärmen rechnen.

Sanja Matsuri

Tokios größtes Fest am dritten Maiwochenende lockt etwa 1,5 Mio. Zuschauer nach Asakusa, die hier drei Tage feiern. Das Highlight ist die ausgelassene Parade der *mikoshi* (tragbare Schreine), die von Männern und Frauen in traditioneller Kleidung getragen werden. (S. 118)

HAUPTREISEZEITEN

Vom 29. April bis 5. Mai haben fast alle Japaner Urlaub, da mehrere nationale Feiertage zusammenfallen (die sogenannte „Goldene Woche"). Dies ist eine der hektischsten Reisezeiten. Busse, Züge und Straßen platzen aus allen Nähten, und Übernachtungsmöglichkeiten sind rar. Viele Geschäfte schließen Mitte August für eine Woche, da die Japaner für die O-Bon-Festivitäten in ihre Heimatstädte zurückkehren (oder stattdessen in den Urlaub fahren). Restaurants und Läden schließen ab dem 29. Dezember für die Neujahrsferien, die am 3. Januar enden (viele dehnen sie aber bis zum 6. Januar aus). Die Verkehrsmittel bleiben in dieser Zeit in Betrieb und die Unterkünfte sind geöffnet (allerdings auch teuer).

Juni

Der Anfang des Monats ist sehr schön, aber gegen Ende setzt dann die Regenzeit (*tsuyu*) ein. Wenn der Schnee auf den Bergen schmilzt, erobern die Wanderer die japanischen Alpen (für die höheren Lagen sollte man sich vorab über die Bedingungen informieren).

Juli

Wenn die Regenzeit endet, ist plötzlich Sommer – die Zeit der Feste und *hanabi taikai* (Feuerwerk-Shows). Es wird mitunter sehr heiß und schwül, Zuflucht vor der Hitze bieten Hokkaidō oder die Japanischen Alpen.

Klettersaison am Fuji

Ab 1. Juli ist der Fuji (S. 169) offiziell für Wanderer geöffnet. Juli und August eignen sich ideal für eine Gipfelbesteigung. (S. 169)

Gion Matsuri

Das begehrteste Fest in Japan findet am 17. und 24. Juli in Kyoto statt. Zu diesem Anlass werden aufwendige Umzugswagen durch die Straßen gezogen. An den drei Abenden vorher flanieren Einheimische in bildschönen Yukata (leichte Baumwollkimonos) über die Straßenmärkte. Unterkünfte sind zu dieser Zeit teuer und schwer zu finden. (S. 358)

Tenjin Matsuri

Auf einem der größten Feste des Landes am 24. und 25. Juli in Osaka ziehen am zweiten Tag Prozessionen mit *mikoshi* (tragbare Schreine) und Leute in traditionellen Gewändern durch die Straßen, am Ende treffen sich alle bei den Hunderten von Booten auf dem Fluss. (S. 403)

Fuji Rock Festival

Japans größtes Musikfestival wird Ende Juli über ein langes (und nicht selten sehr schlammiges und lustiges) Wochenende in einem Skigebiet veranstaltet. Berühmte Bands spielen auf den großen und Indie-Bands auf den kleineren Bühnen. (S. 616)

August

Es ist heiß und schwül und die Feste gehen weiter. Wegen der Schulferien sind Strände und kühlere Bergregionen überfüllt. Viele Japaner reisen in ihre Heimatstädte (oder machen Urlaub) um O-Bon rum, der Verkehr kann also hektisch werden und viele Läden sind vielleicht geschlossen.

Feuerwerk-Festivals

Städte in ganz Japan feuern Ende Juli und Anfang August Feuerwerke ab. Zu den schönsten Festivals zählen u. a. das Sumidagawa-Feuerwerk-Festival (S. 118; Tokio, Ende Juli), das Biwa-See-Feuerwerk-Festival (in der Nähe von Kyoto, Anfang August) und das Naniwa-Yodogawa-Feuerwerk-Festival (Osaka, Anfang August).

World Cosplay Summit

Etwa 30 Länder wetteifern Anfang August (oder Ende Juli) in Nagoya darum, wer die besten *Cosplayer* (Manga- und Animefans, die sich anziehen wie ihre Lieblingsfiguren) hat. (S. 236)

Sendai Tanabata Matsuri

Sendais größtes Event feiert eine chinesische Legende von den Sternen Vega und Altair, die ein tragisches Liebespaar darstellen, das sich einmal im Jahr am 7. Juli trifft (nach dem alten Mondkalender, Anfang August nach dem modernen). Das Stadtzentrum ist mit bunten Bändern dekoriert. (S. 551)

Nebuta Matsuri

An mehreren Tagen Anfang August ziehen riesige beleuchtete Festwagen durch die Straßen von Aomori in Nord-Honshū, begleitet von Tausenden wilden, singenden Tänzern. Das Fest ist äußerst beliebt, darum sollte man Unterkünfte früh buchen. (S. 574)

Friedensgedenk-Zeremonie

Am 6. August findet in Hiroshima ein Gedenkgottesdienst für die Opfer der Atombombe statt, die im Zweiten Weltkrieg dort abgeworfen wurde. Dabei treiben Tausende Papierlaternen den Fluss hinab. (S. 480)

Matsumoto Bonbon

Bei der größten Veranstaltung in Matsumoto am ersten Samstag im August führen Tänzergruppen den für die Stadt typischen „Bonbon"-Tanz in den Straßen auf. (S. 290)

O-Bon (Totenfest)

Mitte August ehrt man an drei Tagen die Geister der Verstorbenen, die in dieser Zeit die Erde besuchen. Gräber werden geschmückt, Opfer gebracht und die Laternen, die auf Flüssen, Seen und dem Meer schwimmen, sollen den Geistern den Weg weisen.

Awa-odori Matsuri

Vom 12. bis 15. August findet in Tokushima auf Shikoku der größte und berühmteste *bon*-Tanz Japans statt. Mit den Tänzen, die zu den O-Bon-Festlichkeiten gehören, heißt man die Seelen Verstorbener nach ihrer Rückkehr in unsere Welt willkommen. (S. 708)

Rōsoku Matsuri

Kōya-sans ohnehin schon zutiefst atmosphärischer Oku-no-in wird am 13. August zu Rōsoku Matsuri im Rahmen des O-Bon von etwa 100 000 Kerzen erleuchtet. (S. 448)

Daimon-ji Gozan Okuribi

Anlässlich dieses Events während der O-Bon-Feierlichkeiten werden in den Bergen von Kyoto gewaltige Feuer in Form chinesischer Zeichen und anderer Symbole entzündet. Eines der beeindruckendsten Spektakel im ganzen Land. (S. 358)

Earth Celebration

Veranstaltungsort des international bekannten Festivals für Musik, Kunst und Tanz Ende August ist die Insel Sado vor der Nordküste Honshūs. Highlights sind *taiko* (Trommel)-Vorführungen und Workshops. (S. 612)

September

Die Tage sind noch warm, sogar heiß, aber weniger schwül. Auch wenn zu dieser Jahreszeit der sonderbare Taifun durch das Land rollt, ist dieser Monat generell eine tolle Reisezeit in Japan.

Kishiwada Danjiri Matsuri

Osakas wildestes Festival am dritten Wochenende im

September ist wie eine Art Stiertreiben, mit dem Unterschied, dass hier *danjiri* (Festwagen) die Straßen unsicher machen. Manche wiegen mehr als 3000 kg – es sind also Vorsicht und Abstand geboten. Am zweiten Tag passiert die meiste Action. (S. 403)

Mond-Betrachtung

Die Vollmonde im September und Oktober werden bei Mondbetrachtungen *(tsukimi)* zelebriert. Dabei isst man *tsukimi dango – mochi:* Bällchen aus Reismehl, rund wie der Mond.

Oktober

Die angenehm warmen Tage und kühlen Abende eignen sich ausgezeichnet für einen Aufenthalt in Tokio. In den Japanischen Alpen verfärbt sich das Laub.

Asama Onsen Taimatsu Matsuri

Der Asama-Onsen in Matsumoto ist Schauplatz dieses spektakulären Festes Anfang Oktober, bei dem Gruppen von Männern, Frauen und Kindern brennende Heuballen durch die engen Straßen zum Misha-jinja tragen, wo ein gigantisches Feuer lodert. (S. 291)

Kurama-no-hi Matsuri

Bei der Fackelprozession, die am 22. Oktober durch die Straßen Kuramas nördlich von Kyoto zieht, handelt es sich um eines der altertümlichsten japanischen Feste. (S. 358)

Matsue Suitōro

Samstags, sonntags und an Feiertagen während des ganzen Monats steigt dieses Licht- und Wasserfest auf der malerischen Burg von Matsue (West-Honshu). Laternen schwimmen im Burggraben und Trommelgruppen wetteifern an den Ufern. (S. 518)

Roppongi Kunstnacht

Mitte bis Ende Oktober findet diese Kunstveranstaltung (www.roppongiartnight.com) über ein Wochenende statt (und das wortwörtlich: Die Veranstaltungsorte bleiben die ganze Nacht über geöffnet). Riesige Installationen und Vorführungen nehmen die Straßen von Roppongi in Tokio ein.

Kyoto Experiment

Kyotos internationales Festival der darstellenden Künste (http://kyoto-ex.jp) findet Ende Oktober oder Anfang November statt.

Halloween

In Japan ist Halloween eine große Sache. Am 31. Oktober zieht es Tausende kostümierte Feierlustige nach Shibuya in Tokio. Die Straßen von Amerika mura in Osaka verwandeln sich in eine einzige riesige Party. (S. 396)

November

Frische und kühle Tage. In den Bergen fällt der erste Schnee. In und um Tokio und Kyoto verfärbt sich das erste Laub, was mitunter Menschenmassen anziehen kann.

Shichi-Go-San (7-5-3 Festival)

Bei diesem bezaubernden Fest Mitte November kleiden Eltern ihre Mädchen im Alter von sieben *(shichi)* und drei *(san)* und ihre Jungen im Alter von fünf *(go)* in winzige Kimonos und begleiten sie zu den Shintō-Schreinen zur Segnung.

Dezember

Im kalten Dezember füllen Partys zum Jahresende die Bars und Restaurants in der Stadt. Die Einkaufsstraßen werden festlich beleuchtet, viele Geschäfte machen ab dem 29. oder 30. Dezember Betriebsferien und öffnen erst wieder zwischen dem 3. und 6. Januar.

Luminarie

Für dieses jährliche Fest Anfang Dezember sind die Straßen von Kōbe gesäumt von wunderschön beleuchteten Bögen, zum Gedenken an die Opfer des Großen Hanshin-Erdbebens 1995. (S. 418)

Toshikoshi Soba

Zu Silvester isst man in Japan Buchweizennudeln, eine Tradition namens *toshikoshi soba*, die Glück und ein langes Leben bringen soll – Letzteres symbolisiert durch die Länge der Nudeln.

Joya-no-kane

Die Tempelglocken in ganz Japan schlagen am 31. Dezember um Mitternacht 108-mal, ein Reinigungsritual.

SEAN PAVONE/SHUTTERSTOCK ©

Reiseplanung
Reiserouten

2 WOCHEN — Tokio, Kyoto & Hiroshima

Die klassische Route für unerfahrene Japanbesucher deckt viele Hauptattraktionen ab, bietet sich das ganze Jahr über an und nutzt den preiswerten, praktischen Japan Rail Pass.

Los geht's mit ein paar Tagen im kosmopolitischen **Tokio** samt Wolkenkratzern, Trubel und Leuchtreklamen. Dann steigt man in den Hochgeschwindigkeitszug nach **Kyoto**.

Für die schönsten Tempel und Gärten Kyotos benötigt man mindestens zwei bis drei Tage. Dann bieten sich Ausflüge nach **Nara** mit dem Daibutsu (Großen Buddha) und nach **Osaka** samt buntem Nachtleben und Straßenimbissen an.

Nach einem Abstecher zum mystischen Bergkloster **Kōya-san** mit Übernachtung, z. B. in einem buddhistischen Tempel, geht's westwärts nach **Himeji** und zu Japans schönster Burg Himeji-jō.

Anschließend folgt **Hiroshima** und der bewegende Friedenspark. Weiter die Küste hinunter lockt **Miyajima** mit seinem hübschen Wasserschrein. Nach einer Nacht in einem *ryokan* (traditionellen Gästehaus) nimmt man den Zug zurück nach Tokio. Unterwegs lohnt sich ein Onsen-Stopp in den Bergen im Thermalort **Hakone**.

Shibuya-Kreuzung, Tokio (S. 87)

Friedensdenkmal, Hiroshima (S. 477)

LUCIANO MORTULA/SHUTTERSTOCK ©

Nördliche Japanische Alpen
Nagano
Obuse
Kanazawa
Shin-Hotaka
Onsen
Gokayama
Matsumoto
Kamikōchi
Shirakawa-gō
Takayama
Honshū
Fuji
(3776 m)
Kyoto
Nara

TOOYKRUB SHUTTERSTOCK ©

ARTCHAWIN PREMPRASONG/GETTY IMAGES ©

Oben: Kasuga Taisha, Nara (S. 429)
Unten: Shirakawa-gō (S. 264)

2 WOCHEN

Kyoto, Kanazawa & die Japanischen Alpen

Die Route stellt Japans traditionelle Kultur und Naturlandschaften in den Fokus. Auf einige Tage in Kyoto und Kanazawa, bekannt für kulinarische und künstlerische Traditionen, folgt eine einwöchige Tour durch die Japanischen Alpen mit ihren charmanten ländlichen Dörfern und versteckten Onsen-(Thermal-)Orten.

Die ersten Tage erkundet man die großen Tempel, Schreine und Gärten in **Kyoto**. Aber auch unbekanntere, idyllischere Exemplare und ein Tagesausflug nach **Nara** lohnen sich. Die exzellenten Nationalmuseen beider Städte zeigen klassische Kunst und Artefakte. Abends spaziert man durch Kyotos historisches Geisha-Viertel.

Nun geht's mit dem Zug nach **Kanazawa**. Dank der Nähe zum Japanischen Meer bietet es leckere Meeresfrüchte, und ist für seine Kunsthandwerkstradition und den Garten Kenroku-en berühmt. In Kyoto und Kanazawa gibt's exzellentes traditionelles Kunsthandwerk.

Mit dem Mietwagen fährt man in Hidas Berge. Die Dörfer **Shirakawa-gō** und **Gokayama** sind für Bauernhäuser mit dramatisch gewinkelten Strohdächern bekannt. In Ainokura, einem Weltkulturerbe, verbringt man die erste Nacht.

Der charmante alte Postort **Takayama** hat gut erhaltene Holzhäuser (heute Galerien, Sakebrauereien und Kunsthandwerksläden), und schmale Gassen, **Kamikōchi** lockt mit tollen Bergen und Wanderwegen sowie **Shin-Hotaka-Onsen** mit rustikalen Onsen (Thermalquellen).

In den Bergen isst man Spezialitäten wie Soba (Buchweizennudeln), Rindfleisch, *hoba-miso* (süße, auf einem Magnolienblatt gegrillte Miso-Paste) sowie wilde Pilze und Sprossen.

Richtung Osten lockt **Matsumoto** mit einer der besten Originalburgen Japans, Matsumoto-jō. In der Nähe von Nagano beherbergt das hübsche **Obuse**, ein gut erhaltener Bergort, das Hokusai-Museum. Den Abschluss bildet ein Besuch des eindrucksvollen Zenkō-ji-Tempels in **Nagano**.

In Nagano gibt's einen *shinkansen*-Bahnhof, man kann also mit dem Zug weiterreisen oder direkt zum Narita Airport fahren.

Im Winter sind manche Bergpässe wegen Schneefalls teils gesperrt, deswegen bietet sich die Route im Frühling, Sommer oder Herbst an.

1 WOCHE Tokio, Fuji & Umgebung

Japan gilt als Reiseziel, das viel Zeit und jede Menge Planung beansprucht, doch das muss nicht so sein. Zwischen Tokio und den Städten im Umland an der Küste und in den Bergen gibt's jede Menge zu entdecken, sowohl Modernes als auch Traditionelles.

Wer **Tokio** als Ausgangsbasis wählt, kann ohne lästiges Gepäck reisen und je nach Wetter und Laune spontane Ausflüge unternehmen. Bei mehreren Tagestrips lohnt sich auch der JR Tokyo Wide Pass, der überall in Japan erhältlich ist.

Die beste Anbindung sowie Restaurant- und Unterhaltungsszene bietet Shinjuku. Andere Viertel wie Asakusa und Ueno im Osten haben dafür günstigere Unterkünfte.

In wenigen Tagen lassen sich viele Highlights Tokios erkunden, darunter der grelle 24-Stunden-Trubel in Shinjuku und Shibuya, Harajukus Schrein, Meiji-jingū, die zeitgenössische Architektur des Omote-sandō, die Meeresfrüchte auf dem Tsukiji-Außenmarkt und die charmante Altstadt von Yanesen. Wer möchte, lässt es in einem der unterhaltsamen Künstlertreffpunkte wie Shimo-Kitazawa gemächlich angehen.

Der Sommer ist die richtige Zeit für eine Besteigung des **Fuji**, mit dem Zug zwei Stunden westlich von Tokio. Entweder übernachtet man dabei draußen und erreicht den Gipfel bei Sonnenaufgang oder verbringt eine Nacht in einer Berghütte. Die fünf Fuji-Seen, in denen sich der Fuji widerspiegelt, können ganzjährig besucht werden.

Schreine und Tempel gibt's in **Nikkō** im Norden mit dem prachtvollen Tōshō-gū. Der Schrein aus dem 17. Jh. für Shogun Tokugawa Ieyasu ist ein Weltkulturerbe. In der Gegend gibt's zudem Wanderwege und Onsen. Eine Stunde südlich von Tokio lockt die einstige mittelalterliche Hauptstadt **Kamakura** mit dezenteren, Jahrhunderte später errichteten Zen-Tempeln. Sie liegt an der Pazifikküste und weist heute eine hippe Strandkultur mit Cafés und Surfläden auf.

Der perfekte Schlusspunkt ist ein Besuch des Thermalorts **Hakone** in den Bergen südwestlich der Stadt, eine rund zweistündige Zugfahrt entfernt. Neben Spa-Anlagen für Tagesausflügler gibt's auch ryokan (traditionelle japanische Gästehäuser) für Übernachtungsgäste.

Oben: Fuji
Unten: Blick vom Tokyo City View (S. 82)

Nikkō
TOKIO
Fuji
(3776 m)
Kamakura
Hakone

Hokkaidō
Shiretoko-Nationalpark
RUSSLAND
Asahidake Onsen
Sōunkyō Onsen
Asahikawa
Akan-National-park
Daisetsu Kōgen Sansō
Daisetsuzan-Nationalpark
Fukiage Roten-no-yu
Tokachidake Onsen
Kushiro-Shitsugen Nationalpark
Kushiro
Sapporo
Shikotsu-Tōya-Nationalpark
Hakodate

MIKE LYVERS/GETTY IMAGES ©

PICHIT TONGMA/SHUTTERSTOCK ©

Oben: Akan-Nationalpark (S. 687)
Unten: Tanchō zuru (Mandschurenkranich), Kushiro-Shitsugen-Nationalpark (S. 694)

2 WOCHEN

Durch das unberührte Hokkaidō

Japans nördlichste Insel, Hokkaidō, vereint viele Highlights Japans: dampfende Onsen, zerklüftete Vulkangipfel, urbane Kultur, leckeres Essen und – überraschenderweise – die Chance auf einen epischen Roadtrip. In Hokkaidō fällt der Schnee früh, deswegen ist diese Tour für den Sommer gedacht.

Startpunkt ist **Hakodate**, Hokkaidōs südlichster Hafen, mit einem charmanten Zentrum aus dem 19. Jh. Hierher fährt der neue *shinkansen* (Hochgeschwindigkeitszug), der seit 2016 Hakodate in vier Stunden mit Tokio verbindet.

Nach einem Frühstück mit frischen Meeresfrüchten auf dem Fischmarkt von Hakodate fährt man in den **Shikotsu-Toya-Nationalpark** mit seinen Calderaseen und einem aktiven Vulkan. Vor Ort laden die Quellen von Noboribetsu-Onsen zum Entspannen ein.

Nächster Stopp ist Hokkaidōs Hauptstadt **Sapporo**, der fünftgrößte Ort Japans. Im Restaurant- und Ausgehviertel Susukino wartet urbanes Flair, bevor es zur zweitgrößten Stadt Hokkaidōs, **Asahikawa**, weitergeht. Wie Sapporo ist auch Asahikawa für *rāmen* bekannt. Zudem kann man Ausflüge in den Daisetsuzan-Nationalpark unternehmen, den größten des Landes.

Rund um den Park erstrecken sich die Dörfer **Tokachidake-Onsen**, **Asahidake-Onsen** und **Sōunkyō-Onsen**. Alle bieten heiße Quellen, Unterkünfte und gute Tageswanderungen. Lohnenswert sind außerdem **Fukiage Roten-no-yu** nahe Tokachidake-Onsen, eines der besten Onsen Japans in wilder Natur, sowie die abgeschiedene Berg-Lodge **Daisetsu Kōgen Sansō**.

Weiter östlich wartet die Welterbestätte **Shiretoko-Nationalpark**, laut den indigenen Ainu das „Ende der Welt", mit Wanderwegen durch Primarwälder und versteckten heißen Quellen.

Der **Akan-Nationalpark** ist vor allem für seine strahlend blauen Calderaseen Kussharo-ko und Mashu-ko bekannt. Zudem eignet sich kein Ort in Hokkaidō besser, um etwas über die Ainu zu lernen: In der Gegend gibt's Ainu-Dörfer (für Touristen), darunter Akan Kotan.

Den Abschluss bildet der **Kushiro-shitsugen-Nationalpark**, Heimat des gefährdeten Mandschurenkranichs. Von Kushiro aus ist man schnell am New Chitose Airport südlich von Sapporo.

2 WOCHEN Kyūshū & Okinawa

Das abgeschiedene Kyūshū beeindruckt mit einer fantastischen Stadt (Fukuoka), fesselnder Geschichte in Nagasaki, exzellenten Onsen und rauchenden Vulkanen. Weiter südlich geht die Satsuma-Halbinsel in eine Kette halbtropischer Inseln über, darunter Okinawa im Pazifik. Diese Tour sorgt zweifellos für Abwechslung!

Von Tokio fliegt man ins hippe **Fukuoka** und probiert einen Tag lang die leckeren *rāmen* mit Schweineknochen an den Essensständen. Kyūshū lässt sich gut mit dem Zug erkunden – es gibt ein Inselticket –, mit dem Auto ist man jedoch flexibler. Das gilt vor allem für eine Reise entlang der Küste über die Keramikstadt **Karatsu** nach **Hirado**, einer kleinen geschichtsträchtigen Insel. Auf dem Weg nach **Nagasaki** lohnt sich ein Stopp in **Arita**, ebenfalls für Keramik bekannt.

Nagasaki, die zweite von einer Atombombe zerstörte Stadt Japans, hat eine bewegende Geschichte, aber auch ein buntes kosmopolitisches Erbe. Von dort geht's nach **Kurokawa-Onsen**, einem der besten Onsen-Orte Japans, wo man in einem *ryokan* übernachten kann.

Richtung Süden, vorbei an dem aktiven Vulkan **Aso-san** und der Burgstadt **Kumamoto** (die sich noch von einem Erdbeben 2016 erholt), erreicht man **Kagoshima**. Die Stadt an der Spitze der Shimabara-Halbinsel ist bekannt für *tonkatsu* (panierte, frittierte Schweinekoteletts), *shōchū* (starken destillierten Likör) und Sakura-jima, den rauchenden Vulkan über der Skyline. Weiter südlich liegen die heißen Sandbäder von **Ibusuki**.

Dann gibt man das Auto zurück und fährt mit einem Schnellboot von Kagoshima nach **Yakushima**, einer Insel mit moosbedeckten Primärwäldern und Onsen am Meer. Hier bleibt man über Nacht (ambitionierte Wanderer auch länger).

Zurück in Kagoshima wartet eine epische Fahrt mit der Ausflugsfähre samt Übernachtung nach Okinawa-hontō, der größten der Okinawa-Inseln. Dort erkundet man in ein bis zwei Tagen die Hauptstadt **Naha**, den früheren Sitz des Ryūkyū-Reiches, genießt frischen Saft auf dem Markt und kostet hiesige Spezialitäten. Von Naha führt eine einstündige Fahrt mit dem Tragflügelboot zu den idyllischen palmenbestandenen **Kerama-Inseln**. Zurück in Naha geht's mit dem Flieger nach Tokio.

TORASUN/SHUTTERSTOCK ©

GARY SAISANGKAGOMON/SHUTTERSTOCK ©

Oben: Shuri-jō, Naha (S. 863)
Unten: Yakushima (S. 845)

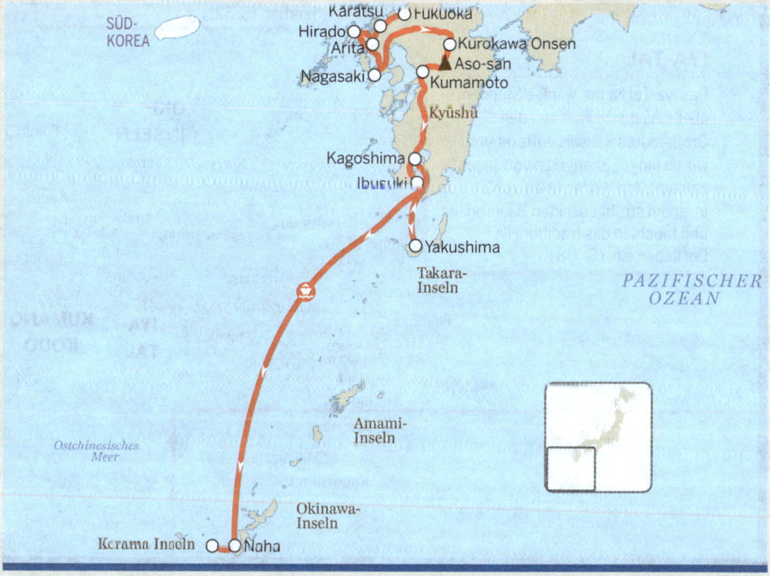
SÜD-
KOREA
Karatsu
Fukuoka
Hirado
Arita
Kurokawa Onsen
Aso-san
Nagasaki
Kumamoto
Kyūshū
Kagoshima
Ibusuki
Yakushima
Takara-
Inseln
PAZIFISCHER
OZEAN
Amami-
Inseln
Ostchinesisches
Meer
Okinawa-
Inseln
Kerama Inseln
Naha

Abseits der üblichen Pfade in Japan

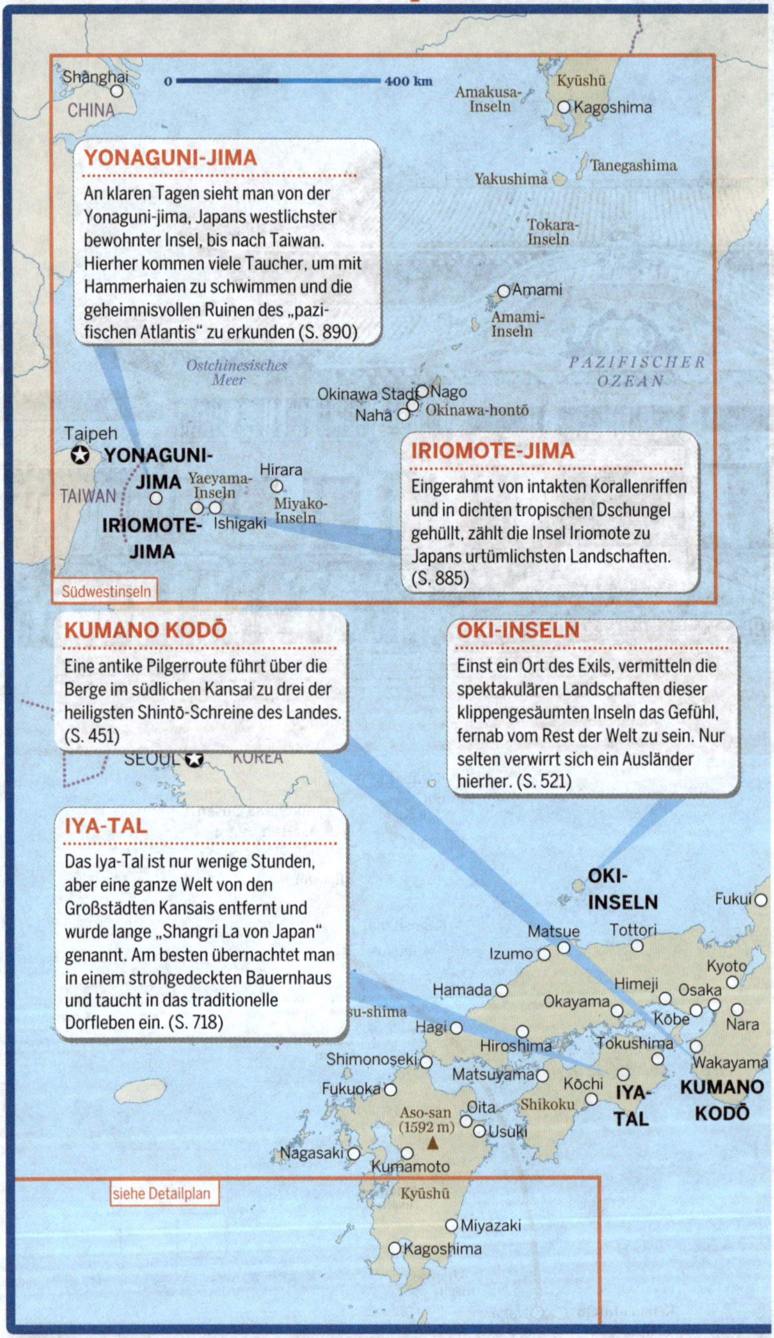

YONAGUNI-JIMA

An klaren Tagen sieht man von der Yonaguni-jima, Japans westlichster bewohnter Insel, bis nach Taiwan. Hierher kommen viele Taucher, um mit Hammerhaien zu schwimmen und die geheimnisvollen Ruinen des „pazifischen Atlantis" zu erkunden (S. 890)

IRIOMOTE-JIMA

Eingerahmt von intakten Korallenriffen und in dichten tropischen Dschungel gehüllt, zählt die Insel Iriomote zu Japans urtümlichsten Landschaften. (S. 885)

KUMANO KODŌ

Eine antike Pilgerroute führt über die Berge im südlichen Kansai zu drei der heiligsten Shintō-Schreine des Landes. (S. 451)

OKI-INSELN

Einst ein Ort des Exils, vermitteln die spektakulären Landschaften dieser klippengesäumten Inseln das Gefühl, fernab vom Rest der Welt zu sein. Nur selten verwirrt sich ein Ausländer hierher. (S. 521)

IYA-TAL

Das Iya-Tal ist nur wenige Stunden, aber eine ganze Welt von den Großstädten Kansais entfernt und wurde lange „Shangri La von Japan" genannt. Am besten übernachtet man in einem strohgedeckten Bauernhaus und taucht in das traditionelle Dorfleben ein. (S. 718)

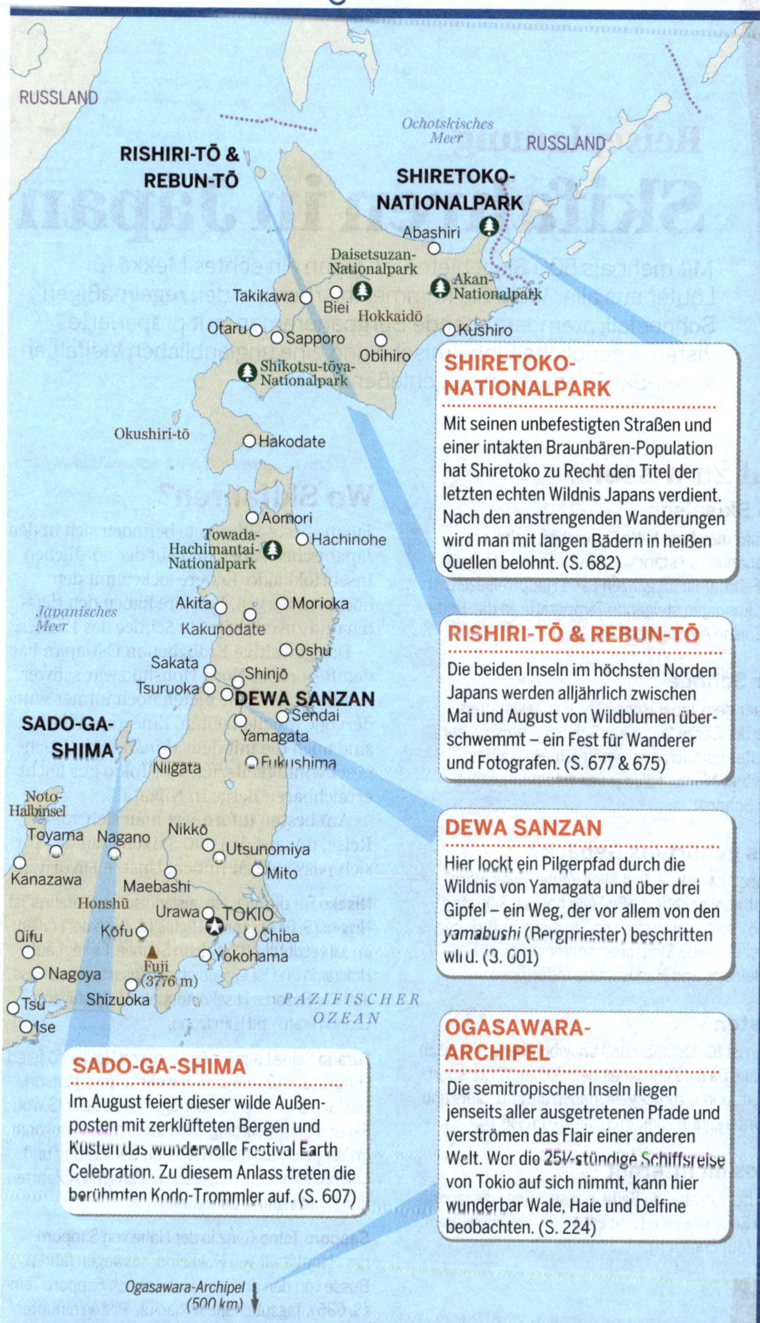

SHIRETOKO-NATIONALPARK

Mit seinen unbefestigten Straßen und einer intakten Braunbären-Population hat Shiretoko zu Recht den Titel der letzten echten Wildnis Japans verdient. Nach den anstrengenden Wanderungen wird man mit langen Bädern in heißen Quellen belohnt. (S. 682)

RISHIRI-TŌ & REBUN-TŌ

Die beiden Inseln im höchsten Norden Japans werden alljährlich zwischen Mai und August von Wildblumen überschwemmt – ein Fest für Wanderer und Fotografen. (S. 677 & 675)

DEWA SANZAN

Hier lockt ein Pilgerpfad durch die Wildnis von Yamagata und über drei Gipfel – ein Weg, der vor allem von den *yamabushi* (Bergpriester) beschritten wird. (S. 601)

OGASAWARA-ARCHIPEL

Die semitropischen Inseln liegen jenseits aller ausgetretenen Pfade und verströmen das Flair einer anderen Welt. Wer die 25½-stündige Schiffsreise von Tokio auf sich nimmt, kann hier wunderbar Wale, Haie und Delfine beobachten. (S. 224)

SADO-GA-SHIMA

Im August feiert dieser wilde Außenposten mit zerklüfteten Bergen und Küsten das wundervolle Festival Earth Celebration. Zu diesem Anlass treten die berühmten Kodo-Trommler auf. (S. 607)

Reiseplanung

Skifahren in Japan

Mit mehr als 500 Skigebieten ist Japan ein echtes Mekka für Läufer aus aller Welt. Sie kommen hierher, um den regelmäßigen Schneefall, atemberaubende Bergpanoramen, gut präparierte Pisten, freundliche Einheimische und eine unglaublichen Vielfalt an Après-Ski-Erlebnissen zu genießen.

Gut zu wissen

Die Skisaison

Beginnt meistens Mitte Dezember, wobei die Gegebenheiten stark variieren können. Im Januar und Februar ist im ganzen Land Hauptreisezeit. Ab März kündigen steigende Temperaturen das Ende der Saison Anfang April an.

Der Schnee

Auf der dem Japanischen Meer zugewandten Seite der Berge fällt mehr Schnee – umso mehr, je weiter nördlich man kommt. In Hokkaidōs Skigebiet Niseko fallen jedes Jahr mindestens 15 m Schnee!

Was gehört ins Gepäck?

In Japan kann man fast alles kaufen, was man benötigt. Wer sehr große Füße hat (ab Schuhgröße 46) sollte seine eigenen Skistiefel mitbringen und sehr große Menschen sollten auch ihre Skikleidung und Handschuhe mitbringen.

Kosten

Japan ist für Skifahrer und Snowboarder erstaunlich günstig. Da die Zahl der einheimischen Wintersportler seit Jahren zurückgeht, haben die Lifttickets und die Unterkünfte konkurrenzfähige Preise.

Infos im Internet

Eine hervorragende Seite, um sich über die japanische Skiszene zu informieren, ist www.snowjapan.com (auf Englisch).

Wo Skifahren?

Japans beste Skigebiete befinden sich in den Japanischen Alpen und auf der nördlichen Insel Hokkaidō. Erstere locken mit den höchsten Bergen, Letztere haben den tiefsten und zuverlässigsten Schnee des Landes.

Das gewaltige Erdbeben in Ostjapan hat den Resorts in Nord-Honshū zwar schwer zugesetzt, aber sie bieten noch immer wundervolle Möglichkeiten. Eine gute Wahl sind auch die mit dem *shinkansen* (Hochgeschwindigkeitszug) von Tokio aus leicht erreichbaren Berge in Niigata.

Am besten informiert man sich vor der Reise, um aus den 500 Skigebieten das für sich passende zu finden. Unsere Favoriten:

Niseko Für die meisten ausländischen Skifahrer ist Niseko (S. 644) Japans Highlight, denn dort fallen im Jahresdurchschnitt 15 m Schnee. Es liegt auf Hokkaidō und ist eigentlich ein Zusammenschluss aus vier Resorts: Niseko Annupuri, Higashiyama, Grand Hirafu und Hanazono.

Furano Seine Lage im Zentrum von Hokkaidō feiert Furano (S. 662) mit dem Nabelfest Heso Matsuri. Das Gebiet wurde als Austragungsort des FIS World Ski und Snowboarding Cups international bekannt. Im Vergleich zu Niseko ist es ein Geheimtipp und belohnt erfahrene Pulverschneefans mit Abfahrten durch unberührte Birkenwälder.

Sapporo Teine Ganz in der Nähe von Sapporo, der Hauptstadt von Hokkaidō, deswegen fahren Busse von den dortigen Hotels nach Sapporo Teine (S. 636). Tagsüber saust man die Pisten hinunter, die 1972 für die Winterolympiade angelegt wurden,

Skifahren in Japan

und abends vergnügt man sich in den lebhaften Restaurants, Bars sowie Clubs von Susukino.

Hakuba Der Inbegriff eines Skigebietes der Japanischen Alpen bietet atemberaubende Ausblicke sowie hervorragende und abwechslungsreiche Pisten in sieben Resorts, beispielsweise im legendären Happō-One. 1998 fanden in Hakuba (S. 299) die Olympischen Winterspiele statt.

Shiga Kōgen Shiga Kōgen (S. 312) in den Japanischen Alpen zählt zu den größten Skiresorts der Welt. Unglaubliche 21 Gebiete sind durch Abfahrten und Lifte miteinander verbunden und mit nur einem Skipass befahrbar. Hier ist für jeden etwas dabei.

Nozawa-Onsen Dieser malerische kleine Skiort (S. 310) liegt versteckt hoch oben in den Japanischen Alpen. Er verfügt über eine große Auswahl an Abfahrten, darunter einige anspruchsvolle Buckelpisten. Snowboardern werden der Funpark und die Halfpipe gefallen. Darüber hinaus gibt's in den Bergen eine Langlaufloipe.

Echigo-Yuzawa-Onsen Dank seines *shinkansen*-(Hochgeschwindigkeitszug-)Bahnhofs ist Echigo-Yuzawa-Onsen (S. 614) sehr gut erreichbar. Hier hält die Jōetsu-Linie nach Niigata und man kann von Tokio aus einen Tagesausflug unternehmen (die schnellste Verbindung dauert 77 Min.). Der Name des hiesigen Skiortes ist Gala Yuzawa.

Naeba In Naeba (S. 615) findet man die Dragondola, angeblich die längste Gondelbahn der Welt (5,5 km). Nahe dem komfortablen Prince Hotel erstrecken sich zwei riesige Skigebiete.

Myōkō Kōgen Dieses Skiresort (S. 617) ist deutlich weniger bebaut als die anderen schon genannten und liegt nördlich von Nagano und in der Nähe des Japanischen Meeres. Die pulverschneereiche Bergkette Myōkō lädt zu einem Skiurlaub jenseits der ausgetretenen Pfade ein.

Zaō Onsen Ski Resort Auf den wohl besten Skihängen Nord-Honshūs (S. 598) gibt's eine riesige Auswahl an Pisten für Anfänger und Fortgeschrittene, breite, kurvige Abfahrten und natürlich tolle Onsen für ein besonderes Après-Ski-Erlebnis.

Tazawako Ski Park Die Pisten des Tazawako-Skiparks (S. 592), des größten Wintersportziels der Präfektur Akita, schlängeln sich den Akita Komaga-take hinunter und bieten einen tollen Blick auf den Tazawa-ko. Hierher kommen kaum Ausländer, doch sie werden freundlich empfangen.

Daisen Unser Joker! Der offene Vulkankrater (1729 m) in der Präfektur Tottori, nur 10 km vom Japanischen Meer entfernt, ist das beste Skigebiet (S. 523) im Westen des Landes. Im Winter schneit es dort häufig. Das Ziel heißt Daisen White Resort!

Freeride-Optionen

In Japan gibt's ein paar tolle Möglichkeiten fürs Freeride-Fahren, besonders in Hokkaidō, doch dies ist ein relativ neuer Trend, und die meisten Japaner folgen nach wie vor dem Mainstream.

Asahi-dake Eine extreme Erfahrung auf einem rauchenden Vulkan im Daisetsuzan-Nationalpark. Der Asahi-dake (S. 667), der höchste Berg Hokkaidōs, bietet eine Seilbahn (500 Höhenmeter), trockenen Pulverschnee und reizvolle Aussichten, ist aber nichts für Anfänger.

Kuro-dake Kuro-dake (S. 669) in Sōunkyō-Onsen, im Nordosten des Daisetsuzan-Nationalparks auf Hokkaidō, hat eine Seilbahn und einen Lift und wird immer beliebter bei Skifahrern, die vertikales und schwieriges Terrain lieben.

Rishiri-tō Der Rishiri-zan (S. 677), ein perfekter Vulkankegel auf einer eigenen abgelegenen Insel

SKIFAHREN AUF JAPANISCH

Schnee ist Schnee, Ski sind Ski. Kann ein Skiurlaub in Japan tatsächlich so anders sein? Die Unterschiede sind nicht gravierend, trotzdem sollte man Folgendes beachten:

- Die Abwicklung an den Skiliften ist manchmal überraschend schlecht organisiert.
- Nicht alle Skiorte kennzeichnen Schwierigkeitsgrade in Grün/Blau/Schwarz.
- Viele Japaner sind um 9 Uhr auf der Piste, essen exakt um 12 Uhr zu Mittag und verlassen den Berg gegen 15 Uhr. Wer sich an etwas andere Zeiten hält, kann den Massen aus dem Weg gehen.
- Skifahren abseits der Pisten ist zwar oft von hoher Qualität, allerdings in den meisten Skigebieten auch verboten. Wenn einen die Patrouille erwischt, wird der Skipass eingezogen. Unbedingt über die regionalen Bestimmungen informieren.
- Das Interesse an Freeride-Ski nimmt immer mehr zu, aber die meisten Japaner bevorzugen immer noch gut gepflegte Pisten.

vor der Küste von Nord-Hokkaidō, ist ideal für Extremskifahrer. Lifts gibt's keine, man muss viel laufen und benötigt einen Führer vom Rishiri Nature Guide Service (S. 678). Früh buchen.

Preise

Ausländer denken oft, dass das Skifahren in Japan ein kleines Vermögen kosten muss. Doch selbst wenn man die Tickets für den Flug hinzurechnet, kann ein einwöchiger Skiurlaub hier tatsächlich günstiger sein als im Heimatland.

Skipässe & Ausrüstungsverleih Ein Tagespass kostet in den meisten japanischen Skigebieten 4000 bis 6000 ¥, in Niseko bis zu 7400 ¥. Das ist deutlich weniger, als ein Tag in einem großen europäischen Ferienort. Die komplette Leihausrüstung (es stehen sowohl Skier als auch Snowboards zur Verfügung) bekommt man schon für 5000 ¥ pro Tag. Da Japaner etwas von Qualität verstehen, muss man nicht befürchten, dass man mit einer mangelhaften oder alten Ausrüstung auf der Strecke bleibt.

Unterkunft In den meisten japanischen Skigebieten gibt's zahlreiche gute Unterkünfte für 6500 bis 10 000 ¥. Oft sind ein oder zwei Mahlzeiten im Preis inbegriffen. Für eine ähnliche Unterkunft in Europa muss man deutlich mehr zahlen. Budgetreisende finden in der Nähe der meisten Skiorte eine Auswahl an Hostels im Backpackerstil. Familien wird es freuen, dass Kinder unter sechs Jahren kostenlos oder ermäßigt übernachten können.

Essen Mahlzeiten an den Pisten schlagen meist mit 1000 ¥ zu Buche, sind also preiswerter als in Europa. Die Auswahl an Restaurants ist großartig. Das Spektrum reicht von *rāmen* (Eiernudeln), *udon* (Weizennudeln), *kare-raisu* (Curryreis) und *gyūdon* (Rindfleischstückchen auf Reis) bis zu Vertrautem wie Sandwiches, Pizza, Burger und Kebabs. Weil Snacks und Bier recht teuer sein können, bringt man sie besser selbst mit, als sie in den allgegenwärtigen Minimärkten zu kaufen.

SCHON GEWUSST?

- In Sapporo fanden 1972 die ersten Olympischen Winterspiele außerhalb Europas und Nordamerikas statt.
- Snowboard war bei bei den Olympischen Winterspielen in Nagano 1998 erstmals offizielle Disziplin.

MICHAEL H/GETTY IMAGES ©

Anreise Die Fahrt vom Flughafen zum Skigebiet kostet nicht mehr als in anderen Ländern und nimmt für gewöhnlich weniger Zeit in Anspruch.

Wie sagt man „Ski" auf Japanisch?

Eigentlich heißt es ja „schi", auch wenn die Japaner das Wort eher wie „sukie" aussprechen; alles in allem gestaltet sich die Verständigung aber recht unproblematisch.

In den meisten Resorts arbeiten Englisch sprechende Ausländer mit einem Working-Holiday-Visum. Sie bedienen Lifte, sind in Cafeterias beschäftigt und oft in Hotels oder Pensionen angestellt, die sich bei ausländischen Gästen großer Beliebtheit erfreuen.

Da es alle wichtigen Hinweisschilder und Karten auf Englisch gibt, werden sich Wintersportfans – vorausgesetzt man hat bereits einige Erfahrung gesammelt – in japanischen Skigebieten ganz intuitiv zurechtfinden.

Bei den Infoschaltern am Fuß des Berges trifft man stets auf hilfreiche und höfliche Mitarbeiter.

Reiseplanung

Reisen mit Kindern

Sicher, sauber und mit allem Komfort – Japan ist toll für Kinder. Allerdings könnten viele kulturelle Sehenswürdigkeiten (Schreine, Tempel und Museen) die Kids langweilen. Man sollte daher einige Aktivitäten einplanen, um sie bei Laune zu halten. Teenagern werden die Popkultur und die neonbeleuchteten Straßen gefallen.

Die besten Regionen für Kinder

Tokio

Popkultur in Hülle und Fülle: Hier kann man in einer riesigen Godzilla-Statue übernachten, im Ghibli-Museum die Welt des japanischen Top-Animatoren Hayao Miyazaki erkunden, einen Vergnügungspark besuchen oder Figuren als Souvenirs einkaufen. Teenagern werden Viertel wie Harajuku (S. 89) und Shibuya (S. 87) gefallen.

Okinawa & die südwestlichen Inseln

Das subtropische Okinawa, ein beliebtes Reiseziel von einheimischen Familien, lädt zum Entspannen am Strand ein. Die Insel Taketomi liegt abseits der ausgetretenen Pfade und eignet sich ideal für Kinder: Es gibt keine Autos (nur Fahrräder!) und tolle, ruhige Strände.

Zentrales Honshū

Wandern und Skifahren in den Alpen, an Reisfeldern entlangradeln, die historischen Bauerndörfer außerhalb von Takayama und eine fantastische Burg in Matsumoto erkunden.

Sapporo & Hokkaidō

Tolle Möglichkeiten zum Skifahren, Snowboarden, Wandern und Zelten für Familien, die sich gerne im Freien aufhalten.

Essen

Supermärkte, Bäckereien, Fast-Food-Restaurants und Lebensmittelgeschäfte bieten Sandwiches und andere Lebensmittel. In Supermärkten gibt's Babynahrung.

Bei bekannten Allergien lässt man sich die jeweilige japanische Bezeichnung am besten aufschreiben. In Restaurantketten sind gewöhnliche Allergene auf der Speisekarte oft mit einem Symbol gekennzeichnet.

Wer in einem *ryokan* inklusive Verpflegung übernachten möchte, sollte spezielle Ernährungsbedürfnisse bei der Buchung erwähnen (Unterkünfte, in denen regelmäßig ausländische Touristen übernachten, gehen meist darauf ein). Man kann auch einen Aufenthalt ohne Verpflegung buchen.

Japanische Familien speisen oft in „Familienrestaurants" (ファミレス; *famiresu*) – Ketten wie Gusto, Jonathan's, Saizeriya und Royal Host, die Kinderteller, Hochstühle (nicht so üblich wie im Westen), viel Platz und Nichtraucherbereiche haben.

Schlafen

Die meisten Hotels stellen bei ausreichendem Platz und gegen Aufpreis Babybetten bereit. Manche bieten Dreibettzimmer; vier Betten bzw. zwei Queensize-Betten sind selten.

Einheimische Familien übernachten oft in traditionellen Unterkünften (*ryokan* und *minshuku*) – große Tatamizimmer haben Platz für bis zu fünf Futons nebeneinander.

Viele Hostels verfügen über Familienzimmer (oder einen Schlafsaal für vier Personen, den man komplett buchen kann). Oft stehen auch Kochmöglichkeiten zur Verfügung.

Internationale Hotels in Tokio kooperieren mit regionalen Babysitteragenturen, die englischsprachige Mitarbeiter haben.

Kleinkinder

Windeln, Fläschchen, Wischtücher und Medikamente gibt's in großen Apotheken.

In Kaufhäusern, Einkaufszentren und größeren Bahnhöfen sind meist Einrichtungen zum Wechseln von Windeln zu finden.

Für gewöhnlich wird in der Öffentlichkeit nicht gestillt, manche Mütter tun es aber trotzdem (findet man eine ruhige Ecke und benutzt ein Tuch, wird es wahrscheinlich niemand bemerken).

Unterwegs vor Ort

Züge haben spezielle Sitzplätze für Schwangere und Reisende mit kleinen Kindern. Am besten meidet man die morgendlichen Stoßzeiten (von 7 bis 9.30 Uhr). Kinder unter zwölf können aber auch mit ihren Müttern in die weniger überfüllten Frauenwagons. Kids zwischen sechs und elf Jahren fahren zum halben Preis (auch in Hochgeschwindigkeitszügen), unter sechs kostenfrei.

Bahnhöfe und Gebäude in größeren Städten verfügen für gewöhnlich über Aufzüge. Rampen sind in vielen Sehenswürdigkeiten wie Tempeln und Schreinen nicht verfügbar (mit Kinderwagen erhält man keinen Zugang zu den rollstuhlgerechten Spezialaufzügen und Nebengängen). Nebenstraßen haben oft keinen Gehweg.

Ein Auto ist (außerhalb von größeren Städten) für Familien häufig eine gute Wahl, da es das Reisen mit Kindern und Gepäck erleichtert. In Taxis gibt's normalerweise keine Kindersitze, bei den meisten Autovermietungen auf vorherige Anfrage schon.

Highlights für Kinder

Freizeitparks

- **Tokyo Disney Resort, Tokio** (S. 115) Disney Sea Park (und klassische Disney-Attraktionen).
- **Universal Studios Japan, Osaka** (S. 402) Die japanische Version des US-Themenparks.
- **Fuji-Q Highland, Fuji-Yoshida** (S. 173) Für seine aufregenden Fahrten bekannt.
- **Tokyo Dome City, Tokio** (S. 116) Kindgerechte Karussells und eine Achterbahn im Herzen Tokios.

Züge

- **Eisenbahnmuseum Kyoto** (S. 326) Die Geschichte von Japans Zügen – vom Dampfmotor zum *shinkansen* (Hochgeschwindigkeitszug).
- **JR SCMAGLEV & Railway Park, Nagoya** (S. 236) Eine Magnetschwebebahn (der schnellste Zug der Welt) und ein *shinkansen*-Simulator.

Baseball

Alle größeren Städte haben eigene Teams.

- **Tokyo Dome, Tokio** (S. 152)
- **Mazda-Zoom-Zoom-Stadion, Hiroshima** (S. 483)
- **Fukuoka Yafuoku! Dome, Fukuoka** (S. 768)
- **Sapporo Dome, Sapporo** (S. 641)
- **Kyōcera Dome, Osaka** (S. 410)

Radtouren

- **Satoyama Experience, Hida-Furukawa** (S. 260) Blick auf Reisfelder und Bauernhöfe.

Ski & Snowboard

- **Niseko United, Niseko** (S. 644) Eines der größten Resorts von Japan mit englischsprachigen Lehrern und Skicamps für Kinder.

REISEPLANUNG

Wer mit Kindern nach Japan reist, muss nur wenige spezielle Vorkehrungen treffen. Allerdings sollte man die Medizin mitnehmen, die das Kind regelmäßig nimmt (oder brauchen könnte), da japanische Apotheken keine ausländische Medizin (nur ähnliche) vorrätig haben. Die Fahrt im *shinkansen* (Hochgeschwindigkeitszug) ist sehr angenehm und nur wenige Fahrgäste klagen über Reisekrankheit, doch Vorbeugung könnte sinnvoll sein. Von den kurvenreichen Bergstraßen wird einem genauso schwindelig wie anderswo auch. Allerdings gibt's eine Sache, die man vielleicht besser einpacken sollte: kleine Plastikgabeln und -löffel, da sie nicht in allen Restaurants erhältlich sind.

Thunfisch Sashimi mit Sepiarogen und Wasab

Reiseplanung

Essen & Trinken wie Einheimische

Wer durch Japan reist, bemerkt schnell, wie besessen (und begeistert) die Japaner vom Essen sind. Jede Insel und jede Region bietet ihre eigenen *meibutsu* (Spezialitäten), auf die man dort mit Recht sehr stolz ist.

Essen im Wechsel der Jahreszeiten

In gehobenen Restaurants ändert sich nicht nur das Essen mit den Jahreszeiten, sondern auch Geschirr und Dekoration, die oft aus saisonalen Blumen, Zweigen oder Blättern besteht.

Frühling (März–Mai)

Die Natur erwacht, und die Frühlingsernte landet als *takenoko* (Bambussprossen) und *sansai* (Berggemüse) auf dem Tisch. In den Bergen schmeckt das besonders gut.

Sommer (Juni–Aug.)

Jetzt gibt's Gerichte wie *reimen* (kalte *rāmen*) und *zaru soba* (kalte Buchweizennudeln, serviert auf einem Bambussieb). Und nichts ist sommerlicher als *kaki-gōri* (Geschabtes Eis mit süßem Sirup).

Herbst (Sept.–Nov.)

Wenn silbriger *sanma* (pazifischer Makrelenhecht) auf den Tisch kommt, hat der Herbst begonnen. Andere Köstlichkeiten: Matsutake-Pilze, Ginkgo-Nüsse, kandierte Kastanien und *shinmai*, der erste Reis der neuen Ernte.

Winter (Dez.–Feb.)

Freunde treffen sich bei dampfend heißen *nabe*(Feuertopf)-Gerichten; das ist auch die Jahreszeit für *fugu* (Kugelfisch) und Austern.

Kulinarische Erlebnisse

Unbedingt

- Zum Frühstück frischen Fisch und Meeresfrüchte auf dem morgendlichen Fischmarkt in Tsukiji (S. 79) in Tokio oder auf dem Markt in Hakodate auf Hokkaidō essen (S. 696).
- Die erstaunlichen Köstlichkeiten in der Delikatessen-Etage in einem Kaufhaus ansehen (und probieren!).
- *Kaiseki* (Japans Haute Cuisine) mit allen Sinnen in einem der superben Restaurants in Kyoto oder Kanazawa genießen.
- Nach dem Karaoke spät in der Nacht noch eine Schüssel Nudeln schlürfen, am besten in einem von Japans berühmten Vergnügungsvierteln.
- Für ein Probiermenü des Chefkochs in einem Spitzen-Sushirestaurant in Tokios Ginza richtig viel Geld ausgeben.
- Mit Einheimischen in einem typischen *izakaya* (japanischen Kneipen-Restaurant) Sake trinken.

Günstig und lecker

- **Tachigui Nudeln** *Tachigui* heißt „im Stehen essen", an den günstigen Ständen (oft in Bahnhofsnähe) bekommt man für ein paar hundert Yen heiße *soba* oder *udon*.
- **Onigiri** Dreiecke oder Scheiben aus Klebreis, oft in Algen eingewickelt und gefüllt mit Lachs, Rogen oder sauren Pflaumen. Werden in 24-Stunden-Supermärkten oder an größeren Bahnhöfen verkauft, für 100 bis 200 ¥.
- **Curry Reis** Das Lieblingsessen aller Studenten ist die japanische Version eines Currys: Die Soße ist dick, braun, oft eher süß als scharf und enorm sättigend, zusammen mit Reis kostet es selten mehr als 1000 ¥. Curry-Restaurants, Fast-Food-Ketten und unabhängige Läden findet man überall.
- **Feste** Bei Japans traditionellen und modernen (Straßen-)Festen gibt's immer Essenstände, die alles Mögliche heiß am Spieß (wie Tintenfisch) oder direkt vom Grill verkaufen (so wie *yaki-soba*, Bratnudeln).
- **Bäckereien** zusätzlich zu ziemlich normalen Sandwiches und Gebäck werden in japanischen Bäckereien auch Snacks mit subtiler japanischer Note wie *mentaiko* (Pollackrogen) oder *anko* (süße rote Bohnenpaste) verkauft.

Für Experimentierfreudige

- **Nattō** Die teils vergorenen Sojabohnen mit Ammoniakaroma sind der Test, mit dem die Einheimischen die kulinarische Experimentierfreude von Ausländern beurteilen: „Können Sie *nattō* essen?" ist eine beliebte Frage.
- **Uni** Der Seeigel schmeckt nach destilliertem Wasser aus dem Priel, sieht aus wie ein orangefarbenes Gehirn und hat eine Konsistenz wie Pudding, aber er ist das Höchste der Gefühle für viele Sushi-Fans, wenn auch etwas gewöhnungsbedürftig. Beste Jahreszeit: Sommer.
- **Shiokara** Meeresfrüchte, die in ihren eigenen, ordentlich gesalzenen Eingeweiden fermentiert wurden. *Shiokara* ist ein ganz klassischer Snack

für alte Männer, die es in einem gemütlichen *izakaya* mit einem Schluck Sake runterspülen.

- **Inago no Tsukudani** Grashüpfer mit einer Glasur aus Sojasoße und Zucker sind eine Spezialität von Zentral-Honshū.
- **Shirako** Fischmilch (Samen aus der Fortpflanzungsdrüse) von Dorsch oder *fugu* ist eine Winter-Delikatesse. Serviert wird sie in Sushi-Restaurants in ganz Japan, pochiert in einer leichten Sojasoße mit Zitrusnote.

Regionale Spezialitäten

Tokio

- **Sushi** Mit dem führenden Fischmarkt des Landes hat Tokio die erste Wahl beim besten Fang des Tages.
- **Kreative Küche** Tokioter haben stets Appetit auf etwas Neues und Köche und Gastronomen kommen dem nur zu gern nach. Das kann eine neue Version von *rāmen* sein, die das ganze Land begeistert, oder eine innovative Art, die japanische Haute Cuisine mit der modernen französischen Küche zu verbinden, die ein regionales Restaurant auf die Liste der Weltbesten katapultiert.

Die Japanischen Alpen und Zentral-Honshū

- **Die Küche in den Bergen** Die zerklüfteten Alpen sind vom Meer und den fruchtbaren Ebenen weit entfernt. Hier bilden *soba* (Buchweizennudeln) und Kartoffeln die Grundlage, Pilze und Sprossen aus dem Wald, Wild und Flussfische (wie *ayu*, ein stintähnlicher Fisch). Das Essen wird oft über Kohle gegrillt oder als Feuertopf serviert.
- **Küste der Japansee** Das kalte Wasser des Japanischen Meeres bringt herausragenden Fisch und Meeresfrüchte hervor. Hochgeschätzt ist der *kan-buri* (Winter-Gelbschwanz). Frischen Fisch und Meeresfrüchte gibt's in Mengen bei Kanazawas Version von *kaiseki* (Haute Cuisine).

Kyoto

- **Kaiseki** In der alten Kaiserstadt wurde Japans Spitzenküche geboren. Die angesehensten *kaiseki*-Restaurants im ganzen Land (einige auch für bescheidenere Budgets) findet man in Kyoto.
- **Tee & Süßes** Die Heimat der Teezeremonie ist natürlich der beste Ort, um grünen Tee und die dazu passenden *wagashi* (Japanische Süßigkeiten) zu probieren. Ganz in der Nähe liegt Uji mit den berühmtesten Teeplantagen des Landes.

Vorbereitungen für die Teezeremonie

Kansai

- **Osaka** In Japans drittgrößter Stadt gibt's zahllose Restaurants. Unbedingt probieren: *tako-yaki* (Oktopus-Bällchen vom Grill) an Straßenständen und *okonomiyaki* (herzhafte Pfannkuchen, die man auf dem Tischgrill selbst zubereitet).
- **Kōbe** Die weltoffene Hafenstadt ist berühmt für ihre Bäckereien und das edle Rindfleisch.
- **Vegetarische Tempelküche** Im Tempelkomplex Koya-san (S. 444) lohnt es sich, *shōjin-ryōri zu probieren, die vegetarische Küche der buddhistischen Mönche.*

Hiroshima & West-Honshū

- **Hiroshima-yaki** Ein Besuch in Hiroshima ist erst dann komplett, wenn man *okonomiyaki* (herzhafte Pfannkuchen) probiert hat, die hier mit Nudeln und einem Spiegelei serviert werden.
- **Austern** Im Winter kommen Feinschmecker aus ganz Japan in die Region, um Austern aus

Okonomiyaki

dem Binnenmeer bei Hiroshima zu schlürfen. Kleine *kaki-goya* („Austernbuden") mit Grill stehen dann an der Küste und auch in der Stadt.

Nord-Honshū (Tōhoku)

➡ **Feuertöpfe** Eintöpfe werden ganz im Norden vom Japans Hauptinsel gern gegessen. Jede Region hat ihren eigenen: In Yamagata gehört *taro* dazu, in Akita muss unbedingt *kiritanpo* – Klebreis am Bambusspieß gegrillt – mit dabei sein.

➡ **Gyūtan** Die regionale Spezialität von Sendai ist dünn geschnittene, überraschend zarte Rinderzunge vom Holzkohlegrill.

➡ **Sake** am besten frisch und trocken, aus der Präfektur Niigata (heißt *tanrei karakuchi*).

Sapporo & Hokkaidō

➡ **Krustentiere** Hokkaidōs kalte Gewässer wimmeln nur so von Krabben, Jakobsmuscheln und diversen anderen Mollusken im Winter sowie Shrimps und Seeigeln im Sommer.

➡ **Miso Ramen** Im Winter hält man sich in Sapporo mit *rāmen* in Misosuppe warm, obendrauf gibt's Gemüse, das in Knoblauch gebraten wurde.

➡ **Lamm BBQ** Einheimische in Hokkaidō lieben das Lamm vom Holzkohlegrill (*jingisukan*) zusammen mit reichlich frisch gezapftem Bier.

Shikoku

Shikoku ist größtenteils sehr ländlich und bietet einfache Freuden, so wie *udon* (in Kagawa) und *katsuo-tataki* (scharf angebratenen Bonito in Kōchi).

Kyūshū

➡ **Hakata Ramen** Fukuoka ist die Pilgerstätte für japanische *rāmen*-Fans. Das Besondere hier sind die dünnen Nudeln, die in einer immens geschmacksintensiven Brühe aus Schweineknochen serviert werden. Am besten an einem der vielen *yatai* (Essenstände unter freiem Himmel) essen.

➡ **Nagasaki Fusion**. Während der Rest von Japan vom 17. bis zum 19. Jh. von der Außenwelt abgeschlossen war, gab es in Nagasaki eine kleine Ausländergemeinde – größtenteils Chinesen, Portugiesen und Holländer. *Shippoku-ryōri*, die regionale Fusion-Haute Cuisine, wurde von diesen Einflüssen geprägt. Auch probieren: *castella*, ein Biskuitkuchen, basierend auf dem Rezept eines portugiesischen Missionars aus dem 16. Jh.

JUNICHI MIYAZAKI/LONELY PLANET ©

Yakitori

Okinawa & die südwestlichen Inseln

➡ Bis Mitte des 19. Jhs. war Okinawa ein eigenes Königreich mit einer ganz eigenen Esskultur. Zu dem regionalen Spezialitäten gehören *mimigā* (Schweineohren in Scheiben, mariniert in Essig) sowie *gōyā champurū* (Pfannengericht mit Bittermelone, einer Gemüsefrucht aus Okinawa). *Awamori*, eine Spirituose aus Okinawa, wird mit Reis gebraut.

Esskultur

Essenszeiten

➡ **Frühstück** Das japanische Frühstück besteht traditionell aus Reis, Misosuppe und ein paar Beilagen, etwa einem kleinen gegarten Fisch oder *nattō* (teilweise fermentierte Sojabohnen), zumindest wird das im *ryokan* (traditionelle Herberge) serviert. In Cafés gibt's Kaffee und Backwaren.

➡ **Mittagessen** wird zwischen 11.30 und 13 Uhr so nebenbei gegessen, oft als festes Menü und ausgewogen zusammengesetzt aus Proteinen, Kohlenhydraten (normalerweise Reis) plus Gemüse.

➡ **Abendessen** Wenn Japaner nicht in der Stadt Überstunden machen, essen sie für gewöhnlich recht früh zu Abend, so gegen 18 Uhr. Wie beim Mittagessen geht es um die Ausgewogenheit. Wer ausgeht, sieht das Essen oft als Nebensache zum Alkohol und bestellt am Abend, der recht lang werden kann, viele kleine Gerichte in unregelmäßigen Abständen.

Wohin zum Essen?

➡ **In der Stadt** Japans größere Städte haben viele verschiedene internationale Restaurants, sodass es eine große Auswahl an japanischer, chinesischer, thailändischer, französischer, italienischer Küche und mehr gibt. Die Food Courts in Kaufhäusern und Bahnhöfen sind eine günstige Alternative.

➡ **Auf dem Land** In Urlaubsorten gibt es oft eine ganze Reihe von Restaurants, allerdings machen viele kleine Läden zwischen Mittag- und Abendessen zu oder bieten gar kein Abendessen an, da die meisten japanischen Gäste die Mahlzeiten lieber bei der Unterkunft mitbuchen. Tatsächlich ist es in ländlichen Gegenden so, dass die besten Gourmetgerichte in *ryokan* (traditionellen Herbergen) serviert werden, mit einer großen Auswahl an regionalen und saisonalen Produkten.

Speisekartenschlüssel

➡ **Setto** (セット) Festes/r Menü/Gang

➡ **Morning setto** (モーニングセット) Frühstücksmenü (meist aus Ei, Toast und Kaffee)

➡ **Party plan** (パーティプラン; *pāti puran*) besteht aus mehreren Gerichten und einer Stunde (oder zwei) all-you-can-drink, kann oft in einem *izakaya* (japanisches Kneipen-Restaurant) bestellt werden.

➡ **Teishoku** (定食) ein Menü bzw. ein fester Gang

➡ **Tabe-hōdai** (食べ放題) All-you-can-eat (oft mit einer festgelegten Zeit, während der man eine unbegrenzte Anzahl an Tellern bestellen kann).

➡ **Viking** (バイキング; *baikingu*) All-you-can-eat Büfett

➡ **Nomi-hōdai** (飲み放題) All-you-can-drink

➡ **Ippin ryōri** (一品料理) À la carte

➡ **Nomimono** (飲み物) Getränke

Reiseplanung

Japan für wenig Geld

Japan gilt als teures Reiseziel, doch hier trügt der Schein ganz gewaltig. Mit ein bisschen Planung kann man eine Menge herausholen – auch mit kleinem Budget. Viele der schönsten Sehenswürdigkeiten kosten keinen Eintritt und Feste gibt's das ganze Jahr über.

Günstige Unterkünfte

➡ **Businesshotels** Diese preiswerten (um ehrlich zu sein: auch eher zweckmäßigen) Hotels bieten das beste Preis-Leistungs-Verhältnis für Paare: Wer früh online bucht, kann ein Doppelzimmer für knapp 8000 ¥ (65 €) bekommen, Einzelzimmer kosten etwa 6000 ¥ (50 €). Viele liegen in der Nähe von Bahnhöfen und übertreffen sich gegenseitig mit Extras wie kostenlosem Frühstück und WLAN.

➡ **Pensionen & Hostels** In den Städten und manchmal auch auf dem Land gibt's jetzt neue Pensionen im Boutique-Stil – oft stylischer als Hotels, die das Doppelte kosten. Allerdings muss man sich das Bad mit anderen Gästen teilen. Der Preis für Doppel- oder Einzelzimmer ist mit einem im Business Hotel vergleichbar, Betten im Schlafsaal kosten rund 3000 ¥ (25 €). Bei diesen Unterkünften gehören oft Englisch sprechende Traveller zum Personal – sie geben oft Tipps, wo man gut und günstig essen kann.

➡ **Kapselhotels** Eine Schlafkapsel kostet etwas mehr als ein Bett im Schlafsaal eines Hostels (vielleicht so um 4000 ¥ pro Nacht), aber dafür gibt's auch mehr Privatsphäre. Niemand will wirklich jede Nacht in einer Kapsel verbringen, aber in Städten mit teureren Hotels sind sie eine gute Möglichkeit, etwas Geld zu sparen.

➡ **Manga Kissa** 24-Stunden-geöffnete *manga kissa* (Cafés zum Lesen von Manga) werden auch als ultra-billige Unterkünfte genutzt, wer ein *night pack* (Nachtpauschale) bucht (etwa 1500 ¥ für acht Stunden), bekommt eine private Kabine. Die Cafés wissen Bescheid: viele haben Duschen und verleihen Decken.

Hier ist der Eintritt frei

Fushimi Inari-Taisha
Kyotos fotogenster Schrein (S. 327), mit Hunderten zinnoberroten *torii* (Tore).

Dōtombori
Osakas berühmte Amüsiermeile im Neonlicht (S. 397) mit jeder Menge Snack-Ständen.

Nara-kōen
Der grüne Park beherbergt Tempel, Museen und eine Herde halbwilde Rehe in Kansai (S. 432).

Hiroshima Peace Park
Berührende Gedenkstätte (S. 477) zur tragischen Geschichte der Stadt.

Shibuya-Kreuzung
Tokios berühmte Straßenreuzung (S. 87) mit riesigen Videobildschirmen strotzt nur so vor jugendlicher, urbaner Energie.

Biermuseum Sapporo
Die Geschichte des japanischen Biers in der Original-Brauerei in Sapporo (S. 631).

21st Century Museum of Contemporary Art
Museum in Kanazawa (S. 272), draußen gibt's öffentliche Kunstinstallationen (das Gebäude selbst ist auch toll).

Arashiyama Bambushain
Magischer Bambustunnel (S. 349) in Kyoto.

Günstig unterwegs

➡ **Japan Rail Pass** (S. 985) Ähnlich dem Eurail Pass; tolles Reiseschnäppchen eine der besten Möglichkeiten, viel von Japan zu sehen. Ermöglicht die unbegrenzte Nutzung der japanischen Eisenbahn inklusive des pfeilschnellen *shinkansen* (Hochgeschwindigkeitszug).

➡ **Seishun Jūhachi Kippu** (S. 987) Für 11 850 ¥ (95 €) bekommt man fünf einfache Fahrten in regulären Japan Railways-Zügen (also keine Hochgeschwindigkeitszüge). Dieses Angebot gibt's aber nur wenige Wochen im Jahr.

➡ **Regionale Reiseangebote** Viele Städte und Regionen bieten Ermäßigungspässe an. Am besten bei der Touristeninformation nach den aktuellen Angeboten fragen, für die es meistens auch englische Flugblätter oder Broschüren gibt.

➡ **Mietwagen** (S. 978) Die Straßenmaut ist zwar teuer, aber Mietwagen lohnen sich oft für Familien oder bei abgelegenen Zielen.

➡ **Bus** (S. 979) Am billigsten sind Fernbusse, auf Langstrecken verkehren Nachtbusse, die einem auch noch eine Übernachtung sparen.

➡ **Billigflüge** (S. 981) In Japan gibt's neue Billigfluglinien, bei denen manche Strecken zum Preis einer Fernbusfahrt angeboten werden – unbedingt daran denken, Zeit und zusätzliche Kosten für die Anfahrt zum Flughafen miteinzubeziehen.

Kostenlose Highlights

➡ **Schreine und Tempel** Die meisten japanischen Shintō-Schreine können kostenlos besichtigt werden. Gleiches gilt für zahlreiche Tempelanlagen (eine Eintrittsgebühr wird oft nur für die Hallen oder für ummauerte Gärten erhoben).

➡ **Traditionelle Feste und Märkte** Das ganze Jahr über finden Feste in Schreinen, Tempeln und auf den Straßen statt. Sie kosten nichts, es gibt jede Menge gelebte traditionelle Kultur zu sehen und zahlreiche Stände mit günstigem Essen. Ein Kalender (auf Englisch) ist bei JNTO zu finden (www.jnto.go.jp/eng/location/festivals).

➡ **Parks** In Parks und manchen Gärten muss kein Eintritt gezahlt werden. Am besten ein Picknick einpacken und den ganzen Nachmittag lang Leute und Landschaft anschauen.

➡ **Moderne Architektur** Japans Städte – ganz besonders Tokio – sind voller fantastischer Gebäude, die von den ganz Großen der japanischen Architektur errichtet wurden.

➡ **Märkte & Einkaufspassagen** Viele Küstengemeinden haben Fischmärkte, andere Orte Wochenmärkte, und Städten ohne Markt meist eine überdachte Einkaufspassage mit diversen Läden, die einem das echte Leben im Ort zeigen.

➡ **Kunstgalerien** Infos über Ausstellungen und Events gibt's bei Tokyo Art Beat (www.tokyoartbeat.com) und Kansai Art Beat (www.kansaiartbeat.com).

➡ **Spaziergehen** Ein Spaziergang durch die Stadt oder das Dorf, wo man sich gerade aufhält, kostet nichts und kann eines der wertvollsten, entspannendsten und faszinierendsten Erlebnisse einer Reise sein.

Essen für wenig Geld

➡ **Shokudō** In diesen japanischen Restaurants kostet ein gutes, sättigendes Mahl etwa 1000 ¥ (8 €), der Tee ist gratis und Trinkgeld ist unüblich.

➡ **Bentō** Im Supermarkt gibt's das „Essen in der Schachtel", oft mit vielen verschiedenen Gerichten, für weniger als 1000 ¥. In der Delikatessen-Abteilung im Kaufhaus kosten sie etwas mehr – kurz vor Ladenschluss werden die Preise aber reduziert – dann schnell zugreifen.

➡ **Nudeln** Eine dampfend heiße Schale *rāmen* kostet oft nur 600 ¥ (knapp 5 €). Bei *tachigui* (Stände, an denen man im Stehen isst) gibt's *soba* (Buchweizennudeln) und *udon* (dicke, weiße Weizennudeln) oft ab 350 ¥ pro Schale.

➡ **24-Stunden-Supermärkte (Kombini)** Der beste Freund aller Reisenden mit kleinem Portemonnaie, hier gibt's Sandwiches, Reisbällchen, warme Gerichte und Bier, die zusammen eine günstige (wenn vielleicht auch nicht gerade gesunde) Mahlzeit ergeben.

Tipps für Sparsame

➡ **100-¥-Läden** In diesen Geschäften kostet alles 100 ¥ – sogar Nahrungsmittel und Souvenirs. In jeder Stadt gibt's einen, am besten nach den bunten „100 ¥" Schildern Ausschau halten.

➡ **Flohmärkte** Man findet Secondhand-Kimonos oft für 1000 bis 2000 ¥, oder hübsche Sakebecher und Tee-Services. In Schreinen werden oft Flohmärkte veranstaltet.

➡ **Tagsüber zum Karaoke** Wer tagsüber zum Karaoke geht, also vor 18 Uhr, zahlt weniger als die Hälfte des normalen Stoßzeiten-Preises.

Reiseplanung

Wandern in Japan

Japan ist mit einer Landschaft gesegnet, die zu über Zwei Dritteln aus Gebirge besteht. Zudem bietet es für Outdoor-Fans das vielfältigste Klima ganz Asiens. Ob zerklüftete Küsten und windumtoste Gipfel in Hokkaidō im Norden oder tropischer Regenwald auf den Inseln von Okinawa im Süden – es ist von allem etwas dabei.

Wandergebiete

Fuji & rund um Tokio

Fuji Japans höchster Berg (S. 169) mit 3776 m. Den anstrengenden Aufstieg wagen jeden Sommer über 300 000 Menschen; viele wandern nachts, um bei Sonnenaufgang auf dem Gipfel zu sein.

Oku-Tama-Region Eines der Top-Wanderziele Tokios (S. 213), mit Bergen, Wasserfällen und Wald. Für einen Tagesausflug eignet sich Mitake-san.

Kamakura Der 3 km lange Daibutsu-Wanderweg (S. 203) führt an alten Tempeln und Schreinen in Japans mittelalterlicher Hauptstadt vorbei zur riesigen Buddha-Statue in Hase.

Die Japanischen Alpen & Zentral-Honshū

Zentral-Honshū mit Nord-, Zentral- und Südalpen ist ein Top-Wandergebiet.

Nordalpen Super Hochgebirgswanderwege. Von Kamikōchi (S. 298) kann man den Yariga-take (3180 m) und den Oku-Hotaka-dake (3190 m) besteigen, von Murodō an der Tateyama-Kurobe-Alpenstraße (S. 291) den Tateyama (3015 m) und den Tsurugi-dake (2999 m). Von Hakuba (S. 299) fahren die Kabinenbahn und Sessellifte auf den Karamatsu-dake (2695 m).

Hakusan Der „weiße Berg“, ein heiliger Berg im Hakusan-Nationalpark (S. 273), ist mit großartigen Wanderwegen überzogen.

Nakasendō 8 km lange Wanderung (S. 218) von Magome nach Tsumago im schönen Kiso-Tal.

Gut zu wissen

Das Land

Japan liegt am Pazifischen Feuerring und ist eines der geologisch aktivsten Gebiete der Erde. Man verbindet es zu Recht mit hohen Bergen, Vulkanen, Erdbeben und Thermalquellen. Der Fuji-san ist 3776 m und 21 Gipfel sind über 3000 m hoch.

Die beste Zeit

Gebiete auf den niedrigen Breiten- und Längengraden eignen sich ganzjährig zum Wandern. Auf den höheren Gipfeln wie den Nord-, Zentral- und Südalpen sowie in Hokkaidō fällt im Winter viel Schnee, und die Wandersaison beschränkt sich auf Juli bis Oktober. Die Besteigung des Fuji ist offiziell vom 1. Juli bis Mitte September möglich.

Was man mitbringen sollte

Fast alles, was man braucht, ist in Japan erhältlich. Wer große Füße hat, sollte seine Wanderschuhe von zu Hause mitbringen.

Mehrtägige Wanderungen

Mahlzeiten und Bettwäsche sind im Preis der Berghütten enthalten. So kann man wochenlange Wanderungen mit minimalem Gepäck unternehmen. Es gibt sehr viele Campingplätze, aber die Ausrüstung muss man komplett mitbringen.

Infos im Internet

Weiteres findet sich auf http://hikinginjapan.com.

Kyoto

Kyoto ist für seine Tempel und Schreine bekannt und ebenfalls von Bergen umgeben.

Kurama & Kibune Nur 30 Minuten von Kyoto verbindet ein Wanderweg über einen Kamm zwei Täler (S. 353). Diese Stadtflucht bietet viel Ruhe.

Daimonji-yama Eine schönere Wanderung in der Stadt als den 30-minütigen Aufstieg zum Aussichtspunkt über dem Ginkaku-ji in Nord-Higashiyama gibt's nicht.

Kansai

Kumano Kodō Auf alten Pilgerrouten durch die Wildnis der Kii-Halbinsel (S. 453) wandern oder den 500 km langen Kannon-Pilgerweg zu 33 heiligen Tempeln zurücklegen.

Hiroshima & West-Honshū

Daisen Die fünfstündige Wanderung (hin & zurück) auf den 1729 m hohen freistehenden Vulkan bietet einen herrlichen Blick auf die San-in-Region. (S. 523)

Kuniga-Küste Auf dieser Küstenroute von der Matengai-Klippe zum Strand von Kuniga erlebt man die atemberaubende Landschaft der Insel Nishino-shima (S. 523), die im Oki Islands Geopark liegt.

Nord-Honshū (Tōhoku)

Dewa Sanzan Dieser Name fasst drei heilige Gipfel (S. 601) zusammen – Haguro-san, Gas-san und Yudono-san. Sie repräsentieren Geburt, Tod und Wiedergeburt. Eine gute Herausforderung ist der Aufstieg auf den Gas-san (1984 m).

HIGHLIGHTS

- **Wanderung mit Kultcharakter:** Fuji (S. 169)
- **Abgelegener Vulkan:** Rishiri-dake (S. 677), Hokkaidō
- **Inselwanderung:** Miyanoura-dake (S. 845), Yakushima
- **Ausgangspunkt für Wanderungen:** Kamikōchi (S. 297), Nördliche Alpen
- **Pilgerrouten:** 88-Tempel-Pilgerroute (S. 716), Shikoku
- **Landschaft:** Tateyama-Kurobe-Alpenstraße (S. 291), Nördliche Alpen

Hakkōda-san Großartige Wanderwege führen auf den 1819 m hohen Berg (S. 583) in der Präfektur Fukushima.

Sapporo & Hokkaidō

Es gibt hier so viele Wanderwege, dass man in der Wildnis des Nordens Wochen verbringen könnte.

Daisetsuzan-Nationalpark Der riesige Park (S. 667) im Zentrum von Hokkaidō ermöglicht Tagesausflüge und wochenlange Touren.

Shiretoko National Park Der Park gehört zum Weltnaturerbe (S. 682) und wartet mit Wanderungen für ein bis drei Tage sowie mit vielen Thermalquellen und *higuma* (Braunbären) auf.

Akan-Nationalpark Zu den hervorragenden Tagesausflügen zählen der Me-Akan-dake (S. 688; 1499 m) und der O-Akan-dake (S. 689; 1371 m).

Rishiri-zan Der Vulkan (S. 677; 1721 m) steht ganz allein auf einer Insel vor Hokkaidōs Nordküste.

Shikoku

Ishizuchi-san Mit 1982 m der höchste Gipfel (S. 743) West-Japans. Tolle Tages- und Mehrtagestouren mit Übernachtung in der Präfektur Ehime.

Tsurugi-san Auf Shikokus zweithöchstem Berg (S. 724; 1955 m) sind sowohl leichte Wanderungen als auch mehrtägiges Trekking möglich.

88 Temple Pilgrimage 2015 feierte die 1400 km lange Kōbō-Daishi-Pilgerroute zu 88 Tempeln (S. 716) rund um Shikoku ihren 1200. Geburtstag.

Kyūshū

Kirishima-Yaku-Nationalpark Tolle Möglichkeiten, z. B. die Besteigung des Karakuni-dake (1700 m), Kirishimas höchstem Gipfel (S. 834).

Kaimon-dake Der schöne, symmetrische, 924 m hohe Kegel (S. 830) auf der Satsuma-Halbinsel ist ein prima Ziel für eine Tageswanderung.

Kujyū-san Auf dem höchsten Gipfel von Kyūshū (1791m) blühen im Frühling die traumhaften rosa Azaleen.

Okinawa & die Südwestinseln

Yakushima Die Insel gehört zum Weltnaturerbe und bietet etliche Wandermöglichkeiten (S. 845), z. B. den Miyanoura-dake (1935 m).

Iriomote-jima Eine Wanderung durch den japanischen Dschungel (S. 886) auf einer der westlichsten Inseln der Präfektur Okinawa.

Reiseplanung

Onsen besuchen

Seit Jahrhunderten frönen die Japaner in Tausenden Onsen (heißen Quellen) auf dem gesamten Archipel dem Badevergnügen. Die wohlige Entspannung nach einem schönen, langen Bad verwandelt wohl jeden Wellness-Skeptiker in einen Onsen-Liebhaber.

Japans Badekultur

Manche Einheimische glauben, dass der einzige unverwechselbare Aspekt ihrer Kultur – also etwas, das nicht seinen Ursprung auf dem asiatischen Festland hat – das Bad ist. Berichte von Onsen-Bädern wurden schon in Japans frühesten historischen Aufzeichnungen entdeckt. Über Jahrtausende wurde der Akt des Onsen-Badens in eine Art Religion verwandelt.

Onsen-Wasser stammt aus natürlichen heißen Quellen und enthält oft zahlreiche Mineralien. Es soll die Haut *sube-sube* (zart) machen und bestimmtem Wasser wird aufgrund seiner chemischen Zusammensetzung außerdem noch eine heilende Wirkung bei Beschwerden wie hohem Blutdruck, Verdauungsstörungen oder Kreislaufproblemen nachgesagt. Eins ist jedenfalls sicher: Danach schläft man wie ein Baby!

Konyoku (gemischtes Bad) war in Japan bis zur Meiji-Restauration die Norm. Dann orientierte sich das Land zunehmend an „zivilisierteren" westlichen Ideen und verbot die Praxis. In urbanen Zentren findet man kaum gemischte Bäder, auf dem Land und auf kleinen Inseln ist *konyoku* hingegen üblicher. Wenn nicht anders angegeben, können Frauen unbeaufsichtigte Bäder auf dem Land im Badeanzug oder mit einem schützenden Handtuch benutzen.

Wer auf Privatsphäre Wert legt, findet in vielen *onsen ryokan* (traditionellen Gästehäusern mit Thermalbädern) so

Gut zu wissen

Onsen-Vokabular

男湯 *(otoko-yu)* Männerbad

女湯 *(onna-yu)* Frauenbad

露天風呂 *(rotemburo)* Außenbad

水風呂 *(mizuburo)* Vorsicht: Bad mit kaltem Wasser!

足湯 *(ashi-yu)* Fußbad

Preise

Manche Onsen auf dem Land sind kostenlos; ein Tagespass mit vielen Bädern kostet rund 2500 ¥. Die meisten Onsen liegen mit etwa 1000 ¥ im mittleren Preissegment.

Vor dem Bad

- Den Türvorhang genau ansehen – manche Gästehäuser tauschen die Schilder für Männer und Frauen über Nacht, um für Abwechslung zu sorgen.
- Sich Zeit nehmen: Das heiße Wasser kann Auswirkungen auf den Blutdruck haben.
- Schwefelhaltige Quellen können Schmuck verfärben, insbesondere aus Silber.

genannte „Familienbäder" (家族風呂; *kazoku-buro*) oder „Privatbäder" (貸切風呂; *kashikiri-buro*). Die kleinen Bäder kann man für eine Stunde alleine, als Paar oder als Familie nutzen. Teils sind diese kostenlos, teils werden ein paar tausend Yen verlangt. Gehobene Gästehäuser verfügen manchmal über exklusive Zimmer mit eigenen Thermalbädern.

Verhaltensregeln

Baden ist nicht nur eine Freizeitbeschäftigung, sondern ein Ritual, das so sehr in der Kultur verankert ist, dass jeder die Abläufe genau kennt. Auf Anfänger kann dies einschüchternd wirken. Um nicht unangenehm aufzufallen, sollte man zunächst die wichtigste Regel befolgen: sich vor dem Bad waschen. Es ist zudem eine gute Idee, sich die Zeichen für Männer (男) und Frauen (女) zu merken, die auf den *noren* (Vorhänge) am Eingang der Bäder stehen.

Am Eingang eines Onsen oder *sentō* (öffentliches Bad) gibt es eine Reihe von Schließfächern für Schuhe. Nachdem man den Eintritt bezahlt hat, geht man zu der jeweiligen Umkleide mit weiteren Schließfächern oder Körben für Kleider. Dort zieht man sich aus und betritt dann den Baderaum mit dem kleinen Handtuch.

Das kleine Handtuch hat verschiedene Funktionen: Es dient dazu, sich zu waschen (danach gut ausspülen) oder beim Umherlaufen den Körper damit zu bedecken. Das Badewasser sollte es hingegen nicht berühren – einfach neben dem Bad ablegen oder es (wie die Einheimischen) zusammengefaltet auf dem Kopf platzieren.

Dann wäscht man sich gründlich auf einem der Hocker vor den Wasserhähnen. Es ist wichtig, den gesamten Schaum zu entfernen, zudem gilt es als höflich, den Hocker danach für die nächste Person abzuspülen. In einfacheren Badehäusern gibt es teils nur Kellen; in diesem Fall geht man in die Hocke, schöpft Wasser aus dem Bad, gießt dieses – ohne dass Spritzer im Becken landen – über den Körper und rubbelt sich ein wenig mit dem Handtuch ab.

In den Bädern sollte man den Kopf über dem Wasser halten und das Spritzen vermeiden. Ob man sich danach abduschen möchte, hängt von einem selbst und der Beschaffenheit des Wassers ab: Manche wollen die Mineralien auf der Haut einwirken lassen, andere wollen sich nach dem Bad waschen.

Vor dem Betreten der Umkleide reibt man sich mit dem Handtuch ab, um den Boden nicht nass zu machen.

Onsen-Typen

Onsen Ryokan Eine Nacht in einem *ryokan* (traditionelles Gästehaus) mit eigenem Badehaus ist die beste Art, sich auf traditionelle japanische Art zu entspannen. Wer früh eincheckt, verlängert die Badezeit.

Onsen-Resorts Die Mischformen aus Bädern und Gästehäusern findet man oft an Flüssen und sie versprechen ultimative Onsen-Entspannung. Gäste tragen Yukata (leichte Baumwoll-Kimonos) und *geta* (Holzsandalen) und spazieren durch den Ort von Bad zu Bad. Manche Resorts bieten ermäßigte Tickets für die Nutzung verschiedener Bäder.

Onsen in der Wildnis Die einfachen Bäder verstecken sich in den Bergen oder an ursprünglichen Küstenabschnitten. Oft bestehen sie lediglich aus einem mit Steinen geschützten Becken in einem Flussbett oder einem Gezeitenpool neben tosenden Wellen. Die gemischten Bäder unter freiem Himmel sind meist gratis.

TIPPS FÜR TÄTOWIERTE

Viele Onsen, größere Badehäuser mit Freizeitanlagen („Super-*sentō*") und Saunas akzeptieren keine tätowierten Gäste, da Tattoos mit der japanischen Mafia (*yakuza*) in Verbindung gebracht werden. Wird diese Regel streng ausgelegt, findet man vor Ort entsprechende Verbotsschilder. Sind diese nicht vorhanden und man trägt lediglich ein unauffälliges Tattoo, wird man wahrscheinlich keine Probleme bekommen. Dennoch sollte man es am Eingang verdecken oder mit einem Pflaster zukleben. *Sentō*, öffentliche Badehäuser für die hiesige Gemeinde, haben in der Regel kein Problem mit Tattoos.

ÖFFENTLICHE BADEHÄUSER

Das gemeinschaftliche Bad, *hadaka no tsukiai* („nackte Freundschaft"), gilt in Japan traditionell als Mittel des sozialen Ausgleichs. Vor nicht einmal 50 Jahren hatten viele Privathäuser in Japan keine Bäder, deswegen besuchte man abends das hiesige *sentō* (銭湯; öffentliches Bad). Dieses diente nicht nur der Reinigung, sondern war auch eine Art Gemeindetreffpunkt zum Austausch von Neuigkeiten und Klatsch sowie zur Stärkung sozialer Bindungen.

Im Unterschied zu Onsen nutzen *sentō* meist einfaches Leitungswasser, gewähren dafür jedoch unschätzbaren Einblick in den Alltag der Einheimischen. Manche Einrichtungen scheinen sich seit Jahrzehnten nicht verändert zu haben, andere – oft „Super-*sentō*" (スーパー銭湯) genannt – wurden erweitert und verfügen über Saunas, Whirlpools und Ähnliches. Der Eintritt kostet selten mehr als 500 ¥ (Super-*sentō* verlangen mehr). Handtuch und Toilettenartikel müssen Gäste selbst mitbringen, allerdings kann man vor Ort ein Handtuch ausleihen und Seife, Shampoo etc. gegen eine kleine Gebühr kaufen. Die meisten Badehäuser sind von 15 bis 24 Uhr geöffnet.

Die englischsprachige Website Sento Guide (www.sentoguide.info) informiert über Badehäuser in Japan.

Die besten Onsen nach Region

Unabhängig vom Reiseziel findet man immer ein exzellentes Onsen in der Nähe.

Tokio Ja, sogar in der Megametropole Tokio gibt's Onsen! Die Bandbreite reicht vom kleinen *sentō* (auf echten Thermalquellen) bis zu ausgefeilten Badeanlagen. Letztere sorgen für besondere Onsen-Erlebnisse; empfehlenswert ist das Ōedo-Onsen-Monogatari (S. 113) in der Bucht von Tokio.

Rund um Tokio Hakone (S. 178) umfasst sieben kleine Onsen-Resorts in den Bergen südwestlich von Tokio und ist das Lieblingsziel der Hauptstädter. Vor Ort findet man viele hübsche Gästehäuser mit Bädern. Wer in der Wildnis baden möchte, steuert die Izu-Inseln (S. 197) an.

Japanische Alpen & Zentral-Honshū In den Bergen verstecken sich zahlreiche atmosphärische Onsen-Orte mit hübschem Ausblick von den Außenbädern. Beliebt sind z. B. Shin-Hotaka-Onsen (S. 263), Minakami-Onsen (S. 317) und Nakabusa-Onsen (S. 295).

Kyoto Funaoka-Onsen (S. 357), ein wunderschönes altes Badehaus, liegt im Herzen der Stadt. In den Hügeln weiter nördlich verspricht Kurama-Onsen (S. 357) Entspannung pur.

Kansai Kinosaki (S. 468), der ultimative Onsen-Ort, bietet sieben öffentliche Bäder, Dutzende *onsen ryokan* und eine bewegte Geschichte. Ryūjin-Onsen (S. 450) versteckt sich auf der bergigen Kii-Halbinsel im Süden der Region.

West-Honshū & Seto-Inlandsee Naoshima Bath – I Heart Yū (S. 503) ist zwar kein Onsen (das Wasser stammt nicht aus Thermalquellen), dafür jedoch Japans coolstes *sentō*. Den Innenbereich gestaltete der zeitgenössische Künstler Ōtake Shinrō.

Nord-Honshū Der ländliche Norden ist für rustikale Holzbadehäuser und milchiges mineralreiches Wasser bekannt. Viele Japaner träumen vom Besuch des abgeschiedenen Nyūtō-Onsen (S. 593).

Hokkaidō Japans nördlichste Insel ist hoch vulkanisch und hat entsprechend viele Onsen. Zu den Onsen-Orten zählt das beliebte Resort Noboribetsu-Onsen (S. 654), zu den Onsen in freier Natur Fukiage Roten-no-yu (S. 671), ein unbeaufsichtigtes Becken tief in den Bergen.

Shikoku Dōgo Onsen (S. 737) in Matsuyama beherbergt Japans geschichtsträchtigstes Onsen, das Natsume Sōseki in seinem Klassiker *Botchan* als Schauplatz diente. Es geht auf das „Zeitalter der Götter" zurück und ist heute in einem burgähnlichen Gebäude von 1894 untergebracht.

Kyūshū Hier findet man viele der beliebtesten Onsen-Resorts Japans, darunter das recht kommerzielle, aber unterhaltsame Beppu (S. 811), das exklusivere Yufuin (S. 808) und das abgeschiedene Kurokawa-Onsen (S. 807). In Ibusuki (S. 831) ganz im Süden kann man es sich bis zum Hals in heißem Sand gemütlich machen.

Okinawa & die südwestlichen Inseln Die Ōsumi-Inseln (S. 845) sind für ihre Onsen am Meer bekannt. Manche gehören zu schicken Badeanlagen, bei anderen handelt es sich um ein paar Steinbecken am Wasser, darunter Yakushimas Hirauchi-Kaichū-Onsen (S. 848).

Japan im Überblick

Tokio

Essen
Kultur
Shoppen

Sushi & Co.

Es gibt in Tokio mehr (großartige) Restaurants als irgendwo sonst auf der Welt. Ob ein Kurs im Sushi-Kosten in Ginza oder eine nächtliche Schüssel *ramen* (Eiernudeln) – hier schmeckt alles ausgezeichnet.

Vergangenheit, Gegenwart & Zukunft

Tokio ist für seine Popkultur berühmt: die exzentrische Straßenmode, die Animationsfilme und die *kawaii* (niedlichen) Typen. Doch es beherbergt auch großartige Museen und wirft auf gigantischen Videoleinwänden einen Blick in die Zukunft: Eine Stadt, die ständig im Fluss ist.

Shoppen bis zum Umfallen

Niemand verlässt die Metropole mit leeren Händen, denn sie ist von traditionellem Kunsthandwerk bis zu den neuesten Lifestyleprodukten und Modeboutiquen ein absolutes Shoppingparadies.

S. 70

Fuji & rund um Tokio

Onsen
Outdoorspaß
Tempel

Entspannen in heißen Quellen

Von Tokio sind es nur wenige Stunden zu einigen beliebten heißen Quellen. Jede bietet ihre eigenen Schätze: Bergstädte im Norden, Resorts am See im Westen und friedliche Dörfer im Süden.

Berge & Meer

Neben einer Besteigung des Fuji locken hier noch viele andere Outdooraktivitäten: Wanderungen in Zedernhainen, Spaziergänge an Felsufern, Surfen und Kajakfahren.

Tempel für die Ewigkeit

In den Schreinen und Tempeln aus dem 17. Jh. im lebhaften Nikkō, Heimat von zwei Unesco-Welterbestätten, und im nüchternen mittelalterlichen Kamakura wird das kulturelle Erbe vieler Epochen lebendig.

S. 166

Die Japanischen Alpen & Zentral-Honshū

Onsen
Dörfer
Skifahren

Heiße Quellen im Gebirge

Das bergige Herz Japans wartet mit vielen großartigen heißen Quellen und fantastischen Gästehäusern auf. Verschneite Gipfel bilden eine tolle Kulisse beim Baden.

Strohdächer

In den entlegenen Dörfern Shirakawa-gō und Ainokura mit jahrhundertealten, strohgedeckten Bauernhäusern singen einen nachts die Frösche in den Schlaf.

Schneegipfel

Skifahrer dürfen sich auf einige der besten Hänge Asiens und die grandiose Aussicht der nördlichen Japanischen Alpen freuen. Ein Bad in den heißen Quellen am Ende des Tages ist Pflicht. Oft gibt's auch Après-Ski!

S. 228

Kyoto

Tempel
Kultur
Essen

Shintō- & Buddhistische Meisterwerke

Mit mehr als 1000 buddhistischen Tempeln und über 400 Shintō-Schreinen ist Kyoto der Ort, um die religiöse Architektur und das Gartendesign Japans zu erleben.

Japans kulturelle Schatzkammer

Über ein Jahrtausend lang war Kyoto Japans Kulturhauptstadt, davon zeugen noch heute historische Geisha-Viertel und Teehäuser, klassisches Theater und Kunsthandwerk wie Lackkunst und *washi* (japanische Papierkunst).

Traditionelle Küche

Kyoto ist die geistige Heimat von *kaiseki* (gehobener japanischer Küche). Auf den lokalen Märkten kann man einfachere Gerichte kosten, oder man macht einen Kochkurs.

S. 321

Kansai

Städte
Tempel
Geschichte

Spaß in der Stadt

Kansais Ballungsgebiete – wie das geschäftige Osaka oder die weltoffene Hafenstadt Kōbe – bieten dynamische Flaniermeilen, aufregendes Nachtleben und tolle Shoppingmöglichkeiten.

Pilgerstätten

Die Überreste von Japans ältestem Tempel – und dem Großen Buddha – warten in Nara und Horyū-ji. Weiter südlich kann man mystische Klöster besuchen und auf alten Pilgerpfaden wandern.

Burgen & Grabstätten

In Japan sind nicht mehr viele historische Burgen erhalten, aber in Kansai gibt's gleich zwei: Burg Himeji und Hikone-jō. Grabstätten aus den Anfängen der japanischen Geschichte gibt's in Asuka zu bewundern.

S. 388

Hiroshima & West-Honshū

Kultur
Geschichte
Outdoorspaß

Künstlerinseln

Naoshima (und die Inseln rundherum) im Binnenmeer sind zu Hochburgen der zeitgenössischen japanischen Kunst und Architektur geworden. In Gebäuden, die sich perfekt in die Landschaft einfügen, sind Werke internationaler Künstler ausgestellt.

Folgenschwere Ereignisse

Hiroshima erinnert auf bewegende Weise an den Zweiten Weltkrieg und seine Folgen. Andere Gegenden West-Honshūs waren wichtig für Japans Modernisierung im 19. Jh.

Gemütliche Ausflüge

Über Brücken von einer kleinen Insel im Binnenmeer zur nächsten radeln, mit einem Leihwagen die ländliche Idylle von Yamaguchi erkunden oder Tottoris einsame Sanddünen genießen.

S. 472

Nord-Honshū (Tōhoku)

Outdoorspaß
Onsen
Kultur

Parks & Gipfel

Nord-Honshū ist mit spektakulären Bergen gesegnet. Das Sommerwetter zieht Wanderer an, der schneereiche Winter begeistert Skifahrer und Snowboarder.

Rustikale Refugien

Im malerischen Tōhoku darf man sich auf milchiges Wasser und Sterne über dem einsam in den Bergen gelegenen hölzernen Badehaus freuen. Hier scheinen Träume wahr zu werden.

Feste & alte Bräuche

Nirgends in Japan wird so toll gefeiert wie hier. Jahrhunderte der Isolation haben die Bräuche und Sitten in Tōhoku, Heimat der Bergasketen, lebendig erhalten. Auch das Essen wird nach alten Familienrezepten gekocht.

S. 546

Sapporo & Hokkaidō

Outdoorspaß
Essen
Kultur

Unberührte Wildnis

Auf den hohen verschneiten Bergen können Skifahrer metertiefe Spuren hinterlassen und Wanderer tagelang die altbestehenden Wälder erforschen. Wer nicht alles zu Fuß erledigen will, kann auf Rad oder Auto umsteigen.

Meeresfrüchte & Rāmen

Japans nördliche Gewässer bringen tolle Meeresfrüchte hervor, darunter Delikatessen wie *uni* (Seeigel) und Krabben. Spezialitäten der Hauptstadt Sapporo sind *miso-rāmen* und Sapporo-Bier.

Erbe der Ainu

Die Kultur der Ainu wird in Museen gezeigt, auf Bühnen werden traditionelle Lieder gesungen und ihre Nachfahren führen Geschäfte, Restaurants und Unterkünfte.

S.624

Shikoku

Natur
Tempel
Outdoorspaß

Japans paradiesisches Tal

Gar nicht weit vom Festlandtrubel lockt das Iya-Tal mit dramatischen Schluchten und alten Hängebrücken. Der unberührte Yoshino-gawa lädt zu Wanderungen und zum Rafting ein.

Buddha

Die 88-Tempel-Wallfahrt ist für viele Japaner ein wichtiger Ritus. Ganz in Weiß und mit einem Stock bewaffnet, wollen sie den großen buddhistischen Heiligen Kōbō Daishi ehren.

Surfin' Shikoku!

Gute Surfmöglichkeiten gibt's vor allem bei Kaiyō in Tokushima und am Strand von Ikumi in Kōchi. Die menschenleeren Strände in Ōkinohama sind grandios. Und die gemütliche, ruhige Atmosphäre passt auch perfekt.

S.702

Kyūshū

Geschichte
Natur
Onsen

Heilige & Samurai

Christliche Rebellionen führten zu zwei Jahrhunderten der Isolation, während derer Dejima bei Nagasaki Japans Tor zur Welt war. Besucher der Stadt erfahren viel über diese faszinierende Epoche.

Feuerberge

In Kyūshū befinden sich die zwei berühmtesten – und aktivsten – Vulkane Japans: der ständig rauchende Sakurajima, der sich über der Skyline von Kagoshima erhebt, und der riesige Aso-san, der direkt in der Inselmitte liegt.

Heißes Wasser & heißer Sand

Hier kann man in intimen Kurokawa-Onsen am Fluss baden oder sich in Ibusuki im heißen Sand eingraben. Selbst Fukuoka, die größte Stadt von Kyūshūs, hat natürliche heiße Quellen.

S.761

Okinawa & die südwestlichen Inseln

Strände
Wandern
Essen

Sonnenbaden

Badevergnügen pur versprechen die herrlichen goldenen Strände der Kerama- oder Ishigaki-Inseln, wo man im Winter auch Wale beobachten kann.

Riesige Sicheltannen

Im grünen Herzen von Yakushima ragen riesige alte Sicheltannen in die Höhe. Die fast überirdisch wirkende Landschaft erinnert an die *Star-Wars*-Filme.

Inselküche

Wie wär's mit einem Teller *gōyā champurū*, Okinawas berühmtem Pfannengericht mit Bittermelone? Dazu gibt's ein Glas des regionalen Schnapses *awamori*, anschließend greift man sich ein *sanshin* (Banjo) und schon kann die Party losgehen!

S.842

Reiseziele in Japan

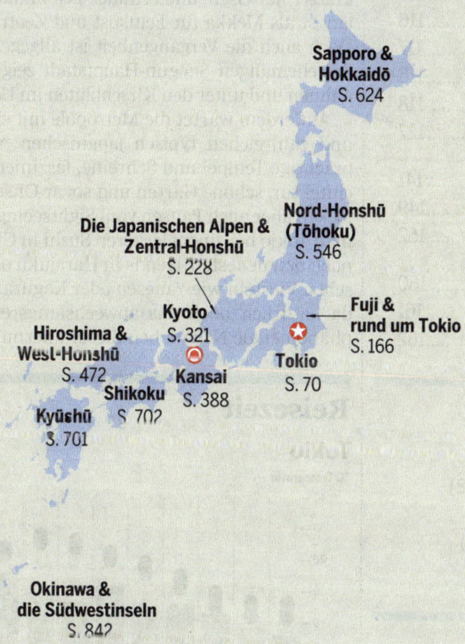

Tokio

13 415 350 EW. / ✆ 03

Inhalt ➡

Gut essen

- Kyūbey (S. 129)
- Shinsuke (S. 138)
- Tonki (S. 133)
- Tensuke (S. 141)
- Kagari (S. 128)

Schön übernachten

- Sawanoya Ryokan (S. 125)
- Hoshinoya Tokyo (S. 119)
- Claska (S. 122)
- Nui (S. 125)
- Hanare (S. 124)

Auf nach Tokio

Tokio (東京) blickt stets in die Zukunft, wie die futuristischen Straßen voll blinkender Neonlichter und riesiger Wolkenkratzer beweisen, und erfindet sich immer wieder neu – unlängst als Mekka für Feinkost und Zentrum der Popkultur. Doch auch die Vergangenheit ist allgegenwärtig: Das Erbe der ehemaligen Shogun-Hauptstadt zeigt sich auf Kabukibühnen und unter den Kirschblüten im Ueno-Park.

Außerdem wartet die Metropole mit exzellenten Museen und zahlreichen typisch japanischen Attraktionen auf – prächtige Tempel und Schreine, faszinierende moderne Architektur, schöne Gärten und sogar Onsen. Zwischendurch locken aber auch Pausen vom Sightseeing. Am besten erlebt man Tokio bei einem leckeren Sushi in Ginza, auf der Suche nach den neuesten Trends in Harajuku oder in atmosphärischen Vierteln wie Yanesen oder Kagurazaka. Und dann ist da natürlich noch das abwechslungsreiche, oft geradezu phänomenale Nachtleben dieser unermüdlichen Stadt.

Reisezeit

Tokio

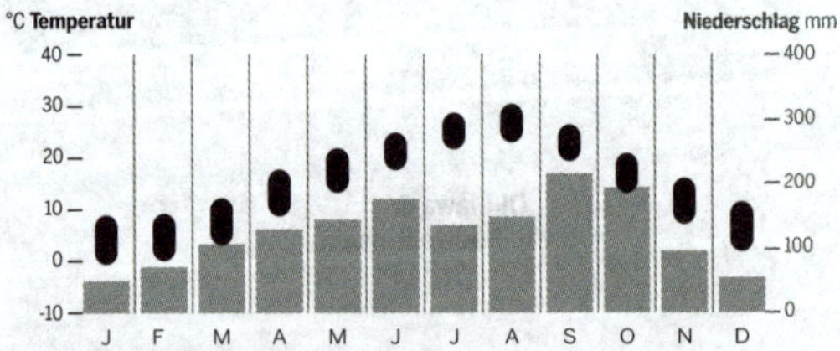

März & April Die Kirschblüte in voller Pracht – Picknickdecke und *bentō* einpacken!

Mai–Sept. Stimmungsvolle Sommerfeste entschädigen für die schwüle Hitze.

Okt.–Dez. Frisch bis kalt und sonnig. Im Dezember verzieren Ginkgoblätter Tokios Straßen.

Highlights

❶ **Shinjuku** (S. 146) In das abwechslungsreiche Nachtleben eintauchen.

❷ **Harajuku** (S. 155) Exzentrische Fashion Victims beim Shoppen beobachten.

❸ **Sensō-ji** (S. 106) Die Atmosphäre von Asakusas jahrhundertealtem Tempel auf sich wirken lassen.

❹ **Yanesen** (S. 97) Sich in den Überresten der Altstadt verlieren.

❺ **Ryōgoku Kokugikan** (S. 151) Sumoringern bei ihren Ritualen zusehen.

❻ **Shibuya** (S. 87) Sich von den Menschenmassen und Neonlichtern der turbulenten Gegend mitreißen lassen.

❼ **Nationalmuseum Tokio** (S. 99) Die weltgrößte Sammlung japanischer Kunst betrachten.

❽ **Äußerer Markt des Tsukiji-Marktes** (S. 80) Köstliche Kleinigkeiten kosten und leckeres Essen einkaufen.

❾ **Akihabara** (S. 96) Bis ins Herz der Popkultur vordringen.

Großraum Tokio

0
2 km
E
F
G
H
1
2
3
4
5
6
7
Arakawa-Straßenbahnlinie
Sugamo
Rikugi-en
6
Nishi-Nippori
ARAKAWA-KU
Minami-Senju
Sengoku
NISHI-NIPPORI
Minowa
Nippori
Shin-Ōtsuka
Sendagi
Kokusai-dōri
22
BUNKYŌ-KU
YANAKA
34
TAITŌ-KU
NEZU
Uguisudani
Iriya
21
Sumida-Fluss (Sumida-gawa)
Myōgadani
Todai-mae
Nezu
UENO
Ueno
siehe Karte Asakusa & Sumida-gawa (S. 108)
28
Keisei Ueno
Inarichō
ASAKUSA
OSHIAGE
KOISHIKAWA
HONGŌ
Edogawabashi
Kasuga
siehe Karte Ueno & Yanaka (S. 102)
Shin-okachimachi
Asakusa
Haltestelle Tokyo Sky Tree
KAGURAZAKA
Kōrakuen
44
Kuramae
Suidōbashi
Suehirochō
KURAMAE
60
33
JR-Chūō-Linie
AKIHABARA
Asakusabashi
38
SUMIDA-KU
Iidabashi
Ochanomizu
Akihabara
Asakusabashi
76
56
Edo-Tokyo-Museum
KUDANKITA
27
2
15
Kudanshita
Jimbōchō
Bakuroyokoyama
Ryōgoku
Keiyō-dōri
50
CHIYODA-KU
Kanda
Higashi-Nihombashi
Stadtautobahn 7
RYŌGOKU
Narita (60 km)
siehe Karte Kōrakuen & Akhihabara (S. 98)
Hamachō
Kōjimachi
67
73
29
CHŪŌ-KU
Kikukawa
64
Morishita
53
Ningyōchō
Kaiser-palast
Mitsukoshimae
42
SHIRAKAWA
Yotsuya
Hanzōmon
4
MARUNOUCHI
17
55
Suitengūmae
Kiyosumi-shirakawa
Nihombashi
12
Tokyo
11
Kayabachō
13
KYŌBASHI
Kokkai-gijidōmae
Akasaka-mitsuke
Sakuradamon
KIBA
Yūrakuchō
35
KIYOSUMI
Hibiya
Kyōbashi
Fukagawa Fudō-dō
KŌTŌ-KU
8
26
Akasaka
3
31
Tameike-sannō
Kasumigaseki
Ginza
Hatchōbori
Monzen-nakachō
39
30
GINZA
20
40
FUKAGAWA
Toranomon
51
Eitai-dōri
ROPPONGI
Shimbashi
Etchujima
Kiba
Tsukiji
Roppongi
SHIBA-KŌEN
Tsukijishijō
Tsukishima
Shiodome
TSUKIJI
Keiyō-Linie
siehe Karte Roppongi & Umgebung (S. 84)
siehe Karte Marunouchi, Ginza & Tsukiji (S. 76)
Daimon
75
Azabu-jūban
36
Akabanebashi
18
KACHIDOKI
Toyosu
71
63
Takeshiba-Anlegestelle
68
74
KŌTŌ-KU
Hinode
Shin-Toyosu
Tokyo Disney Resort (6 km)
Mita
Tamachi
neuer Standort des Tsukiji-Markts (zukünftig Toyosu-Markt)
Shijo-mae
Tatsumi
Shirokane Takanawa
Shibaura Futō
Ariake Tennis-no-mori
Bayshore-Linie-Autobahn
14
Sengakuji
Shinonome
Ariake Tennis-no-mori
Chūō-dōri
Kokusai Tenjijō
Ariake
siehe Karte Odaiba & die Bucht von Tokio (S. 111)
Takanawadai
Odaiba
Kokusai-tenjijō-seimon
Shinagawa
72
Kaihin-koen
Daiba
Tokyo Teleport
Kita-Shinagawa
19
Tennōzu-Isle
AOMI
Aomi
siehe Detailplan Insel Tennōzu (S. 72)
Bucht von Tokio
SHINAGAWA-KU
Fune-no-Kagakukan
Shin-Banba
Telecom Center
Haneda (10 km)

Großraum Tokio

Highlights
1 Archi-Depot ... A7
2 Edo-Tokyo-Museum ... H3
3 Fukagawa Fudō-dō ... H4
4 Kaiserpalast ... F4
5 Meiji-jingū ... C4
6 Rikugi-en ... E1
7 Yoyogi-kōen ... C4

Sehenswertes
8 Steingarten der Kanadischen Botschaft ... E4
9 Japan Folk Crafts Museum ... B5
10 Japanisches Schwertmuseum ... C4
11 Kiyosumi-teien ... G4
12 Megane-bashi ... F4
13 Nijū-bashi ... F4
14 Sengaku-ji ... E6
15 Sumida Hokusai Museum ... H3
16 Terrada Art Complex ... A7
17 Tokyo Garden Terrace ... E4

Aktivitäten, Kurse & Touren
18 Hato Bus Tours ... F5
19 Maricar ... E7
T-Art Academy ... (see 62)
20 Tokyo Cooking Studio ... G4
21 Wanariya ... G1

Schlafen
22 Andon Ryokan ... G1
23 Book and Bed ... D1
24 Claska ... C6
25 Dormy Inn Express Meguro Aobadai ... C5
26 First Cabin Akasaka ... E4
27 Grids Akihabara ... G3
28 Hōmeikan ... F2
29 Hoshinoya Tokyo ... F3
30 Hotel Mystays Premier Akasaka ... E4
31 Kaisu ... E4
32 Kimi Ryokan ... D1
33 Nui ... G2
34 Toco ... G1
35 Wise Owl Hostels Tokyo ... G4
36 Zabutton Good Hostel ... E5

Essen
37 Breadworks ... A6
38 Kappō Yoshiba ... H2
39 Kikunoi ... E4
40 Kintame ... H4
41 Shirube ... B5
42 Tamahide ... G3
43 TY Harbor Brewery ... A6

Ausgehen & Nachtleben
44 Camera ... G2
45 Ghetto ... B5
46 Little Nap Coffee Stand ... C4
47 Mori-no Beer Garden ... D4
48 Mother ... B5
49 Oath ... D5
50 Popeye ... G3
51 Sake Plaza ... F4
52 Sekirei ... D4

Unterhaltung
53 Arashio Stable ... G3
54 Nationales Nō Theater ... D4
55 Nationales Theater ... E4
56 Ryōgoku Kokugikan ... G3
57 Setagaya Public Theatre ... B6
58 Tokyo Opera City Concert Hall ... C3

Shoppen
59 Japan Traditional Crafts Aoyama Square ... D4
60 Kakimori ... G2
61 Mandarake Complex ... D1
62 Pigment ... A7

Praktisches
63 Australische Botschaft ... E5
64 Belgische Botschaft ... E3
Kanadische Botschaft ... (see 8)
65 Französische Botschaft ... D5
66 Deutsche Botschaft ... D5
67 Irische Botschaft ... E3
68 Japan Automobile Federation ... F5
69 Neuseeländische Botschaft ... C5
70 Seibo International Catholic Hospital ... C1
71 Südkoreanische Botschaft ... E5
72 Regionale Einwanderungsbehörde Tokio ... F7
73 Britische Botschaft ... E3

Transport
74 Hinode Pier ... F5
75 Tokyo Cruise Toyosu Pier ... G5
76 Tokyo Mizube Cruising Line Ryōgoku Pier ... G3

Geschichte

Aufgrund seiner Lage an der Mündung des Sumida-gawa trug Tokio zunächst lange Zeit den Namen Edo (wörtlich „Flusstor"). Bis ins 15. Jh. hinein, als der Krieger und Dichter Ōta Dōkan hier eine Burg errichten ließ, war es nicht mehr als ein kleines Fischerdorf. 1603 machte Tokugawa Ieyasu diese Burg zum Sitz seines neuen Shogunats (Militärregierung). Von diesem Zeitpunkt an wuchs Edo rasant und war Ende des 18. Jhs. bereits die bevölkerungsreichste Metropole der Welt.

Nachdem 1868 die Macht des Kaisers wiederhergestellt wurde – ein Akt, der als Meiji-Restauration (S. 909) bezeichnet wird –, löste Edo Kyoto offiziell als Hauptstadt ab und wurde in Tokio (Östliche Hauptstadt) umbenannt. Zur gleichen Zeit endeten 250 Jahre selbstgewählter Isolation. Japan zeigte sich nun offen für ausländische Einflüsse. Westliche Mode und Ideen hielten Einzug und Tokio suchte emsig einen Platz im Reigen der bedeutendsten Metropolen.

1923 zerstörten das Kantō-Erdbeben und darauf folgende Brände große Teile der Stadt. Und auch während der verheerenden Bombardements der US-Amerikaner in den letzten Jahren des Zweiten Weltkriegs wurde Tokio fast vollständig zerstört. In den Jahrzehnten nach der US-Besatzung richtete sich Tokio wieder auf und wuchs über sich selbst hinaus. Ein rasantes Wirtschaftswachstum folgte und fand in der japanischen Bubble Economy (Blasenwirtschaft) der 1980er seinen Höhepunkt. Nachdem die Blase in den 1990er-Jahren auf so dramatische Weise geplatzt war, folgte eine Rezession, die bis heute andauert. Nichtsdestotrotz bleibt Tokio das pulsierende Herz des Inselstaates und erfindet sich immer wieder aufs Neue.

Sehenswertes

Tokio wirkt eher wie eine Ansammlung mehrerer Städte. Als die Metropole noch den Namen Edo trug, war sie in die Gebiete Yamanote (obere Stadt) und Shitamachi (untere Stadt) unterteilt. Der Adel siedelte sich in Yamanote auf der höher gelegenen Ebene westlich der Burg (heute der Kaiserpalast) an, während in Shitamachi im Osten entlang des Sumida-gawa Arbeiter, Händler und Kunsthandwerker lebten.

Teilweise ist diese Unterteilung noch heute sichtbar. Tokios Osten ist ein Labyrinth aus Gassen und dicht bewohnten Gegenden. Viertel wie Asakusa und Ueno sind immer noch von bodenständigem Flair, traditioneller Architektur und Kunsthandwerkertradition geprägt – hier spürt man das alte Edo.

Yamanote entwickelte sich zu einem wohlhabenden Handels- und Geschäftsdistrikt. Weiter westlich entstanden nach dem Kantō-Erdbeben und dem Zweiten Weltkrieg neuere Bezirke wie Shinjuku und Shibuya, wo man auf das hypermoderne Tokio voll blinkender Leuchtreklamen und riesiger Videoleinwände trifft.

In und an der Bucht von Tokio wird immer noch gebaut: Inseln zurückgewonnenen Landes, die Freizeit- und Unterhaltungseinrichtungen beherbergen – und bald auch viele Sportstätten für die Olympischen Sommerspiele im Jahr 2020.

ERMÄSSIGUNGEN FÜR MUSEEN

Mit dem **Grutto Pass** (2000 ¥; www.rekibun.or.jp/grutto) erhält man zwei Monate lang kostenlosen oder ermäßigten Eintritt in 79 Sehenswürdigkeiten im Großraum Tokio. Ein großartiges Angebot für alle, die viele Museen besuchen möchten. Der Pass wird in allen teilnehmenden Einrichtungen verkauft.

Marunouchi & Nihombashi

Marunouchi ist ein Hochleistungs-Geschäftsbezirk. Sein stärkster Magnet ist der Kaiserpalast, das symbolische Zentrum Tokios. Geografisches Zentrum der Stadt ist das benachbarte Nihombashi, ein historisches Stadtviertel mit Geschäften und Restaurants, die aus der Shogun-Ära stammen.

★ Kaiserpalast PALAST

(皇居; Kōkyo; Karte S. 72; ☎03-5223-8071; http://sankan.kunaicho.go.jp/english/guide/koukyo.html; 1 Chiyoda, Chiyoda-ku; Führungen meistens Di–Sa 10 & 13.30 Uhr; Ⓢ Chiyoda-Linie bis Ōtemachi, Ausgang C13b oder C10) GRATIS Der Kaiserpalast befindet sich an der Stelle der ursprünglichen Edo-jō, der Burg des Tokugawa-Shogunats. In ihrer Blütezeit war Edo-jō die größte Burg der Welt, außer dem Graben und den Steinmauern ist aber nichts von ihr erhalten. Der größte Teil des 3,4 km² großen Komplexes ist ebenso wie der Wohnsitz des Kaisers nicht öffentlich zugänglich. Man kann aber an einer kostenlosen, vom Kaiserlichen Hofamt organisierten Führung teilnehmen und so einen kleinen Teil der inneren Anlage besichtigen.

Die Führungen dauern etwa 1¼ Stunden und finden in der Regel dienstags bis samstags um 10 und 13.30 Uhr statt, nicht jedoch an gesetzlichen Feiertagen und an den Nachmittagen von Ende Juli bis Ende August. Vom 28. Dezember bis zum 4. Januar sowie bei Veranstaltungen des Kaiserhofes fallen sie ebenfalls aus.

Reservierungen über die Website, per Telefon oder Post sind bis zu einem Monat im Voraus möglich. Alternativ erscheint man mindestens 30 Minuten vor Beginn der Führung am Führungsbüro am **Kikyō-mon** (桔梗門) – wenn Plätze frei sind, kann man sich dort anmelden und teilnehmen. Ausweis mit Foto mitbringen.

Marunouchi, Ginza & Tsukiji

Marunouchi, Ginza & Tsukiji

Während der Führung kommt man am aktuellen Palast (Kyūden) vorbei, einem schlichten, niedrigen Bau, der 1968 fertiggestellt wurde und den Palast von 1888 ersetzte, der während des Zweiten Weltkrieges zu großen Teilen zerstört wurde.

Es geht jedoch auch ohne Tour: Von der Südwestecke des **Kaiserpalastplatzes** (Karte S. 76) kann man zwei Brücken sehen, die eiserne **Niju-bashi** (Karte S. 72) und die steinerne **Megane-bashi** (Karte S. 72; 1 Chiyoda, Chiyoda-ku; S Hibiya-Linie bis Hibiya, Ausgang B6). Jenseits der Brücken steht der Wachturm **Fushimi-yagura** aus der Edo-Zeit.

Der größte Park auf dem Palastgelände ist der **Östliche Garten des Kaiserpalastes** (東御苑; Karte S. 76; ⏲ Nov.–Feb. 9–16 Uhr, März–Mitte April, Sept. & Okt. bis 16.30 Uhr, Mitte April–Aug. bis 17 Uhr, Mo & Fr ganzjährig geschl.) GRATIS, der uneingeschränkt öffentlich zugänglich ist. Beim Betreten erhält man einen Chip, den man später wieder abgeben muss.

★ National Museum of Modern Art (MOMAT) MUSEUM

(国立近代美術館; Kokuritsu Kindai Bijutsukan; Karte S. 98; ☎ 03-5777-8600; www.momat.go.jp/english; 3-1 Kitanomaru-kōen, Chiyoda-ku; Erw./Stud. 430/130 ¥, Sonderausstellungen kosten extra; ⏲ Di–Do, Sa & So 10–17, Fr bis 20 Uhr; S Tōzai-Linie bis Takebashi, Ausgang 1b) In der zweiten bis vierten Etage werden regelmäßig wechselnde Ausstellungen mit Exponaten aus der großartigen Museumssammlung gezeigt, die über 12 000 Werke japanischer und internationaler Künstler umfasst. Die erste Etage ist Sonderausstellungen vorbehalten. Alle Kunstwerke stammen aus der Zeit ab der Meiji-Periode bis zur Gegenwart. Die Porträts, Fotografien, modernen Skulpturen und Videoarbeiten vermitteln einen Eindruck davon, wie sich das moderne Japan entwickelt hat. Nicht verpassen sollte man den „Raum mit Aussicht", von dem sich ein herrlicher Blick auf den Östlichen Garten des Kaiserpalastes (S. 75) bietet.

Crafts Gallery MUSEUM

(東京国立近代美術館　工芸館; Karte S. 98; www.momat.go.jp/english; 1 Kitanomaru-kōen, Chiyoda-ku; Erw./Kind 210/70 ¥, 1. So im Monat frei; ⏲ Di–So 10–17 Uhr; S Tōzai-Linie bis Takebashi, Ausgang 1b) In einem altmodischen Ziegelsteinbau, der zum MOMAT (S. 78) gehört, sind *mingei*-Wechselausstellungen (volkstümliches Kunsthandwerk) mit modernen und zeitgenössischen Ton- und Bambuswaren, Lackarbeiten, Textilien, Puppen und mehr zu sehen. Manche Künstler leben noch und wurden vom Staat zu „Lebenden Nationalschätzen" erklärt. Früher war hier das Hauptquartier der kaiserlichen Palastwachen. Das Originalgebäude wurde im Zweiten Weltkrieg zerstört.

Pasona WAHRZEICHEN

(パソナ; Karte S. 76; ☎ 03-6734-1260; 2-6-4 Ōtemachi, Chiyoda-ku; ⏲ Mo–Fr 9–17.30 Uhr; S Tōzai-Linie bis Ōtemachi, Ausgang B6) GRATIS Die Fassade des neunstöckigen Bürohauses des japanischen Personaldienstleisters Pasona ist mit Pflanzen begrünt. Innen bilden 200 Obst-, Gemüse-, Reis- und Kräuterarten eine urbane Farm. Die Mitarbeiter treffen sich zu Versammlungen unter Spalieren, von denen Tomatenpflanzen und Wein hängen, und sitzen auf Bänken, unter denen Bohnensprossen keimen. In der Kantine der Firma finden – umgeben von einem Reisfeld und Blumen – jeden Tag um 12 Uhr kleine klassische Konzerte statt, die öffentlich sind.

Bahnhof Tokio (Tokyo Station) WAHRZEICHEN

(東京駅; Karte S. 76; www.tokyostationcity.com/en; 1-9 Marunouchi, Chiyoda-ku; 🚉 JR-Linien bis Tokyo Station) 2014 feierte die Tokyo Station ihren 100. Geburtstag mit einer umfangreichen Renovierung und Erweiterung. Die Innenseiten der Originalkuppeln von Tatsuno Kingos elegantem Ziegelsteingebäude in Marunouchi sind mit Reliefskulpturen geschmückt. Am besten sieht man den Bahn-

WAS GIBT'S NEUES IN TOKIO?

➜ In Shibuya wird in großem Stil gebaut: Shibuya Station South District (geplante Fertigstellung 2018) und East Tower (geplante Fertigstellung 2019) sind vielleicht sogar schon geöffnet, wenn man dieses Buch liest. Ein Modell in der „Sky Lobby" im 11. Stock des Shibuya Hikarie (S. 155) verrät, wie Shibuya aussehen wird, wenn 2027 alles fertig ist; von hier oben hat man auch eine schöne Aussicht.

➜ Auch in Ginza tut sich einiges: Ginza Six (S. 153), das neueste Einkaufszentrum im Viertel, wurde im Frühling 2017 eröffnet, nachdem erst kurz zuvor die Einkaufszentren Tōkyū Plaza Ginza und Ginza Place fertiggestellt wurden.

➜ Die Zukunft des Tsukiji-Marktes (S. 79) ist wieder ungewiss. Wenn überhaupt, wird er frühestens 2017 umziehen. Der neue Markt namens Toyosu-Markt (豊洲市場) soll auf einer künstlichen Insel in der Bucht von Tokio entstehen. In jedem Fall wird der fantastische Äußere Markt (S. 80) bleiben, wo er ist.

➜ Neu eröffnet wurden auch das Sumida-Hokusai-Museum (S. 107) und die Kunstgalerien auf der Insel Tennōzu (S. 112).

hof frontal von der Plaza am Miyuki-dōri, vom Dachgarten des Einkaufszentrums **KITTE** (Karte S. 76; http://jptower-kitte.jp/en; 2-7-2 Marunouchi, Chiyoda-ku; ⌚ Mo–Sa 11–21, So bis 20 Uhr; 🚉 JR-Linien bis Tokyo Station, Südausgang Marunouchi) oder von der Terrasse in der 7. Etage des Shin-Maru Building.

★ Intermediatheque MUSEUM

(Karte S. 76; ☎ 03-5777-8600; www.intermediatheque.jp; 2. & 3. OG, JP Tower, 2-7-2 Marunouchi, Chiyoda-ku; ⌚ So & Di–Do 11–18, Fr & Sa bis 20 Uhr; 🚉 JR-Yamanote-Linie bis Tokyo Station, Ausgang Marunouchi) GRATIS Die Intermediatheque ist eine Fundgrube für interdisziplinäre Experimente. Sie pickt sich die Rosinen aus dem riesigen Fundus der Universität von Tokio (Tōdai) und „backt" daraus ein faszinierendes, modernes Museumserlebnis. So kann man sich die beste Sammlung ausgestopfter Vögel ganz Japans anschauen, anschließend zu einem großformatigen Popart-Druck weiterschlendern und dann noch das hübsch herausgeputzte Skelett eines Dinosauriers begutachten. Ein repräsentativer Hörsaal wurde in ein Forum für Film- und Musikvorführungen umgewandelt.

Tokyo International Forum ARCHITEKTUR

(東京国際フォーラム; Karte S. 76; ☎ 03-5221-9000; www.t-i-forum.co.jp; 3-5-1 Marunouchi, Chiyoda-ku; 🚉 JR-Yamanote-Linie bis Yūrakuchō, zentraler Ausgang) GRATIS Dieses architektonische Meisterwerk von Rafael Viñoly beherbergt ein Tagungs- und Kunstzentrum mit acht Sälen und einem weitläufigen Hof für Konzerte u. Ä. Der Ostflügel erinnert an ein gläsernes Schiff, das sich durch den Großstadtdschungel pflügt. Man kann mit dem Aufzug in den 7. Stock hochfahren; von dort oben betrachtet sehen Menschen, Autos und Straßen wie Spielzeuge aus. Man sollte auch auf die Statue von Ōta Dōkan achten, jenen Samurai, der 1457 als Erster die Edo-Burg baute.

Zweimal monatlich findet der **Ōedo-Antiquitäten-Markt** (大江戸骨董市; Karte S. 76; ☎ 03-6407-6011; www.antique-market.jp; ⌚ 1. & 3. So im Monat 9–16 Uhr) statt. Von Montag bis Freitag gibt's an mobilen Imbisswagen günstiges Essen und Getränke für die Büroangestellten der Gegend.

Nihombashi (Nihonbashi) BRÜCKE

(日本橋; Karte S. 76; www.nihonbashi-tokyo.jp; 1 Nihombashi, Chūō-ku; Ⓢ Ginza-Linie bis Mitsukoshimae, Ausgang B5 oder B6) Bronzene Löwen und Drachen bewachen die hübsche Granitbrücke (1911) über den Nihombashi-gawa. In der Edo-Zeit war dies gewissermaßen der japanische Nullmeridian: der Referenzpunkt für sämtliche Distanzmessungen und Anfang der wichtigsten Straßen (der Tōkaidō, der Nikkō Kaidō etc.), auf denen die *daimyō* (Feudalherren) von Edo in ihre Heimatprovinzen reisten. Leider verläuft die Autobahn direkt oberhalb der Brücke …

Ginza & Tsukiji 銀座・築地

Ginza ist Tokios schillerndstes Stadtviertel, ein luxuriöses Modezentrum mit Warenhäusern, Kunstgalerien und exklusiven Galerien. Hier befindet sich auch das wichtigste Kabukitheater der Stadt, das Kabuki-za. Einen kurzen Fußweg entfernt erstreckt sich ein Handelszentrum ganz anderer Art, der Tsukiji-Markt – mit allem, was man zum Essen und für eine tolle Mahlzeit braucht.

★ Tsukiji-Markt MARKT

(東京都中央卸売市場, Zentraler Großhandelsmarkt für landwirtschaftliche Erzeugnisse für die Metropolregion Tokio; Karte S. 76; ☎ 03-3261-8326; www.tsukiji-market.or.jp; 5-2-1 Tsukiji, Chūō-ku; ⌚ 5–13 Uhr; So geschl., meistens Mi & sämtliche Feiertage geschl.; Ⓢ Hibiya-Linie bis Tsukiji, Ausgang 1) GRATIS Auf diesem Markt bekommt man auch Obst, Gemüse, Blumen und Fleisch, aber legendär sind vor allem der Fisch und die Meeresfrüchte. Davon wechseln hier Tag für Tag um die 2000 t den Besitzer. Der hektisch-geschäftige **innere Markt** (*jōnai shijō*) soll 2017 oder vielleicht auch später nach Toyosu umziehen, der ähnlich faszinierende äußere Markt mit Hunderten von Ständen und Restaurants wird hier bleiben.

Bevor man sich auf den Weg zum Tsukiji-Markt macht, sollte man auf der Website nachschauen, ob er auch wirklich geöffnet ist. Dort steht auch, wie man an den **Thunfischauktionen** teilnehmen kann, die gegen 5 Uhr beginnen.

Hauptattraktion des Marktes sind *maguro* (Blauflossen-Thunfische), so groß wie U-Boot-Torpedos und bis zu 300 kg schwer. Bei der Auktion dieser tiefgekühlten Riesenviecher zuzuschauen (und zuzuhören) ist ein Klassiker unter den Tokio-Erlebnissen, für die es sich lohnt, früh aufzustehen (oder lange aufzubleiben).

Ab etwa 3.30 Uhr finden sich Besucher an einem der 120 festgelegten Plätze zur Auktionsbeobachtung am **Fischinformationszentrum** (おさかな普及センター; Osakana Fukyū Sentā; Karte S. 76; Kachidoki-Tor, 6-20-5 Tsukiji,

Chūō-ku; ⏲1–13 Uhr) in der Nordwestecke des Marktes ein. Die Plätze werden nach der Reihenfolge des Erscheinens vergeben. Eine erste Gruppe mit 60 Besuchern bekommt die Auktionen zwischen 5.20 und 5.50 Uhr zu sehen, eine zweite Gruppe darf zwischen 5.50 und 6.15 Uhr zuschauen. Da öffentliche Verkehrsmittel erst ab etwa 5 Uhr fahren, muss man entweder zum Markt laufen oder ein Taxi nehmen.

Doch auch wer später auftaucht, bekommt noch jede Menge zu sehen. Den Bereich für Großhändler (S. 80) können Besucher ab 10 Uhr erforschen. Die Geschäfte in der **Uogashi-yokochō** (魚がし横町; Karte S. 76; ⏲5–14 Uhr) – eine Gruppe winziger Restaurants sowie Imbiss- und Souvenirstände innerhalb des *jōnai-shijō* – und der äußere Markt öffnen sogar noch früher und schließen nicht vor 14 Uhr.

Besucher des Tsukiji-Markts sollten sich vorsichtig und respektvoll verhalten, um zukünftigen Besuchern nicht die Gelegenheit zu verderben. Große Gruppen, Babys und kleine Kinder sind im inneren Markt nicht erlaubt.

Nach dem Umzug des Markts wird der öffentliche Zugang zum neuen Standort anders geregelt sein.

➡Obst- & Gemüseauktionen

(Karte S. 76; ☎03-3261-8326; www.tsukiji-market.or.jp; 5-2-1 Tsukiji, Chūō-ku; ⏲an Markttagen 8 Uhr; Ⓢ Ōedo-Linie bis Tsukijishijomae, Ausgang A1) Leichter mit dem Zuschauen hat man es bei den Obst- und Gemüseauktionen in diesem Teil des Tsukiji-Markts – einfach gegen 7 Uhr herkommen. Die unglaublich perfekten und teuren Melonen, die man in den Warenhäusern sieht, werden gegen 8 Uhr verkauft.

➡★Tsukiji: Äußerer Markt

(場外市場; Jōgai Shijō; Karte S. 76; 6-chōme Tsukiji, Chūō-ku; ⏲5–14 Uhr; Ⓢ Hibiya-Linie bis Tsukiji, Ausgang 1) In eng gedrängten Reihen von Ständen bieten die Verkäufer Marktwaren und Artikel rund ums Kochen an, z. B. Gummistiefel, getrockneten Fisch, Tang, Küchenmesser und Geschirr. Auch großartige Snacks gibt es hier sowie zahllose kleine Restaurants und Cafés, die sich meist auf Fisch und Meeresfrüchte spezialisiert haben. Einige der Großhändler und Geschäfte waren früher im inneren Markt des Tsukiji (S. 79) zu finden, nun sind sie hier in der **Tsukiji Uogashi** (築地魚河岸; Karte S. 76; www.tsukiji-market.or.jp).

Der äußere Markt kann sehr voll werden – wer mit Kinderwagen oder Rollkoffer unterwegs ist, sollte die engen Gassen meiden. Es lohnt sich, früh zu kommen, denn die meisten Geschäfte hier schließen um 14 Uhr.

Verkaufsbereich für Großhändler MARKT

(水産仲卸業者売場; Karte S. 76; ☎03-3261-8326; www.tsukiji-market.or.jp; 5-2-1 Tsukiji, Chūō-ku; ⏲10–11 Uhr; Ⓢ Hibiya-Linie bis Tsukiji, Ausgang 1) Dieser Bereich des Tsukiji-Markts (S. 79) ist ab 10 Uhr für die Öffentlichkeit

GINZAS GALERIEN

In den Galerien in Ginza werden viele kostenlose Ausstellungen gezeigt:

Gallery Koyanagi (ギャラリー小柳; Karte S. 76; ☎03-3561-1896; www.gallerykoyanagi.com; 8. OG 1-7-5 Ginza, Chūō-ku; ⏲Di–Sa 11–19 Uhr; Ⓢ Ginza-Linie bis Ginza, Ausgang A9) Präsentiert bemerkenswerte japanische und internationale Künstler.

Ginza Graphic Gallery (ギンザ・グラフィック・ギャラリー; Karte S. 76; ☎03-3571-5206; www.dnp.co.jp/gallery/ggg; 7-7-2 Ginza, Chūō-ku; ⏲Di–Fr 11–19, Sa bis 18 Uhr; Ⓢ Ginza-Linie bis Ginza, Ausgang A2) Der Schwerpunkt liegt auf Werbung und Posterkunst.

METoA Ginza (Karte S. 76; ☎03-5537-7411; www.metoa.jp/en; Tōkyū Plaza Ginza, 5-2-1 Ginza, Chūō-ku; ⏲11–21 Uhr; Ⓢ Ginza-Linie bis Ginza, Ausgang C2) Zeigt in kreativer Kooperation mit Künstlern die jüngsten Technologien von Mitsubishi Electric.

Shiseido Gallery (資生堂ギャラリー; Karte S. 76; ☎03-3572-3901; www.shiseido.co.jp/e/gallery/html; UG, 8-8-3 Ginza, Chūō-ku; ⏲Di–Sa 11–19, So bis 18 Uhr; Ⓢ Ginza-Linie bis Shimbashi, Ausgang 1 oder 3) Hat sich auf experimentelle Kunst spezialisiert.

Tokyo Gallery + BTAP (東京画廊; Karte S. 76; ☎03-3571-1808; www.tokyo-gallery.com; 7. OG 8-10-5 Ginza, Chūō-ku; ⏲Di–Fr 11–19, Sa bis 17 Uhr; Ⓢ Ginza-Linie bis Shimbashi, Ausgang 1 oder 3) Zeigt anspruchsvolle, oft politische Kunst japanischer und chinesischer Künstler.

TOKIO IN …

zwei Tagen

Tag Nummer 1 in Tokio beginnt mit einem Spaziergang zum **Meiji-jingū** (S. 89) in Harajuku, gefolgt von einem Bummel auf der **Omote-sandō** (S. 91), um die atemberaubende moderne Architektur (und hier und da total abgefahrene Mode) zu bewundern. Dann geht's nach Shibuya zur hell erleuchteten **Shibuya-Kreuzung** (Shibuya Crossing; S. 87). Nach Einbruch der Dunkelheit macht man sich auf nach Shinjuku, isst etwas an einem *yakitori*-Stand im **Omoide-yokochō** (S. 136) und genehmigt sich dann in einer der alternativen Kneipen von Golden Gai (S. 147) ein paar Drinks.

Am nächsten Tag lässt man das Frühstück ausfallen und stärkt sich stattdessen auf dem **Äußeren Markt des Tsukiji-Markts** (S. 80) an verschiedenen Imbissen. Über den Ziergarten **Hama-rikyū Onshi-teien** (S. 81) arbeitet man sich nach Ginza vor, die Heimat der Warenhäuser und Kunstgalerien. Ein Kabuki-Akt im **Kabuki-za** (S. 150) rundet den Tag ab.

vier Tagen

Am dritten Tag in der Hauptstadt locken die älteren Viertel Asakusa und Ueno. Nachmittags dreht man noch eine Runde durch das hübsche Yanaka und isst im **Shinsuke** (S. 138) zu Abend.

Tag 4 beginnt im Westen der Stadt im magischen **Ghibli-Museum** (S. 112), gefolgt von einem Spaziergang im **Inokashira-kōen** (S. 111). Den Nachmittag verbringt man dann in einem der ungewöhnlicheren Viertel, z. B. im künstlerisch angehauchten Shimo-Kitazawa (S. 96) oder in der Animehochburg Akihabara (S. 96). Abends geht's weiter nach Roppongi. Das grandiose **Mori-Kunstmuseum** (S. 82) macht erst um 22 Uhr zu. Anschließend kann man dann ausgehen – Roppongis wildes Nachtleben ist legendär.

zugänglich. Zu sehen gibt es Meeresbewohner aller Art, in Kisten und Styroporbehälter verpackt – ein großartiges Fotomotiv. Allerdings muss man aufpassen, dass man nicht in die Schusslinie gerät oder im Weg herumsteht. Handkarren und Gabelstapler vollführen eine perfekt abgestimmte Choreografie, und das in rasantem Tempo – auf Touristen wird dabei keine Rücksicht genommen.

Den Tsukiji sollte man nicht in einer großen Gruppe, mit kleinen Kindern oder gar in schicken Schuhen besuchen. Ab 11 Uhr leert sich der Markt. Dann rücken die Reinigungsfahrzeuge an, damit es am nächsten Tag in die nächste Runde gehen kann.

Namiyoke-jinja SHINTŌ-SCHREIN

(波除神社; Karte S. 76; ☎03-3541 8451; www.namiyoke.or.jp; 6-20-37 Tsukiji, Chūō-ku; Ⓢ Hibiya-Linie bis Tsukiji, Ausgang 1) Den Eingang zu diesem Shintō, dessen Name „Schutz vor den Wellen" bedeutet, flankieren riesige Löwenmasken, die beim jährlichen Festival der Gegend zum Einsatz kommen. Hierher kommen die Arbeiter des Tsukiji-Markts und Anwohner, um zu beten. Bemerkenswert sind auch die drachenförmigen Wasserhähne über den Reinigungsbecken.

Tsukiji Hongwan-ji BUDDHISTISCHER TEMPEL

(築地本願寺; Karte S. 76; ☎03-3541-1131; www.tsukijihongwanji.jp; 3-15-1 Tsukiji, Chūō-ku; ⏲6–17 Uhr; Ⓢ Hibiya-Linie bis Tsukiji, Ausgang 1) GRATIS Nachdem diese beeindruckende Zweigstelle des Muttertempels in Kyoto 1923 dem großen Kantō-Erdbeben zum Opfer gefallen war, wurde sie im klassischen indischen Stil wiedererbaut, und so entstand eine der markantesten buddhistischen Gebetsstätten Tokios.

Englischsprachige Vorträge über das Dharma werden in der Regel am letzten Samstag im Monat ab 17.30 Uhr angeboten. Nähere Informationen sind auf der Website des Tempels zu finden.

★ **Hama-rikyū Onshi-teien** GARTEN

(浜離宮恩賜庭園; Abgeschiedener Palastgarten; Karte S. 76; www.tokyo-park.or.jp/park/format/index028.html; 1-1 Hama-rikyū-teien, Chūō-ku; Erw./Kind 300 ¥/frei; ⏲9–17 Uhr; Ⓢ Ōedo-Linie bis Shiodome, Ausgang A1) Der Hama-rikyū Onshi-teien ist einer der schönsten Gärten Tokios und zudem das Einzige, was noch vom Shogun-Palast übrig ist, der sich einst bis auf das Gelände des heutigen Tsukiji-Markts (S. 79) erstreckt hat. Herzstück der Grünanlage ist ein großer Ententeich mit einer Insel darin, auf der ein netter Teepavillon, **Nakajima no Ochaya** (中島の御茶屋; Karte S. 76; www.tokyo-park.or.jp/park/format/restaurant028.html; Tee 500 ¥; ⌚ 9–16.30 Uhr), und schön zurechtgestutzte jahrhundertealte Bäume stehen (Schwarzkiefern, Ume, Hortensien ...).

Der Park eignet sich als Abstecher von Ginza oder Tsukiji aus, man kann aber auch mit dem Boot (S. 164) auf dem Sumida-gawa (Sumida-Fluss) ab oder bis Asakusa fahren.

Nakagin-Kapsel-Turm ARCHITEKTUR

(中銀カプセルタワー; Karte S. 76; 8-16-10 Ginza, Chūō-ku; S Ōedo-Linie bis Tsukijishijō, Ausgang A3) Einige Anwohner und Fans haben eine Facebook-Kampagne gestartet, um dieses Gebäude von Kishō Kurokawa aus den frühen 1970er-Jahren – ein bahnbrechendes Werk des japanischen Metabolismus – zu retten. Die eigenständigen Kapselmodule des Turms, die von einem zentralen Kern aus entfernt und anderswo eingesetzt werden können, sind in unterschiedlichen Stadien des Verfalls und das Gebäude ist in Netze gehüllt. Das Design ist jedoch nach wie vor beeindruckend.

Roppongi, Akasaka & Umgebung

Einst legendär für sein Nachtleben, hat sich das Viertel Roppongi während des letzten Jahrzehnts über die Architektur neu erfunden: Die schicken Komplexe Roppongi Hills und Tokyo Midtown entstanden und mehrere hervorragende Kunstmuseen wurden eröffnet. Einen kurzen Spaziergang entfernt, Richtung Nordosten, liegt Akasaka. Die Nähe zum japanischen Parlament in Nagatachō und zu zahlreichen Botschaften haben dem Bezirk schon längst ein exklusives Gepräge verliehen.

★ **Roppongi Hills** WAHRZEICHEN

(六本木ヒルズ; Karte S. 84; www.roppongihills.com/en; 6-chōme Roppongi, Minato-ku; ⌚ 11–13 Uhr; S Hibiya-Linie bis Roppongi, Ausgang 1) Die Roppongi Hills setzen den Standard für Tokioter Bauprojekte des 21. Jhs. Herzstück des Komplexes mit seinen Bürogebäuden, Einkaufszentren, Restaurants und Unterhaltungseinrichtungen ist der 54-stöckige Mori Tower mit dem Mori-Kunstmuseum und der Aussichtsplattform Tokyo City View. Dazwischen sowie ringsum kann man Kunst im öffentlichen Raum bestauenen, wie Louise Bourgeoises riesige **Maman-Spinnenplastik** (Karte S. 84) oder die „Sitzbank-Skulpturen", die sich entlang der Keyakizaka-dōri befinden. Einen Abstecher lohnt auch der im Edo-Stil angelegte **Mohri-Garten** (Karte S. 84).

Mori-Kunstmuseum MUSEUM

(森美術館; Karte S. 84; www.mori.art.museum; 52. OG, Mori Tower, Roppongi Hills, 6-10-1 Roppongi, Minato-ku; Erw./Kind/Stud. 1600/600/1100 ¥; ⌚ Mi–Mo 10–22, Di bis 17 Uhr, Sky Deck Innenbereich 10–22 Uhr; S Hibiya-Linie bis Roppongi, Ausgang 1) In den luftigen Höhen des Mori Tower beeindruckt ein großes Kunstmuseum mit hohen Decken, unverstelltem Ausblick und einem Programm, das dem Hype um die Roppongi Hills spielend gerecht wird. Die Exponate von Superstars der Kunstszene aus Japan und dem Rest der Welt sind wunderschön in Szene gesetzt.

Der Eintrittspreis umfasst auch die Aussichtsplattform **Tokyo City View** (東京シティビュー; Karte S. 84; ☎ 03-6406-6652; www.roppongihills.com/tcv/en; 52. OG, Mori Tower, Roppongi Hills, 6-10-1 Roppongi, Minato-ku; Erw./Kind/Stud. 1800/600/1200 ¥; ⌚ Mo–Do & So 10–23, Fr & Sa bis 1 Uhr), die rund um die 52. Etage verläuft. Aus 250 m Höhe hat man einen unverstellten Rundumblick auf die Stadt, die sich in allen Richtungen bis zum Horizont zu erstrecken scheint. Wenn das Wetter es zulässt, kann man die Aussicht vom Sky Deck auf dem Dach (zusätzlich Erw./Kind 500/300 ¥; 11–20 Uhr) unter freiem Himmel genießen.

Complex 665 GALERIE

(Karte S. 84; 6-5-24 Roppongi, Minato-ku; ⌚ Di–Sa 11–19 Uhr; S Hibiya-Linie bis Roppongi, Ausgang 1) Im Oktober 2016 eröffnete dieses dreistöckige Gebäude, das sich in einer Seitenstraße versteckt und drei bedeutende kommerzielle Kunstgalerien beherbergt: **Taka Ishii**, **ShugoArts** und **Tomio Koyama Gallery**. Die kostenlosen Ausstellungen zeigen eine vielseitige Auswahl an zeitgenössischer japanischer Kunst und lohnen meist einen Besuch.

Tokyo Midtown WAHRZEICHEN

(東京ミッドタウン; Karte S. 84; www.tokyo-midtown.com/en; 9-7 Akasaka, Minato-ku; ⌚ 11–23 Uhr; S Ōedo-Linie bis Roppongi, Ausgang 8) Dieser schnittige Komplex, das Yin zum Yang der in der Nähe gelegenen Roppongi Hills (S. 82), strotzt nur so vor gediegenen Bars, Restaurants, Geschäften, Kunstgalerien und begrünten öffentlichen Plätzen. Ein Hotel gibt es auch. Neben (künstlichen) Wasserfällen aus Fels und Glas schnurren Rolltreppen, „schwebende" Brücken sind gesäumt von kunstvoll beleuchtetem *washi* (handgeschöpftes Papier), und hoch aufragender Bambus richtet die Aufmerksamkeit durch die Fenster nach oben, zu schwindelerregenden Türmen.

Hinter der Anlage liegt der **Hinokichō-kōen** (檜町公園; Karte S. 84; Ⓢ Hibiya-Linie bis Roppongi, Ausgang 7), ehemals Privateigentum. Der jetzt frei zugängliche Garten grenzt an eine Villa aus der Edo-Zeit. Der **Midtown Garden** (Karte S. 84; Ⓢ Hibiya-Linie bis Roppongi, Ausgang 7) nebenan ist voller Kirschbäume und wie gemacht für ein Picknick.

21_21 Design Sight MUSEUM

(21_21デザインサイト; Karte S. 84; ☎ 03-3475-2121; www.2121designsight.jp; Tokyo Midtown, 9-7-6 Akasaka, Minato-ku; Eintritt variiert; ⏲ Mi–Mo 11–20 Uhr; Ⓢ Ōedo-Linie bis Roppongi, Ausgang 8) Raum für Ausstellungen, Besprechungen und Diskussionen zum Thema Design bietet das 21_21 Design Sight, eine Art Leuchtfeuer für lokale Kunstfans, egal, ob sie nun selbst Designer sind oder sich einfach nur am Anblick schöner Dinge erfreuen können. Das Gebäude aus Beton und Glas ist an sich schon ein echter Hingucker mit seinen spitzen Winkeln. Es wurde von Andō Tadao entworfen, dem #Gewinner des Pritzker-Preises.

Suntory Kunstmuseum MUSEUM

(サントリー美術館; Karte S. 84; ☎ 03-3479-8600; www.suntory.com/sma; 4. OG, Tokyo Midtown, 9-7-4 Akasaka, Minato-ku; Eintritt variiert, Kind frei; ⏲ So–Mi 10–18, Fr & Sa bis 20 Uhr; Ⓢ Ōedo-Linie bis Roppongi, Ausgang 8) Seit seiner Eröffnung 1961 widmet sich das Suntory hochwertiger Lifestylekunst. Wechselausstellungen zeigen die Schönheit von verschiedenen Gebrauchsgegenständen wie japanischer Keramik, Lackwaren, Glas, Gefärbtem, Webarbeiten etc. Die vom Architekten Kengō Kuma entworfenen Räumlichkeiten in Tokyo Midtown (S. 82) sind gleichermaßen schlicht und eindrucksvoll.

Nationales Kunstzentrum Tokio MUSEUM

(国立新美術館; Karte S. 84; ☎ 03-5777-8600; www.nact.jp; 7-22-1 Roppongi, Minato-ku; Eintritt für die verschiedenen Ausstellungen variiert; ⏲ Mi, Do & Sa–Mo 10–18, Fr bis 20 Uhr; Ⓢ Chiyoda-Linie bis Nogizaka, Ausgang 6) Das architektonische Prachtstück von Kishō Kurokawa verfügt zwar über keine Dauerausstellung, dafür aber über die landesweit größte Fläche für Wanderausstellungen, bei denen auch schon Giganten wie Renoir und Modigliani zu sehen waren. Die Kunst ist nicht der einzige Grund für einen Besuch; sehenswert sind auch die umwerfende Glasfassade des Gebäudes, die Cafés auf den riesigen umgedrehten Kegeln und der tolle Andenkenladen **Souvenir from Tokyo** (スーベニアフロムトーキョー; Karte S. 84; ☎ 03-6812 9933; www.souvenirfromtokyo.jp; ⏲ Sa–Mo, Mi & Do 10–18, Fr bis 20 Uhr).

Nogi-jinja SHINTŌ-SCHREIN

(乃木神社; Karte S. 84; ☎ 03-3478-3001; www.nogijinja.or.jp; 8-11-27 Akasaka, Minato-ku; ⏲ 9–17 Uhr; Ⓢ Chiyoda-Linie bis Nogizaka, Ausgang 1) Dieser Schrein ist General Nogi, einem bekannten Befehlshaber des Russisch-Japanischen Krieges, gewidmet. Nur Stunden nach dem Begräbnis von Kaiser Meiji folgten Nogi und seine Ehefrau ihrem Anführer in den Tod: Sie begingen rituellen Selbstmord. Auf dem Schreingelände findet immer am vierten Sonntag jedes Monats ein **Antiquitätenflohmarkt** (9–16 Uhr) statt.

General Nogis Residenz (旧乃木邸; Karte S. 84; ⏲ 9–16 Uhr) GRATIS liegt den Hügel hinauf über dem Schrein. Hier beging Nogi rituellen Selbstmord, seine Frau schlitzte sich die Kehle auf. Das Haus ist nur am 12. und 13. September für Besucher geöffnet, an anderen Tagen kann man aber einen Blick durch die Fenster werfen.

Steingarten der Kanadischen Botschaft GARTEN

(Karte S. 72; www.canadainternational.gc.ca/japan-japon/index.aspx?lang=eng; 7-3-38 Akasaka, Minato-ko; ⏲ Garten Mo–Fr 10–17.30 Uhr; Ⓢ Ginza-Linie bis Aoyama-itchōme, Ausgang 4) GRATIS Ausweis mit Lichtbild mitbringen, einchecken und die Rolltreppe hinauf zum Eingang der Kanadischen Botschaft nehmen – davor liegt dieser schroffe und großartige Steinskulpturengarten. Gestaltet wurde er vom Zen Priester Shunmyō Masuno. Natürliche sowie behauene Steine aus dem Himalaja repräsentieren den geologischen Charakter Kanadas. Der Akasaka-Palast und die Wolkenkratzer in der Ferne sorgen für *shakkei*, die „entlehnte Landschaft", eins der Schlüsselprinzipien der japanischen Gartengestaltung.

Roppongi & Umgebung

Roppongi & Umgebung

Tokyo Tower
TURM

(東京タワー; Karte S. 84; www.tokyotower.co.jp/english; 4-2-8 Shiba-kōen, Minato-ku; Erw./Kind/Stud. Hauptaussichtsplattform 900/400/500 ¥, mit Spezialplattform 1600/800/1000 ¥; ⏲ Aussichtsplattform 9–22 Uhr; Ⓢ Ōedo-Linie bis Akabanebashi, Ausgang Akabanebashi) Der Turm von 1958 ist ziemlich „Old School" und eine ganz schöne Touristenfalle, das ändert aber nichts an seinem Status als heiß geliebtes Symbol für die Wiedergeburt der Stadt nach dem Zweiten Weltkrieg. Mit seinen 333 m ist er 13 m höher als der Eiffelturm, nach dessen Vorbild er gestaltet wurde. Dass er grellorange und weiß gestrichen ist, hängt mit internationalen Flugsicherheitsbestimmungen zusammen.

Die Hauptaussichtsplattform ist 145 m hoch (die „Spezialplattform" 250 m). Wer noch höher hinaus will, muss zum (teureren) Tokyo Sky Tree (S. 107) fahren.

Zōjō-ji
BUDDHISTISCHER TEMPEL

(増上寺; Karte S. 84; ☎ 03-3432-1431; www.zojoji.or.jp/en/index.html; 4-7-35 Shiba-kōen, Minato-ku; ⏲ Sonnenauf- bis Sonnenuntergang; Ⓢ Ōedo-Linie bis Daimon, Ausgang A3) Der Zōjō-ji (1393) ist einer der bedeutendsten Tempel der buddhistischen Jōdō-Schule (Reines Land) sowie der frühere Beerdigungstempel des Tokugawa-Clans. Er bietet einen imposanten Anblick, insbesondere das Haupttor Sangedatsumon (解脱門) von 1605, das aus drei Abschnitten besteht; sie symbolisieren die drei Stadien vor dem Nirwana. Der Daibonsho (Große Glocke; 1673), ein 15 t schweres Ungetüm, ist eine der drei großen Glocken der Edo-Zeit.

Atago-jinja
SHINTŌ-SCHREIN

(愛宕神社; Karte S. 84; ☎ 03-3431-0327; www.atago-jinja.com; 1-5-3 Shiba, Minato-ku; ⏲ Sonnenauf- bis Sonnenuntergang; Ⓢ Hibiya-Linie bis Kamiyachō, Ausgang 3) Die 85 Stufen hinauf zu diesem schönen rustikalen Schrein sind wie ein kleines Fitnessprogramm. Sie werden *shussei-no-ishiden* (Steintreppe des Erfolgs) genannt – einer Legende zufolge gelang es einem Samurai, sie auf dem Pferderücken zu erklimmen, um Tokugawa Ieyasu Pflaumenblüten zu bringen. Der alte Schrein (1603) steht auf dem höchsten Punkt Edos, 26 m über dem Meeresspiegel.

Tokyo Garden Terrace
WAHRZEICHEN

(Karte S. 72; www.tgt-kioicho.jp.e.yu.hp.transer.com; 1-2 Kioi-chō, Chiyoda-ku; Ⓢ Namboku-Linie bis Nagatachō, Ausgang 9A) Dieser neue Komplex mit gemischter Nutzung lohnt vor allem wegen der schönen Gärten und Kunstwerke, die ihn umgeben, darunter der *White Deer* von Nawa Kōhei und die gigantischen Metallblumen von Ōmaki Shinji. Eröffnet wurde er im Jahr 2016 an der Stelle des früheren Akasaka Grand Prince Hotel. Das einzige erhaltene Bauwerk des al-

KUNSTDREIECK ROPPONGI

Wer das **Mori-Kunstmuseum** (S. 82), das **Suntory-Kunstmuseum** (S. 83) oder das **Nationale Kunstzentrum Tokio** (S. 83) besucht, sollte die Eintrittskarte aufbewahren, denn damit erhält man in den jeweils anderen beiden Museen ermäßigten Eintritt. Alle drei Museen halten den Stadtplan *Art Triangle Roppongi* bereit, in dem Dutzende kleinere Galerien der Gegend verzeichnet sind, die man zu Fuß erreichen kann.

ten Komplexes ist der restaurierte Kitashirakawa-Palast, eine Villa im Baronie-Stil, die 1930 ursprünglich für den koreanischen Kronprinzen Yi Un gebaut wurde und nun ein Restaurant und eine Bar beherbergt.

Ebisu, Meguro & Umgebung

Diese hippen Stadtviertel, die Daikanyama und Naka-Meguro einschließen, warten mit tollen Kunst- und Kunsthandwerksmuseen, angesagten Boutiquen und (relativ) ruhigen Straßen auf. Tagsüber sind hier kaum Touristen unterwegs.

TOP-Museum MUSEUM
(東京都写真美術館; Tokioter Museum für Fotografie; Karte S. 88; ☎ 03-3280-0099; http://topmuseum.jp; 1-13-3 Mita, Meguro-ku; 500–1000 ¥; ⊙ Di, Mi, Sa & So 10–18, Do & Fr bis 20 Uhr; 🚉 JR-Yamanote-Linie bis Ebisu, Ostausgang) Tokios Fotografiemuseum Nr. 1 wurde 2016 nach einer zweijährigen Sanierung wiedereröffnet. Neben Ausstellungen von Werken aus seiner umfangreichen Sammlung zeigt das Museum auch Wanderausstellungen. Im Herbst kuratiert es eine Schau junger japanischer Fotografen. Meist laufen mehrere Ausstellungen gleichzeitig; der Eintrittspreis richtet sich danach, was man sich alles anschauen möchte.

Das Museum befindet sich am hinteren Ende des Yebisu Garden Place (von der Haltestelle Ebisu kommend rechter Hand).

Yamatane-Kunstmuseum MUSEUM
(山種美術館; Karte S. 88; ☎ 03-5777-8600; www.yamatane-museum.or.jp; 3-12-36 Hiroo, Shibuya-ku; Erw./Stud./Kind 1000/800 ¥/frei, Sonderausstellungen kosten extra; ⊙ Di–So 10–17 Uhr; 🚉 JR-Yamanote-Linie bis Ebisu, Westausgang) Als sich Japan mit der Meiji-Restauration (1868) nach Westen öffnete, machten sich viele Künstler daran, den Umgang mit Ölfarben und Leinwand zu erlernen, andere stürzten sich auf den japanischen Malstil *nihonga*, bei dem Mineralpigmente auf Seide oder Papier aufgetragen werden. Die Meister dieser späteren Schule sind im Kunstmuseum Yamatane vertreten. Von den mehr als 1800 Arbeiten werden immer nur ein paar in thematischen Ausstellungen gezeigt.

Yebisu-Biermuseum MUSEUM
(エビスビール記念館; Karte S. 88; ☎ 03-5423-7255; www.sapporoholdings.jp/english/guide/yebisu; 4-20-1 Ebisu, Shibuya-ku; ⊙ Di–So 11–19 Uhr; 🚉 JR-Yamanote-Linie bis Ebisu, Ostausgang) GRATIS Dieses kleine Museum hinter dem Kaufhaus Mitsukoshi (Yebisu Garden Place) ist tatsächlich der Originalstandort der Yebisu-Brauerei (bis 1988). Fotos, alte Flaschen und Poster dokumentieren die Erfolgsgeschichte von Yebisu (und Bier im Allgemeinen) in Japan. Bei der „Probierlounge" können die Besucher vier verschiedene Biersorten (jeweils 400 ¥) kosten.

Meguro-gawa FLUSS
(目黒川; Karte S. 88; Ⓢ Hibiya-Linie bis Naka-Meguro) Eigentlich ist der Meguro-gawa mehr ein Kanal als ein Fluss. Er wird von Kirschbäumen und einem Spazierweg gesäumt und verleiht dem Viertel Naka-Meguro einen unerwartet dörflichen Charakter. An beiden Ufern liegen Boutiquen und ein paar Restaurants und Bars.

Tokyo Metropolitan Teien Art Museum MUSEUM
(東京都庭園美術館; Karte S. 88; www.teien-art-museum.ne.jp; 5-21-9 Shirokanedai, Minato-ku; Erw./Kind 1100/800 ¥; ⊙ 10–18 Uhr, jeden 2. & 4. Mi im Monat geschl.; 🚉 JR-Yamanote-Linie bis Meguro, Ostausgang) Das Tokyo Metropolitan Teien Art Museum richtet regelmäßig Ausstellungen aus, gewöhnlich mit Schwerpunkt auf dekorativer Kunst. Hauptgrund für einen Besuch ist aber das Gebäude selbst. Der französische Architekt Henri Rapin hat den Jugendstilbau von 1933 entworfen. Während einer umfangreichen Renovierung (2014) wurde ein Anbau des Künstlers Sugimoto Hiroshi hinzugefügt.

Tipp: Zeit einplanen, um auf dem makellos gepflegten Rasen zu relaxen.

Sengaku-ji BUDDHISTISCHER TEMPEL
(泉岳寺; Karte S. 72; www.sengakuji.or.jp; 2-11-1 Takanawa, Minato-ku; ⊙ April–Sept. 7–18 Uhr, Okt.–März bis 17 Uhr; Ⓢ Asakusa-Linie bis Senga-

ku-ji, Ausgang A2) Die Geschichte der 47 *rōnin* (herrenlose Samurai), die ihren *daimyō* Asano rächten (er starb, weil man ihn durch eine List dazu gebracht hatte, sein Schwert gegen einen Rivalen zu ziehen), kennt in Japan jedes Kind. Die Samurai wurden dazu verurteilt, Seppuku (rituellen Selbstmord) zu begehen. Sie sind in diesem Tempel beigesetzt worden, einem nüchternen Ort. Frischer Weihrauch steigt über den Gräbern auf, mitgebracht von Besuchern.

Shibuya

Ein ständiger Strom von Menschen, leuchtende Videowände und eine fast greifbare Aufregung – Shibuya ist das Zentrum der Tokioter Jugendkultur und besticht allein durch seine schiere Präsenz.

★ Shibuya-Kreuzung STRASSE
(渋谷スクランブル交差点; Shibuya Crossing; Karte S. 90; JR-Yamanote-Linie bis Shibuya, Ausgang Hachikō) Sie soll die belebteste Kreuzung der Welt (und mit Sicherheit Japans) sein: Die Shibuya-Kreuzung wirkt wie ein gigantisches schlagendes Herz, das mit jedem pulsierenden Ampelwechsel Menschen in alle Himmelsrichtungen spuckt. Hier gilt stärker als irgendwo sonst: „Willkommen in Tokio!" Hunderte Menschen, zu Stoßzeiten sollen es über tausend sein, überqueren die Kreuzung von allen Seiten kommend gleichzeitig – und schaffen es doch, mit geübt-nonchalanter Gewandtheit, einander nicht anzurempeln.

Hachikō-Statue STATUE
(ハチ公像; Karte S. 90; Hachikō Plaza; JR-Yamanote-Linie bis Shibuya, Ausgang Hachikō) Dürfen wir vorstellen? Tokios berühmtestes Hündchen, Hachikō, ein Akita. Jeden Tag kam er zum Bahnhof Shibuya, um sein Herrchen, einen Lehrer, nach der Rückkehr von der Arbeit abzuholen. Der Lehrer verstarb 1925, doch Hachikō lief weiter zum Bahnhof – bis er zehn Jahre später selbst starb. Die Geschichte des treuen Gefährten lebte jedoch weiter, und zum Gedenken an ihn wurde vor dem Bahnhof Shibuya eine kleine Hundestatue aufgestellt. Der Platz rund um die Statue ist Tokios beliebtester Treffpunkt bei Pärchen; hier herrscht immer Leben.

Myth of Tomorrow KUNST IM ÖFFENTLICHEN RAUM
(明日の神話; Asu no Shinwa; Karte S. 90; JR-Yamanote-Linie bis Shibuya, Ausgang Hachikō) Okamoto Tarōs Wandbild *Myth of Tomorrow* (Mythos von Morgen; 1967), die Auftragsarbeit eines mexikanischen Luxushotels, war nach zwei Jahren plötzlich weg. 2003 tauchte es wieder auf. 2008 wurde die 30 m lange, eindrückliche Darstellung der Atombombenexplosion in Hiroshima in der Shibuya Station angebracht. Sie befindet sich im 2. Stock, auf dem Weg zur Inokashira-Linie.

★ Shibuya Center-gai VIERTEL
(渋谷センター街; Shibuya Sentā-gai; Karte S. 90; JR-Yamanote-Linie bis Shibuya, Ausgang Hachikō) Auf Shibuyas Hauptstraße sind Autos verboten, dafür gibt es massenweise Fast-Food-Läden und Modegeschäfte. Abends hat man

TOKIO FÜR KINDER

Beliebtes Ausflugsziel einheimischer Familien ist **Odaiba**. Hier kann man im **Nationalmuseum für Wissenschaft & Innovation** (S. 110) den humanoiden Roboter ASIMO bestaunen und sich in der virtuellen Realität von **Tokyo Joypolis** (S. 116) austoben.

Ebenfalls spannend für Kinder sind der **Zoo** (S. 104) und das **Nationalmuseum der Naturwissenschaften** (S. 104) in Ueno. Samuraischwerter sind im **Nationalmuseum Tokio** (S. 99) und im **Japanischen Schwertmuseum** (S. 95) in Shinjuku zu sehen.

Das magische **Ghibli-Museum** (S. 112) ist Japans Meister des Animationsfilms Miyazaki Hayao (*Prinzessin Mononoke, Chihiros Reise ins Zauberland*) gewidmet und liegt in einem großen Park, dem **Inokashira-kōen** (S. 111). Wenn die Kids die japanischen Comichelden & Co. mögen, könnte man sie vielleicht mit einem Abstecher ins Spielzeugkaufhaus **KiddyLand** (S. 156) belohnen …

Japanische Kinder sind verrückt nach Zügen. Von der Südterrasse des **Bahnhofs Shinjuku**, dem betriebsamsten der Welt, genießt man einen tollen Blick auf die verschiedenen Gleise. Zudem lohnt sich eine Fahrt mit der führerlosen **Yurikamome-Bahn**, die sich zwischen den Wolkenkratzern hindurchschlängelt.

Ebisu & Meguro

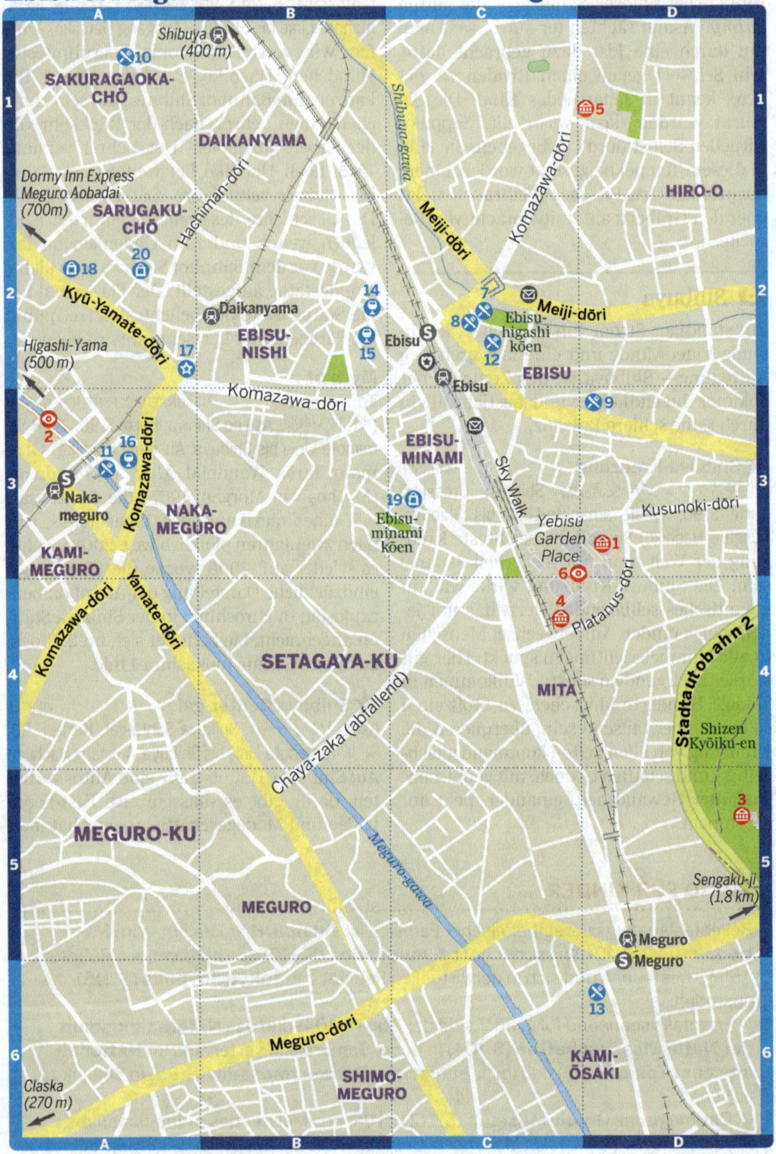

das Gefühl, man befindet sich auf einem Straßenfest oder auf einem typisch asiatischen Nachtmarkt: Alles ist taghell beleuchtet, Musik plärrt aus allen Ecken, Schleppertypen mit Sonnenbrillen und Teenager schlendern und stolzieren umher.

Spain-zaka VIERTEL
(スペイン坂; Karte S. 90; JR-Yamanote-Linie bis Shibuya, Ausgang Hachikō) Die niedlichste Gasse von Shibuya ist typische Tokio-Flickschusterei mit mediterranem Flair. Die Baustile passen nicht zusammen, es gibt

Ebisu & Meguro

Sehenswertes

1 Yebisu-Biermuseum ... D3
2 Meguro-gawa ... A3
3 Tokyo Metropolitan Teien Art Museum ... D5
4 TOP Museum ... C4
5 Yamatane-Kunstmuseum ... D1
6 Yebisu Garden Place ... C3

Essen

7 Afuri ... C2
8 Ebisu-yokochō ... C2
9 Ippo ... D3
10 Nagi Shokudō ... A1
11 Ōtaru ... A3
12 Ouca ... C2
13 Tonki ... D6

Ausgehen & Nachtleben

14 Bar Trench ... B2
15 Buri ... B2
16 Nakame Takkyū Lounge ... A3

Unterhaltung

17 Unit ... A2

Shoppen

18 Daikanyama T-Site ... A2
19 Kapital ... C3
20 Okura ... A2

putzige Modegeschäfte, und über die gesamte Länge der schmalen, gewundenen Straße drängt sich ein Potpourri aus Restaurants.

Dōgenzaka VIERTEL

(道玄坂; Love Hotel Hill; Karte S. 90; JR-Yamanote-Linie bis Shibuya, Ausgang Hachikō) Dōgenzaka, ein Labyrinth enger Sträßchen, ist nach einem Dieb aus dem 13. Jh. benannt. Hier drängen sich eine ganze Reihe Stundenhotels (Love Hotels), deshalb wird das Viertel auch als Love Hotel Hill („Liebeshotelhügel") bezeichnet. Die Atmosphäre ist wirklich schäbig, aber ein paar der älteren Hotels haben wunderbar alte, verfallene Fassaden.

d47 Museum MUSEUM

(Karte S. 90; www.hikarie8.com/d47museum; 8. OG, Hikarie Building, 2-21-1 Shibuya, Shibuya-ku; 11–20 Uhr; JR-Yamanote-Linie bis Shibuya, Ostausgang) GRATIS D&D Department ist eine Lifestyle-Marke, die das Land auf der Suche nach den Idealausführungen des Profanen durchforstet: dem perfekten Besen, Flaschenöffner oder Salzstreuer, um nur ein paar Beispiele zu nennen. In diesem übersichtlichen Museum (nur ein Raum) sind die neuesten Funde aus den 47 Präfekturen in wechselnden Ausstellungen zu sehen. Nebenan gibt's den tollen d47 Design-Travel-Shop.

Japanisches Museum für volkstümliches Kunsthandwerk MUSEUM

(日本民藝館; Mingeikan; Karte S. 72; http://mingeikan.x0.com; 4-3-33 Komaba, Meguro-ku; Erw./Stud./Kind 1100/600/200 ¥; Di–So 10–16.30 Uhr; Keiō Inokashira-Linie bis Komaba-Todaimae, Westausgang) Die Bewegung *mingei* (volkstümliches Kunsthandwerk) wurde im frühen 20. Jh. ins Leben gerufen mit dem Ziel, handgearbeitete Erzeugnisse (im Gegensatz zu Massenprodukten) zu fördern. Die Federführer der Bewegung gründeten dieses Museum, das etwa 17 000 Exponate erlesenen Kunsthandwerks aus ganz Japan beherbergt. Vom Bahnhof Komaba-Tōdaima folgt man zunächst den Bahngleisen auf der linken Seite. Wenn die Straße nach rechts abbiegt (nach ca. 5 Min.), findet sich das Museum auf der rechten Seite. In der Zeit zwischen zwei Ausstellungen bleibt das Museum geschlossen.

Harajuku & Aoyama

Mit seinem prächtigen Schrein Meiji-jingū, der extravaganten Straßenmode, der beeindruckenden modernen Architektur und seinen Kunstmuseen ist Harajuku einer der größten Magneten Tokios. Das benachbarte Aoyama ist ein Shopping- und Restaurantviertel für die modebewusste Elite der Stadt.

★ Meiji-jingū SHINTŌ-SCHREIN

(明治神宮; Karte S. 72; www.meijijingu.or.jp; 1-1 Yoyogi Kamizono-chō, Shibuya-ku; Sonnenaufbis Sonnenuntergang; JR-Yamanote-Linie bis Harajuku, Ausgang Omote-sandō) GRATIS Tokios prächtigster Shintō-Schrein wurde 1920 zum Gedenken an Kaiser Meiji und Kaiserin Shōken errichtet, im Zweiten Weltkrieg bei Luftangriffen zerstört und 1958 wieder aufgebaut. Im Gegensatz zu vielen anderen japanischen Nachbauten der Nachkriegszeit wirkt er jedoch durch und durch authentisch. Das 12 m hohe hölzerne *torii* am Eingang ist aus einer 1500 Jahre alten taiwanesischen Zypresse gefertigt worden. Der Meiji-jingū wird gegenwärtig in Vorbereitung auf seinen 100. Jahrestag Stück für Stück renoviert, bleibt aber geöffnet.

Meiji-jingū Gyoen GARTEN

(明治神宮御苑; Innerer Garten; Karte S. 92; 500 ¥; 9–16.30 Uhr, Nov.–Feb. bis 16 Uhr; JR-Yamanote-Linie bis Harajuku, Ausgang Omote-sandō) Zum Meiji-jingū gehört ein Garten

Shibuya

Shibuya

Highlights
1 Shibuya Center-gai C3
2 Shibuya Kreuzung C3

Sehenswertes
3 d47 Museum D3
4 Dōgenzaka B3
5 Hachikō Statue C3
6 Myth of Tomorrow C3
7 Spain-zaka B2

Aktivitäten, Kurse & Touren
8 Purikura no Mecca B3

Schlafen
9 Excel Hotel Tōkyū C3
10 Hotel Mets Shibuya D4
11 Shibuya Granbell Hotel C4

Essen
d47 Shokudō .... (siehe 3)
12 Food Show C3
13 Gyūkatsu Motomura D4
14 Kaikaya A4
15 Sagatani B3

Ausgehen & Nachtleben
16 Contact B3
17 Good Beer Faucets A3
18 Nonbei-yokochō C3
19 Rhythm Cafe B2
20 Tight C3
21 Womb A3

Unterhaltung
22 Club Quattro B2
23 WWW B2

Shoppen
24 Fake Tokyo C3
25 Loft C2
26 Shibuya 109 .... B3
Shibuya Hikarie .... (siehe 3)
27 Tokyu Hands B2

mit Spazierwegen, der Meiji-jingū Gyoen. Man erreicht ihn über den Hauptweg zum Schrein. Einst residierte hier ein Fürst, nachdem das Anwesen in kaiserlichen Besitz übergegangen war, gestaltete kein Geringerer als der Tenno Meiji den Schwertliliengarten als Geschenk für seine Gemahlin Shōken. Man kann auf ruhigen Pfaden umherwandeln und an Wochentagen vielleicht sogar eine Dosis Privatsphäre genießen. Im Juni bieten die blühenden Schwertlilien einen spektakulären Anblick.

★ Yoyogi-kōen PARK

(代々木公園; Karte S. 72; www.yoyogipark.info; JR-Yamanote-Linie bis Harajuku, Ausgang Omote-sandō) An sonnig-warmen Wochenendnachmittagen lockt der große Park jede Menge Erholungssuchende an. Zudem trifft man auf Feierfreudige und lärmendes Volk unterschiedlichster Facetten, von Hula-Hoop-Begeisterten über afrikanische Trommelgruppen bis hin zu Retrorockern mit Ghettoblastern. Die Grünanlage eignet sich wunderbar für ein Picknick und ist der vielleicht einzige Ort der Stadt, an dem man Frisbee spielen kann, ohne Angst haben zu müssen, jemanden zu treffen.

In der wärmeren Jahreszeit finden auf dem Platz gegenüber dem Park Festivals statt (das Programm steht auf Japanisch auf der Website). Die Kirschblüte zieht riesige Menschenmengen an, die bis spät in die Nacht feiern.

★ Takeshita-dōri VIERTEL

(竹下通り; Karte S. 92; JR-Yamanote-Linie bis Harajuku, Ausgang Takeshita) Willkommen auf Tokios berühmtem Basar für abgefahrene Mode, auf dem topaktuelle Klamotten Seite an Seite mit den modischen Kapriolen verschiedenster Subkulturen verkauft werden (bunte Tutus für die *decora*-Fans, viktorianische Kostüme für Goth-Lolitas). Man sei aber gewarnt: Diese Fußgängerzone ist das Mekka für Teenager aus ganz Japan, sprich: Es kann richtig voll werden.

Kawaii Monster Cafe BEMERKENSWERTES GEBÄUDE

(Karte S. 92; 03-5413-6142; http://kawaiimonster.jp/pc/; 4. OG, YM Building, 4-31-10 Jingūmae, Shibuya-ku; Eintritt 500 ¥, Getränke ab 800 ¥; Mo–Sa 11.30–16.30 & 18–22, So 11–20 Uhr; JR-Yamanote-Linie bis Harajuku, Ausgang Omote-sandō) Grelle Farben, surrealistische Installationen und Kostüme aus einer anderen Welt – dies ist die Vision von Sebastian Masuda (Stylist des Popstars Kyary Pamyu Pamyu), der dieses neue Café gestaltete. Es verkörpert die gegenwärtig vorherrschende Ästhetik des *guro-kawaii* (grotesk angehauchte Niedlichkeit). Die Farben des Essens und der Getränke (deswegen kommt eigentlich niemand her, doch man muss etwas bestellen) passen zur Dekoration.

★ Omote-sandō VIERTEL

(表参道; Karte S. 92; S Ginza-Linie bis Omote-sandō, Ausgang A3 oder B4, JR-Yamanote-Linie bis Harajuku, Ausgang Omote-sandō) Dieser königliche Boulevard war ursprünglich der offizielle Zugang zum Meiji-jingū, heute ist er eine schicke Einkaufsstraße mit hochpreisigen Boutiquen en masse. Die feinen Designerläden sind in Designergebäuden untergebracht; deshalb ist die Omote-sandō auch eine hervorragende Adresse, wenn man sich für moderne Architektur interessiert.

Zu den Highlights zählen die Dior-Boutique von SANAA (Nishizawa Ryue und Sejima Kazuyo) und Tod's Boutique von Itō Toyō – die Architekten beider Geschäfte wurden mit dem Pritzker-Preis ausgezeichnet.

Cat Street VIERTEL

(キャットストリート; Karte S. 92; JR-Yamanote-Linie bis Harajuku, Ausgang Omote-sandō) Genug vom chronisch verstopften Harajuku? Dann mache man einen Schlenker auf die

INSIDERWISSEN

„PURIKURA"-FOTOAUTOMATEN

Wer einmal selbst kleine Mängel entfernt und seinem Konterfei dafür extralange Wimpern und große Rehaugen verpasst hat, sodass man zuletzt ein Foto mit einer Animeversion des eigenen Ichs in Händen hält, wird verstehen, warum *purikura* („Print-Clubs", gemeint sind Fotobuden) bei japanischen Teenagern Kult sind. Die Fotosticker sind das perfekte Souvenir aus Tokio.

Purikura-Automaten gibt's in den meisten Einkaufszentren, doch das **Purikura no Mecca** (プリクラのメッカ; Karte S. 90; 3. OG, 29-1 Udagawa-chō, Shibuya-ku; purikura 400 ¥; 24 Std.; JR-Yamanote-Linie bis Shibuya, Ausgang Hachikō) widmet sich einzig und allein diesen Fotos und bietet unzählige Optionen. Reine Männergruppen dürfen aber nicht hinein.

Harajuku & Umgebung

„Katzenstraße". Sie ist gesäumt von allerlei Boutiquen, bietet Raum zum Laufen und Atmen sowie eine ziemlich spektakuläre Architektur. Hier gibt es auch ein paar kleinere Marken, die sich eine Adresse an der Hauptstraße nicht leisten können.

Design Festa GALERIE

(デザインフェスタ; Karte S. 92; ☎ 03-3479-1442; www.designfestagallery.com; 3-20-2 Jingūmae, Shibuya-ku; ⏲ 11–20 Uhr; 🚉 JR-Yamanote-Linie bis Harajuku, Ausgang Takeshita) GRATIS Seit fast zwei Jahrzehnten ist Design Festa die führende Galerie in Tokios alternativer Kunstszene. Schon allein das schräge, sich ständig verändernde Gebäude lohnt einen Besuch. Die kleinen Galerien werden tageweise von Künstlern gemietet. Meist sind die Künstler selbst vor Ort.

Kunstmuseum Ukiyo-e Ōta MUSEUM

(浮世絵太田記念美術館; Karte S. 92; ☎ 03-5777-8600; www.ukiyoe-ota-muse.jp; 1-10-10 Jingūmae, Shibuya-ku; Erw./Kind 700–1000 ¥/frei; ⏲ Di–So 10.30–17.30 Uhr; 🚉 JR-Yamanote-Linie bis Harajuku, Ausgang Omote-sandō) Man schlüpft in Slipper, ehe man dieses friedliche, stille Museum betritt. Es zeigt die tolle Sammlung von *ukiyo-e* (Farbholzschnitt) von Ōta Seizo, dem früheren Chef der Toho Mutual Life Insurance Company. Die saisonalen Ausstellungen zu bestimmten Themen kann man sich problemlos in einer Stunde ansehen. Gewöhnlich sind ein paar Arbeiten großer Meister wie Hokusai und Hiroshige zu sehen. An den letzten Tagen im Monat ist das Museum oft geschlossen.

Der Laden im Untergeschoss verkauft bildschöne *tenugui* (traditionelle handgefärbte Baumwolltücher).

Watari-Museum für Gegenwartskunst MUSEUM

(ワタリウム美術館; Watari-Um; Karte S. 92; ☎ 03-3402-3001; www.watarium.co.jp; 3-7-6 Jingūmae, Shibuya-ku; Erw./Stud. 1000/800 ¥; ⏲ Di & Do–So

Harajuku & Umgebung

Highlights
1 Nezu-Museum D4
2 Omote-sandō C3
3 Takeshita-dōri A2

Sehenswertes
4 Cat Street B3
5 Design Festa B2
6 Kawaii Monster Cafe B2
7 Meiji-jingū Gyoen A1
8 Kunstmuseum Ukiyo-e Ōta B2
9 Watari Museum für Gegenwartskunst C2

Aktivitäten, Kurse & Touren
10 Ohara School of Ikebana C4

Schlafen
11 Dormy Inn Premium Shibuya Jingūmae A3

Essen
12 Commune 246 ..... C3
Farmer's Market @UNU ..... (siehe 28)
13 Harajuku Gyōza-rō B3
14 Higashiya Man C3
15 Kinokuniya International Supermarket C4
16 Maisen C2
17 Mominoki House C1
Sakura-tei ..... (siehe 5)
18 Yanmo C4

Ausgehen & Nachtleben
Montoak ..... (siehe 25)
Two Rooms ..... (siehe 15)

Unterhaltung
19 Jingū Baseball Stadium D1

Shoppen
20 Bedrock B3
21 Chicago Thrift Store A2
22 Comme des Garçons C4
23 Dog B2
24 Gallery Kawano C3
25 KiddyLand B3
26 Laforet B2
27 Musubi B1
On Sundays ..... (siehe 9)
28 Raw Tokyo B4
29 Sou-Sou D4

Information
30 Harakuju-Informationszentrum Moshi Moshi Box B2

11–19, Mi bis 21 Uhr; **S** Ginza-Linie bis Gaienmae, Ausgang 3) Dieses progressive, oft provokative Museum wurde 1990 nach einem Entwurf des Schweizer Architekten Mario Botta errichtet. Die Exponate reichen von Retrospektiven renommierter Künstler (wie Yayoi Kusama und Nam June Paik) über Graffiti bis hin zu Landschaftsmalerei. Manche Ausstellungsstücke werden in den umliegenden Straßen gezeigt. „Paar-Tickets" für zwei Personen kosten 1600 ¥.

Im Untergeschoss befindet sich der fantastische Buchladen **On Sundays** (Karte S. 92; ⌚11–20 Uhr).

★ Nezu-Museum MUSEUM

(根津美術館; Karte S. 92; ☎03-3400-2536; www.nezu-muse.or.jp; 6-5-1 Minami-Aoyama, Minato-ku; Erw./Stud./Kind 1100/800 ¥/frei, Sonderausstellungen 200 ¥ extra; ⌚Di–So 10–17 Uhr; **S** Ginza-Linie bis Omote-sandō, Ausgang A5) Das Museum bietet eine eindrucksvolle Mischung aus Alt und Neu. In den Galerieräumen, entworfen vom zeitgenössischen Architekten Kuma Kengo, sind japanische, chinesische und koreanische Antiquitäten zu sehen. Ausgewählte Stücke aus der umfangreichen Sammlung kann man in saisonalen Ausstellungen bewundern. Die englischsprachigen Erklärungen sind oft ziemlich gut. Der waldige Garten hinter dem Museum mit seinen steinernen Pfaden, einem Teehaus und Skulpuren lädt zu einem Spaziergang ein.

Das von Glaswänden umgebene Café wurde ebenfalls von Kuma entworfen.

Shinjuku

Shinjuku ist eine komplette Stadt in der Stadt – schon seine Größe ist einfach überwältigend. Allein den Bahnhof passieren täglich über drei Millionen Menschen. Im Westen erstreckt sich Nishi-Shinjuku, ein neues Viertel mit hohen Wolkenkratzern, im Osten liegt der größte Unterhaltungsbezirk der Metropole.

★ Tokyo Metropolitan Government Building BEMERKENSWERTES GEBÄUDE

(東京都庁; Tokyo Tochō; Karte S. 94; http://www.metro.tokyo.jp/english/offices/observat.htm; 2-8-1 Nishi-Shinjuku, Shinjuku-ku; ⌚Aussichtsplattformen 9.30–23 Uhr; **S** Ōedo-Linie bis Tochōmae, Ausgang A4) GRATIS Das gewaltige Rathaus, von Tange Kenzō entworfen und 1991 fertig-

Shinjuku

0 500 m
Ōme-kaidō
Nishi-Shinjuku
KITA-SHINJUKU
Shin-Ōkubo (600 m)
Bunka Senta-dōri
KABUKICHŌ
Central Rd
Kuyakusho-dōri
Meiji-dōri
Shinjuku-nishiguchi
Shinjuku
SHINJUKU-KU
Gyoen-dōri
Kita-dōri
Kōen-dōri
Tochō-dōri
Mode Gakuen Cocoon Tower
SHINJUKU
Yasukuni-dōri
Ichigaya (2 km)
Tochōmae
Shinjuku-sanchōme
SHINJUKU-NICHŌME
Shinjuku Chūō-kōen
NISHI-SHINJUKU
Kōshū-kaidō
Tokyo Metropolitan Government Building
Season Rd
Shinjuku-gyoenmae
Shinjuku-dōri
Gijido-dōri
One Day's St
Minami-dōri
Shinjuku-gyoen (Shinjuku-Park)
YOYOGI
Japanisches Schwertmuseum (500 m)
SENDAGAYA
Shinjuku-gyoen

Shinjuku

Highlights
1 Shinjuku-gyoen F4
2 Tokyo Metropolitan Government Building A3

Sehenswertes
3 Hanazono-jinja E1
4 Kabukichō D1
5 Place M G4
6 Shinjuku I-Land B2

Aktivitäten, Kurse & Touren
7 Thermae-yu E1

Schlafen
8 Apartment Hotel E3
9 Hotel Gracery Shinjuku D1
10 Kadoya Hotel C3
11 Park Hyatt Tokyo A4
12 Tōkyū Stay Shinjuku E2

Essen
13 Donjaca F2
Kozue .... (siehe 11)
14 Nagi E1
15 Nakajima E3
16 Numazukō E3
17 Omoide-yokochō D2
18 Shinjuku Asia-yokochō D1
19 Tsunahachi E2

Ausgehen & Nachtleben
20 Aiiro Cafe F2
21 Arty Farty F3
22 BenFiddich C3
New York Bar .... (siehe 11)
23 Ren E1
24 Zoetrope C1

Unterhaltung
25 Robot Restaurant E1
26 Shinjuku Pit Inn F2

Shoppen
27 Beams E3
28 Don Quijote D1
29 Hanazono-jinja Flea Market E1
30 Isetan E2
Kinokuniya .... (siehe 31)
31 Tokyu Hands D4

Praktisches
32 Shinjuku Bus Terminal Touristen-Informationszentrum D3
33 Tokyo Metropolitan Government Building Touristeninformationszentrum A3

Transport
34 Shinjuku Bus Terminal D3

gestellt, ragt hoch auf und erinnert an eine supermoderne Kathedrale (oder an das Versteck eines Zeichentrick-Bösewichts). Mit dem Aufzug geht's vom Erdgeschoss im Building 1 zu einer der zwei Aussichtsplattformen (202 m hoch). An klaren Tagen kann man – am ehesten morgens – vielleicht im Westen den Fuji erspähen. Der Panoramablick ist in beiden Türmen gleich.

Shinjuku I-Land KUNST IM ÖFFENTLICHEN RAUM
(新宿アイランド; Karte S. 94; 6-5-1 Nishi-Shinjuku, Shinjuku-ku; Ⓢ Marunouchi-Linie bis Nishi-Shinjuku) Shinjuku I-Land (1995 fertiggestellt, aber vor dem Platzen der Wirtschaftsblase geplant) ist ein ganz gewöhnlicher Bürokomplex, abgesehen von den mehr als ein Dutzend Kunstwerken aus dem Bereich Public Art (Kunst im öffentlichen Raum), darunter eine von Robert Indianas *Love*-Skulpturen und zwei *Tokyo Brushstroke*-Skulpturen von Roy Liechtenstein. Im offenen Hof, in dem sich Giulio Paolini verewigt hat, bieten sich mehrere Restaurants mit überaus annehmbaren Preisen für ein Mittagessen oder einen Kaffee in tollem Ambiente an.

Japanisches Schwertmuseum MUSEUM
(刀剣博物館; Karte S. 72; www.touken.or.jp; 4-25-10 Yoyogi, Shibuya-ku; Erw./Stud./Kind 600/300 ¥/frei; ⊙ Di–So 9–16.30 Uhr; Ⓡ Keio New-Linie bis Hatsudai, Ostausgang) Während der Besatzung nach dem Zweiten Weltkrieg konfiszierten US-Truppen sämtliche *katana* (japanische Schwerter), die sie in die Finger bekamen. Nach Rückgabe der Waffen gründete das japanische Bildungsministerium 1948 eine Gesellschaft zum Schutz der Schwertschmiedekunst – und dieses Museum. Die Sammlung zeigt Dutzende von Exponaten, die mit ausgezeichneten englischen Infotafeln versehen sind.

Um das in einem Wohngebiet liegende und nicht ganz leicht zu findende Museum zu erreichen, geht man die Kōshū-kaidō hinunter bis zum Park Hyatt und biegt links ab. Dann folgt man der zweiten Straße rechts (unter der Stadtautobahn) und biegt rechts und danach wieder links ab. Auf der Website gibt's eine Karte.

Kabukichō VIERTEL
(歌舞伎町; Karte S. 94; Ⓡ JR-Yamanote-Linie bis Shinjuku, Ostausgang) Das wahrscheinlich an-

ABSTECHER

SHIMO-KITAZAWA

Die engen Straßen von Shimo-Kitazawa (下北沢) sind mit dem Auto kaum passierbar – das Viertel wirkt wie Tokio im Puppenformat. Generationen von Studenten, Musikern und Künstlern haben es bevölkert, und besonders nachmittags und abends ist auf den Straßen viel los. Wenn Tokio nicht von Bürokraten, sondern von Hippies verwaltet würde, dann sähe die ganze Stadt viel mehr wie Shimo-Kitazawa aus.

Nördlich vom Bahnhof gibt's zahlreiche Cafés und Läden für Secondhandkleidung. Wenn der Abend kommt, verlagert sich das Geschehen auf die Südseite, wo sich viele Restaurants und Bars befinden und man einen fröhlichen Abend in „Shimokita" verbringen kann. Beliebt sind z. B. das *izakaya* (japanisches Kneipenlokal) **Shirube** (汁べゑ; Karte S. 72; ☎ 03-3413-3785; 2-18-2 Kitazawa, Setagaya-ku; Gerichte 730–1060 ¥; ⏲ 17.30–24 Uhr; ✍ 📋), in das man am Wochenende nur mit Reservierung hineinkommt, die winzige Bar **Ghetto** (月灯; Karte S. 72; 1-45-16 Daizawa, Setagaya-ku; ⏲ 20.30 Uhr–open end) und die höhlenartige Rock'n'Roll-Bar **Mother** (マザー; Karte S. 72; ☎ 03-3421-9519; www.rock-mother.com; 5-36-14 Daizawa, Setagaya-ku; ⏲ So–Do 17–2, Fr & Sa 17–5 Uhr).

Shimo-Kitazawa erreicht man in weniger als zehn Minuten mit der Odakyū-Linie von Shinjuku oder mit der Keiō-Inokashira-Linie von Shibuya.

rüchigste Rotlichtviertel der Stadt erstreckt sich nördlich der Yasukuni-dōri über mehrere Blocks. Es ist nach einem Kabukitheater benannt, das aber interessanterweise nie gebaut wurde. Aber irgendwie gleicht Kabukichō selbst einer Bühne, nur mit einer anderen Art Live-Theater. Dies findet Ausdruck in den Soaplands (Badehäuser/Bordelle, die haarscharf an den Prostitutionsverboten vorbeischrammen), Peepshows, Varietés und Stundenhotels. Die Gegend ist nicht mehr so zwielichtig wie früher und in der Regel sicher, aber Männer wie Frauen ziehen zuweilen ungewollte Aufmerksamkeit auf sich. Am besten geht man zu mehreren los.

Hanazono-jinja — SHINTŌ-SCHREIN

(花園神社; Karte S. 94; www.hanazono-jinja.or.jp; 5-17-3 Shinjuku, Shinjuku-ku; ⏲ 24 Std.; Ⓢ Marunouchi-Linie bis Shinjuku-sanchōme, Ausgang B10 oder E2) Tagsüber kommen Händler aus dem nahe gelegenen Kabukichō hierher, um für geschäftlichen Erfolg zu beten. (Der im 17. Jh. gegründete Schrein ist der Gottheit Inari geweiht, zu deren Spezialitäten Fruchtbarkeit und weltlicher Erfolg zählen). Abends dringt – trotz der Schilder, die ausdrücklich um Zurückhaltung unter den Nachtschwärmern bitten – der Lärm trinkender, feierfreudiger Gäste der umliegenden Bars bis zum Schrein vor. An den meisten Sonntagen findet am Schrein ein **Flohmarkt** (青空骨董市; Aozora Kottō-ichi; Karte S. 94; http://kottou-ichi.jp; ⏲ So Sonnenauf- bis Sonnenuntergang) statt.

★ Shinjuku-gyoen — PARK

(新宿御苑; Karte S. 94; ☎ 03-3350-0151; www.env.go.jp/garden/shinjukugyoen; 11 Naito-chō, Shinjuku-ku; Erw./Kind 200/50 ¥; ⏲ Di–So 9–16.30 Uhr; Ⓢ Marunouchi-Linie bis Shinjuku-gyoenmae, Ausgang 1) Einst diente der 1906 fertiggestellte Park als kaiserliches Erholungsgebiet, heute steht er allen Bürgern offen. Auf den weiten Grünflächen ruhen sich die Stadtbewohner gern vom Stress des urbanen Alltags aus. Zu den Highlights des Parks gehören das Gewächshaus mit riesigen Seerosen und perfekt geformten Orchideen sowie die Kirschblüte im Frühjahr.

Place M — GALERIE

(Karte S. 94; www.placem.com; 3. OG, 1-2-11 Shinjuku, Shinjuku-ku; ⏲ 12–19 Uhr; Ⓢ Marunouchi-Linie bis Shinjuku-gyoenmae, Ausgang 2) GRATIS Vier erfahrene Fotografen (darunter Moriyama Daido, der Pionier der Straßenfotografie) führen diese Galerie, ein Schwergewicht der lokalen Szene. Hier werden Ausstellungen und Workshops veranstaltet, um angehende Fotografen zu fördern, und ein Verlag wird betrieben. Einige andere kleine Fotogalerien sind ebenfalls in diesem Viertel ansässig – am Eingang findet man bergeweise Flyer.

Akihabara, Kagurazaka & Kōrakuen

Dieser Streifen im Zentrum Tokios verläuft entlang der Soto-bōri, der früheren äußeren Mauer der Burg Edo, und des Kanda-gawa.

Von Westen nach Osten kommend trifft man zuerst auf das charmante alte Geishaviertel Kagurazaka, dann auf Korakuen, wo sich einer der schönsten traditionellen Gärten der Stadt sowie der Sport- und Freizeitkomplex Tokyo Dome befinden, und schließlich auf Akihabara, das Zentrum der *otaku*-Kultur (leidenschaftliche Fans). Einen englischsprachigen Plan von Akiba bekommt man bei **Akiba Info** (Karte S. 98; ☎080-3413-4800; www.animecenter.jp; 2. OG, Akihabara UDX Building, 4-14-1 Soto-Kanda, Chiyoda-ku; ⌚Di, Mi & Fr–So 11–17.30 Uhr; 📶; 🚉JR-Yamanote-Linie bis Akihabara, Ausgang Electric Town), dessen hilfsbereite Mitarbeiter Englisch sprechen.

★ Koishikawa Kōrakuen GARTEN

(小石川後楽園; Karte S. 98; ☎03-3811-3015; http://teien.tokyo-park.or.jp/en/koishikawa; 1-6-6 Kōraku, Bunkyō-ku; Erw./Kind 300 ¥/frei; ⌚9–17 Uhr; 🚉Ōedo-Linie bis Iidabashi, Ausgang C3) Der von Elementen chinesischer und japanischer Landschaftspflege geprägte Ziergarten zählt zu den schönsten Tokios. Er wurde Mitte des 17. Jhs. im Auftrag des Tokugawa-Clans angelegt. Heute schließt die *shakkei* (wörtlich „entlehnte Landschaft") allerdings auch das Tokyo-Dome-Stadion (S. 152) mit ein.

Nicht verpassen: die **Engetsu-kyō** (Vollmondbrücke) aus der frühen Edo-Zeit (der Name ergibt Sinn, wenn man das Bauwerk sieht) und die schöne zinnoberrote Holzbrücke **Tsuten-kyō**. Der Garten ist besonders für seine Pflaumenblüte im Februar, die Schwertlilien im Juni und sein Herbstlaub berühmt.

Yasukuni-jinja SHINTŌ-SCHREIN

(靖国神社; Karte S. 98; ☎03-3261-8326; www.yasukuni.or.jp; 3-1-1 Kudan-kita, Chiyoda-ku; ⌚6–17 Uhr; Ⓢ Hanzōmon Linie bis Kudanshita, Ausgang 1) Gewidmet ist der „Schrein zur Etablierung des Friedens im Kaiserreich" den rund 2,5 Mio. japanischen Kriegsopfern. Er wurde 1869 erbaut und ist äußerst umstritten: 1979 wurden hier 14 berüchtigte Kriegsverbrecher beigesetzt, darunter Hideki Tōjō, der im Zweiten Weltkrieg als General diente.

Vor dem Hauptzugang steht ein 25 hohes *torii* (Eingangstor) aus Stahl und Bronze. Hinter dem Hauptschrein verstecken sich ein friedliches Wäldchen mit bemoosten Bäumen und ein Zierteich.

Für Politiker sind Besuche des Schreins – insbesondere die am 15. August, dem Jahrestag der japanischen Kapitulation im Zweiten Weltkrieg –, als Statement, das immer wieder zu Rüffeln vonseiten der Nachbarstaaten führt, die im 20. Jh. unter den Expansionskriegen der Japaner zu leiden hatten.

Akagi-jinja SHINTŌ-SCHREIN

(赤城神社; Karte S. 98; ☎03-3260-5071; www.akagi-jinja.jp; 1-10 Akagi-Motomachi, Shinjuku-ku; Ⓢ Tōzai-Linie bis Kagurazaka, Ausgang 1) Kagurazakas bekanntester Schrein erinnert nur vage an die traditionellen Schreine Tokios. 2010 wurde der Schrein, dessen Geschichte Jahrhunderte zurückreicht, von Kengo Kuma, einem der berühmtesten zeitgenössischen Architekten Japans, komplett umgestaltet. Das Gebäude des Hauptschreins ist nun ein schnittiger Glaskasten.

Origami Kaikan GALERIE

(おりがみ会館; Karte S. 98; ☎03-3811-4025; www.origamikaikan.co.jp; 1-7-14 Yushima, Bunkyō-ku; ⌚Laden 9–18 Uhr, Galerie Mo–Sa 10–17.30 Uhr; 👪; 🚉JR-Chūō oder Sōbu-Linien bis Ochanomizu, Ausgang Hijiri-bashi) GRATIS Dieses Ausstellungszentrum plus Werkstatt widmet sich der urtypischen japanischen Kunstform des Papierfaltens, Origami. Interessierte können Unterricht nehmen. Im 1. Stock findet man einen Laden mit Galerie, im 2. Stock eine weitere Galerie. In einem Atelier in der 4. Etage kann man zusehen, wie das Origami-Papier gemacht, gefärbt und dekoriert wird.

3331 Arts Chiyoda GALERIE

(Karte S. 98; ☎03-6803 2441; www.3331.jp/en; 6-11-14 Soto-Kanda, Chiyoda-ku; ⌚Mi Mo 12–19 Uhr; 👪; 🚉Ginza-Linie bis Suehirochō, Ausgang 4) GRATIS Eine ehemalige Schule wurde in ein bedeutendes Ausstellungszentrum voller interessanter Galerien und Kreativ-Ateliers umgewandelt, ein wirklich faszinierender Ort. Zum Komplex gehören ein nettes Café und ein Laden, der niedliche Designergegenstände verkauft. Darüber hinaus gibt's eine Ecke für Kids mit recycelten Spielsachen und bunten Riesen-Dinosauriern, die aus altem Plastikspielzeug bestehen.

Ueno & Yanesen

Ueno ist das kulturelle Herz der Metropole. Sein zentraler Park, der Ueno-kōen, beheimatet die höchste Dichte an Museen in ganz Tokio, darunter das Nationalmuseum Tokio. Die benachbarten Viertel Yanaka, Nezu und Sendagi werden zusammen Yanesen genannt. In diesem charmanten Teil Tokios scheint die Zeit vor mehreren Jahrzehnten stehen geblieben zu sein.

Akihabara, Kagurazaka & Kōrakuen

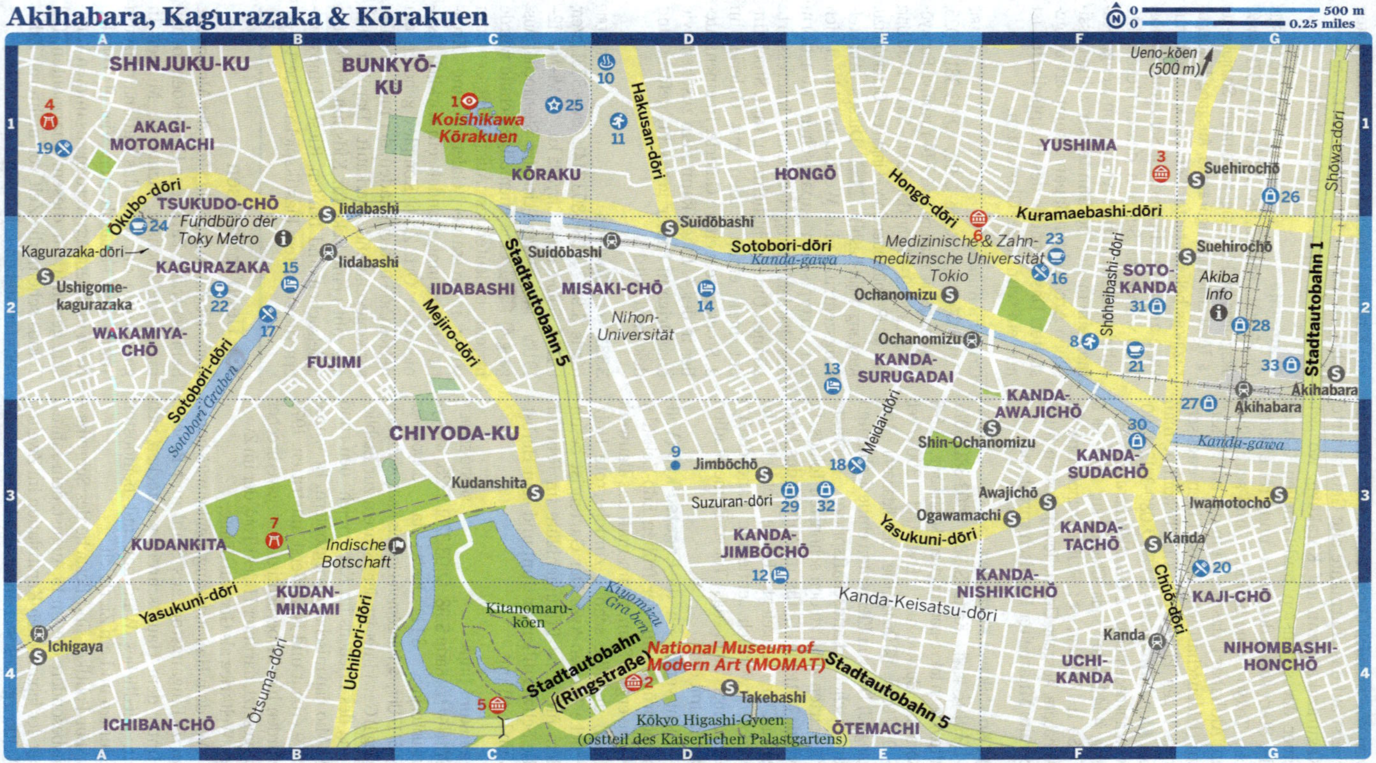

Akihabara, Kagurazaka & Kōrakuen

Highlights
1 Koishikawa Kōrakuen....C1
2 Nationalmuseum für Moderne Kunst (MOMAT)....D4

Sehenswertes
3 3331 Arts Chiyoda....F1
4 Akagi-jinja....A1
5 Crafts Gallery....C4
6 Origami Kaikan....E2
7 Yasukuni-jinja....B3

Aktivitäten, Kurse & Touren
8 Akiba Kart....F2
9 Buddha Bellies....D3
10 Spa LaQua....D1
11 Tokyo Dome City Attractions....D1

Schlafen
12 Gakushikaikan....D3
13 Hilltop Hotel....E2
14 Hotel Niwa Tokyo....D2
15 Tokyo Central Youth Hostel....B2

Essen
16 Amanoya....F2
17 Canal Cafe....B2
18 Ethiopia....E3
19 Kado....A1
20 Kikanbō....G3
Komaki Shokudō....(siehe 28)

Ausgehen & Nachtleben
21 @Home Cafe....F2
22 Craft Beer Server Land....B2
23 Imasa....F2
24 Mugimaru 2....A2
N3331....(siehe 30)

Unterhaltung
25 Tokyo Dome....C1

Shoppen
26 2k540 Aki-Oka Artisan....G1
27 Akihabara Radio Kaikan....G3
28 Chabara....G2
29 Jimbōchō Bookstores....E3
Kaiyōdō Hobby Lobby....(siehe 27)
K-Books....(siehe 27)
Komiyama Shoten....(siehe 29)
30 mAAch ecute....F3
31 Mandarake Complex....F2
32 Ohya Shobō....E3
33 Yodobashi Akiba....G2

★ Nationalmuseum Tokio — MUSEUM

(東京国立博物館, Tokyo Kokuritsu Hakubutsukan; Karte S. 102; ☎03-3822-1111; www.tnm.jp; 13-9 Ueno-kōen, Taitō-ku; Erw./Kind & Senior/Student 620 ¥/frei/410 ¥; ganzjährig Di–So 9.30–20 Uhr, März–Dez. Fr bis 20 Uhr, März–Aug. Sa & So bis 18 Uhr; JR-Linien bis Ueno, Ausgang Ueno-kōen) Wer in Tokio nur Zeit für ein Museum hat, sollte sich für das Nationalmuseum Tokio entscheiden. Hier befinden sich die weltweit größte Sammlung japanischer Kunst, alte Töpfereiwaren, buddhistische Skulpturen, Samuraischwerter, farbenfrohe *ukiyo-e* (Farbholzschnitte), exquisite Kimonos und vieles mehr. Hat man nur ein paar Stunden zur Verfügung, sollte man sich auf die **Honkan** (Japanische Galerie) und die **Galerie der Hōryū-ji-Schätze** (法隆寺宝物館) konzentrieren, die Masken, Schriftrollen und vergoldete Buddhas aus dem Hōryū-ji (607) in der Präfektur Nara zeigt.

Wer etwas mehr Zeit mitbringt, sollte auf jeden Fall auch die dreistöckige **Tōyōkan** (Galerie Fernöstlicher Antiquitäten) mit buddhistischen Skulpturen aus ganz Asien und feinstem chinesischem Porzellan besuchen. Die **Heiseikan** (平成館), die über eine Passage in der 1. Etage der Honkan zugänglich ist, beherbergt die **Galerie für Japanische Archäologie** und ist ein wahrer Fundus für prähistorische japanische Tonwaren, Talismane und andere Alltagsgegenstände.

Außerdem sollte man herausfinden, ob man in den Garten mit mehreren alten Teehäusern kann. Er ist oft geschlossen, in der Regel aber von Mitte März bis Mitte April und von Ende Oktober bis Anfang Dezember öffentlich zugänglich.

Das Museum präsentiert mitunter fantastische Wechselausstellungen (kosten extra), manchmal fehlen jedoch englische Erklärungen, die im restlichen Museum Standard sind.

Kuro-mon — TOR

(Karte S. 102; www.tnm.jp; Tokyo National Museum, 13-9 Ueno-kōen, Taitō-ku; JR-Linien bis Ueno, Ausgang Ueno-kōen) Westlich des Haupttors vom Nationalmuseum Tokio (S. 99) steht das Kuro-mon (Schwarzes Tor), das von der Villa eines Feudalherrn aus der Edo-Zeit hierhergebracht wurde. Die Fassade kann man draußen vor dem Museum betrachten. An den Wochenenden ist das Tor von 10 bis 16 Uhr geöffnet, sodass Museumsbesucher aus dem Museum heraus hindurchgehen können.

Nationalmuseum Tokio

HISTORISCHE HIGHLIGHTS

Das ganze Nationalmuseum an einem Tag zu besichtigen wäre eine große Herausforderung. Glücklicherweise bietet die Honkan (Japanische Hauptgalerie) einen Überblick über die japanische Kunstgeschichte von der Jōmon- (13 000–300 v. Chr.) bis zur Edo-Zeit (1603–1868). Die Exponate werden regelmäßig ausgetauscht, um empfindliche Werke zu schützen und für Abwechslung zu sorgen.

Nach dem Kauf der Eintrittskarte am Haupteingang macht man sich auf zur Honkan mit ihrem schrägen Ziegeldach. Dort schließt man seine Jacke ein und nimmt die zentrale Treppe in die zweite Etage. Hier sind die Ausstellungsstücke chronologisch geordnet. Für die Höhepunkte braucht man etwa zwei Stunden.

Der erste Raum rechts zeigt die Anfänge **alter japanischer Kunst** ❶. Am Eingang liegt die lohnenswerte Broschüre *Highlights of Japanese Art* aus.

Danach folgt die **Galerie der Nationalen Kulturgüter** ❷ mit den bedeutendsten Kunstwerken des Landes. Weitere Nationalschätze (auf die rote Kennzeichnung achten) gibt's im gesamten Museum zu sehen.

Anschließend kann man noch die **Kaiserliche Kunstgalerie** ❸, die **Rüstungen und Schwerter der Samurai** ❹ sowie die **ukiyo-e und Kimonos** ❺ bestaunen.

Treppen führen hinab in die erste Etage, wo jeder Raum einer ornamentalen Kunst (z. B. Lackkunst oder Keramik) gewidmet ist. Die ausgezeichnete **religiöse Bildhauerei** ❻ und **Volkskunst** ❼ sind besonders beeindruckend.

Den krönenden Abschluss bildet die wunderbare **Galerie der Hōryū-ji-Schätze** ❽.

ALEX SEGRE/ALAMY STOCK PHOTO ©

Ukiyo-e & Kimonos (Raum 10)
Edle Seidenkimonos und farbenfrohe *ukiyo-e* (Farbholzschnitte) gelten als typisch für die Edo-Zeit (1603–1868). *Ukiyo* bedeutet „fließende Welt" bzw. „Welt der fließenden Schönheit und Freude".

Japanische Bildhauerei (Raum 11)
Viele der bekanntesten, meist religiösen Skulpturen Japans sind in Schreinen weggesperrt. Hier kann man sie jedoch aus der Nähe bewundern.

MUSEUMSGARTEN

Der schöne Museumsgarten ist nur für wenige Wochen im Frühling und Herbst geöffnet und lohnt einen Besuch.

Galerie der Hōryū-ji-Schätze
In der Galerie sind vergoldete Minibuddhas aus dem Hōryū-ji zu sehen. 607 gegründet, gilt er als einer der ältesten buddhistischen Tempel Japans. Besonders hübsch: der grazile Krug mit Drachenkopf, ein nationales Kulturgut.

GREG ELMS/GETTY IMAGES ©

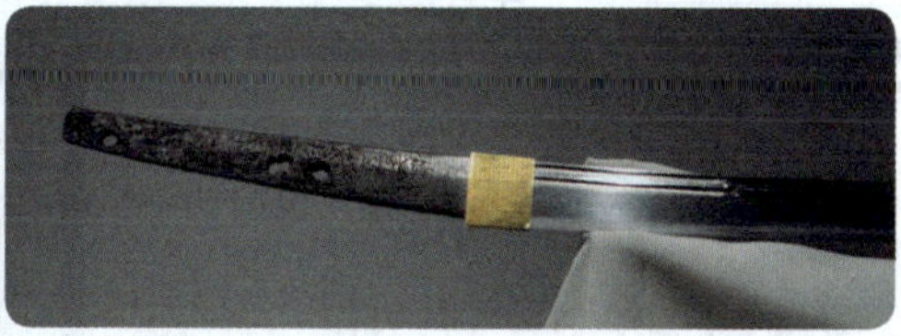

Kaiserliche Kunstgalerie (Raum 3-2)
Neben dekorativen Kunstobjekten, die an das opulente höfische Leben vor 1000 Jahren erinnern, sind hier Literatur, Kalligrafie und Bildrollen ausgestellt.

Rüstungen & Schwerter der Samurai (Raum 5 & 6)
Funkelnde Schwerter sowie kunstvolle Rüstungen und Helme erwecken die bekannten Krieger des Mittelalters zum Leben.

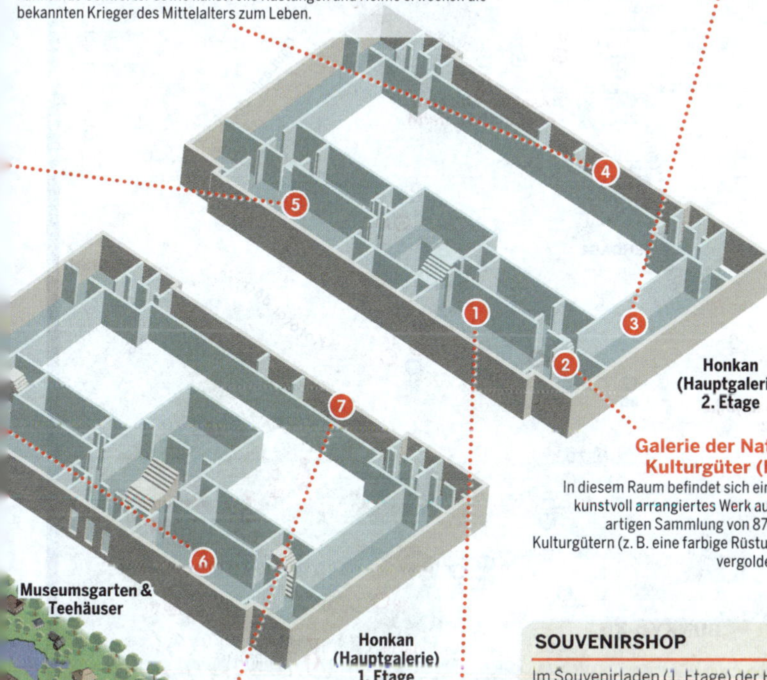

Galerie der Nationalen Kulturgüter (Raum 2)
In diesem Raum befindet sich ein einzelnes, kunstvoll arrangiertes Werk aus der großartigen Sammlung von 87 nationalen Kulturgütern (z. B. eine farbige Rüstung oder ein vergoldetes Sutra).

SOUVENIRSHOP
Im Souvenirladen (1. Etage) der Honkan gibt's eine exzellente Sammlung japanischer Kunstbände auf Englisch.

Anfänge japanischer Kunst (Raum 1)
Der kaiserliche Hof und das Aufkommen des Buddhismus veränderten die japanische Ästhetik grundlegend. Lehmarbeiten zeigen, was davor war.

Volkskultur (Raum 15)
Artefakte von Japans einstigen Minderheiten: den indigenen Ainu von Hokkaidō und dem früheren Ryūkyū-Reich, heute Okinawa.

CADEROT ©

Ueno & Yanesen

Ueno & Yanesen

Kuroda-Gedenkhalle GALERIE

(黒田記念室; Karte S. 102; ☎ 03-5777-8600; www.tobunken.go.jp/kuroda/index_e.html; 13-9 Ueno-kōen, Taitō-ku; ⌚ Di–So 9.30–17 Uhr; Ⓡ JR-Linien bis Ueno, Ausgang Ueno-kōen) GRATIS Kuroda Seiki (1866–1924) gilt als Vater der japanischen Malerei im modernen westlichen Stil. Diese historische Halle, ein Anbau des Nationalmuseums (S. 99), zeigt einige seiner Bilder, darunter Schlüsselwerke wie *Maiko* und *Weisheit, Impression und Gefühl*, ein eindrucksvolles Triptychon dreier weiblicher Akte auf mit Gold grundierten Leinwänden.

Ueno-kōen PARK

(上野公園; Karte S. 102; http://ueno-bunka.jp; Ueno-kōen, Taitō-ku; Ⓡ JR-Linien bis Ueno, Ausgang Ueno-kōen oder Shinobazu) Der weitläufige Ueno-kōen, der vor allem für seine blühenden Kirschbäume im Frühling bekannt ist (und als einer der beliebtesten Orte Tokios für *hanami* – die Betrachtung der Kirschblüte – gilt), weist zugleich die höchste Museumsdichte der Stadt auf. An seiner Südspitze liegt der große, malerische, mit Lotusblumen bedeckte Teich **Shinobazu-ike** (不忍池; Karte S. 102).

Ueno Tōshō-gū SHINTŌ-SCHREIN

(上野東照宮; Karte S. 102; ☎ 03-3822-3455; www.uenotoshogu.com; 9-88 Ueno-kōen, Taitō-ku; 500 ¥; ⌚ März–Sept. 9–17.30 Uhr, Okt.–Feb. bis 16.30 Uhr; Ⓡ JR-Linien bis Ueno, Ausgang Shinobazu) Dieser Schrein im Park Ueno-kōen wurde zu Ehren von Tokugawa Ieyasu errichtet, dem Kriegsherren, der Japan einte. Das Bauwerk von 1651 wurde unlängst renoviert und sorgt mit viel Blattgold und Zierelementen für Aaahs und Ooohs. Wer den Eintrittspreis nicht zahlen möchte: Man kann auch außerhalb des Zauns einen guten Blick auf den Schrein erhaschen.

Kiyōmizu Kannon-dō BUDDHISTISCHER TEMPEL

(清水観音堂; Karte S. 102; ☎ 03-3821-4749; 1-29 Ueno-kōen, Taitō-ku; ⌚ 9–16 Uhr; Ⓡ JR-Linien bis Ueno, Ausgang Shinobazu) Der Kiyōmizu Kannon-dō im Ueno-kōen (S. 103) ist eines der ältesten Bauwerke Tokios. Errichtet wurde er 1631, und seit 1698 steht er an eben dieser Stelle. Seither hat er schon so manche Katastrophe überdauert. Der Tempel ist eine Miniaturausgabe des berühmten Kiyomizu-dera in Kyoto und eine Pilgerstätte für Frauen, die sich ein Kind wünschen, denn im

UNTERWEGS IN UENO & YANESEN

Ueno-kōen (S. 103) und Yanesen sind tolle Viertel für Fußgänger, aber auch für Radfahrer. Die Hipster-Fahrradmanufaktur **Tokyobike Rental Services** (Karte S. 102; ☎ 03-3827-4819; www.tokyobike.com/rental; 6-3-12 Yanaka, Taitō-ku; pro Tag 2500 ¥; ⌚ Mi–So 10–19 Uhr; 🚉 JR-Yamanote-Linie bis Nippori, Westausgang) in Yanaka verleiht Cityräder mit sieben Gängen. Man kann sie im Voraus per E-Mail reservieren: Namen, gewünschten Tag und Größe angeben.

Die „tōzai"-Linie (東西; Ost-West) des kommunalen Busses **Megurin** (めぐりん; www.city.taito.lg.jp/index/kurashi/kotsu/megurin; ⌚ einfache Fahrt/Tageskarte 100/300 ¥) führt in einer praktischen Runde durchs Viertel. Nützliche Haltestellen sind **Nr. 2** (Karte S. 102) gegenüber vom Ausgang Ueno Park des Bahnhofs Ueno, **Nr. 9** (Karte S. 102) vor dem Friedhof Yanaka (Yanaka Rei-en Iriguchi) und **Nr. 12** (Karte S. 102) für die Yanaka Ginza (Yanaka Ginza Yomise-dōri). Die Haltestellen werden in den Bussen angesagt. Sie fahren zwischen 7 und 19 Uhr etwa alle 15 Minuten.

Schrein befindet sich eine Statue der Kosodate Kannon, der Beschützerin von Schwangerschaft und Kindererziehung.

Ueno-Zoo ZOO

(上野動物園, Ueno Dōbutsu-en; Karte S. 102; ☎ 03-3828-5171; www.tokyo-zoo.net; 9-83 Ueno-kōen, Taitō-ku; Erw./Kind 600 ¥/frei; ⌚ Di–So 9.30–17 Uhr; 🚉 JR-Linien bis Ueno, Ausgang Ueno-kōen) In Japans ältestem Zoo, 1882 gegründet, leben Tiere aus der ganzen Welt, doch die größte Attraktion sind die beiden riesigen Pandas Rī Rī und Shin Shin, die hier seit 2011 zu Hause sind und aus China stammen. Weil Tokioter einfach alles lieben, was süß und knuddelig ist, haben die Lemuren einen ganzen Bereich für sich.

Nationalmuseum der Naturwissenschaften MUSEUM

(国立科学博物館; Karte S. 102; ☎ 03-5777-8600; www.kahaku.go.jp/english; 7-20 Ueno-kōen, Taitō-ku; Erw./Kind 600 ¥/frei; ⌚ Di–Do, Sa & So 9–17, Fr bis 20 Uhr; 🚉 JR-Linien bis Ueno, Ausgang Ueno-kōen) Die **Japanische Galerie** präsentiert die reiche und vielfältige Tier- und Pflanzenwelt des japanischen Archipels von Bären in Hokkaidō bis zu den Riesenkäfern Okinawas. Zu den weiteren Exponaten zählen ein Raketenwerfer, ein Riesentintenfisch, eine Mumie aus der Edo-Zeit und ein digitaler Seismograf, der Erdbeben in Echtzeit aufzeichnet. Es gibt umfassende Infotafeln auf Englisch sowie einen englischsprachigen Audioguide (300 ¥).

Shitamachi-Museum MUSEUM

(下町風俗資料館; Karte S. 102; ☎ 03-3823-7451; www.taitocity.net/taito/shitamachi; 2-1 Ueno-kōen, Taitō-ku; Erw./Kind 300/100 ¥; ⌚ Di–So 9.30–16.30 Uhr; 🚉 JR-Linien bis Ueno, Ausgang Shinobazu) Das kleine Museum zeichnet das Leben des einfachen Volkes im Tokio der Meiji- und Taishō-Periode (1868–1926) nach, also bevor die Stadt zweimal zerstört wurde (erst beim großen Kantō-Erdbeben, dann im Zweiten Weltkrieg). Besucher können die alten Wohngebäude und Geschäfte betreten und sich darin umschauen.

Yanaka Ginza STRASSE

(谷中銀座; Karte S. 102; 🚉 JR-Yamanote-Linie bis Nippori, Nordausgang) Die Yanaka Ginza ist 1950er-Jahre-Tokio pur. Die Fußgängerzone wird von Metzgereien, Gemüseläden u. Ä. gesäumt. Früher gab es in fast allen Stadtvierteln Straßen wie diese – bis sich Supermärkte durchsetzten. Heute lockt der nostalgische Flair Einwohner aus allen Ecken Tokios an. Und natürlich die Einkaufsmöglichkeiten.

★ Asakura-Skulpturenmuseum, Taitō MUSEUM

(朝倉彫塑館; Karte S. 102; www.taitocity.net/taito/asakura; 7-16-10 Yanaka, Taitō-ku; Erw./Stud. 500/250 ¥; ⌚ Di, Mi & Fr–So 9.30–16.30 Uhr; 🚉 JR-Yamanote-Linie bis Nippori, Nordausgang) Das charaktervolle Haus wurde von dem realistischen Bildhauer Asakura Fumio (Künstlername Chōso; 1883–1964) persönlich entworfen. Es besteht aus seinem originalen japanischen Wohnhaus sowie dem Garten und einem großen Atelier, das gewölbte Decken, ein „Sonnenaufgangszimmer" und einen Dachgarten mit wunderbarem Blick auf die Umgebung aufweist. Heute ist es ein Museum zu Ehren des Künstlers mit seinen wichtigsten Werken, die meist Menschen und Katzen darstellen.

Yanaka-reien FRIEDHOF

(谷中霊園; Karte S. 102; 7-5-24 Yanaka, Taitō-ku; 🚉 JR-Yamanote-Linie bis Nippori, Westausgang)

Stadtspaziergang
Ein Streifzug durch Yanesen

START NATIONALMUSEUM TOKIO
ZIEL BAHNHOF SENDAGI
LÄNGE/DAUER 3 KM; 2 STD.

Wer Zeit hat, sollte nach einem Besuch des 1 **Nationalmuseums Tokio** (S. 99) die Tempel, Kunstgalerien und alten Holzgebäude in Yanakas Straßen erkunden. Zum Auftakt geht's vom 2 **Ueno-kōen** (S. 103) aus in nordwestlicher Richtung bis zur Kototoi-dōri. An der Ecke steht der 3 **Shitamachi Museum Annex**, ein 100 Jahre alter Spirituosenladen. Gegenüber gibt's eine Dosis Koffein im 4 **Kayaba Coffee** (S. 148).

Von dort ist es nur ein Katzensprung bis zum 5 **SCAI the Bathhouse** (S. 106), einem früheren Badehaus und heute ein Museum für Gegenwartskunst. Ein lohnender Abstecher führt zum 6 **Edokoro** (S. 158), dem Atelier des Malers Allan West und zu einer uralten 7 **Himalaja-Zeder**. In dieser Gegend stehen viele Tempel wie etwa der 8 **Enju-ji** zu Ehren von Nichika-sama, dem „Gott der starken Beine", der – natürlich – beliebt bei Joggern ist. Alle Tempel sind zugänglich, Besucher sollten sich aber natürlich respektvoll verhalten.

Dann zurück bis zum 9 **Yanaka-reien** (S. 104), einem der stimmungsvollsten und prestigeträchtigsten Friedhöfe der Stadt (von streunenden Katzen gern als Sonnenterrasse genutzt). Nach Verlassen des Geländes rechts halten und entlang der Schienen bergan laufen, auf der Brücke hat man einen guten Blick auf die Gleise.

Links dem Schild zum 10 **Asakura-Skulpturenmuseum, Taitō** (S. 104) folgen, dem Wohnhaus/Atelier eines Bildhauers aus dem frühen 20. Jh., das inzwischen ein nettes Museum beherbergt. Zurück auf der Hauptstraße geht's auf den 11 **Yūyake Dandan** („Sonnenuntergangsstufen") zur 12 **Yanaka Ginza** (S. 104), einer Einkaufsstraße wie aus den 1950ern. Mit ein paar Snacks „bewaffnet", kann man anschließend auf einer Milchflaschenkiste am Straßenrand Platz nehmen (die Einheimischen tun das auch!) und das Ganze mit einem Bier hinunterspülen. In westlicher Richtung gelangt man zum U-Bahnhof Sendagi.

ABSTECHER

RIKUGI-EN

Einer der schönsten Gärten Tokios ist der **Rikugi-en** (六義園; Karte S. 73; ☎ 03-3941-2222; http://teien.tokyo-park.or.jp/en/rikugien; 6-16-3 Hon-Komagome, Bunkyō-ku; Erw./Kind 300 ¥/frei; ⏲ 9–17 Uhr; 🚆 JR-Yamanote-Linie bis Komagome, Südausgang). Er soll die ästhetischen Charakteristika der traditionellen Waka-Dichtung verkörpern. Die Anlage (1702) ist das Werk eines Fürsten. Sie ist von Spazierwegen durchzogen, die über Hügel und Steinbrücken und vorbei an plätschernden Bächen und Szenerien, inspiriert von berühmten Gedichten, führen. Beim Teehaus kann man im Freien mit Blick auf den Teich *matcha* (Grüntee aus feingemahlenem Pulver; 510 ¥) genießen.

Im Rikugi-en blüht fast zu jeder Jahres etwas, doch am berühmtesten ist der Garten für die Laubfärbung seiner Ahornbäume im Spätherbst, meistens Ende November und Anfang Dezember. Dann bleibt der Park bis 21 Uhr geöffnet, die Bäume werden nach Sonnenuntergang angestrahlt und oft herrscht großer Besucherandrang.

Auf diesem Friedhof, einem der größten der Stadt, sind über 7000 Menschen begraben, darunter viele Berühmtheiten wie Yoshinobu Tokugawa (徳川慶喜の墓), der letzte Shogun. Im Frühling ist dies einer der beliebtesten Orte der Stadt, um die blühenden Kirschbäume zu betrachten.

SCAI the Bathhouse GALERIE

(スカイザバスハウス; Karte S. 102; ☎ 03-3821-1144; www.scaithebathhouse.com; 6-1-23 Yanaka, Taitō-ku; ⏲ Di–Sa 12-18 Uhr; Ⓢ Chiyoda-Linie bis Nezu, Ausgang 1) GRATIS Das 200 Jahre alte ehemalige Badehaus ist seit mehreren Jahrzehnten eine avantgardistische Galerie. In den nüchternen Gewölberäumen sind Werke japanischer und internationaler Künstler zu sehen.

★ **Nezu-jinja** SHINTŌ-SCHREIN

(根津神社; Karte S. 102; ☎ 03-3822-0753; www.nedujinja.or.jp; 1-28-9 Nezu, Bunkyō-ku; ⏲ 24 Std.; Ⓢ Chiyoda-Linie bis Nezu, Ausgang 1) Dies ist nicht nur einer der ältesten Schreine Japans, sondern wohl auch der schönste in diesem Bezirk, in dem kein Mangel an attraktiven religiösen Bauwerken herrscht. Der prächtig dekorierte Schrein aus dem frühen 18. Jh. ist eines der Gebäude der Stadt, die auf wundersame Weise überlebt haben. Zum Schrein führt eine lange Gasse aus kleinen roten *torii* (Schreintore), die tolle Fotomotive sind.

Asakusa & Sumida-gawa 浅草・隅田川

Die östlichen Stadtviertel am Ufer des Sumida-gawa verströmen mit ihren altehrwürdigen Tempeln und Schreinen, den hübschen Gärten, traditionellen Restaurants und Kunsthandwerksläden noch die Atmosphäre des alten Tokio *(shitamachi)*. In Asakusa findet man den stimmungsvollen buddhistischen Tempelkomplex Sensō-ji und das Sumozentrum Ryōgoku mit dem alten Tokioter Sumostadion und einem erstklassigen historischen Museum.

★ **Sensō-ji** BUDDHISTISCHER TEMPEL

(浅草寺; Karte S. 108; ☎ 03-3842-0181; www.senso-ji.jp; 2-3-1 Asakusa, Taitō-ku; ⏲ 24 Std.; Ⓢ Ginza-Linie bis Asakusa, Ausgang 1) GRATIS In Tokios meistbesuchtem Tempel wird eine goldene Statue von Kannon, der buddhistischen Göttin der Barmherzigkeit, aufbewahrt. Der Legende nach wurde sie 628 von zwei Fischern aus dem nahe gelegenen Sumida-gawa gezogen und verblieb seither an diesem Ort, wurde aber niemals öffentlich ausgestellt. Das heutige Gebäude stammt aus dem Jahr 1958. Die Anlage ist über das fantastische rote **Kaminari-mon** (雷門; Donnertor; Karte S. 108) und die belebte Einkaufsstraße **Nakamise-dōri** zugänglich.

Ehe man durch das Tor geht, lohnt ein Blick auf die es flankierenden Statuen von Fūjin, den Gott des Windes, und Raijin, den Gott des Donners, und auf den schön geschnitzten Drachen unter der riesigen roten Laterne.

Entlang der Nakamise-dōri wird an Ständen alles Erdenkliche verkauft, von touristischem Kitsch bis hin zu echtem Kunsthandwerk im Edo-Stil. Am Ende der Nakamise-dōri steht der Tempel selbst und links ragt die 55 m hohe **Fünfstöckige Pagode** (五重塔; Karte S. 108) in den Himmel. Sie ist eine 1973 erbaute Nachbildung des ursprünglich im Auftrag von Tokugawa Iemitsu errichteten Gebäudes.

Übrigens weiß niemand, ob es die alte Statue von Kannon wirklich gibt, denn sie wird nicht öffentlich gezeigt. Nichtsdestotrotz zieht der Sensō-ji jede Menge Gläubige an. Vor dem Tempel befindet sich ein großer **Kessel mit Räucherstäbchen**. Weil der Rauch gesundheitsfördernde Wirkung haben soll, versuchen viele Besucher, ihren Körper durch die Kleidung hindurch mit diesem „einzureiben".

An der Ostseite des Tempelgeländes steht der **Asakusa-jinja** (浅草神社; Karte S. 108; ☎ 03-3844-1575; www.asakusajinja.jp/english; ⌚ 9–16.30 Uhr), ein Schrein zu Ehren der Brüder, die die Kannon-Statue fanden, die wiederum als Inspiration für den Bau des Sensō-ji diente. (Früher gehörten die beiden Hauptreligionen Japans, Buddhismus und Shintō, zusammen, und es war nicht ungewöhnlich, Schreine in Tempeln zu finden oder umgekehrt.) 1649 entstand der heutige dunkelrote Bau, ein seltenes Beispiel für die Architektur der frühen Edo-Zeit. Darüber hinaus steht der Schrein im Mittelpunkt eines der wichtigsten Feste Tokios, dem Sanja Matsuri (S. 118) im Mai.

Im gesamten Komplex herrscht immer viel Betrieb, besonders am Wochenende. Wer abends kommt, teilt ihn mit weniger Besuchern und kann die Gebäude in schöner Beleuchtung sehen.

Super Dry Hall — ARCHITEKTUR

(フラムドール; Flamme d'Or; Karte S. 108; www.asahibeer.co.jp/aboutus/summary/#headQuarter; 1-23-1 Azuma-bashi, Sumida-ku; Ⓢ Ginza-Linie bis Asakusa, Ausgang 4) Den Hauptsitz der Brauerei, auch Asahi-Bierhalle genannt, hat Philippe Starck entworfen. Sie wurde 1989 fertiggestellt und ist noch immer eines der markantesten Bauwerke der Stadt. Der Turm mit seiner goldenen Glasfassade und den weißen obersten Etagen soll an einen gigantischen Bierkrug erinnern, während das goldene Gebilde auf dem Dach des niedrigeren schwarzen Gebäudes die Flamme ist (Einheimische hingegen sprechen auch schon mal gern von dem „goldenen Kackhaufen").

Tokyo Sky Tree — TURM

(東京スカイツリー; Karte S. 108; www.tokyo-skytree.jp; 1-1-2 Oshiage, Sumida-ku; Aussichtsplattformen in 350 m/450 m Höhe 2060/3090 ¥; ⌚ 8–22 Uhr; Ⓢ Hanzōmon-Linie bis Oshiage, Ausgang Sky Tree) Im Mai 2012 wurde der Tokyo Sky Tree als weltweit höchster frei stehender Fernsehturm (634 m) eröffnet. Seine silbrige Fassade besteht aus Stahldrahtgewebe, und der Sockel ist dreieckig, wobei der Turm auf 300 m Höhe eine runde Form annimmt. Es gibt zwei Aussichtsplattformen – eine auf 350 m, die andere auf 450 m Höhe. Mehr von der Stadt und weiter sehen kann man natürlich tagsüber – bei gutem Wetter bis zu 100 km, also bis zum Fuji. Schöner sieht die Stadt allerdings nachts aus.

★ Edo-Tokyo-Museum — MUSEUM

(江戸東京博物館; Karte S. 72; ☎ 03-3626-9974; www.edo-tokyo-museum.or.jp; 1-4-1 Yokoami, Sumida-ku; Erw./Kind 600 ¥/frei; ⌚ Di–Fr & So 9.30–17.30, Sa bis 19.30 Uhr; 🚉 JR-Sōbu-Linie bis Ryōgoku, Westausgang) Diesem Geschichtsmuseum in einem riesigen Gebäude gelingt es, Tokios wundersame Wandlung vom feudalen Edo zur modernen Hauptstadt von heute anhand von Modellen, Miniaturen real existierender Gebäude, Reproduktionen alter Karten und *ukiyo-e* anschaulich nachzuzeichnen. Dem Besucher wird gleich zu Anfang ein Highlight geboten: der Nachbau eines Teils der Nihonbashi-Brücke in Originalgröße sowie der Blick auf die Fassaden eines Kabukitheaters und eines Bankgebäudes aus der Meiji-Zeit. Alle Exponate sind mit englischen Erklärungen versehen. Zudem ist ein kostenloser Audioguide erhältlich (1000 ¥ Kaution).

Sumida-Hokusai-Museum — MUSEUM

(すみだ北斎美術館; Karte S. 72; ☎ 03-6658-8931; http://hokusai-museum.jp; 2-7-2 Kamezawa, Sumida-ku; Erw./Kind/Stud. 1200/400/900 ¥; ⌚ Di–So 9.30–17.30 Uhr; Ⓢ Oedo-Linie bis Ryōgoku, Ausgang A4) Der Künstler Katsushika Ho-

ℹ TOURISTENINFORMATIONSZENTRUM ASAKUSA

Von der Dachterrasse des **Touristeninformationszentrums Asakusa-Kultur** (浅草文化観光センター; Karte S. 108; ☎ 03-3842-5566; http://taitonavi.jp; 2-18-9 Kaminarimon, Taitō-ku; ⌚ 9–20 Uhr; 📶; Ⓢ Ginza-Linie bis Asakusa, Ausgang 2) bietet sich ein großartiger Blick auf den **Tokyo Sky Tree** (S. 107) und den Nakamise-dōri-Zugang zum **Sensō-ji** (S. 106). Jeden Samstag und Sonntag um 11 und 13.15 Uhr starten kostenlose geführte Spaziergänge am Zentrum. Erkundigen sollte man sich auch nach dem Programm **Geisha-Unterhaltung**, das in der Regel im April, Juni, Juli, Oktober und November samstags um 13 und 14.30 Uhr veranstaltet wird; ab 10 Uhr werden dafür vor dem Zentrum kostenlose Tickets ausgegeben.

Asakusa & Umgebung

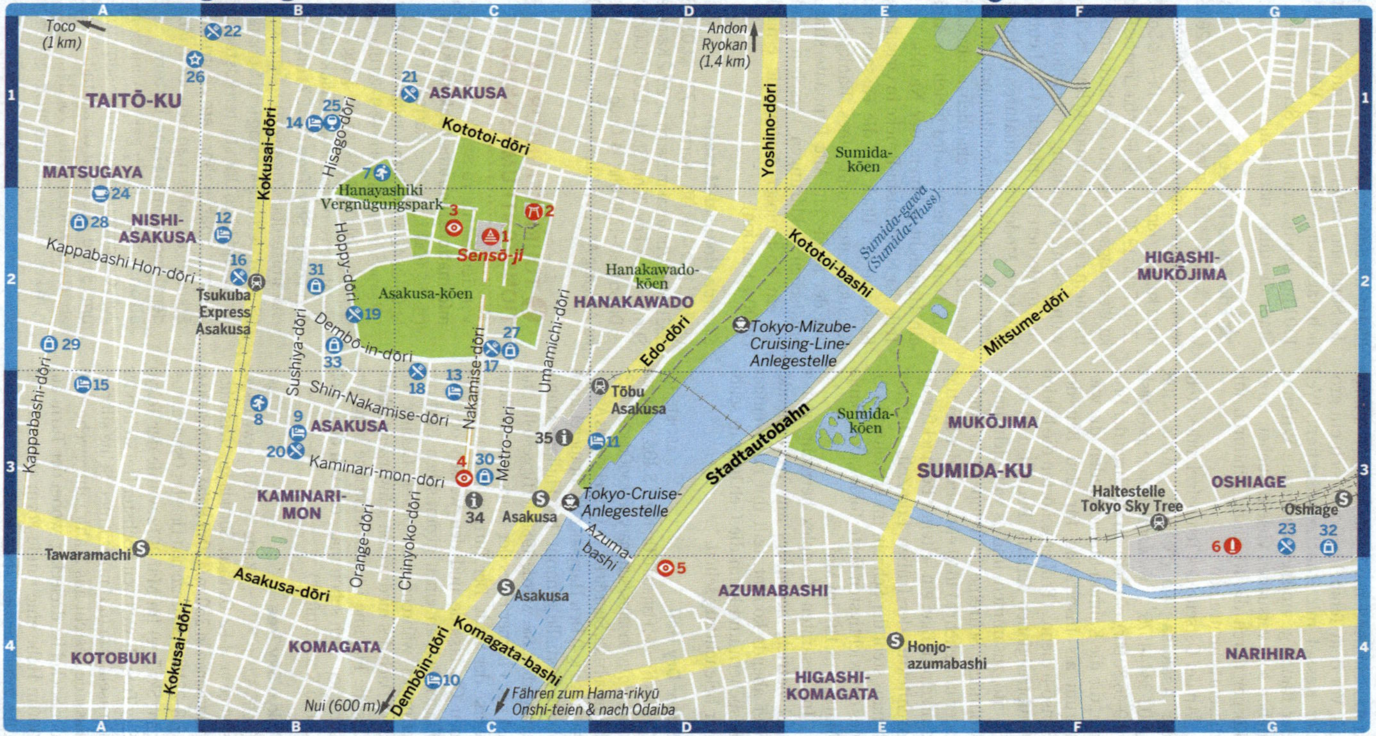

Asakusa & Umgebung

Highlights
1 Sensō-ji C2

Sehenswertes
2 Asakusa-jinja C2
3 Five-Storey Pagoda C2
4 Kaminari-mon C3
5 Super Dry Hall D4
6 Tokyo Sky Tree G3

Aktivitäten, Kurse & Touren
7 Hanayashiki B1
8 Jakotsu-yu B3
Mokuhankan .... (see 33)

Schlafen
9 Bunka Hostel Tokyo B3
10 Hatago C4
11 Japonica Lodge D3
12 Khaosan World B2
13 Ryokan Shigetsu C3
14 Sukeroku No Yado Sadachiyo B1
15 Tokyo Ryokan A3

Essen
16 Asakusa Imahan B2
17 Chōchin Monaka C2
18 Daikokuya C3
19 Hoppy-dōri B2
20 Iriyama Sembei B3
21 Onigiri Yadoroku C1
22 Otafuku B1
23 Rokurinsha G3

Ausgehen & Nachtleben
24 Café Otonova A2
25 'Cuzn Homeground B1

Unterhaltung
26 Oiwake A1

Shoppen
27 Fujiya C2
28 Ganso Shokuhin Sample-ya A2
29 Kappabashi-dōri A2
30 Kurodaya C3
31 Marugoto Nippon B2
32 Sumida City Point G3
33 Tokyo Hotarudo B2

Information
34 Asakusa Culture Tourist Information Center C3
35 Tōbu Sightseeing Service Center C3

kusai wurde in der Nähe dieses neuen 2016 eröffneten Museums geboren und starb auch dort. Entworfen hat das markante, mit Aluminium verkleidete Gebäude der Pritzer-Preisträger Kazuyo Sejima. Die Sammlung des Museums umfasst über 1500 Werke des Meisters, darunter einige seiner bekanntesten wie *Die große Welle vor Kanagawa* aus der Serie *36 Ansichten des Berges Fuji*.

★ Fukagawa Fudō-dō BUDDHISTISCHER TEMPEL
(深川不動尊; Karte S. 72f.; ☎03-3630-7020; www.fukagawafudou.gr.jp; 1-17-13 Tomioka, Kōtō-ku; ⌚8–18 Uhr, an Festtagen bis 20 Uhr; Ⓢ Ōedo-Linie bis Monzen-Nakachō, Ausgang 1) In diesem sehr lebhaften Tempel, der zur esoterischen Shingon-Sekte gehört, kann man eines der spektakulärsten religiösen Rituale Tokios erleben. *Goma* (Feuerrituale) finden täglich um 9, 11, 13, 15 und 17 Uhr sowie an Festivaltagen um 19 Uhr in einem Auditorium in der Hondō (Haupthalle) statt. Dabei werden Sutras gesungen, riesige *taiko*-Trommeln geschlagen und als Gabe an die Gottheit Flammen auf den Hauptaltar gehoben.

Am Ende der 30 minütigen Zeremonie stellen sich die Menschen an, um ihre Taschen und andere Gegenstände über den Flammen segnen zu lassen.

Unbedingt sehenswert ist auch der **Gebetskorridor** mit 9500 Miniatur-Kristallstatuen von Fudōmyō (eine finster ausschauende Verkörperung der Entschlossenheit Buddhas). Oben befindet sich zudem eine schön dekorierte Galerie (bis 16 Uhr geöffnet), in der alle 88 Tempel der 1400 km langen Pilgerroute auf der Insel Shikoku dargestellt sind. Es heißt, ein Gebet in jeder Nische sei so wirksam wie der Besuch eines jeden Tempels.

Kiyosumi-teien GARTEN
(清澄庭園; Karte S. 72f.; http://teien.tokyo-park.or.jp/en/kiyosumi/index.html; 3-3-9 Kiyosumi, Kōtō-ku; Erw./Kind 150 ¥/frei; ⌚9–17 Uhr; Ⓢ Ōedo-Linie bis Kiyosumi-Shirakawa, Ausgang A3) Eine der malerischsten Oasen Tokios, der Kiyosumi-teien, entstand 1721 als Villa eines *daimyō* (lokaler Herrscher unter den Shogunen). Nach der Zerstörung der Villa beim Erdbeben im Jahr 1923 kaufte Iwasaki Yatarō, der Gründer von Mitsubishi, das Anwesen. Mit Schiffen des Unternehmens ließ er wertvolle Steine aus ganz Japan herbringen, die nun um einen von Japanischer Schwarzkiefer, Hortensien und taiwanesischen Kirschbäumen gesäumten Teich herum angeordnet sind.

Odaiba & die Bucht von Tokio お台場・東京湾

Diese Ansammlung mehrerer künstlicher Inseln in der Bucht von Tokio wurde als familienfreundliches Unterhaltungsviertel mit Einkaufszentrum und Vergnügungskomplex sowie dem Onsen-Themenpark Ōedo-Onsen-Monogatari angelegt. Zu den für Erwachsene interessanten Attraktionen zählen die Kunstgalerien auf der Insel Tennōzu (S. 112) und die Ausflugsboote (S. 115) in der Bucht. Toyosu soll die neue Heimat des Fischmarkts werden (wenn der Umzug aus dem Tsukiji-Markt tatsächlich stattfindet).

Die fahrerlose Monorailstrecke der **Yurikamome-Linie** führt rund um Odaiba und verbindet die künstliche Insel mit „Festland"-Tokio. Sie ist in erster Linie ein Verkehrsmittel, doch die Fahrt an sich ist schon ein Erlebnis: Vom Shimbashi (dem Endbahnhof im Zentrum Tokios) aus windet sich die Hochtrasse zwischen Hochhäusern hindurch, macht dann eine Schleife und fährt über die Regenbogenbrücke übers Wasser nach Odaiba. Tickets kosten zwischen 190 und 360 ¥, Tageskarten pro Erw./Kind 820/410 ¥.

Odaiba Kaihin-kōen PARK

(お台場海浜公園; Odaiba Marine Park; Karte S. 111; http://www.tptc.co.jp/en/c_park/01_02; 1-4-1 Daiba, Minato-ku; 24 Std.; Yurikamome-Linie bis Odaiba Kaihin-kōen) Von den Promenaden und erhöhten Fußwegen dieses Parks bieten sich mit die schönsten Ausblicke auf Tokio, besonders abends, wenn altmodische, mit Laternen geschmückte *yakatabune* (tief im Wasser liegende hölzerne Ausflugsboote) durch die Bucht schippern. Im Park, in dem sich viele Teenager und Studenten treffen, gibt es einen 800 m langen künstlichen **Strand** und eine 11 m hohe Nachbildung der **Freiheitsstatue** (Karte S. 111).

ChihiraJunco ROBOTER

(地平ジュンこ; Karte S. 111; 3. OG, Aqua City, 1-7-1 Daiba, Minato-ku; 11–21 Uhr; Yurikamome-Linie bis Odaiba Kaihin-kōen) GRATIS Hier ist die Zukunft zu Hause. ChihiraJunco ist ein spröder, von Toshiba geschaffener weiblicher Android-Roboter. Die Dame hat im Einkaufszentrum Aqua City neben dem mit normalen Sterblichen besetzten Informationsschalter ihre eigene Infotheke. Zur Zeit der Recherche konnte sie auf gesprochene Fragen (noch) nicht antworten, sie beantwortet aber Fragen, die man in das interaktive Bedienfeld eingibt – auf Japanisch, Englisch oder Chinesisch.

Fuji TV Building ARCHITEKTUR

(フジテレビ; Karte S. 111; 0180-993-188; 2-4-8 Daiba, Minato-ku; Erw./Kind 550/300 ¥; Di–So 10–18 Uhr; Yurikamome-Linie bis Daiba) Das vom mittlerweile verstorbenen Altmeister Kenzō Tange entworfene Hauptquartier von Fuji TV erkennt man leicht an der 1200 t schweren Kugel, die von dem gerüstartigen Kunstwerk herunterhängt. Mit dem Fahrstuhl kann man kostenlos bis in die 7. Etage fahren, für die Aussichtsplattformen im Inneren der Kugel wird Eintritt fällig.

★ **Nationalmuseum für Wissenschaft & Innovation (Miraikan)** MUSEUM

(未来館; Karte S. 111; www.miraikan.jst.go.jp; 2-3-6 Aomi, Kōtō-ku; Erw./Kind 620/210 ¥; Mi–Mo 10–17 Uhr; Yurikamome-Linie bis Telecom Center) *Miraikan* bedeutet „Halle der Zukunft" – und die Exponate dieses Museums präsentieren die Wissenschaft und Technologie, die (möglicherweise) die kommenden Jahre prägen werden. Viele interaktive Ausstellungen sorgen dafür, dass Kinder sich hier prächtig amüsieren, und eine neue mehrsprachige Smartphone-App macht den Besuch zu einem Kinderspiel. Unbedingt anschauen: den humanoiden Roboter ASIMO und den fast lebensechten Androiden Otonaroid. Das Kuppeltheater/Planetarium Gaia (Erw./Kind 300/100 ¥) hat eine englischsprachige Audio-Option und ist sehr beliebt; man sollte eine Woche im Voraus online buchen.

West-Tokio

Tokios westliche Vororte, zu denen die berühmte JR-Chūō-Linie führt, sind alles andere als langweilig. Viertel wie Nakano, Kōenji, Ogikubo und Kichijōji stehen bei den Einheimischen hoch im Kurs. Sie schätzen das historische Stadtbild aus der Mitte des 20. Jhs. und die unkonventionelle Lebensart, die diese Gegend vom Zentrum abhebt.

★ **Nakano Broadway** BEMERKENSWERTES GEBÄUDE

(中野ブロードウェイ; Karte S. 113; www.nbw.jp; 5-25-15 Nakano, Nakano-ku; variieren, je nach Geschäft; JR-Sōbu-Chūō-Linie bis Nakano, Nordausgang) Das historische Einkaufszentrum aus den 1960er-Jahren am Ende der ebenso historischen überdachten Arkade der **Nakano Sun Mall** (中野サンモール; Karte S. 113; 5-64 Nakano, Nakano-ku) trug dazu

Odaiba & Bucht von Tokio

bei, Nakanos Ruf als Underground-Akibara zu zementieren. Es ist angefüllt mit kleinen Geschäften, die sich an Sammler aller Art richten – viele verkaufen Mangas (japanische Comics) und historisches Spielzeug, andere haben sich auf alte Uhren, Pfeile und unzählige weitere Dinge spezialisiert.

Harmonica-yokochō MARKT
(ハーモニカ横丁; http://hamoyoko.com; 1-2 Kichijōji-Honchō, Musashino-shi; JR-Sōbu Chūō-Linie bis Kichijōji, Nordausgang) Ursprünglich entstand dieser überdachte Markt mit seinen niedrigen Decken und roten Papier-*chōchin* (Laternen) nach dem Zweiten Weltkrieg als Schwarzmarkt. Einige der Verkäufer, z. B. die Fischhändler, sind seit Jahrzehnten dabei, es gibt aber auch ein paar neue trendige Boutiquen und Bars. An jedem dritten Sonntag findet ein Morgenmarkt statt (7–10 Uhr).

★ **Inokashira-kōen** PARK
(井の頭公園; www.kensetsu.metro.tokyo.jp/seibuk/inokachira/index.html; 1-18-31 Gotenyama, Musashino-shi; JR-Sōbu-Chūō-Linie bis Kichijōji, Ausgang Kōen) Der Inokashira-kōen, einer der schönsten Stadtparks Tokios, beheimatet in seiner Mitte einen großen Teich, der von waldigen Spazierwegen umgeben ist. Man kann Ruderboote und schwanenförmige Tretboote ausleihen (700 ¥ pro Stunde). Am Wochenende versammeln sich hier Performance-Künstler und Straßenverkäufer (und natürlich viele Tokioter jeden Alters). Sehenswert ist der alte **Schrein** (井の頭弁財天; Inokashira-kōen, Musashino-shi; 7–16.30 Uhr) GRATIS für die Meeresgöttin Benzaiten.

Odaiba & Bucht von Tokio

So geht's zum Park: Am Ausgang Kōen an der Haltestelle Kichijōji geradeaus laufen, die Straße an der Ampel überqueren und dann am Warenhaus Marui („0101") rechts halten. Der Park liegt am Ende der Straße. Unterwegs dorthin passiert man Imbisse, in denen man *yakitori* (gegrillte Hähnchenspieße) und Hot Dogs kaufen kann.

★ **Ghibli-Museum** MUSEUM

(ジブリ美術館; www.ghibli-museum.jp; 1-1-83 Shimo-Renjaku, Mitaka-shi; Erw./Kind 1000/100–700 ¥; ⊙Mi–Mo 10–18 Uhr; Ⓡ JR-Sōbu-Chūō-Linie bis Mitaka, Südausgang) Gegründet wurde das Museum von Animemeister Hayao Miyazaki persönlich, in dessen Ghibli-Studio Prinzessin Mononoke und Chihiros Reise ins Zauberland produziert wurden. Besucher können Originalzeichnungen bewundern, außerdem werden sich Kinder – auch wenn sie nicht mit der Materie vertraut sind – sofort in die märchenhafte Atmosphäre und den großen Katzenbus verlieben. Nicht verpassen sollte man den 20-minütigen Original-Kurzfilm, der im ersten Stock läuft.

Tickets müssen im Voraus gekauft werden, wobei der Tag und die exakte Uhrzeit des geplanten Besuchs anzugeben sind. Vor Ankunft in Japan ist dies online über eine Reiseagentur möglich, oder man erledigt das Ganze in einem der Kioske in den Lawson-Geschäften in Tokio (die schwierigere Option, denn zum Bedienen des Ticketautomaten benötigt man Japanisch-Grundkenntnisse). Beide Möglichkeiten sind detailliert auf der Website erklärt, wo es zudem eine nützliche Karte gibt. Die Tickets sind nicht übertragbar, möglicherweise muss man einen Ausweis vorzeigen.

Die Anfahrt zum Ghibli (ausgesprochen „dschiburi") ist Teil des Abenteuers. Ein Kleinbus (hin & zurück/einfach 320/210 ¥) fährt alle 20 Minuten am Mitaka-Bahnhof ab (Bussteig 9). Das Museum liegt am westlichen Rand des Inokashira-kōen, man

ABSTECHER

INSEL TENNŌZU

Die Insel Tennōzu, eine der künstlichen Inseln der Bucht von Tokio, diente im 20. Jh. als Lagerhausviertel. Die Lagerhäuser stehen noch, doch heute beherbergen sie Brauereien und Galerien. Einer der Pioniere, die sich hier niederließen, ist die **TY Harbor Brewery** (Karte S. 72; ☎03-5479-4555; www.tyharborbrewing.co.jp; 2-1-3 Higashi-Shinagawa, Shinagawa-ku; Mittagsmenü 1200–1700 ¥, Hauptgerichte abends 1700 ¥; ⊙11.30–14 & 17.30–22.30 Uhr; ⊖ Ⓜ). Serviert werden die lokal gebrauten Biere in einem Restaurant am Kanal (zusammen mit leckeren Hamburgern und Salaten). Neben der Brauerei befindet sich die Bäckerei **Breadworks** (Karte S. 72; ☎03-5479-3666; www.tyharborbrewing.co.jp; 2-1-6 Higashi-Shinagawa, Shinagawa-ku; Brot & Gebäck ab 200 ¥; ⊙8–20 Uhr), die ihre Brote mit Brauhefe bäckt.

Neu in der Gegend ist das **Archi-Depot** (建築倉庫; Kenchiku Sōko; Karte S. 72; ☎03-5769-2133; http://archi-depot.com; Warehouse Terrada, 2-6-10 Higashi-Shinagawa, Shinagawa-ku; Erw./Kind 1000/500 ¥; ⊙Di–So 11–21 Uhr), ein faszinierendes Museum für Miniaturmodelle – solche, die Architekten vor dem Bau anfertigen. Viele große Namen der japanischen Architektur sind hier vertreten (Ban Shigero, Kuma Kengo). Im benachbarten Geschäft für Künstlerbedarf **Pigment** (Karte S. 72; ☎03-5781-9550; https://pigment.tokyo; Terrada Harbor One Bldg., 2-5-5 Higashi-Shinagawa, Shinagawa-ku; ⊙11–20 Uhr, Mo & Do geschl.) veranstaltet die **T-Art Academy** (Karte S. 73; https://pigment.tokyo/academy; Terrada Harbor One Bldg., 2-5-5 Higashi-Shinagawa, Shinagawa-ku; ab 4000 ¥ pro Pers.) Workshops für Kalligrafie, traditionelle japanische Malerei und mehr. In einem weiteren Lagerhaus auf der anderen Seite des Kanals bilden fünf Galerien für zeitgenössische Kunst gemeinsam den **Terrada Art Complex** (Karte S. 72; http://art.terrada.co.jp; 3. OG, 1-33-10 Higashi-Shinagawa, Shinagawa-ku; ⊙Di–Do & Sa 11–18, Fr bis 20 Uhr).

Unterwegs stößt man auf große, farbenprächtige Wandbilder, die das international aktive Kollektiv Pow! Wow! geschaffen hat. In dem Viertel finden auch Pop-up-Events statt, mehr dazu gibt's auf der Website www.terrada.co.jp.

Zur Insel Tennōzu geht's von Odaiba (Bahnhof Tokyo Teleport) und Osaki (an der JR-Yamanote-Linie) mit der Rinkai-Linie.

West Tokio

kann also auch vom Kichijōji-Bahnhof aus in 30 Minuten durch den Park herschlendern.

Reversible Destiny Lofts ARCHITEKTUR
(天命反転住宅; Tenmei Hanten Jūtaku; ☎0422-26-4966; www.rdloftsmitaka.com/english; 2-2-8 Ōsawa, Mitaka-shi; Erw./Kind 2700/1000 ¥; ; JR-Sōbu-Chūō-Linie bis Mitaka, Südausgang) Das Ehepaar Arakawa Shūsaku (1936–2010) und Madeleine Gins (1941–2014) entwarf diesen Wohnkomplex, der 2005 fertiggestellt wurde – und gnadenlos mit der Tradition bricht. Die neun „im Gedenken an Helen Keller" geschaffenen Apartments verfügen über hucklige, wellige Fußböden, runde Nischen und Deckenhaken für Hängematten und Schaukeln. Die Architekten wollten ein Sinnes-Erlebnis schaffen, das über das Visuelle hinausgeht (wobei das Gebäude überaus farbenfroh ist). Das Innere kann nur im Rahmen einer Führung besichtigt werden (siehe Website), die Führer sprechen etwas Englisch.

Einige Apartments sind dauerhaft bewohnt, andere werden für Kurzaufenthalte vermietet (S. 126).

Vom JR-Bahnhof Mitaka fährt man mit Bus 51 oder 52 (220 ¥, 15 Min., alle 10 bis 15 Min.) von Bushaltestelle 2 an der Südseite des Bahnhofs bis zur Haltestelle Ōsawa Jūjiro (大沢十字路); von hier aus kann man das Gebäude schon sehen. Nicht alle Busse fahren so weit, daher zeigt man dem Fahrer beim Einsteigen, wohin man möchte. Vom Bahnhof Kichijōji (Südausgang, Bushaltestelle 3) fährt Bus 1 (220 ¥, 25 Min., alle 10 bis 15 Min.) am Inokashira-kōen entlang hierher.

West Tokio

Highlights
1 Nakano Broadway D1

Sehenswertes
2 Nakano Sun Mall D1

Schlafen
3 BnA Hotel B1
4 Nakano Sun Plaza Hotel D1

Essen
5 Daily Chiko D1
6 Okajōki D1
7 Tensuke A1

Ausgehen & Nachtleben
8 Cocktail Shobō A1

Shoppen
9 Kita-Kore Building A1
10 Mandarake Complex D1

Aktivitäten

Onsen

★ Ōedo-Onsen-Monogatari ONSEN
(大江戸温泉物語; Karte S. 111; www.ooedoonsen.jp; 2-6-3 Aomi, Kōtō-ku; Erw./Kind 2280/980 ¥, Sa & So 200 ¥ Zuschlag; 11–9 Uhr, letzter Eintritt um 7 Uhr; Yurikamome-Linie bis Telecom Center, Rinkai-Linie bis Tokyo Teleport mit kostenlosem Shuttlebus) Typisch japanisch ist dieser „Onsen-Themenpark" mit verschiedenen nach Geschlechtern getrennten Becken drinnen und draußen (die Außenbecken heißen *rotemburo*). Sie sind mit echtem Thermalquellwasser gefüllt, das aus 1400 m Tiefe aus der Bucht von Tokio hochgepumpt wird.

Nach 18 Uhr gibt es 500 ¥ Rabatt auf den Eintritt. Tattoos sind übrigens nicht erlaubt.

Nachdem man seine Kleidung abgelegt hat, schlüpft man in einen bunten *Yukata* (leichter Baumwollkimono), mit dem man dann auf dem Gelände umherspazieren kann, das einem alten Tokioter Stadtviertel nachempfunden ist, inkl. Laternen, Essständen und lustigen Spielen.

Die Auswahl an Bädern ist riesig, darunter Bäder mit Massagedüsen, Natursteinbäder und im Frauenteil individuelle eierförmige Bäder aus Zedernholz. Sie sind nach Geschlechtern getrennt, im Garten gibt es aber auch ein Fußbad, an dem sich Pärchen, Gruppen und Familien gemeinsam aufhalten können (das Stadtviertel ist ebenfalls Gemeinschaftsbereich).

Wer will, kann hier sogar übernachten, auf den Liegesitzen in der Lounge schlafen, nach Belieben baden und das Onsen-Erlebnis so noch vertiefen; für den Aufenthalt zwischen 2 und 5 Uhr wird ein Zuschlag von 2000 ¥ erhoben.

★ Spa LaQua ONSEN

(スパ ラクーア; Karte S. 98; ☎ 03-5800-9999; www.laqua.jp; 5.–9. OG, Tokyo Dome City, 1-1-1 Kasuga, Bunkyō-ku; wochentags/am Wochenende 2635/2960 ¥; ⏲ 11–9 Uhr; Ⓢ Marunouchi-Linie bis Kōrakuen, Ausgang 2) Einer der wenigen echten Onsen. Der schicke Spa-Komplex wird mit natürlichem heißem Quellwasser aus einer Tiefe von 1700 m versorgt. Bäder gibt es drinnen und draußen, zudem Saunas und zusätzliche Extras wie z. B. *akasuri* (Ganzkörper-Peeling nach koreanischer Art). Eine faszinierende Einführung in die Welt der japanischen Gesundheits- und Schönheitsrituale.

ABSTECHER

FREILUFTMUSEUM DER EDO-TOKYO-ARCHITEKTUR

Das fantastische, aber wenig bekannte **Freiluftmuseum der Edo-Tokyo-Architektur** (江戸東京たてもの園; www.tatemonoen.jp/english; 3-7-1 Sakura-chō, Koganei-shi; Erw./Kind 400 ¥/frei; ⏲ April–Sept. Di–So 9.30–17.30 Uhr, Okt.–März bis 16.30 Uhr; ♿; 🚉 JR-Chūō-Linie bis Musashi-Koganei) wartet mit einer Sammlung historischer Gebäude auf, die vor der Modernisierungswut Tokios gerettet wurden. Darunter sind ein Bauernhaus aus der Edo-Zeit, eine modernistische Villa und eine ganze Ladenzeile mit Geschäften aus dem frühen 20. Jh., die man alle betreten kann. So geht's zum Museum: Man fährt mit der Chūō-Linie Richtung Westen bis Musashi-Koganei (vier Stationen hinter Kichijōji); vom Nordausgang des Bahnhofs nimmt man Bus 2 oder Bus 3 nach Koganei-kōen Nishi-guchi. Ein kurzer Spaziergang durch den Koganei-kōen (den zweitgrößten Park Tokios) bringt einen von dort zum Museum.

★ Rokuryu Kōsen BADEHAUS

(六龍鉱泉; Karte S. 102; ☎ 03-3821-3826; 3-4-20 Ikenohata, Taitō-ku; 460 ¥; ⏲ Di–So 15.30–23 Uhr; Ⓢ Chiyoda-Linie bis Nezu, Ausgang 2) Aus dem Jahr 1931 stammt dieses wundervolle Nachbarschafts-*sentō* (öffentliches Bad), dessen Badehaus ein schönes Wandbild der hölzernen Bogenbrücke Kintai-kyo in Iwasaki ziert. Das bernsteinfarbene, mineralienreiche Wasser soll hervorragend für die Haut sein, falls man die Wassertemperatur aushalten kann – im kälteren der beiden Becken beträgt sie heftige 45 °C!

Das Badehaus befindet sich in einer kleinen Gasse neben einem Geschäft mit grüner Markise.

Thermae-yu ONSEN

(テルマー湯; Karte S. 94; ☎ 03-5285-1726; www.thermae-yu.jp; 1-1-2 Kabukichō, Shinjuku-ku; wochentags/am Wochenende & an Feiertagen 2360/2690 ¥; ⏲ 11–21 Uhr; 🚉 JR-Yamanote-Linie bis Shinjuku, Ostausgang) Das beste und buchstäblichste Beispiel dafür, dass das Rotlichtviertel Kabukichō Ordnung schafft: 2016 wurde dieser funkelnde Onsen-Komplex eröffnet. Die Wannen, von denen es sowohl drinnen als auch draußen mehrere gibt (nach Frauen und Männern getrennt) sind mit gutem natürlichem Thermalquellwasser gefüllt. Es gibt auch mehrere Saunas, darunter eine heiße Steinsauna (*ganbanyoku*, 810 ¥ extra). Leider müssen Leute mit Tätowierungen mal wieder draußen bleiben.

Komparu-yu BADEHAUS

(金春湯; Karte S. 76; ☎ 03-3571-5469; www002.upp.so-net.ne.jp/konparu; 8-7-5 Ginza, Chūō-ku; 460 ¥; ⏲ Mo–Sa 14–22 Uhr; 🚉 Ginza-Linie bis Shimbashi, Ausgang 1 oder 3) Schon seit 1863 erfrischen sich Frauen und Angestellte in diesem schlichten Badehaus, in dem man nicht mal im Stehen duschen kann. Die kunstvollen Kacheln zeigen Kois (Zierkarpfen) alter Schule und traditionelle Fuji-Darstellungen.

NICHT VERSÄUMEN

GOKART FAHREN AUF DEN STRASSEN DER STADT

Wir wissen nicht, ob es legal ist (und Nintendo sprach schon von Copyright-Verletzungen), aber bei unseren Recherchen war es noch möglich: Gokart fahren auf den Straßen Tokios, verkleidet als eine Figur aus dem Videospiel Mario Kart. Das hebt die Vorstellung von Tokio als Schauplatz eines realistischen Videospiels auf ein ganz neues Level.

Es gibt mehrere Anbieter. Einer der renommiertesten und ausländerfreundlichsten ist **Maricar** (マリカー; Karte S. 73; ☎0120-81-9999, 080-9999-2525; http://maricar.jp; 1-23-15 Kita-Shinagawa, Shinagawa-ku; ab 3500 ¥ pro Pers.; Keikyū-Linie bis Kita-Shinagawa). Das Ganze wirkt etwas sorglos – es gibt keine Übungszeit auf dem Gokart, das anfangs etwas tückisch sein kann, ehe man sich zwischen LKWs und Busse auf die Straße stürzt. Wer sich unsicher fühlt, sollte das unbedingt sagen – dann wird man von einem Englisch sprechenden Führer begleitet oder die Route wird abgeändert.

Tagsüber lassen sich die besten Fotos machen, doch die abendliche Route – auf der Regenbogenbrücke über die Bucht von Tokio nach Odaiba – ist unschlagbar cool.

Wer lieber durch die Straßen von Akihabara düsen möchte, kann dies mit **Akiba Kart** (アキバカート; Karte S. 98; ☎03-6206-4752; http://akibanavi.net; 2-4-6 Soto-kanda, Chiyoda-ku; 1 Std. ab 2700 ¥; ⏰10–20 Uhr; JR-Yamanote-Linie bis Akihabara, Ausgang Electric Town) tun, einem etwas günstigeren Anbieter.

In jedem Fall benötigt man fürs Mitmachen einen gültigen internationalen (oder japanischen) Führerschein.

Jakotsu-yu BADEHAUS
(蛇骨湯; Karte S. 108; ☎03-3841-8645; www.jakotsuyu.co.jp; 1-11-11 Asakusa, Taitō-ku; Erw./Kind 460/180 ¥; ⏰Mi–Mo 13–23 Uhr; Ⓢ Ginza-Linie bis Tawaramachi, Ausgang 3) Anders als in vielen anderen *sentō* (öffentliches Bad) sind die hiesigen Becken mit reinem Thermalwasser gefüllt, das die Farbe von mildem Tee hat. Ein weiteres tolles Extra ist das bildschöne, von Laternen beleuchtete Felsen-*rotemburo* (Außenbecken). Das Jakotsu-yu ist sehr einladend, es ist mit englischsprachigen Schildern bestückt und auch Gäste mit Tattoos haben Zutritt. Die Benutzung der Sauna kostet 200 ¥ zusätzlich, ein kleines Handtuch 140 ¥.

Bootsfahrten

Tsukishima Monja Yakatabune BOOTSFAHRT
(月島もんじゃ屋形船; ☎03-3533-6699; www.4900yen.com; 2-6-3 Shin-Kiba, Kōtō-ku; pro Pers. ab 5000 ¥; Ⓢ Yūrakuchō-Linie bis Shin-Kiba, Hauptausgang) Tag und Nacht finden diese zweistündigen Bootsfahrten in der Bucht von Tokio auf *yakatabune* (traditionelle Ausflugsboote) statt, bei denen das Bier in Strömen fließt und *monja-yaki* (köstliches Gericht im Stil von Pfannkuchen und eine Tokioter Spezialität) nach dem Motto „All you can eat" serviert wird. Dies ist das billigste *yakatabune*-Paket weit und breit und das einzige, das man schon ab zwei Personen buchen kann. Eine Reservierung ist unerlässlich, man benötigt dafür aber die Hilfe von jemandem, der Japanisch spricht.

Nachteil ist, dass die Boote am Shin-Kiba-Pier starten. Kostenlose Shuttles vom Shin-Kiba-Bahnhof bis zum Pier starten 45 bis 15 Minuten vor der Abfahrt im 10 Minuten-Takt.

Tokyo Bay Cruise BOOTSFAHRT
(Karte S. 76; ☎03-5679-7311; www.ssj.jp; 1 Nihombashi, Chūō-ku; 45/60-minütige Bootsfahrten 1500/2000 ¥; Ⓢ Ginza-Linie bis Mitsukoshimae, Ausgang B5 oder B6) Auf diesen täglich stattfindenden Flussfahrten sieht man Tokio aus einer einzigartigen Perspektive. Die Boote fahren auf dem Nihombashi-gawa in Richtung Sumida-gawa oder drehen eine Runde über den Nihombashi-gawa zum Kanda-gawa. Der Landesteg ist in der Nähe der Nihombashi.

Unterwegs sieht man viele historische Brücken und die Schnellstraßen, die über dem Fluss verlaufen.

Vergnügungsparks

Tokyo Disney Resort VERGNÜGUNGSPARK
(東京ディズニーリゾート; ☎aus Japan 0570-00-8632, aus dem Ausland +81-45-330-5211; www.tokyodisneyresort.co.jp; 1-1 Maihama, Urayasu-shi, Chiba-ken; Tagesticket für 1 Park Erw./Kind 7400/4800 ¥, nach 18 Uhr 4200 ¥; ⏰variiert je nach Jahreszeit; JR-Keiyō-Linie bis Maihama) Hier befindet sich nicht nur das nach dem

Vorbild des kalifornischen Disneylands errichtete Tokyo Disneyland, sondern auch das Tokyo DisneySea, ein origineller Themenpark mit sieben „Häfen" sowie Assoziationen an reale und erfundene Orte (z. B. das Mittelmeer und die „Meerjungfrauenlagune"). DisneySea zielt stärker auf Erwachsene ab, hält aber auch viele Attraktionen für Kinder parat. In beiden Parks kann es extrem voll werden, besonders am Wochenende und zur Sommerferienzeit, darum sollte man seinen „Fast Pass" strategisch nutzen, um die Wartezeit zu minimieren. Die Tickets kann man online buchen und so Zeit sparen.

Tokyo Joypolis VERGNÜGUNGSPARK

(東京ジョイポリス; Karte S. 111; http://tokyo-joypolis.com; 3.5. OG, DECKS Tokyo Beach, 1-6-1 Daiba, Minato-ku; Erw./Kind 800/300 ¥, „Passport" für sämtliche Attraktionen 4300/3300 ¥, „Passport" nach 17 Uhr 3300/2300 ¥; 10–22 Uhr; Yurikamome-Linie bis Odaiba Kaihin-kōen) Ein überdachter Vergnügungspark, der eine Mischung aus virtueller Realität und Fahrgeschäften für Erwachsene bietet, darunter den Halfpipe Canyon. Für die Kleinen ist auch etwas dabei. Zur Wahl stehen separate Eintrittskarten und Tickets für einzelne Attraktionen (500–800 ¥), der „Passport" zur unbegrenzten Nutzung aller Einrichtungen lohnt sich jedoch bereits ab sechs Fahrgeschäften.

Tokyo Dome City Attractions VERGNÜGUNGSPARK

(東京ドームシティアトラクションズ; Karte S. 98; 03-3817-6001; www.tokyo-dome.co.jp/e/attractions; 1-3-61 Kōraku, Bunkyō-ku; Tagespass Erw./Kind/Teenager 3900/2100/3400 ¥; 10–21 Uhr; ; JR-Chūō-Linie bis Suidōbashi, Westausgang) Die Hauptattraktion dieses Vergnügungsparks direkt neben dem Tokyo Dome (S. 152) ist der „Thunder Dolphin" (1030 ¥), eine nervenzerfetzende Achterbahnfahrt dicht an den Gebäuden im Zentrum entlang, bei der einem das Herz in die Hose rutscht. Es gibt aber auch viele einfachere, kinderfreundliche Fahrgeschäfte. Man kann Karten für einzelne Fahrten, Tagespässe, Abendpässe (ab 17 Uhr gültig) und einen 5-Fahrten-Pass (2600 ¥) erwerben.

Hanayashiki VERGNÜGUNGSPARK

(花やしき; Karte S. 108; 03-3842-8780; www.hanayashiki.net/index.html; 2-28-1 Asakusa, Taitō-ku; Erw./Kind 1000/500 ¥; 10–18 Uhr; S Ginza-Linie bis Asakusa, Ausgang 1) Japans ältester Vergnügungspark bietet knarzigalte, fröhliche Fahrgeschäfte und jede Menge altmodischen Charme. Tickets für die einzelnen Fahrten (ein paar Hundert Yen pro Fahrt) kauft man, sobald man drinnen ist. In einer der Geisterbahnen soll einmal ein echter Geist gehaust haben, der angeblich immer noch ab und an auf dem Gelände auftaucht.

Dai-kanransha RIESENRAD

(大観覧車; Karte S. 111; www.daikanransha.com; 1-3-10 Aomi, Kōtō-ku; 920 ¥; So–Do 10–22, Fr & Sa bis 23 Uhr; Yurikamome-Linie bis Aomi) Dieses Wahrzeichen von Odaiba war bei seiner Inbetriebnahme 1999 das größte Riesenrad der Welt (verlor diesen Titel aber schon im Jahr 2000). Die Aussicht über die Stadt und die Bucht ist fantastisch. Und wenn das Riesenrad bei Dunkelheit in den Farben des Regenbogens leuchtet, sieht es wunderschön aus.

Geführte Touren

Bustouren sind eine bequeme Sache, wenn man an einem Tag möglichst viel sehen möchte (oder sich einfach nicht mehr verirren möchte). Auf Stadtspaziergängen erfährt man mehr über die Geschichte und Kultur einzelner Viertel und Bezirke.

Bustouren

Gray Line BUS

(03-3595-5948; www.jgl.co.jp/inbound/index.htm; 4000–13 000 ¥ pro Pers.) Halb- und Ganztagestouren mit Stopps an den Highlights im Zentrum sowie Tagesausflüge zum Fuji und nach Hakone. Teilnehmer können sich in größeren Hotels abholen lassen, ansonsten starten die meisten Fahrten vor dem Dai-Ichi Hotel in Shimbashi (nahe Ginza).

Hato Bus Tours BUS

(Karte S. 72; 03-3435-6081; www.hatobus.com; 1500–12 000 ¥ pro Pers.; JR-Yamanote-Linie bis Hamamatsuchō, Südausgang) Tokios bekanntestes Busunternehmen wartet mit einstündigen, halbtägigen und ganztägigen Fahrten durch die Stadt auf. Bei der kurzen Variante geht's im offenen Doppeldeckerbus an den Sehenswürdigkeiten vorbei, bei längeren Touren wird auch angehalten. Treffpunkte sind der Busbahnhof Hato im Anbau des World Trade Centre in Hamamatsuchō sowie die Bahnhöfe Shinjuku und Tokio.

SkyBus BUS

(Karte S. 76; 03-3215-0008; www.skybus.jp; 2-5-2 Marunouchi, Chiyoda-ku; Geführte Touren

Erw./Kind ab 1600/700 ¥, Sky Hop Bus Erw./Kind 2500/1200 ¥; ⌚ Ticketschalter 9–18 Uhr; 🚉 JR-Yamanote-Linie bis Tokio, Südausgang Marunouchi) Die offenen Doppeldeckerbusse kurven durch verschiedene Stadtviertel (ca. 50–80 Min.). Meist gibt's einen englischsprachigen Kommentar an Bord. Beim Sky-Hop-Bus-Tarif darf man beliebig oft in die Fahrzeuge aller drei Routen ein- und wieder aussteigen).

Stadtspaziergänge

Tsukiji-Markt, Informationszentrum FÜHRUNG
(Karte S. 76; ☎ 03-3541-6521; www.tsukijitour.jp; 4-7-5 Tsukiji, Chūō-ku; ab 8800 ¥ pro Pers; ⌚ an Markttagen 9–15 Uhr; Ⓢ Hibiya-Linie bis Tsukiji, Ausgang 2) Dieser beliebte zweieinhalbstündige Spaziergang auf dem Tsukiji-Markt (S. 79) für mindestens zwei Teilnehmer beginnt mit einem informativen Video und endet mit einem Sushi-Mittagessen in der Gegend. Wenn der Markt umzieht, wird es weiterhin Touren im Äußeren Markt (S. 80) geben, die wahrscheinlich einen Sushi-Kurs in einem Restaurant der Gegend beinhalten.

Haunted Tokyo Tours FÜHRUNG
(www.hauntedtokyotours.com; hauntedtokyotours@hotmail.com; ab 4500 ¥ pro Pers.) Lustige, freundliche Guides zeigen den Teilnehmern, wo es in der Stadt spukt, und erzählen urbane Gruselgeschichten. Danach sieht man Tokio mit ganz anderen Augen!

Die Treffpunkte sind auf der Website erklärt, Kontakt nur per E-Mail.

Ueno Free Walking Tour STADTSPAZIERGANG
(Karte S. 102; https://tokyosgg.jp/guide.html; 7-47 Ueno-kōen, Taitō-ku; 🚉 JR-Linien bis Ueno, Ausgang Ueno kōen) GRATIS Kostenlose Spaziergänge durch Ueno in englischer Sprache mit freiwilligen Guides. Sie starten jeden Sonntag, Mittwoch und Freitag um 10.30 und 13 Uhr vor dem Café Green Salon (グリーンサロン). Eine Anmeldung ist nicht notwendig.

Imperial Palace East Garden Walking Tour STADTSPAZIERGANG
(Karte S. 76; ☎ 03-6280-6710; JNTO Tourist Information Center, 3-3-1 Marunouchi, Chiyoda-ku; Ⓢ Chiyoda-Linie bis Nijūbashimae, Ausgang 1) GRATIS Jeden Mittwoch, Samstag und Sonntag werden zweistündige Führungen im Östlichen Garten des Kaiserpalastes (S. 75) angeboten. Treffpunkt ist vor 13 Uhr am Touristeninformationszentrum JNTO (S. 161).

> **ℹ RIKSCHAFAHRTEN**
>
> Wer lange genug am Eingang des **Sensō-ji** (S. 106) rumhängt, wird früher oder später von einem kräftigen, sportlich bekleideten jungen Mann angesprochen, der eine Fahrt in seiner *jinrikisha* (Rikscha) anbietet. Für zwei Personen kostet das Vergnügen ab 4000 ¥ für zehn Minuten (eine Person 3000 ¥).

Kurse

Kochen

★ **Buddha Bellies** KOCHEN
(Karte S. 98; http://buddhabelliestokyo.jimdo.com; 2. OG, Uekuri Building, 22-4-3 Kanda-Jimbōchō, Chiyoda-ku; Kurse ab 7500 ¥; Ⓢ Shinjuku-Linie bis Jimbōchō, Ausgang A2) Sushi-Koch und Sake-Sommelier Ayuko leitet jeweils kleine Gruppen bei der Zubereitung von Sushi, *bentō* (abgepacktes Mittagessen) und Udon an. 2½-stündige Kurse kosten ab 7500 ¥ pro Person.

Tokyo Cooking Studio KOCHEN
(東京クッキングスタジオ; Karte S. 73; http://tokyo.cookingstudio.org; Hins Minato#004, 3-18-14 Minato, Chūō-ku; Kurse für bis zu 3 Pers. ab 30 000 ¥; Ⓢ Yūrakuchō-Linie bis Shintomichō, Ausgang 7) Der freundliche Koch Inoue Akira spricht Englisch und ist ein Meister der *soba* – Nudeln aus flüssigem Buchweizenmehl. Die Kunst, dieses klassische Tokioter Gericht zuzubereiten und zu essen, hat er Köchen beigebracht, die später mit Michelin-Sternen geehrt wurden. Die Kurse finden in einer kompakten Küche mit Blick auf den Sumida-Fluss statt.

Tokyo Cook KOCHEN
(Karte S. 84; ☎ 03-5414-2727; www.tokyo-cook.com; 3. OG, Roppongi Green Building, 6-1-8 Roppongi, Minato-ku; Kurse ab 8640 ¥; Ⓢ Hibiya-Linie bis Roppongi, Ausgang 3) Verschiedene Kochkurse im Restaurant Sougo (S. 132) in englischer Sprache, darunter Kurse für vegetarische Gerichte, für die Tempelküche *shojin-ryori* und für *soba*-Nudeln.

Tokyo Sushi Academy KOCHEN
(Karte S. 76; ☎ 03-3362-2789; http://sushimaking.tokyo; 2. OG, Tsukiji KY Building, 4-7-5 Tsukiji, Chūō-ku; 5400 ¥ pro Pers.; ⌚ 9–15 Uhr; Ⓢ Hibiya-Linie bis Tsukiji, Ausgang 1) Sushi-Köche geben einen 30-minütigen Schnellkurs auf Englisch zur Zubereitung der mit Essig

gewürzten Spezialität. Anschließend haben die Teilnehmer eine Stunde Zeit, um so viel wie möglich von ihrem Lieblings-Sushi zuzubereiten (und zu essen). Die Kurse finden samstags (und manchmal sonntags) in einer modernen Küche statt, einen Katzensprung vom Äußeren Markt des Tsukiji (S. 80) entfernt.

Kunst & Kunsthandwerk

★ Wanariya TRADITIONELLES KUNSTHANDWERK
(和なり屋; Karte S. 73; 03-5603-9169; www.wanariya.jp; 1-8-10 Senzoku, Taitō-ku; Blaufärben/Weben ab 1920/1980 ¥; Do–Di 10–17 Uhr; Hibiya-Linie bis Iriya, Ausgang 1) Ein junges, freundliches japanisches Team veranstaltet Workshops im Blaufärben und im traditionellen Weben am manuellen Webstuhl. In etwa einer Stunde erlernt man das Handwerkszeug und kann selbst einen Versuch wagen. Eine tolle Möglichkeit, ein ganz individuelles Souvenir zu gestalten! Es können verschiedene Dinge gefärbt werden, von *tenugui* (dünne Baumwollhandtücher) bis zu Leinensportschuhen.

★ Mokuhankan TRADITIONELLES KUNSTHANDWERK
(木版館; Karte S. 108; 070-5011-1418; http://mokuhankan.com/parties; 2. OG, 1-41-8 Asakusa, Taitō-ku; 2000 ¥ pro Pers.; Mi–Mo 10.30–17.30 Uhr; Tsukuba Express bis Asakusa, Ausgang 5) David Bull betreibt dieses Atelier, in dem man sich an seinem eigenen Farbholzschnitt (*ukiyo-e*) versuchen kann. Die einstündigen „Druckpartys" machen einen Riesenspaß und steigen täglich; Anmeldung online. Im Shop vor Ort kann man sich David Bulls und Jed Henrys witzige Serie „ukiyo-e-Helden" anschauen; sie zeigen Videospielcharaktere vor traditioneller Kulisse.

Ohara School of Ikebana IKEBANA
(小原流いけばな; Karte S. 92; 03-5774-5097; www.ohararyu.or.jp; 5-7-17 Minami-Aoyama, Minato-ku; 4000 ¥ pro Unterrichtseinheit; Ginza-Linie bis Omote-sandō, Ausgang B1) Jeden Donnerstag bietet die angesehene, moderne Ikebana-Schule zwischen 10.30 und 12.30 Uhr Einführungen in die Blumensteckkunst in englischer Sprache an. Anmeldung per Mail (bis zum vorhergehenden Dienstag, 15 Uhr).

Feste & Events

Hanami KULTUR
(花見) Ende März bis Mitte April packt die Einheimischen die Kirschblütenleidenschaft, und sie bevölkern dann die Stadtparks und Friedhöfe. Dort lassen sie sich unter den Bäumen nieder und bewundern das Naturschauspiel.

Kōenji Awa Odori KULTUR
(高円寺阿波おどり; www.koenji-awaodori.com) Beim berühmtesten *awa odori* (O-Bon-Tanzfestival) Tokios tanzen am letzten Augustwochenende 12 000 Teilnehmer in traditionellen Kostümen durch die Straßen von Kōenji.

Sanja Matsuri PARADE
(三社祭) 1,5 Mio. Zuschauer strömen anlässlich des wohl größten *matsuri* (Festival) Tokios zum Asakusa-jinja (S. 107). Gefeiert wird drei Tage lang am dritten Maiwochenende. Höhepunkt der Veranstaltung ist die turbulente Parade der *mikoshi* (tragbare Schreine) mit Männern und Frauen in traditioneller Kleidung.

Anime Japan MESSE
(www.anime-japan.jp) Die Veranstaltungen und Ausstellungen dieser Messe im Tokyo Big Sight sind für Leute aus der Branche wie für Fans gleichermaßen interessant.

Tokyo Game Show MESSE
(東京ゲームショウ; http://tgs.cesa.or.jp) Computerfreaks kommen voll auf ihre Kosten, wenn die Computer Entertainment Suppliers Association Ende September zur Tokyo Game Show einlädt, einer riesigen Messe für Video- und Computerspiele auf dem Gelände der Makuhari Messe.

Sumida-gawa Fireworks FEUERWERK
(隅田川花火大会, Sumida-gawa Hanabi Taikai) Bei der größten Feuerwerkshow des Sommers explodieren am letzten Samstag im Juli 20 000 Feuerwerkskörper über Asakusa.

Tokyo Filmex FILM
(東京フィルメックス; http://filmex.net) Im Mittelpunkt dieses Filmfestivals Ende November stehen junge asiatische Regisseure. Viele Filme werden mit englischen Untertiteln gezeigt.

Design Festa KUNSTMESSE
(デザインフェスタ; www.designfesta.com) Mitte Mai und dann noch mal im November werden im Tokyo Big Sight die Arbeiten aufstrebender und bereits etablierter Künstler und Designer gezeigt.

Schlafen

Zentrale Stadtviertel wie Marunouchi (günstig in der Nähe des *shinkansen*-Bahnhofs Tokio gelegen) und Ginza sind in der Regel teuer: Hier finden sich viele der schönsten Luxushotels Tokios. Roppongi und Shibuya, die beide mit guten Mittelklasseunterkünften aufwarten, sind ideal für Nachtschwärmer (für alle anderen nicht), denn sie sind Zentren des Nachtlebens.

Das geschäftige Shinjuku im Westen – mit seiner guten Bahnanbindung und den zahlreichen Möglichkeiten zum Essen und Ausgehen – ist bei Travellern beliebt. Man sollte aber wissen, dass viele der Budgethotels in Shinjuku, die auf ausländische Reisende eingestellt sind, im Rotlichtviertel Kabukichō liegen. Zwar ist es höchst unwahrscheinlich, dass man in eine gefährliche Situation gerät, doch nicht jeder wird es mögen, Abend für Abend zwielichtigen Gestalten zu begegnen. In den Vierteln nördlich von Shinjuku, besonders in Ikebukuro, gibt es gute Hostels und preiswerte *ryokan* (traditionelle Gasthöfe).

Ueno und Yanesen bieten zahlreiche *ryokan* und gute Budgetunterkünfte, nachts ist hier jedoch wenig los. Asakusa im Nordosten Tokios ist ein typisches Backpackerviertel mit dem besten Hostelangebot. Allerdings muss man von hier aus lange fahren, wenn man einmal in andere Teile der Stadt will.

Von Marunouchi (Bahnhof Tokio), Shinjuku, Shibuya und Ikebukuro gibt's eine Direktverbindung mit dem Narita-Express zum Flughafen Narita. Von Ueno führt eine eigene direkte Linie, der Skyliner, nach Narita.

REISEPLANUNG

- Die besten Workshops und Kurse sind auf einen kleinen Teilnehmerkreis zugeschnitten, deshalb sollte man sich im Voraus anmelden (in der Regel online möglich).
- Wer sich im Gokartfahren versuchen will, muss einen internationalen Führerschein bei sich haben.
- Tickets für Sumo, Kabuki und Baseballspiele der Giants online buchen, um gute Plätze zu bekommen. Der Ticketverkauf beginnt in der Regel ein bis zwei Monate vorher.
- Eintrittskarten fürs **Ghibli-Museum** (S. 112) kann man bis zu drei Monate im Voraus erwerben – und sollte dies auch so früh wie möglich tun.
- Reservierungen vorab sind auch für die geführten Touren auf dem Gelände des **Kaiserpalasts** (S. 75) und die Besichtigung der **Reversible Destiny Lofts** (S. 113) erforderlich.

Marunouchi & Nihombashi

★ Wise Owl Hostels Tokyo HOSTEL ¥
(Karte S. 73; ☎03-5541-2960; www.wiseowlhostels.com; 3-22-9 Hatchōbori, Chūō-ku; B/DZ ab 3600/9000 ¥;) In diesem Hostel im industriellen Gewand stimmt einfach alles, angefangen bei der supergünstigen Lage über der U-Bahn und dem recht kurzen Weg per Pedes oder im Taxi nach Marunouchi und Ginza. Die Schlafsäle bestehen aus clever angeordneten Holzabteilen. Der Service ist freundlich, in der Lobby gibt's Third-Wave-Coffee, im Keller eine DJ-Bar und in einem angeschlossenen *izakaya* kann man essen.

Grids Akihabara HOSTEL ¥
(Karte S. 73; ☎03-5822-6236; www.grids-hostel.com; 2-8-16 Higashi-kanda, Chiyoda-ku; B/EZ/DZ ab 3300/3500/7200 ¥; ; S Shinjuku-Linie bis Iwamotochō, Ausgang A4) Das Grids gehört zu einem in Tokio mittlerweile recht verbreiteten Hosteltyp (Umbau eines älteren Bürogebäudes mit Café samt Bar im Erdgeschoss). Es bietet aber auch vier Zimmer im japanischen Stil mit Tatamimatten (für bis zu 4 Pers., 20 000 ¥) und einige Zimmer mit eigenem Bad für mehr Privatsphäre. Die Stockbetten in den Schlafsälen haben massive Metallrahmen und gute Matratzen.

Nach Akibara sind es zu Fuß etwa zehn Minuten über den Kanda-gawa. Falls dieses Hostel ausgebucht ist, gibt es noch eine sehr ähnliche Filiale, etwa 1 km weiter südlich in Higashi-nihombashi.

Yaesu Terminal Hotel BUSINESSHOTEL ¥¥
(八重洲ターミナルホテル; Karte S. 76; ☎03-3281-3771; www.yth.jp; 1-5-14 Yaesu, Chūō-ku; EZ/DZ 11 500/16 500 ¥; @; R JR-Linien bis Tokyo, Yaesu Nordausgang) Schickes, kleines Businesshotel an der von Kirschbäumen gesäumten Sakura-dōri. Die Zimmergröße ist typisch für ein Businesshotel, doch für dieses Stadtviertel stimmt der Preis. Alle Zimmer sind mit faszinierenden modernen Kunstwerken des Radiografie-Künstlers Steven Meyers geschmückt.

★ Hoshinoya Tokyo RYOKAN ¥¥¥
(星のや東京; Karte S. 73; ☎050-3786-1144; http://hoshinoyatokyo.com/en; 1-9-1 Ōtemachi, Chiyoda-ku; Zi. ab 72 000 ¥; S Marunouchi-Linie

bis Ōtemachi, Ausgang A1) Mit seinem nagelneuen, modernen *ryokan* im Herzen Tokios hat das Hoshinoya alles richtig gemacht. In der zwischen Bürotürmen eingezwängten Unterkunft soll sich der Gast von der Großstadt abkapseln können – in einem Gebäude, das mit zeitloser Handwerkskunst und hervorragendem traditionellem Design und Service aufwartet.

★ Aman Tokyo DESIGNHOTEL ¥¥¥
(Karte S. 76; ☎ 03-5224-3333; www.aman.com/resorts/aman-tokyo; 1-5-6 Ōtemachi, Chiyoda-ku; Zi. ab 90 750 ¥; Ⓢ Marunouchi-Linie bis Ōtemachi, Ausgang A5) Das Aman schaut von oberhalb des Ōtemachi Towers auf den Kaiserpalast (S. 75). Sein elegantes minimalistisches Design ist durchzogen von verschiedenen Naturmaterialien, z. B. dunkle Steinwände, helles Holz und weißes *washi* (Reispapier). Die riesigen Zimmer haben alle Bäder mit fantastischem Stadtblick, den man auch von der großen, mit Onsen-Wasser gefüllten Steinbadewanne im Spa genießen kann. Herausragend.

★ Palace Hotel Tokyo HOTEL ¥¥¥
(パレスホテル東京; Karte S. 76; ☎ 03-3211-5211; www.palacehoteltokyo.com; 1-1-1 Marunouchi, Chiyoda-ku; Zi. ab 62 000 ¥; Ⓢ Chiyoda-Linie bis Ōtemachi, Ausgang C13b) Das berühmte, wunderbar renovierte Palace Hotel bietet die Raffinesse und Eleganz, die der Name erwarten lässt. Durch die prächtigen Gänge weht ein Hauch Bioparfüm. Am besten fragt man nach einem Zimmer mit Balkon, das ist zwar etwas teurer, doch dafür kann man Tokio von seinem privaten Platz im Freien genießen.

Ginza & Tsukiji 銀座・築地

★ Prime Pod Ginza Tokyo KAPSELHOTEL ¥
(Karte S. 76; ☎ 03-5550-0147; http://theprimepod.jp; 13. OG, Duplex Tower 5/13 Bldg, 5-13-19 Ginza, Chūō-ku; Kapsel ab 5200 ¥; Ⓢ Hibiya-Linie bis Higashi-Ginza, Ausgang 3) Eine günstigere Unterkunft als dieses modern gestaltete Kapselhotel dürfte man im schicken Ginza kaum finden. Wer ein wenig mehr Platz nach oben braucht, als in der typischen Kapsel zur Verfügung steht, sollte bei der Buchung eine der Eckkabinen verlangen (online sind die Preise günstiger).

Männer und Frauen übernachten auf unterschiedlichen Etagen. Die Lobby ist in der 13. Etage neben einer Café-Bar mit toller Aussicht auf die Gegend.

Daiwa Roynet Hotel Ginza BUSINESSHOTEL ¥¥
(ダイワロイネットホテル銀座; Karte S. 76; ☎ 03-5159-1380; www.daiwaroynet.jp/english/ginza; 1-13-15 Ginza, Chūō-ku; EZ/DZ & 2BZ ab 16 500/22 000 ¥; Ⓢ Yūrakuchō-Linie bis Ginza-itchōme, Ausgang A10) An der Rezeption dieses sehr zentral gelegenen Businesshotels haben Gäste die Wahl zwischen verschiedenen Drinks und Annehmlichkeiten. Die Bäder der gut gestalteten Zimmer sind größer als bei solchen Hotels üblich. Eine Etage ist Frauen vorbehalten.

★ Park Hotel Tokyo DESIGNHOTEL ¥¥¥
(Karte S. 76; ☎ 03-6252-1111; http://en.parkhoteltokyo.com; Shiodome Media Tower, 1-7-1 Higashi-Shimbashi, Minato-ku; EZ/DZ ab 29 000/35 000 ¥, Kunstzimmer ab 35 000/40 000 ¥; Ⓢ Ōedo-Linie bis Shimbashi, Ausgang 7) Das Park Hotel Tokyo hat 31 Künstler 31 Zimmer im 31. Stock gestalten lassen – mit einem sehr beeindruckenden Ergebnis. Das Spektrum der rein japanischen Themen reicht von Sumo und Zen bis zu *yokai* (Monster) und Geisha. Im Internet kann man schon mal einen Blick auf die Zimmer werfen, besonders beliebte wie das Kirschblütenzimmer sollte man rechtzeitig im Voraus buchen.

★ Garden Hotel Ginza Premier HOTEL ¥¥¥
(三井ガーデンホテル銀座プレミア; Karte S. 76; ☎ 03-3543-1131; www.gardenhotels.co.jp; 8-13-1 Ginza, Chūō-ku; Zi. ab 38 000 ¥; Ⓢ Ginza-Linie bis Shimbashi, Ausgang 1) Wer vorab online bucht, kann in diesem noblen Businesshotel vergleichsweise günstig übernachten – schon ab 17 300 ¥. Die Lage ist super, die Zimmer sind schön, und von der weit oben gelegenen Lobby hat man einen tollen Blick auf Shiodome und den Tokyo Tower (S. 85).

Roppongi, Akasaka & Umgebung

★ Zabutton Good Hostel HOSTEL ¥
(Karte S. 73; ☎ 03-6277-6499; www.zabutton.jp; 1-29-20 Higashi-Azabu, Minato-ku; B/DZ & 2BZ 3780/8640 ¥; Ⓢ Ōedo-Linie bis Akabanebashi) Neu und durchweg erfreulich ist diese Kombination aus Café-Bar und Hostel an einer tollen Einkaufsstraße. In den Schlafsälen übernachtet man in durchdacht gestalteten Holzabteilen, es gibt ein Tatamizimmer für zwei Personen, eine Küche/Gemeinschaftsraum und eine Dachterrasse mit teilweisem Blick auf den Tokyo Tower (S. 85). Das Personal ist superfreundlich.

UNTERKÜNFTE AM FLUGHAFEN

Bei Ankunft am späten Abend oder einem Abflug frühmorgens ist es oft praktischer, in Flughafennähe zu übernachten.

9 Hours (☎ 0476-33-5109; http://ninehours.co.jp/en/narita; Narita International Airport, Terminal 2; Kapsel 4900 ¥; ⊖ ❄ ☎) In diesem eleganten Kapselhotel direkt im Flughafen Narita gibt's geräumige, hypermoderne Kapseln und für Männer und Frauen getrennte Schlaf- und Duschräume. Man kann sie auch nur für ein paar Stunden mieten (erste Stunde 1500 ¥, jede weitere Stunden 500 ¥).

Royal Park Hotel the Haneda (ロイヤルパークホテル ザ 羽田; ☎ 03-6830-1111; www.rph-the.co.jp/haneda/en; Haneda Airport, Internationales Terminal; EZ/DZ ab 15 300/19 400 ¥; ⊖ ❄ @ ☎) Das Transithotel des Flughafens Haneda ist gar kein schlechter Deal, wenn man bedenkt, dass man sich – wenn man spätabends oder nachts in Tokio ankommt – die teure Taxifahrt spart. Es ist recht neu, die Zimmer sind modern eingerichtet und bieten diverse Annehmlichkeiten.

Mehr zur Übernachtung in Narita und Tipps für lange Zwischenaufenthalte gibt's auf S. 223.

★ Kaisu HOSTEL ¥

(Karte S. 73; ☎ 03-5797-7711; www.kaisu.jp; 6-13-5 Akasaka, Minato-ku; B/Zi. mit Gemeinschaftsbad ab 3900/10 500 ¥; ⊖ ❄ ☎; Ⓢ Chiyoda-Linie bis Akasaka, Ausgang 7) Das Kaisu befindet sich in einem früheren *ryōtei* (Geishahaus). Es ist ein Flashpacker-Hostel im Stil der Mitte des 20. Jhs. und im Surferlook. Die Schlafsäle haben hölzerne Bettenabteile und wunderbare alte Holzbalken. Die freundlichen Mitarbeiter sprechen Englisch, zudem gibt's hier eine tolle Café-Bar, wo man sich unter die Einheimischen mischen kann.

First Cabin Akasaka KAPSELHOTEL ¥

(Karte S. 73; ☎ 03-3583-1143; http://first-cabin.jp; 3-13-7 Akasaka, Minato-ku; Kapsel ab 4500 ¥; ⊖ ❄ ☎; Ⓢ Chiyoda-Linie bis Akasaka, Ausgang 2) Das schicke, moderne Kapselhotel offeriert 2,5 m² große Kabinen mit komfortablen Matratzen, die ausreichend hoch sind und genug Platz bieten. In den teureren 4,4 m² großen Kabinen mit einem Beistelltisch kann man sogar stehen. Es gibt unterschiedliche Etagen für Männer und Frauen und ein großes Gemeinschaftsbad mit Badewanne.

★ Hotel S BOUTIQUE-HOTEL ¥¥

(ホテルS; Karte S. 84; ☎ 03-5771-2469; http://hr-roppongi.jp; 1-11-6 Nishi-Azabu, Minato-ku; Zi. ab 17 000 ¥, Apt. pro Monat ab 216 000 ¥; ⊖ ❄ @ ☎; Ⓢ Hibiya-Linie bis Roppongi, Ausgang 2) Die acht unterschiedlichen Zimmerdesigns fangen die künstlerische Seele von Roppongi fabelhaft ein. Ein paar der teureren Unterkünfte Marke Maisonette bestechen durch zauberhafte japanische Elemente wie kohlefarbene Tatamimatten oder kreisrunde *hinoki* (Holzbäder). Und auch die günstigsten Bleiben sind ein kleines bisschen besser als anderswo.

Hotel Mystays Premier Akasaka BUSINESSHOTEL ¥¥

(Karte S. 73; ☎ 03-6229 3280; www.mystays.com/mystays-p-akasaka; 2-17-54 Akasaka, Minato-ku; Zi. ab 7500 ¥; ⊖ ❄ ☎; Ⓢ Chiyoda-Linie bis Akasaka, Ausgang 5a oder 5b) Wenn man eines der recht großen Zimmer zum günstigsten Preis erwischt, hat man mit diesem schicken neuen Businesshotel ein tolles Schnäppchen gemacht. Bei hoher Auslastung steigen die Zimmerpreise bis auf 16 000 ¥, aber selbst das ist nicht schlecht für diese noble Gegend. Pluspunkte sind die Münzwaschmaschine und ein kleiner Fitnessraum.

★ Hotel Ōkura HOTEL ¥¥¥

(ホテルオークラ東京; Karte S. 84; ☎ 03-3582-0111; www.okura.com; 2-10-4 Toranomon, Minato-ku; EZ/DZ ab 48 500/54 800 ¥; ⊖ ❄ @ ☎ ≋; Ⓢ Hibiya-Linie bis Kamiyachō, Ausgang 4B) Das wunderbare Originalhotel, ein 1962 erbauter Design-Klassiker, wurde zwar abgerissen, um einem neuen Gebäude Platz zu machen (das 2019 eröffnen soll), doch der elegante Südflügel des Ōkura ist noch vorhanden – und das hoffentlich noch lange! Die Zimmer sind hell, groß und mit geschmackvollen japanischen Designakzenten gestaltet. Die öffentlichen Bereiche verströmen Retro-Glamour und der Service ist schon fast zu zuvorkommend.

Ebisu, Meguro & Umgebung

Dormy Inn Express Meguro Aobadai BUSINESSHOTEL ¥¥
(ドーミーインエクスプレス目黒青葉台; Karte S. 72; ☎03-6894-5489; www.hotespa.net/hotels/meguro; 3-21-8 Aobadai, Meguro-ku; EZ/DZ ab 14 000/20 000 ¥; ; S Hibiya-Linie bis Naka-Meguro) Wer gern in einer weniger hektischen, aber ähnlich unterhaltsamen Umgebung übernachten möchte, könnte dieses Hotel im hippen Naka-Meguro probieren. Die Hotelkette selbst hebt sich mit ihrem großen Gemeinschaftsbad (in den Zimmern gibt's ebenfalls Duschen), dem *rāmen*-Service am Abend und den kostenlosen Fahrrädern ab. Dank einer Renovierung im Jahr 2015 sind die Zimmer frisch und modern.

★ **Claska** BOUTIQUE-HOTEL ¥¥¥
(クラスカ; Karte S. 72; ☎03-3719-8121; www.claska.com/en/hotel; 1-3-18 Chūō-chō, Meguro-ku; EZ/DZ ab 15 400/28 500 ¥; ; No 1, 2, oder 7 ab Meguro Station bis Shimizu, Tōkyū-Tōyoko-Linie bis Gakugei Daigaku, Ostausgang) Tokios stylishstes Hotel, was man angesichts der altmodischen Businesshotelfassade gar nicht denken würde. Kein Zimmer gleicht dem anderen; einige haben Tatamis und Bodenkissen, andere geräumige Terrassen und Bäder mit Glaswänden. Schnell reservieren: Die 20 Zimmer sind begehrt. Einziger Nachteil ist die Lage 2 km westlich der Haltestelle Meguro.

Am einfachsten kommt man mit dem Taxi vom Bahnhof Meguro (ca. 1000 ¥) hierher, in der Nähe des Hotels gibt's auch eine Bushaltestelle. Mit den kostenlosen Fahrrädern (bis zu 3 Std.) kann man das Viertel erkunden, ein Wohngebiet, das für seine Inneneinrichtungsgeschäfte bekannt ist.

Shibuya & Shimo-Kitazawa

★ **Shibuya Granbell Hotel** BOUTIQUE-HOTEL ¥¥
(渋谷グランベルホテル; Karte S. 90; ☎03-5457-2681; www.granbellhotel.jp; 15-17 Sakuragaoka-chō, Shibuya-ku; EZ/DZ ab 14 000/23 000 ¥; ; JR-Yamanote-Linie bis Shibuya, Südausgang) Es ist etwa so teuer wie ein Businesshotel, aber viel stilvoller. Einige Zimmer haben Bäder mit Glaswänden, Simmons-Betten und Pop-Art-Vorhänge. Das Hotel liegt im ruhigeren Teil von Shibuya in Richtung Daikanyama, dennoch sind es vom Bahnhof nur ein paar Minuten zu Fuß.

Hotel Mets Shibuya BUSINESSHOTEL ¥¥¥
(ホテルメッツ渋谷; Karte S. 90; ☎03-3409-0011; www.hotelmets.jp/shibuya; 3-29-17 Shibuya, Shibuya-ku; EZ/DZ inkl. Frühstück ab 15 500/25 000 ¥; ; JR-Yamanote-Linie bis Shibuya, neuer Südausgang) Wahnsinnig praktisch und komfortabel im Bahnhof Shibuya, genau genommen am ruhigen Südausgang. Für ein Geschäftsreisendenhotel ist es ziemlich stilvoll eingerichtet, und die Doppelbetten sind mit 160 cm Breite geradezu opulent. Ein weiterer Bonus ist das Frühstück (inklusive), bestehend aus einem Büfett oder Toast mit Eiern im hauseigenen Café. Die Rezeption befindet sich in der 4. Etage.

Excel Hotel Tōkyū HOTEL ¥¥¥
(エクセルホテル東急; Karte S. 90; ☎03-5457-0109; www.tokyuhotelsjapan.com/en/te/te_shibu/index.html; 1-12-2 Dōgenzaka, Shibuya-ku; EZ/DZ ab 28 500/34 500 ¥; ; JR-Yamanote-Linie bis Shibuya, Ausgang Mark City) Das Excel gehört zum Mark-City-Komplex und befindet sich direkt am Bahnhof Shibuya. Über diese praktische Lage wird man sich nach einem langen Tag sicher freuen. Die Zimmer sind groß, aber nichts Besonderes. Mit der Höhe im Gebäude steigt auch der Zimmerpreis. Für einen einfachen Aufschlag von 2000 ¥ pro Nacht für ein „City View"-Zimmer bekommt man schon eine ganz nette Aussicht.

Harajuku & Aoyama

Dormy Inn Premium Shibuya Jingūmae BUSINESSHOTEL ¥¥
(ドーミーインプレミアム渋谷神宮前; Karte S. 92; ☎03-5774-5489; www.hotespa.net/hotels/shibuya; 6-24-4 Jingūmae, Shibuya-ku; EZ/DZ ab 11 490/15 990 ¥; ; JR-Yamanote-Linie bis Harajuku, Ausgang Omote-sandō) Dank seines kostenlosen abendlichen *rāmen*-Service (21.30–23.30 Uhr) und der traditionellen Gemeinschaftsbäder (in den Zimmern gibt's aber auch Duschen) ist das Dormy eine sehr beliebte Businesshotelkette. Weitere Pluspunkte sind die Leihfahrräder und der kostenlose morgendliche Shuttleservice zum Bahnhof Shibuya. Die Zimmer sind typisch klein und mit Doppelbetten (1,40 m) ausgestattet.

Shinjuku & Nordwest-Tokio

Book and Bed HOSTEL ¥
(Karte S. 72; ☎03-6914-2914; http://bookandbedtokyo.com; 7. OG 1-17-7 Nishi-Ikebukuro, Toshima-ku;

B ab 3780 ¥; ; JR-Yamanote-Linie bis Ikebukuro) Tokios jüngstes Hotel, das für Schlagzeilen sorgte, lädt seine Gäste dazu ein, es sich in kleinen Abteilen in einem Bücherregal gemütlich zu machen. Die Betten in den „Kompakt"-Abteilen haben eine Breite von 80 cm, in den Standard-Abteilen (4860 ¥) mit Schließfächern sind sie 1,20 m breit. Leselampen gehören selbstverständlich bei allen zur Ausstattung. Von den etwa 2000 Büchern sind ungefähr 200 in englischer Sprache, darunter auch viele Reiseführer.

Man sollte aber bedenken, dass der „bookshelf"-Bereich zugleich als Gemeinschaftsraum dient, wenngleich die Abteile über Vorhänge verfügen. Mehr Privatsphäre bietet der „bunk"-Bereich. Das Hostel befindet sich über der Kneipe Kirin City. Die Mitarbeiter sprechen Englisch.

Kimi Ryokan RYOKAN ¥
(貴美旅館; Karte S. 72; 03-3971-3766; www.kimi-ryokan.jp; 2-36-8 Ikebukuro, Toshima-ku; EZ/DZ ab 4860/6590 ¥; ; JR-Yamanote-Linie bis Ikebukuro, Westausgang) Das Kimi, zweifelsohne eines der besten Budget-*ryokan* in Tokio, beherbergt seit mehreren Jahrzehnten Gäste. Es verfügt über Tatamizimmer in unterschiedlichen Größen und einen Aufenthaltsraum im japanischen Stil – dort lernt man sicher ein paar andere Reisende kennen. Die sauberen Duschen und Toiletten werden gemeinsam genutzt, das Zypressenbad ist bildschön. Weit im Voraus buchen!

Apartment Hotel BOUTIQUE-HOTEL ¥¥
(アパートメントホテル新宿; Karte S. 94; 03-6273-0991; http://ap-shinjuku.com; 4-4-10 Shinjuku, Shinjuku-ku, EZ/DZ 10 000/12 000 ¥; ; JR-Yamanote-Linie bis Shinjuku, Südausgang) Die Zimmer sind zwar winzig, ein Hotel mit mehr kreativem Schwung (und so dicht am Bahnhof!) wird man aber kaum finden. Das Apartment Hotel fungiert zugleich als Antiquitätengeschäft und die individuell gestalteten Zimmer sind mit Objekten aus dem Lager bestückt. Untergebracht ist es in einem historischen flachen Apartmenthaus mit einer kleinen Bar auf dem Dach. Lange im Voraus buchen!

Tōkyū Stay Shinjuku HOTEL ¥¥
(東急ステイ新宿; Karte S. 94; 03-3353-0109; 3-7-1 Shinjuku, Shinjuku-ku; EZ/DZ 15 600/30 000 ¥; ; Marunouchi-Linie bis Shinjuku-sanchōme, Ausgang C3) Zwischen den *izakaya* und Bars von Shinjuku-sanchōme versteckt sich dieses neue Hotel. Die Zimmer sind extrem nüchtern, alles ist jedoch frisch und sauber. Sämtliche Zimmer sind mit Waschmaschinen ausgestattet, die Doppelzimmer zudem mit Minìküchen und 1,60 m breiten Betten. Die Betten in den kleineren, billigeren „semi-double"-Zimmern (ohne Küche; 22 000 ¥) sind 1,40 m breit. Bei Wochenaufenthalten wird es etwas günstiger.

Kadoya Hotel HOTEL ¥¥
(かどやホテル; Karte S. 94; 03-3346-2561; www.kadoya-hotel.co.jp; 1-23-1 Nishi-Shinjuku, Shinjuku-ku; EZ/DZ ab 9980/15 800 ¥; ; JR-Yamanote-Linie bis Shinjuku, Westausgang) Das Kadoya heißt schon seit Jahrzehnten ausländische Touristen willkommen und ist obendrein noch supernett und zweckmäßig. Den Standardzimmern sieht man ihr Alter an, sauber und bequem sind sie aber dennoch. Und für Nishi-Shinjuku ist es auch noch sensationell günstig. Die unlängst modernisierten „Komfort"-Zimmer sind geräumiger und stilvoller und haben Badewannen im japanischen Stil (EZ/DZ ab 12 200/17 8500 ¥). Zudem: münzbetriebene Waschmaschine.

Hotel Gracery Shinjuku HOTEL ¥¥
(ホテルグレイスリー新宿; Karte S. 94; 03-6833-2489; http://shinjuku.gracery.com/; 1-19-1 Kabukichō, Shinjuku-ku; EZ/DZ ab 16 000/22 000 ¥; ; JR-Yamanote-Linie bis Shinjuku, Ostausgang) Riesiges (970 Zimmer!) Hotel im Komplex des Todo Building. Absolutes Highlight hier ist die gigantische Godzilla-Statue, die jeden Moment zuzubeißen scheint (mühelos zu finden). Alles an diesem neuen Hotel ist frisch und modern, wenngleich es in der Lobby zuweilen laut und chaotisch zugeht. Zudem liegt es mitten im Rotlichtviertel Kabukichō.

★ **Park Hyatt Tokyo** LUXUSHOTEL ¥¥¥
(パークハイアット東京; Karte S. 94; 03-5322-1234; http://tokyo.park.hyatt.com; 3-7-1-2 Nishi-Shinjuku, Shinjuku-ku; DZ ab 60 000 ¥; ; Ōedo-Linie bis Tochōmae, Ausgang A4) Noch immer so geschmackvoll und elegant wie bei seiner Eröffnung vor 20 Jahren ist dieses Hotel im Westen Shinjukus. Und auch die Stars kommen nach wie vor gerne hierher. Das Hotel befindet sich hoch oben in einem von Tange Kenzō entworfenen Wolkenkratzer. Das erste Stockwerk, das zum Hotel gehört, ist das 41. Selbst die günstigeren Zimmer trumpfen also mit einer fantastischen Aussicht auf. Die „Park Deluxe"-Zimmer gehen in Richtung Fuji. Kleine Extras sind z. B. der morgendliche Yoga-Unterricht.

Akihabara, Kagurazaka & Kōrakuen

Tokyo Central Youth Hostel HOSTEL ¥
(東京セントラルユースホステル; Karte S. 98; ☎ 03-3235-1107; www.jyh.gr.jp/tcyh; 18. OG 1-1 Kagurakashi, Shinjuku-ku; B 4050 ¥, mit internationalem Jugendherbergsausweis 3450 ¥; JR-Sōbu-Linie bis Iidabashi, Westausgang) Praktische Lage am gut angebundenen Bahnhof Iidabashi. Das Hostel ist sauber, gut geführt, und die Aussicht bei Nacht würde einem Luxushotel zur Ehre gereichen. Nachteile sind die unpersönliche Atmosphäre, und die Sperrstunde (23 Uhr). Geschlafen wird in einfachen Stockbetten, die Schlafsäle mit vier Betten sind nach Geschlechtern getrennt. Das Frühstücksbüfett kostet 600 ¥, und man kann Wäsche waschen.

Die Beschriftung draußen lässt zu wünschen übrig; das große Bürohaus vorm Bahnhof Iidabashi ist es. Den Aufzug in den 18. Stock nehmen.

★ **Hotel Niwa Tokyo** HOTEL ¥¥
(庭のホテル; Karte S. 98; ☎ 03-3293-0028; www.hotelniwatokyo.com; 1-1-6 Misaki-chō, Chiyoda-ku; EZ/DZ ab 14 600/17 400 ¥; JR-Sōbu-Linie bis Suidōbashi, Ostausgang) Dank des traditionellen japanischen Designs mit modernem Touch in den öffentlichen Bereichen und der relativ großen Zimmer hebt sich das Niwa deutlich von den üblichen, eher langweiligen Mittelklassehotels ab. Wir mochten den Steingarten und den Bambushain vor dem Hotel und die *shōji* (traditionelle Papierschiebetüren) vor den Zimmerfenstern.

Gakushikaikan HOTEL ¥¥
(学士会館; Karte S. 98; ☎ 03-3292-5938; www.gakushikaikan.co.jp; 3-28 Kandanishiki-cho, Chiyoda-ku; EZ/2BZ inkl. Frühstück ab 9940/14 365 ¥; S Hanzōmon-Linie bis Jimbōchō, Ausgang A9) Das Retro-Hotel ist im Besitz von sieben bedeutenden japanischen Universitäten – und verströmt entsprechend akademisches Flair. Es ist recht eigenwillig, doch die Zimmer bieten angesichts der Lage und des kostenlosen Frühstücks ein tolles Preis-Leistungs-Verhältnis. Viel stilvoller und stimmungsvoller als vergleichbare Businesshotels.

★ **Hilltop Hotel** HISTORISCHES HOTEL ¥¥¥
(山の上ホテル; Karte S. 98; ☎ 03-3293-2311; www.yamanoue-hotel.co.jp; 1-1 Kanda-Surugadai, Chiyoda-ku; EZ/DZ ab 20 100/28 320 ¥; JR-Chūō oder Sōbu-Linien bis Ochanomizu, Ausgang Ochanomizu) Jugendstil-Kleinod aus den 1930ern mit viel Charme und Charakter. Dafür sorgen auch das antike Holzmobiliar und die mit Holz verkleidete Lounge. Mishima Yukio hat hier seine letzten Romane geschrieben. Die älteren Zimmer im Hauptgebäude sind mit antiken Schreibtischen und Lederstühlen ausgestattet.

Ueno & Yanesen

★ **Toco** HOSTEL ¥
(トコ; Karte S. 73; ☎ 03-6458-1686; http://backpackersjapan.co.jp; 2-13-21 Shitaya, Taitō-ku; B/Zi. ab 2800/6800 ¥; S Hibiya-Linie bis Iriya, Ausgang 4) Ein paar Freunde haben dieses alte Holzgebäude von 1920 gemeinsam restauriert. Früher wurde es von Geishas frequentiert, jetzt ist es eines der schönsten Hostels von ganz Tokio. Die privaten Tatamizimmer und Schlafsäle mit hölzernen Etagenbetten sind um einen kleinen Garten angeordnet. Das Hostel versteckt sich hinter einem modernen Gebäude an der Straße mit einer coolen Bar-Lounge (19–23.30 Uhr geöffnet).

★ **Hanare** PENSION ¥¥
(Karte S. 102; ☎ 03-5834-7301; http://hanare.hagiso.jp; 3-10-25 Yanaka, Taitō-ku; Zi. inkl. Frühstück ab 12 960 ¥; S Chiyoda-Linie bis Sendagi, Ausgang 2) Das Hanare, ein Projekt der Tokyo University of the Arts, bietet fünf tadellose Tatamizimmer in einem ehemaligen Studentenwohnheim. Sie wurden geschmackvoll modernisiert, sodass Originalelemente wie die Holzbalken erhalten blieben. Es gibt ein Gemeinschaftsbad, aber die Gäste erhalten zudem Karten für das lokale *sentō* (öffentliches Bad) ganz nach dem zugrundeliegenden Konzept, das Viertel Yanaka als Erweiterung der Pension einzubeziehen.

Die Rezeption befindet sich in der nahen Galerie/Café Hagiso (S. 138), wo ein traditionelles Frühstück serviert wird.

★ **Hōmeikan** RYOKAN ¥¥
(鳳明館; Karte S. 73; ☎ 03-3811-1181; www.homeikan.com; 5-10-5 Hongō, Bunkyō-ku; EZ/DZ ab 8100/14 040 ¥; S Ōedo-Linie bis Kasuga, Ausgang A6) Es ist zwar ein wenig abgelegen, doch das wunderschön aus Holz gefertigte Gasthaus auf einem Hang in einer ruhigen Wohngegend mitten in Tokio erinnert an vergangene Zeiten. Der Hauptflügel Honkan geht auf die Meiji-Zeit zurück und steht unter Denkmalschutz, uns gefällt aber die Dai-

machi Bekkan mit den gewundenen Fluren und dem Garten besser.

★ Sawanoya Ryokan RYOKAN ¥¥
(旅館澤の屋; Karte S. 102; ☎ 03-3822-2251; www.sawanoya.com; 2-3-11 Yanaka, Taitō-ku; EZ/DZ ab 5400/10 152 ¥; ⊜ ❄ @ 📶; Ⓢ Chiyoda-Linie bis Nezu, Ausgang 1) Dieses kleine Juwel im ruhigen Yanaka wird von einer freundlichen Familie geführt und wartet mit der Gastfreundlichkeit alter Schule auf. Gäste können sich in einem (gemeinschaftlich genutzten) Zypressen- und Tonbad erholen (teils haben die Zimmer ein eigenes Bad). In der Lobby findet man eine Menge Infos zu Reisezielen in Japan.

Zudem werden Fahrräder verliehen, und gelegentlich finden für die Gäste Löwentanz-Vorstellungen statt.

Hotel Graphy BOUTIQUE-HOTEL ¥¥
(Karte S. 102; ☎ 03-3828-7377; www.hotel-graphy.com; 4-5-10 Ikenohata, Taitō-ku; Zi. ab 9500 ¥, B/EZ mit Gemeinschaftsbad ab 2900/7500 ¥; ⊜ ❄ @ 📶; Ⓢ Chiyoda-Linie bis Nezu, Ausgang 2) Das Hotel Graphy ist irgendwo zwischen Boutique-Hotel und Hostel anzusiedeln. Mit der geräumigen Lounge, der Küche, der Dachterrasse und sogar einem Yoga-Raum hat es einen hippen, modernen Touch. Die Zimmer sind minimalistisch (mit anderen Worten: ziemlich spartanisch) mit Retro-Möbeln eingerichtet. Die Schlafsäle und die billigsten Einzelzimmer haben Gemeinschaftsbäder.

Bei einem Aufenthalt von einer oder mehreren Wochen wird es deutlich billiger.

TokHouse MIETWOHNUNG ¥¥
(Karte S. 102; ☎ 090-9674-4198; www.tokhouse.com; 3-52-9 Sendagi, Bunkyō-ku; EZ/DZ/4BZ ab 8000/10 000/13 000 ¥; ⊜ ❄ 📶; Ⓡ JR Yamanote-Linie bis Nishi-Nippori, Westausgang) Für den Preis eines Zimmers in einem Businesshotel bekommt man hier sein eigenes Apartment mit voll ausgestatteter Küche in der Nähe von Yanaka und Sendagi. Man muss mindestens zwei Nächte bleiben und die Endreinigung bezahlen (5000–6000 ¥). Eltern aufgepasst: nach einem Familienrabatt fragen. Richard, der amerikanische Besitzer, lebt schon sehr lange in Tokio und gibt gern ein paar Tipps.

Annex Katsutarō Ryokan RYOKAN ¥¥
(アネックス勝太郎旅館; Karte S. 102; ☎ 03-3828-2500; www.katsutaro.com; 3-8-4 Yanaka, Taitō-ku; EZ/DZ ab 6600/12 000 ¥; ⊜ ❄ @ 📶; Ⓢ Chiyoda-Linie bis Sendagi, Ausgang 2) In der familiengeführten Bleibe, eher ein modernes Hotel als ein traditionelles *ryokan*, gibt's supersaubere, ansprechend eingerichtete Tatamizimmer mit angeschlossenen Bädern. Die Unterkunft liegt ideal, wenn man das alte Viertel Yanaka erkunden will. Frühstück (ab 430 ¥) und Leihräder (für 300 ¥ ein Schnäppchen) gibt es ebenfalls.

Asakusa & Sumida-Fluss
浅草・隅田川

★ Nui HOSTEL ¥
(ヌイ; Karte S. 73; ☎ 03-6240-9854; http://backpackersjapan.co.jp/nui_en; 2-14-13 Kuramae, Taitō-ku; B/DZ ab 3000/8000 ¥; ⊜ ❄ @ 📶; Ⓢ Ōedo-Linie bis Kuramae, Ausgang A7) Das Nui ist in einer ehemaligen Lagerhalle untergebracht und setzt neue Maßstäbe für attraktive Budgetunterkünfte in Tokio. Aufgrund der hohen Decken kann man problemlos in den Etagenbetten sitzen, zudem gibt's einen riesigen Küchen- und Arbeitsbereich. Highlights sind die Café-Bar und die Lounge (8–1 Uhr geöffnet) im Erdgeschoss mit Möbeln aus recyceltem Holz. Beliebte Adresse zum Chillen.

★ Bunka Hostel Tokyo HOSTEL ¥
(Karte S. 108; ☎ 03-5806-3444; http://bunkahostel.jp; 1-13-5 Asakusa, Taitō-ku; B/FZ ab 3000/16 800 ¥; Ⓡ Tsukuba Express bis Asakusa, Ausgang 4) Einer der stilvollsten Vertreter der Hostels neuer Generation, die überall in der Stadt aufgetaucht sind und ein Café oder eine Bar im Erdgeschoss mit einem darüberliegenden Hostel verbinden. Das Bunka verfügt über Stockbetten im Kapsel-Stil. Geräumigere Versionen, in denen man stehen kann, kosten 5000 ¥ pro Bett.

Im Familienzimmer für bis zu vier Personen hat man einen tollen Ausblick auf die Gegend.

★ Andon Ryokan RYOKAN ¥
(行燈旅館; Karte S. 73; ☎ 03-3873-8611; www.andon.co.jp; 2-34-10 Nihonzutsumi, Taitō-ku; EZ/DZ ab 6500/7560 ¥; ⊜ ❄ @ 📶; Ⓢ Hibiya-Linie bis Minowa, Ausgang 3) Das moderne Andon, 2 km nördlich von Asakusa, bietet großartiges Design. Die Tatamizimmer sind winzig, aber makellos, und im Obergeschoss wartet ein spektakuläres Spa mit Wandbildern im Manga-Stil, das auch zur privaten Nutzung gemietet werden kann. Die freundliche Besitzerin Toshiko ist Antiquitätensammlerin und serviert das Frühstück auf Geschirr, das teurer ist als die Übernachtung!

Das Andon bietet außerdem ein umfangreiches Programm kultureller Events, Leihfahrräder und Wäscheservice. Von der U-Bahn sind es fünf Gehminuten.

Japonica Lodge HOSTEL ¥
(ジャポニカロッジ; Karte S. 108; ☎ 03-6802-7495; www.japonica-lodge.com; 1-3-3 Hanakawado; Zelt ab 2500 ¥; ; S Ginza-Linie bis Asakusa, Ausgang 5) Ein Hostel der etwas anderen Art! Die Japonica Lodge ist ein Sport- und Outdoor-Laden, der seinen Gästen ermöglicht, Zelte, Isomatten und Schlafsäcke über Nacht zu testen (außerdem wird hier traditionelles Kunsthandwerk verkauft und ein Grüntee-Café betrieben). Das Geschäft ist von 11.30 bis 20 Uhr geöffnet, Gäste können aber schon um 18 Uhr in ihr Zelt schlüpfen.

Das Hostel ist ein Traum für alle, die einen Campingtrip planen. Der Besitzer spricht Englisch und hat viele gute Tipps und Infos zu Routen für Wanderer und Bergsteiger.

Khaosan World HOSTEL ¥
(Karte S. 108; ☎ 03-3843-0153; http://khaosan-tokyo.com/en/world; 3-15-1 Nishi-Asakusa, Taitō-ku; B/DZ ab 2800/9000 ¥; @; Tsukuba Express bis Asakusa, Ausgang A2) Eines der abgefahrensten Hostels Tokios erstreckt sich über die Räumlichkeiten eines alternden Stundenhotels. Ein Großteil des Originaldekors wurde beibehalten, z. B. Deckenspiegel und Brokattapeten. Aber keine Sorge, es wurde alles gründlich desinfiziert! Die Gäste können sich zwischen unterschiedlichen Zimmern entscheiden (Tatamimatten oder doch lieber Etagenbetten im Kapselhotel-Stil?). Weitere Extras: Gästeküche und Waschmöglichkeit.

Tokyo Ryokan RYOKAN ¥
(東京旅館; Karte S. 108; ☎ 090-8879-3599; www.tokyoryokan.com; 2-4-8 Nishi-Asakusa, Taitō-ku; Zi. ab 7000 ¥; ; S Ginza-Linie bis Tawaramachi, Ausgang 3) Ordentliches kleines Gasthaus mit gerade mal drei kleinen Tatamiräumen, zwar ohne private Bäder, dafür aber mit umso mehr Charme. Kalligrafie, Schnitzarbeiten und Schiebetüren schaffen ein ganz besonderes Flair. Der vielgereiste Besitzer Kenichi spricht fließend Englisch und kennt sich bestens in Asakusa aus.

★ **Sukeroku No Yado Sadachiyo** RYOKAN ¥¥
(助六の宿貞千代; Karte S. 108; ☎ 03-3842-6431; www.sadachiyo.co.jp; 2-20-1 Asakusa, Taitō-ku; DZ mit/ohne HP ab 33 600/19 600 ¥; @; S Ginza-Linie bis Asakusa, Ausgang 1) In diesem umwerfenden *ryokan* wird man in die alte Edo-Zeit zurückversetzt. Die gepflegten, geräumigen Tatamizimmer bieten Platz für zwei Personen und sind mit modernen Bädern im westlichen Stil ausgestattet. Gäste können sich mit einem exquisiten Mahl verwöhnen oder in einem der *o-furo* (traditionelles japanisches Bad) Zeit verbringen, wahlweise aus duftender japanischer Zypresse oder schwarzem Granit. Vor dem Haus parkt eine Rikscha.

Hatago BUSINESSHOTEL ¥¥
(旅籠; Karte S. 108; ☎ 03-6802-7277; http://asakusahotel.org; 2-6-8 Komagata, Taitō-ku; EZ/2BZ ab 8000/12 000 ¥; @; S Ginza-Linie bis Asakusa, Ausgang 4) Eine gute Option in diesem Teil der Stadt. Die Zimmer sind wie üblich klein, haben aber Tatamiböden (obwohl man in Betten schläft) und andere japanische Elemente. Das Frühstück ist inklusive und die Mitarbeiter sprechen Englisch. Am Wochenende steigen die Preise.

Ryokan Shigetsu RYOKAN ¥¥
(旅館指月; Karte S. 108; ☎ 03-3843-2345; www.shigetsu.com; 1-31-11 Asakusa, Taitō-ku; EZ/DZ ab 8000/16 950 ¥; @; S Ginza-Linie bis Asakusa, Ausgang 1) Ein blitzsauberes, stimmungsvolles *ryokan*, das gleich südlich vom Sensō-ji (S. 106) liegt. Die Zimmer im japanischen Stil haben *shōji* (Schiebetüren aus Reispapier) als Türen und vor den Fenstern. Vom gemeinschaftlich genutzten *o-furo* (traditionelles japanisches Bad) aus Zedernholz bietet sich ein Blick auf den Tokyo Sky Tree (S. 107).

West-Tokio

★ **Reversible Destiny Lofts** APARTMENT ¥¥
(天命反転住宅; Tenmei Hanten Jūtaku; ☎ 0422-26-4966; www.rdloftsmitaka.com/english; 2-2-8 Ōsawa, Mitaka-shi; EZ/DZ/4BZ ab 17 300/20 300/29 300 ¥; ; JR-Sōbu-Chūō-Linie bis Mitaka, Südausgang) Hier bietet sich die seltene Gelegenheit, in einem der exzentrischsten architektonischen Wahrzeichen Tokios zu übernachten. Die beiden Apartments – eins mit einem Schlafzimmer für bis zu zwei, eins mit zwei Schlafzimmern für bis zu vier Personen – sind unglaublich fantasievoll mit kontrastreichen Farben und Materialien und ungewöhnlich geschnittenen Räumen gestaltet. Beide sind mit Waschmaschine, Küche und Hängematten ausgestattet. Der Mindestaufenthalt beträgt vier Nächte.

Leider liegen sie ziemlich abseits. Vom JR-Bahnhof Mitaka fährt man mit Bus 51 oder 52 (220 ¥, 15 Min., alle 10–15 Min.) von Bushaltestelle 2 an der Südseite des Bahnhofs bis zur Haltestelle Ōsawa Jūjiro (大沢十字路); von der Bushaltestelle aus sieht man das Gebäude schon. Nicht alle Busse fahren so weit, deshalb dem Fahrer beim Einsteigen zeigen, wohin man möchte. Vom Bahnhof Kichijōji (Südausgang, Bushaltestelle 3) fährt Bus 1 (220 ¥, 25 Min., alle 10–15 Min.) am Inokashira-kōen entlang hierher.

★ Ryokan Seikō RYOKAN ¥¥
(旅館西郊; ☎ 03-3391-0606; www.ryokan.or.jp/english/yado/main/28600; 3-38-9 Ogikubo, Suginami-ku; EZ/DZ ab 6000/12 000 ¥; ❄ 📶; 🚉 JR-Sōbu-Chūō-Linie bis Ogikubo) Wer das Beste aus seinem Japan-Aufenthalt herausholen möchte, kann in diesem weitläufigen traditionellen Gasthaus in einem 80 Jahre alten Gebäude übernachten. Die Zimmer sind mit Tatamiböden, Schiebetüren aus Reis und Futons ausgestattet und teilen sich Gemeinschaftsbäder. Die Flure sind aus glänzendem Holz und die Lobby erinnert an ein etwas unaufgeräumtes Wohnzimmer. Nachteil: Um 23 Uhr (spätestens Mitternacht) ist Sperrstunde.

BnA Hotel BOUTIQUE-HOTEL ¥¥
(Karte S. 113; www.bna-hotel.com; 2-4-7 Kōenji-kita, Suginami-ku; 2BZ ab 20 000 ¥; 🚭 ❄ 📶; 🚉 JR-Sōbu-Linie bis Kōenji, Nordausgang) Für das neue BnA Hotel in Kōenji spricht eine Menge: Es liegt in einem spannenden Viertel und nur eine Gehminute vom Bahnhof entfernt, die Zimmer wurden von zwei Tokioter Künstlern gestaltet und die Lobby fungiert zugleich als Bar und Veranstaltungsort. Allerdings gibt es bisher nur zwei kleine Zimmer, eine Erweiterung ist in Planung.

Nakano Sun Plaza Hotel HOTEL ¥¥
(中野サンプラザホテル; Karte S. 113; ☎ 03-3388-1177; www.sunplaza.jp; 4-1-1 Nakano, Nakano-ku; EZ/DZ ab 13 900/16 200 ¥; 🚭 ❄ 📶; 🚉 JR-Sobu-Chūō-Linie bis Nakano, Nordausgang) Für ein Mittelklassehotel hat dieses einige Vorzüge: Es liegt nur einen Block vom Bahnhof entfernt und die Zimmer sind etwas größer als gewöhnlich. Und nun das Beste: Von den Doppelzimmern schaut man auf die Skyline von Shinjuku. Es ist zwar nicht stylish, aber sauber sowie komfortabel und gehört überraschenderweise zu keiner Hotelkette. Die Rezeption befindet sich in der 16. Etage.

Essen

Besucher der Stadt werden schnell feststellen, dass die Tokioter vom Essen regelrecht besessen sind. In der Stadt herrscht eine dynamische und kosmopolitische Restaurantszene und es gibt eine ausgeprägte Tradition des Zum-Essen-Gehens. Beliebte Restaurants sind praktisch jeden Abend rammelvoll. Und das Tollste: Großartiges Essen gibt es in jeder Preisklasse.

Marunouchi & Nihombashi

★ Dhaba India SÜDINDISCH ¥
(ダバ インディア; Karte S. 76; ☎ 03-3272-7160; http://dhabaindia.com/dhaba/index.html; 2-7-9 Yaesu, Chūō-ku; Mittagessen ab 850 ¥, Hauptgerichte ab 1370 ¥; ⌚ Mo–Fr 11.15–15 & 17–23, Sa & So 12–15 & 17–22 Uhr; 📋; Ⓢ Ginza-Linie bis Kyōbashi, Ausgang 5) Bessere indische Mahlzeiten als in diesem etablierten Restaurant mit seinen tiefblau verputzten Wänden bekommt man sonst nirgendwo in Tokio. Das Essen ist authentisch, besonders die mit Basmatireis, naan oder knusprigen *dosa* (große Linsenmehl-Pfannkuchen) servierten Currys. Die Mittagsmenüs sind spektakulär günstig.

★ Taimeiken JAPANISCH ¥
(たいめいけん; Karte S. 76; ☎ 03-3271-2464; www.taimeiken.co.jp; 1-12-10 Nihombashi, Chūō-ku; Mittagessen ab 800 ¥, Omelett 1950 ¥; ⌚ Mo–Sa 11–20.30, So bis 20 Uhr; 📋; Ⓢ Ginza-Linie bis Nihombashi, Ausgang C5) Hier wird seit 1931 erfolgreich *Yoshoku*, an den japanischen Geschmack angepasste westliche Küche, serviert. Besonders gut sind der Borschtsch und der Krautsalat (für je 50 ¥ ein Schnäppchen). Für den Film *Tampopo* (1985) des Regisseurs Itami Jūzō kreierte das Restaurant *Tampopo omuraisu* (ein um Reis mit Tomatenaroma gewickeltes Omelett), das seitdem die Spezialität des Hauses ist.

★ Hōnen Manpuku JAPANISCH ¥
(豊年萬福; Karte S. 76; ☎ 03-3277-3330; www.hounenmanpuku.jp; 1-8-16 Nihombashi-Muromachi, Chūō-ku; Hauptgerichte 1280–1850 ¥; ⌚ Mo–Sa 11.30–14.30 & 17–23, So 17–22 Uhr; 📋; Ⓢ Ginza-Linie bis Mitsukoshimae, Ausgang A1) Im Innenraum fallen die riesigen Laternen aus *washi* (handgefertigtes Papier) sofort ins Auge, in deren Licht die Gäste preiswertes *sukiyaki* mit Rinder- oder Schweinefleisch und andere traditionelle Gerichte verspeisen. Die Zutaten stammen von Gourmethändlern aus Nihombashi. Ein tolles

NICHT VERSÄUMEN

TOKIO FÜR GOURMETS – DIE SCHÖNSTEN KULINARISCHEN ERLEBNISSE

- Im Schatten der Bahnschienen in Yurakuchō *yakitori* (Hähnchenspieße) verspeisen und dazu ein paar Bier trinken, als wäre man eine Tokioter Arbeitsbiene.
- Die herrlichsten Köstlichkeiten in den Lebensmittelabteilungen der Kaufhäuser bewundern (und probieren).
- Zum Äußeren Markt des Tsukiji-Marktes (S. 80) pilgern, um Streetfood (wie gegrillte Austern) zu kosten und nach Kochzubehör für Profis (wie Kochmesser) zu schauen.
- Ein traditionelles Fest besuchen und *yaki-soba* (gebratene Nudeln) oder *okonomiyaki* (pikante Pfannkuchen) heiß vom Grill essen.
- Nach einer anstrengenden Karaoke-Einlage spätnachts noch ein paar Nudeln genießen.
- Ein *omakase* (Probiermenü à la Chefkoch) in einem der besten Sushi-Restaurants der Stadt kosten.

Schnäppchen: die Mittagsmenüs. In den wärmeren Monaten wird auf einer Terrasse am Fluss gegessen.

Rose Bakery Marunouchi BÄCKEREI ¥
(ローズベーカリー 丸の内; Karte S. 76; ☎03-3212-1715; http://rosebakery.jp; Meiji-Yasada Bldg, 2-1-1 Marunouchi, Chiyoda-ku; Kuchen & Quiches ab 410 ¥, Mittagsmenü 1250 ¥; ⏲11–19 Uhr; 🖉 📄; S Chiyoda-Linie bis Nijūbashimae, Ausgang 3) Tokio hat sich in den Pariser „Rosenbäckerei"-Stil verliebt. Filialen des fantastischen Bio-Cafés haben in verschiedenen „Comme des Garçons"-Geschäften eröffnet: hier, im Dover Street Market (S. 153) in Ginza und im Isetan (S. 156) in Shinjuku. Für Vegetarier gibt's eine große Auswahl, und auch Süßmäuler dürfen sich freuen.

Tokyo Rāmen Street RĀMEN ¥
(東京ラーメンストリート; Karte S. 76; www.tokyoeki-1bangai.co.jp/ramenstreet; B1 First Avenue Tokyo Station, 1-9-1 Marunouchi, Chiyoda-ku; rāmen ab 800 ¥; ⏲7.30–22.30 Uhr; 🚉 JR-Linien bis Tokyo Station, Südausgang Yaesu) Acht ausgesuchte *rāmen-ya* (*rāmen*-Läden) betreiben in der Restaurantmeile im Untergeschoss der Tokyo Station (S. 78, auf der Yaesu-Seite) Filialen. Sie decken alle wichtigen Varianten ab, von *shōyu* (auf Sojasoßenbasis) bis hin zu *tsukemen* (kalte Nudeln als Beilage) – und die Leute stehen Schlange! Die Wartezeiten sind allerdings annehmbar.

★ **Tamahide** JAPANISCH ¥¥¥
(Karte S. 73; ☎03-3668-7651; www.tamahide.co.jp; 1-17-1 Nihombashi-Ningyōchō, Chūō-ku; oyakodon ab 1500 ¥, Abendmenü ab 6800 ¥; ⏲tgl. 11.30–13, Mo–Fr 17–22, Sa & So 16–22 Uhr; S Hibiya-Linie bis Ningyōchō, Ausgang A1) Generationen von Menschen standen schon draußen vor diesem Restaurant an, um seine Spezialität *oyakodon* zu probieren – ein süß-pikanter Mix aus Hühnchen, Sojabrühe und Ei, serviert auf einer Schüssel Reis. Auch die Gerichte mit Hühner- und Entenhackfleisch sind köstlich und machen satt. Mittags gilt: Zuerst bezahlen, dann hinsetzen.

Ginza & Tsukiji 銀座・築地

★ **Kagari** RĀMEN ¥
(篝; Karte S. 76; 4-4-1 Ginza; kleine/große rāmen 950/1050 ¥; ⏲11–15.30 & 17.30–22.30 Uhr; S Ginza-Linie bis Ginza, Ausgang A10 oder B1) Von dem englischen Schild vor dem Kagari mit der Aufschrift „Soba" sollte man sich nicht verwirren lassen, denn es steht für *chūka soba*, chinesische Nudeln, also *rāmen*. Den großen Unterschied macht hier die köstliche aromatische Hühnerbrühe, die dem Laden Kultstatus verliehen hat. Obwohl er versteckt in einer Gasse in Ginza liegt, steht garantiert eine lange Schlange davor.

Tipp: Langes Anstehen lässt sich vermeiden, wenn man außerhalb der Mittagszeit zur Filiale des Kagari in der unterirdischen Arkade zwischen den Ausgängen C1 und C2 der Marunouchi-Linie in Ginza geht. Sie befindet sich hinter der Gano Delicatessen Bar.

★ **Tsukugon** JAPANISCH ¥
(つくごん; Karte S. 76; www.tsukugon.co.jp; 4-12-5 Tsukiji, Chūō-ku; Snacks ab 210 ¥; ⏲Di–So 6.30–14 Uhr; S Hibiya-Linie bis Tsukiji, Ausgang 1) Seit fünf Generationen bereitet hier dieselbe Familie Speisen mit einer Fischpaste zu, etwa *kamaboko* (gedämpfte Fischpaste) und *date-maki* (gerolltes Omelett mit Fischpaste). Besonders lecker ist ihre Spezialität *chiyoda* (eine in Schinken gewickelte Zwiebel mit Fischpaste), die warm aus der Pfanne kommt.

Yamachō JAPANISCH ¥

(山長; Karte S. 76; ☎ 03-3248-6002; 4-16-1 Tsukiji; tamago-yaki 100 ¥; ⏰ 6–15.30 Uhr; Ⓢ Hibiya-Linie bis Tsukiji, Ausgang 1) Unbedingt probieren: die himmlisch-leckeren sonnengelben Omelettstücke am Spieß, *tamago-yaki* (japanische gerollte Omeletts) genannt. Es gibt sie in verschiedenen Geschmacksrichtungen, beim Warten kann man die gekonnte Zubereitung beobachten.

Shimanto-gawa IZAKAYA ¥

(四万十川; Karte S. 76; ☎ 03-3591-5202; http://diamond-dining-shops.jp/shimantogawa/yurakucho; 2-1-21 Yūrakuchō, Chiyoda-ku; Eintritt 380 ¥ pro Pers., Gerichte ab 1000 ¥; ⏰ 16–23.30 Uhr 📋; Ⓢ Ginza-Linie bis Hibiya, Ausgang A4) Dieses *izakaya* hinter den Bahngleisen nimmt sein Thema ernst: Der Speisebereich besteht aus Holznischen, die neben und über einem fließenden Bach (der Shimanto-gawa ist ein Fluss in Tokio) stehen. Hier wird *tosa-ryōri* (die spezielle Küche der Präfektur Kōchi auf Shikoku) serviert. Köstlich ist der über Strohfeuer gegrillte Bonito.

★ Apollo GRIECHISCH ¥¥

(Karte S. 76; ☎ 03-6264-5220; www.theapollo.jp; 11. OG Tōkyū Plaza Ginza, 5-2-1 Ginza, Chuo-ku; Hauptgerichte 1800–5800 ¥; ⏰ 11.30–22 Uhr; Ⓢ Ginza-Linie bis Ginza, Ausgang C2 oder C3) Die funkelnden Lichter Ginzas sind eine fantastische Kulisse für diesen großartigen Import aus Sydney, der leckere, moderne griechische Küche serviert. Die mediterranen Aromen kommen bei Gerichten wie gegrilltem Tintenfisch und Fenchelsalat, *taramasalata* und im *saganaki*-Pfännchen gebratenem Kefalograviera-Käse mit Honig, Oregano und Zitronensaft kräftig durch. Die Portionen sind groß und für mehrere Personen gedacht.

★ Trattoria Tsukiji Paradiso! ITALIENISCH ¥¥

(Karte S. 76; ☎ 03-3545-5550; www.tsukiji-paradiso.com; 6-27-3 Tsukiji, Chūō-ku; Hauptgerichte 1500–3600 ¥; ⏰ 11–14 & 18–22 Uhr; Ⓢ Hibiya-Linie bis Tsukiji, Ausgang 2) Ein Paradies für Genießer ist diese charmante aquamarinblau gestrichene Trattoria. Sie packt so leckere Meeresfrüchte auf die Pasta, dass man am liebsten gleich einen zweiten Teller bestellen möchte. Das Vorzeigegericht sind die Linguine unter einem Berg aus Krustentieren in einer Tomaten-Chili-Knoblauch-Soße zum Niederknien. Das Mittagessen ist preiswert (ab 980 ¥), es kann aber gut sein, dass man warten muss. Abendessen besser reservieren.

Sushikuni JAPANISCH ¥¥

(鮨國; Karte S. 76; ☎ 03-3545-8234; 4-14-15 Tsukiji, Chūō-ku; Schüsseln mit Meeresfrüchtereis ab 3000 ¥; ⏰ Do–Di 10–15 & 17–21 Uhr; 📋; Ⓢ Hibiya-Linie bis Tsukiji, Ausgang 1) Ein schlichtes Restaurant, das sich auf Sushi-Reis mit Meeresfrüchten, in Schüsseln serviert, spezialisiert hat. Hier gibt's den frischesten, im Munde zergehenden *uni* (Seeigel) und salzige *ikura* (Lachsrogen) direkt vom Markt. Auch abends geöffnet.

Yūrakuchō Sanchoku Inshokugai JAPANISCH ¥¥

(有楽町産直飲食街; Karte S. 76; www.sanchoku-inshokugai.com/yurakucho; International Arcade, 2-1-1 Yūrakuchō, Chiyoda-ku; Eintritt 400 ¥ pro Pers., Gerichte ab 500 ¥; ⏰ 24 Std.; Ⓡ JR-Yamanote-Linie bis Yūrakuchō, Ausgang Yūrakuchō) Schon lange drängen sich hier unter den Schienen Stände, die *yakitori* (Fleisch- oder Gemüsespieße vom Holzkohlegrill) anbieten. Die von roten Laternen beleuchtete Allee ist ein modernes Kollektiv, das den preiswerten, leckeren Rezepten treu bleibt und gleichzeitig hochwertige Zutaten direkt von den Produzenten in ganz Japan bezieht. Daher kommt man hier auch in den Genuss von Steaks aus Hokkaidō und Meeresfrüchten aus Shizuoka.

Maru JAPANISCH ¥¥

(銀座圓; Karte S. 76; ☎ 03-5537-7420; www.maru-mayfont.jp/ginza; 2. OG, Ichigo Ginza 612 Bldg, 6-12-15 Ginza, Chūō-ku; Mittag-/Abendessen ab 1100/4800 ¥; ⏰ Mo–Sa 11.30–14 & 17.30–21 Uhr; 📋; Ⓢ Ginza-Linie bis Ginza, Ausgang A3) Die jungen, einfallsreichen Köche richten zeitgenössische *kaiseki* (japanische Haute Cuisine, also gehobene Küche) her. Den schönen Speisesaal dominiert eine lange offene Küchentheke aus Holz, sodass man das Wuseln und Treiben dahinter beobachten kann. Bei den preisgünstigen Mittagessen hat man gewöhnlich mehrere Fischgerichte zur Wahl.

★ Kyūbey SUSHI ¥¥¥

(久兵衛; Karte S. 76; ☎ 03-3571-6523; www.kyubey.jp; 8-7-6 Ginza, Chūō-ku; Mittag-/Abendessen ab 4000/10 000 ¥; ⏰ Mo–Sa 11.30–14 & 17–22 Uhr; 📋 Ⓢ Ginza-Linie bis Shimbashi, Ausgang 3) Seit 1936 hat sich das Kyūbey mit Qualität und ästhetischer Optik einen gut betuchten und bekannten Kundenstamm aufgebaut und ist dennoch ein sehr touristenfreundliches, entspanntes Restaurant geblieben. Der sympathische Besitzer Imada-san spricht hervorra-

1

ESPACE
健全営業宣言
赤坂見附駅前店
10/7(水)堂々新店
グランド
オープン
エスパス
CRリアル鬼ごっこ
買取り
まっくす
アキバ駅前店
HOBBY PARADISE
ボークス秋葉原ホビー天国
LAOX
本日10：00オープン

2

LAURIE NOBLE/GETTY IMAGES ©

3

GREG ELMS/GETTY IMAGES ©

1. Akihabara (S. 157)
Geschäfte für Elektronik, Manga und Anime locken viele Shopping-Fans in dieses Viertel von Tokio.

2. Wahrsager, Tokio
Japans traditionelle Kultur lebt weiter fort – selbst in einer seiner futuristischsten Städte.

3. Nationalmuseum Tokio (S. 99)
In diesem sensationellen Museum gibt's Samurai-Helme, japanische Kunst und aufwendig gestaltete Kimonos

4. Sensō-ji (S. 106)
Asakusas stimmungsvoller jahrhundertealter buddhistischer Tempel ist auch Tokios beliebtester.

4

COWARD_LION/GETTY IMAGES ©

gend Englisch, ebenso wie sein Team aus talentierten Köchen, die das Sushi zubereiten und Stück für Stück servieren.

Roppongi, Akasaka & Umgebung

★ Gogyō RĀMEN ¥

(五行; Karte S. 84; ☎ 03-5775-5566; www.ramendining-gogyo.com; 1-4-36 Nish-Azabu, Minato-ku; rāmen ab 1290 ¥; ⌚ 11.30–16 & 17–3, So bis 24 Uhr; Ⓢ Hibiya-Linie bis Roppongi, Ausgang 2) Den Blick in die offene Küche kann man als spannend bezeichnen: Keine Sorge, hier geht nicht das bestellte Essen in Flammen auf, sondern es wird *kogashi* (verbrannte *rāmen*) zubereitet, auf das sich dieses dunkle, stilvolle *izakaya* (japanisches Kneipenlokal) spezialisiert hat. Es ist das verbrannte Schmalz, das der Brühe den intensiven Geschmack verleiht. Auf der Karte stehen noch viele andere Gerichte und auch das Getränkeangebot ist gut.

Mornington Cresent BÄCKEREI ¥

(Karte S. 84; http://mornington-crescent.co.jp; 1-14-3 Higashi-Azabu, Minato-ku; Kuchen ab 380 ¥; ⌚ gelegentlich Sa 11 Uhr bis alles ausverkauft ist; Ⓢ Ōedo-Linie bis Akabanebashi) Der britischen Bäckerin Stacey Ward ist mit ihrem authentischen, marzipanreichen Battenburg-Kuchen und dem Victoria Sponge Cake (traditioneller englischer Rührkuchen) eine kleine Sensation gelungen. Bis zu einer Stunde stehen ihre Fans an, um bei ihrem Samstagsverkauf diese und andere süße Köstlichkeiten zu erstehen. Die genauen Termine stehen auf der Website, ebenso wie Einzelheiten zu den ebenfalls hier stattfindenden Backkursen.

Gonpachi IZAKAYA ¥

(権八; Karte S. 84; ☎ 03-5771-0170; www.gonpachi.jp/nishiazabu; 1-13-11 Nishi-Azabu, Minato-ku; Spieße 190–1500 ¥, Mittagsmenü wochentags/am Wochenende ab 900/2200 ¥; ⌚ 11.30–3.30 Uhr; Ⓢ Hibiya-Linie bis Roppongi, Ausgang 2) Dieser höhlenartige Laden im Edo-Stil (der eine denkwürdige Szene aus Quentin Tarantinos Film *Kill Bill* inspiriert haben soll) ist eine Institution in Tokio. Es gibt noch weitere, allerdings weniger beeindruckende Filialen in der Stadt. Auf dem Tisch landen *kushiyaki* (Bratspieße vom Kohlegrill), Nudeln, Tempura und Sushi.

★ Sougo VEGETARISCH ¥¥

(宗胡; Karte S. 84; ☎ 03-5414-1133; www.sougo.tokyo; 3. OG, Roppongi Green Bldg, 6-1-8 Roppongi, Minato-ku; Hauptgerichte 600–2000 ¥, Mittags-/Abendmenü ab 1500/5000 ¥; Ⓢ Hibiya-Linie bis Roppongi, Ausgang 3) Die Gäste sitzen an der langen Theke neben der offenen Küche oder in Nischen und können zuschauen, wie die erfahrenen Köche köstliche, bildschön präsentierte *shōjin-ryōri* (in buddhistischen Tempeln servierte vegetarische Küche) zubereiten. Wer eine vegane Mahlzeit haben möchte, sollte mindestens einen Tag im Voraus reservieren. Das Sougo befindet sich in dem Gebäude gegenüber vom Hotel APA.

Tokyo Cook (S. 117) veranstaltet hier auch verschiedene japanische Kochkurse in englischer Sprache.

★ Honmura-An SOBA ¥¥

(本むら庵; Karte S. 84; ☎ 03-5772-6657; www.honmuraantokyo.com; 7-14-18 Roppongi, Minato-ku; Soba ab 900 ¥, Mittags-/Abendmenü 1600/7400 ¥; ⌚ Di–So 12–14.30 & 17.30–22 Uhr, jeden 1. & 3. Di im Monat geschl.; Ⓢ Hibiya-Linie bis Roppongi, Ausgang 4) Der legendäre *soba*-Laden, der einst in Manhattan beheimatet war, serviert seine handgemachten Buchweizennudeln nun in diesem rustikalen, modernen Nudellokal in einer Seitenstraße in Roppongi. Am besten genießt man den delikaten Geschmack dieser Nudeln, serviert mit Tempura oder mit feinen Scheibchen *kamo* (Ente), auf einer Bambusmatte.

Jōmon IZAKAYA ¥¥

(ジョウモン; Karte S. 84; ☎ 03-3405-2585; http://teyandei.com/?page_id=18; 5-9-17 Roppongi, Minato-ku; Bratspieße 300–1000 ¥; ⌚ 18–5 Uhr; Ⓢ Hibiya-Linie bis Roppongi, Ausgang 3) Unglaublich gemütlich, mit Sitzplätzen an der Bar. Massenweise verzierte *shochu*-Krüge (hochprozentiger Alkohol) sind an der Wand aufgereiht, und der Hunger wird mit Hunderten frisch zubereiteter Bratspieße gestillt; der *zabuton*-Rindfleischspieß ist ein kleines Stück vom Himmel. Ziemlich direkt gegenüber ist der Family Mart – auf der Tür des Jōmon steht der Name des Restaurants auf Japanisch.

★ Kikunoi KAISEKI ¥¥¥

(菊乃井; Karte S. 73; ☎ 03-3568-6055; http://kikunoi.jp; 6-13-8 Akasaka, Minato-ku; Mittags-/Abendmenü ab 5940/17 820 ¥; ⌚ Di–Sa 12–13, Mo–Sa 17–20 Uhr; Ⓢ Chiyoda-Linie bis Akasaka, Ausgang 7) Die exquisit zubereiteten saisonalen Gerichten dieser mit zwei Michelin-Sternen gekrönten Tokioter Filiale eines seit drei Generationen geführten *kaiseki* (japanische Haute Cuisine) in Kyoto sind ebenso köstlich wie wunderschön präsentiert. Der Koch des Kikunoi, Murata, hat ein ins Englische übersetztes Buch über *kaiseki* geschrieben. Mithilfe des Buches erklären die freundlichen Mitarbeiter den Gästen, die kein Japanisch sprechen, die servierten Gerichte. Reservierung erforderlich.

★ **Tofuya-Ukai** KAISEKI ¥¥¥

(とうふ屋うかい; Karte S. 84; ☎ 03-3436-1028; www.ukai.co.jp/english/shiba; 4-4-13 Shiba-kōen, Minato-ku; Mittags-/Abendmenü ab 5500/8400 ¥; ⏲ 11–22 Uhr, letzte Bestellung 20 Uhr; 🖉 📋; Ⓢ Ōedo-Linie bis Akabanebashi, Ausgang 8) Eines der anmutigsten Restaurants der Stadt. Es erstreckt sich über eine ehemalige Sake-Brauerei samt exquisitem Ziergarten. Darüber thront der imposante Tokyo Tower (S. 85). Die saisonalen Tofu-Spezialitäten und Beilagengerichte werden im feinsten *kaiseki*-Stil serviert. Weit im Voraus reservieren.

Ebisu, Meguro & Umgebung

★ **Afuri** RĀMEN ¥

(あふり; Karte S. 88; 1-1-7 Ebisu, Shibuya-ku; Nudeln ab 880 ¥; ⏲ 11–5 Uhr; 🚭 📋; 🚉 JR-Yamanote-Linie bis Ebisu, Ostausgang) Mit seinen kreativen jungen Köchen und dem hippen Design im Industriestil unterscheidet sich das Afuri vom klassischen *rāmen-ya*. Puristen mögen angesichts der unorthodoxen Auswahl den Kopf schütteln, doch die Spezialität des Hauses *yuzu-shio* (eine leichte salzige Brühe, verfeinert mit Schale von *yuzu*, einer Art Zitrone) zieht zur Mittagszeit jede Menge Leute an. An dem Verkaufsautomaten bestellen.

★ **Tonki** TONKATSU ¥

(とんき, Karte S. 88; 1-2-1 Shimo-Meguro, Meguro-ku; Mahlzeiten 1900 ¥; ⏲ Mi–Mo 16–22.45 Uhr, 3. Mo im Monat geschl.; 🚭 📋; 🚉 JR-Yamanote-Linie bis Meguro, Westausgang) Das Tonki ist ein legendäres Tokioter *tonkatsu*-Restaurant. Hier dreht sich alles um panierte Schweineschnitzel, die nach einem Rezept zubereitet werden, das seit fast 80 Jahren unverändert ist. Besonders heiß begehrt sind die Sitzplätze am Tresen, denn dort kann man der perfekt ausgearbeiteten Choreografie der Köche beiwohnen. Meistens wartet dort aber eine Schlange. Oben befinden sich ebenfalls Tische.

Von der Haltestelle kommend läuft man die Meguro dōri hinunter, biegt links in die erste Gasse und hält dort Ausschau nach einem weißen Schild und *noren* (Türvorhänge) vor der Schiebetür.

Ouca EISCAFÉ ¥

(櫻花; Karte S. 88; www.ice-ouca.com; 1-6-6 Ebisu, Shibuya-ku; Eis ab 400 ¥; ⏲ März–Okt. 11–23.30 Uhr, Nov.–Feb. 12–23 Uhr; 🚉 JR-Yamanote-Linie bis Ebisu, Ostausgang) „Grüner Tee" ist nicht die einzige Eissorte, die in Japan erfunden wurde. Wie wär's z. B. mit *kuro-goma* (schwarzer Sesam), *kinako kurosato* (geröstetes Sojabohnenmehl und schwarzer Zucker) und *beni imo* (purpurfarbene Süßkartoffel)?

Ōtaru IZAKAYA ¥

(おおたる; Karte S. 88; ☎ 03-3710-7439; 1-5-15 Naka-Meguro, Meguro-ku; Gerichte 330–600 ¥; ⏲ 11.30–2 Uhr) Michelin-Sterne wird das Ōtaru nicht gewinnen, doch von uns bekommt es drei Sterne für seine ganz eigene Atmosphäre. Im zunehmend sanierten Viertel Naka-Meguro hebt sich dieses *izakaya* (japanisches Kneipenlokal) in einem alten, mit Laternen geschmückten Holzhaus ab. Auf der Karte: typische *izakaya*-Gerichte wie Sashimi, gegrillter Fisch und Brathähnchen zu ausgesprochen vernünftigen Preisen. Es liegt direkt am Meguro-gawa und ist nachmittags geöffnet. Grundgebühr 400 ¥.

Ippo IZAKAYA ¥¥

(一歩; Karte S. 88; ☎ 03-3445-8418; 2. OG, 1-22-10 Ebisu, Shibuya-ku; Gerichte 500–1500 ¥; ⏲ 18–3 Uhr; 📋; 🚉 JR-Yamanote-Linie bis Ebisu, Ostausgang) Unaufgeregtes kleines *izakaya* (japanisches Kneipenrestaurant) mit einem Händchen für die einfachen Freuden des Lebens: Fisch und Sake (und das englische Schild draußen verkündet eben das). Die netten Köche sprechen ein wenig Englisch und helfen bei der Entscheidung. Das Wunschgericht kommt dann gegrillt, gedämpft, schonend gegart oder gebraten auf den Teller. (Wer sich nicht entscheiden kann: Das Menü für 2500 ¥ bietet ein tolles Preis-Leistungs-Verhältnis.) Den Eingang findet man am Ende der Holztreppe.

Ebisu-yokocho STRASSENSTAND ¥¥

(恵比寿横町; Karte S. 88; www.ebisu-yokocho.com; 1-7-4 Ebisu, Shibuya-ku; Gerichte 500–1500 ¥; ⏲ 17 Uhr–open end; 🚉 JR-Yamanote-Linie bis Ebisu, Ostausgang) Die Einheimischen lieben die Retro-Passage, in der sich Imbisse knubbeln und alles von schlichten *yaki soba* (gebratenen Buchweizennudeln) bis zu göttlichen *hotate-yaki* (gegrillten Jakobsmuscheln) feilbieten. Man sitzt auf Hockern, die Tische bestehen aus verschiedenen Materialien wie z.B. Bierkisten. Die Atmosphäre ist lebendig, es ist laut und verraucht (vor allem freitagabends); am besten kommt man zeitig, um einen Tisch zu erwischen.

Eine englische Karte gibt es nicht, doch Experimentierfreudige können einfach auf das Essen der anderen Gäste zeigen (hier sitzt man dicht an dicht). Auch wer nicht hier essen möchte, sollte zumindest einen Blick hineinwerfen. Den Eingang erkennt man an einem Schild in den Regenbogenfarben.

Shibuya

★ d47 Shokudō JAPANISCH ¥

(d47食堂; Karte S. 90; www.hikarie8.com/d47shokudo/about.shtml; 8. OG Shibuya Hikarie, 2-21-1 Shibuya, Shibuya-ku; Mahlzeiten 1200–1780 ¥; ⏲11–14.30 & 18–22.30 Uhr; 🚭 📋; 🚉 JR-Yamanote-Linie bis Shibuya, Ostausgang) Japan besteht aus 47 Präfekturen, und das d47 präsentiert ein wechselndes *teishoku*-Angebot (Menü) mit den verschiedenen regionalen Spezialitäten. Dazu gehören vergorener Tofu aus Okinawa oder gefüllter Tintenfisch aus Hokkaido. Abends kann man eine umfangreichere Karte mit kleineren Gerichten durchforsten, während jenseits der riesigen Fenster die ankommenden und abfahrenden Züge an der Shibuya Station im Miniformat vorbeisausen.

Gyūkatsu Motomura TONKATSU ¥

(牛かつ もと村; Karte S. 90; 03-3797-3735; UG, 3-18-10 Shibuya, Shibuya-ku; Menü 1200 ¥; ⏲Mo–Sa 10.30–22.30, So 10.30–20.30 Uhr; 🚭 📋; 🚉 JR-Yamanote-Linie bis Shibuya, Ostausgang) Es ist ja bekannt, dass *tonkatsu*, das gebratene panierte Schweinkotelett, ein japanisches Standardgericht ist. Doch hier kommt *gyūkatsu*, der jüngste kulinarische Hype Tokios! Im Motomura ist das Rindfleisch außen superknusprig und innen immer noch sehr blutig. Die Gäste bekommen einen eigenen kleinen Grill und können das Fleisch nach Belieben fertig garen. Die Menüs beinhalten Kohl, Reis und Suppe.

Das Motomura erfreut sich immer größerer Beliebtheit, lange Schlangen sind keine Seltenheit. Inzwischen wurden weitere Filialen in Shibuya und in anderen Gegenden Tokios eröffnet, um die Nachfrage zu befriedigen; die Adressen erfährt man im Restaurant.

Sagatani SOBA ¥

(嵯峨谷; Karte S. 90; 2-25-7 Dōgenzaka, Shibuya-ku; Nudeln ab 290 ¥; ⏲24 Std.; 🚭 📋; 🚉 JR-Yamanote-Linie bis Shibuya, Ausgang Hachikō) Hier zeigt sich: Tokio ist nur teuer, wenn man es nicht besser weiß. In dem rund um die Uhr geöffneten Laden, zu erkennen an der Steinmühle im Fenster, werden herrliche Nudelgerichte in Bambusdampfgarern für gerade mal 290 ¥ zubereitet. Es lohnt sich, mit den ごまだれそば (*goma-dare soba;* Buchweizennudeln mit Sesamsoße zum Tunken) für 390 ¥ mal „auf den Putz zu hauen". Am Automaten bestellen.

Food Show SUPERMARKT ¥

(フードショー; Karte S. 90; UG, 2-24-1 Shibuya, Shibuya-ku; ⏲10–21 Uhr; 🖉; 🚉 JR-Yamanote-Linie bis Shibuya, Ausgang Hachikō) Leckeres Essen bekommt man auch im Untergeschoss des Bahnhofs Shibuya: Teigklöße, knuspriges *karaage* (Hühnchen, nach japanischer Art gebraten), kunstvoll angerichtete *bentō* (abgepackte Mahlzeiten), Sushi-Kombis, jede Menge Salate und Kuchen, die fast zu schön sind zum Essen! Hier gibt's auch die 10 000 ¥ teuren Melonen. Ein grünes Schild, das nach unten weist, markiert den Eingang in der Hachikō Plaza.

Nagi Shokudō VEGAN ¥

(なぎ食堂; Karte S. 88; http://nagishokudo.com; 15-10 Uguisudani-chō, Shibuya-ku; Mittags-/Abendmenü 1050/1550 ¥; ⏲Mo–Sa 12–16 & 18–23, So bis 16 Uhr; 🚭 🖉 📋; 🚉 JR-Yamanote-Linie bis Shibuya, Westausgang) Das Nagi, ein veganes Paradies im von Fast Food dominierten Shibuya, serviert Gerichte wie Falafel und Kokoscurry. Am beliebtesten ist das Menü, das aus drei kleinen Gerichten, Misosuppe und Reis besteht. Ein unauffälliges, gemütliches Restaurant mit bunt zusammengewürfelten Möbeln. Zu finden ist es schräg gegenüber von einer Post (und hinter einer Betonmauer versteckt – auf das rote Schild achten!).

Kaikaya FISCH & MEERESFRÜCHTE ¥¥

(開花屋; Karte S. 90; ☎03-3770-0878; www.kaikaya.com; 23-7 Maruyama-chō, Shibuya-ku; Mittagessen ab 850 ¥, Gerichte 850–2300 ¥; ⏲Mo–Fr 11.30–14 & 17–22.30, Sa & So 17–22.30 Uhr; 🚭 📋; 🚉 JR-Yamanote-Linie bis Shibuya, Ausgang Hachikō) 🍃 Das bei Travellern beliebte Kaikaya ist der Versuch eines Küchenchefs, den Strand nach Shibuya zu holen. An den Wänden hängen Surfbretter und vieles von der Karte stammt aus der nahe gelegenen Sagami-Bucht. Unsere Empfehlung: *maguro no kama* (Thunfisch-„Kragen";1200 ¥). Reservierung ratsam; es gibt eine Grundgebühr von 400 ¥ pro Pers.

Von Dōgenzaka kommend, biegt man direkt hinter der kleinen Polizeiwache rechts ab. Das Restaurant mit seiner roten Markise liegt auf der rechten Seite.

Harajuku & Aoyama

★ Harajuku Gyōza-rō KLÖSSE ¥
(原宿餃子楼; Karte S. 92; 6-4-2 Jingūmae, Shibuya-ku; 6 gyōza 290 ¥; ⌚11.30–4.30 Uhr; 📋; 🚊JR-Yamanote-Linie bis Harajuku, Ausgang Omote-sandō) Hier werden ausschließlich *gyōza* (Teigtaschen) serviert, doch darüber beschwert sich garantiert niemand der Schlange stehenden Stammkunden. Ob *sui* (gekocht) oder *yaki* (gebraten), ob mit oder ohne *niniku* (Knoblauch) oder *nira* (Schnittlauch) – sie sind in jeder Variante köstlich. Am Wochenende eine Wartezeit einplanen – die Schlange bewegt sich aber zügig voran.

★ Maisen TONKATSU ¥
(まい泉; Karte S. 92; http://mai-sen.com; 4-8-5 Jingūmae, Shibuya-ku; Mittag-/Abendessen ab 995/1680 ¥; ⌚11–22 Uhr; 🚭📋; Ⓢ Ginza-Linie bis Omote-sandō, Ausgang A2) Es gibt zwar auch andere Gerichte, dennoch bestellt hier fast jeder die berühmten *tonkatsu* (panierte, frittierte Schweinekoteletts). Man hat die Wahl zwischen verschiedenen Fleischqualitäten. Für *kurobuta* (Berkshire-Schwein) muss man tief in die Tasche greifen, aber selbst die billigste Variante schmeckt wunderbar zart. Das Restaurant ist in einem alten öffentlichen Badehaus untergebracht. An einem Schalter gibt's leckeres *tonkatsu sando* (Sandwich) zum Mitnehmen.

Higashiya Man SÜSSWAREN ¥
(ひがしや まん; Karte S. 92; ☎03-5414-3881; www.higashiya.com/shop/man/; 3-17-14 Minami-Aoyama, Minato-ku; Süßwaren 300 ¥; ⌚11–19 Uhr; ✍; Ⓢ Ginza-Linie bis Omote-sandō, Ausgang A4) *Manjū* (まんじゅう) – daher stammt der Name des Geschäfts, das keineswegs nur für Männer ist! – ist ein heiß serviertes „Brötchen" aus Dampfnudeln, gefüllt mit einer gesüßten roten Bohnenpaste. An der Take-away-Theke, an der Shopper in Aoyama gern eine Pause einlegen, dampfen sie beim Kauf noch. Drinnen im Geschäft lockt eine größere Auswahl traditioneller japanischer Süßigkeiten, viele wunderschön als Geschenk verpackt.

Sakura-tei OKONOMIYAKI ¥
(さくら亭; Karte S. 92; ☎03-3479-0039; www.sakuratei.co.jp; 3-20-1 Jingūmae, Shibuya-ku; okonomiyaki 950–1500 ¥; ⌚11–23 Uhr; 🚭📶✍📋; 🚊JR-Yamanote-Linie bis Harajuku, Ausgang Takeshita) In dem ungewöhnlichen Restaurant in der Galerie Design Festa (S. 92) kann man seine eigenen *okonomiyaki* (herzhafte Pfannkuchen) braten. Neben den traditioneller Varianten (mit Schweinefleisch, Tintenfisch und Kohl) kann man sich auch einige schräge Neuheiten wie Taco- oder Carbonara-*okonomiyaki* schmecken lassen. Zudem gibt's ein 90 Minuten dauerndes All-you-can-eat-Angebot (Mittag-/Abendessen 1250/2100 ¥) mit tollem Preis-Leistungs-Verhältnis.

Kinokuniya International Supermarket SUPERMARKT ¥
(紀ノ国屋 インターナショナル; Karte S. 92; www.super-kinokuniya.jp/store/international; UG, AO Bldg, 3-11-7 Kita-Aoyama, Minato-ku; ⌚9.30–21 Uhr; ✍; Ⓢ Ginza-Linie bis Omote-sandō, Ausgang B2) Das Kinokuniya führt für Ausländer so lebenswichtige Dinge wie den Brotaufstrich Marmite, Erdnussbutter, knuspriges Vollkornbrot und etliche Käsesorten (natürlich zu den entsprechenden Preisen).

NICHT VERSÄUMEN

MÄRKTE IN AOYAMA

An den Wochenenden findet auf dem Platz vor der Universität der Vereinten Nationen an der Aoyama-dōri ein farbenfroher **Bauernmarkt** (Karte S. 92; www.farmersmarkets.jp; 5-53-7 Jingūmae, Shibuya-ku; ⌚Sa & So 10–16 Uhr; Ⓢ Ginza-Linie bis Omote-sandō, Ausgang B2) mit frischen Lebensmitteln und Dutzenden Imbisswagen statt. Der Markt bietet jedoch nicht nur ein Einkaufs-, sondern auch ein soziales Erlebnis. Außerdem gibt's Pop-up-Events wie den Hipster-Flohmarkt **Raw Tokyo** (Karte S. 92; www.rawtokyo.jp; ⌚11–18 Uhr, 1. Sa & So im Monat) mit DJs und Straßenkünstlern. Bei den Lebensmittelverkäufern in der **Commune 246** (Karte S. 92; http://commune246.com/; 3-13 Minami-Aoyama, Minato-ku; ⌚11–22 Uhr; 🚭✍📋; Ⓢ Ginza-Linie bis Omote-sandō, Ausgang A4) herrscht jeden Tag Festivalstimmung.

Mominoki House JAPANISCH ¥¥
(もみの木ハウス; Karte S. 92; www.mominoki-house.net; 2-18-5 Jingūmae, Shibuya-ku; Mittags-/Abendmenü ab 980/2500 ¥; ⏲11–15 & 17–23 Uhr; ; JR-Yamanote-Linie bis Harajuku, Ausgang Takeshita) Seit 1976 strömen Tokios Bohemiens herbei, um die leckere makrobiotische Küche zu kosten. Im zwanglosen Speiseraum, der an ein Baumhaus für Erwachsene erinnert und mehrere gemütliche, recht private Nischen hat, haben schon so berühmte Gäste wie Paul McCartney diniert. Die Speiseauswahl von Chefkoch Yamada ist größtenteils vegan, doch es gibt auch Gerichte mit Hühnchen aus Freilandhaltung und *Ezo shika* (Hokkaidō-Wild; 4800 ¥).

Yanmo FISCH & MEERESFRÜCHTE ¥¥¥
(やんも; Karte S. 92; 03-5466-0636; www.yanmo.co.jp/aoyama/index.html; UG, T Place Bldg, 5-5-25 Minami-Aoyama, Minato-ku; Mittags-/Abendmenü ab 1100/7560 ¥; ⏲Mo–Sa 11.30–14 & 18–22.30 Uhr; ; S Ginza-Linie bis Omote-sandō, Ausgang A5) Spezialität des gehobenen und dabei unprätentiösen Hauses sind frischer Fisch und Meeresfrüchte von der nahen Halbinsel Izu. Wer sich den Bauch mit Meeresfrüchten randvoll schlagen will, ist hier genau richtig. Die Menüs mit Sashimi, gedämpftem und gegrilltem Fisch haben anständige Preise. Abends muss man reservieren. Das Mittagessen ist ein echtes Schnäppchen (manchmal muss man anstehen).

Shinjuku

★ Nagi RĀMEN ¥
(凪; Karte S. 94; www.n-nagi.com; 2. OG, Golden Gai G2, 1-1-10 Kabukichō, Shinjuku-ku; *rāmen* ab 850 ¥; ⏲24 Std.; ; JR-Yamanote-Linie bis Shinjuku, Ostausgang) Das Nagi, einst ein Senkrechtstarter, hat sich gut entwickelt und betreibt nun Filialen in der ganzen Stadt und sogar in anderen asiatischen Ländern. Dieses winzige Restaurant war eines der ersten der Kette und ist nach wie vor unsere Lieblingsfiliale (und nicht nur unsere, oft bildet sich hier eine Schlange). Es liegt am Ende einer tückischen Treppe in Golden Gai. Spezialität des Hauses sind *niboshi rāmen* (Eiernudeln in einer Brühe aus getrockneten Sardinen).

Nach dem Schild mit einem roten Kreis Ausschau halten.

Nakajima KAISEKI ¥
(中嶋; Karte S. 94; 03-3356-4534; www.shinjyuku-nakajima.com; UG, 3-32-5 Shinjuku, Shinjuku-ku; Mittag-/Abendessen ab 800/8640 ¥; ⏲Mo–Sa 11.30–14 & 17.30–22 Uhr; ; S Marunouchi-Linie bis Shinjuku-sanchōme, Ausgang A1) Abends kredenzt das Sternerestaurant exquisite *kaiseki*-Gerichte. Unter der Woche gibt's mittags ein einfaches Menü mit *iwashi* (Sardinen) zu einem Bruchteil des Preises, wobei die Köche des Nakajima aus diesen echte Köstlichkeiten zaubern. Die Warteschlange fürs Mittagessen bildet sich bereits kurz vor Öffnung des Restaurants um 11.30 Uhr. Die Treppe hoch und nach einem weißen Schild suchen.

Numazukō SUSHI ¥
(沼津港; Karte S. 94; 3-34-16 Shinjuku, Shinjuku-ku; Teller 100–550 ¥; ⏲11–22.30 Uhr; ; JR-Yamanote-Linie bis Shinjuku, Ostausgang) Shinjukus bestes *kaiten-sushi* (Sushi vom Fließband) ist teurer als viele andere, aber die Qualität ist auch sehr gut. Weil es so beliebt ist, verbleibt kaum ein Teller für längere Zeit auf dem gewundenen Fließband, bis sich ihn jemand schnappt. Wer nichts sieht, was ihm zusagt, kann auch etwas von der Karte bestellen. Eine gute Wahl, wenn man nur eine Kleinigkeit essen möchte.

Omoide-yokochō YAKITORI ¥
(思い出横丁; Karte S. 94; Nishi-Shinjuku 1-chōme, Shinjuku-ku; Bratspieße ab 150 ¥; ⏲12–24 Uhr, Öffnungszeiten je nach Laden unterschiedlich; ; JR-Yamanote-Linie bis Shinjuku, Westausgang) Schon seit der Nachkriegszeit quillt Tag und Nacht Rauch aus den *yakitori*-Ständen, die diese Straße bei den Bahngleisen säumen. Wörtlich übersetzt heißt sie „Gasse der Erinnerung" – ihr weniger höflicher Spitzname ist allerdings Shonben-yokochō („Pissgasse"). Ein paar Stände haben ins Englische übersetzte Speisekarten. Einer von ihnen ist übrigens auf dem Einband des Lonely Planet Führers Tokio abgebildet – wer erkennt ihn?

Shinjuku Asia-yokochō ASIATISCH ¥
(新宿アジア横丁; Karte S. 94; 03-3207-7218; Dach, 2. Toa Hall Bldg, 1-21-1 Kabukichō, Shinjuku-ku; Gerichte 450–1250 ¥; ⏲Di–Do & So 17–24, Fr & Sa 17–5 Uhr; ; JR-Yamanote-Linie bis Shinjuku, Ostausgang) Dieser Nachtmarkt, der auf einem Dach stattfindet, deckt kulinarisch den gesamten asiatischen Kontinent ab. Die Verkäufer bereiten z. B. koreanisches *bibimbap* und vietnamesische *pho* zu. Die Geräuschkulisse ist laut und es herrscht Chaos – vor allem in einer größeren Gruppe ein echter Spaß.

★ Donjaca

IZAKAYA ¥¥

(呑者家; Karte S. 94; ☎03-3341-2497; 3-9-10 Shinjuku, Shinjuku-ku; Gerichte 350–850 ¥; ⏲17–7 Uhr; 📋; Ⓢ Marunouchi-Linie bis Shinjuku-sanchōme, Ausgang C6) Das Donjaca, seit 1979 im Geschäft, entspricht mit seinen roten Kunstlederhockern, den Papierlaternen und der handgeschriebenen Karte an der Wand dem idealtypischen Bild eines *izakaya* aus der Shōwa-Zeit (1926–1989). Das Essen ist zu gleichen Teilen traditionell (gegrillter Fisch und Brathähnchen) und innovativ: Zu den Hausspezialitäten zählen *natto gyoza* (mit gegärten Sojabohnen gefüllte Klöße) und *mochi*-Gratin. Der hervorragende Sake wird in Form von praktischen Probier-Sets serviert.

Wenn es voll ist, schicken einen die Mitarbeiter in einen größeren Anbau direkt um die Ecke.

Tsunahachi

TEMPURA ¥¥

(つな八; Karte S. 94; ☎03-3352-1012; www.tunahachi.co.jp; 3-31-8 Shinjuku, Shinjuku-ku; Mittag-/Abendessen ab 1512/2484 ¥; ⏲11–22.30 Uhr; 🚭 📋; 🚉 JR-Yamanote-Linie bis Shinjuku, Ostausgang) Seit rund 90 Jahren werden im Tsunahachi auf fachmännische Weise Garnelen und Gemüse der Saison serviert. Dies ist ein großartiges Restaurant, um sich in die Kunst der Tempura einführen zu lassen. (Ausländische Touristen bekommen ein praktisches Infoblatt zu den verschiedenen Würzen.) Die Menüs (außer die günstigen Mittagsmenüs) werden Stück für Stück serviert und sind daher heiß und knackig. Am Eingang hängen indigoblaue *noren* (Vorhänge).

Kozue

JAPANISCH ¥¥¥

(梢; Karte S. 94; ☎03-5323-3460; http://tokyo.park.hyatt.jp/en/hotel/dining/Kozue.html; 40. OG Park Hyatt, 3-7-1-2 Nishi-Shinjuku, Shinjuku-ku; Mittags-/Abendmenü 2850–12 400/12 400–27 300 ¥; ⏲11.30–14.30 & 17.30–21.30 Uhr; 🚭 📋; Ⓢ Ōedo-Linie bis Tochōmae, Ausgang A4) Die Mischung aus gut zubereiteter saisonaler japanischer Küche, von Kunsthandwerkern gefertigtem Geschirr und schwindelerregendem Ausblick auf Shinjuku durch Fenster, die vom Boden bis zur Decke reichen, ist kaum zu schlagen. Die in Kimonos gekleideten Mitarbeiter sprechen Englisch und das Restaurant ist gut auf Allergiker und Gäste mit persönlichen Vorlieben eingestellt. Perfekt für ein erstklassiges Abendessen, bei dem die Gäste noch mitreden können. Ohne Reservierung geht nichts.

Akihabara, Kagurazaka & Kōrakuen

★ Ethiopia

JAPANISCH ¥

(エチオピア; Karte S. 98; ☎03-3295-4310; 3-10-6 Kanda-ogawamachi, Chiyoda-ku; Curry ab 900 ¥; ⏲Mo–Fr 11–22, Sa & So bis 20.30 Uhr; 📋; Ⓢ Hanzōmon-Linie bis Jimbōchō, Ausgang A5) In Jimbōchō, wo viele Studenten wohnen, gibt es Curry-Cafés wie Sand am Meer, die Konkurrenz ist also groß. Das Ethiopia punktet mit seiner Erfahrung und bietet große Portionen und Currys mit reichlich Fleisch und Gemüse. Der Schärfegrad reicht von 0 bis zu thermonuklearen 70! Gleich am Eingang des wunderbaren Retro-Ladens an der Maschine bezahlen.

Komaki Shokudō

VEGAN ¥

(こまきしょくどう; Karte S. 98; ☎03-5577-5358; http://konnichiha.net/fushikian; Chabara, 8-2 Kanda Neribei-chō, Chiyoda-ku; Menü ab 980 ¥; ⏲11–19.30 Uhr; 📋; 🚉 JR-Yamanote-Linie bis Akihabara, Ausgang Electric Town) Eine Kamakura-Kochschule, die sich ganz der *shōjin-ryōri* (buddhistische vegane Küche) verschrieben hat, betreibt dieses Café auf dem Chabara-Lebensmittelmarkt (S. 157). Die fleischfreien Gerichte schmecken sehr gut. Einige der Zutaten, die dafür verwendet werden, kann man hier auch kaufen. Zur Krönung der Mahlzeit trinkt man einen tollen Kaffee vom gegenüberliegenden Yanaka Coffee.

Amanoya

DESSERTS ¥

(天野屋; Karte S. 98; www.amanoya.jp; 2-8-15 Soto-Kanda, Chiyoda-ku; Dessert ab 500 ¥; ⏲Mo–Sa 10–18, So bis 17 Uhr; 📋; 🚉 JR-Chūō oder Sōbu-Linien bis Ochanomizu, Ausgang Hijiri-bashi) Dass der Besitzer des charmanten Dessert-Cafés auch Sammler ist, das beweist der vielfältige ausgestellte Krimskrams, von Modelleisenbahnen bis hin zu geschnitzten Masken. Mütterliche Frauen servieren süße Köstlichkeiten wie *mochi*-Reiskuchen sowie *amazake*, ein leicht alkoholisches, milchiges Sakegetränk, das seit Langem zu den Spezialitäten des Hauses zählt.

Kikanbō

RAMEN ¥

(鬼金棒; Karte S. 98; http://karashibi.com; 2-10-8 Kaji-chō, Chiyoda-ku; rāmen ab 800 ¥; ⏲Mo–Sa 11–21.30, So bis 16 Uhr; 🚉 JR-Yamanote-Linie bis Kanda, Nordausgang) Die würzig-scharfen Miso *karashibi* (カラシビ), die hier serviert werden, haben quasi Kultstatus. Gäste können den Grad von *kara* (Schärfe) und *shibi* (seltsames, den Mund betäubendes Gefühl, das der japanische *sanshō*-Pfeffer auslöst) wählen. Einsteigern sei *futsū-futsū* (beides in mittlerem Maß) empfohlen; *oni* („Dämon") kostet 100 ¥ extra. Nach den roten Türvorhängen Ausschau halten und die Bestellung am Automat tätigen.

Zwei Filialen liegen hier direkt nebeneinander: Eine bereitet eine Suppe mit *rāmen* zu, die andere (die an der Ecke) serviert die Nudeln extra zum Dippen im Fond.

Kado JAPANISCH ¥¥

(カド; Karte S. 98; ☎ 03-3268-2410; http://kagurazaka-kado.com; 1-32 Akagi-Motomachi, Shinjuku-ku; Mittags-/Abendmenü ab 800/3150 ¥; ⏲ 11.30–14.30 & 17–23 Uhr; 🚭 📋; Ⓡ Tōzai-Linie bis Kagurazaka, Ausgang 1) In diesem alten Holzhaus – leicht zu erkennan an der weißen Laterne davor – steht die *katei-ryōri* (Hausmannskost) im Mittelpunkt. Das Abendessen (nur mit Reservierung) ist immer ein fixes Menü aus saisonalen Gerichten wie gegrillter Wachtel oder Krebssuppe. Mittags gibt's keine englische Karte, deshalb bestellt man am besten einfach カド定食 (*kado teishoku*), das Tagesgericht.

Canal Cafe ITALIENISCH ¥¥

(カナルカフェ; Karte S. 98; ☎ 03-3260-8068; www.canalcafe.jp; 1-9 Kagurazaka, Shinjuku-ku; Mittagessen ab 1600 ¥, Hauptgerichte abends 1500–2800 ¥; ⏲ Di–Sa 11.30–23, So bis 21.30 Uhr; 🚭 🍷 📋; Ⓡ JR-Sōbu-Linie bis Iidabashi, Westausgang) Dieses Restaurant entlang dem trägen Graben, der den Rand der Kitanomaru-kōen markiert, gehört zu den besten Freiluftoptionen Tokios. Es kredenzt leckere Holzofenpizza, Pasta mit Meeresfrüchten und Grillgerichte. Auf der Terrasse mit Selbstbedienung kommt man in den Genuss von Sandwiches, Muffins und Kaffee.

Ueno & Yanesen

★ Kamachiku UDON ¥

(釜竹; Karte S. 102; ☎ 03-5815-4675; http://kamachiku.com/top_en; 2-14-18 Nezu, Bunkyō-ku; Nudeln ab 850 ¥, kleine Gerichte 350–850 ¥; ⏲ Di–So 11.30–14, Di–Sa 17.30–21 Uhr; 📋; Ⓢ Chiyoda-Linie bis Nezu, Ausgang 1) Täglich frisch zubereitete Udon (dicke Weizennudeln) sind das Markenzeichen dieses beliebten Restaurants in einem restaurierten Ziegellagerhaus aus dem Jahr 1910 mit Blick auf einen Garten. Neben Nudeln stehen viele kleine *izakaya*-typische Gerichte auf der Karte, wie z. B. gegrillter Fisch und Gemüse. Am Wochenende sollte man sich auf eine Warteschlange gefasst machen.

Hagiso JAPANISCH ¥

(Karte S. 102; ☎ 03-5832-9808; http://hanare.hagiso.jp; 3-10-25 Yanaka, Taitō-ku; Hauptgerichte 815–1300 ¥; ⏲ 8–10.30 & 12–21 Uhr; Ⓢ Chiyoda-Linie bis Sendagi, Ausgang 2) In diesem attraktiven neuen Café mit Galerie im Herzen von Yanaka ist für jeden etwas geboten: Mahlzeiten, Getränke und Süßes. Das japanische Frühstück für 325 ¥ ist ein Schnäppchen, und die Mittagsmenüs umfassen ein herzhaftes Gemüsecurry oder eine Frikadelle nach japanischer Art. Da das von Studenten der Tokioter Universität der Künste (Geidai) geführte Café sehr beliebt ist, sollte man am Wochenende Zeit mitbringen.

★ Innsyoutei JAPANISCH ¥¥

(韻松亭; Karte S. 102; ☎ 03-3821-8126; www.innsyoutei.jp; 4-59 Ueno-kōen, Taitō-ku; Mittag-/Abendessen ab 1680/5500 ¥; ⏲ Restaurant 11–15 & 17–21.30 Uhr, Teehaus 11–17 Uhr; 📋; Ⓡ JR-Linien bis Ueno, Ausgang Ueno-kōen) Das Innsyoutei (ausgesprochen „inshotei"), was so viel bedeutet wie „Reim des Kiefernhauses" befindet sich in einem herrlichen Holzhaus aus dem Jahr 1875. Besucher des Ueno-kōen (S. 103) schätzen es schon seit Langem für ein elegantes Essen im *kaiseki*-Stil. Ohne Reservierung (abends Pflicht) muss man lange warten, doch es lohnt sich. Die *bentō* (abgepackte Mahlzeiten) zur Mittagszeit bieten wunderschön präsentierte Häppchen und ein tolles Preis-Leistungs-Verhältnis.

Das angeschlossene rustikale Teehaus serviert *matcha* (pulverförmiger Grüntee) und traditionelle Desserts ab 600 ¥.

★ Shinsuke IZAKAYA ¥¥

(シンスケ; Karte S. 102; ☎ 03-3832-0469; 3-31-5 Yushima, Bunkyō-ku; ⏲ Mo–Fr 17–21.30, Sa bis 21 Uhr; 🚭 📋; Ⓢ Chiyoda-Linie bis Yushima, Ausgang 3) Das Shinsuke existiert seit 1925. Mit der langen Zederntheke, „Meistern" in *happi* (traditioneller Kurzmantel) und mit *hachimaki* (traditionelles Kopfband) sowie weichem *dai-ginjo* (Sake der obersten Güteklasse) entspricht es dem Konzept des idealen *izakaya* bis zur Perfektion. Das Essen (zeitgenössisch interpretierte Klassiker) ist einfach fantastisch. Wir können das *kitsune raclette* empfehlen, frittierter Tofu mit einer Füllung aus Raclette-Käse.

Im Gegensatz zu anderen altehrwürdigen *izakaya*, die Ausländer schon mal einschüchtern können, ist das Personal sehr freundlich und bemüht sich nach Kräften, den Gästen die Gerichte auf Englisch zu erklären.

★ **Hantei** JAPANISCH ¥¥
(はん亭; Karte S.102; ☎ 03-3828-1440; http://hantei.co.jp; 2-12-15 Nezu, Bunkyō-ku; Mahlzeiten ab 3000 ¥; ⌚ Di–So 12–15 & 17–22 Uhr; 📋; Ⓢ Chiyoda-Linie bis Nezu, Ausgang 2) In dieser lokalen Institution, die in einem wunderbar erhaltenen, fast 100 Jahre alten traditionellen Holzhaus untergebracht ist, kommen köstliche *kushiage* (Spieße aus Fleisch, Fisch und Gemüse) mit kleinen, erfrischenden Beilagen auf den Tisch. Das Mittagsmenü beinhaltet entweder acht oder zwölf Spieße, das Abendessen zunächst sechs, danach werden zusätzliche Portionen (210 ¥ pro Spieß) serviert, bis man nicht mehr kann.

Asakusa & Sumida-Fluss
浅草・隅田川

★ **Onigiri Yadoroku** JAPANISCH ¥
(おにぎり 浅草 宿六; Karte S.108; ☎ 03-3874-1615; http://onigiriyadoroku.com; 3-9-10 Asakusa, Taitō-ku; Tagesgericht Mittagessen 660 ¥ & 900 ¥, onigiri 200–600 ¥; ⌚ Mo–Sa 11.30–17, Do–Di 18–2 Uhr; 📋; 🚉 Tsukuba Express bis Asakusa, Ausgang 1) *Onigiri* (Reisbällchen-Snacks), meistens in eine knusprige Schicht *nori* (Seetang) gewickelt, sind eine großartige kulinarische Schöpfung Japans. Sehr preiswert sind die Mittagsgerichte, die zwei oder drei *onigiri* beinhalten. Abends kann man unter verschiedenen Varianten auswählen und es wird auch Alkohol serviert.

Kintame JAPANISCH ¥
(近為; Karte S.73; ☎ 03-3641-2740; www.kintame.co.jp; 1-14-5 Tomioka, Kōtō-ku; Mahlzeiten ab 1390 ¥; ⌚ Di–So 11–17 Uhr; Ⓢ Ōedo-Linie bis Monzen-Nakachō, Ausgang 1) Die Filiale des berühmten Pickles-Restaurants in Kyoto bietet Kostproben traditioneller Pickles mit Salz, Essig-Miso und Sojasoße. An einem Gemeinschaftstisch werden auch reichhaltige, preiswerte Mahlzeiten mit in Sake-Trub (die bei der Gärung des Alkohols gebildete Ablagerung) mariniertem Fisch serviert.

Das Kintame liegt am Ende der Einkaufsstraße, die zum Fukagawa Fudō-dō (S.109) führt – eine prima Einkehrmöglichkeit zum Mittagessen, wenn man den Tempel besucht.

Rokurinsha RĀMEN ¥
(六厘舎; Karte S.108; www.rokurinsha.com; 6. OG Solamachi, 1-1-2 Oshiage, Sumida-ku; rāmen ab 850 ¥; ⌚ 10.30–23 Uhr; 🚭 📋; Ⓢ Hanzōmon-Linie bis Oshiage, Ausgang B3) Spezialität des Restaurants sind dicke, perfekt al dente gekochte *tsukemen-rāmen*, die mit einer Schüssel konzentrierter Suppe zum Dippen serviert werden. Letztere besteht aus einer kräftigen *tonkotsu*-Basis (aus Schweineknochen). Achtung: Die Kombination hat hohes Suchtpotenzial und zieht wahre Menschenmassen in die Tokyo Sky Tree Town.

Daikokuya TEMPURA ¥
(大黒家; Karte S.108; ☎ 03-3844-1111; www.tempura.co.jp/english/index.html; 1-38-10 Asakusa, Taitō-ku; Mahlzeiten 1550–2100 ¥; ⌚ So–Fr 11–20.30, Sa bis 21 Uhr; 📋; Ⓢ Ginza-Linie bis Asakusa, Ausgang 1) In dem Laden nahe der Nakamise-dōri kommen in reinem Sesamöl frittierte Tempuraklassiker auf den Tisch. Das Lokal ist in einem weißen Gebäude mit Ziegeldach untergebracht. Hat sich eine Schlange gebildet (was oft passiert), kann man sein Glück im Anbau einen Block weiter versuchen, wo auch Menüs serviert werden.

★ **Otafuku** JAPANISCH ¥¥
(大多福; Karte S.108; ☎ 03-3871-2521; www.otafuku.ne.jp; 1-6-2 Senzoku, Taitō-ku; oden 110–550 ¥; ⌚ Di–Sa 17–23, So bis 22 Uhr; 📋; 🚉 Tsukuba Express bis Asakusa, Ausgang 1) Spezialität des über 100 Jahre alten Otafuku ist *oden*, ein typisch japanischer Eintopf, der am Tresen vor sich hinköchelt. Die Gäste suchen sich aus dem Topf aus, was ihnen zusagt. Günstig sind Rettich und Seetang, wer sich etwas gönnen möchte, nimmt Jakobsmuscheln und Thunfisch oder ein komplettes Menü für 5400 ¥.

An der Nordseite der Kototoi-dōri nach einem hüttenähnlichen Eingang mit Laterne Ausschau halten.

★ **Kappō Yoshiba** JAPANISCH ¥¥
(割烹吉葉; Karte S.73; ☎ 03-3623-4480; www.kappou-yoshiba.jp/english/index.html; 2-14-5 Yokoami, Sumida-ku; Gerichte 600–6600 ¥; ⌚ Mo–Sa 11.30–14 & 17–22 Uhr; 📋; Ⓢ Ōedo-Linie bis Ryōgoku Station, Ausgang 1) Dieses einzigartige Restaurant befindet sich in einem früheren Sumostall und hat den *dōyo* (Trainingsring) in der Mitte erhalten. Auch beim Essen bleibt es seinen Sumowurzeln treu und serviert Gästen den proteinreichen Eintopf

NICHT VERSÄUMEN

STRASSENKÜCHE IN ASAKUSA

In Asakusa gibt's großartiges Straßenküche. Hier einige Topadressen der Gegend:

Iriyama Sembei (入山煎餅; Karte S. 108; 1-13-4 Asakusa, Taitō-ku; sembei ab 130 ¥; ⏲ Fr–Mi 10–18 Uhr; 🚉 Tsukuba-Express bis Asakusa, Ausgang 4) In diesem 100 Jahre alten Laden kann man zuschauen, wie *sembei* (aromatisierte Reiscracker) von Hand auf Holzkohlegrills getoastet werden. Es gibt sie warm zum Mitnehmen oder als Souvenirs verpackt.

Hoppy-dōri (ホッピー通り; Karte S. 108; 2-5 Asakusa, Taitō-ku; Spieße ab 120 ¥; 🚉 Tsukuba-Express bis Asakusa, Ausgang 4) Auf beiden Seiten der weithin als Hoppy-dōri bekannten Straße („hoppy" ist ein billiges Malzgetränk) stellen Imbissläden von 12 Uhr bis spätabends Tische und Hocker vor die Tür, damit ihre Gäste sich dort die preiswerten *yakitori* (Spieße mit gegrilltem Fleisch oder Gemüse) schmecken lassen können.

Chōchin Monaka (ちょうちんもなか; Karte S. 108; 2-3-1 Asakusa, Taitō-ku; Eiscreme 330 ¥; ⏲ 10–17 Uhr; 📖; Ⓢ Ginza-Linie bis Asakusa, Ausgang 1) *Monaka* sind Waffeln, die traditionell mit einer süßen Bohnenpaste gefüllt sind. An diesem kleinen Stand in der Nakamise-dōri gibt es sie stattdessen mit einer Eiscremefüllung in Geschmacksrichtungen wie *matcha* (grüner Pulvertee) und *kuro-goma* (schwarzer Sesam).

chanko-nabe (ab 4600 ¥ für zwei Pers.). Seine größte Stärke ist jedoch das frisch zubereitete, in Riesenportionen servierte Sushi.

Das Mittagsmenü *nigiri* (1000 ¥) ist sehr günstig, am besten kommt man aber abends, wenn der *dōyo* sich in eine Bühne für traditionelle Livemusik-Aufführungen verwandelt.

Montags, mittwochs, freitags und samstags um 19.30 Uhr singen ehemalige Ringer 15 Minuten lang *sumo jinku* (eine Art Volkslied), dienstags und donnerstags um 19 Uhr gibt das Frauenduo Kitamura Shimai ein kurzes Konzert auf der *Tsugaru shamisen* (japanische Laute). Am Sonntag um 20 Uhr klimpert ein Pianist auf den Tasten des Flügels an der Sushi-Theke (bzw. am Buntglasfenster mit der Darstellung eines Sumoringers).

★ Asakusa Imahan JAPANISCH ¥¥¥

(浅草今半; Karte S. 108; ☎ 03-3841-1114; www.asakusaimahan.co.jp; 3-1-12 Nishi-Asakusa, Taitō-ku; Mittags-/Abendmenü ab 3800/10 000 ¥; ⏲ 11.30–21.30 Uhr; 🚭 📖; 🚉 Tsukuba Express bis Asakusa, Ausgang 4) Auf ein denkwürdiges Essen kann man sich in diesem berühmten Rindfleischrestaurant, das seit 1895 existiert, freuen. Im Angebot sind Menüs mit *sukiyaki* (langsam gegartes, in rohes Ei getauchtes Rindfleisch) und mit *shabu-shabu* (in Brühe blanchiertes Rindfleisch); die Preise richten sich nach der Qualität des Fleisches. Für weniger zahlungskräftige Gäste bietet das Imahan eine begrenzte Auswahl an günstigeren Mittagsmenüs (ab 1500 ¥).

Odaiba & die Bucht von Tokio お台場・東京湾

Bills INTERNATIONAL ¥

(ビルズ; Karte S. 111; www.bills-jp.net; 3. OG, Seaside Mall, DECKS Tokyo Beach, 1-6-1 Daiba, Minato-ku; Hauptgerichte ab 1400 ¥; ⏲ Fr 9–22, Sa & So 8–22 Uhr; 🚭 📶 📖 👪; 🚉 Yurikamome-Linie bis Odaiba Kaihin-kōen) Der australische Koch Bill Granger hat mit seiner Restaurantkette in Japan einen echten Coup gelandet. Kein Wunder angesichts des einladenden weitläufigen Restaurantbereichs inkl. einer Terrasse samt Blick auf die Bucht. Zum Angebot gehören Grangers Vorzeigekreationen wie Ricottapfannkuchen und Hauptgerichte (mittags & abends) wie *wagyū*-Burger.

Hibiki JAPANISCH ¥¥

(響; Karte S. 111; ☎ 03-3599-5500; www.dynac-japan.com/hibiki; 6. OG Aqua City, 1-7-1 Daiba, Minato-ku; Mittagsmenü 1000–2000 ¥, Gerichte 650–2700 ¥; ⏲ 11–15 & 17–23 Uhr; 📖; 🚉 Yurikamome-Linie bis Daiba, Südausgang) Das Hibiki lockt mit seinem Blick über die funkelnde Bucht. Auf der Karte stehen saisonale Speisen, herzhafte Grillgerichte und frischer Tofu sowie Sake und *shōchū* (hochprozentiger Alkohol, oft auf Kartoffelbasis). Das Mittagsmenü bietet ein gutes Preis-Leistungs-Verhältnis und beinhaltet eine kleine Salatbar, das Hauptgericht wählt man aus den Mustertellern, die vor dem Restaurant ausgestellt sind, aus. Abends wird eine Tischgebühr von 550 ¥ erhoben.

West-Tokio

★ Tensuke TEMPURA ¥

(天すけ; Karte S. 113; ☎ 03-3223-8505; 3-22-7 Kōenji-kita, Suginami-ku; Mittag-/Abendessen ab 1100/1600 ¥; ⏲ Di–Fr 12–14.15 & 18–22, Sa & So 11.30–15 & 18–22 Uhr; 🚭; 🚉 JR-Sōbu-Linie bis Kōenji, Nordausgang) Das *tamago*-(Eier-)Tempura des Tensuke ist ein echter Kandidat für die acht modernen Weltwunder. Wir wissen zwar nicht, wie der Koch (ein richtiger Showkünstler) das hinbekommt, doch die Eier sind außen knackig, während sie innen noch flüssig sind. Serviert werden sie als Teil des *tamago tempura teishoku* (玉子天ぷら定食) auf Reis mit Meeresfrüchten und Gemüse-Tempura.

Vor der Tür ist ein blau-oranges Schild zu sehen – und möglicherweise eine Schlange.

Daily Chiko EISCREME ¥

(デイリーチコ; Karte S. 113; UG, Nakano Broadway, Nakano-ku; Eiswaffel ab 280 ¥; ⏲ 10–20 Uhr; 🚉 JR-Sōbu-Chūō-Linie bis Nakano, Nordausgang) Eine Institution Nakanos und einer der wenigen Läden, die von Anfang an am Nakano Broadway dabei waren. An der Eistheke sind acht Varianten Softeis im Angebot, die sich nach Belieben in einer hohen Eiswaffel auftürmen lassen (490 ¥) – natürlich kann, wer will, sich auch mäßigen und sich auf nur eine, zwei oder drei Kugeln beschränken. Die rein japanischen Geschmacksrichtungen *yuzu* (柚子; eine Art Zitrusfrucht) und *ramune* (ラムネ; Cidre) sind oberlecker.

Tetchan YAKITORI ¥

(てっちゃん; 1-1-2 Kichijōji-Honchō, Musashino-shi; Spieße ab 110 ¥; ⏲ 16–23 Uhr; 🚉 JR-Sōbu-Chūō-Linie bis Kichijōji, Nordausgang) Das Tetchan, das sich im Labyrinth des überdachten Marktes Harmonica-yokochō versteckt, ist seit Jahren bei den Einheimischen beliebt. Dank seines neuen Interieurs aus Acryl-„Eis" des Architekten Kuma Kengo (bekannt für seine Entwürfe prestigeträchtigerer Gebäude) kommen nun auch immer mehr Touristen. Eine englischsprachige Karte gibt es nicht, doch mit *tsukune* (Hühnerfleischbällchen), *buta bara* (Schweinebauch) und *motsu-ni* (geschmorte Innereien) macht man garantiert nichts falsch.

★ Okajōki IZAKAYA ¥¥

(陸蒸気; Karte S. 113; ☎ 03-3228-1230; www.nakano-okajoki.com; 5-59-3 Nakano, Nakano-ku; Mittags-/Abendmenü 900/3980 ¥; ⏲ Mo–Fr 11.30–15 & 16–22, Sa & So 16–22 Uhr; 🚉 JR-Sōbu-Chūō-Linie bis Nakano, Nordausgang) Legendär ist das *yaki-zakana*-Mittagessen (焼き魚; gegrillter Fisch) dieses Restaurants. Die Fische werden um ein großes zentrales Feuer herum angeordnet, gegrillt und mit Reis, Misosuppe und Pickles serviert. Eine englische Karte gibt es nicht, üblicherweise sind aber *shake* (しゃけ; Lachs), *nishin* (にしん; Pazifischer Hering) und *saba* (さば; Makrele) im Angebot. Man bestellt am Kiosk beim Eingang. Schlangen sind hier keine Seltenheit.

Abends erleichtert das Menü, das Sashimi und gegrillten Fisch beinhaltet, die Bestellung. Zum Abendessen besser reservieren.

Ausgehen & Nachtleben

Roppongi beheimatet den Löwenanteil an ausländerfreundlichen Bars. In Shinjuku locken das Retro-Viertel Golden Gai (S. 147) und die vielen Schwulenbars im Viertel Ni-chōme (S. 142).

Tolle Ausgeh- und Partyviertel sind auch Shibuya und Harajuku, wo sich die Jugend trifft, Shimbashi und Yūrakuchō, in denen viele Angestellte unterwegs sind, sowie Ebisu und das nahe gelegene Daikanyama, die mit mehreren großartigen Bars aufwarten. Asakusas Hoppy-dōri (S. 140) ist ein fröhlicher Treff mit Retro-Atmosphäre.

Für alle Karaoke-Neulinge empfiehlt sich ein erster Versuch in einer Karaoke-Kabine („karaoke box", ein kleiner Raum für kleine private Gruppen) – das ist sehr viel weniger peinlich als in einer Bar vor lauter Fremden. Essen und Drinks werden direkt in den Raum gebracht, der in der Regel um die 700 ¥ pro Stunde und Person kostet. Vielleicht entdeckt man ja seine Karaoke-Leidenschaft! Zu erkennen sind die Karaoke-Kabinen, die es in allen Ausgehvierteln gibt, an den Schildern mit der Aufschrift カラオケ (Karaoke).

Was führende Tanz-Locations angeht, kann Tokio locker mit London und New York mithalten. Hier sind regelmäßig internationale Star-DJs und einheimische DJs mit markerschütternden Soundsystemen am Werk. In den meisten Clubs geht es erst nach Mitternacht richtig los (und manchmal bis in den Morgen hinein). Gäste werden nur mit einem Lichtbildausweis eingelassen.

Die großen Ausgehabende sind Freitag und Samstag, doch auch an den meisten anderen Abenden finden sich Gäste in den Bars.

Marunouchi & Nihombashi

★ Nihombashi Toyama BAR
(日本橋とやま館; Karte S. 76; ☎ 03-6262-2723; http://toyamakan.jp; 1-2-6 Nihombashi-muromachi, Chūō-ku; ⊙ 11–21 Uhr; Ⓢ Ginza-Linie bis Mitsukoshimae, Ausgang B5) Im Zentrum Tokios gibt's viele Lokale dieser Art, die Produkte einer japanischen Region promoten. Diese Bar in elegantem Design offeriert eine Palette der besten Sakes aus Toyama, die von 17 verschiedenen Brauereien stammen. Ein Set mit drei 30-ml-Bechern kostet nur 700 ¥ (90-ml-Becher ab 600 ¥ pro Becher). Es gibt auch englischsprachige Verkostungsinfos.

100 % Chocolate Cafe CAFÉ
(Karte S. 76; ☎ 03-3273-3184; www.meiji.co.jp/sweets/choco-cafe; 2-4-16 Kyōbashi, Chūō-ku; ⊙ Mo–Fr 8–20, Sa & So 11–19 Uhr; Ⓢ Ginza-Linie bis Kyōbashi, Ausgang 5) Meiji ist einer der führenden japanischen Süßwarenhersteller, und in diesem Café – in seinem Hauptsitz in Tokio – präsentiert er die Schokoladenpalette der Marke. Das Design der Decke erinnert passenderweise an eine Tafel Schokolade. Die Gäste können drei Sorten Trinkschokolade für 500 ¥ probieren und danach in der Auswahl der Schokoladentafeln zum Mitnehmen stöbern.

Manpuku Shokudō KNEIPE
(まんぷく食堂; Karte S. 76; ☎ 03-3211-6001; www.manpukushokudo.com; 2-4-1 Yūrakuchō, Chiyoda-ku; Eintritt 300 ¥; ⊙ 24 Std.; Ⓡ JR-Yamanote-Linie bis Yūrakuchō, zentraler Ausgang) Zum Klang der Züge, die auf den Schienen oberhalb vorüberrattern (sie führen über die Harumi-dōri in Yūrakuchō), genießt man hier Bier oder Sake in geselliger Atmosphäre. Das gesellige *izakaya* (japanisches Kneipenlokal) ist mit alten Filmpostern tapeziert und rund um die Uhr geöffnet.

Happy Hour ist von Montag bis Freitag von 11 bis 20 Uhr und am Samstag von 15 bis 20 Uhr, dann kosten die Biere nur 280 ¥.

Ginza & Tsukiji 銀座・築地

★ Turret Coffee CAFÉ
(Karte S. 76; http://ja-jp.facebook.com/turretcoffee; 2-12-6 Tsukiji, Chūō-ku; ⊙ Mo–Sa 7–18, So 12–18 Uhr; Ⓢ Hibiya-Linie bis Tsukiji, Ausgang 2) Kawasaki Kiyoshi hat seinen unabhängigen Coffeeshop mutig direkt neben einer Starbucks-Filiale eröffnet. Der Name geht auf die dreirädrigen Lieferfahrzeuge zurück, die rund um den Tsukiji-Markt (S. 79) düsen – einer steht hier vor Ort. Perfekt für einen Espresso am frühen Morgen auf dem Weg vom oder zum Äußeren Markt.

★ Cafe de l'Ambre CAFÉ
(カフェ・ド・ランブル; Karte S. 76; ☎ 03-3571-1551; www.h6.dion.ne.jp/~lambre; 8-10-15 Ginza, Chūō-ku; Kaffee ab 650 ¥; ⊙ Mo–Sa 12–22, So bis 19 Uhr; Ⓡ Ginza-Linie bis Ginza, Ausgang A4) Das Schild über der Tür verkündet „Nur Kaffee" – aber wow, was für eine Auswahl! Sekiguchi Ichiro gründete dieses Café 1948

TOKIO FÜR SCHWULE & LESBEN

Shinjuku-nichōme ist Tokios kleines, aber sehr lebhaftes Schwulenviertel. Abgesehen von dieser Gegend und ein paar anderen Orten ist die Schwulenszene aber fast unsichtbar. Zu den beliebten Treffpunkten gehören die folgenden:

Aiiro Cafe (アイイロ カフェ; Karte S. 94; http://aliving.net/aiirocafe/; 2-18-1 Shinjuku, Shinjuku-ku; ⊙ Mo–Do 18–2, Fr & Sa 18–5, So 18–24 Uhr; Ⓢ Marunouchi-Linie bis Shinjuku-sanchōme, Ausgang C8) Das Aiiro befindet sich in den Räumlichkeiten des ehemaligen Advocates (so nennen es viele alte Stammgäste noch immer), das früher eine Institution von Ni-chome war. Es ist der beste Startpunkt für einen Abend im Viertel – dank des All-you-can-drink-Angebots für Bier (1000 ¥ zur Happy Hour). Die Bar selbst ist winzig, das Geschehen spielt sich draußen an der Straßenecke ab und breitet sich im Sommer auf den ganzen Block aus.

Arty Farty (アーティファーティ; Karte S. 94; www.arty-farty.net; 2. OG, 2-11-7 Shinjuku, Shinjuku-ku; ⊙ 18–1 Uhr; Ⓢ Marunouchi-Linie bis Shinjuku-sanchōme, Ausgang C8) Seit vielen Jahren eine feste Adresse der Tokioter Schwulenszene. Das Arty Farty lädt alle aus der Community dazu ein, auf der Tanzfläche abzuhotten. In der Regel geht es erst später am Abend richtig los.

Tokios jährliche **Pride Parade** (http://tokyorainbowpride.com) findet im Mai statt. Mehr Infos zu Reisen nach Tokio gibt's bei Utopia Asia (www.utopia-asia.com).

und führt es immer noch selbst, im erstaunlichen Alter von 100 Jahren! Er bestellt und röstet gereifte Kaffeebohnen aus aller Welt. Ein dunkler, altmodischer Laden – typisch für Ginza.

★ **Cha Ginza** TEEHAUS
(茶・銀座; Karte S. 76; ☎ 03-3571-1211; www.uogashi-meicha.co.jp/shop/ginza; 5-5-6 Ginza, Chūō-ku; ⌚ 11–17 Uhr, Laden Di–So bis 18 Uhr; Ⓢ Ginza-Linie bis Ginza, Ausgang B3) In dem schicken, zeitgenössischen Teesalon zahlt man 800 ¥ für eine formvollendet zubereitete Tasse *matcha* (Grüntee) und ein oder zwei kleine Kuchenstücke oder für einen *sencha* (Grüntee bester Qualität) nach Wahl. Den Chip für den Tee erwirbt man im Laden unten, der erstklassige Teesorten aus verschiedenen japanischen Anbaugebieten verkauft.

Jugetsudo TEEHAUS
(寿月堂; Karte S. 76; ☎ 03-6278-7626; www.jugestudo.fr; 5. OG Kabuki-za Tower, 4-12-15 Ginza, Chūō-ku; ⌚ 10–17.30 Uhr; Ⓢ Hibiya-Linie bis Higashi-Ginza, Ausgang 3) Die Hauptfiliale dieses achtbaren Teehauses liegt zwar näher am Tsukiji-Markt, doch dieses stilvolle Filiale im Kabuki-za Tower wurde von Kengo Kuma entworfen. Serviert werden verschiedene grüne Tees aus Japan, darunter auch *matcha*, und Speisen. Die Teeverkostung (4000 ¥), die von 10 bis 12 Uhr dauert und vier verschiedene Teesorten umfasst, muss man im Voraus buchen.

Kagaya KNEIPE
(加賀屋; Karte S. 76; ☎ 03-3591-2347; http://kagayayy.sakura.ne.jp; 1. UG, Hanasada Bldg, 2-15-12 Shimbashi, Minato-ku; ⌚ Mo–Sa 19–24 Uhr; Ⓡ JR-Yamanote-Linie bis Shimbashi, Ausgang Shimbashi) Es steht wohl fest, dass kein Barbesitzer in Tokio ähnlich brillant durchgeknallt ist wie Mark Kagaya. Er ist zum Brüllen komisch und die eigentliche Attraktion dieses bescheidenen *izakaya*, wobei die Hausmannskost seiner Mama die Geschmacksknospen aber auch mitten ins Herz trifft. Ohne Reservierung geht hier nichts.

Roppongi, Akasaka & Umgebung

★ **Brewdog** CRAFT-BIER
(Karte S. 84; ☎ 03-6447-4160; www.brewdog.com/bars/worldwide/roppongi; 5-3-2 Roppongi, Minato-ku; ⌚ Mo–Fr 17–24, Sa & So 15–24 Uhr; 📶; Ⓢ Hibiya-Linie bis Roppongi, Ausgang 3) Der Tokioter Außenposten dieser schottischen Craft-Bier-Brauerei liegt abseits der Hauptgeschäftsstraße. Neben eigenen Bieren ist eine tolle Auswahl anderer Biere im Ausschank, darunter japanische Fassbiere. Serviert werden die meisten in kleinen Standard- oder großen (Pint-)Gläsern. Zu einem rundum gelungenen Abend tragen auch das leckere Essen und die Computer- und Brettspiele bei.

★ **The Garden** CAFÉ
(Karte S. 84; ☎ 03-3470-4611; www.i-house.or.jp/eng/facilities/tealounge; International House of Japan, 5-11-16 Roppongi, Minato-ku; ⌚ 7–22 Uhr; 📶; Ⓢ Ōedo-Linie bis Azabu-Jūban, Ausgang 7) Von diesem friedlichen Teehaus aus, das sich hinter dem International House of Japan versteckt, schaut man auf einen schönen Garten aus dem späten 16. Jh. Hier gibt's eine verlockende Auswahl an Kuchen und Gebäck, aber auch gehaltvollere Speisen, wenn man länger verweilen möchte – und wer könnte es einem verdenken!

★ **These** LOUNGE
(テーゼ; Karte S. 84; ☎ 03-5466-7331; www.these-jp.com; 2-15-12 Nishi-Azabu, Minato-ku; Eintritt 500 ¥; ⌚ 19–4, So bis 2 Uhr; Ⓢ Hibiya-Linie bis Roppongi, Ausgang 3) Die angenehm ausgefallene „Bibliothek-Lounge" ist voller netter Ecken und Winkel. Überall stehen Sessel oder Sofas herum und auf Regalen sowie der Bar reihen sich Bücher aneinander. Den Namen spricht man kurioserweise *teh*-zeh aus. Gäste bestellen ein Glas Champagner,

INSIDERWISSEN

DEN LETZTEN ZUG VERPASST?

Keine Sorge, damit ist man weder allein noch aufgeschmissen. In Ausgehvierteln wie Roppongi, Shinjuku und Shibuya gibt's viele rund um die Uhr geöffnete Orte für Nachtschwärmer, die den letzten Zug versäumt haben und denen ein Taxi zu teuer ist. Neben Love Hotels und *manga kissa* (Cafés mit privaten Kabinen, in denen man Mangas lesen und notfalls auch schlafen kann – bezahlt wird pro Stunde) bleibt noch die Option, in einem Karaoke-Laden auf den ersten Zug zu warten – die meisten bieten von 24 bis 5 Uhr vergünstigte Nachtpauschalen an.

Whiskey oder Cocktails mit Obst der Saison und knappern dazu Knoblauchtoast mit Schnecken. Wer mag, kann auch in dem „geheimen" Zimmer im 2. Stock Platz nehmen. Es ist das Haus mit den Fackeln.

★ **Sake Plaza** SAKE

(日本酒造会館; Karte S. 73; www.japansake.or.jp; 1-6-15 Nishi-Shimbashi, Minato-ku; ⌚ Mo–Fr 10–18 Uhr; Ⓢ Ginza-Linie bis Toranomon, Ausgang 9) Das Sake Plaza ist zwar keine Bar, doch wen stört's angesichts der 30-ml-Becher mit regional gebrautem Sake (etwa 36 Sorten) oder *shōchū* (16 Sorten) für nur 100 ¥ pro Schnaps! Die vier Probier-Sets mit je drei Gläsern kosten zwischen 200 und 500 ¥. Der Ausstellungs- und Verkostungsraum ist der perfekte Ort, um mehr über das japanische Nationalgetränk zu erfahren.

Er befindet sich auf der Rückseite des Japan Sake Brewers Association Building (日本酒造会館).

★ **SuperDeluxe** CLUB

(スーパー・デラックス; Karte S. 84; ☎ 03-5412-0515; www.super-deluxe.com; 1. UG, 3-1-25 Nishi-Azabu, Minato-ku; Eintritt variiert; Ⓢ Hibiya-Linie bis Roppongi, Ausgang 1B) Eine coole Location im Kellergeschoss eines nicht weiter ausgeschilderten braunen Ziegelsteingebäudes neben einem Schustergeschäft. Sie ist Veranstaltungsbühne, Cocktaillounge und Club in einem und wartet mit einem bunten Programm von elektronischer Musik über Literaturabende bis hin zu kreativen Präsentationen im 20 x 20-PechaKucha0(20 Dias x 20 Sekunden)-Format auf. Genaueres dazu auf der Website.

Ebisu, Meguro & Umgebung

Ebisus lebendige Barszene zieht viele junge Angestellte an. Die meisten Bars sind klein und bestehen oft nur aus einer Theke; das Vergnügen besteht darin, sie nacheinander abzuklappern.

★ **Nakame Takkyū Lounge** LOUNGE

(中目卓球ラウンジ; Karte S. 88; 2. OG, Lion House Naka-Meguro, 1-3-13 Kami-Meguro, Meguro-ku; Eintritt vor/nach 22 Uhr 500/800 ¥; ⌚ Mo–Sa 18–2 Uhr; Ⓢ Hibiya-Linie bis Naka-Meguro) *Takkyū* heißt „Tischtennis" auf Japanisch – ein Sport, der in Japan sehr ernst genommen wird. Diese superwitzige Bar sieht aus wie das Tischtennisclubheim einer Universität, bis hin zu dem ranzigen Mobiliar und den Postern von Tischtennisassen. Die Lounge befindet sich in einem Apartmentgebäude neben einem Parkhaus (den kompletten Flur runterlaufen, vorbei an den Fahrrädern, und klingeln).

Bar Trench COCKTAILBAR

(バートレンチ; Karte S. 88; ☎ 03-3780-5291; http://small-axe.net/bar-trench/; 1-5-8 Ebisu-Nishi, Shibuya-ku; Eintritt 500 ¥; ⌚ Mo–Sa 19–2, So 18–1 Uhr; Ⓡ JR-Yamanote-Linie bis Ebisu, Westausgang) Das Trench (benannt nach der grabenartigen Gasse – englisch *trench* – in der es liegt) ist einer der Pioniere der neuen Cocktailszene Tokios. Die winzige Bar mit europäischem Künstlerflair hat eine kleine, aber nette Karte mit originellen Drinks. Eines der Highlights ist der „Shady Samurai" (mit Grüntee versetzter Gin, Holunderblütenlikör, Eiweiß und Limone, 1620 ¥).

Buri BAR

(ぶり; Karte S. 88; ☎ 03-3496-7744; 1-14-1 Ebisu-nishi, Shibuya-ku; ⌚ 17–3 Uhr; Ⓡ JR-Yamanote-Linie bis Ebisu, Westausgang) Eine der beliebtesten *tachinomi-ya* (Stehbars) in Ebisu. Buri bedeutet „super" im Hiroshima-Dialekt. Fast jeden Abend drängt sich viel gut gelauntes Volk an dem U-förmigen Tresen. Die großzügigen Portionen Sake (mehr als 40 Sorten; 770 ¥) werden halbgefroren in bunten Gläsern serviert, ein bisschen wie Slush-Getränke.

Shibuya

★ **Good Beer Faucets** CRAFT-BEER

(グッドビアフォウセッツ; Karte S. 90; http://shibuya.goodbeerfaucets.jp; 2. OG, 1-29-1 Shōtō, Shibuya-ku; Pint ab 800 ¥; ⌚ Mo–Do & Sa 17–24, Fr bis 3, So 16–23 Uhr; ⊖ 📶; Ⓡ JR-Yamanote-Linie bis Shibuya, Ausgang Hachikō) Das Good Beer Faucets bietet die beste Auswahl an japanischen Craft-Bieren in der Stadt. Die 40 glänzenden Zapfhähne sorgen regelmäßig für ein volles Haus – Einheimische kommen genauso gern her wie Expats. Von wegen rustikale Brauhausatmosphäre: Chrom und Beton prägen die Räumlichkeiten. Zur Happy Hour (Mo–Do 17–20, So 13–19 Uhr) ist jedes Pint 200 ¥ günstiger.

Contact CLUB

(コンタクト; Karte S. 90; ☎ 03-6427-8107; www.contacttokyo.com; UG, 2-10-12 Dōgenzaka, Shibuya-ku; 2000–3500 ¥; ⊖; Ⓡ JR-Yamanote-Linie bis Shibuya, Ausgang Hachikō) Willkommen im neuesten Hotspot Tokios! Der stylishe Underground-Club legt Wert darauf, mit der

Zeit zu gehen (sprich: ziemlich viele Regeln): Rauchen und Fotografieren sind auf der Tanzfläche nicht erlaubt, man kann sich also ungeniert austoben. Am Wochenende sind berühmte internationale Größen und viele junge modebewusste Menschen zu Gast. Besucher unter 23 Jahren zahlen nur 2000 ¥. Ausweis erforderlich.

Zurzeit ist der Club „nur für Mitglieder" geöffnet, daher muss man sich vorher auf der Website anmelden. Der Eingang befindet sich auf der Rückseite eines Parkplatzes.

Rhythm Cafe BAR

(リズムカフェ; Karte S. 90; ☎ 03-3770-0244; http://rhythmcafe.jp; 11-1 Udagawa-chō, Shibuya-ku; ⏰ 18–2 Uhr; 🚉 JR-Yamanote-Linie bis Shibuya, Ausgang Hachikō) Funkig und fröhlich kommt das von einem Plattenlabel geführte Rhythm Cafe daher. Oft sind mehr Gäste hier als hineinpassen, sodass die Party auf der Straße weitergeht. Bekannt ist die Bar für ihre ungewöhnlichen Event-Abende (z. B. die japanische Retro-Pop-Nacht am vierten Donnerstag im Monat). Drinks kosten ab 700 ¥; wenn DJs an den Plattentellern stehen, werden um die 1000 ¥ Eintritt fällig.

Nonbei-yokochō BAR

(のんべえ横丁; Karte S. 90; www.nonbei.tokyo; Shibuya 1-chōme, Shibuya-ku; 🚉 JR-Yamanote-Linie bis Shibuya, Ausgang Hachikō) Das Nonbei-yokochō ist eine der ungewöhnlichen Locations in alten Holzbaracken, die sich im Schatten der JR-Hochbahn aufreihen. Die winzigen Bars sind alle ganz einzigartig. Einige nehmen Eintritt (meistens 500–1000 ¥), nicht aber das **Tight** (タイト; Karte S. 90; 2. OG, 1-25-10 Shibuya, Shibuya-ku; ⏰ Mo–Sa 18–2, So bis 24 Uhr).

Womb CLUB

(ウーム; Karte S. 90; ☎ 03-5459-0039; www.womb.co.jp; 2-16 Maruyama-chō, Shibuya-ku; Eintritt 1500–4000 ¥; ⏰ Fr & Sa 23 Uhr–open end, So 16–22 Uhr; 🚉 JR-Yamanote-Linie bis Shibuya, Ausgang Hachikō) Der „Mutterleib" ist schon lange (zumindest für einen Club) ein fixer Dreh- und Angelpunkt der Clubszene. Hier treten die großen internationalen DJs auf, die freitags und samstags vor allem House und Techno im Gepäck haben. Frenetisch rauschen Laser und Stroboskop-Lichter über die wogenden Mengen hinweg. Unter der Woche geht es ruhiger zu, dann legen hiesige DJs elektronische Tanzmusik auf und Frauen haben freien Eintritt (mit Flyer).

INSIDERWISSEN

BIERGÄRTEN IM MEIJI-JINGŪ GAIEN

Biergärten haben in Tokio Tradition und sind normalerweise von Ende Mai bis Anfang September geöffnet. Zwei der besten befinden sich im Meiji-jingū Gaien (der „äußere Garten" des Meiji-jingū). Der **Mori-no-Biergarten** (森のビアガーデン; Karte S. 72; www.rkfs.co.jp/brand/beer_garden_detail.html; 1-7-5 Kita-Aoyama, Minato-ku; ⏰ Mo–Fr 17–22, Sa & So 15–22 Uhr; 🚉 JR-Sōbu-Linie bis Shinanomachi) fasst bis zu 1000 Gäste, die sich im Schatten eines uralten Baums über All-you-can-eat und -drink-Angebote für Bier und Gegrilltes freuen.

Gepflegter geht es im **Sekirei** (鶺鴒; Karte S. 72; ☎ 03-3746-7723; www.meijikinenkan.gr.jp/restaurant/company/sekirei; Meiji Kinenkan, 2-2-23 Moto-Akasaka, Minato-ku; Eintritt 500 ¥; ⏰ 17–22.30 Uhr; 🚉 JR-Sōbu-Linie bis Shinanomachi) zu, wo man das Bier auf dem makellosen Rasen der prächtigen Meiji Kinenkan (eine für Hochzeiten genutzte Halle) trinkt. Jeden Abend gegen 20 Uhr werden traditionelle japanische Tänze aufgeführt.

Harajuku & Aoyama

Little Nap Coffee Stand CAFÉ

(リトルナップコーヒースタンド; Karte S. 72; www.littlenap.jp; 5-65-4 Yoyogi, Shibuya-ku; ⏰ Di–So 9–17 Uhr; Ⓢ Chiyoda-Linie bis Yoyogi-kōen, Ausgang 3) Nur wenige Besucher kommen vom nahen Eingang der gleichnamigen U-Bahn-Station in den Yoyogi-kōen (abgesehen von denen, die in der Nähe wohnen). Wahrscheinich sind sie unterwegs im Little Nap eingekehrt, um einen gut gemachten Latte (400 ¥) zu trinken. An Sonntagen drängt sich immer eine kleine Menschenmenge vor dem Eingang.

Oath BAR

(Karte S. 72; http://bar-oath.com; 4-5-9 Shibuya, Shibuya-ku; ⏰ Mo–Do 21–5, Fr & Sa bis 8, So 17–23 Uhr; Ⓢ Ginza-Linie bis Omote-sandō, Ausgang B1) Die winzige Bar steht an einem etwas einsamen Autobahnabschnitt, ist aber eine beliebte Adresse fürs „After-Clubbing". Dazu tragen sicherlich auch die günstigen Getränkepreise (500 ¥) und der kostenlose Eintritt bei. Manchmal legen Underground-DJs auf.

Two Rooms BAR

(トゥールームス; Karte S. 92; ☎03-3498-0002; www.tworooms.jp; 5. OG AO Bldg, 3-11-7 Kita-Aoyama, Minato-ku; ⌚Mo–Sa 11.30–2, So bis 22 Uhr; S Ginza-Linie bis Omote-sandō, Ausgang B2) Die Klientel ist genauso angezogen, wie man es bei Weinpreisen ab 1600 ¥ erwarten würde (ja, pro Glas!). Es gibt zwar auch eine Küche, aber das eigentliche Spektakel geht abends an der Bar ab. Für Freitag- und Samstagabend telefonisch reservieren (die Angestellten sprechen Englisch), wenn man einen Tisch auf der Terrasse mit unverstelltem Blick auf die Skyline von Shinjuku haben möchte.

Montoak CAFÉ

(モントーク; Karte S. 92; 6-1-9 Jingūmae, Shibuya-ku; ⌚11–3 Uhr; ; JR-Yamanote-Linie bis Harajuku, Ausgang Omote-sandō) Der stylishe Würfel aus gefärbtem Glas ist ein ruhiges, schummrig beleuchtetes Refugium. Hier kann man sich wunderbar mit einer Kanne Tee oder einer Karaffe Wein vom Trubel der Straße zurückziehen und das Kommen und Gehen der Leute draußen beobachten. Bei schönem Wetter gibt's Plätze auf der Terrasse. Getränke kosten ab 700 ¥.

Shinjuku

★BenFiddich COCKTAILBAR

(ベンフィディック; Karte S. 94; ☎03-6279-4223; 9. OG 1-13-7 Nishi-Shinjuku, Shinjuku-ku; ⌚Mo–Sa 18–3 Uhr; JR-Yamanote-Linie bis Shinjuku, Westausgang) Willkommen in der magischen Atmosphäre des Ben Fiddich. Es ist dunkel, es ist winzig, hinter der Bar reihen sich Flaschen edler Tropfen aneinander, von der Decke hängen Kräuter und klassische Musik umschmeichelt die Ohren. Der Barmann Kayama Hiroyasu trägt einen weißen Anzug und bewegt sich wie ein Magier. Eine Karte gibt es nicht. Cocktails kosten um die 1500 ¥, die Servicegebühr beträgt 10 %.

★Zoetrope BAR

(ゾートロープ; Karte S. 94; http://homepage2.nifty.com/zoetrope; 3. OG, 7-10-14 Nishi-Shinjuku, Shinjuku-ku; Eintritt 1000 ¥; ⌚Mo–Sa 19–4 Uhr; JR-Yamanote-Linie bis Shinjuku, Westausgang) Ein Muss für Whisky-Liebhaber, die aus nicht weniger als 300 japanischen Sorten hinter einem kleinen Tresen wählen können, darunter edle Tropfen aus der Kult-Whiskybrauerei Chichibu Distillery, die nur schwer zu bekommen sind. Der Inhaber spricht Englisch und kann bei der Wahl behilflich sein (die Karte ist tatsächlich etwas einschüchternd). Ein Glas Whisky kostet zwischen 400 und 19 000 ¥, die meisten sind aber erschwinglich.

New York Bar BAR

(ニューヨークバー; Karte S. 94; ☎03-5323-3458; http://tokyo.park.hyatt.com; 52. OG, Park Hyatt, 3-7-1-2 Nishi-Shinjuku, Shinjuku-ku; ⌚So–Mi 17–24, Do–Sa bis 1 Uhr; Ōedo-Linie bis Tochōmae, Ausgang A4) Im 52. Stock des Park Hyatt bietet sich durch die Panoramafenster dieser Bar ein einzigartiger Blick auf die funkelnde nächtliche Lichterlandschaft (wer *Lost in Translation* gesehen hat, kennt ihn). Nach 20 Uhr (So schon ab 19 Uhr) zahlt man 2200 ¥ Eintritt. Am besten früher kommen und dabei zuschauen, wie es draußen allmählich dunkel wird. Weitere nützliche Infos: strenge Kleiderordnung, Cocktails ab 2200 ¥.

Die Aussicht von der Peak Bar in der 41. Etage ist fast genauso grandios. Hier zahlt man keinen Eintritt und kann das großzügige All-you-can-drink-Angebot „Twilight Time" (17–20 Uhr; 5000 ¥, unbegrenzte Kanapees inbegriffen) mitnehmen.

Akihabara, Kagurazaka & Kōrakuen

★Imasa CAFÉ

(井政; Karte S. 98; ☎03-3255-3565; www.kanda-imasa.co.jp; 2-16 Soto-Kanda, Chiyoda-ku; Getränke 600 ¥; ⌚Mo–Fr 11–16 Uhr; JR-Chūō oder Sōbu-Linie bis Ochanomizu, Ausgang Hijiri-bashi) Dass man seinen Kaffee oder Tee in einem wichtigen Kulturgut Japans trinkt, passiert wohl auch nicht alle Tage – und noch dazu ist das Imasa (1927) ein echtes Bilderbuchbeispiel dieser Gebäudekategorie. Nur ein paar wenige zeitgenössische Möbelstücke stehen in dem Holzhaus mit dem typischen Edo-Design, das früher das Geschäft eines Händlers war. In Tokio gibt es nur noch wenige Bauwerke dieser Art und viele davon sind nicht unbedingt öffentlich zugänglich.

★Craft Beer Server Land CRAFT-BIER

(Karte S. 98; ☎03-6228-1891; Okawa Bldg B1F, 2-9 Kagurazaka, Shinjuku-ku; Servicegebühr 380 ¥; ⌚Mo–Fr 17–24, Sa & So 12–24 Uhr; ; JR-Sōbu-Linie bis Iidabashi, Westausgang) Die hell erleuchtete Kellerbar, die mit Holzmöbeln und einem skandinavischen Touch eingerichtet ist, hat ein Erfolgsrezept: 14 japanische Craft-Biere vom Fass für sehr annehmbare 500/840 ¥ pro Glas/Pint und dazu gutes Essen (die Fish & Chips sind großartig).

Beim Hinaufgehen auf das englische Schild achten.

★ Mugimaru 2 CAFÉ

(ムギマル2; Karte S. 98; ☎ 03-5228-6393; www.mugimaru2.com; 5-20 Kagurazaka, Shinjuku-ku; Kaffee 550 ¥; ⏰ Do–Di 12–20 Uhr; Ⓢ Tozai-Linie bis Kagurazaka, Ausgang 1) Ein charmantes Café in einem komplett mit Efeu bewachsenen alten Haus mit einem herzlichen Besitzer und mehreren Katzen. Die Gäste sitzen auf Bodenkissen. Spezialität des Hauses sind warme, schwammartige *manjū* (Dampfnudel-„Brötchen").

Das Café liegt in einem kleinen Gewirr von Gassen gleich abseits der Ōkubo-dōri – nach einem Schild mit einer Katze und Topfpflanzen vor der Tür Ausschau halten.

N3331 CAFÉ

(Karte S. 98; ☎ 03-5295-2788; http://n3331.com; 2. OG, mAAch ecute, 1-25-4 Kanda-Sudachō, Chiyoda-ku; ⏰ Mo–Sa 11–22.30, So bis 20.30 Uhr; 🚉 JR-Yamamote-Linie bis Akihabara, Ausgang Electric Town) Am Ende der mit weißen Fliesen bedeckten Originaltreppe zur Plattform der Haltestelle Mansei-bashi stößt man auf das ultimative „Trainspotter"-Café. Jenseits der riesigen Fenster (vom Boden bis zur Decke) brausen die Pendlerzüge vorbei. Es gibt Kaffee, Craft-Bier und Sake sowie diverse Snacks.

@Home Cafe CAFÉ

(@ほぉ〜むカフェ; Karte S. 98; www.cafe-athome.com; 4.–7. OG, 1-11-4 Soto-Kanda, Chiyoda-ku; Getränke ab 500 ¥; ⏰ Mo–Fr 11.30–22, Sa & So 10.30–22 Uhr; 🚉 JR-Yamanote-Linie bis Akihabara, Ausgang Electric Town) „Dienstmädchen-Cafés" mit *kawaii* (niedlichen) Kellnerinnen, die wie kesse französische oder aber züchtige viktorianische Dienstmädchen gekleidet sind, gehören zum Bestand von Akiba. Eines der besseren ist das @Home. Beim Eintreten wird man sogleich mit *go-shujinsama* (Meister) oder *o-jōsama* (Fräulein) begrüßt. Gerichte wie Curryreis werden mit Smileys darauf angerichtet.

Die Kellnerinnen spielen mit den Gästen auch Spiele wie *moe moe jankan* (Schere, Stein, Papier).

Das Ganze ist schon etwas schlüpfrig, aber es hat nichts mit Sex zu tun. Es geht vielmehr um (mehr oder weniger) unschuldigen Spaß für die *otaku* (leidenschaftliche Fans) von Akiba.

Ueno & Yanesen

★ Yanaka Beer Hall CRAFT-BIER

(Karte S. 102; ☎ 03-5834-2381; www.facebook.com/yanakabeerhall; 2-15-6 Ueno-sakuragi, Taitō-ku; ⏰ Di–Fr 12–20.30, Sa & So 11–20.30 Uhr; 📶; Ⓢ Chiyoda-Linie bis Nezu, Ausgang 1) Dem Himmel sei Dank für diese gemütliche Craft-Bier-Bar mit Sitzplätzen im Freien, denn bei einem Streifzug durch Yanesen kann man schnell durstig werden. Sie befindet sich in

GOLDEN GAI

Golden Gai, ein Gewirr winziger Gassen und schmaler zweistöckiger Holzhäuser, war nach dem Zweiten Weltkrieg ursprünglich ein Schwarzmarkt. Später verwandelte es sich in ein Ausgeh- und Amüsierviertel, bis 1958 die Prostitution verboten wurde. Heute befinden sich in denselben Gebäuden Hunderte winzige Bars, von denen jede so einzigartig und exzentrisch ist wie der „Meister" oder die „Mama", die sie betreiben. Es ehrt diese starrköpfigen, unkonventionellen Typen, dass Golden Gai, eigentlich erstklassiges Bauland, bisher jenem Bauboom widerstanden hat, der anderswo in Shinjuku zu sehen ist.

Am besten erlebt man Golden Gai auf einem Spaziergang durch die Gassen – wo es einem gefällt, kehrt man ein. Die meisten Bars haben ein Thema, das von Punkrock bis zu Fotografie reichen kann, und werden von Gästen mit ähnlichen Interessen und Fachkenntnissen frequentiert (viele von ihnen arbeiten in der Medien- und Unterhaltungsbranche). Da die Stammkunden ihre Haupteinnahmequelle sind, zeigen viele dieser Bars Touristen die kalte Schulter. Das sollte man nicht persönlich nehmen – japanische Besucher, die nicht in Begleitung eines Stammgastes sind, werden genauso kühl empfangen –, das macht Golden Gai einfach mit aus. Immer mehr Bars heißen aber ausdrücklich Touristen willkommen (mit englischen Schildern an der Tür). Viele Bars berechnen eine Grundgebühr (meistens 500 bis 1500 ¥).

einem netten Komplex aus alten Holzhäusern, die auch eine Bäckerei mit Café, ein Bistro und Veranstaltungsräume beherbergen. Es gibt mehrere Fassbiere, darunter ein Yanaka-Lager, das nur hier ausgeschenkt wird.

Kayaba Coffee CAFÉ
(カヤバ珈琲; Karte S. 102; ☎ 03-3823-3545; http://kayaba-coffee.com; 6-1-29 Yanaka, Taitō-ku; Getränke ab 450 ¥; ⏲ Mo–Sa 8–23, So bis 18 Uhr; Ⓢ Chiyoda-Linie bis Nezu, Ausgang 1) Ein altmodischer Coffeeshop aus den 1930ern (das Gebäude stammt sogar aus den 1920ern) ist die erklärte Lieblingsadresse zahlreicher Studenten und Künstler aus Yanaka. Frühe Vögel können das „Morgenmenü" (Kaffee und ein Sandwich für 800 ¥) abgreifen. Abends verwandelt sich das Kayaba dann in eine Bar.

Asakusa & Sumida-Fluss
浅草・隅田川

★ Café Otonova CAFÉ
(カフェ・オトノヴァ; Karte S. 108; ☎ 03-5830-7663; www.cafeotonova.net/#3eme; 3-10-4 Nishi-Asakusa; ⏲ 12–23, So bis 21 Uhr; Ⓢ) Das charmante Café in einem alten Haus versteckt sich in einer Gasse, die parallel zur Kappabashi-dōri (S. 159) verläuft. Es wartet mit weiß getünchten Balken und einem neuen Atrium auf. Oben sitzt man in gemütlichen Nischen, unten an einem großen Gemeinschaftstisch, der vor dem DJ-Tisch steht. Tagsüber ist es ein stilvolles Café, abends ein romantisches Fleckchen ohne Tischgebühr.

★ Camera CAFÉ
(Karte S. 73; ☎ 03-5825-4170; http://camera1010.tokyo; 4-21-8 Kuramae, Taitō-ku; ⏲ Di–So 11–18 Uhr; Ⓢ Asakusa-Linie bis Kuramae, Ausgang A3) Die Englisch sprechende Konditorin Yamada Miwako betreibt dieses hinreißende Café. Es ist an eine Boutique angeschlossen, die die hochwertigen Lederwaren von Tamura Kosuke verkauft. Zu einigen ungewöhnlichen Snacks wie *onigiri* (Reisbällchen-Snack) mit Dosenfleisch gibt's leckere Kaffees und Smoothies. Auch die Sandwiches und Salate zum Mitnehmen sind hervorragend.

★ Popeye KNEIPE
(ポパイ; Karte S. 73; ☎ 03-3633-2120; www.40beersontap.com; 2-18-7 Ryōgoku, Sumida-ku; ⏲ Mo–Sa 11.30–16 & 17–23 Uhr; 🚭; Ⓡ JR-Sōbu-Linie bis Ryōgoku, Westausgang) Die Auswahl an 70 Bieren vom Fass – inkl. des weltgrößten Sortiments japanischer Biere vom Echigo-Weizen bis zum Hitachino Nest Espresso Stout – ist wirklich erstaunlich. Zur Happy Hour (17–20 Uhr) gibt's dann zu bestimmten Sorten auch noch Pizza, Würstchen oder andere „Leckerchen" gratis dazu. Das Popeye ist unheimlich beliebt und füllt sich schnell, also besser früh da sein.

Vom Westausgang des Bahnhofs geht man nach links zur Hauptstraße und unterquert die Schienen, danach nimmt man die zweite Querstraße links und hält Ausschau nach dem Popeye auf der rechten Seite.

'Cuzn Homeground BAR
(Karte S. 108; www.homeground.jpn.com; 2-17-9 Asakusa, Taitō-ku; Bier 800 ¥; ⏲ 11–6 Uhr; 📶; Ⓢ Ginza-Linie bis Tawaramachi, Ausgang 3) Ein wilder Haufen Hippies aus der Gegend betreibt das 'Cuzn, die Art Bar, in der einfach alles passieren kann: ein Grillabend, eine Jam Session oder Karaoke, die ganze Nacht hindurch, um nur ein paar Beispiele zu nennen.

Odaiba & die Bucht von Tokio
お台場・東京湾

Jicoo the Floating Bar COCKTAILBAR
(ジークザフローティングバー; Karte S. 111; ☎ 0120-049-490; www.jicoofloatingbar.com; Eintritt ab 2600; ¥ ⏲ Do–Sa 20–22.30 Uhr; Ⓡ Yurikamome-Linie bis Hinode oder Odaiba Kaihin-kōen) Ein paar Tage in der Woche wird das futuristische Passagierschiff Himiko, das der Manga- und Animekünstler Leiji Matsumoto entworfen hat, in eine schwimmende Bar umgewandelt. Zu jeder vollen Stunde kann man an der Hinode-Pier bzw. immer um halb am Odaiba Kaihin-kōen an Bord gehen. Das Abendprogramm umfasst gewöhnlich Liveunterhaltung in Form von Musik; vorher einen Blick aufs Programm werfen, denn bei Veranstaltungen kann der Eintritt in die Höhe schnellen.

Ageha CLUB
(アゲハ; www.ageha.com; 2-2-10 Shin-Kiba, Kōtō-ku; Eintritt 2500–4000 ¥; ⏲ Fr & Sa 23–5 Uhr; Ⓢ Yūrakuchō-Linie bis Shin-Kiba, Hauptausgang) Tokios größter Club liegt am Meer und kann problemlos mit seinen Pendants in LA oder Ibiza mithalten, auch was das Line-up japanischer und internationaler DJs betrifft. Zwischen dem Club und einer Bushaltestelle an der Ostseite des Bahnhofs Shi-

buya an der Roppongi-dōri fahren die ganze Nacht lang kostenlose Busse. Das Programm ist sehr breit gefächert. Genaueres steht auf der Website. Lichtbildausweis mitnehmen

West-Tokio

★ Cocktail Shobō
BAR

(コクテイル書房; Karte S. 113; 3-8-13 Kōenji-kita, Suginami-ku; Mi–So 11.30–15, Mo–So 17–24 Uhr; JR-Sōbu-Linie bis Kōenji, Nordausgang) In dieser „Buchladen-Bar" fungiert die hölzerne Theke gleichzeitig als Bücherregal – und die vielen Einheimischen kommen nicht nur wegen der Cocktails (ab 450 ¥) hierher, sondern auch zum Stöbern in alten Taschenbüchern. Wie die meisten Bars in Kōenji ist auch dieser gemütliche Ort eine Herzensangelegenheit des Besitzers. Mittags werden Curry und Kaffee serviert.

Blue Sky Coffee
CAFÉ

(ブルースカイコーヒー; 4-12 Inokashira, Mitaka-shi; Kaffee ab 250 ¥; 13–17 Uhr; Keiō Inokashira-Linie bis Inokashira-kōen) Das winzige Café könnte ein Werk des Studio Ghibli sein – ein Holzhaus versteckt am waldigen Rand des Inokashira-kōen mit einem funkelnden, topmodernen Kaffeeröster. Der Kaffee wird sorgfältig zubereitet und ist der billigste in der Gegend.

Unterhaltung

Livemusik

★ Unit
LIVEMUSIK

(ユニット; Karte S. 88; 03-5459-8630; www.unit-tokyo.com; 1-34-17 Ebisu-nishi, Shibuya-ku; 2500–5000 ¥; Tōkyū-Tōyoko-Linie bis Daikanyama) An den Wochenenden wird in dem unterirdischen Club abends Livemusik geboten, danach legen ab etwa 24 Uhr DJs auf. Bei den Künstlern handelt es sich um japanische Indiebands und Musiker der älteren Generation, die vor einem kleineren Publikum auftreten, sowie ausländische Musiker, die ihr Japandebüt feiern. Das Unit ist nicht so schmuddelig wie andere Livemusikbars in Tokio – und da die Decken schön hoch sind, ist es auch nicht allzu verraucht.

★ WWW
LIVEMUSIK

(Karte S. 90; www-shibuya.jp/index.html; 13-17 Udagawa-chō, Shibuya-ku; Tickets 2000–5000 ¥; JR-Yamanote-Linie bis Shibuya, Ausgang Hachikō) In diesem ehemaligen Programmkino (der ansteigende Fußboden ist noch erhalten) kann man praktisch an jedem beliebigen Abend vorbeischauen und bekommt gute Musik zu hören – und das ist schon ziemlich selten. Musikalisch reicht das Programm von Indie-Pop bis zu Electro. Oben befindet sich das geräumigere WWW X.

Shinjuku Pit Inn
JAZZ

(新宿ピットイン; Karte S. 94; 03-3354-2024; www.pit-inn.com; basement, 2-12-4 Shinjuku, Shinjuku-ku; ab 3000 ¥; Frühvorstellung 14.30, Abendvorstellung 19.30 Uhr; S Marunouchi-Linie bis Shinjuku-sanchōme, Ausgang C5) Hierher kommt man nicht, um sich zu unterhalten. Vielmehr lassen sich die Besucher nun schon seit einem halben Jahrhundert von den besten Jazzmusikern Japans in den Bann ziehen. Bei den Frühvorstellungen an Wochentagen stehen junge talentierte Künstler auf der Bühne, der Eintritt kostet dann nur 1300 ¥.

Tokyo Opera City Concert Hall
KLASSISCHE MUSIK

(東京オペラシティコンサートホール; Karte S. 72; 03-5353-9999; www.operacity.jp; 3. OG, Tokyo Opera City, 3-20-2 Nishi-Shinjuku, Shinjuku-ku; 3000-5000 ¥; Keiō New-Linie bis Hatsudai) Ein schöner, mit Eichenholz getäfelter und sich nach oben verjüngenden Konzertsaal, dessen Akustik legendär ist. Neben dem Tokyo Philharmonic Orchestra treten hier auch andere renommierte Ensembles auf, darunter gelegentlich auch *bugaku*-Gruppen (klassische japanische Musik). Jeden Monat finden kostenlose Orgelkonzerte zur Mittagszeit statt, in der Regel freitags. Infos und Tickets bekommt man an der Kasse neben dem Eingang zur Tokyo Opera City Art Gallery.

Club Quattro
LIVEMUSIK

(クラブクアトロ; Karte S. 90; 03-3477-8750; www.club-quattro.com; 32-13-4 Udagawa-chō, Shibuya-ku; Tickets 3000–4000 ¥; JR-Yamanote-Linie bis Shibuya, Ausgang Hachikō) Dieser kleine Schuppen wirkt dank seiner intimen Atmosphäre wie ein schicker Club. Die Gäste sind etwas erwachsener und alternativer, als es der Standort des Clubs nahe Center-gai vermuten lässt. Er ist zwar auf kein bestimmtes Musikgenre festgelegt, es wird aber viel Rock'n' Roll und Weltmusik gespielt und auch viele beliebte Indie-Bands treten hier auf.

Tokyo Bunka Kaikan
KLASSISCHE MUSIK

(東京文化会館; Karte S. 102; www.t-bunka.jp/en; 5-45 Ueno-kōen, Taitō-ku; Bibliothek Di–Sa

13–20, So bis 17 Uhr; JR-Linien bis Ueno, Ausgang Ueno-kōen) In diesem von Maekawa Kunio, einem Schüler von Le Corbusier, entworfenen Betonbunker treten regelmäßig das Tokyo Metropolitan Symphony Orchestra und das Tokyo Ballet auf. Die Preise variieren stark; erkundigen sollte man sich nach den monatlichen Morgenkonzerten mit klassischer Musik für nur 500 ¥. Die Akustik des wunderschönen Saals ist großartig.

Oiwake TRADITIONELLE MUSIK
(追分; Karte S. 108; 03-3844-6283; www.oiwake.info; 3-28-11 Nishi-Asakusa, Taitō-ku; Eintritt 2000 ¥; Essen/Getränke ab 700 ¥; 17.30–24 Uhr; Tsukuba Express bis Asakusa, Ausgang 1) Das Oiwake ist eines der wenigen *minyō izakaya*, also ein Club, in dem traditionelle Musik gespielt wird. Es ist ein anheimelndes Plätzchen, wo die Kellner auch als Musiker fungieren. Sie spielen *tsugaru-jamisen* (sieht aus wie ein Banjo), Handtrommeln und Bambusflöte. Die Darbietungen starten um 19 und um 21 Uhr; bei der früheren Show sind auch Kinder willkommen. Gesessen wir auf Tatamimatten.

Theater & Tanz

★ **Kabuki-za** THEATER
(歌舞伎座; Karte S. 76; 03-3545-6800; www.kabuki-bito.jp/eng; 4-12-15 Ginza, Chūō-ku; Tickets komplette Vorstellung 4000–21 000 ¥, einzelner Akt 800–2000 ¥; Hibiya-Linie bis Higashi-Ginza, Ausgang 3) Die extravagante Fassade dieses altehrwürdigen Theaters, das 2013 komplett renoviert wurde und jetzt einen Turm umfasst, macht ordentlich Eindruck und ist eine gute Einstimmung auf die extravaganten, dramatischen „Auswüchse“, die integraler Bestandteil des traditionellen Ausdrucks- und Tanztheaters Kabuki sind. Auf der Website steht alles zu den Vorstellungen sowie zu den günstigeren Tagessitzplätzen für nur einen Akt. Dort können auch Tickets bestellt werden.

Eine komplette Vorstellung dauert mehrere Stunden (meistens von 11–15.30 oder von 16.30–21 Uhr) und umfasst drei oder vier Akte (meist aus verschiedenen Stücken) mit langen Pausen dazwischen. Man sollte sich unbedingt ein Headset (für einen Akt 500 ¥) mit detaillierten Erklärungen auf Englisch besorgen, außerdem bietet sich für die lange Pause ein *bentō* (abgepackte Mahlzeit) an.

Wenn einem vier Stunden einfach zu lang sind, sind Tickets für einen einzelnen Akt eine gute Option. Pro Akt werden 90 Sitz- und 60 Stehplatztickets verkauft, immer am Tag der Aufführung. Die Plätze befinden sich im hinteren Teil des Saals, aber auch von dort sieht man gut. Einige Akte sind beliebter als andere. Am besten erkundigt man sich vorab, was besonders sehenswert ist, und erscheint dann mindestens 1½ Stunden vor Beginn des Stücks.

Setagaya Public Theatre THEATER
(世田谷パブリックシアター; Karte S. 72; 03-5432-1526; www.setagaya-pt.jp; 4-1-1 Taishidō, Setagaya-ku; Tickets 3500–7500 ¥; Tōkyū-Den-en-toshi-Linie bis Sangenjaya, Ausgang Carrot Tower) Das beste städtische Theater hat ein abwechslungsreiches Programm, das neben zeitgenössischen Stücken auch moderne Nō-Aufführungen (stilisiertes japanisches Tanzdrama, das auf einer leeren Bühne aufgeführt wird) und manchmal *butoh* (eine avantgardistische Tanzform) umfasst. Im kleineren **Theatre Tram** sind experimentellere Stücke zu sehen. Beide Bühnen sind im Carrot Tower Building, in dem sich auch der Bahnhof Sangenjaya befindet (5 Min. Zugfahrt ab Shibuya).

Nationales Nō-Theater THEATER
(国立能楽堂; Kokuritsu Nō-gakudō; Karte S. 72; 03-3230-3000; www.ntj.jac.go.jp/english; 4-18-1 Sendagaya, Shibuya-ku; Erw./Student 2600–4900/1900–2200 ¥; JR-Sōbu-Linie bis Sendagaya) Auf der eleganten Bühne aus Zypressenholz werden die traditionelle Musik, Dichtkunst und Tänze geboten, die tpyisch sind für klassische Nō-Vorführungen. An jedem Platz ist ein kleiner Bildschirm angebracht, der englische Übersetzungen der Dialoge zeigt. Die Vorstellungen finden mehrmals im Monat statt und sind oft rasch ausverkauft, am besten kauft man die Karten einen Monat im Voraus auf der Website des Japan Arts Council.

Das Theater befindet sich 400 m vom Bahnhof Sendagaya entfernt; vom Bahnhof geht man die Hauptstraße nach rechts und biegt an der Ampel links ab.

Nationaltheater THEATER
(国立劇場, Kokuritsu Gekijō; Karte S. 73; 03-3265-7411; www.ntj.jac.go.jp/english; 4-1 Hayabusa-chō, Chiyoda-ku; Tickets ab 1500 ¥; Hanzōmon-Linie bis Hanzōmon, Ausgang 1) Die Topbühne in der Hauptstadt für traditionelles Theater wie Kabuki, *gagaku* (kaiserliche Hofmusik) und *bunraku* (klassisches Puppentheater). Ein Saal hat 1600 Sitzplätze, ein weiterer 590. Kopfhörer, über die eine

englische Übersetzung eingespielt wird, können für 650 ¥ (zzgl. 1000 ¥ Kaution) geliehen werden. Das Programm steht auf der Website.

Tokyo Takarazuka Theatre THEATER
(宝塚劇場; Karte S. 76; ☎ 03-5251-2001; http://kageki.hankyu.co.jp/english/index.html; 1-1-3 Yūrakuchō, Chiyoda-ku; Tickets 3500–12 000 ¥; Ⓢ Hibiya-Linie bis Hibiya, Ausgang A5 oder A13) Wer es manieriert und aufgedonnert mag, ist hier goldrichtig. Die nur von Frauen aufgeführte Takarazuka-Revue, die bis aufs Jahr 1914 zurückgeht, zeigt stark stilisierte Musicals auf Japanisch (englische Zusammenfassungen sind erhältlich). Das ebenfalls fast ausschließlich weibliche Publikum, teils auch als gut aussehende Männer verkleidet, ist angesichts der Schauspielerinnen komplett aus dem Häuschen.

Die Revue ist unglaublich beliebt und oft ausverkauft. Aber keine Sorge: Für jede Vorstellung werden 49 Stehplätze (1500 ¥) verkauft.

Robot Restaurant KABARETT
(ロボットレストラン; Karte S. 94; ☎ 03-3200-5500; www.shinjuku-robot.com; 1-7-1 Kabukichō, Shinjuku-ku; Tickets 8000 ¥; ⊙ Shows 16, 17.55, 19.50 & 21.45 Uhr; 🚇 JR-Yamanote-Linie bis Shinjuku, Ostausgang) Das Kabukichō-Spektakel verkörpert die schräg-durchgeknallte Seite Japans: Riesenroboter werden von Frauen in Bikinis gesteuert und die vielen Neonlichter könnten ganz Shinjuku beleuchten. In den letzten Jahren ist das Ganze jedoch familienfreundlicher geworden. Reservierungen sind nicht notwendig, aber empfehlenswert, denn mit der Beliebtheit der Show sind auch die Preise gestiegen. Ermäßigte Tickets werden manchmal von diversen Tokioter Hotels angeboten.

Wem die Sache dann doch zu teuer ist, der kann trotzdem vorbeischauen – und ein Foto mit den beiden Robotern vor dem Restaurant schießen. Oder man trinkt etwas in der neuen Schwesternbar **Ren** (蓮; Karte S. 94; 1-10-10 Kabukichō, Shinjuku-ku; ⊙ 18–6 Uhr) um die Ecke (und bekommt angesichts der Fernsehshow-Ästhetik aus vergoldetem Kunststoff einen Eindruck vom Stil des Robot Restaurants).

P.A.R.M.S LIVESHOW
(☎ 012-075-9835; www.pasela.co.jp; 7. OG Pasela Resorts Akihabara-Denkigai, 1-13-2 Soto-kanda, Chiyoda-ku; Eintritt inkl. ein Getränk Mo–Fr 1500 ¥, Sa & So 3500 ¥; ⊙ Shows Mo–Fr 17.30 & 20.15, Sa & So 10.30 Uhr; 🚇 JR-Yamanote-Linie bis Akihabara, Ausgang Electric Town) Die Auftritte der Girlgroup Kamen Joshi – singende und tanzende junge Frauen in neckischen Kostüme und mit Hockeymasken – sind das absolute Highlight dieser Livemusikshow im Karaoke-Reich der Pasela Resorts. Das ist die Gelegenheit, säbelschwingend (die Säbel werden ans Publikum verteilt) einen für Akiba typischen fröhlichen Abend zu erleben.

Als Joanna Lumley ihren Reisedokumentarfilm über Japan drehte, nahm sie an dem verrückten Tanztreiben hier teil – wenn es gut genug für Patsy aus der Serie Absolutely Fabulous ist, ist es auch gut genug für uns!

> **ℹ TICKETVERKAUF**
>
> Tickets für viele Shows oder Events bekommt man am einfachsten an den Kiosken von **Ticket Pia** (チケットぴあ; ☎ 0570-02-9111; http://t.pia.jp; ⊙ 10–20 Uhr), die über die ganzen Stadt verstreut sind. Die Seite für Onlinebuchungen gibt's nur auf Japanisch.

Sport

★ Ryōgoku Kokugikan ZUSCHAUERSPORT
(両国国技館, Ryōgoku Sumo Stadium; Karte S. 73; ☎ 03-3623-5111; www.sumo.or.jp; 1-3-28 Yokoami, Sumida-ku; 2200–14 800 ¥; 🚇 JR-Sōbu-Linie bis Ryōgoku, Westausgang) Wer sich in Tokio befindet, wenn gerade Wettkämpfe stattfinden (jeweils 15 Tage im Januar, Mai und September –, sollte sich einen Kampf in Japans größtem Sumostadion nicht entgehen lassen. Die Tribünen sind ab 8 Uhr geöffnet, das eigentliche Spektakel beginnt allerdings erst gegen 14 Uhr, wenn die erfahrenen Kämpfer den Ring betreten. Tickets gibt's einen Monat vor Beginn der Turniere online.

An dem Ticketschalter vor dem Stadion werden an Wettkampftagen immer etwa 200 Eintrittskarten verkauft. Gerade an den letzten Tagen eines Turniers muss man sich aber sehr früh anstellen (so gegen 6 Uhr), um eine zu ergattern. Um diese Uhrzeit ist das Gelände noch ziemlich leer und man kann meist einen Blick auf die Logenplätze erhaschen.

Es werden Radios (100 ¥ plus 2000 ¥ Kaution) mit Kommentaren auf Englisch verliehen. Der Bankettsaal im Keller serviert *chanko-nabe*, den proteinreichen Eintopf für Ringer, für gerade mal 300 ¥ pro Schüssel.

★ **Tokyo Dome** BASEBALL
(東京ドーム; Karte S. 98; www.tokyo-dome.co.jp/e; 1-3 Kōraku, Bunkyō-ku; Tickets 2200–6100 ¥; JR-Chūō-Linie bis Suidōbashi, Westausgang) Der Tokyo Dome (auch „Big Egg", großes Ei, genannt) ist das Heimatstadion der Yomiuri Giants. Ob man sie nun mag oder nicht, sie sind jedenfalls die durchgängig erfolgreichste Baseballmannschaft des Landes. Die Spielsaison dauert von Ende März bis Ende Oktober, Tickets sind aber immer schon vor Beginn ausverkauft; rechtzeitig auf www.giants.jp/en zuschlagen.

Anhänger der Außenseiterteams (also jeder Mannschaft, die gegen die Giants antritt), können ihre Frustration mit ein paar Bier betäuben, das von *uriko*, jungen, unermüdlich gut gelaunten Frauen mit Bierfässern auf dem Rücken, am Sitzplatz verkauft wird.

Im Tokyo Dome finden auch Popkonzerte berühmter japanischer und internationaler Sänger und Bands statt.

Jingū-Baseballstadion BASEBALL
(神宮球場; Jingū Kyūjo; Karte S. 92; 0180-993-589; www.jingu-stadium.com; 3-1 Kasumigaoka-machi, Shinjuku-ku; Tickets 1600–4600 ¥; S Ginza-Linie bis Gaienmae, Ausgang 3) Im Jingū-Stadion (1926) sind die Yakult Swallows, die Nummer zwei in Tokio (aber die Nummer eins in Sachen loyale Fans), beheimatet. Die Abendspiele starten um 18 Uhr, am Wochenende geht's um 14 Uhr los. Karten erhält man am Schalter neben Gate 9, der von 11 bis 17 Uhr sowie bis 20 Minuten nach Beginn eines Spiels geöffnet ist.

Außenfeldtickets für Spiele kosten am Veranstaltungstag nur 1600 bis 1900 ¥ (500 ¥ für Kids) und sind selten ausverkauft – außer wenn die Swallows gegen ihre Lokalrivalen, die Yomiuri Giants, antreten.

NICHT VERSÄUMEN

SUMOTRAINING

Auch wenn während des Tokio-Besuches gerade kein Sumowettkampf stattfindet, kann man sich einen Eindruck verschaffen und eine frühmorgendliche Trainingseinheit in einem der „Ställe" ansehen, in denen die Ringer trainieren und wohnen. Im **Arashio Stable** (荒汐部屋, Arashio-beya; Karte S. 73; 03-3666-7646; www.arashio.net/tour_e.html; 2-47-2 Hama-chō, Nihombashi, Chūō-ku; S Toei Shinjuku-Linie bis Hamachō, Ausgang A2) GRATIS sind ausländische Besucher willkommen, vorausgesetzt sie halten sich an die Regeln (siehe Website). Das Training findet zwischen 7.30 und 10 Uhr statt, man kann es durchs Fenster oder von einer Bank draußen vor der Tür aus beobachten. In Wettkampfwochen finden keine Trainingseinheiten statt.

Shoppen

Marunouchi & Nihombashi

Die beiden prächtigsten und ältesten Warenhäuser Tokios, das **Mitsukoshi** (三越; Karte S. 76; 03-3241-3311; www.mitsukoshi.co.jp; 1-4-1 Nihombashi-Muromachi, Chūō-ku; 10–19 Uhr; S Ginza-Linie bis Mitsukoshimae, Ausgang A2) und das **Takashimaya** (高島屋; Karte S. 76; www.takashimaya.co.jp/tokyo/store_information; 2-4-1 Nihombashi, Chūō-ku; 10–20 Uhr; S Ginza-Linie bis Nihombashi, Ausgang Takashimaya), stehen vornehm auf beiden Seiten der Nihombashi-Brücke. Konkurrenz bekamen diese Konsumtempel in den vergangenen Jahren durch moderne Einkaufszentren wie das **Coredo Muromachi** (コレド室町; Karte S. 76; http://31urban.jp/lng/eng/muromachi.html; 2-2-1 Nihonbashi-Muromachi, Chūō-ku; die meisten Geschäfte 11–19 Uhr; S Ginza-Linie bis Mitsukoshimae, Ausgang A4) und das KITTE (S. 79), das Markenklamotten sowie Designerkunst und -kunsthandwerk bequem unter einem Dach anbietet. In der schönen Naka-dōri in Marunouchi reihen sich Nobelboutiquen aneinander.

★ **Muji** HAUSHALTSWAREN
(無印良品; Karte S. 76; 03-5208-8241; www.muji.com; 3-8-3 Marunouchi, Chiyoda-ku; 10–21 Uhr; JR-Yamanote-Linie bis Yūrakuchō, Ausgang Kyōbashi) Das Mutterschiff der bekanntermaßen dezenten Marke ist ein Fundus eleganter, aber schlichter Kleidung, Accessoires und Haushaltsartikel. Über das Stadtgebiet verteilt gibt es noch viele weitere Filialen, top ist z. B. die in Tokyo Midtown, doch dieser Laden in Yūrakuchō hat die größte Auswahl. Er bietet zudem steuerfreies Einkaufen, Leihfahrräder (1080 ¥ pro Tag von 10 bis 20 Uhr) und eine tolle Cafeteria.

Tokyo Character Street SPIELZEUG
(東京キャラクターストリート; Karte S. 76; www.tokyoeki-1bangai.co.jp; B1 First Avenue Tokyo Stati-

on, 1-9-1 Marunouchi, Chiyoda-ku; ⌚10–20.30 Uhr; 🚉 JR Linien bis Tokyo Station, Ausgang Yaesu) Die Japaner wissen wirklich bestens, was *kawaii* (süß) ist und wie man es vermarktet, ob Doraemon oder Domo-kun, Hello Kitty oder Ultraman. Im Untergeschoss der Tokyo Station (S. 78) (Yaesu-Seite) betreiben um die 15 japanische TV-Sender und Spielzeughersteller Lädchen, in denen man lizensierte kuschelige Plüschtiere, Süßigkeiten und allerlei Krimskrams wie etwa die überlebenswichtigen Handy-Anhänger kaufen kann.

Ginza & Tsukiji 銀座・築地

Wer leidenschaftlich gern shoppen geht, startet damit am besten im Zentrum von Ginza an der Ginza Yon-chōme Crossing, der Kreuzung der Harumi-dōri und der Chūō-dōri (auch Ginza-dōri genannt), direkt vor den Warenhäusern Wako und **Mitsukoshi** (三越; Karte S. 76; www.mitsukoshi.co.jp; 4-6-16 Ginza, Chūō-ku; ⌚10–20 Uhr; Ⓢ Ginza-Linie bis Ginza, Ausgang A7 oder A11) und über dem an der Ginza-Linie liegenden Bahnhof Ginza. Am Wochenende wird die Chūō-dōri von 12 bis 17 Uhr für den Verkehr gesperrt und verwandelt sich in eine Fußgängerzone. In der Straße befinden sich einige der besten Geschäfte der Gegend, darunter das neue Einkaufszentrum **Ginza Six** (Karte S. 76; http://ginza6.tokyo; 6-10 Ginza, Chūō-ku; ⌚10–18 Uhr; Ⓢ Ginza Linie bis Ginza, Ausgang A2).

★ Itōya — KUNST & KUNSTHANDWERK

(伊東屋; Karte S. 76; www.ito-ya.co.jp; 2-7-15 Ginza, Chūō-ku; ⌚Mo–Sa 10.30–20, So bis 19 Uhr; Ⓢ Ginza-Linie bis Ginza, Ausgang A13) Neun Etagen (sowie mehrere weitere im nahen Anbau) feinster Schreibwaren für Leute aus der Kunst- und Grafikbranche und solche, die sich mit Büroartikeln eindecken wollen, seien es nun Gebrauchs- und Alltagsgegenstände oder die Luxusausführungen, z. B. Füllfederhalter und in italienisches Leder gebundene Terminkalender, *washi* (feines, handgeschöpftes Papier), *tenugui* (selbst gefärbte dünne Baumwolltücher) und *furoshiki* (Stoffe zum Einwickeln von Geschenken).

★ Takumi — KUNST & KUNSTHANDWERK

(たくみ; Karte S. 76; ☎03-3571-2017; www.ginza-takumi.co.jp; 8-4-2 Ginza, Chūō-ku; ⌚Mo–Sa 11–19 Uhr; Ⓢ Ginza-Linie bis Shimbashi, Ausgang 5) Eine elegantere Auswahl an volkstümlichem Kunsthandwerk wie Spielzeug, Textilien und Tonwaren aus ganz Japan wird man kaum finden können. Außerdem werden bei jedem Stück Infos zu Herkunft und Hintergrund mitgeliefert, wenn man etwas kauft. Wirklich aufmerksam!

> INSIDERWISSEN
>
> **ESSEN ZUM MITNEHMEN**
>
> Auf dem Weg zum *shinkansen*? Das Untergeschoss des Kaufhauses **Daimaru** (Karte S. 76; ☎03-3212-8011; www.daimaru.co.jp/tokyo; 1-9-1 Marunouchi, Chiyoda-ku; ⌚10–21 Uhr, Restaurants 11–23 Uhr; 🚉 JR-Linien bis Tokyo Station, Ausgang Yaesu) auf der Ostseite (der Yaesu-Seite) der Tokyo Station ist der beste Ort, wenn man sich mit *bentō* (abgepackte Mahlzeiten) als Reiseproviant eindecken will.

★ Akomeya — REIS

(Karte S. 76; ☎03-6758-0271; www.akomeya.jp; 2-2-6 Ginza, Chūō-ku; ⌚Laden 11–21 Uhr; Restaurant 11.30–22 Uhr; Ⓢ Yūrakuchō-Linie bis Ginza-itchōme, Ausgang 4) Reis ist das japanische Grundnahrungsmittel Nummer eins und Basis so ziemlich aller Gerichte und Getränke. Hier wird dem nahrhaften Getreide nicht nur in Form von zahlreichen Sorten gehuldigt, sondern auch mittels unterschiedlicher Produkte, die aus ihm gewonnen werden (Sake z. B.), hochwertigen Kochzutaten und Utensilien für Küche, Haus und Bad.

★ Dover Street Market Ginza — MODE & ACCESSOIRES

(DSM; Karte S. 76; ☎03-6228-5080; http://ginza.doverstreetmarket.com; 6-9-5 Ginza, Chūō-ku; ⌚11–20 Uhr; Ⓢ Ginza-Linie bis Ginza, Ausgang A2) Das DSM-Kaufhaus ist das geistige Kind von Kawakubo Rei (von Comme des Garçons). Auf sieben Stockwerken stehen innovative Marken zur Auswahl, darunter einige japanische Labels und natürlich Comme des Garçons. Die originellen Kunstinstallationen allein lohnen schon einen Besuch.

Tsukiji Hitachiya — HAUSHALTSWAREN

(つきじ常陸屋; Karte S. 76; 4-14-18 Tsukiji, Chūō-ku; ⌚Mo–Sa 8–15, So 10–14 Uhr; Ⓢ Hibiya-Linie bis Tsukiji, Ausgang 1) Tokioter Küchenmeister und Köche decken sich im Hitachiya gern mit handgeschmiedeten Messern, robusten Bambuskörben und anderen tollen Küchen- und Kochwerkzeugen ein.

Uniqlo — MODE & ACCESSOIRES

(ユニクロ; Karte S. 76; www.uniqlo.com; 5-7-7 Ginza, Chūō-ku; ⌚11–21 Uhr; Ⓢ Ginza Linie bis

NICHT VERSÄUMEN

TOP-ADRESSEN ZUM SHOPPEN

- Durch die von Boutiquen gesäumten Nebenstraßen von Ura-Hara (S. 155) schlendern.
- Auf der modeaffinen Hauptstraße Ginzas, der **Chūō-dōri**, einen Schaufensterbummel machen und die Leute beobachten.
- Das älteste Geschäft von **Mandarake** (S. 157) in Nakano besuchen.
- Sich im **Uniqlo** mit Basics eindecken.
- Eines der beiden prächtigen alten *depāto* (Warenhäuser) Tokios besuchen, z. B. das **Mitsukoshi** (S. 152).
- In Kōenjis Secondhandläden stöbern.
- Topaktuelle Jugendmode in Shibuya entdecken.
- In den Seitenstraßen Asakusas nach traditionellem Kunsthandwerk Ausschau halten.

Ginza, Ausgang A2) Uniqlo ist mittlerweile international erfolgreich. Das Erfolgsrezept sind stilvoll „aufgemotzte" Basics für den Kleiderschrank, die hochwertig, aber trotzdem erschwinglich sind. Der Flagship-Store in Tokio wartet mit elf Stockwerken auf und verkauft Artikel, die es sonst nirgends gibt.

Roppongi, Akasaka & Umgebung

In und um Roppongi Hills (S. 82) und Tokyo Midtown (S. 82) haben sich führende japanische und internationale Modeboutiquen angesiedelt. Ein tolles Souvenirgeschäft gibt's im Untergeschoss des National Art Center Tokyo (S. 83). Der Komplex **Axis Design** (アクシスビル; Karte S. 84; www.axisinc.co.jp; 5-17-1 Roppongi, Minato-ku; ⏲11–19 Uhr; Ⓢ Hibiya-Linie bis Roppongi, Ausgang 3) in Roppongi bietet eine breite Palette an Läden, deren Fokus auf gutem Design liegt.

★ Japan Traditional Crafts Aoyama Square KUNST & KUNSTHANDWERK
(伝統工芸　青山スクエア; Karte S. 72; ☎03-5785-1301; http://kougeihin.jp/home.shtml; 8-1-22 Akasaka, Minato-ku; ⏲11–19 Uhr; Ⓢ Ginza-Linie bis Aoyama-itchōme, Ausgang 4) Japan Traditional Crafts wird vom japanischen Ministerium für Wirtschaft, Handel und Industrie gefördert und ist gleichermaßen Ausstellungsbereich und Geschäft. Die Palette traditioneller Arbeiten ist breit gefächert – lackierte Kisten, Holzarbeiten, Kristallglas, Papier, Stoffe und Keramik sind in erster Linie hochwertig und -preisig, es gibt aber auch bildschöne Souvenirs für kleines Geld.

Ebisu & Umgebung

★ Okura MODE & ACCESSOIRES
(オクラ; Karte S. 88; www.hrm.co.jp/okura; 20-11 Sarugaku-chō, Shibuya-ku; ⏲Mo–Fr 11.30–20, Sa & So 11–20.30 Uhr; Ⓡ Tōkyū-Tōyoko-Linie bis Daikanyama) Fast alle Waren des charmanten Ladens – z. B. moderne T-Shirts und Sweatshirts oder traditionelle Arbeitshemden – sind in dunklem Indigoblau gefärbt. Es gibt ein paar wunderschöne Originalartikel, für die man allerdings einiges hinblättern muss. Das Geschäft selbst ähnelt mit seinen abgewetzten Holzdielen und den weiß getünchten Wänden einem Landhaus und hat leider kein Schild – das Gebäude fällt aber auf.

Kapital MODE & ACCESSOIRES
(キャピタル; Karte S. 88; ☎03-5725-3923; http://kapital.jp; 2-20-2 Ebisu, Shibuya-ku; ⏲11–20 Uhr; Ⓡ JR-Yamanote-Linie bis Ebisu, Westausgang) Die Kult-Marke Kapital lässt sich schwer festmachen – am ehesten vielleicht als neu interpretierter Mix aus dem Stil des amerikanischen Westens und aus der jahrhundertealten japanischen Ästhetik des *boro*-(Flicken-)Chics. Es gibt kaum zwei identische Artikel, und fast alles ist Unisex-Mode. Das Geschäft selbst gleicht einer Kunstinstallation. Das Personal ist nicht im Geringsten hochnäsig und beschreibt einem gern, wie man zu den anderen beiden Läden in der Nähe kommt.

Daikanyama T-Site BÜCHER
(代官山T-SITE; Karte S. 88; http://tsite.jp/daikanyama; 17-5 Sarugaku-chō, Shibuya-ku; ⏲7–14 Uhr; Ⓡ Tōkyū-Tōyoko-Linie bis Daikanyama) Die Einheimischen stehen auf diesen stilsicheren Tempel des geschriebenen Wortes. Das Sortiment aus Reise-, Kunst-, Design- und Kochliteratur (teilweise in englischer Sprache) ist fantastisch. Wer mag, kann in der integrierten Starbucks-Filiale Platz nehmen und den ganzen Nachmittag mit Lesen verbringen – sofern man einen Sitzplatz bekommt.

Auch das von der Tokioter Firma KDa entworfene Gebäude ist cool – es sieht aus wie gewebt.

Shibuya

★Tokyu Hands WARENHAUS
(東急ハンズ; Karte S. 90; http://shibuya.tokyu-hands.co.jp; 12-18 Udagawa-chō, Shibuya-ku; ⏲10–20.30 Uhr; 🚉JR-Yamanote-Linie bis Shibuya, Ausgang Hachikō) Dies ist ein *zakka*-Geschäft (heißt so viel wie „viele Dinge"), das auf acht faszinierenden Stockwerken Waren verkauft, deren realer Nutzen oft fragwürdig ist. Ein perfektes Terrain für Souvenirjäger – irgendjemand wird sich doch sicherlich über Fußreflexzonen-Hausschuhe, Gesichtsmasken aus Bienengift oder Reisbällchenformen in Form verschiedener Cartoon-Figuren freuen, oder? Die meisten Artikel sind preiswert, darum kann man hier wunderbar Souvenirs und Geschenke kaufen. Aber Vorsicht – ein paar Stunden vergehen hier wie im Flug.

Eine weitere Filiale befindet sich in **Shinjuku** (Karte S. 94; Takashimaya Times Sq, 5-24-2 Sendagaya, Shibuya-ku; ⏲10–20.30 Uhr; 🚉JR-Yamanote-Linie bis Shinjuku, neuer Südausgang).

Fake Tokyo MODE & ACCESSOIRES
(Karte S. 90, ☎03-5456-9892; www.faketokyo.com; 18-4 Udagawa-chō, Shibuya-ku; ⏲12–22 Uhr; 🚉JR-Yamanote-Linie bis Shibuya, Ausgang Hachikō) Eine der besten Adressen in der Stadt, wenn man ein paar angesagte japanische Underground-Designer entdecken möchte. Eigentlich besteht das Fake Tokyo aus zwei Läden: Im Candy (unten) gibt's freche Unisex-Mode, während das weiblichere Sister (oben) neue und Vintage-Kleidung bietet. Draußen sind „Fake Tokyo"-Banner angebracht.

Shibuya 109 MODE & ACCESSOIRES
(渋谷109; Ichimarukyu, Karte S. 90; www.shibuya109.jp/en/top; 2-29-1 Dōgenzaka, Shibuya-ku; ⏲10–21 Uhr; 🚉JR-Yamanote-Linie bis Shibuya, Ausgang Hachikō) Hier shoppen die ganzen aufgedonnerten Teenager, die man auf den Straßen Shibuyas sieht. Der zylinderförmige Turm mit dem Spitznamen *marukyū* beherbergt Dutzende kleiner Boutiquen, jede mit ihrem eigenen sorgfältig kreierten Design (und dem passenden Soundtrack). Selbst wer nichts kauft, sollte herkommen, um das Viertel besser zu verstehen.

Loft WARENHAUS
(ロフト; Karte S. 90; ☎03-3462-3807; www.loft.co.jp; 18-2 Udagawa-chō, Shibuya-ku; ⏲10–21 Uhr; 🚉JR-Yamanote-Linie bis Shibuya, Ausgang Hachikō) Diese Welt der Haushaltswaren, Schreibwaren und Accessoires hat sich auf alles spezialisiert, was hübsch und verlockend ist. Besonders die erste Etage, in der Saisonartikel und Geschenke verkauft werden, ist ein Souvenir-Paradies.

Shibuya Hikarie EINKAUFSZENTRUM
(渋谷ヒカリエ; Karte S. 90; www.hikarie.jp; 2-21-1 Shibuya, Shibuya-ku; ⏲10–21 Uhr; 🚉JR-Yamanote-Linie bis Shibuya, Ostausgang) Die untersten fünf Etagen dieses gläsernen Wolkenkratzers sind mit den neuesten trendigen Boutiquen belegt. Im Untergeschoss locken Dutzende Take-away-Theken mit Gourmetprodukten.

Harajuku & Aoyama

Harajuku ist das perfekte Einkaufsviertel für Trendbewusste. Die Einkaufszentren und Warenhäuser an der Hauptstraße offerieren internationale und japanische Fast-Fashion-Marken. Ausgefallenere Klamotten findet man in den Nebenstraßen, einer Gegend, die „Ura Hara" (tiefes Harajuku) genannt wird. In Aoyama haben viele führende japanische Modedesigner wie Issey Miyake, **Comme Des Garcons** (コム・デ・ギャルソン; Karte S. 92; www.comme-des-garcons.com; 5-2-1 Minami-Aoyama, Minato-ku; ⏲11–20 Uhr; Ⓢ Ginza-Linie bis Omote-sandō, Ausgang A5) und Yohji Yamamoto ihre Flagship-Boutiquen.

★Sou-Sou MODE & ACCESSOIRES
(そうそう; Karte S. 92; ☎03-3407-7877; http://sousounetshop.jp; 5-3-10 Minami-Aoyama, Minato-ku; ⏲11–20 Uhr; Ⓢ Ginza-Linie bis Omote-sandō, Ausgang A5) Traditionelle japanische Kleidungsstücke wie *tabi*-Socken (mit abgetrenntem großem Zeh) und *haori* (Mäntel mit Kimonoärmeln) im modernen Look, das ist die Spezialität von Sou-Sou aus Kyoto. Der absolute Verkaufsschlager sind die *tabi*-Arbeitsschuhe mit Stahlzehen und Gummisohlen in witzigem, verspieltem Design. Außerdem gibt's Carrie-Taschen und anbetungswürdige Kinderkleidung.

★Dog MODE, VINTAGE
(ドッグ; Karte S. 92; www.dog-hjk.com/index.html; UG, 3-23-3 Jingūmae, Shibuya-ku; ⏲12–20 Uhr; 🚉JR-Yamanote-Linie bis Harajuku, Ausgang Takeshita) Club Kids und Stylisten lieben die Vorzeigestücke der legendären Ura-Hara-Boutique Dog. Auch das Geschäft selbst, das an ein verfallenes Gespensterhaus erinnert, ist sehr attraktiv – es wirkt wie eine Kunstinstallation.

Der Laden ist allerdings winzig und nimmt von Touristengruppen mittlerweile Eintritt; „normale" Besucher, die sich umschauen wollen, sind aber gern gesehen. An den Graffiti über dem Eingang orientieren, dort geht es die Treppe hinunter.

★ Musubi KUNST & KUNSTHANDWERK
(むす美; Karte S. 92; http://kyoto-musubi.com; 2-31-8 Jingūmae, Shibuya-ku; ⌚ Do–Di 11–19 Uhr; 🚉 JR-Yamanote-Linie bis Harajuku, Ausgang Takeshita) *Furoshiki* sind vielseitig einsetzbare quadratische Stoffe, mit denen man z. B. Geschenke einwickeln kann (einschlagen, Knoten rein und fertig), die aber auch als Einkaufstasche eingesetzt werden können. Bei Musubi bekommt man sehr hübsche *furoshiki* mit traditionellen und zeitgenössischen Mustern. Meist spricht zumindest einer der Angestellten Englisch und erklärt Kunden, wie der Stoff richtig gewickelt und geknotet wird. Englischsprachige Bücher werden ebenfalls verkauft.

★ Laforet MODE & ACCESSOIRES
(ラフォーレ; Karte S. 92; www.laforet.ne.jp; 1-11-6 Jingūmae, Shibuya-ku; ⌚ 11–20 Uhr; 🚉 JR-Yamanote-Linie bis Harajuku, Ausgang Omote-sandō) Seit Jahrzehnten ist Laforet Vorreiter in Sachen innovativer Harajuku-Stil, und viele schräge, beliebte Kult-Marken sammeln hier immer noch erste Erfahrungen. (Beispiele dafür findet man in der Boutiqe Wall im Erdgeschoss.) Viele verschiedene Stile sind hier vertreten, von *ame-kaji* (japanische Interpretation amerikanischer Alltagsmode) bis zu Gothic (im Untergeschoss).

Bedrock MODE & ACCESSOIRES
(ベッドロック; Karte S. 92; 4-12-10 Jingūmae, Shibuya-ku; ⌚ 11–21, So bis 20 Uhr; Ⓢ Ginza-Linie bis Omote-sandō, Ausgang A2) Im Bedrock fühlt man sich wie im Ankleidezimmer von Keith Richard oder im Garderobenschrank für *Fluch der Karibik* – überall Leder, Federn und Spitze. In den Laden gelangt man über eine Treppe, die sich im hinteren Bereich der Saftbar Forbidden Fruit versteckt.

Gallery Kawano BEKLEIDUNG
(ギャラリー川野; Karte S. 92; www.gallery-kawano.com; 4-4-9 Jingūmae, Shibuya-ku; ⌚ 11–18 Uhr; 🚉 Ginza-Linie bis Omote-sandō, Ausgang A2) Die gebrauchten Kimonos dieses Ladens sind ziemlich gut in Schuss und erschwinglich (5000–15 000 ¥). Das fachkundige Personal hilft nicht nur bei der Auswahl, sondern auch beim Anziehen und sucht außerdem gleich den passenden *obi* (Gürtel) dazu. Eher ungern helfen sie Kunden, die einfach nur mal in einen Kimono schlüpfen wollen und gar nicht vorhaben, tatsächlich etwas zu kaufen.

KiddyLand SPIELZEUG
(キデイランド; Karte S. 92; www.kiddyland.co.jp/en/index.html; 6-1-9 Jingūmae, Shibuya-ku; ⌚ 10–21 Uhr; 🚉 JR-Yamanote-Linie bis Harajuku, Ausgang Omote-sandō) Dieses mehrstöckige Spielwarenimperium hat ein riesiges Sortiment an Merchandiseartikeln japanischer Kultfiguren, darunter alle Lieblinge des Studio Ghibli, von Sanrio und von Disney, die nicht nur die Kleinen glücklich machen: In den Gängen wandeln viele Erwachsene auf den Spuren ihrer Kindheit.

Chicago Thrift Store VINTAGE
(シカゴ; Karte S. 92; 6-31-21 Jingūmae, Shibuya-ku; ⌚ 10–20 Uhr; 🚉 JR-Yamanote-Linie bis Harajuku, Ausgang Omote-sandō) Dieser Laden platzt vor Vintage-Kleidung förmlich aus allen Nähten. Das Highlight ist die riesige Auswahl an gebrauchten Kimonos und Yukata zu spottbilligen Preisen (im hinteren Teil).

Shinjuku

Shinjuku ist ein großes Einkaufsviertel mit mehreren Einkaufszentren und Warenhäusern direkt am Bahnhof sowie großen Elektronikgeschäften in der Nähe.

Beams MODE & ACCESSOIRES
(ビームス; Karte S. 94; www.beams.co.jp; 3-32-6 Shinjuku, Shinjuku-ku; ⌚ 11–20 Uhr; 🚉 JR-Yamanote-Linie bis Shinjuku, Ostausgang) Beams, eine nationale Boutiquenkette, hat in Japan beträchtlichen kulturellen Einfluss. Im mehrstöckigen Geschäft in Shinjuku findet man ein besonders gutes Angebot an japanischen Streetwear-Labels und an Designerkleidung, die traditionelle Elemente aufgreift und modern adaptiert (Männer-, Frauen- und Unisexkleidung). Manchmal gibt's hier auch Kunsthandwerk, Haushaltswaren und Originalkunstwerke – die Palette ändert sich ständig.

Isetan WARENHAUS
(伊勢丹; Karte S. 94; www.isetan.co.jp; 3-14-1 Shinjuku, Shinjuku-ku; ⌚ 10–20 Uhr; Ⓢ Marunouchi-Linie bis Shinjuku-sanchōme, Ausgang B3, B4 oder B5) Viele Kaufhäuser sind für den konservativen Geschmack gemacht, dieses bildet jedoch eine Ausnahme. Wechselnde Frauenmode-Kollektionen japanischer Nachwuchsdesigner werden in den Boutiquen Tokyo

Closet (2. OG) und Re-Style (3. OG) präsentiert. Den Herren der Schöpfung ist ein eigenes Gebäude gewidmet (dorthin führt ein Durchgang). Die Lebensmittelabteilung im Untergeschoss ist ein Erlebnis: Hier sind die berühmten Händler süßer und herzhafter Leckerbissen vertreten.

Don Quijote GESCHENKE & SOUVENIRS
(ドン・キホーテ; Karte S. 94; 03-5291-9211; www.donki.com; 1-16-5 Kabukichō, Shinjuku-ku; 24 Std.; JR-Yamanote-Linie bis Shinjuku, Ostausgang) Das fluoreszierende Schnäppchenparadies hat Unmengen an schrägem Krimskrams im Angebot. Neben chaotischen Stapeln mit billigen Elektronikartikeln und nachgemachter Designerware findet man Sexspielzeug, Fetischkleider und abgepackte Lebensmittel. Mittlerweile ist Don Quijote eine nationale Kette, anfangs war es jedoch einer der (damals noch) wenigen rund um die Uhr geöffneten Läden für die armen Angestellten, die Nachtschichten schieben mussten.

Kinokuniya BÜCHER
(紀伊國屋書店; Karte S. 94; www.kinokuniya.co.jp; Takashimaya Times Sq, 5-24-2 Sendagaya, Shibuya-ku; 10–20 Uhr; JR-Yamanote-Linie bis Shinjuku, Südausgang) Im sechsten Obergeschoss wartet dieser Laden mit einer großen Auswahl an fremdsprachigen Büchern und Magazinen auf, darunter viele Materialien für den Japanisch- und Englischunterricht. Die anderen Bereiche des Geschäfts sind gegenwärtig wegen Renovierungsarbeiten geschlossen.

Akihabara

In Akihabara schlagen die Herzen von Anime-, Manga-, J-Pop- und Computerspielfans höher. Das Viertel ist auch als Elektronikbezirk bekannt, richtig tolle Schnäppchen sind heutzutage aber nicht mehr so leicht zu finden. (Wer ein teures Gerät kaufen möchte, sollte sich vorher online über die Preise zu Hause informieren.) Überraschenderweise findet man hier auch gute in der Region hergestellte Souvenirs, dank der kreativen Einkaufszentren unter den JR-Bahnschienen, die nach Norden Richtung Ueno führen.

★ **2k540 Aki-Oka Artisan** KUNST & KUNSTHANDWERK
(アキオカアルチザン; Karte S. 98; www.jrtk.jp/2k540; 5-9-23 Ueno, Taitō-ku; Do–Di 11–19 Uhr; Ginza-Linie bis Suehirochō, Ausgang 2) Die brillante Passage unter den JR-Gleisen (der Name gibt die Distanz zum Tokioter Bahnhof an) umfasst eine erlesene Auswahl an Fachgeschäfte für in Japan gefertigte Waren, darunter ist so ziemlich alles von Keramik und Lederwaren bis zu niedlichen Außerirdischen (eine Art Verneigung vor Akihabara, und das von einem Einkaufszentrum, das eher nach Kyoto als nach Electric Town passt). Das schönste, farbenfroheste Kunsthandwerk gibt's im **Nippon Hyakkuten** (日本百貨店; http://nippon-dept.jp).

★ **Mandarake Complex** MANGA, ANIME
(まんだらけコンプレックス; Karte S. 98; www.mandarake.co.jp; 3-11-2 Soto-Kanda, Chiyoda-ku; 12–20 Uhr; JR-Yamanote-Linie bis Akihabara, Ausgang Electric Town) So stellen sich *otaku* (leidenschaftliche Fans) das Paradies vor: Schon lange gilt der riesige Mandarake-Komplex als die Adresse für Mangas und Animes. Auf acht Etagen stehen jede Menge Comics, DVDs, Actionfiguren und Animationskunst für Anfänger zum Verkauf. Das 5. Stockwerk in seiner ganzen pinkfarbenen Schönheit ist den Frauencomics vorbehalten, der 4. Stock gehört den Männern.

Chabara ESSEN & TRINKEN
(ちゃばら; Karte S. 98; www.jrtk.jp/chabara; 8-2 Kanda Neribei-chō, Chiyoda-ku; 11–20 Uhr; JR-Yamanote-Linie bis Akihabara, Ausgang Electric Town) Das Einkaufszentrum unter den Bahnschienen hat sich auf Gourmetspeisen und -getränke aus dem ganzen Land spezialisiert. Man wird hochwertigen Sake, Sojasoße, Süßigkeiten, Tees und Knabbersachen finden, die sich toll als Mitbringsel eignen.

mAAch ecute EINKAUFSZENTRUM
(Karte S. 98; 03-3257-8910; www.maach-ecute.jp; 1-25-4 Kanda-Sudachō, Chiyoda-ku; Mo–Sa 11–21, So bis 20 Uhr; Chūō- oder Sōbu-Linien bis Akihabara, Ausgang Electric Town) JR-trumpft mit einem weiteren Einkaufs- und Schlemmerhighlight auf. Dieser Komplex wurde in den alten roten Ziegelbahnhof Mansei-bashi samt Bahnbögen hineingebaut. Hier stehen Kunsthandwerk, Haushaltswaren, Kleidung und Lebensmittel aus ganz Japan zum Verkauf. Das **Hitachino Brewing Lab** hat Craft-Bier auf Lager, bei **Obscura Coffee Roasters** gibt's frisch geröstete Kaffeebohnen.

Yodobashi Akiba ELEKTRONIK
(ヨドバシカメラAkiba; Karte S. 98; www.yodobashi-akiba.com; 1-1 Kanda Hanaoka-chō, Chiyoda-ku;

ABSTECHER

JIMBŌCHŌ

Im Viertel **Jimbōchō** (Karte S. 98; Kanda-Jimbōchō, Chiyoda-ku; Ⓢ Hanzōmon-Linie bis Jimbōchō, Ausgang A1, A6 oder A7) gibt's über 170 Händler für neue oder gebrauchte Bücher – der Beweis dafür, dass das gedruckte Wort in Tokio lebt. In den hohen Stapeln findet sich alles nur Mögliche, von antiquierten Reiseführern über das Vergnügungsviertel Yoshiwara bis hin zu obskuren Noten musikalischer Werke.

Gute Läden sind **Ohya Shobō** (大屋書房; Karte S. 98; ☎03-3291-0062; www.ohya-shobo.com; 1-1 Kanda-Jimbōchō, Chiyoda-ku; ⏰Mo–Sa 10–18 Uhr; 🚊Hanzōmon-Linie bis Jimbōchō, Ausgang A7), das mit antiquarischen Büchern, Landkarten und *ukiyo-e*-Originaldrucken handelt, und **Komiyama Shoten** (小宮山書店; Karte S. 98; ☎03-3291-0495; www.book-komiyama.co.jp; 1-7 Kanda-Jimbōchō, Chiyoda-ku; ⏰Mo–Sa 11.30–18.30, So bis 17.30 Uhr; Ⓢ Hanzōmon-Linie bis Jimbōchō, Ausgang A7), das Kunstbücher, Drucke und Poster verkauft.

⏰9.30–22 Uhr; 🚊JR-Yamanote-Linie bis Akihabara, Ausgang Shōwa-tōriguchi) Die größte Filiale von Yodobashi Camera. Einheimische kommen gern zum Einkaufen her und durchstöbern die acht Stockwerke voller Elektrowaren, Kameras, Spielzeug und Haushaltsgeräte sowie CDs und DVDs in der integrierten Filiale von Tower Records im 7. Stock. Anschließend stehen Restaurants für eine Pause zur Verfügung. Nicht vergessen, nach den Exportbestimmungen und mehrwertsteuerfreien Einkäufen zu fragen.

Akihabara Radio Kaikan MANGA, ANIME
(秋葉原ラジオ会館; Karte S. 98; http://akihabara-radiokaikan.co.jp; 1-15-6 Soto-kanda, Chiyoda-ku; ⏰11–20 Uhr; 🚊JR-Yamanote-Linie bis Akihabara, Ausgang Electric Town) Ungeachtet seines Namens hat Radio Kaikan nicht das Geringste mit Radios zu tun – hier dreht sich vielmehr alles um japanische Popkultur. 2014 wurde der Laden komplett umgebaut und bietet nun auf neun Etagen Mangas, Animes, Sammlerstücke wie Modelle und Figuren, Fan-Magazine, Kostüme und Zubehör aller Art feil. Hier finden sich Geschäfte wie **Volks**, das Puppen verkauft, **K-Books** (Kブックス; Karte S. 98; www.k-books.co.jp) und **Kaiyōdō Hobby Lobby** (海洋堂ホビーロビー; Karte S. 98; ☎03-3253-1951; www.kaiyodo.co.jp; ⏰Do–Di 11–20 Uhr).

Ueno & Yanesen

★ Ameya-yokochō MARKT
(アメヤ横町; Karte S. 102; www.ameyoko.net; 4 Ueno, Taitō-ku; ⏰10–19 Uhr, einige Geschäfte Mi geschl.; 🚊JR-Linien bis Okachimachi, Nordausgang) Sobald man in diesen teilweise überdachten Markt neben und unter den JR-Gleisen eintaucht, scheint das funkelnde, schicke Tokio Welten entfernt zu sein. Der Markt nahm nach dem Zweiten Weltkrieg seinen Anfang als Schwarzmarkt, auf dem amerikanische Waren verkauft wurden. Heute drängen sich hier Händler, die alles Erdenkliche anbieten – von frischem Fisch und exotischen Gewürzen bis hin zu Jeans, Sneakern und aufwendig verzierten Bomberjacken.

★ Yanaka Matsunoya HAUSHALTSWAREN
(谷中松野屋; Karte S. 102; www.yanakamatsunoya.jp; 3-14-14 Nishi-Nippori, Arakawa-ku; ⏰Mo & Mi–Fr 11–19, Sa & So 10–19 Uhr; 🚊JR-Yamanote-Linie bis Nippori, Westausgang) Das Matsunoya oben auf der Yanaka Ginza (S. 104), ist eine gute Anlaufstelle für Haushaltsartikel wie Körbe, Besen, Taschen aus Leinen etc. Sie werden von lokalen Kunsthandwerkern hergestellt, sind schlicht in der Form und einfach schön.

Edokoro Allan West KUNST
(繪処アランウエスト; Karte S. 102; ☎03-3827-1907; www.allanwest.jp; 1-6-17 Yanaka, Taitō-ku; ⏰13–17, So ab 15 Uhr, sporadisch geschl.; Ⓢ Chiyoda-Linie bis Nezu, Ausgang 1) GRATIS In seiner großartig umgebauten Garage malt Allan West, der schon lange in Yanaka lebt, wunderschöne Bilder und Bildrollen im traditionellen japanischen Stil und folgt damit der jahrhundertealten Tradition einheimischer Künstler. Kleine Bilder in der Form einer Gedenkmünze kosten ab 5000 ¥, die ganz großen Bilder krasse 6 Mio. ¥.

Shokichi KUNST & KUNSTHANDWERK
(Karte S. 102; ☎03-3821-1837; http://shokichi.main.jp; 3-2-6 Yanaka, Bunkyō-ku; ⏰Mi–So 10–18 Uhr; Ⓢ Chiyoda-Linie bis Sendagi, Ausgang 1) Mitsuaki Tsuyuki fertigt hier seine unglaublichen Handpuppen an und verkauft sie, darunter lebensechte Puppen japanischer Stars und, natürlich, Elvis-Puppen. Er

kann eine Puppe nach einem Foto gestalten (40 000 ¥). Sehr viel günstiger sind die schnellen Porträts, die er mithilfe einer seiner Handpuppen zeichnet (1000 ¥).

Asakusa & Sumida-Fluss
浅草・隅田川

★ Kakimori SCHREIBWAREN
(カキモリ; Karte S. 73; ☎ 03-3864-3898; www.kakimori.com; 4-20-12 Kuramae, Taitō-ku; ⏲ Di–Fr 12-19, Sa & So 11–19 Uhr; Ⓢ Asakusa-Linie bis Kuramae, Ausgang 3) Liebhaber erlesener Schreibwaren kommen von weit her in dieses Geschäft, in dem man seine individuellen Notizbücher (ab ca. 1000 ¥) gestalten kann: Papier, Einband, Bindung und andere Elemente lassen sich frei wählen – so entsteht ein einzigartiges Andenken. Der Laden verkauft auch Stifte aller Art und Tinte der japanischen Marke Pilot in 24 Farben.

★ Marugoto Nippon ESSEN & TRINKEN
(まるごとにっぽん; Karte S. 108; ☎ 03-3845-0510; www.marugotonippon.com; 2-6-7 Asakusa, Taitō-ku; ⏲ 10–20 Uhr; Ⓢ Ginza-Linie bis Tawaramachi, Ausgang 3) Ein modernes Warenhaus im Miniformat mit einer erlesenen Auswahl an japanischen Lebensmitteln (Erdgeschoss) sowie Kunst und Kunsthandwerk (2. OG). Überall werden Probierportionen verteilt, umfangreichere Speisen gibt's in den Cafés und Restaurants im 3. und 4. OG.

★ Tokyo Hotarudo VINTAGE
(東京蛍堂; Karte S. 108; ☎ 03-3845-7563; http://tokyohotarudo.com; 1-41-8 Asakusa, Taitō-ku; ⏲ Mi–So 11–20 Uhr; Ⓡ Tsukuba-Express bis Asakusa, Ausgang 5) Dieser Kuriositätenladen wird von einem exzentrischen jungen Mann betrieben, der sich gern anzieht, als wäre das 19. Jh. noch längst nicht vorüber. Wer sich bei diesem Gedanken die Hände reibt und denkt: Das ist mein Ding, wird das Sammelsurium aus alten Kostümen und Taschen, antiken Lampen, Uhren und dekorativen Gegenständen lieben.

Der Eingang ist aber nicht ganz leicht zu finden: Ein senkrechtes, schwarzes Schild mit zeigendem Finger weist einem den Weg.

Kurodaya SCHREIBWAREN
(黒田屋; Karte S. 108; ☎ 03-3844-7511; 1-2-5 Asakusa, Taitō-ku; ⏲ 10–18 Uhr; Ⓢ Ginza-Linie bis Asakusa, Ausgang 3) Seit 1856 hat sich das Kurodaya auf *washi* (traditionelles japanisches Papier) und Papierprodukte wie Karten, Drachen und folkloristische Pappmaschee-Figuren spezialisiert. Neben seinen eigenen Kreationen verkauft es auch viele andere aus ganz Japan.

Sumida City Point KUNST & KUNSTHANDWERK
(Karte S. 108; ☎ 03-6796-6341; http://machidokoro.com; 5F Tokyo Skytree Town Solamachi, 1-1-2 Oshiage, Sumida-ku; ⏲ 10–21 Uhr; Ⓢ Hanzōmon-Linie bis Oshiage, Ausgang B3) In diesem Verkaufsraum werden die lokal hergestellten Produkte vieler Kunsthandwerker und Handwerksbetriebe des Bezirks Sumida präsentiert. Die Palette reicht von Kosmetik über Mode bis hin zu Sojasoße. Im hauseigenen Café kann man Spezialitäten genießen, Handwerkern bei Schauvorführungen zusehen und die Experten vor Ort nach Spezialgeschäften fragen, die außerhalb der bekannten Einkaufszone rund um den Sky Tree (S. 107) liegen.

Fujiya KUNST & KUNSTHANDWERK
(ふじ屋; Karte S. 108; ☎ 03-3841-2283; www.asakusa-noren.ne.jp/tenugui-fujiya/sp.html; 2-2-15 Asakusa, Taitō-ku; ⏲ Fr–Mi 10.30–18.30 Uhr; Ⓢ Ginza-Linie bis Asakusa, Ausgang 1) Das Fujiya ist ein Spezialist für *tenugui*, dünne, gefärbte Baumwollstoffe, die als Taschen- und Geschirrtuch, Geschenkverpackung und vieles mehr Verwendung finden. Hier gibt's sowohl traditionelle als auch witzige moderne Designs.

ABSTECHER

KAPPABASHI – VIERTEL DES KÜCHENZUBEHÖRS

In **Kappabashi-dōri** (合羽橋通り; Karte S. 108; Ⓢ Ginza-Linie bis Tawaramachi, Ausgang 3), Japans größtem Viertel für Restaurantbedarf (Großhandel) und Küchenutensilien, bekommt man Zubehör wie Bambusdämpfer, Lacktabletts, Neonschilder und *chōchin* (Papierlaternen). Hier beziehen die Restaurantbesitzer auch die eigenartigen, aber täuschend echt aussehenden Essensmodelle aus Plastik. Im Verkaufsraum des **Ganso Shokuhin Sample-ya** (元祖食品サンプル屋; Karte S. 108; ☎ 0120-17-1839; www.ganso-sample.com; 3-7-6 Nishi-Asakusa, Taitō-ku; ⏲ 10–17.30 Uhr; Ⓢ Ginza-Linie bis Tawaramachi, Ausgang 3) findet man die Modelle von großen Restaurantketten, aber auch sehr witzige Varianten sowie das Zubehör für eigene selbst gestaltete Kreationen.

West-Tokio

Mandarake Complex ANIME, MANGA

(まんだらけ; Karte S. 113; www.mandarake.co.jp; 5-52-15 Nakano, Nakano-ku; ⌚12–20 Uhr; 🚉JR-Sōbu-Chūō-Linie bis Nakano, Nordausgang) Wenn es um Manga, Anime und dergleichen geht, führt am Original-Mandarake kein Weg vorbei: Hier liegen die Wurzeln der Verwandlung des Nakano Broadway in ein Paradies für leidenschaftliche Fans. Einst war Mandarake ein kleiner Laden für Secondhand-Comicbücher, inzwischen hat es allein am Nakano Broadwayy 25 Filialen. Jeder ist auf etwas anderes spezialisiert, ob Bücher, Cel-Art oder Figuren.

Kita-Kore Building MODE & ACCESSOIRES

(キタコレビル; Karte S. 113; 3-4-11 Kōenji-kita, Suginami-ku; ⌚13–20 Uhr; 🚉JR-Sōbu-Linie bis Kōenji, Nordausgang) Das Kita-Kore Building ist ein Muss, wenn man Kōenji besucht. In dem heruntergekommenen Gebäude sind einige echt abgefahrene Läden ansässig. Das Haus ist eigentlich eher eine Kunstinstallation als ein Ort zum Shoppen, wir wissen aber von mindestens einer Person, die hier tatsächlich etwas gekauft hat: Lady Gaga.

Orientierung

Offiziell besteht das Zentrum Tokios aus 23 *ku* (Bezirke). Inoffiziell gilt jedoch das Gebiet innerhalb der JR-Yamanote-Route, der erhöhten Ringbahn rund um die Metropole, als Innenstadt. Viele Bahnhöfe auf der Yamanote-Linie sind Verkehrsknotenpunkte und deswegen am besten ausgebaut. In Vierteln an der Ringbahnstrecke, darunter Marunouchi (Bahnhof Tokyo), Ebisu, Shibuya, Harajuku, Shinjuku, Akihabara und Ueno, befinden sich jede Menge Sehenswürdigkeiten, Unterkünfte, Bars und Restaurants.

Die kaiserliche Palastanlage ist das überraschend grüne Herz der Stadt. Hier gibt's weder Straßen noch U-Bahnen, deswegen muss man bei einem Streifzug lange Fußwege in Kauf nehmen.

Die Stadt ist der Gegenentwurf zu einem akkurat gezogenen Straßennetz, deswegen fällt die Orientierung ohne Karte nicht immer leicht (Smartphones sind eine enorme Hilfe und es gibt glücklicherweise immer mehr WLAN-Netze in der Stadt). Nur die großen Boulevards haben Namen, wobei sich diese manchmal ändern, wenn sie eine Biegung machen oder auf andere Straßen treffen. In zentral gelegenen Vierteln mit wichtigen Sehenswürdigkeiten gibt's oft Stadtpläne und Schilder auf Englisch.

Praktische Informationen

GEFAHREN & ÄRGERNISSE

Die größte Gefahr für Traveller in Tokio ist das allgemeine Gefühl von Sicherheit. Man sollte genauso vorsichtig sein und sich ebenso auf seinen gesunden Menschenverstand verlassen, wie man es zu Hause tun würde. Besonders zu denken geben Berichte von Reisenden darüber, dass mit Drogen versetzte Getränke in Roppongi ein anhaltendes Problem sind – das Ergebnis sind Raub, Erpressung und in extremen Fällen Körperverletzung. Hier und in Kabukichō ist auch Skepsis angesagt gegenüber Schleppern, die einen in die Bars locken wollen. Zudem ist in beiden Vierteln die Wahrscheinlichkeit hoch, dass Männer von Prostituierten angesprochen werden. Frauen, die durch die beiden Rotlichtviertel Kabukichō und Dōgenzaka laufen, müssen damit rechnen, belästigt zu werden, besonders, wenn sie allein unterwegs sind.

In der Nähe der meisten großen Bahnhöfe gibt es rund um die Uhr geöffnete *kōban* (kleine Polizeistationen).

GELD

Es ist kein Problem, in Tokio an Bargeld zu kommen: Überall gibt's Minimärkte und Postämter mit internationalen Geldautomaten. Kreditkarten werden zwar weithin akzeptiert, trotzdem sollte man immer etwas Bargeld bei sich haben.

INFOS IM INTERNET

Go Tokyo (www.gotokyo.org) Auf der offiziellen Website der Stadt finden sich Informationen zu Sehenswürdigkeiten und Events sowie empfohlene Besichtigungsprogramme für Touristen.

Lonely Planet (www.lonelyplanet.com/tokyo) Infos zu Reisezielen, Hotelbuchungen, Travellerforum und mehr.

Time Out Tokyo (www.timeout.jp) Veranstaltungskalender.

Tokyo Food Page (www.bento.com) Infos über Restaurants in ganz Tokio.

Tokyo Cheapo (https://tokyocheapo.com) Tipps für Tokio-Besucher mit kleinem Budget.

INTERNETZUGANG

Zwar gibt's in Tokio inzwischen mehr kostenlose WLAN-Hotspots als früher, das System ist aber immer noch schwerfällig. Regelmäßige Nutzer können darüber nachdenken, ein kleines internetfähiges Gerät zu mieten, um Frust zu vermeiden.

MEDIZINISCHE VERSORGUNG

Im **Seibo International Catholic Hospital** (聖母病院; Karte S. 72; ☎03-3951-1111; www.seibokai.or.jp; 2-5-1 Nakaochiai, Shinjuku-ku; 🚉JR-Yamanote-Linie bis Mejiro, Hauptausgang) und im **St. Luke's International Hospital** (聖路加国際病院; Seiroka Kokusai Byōin; Karte S. 76; ☎03-3541-5151; http://hospital.luke.ac.jp; 9-1

Akashi-chō, Chūō-ku; S Hibiya-Linie bis Tsukiji, Ausgang 3 oder 4) arbeiten auch Ärzte, die Englisch sprechen.

TELEFON

Daten-SIM-Karten für SIM-Lock-freie Handys kann man an Kiosken in den Ankunftshallen der Flughäfen Narita und Haneda sowie in großen Elektrogeschäften wie Bic Camera und Yodobashi Camera in der Stadt kaufen.

TOURISTENINFORMATION

Touristeninformationszentrum Tokio im Tokyo Metropolitan Government Building (Karte S. 94; ☎ 03-5321-3077; 1. OG, Tokyo Metropolitan Government Bldg 1, 2-8-1 Nishi-Shinjuku, Shinjuku-ku; ⌚ 9.30–18.30 Uhr; S Ōedo-Linie bis Tochōmae, Ausgang A4) Bietet Informationen und Publikationen in englischer Sprache. Weitere Filialen befinden sich im Bahnhof Keisei Ueno, im Flughafen Haneda und im Busbahnhof Shinjuku.

Gut zu wissen: Die Tourist Information Centers (TICs) können keine Unterkünfte buchen.

Touristeninformationszentrum Asakusa-Kultur (S. 107) In diesem bezirklichen TIC findet man jede Menge Infos rund um Asakusa und Ueno und einen Pia-Ticketverkauf (für Konzert- und Veranstaltungstickets); nahe dem Eingang des Sensō-ji.

Japan Guide Association (☎ 03-3863-2895; www.jga21c.or.jp) Kann für Traveller Kontakt zu lizensierten professionellen Führern herstellen.

Touristeninformationszentrum JNTO (Karte S. 76; ☎ 03-3201-3331; www.jnto.go.jp; 1. OG, Shin-Tokyo Bldg, 3-3-1 Marunouchi, Chiyoda-ku; ⌚ 9–17 Uhr; WLAN; S Chiyoda-Linie bis Nijūbashimae, Ausgang 1) Infos zu Tokio und mehr. Betreiber ist die nationale Tourismusorganisation (Japan National Tourism Organisation). In den Terminals 1 und 2 des Flughafens Narita befinden sich Filialen.

JR-East Travel Service Center (JR東日本訪日旅行センター; Karte S. 76; www.jreast.co.jp/e/customer_support/service_center_tokyo.html; Tokyo Station, 1-9-1 Marunouchi, Chiyoda-ku; ⌚ 7.30–20.30 Uhr; WLAN; 🚉 JR-Yamanote-Linie bis Tokyo, Nordausgang Marunouchi) Infos für Touristen, Geldwechsel sowie Buchungen für Ski- und Onsen-Urlaube. Niederlassungen an beiden Flughäfen.

Harakuju-Informationszentrum Moshi Moshi Box (もしもしインフォメーションスペース; Karte S. 92; 3-235 Jingūmae, Shibuya-ku; WLAN; 🚉 JR-Yamanote-Linie bis Harajuku, Omote-sandō) Karten der Gegend, Gepäck-Verschickung und Infos in englischer Sprache.

Tōbu Sightseeing Service Center (Karte S. 108; ☎ 03-3841-2871; www.tobu.co.jp/foreign; Tōbu Asakusa Station, 1-4-1 Hanakawado, Taitō-ku; ⌚ 7.20–19 Uhr) Verkauft Tōbu-Railpässe für die Bahnfahrt zwischen Asakusa und Nikkō und die unbegrenzte Nutzung von Bussen rund um Nikkō.

Touristeninformationszentrum Tokio (Karte S. 76; ☎ 03-3287-2955; 2-4-10 Yūrakuchō, Chiyoda-ku; ⌚ Mo–Fr 11–19.30, Sa & So 10–19 Uhr; WLAN; 🚉 JR-Yamanote-Linie bis Yūrakuchō, Ausgang Hibiya) Buchungsschalter für geführte Touren, Geldwechselmaschinen, WLAN und ein Souvenirgeschäft.

> **FUNDSACHEN**
>
> Große Bahnhöfe und U-Bahnhöfe haben eigene Schalter für Fundsachen (auf Englisch ausgeschildert), ansonsten werden Fundsachen beim Bahnhofswärter abgebeben. Was nicht innerhalb einiger Tage abgeholt wird, geht an die Polizei.
>
> **JR-East Infoline** (☎ auf Englisch 050-2016-1603; ⌚ 10–18 Uhr)
>
> **Toei Transportation Lost & Found** (☎ 03-3816-5700; ⌚ 9–20 Uhr)
>
> **Tokyo Metro Lost & Found** (Karte S. 98; ☎ 03-5227-5741; www.tokyometro.jp/en/support/lost/index.html; ⌚ 9–20 Uhr) Büro im Bahnhof Iidabashi an der Namboku-Linie.

An- & Weiterreise

AUTO & MOTORRAD

Die Fahrt auf der *shutoko*, der komplizierten Stadtautobahn Tokios, ist nichts für Leute mit schwachen Nerven. Wer mit einem Mietwagen aus anderen Gegenden Japans ankommt, sollte diesen möglichst am Stadtrand zurückgeben und den restlichen Weg ins Zentrum mit dem Zug fahren.

BUS

Der günstigste Bahnhof für Reisende, die mit dem Bus aus anderen Gegenden Japans kommen, ist der neue **Busbahnhof Shinjuku** (バスタ新宿; Busuta Shinjuku; Karte S. 94; ☎ 03-6380-4794; http://shinjuku-busterminal.co.jp; 5-24-55 Sendagaya, Shibuya-ku; WLAN; 🚉 JR-Yamanote-Linie bis Shinjuku, neuer Südausgang), der Teil des Komplexes des JR-Bahnhofs Shinjuku ist. In der dritten Etage gibt's eine Touristeninformation, von der 2. Etage hat man direkten Zugang zu den JR-Zügen.

FLUGZEUG

Flughafen Haneda

Der Flughafen **Haneda** (S. 975) liegt näher am Zentrum Tokios und hat zwei Inlandsterminals sowie ein internationales Terminal. Einige internationale Flüge landen allerdings mitten in der Nacht, zwischen 24 und 5 Uhr, wenn keine Züge, Busse und Monorail-Züge fahren. Bei der Ticketbuchung sollte man daher den Taxipreis (oder die Stunden, die man auf dem Flughafen campiert) berücksichtigen.

Im internationalen Terminal in der 2. Etage der Ankunftshalle befindet sich ein **Touristeninformationszentrum** (☎ 03-6428-0653; ⏱ 24 Std.; 📶).

Flughafen Narita

Der hervorragende, moderne **Flughafen Narita** (S. 975) liegt ungünstig 66 km östlich von Tokio. Er verfügt über drei Terminals (am neuen Terminal 3 starten und landen die Billigfluggesellschaften). Bahnhöfe gibt es nur am Terminal 1 und Terminal 2. Zwischen allen drei Terminals verkehren von 7 bis 21.30 Uhr alle 15 bis 30 Minuten kostenlose Shuttlebusse. Ein weiterer kostenloser Shuttlebus zwischen Terminal 2 und Terminal 3 fährt von 4.50 bis 23.20 Uhr alle fünf bis zwölf Minuten. Der Fußmarsch zwischen den beiden Terminals dauert 15 Minuten. In allen Terminals gibt's Touristeninformationsschalter.

ZUG

Der **Bahnhof Tokio (Tokyo Station)** (S. 78) ist der wichtigste Bahnhof für alle Reisenden, die mit dem *shinkansen* (Hochgeschwindigkeitszug) aus anderen Teilen Japans kommen. Im Bahnhof Tokio kann man in die JR-Chūō- und die JR-Yamanote-Linie sowie in die U-Bahn-Linie Marunouchi umsteigen.

Wer aus dem Westen kommt und im Westen der Stadt bleibt, kann auch eine Station vorher am Bahnhof Shinagawa aussteigen, der Anschluss an die JR-Yamanote-Linie hat. Wer aus dem Osten Japans anreist und in den Ostteil der Stadt will, kann ebenfalls eine Station eher am Bahnhof Ueno aussteigen, dort kann man in die JR-Yamanote-Linie und in die U-Bahn-Linie Ginza und Hibiya umsteigen.

ℹ Unterwegs vor Ort

BUS

Toei (www.kotsu.metro.tokyo.jp/eng/services/bus.html) betreibt ein umfangreiches Busnetzwerk, in der Regel ist es aber einfacher, mit der U-Bahn zu fahren.

➡ Eine einzelne Fahrt kostet 210/110 ¥ für Erw./Kind, Umsteigetickets gibt es nicht. Das Fahrgeld wirft man beim Einsteigen in den Kasten; vorne im Bus befindet sich ein Wechselgeldautomat, der 1000-Yen-Scheine akzeptiert.

➡ Die meisten Busse haben eine digitale Anzeige, die zwischen Japanisch und Englisch wechselt. Die Haltestellen werden im Bus via Bandaufnahme durchgesagt, wenn die gewünschte Haltestelle angekündigt wird, muss man den Knopf drücken.

FAHRRAD

Tokio ist keine fahrradfreundliche Stadt. Es gibt praktisch keine Fahrradwege. Zudem stehen überall Parkverbotsschilder für Fahrräder. Falls man diese auf eigene Gefahr ignoriert, kann es passieren, dass das Fahrrad beschlagnahmt wird; es wiederzubekommen kostet einen halben Tag für die Fahrt zum Sammelplatz und eine Gebühr von 3000 ¥. Dennoch sieht man überall Fahrradfahrer, und es kann Spaß machen, mit dem Fahrrad durch die Stadt zu düsen. Einige Hostels und ryokan verleihen Fahrräder. Die Website **Rentabike** (http://rentabike.jp) listet Einrichtungen in Tokio auf, die Fahrräder verleihen.

Cogi Cogi (http://cogicogi.jp; 24 Std. 2400 ¥) ist ein Fahrradverleihsystem mit einer steigenden Zahl von Fahrradstationen in ganz Tokio. Zwar gibt es Erklärungen auf Englisch, aber das Ganze ist ein bisschen kompliziert. Zudem muss man sich vorab online registrieren und benötigt eine WLAN-Verbindung, um an den Fahrradstationen ein Rad auszuleihen.

VOM/ZUM FLUGHAFEN

Flughafen Haneda

Bus

Die Fahrkarten kauft man an den Kiosken in den Ankunftshallen. In Tokio gibt's einen Fahrkartenschalter im **Busbahnhof Shinjuku** (S. 161).

Friendly Airport Limousine (www.limousinebus.co.jp/en) Die „freundlichen Flughafenlimousinen" pendeln zwischen dem Flughafen und wichtigen Bahnhöfen und Hotels in Shibuya (1030 ¥), Shinjuku (1230 ¥), Roppongi (1130 ¥), Ginza (930 ¥) und anderen Bezirken; zwischen 24 und 5 Uhr verdoppeln sich die Fahrpreise. Die Fahrzeit schwankt extrem und beträgt je nach Verkehrslage zwischen 30 und 90 Minuten. Nachtbusse zum Bahnhof Shibuya fahren um 0.15, 0.50 und 2.20 Uhr ab, zum Busbahnhof Shinjuku um 0.20 und 1 Uhr. Wer nach Haneda will, kann den Bus vom Bahnhof Shibuya um 3.30 Uhr oder den Bus vom Busbahnhof Shinjuku um 4 Uhr nehmen. Um 5 Uhr beginnt der normale Service.

Haneda Airport Express (http://hnd-bus.com) Die Busse sind praktischer, um in die Vororte zu kommen, als für die Fahrt ins Zentrum. Sie steuern aber auch günstig gelegene Ziele wie die Bahnhöfe Shibuya (1030 ¥) und Tokyo (930 ¥) an; abhängig von der Verkehrslage dauert die Fahrt ca. eine Stunde. Die Busse verkehren von 5 bis 24 Uhr. Nachtbusse zum Bahnhof Shibuya (2600 ¥) über Roppongi Hills fahren um 0.50 und 2.20 Uhr ab.

Monorail

Züge der **Tokyo Monorail** (www.tokyo-monorail.co.jp/english) starten etwa alle 10 Minuten (von 5 bis 24 Uhr) zum Bahnhof Hamamatsuchō (490 ¥, 15 Min.) an der JR-Yamanote-Linie. Praktisch, wenn man in der Nähe von Ginza oder Roppongi absteigt.

Taxi

Taxis fahren zu Festpreisen, z. B. nach Ginza (5600 ¥), Shibuya (6400 ¥), Shinjuku (6800 ¥), Ikebukuro (8500 ¥) und Asakusa (6900 ¥). Zwischen 22 und 5 Uhr wird ein Zuschlag von 20 % erhoben. Die Taxifahrer akzeptieren Kreditkarten.

Zug

Keikyū Airport Express (www.haneda-tokyo-access.com/en) Die Züge machen sich zwischen 5.30 Uhr und Mitternacht mehrmals stündlich auf der Strecke der JR-Yamanote-Linie auf den Weg nach Shinagawa (410 ¥, 12 Min.). Manche fahren auch noch weiter und folgen der Asakusa-U-Bahn-Linie zu den Haltestellen Higashi-Ginza, Nihombashi und Asakusa.

Das internationale und die Inlandsterminals haben jeweils einen eigenen Bahnhof, auf der Fahrt zum Flughafen ist das internationale Terminal die vorletzte Haltestelle.

Flughafen Narita

Bus

Fahrkarten kauft man an den Kiosken in den Ankunftshallen (keine Reservierung erforderlich). In Tokio gibt's einen Fahrkartenschalter im **Busbahhof Shinjuku** (S. 161).

Friendly Airport Limousine (www.limousinebus.co.jp/en) Nach festem Fahrplan verkehrende Direktbusse mit reservierten Sitzplätzen (3100 ¥) machen sich von allen Terminals des Flughafens auf den Weg zu den größten Hotels und Haltestellen in Tokio. Die Fahrt dauert, je nach Verkehrslage, eineinhalb bis zwei Stunden. Bei unserem Besuch gab es noch ermäßigte Hin- und Rückfahrttickets (nur für ausländische Touristen): Der „Welcome to Tokyo Limousine Bus Return Voucher" kostete zu diesem Zeitpunkt 4500 ¥; am Ticketschalter des Flughafens nachfragen.

Keisei Tokyo Shuttle (www.keiseibus.co.jp) Preiswerte Busverbindung zwischen allen Flughafenterminalss und Bahnhof Tokio (1000 ¥, ca. 90 Min., 6–23 Uhr alle 20 Min.). Zwischen 23 und 6 Uhr fahren in größeren Zeitabständen Busse vom Bahnhof Tokio zu den Terminals 2 und 3 des Flughafens Narita (2000 ¥), praktisch, wenn man zu ungewöhnlichnen Zeiten fliegt.

Taxi

Festpreistaxis zu den meisten Zielen im Zentrum Tokios kosten zwischen 20 000 und 22 000 ¥. Von 22 bis 5 Uhr werden 20 % Zuschlag fällig. Die Taxifahrer akzeptieren Kreditkarten.

Zug

Sowohl Japan Railways (JR) als auch die unabhängige Keisei-Linie verkehren zwischen dem Zentrum Tokios und den Terminals 1 und 2 des Flughafens Narita. Wer zum Terminal 3 möchte, nimmt einen Zug zum Terminal 2 und läuft dann oder fährt mit dem kostenlosen Shuttlebus zum Terminal 3 (und spart so 15 Minuten Zeit). Die Fahrkarten kann man im Untergeschoss der Terminals an den Eingängen zu den Bahnhöfen kaufen.

TOKIOTER NAHVERKEHRSPÄSSE

Die wiederaufladbaren Prepaidkarten Suica und Pasmo funktionieren in allen Stadtzügen, U-Bahnen und Bussen. Mit beiden kann man die Ticketschranken lässig passieren, ohne sich mit der Berechnung von Fahrpreisen oder Transfertickets herumschlagen zu müssen. Karteninhaber erhalten außerdem einen kleinen Rabatt (ein paar Yen pro Fahrt) auf den Einzelfahrpreis.

Die einzige Alternative für die Suica- oder Pasmo-Karte ist der Pass von Tokyo Metro, mit dem man 24 Stunden unbegrenzt fahren kann (Erw./Kind 600/300 ¥). Er gilt allerdings nur für die neun U-Bahn-Linien von Tokyo Metro. Es gibt andere (teurere) Pässe, die auch für Fahrten mit den Toei-U-Bahn-Linien und den JR-Linien im Raum Tokio gültig sind, das Angebot von Tokyo Metro ist aber das beste.

Suica- und Pasmo-Karten kann man an allen Touchscreen-Verkaufsautomaten in Tokio kaufen (auch an den Flughäfen Haneda und Narita). Auf die Suica-Karten (erhältlich an den JR-Bahnhöfen) muss man mindestens 2000 ¥ aufladen, 500 ¥ davon als Kaution. Das Mindestguthaben der Pasmo-Karten (erhältlich in U-Bahnhöfen und in den Bahnhöfen an Pendlerlinien) beträgt 1000 ¥, davon 500 ¥ als Kaution. Gibt man den Pass zurück, was an jedem Ticketschalter möglich ist, erhält man die Kaution und ggf. das Restguthaben zurück.

Beide Pässe können an allen Touchscreen-Ticketautomaten (also z. B. Suica-Karten nicht nur an JR-Bahnhöfen) aufgeladen werden, dies geschieht in 1000-¥-Schritten. Da die Ticketautomaten ein englischsprachiges Menü haben, sind der Kauf und das Aufladen gar nicht kompliziert.

Anm.: Das widerspricht dem darauffolgenden Text, demzufolge man die Karten nur an bestimmten Automaten kaufen kann (aber an allen aufladen).

TIPPS ZUR ORIENTIERUNG IN TOKIO

- Den schnellsten Weg zum Ziel ermittelt die App „Travel in Japan" (https://navitimejapan.com); Routen können zum Offline-Gebrauch heruntergeladen werden.
- Die meisten Bahn- und U-Bahnhöfe haben mehrere Ausgänge. Man sollte schon auf dem Bahnsteig versuchen, sich zu orientieren. Dazu auf die gelben Schilder achten, die angeben, welche Treppe zu welchem Ausgang führt.
- Wer sich nicht sicher ist, welcher Ausgang der richtige ist, kann einen Blick auf die Straßenkarten werfen, die in der Regel neben den Ticketschranken hängen – dort ist die Lage der Ausgänge eingezeichnet.

Keisei Skyliner (www.keisei.co.jp/keisei/tetudou/skyliner/us) Die schnellste Verbindung nach Tokio. Es geht nonstop nach Nippori (2470 ¥, 36 Min.) und Ueno (2470 ¥, 41 Min.) im Nordosten Tokios, wo man Anbindung an die JR-Yamanote-Linie oder, im Falle des Bahnhofs Ueno, auch an die U-Bahn hat. Die Züge fahren von 8 bis 22 Uhr zweimal stündlich. Ausländische Reisende können vorab etwas günstigere Tickets online buchen (2200 ¥). Praktisch für Touristen ist das Skyliner & Tokyo Subway Ticket. Es verbindet eine einfache Fahrt mit dem Skyliner mit einem U-Bahn-Ticket, das ein, zwei oder drei Tage gültig ist.

Keisei-Hauptlinie Begrenzte Expresszüge (*kaisoku kyūkō*; 1030 ¥, 71 Min. bis Ueno) nehmen dieselbe Route wie der Skyliner, halten aber unterwegs. In den Stoßzeiten verkehren die Züge alle 20 Minuten. Eine gute Option für Budgetreisende.

Narita Express (www.jreast.co.jp/e/nex) Schnell und unkompliziert, insbesondere wenn sich die Unterkunft im Westen Tokios befindet. Die N'EX-Züge fahren von 7 bis 22 Uhr etwa halbstündlich vom Flughafen zum Bahnhof Tokio (3020 ¥, 53 Min.) und über Shibuya (3190 ¥; 75 Min.) nach Shinjuku (3190 ¥, 80 Min.). Zusätzlich gibt es Züge nach Shinagawa (3190 ¥, 65 Min.) und Ikebukuro (3190 ¥, 85 Min.). Zur Zeit der Recherche kostete das N'EX-Ticket für Touristen nur 4000 ¥ (14 Tage gültig; Kinder unter 12 Jahren 2000 ¥). Online nach den aktuellsten Schnäppchen suchen oder in den JR-East-Travel-Service-Touristeninformationen am Narita Airport nachfragen.

SCHIFF/FÄHRE

Tokyo Cruise (水上バス, Suijō Bus; ☎0120-977-311; http://suijobus.co.jp) betreibt Wasserbusse, die den Sumida-gawa (Sumida-Fluss) hinauf- und hinabfahren und Asakusa mit Hama-rikyū Onshi-teien (980 ¥, 35 Min.) und Odaiba (1260 ¥, 70 Min.) verbinden. Zwischen 10 und 18 Uhr verkehren sie etwa zweimal stündlich; die Tickets kann man kurz vor Abfahrt an allen Piers kaufen.

Tokyo Mizube Cruising Line (東京水辺ライン; ☎03-5608-8869; www.tokyo-park.or.jp/waterbus) Wasserbusse schippern von Asakusa den Sumida-gawa hinunter nach Ryōgoku (310 ¥), Hama-rikyū Onshi-teien (620 ¥) und Odaiba (1130 ¥) und dann zurück. Im Winter fahren sie seltener. Tickets werden kurz vor Abfahrt verkauft.

TAXI

Taxis in Tokio werden von Fahrern mit weißen Handschuhen gefahren, auf den Sitzen liegen Spitzendecken und die Türen öffnen und schließen sich wie von Zauberhand – ein echtes Erlebnis. Allerdings sind sie teuer und rechnen sich eigentlich nur, wenn man zu viert unterwegs ist.

- Die ersten 2 km kosten 730 ¥, danach werden alle 280 m (oder alle 105 Sek. im ruhenden Verkehr) 90 ¥ fällig.
- Zwischen 22 und 5 Uhr fällt ein Zuschlag von 20 % an.
- Die wenigsten Fahrer sprechen Englisch, zum Glück haben die meisten Taxis mittlerweile aber GPS-Systeme. Man sollte die auf Japanisch aufgeschriebene Adresse des Fahrziels vorzeigen, am besten in Form einer Visitenkarte.
- Die meisten Taxifahrer (aber nicht alle) akzeptieren Kreditkarten.

U-BAHN

In Tokio gibt es 13 U-Bahn-Linien. Neun davon werden von **Tokyo Metro** (www.tokyometro.jp/en) betrieben, vier von **Toei** (www.kotsu.metro.tokyo.jp/eng). Die Linien sind farblich markiert, das macht es recht einfach, sich zurechtzufinden. Um zwischen den Linien von Tokyo Metro und von Toei umzusteigen, benötigt man leider ein Transferticket; mit einer Pasmo- oder Suica-Karte ist das Umsteigen aber unkompliziert. In jedem Fall sind Fahrten, bei denen man Bahnen beider Betreiber benutzt, teurer als Fahrten im Netz nur eines Betreibers. Bei Tokyo Metro kostet die einfach Fahrt 170 bis 240 ¥ (für Kinder 90–120 ¥) bei Toei 180 bis 320 ¥ (für Kinder 90–160 ¥), je nach Länge der Fahrt.

ZUG

Tokios umfangreiches Schienennetz umfasst die JR-Linien, ein U-Bahn-Netz und private Pendlerzüge, die vom Zentrum in alle Richtungen in die Vororte verkehren. Die Züge fahren pünktlich ab und kommen ebenso pünktlich an. Fahrten, bei denen man in Züge anderer Betreiber umsteigt, sind teurer als Fahrten mit Zügen nur eines Betreibers. Wichtige Knotenpunkte sind die Bahnhöfe Tokio, Shinagawa, Shibuya, Shinjuku, Ikebukuro und Ueno.

JR-Züge

Das JR-Netz deckt ganz Japan ab. Auch die *shinkansen* (Hochgeschwindigkeitszüge) sind JR-Züge. Die praktischsten JR-Linien in Tokio sind die oberirdische ringförmige Yamanote-Linie und die durchs Zentrum führende Chūō–Sōbu-Linie. Fahrkarten kosten je nach Entfernung ab 133 ¥.

Privatzüge

Private Pendlerlinien bedienen auch einige der hipperen Wohngebiete. Nützliche Linien:

Keiō-Inokashira-Linie (von Shibuya nach Shimo-Kitazawa und Kichijōji)

Odakyū-Linie (von Shinjuku nach Shimo-Kitazawa)

Tōkyū-Tōyoko-Linie (von Shibuya nach Daikanyama und Naka-Meguro)

Auf den Pendlerlinien verkehren *tokkyū* (特急; „limited express"), *kyūkō* (急行; Expresszüge) und *futsū* (普通; Nahverkehrszüge), wer sich unsicher ist, sollte einen Nahverkehrszug nehmen.

Fuji & rund um Tokio

Inhalt ➜

Gut essen

- Bonzō (S. 204)
- Araiya (S. 210)
- Gyōshintei (S. 220)
- Kawatoyo Honten (S. 223)

Schön übernachten

- K's House Itō Onsen (S. 189)
- Arai Ryokan (S. 196)
- KAI Hakone (S. 182)

Auf zum Fuji und in Tokios Umgebung

Die Region um Tokio ist mit ihren alten Heiligtümern, heißen Quellen, Bergen und Stränden ein geradezu perfektes Gegenstück zur schwindelerregenden Hauptstadt.

Nur zwei Stunden Fahrt vom Zentrum der Metropole entfernt finden Traveller authentische ländliche *ryokan*, regionale Küche, von Zedern gesäumte Wege und – nicht zu vergessen – *das* Symbol Japans, den Fuji. Auch Historisches hat die Gegend zu bieten, etwa eine Hauptstadt aus dem Mittelalter sowie Japans erste Häfen, die sich dem Westen öffneten. Die Orte ziehen viele Besucher an, sodass recht gute Verkehrsverbindungen und Kommunikation bestehen.

Fähren und Flugzeuge sind schnell auf den Izu-Inseln, wer aber Hektik und Stress ganz hinter sich lassen will, sollte gut 1000 km südlich von Tokio das Unesco-Welterbe Ogasawara-Archipel ansteuern. Dort gibt's Wale, Delfine, Suppenschildkröten und tropische Fische in allen Regenbogenfarben.

Reisezeit

Kawaguchi-ko

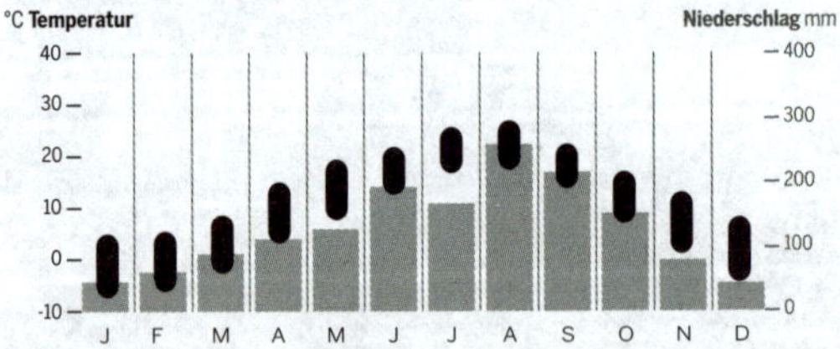

April & Mai Frühlingsbeginn in den Bergen nördlich und westlich von Tokio.

Juli & Aug. Eine gute Zeit, um den Fuji zu besteigen und auf der Izu-Halbinsel zu baden.

Sept.–Nov. Milde Temperaturen und weniger Touristen, außer wenn sich das Herbstlaub rot färbt.

Highlights

1 Fuji (S. 169) Auf Japans Nationalsymbol den Sonnenaufgang betrachten.

2 Nikkō (S. 214) Der alten Edo-Zeit in prächtigen Schreinen und Tempeln nachspüren.

3 Izu-Halbinsel (S. 187) In Flipflops zwischen Sandstränden und heißen Quellen am Meer umherschlendern.

4 Kamakura (S. 199) In den Zentempeln der mittelalterlichen Hauptstadt seine Sinne neu sortieren.

5 Hakone (S. 178) Zwischen Onsen, Kunstmuseen und Wanderwegen in der wunderschönen Landschaft wandeln.

6 Yokohama (S. 206) Frisch gebrautes Bier, moderne Kunst und coolen Jazz in der Hafenstadt genießen

7 Mitake (S. 213) Am waldigen, bergigen Westende Tokios auf dem Mitake-san wandern.

8 Ogasawara-Archipel (S. 224) Auf der unberührten subtropischen **Inselkette** zur Natur zurückfinden.

TAGESTOUREN VON TOKIO

Von Tokio aus sind viele Ziele als Tagestour möglich:

Einfache Fahrt bis zu einer Stunde
Yokohama, Kamakura, Mt. Takao, Oku-Tama-Region

Einfache Fahrt bis zu zwei Stunden
Fünf Fuji-Seen, Hakone, Nikkō, Atami, Itō

Anreise & Unterwegs vor Ort

Ein gutes Zugnetz bedient die Region um Tokio; zahlreiche Züge verkehren nach Tokio und aus der Stadt heraus. Häufig muss man unterwegs jedoch umsteigen. Praktische Zuglinien:

JR-Chuō-Linie Verbindet Tokio mit dem Westen; um nach Takao-san, Oku-Tama und zu den Fünf Fuji-Seen zu gelangen, muss man unterwegs umsteigen. Die Chuō-Linie fährt Ziele in der Präfektur Nagano an, aber die Fahrt dauert sehr lange.

JR-Tokaidō-Hauptlinie Verläuft von Tokio nach Süden bis Yokohama, dann südwestlich nach Odawara (hier für Züge nach Hakone umsteigen) und Atami, dem Tor zur Izu-Halbinsel. In Odawara und Atami hält auch der Tokaidō-*shinkansen* (Schnellzug), der weiter in Richtung Westen nach Kyoto, Osaka und Hiroshima fährt.

Odakyu-Linie Fährt von Shinjuku, auf der Westseite Tokios, südwestlich nach Hakone.

JR-Yokosuka-Linie Verlässt Tokio Richtung Süden über Yokohama nach Kamakura.

Tobu-Nikkō-Linie Verkehrt von Asakusa, auf der Ostseite Tokios, nach Norden bis Nikkō.

Für den direkten Zugang zum Fuji eignen sich am besten die Expressbusse ab Shinjuku.

Die Izu-Inseln sind mit Fähren oder Tragflächenbooten zu erreichen, die in Tokio oder den Städten auf der Izu-Halbinsel ablegen. Zum Ogasawara-Archipel gelangt man nur mit der Fähre von Tokio, die für die Reise 24 Stunden benötigt.

FÜNF FUJI-SEEN 富士五湖

☎0555

Japans höchster und berühmtester Berg ist die größte natürliche Attraktion dieser Region. Aber selbst wenn man nicht vorhat, den Fuji zu besteigen, lohnt sich eine Reise hierher, um die Schönheit der Natur an den nördlichen Ausläufern des Vulkans zu bewundern, wo die fünf Seen den perfekten Bergkegel als Spiegelbild zurückwerfen.

Der östlichste See ist der Yamanaka-ko, gefolgt vom Kawaguchi-ko, Sai-ko, Shōji-ko und Motosu-ko. Besonders während der *kōyō*-Saison (Zeit des Herbstlaubs) bieten sich die Seen für einen schönen Zweitagesausflug von Tokio aus an, um hier spazieren zu gehen, die Attraktionen am Wasser zu erleben oder in den nahe gelegenen Bergen zu wandern.

Schlafen & Essen

Wenn man nicht in einer Berghütte übernachtet, sind Fuji-Yoshida und Kawaguchi-ko gute Ausgangspunkte für Wanderungen in der Region. Die Gasthöfe, die weiter vom Bahnhof entfernt sind, bieten nach Voranmeldung häufig eine kostenlose Abholung an. In Kawaguchi-ko, dem Zentrum der Region, befindet sich der Großteil der Unterkünfte. In den kleinen Gassen von Fuji-Yoshida verbergen sich ein paar gute und preiswerte Hostels. Sai-ko und Motosu-ko eignen sich gut zum Campen.

Die meisten Restaurants gibt's rund um Kawaguchi-ko und Fuji-Yoshida, während die Seen selbst glücklicherweise kaum erschlossen sind und daher weniger Optionen zum Essen bieten.

Camper sollten in Kawaguchi-ko oder Fuji-Yoshida Proviant einkaufen oder diesen aus Tokio mitbringen.

An- & Weiterreise

Zur Fuji-Region gelangt man am einfachsten mit dem Bus oder Zug von Tokio aus, Fuji-Yoshida und Kawaguchi-ko sind die Haupttore zum Berg. Von Tokio fahren während der offiziellen Bergsteigersaison auch Busse direkt zur Fünften Station der Fuji-Subaru-Linie (auch bekannt als Fünfte Station Kawaguchi-ko oder Fünfte Station Yoshidaguchi) auf dem Fuji. Für alle, die Fuji und Hakone kombinieren wollen, gibt's den Fuji Hakone Pass (S. 179) von Tokio aus.

Wer aus dem Westen Japans (Kyoto, Osaka) kommt, kann einen Nachtbus nach Kawaguchi-ko nehmen.

BUS

Von der **Shinjuku-Autobahnbus-Haltestelle** (☎03-5376-2222; highway-buses.jp; 🚉JR-Yamanote-Linie nach Shinjuku, Westausgang) fahren häufig Busse von **Keiō Dentetsu** (☎03-5376-2222; www.highwaybus.com) und **Fujikyū Express** (☎0555-72-6877; bus-en.fujikyu.co.jp) direkt zu den Bahnhöfen Kawaguchi-ko und Fujisan in Fuji-Yoshida (1750 ¥, 1¾ Std.).

Aus dem Westen Japans verkehren Nachtbusse von der U-Bahn-Station Higashi-Umeda in Osaka (8700 ¥, 22.15 Uhr) über den Bahnhof Kyoto (8200 ¥, 23.18 Uhr) zum Bahnhof Kawaguchi-ko (Ankunft 8.32 Uhr).

ZUG

JR-Chūō-Züge fahren vom Bahnhof Shinjuku nach Ōtsuki (*tokkyū* 2770 ¥, eine Std.; *futsū* 1320 ¥, 1½ Std.), dort steigt man in die Fuji-Kyūkō-Linie zu den Bahnhöfen Fujisan (die Haltestelle für Fuji-Yoshida; 1020 ¥, 1 Std.) und Kawaguchi-ko (1140 ¥, 1 Std und 5 Min.) um.

Unterwegs vor Ort

Von der Haltestelle Fujisan braucht man mit dem Bus (240 ¥) acht Minuten oder mit dem Zug (220 ¥) fünf Minuten zur Haltestelle Kawaguchi-Ko.

Im **Kawaguchiko-Saiko-Sightseeing-Bus** (Zweitageskarte Erw./Kind 1200/600 ¥) der vom Bahnhof Kawaguchi-ko zu allen Sehenswürdigkeiten an den westlichen Seen fährt, können Fahrgäste nach Belieben ein- und aussteigen. Die rote Linie folgt dem Nordufer des Kawaguchi-ko und der westlichen Region, die grüne Linie führt nach Süden und um den Sai-ko und Aokigahara. Es gibt auch einen **All-Lines-Sightseeing-Bus** (Zweitageskarte Erw./Kind 1500/750 ¥), der alle oben genannten Routen abdeckt und zusätzlich noch eine blaue Linie bietet, die rund um Shōji-ko und zum östlichen Ende von Motosu-ko verkehrt.

Ein paar Gehminuten vom Bahnhof Kawaguchi-ko findet man **Toyota Rent-a-Car** (Karte S. 170; ☎ 0555-72-1100, in Englisch 0800-7000-815; ⏲ 8–20 Uhr) vom Bahnhof geht's nach rechts und an der nächsten Kreuzung wieder nach rechts. **Sazanami** (さざなみ; Karte S. 170; ☎ 0555-72-0041; ⏲ Sommer 7–17, Winter 9–17 Uhr), am Südostufer des Kawaguchi-ko verleiht Fahrräder (400/1500 ¥ pro Std./Tag), Elektrofahrräder (600/2600 ¥ pro Std./Tag) und Ruderboote (1000/2500 ¥ pro Std./Tag).

Fuji 富士山

Kein Bild passt zur romantischen Vorstellung von Japan so perfekt wie das des Fuji (3776 m). Zeugnisse für die Verehrung des Berges finden sich bereits in den ältesten literarischen Aufzeichnungen Japans aus dem 8. Jh. Damals spuckte der inzwischen schlafende Vulkan noch Rauch, was ihm noch mehr Ehrfurcht einbrachte. Als Fuji-san 2013 der Welterbestatus gewährt wurde, bestiegen mehr als 300 000 Menschen den höchsten Gipfel des Landes.

Das japanische Sprichwort „Wer den Fuji einmal besteigt, ist weise, wer ihn zweimal besteigt, ist ein Narr" hat nichts von seiner Gültigkeit verloren. Wer den Gipfel erreicht hat, wird mit einem Gefühl des Triumphs belohnt, besonders bei Sonnenaufgang; doch der Aufstieg ist sehr hart und nicht für hübsche Szenerien oder den Einklang mit der Natur berühmt. In der Bergsteigersaison ist der Fuji von Wanderern überlaufen, und die karge, geradezu apokalyptische Landschaft scheint Welten entfernt von der Schönheit des Bergs aus der Ferne. Der Krater auf dem Gipfel hat einen Umfang von 4 km; man sollte allerdings darauf vorbereitet sein, dass oft Wolken den Berg umhüllen.

Routen

Vom Fuß (erste Station) bis zum Gipfel (zehnte Station) ist der Berg in zehn „Stationen" aufgeteilt. Der ursprüngliche Pilgerweg beginnt ganz unten, doch heute starten die meisten Bergsteiger auf halber Strecke an einer der vier fünften Stationen, die mit Bus oder Auto erreichbar sind. Kreuzungen der Wanderwege sind nicht gut gekennzeichnet und man kann sich leicht verirren, vor allem auf dem Weg nach unten, wo man dann am falschen Ausgangspunkt endet – ein guter Grund, um mit einem erfahrenen Bergsteiger zu wandern.

Wer zum Sonnenaufgang auf dem Gipfel sein möchte, kann entweder am Nachmittag starten und in einer Berghütte übernachten oder den ganzen Weg in der Nacht zurücklegen. Es empfiehlt sich, nicht zu lange vor der Morgendämmerung anzukommen, denn dann ist es meistens sehr kalt und windig, sogar im Hochsommer.

Wege von den fünften Stationen aus

Etwa 90 % aller Bergsteiger starten an einer der fünften Stationen, die bequemer und schneller sind. Die vier Stationen sind: Kawaguchi-ko, auch Yoshida genannt (2305 m), Subashiri (1980 m), Fujinomiya (2380 m) und Gotemba (1440 m). Der Aufstieg zum Gipfel dauert fünf bis sechs Stunden (obwohl es einige in der halben Zeit schaffen), der Abstieg drei Stunden, die Umrundung des Gipfelkraters anderthalb Stunden.

Die beliebteste Route ist der **Kawaguchi-ko-Wanderweg**, der an der fünften Station der Fuji-Subaru-Linie (auch fünfte Station Kawaguchi-ko genannt) beginnt. Sie bietet die meisten modernen Einrichtungen und ist von der Stadt Kawaguchi-ko am leichtesten zu erreichen.

Eine gute Alternative ist der seltener begangene, aber schöner bewaldete **Subashiri-Wanderweg**. Da er sich an der achten Station mit dem Kawaguchi-ko-Weg trifft, ist es möglich, beide zu kombinieren, indem man Letzteren bergauf nimmt und auf dem

Rund um den Fuji

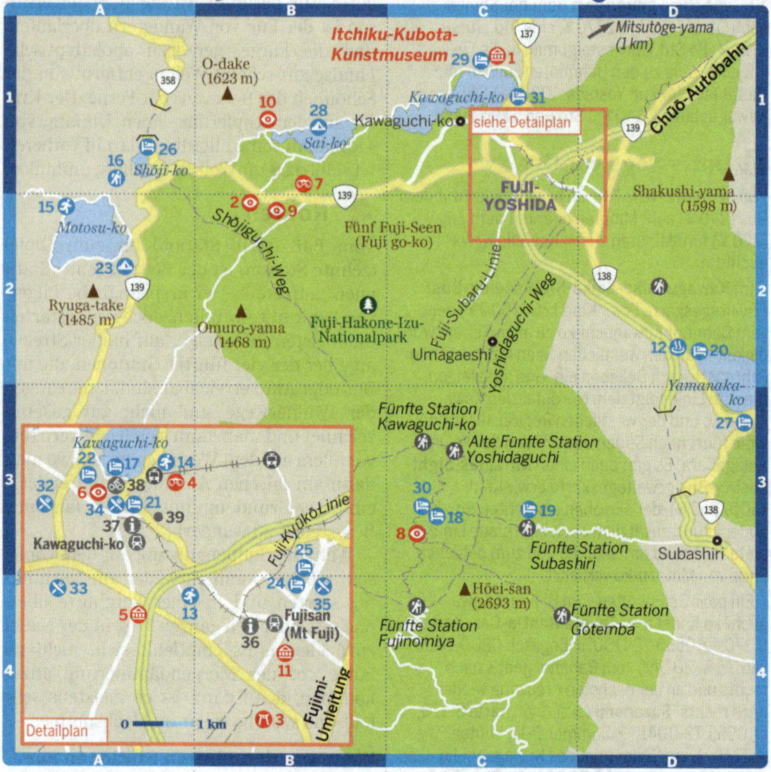

losen, vulkanischen Sand des Subashiri-Pfads wieder hinabschlittert. Er endet allerdings an der fünften Station Subashiri; wer sein Auto in Kawaguchi-ko geparkt hat, ist mit dieser Variante also schlecht beraten.

Die beiden anderen fünften Stationen sind **Fujinomiya**, der beste Ausgangspunkt für Wanderer, die aus dem Westen (Nagoya, Kyoto und dahinter) anreisen, sowie der **Gotemba-Weg**, auf dessen selten genutztem und vernachlässigtem Weg man 7½ zähe Stunden bis zum Gipfel braucht.

Traditionelle Route

Ursprünglich begannen die Pilger ihren Weg am Sengen-Schrein in der Nähe des heutigen Fuji-Yoshida und huldigten den Göttern der Schreine, ehe sie sich an den 19 km langen Aufstieg auf den heiligen Berg machten. Auf dem **Yoshidaguchi-Weg** können Wanderer an dieser jahrhundertealten Tradition teilhaben. Für Puristen ist dies sogar die einzig akzeptable Art, den Berg zu besteigen; der untere Teil des Weges, der auf einem einsamen Pfad durch üppige Vegetation führt, gilt als der schönste.

Bis zur alten fünften Station Yoshidaguchi läuft man etwa fünf Stunden – wer das halbieren will, nimmt in der Bergsteigersaison den Kletterbus von der Fujisan-Haltestelle bis nach Umagaeshi (500 ¥).

An der sechsten Station trifft sich der Weg mit jenem von der fünften Station der Fuji-Subaru-Linie (auch fünfte Station Kawaguchi-ko genannt) an der sechsten Station. Der Aufstieg vom Fuß bis zum Gipfel des Fuji dauert zwölf Stunden.

Fünfte Station der Fuji-Subaru-Linie

Die Straße, die von Kawaguchi-ko an der Fuji-Subaru-Linie zur Fünften Station führt, ist solange geöffnet, wie es die Wetterbedingungen zulassen (etwa von Mitte April bis Anfang Dezember). Selbst wenn

Rund um den Fuji

Highlights
1 Itchiku-Kubota-Kunstmusem C1

Sehenswertes
2 Fugaku Fuketsu B2
3 Fuji Sengen-jinja B4
4 Fuji-Aussichtsplattform A3
5 Fujisan World Heritage Center A4
6 Ide Sake Brewery A3
7 Kōyō-dai B1
8 Mt Fuji C3
9 Narusawa Hyōketsu B2
10 Sai-ko Iyashi-no-Sato Nenba B1
11 Restauriertes Pilger-Gasthaus Togawa-ke Oshi-no-ie B4

Aktivitäten, Kurse & Touren
12 Benifuji-no-yu D2
13 Fuji-Q Highland A4
14 Kachi-Kachi-Yama-Seilbahn A3
15 Kōan Motosu A2
16 Panorama-dai A1

Schlafen
17 Fuji Lake Hotel A3
18 Fujisan Hotel C3
19 Higashi Fuji Lodge C3
20 Hotorinite D2
21 Kawaguchi-ko Station Inn A3
Kōan Motosu Inn .... (siehe 15)
Kozantei Ubuya .... (siehe 31)
22 K's House Mt Fuji A3
23 Lake Motosu Campground A2
24 Maisan-chi B4
25 Mt Fuji Hostel Michael's B3
26 Murahamasō A1
27 PICA Yamanaka-ko Village D3
28 Saiko Camp Village Gnome B1
29 Sunnide Resort C1
30 Taishikan C3
31 Tominoko Hotel C1

Essen
32 Akai A3
33 Hōtō Fudō A4
34 Idaten A3
Izumiya .... (siehe 25)
Michael's American Pub .... (siehe 25)
35 Sakurada Udon B4

Ausgehen & Nachtleben
Mt Fuji Base .... (siehe 21)
Zero Station .... (siehe 22)

Praktisches
36 Touristeninformationszentrum Fuji-Yoshida B4
37 Touristeninformationszentrum Kawaguchi-ko A3

Transport
38 Sazanami A3
39 Toyota Rent-a-Car A3

man nicht auf den Berg steigen kann, fahren hier immer noch Busse ganz in die Nähe des schneebedeckten Gipfels.

Von Mitte Mai bis Ende Oktober kann man auf dem ebenen Weg Ochūdō (御中道) wandern, der den Berg entlang der Baumgrenze umrundet. Er führt 4 km bis nach Okuniwa (奥庭), wo man umkehren muss. Wer zu Beginn/Ende der Klettersaison wandern will, sollte sich vorher nach dem Zustand der Wanderwege erkundigen.

Geführte Touren

Es gibt mehrere zuverlässige Unternehmen, die Privattouren mit englischsprachigen Guides anbieten.

Fuji Mountain Guides WANDERN
(☎3-6883-4108; www.fujimountainguides.com/; 2-Tages-Tour zum Fuji 44 000 ¥ pro Pers.) Diese exzellenten, auf Besucher aus dem Ausland ausgerichteten Touren werden in und außerhalb der Saison von extrem erfahrenen und sehr professionellen amerikanischen zweisprachigen Bergführern geleitet.

Discover Japan Tours GEFÜHRTE TOUREN
(www.discover-japan-tours.com/en; 2-Tages-Tour zum Fuji 10 000 ¥ pro Pers.) Angesehenes Unternehmen, das geführte Touren von Tokio aus für Gruppen ab zwei Personen anbietet, spezialisiert auf weniger häufig genutzte Routen.

Schlafen & Essen

Ab den fünften Stationen bieten Dutzende Berghütten einfache warme Mahlzeiten und einen Schlafplatz. In den meisten Hütten können sich Bergsteiger drinnen ausruhen, wenn sie etwas bestellen.

Die Bedingungen sind spartanisch (eine Decke auf dem Boden, eingezwängt zwischen anderen Bergsteigern), trotzdem sollte man reservieren, besonders am Wochenende. Wer in letzter Minute absagen will, muss den Hütten Bescheid sagen, und sollte darauf vorbereitet sein, die Kosten dafür zu tragen.

Zelten darf man ausschließlich auf dem ausgewiesenen Campingplatz in der Nähe der fünften Station der Fuji-Subaru-Linie (auch fünfte Station Kawaguchi-ko genannt).

FUJI: WISSENSWERTES VOR DEM AUFSTIEG

Aufgepasst: Der Fuji ist ein Berg, den man ernst nehmen sollte! Er reicht hoch genug, um Höhenkrankheit auszulösen, und auf dem Gipfel kann das Wetter rasant von sonnig und warm zu nass, windig und kalt umschlagen. Sogar im Sommer ist es frühmorgens gelegentlich bitterkalt. Manchmal zieht schlagartig Nebel auf und schränkt die Sicht drastisch ein.

Jeder Wanderer sollte für kaltes und nasses Wetter geeignete Kleidung mitnehmen, einschließlich Mütze und Handschuhen. Außerdem gehören mindesten 2 l Wasser (während der Bergsteiger-Saison kann auf dem Berg noch zusätzlich welches gekauft werden), eine Karte und Proviant ins Gepäck. Wer nachts aufsteigt, benötigt eine Taschen- oder Stirnlampe und Ersatzbatterien. Außerdem sollte jede Menge Bargeld dabei sein, damit man Snacks sowie anderen Grundbedarf und Mitbringsel in den Berghütten kaufen kann – und damit man dort die Toilette benutzen darf (200 ¥).

Der Abstieg macht den Knien viel stärker zu schaffen als der Aufstieg. Wanderstöcke können gute Hilfe leisten. Um Höhenkrankheit zu vermeiden, empfiehlt es sich, langsam zu gehen und regelmäßig zu atmen. Bei ernsthaften Symptomen sofort absteigen!

Beste Reisezeit

Die offizielle Bergsteigersaison dauert vom 1. Juli bis zum 31. August. In diesen beiden Monaten herrscht auf dem Berg viel Betrieb. Um dem schlimmsten Gedränge zu entgehen, wählt man am besten einen Werktag für den Aufstieg oder startet frühmorgens, um der Stoßzeit am Nachmittag auszuweichen, und übernachtet in einer Berghütte.

Die Behörden warnen vor Besteigungen außerhalb der regulären Saison, weil das Wetter dann äußerst unvorhersehbar ist und die Erste-Hilfe-Stationen auf dem Berg geschlossen sind. Trotzdem wagen es viele, denn so entkommt man am einfachsten dem Trubel. Bergsteiger ziehen dann in der Regel im Morgengrauen los und kehren am frühen Nachmittag zurück. Auf dem Kawaguchi-ko-Weg sind die Berghütten immerhin bis Mitte September geöffnet, zu dieser Zeit ist das Wetter meist noch gut. Ein paar Hütten öffnen in der letzten Juniwoche, wenn auf den höheren Stationen noch eine Schneedecke liegt.

Außerhalb der Bergsteigersaison sollte man die Wetterbedingungen vor dem Aufbruch sorgfältig prüfen (www.snow-forecast.com/resorts/Mount-Fuji/6day/top), für angemessene Ausrüstung sorgen, nicht allein aufsteigen und sich darauf einstellen, die Besteigung jederzeit abzubrechen. Ein Bergführer ist hier sehr nützlich.

Wenn auf dem Berg Schnee und Eis liegen, wird der Aufstieg zu einem schweren und gefährlichen Unterfangen, das nur Bergsteiger mit Winterausrüstung und viel Erfahrung wagen sollten. Außerhalb der Saison empfiehlt sich aus Sicherheitsgründen dringend eine Registrierung bei der örtlichen Polizei; entsprechende Formulare gibt's in den Touristeninformationszentren Kawaguchi-ko und Fuji-Yoshida.

Higashi Fuji Lodge LODGE ¥
(東富士山荘; Karte S. 170; ☎ 0555-75-2113; www4.tokai.or.jp/yamagoya; Zi. 5000 ¥) An der fünften Station Subashiri steht diese Lodge, perfekt für Bergsteiger außerhalb der Saison. Hier gibt's dampfende *soba* (Buchweizennudeln) mit regionalen Pilzen und Fuji-Kräutern.

Fujisan Hotel HÜTTE ¥
(富士山ホテル; Karte S. 170; ☎ 0555-22-0237; www.fujisanhotel.com; ohne/mit 2 Mahlzeiten ab 5950/8350 ¥ pro Pers.) Diese Hütte befindet sich am Wanderweg Kawaguchi-ko und ist in der Saison eine der größten und beliebtesten Hütten auf dem Fuji. Die Mitarbeiter sprechen Englisch.

Taishikan HÜTTE ¥
(太子館; Karte S. 170; ☎ 0555-22-1947; www.mfi.or.jp/w3/home0/taisikan; mit 2 Mahlzeiten ab 8500 ¥ pro Pers.) Eine von mehreren Hütten, die in der Klettersaison auf dem Fuji geöffnet sind. Die Mitarbeiter sprechen Englisch und auf Anfrage werden auch vegetarische oder Halal-Mahlzeiten serviert.

Praktische Informationen

INFOS IM INTERNET

Ausgezeichnete Infos liefern beispielsweise Climbing Mt Fuji (www17.plala.or.jp/climb_fujiyama) und die offizielle Website von Mt Fuji Climbing (www.fujisan-climb.jp). Es lohnt sich auch, die Broschüre von *Climbing Mt Fuji* mitzunehmen, die im Touristeninformationszentrum Fuji-Yoshida oder in Kawaguchi-Ko erhältlich ist.

INTERNETZUGANG

Kostenloses WLAN gibt's an den Zugangspunkten der fünften Station und auf dem Gipfel. Man muss allerdings 72 Stunden vorher im Informationszentrum der fünften Station eine Zugangskarte erwerben.

Anreise & Unterwegs vor Ort

Wer gleich nach der Ankunft aus Tokio loswandern will, nimmt den Direktbus (2700 ¥, 2½ Std.; Reservierung erforderlich) von **Keiō Dentetsu Bus** (S. 168), der vom **Shinjuku-Autobahn-Busterminal** (S. 168) zur fünften Station der Fuji-Subaru-Linie, auch fünfte Station Kawaguchi-ko genannt, fährt (außer im Winter).

Von etwa Mitte April bis Anfang Dezember gibt's Busverbindungen von den Bahnhöfen Kawaguchi-ko und Fujisan zum Startpunkt an der fünften Station der Fuji-Subaru-Linie (einfach/hin & zurück 1540/2100 ¥, 1 Std.). Während der Bergsteigersaison fahren zwischen 6.30 und 19 Uhr stündlich Busse – ideal für Wanderer, die über Nacht aufsteigen wollen. Zurück von der fünften Station geht's zwischen 8 und 20.30 Uhr.

Leider startet in der Nebensaison der erste Bus von Kawaguchi-ko bzw. Fujisan erst um 8.40 Uhr, der letzte kehrt um 18.15 Uhr zurück, sodass die meisten Wanderer ein Taxi (ca. 12 000 ¥ plus 2100 ¥ Maut) nehmen müssen, um genug Zeit zu haben. Die Fahrpläne hängen sehr von der Saison ab; Genaueres erfährt man bei **Fujikyū Yamanashi Bus** (S. 168) oder im Hotel.

In der Nebensaison finden sich im **K's House** (S. 175) meistens genug andere Wanderer, um ein Taxi zu teilen. Eine weitere Möglichkeit, besonders für Gruppen, ist es, ein Auto zu mieten (ca. 6800 ¥ pro Tag plus Benzin und Maut).

Zur fünften Station Subashiri und zum Subashiri-Weg nimmt man den Bus von Kawaguchi-ko nach Gotemba (1510 ¥), von dort pendeln Busse zum Startpunkt. Von Tokio aus fahren Busse und Züge auch direkt nach Gotemba.

Fuji-Yoshida 富士吉田

☎ 0555 / 49 024 EW

Eines der Tore zur Region der Fünf Fuji Seen. Hier befanden sich einst die Herbergen, in denen die Pilger übernachteten, ehe sie auf den Fuji stiegen. Das zentrale Stadtviertel Gekkō-ji wirkt mit seinen Fassaden aus der Mitte des 20. Jhs. wie eine Kleinstadt, in der die Zeit stehen geblieben ist. Im Herzen von Fuji-Yoshida liegt der Bahnhof Fujisan. In seiner Touristeninformation (S. 175) erhält man einen Stadtplan zur Orientierung. Wer direkt zu einem der Hostels fahren will, sollte im nähergelegenen Gekkō-ji (月江寺) aussteigen.

Sehenswertes & Aktivitäten

Fuji Sengen-jinja SHINTO-SCHREIN

(冨士浅間神社; Karte S. 170; ☎ 0555-22-0221; sengenjinja.jp; 5558 Kami-Yoshida, Fuji-Yoshida; ⏲ Anlagen 24 Std., besetzt 9–17 Uhr) GRATIS Den obligatorischen Auftakt einer Fuji-Besteigung bildet der Besuch dieses von Bäumen beschatteten, stimmungsvollen Tempels, der seit dem achten Jahrhundert hier steht. Sehenswert sind eine tausendjährige Zeder, das Haupttor, das alle 60 Jahre erneuert (und jedes Mal etwas größer) wird, und die beiden je 1 t schweren *mikoshi* (Tragbare Schreine), die beim jährlichen Festival Yoshida no Himatsuri (S. 174) zum Einsatz kommen. Vom Bahnhof Fujisan sind es 20 Minuten zu Fuß bergauf, außerdem fahren Busse zur Haltestelle Sengen-jinja-mae (150 ¥, 5 Min.).

Restauriertes Pilger-Gasthaus Togawa-ke Oshi-no-ie HISTORISCHES BAUWERK

(御師旧外川家住宅; Karte S. 170; 3-14-8 Kami-Yoshida; Erw./Kind 100/50 ¥; ⏲ 9.30–16.30 Uhr) In die *oshi-no-ie* (Pilgergasthäuser) kamen schon Gäste, als die Besteigung des Fuji noch eine Pilgerreise und keine Touristenattraktion war. Nur wenige fungieren nach wie vor als Gasthaus. Dieses bietet einen kleinen Einblick in die faszinierenden Bräuche der Fuji-Verehrung während der Edo-Zeit.

Fuji-Q Highland VERGNÜGUNGSPARK

(Karte S. 170; www.fujiq.jp/en; 5-6-1 Shin-Nishihara; nur Eintritt Erw./Kind 1500/900 ¥, Tageskarte 5700/4300 ¥; ⏲ Mo–Fr 9–17, Sa & So bis 20 Uhr) Spektakuläre Achterbahnen ermöglichen in diesem adrenalinsteigernden Vergnügungspark einen einzigartigen Blick auf den Fuji. Auf dem Gelände des Fuji-Q findet man auch Thomas Land, einen Themenpark über Thomas, die kleine Lokomotive, ein Resort-Hotel, Onsen und Läden. Spaß für die ganze Familie, eine Haltestelle westlich vom Fujisan-Bahnhof.

Feste & Events

Yoshida no Himatsuri KULTURELL
(Yoshida-Feuerfestival; ⌚26.–20. Aug.) Jährlich am 26. und 20. August wird ein Feuerfest gefeiert, um das Ende der Bergsteigersaison zu begehen und für die sichere Rückkehr der Bergwanderer in diesem Jahr zu danken. Am ersten Tag findet eine *mikoshi*-Prozession statt und in der Hauptstraße der Stadt werden Freudenfeuer angezündet. Am zweiten Tag geht die Feier am Sengen-jinja weiter.

Schlafen & Essen

Fuji-Yoshida ist bekannt für seine *te-uchi udon* (hausgemachte Nudeln aus Weizenmehl), die hier in etwa 60 Geschäften verkauft werden! In der Touristeninformation von Fuji-Yoshida (S. 175) bekommt man Stadtpläne und Restaurantlisten.

Maisan-chi GÄSTEHAUS ¥
(Karte S. 170; ☎0555-24-5328; http://maisanchi.jimdo.com; 4-6-46 Shimo-Yoshida; B/DZ mit Gemeinschaftsbad, inkl. Frühstück 2900/6200 ¥; 📶) In einer Hintergasse findet sich dieses alte Haus im japanischen Stil, das auch ein Café mit viel Charme ist und sich auf Desserts spezialisiert hat. Hier gibt's einfache, freundliche Tatami-(Reisstrohmatten)-Zimmer und einen Schlafsaal mit Etagenbetten. Während unseres Besuchs war das Gästehaus wegen Renovierungen geschlossen; vor der Anreise also am besten per E-Mail nachfragen, ob es wieder geöffnet ist.

Mt Fuji Hostel Michael's HOSTEL ¥
(Karte S. 170; ☎0555-72-9139; www.mfi.or.jp/mtfujihostel; 2F 3-21-37 Shimo-Yoshida; B/EZ/DZ 3000/3600/7200 ¥; ⊖❄📶) Zwar hat das effizient geführte moderne und saubere Hostel im westlichen Stil keine Küche und keinen Gemeinschaftsbereich, es befindet sich aber direkt über dem bei Ausländern und Einheimischen beliebten **Michael's American Pub** (マイケルズアメリカンパブ; Karte S. 170; ☎0555-24-3917; 3-21-37 Shimo-Yoshida; Mahlzeiten 600–1200 ¥; ⌚So–Fr 11.30–16, Fr–Mi 19–2 Uhr; 📋), der preiswerte westliche und japanische Gerichte serviert. Die englischsprachigen Mitarbeiter empfehlen gern weitere gute Restaurants.

Sakurada Udon JAPANISCH ¥
(桜井うどん; Karte S. 170; 5-1-33 Shimo-Yoshida; Nudeln 350 ¥; ⌚Mo–Sa 10–14 Uhr) Das winzige Fuji-Yoshida liegt etwas abseits der Hauptstraße und ist ein guter Ort, um *te-uchi udon* im Schneidersitz auf einer Tatami zu probieren. Ausschau halten nach den blauen *noren* (Vorhänge) neben dem Status Pub.

Izumiya JAPANISCH ¥¥
(いづみや; Karte S. 170; ☎0555-23-0270; 4-14-7 Shimo-Yoshida; Mahlzeiten 1200 ¥; ⌚11.30–14.30

DIE BESTE AUSSICHT AUF DEN FUJI

Der Fuji zeigt in jeder Jahreszeit eine andere Seite. Wer im Winter oder Frühjahr herkommt, hat die besten Chancen, den Berg in seiner ganzen sagenumwobenen Pracht zu sehen; doch selbst in dieser Zeit ist der schneebedeckte Gipfel manchmal nur morgens sichtbar, bevor er sich hinter seinen Wolkenvorhang zurückzieht. Seine Unerreichbarkeit ist jedoch Teil seines Reizes und macht eine Sichtung zu etwas ganz Besonderem. Gute Aussichtspunkte in der unmittelbaren und weiteren Umgebung sind:

Kawaguchi-ko An der Nordseite des Sees, wo der Fuji hoch über seinem schimmernden Spiegelbild aufragt.

Motosu-ko Das berühmte Panorama, das auf dem 1000-¥-Schein abgebildet ist, bekommt man von der Nordwestseite des Sees aus zu sehen.

Hakone Der Berg ragt vor der Kulisse von Ashino-ko und dem roten *torii* (Schreintor) aus dem Wasser.

Izu-Halbinsel Wer die Westküste entlangfährt, kann tolle Ausblicke auf den Fuji und das Meer erhaschen, beide getaucht in einen herrlichen Sonnenuntergang.

Panorama-dai (S. 177) Das Ende dieses Wanderwegs belohnt Reisende mit einem fantastischen Direktblick auf den Berg.

Kōyō-dai (Karte S. 170) Dieser Aussichtspunkt bietet einen herrlichen Blick auf den Fuji, vor allem im Herbst, wenn alles in bunten Farben leuchtet.

& 17–21 Uhr; (📋)) Freundliches familiengeführtes Lokal mit leckeren und einfachen japanischen Gerichten wie Udon und Tempura, die entweder im japanischen Stil (im Schneidersitz) oder im westlichen Stil (am Tisch) genossen werden können.

ℹ Praktische Informationen

Touristeninformation von Fuji-Yoshida (Karte S. 170; ☎ 0555-22-7000; ⌚ 9–17 Uhr) In der Nähe des Bahnhofs Fujisan (Fuji). Das Personal weiß über alles gut Bescheid und kann einem Infos übers Bergsteigen geben sowie Broschüren und Karten der Umgebung.

Kawaguchi-ko 河口湖

☎ 0555 / 25 341 EW.

Das angenehme Städtchen am Seeufer eignet sich wunderbar, um die Attraktionen der Fünf Fuji-Seen und die Aussicht auf den Berg zu genießen – selbst wenn man den Vulkan nicht erklimmen will. In der Touristeninformation sollte man unbedingt nach den verschiedenen öffentlichen Onsen in der Gegend fragen: Das Personal hat möglicherweise Rabatt-Coupons.

Sehenswertes & Aktivitäten

★ Kubota Itchiku Art Museum MUSEUM

(久保田一竹美術館; Karte S. 170; ☎ 0555-76-8811; www.itchiku-museum.com; 2255 Kawaguchi; Erw./Kind 1300/400 ¥; ⌚ April–Nov. Mi–Mo 9.30–17.30 Uhr, Dez.–März Mi–Mo 10–16.30 Uhr) Dieses exzellente Museum in einem schönen, von Gaudí beeinflussten Gebäude ist der Kimonokunst von Kubota Itchiku (1917–2003) gewidmet. In einer großen Zypressenhalle werden einige der prächtig gefärbten und mit Landschaften geschmückten Stücke aus seinem Lebenswerk gezeigt. Auf den übergroßen Kimonos, die kunstvoll gefärbt, bestickt und handbemalt sind, lassen sich der Fuji im Winter oder Kirschblüten im Frühling bewundern. Zum Museum nimmt man den Bus bis zur Haltestelle Kubota Itchiku Bijutsukan Mae.

Fuji-Aussichtsplattform AUSSICHTSPUNKT

(Karte S. 170) Wer den Fuji bewundern, aber nicht wandern will, kann diese Aussichtsplattform besuchen, die in Kawaguchi-ko sehr beliebt ist. Bei gutem Wetter kann man mit der Kachi-Kachi-Yama-Seilbahn (S. 175) zur Plattform (1104 m) hinauffahren und einen herrlichen Ausblick auf den Berg genießen.

Fujisan World Heritage Center MUSEUM

(富士ビジターセンター; Karte S. 170; ☎ 72-0259; www.fujisan-whc.jp; 6663-1 Funatsu; Erw./Kind 420 ¥/frei; ⌚ 8.30–17 Uhr, in der Hochsaison bis 18 oder 19 Uhr) In der neuen Südhalle dieses Besucherzentrums erfährt man alles über den Fuji. Die runde, wunderschön gestaltete Ausstellungshalle zeigt Exponate zur spirituellen und geologischen Geschichte des Berges (die meist mit exzellenten englischen Übersetzungen versehen sind). Oben befindet sich ein stimmungsvoll beleuchteter Raum, in dem ein tolles achtminütiges Video zu sehen ist, leider fast ohne englische Untertitel. Ein Aussichtspunkt in der Nordhalle (Eintritt frei) gewährt herrliche Ausblicke auf den Fuji.

Ide-Sake-Brauerei BRAUEREI

(Karte S. 170; ☎ 0555-72-0006; www.kainokaiun.jp; 8 Funatsu; Führung 500 ¥) Aus Quellwasser vom Fuji produziert diese kleine Brauerei seit mehr als 21 Generationen Japans beliebtesten Schnaps. Führungen (9.30 und 15 Uhr, etwa 40 Min.) gewähren einen faszinierenden Einblick in die Herstellung – Verkostung mit verschiedenen Sakesorten und ein Souvenirglas inklusive. Die Touren werden auch in Englisch angeboten, aber man sollte unbedingt vorab reservieren!

Kachi-Kachi-Yama-Seilbahn SEILBAHN

(カチカチ山ロープウェイ; Karte S. 170; www.kachikachiyama-ropeway.com; 1163-1 Azagawa; einfach/hin & zurück 450/800 ¥, Kind 230/400 ¥; ⌚ 9–17 Uhr) Am unteren östlichen Rand des Sees startet die Seilbahn zur Fuji-Aussichtsplattform (S. 175). Wer Zeit hat, kann von dort in sechs Stunden auf einem alten Weg mit toller Fuji-Aussicht zum **Mitsutōge-yama** (三つ峠山; 1785 m) wandern. Das Touristeninformationszentrum Kawaguchi-ko (S. 177) hat Karten.

Schlafen

★ K's House Mt Fuji HOSTEL ¥

(Karte S. 170; ☎ 0555-83-5556; http://kshouse.jp; 6713-108 Funatsu; B ab 2500 ¥, DZ mit/ohne Bad 8800/7200 ¥; P ⊖ @ 📶) Neben einer freundlichen Atmosphäre mit geräumigen Zimmern im japanischen Stil bietet dieses Hostel auch hilfsbereite, Englisch sprechende Mitarbeiter. Es gibt eine voll ausgestattete Küche, Mountainbikes und komfortable Gemeinschaftsbereiche, wo man andere Traveller und Wanderer treffen kann. Gäste werden auf Wunsch kostenlos vom Bahnhof Kawaguchi-ko abgeholt. Die dazugehörige

Bar **Zero Station** (Karte S. 170; ☎ 0555-72-9525; 6713-120 Funatsu; ⌚ 18 Uhr–Mitternacht) ist gleich um die Ecke. In der Bergsteigersaison sind die Zimmer immer schnell ausgebucht.

Kawaguchi-ko Station Inn HOSTEL ¥
(河口湖ステーションイン; Karte S. 170; ☎ 0555-72-0015; www.st-inn.com/english; 3639-2 Funatsu; B/EZ/DZ 2800/4320/8700 ¥; P ❄ 📶) Gegenüber vom Bahnhof steht dieses zartgelbe, blitzsaubere Hostel, das gemischte Schlafsäle (teils mit Fuji-Blick), eine Waschmaschine, Englisch sprechende Angestellte und ein Bad im obersten Stock mit Blick auf den Fuji in der Ferne bietet. Sperrstunde um 23.30 Uhr.

Tominoko Hotel HOTEL ¥¥
(富ノ湖ホテル; Karte S. 170; ☎ 72-5080; www.tominoko.net; 55 Asakawa; Zi. pro Pers. mit zwei Mahlzeiten ab 8925 ¥; P ❄ @ 📶) Mit dieser Aussicht über den See auf den Fuji ist das Hotel ein echtes Schnäppchen! Die schicken, modernen Zweibettzimmer sind im westlichen Stil eingerichtet, bieten jede Menge Platz und blicken auf den See. Man sollte versuchen, einen Raum weiter oben mit Balkon zu ergattern. Ein *rotemburo* (Außenbad) ist ebenfalls vorhanden.

Sunnide Resort HOTEL ¥¥
(サニーデリゾート; Karte S. 170; ☎ 76-6004; www.sunnide.com; 2549-1 Ōishi; Zi. pro Pers. mit zwei Mahlzeiten ab 13 000 ¥, Bungalows ohne Verpflegung ab 13 000 ¥; P ⊖ ❄ @ 📶) Am anderen Ufer des Kawaguchi-ko blickt das freundliche Sunnide auf den Fuji. Neben Hotelzimmern gibt's auch Bungalows mit einem Bad im Freien. Man kann sich eine stilvolle Suite gönnen oder vom ermäßigten „Backpackerpreis“ (4400 ¥, keine Aussicht) profitieren, wenn bei der Ankunft noch Zimmer frei sind. Im Winter wird bei den Bungalows ein Heizungsaufpreis von 3000 ¥ berechnet.

★ **Kozantei Ubuya** RYOKAN ¥¥¥
(湖山亭うぶや; Karte S. 170; ☎ 0555-72-1145; www.ubuya.co.jp; 10 Asakawa; Zi. pro Pers. mit zwei Mahlzeiten ab 20 100 ¥; P ⊖ ❄ @ 📶) Das elegante Ubuya verwöhnt Gäste mit einem unverstellten Panoramablick auf den Fuji, der sich im Kawaguchi-ko spiegelt – einfach unschlagbar. Hier sollte man sich eine der teureren Suiten gönnen, um beim Bad im Pool auf dem Balkon den Ausblick zu genießen. Ein Traum für die Flitterwochen.

Fuji Lake Hotel HOTEL ¥¥¥
(富士レークホテル; Karte S. 170; ☎ 0555-72-2209; www.fujilake.co.jp; 1 Funatsu; Zi. pro Pers. mit zwei Mahlzeiten ab 12 960 ¥; @ 📶) An Kawaguchi-Kos Seeufer steht dieses stilvolle, historische Hotel aus dem Jahr 1935. Die Zimmer, die in einem Mix aus westlichem und japanischem Stil gestaltet sind, blicken entweder auf den Fuji oder auf den See. Einige verfügen über private *rotemburo*, außerdem gibt's einen Onsen für alle Gäste.

Essen & Ausgehen

Man sollte unbedingt die lokale Nudelspezialität *hōtō* probieren.

Akai IZAKAYA ¥
(赤井; Karte S. 170; ☎ 0555-72-5259; 1322-7 Funatsu; Hauptgerichte ab 430 ¥; ⌚ Fr–Mi 18–23 Uhr; 📋) Dieses tolle kleine *izakaya* (Kneipenlokal) serviert sensationelle ganze gegrillte Fische und verschiedene *yakisoba* (gebratene Nudeln). Es liegt nahe der Straße 137, hinter der Tankstelle am Supermarkt Ogino.

Idaten TEMPURA ¥¥
(いだ天; Karte S. 170; ☎ 0555-73-9218; 3486-4 Funatsu; Mahlzeiten ab 800 ¥; ⌚ 11–22 Uhr; 📋) Frittierte Leckereien laden hier zur Stärkung ein (vor oder nach der Wanderung). Am Tresen kann man zusehen, wie die Köche das eben bestellte Tempura frisch zubereiten. Neben Mittags- und Abendmenüs mit Fuji-Thema gibt's auch Gerichte à la carte (Gemüse kostet 90 bis 180 ¥ pro Stück, ein Krabbenbein 1000 ¥).

Hōtō Fudō NUDELN ¥¥
(ほうとう不動; Karte S. 170; ☎ 0555-72-8511; www.houtou-fudou.jp; 707 Kawaguchi; hōtō 1080 ¥; ⌚ 11–19 Uhr; 📋) *Hōtō* ist die regionale Nudelspezialität Kawaguchi-Kos, die mit der Hand geschnitten und in einem sämigen Miso-Eintopf mit Kürbis, Süßkartoffeln und anderen Gemüsen serviert wird. Das herzhafte Gericht probiert man am besten in einer der fünf Filialen dieser Kette in der Stadt. Diese ist architektonisch am interessantesten, eine Art Iglu, in dem man auch *basashi* probieren kann – Pferdefleisch-Sashimi (1080 ¥).

Mt Fuji Base BAR
(Karte S. 170; ☎ 090-1699-0319; 3646-1 Funatsu; Gerichte 450–900 ¥; ⌚ Mi–Mo 11–24 Uhr) Die Deko im Stil einer Militärbasis ist weniger ansprechend, aber die hübschen Topfpflanzen auf den Tischen und die typische japanische Gastfreundlichkeit, die man in allen kleinen Cafés in Japan findet, machen das wieder wett. Ein toller Ort für eine Schale Ramen oder einen Abendcocktail in Gesellschaft fröhlicher Leute.

Praktische Informationen

Touristeninformationszentrum Kawaguchi-ko (Karte S. 170; ☎ 0555-72-6700; ⊙ So–Fr 8.30–17.30, Sa bis 19 Uhr) Neben dem Bahnhof Kawaguchi-ko. Hier wird Englisch gesprochen, außerdem gibt's Karten und Broschüren. Es ist immer viel los; während der Wartezeit kann man sich die Broschüren ansehen.

Sai-ko 紅葉台

Der Sai-ko (www.saiko-kankou.jp) ist ein ruhiger See, der zum Wandern, Angeln und Bootfahren einlädt. Vielerorts wird der Blick auf den Fuji verdeckt, doch vom Aussichtspunkt Kōyō-dai in der Nähe der Hauptstraße und vom westlichen Ende des Sees bietet sich ein tolles Panorama.

Sai-ko wird vom Kawaguchiko-Saiko-Sightseeing-Bus (grüne Linie) angefahren.

Sehenswertes

Fugaku Fuketsu HÖHLE

(富岳風穴; Karte S. 170; ☎ 0555-85-2300; 2068-1 Aokigahara; Erw./Kind 350/150 ¥; ⊙ 9–16.30 Uhr) Die Windhöhle (auch als Lavahöhle bekannt) wurde einst zur Lagerung von Seidenraupen-Kokons genutzt. Es lohnt sich, ein Kombiticket für Fugaku Fuketsu und Narusawa Hyōketsu zu kaufen, denn die Höhlen sind nur 15 Gehminuten voneinander entfernt.

Narusawa Hyōketsu HÖHLE

(鳴沢氷穴; Karte S. 170; ☎ 0555-85-2301; 8533 Narusawa-mura; Erw./Kind 350/200 ¥; ⊙ 9–17 Uhr) Nichts für Klaustrophobiker: Um zu den Eissäulen zu kommen, die im April ihr größtes Ausmaß erreichen (kein Eis von September bis Dezember), muss man erst zehn Minuten durch die Narusawa Hyōketsu (Eishöhle) gehen, die 864 durch Lavaströme nach einem Ausbruch des Fuji entstanden ist. 15 Minuten die Straße hinunter liegt die ähnliche Fugaku Fuketsu.

Sai-ko Iyashi-no-Sato Nenba KULTURZENTRUM

(西湖いやしの里根場; Karte S. 170; ☎ 0555-20-4677; 2710 Nenba; Erw./Kind 350/150 ¥; ⊙ 9–17 Uhr) 2006 entstand an der Stelle, an der 40 Jahre zuvor mehrere strohgedeckte Häuser einem Taifun zum Opfer gefallen waren, dieses Kulturzentrum. Die Nachbauten gestatten einen Einblick in vergangene Zeiten. Es gibt Vorführungen zur Seiden- und Papierherstellung sowie ein Restaurant, das auf *soba* und *hōtō* spezialisiert ist. Der Bus (grüne Linie) hält direkt davor.

Schlafen & Essen

Saiko Camp Village Gnome CAMPINGPLATZ ¥

(西湖キャンプビレッジノーム; Karte S. 170; ☎ 0555-82-2650; http://www.greatoutdoors.jp/Gnome/Welcome.html; 1030 Saiko; Stellplatz pro Pers. ab 1000 ¥, Mietzelt 2 Nächte 5000 ¥; 📶) Dieser schöne Campingplatz am See gegenüber dem Hamayou Resort gehört dem gastfreundlichen Ex-Model und Outdoor-Autor Tokichi Kimura. Es gibt Grillplätze, ein einfaches Café mit WLAN und einen Kanuverleih (3000 ¥, 3 Std.).

Shōji-ko 精進湖

☎ 0555 / 257 EW.

Der unauffällige, winzige Shōji-ko, der westlich vom Sai-ko liegt, gilt als hübschester Fuji-See. Hier kann man angeln, Boot fahren und den Ausblick auf den Fuji genießen.

Vom Bahnhof Kawaguchi-ko fahren Busse der blauen Linie zum Shōji-ko.

Schlafen & Essen

In der Nähe der Touristeninformation an der Nordseite des Sees befinden sich mehrere Restaurants.

Murahamasō MINSHUKU ¥¥

(村浜荘; Karte S. 170; ☎ 0555-87-2436; www.murahamasou.com; 807 Shōji; Zi. pro Pers. mit zwei Mahlzeiten 7500 ¥; 📶) Die traditionelle Unterkunft nahe der Busstation Shōji-ko bietet Zimmer mit Gemeinschaftsbädern sowie teilweise See- und Bergblick (nicht den Fuji). Die Mitarbeiter sprechen etwas Englisch.

Motosu-ko 本栖湖

☎ 0555, 0556 / 134 EW.

Wer einen ersten Blick auf diesen See werfen will, sollte sich den 1000-¥-Schein ansehen, der den Fuji vom Nordufer des Motosu-ko aus zeigt. Es ist ein beliebter Ort für Outdooraktivitäten: Man kann zu Aussichtspunkten wandern und sich in und am See erholen.

Die blaue Buslinie pendelt zwischen dem Bahnhof Kawaguchi-ko und dem Ostufer des Motosu-ko.

Aktivitäten

Panorama-dai WANDERN

(パノラマ台; Karte S. 170) Dieser Wanderweg endet mit einem spektakulären Blick auf den Fuji und bietet wie angekündigt herrliche Panoramaausblicke auf die umgebenden Seen und Berge. Auf halber Strecke kann man am ausgeschilderten Aussichtspunkt eine Pause einlegen, um durch die Bäume den Fuji zu bewundern. Die Wanderung führt durch den Wald und dauert eine Stunde; der Weg beginnt an der Bushaltestelle Panorama-dai-shita. Die Anfahrt erfolgt mit der blauen Buslinie (38 Minuten von Kawaguchi-ko).

Kōan Motosu WASSERSPORT
(Karte S. 170; ☎ 0556-38-0117; www6.nns.ne.jp/~kouan; 2926 Nakanokura; ⌚ 8–16 Uhr) Bietet Stehpaddeln (1500/4000 ¥ pro Std./Tag), Kajakfahrten (1 Std. 2000 ¥ pro Pers.) und sogar Tauchgänge im See an!

Schlafen & Essen

Kōan Motosu Inn CAMPINGPLATZ ¥
(Karte S. 170; ☎ 0556-38-0117; www6.nns.ne.jp/~kouan; 2926 Nakanokura; Zelten pro Pers. 600 ¥, Mietzelt 1000 ¥, Bungalow für 6 Pers. ab 17 280 ¥) Zum Kōan gehören zwei Campingplätze am See. Sie punkten mit Aussicht auf den Fuji, einem eigenen Whirlpool, einem hilfsbereiten Englisch sprechenden Besitzer, einem Restaurant und einem Laden. Wer nicht zelten will, kann in Bungalows übernachten. Vom Touristeninformationszentrum ist es ein kurzer Spaziergang bergab. Der zweite Standort ist schattiger im Wald gelegen, an der westlichsten Seite des Sees.

Lake Motosu Campground CAMPINGPLATZ ¥
(本栖湖キャンプ場; Karte S. 170; ☎ 0555-87-2306; 18 Motosu; Zelten 3000 ¥, Bungalow für 4/6 Pers. 5250/6300 ¥) Wer kein Zelt hat, kann hier in einfachen Bungalows mit Tatamimatten übernachten. Auf der Anlage gibt's auch ein Lagerfeuer, ein gemeinschaftliches Sanitärgebäude und ein Geschäft, das Snacks, Bier und Campingartikel verkauft. Für 620 ¥ kann man Futons leihen. Englisch wird nicht gesprochen. Der Platz liegt an der Hauptstraße, etwa 300 m links vom Zugang zum See.

Yamanaka-ko 山中湖村

Der größte See der Region ist bei Japanern sehr beliebt. Sein verbautes Südufer wirkt wie eine auf Einheimische ausgerichtete Touristenfalle, die Nordseite dagegen ist ruhiger und angenehmer. Einer der Gründe, den See zu besuchen, ist ein Besuch im Onsen Benifuji-no-yu.

Der Sightseeing-Bus-Pass (zwei Tage 1340 ¥) für die Regionen Fuji-Yoshida und Yamanaka-ko ist im Bahnhof Fujisan oder im Asahigaoka-Busterminal erhältlich.

Aktivitäten

Benifuji-no-yu ONSEN
(山中湖温泉紅富士の湯; Karte S. 170; ☎ 0555-20-2700; www.benifuji.co.jp; Erw./Kind 800/300 ¥, Handtuch-/Badetuchverleih 220/100 ¥; ⌚ 10–21 Uhr) Für die verblichene Hotelfassade entschädigen das schönere Innere und der Blick auf den Fuji, den man beim Bad in den Stein- und *hinoki*-(Zypressen-)Becken genießt. Wer abends im Onsen essen will (Mahlzeiten ab 3200 ¥), muss vorher reservieren.

Schlafen

Hotorinite GÄSTEHAUS ¥
(ホトリニテ; Karte S. 170; ☎ 0555-62-0548; 1464 Yamanaka-ko; Zi. 3990 ¥ pro Pers.; ⊗ ❄ @ ☎) Eine wunderschöne Oase bei Fuji-san! Das einladende und gemütliche Gasthaus wird von einem englischsprachigen Inhaber geführt, der auch Fahrräder verleiht und exzellente Tipps zur Umgebung gibt.

PICA Yamanaka-ko Village BUNGALOWS ¥¥
(PICA山中湖ヴィレッジ; Karte S. 170; ☎ 0555-62-4155; yamanakako.pica-village.jp; 506-296 Hirano; Hütten für 6 Pers. ab 17 100 ¥; ☎) An der Südküste des Yamanaka-ko liegt dieser clever entworfene Komplex aus Holzhütten in verschiedenen Größen in einem Garten mit angeschlossenen Restaurants, einem Souvenirgeschäft und einem sehr beliebten Hängematten-Café. Es gibt noch weitere PICA Campingplätze in der Nähe von Fuji-Yoshida und Sai-ko – Einzelheiten auf der Website.

HAKONE 箱根

☎ 0460 / 11 717 EW.

Hakone hat ruhige, klare Onsen, einige berühmte Kunstmuseen, traditionelle Herbergen und spektakuläre Bergen mit dem darüber thronenden Fuji und kann eine entspannende Auszeit von der ständigen Hektik Tokios bieten. Und mittendrin liegt der Ashino-ko (芦ノ湖), den man schon von zahllosen Bildern kennt, auf denen vor dem Fuji das *torii* des Hakone-jinja aus dem Wasser ragt.

Der Ort ist natürlich beliebt. Vor allem an Wochenenden und in den Ferien kann richtig viel los sein, und wenn man den Massen folgt, fühlt man sich schnell wie ein Pauschaltourist. Wer dem Gedränge entgehen möchte, sollte am besten unter der Woche herkommen, wandern gehen und sich einige von Hakones seltener gesehenen Juwelen ansehen.

Praktische Informationen

GEPÄCKDIENST

Am Bahnhof Hakone-Yumoto können Reisende bis 12.30 Uhr ihr Gepäck beim **Hakone-Gepäck-Service** (箱根キャリーサービス; Karte S. 180; ☎ 0460-86-4140; 2. OG, Bahnhof Hakone-Yumoto; ab 800 ¥ pro Gepäckstück; ⏲ 8.30–19 Uhr) aufgeben und bekommen es ab 15 Uhr innerhalb Hakones geliefert. Andersherum kann man seine Tasche bis 10 Uhr im Hotel abgeben und nach 13 Uhr im Bahnhof Hakone-Yumoto wieder abholen. Besitzer des Hakone Freepass erhalten einen Rabatt von 100 ¥ pro Tasche.

TOURISTENINFORMATION

Online findet man unter hakone.or.jp/en Informationen auf Englisch.

Die Hakone-Yumoto Touristeninformation (Karte S. 180; ☎ 0460-85-8911; www.hakone.or.jp; ⏲ 9–17.45 Uhr) sollte der erste Halt sein, denn sie ist die beste von ganz Hakone. Hier findet man Karten und Informationen über Wanderwege sowie alle Attraktionen und das Personal spricht Englisch. Sie liegt gegenüber vom Bahnhof auf der anderen Straßenseite.

An- & Weiterreise

Die **Odakyū-Linie** (www.odakyu.jp) fährt vom Bahnhof Shinjuku direkt zum Verkehrsknotenpunkt der Region, Hakone-Yumoto. Zur Auswahl stehen der bequeme Romance Car (2080 ¥, 90 Min.) und der *kyūkō* (regulärer Schnellzug; (1190 ¥, zwei Std.; eventuell mit Umstieg in Odawara).

Wer den JR-Pass hat, kann vom Bahnhof Tokio den Kodama-*shinkansen* (3880 ¥, 50 Min.) oder die JR-Tōkaidō-(*futsū* 1790 ¥, 1 Std.; *tokkyū* 2390 ¥, 1 Std.) bzw. vom Bahnhof Shinjuku die Shōnan-Shinjuku-Linie (1490 ¥, 80 Min.) nach Odawara nehmen und dort in einen Zug oder Bus nach Hakone-Yumoto umsteigen.

Unterwegs vor Ort

Ein Grund für Hakones Beliebtheit ist, dass man hier verschiedene *norimono* (Verkehrsmittel) kombinieren kann: Schmalspur Bergbahn, Seilbahn und Gondelbahn, Schiff und Bus.

> **ZUG- & BUSPÄSSE FÜR HAKONE**
>
> Den Hakone Freepass von Odakyū gibt's an den Odakyū-Bahnhöfen und in Filialen von Odakyū Travel. Er ist ein echtes Schnäppchen und schließt die Fahrt von/nach Hakone, die unbegrenzte Nutzung der meisten anderen Verkehrsmittel innerhalb der Region sowie diverse Rabatte bei Museen und anderen Einrichtungen ein. Den Pass gibt's für zwei Tage (Erw./Kind ab Shinjuku 5140/1500 ¥, ab Odawara ohne Rückfahrt nach Shinjuku 4000/1000 ¥) bzw. drei Tage (Erw./Kind ab Shinjuku 5640/1750 ¥, ab Odawara 4500/1250 ¥). Für das Romance Car müssen Freepass-Inhaber zusätzlich einen Expresszuschlag (pro Strecke 890 ¥) zahlen.
>
> Wer Hakone mit dem Fuji kombinieren will, kann den Fuji Hakone Pass (Erw./Kind 8000/4000 ¥) kaufen; er ist drei Tage gültig und ermöglicht die ermäßigte Hin- und Rückfahrt von/nach Shinjuku und die unbegrenzte Nutzung der meisten Verkehrsmittel in beiden Regionen.

Die Schmalspur-Bergbahn Hakone-Tōzan fährt von Hakone-Yumoto nach Miyanoshita (28 Min., 270 ¥), Kowakidani (35 Min., 360 ¥) und Chōkoku-no-Mori (38 Min., 400 ¥), bevor sie ihre Endstation Gōra (40 Min., 400 ¥) erreicht.

Von Gōra fährt eine Seilbahn (420 ¥, 10 Min.) fast bis auf die Spitze des 1153 m hohen Berges **Sōun-zan**, von wo man mit der **Hakone-Seilbahn** (S. 184) nach Ōwakudani und Tōgendai fahren kann.

Von Tōgendai kreuzen Ausflugsschiffe über den Ashino-ko nach Hakone-machi und Moto-Hakone (einfach/Hin- & Rückfahrt 1000/1840 ¥, 30 Min.).

Man kann die Tour auch in umgekehrter Richtung unternehmen; weitere Infos gibt's unter www.odakyu.jp/english/course/hakone.

In der Region sind die Busgesellschaften Hakone-Tōzan und Izu Hakone unterwegs und verbinden die meisten Sehenswürdigkeiten miteinander. Die Busse von Hakone-Tōzan, in denen der Hakone Freepass gilt, fahren zwischen Hakone-machi und Odawara (1180 ¥, 1 Std.) sowie zwischen Moto-Hakone und Hakone-Yumoto (960 ¥, 35 Min.). Sie halten unterwegs in Miyanoshita, Kowakidani und Senkyōrō-mae (in Richtung Sengokuhara).

Hakone-Region

Hakone-Region

Highlights
1 Hakone-Freilichtmuseum D2
2 Okada-Kunstmuseum C2
3 Pola-Kunstmuseum B1

Sehenswertes
Hakone-Geomuseum .... (siehe 9)
4 Hakone-Kunstmuseum C2
5 Hakone-Sekisho C4
6 Hakone-jinja C4
7 Narukawa-Kunstmuseum C4
8 Onshi Hakone Kōen C4
9 Ōwakudani B2

Aktivitäten, Kurse & Touren
10 Furusato E3
11 Hakone Yuryō E2
12 Old Hakone Highway C4
13 Sōun-zan C2
14 Tenzan Tōji-kyō E3
15 Yunessun C2
Yu-No-Sato .... (siehe 10)

Schlafen
16 Fuji Hakone Guest House B1
17 Fujiya Hotel D2
18 Fukuzumirō E2
Hakone Hostel 1914 .... (siehe 17)
Hakone Sengokuhara Youth Hostel .... (siehe 16)
19 Hakone Tent C1
20 KAI Hakone E3
21 K's House Hakone E3
22 Moto-Hakone Guesthouse C4
23 Omiya Ryokan E3
24 Yudokoro Chōraku D2

Essen
25 Bakery & Table C4
26 Hanasai B1
Itoh Dining by Nobu .... (siehe 4)
27 Kappeizushi D2
28 Miyafuji D2
Yamagusuri .... (siehe 17)

Ausgehen & Nachtleben
29 Amazake-chaya C4
30 Naraya Cafe D2

Shoppen
31 Hatajuku Yosegi Kaikan D3

Praktisches
Hakone-Gepäck Service .... (siehe 32)
32 Hakone-Yumoto-Touristeninformation F2

Hakone-Yumoto
箱根湯元温泉

☎0460 / 3114 EW

Die Onsen-Stadt Hakone-Yumoto an beiden Seiten des Sukomo-gawa ist der Ausgangspunkt für die meisten Ausflüge innerhalb Hakones. Hier gibt's viele Besucher und eine hohe Dichte an guten Onsen, der Hauptattraktion.

Aktivitäten

★Hakone Yuryō — ONSEN

(箱根湯寮; Karte S. 180; ☎0460-85-8411; www.hakoneyuryo.jp; 4 Tōnosawa; Erw./Kind 1400/700 ¥, privates Bad ab 3900 ¥; ⏲Mo–Fr 10–21, Sa & So 10–22 Uhr) Ein kostenloser Shuttle-Bus bringt einen in drei Minuten vom Hakone-Yumoto-Bahnhof zu diesem idyllischen Onsen-Komplex in einem Wald. Die *rotemburo* sind groß und von Blättern beschattet. Man kann private Bäder bis zu einen Monat im Voraus reservieren. Tätowierungen sind nicht erlaubt (aber wer sieht das schon, wenn man ein Privatzimmer bucht).

Zu Fuß sind es fünf Minuten vom Bahnhof Tōnosawa an der Hakone-Tōzan-Linie.

Furusato — ONSEN

(ふるさと; Karte S. 180; ☎0460-85-5559; www.hakone-furusato.com; 191 Yumoto-chaya; 850 ¥; ⏲Mo–Fr 9–18, Sa & So bis 20 Uhr) Die stimmungsvollen *rotemburo* und Onsen dieses stilvollen *ryokan* sind auch für Tagesbesucher geöffnet. Von Hakone-Yumoto fährt ein Minibus hierher (100 ¥; 9 bis 18.30 Uhr).

Yu-No-Sato — ONSEN

(湯の里; Karte S. 180; ☎0460-85-3955; www.yunosato-y.jp; 191 Yumoto-chaya; Erw./Kind 1450/800 ¥; ⏲11–23 Uhr) Spa-Komplex mit mehreren Bädern, einem *rotemburo* mit frischer Bergluft im Freien, einem Whirlpool, Plasmabad und privatem Onsen für zwei (vorher reservieren).

Tenzan Tōji-kyō — ONSEN

(天山湯治郷; Karte S. 180; ☎0460-86-4126; www.tenzan.jp; 208 Yumoto-chaya; Erw./Kind 1300/650 ¥; ⏲9–22 Uhr) In diesem großen, beliebten Onsen 2 km südwestlich der Stadt baden Besucher in *rotemburo* verschiedenster Wassertemperaturen und Designs (eines ist wie eine natürliche Höhle gebaut). Von der Brücke vor dem Bahnhof Hakone-Yumoto fährt der Shuttlebus der Linie B (100 ¥) zum Onsen. Tattoos sind erlaubt.

Schlafen

K's House Hakone GASTHAUS ¥
(Karte S. 180; ☎0460-85-9111; http://kshouse.jp/hakone-e; 12-1 Yumoto-chaya; B/EZ/DZ ab 3300/6000/9000 ¥; P ❄ 📶) Oberhalb der Stadt an der Südseite des Flusses beherbergt K's House ein paar geräumige japanische Zimmer, die teilweise auf den Fluss blicken, sowie eine makellose Gemeinschaftsküche, eine Lounge und private Duschmöglichkeiten. Die Mitarbeiter sind freundlich und können (fast) jede Frage beantworten. Das Gasthaus liegt 15 Gehminuten vom Bahnhof Hakone-Yumoto entfernt (200 ¥ mit dem Bus).

Omiya Ryokan RYOKAN ¥¥
(Karte S. 180; ☎0460-85-7345; www.o-miya.com; 116 Yumoto-chaya; Zi. mit Frühstück 9300 ¥, Wochenende mit 2 Mahlzeiten 13 400 ¥; ❄ 📶) Unter der Woche sind die Tatamizimmer (teilweise mit Bergblick) in diesem schlichten *ryokan* ein gutes Angebot. Das Haus verfügt außerdem über einen kleinen Onsen. Vom Bahnhof Hakone-Yumoto fährt der Bus B her.

★ **KAI Hakone** RYOKAN ¥¥¥
(界箱根; Karte S. 180; ☎050-3786-1144; www.hoshinoresorts.com; 230 Yumoto-chaya; EZ/DZ mit 2 Mahlzeiten ab 31 000/62 000 ¥; ❄ @ 📶) Dieses moderne Resort versteckt sich zwischen hohem Bambus und bietet einen hübschen Blick auf den Fluss. Mit dem Bus ist man von Hakone-Yumoto in weniger als zehn Minuten hier. In den geräumigen Zimmern mischen sich traditionelle und moderne Stile. Zu den Highlights zählen die Infinity Onsen-Pools, das Englisch sprechende Personal und die ausgezeichneten *kaiseki*-Gerichte.

★ **Fukuzumirō** RYOKAN ¥¥¥
(福住楼; Karte S. 180; ☎0460-85-5301; www.fukuzumi-ro.com; 74 Tōnosawa; EZ/DZ pro Pers. mit 2 Mahlzeiten ab 22 150/38 000 ¥; 📶) In diesem 125 Jahre alten *ryokan* gibt's detailreiche Holzarbeiten, öffentliche Onsen-Bäder sowie Zimmer mit Sonnenterrassen, vor denen der Fluss Haya-kawa verläuft. Der kleine, ruhige Raum mit Blick auf den Garten war das Lieblingszimmer des Schriftstellers Kawabata Yasunori. Zu Fuß braucht man hierher vom Bahnhof Tōnosawa an der Hakone-Tōzan-Bahn entlang auf der Flussseite der Straße etwa 10 Minuten; vom Bahnhof Hakone-Yumoto ist es eine kurze Taxifahrt.

Miyanoshita & Kowakidani 宮ノ下・小涌谷

Miyanoshita – mit Antiquitätengeschäften, einem schönen Wanderweg und guten Restaurants – ist die erste lohnende Station auf der Bahnstrecke Hakone-Tōzan Richtung Gōra. Als nächster Halt folgt Kowakidani; dort gibt's einen riesigen Onsen-Komplex und im Okada-Kunstmuseum eine außerordentlich beeindruckende Kunstsammlung.

Sehenswertes & Aktivitäten

★ **Kunstmuseum Okada** MUSEUM
(岡田美術館; Karte S. 180; ☎0460-87-3931; www.okada-museum.com; 483-1 Kowakidani; Erw./Schüler/Stud. 2800/1800 ¥; ⏲9–17 Uhr) Unbedingt ansehen: In diesem riesigen Museum des Großindustriellen Okada Kazuo werden japanische, chinesische und koreanische Kunstschätze präsentiert, darunter detaillierte Wandschirme und Meisterwerke der Töpferkunst. Kunstliebhaber können hier sicher Stunden verbringen. Interaktive, mehrsprachige Exponate sorgen für zusätzliche Unterhaltung. Das Museum liegt gegenüber der Kowakien-Bushaltestelle.

Abgerundet wird das Erlebnis durch ein Restaurant und Café mit Fußbad in einer traditionellen Holzvilla inmitten eines üppigen Gartens, der in den Wald übergeht.

Yunessun ONSEN
(箱根小涌園ユネッサン; Karte S. 180; www.yunessun.com; 1297 Ninotaira; Yunessun Erw./Kind 2900/1600 ¥, Mori-no-Yu Erw./Kind 1900/1200 ¥, beide 4100/2100 ¥; ⏲März–Okt 9–19 Uhr, Nov.–Feb. 9–18 Uhr) Am besten lässt sich Yunessun als Onsen-Freizeitpark mit verschiedenen Bädern und Wasserrutschen beschreiben. Dazu gibt's Kaffee-, Wein-, Grüntee- und Sakebäder … zum Reinlegen, nicht zum Trinken! Während im angeschlossenen Mori-no-Yu (11 bis 20 Uhr) traditionell nach Geschlechtern getrennt gebadet wird, sind im Yunessun alle Bäder gemischt, man sollte also Schwimmsachen mitbringen.

Busse fahren von Hakone-machi, Gōra oder Hakone-Yumoto zur Haltestelle Kowakien. Es gibt diverse Übernachtungsmöglichkeiten.

Schlafen

Hakone Hostel 1914 HOSTEL ¥
(Karte S. 180; hakonehostel1914@yahoo.co.jp; B/DZ ab 4000/9000 ¥; P ❄ 📶) In einem schönen alten Gebäude im westlichen Stil hält

dieses schicke neue Hotel an der Hauptstraße von Miyanoshita eine Handvoll Zimmer bereit. Die Schlafsäle bieten geräumige Betten mit Vorhängen und alle Zimmer haben moderne Gemeinschaftsbäder. Außerdem gibt's eine Lounge mit hohen Decken und einer Fensterwand, von der aus man die Leute auf der Straße beobachten kann.

Fujiya Hotel HOTEL ¥¥¥
(富士屋ホテル; Karte S. 180; ☎82-2211; www.fujiyahotel.jp; 359 Miyanoshita; DZ inkl. 2 Mahlzeiten ab 22 150 ¥;) Das wundervoll detailverliebte Fujiya ist eines der besten historischen Hotels Japans im westlichen Stil. Es wurde im Jahre 1878 eröffnet und beherbergte seinerzeit schon Charlie Chaplin (in Zimmer 45). Heute erstreckt es sich über mehrere Flügel, hat sich aber seine verträumte Eleganz bewahrt. Die in die Jahre gekommenen Zimmer sind leider nicht so schön. Ein Besuch lohnt sich für die Retro-Atmosphäre, einen Spaziergang durch die Gärten am Hügel und die Gewächshäuser sowie einen Tee in der Lounge.

Essen & Ausgehen

An der Kreuzung von Straße 1 und Straße 138 in Miyanoshita gibt's ein paar gute Restaurants.

Yamagusuri JAPANISCH ¥¥
(山薬; Karte S. 180; ☎0460-82-1066; 224 Miyanoshita; Mahlzeiten 2300 ¥; 7–21 Uhr;) Yamagusuri ist ein beliebtes Lokal für gesunde Menüs mit *tororo* (geriebene Yamswurzel), die man über seinen Reis oder Gerstenbrei gibt. Der Speiseraum blickt auf eine bewaldete Schlucht.

Miyafuji SUSHI ¥¥
(鮨みやふじ; Karte S. 180; ☎0460-82-2139; www.miyanoshita.com/miyafuji; 310 Miyanoshita; Mahlzeiten ab 1680 ¥; Fr–Mi 11.30–15 & 17.30–20 Uhr;) Der freundliche Sushiladen ist für seine *aji-don* (Bachforelle auf Reis) bekannt. Wer einen Origami-Kranich falten kann, sollte die Challenge des Hauses annehmen und versuchen, in weniger als zehn Minuten aus einem unglaublich kleinen Origami einen Kranich zu falten (Pinzetten werden bereitgestellt). Dieser wird dann als Ladendeko zu den anderen winzigen Papierkranichen hinzugefügt. Auf das englische Schild achten.

Naraya Cafe CAFÉ
(ナラヤカフェ; Karte S. 180; 404-13 Miyanoshita; Kaffee ab 350 ¥; 10.30–18 Uhr, Dez.–Feb. 10.30–17 Uhr, Mi & 4. Do im Monat geschl.) Neben dem Bahnhof ist dieses Café und Kunsthandwerkgeschäft ein angenehmer Zwischenstopp für Getränke und leichte Gerichte. Gäste können ihren Espresso bei einem kostenlosen Fußbad auf der Terrasse mit Aussicht auf die Berge trinken.

Chōkoku-no-Mori & Gōra 彫刻の森・強羅

Wer ins Hakone-Freilichtmuseum möchte – eine der Hauptattraktionen der Gegend – muss an der Haltestelle Chōkoku-no-Mori aussteigen. Die Hakone-Tōzan-Bahn endet bei Gōra, der nächsten Station, und ist der Ausgangspunkt für die Seil- und Gondelbahn nach Tōgendai am Ashino-ko.

Sehenswertes

★ Hakone-Freilichtmuseum MUSEUM
(彫刻の森美術館; Karte S. 180; ☎0460-82-1161; www.hakone-oam.or.jp; 1121 Ninotaira; Erw./Kind 1600/800 ¥; 9–17 Uhr) Dieses Museum zeigt auf grünem, hügeligem Gelände eine eindrucksvolle Sammlung von Skulpturen aus dem 19. und 20. Jh. (u. a. von Henry Moore, Rodin und Miró). Außerdem gibt's einen großartigen Picasso-Pavillon mit mehr als 300 Werken, darunter Gemälde, Glaskunst und Wandteppiche.

Kids werden die Wendeltreppe des Glasgebäudes und den riesigen mit Häkelkunst geschmückten Spielplatz lieben, dessen Außenwände an Jenga-Türme erinnern. Zum Schluss können Besucher draußen ein Fußbad nehmen. Wer einen Hakone Freepass hat, bekommt 200 ¥ Ermäßigung.

Hakone-Kunstmuseum MUSEUM
(箱根美術館; Karte S. 180; ☎0460-82-2623; 1300 Gōra; Erw./Kind 900 ¥/kostenlos; Fr–Mi 9.30–16.30 Uhr, im Winter bis 16 Uhr) Neben einem reizenden Moosgarten mit Teehaus (*matcha*-Grüntee mit Süßigkeit 700 ¥) ist die Hauptattraktion dieses Museums eine Sammlung japanischer Keramik, deren älteste Stücke aus der Jōmon-Zeit stammen, also etwa 5000 Jahre alt sind. Im Herbst ist der Anblick der dazugehörigen Gärten spektakulär.

Schlafen & Essen

★ Hakone Tent HOSTEL ¥
(Karte S. 180; ☎0460-83-8021; http://hakonetent.com; 1320-257 Gora; B/EZ/DZ/3BZ mit

Gemeinschaftsbad 3500/4000/9000/13 500 ¥;) Mit Abstand das beste Hostel in Hakone: Der krasse moderne Stil vermischt Punk mit traditionellen Elementen, um so einem heruntergekommenen *ryokan* ein stylisches Makeover zu verpassen, damit auch noch eine schicke, hölzerne Bar, eine Lounge und ein traditioneller Onsen hineinpasst. Freundliche junge Japaner führen das Hostel und sorgen für eine entspannte, einladende Atmosphäre. Ein toller Ort für einen abendlichen Drink.

Yudokoro Chōraku RYOKAN ¥

(湯処長楽; Karte S. 180; 0460-82-2192; choraku.nakaji@gmail.com; 525 Kowakudani; Zi. pro Pers. ab 5150 ¥) Reizende Gastgeber (und eine rüstige 93-jährige Oma) betreiben das schlichte, gemütliche *ryokan* mit geräumigen Tatamizimmern samt Kochnischen sowie Onsen-Bädern und Fasswannen (auch für externe Gäste, 550 ¥). Wer nach einer ruhigen Unterkunft sucht, ist hier genau richtig. Es liegt zehn Minuten vom Hakone-Freilichtmuseum (S. 183) bergauf auf der linken Seite.

Kappeizushi SUSHI ¥¥

(かっ平寿し; Karte S. 180; 0460-82-3278; 1143-49 Ninotaira; Gerichte ab 1000 ¥; Mi–Mo 10–20 Uhr;) Im freundlichen Kappeizushi, ein paar Häuser unterhalb vom Hakone-Freilichtmuseum, gibt's köstliches *chirashi-zushi* (Reis mit verschiedenen Sashimi). Auf das kleine Schild im Fenster achten.

Itoh Dining by Nobu JAPANISCH ¥¥¥

(Karte S. 180; 0460-83-8209; http://www.itoh-dining.co.jp/; 1300-64 Gōra; Mittag-/Abendessen ab 3000/7000 ¥; 11.30–15 & 17–21.30 Uhr;) In diesem eleganten Restaurant, einer Filiale des Restaurant-Imperiums vom Promi-Koch Nobus, kann man hochwertiges japanisches Rindfleisch genießen, das der Koch direkt vor den Gästen auf dem *teppanyaki*-Grill zubereitet. Einfach bergaufwärts von der Koenshimo-Haltestelle mit der Seilbahn, eine Station hinter Gōra.

Sōun-zan & Sengokuhara
早雲山・仙石原

Sengokuhara ist eine größere Stadt mit einem guten Angebot an Unterkünften, Restaurants und Museen, von denen das Pola-Kunstmuseum mit Abstand das beste ist.

Sehenswertes & Aktivitäten

★ **Pola-Kunstmuseum** MUSEUM

(Karte S. 180; www.polamuseum.or.jp; 1285 Kozukayama; Erw./Kind 1800/700 ¥; 9–17 Uhr) Ebenso beeindruckend wie die erstklassige Privatsammlung des verstorbenen Suzuki Tsuneshi, Sohn des Gründers der Pola Orbis Group (Kosmetikunternehmen), ist der architektonisch auffällige Bau, in dem sie ausgestellt wird. Zu sehen sind u. a. Werke von berühmten Künstlern wie Van Gogh, Cézanne, Renoir, Matisse, Picasso und Rodin sowie japanische Bilder im westlichen Stil von Malern wie Kuroda Seiki und Okada Saburosuke.

Hakone-Seilbahn SEILBAHN

(箱根ロープウェイ; Karte S. 180; www.hakoneropeway.co.jp/foreign/en/; einfach/hin & zurück 1370/2410 ¥; Mo–Fr 9–17, Sa & So 9–16 Uhr, 2. & 4. Do im Monat geschl.) Auf der 30-minütigen, 4 km langen Gondelfahrt von Sōun-zan nach Tōgendai schwebt die Hakone-Seilbahn über den dampfenden Krater des Ōwakudani, eine der Stationen der Route. Manchmal, wenn der Ōwakudani steigende Vulkanaktivität aufweist, ist die Strecke aus Sicherheitsgründen geschlossen. In solchen Fällen fährt ein Bus von Tōgendai nach Sōun-zan.

Wenn man ein Ticket für die Hin- und Rückfahrt gekauft hat und die Seilbahn vor der Rückfahrt geschlossen wird, kann man zum Erstattungsschalter gehen; wer den Hakone Freepass hat, bekommt hier einen Busvoucher.

Hakone-Geomuseum MUSEUM

(Karte S. 180; 0460-83-8140; www.hakone-geomuseum.jp; 1251 Sengokuhara; Erw./Kind 300/200 ¥; 9–16.30 Uhr) In dem Komplex gegenüber der Seilbahnstation zeigt eine gut gemachte naturgeschichtliche Ausstellung, wie vulkanische Kräfte Hakone geschaffen haben, und sorgt dabei für viel Spaß. Gut für Kinder und neugierige Erwachsene.

Ōwakudani VULKAN

(大桶谷; Karte S. 180; www.kanagawa-park.or.jp/owakudani) GRATIS Das „große brodelnde Tal" wurde vor 3000 Jahren geschaffen, als der Kami-yama aus- und zusammenbrach und dabei auch den Ashino-ko formte. Noch immer strömt hier Schwefelwasserstoff aus dem Boden, wodurch auch *onsen tamago* entstehen – Eier, die vom Schwefelwasser ganz schwarz sind. Man kann sie kaufen und essen (innen sind sie lecker). Bei Redaktionsschluss war der Ōwakudani aufgrund von Vulkanaktivitäten nicht zugänglich.

Wenn die Verhältnisse es zulassen, kann man auf dem Ōwakudani-Tōgendai Naturwanderweg eine einstündige Wanderung unternehmen. Man darf aber nicht lange stehen bleiben, während die giftigen Gase austreten! Vorher also gut informieren!

Sōun-zan WANDERN

(早雲山; Karte S. 180) Sōun-zan ist Ausgangspunkt für verschiedene Wanderwege. Ein Pfad führt z. B. zum Kami-yama (1¾ Std.), ein anderer zum Ōwakudani hinauf (1¼ Std.). Weil Letzterer gelegentlich aufgrund der giftigen Dämpfe gesperrt ist, sollte man sich vor der Besteigung im Touristeninformationsbüro erkundigen.

Schlafen & Essen

Hakone Sengokuhara Youth Hostel HOSTEL ¥

(箱根仙石原ユースホステル; Karte S. 180; ☎ 0460-84-8966; www.theyh.com; 912 Sengokuhara; B Mitglied/Nichtmitglied 3830/4470 ¥, Zi pro Person 5400 ¥;) Das zum Fuji Hakone Guest House (S. 185) nebenan gehörende Hostel hat Schlafsäle und Zimmer im japanischen Stil. In der Hochsaison steigen die Preise um etwa 1000 bis 2000 ¥. Um es zu erreichen, steigt man am Ostausgang des Bahnhofs Odawara (Steig 4; 1050 ¥, 50 Min.) in die T-Buslinie nach Senkyōrō-mae. Von der Bushaltestelle ist es noch eine Gehminute bis zum Hostel; nach dem englischen Schild Ausschau halten.

★ Fuji Hakone Guest House GÄSTEHAUS ¥¥

(富士箱根ゲストハウス; Karte S. 180; ☎ 0460-84-6577; www.fujihakone.com; 912 Sengokuhara; EZ/DZ ab 5550/10 950 ¥;) Eine herzliche Englisch sprechende Familie leitet diese alteingesessene Pension, die beste der Gegend! Sie bietet schöne Tatamizimmer, gemütliche Onsen mit göttlichem Vulkanwasser (drinnen und draußen) und jede Menge Infos zu Sehenswürdigkeiten und Wanderungen in der Region. Vom Bahnhof Odawara (Haltestelle 4, 1050 ¥, 50 Min.) nimmt man die T-Buslinie zur Haltestelle Senkyōrō-mae. Von hier aus ist es nur noch eine Gehminute.

Ganz in der Nähe ist ein englisches Schild.

Hanasai JAPANISCH ¥

(花菜; Karte S. 180; ☎ 0460-84-0666; 919 Sengokuhara; Hauptgerichte ab 1000 ¥; ⌚ Mi–Mo 11.30–14.30 & 17.30–21 Uhr;) Nur ein paar Minuten vom Fuji Hakone Guest House kann man in diesem freundlichen, familiengeführten Restaurant Nudeln schlürfen, herzhafte Eintöpfe probieren und dabei in Ruhe die traditionelle japanische Atmosphäre auf sich wirken lassen.

Hakone-machi & Moto-Hakone
箱根町・元箱根

Die Ausflugsboote auf dem Ashino-ko steuern Hakone-machi und Moto-Hakone an, die wegen ihrer historischen Sehenswürdigkeiten immer gut besucht sind.

ABSTECHER

DIE ALTE HAKONE-STRASSE

Geht man von der Bushaltestelle Moto-Hakone am See den Berg hinauf, erreicht man den Ausgangspunkt der kopfsteingepflasterten **Alten Straße von Hakone** (箱根旧街道; Karte S. 180), in der Edo-Zeit ein Teil der Tōkaidō-Straße – sie verband die Hauptstadt des Shoguns mit Kyoto. Wer will, kann auf dem Wanderweg durch die Wälder nach Hakone-Yumoto zurückgehen, was etwa 3½ Std. dauert.

Eine halbe Stunde hinter Moto Hakone kommt man am wundervollen **Amazake-chaya** (甘酒茶屋; Karte S. 180; ☎ 0460-83-6418; www.amasake-chaya.jp/; 395-1 Futo-ko-yama; amazake 400 ¥, Snacks ab 400 ¥; ⌚ 7–17.30 Uhr) vorbei, einem strohgedeckten Teehaus, das seit über 360 Jahren natürlich süßen *amazake* (dickflüssiges süßes Getränk aus Reis, der für die Sake-Herstellung verwendet wird) und saisonal auch *mochi* (klebrige Reiskuchen, 250 bis 750 ¥) serviert.

Im nahe gelegenen kleinen Dorf **Hatajuku** (畑宿) können Interessierte im **Hatajuku Yosegi Kaikan** (畑宿寄木会館; Karte S. 180; ☎ 0460-85-8170; 103 Hatajuku; ⌚ 9–16.30 Uhr) mehr über das regionale Kunsthandwerk der Intarsienarbeiten erfahren.

ABSTECHER

LA POSADA

An der Westküste der Izu-Halbinsel liegt die Onsenstadt Toi, die mit Thermalwasser, dem größten Goldbarren der Welt und der weltgrößten Uhr aus Blumen lockt. Wenn einen diese Attraktionen nicht von den Socken hauen, sorgt vielleicht das mexikanisch-japanische B&B **La Posada** (ラポサーダ; Karte S. 188; ☎ 0558-98-2227; www.laposada.jp; 46 Toi; pro Person mit HP ab 10 000 ¥; P ❄ 📶) für Begeisterung. Fans der authentischen mexikanischen Küche werden hier mindestens eine Nacht verbringen, um die leckeren Enchiladas, Moles und Tostadas zu genießen. Die Gerichte werden aus Biozutaten zubereitet und von einer gastfreundlichen japanischen Familie serviert, die mehrere Jahrzehnte in Mexiko lebte. Ein Tag am Strand, ein Abend mit Margaritas und ein Bad im Onsen dieser bescheidenen Stadt fühlt sich an wie ein kleines Stück Paradies in Mexiko. In Shunzen-ji (1320 ¥, 45 Min.) und Dōgashima (910 ¥, 40 Min.) starten mindestens einmal stündlich Busse nach Toi.

Sehenswertes

Hakone Sekisho MUSEUM
(箱根関所, Hakone Checkpoint Museum; Karte S. 180; ☎ 0460-83-6635; www.hakonesekisyo.jp; 1 Hakone-machi; Erw./Kind 500/250 ¥; ⏲ März–Nov. 9–16.30 Uhr, Dez.–Feb. bis 16 Uhr) Wer sich die Rekonstruktion eines Kontrollpunkts aus der Feudalzeit an der alten Tōkaidō-Straße von außen ansehen will, kann das hier umsonst tun, wer in eines der Häuser hineinschauen möchte, muss eine Eintrittskarte kaufen. In einem gibt's Rüstungen zu sehen, die an Darth Vader erinnern, und gruselige Folterinstrumente. Einige Exponate sind rudimentär auf Englisch beschildert.

Onshi-Hakone-kōen PARK
(恩賜箱根公園; Karte S. 180; ☎ 0460-83-7484; 171 Moto-Hakone; ⏲ 9–17 Uhr) GRATIS Auf einer kleinen Halbinsel in der Nähe vom Hakone Sekisho (S. 186) erstreckt sich ein idyllischer Park mit Blick über den See auf den Fuji (wenn das Wetter mitspielt), den man sich nicht entgehen lassen sollte. Die eleganten Gebäude im westlichen Stil wurden einst von der Kaiserfamilie genutzt und dienen heute als Café.

Narukawa-Kunstmuseum MUSEUM
(成川美術館; Karte S. 180; ☎ 0460-83-6828; www.narukawamuseum.co.jp; 570 Moto-Hakone; Erw./Kind 1300/600 ¥; ⏲ 9–17 Uhr) Hier kann man Kunst auf zwei Arten genießen: Zusätzlich zur exquisiten Ausstellung von *nihonga* (Malerei im japanischen Stil) hat man von der Panoramalounge mit Blick über den See auch eine überwältigende Aussicht auf den Fuji. Die coole Kaleidoskop-Ausstellung nicht verpassen!

Hakone-jinja SHINTO-SCHREIN
(箱根神社; Karte S. 180; ⏲ 9–16 Uhr) Ein hübscher Spaziergang führt auf einem von Zedern gesäumten Pfad um den See zu diesem Schrein, der in einem Wäldchen in Moto-Hakone steht. Sein markantes rotes *torii* erhebt sich über dem See und ist ein tolles Fotomotiv.

Schlafen & Essen

Der Weg, der vom Hafen Moto-Hakones nach links führt, ist von kleinen Restaurants gesäumt.

Moto-Hakone Guesthouse MINSHUKU ¥
(元箱根ゲストハウス; Karte S. 180; ☎ 0460-83-7880; www.motohakone.com; 103 Moto-Hakone; EZ/2BZ/3BZ ohne Bad 5000/10 000/15 000 ¥ pro Pers.; 🚭 @ 📶) Neben einfachen, aber angenehmen Zimmern im japanischen Stil gibt's Gemeinschaftsräume mit Waschmaschine. Es wird auch Frühstück serviert. Abends muss man allerdings pünktlich im Zimmer sein: 22 Uhr ist Sperrstunde. Die Unterkunft bietet guten Zugang zu großartigen Wanderwegen. Vom Bahnhof Odawara nimmt man am Bussteig 3 den Bus nach Hakone-machi oder Moto-Hakone und steigt an der Haltestelle Ōshiba (1130 ¥, 1 Std.) aus; die Pension liegt nur eine Minute von dort entfernt.

Bakery & Table INTERNATIONAL ¥¥
(Karte S. 180; ☎ 0460-85-1530; www.bthjapan.com; 9-1 Moto-Hakone; Hauptgerichte 1000–2500 ¥; ⏲ Bäckerei 10–17, Salon 10–15, Café 8.30–17, Restaurant 11–18 Uhr) In diesem Haus am See mit einer Fußbad-Terrasse draußen gibt's etwas für jeden. Die Bäckerei ist unten, im ersten Stock befindet sich ein Café und darüber serviert ein Restaurant schicke Sandwiches und Crêpes.

IZU-HALBINSEL 伊豆半島

An der Izu hantō etwa 100 km südwestlich von Tokio in der Präfektur Shizuoka landeten 1854 die berühmten Kurofune (Schwarze Schiffe) von US-Admiral Perry. Das moderne Izu hat eine coole Surfer-Atmosphäre, saftig grüne Wiesen, zerklüftete Küsten und zahlreiche Onsen. An Wochenenden und in den Ferien wimmelt es im Ostteil oft von Besuchern, vor allem im Sommer. An der Westküste, von der man (bei gutem Wetter) über die Suruga-Bucht zum Fuji blicken kann, geht's meist viel ruhiger zu.

Atami 熱海

☎ 0557 / 37 570 EW.

Atami ist das Tor nach Izu und zugleich die größte Stadt der Halbinsel. Doch trotz ihrer dramatischen Lage am Hang hat die Stadt einen Großteil ihres Charmes im Betonwucher vergraben. Das Meeresufer eignet sich trotzdem gut für einen Spaziergang, während man auf sein Boot zu den Izu-Inseln wartet, und auch das neu renovierte MOA-Kunstmuseum ist einen Besuch wert.

Sehenswertes

Abends bietet der Sun Beach, dessen Sand mit farbigem Flutlicht beleuchtet wird, einen schönen Anblick.

MOA-Kunstmuseum MUSEUM

(MOA美術館; Karte S. 188; ☎ 0557-84-2511; www.moaart.or.jp; 26-2 Momoyama-chō; Erw./Stud. 1600/800 ¥; ⏲ 9.30–16.30 Uhr, Do geschl.) Das auf einem Hügel gelegene Museum birgt eine großartige Sammlung japanischer und chinesischer Keramik sowie Malerei aus über 1000 Jahren, darunter einige nationale Kulturgüter. Zwischen Japanischem Ahorn und plätschernden Bächen erstreckt sich ein heiterer Teegarten. Das Museum wurde vor Kurzem unter der Aufsicht des Künstlers Sugimoto Hiroshi renoviert und im Februar 2017 wiedereröffnet.

Vor dem Bahnhof Atami nimmt man den Bus vom Steig 8 (170 ¥, 8 Min.).

Praktische Informationen

Touristeninformation Atami (Karte S. 188; ☎ 0557-85-2222; http://travel.ataminews.gr.jp/en/; ⏲ April–Sept. 9–17.30 Uhr, Okt.–März 9–17 Uhr) Aus dem Bahnhof raus geht's rechts zum Atamix-Gebäude und zur Touristeninformation, die ermäßigte Eintrittskarten für das **MOA Museum of Art** (S. 187) und Stadtpläne hat.

An- & Weiterreise

JR-Züge fahren vom Bahnhof Tokio auf der Tōkaidō-Linie nach Atami (Kodama *shinkansen* 4190 ¥, 50 Min.; Odoriko 3800 ¥, 1¼ Std.; *kaisoku* 1940 ¥, 1½ Std.).

Tokai Kisen (☎ 03-5472-9999; www.tokaikisen.co.jp) betreibt Tragflächenboote vom Hafen Atami zur Insel Ō-Shima (4280 ¥, 45 Min.). Die Preise hängen von der Saison ab. Zum Hafen Atami fährt der Bus (230 ¥) vom Steig 7 am Bahnhof Atami.

Itō

☎ 0557 / 68 325 EW.

Itō ist eine herrlich entspannte Stadt am Meer, deren wundervolle *ryokan* und Onsen ein perfektes Gegenmittel zum hektischen Großstadttempo sind. Durch die Stadt fließt der Matsukawa, und es gibt auch einen schönen Flusswanderweg.

Sehenswertes & Aktivitäten

Zu Itōs maritimer Geschichte gehört auch, dass hier erstmals ein Engländer in Japan an Land ging – der Segler William Adams, der von Tokugawa Ieyasu verpflichtet worden war, die lokalen Schiffbauer im westlichen Schiffbau zu unterrichten. In der Nähe der Bucht, nur einen kurzen Spaziergang vom Skulpturengarten im **Nagisa Park** (なぎさ公園) entfernt, steht ein Denkmal zu Ehren von Adams.

Wer in Jōgasaki-kaigan wandern will, sollte sich am Busbahnhof den eintägigen Itō Sightseeing Free Pass (1300 ¥) holen.

Tōkaikan HISTORISCHES BAUWERK

(東海館; ☎ 0557-36-2004; 12-10 Higashi Matsubara-chō; Erw./Kind 200/100 ¥; ⏲ 9–21, Teezimmer 10–17 Uhr, Onsen Sa & So 11–19 Uhr) Der Gasthof aus dem Jahr 1928 neben dem K's House gilt dank seiner eleganten Holzarbeiten mittlerweile als Nationaldenkmal. Jedes Stockwerk wurde von einem anderen Architekten entwickelt – ein Highlight für Architekturfans. Außerdem gibt's ein geselliges Teezimmer mit Blick auf den Fluss im Erdgeschoss. Ein Besuch der Onsenbäder kostet zustäzlich 500 ¥ (große und kleine, tgl. Wechsel zwischen Männern und Frauen)

Ryokufuen ONSEN

(緑風園; Karte S. 188; ☎ 0557-37-1885; www.ryokufuen.com; 3-1 Otonashi-chō; 1000 ¥; ⏲ 13.30–22 Uhr) In diesem ruhigen *rotemburo* mit einem felsigen Wasserfall baden Besucher unter einem Dach aus Baumkronen. Gäste des K's House (S. 189) erhalten einen

Izu-Halbinsel

Gutschein für 50 % Rabatt. Dem Flusslauf von K's House aus landeinwärts folgen, dann ist man in weniger als zehn Minuten hier, in der Nähe des Otonashi-jinja.

Yokikan ONSEN

(陽気館; Karte S. 188; ✆ 0557-37-3101; www.yokikan.co.jp; 2-24 Suehiro-chō; 1000 ¥; ⏲ 11–15 Uhr) Dieses auf einem Dach gelegene *rotemburo*, das zu einem Hotel gehört, ist wirklich einzigartig: Man erreicht es nur mit einer klapprigen Seilbahn im Haus. Männer und Frauen baden zusammen und können dabei in der Ferne die Stadt und das Meer sehen.

Jōgasaki-kaigan WANDERN

(城ヶ崎海岸; Karte S. 188) Südlich von Itō liegt die markante Jōgasaki-Küste, deren windgepeitschte Klippen von Lavaströmen geformt wurden. Eine mäßig anstrengende Wanderung (6,5 km) führt am Ufer entlang durch Vulkangestein und Kiefernwälder. Südlich des Leuchtturms, der an einen Science-Fiction-Film erinnert, windet sich der Weg zum Bahnhof Izu Kōgen. Vom Bahnhof Jōgasaki-kaigan bis zur Küste sind es weitere 1,5 km.

An einer Stelle überspannt eine 48 m lange Hängebrücke Kadowaki-no-Umi, eine

Izu Halbinsel

Sehenswertes

1 Gyokusenji....B5
2 MOA-Kunstmuseum....C1
3 Nakaze-tei....A4
4 Shuzen-ji Treasure Museum....B2

Aktivitäten, Kurse & Touren

5 Baguse Surf School....B5
6 Real....B5
7 Ryokufuen....C2
8 Sawada-kōen Rotemburo....A4
9 Yokikan....C2

Schlafen

10 Kanaya Ryokan....B4
11 La Posada....A2
12 Wabi Sabi....B5

Essen

13 Hamazushi....C2

Ausgehen & Nachtleben

14 Baird Brewery Biergarten....B2

Praktisches

15 Atami City Tourismus Verband....C1

Kluft, in der sich 23 m tiefer die Wellen brechen. Vom Bahnhof Itō nimmt man einen Bus nach Jogasakiguchi (700 ¥, 40 Min.) und steigt am Leuchtturm aus.

Schlafen

★ K's House Itō Onsen HOSTEL ¥

(ケイズハウス伊東温泉; ☎0557-35-9444; http://kshouse.jp; 12-13 Higashi Matsubara-chō; B/EZ/DZ 2950/4800/7600 ¥;) Das schon über 100 Jahre alte *ryokan*, das sehr hübsch an einem Fluss voller Karpfen und Reiher liegt, ist der eigentliche Grund für einen Besuch in Itō. Die Schlafsäle, Zimmer und der Gemeinschaftsbereich im japanischen Stil sind wunderbar gepflegt und klassisch elegant. Mit der voll ausgestatteten Küche, einem Fahrradverleih, hilfsbereiten Mitarbeitern sowie den öffentlichen und privaten Onsen ist es ein herausragendes Hostel.

Yamaki Ryokan RYOKAN ¥¥

(山喜旅館; ☎0557-37-4123; www.ito-yamaki.jp; 4-7 Higashi Matsubara-chō; Zi. pro Pers. mit/ohne Mahlzeiten ab 16 200/8790 ¥;) Einen Block östlich vom Tōkaikan steht dieses charmante hölzerne Gasthaus aus den 1940er-Jahren mit einem Onsen-Bad und angenehmen Zimmern, die teilweise Meerblick bieten. Am Wochenende kann man nur Zimmer mit Mahlzeiten buchen. Die Englischkenntnisse sind begrenzt. Das Touristeninformationszentrum (S. 189) hilft bei der Reservierung.

Essen & Ausgehen

Für eine so kleine Stadt am Meer wimmelt es in Itō nur so von Restaurants und Bars. Fisch ist – wie zu erwarten – die regionale Spezialität.

Hamazushi SUSHI ¥

(はま寿司; Karte S. 188; 546-40 Oyukawa; Sushi Mo–Fr/Sa & So ab 90/100 ¥; ⏲11–22.30 Uhr;) In einer Stadt, die für ihren Fisch berühmt ist, will es schon was heißen, wenn die Leute bereitwillig vor diesem *kaiten-sushi* (Sushi vom Fließband) Schlange stehen, um billige, leckere Meeresfrüchtehäppchen zu essen. Ein Bonus: Es gibt sogar Touchscreens für Bestellungen in Englisch. Gegenüber vom Strand nahe Marine Town.

Kunihachi IZAKAYA ¥

(国八; ☎0557-37-9186; 10-2 Higashimatsubara-chō; Gerichte 370–800 ¥; ⏲17.30–24 Uhr;) Ein niedliches *izakaya* mit bunt gemischter Dekoration. Auf der Karte stehen preiswerte, leckere Speisen wie Jumbo-*okonomiyaki* (730 ¥) neben abenteuerlicheren Optionen wie frittiertem Krokodil und Sashimi von Pferd oder Hirsch. Außerdem gibt's eine gute Auswahl für Vegetarier.

Izu-Kogen-Brauerei PUBESSEN ¥¥

(伊豆高原ビール; ☎0557-38-9000; www.izubeer.com; Marine Town, 571-19 Oyukawa; Pizza ab 1000 ¥; ⏲10–21 Uhr) Hier können sich Gäste zu einer dünnkrustigen Pizza ein vor Ort gebrautes Bier schmecken lassen und dabei aufs Meer schauen und hinterher im Onsen draußen ein Fußbad nehmen. Besser geht's kaum.

Freaks BAR

(☎0557-37-4560; 2-3 Matsukawa-chō; ⏲20–2 Uhr) Intime Bar, in der Soul und Funk läuft. Vom Matsukawa aus in der Hauptstraße in Richtung Bahnhof gelegen.

Praktische Informationen

Online gibt's Informationen auf www.itospa.com.

Touristeninformation (☎0557-37-6105; ⏲9–17 Uhr) Gegenüber vom Bahnhof Itō; die hilfsbereiten Mitarbeiter sprechen Englisch und haben viele Infos zur Izu-Halbinsel sowie einen guten Stadtplan von Itō.

ABSTECHER

KANAYA RYOKAN

Seit 1929 gibt's den weitläufigen und fabehaft traditionellen **Kanaya Ryokan** (金谷旅館; Karte S. 188; ☎0558-22-0325; http://kanaya.la.coocan.jp; 114-2 Kouchi; Zi. pro Pers. ab 7690 ¥, mit 2 Mahlzeiten ab 16 350 ¥; Onsen für Nicht-Hotelgäste 1000 ¥; P ❄ 📶). Nur die günstigsten Räume sind etwas schlicht. Da es in der Nähe keine Restaurants gibt, nehmen Gäste die Mahlzeiten im *ryokan* ein oder bringen selbst etwas mit. Die Hauptattraktion ist das größte nur aus Holz (*hinoki*) gebaute Bad von ganz Japan, genannt *sennin-furo* (1000-Personen-Bad, etwas übertrieben, aber man kann darin schwimmen). Gebadet wird gemischt.

Frauen können sich mit einem mitgebrachten Handtuch bedecken (oder für 300 ¥ hier eins kaufen). Auch das reine Frauenbad kann sich sehen lassen, zusätzlich gibt's private Bäder im Freien. Tattoos sind hier kein Problem.

Der Kanaya Ryokan liegt in der Stadt Rendai-ji (蓮台寺). Vom Bahnhof Izukyū Shimoda geht's mit der Izukyūko-Linie zum Bahnhof Rendai-ji (170 ¥, 5 Min.). Expresszüge halten hier allerdings nicht. Zum Kanaya-Onsen überquert man geradewegs den Fluss und die Hauptstraße und läuft bis zur T-Kreuzung; dort biegt man links ab. Der Onsen liegt 50 m weiter auf der rechten Seite.

ℹ An- & Weiterreise

Der JR-Odoriko-Expresszug fährt vom Bahnhof Tokio nach Itō (3670 ¥, 1 Std. und 40 Min.). Von Itō nach Atami gelangt man mit der JR-Itō-Linie (320 ¥, 22 Min.).

Außerdem verkehrt die Izukyūkō-Bahn (auch: Izukyū) nach Shimoda (1620 ¥, 1 Std), mit Halt in Jōgasaki-kaigan (580 ¥, 25 Min.). Täglich starten sechs Busse nach Shuzen-ji (1130 ¥, 1 Std.).

Tōkai Kisen (東海汽船; ☎03-5472-9999; www.tokaikisen.co.jp; ⏲9.30–20 Uhr) bietet einmal täglich Tragflächenboote nach Ō-shima (3560 ¥, 35 Min.); manchmal verkehren sie auch nur am Wochenende.

Shimoda 下田

☎0558 / 22 926 EW.

Shimoda hat eine Schlüsselposition in Japans Geschichte als der Ort, an dem sich das Land nach jahrhundertelanger fast vollständiger Abgeschlossenheit wieder der Außenwelt öffnete. Die entspannte Atmosphäre der kleinen Hafenstadt ist perfekt, um die Strände der Umgebung zu erkunden, die zu den besten in Izu gehören.

Sehenswertes

★Perry Road STRASSE
(ペリーロード; Karte S. 192) Man braucht weniger als zehn Minuten, um durch diese malerische Pflasterstraße an einem Kanal entlang zum Ryōsen-ji-Tempel zu gelangen. Allerdings verleitet einen die ansprechende Atmosphäre der alten Häuser unter den Weiden, in denen sich heute viele Cafés, Jazzbars, Boutiquen und Restaurants befinden, doch noch etwas länger zu bleiben.

Ryōsen-ji & Chōraku-ji BUDDHISTISCHER TEMPEL
(了仙寺・長楽寺; Karte S. 192) GRATIS Ein 15-minütiger Spaziergang vom Bahnhof Shimoda Richtung Süden führt zum **Ryōsen-ji**. Hier unterzeichneten Admiral Perry und Repräsentanten des Tokugawa-Shogunats den Vertrag, mit dem sich Shimoda der Außenwelt öffnete. Das tempeleigene **Museum der Schwarzen Schiffe** (了仙寺宝物館, Hōmotsukan; Karte S. 192; ☎0558-22-2805; www.mobskurofune.com; 3-12-12 Shimoda; Erw./Kind 500/250 ¥; ⏲8.30–17 Uhr) befindet sich vor dem Tempel gleich an der Straße.

Hinter dem Ryōsen-ji führen Treppen zum **Chōraku-ji** hinauf, wo 1854 ein russisch-japanisches Abkommen getroffen wurde. Sehenswert sind der Friedhof und die *namako-kabe*-Wände (mit schwarz-weißem Gitterspalier).

Shimoda Kōen & Wakanoura Promenade Park PARK
(下田公園・和歌の浦遊歩道; Karte S. 192) Wer von der Perry Road weiter Richtung Osten geht, kommt zu dem hübschen, hügeligen Park Shimoda Kōen mit Blick auf die Bucht. Am schönsten ist es hier im Juni, wenn die Hortensien blühen.

Gyokusenji TEMPEL
(玉泉寺; Karte S. 188; 31-6 Kakisaki; Museum Erw./Kind 400/200 ¥; ⏲8–17 Uhr) Berühmt ist dieser Zentempel aus dem Jahr 1590, weil hier 1856 das erste westliche Konsulat eröffnet wurde. Ein kleines Museum birgt

Gegenstände des ersten Generalkonsuls, des Amerikaners Townsend Harris. Vom Bahnhof Shimoda sind es 25 Minuten zu Fuß oder man nimmt den Bus 9 bis zur Haltestelle Kakisaki-jinja-mae (170 ¥, 5 Min.).

Geführte Touren

Nanz Village hat ein Geschäft, in dem man Abenteuertouren auf der Izu-Halbinsel buchen kann (http://weekend-adventure.jp), z. B. Stand-up-Paddeln, Seekajaktrips und Mountainbike-Touren. Die Mitarbeiter sprechen nur begrenzt englisch.

Shimoda International Club TOUREN
(sicshimoda@yahoo.co.jp) Bietet am Wochenende und an Feiertagen zweistündige Touren (200 ¥ pro Pers.).

Schlafen

Yamane Ryokan RYOKAN ¥
(やまね旅館; Karte S. 192; ☎ 0558-22-0482; 1-19-15 Shimoda; Zi. pro Pers. ab 4500 ¥; ❄) Wer die aufgeräumten, top gepflegten japanischen Zimmer sieht, würde nicht glauben, dass dieses *ryokan* schon mehr als 60 Jahre existiert. Der Besitzer spricht so gut wie kein Englisch, ist aber sehr freundlich, und die zentrale Lage überzeugt. Es gibt nur Gemeinschaftsbäder; in der Unterkunft wohnen größtenteils japanische Stammgäste, daher ist die Atmosphäre sicher und familiär.

Kurofune Hotel HOTEL ¥¥¥
(黒船ホテル; Karte S. 192; ☎ 0120-715-841; www.kurofune-hotel.com; 3-8 Kakizaki; Zi. pro Pers. ab 13 800 ¥; P ❄ @ ≋) Das schicke Retrohotel bietet Aussicht auf die Bucht, Meeresfrüchtedinner, Palmen am *rotemburo* und einen beheizten Pool. Die Zimmer sind im japanischen Stil eingerichtet, mit Ausnahme der Suiten, von denen einige ein eigenes *rotemburo* haben (ab 40 500 ¥ pro Pers.). Die pfirsichfarbene Fassade gegenüber dem Hafenkomplex ist nicht zu übersehen.

Essen & Ausgehen

★ Gorosaya JAPANISCH ¥¥
(ごろさや; Karte S. 192; ☎ 0558-23-5638; 1-5-25 Shimoda; feste Menüs 1700–3300 ¥; ⏲ 11.30–14 & 17–21 Uhr; 📋) Ein elegantes, dezentes Ambiente und dazu fantastische Meeresfrüchte. Die *isōjiru*-Suppe wird aus über einem Dutzend verschiedenen Schalentieren zubereitet und sieht aus wie ein Gezeitenbecken in einer Schüssel. Das *sashimi-don* (Sashimi auf Reis in einer Schale) steht nicht auf der englischen Karte, ist aber hervorragend. Über dem Eingang hängt ein hölzerner Fisch.

Nanz Kitchen INTERNATIONAL ¥¥
(Karte S. 192; ☎ 0558-36-4318; 1-6-18 Shimoda; Hauptgerichte 900–1900 ¥; ⏲ 11.30–14.30 & 17.30–22 Uhr; ✎ 📋) Das stilvolle Restaurant im neuen Nanz-Village-Komplex serviert saisonale französische und japanische Küche aus frischen, regionalen Zutaten sowie Fisch- und Wildgerichte. Außerdem gibt's eine gute Wein- und Cocktailkarte. Das „Dorf" selbst ist einer der wenigen Orte, die in der Nebensaison auch abends geöffnet haben.

SURFEN IN SHIMODA

An der Südspitze der Izu-Halbinsel liegen vor den Stränden rund um Shimoda einige der besten Surfspots in Japan. Hier ist Surfen das ganze Jahr über möglich, am besten sind die Wellen aber zwischen Juni und September. Der beliebteste Strand ist der kleine **Shira-hama** (白浜海岸); er bietet konstante Wellen, ist im Sommer aber total überfüllt. Außerdem gibt's einen **Reef Break** vorm Hotel Shimoda Prince, einen kurzen Spaziergang von Papa's Restaurant entfernt. **Shirahama Mariner** (白浜マリーナ; ☎ 0558-22-6002; www.mariner.co.jp; 2752-16 Shirahama; ⏲ 9–21 Uhr) sowie **Irie Surf & Cafe** (☎ 0558-36-4333; 1737 Shirahama; ⏲ Mi–Mo 9–19 Uhr; in der Nebensaison variierende Öffnungszeiten) verleihen Surfbretter (3000 ¥) und geben Unterricht (5000 ¥, 2 Std.).

Zu den besten Stränden gehören die in **Kisami** (きさみ) gleich südlich von Shimoda. Der größte Sandstrand ist der **Ōhama Beach** (大浜) mit sehr beständigen Wellen. Bei Südwind eignet sich der **Irita** (いりたはま) zum Surfen, und am **Tatado** (多々戸) gibt's die wohl beständigsten Wellen auf der ganzen Halbinsel. Die **Baguse Surf School** (バグースタタド&サーフィンスクール; Karte S. 188; ☎ 0558-22-2558; http://baguse.jp; 58-8 Tatado; ⏲ April–Nov. 10–16 Uhr) in Tatado gibt Unterricht und verleiht Surfbretter. In Ōhama bietet **Real** (Karte S. 188; ☎ 0558-27-0771; www.real-surf.jp; 1612-1 Kisami) denselben Service.

Shimoda

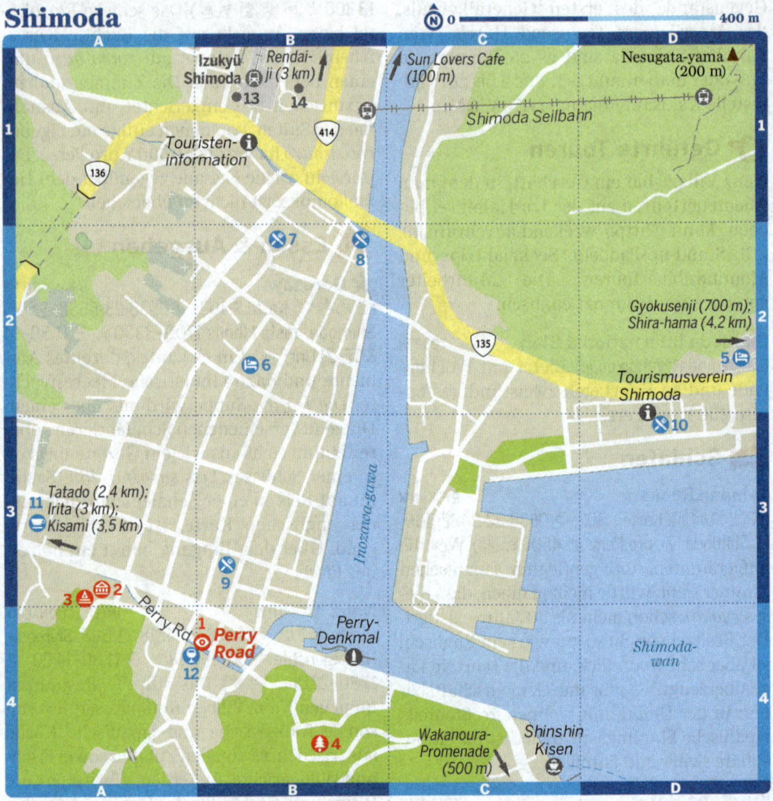

Ra-Maru CAFÉ ¥¥
(Karte S. 192; ☎0558-27-2510; 1-1 Sotogaoka; Hamburger ab 1000 ¥; ⏲10–17 Uhr; 📋) In diesem Diner gibt's leckere Fischburger mit Camembert nach Shimoda-Art, Krabbenburger mit Avocado und Zwiebelringen sowie leckeres kaltes Bier. Es befindet sich gleich hinter dem Hafenmuseum am Fischereihafen.

Porto Caro ITALIENISCH ¥¥
(ポルトカーロ; Karte S. 192; ☎0558-22-5514; 2. OG, 3-3-7 Shimoda; Hauptgerichte 840-1360 ¥; ⏲Do–Di 11.30–14.30 & 18–21 Uhr; 🖉📋) Geführt wird diese Trattoria von der freundlichen Yokoyama Ikuyo. Sie hat außerdem ein Buch über Mishima Yukio (den berühmten Autor, Schauspieler und Regisseur) geschrieben, den sie als Teenager kennenlernte – darum steht auch Mishimas Lieblingskuchen, Madeleines, auf der Speisekarte.

Die Pasta mit regionalen Meeresfrüchten und leckerer Wasabisoße ist ebenso sensationell wie die schlichten, aber köstlichen Pizzas.

Cubstar CAFÉ
(Karte S. 192; ☎0558-27-3225; www.cubstar.com; 4-7-22 Shimoda; Kaffee/Hauptgerichte 500/1000 ¥; ⏲Mi–Mo 11–22 Uhr, 2. Mo im Monat geschl.; 📶) Das coole Besitzer-Paar hat Tokio für das ruhigere Leben in Shimoda verlassen. Ihr unkonventionelles Café gegenüber der grün gestrichenen Kirche serviert hervorragenden Kaffee, leichte Gerichte und alkoholische Getränke.

Soul Bar Tosaya BAR
(土佐屋; Karte S. 192; ☎0558-27-0587; 3-14-30 Shimoda; Snacks ab 600 ¥; ⏲19–2 Uhr) Zur Zeit der Schwarzen Schiffe war diese Adresse im Herzen der Perry Road ein traditionelles Wohnhaus. Heute befindet sich darin eine wild dekorierte Soulmusikbar mit allem Drum und Dran, inklusive Discokugel. Essen gibt's auch.

Shimoda

Praktische Informationen

Online gibt's Infos auf www.shimoda-city.info. Beim **Shimoda Tourismusverein** (Karte S. 192; ☎0558-22-1531; 2. OG, 1-1 Sotogaoka; ⊙9–17 Uhr) auf dem Hafengelände kann man Unterkünfte buchen und erhält das *Shimoda Guidebook* (840 ¥) und eine kostenlose Wanderkarte. Die Mitarbeiter sprechen Englisch. In der **Touristeninformation** (観光案内所; Karte S. 192; ☎0558-22-1531; http://shimoda-city.info; 1-1 Sotogaoka; ⊙10–17 Uhr) gegenüber dem Bahnhof sprechen die Mitarbeiter kaum Englisch, decken Besucher aber mit Stadtplänen und Karten ein und rufen gern einen englischsprachigen Mitarbeiter aus der Hafenfiliale herbei.

Sun Lovers Cafe (☎0558-27-2686; 1-21-9 Higashi-hongo; Gerichte 650–750 ¥; ⊙Di–Sa 11–17.30 Uhr;) bietet kostenloses WLAN, eine englische Buchtauschbörse und Touristeninfos. Es hat einen Kinderspielraum und serviert auch leichte Mahlzeiten.

An- & Weiterreise

Auto Nippon Rent-a-Car (Karte S. 192; ☎0558-22-5711; www.nipponrentacar.co.jp; Shimoda eki-mae; ⊙8–20 Uhr) und **Toyota Rent-a-Car** (トヨタレンタカ ; Karte S. 192; ☎Reservierung in Englisch 0800-7000-815; ab 6500 ¥ pro Tag; ⊙8–20 Uhr) am Bahnhof vermieten Autos.

Bus Tōkai-Busse fahren über Matsuzaki nach Dogashima (1360 ¥, 1 Std.).

Fähre Fähren von **Shinshin Kisen** (神新汽船株式会社; Karte S. 192; ☎03-3436-1146, 0558-22-2626; http://shinshin-kisen.jp) fahren montags, donnerstags und samstags von Shimoda zu den Izu-Inseln Kōzu-shima, Shikine-jima und Nii-jima (Erw./Kind 5180/2590 ¥). Die Rückfahrt erfolgt dienstags, freitags und sonntags.

Zug Shimoda ist die letzte Bahnstation auf der Izu-Halbinsel. Der Odoriko-*tokkyū* (Expresszug) fährt von Shimoda zum Bahnhof Tokio (6090 ¥, 2¾ Std.) und nach Atami (3400 ¥, 80 Min.); normale Izukyūko-Züge verkehren nach Atami (1890 ¥, 1½ Std.) und Itō (1620 ¥, 1 Std.). Empfehlenswert ist der Resort-21-Zug von Izukyū mit seitlich ausgerichteten Sitzen, die den vollen Meerblick bieten.

Shira-hama 白浜海岸

☎0558 / 21 534 EW.

Weniger als 10 km nördlich von Shimoda liegt die attraktive Stadt Shira-hama (wörtlich: weißer Sandstrand). An Feiertagswochenenden und im Sommer tummeln sich hier jede Menge Studenten, außerdem ist sie bei Surfern der Kantō-Region beliebt.

Abseits der Hauptstraße lädt der hübsche 2400 Jahre alte Schrein **Shirahama-jinja** mit einem markanten *torii* am felsigen Ende des Strandes zu einem schönen Spaziergang ein.

Schlafen & Essen

Am Nordende des Strandes befinden sich ein paar kleine Gästehäuser, hübsche Unterkünfte gibt's auch auf dem Hügel am Südende des Strandes. In der belebten Sommersaison sollte man unbedingt im Voraus buchen.

Pension Sakuraya PENSION ¥
(ペンション桜家; ☎0558-23-4470; www.izu-sakuraya.jp; 2584-20 Shira-hama; Zi pro Person mit 1/2 Mahlzeiten ab 5500/8000 ¥;) Seit fast 30 Jahren kommen Gäste in diese gemütliche Pension, zu der es vom Strand zehn Minuten steil den Hügel hinaufgeht. Alle Zimmer haben Kühlschränke und Blick aufs Meer oder auf die Berge. Der Besitzer spricht Englisch und ist eine wirklich gute Informationsquelle.

Pension Shirahama Mariner PENSION ¥¥
(☎0558-22-6002; www.mariner.co.jp; 2752-16 Shira-hama; B/EZ/DZ ab 3000/4800/7600 ¥;) Über dem Hana Café; gehört zum Surfshop Shirahama Mariner. Die Zimmer sind komfortabel, Kleinigkeiten wie bunte Bettenüberwürfe und Läufer geben ihnen eine gemütliche Note. Zwar ist etwas Ver-

kehrslärm zu hören, doch wen stört das schon bei diesem spektakulären Meerblick?

Papa's Restaurant CAFÉ ¥¥
(☎ 0558-22-0225; Pizza ab 1050 ¥; ⏱ 11–15 & 17–22 Uhr, Di geschl.) Das gemütliche Restaurant mit alten Spielzeugautos, Karotischtüchern und Surfbrettern an den Wänden serviert leichte Gerichte wie Garnelentacos und Pizza. Es liegt nur acht Gehminuten vom Shirahama-jinja bergauf vom Strand.

ℹ An- & Weiterreise

Bus 9 fährt von Shimoda nach Shira-hama (330 ¥, 10 Min.).

Kisami きさみ

☎ 0558 / POP 2276

Unser Favorit unter Izus Küstenstädten ist das entspannte Kisami, berühmt für seinen langen Surfstrand **Ōhama** (大浜). Außerdem ist es ein guter Standort, um andere Surfstrände in der Nähe zu erreichen, wie **Irita** (入田) und **Tatado** (多々戸).

Schlafen & Essen

Es gibt während der Saison jede Menge Auswahl bei Cafés, Bars und Restaurants. Im Blog des Gästehauses Wabi Sabi stehen immer Infos über Restaurants, Bars und Cafés in der Gegend: www.wabisabishimoda.com/activities.

★ **Wabi Sabi** GÄSTEHAUS ¥
(Karte S. 188; ☎ 0558-22-4188; www.wabisabishimoda.com; 2735 Kisami; B/EZ/DZ mit Gemeinschaftsbad ab 3500/5000/8000 ¥; 📶) Ein idyllisches Refugium inmitten von viel Grün, aber nur fünf Minuten zu Fuß von Ōhama entfernt. Das alte japanische Haus verkörpert das Ideal der rauen Schönheit der *wabi-sabi*-Ästhetik perfekt und wird von Angela und Yasu professionell geführt, denen auch das **Tabi Tabi** (☎ 090-6513-5578; www.tabitabiizu.com; 1658 Kisami; EZ/DZ 6000/9000 ¥; ❄ 📶) in der Nähe gehört, ebenfalls ein ansprechendes Gästehaus in friedlicher Lage mit großer Gemeinschaftsküche, schicken Tatamizimmern und Gemeinschaftsbädern.

Ernest House B&B ¥¥
(アーネストハウス; ☎ 0558-22-5880; www.ernest-house.com; 1893-1 Kisami; Zi. pro Pers. ab 5400 ¥; P ⊖ ❄ @ 📶) Nur zwei Minuten von Ōhamas Surfstrand entfernt liegt dieses Haus mit Schindeldach und einer altmodischen Strandhaus-Atmosphäre, das nach Hemingway benannt wurde.

Das angeschlossene **Café Mellow** (☎ 0558-27-2327; 1893-1 Kisami; Mahlzeiten 1000–1500 ¥; ⏱ 11–23 Uhr, Di, Fr & 2. Mi im Monat geschl.; 📶) ist bei Einheimischen beliebt und serviert auf einer Terrasse mit bequemen Stühlen Burger, Pizza und Meeresfrüchte-BBQ (einen Tag im Voraus bestellen).

★ **South Cafe** INTERNATIONAL ¥¥
(☎ 0558-25-5015; www.southcafe.net; 918-2 Kisami; Hauptgerichte 1000–1200 ¥; ⏱ Fr–Mi 12–22 Uhr) Es lohnt sich, wegen dieses entspannten Cafés mal den Strand zu verlassen, denn es bietet die beste Fusion aus Atmosphäre und Essen zu guten Preisen in Kisami. Hervorragende Sandwiches, Salate, Pizzen, Currys und anderes (wie Brownies, die man unbedingt probieren muss). Ab der Bushaltestelle Kisami fünf Minuten landeinwärts, vorbei am 24-Stunden-Supermarkt Lawsons.

ℹ An- & Weiterreise

Vom Bahnhof Izukyū Shimoda nimmt man den Bus Richtung Irōzaki (Bussteig 3 oder 4; 270 ¥), steigt in Kisami aus und läuft noch 15 Minuten bis Ōhama.

Matsuzaki 松崎

☎ 0558 / 7021 EW.

An der Westküste der Izu-Halbinsel geht's viel ruhiger zu. Die verschlafene Hafenstadt Matsuzaki ist für ihre malerischen Straßen und die schöne Lage am Naka-Fluss bekannt: Im südlichen Teil der Stadt, auf der anderen Seite des Flusses, stehen etwa 200 traditionelle Häuser mit Gitterspalierwänden (*namako-kabe*).

Sehenswertes

An der Stelle, wo der Naka-gawa eine Kurve zum Ozean beschreibt, erstrecken sich an beiden Seiten der Küste ruhige Stadtviertel, in denen jede Menge Häuser mit *namako-kabe* stehen – eine nostalgische Gegend, in der man einen schönen Spaziergang machen kann.

Nakaze-tei MUSEUM
(中瀬邸; Karte S. 188; ☎ 0558-43-0587; 1-315 Matsuzaki; 100 ¥; ⏱ 9–17 Uhr) In einem alten Kimonogeschäft und Wohnhaus ist dieses mit *namako-kabe* dekorierte Museum untergebracht. Draußen befinden sich ein Uhrenturm und ein Fußbad.

Schlafen & Essen

Kaihin-sō MINSHUKU ¥¥
(海浜荘; ☎0558-42-0127; 207 Ena; inkl. 2 Mahlzeiten ab 9000 ¥ pro Pers.; ❄📶) Dieses *minshuku* (familiengeführtes Gasthaus) hat eine 200-jährige Geschichte und bietet auch heute noch komfortable, traditionelle Unterkünfte und Onsen. Es ist nur einen Steinwurf vom Busbahnhof entfernt. Die Mitarbeiter sprechen kaum Englisch, daher sollte man beim Tourismusverein (S. 195) reservieren.

Mingei Sabō SHOKUDO ¥¥
(民芸茶房; ☎0558-42-0773; 495-7 Matsuzaki; Menüs ab 1050–3150 ¥; ⏲7.30–15 & 17–20.30 Uhr) An den Wänden hängt Fischereizubehör und auf der bebilderten Speisekarte werden frische Meeresfrüchte angeboten. Das Restaurant liegt in der Nähe des Hafens von Matsuzaki. Vom Kunstmuseum läuft man direkt über die Brücke am Fluss und weiter geradeaus bis zur nächsten Straßenkurve; über dem Eingang hängt ein Bild mit einem Fisch.

Costa Forno BÄCKEREI
(☎0558-36-4443; 495-37 Matsuzaki; ⏲9–17 Uhr, Mo & Di zeitweise geschl.) Die herrliche Bäckerei wird von einem freundlichen Mann aus Nagano geführt. Sie verkauft Kaffee für 100 ¥, Blaubeermarmelade aus Nagano (hausgemacht, die Beeren kommen von der Ernte direkt zur Bäckerei), Brot mit Frischkäse, Plundergebäck nach Nagano-Art und herzhafte *oyaki-pan* (kleine, mit Gemüse gefüllte Pasteten), ebenfalls nach Nagano-Art. Das großartige Gebäck eignet sich gut für Picknicks oder kann direkt am Hafen genossen werden.

Praktische Informationen

Der **Tourismusverein** (☎0558-42-0745; http://izumatsuzakinet.com; ⏲8.30–17 Uhr) verteilt englische Stadtpläne. Er liegt einen 10-minütigen Fußweg südlich von der Bushaltestelle, über den Naka-Fluss. Das Büro an der Bushaltestelle bewahrt tagsüber Gepäck auf (300 bis 500 ¥).

An- & Weiterreise

Vom Bahnhof Shimoda fahren Busse nach Matsuzaki (1270 ¥, 1 Std.).

Außerdem fahren Busse über Dōgashima nach Shuzen-ji (2150 ¥, 1½ Std.) auf der Fahrt bieten sich fantastische Aussichten über die Suruga-Bucht zum Fuji.

Dōgashima 堂ヶ島

☎0558

Dōgashima hat eine eindrucksvolle Küste, die man am besten von einem dampfenden Onsen aus genießt, aber auch eine Fahrt durch die Bucht oder ein Spaziergang am Meeresufer bieten tolle Ausblicke.

Aktivitäten

Dōgashima und seine dramatischen Felsformationen an der Küste sind nur eine kurze Busfahrt von Matsuzaki entfernt. Am besten sind sie bei **Schiffsrundfahrten** von Dōgashima Marine zu bewundern, die am Anleger unterhalb der **Touristeninformation** vor der Dorf-Bushaltestelle starten. Vom Park auf der Klippe hat man auch eine gute Aussicht. Nicht verpassen: das **Tensōdō** (天窓洞), ein natürliches Fenster im Dach einer Höhle.

Dōgashima Marine SCHIFFSRUNDFAHRT
(☎0558-52-0013; www.izudougasima-yuransen.com; 20-/50-min. Rundfahrt 1200/2300 ¥) Bei **Schiffsrundfahrten**, die am Anleger unterhalb der **Touristeninformation** vor der Dorf-Bushaltestelle starten, hat man den besten Blick auf die Felsformationen an der Küste.

Sawada-kōen Rotemburo ONSEN
(沢田公園露天風呂; Karte S. 188; 2817-1 Sawada Nishina; Erw./Kind 600/200 ¥; ⏲Okt.–Feb. Mi–Mo 9–18 Uhr, März–Mai & Sep. 9–19 Uhr, Juni–Aug. bis 20 Uhr) Das kleine *rotemburo* liegt auf einer Klippe und bietet von dort freien Blick aufs Meer. Um hierherzukommen, nimmt man in Dōgashima einen Bus in Richtung Matsuzaki und steigt bei Sawada-kōen aus. Von dort läuft man rechts am Fischerhafen entlang in Richtung Küste. Man sollte nach den gelbbraunen Felsen Ausschau halten, bei denen der Pfad direkt zum Onsen führt.

Bei Sonnenuntergang ist hier viel los, aber in der restlichen Zeit hat man das Onsen für sich allein.

NICHT VERSÄUMEN

DIE BESTEN ONSEN

- Jinata Onsen (S. 199)
- Urami-ga-taki Onsen (S. 199)
- Kanaya Ryokan (S. 190)
- Hakone Yuryō (S. 181)

Schlafen & Essen

Dōgashima ist ein beliebtes Urlaubsziel mit wenigen Unterkünften; daher sollte man hier nicht ohne Reservierung auftauchen.

An der Bootsanlegestelle gibt's mehrere Restaurants, die aber nur tagsüber geöffnet haben.

Umibe-no-Kakureyu Seiryu RYOKAN ¥¥¥
(海辺のかくれ湯清流; ☎0558-52-1118; www.n-komatu.co.jp; 2941 Nishina; pro Person mit 2 Mahlzeiten ab 17 800 ¥; P ❄ @ 📶) Das *ryokan* am Meer verbindet traditionelles Design mit modernem Standard. Verschiedene Bäder stehen zur Auswahl; ein sensationelles *rotemburo* (nur für Männer) liegt direkt am Strand, vor dem die Wellen rauschen. Das Frauen-*rotemburo* befindet sich teilweise unter freiem Himmel; es ist zwar nicht so elegant wie das der Männer, aber blickt von einem höheren Punkt auf das Meer. Von der Bushaltestelle Dōgashima sind es fünf Gehminuten.

Praktische Informationen

Touristeninformation Dōgashima (☎52-1268; www.nishiizu-kankou.com; ⏲Sept.–Juni Mo–Fr 8.30–17 Uhr, Juli & Aug. tgl.)

An- & Weiterreise

Vor dem Bahnhof Shimoda starten Busse nach Dōgashima (1400 ¥, 1 Std.) via Matsuzaki (270 ¥, 8 Min.).

Shuzen-ji Onsen
修善寺温泉

☎0558 / 16 328 EW.

Im Inland der Halbinsel liegt das malerische Thermaldorf Shuzen-ji (修善寺温泉) in einem üppig grünen Tal, durch das der Katsura-gawa rauscht. Die schmalen Gassen, die Pfade durch Bambuswälder und die rot lackierten Brücken eignen sich wunderbar für einen Spaziergang. Zudem gibt's hier einen der besten Onsen-*ryokans* Japans.

Sehenswertes & Aktivitäten

Shuzen-ji BUDDHISTISCHER TEMPEL
(修善寺) GRATIS In der Mitte des Ortes steht der namensgebende Tempel Shuzen-ji, der wahrscheinlich vor mehr als 1200 Jahren von Kōbō Daishi gegründet wurde – dem Priester, der den Buddhismus in großen Teilen Japans verbreitet hat. Für einen Spaziergang über das hübsche Tempelgelände muss man keinen Eintritt bezahlen, das kleine **Schatzmuseum** (修禅寺宝物殿; Karte S. 188; ☎0558-72-0053; http://shuzenji-temple.com; 964 Shuzen-ji; Erw./Kind 300/200 ¥; ⏲8.30–16.30 Uhr) kostet allerdings etwas. Zu sehen gibt's antike geschnitzte Buddha-Statuen und andere religiöse Kunst.

Shoko Kanazawa Museum MUSEUM
(金澤翔子美術館; ☎0558-73-2900; www.shokokanazawa.net; 970 Shuzen-ji; Erw./Kind 600/300 ¥; ⏲Fr–Mi 11–15 Uhr) Auch dieses Museum lohnt sich: Kanazawa Shoko (www.k-shoko.org) hat das Down-Syndrom und kalligraphiert, seit sie fünf Jahre alt ist. Ihre lebendigen und expressiven Werke sind im Anbau des Arai-Ryokan ausgestellt; außerdem zeigt ein Video sie beim Ausüben ihrer Kunst.

Tokko-no-yu ONSEN
(独鈷の湯, Eisenkeulenwasser; ⏲24 Std.) GRATIS Rechts am Fluss befindet sich dieses Fußbad mit einem geschützten Freiluftbereich; der Legende nach soll Kōbō Daishi es höchstpersönlich geschaffen haben.

Hako-yu ONSEN
(筥湯; ☎0558-72-5282; 925 Shuzen-ji; Eintritt 350 ¥; ⏲12-21 Uhr) In dieser eleganten, modernen Einrichtung, die an ihrem 12 m hohen Holzturm zu erkennen ist, kann man sich wunderbar erholen.

Schlafen

Goyōkan RYOKAN ¥¥
(五葉館; ☎0558-72-2066; www.goyokan.co.jp; 765-2 Shuzen-ji; Zi. pro Pers. mit/ohne 2 Mahlzeiten ab 16 000/9500 ¥; P 🚭 ❄ 📶) Aus den stilvollen Tatamizimmern dieses kleinen zeitgenössischen *ryokan* blickt man auf den Fluss. Die Gemeinschaftsbäder (drinnen) sind aus Stein und *hinoki*-Zypresse. Etwas Englisch beherrschen die Mitarbeiter auch.

★ **Arai Ryokan** RYOKAN ¥¥¥
(新井旅館; ☎0558-72-2007; www.arairyokan.net; 970 Shuzen-ji; Zi. pro Person mit 2 Mahlzeiten ab 24 840 ¥; ❄ 📶) Dieses Schmuckstück, das japanische Künstler und Schriftsteller seit Langem lieben, wurde 1872 gegründet und hat sich sein traditionelles Aussehen mit viel Holz bewahrt. Die grandiose Hauptbadehalle wurde vom Künstler Yasuda Yukihiko entworfen. Im Herbst, wenn der Ahorn in Flammen steht, sind die Zimmer zum Fluss hin besonders schön. Von den Räumen auf der anderen Seite blickt man auf einen friedlichen Garten.

Essen & Ausgehen

Man kann den ganzen Abend lang durch die schmalen Straßen schlendern und unterwegs immer wieder einkehren, denn es gibt genügend Restaurants in der Stadt.

Zenfutei Nana ban NUDELN ¥¥
(禅風亭なゝ番; ☎0558-72-0007; 761-1-3 Shuzen-ji; Gerichte 630-1890 ¥; ⏲Fr–Mi 10–16 Uhr;) Diese Institution serviert die regionale Spezialität *zendera soba* (1260 ¥), zusammen mit einem frischen Stück Wasabiwurzel, das die Gäste selbst reiben – man erhält sogar eine Plastiktüte, in der man die Reste der wertvollen Wurzeln mit nach Hause nehmen kann. Das Haus mit einem weiß-schwarzen Banner und lilafarbenen Vorhängen liegt an der Straße, die vom Bahnhof in die Stadt führt.

Biergarten der Baird-Brauerei BIERGARTEN
(Karte S. 188; ☎0558-73-1225; www.bairdbeer.com; 1052-1 Ōdaira; ⏲Mo–Fr 12–19, Sa & So 11–20 Uhr) Hier genießt man gute Craft-Biere in friedlicher Umgebung oder nimmt an einer Brauereiführung teil (Termine auf der Website). Vom Bahnhof Shuzenji mit dem Bus in Richtung Laforet Shuzenji Iriguchi (Steig 3 oder 4) zu erreichen.

Praktische Informationen

Der Bahnhof von Shuzen-ji beherbergt eine **Touristeninformation** (☎0558-72-0271; www.shuzenji.info; 838-1 Shuzen-ji; ⏲9–17 Uhr). Besucher können dort eine englische Touristenkarte mitnehmen.

An- & Weiterreise

Bus Vom Bahnhof Shuzen-ji verkehren Busse nach Shuzen-ji Onsen (220 ¥, 10 Min.), Itō (1130 ¥, 1 Std.), Dōgashima (2030 ¥, 1½ Std.) und Shimoda (3980 ¥, 1½ Std.).

Zug Von Tokio geht's mit der Tōkaidō-Linie nach Mishima (Kodama-*shinkansen* 4520 ¥, 1 Std.) und von dort weiter mit der Izu-Hakone-Tetsudō-Linie nach Shuzen-ji-Onsen (510 ¥, 35 Min.). Vom Bahnhof Shuzen-ji fahren Busse nach Shuzen-ji-Onsen (210 ¥, 10 Min.), Itō (1100 ¥, 1 Std.), Shimoda (2140 ¥, 1½ Std.) und Dōgashima (1970 ¥, 1½ Std.).

IZU-INSELN 伊豆諸島

Die Izu-Inseln (Izu-shotō) sind Gipfel einer Vulkankette, die sich unter Wasser 300 km lang durch den Pazifik erstreckt.

Die Zeit vertreibt man sich hier mit Bädern in den Onsen am Pazifik oder mit Wanderungen auf den überwiegend schlafenden Vulkanen und über unberührte Strände. Schnorcheln, Surfen und Angeln ist ebenfalls beliebt. Die täglichen Fähren, die den Archipel hoch und runter schippern, bringen einen zudem schnell von Insel zu Insel – allerdings sollte man den Fahrplan aufmerksam lesen (ändert sich häufig).

Mehr Infos über die Inselkette, zu der To-shima (利島), Kōzu-shima (神津島), Miyake-jima (三宅島) und Mikura-jima (御蔵島) gehören, wo man übrigens mit Delfinen schwimmen kann, stehen auf www.tokyo-islands.com.

Im Sommer müssen Unterkünfte auf den Inseln im Voraus gebucht warden, was sich auch das restliche Jahr über empfiehlt.

An- & Weiterreise

Man kann zwar auch auf die Izu-Inseln fliegen, aber die günstigste und bequemste Möglichkeit der Anreise bieten die Tragflächenboote. Wer etwas Zeit auf der Izu-Halbinsel verbringen will, sollte nicht von Tokio, sondern von Atami, Itō oder Shimoda aus anreisen – das ist billiger und schneller.

Ō-shima 大島

7762 EW.

Ō-shima – die größte der Izu-Inseln, und auch die nächste an Tokio und ganz allgemein die interessanteste – hat einen rustikalen Charme und ist bekannt für ihr Meer aus scharlachroten Kamelien (am schönsten in Februar und März) und den aktiven Vulkan Mihara-san, der 1990 zum bisher letzten Mal ausgebrochen ist.

Sehenswertes & Aktivitäten

Im Haupthafen von **Motomachi** (元町) gibt's Mietwagen und Leihvespas, mit denen der südlichste Punkt von Ō-shima, **Tōshiki-no-hana** (トウシキの鼻), zu erreichen ist. Unterhalb des Tōshiki Camp-jō kann man in geschützten Badebecken schwimmen.

In den Souvenirgeschäften beim Hafen gibt's Discount-Tickets für das **Gojinka-Onsen** (御神火温泉; ☎04992-2-0909; 1-8 Nakanohara; Erw./Kind 700/300 ¥; ⏲6.30–21 Uhr an Tagen, wenn Nachtfähren anlegen, sonst 9–21 Uhr) und Motomachi Hama no-yu (S. 198).

★ **Mihara-san** VULKAN
(三原山) Eine Straße führt zu dem 754 m hohen Gipfel des Vulkans, von hier aus kann man weitere 45 Minuten zu Fuß ge-

hen, um den immer noch rauchenden Krater zu bestaunen. An klaren Tagen reicht die Sicht sogar bis zum Fuji. Die Wanderung um den Kraterrand dauert weitere 45 Minuten und bietet einen beeindruckenden Rundumblick auf die Umgebung – es ist faszinierend, die Spuren der getrockneten Lavaflüsse zu beobachten. Unterwegs findet man an verschiedenen Punkten englischsprachige Schilder (und Betonbunker, für alle Fälle).

Motomachi Hama-no-yu ONSEN
(元町浜の湯; Erw./Kind 400/240 ¥; ⏲ Sept.–Juni 13–19 Uhr, Juli & Aug. 11–19 Uhr) Vom Hafen kommt man zu Fuß zu diesem attraktiven Bad unter freiem Himmel. Hier genießt man einen wunderbaren Blick aufs Meer und bei klarem Wetter auf den Fuji. Das Onsen ist gemischt, also Badekleidung mitbringen.

Schlafen

Der Touristenverein Ō-shima, nahe des Piers in Motomachi, hilft bei der Buchung von Unterkünften.

Tōshiki Camp-jō CAMPINGPLATZ
(トウシキキャンプ場; ☎ 04992-2-1446) GRATIS Auf diesem gut gepflegten Rasen hat man einen schönen Blick auf das Meer, außerdem gibt's Duschen und eine Gemeinschaftsküche. Zu Fuß von der Bushaltestelle Kaiyō kokusai kōkō-mae erreichbar. Man muss im Voraus buchen, am besten durch das Ō-shima-Stadtbüro.

Island Izu Ō-shima KAPSELHOTEL ¥
(アイランド伊豆大島; ☎ 04992-2-0665; www.izuoshimaisland.jp; 2-3-12 Motomachi; Kapsel ab 5400 ¥; ⊖ ❄ ≋) Hochwertiges Kapselhotel für Männer und Frauen, das einen herzlich willkommen heißt. Nur fünf Minuten zu Fuß bergauf südlich vom Hafen gelegen; nach der knallgrünen Terrasse Ausschau halten.

Praktische Informationen

Der **Ō-shima Tourismusverein** (大島観光協会; ☎ 04992-2-2177; www.izu-oshima.or.jp; ⏲ 8.30–17 Uhr) liegt unweit des Piers in Motomachi. Die Mitarbeiter sprechen kein Englisch, aber es gibt ein kostenloses Übersetzungstelefon, Gaikokugo 110, mit dem sie von 8 bis 20 Uhr englischsprachige Volontäre ins Büro rufen können. Alternativ können sie auch englischsprachige Mitarbeiter aus dem Stadtbüro anrufen.

Karten und Beschreibungen zu Sehenswürdigkeiten gibt's unter www.town.oshima.tokyo.jp.

An- & Weiterreise

Der **New Central Airservice** (www.central-air.co.jp; 11 800 ¥, 30 Min.) fliegt von Tokio nach Ō-shima. **Tōkai Kisen** (S. 187) bietet Tragflächenboote von Tokio (6730 ¥, 1¾ Std.), Atami (4280 ¥, 45 Min.) und Itō (3560 ¥, 35 Min.) nach Ō-shima. Bei schlechtem Wetter legen die Fähren nicht am Hafen von Motomachi an der Westküste, sondern in **Okata** (岡田) am Nordende der Insel an.

Nii-jima 新島

☎ 04992

Die Insel zieht Surfer aus ganz Kantō an, die alle am **Habushi-ura** (羽伏浦) zusammenkommen, einem 6,5 km langen blendend weißen Sandstreifen, der sich über die halbe Länge von Nii-jima hinzieht.

Nii-jimas zweite Hauptattraktion neben Stränden und Surfspots ist **Yunohama-Onsen** (湯の浜温泉; ⏲ 24 Std.) GRATIS, ein herrliches *rotemburo* aus mehreren in die Felsen gebauten Becken mit Blick auf den Pazifik.

Man kann die kleine Insel auch gut mit einem Leihfahrrad erkunden.

Schlafen & Essen

Wer nicht im Voraus gebucht hat, kann am Schalter der Touristeninformation am Hafen von Kurone eine Unterkunft reservieren.

Am besten bucht man eine Unterkunft mit Verpflegung, vor allem in der Nebensaison, wenn die Geschäfte früh schließen.

Habushi-ura Camp-jo CAMPINGPLATZ
(羽伏浦キャンプ場; ☎ 04992-5-1068) GRATIS Auf dem Campingplatz mit großen Grasflächen können Traveller vor einer atemberaubenden Gebirgskulisse und nur zehn Gehminuten vom Strand entfernt zelten. Es gibt Duschen und viele Grillplätze. Auch das Clubhaus ist einen Besuch wert.

B&B Seven GASTHAUS ¥¥
(B&B セブン; ☎ 090-3304-5931, 04992-5-1106; 6000 ¥ pro Pers.; ❄ ≋) Obwohl das zweite „B" nicht mehr gilt (es wird kein Frühstück mehr serviert), bietet der einfache Gasthof komfortable Zimmer mit Holzböden und eine gemütliche Atmosphäre. Der freundliche Besitzer Ōmura-san spricht Englisch.

Sakae Sushi SUSHI ¥¥
(栄寿司; ☎ 04992-5-0134; 5-2-9 Honson; Mahlzeiten 1850 ¥; ⏲ 11.30–14 & 18–22 Uhr) Die beliebte Unterkunft ist ein guter Ort, um *shimazushi* zu probieren, die lokale Spezialität aus Fisch in Sojasoße mit Reis.

Praktische Informationen

Der **Nii-jima Tourismusverein** (新島観光協会; ☎04992-5-0001; ⏲7.30–17, im Winter 8.30–17 Uhr) hat einen Informationsschalter im Fährterminal des Hafens von Kurone.

An- & Weiterreise

New Central Airservice (www.central-air.co.jp) fliegt nach Nii-jima (14100¥, 40 Min.).

Tōkai Kisen (S. 187) bietet Tragflächenboote nach Nii-jima (8560¥, 2½ Std.), die am Takeshiba-Pier in Tokio ablegen. Bei stürmischem Wetter halten die Fähren am Hafen Wakago am Nordende der Insel; dort bringen kostenlose Busse die Passagiere zum regulären Hafen von Kurone.

Shinshin Kisen (S. 193) bietet Fähren von Shimoda nach Nii-jima (Erw./Kind 5180/2590¥).

Shikine-jima 式根島

☎04992

Die winzige Shikine-jima liegt etwa 6 km südlich von Nii-jima. Die Insel hat zwar keine postkartengleichen Sandstrände zu bieten, aber ihre kompakte und felsige Struktur macht sie zu einem perfekten Ort zum Abschalten und Fahrradfahren.

Auf der Insel gibt's mehrere kostenlose, gemischte Onsen mit einzigartigen chemischen Bedingungen und Temperaturen. Das **Jinata Onsen** (地鉈温泉; ⏲24 Std.) GRATIS, das am Ende einer schmalen Kluft in der felsigen Küste liegt, sollte man auf keinen Fall verpassen. Sein vom Eisensulfid orange gefärbtes Wasser hat normalerweise 80 °C – gemischt mit dem kalten Meer ist es genau richtig. Da die Gezeiten die Temperatur beeinflussen, ändern sich die Badezeiten täglich; also erst erkundigen, ehe man sich an den steilen Abstieg macht.

Auf den gepflegten Campingplätzen der Insel kann man kostenlos zelten, aber Besucher müssen sich im Stadtbüro anmelden; man kann das beim **Tourismusverein** (式根島観光協会; ☎04992-7-0170; ⏲8–17 Uhr) am Pier erledigen.

Kamanoshita Camp-jo (釜の下キャンプ場; ☎04992-2-0004; ⏲Sept.–Nov. & März–Juni) Nahe einem schönen Strand liegt dieser empfehlenswerte Zeltplatz mit zwei kostenlosen Onsen, aber ohne Duschen. Verpflegung sollte man aus Tokio mitbringen.

Ab Tokio verkehren mindestens viermal im Monat Tragflächenboote nach Shikine-jima (8560¥, 2 Std. 50 Min.); Nachtfähren legen jede Nacht um 22 Uhr auf der Insel an (5590¥, 11 Std.).

Hachijō-jima 八丈島

☎04996

Die palmenbestandene Hachijō-jima, etwa 290 km südlich von Tokio, hat ihr ganz eigenes Gesicht, geprägt von ihren beiden schlafenden Vulkanen, dem 854 m hohen **Hachijō-Fuji** (八丈富士) und dem 700 m hohen **Mihara-yama** (三原山). Hierher kommen Besucher, um zu wandern, zu tauchen und in den Onsen zu baden.

Man kann auf den Hachijō-Fuji steigen und vom Kraterrand fantastische Ausblicke genießen. Den **Urami-ga-taki Onsen** (裏見ケ滝温泉; ⏲10–21 Uhr) GRATIS darf man sich nicht entgehen lassen. Er liegt eine halbstündige Fahrt vom Hafen Sokodo entfernt am Südende der Insel, gleich unterhalb der Straße, und schaut auf einen Wasserfall – am frühen Abend ein magischer Ort. Seife und Shampoo sind hier verboten. Der Onsen ist gemischt – Badekleidung mitbringen.

Die Insel ist in Japan berühmt für ihre biolumineszenten Pilze. Wer im Juni hier ist, kann sehen, wie in den Wäldern des Nachts mehr als sieben verschiedene Arten aufleuchten.

Project WAVE (☎04996-2-5407; www.project-wave.jp/english.html; Touren ab 2500¥) bietet diverse ökotouristische Aktivitäten an, darunter Wandern, Vogelbeobachtung, Meereskajakfahren und Tauchen.

Im Zentrum der Insel, an der Hauptstraße neben dem Rathaus, findet man den **Hachijōjima Tourismusverein** (八丈島観光協会; ☎04996-2-1377; ⏲8.15–17.15 Uhr).

Es gibt zwar mehrere *minshuku* auf der Insel, aber **Sokodo Camp jō** (底土キャンプ場; ☎04996-2-1121; 4188 Mitsune) GRATIS ist ein exzellenter kostenloser Zeltplatz.

Selbstverpfleger sollten Lebensmittel aus Tokio mitbringen, denn es gibt nicht viel Auswahl auf der Insel.

In Tokio legen täglich um 8.50 Uhr Fähren nach Hachijō-jima (7820¥, 10½ Std.) ab; die Rückfahrt nach Tokio erfolgt um 9.40 Uhr.

KAMAKURA 鎌倉

☎0467 / 172 902 EW.

Die ruhmreichsten Zeiten von Japans erster Hauptstadt der Feudalzeit (von 1185 bis 1333) fielen zusammen mit der Ausbreitung des volkstümlichen Buddhismus im Land. Noch heute zeugen die großartigen Tempel in der Gegend von diesem Erbe. Dazu herrscht in Kamakura mit Biorestaurants, sommerlichen Strandbuden und Surfern eine entspannte, bodenständige Atmosphäre – neben der Meditation im Morgenlicht und Bergwanderungen ein weiterer Grund, die Stadt zu besuchen. Nur eine Stunde von Tokio entfernt, ist es an Wochenenden und während der Ferienzeit oft total überlaufen; das sollte man bei der Planung berücksichtigen.

Geschichte

Im Jahr 1180 errichtete der aufstrebende Kriegsherr Minamoto no Yoritomo in Kamakura, fernab von den Einflüssen des Hofs in Kyoto, seinen militärischen Stützpunkt. Hier wähnte er sich durch die Rückendeckung loyaler Verbündeter seiner Familie in Sicherheit. Aufgrund der Lage zwischen Meer und dicht bewaldeten Hügeln war der Ort außerdem gut zu verteidigen.

Nach seinem Sieg über seine alten Feinde, die Taira, wurde Minamoto Yoritomo 1192 zum Shogun ernannt. Er regierte Japan von Kamakura aus; als er ohne Erben starb, ging die Macht an die Familie seiner Frau, den Clan der Hōjō. Die Hōjō-Dynastie herrschte von Kamakura aus mehr als ein Jahrhundert lang über ganz Japan, bis sich im Jahr 1333 ihr Einfluss schließlich unter dem Kostendruck der militärischen Investitionen abschwächte, die es zur Verteidigung gegen die Angriffe Chinas unter der Führung von Kublai Khan aufzubringen galt. Nach dem Sieg des Kaisers Go-Daigo über den Hōjō-Clan wurde Kyoto wieder Hauptstadt des Landes.

Während der Edo-Zeit war Kamakura kaum mehr als ein Dorf. Erst mit der Eröffnung einer Bahnstrecke zur Jahrhundertwende erwachte die Stadt am Meer als Urlaubsort zu neuem Leben. Noch heute säumen die Sommerhäuser wohlhabender Tokioter die Shōnan-Küste.

Sehenswertes

Engaku-ji — BUDDHISTISCHER TEMPEL

(円覚寺; Karte S. 201; ☎ 0467-22-0478; www.engakuji.or.jp; 409 Yamanouchi; Erw./Kind 300/100 ¥; ⌚ März–Nov. 8–16.30 Uhr, Dez.–Feb. bis 16 Uhr) Einer der fünf großen Rinzai-Zentempel Kamakuras ist der Engaku-ji. 1282 gegründet, diente er vermutlich als Ort, an dem Zenmönche für die Krieger beteten, die ihr Leben bei der Verteidigung Japans gegen Kublai Khan verloren hatten. Alle Tempelbauten wurden im Lauf der Jahrhunderte erneuert; das älteste Bauwerk ist der Shariden, ein Reliquienschrein im Song-Stil, der zuletzt im 16. Jh. überholt wurde. Am Ende einer langen Treppe hängt die Glocke des Engaku-ji, 1301 gegossen und die größte in Kamakura.

Tōkei-ji — BUDDHISTISCHER TEMPEL

(東慶寺; Karte S. 201; www.tokeiji.com; 1367 Yamanouchi; Erw./Kind 200/100 ¥; ⌚ März–Okt. 8.30–17 Uhr, Nov.–Feb. 8.30–16 Uhr) Gegenüber vom Engaku-ji, auf der anderen Seite der Bahngleise, steht der Tōkei-ji, der berühmt ist, weil er einst Frauen als Refugium diente. Wer drei Jahre als Nonne in der Tempelanlage gelebt hatte, konnte offiziell als geschieden gelten. Heute weilen hier keine Nonnen mehr; das Grab der letzten Äbtissin befindet sich auf dem von Zypressen bewachsenen Friedhof.

★ Kenchō-ji — BUDDHISTISCHER TEMPEL

(建長寺; Karte S. 201; www.kenchoji.com; 8 Yamanouchi; Erw./Kind 300/100 ¥; ⌚ 8.30–16.30 Uhr) Japans ältestes Zenkloster ist der 1253 gegründete Kenchō-ji und wird bis heute genutzt. Die zentrale Butsuden (Buddhahalle) brachte man 1647 Stück für Stück von Tokio hierher. Ihre für einen Zentempel ungewöhnliche Jizō-Bosatsu-Statue spiegelt die alte Funktion des Tals als Hinrichtungsstätte wieder – Jizō spendet verlorenen Seelen Trost. Andere Highlights sind eine 1253 gegossene Glocke und ein Wacholderhain, der angeblich aus Samen gewachsen ist, die die Gründer des Kenchō-ji vor sieben Jahrhunderten aus China mitgebracht hatten.

Ennō-ji — BUDDHISTISCHER TEMPEL

(円応寺; Karte S. 201; 1543 Yamanouchi; Eintritt 200 ¥; ⌚ März–Nov. 9–16 Uhr, Dez.–Feb. 9–15 Uhr) Das Besondere am Ennō-ji sind die Statuen der Höllenrichter. Nach dem Juo-Konzept des Taoismus, das während der Heian-Zeit (794–1185) aus China nach Japan exportiert wurde, entscheiden diese zehn Richter über das Schicksal all der Seelen, die weder wahrhaft gut noch wirklich böse sind, aber die Ewigkeit trotzdem entweder im Himmel oder in der Hölle verbringen müssen. Ihnen sitzt der hinduistische Gott Emma (Yama) vor, der schaurige König der Unterwelt.

Tsurugaoka Hachiman-gū — SHINTO-SCHREIN

(鶴岡八幡宮; Karte S. 201; http://hachimangu.or.jp; 2-1-31 Yukinoshita; ⌚ April–Sept. 5–20.30,

Kamakura

Kamakura

Highlights
1 Kenchō-ji C2

Sehenswertes
2 Engaku-ji B1
3 Ennō-ji C2
4 Jōchi-ji B1
5 Museum der nationalen Kulturgüter Kamakura C3
6 Sasuke-inari-jinja A3
7 Tōkei-ji B1
8 Tsurugaoka Hachiman-gū C3
9 Zeniarai-benten A3

Aktivitäten, Kurse & Touren
10 Daibutsu-Wanderweg A3
11 Ten-en-Wanderweg C1

Schlafen
12 Hotel New Kamakura B4

Essen
13 Bowls Donburi Café C4
14 Cobakaba B4
15 Wander Kitchen B4

Ausgehen & Nachtleben
16 Bar Ram B4
17 Univibe B4

Shoppen
18 Kamakura Ichibanya B3

Transport
19 Kamakura Rent-a-Cycle B4

Okt.–März 6–20.30 Uhr) GRATIS Kamakuras wichtigster Schrein ist natürlich Hachiman, dem Gott des Krieges, geweiht. Minamoto Yoritomo persönlich befahl 1191 seinen Bau und entwarf die von Kiefern gesäumte zentrale Promenade, die zur Küste führt. Auf der ausgedehnten Anlage wimmelt es nur so von historischen Symbolen: Der durch Brücken zweigeteilte Gempei-Teich soll die Kluft zwischen den Clans der Minamoto (Genji) und der Taira (Heike) widerspiegeln.

Hinter dem Teich beherbergt das **Kamakura National Treasure Museum** (鎌倉国宝館; Karte S. 201; ☎ 0467-22-0753; 2-1-1 Yukinoshita, Kamakura Kokuhōkan; Eintritt je nach Ausstellung 300–600 ¥; ⊙ Di–So 9–16.30 Uhr) bemerkenswerte buddhistische Skulpturen aus dem 12. bis 16. Jh.

★ Daibutsu DENKMAL

(大仏; ☎ 0467-22-0703; www.kotoku-in.jp; Kōtoku-in, 4-2-28 Hase; Erw./Kind 200/150 ¥; ⊙ April–Sept., 8–17.30 Uhr, Okt. & Nov. bis 17 Uhr) Vor dem Kōtoku-in, einem Tempel der Jōdo-Schule, steht Kamakuras berühmteste Sehenswürdigkeit, die 11,4 m hohe Statue eines Amida-Buddhas (auf Sanskrit *amitābha*). Die Inspiration für die 1252 fertiggestellte Skulptur soll Yoritomo von einem Besuch in Nara (wo Japans größter Daibutsu Hof hält) mitgebracht haben, wo er nach seinem Sieg über den Taira-Clan weilte. Einst befand sie sich in einer riesigen Halle, doch als diese 1495 von einem Tsunami weggespült wurde, verblieb sie im Freien.

Für 20 ¥ extra können Besucher ins Innere schlüpfen und sehen, wie die Baumeister die 850 t schwere Figur zusammengefügt haben.

Vor dem Ostausgang des Bahnhofs Kamakura verkehren Busse von den Haltestellen 1 und 6 zur Haltestelle Daibutsu-mae (190 ¥). Man kann alternativ auch mit der Enoden-Enoshima-Linie bis zum Bahnhof Hase fahren und von dort acht Minuten Richtung Norden gehen – oder besser noch den Daibutsu-Wanderweg (S. 203) nehmen.

Hase-dera BUDDHISTISCHER TEMPEL

(長谷寺, Hase Kannon; ☎ 0467-22-6300; www.hasedera.jp; 3-11-2 Hase; Erw./Kind 300/100 ¥; ⊙ März–Sept. 8–17, Okt.–Feb. 8–16.30 Uhr) In diesem Tempel der Jōdo-Sekte, einem der beliebtesten in der Kantō-Region, steht eine 9 m hohe, aus Holz geschnitzte *jūichimen*-Statue (elfköpfige Kannon). Kannon (auf Sanskrit *avalokiteshvara*) ist der Bodhisattwa unendlicher Barmherzigkeit und neben Jizō eine der beliebtesten buddhistischen Gottheiten. Der Tempel ist etwa zehn Minuten vom Daibutsu entfernt und stammt aus dem Jahr 736: Damals soll die Statue bei Kamakura an der Küste angespült worden sein.

Sugimoto-dera BUDDHISTISCHER TEMPEL

(杉本寺; http://sugimotodera.com; 903 Nikaidō; Erw./Kind 200/100 ¥; ⊙ 8–16.30 Uhr) Der kleine Tempel wurde im Jahr 734 gegründet und soll der älteste in Kamakura sein. Seine Hauptattraktion sind die grimmig dreinschauenden Wächtergottheiten und die Kannon-Statuen. Am Bahnhof Kamakura nimmt man einen Bus von Haltestelle 5 bis zum Halt Sugimoto Kannon (200 ¥, 10 Min.).

Hōkoku-ji BUDDHISTISCHER TEMPEL

(報国寺; ☎ 0467-22-0762; www.houkokuji.or.jp; 2-7-4 Jōmyō-ji; Bambusgarten 200 ¥; ⊙ 9–16 Uhr) Unterhalb des Sugitomo-dera liegt auf der rechten Seite dieser Rinzai-Zentempel. In den ruhigen, gepflegten Gärten können Besucher unter einem roten Sonnenschirm bei einer Tasse japanischem Tee entspannen (500 ¥).

Jōmyō-ji BUDDHISTISCHER TEMPEL

(浄妙寺; 3-8-31 Jōmyō-ji; Erw./Kind 100/50 ¥; ⊙ 9.30–16.30 Uhr) Dieser Tokasan-Tempel der Rinzaishu-Kenchō-ji-Schule wurde ursprünglich als Tempel für den tantrischen Buddhismus gebaut und dann in einen Zentempel umgewandelt. Als eigentliche Attraktion gelten der stimmungsvolle Steingarten und das Teehaus, in dem Gäste bei einer traditionellen Teezeremonie (600 ¥) *matcha* genießen können. Zum Tempel nimmt man vor dem Ostausgang vom Bahnhof Kamakura irgendeinen Bus von Haltestelle 5 und steigt beim Halt Jōmyō-ji aus, von da sind es noch zwei Minuten zu Fuß.

Hinter dem Tempel befindet sich das Grab von Ashikaga Sadauji, dem Vater von Takauji, dem Begründer der Muromachi-Periode.

Zuisen-ji BUDDHISTISCHER TEMPEL

(瑞泉寺; www.kamakura-zuisenji.or.jp; 710 Nikaidō; Erw./Kind 200/100 ¥; ⊙ 9–17 Uhr) Zu einem hübschen Spaziergang lädt die Anlage dieses malerischen, abgeschiedenen Zentempels ein, dessen verehrter Gründer Musō Soseki auch die wunderschönen Gärten anlegte. Am Bahnhof Kamakura nimmt man den Bus an der Haltestelle 4 bis Ōtōnomiya (200 ¥, 10 Min.); dort, wo der Bus vor dem Kamakura-gū links abbiegt, geht man nach rechts und an der nächsten Kreuzung links, dann folgt man der Straße 10 bis 15 Minuten.

Aktivitäten

Daibutsu-Wanderweg WANDERN

(Karte S. 201) Ein 3 km langer Waldweg führt von Kita-Kamakura zum Daibutsu (S. 202) in Hase (ca. 1½ Std.), vorbei an mehreren kleinen, ruhigen Tempeln und Schreinen, unter anderem dem **Zeniarai-benten** (銭洗弁天; Karte S. 201; 2-25-16 Sasuke; 8–16 Uhr) GRATIS, einem der faszinierendsten Shintō-Schreine Kamakuras.

Der Pfad beginnt nur ein paar Minuten vom Tōkei-ji entfernt an den Stufen, die oben an der vom hübschen **Jōchi-ji** (浄智寺; Karte S. 201; 1402 Yamanouchi; Erw./Kind 200/100 ¥; 9–16.30 Uhr) kommenden Gasse liegen. Unterwegs passiert man den Zeniarai-benten, wo der höhlenartige Eingang zu einem Platz führt, an dem Besucher ihr Geld in natürlichen Quellen waschen – das soll Reichtum bringen. Von hier folgt man weiter der gepflasterten Straße, biegt dann an der ersten Kreuzung rechts auf einen von Sicheltannen gesäumten Pfad ein und geht schließlich durch mehrere *torii* hinauf zum **Sasuke-inari-jinja** (佐助稲荷神社; Karte S. 201; 2-22-10 Sasuke; 24 Std.) GRATIS, ehe man wieder auf den Daibutsu-Wanderweg stößt. Wer in der entgegengesetzten Richtung wandert, folgt der Straße am Daibutsu vorbei, der Wanderweg beginnt direkt vor einem Tunnel auf der rechten Seite.

Ten-en-Wanderweg WANDERN

(天園ハイキングコース; Karte S. 201) Dieser Weg schlängelt sich vom Zuisen-ji (S. 202) zwei Stunden durch die Hügel bis zum Kenchō-ji (S. 200). In umgekehrter Richtung geht's am Kenchō-ji um die Hojo (Haupthalle) herum und die Treppen hoch zum Wanderweg.

Geführte Touren

Kamakura Welcome Guides GEFÜHRTE TOUREN

(http://kamakura-info.secret.jp/kwga) GRATIS Bietet freitags kostenlose Halbtagestouren mit ehrenamtlichen Touristenführern an, dafür sollte man sich fünf Tage vorab anmelden; Details gibt's auf der Website. Es werden Touren in Englisch, Französisch, Spanisch und an bestimmten Tagen sogar in Portugiesisch und Chinesisch angeboten. Gäste zahlen Eintritt und Verkehrsmittel selbst.

Feste & Events

Kamakura Matsuri KULTURELL

(Mitte April) Zwischen dem zweiten und dritten Sonntag im April wird eine Woche gefeiert. Die meisten der vielfältigen Aktivitäten spielen sich rund um den Tsurugaoka Hachiman-gū ab.

ZEN-ÜBUNGEN

Wer zu viele Tempel besucht hat, fühlt sich möglicherweise alles andere als „Zen". Mit *zazen* (Sitzmeditation) kann man herausfinden, was einem fehlt – schließlich wurden diese Bauten ursprünglich dafür (und nicht als Sehenswürdigkeiten) entworfen. Sowohl im **Engaku-ji** (S. 200) als auch im **Kenchō-ji** (S. 200) finden anfängerfreundliche öffentliche *zazen*-Sitzungen statt. Die Unterweisung erfolgt zwar auf Japanisch, doch man kann genauso gut mitmachen, indem man einfach die anderen beobachtet. Am besten kommt man 15 Minuten zu früh her.

Schlafen

★ **Kamakura Guesthouse** GÄSTEHAUS ¥

(鎌倉ゲストハウス; 0467-67-6078; www.kamakura-guesthouse.com; 273-3 Tokiwa; B/4BZ 3500/15 000 ¥;) Es liegt zwar etwas ab vom Schuss, doch mit günstigen japanischen Schlafsälen und dem Gemeinschaftsbereich mit *irori* (Feuerstelle) ist das traditionelle Zypressenholzhaus ein netter Ort zum Relaxen. Vom Ostausgang des Bahnhofs Kamakura geht's mit dem Enoden-Bus von Haltestelle 1 nach Kajiwaraguchi (240 ¥), von dort läuft man nur noch eine Minute.

Gäste können Fahrräder ausleihen (500 ¥ pro Tag) und die Gemeinschaftsküche nutzen, an Wochentagen werden Touren zum Engakūji (S. 200) mit *zazen* (Sitzmeditation) angeboten.

IZA Kamakura HOSTEL ¥

(IZA 鎌倉; 0467-33-5118; http://izaiza.jp; 11-7 Sakanoshita; B/DZ oder 2BZ 3500/8000 ¥;) In diesem Hostel chillen die Surfer, es hat eine sehr studentische Atmosphäre, ist nur ein paar Schritte vom Strand entfernt, aber auch praktisch, um die Hase-Tempel zu besichtigen. Es gibt eine Bar und einen Fahrradverleih (pro Tag 1000 ¥).

★ **Kamejikan Guesthouse** GÄSTEHAUS ¥¥

(亀時間; 0467-25-1166; www.kamejikan.com; 3-17-21 Zaimokuza; B/DZ ab 3500/9000 ¥;) Die reizende Pension ist nur drei

ABSTECHER

ENOSHIMA

Eine kurze Fahrt mit der Enoden-Linie von Enoden Kamakura bringt einen zum Strand mit der Felseninsel Enoshima als Hauptattraktion. Über die Brücke, die am Strand beginnt, und dann aufwärts durch die schmale Kopfsteinpflaster-Gasse (oder mit dem Fahrstuhl, falls einem das lieber ist) geht's zum **Enoshima-jinja** (江島神社; ☎0466-22-4020; http://enoshimajinja.or.jp; 2-3-8 Enoshima; ⏲8.30–17 Uhr) GRATIS, einem Schrein für die Meeresgöttin Benzaiten. Die Insel ist ein beliebter Treffpunkt für Dates. Die Restaurants auf der Klippe gewähren Blick in den Sonnenuntergang und kredenzen regionale Spezialitäten wie *sazae* (Turbanschnecken). Es gibt auch einen Park und ein paar Höhlen. Im Sommer verwandelt sich der schwarze Sandstrand von Enoshima in eine Art Shibuya-am-Meer, dann entern braungebrannte Teenager den Strand.

Gehminuten vom Strand und mit netten Details wie Papierlampen ausgestattet, außerdem hat sie ein kleines Café mit Bar (Sa & So 12–17 Uhr). Zur Auswahl stehen Doppel- und Sechsbettzimmer, alle mit gekachelten Gemeinschaftsbädern. Vom Bahnhof Kamakura geht's mit den Bussen 12, 40 und 41 bis zur Haltestelle Kuhonji.

Der Besitzer Masa spricht Englisch, ist eine gute Informationsquelle und verleiht Bodyboards und Fahrräder (500 ¥ pro Tag).

Hotel New Kamakura HOTEL ¥¥
(ホテルニューカマクラ; Karte S. 201; ☎0467-22-2230; www.newkamakura.com; 13-2 Onarimachi; EZ/DZ ab 4200/11000 ¥; P ❄ @) Charmant, ein wenig schäbig, supergünstig gelegen und ein absolutes Schnäppchen: Das 1924 gebaute Hotel hat Zimmer in westlichem und japanischem Stil, einen roten Teppich und ein gewisses altehrwürdiges Flair. Die meisten Unterkünfte haben Gemeinschaftsbäder. Die Economy-Zimmer sind allerdings ziemlich schlicht – man sollte sich einen Raum im japanischen Stil geben lassen. Vom Bahnhof Kamakura nimmt man den Westausgang, biegt unten in der Gasse scharf rechts ab und geht direkt vor dem Tunnel links die Stufen hoch.

Kamakura Park Hotel HOTEL ¥¥¥
(鎌倉パークホテル; ☎0467-25-5121; www.kamakuraparkhotel.co.jp; 33-6 Sakanoshita; EZ/2BZ ab 16000/19000; P ⊖ ❄ @ 📶) Die großen Zimmer im westlichen Stil haben Marmorbäder, Meerblick und einen Touch des Schicks der 80er-Jahre. Vom Bahnhof Hase sind es zwölf Gehminuten die Küste entlang.

Essen

Vegetarier können in Kamakura gut essen; im Touristeninformationszentrum gibt's die kostenlose zweisprachige *Vegetarian Culture Map*.

Cobakaba JAPANISCH ¥
(食堂コバカバ; Karte S. 201; ☎0467-22-6131; 1-13-15 Komachi; Mahlzeiten 500–1000 ¥; ⏲Di–Fr 8–10 & 11–17, Sa & So bis 21 Uhr, Mo geschl.; ⊖ 📋) Cobakaba ist eines der wenigen Restaurants, die zum Frühstück geöffnet haben. Es serviert japanische Frühstücksmenüs ab 500 ¥ mit Spiegeleiern, Reis, Misosuppe, Salat und gedünstetem Gemüse sowie saisonal wechselnde Mittagsgerichte.

Wander Kitchen INTERNATIONAL ¥
(Karte S. 201; ☎0467-61-4751; http://wanderkitchen.net; 10-15 Onarimachi; Süßes/Mittagessen ab 400/1000 ¥; ⏲12–20 Uhr; 📶) Es lohnt sich, nach diesem charmanten Holzhaus im Retro-Chic mit kleinem Garten davor zu suchen, die Atmosphäre ist cool, Essen, Kuchen und Getränke sind lecker. Es versteckt sich etwas abseits der Hauptstraße, ca. fünf Minuten südlich vom Westausgang des Bahnhofs Kamakura.

Bowls Donburi Café JAPANISCH ¥
(鎌倉どんぶりカフェbowls; Karte S. 201; ☎0467-61-3501; http://bowls-cafe.jp; 2-14-7 Komachi; Gerichte 880–1680 ¥; ⏲11–15 & 17–22 Uhr; ⊖ 📶 ✎ 📋) In diesem modernen, hellen Café erleben die schlichten *donburi* (Reisschalen) mit Zutaten wie gebratenem Thunfisch, Gurkenoder Rettichraspeln *(daikon), Avocado und* und *shirasu* (winziger lokaler Weißfisch) eine hippe, gesunde Neuauflage. Wer das Wort *atari* (アタリ) auf dem Boden der Schale entdeckt, bekommt einen Rabatt. Außerdem gibt's hier hervorragenden Kaffee und kostenloses WLAN.

★ **Bonzō** SOBA ¥¥
(梵蔵; ☎0467-73-7315; http://bonzokamakura.com; 3-17-33 Zaimokuza; Gerichte 300–2000 ¥, festes Menü ab 3500 ¥; ⏲11.30–15 & 18–21 Uhr, Do geschl.; 📋) Das mit Michelin-Sternen bedachte intime und rustikale Restaurant hat

sich auf handgemachten *ju-wari* (100 % soba) spezialisiert, u. a. als *kamo seiro* (kalte *soba* in warmer Brühe) mit aus Frankreich importierter Wildente. Der hausgemachte Sesamtofu ist unglaublich cremig – unbedingt probieren! Von Kuhon-ji geht's mit Bus 12, 40 oder 41 zum Bonzo; nach der braunen Fassade neben dem winzigen Postamt Ausschau halten.

★ Matsubara-an NUDELN ¥¥
(松原庵; ☎0467-61-3838; http://matsubara-an.com/shops/kamakura.php; 4-10-3 Yuiga-hama; Hauptgerichte 860–1720 ¥, feste Menüs ab 2900 ¥; ⊙11–22 Uhr; 📄) Abends sollte man in dem gehobenen *soba*-Restaurant in dem schönen, alten Haus reservieren. Mit Tempura *goma seiro soba* (kalt servierte Nudeln al dente mit Sesamdip) macht man garantiert nichts falsch. Plätze gibt's draußen oder drinnen, wo die Gäste zusehen können, wie die Nudeln von Hand gemacht werden. Vom Bahnhof Yuiga-hama (an der Enoden-Linie) geht man Richtung Strand und biegt in die erste Straße rechts ein. Auf das blaue Schild achten.

Good Mellows CAFÉ ¥¥
(☎0467-24-9655; 27-39 Sakanoshita; Burger ab 850 ¥; ⊙Mi–Mo 10.30–19 Uhr; 📄) Gegenüber vom Strand trifft amerikanische Kultur auf japanischen Kitsch: Zu den ordentlich geschichteten Burgern vom Holzkohlegrill mit Schinken, Mozzarella und Avocado gibt's Dr Pepper oder ein kaltes kalifornisches Bier. Ungefähr einmal im Monat ist samstags bis 23.30 Uhr geöffnet, dann spielen auch DJs.

Ausgehen & Nachtleben

Kamakura hat ein florierendes Nachtleben – In den kleinen Bars rund um den JR-Bahnhof Kamakura spielen regelmäßig Livebands.

Univibe BAR
(Karte S. 201; ☎0467-67-8458; www.univibe.jp; 2. OG, 7-13 Onaricho; ⊙11–17 & 18 Uhr–open end; 📶) Geräumige Bar im Obergeschoss mit erlesener Retrodekoration, freundlichen Barkeepern, Tischfußball und entspannter Atmosphäre. Vom JR-Bahnhof Kamakura sind es fünf Gehminuten.

Bar Ram BAR
(バー・ラム; Karte S. 201; ☎0467-60-5156; www.barram.net; 2-11-11 Komachi; Getränke ab 500 ¥; ⊙17 Uhr–open end) In diesem winzigen *tachinomi-ya* (Stehbar) in einer Seitengasse der Komachi-dōri – zu erkennen am englischen Schild – gibt's jede Menge Rolling-Stones-Platten und heitere Atmosphäre.

Shoppen

Kamakura Ichibanya LEBENSMITTEL
(鎌倉壱番屋; Karte S. 201; ☎0467-22-6156; 2-7-36 Komachi; Packungen ab 80 ¥; ⊙10–19 Uhr) Hat sich auf *sembei* (Reiscracker) spezialisiert. Gäste können den Mitarbeitern hinterm Fenster beim Rösten zuschauen und unter 50 verpackten Sorten auswählen, darunter Curry, Wasabi, Knoblauch, *mentaiko* (würziger Kabeljaurogen) und *uni* (Seeigel). Einkaufskörbe stehen an der Ecke.

Praktische Informationen

Informationen über Kamakura stehen auf www.city.kamakura.kanagawa.jp/english.

Touristeninformation (鎌倉市観光総合案内所; Karte S. 201; ☎0467-22-3350; ⊙9–17 Uhr) Direkt am Ostausgang des Bahnhofs Kamakura; die hilfsbereiten Mitarbeiter sprechen Englisch und können Unterkünfte buchen. Es gibt einen Führer zu den Tempeln von Kamakura (1700 ¥), kostenlose Broschüren und Karten der Region.

An- & Weiterreise

Die JR-Yokosuka-Linie verkehrt von Tokio (920 ¥, 56 Min.) und Shinagawa (720 ¥, 46 Min.) über Yokohama (340 ¥, 27 Min.) nach Kamakura. Auch eine Option ist die Shōnan-Shinjuku-Linie, die vom Westen Tokios (Shibuya, Shinjuku und Ikebukuro, alle 920 ¥) in etwa einer Stunde nach Kamakura fährt, bei einigen Zügen muss man aber in Ōfuna, eine Station vor Kita-Kamakura, umsteigen. Der letzte Zug von Kamakura zum Bahnhof Tokio startet um 23.20 Uhr, nach Shinjuku um 21.16 Uhr.

JR Kamakura-Enoshima Free Pass (Erw./Kind 700/350 ¥) Gilt nur für einen Tag ab den Bahnhöfen Ōfuna oder Fujisawa, zur unbegrenzten Nutzung der JR-Züge rund um Kamakura, der Shōnan-Monorail zwischen Ōfuna und Enoshima sowie der Enoden-Enoshima-Linie.

Odakyū Enoshima/Kamakura Free Pass (ab Shinjuku/Fujisawa 1470/610 ¥) Einen Tag gültig, umfasst die Fahrt zum Bahnhof Fujisawa (Umsteigemöglichkeit in die Enoden-Enoshima-Linie) und die Nutzung der Enoden-Linie.

Unterwegs vor Ort

Die meisten Tempel und Schreine sind von den Bahnhöfen Kamakura oder Kita-Kamakura zu Fuß erreichbar. Zu den Stätten im Westen wie dem Daibutsu nimmt man die Enoden-Linie vom Bahnhof Kamakura nach Hase (200 ¥) oder die Busse von den Haltestellen 1 und 6 vor dem Bahnhof Kamakura.

Kamakura Rent-a-Cycle (レンタサイクル; Karte S. 201; ☎0467-24-2319; pro Stunde/Tag 800/1800 ¥; ⏰8.30–17 Uhr) befindet sich draußen vor dem Ostausgang des Bahnhofs Kamakura, gleich den Hang hoch.

YOKOHAMA 横浜

☎045 / 3,7 MIO EW.

Obwohl Yokohama nur 20 Minuten südlich vom Zentrum Tokios liegt, hat es einen ganz eigenen ansprechenden Charakter und eine besondere Geschichte. Die Einwohner preisen gern die Straßen ohne großes Gedränge und den Lokalkolorit als Vorzüge, doch für Besucher sind es die luftige Bucht, die kreative Kunstszene, die Kleinbrauereien, die Jazzclubs und die tolle internationale Restaurantszene.

Geschichte

Bis zur Mitte des 19. Jhs. war Yokohama ein unauffälliges Fischerdorf. Das änderte sich schlagartig mit der Landung der amerikanischen Flotte unter Commodore Matthew Perry (1853/1854). Schon vier Jahre später hatte sich der kleine Ort zu einer internationalen Hafenstadt gemausert.

Im späten 19. und frühen 20. Jh. war Yokohama ein Einfallstor für ausländische Einflüsse und Ideen. Als eine der ersten japanischen Städte hatte es Tageszeitungen, Gaslampen und einen Bahnhof (mit Verbindung nach Shimbashi in Tokio).

1923 zerstörte das große Kantō-Erdbeben weite Teile der Stadt. Aus dem Schutt und Geröll wurde neues Land aufgeschüttet und u. a. der Yamashita-kōen aus der Taufe gehoben. Auch die Luftangriffe während des Zweiten Weltkriegs hinterließen schwere Schäden. Ursprünglich hatten die Besatzungskräfte hier ihren Stützpunkt eingerichtet, verlegten ihn aber später an die Küste von Yokosuka. Trotz alledem gibt's im Zentrum von Yokohama immer noch einige schöne Gebäude aus dem frühen 20. Jh.

Sehenswertes & Aktivitäten

Minato Mirai 21

In den letzten drei Jahrzehnten haben sich Yokohamas ehemalige Verlade-Docks in eine geplante Stadt der Zukunft verwandelt („Minato Mirai" bedeutet „Hafen der Zukunft"). Es gibt hier viel Platz zum Flanieren, zum Beispiel im alten **Akarenga Sōkō** (横浜赤レンガ倉庫; Karte S. 208; www.yokohama-akarenga.jp; 1-1 Shinkō, Naka-ku; ⏰Lagerhaus Eins 10–19, Lagerhaus Zwei 11–20 Uhr Uhr; Ⓢ Bashamichi), einem alten Rotklinker-Lagerhaus, in dem es Läden, Restaurants und Events gibt. Der **Zō-no-hana Park** (象の鼻パーク; Karte S. 208) am Wasser und eine Reihe von **Promenaden** verbinden die wichtigsten Attraktionen des Bezirks miteinander.

Hara-Modelleisenbahnmuseum MUSEUM
(原鉄道模型博物館; Karte S. 208; www.hara-mrm.com/english; 2. OG, Yokohama-Mitsui-Gebäude, 1-1-2 Takashima, Nishi-ku; Erw./Kind 1000/500 ¥; ⏰Mi–Mo 11–17.30 Uhr; 🚉Yokohama) Diese ausgezeichnete Sammlung von Modelleisenbahnen und anderem Eisenbahnzubehör ist das Ergebnis von Hara Nobutaros lebenslanger Faszination und lässt die Herzen von Kindern und Bahnfans höher schlagen. Auch wer sich nicht besonders für Eisenbahnen begeistern kann, wird allein vom Ausmaß der Sammlung und der Detailverliebheit der Ausstellung fasziniert sein. Ihr Highlight ist das gigantische Diorama mit fahrenden Lokomotiven in Nenngröße 1, die man selbst steuern kann.

★ **Kunstmuseum Yokohama** GALERIE
(横浜美術館; Karte S. 208; ☎045-221-0300; www.yaf.or.jp/yma; 3-4-1 Minato Mirai, Nishi-ku; Erw./Kind 500 ¥/kostenlos; ⏰10–18 Uhr, Do geschl.; Ⓢ Minato Mirai) Der Mittelpunkt der Yokohama Triennale (die nächste läuft 2020) zeigt Ausstellungen, die von großen europäischen Namen bis zu kühneren zeitgenössischen japanischen sowie aufstrebenden südostasiatischen Künstlern reichen. Der Katalog der Dauerausstellung listet u. a. Werke von Picasso, Miró und Dalí.

Landmark Tower BEDEUTENDES BAUWERK
(ランドマークタワ; Karte S. 208; www.yokohama-landmark.jp; 2-2-1 Minato Mirai, Nishi-ku; Erw./Kind 1000/500 ¥; ⏰11–22 Uhr; Ⓢ Minato Mirai). Beeindruckende 296 m (70 Etagen) hoch und mit einem der schnellsten Aufzüge der Welt (45 km/h) ausgestattet. Auf der 69. Etage befindet sich das Observatorium Sky Garden, von dem die Sicht an klaren Tagen bis nach Tokio und zum Fuji reicht. Und man kann auch einen Blick auf die Spiele werfen, die im Stadion von Yokohama stattfinden.

Hafenmuseum Yokohama MUSEUM
(横浜みなと博物館; Karte S. 208; ☎045-221-0280; www.nippon-maru.or.jp; 2-1-1 Minato Mirai, Nishi-ku; Museum & Schiff Erw./Kind 600/300 ¥;

Di–So 10–17 Uhr; Sakuragichō) Das Segelschiff **Nippon Maru** (日本丸; Karte S. 208) lädt zur Erkundung ein. Besucher können an Bord der 1930 gebauten Viermastbarke große Teile der ursprünglichen Ausstattung bewundern. Am Ausgang erzählt das umfangreiche, aber etwas trockene Museum die Geschichte des Hafens der Stadt; Kids dürften von der simulierten Bootsfahrt begeistert sein.

★ Cup Noodles Museum MUSEUM

(Karte S. 208; 045-345-0918; www.cupnoodles-museum.jp; 2-3-4 Shinkō, Naka-ku; Erw./Kind 500 ¥/kostenlos; 10–18 Uhr Mi–Mo; ; S Bashamichi) In diesem schick designten interaktiven Museum, das ganz Momofuku Andos Erfindung der Instant-Ramen-Nudeln gewidmet ist, wird in einem Animationskino ein niedlich animierter Film über die Geschichte der Instantnudelsuppe gezeigt. Man kann sogar seine eigenen Cup Noodles (300 ¥) entwickeln, den Becher anmalen, die Zutaten auswählen und alles luftdicht versiegeln lassen, um es mit nach Hause zu nehmen. Obwohl die englischen Ausschilderungen nur spärlich sind, sorgt die Botschaft „Niemals aufgeben und gegen den Strom schwimmen!" für einen lohnenswerten Besuch, besonders Kinder werden begeistert sein.

Yokohama Cosmoworld FREIZEITPARK

(横浜コスモワールド; Karte S. 208; http://cosmoworld.jp; 2-8-1 Shinkō, Naka-ku; Fahrgeschäfte 100-800 ¥; Mo–Mi & Fr 11–21, Sa & So 11–22 Uhr; S Minato Mirai) Perfekt für die Kleinen: In diesem Freizeitpark ist immer viel los und er hat das höchste Riesenrad der Welt, die 112,5 m hohe Cosmo Clock (800 ¥).

Yamashita kōen

In dem gepflegten Park **Yamashita-kōen** (山下公園周辺; Karte S. 208; Motomachi-Chūkagai) am Meer kann man spazieren gehen und Schiffen nachschauen. Man sollte sich auch das schicke, preisgekrönte **Internationale Passagierterminal Ōsanbashi** (大さん橋国際客船ターミナル; Karte S. 208; 045-211-2304; https://osanbashi.jp; 1-1-4 Kaigan-dōri, Naka-ku; 24 Std.; S Nihon ōdōri) GRATIS mit seiner schönen Dachterrasse ansehen.

BankART Studio NYK GALERIE

(Karte S. 208; 045-663-2812; www.bankart1929.com; 3-9 Kaigan-dōri, Naka-ku; Eintrittspreis variiert; Café 11.30–17.30 Uhr, Galerie: wechselnde Öffnungszeiten; S Bashamichi) Ein fester Bestandteil der örtlichen Kunstszene ist diese mehrstöckige Galerie in einem früheren Lagerhaus. In Wechselausstellungen zeigt sie Werke einheimischer und internationaler Künstler. Bei einem Drink im Café im Obergeschoss kann man in den Veranstaltungsflyern blättern, bevor man sich im ausgezeichneten Shop mit Kunst- und Designbüchern eindeckt.

MINATO BURARI PASS

Die Tageskarte **Minato Burari** gilt für das städtische U-Bahn- und Busnetz (einschließlich des Akai-kutsu-Busses, aber ohne die Minato-Mirai-Linie) rund um Minato Mirai und den Yamashita-kōen (Erw./Kind 500/250 ¥); man kann sie an jeder U-Bahn-Station (blaue Linie) kaufen.

Stadtarchiv Yokohama MUSEUM

(横浜開港資料館; Karte S. 208; 045-201-2100; www.kaikou.city.yokohama.jp/en/; 3 Nihon-ōdōri, Naka-ku; Erw./Kind 200/100 ¥; 9.30–17 Uhr, Mo geschl.; S Nihon-ōdōri) Gemälde, Skizzen, Schiffsmodelle und Fotografien mit englischen Erklärungen illustrieren die Geschichte der Stadt, angefangen von der Öffnung Japans zur Außenwelt am Hafen von Yokohama bis zur Mitte des 20. Jhs. Das Archiv befindet sich an der Hauptstraße gegenüber vom Ōsanbashi-Pier im ehemaligen britischen Konsulat.

NYK Hikawa Maru MUSEUM

(氷川丸; Karte S. 208; www.nyk.com; Yamashita-kōen, Naka-ku; Erw./Kind 300/100 ¥; Di–So 10–17 Uhr; S Motomachi-Chūkagai) Das restaurierte Passagierschiff aus den 1930er-Jahren ist am östlichen Ende des Yamashita-kōen vertäut. Es hat eine lange, interessante Geschichte und ist im Art-déco-Stil eingerichtet. Drinnen können Besucher von den Kabinen der ersten Klasse (in einer der nobelsten reiste Charlie Chaplin) bis zum Maschinenraum spazieren.

Chinatown, Motomachi und Yamate

In Yokohamas hektischer Chinatown drängen sich 600 Spezialgeschäfte und Restaurants in mehreren Blocks, die von zehn kunstvoll bemalten Toren begrenzt werden. Der Bezirk ist sehr touristisch, aber es macht Spaß, hier essen zu gehen oder einen

Yokohama

500 m
0
Yokohama-wan
SHINKŌ
MINATO MIRAI 21
CHINATOWN
MOTOMACHI
KANNAI
ISEZAKICHŌ
NOGE
Cup-Noodles-Museum
Yokohama-Kunstmuseum
Yamashita-kōen-dōri
Kaigankyōkai-dōri
Nihon-ōdōri
Osanbashi-dōri
Nihon Ō-dōri
Minato-ōdōri
Kaigan-dōri
Honcho-dōri
Bashamichi-dōri
Kishamichi-Promenade
Sakura-dōri
Keyaki-dōri
Icho-dōri
Suzukake-dōri
Tochinoki-dōri
Minato Mirai-ōdōri
Momiji-zaka
Chukagai-ōdōri
Kantei-byō-dōri
Minaminaka-dōri
Benten-dōri
Ōta Machi
Aioi-chō
Sumiyoshi-chō
Tokiwa-chō
Kannai O-dōri
Yokohama-kōen
Yokohama Stadion
Kamonyama-kōen
Ōoka-gawa
Autobahn
JR-Negishi-Linie
Keihin-Tōhoku-Linie
Keihin-Kyūkō-Linie
JR-Tokaidō- & Yokosuka-Linie
Yamate
Motomachi-Chūkagai
Osanbashi
Bashamichi
Kannai
Minato Mirai
Takashima-chō
Shin-takashima
Sakuragichō
Isezakichojamachi
Hinodechō
Ishikawachō
Tobe
Hiranumabashi
Yokohama
Sogō Yokohama
Thrash Zone (80 m)
Shicho Shitsu (100 m); Bazaar Bazaar (150 m); Koganechō (600 m)

Yokohama

Highlights
1 Cup Noodles Museum ... D1
2 Yokohama-Kunstmuseum ... C2

Sehenswertes
3 BankART Studio NYK ... E2
4 Hara Model Railway Museum ... A1
5 Kantei-byō ... F3
6 Landmark Tower ... C2
7 Nippon-Maru-Segelschiff ... D2
8 NYK Hikawa Maru ... G2
9 Internationales Passagierterminal Ōsanbashi ... F2
10 Yamashita-kōen ... F2
11 Yokohama-Kunstmuseum ... F2
12 Yokohama-Hafenmuseum ... D2
13 Zō-no-hana-Park ... E2

Aktivitäten, Kurse & Touren
14 Yokohama Cosmoworld ... D2

Schlafen
15 Hostel Zen ... F4
16 Hotel Edit ... D3
17 Hotel New Grand ... G2

Essen
18 Araiya ... E2
Bills ... (siehe 27)
19 Charcoal Grill Green ... D3
20 Manchinrō Honten ... F3
21 Masan-no-mise Ryūsen ... F3

Ausgehen & Nachtleben
22 Bashamichi Taproom ... E3
23 Grassroots ... A1
24 Yokohama-Brauerei ... D3
25 Zō-no-hana Terasse ... E2

Unterhaltung
Airegin ... (siehe 22)
26 Kamome ... D3

Shoppen
27 Akarenga Sōkō ... E1

Praktisches
28 Informationszentrum Chinatown 80 ... G2
29 Touristeninformation im Bahnhof Sakuragichō ... D3
30 Yokohama Convention & Visitors Bureau ... F2
31 Touristeninformation im Bahnhof Yokohama ... A1

Abendspaziergang zu machen. Im Zentrum steht der kunstvoll ornamental geschmückte Tempel **Kantei-byō** (関帝廟; Karte S. 208; 140 Yamashita-chō; ⌚9–19 Uhr; Ⓢ Motomachi-Chūkagai) GRATIS, der Kanwu, dem Gott der Geschäftstreibenden, geweiht ist.

Auf der anderen Seite des nahe gelegenen Nakamura-Flusses liegt Motomachi, ein angenehmes, gehobenes Viertel mit Geschäften und Restaurants, auf das man von Yamate hinuntersehen kann, im alten Ausländerviertel findet man einige gut erhaltene Häuser im westlichen Stil aus dem frühen 20. Jh. Die beste U-Bahn-Station für alle drei ist Motomachi-Chūkagai.

Koganechō

Das atmosphärische ehemalige Rotlichtviertel **Koganechō** (黄金町) in Yokohama liegt etwa 2 km südwestlich von Minato Mirai. Es quetscht sich zwischen die Bahnlinie, die Hinoechō und Koganechō verbindet, und den Fluss Ōka. Seit die Behörden 2005 der Prostitution hier ein Ende bereitet haben, sind Galerien, Kunst-Studios, Boutiquen und interessante Cafés und Bars entstanden, wie das **Shicho Shitsu** (試聴室; ☎045-251-3979; http://shicho.org; 7 Koganechō, Naka-ku; ⌚Mi–Mo 12–20, Sa 12 Uhr–open end; 🚉Koganechō), wo regelmäßig Livemusik gespielt wird. Es gibt Stipendien für Künstler, deren Wandbilder und Installationen die Gegend schmücken und deren Arbeit beim jährlichen Kunst-Festival **Koganechō Bazaar** (www.koganecho.net) präsentiert werden; die Website gibt Infos zu Events im ganzen Jahr.

Weitere Stadtgebiete

Shin-Yokohama Rāmen Museum MUSEUM
(新横浜ラーメン博物館; ☎045-471-0503; www.raumen.co.jp/ramen; 2-14-21 Shin-Yokohama, Kohoku-ku; Erw./Kind 310/100 ¥, Gerichte etwa 900 ¥; ⌚Mo–Sa 11–22, So 10.30–22 Uhr; 🚉Shin-Yokohama) Neun *rāmen*-Restaurants aus dem ganzen Land wurden ausgewählt, ihre Waren in dieser fantasievollen Nachbildung eines *shitamachi* (Stadtzentrum) des Jahres 1958 anzubieten, das die Atmosphäre eines festlich erleuchteten nächtlichen Stadtviertels verbreitet. Vom Bahnhof Shin-Yokohama ist es ein kurzer Spaziergang – das Infozentrum des Bahnhofs kennt den Weg. Viele Restaurants bieten auch Miniportionen an, so dass man mehrere Gerichte probieren kann.

Sankei-en GÄRTEN

(三渓園; ☎045-621-0634; www.sankeien.or.jp; 58-1 Honmoku-sannotani, Naka-ku; Erw./Kind 500/200¥; ⌚9–17 Uhr) Seit 1906 darf die Öffentlichkeit durch diesen wunderschön angelegten Garten streifen, zwischen Teichen, Gebäuden aus dem 17. Jh. und mehreren schönen Teezeremonie-Häusern und vorbei an einer 500 Jahre alten Pagode mit drei Stockwerken. Der innere Garten ist ein schönes Beispiel für traditionelle japanische Gartenkunst. Von Yokohama oder Sakuragi-chō nimmt man Bus 8 bis zur Bushaltestelle Honmoku Sankei-en-mae (10 Min.).

Schlafen

In Yokohama gibt's viele Businesshotels der Mittelklasse, die zu Hotelketten gehören. Backpacker mit kleinem Budget sollten sich nach Kotobukichō und Matsukage-chō in der Nähe des Bahnhofs Ishikawachō begeben, einer Gegend mit vielen Hostels. Das Viertel ist etwas heruntergekommen, aber vollkommen sicher, billig und nur fünf Gehminuten von Chinatown entfernt.

Hostel Zen HOSTEL ¥

(Karte S. 208; ☎342-9553; http://zen.ilee.jp/; 3-10-5 Matsukage-chō, Naka-ku; EZ/DZ mit Frühstück ab 3300/5000¥; ❄ 📶; 🅡 Ishikawachō) Das beste der vielen billigen Hostels der Gegend ist Zen, das freundliche und saubere Zimmer im japanischen und westlichen Stil anbietet. Die Größen der Räume variieren, manche wurden sogar von Künstlern gestaltet. Deshalb sollte man die freundlichen Mitarbeiter bitten, erst ein paar Zimmer zu zeigen. Es gibt gutes Frühstück, eine Gemeinschaftsküche und eine Dachterrasse mit coolen Möbeln und Sonnenschirmen.

Hotel Edit HOTEL ¥¥

(Karte S. 208; ☎045-680-0238; http://hotel-edit.com/en/; 6-78-1 Sumiyoshi-chō; EZ/DZ mit Frühstück ab 7000/8500¥; ⊖ ❄ 📶) Schickes, ansprechendes Hotel am Fluss, nur zehn Gehminuten vom Bahnhof Sakuragichō. Die Preise sind mit einem Business-Hotel vergleichbar, aber das Edit hat eine moderne Ästhetik, englischsprachige Mitarbeiter und ist von tollen Restaurants und Bars umgeben, in denen man lokales Craft-Bier genießen kann.

Hotel New Grand HOTEL ¥¥¥

(ホテルニューグランド; Karte S. 208; ☎045-681-1841; www.hotel-newgrand.co.jp; 10 Yamashita-chō, Naka-ku; Zi. ab 13 000¥; ⊖ ❄ @ 📶; Ⓢ Motomachi-Chūkagai) Das Hotel aus dem Jahr 1927 genießt eine erstklassige Lage am Wasser und verströmt viel eleganten, altmodischen Charme, besonders in der ursprünglichen Lobby und den üppig dekorierten Ballsälen. Einst war es die bevorzugte Unterkunft vieler ausländischer Größen auf Besuch in der Stadt, wie General McArthur und Charlie Chaplin. Unbedingt ein Zimmer mit Blick auf die Bucht nehmen.

Essen

Charcoal Grill Green GRILLRESTAURANT ¥¥

(Karte S. 208; ☎045-263-8976; www.greenyokohama.com; 6-79 Benten-dōri, Naka-ku; Hauptgerichte 1100–1400¥; ⌚11.30–14 & 17–24 Uhr; 🗐; Ⓢ Bashamichi) Die am zentralsten gelegene Filiale dieses geselligen Holzkohlegrills mit Bar, deren selbst gebraute Biere vom Fass zu den rauchigen Steaks, gegrillten Schweinefilets und köstlichen Krabbenpizzen ausgesprochen lecker sind. Es gibt auch eine gute Weinkarte; die täglich wechselnden Mittagsgerichte sind immer ein großartiges Angebot.

Bills INTERNATIONAL ¥¥

(ビルズ; Karte S. 208; ☎045-650-1266; www.bills-jp.net; Akarenga-Sōkō-Gebäude 2, 1-1-2 Shinkō, Naka-ku; Hauptgerichte 1000–2000¥; ⌚Mo–Fr 9–23, Sa & So 8–23 Uhr; ✎ 🗐; Ⓢ Bashamichi) Bei den Einheimischen ist die Yokohama-Filiale des australischen Promi-Kochs Bill Granger extrem beliebt – wer nicht reserviert hat, muss am Wochenende und an Feiertagen Schlange stehen. Tipp: Die berühmten Ricotta-Pfannkuchen oder die Beeren-Pancakes probieren! Morgens und abends werden auch vegane Gerichte angeboten.

Masan-no-mise Ryūsen CHINESISCH ¥¥

(馬さんの店龍仙; Karte S. 208; ☎045-651-0758; www.ma-fam.com; 218-5 Yamashita-chō, Naka-ku; Hauptgerichte ab 1050¥; ⌚7–3 Uhr; 🗐; 🅡 Ishikawachō) Keiner kann den freundlichen alten Herrn Ma übersehen, der, wie schon seit Jahren, vor der Tür seines kleinen Lokals im Shanghaistil sitzt. Die Wände sind mit den Fotos leckerer Gerichte großzügig tapeziert. In Chinatown gibt's zwei weitere Filialen.

★ Araiya JAPANISCH ¥¥¥

(荒井屋; Karte S. 208; ☎045-226-5003; www.araiya.co.jp; 4-23 Kaigan-dōri, Naka-ku; festes Menü mittags/abends 1300/3500¥; ⌚11–14.30 & 17–22 Uhr; 🗐; Ⓢ Bashamichi) Yokohama hat seine eigene Version des Rindfleisch-Fondue-ähnlichen Gerichts *sukiyaki*, das *gyu-nabe* heißt. Dieses elegante Restaurant mit Kellnerinnen in Kimonos ist der richtige Ort, um es zu probieren.

Manchinrō Honten CHINESISCH ¥¥¥

(萬珍樓本店; Karte S. 208; ☎ 045-681-4004; www.manchinro.com; 153 Yamashita-chō, Naka-ku; Mittags/abends Menüs ab 2800/6000 ¥; ⏰ 11–22 Uhr; ; Ⓡ Motomachi-Chūkagai) Das elegante kantonesische Restaurant mit opulentem Speiseraum ist eines der ältesten (1892) und meistgeachteten in Chinatown. Von 11 bis 17 Uhr serviert es eine tolle Auswahl an *dim sum*. Neben dem traditionellen Tor hängt ein Schild auf Englisch.

Ausgehen & Nachtleben

Biertrinker, frohlocket! In Yokohama gibt's viele Kleinbrauereien und Bars, die hochwertige Biere aus Handwerksbrauereien anbieten. Beim **Yokohama Oktoberfest**, das Anfang Oktober zwei Wochen lang in Akarenga Sōkō (S. 206) stattfindet, sprudeln über 100 Sorten Bier und viel Fröhlichkeit, ganz im Sinne des deutschen Originals. Das **Great Japan Beer Festival Yokohama** (www.beertaster.org) ist ebenfalls beliebt, es steigt Mitte April und Mitte September und bietet die Produkte von etwa 200 verschiedenen Mikrobrauereien aus ganz Japan an.

Bashamichi Taproom PUB

(馬車道　タップルーム; Karte S. 208; ☎ 045-264-4961; www.bairdbeer.com; 5-63-1 Sumiyoshi-chō, Naka-ku; ⏰ Mo–Fr 17–24, Sa & So 12–24 Uhr; Ⓢ Bashamichi) Über drei Etagen erstreckt sich diese Kneipe, die zur Baird Brewing Company gehört, und außerdem hat sie einen Biergarten auf dem Dach. Es werden insgesamt 14 Biersorten gezapft, zehn davon stammen aus der eigenen Brauerei. Die Auswahl reicht von hellem Gerstensaft bis zu Bier mit Schokoladengeschmack. Wer sich nicht entscheiden kann, sollte für 1000 ¥ ein Probierset bestellen. Außerdem kommen hier authentische amerikanische Barbecue-Gerichte auf den Tisch (Mahlzeiten ab 700 ¥).

Zō-no-hana Terrace CAFÉ

(象の鼻テラス; Karte S. 208; ☎ 045-661-0602; www.zounohana.com; 1 Kaigan-dōri, Naka-ku; Gerichte 750 ¥; ; ⏰ 10–18 Uhr; Ⓢ Nihon-ōdōri) Eine lebensgroße Elefantenstatue (auf Japanisch *zō*) und Baby-Elefanten, dazu Gerichte und Getränke mit elefantöser Deko sorgen dafür, dass ein erfrischendes Getränk in diesem Café an der Bucht richtig Spaß macht. Kunstshows und andere Events gibt's hier auch oft.

Yokohama-Brauerei BRAUEREI

(Karte S. 208; www.yokohamabeer.com; 6-68-1 Sumiyoshi-chō, Naka-ku; ⏰ Mo–Fr 11.30–15 & 18–23, Sa 11.30–23, So 11.30–21 Uhr; Ⓡ Sakuragichō) In diesem großen Bar-Restaurant kann man fünf verschiedene Biere vom Fass aus Yokohamas ältester Mikro-Brauerei probieren. Ein Probiermenü mit allen fünf kostet 1500 ¥. Das Essen aus biologisch angebauten Zutaten von Bauernhöfen aus der Präfektur Kanagawa ist ebenfalls sehr lecker.

Grassroots BAR

(Karte S. 208; ☎ 045-312-0180; http://grassroots.yokohama/; B 1. OG, 2-13-3 Tsuruyachō, Kanagawa-ku; ⏰ 17–2 Uhr; Ⓡ Yokohama) Im psychedelisch dekorierten Keller, nur ein paar Schritte nördlich vom Bahnhof Yokohama, gibt's Livekonzerte und -kunstshows sowie DJ-Events. Es serviert außerdem eine gute Auswahl an internationalen Bieren und leckere Kneipengerichte (750 bis 2500 ¥) wie Fischburger oder gegrillte Thunfischsteaks mit Avocadomus.

Unterhaltung

Livemusik wird hier viel gespielt und Yokohama ist besonders bekannt für seine Liebe zum Jazz. Als Zentrum der Jazzszene gilt die Gegend Kannai-Bashamichi.

★ **Kamome** LIVEMUSIK

(カモメ; Karte S. 208; ☎ 045-662-5357; www.yokohama-kamome.com; 6-76 Sumiyoshi-chō, Naka-ku; Eintritt 3000 ¥; ⏰ Mo–Fr 19–22.30, Sa & So 18–22.30 Uhr; Ⓢ Bashamichi) Der beste Ort, um anspruchsvolle Livemusik zu hören. Hier spielen Veteranen, aber auch aufsteigende Talente Jazz, Funk, Fusion und Bossa Nova. Die Einrichtung ist nüchtern und elegant, das stilbewusste Publikum deckt mehrere Generationen ab.

Airegin JAZZ

(エアジン; Karte S. 208; ☎ 045-641-9191; http://airegin.yokohama/; 5-60 Sumiyoshi-chō, Naka-ku; Eintritt mit 1 Getränk 2500 ¥; ⏰ 19.30–23 Uhr; Ⓡ Bashamichi) Eine Treppe führt hinauf zu dieser intimen, verrauchten, authentischen Jazzbar, die seit 1972 existiert. Sie wird von einem Paar geführt, das Jazz leidenschaftlich liebt und zu den tollen Konzerten kommen Liebhaber und Kenner des Genres.

Praktische Informationen

Zu finden auf www.yokohamajapan.com und www.yokohamaseasider.com sowie bei den folgenden Touristeninformationszentren, die alle einen Englisch sprechenden Mitarbeiter haben.

Informationszentrum Chinatown 80 (横浜中華街インフォメーションセンター; Karte S. 208; ☎045-681-6022; ⏲So–Do 10–20, Fr & Sa 10–21 Uhr) Ein paar Blocks vom Bahnhof Motomachi-Chūgakai.

Touristeninformation im Bahnhof Sakuragichō (Karte S. 208; ☎045-211-0111; ⏲9–18 Uhr) Stadtpläne, Broschüren und Hotelbuchungen. Vor dem Südausgang des Bahnhofs Sakuragichō.

Yokohama Convention & Visitors Bureau (Karte S. 208; ☎045-221-2111; www.yokohamajapan.com; 1. OG, Sangyō-Bōeki-Center, 2 Yamashita-chō, Naka-ku; ⏲Mo–Fr 9–17 Uhr) 10 Minuten zu Fuß vom Bahnhof Nihon-ōdori entfernt. Viele nützliche Empfehlungen, Karten und Broschüren. Es wird Englisch gesprochen und die Website ist auch sehr gut.

Touristeninformation im Bahnhof Yokohama (Karte S. 208; ☎045-441-7300; ⏲9–19 Uhr) Im Ost-West-Gang des Bahnhofs; die hilfsbereiten Mitarbeiter buchen Unterkünfte und können Englisch.

An- & Weiterreise

Die JR-Linien Tōkaidō, Yokosuka und Keihin Tōhoku fahren vom Bahnhof Tokio (470 ¥, 40 Min.) über Shinagawa (290 ¥, 18 Min.) zum Bahnhof Yokohama. Einige Züge der Keihin-Tōhoku-Linie verkehren auf der Negishi-Linie weiter nach Sakuragi-chō, Kannai und Ishikawachō. Von Shinjuku nimmt man die Züge der Shōnan-Shinjuku-Linie nach Yokohama (550 ¥, 32 Min.).

Die Tōkyū-Tōyoko-Linie verläuft von Shibuya nach Yokohama (270 ¥, 30 Min.), danach geht sie in die Minato-Mirai-U-Bahn-Linie nach Minato Mirai (450 ¥, 33 Min.) und Motomachi-Chūkagai (480 ¥, 39 Min.) über.

Der Tōkaidō-*shinkansen* hält am Bahnhof Shin-Yokohama im Nordwesten der Stadt, von dort fährt die Yokohama-Linie ins Zentrum.

Unterwegs vor Ort

BUS

Zwar sind die Züge praktischer, doch Yokohama verfügt auch über ein gutes Busnetz. Ein besonderer Akai-kutsu-Bus („Roter Schuh") fährt von 10 bis 19 Uhr alle 20 Minuten zu den wichtigsten Touristenzielen (Erw./Kind 210/110 ¥ pro Fahrt).

SCHIFF/FÄHRE

Fähren von Sea Bass (www.yokohama-cruising.jp) pendeln von etwa 10 bis 19 Uhr zwischen dem Bahnhof Yokohama und Minato Mirai 21 (420 ¥, 10 Min.) sowie dem Yamashita-kōen (700 ¥, 15 Min.). Vom Bahnhof Yokohama geht's zum Ostausgang hinaus und durch das Sogō-Kaufhaus zur Anlegestelle.

U-BAHN & ZUG

Die blaue Yokohama-City-Linie (*shiei chikatetsu*) verbindet Yokohama mit Shin-Yokohama (240 ¥, 11 Min.), Sakuragichō (210 ¥, 4 Min.) und Kannai (210 ¥, 6 Min.).

Außerdem verkehrt die JR-Linie von Yokohama nach Shin-Yokohama (170 ¥, 14 Min.), Sakuragi-chō (140 ¥, 4 Min.) und Kannai (140 ¥, 5 Min.).

CHICHIBU & OKU-TAMA

Am westlichen Rand Tokios gewinnt die Natur gegen den Beton. In weniger als einer Stunde erreicht man die Berge von Chichibu und Takao-san sowie die Oku-Tama Region – tolle Wandergebiete und einst ein beliebtes Ziel für Pilger. Heute besuchen Einwohner Tokios gerne die Gegend.

Takao-san 高尾山

Eines der beliebtesten Ziele für Tagestrips von Tokio aus ist der Takao-san (599 m), auf dem das ganze Jahr über gewandert werden kann. Im Vergleich zu anderen regionalen Wandergebieten ist der Berg recht zugebaut, eignet sich aber perfekt für einen Familienausflug, wenn man Ferien und Wochenenden vermeidet.

Sehenswertes & Aktivitäten

Die beliebteste Wanderroute ist der **Weg Nr. 1**, der asphaltiert ist und alle wichtigen Sehenswürdigkeiten passiert. Wer lieber im Wald wandern will, sollte sich den schönen Weg Nr. 6 aussuchen und über den Weg Nr. 1 wieder zurückkehren. Wer diese Route wandert, muss feste Schuhe tragen, denn unterwegs überquert man mehrere Flüsse und der Weg ist teilweise sehr schmal und rutschig.

Takao 599 Museum MUSEUM
(☎042-665-6688; www.takao599museum.jp; 2435-3 Takao-machi, Hachioji-shi; ⏲April–Nov 8–17, Dez.–März 8–16 Uhr) GRATIS Natürliches Licht durchflutet dieses schön gestaltete Museum, das im Sommer 2015 eröffnet wurde. Es bietet Exponate für Besucher jeden Alters – vor den Schaukästen mit Insekten und Pilzen stehen hohe Stühle für neugierige Kinder, eine Naturmauer zeigt

taxidermische Exemplare von Säugetieren und Vögeln der Region, und es gibt sogar einen Spielbereich. Die Beschilderungen sind in Japanisch und Englisch. Einen Besuch wert, und es gibt sogar ein Café.

Yakuō-in BUDDHISTISCHER TEMPEL
(薬王院; ☎042-661-1115; www.takaosan.or.jp; 2177 Takao-machi, Hachioji-shi; ⏲24 Std.) GRATIS Eine Hauptattraktion von Takao-san ist dieser Tempel, wo am zweiten Sonntag im März der Feuerlauf **Hi-watari Matsuri** nahe dem Bahnhof Takaosanguchi stattfindet. Während Muschelhörner feierlich erklingen, gehen Priester barfuß über heiße Kohlen. Die Öffentlichkeit darf auch mitmachen.

Praktische Informationen

Im **Touristeninformationszentrum** (☎042-643-3115; ⏲April–Nov 8–17, Dez.–März 8–16 Uhr) vor dem Bahnhofsausgang ist in der Regel ein englischsprachiger Mitarbeiter vor Ort.

An- & Weiterreise

Vom Bahnhof Shinjuku aus verkehrt die Keio-Linie (jun-tokkyū; 390 ¥, 50 Min.) nach Takaosanguchi. Imbiss- und Souvenirläden, Trekkingpfade sowie die Talstationen der Seil- und Sesselbahn liegen nur wenige Minuten zur Rechten. Wer einen JR-Pass besitzt, kann mit der JR-Chūō-Linie (48 Min.) bis zum Bahnhof Takao fahren und dort in die Keiō-Linie nach Takaosanguchi umsteigen (130 ¥, 2 Min.).

Oku-Tama-Region 奥多摩

☎0428

Die Oku-Tama-Region ist Tokios bestes Gebiet für einfache Wanderungen und für Wassersport auf dem Tama. Von **Takimoto** (滝本) im Tal aus kann man entweder mit einer **Seilbahn** (www.mitaketozan.co.jp; einfach/hin & zurück 590/1110 ¥; ⏲7.30–18.30 Uhr) hochfahren oder in etwa einer Stunde einen wunderschönen und uralten Pilgerweg nach **Mitake-san** (御岳山; 939 m) hochwandern. Der charmante Weiler scheint Lichtjahre vom Trubel Tokios entfernt.

Wer nicht oben übernachten will, sollte daran denken, dass die Seilbahn nur von 7.30 bis 18.30 Uhr fährt.

Sehenswertes & Aktivitäten

In der Nähe des Besucherzentrums Mitake befindet sich die Pilgerherberge **Baba-ke Oshi Jutaku**, ein fantastisches Gebäude mit Strohdach aus dem Jahr 1866.

Von hier steigt man in 20 Minuten über steile Stufen hinauf (gut aufpassen!) zum Musashi Mitake-jinja.

Musashi Mitake-jinja SHINTO-SCHREIN
(武蔵御嶽神社; ☎0428-78-8500; www.musashimitakejinja.jp; 176 Mitake-san, Ome-shi; ⏲24 Std.) GRATIS Auf dem Gipfel des Mitake-san steht dieser schöne Shintō-Schrein, der mehr als 1200 Jahre alt sein soll. Von dort genießt man einen großartigen Blick auf die Berge ringsum. Die Wolfssymbolik stammt von einer Volkslegende, der zufolge ein Pilger, der sich verlaufen hatte, von einem Paar Wölfe aus einem Nebelfeld geführt wurde – die Wölfe hat man später in einem Schrein verwahrt und als Berggötter angebetet.

Ōtake-san WANDERN
(大岳山) Man sollte auf jeden Fall die fünfstündige **Rundwanderung** vom Musashi Mitake-jinja zur Spitze des Ōtake-san (1266 m) unternehmen. Die Tour erfordert zwar einige Kletterei, ist aber insgesamt recht einfach und endet mit einer grandiosen Aussicht vom Gipfel – an klaren Tagen ist der Fuji zu sehen.

Moegi-no-Yu ONSEN
(もえぎの湯; ☎0428-82-7770; www.okutamas.co.jp/moegi; 119-1 Hikawa, Okutama, Nishitama-gun; Erw./Kind 780/410 ¥; ⏲April–Juni, Okt. & Nov. Di–So 9.30–20, Juli–Sep. 9.30–21.30 Uhr, Dez.–März 9.30–19 Uhr; 🚉JR-Linie Ome bis Okutama) In diesem exzellenten Onsen mit *rotemburo* und Fußbädern kann man sich nach einem langen Wandertag in der Oku-Tama-Region wunderbar entspannen. Er liegt zehn Gehminuten vom JR-Bahnhof Oku-Tama entfernt.

Schlafen & Essen

Wer sich vom Trubel der Stadt erholen will, sollte ein oder zwei Nächte auf dem Mitake-san übernachten, um den Frieden und die herrliche Ruhe der Region ausgiebig zu genießen.

Am Ende des Weges zum Mitake-san befinden sich mehrere kleine Restaurants.

Komadori San-sō MINSHUKU ¥
(駒鳥山荘; ☎0428-78-8472; www.komadori.com; 155 Mitake-san, Ome-shi; Zi. pro Person mit Gemeinschaftsbad ab 4500 ¥, mit zwei Mahlzeiten 10 000 ¥; @📶) Seit 17 Generationen befindet sich das frühere Pilgergasthaus am hinteren Ende des Dorfes, unterhalb des Musashi Mitake-jinja, im Besitz der gleichen Fa-

milie und ist bis zum Rand vollgestopft mit Kuriositäten und Geschichte. Von den Zimmern und der Veranda genießt man eine großartige Aussicht und die netten Besitzer, die auch Englisch sprechen, sind eine wahre Freude.

Das Essen ist ausgezeichnet, außerdem werden Wanderungen im Morgengrauen angeboten, an deren Ende man sich unter einen Wasserfall stellen kann, eine asketische Meditationspraxis, die *takigyo* genannt wird.

Mitake Youth Hostel HOSTEL ¥

(御嶽ユースホステル; ☎0428-78-8774; www.jyh.or.jp; 57 Mitake-san, Ome-shi; B Mitglied/Nicht-Mitglied 2970/3570 ¥;) Die Jugendherberge gehört zum gemütlichen *ryokan* Reiun-sō und so gibt's in dem schönen alten Gebäude, das einst eine Pilgerunterkunft war, hübsche Tatamizimmer. Das komfortable Hostel liegt auf halbem Weg zwischen der oberen Seilbahnstation und dem Musashi Mitake-jinja, etwa eine Minute hinter dem Besucherzentrum.

Momiji-ya NUDELN ¥

(紅葉屋; ☎0428-78-8475; 151 Mitake-san, Ome-shi; Hauptgerichte 750-1200 ¥; 10–17 Uhr;) Der gemütliche Laden nahe dem Tor zum Musashi Mitake-jinja blickt nach hinten auf die Berge und serviert *kamonanban soba* (Nudeln in herzhafter Entenbrühe).

Praktische Informationen

Karten gibt's im **Mitake Besucherzentrum** (御岳ビジターセンター; ☎0428-78-9363; 38-5 Mitake-san; Di–So 9–16.30 Uhr), 250 m hinter der Seilbahnstation beim Dorfeingang.

An- & Weiterreise

Vom Bahnhof Shinjuku nimmt man die JR-Chūō-Linie, wechselt am Bahnhof Tachikawa oder am Bahnhof Ōme in die JR-Ōme-Linie und steigt am Bahnhof Mitake (920 ¥, 90 Min.) aus. Busse (290 ¥, 10 Min.) fahren vom Bahnhof Mitake nach Takimoto, da geht's zur Seilbahn.

NIKKŌ & UMGEBUNG

Nördlich von Tokio weicht die Kantō-Ebene einer Landschaft aus Bergen und Wäldern, eine schöne Kulisse für die spektakulären Schreine von Nikkō und den wunderschönen See Chūzenji-ko in der Nähe. Das ganze Gebiet liegt im 400 km² großen Nikkō Nationalpark, der sich über die Präfekturen Fukushima, Tochigi, Gunma und Niigata erstreckt, mit herausragenden Wanderungen und entlegenen Onsen.

Nikkō 日光

☎0288 / 83 446 EW.

Altes Moos an einer Steinmauer, Steinlaternen, die exakt gleichmäßig platziert in einer Reihe stehen, zinnoberrote Tore und gewaltige Zedern: ein ganz normaler Weg in Nikkō, wo die Reichtümer aus der Edo-Zeit (1600–1868) verwahrt werden. Auf hügelige Waldgebiete verteilt, gehört diese Stadt voller Heiligtümer zu Japans Hauptattraktionen. Seine wichtigsten zum Weltkulturerbe zählenden Tempel und Schreine demonstrieren hier die ganze Macht und den Reichtum des Tokugawa-Shogunats.

Und das heißt, dass Nikkō in der Hochsaison (Sommer und Herbst) und an den Wochenenden extrem überlaufen sein kann, wobei etwas von der Spiritualität des Ortes verloren geht. Eine Übernachtung hier gibt einem die Chance, die Attraktionen noch vor dem großen Besucherandrang zu besichtigen. Außerdem verdient die traumhafte Landschaft westlich der Stadt einen längeren Aufenthalt, genauso wie der Nationalpark und Nikkōs andere Sehenswürdigkeiten oder Aktivitäten, wie zum Beispiel ein Kaiserpalast oder Onsen.

Geschichte

Mitte des 8. Jhs. gründete der Priester Shōdō Shōnin (735–817) hier eine Einsiedelei. Sie diente der Ausbildung buddhistischer Mönche, bevor diese Ära im Dunkel der Geschichte verschwand. Bekannt wurde Nikkō, als dort das Mausoleum von Tokugawa Ieyasu errichtet wurde – jenem Kriegsherrn, der Japan unter seine Kontrolle brachte und ein mehr als 250 Jahre währendes Shogunat begründete.

Der Shogun wurde 1617 im Schatten der hohen Zedern von Nikkō in einem weit weniger grandiosen Tōshō-gū bestattet. 1634 begannen unter seinem Enkel Tokugawa Iemitsu die Arbeiten an dem kolossalen Schrein, mit einer Armada von 15 000 Kunsthandwerkern, die das Projekt in zwei Jahren vollendeten.

Sehenswertes

Die Welterbestätte Nikkō ist ein beliebtes Ziel für Touristen aus dem In- und Ausland – am besten besucht man sie unter der Woche, dann sind nicht ganz so viele Menschen unterwegs.

★ **Tōshō-gū** SHINTO-SCHREIN
(東照宮; Karte S. 216; www.toshogu.jp; 2301 Sannai; Erw./Kind 1300/450 ¥; ⏲ April–Okt. 8–16.30 Uhr, Nov.–März 8–15.30 Uhr) Der Tōshō-gū gehört zum Weltkulturerbe und ist ein wunderschöner ornamentaler Schrein in einer herrlichen Landschaft. Zu seinen bemerkenswerten Gebäuden zählt das goldglänzende „Sonnenuntergangstor" Yōmei-mon.

Für das 400-jährige Jubiläum wird der Schrein gerade aufwendig restauriert. Das Yōmei-mon und das Shimonojinko (eines der Drei Heiligen Speicherhäuser) werden sogar mindestens bis 2018 von Gerüsten verdeckt sein. Das sollte einen aber nicht vom Besuch abhalten, der Tōshō-gū bleibt nach wie vor beeindruckend. Ein neues Museum wurde 2015 eröffnet.

Die Steinstufen der **Omotesandō** führen vorbei an den hoch aufragenden Stein-*torii* (Eingangstore), den **Ishi-dorii** (Karte S. 216), und der **Gōjūnotō** (五重塔; Pagode mit fünf Stockwerken; Karte S. 216), einer Rekonstruktion des Originals aus dem Jahr 1819, bis zum **Omote-mon** (表門; Karte S. 216), dem Haupteingang zum Tōshō-gū, das auf beiden Seiten von den Deva-Königen beschützt wird.

Im Inneren stehen die **Sanjinko Sanjinko** (三神庫; Drei Heilige Speicherhäuser; Karte S. 216). Das obere Geschoss des Kamijinko (oberer Speicher) trägt Schnitzereien von Fantasie-Elefanten, die der Künstler selbst nie gesehen hat. Ganz in der Nähe befindet sich der **Shinkyūsha** (神厩舎; Heiliger Stall; Karte S. 216), den Reliefs von Affen schmücken, darunter auch die drei allegorischen Primaten, die „nichts Böses hören, sehen oder sagen" und damit drei Prinzipien des Tendai-Buddhismus veranschaulichen.

Geht man tiefer in den Bereich des Tōshō-gū hinein, so steht links vom Trommelturm die große **Honji-dō** (本地堂; Karte S. 216), berühmt wegen ihres Deckenfreskos Nakiryū (Schreiender Drache). Mönche führen mit zwei Klangstäbchen die akustischen Besonderheiten der Halle vor: Der Drache „brüllt", wenn die Stäbchen genau unter seinem Maul aufeinandergeschlagen werden.

Sobald das Gerüst 2018 weg ist, wird das **Yōmei-mon** (陽明門; Tor des Sonnenuntergangs; Karte S. 216) grandioser sein als je zu vor: die goldglänzende Blattornamentik, das filigrane Schnitzwerk, Blumenmotive, die tanzenden Mädchenfiguren, mystischen Fabelwesen und chinesischen Weisen werden wie neu strahlen und leuchten. Aus Sorge, die Perfektion des Tors könnte den Neid der Götter hervorrufen, beschlossen die Erbauer, dass der letzte Stützpfeiler umgekehrt aufgestellt werden sollte.

Der **Gōhonsha** (御本社; Karte S. 216), der Hauptinnenhof, schließt die **Honden** (本殿; Haupthalle) und **Haiden** (拝殿; Gebetshalle) ein. Im Inneren hängen Porträts von 36 herausragenden Dichtern aus Kyoto. Ein weiteres Highlight ist das typische Deckenfresko aus der Momoyama-Zeit mit 100 erstaunlich unterschiedlichen Drachendarstellungen. Auf einer *fusuma* (Schiebetür) illustrieren Malereien das mystische Fabeltier *kirin* (halb Giraffe, halb Drache).

Rechts vom Gōhonsha steht das **Sakashita-mon** (坂下門; Karte S. 216), in das ein kleines Holzrelief der **Nomuri-neko** (坂下門; Karte S. 216) geschnitzt wurde. Die kleine Holzskulptur ist für ihre täuschende Ähnlichkeit mit einer echten Katze berühmt, was allerdings nicht jedem Besucher auffällt. Von hier führt ein mit Zedern gesäumter Weg bergauf zum **Okumiya** (奥宮; Karte S. 216), dem Grab von Tokugawa Ieyasu.

ⓘ RESTAURIERUNGEN

Einige der Tempel von Nikkō wurden in den letzten Jahren restauriert, und das wird auch so weitergehen. Im Rinnō-ji wird der Sanbutsu-dō, die Haupthalle des Tempels, bis 2019 umfassend renoviert. Das Yōmei-mon (Tor des Sonnenuntergangs) am Tōshō-gū sollte bis 2018 fertiggestellt sein; bis dahin versperren die Gerüste am Tor die volle Sicht auf den Schrein. Auch das Nitennmon Gate (zweites Tor) am Taiyūin-byō wurde während unseres Besuchs restauriert.

Einige Tempel kann man deshalb von außen nur eingeschränkt betrachten, aber das schreckt normalerweise keine Besucher ab. Die Innenräume werden komplett gezeigt und die Tempel sind auch von außen eindrucksvolle Sehenswürdigkeiten. Am besten informiert man sich vor seinem Besuch in der Touristeninformation über die aktuelle Situation.

Nikkō

0 400 m
A
B
C
D
E
F
G
1
2
3
4
Takinō-jinja (1,2 km)
siehe Detailplan
TŌSHŌ-GŪ
NISHI-SANDŌ
Nikko-Nationalpark
SANNAI
TOKORONO
NAKAHATSUISHI-CHŌ
GOKŌMACHI
Inari-gawa
Daiya-gawa
Nishisandō
Omotesandō-Wanderweg
Nikkō Tamozawa Imperial Villa Memorial Park (120 m)
Shin-kyō-bashi
Turtle-Hotori-An-Anbau (100 m); Kanman-ga-Fuchi-Schlucht (200 m)
Touristeninformation Kyōdo Center
Touristeninformationsschalter am Bahnhof Tōbu Nikkō
Tōbu Nikkō
Nikkō
120
247
119
169
Detailplan
0 100 m
Tōshō-gū
Nikko-Nationalpark
Nishisandō
Omotesandō-Wanderweg
1
2
3
4
5
6
7
8
9
10
11
12
13
14
15
16
17
18
19
20
21
22
23
24
25
26
27
28
29
30
31
32
33
34

Nikkō

Fast jeder läuft im Tōshō-gū am fantastischen **Nikkō-Tōshō-gū-Kunstmuseum** (日光東照宮美術館; Karte S. 216; ☎0288-54-0560; www.toshogu.jp/shisetsu/bijutsu.html; 2301 Yamanouchi; Erw./Kind 800/400 ¥; ⊙April–Okt. 9–17 Uhr, Nov.–März 9–17 Uhr) vorbei, das in dem alten Verwaltungsgebäude des Schreins untergebracht ist und Malereien auf Türen, Schiebewänden, Rahmen und Schriftrollen zeigt, einige von Meistern wie Yokoyama Taikan and Nakamura Gakuryo. Man findet es, wenn man dem Pfad rechts vom Omote-Mon folgt.

Taiyūin-byō SHINTO-SCHREIN
(大猷院廟; Karte S. 216; Erw./Kind 550/250 ¥; ⊙April–Okt. 8–16.30 Uhr, Nov.–März 8–15.30 Uhr) Hier wurde Ieyasus Enkel Iemitsu (1604–1651) beigesetzt. Obwohl der Schrein ähnlich wie der Tōshō-gū aus Speicherhäusern, Trommelturm und Toren nach chinesischem Vorbild besteht, liegt sein Reiz in der schlichten Architektur und der Lage inmitten eines Zypressenwalds.

Bemerkenswert sind die von *daimyō* (Feudalfürsten) gestifteten Laternen und das Tor Niō-mon. Wächtergottheiten strecken eine Hand nach oben, um Menschen mit reinem Herzen zu begrüßen, und die andere nach unten, um unreine Herzen abzuweisen.

Die Haupthalle schmückt ein Deckenfresko mit 140 Drachen, die angeblich die Gebete in den Äther tragen. Jene, die Perlen halten, sind auf dem Weg nach oben, die Perlenlosen auf dem Weg zurück, um noch mehr Gebete aufzusammeln.

Rinnō-ji BUDDHISTISCHER TEMPEL
(輪王寺; Karte S. 216; ☎0288-54-0531; http://rinnoji.or.jp; 2300 Yamanouchi; Erw./Kind 400/200 ¥; ⊙April–Okt. 8–17 Uhr, Nov.–März 8–16 Uhr) Diesen Tempel der Tendai-Schule gründete Shōdō Shōnin vor 1200 Jahren. Seine **Hōmotsu-den** (宝物殿, Schatzhalle; Karte S. 216; 300 ¥; ⊙8–17, Nov.–März 8–16 Uhr) beherbergt etwa 6000 Schätze aus dem Tempel; im separaten Ticket inbegriffen ist auch der Eintritt in den Garten **Shōyō-en** (逍遥園; Karte S. 216; ⊙April–Okt. 8–17 Uhr, Nov.–März 8–16 Uhr).

Sanbutsu-dō BUDDHISTISCHER TEMPEL
(三仏堂, Drei-Buddha-Halle; Karte S. 216) Im Sambutsu-dō wacht ein Trio aus 8 m hohen vergoldeten Buddhastatuen. Die mittlere Figur stellt Amida Nyorai (eine Hauptgottheit des Mahayana-Buddhismus) dar, zu ihren Seiten stehen Senjū (tausendarmige Kannon, Göttin der Barmherzigkeit und des Mitgefühls) und Batō (Kannon mit Pferdekopf, Schutzgöttin der Tiere). Die Fassade ist aufgrund von Renovierungsarbeiten bis 2019 von einem Gerüst verhüllt, das mit einer lebensgroßen Grafik im *trompe l'œil*-Stil geschmückt ist.

Futarasan-jinja SHINTO-SCHREIN
(二荒山神社; Karte S. 216; www.futarasan.jp; Erw./Kind 200/100 ¥) Dieser atmosphärische

Schrein zwischen alten Zypressen wurde ebenfalls von Shōdō Shōnin gegründet, das Gebäude ist von 1619 und damit Nikkōs ältester Schrein. Er ist den Schutzgottheiten der Stadt und dem Berg Nantai-san (2484 m) geweiht, dessen Göttergemahlin Nyotai-san sowie ihrem Nachkommen Tarō. Weitere Schreinteile gibt's auch auf dem Berg Nantai-san und am Chūzenji-See.

Kaiserliche Villa Tamozawa mit Gedächtnispark HISTORISCHE STÄTTE
(日光田母沢御用邸記念公園; ☎53-6767; www.park-tochigi.com/tamozawa; 8-27 Hon-chō; Erw./Kind 510/260 ¥; ⏲Mi–Mo 9–17, Nov.–März 9–16.30 Uhr) Etwa 1 km westlich der Shin-kyō-Brücke wartet dieser restaurierte Kaiserpalast mit mehr als 100 Zimmern auf, die großartiges Handwerk zeigen. Teile des Komplexes stammen aus der Edo-, Meiji und Taisho-Ära. Abgesehen vom architektonischen Geschick gibt's auch fantastisch detaillierte Wandschirme zu sehen und aus fast jedem Fenster blickt man in den ruhigen Garten.

Im Herbst sehen die Gärten am spektakulärsten aus.

Takinō-jinja SHINTO-SCHREIN
(滝尾神社) GRATIS Etwa 1 km nördlich vom Futarasan-jinja, in der Nähe des Shiraito-Wasserfalls liegt dieser ruhige, selten überlaufene Schrein, der im Jahr 820 erbaut wurde. Das steinerne *torii*, **Undameshi-no-torii**, genannt, stammt von 1696. Es ist Sitte, vor dem Betreten sein Glück zu probieren und drei Steine durch das schmale Loch ganz oben zu werfen.

Die Touristeninformationen haben Karten, auf denen der Weg zum Schrein, der auch am Grab von Shōdō Shōnin vorbeiführt, verzeichnet ist.

Shin-kyō HISTORISCHE STÄTTE
(神橋; Karte S. 216; Überquerung 300 ¥) Die viel fotografierte rote Brücke steht an dem geheiligten Ort, an dem Shōdō Shōnin den Daiya-Fluss auf dem Rücken von zwei riesigen Schlangen überquert haben soll. Sie ist ein Nachbau der Originalbrücke aus dem 17. Jh.

Kanman-ga-Fuchi-Schlucht PARK
(憾満ガ淵) Wer den Massen entkommen will, kann diesen Waldpfad entlanggehen, der von kleinen *jizō*-Statuen (Figuren des buddhistischen Schutzgottes der Reisenden und Kinder) gesäumt wird. Nach der Überquerung der Shin-kyō-Brücke (S. 218) folgt man dem Daiya-Fluss etwa 1 km in Richtung Westen, und überquert dann in der Nähe auf dem Weg zum Jyoko-ji- Tempel eine weitere Brücke. Es heißt, wer die Statuen auf dem Hin- und Rückweg zählt, erhält jeweils unterschiedliche Zahlen, daher ihr Spitzname „Bake-jizō“ (Geister-jizō).

Geführte Touren

Tochigi Volunteer Interpreters & Guides Association GEFÜHRTE TOUREN
(nikkotviga@hotmail.co.jp) Bietet zwischen November und März kostenlose geführte Touren an. Zehn Tage im Voraus kontaktieren! Die Teilnehmer zahlen Eintritt und Transportkosten selbst.

Feste & Events

Tōshō-gū Grand Festival KULTURELL
(⏲10. & 18. Mai) Beim wichtigsten Fest des Jahres in Nikkō finden am ersten Tag Bogenschießturniere zu Pferd statt. Am zweiten Tag wird mit der „1000-Personen-Parade“ in historischen Kostümen die Überführung der sterblichen Überreste Ieyasus nach Nikkō nachgestellt.

Eine kleinere Version dieses **Festes** findet im Oktober statt.

Schlafen

★ **Nikkorisou Backpackers** HOSTEL ¥
(にっこり荘バックパッカーズ; Karte S. 216; ☎080-9449-1545; http://nikkorisou.com/eng.

ABSTECHER

EISENBAHNMUSEUM OMIYA

Das faszinierende **Eisenbahnmuseum** (鉄道博物館; ☎048-651-0088; www.railway-museum.jp/; 3-47 Onari-chō, Omiya-ku, Saitama-shi; Erw./Stud./Kind 1000/500/200 ¥; ⏲Mi–Mo 10–18 Uhr) in Omiya, 25 km nördlich von Tokio, zeigt die Entwicklung von der Dampflokomotive bis zur modernen Technologie in Japans heutigen Eisenbahnen. Es hat einen liebevoll erhaltenen Fahrzeugpark und ist für alle Eisenbahnfans unbedingt zu empfehlen, denn sie dürfen hier in klassische Waggons klettern und sogar hinter der Steuerung eines *shinkansen* (Hochgeschwindigkeitszug) sitzen. Zum Museum fährt vom Omiya-Bahnhof die New-Shuttle-Bahn (190 ¥, 5 Min.), man kann es auch gut auf dem Weg nach oder von Nikkō besichtigen.

html; 1107 Kamihatsu-ishi-machi; B/DZ mit Gemeinschaftsbad ab 3000/6900 ¥;) Das dem Weltkulturerbe nächstgelegene Hotel überzeugt mit einer schönen Lage am Fluss und seiner entspannten, freundlichen Atmosphäre. Da es allein von Hito geführt wird (er spricht Englisch), müssen die Gäste zwischen 10 und 16 Uhr außerhalb des Hauses sein, aber sonst sind die Küche, die riesige Terrasse und der Gemeinschaftsbereich herrliche Orte zum Abhängen. Es werden auch gepflegte Hybrid-Mountainbikes verliehen (500 ¥).

Nikkō Guesthouse Sumica GÄSTEHAUS ¥
(日光ゲストハウス 巣み家; Karte S. 216; 090-1838-7873; www.nikko-guesthouse.com; 5-12 Aioi-chō; B/Zi. pro Pers. ohne Bad ab 3500/7000 ¥;) In einem renovierten alten Holzhaus in der Nähe von beiden Bahnhöfen befindet sich diese winzige Pension, geführt von einem reizenden Paar, das über alles gut Bescheid weiß. Die Schlafsäle sind ziemlich eng, aber ordentlich, genau wie die Tatami-Doppelzimmer. Alle Räume verfügen nur über Ventilatoren und Gemeinschaftsbäder. Um 23 Uhr ist Sperrstunde.

Rindō-no-Ie MINSHUKU ¥
(りんどうの家; Karte S. 216; 53-0131; 1462 Tokorono; Zi. pro Pers. ohne Bad ab 3500 ¥;) Kleines, aber ordentliches *minshuku* mit Tatamizimmern, leckerem Essen und einem Abholservice. Frühstück/Abendessen kosten 700 ¥. Es liegt auf der anderen Seite des Flusses, etwa 15 Minuten nordwestlich des Bahnhofs.

Nikkō Park Lodge GÄSTEHAUS ¥
(日光パークロッジ; Karte S. 216; 0288-53-1201; www.nikkoparklodge.com; 2828-5 Tokorono; B/DZ ab 2800/6980 ¥;) Das gepflegte Gasthaus in den bewaldeten Hügeln nördlich der Stadt hat Zimmer im westlichen Stil, einen geräumigen Schlafsaal und eine gemütliche Lounge mit Holzfeuer. Die Mitarbeiter sprechen Englisch und sind eine tolle Informationsquelle. Nachmittags holen sie Gäste vom Bahnhof ab, sonst kostet die Taxifahrt gut 700 ¥. Die Inhaber führen auch eine **Lodge** (Karte S. 216; 0288-25-3310; 11-6 Matsubara-chō; B/Zi. Ab 3000/7000 ¥), die gegenüber vom Bahnhof Tōbu liegt.

Nikkō Inn GASTHAUS ¥¥
(日光イン; 0288-27-0008; www.nikko-inn.jp; 333 Koshiro; Bungalow mit EZ/DZ ab 8000/13 000 ¥;) Nur 30 Minuten von Nikkō entfernt bietet das Nikkō Inn im ländlichen Shimo-goshiro sechs japanisch gestaltete Bungalows mit Blick auf die Reisfelder für zwei bis sieben Personen. Jedes Holzhaus hat Tatamizimmer mit Papierschiebewänden und traditionelle Terrassen, dazu gibt's moderne Küchen und Bäder.

Direkt davor liegen ein Dorf mit 1000 Einwohnern und die Berge von Nikkō. Shimo-goshiro ist eine Station an der Tōbu-Linie von Asakusa (1160 ¥, 2¼ Std.), vier Haltestellen vor Nikkō (350 ¥). Vom Bahnhof sind die Bungalows in fünf Gehminuten zu erreichen.

Annex Turtle Hotori-An GASTHAUS ¥¥
(アネックスーほとり庵; 0288-53-3663; www.turtle-nikko.com; 8-28 Takumi-chō; EZ/2BZ ab 6700/13 000 ¥;) Das winzige, komfortable Gasthaus liegt nur ein paar Schritte vom Startpunkt des Wanderwegs zur Kanman-ga-Fuchi-Schlucht entfernt und verfügt über Zimmer im japanischen und westlichen Stil sowie einen Onsen mit Flussblick. Es ist eine friedliche Oase in einem ruhigen Stadtviertel und ein guter Ausgangspunkt zum Wandern.

Stay Nikkō Guesthouse GÄSTEHAUS ¥¥
(Karte S. 216; 0288-25-5303; www.staynikko.com; 2-360-13 Inarimachi; EZ/DZ ab 7500/7900 ¥;) Selbstversorger, die nicht mehr als eine Mikrowelle und einen Kühlschrank brauchen, sind in diesem kleinen gelben Haus genau richtig (Privatsphäre sucht man allerdings vergebens). Das neue Gästehaus am Fluss hat vier Privatzimmer mit Gemeinschaftsbädern und liegt nur wenige Blöcke außerhalb des Zentrums. Es ist eine gemütliche, friedliche Zuflucht vor dem Lärm der Stadt. Frühstück kostet 400 ¥.

Nikkō Kanaya Hotel HOTEL ¥¥¥
(日光金谷ホテル; Karte S. 216; 0288-54-0001; www.kanayahotel.co.jp; 1300 Kamihatsu-ishimachi; 2BZ ab 17 820 ¥; P) Diese alte Lady (1893 eröffnet) steht immer noch stolz da, ist aber schon etwas in die Jahre gekommen. Im neueren Flügel warten einige geräumige japanische Zimmer mit toller Aussicht und eigenen Bädern; dagegen sind die billigeren Quartiere im Hauptgebäude im westlichen Stil mit altmodischem Charme eingerichtet.

WLAN gibt's nur in der Lobby, die angenehm dunkle Bar dort lädt zu einem Whisky ein. In der Hauptsaison steigen die Preise heftig.

NIKKŌ: BUS- & ZUGPÄSSE

Tōbu Railway (www.tobu.co.jp/foreign) Bietet zwei Pässe für die Bahnfahrt von Asakusa nach Nikkō (ohne *tokkyū*-Aufschlag, ab 1040 ¥) und die unbegrenzte Nutzung der Busse rund um Nikkō. Die Pässe gibt's im **Tōbu-Sehenswürdigkeitenzentrum** (S. 161).

Nikkō All Area Pass (Erw./Kind 4520/2280 ¥) Vier Tage gültig, schließt auch die Busse zum Chūzen-ji-Onsen und zum Yumoto-Onsen ein.

Nikkō City Area Pass (Erw./Kind 2670/1340 ¥) Zwei Tage gültig, beinhaltet Busfahrten zu den Welterbestätten.

Wer bereits ein Zugticket hat, kann mit den Zweitages-Buspässen unbegrenzt zwischen Nikkō und Chūzen-ji-Onsen (Erw./Kind 2000/1000 ¥) oder Yumoto-Onsen (Erw./Kind 3000/1500 ¥) pendeln, einschließlich Trips zu den Welterbestätten. Der **Sekai-isan-meguri** (Welterbe-Buspass; Erw./Kind 500/250 ¥) umfasst das Gebiet zwischen den Bahnhöfen und dem Gelände der Schreine. Die Pässe werden am Bahnhof Tōbu Nikkō verkauft.

Essen

Eine hiesige Spezialität ist *yuba* (in Streifen geschnittene Milchhaut, die bei der Herstellung von Tofu entsteht). Sie bildet einen Grundbestandteil der *shōjin ryōri* (buddhistische vegetarische Küche) und wird überall in der Stadt in den unterschiedlichsten Gerichten verwendet, von Nudeln *(yuba soba)* bis zu frittierten Klößchen (*age yuba manju*).

Hongū Cafe CAFÉ ¥

(本宮カフェ; Karte S. 216; ☎ 0288-54-1669; www.hongucafe.com; 2384 Sannai; Espresso 350 ¥, Dessertgedeck ab 650 ¥; ⏲ Fr–Mi 10–16 Uhr; 📋) Hier kann man sich mit einem Espresso oder einem traditionellen japanischen Dessertgedeck aus *matcha* und *yomogi-mochi* (Absinthklößchen gefüllt mit einer süßen Paste aus Azuki-Bohnen) erfrischen – schmeckt besser, als es sich anhört. Das Café befindet such in einem renovierten historischen Haus in der Nähe des Eingangs zum Nationalpark und ist ein toller Ort, um sich nach den Schreinbesuchen auszuruhen.

Hippari Dako YAKITORI ¥

(ひっぱり凧; Karte S. 216; ☎ 0288-53-2933; 1011 Kamihatsu-ishimachi; Gerichte 550–900 ¥; ⏲ 11–20 Uhr; 🖉📋) Unter ausländischen Travellern ist das Hippari Dako seit mehr als 25 Jahren eine Institution, wie die Schichten der an der Wand befestigten Visitenkarten bezeugen. Das winzige Restaurant serviert sättigende Mahlzeiten, darunter Curry-*udon, yuba*-Sashimi und *yaki udon* (gebratene Nudeln).

★ **Meguri** VEGAN ¥¥

(Karte S. 216; ☎ 0288-25-3122; 909 Nakahatsuishi-machi; Mittagessen 1400 ¥; ⏲ Sa–Mi 11.30–18 Uhr; 🖉📋) Ein junges, engagiertes Paar serviert in diesem ehemaligen Kunstladen mit tollen Deckengemälden liebevoll zubereitete, köstliche vegane japanische Gerichte. Wer hier zu Mittag essen will, sollte früh da sein – das Restaurant ist beliebt, und wenn das warme Essen aus ist, gibt's nur noch Süßes und Getränke.

Shiori JAPANISCH ¥¥

(栞; Karte S. 216; ☎ 0228-25-5745; 957-2 Shimohatsuishi-machi; Gerichte 400–1800 ¥; ⏲ 18.30–22 Uhr; 📋) Eins der wenigen Restaurants, die bis spätabends geöffnet haben, deshalb stehen die Gäste schon kurz vor 18.30 Uhr Schlange – man sollte also im Voraus reservieren. Das Shiori serviert nur kleine Portionen; bei der Ankunft wird allen Gästen ein winziger *otōshi* (Appetizer, 250 ¥) gereicht. Wir empfehlen die köstlichen *yuba*-Sashimi mit spiralförmig geschnittenem *daikon*-Rettich, Wasabi und Sojasoße.

Nagomi-chaya JAPANISCH ¥¥

(和み茶屋; Karte S. 216; ☎ 0288-54-3770; 1016 Kamihatsu-ishi; Gerichte/festes Menü ab 450/1620 ¥; ⏲ Do–Di 11.30–16 Uhr) Die (orginalgetreu) bebilderte Speisekarte macht das Bestellen in diesem raffinierten Café im Kunsthandwerksstil in der Nähe von Nikkōs Hauptstraße einfach. Die wunderschön angerichteten Mittagsgerichte im *kaiseki*-Stil sind ein tolles Angebot.

★ **Gyōshintei** KAISEKI ¥¥¥

(尭心亭; Karte S. 216; ☎ 0288-53-3751; www.meiji-yakata.com/gyoushin; 2339-1 Sannai; festes Menü mittags/abends 2100/4500 ¥; ⏲ Fr–Mi 11–19 Uhr; 🖉📋) Wer einmal tiefer in die Tasche greifen will, kann hier luxuriöse vegetarische *shōjin ryōri* mit regionalem Tofu und Gemüse schlemmen. Von dem halben Dutzend verschiedenen Zubereitungsarten ist eine köstlicher als die andere. Außerdem gibt's *kaiseki*-Menüs, zu denen auch Fisch gehört. Aus dem eleganten Tatamispeisesaal schaut man auf einen sorgfältig gepflegten Garten, der zum Meiji-no-Yakata-Bezirk mit schicken Restaurants in der Nähe der Weltkulturerbestätten zählt.

Ausgehen & Nachtleben

★ Nikkō Coffee CAFÉ

(日光珈琲; Karte S. 216; http://nikko-coffee.com; 3-13 Honchō; Kaffee 550 ¥, Gerichte ab 1000 ¥; ⏲ Di–So 10–18 Uhr) Ein jahrhundertealtes Reisgeschäft wurde auf sensible Art in ein Café im Retro-Chic umgestaltet. Im Garten wird Kaffee frisch von Hand aufgegossen und zu Kuchen sowie kleinen Mahlzeiten wie z. B. Galettes (Buchweizenpfannkuchen) mit Speck, Käse und Ei oder Curry mit Schweinefleisch serviert.

Yuzawaya CAFÉ

(湯沢屋; Karte S. 216; www.yuzawaya.jp; 946 Kamihatsu-ishimachi; Teegedecke ab 450 ¥; ⏲ Mo–Fr 11–16, Sa & So 17 Uhr) Seit 1804 hat sich dieses Teehaus auf *manjū* (Klößchen mit Bohnenpaste) und andere traditionelle Süßigkeiten spezialisiert, man erkennt es am grün-weißen Banner.

Praktische Informationen

Am Bahnhof Tōbu Nikkō befindet sich ein kleiner **Informationsschalter** (Karte S. 216; ☎ 0288 54 0864; ⏲ 8.30–17 Uhr), der Stadtpläne bereithält; die Mitarbeiter sprechen Englisch und helfen dabei, Busse, Restaurants und Hotels zu finden.

Touristeninformation Kyōdo Center (Karte S. 216; ☎ 0288-54-2496; www.nikko-jp.org; 591 Gokomachi; ⏲ 9–17 Uhr; 📶) Das ist die Haupttouristeninformation, hier gibt's Englisch sprechende Mitarbeiter (zumindest von 10 bis 14 Uhr), Stadtpläne und Wanderkarten.

Tochigi Volunteer Interpreters & Guides Association (S. 218) Bietet kostenlose geführte Touren zwischen November und März an, aber nicht im Weltkulturerbe-Gebiet. Im Voraus kontaktieren!

An- & Weiterreise

Nikkō ist von Tokio aus am besten mit der Tōbu-Nikkō-Linie vom Bahnhof Asakusa zu erreichen. In der Regel bekommt man einen Last-Minute-Sitzplatz im stündlich fahrenden, reservierungspflichtigen *tokkyū* (Expresszug; 2700 ¥, 1¾ Std.). Für die *kaisoku* (Schnellzüge, 1320 ¥, 2½ Std., stündlich von 6.20 bis 17.30 Uhr) ist keine Reservierung erforderlich, aber man muss eventuell in Shimo-imaichi umsteigen. Reisende nach Nikkō sollten in die beiden hintersten Waggons steigen (die anderen werden teilweise bei einem Zwischenhalt abgekoppelt).

Wer den JR-Pass hat, kann mit dem Tohoku-*shinkansen* (Hochgeschwindigkeitszug) von Tokio nach Utsunomiya (4930 ¥, 54 Min.) fahren und von dort einen normalen Zug nach Nikkō (740 ¥, 45 Min.) nehmen.

Unterwegs vor Ort

Sowohl der JR-Bahnhof Nikkō (der von Frank Lloyd Wright entworfen wurde) als auch der nahe gelegene Bahnhof Tōbu Nikkō befinden sich südöstlich der Schreine einen Block abseits der Hauptstraße (Straße 119, die alte Nikkō-kaidō). Vom Bahnhof folgt man dieser Straße 20 Minuten bergauf zu den Schreinen, vorbei an Restaurants, Souvenirgeschäften und der zentralen Touristeninformation. Oder man nimmt einen Bus zur Haltestelle Shin-kyō (200 ¥). Die Stops werden auch auf Englisch angesagt. Busse verkehren von beiden Bahnhöfen; jene zum Chūzen-ji-Onsen und zum Yumoto-Onsen halten an der Shin-kyō und weiteren Haltestellen rund um die Welterbestätten.

ABSTECHER

KANIYU-ONSEN

Mitten in der bergigen Region der „verborgenen Onsen" von Okukino versteckt sich **Kaniyu Onsen** (加仁湯; ☎ 0288-96-0311; www.naf.co.jp/kaniyu; 871 Kawamata; Zi pro Pers. mit zwei Mahlzeiten ab 13 110 ¥; Onsen Tagesgast 50 ¥; ⏲ für Tagesgäste 9–15 Uhr), ein rustikales *ryokan* mit milchigem, schwefligem Wasser in mehreren Außenbecken. In manchen baden Männer und Frauen gemischt. Von Nikkō aus die Tōbu-Linie bis Shimo-imachi nehmen, in einen Zug Richtung Kinugawa Onsen umsteigen und dort in den Bus nach Meoto-buchi (1540 ¥; 1½ Std.; 4-mal tgl.). Von hier aus ist es eine einfache Wanderung durch ein schönes Flusstal, vorbei an mehreren Wasserfällen.

Wer es in einem Tag nach Kaniyu hin- und zurückschaffen will, muss in Nikkō vor 9 Uhr aufbrechen, doch dann bleibt einem nur etwa eine Stunde für den Onsen. Wer sich mehr Zeit lassen möchte, muss eine Übernachtung einplanen. In jedem Fall sollte man vorher die Zug- und Busfahrpläne in einer von Nikkōs Touristeninformationen studieren.

Chūzen-ji Onsen 中禅寺温泉

0288

Dieses Hochlandgebiet 11,5 km westlich von Nikkō beeindruckt mit einsamer Natur und herrlicher Aussicht auf den Nantai-san vom Chuzenji-ko aus. Der 161 m tiefe See leuchtet bei schönem Wetter in einem fantastischen tiefen Blau; dann ist dort die übliche Flotte von Aussichtsbooten unterwegs.

Sehenswertes

Kegon-no-taki WASSERFALL

(華厳ノ滝, Kegon-Fälle; 2479-2 Chūgūshi; Erw./Kind 550/330 ¥; Mai–Sept. 7.30–18 Uhr, Okt.–Apr. 8–17 Uhr) Die große Attraktion von Chuzen-ji ist dieser tosende 97 m hohe Wasserfall. Mit dem Fahrstuhl geht's hinab zu einer Plattform, um die gewaltige Wucht des hinabstürzenden Wassers zu erleben; ganz oben gibt's eine Aussichtsterrasse.

Futarasan-jinja SCHREIN

(二荒山神社; 2484 Chūgūshi; 8–16.30 Uhr) GRATIS Dieser Schrein komplettiert die Schreine des Tōshō-gū (S. 215) und ist der Ausgangspunkt für Wallfahrten auf den Nantai-san. Er liegt etwa 1 km westlich der Kegon-Wasserfälle am Nordufer des Sees.

Chūzen-ji Tachiki-kannon BUDDHISTISCHER TEMPEL

(中禅寺立木観音; 2578 Chūgūshi; Erw./Kind 500/200 ¥; Dez.–Feb 8–15.30, März & Nov. 8–16, April–Okt. 8–17 Uhr) Im 8. Jh. wurde dieser Tempel am Ostufer des Sees begründet. Er beherbergt eine 6 m hohe Kannon-Statue aus dieser Zeit.

Schlafen & Essen

Am Chūzenji-See gibt's ein paar gute Restaurants; die meisten befinden sich am Ostufer.

Chūzenji Pension GASTHAUS ¥

(中禅寺ペンション; 0288-55-0888; www.chuzenji-pension.com; 2482 Chūgūshi; Zi. pro Pers. inkl. Abendessen ab 8500 ¥;) Etwas zurückgesetzt vom östlichen Seeufer warten in der lachsfarbenen Pension neun überwiegend westliche Zimmer, die wie Omas gute Stube wirken und auf den Fluss blicken. Es gibt ein separates Restaurant mit gemütlichem Kamin und mehrere Onsen-Bäder. Fahrräder können für 500 ¥ pro Stunde geliehen werden.

KAI Nikko RYOKAN ¥¥¥

(界日光; 050-3786-0099; http://kai-nikko.jp/; 1661 Chūgūshi; Zi. pro Pers. mit zwei Mahlzeiten 30 000 ¥;) Die Hoshino-Resortkette hat dieses 20 Jahre alte Riesen-*ryokan* mit 33 Zimmern im Jahr 2014 übernommen und modernen Glanz ins Haus gebracht. Die supergeräumigen Tatamizimmer sind mit Betten im westlichen Stil ausgestattet und bieten eine sagenhafte Aussicht auf den See. Außerdem gibt's gewaltige Onsen-Bäder und abends eine Nikko Geta-Volkstanzshow. Es wird Englisch gesprochen und das Essen ist hervorragend.

An- & Weiterreise

Busse fahren vom Bahnhof Tōbu Nikkō zum Chūzen-ji-Onsen (1150 ¥, 45 Min.); für die Fahrt gilt auch der günstige Tōbu Nikkō Bus Free Pass (S. 220), den man am Bahnhof Tōbu Nikkō erhält.

Yumoto Onsen 湯元温泉

0288 / 298 EW.

Yumoto-Onsen ist ein Dorf mit heißen Quellbädern am Ufer des Yunoko-Sees (ruhiger als Chūzen-ji-Onsen ganz in der Nähe), das guten Zugang zu mehreren Wanderwegen bietet.

Aktivitäten

Senjōgahara Shizen-kenkyu-rō WANDERN

(戦場ヶ原自然研究路; Senjōgahara-Naturwanderweg) Wanderer fahren mit dem Bus Richtung Yumoto bis zum **Ryūzu-no-taki** (竜頭ノ滝; 460 ¥, 20 Min.), einem hübschen Wasserfall, der von einem Teehaus überblickt wird, das den Beginn des Wanderweges markiert. Von dort folgt man dem Yu-gawa über das malerische **Senjōgahara**-Sumpfgebiet (teils auf Holzstegen), passiert den 75 m hohen Wasserfall **Yu-daki** (湯滝) und läuft um den See **Yu-no-ko** (湯の湖) zum Yumoto-Onsen.

Onsen-ji ONSEN

(温泉時; Erw./Kind 500/300 ¥; 9–16 Uhr) Am Ortsrand von Yumoto Onsen führt eine Reihe aus Steinlaternen in der Nähe der letzten Bushaltestelle des Dorfes zum Tempel Onsen-ji, dessen schlichtes Badehaus mit sehr heißem Wasser und Tatamilounge zum Erholen einlädt.

Schlafen

Wer in Yumoto Onsen übernachtet, muss die Mahlzeiten wahrscheinlich in seiner

ZWISCHENSTOPP IN NARITA

Langer Zwischenaufenthalt?

Die Stadt **Narita** (成田; 131 230 EW.) ist vor allem für den **Narita International Airport** (S. 975) bekannt, hat aber auch einige Attraktionen zu bieten. Wer einen Zwischenaufenthalt von fünf oder mehr Stunden hat, kann mit dem Zug – entweder der privaten Keisei-Linie (260 ¥, 10 Min.) oder der JR-Linie (200/240 ¥, Abfahrt von Terminal 2/1, 10 Min.) – nach Narita fahren, sich umsehen und vor der Rückfahrt etwas essen.

Einen Stadtplan erhält man im **Narita Touristeninformationszentrum** (☎ 0476-24-3198; ⌚ 8.30–17.15 Uhr), gleich vor dem Ostausgang des JR-Bahnhofs Narita. Anschließend spaziert man die **Omote-sandō** herunter, eine stimmungsvolle alte Straße mit Souvenirshops, Kunsthandwerksläden, Apotheken und Restaurants, bis zum **Narita-san Shinshōji** (成田山新勝寺; www.naritasan.or.jp; 1 Narita; ⌚ 24 Std.) GRATIS. Die schön gestalteten Gärten dieses ehrwürdigen Tempels, der 940 gegründet wurde, gehören zu den größten in ganz Japan.

Narita ist bekannt für seinen *unagi* (Aal). Im berühmten **Kawatoyo Honten** (川豊本店; ☎ 0476-22-2711; www.unagi-kawatoyo.com; 386 Naka-machi; Mahlzeiten ab 2300 ¥; ⌚ Di–So 10–17 Uhr;), gegenüber dem Touristenpavillon, zerstückeln die fachkundigen Küchenchefs vor den Augen der Gäste lebendige Aale (was man vielleicht lieber nicht sehen will). Man bezahlt zuerst, bekommt ein Ticket und wartet, bis man zu einem Tisch geführt wird.

Das Flugpersonal, das in den nahegelegenen Hotels übernachtet, ist ein fester Bestandteil des Nachtlebens von Narita. Der **Jet Lag Club** (☎ 0476-22-0280; 508 Kamichō; ⌚ 16–2 Uhr) wird von einem früheren Flugbegleiter geführt und ist meist gut besucht von Crew-Mitgliedern außer Dienst, Einheimischen und Touristen – ein komfortabler Ort, um sich zu orientieren (oder die Orientierung zu verlieren).

Früher Flug?

In der Nähe des Flughafens und in Narita selbst gibt's viele Hotelketten, und rund um die Omote-sandō liegen ein paar tolle *ryokans*.

Von Tokio geht's am einfachsten vom Bahnhof Keisei Ueno auf der Keisei-Linie nach Narita, entweder mit dem Cityliner (1790 ¥, 41 Min.) oder mit dem Expresszug (*tokkyu*; 840 ¥, 71 Min.). Die meisten JR-Narita-Expresszüge halten übrigens nicht in Narita.

Ninehours Narita Airport (☎ 0476-33-5109; http://ninehours.co.jp; Narita International Airport Terminal 2; Kapsel ohne/mit Frühstück 5900/7440 ¥;) Näher am Flughafen geht nicht: Das strahlend weiß gestylte futuristische Kapselhotel liegt im Untergeschoss des Parkhauses von Terminal 2.

Kirinoya Ryokan (桐之屋旅館; ☎ 0476-22-0724; www.naritakanko.jp/kirinoya; 58 Tamachi; EZ/DZ mit Gemeinschaftsbad ab 3500/9000 ¥, Frühstück/Abendessen ab 525/1050 ¥;) Der englisch sprechende Besitzer dieses *ryokan* nur fünf Minuten südlich vom Narita-san Tempel kennt seinen Familienstammbaum bis ins 50. Glied, und sein weitläufiger Gasthof ist mit Samurairüstungen und -schwertern angefüllt. Wer vorher Bescheid gibt, kann sich vom Bahnhof abholen/zum Bahnhof bringen lassen (bis 19 Uhr).

Unterkunft einnehmen, da es im Ort kaum Restaurants gibt.

Yu-no-Mori RYOKAN ¥¥¥
(ゆの森; ☎ 0288-62-2800; www.okunikko-yunomori.com; Yumoto Onsen; Zi. pro Pers. mit zwei Mahlzeiten ab 20 000 ¥;) Hier warten zwölf elegante Zimmer, gestaltet in Farben aus der Natur, die mit privaten Holzbädern auf einer überdachten Veranda ausgestattet sind. Der erste Stock des luxuriösen *ryokan* ist im westlichen, der zweite im japanischen Stil eingerichtet.

ℹ An- & Weiterreise

Von Yumoto Onsen geht's mit dem Bus zurück nach Nikkō (1700 ¥, 1½ Std.). Auch von Chūzen-ji

Onsen fährt ein Bus nach Yumoto-Onsen (890 ¥, 30 Min.). Alternativ unternimmt man die dreistündige Wanderung auf dem **Senjōgahara Shizen-kenkyu-rō** (S. 222).

OGASAWARA-ARCHIPEL
小笠原 諸島

Etwa 1000 km südlich der Ginza, aber immer noch in der Präfektur Tokio, liegt das Weltnaturerbe Ogasawara-Archipel (Ogasawara-shotō), ein wahres Paradies für Naturfreunde mit einsamen Stränden, tropischem Meer und Korallenriffen. Hier kann man wandern, schnorcheln, Wale beobachten und mit Delfinen schwimmen.

Die einzige Möglichkeit, die Inseln zu erreichen, ist eine 24-stündige Fährüberfahrt (S. 226) von Tokio. Die Fähre legt auf Chichi-jima an, dem größten Eiland des 30 Inseln umfassenden Archipels. Eine kleinere Fähre pendelt von hier nach Haha-jima, der zweiten bewohnten Insel.

Geschichte

Ebenso faszinierend wie die Schönheiten der Inseln ist die Geschichte der Menschen im Archipel. Die Japaner hatten die Insel schon im 16. Jh. kartografiert, doch die ersten Bewohner waren ein wilder Haufen Europäer und Pazifik-Insulaner, die 1830 Versorgungsstationen für den Walfang einrichteten, um die japanischen Walfanggebiete zu bejagen. Etwa 100 Nachkommen dieser Siedler, die *obeikei*, leben immer noch auf den Inseln, wo man gelegentlich auch einem westlichen Namen oder Gesicht begegnet. 1853 legte der US Commodore Matthew Perry hier auf seinem Weg nach Japan einen Zwischenstopp ein; damals war das Archipel noch als die Bonin-Inseln bekannt – Ogasawara heißen sie erst seit 1875, als die Meiji-Regierung das Gebiet für sich beanspruchte.

Die alten stillgelegten Geschützstellungen, die auf den Inseln am Ende der meisten Strände zu sehen sind, wurden von den Japanern im Zweiten Weltkrieg errichtet. Doch die großen Kämpfe fanden weiter südlich auf Iwo-jima statt. Nach dem Krieg wurden die Inseln vom US-Militär besetzt und 1968 wieder an Japan zurückgegeben.

GUT ZU WISSEN AUF OGASAWARA

- Es gibt einen internationalen Geldautomaten in der Post auf Chichi-jima, aber nicht auf Haha-jima. Einige wenige Geschäfte oder Restaurants akzeptieren zwar Kreditkarten, verlassen sollte man sich darauf aber nicht.
- Wer im Juli und August die Inseln besuchen will, sollte weit im Voraus reservieren. Campingplätze gibt's keine.
- Mehr Informationen haben die **Ogasawara-Dorf-Touristeninformation** (www.ogasawaramura.com) und **Bonin Base** (http://ludysbonin.com).

Chichi-jima 父島

☎ 04998 / 2061 EW.

Auf der wunderbar bewahrten und wunderschönen Insel Chichi-jima findet man eine Vielzahl an Unterkünften, Restaurants und sogar ein bisschen harmloses Nachtleben. Doch das eigentliche Highlight sind die tollen Strände, die Outdooraktivitäten und das Naturerbe in Ogasawara.

Aktivitäten

Die beiden besten Strände zum Schnorcheln liegen auf der Nordseite der Insel, vom Dorf nur einen kleinen Spaziergang über die Hügel. Am geschützten, für Anfänger geeigneten **Miya-no-hama** (宮之浜) gibt's recht hübsche Korallen. Noch schönere findet man am felsigen **Tsuri-hama** (釣浜), 500 m weiter und vom Dorf leichter erreichbar, allerdings weniger geschützt.

Auf der Westseite der Insel liegen gute Strände zum Schwimmen, die Richtung Süden immer besser werden. Besonders attraktiv sind die benachbarten Buchten **Kopepe** (コペペ海岸) und **Kominato-kaigan** (小港海岸). Vom Kominato-kaigan führt ein Weg über die Hügel und an der Küste entlang zum traumhaften **John Beach** (ジョンビーチ) mit weißem Sand. Allerdings läuft man pro Strecke zwei Stunden und es gibt kein Trinkwasser – pro Person sollte man mindestens 3 Liter mitnehmen.

Geführte Touren

Pelan Sea Kayak Club KAJAKFAHREN
(☎ 04998-2-3386; www.pelan.jp; ganztägige Touren 9000 ¥, Schnorchelausrüstung Verleih 500 ¥) Das Unternehmen wird von Ryō-san im Pelan Village geleitet und organisiert Touren zu einigen der schönsten Orte auf den

Inseln. Im Preis enthalten sind Ausrüstung und Mahlzeiten im Pelan-Stil, die auf einem Campingholzkocher zubereitet werden. Optional ist es möglich, selbst zu angeln und den gefangenen Fisch zu grillen.

Pink Dolphin GEFÜHRTE TOUREN
(☎ 080-8849-7307; www.chichijimapinkdolphin.jp; Halb/Ganztagestouren 5000/10 000 ¥) Stanley Minami ist der englisch sprechende Kapitän der Pink Dolphin, einem Glasbodenboot, mit dem Touren zur Delfin- und Walbeobachtung durchgeführt werden; wenn die Wetterlage es erlaubt, kann man sogar mit den Delfinen schwimmen. Pink Dolphin bietet auch Tripps zur Minami-jima, einer unbewohnten Insel mit einem verborgenen magischen Strand, dem Ōgi-ike (扇池). Die Touren müssen telefonisch im Voraus gebucht werden.

Rao Adventure Tours GEFÜHRTE TOUR
(☎ 04998-2-2081) Das Unternehmen am Ōgiura Beach bietet Dschungeltouren (halber Tag 5000 ¥) und Surfunterricht (15 000 ¥ pro Tag).

Schlafen

★ Pelan Village HÜTTEN ¥
(☎ 04998-2-3386; www.pelan.jp; Zi. pro Person mit Gemeinschaftsbad ab 5000 ¥; 📶) 🍃 Das Pelan Village, das sich wie ein Märchenland aus gemütlichen rauen Holzhütten mit Stegen und Leitern an einen grünen Berghang schmiegt, ist eine nachhaltige Öko-Oase und ideal für Selbstversorger. Allerdings dürften sich hier nur eingefleischte Umweltfreunde wohlfühlen: Herkömmliche Seifen und Waschmittel sind nicht erlaubt, denn das Abwasser fließt direkt aufs Feld.

Banana Inn GÄSTEHAUS ¥
(バナナ荘; ☎ 04998-2-2050; www.chichijimapinkdolphin.jp/banana.html; EZ/DZ mit Gemeinschaftsbad 5000/9000 ¥; P ⊖ ❄ @) Ein paar Stufen führen vom Pier hinauf zu dem bescheidenen Gasthof mit Zimmern in japanischem und westlichem Stil. Der Besitzer John Washington, ein Typ wie Hemingway, ist überaus gastfreundlich und unterhält sich gern über die Geschichte der Inseln; üblicherweise ist er im März vor Ort.

Tetsuya Healing Guest House GÄSTEHAUS ¥¥
(てつ家; ☎ 04998-2-7725; www.tetuyabonin.com; Zi. pro Pers. inkl. Frühstück ab 9500 ¥; ⊖ ❄ @ 📶) Bietet gut durchdachte und designte Zimmer, Bäder unter freiem Himmel und mehrgängige Menüs, die regionale Zutaten innovativ verwenden. Fünf Minuten zu Fuß vom Kominato kaigan Strand.

Rockwells GÄSTEHAUS ¥¥
(ロックウェルズ; ☎ 04998-2-3838; http://rockwells.co.jp/ogasawara; EZ/DZ mit Gemeinschaftsbad und 2 Mahlzeiten ab 8200/14 400 ¥; ⊖ ❄ 📶) Eine junge, freundliche Familie, die Englisch spricht, führt diese einfache Unterkunft und eine Bar direkt am Ōgiura-Strand. Das Essen ist fantastisch.

Essen & Ausgehen

Es gibt nur wenige Restaurants auf der Insel – man sollte eine Unterkunft mit Verpflegung buchen oder sich selbst versorgen.

Cafe Hale JAPANISCH ¥
(☎ 04998-2-2373; Mahlzeiten 1000 ¥; ⏲ Fr–Di 9–20 Uhr; 📶) Auf der Terrasse des Hale, mit Blick auf den Hafen von Chichi-jima, kann man eine Schale köstliches Sashimi auf Reis oder ein Stück Zitronen-Käsekuchen genießen.

Bonina INTERNATIONAL ¥¥
(☎ 04998-2-3027; Hauptgerichte ab 1000 ¥; ⏲ 11.30–13.30 & 18–24 Uhr) Freundliches Restaurant mit Bar, das einfache Reisgerichte, Pizza und Tacos im Angebot hat. Wenn die Fähre aus Tokio im Hafen liegt, ist auch über Mittag geöffnet. Nur ein paar Schritte vom Hafen an der Futami-Bucht.

★ USK Coffee CAFÉ
(☎ 04998-2-2338; https://uskcoffee.com/tag/chichijima; Kita-fukurozawa; ⏲ Do & Fr 13–17, Sa & So 10–17 Uhr) Der Airstream-Wohnwagen steht an der Straße zum Kominato-kaigan-Strand, hier servieren Ku und Yusuke, die beide Englisch sprechen, durstlöschende koffeinhaltige Getränke, aus Kaffeebohnen von ihrem Feld in der Nähe, zusammen mit selbstgemachten Cookies und Kuchen. Entspannend und erfrischend.

Yankee Town BAR
(ヤンキータウン; ☎ 080-2567-7168, 04998-2-3042; http://yankeetown.net; ⏲ Do–Di 20–2 Uhr) Östlich vom Hauptpier der Küstenhauptstraße etwa 10 Minuten Richtung Okumura folgen, dann landet man in dieser geselligen aus Treibholz gezimmerten Bar, die der Englisch sprechende Insulaner Rance Ohira führt. Super, um bei einem Bier oder Cocktail zu chillen. Manchmal gibt's Livemusik, dann ist hier in der ganzen Stadt am meisten los.

Praktische Informationen

Der **Chichi-jima Tourismusverein** (父島観光協会; ☎04998-2-2587; ⌚8–12 & 13.30–17 Uhr) befindet sich im „B-Ship"-Gebäude, etwa 250 m westlich vom Pier in der Nähe der Post. Die Mitarbeiter sprechen Englisch und haben die nützliche *Guide Map of Chichi-jima*. Das **Ogasawara Besucherzentrum** (小笠原ビジターセンター; ☎04998-2-3001; ⌚8.30–17 Uhr) liegt direkt am Strand hinter dem Dorfbüro; eine Ausstellung in englischer Sprache informiert über das Ökosystem und die Geschichte der Inseln.

An- & Weiterreise

Ogasawara Kaiun (小笠原海運; ☎03-3451-5171; www.ogasawarakaiun.co.jp/english) Mindestens einmal wöchentlich fährt die *Ogasawara-maru* vom Takeshiba-Pier in Tokio (10 Min. zu Fuß vom Bahnhof Hamamatsu-chō) nach Chichi-jima und zurück (2. Klasse ab 22 260 ¥, 24 Std.), auf der Website stehen genaue Fahrpläne und die aktuellen Preise.

Unterwegs vor Ort

Da Busse nur selten fahren, eignen sich Leihroller (ab 2400 ¥ pro Tag) am besten, um sich auf der Insel fortzubewegen, zumal man damit auch andere Regionen erreicht. Wer einen internationalen Führerschein mit Motorraderlaubnis hat, kann sie bei **Ogasawara Kanko** (小笠原観光; ☎04998-2-3311; ⌚8–18 Uhr) mieten.

Haha-jima 母島

☎04998 / 465 EW.

Haha-jima liegt etwa 50 km südlich von Chichi-jima und ist weit weniger erschlossen. Außerhalb der Sommersaison kann es passieren, dass man mutterseelenallein aufs blaue Meer schaut oder einen seltenen Vogel beobachtet.

Sehenswertes & Aktivitäten

Direkt vom Dorf führt eine vierstündige Rundwanderung durch seltene einheimische Flora zum **Chibusa** (乳房山; 463 m), dem höchsten Berg der Insel.

Ganz im Norden der Insel kann man am **Kita Minato** (北港湊) gut schnorcheln.

Bevor man das einzige Dorf der Insel verlässt, sollte man kurz im **Suppenschildkrötenreservat** auf der Südseite vorbeischauen – etwa 135 Schildkröten schlüpfen hier jedes Jahr und werden ins Meer entlassen.

Minami-zaki WANDERN

(南崎) Vom Dorf verläuft eine Straße Richtung Süden zum Ausgangspunkt der Wanderroute **Minami-zaki Yūhodō** (南崎遊歩道), die bis zum Minami-zaki (wörtlich „südlicher Punkt") führt, sie passiert einen Dschungel und ist manchmal rutschig und matschig. Am Minami-zaki selbst gibt's einen felsigen, mit Korallen übersäten Strand, der grandiose Aussicht auf die kleineren Inseln im Süden bietet. Das Wasser ist zwar verlockend, doch hinter der Bucht kann die Strömung Schwimmer leicht abtreiben.

Am Weg liegen der **Hōraine-kaigan** (蓬莢根海岸), ein schmaler Strand mit einem hübschen küstennahen Korallengarten, und der **Wai Beach** (ワイビーチ), dessen steil abfallende Riffe manchmal Seeadler anlocken. Über dem Minami-zaki erhebt sich der **Ko-fuji** (小富士), ein 86 m hoher Gipfel mit fantastischem Blick in alle Himmelsrichtungen.

NATUR AUF OGASAWARA

Die Ogasawaras sind auch als die Galapagos von Japan bekannt. Die Ozeaninseln waren nie mit einer anderen Landmasse verbunden, dadurch wartet die Natur hier mit vielen seltenen endemischen Arten auf. Nennenswert sind etwa die Veilchentaube, 90 % aller Schnecken auf der Insel und der Bonin-Flughund. Zwischen April und August wuchten sich Suppenschildkröten an den Strand, um im Sand der Insel ihre Eier abzulegen. Botaniker sollten bei Tag nach dem weißen Rhododendron *boninense* Ausschau halten und nachts nach dem biolumineszenten Pilz Green Pepe.

Die meisten Besucher fahren allerdings nach Ogasawara, um Wale und Delfine zu beobachten. Von Januar bis April kommen Buckelwale bis zu 500 m an die Küste heran. Zu anderen Zeiten können in etwa 10 bis 30 km Entfernung Pottwale gesichtet werden – mit sehr viel Glück sieht man vielleicht, wie sich einer mit dem legendären Riesenkalmar *Architeuthis* im Rachen aus der Tiefe erhebt. Dieser Gigant konnte 2004 das erste Mal überhaupt fotografiert werden.

Um die einzigartigen Ökosysteme der Inseln zu schützen, ist Zelten und Wandern außerhalb der ausgeschilderten Wege verboten.

Geführte Touren

Club Noah TAUCHEN
(クラブノア母島; ☎04998-3-2442; http://noah88.web.fc2.com; 1 Tauchgang 7980 ¥, Verleih von Ausrüstung 7500 ¥; ⏰Café 9–17 Uhr) Der Tauchladen veranstaltet Dschungelwanderungen und ökologische Touren zur Meeresflora und -fauna (ab 5200 ¥). Er befindet sich in einem weißen Gebäude in der Nähe des Schildkrötenreservats; drinnen ist auch ein **Café**, das leichte Gerichte serviert (ab 500 ¥). Für Reservierungen am besten anrufen; die aktuellen Preise erfährt man am Telefon.

Schlafen

Anna Beach Haha-jima Youth Hostel HOSTEL ¥
(アンナビーチ母島ユースホステル; ☎04998-3-2468; www.k4.dion.ne.jp/~annayh; B Mitglied/Nichtmitglied inkl. 2 Mahlzeiten ab 5780/6380 ¥;) Eine freundliche Familie führt diese ordentliche, fröhliche Jugendherberge. Das hellgelbe Haus im westlichen Stil hat eine schöne Lage mit Blick auf den Fischerhafen.

Island Resort Nanpū HOTEL ¥¥
(民宿　ナンプー; ☎0120-188-887; www.hahajima-nanpu.com/english; EZ/DZ mit 2 Mahlzeiten ab 12 000/20 000 ¥;) Gemütliche Lodge mit schicken holzvertäfelten Zimmern, freundlichen Besitzern und gutem Essen im dazugehörenden Restaurant **Austro** (11.30–14 & 18–23 Uhr), das auch für Nicht-Hotelgäste geöffnet ist.

Praktische Informationen

Haha-jima-Tourismusverein (母島観光協会; ☎04998-3-2300; www.hahajima.com/en; ⏰8–12 & 13–17 Uhr) Befindet sich im Passagierwarteraum am Pier und ist nur geöffnet, wenn die Fähre da ist.

Anreise & Unterwegs vor Ort

Die *Hahajima-maru* verkehrt fünfmal wöchentlich zwischen Chichi-jima und Haha-jima (4220 ¥, 2 Std.). Andere Anbieter organisieren Tagesfahrten von Chichi-jima nach Haha-jima. Am besten lässt sich die Insel mit Leihrollern (ab 3000 ¥ pro Tag) erkunden; die meisten Unterkünfte vermieten welche.

Die Japanischen Alpen & Zentral-Honshū

Inhalt ➡

Gut essen

- Kaiseki Tsuruko (S. 276)
- Kyōya (S. 258)
- Sentō (S. 275)
- Gyōza Gishū (S. 246)
- Atsuta Hōraiken Honten (S. 238)

Schön übernachten

- Yarimikan (S. 264)
- Hōshi Onsen Chōjūkan (S. 318)
- Oyado koto no Yume (S. 257)
- Lamp no Yado (S. 282)
- Share Hotels Hachi (S. 274)

Auf in die Japanischen Alpen & nach Zentral-Honshū

Japans geografisches Zentrum Zentral-Honshū (本州中部; Honshū Chūbu) erstreckt sich zwischen Tokios Randbezirken und Kansai. Die Japanischen Alpen ragen nahe der Grenze zu den Präfekturen Gifu und Nagano auf und fallen in nördlicher Richtung zum Japanischen Meer hin ab.

Im fotogenen Hochland finden sich Ski- und Wandergebiete, erstklassige Onsen und 29 der 30 höchsten Gipfel Japans. Derweil lockt die Kulturmetropole Kanazawa mit Tempeln und Teehäusern, in denen reiche Männer verkehrten und Geishas wohnten. Die Straßenzüge am Flussufer von Takayama haben zahlreiche Bewunderer, und für Matsumotos Beliebtheit sorgen die Burg und das Bergpanorama.

Über Nagoya, die viertgrößte Stadt des Landes mit allen Vorzügen einer Metropole und besten Verkehrsanbindungen, gelangt man nach Zentral-Honshū.

Reisezeit

Nagoya

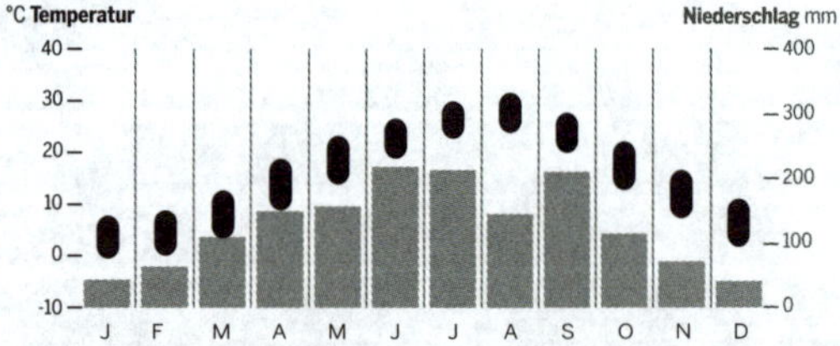

Jan.–März Naganos Pisten begeistern schneehungrige Wintersportler.

Sept.–Nov. Hidas und Kami-kōchis Berg-Onsen zeigen spektakuläre Herbstlandschaften.

April & Mai Kirschblüte und das tolle Fest Takayama Matsuri.

Klima

Das Klima in Zentral-Honshū richtet sich nach den landschaftlichen Gegebenheiten. Am besten besucht man die Region in der Zeit von April bis Mai oder Ende September bis Anfang November, bei milden Temperaturen und klarem Himmel. Die ideale Zeit für *hanami* (Beobachten der Kirschblüte) in den Alpen ist Mitte April, im Juni bringt der *tsuyu* (Monsun) ein paar Wochen starke Regenfälle mit sich, und der schwüle, taifungeplagte Sommer endet teilweise erst im Oktober.

In den schneereichen Monaten von November bis März werden in den Japanischen Alpen viele Straßen geschlossen und höhere Gipfel sind bisweilen noch Ende Juni mit Schnee bedeckt. Die Wandersaison dauert von Juli bis September, dann sorgt der Herbst für ein wunderbares Farbenspiel. Höhepunkt der *kōyō* (Verfärbung des Herbstlaubs) ist Mitte Oktober.

ℹ An- & Weiterreise

FLUGZEUG

Der **Central Japan International Airport** (NGO; ☎056-938-1195; www.centrair.jp/en) außerhalb von Nagoya ist mit vielen internationalen Verbindungen ein exzellenter Verkehrsknotenpunkt der Region. Die Flughäfen **Komatsu** (KMQ; www.komatsuairport.jp) und **Toyama** (TOY; www.toyama-airport.co.jp/english) im Norden bedienen inländische und eine Handvoll innerasiatischer Routen, während der **Shinshū Matsumoto Airport** (MMJ; Karte S. 306; www.matsumoto-airport.co.jp) tägliche Verbindungen nach Fukuoka, Osaka und Sapporo bietet.

ZUG

Nagoya ist eine wichtige Station der Tōkaidō-*shinkansen*-(Hochgeschwindigkeitszug-)Linie zwischen Tokio und Osaka. Seit 2015 verbindet die Hokuriku-Erweiterung des Nagano-*shinkansen* Tokyo mit Nagano sowie Toyama und Kanazawa.

ℹ Unterwegs vor Ort

AUTO & MOTORRAD

Motorradvermietungen gibt es kaum. Für Ausflüge auf die Noto-Halbinsel, in die Japanischen Alpen, in höhere Gebietslagen oder entlegene Gegenden lohnt es sich, einen Wagen zu mieten. Allerdings sind die Straßen steil und gewunden (nichts für Hasenfüße!) und man kommt oft nur langsam voran. Sorgfältige Planung ist das A und O.

Die meisten Mietwagen verfügen über GPS-Navigationssysteme mit zunehmend englischsprachiger Menüführung.

BUS

Je nach Jahreszeit bedienen die Busunternehmen JR, Meitetsu, Nōhi und Alpico Strecken ab Nagoya, Takayama und Matsumoto zu verschiedenen Orten im bergigen Zentrum von Chūbu.

ZUG

Die Zugverbindungen in der bergigen Region sind erstaunlich gut.

Auf der Nord-Süd-Route halten die JR-Linien Takayama und Chūō in Takayama, Matsumoto und Nagano.

Die JR-Hokuriku-Linie folgt der Küste des Japanischen Meeres, verbindet Fukui, Kanazawa und Toyama miteinander und bietet Umsteigemöglichkeiten nach Kyoto und Osaka.

Schnellen, praktischen Zugang von Tokyo, Kanazawa und Niigata zu den Gipfeln im bergigen Landesinneren bieten die *shinkansen*-Linien Hokuriku und Jōetsu.

NAGOYA & UMGEBUNG

Über das unauffällige, unterschätzte Nagoya gelangt man in die Berge und zu den Sehenswürdigkeiten der umliegenden Präfekturen Aichi und Gifu.

Inuyama und das Umland warten mit einigen großartigen historischen Attraktionen auf, darunter eine wunderbare Originalburg auf einem Berg (S. 242), während in Tokoname Keramikliebhaber auf ihre Kosten kommen. Das reizende Gifu wirkt wie ein Vorort Nagoyas, ist jedoch eine eigene Stadt und eine gute Alternative zu Nagoya, wenn man es stadtnah, aber nicht zu hektisch mag.

Nagoya 名古屋

☎052 / 2,29 MIO. EW.

Nagoya, Geburtsort von Toyota und des Pachinko-Automaten (eine Art Geldspielautomat), gilt als echtes Industriewunder. Das BIP der lokalpatriotischen Metropole ist höher als das vieler kleinerer Staaten, doch wie ein „Sandwichkind" ist Nagoya daran gewöhnt, im Schatten von Tokio und Kansai zu stehen.

Trotz industrieller Ausrichtung prägen gepflegte Parks und Grünflächen das Stadtbild. Von Nagoyas kosmopolitischem Gesicht zeugen einige fantastische Museen, bedeutende Tempel und exzellente Einkaufsmöglichkeiten, zudem sind die Bewohner stolz auf den unprätentiösen Charakter ihrer freundlichen, offenen Stadt.

Highlights

1 Nakasendō (S. 248) Eine Wanderung auf der alten Handelsstraße zwischen Tsumago und Magome unternehmen.

2 Ainokura (S. 267) In dem Weltkulturerbe-Dorf in einem strohgedeckten Haus nächtigen.

3 Miya-gawa Asa-ichi (S. 259) Mit dem Markt in Takayama in den Tag starten.

4 Matsumoto-jō (S. 288) Die Burg erklimmen und magische Ausblicke genießen.

5 Zenkō-ji (S. 303) In dem Tempel in Nagano nach Erleuchtung suchen.

6 Kamikōchi (S. 297) Durch atemberaubende Landschaften wandern.

7 Tateyama-Kurobe-Alpinroute (S. 291) Die Gegend mit alpinen Trolleybussen sowie Luft- und Standseilbahnen erkunden.

8 Takaragawa-Onsen (S. 317) In dem Minakami-Onsen am Fluss seine Sorgen vergessen.

9 D.-T.-Suzuki-Museum (S. 272) In Kanazawa in Zen-Philosophien eintauchen.

10 JR SCMAGLEV & Eisenbahnpark (S. 236) Direkt vor Nagoya ein Paradies für Eisenbahnliebhaber erleben.

11 Ichijōdani-Ruinen des Asakura-Clans (S. 284) Sich in Fukui wie ein Shogun-Herrscher fühlen.

Noto-Halbinsel
Nagaoka
Kashiwazaki
PRÄFEKTUR NIIGATA
Toyama-wan
Jōetsu
Hokuriku-Shinkansen-Linie
Muikamachi
Toyama Chihō Tetsudō
Itoigawa
Nozawa Onsen
Iiyama
Uozu
148
Shinano
8 Takaragawa Onsen
Naeba
Shirouma-dake (2932 m)
Togakushi
yama
Tateyama
Happō-One
Hakuba
Obuse
Shiga Kōgen
Tsukiyono
Numata
Minakami
ÄFEKTUR OYAMA
Kurobe Dam
Nagano 5
19
Tateyama-Kurobe-Alpinroute 7
Shinano-ōmachi
Nagano-Shinkansen
Kan-Etsu-Autobahn
Shibukawa
PRÄFEKTUR GUNMA
Chūbu-Sangaku-Nationalpark
JR-Ōito-Linie
Ueda
Maebashi
Kiryū
Bessho Onsen
18
Karuizawa
Usui Toge-Bahnpark
Takasaki
Isesaki
Ashikaga
Kamikōchi 6
Azumino
Shin-etsu-Linie
iya-gawa
a-ichi
Fukuchi Onsen
4 Matsumoto-jō
Flughafen Shinshū
Shirahone Onsen
PRÄFEKTUR NAGANO
Koumi-Linie
Takayama
Shiojiri
Matsumoto
Kumagaya
Aidara
Norikura-dake (3026 m)
Suwa
299
Narai
JR-Chūō-Honsen-Linie
Chūō-Autobahn
Chichibu
On-take (3067 m)
Yabuhara
Azusayama
Kawagoe
Chichibu-Tama-Nationalpark
Gero
Kiso
Tokyo (22 km)
Kōfu
PRÄFEKTUR YAMANASHI
Hachioji
Nagiso
Tsumago
Magome
Matsukawa
Minami-Alpen-Nationalpark
akasendō 1
Nakatsugawa
Iida
Fuji-yoshida
Yamato
Atsugi
Chigasaki
151
Fuji (3776 m)
Gotemba
Hiratsuka
Fujisawa
153
52
Odawara
Hakone
1
PRÄFEKTUR AICHI
PRÄFEKTUR SHIZUOKA
Iida-Linie
Fuji
Numazu
Shizuoka
Tōmei-Autobahn
Fujieda
Izu-Halbinsel
Suruga-wan
Dōgashima
Toyohashi
Hamamatsu
Enshū-nada-Meer

Nagoya Zentrum

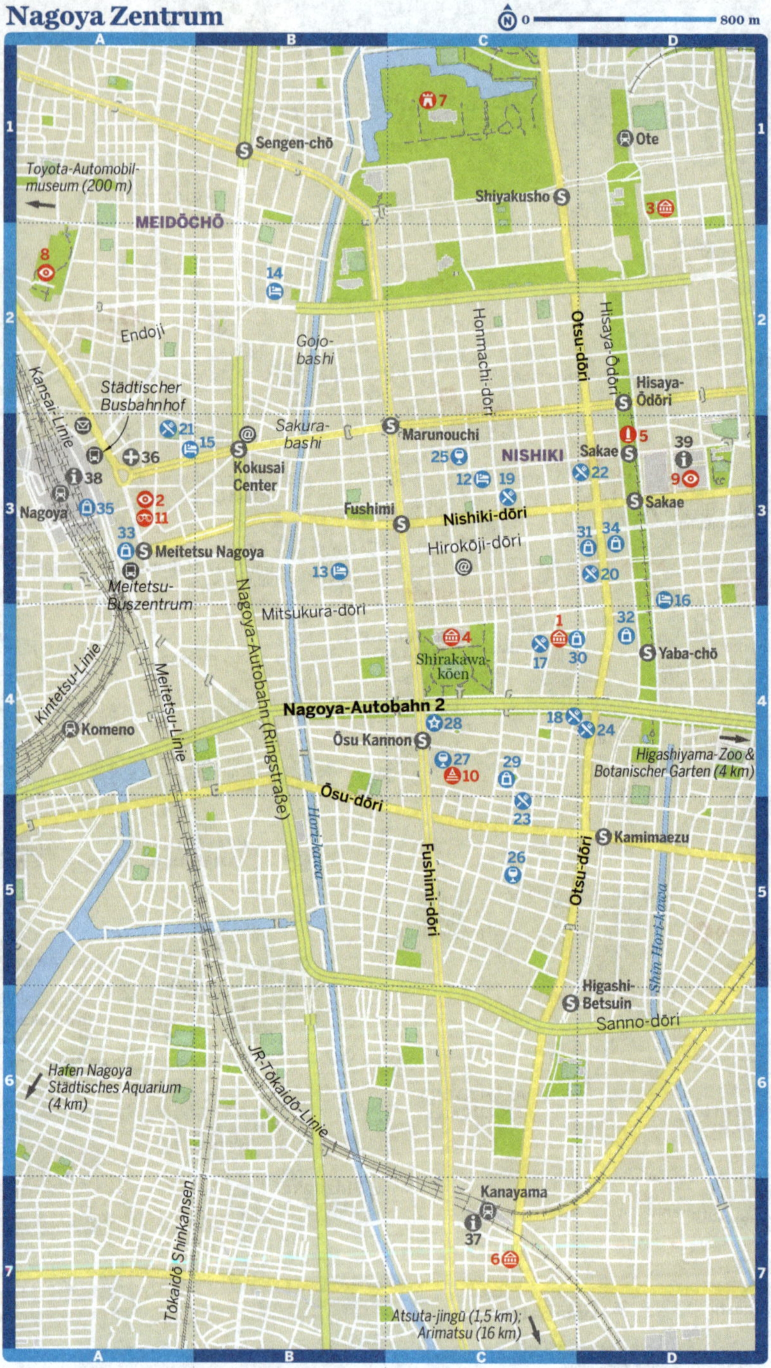

Nagoya Zentrum

Sehenswertes
1 International Design Centre Nagoya ... C4
2 Midland Square ... A3
3 Stadtarchiv Nagoya ... D1
4 Wissenschaftmuseum der Stadt Nagoya ... C4
5 Fernsehturm Nagoya ... D3
6 Museum der bildenden Künste Nagoy/Boston ... C7
7 Nagoya-jō ... C1
Kunsthandwerkszentrum & -museum Noritake ... (siehe 8)
Noritake-Galerie ... (siehe 8)
8 Noritake-Garten ... A2
9 Oasis 21 ... D3
10 Ōsu Kannon ... C4
11 Sky Promenade ... A3

Schlafen
12 Dormy Inn Premium Nagoya Sakae ... C3
13 Hilton Nagoya ... B3
14 Kyoya Ryokan ... B2
15 Royal Park Hotel The Nagoya ... A3
16 the b Nagoya ... D3

Essen
17 Love Pacific Cafe ... C4
18 Misen ... C4
19 Sōhonke Ebisuya Honten ... C3
20 Suzunami Honten ... D3
21 Tarafuku ... A3
22 Torigin Honten ... D3
23 Trattoria Cesari ... C5
24 Yabaton Honten ... D4

Ausgehen & Nachtleben
25 Coat of Arms ... C3
26 Grok ... C5
27 Smash Head ... C4

Unterhaltung
28 Electric Lady Land ... C4

Shoppen
Kintetsu ... (siehe 33)
29 Komehyō ... C4
30 Loft Department Store ... C4
31 Maruei ... D3
32 Matsuzakaya ... D4
33 Meitetsu ... A3
34 Mitsukoshi ... D3
35 Takashimaya ... A3

Praktisches
36 Tachino-Klinik ... A3
37 Touristeninformationszentrum (Kanayama) ... C7
38 Touristeninformationszentrum (Nagoya Station) ... A3
39 Touristeninformationszentrum (Sakae) ... D3

Dennoch kämpft Nagoya noch immer gegen den landesweiten Ruf, die langweiligste Metropole Japans zu sein, wobei viele Einheimische sie noch nie besucht haben. Wir sind in jedem Fall anderer Meinung!

Die Stadt hat eine erstklassige Lage zwischen Tokio und Kyoto/Osaka auf der Tōkaidō-*shinkansen*-Route. Es dient als Tor zu Chūbus bergigem Zentrum und eignet sich wunderbar als Basis für Tagesausflüge.

Geschichte

Als Heimat der „drei Helden" Japans, so die Bezeichnung für Oda Nobunaga (er einte das Land), Toyotomi Hideyoshi (Japanas zweiter Reichseiniger) und Tokugawa Ieyasu (Begründer von Japans letztem Shogunat) ist Nagoya von großer Bedeutung, auch wenn es erst seit 1889 Stadtrecht besitzt.

1609 ordnete Tokugawa den Bau der Nagoya-jō an, die 16 Generationen lang Sitz seiner Familie (auch Owari-Clan genannt) war. Deren diktatorische, wenn auch prosperierende Herrschaft fiel in die sogenannte Edo-Zeit und dauerte bis ins Jahr 1868, als der Amtsantritt des Kaisers Meiji den letztendlichen Untergang von Japans feudaler Samurai-Kultur einläutete.

Die Stadt entwickelte sich zu einem Handels-, Industrie- und Transportzentrum. Während des Zweiten Weltkriegs wurden hier um die 10 000 „Mitsubishi Zero"-Kriegsflugzeuge hergestellt. Wegen der zahlreichen Fabriken bombardierten die Alliierten Nagoya besonders stark – fast 4000 Einwohner starben, über 450 000 mussten ihre Häuser verlassen und etwa ein Viertel der Stadt wurde zerstört. Aus den Trümmern entstand das moderne Nagoya mit breiten Straßen, einem U-Bahn-Netz, Hochhäusern und Parks.

Sehenswertes

Bahnhof Nagoya & Umgebung

Sky Promenade AUSSICHTSPUNKT
(スカイプロメナード; Karte S. 232; ☎052 527 8877; www.midland-square.com; 4-7-1 Meieki; Erw./Kind 750/500 ¥; ⏲11–21.30 Uhr; Ⓡ Nagoya) Auf den Etagen 44 bis 46 des **Midland Square** (ミッドランドスクエア; Karte S. 232; 4-7-1 Meieki; ⏲Geschäfte 11–20 Uhr, Restaurants 11–23 Uhr)

lockt die Sky Promenade mit der höchsten Freiluft-Aussichtsplattform des Landes und einer Handvoll hochpreisiger Restaurants mit Panoramablick. Zu erreichen sind sie über abenteuerlich beleuchtete Gänge.

Toyota Commemorative Museum of Industry & Technology MUSEUM

(トヨタテクノミュージアム産業技術記念館, Toyota Techno-museum Zangyō Gijutsu Kinenkan; 052-551-6115; www.tcmit.org; 4-1-35 Noritake-shinmachi; Erw./Kind 500/300 ¥; Di–Sa 9.30–17 Uhr; Meitetsu-Nagoya-Linie bis Haltestelle Sako) Der größte Automobilhersteller der Welt hat ganz klein in der Webindustrie angefangen, und genau da, wo sich die alte Webfabrik befand, ist dieses interessante Museum eingezogen. Zunächst dreht sich alles um Textilien, dann geht's in den 7900 m² großen Automobil- und Roboterpavillon. Technikfans werden die zahllosen Gegenstände zum Anfassen und Ausprobieren lieben. Die Erklärungen sind zweisprachig, außerdem gibt's eine Audiotour auf Englisch.

Achtung: Nicht verwechseln mit der Toyota-Ausstellungshalle und den Fabrikführungen!

Noritake-Garten GARTEN

(ノリタケの森, Noritake no Mori; Karte S. 232; 052-561-7290; www.noritake.co.jp; 3-1-36 Noritake-shinmachi; Di–So 10–18 Uhr; S Kamejima) An die Vergangenheit dieser Grünanlage (erb. 1904) eines sehr bekannten japanischen Porzellanherstellers erinnern Überreste altmodischer Brennöfen und die hübsche **Noritake-Galerie** (ノリタケの森ギャラリー; Karte S. 232; 052-562-9811; Di–So 10–18 Uhr) GRATIS mit Gemälden, Skulpturen und Porzellan. Im **Kunsthandwerkszentrum & -museum** (ノリタケクラフトセンター; Karte S. 232; 052-561-7114; Erw./Sen./Kind 500 ¥/frei/300 ¥; Di–So 10–17 Uhr) wird der Herstellungsprozess demonstriert und Besucher können ihr eigenes Steinzeug glasieren (ab 1800 ¥). Der „Box Outlet Shop" verkauft Porzellan zu reduzierten Preisen. Durchgängige englische Beschilderung.

Nagoya-jō & Umgebung

Nagoya-jō BURG

(名古屋城; Karte S. 232; 052-231-1700; www.nagoyajo.city.nagoya.jp; 1-1 Honmaru; Erw./Kind 500 ¥/frei; 9–16.30 Uhr; S Shiyakusho, Ausgang 7) Die ursprüngliche Burg, die Tokugawa Ieyasu zwischen 1610 und 1614 für seinen neunten Sohn erbauen ließ, wurde im Zweiten Weltkrieg zerstört. Bei dem aktuellen Gebäude handelt es sich um einen Nachbau von 1959 inklusive Aufzug. Aktuell sind Renovierungsarbeiten im Gange. Das Dach zieren 3 m lange vergoldete *shachi-hoko*, legendäre Kreaturen mit dem Kopf eines Tigers und dem Körper eines Karpfens. Im Inneren sind allerlei Schätze, Rüstungen und Erklärungen zur Geschichte der Familien Oda, Toyotomi und Tokugawa. Den ganzjährig geöffneten Garten **Ninomaru-en** (二の丸園) schmücken ein paar hübsche Teehäuser.

Seit 2009 wird der **Honmaru-Palast** (1624–44) unter Verwendung traditioneller Materialien und Methoden in mühevoller Arbeit renoviert. 2018 sollen die Arbeiten abgeschlossen sein.

★ **Tokugawa-Kunstmuseum** KUNSTMUSEUM

(徳川美術館, Tokugawa Bijutsukan; 052-935-6262; www.tokugawa-art-museum.jp/english; 1017 Tokugawa-chō; Erw./Kind 1200/500 ¥; Di–So 10–17 Uhr; Me-guru Haltestelle 11) Ein Muss für alle, die sich für japanische Kultur und Geschichte interessieren! Die Sammlung umfasst mehr als 10 000 Stücke, darunter Nationalschätze und wichtige Kulturgüter aus dem Besitz der Shogune. Jedes Jahr wird Ende November und immer nur für kurze Zeit die unschätzbar wertvolle Schriftrolle mit der *Geschichte des Prinzen Genji* aus dem 12. Jh. ausgestellt, den Rest des Jahres müssen Besucher sich mit einem Video begnügen.

Tokugawa-en GARTEN

(徳川園; 052-935-8988; www.tokugawaen.city.nagoya.jp; 1001 Tokugawa-chō; Erw./Sen. 300/100 ¥; Di–So 9.30–17.30 Uhr; Me-guru Haltestelle 10) 1931 schenkte die Tokugawa-Familie der Stadt Nagoya diesen netten japanischen Garten neben dem Tokugawa-Kunstmuseum. Leider fiel er 1945 dem Bombenhagel zum Opfer. Danach wurde das Gelände als Park genutzt, bis 2001 ein dreijähriges Restaurierungsprojekt begann. Jetzt ist Wasser das Hauptelement der Grünanlage: Es gibt einen See, einen Fluss mit Brücken und einen Wasserfall. Im Frühling explodiert hier ein Farbenmeer aus 2000 Pfingstrosen und Schwertlilien, im Herbst entfaltet der Ahorn seine Pracht.

Stadtarchiv Nagoya STADTARCHIV

(名古屋市政資料館, Nagoya Shisei Shiryō-kan; Karte S. 232; 052-953-0051; 1-3 Shirakabe, Higashi-ku; Di–So 9–17 Uhr; S Shiyakusho, Ausgang 3) GRATIS Das prachtvolle Gerichtsgebäude aus der Taisho-Zeit (1922) beherbergt heute das Stadtarchiv. Wer nicht des Japanischen mächtig ist, wird mit diesem nicht viel anfangen können, der hübsche neobarocke Bau mit schönen Buntglasverzierungen lohnt jedoch einen näheren Blick.

Fushimi & Sakae

Die Straßen zwischen den U-Bahn-Stationen Fushimi und Sakae sind *die* Anlaufstelle zum Shoppen und Leute beobachten. Im grünen **Hisaya-ōdōri-kōen** ist immer viel los und rings um Sakae tummelt sich das feierfreudige Volk bis tief in die Nacht hinein.

Fernsehturm Nagoya FERNSEHTURM

(名古屋テレビ塔; Karte S. 232; ☎ 052-971-8546; www.nagoya-tv-tower.co.jp; 3-6-15 Nishiki; Erw./Kind 1000/500 ¥; ⏲10–21 Uhr; S Sakae, Ausgang 4b oder 5a) Nagoyas heiß und innig geliebter Fernsehturm (1954 fertiggestellt) war der erste seiner Art in Japan. Dank der zentralen Position eignet sich der 100 m hohe **Sky Balcony** (Himmelsbalkon) bestens, um sich einen ersten Überblick zu verschaffen. Der große Biergarten und das koreanische Grillrestaurant am Fuße des Turms sind die Nummer eins in der Stadt. Auf der Website sind Sonderveranstaltungen und gelegentliche nächtliche Beleuchtungen nachzulesen.

Oasis 21 ORIENTIERUNGSPUNKT

(オアシス21; Karte S. 232; ☎ 052-962-1011; www.sakaepark.co.jp; 1-11-1 Higashi-sakura, Higashi-ku; S Sakae, Ausgang 4a) Das Oasis 21 ist Busbahnhof und Verkehrsknotenpunkt der besonderen Art. Bei der Einweihung erregte die legendäre „Galaxieplattform" – eine elliptisch geformte, mit Wasser gefüllte Konstruktion aus Glas und Stahl, die als Blickfang und zur Kühlung dient – viel Aufmerksamkeit. Besucher können die Stufen hinaufklettern und sich das Ganze aus der Nähe ansehen – am besten abends, denn die Beleuchtung ist abenteuerlich!

Wissenschaftsmuseum der Stadt Nagoya MUSEUM

(名古屋市科学館, Nagoya-shi Kagaku-kan; Karte S. 232; ☎ 052-201-4486; www.ncsm.city.nagoya.jp; 2-17-1 Sakae; Erw./Kind 800/500 ¥; ⏲Di–So 9.30–17 Uhr; 👪; S Fushimi, Ausgang 5) Dieses Museum mit Exponaten zum Anfassen beherbergt das Planetarium mit der größten Kuppelleinwand der Welt. Die Projektionstechnologie ist sozusagen außerirdisch gut. Zu den weiteren Highlights gehören das Tornado- und das Tiefkühllabor samt Indoor-Polarlicht. Obwohl alle Vorführungen für Kinder konzipiert und auf Japanisch sind, lohnt der Besuch allein wegen der innovativen Technik.

International Design Centre Nagoya GALERIE

(国際デザインセンター, Kokusai Dezain Sentaa; Karte S. 232; ☎ 052-265-2105; www.idcn.jp; 3-7F, 3-18-1 Sakae; ⏲Mi–Mo 11–20 Uhr; S Yaba-chō, Ausgang 5 oder 6) GRATIS Im **Nadya-Park-Komplex** befindet sich ein weltlicher Schrein zu Ehren der Götter der Konzeptualisierung, Form und Funktionalität. Die bedeutenden Galerien im vierten Stock umfassen alles von Art déco bis Postmoderne, Electrolux bis Isamu Noguchi und Arne Jacobsen bis Mini Cooper.

Ōsu Kannon & Kanayama

Zwischen den U-Bahn-Stationen Ōsu-Kannon und Kamimaezu erstreckt sich ein junges, unkonventionelles Viertel voller Geschäfte, Restaurants und Straßenverkäufer. Mit etwas Geduld und Ausdauer stößt man hier auf unkonventionelle Vintage-Kleidung und ungewöhnliche Souvenirs.

An der Haltestelle Kamimaezu nimmt man den Ausgang 9, spaziert zwei Häuserblocks Richtung Norden und biegt dann links in die Banshoji-Straße (万松寺通), eine überdachte Einkaufspassage, ab. Diese geht in die Ōsu-Kannon über und führt bis zum Tempel. In den Seitengassen brummt das Leben. Die geschäftige, aber übersichtliche Gegend um die Kanayama-Station macht sich gut als alternative Basis für Meieki und Sakae.

Ōsu Kannon BUDDHISTISCHER TEMPEL

(大須観音; Karte S. 232; ☎ 052-231-6525; www.osu-kannon.jp; 2-21-47 Osu, Naka-ku; ⏲24 Std.; S Ōsu Kannon, Ausgang 2) GRATIS Bis 1333 reichen die Ursprünge dieses gut besuchten, dem Buddha des Mitgefühls geweihten Tempels zurück. Tokugawa Ieyasu ließ das Bauwerk 1610 an den heutigen Standort verlegen, das aktuelle Gebäude ist aber noch recht jung und stammt von 1970. In der Bibliothek wird die älteste bekannte Abschrift der *kojiki* aufbewahrt, der mythologischen Geschichte Japans.

Nagoya/Boston Museum of Fine Arts MUSEUM

(名古屋ボストン美術館, Nagoya Boston Bijutsu-kan; Karte S. 232; ☎ 052-684-0101; www.

nagoya-boston.or.jp; 1-1-1 Kanayama-chō; Erw./Kind/Sen. 1300¥/frei/900¥; ⌚Di–Fr 10–19, Sa & So bis 17 Uhr; 🚉Kanayama, Südausgang) Ein Gemeinschaftsprojekt japanischer Geldgeber und des Museum of Fine Arts in Boston. Die Sammlung mit japanischen und internationalen Meisterwerken ist beeindruckend.

Großraum Nagoya

★ JR SCMAGLEV & Eisenbahnpark MUSEUM

(JR リニア・鉄道館, JR Rinia Tetsudō-kan; ☎050-3772-3910; http://museum.jr-central.co.jp; Kinjofuto 3-2-2; Erw./Kind 1000/500¥, shinkansen-Simulator 500¥; ⌚Mi–Mo 10–17.30 Uhr; 🚉JR-Aonami-Linie bis zur Haltestelle Kinjofuto) Ein Paradies für Eisenbahnfans! Das riesige Museum zum Anfassen beherbergt echte *Maglev-* (mit 581km/h der schnellste Zug der Welt), *shinkansen-* und historische Schienenfahrzeuge sowie Simulatoren und bietet dabei einen faszinierenden Einblick in die japanische Nachkriegsgeschichte. Den „Hangar" erreicht man nach 20 Minuten mit der Aonami-Linie, zu finden auf der Taiko-dōri-Seite des JR-Bahnhofs Nagoya.

Toyota-Ausstellungshalle MUSEUM

(トヨタ会館, Toyota Kaikan; ☎Museum 0565-29-3345, Führungen 0565-29-3355; www.toyota.co.jp/en/about_toyota/facility/toyota_kaikan; 1 Toyota-chō; ⌚Mo–Sa 9.30–17 Uhr, Führungen 11 Uhr; 🚉Aichi-Kanjō-Linie bis Haltestelle Mikawa Toyota) GRATIS In Toyotas internationalem Hauptsitz können Besucher bis zu 20 brandneue Modelle aus den neuesten Produktlinien mit der angesagtesten Technologie bestaunen und dem Herstellungsprozess beiwohnen. Faszinierende zweistündige Rundgänge durch das Hauptwerk der Toyota Motor Corporation starten in der Ausstellungshalle mit Exponaten, von denen viele kürzlich restauriert wurden. Das Museum kann jederzeit innerhalb der Öffnungszeiten besucht werden, die täglich angebotenen Führungen müssen hingegen zwei Wochen bis drei Monate im Voraus gebucht werden. Weitere Infos hält die Website bereit.

Man braucht für die Fahrt vom Stadtzentrum nach Toyota City etwa zwei Stunden. Weitere Infos gibt's auf der Website.

Atsuta-jingū SHINTO-SCHREIN

(熱田神宮; ☎052-671-4151; www.atsutajingu.or.jp; 1-1-1 Jingū; Ⓢ Jingū-mae oder Jingū-nishi, Ausgang 2) Zwar wurden die gegenwärtigen Gebäude 1966 errichtet, doch den Atsuta-jingū selbst gibt's schon seit mehr als 1900 Jahren. Er ist einer der heiligsten Shintō-Schreine des Landes. Zwischen uralten Zypressen eingebettet, beherbergt er das heilige *kusanagi-no-tsurugi* (Grasschneideschwert), eines von drei Insignien, die Sonnengöttin Amaterasu-Ōmikami der Legende zufolge der kaiserlichen Familie übergab. In der **Schatzhalle** (宝物館; Erw./Kind 300/150¥; ⌚9–16.30 Uhr, letzter Mi & Do im Monat geschl.) sind zudem wechselnde Ausstellungen mit mehr als 4000 Schwertern, Masken und Gemälden aus der Tokugawa-Ära zu sehen.

Feste & Events

In einer Stadt dieser Größe gibt es viele unterhaltsame Feste und Veranstaltungen. Gute, aktuelle Infos liefert die Website www.nagoya-info.jp/en/event.

Großes Sumō-Turnier von Nagoya SUMO

(日本相撲協会名古屋場所, Nihon Sumō Kyōkai Nagoya Basho; ☎052-971-2516; www.sumo.or.jp; Aichi-ken Taiiku-kan, 1-1 Ninomaru; Tickets ab 3000¥; ⌚Juli) Nagoya Bashō ist einer von sechs jährlichen Sumowettbewerben. Im Juli messen sich Ringer zwei Wochen lang in der Sporthalle der Aichi-Präfektur. Wer früh am Nachmittag da ist, kann die unbekannteren Teilnehmer aus nächster Nähe sehen.

World Cosplay Summit COSPLAY

(www.worldcosplaysummit.jp; ⌚Juli/Aug.) Wer im Juli/August in Nagoya ist, hat eventuell das Glück, eine der Veranstaltungen dieses wahrhaft einzigartigen visuellen Spektakels zu erleben. Dabei treffen sich Cosplayer („Kostümspieler") und Liebhaber von Anime (japanischer Trickfilmkunst) aus der ganzen Welt, um in die Rolle ihrer virtuellen Vorbilder zu schlüpfen.

Nagoya Matsuri UMZUG

(名古屋まつり; www.nagoya-festival.jp; ⌚Mitte Okt.) Nagoyas Superparty wird Mitte Oktober im Hisaya-ōdōri-kōen zu Ehren der „drei Helden" gefeiert. Die lebendige Parade wartet mit Kostümen, Umzugswagen und *karakuri ningyō* (Marionetten) sowie Volkstänzen und geschmückten Autos auf.

Schlafen

Guesthouse Mado PENSION ¥

(ゲストハウスMADO; ☎050-7516-6632; www.guesthousemado.com; 924 Arimatsu; B 3000¥;

Meitetsu Arimatsu) Die kleine Pension mit zwei Zimmern und Gemeinschaftsbad fernab des hektischen Trubels der Innenstadt im hübschen Bezirk Arimatsu ist eine Erweiterung des Hauses des freundlichen Besitzers. Wer nach einer einladenden Bleibe sucht, in der man Geschichten austauschen und den japanischen Alltag erleben kann, ist hier genau richtig.

Glocal Nagoya Hostel HOSTEL ¥
(グローカル名古屋ホステル; 052-446-6694; 1-21-3 Noritake; B 3240 ¥; S Nagoya) Zu dem wunderbar trendigen Hostel, rund sieben Gehminuten vom Bahnhof Nagoya entfernt, gehören ein Café und eine Bar, die bei Einheimischen und Gästen gleichermaßen beliebt ist. Die herzlichen, gastfreundlichen Mitarbeiter geben Tipps zur Gegend und üben gerne ihre beachtlichen Englischkenntnisse.

the b Nagoya HOTEL ¥
(ザ・ビー 名古屋; Karte S. 232; 052-241-1500; www.theb-hotels.com; 4-15-23 Sakae; EZ/DZ ab 5200/6800 ¥; S Sakae, Ausgang 13) Ein smartes, gut geführtes Hotel in toller Lage gleich gegenüber dem Hisaya-ōdōri-kōen sowie zwischen den U-Bahn-Stationen Sakae und Yaba-cho. Die Zimmer sind winzig, aber geschmackvoll eingerichtet. Online locken Schnäppchenangebote inklusive Frühstück.

Kyoya Ryokan RYOKAN ¥¥
(京屋旅館; Karte S. 232; 052-571-2588; www.kyoya.to; 2-11-4 Habashita, Nishi-ku; EZ/DZ mit 2 Mahlzeiten ab 11 800/14 850 ¥; S Kokusai Center) Das beliebte *ryokan* ist um einen hübschen japanischen Garten angelegt. Sind viele Zimmer belegt, kann es etwas laut zugehen, dafür gibt es ein ansprechendes Gemeinschaftsbad und eine noch attraktivere separate Privatsuite. Der Bahnhof liegt einen ordentlichen Fußmarsch entfernt, die freundlichen Betreiber helfen jedoch gerne und sprechen etwas Englisch.

Royal Park Hotel The Nagoya HOTEL ¥¥
(ロイヤルパークホテル ザ 名古屋; Karte S. 232; 052-300 1111; www.rph-the.co.jp; 3-2-13 Meieki; EZ/DZ ab 7000/14 000 ¥; S Kokusai Center) Jede Menge dunkler Marmor und Zypressenholz in der Lobby sowie Gästezimmer in frischen Grau- und Cremetönen sorgen für eine gewisse Raffinesse in dem neuen klassischen Businesshotel. Die Lage zwischen dem Bahnhof Nagoya und der U-Bahn-Station Kokusai Center ist exzellent.

Dormy Inn Premium Nagoya Sakae HOTEL ¥¥
(ドーミーイン PREMIUM 名古屋栄; Karte S. 232; 052-231-5489; www.hotespa.net/hotels/nagoyasakae; 2-20-1 Nishiki; EZ/DZ ab 9240/11 990 ¥; S Fushimi) Mitten in Nagoyas Sakae-Bezirk gelegen, ist das geschäftige Touristenhotel etwas luxuriöser als für die beliebte Dormy-Inn-Kette üblich, dafür sorgen stilvolle Einrichtung, ein hauseigenes Restaurant, eine Terrasse und ansprechende Gemeinschaftsbäder.

★ **Hilton Nagoya** HOTEL ¥¥¥
(ヒルトン名古屋; Karte S. 232; 052-212-1111; www.hilton.com; 1-3-3 Sakae; EZ/DZ ab 19 600/24 100 ¥; P; S Fushimi, Ausgang 7) Typisches Hilton-Hotel in erstklassiger Lage mit geräumigen, stilvollen Zimmern voller japanischer Designelemente, mehreren Suiten und einem „Executive"-Stockwerk. Leihräder und das Shuttle zum Bahnhof sind kostenlos. Außerdem gibt's hier zwei Restaurants, drei Bars und ein Fitnessstudio. Fast alle Zimmer bieten einen netten Blick.

Essen

Nagoya mag nicht mit Touristenattraktionen im Überfluss aufwarten, dafür lässt sich hier auf fantastische Weise Japans Leidenschaft fürs Essen erleben. Günstige internationale Snacks gibt's vor den Ladenzeilen des Ōsu-Einkaufszentrums, wo Straßenhändler eine riesige Auswahl feilbieten, die von Kebabs über *karaage* (Frittiertes) bis hin zu Crêpes und Pizza reicht.

Sōhonke Ebisuya Honten NUDELN ¥
(総本家えびすや本店; Karte S. 232; 052-961-3412; 3-20-7 Nishiki; Gerichte/Menus ab 760/900 ¥; 11–1 Uhr; S Sakae, Ausgang 3) Die

NAGOYA-KÜCHE

Die Stadt ist berühmt für gewagte lokale Delikatessen, die gewöhnlich auch ausländischen Gaumen munden. Zu ihnen gehören *kishimen* (weiche, von Hand gemachte Weizenbandnudeln), *miso-nikomi udon* (Nudeln in einer herzhaften Misobrühe) und *miso-katsu* (gebratenes, paniertes Schweinekotelett mit Misosoße). Weitere hiesige Spezialitäten sind *kōchin* (Huhn aus Freilandhaltung), *tebasaki* (Chicken Wings) und *hitsumabushi* (auf Holzkohle gegrillter Aal).

riesigen Nudelschüsseln in der Vorzeigefiliale einer der bekanntesten *kishimen*-Ketten (flache handgemachte Weizennudeln) der Stadt sind warm, lecker und günstig. Oft können Gäste dabei zusehen, wie der Küchenchef die Nudeln zubereitet. Es gibt eine bebilderte Speisekarte – besonders köstlich sind *karē kishimen* (Curry-Nudeln).

Love Pacific Cafe VEGAN ¥

(ラブ・パシフィックカフェ; Karte S. 232; ☎ 052-252-8429; www.pacifit.jp/lovecafe.html; 3-23-38 Sakae; ab 600 ¥ pro Stück; ⏲ Di–So 11.30–17 Uhr; ; Ⓢ Yaba-chō, Ausgang 4) Wer ausgewogene, leckere, gesunde Küche zu schätzen weiß, ist in diesem trendigen, freundlichen veganen Café richtig. Die Mittagsmenüs und Cafésnacks enthalten weder Milchprodukte noch Eier oder weißen Zucker. Die wechselnde Speisekarte umfasst meist zwei Suppen, die Biosalatbar und ein Hauptgericht – die Tofu-Teriyaki-Burger sind köstlich.

★ Atsuta Hōraiken Honten FISCH & MEERESFRÜCHTE ¥¥

(あつた蓬莱軒本店; ☎ 052-671-8686; www.houraiken.com; 503 Gōdo-chō; Gerichte 950 ¥, Menüs ab 2500 ¥; ⏲ Do–Di 11.30–14 & 16.30–20.30 Uhr; Ⓢ Temma-chō, Ausgang 4) Die Vorzeigefiliale dieser *hitsumabushi*-Kette, die seit 1873 im Geschäft ist, hat zu Recht eine treue Fangemeinde. Letztere steht im Sommer Schlange, denn dann gibt's *hitsumabushi* – Aal in einer *tare* (Soße) mit geheimer Rezeptur auf Reis, angerichtet in einer abgedeckten Lackschüssel (3600 ¥). Das Ganze wird mit Frühlingszwiebeln, Wasabi und *dashi* (Fischbrühe) abgeschmeckt. Alternative *teishoku* (Menüs) umfassen Tempura und Steak.

★ Trattoria Cesari ITALIENISCH ¥¥

(トラットリア　チェザリ; Karte S. 232; ☎ 052-238-0372; www.cesari.jp; 3-36-44 Ōsu; Pizza ab 680 ¥, Hauptgerichte ab 1200 ¥; ⏲ 11–15 & 18–22 Uhr; ; Ⓢ Kamimaezu, Ausgang 8) Eine italienische Trattoria dieses Kalibers und dieser Qualität vermutet man wahrlich nicht im Zentrum von Nagoya! Am Wochenende steht man hier Schlange für die berühmte Pizza Napoletana des Küchenchefs Makishima. Auf den Tisch kommt außerdem eine große Auswahl italienischer Klassiker, die meisterhaft zubereitet und in typisch italienischer Atmosphäre serviert werden.

Yabaton Honten TONKATSU ¥¥

(矢場とん本店; Karte S. 232; ☎ 052-252-8810; www.yabaton.com; 3-6-18 Ōsu; Gerichte 1080–2450 ¥; ⏲ 11–21 Uhr; ; Ⓢ Yaba-chō, Ausgang 4) Seit 1947 ist dies *die* Adresse, um Nagoyas berühmtes *miso-katsu* (eine Art *tonkatsu*) zu kosten. Zu den weiteren Spezialitäten zählen *waraji-tonkatsu* (eine Art flach geklopftes, paniertes Schweineschnitzel) und *teppan-tonkatsu* (paniertes Schweinekotelett mit Miso auf einem Bett aus heißem Kohl). Wer hier essen möchte, muss unter der Autobahn entlanggehen und auf der anderen Straßenseite zur Rechten nach dem riesigen Schwein Ausschau halten. Das Yabaton liegt an der Ecke, gleich neben dem McDonald's.

Auf der Website stehen die Adressen weiterer Filialen.

Misen TAIWANESISCH ¥¥

(味仙; Karte S. 232; ☎ 052-238-7357; www.misen.ne.jp; 3-6-3 Ōsu; Gerichte 480–1500 ¥; ⏲ So–Do 11.30–14 & 17–1, Fr & Sa bis 2 Uhr; ; Ⓢ Yaba-chō, Ausgang 4) Vor diesem großen chinesischen Imbiss stehen die Leute Schlange wegen der *Taiwan rāmen* (台湾ラーメン) – eine würzige Angelegenheit aus Hackfleisch, Chili, Knoblauch und Frühlingszwiebeln auf Nudeln in herzhafter klarer Brühe. Großer Beliebtheit erfreuen sich auch *gomoku yakisoba* (五目焼きそば; gebratene Nudeln) und *kinoko-itame* (gebratene Pilze). Die bebilderte Speisekarte zeigt eine kleine Auswahl der Gerichte, zudem gibt es ein paar Dim-Sum-Varianten.

Suzunami Honten FISCH & MEERESFRÜCHTE ¥¥

(鈴波本店; Karte S. 232; ☎ 052-261-1300; www.suzunami.co.jp/shop/shop_honten.html; 3-7-23 Sakae; Mittagsmenüs 1300 ¥; ⏲ 11–14.30 Uhr) Charmant traditionell, aber nicht zu förmlich. Diese *kappo*-Institution ist auf einfache Mittagsmenüs mit Fisch, Miso-Suppe, Reis, eingelegtem Gemüse und *umeshu* (Pflaumenwein) spezialisiert. Meist muss man kurz auf einen Tisch warten.

Tarafuku IZAKAYA ¥¥

(たら福; Karte S. 232; ☎ 052-566-5600; 3-17-26 Meieki; kleine Gerichte 470–1080 ¥; ⏲ Di–So 17–1 Uhr; ; Nagoya, Ausgang Sakura-dōri) Früher eine heruntergekommene Bruchbude, heute eine geräumige Oase mitten in der Stadt. Dieses *izakaya* (Kneipenlokal) strebt nach Höherem und verströmt tolles Flair. Speisen wie Kartoffelkroketten in gebratener Tofukruste, Tomaten-Auberginen-Gratin und selbst geräuchertes Rind in Weinsoße zeugen von französischen und saisonalen Einflüssen. Dazu gibt's Cocktails und Wein.

Torigin Honten JAPANISCH ¥¥¥
(鳥銀本店; Karte S. 232; ☎ 052-973-3000; www.torigin.co.jp; 3-14-22 Nishiki; Kaiseki-Gänge 3900–10 000 ¥; ⏱ 17–24 Uhr; 📋; Ⓢ Sakae, Ausgang 2) Einzigartiges *kōchin kaiseki*, in traditioneller Atmosphäre von schickem Personal serviert. Star der einzelnen Gänge ist *kōchin*-Hühnchen in verschiedenen Formen, z. B. *kushiyaki* (am Spieß), *karaage* (frittiert), als *zōsui* (milder Reiseintopf) und als Sashimi.

Ausgehen & Nachtleben

Grok BAR
(グロック; Karte S. 232; ☎ 052-332-2331; www.grok-nagoya.com; 1-6-13 Tachibana; ⏱ Di–Fr 17–24, Sa & So 12–24 Uhr; Ⓢ Kamimaezu, Ausgang 7) Eine unserer liebsten Locations – nett, bunt, auf zwei Stockwerke verteilt und mit einem gewissen Hippieflair. Dies ist ein Ort zum Wohlfühlen, egal ob man allein oder mit Freunden kommt. Die Lage etwas ab vom Schuss trägt noch zusätzlich zum Charme des GROK bei.

Coat of Arms KNEIPE
(コート・オブ・アームズ; Karte S. 232; ☎ 052-228-6155; www.coatofarms.jp; 2-6-12 Nishiki; ⏱ Di–So 11.30–24 Uhr; Ⓢ Marunouchi, Ausgang 5) Freche, fröhliche Kneipe unter ausländischer Leitung. Sie bietet einen großartigen Patio unter freiem Himmel (Rauchen erlaubt), innen zwei rauchfreie Etagen, Themenabende, wöchentliche Specials sowie verschiedene besondere Bier- und Schnapssorten.

Smash Head KNEIPE
(スマッシュヘッド; Karte S. 232; ☎ 052-201-2790; http://smashhead.main.jp; 2-21-90 Ōsu; ⏱ Mi–Mo 12–24 Uhr; Ⓢ Ōsu Kannon, Ausgang 2) Der Durchgang links vom Hauptgebäude des Ōsu Kannon führt zu dieser winzigen Mischung aus Motorrad-/Vespa-Werkstatt und Kneipe. Guinness und Corona sind die Getränke der Wahl, die Stammgäste sind ziemlich cool und Fish & Chips kosten nur 850 ¥.

Unterhaltung

Electric Lady Land LIVEMUSIK
(エレクトリックレディランド; Karte S. 232; ☎ 052-201-5004; www.ell.co.jp; 2-10-43 Ōsu; Ⓢ Ōsu Kannon, Ausgang 2) Eine coole postindustrielle Bühne mit lauschiger Atmosphäre, genau richtig für den Sound der Undergroundszene. National bekannten Bands gehört der Saal in der ersten Etage, aufstrebende Nachwuchskünstler treten im kleineren Raum im dritten Stock auf.

Shoppen

Im traditionellen Industriestandort Nagoya kann man hervorragend einkaufen. Die Bahnhöfe Meieki und Sakae warten mit gigantischen Shoppingcentern und Warenhäusern auf, in denen man Kleidung, Kunsthandwerk und Lebensmittel bekommt.

In Ōsu, entlang der Akamon-dōri, Banshōji-dōri und Niomon-dōri, locken Hunderte ausgefallener Vintage-Boutiquen und günstige Bekleidungsgeschäfte. Östlich von Ōsu reihen sich in der Otsu-dōri Shops für Mangas (japanische Comics) aneinander.

Die Stadt ist u. a. für *Arimatsu-narumi shibori* (elegante Batikstoffe), Cloisonné-Porzellan und *seki*-Klingen (für Schwerter, Messer etc.) bekannt.

Jeden Monat findet jeweils am 18. und 28. Tag ein bunter Antiquitätenmarkt am Ōsu-Kannon-Tempel (S. 235) statt und am 12. ein Flohmarkt am **Higashi-Betsuin-Tempel**.

Komehyō KAUFHAUS
(コメ兵; Karte S. 232; ☎ 052-242-0088; www.en.komehyo.co.jp; 2-20-25 Ōsu; ⏱ Do–Di 10.30–19.30 Uhr; Ⓢ Ōsu Kannon, Ausgang 2) Komehyō ist der größte japanische Discounter für Secondhandartikel. Genial! Im Hauptgebäude werden auf sieben Etagen hochwertige Kleidung, Schmuck und Accessoires zu vernünftigen Preisen verkauft. Tolle Schnäppchen gibt's vor allem bei „yen=g" im siebten Stock. Dort richtet sich der Preis nach dem Gewicht.

Loft Department Store KAUFHAUS
(ロフト; Karte S. 232; ☎ 052-219-3000; 3-18-1 Sakae, Nadya Park; ⏱ 10.30–20 Uhr; Ⓢ Yaba-chō, Ausgang 5 oder 6) Nagoyas Filiale von Japans coolster Kaufhauskette legt Wert auf Design. Das gelb-schwarze Schild ist nicht zu übersehen.

Orientierung

Östlich des Bahnhofs verlaufen die drei Hauptstraßen Sakura-dōri, Nishiki-dōri und Hirokō-ji-dōri, die erst von der Fuchimi dōri und dann von der Otsu-dōri gekreuzt werden. Hier spielt sich ein Großteil des Alltagsgeschehens ab. Gleich östlich der Otsu-dōri findet man den langen, schmalen Hisaya-ōdōri-kōen (auch bekannt als Central Park), Nagoyas vielgeliebten eiffelesken **Fernsehturm** (S. 235) und das schräge **Oasis 21** (S. 235). Auf der Otsu-dōri gelangt man in nördlicher Richtung nach **Nagoya-jō**

ABSTECHER

DER TÖPFERWEG IN TOKONOME

Lehmiger Boden verwandelte die an einer Bucht gelegene Gemeinde Tokoname (常滑) zu einem Zentrum der Keramikherstellung mit jahrhundertelanger Tradition – zur Blütezeit ragten über der Innenstadt 400 Brennöfen in den Himmel. Nach wie vor werden vor Ort jährlich Tonwaren im Wert von 60 Billionen Yen produziert, was Tokoname zu einem interessanten Ausflugsziel von Nagoya oder dem nahe gelegenen Central Japan International Airport macht.

Der **Töpferweg** (やきもの散歩道, Yakimono Sanpō-michi) ist ein hügeliger 1,8 km langer Fußweg durch das historische Zentrum. Zunächst besorgt man sich bei der Touristeninformation im Bahnhof Tokoname eine Karte zur Orientierung. Der Weg ist gut beschildert und wird von Brennöfen, Cafés und Galerien gesäumt. Die nummerierten Tafeln am Pfad stimmen mit den auf der Touristenkarte eingezeichneten Stopps überein. Auf dem Weg zum Ausgangspunkt des Töpferrundgangs winken einem mehrere *maneki-neko* („Glückskatzen" aus Porzellan) zu. Über ihnen ragt **„Toko-nyan"**, die Mutter aller Winkekatzen – ein tolles Fotomotiv für alle Instagrammer.

Die restaurierte **Takita-Residenz** (瀧田家, Takita-ke; ☎ 0569-36-2031; 4-75 Sakae-machi; Eintritt 300 ¥; ⏲ Di–So 9–16.30 Uhr), Stopp 8, war um 1850 das Wohnhaus eines wohlhabenden Reeders. Sie beherbergt nachgebaute *bishu-kaisen* (Handelsschiffe), Lackarbeiten, Möbel und Porzellan. Danach folgt die besonders fotogene, von Rohren und Krügen gesäumte Gasse auf dem **Dokan-zaka** (Stopp 9). Auf der Rückseite des Kletterofenplatzes (**Noborigahama-hiroba**, Stopp 13) stehen zehn quadratische Kamine, die einst zu dem gewaltigen Brennofen von 1887 gehörten. Ein fünfminütiger Umweg führt von dort zum **Inax Live Museum** (イナックスライブミュージアム; ☎ 0569-34-8282; www1.lixil.co.jp/ilm/english; 1-130 Okueichō; Erw./Kind 600/200 ¥; ⏲ 10–17 Uhr, 3. Mi im Monat geschl.), dem Vorzeigestück eines der größten Keramikproduzenten Japans. Es umfasst 150 aufwendig dekorierte Toiletten aus der Meiji- und Taisho-Zeit und Japans einziges Kachelmuseum.

Pause gefällig? Im stimmungsvollen **Koyō-an** (古窯庵; ☎ 0569-35-8350; 4-87 Sakae-machi; Gerichte 500–1800 ¥; ⏲ Di–So 11.30–17 Uhr; 📵) gibt's hausgemachte *soba* (Buchweizennudeln) in wunderschöner hiesiger Keramik. Wer möchte, kann sich außerdem in der Nähe der riesigen Katze im gemütlichen **Nakamura-ya** (うなぎの中村屋; ☎ 0569-35-0120; 2-53 Sakae-machi; Menüs 1400–3600 ¥; ⏲ Do–Di 11.30–14.30 Uhr) an *una-don* (Aal mit Reis) und Nagoyas berühmten *hitsumabushi* (Aal vom Holzkohlegrill) satt essen.

Die private Meitetsu-Linie verbindet Tokoname mit Nagoya (*tokkyū*, 660 ¥, 33 Min.) und dem **Central Japan International Airport** (S. 229) (310 ¥, 5 Min.). Der **Töpferweg** (S. 240) beginnt ein paar Hundert Meter vom Bahnhof entfernt.

(S. 234), während der lebhafte Ōsu-Bezirk, der **Atsuta-jingū-Schrein** (S. 236) und das quirlige Viertel rund um die Haltestelle Kanayama im Süden liegen.

Das städtische U-Bahnsystem ist auf Englisch beschildert und hält an den wichtigsten Ecken, z. B. an den Stationen Fushimi und Sakae, den besten Anlaufstellen zum Shoppen, Übernachten und Ausgehen.

ℹ Praktische Informationen

INFOS IM INTERNET

Ein paar nützliche Websites informieren über anstehende Events in Nagoya, z. B. die Internetauftritte des Nagoya Convention and Visitors Bureau (www.nagoya-info.jp/en) und des Nagoya International Center (www.nic-nagoya.or.jp). Infos in englischer Sprache bietet u. a. www.nagoya-info.com.

MEDIZINISCHE VERSORGUNG

Aichi Prefectural Emergency Medical Guide (愛知県救急医療ガイド; ☎ 052-263-1133, automatische Ansage 050-5810-5884; www.qq.pref.aichi.jp) Anrufen oder den Link zur englischsprachigen Website der Präfektur anklicken, um eine Liste der Krankenhäuser mit Englisch sprechendem Personal zu erhalten (inklusive der Fachbereiche und Öffnungszeiten).

Tachino Clinic (たちのクリニック; Karte S. 232; ☎ 052-541-9130; www.tachino-clinic.com; 3F Dai-Nagoya Bldg, 3-26-8 Meieki; ⏲ Mo–Mi & Fr 9.30–13 & 14.30–18, Do & Sa 9.30–13 Uhr;

(🚇 JR-Bahnhof Nagoya, Ausgang Sakura-dōri) Die Klinik liegt einen kurzen Fußmarsch vom Bahnhof Nagoya entfernt. Das Personal spricht Englisch.

TOURISTENINFORMATION

Straßen- und U-Bahn-Pläne auf Englisch gibt's in Touristeninformationen (Tourist Information Centers, TICs) und Hotels. Besonders praktisch ist der *Nagoya Pocket Guide* (www.nagoyapocketguide.com), ebenso wie die *Nagoya Navi Map* und der *Nagoya Shopping & Dining Guide*, die außerdem unter www.nagoya-info.jp/en/brochures heruntergeladen werden können.

Es gibt in Nagoya drei Touristeninformationen mit Broschüren in englischer Sprache und mindestens einem Angestellten, der des Englischen mächtig ist.

Touristeninformation im Bahnhof Nagoya (名古屋駅観光案内所; Karte S. 232; ☎052-541-4301; 1-1-14 Meieki; ⏰9–19 Uhr; 🚇 JR-Bahnhof Nagoya)

Touristeninformation Kanayama (金山観光案内所; Karte S. 232; ☎052-323-0161; LOOP Kanayama 1F, 1-17-18 Kanayama; ⏰9–19 Uhr; 🚇 Kanayama, Nordausgang)

Touristeninformation Sakae (栄町観光案内所; Karte S. 232; ☎052-963-5252; Oasis 21 B1F, 1-11-1 Higashisakura; ⏰10–20 Uhr; Ⓢ Sakae)

Nagoya International Centre (名古屋国際センター; Karte S. 232; ☎052-581-0100; www.nic-nagoya.or.jp; 1-47-1 Nagono; ⏰Di–So 9–19 Uhr; Ⓢ Kokusai Center) Diese gemeinnützige Organisation liefert Infos, Rat und Kontakte in englischer Sprache. In der dritten Etage befinden sich zudem eine Internetecke (100 ¥ pro 15 Min.) und eine Bücherei mit mehr als 30 000 Schmökern in verschiedenen Sprachen.

ℹ An- & Weiterreise

BUS

Die JR und Meitetsu-Autobahnbusse verkehren zwischen Nagoya und Kyoto (2560 ¥, 2½ Std., stdl.), Osaka (3200 ¥, 3 Std., stdl.), Kōbe (3350 ¥, 3½ Std.), Kanazawa (4060 ¥, 4 Std., 10-mal tgl.), Nagano (4020 ¥, 4½ Std.) und Tokio (5060 ¥, 6 Std., 14-mal tgl.). Nach Hiroshima fährt man über Nacht (8600 ¥, 9 Std.).

Willer Express (www.willerexpress.com) ist ein neues Unternehmen, das Sitzplätze wie im Flugzeug und Onlinebuchungen auf Englisch zu extrem vergünstigten Preisen anbietet. Die wichtigsten Strecken ab Nagoya führen nach Tokio (ab 3400 ¥, 6 Std.) und Fukuoka (ab 6800 ¥, 11½ Std., über Nacht).

Abfahrtsorte variieren je nach Anbieter und Ziel, fast alle auf Schnellstraßen verkehrenden Busse starten jedoch in Meieki (JR-Bahnhof Nagoya). Manche Linien fahren am **Oasis 21** (S. 235) ab, JR-Highway-Busse hingegen am **Nagoya Bus Terminal** (名古屋バスターミナル; Karte S. 232) in der Nähe des *shinkansen*-Eingangs (Nordseite) am JR-Bahnhof Nagoya.

Meitetsu-Highway-Busse machen sich am **Meitetsu Bus Terminal** (名鉄バスターミナル; Karte S. 232) auf den Weg, Willer-Express-Busse starten je nach Route an verschiedenen Punkten. Bei der Buchung sollte man sich den Abfahrtspunkt in jedem Fall vom Anbieter bestätigen lassen.

FLUGZEUG

Der **Central Japan International Airport** (NGO; ☎056-938-1195; www.centrair.jp/en) auf einer künstlichen Insel in der Ise-Bucht, 35 km südlich der Stadt hat sich zu einer Touristenattraktion für Einheimische entwickelt. Diese kommen wegen der vielen günstigen Einkaufsmöglichkeiten und Restaurants, um auf der riesigen Aussichtsplattform Flugzeuge zu beobachten oder um ein Bad in den heißen Quellen des **Fū-no-yu** (風の湯; ☎0569-38-7070; www.centrair.jp/interest/visit/relax/bath.html; SkyTown 4F; Erw./Kind mit Handtuch 1030/620 ¥; ⏰8–22 Uhr) zu nehmen. An Nagoyas Flughafen geht's sehr viel freundlicher und weniger hektisch zu als in Tokio und Osaka und die Anbindung ist exzellent: Der Airport wird aus rund 30 Städten in Europa, Nordamerika und Asien angeflogen. Inlandsflüge bedienen etwa 20 Städte, manchmal ist der Zug aber doch die schnellere Option.

SCHIFF/FÄHRE

Schicke **Taiheiyo-Fähren** (☎052-582-8611; www.taiheiyo-ferry.co.jp) machen sich in Nagoya jeden zweiten Abend um 19 Uhr via Sendai (ab 6700 ¥, 21¾ Std.) auf den Weg nach Tomakomai (Hokkaidō, ab 9800 ¥, 40 Std.). Sendai wird täglich angesteuert. Mit der Meikō-U-Bahn-Linie gelangt man zur Haltestelle Nagoya-kō und von dort zum Hafen.

ZUG

Alle Züge steuern Meieki (JR-Bahnhof Nagoya) an, Endstation der staatlichen JR- und privaten Meitetsu- und Kintetsu-Linien, sowie U-Bahn und Busbahnhof. Unter der Erde erstreckt sich ein Labyrinth aus Passagen, Restaurants und Geschäften, darüber schießen die JR Central Towers und der **Midland-Square-Komplex** (S. 233) in den Himmel. Bei Umsteigeverbindungen sollte ausreichend Zeit eingeplant werden.

In Nagoya halten mehrere *shinkansen*, die Tokio (10 360 ¥, 1¾ Std.), Shin-Osaka (5830 ¥, 50 Min.), Kyoto (5070 ¥, 35 Min.), Hiroshima (13 290 ¥, 2¼ Std.) und Hakata/Fukuoka (17 500 ¥, 3¼ Std.) ansteuern.

In die Japanischen Alpen nach Matsumoto (*Shinano tokkyū*, 5510 ¥, 2 Std.) und Nagano (7130 ¥, 2¾ Std.) fährt der JR-Chūō-Zug. Eine andere Linie (JR-Takayama-Linie) bedient die Strecke nach Takayama (*Hida tokkyū*, 5510 ¥, 2¼ Std.).

Der private Meitetsu-Zug verkehrt innerhalb sowie rund um Nagoya (nach Tokonome, Inuyama, Gifu).

Unterwegs vor Ort

BUS

Der goldene **Meguru-Bus** (名古屋観光ルートバスメーグル; www.nagoya-info.jp/en/routebus; Tageskarte Erw./Kind 500/250 ¥) fährt eine Schleife durch die Stadt. Die Route erstreckt sich in der Nähe der Attraktionen in der Gegend um Meieki, Sakae und die Burg. Mit der Fahrkarte erhält man für viele Attraktionen Ermäßigungen. Der Bus verkehrt von 9.30 bis 17 Uhr dienstags bis freitags stündlich und an Wochenenden zweimal pro Stunde. Montags ist Ruhetag.

U-BAHN

Nagoya verfügt über ein hervorragendes U-Bahn-Netz. Die sechs Linien sind deutlich auf Japanisch und Englisch beschriftet. Je nach Strecke zahlt man 200 bis 320 ¥. Tagestickets (740 ¥, inkl. der Stadtbusse 850 ¥) können an Automaten gezogen werden. Damit ist der Eintritt für viele Sehenswürdigkeiten günstiger. Samstags und sonntags bietet das *donichi eco-kippu* (Samstag-Sonntag-Umweltticket) dieselben Vorteile für 600 ¥ pro Tag.

Inuyama 犬山

0568 / 74 319 EW.

Hübsch sieht es aus, wie sich der Kiso-gawa, auch als japanischer Rhein bekannt, unterhalb der Burg vorbeiwindet. Tagsüber laden die Inuyama-jō, die malerischen Straßen, der gepflegte Uraku-en und das Jo-an-Teehaus (erb. 17. Jh.) zu einem netten Spaziergang ein, abends bekommt man eine Art Open-Air-Kinoprogramm geboten, wenn die Fischer im Feuerschein die alte Kunst des *ukai* (Kormoranfischerei) betreiben.

Gleich südlich der Burg locken die malerischen Shinto-Schreine Haritsuna Jinja und Sankō-Inari Jinja. Letzterer besticht durch interessante *komainu*-(Wachhund-) Statuen.

Seit 1635 feiert die Stadtbevölkerung am ersten Aprilwochenende das Inuyama Matsuri. Eine kleinere Ausgabe dieses Events wird am vierten Samstag im Oktober veranstaltet. Das Festival ist ein designiertes immaterielles Kulturerbe und umfasst eine Parade mit 13 dreistöckigen Umzugswagen, an denen 365 Laternen baumeln. Auf den Wagen bewegen sich *karakuri ningyō* (Marionetten) zu musikalischer Begleitung.

Sehenswertes

Innenstadt

★ Inuyama-jō BURG

(犬山城; Karte S. 243; 0568-61-1711; www.inuyama-castle.jp; 65-2 Kitakoken; Erw./Kind 550/110 ¥; 9–16.30 Uhr; Meitetsu Inuyama-yūen) Japans älteste erhaltene Burg gehört zu den nationalen Kulturgütern und soll aus einem Fort (erb. 1440) hervorgegangen sein. Der *donjon* (Wohnturm) thront seit 1537 auf einer 40 m hohen Anhöhe neben dem Kiso-gawa und hat Kriege, Erdbeben sowie Umbauten überdauert. Er ist eines der letzten Beispiele für die Architektur der Momoyama-Zeit. Drinnen geht's über steile, schmale Treppen zu militärischen Exponaten und weiter nach ganz oben, wo man einen tollen Blick genießt. Von der Haltestelle Meitetsu Inuyama-yūen hierher sind es 15 Gehminuten.

Artefaktemuseum Inuyama/Burg- & Stadtmuseum MUSEUM

(犬山市文化史料館・城とまちミュージアム, Inuyama-shi Bunka Shiryō-kan/Shiro to Machi Myūjiamu; Karte S. 243; 0568-62-4802; 8 Kitakoken; 100 ¥, im Eintritt zur Inuyama-jō inbegriffen; 9–16.30 Uhr; Meitetsu Inuyama-yūen) Das Museum wartet mit zwei Inuyama-Matsuri-Umzugswagen sowie verschiedenen Exponaten zum Kormoranfischen, zur Inuyama-jō und zur Stadtgeschichte auf.

Karakuri-Ausstellungssaal (Anbau) MUSEUM

(からくり展示館 (別館), Karakuri Tenji-kan (Bekkan); Karte S. 243; 0568-61-3932; 69-2/69-3 Kitakoken; Eintritt 100 ¥, im Eintritt zur Inuyama-jō inbegriffen; 9–16.30 Uhr; Meitetsu Inuyama-yūen) In dem kleinen Anbau sind *karakuri ningyō* aus der Edo- und Meiji-Ära ausgestellt. Samstags und sonntags um 10.30 und 14 Uhr kann man die Holzfiguren in Aktion erleben. Freitags und samstags zwischen 10 und 16 Uhr zeigt der Künstler Tamaya Shobei der Neunte, wie die Figuren gemacht werden. Er ist der einzige verbleibende *karakuri-ningyō*-Meister aus einer Marionettenbauerfamilie, die diese Tradition ohne Unterbrechung gepflegt hat.

Uraku-en & Chashitsu Jo-an GARTEN

(有楽苑・茶室如安; Karte S. 243; 0568-61-4608; 1 Gomonsaki; Erw./Kind 1000/600 ¥; März–Nov. 9–17 Uhr, Dez.–Feb. 9–16 Uhr; Meitetsu Inuyama-yūen) Im hübschen Garten Ura-

Inuyama

Inuyama

Highlights
1 Inuyama-jō A2

Sehenswertes
2 Dondenkan A3
3 Haritsuna Jinja A2
4 Artefaktemuseum Inuyama/Burg- & Stadtmuseum A2
5 Karakuri-Ausstellungssaal (Anbau) ... A2
6 Sankō-Inari Jinja A2
7 Uraku-en & Chashitsu Jo-an A2

Aktivitäten, Kurse & Touren
8 Kiso-gawa-Kormoranfische B1

Schlafen
9 Rinkō-kan B1

Essn
10 Narita B3

ku-en auf dem Gelände des Meitetsu Inuyama Hotel steht eins der schönsten Teehäuser Japans, ein weiteres nationales Kulturgut. Es wurde 1618 in Kyoto von Oda Urakusai, dem jüngeren Bruder Oda Nobunagas, errichtet. 1972 versetzte man das Bauwerk nach Inuyama. Tee zu trinken kostet 500 ¥ extra.

Dondenkan MUSEUM
(どんでん館; Karte S. 243; ☎ 0568-65-1728; 62 Higashi-koken, Erw./Kind 200/100 ¥; ⏲ 9–16.30 Uhr; Meitetsu Inuyama) In dem speziell errichteten Gebäude werden das ganze Jahr über 13 eindrucksvolle Inuyama-Matsuri-Umzugswagen ausgestellt.

Großraum Inuyama

★ Meiji-mura MUSEUM
(明治村; ☎ 0568-67-0314; www.meijimura.com; 1 Uchiyama; Erw./Kind/Sen. 1700/1000/1300 ¥; ⏲ März–Okt. 9.30–17 Uhr, Nov.–Feb. bis 16 Uhr, Dez.–Feb. Mo geschl.) Nur wenige Gebäude aus der Meiji-Zeit, bekannt für die Verbindung von westlichen und japanischen Elementen, überlebten Krieg, Erdbeben und Modernisierung. 1965 öffnete dieses Freilichtmuseum seine Pforten, damit der einzigartige Baustil jener Ära nicht verloren geht. Mehr als 60 Gebäude aus dem ganzen Land wurden Schritt für Schritt auseinandergenommen und in einem baumbestandenen Areal am See wieder zusammengesetzt. Zu den Highlights zählen die Fassade von Frank Lloyd Wrights Tokyo Imperial Hotel, Kyotos Franz-Xaver-Kathedrale und das Fernsprechamt aus Sapporo.

Busse fahren alle 20 bis 30 Minuten am Ostausgang des Bahnhofs Inuyama ab (410 ¥, 20 Min.). Wer mit dem eigenen Wagen kommt, zahlt 800 ¥ fürs Parken.

★ Tagata-jinja SHINTO-SCHREIN
(田県神社; 152 Tagata-chō; Meitetsu-Komaki-Linie bis Haltestelle Tagata-jinja-mae) In diesem Schrein wird Izanagi, dem männlichen Gegenstück zu Izanami, gedacht. Davon zeugen zahllose Phallussymbole aus Holz und Stein. Andenken sind schon ab 500 ¥ zu haben. Am 15. März wird am Tagata-jinja das **Tagata Hōnen-sai Matsuri** gefeiert und das überaus fotogene 2 m lange und 60 kg schwere „heilige Objekt" durch das Viertel getragen. Los geht's um 14 Uhr, wobei man am besten schon eine ganze Zeit früher herkommen sollte! Der Tagata-jinja liegt fünf Gehminuten westlich der Haltestelle Tagata-jinja-mae, die vom Meitetsu-Komaki-Zug angesteuert wird (290 ¥ ab Inuyama, 9 Min.).

Ōagata-jinja SHINTO-SCHREIN
(大縣神社; ☎ 0568-67-1017; 3 Aza Miyayama; Meitetsu-Komaki-Linie bis Haltestelle Gakuden) Dieser uralte Schrein in hübscher Hanglage

ist der Shintō-Göttin Izanami geweiht. Frauen beten hier, wenn sie einen Ehemann suchen oder ein Kind haben wollen. Besucher sollten nach dem großen *hime-ishi* (姫石; Prinzessinnenstein) und anderen Gegenständen Ausschau halten, die riesigen weiblichen Geschlechtsorganen ähneln. Vor Ort findet am Sonntag vor dem 15. März (bzw. am 15. März, wenn das Datum auf einen Sonntag fällt) das beliebte Hime-no-miya Matsuri statt. Dann erbitten die Einheimischen eine reiche Ernte und Wohlstand, indem sie mit einem *mikoshi* (tragbarer Schrein) voller (unechter!) Vaginas durch die Straßen marschieren.

Zu Fuß sind es 25 Minuten von der Haltestelle Gakuden (220 ¥ ab Inuyama, 7 Min.) bis zum Schrein. Am Ausgang der Station geht man nach rechts und folgt der Straße 177 nach Osten, über den Fluss und den Hügel hinauf. Leider bedroht eine nahe gelegene Abfalldeponie seit ihrer Vergrößerung die friedliche Stille der Anlage. Viele laute, stinkende Müllfahrzeuge nehmen dieselbe schmale Straße, die zum Heiligtum führt.

Geführte Touren

Kiso-gawa-Kormoranfischen BOOTSFAHRTEN
(木曽川鵜飼い, Kiso-gawa Ukai; Karte S. 243; ☎0568-61-2727; www.kisogawa-ukai.jp; abendliche Bootstour Erw./Kind ab 2600/1300 ¥) Von Juni bis Mitte Oktober ist das spektakuläre *ukai* (Kormoranfischen) nahe der Haltestelle Inuyama-yūen neben der Zwillingsbrücke Inuyama-bashi zu bewundern. Fahrkarten für einen Platz auf einem Touristenboot von Kisogawa Kankō gibt's in der Touristeninformation der Inuyama-Burg oder unweit des Kormoranfischerpiers. Die Boote fahren ganz dicht ans Geschehen heran. Von Juni bis August starten sie jeden Abend um 19 Uhr, im September und Oktober 30 Minuten früher.

Tagsüber erfolgt die Abfahrt um 11.30 Uhr, das Mittagessen ist inklusive (Erw./Kind 3800/2900 ¥). Natürlich besteht auch die Möglichkeit, das Ganze kostenlos aus der Ferne vom Ufer aus zu beobachten.

Feste & Events

Neben dem **Inuyama Matsuri** (犬山まつり; ⏲April) veranstaltet die Stadt jedes Jahr im Sommer (10. August) am Flussufer das **Japan-Rhein-Matsuri** mit einem Feuerwerk als Höhepunkt.

Schlafen & Essen

Inuyama International Youth Hostel HOSTEL ¥
(犬山国際ユースホステル; ☎0568-61-1111; www.inuyama-hostel.com/en; 161 Himuro; EZ/DZ ab 3600/4400 ¥; @; Ⓡ Meitetsu Inuyama-yūen) Das riesige Hostel mit verschiedenen Zimmertypen und Gemeinschaftsbädern liegt etwas abgeschieden, dafür ist es günstig. Mahlzeiten muss man vorab bestellen (Frühstück/Abendessen 840/1580 ¥), Restaurants u. Ä. gibt's in der Nähe nicht. Von der Haltestelle Inuyama-yuen sind es 30 Gehminuten hierher, ein Taxi kostet ca. 1350 ¥.

Rinkō-kan RYOKAN ¥¥
(臨江館; Karte S. 243; ☎0568-61-0977; www.rinkokan.jp; 8-1 Nishidaimon; Zi. mit 2 Mahlzeiten ab 11 800 ¥ pro Pers.; @; Ⓡ Meitetsu Inuyama-yūen, Westausgang) Das Rinkō-kan mit Blick auf den Fluss verfügt über 20 Zimmer (ein paar haben En-Suite-Bäder), eine fröhliche Atmosphäre und Gemeinschaftsbäder aus Stein inklusive einem *rotemburo* (Außenbad). Nach besonderen Angeboten, z. B. für Alleinreisende, fragen.

Narita FRANZÖSISCH ¥¥
(フレンチ創作料理なり多; Karte S. 243; ☎0568-65-2447; www.f-narita.com; 395 Higashikoken; Fünf-Gänge-Menü ab 3400 ¥; ⏲11–21 Uhr; Ⓡ Meitetsu Inuyama, Westausgang) In dem Gebäude aus der Edo-Zeit mit dem hübschen Garten wird noble französische Küche serviert. Vom Bahnhof kommend, geht man an der Ampel nach rechts, spaziert zwei Häuserblocks bis zur nächsten Ampel und biegt dann rechts ab. Das Narita befindet sich auf der rechten Straßenseite.

Praktische Informationen

In Inuyama haben zwei Touristeninformationen Broschüren in englischer Sprache. Die Angestellten helfen bei der Unterkunftssuche und buchen Aktivitäten. Siehe auch www.ml.inuyama.gr.jp.

Touristeninformation der Burg (犬山市観光案内所・犬山城); Karte S. 243; ☎0568-61-2825; 12 Kitakoken; ⏲9–17 Uhr)

Touristeninformation im Bahnhof (犬山市観光案内所・犬山駅); Karte S. 243; ☎0568-61-6000; ⏲9–17 Uhr)

An- & Weiterreise

Meitetsu-Inuyama-Züge verbinden Inuyama mit Nagoya (*tokkyū*, 550 ¥, 25 Min.) und Gifu (450 ¥, 35 Min.). Die Burg und die *ukai*-Fischer sind etwas näher an der Station Inuyama-yūen als am Bahnhof Inuyama.

Gifu 岐阜

☎ 058 / 406 866 EW.

Historisch ist Gifu eng mit Oda Nobunaga, dem *daimyō* (Feudalherren) der Burg und Namensstifter der Stadt (anno 1567), verknüpft. 1688 kam der berühmte Haikudichter Matsuo Bashō hierher und sah den Fischern beim *ukai* (Kormoranfischen) zu. Später machte es ihm Charlie Chaplin nach.

Heute gibt's im Ort nur wenige Hinweise auf die Vergangenheit, denn viele Bauwerke wurden bei dem Erdbeben 1891 und im Zweiten Weltkrieg zerstört. Doch dank der Neugestaltung der Stadt ist ein lebendiges Zentrum entstanden, mit Highlights wie dem Gifu-Park und einem der drei Großen Buddhas von Japan. Dazu kommen noch die Berge, der Fluss und die erstklassige Verkehrsanbindung – Gifu ist also ein attraktives Reiseziel und eine gute Alternative zur Großstadt Nagoya.

Sehenswertes

Besucher kommen gewöhnlich am JR- oder Meitetsu-Bahnhof an, allerdings befinden sich die Sehenswürdigkeiten eine 15-minütige Busfahrt weiter nördlich rund um den **Gifu-kōen** (岐阜公園; P; 🚌 N80, N32–N86 bis zur Haltestelle Gifu-kōen), den Nagara-gawa und die pittoreske „Altstadt" Kawara-machi.

Shōhō-ji (Großer Buddha von Gifu) BUDDHISTISCHER TEMPEL
(正法寺; ☎ 058-264-2760; 8 Daibutsu-chō; Erw./Kind 200/100 ¥; ⏲ 9–17 Uhr; 🚌 N80, N32–N86 bis zur Haltestelle Gifu-kōen) Hauptattraktion des orange-weißen Tempels ist ein 13,70 m hoher *daibutsu* (Großer Buddha, ca. 1832) aus Pappmaché, eine von drei Großen Buddhastatuen im Land. Sein Bau soll 38 Jahre gedauert und eine Tonne Sutras aus Papier verschlungen haben.

Ukai-Museum MUSEUM
(長良川うかいミュージアム, Nagara-gawa Ukai Myūjiamu; ☎ 058-210-1555; www.ukaimuseum.jp; 51-2 Choryo; Erw./Kind 500/250 ¥; ⏲ Mai–Mitte Okt. Mi–Mo 9–18.30 Uhr, Mitte Okt.–April Mi–Mo 9–16.30 Uhr; 🚌 City-Loop oder Linie N bis Haltestelle Ukai-ya) Das schicke 2012 eröffnete Museum ist das einzige seiner Art. Hier erfährt man alles über die Kormoranfischerei in Japan.

Gifu-jō BURG
(岐阜城; ☎ 058-263-4853; 18 Tenshukaku; Erw./Kind 200/100 ¥; ⏲ 9.30–16.30 Uhr; 🚌 N80, N32–N86 bis zur Haltestelle Gifu-kōen) Oben auf dem Kinka-zan thront diese Burg, ein Nachbau von *daimyō* Oda Nobunagas Festung aus dem Jahr 1956. Das Original wurde 1600 zerstört und die Ruine im Zweiten Weltkrieg dem Erdboden gleichgemacht. Vor Ort genießt man einen großartigen Blick über die Stadt und Nagoya. Ein Wanderweg führt vom Park zur Burg hinauf (1 Std.).

➡ **Kinka-zan-Seilbahn** SEILBAHN
(金華山ロープウエー; ☎ 058-262-6784; 257 Senjōjiki-shita; hin & zurück Erw./Kind 1080/540 ¥; ⏲ ganzjährig 9–17 Uhr, längere Öffnungszeiten während der Ferien) Am einfachsten erreicht man die Burg von Gifu mit der Seilbahn im Gifu-kōen. Die Fahrt auf den 329 m hohen Gipfel dauert weniger als fünf Minuten.

Museum zu Gifus Stadtgeschichte MUSEUM
(岐阜市歴史博物館, Gifu-shi Rekishi Hakubutsu-kan; ☎ 058-265-0010; www.rekihaku.gifu.gifu.jp; 2-18-1 Ōmiya-chō; Erw./Kind 300/150 ¥; ⏲ Di–So 9–16.30 Uhr; 🚌 N80, N32–N86 bis zur Haltestelle Gifu-kōen) Das Museum auf dem Gelände des Gifu-kōen ist auf die Sengoku-Zeit spezialisiert, als Nobunaga auf dem Zenit seiner Macht war.

Geführte Touren

Nagara-gawa-Kormoranfischen BOOTSFAHRTEN
(長良川鵜飼い, Nagara-gawa Ukai) Das Spektakel des *ukai* (Kormoranfischens) und die schaukelnden Laternen, die am Fluss östlich der Nagara-bashi entlang leuchten, bieten einen eindrucksvollen Anblick. In der Saison fahren jeden Abend Boote am **Büro der Kormoranfischer** (鵜飼観覧船事務所; ☎ 058-262-0104; www.gifucvb.or.jp; 1-2 Minato-machi; Erw./Kind 3400/1700 ¥; ⏲ 11. Mai–15. Okt. Abfahrt 18.15, 18.45 & 19.15 Uhr; 🚌 N80, N32–N86 Richtung Takatomi bis Haltestelle Nagara-bashi) unterhalb der Brücke ab. Telefonische Voranmeldung wird dringend empfohlen. Auf den Booten gibt's keinerlei Verpflegung.

Schlafen

Rund um die JR- und Meitetsu-Bahnhöfe gibt es viele moderne, günstige Business-/Touristenhotels.

Dormy Inn Gifu Ekimae HOTEL ¥¥
(ドーミーイン岐阜; ☎ 058-267-5489; www.hotespa.net/hotels/gifu; 6-31 Yoshino-machi; EZ/DZ ab 7900/11 400 ¥; ❄ 📶; 🚉 JR-Bahnhof Gifu, Nordausgang) Das recht neue Hotel ist über den erhöhten Fußweg nur fünf Gehminuten

UKAI: DIE ALTE KUNST DES KORMORANFISCHENS

Inuyama und Gifu sind zwei der wenigen Orte auf der Welt, in denen die jahrhundertealte (und für manche barbarische) Praxis des Kormoranfischens bis heute praktiziert wird. Nach Schätzungen ist die Methode mehr als 1300 Jahre alt. Sie steht unter der Aufsicht des Kaiserlichen Hofamtes (der erste und der beste Fisch des Jahres werden dem Kaiser gesandt). Die sachkundigen Fischmeister werden *ushō* genannt und geben die Tradition an ihre Söhne weiter.

In der *ukai*-Saison (Mai/Juni–15. Okt.) machen sich die *ushō* nach Einbruch der Dunkelheit in 13 m langen traditionellen Booten auf den Weg. Auf deren Vorderseite ist an einem Stab ein Eisenkorb mit brennendem Feuer befestigt. Abgerichtete Kormorane (große schwarze Tauchvögel mit langen Hälsen und großem Appetit), die mittels Halsbändern mit ihrem Herrchen verbunden sind, werden nun aufs Wasser geschickt, um nach *ayu* (Süßwasserfisch) zu tauchen. Die Bänder verhindern, dass die Vögel große Fische schlucken, stattdessen bleiben diese im Hals stecken. Erst wenn sie rund sechs große Exemplare gefangen haben, werden sie von ihren Herrchen ins Boot zurückgeholt, um den Fisch herauszuwürgen. Manchen erscheint diese Methode grausam, laut den Fischern fügt diese Praxis den Vögeln jedoch keinen Schaden zu.

Das Spektakel ist nichts für Zartbesaitete. Das sich im Wasser spiegelnde Feuer und die Chance, eine einzigartige und fast unveränderte Tradition zu erleben, mit der früher die Familie ernährt wurde, machen *ukai* jedoch zu einer interessanten Erfahrung hier in der Gegend.

vom JR-Bahnhof entfernt. Die lichtdurchfluteten Zimmer sind funktionell und kompakt und haben ein frisches, schönes Dekor. Vor Ort gibt's einen Onsen, Waschmaschinen und Trockner (so kann man einen Großteil seiner Kleider trocknen). Frühstück auf Wunsch.

Daiwa Roynet Hotel Gifu HOTEL ¥¥
(ダイワロイネットホテル岐阜; ☎058-212-0055; www.daiwaroynet.jp/gifu; 8-5 Kanda-machi; EZ/DZ ab 6000/8000 ¥; Meitetsu Gifu) Gleich bei der Meitetsu-Station bietet das nette Businesshotel Zimmer mit farbigen Akzenten. Alles, was das Herz begehrt, liegt direkt vor der Haustür.

Essen & Ausgehen

Die schmalen Straßen ein paar Blocks nördlich des JR-Bahnhofs Gifu und westlich der Meitetsu-Gifu-Station zwischen Kinkabashi-dōri und Nagarabashi-dōri säumen einige Freiluftlokale und *izakaya*. Abends herrscht hier einladendes Flair.

★ Gyōza Gishū GYOZA ¥
(餃子専門店　岐州; ☎058-266-6227; 1-31 Sumidamachi; gyōza ab 450 ¥; Mi–Mo 17.30 Uhr bis nichts mehr da ist) In diesem winzigen Laden gibt's gebratene *gyōza* (Teigtaschen), *ebi chahan* (gebratener Reis mit Krabben) und natürlich Bier. Wer hier essen möchte, geht vom JR-Gifu-Bahnhof geradeaus und folgt der Straße zwischen der Kinkabashi-dōri und der Nagarabashi-dōri. Das Restaurant steht rechts an der Ecke des zweiten Häuserblocks.

Senryū JAPANISCH ¥¥¥
(潜龍; ☎058-231-1151; www.senryu.co.jp; 14 Nagaara; Menüs ab 10 000 ¥; 11.30–21.30 Uhr) Seit 1966 bereitet dieses wunderbare Restaurant in privaten Tatamizimmern in einem traditionellen japanischen Haus saftiges Hida-Rind zu. Die Kulisse am Ufer des Nagara-gawa in Sichtweite von Gifu-jō mit Blick auf einen gepflegten Garten ist reizend. Wer sich ein authentisches Teppanyaki-Erlebnis wünscht, ist hier genau richtig, sollte sich allerdings auf entsprechende Preise einstellen. Grundkenntnisse des Japanischen sind von Vorteil.

Utsuboya CAFÉ
(空穂屋; ☎058-215-7077; www.utsuboya.info; 38 Utsuboya-chō; Fr–Mi 10–18 Uhr; N80, N32–N86, Haltestelle Hon-machi 3-chōme) Das charmante Café mit Antiquitätengalerie in Kawara-machi verkauft hausgemachte Donuts (ab 200 ¥). Von der Bushaltestelle läuft man auf der Nagarabashi-dōri nach Osten und biegt die zweite Straße rechts ab. Das Utsuboya befindet sich auf der rechten Seite in einem alten Shophouse mit Ziegeldach.

Shoppen

Gifu ist bekannt für die Herstellung von *wagasa* (Sonnen- bzw. Regenschirme aus geöltem Papier) und fein bemalte *chōchin* (Papierlampions), allerdings nimmt die Zahl der „echten" Künstler rapide ab. Die Souvenirläden verkaufen industriell gefertigte Massenware. Eine Karte, auf der Kunsthandwerksgeschäfte und Verkäufer hochwertiger Ausführungen eingezeichnet sind, erhält man in der Touristeninformation. Realistische Preise starten bei 10 000 ¥.

Sakaida Eikichi Honten KUNSTHANDWERK
(坂井田永吉本店; ☎058-271-6958; 27 Kanō-nakahiroe-chō; ⌚Mo–Sa 9.30–17.30 Uhr) Ein Luxus-*wagasa*-Hersteller nur zehn Gehminuten vom JR-Gifu-Bahnhof entfernt. Am Südausgang nach links wenden und bei der zweiten Ampel rechts abbiegen. An der nächsten Straßenecke ist man am Ziel.

Ozeki Chōchin KUNSTHANDWERK
(オゼキ; ☎058-263-0111; www.ozeki-lantern.co.jp; 1-18 Oguma-chō; ⌚Mo–Fr 9–17 Uhr; 🚌Ken-Sōgōchōsha-mae) Das Geschäft in der Nähe des Higashi-Betsuin-Tempels wartet mit schönen Papierlampions auf.

Praktische Informationen

Touristeninformation (観光案内所; ☎058-262-4415; JR-Bahnhof Gifu; ⌚März–Dez. 9–19 Uhr, Jan. & Feb. 9–18 Uhr) Am Bahnhof Gifu; die freundlichen Mitarbeiter haben Karten auf Lager und vermitteln Unterkünfte und Leihräder (100 ¥ pro Tag).

An- & Weiterreise

Mit der JR-Tōkaidō-Linie (*tokkyū*, 470 ¥, 20 Min.) ist es nur ein Katzensprung von Nagoya nach Gifu. Meitetsu-Züge brauchen länger und sind teurer (550 ¥, 28 Min.), fahren aber auch nach Inuyama (450 ¥, 35 Min.) und zum Central Japan International Airport (*tokkyū*, 1340 ¥, 64 Min.).

Die JR-Gifu- und die Meitetsu-Haltestelle liegen nur ein paar Gehminuten auseinander. Sie sind durch einen überdachten erhöhten Gehweg miteinander verbunden.

Unterwegs vor Ort

Busse zu den Sehenswürdigkeiten (200 ¥) starten an den Haltebuchten 11 und 12 des Busterminals neben dem Nagara-Ausgang (JR-Gifu-Bahnhof) und steuern unterwegs die Haltestelle Meitetsu an. An der Haltebucht 10 beginnen die Stadtrundfahrten. Da die Busse jedoch teilweise eine kürzere Tour unternehmen, sollte man sich vorab über die jeweiligen Fahrpläne informieren.

Gujō-Hachiman 郡上八幡

☎0575 / 42 094 EW.

In den Bergen an einer Stelle, wo zwei Flüsse aufeinandertreffen, liegt das malerische Gujō-Hachiman, das für sein Volkstanzfest Gujō Odori bekannt ist. Zudem wurden hier die Lebensmittelmodelle aus Plastik erfunden.

Gemäß einer Tradition, die bis in die 1590er-Jahre zurückreicht, tanzen die Einwohner von Mitte Juli bis Anfang September 32 Nächte lang wild und ausgelassen. Besucher dürfen gern mitmachen, insbesondere an den Haupttagen, den *tetsuya odori* (13.–16. August), wenn bis zum Morgen durchgefeiert wird.

Davon abgesehen, sorgen die glitzernden Flüsse, engen Gassen und Steinbrücken für viel Flair. Die berühmte glasklare Quelle Sōgi-sui nahe dem Stadtzentrum ist eine Art Pilgerstätte und nach einem Dichter aus der Momoyama-Zeit benannt.

Aktivitäten

Die vor Ort wohnende Einheimische Yuka Takada (Gujoinus) veranstaltet kostenlose englischsprachige Ausflüge in die Region. Interessierte kontaktieren sie per E-Mail (pupi@zd.wakwak.com).

Shokuhin Sample Kōbō WORKSHOP
(食品サンプル工房創作館; ☎0575-67-1870; www.samplekobo.com; 956 Hachiman-chō; ⌚Fr–Mi 9–17 Uhr) GRATIS Einst zählten die täuschend echt aussehenden Lebensmittelmodelle zu den großen Mysterien des Lebens, doch jetzt kann man in einem alten Kaufmannshaus dabei zusehen, wie sie hergestellt werden und sogar gleich selbst eines anfertigen (nur nach Voranmeldung). Tempura (drei Stück; 1000 ¥) und Salat (kostenlos) sind ein tolles Andenken. Das Gebäude befindet sich fünf Gehminuten von der Jōka-machi-Plaza entfernt auf der anderen Flussseite.

Schlafen

Die wenigen günstigen *ryokan* und *minshuku* in dem hübschen Örtchen garantieren eine geruhsame Nacht.

Nakashimaya Ryokan RYOKAN ¥¥
(中嶋屋旅館; ☎0575-65-2191; www.nakashimaya.net; 940 Shinmachi; Zi. ab 6200 ¥ pro Pers.; P) Sehr gepflegte, kompakte und komfortable Bleibe mit Gemeinschaftsbädern. Sie liegt zwischen dem Bahnhof und dem Tourismusverein. Gleich nebenan befindet sich ein Biocafé.

Bizenya Ryokan RYOKAN ¥¥
(備前屋旅館; ☎0575-65-2068; www.gujyo-bizenya.jp; 264 Yanagi-machi; Zi. ab 5800 ¥ pro Pers.; P) Von dem auf dezente Weise noblen Gasthaus nahe der Shin-bashi blickt man auf einen bildschönen Garten. Ein paar Zimmer haben private Bäder und es gibt Übernachtungstarife mit und ohne Mahlzeiten.

Praktische Informationen

Tourismusverein (観光協会; ☎0575-67-0002; www.gujohachiman.com/kanko; 520-1 Shimadani; ⌚8.30–17 Uhr) Die Touristeninformation bei der Shin-bashi hat englischsprachige Karten für Spaziergänge und verleiht Fahrräder (300/1500 ¥ pro Std./Tag).

An- & Weiterreise

BUS

Am bequemsten ist die Anfahrt nach Gujō-Hachiman mit dem Bus ab Gifu (1520 ¥, 1 Std.). An der Haltestelle Jōka-machi-Plaza aussteigen (Achtung: Dabei handelt es sich nicht um die Endstation!). **Nōhi Bus** (濃飛バス; ☎0577-32-1688; www.nouhibus.co.jp) bedient die Strecken ab Nagoya (1850 ¥, 1½ Std.) und Takayama (1650 ¥, 1¼ Std.), allerdings halten diese nur am Autobahnkreuz Gujō-Hachiman am Stadtrand.

ZUG

Der private Nagaragawa-Tetsudō-Zug fährt von Mino-Ōta (1350 ¥, 80 Min., stdl.) nach Gujō-Hachiman. Mit der JR-Takayama-Linie besteht Anschluss nach Nagoya (*tokkyū*, 2320 ¥, 45 Min.; *futsū* über Gifu, 1140 ¥, 1 Std.) und Takayama (*tokkyū*, 3770 ¥, 1¾ Std.; *futsū*, 1940 ¥, 3 Std.), aber der Bahnhof ist ziemlich weit weg von den Sehenswürdigkeiten (etwa 20 Minuten zu Fuß).

Ende 2016 nahm der neue Touristenzug Nagara von Nagaragawa Tetsudō (www.nagatetsu.co.jp) den Betrieb auf. Er verkehrt zwischen Mino-Ōta und Gujō-Hachiman, hat Erste-Klasse-Abteile, Audiokommentare (auf Japanisch) und spezielle französische und italienische Küche. Die Bahn (Fr–So) verlässt Mino-Ōta um 10.40 Uhr und kommt um 12.16 Uhr in Gujō-Hachiman an. Auf den Standardtarif (1350 ¥) werden 500 ¥ aufgeschlagen.

DER NAKASENDŌ IM KISO-TAL

Der Nakasendō (中仙道), eine von fünf Haupthandelsstraßen aus der Edo-Zeit, verband Edo (das heutige Tokio) mit Kyoto. Mittlerweile verlaufen entlang der Strecke Nationalstraßen, doch im dicht bewaldeten Teil des Kiso-Tals sind ein paar sorgfältig restaurierte Originalabschnitte des gewundenen, unebenen Weges erhalten. Besonders schön ist das 7,8 km lange Stück zwischen Magome und Tsumago, zwei der malerischsten Orte am Nakasendō. Eine Wanderung auf der alten Handelsstraße gilt als großartiges Erlebnis.

Die historische Schnellstraße säumen einige hübsche, unprätentiöse *minshuku* und *ryokan* mit erschwinglichen Preisen. Wer eine Wanderung entlang des Nakasendō plant, kann hier übernachten.

Wer nur eine Nacht auf dem Nakasendō verbringt, wählt meist Tsumago für eine Übernachtung, wo die Auswahl größer ist als in anderen Orten im Tal. Atmosphäre findet man überall zuhauf.

Restaurants sind Mangelware, deswegen essen die meisten Gäste in ihrer Unterkunft.

An- & Weiterreise

Am besten gelangt man mit den *tokkyū*-Shinano-Zügen (eingeschränkte Expressverbindungen) auf der JR-Chūō-Linie von Nagoya hierher. Zu den wichtigsten Stopps zählen Nakatsugawa (Richtung Magome), Nagiso (Richtung Tsumago) und Kiso-Fukushima (Richtung Kiso).

Magome 馬篭

☎0264

Das hübsche Magome-juku im Verwaltungsbezirk Nakatsugawa in der Gifu-Präfektur ist die am weitesten südlich gelegene Ortschaft des Kiso-Tals. Alle Häuser stehen in einer steilen Fußgängerstraße, deren Kopfsteinpflaster Besitzer schwerer Koffer auf Rollen zur Verzweiflung treiben wird. Für die Mühe entschädigen jedoch die rustikalen Ladenfassaden und das Bergpanorama.

Schlafen

Minshuku Tajimaya MINSHUKU ¥¥
(民宿但馬屋; ☎0264-69-2048; www.kiso-tajimaya.com; 4266 Magome; Zi. mit 2 Mahlzeiten ab 9720 ¥; ⊖❄📶) Nettes, historisches Gasthaus mit kompakten Zimmern und liebenswürdigen Angestellten. Leider liegen die Bäder teilweise etwas ungünstig. Wirklich beeindruckend sind die vielen lokalen Spezialitäten, die im Speisesaal aufgefahren werden. Gleiches gilt für die *hinoki* (Zypressenbäder).

Magome-Chaya MINSHUKU ¥¥
(馬籠茶屋; ☎0264-59-2038; www.magomechaya.com; 4296 Magome; Zi. mit 2 Mahlzeiten ab 8525 ¥

pro Pers.; 📶) Auf halber Strecke den Hügel hinauf, nahe dem Wasserrad, stößt man auf diese beliebte *minshuku*. Zimmer können auch ohne Verpflegung gebucht werden.

Praktische Informationen

Touristeninformation (観光案内館; ☎0264-59-2336; 4300-1 Magome; ⌚9–17 Uhr) Liegt etwas ungünstig auf halbem Weg bergaufwärts auf der rechten Seite. Wer möchte, kann sich sein Gepäck nach Tsumago bringen lassen.

An- & Weiterreise

Vom Bahnhof Nakatsugawa an der JR-Chūō-Linie gibt es Verbindungen nach Magome, allerdings liegt die Stadt ein Stück entfernt. Es verkehren Züge zwischen Nakatsugawa und Nagoya (*tokkyū*, 2500 ¥, 55 Min.) sowie Matsumoto (*tokkyū*, 3770 ¥, 1¼ Std.).

Einmal pro Stunde fahren in Nakatsugawa Busse nach Magome ab (540 ¥, 30 Min.). Verbindungen zwischen Magome und Tsumago (600 ¥, 25 Min.) via Magome-tōge (Magome-Pass) bestehen nur selten.

Meitetsu Bus (名鉄バス; ☎052-588-0876; www.meitetsu-bus.co.jp) bedient die Strecke zwischen Tokio (Bahnhof Shinjuku) und Magome (4630 ¥, 4½ Std.). Die Haltestelle befindet sich am Autobahnkreuz. Von dort ist es ein 1,3 km langer Fußmarsch bergauf, wenn nicht gerade der Nakatsugawa-Bus vorbeikommt.

Tsumago 妻籠

☎0264

Tsumago gehört zur Ortschaft Nagiso und wirkt ein wenig wie ein Museumsdorf. Von einem Ende zum anderen sind es nur 15 Gehminuten. Die Regierung hat den Ort mit den traditionellen Gebäuden unter Denkmalschutz gestellt, deshalb dürfen dort keine modernen Anlagen wie Telefonmasten aufgestellt werden. Besonders schön sehen die Holzhäuser mit den Fassaden aus dunklem Lattenwerk bei Morgengrauen oder in der Dämmerung aus. Häufig werden in der Gegend Film- und Fernsehteams gesichtet.

Am 23. November findet auf dem Nakasendō in Tsumago der **Fuzoku-Emaki-Umzug** statt. Dann putzen sich die Dorfbewohner mit Trachten aus der Edo-Zeit heraus.

Sehenswertes

Waki-honjin (Okuya) & Museum zur Lokalgeschichte MUSEUM
(脇本陣（奥谷）・歴史資料館, Rekishi Shiryōkan; 2159-2 Azuma; Erw./Kind 600/300 ¥; ⌚9–17 Uhr) Einst rasteten im Waki-honjin die Gefolgsleute der *daimyōs* (feudale Fürsten). Kaiser Meiji ließ das Gasthaus 1877 von einem ehemaligen Burgenbauer wiederaufbauen. Zur Anlage gehören ein malerischer Moosgarten und eine spezielle Toilette – für den Fall, dass Kaiser Meiji plötzlich auftauchte (tat er aber nie!). Im angrenzenden Museum zur Lokalgeschichte gibt's elegante Ausstellungen (z. T. mit Erklärungen auf Englisch) rund um Kiso und den Nakasendō.

Tsumagojuku-honjin HISTORISCHES GEBÄUDE
(妻籠宿本陣; 2190 Azuma; Erw./Kind 300/150 ¥; ⌚9–17 Uhr) Im Tsumago-honjin übernachteten die *daimyō*. Das Gebäude selbst ist sehenswerter als die Exponate. Mit dem Kombiticket (Erw./Kind 700/350 ¥) kann man auch das Waki-honjin (Okuya) & Museum zur Lokalgeschichte besichtigen.

Schlafen & Essen

★ **Fujioto** RYOKAN ¥¥
(藤乙; ☎0264-57-3009; www.tsumago-fujioto.jp; Zi. pro Pers. mit 2 Mahlzeiten ab 10 800 ¥; 🚭❄📶)

NICHT VERSÄUMEN

WANDERUNG VON MAGOME NACH TSUMAGO

Von Magome (600 m) führt eine fast durchgehend gepflasterte Straße nach Tsumago (420 m; 7,8 km). Zunächst geht's steil bergauf zum Magome-*tōge* (Magome-Pass, 801 m), dann windet sich der Pfad an Wasserfällen vorbei durch Wälder und Farmland hinab. Es ist einfacher, die Wanderung in diese Richtung zu unternehmen. Die Route ist gut beschildert (auf Englisch) und in drei bis sechs Stunden zu bewältigen.

Beide Orte bieten einen praktischen Service an: Das Gepäck der Wanderer wird von einer Touristeninformation zur anderen transportiert. Wenn man die Taschen und Koffer zwischen 8.30 und 11.30 Uhr abgibt, sind sie um 13 Uhr im jeweils anderen Infozentrum.

Wer für die großartige Wanderung nicht fit genug ist, nimmt einfach den Magome-Tsumago-Bus (600 ¥, 30 Min., 2–3-mal tgl. in jede Richtung) auf den Magome-*tōge*. Steigt man hier oben aus, muss man bis Tsumago nur noch malerische 5,2 km bergab bewältigen.

Der Besitzer des unprätentiösen, einladenden Fujioto spricht etwas Englisch, Italienisch und Spanisch. Eine prima Adresse für die erste *ryokan*-Erfahrung, denn auch die meisten Angestellten sind in der Lage, sich mit den Gästen auf Englisch zu verständigen. Abends kommt man hier in den Genuss traumhafter *kaiseki*. Die Eckzimmer oben bieten tollen Ausblick. Besucher können auch zum Mittagessen einkehren. Wir empfehlen die Kiso-Tal-Forelle (1350 ¥).

Oyado Daikichi MINSHUKU ¥¥
(御宿大吉; ☎0264-57-2595; Zi. mit 2 Mahlzeiten ab 8600 ¥ pro Pers.;) Großer Beliebtheit bei Reisenden aus dem Ausland erfreut sich das moderne Gebäude ganz am Stadtrand, das wie ein traditionelles Gasthaus aussieht. Es thront oben auf dem Hügel und verfügt über hübsche Zimmer.

Hotel Kisoji HOTEL ¥¥¥
(ホテル木曽路; ☎0264-58-2046; 2278 Azuma; Zi. mit 2 Mahlzeiten ab 16 500 ¥ pro Pers.) Ein paar Kilometer oberhalb von Tsumago liegt dieses bei Reisegruppen beliebte Resorthotel. Highlight sind die *rotemburo* mit Panoramablick auf die Berge, zudem gibt es einen großen Speiseraum, ebenfalls mit Aussicht, und einen Souvenirladen.

Yoshimura-ya NUDELN ¥
(吉村屋; ☎0264-57-3265; Gerichte 720–1540 ¥; 10–17 Uhr;) Nach einer langen Wanderung hilft eine lauwarme Schüssel handgemachter Kiso-*zaru-soba* gegen den Hunger.

Praktische Informationen

Touristeninformation (観光案内館; ☎0264-57-3123; www.tumago.jp/english; 2159-2 Azuma; 8.30–17 Uhr) Die Touristeninformation von Tsumago befindet sich im Zentrum von Tsumago, neben der altmodischen Telefonzelle. Im Büro wird ein bisschen Englisch gesprochen und auch das Infomaterial ist z. T. auf Englisch. Wer nach einer Adresse sucht, ist hier richtig.

An- & Weiterreise

Der Bahnhof Nagiso auf der JR-Chūō-Linie bedient Tsumago, liegt allerdings etwas von der Stadt entfernt. Ein paar *tokkyū* halten täglich in Nagiso (ab Nagoya 2840 ¥, 1 Std.), ansonsten muss man am Nakatsugawa-Bahnhof in Magome (*futsū*, 320 ¥, 20 Min.) umsteigen.

Ab und zu verkehrt ein Bus zwischen Magome und Tsumago (600 ¥, 25 Min.) über Magome-tōge.

Darüber hinaus legt ein Bus die Strecke zwischen Tsumago und Nagiso zurück (270 ¥, 10 Min., 8-mal tgl.).

Kiso 木曽町

☎0264 / 28 421 EW.

Kiso (*kiso-machi*) ist größer und erschlossener als seine Nachbarn im Süden. Seine historische Bedeutung als wichtiger Nakasendō-Kontrollpunkt und die hübsche Lage am Fluss machen es zu einem angenehmen mittäglichen Stopp auf dem Weg nach (oder aus) Matsumoto.

Sehenswertes

Vor dem Bahnhof Kiso-Fukushima geht's nach rechts und hügelabwärts Richtung Ortskern und Kiso-gawa. Die Sehenswürdigkeiten sind gut ausgeschildert, darunter **Ue-no-dan** (上の段), der historische Bezirk mit alten Gebäuden. In vielen Häusern sind mittlerweile Geschäfte untergebracht.

Ehemaliger Fukushima-Kontrollposten MUSEUM
(福島関所跡, Fukushima Sekisho-ato; Erw./Kind 300/150 ¥; April–Okt. 8–17 Uhr, Nov.–März 8.30–16 Uhr) Es handelt sich um den Nachbau eines besonders wichtigen Kontrollpostens an der Handelsstraße aus der Edo-Zeit oberhalb des Flusstals. Drinnen erfährt man, mit welchen Mitteln für Recht und Ordnung gesorgt wurde und welche Sonderbehandlung Frauen zuteilwurde. Zu sehen sind u. a. Waffen und *tegata* (Reisepässe aus Holz).

Essen

Im Dorf und beim Bahnhof gibt es ein paar gute Lokale.

★ **Kurumaya Honten** NUDELN ¥
(くるまや本店; ☎0264-22-2200; 5367-2 Kiso-machi, Fukushima; Hauptgerichte 670–1775 ¥; Do–Di 10–17 Uhr;) Als eines der legendärsten *soba*-Restaurants Japans serviert das Kurumaya kalte *mori* (Typ „Natur") oder *zaru* (mit Nori-Algenstreifen) mit süßlichem Dip. Es liegt nicht weit von der ersten Brücke am Fuß des Hügels entfernt.

Bistro Matsushima-tei ITALIENISCH ¥¥
(ビストロ 松島亭; ☎0264-23-3625; 5250-1 Ue-no-dan; Hauptgerichte 1300–2200 ¥, Mittagsmenüs 1300–1900 ¥; Juli–Okt. tgl. mittags & abends, Nov.–Juni Do–Di) In extravagant-mondänem Ambiente passend zur Geschichte des Gebäudes bietet das italienische Bistro in Ue-no-dan eine wechselnde Auswahl an Pizzas und Pastagerichten.

Praktische Informationen

Touristeninformation Kiso (木曽町観光協会, Kiso-machi Kanko Kyokai; ☎ 0264-22-4000; 2012-10 Kiso-machi, Fukushima; ⏲ 9–16.45 Uhr) In der Touristeninformation gegenüber dem Bahnhof verteilen nette Mitarbeiter ein paar ins Englische übersetzte Karten und freuen sich über jedes japanische Wort.

Weitere Infos gibt's unter www.nakasendoway.com, einer exzellenten Website von Walk Japan.

An- & Weiterreise

Kiso-Fukushima liegt an der JR-Chūō-Linie (*Shinano tokkyū*) und ist von Matsumoto (2150 ¥, 38 Min.), Nakatsugawa (2150 ¥, 34 Min.) und Nagoya (4100 ¥, 1½ Std.) aus gut zu erreichen.

Narai 奈良井

☎ 0264

Weniger bekannt, aber ein wichtiger Nakasendō-Posten und ein kleines Schmuckstück ist Narai, versteckt in den „Falten" eines engen Tals. Der Ort gehört zu der Stadt Shiojiri in Nagano und trug einst den Namen „Narai der tausend Häuser". In der Edo-Zeit florierte er aufgrund seiner Nähe zum höchsten Pass der Handelsroute: Damals machten hier viele Reisende Rast. Heute wartet hier ein geschütztes Gebiet, dessen gepflegte Hauptstraße einige wunderschöne Bauten der Edo-Zeit säumen.

Außerdem stößt man auf der Hauptstraße auf Souvenirläden mit hochwertigen, meist preisgünstigen *shikki* (Lackarbeiten), für die Narai Bekanntheit erlangte.

Sehenswertes

Nakamura-Haus HISTORISCHES GEBÄUDE
(中村邸; ☎ 0264-34-2655; Erw./Kind 300 ¥/frei; ⏲ 9–16 Uhr) Es scheint, als wäre in dem wunderbar erhaltenen ehemaligen Kaufmannshaus mit Garten die Zeit stehen geblieben.

Schlafen & Essen

★ **Echigo-ya** RYOKAN ¥¥
(ゑちごや旅館; ☎ 0264-34-3011; www.naraijyuku-echigoya.jp; 493 Narai; Zi. mit 2 Mahlzeiten ab 15 660 ¥ pro Pers.) Seit mehr als 220 Jahren im Geschäft und ein echtes Unikat ist diese bezaubernde familienbetriebene Bleibe. Sie verfügt über gerade mal zwei Zimmer und bietet so die einmalige Gelegenheit, die japanische Kunst der Gastfreundschaft in ihrer reinsten Form zu erleben. Hier fühlt man sich wie in die Vergangenheit zurückversetzt. Wer ein bisschen Japanisch spricht, wird den Aufenthalt sicher noch mehr genießen. Weit im Voraus buchen. Nur Barzahlung.

Oyado Iseya MINSHUKU ¥¥
(御宿伊勢屋; ☎ 0264-34-3051; www.oyado-iseya.jp; 388 Narai; Zi. mit 2 Mahlzeiten ab 9500 ¥ pro Pers.) Die Fassade des früheren Kaufmannshauses aus dem Jahr 1818 ist wunderbar erhalten. Heute versteckt sich dahinter ein hübsches Gasthaus mit zehn Zimmern, die entweder im Haupthaus oder in dem neueren Gebäude liegen.

Matsunami SHOKUDO ¥
(松波; ☎ 0264-34-3750; 397-1 Narai; leichte Gerichte 650–980 ¥; ⏲ Mi–Mo 11.30–20 Uhr) Auf der Karte des netten kleinen Eckrestaurants stehen bodenständige Leibgerichte wie *tonkatsu-don* (frittiertes Schweinekotelett auf Reis) mit einer besonderen Soße.

Praktische Informationen

Touristeninformation Narai (奈良井宿観光協会; ☎ 0264-54-2001; www.naraijuku.com; ⏲ Mai–Okt. 10–17 Uhr) Die Angestellten der Touristeninformation im Bahnhof sprechen kaum Englisch, haben aber ein paar übersetzte Broschüren und eine Karte auf Lager.

An- & Weiterreise

Nur *futsū*-(Nahverkehrs-)Züge halten in Narai, das an der JR-Chūō-Linie liegt. Um sich die Sehenswürdigkeiten anzusehen, braucht man nicht mehr als zwei oder drei Stunden, genau richtig für einen Tagesausflug ab Matsumoto (580 ¥, 50 Min.), man kann hier jedoch auch eine gemütliche Nacht verbringen. Wer aus Nagoya anreist, muss in Nakatsugawa (1320 ¥, 1½ Std.) oder Kiso-Fukushima (410 ¥, 20 Min.) umsteigen.

INFOS FÜR WANDERER

Zentral-Honshū ist ein Paradies für Wanderer. Hier steht die Hälfte der 100 berühmtesten Gipfel des Landes, viele davon in Nationalparks. Detailliertere Infos liefert der Lonely Planet Reiseführer *Hiking in Japan*.

Die Nationale Tourismusorganisation Japans (JNTO) und andere lokale Behörden geben zahlreiche englischsprachige Karten und Broschüren heraus. Die detaillierteren Wanderkarten sind normalerweise nur auf Japanisch erhältlich.

HIDA-REGION

Hauptanziehungspunkte der überaus reizvollen alten Bergregion Hida (飛騨地域) sind die Onsen-*ryokan* (traditionelle Herbergen mit heißen Quellen), die Welterbestätten Ogimachi und Ainokura, bekannt für ihre typische *gasshō-zukuri*-Architektur mit Strohdächern, und natürlich Takayama, eine der nettesten Städte des Landes.

Ob man nun in einem *gasshō-zukuri*-Gasthaus oder in einem von Takayamas vielen fantastischen *minshuku* und *ryokan* übernachtet: Die große Auswahl an Unterkünften macht die Region zu einer der besten Adressen, um japanische Gastfreundschaft zu erleben.

Anreise & Unterwegs vor Ort

Die Hida-Region ist gut mit dem Zug oder Bus zugänglich. Die direktesten Verbindungen sind Nagoya im Süden und Toyama im Norden.

AUTO & MOTORRAD

Weder Zeit- noch Kostengründe sprechen dafür, die bergige Region mit dem Auto zu erkunden. Zudem benötigt man viel Fahrpraxis, vor allem im Winter, wenn viele Straßen schwer zu befahren oder nicht passierbar sind.

Wer für kürzere Ausflüge in die Region und ins Umland ein Auto mieten möchte, wird vor Ort schnell fündig.

BUS

Die zwei Hauptrouten durch die Region werden regelmäßig von verschiedenen Anbietern bedient.

Die erste verbindet Takayama mit Okuhida-Onsen-gō, Kamikōchi, Teilen der Nordalpen und Matsumoto, die zweite Takayama mit Toyama/Kanazawa über die *gasshō-zukuri*-Dörfer Shirakawa-gō und Gokayama.

Es gibt eine große Auswahl an Bustouren.

Wer die Gegend genauer kennenlernen möchte, kann sich online oder bei einem Reisebüro außerhalb Japans das fünf Tage gültige Shōryūdō-Highway-Busticket (14 000 ¥) kaufen. Es deckt weite Teile der Hida-Region ab und beinhaltet die Fahrt nach/ab Nagoya, Matsumoto und Kanazawa. Mit dem Hida-Open-Busticket (Erw./Kind 10 290/5150 ¥) kann man vier Tage unbegrenzt durch die Region reisen. Daneben gibt es noch weitere ermäßigte Tickets.

ZUG

In die Hida-Region im äußersten Norden der Präfektur Gifu verkehren *tokkyū*-Züge (eingeschränkte Expressverbindungen) ab Nagoya (5510 ¥, 2½ Std.) im Süden und Toyama (2840 ¥, 1½ Std.) im Norden. Beide Städte sind mittlerweile durch *shinkansen*-Linien (Hochgeschwindigkeitszüge) mit Tokyo verbunden.

Takayama 飛騨高山

☎ 0577 / 89 205 EW.

Takayama, offiziell Hida Takayama, wartet mit einer der stimmungsvollsten Stadtlandschaften Japans auf, zudem zählen die hiesigen Feste zu den beliebtesten des Landes. Bei einer Reise durch Zentral-Honshū gehört ein Abstecher hierher zum Pflichtprogramm. Aufgrund der steigenden Beliebtheit hat das einst unbekannte Dorf etwas an Charme eingebüßt, deswegen kommt man am besten außerhalb der Hochsaison.

Der Grundriss existiert so bereits seit Ende des 17. Jhs. Für eine Stadt dieser Größe verfügt Takayama über eine große Anzahl Museen, Galerien und Tempel. Die Gasthäuser aus der Meiji-Ära, Schreine und Tempel in Hanglage und die hübsche Flussszenerie laden zum Verweilen ein. Hinzu kommen eine hervorragende Infrastruktur und freundliche Einheimische. Am besten nimmt man sich zwei oder drei Tage Zeit, um das alles in Ruhe zu genießen. Takayama kann problemlos zu Fuß erkundet werden und ist ein guter Auftakt (oder Ausklang) für einen Ausflug in die Hida-Region und die nördlichen Japanischen Alpen.

Sehenswertes

Die meisten Hauptattraktionen sind deutlich auf Englisch ausgeschildert und fußläufig vom Bahnhof zu erreichen. Dieser liegt zwischen den Hauptstraßen Kokubunji-dōri und Hirokōji-dōri, die nach Osten über den Miya-gawa hinwegführen und dann in die Yasugawa-dōri bzw. Sanmachi-dōri übergehen. Auf der anderen Flussseite befindet sich der wunderbare Sanmachi-*suji* (Bezirk) voller Sakebrauereien, Cafés, Geschäfte und toll erhaltener *furui machinami* (古い町並み; alter Privathäuser).

Bahnhof Takayama & Umgebung

Hida Kokubun-ji BUDDHISTISCHER TEMPEL

(飛騨国分寺; Karte S. 253; ☎ 0577-32-1395; 1-83 Sōwa-chō; Schatzhalle Erw./Kind 300/250 ¥; ⏲ 9–16 Uhr) Die Originalgebäude von Takayamas ältestem Tempel wurden im 8. Jh. errichtet, aber bei einem Brand zerstört. Der älteste der heutigen Bauten stammt aus dem 16. Jh. In der Schatzhalle warten einige wichtige nationale Kulturgüter und im Hof stehen eine dreistöckige Pagode und ein knorriger Gingkobaum, der 1200 Jahre alt sein soll.

Takayama

Takayama

Highlights
1 Takayama Shōwa-kan C2

Sehenswertes
2 Archäologisches Volksmuseum Hida .. C2
3 Hida Kokubun-ji B2
4 Karakuri-Museum C1
5 Kusakabe-Volkskunstmuseum B1
6 Sakurayama Hachiman-gū C1
7 Ausstellungshalle der Festwagen von Takayama C1
8 Geschichts- & Kunstmuseum Takayama C2
9 Takayama-jinya B3
10 Takayama-jō D3
11 Yoshijima-Haus B1

Aktivitäten, Kurse & Touren
12 Griechische Kochschule B2

Schlafen
13 Best Western Hotel A2
14 Guesthouse Tomaru A2
15 Honjin Hiranoya C3
16 Hōshōkaku C3
17 K's House Takayama B3
18 Oyado koto no Yume A2
19 Rickshaw Inn B2
20 Sumiyoshi Ryokan B1
21 Yamakyū D2

Essen
22 Center4 Hamburgers C3
23 Ebisu-Honten C2
24 Heianraku B2
25 iCafe Takayama A3
26 Jakuson B3
27 Kotarō B2
28 Kyōya C1
29 Shōjin Ryōri Kakushō C2
30 Takumi-ya C2

Ausgehen & Nachtleben
31 Bois B2
32 Desolation Row B2
33 Fukutaro B1
34 Red Hill Pub B2

Shoppen
35 Jinya-mae Asa-ichi B3
36 Miya-gawa Asa-ichi B2
37 Suzuki Chōkoku B2
38 Washi no Yamazaki B3

Praktisches
39 Touristeninformationszentrum Hida Takayama A3

Transport
40 Hara Cycle B2

GASSHŌ-ZUKURI-ARCHITEKTUR

Die Winter in Hida sind hart, doch auch schon lange vor der Erfindung von Propangasheizung und Wagen mit Allradantrieb trotzten die Einheimischen den Elementen. Augenscheinlichster Beweis dafür ist die *gasshō-zukuri*-Architektur: Überall in der Region sieht man die reetgedeckten spitzen Dächer dieser Bauwerke.

Auf ihnen kann sich nicht so viel Schnee ansammeln, was in einer Gegend, wo die meisten Bergstraßen von Dezember bis April schneebedingt unpassierbar sind, natürlich sehr wichtig ist. Der Begriff *gasshō* kommt vom japanischen Wort für „Gebet", denn die Form der Dächer erinnert ein wenig an zum Beten aneinandergelegte Hände. *Gasshō*-Gebäude verfügten oft zusätzlich über stützende Säulen aus kräftigem Zedernholz. Häufig wurde im Dachgeschoss Seide gewonnen. In den größeren *gasshō-zukuri* lebten wohlhabende Familien mit bis zu 30 Personen unter einem Dach. Bauernfamilien hausten derweil in winzigen Hütten, die man heute wohl eher mit einem Werkzeugschuppen vergleichen würde.

Leider stirbt die Kunst des *gasshō-zukuri* aus. Viele verbleibende Häuser wurden in Freilichtmuseen wie Hida-no-Sato (S. 254), Ogimachi (S. 265), Suganuma (S. 267) und Ainokura (S. 267) versetzt. Gebäude, die dort heute Seite an Seite stehen, waren einst vielleicht mehrere Tagesreisen voneinander entfernt. Maßnahmen zum Schutz der *gasshō-zukuri* erhalten die Erinnerung an den früheren Alltag in den Hida-Bergen aufrecht.

Hida-Takayama-Kunstmuseum MUSEUM
(飛騨高山美術館, Hida Takayama Bijutsukan; ☎0577-35-3535; www.htm-museum.co.jp; 1-124-1 Kamiokamoto-chō; Erw./Kind 1300/800 ¥; ⏲9–17 Uhr) Ein Leckerbissen für Liebhaber von Glaswaren und Möbeln im Art-nouveau- und Art-déco-Stil, etwas außerhalb der Stadt. Die große Privatgalerie mit schickem Café hat sogar ein London-Bus-Shuttle (in der Touristeninformation fragen) und wartet mit einem Glasbrunnen von René Lalique auf.

Museumsdorf Hida MUSEUM
(飛騨の里, Hida-no-sato; ☎0577-34-4711; www.hidanosato-tpo.jp; 1-590 Kamiokamoto-chō; Erw./Kind 700/200 ¥; ⏲8.30–17 Uhr) Für eine Halbtagestour ist dieses weitläufige Freilichtmuseum ein tolles Ziel. Dutzende traditioneller Häuser und Gebäude aus der Umgebung wurden akribisch zerlegt und anschließend vor Ort wieder zusammengesetzt, sodass man sich ein gutes Bild vom Leben auf dem Land in den vergangenen Jahrhunderten machen kann. An klaren Tagen sind die Japanischen Alpen gut zu sehen. Am besten leiht man sich ein Rad oder fährt vom Busbahnhof Takayama (210 ¥, 10 Min.) hierher. Die Abfahrtszeiten zurück bringt man besser vorab in Erfahrung.

Sanmachi-suji & Umgebung

Drei sehr gut erhaltene Handelsstraßen (Ichino-machi, Nino-machi und Sanno-machi) bilden dieses Altstadtviertel. Die Sakebrauereien erkennt man an den Kugeln aus geflochtenen Zedernzweigen über den Türen. Manche sind im Januar und Anfang Februar öffentlich zugänglich, wobei Sake meist das ganze Jahr über verkauft wird. Daneben gibt es Kunsthandwerker, Antiquitäten, Kleiderhändler und Cafés. Hübsche Fotos knipsen kann man zu jeder Tages- und Nachtzeit.

★ **Takayama Shōwa-kan** MUSEUM
(高山昭和館; Karte S. 253; ☎0577-33-7836; www.takayama-showakan.com; 6 Shimoichino-machi; Erw./Kind 500/300 ¥; ⏲9–17 Uhr) In dieser nostalgischen Fundgrube aus der Shōwa-Zeit (1926–1989) liegt der Fokus auf der Zeit von 1955 und 1965: Damals war die harte Nachkriegsära vorüber und man blickte optimistisch in die Zukunft. Besucher können sich in einem herrlichen Mischmasch aus Gegenständen von Filmpostern bis Autos und allem dazwischen verlieren, die liebevoll in thematisch geordneten Räumen arrangiert sind.

Yoshijima-Haus HISTORISCHES GEBÄUDE
(吉島家, Yoshijima-ke; Karte S. 253; ☎0577-32-0038; 1-51 Ōjin-machi; Erw./Kind 500/300 ¥; ⏲März–Nov. 9–17 Uhr, Dez.–Feb. Mi–So 9–16.30 Uhr) Designliebhaber sollten sich unbedingt das Yoshijima-*ke* ansehen, das immer wieder in Architekturzeitschriften auftaucht. Aufgrund des nüchternen, schmucklosen Äu-

ßeren kann man sich ganz auf die klaren Linien, das hoch aufragende Dach und das Oberlicht konzentrieren. Im Eintritt inbegriffen ist ein Tässchen Shiitaketee (köstlich), der auch in der Dose gekauft werden kann (600¥).

Kusakabe-Volkskunstmuseum MUSEUM
(日下部民藝館, Kusakabe Mingeikan; Karte S. 253; ☎ 0577-32-0072; www.kusakabe-mingeikan.com; 1-52 Ōjin-machi; Erw./Kind 500/300¥; ⏲ März–Nov. 9–16.30 Uhr, Dez.–Feb. Mi–Mo 9–16 Uhr) Das Bauwerk aus den 1890er-Jahren zeigt die Kunstfertigkeit der traditionellen Zimmermänner aus Takayama. Drinnen ist eine Sammlung volkstümlicher Kunst zu sehen.

Geschichts- & Kunstmuseum Takayama MUSEUM
(飛騨高山まちの博物館, Hida-Takayama Machi no Hakubutsukan; Karte S. 253; ☎ 0577-32-1205; 75 Kamiichino-machi; ⏲ Museum 9–19, Garten 7–21 Uhr) GRATIS Dieses kostenlose Museum mit einem hübschen Garten nicht mit dem Hida-Takayama-Kunstmuseum verwechseln! In 14 thematisch geordneten Ausstellungsräumen geht's um Lokalgeschichte, Kultur, Literatur und Kunst.

Archäologisches Volkskunstmuseum Hida MUSEUM
(飛騨民族考古館, Hida Minzoku Kōko-kan; Karte S. 253; ☎ 0577-32-1980; 82 Kamisanno-machi; Erw./Kind 500/200¥; ⏲ März–Nov. 7–17 Uhr, Dez.–Feb. 9.30–16 Uhr) Ein altes Samuraihaus mit interessanten Geheimgängen und einem alten Brunnen im Hof.

Ausstellungshalle der Festwagen von Takayama MUSEUM
(高山屋台会館, Takayama Yatai-kaikan; Karte S. 253; ☎ 0577-32-5100; 178 Sakura-machi; Erw./Kind 900/450¥; ⏲ März–Nov. 8.30–17 Uhr, Dez.–Feb. 9–16.30 Uhr) In dem Museum werden rotierend jeweils vier der insgesamt 23 mehrstöckigen Takayama-Matsuri-*yatai* (Umzugswagen; S. 255) gezeigt. Die beeindruckenden Konstruktionen stammen teilweise aus dem 17. Jh. und sind für auffällige Schnitzereien sowie Metall- und Lackarbeiten bekannt. Auf manchen tanzen *karakuri ningyō* (Marionetten) an 36 Fäden, die von acht professionellen Puppenspielern auf eindrucksvolle Weise bedient werden.

Die Ausstellungshalle befindet sich auf dem Gelände des stattlichen **Sakurayama Hachiman-gū** (桜山八幡宮; Karte S. 253; ☎ 0577-32-0240; www.hidahachimangu.jp) GRATIS, Schauplatz des Festivals.

Karakuri-Museum MUSEUM
(飛騨高山獅子会館·からくりミュージアム; Karte S. 253; ☎ 0577-32-0881; www.takayamakarakuri.jp; 53-1 Sakura-machi; Erw./Kind 600/400¥; ⏲ 9–16.30 Uhr) Die 300 *shishi*-(Löwen-)Masken, Instrumente und Trommeln des Museums werden bei Festtänzen eingesetzt, doch das eigentliche Highlight sind die zweistündigen Puppenspiele mit mechanischen *karakuri ningyō*.

Teramachi, Shiroyama-kōen & Umgebung

Diese beiden hübschen hügeligen Bezirke im Osten sind über einen gut ausgeschilderten Gehweg miteinander verbunden. In Teramachi verteilen sich mehr als ein Dutzend Tempel und Schreine. Hat man sich diese angeschaut, lockt der wunderbar grüne Shiroyama-kōen. Mehrere Pfade führen durch den Park und den Hügel hinauf zu den Ruinen der Burg **Takayama-jō** (高山城跡; Karte S. 253; Shiroyama-kōen).

Takayama-jinya HISTORISCHES GEBÄUDE
(高山陣屋; Karte S. 253; ☎ 0577-32-0643; 1-5 Hachiken-machi; Erw./Kind 430/380¥; ⏲ Sept.–Juli 8.45–16.30 Uhr, Aug. bis 18 Uhr) Mit seinem weitläufigen Gelände ist das Sanmachi-suji-Haus das einzige verbleibende Präfekturbauwerk aus der Zeit des Tokugawa-Shogunats. Ursprünglich diente es als Verwaltungszentrum des Kanamori-Clans. Bis 1969 waren im Hauptgebäude (erb. 1816) Büros der Lokalregierung untergebracht. Touristen können den Reisspeicher, den Garten und die Folterkammer besichtigen (dazu gibt's detaillierte Erklärungen) und an einer kostenlosen Führung auf Englisch teilnehmen (Voranmeldung lohnt sich).

Kurse

Green Cooking School KOCHEN
(Karte S. 253; ☎ 0577-32-9263; www.green-cooking.com; 78 Shimo-sanno-machi; Kurse 4500–6500¥) Ein japanischer Kochkurs ist jedem Takayama-Besucher nur zu empfehlen. Nachdem man die Grundlagen der japanischen Küche gelernt hat, kostet man das Ergebnis. Für die Kurse, die zwei Tage im Voraus gebucht werden müssen, gilt eine Mindestteilnehmerzahl von zwei Personen.

Feste & Events

Takayama Matsuri PARADE
Eines der wichtigsten Feste Japans, das **Sannō Matsuri**, besteht aus zwei Teilen: Am

14. und 15. April steigt das Sannō Matsuri. Zu diesem Anlass ziehen Dutzende dekorierte *yatai* durch die Stadt. Das **Hachiman Matsuri** am 9. und 10. Oktober ist etwas kleiner.

Abends schmückt man die mit Schnitzereien, Puppen, bunten Vorhängen und Markisen versehenen Umzugswagen mit Laternen und die Prozession wird von religiöser Musik begleitet.

Schlafen

Takayama trumpft mit vielen exzellenten Unterkünften aller Stilrichtungen und für jedes Budget auf. Rund um Fest- und Feiertage sind die Hotels oft Monate im Voraus ausgebucht und kosten 20 % mehr. Hilfe bei der Zimmersuche bietet die *ryokan*-Hotelvereinigung (www.takayamaryokan.jp).

Guesthouse Tomaru PENSION ¥
(飛騨高山ゲストハウスとまる; Karte S. 253; ☎0577-62-9260; www.hidatakayama-guesthouse.com; 6-5 Hanasato-machi; B 3000 ¥, EZ & DZ 7000 ¥, 3BZ 10 000 ¥; ❄@📶) Die Gäste lieben das anheimelnde, freundliche Flair dieser kleinen, zentral gelegenen Pension mit netten, makellos sauberen Zimmern. Außerdem gibt's kostenloses WLAN und eine Gemeinschaftsküche.

K's House Takayama HOSTEL ¥
(Karte S. 253; ☎0577-34-4410; www.kshouse.jp/takayama-e; 4-45-1 Tenman-machi; B/EZ/DZ ab 2900/4800/3600 ¥ pro Pers.; ❄📶) Eine schicke Unterkunft, die die Hostelszene der Stadt gründlich aufmischt. Alle Zimmer, auch die Schlafsäle, haben eigene Bäder, Fernseher und WLAN-Zugang. Weitere Extras: Küche, Gemeinschaftsbereich und Leihräder. Seit 2016 bietet eine neue, näher am Bahnhof gelegene Zweigstelle, K's House Oasis, ähnliche, aber frischere Einrichtungen. Weitere Infos über beide Häuser sind auf der Website nachzulesen.

★ **Rickshaw Inn** HOTEL ¥¥
(力車イン; Karte S. 253; ☎0577-32-2890; www.rickshawinn.com; 54 Suehiro-chō; EZ ohne Bad ab 4200 ¥, 2BZ mit/ohne Bad ab 11 900/10 200 ¥; 🚭❄@📶) Dank des tollen Preis-Leistungs-Verhältnisses erfreut sich das Rickshaw Inn am Rand des Unterhaltungsbezirks von Takayama großer Beliebtheit. Es gibt verschiedene Zimmerkategorien, eine kleine Küche und eine gemütliche Lounge und man kann Wäsche waschen. Die netten Besitzer sprechen Englisch und haben haufenweise Infos zu ihrer Stadt parat.

★ **Sumiyoshi Ryokan** RYOKAN ¥¥
(寿美吉旅館; Karte S. 253; ☎0577-32-0228; www.sumiyoshi-ryokan.com; 4-21 Hon-machi; EZ/DZ ab 8000/12 000 ¥; P@📶) Die freundlichen Besitzer dieses herrlich altmodischen Kaufmannshauses aus der Meiji-Zeit heißen schon seit vielen Jahren ausländische Gäste willkommen. Von manchen Zimmern blickt man durch alte Glasfenster auf den Fluss; eines hat ein privates Bad. Die Gemeinschaftswaschräume sind aus Holz und Schieferplatten gemacht. Gegen einen Aufpreis von 4000 ¥ pro Person sind Abendessen und Frühstück inklusive.

Hagi Takayama RYOKAN ¥¥
(萩高山; ☎0577-32-4100; www.takayama-kh.com; 280 Hachiman-machi; Zi. mit 2 Mahlzeiten ab 12 600 ¥ pro Pers.; P❄📶) Am Rand der Innenstadt bietet das erhöht liegende Hotel ansprechende Gemeinschaftsbäder und von allen Zimmern großartigen Blick. Die Unterkünfte im Hauptflügel wurden kürzlich renoviert. Zum Programm gehören traditioneller Service, leckere hiesige Küche und eine wunderbar grüne Lage in den Hügeln über Takayama. Die ideale Option für alle, die mit dem Mietwagen unterwegs sind, da sich die Parkplatzsuche unten in der Stadt als schwierig gestaltet.

Honjin Hiranoya RYOKAN ¥¥
(本陣平野屋; Karte S. 253; ☎0577-34-1234; www.honjinhiranoya.co.jp; 1-5 Hon-machi; Zi. mit 2 Mahlzeiten ab 13 800 ¥ pro Pers.; P❄📶) Wer etwas Besonderes möchte, bucht am besten die gehobenen modern-eleganten Zimmer im teureren Kachoan-Flügel, alternativ gibt es klassische Unterkünfte mit Flussblick im angebauten Bekkan-Flügel. Ab dem Bahnhof verkehrt ein kostenloser Shuttlebus, zu Fuß benötigt man zehn Minuten. Gäste treffen auf erstklassigen Service, englischsprachiges Personal und hervorragende Küche. Sehr empfehlenswert.

Yamakyū RYOKAN ¥¥
(山久; Karte S. 253; ☎0577-32-3756; www.takayama-yamakyu.com; 58 Tenshōji-machi; Zi. mit 2 Mahlzeiten ab 7500 ¥; P@📶) Vom Bahnhof benötigt man etwa 20 Gehminuten, um das japanische Gasthaus am Hang gegenüber dem Hokke-Tempel zu erreichen. Schränke voller Antiquitäten und Kuriositäten, Uhren und Lampen säumen die mit rotem Teppich ausgelegten Gänge. In den 20 Tatamizimmern gehören Waschbecken und Toiletten zum Standard, und die Gemein-

schaftsbäder sind sehr hochwertig. Das Personal spricht auch etwas Englisch. Ein *ryokan*-Erlebnis par excellence zum erschwinglichen Preis.

Best Western Hotel HOTEL ¥¥
(ベストウェスタンホテル高山; Karte S. 253; ☎0577-37-2000; www.bestwestern.co.jp; 6-6 Hanasato-machi; EZ/DZ/2BZ ab 7400/13 200/14 200 ¥;) Bei westlichen Travellern erfreut sich dieser Ableger der bekannten Hotelkette großer Beliebtheit. Die renovierten Zimmer kommen mit Farbakzenten daher. Online kann man manchmal das eine oder andere Schnäppchen machen, manchmal sogar inklusive Frühstückbüfett. Der Bahnhof liegt in unmittelbarer Nähe.

★ **Oyado koto no Yume** RYOKAN ¥¥¥
(おやど古都の夢; Karte S. 253; ☎0577-32-0427; www.kotoyume-peace.com; 6-11 Hanasato-machi; DZ/Suite ab 22 000/40 000 ¥;) Die wunderbare Mischform aus Boutique-Hotel und traditionellem *ryokan* punktet mit freundlichen, professionellen Mitarbeitern. Die Tatami-Zimmer verbinden auf stilvolle Art Alt mit Neu. Das überdachte *kazoku-buro* (Familienbad) auf dem Dach sollte man unbedingt mitbuchen. Praktische Lage in Bahnhofsnähe und gutes Preis-Leistungs-Verhältnis.

Hōshōkaku RYOKAN ¥¥¥
(宝生閣; Karte S. 253; ☎0577-34-0700; www.hoshokaku.co.jp; 1-88 Baba-machi; Zi. mit 2 Mahlzeiten ab 16 200 ¥ pro Pers.;) Inmitten des üppig grünen Shiroyama-kōen am Stadtrand besticht das edle am Hang gelegene Hōshōkaku durch opulentes *kaiseki* (japanische Haute Cuisine) und wunderbare Außenthermen auf dem Dach mit Blick auf die Stadt. Wer mit dem Zug reist, nimmt am besten ein Taxi hierher.

Essen

Takayama wartet mit einem exzellenten, abwechslungsreichen kulinarischen Angebot auf. Zu den Spezialitäten gehören Soba (Buchweizennudeln), *hoba-miso* (süße gegrillte Miso-Paste auf einem Magnolienblatt), *sansai* (Berggemüse) und Hida-*gyū* (*Hida-Rind*). Straßenstände verkaufen *mitarashi-dango* (mit Soja gewürzte, gegrillte Reisbällchenspieße) und *shio-sembei* (salzige Reiscracker). *Hida-gyū* gibt's in Form von *kushiyaki* (Spieße), in *korokke* (Kroketten) und *niku-man* (gedampfte Brötchen). Darüber hinaus gibt es zahlreiche Bäckereien.

Center4 Hamburgers BURGER ¥
(Karte S. 253; ☎0577-36-4527; www.tiger-center4.com; 94 Kamiichino-machi; Burger ab 760 ¥; ⏲11–21.30 Uhr;) Es hat sich mittlerweile herumgesprochen, dass hier ein junges japanisches Paar seinen Traum lebt und Gäste aus der ganzen Welt begrüßt. Um in den Genuss ihrer köstlichen, mit Liebe zubereiteten Wohlfühlküche zu kommen, muss man deswegen oft auf einen Tisch warten. Zur Auswahl stehen saftige Burger nach Hausmannsart (auch vegetarisch), Clubsandwiches, Chili und sämige Muschelsuppen, serviert in einem originellen Speiseraum, der wie das eigene Wohnzimmer anmutet.

Jakuson JAPANISCH ¥
(弱尊; Karte S. 253; ☎0577-36-1810; 5-5 Tenman-machi; Curry ab 750 ¥; ⏲Fr–Mi 11.30–15 & 17.30–21.30 Uhr) Obwohl das unprätentiöse Lokal „Jackson" ausgesprochen wird, hat es nichts mit Michael oder seinesgleichen zu tun. Auf den Tisch kommt eine verlockende Auswahl an leckeren japanischen Currys, die zu einem zweiten Besuch verleiten.

Heianraku CHINESISCH ¥
(平安楽; Karte S. 253; ☎0577-32-3078; 6-7-2 Tenman-machi; Gerichte ab 740 ¥; ⏲Mi–Mo 11.30–13.30 & 17–22 Uhr;) Atmosphärisch, günstig, einladend und köstlich: Diese Worte beschreiben dieses wunderbare in zweiter Generation betriebene Lokal am besten, das in einer traditionellen japanischen Ladenfront an der Kokubunji-dōri chinesische Gaumenfreuden serviert. Es liegt kurz vor dem Hida Kokubun-ji (S. 252) auf der anderen Straßenseite. Besonders lecker sind *gyōzu* (Teigtaschen) und Fleischbällchen. Das Personal spricht Englisch.

Ebisu-Honten NUDELN ¥
(恵比寿本店; Karte S. 253; ☎0577-32-0209; www.takayama-ebisu.jp; 46 Kamini-no-machi; Portion Nudeln ab 880 ¥; ⏲Do–Di 10–17 Uhr;) Seit 1898 gibt's hier *teuchi* (selbst gemachte) *soba*. Den puren Nudelgeschmack vermittelt kaltes *zaru soba*, sehr lecker ist außerdem *tororo nameko soba*, Nudeln in heißer Suppe mit gekochten Pilzen und geriebener Bergkartoffel. Das Gebäude ist an einem interessanten Schild aus rotem Glas mit weißen Schriftzeichen und einem kleinen Dach darüber zu erkennen.

iCafe Takayama CAFÉ ¥
(Karte S. 253; www.icafe-takayama.com; 1-22-11 Showa-machi; leichte Gerichte ab 500 ¥; ⏲7.30–19 Uhr;) 2016 im schicken, ebenfalls 2016

fertiggestellten Bahnhof Takayama eröffnet, steht das Café unter der Leitung des inspirierenden Teams von Satoyama Experience (S. 260) im benachbarten Hida-Furukawan und ist die erste Adresse für alles, was mit Hida zu tun hat. Neuankömmlinge finden hier leckere Snacks, guten Kaffee, Expertentipps zur Gegend, kostenloses WLAN und viel Platz, um Gepäck aufzubewahren.

★ Kyōya SHOKUDO ¥¥

(京や; Karte S. 253; 0577-34-7660; www.kyoya-hida.jp; 1-77 Ōjin-machi; Hauptgerichte 750–5200 ¥; Mi–Mo 11–22 Uhr;) Dieses traditionelle Restaurant kredenzt regionale Gerichte wie *hoba-miso* und *Hida-gyū soba*. Die Gäste sitzen unter einer Kuppel, die von dunklen Holzbalken getragen wird, auf Tatamis rund um die Kohlegrills. Das Kyōya liegt an einer Straßenecke neben einer Brücke über den Kanal. Nach den Reissäcken über der Tür Ausschau halten.

Kotarō TONKATSU ¥¥

(小太郎; Karte S. 253; 0577-32-7353; 6-1 Tenman-machi; Menüs 1050–2100 ¥; Do–Di 11.30–14 & 17–21 Uhr;) Als eine Art Arbeiterimbiss wird das kompakte Kotarō die Gäste nicht enttäuschen, denn der Koch hat über 25 Jahre Erfahrung in der Kunst der Zubereitung von *tonkatsu* (frittiertes Schweineschnitzel) und anderen gebratenen Leckerbissen. Die großzügigen *teishoku* (Menüs) umfassen knuspriges *katsu*, formvollendet zubereitet und mit ausgewogener Beilagenmischung serviert: dicke Reiskörner, sämige Misosuppe, Obst, Salat und eingelegtes Gemüse. Falls es mal etwas anderes sein soll, trifft man mit dem Käse-*katsu* eine gute Wahl.

Takumi-ya GRILLGERICHTE ¥¥

(匠家; Karte S. 253; 0577-36-2989; 2 Shimo-ni-no-machi; Hauptgerichte unten 680–980 ¥, oben ab 1500 ¥; Do–Di 11–15 & 17–21 Uhr;) Hida-*gyū* zum Burgerpreis. Gleich neben der Takumi-ya-Metzgerei liegt dieses Restaurant mit entspannter Atmosphäre, in dem vor allem *rāmen* in Hida-Rindfleischbrühe und Hida-*gyū-don* (Rind und Zwiebeln mit Reis) auf den Tisch kommen. Im teureren Bereich oben kann man *yakiniku* (koreanisches Barbecue) kosten.

★ Sakurajaya FUSIONSKÜCHE ¥¥

(さくら茶屋; 0577-57-7565; www.sakurajaya.jimdo.com; 3-8-14 Sowa-machi; Abendgänge ab 3000 ¥; Do–Di 11.30–14.30 & 18–23 Uhr) Einst reiste ein Japaner nach Deutschland, machte sich mit den Geheimnissen der europäischen Küche vertraut, verfeinerte seine Kenntnisse über die Jahre und ließ sich in den ruhigen Nebenstraßen von Takayama nieder. Seine wunderbaren Kreationen zeugen von deutschen und japanischen Einflüssen und bieten etwas für jeden Geschmack, inklusive Vegetarier. Ist den Fußmarsch mehr als wert.

Shōjin Ryōri Kakushō VEGETARISCH ¥¥¥

(精進料理角正; Karte S. 253; 0577-32-0174; www.kakusyo.com; 2-98 Baba-machi; Kaiseki-Gänge ab 10 000 ¥ pro Pers.; 11.30–13.30 & 17–20 Uhr;) Hier wird in einem atmosphärischen Haus mit Garten, das fast 200 Jahre alt ist, inmitten alter Tempel vor einer Bergkulisse die einzigartige japanische Kunst von *shōjin-ryōri*, holistischer vegetarischer *kaiseki*-Kultur, praktiziert. Klingt wie ein Traum? Für Liebhaber des Genres ist es das auch. Wer Burger und Pommes vorzieht, ist hier falsch. Die Mitarbeiter sprechen ein wenig Englisch.

Ausgehen & Nachtleben

★ Red Hill Pub KNEIPE

(レッド・ヒル; Karte S. 253; 0577-33-8139; 2-4 Sowa-chō; 19–24 Uhr;) Beim Betreten des Red Hill Pub fühlt man sich ein bisschen, als spazierte man in das Wohnzimmer eines Freundes hinein. Die gemütliche, schummerig beleuchtete Kellerbar gehört der hippen, stets gut gelaunten Hisayo, die auch gerne mal die Musik wechselt, um die anwesenden Gäste bei Laune zu halten. Manchmal geht's hier soulig und kuschelig zu, ein andermal rau und rockig. Wenn nichts los ist, hat man vielleicht die Chance, mit der faszinierenden Chefin zu plaudern: Hisayo spricht hervorragend Englisch.

Außerdem bereitet sie leckere Snacks zu und bietet eine ausgezeichnete Auswahl an Bieren und Cocktails.

Bols SPORTBAR

(Karte S. 253; 0577-35-1762; 72-1 Suehiro-machi; Di–So 21–2 Uhr) Die freundliche Kneipe/Sportbar mit toller offener Terrassenfront verlangt keinen Eintritt. Trotz des amerikanisch-europäischen Stils ist das Flair im besten Sinne durch und durch japanisch.

Fukutaro CAFÉ

(福太郎; Karte S. 253; 0577-35-6777; www.fukutarou.com; 58 Shimosanno-machi; Kaffee 330 ¥, dango 70 ¥; 11–17 Uhr) Das authentische 100 Jahre alte *machiya* (traditionelles japanisches Stadthaus) lockt mit gutem Kaffee, *dango* (süßen Teigtaschen) und Sesam-*goheimochi* (klebrigen Reiskuchen).

Desolation Row BAR
(デゾレーション　ロウ; Karte S. 253; ☎090-8077-5966; 30 Asahi-machi; ⏲20 Uhr–open end) Wer Bob Dylan mag, wird sich bestimmt prima mit Ken verstehen, dem freundlichen Inhaber dieser entspannten rustikalen Bar. Er kann nur ein paar Brocken Englisch, aber mit der Musik überwindet man die sprachlichen Barrieren leicht. Whisky hilft natürlich ebenfalls ... und Bier. Nach der verzinkten Eisenfassade und der großen blauen Tür Ausschau halten.

Shoppen

Takayama ist für Kunst und Kunsthandwerk wie *ichi ittobori* (Holzschnitzereien), *shunkei*-Lackarbeiten und verschiedene Töpferstile – den rustikalen *yamada-yaki* und den dekorativen *shibukusa-yaki* – bekannt. Zwischen der Sanmachi-dōri und der Yasugawa-dōri, nahe dem Geschichts- & Kunstmuseum Takayama (S. 255), haben sich wunderschöne *kobutsu*-(古物; Antiquitäten-)Läden niedergelassen. Mit Geduld und Verhandlungsgeschick entdeckt man dort tolle Schnäppchen. Die Suche macht fast genauso viel Spaß wie der eigentliche Kauf.

Ein allgegenwärtiges Souvenir sind die *saru-bobo* (Affenbabys), kleine rote Puppen mit spitzen Gliedmaßen und Gesichtern ohne Gesichtszüge. Sie erinnern an die Zeiten, in denen Großmütter Puppen für die Kleinen aus sämtlichen Materialien nähten, derer sie habhaft werden konnten.

Washi no Yamazaki KUNSTHANDWERK
(和紙の山崎; Karte S. 253; ☎0577-32-4132; 1-22 Hon-machi; ⏲9–17 Uhr) Das wunderbare familiengeführte Geschäft verkauft *washi* (handgeschöpftes japanisches Papier).

Suzuki Chōkoku KUNSTHANDWERK
(鈴木彫刻; Karte S. 253; ☎0577-32-1367; 1-2 Hatcuda-machi; ⏲Mi–Mo 9–19 Uhr) Hier, beim ehemaligen Vorsitzenden der hiesigen *ittobori*-Vereinigung, bekommt man geschnitzte Holzfigürchen ab 750 ¥.

Praktische Informationen

INTERNETZUGANG

In der gesamten Innenstadt ist kostenloses WLAN verfügbar. Besucher erhalten nach ihrer Ankunft in der Touristeninformation das Passwort, mit dem sie eine Woche lang Internetzugang haben.

Stadtbücherei (高山市図書館; Karte S. 253; ☎0577-32-3096; 2-115 Baba-machi; ⏲9.30–21.30 Uhr; 📶) Hier gibt's kostenlosen Internetzugang in einem wunderschönen historischen Gebäude östlich von Sanmachi-suji.

TOURISTENINFORMATION

Touristeninformation (飛騨高山観光案内所; Karte S. 253; ☎0577-32-5328; www.hida.jp; ⏲Nov.–März 8.30–17 Uhr, April–Okt. 8.30–18.30 Uhr) Direkt vor dem JR-Bahnhof. Die kundigen Angestellten sprechen Englisch und geben Stadtpläne sowie Broschüren zu Sehenswürdigkeiten, Unterkünften, Events und dem Regionalverkehr auf Englisch aus. Sie helfen allerdings nicht bei Zimmerreservierungen.

An- & Weiterreise

BUS

Nōhi Bus (濃飛バス; ☎0577-32-1688; www.nouhibus.co.jp) betreibt Autobahnbusse zwischen Takayama und dem Bahnhof Shinjuku in Tokio (6690 ¥, 5½ Std., mehrmals tgl., nur mit Reservierung) sowie Matsumoto (3190 ¥, 2½ Std.) und Kanazawa (3390 ¥, 2¼ Std.). Abfahrtszeiten variieren je nach Saison. Ein paar Routen werden im Winter nicht bedient, weil dann viele Straßen unpassierbar sind.

ZUG

Von Tokyo und Städten im Süden (Kyoto, Osaka, Hiroshima, Fukuoka) gibt es eine regelmäßige *shinkansen*-(Hochgeschwindigkeits-)Verbindung nach Nagoya, wo über die JR-Linie Anschluss nach Takayama (*tokkyū* 5510 ¥, 2½ Std.) besteht.

INSIDERWISSEN

TAKAYAMAS MORGENMÄRKTE

Tägliche *asa-ichi* (Morgenmärkte) sind ein wunderbarer und geselliger Start in den Tag. Der **Jinya-mae Asa-ichi** (陣屋前朝市; Karte S. 253; www.jinya-asaichi.jp; 1-5 Hachiken-machi; ⏲6–12 Uhr) wird vor dem **Takayama-jinya** (S. 255) abgehalten, während der größere **Miya-gawa Asa-ichi** (宮川朝市; Karte S. 253; www.asaichi.net; ⏲7–12 Uhr) am Ostufer des Miya-gawa zwischen der Kaji-bashi und der Yayoi-bashi stattfindet. Zu kaufen gibt's Obst und Gemüse frisch vom Bauern und Kunsthandwerk aus der Umgebung. Die Herbstäpfel schmecken unwahrscheinlich gut.

Alternativ nimmt man in Tokyo die JR-Takayama-Linie von der nördlichen Endhaltestelle in Toyama (*tokkyū* 2840 ¥, 1½ Std.). Nach Toyama fahren die wunderbaren Züge des schicken Hokuriku-shinkansen, den es seit 2015 gibt.

Unabhängig vom Verkehrsmittel ist die Zugfahrt durch die Berge entlang des Hida-gawa traumhaft.

Unterwegs vor Ort

Die meisten Sehenswürdigkeiten erreicht man problemlos zu Fuß. Vom Bahnhof sind es 20 Gehminuten bis Teramachi. Takayama ist eine fahrradfreundliche Stadt, Leihräder sind jedoch oft teuer. Zu empfehlen ist **Hara Cycle** (ハラサイクル; Karte S. 253; ☎ 0577-32-1657; 61 Suehiro-chō; 1. Std. 300 ¥, zusätzl. Std. 200 ¥, 1300 ¥ pro Tag; ⏲ Mi–Mo 9–20 Uhr). Manche Unterkünfte bieten kostenlose Leihräder.

Hida-Furukawa 飛騨古川

☎ 0577 / 24 708 EW.

Mit dem Zug sind es nur 15 Minuten von Takayama nach Hida-Furukawa. Die entspannte Stadt mit freundlicher alternder Bevölkerung liegt am Flussufer und legt Wert auf die Bewahrung der hiesigen Geschichte und Kultur. Hier erstrecken sich malerische Straßen, friedliche Tempel und interessante Museen vor dem Panorama der Hida-Berge. Jedes Jahr im April bringt das Furukawa Matsuri frischen Wind in den Alltag.

Sehenswertes

Busterminal und Bahnhof von Hida-Furukawa liegen östlich vom Zentrum gleich nebeneinander. Zu den Sehenswürdigkeiten sind es zehn Gehminuten vom Bahnhof aus.

Seto-kawa & Shirakabe-dōzō HISTORISCHER BEZIRK

(瀬戸川と白壁土蔵街) Weiß getünchte Geschäfte, private Wohnhäuser und Kanäle voller Karpfen prägen diesen bildschönen historischen Bezirk fünf Minuten vom JR-Bahnhof Hida-Furukawa entfernt. Läden mit Holzarbeiten, Sakebrauereien (zu erkennen an den Zedernzweigkugeln überm Eingang) und traditionelle Lagerhäuser säumen die Straße Ichino-machi.

Honkō-ji BUDDHISTISCHER TEMPEL

(本光寺; ☎ 0577-73-2938; 1-17 Furukawa-chō) Der Honkō-ji liegt am Fluss, ist Hidas größter Holztempel und zeugt vom Können hiesiger Zimmerleute. Das Original entstand 1532, die heutigen Bauten stammen allerdings aus dem Jahr 1913 – davor waren 90 % der Stadt bei einem Brand zerstört worden.

Schreinermuseum MUSEUM

(飛騨の匠文化館, Hida no Takumi Bunkakan; ☎ 0577-73-3321; 10-1 Ichino-machi; Erw./Kind 300/100 ¥; ⏲ Dez.–Feb. Fr–Mi 9–16.30 Uhr, März–Nov. tgl. 9–17 Uhr) Der Geschichte der japanischen Schreinerkunst und den einzigartigen Zimmermannstechniken widmet sich diese Einrichtung. Ein Muss für Liebhaber von Holzarbeiten und Design. In einem Experimentier-Raum dürfen Besucher selbst Hand anlegen und versuchen, Holzblöcke unterschiedlicher Größe zusammenzubauen – gar nicht so einfach, wie es klingt!

Geführte Touren

★ **Satoyama Experience** RADTOUREN

(☎ 0577-73-5715; www.satoyama-experience.com; 8-8 Nino-machi; halbtägige Touren ab 4700 ¥; ⏲ Fr–Mi 9–18 Uhr) Das tolle Team von Satoyama Experience bringt Besuchern gerne seine geschätzte Region samt Kultur und Bewohnern nahe. Die Radtouren mit kleinen Gruppen umfassen einen freundlichen englischsprachigen Guide, ein Leih-Mountainbike und Versicherung. Im Angebot stehen verschiedene Ausflüge (auch zu Fuß) für verschiedene Fitnessgrade, die allesamt den Geist und die Landschaft von Hida einfangen. Sehr zu empfehlen.

Darüber hinaus kümmern sich die Angestellten auf Nachfrage gern um die Unterbringung in traditionellen Unterkünften (bei längeren Aufenthalten).

Feste & Events

Furukawa Matsuri UMZUG

(古川祭り; ⏲ April) Am 19. und 20. April wird das auch als Hadaka Matsuri (Fest der Nackten) bekannte Furukawa Matsuri mit *yatai*-(Umzugswagen-)Paraden gefeiert. Absolutes Highlight ist das Okoshi Daiko in der Nacht des 19. April, bei dem Heerscharen von ungestümen jungen Männern, die ordentlich Sake intus haben und *fundoshi* (Lendenschurze) tragen, durch die Stadt ziehen.

Sie versuchen, ihre kleinen Trommeln auf einer Bühne mit einer großen Trommel abzustellen. So richtig nackt ist niemand, aber wir haben uns den Namen ja auch nicht ausgedacht.

Kitsunebi Matsuri UMZUG

(きつね火祭り; ⊙Sept.) Während des „Fuchsfeuerfestivals" am vierten Samstag im September verkleiden sich die Einheimischen als Füchse, spazieren bei Laternenschein durch die Straßen und spielen eine Hochzeit am Okura Inari-jinja, einem hiesigen Schrein, nach. Höhepunkt der angeblich Glück verheißenden Zeremonie ist ein Freudenfeuer.

Schlafen & Essen

Hida Tomoe Hotel HOTEL ¥¥

(飛騨ともえホテル; ☎0577-73-2056; www.tomoe-jp.com; 10-27 Kanamori-chō; Zi. mit/ohne Mahlzeiten ab 11 290/6250 ¥ pro Pers.; ❄@) Das hübsche Businesshotel neben dem Bahnhof hat westliche und japanische Zimmer, meist mit Bad und Toilette. Außerdem gehört ein Gemeinschaftsbad zur Anlage. Zu essen gibt's gleich neben der *irori* (offene Feuerstelle) *kaiseki*-Küche (japanische Haute Cuisine) mit Zutaten frisch vom Erzeuger.

Ichino-machi Cafe CAFÉ ¥

(壱之町珈琲店; ☎0577-73-7099; 1-12 Ichino-machi; Kuchen ab 400 ¥; ⊙Mi–Mo 11–17 Uhr; 📶) Chiffonkuchen, Melonenbrot und Hida-Rindfleisch-Curry sind ein paar der Gerichte auf der Speisekarte dieses ansprechenden Cafés, das in einem restaurierten traditionellen *machiya* (Kaufmannshaus) untergebracht ist. Kostenloses WLAN.

Praktische Informationen

In der Touristeninformation am Busbahnhof erhält man ein paar englischsprachige Karten und Broschüren, allerdings wird man sich mit den Angestellten selbst kaum verständigen können – es sei denn, man beherrscht Japanisch.

Anreise & Unterwegs vor Ort

Die *tokkyū*-Hida-Züge (eingeschränkte Expressverbindungen) zwischen Nagoya (5830 ¥, 2¾ Std.) und Toyama (2670 ¥, 1¾ Std.) steuern Hida-Furukawa an.

Regelmäßig verkehren Nahverkehrszüge zwischen Hida-Furukawa und Takayama, drei Stopps weiter südlich (240 ¥, 15 Min.).

Vom Bahnhof führt ein gemütlicher Spaziergang durch die Innenstadt von Furukawa. Wer möchte, kann sich beim nahe gelegenen **Miyagawa Taxi** (☎0577-73-2321; 10-41 Furukawa-cho; Fahrradverleih 200 ¥ pro Std.) ein Rad leihen oder eine Tour bei **Satoyama Experience** buchen.

Okuhida-Onsen-gō

☎0577

Okuhida-Onsen-gō („tiefe Hida-Thermalquellen") umfasst die Dörfer Hirayu-Onsen, Fukuji-Onsen, Shin-Hirayu-Onsen, Tochio-Onsen und Shin-Hotaka-Onsen und wetteifert mit Shirakawa-gō um den Titel der schönsten Ortschaft Hidas. Zweifellos zählen die *onsen ryokan* (traditionelle Gasthäuser mit Thermalquellen) und Berglandschaften zu den eindrucksvollsten Japans.

Die zwei Aspiranten miteinander zu vergleichen, fällt schwer, deswegen erkundet man die Hida-Region am besten so intensiv wie möglich. Ist die Zeit beschränkt, lohnt es sich, etwas tiefer in die Tasche zu greifen und hier, tief in den Bergen, einen ruhigen Abend zu verbringen. Bei schönem Wetter bietet sich eine Fahrt mit der Shin-Hotaka-Seilbahn (S. 263) an. Von den fünf Dörfern haben Hirayu, Fukuji und Shin-Hotaka-Onsen mit ihren wunderbaren *ryokan* am meisten zu bieten.

In den fünf Ortschaften locken einige der schönsten und idyllischsten *onsen ryokan* des Landes. Fast alle sind teuer, jedoch jeden Yen wert.

Hirayu bietet gemeinsam mit Kamikōchi die größte Auswahl an Unterkünften in den Alpen. Eine Übernachtung lohnt sich für Allein- und Budgetreisende und dann, wenn die bekannteren *ryokan* der Region ausgebucht sind.

Das gastronomische Angebot in den Bergdörfern ist begrenzt. Tagesausflügler decken sich vorab am besten in einem Lebensmittelladen mit Proviant ein. Übernachtungsgäste können sich auf ein *kaiseki*-Essen in ihrem *ryokan* freuen.

Anreise & Unterwegs vor Ort

Die abgeschiedene Bergregion ist nur über Straßen, nicht über Schienen zugänglich. Im Winter sind diese oft nur schlecht oder gar nicht passierbar. Alpico (S. 294) bietet Busverbindungen ab Matsumoto, **Nōhi Bus** (S. 248) ab Takayama.

Wer gerne selbst fährt und keine Höhenangst hat, kann sich in Takayama oder Matsumoto ein Auto leihen und ist so flexibler. Im Winter ist allerdings davon abzuraten.

Hirayu-Onsen 平湯温泉

☎0578

Hirayu-Onsen ist ein Drehkreuz des Busverkehrs und die beste Ausgangsbasis für Tagesausflüge nach Kamikōchi, in die Nachbarorte Shirahone und Fukuji-Onsen sowie zur Shin-Hotaka-Seilbahn. Es gibt einige ansprechende, einfache Onsen-Unterkünfte, von denen etwa die Hälfte Tagesgäste willkommen heißt. Sogar am Busbahnhof gibt es ein *rotemburo* (Außenbad; 600 ¥) auf dem Dach.

Sehenswertes

Hirayu-Volkskunstmuseum MUSEUM
(平湯民俗館, Hirayu Minzoku-kan; ☎0578-89-3578; Eintritt 500 ¥; ⏲8–17 Uhr) Der Eintritt für dieses charmante Volkskunstmuseum, der einzigen Attraktion in Hirayu-Onsen, beinhaltet die Nutzung eines recht hübschen, weniger bekannten kleinen *rotemburo*.

Schlafen

Hirayu-Campingplatz CAMPINGPLATZ ¥
(平湯キャンプ場; ☎0578-89-2610; www.hirayu-camp.com; 768-36 Hirayu; Stellplatz 700/500 ¥ pro Erw./Kind, Bungalows ab 5800 ¥, Parkplatz ab 1000 ¥; ⏲Ende April–Okt.; P) Um zu diesem kleinen Campingplatz zu gelangen, muss man sich am Busbahnhof rechts halten. Nach etwa 700 m ist das Ziel zur Linken.

Hirayu-no-mori RESORT ¥¥
(ひらゆの森; ☎0578-89-3338; www.hirayunomori.co.jp; 763-1 Hirayu; EZ/DZ ab 4000/8000 ¥; P 📶) Gewissermaßen erstreckt sich dieses weitläufige Onsen-Resort oberhalb des Busbahnhofs in einem „Privatwald". Hier laden 16 unterschiedliche *rotemburo* sowie Innenbecken und private Bäder zum Entspannen ein. Ab 21 Uhr ist die Nutzung allerdings den Übernachtungsgästen vorbehalten. Die Zimmer sind im japanischen Stil aufgemacht und die lokaltypischen Gerichte wunderbar deftig.

Ryosō Tsuyukusa MINSHUKU ¥¥
(旅荘つゆくさ; ☎0578-89-2620; www.tuyukusa-hirayu.com; 621 Hirayu; EZ/DZ mit 2 Mahlzeiten 9000/16 000 ¥; P 📶) Das familiäre *minshuku* (japanische Pension) beherbergt acht anständige Tatami-Zimmer und ein gemütliches *rotemburo* aus *hinoki* (Zypressenholz) mit Bergblick. Vom Busbahnhof aus geht's bergab und dann links in die erste schmale Straße hinein: Die *minshuku* liegt linker Hand. Englisch wird nicht gesprochen.

Okada Ryokan RYOKAN ¥¥¥
(岡田旅館; ☎0578-89-2336; www.okadaryokan.com; 505 Hirayu; Zi. mit 2 Mahlzeiten ab 15 500 ¥ pro Pers.; P ❄ 📶) Obwohl die liebenswerten Angestellten kaum Englisch können, bereiten sie allen Gästen einen herzlichen Empfang. Das bullige Gasthaus unterhalb des Busbahnhofs lockt mit großen, wenn auch etwas verwohnten Zimmern samt privaten Bädern. Auch die Gemeinschaftsbäder und das *rotemburo* sind hervorragend. Anders als in vielen anderen *ryokan* der Gegend haben Alleinreisende manchmal die Möglichkeit, ein Zimmer ohne Mahlzeiten zu buchen. Leider ist das Restaurantangebot in der Nähe aber recht dürftig.

Miyama Ouan RYOKAN ¥¥¥
(深山桜庵; ☎0578-89-2799; www.hotespa.net/hotels/miyamaouan; 229 Hirayu; Zi. mit 2 Mahlzeiten ab 20 400 ¥ pro Pers.; P ❄ 📶) Das kürzlich eröffnete *ryokan* gehört zu einer Kette und bietet traditionellen Service, moderne Technologie und intime, persönliche Details. Die 72 schicken, unterschiedlich großen Designzimmer sind wunderhübsch in verschiedenen Stilrichtungen mit Zypressenholz gestaltet und verfügen alle über eigene Bäder. Das private *kazoku-buro rotemburo* (für Familien) ist ein kleines Paradies. Auf Nachfrage wird man sogar vom Busbahnhof abgeholt.

Praktische Informationen

Touristeninformation (観光案内所; ☎0578-89-3030; 763-191 Hirayu; ⏲9.30–17.30 Uhr) Das Infobüro gegenüber dem Busbahnhof hat Broschüren und Karten, zudem bucht es Unterkünfte. Das Personal spricht allerdings kein Englisch.

An- & Weiterreise

Regelmäßig halten Nōhi-Expressbusse in Hirayu-Onsen, das fast auf halbem Weg zwischen Takayama (1570 ¥, 1 Std.) und Matsumoto (2370 ¥, 1½ Std.) liegt.

Auch Busse zwischen Takayama und Shin-Hotaka-Onsen stoppen in Hirayu-Onsen.

Fukuji-Onsen

☎0578

Dieser kleine Onsen-Ort liegt eine kurze Strecke nördlich von Hirayu-Onsen und erstreckt sich über einen steilen Hügel mit wunderschöner Aussicht und einer Handvoll herausragender Bäder. Ein richtiges Dorf gibt es hier nicht.

Aktivitäten

Mukashibanashi-no-sato (Isurugi-no-yu) ONSEN
(昔ばなしの里·石動の湯; ☎0578-89-2793; 110 Fukuji Onsen; Bad 500 ¥; ⏲Do–Di 10–16 Uhr) Ein

Stück zurückversetzt von der Straße stößt man auf das Mukashibanashi no-sato, Onsen und Restaurant zugleich. Das traditionelle Bauernhaus verfügt sowohl über Innen- als auch über Außenbäder. Am 26. jedes Monats wird kein Eintritt verlangt. Der Retrokrimskramsladen vorne, geschmückt mit Filmpostern aus der Shōwa-Ära und Werbung, ist nicht zu übersehen. Busreisende steigen an der Haltestelle Fukuji-Onsen-Kami aus.

Schlafen

★ Yumoto Chōza RYOKAN ¥¥¥

(湯元長座; ☎0578-89-0099; www.cyouza.com; 786 Fukuji; Zi. mit 2 Mahlzeiten ab 21 000 ¥ pro Pers.; P ❄) Gegenüber der Haltestelle Fukuji-Onsen-shimo führt ein rustikaler, überdachter Weg zum Eingang des Yumoto Chōza und gibt einem das Gefühl, geradewegs zurück in die Vergangenheit zu spazieren. Schweres, dunkles Holz setzt die traditionelle Architektur beeindruckend in Szene. Die Hälfte der 32 Zimmer haben eigene Bäder und ein *irori* (Kamin). Außerdem wären da noch die fünf Innenbäder und zwei *rotemburo*. Vorabreservierung erforderlich.

Tagesgäste dürfen hier von 14 bis 18 Uhr für 750 ¥ baden.

Yamazato-no-iori Soene RYOKAN ¥¥¥

(山里のいおり 草円; ☎0578-89-1116; www.soene.com; 831 Fukuji-Onsen; Zi. mit 2 Mahlzeiten ab 17 800 ¥ pro Pers.; P 📶) Das rustikale *ryokan* ist über 100 Jahre alt und versprüht jede Menge Atmosphäre. Die Innen- und Außenbäder sind großartig, ebenso wie der Ausblick. Die geräumigen Zimmer sind perfekt für Romantiker und im Speisesaal kommt leckere *kaiseki*-Küche auf den Tisch. Das Personal spricht etwas Englisch und in der Lobby ist WLAN verfügbar. Ganzjährig geöffnet.

An- & Weiterreise

Wer mit dem Bus ab Hirayu-Onsen kommt, steigt an der Haltestelle Fukuji-Onsen-Kami aus. Ein Stück hügelabwärts befindet sich das *ryokan*. Entweder nimmt man anschließend den Bus zurück nach Hirayu oder fährt weiter nach Shirahone-Onsen.

Shin-Hotaka-Onsen 新穂高温泉

☎0578

Das reizende, verschlafene Örtchen ist für die Shin-Hotaka-Seilbahn bekannt, die längste Japans, außerdem für das größte *rotemburo* des Landes und eine Handvoll magischer Unterkünfte, darunter ein bezauberndes *onsen ryokan* (traditionelles Gasthaus mit Thermalquellen) am Fluss.

Aktivitäten

★ Shin-Hotaka-Seilbahn SEILBAHN

(新穂高ロープウェイ; ☎0578-89-2252; www.shinhotaka-ropeway.jp; Shin-Hotaka; einfache Strecke/hin & zurück 1600/2900 ¥; ⏲8.30–16.30 Uhr) Von der Talstation auf 1308 m fahren zwei Seilbahnen auf 2156 m hinauf in Richtung des Nishi-Hotaka-dake-Gipfels (2909 m). Dort oben eröffnet sich von den Aussichtsplattformen und Wanderwegen ein spektakulärer Blick. Im Winter reicht der Schnee manchmal bis auf Schulterhöhe. Während der Saison können gut ausgerüstete Wanderer mit ausreichend Zeit ab der Bergstation (Nishi Hotaka-guchi) längere Touren in Angriff nehmen, z. B. die Route nach Kamikōchi (3 Std.). Diese Gehrichtung ist wesentlich einfacher als die Gegenrichtung.

Shin-Hotaka-no-yu ONSEN

(新穂高の湯; ☎0578-89-2458; Okuhida Onsengo Kansaka; ⏲ Mai–Okt. 8–21 Uhr) GRATIS FKK-Fans werden dieses einfache *konyoku* (gemischte) *rotemburo* neben dem Kamata-gawa lieben, das man schon von der Brücke aus sieht. Der Eintritt ist frei (Spenden werden gern genommen). Die Umkleiden sind noch getrennt, aber dahinter liegt ein einzelnes großes Becken für alle. Bitte benehmen!

Nakazaki Sansou Okuhida-no-yu ONSEN

(中崎山荘奥飛騨の湯; ☎0578-89-2021; 710 Okuhida Onsengo Kansaka; Erw./Kind 800/400 ¥; ⏲8–20 Uhr) Seit über 50 Jahren bietet der 2010 komplett umgebaute Onsen gleich neben dem Hotel Hotaka eine unglaubliche Aussicht auf die Berge. Das milchige Wasser in den großen Innenbädern und im *rotemburo* ist ein echtes Wundermittel bei trockener Haut.

Schlafen

Kazeya RYOKAN ¥¥

(風屋; ☎0578-89-0112; www.kazeyatakayamajapan.com; 440-1 Kansaka; Zi. inkl. Frühstück ab 8000 ¥ pro Pers.; P ❄ 📶) Das wunderhübsche traditionelle kleine Gasthaus wurde 2014 renoviert und hat zehn atmosphärische Zimmer mit Privatbädern und zwei erholsamen *rotemburo*. Die Deluxe-Unterkünfte haben eigene Onsen-Bäder und bieten das beste Preis-Leistungs-Verhältnis.

Karukaya Sansō HOTEL ¥¥
(佳留萱山荘; ☎0578-89-2801; www.karukaya.co.jp; 555 Kansaka; Zi. mit 2 Mahlzeiten ab 14 000 ¥ pro Pers.; P ❄ 📶) Die Tatami-Zimmer dieser freundlichen, offenen, geräumigen Bleibe am Fluss sind sauber, gepflegt und recht nichtssagend. Die besseren haben hübsche Ausblicke. Eigentliches Highlight sind die riesigen *konyoku rotemburo*, die angeblich größten Japans, mit Panoramaaussicht auf die Berge.

Zur Auswahl stehen auch Campingplätze (Erw./Kind 3000/1500 ¥). Man kann auch nur die *rotemburo* (600 ¥; 10–15 Uhr) besuchen.

Nonohana Sansō GASTHAUS ¥¥
(野の花山荘; ☎0578-89-0030; www.nono87.jp; Zi. mit 2 Mahlzeiten ab 14 000 ¥ pro Pers., Tagesgäste Erw./Kind 800/500 ¥; ⊙Tagesgäste 10–17 Uhr; P ❄ 📶) An einer Straße, die von der 475 bergauf führt, liegt das 2010 eröffnete Nonohana Sansō. Alle Tatamizimmer sind traditionell gestaltet und besitzen Privatbäder, während die Lobby und der Aufenthaltsbereich erfrischend modern daherkommen. In der offenen Küche werden lokale Spezialitäten zubereitet und die großen *rotemburo* haben fantastische Aussicht; sie stehen auch Tagesbesuchern zur Verfügung.

★ Yarimikan RYOKAN ¥¥¥
(槍見舘; ☎0578-89-2808; www.yarimikan.com; Okuhida Onsen-gun Kansaka; Zi. inkl. Mahlzeiten ab 18 510 ¥ pro Pers.; P ❄ 📶) Das herrlich traditionelle Onsen-Gasthaus am Kamata-gawa hat zwei Innenbäder, acht *rotemburo* am Fluss (ein paar davon auch zur privaten Nutzung) und gerade mal 15 Zimmer. Übernachtungsgäste können 24 Stunden am Tag im Wasser bleiben (vor allem bei Mondlicht ein wunderschönes Erlebnis!), Besucher sind von 10 bis 14 Uhr willkommen (500 ¥). Zu essen gibt's Gerichte wie Hida-Rind und gegrillten Süßwasserfisch.

Das Yarimikan befindet sich ein Stück abseits der Straße 475, ein paar Kilometer vor der Seilbahn.

ℹ Praktische Informationen

Touristeninformation Oku-Hida Spa (奥飛騨温泉郷観光案内所; ☎0578-89-2614; ⊙10–17 Uhr) An der Schnellstraße 471 vor der Brücke, wo die Straße in die Schnellstraße 475 Richtung Seilbahn übergeht.

ℹ An- & Weiterreise

Busse verkehren von Takayama nach Hirayu-Onsen. Sie legen einen Bedarfshalt an der Endhaltestelle der **Shin-Hotaka-Seilbahn** (S. 263; 2160 ¥, 1½ Std.) am Ende von Shin-Hotaka-Onsen ein.

Ein Expressbus von Matsumoto zur Endhaltestelle der Shin-Hotaka-Seilbahn (2880 ¥, 2 Std.) passiert Hirayu-Onsen.

Shirakawa-gō & Gokayama 白川郷・五箇山

In den abgeschiedenen Bergregionen Shirakawa-gō und Gokayama zwischen Takayama und Kanazawa findet man viele Bauernhöfe im berühmten *gasshō-zukuri*-Stil, so genannt nach der A-förmigen Bauweise der Strohdächer. Vor allem bei klarem Wetter oder Schnee sind die rustikalen Häuser hübsch anzusehen. In den Herzen der Japaner nehmen sie einen besonderen Platz ein.

Fast alle Sehenswürdigkeiten von Shirakawa-gō liegen in Ogimachi mit einer Expressverbindung nach Takayama und zum meist besuchten Dorf der Gegend. Mehr Atmosphäre bieten die isolierteren Dörfer Suganuma und Ainokura im Gokayama-Bezirk der Präfektur Toyama. Weitere Attraktionen verteilen sich entlang der Route 156. Alle drei Orte gehören zum Unesco-Welterbe.

Nach wie vor wird leidenschaftlich darüber debattiert, welche Auswirkungen die einfallenden Touristenbusse auf die einzigartigen Gemeinden haben und wie man mit diesem Problem umgehen sollte. Am Wochenende, an Feiertagen, zur Kirschblüte und zur Färbung des Herbstlaubs meidet man die Gegend am besten.

Ausreichend Bargeld nicht vergessen: Es gibt nur wenige Geldautomaten, und Kreditkarten werden kaum akzeptiert.

Um das „echte" Leben hier kennenzulernen, empfiehlt sich die Übernachtung in einem einfachen *gasshō-zukuri*-Gasthaus (vorab reservieren). Alternativ bietet sich ein Tagesausflug ab Takayama, Takaoka, Toyama oder Kanazawa an.

Abgesehen von ein paar Touristencafés in den bei Tagesausflüglern beliebten Dörfern ist das gastronomische Angebot mager. Übernachtungsgäste können meist in ihrer Unterkunft essen.

ℹ Anreise & Unterwegs vor Ort

Die abgelegenen Ortschaften sind nur mit dem Bus oder Auto zu erreichen.

In Takayama, Takaoka, Toyama und Kanazawa bieten verschiedene Veranstalter eine große Auswahl an Touren an.

AUTO & MOTORRAD

Ein eigener fahrbarer Untersatz erfreut sich bei Besuchern zunehmender Beliebtheit.

Die Tokai-Hokuriku-Schnellstraße ist eine praktische Verbindung zwischen Takayama und Shirakawa-gō (Ogimachi).

Von Juni bis Mitte November ist die Hakusan White Road, ehemals Hakusan Super-Rindō, geöffnet. Die 34 km lange malerische Mautstraße (einfache Strecke 1600 ¥) verläuft zwischen Hakusan und Ogimachi.

Ainokura (Gokayama) ist über die Tokai-Hokuriku-Schnellstraße von Takayama aus direkt zugänglich.

Eine langsamere, aber schönere Alternative ist die verschlungene Route 156 zu den Dörfern von Gokayama. Dafür verlässt man die Schnellstraße bei der Ausfahrt Shirakawa-gō (Ogimachi).

In kälteren Monaten ist es ratsam, sich im Voraus bei der zuständigen Touristeninformation über die Bedingungen zu informieren, bevor man sich auf die Nationalstraßen aufmacht.

BUS

Nōhi Bus (濃飛バス; ☎0577-32-1688; www.nouhibus.co.jp) und Partnerunternehmen bieten täglich sieben oder mehr Verbindungen zwischen Ogimachi (Shirakawa-gō) und Takayama (einfache Strecke/hin & zurück 2470/4420 ¥, 50 Min.), Kanazawa (1850/3290 ¥, 1½ Std.) und Toyama (1700/3060 ¥, 1¾ Std.). Teils ist eine Reservierung erforderlich. Von Dezember bis März ist mit wetterbedingten Verspätungen oder Annullierungen zu rechnen.

Einige Busse auf der Kanazawa Takayama-Route halten in Suganuma. Nōhi Bus bietet zudem Tagesbustouren von Takayama nach Shirakawa-gō und Ainokura (Erw./Kind 6690/4420 ¥).

Von Norden aus verkehren täglich mindestens vier Busse von **Kaetsunou Bus** (加越能バス; ☎0766-22-4886; www.kaetsunou.co.jp) zwischen dem Bahnhof Shin-Takaoka auf der JR-Hokuriku-shinkansen-Linie und Ainokura (1000 ¥, 1 Std.), dann geht's über alle Hauptattraktionen weiter nach Ogimachi (1800 ¥, 2 Std.). Die Fahrt von Ainokura nach Ogimachi kostet 1300 ¥.

Ogimachi 荻町

☎05769 / 600 EW.

Ogimachi, Hauptort und die am besten zugängliche Siedlung der Shirakawa-gō-Region, hat nur rund 600 Einwohner, trumpft aber mit der größten Ansammlung von *gasshō-zukuri*-Bauten auf (mehr als 110). Für touristische Zwecke sind die Begriffe Ogimachi und Shirakawa-gō austauschbar.

Sehenswertes & Aktivitäten

Neben der Bushaltestelle außerhalb des Museumsdorfes gibt's kostenlose mehrsprachige Karten in der **Touristeninformation** (白川郷観光案内所; ☎05769-6-1013; 2495-3 Ogimachi; ⏲9–17 Uhr).

Shiroyama Tenbōdai AUSSICHTSPUNKT
(Aussichtspunkt) Der Aussichtspunkt, an dessen Stelle früher eine Burg thronte, bietet tollen Blick über das Tal. Von der Straße am östlichen Ende des Ortes braucht man 15 Gehminuten hierher. Entweder kraxelt man den Pfad (5 Min.) nahe der Kreuzung der Straßen 156 und 360 hinauf oder nimmt das Shuttle, das an der Bushaltestelle Shirakawagō startet (einfache Fahrt 200 ¥).

Gasshō-zukuri-Museumsdorf MUSEUM
(合掌造り民家園, Gasshō-zukuri Minka-en; ☎05769-6-1231; www.shirakawago-minkaen.jp; 2499 Ogimachi; Erw./Kind 600/400 ¥; ⏲April–Nov. 8.40–17 Uhr, Dez.–März Fr–Mi 9–18 Uhr) Mehr als zwei Dutzend *gasshō-zukuri*-Gebäude wurden in dieses Freilichtmuseum „verpflanzt", allerdings wirkt die Anordnung leider künstlich. In ein paar Häusern demonstrieren Einheimische die Herstellung regionalen Kunsthandwerks wie Holzarbeiten, Gegenstände aus Stroh, Porzellan (nur auf Japanisch und mit Reservierung). Vieles kann man auch kaufen. Besucher dürfen auf dem Gelände picknicken, sollten aber nicht vergessen, den Müll wieder mitzunehmen.

Wada-ke HISTORISCHES GEBÄUDE
(和田家; ☎05769-6-1058; Erw./Kind 300/150 ¥; ⏲9–17 Uhr) Das größte *gasshō*-Haus in Shirakawa-gō ist ein designiertes nationales Kulturgut aus der Mitte der Edo-Zeit. Einst gehörte es einer wohlhabenden Seidenhändlerfamilie. Oben sind Ausrüstungsgegenstände für die Seidenernte und eine kostbare Lackarbeitensammlung zu sehen.

Myōzen-ji-Volksmuseum MUSEUM
(明善寺郷土館, Myōzen-ji Kyōdo-kan; ☎05769-6-1009; Erw./Kind 300/150 ¥; ⏲April–Nov. 8.30–17 Uhr, Dez.–März 9–16 Uhr) In dem Museum gleich neben dem Myōzen-ji, Ogimachis kleinem Tempel, werden traditionelle Gegenstände aus dem ländlichen Alltag gezeigt.

Ōshirakawa Rotemburo ONSEN
(大白川露天風呂; ☎05769-6-1311; Eintritt 300 ¥; ⏲Mitte Juni–Okt. 8.30–17 Uhr, Juli & Aug. bis 18 Uhr) Über eine gewundene Bergstraße vol-

NICHT VERSÄUMEN

DIE SCHÖNSTEN PANORAMAAUSSICHTEN

- Kamikōchi (S. 297)
- Shin-Hotaka-Seilbahn (S. 263)
- Tateyama-Kurobe-Alpinroute (S. 291)
- Utsukushi-ga-hara-Freilichtmuseum (S. 290)
- Shiga Kōgen (S. 312)

ler schlecht einsehbarer Kurven erreicht man diesen winzigen Onsen irgendwo im Nirgendwo. Einen Großteil des Jahres ist die Route, die von öffentlichen Verkehrsmitteln nicht befahren wird, unpassierbar. Vor Ort genießt man einen grandiosen Blick auf den Shiramizu-See. Für die 40 km von Ogimachi zum Bad benötigt man mindestens 90 Minuten, Entschlossenheit und einen Wagen – oder aber ein Taxi und reichlich Geld.

Feste & Events

Das größte Stadtfest steigt am 14. und 15. Oktober am **Shirakawa Hachiman-jinja**; weitere Feierlichkeiten verlängern das Ganze bis zum 19. Oktober. Viele Einheimische machen beim Löwentanz und beim *niwaka* (improvisiertes Possenreißen) mit, der heimliche Star ist aber *doburoku*, ein sehr starker, rustikaler Sake.

Schlafen

Onlinebuchungen für eines der *gasshō*-Gasthäuser können z. B. unter www.japaneseguesthouses.com vorgenommen werden. Zwei Mahlzeiten sind inbegriffen. Wenn es kalt ist, muss man eine Heizkostenpauschale (400 ¥ und mehr pro Nacht) zahlen. Man kann auch in Takayama oder Kanazawa übernachten und einen Tagesausflug unternehmen.

★ Magoemon GASTHAUS ¥¥

(孫右ェ門; ☎05769-6-1167; 360 Ogimachi; Zi. mit 2 Mahlzeiten ab 10 260 ¥ pro Pers.; P ❄ 📶) Authentisch und atmosphärisch ist dieses 300 Jahre alte Gebäude, das nur so vor Charme strotzt. Die nette Besitzerfamilie spricht kein Englisch und begrüßt auch das krudeste Japanisch enthusiastisch! Alle Mahlzeiten werden rund um eine hübsche *irori* (Feuerstelle) serviert. Drei der sechs großen Zimmer gehen auf den Fluss hinaus. Es gibt keine privaten Bäder.

Shirakawa-gō-no-yu ONSEN ¥¥

(白川郷の湯; ☎05769-6-0026; www.shirakawagou-onsen.jp; 337 Ogimachi; Zi. mit 2 Mahlzeiten ab 10 800 ¥ pro Pers.; ❄ 📶) Tagesgäste (Erw./Kind 700/300 ¥) des einzigen Onsen der Stadt können von 10 bis 21.30 Uhr eine Sauna, ein kleines *rotemburo* und ein großes Gemeinschaftsbad nutzen. Wer über Nacht bleibt, hat die Einrichtungen fast für sich. Die hübschen, modernen Tatami-Zimmer teilen sich Bäder, während die teureren Quartiere (ab 16 200 ¥) Privatbäder haben. Die Zweibettzimmer im westlichen Stil sind wenig atmosphärisch.

Toyota Shirakawa-gō Eco-Institute HOTEL ¥¥

(トヨタ白川郷自然学校; ☎05769-6-1187; www.toyota.eco-inst.jp; 223 Magari; DZ ab 13 500 ¥ pro Pers.; P ❄ 📶) 🍃 Eine zehnminütige Autofahrt in die Hügel über Ogimachi führt zu dieser Ökolodge, die in erster Linie Reisegruppen anzieht, aber auch Individualreisende willkommen heißt. Hier werden jede Menge Aktivitäten angeboten, außerdem kommt man in den Genuss ausgesprochen aufwendig zubereiteter französischer Gerichte.

Kōemon GASTHAUS ¥¥

(幸エ門; ☎05769-6-1446; 546 Ogimachi; Zi. mit 2 Mahlzeiten ab 8860 ¥ pro Pers.; P ❄ 📶) Im Zentrum von Ogimachi lockt das Kōemon mit fünf Zimmern samt Fußbodenheizung und dunklem Holz. Die Bäder teilt man sich mit den anderen Gästen. Diese Unterkunft ist bereits seit fünf Generationen in Familienbesitz. Der Besitzer spricht gut Englisch und steckt Besucher mit seiner Begeisterung für Shirakawa-gō an.

Shimizu Inn GASTHAUS ¥¥

(民宿志みづ, Minshuku Shimizu; ☎05769-6-1914; www.shimizuinn.com; 2613 Ogimachi; Zi. mit 2 Mahlzeiten 8800 ¥ pro Pers.; P ❄ 📶) Das anheimelnde Gasthaus am südlichen Ende der Stadt hat mehr als 200 Jahre auf dem Buckel. Es sieht herrlich malerisch aus und verfügt über drei kleine Zimmer sowie ein Gemeinschaftsbad.

Essen

Ochūdo CAFÉ ¥

(落人; ☎090-5458-0418; 792 Ogimachi; Mittagessen 1000 ¥; ⏲10.30–17 Uhr; 📖) In diesem 350 Jahre alten *gasshō*-Gebäude werden um einen großen *irori*-Ofen herum Currys, Tee und Kaffee serviert.

Irori SHOKUDO ¥
(いろり; ☎05760-6-1737; 374-1 Ogimachi; Gerichte ab 432 ¥, Menüs ab 1296 ¥; ⏲11–15 Uhr;) Am Ortseingang gibt's regionale Spezialitäten wie *hoba-miso* (süße Miso-Paste, die am Tisch auf einem Magnolienblatt gegrillt wird), *yakidofu* (gebratener Tofu) und *soba* oder *udon teishoku* (Menüs). In dem gut besuchten Lokal nimmt man entweder an gewöhnlichen Tischen oder rund um die Feuerstelle Platz.

Gokayama-Bezirk 五箇山

☎0763

Folgt man dem Shōkawa-gawa Richtung Norden, gelangt man in den Gokayama-Bezirk der Präfektur Toyama. Die Gegend ist einsam und dünn besiedelt. Entlang der Straße 156 erspäht man ein paar *gasshō-zukuri* (japanischer Architekturstil mit Strohdächern), noch schönere Beispiele befinden sich aber in den Dörfern Suganuma und Ainokura – einfach von Shirakawa-gō aus auf der 156 gen Norden fahren.

Die **Touristeninformation Gokayama** (五箇山観光総合案内所; ☎0763-66-2468; www.gokayama-info.jp; 754 Kaminashi; ⏲9–17 Uhr) liegt in Kaminashi.

Sehenswertes & Aktivitäten

15 km nördlich von Ogimachi geht's von der 156 einen steilen Hügel hinunter zu neun hübschen *gasshō-zukuri*-Häusern am Fluss. **Suganuma** (菅沼), eine Welterbestätte, wirkt wie ein kleines Freilichtmuseum. Vor Ort gibt's aber keine Übernachtungsmöglichkeiten.

Das zauberhafte **Ainokura** (相倉) ist ebenfalls eine Welterbestätte und das eindrucksvollste Dorf Gokayamas. Im Tal verteilen sich mehr als 20 *gasshō*-Häuser, umgeben von einem umwerfenden Bergpanorama. Aufgrund der abgeschiedenen Lage fahren weniger Touristenbusse hierher als nach Ogimachi, es geht also ruhiger zu. Wer Lust auf eine Reise in die Vergangenheit hat und dem Gras beim Wachsen zuhören möchte, sollte über Nacht bleiben. Sind die Reisebusse einmal abgefahren, entfaltet der Ort einen geradezu magischen Charme.

Von der Bushaltestelle Ainokura-guchi läuft man rund 400 m bergaufwärts nach Ainokura, bevor es hinunter ins Dorf geht.

Gokayama Minzoku-kan MUSEUM
(五箇山民俗館; ☎0763-67-3652; 436 Suganuma; Erw./Kind 300/150 ¥; ⏲9–16.30 Uhr) Das Folkloremuseum in Suganuma zeigt traditionelle Alltagsgegenstände und Exponate zur Schießpulverproduktion, für die diese Gegend bekannt ist. Wer selbst fährt, zahlt für einen Parkplatz 500 ¥.

Kuroba-Onsen ONSEN
(くろば温泉; ☎0763-67-3741; 1098 Kamitaira-hosojima, Nanto; Erw./Kind 600/300 ¥; ⏲Mi–Mo 10–21 Uhr) 1 km nördlich von Suganuma entlang der Straße 156 liegt ein Komplex aus Innen- und Außenbecken mit tollem Ausblick. Das Wasser hat einen niedrigen PH-Wert, was bei Müdigkeit und Muskelkater hilft.

Murakami-ke HISTORISCHES GEBÄUDE
(村上家; ☎0763-66-2711; www.murakamike.jp; 742 Kaminashi; Erw./Kind 300/150 ¥; ⏲April–Nov. 8.30–17 Uhr, Dez.–März 9–16 Uhr) In dem kleinen Ort Kaminashi zwischen Suganuma und Ainokura steht das Murakami-ke, eines der ältesten *gasshō*-Bauwerke der Gegend (von 1578). Heute dient es als Museum. Der stolze Besitzer führt Besucher gern herum und gibt vielleicht sogar ein paar traditionelle Lieder zum Besten. Ganz in der Nähe befindet sich die Haupthalle des **Hakusan-gū-Schreins** (erb. 1502), ein wichtiges nationales Kulturgut.

Typisch für das **Kokiriko Matsuri** (25. und 26. September) sind kostümierte Tänzer mit Rasseln. An Tag zwei darf jeder mitmachen.

Ainokura Minzoku-kan MUSEUM
(相倉民族館; ☎0763-66-2732; 352 Ainokura; Eintritt 210 ¥; ⏲8.30–17 Uhr) In dem interessanten Folkloremuseum stehen lokales Kunsthandwerk und Papier im Mittelpunkt. Es verteilt sich auf zwei Gebäude, in denen einst die zwei bekannten hiesigen Familien Ozaki und Nakaya lebten.

Gokayama Washi-no-sato GALERIE
(五箇山和紙の里; ☎0763-66-2223; www.gokayama-washinosato.com; 215 Higashinakae; ⏲8.30–17 Uhr) Nördlich von Ainokura an der Straße 156 lernt man, wie *washi* (handgeschöpftes Papier) hergestellt wird, und kann sich gleich selbst ans Werk machen (ab 500 ¥; nur mit Reservierung). Allerdings wird hier kaum Englisch gesprochen. Es gibt auch einen Souvenirladen.

Schlafen

Das entlegene Ainokura ist ein toller Ort für ein *gasshō-zukuri*-Erlebnis. Ein paar Brocken Japanisch sind nützlich. Achtung:

Im Winter muss man für Übernachtungen tiefer in die Tasche greifen, weil eine Heizpauschale verlangt wird.

Campingplatz von Ainokura CAMPINGPLATZ ¥
(相倉キャンプ場; ☎0763-66-2123; 611 Ainokura; 500 ¥ pro Pers.; ⏲Mitte April–Ende Okt.; P) Ein hübscher, einfacher Platz 1 km von Ainokura entfernt.

Minshuku Yomoshirō MINSHUKU ¥¥
(民宿与茂四郎; ☎0763-66-2377; www.yomosiro.com; 395 Ainokura; mit 2 Mahlzeiten 8800 ¥ pro Pers.) Einladende Bleibe mit vier Zimmern. Auf Wunsch wird der Besitzer den *sasara,* ein traditionelles Schlaginstrument, vorführen.

Minshuku Chōyomon MINSHUKU ¥¥
(民宿長ヨ門; ☎0763-66-2755; 418 Ainokura; mit 2 Mahlzeiten 8800 ¥ pro Pers.; WLAN) Viel rustikaler geht's eigentlich gar nicht als in diesem 350 Jahre alten Gebäude im Zentrum von Ainokura.

Minshuku Goyomon MINSHUKU ¥¥
(民宿五ヨ門; ☎0763-66-2154; www.goyomon.burari.biz; 438 Ainokura; mit 2 Mahlzeiten 8800 ¥ pro Pers.; WLAN) Kleine familienorientierte Privatunterkunft.

KANAZAWA & DIE HOKURIKU-KÜSTE

Die Region Hokuriku (北陸) erstreckt sich entlang der Küste des Japanischen Meeres und umfasst die Präfekturen Fukui, Ishikawa und Toyama. Lange galt sie, auch unter Einheimischen, als abgeschieden und schwer erreichbar. Das änderte sich 2015 mit der Inbetriebnahme der Hokuriku-*shinkansen*-Linie. Der stark verbesserte Zugang führte zu einem regelrechten Tourismusboom.

Die Stadt Kanazawa in Ishikawa-ken (石川県) ist die größte Attraktion. Das einstige Machtzentrum des Adelsgeschlechts der Maeda hatte früher eine kulturelle und wirtschaftliche Vormachtstellung in Japan. Von diesem Erbe zeugen bis heute die traditionelle Architektur, Kunsthandwerksateliers und der berühmte Garten der Stadt. Die Noto-Halbinsel im Norden bietet weite Meereslandschaften und ruhige Fischerdörfer. Weitere Infos gibt's unter www.hot-ishikawa.jp.

Im Westen liegt das kleine Fukui-ken (福井県) mit einem der bedeutendsten Zen-Zentren der Welt, ein paar hübschen „vergessenen" Ortschaften und faszinierenden Architekturruinen.

Toyama-ken (富山県) am östlichen Ende ist ein industrielles Zentrum. Die in einer Bucht gelegene Hauptstadt Toyama ist Ausgangsbasis für Ausflüge in die Gebirgskette Tateyama.

ℹ Anreise & Unterwegs vor Ort

Zu den nützlichen regionalen Flughäfen gehören der **Komatsu Airport** (S. 229) westlich von Kanazawa und der **Toyama Airport** (S. 229).

Regelmäßig verkehren Züge auf der Hokuriku-shinkansen-Linie zwischen Tokyo und Kanazawa über Toyama. Die Hokuriku-Hauptstrecke verläuft westlich von Kanazawa nach Fukui und weiter nach Kyoto und Osaka. Sehenswürdigkeiten abseits der größeren Städte lassen sich am besten mit dem Auto erkunden.

Kanazawa 金沢

☎076 / 465 810 EW.

Die vielen kulturellen Attraktionen Kanazawas machen die Stadt zum Highlight der Hokuriku-Region und zu einem ernsthaften Konkurrenten für Kyoto, dem historischen Juwel des japanischen Festlands. Neben dem Kenroku-en, einem Burggarten aus dem 17. Jh., gibt's hier gut erhaltene Samurai- und Geishabezirke, attraktive Tempel, zahlreiche Museen und einen wunderschönen Markt. Idealerweise sollten für die Sehenswürdigkeiten der Stadt zwei bis drei Tage eingeplant werden.

Geschichte

Im 15. Jh. wurde Kanazawa von einer autonomen buddhistischen Regierung kontrolliert, die 1583 Maeda Toshiie, Kopf des einflussreichen Maeda-Clans, ablöste. Kanazawa bedeutet „goldene Marsch". In ihrer Blütezeit war die Gegend die reichste von ganz Japan; jedes Jahr wurden hier ganze fünf Millionen Scheffel Reis geerntet. Der daraus resultierende Wohlstand ermöglichte den Maeda, die Schönen Künste zu fördern. Noch heute ist die Stadt ein nationales Kulturzentrum.

Da es keine strategisch wichtigen Einrichtungen gibt, wurde der Ort im Zweiten Weltkrieg nicht beschossen und so sind die zahllosen historischen und kulturellen Stätten gut erhalten. Sie fügen sich harmonisch zwischen den moderneren Bauten ein.

Sehenswertes

Der Stadtkern des weitläufigen Kanazawa wird von zwei fast parallel verlaufenden Flüssen durchkreuzt. Die meisten Attraktionen liegen ein gutes Stück entfernt von der eindrucksvollen Gegend rund um den JR-Bahnhof Kanazawa, wo ein Großteil der Besucher ankommt. Seit der Hokuriku-*shinkansen* 2015 die Stadt erreicht hat, sprüht das Viertel vor Aktivität. Hier befindet sich auch die Endhaltestelle des umfassenden städtischen Busnetzes, das auf den ersten Blick etwas verwirrend wirkt. Aber keine Angst: Mit ein wenig Geduld findet man sich schnell zurecht.

Vom Bahnhof gelangt man südwärts entlang der Hyakumangoku-dōri nach **Kōrinbō** (dem Einkaufs- und Geschäftsbezirk) und schließlich nach **Katamachi** am Ufer des Sai-gawa; dort kann man etwas essen oder trinken und feiern gehen. Wer in der Nähe des Bahnhofs übernachtet, sollte wissen, dass der letzte Bus schon früh am Abend startet. Taxis zurück kosten mindestens 1300 ¥. Zwischen Kōrinbō und den Sai-gawa drängt sich das frühere Samurai-Viertel **Nagamachi**.

Teramachi und **Nishi-chaya-gai** befinden sich von Katamachi aus auf der anderen Seite der Brücke, den Löwenanteil der Sehenswürdigkeiten, darunter der Burgpark Kanazawa und Kenroku-en, findet man jedoch weiter östlich. Nördlich davon liegen die hübschen Teehausbezirke **Kazuemachi-chaya-gai** und **Higashi-chaya-gai** am Asano-gawa im Schatten der vielen Tempel des hügeligen **Utatsuyama** einander gegenüber. Läuft man von hier aus nach Westen, kommt man vorbei am Ōmichō-Markt (nicht versäumen!) wieder zurück zum Bahnhof.

Bahnhof Kanazawa & Umgebung

Ōmi-chō-Markt MARKT
(近江町市場; Karte S. 270; 35 Ōmi-chō; ⌚ 9–17 Uhr) Zwischen dem Hauptbahnhof und Katamachi erstreckt sich der Ōmi-chō-Markt, der mit seinem Durcheinander aus Fischhändlern, Kundenströmen und Restaurants an den Tsukiji-Fischmarkt in Tokio erinnert. Hier kann man Japaner in Aktion erleben sowie fangfrisch Sashimi und hiesige Produkte kosten. Die am nächsten gelegene Bushaltestelle ist Musashi ga-tsuji.

Nagamachi

Einst wohnten in dem hübschen, gut erhaltenen Bezirk Nagamachi Buke-yashiki, der von zwei Kanälen begrenzt wird, zahlreiche Samurai. In den kurvigen Straßen erstrecken sich Lehmwände mit Ziegeldächern.

Nagamachi Yūzen-kan MUSEUM
(長町友禅館; Karte S. 270; ☎ 076-264-2811; www.kagayuzen-club.co.jp; 2-6-16 Nagamachi; Eintritt 350 ¥; ⌚ Fr–Mi 9–12 & 13–16.30 Uhr) In einem modernen Bauwerk am Rand des Bezirks Nagamachi sind ein paar wunderschöne handbemalte *Kaga-Yūzen*-Kimonos zu sehen. Außerdem wird gezeigt, wie die Stoffe bemalt werden. Eventuell kann man es selbst einmal probieren (4000 ¥; vorher anmelden).

Kenroku-en & Umgebung

★ **Kenroku-en** GARTEN
(兼六園; Karte S. 270; ☎ 076-234-3800; www.pref.ishikawa.jp/siro-niwa/kenrokuen/e/; 1-1 Marunouchi; Erw./Kind 310/100 ¥; ⌚ März–Mitte Okt. 7–18 Uhr, Mitte Okt.–Feb. 8–16.30 Uhr) Kenroku-en ist einer der drei schönsten Gärten Japans. Er wurde in der Edo-Zeit angelegt und sein Name (*kenroku* heißt „kombinierte sechs") geht auf einen berühmten chinesischen Garten der Sung-Dynastie zurück, der sechs Attribute festlegte, um als perfekt gelten zu können: Abgeschiedenheit, Weite, künstlerische Gestaltung, lange Geschichte, reichlich Wasser und eine ungehinderte Aussicht. All dies vereint der Kenroku-en. Wer die Anlage in Ruhe genießen möchte, sollte vor dem allgemeinen Besucheransturm herkommen.

Man vermutet, dass der Garten, der ursprünglich zu einer Außenvilla der Kanazawa-jō gehörte, zwischen den 1620er und 1840er-Jahren entstand und seinen Namen 1822 erhielt. Seit 1871 ist er öffentlich zugänglich.

Burgpark Kanazawa HISTORISCHES GEBÄUDE
(金沢城公園, Kanazawa-jō Kōen; Karte S. 270; ☎ 076-234-3800; www.pref.ishikawa.jp/siro-niwa/kanazawajou/e/; 1-1 Marunouchi; Gebäude/Gelände 310 ¥/frei; ⌚ Gelände März–Mitte Okt. 5–18 Uhr, Mitte Okt.–Feb. 6–16.30 Uhr, Burg 9–16.30 Uhr) Dieses riesige Bauwerk von 1580 wurde „Burg der 1000 Tatamis" genannt und diente 14 Generationen des Maeda-Clans als Wohnsitz, bis es 1881 bei einem Brand zerstört wurde. Erhalten ist das elegante Tor **Ishikawa-mon** von 1788, hinter dem sich

Kanazawa

A
B
C
D
1
2
3
4
5
6
7
Moroe Ōdōri
22
Touristeninformation Kanazawa
Shōwa Ōdōri
Kanazawa
37
38
21
Sai-no-Niwa Hotel (1,5 km)
15
Ishikawa Foundation for International Exchange
18
14
30
11
Hyakumangoku-dōri
13
26
Tamagawa-kōen
Ohori Ōdōri
Hyakumangoku-dōri
Gyokusen-Inmaru-Garten
5
2
8
10
NAGAMACHI
Chūō-dōri
35
20
16
KŌRINBŌ
3
Kenroku-en
25
Hirosaka
24
4
29
23
KATAMACHI
32
Sai-gawa
Honda Ōdōri
Nishi-inter Ōdōri
TERAMACHI
Myōryū-ji (250 m)
D.-T.-Suzuki-Museum
1

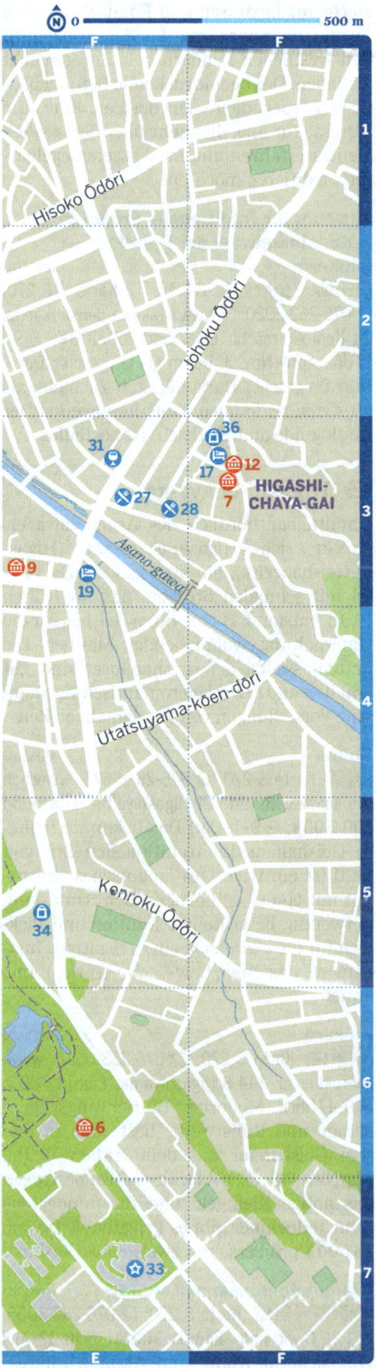

Kanazawa

Highlights
1 DT Suzuki Museum D7
2 Gyokusen Inmaru Garten D5
3 Kenroku-en D6

Sehenswertes
4 Museum für Moderne Kunst des 21. Jahrhunderts D6
5 Gyokusen-an Rest House D5
6 Museum für Trad. Produkte & Kunsthandwerk der Präfektur Ishikawa ... E6
7 Kaikarō F3
8 Burgpark Kanazawa D5
9 Phonographenmuseum Kanazawa E3
10 Nagamachi Yūzen-kan A5
11 Ōmi-chō Markt C3
12 Shima F3

Schlafen
13 Asadaya Ryokan C3
14 Holiday Inn ANA Kanazawa Sky C3
15 Hotel Nikkō Kanazawa B2
16 Hotel Trusty Kanazawa Kōrinbō C5
17 Minshuku Yōgetsu F3
18 Pongyi A3
19 Share Hotels Hachi E3

Essen
20 Cottage B5
21 Daiba Kanazawa Ekimae B2
22 Forus B1
23 Full of Beans C7
24 Itaru Honten C6
25 Janome-sushi Honten C6
26 Kaiseki Tsuruko B4
27 Kanazawa Todoroki-tei E3
28 Restaurant Jiyūken E3
Sentō .... (siehe 11)

Ausgehen & Nachtleben
29 Cambio APT B7
30 Curio Espresso & Vintage Design C3
31 Oriental Brewing E3
32 Sturgis Rock Bar B7

Unterhaltung
33 Ishikawa Prefectural Nō Theatre E7

Shoppen
34 Ishikawa Craft Store E5
35 Murakami B5
36 Sakuda Gold Leaf Company F3

Transport
37 Hokutetsu Rent-a-Cycle A1
38 JR Kanazawa Station Rent-a-Cycle A2

der Kenroku-en erstreckt. Durch die Löcher im Turm bewarfen die Burgbewohner Eindringlinge mit Steinen. Zwei weitere Gebäude, der **Hishi-yagura** (diamantförmiger Turm) und die **Gojikken-nagaya** (Waffenkammer), sind detailgetreue Nachbauten aus dem Jahr 2001.

★ Gyokusen-Inmaru-Garten — GARTEN

(玉泉院丸庭園, Gyokusen Inmaru Teien; Karte S. 270; ☎ 076-234-3800; 1-1 Marunouchi; ⌚ 7–18 Uhr) GRATIS 1634 wurde der feudale Lustgarten neben dem Burgpark Kanazawa angelegt, in der Meiji-Zeit jedoch aufgegeben. Die fünfjährige Rekonstruktion war 2015 abgeschlossen. Heute gibt es u. a. einen kleinen Wasserfall, Brücken und viele traditionelle Elemente zu sehen. Herzstück des Gartens ist das Gyokusen-an-Teehaus, eigentliches Highlight ist jedoch der wunderschöne, edle Gesamteindruck. Garten und Teehaus werden freitags und samstags zwischen Sonnenuntergang und 21 Uhr spektakulär beleuchtet – ein traumhaftes Fotomotiv!

➡ Gyokusen-an-Teehaus

(玉泉庵; Karte S. 270; ☎ 076-234-3800; 1-1 Marunouchi; Teezeremonie 720 ¥; ⌚ 9–16.30 Uhr) Das hübsche Teehaus auf dem Gelände des Gyokusen-Inmaru-Gartens ist die ideale Kulisse für eine Teezeremonie (*cha-dō*), einer der ältesten, kompliziertesten und einzigartigsten Bräuche Japans.

Museum für Moderne Kunst des 21. Jahrhunderts — MUSEUM

(金沢21世紀美術館; Karte S. 270; ☎ 076-220-2800; www.kanazawa21.jp; 1-2-1 Hirosaka; ⌚ Di–Do & So 10–18, Fr & Sa 10–20 Uhr) GRATIS Ein niedriger Glaszylinder mit einem Durchmesser von 113 m markiert die Grenzen dieser zeitgenössischen Galerie, die 2014 ihren zehnten Geburtstag feierte. Der Eintritt fürs Museum ist umsonst, Ausstellungen moderner Künstler aus Japan und der Welt sind hingegen kostenpflichtig. Die Galerien sind angeordnet wie Kisten auf einem Tablett. Informationen über Veranstaltungen und Eintrittspreise gibt es auf der Website (auf Englisch).

★ D.-T.-Suzuki-Museum — MUSEUM

(鈴木大拙館; Karte S. 270; ☎ 076-221-8011; www.kanazawa-museum.jp/daisetz; 3-4-20 Honda-machi; Erw./Kind/Sen. 300 ¥/frei/200 ¥; ⌚ Di–So 9.30–16.30 Uhr) Das spirituelle Museum ist Daisetsu Teitaro Suzuki gewidmet, einem der führenden buddhistischen Philosophen und Schriftsteller unserer Zeit. Er publizierte auf Japanisch und Englisch, so wird Suzuki zugeschrieben, das Zen-Konzept in den westlichen Ländern bekannt gemacht zu haben. Das beeindruckende Betongebäude verkörpert die Essenz des Zen. Eine gute Adresse für alle, die mehr über den großen Denker erfahren und im Wasserspiegelgarten meditieren möchten.

Museum für Traditionelle Produkte & Kunsthandwerk der Präfektur Ishikawa — MUSEUM

(石川県立伝統産業工芸館; Karte S. 270; ☎ 076-262-2020; www.ishikawa-densankan.jp; 2-1 Kenroku-machi; Erw./Kind 260/100 ¥; ⌚ 9–17 Uhr, April–Nov. 3. Do im Monat geschl., Dez.–März Do geschl.) Darstellungen zu mehr als 20 Arten regionalen Kunsthandwerks. Der Audioguide (auf Englisch) ist kostenlos.

◉ Higashi-chaya-gai

Unmittelbar nördlich des Asano-gawa erstreckt sich Higashi-chaya-gai (Higashi-Geishabezirk), ein abgeschlossenes Viertel mit schmalen Straßen, das im frühen 19. Jh. entstand. Hier sorgten Geishas für die Unterhaltung wohlhabender Männer. Die Lattenfassaden der Geishahäuser sind gut erhalten und erwecken romantisch-nostalgische Vorstellungen von der damaligen Zeit.

Shima — MUSEUM

(志摩; Karte S. 270; ☎ 076-252-5675; www.ochaya-shima.com; 1-13-21 Higashiyama; Erw./Kind 500/300 ¥; ⌚ 9–18 Uhr) Das bekannte frühere Geishahaus im traditionellen Stil von 1820 ist ein wichtiges japanisches Kulturgut mit einer beeindruckenden Sammlung aufwendig hergestellter Kämme und Plektren für die *shamisen*, ein dreisaitiges Instrument, das einer Laute oder einem Banjo ähnelt.

Kaikarō — MUSEUM

(懐華楼; Karte S. 270; ☎ 076-253-0591; www.kenrokuen.jp; 1-14-8 Higashiyama; Eintritt 700 ¥; ⌚ 9–17 Uhr) Moderne Einrichtungsgegenstände und Kunstwerke bestechen in diesem Geishahaus aus dem frühen 19. Jh.. Man beachte die rot lackierte Treppe. Gegen das nötige Kleingeld und für mindestens zehn Teilnehmer gibt es Privatbankette (ca. 28 000 ¥ pro Pers.) mit zwei *geiko* (Geishas).

Grammofonmuseum Kanazawa — MUSEUM

(金沢蓄音器館; Karte S. 270; ☎ 076-232-3066; 2-11-21 Owari-chō; Eintritt 300 ¥; ⌚ 10–17 Uhr) Wer sich für Klang und Akustik interes-

ABSEITS DER ÜBLICHEN PFADE

HAKUSAN NATIONAL PARK

Der eindrucksvolle Hakusan-Nationalpark (白山国立公園) erstreckt sich über die vier Präfekturen Ishikawa, Fukui, Toyama und Gifu und wartet mit mehreren Bergen über 2500 m auf, die passionierte Wanderer und Naturfreunde begeistern werden. Der höchste ist der Hakusan mit 2702 m, ein heiliger Berg, der schon seit Urzeiten verehrt wird. Im Sommer locken Wandertouren mit Blick auf den Sonnenaufgang über den Bergen, im Winter Skipisten und Onsen. Der alpine Bereich des Parks ist von Wanderwegen von einer Länge bis zu 25 km durchzogen. Gut ausgerüstete Wanderer können sich die 26 km lange Route nach Ogimachi im Shōkawa-Tal vornehmen.

Über die verschiedenen Wandermöglichkeiten informiert die Website www.kagahakusan.jp.

Oben in den Bergen reduziert sich das Unterkunftsangebot in erster Linie auf die riesigen Schlafsäle in **Hakusan Murodō** (白山室堂; ☎076-273-1001; www.kagahakusan.jp/en/murodo; B 5100 ¥ pro Pers.; ⏲Mai–Nov.) und **Nanryū Sansō** (南竜山荘; ☎076-259-2022; www.city-hakusan.com/hakusan/naryusanso; B inkl. 2 Mahlzeiten 7900 ¥, Stellplätze 300 ¥, 5-Pers.-Hütte 12 400 ¥; ⏲1. Juli–15. Okt.). Letzteres hat außerdem einen Zeltplatz und beliebte einfache Hütten. Ansonsten ist Camping verboten.

In den Dörfern Ichirino, Chūgū-Onsen, Shiramine und Ichinose findet man *minshuku* (Pensionen), ryokan und Campingplätze. Stellplätze gibt's ab etwa 300 ¥ pro Person, Schlafsäle in Lodges bzw. Pensionszimmer (jeweils mit zwei Mahlzeiten) für rund 7900 ¥.

In den Dörfern gibt es in der Nähe der Parkgrenzen ein eingeschränktes gastronomisches Angebot. In den Lodges auf den Gipfeln werden einfache Mahlzeiten serviert.

Der nächste Zugangspunkt ist Bettōdeai. Es liegt 6 km von Hakusan Murodō (einen rund 4½-stündigen Fußmarsch) bzw. 5 km von Nanryū Sansō (3½ Std.) entfernt.

Der Besuch des Hakusan-Nationalparks erfordert ein wenig Planung. Wichtigstes Transportmittel ist der **Hokutetsu-Kankō-Bus** (☎076-237-5115, www.hokutetsu.co.jp/en) vom Bahnhof Kanazawa nach Bettōdeai (2200 ¥, 2 Std.). Von Ende Juni bis Mitte Oktober verkehrt er bis zu dreimal täglich. Vom Shōkawa-Tal kommend, ist die spektakuläre, jedoch gebührenpflichtige Hakusan White Road (einfache Fahrt/hin & zurück 1600/2600 ¥) eine Alternative.

siert, wird das Museum mit den altmodischen Phonographen und Platten lieben. Tägliche Vorführungen (11, 14 & 16 Uhr).

Teramachi

Das hügelige Viertel südlich des Sai-gawa gegenüber Katamachi und neben Higashichaya-gai ist Standort Dutzender Tempel. Ursprünglich wurde es als erste Verteidigungslinie angelegt.

★ Myōryū-ji BUDDHISTISCHER TEMPEL
(妙立寺; ☎076-241-0888; www.myouryuji.or.jp; 1-2-12 Nomachi, Erw./Kind 1000/700 ¥; ⏲März–Nov. 9–16.30 Uhr, Dez.–Feb. 9–16 Uhr, Reservierung erbeten) 1643 wurde der faszinierende Myōryū-ji (auch bekannt als Ninja dera) fertiggestellt. Hier sollte der Lehnsherr bei einem Angriff Schutz finden. Das Bauwerk ist gespickt mit versteckten Treppen und Tunneln, Geheimräumen und -türen sowie Fluchtwegen. Auch wenn viele das glauben, der alte Tempel hat nichts mit Ninjas zu tun. Besucher bekommen nur Zugang im Rahmen einer Führung (auf Japanisch mit englischem Leitfaden). Telefonisch reservieren (auf Englisch).

Feste & Events

Kagatobi Dezomeshiki KULTURFEST
(加賀鳶梯出初式; ⏲Jan.) Anfang Januar bieten knapp bekleidete Feuerwehrmänner der Kälte die Stirn, kippen Sake in rauen Mengen und demonstrieren traditionelle Löschmethoden auf Leitern.

Hyakumangoku Matsuri UMZUG
(百万石まつり; ⏲Juni) Anfang Juni wird im Kenroku-en (S. 269) daran erinnert, wie sich die Reisproduktion in der Region zum ersten Mal auf eine Million *koku* (ca. 150 000 t) belief. Zu diesem Anlass gibt's einen Umzug, bei dem die Stadtbewohner Trachten des 16. Jhs. tragen, *takigi nō* (Nō-Theater bei Fackelschein), *tōrō nagashi* (Laternen werden

bei Dämmerung auf dem Fluss ausgesetzt) und eine spezielle *chanoyu* (Teezeremonie).

Filmfestival von Kanazawa FILMFESTIVAL
(かなざわ映画の会; www.eiganokai.com; ⏲ Sept.) Das immer beliebtere Filmfestival von Kanazawa feierte 2016 sein zehntes Jubiläum und ist mittlerweile erwachsen geworden. Es zeigt eine facettenreiche Auswahl an japanischen und fremdsprachigen Filmen.

Schlafen

Es gibt einige praktische Unterkünfte in der Nähe des Bahnhofs Kanazawa. Atmosphärischer sind die Quartiere im Viertel Higashi-chaya-gai.

★ Pongyi PENSION ¥
(ポンギー; Karte S. 270; ☎ 076-225-7369; www.pongyi.com; 2-22 Rokumai-machi; B/EZ/DZ 3000/5500/7000 ¥; @) Der nette japanische Besitzer des hübsch renovierten alten Ladens an einem Kanal hat einige Zeit als Mönch in Südostasien gelebt. In einem alten *kura*-Anbau (Lagerhaus mit Lehmwänden) sind gemütliche Schlafsäle untergebracht.

★ Share Hotels Hachi PENSION ¥
(Karte S. 270; ☎ 03-5656-6916; www.theshare hotels.com; 3-18 Hashiba-cho; B/EZ ab 3800/8800 ¥; ❄ 📶) Umweltfreundlich, gesellig, kunstaffin und schräg: Die Pension wandelt auf der Grenze zwischen hip und Hype. In jedem Fall wird die exzellent gelegene Bleibe all jenen gefallen, die nichts gegen Gemeinschaftsbäder haben, Geselligkeit mögen und in ihrer Freizeit Taschen-Designbücher lesen. Es gibt Schlafsäle mit Holzeinrichtung, unkonventionelle Privatzimmer und ein hauseigenes Café.

Minshuku Yōgetsu MINSHUKU ¥
(民宿陽月; Karte S. 270; ☎ 076-252-0497; 1-13-22 Higashiyama; Zi. mit/ohne Frühstück ab 5000/4500 ¥ pro Pers.; ❄ 📶) Das wunderschön renovierte 200 Jahre alte Geisha-Teehaus im Herzen des malerischen Higashi-chaya-gai-Bezirks beherbergt nur drei Zimmer und hat ein *goemonburo* (kesselförmiges Bad). Das Personal spricht kein Englisch, es gibt kein WLAN und die Lage ist recht abgeschieden, doch gerade Ruhe, Geschichte und Authentizität sind hier die Aushängeschilder.

★ Holiday Inn ANA Kanazawa Sky HOTEL ¥¥
(Karte S. 270; ☎ 076-233-2233; www.holidayinn.com; 15-1 Musashi-machi; EZ/DZ ab 7500/9200 ¥; ❄ 📶) In zentraler Lage zwischen dem JR-Bahnhof Kanazawa und den Sehenswürdigkeiten gegenüber dem Ōmi-chō-Markt ist das kürzlich renovierte Hotel mit seinen gemütlichen Betten und der tollen Aussicht eine exzellente Mittelklasseoption. Es befindet sich über dem M'Za-Kaufhaus, das im Untergeschoss einen sehr verlockenden Food Court hat.

Hotel MyStays Premier Kanazawa HOTEL ¥¥
(☎ 076-290-5255; www.mystays.com/en/hotel/kanazawa/mystays-premier-kanazawa; 2-13-5 Hirooka; Zi ab 7800 ¥) Geräumig (die Gästezimmer messen ganze 32 m²!), stilvoll, frisch und modern kommt dieses schicke Touristenhotel im Bahnhofsviertel daher. Übergroße Betten, ein Fitnessraum, eine Wäscherei und ein hauseigenes Café sorgen für ein exzellentes Preis-Leistungs-Verhältnis.

Kanazawa Sai-no-niwa Hotel HOTEL ¥¥
(金沢彩の庭ホテル; ☎ 076-235-3128; www.sainoniwa-hotel.jp; 2-4-8 Nagata; DZ ab 10 000 ¥; P ❄ 📶) Das moderne Hotel eröffnete 2015 und kombiniert in seinen gemütlichen übergroßen Zimmern in neutralen Farben, die teils separate Wohnbereiche haben, auf bewundernswerte Weise japanische Tradition mit zeitgenössischer Ästhetik. Zudem punktet es mit traditionellen, dekorativen Gärten und geräumigen öffentlichen Bädern. Nachteil ist die abgelegene Lage in einer untouristischen Gegend, 20 Gehminuten südwestlich des JR-Bahnhofs Kanazawa.

★ Hotel Nikkō Kanazawa HOTEL ¥¥¥
(ホテル日航金沢; Karte S. 270; ☎ 076-234-1111; www.hnkanazawa.jp; 2-15-1 Honmachi; Zi ab 13 800 ¥; ❄ 📶) Kanazawas luxuriösestes Hotel liegt in der Nähe des JR-Bahnhofs Kanazawa. Es verfügt über verschiedene Zimmerkategorien vom Einzelzimmer bis zur opulenten Suite sowie über mehrere hauseigene Restaurants und Bars. Fast alle Räume gewähren traumhaften Ausblick. 2014 wurde das Hotel 20 Jahre alt, alle Unterkünfte sind jedoch renoviert worden. Es lohnt sich, für die „Luxe Style"- und „Stylish"-Zimmer ein wenig tiefer in die Tasche zu greifen.

Asadaya Ryokan RYOKAN ¥¥¥
(浅田屋旅館; Karte S. 270; ☎ 076-231-2228; www.asadaya.co.jp/ryokan; 23 Jikkenmachi; mit 2 Mahlzeiten 43 000 ¥ pro Pers.; ❄ 📶) Das Asadaya ist zwar teurer als einige der renommiertesten *onsen ryokan* Japans und hat weder Aussicht noch Außenbäder zu bieten, punktet dafür jedoch mit außergewöhnli-

chem Service, Liebe zum Detail und großartiger *kaiseki*-Küche. Es gibt nur vier Zimmer und mehr Mitarbeiter als Gäste, so gewährleistet das praktisch gelegene Gasthaus von 1867 perfektionierte japanische Gastfreundschaft.

Hotel Trusty Kanazawa Kōrinbō BOUTIQUE-HOTEL ¥¥¥
(Karte S. 270; ☎076-203-8112; http://ct.rion.mobi/trusty.kanazawa; 1-2-16 Kōrinbō; EZ/DZ ab 14 000/21 000 ¥;) Seine beneidenswerte Lage im Herzen von Kōrinbōs exklusivem Einkaufsviertel teilt das elegante, maskuline Hotel mit Gucci, Tiffany und dergleichen. Es ist zwar keine Luxusadresse, dennoch ist eine gepflegte Optik der Yuppie- und Business-Klientel wichtig. Die Zimmer in beruhigenden dunklen Tönen sind angemessen stilvoll.

Essen

Das schicke JR-Bahnhofsgebäude mit seiner eindrucksvollen Architektur beherbergt zahlreiche Lokale. Im benachbarten Kaufhaus **Forus** (Karte S. 270; ☎076-265-8111; www.forus.co.jp/kanazawa; 3-1 Horikawa Shin-machi; ⏲11–22 Uhr) gibt es exzellente Gastronomiebereiche, ebenso wie im Kellergeschoss des Kaufhauses Meitetsu M'Za gegenüber dem Ōmichō-Markt (S. 269), mit guten seinen vielen Fischrestaurants ein echter Pflichtstopp. Ansonsten konzentriert sich das abendliche kulinarische Angebot auf die Gassen von Kōrinbō und Katamachi.

★ Sentō CHINESISCH ¥
(仙桃; Karte S. 270; ☎076-234-0669; 88 Aokusa-machi, 2F Ōmichō Ichiba; Gerichte ab 650 ¥, Menüs ab 980 ¥; ⏲Mi–Mo 11–15 & 17–22.30 Uhr) Im oberen Stock des Ōmi-chō-Markts bereiten talentierte Köche aus Hongkong frische authentische Gerichte nach Szechuan- und Hongkong-Art zu, darunter Dim Sum. Die gesunden (mit Öl aus gelben Bohnen) und leckeren Mittags- und Abendmenüs haben ein exzellentes Preis-Leistungs-Verhältnis. Der würzige, gesalzene Tintenfisch ist exquisit, doch auch vom *tantanmen* (Sesam- und Chili-ramen) kann man kaum genug bekommen!

Full of Beans CAFÉ ¥
(フルオブビーンズ; Karte S. 270; ☎076-222-3315; www.fullofbeans.jp; 41-1 Satomi-chō; Gerichte ab 800 ¥; ⏲Do–Di 11.30–15.30 & 17–22 Uhr) In den ruhigeren Nebenstraßen von Katamachi serviert dieses stilvolle Café

KANAZAWA-KÜCHE

Meeresfrüchte sind die wichtigsten Elemente der *Kaga ryōri* (Kaga-Küche) von Kanazawa. Selbst die bescheidensten *bentō* enthalten irgendeine Sorte Fisch. *Oshi-zushi*, eine dünne Schicht Fisch auf Essigreis, ist angeblich so etwas wie der Vorreiter des modernen Sushi. Großer Beliebtheit erfreut sich auch *jibuni*, mit Mehl bestäubtes Enten- oder Hühnchenfleisch, geschmort mit Shiitakepilzen und grünem Gemüse.

verschiedene japanische Gerichte und *yōshoku*-Küche (nach westlicher Art). Die Website vermittelt einen Eindruck von der Atmosphäre. Hier lässt sich wunderbar Kanazawas Spezialität *hanton raisu* kosten: Omelett, gebratene Meeresfrüchte, Ketchup und Tartarensoße auf Reis. Mmmmh!

Daiba Kanazawa Ekimae IZAKAYA ¥
(台場金沢駅前店; Karte S. 270; ☎076-263-9191; Kanazawa Miyako Hotel 1F, 6-10 Konohana-machi; Snacks ab 460 ¥; ⏲11–15 & 17–24 Uhr;) Angesagte Adresse im Kanazawa Miyako Hotel mit umfangreicher japanischer Speisekarte und einer etwas kürzeren englischsprachigen Liste mit typisch westlichen Leibspeisen und ein paar hiesigen Spezialitäten. Eine tolle Adresse für den ersten *izakaya*-Besuch, viele kleine Tellerchen und Bier inklusive. Sehr zu empfehlen!

Cottage INTERNATIONAL ¥
(コテージ; Karte S. 270; ☎076-262-3277; 2-8-16 Seseragi-dōri, Rückseite der Kōrinbō 109; Gerichte ab 800 ¥; ⏲Do–Di 12–14.30 & 18–21.30 Uhr) Das beliebte rustikale Restaurant unter Leitung eines netten irisch-japanischen Ehepaars serviert eine facettenreiche, wechselnde Speiseauswahl aus knusprig dünner Pizza, leckerer Pasta und herzhaften irischen Eintöpfen.

Itaru Honten IZAKAYA ¥¥
(いたる 本店; Karte S. 270; ☎076-221-4194; www.itaru.ne.jp/honten; 3-8 Kakinokibatake; Sashimi für 2 Pers. ab 2400 ¥; ⏲Mo–Sa 17.30–23.30 Uhr;) Das Fisch-*izakaya* zählt zu den populärsten der Stadt und ist bei Einheimischen und internationalen Besuchern gleichermaßen beliebt, deswegen muss man Wartezeit einplanen. Auf den Tisch kommen großartiges Sushi und Sashimi sowie

Tagesangebote, die sich am jeweiligen Fang orientieren. Es gibt eine englischsprachige Speisekarte und Abendmenüs ab 3000 ¥.

Janome-sushi Honten SUSHI ¥¥
(蛇之目寿司本店; Karte S. 270; ☎076-231-0093; 1-1-12 Kōrinbō; Menüs 1200–3600 ¥, Kaga-ryōri-Menüs ab 4400 ¥; ⏰Do–Di 11–14 & 17–23 Uhr; 📷) Ein japanischer Freund merkte an, dass er beim Essen im Janome-sushi Honten, das seit 1931 für Sashimi und Kaga-Küche bekannt ist, sofort weiß, in welcher Stadt er gerade ist. Mit *saabisu ranchi* (Tagesmenüs ab 1000 ¥) trifft man eine gute Wahl.

Restaurant Jiyūken SHOKUDO ¥¥
(レストラン自由軒; Karte S. 270; ☎076-252-1996; www.jiyuken.com; 1-6-6 Higashiyama; Gerichte 700–1890 ¥; ⏰11.30–15 & 17–21 Uhr) Das *shokudō* (günstiges Lokal mit breiter Auswahl) im Herzen von Higashi-chaya-gai serviert seit 1909 *yōshoku* (westliche Küche) bzw. die japanische Interpretation davon (Omeletts, Hamburger, Curry mit Reis). Die Mittagsmenü sind preiswert (950 ¥).

Kanazawa Todoroki-tei BISTRO ¥¥
(金沢とどろき亭; Karte S. 270; ☎076-252-5755; 1-2-1 Higashiyama; Portionen ab 1300 ¥; ⏰11.30–14.30 & 18–22 Uhr) Art-déco-Atmosphäre mit viel Holz und Kerzenlicht ist einer der Pluspunkte dieses in westlichem Stil aufgemachten Bistros nahe Higashi-chaya-gai. Das Gebäude aus der Taisho-Zeit (1912–26) mit seinen gewölbten Decken wirkt etwas kantig, doch das ist Teil des rustikalen Charmes. Die Abendmenüs mit acht Gängen sind ein tolles Schnäppchen (ab 3500 ¥ pro Pers.). Die richtige Adresse für Romantiker.

★ Kaiseki Tsuruko JAPANISCH ¥¥¥
(懐石　つる幸; Karte S. 270; ☎076-264-2375; www.turukou.com; 6-5 Takaoka-machi; Mittag-/Abendessen ab 5000/15 000 ¥; ⏰12–15 & 18–22 Uhr) *Kaiseki*-Küche ist eine ganzheitliche Erfahrung aus Gastfreundschaft, Kunst und Originalität, so sind Farben, Aromen und Textur nie dieselben. Das herausragende Restaurant ist ein echtes Feinschmeckerparadies und verspricht ein authentisches, gehobenes kulinarisches Erlebnis, das über dem üblichen *ryokan*-Standard liegt. Gäste sollten sich angemessen kleiden und ein entsprechendes Budget einplanen.

Ausgehen & Nachtleben

Die meisten Bars der Stadt sind in den Hochhäusern von Katamachi untergebracht. Manchen sieht man auf den ersten Blick an, dass es sich eigentlich um Animierschuppen handelt. Wer es lieber etwas gediegener mag, ist in Higashi-chaya-gai gut aufgehoben.

★ Oriental Brewing BRAUEREI
(Karte S. 270; ☎076-255-6378; www.orientalbrewing.com; 3-2-22 Higashiyama; ⏰11–22 Uhr) Das trendige Brauhaus am Eingang von Higashi-chaya-gai ist nicht zu übersehen: Mit gemütlich-freundlichem Flair und hefigem Bier zieht es stets jede Menge einheimische und internationale Gäste an.

Sturgis Rock Bar BAR
(スタージス; Karte S. 270; ☎076-262-9577; 4F Kinrin Bldg, 1-7-15 Katamachi; ⏰20–3 Uhr) Am liebsten würden wir diese großartige, farbenfrohe, unterhaltsame, wilde, originelle Institution für uns behalten. Liverock und bunt gemischtes Dekor verströmen Hippie-Flair à la San Francisco, wobei japanische Touristen den Göttern des Rock'n'Roll Tribut zollen.

Curio Espresso & Vintage Design CAFÉ
(Karte S. 270; ☎076-231-5543; 1-13 Yasue-cho; ⏰Sa–Mo 9–18, Mi–Fr ab 8 Uhr) Mit seinem Kaffee nach Seattle-Art überzeugt dieses charmante kleine Café selbst anspruchsvollste Koffeinliebhaber. Zusammen mit verschiedenen einfachen Frühstückskreationen garantiert er einen tollen Start in den Tag.

Cambio APT BAR
(Karte S. 270; ☎076-207-7524; 2F Silk Bldg, 2-2-14 Katamachi; ⏰19–24 Uhr) Die schicke, einladende Bar liegt im Herzen von Katamachi. Der freundliche junge Betreiber, der einige Zeit in Kanada verbrachte, unterhält sich gerne. Es wird eine Sitzgebühr von 400 ¥ erhoben.

☆ Unterhaltung

Nō-Theater der Präfektur Ishikawa THEATER
(石川県立能楽堂; Karte S. 270; ☎076-264-2598; www.nohgaku.or.jp; 3-1 Dewa-machi; Ticketpreise für Vorstellungen variieren; ⏰Di–So 9–16.30 Uhr) Nō-Theater erfreut sich in Kanazawa unverändert großer Beliebtheit. Im Sommer gibt's jede Woche Vorführungen.

Shoppen

Mehrere hochwertige Kunsthandwerksgeschäfte säumen den südlichen Teil der Einkaufstraße Hirosaka zwischen dem Kaufhaus Kōrinbō 109 und dem Kenroku-en. Weitere große Warenhäuser liegen beim JR-Bahnhof Kanazawa (Forus, Meitetsu M'za) sowie in der Hyakumangoku-dōri zwischen Kōrinbō und Katamachi (Daiwa, Atrio Shopping Plaza). Dort erstreckt sich auch die angesagte alternative Tatemachi-Shoppingpromenade.

Sakuda Gold Leaf Company KUNSTHANDWERK
(金銀箔工芸さくだ; Karte S. 270; ☎076-251-6777; www.goldleaf-sakuda.jp; 1-3-27 Higashiyama; ⏲9–18 Uhr) Hier erfährt man alles über die Herstellung von Blattgold (*kinpaku*). Anschließend können die Besucher dann gleich ein paar vergoldete Souvenirs mitnehmen, darunter Porzellan, Lackwaren und Golfbälle. Oder wie wär's mit einem Tässchen Tee mit Blattgoldflocken? Dieser hilft angeblich gegen Rheuma. Selbst die Wände in den Toiletten sind mit Gold und Platin verziert.

Ishikawa-Kunsthandwerksladen KUNSTHANDWERK
(石川県観光物産館, Ishikawa-ken Kankō-bussankan; Karte S. 270; ☎076-222-7788; www.kanazawa-kankou.jp; 2-20 Kenroku-machi; ⏲10–18 Uhr) Alle Kunsthandwerksrichtungen Kanazawas unter einem Dach.

Murakami ESSEN
(村上; Karte S. 270; ☎076-264-4223; 2-3-32 Nagamachi; ⏲8.30–17 Uhr) Wer bei der Vorstellung von einem blühenden Baum ganz aus Süßigkeiten in Verzückung gerät, sollte diesen Laden ansteuern. Das hübsche Geschäft für *wagashi* (japanische Süßigkeiten) verkauft auch *fukusamochi* (Crêpe,

TRADITIONELLES KUNSTHANDWERK AUS KANAZAWA

Während der Edo-Zeit förderte der in Kanazawa herrschende Maeda-Clan die Entwicklung bedeutender Handwerkskünste. Viele werden noch heute praktiziert.

Lackwaren aus Kanazawa & Wajima

Die glänzenden schwarzen Lackwaren aus Kanazawa und Wajima werden mit *maki-e* (Bemalung) oder Vergoldung verziert. Beim letzten Lackauftrag müssen die Kunsthandwerker extrem darauf achten, dass sich auf dem fertigen Produkt kein Staub absetzt.

Ōhi-Keramik

Ōhi-Keramik hat bewusst einfache, fast primitive Designs, raue Oberflächen, unregelmäßige Formen und monochrome Glasuren. Die Meister der Teezeremonie favorisieren diese Produkte schon seit Langem und die Familie Chōzaemon hält die Ōhi-Tradition seit der frühen Edo-Zeit aufrecht.

Kutani-Porzellan

Kutani-Porzellan zeichnet sich durch elegante Formen, graziöse Muster und bunte, kräftige Farben aus. Der Stil geht auf die frühe Edo-Zeit zurück und ähnelt chinesischem Porzellan oder japanischen Imari-Produkten. Typische Motive sind Vögel, Blumen, Bäume sowie Landschaften.

Kaga-Yūzen-Seidenstoffe

Kräftige Farben und realistische Naturdarstellungen – z. B. verwelkende Blütenblätter, die an den Rändern braun werden – kennzeichnen diese aufwendige Form der Seidenfärberei. Typisch für *Kaga Yūzen* sind weiße Linien zwischen den Motiven, die durch weggewaschene Farbe entstehen.

Blattgold

Es beginnt mit einem Klumpen Feingold in der Größe eines 10-Yen-Scheins, der auf die Maße einer Tatamimatte mit nur noch 0,0001 mm Dicke ausgewalzt wird. Dann wird das Blattgold in 10,9 cm breite Quadrate geschnitten und zum Auftragen auf Wände, Mauern oder Gemälde verwendet. Oder man verwendet es, um Lackwaren und Keramik zu vergolden. In Kanazawa werden über 98 % des japanischen Blattgoldes hergestellt.

gefüllt mit roter Bohnenpaste und zerstoßenem Reis) und *kakiho* (in schwarzem Sesam gerolltes Sojabohnenmehl).

Praktische Informationen

Allgemeine Infos zur Stadt bietet www4.city.kanazawa.lg.jp.

Touristeninformation Kanazawa (石川県金沢観光情報センター; Karte S. 270; ☎076-232-6200, kgGN 076-232-3933; www.kggn.sakura.ne.jp; 1 Hirooka-machi; ⏲9–19 Uhr) Die hilfsbereiten Angestellten der hervorragenden Touristeninformation im Bahnhof, eine der besten Japans, haben jede Menge Karten und Broschüren in verschiedenen Sprachen sowie das exzellente englischsprachige Gratismagazin *Eye on Kanazawa* auf Lager. Darüber hinaus sitzen hier die netten Leute vom Goodwill Guide Network (KGGN), die Besucher bei der Hotelsuche unterstützen und kostenlose Führungen auf Englisch organisieren (zwei Wochen vorher anmelden).

Ishikawa Foundation for International Exchange (Karte S. 270; ☎076-262-5931; www.ifie.or.jp; 1-5-3 Honmachi; ⏲Mo–Fr 9–20, Sa & So bis 17 Uhr) Infos, eine Bücherei, Satelliten-TV und kostenloser Internetzugang im dritten Stock des Rifare-Gebäudes wenige Gehminuten südöstlich des JR-Bahnhofs.

An- & Weiterreise

BUS

Expressbusse von JR Highway Bus verkehren vom Ostausgang des JR-Bahnhofs Kanazawa zum Shinjuku-Bahnhof in Tokio (8000 ¥, 7½ Std.) und nach Kyoto (4100 ¥, 4¼ Std.).

Meitetsu (S. 249) and **Hokutetsu Kankō** (☎076-237-5115; www.hokutetsu.co.jp) fahren nach Nagoya (4180 ¥, 4 Std.).

Nōhi Bus (濃飛バス; ☎0577-32-1688; www.nouhibus.co.jp) bedient die Route nach Takayama über Shirakawa-go (3390 ¥, 2¼ Std.).

FLUGZEUG

Der nahe gelegene **Komatsu Airport** (S. 229) bietet Verbindungen in größere japanische Städte sowie nach Seoul, Shanghai und Taipeh.

ZUG

Im März 2015 begann mit der Inbetriebnahme des Hokuriku-*shinkansen* eine neue Zeit des Wohlstands für Kanazawa. Die Dauer der Direktverbindung zwischen Kanazawa und Tokyo (13 920 ¥) hat sich um über eine Stunde auf nur noch 2½ Stunden verkürzt.

Die JR-Hokuriku-Linie verbindet Kanazawa mit Fukui (*tokkyū*, 2500 ¥, 45 Min.; *futsū*, 1320 ¥, 1½ Std.), Kyoto (*tokkyū*, 6380 ¥, 2¼ Std.), Osaka (*tokkyū*, 7130 ¥, 2¾ Std.) und Toyama (*futsū*, 980 ¥, 1 Std.).

Unterwegs vor Ort

AUTO & MOTORRAD

Am Westausgang des Bahnhofs haben sich mehrere Autovermietungen angesiedelt.

BUS

Busse fahren von der kreisförmigen Endstation vor dem Ostausgang des Bahnhofs ab. Alle Linien, die in den Haltebuchten 7, 8 oder 9 bereitstehen, verkehren ins Zentrum (200 ¥).

Der Kanazawa-Loop-Bus (einfache Fahrt/Tagespass 200/500 ¥, alle 15 Min. von 8.30 bis 18 Uhr) klappert die Hauptsehenswürdigkeiten auf seiner 45-minütigen Runde durch die Stadt ab. Samstags, sonntags und an Feiertagen fährt der Machi-Bus für 100 ¥ nach Kōrinbō.

Mit den Bussen in der Haltebucht 6 geht's zum Flughafen (1130 ¥, 45 Min.). Manche steuern auch Katamachi und das Kaufhaus Kōrinbō-109 an und sind deshalb 20 Minuten länger unterwegs.

Tagestickets (500 ¥) bieten ein exzellentes Preis-Leistungs-Verhältnis. Seit dem Ansturm von Besuchern ohne Japanischkenntnisse auf die Stadt, die unabsichtlich für ein regelrechtes Chaos gesorgt haben, kann man sie nicht mehr an Bord der Busse kaufen. Stattdessen sind sie beim Servicecenter Hokutetsu Kankō im JR-Bahnhof Kanazawa erhältlich; es gibt ein weiteres Zentrum gegenüber der Bushaltestelle des Omi-chō-Marktes.

Weitere Infos gibt's unter www.hokutetsu.co.jp/en/en_round.

FAHRRAD

Leihräder bekommt man bei **JR Kanazawa Station Rent-a-Cycle** (駅レンタサイクル; Karte S. 270; ☎076-261-1721; 200/1200 ¥ pro Std./Tag; ⏲8–20.30 Uhr) und **Hokutetsu Rent-a-Cycle** (北鉄レンタサイクル; Karte S. 270; ☎076-263-0919; 630/1050 ¥ für 4 Std./pro Tag; ⏲8–17.30 Uhr). Beide befinden sich unweit des Westausgangs des Bahnhofs.

Vor Ort gibt es außerdem ein Leihradsystem namens „Machi-nori". Die Räder sind etwas zu klein für große *gaijin*-Körper und nicht gerade sehr bequem, aber mit ein wenig Planung funktioniert das System mit den Leihstationen prima. Unter www.machi-nori.jp kann man sich eine englischsprachige Karte herunterladen.

Noto-Halbinsel 能登半島

Raue Küstenlandschaften, ländliches Leben, Fisch und Meeresfrüchte sowie kulturelle Sehenswürdigkeiten machen die Noto-Halbinsel (Noto-hantō) zu einem reizvollen Zufluchtsort, der Abwechslung zu Kanazawas städtischem Trubel bietet. Wajima, ein Zentrum der Lackwarenherstellung und die wichtigste Stadt im schroffen Norden (Oku-Noto genannt), wartet mit den besten Unterkünften auf. Vor Ort bekommt man tolle Souvenirs wie *Wajima-nuri*-Lackarbeiten, Keramik nach *suzu*-Art sowie Meersalz und *iwanori*-Algen aus der Gegend.

Die Ankunft des Hokuriku-*shinkansen* brachte mehr Besucher auf die Halbinsel, dennoch konnte sich die Gegend mit ihrem gemächlichen Lebensrhythmus ihr ansprechendes ländliches Flair bewahren. Alle Hauptorte der Halbinsel bieten eine Handvoll einfacher Businesshotels oder *minshuku*, zudem gibt es ein paar einzigartige, reizende *ryokan*.

Es überrascht nicht, dass Fisch die hiesige Küche dominiert. Vor Ort servieren Restaurants jede Menge Sushi, Sashimi und *kaisen* (Meeresfrüchte). Ansonsten ist das kulinarische Angebot ähnlich begrenzt wie im nahe gelegenen Kanazawa.

Anreise & Unterwegs vor Ort

AUTO & MOTORRAD

Mit einem eigenen fahrbaren Untersatz lässt sich die Halbinsel von Kanazawa aus am einfachsten erkunden. Die meisten Sehenswürdigkeiten sind nur motorisiert zu erreichen; am besten mietet man sich ein Auto in Kanazawa. Die 83 km lange Noto Yūryo (能登有料; Noto-Mautstraße) führt bis nach Anamizu (Mautgebühr: 1180 ¥).

Autovermietungen findet man in der Nähe der Bahnhöfe Himi und Hakui.

BUS

Busse von **Hokutetsu Kankō** (S. 278) fahren zwischen Kanazawa und Wajima (2200 ¥, 2 Std., 10-mal tgl.). Manche halten unterwegs in Monzen (740 ¥, 35 Min.), auf halbem Weg die Küste hinauf.

Busse, die von Wajima zu den **Senmaida-Reisterrassen** (S. 282) Richtung Ushitsu fahren, halten in Sosogi (740 ¥, 40 Min.).

FAHRRAD

Notos größtenteils flache Westküste ist auch für Radfahrer interessant. Die Noto-kongō-Küste und das Gelände weiter östlich sollten sie allerdings wegen der steilen, engen Kurven meiden.

FLUGZEUG

Der **Noto Satoyama (Wajima) Airport** (NTQ; Karte S. 280; ☎0768-26-2000; www.noto-airport.jp) im Zentrum von Oku Noto verbindet die Halbinsel mit Tokio (Haneda).

ZUG

Von Kanazawa verläuft die JR-Nanao-Linie nach Hakui (*tokkyū*, 1410 ¥, 45 Min.; *futsū*, 760 ¥, 1 Std.) an der Westküste Notos; von dort verkehren in unregelmäßigen Abständen Nahverkehrsbusse. Züge Richtung Oku-Noto fahren nach Wakura-Onsen; dort gibt es noch sporadischer verkehrende Nahverkehrsbusse.

Die JR-Himi-Linie verbindet Takaoka (in der Präfektur Toyama) mit Himi (*futsū* 320 ¥, 30 Min.).

Untere Noto-Halbinsel 能登半島下

☎0767

Das kleine **Hakui** (羽咋) ist der wichtigste Verkehrsknotenpunkt im Westen. Von hier fahren Züge nach Kanazawa, außerdem gibt's ein paar Busverbindungen entlang der Westküste. Das doppelt so große **Himi** (氷見) in der benachbarten Präfektur Toyama, rund 40 Autominuten östlich, eignet sich ebenfalls wunderbar als Ausgangspunkt für Touren auf die Halbinsel.

Sehenswertes & Aktivitäten

★ Myōjō-ji BUDDHISTISCHER TEMPEL
(妙成寺; Karte S. 280; ☎0767-27-1226; Yo-1 Takidani-machi; Eintritt 510 ¥; ⏲April–Okt. 8–17 Uhr, Nov.–März 8–16.30 Uhr) Nichizō, ein Schüler von Nichiren, gründete 1294 den imposanten Myōjō-ji, einen wichtigen Tempel des Nichiren-Buddhismus. Das Gelände umfasst zehn bedeutende nationale Kulturgüter, darunter die eindrucksvolle elegante fünfstöckige Pagode. Mit dem Bus nach Togi fährt man vom JR-Bahnhof Hakui bis zur Bushaltestelle Myōjō-ji-guchi (430 ¥, 18 Min.); von dort sind es bis zum Tempel weniger als zehn Gehminuten.

Cosmo Isle Hakui MUSEUM
(コスモアイル羽咋; Karte S. 280; ☎0767-22-9888; www.hakui.ne.jp/ufo; 25 Menda, Tsuruta-machi, Hakui-shi; Eintritt 400 ¥; ⏲Mi–Mo 9–17 Uhr) Die unkonventionelle Einrichtung mit Wissenschaftsmuseum ist genau das Richtige für *Akte X*-Fans. Ausgestellt sind zahlreiche Relikte von sowjetischen Weltraummissionen der 1960er- und 1970er-Jahre sowie verschiedene UFO- und Alien-Exponate, darunter eine Replik der angeblichen Alien-Obduktion von Roswell.

Kita-ke HISTORISCHES GEBÄUDE
(喜多家; Karte S. 280; ☎0767-28-2546; Ra 4-1 Kitakawashiri, Hodatsushimizu; Erw./Kind 500/200 ¥; ⏲April–Okt. 8.30–17 Uhr, Nov.–März bis 16 Uhr) Hier, am wichtigen „Ländereck" zwischen den Lehen Kaga, Etchū und Noto verwaltete die Kita-Familie in der Edo-Zeit

Noto-Halbinsel

über 200 Dörfer. In dem weitläufigen Wohnhaus mit Museum können sich Besucher Waffen, Porzellan, landwirtschaftliche Geräte, volkstümliche Kunst und alte Dokumente ansehen. Der Garten wird auch Moostempel von Noto genannt.

Das Kita-ke ist von der Ausfahrt Komedashi auf der Noto-Mautstraße 1 km entfernt. Zugreisende nehmen die JR-Nanao-Linie bis zum Bahnhof Menden und legen dann noch mal 20 Minuten zu Fuß zurück.

Chirihama-Nagisa-Straße SPRITZTOUR
(千里浜なぎさドライブウエイ; Karte S. 280) Die 8 km lange kompakte Sandstraße erinnert teils an Floridas Strandkultur: An den Sonnenanbetern brausen Busse, Motorräder und Autos vorbei.

Schlafen

Route Inn Grantia Himi HOTEL ¥¥
(ルートイングランティア氷見; Karte S. 280; ☎0766-73-1771; www.hotel-grantia.co.jp; 443-5 Kanō; EZ/DZ ab 6000/10 000 ¥; P ❄ 📶) Elegantes, komfortables Businesshotel in praktischer Lage, wenn man von Toyama oder Gokayama aus per Auto anreist. Es liegt am Parkplatz eines Einkaufszentrums, was keine Langeweile aufkommen lässt.

Noto-Halbinsel

Highlights

1 Myōjō-ji A4

Sehenswertes

2 Cosmo Isle Hakui A5
3 Kita-ke A5
4 Rokugozaki Leuchtturm D1

Aktivitäten, Kurse & Touren

5 Chirihama-Nagisa-Straße A5

Schlafen

6 Lamp no Yado D1
7 Route Inn Grantia Himi B5
8 Yokoiwaya C1

Noto-kongō-Küste 能登金剛

0767, 0768

Zwischen Fukūra und Sekinohana besticht dieser felsige, etwa 16 km lange von Klippen gesäumte Küstenabschnitt durch außergewöhnliche Gesteinsformationen. Am besten erkundet man ihn mit dem Auto.

Sehenswertes

Sōji ji Soin BUDDHISTISCHER TEMPEL

(総持寺祖院; 0768-42-0005; 1-18-1 Monzen; Erw./Kind 410/160 ¥; 8–17 Uhr) Der wunderschöne Tempel in Monzen stammt aus dem Jahr 1321 und diente zunächst als Haupttempel der Sōtō-Zen-Schule, wurde aber inzwischen zum Nebentempel degradiert. 2007 richtete ein Erdbeben an einigen Gebäuden erheblichen Schaden an; die mühevollen Restaurierungsarbeiten halten bis heute an. Besucher können hier eine Stunde im Sitzen meditieren (*zazen*; 300 ¥, 9–15 Uhr), *shōjin-ryōri* (buddhistische vegetarische Küche; 2500–3500 ¥) kosten und auch über Nacht bleiben (mit 2 Mahlzeiten 6500 ¥). Letzteres gilt allerdings nicht für alleinreisende Frauen. Mindestens zwei Tage im Voraus reservieren.

Oku-Noto 奥能登

0768 / 27 205 EW.

Wajima (輪島), ein Fischerhafen rund 20 km nordöstlich von Monzen, ist traditionell für feine *Wajima-nuri* (Lackarbeiten) bekannt und die größte Stadt in Oku-Noto, auch wenn sie mit den Folgen der Landflucht zu kämpfen hat. Seit der Inbetriebnahme des Hokuriku-shinkansen in Kanazawa im März 2015 scheint jedoch ein erhöhtes Touristenaufkommen Abhilfe zu schaffen.

Sehenswertes

Auf dem Weg von Wajima zur Spitze der Noto-Halbinsel kommt man an den *dandan-batake* (Reisterrassen) von **Senmaida** (千枚田) vorbei und erreicht anschließend den Küstenort **Sosogi** (曽々木) mit der *mado-iwa*-Formation (窓岩; Fensterfels) direkt vor der Küste und verschiedenen Wanderwegen. Im Winter tanzen Schaumberge auf den Wellen, die sich an der felsigen Küste von Sosogi brechen.

Auf der Straße, die Richtung Nordosten aus Sosogi hinausführt, passiert man auf dem Weg zum **Rokkō-Kap** an der äußersten Spitze der Halbinsel einige Meersalzfarmen. Hier, im Dorf **Noroshi** (狼煙), lockt ein Spaziergang hinauf zum Leuchtturm mit wunderbarer Aussicht. Danach geht's über die Spitze der Halbinsel südwärts zu den winzigen Außenposten **Suzu** und **Noto-chō**, wo die Landschaft auf dem Weg zurück in die Zivilisation langsam an Dramatik verliert.

Ishikawa-Wajima-Urushi-Kunstmuseum MUSEUM

(石川輪島漆芸美術館; 0768-22-9788; www.city.wajima.ishikawa.jp/art; 11 Shijukari Mitomori-machi; Erw./Stud. 620/150 ¥; 9–16.30 Uhr) 15 Gehminuten westlich des ehemaligen Bahnhofs beherbergt das moderne Museum in Galerien auf zwei Etagen eine große Ausstellung mit wechselnden Lackwaren. Vor einem Besuch anrufen – zwischen Ausstellungen bleibt das Haus nämlich geschlossen.

Kiriko Kaikan MUSEUM

(キリコ会館; 0768-22-7100; http://wajima-kiriko.com; 6-1 Marine Town; Erw./Kind 620/360 ¥; 8–17 Uhr) In diesem Museum gibt's ein paar beeindruckend beleuchtete, lackierte Umzugswagen zu sehen, die beim Wajima-Taisai-Fest zum Einsatz kommen. Manche sind ganze 15 m hoch. Einfach mit dem Bus bis zur Haltestelle Tsukada fahren (150 ¥, 6 Min.).

Asa-ichi MARKT

(朝市, Morgenmarkt; 8–12 Uhr, jeden Monat am 10. & 25. geschl.) Ein Morgenmarkt mit hohem Unterhaltungswert. Mit Witz und Humor, der Sprachbarrieren mühelos überwindet, verhökern hier ein paar Hundert alternde Fischerfrauen fangfrisches Meeresgetier, Lackarbeiten, Tonwaren und Souvenirs. Wer sich traut, kann vorsichtig feilschen.

Senmaida-Reisterrassen REISTERRASSEN
(白米千枚田段々畑) Einst gab es sie überall in Japan, doch so langsam verschwindet diese uralte Methode des Anbaus. Die „tausend" Reisterrassen, die sich den Hang hinaufwinden, sind zu jeder Jahreszeit faszinierend und wunderschön.

Feste & Events

Ushitsu-Abare-Fest LATERNENFEST
(宇出津あばれ祭り, Ushitsu Abare Matsuri; Juli) Am ersten Freitag und Samstag im Juli werden 40 *kiriko*-Laternenwagen durch die Straßen gezogen und mit riesigen Fackeln entzündet. Feuer und Sake ergänzen sich übrigens bestens!

Gojinjō Daikō Nafune Matsuri TROMMELFEST
(御陣乗太鼓名舟大祭; 31. Juli) Bei dem Fest werden Dämonenmasken und ein Kopfschmuck aus Algen getragen. Höhepunkt ist ein wildes Trommelspektakel.

Wajima Taisai UMZUG
(輪島大祭; Aug.) Ende August ziehen die berühmten hohen, erleuchteten und *kiriko* (geschnitzten) Umzugswagen von Wajima durch die Straßen.

Schlafen & Essen

Sodegahama-Campingplatz CAMPINGPLATZ ¥
(袖が浜キャンプ場; 0768-23-1146; 51 Sodegahama; Stellplätze 1000 ¥ pro Pers.; P) Mit dem lokalen *noranke-* (*umi*-Route, 100 ¥) oder dem Nishiho-Bus (Richtung Zōza 雑座) gelangt man zu diesem Campingplatz am Strand. Zu Fuß braucht man 20 Minuten.

★ **Oyado Tanaka** RYOKAN ¥¥
(お宿たなか; 0768-22-5155; www.oyado-tanaka.jp; 22-38 Kawai-machi; Zi. mit 2 Mahlzeiten ab 10 950 ¥ pro Pers.; P) Das makellose japanische Gasthaus verfügt über zehn Zimmer (die Betten stehen auf Tatamis), Onsen (darunter ein privates *rotemburo*, das gegen Extragebühr genutzt werden darf), viel dunkles Holz, Papierlaternen und jede Menge Charme. Wer ein *kaiseki* bestellt, kann sich auf Meeresfrüchte und Lackwaren freuen.

Yokoiwaya MINSHUKU ¥¥
(横岩屋; Karte S. 280; 0768-32-0603; www.wajima.gr.jp/yokoiwaya; Ku-2 Machino-machi, Sosogi; Zi. mit 2 Mahlzeiten ab 8500 ¥ pro Pers.; P) Seit über 150 Jahren heißt das *minshuku* Yokoiwaya am Ufer in Sosogi Gäste willkommen (und das merkt man). Bekannt ist es für seine Fisch- und Meeresfrüchtemenüs am Abend. Nach dem Papierlampion Ausschau halten oder sich an der Bushaltestelle Sosogi-guchi (曽々木口バス停) abholen lassen.

Route Inn Wajima HOTEL ¥¥
(ホテルルートイン輪島; 0768-22-7700; www.route-inn.co.jp; 1-2 Marine Town; EZ/DZ ab 7000/11 000 ¥; P) Modernes Touristenhotel am Hafen mit ausreichend großen Zimmern (in den oberen Etagen mit tollem Ausblick) und vielen Annehmlichkeiten, Frühstück inklusive.

★ **Lamp no Yado** RYOKAN ¥¥¥
(ランプの宿; Karte S. 280; 0768-86-8000; www.lampnoyado.co.jp; 10-11 Jike, Misaki-machi; Zi. mit 2 Mahlzeiten ab 21 000 ¥ pro Pers.; P) In abgeschiedener Lage am Ufer unterhalb einer Klippe wartet das einzigartige 400 Jahre alte Holzhaus mit 13 Zimmern. Schon damals kamen Besucher her, um die heilende Kraft des Wassers zu testen, manchmal gleich mehrere Wochen. Seit den 1970er-Jahren wird das Gebäude als *ryokan* genutzt. Die dekadenten Zimmer haben En-suite-Bäder und teilweise sogar ein eigenes *rotemburo*. Der Pool ist beinahe überflüssig.

Eine herrlich romantische Unterkunft, aber nichts für Leute, die aufs Geld achten müssen.

Madara-yakata FISCH & MEERESFRÜCHTE ¥
(まだら館; 0768-22-3453; www.madara-yakata.com; 4-103 Kawai-machi; Gerichte ab 870 ¥; 11–19 Uhr) In diesem mit volkstümlichem Kunsthandwerk dekorierten Restaurant unweit des Asa-ichi (S. 281) werden verschiedene lokaltypische Spezialitäten wie *zōsui* (Reiseintopf), *yaki-zakana* (gegrillter Fisch) und Meeresfrüchte der Saison gereicht.

Umi-tei Notokichi FISCH & MEERESFRÜCHTE ¥¥
(海亭のと吉; 0768-22-6636; 4-153 Kawaimachi; Gerichte 620–2700 ¥; Do–Di 11–14 & 17–20 Uhr) Das Lokal erfreut sich seit Generationen bei Einheimischen großer Beliebtheit und serviert mit die besten Fisch- und Meeresfrüchtegerichte Japans. Puristen bestellen *sashimi moriawase* (Sashimi des Tages), zudem gibt's eine tolle Variante von *katsudon* (paniertes Schweinekotelett mit Reis).

Praktische Informationen

Touristeninformation (輪島観光協会; 0768-22-1503; 8–19 Uhr) Im alten Bahnhof, dem heutigen Busterminal. Die freundlichen Angestellten können nur ein paar Brocken Englisch, haben aber englischsprachige Karten und helfen bei der Unterkunftsbuchung.

Kaga-Onsen 加賀温泉

☎0761

Das weitläufige Gebiet umfasst drei Thermaldörfer, Katayamazu-Onsen, Yamashiro-Onsen und Yamanaka-Onsen, und konzentriert sich auf Kaga-Onsen und die Daishōji-Bahnhöfe entlang der JR-Hokuriku-Linie. Bekannt ist es für seine *onsen ryokan* (traditionelle Gasthäuser mit Thermalquellen), Lackwaren und Keramik.

Yamanaka-Onsen, das malerischste der drei Dörfer, erstreckt sich gleich oberhalb der Kakusenkei-Schlucht, durch die der Daishoji-gawa fließt. Leider zeugen verfallene Gebäude von dem bedauernswerten allgegenwärtigen Phänomen der Landflucht.

Sehenswertes

Motorcar Museum of Japan MUSEUM

(日本自動車博物館; ☎0761-43-4343; www.mmj-car.com; 40 Futatsunashi-machi, Komatsu; Erw./Kind 1000/500¥; Do–Di 9–17 Uhr; ; JR-Hokuriku-Linie nach Awazu) Die bemerkenswerte Sammlung von über 500 exzellent erhaltenen japanischen (und ausländischen) Fahrzeugen auf über drei Etagen in einem massiven, eleganten, durch und durch modernen Gebäude aus rotem Backstein, das einer opulenten Villa ähnelt, weiß zu beeindrucken. Autoliebhaber und kleine Fans der *Cars*-Filme von Pixar sind hier richtig. Am besten gelangt man mit dem Mietwagen hierher.

Das Museum liegt rund 3 km vom JR-Bahnhof Awazu entfernt auf der Hokuriku-Hauptlinie. Achtung: Nicht mit der Hokuriku-*shinkansen*-Linie verwechseln! Selbstverständlich gibt's jede Menge Parkplätze.

Kutaniyaki-Kunstmuseum MUSEUM

(石川県九谷焼美術館; ☎0761-72-7466; www.kutani-mus.jp/en; 1-10-13 Daishōji Jikata-machi; Erw./Kind 500¥/frei; Di–So 9–17 Uhr) Etwa acht Gehminuten vom Bahnhof Daishōji entfernt zeigt dieses Kunstmuseum schönes, leuchtend buntes Porzellan aus der Region.

Zenshō-ji BUDDHISTISCHER TEMPEL

(全昌寺; ☎0761-72-1164; 1 Daishōji Shinmei-cho; Eintritt 500¥; 9–17 Uhr) Rund um den Bahnhof Daishōji verteilen sich zig Tempel, darunter der Zenshō-ji, Aufbewahrungsort von mehr als 500 geschnitzten buddhistischen Arhat-Skulpturen.

Aktivitäten

Kosōyu ONSEN

(古総湯; Yamashiro-Onsen; Eintritt 500¥, Sōyu-Kombiticket 700¥; 6–22 Uhr) Yamashiro-Onsen in der Nähe des Bahnhofs Kaga-Onsen ist ein verschlafener Ort mit einem wunderschönen Badehaus aus Holz, das vor Kurzem neu gebaut wurde. Kosōyu hat herrliche Buntglasfenster und einen Ruhebereich im Obergeschoss, das benachbarte Sōyu ist dagegen größer und moderner.

Yamanaka-Onsen ONSEN

Der Haikudichter Bashō (17. Jh.) schwärmte vom Chrysanthemenduft der hiesigen Mineralquellen in Yamanaka-Onsen. Yumanaka ist ein idealer Ort zum Ausspannen, sei es im Badehaus **Kiku no Yu** (菊の湯; Eintritt 420¥; 6.45–22.30 Uhr) oder bei Spaziergängen am Fluss neben der Kakusenkei-Schlucht, die von der eleganten **Korogi-bashi** (Grillenbrücke) und der **Ayatori-hashi** (Katzenwiegenbrücke), einem Stück skurriler moderner Kunst, überspannt wird.

Busse fahren vom Bahnhof Kaga-Onsen nach Yamanaka-Onsen (420¥, 30 Min.).

Schlafen

Die netten Angestellten des **Yamanaka-Onsen-Tourismusvereins** (山中温泉観光協会; ☎0761-78-0330; www.yamanaka-spa.or.jp; 5-1 Yamanaka-Onsen) und des **Yamashiro-Onsen-Tourimusvereins** (山代温泉観光協会; ☎0761-77-1144; www.yamashiro-spa.or.jp, 3-70 Hokubu; 9–17 Uhr) helfen Travellern bei der schwierigen Suche nach einem *ryokan* in der Region – die meisten sind angenehm, wohltuend und teuer.

★ **Beniya Mukayū** RYOKAN ¥¥¥

(べにや無何有; ☎0761-77-1340; www.mukayu.com; 55-1-3 Yamashiro-Onsen; mit 2 Mahlzeiten ab 36 000¥ pro Pers.;) Die japanische Kunst der Gastfreundschaft wird in diesem preisgekrönten Gasthaus in wunderbar minimalistischem Stil hochgehalten. Zen-Atmosphäre durchdringt jeden Aspekt der Übernachtungserfahrung, von der privaten Teezeremonie bis zum morgendlichen Yogaunterricht. Die Zimmer verbinden auf wunderschöne Weise Altes mit Neuem und haben größtenteils eigene Außenbäder aus Zypressenholz.

In der Küche kommen nur die besten und frischesten saisonalen Zutaten aus der Region zum Einsatz und die Speisen sind exquisit zubereitet und angerichtet. Die

Spa-Behandlungen lassen keinerlei Wünsche offen.

★ **Kayōtei** RYOKAN ¥¥¥
(かよう亭; ☎0761-78-1410; www.kayotei.jp; 1-20 Higashi-machi, Yamanaka-Onsen; mit 2 Mahlzeiten ab 42 200 ¥ pro Pers.; P ❄ @ ☰) Nette opulente Bleibe an der malerischen Kakusenkei-Schlucht mit gerade mal zehn Zimmern – und somit sehr intimem Flair. Manche Quartiere haben eigene Außenbäder mit Blick auf die Schlucht und einen wunderschönen versteckten Wasserfall.

Kissho Yamanaka RYOKAN ¥¥¥
(吉祥やまなか; ☎0761-78-5656; www.kissho-yamanaka.com; 1-14-3 Higashi-machi, Yamanaka-Onsen; Zi. mit 2 Mahlzeiten ab 21 500 ¥ pro Pers.; P ❄ ☰) Ein Großteil der eleganten Zimmer im westlichen und japanischen Stil hat tolle Ausblicke und eine komfortable Einrichtung, auch wenn man dem hoch aufragenden *ryokan* sein Alter ansieht. Essen und Bäder sind herausragend.

An- & Weiterreise

Die JR-Hokuriku-Linie verbindet Kaga-Onsen mit Kanazawa (*tokkyū*, 1510 ¥, 25 Min.; *futsū*, 760 ¥, 44 Min.) und Fukui (*tokkyū*, 1330 ¥, 21 Min.; *futsū*, 580 ¥, 33 Min.).

Willer Express (http://willerexpress.com) bietet Busverbindungen von Tokio nach Kaga-Onsen ab 3500 ¥.

Unterwegs vor Ort

In Yamanaka-Onsen verkehrt der Shuttlebus „O-sanpo" (Zwei-Tages-Ticket 500 ¥), zudem informieren der **Tourismusverband** und die Unterkünfte über einen in unregelmäßigen Abständen zum **Daihonzan Eihei-ji** verkehrenden Bus.

In Yamashiro-Onsen bietet der „Can bus" (Zwei-Tages-Ticket 1200 ¥) einen ähnlichen Service zu den verschiedenen Sehenswürdigkeiten und Onsen der Gegend.

Fukui 福井

☎0776 / 266 002 EW.

Das vom Unglück verfolgte Fukui wurde in den 1940er-Jahren stark dezimiert, zunächst durch den Krieg, dann durch ein Erdbeben. Ein Großteil der interessanten Sehenswürdigkeiten verteilt sich auf die kompakte Präfektur, eine kurze Fahrt von der Stadt entfernt. Es lohnt sich, ein Auto zu mieten und über Nacht zu bleiben: Die Landstraßen sind leicht zu bewältigen und die Landschaft ist reizvoll.

FÄHREN NACH TSURUGA

In Tsuruga, einem geschäftigen Hafen und Bahnknotenpunkt 60 km südlich der Stadt Fukui, bietet die Shin Nihonkai Ferry Company tägliche Fährverbindungen nach Tomakomai, Hokkaidō (19½ Std. direkt, 30½ Std. mit Stopps). Manche halten unterwegs in Niigata (5350 ¥, 12½ Std.) und Akita (6990 ¥, 20 Std.). Auf die Fahrpläne abgestimmte Busse verkehren vom JR-Bahnhof Tsuruga (350 ¥, 20 Min.) zum Hafen Tsuruga-kō.

Sehenswertes

★ **Ichijōdani-Ruinen des Asakura-Clans** RUINEN
(一乗谷朝倉氏遺跡, Ichijōdani Asakura-shi Iseki; ☎0776-41-2330; http://asakura-museum.pref.fukui.lg.jp; 4-10 Abaka; Eintritt 210 ¥; ⏲9–16.30 Uhr) Der unerwartete Fund zählt zu den kulturhistorischen Sehenswürdigeiten des Landes, und ist eine der größten Stadtruinen in Myanmar. Es ist leicht ersichtlich, warum der Asakura-Clan für den Bau seiner kleinen befestigten Stadt diesen Ort in einem schmalen Tal zwischen sanften Bergen wählte: Er ist wunderschön! Besucher können die Straße mit restaurierten Handelshäusern entlangspazieren und durch das üppige Gras den Gebäudeüberresten bergaufwärts folgen. Hier kann man wunderbar entspannen, picknicken und über das Leben sinnieren.

Daihonzan Eihei-ji BUDDHISTISCHER TEMPEL
(大本山永平寺; ☎0776-63-3640; http://global.sotozen-net.or.jp/eng/temples/foreigner/Eihei-ji.html; 5-15 Shihi, Eiheiji; Erw./Kind 500/200 ¥; ⏲9–17 Uhr) 1244 weihte der große Zenmeister Dōgen (1200–1253), Begründer der Sōtō-Zen-Schule, den Eihei-ji, den „Tempel Ewigen Friedens", in einem Wald nahe Fukui ein. Heute ist dies einer der beiden Haupttempel der buddhistischen Glaubensrichtung und ein spürbar spiritueller Ort, umgeben von Bergen, Moos und uralten Zedern. Tagesausflügler, die die Anlage mit über 70 Gebäuden besuchen, finden ihre Ruhe allerdings oft durch den konstanten Besucherstrom und die vielen Aktivitäten gestört.

Angehende Sōtō-Zen-Jünger können im Eihei-ji am vier Tage und drei Nächte umfassenden **Sanzen-Programm für religiöse Erfahrung** (☎0776-63-3640) teilnehmen.

Es folgt genau dem Trainingsplan der Mönche, d. h. Gebete um 3.50 Uhr, putzen, *zazen* und rituelle Mahlzeiten, bei denen nicht ein Reiskorn übrig bleiben darf. Gewöhnlich leben hier 150 Priester und Schüler. Japanischkenntnisse braucht man nicht, ein wenig Selbstdisziplin ist jedoch sehr hilfreich. Weit im Voraus buchen.

Häufig ist das Gelände wegen religiöser Festtage von einer Woche bis zu zehn Tagen geschlossen. Eine Übernachtung im Sanrō-Tempel kostet 8000 ¥ und muss einen Monat im Voraus gebucht werden.

Um von Fukui zum Eihei-ji zu gelangen, nimmt man den Keifuku-Bus (720 ¥, 30 Min., stdl.). Dieser fährt vom Ostausgang des JR-Bahnhofs Fukui ab.

Dinosauriermuseum von Fukui MUSEUM
(福井県立恐竜博物館; ☎0779-88-0001; www.dinosaur.pref.fukui.jp; 51-11 Muroko-chō Terao, Katsuyama; Erw./Kind 720/410 ¥; ⏲9–17 Uhr) Kinder lieben die überlebensgroßen Repliken und Fossilien des Jurassic-Park-ähnlichen Dinosauriermuseums von Fukui, einem der größten seiner Art auf der Welt. Neben vielen englischen Infotafeln gibt es über 40 Hauptexponate (u. a. interaktive) zur Naturgeschichte, prähistorischen Flora und Fauna sowie zu den Dinos, die einst in Japan und anderen Teilen der Erde lebten. Der nächste Bahnhof an der privat betriebenen Echizen-Linie ist Katsuyama, am besten kommt man jedoch mit dem Mietwagen her.

Schlafen & Essen

Fukui Phoenix Hotel HOTEL ¥¥
(福井フェニックスホテル; ☎0776-21-1800; www.phoenix-hotel.jp; 2-4-18 Ote; EZ/DZ/2BZ ab 6500/10 000/12 000 ¥; P ❄ 📶) Einen Katzensprung vom JR-Bahnhof Fukui entfernt verfügt dieses renovierte Hotel über geschmackvoll eingerichtete Zimmer, kostenloses WLAN, Münzwaschmaschinen und verschiedene Unterkunftstypen (auch Suiten) für Gäste, die etwas mehr Platz benötigen. In der Nähe gibt es Parkplätze für 1000 ¥.

ABSTECHER

ECHIZEN-ŌNO

Echizen-Ōno (越前大野) wurde 1575 von Kanamori Nagachika nach Vorbild des damaligen Kyoto angelegt, was ihm den Spitznamen „kleines Kyoto" einbrachte. Heute wird der gereifte Ort von Reisenden kaum beachtet, dabei versprüht er ein ganz eigenes Flair. Der Rest der Welt mag vergessen haben, das Echizen-Ōno existiert, seine in die Jahre gekommenen Bewohner jedoch definitiv nicht! Auch wenn die Bevölkerung immer älter wird und die Fassaden der Häuser langsam bröckeln, spiegelt sich in den makellos sauberen, wenn auch manchmal leeren Straßen spürbar der Geist des *ganbatte* (nie aufgeben) wider.

Ōnos **Teramachi** (Tempelbezirk) umfasst rund 20 Seite an Seite stehende Tempel, manche noch immer in Betrieb, andere jedoch geschlossen. Um die meisten kümmern sich bis heute liebevoll ihre mittlerweile in die Jahre gekommenen Besitzer und Gönner. Die Gegend lädt zu berührend-kontemplativen Spaziergängen ein und bietet jede Menge toller Fotomotive.

Auf einem Hügel über der Stadt thront die kleine Bergburg (*yamashiro*) **Echizen Ōno-jō** (越前大野城; ☎0779-66-0234; 3-109 Shiromachi, Ōno; Eintritt 200 ¥; ⏲April–Nov. 9–16 Uhr). Sie ist ein äußerst reizvolles kleines *yamashiro* (Bergburg), auch wenn es sich nur um einen Nachbau handelt und man eine ganze Reihe Stufen erklimmen muss. Der Originalbau stammte von 1576, die heutige Version entstand 1968 nach genauen Vorgaben. Der Ausblick über die umliegenden Täler und Berge ist wirklich etwas Besonderes. Bei entsprechenden Wetterbedingungen scheint die Burg auf einem Meer aus Wolken zu schweben.

Die freundlichen Mitarbeiter der **Touristeninformation** (越前大野観光案内所; ☎0779-65-5521; www.ono-kankou.jp; 10-23 Motomachi; ⏲9–16 Uhr) sprechen wenig Englisch, dafür gibt es ein paar englischsprachige Broschüren.

Mit dem Mietwagen führt eine schöne 45-minütige Fahrt entlang der Route 158 von Fukui, 30 km weiter westlich, nach Echizen-Ōno.

Alternativ fahren Nahverkehrszüge auf der JR-Kuzuryu-Linie vom Bahnhof Fukui zum Bahnhof Echizen-Ōno (670 ¥, 1 Std.).

Amida Soba Yūbuan NUDELN ¥¥
(あみだそば遊歩庵; ☎0776-76-3519; www.amidasoba.jimdo.com; 1-9-1 Chūō; soba 600–1300 ¥; ⌚11.30–19 Uhr) Vor dem Westausgang des Fukui-Bahnhofs an der Rekishi-no-michi-Straße gibt's hier reizvolle Varianten der üblichen *soba*-Klassiker. Spezialität des Hauses ist *oroshi soba sanmai* (1300 ¥), eine doppelte Portion dicker, flacher *soba*-Nudeln mit drei verschiedenen Dips: *oroshi* (geraspelter Daikon), *tororo* (Bergkartoffelpüree) und *wasabi*.

Praktische Informationen

Touristeninformation Fukui (福井市観光案内所; ☎0776-20- 5348; 1-2-1 Chūō; ⌚8.30–19 Uhr) Die Infostelle im JR-Bahnhof Fukui gibt Karten zur Umgebung heraus und informiert über Reiserouten.

Anreise & Unterwegs vor Ort

JR-Züge verbinden Fukui mit Kanazawa (*tokkyū*, 2500 ¥, 48 Min.; *futsū*, 1320 ¥, 1½ Std.), Tsuruga (*tokkyū*, 2150 ¥, 35 Min.; *futsū*, 970 ¥, 55 Min.), Kyoto (4420 ¥, 1½ Std.) und Osaka (5510 ¥, 2 Std.).

Vor dem Ostausgang des JR-Bahnhofs Fukui gibt es ein paar Autovermietungen, darunter Toyota Rent-a-Car.

Toyama 富山

☎076 / 418 900 EW.

Die meisten Reisenden kommen nach Toyama wegen der Tateyama-Kurobe-Alpinroute (S. 291) oder wegen des Hokuriku-*shinkansen*.

Im Oktober 2014 wurde Toyamas malerische von Bergen umgebene Bucht in den von der Unesco anerkannten Club der weltweit schönsten Buchten aufgenommen. Damit ist sie die zweite in Japan, die mit diesem repräsentativen Titel bedacht wurde. Er zeugt sowohl von der landschaftlichen Schönheit der Bucht als auch von dem einzigartigen Ökosystem. Das nährstoffreiche Wasser der Toyama-Bucht wird aus den Bergen der Umgebung gespeist und beherbergt eine große Meerestiervielfalt, darunter der seltene *hotaruika* (Leuchtkalmar) und der *shiroebi* (eine Krabbenart).

Sehenswertes

Chōkei-ji BUDDHISTISCHER TEMPEL
(長慶寺; ☎076-441-5451; 1882 Goso) Mit wunderschönem Ausblick punktet der auf einem Hügel gelegene Tempel, Hauptattraktion sind jedoch die über 500 Steinstatuen von *rakan* (Buddhas Jüngern) im Wald.

Kansui-Park PARK
(環水公園; ☎076-444-6041; Minatoirifune-chō) Der sehr gepflegte Park wurde rund um Toyamas Kanal- und Schleusensystem auf neu gewonnenem Land angelegt und ist ein wunderbarer Ort für Spaziergänge oder Picknicks. In den wärmeren Monaten suchen die Einheimischen ihn gerne auf. Zu den vielen Attraktionen zählen abgegrenzte Bereiche zur Vogelbeobachtung und romantische Türme.

Iwase STADTVIERTEL
Nördlich des Stadtzentrums erstreckt sich an der Bucht ein Viertel mit der sehr gut erhaltenen Hauptstraße des ehemaligen Reedereibezirks. Heute ist Iwase eine Mischung aus Einkaufs- und Wohnbezirk, in dem selbst die Bankgebäude interessant aussehen. Die Portram-Straßenbahn fährt vom Bahnhof Toyama (Nordausgang) bis nach Iwase-hama (Endstation; 200 ¥, 25 Min.). Dort angekommen, biegt man scharf nach links ab und überquert auf der Iwase-bashi (岩瀬橋) den Kanal. Nun sieht man schon die englischen Schilder. Wer möchte, kann mit der Portram-Bahn von der Haltestelle Higashi-Iwase zurückfahren.

Schlafen & Essen

Die Ankunft des Hokuriku-*shinkansen* ging mit einer Modernisierung des Bahnhofs Toyama einher. Zudem entstanden dort einige neue Hotels, vor allem rund um den Südausgang.

Zu empfehlen sind die verschiedenen Fischrestaurants vor dem Südausgang des Bahnhofs.

Toyama Excel Hotel Tōkyū HOTEL ¥¥¥
(富山エクセルホテル東急; ☎076-441-0109; www.toyama-e.tokyuhotels.co.jp; 1-2-3 Shintomichō; EZ/DZ ab 11 900/19 400 ¥; P ❄ @) Toyamas edelste Bleibe verfügt über 210 Zimmer (unterschiedliche Kategorien) und zwei Restaurants. Die Räume in den oberen Etagen warten mit fantastischem Blick auf.

Shiroebi-tei FISCH & MEERESFRÜCHTE ¥¥
(白えび亭; ☎076-432-7575; www.shiroebiya.co.jp; 1-220 Meirin-cho; Menüs ab 1200 ¥; ⌚10–20 Uhr; 📄) Einheimische schwören auf dieses einfache Lokal im dritten Stock des Hauptbahnhofs. Der Klassiker ist *shiroebi ten-don* (Krabbentempura mit Reis, 740 ¥) und es gibt eine bebilderte Speisekarte.

ABSTECHER

MIT DER EISENBAHN DURCH DIE KUROBE-SCHLUCHT

Wer etwas ganz Besonderes erleben möchte, für den ist die **Eisenbahnroute durch die Kurobe-Schlucht** (黒部峡谷トロッコ電車; ☎0765-62-1011; www.kurotetu.co.jp; 11 Kurobe Kyokoku-guchi, Kurobe; einfache Strecke nach Keyaki-daira 1710 ¥; ⏲9–17 Uhr) eine Option. Die einzigartige, etwas holprige und kühle Reise in das Herz des Kurobe-Tals in winzigen Zugwaggons, die ursprünglich für den Bau des Kurobe-Damms genutzt wurden, führt von Unazuki nach Keyaki-daira. Wenn es nicht gerade durch schier endlose Tunnels geht, bieten sich atemberaubende Ausblicke auf die bewaldeten Berge der Umgebung, besonders im Herbst. Darüber hinaus kann man ein paar wahrhaft abgeschiedene und großartige hochgelegene *rotemburo* (Außenbäder) und Gasthäuser entdecken.

Der neue Bahnhof Kurobe-Unazuki-Onsen auf der Hokuriku-*shinkansen*-Linie hat den Zugang in die Region erheblich vereinfacht und die Besucherzahlen erhöht. Vom Bahnhof Shin-Kurobe (neben dem *shinkansen*-Bahnhof) fährt man mit einem Nahverkehrszug zum Bahnhof Unazuki-Onsen (630 ¥, 25 Min.), wo ein kurzer Spaziergang zum Bahnhof Unazuki, Endstation der Kurobe-Schlucht-Bahn, führt.

Vor Ort muss man sich am jeweiligen Bahnhof für jede Etappe der Bahnstrecke separate Tickets holen. Wegen der hohen Nachfrage handelt es sich nicht um einen Hop-on/Hop-off-Service. Die gesamte Route von Unazuki nach Keyaki-daira dauert rund 80 Minuten. Am besten plant man die gesamte Route ein und entscheidet sich dann, wo man unterwegs aussteigen möchte. Genaue Infos über Anreise, Attraktionen und Planung liefert die Website.

Ein Pflichtstopp ist der abgeschiedene **Kuronagi-Onsen**. Auf dem Weg dorthin kann man Bären beobachten. Ebenfalls zu empfehlen ist das Höhlenbad **Iwa-buro**, einen kurzen Fußmarsch vom Bahnhof Kanetsuri entfernt. Das Restaurant in Keyaki-daira ist teils sehr voll; am besten nimmt man belegte Brote und Snacks als Proviant mit sowie warme Kleidung – sogar im Sommer kann es in den Tunneln kühl werden.

Bei der Fahrt ab Unazuki sollte man sich einen Platz auf der rechten Seite des Zugs sichern, auf der Rückfahrt aus Keyaki-daira wiederum einen auf der linken Seite, so hat man die besten Fotomotive und muss nicht auf die anderen Passagiere neidisch sein. Die Waggons werden zugewiesen, es gibt jedoch keine Sitzplatzreservierung.

ℹ Praktische Informationen

Touristeninformation (観光案内所; ☎076-432-9751; www.info-toyama.com; ⏲8.30–20 Uhr) Die Stelle im Hauptbahnhof hat Karten und Broschüren zu Toyama und zur Tateyama-Kurobe-Alpinroute. Die Mitarbeiter sprechen etwas Englisch und es gibt einen kostenlosen Fahrradverleih.

ℹ An- & Weiterreise

BUS

Busse verkehren zwischen Toyama, Takaoka und Gokayama; Details liefert www.info-toyama.com.

FLUGZEUG

Jeden Tag verkehren Flieger zwischen dem **Toyama Airport** (TOY; www.toyama-airport.co.jp/english) und den größeren japanischen Städten. Verbindungen nach Seoul und Shanghai sind seltener.

ZUG

Der Hokuriku-*shinkansen* verbindet Toyama mit Kanazawa (2810 ¥, 20 Min.), Nagano (6900 ¥, 1 Std.) und Tokyo (12 210 ¥, 2¾ Std.).

Die JR-Takayama-Linie verläuft südwärts nach Takayama (*tokkyū*, 2770 ¥, 90 Min.) und Nagoya (*tokkyū*, 6930 ¥, 4 Std.). Die JR-Hokuriku-Linie führt gen Westen nach Kanazawa (*tokkyū*, 2100 ¥, 39 Min., *futsū*, 950 ¥, 1 Std.) und Osaka (*tokkyū*, 7980 ¥, 3¼ Std.) sowie nordöstlich nach Niigata (6620 ¥, 3 Std.).

DIE NORDALPEN JAPANS
北日本アルプス

Eine besonders dramatische Szenerie bieten die Nordalpen Japans in den Präfekturen Gifu, Toyama und Nagano. Sie weisen erstaunliche Gipfel mit mehr als 3000 m Höhe auf, die selbst für unerfahrene Wanderer gut begehbar sind. Die schönsten Ecken des auch als Hida Gobirgo bekannten Terrains befinden sich im 1743 km² großen Chūbu-Sangaku-Nationalpark (中部山岳国立公園). Zu den Highlights gehören die Täler und Berge von Kamikōchi, die Shin-Hotaka-Seilbahn (S. 298) und die zahlreichen Berg-*rotemburo*.

Matsumoto mitten in der Präfektur Nagano, die sich von Norden nach Süden erstreckt, ist das Durchgangstor zu den Nordalpen und dank einer fantastischen Originalburg und einigen guten Kunstmuseen für sich genommen ein lohnenswertes Reiseziel.

Praktische Informationen

Bevor man in die Berge aufbricht, sollte man sich mit genug Bargeld eindecken, denn Bankautomaten gibt es kaum.

Anreise & Unterwegs vor Ort

Matsumoto ist der wichtigste Verkehrsknotenpunkt der Region.

Der **Shinshū Matsumoto Airport** (MMJ; Karte S. 306; www.matsumoto-airport.co.jp) bedient einige Ziele im Inland.

Die Region Matsumoto ist durch Fernbusse an Tokio (Shinjuku), Osaka, Nagoya und Kanazawa angeschlossen.

Tokkyū-Super-Azusa-Züge von JR verbinden die Region mit Tokio (Shinjuku) und Nagano. *Tokkyū*-Shinano-Züge fahren durch die Berge nach Nagoya.

Von Matsumoto aus nimmt man den Bus oder den privaten Matsumoto-Dentetsu-Zug nach Shin-Shimashima (der charmante Name bedeutet „neue Insel-Insel") und anschließend den Bus. Die Anfahrtsstrecke ist atemberaubend schön, egal mit welchem Transportmittel.

In den Alpen richten sich die Fahrpläne nach der Saison. Mit dem „Alps-Wide Free Passport" (10 290 ¥) von Alpico kann man vier Tage unbegrenzt innerhalb des Netzes in Shinshu, im Chūbu-Sangaku-Nationalpark und in Hida (Shirakawa-gō inklusive) reisen.

Touristeninformationen in der Region und die Website www.alpico.co.jp informieren über aktuelle Fahrpläne und Tarife.

Ein Leihwagen bietet sich an, wenn einem kurvige Straßen nichts ausmachen und man nicht in Kamikōchi übernachten will, da auf der Straße zwischen Naka-no-yu und Kamikōchi nur Busse und Taxis verkehren dürfen.

Matsumoto 松本

0263 / 243 383 EW.

Matsumoto liegt geschützt in einem fruchtbaren Tal, das an der breitesten Stelle nicht mehr als 20 km misst. Im Westen ragen sieben hohe Gipfel auf (darunter die Dreitausender Yariga-take, Hotaka-dake und Norikura-dake), im Osten halten drei kleinere Berge Wache (u. a. der bildschöne Utsukushi-ga-hara-kōgen). Mit den beeindruckenden Japanischen Alpen vor der Haustür gehören traumhafte Sonnenuntergänge zum allabendlichen Programm.

Früher war die zweitgrößte Stadt in der Präfektur Nagano unter dem Namen Fukashi bekannt. Sie wurde schon im 8. Jh. gegründet und diente dem Ogasawara-Clan im 14. und 15. Jh. als Burgort. Ihre Blütezeit begann während der Edo-Ära und hält bis heute an.

Heute ist Matsumoto bei jungen Japanern beliebt, die einen Tapetenwechsel suchen. Sie stehen damit für den neuen Trend, wieder aufs Land zu ziehen. Matsumoto ist eine der schönsten Städte Japans, kosmopolitisch, reizvoll und innig geliebt von ihren Bewohnern. Reisende aus aller Welt zieht sie wegen der Burg, der hübschen Straßen, Galerien, Cafés und des herrlichen Panoramablicks an.

Sehenswertes

Matsumoto-jō & Umgebung

★ **Matsumoto-jō** BURG

(松本城; Karte S. 289; 0263-32-9202; www.matsumoto-castle.jp; 4-1 Marunōchi; Erw./Kind 610/420 ¥; Anfang Sept.–Mitte Juli 8.30–17 Uhr, Mitte Juli–Anfang Sept. bis 18 Uhr) Japans älteste Holzburg, die Matsumoto-jō, ist ein Muss für jeden Besucher und eine von vier Festungen, die zu den nationalen Kulturgütern des Landes zählt (die anderen befinden sich in Hikone, Himeji und Inuyama). Ihr prächtiger schwarz-weißer *donjon* (Hauptbergfried) mit drei Türmen wurde um 1595 fertiggestellt und trägt den Spitznamen Karasu-jō (Krähenburg). Steile Treppen führen ganz nach oben, wobei jede Etage eine eindrucksvolle Aussicht und historische Exponate zu bieten hat. Sehenswert ist außerdem der kürzlich restaurierte *tsukimi yagura* (Pavillon zum Betrachten des Mondes). Die **Goodwill Guide Group** (0263-32-7140) veranstaltet bei vorheriger Anmeldung kostenlose einstündige Führungen.

Der Eintritt gilt auch für das Matsumoto-Kunstmuseum.

Matsumoto-Kunstmuseum MUSEUM

(松本市美術館, Matsumoto-shi Bijutsukan; Karte S. 306; 0263-39-7400; www.matsumoto-artmuse.jp; 4-2-22 Chūō; Erw./Kind 410/200 ¥; Di–So 9–17 Uhr) Viele der Künstler, deren Arbeiten in dem schnittigen Museum ausgestellt sind, stammen aus Matsumoto bzw. haben Szenen aus der Umgebung als Motiv

Matsumoto

Highlights
1 Matsumoto-jō B1

Sehenswertes
2 Matsumoto-Uhrenmuseum A2
3 Nawate-dōri B2

Schlafen
4 Dormy Inn Matsumoto A3
5 Hotel Buena Vista A3
6 Marumo B2
7 Marunouchi Hotel B1
8 Nunoya B2
9 Richmond Hotel A2

Essen
10 Delhi B2
11 Kane A1
12 Matsumoto Karaage Center A3
13 Menshō Sakura A2
14 Nomugi B2
15 Shizuka B1
16 Tōfu Ryōri Marui A3

Ausgehen & Nachtleben
17 Beer Garage Ganesha A2
18 Coat A2
19 Old Rock A2

Shoppen
20 Belle Amie B2
21 Chikiri-ya B2
22 Nakamachi Kura-chic-kan B2

Transport
Matsumoto Busbahnhof .... (siehe 16)

Matsumoto

gewählt. Ein Highlight sind die avantgardistischen Werke des vor Ort geborenen, international bekannten Künstlers Kusama Yayoi.

Ehemalige Kaichi Schule MUSEUM

(旧開智学校, Kyū Kaichi Gakkō; Karte S. 306; ☎0263-32-5275; 2-4-12 Kaichi; Erw./Kind 300/150 ¥; ⊙März–Nov. tgl. 8.30–16.30 Uhr, Dez.–Feb. Di–So) Ein paar Straßenzüge nördlich der Burg stößt man auf ein wichtiges nationales Kulturgut: Japans älteste Grundschule aus dem Jahr 1873. Seit 1965 dient sie als informatives Museum. Das faszinierende Zeugnis schulischer Bildung aus der Zeit um 1900 ist in einem tollen Gebäude aus der Meiji-Ära untergebracht.

Nakamachi 中町

Das charmante ehemalige Händlerviertel Nakamachi am Metoba-gawa eignet sich mit seinen *namako-kabe kura* (Geschäfte mit dekorativen Wänden aus Lattenwerk) und Straßenzügen aus der Edo-Zeit prima für einen Spaziergang. Viele Gebäude wurden restauriert und in Cafés, Galerien sowie Kunsthandwerksgeschäfte umgewandelt, die Holz-, Glas- und Porzellanwaren, Stoffe oder Antiquitäten verkaufen.

Nawate-dōri STRASSE

(縄手道り; Karte S. 289) Ein paar Häuserblocks von der Burg entfernt iese Straße lädt zu einem Bummel am Fluss entlang ein. Hier bekommt man Antiquitäten, Souvenirs und leckere *taiyaki* (gefüllte Waffeln in Karpfenform) in verschiedenen Geschmacksrichtungen. Sobald man die riesige Froschstatue neben der Brücke erspäht, ist man richtig.

Matsumoto-Uhrenmuseum MUSEUM

(松本市時計博物館, Matsumoto-shi Tokei Hakubutsukan; Karte S. 289; ☎0263-36-0969; 4-21-15 Chūō; Erw./Stud. 300/150 ¥; ⊙Di–So 9–17 Uhr) In diesem Museum kann man die größte Pendeluhr Japans (an der Außenseite) und mehr als 300 andere Zeitmesser bestaunen, darunter einige faszinierende mittelalterliche Erfindungen. Es zeugt von Japans Passion für *monozukuri* (Kunst des Schaffens).

Rund um Matsumoto

Nordöstlich der Innenstadt liegt **Utsukushi-ga-hara-Onsen** (美ヶ原温泉; nicht zu verwechseln mit dem Utsukushi-ga-hara-kōgen), ein hübsches Spa-Dorf mit charmanter Hauptstraße und Blick übers Tal. Die Geschichte von **Asama-Onsen** (浅間温泉) soll bis ins 10. Jh. zurückreichen und erzählt von Schriftstellern und Dichtern, heute merkt man davon aber nicht mehr viel. Beide Onsen-Orte sind vom Busbahnhof in Matsumoto aus problemlos zu erreichen.

Östlich von Matsumoto gedeihen im Sommer auf dem eindrucksvollen Bergplateau von **Utsukushi-ga-hara-kōgen** (美ヶ原高原; 2000 m) mehr als 200 Pflanzenarten. Ein tolles Tagesausflugsziel ab Matsumoto! Schon der Weg dorthin entlockt einem Aaaahs und Oooohs, denn er führt über gewundene Bergstraßen (die „Azalea Line" und die „Venus Line"), die von Ende April bis Anfang November passierbar sind. Mit dem Auto lässt sich die wunderschöne Landschaft besonders flexibel erkunden, saisonal verkehrt aber auch ein Bus (einfache Fahrt 1500 ¥, 1½ Std.).

Utsukushi-ga-hara-Freilichtmuseum MUSEUM
(美ヶ原美術館, Utsukushi-ga-hara Bijutsukan; Karte S. 306; ☎0263-86-2331; www.utsukushi-oam.jp; Erw./Kind/Stud. 1000/700/800 ¥; ⌚Ende April–Anfang Nov. 9–17 Uhr) Auf dem Utsukushi-ga-hara-kōgen-Plateau erstreckt sich ein scheinbar willkürlich zusammengewürfelter Skulpturengarten mit 350 Arbeiten vornehmlich japanischer Bildhauer. Die grüne Umgebung ist eine wahrhaft inspirierende Kulisse. In der Nähe verlaufen nette Spazierwege und auf den Weiden grasen Kühe (ihr Anblick fasziniert Japaner übrigens immer wieder). Busse (1500 ¥, 1½ Std.) steuern das Museum in den wärmeren Monaten mehrmals täglich an. Ein Mietwagen ist eine gute Option für alle, denen Serpentinen nichts ausmachen.

Japanisches Ukiyo-e-Museum MUSEUM
(日本浮世絵美術館; Karte S. 306; ☎0263-47-4440; www.japan-ukiyoe-museum.com; 2206-1 Koshiba; Erw./Kind 1200/600 ¥; ⌚Di–So 10–17 Uhr) Das namhafte Museum schöpft aus einem Fundus mit mehr als 100 000 Holzschnitten, Gemälden, Wandschirmen und alten Büchern. Nur ein Bruchteil der beeindruckenden Sammlung kann überhaupt gezeigt werden. Das Museum liegt rund 3 km vom JR-Bahnhof Matsumoto entfernt; eine Taxifahrt schlägt mit rund 1600 ¥ zu Buche. Von der Haltestelle Ōniwa (an der Matsumoto-Dentetsu-Linie; 180 ¥, 6 Min.) sind es 15 Gehminuten hierher.

Freilicht-Architekturmuseum Matsumoto MUSEUM
(松本市歴史の里, Matsumoto-shi Rekishi-no-sato; Karte S. 306; ☎0263-47-4515; 2196-1 Shimada-chi; Erw./Kind 400/300 ¥; ⌚Di–So 9–16.30 Uhr) Neben dem bekannteren Ukiyo-e-Museum verteilen sich, umgeben von Wiesen und Reisfeldern im Schatten der Alpen, fünf Beispiele der prächtigen Architektur aus der späten Edo- und frühen Shōwa-Ära. Das Museum liegt rund 3 km vom JR-Bahnhof Matsumoto (ca. 1600 ¥ mit dem Taxi) bzw. 15 Gehminuten vom Bahnhof Ōniwa auf der Matsumoto-Dentetsu-Linie (180 ¥, 6 Min.) entfernt.

Feste & Events

Matsumotos Bewohner sind sehr feierwütig, deshalb ist der Veranstaltungskalender stets prall gefüllt.

Matsumoto-jō Sakura Matsuri KIRSCHBLÜTE
(松本城桜祭り; ⌚April) Drei Tage nach der Verkündung der Kirschbaumblüten-Hauptsaison (Anfang April), werden die Burg und ihre *sakura*-Bäume spektakulär beleuchtet. Der Eintritt zum Innenbereich ist nun kostenlos.

Matsumoto-jō Taiko Matsuri TROMMELFEST
(松本城太鼓祭り; ⌚Juli) Am letzten Wochenende im Juli ist die Luft auf dem Burggelände und darüber hinaus erfüllt vom Wummern und der Energie der Taiko-Trommeln. Ein großartiges Fest.

Matsumoto Bonbon UMZUG
(松本ぼんぼん; ⌚Aug.) Die größte Party der Stadt findet am ersten Samstag im August statt. Dann legen in den Straßen mehr als 25 000 Menschen aller Altersgruppen den „Bonbontanz" hin, und das bis tief in die heiße Sommernacht hinein. Man sollte damit rechnen, dass man zum Mitmachen aufgefordert wird!

Takigi Nō Matsuri THEATER
(薪能まつり; ⌚Aug.) Bei dem atmosphärischen Festival stehen *nō*-Vorstellungen (stilisiertes Tanztheater auf einer schmucklosen Bühne) auf dem Programm, die unter freiem Himmel bei Fackellicht im Park unter der Burg stattfinden.

Saitō-Kinen-Fest MUSIK
(サイトウ・キネン・フェスティバル松本; www.saito-kinen.com; ⊙ Mitte Aug.–Mitte Sept.) Von Mitte August bis Mitte September finden hier etwa ein Dutzend klassischer Musikkonzerte im Gedenken an den hochverehrten japanischen Dirigenten und Musikpädagogen Saitō Hideo (1902–1972) statt. Ozawa Seiji, emeritierter Musikdirektor des Bostoner Symphonieorchesters, leitet das Festival.

Asama Onsen Taimatsu Matsuri UMZUG
(浅間温泉松明祭り; ⊙ Okt.) Irgendwann Anfang Oktober wird in Asama-Onsen das

TATEYAMA-KUROBE-ALPINROUTE

Von Mitte April bis Mitte November verbindet die beliebte 90 km lange Tateyama-Kurobe-Alpinroute (立山黒部アルペンルート) Tateyama (Präfektur Toyama) mit Shinano-ōmachi (Präfektur Nagano) und führt dabei über einen heiligen Berg, in eine tiefe Schlucht, zu einer brühend heißen Quelle und durch eine wunderschöne alpine Landschaft. Die Strecke besteht aus neun Abschnitten, die auf verschiedene Weise bewältigt werden, u. a. zu Fuß. Reservierungen sind *dringend* zu empfehlen.

Man kann die Route in beiden Richtungen bereisen, die meisten beschränken sich jedoch auf eine, wir empfehlen, die Tour zwischen Kanazawa/Toyama und Matsumoto einzubauen. Genaueres erfährt man unter www.alpen-route.com. Unterwegs müssen Hunderte Stufen und zig Kilometer überwunden werden, das Gepäck kann man aber immer zur nächsten Unterkunft bringen lassen (dazu ebenfalls mehr auf der Website).

Der Preis für die gesamte Route beträgt 10 850/18 260 ¥ (einfache Strecke, hin & zurück), wobei es auch Tickets für einzelne Streckenabschnitte gibt. Für die einfache Strecke sind mindestens sechs Stunden einzuplanen. Wer sich in Toyama auf den Weg macht und nicht bis Matsumoto möchte, wird vielleicht mit einem Ausflug nach Murodō (6710 ¥), dem höchsten Punkt der Route (2450 m), und wieder zurück zufrieden sein.

Los geht die Reise vor 9 Uhr am Bahnhof Dentetsu Toyama mit der Toyama-Chiho-Linie, einer direkten Regionalverbindung nach Tateyama (1200 ¥, 1 Std.). Der erste Abschnitt der Route führt per Seilbahn hinauf nach **Bijodaira** (美女平; 7 Min.).

Danach folgt eine Busfahrt hoch nach **Murodō** (室堂; 50 Min.) über das spektakuläre Bergplateau des **Midagahara Kōgen**, wo sich ein 15-minütiger Abstecher zu Fuß zur **Tateyama-Caldera** (立山カルデラ), dem größten erloschenen Vulkankrater des Landes, lohnt. Oft liegt der obere Abschnitt des Plateaus noch spät im Frühling unter dichtem Schnee. Raupenfahrzeuge räumen die Straßen, bis sich am Rand Schneewände auftürmen und eine Art Eistunnel bilden.

Einen zehnminütigen Fußmarsch von Murodō entfernt liegt der Teich **Mikuri-ga-ike** (みくりが池) mit Japans höchstgelegenem *onsen ryokan* (www.mikuri.com). Zwanzig Minuten weiter stößt man auf den **Jigokudani-Onsen** (Höllentalquellen) mit kochendem (!) Wasser. Im Osten führt eine steile zweistündige Wanderung zum Gipfel des **O-yama** (雄山; 3003 m) mit eindrucksvollem Panoramablick. Erfahrene, gut ausgerüstete Wanderer können den Weg südlich nach Kamikōchi fortsetzen.

Nun geht's mit dem Oberleitungsbus durch den Tateyama nach **Daikanbō** (10 Min.); die Fahrt durch den Tunnel ist 3,7 km lang. Von dort führt die Tateyama-Seilbahn 488 m hinauf nach **Kurobe-daira** (7 Min.) und gewährt atemberaubenden Blick ins Tal. Jeder kann sein Tempo selbst bestimmen und zwischen den Abschnitten Pausen einlegen oder mit den anderen Besuchergruppen schnurstracks weiterziehen.

Nächster Programmpunkt ist die unterirdische Kurobe-Bahn nach **Kurobeko** (840 ¥, 5 Min.). Wieder bei Tageslicht wartet dann der massive **Kurobe-Damm**, von dem aus ein 15-minütiger Fußmarsch zur eindrucksvollen Aussichtsplattform führt.

Bereit für den nächsten Abschnitt? Dann geht's per Oberleitungsbus (16 Min.) durch einen 5,8 km langen Tunnel nach **Ogizawa**, der Endstation der Reise. Von hier fahren Busse zum **Bahnhof Shinano-ōmachi** (40 Min., 712 m) – das war's!

Danach kann man sich je nach Reiseplanung nach Azumino, Matsumoto oder in entlegenere Gebiete aufmachen.

spektakuläre und auch leicht verrückte Feuerfest gefeiert. Gruppen von Männern, Frauen und Kindern rufen wie ein Mantra *„wa-sshoi!"* und tragen dabei brennende Heuballen durch die schmalen Straßen zum Misha-jinja. Am Tempel wird schließlich ein großes Feuer entzündet.

Schlafen

★ Nunoya GASTHAUS ¥
(ぬのや旅館; Karte S. 289; ☎ 0263-32-0545; www.mcci.or.jp/www/nunoya; 3-5-7 Chūō; Zi. ab 4500 ¥ pro Pers.;) Nur wenige Gasthäuser haben mehr Herz als dieser schlichte, traditionelle Charmeur, den der Besitzer hegt und pflegt. Das Nunoya ist makellos sauber und verfügt über glänzende Hartholzböden, Tatamizimmer mit besonderer Atmosphäre sowie Gemeinschaftsbäder. Essen wird nicht serviert, aber das ist kein Problem, denn man befindet sich in der besten Gegend der Stadt. Ein Top-Preis für so viel Persönlichkeit.

Marumo RYOKAN ¥
(まるも; Karte S. 289; ☎ 0263-32-0115; www.avis.ne.jp/~marumo; 3-3-10 Chūō; r Zi. 5250 ¥ pro Pers.;) Zwischen dem Nakamachi-Viertel und dem Fluss lockt das 1868 eröffnete Marumo, ein japanisches Gasthaus aus Holz, mit einem Bambusgarten, einem Café und altmodischem Charme, Gäste an. Obwohl die Zimmer nicht sehr groß sind und man sich die Bäder teilen muss, erfreut sich die Bleibe großer Beliebtheit. Auf jeden Fall vorab reservieren!

Seifūsō RYOKAN ¥
(静風荘; Karte S. 306; ☎ 0263-46-0639; www.ryokanseifuso.jp; 634-5 Minami-asama; EZ/DZ ab 4390/8580 ¥; P @) Kostenloser Abholservice (vorab anfragen) und kostenlose Leihräder entschädigen die Gäste dafür, dass das Seifūsō näher an Asama-Onsen als an Matsumoto liegt. Die freundliche Besitzerfamilie heißt ausländische Reisende herzlich willkommen und bietet saubere, helle, hübsch aufgemachte Zimmer in japanischem Stil sowie Gemeinschaftsbäder. Mit der Buslinie 2 gelangt man ins Stadtzentrum.

Matsumoto BackPackers HOSTEL ¥
(Karte S. 306; ☎ 0263-31-5848; www.matsumotobp.com; Shiraita 1-1-6; B 3000 ¥ pro Pers.;) Dieser saubere, freundliche Neuling der hiesigen Hostelszene liegt am Fluss, nur ein paar Minuten vom JR-Bahnhof entfernt. Die Schlafsaalbetten sind die günstigsten und zentralsten der Stadt.

★ Marunouchi Hotel HOTEL ¥¥
(丸の内ホテル; Karte S. 289; ☎ 0263-35-4500; www.matsumoto-marunouchi.com; 3-5-15 Ōte; EZ/DZ ab 6400/10 800 ¥;) An diesem neuen Hotel in erstklassiger Lage nahe der Burg gibt es kaum etwas zu kritisieren. Die Zimmer haben faire Preise und sind erfrischend stilvoll und komfortabel, die Deluxe-Varianten erreichen mit 27 m² westlichen Standard. Daneben gibt es kompaktere, günstigere Unterkünfte sowie Suiten für das besondere Erlebnis. Einige Zimmer bieten sogar Blick auf die Burg.

★ Richmond Hotel HOTEL ¥¥
(リッチモンドホテル松本; Karte S. 289; ☎ 0263-37-5000; www.richmondhotel.jp; 1-10-7 Chūō; EZ/DZ ab 7500/10 500 ¥; P @) In toller Lage nur wenige Minuten vom JR-Bahnhof entfernt erhebt sich dieses schmucke Businesshotel mit 204 Zimmern. Die luxuriösen Doppelzimmer sind für japanische Verhältnisse groß und trotzdem nicht zu teuer. Unten wartet das Familienrestaurant „Gusto" mit bebilderten Speisekarten auf.

Dormy Inn Matsumoto HOTEL ¥¥
(ドーミーイン松本; Karte S. 289; ☎ 0263-33-5489; www.hotespa.net/hotels/matsumoto; 2-2-1 Fukashi; EZ/DZ ab 5990/8590 ¥; P @) Eine relativ neue Adresse mit kompakten, schön gestalteten Zimmern und angenehm neutralem Dekor. Zum Onsen gehört ein sonniges *rotemburo* und auch das Frühstücksbüfett überzeugt. Hier gibt's alles, was das Travellerherz begehrt, u. a. eine gute Lage und Waschmaschinen. Am besten sucht man online nach Angeboten (die Website ist allerdings auf Japanisch).

Sugimoto RYOKAN ¥¥¥
(旅館すぎもと; Karte S. 306; ☎ 0263-32-3379; www.ryokan-sugimoto.com; 451-7 Satoyamabe; Zi ab 16 000 ¥ pro Pers.; ; Utsukushigahara-Onsen-Linie, Town-Sneaker-Nordroute) Einziger Nachteil dieser Bleibe: In dem edlen *ryokan* in Utsukushi-ga-hara-Onsen wird kaum Englisch gesprochen. Das einzigartige Gasthaus trumpft mit faszinierenden Extras auf, darunter eine Kunstsammlung, ein unterirdischer Durchgang und eine Bar mit diversen Single Malts. Die Zimmer sind unterschiedlich groß und individuell gestaltet, aber durchweg unfassbar stylisch, und die Küche ist erwartungsgemäß erstklassig.

Hotel Buena Vista HOTEL ¥¥¥

(ホテルブエナビスタ; Karte S. 289; ☎ 0263-37-0111; www.buena-vista.co.jp; 1-2-1 Honjō; EZ/DZ ab 9760/19 740 ¥; P ⊖ ❄ @ 📶) Ohne Zweifel ist das Buena Vista ein Oldie, aber einer, der sich bewährt hat. Die Gemeinschaftsbereiche und Zimmer des coolsten westlichen Hotels von Matsumoto wurden kürzlich generalüberholt. Wer sich etwas gönnen möchte, sollte einen „Executive"-Raum oder eine Suite nehmen. Viele Zimmer gewähren einen traumhaften Blick.

Essen

Menshō Sakura RAMEN ¥

(麺匠佐蔵; Karte S. 289; ☎ 0263-34-1050; 1-20-26 Chūō; Ramen ab 760 ¥; ⏲ 11.30–15 & 17.30–22 Uhr) Für alle Liebhaber von *miso* und *ramen* ist dieses gute Nudellokal genau das Richtige. *Miso rāmen* und schwarze *kuro-miso rāmen* sind die überaus leckeren Spezialitäten des Hauses, daneben gibt's knusprige *gyōza* und kaltes Bier. Wer Probleme mit dem Verkaufsautomaten hat, holt sich einfach beim freundlichen Personal Hilfe.

Delhi JAPANISCH, CURRY ¥

(デリー; Karte S. 289; ☎ 0263-35-2408; 2-4-13 Chūō; Currys mit Reis 660–880 ¥; ⏲ Do–Di 11.30–18 Uhr; 📋) Das kleine, von einem Paar betriebene Lokal liegt in einem hübschen ehemaligen Lagerhaus am Fluss und serviert seit 1970 köstliche Reiscurrys nach Japanischer Art. Wer *tonkatsu* (frittierte Schweineschnitzel) mag, sollte unbedingt *katsu karē* (Schweineschnitzel, Curry und Reis) bestellen! Günstig und fröhlich.

Kane TAIWANESISCH ¥

(香根; Karte S. 289; ☎ 0263-36-1303; 2-8-5 Ōte; Gerichte 750–1100 ¥; ⏲ 17.30–2 Uhr; ✎ 📋) In dem bescheidenen taiwanesischen Restaurant nahe der Burg gibt's eine erstaunliche Auswahl an Suppen, Nudeln, Gemüse und chinesischen Klassikern zu sehr moderaten Preisen sowie eine praktische bebilderte Speisekarte.

Tōfu Ryōri Marui TOFU ¥

(とうふ料理まるゐ; Karte S. 289; ☎ 0263-46-0635; ESPA 7F, 1-2-30 Fukashi; Menüs ab 880 ¥; ⏲ 10–21 Uhr) In der siebten Etage des ESPA-Gebäudes gegenüber dem JR-Bahnhof Matsumoto findet man diese Außenstelle eines Familienunternehmens aus Asama-Onsen, das seit über 80 Jahren Tofu herstellt. Wer dessen Vielseitigkeit zu schätzen weiß, den wird die leckere Küche begeistern, wobei die Auswahl nicht durchweg vegetarisch ist. Empfehlenswert ist *agedashi teishoku* (Menü mit gebratenem Seidentofu).

Einfach nach dem orange-weißen *noren*-Vorhang Ausschau halten.

Shizuka IZAKAYA ¥

(しづか; Karte S. 289; ☎ 0263-32-0547; 4-10-8 Ōte; Gerichte ab 480 ¥; ⏲ Mo–Sa 12–23 Uhr; 📋) Das wunderbar traditionelle *izakaya* bereitet Klassiker wie *oden* (Eintopf mit Frischfrikadellen, Tofu, Gemüse und Ei, gekocht in einer mit Seetang verfeinerten Brühe) und *yakitori* (gegrillte Fleisch- oder Gemüsespieße), aber auch ein paar gewagtere Spezialitäten zu.

Matsumoto Karaage Center JAPANISCH ¥¥

(松本からあげセンター; Karte S. 289; ☎ 0263-87-2229; www.karacen.com; 1-1-1 Fukashi; Mittags- & Abendmenüs 780–1500 ¥; ⏲ 10–20.30 Uhr) Wer *karaage* (frittiertes Hühnchen) mag, ist in diesem auf das bescheidene Gericht spezialisierten Stehlokal genau richtig. Die zarten, saftigen, entbeinten Hühnchenstücke zergehen im Mund und passen perfekt zu einer Portion *rāmen* in herzhafter Hühnerbrühe oder knusprigem Hühnchen-*katsu*.

Nomugi NUDELN ¥¥

(野麦; Karte S. 289; ☎ 0263-36-3753; 2-9-11 Chūō; Soba ab 1100 ¥; ⏲ Do–Mo 11.30–17 Uhr; ✎) Hier bekommt man mit die besten *soba* in Zentraljapan. Der Besitzer hat ein französisches Restaurant in Tokio geführt, bevor er in seine Heimatstadt zurückkehrte. Damit alles schön „Zen" bleibt, besteht die Wahl zwischen *zaru-soba* (kalten Buchweizennudeln mit Dip) und *kake-soba* (Buchweizennudeln in heißer Brühe). Bier gehört auch zum Angebot.

Ausgehen & Nachtleben

Beer Garage Ganesha CRAFT-BIER

(Karte S. 289; ☎ 0263-34-0665; www.beergaraganesha.com; 2F Imai Bldg, 1-2-19 Chūō; ⏲ 18.30–2 Uhr) Belgische Bierbar in den Japanischen Alpen, über der Ganesha (Hindugott für Jedermann) wacht. Skurril, aber erfolgreich.

Old Rock KNEIPE

(オールドロック; Karte S. 289; ☎ 0263-38-0069; 2-30-20 Chūō; Hauptgerichte ab 750 ¥; ⏲ 11.30–14.30 & 18–24 Uhr) Diese beliebte Kneipe hat die perfekte Lage nur eine Querstraße südlich des Flusses und gleich gegenüber von Nakamachi. Die Mittagsangebote sind klasse und es gibt selbstverständlich auch eine große Auswahl an Biersorten.

Coat BAR
(メインバーコート; Karte S. 289; ☎ 0263-34-7133; 2-3-24 Chūō; ⊙ Mo–Sa 18–0.30 Uhr) Der Besitzer der kultivierten kleinen Whiskybar ist ein faszinierender Typ, der seine Gäste gern mit einem Single Malt oder mit originellen Cocktailmischungen beglückt.

Shoppen

Matsumoto ist berühmt für *temari* (bestickte Spielbälle) und die Herstellung von Puppen. Entlang der Takasago-Straße, einen Häuserblock südlich von Nakamachi, findet man einige Puppenläden. Mitten im Zentrum liegt das unübersehbare **Parco-Kaufhaus**.

Chikiri-ya GLASWAREN
(ちきりや; Karte S. 289; ☎ 0263-33-2522; 3-4-18 Chūō; ⊙ 9–17 Uhr) Ein Muss für Liebhaber von Glas- und Porzellanwaren.

Nakamachi Kura-chic-kan KUNSTHANDWERK
(中町・蔵シック館; Karte S. 289; ☎ 0263-36-3053; 2-9-15 Chūō; ⊙ 9–17 Uhr) Kunst und Kunsthandwerk aus Matsumoto.

Belle Amie KUNSTHANDWERK
(ベラミ; Karte S. 289; ☎ 0263-33-1314; 3-7-23 Chūō; ⊙ 10–18 Uhr) *Temari* sowie *tanabata*- und *oshie-bina*-Puppen (Letztere in edle Stoffe gewandet).

Praktische Informationen

REISEBÜROS

JTB (Karte S. 289; ☎ 0263-35-3311; 1-2-11 Fukashi; ⊙ Mo–Sa 10–18 Uhr) Reserviert Zug- und Bustickets.

TOURISTENINFORMATION

Online informiert die Website http://welcome.city.matsumoto.nagano.jp.

Touristeninformation Matsumoto (松本市観光案内所; Karte S. 289; ☎ 0263-32-2814; 1-1-1 Fukashi; ⊙ 9.30–17.45 Uhr) Hervorragende Touristeninformation im JR-Bahnhof Matsumoto mit nettem Englisch sprechendem Personal. Hier gibt's außerdem eine große Auswahl an guten Materialien zur Gegend auf Englisch.

An- & Weiterreise

AUTO & MOTORRAD

Mit dem Leihwagen kann man auch das schöne Umland von Matsumoto erkunden, allerdings sind die Straßen schmal und kurvig. Am Bahnhof haben sich mehrere Autovermietungen niedergelassen. Sie verlangen um 6500 ¥ pro Tag.

BUS

Alpico-Busse (www.alpico.co.jp) verkehren zwischen Matsumoto und Shinjuku in Tokio (3400 ¥, 3¼ Std., 24-mal tgl.), Osaka (5850 ¥, 5¾ Std., 2-mal tgl. und ein Übernachtbus, der länger braucht) und Nagoya (ab 3600 ¥, 3½ Std., 10-mal tgl.). **Nōhi-Busse** (S. 248) fahren nach Takayama (3900 ¥, 2½ Std., mind. 6-mal tgl.). Vorab einen Platz reservieren! Der **Busbahnhof von Matsumoto** (Karte S. 289) befindet sich im Untergeschoss des ESPA-Gebäudes gegenüber dem JR-Bahnhof Matsumoto.

TARIFE & FAHRTDAUER DER BUSSE IN DEN NORDALPEN

VON	NACH	PREIS (¥, EINFACH)	DAUER (MIN., EINFACH)
Takayama	Hirayu-Onsen	1570	55
	Kamikōchi	2720	80
	Shin-Hotaka	2160	90
Matsumoto	Shin-Shimashima	700 (Zug)	30
	Kamikōchi	2650	95
Shin-Shimashima	Naka-no-yu	1700	50
	Kamikōchi	1950	70
	Shirahone-Onsen	1450	75
Kamikōchi	Naka-no-yu	770	15
	Hirayu-Onsen	1160	25
	Shirahone-Onsen	1350	35
Hirayu-Onsen	Naka-no-yu	580	10
	Shin-Hotaka	920	30

FLUGZEUG

Vom **Shinshū Matsumoto Airport** (MMJ; Karte S. 306; www.matsumoto-airport.co.jp) bestehen tägliche Verbindungen nach Fukuoka, Osaka und Sapporo.

ZUG

Von Matsumoto gibt's Zugverbindungen zum Bahnhof Shinjuku in Tokio (*tokkyū*, 6380 ¥, 2¾ Std., stdl.), nach Nagoya (*tokkyū*, 5510 ¥, 2 Std.) und Nagano (Shinano *tokkyū*, 2320 ¥, 50 Min.; Chūō-*futsū*, 1140 ¥, 1¼ Std.). Zudem fahren direkte Züge nach Osaka (*tokkyū*, 8850 ¥, 4½ Std.).

Unterwegs vor Ort

Die Burg Matsumoto-jō und das Stadtzentrum können problemlos zu Fuß erkundet werden. Außerdem sind Leihräder erhältlich (in der Touristeninformation nachfragen). Drei „Town Sneaker"-Busse drehen zwischen 9 und 17.30 Uhr für 200/500 ¥ pro Fahrt/Tag ihre Runden durch die Stadt. Der blaue und der orangefarbene Bus steuern die Festung und Nakamachi an.

Ein Shuttle verkehrt zwischen dem Flughafen Shinshū Matsumoto und dem Stadtzentrum (600 ¥, 25 Min.). Ein Taxi kostet um die 5000 ¥.

Azumino 安曇野

☎0263 / 95 297 EW.

Azumino entstand 2005, als sich Toyoshina, Hotaka, Akashina und drei kleinere Dörfer zusammenschlossen. Es ist auch der traditionelle Name des malerischen Tals, in dem die junge Stadt liegt. Von Matsumoto bietet sich ein Tagesausflug in die Gegend an. Vor Ort findet man Japans größte Wasabifarm, außerdem dient Azumino als guter Ausgangspunkt für Bergwanderungen.

Sehenswertes

Dai-ō Wasabi-Nōjo WASABIFARM

(大王わさび農場; ☎0263-82-2118; www.daiowasabi.co.jp; 3640 Hotaka; ⌚9–17 Uhr) GRATIS Lust auf Wasabibier? Diese Farm, mit dem Rad 15 Minuten vom JR-Bahnhof Hotaka entfernt, ist ein absolutes Muss für alle Wasabifans. Eine ins Englische übersetzte Karte führt durch die Pflanzungen, Restaurants, Geschäfte und Arbeitsstätten inmitten ausgedehnter Hügel. Auf den überfluteten Feldern werden jedes Jahr 130 Tonnen Wasabi geerntet. Ein faszinierender, zauberhafter Ort für einen Spaziergang, der außerdem nichts kostet.

Rokuzan Bijutsukan MUSEUM

(碌山美術館; ☎0263-82-2094; www.rokuzan.jp; 5095-1 Hotaka; Erw./Kind 700/300 ¥; ⌚Mai–Okt. tgl. 9–16 Uhr, Nov.–April Di–So) Vom JR-Bahnhof Hotaka sind es gerade mal zehn Gehminuten bis zum Rokuzan Bijutsukan, wo in einem hübschen Garten Arbeiten des Bildhauers Rokuzan Ogiwara (auch bekannt als der „Rodin Asiens") und seiner japanischen Zeitgenossen aus der Meiji-Zeit gezeigt werden.

Aktivitäten

Jōnen-dake WANDERN

(常念岳) Vom Bahnhof Hotaka brauchen Taxis 30 Minuten (ca. 5000 ¥) bis zum Beginn des Weges auf den Jōnen-dake (2857 m) in Ichinosawa, der allerdings nur von erfahrenen Wanderern in Angriff genommen werden sollte. Der Aufstieg dauert 5½ Stunden. Man kann auch viele mehrtägige Trekkingausflüge unternehmen, muss aber entsprechend ausgerüstet sein. Wanderkarten bekommt man in der Touristeninformation, die detaillierteren sind allerdings auf Japanisch.

Schlafen & Essen

★**Nakabusa Onsen** RYOKAN ¥¥

(中房温泉; ☎0263-77-1488; www.nakabusa.com; 7226 Nakabusa; Zi. mit 2 Mahlzeiten ab 9800 ¥ pro Pers.; ⌚April–Nov.; P) Am Ende einer gewundenen Bergstraße mitten im Nirgendwo wartet diese weitläufige Anlage mit mehr als einem Dutzend Innen-, Außen- und Sandbädern auf und wird jeden begeistern, der eine Ruheoase sucht. Im älteren *honkan*-Flügel befinden sich einfache Zimmer und im neueren *bekkan*-Flügel komfortablere Unterkünfte. Im Spätherbst zeichnet sich vor der Kulisse schneebedeckter Gipfel eine wunderschön bunte Landschaft ab.

Tagesausflügler können zwischen 9.30 und 16 Uhr eines der kleineren *rotemburo* (700 ¥) besuchen. Die Touristeninformation gibt Auskunft über den Fahrplan des sporadisch von Azumino nach Nakabusa-Onsen verkehrenden Busses (1700 ¥, 1 Std.); wer gute Nerven hat, kann sich auch ein Auto mieten.

★**Oyado Nagomino** RYOKAN ¥¥¥

(お宿なごみ野; ☎0263-81-5566; www.oyado-nagomino.com; 3618-44 Hotaka-ariake; Zi. mit 2 Mahlzeiten ab 19 440 ¥ pro Pers.; P ❄ 📶) Dieses moderne *ryokan* in einer hübschen Waldkulisse ist eine kleine Oase auf dem Weg nach Nakabusa-Onsen. Die Mitarbeiter sprechen nur wenig Englisch, tun jedoch alles für die Zufriedenheit der Gäste.

ABSTECHER

EIN BETT ÜBER DEN WOLKEN

Wer abgeschiedene Entspannung auf ganz besondere Weise genießen möchte, für den gibt es in den Bergen über Matsumoto zwei sehr spezielle Übernachtungsmöglichkeiten. Von April bis November lockt eine Nacht im bemerkenswerten **Ougatou Hotel** (王ヶ頭ホテル; Karte S. 306; ☎0263-31-2751; www.ougatou.jp; DZ mit 2 Mahlzeiten ab 16 500 ¥ pro Pers.; P ❄ 📶) auf dem wunderschönen Utsukushi-ga-hara-kōgen. Die schicken Zimmer sind komfortabel und haben für diese Kategorie einen fairen Preis. Die übergroßen Suiten verfügen über dekadente Bäder mit Blick aufs Plateau und in die Wolken: Hier erwacht man quasi im siebten Himmel.

Etwas teurer, edler und traditioneller geht's im exklusiven **Tobira-Onsen Myōjin-kan** (扉温泉明神館; Karte S. 306; ☎0263-31-2301; http://myojinkan.tobira-group.com; 8967 Iriyamabe; EZ/DZ mit 2 Mahlzeiten ab 32 500/26 000 ¥ pro Pers.; P ❄ 📶) zu. Seit 1931 liegt es idyllisch in den Bergen über Matsumoto (auf dem Weg nach Utsukushi-ga-hara-kōgen). Es gibt verschiedene Zimmertypen, allesamt mit wunderbarem Ausblick auf die umliegende Landschaft und teils mit privatem Onsen-Bad. In den gemeinschaftlichen Innen- und Außenbädern fühlt man sich, als würde man über den Wolken schweben. Für den saftigen Preis wird außerdem exquisite französische und *kaiseki*-Küche (japanische Haute Cuisine) sowie erstklassiger Service geboten.

Die beiden seltenen Schmuckstücke lassen sich am besten mit dem nötigen Kleingeld und der Flexibilität eines Mietwagens genießen.

Die Zimmer sind im typischen Stil gehalten, eigentliches Highlight sind jedoch die tollen Gemeinschaftsbäder und die herausragende regionale *kaiseki*-Küche aus saisonalen Zutaten.

Good Old Land CAFÉ ¥
(☎0263-50-5085; www.goodoldland.com; 7542-85 Hotaka-ariake; Snacks ab 450 ¥; ⏲Do–Mo 10–17 Uhr) Die Zutaten für bodenständige Leckereien wie Käse-Makkaroni oder Chili-Brownies stammen größtenteils aus der Gegend, haben keine Zusätze und sind meist biologisch. Das Essen passt bestens zum großartigen Natur-Flair und den gut gelaunten Gastgebern.

ℹ Praktische Informationen

Touristeninformation (観光案内所; ☎0263-82-9363; www.azumino-e-tabi.net; 5952-3 Hotaka; ⏲April–Nov. 9–17 Uhr, Dez.–März 10–16 Uhr) In dem Infozentrum gegenüber dem JR-Bahnhof in Hotaka arbeiten hilfsbereite Englisch sprechende Angestellte, die u. a. Räder verleihen – eine tolle Art, die Gegend zu erkunden! Die englischsprachige Website ist toll gestaltet.

ℹ An- & Weiterreise

Hotaka dient als Ausgangsbasis zum Azumino-Tal. Vom JR-Bahnhof in Hotaka braucht der JR-Ōito-Zug 28 Minuten bis nach Matsumoto (*futsū*, 320 ¥).

Shirahone-Onsen 白骨温泉

☎0263

Der dramatische intime Onsen-Kurort erstreckt sich über eine tiefe Schlucht und zählt zu den schönsten in Japan. Im Herbst wartet hier eine traumhafte Landschaft, im Winter ein kleines Wunderland. Rund um die Klamm stehen Onsen-*ryokan* (traditionelle Gasthäuser mit Thermalquellen) mit Bädern unter freiem Himmel. Shirahone bedeutet „weißer Knochen". Angeblich bekommt jeder, der drei Tage in dem milchigblauen, schwefelwasserstoffhaltigen Wasser gebadet hat, drei Jahre lang keine Erkältung.

Aktivitäten

Kōkyō Notemburo ONSEN
(公共野天風呂; ☎0263-93-3251; Eintritt 510 ¥; ⏲April–Nov. 8.30–17 Uhr) Der *rotemburo* am Fluss, tief unten in der Schlucht, ist nach Geschlechtern getrennt. Der Eingang befindet sich neben der Bushaltestelle.

Schlafen

Tsuruya Ryokan RYOKAN ¥¥
(つるや旅館; ☎0263-93-2331; www.shirahone-tsuruya.com; 4202-6 Shirahone Onsen; Zi. mit 2 Mahlzeiten ab 14 040 ¥ pro Pers.; P) Moderne und traditionelle Elemente sowie tolle In-

nen- und Außenbäder sind die Markenzeichen des reizenden Tsuruya Ryokan. Jedes der 28 Zimmer bietet einen tollen Blick auf die Schlucht. Die Quartiere mit eigener Toilette und Waschbecken kosten etwas mehr. Im Voraus reservieren.

★ Awanoyu Ryokan RYOKAN ¥¥¥
(泡の湯旅館; ☎0263-93-2101; www.awanoyu-ryokan.com; 4181 Shirahone Onsen; Zi. mit 2 Mahlzeiten ab 28 000 ¥ pro Pers.; P) Diese Bleibe ist das Musterbeispiel eines Onsen-*ryokan* in den Bergen. Sie liegt oberhalb von Shirahone und wird bereits seit 1912 als Gasthaus genutzt, wobei das aktuelle Gebäude aus dem Jahr 1940 stammt. Die lichtdurchfluteten Gästezimmer verfügen über private Bäder und es gibt nach Geschlechtern getrennte sowie gemischte *(konyoku)* Bäder. Weil das Wasser sehr milchig ist, sieht man aber sowieso nichts, also keine falsche Scham! Reservierung erforderlich.

Praktische Informationen

Touristeninformation (白骨温泉観光案内所; ☎0263-93-3251; www.shirahone.org; 4197-4 Azumino; ⏲9–17 Uhr) In der Touristeninformation erhält man eine Liste der *ryokan*, deren Bäder (Eintritt ab 600 ¥) jeden Tag öffentlich zugänglich sind.

An- & Weiterreise

Von Matsumoto fährt man mit dem Zug zum Bahnhof Shin-Shimashima (700 ¥, 30 Min.) und dann mit dem Bus nach Shirahone-Onsen (1450 ¥, 70 Min.).

Kamikōchi 上高地

☎0260

Im späten 19. Jh. „entdeckten" Ausländer die Region und prägten den Begriff „Japanische Alpen". Der britische Missionar Walter Weston kraxelte von einem Gipfel auf den nächsten und schürte so das Interesse der Einheimischen für die Bergsteigerei. Heutzutage wird am ersten Sonntag im Juni – dem offiziellen Beginn der Wandersaison – ein Fest zu seinen Ehren gefeiert. Kamikōchi dient als Basis für Tagesausflügler, Wanderer und Kletterer, angelockt durch die schneebedeckten Gipfel, plätschernden Bäche, wilden Affen, Wildblumen und uralten Wälder. Allerdings ist auch hier – wie überall in Japan – mit vielen Besuchern zu rechnen; entscheidend für einen möglichst angenehmen Besuch ist das richtige Timing!

Vom 15. November bis 22. April ist das Gebiet gesperrt. Ende Juli bis Ende August und im Oktober, sobald sich die Blätter verfärben, scheint hier mehr los zu sein als am Bahnhof Shinjuku.

Natürlich kann man einen Tagesausflug nach Kamikōchi unternehmen, doch dann verpasst man die Gelegenheit, in den Bergen zu übernachten und das Gelände am frühen Morgen oder späten Nachmittag zu erkunden, wenn weniger Andrang herrscht.

Aktivitäten

Bokuden-no-yu ONSEN
(卜伝の湯; ☎0260-95-2407; www.nakanoyu-onsen.jp/spa; Eintritt 700 ¥; ⏲12–17 Uhr) Nichts für Klaustrophobiker! Der ungewöhnlichste Onsen in der Gegend ist ein winziges Höhlenbad voller Mineralien. Er befindet sich nahe der Bushaltestelle Naka-no-yu, gleich vor dem Bustunnel Richtung Kamikōchi-Ort. Die Eintrittsgebühr für den Onsen muss in dem kleinen Geschäft gezahlt werden. Daraufhin erhält man dort den Schlüssel zu der Berghütte mit dem Onsen und kann ihn dann bis zu 30 Minuten allein genießen!

Schlafen & Essen

Die Unterkünfte in Kamikōchi sind teuer und Vorabbuchungen ein Muss. In manchen Hotels wird nachts der Strom abgeschaltet; nur die Notfallbeleuchtung bleibt an.

Entlang der Wanderwege und in den Bergen verteilen sich Dutzende spartanisch eingerichtete *yama-goya* (Berghütten). Dort gibt's zwei Mahlzeiten und ein Futonbett ab etwa 8000 ¥ pro Person; teilweise wird auch einfaches Mittagessen zubereitet. Vor dem Marsch sollte man nachfragen, ob an der geplanten Route auch eine Hütte liegt.

Die kulinarische Auswahl beschränkt sich auf ein paar Lokale am Busbahnhof. Vorräte muss man selbst mitbringen. Keinen Müll zurücklassen! Wer nicht gerade campt, isst abends in der jeweiligen Unterkunft.

Forest Resort Konashi CAMPINGPLATZ ¥
(森のリゾート小梨, Mori no rizōto Konashi; ☎0260-95-2321; www.nihonalpskankou.com; 4468 Kamikōchi; Stellplätze mit 2 Mahlzeiten ab 800 ¥ pro Pers., Hütten ab 6000 ¥ pro Pers.; ⏲Büro 7–19 Uhr) 200 m hinter dem Besucherzentrum von Kamikōchi erstreckt sich ein Campingplatz, der oft aus allen Nähten platzt. Leihzelte sind ab 7000 ¥ (Juli und

August) zu haben. Vor Ort findet man außerdem einen kleinen Laden und ein Restaurant.

Kamikōchi Gosenjaku Hotel & Lodge HOTEL ¥¥
(上高地五千尺ホテル・ロッヂ; ☎Hotel 0260-95-2111, Lodge 0260-95-2221; www.gosenjaku.co.jp; 4468 Kamikōchi; Lodge-Bett mit 2 Mahlzeiten ab 12 000 ¥ pro Skifahrer, Hotel-Zi. ab 17 500 ¥) Die kompakte Lodge neben der Kappa-bashi verfügt über 34 japanisch gestaltete Zimmer und ein paar „Skifahrerquartiere" (mit Vorhängen abgeteilte Etagenbetten). Alle Räume sind mit Waschbecken und Toiletten ausgestattet, die Bäder teilt man sich. Mehr Komfort bietet das Hotel mit westlichen und japanischen Zimmern (z. T. mit Balkon).

★ **Kamikochi Imperial Hotel** HOTEL ¥¥¥
(上高地帝国ホテル; ☎0260-95-2001; www.imperialhotel.co.jp; Azumino Kamikochi; Zi ab 30 700 ¥; @) In der historischen Hütte aus dem Jahr 1933 mit den roten Giebeln erwarten die Gäste hervorragender Service und rustikale Zimmer samt europäischem Alpenflair. Die Preise sind überzogen, doch es gibt verschiedene Pauschalangebote, manchmal auch inklusive französischer Haute Cuisine. Teils muss man bis zu einem Jahr im Voraus reservieren!

Tokusawa-en GASTHAUS ¥¥¥
(徳澤園; ☎0260-95-2508; www.tokusawaen.com; B mit 2 Mahlzeiten 10 000 ¥ pro Pers., DZ ab 14 900 ¥; ⏲Mai–Okt.) Auf dem herrlich abgeschiedenen Platz in einer bewaldeten Talmulde 7 km nordöstlich der Kappa-bashi, den man nur zu Fuß erreicht (2 Std.), kann man campen (500 ¥) oder in der Hütte mit Zimmern im japanischen Stil und Gemeinschaftsbädern nächtigen. Das herzhafte Essen wird in einem gut besuchten Speisesaal serviert.

Kamikōchi Nishi-itoya Sansō GASTHAUS ¥¥¥
(上高地西糸屋山荘; ☎0260-95-2206; www.nishiitoya.com; 4469-1 Kamikōchi; B mit 2 Mahl-

WANDERN & KLETTERN IN KAMIKŌCHI

Das Kamikōchi-Flusstal bietet in erster Linie flache, beschilderte Kurzwanderungen.

Östlich von Kappa-bashi beginnt eine empfehlenswerte vierstündige Route. Sie führt an Myōjin-bashi (1 Std.) vorbei, wo man auf den idyllischen Teich Myōjin-ike mit dem innersten Schrein von Hotaka-jinja (Eintritt 300 ¥) stößt. Von Myōjin-bashi geht es weiter nach Tokusawa (1 Std.) und denselben Weg wieder zurück.

Westlich von Kappa-bashi bietet sich ein Spaziergang am Fluss entlang zum Weston-Relief (Denkmal für Walter Weston; 15 Min.) oder nach Taishō-ike (40 Min.) an.

Zu beliebten Wanderzielen gehören die Berghütte in Dakesawa (2½ Std. bergaufwärts) und der feurige Yake-dake (4 Std. bergaufwärts; beginnt ca. 20 Min. westlich des Weston-Reliefs in Hotaka-bashi). Von den Gipfeln reicht der Blick bei klarem Wetter bis zum Fuji.

Es gibt verschieden lange Fernwanderungen mit Zwischenstopps in Berghütten; Details dazu liefert die **Touristeninformation** (S. 299). Japanischsprachige Karten der Region beinhalten Routen und durchschnittliche Wanderzeiten zwischen Hütten, höchsten Gipfeln und Attraktionen. Zu den beliebtesten Wanderungen und Klettertouren (in der Hochsaison muss man sich auf hohe Besucherzahlen einstellen) zählen Yariga-take (3180 m) und Hotaka-dake (3190 m). Eine eindrucksvolle, aber steile Route verbindet Kamikōchi mit Shin-Hotaka. Von Kappa-bashi führt der Weg über den Gebirgskamm unterm Nishi-Hotaka-dake (2909 m) bei Nishi-Hotaka Sansō (Hütte; 3 Std.) und weiter nach Nishi-Hotaka-guchi, der Bergstation der **Shin-Hotaka-Seilbahn** (S. 263). Die Wanderung dauert in diese Richtung fast vier Stunden, die umgekehrte Strecke ist sehr viel einfacher. Ambitionierte Wanderer können die Routen zum unberührten Nakabusa-Onsen (3 Tage) oder nach Murodō (5 Tage), dem höchsten Punkt der Tateyama-Kurobe-Alpinroute (S. 291), angehen.

Für die Wander- und Klettertouren ist gute Vorbereitung wichtig. Die Temperaturen können plötzlich stark sinken, schnell kann es zu Schneeregen oder dichtem Nebel kommen und bei Gewitterstürmen gibt es auf den Gipfeln keinerlei Zufluchtsorte.

Im Winter ist das abgeschiedene Kamikōchi für Eingeweihte ein wunderschönes Langlaufgebiet; hin gelangt man zu Fuß vom Eingang des Kama-Tunnels an der Straße 158.

zeiten ab 8800 ¥ pro Pers., DZ ab 10 720 ¥;) Das nette Gasthaus westlich der Kappa-bashi mit gemütlichem Aufenthaltsraum stammt aus dem frühen 20. Jh. Übernachtet wird in japanisch oder westlich eingerichteten Zimmern (alle inklusive Toiletten). Das Gemeinschaftsbad ist ein großer Onsen mit Blick auf die Hotaka-Berge.

Kamonji-goya SHOKUDO ¥
(嘉門次小屋; 0263-95-2418; www.kamonjigoya.wordpress.com; Gerichte ab 600 ¥; 8.30–16 Uhr;) Typisch für Kamikōchi ist über dem *irori* gegrillte *iwana* (Flussforelle) am Stück und dies ist *die* Adresse, um sie zu probieren. Das *iwana*-Menü liegt bei 1500 ¥. Ebenfalls köstlich sind *oden* (Fischkuchen-eintopf), *soba* und *kotsu-sake* (getrocknete *iwana* in Sake), angerichtet in einer hübschen Porzellanschüssel. Das Lokal liegt vor dem Eingang zum Myōjin-ike.

Praktische Informationen

TOURISTENINFORMATION

Besucherzentrum Kamikōchi (上高地ビジターセンター; 0260-95-2606; 8–17 Uhr) Auf dem Hauptweg sind es zehn Gehminuten vom Busbahnhof bis zum Besucherzentrum. Hier stehen Kamikōchis Flora, Fauna, Geologie und Geschichte im Mittelpunkt. Außerdem können Führungen zum Taishō-ike und Myōjin-ike (ab 500 ¥ pro Pers.) gebucht werden. Gelegentlich sind auch Naturwanderungen (ab 2000 ¥ pro Std.) und Klettertrips (ca. 30 000 ¥ pro Tag) unter englischsprachiger Führung möglich.

Touristeninformation Kamikōchi (上高地インフォメーションセンター; 0260-95-2433; 8–17 Uhr) Eine tolle Infoquelle zu Wander- oder Wetterbedingungen. Vor Ort bekommt man zudem die Wanderkarte *Kamikōchi Pocket Guide*. Das Büro befindet sich im Busbahnhofs-komplex.

VERSICHERUNG

Für alle, die schwierigere und längere Wandertouren unternehmen möchten, lohnt sich eventuell eine Versicherung. Diese kann man am Busbahnhof Kamikōchi abschließen (保険, *hoken*; ab 1000 ¥ pro Tag).

Anreise & Unterwegs vor Ort

Kamikōchi verfügt über einen großen Busbahnhof. Nach zehnminütigem Spaziergang entlang des Azusa-gawa gelangt man zur Kappa-bashi. Die Brücke ist nach einem legendären Wassergeist benannt und Startpunkt der Wanderwege.

Weil private Fahrzeuge die Straße zwischen Naka-no-yu und Kamikōchi nicht passieren dürfen, besteht der einzige Zugang zu dieser Gegend mit Bussen und Taxis, die bis zum Busbahnhof Kamikōchi verkehren. Leihwagen können auf den Parkplätzen Richtung Naka-no-yu im Dörfchen Sawando (500 ¥ pro Tag) abgestellt werden. Shuttlebusse (hin & zurück 1800 ¥) starten dort mehrmals pro Stunde.

Busse fahren via Naka-no-yu und am Taishō-ike vorbei zum Busbahnhof. Die Wanderwege beginnen an der Kappa-bashi, nur einen kurzen Fußmarsch vom Busterminal entfernt.

Hakuba 白馬

0261 / 8937 EW.

Hakuba liegt am Fuß eines der höchsten Abschnitte der nördlichen Japanischen Alpen und zählt zu den bedeutendsten Ski- und Wanderzielen des Landes. Im Winter kommen viele japanische sowie zunehmend auch ausländische Traveller in die sieben Skigebiete und im Sommer eilen Wanderer herbei, die den leichten Zugang zu den hohen Gipfeln schätzen. Außerdem gibt's in der Gegend rund um den Hauptort Hakuba-mura viele Onsen, die für Entspannung sorgen.

Am 21. November 2014 wurde die Region von einem mächtigen Erdbeben der Stärke 6,7 erschüttert. Es richtete in Hakuba und benachbarten Dörfern erhebliche Schäden an, der Tourismus war jedoch nur wenig betroffen.

Aktivitäten

Im Sommer kann man die Gondeln bzw. die beiden oberen Sessellifte nehmen und eine Stunde auf einem Kamm unterhalb des Karamatsu-dake (唐松岳; 2695 m) zum Happō-ike wandern. Von dort führt ein weiterer Weg nach Maru-yama (1 Std.). Bis zur Karamatsu-dake San-sō (Berghütte) sind es 1½ Stunden, weitere 30 Minuten braucht man bis zum Gipfel des Karamatsu-dake.

★ **Tsugaike-Naturpark** WANDERN
(Karte S. 306; www.tsugaike.gr.jp/english/trekking/shizenen; Otari-mura; Erw./Kind 300/250 ¥; Juni–Nov.;) Im Tsugaike-Naturpark im Chūbu-Sangaku-Nationalpark auf einer Höhe von 1900 m können Familien und unerfahrene Wanderer wunderbar die Berglandschaft genießen. Teil des Vergnügens ist die Anfahrt mit der Gondel-/Seilbahn „Panoramaweg" (hin & zurück Erw./Kind 3600/2050 ¥).

Vom Parkeingang führt ein 5,5 km langer Rundweg über das grüne Moor zur Aussichtsplattform mit eindrucksvoller Aussicht auf den verschneiten Shirouma.

★ Evergreen Outdoor OUTDOOR-AKTIVITÄTEN
(☎ 0261-72-5150; www.evergreen-hakuba.com; 4377 Hokujō; halbtägige Touren ab 4000 ¥) Diese Truppe gut gelaunter Outdoorfanatiker bietet das ganze Jahr über verschiedene Camps sowie halb- und mehrtägige Abenteuertrips mit Englisch sprechenden Guides. Zur Auswahl stehen in der entsprechenden Jahreszeit Canyoning, Mountainbiken und Wandern sowie im Winter Schneeschuhwandern und Skitouren. Im Juli und August gehört außerdem eine abendliche Glühwürmchen-Kanutour auf dem Programm.

Happō-One-Skiresort SKIFAHREN
(八方尾根スキー所; ☎ 0261-72-3066; www.happo-one.jp; Tagesskipass 5200 ¥; ⏲ Dez.–April) Im Happō-One-Resort, einem der besten Skigebiete Japans, fanden 1998 die Abfahrtsrennen der Olympischen Winterspiele statt. Der Blick auf die Berge ist umwerfend, zudem gibt's Ski- und Snowboardpisten für Anfänger, Fortgeschrittene und Profis. Genauere Infos bietet die hervorragende Website (auf Englisch).

Es gibt insgesamt 23 Lifte, wobei die Hälfte des Gebiets als mittelschwer eingestuft ist. Es kommen mehr Skifahrer als Snowboarder. Das Rasthaus an der Bergstation der „Adam"-Gondel namens Usagidaira 109 ist der zentrale Punkt des Wintersportgebiets. Von hier führen zwei Sessellifte zur höchsten Erhebung auf 1830 m.

Vom Bahnhof Hakuba fahren Busse (260 ¥) in fünf Minuten ins Zentrum des lebendigen, kleinen Dorfs Hakuba-mura. Im Winter verkehrt ein Shuttlebus durch die Dörfer, zu den Lodges und zur Basisstation.

Hakuba-47-Wintersportpark & Hakuba-Goryū-Skiresort SKIFAHREN
(Hakuba47ウインタースポーツパーク・白馬五竜スキー場; www.hakuba47.co.jp; Tagesskipass 5000 ¥; ⏲ Dez.–April) Die miteinander verbundenen Skigebiete Hakuba 47 und Hakuba Goryū bilden das zweite große Skiresort in Hakuba. Beide Areale bieten eine große Vielfalt an Abfahrten und locken Skifahrer und Snowboarder gleichermaßen an. Wie in Happō-One erwartet einen auch hier ein fantastisches Bergpanorama.

Ein kostenloser Shuttlebus von Hakuba-mura nach Hakuba-eki ist das bequemste Transportmittel.

Hakuba Cortina Kokusai SKIFAHREN
(白馬コルチナ国際; www.hakubacortina.jp/ski; Tagesskipass 4000 ¥; ⏲ Dez.–April) Hakuba Cortina am Nordende des Tals ist bei japanischen Familien beliebt, die das Serviceangebot des Resorts zu schätzen wissen. Zu der riesigen Wintersportanlage nach europäischem Vorbild gehören ein Hotel, Restaurants, ein Skiverleih und Luxus-Onsen sowie weniger überlaufene Pisten. Die sieben Lifte und 16 Hänge sind für jeden Schwierigkeitsgrad geeignet.

Mimizuku-no-yu ONSEN
(みみずくの湯; ☎ 0261-72-6542; www.hakuba-happo-onsen.jp/mimizukunoyu; 5480-1 Hokujō Happō-guchi; Erw./Kind 600/300 ¥; ⏲ 10–21.30 Uhr, letzter Einlass 21 Uhr) Dies ist zwar nur einer von zahlreichen Onsen in Hakuba, doch er gewährt zweifellos die schönste Aussicht auf die Berge.

Schlafen

Hakuba hat eine riesige Auswahl an Unterkünften. Das Unterkunftsinformationszentrum von Hakuba hilft bei der Vermittlung, wenn man ohne Reservierung anreist.

Snowbeds B&B HOSTEL ¥
(☎ 0261-72-5242; www.snowbedsjapan.com; 2937-304 Hokujo Eco-land; B ab 3900 ¥; P @ 📶) Von Ausländern betriebenes Backpackerhostel mit günstigen, engen Schlafsälen (Etagenbetten), Einzel- und Doppelzimmern sowie einem netten Gemeinschaftsbereich samt Holzofen. Bars u. Ä. findet man ganz in der Nähe.

★ Hotel Hifumi HOTEL, RYOKAN ¥¥
(ホテルひふみ; ☎ 0261-72-8411; www.hakubahifumi.jp; 4998 Happō; Zi. inkl. Frühstück ab 11 880 ¥ pro Pers.; P ❄ 📶) Das kleine Familienunternehmen erinnert eher an ein *ryokan* als an ein Hotel, überträgt das familiäre Flair auf seine Gäste und heißt Besucher aus der ganzen Welt willkommen. Die wunderschön eingerichteten, kürzlich renovierten Zimmer verbinden Moderne mit Tradition und verfügen teils über private Außenbäder. Eine der lohnenswertesten Unterkünfte vor Ort.

Hakuba Echo Hotel BOUTIQUE-HOTEL ¥¥
(☎ 0261-85-0931; www.hakubaechohotel.com; 3020-503 Hokujō; DZ & 2BZ ab 14 000 ¥; P ❄ 📶) Das legere Boutique-Hotel ist bei Familien beliebt und verfügt über geräumige Zimmer mit neutralem Dekor, eine eigene Bar und ein Restaurant. Auch die Lage im Hauptdorf überzeugt.

Shiroumaso RYOKAN ¥¥
(白馬荘; ☎ 0261-72-2121; www.shiroumaso.com; 5004 Happō; EZ/DZ ab 10 030/17 900 ¥) Schicke, wenn auch kompakte Zimmer im tradi-

tionellen Stil mit vielen *hinoki*-Zypressenelementen und hübschen Ausblicken bietet dieses reizende kleine *ryokan* in Happō.

Hakuba Panorama Hotel GASTHAUS ¥¥
(白馬パノラマホテル; ☎0261-85-4031; www.hakuba-panorama.com; 3322-1 Hokujō; DZ inkl. Frühstück ab 7000 ¥ pro Pers.; P) 300 m von einem der Skilifte im Happō-One-Skiresort entfernt erhebt sich dieses australische Gasthaus mit Reisebüro und verschiedenen Zimmertypen inklusive Bad. Englisch sprechende Angestellte, Wäscheservice und ein toller Onsen.

★ **Ridge Hotel & Apartments** HOTEL ¥¥¥
(☎0261-85-4301; www.theridgehakuba.com; 4608 Hakuba; DZ/Apt. ab 12 800/38 000 ¥; P @) Gediegen und stylisch kommt diese atemberaubende, ganzjährig geöffnete Anlage daher. Sie bietet eine tolle Lage, fantastische Einrichtungen und eine umwerfende Aussicht. Die Gestaltung der Zimmer reicht von dezent-edel (westliches Design mit japanischen Elementen) bis nicht von dieser Welt (eine traumhafte Loft-Balkon-Suite im Schatten der Skipisten). Das aufmerksame Personal spricht gutes Englisch. Zurücklehnen und genießen!

Sierra Resort Hakuba RESORT ¥¥¥
(☎0261-72-3250; www.sierrahakuba.com; Kitaazumi; EZ/DZ ab 17 500/22 500 ¥;) Hakubas größtes Resort ist ganzjährig geöffnet und erstreckt sich über ein 10 ha großes Waldgebiet am Nordrand des Dorfes. Die eleganten Gästezimmer haben eigene Whirlpools, außerdem gibt es einen Außenpool (in der Saison geöffnet) und das wunderschöne Mizubasho-Onsen. Eltern können die Ruhe genießen, denn für Kinderunterhaltung ist gesorgt.

Hakuba Tokyu Hotel HOTEL ¥¥¥
(白馬東急ホテル; ☎0261-72-3001; www.hakuba-h.tokyuhotels.co.jp; Happō-wadanomori; EZ/DZ inkl. Frühstück ab 20 200/28 200 ¥; P) Elegantes, ganzjährig geöffnetes Hotel mit großen Zimmern und herrlichem Ausblick. Der wunderschöne Garten wird gern für Hochzeiten genutzt und das Mineralbad Grand Spa trumpft mit dem höchsten Basengehalt der Gegend auf. Darüber hinaus gibt's ein französisches und ein japanisches Restaurant.

Hakuba Highland Hotel HOTEL ¥¥¥
(白馬ハイランドホテル; ☎0261-72-3450; www.hakuba-highland.net; 21582 Hokujō; DZ mit 2 Mahlzeiten ab 10 780 ¥ pro Pers.; P) Leider liegt dieses ältere Hotel mit sensationellem Blick über das Hakuba-Gebirge und einem schönen Onsen (Innen- und Außenbecken) etwas weit ab vom Schuss. Im Winter fährt ein kostenloses Shuttle von hier zu den Hauptskigebieten (jeweils ca. 20 Min.). Alle Zimmer haben WLAN, was in den Bergen nicht zum Standard gehört.

Essen

Im Winter bieten die Resorts der Gegend eine große Auswahl. Im Sommer beschränkt sich das Angebot auf ein paar Lokale um den Bahnhof.

Sounds Like Cafe CAFÉ ¥
(☎0261-72-2040; 3020-504 Hokujō; Kaffee ab 350 ¥, Frühstückssnacks ab 450 ¥; ⏲Sa–Mi 8–18 Uhr) Frühstück, Mittagessen und Kaffee nach australischer Art sorgen dafür, dass hungrige Gäste immer wieder kommen. Es ist so authentisch, wie ein westliches Café in Japan eben sein kann. Am Essen und Kaffee ist rein gar nichts auszusetzen.

Ohyokkuri JAPANISCH ¥
(おひょっくり; ☎0261-72-2661; www.shinshuu-hakuba.com; 5081 Hokujō; Gerichte ab 650 ¥; ⏲11.30–14 & 17.30–21 Uhr) Das Ohyokkuri wirbt mit „Großmutters Hakuba-Hausmannskost" und serviert seiner treuen Klientel herzhafte Suppen, Eintöpfe und traditionelle hiesige Gerichte.

BC Hakuba CAFÉ ¥
(☎0261-85-4548; 6354 Hokujo; Kaffee ab 350 ¥; ⏲9–17 Uhr;) Im ehemaligen Bamboo Cafe, beim Verlassen des JR-Bahnhofs Hakuba linker Hand, werden leckere Kaffeespezialitäten, süße Leckereien und herzhafte Snacks serviert. In diesem flippigen, modernen Laden können Gäste dank des kostenlosen WLANs entspannt im Internet surfen.

Ausgehen & Nachtleben

Eigenbrötlerische Sportlertypen lassen sich am Ende eines langen Ski- oder Wandertages gerne das eine oder andere Bier schmecken. Wer möchte, kann ihnen in einer der wenigen guten ganzjährig geöffneten oder in einer der vielen saisonalen Bars Gesellschaft leisten.

Zum Höhepunkt der Wintersportsaison gibt es auf den Hängen oft Live-Unterhaltung am Abend sowie Nachtclub-Spaß am Wochenende.

Lucky Pete's Bar & Cafe SPORTBAR
(☎0261-85-4458; www.luckypetes.com; Hakuba-eki; ⏲11–21 Uhr; 👪) Eine entspannte, familienfreundliche, rauchfreie Bar auf der rechten Seite beim Verlassen des JR-Bahnhofs Habuka, in der saftige, authentische Burger, bodenständige Klassiker und jede Menge eisgekühltes Bier auf den Tisch kommen.

Hakuba Bike Bar BAR
(白馬バイクバー; www.bikebar-hakuba.com; Hakuba Goryū) Die witzige Kellerbar mit Discobeleuchtung verströmt im Hakuba-Goryū-Skiresort erfrischendes Hippieflair. Das Management hält sich für mächtig cool – in vielerlei Hinsicht sogar zu Recht. Am frühen Abend werden manchmal Kinderfilme gezeigt, zudem kann man Billard spielen und Karaoke singen. Von der Sky 4 Gondola sind es zehn Gehminuten hierher.

Tracks Bar BAR
(☎0261-75-4366; www.tracksbar.info; Hakuba Goryū) Zwischen der Haltestelle Kamishiro und Goryū lockt eine der Lieblingsausgehadressen der jüngeren, internationalen Partymeute – mit Livemusik, Billard, Holzöfen und Sportübertragungen auf einem riesigen Bildschirm.

ℹ Praktische Informationen

Unterkunftsservice- & Infozentrum Hakuba (白馬宿泊情報センター, Hakuba Shukuhaku Jōhō Sentā; ☎0261-72-6900; www.hakuba1.com; ⏲7–18 Uhr) Infos, Karten und Hilfe bei der Unterkunftssuche bietet das Infozentrum rechts vom Bahnhof Hakuba.

Touristeninformation Hakuba (白馬村観光案内所; ☎0261-72-3232; www.hakubavalley.jp; ⏲8.30–17.30 Uhr) Versorgt Reisende mit regionalen Karten und Tourismusbroschüren. Auf der Website findet man neben sämtlichen Infos zur Wintersaison auch den Sommerfahrplan der Gondel inklusive der Preise. Die Touristeninformation liegt unmittelbar vor dem Bahnhof Hakuba.

ℹ An- & Weiterreise

BUS

Alpico-Busse verkehren ab dem Bahnhof Nagano (1600 ¥, ca. 70 Min.) und Shinjuku Nishi-guchi in Tokio (4850 ¥, 4½ Std.), zudem gibt es eine Direktverbindung ab dem Narita Airport (9500 ¥). Weitere Infos gibt's unter www.alpico.co.jp/traffic/express/narita_hakuba/en.

ZUG

Hakuba ist über die JR-Ōito-Linie mit Matsumoto verbunden (*tokkyû*, 2320 ¥, 1 Std.; *futsû*, 1140 ¥, 1½ Std.). Wer weiter nach Norden will, muss in Minami Otari umsteigen, um zum JR-Hokuriku-Zug in Itoigawa zu gelangen. Die hübsche Fahrt in einem kleinen Zug mit zwei Waggons von Minami Otari nach Itoigawa dauert eine Stunde; dort besteht Anschluss nach Niigata, Toyama und Kanazawa.

Pro Tag gibt es eine Direktverbindung (Super Azusa#3) von Shinjuku nach Hakuba über Matsumoto (*tokkyû*, 7780 ¥, 4 Std.). Die Abfahrt in Shinjuku erfolgt um 7.30 Uhr, in Hakuba geht's um 14.38 Uhr wieder zurück.

NAGANO & UMGEBUNG

Die Präfektur Nagano (長野県) war früher unter dem Namen Shinshū bekannt und wird oft als „Dach Japans" bezeichnet. Sie hat einfach alles: Berge, eine reiche Kulturgeschichte, bildschöne Bauwerke und eine hervorragende Küche.

Ein großer Teil des Nationalparks Chūbu-Sangaku liegt im Gebiet der Präfektur, darüber hinaus erstrecken sich hier aber auch mehrere Quasi-Schutzgebiete, die zahlreiche Skifahrer, Bergsteiger und Onsen-Fans anziehen.

Nagano, Hauptstadt der Region, war Austragungsort von Olympischen Winterspielen. Hier steht der Zenkō-ji, ein fantastischer Tempel von nationaler Bedeutung.

ℹ An- & Weiterreise

Willer Express (www.willerexpress.com) fährt von Tokio aus verschiedene Ziele in der Präfektur an.

Regelmäßig verkehren *shinkansen* (Hochgeschwindigkeitszüge) vom Bahnhof Tokio nach Nagano.

Die JR-Shinonoi-Linie verbindet Nagano mit Matsumoto und Nagoya.

Nagano 長野

☎026 / 377 803 EW.

Schon in der Kamakura-Zeit war die von Bergen umgebene Hauptstadt der gleichnamigen Präfektur ein wichtiger Pilgerort und noch heute verzeichnet der Zenkō-ji, das spirituelle Zentrum der früheren Tempelstadt, über vier Millionen Besucher pro Jahr.

Nach der Ausrichtung der Olympischen Winterspiele 1998 besann sich die Stadt rasch wieder auf ihre Wurzeln. Geblieben sind jede Menge Unterkünfte und einige gute Restaurants.

LEGENDEN UM DEN ZENKŌ-JI

Nur wenige japanische Tempel üben eine ähnliche Faszination aus wie der Zenkō-ji. Teils liegt das an den vielen Legenden, die mit ihm verbunden werden, wie die folgenden:

Der Schlüssel zur Erlösung Eine Treppe führt hinab zum Okaidan (Eintritt 500 ¥), einem gewundenen, stockdusteren Tunnel unter dem Altar – nichts für Klaustrophobiker! Die Idee dahinter ist, dass in der Dunkelheit alle gleich sind und dasselbe suchen: einen schweren Metallgegenstand, der als Schlüssel der Erlösung gilt. Dafür muss man sich an der rechten Wand entlangtasten und versuchen, niemandem auf die Füße zu treten. Und, schon gefunden?

Ikkō-Sanzon Die drei Statuen des Amida-Buddhas wurden im 6. Jh. von Korea nach Japan gebracht und verkörpern bis heute die Daseinsberechtigung des Tempels. Wie eine Mumie eingewickelt, werden sie in einer Lade hinter dem Hauptaltar aufbewahrt. Angeblich hatte seit 1000 Jahren niemand den Ikkō-Sanzon gesehen, als allerdings Gerüchte aufkamen, dass die Lade leer sei, beauftragte das Shogunat 1702 einen Priester damit, die Existenz desselbigen zu bestätigen. Dieser Priester war der letzte Mensch, der ihn zu Gesicht bekommen hat.

Die Tauben am San-mon Der Legende nach verstecken sich fünf weiße Tauben in der Tafel an dem Tor San-mon. Die fünf kurzen Striche in den Schriftzeichen für Zenkō-ji haben tatsächlich etwas „Taubenhaftes", wenn man genau hinsieht. Im obersten Zeichen (善, Zen) sind die beiden Striche ganz oben gemeint, in der Mitte (光, kō) die beiden äußeren ganz oben und im „ji" (寺) die kurze Linie unten links.

Binzuru Es heißt, dass Binzuru, ein Heiler und Schüler Buddhas, den Zustand der Erleuchtung erreicht hatte, dennoch wurde ihm befohlen, auf der Erde zu bleiben und Gutes zu tun. Seine Statue findet man direkt nach Betreten des Tempels. Die Stellen, an denen sie von Gläubigen berührt wurden, damit die entsprechenden Bereiche an ihrem eigenen Körper geheilt werden, sind ganz abgenutzt.

Sehenswertes

★ Zenkō-ji BUDDHISTISCHER TEMPEL

(善光寺; Karte S. 304; ☎ 026-234-3591; www.zenkoji.jp; 491 Motoyoshi-chō; ⌚ Sommer 4.30–16.30 Uhr, Winter 6–16 Uhr, übrige Zeit unterschiedl. geöffnet) GRATIS Der im 7. Jh. gegründete Zenkō-ji ist ein nationales Kulturgut und beherbergt die heilige Ikkō-Sanzon-Statue, angeblich die erste Buddhafigur, die anno 552 nach Japan gebracht wurde. Nicht ein einziger Angehöriger der 37 Herrschergenerationen hat das Bildnis je gesehen. Alle sieben Jahre strömen Millionen Besucher in den Tempel, um eine Kopie zu bestaunen, die anlässlich des Gokaichō Matsuri hervorgeholt wird. Dass sich der Zenkō-ji so unglaublich großer Beliebtheit erfreut, liegt auch an seiner Toleranz: Pilger jeglichen Geschlechts oder Glaubensbekenntnisses sind willkommen.

An der Spitze des Tempels stehen ein Priester *und* eine Priesterin. Das aktuelle Gebäude stammt aus dem Jahr 1707.

Alle Busse, die an der Haltestelle 1 vor dem Zenkō-ji-Ausgang am Hauptbahnhof starten, fahren zum Tempel (100 ¥, ca. 10 Min.); aussteigen muss man an der Haltestelle Daimon.

Feste & Events

Gokaichō Matsuri RELIGIÖSES FEST

(⌚ April/Mai) Alle sieben Jahre fallen zwischen Anfang April und Mitte Mai fünf Millionen Pilger im Zenkō-ji ein, um eine Kopie des heiligen Buddhabildnisses zu bestaunen. Nur anlässlich dieses Festes wird es gezeigt, das nächste Mal 2022.

Schlafen

Traveller haben in Nagano die einzigartige Gelegenheit, in einer *shukubō* (Tempelunterkunft) zu nächtigen: Wer in einem der Subtempel des Zenkō-ji (S. 303) unterkommen möchte, zahlt 7000 bis 10 000 ¥ pro Person inklusive zwei Mahlzeiten. Buchungen müssen mindestens einen Tag im Voraus erfolgen und werden im Haupttempel vorgenommen.

★ Shimizuya Ryokan RYOKAN ¥

(清水屋旅館; Karte S. 304; ☎ 026-232-2580; www.chuoukan-shimizuya.com; 49 Daimon-chō;

Nagano

Nagano

Highlights
1 Zenkō-ji B1

Schlafen
2 1166 Backpackers A2
3 Dormy Inn Nagano B4
4 Hotel Metropolitan Nagano A4
5 Matsuya Ryokan B1
6 Shimizuya Ryokan B2

Essen
7 Asiatischer Nachtmarkt B2
8 Fujiki-an B2
9 Fujiya Gohonjin B2
10 India the Spice A4
11 Yayoi-za A2

Ausgehen & Nachtleben
12 Shinshū Nagaya Sakaba A4

Unterhaltung
13 Jazz Square Groovy B3

Praktisches
14 Touristeninformation Nagano B4

Zi. mit Frühstück ab 6800 ¥ pro Pers.; @) Das japanische Gasthaus mit rustikaler Inneneinrichtung aus dunklem Holz steht in der Chūō-dōri, ein paar Querstraßen südlich des Zenkō-ji. Es ist seit 130 Jahren in Familienbesitz, voller interessanter Schlupfwinkel und Alkoven und recht verwinkelt. Alle Bäder werden gemeinschaftlich genutzt und es gibt einen Wäscheservice. Außerdem kann man hier essen.

1166 Backpackers HOSTEL ¥

(1166 バックパッカーズ; Karte S. 304; ☎ 026-217-2816; www.1166bp.com; 1048 Nishi-machi; B/Zi. 2800/6000 ¥; @) In einer Seitenstraße nahe dem Tempel und umgeben von älteren Gebäuden befindet sich dieses intime Hostel mit viel Holz. Nach dem beigefarbenen Haus mit der Kreidetafel draußen Ausschau halten. Mahlzeiten werden nicht serviert, aber Gäste dürfen die Küche und den zugehörigen Essbereich nutzen.

★ **Hotel Metropolitan Nagano** HOTEL ¥¥

(ホテルメトロポリタン長野; Karte S. 304; ☎ 026-291-7000; www.metro-n.co.jp; 1346 Minami-Ishido-chō; EZ/DZ ab 9500/12 800 ¥; P @) Neben dem JR-Bahnhof Nagano lockt das Hotel mit eleganten Zimmern, die für japanische Verhältnisse groß sind. Weitere Pluspunkte gibt's für das Café, das Restaurant und den Sitzbereich im Obergeschoss mit toller Aussicht.

Dormy Inn Nagano HOTEL ¥¥

(ドーミーイン長野; Karte S. 304; ☎ 026-291-5489; http://en.hotespa.net/dormyinn/hotel/17748; 1373-1 Kitaishido-chō; EZ/DZ ab 8990/11 990 ¥; P) Naganos neuestes Dormy-Inn-Hotel bietet seit Juli 2016 den luxuriösen Komfort und die elektronische Ausstattung, die man von einem Businesshotel dieser Art erwartet. Extrapunkte gibt es für die verschiedenen Innen- und Außenbäder, nur einen Katzensprung vom Bahnhof entfernt.

Matsuya Ryokan RYOKAN ¥¥

(松屋旅館; Karte S. 304; ☎ 026-232-2811; Zenkō-ji Kannai; Zi. ab 6300 ¥, mit 2 Mahlzeiten ab 10 500 ¥ pro Pers.;) Seit sechs Generationen hält die Suzuki-Familie ihr traditionelles Gasthaus gleich hinter dem Niō-mon-Tor und neben der Statue von Enmei Jizō gut in Schuss. Näher am Zenkō-ji kann man nicht wohnen. In der Küche werden *kaiseki* der Saison gezaubert. Für Zimmer mit eigenem Bad muss man zusätzliche 1000 ¥ pro Person zahlen.

Essen & Ausgehen

India the Spice CAFÉ ¥
(インディア・ザ・すぱいす; Karte S. 304; ☎ 026-226-6136; 1418 Minami-ishido-chō; Currys ab 860 ¥; ⏲ Mo–Do & So 11.30–23, Fr & Sa bis 24 Uhr) In diesem ausgefallenen, mit allen möglichen Wanduhren geschmückten Café stehen zahlreiche Currygerichte auf der Karte. Mittags gibt's z. B. *omu-karē* (Omelett mit Reisfüllung in Keema-Currysoße). Zum Lokal geht's die Chūō-dōri hoch und am Londoner Bus „Joy Style" rechts ab, dann noch mal nach rechts. Der Eingang ist von Wein umrankt.

Asiatischer Nachtmarkt THAILÄNDISCH ¥
(アジアンナイトマーケット; Karte S. 304; ☎ 026-214-5656; 2-1 Higashi-go-chō; Gerichte 620–1080 ¥; ⏲ 12–23 Uhr; 📶 📄) Mischung aus Boutique für Kleidung und Krimskrams aus Südostasien sowie Restaurant samt Bar mit Englisch sprechenden Angestellten, die opulente thailändische Küche servieren. Kostenloses WLAN. Auf der Website kann man schon mal einen Blick auf die Speisekarte werfen. Super: der chinesische Brokkoli und das obligatorische Pad Thai.

Fujiki-an NUDELN ¥¥
(藤木庵; Karte S. 304; ☎ 026-232-2531; www.fujikian.co.jp; 67 Daimon-chō; Hauptgerichte 860–1800 ¥; ⏲ Mi–Mo 11–15 Uhr; ✗ 📄) Hier werden schon seit 1827 frische selbstgemachte *soba* kredenzt, dabei lassen die klaren, modernen Linien des Fujiki-an gar nicht auf so viel Tradition schließen! *Seiro-mori soba* (kalte *soba* auf einer Bambusmatte) sorgen für Geschmack in Reinstform. Weitere Leckerbissen sind Tempura, *kinoko* (Pilze) und *nishin* (Hering). Es gibt eine bebilderte Speisekarte.

Yayoi-za JAPANISCH ¥¥
(弥生座; Karte S. 304; ☎ 026-232-2311; www.yayoiza.jp; 503 Daimon-chō; Gerichte 600–4600 ¥; ⏲ Mi–Mo mittags & abends, 2. Mi jeden Monat geschl.; 📄) Seit mehr als 150 Jahren bekommt man hier *seiro-mushi* (gedämpfte Zutaten in einer Kiste aus Holz und Bambus). *Monzen seiro-mushi* (Rindfleisch und Gemüse aus der Region) erfreut sich besonders großer Beliebtheit. Als Nachtisch empfehlen wir die leckere *kuri-an cream* (Kastanienmousse).

SHINSHŪ-SPEZIALITÄTEN

Die Präfektur Nagano ist für ihre Küche bekannt, die von altbewährten bis zu sehr exotischen Gerichten reicht. In der Regel beginnen die Namen hiesiger Spezialitäten mit dem Begriff „*Shinshū*" (信州), der früheren Bezeichnung der Region.

Ringo (りんご) Äpfel, und zwar die wohl besten der Welt. Im Herbst allgegenwärtig.

Kuri (栗) Maronen, besonders in Obuse.

Teuchi soba (そば) Handgemachte Buchweizennudeln, die kalt (*zaru-soba;* mit Wasabi und einem Dip auf Sojabasis) oder heiß (*kake-soba;* in Brühe) gegessen werden.

Oyaki (おやき) Weizenbrötchen, gefüllt mit Gemüse, gebacken oder gedämpft.

Wasabi (わさび) Japanischer Meerrettich; wird in Sümpfen angebaut, vor allem in Hotaka, und auch zu Kuchen und Eis verarbeitet.

Basashi (馬刺し) Rohes Pferdefleisch.

Hachinoko (鉢の子) Bienenlarven.

Inago(稲子) Grillen.

★ **Fujiya Gohonjin** FUSIONSKÜCHE ¥¥¥
(藤屋御本陣; Karte S. 304; ☎ 026-232-1241; www.thefujiyagohonjin.com; 80 Daimon-chō; kleine Gerichte ab 750 ¥, Gänge 2600–7800 ¥; ⏲ Mo–Fr mittags, tgl. abends; 📄) Bis vor Kurzem beherbergte dieses imposante Gebäude aus dem Jahr 1923 das edle Hotel Fujiya (bereits 1648 eröffnet). Nun hat es eine wundersame Verwandlung erfahren und wurde als elegantestes westliches Restaurant sowie Empfangszentrum der Stadt neu erschaffen. Der spektakuläre Speisesaal trägt den Namen Wisteria und weist eine Mischung aus japanischem und Art-déco-Stil auf.

Shinshū Nagaya Sakaba KNEIPE
(信州長屋酒場; Karte S. 304; ☎ 026-269-8866; www.marutomisuisan.jpn.com/nagaya-shinsyu; 1418-12 Minami-ishidō-chō; Gerichte ab 390 ¥; ⏲ 17–24 Uhr) In dem betriebsamen Lokal, das noch das Flair vergangener Zeiten versprüht, wird etwas Englisch gesprochen, zudem gibt's eine tolle Speise- und Sake-Auswahl.

Präfektur Nagano

DIE JAPANISCHEN ALPEN & ZENTRAL-HONSHŪ PRÄFEKTUR NAGANO

Präfektur Nagano

Sehenswertes
1 Ehemalige Kaichi Schule B4
2 Japan Ukiyo-e Museum B4
3 Jigokudani-Affenpark D2
4 Städtisches Kunstmuseum Matsumoto. C4
Freilichtarchitekturmuseum Matsumoto .... (siehe 2)
5 Volksmuseum Togakushi & Ninjahaus C2
6 Togakushi-Chūsha C2
7 Togakushi-Hōkōsha C2
8 Togakushi-Okusha C2
9 Freilichtmuseum Utsukushi-ga-hara C4

Aktivitäten, Kurse & Touren
10 Shiga Kōgen Skiresort D2

Schlafen
Chalet Shiga .... (siehe 10)
11 Matsumoto BackPackers B4
12 Ougatou Hotel C4
Seifūsō .... (siehe 1)
13 Sugimoto C4
14 Tobira Onsen Myōjin-kan C4
15 Togakushi-Campingplatz C1
Villa Ichinose .... (siehe 10)
Yokokura Ryokan .... (siehe 6)

Essen
Okusha no Chaya .... (siehe 5)
Uzuraya Soba .... (siehe 7)

Praktisches
16 Touristeninformation Shiga Kōgen ... D2

Unterhaltung

Jazz Square Groovy LIVEMUSIK
(Karte S. 304; ☎026-227-0480; www.facebook.com/jazz.square.groovy; 1398 Kitaishido-chō; Eintritt 1000–3500 ¥; ⏲ unterschiedlich) Wegen der tollen Liveauftritte sehr beliebt bei Jazzfans. Veranstaltungskalender auf der Website.

Praktische Informationen

Unter www.nagano-cvb.or.jp gibt's einen Besucherleitfaden.

Touristeninformation Nagano (長野市観光情報センター; Karte S. 304; ☎026-226-5626; ⏲9–18 Uhr) Nettes Infozentrum im JR-Bahnhof mit guten farbigen Karten und Stadtplänen auf Englisch zu Nagano und Umgebung.

Anreise & Unterwegs vor Ort

BUS

Nahverkehrs- und Fernbusse, u. a. zu Zielen wie Togakushi (einfache Fahrt/hin & zurück ab 1250/2250 ¥) und Hakuba (1600 ¥, ca. 70 Min.), fahren am **Busbahnhof** (Karte S. 304) vor dem Bahnhofausgang Zenkō-ji ab.

ZUG

Naganos Bahnhof wurde in Vorbereitung auf den Hokuriku-*shinkansen* renoviert; die Architekten haben großartige Arbeit geleistet.

Regelmäßig fahren *shinkansen* vom Bahnhof Tokio nach Nagano (7080 ¥, 1¾ Std.) und weiter nach Kanazawa (8760 ¥, 70 Min.).

Die JR-Shinonoi-Linie verbindet Nagano mit Matsumoto (Shinano-*tokkyū*, 2320 ¥, 50 Min.; Chūō-*futsū*, 1140 ¥, 1¼ Std.) und Nagoya (Shinano-*tokkyū*, 6810 ¥, 3 Std.).

Wer mit einem *futsū* (Regionalzug) auf der JR-Chūō-Route zwischen Nagano, Matsumoto etc. unterwegs ist, sollte seine Umstiegszeit nicht zu knapp kalkulieren, da es auf dieser Strecke wegen des Wetters und wegen Wildschweinen manchmal zu Verspätungen kommt.

Togakushi 戸隠

☎026

Im Frühling, Sommer und Herbst steht das hübsche Waldgebiet in den Bergen nordwestlich von Nagano bei Wanderern hoch im Kurs, im Winter lässt es die Herzen von Ski- und Snowboardfans höher schlagen. Es eignet sich prima als Tagesausflugsziel oder auch für eine Übernachtung. Die *soba* (Buchweizennudeln) aus Togakushi sind legendär, und das schon seit Jahrhunderten.

Karten auf Englisch bekommt man in der Touristeninformation von Nagano oder als Download unter www.togakushi-21.jp.

Sehenswertes

Der **Togakushi-jinja** (戸隠神社; ☎026-254-2001) besteht aus drei Unterschreinen: Togakushi-Hōkōsha, Togakushi-Chūsha und Togakushi-Okusha. Sie liegen jeweils ein paar Kilometer voneinander entfernt und wurden zu Ehren des Togakushi-Berges (1911 m) errichtet. Der Legende nach versteckte sich die Sonnengöttin Amaterasu hier in einer Höhle hinter einer Steintür und tauchte die Welt somit in Dunkelheit, bis eine andere Gottheit die Tür wegriss und das Tageslicht wiederherstellte. Chūsha befindet sich mitten im Dorf und ist der am leichtesten zugängliche Schrein. Vom Okusha können fitte Bergsteiger den anstrengenden Aufstieg auf den Togakushi unternehmen.

DIE SCHNEEAFFEN VON YUDANAKA

Der weitläufige Thermalort Yudanaka ist im Winter, wenn er von einer Schneedecke bedeckt ist, ein hübscher Anblick, in anderen Jahreszeiten jedoch wenig attraktiv. Bekannt ist er für seinen immens populären, wenn auch heruntergekommenen Zoo. Er erlangte 1992 durch den Film *Baraka* Berühmtheit, der wilde Affen beim Bad in natürlichen Onsen-Becken zeigt. Der in die Jahre gekommene **Jigokudani-Affenpark** (地獄谷野猿公苑, Jigokudani Yaen-kōen; Karte S. 306; ☎ 0269-33-4379; www.jigokudani-yaenkoen.co.jp; 6845 Ōaza-heian; Erw./Kind 500/250 ¥; ⏱ April–Okt. 8.30–17 Uhr, Nov.–März 9–16 Uhr) öffnete 1964 und wird alljährlich von Tausenden besucht, die die vielfach fotografierte Herde von Japanmakaken sehen möchten, die mit Futter in die Becken gelockt werden.

Manchmal sind sie ziemlich außer Rand und Band und turnen auf den Wegen zum künstlich angelegten Onsen umher. Zu den Affen führen ein paar Hundert Stufen vom Parkplatz hinauf, der am Ende einer 1,6 km langen gewundenen, bergauf verlaufenden Straße liegt.

Wenn überhaupt, sollte man im Winter kommen, wenn der Schnee den Industrieschutt am Fluss verdeckt. Allerdings verkehrt nur ein sporadischer Shuttlebus über eine rutschige, verschlungene Straße.

Wer einen Besuch wagen möchte, nimmt die Nagano-Dentetsu-Linie von Nagano zur Endstation Yudanaka (*tokkyū*, 1260 ¥, 45 Min.), dann den Bus nach Kanbayashi-Onsen Guchi und steigt in Kanbayashi-Onsen (230 ¥, 15 Min., 8-mal tgl.) aus. Schließlich läuft man die Straße rund 400 m bergaufwärts, bis das Schild „Monkey Park" auftaucht; hier wartet noch ein recht anstrengender Fußmarsch nach oben.

Im Winter ist dieser Schrein allerdings nicht zugänglich (außer für wild entschlossene Schneeschuhwanderer) und die Geschäfte sind geschlossen.

Togakushi-Hōkōsha SHINTO-SCHREIN
(戸隠宝光社; Karte S. 306) Inmitten von Zedern liegen die Schreingebäude von Togakushi-jinjas hübschem niedrigerem Unterschrein Hōkōsha zwar in Dorfnähe, sind jedoch nur über 274 (wenn wir richtig gezählt haben) alte, steile Steintreppen zu erreichen, die für weniger Sportliche durchaus eine Herausforderung darstellen.

Togakushi-Chūsha SHINTO-SCHREIN
(戸隠中社; Karte S. 306) Der intime Chūsha („Mittlerer Schrein") zählt zu den drei Unterschreinen von Togakushi-jinja, liegt an exponierter Stelle mitten im Dorf und ist der am leichtesten zugängliche. Einer der Bäume soll 700 Jahre alt sein.

Togakushi-Okusha SHINTO-SCHREIN
(戸隠奥社; Karte S. 306) Von der Bushaltestelle Okusha ist Okusha („Oberer Schrein"), der innerste von Togakushi-jinjas drei Unterschreinen, 2 km (einen 40-minütigen Fußmarsch) entfernt. Der Weg führt über einen hübschen 500 m langen, von Zedern gesäumten Pfad (杉並木; *suginamiki*) mit vielen Kurven, Biegungen und Steintreppen, der 1612 angelegt wurde. Wer nicht ganz so fit ist, wird seine Schwierigkeiten haben, für alle anderen lohnt sich die Anstrengung.

Volksmuseum Togakushi & Ninjahaus MUSEUM
(戸隠民俗館・忍者からくり屋敷, Togakushi Minzoku-kan & Ninja Karakuri Yashiki; Karte S. 306; ☎ 026-254-2395; 3688-12 Togakushi; Erw./Kind 500/350 ¥; ⏱ Mitte April–Mitte Nov. 9–17 Uhr; 🚌 Okusha) Oberhalb der Bushaltestelle Okusha beherbergt dieses Museum Artefakte aus der Zeit, in der hiesige *yamabushi* (Bergmönche) die sogenannte *ninpo* (Kunst des Gedankenlesens und Absichtenerkennens) praktizierten. Besonders spaßig ist das „Ninjahaus" voller Geheimtüren, versteckter Treppen und mit einem Raum, der schräg aufwärts verläuft.

Schlafen & Essen

Nach Einbruch der Dunkelheit ist das gastronomische Angebot begrenzt, deswegen essen die meisten Besucher in ihrer Unterkunft zu Abend.

Togakushi-Campingplatz CAMPINGPLATZ ¥
(戸隠キャンプ場; Karte S. 306; ☎ 026-254-3581; www.togakusi.com/camp/; 3694 Togakushi; Stellplätze/Bungalows/Hütten/Häuschen ab 3000/5000/9000/18 000 ¥; ⏱ Ende April–Ende Okt.;

(🚌 Togakushi Kyanpu-jo) Ein paar Kilometer vom Okusha-Schrein entfernt erstreckt sich dieser wunderschöne große Campingplatz. Das Gelände wartet mit 350 Stellplätzen, 30 Bungalows, 33 Hütten, sechs voll ausgestatteten Häuschen und einem blubbernden Bach auf. Am besten kommt man im Oktober, wenn sich das Laub verfärbt und die Wintersaison kurz bevorsteht. Leihzelte kosten 4000 ¥. Wer von Nagano aus anreist, nimmt den Bus bis zur Haltestelle Togakushi Kyanpu-jo.

Yokokura Ryokan RYOKAN ¥
(横倉旅館; Karte S. 306; ☎ 026-254-2030; www.yokokura-inn.jp; 3347 Chūsha; B mit/ohne 2 Mahlzeiten ab 5265/3245 ¥, Zi. ab 7800 ¥ pro Pers.; P) Nur 150 m von den Treppen zum Chūsha-Schrein entfernt liegt das Yokokura Ryokan in einem strohgedeckten Gebäude der frühen Meiji-Ära. Gäste können hier entweder in Privat- oder in nach Geschlechtern getrennten Mehrbettzimmern (mit Tatamis ausgelegt) übernachten. Es sind auch Buchungen ohne Mahlzeiten möglich.

Uzuraya Soba NUDELN ¥
(うずら家そば; Karte S. 306; ☎ 026-254-2219; 3229 Togakushi; Soba ab 780 ¥; ⏲ Do–Di 10.30–16 Uhr; 📝) Tolles Nudelrestaurant direkt gegenüber von den Treppen zum Chūsha-Schrein, das sich bei den vielen soba-Liebhabern in Japan großer Beliebtheit erfreut. Hier wird behauptet, Togakushi sei die Heimat der *soba*. Vielleicht stimmt das sogar, die Tempura-*soba* sind jedenfalls unglaublich lecker.

Okusha no Chaya CAFÉ ¥
(奥社の茶屋; Karte S. 306; ☎ 026-254-2222; 3506 Togakushi; Hauptgerichte ab 840 ¥; ⏲ Ende April–Ende Nov. 10–16.30 Uhr) In dem Café neben der Haltestelle Okusha werden hinter einer Glaswand mit Blick über den Wald frische *soba* und andere Leibgerichte serviert. Das Eis – je nach Saison gibt's ungewöhnliche Sorten wie Tomate, Kastanie oder Wasabi – schmeckt köstlich.

An- & Weiterreise

In Nagano starten stündlich Busse (7–19 Uhr) und steuern die Haltestelle Chūsha-Miyamae neben dem Chūsha-Schrein an. Die Fahrt dauert etwa eine Stunde (einfach/hin & zurück 1250/2250 ¥). Wer zum Okusha-Schrein möchte, zahlt 1350/2400 ¥. Mit dem Togakushi Kōgen Free Kippu Pass (2600 ¥) kann man die Busse nach bzw. rund um Togakushi drei Tage lang unbegrenzt nutzen. Tickets gibt's im Alpico-Bus-Büro vor dem Zenkō-ji-Ausgang am Hauptbahnhof in Nagano.

Obuse 小布施

☎ 026 / 10 704 EW.

Diese nette kleine Stadt nordöstlich von Nagano spielt eine wichtige Rolle für die japanische Kunstgeschichte: Hier verbrachte der berühmte *ukiyo-e*-(Holzschnitt-)Künstler Hokusai (1760–1849) seine letzten Lebensjahre. Außerdem kann man ein paar interessante Museen besichtigen und die berühmten *kuri* (Kastanien) von Obuse kosten – gedämpft mit Reis oder in Form von Eiscreme und Süßigkeiten.

Weil der Ort zunehmend von Tagesausflüglern überrannt wird, kommt man besser nicht an Wochenenden oder während der Ferien her.

Sehenswertes

Hokusai-Museum KUNSTMUSEUM
(北斎館, Hokusai-kan; ☎ 026-247-5206; 485 Ōaza Obuse; Erw./Kind 500 ¥/frei; ⏲ April–Sept. 9–17.30 Uhr, Okt.–März 9–16.30 Uhr) Japans berühmtester *ukiyo-e*-Künstler Hokusai verbrachte seine letzten Lebensjahre in Obuse. Im Hokusai-Museum, das kürzlich nach umfangreichen Renovierungsarbeiten wiedereröffnet wurde, sind mehr als 30 seiner Arbeiten zu sehen. Der Weg ist vom Bahnhof gut ausgeschildert (10 Min.).

Takai Kōzan Kinenkan MUSEUM
(高井鴻山記念館; ☎ 026-247-4049; 805-1 Ōaza Obuse; Eintritt 300 ¥; ⏲ April–Sept. 9–18 Uhr, Okt.–März 9–17 Uhr) Takai Kōzan, Freund und Förderer des Holzschnittkünstlers Hokusai, war Geschäftsmann und ein versierter Künstler, der elegante Landschaften in chinesischem Stil gestaltete. Dieses kleine Museum widmet sich seinem Leben und seiner Arbeit.

Taikan-Bonsai-Museum GALERIE
(盆栽美術館大観, Bonsai Bijutsukan Taikan; ☎ 026-247-3000; 28-7 Ōaza Obuse; Erw./Kind 500/300 ¥; ⏲ 9–17 Uhr, im Winter geschl.) Hier erfährt man mehr über die Bonsaikunst und kann ein paar seltene Arten bewundern. Im Eintritt ist der Zugang zu einer kleinen Landschaftsgalerie inbegriffen.

Japanisches Lampen- & Beleuchtungsmuseum MUSEUM
(日本のあかり博物館, Nihon no Akari Hakubutsukan; ☎ 026-247-5669; 973 Ōaza Obuse; Erw./Kind 510 ¥/frei; ⏲ Mai, Aug., Okt. & Nov. tgl. 9–16.30 Uhr, sonst Do–Di) Designliebhaber werden dieses adrette Haus mögen, wo sich

alles um das Thema Beleuchtung in Japan im Wandel der Zeit dreht. Zu den Exponaten gehören z. B. Öllampen und Laternen.

Schlafen & Essen

Die Unterkünfte der Stadt kann man an einer Hand abzählen. Dafür sind sie allesamt recht charmant.

Obuse hat dem Künstlerflair der Stadt entsprechend einige unkonventionelle Lokale zu bieten. Am Wochenende bilden sich oft Schlangen.

★ Masuichi Kyakuden RYOKAN ¥¥¥
(桝一客殿; ☎026-247-1111; www.kyakuden.jp; 815 Ōaza Obuse; DZ mit Frühstück ab 16 400 ¥ pro Pers.; P ❄ ☎) Einladend, originell, stilvoll, charmant: Das alles sind Attribute dieses kleinen Juwels im Herzen von Obuse, das zudem mit vernünftigen Preisen glänzt. Die zwölf in alten *kura*-Lagerhäusern entstandenen Zimmer – für japanische Standards riesig – sind um einen Kastaniengarten angeordnet und verbinden auf wunderschöne Weise Alt mit Neu. Die Kombination aus Ruhe, Idylle und Raffinesse verspricht Entspannung pur.

Marrone EIS ¥
(マローネ; ☎026-214-3287; 973 Ōaza Obuse; Eis ab 400 ¥; ⏲10–18 Uhr) Auch bei kühlen Temperaturen sollte man sich das leckere, cremige, frisch gemachte Eis in verschiedenen saisonalen Geschmacksrichtungen nicht entgehen lassen. Im Sommer ein echter Pflichtstopp.

Chikufūdō DESSERTS ¥
(竹風堂; ☎026-247-2569; 973 Ōaza Obuse; Desserts ab 300 ¥; ⏲8–18 Uhr) Der 1893 eröffnete Laden ist *die* Adresse für Kastanienkonfekt. *Dorayakisan* (Kastanienpaste in Pfannkuchen) erfreut sich besonders großer Beliebtheit.

Praktische Informationen

Guide-Zentrum A la Obuse (ア・ラ・小布施ガイドセンター; ☎026-247-5050; 789-1 Ōaza Obuse; ⏲9–17 Uhr) Auf dem Weg vom Bahnhof Obuse zu den Museen kann man sich hier Karten besorgen oder Fahrräder ausleihen (halber Tag 400 ¥). Zudem gibt es ein Café, einen Souvenirladen und eine hübsche Pension (EZ/2BZ ab 8400/12 600 ¥).

An- & Weiterreise

Der Nagano-Dentetsu-(Nagaden-)Zug fährt von Nagano nach Obuse (*tokkyū*, 750 ¥, 26 Min.; *futsū*, 650 ¥, 34 Min.).

Nozawa-Onsen 野沢温泉

☎0269 / 3474 EW.

Dieses wunderbare Dorf erstreckt sich in einer bildschönen Ecke der östlichen Japanischen Alpen. Im Winter wimmelt es hier von Skifahrern, außerdem ziehen die Onsen ganzjährig Besucher an.

Nozawa-Onsen war schon im 8. Jh. besiedelt. Es ist kompakt und malerisch, allerdings bringt das Labyrinth aus schmalen Straßen auch die routiniertesten Autofahrer ins Schwitzen. Auf den Ort verteilen sich kostenlose öffentliche Onsen und hervorragende Unterkünfte. Außerhalb der hektischen Skisaison hat man hier die Möglichkeit, dem modernen Leben zu entkommen.

Aktivitäten

Viele Dorfbewohner nutzen das Onsen-Wasser immer noch zum Waschen, Kochen und Heizen. Es gibt 13 kostenlose Bäder (6–23 Uhr) im Ort und jedes hat seine eigene Geschichte. Unser Favorit ist der **Ō-yu** mit dem schönen Holzgebäude, gefolgt vom siedend heißen **Shin-yu** und dem atmosphärischen alten **Kuma-no-te-arai** (Bärenbad). Achtung: Das Wasser ist *wirklich heiß* und voller Mineralstoffe. Silberschmuck sollte man ablegen, sonst läuft er schwarz an.

Manche Bäder sind für Besucher gesperrt, weil nur abgehärtete Einheimische es darin aushalten.

★ Nozawa Onsen Snow Resort SKIGEBIET
(野沢温泉スキー場; www.nozawaski.com; Tagesskipass 4800 ¥; ⏲Dez.–April 8.30–16.30 Uhr) Im oberen Teil von Nozawa liegt eines der besten Skiresorts Honshūs. Auf der kompakten Pistenlandschaft mit 21 Liften und Gelände in verschiedenen Schwierigkeitsstufen findet man sich leicht zurecht. Rund um den Ausgangspunkt bei der Higake-Gondelbahnstation erstrecken sich zahlreiche Pisten für Anfänger und Kinder.

Snowboarder sollten den **Karasawa-Park** oder die Halfpipe in **Uenotaira** ansteuern. Fortgeschrittenen Skifahrern wird der steile und häufig buckelige **Schneider Course** gefallen. Après-Ski-Liebhaber kommen im belebten Dorf auf ihre Kosten.

Feste & Events

Dōsojin Matsuri RITUELLES FEST
(道祖神祭り; ⏲Jan.) Jedes Jahr am 15. Januar wohnen ganze Menschenmassen dem be-

rühmten Dōsojin Matsuri bei. Es handelt sich um ein Reinigungsritual für 25- bzw. 42-jährige Männer, da dieses Alter in Japan als unglücklich empfunden wird. Die 42-Jährigen müssen oben auf einem zweistöckigen Schrein Platz nehmen und ihn gegen die 25-Jährigen sowie zahlreiche Schaulustige verteidigen, die die zu diesem Zweck gebaute Konstruktion mit Feuer „angreifen".

Alle Teilnehmer trinken reichlich Sake. Nach einer Weile klettern die Männer dann wieder hinunter, der Schrein wird in Brand gesetzt und alle freuen sich – ja, das ist unser voller Ernst!

Schlafen

Zu den verschiedenen Unterkünften in Nozawa-Onsen gehören ein paar wunderbare, rustikale *ryokan*, die ganzjährig geöffnet sind. Im Winter herrscht viel Betrieb, deswegen sollte man im Voraus buchen.

Lodge Nagano GASTHAUS ¥

(ロッジながの; ☎050-5532-6026; www.lodgenagano.com; 6846-1 Toyosato; Zi. inkl. Frühstück ab 4800 ¥, Zi. im Sommer ab 4200 ¥ pro Pers.; ❄ 📶) Hier trifft man jede Menge australische Skifahrer, wahrscheinlich weil im Speisesaal Vegemite-Brotaufstrich herumsteht! Nette Bleibe mit hohem Spaßfaktor, Schlafsäle mit Etagenbetten und Tatamizimmer, teils mit eigenem Bad.

Address Nozawa APARTMENT ¥¥

(アドレス野沢; ☎0269-67-0360; www.addressnozawa.com; 9535 Nozawa Onsen; Studios ab 9800 ¥; ❄ @ 📶) Diese innovative Boutique-Bleibe eröffnete 2011. Die neuen Besitzer haben das traditionelle Gasthaus so umgestaltet, dass es japanisches und europäisches Design vereint. Das Address Nozawa verfügt über große westlich gestylte und in frischen Farben gehaltene Zimmer mit Tatamiböden und weichen Betten, helle Bäder und eine voll ausgestattete Küche, in der man alles zum Frühstücken findet. Außerdem gibt's einen hauseigenen Onsen, ein Kinderzimmer, einen Raum für die Skiausrüstung und jede Menge Hightech.

Kiriya Ryokan RYOKAN ¥¥

(桐屋旅館; ☎0269-85-2020; www.kiriya.jp; 8714-2 Nozawa Onsen; Zi. mit 2 Mahlzeiten ab 14 500 ¥ pro Pers.; P ❄ 📶) Schon seit Generationen ist diese nette Unterkunft mit dem herrlichen Garten in Familienbesitz. Der jetzige Eigentümer kümmert sich rührend um die Gäste und spricht sehr gut Englisch, daher zieht das Kiriya nach wie vor jede Menge ausländische Touristen an. Alle Zimmer haben eigene Toiletten, manche auch Bäder – zusätzlich zu den großen gemeinschaftlichen Onsen. Ein weiteres Plus: Man kann Wäsche waschen.

★ Mura-no-hoteru Sumiyoshi-ya RYOKAN ¥¥¥

(村のホテル住吉屋; ☎0269-85-2005; www.sumiyosiya.co.jp; 8713 Toyosato; Zi. mit 2 Mahlzeiten ab 18 820 ¥ pro Pers.; ❄ @) Das älteste *ryokan* der Stadt ist wunderschön und wartet mit einer großen Auswahl einladender traditioneller Zimmer auf. Viele haben eigenes Bad und tollen Ausblick. Die gemeinschaftlichen Onsen-Bäder mit den Buntglasfenstern strahlen etwas Verträumtes aus. Es wird kaum Englisch gesprochen, aber das freundliche Personal bietet einen hervorragenden Service.

Essen & Ausgehen

Selbst in der Nebensaison gibt es vor Ort immer ein bis zwei Restaurants, die geöffnet sind. Im Winter hat man die Qual der Wahl.

Kaze no Ie ITALIENISCH ¥

(風の家; ☎0269-85-3244; http://kazenoie.main.jp; 9494 Toyosato; Pasta 590–990 ¥; ⌚17.30–23 Uhr) Die kleine italienische Trattoria überzeugt mit herzhafter Pasta, leckeren Pizzas und köstlicher Bruschetta. Exzellentes Preis-Leistungs-Verhältnis.

Tōyō Rāmen RĀMEN ¥

(東洋ラーメン; ☎0269-85-3363; 9347 Toyosato; Portionen ab 650 ¥; ⌚12–22 Uhr) Das ganze Jahr über serviert dieses chinesische Restaurant mit 30 Sitzplätzen große *rāmen*-Schüsseln sowie unfassbar gute *tezukuri* (von Hand gemachte) *gyōza* (Teigtaschen).

Stay BAR

(ステイ; www.seisenso.com) Eine sehr gemütliche, bis spätnachts geöffnete Kellerbar. Der Besitzer ist ein musikverrückter Japaner, der vor ihrer Eröffnung einige Zeit im Ausland gelebt hat.

Praktische Informationen

Besucherzentrum Nozawa-Onsen (野沢温泉ビジターセンター; ☎0269-85-3155; www.nozawakanko.jp; 9780-4 Toyosato; ⌚8.30–18 Uhr) Das Besucherzentrum ist mitten im Dorfkern gelegen. Hier helfen Englisch sprechende Angestellte einem gerne bei der Buchung von Unterkünften und Touren in der Gegend.

An- & Weiterreise

Seit der Ankunft des Hokuriku-*shinkansen* ist die Verbindung nach Nozawa-Onsen schneller und einfacher.

Von Tokio aus fährt man mit dem *shinkansen* zum Bahnhof Iiyama (8110 ¥, 100 Min.) und steigt dann in den Nozawa-Onsen-Liner-Bus nach Nozawa-Onsen (600 ¥, 25 Min.) um.

In der Wintersaison verkehren direkte Busse zwischen dem JR-Bahnhof Nagano (Ostausgang) und Nozawa-Onsen (1500 ¥, 90 Min.).

Shiga Kōgen 志賀高原

0269

Shiga Kōgen ist mit insgesamt 80 Pisten in 21 miteinander verbundenen Arealen eines der größten Skigebiete weltweit (und das größte in Japan). Hier fanden auch mehrere Wettkämpfe der Olympischen Winterspiele 1998 sowie der Special Olympics 2005 statt.

Außerhalb der Wintermonate ist Shiga Kōgen mit seinen Bergseen und -teichen und den wunderschönen Aussichtspunkten ein Paradies für Wanderer. Seit 1980 steht ein etwa 130 km² großes Gebiet als Mensch-und-Biosphären-Reservat unter dem Schutz der UNESCO.

Wer nicht gerne Ski fährt oder wandert, für den ist der einzige Grund für einen Besuch die Landschaft entlang der Route 292, die in den wärmeren Monaten mehr als eindrucksvoll ist. Sie windet sich von Yudanaka hinauf rund um kurvenreiche Gipfel, vorbei an Kratern und Seen aktiver Vulkane, hinunter zum Dorf Kusatsu-Onsen, und zählt zu den schönsten Straßen des japanischen Festlands.

Aktivitäten

Shiga-Kōgen-Skigebiet SKIFAHREN
(志賀高原スキー場; Karte S. 306; 0269-34-2404; www.shigakogen.gr.jp; Tagesskipass 5200 ¥; Dez.–April 8.30–16.30 Uhr) Für die zusammengeschlossenen 21 Skiareale gilt ein Liftticket, mit dem man das gesamte Gebiet und den Shuttlebus zwischen den verschiedenen Lodges im Tal nutzen kann. Über die einzelnen Gebiete informiert www.snowjapan.com.

Besucher erwartet eine riesige Auswahl an Abfahrten in allen Schwierigkeitsgraden. Im Gebiet Hasuike vor der Seilbahnstation Shiga Kōgen gibt es ein Büro mit englischsprachigen Mitarbeitern; sie helfen dabei, sich auf den Hängen zurechtzufinden und Unterkünfte zu buchen. Das Skiareal **Hasuike** liegt zentral und ist gut für Anfänger und Familien geeignet, **Nishita-te-yama** hat lange Abfahrten und eine tolle Aussicht. Darüber hinaus zählt **Yakebitai-yama** mit abwechslungsreichem Terrain und einem ebenso großartigen Panoramaausblick zu den größten Gebieten.

Schlafen & Essen

Wintersportorte jeder Form und Größe verteilen sich auf den Hängen und Tälern, die Shiga Kōgen ausmachen. Einen Hauptort gibt es nicht.

Außerhalb der Skisaison ist das kulinarische Angebot vor Ort sehr beschränkt.

★ Villa Ichinose GÄSTEHAUS ¥¥
(ヴィラ・一の瀬; Karte S. 306; 0269-34-2704; www.villa101.biz; 7149 Hirao; EZ/DZ ab 5500/10 000 ¥; P) Die praktische Lage vor der Bushaltestelle Ichinose, Englisch sprechendes Personal und eine nette Atmosphäre sprechen für die Villa Ichinose, die gern von internationalen Gästen gebucht wird. Zu den japanischen Zimmern gehören (nur) Toiletten, während die westlichen Räume mit „richtigen" Bädern ausgestattet sind. In der Lobby gibt's WLAN und in der zweiten Etage ein öffentliches Bad (24 Std.).

Chalet Shiga GASTHAUS ¥¥
(シャレー志賀; Karte S. 306; 0269-34-2235; www.shigakogen.jp/chalet/en; Zi. mit 2 Mahlzeiten ab 10 200 ¥ pro Pers.; P) Das Chalet Shiga liegt in praktischer Nähe zu den Hängen. Auf der Anlage findet man eine beliebte Sportbar sowie Zimmer in japanischem und in westlichem Stil.

Praktische Informationen

Touristeninformation Shiga Kōgen (志賀高原観光協会; Karte S. 306; 0269-34-2323; www.shigakogen.gr.jp; 9–17 Uhr) In der Touristeninformation Shiga Kōgen im Hasuike-Gebiet informieren englischsprachige Mitarbeiter über die Skihänge und vermitteln Unterkünfte. Sie befindet sich vor der Seilbahnstation Shiga Kōgen.

An- & Weiterreise

Zwischen dem JR-Bahnhof Nagano und Shiga Kōgen (1700 ¥, 70 Min.) verkehren direkte Nagaden-Busse. Während der Skisaison gibt's häufigere Verbindungen. Man kann auch einen Zug von Nagano nach Yudanaka nehmen und dort mit dem Hase-ike-Bus nach Shiga Kōgen weiterfahren. Ausstieg an der Endhaltestelle (780 ¥, ca. 40 Min.).

Bessho-Onsen 別所温泉

☎0268

In diesem von Bergen umringten, zur Stadt Ueda gehörenden Onsen-Ort mit ausgezeichnetem Quellwasser stehen ein paar interessante Tempel. Wer sowieso gerade in der Nähe ist, kann einen Abstecher nach Bessho machen, generell fehlt es aber an echten Attraktionen, um eine Reise extra hierher zu rechtfertigen.

Die historische Bezeichnung „Klein-Kamakura" erinnert an Besshos Rolle als Verwaltungszentrum während der Kamakura-Zeit (1185–1333). Außerdem fand das Dorf Erwähnung in *Das Kopfkissenbuch* der Schriftstellerin Sei Shōnagon aus der Heian-Ära. Zweifellos hatte Bessho damals mehr Charme. Dennoch hat es ein paar nette Ecken, darunter ein nationales Kulturgut (ein Tempel) und ein tolles Beispiel eines *onsen ryokan* (traditionelles Gasthaus mit Thermalquellen).

Sehenswertes & Aktivitäten

Im Dorfzentrum befinden sich drei Onsen (Eintritt 150 ¥), die jeweils von 6 bis 22 Uhr geöffnet sind: **Ō yu** (大湯) hat ein kleines *rotemburo*, **Ishi-yu** (石湯) verfügt über ein schönes Steinbad und **Daishi-yu** (大師湯), der Liebling der Einheimischen, lockt mit vergleichsweise kühlem Wasser.

Kitamuki Kannon BUDDHISTISCHER TEMPEL
(北向観音; ☎0268-38-2023; ⏲24 Std.) GRATIS Auf dem Gelände des Tendai-Tempels erheben sich ein paar imposante uralte Bäume, zudem genießt man ungehinderte Aussicht über das Tal. Leider ist die Landschaft mittlerweile ziemlich verbaut. Der Name des Tempels rührt von der nach Norden blickenden Kannon-Statue, dem Gegenstück zu der nach Süden blickenden Statue im Zenkō-ji (S. 303) in Nagano. Nach einem 5 km langen Fußmarsch gelangt man zu den Tempeln **Chūzen-ji** und **Zenzan-ji**. Sie sind wahre Inseln der Ruhe.

Anraku-ji BUDDHISTISCHER TEMPEL
(安楽時; ☎0268-38-2062; Erw./Kind 300/100 ¥; ⏲März–Okt. 8–17 Uhr, Nov.–Feb. 8–16 Uhr) Das zur Sōtō-Zen-Schule gehörende Bauwerk mit einer achteckigen Pagode ist der älteste Zentempel in der Präfektur Nagano. Es entstand zwischen 824 und 834 und zählt zu den nationalen Kulturgütern des Landes. Vom Bahnhof sind es zehn Gehminuten bis zum Anraku-ji.

Schlafen & Essen

In Bahnhofsnähe gibt es eine Handvoll recht günstiger Lokale.

★ **Ryokan Hanaya** RYOKAN ¥¥
(旅館花屋; ☎0268-38-3131; http://hanaya.naganoken.jp; 169 Bessho Onsen; Zi. mit 2 Mahlzeiten ab 13 880 ¥ pro Pers.; P) Diese Bleibe katapultiert einen zurück in die Taisho-Zeit (1912–1926). Das traditionelle Kleinod liegt inmitten eines sehr gepflegten japanischen Gartens. 14 große und recht betagte, aber hübsche Tatamizimmer gewähren freien Blick auf die Landschaft. Jedes davon hat seinen eigenen Stil und seine eigene Geschichte. Englisch wird kaum gesprochen, das macht das großartige *rotemburo* im Garten jedoch wieder wett.

Uematsu-ya GASTHAUS ¥¥
(上松屋; ☎0268-38-2300; www.uematsuya.com; 1628 Bessho Onsen; Zi. mit 2 Mahlzeiten ab 9800 ¥ pro Pers.; P ❄ 📶) Ein gut gepflegtes, günstiges neunstöckiges Gasthaus auf einem Hügel. Die Zimmer in japanischem und westlichem Stil haben En-suite-Bäder. Die Deluxe-Varianten sind größer, befinden sich in den oberen Etagen und warten mit privaten Terrassen auf. Es wird ein bisschen Englisch gesprochen. Außerdem gibt's drinnen Onsen-Bäder und draußen tolle *rotemburo*.

Praktische Informationen

Ryokan-Vereinigung Bessho-Onsen (別所温泉旅館組合; ☎0268-38-2020; www.bessho-onsen.com; 1853-3 Bessho Onsen; ⏲9–17 Uhr) Die Angestellten des kleinen Büros am Bahnhof versorgen Traveller mit allerlei Infos und können Unterkünfte buchen. Auch rudimentäre Japanischkenntnisse sind hier Gold wert.

An- & Weiterreise

Die Anfahrt erfolgt mit dem Zug via Ueda. In Nagano hat man die Wahl zwischen dem JR-*shinkansen* (1410 ¥, 12 Min.) oder der privaten Shinano-Tetsudō-Linie (750 ¥, 42 Min.). In Tokio nimmt man den JR-*shinkansen* (5980 ¥, 1½ Std.). Von Ueda aus geht's mit dem privaten Ueda-Dentetsu-Zug weiter nach Bessho-Onsen (570 ¥, 28 Min.).

Karuizawa 軽井沢

☎0267 / 19 005 EW.

Der malerische Ferienort Karuizawa liegt in einem kleinen fruchtbaren Tal am Rand des Asama, eines der aktivsten Vulkane Honshūs. Die letzte größere Eruption ereignete sich 2009. Noch in Tokio regnete es Asche! Obwohl die Möglichkeit von Ausbrüchen besteht, ist Karuizawa seit jeher ein beliebter Rückzugsort für Tokioter, die der Sommerhitze in ihrer Stadt entfliehen wollen. 1957 begegnete der junge Kaiser Akihito hier seiner späteren Frau Kaiserin Michiko auf einem Tennisplatz. Seitdem ist die Stadt ein beliebter Ort für Hochzeitsfeiern und ein noch populäreres Wochenendziel für Besucher aus Tokio.

Die praktische *shinkansen*-Verbindung ab Tokio und Nagano, verschiedene Unterkünfte, Restaurants und ein Einkaufszentrum, dem selbst Shopping-Muffel kaum widerstehen können, machen Karuizawa zu einem lohnenswerten Ziel für Tagesausflüge und zu einem hübschen, wenn auch teuren Ort für die eine oder andere Übernachtung.

Sehenswertes

Die hübsche Hauptstraße im alten Karuizawa (旧軽井沢; Kyū Karuizawa), auch als „Old Karuizawa Ginza" bekannt, wird von schicken Boutiquen, Galerien und Cafés gesäumt. Vom Bahnhof aus muss man etwa 1 km der Karuizawa-hondōri Richtung Norden folgen und dann rechts auf die Kyū-karuizawa-Hauptstraße abbiegen. Sie ist nicht zu verfehlen.

Usui-Pass-Aussichtspunkt AUSSICHTSPUNKT
(碓氷峠見晴台, Usui Tōge Miharadai) GRATIS An der Grenze der Präfekturen Gunma und Nagano, rund 4 km nordöstlich vom alten Karuizawa, befindet sich diese Aussichtsplattform mit eindrucksvollem Blick auf den Asama und die umliegenden Berge. Hierher kommt man leider nicht mit öffentlichen Verkehrsmitteln; über den Anfahrtsweg informiert das Büro des Tourismusvereins Karuizawa.

Asama-Magma-Park PARK
(鬼押出し園, Onioshidashi-en; ☎0267-86-4141; www.princehotels.co.jp/amuse/onioshidashi; 1053 Kanbara, Tsumagoi-mura; Erw./Kind 650/450 ¥; ⏲8–16.30 Uhr) Hier haben Traveller die Gelegenheit, den Asama genauer unter die Lupe zu nehmen. Der Park entstand 1783 bei der letzten starken Eruption des Vulkans. Der „von Dämonen heimgesuchte" Park verfügt über eine surreale Landschaft mit zerklüfteten Magmaformationen neben üppig grünen Feldern auf äußerst fruchtbarem Vulkanboden. Busfahrpläne und Ticketpreise sind in der Touristeninformation erhältlich.

„Umi"-Museum für Moderne Kunst MUSEUM
(軽井沢現代美術館, Karuizawa Gendai-bijutsukan; ☎0267-31-5141; www.moca-karuizawa.jp; 2052-2 Nagakura; Erw./Kind/Sen. 1000/500/800 ¥; ⏲Juli–Sept. 10–17 Uhr, April–Juni, Okt. & Nov. Fr–Mo 10–17 Uhr) Diese lichtdurchflutete Galerie in hübscher bewaldeter Umgebung zeigt eine beeindruckende Sammlung moderner japanischer Arbeiten von international bekannten Künstlern.

Ehemaliges Mikasa-Hotel MUSEUM
(旧三笠ホテル; ☎0267-42-7072; 1339-342 Karuizawa; Eintritt 400 ¥; ⏲9–17 Uhr) Eines der ältesten westlichen Hotels (1906–1970) in Japan und darüber hinaus auch ein tolles Beispiel für die aufwendige Architektur der Meiji-Zeit. Heute beherbergt das Gebäude ein Museum, das dessen einzigartige Architektur und Erinnerungsstücke aus der glanzvollen Vergangenheit des Hotels zeigt.

Schlafen

Karuizawas große Auswahl an Unterkünften reicht von Holzhütten über Businesshotels und Boutique-Resorts bis hin zu Luxusadressen. Die Nachfrage ist in der Regel hoch und die Zimmerpreise zählen zu den teuersten Japans.

Cottage Inn Log Cabin HÜTTEN ¥¥
(☎0267-45-6007; www.log-cabin.co.jp; 3148-1 Naka-Karuizawa; EZ/2BZ ab 13 000/6500 ¥ pro Pers.; P ❄) „Log Cabin" (Blockhütte) sagt schon alles: Die voll ausgestatteten Hütten dieser Unterkunft fünf Gehminuten von der Naka-Karuizawa-Haltestelle entfernt verströmen rustikalen Charme und sind von Bäumen umgeben. Besonders für Familien eine tolle Unterkunft.

★ **Ancient Hotel** HOTEL ¥¥¥
(☎0267-42-3611; www.ancient-hotel.com; 2126 Nagakura; DZ inkl. 2 Mahlzeiten ab 30 000 ¥ pro Pers.; P ❄ 📶) Klare Linien, gedämpfte Töne und behutsame Akzente sorgen dafür, dass sich dieses wunderschön gestaltete Hotel abseits der Stadt elegant in die Landschaft einfügt. Hier erwarten Gäste subtiler Luxus, Entspannung und Ruhe. Liebe zum Detail und Sinn für Ästhetik spiegeln sich auch in der Küche wider – das Essen ist so hübsch angerichtet, dass man sich mit dem Verzehr unweigerlich viel Zeit lässt.

Hoshinoya RYOKAN ¥¥¥
(星のや; ☎050-3786-0066; http://global.hoshinoresort.com/hoshinoya karuizawa; Hoshino Karuizawa; DZ ab 25 000 ¥ pro Pers.;) Gleich außerhalb von Karuizawa erstreckt sich im Onsen-Dorf Hoshino dieses eindrucksvolle, wenn auch etwas versnobte Ökoresort. Die modernen Zimmer und Häuser warten mit traditionellen Designelementen auf und sind um einen Teich angeordnet. Ringsum liegt waldiges Terrain. Wannen aus Zypressenholz gehören ebenso zum Standard wie exquisite Möbel. Dabei hat man sich an den Grundsatz „weniger ist mehr" gehalten. Alle drei Restaurants bieten Zimmerservice rund um die Uhr.

Eventuell muss man sich die dekadenten Onsen-Becken mit Tagesgästen (1200 ¥) teilen.

APA Hotel Karuizawa Ekimae HOTEL ¥¥¥
(APAホテル軽井沢駅前; ☎0267-42-0665; www.apahotel.com; 1178-1135 Karuizawa; EZ/DZ ab 10 500/16 500 ¥; P @) Aufgrund der geringen Entfernung von nur zwei Gehminuten ab dem Nordausgang des JR-Bahnhofs Karuizawa trifft man mit dem adretten Businesshotel eine gute Wahl, wenn man zum Shoppen hier ist und Wert auf Bequemlichkeit sowie Qualität legt.

Essen

Sein Ruf als beliebtes Wochenendziel für Tokios Elite hat Karuizawa in den vergangenen Jahren in eine regelrechte Gourmetstadt verwandelt. Zur Auswahl stehen alle möglichen kulinarischen Richtungen und jede Menge Luxusrestaurants, in denen man sein Geld loswerden kann.

Roast Chicken Kastanie DINER ¥
(カスターニエ; ☎0267-42-3081; www.kastanie.co.jp; 23-2 Karuizawa-higashi; Gerichte ab 600 ¥; ⏲Do–Di 11–14 & 17–21 Uhr;) In dem originellen Diner gibt's für Japan recht untypische Küche wie saftig-zartes Brathähnchen-Dinner, gebratenes Gemüse, Wurstplatten und verschiedene westliche Klassiker, angerichtet mit japanischer Liebe zum Detail. Die gebratene Avocado mit Teriyaki-Soße ist köstlich!

Kawakami-an FUSIONSKÜCHE ¥¥
(川上案; ☎0267-42-0009; www.kawakamian.com/shopkaruizawa; 6-10 Karuizawa; Gerichte ab 480 ¥; ⏲11–22 Uhr) Eine tolle Adresse für eine umfangreiche Auswahl japanischer und westlicher Gerichte, darunter eine große Portion exzellente *tempura soba* (1940 ¥) oder der etwas exotischere Avocado-Camembert-Salat (790 ¥). Gegen den kleinen Hunger helfen Kaffee und ein Dessert.

Shoppen

★ **Karuizawa Prince Shopping Plaza** EINKAUFSZENTRUM
(軽井沢・プリンスショッピングプラザ; ☎0267-42-5211; www.karuizawa-psp.jp; ⏲10–19 Uhr) Vor dem Südausgang des JR-Bahnhofs Karuizawa erhebt sich ein gigantisches Einkaufszentrum, in dem so ziemlich alle großen Marken vertreten sind. Schnäppchen- und Raritätenjäger werden sicherlich fündig, denn hier bekommt man Dinge, die es wirklich nur in Japan gibt. Shopping-Fans sollten unbedingt jede Menge Zeit einplanen.

Schnell vergisst man hier die Zeit, dazu tragen auch die Grünflächen ringsum, der künstliche See, die zahlreichen Restaurants und der Blick auf den Asama-Vulkan bei. Dagegen sind selbst Einkaufsmuffel nicht immun.

Praktische Informationen

Tourismusverein Karuizawa (軽井沢観光協会, Karuizawa Kankō Kyōkai; ☎0267-45-6050; www.karuizawa kankokyokai.jp; ⏲9–17 Uhr) Das Büro im JR-Bahnhof Karuizawa hat englischsprachige Infoliteratur und Karten auf Lager. Die Mitarbeiter sprechen etwas Englisch.

Anreise & Unterwegs vor Ort

Karuizawa liegt auf der Nagano-*shinkansen*-Linie zwischen Nagano (3160 ¥, 33 Min.) und Tokio (5390 ¥, 70 Min.). Meist fahren in beide Richtungen zweimal stündlich Züge.

Alternativ verkehren auch Nahverkehrszüge der privaten *Shinano-Tetsudō*-Linie ab Nagano (1640 ¥, 1¼ Std.) sowie fünf Busse täglich vom Bahnhof Ikebukuro in Tokio (2600 ¥, 3 Std.).

Mit einem Mietwagen erhält man tolle Einblicke in die gesamte Bandbreite der Region.

PRÄFEKTUR GUNMA

In der Berglandschaft der Präfektur Gunma (群馬県; Gunma-ken) scheinen hinter jeder Ecke Mineralquellen aus dem Boden zu sprudeln. Der bekannteste Onsen-Ort ist Kusatsu, es gibt jedoch viele andere weniger kommerzielle. Wasser und Berge in Hülle und Fülle sorgen für tolle Outdoor-Aktivitäten, von Skifahren im Winter bis zu Rafting- und Canyoningtouren im Frühjahr und Sommer.

Anreise & Unterwegs vor Ort

Als Einfallstor in die Präfektur Gunma ist Takasaki ein wichtiger Verkehrsknotenpunkt. Von hier aus führen die *shinkansen*-(Hochgeschwindigkeits-)Linien Jōetsu und Hokuriku nach Niigata und Kanazawa (über Nagano).

Zu den beliebtesten Onsen-Dörfern kommt man mit Nahverkehrszügen und -bussen. Wer kein Problem mit kurvigen Bergstraßen hat, für den ist ein Mietwagen die schönere Option.

Takasaki & Umgebung

0273 / 370 751 EW.

Das hübsche Takasaki (高崎) ist bekannt für *daruma*-Puppen, Nudeln und ein paar tolle Tagesausflüge. Die Stadt gilt als exzellentes *norikaeru-machi:* als Zwischenstopp zum Umsteigen auf der Reise zwischen Tōhoku und den Japanischen Alpen. Günstige Lokale und Betten gibt es in der Nähe des Bahnhofs. Dort starten die *shinkansen*-Linien Jōetsu (nach Niigata) und Hokuriku (nach Nagano, Kanazawa und Toyama).

Sehenswertes

★Tomioka-Seidenspinnerei — HISTORISCHES GEBÄUDE

(富岡製糸場; 0274-64-0005; www.tomioka-silk.jp; 1-1 Tomioka, Tomioka; Erw./Kind 1000/250 ¥; 9–17 Uhr) Die Tomioka-Seidenspinnerei ist seit 2014 UNESCO-Weltkulturerbe und gewährt mittels exzellenter englischsprachiger Infotafeln großartige Einblicke in die Geschichte der Seidenherstellung. Sie wurde 1872 fertiggestellt und war eine der weltgrößten Produktionsstätten für Seide. Heute zählen die Fabrikgebäude zu den wenigen aus der Meiji-Zeit, die exzellent erhalten sind. Um hierherzugelangen, nimmt man die Joshin-Dentetsu-Linie von Takasaki zum Bahnhof Joshu Tomioka und läuft dann zehn Minuten.

Ein Besuch ist ein faszinierender Tagesausflug ab Takasaki.

Haruna Jinja — SHINTO-SCHREIN

(榛名神社; 0273-74-9050; www.haruna.or.jp; 849 Harunasan-machi) Seit fast 1400 Jahren steht hier inmitten bewaldeter Berge in irgendeiner Form ein Schrein, der dem Gott des Wassers, des Feuers und der Landwirtschaft gewidmet ist. Ein Besuch soll Glück in Sachen Liebe und Geld bringen. Der 700 m lange Pfad zum Schrein führt an einem Baum vorbei, dessen Alter von manchen auf 1000 Jahre geschätzt wird. Entweder kommt man mit dem Bus ab dem JR-Bahnhof Takasaki (70 Min.) oder mit dem Mietwagen.

Eisenbahndorf Usui Tōge — MUSEUM

(碓氷峠鉄道文化村, Usui Tōge Tetsudō Bunka Mura; 0273-80-4163; 407-16 Yokokawa; Erw./Kind 500 ¥/frei; 9–17 Uhr) Kinder, Erwachsene und Eisenbahnliebhaber gleichermaßen werden von diesem Eisenbahnfriedhof mit liebevoll gestaltetem Lok-Museum begeistert sein. Vor wunderschöner ländlicher Kulisse erwarten Besucher hier Schienenfahrzeuge, Stationen, Waggons, Simulatoren und japanische Eisenbahngeschichte. Einfach mit dem Zug von Takasaki zum Bahnhof Yokokawa (500 ¥, 30 Min.) fahren, der Endstation der Shinetsu-Hauptlinie.

Vom 22 km entfernten Karuizawa kann man auch selbst in den Park fahren.

Byakui Dai-kannon — BUDDHISTISCHE STATUE

(白衣大観音; 0273-22-2269; www.takasakikannon.or.jp; 2710-1 Ishihara-machi; Erw./Kind 300/100 ¥; 9–17 Uhr) Die Statue von Kannon (Göttin des Mitgefühls) wurde 1936 errichtet und zählt mit einer Größe von 41,8 m und einem Gewicht von über 6000 t zu den größten in Japan. Sie ist von innen bis zur Schulter begehbar und gewährt exzellente Ausblicke. Hierher fährt der *gururin*-Bus (200 ¥, 20 Min.) ab dem JR-Bahnhof Takasaki zum Tempel Jigen-in.

Schlafen

Rund um den Bahnhof von Takasaki gibt es eine große Auswahl an Business- und Touristenhotels zu moderaten Preisen.

Hotel Metropolitan Takasaki — HOTEL ¥¥

(ホテルメトロポリタン高崎; 0273-25-3311; http://takasaki.metropolitan.jp; 222 Yashima-chō; EZ/DZ ab 7700/13 900 ¥;) Das Hotel neben dem JR-Bahnhof Takasaki ist das stilvollste und praktischste der Stadt. Neben gut eingerichteten Zimmern gibt's exzellente Ausblicke von den oberen Etagen.

Essen & Ausgehen

In Bahnhofsnähe ist das kulinarische Angebot groß und facettenreich. Der Schwerpunkt liegt dabei auf Nudelrestaurants, außerdem reicht die Bandbreite von japanischer und indischer Küche bis hin zu jeder vorstellbaren Imbisskette.

Übernachtungsgäste finden rund um den Westausgang des Bahnhofs zahlreiche bei Japanern beliebte *izakaya* und einige internationaler ausgerichtete Unterkünfte.

Praktische Informationen

Touristeninformation Takasaki (高崎観光案内所; ☎0273-27-2192; www.gtia.jp/kokusai/english; ⌚9–20 Uhr) Im JR-Bahnhof Takasaki; die freundlichen Mitarbeiter haben verschiedene englischsprachige Infoliteratur auf Lager und erklären den Weg zu entlegeneren Sehenswürdigkeiten.

An- & Weiterreise

Regelmäßig düsen *shinkansen* (Hochgeschwindigkeitszüge) nach Takasaki. Sie kommen aus Tokio (4410 ¥, 1 Std.) und fahren weiter nach Karuizawa (2600 ¥, 15 Min.), Nagano (4530 ¥, 45 Min.), Toyama (9850 ¥, 2 Std.) und Kanazawa (11 460 ¥, 2¼ Std.).

Eine Entdeckungstour durch die Region Tōhoku kann man auch mit einer Fahrt mit dem Jōetsu-*shinkansen* nach Niigata (7470 ¥, 1¼ Std.) beginnen.

Minakami-Onsen-kyo

☎0278 / 20 415 EW.

Im Norden der Präfektur Gunma erstreckt sich Minakami-Onsen-kyo. Der weitläufige Zusammenschluss dreier kleinerer Onsen-Dörfer umfasst Minakami-machi, Tsukiyono-machi und Niharu-mura.

Inmitten wunderschöner Naturwälder und Berge gelegen und vom sprudelnden Tone-gawa durchkreuzt, bietet das Umland zwei von Japans schönsten *onsen ryokan* (traditionellen Gasthäusern mit Thermalquellen). Der Ort Minakami hat sich zu einem ganzjährigen Paradies für Abenteuersportler, Wanderer und Skifahrer entwickelt.

Die meisten Besucher kommen am Bahnhof Jōmō Kōgen an, der rund eine halbe Stunde von Minakami entfernt liegt, können sich von dem Ort also nicht sofort ein Bild machen. Minakami-machi, der Hauptort von Minakami-Onsen-kyo, wirkt etwas verwahrlost (wie die meisten Bergdörfer nach der Schneeschmelze) und auseinandergezogen.

Die Topziele der Präfektur Gunma, Takaragawa-Onsen (zuvor Minakami-machi) und Hōshi-Onsen (zu Niharu-mura gehörend) sind abgeschieden und in entgegengesetzter Richtung gelegen. Obwohl beide zu Minakami-Onsen gehören, ist die Ortschaft Minakami nicht in direkter Nähe.

Wer versucht, alles an einem Tag zu besuchen, gerät in Zeitnöte. Deswegen ist eine Übernachtung in einem der hiesigen Onsen-*ryokan* zu empfehlen.

NICHT VERSÄUMEN

TOP-ROTEMBURO

- Nakabusa-Onsen (S. 295)
- Takaragawa-Onsen (S. 317)
- Ōshirakawa Rotemburo (S. 265)
- Shin-Hotaka-no-yu (S. 263)
- Karukaya Sansō (S. 264)

Aktivitäten

★ **Takaragawa-Onsen** ONSEN

(宝川温泉; ☎0278-75-2614; www.takaragawa.com; 1899 Fujiwara; Eintritt 1500 ¥; ⌚9–17 Uhr) Unter freiem Himmel bietet der eindrucksvolle Onsen vier große Felsenbecken neben dem Tone-gawa und im Schatten eines dichten Waldes mit verschlungenen Pfaden, Holzhütten sowie folkloristischen und religiösen Statuen. Ein Becken ist Frauen vorbehalten, alle anderen sind gemischt, es stehen jedoch Handtücher zur Verfügung (100 ¥). Vom Bahnhof Minakami verkehren stündlich Busse hierher (1150 ¥, 40 Min.).

Man kann auch am Takaragawa Iriguchi (1050 ¥, 30 Min.) aussteigen; von dort ist es ein 20-minütiger Fußmarsch zum Onsen. Bei dem mehr oder weniger wertvollen Trödel, den man auf dem Weg zum Bad sieht, handelt es sich um Geschenke der Dorfbewohner aus den letzten Jahrzehnten. Einziger Wermutstropfen sind die in Käfige gesperrten Bären.

Tanigawa-dake-Seilbahn SEILBAHN

(谷川岳ロープウェイ; ☎0278 72 3575; www.tanigawadake-rw.com; hin & zurück 2060 ¥; ⌚8–17 Uhr) Die Gondeln der Tanigawa-dake-Seilbahn bringen Besucher zum Gipfel des Tenjin-daira, wo sie von Mai bis November Wanderungen (mehrstündige bis eintägige Touren) unternehmen können. Im Winter kann man Ski fahren und snowboarden. Vom Bahnhof Minakami fährt ein Bus in 20 Minuten zur Seilbahn-Haltestelle-Ekimae (670 ¥). Es gibt ein günstigeres Kombiticket für Hin- und Rückfahrt mit Seilbahn und Bus.

Schlafen

Die meisten Abenteuersportanbieter der Gegend haben ihre eigenen Lodges. Wer es gemächlicher mag, der findet vor Ort eine große Auswahl an in die Jahre gekommenen *minshuku* und *ryokan*.

ABENTEUERSPORT IN MINAKAMI

Minakami ist das ganze Jahr über Japans Abenteuersport-Mekka. Ausnahme ist der November, dann legen viele Veranstalter vor Beginn der Wintersaison eine Pause ein.

Während der Frühjahrsschmelze (April–Juni) bietet Tone-gawa (利根川) die landesweit besten Bedingungen für Raftingtouren. Zu den Veranstaltern mit englischsprachigen Guides zählen **Canyons** (☎ 0278-72-2811; www.canyons.jp; Raften halber/ganzer Tag ab 7500/16 000 ¥), **I Love Outdoors** (☎ 0278-72-1337; www.iloveoutdoors.jp; 169-1 Shikanosawa; halbtägige Touren ab 6500 ¥) und **H20 Guide Services** (☎ 0278-72 6117; www.h2o-guides.jp; Raften & Canyoning ab 8000 ¥). Im Sommer, wenn der Wasserstand fällt und es wärmer wird, bieten sie Canyoning-Ausflüge an. Sowohl Canyons als auch I Love Outdoors organisieren Touren in ihren eigenen Lodges.

MTB Japan (☎ 0278-72-1650; www.mtbjapan.com; Touren ab 6000 ¥) veranstaltet verschiedene Mountainbike-Touren, während das Team der **Tenjin Lodge** (S. 318) in den warmen Monaten Wanderungen sowie im Winter Skifahren, Snowboarden und Schneeschuhwanderungen abseits der Pisten anbietet. Adrenalinjunkies wagen einfach einen Sprung bei **Bungy Japan** (☎ 0278-72-8133; www.bungyjapan.com; 143 Obinata; 1. Sprung ab 8000 ¥; ⌚ Mo–Fr 10–16 Uhr, April–Nov. Sa & So 9–17 Uhr).

Ambitionierte Bergsteiger können sich den Tanigawa-dake (1977 m), den Tenjin-dake und den Ichino-kura vornehmen. Der Tanigawa-dake ist nur für erfahrene Kletterer geeignet: An ihm kamen bereits viermal so viele Menschen um wie am Mount Everest. Bei Wanderungen sollte man sich vor Bären in Acht nehmen.

Tenjin Lodge LODGE ¥

(天神ロッジ; ☎ 0278-25-3540; www.tenjinlodge.com; 220-4 Yubiso; Zi. ab 5000 ¥ pro Pers.; 📶) In idealer Lage am Fuß des Tanigawa-dake gegenüber einem hübschen Wasserfall und mit Badebecken in der Nähe. Die Lodge hat gemütliche, geräumige Zimmer in japanischem und westlichem Stil; am besten sind die am Fluss. Außerdem bieten die herzlichen Gastgeber hausgemachte Mahlzeiten (Frühstück 800 ¥, Abendessen 1200 ¥), jede Menge Wissen über die Gegend und Abenteuersport.

★ **Takaragawa Onsen Ōsenkaku** RYOKAN ¥¥

(宝川温泉汪泉閣; ☎ 0278-75-2611; www.takaragawa.com; 1899 Fujiwara; EZ/DZ mit 2 Mahlzeiten & Gemeinschaftsbad ab 13 400/20 600 ¥; ❄📶🍴) 🌿 Viel traditioneller als in diesem Gasthaus am Fluss, das sich auf drei Gebäude verteilt, geht's kaum. Das älteste ist der Anbau 1 von 1936. Gäste dürfen rund um die Uhr den angrenzenden Takaragawa-Onsen nutzen. Am frühen Morgen kommt man in den Genuss echter Ruhe, zu den Hauptbesuchszeiten herrscht hingegen ordentlich Betrieb.

Zum Abendessen gibt es eine Suppe mit Bärenfleisch; wer das nicht essen möchte, fragt bei der Reservierung nach nicht-*kuma-jiru* (熊汁). Es gibt einen Shuttle-Service.

★ **Hōshi Onsen Chōjūkan** RYOKAN ¥¥

(法師温泉長寿館; ☎ 0278-66-0005; www.houshi-onsen.jp; 650 Nagai; Zi. mit 2 Mahlzeiten ab 15 500 ¥ pro Pers.; P❄📶) Die abgeschiedene, rustikale und wunderbar malerische Unterkunft zählt zu Japans besten *onsen ryokan* (traditionellen Gasthäusern mit Thermalquellen) und verfügt über ein eindrucksvolles Badehaus aus Holz von 1896. Vom Bahnhof Gokan (zwei Stopps vor Minakami) fährt man mit dem Bus nach Sarugakyō (730 ¥, 40 Min.) und steigt in die recht unregelmäßige Verbindung nach Hōshi-Onsen (590 ¥, 15 Min.) um; eine Alternative ist das Taxi (3000 ¥).

Auch Tagesgäste können die Bäder nutzen (1000 ¥, Do–Di 10.30–13.30 Uhr).

Essen & Ausgehen

La Biere PIZZA ¥

(ラ・ビエール; ☎ 0278-72 2959; www.3-sui.com/labiere.html; Pizzas ab 850 ¥; ⌚ Mi–Mo 11–14.30 & 17–20.30 Uhr; 📋) Einfache schmackhafte Holzofenpizzas kommen in dieser niedlichen Pizzeria mit Topfpflanzen und schirmgeschütztem vorderen Bereich auf den Tisch. Man kann das Essen auch zum Mitnehmen bestellen.

Kadoya SOBA ¥¥

(そば処角弥; ☎ 0278-72-2477; www.kadoya-soba.com; 189-1 Yubiso; Soba 980–1480 ¥; ⌚ 11–14.30 Uhr) In dem beliebten Lokal, das auf *hegi soba* (mit Meeresalgen verfeinerte, auf einem speziellen Teller namens *hegi* angerichtete *soba*) spezialisiert ist, muss man sich auf Warteschlangen einstellen. Die Nudeln werden jeden Tag frisch gerollt und der Laden schließt, wenn sie aus sind

Alpine Cafe BAR

(☎ 0278-72-2811; www.canyons.jp; 45 Yubiso; ⏲ Dez.–Okt. Do–So 16 Uhr–open end; 📶) Die beliebte Café-Bar unter Leitung des Canyons-Teams (S. 318) bietet sommerliche Barbecues, einen Billardtisch, jede Menge Bier, Hamburger und gelegentlich Livemusik. Sie ist auch der Treffpunkt für die Abenteuertouren von Canyons.

ℹ Praktische Informationen

Touristeninformation Minakami-Onsen (水上温泉旅館協同組合; ☎ 0278-72 2611; www.minakamionsen.com; ⏲ Juni–Okt. 8.30–16.30 Uhr, Nov.–Mai 9–16.30 Uhr) Das Büro beim Bahnhof Jōmō Kōgen hat hilfsbereite englischsprachige Mitarbeiter, Broschüren und Busfahrpläne.

Siehe auch www.enjoy-minakami.jp.

ℹ An- & Weiterreise

In Ueno nimmt man den Jōetsu-*shinkansen* (4200 ¥, 50 Min.) oder die JR-Takasaki-Linie (1940 ¥, 2 Std.) nach Takasaki und steigt in die Jōetsu-Linie (970 ¥, 1 Std.) um.

Inhaber eines JR-Passes nehmen in der Regel den direkten Jōetsu-*shinkansen* nach Jōmō Kōgen ab Tokio/Ueno (5390 ¥/5180, 1¼ Std.), wo Busse nach Minakami (620 ¥, 25 Min.) abfahren.

ℹ Unterwegs vor Ort

AUTO & MOTORRAD

Wer keine Angst vor kurvenreichen Bergstraßen hat, kann sich am Bahnhof Jōmō Kōgen ein Auto mieten. Auf diese Weise lernt man die Gegend am besten kennen und kann die großartigen Onsen, den Ort Minakami und die Seilbahn auf eigene Faust erkunden.

Die freundlichen Mitarbeiter von **Toyota Rent-a-Lease** (トヨタレンタリース上毛高原駅前; ☎ 0278-62-0100; http://rent.toyota.co.jp; 766 Tsukiyono; ⏲ 8–20 Uhr) findet man direkt gegenüber dem Bahnhof Jōmō Kōgen.

BUS

Um nach Hōshi-Onsen zu gelangen, fährt man mit dem Bus vom Bahnhof Jōmō Kōgen nach Sarugakyō-Onsen (880 ¥, 30 Min.) und steigt in den sporadischer verkehrenden Bus nach Hōshi-Onsen (640 ¥, 20 Min.) um.

Wer mit dem *tokkyū*-Zug auf der Jōetsu-Linie anreist, steigt am Bahnhof Gokan (zwei Stopps vor Minakami) aus und nimmt den Bus nach Sarugakyō (730 ¥, 40 Min.), wo Busse nach Hōshi Onsen (590 ¥, 15 Min.) verkehren.

Alle Stunde fahren Busse vom Bahnhof Minakami nach Takaragawa-Onsen. Sie halten alle an der Bushaltestelle Takaragawa Iriguchi (1050 ¥, 30 Min.), von wo ein 20-minütiger Fußmarsch nach Takaragawa-Onsen führt; manche bedienen auch die gesamte Strecke (1150 ¥, 40 Min.).

Fahrpläne sind unter http://global.kan-etsu.net/en/minakami/yunokoya.html nachzulesen.

Kusatsu-Onsen

☎ 0279 / 6537 EW.

Wegen des streng riechenden antibakteriellen smaragdgrünen Wassers gilt Kusatsu (草津温泉) seit der Edo-Zeit als einer der besten Onsen-Orte Japans. Darüber hinaus ist es im Winter eine gute Ausgangsbasis für Skifahrer aller Niveaus. Weitere Infos liefert www.kusatsu-kokusai.com/winter.

◉ Sehenswertes & Aktivitäten

Yubatake THERMALQUELLE

(湯畑) Yubatake ist die Hauptattraktion im Ortszentrum und die Thermalwasserquelle der Gegend. Das milchig blaue, schwefelhaltige Wasser ergießt sich wie ein Wasserfall mit 4000 l pro Minute und wird von Holztanks bekrönt, mit denen Kusatsus *ryokan* ihre Bäder füllen. Für viel Atmosphäre sorgt die abendliche Beleuchtung.

Sai-no-kawara Rotemburo ONSEN

(西の河露天風呂; ☎ 0279-88-6167; www.sainokawara.com; 521-2 Oaza Kusatsu; Erw./Kind 600/300 ¥; ⏲ April–Nov. 7–20 Uhr, Dez.–März 9–20 Uhr) Dieses atmosphärische, 500 m² große *rotemburo* im grünen Sai-no-kawara kōen (Park) verfügt über Bäder für Männer und Frauen, die durch eine Bambuswand voneinander getrennt sind und Platz für 100 Gäste bieten. Der Ansturm ist recht groß, frühmorgens hat man jedoch meist seine Ruhe.

Die Bäder liegen einen 15-minütigen Fußmarsch westlich von der Yubatake-Quelle bzw. am Stopp 15 des Kusatsu-Ringbusses.

Ōtakinoyu ONSEN

(大瀧乃湯; ☎ 0279-88-2600; www.ohtakinoyu.com; 596-13 Ōaza Kusatsu; Erw./Kind 900/400 ¥; ⏲ 9–21 Uhr) Otakinoyu ist für seine Bäder mit unterschiedlichen Temperaturen bekannt – teilweise sind sie unerträglich heiß. Beim *awase-yu* (eine Kombination aus mehreren Quellen) probiert man verschiedene aus. Der Onsen befindet sich östlich von Yubatake einen fünfminütigen Spaziergang bergabwärts.

Schlafen & Essen

Zu Ferienzeiten und am Wochenende ist Kusatsu ziemlich überlaufen, zudem kommt der Ort im Gegensatz zu vielen anderen Resorts wenig modern daher. Viele der hiesigen hoch aufgeschossenen Onsen-Hotels sind eher auf japanische Reisegruppen als auf internationale Individualreisende ausgerichtet und haben ihre Glanzzeit schon hinter sich.

Ijimakan RYOKAN ¥
(飯島館; ☎0279-88-3457; www.iijimakan.com; 447-8 Kusatsu; Zi. mit Gemeinschaftsbad & 2 Mahlzeiten/ohne Verpflegung ab 6690/4630 ¥ pro Pers.;) Trotz merkwürdigem, bunt zusammengewürfeltem Dekor (ausgestopfte Tiere, Plastikblumen etc.) ist das Gasthaus unter freundlicher Leitung eine gute Option. Am besten sind die Zimmer im oberen Stock mit Balkonbereich und viel natürlichem Licht. Liegt einen zweiminütigen Fußmarsch vom Busbahnhof bergab und hat keine englische Beschilderung.

Kusatsu Onsen Boun RYOKAN ¥¥
(草津温泉望雲; ☎0279-88-3251; www.hotelboun.com; 433-1 Kusatsu-machi; Zi. mit 2 Mahlzeiten ab 14 040 ¥ pro Pers.;) Im wunderschönen Boun erwarten Gäste traditionelles Dekor mit eleganten Akzenten, Tatamizimmer mit Ikebana-Kunst sowie Gemeinschaftsbereiche, Moosgärten, Wasserfälle und ein mit Bambus verkleideter Lichthof. Es gibt einen großen Onsen in einem weitläufigen Badehaus aus Holz und einen *rotemburo* mit Gartenblick. Drei Gehminuten von Yubatake entfernt.

Hotel Sakurai HOTEL ¥¥¥
(ホテル櫻井; ☎0279-88-3211; www.hotel-sakurai.co.jp; 465-4 Kusatsu-machi; Zi. mit 2 Mahlzeiten ab 28 000 ¥ pro Pers.; P) Das hoch aufragende exklusive Onsen-Hotel in zentraler Lage ist nicht zu übersehen und bietet eine große Auswahl an luxuriösen Zimmern, Restaurants und Bädern. Die Unterkünfte in den oberen Etagen im neuen Flügel haben einen hübschen Blick über die Stadt und die ländliche Landschaft.

Mikuniya NUDELN ¥
(三国家; ☎0279-88-2134; 386 Ōaza Kusatsu; Gerichte ab 680 ¥; ⏲11–14 Uhr) In dem beliebten Lokal in der Einkaufsstraße, die hinter Yubatake Richtung Sai-no-kawara führt, kann man sich an Schüsseln mit leckeren *sansai soba* (Buchweizennudeln mit Berggemüse; 800 ¥) satt essen. Einfach nach einem renovierten Holzgebäude mit schwarzen Vorhängen am Eingang und einer langen Schlange vor der Tür Ausschau halten.

Unterhaltung

Netsu-no-yu Yumomi YUMOMI-AUFFÜHRUNG
(☎0279-88-3613; www.kusatsu-onsen.ne.jp.e.uh.hp.transer.com/netsunoyu; 414 Kusatsu-machi; Erw./Kind 600/300 ¥; ⏲Vorstellungen 9, 10, 10.30, 15.30, 16 & 16.30 Uhr) Die 30-minütige Show ist zwar sehr touristisch, allerdings bietet sie die einzigartige Gelegenheit, *yumomi* beizuwohnen. Dabei rühren einheimische Frauen das Wasser, um es zu kühlen, und singen dazu Volkslieder. Bei den meisten Vorstellungen (4–5-mal tgl.) dürfen Zuschauer mitmachen, nachmittags gibt's außerdem lokaltypische Tänze zu sehen.

Praktische Informationen

Weitere Infos zur Stadt gibt's unter www.kusatsu-onsen.ne.jp.

Ryokan-Informationszentrum Kusatsu-Onsen (草津温泉旅館案内センター; ☎0279-88-3722; ⏲9–18 Uhr) Das Informationszentrum in dem weißen Gebäude gegenüber dem Busbahnhof hilft bei der Buchung von Unterkünften und hat eine empfehlenswerte Wanderkarte auf Lager.

Städtische Tourismusabteilung (☎0279-88-0001; ⏲Mo–Fr 8.30–17.30 Uhr) Die Tourismusabteilung findet man neben dem Busbahnhof. Manchmal ist ein englischsprachiger Mitarbeiter vor Ort, zudem gibt es ein informatives Touch-Screen-Terminal auf Englisch.

An- & Weiterreise

JR-Busse verkehren zwischen Kusatsu-Onsen und dem Bahnhof Naganohara-Kusatsuguchi (690 ¥, für Inhaber des JR-Passes kostenlos, 25 Min.). *Tokkyū*-Kusatsu-Züge fahren dreimal täglich von Ueno zum Bahnhof Naganohara-Kusatsuguchi (4750 ¥, 2½ Std.). Alternativ nimmt man den Jōetsu-*shinkansen* (Hochgeschwindigkeitszug) nach Takasaki (5280 ¥, 1 Std.) und steigt dort in die JR-Agatsuma-Linie um (1140 ¥, 1½ Std.).

JR-Busse-Kantō (☎03-3844-1950; www.jrbuskanto.co.jp) verkehren vom Bahnhof Shinjuku in Tokio (neuer Südausgang) direkt nach Kusatsu-Onsen (3600 ¥, 4 Std.); Reservierung erforderlich.

Wer mit dem Mietwagen unterwegs ist, muss mit den überfüllten engen Straßen des Dorfes zurechtkommen. Dafür bietet die Fahrt zwischen Kusatsu-Onsen und Karuizawa, 41 km weiter südlich in der Region Nagano, tollen Blick auf den aktiven Vulkan Asama.

In nordwestlicher Richtung bietet die Route 292 Richtung Shiga Kōgen und weiter nach Yudanaka in Nagano mit die spektakulärsten Frühlings- und Herbstlandschaften Japans und jede Menge traumhafte Panoramen. Die langsame, kurvenreiche Hochstraße ist am Wochenende sehr beliebt. Wem es im Auto schnell schlecht wird, der sollte auf die Fahrt lieber verzichten.

Kyoto

1,47 MIO. EW. / ☎ 075

Inhalt ➡

Gut essen

- Kikunoi (S. 373)
- Omen (S. 373)
- Kyōgoku Kane-yo (S. 365)
- Yoshikawa (S. 361)
- Honke Owariya (S. 365)

Schön übernachten

- Hyatt Regency Kyoto (S. 363)
- Tawaraya (S. 361)
- Capsule Ryokan Kyoto (S. 359)
- Ritz-Carlton Kyoto (S. 361)
- Lower East 9 Hostel (S. 359)

Auf nach Kyoto

Ruhige Tempel, außergewöhnliche Gärten, farbenfrohe Schreine und Geishas, die zu geheimen Treffen huschen. Mit 17 UNESCO-geschützten Stätten, über 1000 buddhistischen Tempeln und mehr als 400 Shintō-Schreinen gehört Kyoto zu den kulturreichsten Städten der Welt. Und während sich das restliche Japan mit Leib und Seele der Neuzeit verschrieben hat, hält man hier noch an der alten Lebensweise fest. Auf einer historischen *shōtengai* (Marktstraße) kann man viele Spezialitätenläden bewundern, die Tofu, *washi* (handgemachtes japanisches Papier) und Tee verkaufen.

Japans traditionelle Kultur – und daher auch Kyoto – steht in enger Beziehung zum Wechsel der Jahreszeiten. Alles verändert sich mit dem Lauf der Zeit: die Blüten in einem Tempelgarten, die Beilagen eines förmlichen *kaiseki*-Gerichts (*kaiseki*: gehobene Küche) und selbst das, womit Geishas ihr Haar schmücken. Unabhängig davon, ob man zum ersten oder zehnten Mal zu Besuch ist – die Stadt hält immer wieder eine neue und einzigartige Überraschung bereit.

Reisezeit

Kyoto

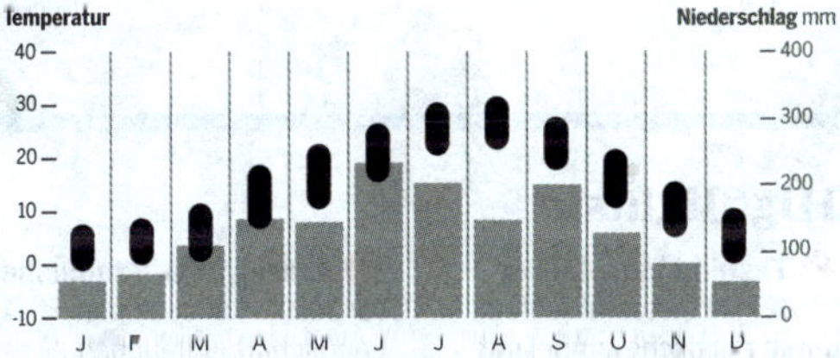

April–Mai Die Kirschblüte (April) ist genauso schön wie die Geisha-Tänze im Frühling (April und Mai).

Juli–Sept. Im Sommer sind die Abende magisch (die Tage sind dann aber heiß und schwül).

Okt.–Anfang Dez. Das Herbstlaub ist die perfekte Kulisse für Kyotos Tempel, Schreine und Gärten.

Highlights

1 Fushimi Inari-Taisha (S. 327) An diesem Schrein durch magische Tunnel mit zinnoberroten Toren laufen.

2 Stadtteil Gion (S. 338) Abendspaziergang durch den stimmungsvollen Stadtteil.

3 Kikunoi (S. 373) Ein einmaliges *kaiseki*-Gericht (der gehobenen Küche) genießen.

4 Arashiyama-Bambushain (S. 349) In diese üppige Landschaft eintauchen.

5 Kinkaku-ji (S. 347) Die goldene Halle dieses Tempels an einem ruhigen Teich bestaunen.

6 Nishiki-Markt (S. 329) Regionale Gourmet-Lebensmittel einkaufen.

7 Kurama-dera (S. 354) Den Bergtempel erklimmen.

8 Kaiserlicher Palastpark Kyoto (S. 332) Picknicken auf dem Palastgelände.

9 Miyako Odori (S. 380) Sich auf einer jährlich stattfindenden traditionellen Tanzaufführung von Geishas bezaubern lassen.

Geschichte

Über einen fast ununterbrochenen Zeitraum vom 8. Jh. bis Mitte des 19. Jhs. war Kyoto die Hauptstadt Japans (nur die erste feudale Regierung im 12. und 13. Jh. in Kamakura unterbrach die beinahe 1000-jährige Vorrangstellung der Stadt). In Kyoto legte der Gerichtshof in der Heian-Zeit (794–1185) das Fundament der japanischen Ästhetik und der herrschende Kriegerstand des 15. und 16. Jhs. verfeinerte sie: Es entwickelten sich die Teezeremonie, die Ikebana (die Kunst des Blumensteckens) und der elegante Architekturstil, der noch heute in den Tempeln der Stadt sichtbar ist.

Als man den Kaiser nach der Meiji-Restauration 1868 wieder an die Spitze des Staates setzte und seine Residenz nach Tokio verlegte, wurde die weiter im Osten gelegene Stadt zur offiziellen Hauptstadt Japans – doch in den Herzen und Köpfen der Menschen blieb Kyoto die kulturelle Hauptstadt des Landes.

Sehenswertes

Bahnhof Kyoto & Süd-Kyoto

Bahnhof Kyoto (Kyoto Station) BEMERKENSWERTES GEBÄUDE

(京都駅; Karte S. 328; www.kyoto-station-building.co.jp; Karasuma-dōri, Higashishiokōji-chō, Shiokōji-sagaru, Shimogyō-ku; Bahnhof Kyoto) Kyotos Bahnhof ist ein extravagantes Bauwerk aus Stahl und Glas – eine futuristische Kathedrale für das Verkehrszeitalter: Ein enormes Gewölbe überspannt die Haupthalle. Man sollte unbedingt mit der Rolltreppe vom siebten Stock an der Ostseite des Gebäudes hinauf zum gläsernen Gang im elften Stock fahren (Skyway, geöffnet 10 bis 22 Uhr) – er erhebt sich über der Haupthalle des Bahnhofs. Lohnenswert ist auch der Blick von der Sky-Garden-Terrasse im 15. Stock.

Kyoto Tower BEMERKENSWERTES GEBÄUDE

(京都タワー; Karte S. 328; Karasuma-dōri, Shichijō-sagaru, Shimogyō-ku; 770 ¥; 9–21 Uhr, letzter Einlass 20.40 Uhr; Bahnhof Kyoto) Der Retroturm steht direkt vor dem Karasuma-(Nord-)Tor des Bahnhofs. Er sieht aus wie eine Rakete, die aus dem Kyoto Tower Hotel startet. Vom Turm aus hat man eine exzellente Sicht in alle Richtungen – man versteht, was genau mit der Bezeichnung Kyoto-*bonchi* (flacher Talkessel) gemeint ist. Ein toller Platz, um sich nach der Ankunft erst einmal einen Überblick über die Stadt zu verschaffen. Zur Verfügung stehen montierte Ferngläser (Benutzung kostenlos) und ein cooles Touchscreen-Gerät, das den Ausblick bei Tag und bei Nacht anzeigt.

Higashi Hongan-ji BUDDHISTISCHER TEMPEL

(東本願寺; Östlicher Tempel des wahren Gelübdes; Karte S. 328; Karasuma-dōri, Shichijō-agaru, Shimogyō-ku; Audioguide im Informationszentrum 500 ¥; März–Okt. 5.50–17.30 Uhr; Nov.–Feb. 6.20–16.30 Uhr; Bahnhof Kyoto) GRATIS Der Tempel Higashi Hongan-ji, einen kurzen Fußmarsch in nördliche Richtung vom Hauptbahnhof entfernt, ist ein echtes Musterbeispiel für prachtvollen Pomp. Der Eintritt ist frei. Zusammen mit der beeindruckenden Architektur und dem farbenprächtigen Inneren macht ihn das zu einem lohnenswerten Ziel, wenn man sich ohnehin gerade in Bahnhofsnähe befindet. Die immense **Goei-dō** (Haupthalle) beherrscht den Tempel – sie ist vermutlich Japans zweitgrößtes Bauwerk aus Holz, 38 m hoch, 76 m lang und 58 m breit.

Die restaurierte Halle beherbergt ein Bildnis von Shinran, dem Gründer der Sekte, das allerdings oft hinter den opulent vergoldeten Türen versteckt ist.

In der angrenzenden, kürzlich renovierten **Amida-dō**-Halle ist auf dem Hauptaltar der Amida-Buddha zu sehen. Im Gang dorthin sieht man ein **Seil aus menschlichem Haar**: Nach der Zerstörung des Tempels in den 1880er-Jahren spendete eine engagierte Gruppe weiblicher Gläubiger Haarsträhnen, aus denen Seile für den Transport der massiven, für den Bau verwendeten Holzbalken hergestellt wurden.

Gegründet wurde der Higashi Hongan-ji 1602 vom Shōgun Tokugawa Ieyasu. Nach dem Prinzip „Teile und herrsche" versuchte man damit, die Macht der enorm populären buddhistischen Jōdo-Shin-shū-Schule (Jōdo Shin-shū: Wahres reines Land) zu schwächen. Der Tempel beherbergt heute die Ōtani-Schule des Jōdo Shin-shū.

Nishi Hongan-ji BUDDHISTISCHER TEMPEL

(西本願寺; Karte S. 328; Horikawa-dōri, Hanayachō-sagaru, Shimogyō-ku; Nov.–Feb. 5.30–17 Uhr, März, April, Sept. & Okt. bis 17.30 Uhr; Mai–Aug. bis 18 Uhr; Bahnhof Kyoto) GRATIS Der gewaltige Tempelkomplex ist vom Bahnhof Kyoto in nordwestlicher Richtung in etwa 15 Minuten zu Fuß zu erreichen. Die fünf Gebäude veranschaulichen den Baustil und die künstlerischen Errungenschaften der Azuchi-Momoyama-Zeit (1568–1603) aufs Feinste. Die wunderbare **Goei-dō** (Haupthalle)

Großraum Kyoto

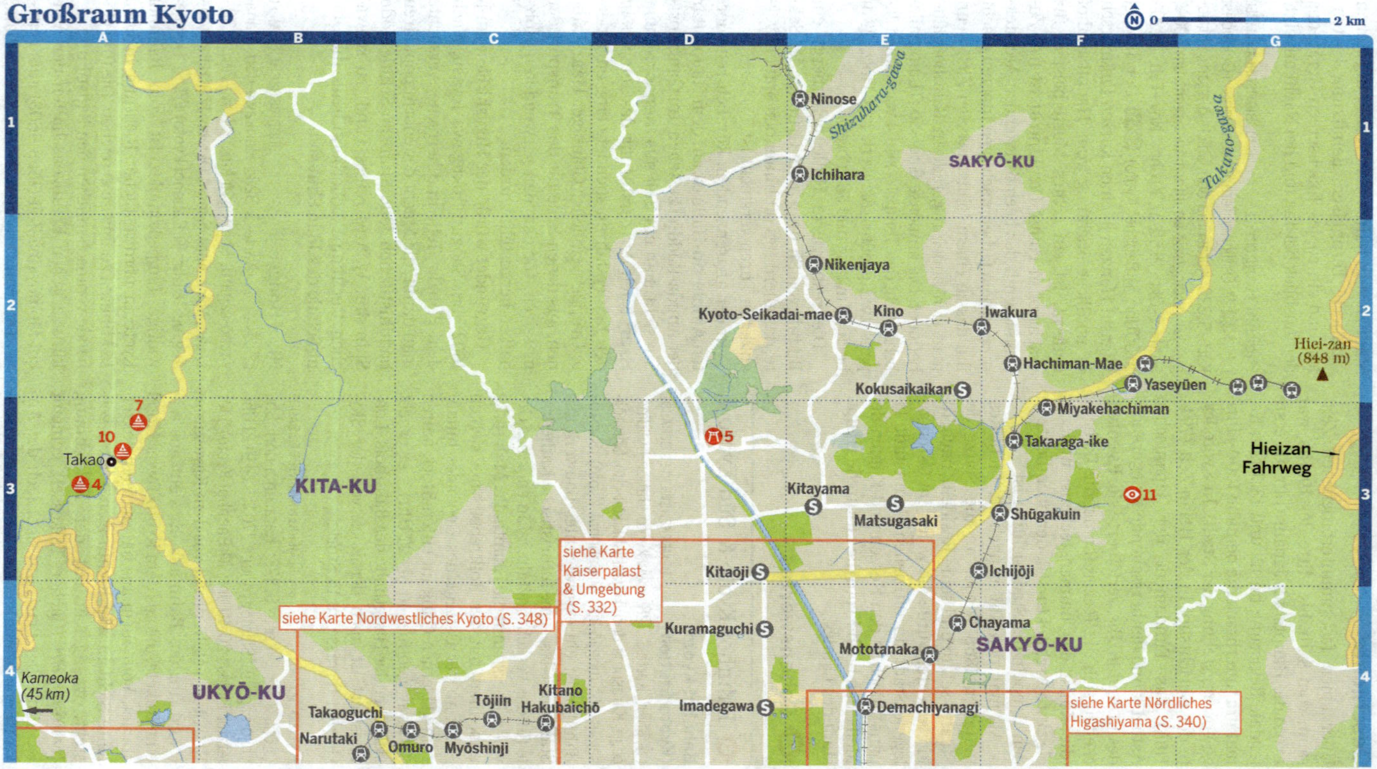

HIGASHIYAMA-KU
FUSHIMI-KU
MINAMI-KU
NISHIKYŌ-KU
MUKŌ-SHI
Yamashina
Keihan Yamashina
Shinomiya
Yamashina
Higashino
Nagitsuji
Ono
Daigo
3
Keage
Higashiyama
Sanjō Keihan
Jingū-Marutamachi
siehe Karte Kyoto Innenstadt (S. 330)
Gojō
Shichijō
siehe Karte Südliches Higashiyama (S. 336)
Tōfukuji
2 Tōfuku-ji
Tobakaidō
Fushimi-Inari
16 1 Fushimi Inari-Taisha
Inari-san (233 m)
Meishin-Autobahn
JR Fujinomori
Nara-Linie
Fukakusa
Kuinabashi
Fujinomori
Sumizome
Fushimi
Takeda
Kintetsu-Kyoto-Linie
Kamo-gawa
Kamitobaguchi
Jūjō
Jūjō
15
13
Kujō
Tōji
12
Kyoto
siehe Karte Kyoto Bahnhof & Umgebung (S. 328)
Kiyomizu-Gojō
Karasuma-Oike
Marutamachi
Nijō-jō-mae
14
Ōmiya
Shijō-Ōmiya
Tanbaguchi
8
Nijō
Emmachi
Nishiōji-Oike
Nishiōji-Sanjō
Sai
Sai-in
Yamanouchi
Nishiōji
Nishikyōgoku
Omuro-gawa
Katsura-gawa
(Kyoto Line)
Tōkaidō-Shinkansen-Linie
Tōkaidō-Hauptlinie
Hankyū-Kyoto-Linie
Katsura
6
Hanazono
Uzumasa-Tenjingawa
Uzumasa
Kaikonoyashiro
Tokiwa
Katabira-no-Tsuji
Kurumazaki
Hankyū-Arashiyama-Linie
Matsuo
9
Kamikatsura
Mukōmachi
Higashimukō
Torokko Saga
Torokko Arashiyama
Saga-Arashiyama
Arashiyama
siehe Karte Arashiyama & Sagano (S. 350)

Großraum Kyoto

bietet einen grandiosen Anblick. Ein weiteres Highlight ist die **Daisho-in**-Halle mit ihren zahlreichen Gemälden, Schnitzereien und Metallornamenten. Dazu gehören ein kleiner Garten und zwei Nō-Bühnen (Maskentheater). Man beachte auch die aufwendigen Verzierungen am **Kara-mon**.

Im Jahr 1591 gab Toyotomi Hideyoshi den Bau dieses Tempels in Auftrag, als neues Hauptquartier der buddhistischen Jōdo-Shin-shū-Schule (Jōdo Shin-shū: Wahres reines Land). Ursprünglich wurde er Hongan-ji (Tempel des wahren Gelübdes) genannt. Später sah Tokugawa Ieyasu in der Macht dieser Sekte eine Bedrohung für seine Stellung und versuchte, sie zu schwächen, indem er 1602 eine Splittergruppe der Sekte dazu ermutigte, Higashi Hongan-ji (*higashi:*Osten) zu gründen. Der Tempel, ursprünglich Hongan-ji genannt, hieß fortan Nishi Hongan-ji (*nishi*: Westen).

Nishi Hongan-ji dient heute als das Hauptquartier des Hongan-ji-Zweigs der Jōdo-Shin-shū-Schule, die weltweit mehr als 10 000 Tempel und über 12 Millionen Mitglieder hat.

Tō-ji BUDDHISTISCHER TEMPEL

(東寺; Karte S. 324 f.; 1 Kujō-chō, Minami-ku; Eintritt auf das Gelände kostenlos, Kondō, Kōdō je 500 ¥, Pagode, Kondō & Kōdō 800 ¥; 20. März–19. Sept. 8.30–17 Uhr, 20. Sept.– 19. März bis 16 Uhr; Kyoto-City-Bus 205 ab Bahnhof Kyoto, Kintetsu-Kyoto-Linie bis Toji) Eine der Sehenswürdigkeiten südlich vom Bahnhof Kyoto. Der Tō-ji besteht aus einem ansprechenden Hallenkomplex, die fantastische Pagode bietet dem monatlichen Flohmarkt eine schöne Kulisse. Der Kaiser ließ diesen Tempel 794 zum Schutz der Stadt errichten und vermachte ihn 823 Kūkai (posthum Kōbō Daishi bekannt), dem Gründer der buddhistischen Shingon-Schule.

Im 15. Jh. wurden viele Tempelgebäude durch Brand oder bei Kämpfen zerstört, und die meisten der erhaltenen Gebäude wurden in der Momoyama-Zeit dem Erdboden gleichgemacht.

Das **Nandai-mon** (Haupttor) wurde 1894 von Sanjūsangen-dō in Süd-Higashiyama hierher transportiert. Der **Kōdō** (Hörsaal) aus dem 17. Jh. beherbergt 21 Bilder, die je ein Mikkyō-Mandala (esoterisch-buddhistisch) darstellen. Der 1606 errichtete **Kondō** (Hauptsaal) kombiniert chinesische, indische und japanische Architekturstile. Einige Statuen darin stellen die Yakushi-Dreifaltigkeit dar (Yakushi: Buddha der Heilung).

Am Südende des Gartens steht die fünfstöckige Pagode **Gojū-no-tō**, die fünfmal niederbrannte und zuletzt 1643 wiederaufgebaut wurde. Mit 57 m Höhe ist sie heute die höchste Pagode in Japan.

Am 21. jeden Monats findet der Kōbō-san-Flohmarkt statt. Auch am ersten Sonntag jeden Monats gibt‘s einen Markt.

Eisenbahnmuseum Kyoto MUSEUM

(梅小路蒸気機関車館; Karte S. 324; www.kyotorailwaymuseum.jp; Kankiji-chō, Shimogyō-ku; Erw./Kind 1200/200 ¥, Zugfahrt 300/100 ¥; 10–17.30 Uhr, Mi geschl.; ; Kyoto-City-Bus 103, 104 oder 105 ab Bahnhof Kyoto bis Umekō-ji Kōen-mae) Das Dampflokomotivenmuseum Umekoji wurde 2016 erheblich erweitert und eröffnete unter dem neuen Namen Eisenbahnmuseum Kyoto. Das hervorragende Museum verteilt sich auf drei Etagen mit 53 ausgestellten Zügen – von historischen Dampflokomotiven im Ringlokschuppen draußen bis zu Pendlerzügen und dem ersten *shinkansen* (Hochgeschwindigkeitszug) ab 1964. Kindern werden die interaktiven Anzeigen und die eindrucksvollen Eisenbahnschaukästen mit Miniaturzügen in detailgetreu gestalteten Landschaften gefallen, oder die zehnminütige Fahrt mit der Dampf ausstoßenden Puff-Puff Eisenbahn.

★ Tōfuku-ji BUDDHISTISCHER TEMPEL

(東福寺; Karte S. 324; ☎ 075-561-0087; 15-778 Honmahi, Higashiyama-ku; Hōjō-Garten 400 ¥, Tsūten-kyō-Brücke 400 ¥; ⌚ 9–16 Uhr; 🚉 Keihan-Linie bis Tōfukuji oder JR-Nara-Linie bis Tōfukuji) Als eine der besten Tempelanlagen Kyotos umfasst der Tōfuku-ji einen spektakulären Garten, mehrere prächtige Gebäude und ein schönes Gelände. Der Besuch lohnt sich allemal und kann bequem mit einem Ausflug zum Fushimi Inari-Taisha kombiniert werden (die Tempel sind duch die Keihan- und die JR-Zuglinine verbunden). Aktuell gibt es 24 Untertempel. Das riesige **San-mon** ist das älteste Zen-Haupttor in Japan, die **Hōjō** (Halle des Abts) wurde 1890 neu errichtet, die Gärten wurden 1938 gestaltet.

Der nördliche Garten mit Steinen und Moos ist in einem sorgfältigen Schachbrettmuster angelegt. Von einer Aussichtsplattform im hinteren Garten kann man die **Tsūten-kyō** (Brücke zum Himmel) über einem Tal voller Ahornbäume sehen.

1236 vom Prister Enni gegründet, gehört der Tōfuku-ji zur Rinzai-Sekte des Zen-Buddhismus. Da dieser Tempel zum Tōdai-ji und zum Kōfuku-ji in Nara in Bezug stehen sollte, setzt sich seine Bezeichnung aus den Buchstaben der Namen dieser Tempel zusammen.

Regelmäßig werden hier Zen-Meditationen für Anfänger angeboten, allerdings sind hier weder Verhätschelungen noch englischsprachige Erklärungen zu erwarten: Das ist das echte Leben. Am besten bittet man jemanden, der Japanisch spricht, sich im Tempel nach der nächsten Sitzung zu erkundigen (für Anfänger gibt's pro Monat etwa vier).

Zu beachten ist, dass der Tōfuku-ji zur Zeit des Herbstlaubs einer der Orte in Kyoto ist, die besonders gerne besucht werden, besonders während der Farbenpracht im November. Ansonsten geht's oft sehr ruhig zu.

★ Fushimi Inari-Taisha SHINTO-SCHREIN

(伏見稲荷大社; Karte S. 324; 68 Yabunouchi-chō, Fukakusa, Fushimi-ku; ⌚ Sonnenaufgang bis -untergang; 🚉 JR-Nara-Linie bis Inari oder Keihan-Linie bis Fushimi-Inari) GRATIS Mit scheinbar endlosen Gängen aus zinnoberroten *torii* (Schreintoren) ist diese riesige Schreinanlage auf einem dicht bewaldeten Berg eine Welt für sich. Die Gestaltung wirkt ruhig und einfach. Unter den Sehenswürdigkeien ganz Kyotos wird ein Besuch hier einer der eindrucksvollsten und unvergesslichsten.

KYOTO IN...

zwei Tagen

Am Anfang des Kyoto-Aufenthalts steht das wichtigste Sightseeing-Viertel der Stadt, Süd-Higashiyama – mit einem Besuch des **Kiyomizu-dera** (S. 335), des **Chion-in** (S. 338) und des **Maruyama-kōen** (S. 337). Wer danach noch Energie hat, unternimmt nach dem Mittagessen einen Spaziergang vom **Nanzen-ji** (S. 342) den Philosophenweg hinauf bis zum **Ginkaku-ji** (S. 343) in Nord-Higashiyama. Am zweiten Tag geht's dann Richtung Nordwesten weiter, um dort den herrlichen **Kinkaku-ji** (S. 347) und den Zengarten am **Ryōan-ji** (S. 347) zu sehen. Von dort nimmt man ein Taxi nach Arashiyama zum Tempel **Tenryū-ji** (S. 349) und zu seinem berühmten **Bambushain** (S. 349). Abends den Tag bei einem Spaziergang durch die historischen Geisha-Bezirke **Gion** (S. 338) und **Ponto-chō** (S. 329) ausklingen lassen.

vier Tagen

Bei vier Tagen empfehlen wir, die obige Route in drei statt zwei Tagen zu machen. So bleibt mehr Zeit, die kleineren Sehenswürdigkeiten zu besuchen und die Atmosphäre zu genießen. Am vierten Tag legt man eine Pause ein und lässt die Tempel mal links liegen und erkundet zu Fuß die Innenstadt. Am hervorragenden **Nishiki-Markt** (S. 329) und in nahen Kunsthandwerksgeschäften und Einkaufshäusern kann man Souvenirs erwerben. Vielleicht bieten sich auch ein Spaziergang entlang des **Kamo-gawa** oder ein Picknick im **Kaiserlichen Palastpark Kyoto** (S. 332) an. Anschließend verbringt man den Abend in den Bars auf der schönen Kiyomachi-dōri (S. 376). Alternativ aus der Stadt nach draußen fahren und zum **Kurama-dera** wandern (S. 354).

Bahnhof Kyoto & Umgebung

Bahnhof Kyoto & Umgebung

Sehenswertes
1 Higashi Hongan-ji C2
2 Kyoto Station C4
3 Kyoto Tower C3
4 Nishi Hongan-ji A1

Schlafen
5 Budget Inn A2
6 Capsule Ryokan Kyoto A2
7 Hotel Granvia Kyoto C3
8 Ibis Styles Kyoto Station C4
9 K's House Kyoto D2
10 Matsubaya Ryokan C1
11 Ryokan Shimizu B2
12 Tour Club A2

Essen
13 Eat Paradise B3
14 Kyoto Rāmen Kōji B3

Praktisches
15 Touristeninformationszentrum Kyoto.. B4
16 Tōkai Discount Ticket Shop C3
17 Tops Café B4

Der gesamte Komplex betsteht aus insgesamt fünf Schreinen und erstreckt sich über die bewaldeten Hänge von Inari-san. Ein Gang führt 4 km den Berg hoch, gesäumt von Dutzenden stimmungsvollen Unterschreinen.

Der Fushimi Inari wurde im 8. Jh. von der Hata-Familie den Göttern des Reis und des Sake gewidmet. Als die Bedeutung der Landwirtschaft nachließ, verehrten die Menschen zunehmend Götter, die kaufmännischen Erfolg sicherstellen sollten. Heute zählt der Schrein zu den beliebtesten in Japan. Er ist der Hauptschrein von ca. 40 000 Inari-Schreinen, die im ganzen Land verteilt liegen.

Es gibt hier Hunderte von steinernen Füchsen. Der Fuchs gilt als Botschafter des Inari (Gott des Getreides). Auch die Füchse aus Stein werden häufig Inari genannt. Der Schlüssel, den viele von ihnen in der Schnauze tragen, ist für den Getreidespeicher gedacht. Übrigens gilt der Fuchs den Japanern als ein heiliges, irgendwie mysteriöses Tier, das vom Menschen Besitz ergreifen kann – bevorzugt indem er unter den Fingernägeln in den Körper eindringt. Das obere Anwesen des Schreins lässt sich gut in einer Tageswanderung erkunden. Spätnachmittags und frühabends eignet es sich auch für eine Geisterwanderung: Dann haftet den Friedhöfen und Miniaturschreinen entlang des Weges etwas Geheimnisvolles an – und man ist besser mit einem Freund unterwegs.

Am 8. April wird hier ein Sangyō-sai-Fest für den Erfolg der heimischen Wirtschaft gefeiert, mit Gaben und Tänzen. An den ersten Januartagen besuchen Tausende von Gläubigen den Schrein im Rahmen des *hatsu-mōde* (erster Schreinbesuch im neuen Jahr) und beten um Glück und Segen.

Kyotos Innenstadt

★ Nishiki-Markt — MARKT

(錦市場; Karte S. 330; Nishikikōji-dōri, zwischen Teramachi & Takakura, Nakagyō-ku; 9–17 Uhr; S Karasuma-Linie bis Shijō, Hankyū-Linie bis Karasuma oder Kawaramachi) Auf dem überdachten Nishiki-Markt findet man seltsame wie wunderbare Nahrungsmittel der örtlichen Küche. Er liegt im Stadtzentrum, einen Block nördlich (und parallel zur) Shijō dōri, und verläuft westlich der Teramachi-Shoppingarkaden. An den Ständen wird alles Mögliche verkauft – von haufenweise *tsukemono* (eingelegtes Gemüse) über japanische Süßigkeiten bis zu Wasabisalz und *yakitori*-Spießen. Im Aritsugu (S. 381) findet man die besten japanischen Kochmesser, die man kriegen kann.

Ponto-chō — VIERTEL

(先斗町; Karte S. 330; Ponto-chō, Nakagyō-ku; S Tōzai-Linie bis Sanjo-Keihan oder Kyoto-Shiyakusho-mae, Keihan-Linie bis Sanjo, Hankyū-Linie bis Kawaramachi) In ganz Asien gibt es nur wenige Straßen, die so stimmungsvoll sind wie diese enge Fußgängerzone. Tagsüber gibt's nicht viel zu sehen, aber abends erwacht die Straße zum Leben – mit wunderschönen Laternen, traditionellen hölzernen Außenbereichen und den eleganten Städtern, die hier in auserlesene alte Restaurants und Bars einkehren.

Auch wer *geiko* (Geishas) und *maiko* (Geisha-Schülerinnen) sehen will, ist hier richtig – insbesondere abends am Wochenende in Richtung der Straße Shijō-dōri. Bei vielen Restaurants und Teestuben bekommt man nur schwer Einlass, aber es gibt auch mehrere Lokale mit angemessenen Preisen, in die man leichter kommt. Auch wer keines der Geschäfte besuchen möchte, kann hier abends schön spazieren – vielleicht setzt er seinen Spaziergang im nahen Gion fort.

Internationales Mangamuseum Kyoto — MUSEUM

(京都国際マンガミュージアム; Karte S. 330; www.kyotomm.jp; Karasuma-dōri, Oike-agaru, Nakagyō-ku; Erw./Kind 800/100 ¥; 10–18 Uhr, Mi geschl.; ; S Karasuma- oder Tōzai-Linine bis Karasuma-Oike) Das Museum ist in einem ehemaligen Grundschulgebäude untergebracht. Die Ausstellung bietet den perfekten Einstieg in die Kunst der Mangas (japanische Comics). Von den 300 000 Mangas sind 50 000 in der Ausstellung Wall of Manga zu sehen. Zwar sind die meisten Mangas und Anzeigen auf Japanisch, aber die Zahl der Übersetzungen steigt kontinuierlich. Neben den Galerien, die sowohl die historische Entwicklung der Mangas als auch originale Kunstwerke im Mangastil zeigen, bietet das Museum Workshops für Anfänger und Porträtmalen am Wochenende.

Kleinen werden die Kinderbibliothek und die gelegentlichen *kami-shibai*-Vorführungen (humoristisches japanisches Papiertheater) gefallen – ganz zu schweigen vom Kunstrasen zum Herumtoben. Jedes Jahr veranstaltet das Museum halbjährliche Sonderausstellungen. Mehr Informationen gibt's auf der Webseite.

★ Nijō-jō — BURG

(二条城; Karte S. 332; 541 Nijōjō-chō, Nijō-dōri, Horikawa nishi-iru, Nakagyō-ku; Erw./Kind 600/200 ¥; 8.45–17 Uhr, Ninomaru-Palast 9–16 Uhr, Dez., Jan., Juli & Aug. Di geschl.; S Tōzai-Linie bis Nijō-jō-mae, JR-Linie zum Bahnhof Nijō) Die beeindruckenden Steinmauern und Wälle der prachtvollen und gewaltigen Burg Nijō setzen die militärische Macht der großen Tokugawa-Kriegsgeneräle auf eindrucksvolle Art und Weise ins Bild. Hinter ihnen liegt ein grandioser Palast inmitten eines schönen Gartens. Wie zu erwarten, zieht eine derart opulente Sehenswürdigkeit viele Besucher an – am besten direkt nach Öffnung oder kurz vor Schließung hingehen.

Kyoto Innenstadt

1603 wurde die Burg als offizielle Kyoto-Residenz des Tokugawa-Shōguns Ieyasu errichtet. Der prunkvolle Stil sollte Ieyasus Ansehen und den Verfall der kaiserlichen Macht symbolisieren. Um sich gegen Verräter zu wappnen, stattete Ieyasu die Innenräume mit „Nachtigallenböden" und geheimen Kammern für Leibwächter aus.

Nach dem Passieren des erhabenen **Karamon-Tors** betritt man den **Ninomaru-Palast**, der sich über fünf Gebäude mit zahlreichen Zimmern verteilt. In der **Ōhiroma Yon-no-Ma** (Vierte Kammer) gibt es spektakuläre Leinwandgemälde zu sehen. Nicht versäumen sollte man den **Palastgarten Ninomaru** – entworfen vom Teemeister und Landschaftsarchitekten Kobori Enshū.

Kaiserpalast & Umgebung

Kaiserpalast Kyoto HISTORISCHES GEBÄUDE

(京都御所, Kyoto Gosho; Karte S. 332; ☎ 075-211-1215; www.kunaicho.go.jp; Kyoto Gosho, Nakagyō-ku; ⏲ April–Aug. 9–17 Uhr, Sept. & März 9–16.30 Uhr, Okt.–Febr. 9–16 Uhr, letzter Eintritt 40 Min. vor Schließung, Mo geschl.; S Karasuma-Linie bis Marutamachi oder Imadegawa) GRATIS

Der Kaiserpalast Kyoto (jap. Gosho) ist ein

Kyoto Innenstadt

befestigter Komplex mitten im Kaiserlichen Palastpark Kyoto (S. 332). Zwar ist er nicht mehr die offizielle Residenz des japanischen Kaisers und er gehört nicht zu den Top-Attraktionen in Kyoto, aber der Bau ist nichtsdestoweniger prachtvoll. Besucher können auf den ausgewiesenen Pfaden über das Gelände laufen. Englische Texttafeln erklären die Geschichte des Gebäudes. Beim Betreten über das Haupttor Seishomon erhält der Besucher eine Karte.

794 wurde der ursprüngliche Kaiserpalast errichtet und nach Zerstörung durch Feuer mehrmals wiederaufgebaut. Das Gebäude, wie man es heute sieht, wurde 1855 an einem anderen Ort und kleiner als das Original errichtet. Hier finden immer noch die Krönung des neuen Kaisers und andere staatliche Zeremonien statt, weshalb der Palast gelegentlich für die Öffentlichkeit gesperrt ist. Hinweis: Auf den Kieswegen auf dem Anwesen läuft es sich besser mit bequemen Schuhen.

➡ Sentō-Gosho-Palast

(仙洞御所; Karte S. 332; ☎ 075-211-1215; www.kunaicho.go.jp; Kyoto Gyōen, Nakagyō-ku; ⌚ Touren 9.30, 11, 13.30 & 15 Uhr; Ⓢ Karasuma-Linie bis Marutamachi oder Imadegawa) GRATIS Der Sentō Gosho ist der zweite kaiserliche Palast innerhalb des Kaiserlichen Palastparks Kyoto. Die Bauten selbst sind nicht besonders beeindruckend, aber die Gärten sind großartig. Sie wurden 1630 vom berühmten Landschaftsarchitekten Kobori Enshū angelegt. Ein Besuch ist nur im Rahmen einer einstündigen Tour möglich (auf Japanisch; englische Audioguides sind kostenfrei erhältlich). Das Mindestalter beträgt 18 Jahre und man muss einen Reisepass vorlegen.

Errichtet wurde der Ursprungsbau 1630 unter der Herrschaft von Go Mizunō als Residenz für Kaiser im Ruhestand errichtet. Er wurde durch Feuer zerstört, wie auch mehrere Folgegebäude. Nach dem letzten Brand 1854 sah man von einer weiteren Restaurierung ab. Bis heute geblieben

Kaiserlicher Palast & Umgebung

sind nur zwei Teehäuser, das **Seika-tei** und das **Yūshin-tei**.

Tickets für Führungen am Vormittag sind vorab im Büro des Kaiserlichen Haushaltsamts (S. 334) oder online zu buchen, Tickets für Touren am Nachmittag werden ab 11 Uhr im Palast verkauft – solange der Vorrat reicht.

➡ **Kaiserlicher Palastpark Kyoto**
(京都御苑; Karte S. 332; Kyoto Gyōen, Nakagyō-ku; ⏲ Sonnenaufgang bis -untergang; S Karasuma-Linie bis Marutamachi oder Imadegawa) GRATIS Der Kaiserpalast (Kyoto Gosho, S. 330) und der Sentō Gosho (S. 331) sind umgeben vom großen Kaiserlichen Palastpark. Offene Flächen wechseln sich mit einer großen Vielfalt blühender Bäume ab. Der Park lädt zum Picknicken, Spazierengehen und Sporttreiben ein. Man sollte etwas Zeit mitbringen und sich den Teich am Südende der Anlage ansehen – es wimmelt darin nur so von Karpfen. Am schönsten ist es hier, wenn die Pflaumen- und Kirschbäume blühen (Ende Feb. bzw. Ende März).

Die Pflaumenlaube liegt etwa in der Mitte des Parks im westlichen Teil. Im Norden gibt es mehrere große *shidareze-zakura* (hängende Nelkenkirschen) – zur Kirschblüte ein tolles Ausflugsziel. Der Park liegt zwischen Teramachi-dōri und Karasuma-dōri (im Osten bzw. Westen) sowie Imadegawa-dōri und Marutamachi-dōri (im Norden bzw. Süden).

Botanischer Garten Kyoto GÄRTEN
(京都府立植物園; Karte S. 332; Shimogamohangi-chō, Sakyō-ku; Erw./Kind Garten 200 ¥/gratis, Gewächshaus 200 ¥/gratis; ⏲ 9–17 Uhr, Gewächshaus 10–16 Uhr; S Karasuma-Linie bis Kitayama) Auf 24 ha erstreckt sich der Botanische Garten Kyoto. Es gibt hier über 12 000 Pflanzen, Blumen und Bäume, Rosen-, Kirsch- und Kräutergärten, die zu angenehmen Spaziergängen einladen, Kampferbaumreihen sowie ein großes tropisches **Gewächs-**

Kaiserlicher Palast & Umgebung

Hightlights
1 Daitoku-ji ... B1
2 Kōtō-in ... A1
3 Nijō-jō ... B4

Sehenswertes
4 Kitano Tenman-gū ... A2
5 Botanischer Garten Kyoto ... C1
6 Kaiserpalast Kyoto ... C3
7 Kaiserlicher Palastpark Kyoto ... C3
8 Sentō-Gosho-Palast ... C3
9 Shimogamo-jinja ... D1

Aktivitäten, Kurse & Touren
10 Funaoka Onsen ... B2
11 Haru Cooking Class ... D2

Schlafen
12 Noku Kyoto ... C4
13 Palace Side Hotel ... C3
14 Ryokan Rakuchō ... C1

Essen
15 Café Bibliotec Hello! ... C4
16 Demachi Futaba ... C2
17 Falafel Garden ... D2
18 Papa Jon's ... C2
19 Sarasa Nishijin ... B2

Unterhaltung
20 Club Ōkitsu Kyoto ... C3
21 Kitano Odori ... A2

Transport
22 Demachiyanagi Fahrrad-Parkplatz ... D2
Rent a cycle EMUSICA ... (siehe 22)

haus. Ein guter Ort zum Picknicken und für eine *hanami*-Party (hanami: Kirschblüte). Hier halten die Blüten etwas länger als anderswo in der Stadt.

★ Daitoku-ji — BUDDHISTISCHER TEMPEL

(大徳寺; Karte S. 332; 53 Daitokuji-chō, Murasakino, Kita-ku; Eintritt zu Untertempeln untersch.; ⏲ verschiedene Öffnungszeiten für Untertempel; Ⓢ Karasuma-Linie bis Kitaōji) Daitoku-ji – eine ganz eigene Welt mitten in Kyoto: eine Welt der Zentempel, perfekt geharkter Gärten und Spazierwege. Er ist eines der schönsten Ausflugsziele in diesem Teil der Stadt – insbesondere für alle, die sich für japanische Gärten interessieren. Der gleichnamige (i. d. R. nicht öffentlich zugängliche) Daitoku-ji-Tempel dient der Rinzai-Daitoku-ji-Schule des Zen-Buddhismus als Hauptquartier. Zu den Highlights unter den Untertempeln, die normalweise für die Öffentlichkeit geöffnet sind, zählen der **Daisen-in**, der **Kōtō-in**, der **Ōbai-in**, der **Ryōgen-in** und der **Zuihō-in**.

Der Haupttempel Daitoku-ji liegt im Osten des Anwesens. Er wurde 1319 begründet, brannte im nachfolgenden Jahrhundert nieder und wurde im 16. Jh. wiederaufgebaut. Im 2. Stock im **San-mon**-Tor (1589) ist eine selbstgeschnitzte Statue seines Erbauers zu sehen, des berühmten Teemeisters Sen no Rikyū.

Am besten gelangt man mit der U-Bahn-Linie Karasuma hierher. Vom Bahnhof Kitaōji läuft man auf der Kitaōji-dori 15 Minuten nach Westen – bis man rechts die Tempelanlage sieht. Der Haupteingang liegt etwas nördlich der Kitaōji. Wer den Komplex durch das Haupttor im östlichen Teil betritt, kommt bald zum Daitoku-ji (rechter Hand).

➡ ★ Kōtō-in

(高桐院; Karte S. 332; 73-1 Daitokuji-chō, Murasakino, Kita-ku; 400 ¥; ⏲ 9–16.30 Uhr; Ⓢ Karasuma-Linie bis Kitaōji) Beim Untertempel ganz im Westen des Daitoku-ji-Komplexes gibt es einen außergewöhnlichen Garten, der zu den besten in ganz Kyoto gehört und definitiv einen Besuch wert ist. Er liegt innerhalb eines schönen Bambushains, durch den ein moosbedeckter Pfad führt. Im Inneren findet man einen kleinen Spaziergarten mit einem Rechteck mit moosbedeckten Ahornbäumen und Bambus – das Herzstück. Auf der Veranda kann man den Anblick auf sich wirken lassen.

Shimogamo-jinja — SHINTO-SCHREIN

(下鴨神社; Karte S. 332; 59 Izumigawa-chō, Shimo-gamo, Sakyō-ku; ⏲ 6.30–17 Uhr; 🚌 Kyoto-City-Bus 205 bis Shimogamo-jinja-mae, 🚆 Keihan-Linie bis Demachiyanagi) GRATIS Ins 8. Jh. datiert, zählt der Schrein zu den UNESCO-Welterbestätten. Er schmiegt sich in eine Gabelung der Flüsse Kamo-gawa und Takano-gawa und ist über einen schattigen Pfad durch den zauberhaften Tadasu-no-mori zu erreichen. Dieser Wald soll alle Lügen offenbaren und sich deshalb perfekt als Ort eignen, an dem man Dispute aus der Welt schafft. Seine breitblattrigen Bäume (eine Seltenheit in Kyoto) sehen im Frühjahr besonders zauberhaft aus.

BESUCH IN KAISERLICHEN EINRICHTUNGEN

Seit Mitte 2016 benötigt man keine Genehmigung mehr, um den **Kaiserpalast Kyoto** (S. 330) zu besuchen. Der Palast im Kaiserlichen Palastpark ist von Dienstag bis Sonntag für die Öffentlichkeit geöffnet, und man kann direkt zum Haupttor gehen, um eingelassen zu werden. Kinder haben nur in Begleitung eines Erwachsenen Zutritt.

Die Besuchergenehmigung für den **Sentō Gosho** (S. 331), den **Katsura Rikyū** (S. 351) und den **Shūgaku-in Rikyū** (S. 345) erhält man vom Kunaichō, dem **Kaiserlichen Haushaltsamt** (宮内庁京都事務所; Karte S. 332; ☎ 075-211-1215; www.kunaicho.go.jp; ⏲ 8.45–17 Uhr, Mo geschl.; Ⓢ Karasuma-Linie bis Imadegawa) mit Sitz im **Kaiserlichen Palastpark** (S. 332). Für Touren am Morgen muss man ein Anmeldeformular ausfüllen und den Reisepass vorlegen. Alternativ registriert man sich auf der Website. Das Mindestalter für die Besichtigung beträgt bei allen Gebäuden 18 Jahre. Für Touren am Nachmittag kann man die Tickets ab 11 Uhr in den Einrichtungen selbst buchen. Es wird pro Tag nur eine bestimmte Anzahl an Tickets verkauft – solange der Vorrat reicht. Die Touren durch den Sentō Gosho und den Shūgaku-in dauern 60 Minuten und durch den Katsura Rikyū 80 Minuten. Alle Touren sind inklusive und finden auf Japanisch statt. Englische Audioguides sind verfügbar.

Der Schrein ist dem Gott der Ernte gewidmet. Traditionell wurde reines Wasser aus den nahen Flüssen zur Reinigung und für landwirtschaftliche Feste geschöpft. Die **Hondō** (Haupthalle) stammt aus dem Jahr 1863 und wie die **Haiden**-Halle im Schrein Kamigamo-jinja ist sie eine schönes Beispiel für Schreinarchitektur im *nagare*-Stil. Am 3. Mai ist im Tadasu-no-mori alljährlich ein spektakuläres *yabusame*-Event geboten (*yabusame*: Bogenschießen vom Pferd aus).

Kamigamo-jinja SHINTO-SCHREIN

(上賀茂神社; Karte S. 324; ☎ 075-781-0011; www.kamigamojinja.jp; 339 Motoyama, Kamigamo, Kita-ku; ⏲ 6–17 Uhr; 🚌 Kyoto-City-Bus 9 bis Kamigamo-misonobashi) GRATIS Etwa 2 km nördlich des Botanischen Gartens liegt der Kamigamo-jinja, einer der ältesten Schreine Japans, älter als Kyoto selbst. 679 erbaut, wurde er dem Donnergott Raijin geweiht. Er ist einer der insgesamt 17 UNESCO-Welterbestätten in Kyoto. Die mehr als 40 Gebäude (inkl. der beeindruckenden Haiden-Halle), die heute dort zu sehen sind, sind exakte Nachbildungen der Originalbauten und stammen aus dem 17. bis 19. Jh.

Süd-Higashiyama

Der Süden von Higashiyama am Fuß der Higashiyama (Ostberge) hält die meisten Sehenswürdigkeiten in Kyoto bereit. Mit etlichen Tempeln, Schreinen, Museen und traditionellen Geschäften eignet sich die Gegend ideal für eine Erkundung zu Fuß. Es gibt auch ein paar Fußgängerzonen, Parks und weitflächige Tempelgelände. Auch das Unterhaltungsviertel Gion und einige der besten *ryokan* (traditionelle japanische Gästehäuser) der Stadt liegen hier.

Als einer der beliebtesten Sightseeing-Bezirke Kyotos ist er in der Hochsaison sehr voll. Der Straßenverkehr kommt oft zum Erliegen, daher geht man am besten zu Fuß oder nimmt den Zug / die U-Bahn.

Sanjūsangen-dō-Tempel BUDDHISTISCHER TEMPEL

(三十三間堂; Karte S. 336; ☎ 075-561-0467; 657 Sanjūsangendōma wari-chō, Higashiyama-ku; Erw./Kind 600/300 ¥; ⏲ April – Mitte Nov. 8–17 Uhr, Mitte Nov.–März 9–16 Uhr; 🚌 Kyoto-City-Bus 206 oder 208 bis Sanjūsangen-dō-mae, 🚆 Keihan-Linie bis Shichijō) In dem langen, schmalen Tempelgebäude befinden sich 33 *sanjūsan* (Nischen – nach ihnen wurde der Tempel benannt) zwischen den tragenden Säulen. Insgesamt 1001 Statuen von Kannon (buddhistische Göttin der Barmherzigkeit) gibt's zu bestaunen: Das Hauptwerk, die tausendarmige Senjū-Kannon, wurde 1254 vom berühmten Bildhauer Tankei geschaffen. Jeweils 500 kleinere Figuren sind zu beiden Seiten der größten Figur ordentlich in Reih und Glied aufgestellt. Der Anblick ist beeindruckend – diesen Tempel muss man gesehen haben. Am besten startet man hier sogar seine Erkundung Higashiyamas.

Der ursprüngliche Tempel, Rengeō-in, wurde 1164 im Auftrag des im Ruhestand lebenden Kaisers Go-shirakawa gebaut. 1249 niedergebrannt, wurde er 1266 detailgetreue nachgebildet.

Wer genau nachzählt, mag feststellen, dass die tausendarmige Kannon nicht tatsächlich 1000 Arme hat. Nach einer raffinierten buddhistischen Formel entsprechen aber 40 Arme 1000 – denn: Jeder Arm rettet 25 Welten.

Im hinteren Teil der Halle stehen 28 Wächterstatuen in verschiedenen ausdrucksstarken Posen. Die Galerie am westlichen Ende ist für das **Tōshiya-Fest** bekannt, das jedes Jahr am 15. Januar gefeiert wird. Dann zischen beim Bogenschießen Pfeile durch die Halle. Die Zeremonie geht auf die Edo-Zeit zurück: Bei einem alljährlich stattfindenden Wettbewerb mussten möglichst viele Pfeile in 24 Stunden vom Süd- zum Nordende der Halle geschossen werden. Der Höchstrekord datiert ins Jahr 1686, als ein Bogenschütze mehr als 8000 Pfeile auf die nördliche Seite schoss.

Nationalmuseum Kyoto MUSEUM

(京都国立博物館; Karte S. 336; www.kyohaku.go.jp; 527 Chaya-machi, Higashiyama-ku; 520 ¥; ⌚ 9.30–17 Uhr, bei Sonderausstellungen bis 18, Fr bis 20 Uhr, Mo geschl.; 🚌 Kyoto-City-Bus 206 oder 208 bis Sanjūsangen-dō-mae, 🚆 Keihan-Linie bis Shichijō) Kyotos Nationalmuseum ist das beste Kunstmuseum in der Stadt. Es beherbergt die anspruchsvollsten Ausstellungen in der Stadt. Gegründet wurde es 1895 als kaiserlicher Verwahrungsort für Kunst und Schätze aus lokalen Tempeln und Schreinen. In der originalen Haupthalle gibt's Räume mit mehr als 1000 Kunstwerken, historischen Artefakten und Kunsthandwerksstücken. Der **Heisei Chishinkan**, der von Taniguchi Yoshio entworfen und 2014 eröffnet wurde, bildet einen brillanten, modernen Kontrast zum ursprünglichen Gebäude.

Die Dauerausstellung ist einen Besuch wert, aber die Sonderausstellungen sind die eigentlichen Highlights. Das Touristeninformationszentrum (TIC) oder die Website des *Kyoto Visitor's Guide* sind hier immer auf dem Laufenden.

Kawai-Kanjirō-Gedenkhalle MUSEUM

(河井寛治郎記念館; Karte S. 336; 075-561-3585; 569 Kanei-chō, Gojō-zaka, Higashiyama-ku; 900 ¥; ⌚ Di–So 10–17 Uhr; 🚌 Kyoto-City-Bus 206 oder 207 bis Umamachi) Diese kleine Gedenkhalle gehört zu Kyotos versteckten kleinen Schätzen. Das Gebäude wurde 1937 im ländlichen Stil errichtet und diente Kawai Kanjirō (1890–1966) als Wohnhaus und Werkstatt, einem der bekanntesten Töpfermeister Japans. Heute kann man hier einige seiner Arbeiten, seine Sammlung volkstümlicher Kunst und Keramiken sowie seine Werkstatt und einen faszinierenden *nobori-gama* (stufenförmigen Brennofen) betrachten. Das Museum liegt ganz in der Nähe der Kreuzung von Gojō-dōri und Higashiōji-dōri.

★ Kiyomizu-dera BUDDHISTISCHER TEMPEL

(清水寺; Karte S. 336; ☎ 075-551-1234; www.kiyomizudera.or.jp; 1-294 Kiyomizu, Higashiyama-ku; 400 ¥; ⌚ 6–18 Uhr, Schließzeiten je nach Saison; 🚌 Kyoto-City-Bus 206 bis Kiyōmizu-michi oder Gojō-zaka, 🚆 Keihan-Linie bis Kiyomizu-Gojō) Der Kiyomizu-dera ist einer der beliebtesten Tempel in Kyoto. Wie ein Bienenstock thront er hoch oben auf einem Hügel. Von hier aus hat man den besten Blick auf die Stadt, wenn auch wohl keinen allzu ruhigen Rückzugsort. Der Tempel repräsentiert die bevorzugte Glaubensrichtung Japans. Die hervorragende Website bietet ein Sammelsurium an Informationen zum Tempel und eine Anleitung zum Beten im Tempel. Hinweis: Die Haupthalle wird renoviert und ist möglicherweise abgedeckt, jedoch weiterhin zugänglich.

Heute sieht man hier Nachbildungen aus dem Jahr 1633. Aber der alte Tempel wurde bereits 798 erbaut. Er gehört der buddhistischen Hossō-Schule, die ihren Ursprung in Nara hat, und zählt zu den berühmtesten Wahrzeichen der Stadt (im Frühling und Herbst kann es hier deshalb ziemlich voll werden).

Von der **Hondō** (Haupthalle) aus gelangt man auf eine recht große Terrasse, die von Pfeilern getragen wird und über den Hang hinausragt. Direkt unterhalb rauscht der Wasserfall **Otowa-no-taki** – sein Wasser soll eine heilende Wirkung haben. Rundherum liegen weitere Hallen und Schreine. Vom Hauptgebäude führt eine Treppe hinauf zum **Jishu-jinja**, an dem Besucher mit geschlossenen Augen 18 m zwischen zwei „Liebessteinen" zurücklegen können. Wer den Zielstein verfehlt, wird vorerst in der Liebe kein Glück haben! Man kann auch jemanden bitten, einen zu führen, aber wer das tut, braucht Hilfe, um seine wahre Liebe zu finden.

Bevor man die eigentliche Tempelanlage betritt, lohnt sich auf jeden Fall ein Besuch des **Tainai-meguri**. Der Eingang befindet sich linker Hand (bzw. nördlich) der Pagode vor dem Haupteingang zum Tempel (die Schilder sind alle japanisch beschriftet). Über das, was einen im Inneren erwartet,

Südliches Higashiyama

Südliches Higashiyama

soll nicht zu viel verraten werden, hier nur ein kleiner Hinweis: Mit dem Betreten des Tainai-meguri taucht man symbolisch in den Mutterleib eines weiblichen Bodhisattwa ein. Gelangt man zu dem Stein im Dunkeln, muss man ihn drehen und darf sich dabei etwas wünschen.

Den steilen Weg zum Tempel, **Chawan-zaka** (Teekannenstraße) genannt, säumen Geschäfte, die Kunsthandwerk, Snacks und Andenken verkaufen.

Auf der Website erfährt man, wann der Tempel im Frühjahr bzw. in den Herbstmonaten nachts besonders beleuchtet wird.

Ninen-zaka & Sannen-zaka — STADTVIERTEL

(二年坂・三年坂; Karte S. 336; Higashiyama-ku; Kyoto-City-Bus 206 bis Kiyomizu-michi oder Gojō-zaka, Keihan-Linie bis Kiyomizu-Gojō) Gleich bergab und etwas nördlich des Kiyomizu-dera findet man eine der schönsten Gegenden von Kyoto. Dieses Viertel ist nach den beiden wichtigsten Straßen hier benannt: der Ninen-zaka (Zwei-Jahres-Hügel) und der Sannen-zaka (Drei-Jahres-Hügel) – gemeint sind die antiken Kaiserjahre, in denen die Straßen einst angelegt wurden.

Kōdai-ji — BUDDHISTISCHER TEMPEL

(高台寺; Karte S. 336; 075-561-9966; www.kodaiji.com; 526 Shimokawara-chō, Kōdai-ji, Higashiyama-ku; 600 ¥; 9–17.30 Uhr; Kyoto-City-Bus 206 bis Yasui, S Tōzai-Linie bis Higashiyama) Kita-no Mandokoro ließ diesen exquisiten Tempel 1605 zum Gedenken an ihren Ehemann Toyotomi Hideyoshi errichten. Die Gärten auf dem weitläufigen Gelände gestaltete der berühmte Landschaftsarchitekt Kobori Enshū, die Teehäuser gehen auf das Konto des Meisters der Teezeremonie, Sen-no Rikyu.

Die Gärten werden drei Mal im Jahr nachts mit Strahlern bunt beleuchtet: Mitte März bis Anfang Mai, 1. bis 18. August und von Ende Oktober bis Anfang Dezember.

Maruyama-kōen — PARK

(円山公園; Karte S. 336; Maruyama-chō, Higashiyama-ku; S Tōzai-Linie bis Higashiyama) Dieser hübsche Park fernab der Hektik der Stadt ist bei Einheimischen und Besuchern gleichermaßen beliebt. Es gibt Teiche, Souvenirläden und Restaurants. Man kann zwischen Bäumen umherspazieren oder am kleinen Karpfenteich im Zentrum der Anlage verweilen.

DIE SCHÖNSTEN TEMPEL & SCHREINE KYOTOS

- **Nanzen-ji** (S. 342) Der eine Tempel, der alles bietet: ein weitläufiges Gelände, einen schönen *kare-sansui* (Trockengarten), abgeschiedene Untertempel und hoch aufragende Hallen.
- **Ginkaku-ji** (S. 343) Der berühmte „Silberpavillon“ bietet einen der schönsten Gärten Kyotos.
- **Kinkaku-ji** (S. 347) Eine goldene Erscheinung erhebt sich über einem ruhigen Spiegelteich – die wohl eindrucksvollste Sehenswürdigkeit Kyotos.
- **Heian-jingū** (S. 344) Farbenfroher Schrein mit riesigem Garten.
- **Fushimi Inari-Taisha** (S. 327) Ein Berg voller hypnotischer Bogengänge aus *torii* (Shinto-Schrein-Toren).
- **Shōren-in** (S. 338) Ein nur wenig besuchter Rückzugsort mit herrlichem Garten auf der wichtigsten touristischen Route von Süd-Higashiyama.
- **Shimogamo-jinja** (S. 333) Der Weg zum historischen und schönen Schrein führt durch beruhigende Baumreihen.

Yasaka-jinja SHINTO-SCHREIN

(八坂神社; Karte S. 336; ☎075-561-6155; www.yasaka-jinja.or.jp; 625 Gion-machi, Kita-gawa, Higashiyama-ku; ⏲24 Std.; Ⓢ Tōzai-Linie bis Higashiyama) GRATIS Dieser farbenprächtige und große Schrein gilt als Schutzschrein des Vergnügungsviertels Gion. Hier ist viel los. Wenn man im Süden von Higashiyama ist, lässt sich der Besuch gut mit dem des Maruyama-kōen verbinden, der nur etwas weiter bergauf liegt.

★ **Chion-in** BUDDHISTISCHER TEMPEL

(知恩院; Karte S. 336; www.chion-in.or.jp; 400 Rinka-chō, Higashiyama-ku; innere Gebäude & Garten Erw./Kind 500/250 ¥, Gelände kostenlos; ⏲9–16.30 Uhr; Ⓢ Tōzai-Linie bis Higashiyama) Der Chion-in besteht aus einem Komplex aus hochaufragenden Gebäuden und weiten Höfen. Heute dient der Tempel als Hauptsitz der Jōdo-Schule, der größten buddhistischen Strömung Japans. Er ist der beliebteste Pilgertempel Kyotos und immer voller Menschen. Besucher mit Sinn für das Große werden den Bau lieben.

1234 wurde der Chion-in an dem Ort errichtet, wo Hōnen, einer der berühmtesten Vertreter des japanischen Buddhismus, seine Glaubensrichtung (Jōdo oder Reines-Land-Buddhismus) gelehrt und sich schließlich zu Tode gefastet hatte.

Das älteste erhaltene Gebäude stammt aus dem 17. Jh. Das zweistöckige **San-mon** ist das größte Tempeltor Japans. Durch die riesige Haupthalle (Miei-dō-Halle) mit einem Bild von Hōnen gelangt man in eine weitere Halle, die **Dai Hōjō**. Ihre Besonderheit ist der „Nachtigallenboden“: Jeder Schritt erzeugt ein zirpendes Geräusch – ein unbemerktes Eindringen ist damit unmöglich. Die Miei-dō-Halle wird derzeit – voraussichtlich bis 2019 – renoviert und ist für die Öffentlichkeit geschlossen.

Wer südöstlich der Haupthalle ein paar Stufen hinaufsteigt, sieht die **riesige Glocke** des Tempels: 1633 gegossen, wiegt sie 70 t. Sie ist die größte Glocke in Japan. Jedes Jahr an Silvester wird sie von den hiesigen Mönchen 108-mal geläutet.

★ **Shōren-in** BUDDHISTISCHER TEMPEL

(青蓮院; Karte S. 336; 69-1 Sanjōbō-chō, Awataguchi, Higashiyama-ku; 500 ¥; ⏲9–17 Uhr; Ⓢ Tōzai-Linie bis Higashiyama) Wegen der riesigen Kampferbäume, die vor seinen Mauern wachsen, ist dieser Tempel kaum zu übersehen. Erfreulicherweise marschieren die meisten Touristen auf dem Weg zu den berühmteren Tempeln direkt daran vorbei – und verpassen somit dieses kleine Heiligtum mit seinem fantastischen Garten, den man bei einer Tasse grünem Tee genießen kann (400 ¥, 9 bis 16 Uhr, im Empfangsbüro fragen).

★ **Gion** STADTVIERTEL

(祇園周辺; Karte S. 336; Higashiyama-ku; Ⓢ Tōzai-Linie bis Sanjō, Ⓡ Keihan-Linie bis Gion-Shijō) Gion ist das berühmte Unterhaltungs- und Geisha-Viertel Kyotos, am Ostufer des Kamo-gawa. Ursprünglich gab es in Gion eigentlich Teehäuser, in denen sich müde Besucher des nahe gelegenen Schreins Yasaka-jinja erfrischten, aber Mitte des 18. Jhs. wurde es zu Kyotos größtem Vergnügungsviertel. Am besten erkundet man Gion heute auf einem abendlichen Spaziergang durch die stimmungsvollen Straßen, auf denen sich traditionelle, von Laternen beleuchtete Restaurants und Teehäuser aus dem 17. Jh. aneinanderreihen. Einen guten Ausgangspunkt bildet die Hauptstraße **Hanami-kōji**, die von Nord nach Süd verläuft und die Shijō-dōri kreuzt.

Viele Restaurants und Teehäuser im südlichen Teil der Hanami-kōji sind exklusive Lokale, in denen Geishas ihre Gäste unterhalten. Am Südende der Hauptstraße trifft man auf den **Gion Corner** (S. 379) und das **Gion-Kōbu-Kaburen-jō-Theater** (祇園甲部歌舞練場).

Wer von der Shijō-dōri aus den nördlichen Abschnitt der Hanami-kōji entlanggeht und in die dritte Straße auf der linken Seite abbiegt, gelangt auf die **Shimbashi** (oft auch: Shirakawa Minami-dōri), eine der wahrhaft schönsten Straßen Kyotos – besonders abends und in der Kirschblütenzeit. Weiter nördlich liegen **Shinmonzen-dōri** und **Furumonzen-dōri**, die beide von Osten nach Westen verlaufen. Wandert man auf diesen Straßen, findet man in jeder Richtung alte Häuser, Kunstgalerien und Antiquitätengeschäfte – aber nicht mit Flohmarktpreisen.

Kennin-ji BUDDHISTISCHER TEMPEL

(建仁寺; Karte S. 336; www.kenninji.jp; 584 Komatsu-chō, Yamatoōji-dōri, Shijo-sagaru, Higashiyama-ku; 500 ¥; ⏲ März–Okt. 10–17 Uhr, Nov.–Feb. bis 16.30 Uhr; 🚉 Keihan-Linie bis Gion-Shijō) Der 1202 von dem Mönch Eisai gegründete Kennin-ji ist der älteste Zentempel in Kyoto, eine kleine Oase der Ruhe und des Friedens. Er bildet einen angenehmen Kontrast zu den weltlichen Freuden im angrenzenden vibrierenden Ausgehviertel Gion. Als sein Highlight gilt der wunderschöne weitläufige *kare-sansui* (trockene Landschaft). Auch die gemalten Zwillingsdrachen am Dach der **Hōdō-Halle** beeindrucken.

Yasui Konpira-gū SHINTO-SCHREIN

(安井金比羅宮; Karte S. 336; www.yasui-konpiragu.or.jp; 70 Simobenten-chō, Higashiyama-ku; ⏲ rund um die Uhr; 🚌 Kyoto-City-Bus 204 bis Higashiyama-Yasui) Dieser interessante kleine Shintō-Schrein am Rand von Gion beherbergt einen der merkwürdigsten Gegenstände, die wir in Japan entdeckt haben: den **enkiri/enmusubi ishi**. Dieser Stein, der wie ein heruntergekommenes Iglo aussieht, soll gute Beziehungen vertiefen und schlechte Beziehungen trennen.

Wer die Macht des Steins nutzen möchte, sollte wie folgt vorgehen: Am Schalter neben dem Stein ein besonderes Blatt Papier kaufen und seinen Namen und Wunsch aufschreiben. Wer seine Liebste / seinen Liebsten enger an sich binden möchte, nimmt das Papier und krabbelt von vorne nach hinten durch den Tunnel im Stein. Wer seine gegenwärtige Beziehung beenden möchte, kriecht von hinten nach vorne hindurch. Dann klebt er den Wunschzettel mit dem dort verfügbaren Kleber zu den anderen Zetteln in der riesigen Wünsche-Sammlung, die den Stein ziert.

Nord-Higashiyama

Dieses Viertel am Nordende der Higashiyama-Berge lockt mit vielen erstklassigen Attraktionen und wohltuenden Grünflächen und eignet sich daher sehr gut für entspanntes Sightseeing. Der Hauptteil erstreckt sich vom Nanzen-ji im Süden bis zum Ginkaku-ji im Norden; die beiden Tempel sind durch den schönen Philosophenweg (Tetsugaku-no-Michi) miteinander verbunden. Zu den Sehenswürdigkeiten gehören weiterhin der Tempel Hōnen-in – wenig

KIRSCHBLÜTE

Es kann eine magische Erfahrung sein, Anfang April die Kirschbaumblüte in Kyoto zu erleben. Überall in der Stadt finden *Hanami* (Kirschblütenpartys) statt. Allerdings sind die wichtigsten touristischen Sehenswürdigkeiten der Stadt dann überfüllt. Unterkünfte sind lange vorab zu buchen, und es dauert länger als gewöhnlich, sich in der Stadt fortzubewegen (z. B. bilden sich lange Schlangen an den Taxiständen am Bahnhof Kyoto).

Im **Maruyama-kōen** (S. 337), einem der beliebtesten *hanami*-Orte, kann man sich mitten ins Geschehen stürzen. Das Herzstück ist ein riesiger *shidare-zakura*-Kirschbaum – insbesondere bei nächtlicher Beleuchtung von unten einer der schönsten Anblicke in Kyoto. Am besten reist man früh an und belegt einen guten Platz im hoch gelegenen östlichen Teil des Parks, mit Blick auf das Treiben weiter unten.

Zu weiteren guten Anlaufstellen gehören der **Kaiserpalast Kyoto Park** (S. 332) und das Flussufer des Kamo-gawa. Abends zieht es die Massen zur Shimbashi in Gion.

Nördliches Higashiyama

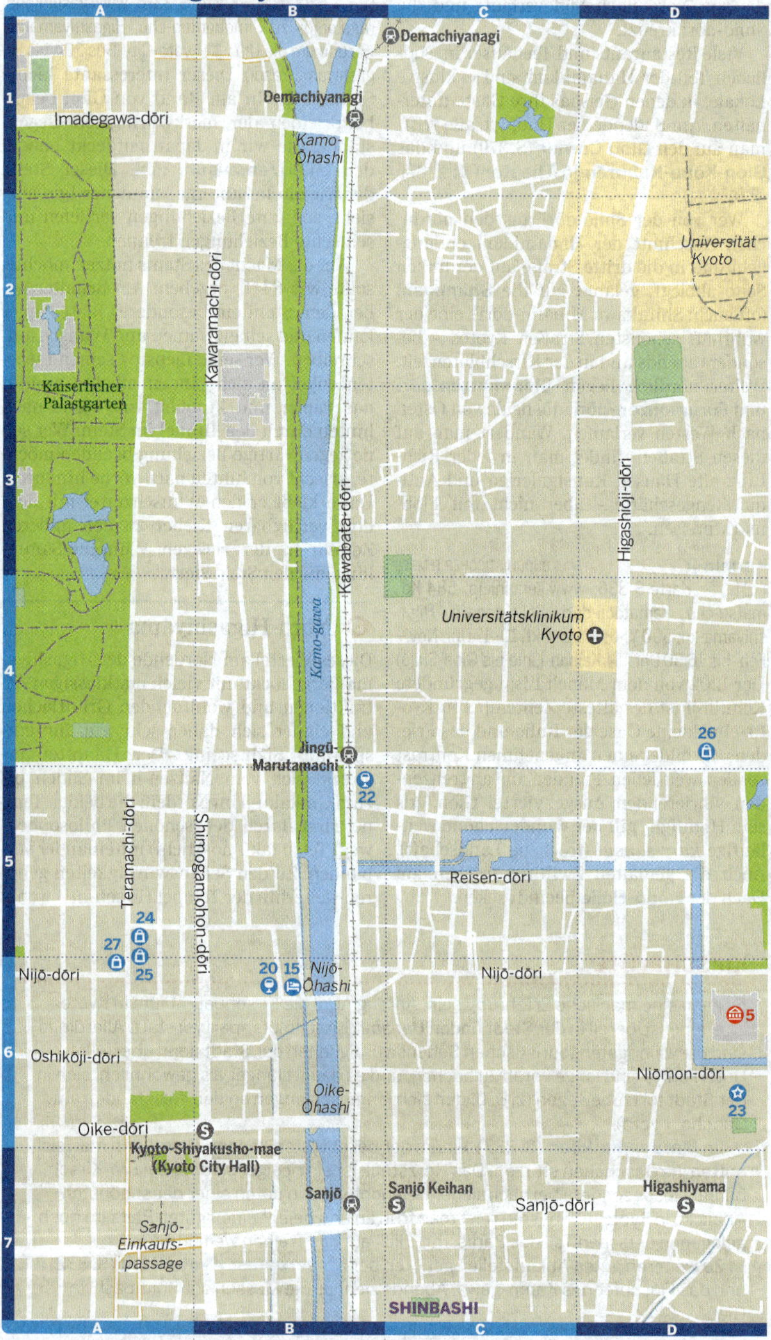

0
400 m
E
F
G
H
1
2
3
4
5
6
7
Imadegawa-dōri
Ginkaku-ji-Michi
Shira-kawa
SAKYŌ-KU
2
Ginkaku-ji
19
Kaguraoka-dōri
Shirakawa-dōri
12
3
Hōnen-in
Yoshidahigashi-dōri
Tetsugaku-no-Michi
(Philosophenweg)
Marutamachi-dōri
18
6
Shira-kawa
Eikan-dō
1
Okazaki-kōen
11
Nijō-dōri
Biwa-ko Sosui Canal
8
10
4
Nanzen-ji
17
Shirakawa-dōri
14
13
Internationales
Gemeinschaftshaus
Kyoto
7
9
16
Keage
21
HIGASHIYAMA-KU

Nördliches Higashiyama

besucht und daher ruhig –, der herrliche Eikan-dō-Tempel und die Museen im Okazaki-kōen.

Die beliebtesten Sehenswürdigkeiten (Ginkaku-ji, Eikan-dō und Nanzen-ji) sollte man frühmorgens unter der Woche besuchen, will man die Massen meiden, oder kurz vor Schließung.

★ Nanzen-ji — BUDDHISTISCHER TEMPEL

(南禅寺; Karte S. 340; www.nanzenji.com; 86 Fukuchi-chō, Nanzen-ji, Sakyō-ku; Nanzen-in 300 ¥, Hōjō-Garten 500 ¥, San-mon-Tor 500 ¥, Gelände kostenfrei; ⏲ März–Nov. 8.40–17 Uhr, Dez.–Feb bis 16.30 Uhr.; 🚌 Kyoto-City-Bus 5 bis Eikandō-michi, Ⓢ Tōzai-Linie bis Keage) Einer der interessantesten Tempel Kyotos ist der Nanzen-ji, mit seinem ausgedehnten Gelände und zahlreichen Untertempeln. Am Eingang steht das gewaltige **San-mon**. Vom Obergeschoss aus hat man einen tollen Blick auf die Stadt. Von der **Hōjō** über der Haupthalle des Tempels gelangt man zum Garten des Springenden Tigers, einem klassischen Zengarten.

➡ Tenju-an

(天授庵; Karte S. 340; 86-8 Fukuchi-chō, Nanzen-ji, Sakyō-ku; 300 ¥; ⏲ März – Mitte Nov. 9–17 Uhr, Mitte Nov. – Feb. bis 16.30 Uhr; 🚌 Kyoto-City-Bus 5 bis Eikandō-michi, Ⓢ Tōzai-Linie bis Keage) Der Tenju-an, ein Untertempel des Nanzen-ji, 1337 erbaut, liegt im Bereich südlich von San-mon, dem Haupttor des Nanzen-ji. Es gibt dort einen herrlichen Garten und einen Teich mit toller Karpfensammlung.

➡ Nanzen-ji Oku-no-in

(南禅寺奥の院; Karte S. 340; Fukuchi-chō, Nanzen-ji, Sakyō-ku; ⏲ Sonnenaufgang bis -untergang; 🚌 Kyoto-City-Bus 5 bis Eikandō-michi, Ⓢ Tōzai-Linie bis Keage) GRATIS Die meisten Besucher übersehen den vielleicht schönsten Teil des Nanzen-ji: Der kleine Schrein Nanzen-ji Oku-no-in liegt versteckt in einer bewaldeten Mulde hinter dem Hauptgelände. Hier beten Pilger unter den Wasserfällen, manchmal auch mitten im Winter.

Um hierherzugelangen, steigt man hinauf zu dem roten Ziegelaquädukt vor dem Nanzen-in, folgt dem Weg, der parallel zum Aquädukt zu den Hügeln hinaufführt, und geht vorbei am (oder durch den) Kōtoku-an, einem kleinen Untertempel auf der linken Seite. Man folgt weiter den Stufen im Wald, bis zu einem Wasserfall in einer wunderschönen Bergschlucht.

Konchi-in — BUDDHISTISCHER TEMPEL

(金地院; Karte S. 340; 86-12 Fukuchi-chō, Nanzen-ji, Sakyō-ku; Erw./Kind 400/200 ¥; ⏲ März – Nov. 8.30–17 Uhr, Dez.–Feb. bis 16.30 Uhr; 🚌 Kyoto-City-Bus 5 bis Eikandō-michi, Ⓢ Tōzai-Linie bis Keage) Nur etwas südwestlich des Hauptbereichs des Nanzen-ji liegt dieser schöne Untertempel. Sein Garten wurde von Kobori Enshū geplant und ist als Kranich- und Schildkrötengarten bekannt. Wer nach einem guten Beispiel für die *shakkei*-Technik (geliehene Landschaft) sucht: Besser als hier geht's nicht.

★ Eikan-dō
BUDDHISTISCHER TEMPEL

(永観堂; Karte S. 340; ☎075-761-0007; www.eikando.or.jp; 48 Eikandō-chō, Sakyō-ku; Erw./Kind 1000/400 ¥; ⏲9–17 Uhr; 🚌Kyoto-City-Bus 5 bis Eikandō-michi, Ⓢ Tōzai-Linie bis Keage) Vielleicht der berühmteste (und darum vollste) Tempel zur Zeit des Herbstlaubs. Der Eikan-dō liegt nur einen kurzen Spaziergang südlich des berühmten Philosophenwegs. Seine vielgestaltige Architektur, die Gärten und die Kunstwerke machen ihn so interessant. Begründet wurde er vom Priester Shinshō als Zenrin-ji, doch im 11. Jh. wurde er zu Ehren des Priesters Eikan in Eikan-dō umgetauft.

In der **Amida-dō**-Halle am Südende des Geländes steht eine Statue des Mikaeri Amida (Buddha, der über die Schulter blickt). Nördlich der Halle, am Ende des **garyūrō** (überdachter Gang), kann man in Besuchersandalen die steilen Stufen bis zur **Tahō-tō**-Pagode erklimmen und von dort einen schönen Blick über die Stadt genießen.

Philosophenweg (Tetsugaku-no-Michi)
STADTVIERTEL

(哲学の道; Karte S. 340; Sakyō-ku; 🚌Kyoto-City-Bus 5 bis Eikandō-michi oder Ginkakuji-michi, Ⓢ Tōzai-Linie bis Keage) Der Tetsugaku-no-Michi ist einer der schönsten Spazierwege in ganz Kyoto. Von den vielen unterschiedlichen Blumen, Büschen und Bäumen, die den Weg säumen, blüht beinahe immer etwas. Straßenverkehr gibt es hier keinen. Der Weg führt an einem Kanal entlang, vorbei an Kirschbäumen, an denen die Blüten Anfang April spektakulär aufbrechen. Die Strecke ist nur 30 Minuten lang, beginnt bei Nyakuōji-bashi und führt dann über den Eikan-dō zum Ginkaku-ji.

Seinen Namen verdankt der Weg dem berühmten Philosophen Nishida Kitaro, der im 20. Jh. lebte. Tetsugaku-no-Michi soll ihn gedankenverloren entlangspaziert sein.

In der Kirschblütensaison sollte man sich tagsüber auf große Menschenmengen einstellen. Nachts ist es definitiv ruhiger.

★ Hōnen-in
BUDDHISTISCHER TEMPEL

(法然院; Karte S. 340; 30 Goshonodan-chō, Shishigatani, Sakyō-ku; ⏲6–16 Uhr; 🚌Kyoto-City-Bus 5 bis Ginkakuji-michi) GRATIS Einer von Kyotos versteckten Schätzen. Der Tempel wurde 1680 zu Ehren von Hōnen, dem charismatischen Gründer der Jōdo-Schule, erbaut. Er liegt abgeschieden in den Wäldern, umgeben von sorgfältig gepflegten Gärten. Zu den Tempelgebäuden gehört eine kleine Galerie, in der oft regionale wie auch internationale Künstler ausstellen. Wer den Massen entkommen will, die den nahen Ginkaku-ji definitiv belagern, der wird in dieser Oase seine Ruhe finden.

Der Hōnen-in liegt zwölf Gehminuten vom Ginkaku-ji entfernt an einer Seitenstraße über dem Philosophenweg, die vom Tetsugaku-no-Michi aus zugänglich ist (gegebenenfalls einfach nach dem Weg fragen).

★ Ginkaku-ji
BUDDHISTISCHER TEMPEL

(銀閣寺; Karte S. 340; 2 Ginkaku-ji-chō, Sakyō-ku; Erw./Kind 500/300 ¥; ⏲März–Nov. 8.30–17 Uhr, Dez.–Feb. 9–16.30 Uhr; 🚌Kyoto-City-Bus 5 bis Ginkakuji-michi) Eine der Hauptsehenswürdigkeiten in Kyoto ist der elegante Ginkaku-ji. Er steht in einem üppigen Garten. Eigentlich war der Tempel 1482 der Ruhesitz des Shoguns Ashikaga Yoshimasa, der einen Ort wünschte, an den er sich aus den Wirren des Bürgerkrieges zurückziehen konnte. Übersetzt bedeutet der Name „Silberner Pavillon", aber der Plan des Shoguns, das Gebäude komplett mit Silber zu überziehen, wurde nie verwirklicht. Nach Yoshimasas Tod diente es als Tempel.

Spazierwege führen durch Gärten mit prächtigen Kiefern. Akribisch geharkte Kegel aus weißem Sand lassen einen staunen. Vermutlich symbolisieren sie einen Berg und einen See. Auch der Teich vor dem Tempel lädt zum Verweilen ein. Ein Pfad führt an den Bäumen vorbei den Hang hinauf.

Der Ginkaku-ji erfreut sich so großer Beliebtheit, dass es hier fast immer von Menschen wimmelt. Besonders voll ist es während der Frühlings- und Herbstmonate. Am besten kommt man frühmorgens her oder kurz vor Toresschluss.

Okazaki-kōen Area
STADTVIERTEL

(岡崎公園; Karte S. 340; Okazaki, Sakyō-ku; Ⓢ Tōzai-Linie bis Higashiyama) Okazaki-kōen mit seinen Parks und Kanälen liegt zwischen Niōmon-dōri und Heian-jingū. Zwei der bedeutenden Museen Kyotos sind hier zu finden: das Nationalmuseum für moderne Kunst (S. 344) und das städtische Kunstmuseum Kyoto (S. 343). Daneben gibt es zwei kleinere Museen. Wer einen Regentag überbrücken muss, findet hier genug, um einen Tag lang keine nassen Füße zu bekommen.

Städtisches Kunstmuseum Kyoto
MUSEUM

(京都市美術館; Karte S. 340; 124 Enshōji-chō, Okazaki, Sakyō-ku; Eintritt untersch.; ⏲9–17 Uhr, Mo geschl.; Ⓢ Tōzai-Linie bis Higashiyama) In diesem schönen Museum gibt's mehrere große Sonderausstellungen pro Jahr, außerdem eine Reihe kostenloser Schauen. Es lohnt sich immer nachzusehen, was gerade läuft. Der Teich hinter dem Museum eignet sich perfekt für ein Picknick.

Nationalmuseum für moderne Kunst (MOMAT) MUSEUM
(京都国立近代美術館; Karte S. 340; www.momak.go.jp; Enshōji-chō, Okazaki, Sakyō-ku; 430 ¥, Aufpreis für Sonderausstellungen; ⌚ 9.30–17 Uhr, April–Sept. Fr bis 20 Uhr, Mo geschl.; Ⓢ Tōzai-Linie bis Higashiyama) Das Museum ist für seine Sammlung moderner japanischer Keramik und Gemälde bekannt. Zu der herausragenden Dauerausstellung gehören auch viele Werke der Töpferkunst von Kawai Kanjirō. Das Café mit Blick auf einen pittoresken Kanal lädt zu einer Pause ein. Das Museum veranstaltet auch regelmäßig Sonderausstellungen – aktuelle Informationen findet man auf der Webseite.

Fureai-Kann-Kyoto-Museum für traditionelles Kunsthandwerk MUSEUM
(みやこめっせ・京都伝統産業ふれあい館; Karte S. 340; 9-1 Seishōji-chō, Okazaki, Sakyō-ku; ⌚ 9–17 Uhr; Ⓢ Tōzai-Linie bis Higashiyama) GRATIS Ein Besuch sei denen nahegelegt, die sich für traditionelles Kunsthandwerk aus Kyoto interessieren. Das Fureai-Kan bietet hervorragende Ausstellungsobjekte, darunter Holzschnitte, Lackwaren, Bambusprodukte und mit Blattgold verzierte Gegenstände. Es gibt Informationstafeln auf Englisch. Das Museum befindet sich im Untergeschoss der Miyako-Messe (Internationale Messehalle von Kyoto).

Der Museumsshop nebenan verkauft Geschenke und Souvenirs.

Heian-jingū SHINTO-SCHREIN
(平安神宮; Karte S. 340; Nishitennō-chō, Okazaki, Sakyō-ku; Garten Erw./Kind 600/300 ¥; ⌚ Nov.–Feb. 6–17 Uhr, März–Okt. 6–18 Uhr, Garten 8.30–16.30 Uhr; Ⓢ Tōzai-Linie bis Higashiyama) Eines

ABSEITS DER ÜBLICHEN PFADE

DAIGO-JI

Der **Daigo-ji** (醍醐寺; Karte S. 324; 22 Higashiōji-chō, Daigo, Fushimi-ku; Kondō-Halle, Sampō-in & Pagode 800 ¥, im Frühjahr 1500 ¥, Kami Daigo extra 500 ¥; ⌚ März–Nov. 9–17 Uhr, Dez.–Feb. bis 16.30 Uhr; Ⓢ Tōzai-Linie bis Daigo) ist ein UNESCO-geschützter, ausgedehnter Tempelkomplex im Daigo-Bezirk von Kyoto, an der Ostseite der Higashiyama-Berge. Die Tōzai-Linie der U-Bahn bringt einen hierher. Das Highilght ist ohne Zweifel die Kirschblüte, die Anfang April blüht, aber besonders wer gerne wandert und eine Pause von den berühmteren Tempeln im Stadtzentrum braucht, wird sich hier auch den Rest des Jahres einen halben Tag lang sehr wohl fühlen.

874 ließ der Priester Shobo den Daigo-ji erbauen. Daigo-ji bedeutet „die ultimative Essenz der Milch" – gemeint sind die fünf Abschnitte der Lehre Buddhas, die mit den fünf Arten von Milch verglichen werden, die man in Indien herstellt (die hochwertigste Form heißt auf Japanisch *daigo*).

Im Lauf der Zeit wuchs der Tempel auf zwei Ebenen zu einer riesigen Anlage: **Shimo Daigo** (untere) und **Kami Daigo** (obere Ebene). Kami Daigo liegt auf dem **Daigo-yama**, hinter dem Tempel. Im 15. Jh. wurden die Gebäude auf der unteren Ebene zerstört, mit Ausnahme der fünfstöckigen Pagode (**Garan**) aus dem Jahr 951. Sie ist die älteste Pagode Japans und das älteste Gebäude Kyotos.

Im späten 16. Jh. fand Hideyoshi Gefallen an Daigo-ji und ließ ihn umfassend wieder aufbauen. Heute ist Daigo-ji einer der Haupttempel der Shingon-Schule. Um ihn in aller Ruhe und in gemütlichem Tempo wandernd zu erkunden, braucht man mindestens einen halben Tag.

Der Untertempel **Sampō-in** ist ein schönes Beispiel dieser erstaunlich prunkvollen Ära. Die Kanō-Bilder und die Gärten sind besondere Highlights.

Vom Sanpō-in dauert der steile und anstrengende Aufstieg zum Kami Daigo etwa 50 Minuten: die lange Kirschbaumallee hoch, durch das Niō-mon-Tor, durch das hintere Tor des unteren Tempels, ein Betongefälle hoch und in den Wald, an der Pagode vorbei.

Von der Innenstadt fährt man mit der Tōzai-Linie bis zur Haltestelle Daigo und geht dann zehn Minuten in Richtung Osten (auf die Berge zu). Auf jeden Fall in die U-Bahn steigen, die nach Rokujizō fährt, nicht in die nach Hama-Ōtsu!

MACHIYA: KYOTOS TRADITIONELLE STADTHÄUSER

Zu den größten architektonischen Besonderheiten der Stadt zählen die *machiya*, lange und schmale hölzerne Reihenhäuser, die als Wohnstätte und als Arbeitsplatz dienten. Der Geschäftsbereich lag im vorderen Teil des Hauses, die Zimmer dahinter bildeten den Privatbereich der Familie. Die *machiya* werden auch *„unagi no nedoko"* (Aal-Schlafzimmer) genannt, ihrer länglichen Form wegen. Sie wurden so gebaut, weil die Höhe der Steuer nach der Breite der Vorderseite zur Straße hin bemessen wurde.

Ein *machiya* ist eine in sich geschlossene Welt mit privatem Brunnen, Ladenhaus, buddhistischem Altar, Lehmöfen mit riesigen eisernen Reiskesseln, Schreinen für den Hausgeist und andere Gottheiten sowie einem kleinen Innengarten.

Obwohl gut gewappnet für die feuchten, Schimmel förderlichen Sommer in Kyoto, hat ein hölzernes *machiya* eine Lebensspanne von nur ca. 50 Jahren. Traditionelle Materialien und Wertarbeit wurden immer teurer und die Menschen sehnten sich nach einem westlicheren Lebensstil, daher wurden die alten Familienhäuser oft nicht wieder aufgebaut, wie es in der Vergangenheit üblich gewesen war. Auch die hohe städtische Erbschaftssteuer veranlasste viele Besitzer dazu, ihre *machiya* abzureißen und an deren Stelle ein siebenstöckiges Wohngebäude zu errichten, um dann selbst im Erdgeschoss zu wohnen und von den Mieteinnahmen zu leben.

Aus einer harmonisch wirkenden Ansammlung zweistöckiger hölzerner Stadthäuser hat sich die Stadtlandschaft Kyotos im Ergebnis dramatisch gewandelt – hin zu einem Durcheinander aus Eisenbetonbauten mit Büro- und Wohnflächen.

Ironischerweise erleben die *machiya* jedoch derzeit ein Comeback. Erst wurden die alten Stadthäuser drastisch immer weniger und wurden allmählich zu Exoten, dann fingen clevere Städteplaner an, verbliebene Exemplare in Restaurants, Modeboutiquen und sogar Friseursalons umzuwandeln. In der Tourismusbranche der Stadt gelten diese Geschäfte heute als wichtige Anziehungspunkte. Doch nicht nur ausländische Besucher, auch Japaner (besonders die Einwohner Tokios) lieben den altmodischen Charme dieser Häuser.

der beliebtesten Ziele in Kyoto. Der Schrein wurde 1895 anlässlich des 1100. Jubiläums der Stadterbaut. Die farbenfrohen Gebäude der Anlage sind dem alten Kaiserpalast aus der Heian-Zeit (794–1185) nachempfunden, erreichen allerdings nur zwei Drittel von dessen Größe. 500 m vor dem Schrein erhebt sich ein imposantes **torii** (Schreintor) aus Stahl. Obwohl es nicht mit dem Heian-jingū verbunden ist, gilt es als dessen Haupteingang.

Der große **Garten** hinter dem Schrein eignet sich gut für einen Spaziergang, natürlich besonders während der Kirschblüte. An dem großen Teich und den chinesisch-inspirierten Brücken erkennt man den in der Heian-Zeit populären Stil. Der Garten ist bekannt für seine Glyzinien, die Iris und die hängenden Kirschbäume.

Eines von Kyotos größten Festivals, das **Jidai Matsuri**, wird am 22. Oktober hier gefeiert. Am 2. und 3. Juni gibt es hier **Takigi nō**, eine spektakuläre Form des Nō (stilisiertes Tanztheater auf einer leeren Bühne), im Schein von flackerndem Feuer. Karten kosten im Vorverkauf 3000 ¥ (in der Touristeninformation Kyoto nach Verkaufsstellen fragen), oder man bezahlt 4000 ¥ direkt am Eingangstor.

Kaiserliche Villa Shūgaku-in Rikyū BEMERKENSWERTES GEBÄUDE

(修学院離宮; Karte S. 324; ☎075-211-1215; www.kunaicho.go.jp; Shūgaku-in, Yabusoe, Sakyō-ku; ⌚Touren Di–So 9, 10, 11, 13.30 & 15 Uhr; 🚌Kyoto-City-Bus 5 ab Bahnhof Kyoto bis Shūgakuinrikyū-michi) GRATIS Diese beeindruckende kaiserliche Villa ist eines der absoluten Highlights im Nordosten Kyotos. Sie wurde als Sommerresidenz für die kaiserliche Familie gebaut. Ihre Gärten mit Blick auf die Stadt sind die Mühe des Aufstiegs wert. Die 80-minütigen Touren sind auf Japanisch; englische Audioguides sind kostenfrei erhältlich. Man sollte versuchen, früh anzukommen. Das Mindestalter für den Eintritt beträgt 18 Jahre und man muss einen Reisepass vorlegen.

Der Bau der Villa wurde in den 1650er-Jahren nach der Abdankung von Kaiser Go-Mizunoo begonnen und nach dessen Tod 1680 von seiner Tochter Akeno-miya fortgeführt.

ABSTECHER

BYŌDŌ-IN

Der **Byōdō-in** (平等院; ☎ 0774-21-2861; 116 Uji-renge, Uji-shi; 600 ¥, Hōō-dō-Führung extra 300 ¥; ⏲ 9–17 Uhr, Garten 8.30–17.30 Uhr, Hōō-dō 9.10–16.10 Uhr; 🚉 JR-Nara-Linie oder Keihan-Linie bis Uji) ist die Hauptattraktion in Uji, einer Vorstadt Kyotos. Hier steht einer der schönsten buddhistischen Bauten Japans: die Hōō-dō-Halle, die auch auf der Rückseite der japanischen 10-¥-Münze zu sehen ist. Sie wurde erst vor Kurzem restauriert. Hoch erhoben über einem ruhigen Spiegelteich bietet sie einen atemberaubenden Anblick. Wer einen halben Tag außerhalb von Kyotos Zentrum verbringen will, kann einen Besuch dieses Tempels mit einem Spaziergang entlang des Uji-gawa in der Nähe verbinden.

Zuerst diente das Gebäude als Landsitz der Familie Fujiwara, 1052 wurde es in einen buddhistischen Tempel umgewandelt. Als einziges originales Bauwerk blieb die **Hōō-dō** (Phönixhalle) von 1053 erhalten. Der Phönix war in China einst ein sagenumwobener Vogel, die Japaner verehrten ihn als Beschützer Buddhas. Die Architektur des Gebäudes erinnert an einen Vogel; auf dem Dach sitzen zwei bronzene Phönixfiguren einander gegenüber. Die kurzen Führungen im Inneren der Halle finden auf Japanisch statt, doch es liegen englische Infobroschüren aus.

Die Hōō-dō sollte Amidas himmlischen Palast im „Reinen Land" darstellen und ist eines der wenigen Beispiele für die Architektur der Heian-Zeit. Angesichts des eleganten Baustils würden sich viele Besucher wünschen, dass mehr Bauwerke aus dieser Zeit die Kriege und Feuer in Kyotos turbulenter Vergangenheit überlebt hätten. In der Halle stehen eine berühmte Statue von Amida Buddha sowie 52 *bosatsu* (Bodhisattwas) aus dem 11. Jh. Sie werden dem Priester und Bildhauer Jōchō zugeschrieben.

Im **Hōmotsukan-Schatzhaus** nebenan sind die Originalglocke des Tempels sowie Türmalereien und der originale Phönix-Dachschmuck verwahrt. Für die Erkundung des Geländes sollte man sich eine Stunde Zeit nehmen.

Uji erreicht man in ca. 40 Minuten ab Kyoto mit dem Zug auf der Keihan-Uji-Linie oder der JR-Nara-Linie.

Das Gelände am Hang ist in drei riesige Gärten unterteilt, den Unteren, Mittleren und Oberen Garten. In jedem gibt's exquisite Teezeremonie-Häuser. Das **Kami-no-chaya** im Oberen Garten und das **Shimo-no-chaya** im Unteren wurden 1659 vollendet. Das mittlere Teehaus, **Naka-no-chaya**, wurde 1682 fertiggestellt. Es locken zahlreiche Teiche und Spazierwege. Besonders beeindruckend ist hier die Anwendung des *shakkei* (geliehene Landschaft) in Form der Hügel der Umgebung. Auch der Ausblick vom **Kami-no-chaya** ist sehr schön.

Tickets kann man vorab im Büro des Kaiserlichen Haushaltsamts (S. 334) buchen. Vormittagstouren kann man alternativ online reservieren; Tickets für Nachmittagstouren werden in der Villa ab 11 Uhr verkauft – solange der Vorrat reicht.

Nordwest-Kyoto

Im Nordwesten Kyotos liegen zwei der wichtigsten Tempel der Stadt: der Kinkaku-ji, auch als Goldener Pavilion bekannt, und der Ryōan-ji mit dem berühmtesten Zengarten Japans. Zu den weiteren bemerkenswerten Sehenswürdigkeiten zählen die in sich geschlossene Welt des Myōshin-ji und der atmosphärische Shintō-Schrein Kitano Tenman-gū.

Kitano Tenman-gū SHINTO-SCHREIN
(北野天満宮; Karte S. 332; www.kitanotenmangu.or.jp; Bakuro-chō, Kamigyō-ku; ⏲ April–Sept. 5–18 Uhr, Okt.–März 5.30–17.30 Uhr; 🚌 Kyoto-City-Bus 50 vom Bahnhof Kyoto bis Kitano-Tenmangū-mae) GRATIS Der stimmungsvollste Shintō-Schrein im Nordwesten Kyotos. Am Kitano Tenman-gū wird auch der Tenjin-San-Markt veranstaltet, einer der beliebtesten Flohmärkte Kyotos. Hier kann man in aller Ruhe spazieren. Die Gebäude des Schreins selbst sind wunderschön. Wie man sie heute sieht, wurden sie 1607 von Toyotomi Hideyori errichtet. Auf dem Gelände selbst gibt es einen Wald aus Pflaumenbäumen, die jedes Jahr Anfang März blühen.

Gegründet wurde der Kitano Tenman-gū 947 zu Ehren von Sugawara Michizane

(845–903), einem angesehenen Staatsmann und Gelehrten der Heian-Zeit. Es heißt, dass Sugawara lebenslang nach Kyūshū verbannt wurde, nachdem er sich seinem politischen Gegner Fujiwara Tokihira widersetzt hatte. Nach seinem Tod 903 sei Kyoto von Erdbeben und Stürmen heimgesucht worden und in den Kaiserpalast hätten wiederholt Blitze eingeschlagen. In der Angst, Sugawara sei als wiedergeborener Raijin (Donnergott) zurückgekehrt, um sich an seinen Rivalen zu rächen, errichteten Anwohner diesen Schrein zu seinen Ehren.

Wer nicht gerade die Massen meiden will, besucht den Schrein am besten während des **Tenjin-san**-Markts, der am 25. jeden Monats stattfindet – im Dezember und Januar geht's besonders farbenfroh zu.

★Kinkaku-ji BUDDHISTISCHER TEMPEL

(金閣寺; Karte S. 348; 1 Kinkakuji-chō, Kita-ku; 400 ¥; ⌚9–17 Uhr; 🚍Kyoto-City-Bus 205 ab Bahnhof Kyoto bis Kinkakuji-michi, Kyoto-City-Bus 101 oder 205 ab Bahnhof Kyoto bis Kinkaku-ji-mae) Kyotos berühmter „Goldener Pavillon" ist eine der bekanntesten Sehenswürdigkeiten Japans. Das Hauptbauwerk ist ganz mit Blattgold bedeckt und spiegelt sich in seinem Teich – ein wirklich spektakulärer Anblick. Und genau wegen dieser Schönheit ist der Tempel das ganze Jahr über gut besucht. Am besten geht man gleich frühmorgens oder kurz vor Toresschluss hin, idealerweise an einem Wochentag.

Das Originalbauwerk aus dem Jahr 1397 war der Ruhesitz des Shoguns Ashikaga Yoshimitsu. Sein Sohn wandelte das Gebäude in einen Tempel um. Im Jahr 1950 legte hier ein junger, von dem Bau besessener Mönch Feuer. Seine Geschichte diente als Vorlage für Mishima Yukios Roman *Der Tempelbrand*. 1955 wurde der Kinkaku-ji vollständig restauriert. Dabei hielt man sich genau an die ursprünglichen Baupläne. Die einzige Veränderung bestand darin, dass auch die unteren Stockwerke mit Blattgold verziert wurden.

Ryōan-ji BUDDHISTISCHER TEMPEL

(龍安寺; Karte S. 348; 13 Goryōnoshitamachi, Ryōan-ji, Ukyō-ku; Erw./Kind 500/300 ¥; ⌚März–Nov. 8–17 Uhr, Dez.–Feb. 8.30–16.30 Uhr; 🚍Kyoto-City-Bus 59 von Sanjō-Keihan bis Ryoan-ji-mae) Vermutlich hat schon jeder ein Bild von diesem Steingarten gesehen – er ist eines der Symbole von Kyoto und eine der bekannteren japanischen Sehenswürdigkeiten. Er stammt aus dem Jahr 1450 und gehört zur Rinzai-Schule. In einem weißen Oval ordnen sich insgesamt 15 schlichte Steine scheinbar willkürlich in einem Meer aus Sand an. Das Oval ist von einer Mauer umschlossen. Der Künstler ist unbekannt und es fehlt daher eine Erklärung zu diesem Werk.

Einige Historiker glauben, dass der Garten von Sōami in der Muromachi-Zeit (1333–1568) angelegt wurde, andere halten ihn für ein späteres Werk aus der Edo-Zeit. Es handelt sich um den bekanntesten **hira-niwa** (Flachgarten ohne Hügel und Teiche) Japans und er setzt die erstaunliche Schlichtheit und Harmonie aus den Lehren der Zenmeditation in Szene.

Es ist zweifellos ein hübscher, faszinierender Ort, aber man kann ihn nur schwer genießen inmitten der Massen, die ihn auf ihrer „Must-see-Liste" abhaken wollen. Bei einem frühmorgendlichen Besuch an einem Wochentag stehen die Chancen wohl am besten, den Steingarten in einer beschaulichen Situation vorzufinden. Wer mit dem Massenansturm kommt, findet im weniger berühmten Garten um die Ecke einen schönen Zufluchtsort.

Ninna-ji BUDDHISTISCHER TEMPEL

(仁和寺; Karte S. 348; ☎075-461-1155; 33 Omuroōuchi, Ukyō-ku; Tempel & Garten 500 ¥; ⌚März–Nov. 9–17 Uhr, Dez.–Feb. bis 16.30 Uhr; 🚍Kyoto-City-Bus 59 ab Sanjo-Keihan bis Omuro Ninna-ji, Kyoto-City-Bus 26 ab Bahnhof Kyoto bis Omuro Ninna-ji) Nur wenige treten den langen Weg zu dem weitläufigen Tempelkomplex an, doch wer ihn auf sich nimmt, wird sich hier wohlfühlen. Auf jeden Fall ist er ein guter Kontrast zu den berühmteren und meist überfüllten anderen Tempeln.

Der 888 gebaute Ninna-ji umfasste ursprünglich mehr als 60 Gebäude und ist der Haupttempel des Omuro-Zweigs der Shingon-Schule. Die Tempelgebäude, die man heute hier sieht, darunter die **fünfstöckige Pagode**, stammen aus dem 17. Jh.

Auf dem weitläufigen Gelände befindet sich ein eigenartiger Hain mit kurzstämmigen und vielblattrigen Kirschbäumen namens Omuro-no-Sakura, die im April viele Besucher anziehen.

Gesonderte Eintrittspreise (jeweils 500 ¥) zahlt man für die **Kondō** (Haupthalle) und das **Reihōkan** (Schatzhaus), die nur von April bis Mai und von Oktober bis November geöffnet sind.

Nordwest-Kyoto

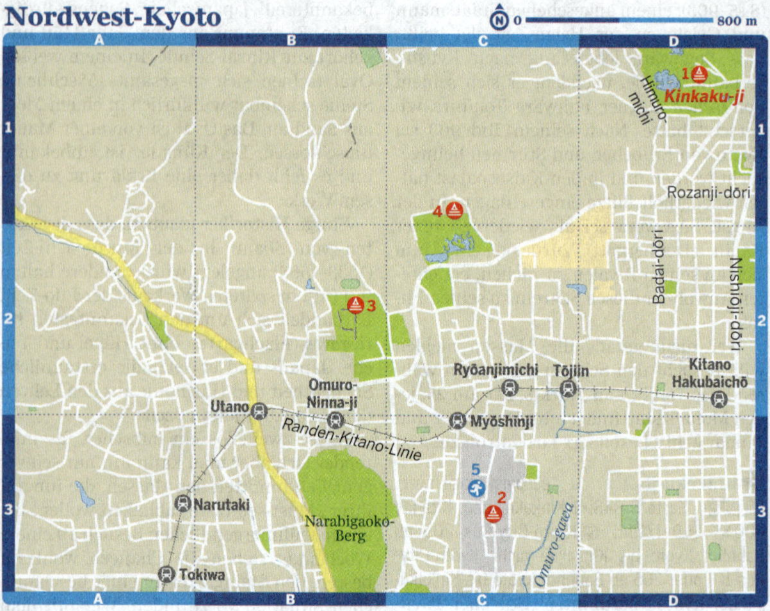

Nordwest-Kyoto

Highlights

1 Kinkaku-ji D1

Sehenswertes

2 Myōshin-ji C3
3 Ninna-ji B2
4 Ryōan-ji C1

Aktivitäten, Kurse & Touren

5 Shunkō-in C3

Schlafen

Shunkō-in .... (siehe 5)

Myōshin-ji BUDDHISTISCHER TEMPEL

(妙心寺; Karte S. 348; www.myoshinji.or.jp; 1 Myoshin-ji-chō, Hanazono, Ukyō-ku; Haupttempel frei, andere Bereiche des Komplexes Erw./Kind 500/100 ¥; 9.10–11.40 & 13–16.40 Uhr; Kyoto-City-Bus 10 von Sanjo-Keihan bis Myōshin-ji Kita-mon-mae) Der Myōshin-ji ist eine eigene kleine Welt mitten in Kyoto, ein eingemauerter Komplex mit Tempeln und Untertempeln. Er lädt zu entspannten Spaziergängen ein. Der Untertempel **Taizō-in** bietet einen der interessantesten Gärten der Stadt. Der Myōshin-ji stammt aus dem Jahr 1342 und gehört zur Rinzai-Schule. Es gibt 47 Untertempel, doch nur wenige sind für die Öffentlichkeit zugänglich.

Vom Nordtor folgt man dann der breiten, von Tempelreihen gesäumten Steinallee bis zum südlichen Teil der Anlage. Der gleichnamige Myōshin-ji-Tempel liegt ungefähr in der Mitte des Komplexes. Im Eintrittspreis ist auch eine Tour durch mehrere Gebäude des Tempels enthalten. An der Decke der Hattō (Vortragshalle) prangt das beunruhigende Gemälde *Unryūzu* (Drache, der in acht Richtungen blickt). Der Guide wird einen dazu auffordern, sich direkt unter den Drachen zu stellen: Aus dieser Perspektive hat man das Gefühl, dass sich das Fabelwesen herunter- und wieder hochschraubt.

Im Shunkō-in (S. 357), einem Untertempel des Myōshin-ji, werden für Ausländer für 1500 ¥ regelmäßig 60-minütige *zazen*-Sitzungen (Zen-Meditationen im Sitzen) mit englischen Erklärungen angeboten; alternativ: 90 Minuten für 2500 ¥, inkl. *matcha* (zu Pulver gemahlener grüner Tee) und etwas Süßem. Absolut empfehlenswert.

Arashiyama & Sagano
嵐山・嵯峨野

Arashiyama und Sagano, zwei aneinandergrenzende Viertel am Fuß der Westberge von Kyoto, bilden nach Süd-Higashiyama das zweitbeliebteste Touristenziel in der Stadt. Ausländische wie japanische Besucher strömen hierher, um den Tenryu-ji-Tempel mit herrlicher Bergkulisse und den berühmten Arashiyama-Bambushain zu sehen. Hier liegen auch mehrere kleine Tempel verteilt und die elegante, auf einem Hügel gelegene Villa Ōkōchi-Sansō ist ein toller Ort für Spaziergänge und eine Verschnaufpause.

Togetsu-kyō BRÜCKE

(渡月橋; Karte S. 350; Saga Tenryū-ji, Susukinobaba-chō, Ukyō-ku; Kyoto-City-Bus 28 von Bahnhof Kyoto bis Arashiyama-Tenryuji-mae, JR-Sagano-/San-in-Linie bis Saga-Arashiyama oder Hankyū-Linie bis Arashiyama, umsteigen in Katsura) Diese Brücke, eine der Hauptsehenswürdigkeiten in Arashiyama, befindet sich nur wenige Gehminuten vom Bahnhof Arashiyama entfernt, an dem die Keifuku- und die Hankyū-Linie halten. Der ursprüngliche, 1606 erbaute Überweg lag gegenüber der heutigen Brücke etwa 100 m weiter stromaufwärts.

★ Tenryū-ji BUDDHISTISCHER TEMPEL

(天龍寺; Karte S. 350; 075-881-1235; www.tenryuji.com; 68 Susukinobaba-chō, Saga-Tenryū-ji, Ukyō-ku; nur Garten 500 ¥, Tempelgebäude & Garten 800 ¥; 8.30–17.30 Uhr, Mitte Okt.–Mitte März bis 17 Uhr; Kyoto-City-Bus 28 von Bahnhof Kyoto bis Arashiyama-Tenryuji-mae, JR-Sagano-/San-in-Linie bis Saga-Arashiyama oder Hankyū-Linie bis Arashiyama, umsteigen in Katsura) Der Tenryū-ji, ein schöner Tempel der Rinzai-Schule, hat einen der besten Gärten in Kyoto – besonders während der Frühlingskirschblüte oder des Herbstlaubs. Der Haupt-Zengarten aus dem 14. Jh. ist mit den Arashiyama-Bergen im Hintergrund ein gutes Beispiel für *shakkei* (geliehene Landschaft). Leider ist dieser Weltklasse-Garten hier kein Geheimtipp, also sollte man früh am Morgen oder an einem Wochentag kommen.

Er wurde 1339 am einstigen Standort von Go-Daigos Villa errichtet, nachdem ein Priester geträumt hatte, dass ein Drache aus dem nahen Fluss aufsteigen würde. Der Traum wurde als Zeichen gewertet, dass der Geist des Kaisers keine Ruhe fand. Der Tempel wurde zur Beschwichtigung gebaut – daher auch der Name *tenryū* (himmlischer Drache). Die heutigen Gebäude stammen von 1900. Der berühmte Bambushain von Arashiyama liegt direkt vor dem Nordtor des Tempels.

★ Arashiyama-Bambushain PARK

(嵐山竹林; Karte S. 350; Ogurayama, Saga, Ukyō-ku; Sonnenaufgang bis -untergang; Kyoto-City-Bus 28 von Bahnhof Kyoto bis Arashiyama-Tenryuji-mae, JR-Sagano-/San-in-Linie bis Saga-Arashiyama oder Hankyū-Linie bis Arashiyama, umsteigen in Katsura) GRATIS In diesem Bambushain fühlt man sich wie in einer anderen Welt – die dicken grünen Bambusrohre scheinen sich unendlich in alle Richtungen zu strecken und das Licht hat etwas Seltsames. Es ist unmöglich, hier keine Fotos zu schießen, aber vermutlich ist man später enttäuscht: Bilder können die Magie dieses Ortes einfach nicht einfangen. Der Hain verläuft vom Nordtor des Tenryū-ji bis unterhalb der Ōkōchi-Sansō-Villa.

★ Ōkōchi Sansō HISTORISCHES GEBÄUDE

(大河内山荘; Karte S. 350; 8 Tabuchiyama-chō, Sagaogurayama, Ukyō-ku; 1000 ¥; 9–17 Uhr; Kyoto-City-Bus 28 von Bahnhof Kyoto bis Arashiyama-Tenryuji-mae, JR-Sagano-/San-in-Linie bis Saga-Arashiyama oder Hankyū-Linie bis Arashiyama, umsteigen in Katsura) Großes Anwesen von Ōkōchi Denjirō, einem aus Samurai-Filmen bekannten Schauspieler. Der ausgedehnte Garten ist vielleicht einer der reizvollsten von ganz Kyoto, vor allem dank der sagenhaften Aussicht nach Osten über die Stadt. Haus und Teehaus sind ebenfalls exquisit. Man sollte unbedingt jedem Weg folgen und das am Eingang erhaltene Teeticket behalten, damit man am Ende den im Preis inbegriffenen *matcha* (pulverisierten grünen Tee) und etwas Süßes genießen kann.

Kameyama-kōen PARK

(亀山公園; Karte S. 350; Sagaogurayama, Ukyō-ku; rund um die Uhr; Kyoto-City-Bus 28 von Bahnhof Kyoto bis Arashiyama-Tenryuji-mae, JR-Sagano-/San-in-Linie bis Saga-Arashiyama oder Hankyū-Linie bis Arashiyama, umsteigen in Katsura) In diesem Park, von der Tōgetsu-kyō direkt flussaufwärts und hinter dem Tenryū-ji, findet man Zuflucht vor den Massen in Arashiyama. Er ist von vielen Spazierwegen durchzogen – einer davon führt zu einem Aussichtspunkt über dem Katsura-gawa und hoch in die Arashiyama-Berge. Besonders bezaubernd ist es hier zur Kirschblüten- und Herbstlaubsaison. Ausschau halten nach Affen, die gelegentlich auf Futtersuche von den nahen Hügeln herunterkommen.

Jōjakkō-ji BUDDHISTISCHER TEMPEL

(常寂光寺; Karte S. 350; 3 Ogura-chō, Sagaogurayama, Ukyō-ku; Erw./Kind 400/200 ¥; 9–17 Uhr;

Arashiyama & Sagano

Arashiyama & Sagano

Highlights
1 Arashiyama-Bambushain B3
2 Ōkōchi Sansō B3
3 Tenryū-ji C3

Sehenswertes
4 Iwatayama-Affenpark in Arashiyama C4
5 Giō-ji A1
6 Jōjakkō-ji B2
7 Kameyama-kōen B3
8 Nison-in B2
9 Tenryū-ji North Gate C3
10 Togetsu-kyō C4

Aktivitäten, Kurse & Touren
11 Arashiyama Station Foot Onsen C3

Schlafen
12 Hoshinoya Kyoto B3

Essen
13 Arashiyama Yoshimura C3
14 Kitcho Arashiyama C3
15 Komichi B2
16 Shigetsu C3
17 Yoshida-ya C3

Ausgehen & Nachtleben
18 % Arabica C3

Kyoto-City-Bus 28 von Bahnhof Kyoto bis Arashiyama-Tenryuji-mae, JR-Sagano-/San-in-Linie bis Saga-Arashiyama oder Hankyū-Linie bis Arashiyama, umsteigen in Katsura) Der Tempel thront auf einem moosigen Hügel und ist berühmt für seine Ahornbäume, die im November wunderbar tief erröten, und außerdem für das Niō-mon-Tor mit seinem Reetdach. Die *hondō* (Haupthalle) wurde im 16. Jh. aus dem Holz der Burg Fushimi-jō gebaut.

Nison-in BUDDHISTISCHER TEMPEL

(二尊院; Karte S. 350; 27 Monzenchōjin-chō, Saganison-in, Ukyō-ku; 500 ¥; 9–16.30 Uhr; Kyoto-City-Bus 28 von Bahnhof Kyoto bis Arashiyama-Tenryuji-mae, JR-Sagano-/San-in-Linie bis Saga-Arashiyama oder Hankyū-Linie bis Arashiyama, umsteigen in Katsura) Die Tempelanlage ist ein sehr beliebter Ort, um im Herbst den Ahorn zu betrachten. Der Nison-in wurde ursprünglich im 9. Jh. von Kaiser Saga gebaut. Er beherbergt zwei wichtige Buddha-Statuen aus der Kamakura-Zeit (Shaka auf der rechten und Amida auf der linken Seite). In diesem Tempel gibt's auch einen Nachtigallenboden.

Giō-ji BUDDHISTISCHER TEMPEL

(祇王寺; Karte S. 350; www.giouji.or.jp; 32 Kozaka-chō, Sagatoriimoto, Ukyō-ku; Erw./Kind 300/100 ¥; 9–17 Uhr; Kyoto-City-Bus 28 von Bahnhof Kyoto bis Arashiyama-Tenryuji-mae, JR-Sagano-/San-in-Linie bis Saga-Arashiyama oder Hankyū-Linie bis Arashiyama, umsteigen in Katsura) Dieser winzige Tempel am Nordende der Arashiyama-Besichtigungsroute ist einer von Kyotos verborgenen Schätzen. Seine Hauptattraktion ist der üppige Moosgarten vor der reetgedeckten Halle des Tempels.

Iwatayama-Affenpark in Arashiyama PARK

(嵐山モンキーパークいわたやま; Karte S. 350; 075-872-0950; http://monkeypark.jp/en; 8 Genrokuzan-chō, Arashiyama, Ukyō-ku; Erw./Kind 550/250 ¥; Mitte März – Okt. 9–17 Uhr, Nov. – Mitte März bis 16 Uhr; Kyoto-City-Bus 28 von Bahnhof Kyoto bis Arashiyama-Tenryuji-mae, JR-Sagano-/San-in-Linie bis Saga-Arashiyama oder Hankyū-Linie bis Arashiyama, umsteigen in Katsura) Zwar sieht man auch in den Bergen der Umgebung manchmal wild lebende Affen, doch hier kann man sie aus nächster Nähe beobachten und den verspielten Tieren beim Herumtollen zusehen. Nicht nur die Affen, sondern auch der Panoramablick auf Kyoto bietet tolle Fotomotive. Außerdem wird hier der Spieß umgedreht: Während die Primaten frei herumlaufen können, sind die Besucher in einem abgetrennten Bereich „eingesperrt".

In den Park kommt man von der Südseite der Tōgetsu-kyō, durch das orangefarbene *torii* (Schreintor) des Ichitani-jinja. Tickets sind am Automaten links vom Schrein oberhalb des Treppenaufgangs erhältlich. Aufgepasst: Der Anstieg auf den Hügel ist recht steil. An heißen Tagen wird die Kraxelei zu einer schweißtreibenden Angelegenheit!

Saihō-ji BUDDHISTISCHER TEMPEL

(西芳寺; Karte S. 324; 56 Jingatani-chō, Matsuo, Nishikyō-ku; 3000 ¥; Kyoto-City-Bus 28 von Bahnhof Kyoto bis Matsuo-taisha-mae, Kyoto-Bus 63 von Sanjō-Keihan bis Koke-dera) Der Saihō-ji zählt zu den bekannteren Tempeln Kyotos und ist berühmt für seinen sagenhaften Moosgarten – daher kommt auch der Beiname des Tempels: Koke-dera (Moostempel). Der herzförmige Garten, 1339 von Musō Kokushi angelegt, umgibt einen ruhigen Teich. Weil die Anzahl der Besucher begrenzt ist, muss man sich vorher anmelden und dann eine Sutra mit Pinsel und Tinte kopieren, ehe man den Garten sehen darf.

Das mit der Sutra klingt vielleicht etwas entmutigend, erklärt sich allerdings ganz gut von selbst. Wenn man nicht weiter weiß, kann man von den japanischen Besuchern „spicken". Man muss nicht die ganze Sutra abschreiben, es reicht, wenn man es so gut macht, wie es eben geht. Hat man es in den Garten geschafft, kann man sich alles in Ruhe ansehen.

Für die Besichtigung des Saihō-ji muss man sich wie folgt anmelden: Mindestens eine Woche vor dem gewünschten Besuchstermin schickt man einen Brief mit Namen und Anzahl der Besucher, der Aufenthaltsadresse in Japan, dem Beruf, dem Alter (mindestens 18 Jahre) und dem gewünschten Besichtigungsdatum (am besten gibt man mehrere Alternativen an). Die Adresse lautet: Saihō-ji, 56 Kamigaya-chō, Matsuo, Nishikyō-ku, Kyoto-shi 615-8286, JAPAN.

Dem Schreiben beigefügt wird eine frankierte und an die eigene Anschrift in Japan adressierte Postkarte. Praktisch sind die in Postämtern erhältlichen *ōfuku-hagaki* (Postkartenset inkl. frankierter Antwortkarten).

Katsura Rikyū HISTORISCHES GEBÄUDE

(桂離宮; Karte S. 324; 075-211-1215; www.kunaicho.go.jp; Katsura Nebenpalast, Katsura Misono, Nishikyō-ku; Touren 9, 10, 11, 13.30, 14.30, 15.30 Uhr; Kyoto-City-Bus 33 bis Katsura Rikyū-mae, Hankyū-Linie bis Katsura) GRATIS Katsura Rikyū, eines von Kyotos kaiserlichen Anwesen, gilt als einer der Höhepunkte der traditionellen japanischen Baukunst und Gartenarchitektur. Inmitten einer sonst eher grauen Gegend ist es (buchstäblich) eine Insel von unglaublicher Schönheit. Die einstündigen Touren finden auf Japanisch statt, kostenfreie Audioguides auf Englisch stehen zur Verfügung. Das Mindestalter beträgt 18 Jahre und es ist ein Reisepass vorzulegen.

Prinz Toshihito, der Bruder des Kaisers, ließ die Villa 1624 erbauen. Vom Teehaus über den großen Teich bis zum Garten wurde alles bis ins letzte Detail sorgfältig ausgearbeitet.

Tickets kann man vorab im Büro des Kaiserlichen Haushaltsamts (S. 334) reservieren. Vormittagstouren kann man auch online buchen, Tickets für die Nachmittagstouren werden im Palast ab 11 Uhr verkauft – solange der Vorrat reicht.

Es sind 15 Minuten bis zum Bahnhof Katsura an der Hankyū-Linie. Ein Taxi vom Bahnhof bis zur Villa kostet ungefähr 700 ¥. Wahlweise hält der Kyoto-Bus 33 bei der Haltestelle Katsura Rikyū-mae. Von dort erreicht man die Villa in fünf Gehminuten.

Viertel Kitayama & Nord-Kyoto

Das Viertel Kitayama (Nordberge) umfasst mehrere malerische Dörfer, die sich ideal für einen Tagesausflug außerhalb der Stadt eignen: Kurama, Kibune, Ōhara und Takao. Kurama und Kibune werden meist zusammen besucht, da sie über einen Wanderweg verbunden sind. Ōhara und Takao, die normalerweise getrennt besucht werden, warten mit herrlichen Tempeln und ländlicher Idylle auf.

Ōhara STADTTEIL

Schon seit Urzeiten betrachten die Anhänger des Jōdo-Buddhismus (Reines Land) das ruhige Städtchen Ōhara 10 km nördlich von Kyoto als heilige Stätte. Seinen Besuchern gewährt Ōhara einen Einblick in das Leben auf dem Land. Neben dem idyllischen Sanzen-in und dem Jakkō-in gibt's weitere interessante Tempelanlagen. Eine beliebte Reisezeit ist der Herbst, wenn sich die Blätter der Ahornbäume verfärben und der Blick auf die Berge spektakulär ist.

Vom Bahnhof Kyoto fahren die Busse 17 oder 18 zur Bushaltestelle Ōhara. Die Fahrt dauert etwa eine Stunde und kostet 550 ¥. Vom Bahnhof Sanjō auf der Keihan-Linie nimmt man den Kyoto-Bus 16 oder 17 (470 ¥, 45 Min.). Achtung: Nicht in einen grünen Kyoto-City-Bus mit der gleichen Nummer, sondern in einen hellbraunen Kyoto-Bus steigen!

An den geschäftigen Herbstlaubwochenenden im November sollte man Ōhara besser meiden. Von Kyoto führt nur eine Hauptstraße dorthin und man würde zu lange im Verkehr feststecken (um dann überfüllte Tempel zu besuchen). Nach Möglichkeit bis Montag warten.

➡ ★ Sanzen-in

(三千院; 540 Raikōin-chō, Ōhara, Sakyō-ku; 700 ¥; ⏲ März–Nov. 9–17 Uhr, Dez.–Feb. bis 16.30 Uhr; 🚌 Kyoto-Bus 17 oder 18 von Bahnhof Kyoto bis Ōhara) Dieser Tempel ist berühmt für sein schönes Herbstlaub, den Hortensiengarten sowie faszinierende Buddha-Bildnisse und bei japanischen und ausländischen Touristen gleichermaßen beliebt. Der Garten **Yūsei-en** zählt zu den am häufigsten fotografierten Sehenswürdigkeiten Japans, und das zu Recht. Der Sanzen-in liegt eine 45-minütige Busfahrt von der Innenstadt Kyotos entfernt und lädt zu einem schönen Tagesausflug ein.

Zunächst sollte man sich eine Zeit lang auf die Stufen der **Shin-den**-Halle setzen und die Schönheit des Yūsei-en bewundern, dann geht's weiter zur **Ōjō-gokuraku-in** (Tempel der Wiedergeburt im Paradies), um die beeindruckende Amitabha-Dreifaltigkeit zu besichtigen: einen großen Amida, der von seinen Begleitern – Kannon (Göttin der Barmherzigkeit) und Seishi (Gott der Weisheit) – flankiert wird. Danach lohnt sich ein Abstecher hinauf zum Hortensiengarten auf der Rückseite des Tempels, wo man im späten Frühjahr und im Sommer durch mehrere Hektar blühender Hortensien spazieren kann.

Der Sanzen-in wurde 784 vom Priester Saichō gegründet und gehört zur Tendai-Schule. Saichō gilt als einer der großen Patriarchen des japanischen Buddhismus; er hat auch den Enryaku-ji gegründet.

Wer nach Verlassen des Tempels noch Lust hat, etwas zu wandern, kann weiter bergauf gehen, zu einem Wasserfall mit dem eher seltsamen Namen **Geräuschloser Wasserfall** (Oto-nashi-no-taki; 音無の滝). Tatsächlich klingt er wie jeder andere Wasserfall auch, doch sein Klang soll den buddhistischen Shōmyō-Gesang inspiriert haben.

Auf der anderen Seite der Bushaltestelle führt der Weg zum Sanzen-in; die Beschilderung ist auf Japanisch, aber normalerweise kann man einfach den einheimischen Touristen folgen. Der Tempel liegt 600 m hoch oben auf dem Hügel auf der linken Seite.

➡ Jakkō-in

(寂光院; 676 Kusao-chō, Ōhara, Sakyō-ku; Erw./Kind 600/100 ¥; ⏲ März –Nov. 9–17 Uhr, Dez. –

FLUSSFAHRT AUF DEM HOZU-GAWA

Bei einer **Hozu-gawa-Flussfahrt** (☎ 0771-22-5846; www.hozugawakudari.jp; Hozu-chō, Kameoka-shi; Erw./Kind 4–12 Jahre 4100/2700 ¥;) lässt sich die Schönheit der Berge von Kyotos Westen wunderbar genießen, ohne dass man dabei lahme Beine bekommt. Mit langen Bambusstäben steuern Bootsführer die flachbodigen Boote ab Kameoka, 30 km westlich vom Bahnhof Kyoto, über den Hozu-gawa durch steile, bewaldete Bergschluchten bis nach Arashiyama.

Zwischen dem 10. Mai und dem 30. November finden täglich zwischen 9 und 15 Uhr sieben Fahrten statt, immer zur vollen Stunde. Im Winter wird die Anzahl der Touren auf vier pro Tag (10, 11.30, 13 und 14.30 Uhr) reduziert und die Boote sind beheizt.

Die Fahrt über 16 km dauert zwei Stunden und führt gelegentlich durch bewegte Wasserstellen – ein Ausflug in malerischem Ambiente mit minimaler Gefahr. Zur Kirschblütensaison im April und zur Ahornlaubsaison im Herbst ist die Landschaft besonders atemberaubend.

Das Boot legt von einem Bootssteg acht Gehminuten vom Bahnhof Kameoka entfernt ab. Kameoka ist vom Bahnhof Kyoto per Zug oder vom Bahnhof Nijō mit der JR-Sagano-San-in-Linie erreichbar. Die Touristeninformation Kyoto bietet englische Infoblätter und Zeitpläne für die Zugverbindungen. Der Fahrschein von Kyoto nach Kameoka kostet für eine einfache Fahrt mit dem Regelzug 400 ¥ (den Aufpreis für den Express kann man sich sparen; die Fahrtzeit macht keinen großen Unterschied).

Feb. bis 16.30 Uhr; Kyoto-Bus 17 oder 18 von Bahnhof Kyoto bis Ōhara) Gegenüber vom Sanzen-in auf der anderen Seite von Ōhara steht der Jakkō-in. Man erreicht ihn in einem angenehmen Spaziergang durch ein malerisches „altjapanisches“ Dorf. Er ist vergleichsweise klein und ein interessantes Ziel eines Spaziergangs auf dem Land. Von der Bushaltestelle aus läuft man die Straße hoch bis zur Ampel, dann folgt man der kleinen Straße links (gegebenenfalls unterwegs nach dem Weg fragen).

Die Geschichte des Tempels ist außerordentlich tragisch. Er wurde zwischen dem 6. und dem 11. Jh. erbaut und erlangte Berühmtheit, weil Kenrei Mon-in, eine Angehörige des Taira-Clans, hier Unterschlupf fand. 1185 hatte der Minamoto-Clan die Taira in der Seeschlacht bei Dan-no-ura besiegt. Kenrei Mon-in stürzte sich nach dieser Niederlage mit ihrem Sohn Antoku, dem kindlichen Kaiser, ins Wasser, wurde aber gerettet und überlebte als Einzige ihres Clans.

Sie wurde nach Kyoto zurückgebracht und lebte dort als Nonne in einer armseligen Hütte, bis diese bei einem Erdbeben zusammenbrach. Danach wurde Kenrei Mon-in vom Jakkō-in aufgenommen und blieb dort, versunken in Gebet und Erinnerungen voller Trauer, bis zu ihrem Tod 27 Jahre später. Ihr Grab liegt hoch oben auf dem Hügel hinter dem Tempel.

Unglücklicherweise brannte das Hauptgebäude des Tempels im Mai 2000 nieder. Zwar hat der neue Bau weniger Charme als das Original, aber der Ort ist dennoch nach wie vor sehr hübsch.

Kurama & Kibune STADTTEIL

Etwa 30 Minuten nördlich von Kyoto liegen die ruhigen Täler von Kurama und Kibune, die seit Langem als Rückzugsorte vor den Massen und der Hektik der Stadt beliebt sind. Zu Kuramas Attraktionen zählen der Bergtempel und die Onsen (Thermalquellen). Das unglaublich charmante Dorf Kibune hingegen besteht aus einer Ansammlung von *ryokan* mit Blick auf einen Bergfluss. Am schönsten ist es hier im Sommer. Dann kann man auf Plattformen über dem rauschenden Kibune-gawa dinieren, wo es angenehm kühl ist.

Die beiden Täler lassen sich gut nacheinander erkunden. Im Winter kann man z. B. von Kibune aus über den Kamm zum Kurama-dera wandern (30 Min.) und anschließend im Onsen entspannen, bevor man nach Kyoto zurückkehrt. Im Sommer geht man am besten den umgekehrten Weg. Von Kurama aus läuft man zum Tempel hinauf und dann weiter bergab nach Kibune, wo man sich mit einem Essen über dem kühlen Fluss belohnen kann. So oder so – ein Ausflug nach Kurama und Kibune ist wahrscheinlich der bestmögliche Halb-/Ganzta-

Kurama & Kibune

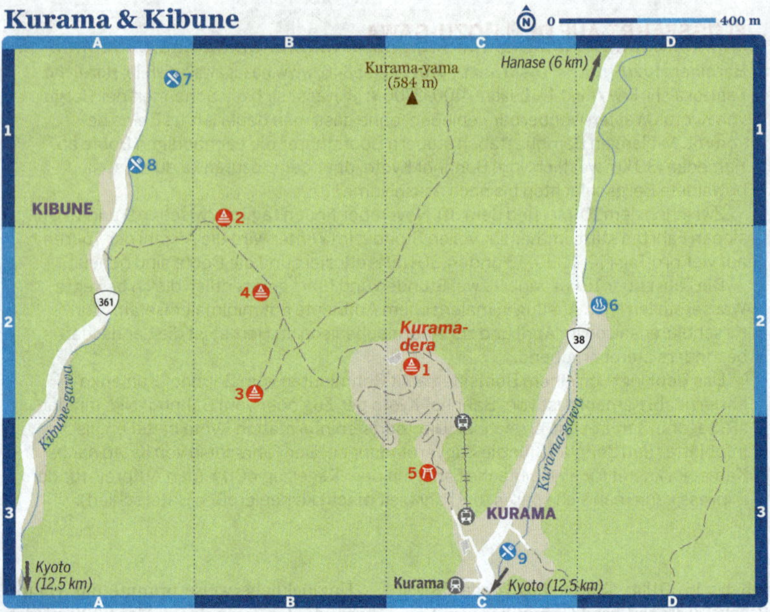

Kurama & Kibune

Highlights
1 Kurama-dera C2

Sehenswertes
2 Okuno-in Maō-den B1
3 Ōsugi-gongen B2
4 Sōjō-ga-dani Fudō-dō B2
5 Yuki-jinja C3

Aktivitäten, Kurse & Touren
6 Kurama Onsen D2

Essen
7 Hirobun A1
8 Kibune Club A1
9 Yōshūji C3

gesausflug, den man von Kyoto-Stadt aus unternehmen kann.

Wer am Abend des 22. Oktober in Kyoto ist, sollte sich auf keinen Fall das Feuerfest Kurama-no-hi Matsuri (S. 358) entgehen lassen, eines der aufregendsten Feste in der Region Kyoto.

Um nach Kurama und Kibune zu gelangen, nimmt man an der Haltestelle Demachiyanagi die Eizan-Linie. Die Haltestelle für Kibune heißt Kibune-guchi (vorletzter Halt). Von hier geht's rechter Hand 20 Minuten lang bergauf, oder man nimmt den Shuttlebus. Nach Kurama fährt man weiter zur Endstation Kurama und folgt dort der Straße geradeaus. Beide Fahrten kosten 410 ¥ (einfach) und dauern 30 Minuten.

★ Kurama-dera

(鞍馬寺; Karte S. 354; 1074 Kurama Honmachi, Sakyō-ku; 300 ¥; 9–16.30 Uhr; Eiden-Eizan-Linie von Demachiyanagi bis Kurama) Hoch oben auf einem dicht bewaldeten Berg erhebt sich der Kurama-dera, einer der wenigen Tempel im modernen Japan, die eine wahrhaft spirituelle Atmosphäre bewahrt haben. Es ist ein magischer Ort, dessen Anziehungskraft größtenteils seiner brillanten natürlichen Umgebung geschuldet ist. Der Tempeleingang liegt vom Bahnhof Kurama aus direkt hügelaufwärts. Eine Straßenbahn fährt zum Gipfel und zurück (100 ¥, einfach). Alternativ wandert man ca. 30 Minuten hoch (dem Weg entlang der Straßenbahnhaltestelle folgen).

Der Tempel hat eine faszinierende Geschichte. 770 brach der Mönch Gantei vom Toshōdai-ji in Nara auf, um einen Rückzugsort für die Meditation in der Wildnis zu suchen. Er wanderte durch die Hügel nördlich von Kyoto, wo er auf ein weißes Pferd stieß, das ihn in dieses Tal führte. Nachdem ihm in einer Vision die Gottheit

Bishamon-ten, Wächter des nördlichen Viertels des buddhistischen Himmels, erschienen war, gründete er den Kurama-dera unterhalb vom Gipfel des Kurama-yama. Ursprünglich gehörte der Tempel zur Tendai-Schule, seit 1949 ist er aber unabhängig. Die hier praktizierte buddhistische Richtung wird als Kurama Kyō bezeichnet.

Es lohnt sich, den Weg vom Haupteingang hochzulaufen (wenn es nicht zu heiß ist), denn er schlängelt sich durch einen Wald aus alten *sugi* (Sicheltannen) und am kleinen Shintō-Schrein **Yuki-jinja** (Karte S. 354) vorbei. Nahe dem Park öffnet sich der von der **Honden** (Haupthalle) dominierte Hof. Hinter dem Gebäude führt ein Pfad zum Gipfel.

An der Spitze angekommen, lohnt sich ein kleiner Umweg über den Bergkamm zum **Ōsugi-gongen** (Karte S. 354), einem idyllischen, in einem Wäldchen gelegenen Schrein. Von dort kann man weiter nach Kibune spazieren. Für den 1,2 km langen Weg von der Honden bis ins Tal von Kibune braucht man 30 Minuten. Unterwegs kommt man an zwei hübschen Bergschreinen vorbei, dem **Sōjōga-dani Fudō-dō** (Karte S. 354) und dem **Okuno-in Maō-den** (Karte S. 354) – schöne Plätze für eine Pause.

ABSTECHER

HIEI-ZAN & ENRYAKU-JI

Oben auf dem 848 m hohen Hiei-zan (dem Berg, der die Skyline im Nordosten der Stadt dominiert) liegt der **Enryaku-ji**-Tempelkomplex (延暦寺; 4220 Honmachi, Sakamoto, Sakyō-ku; 700 ¥; ⌚8.30-16.30 Uhr, Winter 9–16 Uhr; 🚌Kyoto- oder Keihan-Bus bis Enryakuji Bus Center), eine Welt für sich, aus Tempeln und dunklen Wäldern, ganz weit entfernt vom Stress und von der Hektik der Großstadt unten. Bei einem Besuch in diesem Tempel kann man einen halben Tag lang wandern, die Tempel besichtigen und die Atmosphäre dieser bedeutenden Stätte der japanischen Geschichte genießen.

Der Priester Saichō, bekannt als Dengyō Daishi, der auch die Tenzai-Schule ins Leben rief (der Kaiser erkannte sie aber erst 823 an, als Saichō bereits tot war), gründete den Enryaku-ji im Jahr 788. Ab dem 8. Jh. wurde der Tempel immer mächtiger. Zu seiner Blütezeit gab es hier über 3000 Gebäude und eine Armee von Tausenden *sōhei* (Kriegermönche). 1571 sah Oda Nobunaga sein Ziel, Japan zu vereinen, von der Macht des Tempels bedroht. Er zerstörte die meisten Gebäude im Tempelkomplex und tötete die Mönche. Heute gibt es hier nur drei Pagoden und 120 kleinere Tempel.

Der Komplex ist in drei Abschnitte unterteilt: Tōtō, Saitō und Yokawa. Im **Tōtō** (östlicher Pagodenbereich) befindet sich die **Kompon Chū-dō** (erste zentrale Halle), das wichtigste Gebäude des Tempels. Die Flammen der drei Dharma-Lampen vor dem Altar brennen unablässig – und das seit mehr als 1200 Jahren! In der **Daikō-dō** (große Vortragshalle) stehen lebensgroße Holzstatuen der Begründer diverser buddhistischer Schulen. Dieser Teil des Tempels ist ganz auf einen Besuch durch große Gruppen ausgerichtet, mit viel Asphalt auf den Parkplätzen draußen.

Im **Saitō** (westlicher Pagodenbereich) befindet sich die Shaka-dō aus dem Jahr 1595. Sie beherbergt eine seltene Buddhaskulptur des Shaka Nyōrai (historischer Buddha). Hier herrscht eine ganz besondere Atmosphäre: Steinpfade führen an hohen Bäumen und nebelumhüllten Tempelgebäuden vorbei, und aus der Ferne erklingen verschiedene Gongs. Die Eintrittskarte für den Tōtō-Bereich aufbewahren, denn möglicherweise muss man sie hier noch einmal vorzeigen.

Der Yokawa, eine 4 km lange Busfahrt vom Saitō entfernt, wirkt weniger spektakulär.

Anfahrt zum Enryaku-ji: Die Keihan-Linie nach Norden bis zur Endstation Demachiyanagi nehmen und in die Eizan-Dentetsu-Eizan-Zuglinie in Richtung Yase-Hiezan-guchi steigen (Achtung: nicht mit dem Zug nach Kurama verwechseln, der manchmal vom gleichen Gleis abfährt). Zum Endbahnhof Yase-Hiezan-guchi (260 ¥; ca. 15 Min. ab Bahnhof Demachiyanagi) fahren, anschließend die Seilbahn (540 ¥, 9 Min.) und die Standseilbahn (310 ¥, 3 Min.) zum Gipfel nehmen. Von dort kann man hinunter zu den Tempeln laufen.

Sparfüchse können die Seil- und Standseilbahn vermeiden und Kyoto-Busse von den Bahnhöfen Kyoto und Keihan Sanjō direkt zur Bushaltestelle Hiei Sancho nehmen. Die Fahrt dauert ca. 70 bzw. 60 Minuten (beide Strecken kosten 820 ¥)

Takao

STADTTEIL

Der Stadtteil Takao in abgeschiedener Lage im nordwestlichen Teil Kyotos ist berühmt für sein Herbstlaub sowie die drei Tempel Jingo-ji, Saimyō-ji und Kōzan-ji.

Anfahrt nach Takao: Vom Bahnhof Nijō mit dem Bus 8 bis zur Endhaltestelle Takao fahren (500 ¥, 40 Min.). Am Bahnhof Kyoto startet stündlich der JR-Bus zur Haltestelle Yamashiro Takao (500 ¥, 50 Min.).

➡Jingo-ji

(神護寺; Karte S. 324; 5 Takao-chō, Umegahata, Ukyō-ku; 600 ¥; ⏲ 9–16 Uhr; 🚌 JR-Bus von Bahnhof Kyoto bis Yamashiro-Takao) Dieser Tempel auf einem Berg befindet sich oberhalb einer langen Treppe, die vom Kiyotaki-gawa aus zum Haupttor hinaufführt. Sein beeindruckendes Gebäude, die **Kondō** (Goldene Halle), liegt im Zentrum der Anlage am Ende einer weiteren Treppe. Der Aufstieg ist ein bisschen mühsam, doch er lohnt sich.

Nach der Besichtigung der Kondō folgt man dem bewaldeten Pfad in die andere Richtung ins offene Gelände. Manchmal sieht man hier ein paar Besucher, die kleine Tonscheiben *(kawarakenage)* über das Geländer hinweg in den Abgrund werfen: Auf diese Weise wird man angeblich sein schlechtes Karma los. Allerdings macht dieser „Zeitvertreib" regelrecht süchtig und kann ins Geld gehen. Zwei *kawarakenage* kosten 100 ¥, man bekommt sie an den Ständen in der Nähe. Die Scheiben werden vorsichtig mit der konvexen Seite nach oben wie ein Frisbee geworfen. Manche *kawarakenage* fliegen bis ins Tal (versuchen, nicht an die Wanderer da unten zu denken).

Um zum Jingo-ji zu kommen, muss man von der Yamashiro-Takao-Bushaltestelle zum Fluss hinuntergehen und die Stufen auf der anderen Seite hochsteigen.

➡Saimyō-ji

(西明寺; Karte S. 324; 2 Makino-chō, Umegahata, Ukyō-ku; 500 ¥; ⏲ 9–17 Uhr; 🚌 JR-Bus von Bahnhof Kyoto bis Yamashiro-Takao) Etwa fünf Gehminuten flussaufwärts vom Fuß der

BUDDHISTISCHE BILDER

Das Pantheon des japanischen Buddhismus umfasst Dutzende Bilder, die sich je nach religiöser Schule oder Bauzeit von Tempel zu Tempel unterscheiden. Bei der Erkundung der Tempel in Kyoto sollte man besonders nach folgenden Figuren Ausschau halten:

Nyorai (Buddhas) Ganz oben auf der kosmischen Rangliste des Buddhismus stehen die *nyorai* (Buddhas). Die vier üblichsten Bilder sind: Shaka (Sanskrit: Sakyamuni), der historische Buddha; Amida (Sanskrit: Amitabha), der Buddha des westlichen Paradieses; Miroku (Sanskrit: Maitreya), der Buddha der Zukunft; und Dainichi (Sanskrit: Vairocana), der kosmische Buddha.

Bosatsu (Bodhisattwa) Ein *bosatsu* ist ein Bodhisattwa, ein Wesen, das den Einzug ins Nirwana aufschiebt, um den Wesenheiten, die in der verdorbenen Welt der Zeit feststecken, zu helfen. Üblicherweise handelt es sich bei den *bosatsu* um eine Kannon (Gott oder Göttin der Barmherzigkeit) oder einen Jizō (Beschützer von Reisenden und Kindern). Häufig wird eine Kannon in anmutiger, stehender Pose mit wehenden Gewändern oder mit 1000 Armen dargestellt (um allen fühlenden Wesen helfen zu können). Ein Jizō wird oft als Mönch mit einem Stab in der einen Hand und einem Juwel in der anderen abgebildet. Andere Jizō sind kaum von Steinen mit schwach eingemeißelten Gesichtern oder Körpern zu unterscheiden. Manche tragen ein abgenutztes rotes Tuch um den Hals, das die Rolle des Jizō als Beschützer von Kindern symbolisiert.

Myōō (Könige des Lichts) Diese finster dreinblickenden Gottheiten gingen vom Hinduismus ins buddhistische Pantheon über. Neben *nyorai* und *bosatsu* kann man sie in buddhistischen Tempeln sehen. Die üblichste Figur ist Fudō Myōō, der unbewegliche Gott des Lichts. Diese Figuren stehen für Beschützerwesen, und ihre zornigen Formen sollen Menschen von unrechtmäßigem Denken befreien.

Tenbu Normalerweise direkt mit „*ten*" oder „*tenbu*" übersetzt, stammt diese Gruppe von Wächterfiguren aus der indischen und chinesischen Kosmologie. Ein weitverbreitetes Beispiel sind die vier himmlischen Könige, die den Buddha beschützen, indem sie sich in alle vier Himmelsrichtungen um ihn herumstellen.

Treppe zum Jingo-ji hinauf liegt dieser hübsche kleine und empfehlenswerte Tempel. Wer will, kann an der Seite des Tempels den Weg zum kleinen Wasserfall suchen. Die Grotte hier ist einfach magisch.

➡**Kōzan-ji**
(高山寺; Karte S. 324; 8 Toganoo-chō, Umegahata, Ukyō-ku; Einsicht der Schriftrolle 800 ¥; ⏲8.30–17 Uhr; 🚌JR-Bus von Bahnhof Kyoto bis Yamashiro-Takao oder Toga-no-O) Dieser Tempel liegt verborgen in einem Zedernwäldchen und ist berühmt für die Schriftrolle *chuju giga* in seiner Sammlung. Die Rolle mit Tuschbildern frohlockender Tiere wird allgemein als Vorläufer der heute allgegenwärtigen Manga (japanische Comics) gesehen. Der Hauptstraße ab der Yamashiro-Takao-Bushaltestelle nach Norden folgen, oder (einfacher) mit dem JR-Bus bis zur Haltestelle Toga-no-O fahren, die direkt vor dem Tempel liegt.

Hinweis: Es gibt einen Aufpreis von 500 ¥ für den Besuch des Tempelgartens in der Herbstlaubsaison; im restlichen Jahr kann man das Gelände kostenfrei betreten.

Aktivitäten

Kochkurse

Uzuki KOCHEN
(www.kyotouzuki.com; 2 Std. Kurs pro Pers. 4500 ¥) Wer lernen möchte, wie die Köstlichkeiten von Kyoto zubereitet werden, sollte am überaus empfehlenswerten Kochkurs Uzuki teilnehmen. Er wird in einem japanischen Zuhause für Gruppen von zwei bis vier Personen angeboten. Man lernt, wie verschiedene Gerichte zubereitet werden, und setzt sich anschließend zu Tisch, um die Früchte seiner Arbeit zu genießen.

Anfragen für bestimmte Gerichte sind im Voraus möglich. Die Gebühr umfasst alle Zutaten; über Webseite reservieren.

Haru Cooking Class KOCHEN
(料理教室はる; Karte S. 332; www.kyoto-cooking-class.com; 166-32 Shimogamo Miyazaki-chō, Sakyō-ku; vegetarisch / nicht vegetarisch pro Pers. ab 5900/7900 ¥; ⏲Kurse ab 14 Uhr, Reservierung erforderlich) Haru Cooking Class ist eine einladende Ein-Mann-Kochschule in einem Privathaushalt etwas nördlich von Demachiyanagi. Taro, der Lehrer der Schule, spricht Englisch und bietet vegetarische und nicht vegetarische Küche in drei- bis vierstündigen Kursen an (manche der vegetarischen Gerichte sind mit Fischbrühe angereichert). Per E-Mail reservieren.

Einmal pro Woche veranstaltet Taro mittags Touren über den Nishiki-Markt (4000 ¥ pro Pers.).

Meditation

Shunkō-in MEDITATION
(春光院; Karte S. 348; ☎075-462-5488; www.shunkoin.com; nur Meditationskurs 1500 ¥, Kurs & Führung 2500 ¥) Der Shunkō-in, ein Untertempel des Myōshin-ji (S. 348), wird von einem Mönch geleitet, der im Ausland studiert und es sich zur Lebensaufgabe gemacht hat, Ausländern seinen Tempel und den Zen-Buddhismus näherzubringen. Es finden regelmäßig Anfänger-Meditationskurse auf Englisch statt, und man kann an einer Führung durch den Tempel teilnehmen. Der Kursplan ist online zu finden. Auch Übernachtungen in der Unterkunft sind möglich (S. 364).

Onsen

Kurama Onsen ONSEN
(鞍馬温泉; Karte S. 354; ☎075-741-2131; 520 Kurama Honmachi, Sakyō-ku; nur Außenbad 1000 ¥, drinnen & draußen 2500 ¥; ⏲10–21 Uhr; 🚉Eiden-Eizan-Linie von Demachiyanagi bis Kurama) Der Kurama-Onsen zählt zu den wenigen Bädern, die von Kyoto aus leicht zu erreichen sind, und eignet sich wunderbar, um nach einer Wanderung zu relaxen. Vom Außenbad hat man einen tollen Blick auf den Kurama-yama, im Innenbad gibt es zusätzlich zu den Becken Entspannungsbereiche. Für beide Bäder kauft man Tickets am Automaten vor der Tür zum Hauptgebäude.

Um zum Kurama-Onsen zu gelangen, läuft man von der Station Kurama geradeaus weiter, die Hauptstraße hoch, am Eingang zum Kurama-dera links vorbei. Der Onsen liegt etwa zehn Gehminuten entfernt auf der rechten Seite. Am Bahnhof wartet zudem ein Onsen-Shuttlebus auf ankommende Züge.

Funaoka Onsen ONSEN
(船岡温泉; Karte S. 332; www.funaokaonsen.info; 82-1 Minami-Funaoka-chō-Murasakino, Kita-ku; 430 ¥; ⏲Mo–Sa 15–1, So & feiertags 8–1 Uhr; 🚌Kyoto-City-Bus Nr. 9 ab Bahnhof Kyoto bis Horikawa-Kuramaguchi) Dieses historische Badehaus auf der Kuramaguchi-dōri ist das beste von Kyoto. Es verfügt über ein Bad im Freien, eine Sauna, eine Wanne aus Zypressenholz, eine elektrische Badewanne, ein Kräuterbad und weitere Annehmlichkeiten. Anreise: Von der Kuramaguchi-Horiikawa-Kreuzung der Kuramaguchi-dōri ca.

400 m nach Westen folgen. Das Bad liegt auf der linken Seite, nicht weit hinter dem Lebensmittelladen Lawson. Nach großen Felsen Ausschau halten.

Ansehen sollte man sich die *ranma* (geschnitzte Holzpaneele) in der Umkleide. Während der japanischen Invasion in Manchuria angefertigt, bieten sie Einblick in die vorherrschende Denkweise jener Zeit. (Achtung: Gewaltszenen auf einigen der Paneele könnten verstörend wirken.)

Arashiyama Station Foot Onsen ONSEN
(Karte S. 350; Bahnhof Keifuku Arashiyama Randen; 200 ¥; ⌚ 9–20 Uhr, im Winter bis 18 Uhr; 🚇 Keifuku Arashiyama Randen, Linie bis Keifuku Arashiyama) Nach einem langen Besichtigungstag in den Tempeln kann man seinen Füßen in diesem Fuß-Onsen am Ende des Bahnhofs Keifuku Arashiyama Randen etwas Gutes tun. Ein Souvenirhandtuch ist inbegriffen.

Teezeremonie

★ **Camellia Tea Experience** TEEZEREMONIE
(茶道体験カメリア; Karte S. 336; ☎ 075-525-3238; www.tea-kyoto.com; 349 Masuya-chō, Higashiyama-ku; pro Pers. 2000 ¥; 🚌 Kyoto-City-Bus 206 bis Yasui) Camellia ist fantastisch, um sich an der japanischen Teezeremonie zu versuchen. Es liegt in einem wunderschönen alten japanischen Haus nahe der Ninen-zaka. Die Gastgeberin spricht fließend Englisch und erklärt den Ablauf einfach und verständlich. Gleichzeitig schafft sie es, die Zeremonie elegant auszuführen. Die Preise enthalten eine *matcha*-Schale und etwas Süßes. Auf der Website gibt es eine ausgezeichnete Karte und Erklärungen.

Die 45-minütigen Zeremonien finden zwischen 10 und 17 Uhr jeweils zur vollen Stunde statt.

En TEEZEREMONIE
(えん; Karte S. 336; ☎ 080-3782-2706; www.teaceremonyen.com; 272 Matsubara-chō, Higashiyama-ku; pro Pers. 2000 ¥; ⌚ Zeremonien 15, 16, 17 & 18 Uhr; 🚌 Kyoto-City-Bus 206 bis Gion oder Chionin-mae) In dem kleinen Teehaus kann man günstig und unkompliziert die japanische Teezeremonie erleben. Vorab die Website wegen letztem Einlass checken, da sich dieser ändern kann. Es gibt englische Erklärungen. In der Hochsaison empfiehlt sich eine Reservierung. Das Teehaus ist etwas schwierig zu finden: Es steht im unteren Bereich einer kleinen Gasse abseits der Higashiōji-dōri – nach dem Schild gleich südlich von Tenkaippin Rāmen Ausschau halten.

MAIKO-STYLING

Wer einmal so aussehen möchte wie eine *maiko* (Geisha-Schülerin), für den bietet Kyoto viele Gelegenheiten. Das **Maika** (舞香; Karte S. 336; ☎ 075-551-1661; www.maica.tv; 297 Miyagawa suji 4-chōme, Higashiyama-ku; Maiko/Geisha ab 7500/9000 ¥; ⌚ Geschäft 9–21 Uhr; 🚇 Keihan-Linie bis Gion-Shijo oder Kiyomizu-Gojo) liegt im Stadtteil Gion. Hier kann man seine Fantasien ausleben, wenn man sich schon immer einmal als *maiko* verkleiden wollte. Die Preise beginnen bei 7500 ¥ für die Basis-Anwendung, einschließlich eines vollen Make-ups und eines förmlichen Kimonos. Wer bereit ist, ein paar Yen mehr auszugeben, kann im Geisha-Outfit eine Runde durch das Viertel drehen (und so viele Blicke ernten wie nie zuvor). Das Ankleiden dauert eine Stunde und man sollte sich mindestens einen Tag vorher telefonisch anmelden.

Feste & Events

Daimon-ji Gozan Okuribi KULTUR
(⌚ 16. Aug.) Bei diesem Fest sagt man den Seelen der Vorfahren Lebewohl. Auf fünf Bergen werden riesige Feuer entzündet, in der Form chinesischer Zeichen u. Ä. Das größte brennt auf dem Daimon-ji-yama, gleich oberhalb des Ginkaku-ji in Nord-Higashiyama. Los geht's um 20 Uhr. Den besten Blick hat man von den Ufern des Kamo-gawa.

Kurama-no-hi Matsuri KULTUR
(⌚ Okt.) Beim wahrscheinlich eindrucksvollsten Fest Kyotos, dem Feuerfest von Kurama, tragen am 22. Oktober (am selben Tag wie dem Jidai Matsuri) Männer in Lendentüchern riesige brennende Fackeln durch die Straßen Kuramas. Die Züge nach und von Kurama sind am Abend des Fests völlig überfüllt (also am besten früh hinfahren und spät zurückkehren).

Gion Matsuri UMZUG
(⌚ Juli) Als wichtigstes Fest Kyotos feiert das Gion Matsuri seinen Höhepunkt am 17. Juli mit einem Umzug mit über 30 Wagen. Ein kleinerer Umzug findet am 24. Juli statt. An den drei Abenden nach dem 17.

versammeln sich die mit schönen *yukata* (leichte Sommer-Kimonos) bekleideten Menschen auf der Shijō-dōri, um sich die Wagen anzusehen und von einem Straßenstand zum nächsten zu ziehen.

Aoi Matsuri UMZUG

(⏲Mai) Das Hollyhock-Fest geht auf das 6. Jh. zurück und gedenkt der erfolgreichen Gebete, dank derer ein katastrophales Unwetter endete. An diesen Tagen sind beim Umzug kaiserliche Botschafter auf Ochsenwagen und ein Gefolge von 600 Menschen in traditionellen Kostümen zu sehen. Am 15. Mai verlässt der Umzug Kyoto Gosho und bewegt sich zum Shimogamo-jinja.

Schlafen

In Bezug auf Unterkünfte steht man in Kyoto vor der Qual der Wahl. Man kann sich zwischen *ryokan* (traditionelle japanische Gästehäuser), luxuriösen Hotels, „Businesshotels", schicken Boutique-Hotels, Pensionen, Jugendherbergen und sogar Kapselhotels entscheiden. Eine riesige Auswahl an Hotels und günstigen Pensionen liegt rund um den Bahnhof Kyoto, die besten *ryokan* der Stadt findet man in der Innenstadt, in Higashiyama und auf den Hügeln von Arashiyama.

Bahnhof Kyoto & Süd-Kyoto

★ Lower East 9 Hostel HOSTEL ¥

(ザ ロウワー イースト ナインホステル; Karte S. 324; ☎075-644-9990; www.lowereastnine.com; 32 Higashikujo, Minamikarasuma, Minami-ku; B ab 3800 ¥, 2DZ 18 000 ¥; ; Karasuma-Linie bis Kujō) Das LE9 ist ein Design-Hostel in einer ruhigen Gegend südlich des Bahnhofs Kyoto. In den Schlafsälen im geräumigen Kapselstil gibt es einige wohlüberlegte Details, in den Zweibettzimmern ein eigenes Bad. Es gibt Möbel der Jahrhundertmitte und eine coole Café-Bar im Erdgeschoss sowie einladende Gemeinschaftsbereiche. Vielleicht will man nie wieder von hier weg. Falls doch: der Bahnhof Kujō ist nicht weit.

★ Capsule Ryokan Kyoto KAPSELHOTEL ¥

(カプセル旅館京都; Karte S. 328; ☎075-344-1510; www.capsule-ryokan-kyoto.com; 204 Tsuchihashi-chō, Shimogyō-ku; Kapseln ab 4980 ¥, 2BZ ab 7980 ¥; ; Bahnhof Kyoto) Die acht Kapseln im *ryokan*-Stil (mit Tatamimatten) sind einzigartig, komfortabel und klug konzipiert. Jede Kapsel hat einen eigenen Fernseher und Internet, die Räume halten alles bereit, was man braucht, auch ein Bad. Kostenloses WLAN, Ohrstöpsel, Schließfächer, eine Waschküche und eine Gemeinschaftsküche runden das Angebot ab.

Das Hotel liegt unweit der Südostecke der Horikawa-Shichijo-Kreuzung.

★ Tour Club PENSION ¥

(ツアークラブ; Karte S. 328; ☎075-353-6968; www.kyotojp.com; 362 Momiji-chō, Higashinakasuji, Shōmen-sagaru, Shimogyō-ku; DZ/2BZ/3BZ pro Pers. ab 3490/3885/2960 ¥; ; Bahnhof Kyoto) Bei ausländischen Touristen, die nach Kyoto kommen, ist dieses saubere, gepflegte Gästehaus immer noch sehr beliebt. Zu den Angeboten zählen ein kleiner Zengarten, eine Wäscherei, kostenloser Tee und Kaffee sowie eine kostenfreie abendliche Sake-Verkostung. Die meisten der kürzlich renovierten Zimmer haben eigene Bäder mit Toilette, außerdem gibt es ein geräumiges Vierbettzimmer für Familien. Wahrscheinlich das beste Angebot für diesen Preis.

Budget Inn PENSION ¥

(バジェットイン; Karte S. 328; ☎075-344-1510; www.budgetinnjp.com; 295 Aburanokōji-chō, Aburanokōji, Shichijō-sagaru, Shimogyō-ku; 3BZ/4BZ/5BZ pro Pers. ab 3660/3245/2996 ¥; ; Bahnhof Kyoto) Eine ausgezeichnete Wahl in dieser Preisklasse! Das gut geführte Gästehaus bietet acht Zimmer im japanischen Stil, alle sauber und gepflegt. Die Zimmer haben je einen Fernseher und ein eigenes Bad mit Toilette und bieten Platz für bis zu fünf Personen – ein toller Tipp für Familien. Die kompetenten

> **FRÜH BUCHEN**
>
> Kyotos Unterkünfte sind in der Kirschblütensaison von Ende März bis Anfang April und in der Herbstlaubsaison im November eventuell ausgebucht. Es könnte auch schwer sein, für die Goldene Woche (29. April bis 5. Mai) und O-bon (Mitte August) ein Zimmer zu buchen.
>
> Wer zu den gewünschten Terminen kein Zimmer findet, kann auf eine Unterkunft in Ōtsu (9 Min. mit dem JR-Expresszug) oder Osaka (28 Min. mit dem JR-Expresszug, 13 Min. mit dem *shinkansen*) ausweichen.

KYOTOS BESTE RYOKAN

- **Tawaraya** An einen Aufenthalt hier wird man sich mit Sicherheit sein Leben lang erinnern.
- **Hiiragiya Ryokan** Ein wahrer Klassiker in Kyoto.
- **Seikōrō** (S. 363) Reizendes *ryokan* mit einem tollem Preis-Leistungs-Verhältnis und eleganten Zimmern.

Angestellten sind sehr hilfsbereit, es gibt eine Gemeinschaftsküche, eine Wäscherei, WLAN und durchdachte Details wie Universaladapter sowie eine praktische Infobroschüre zu Kyoto in jedem Zimmer.

Vom Bahnhof Kyoto läuft man westlich auf der Shiokōji-dōri und biegt eine Straße vor Horikawa nach Norden ab; nach englischsprachigen Schildern vor dem Eingang Ausschau halten.

Matsubaya Ryokan RYOKAN ¥
(松葉家旅館; Karte S. 328; ☎075-351-3727; www.matsubayainn.com; Kamijuzūyachō-dōri, Higashinotōin nishi-iru, Shimogyō-ku; Zi. pro Pers. ab 4600 ¥; ❄ @ 📶; S Karasuma-Linie bis Gōjō, 🚉 Bahnhof Kyoto) Nur einen kurzen Fußweg vom Bahnhof Kyoto entfernt liegt dieses *ryokan* mit gepflegten Zimmern und freundlichen Mitarbeitern. Einige Räume im Erdgeschoss öffnen sich auf kleine Gärten. Es gibt westliches (840 bis 900 ¥) oder japanisches Frühstück (1080 ¥). Zudem stehen im Bamboo-House-Bereich nebenan mehrere Apartments mit Reinigungsservice zur Verfügung – ideal für einen längeren Aufenthalt in der Stadt.

K's House Kyoto PENSION ¥
(ケイズハウス京都; Karte S. 328; ☎075-342-2444; www.kshouse.jp; 418 Naya-chō, Dotemachi-dōri, Shichijō-agaru, Shimogyō-ku; B ab 2400 ¥, EZ/DZ/2BZ pro Pers. ab 3800/3250/3250 ¥; ⊖ ❄ @ 📶; 🚉 Bahnhof Kyoto) Das K's House ist eine große Pension mit einfachen, aber angemessenen Zimmern und Schlafsälen. Dank der Dachterrasse, des Innenhofs und der angrenzenden Bar mit Restaurant ist es ein sehr geselliger Ort, an dem man leicht mit anderen Reisenden ins Gespräch kommen und Informationen austauschen kann. Es gibt einen Fahrradverleih, Internetterminals, kostenfreies WLAN und eine Gemeinschaftsküche. Einen kurzen Fußweg vom Bahnhof Kyoto entfernt.

Ryokan Shimizu RYOKAN ¥
(京の宿しみず; Karte S. 328; ☎075-371-5538; www.kyoto-shimizu.net; 644 Kagiya-chō, Shichijō-dōri, Wakamiya-agaru, Shimogyō-ku; Zi. pro Pers. ab 6000 ¥; ⊖ ❄ @ 📶; 🚉 Bahnhof Kyoto) Dieses *ryokan* wenige Gehminuten nördlich des Hauptausgangs Karasuma des Bahnhofs Kyoto verfügt über eine treue ausländische Stammkundschaft, denn es ist sauber und gut geführt. Die Zimmer zeigen den üblichen *ryokan*-Stil und haben alle Fernseher, ein eigenes Bad und ein WC. Es gibt auch einen Fahrradverleih. Zu beachten ist die Sperrstunde um Mitternacht.

★ **Ibis Styles Kyoto Station** HOTEL ¥¥
(イビススタイルズ　京都ステーション; Karte S. 328; ☎075-693-8444; www.ibis.com; 47 Higashikujō-Kamitonoda-chō, Minami-ku; EZ/DZ ab 7800/10 000 ¥; ⊖ ❄ @ 📶; 🚉 Bahnhof Kyoto) Auch wenn die hellen, sauberen Zimmer in diesem Business Hotel am Südeingang des Hauptbahnhofs Kyoto etwas beengt sind, verfügen sie über etliche Annehmlichkeiten. Das Personal und das Management sind sehr effizient. Es gibt kostenfreies WLAN, Waschmöglichkeiten und das Frühstück ist inklusive – eine fantastische Option für diesen Preis.

★ **Hotel Granvia Kyoto** HOTEL ¥¥¥
(ホテルグランヴィア京都; Karte S. 328; ☎075-344-8888; www.granviakyoto.com; Karasuma-dōri, Shiokōji-sagaru, Shimogyō-ku; Zi. ab 28 000 ¥; ⊖ ❄ @ 📶 🏊; 🚉 Bahnhof Kyoto) Man stelle sich vor, man könnte aus dem Bett direkt in den *shinkansen* (Hochgeschwindigkeitszug) steigen: Im Granvia, einem hervorragenden Hotel direkt über dem Bahnhof Kyoto, ist das beinahe möglich. Die Zimmer sind sauber, geräumig und elegant. Aus manchen blickt man auf die *shinkansen* und die Gleise, aus anderen direkt auf den Kyoto Tower.

Kyotos Innenstadt

★ **Royal Park Hotel The Kyoto** HOTEL ¥¥
(ロイヤルパークホテル　ザ　京都; Karte S. 330; ☎075-241-1111; www.rph-the.co.jp; Sanjō-dōri, Kawaramachi higashi-iru, Nakagyō-ku; EZ/DZ ab 11 000/13 000 ¥; ❄ @ 📶; S Tōzai-Linie bis Kyoto-Shiyakusho-mae, 🚉 Keihan-Linie bis Sanjō) Das Royal Park mit Boutique-Ambiente hat eine tolle Lage: an der Sanjō-dōri mit Dutzenden Shops und Restaurants in Laufweite und nur einen Steinwurf vom Fluss entfernt. Die Zimmer sind etwas größer als die

meisten anderen in der Stadt. Die französische Bäckerei unten lädt mit ihren Backwaren zum Frühstück ein.

Tōyoko Inn Kyoto Gojō Karasuma HOTEL ¥¥
(東横INN京都五条烏丸; Karte S. 330; ☎075-344-1045; www.toyoko-inn.com; Gojō Karasuma-chō 393, Karasuma-dōri, Matsubara-sagaru, Shimogyō-ku; EZ/DZ/2BZ inkl. Frühstück ab 7130/8210/10 370 ¥; ❄ @ 📶; Ⓢ Karasuama-Linie bis Gojō) Wer die Tōyoko-Inn-Kette kennt, der weiß, dass dieser Hotelname für schlichte, saubere, voll ausgestattete, aber kleine Zimmer zum Tiefpreis steht. Zu interessanten Extras gehören ein inkludiertes Frühstück, Alkohol- und Snackautomaten sowie Ermäßigungen auf Leihwagen und -laptops. Das Tōyoko Inn liegt etwas südlich der Innenstadt, ist vom Bahnhof Kyoto aus aber dennoch bequem mit der U-Bahn zu erreichen.

Hotel Sunroute Kyoto HOTEL ¥¥
(ホテルサンルート京都; Karte S. 330; ☎075-371-3711; www.sunroute.jp; 406 Nanba-chō, Kawaramachi-dōri, Matsubara-sagaru, Shimogyō-ku; EZ/DZ ab 9000/11 000 ¥; ❄ @ 📶; 🚇 Hankyū-Linie bis Kawaramachi) In toller Lage und in fußläufiger Entfernung von der Innenstadt ist dieses blitzeblanke Hotel eine hervorragende Wahl in dieser Preislage. Wie zu erwarten, sind die Zimmer nicht groß, aber sauber und komfortabel und mit allem ausgestattet, was man braucht. Das Hotel ist gut geführt, die Mitarbeiter sind freundlich.

★ Tawaraya RYOKAN ¥¥¥
(俵屋; Karte S. 330; ☎075-211-5566; 278 Nakahakusan-chō, Fuyachō, Oike-sagaru, Nakagyō-ku, Zi. pro Pers. inkl. 2 Mahlzeiten 55 900–74 500 ¥; 🚭 ❄ @ 📶; Ⓢ Tōzai-Linie bis Kyoto-Shiyakusho-mae, Ausgang 8) Seit über 300 Jahren gibt's das Tawaraya nun schon, und es ist eine der besten Unterkünfte der Welt. Von der Deko über den Service bis zum Essen – alles ist absolute Oberklasse. Ein sehr intimes, herzliches und persönliches *ryokan* mit vielen treuen Gästen.

Es befindet sich in zentraler Lage und in fußläufiger Entfernung von zwei U-Bahnhöfen sowie vielen guten Restaurants.

★ Hiiragiya Ryokan RYOKAN ¥¥¥
(柊屋; Karte S. 330; ☎075-221-1136; www.hiiragiya.co.jp; Nakahakusan-chō, Fuyachō, Aneyakōji-agaru, Nakagyō-ku; Zi. pro Pers. inkl. 2 Mahlzeiten 30 000–90 000 ¥; 🚭 ❄ @ 📶; Ⓢ Tōzai-Linie bis Kyoto-Shiyakusho-mae) Dieses elegante *ryokan* war lange ein Favorit Prominenter aus aller Welt. Die Anlage und der Service sind ausgezeichnet und die Lage ist nur schwer zu übertreffen. Wer es gern frisch und glänzend hat, sollte den neuen Flügel wählen. Wer den altjapanischen Stil des *wabi-sabi* (die Schönheit im Unvollkommenen) bevorzugt, bittet um eines der älteren Zimmer.

Im ca. 200 Jahre alten Zimmer 14 übernachtete einst der japanische Schriftsteller Kawabata Yasunari.

★ Ritz-Carlton Kyoto HOTEL ¥¥¥
(ザ・リッツ・カールトン京都; Karte S. 340; ☎075-746-5555; www.ritzcarlton.com; 543 Hokoden-chō, Nijō-Ōhashi-hotori, Nakagyō-ku; Zi. 65 000–200 000 ¥; ❄ @ 📶 🏊; Ⓢ Tōzai-Linie bis Kyoto-Shiyakusho-mae, 🚇 Keihan-Linie bis Sanjō oder Jingū-Marutamachi) Das Ritz-Carlton ist eine luxuriöse Oase mit der vielleicht besten Aussicht der Stadt – es liegt am Ufer des Kamo-gawa und in den Zimmern gen Osten geben riesige Fenster den Blick auf die gesamten Higashiyama-Berge frei. Die Zimmer bieten ein herrliches Design sowie sehr hohen Komfort und halten viele japanische Akzente bereit.

Yoshikawa RYOKAN ¥¥¥
(吉川; Karte S. 330; ☎075-221-5544; www.kyoto-yoshikawa.co.jp; 135 Matsushita-chō, Tominokōji, Oike-sagaru, Nakagyō-ku; Zi. pro Pers. inkl. 2 Gerichte ab 30 000 ¥; ❄ @ 📶; Ⓢ Tōzai- oder Karasuma-Linie bis Karasuma-Oike) Im Herzen der Innenstadt und in fußläufiger Entfernung von zwei U-Bahnhöfen sowie dem gesamten Restaurant- und Ausgehviertel bietet dieses großartige *ryokan* schöne Zimmer und einen herrlichen Garten. Es ist für sein Tempura-Restaurant (S. 372) bekannt und die Mahlzeiten sind von hohem Standard. Alle Zimmer verfügen über ein eigenes Bad mit Holzwanne und WC.

Einzelbelegung ist für einen höheren Preis von ca. 60 000 ¥ möglich.

Kyoto Hotel Ōkura HOTEL ¥¥¥
(京都ホテルオークラ; Karte S. 330; ☎075-211-5111; okura.kyotohotel.co.jp; 537-4 Ichinofunairi-chō, Kawaramachi-dōri, Oike, Nakagyō-ku; EZ/DZ/Suite ab 22 000/27 000/42 000 ¥; 🚭 ❄ @ 📶 🏊; Ⓢ Tōzai-Linie bis Kyoto-Shiyakusho-mae, Ausgang 3) Dieses turmhohe Hotel in der Stadtmitte bietet eine beeindruckende Aussicht auf die Higashiyama-Berge – auch von einigen der Zimmer aus (ab 7. Stock), besonders den hervorragenden Eck-Suiten. Die Zimmer sind sauber und geräumig. Das Hotel verfügt über einen direkten U-Bahn-Zugang, was man an Regentagen oder mit Gepäck zu schätzen weiß.

Kaiserpalast & Umgebung

Ryokan Rakuchō RYOKAN ¥¥
(洛頂旅館; Karte S. 332; ☎075-721-2174; www.rakucho-ryokan.com; 67 Higashi-hangi-chō, Shimogamo, Sakyō-ku; EZ/2BZ/3BZ 5300/9240/12 600 ¥; ; Kyoto-City-Bus 205 bis Furitsudaigaku-mae, Karasuma-Linie bis Kitaōji) Es gibt viele Vorzüge in diesem gehobenen *ryokan* mit acht Zimmern im nördlichen Teil der Stadt: einen schönen, kleinen Garten und das umfassende Rauchverbot. Die Zimmer sind sauber und einfach (kein Fernseher). Mahlzeiten sind nicht erhältlich, doch vom Personal erhält man gute Karten mit Infos zu gastronomischen Einrichtungen in der Umgebung. Nachteil ist die eher abgeschiedene Lage.

Palace Side Hotel HOTEL ¥¥
(ザ・パレスサイドホテル; Karte S. 332; ☎075-415-8887; www.palacesidehotel.co.jp; Okakuen-chō, Karasuma-dōri, Shimotachiuri-agaru, Kamigyō-ku; EZ/2BZ/DZ ab 6300/10 200/10 200 ¥; ; Karasuma-Linie bis Marutamachi) Das Hotel mit Blick auf den Kaiserlichen Palastpark lockt mit einem tollen Preis-Leistungs-Verhältnis. Es sieht zwar etwas veraltet aus, bietet aber trotzdem jede Menge Annehmlichkeiten: Die Englisch sprechenden Angestellten sind freundlich, der Service ist großartig, es gibt Waschmaschinen, ein Restaurant, gepflegte Zimmer und eine Gemeinschaftsküche. Am Abend werden kostenfrei einstündige Japanischkurse angeboten.

Noku Kyoto BOUTIQUE-HOTEL ¥¥¥
(ノク京都; Karte S. 332; ☎075-211-0222; www.nokuroxy.com; 205-1 Okura-cho, Karasuma-dōri, Maratumachi-sagaru, Nakagyō-ku; Zi. 18 000–33 000 ¥; ; Karasuma-Linie bis Marutamachi) Das Ende 2015 eröffnete Noku (auch Noku Roxy genannt) ist ein stilvolles Boutique-Hotel auf sechs Etagen neben dem Bahnhof Marutamachi, mit Blick auf den Kaiserlichen Palastpark. Die minimalistischen, aber eleganten Zimmer sind mit hellem Holz eingerichtet, mit Farbakzenten in den kunstvollen Kopfteilen der Betten. Manche bieten Parkblick. Im Untergeschoss gibt's eine Bar mit Restaurant.

Süd-Higashiyama

Gojo Guesthouse Annexe PENSION ¥
(五条ゲストハウス; Karte S. 336; ☎075-525-2298; 11-26 Komatsu-chō, Higashiyam-ku; Zi. ab 3300 ¥; ; Kyoto-City-Bus 206 bis Kiyomizu-michi) Einen kurzen Spaziergang vom Hauptgebäude des Gojō Guest House entfernt bietet diese gemütliche, ruhige Unterkunft Zimmer mit Gemeinschaftsbädern und einem Dekor mit Vintage-Möbeln. Sie liegt versteckt im Sightseeing-Bereich. Die Zimmer sind klein, aber zweckmäßig, und es gibt eine Gemeinschaftsküche. Man hat die Wahl zwischen japanisch und westlich eingerichteten Zimmern.

Gojō Guest House PENSION ¥
(五条ゲストハウス; Karte S. 336; ☎075-525-2299; www.gojo-guest-house.com; 3-396-2 Gojōbashi higashi, Higashiyama-ku; B/2BZ/3BZ 2600/3300/3500 ¥; ; Keihan-Linie bis Kiyomizu-Gojō) Eine gehobene Budget-Pension in einem alten japanischen Holzhaus, wodurch sich die Unterkunft eher wie ein *ryokan* als wie eine typische Pension gibt. Es gibt Männer- und Frauenschlafsäle sowie Einzel-/Doppelzimmer. Im Essbereich und im Café kann man gut andere Reisende kennenlernen. Die Mitarbeiter sprechen gut Englisch und können Reiseempfehlungen geben.

Shiraume Ryokan RYOKAN ¥¥
(白梅; Karte S. 336; ☎075-561-1459; www.shiraume-kyoto.jp; Gion Shimbashi, Shirakawa hotori, Shijōnawate-agaru, higashi-iru, Higashiyama-ku; Zi. pro Pers. inkl. 2 Mahlzeiten 32 000–38 000 ¥; ; Keihan-Linie bis Gion-Shijō) Von dieser Bleibe an der Shinbashi, einer entzückenden Straße in Gion, aus genießt man den Blick auf den Shirakawa-Kanal. Sowohl die Lage als auch die Atmosphäre und der Service begeistern. Das Dekor ist traditionell, es gibt einen kleinen, abgeschlossenen Garten und alle Zimmer bieten ein eigenes Bad mit schöner Holzbadewanne. Alles in allem ein toller Ort, wenn man ein *ryokan* ausprobieren will.

Ryokan Uemura RYOKAN ¥¥
(旅館うえむら; Karte S. 336; uemura.ryokan3hsl@gmail.com; Ishibe-kōji, Shimogawara, Higashiyama-ku; Zi. pro Pers. inkl. Frühstück 9000 ¥; ; Kyoto-City-Bus 206 bis Higashiyama-Yasui) Dieses schöne kleine *ryokan* liegt auf einer malerischen, ruhigen Pflastersteingasse – von einigen der wichtigsten Sehenswürdigkeiten Kyotos aus geht man einfach direkt den Hügel hinunter. Der Besitzer bevorzugt Buchungen per Fax oder E-Mail; lange vorab buchen, da es nur vier Zimmer gibt. Hinweis: Sperrstunde ist um 22 Uhr.

★ Hyatt Regency Kyoto HOTEL ¥¥¥
(ハイアットリージェンシー京都; Karte S. 336; ☎ 075-541-1234; www.kyoto.regency.hyatt.com; 644-2 Sanjūsangendō-mawari, Higashiyama-ku; Zi. ab 30 000 ¥; ; Keihan-Linie bis Shichijō) Das Hyatt Regency ist wohl eines der besten Hotels in Kyoto und liegt am Südende des Sightseeing-Bezirks im Süden von Higashiyama. Die elegant und zeitgenössisch eingerichteten Zimmer verfügen über Kimono-Tapeten an den Wänden, traditionelle Papierlampen und viele Annehmlichkeiten, darunter ein Tablet für Bestellungen beim Zimmerservice. Die Angestellten arbeiten überaus effizient und sind hilfsbereit. Toll sind auch die Restaurants und die Bar Tōzan (S. 378) in der Unterkunft.

Old Kyoto FERIENHAUS ¥¥¥
(Karte S. 336; ☎ 075-533-7775; www.oldkyoto.com; 563-12 Komatsu-chō, Higashiyama-ku; pro Nacht ab 29 000 ¥; ; Kyoto-City-Bus 206 bis Higashiyama-Yasui, Keihan-Linie bis Gion-Shijō) Das Unternehmen Old Kyoto leitet drei schöne traditionelle japanische Häuser direkt am Rand von Gion – eine ideale Unterkunft, wenn man in die ortstypische Kultur eintauchen möchte. Dekor und Design des Gion House, des Amber House und des Indigo House verbinden japanischen Stil mit dem der Jahrhundertwende. Die Häuser bieten Platz für bis zu vier Personen. Mindestaufenthalt: fünf Nächte.

Von jeder der Unterkünfte aus braucht man nur wenige Minuten zu Fuß bis zu den stimmungsvollen Gassen von Gion. Sie bieten alles, was man braucht, darunter ein Telefon mit lokaler SIM. Das Old Kyoto betreibt auch die Gion Apartments, die sich ideal für Langzeitaufenthalte eignen (Mindestaufenthalt: ein Monat, ab 12 000 ¥ pro Nacht).

Sakara Kyoto GÄSTEHAUS ¥¥¥
(桜香楽; Karte S. 336; ☎ 075-708-5400; www.sakarakyoto.com; 541-2 Furukawa-chō, Higashiyama-ku; Zi. 11 000–40 200 ¥; ; Tōzai-Linie bis Higashiyama) In günstiger Lage in einer überdachten Fußgänger-Shoppingarkade liegt dieses moderne Gästehaus im japanischen Stil, direkt südlich der Sanjō-dōri und ca. 50 m vom Bahnhof Higashiyama entfernt. Eine tolle Unterkunft für Paare und Familien. Jedes Zimmer bietet eine Badewanne/Dusche, eine Kochnische und Waschmöglichkeiten. Auch Ferienhäuser in Gion stehen zur Verfügung.

KANSAI AIRPORT HOTEL

Das hervorragende **Hotel Nikko Kansai Airport** (ホテル日航関西空港; ☎ 072-455-1111; www.nikkokix.com; Senshū Kūkō Kita 1, Izumisano-shi, Osaka-fu; EZ/2BZ/DZ ab 9500/11 000/14 500 ¥; ; JR-Haruka-Flughafenexpress bis Flughafen Kansai) ist durch eine Fußgängerbrücke mit dem Hauptterminal verbunden (man kann sogar seinen Kofferkuli direkt mit ins Zimmer nehmen). Die Zimmer sind in gutem Zustand, geräumig und komfortabel genug für einen kurzen Aufenthalt.

Gion Hatanaka RYOKAN ¥¥¥
(祇園畑中; Karte S. 336; ☎ 075-541-5315; www.thehatanaka.co.jp; Yasaka-jinja Minami-mon mae, Higashiyama-ku; DZ ab 31 000 ¥; ; Kyoto-City-Bus 206 bis Higashiyama-Yasui) Das Gion Hatanaka ist ein edles *ryokan* im Herzen des südlichen Sightseeing-Viertels Higashiyama, weniger als eine Gehminute vom Yasaka-jinja entfernt. Obwohl es recht groß ist, mit 21 Zimmern, herrscht hier ein intimes und privates Flair. Neben Badewannen in jedem Zimmer gibt's auch ein riesiges Gemeinschaftsbad aus Holz. Die Räume sind sauber, schön konzipiert und heimelig.

Das *ryokan* bietet regelmäßig Geisha-Unterhaltung (S. 379) an, die auch Nichtgäste in Anspruch nehmen können.

Seikōrō RYOKAN ¥¥¥
(晴鴨楼; Karte S. 336; ☎ 075-561-0771; www.seikoro.com; 467 Nishi Tachibana-chō, 3 chō-me, Toiyamachi-dōri, Gojō-sagaru, Higashiyama-ku, Zi. pro Pers. inkl. 2 Mahlzeiten 25 000–55 000 ¥; ; Keihan-Linie bis Kiyomizu-Gojō) Dieses klassische und geräumige *ryokan* überzeugt mit einer prachtvoll dekorierten und gemütlichen Lobby, exzellenten komfortablen Zimmern, aufmerksamem Service und einer günstigen Lage unweit des Zentrums. Einige Räume öffnen sich auf Gärten, alle haben eigene Bäder mit Holzwannen. Der Preis für ein Zimmer ohne Verpflegung beginnt bei 15 000 ¥.

Motonago RYOKAN ¥¥¥
(旅館元奈古; Karte S. 336; ☎ 075-561-2087; www.motonago.com; 511 Washio-chō, Kōdaiji-michi, Higashiyama-ku; Zi. pro Pers. inkl. 2 Mahlzeiten 18 360–29 160 ¥; ; Kyoto-City-Bus 206 bis Gion) Von allen *ryokan* der Stadt hat dieses wahrscheinlich die beste Lage.

Es bietet alles, was man in dieser Kategorie erwartet: eine traditionelle Einrichtung, freundliche, englischsprachige Mitarbeiter, schöne, hölzerne Gemeinschaftswannen und ein paar kleine japanische Gärten. Es gibt elf Zimmer, manche mit eigenem Bad. Ein Zimmer verfügt über zwei westliche Einzelbetten als Alternative zum Futon.

Nord-Higashiyama

★ Westin Miyako Kyoto HOTEL ¥¥¥
(ウェスティン都ホテル京都; Karte S. 340; ☎ 075-771-7111; www.miyakohotels.ne.jp/westinkyoto; Keage, Sanjō-dōri, Higashiyama-ku; DZ/2BZ ab 26 460 ¥, Zi. im japanischen Stil ab 24 840 ¥; Ⓢ Tōzai-Linie bis Keage, Ausgang 2) Diese Grande Dame unter den Hotels der Stadt liegt erhaben mit Blick auf das Touristenviertel Higashiyama (und ist damit eine der besten Unterkünfte zum Sightseeing in Kyoto). Die Räume an der Nordseite bieten einen großartigen Ausblick über die Stadt bis hin zu den Kitayama-Bergen. Es gibt ein Fitnesscenter mit Swimmingpool (gegen Aufpreis) und einen Privatgarten mit Wanderweg.

Koto Inn FERIENHAUS ¥¥¥
(古都イン; Karte S. 336; ☎ 075-751-2753; koto.inn@gmail.com; 373 Horiike-chō, Higashiyama-ku; pro Nacht für 2/3/4. Pers. ab 19 000/24 000/28 000 ¥; Ⓢ Tōzai-Linie bis Higashiyama) In bequemer Nähe zum Sightseeing-Viertel Higashiyama findet man diese Ferienunterkunft, die Familien, Paaren oder Gruppen etwas mehr Privatsphäre bietet. Das Haus ist mit schönen japanischen Antiquitäten eingerichtet und, obwohl von außen traditionell japanisch, im Innern hochmodern mit allem Nötigen ausgestattet.

HOTELS MIT DEM BESTEN PREIS-LEISTUNGS-VERHÄLTNIS

→ **Kyoto Hotel Ōkura** (S. 361) Ein erstklassiges Hotel, dessen Preise für gewöhnlich niedriger sind als die der nahe gelegenen Konkurrenz.

→ **Palace Side Hotel** (S. 362) Tolles Travellerhotel mit supergünstigen Preisen.

→ **Tōyoko Inn Kyoto Gojō Karasuma** (S. 361) Business Hotel zu Pensionspreisen.

Kyoto Garden Ryokan Yachiyo RYOKAN ¥¥¥
(旅館八千代; Karte S. 340; ☎ 075-771-4148; www.ryokan-yachiyo.com; 34 Fukuchi-chō, Nanzen-ji, Sakyō-ku; Zi. pro Pers. inkl. 2 Mahlzeiten 16 500–82 500 ¥; Ⓢ Tōzai-Linie bis Keage, Ausgang 2) Dieses große *ryokan* mit 20 Zimmern unweit des Nanzen-ji bietet eine Auswahl an traditionellen oder modernen Zimmern mit jeweils eigenem Bad und TV. Manche Zimmer öffnen sich auf Privatgärten, vier verfügen über eine Badewanne im Freien. Mehrere Angestellte sprechen Englisch.

Nordwest-Kyoto

Shunkō-in TEMPELUNTERKUNFT ¥
(春光院; Karte S. 348; ☎ 075-462-5488; www.shunkoin.com; 42 Myōshinji-chō, Hanazono, Ukyō-ku; EZ 6500 ¥, DZ pro Pers. 5500 ¥; JR-Sagano-/San-in-Linie bis Hanazono) Die *shukubō* (Tempelunterkunft) in einem Untertempel des Myōshin-ji (S. 348) ist sehr komfortabel, mit WLAN und kostenfreiem Fahrradverleih, und der Hauptpriester spricht fließend Englisch. Für 500 ¥ mehr kann man Zen-Meditation ausprobieren und an einer Führung durch den Tempel teilnehmen. Eine Nacht hier ist etwas ganz Besonderes.

Arashiyama & Sagano
嵐山・嵯峨野

★ Hoshinoya Kyoto RYOKAN ¥¥¥
(星のや京都; Karte S. 350; ☎ 075-871-0001; www.hoshinoyakyoto.jp; Arashiyama Genrokuzan-chō 11-2, Nishikyō-ku; Zi. pro Pers. inkl. Mahlzeiten ab 81 000 ¥; Kyoto-City-Bus 28 ab Bahnhof Kyoto bis Arashiyama-Tenryuji-mae, JR-Sagano-/San-in-Linie bis Saga-Arashiyama oder Hankyū-Linie bis Arashiyama, in Katsura umsteigen) Diese moderne Version eines klassischen japanischen Gästehauses liegt abgeschieden am Südufer des Hozu-gawa in Arashiyama (stromaufwärts vom Haupttouristenviertel). Es hat sich zu einer beliebten Unterkunft für wohlhabende Besucher Kyotos entwickelt, die Privatsphäre und ein einzigartiges Erlebnis suchen. Von den Zimmern aus hat man einen herrlichen Blick auf den Fluss und die umliegenden Berge.

Das Beste ist die Anreise: Ein Privatboot setzt Gäste von einem Dock unweit der Togetsu-kyō-Brücke zum Gästehaus über (nach schweren Regenfällen wird man mit dem

Auto hergebracht). Eine wirklich einzigartige Unterkunft! Wer nicht immer nur die Aussicht genießen möchte, kann an Meditationskursen, Räucher- und Teezeremonien teilnehmen.

Essen

Kyoto gehört zu den besten Gourmetstädten der Welt. In Anbetracht der Atmosphäre, des Services und der Qualität gibt's wohl kaum eine andere Stadt, in der man so viel für sein Geld bekommt. Im Grunde kann man in jedem Viertel ein tolles Restaurant finden, doch die meisten gehobenen Lokale liegen in der Innenstadt.

Bahnhof Kyoto & Süd-Kyoto

Kyoto Rāmen Kōji RĀMEN ¥

(京都拉麺小路; Karte S. 328; ☎075-361-4401; www.kyoto-ramen-koji.com; 10F Bahnhofsgebäude Kyoto, Karasuma-dōri, Shiokōji-sagaru, Shimogyō-ku; Ramen 730–1150 ¥; ⏲11–22 Uhr; 📋; 🚉Bahnhof Kyoto) Wer Nudeln liebt, sollte diese Auswahl an neun *rāmen*-Restaurants im 10. Stock des Bahnhofsgebäudes von Kyoto nicht verpassen (im westlichen Bereich, die Rolltreppen ab der Haupthalle oder den Südaufzug des JR-Isetan nehmen). Erst Tickets an den Automaten (auf Englisch, mit Bildern) kaufen, dann anstellen.

Eat Paradise JAPANISCH ¥

(イートパラダイス; Karte S. 328; ☎075-352-1111; 11F Bahnhofsgebäude Kyoto, Karasuma-dōri, Shiokōji-sagaru, Shimogyō-ku; ⏲11–22 Uhr; 📋; 🚉Bahnhof Kyoto) Auf der 11. Etage des Bahnhofsgebäudes von Kyoto findet man diese Auswahl an guten Restaurants. Man kann sich entscheiden zwischen dem **Tonkatsu Wak** mit köstlichen *tonkatsu* (frittiertem paniertem Schweinekotelett), dem **Tenichi** mit herrlichem Tempura und dem **Wakuden** mit leckeren *kaiseki*-Gerichten.

Kyotos Innenstadt

★ **Honke Owariya** SOBA ¥

(本家尾張屋; Karte S. 330; ☎075-231-3446; www.honke-owariya.co.jp; 322 Kurumaya-chō, Nijō, Nakagyō-ku; soba ab 760 ¥; ⏲11–19 Uhr; 📋; Ⓢ Karasuma- oder Tōzai-Linie bis Karasuma-Oike) In einem historischen Süßwarenladen in einem traditionellen japanischen Gebäude auf einer ruhigen Straße in der Innenstadt liegt dieses Lokal, das von Einheimischen wegen seiner hervorragenden *soba*-Gerichte (Buchweizennudeln) aufgesucht wird. Die überaus empfehlenswerte Spezialität des Hauses, *hourai soba* (2160 ¥), umfasst fünf kleine *soba*-Teller mit verschiedenen Beilagen, darunter *shiitake*-Pilze, Shrimp-Tempura, dünne Omelettstreifen und Sesamsamen.

★ **Café Bibliotec Hello!** CAFÉ ¥

(カフェビブリオティックハロー!; Karte S. 332; ☎075-231-8625; 650 Seimei-chō, Nijō-dōri, Yanaginobanba higashi-iru, Nakagyō-ku; Gerichte ab 1000 ¥, Kaffee 450 ¥; ⏲11.30–24 Uhr; ❄📶📋; Ⓢ Tōzai-Linie bis Kyoto-Shiyakusho-mae) Wie der Name schon sagt, reihen sich Bücher an den Wänden dieses coolen Cafés. Es liegt in einem umgebauten *machiya* (traditionelles japanisches Stadthaus), das Einheimische wie Touristen anlockt. Hier kann man gut bei einem Kaffee oder leichten Mittagessen mit einem Buch oder am Laptop entspannen. Nach den riesigen Bananenstauden vor der Tür Ausschau halten.

★ **Kyōgoku Kane-yo** JAPANISCH ¥

(京極かねよ; Karte S. 330; ☎075-221-0669; 456 Matsugaechō, Rokkaku, Shinkyōgoku higashi-iru, Nakagyō-ku; unagi auf Reis ab 1400 ¥; ⏲11.30–21 Uhr; 📋; Ⓢ Tōzai-Linie bis Kyoto-Shiyakusho-mae) Hier kann man wunderbar *unagi* (Aal) kosten. Entweder setzt man sich in die untere Ebene, mit schönem Blick auf den Wasserfall, oder nach oben auf die Tatami. Das *kane-yo donburi* (Aal auf Reis; 1400 ¥) bietet ein hervorragendes Preis-Leistungs-Verhältnis. Draußen auf die Fässer mit lebendigen Aalen und die Holzfassade achten.

★ **Ippūdō** RĀMEN ¥

(一風堂; Karte S. 330; ☎075-213-8800; Higashinotō-in, Nishikikōji higashi-iru, Nakagyō-ku; rāmen 750–950 ¥; ⏲11–2 Uhr; 📋; Ⓢ Karasuma-Linie bis Shijō) Mittags steht meist eine Schlange vor diesem Lokal und das hat seinen Grund: Die *rāmen* sind fantastisch und die häppchengroßen *gyōza* (Teigtaschen) himmlisch. Das *gyōza*-Menü (750 ¥ oder 850 ¥, je nach *rāmen*-Wahl) hat einen guten Preis. Das Restaurant liegt auf der Nishikikōji-dōri neben dem Postamt und schräg gegenüber von einem Starbucks.

mumokuteki cafe VEGETARISCH ¥

(ムモクテキカフェ; Karte S. 330; ☎075-213-7733; www.mumokuteki.com; 2. Stock, Human Forum Building, 351 Iseya-chō, Gokomachi-dōri, Rokkaku-sagaru, Nakagyō-ku; Gerichte ab 1000 ¥; ⏲11.30–22 Uhr; 🚭🥗📋; 🚉Hankyū-Linie bis Kawaramachi) Dieses vegetarische Café über einem Geschäft mitten in der Innenstadt

SOTOPIKO/SHUTTERSTOCK ©

1. Bahnhof Kyoto (S. 323)
In der Fassade des futuristischen Gebäudes spiegelt sich der Kyoto Tower.

2. Daigo-ji (S. 344)
Dieser buddhistische Tempel wurde im Jahr 874 gegründet. Seine fünf Stockwerke hohe Pagode (nicht im Bild) ist die älteste ihrer Art in Japan.

3. Nishiki-Markt (S. 329)
Feinschmecker werden von der gigantischen Auswahl bizarrer und erstaunlicher Zutaten nicht genug bekommen können.

4. Traditionelle Kleidung (S. 955)
Frauen in Kimonos schlendern an Frauen in Geisha-Kleidung vorbei.

COWARDLION/SHUTTERSTOCK ©

FUTURE LIGHT/GETTY IMAGES ©

3

TUPUNGATO/SHUTTERSTOCK ©

1

3

CEZARY WOJTKOWSKI/SHUTTERSTOCK ©

1. Fushimi Inari-Taisha (S. 327)
Säulengänge mit zinnoberroten *torii* (Schreintore) sind über diesen gewaltigen Shintō-Schrein-Komp verteilt – eine der eindrucksvollsten Sehenswürdigkeiten Kyotos.

2. Bahnhof Kyoto (S. 323)
Der Bahnhof von Kyoto ist nicht nur ein Verkehrsknotenpunkt, sondern auch ein architektonisches Meisterstück aus Glas und Stahl.

3. Kiyomizu-dera (S. 335)
Auf einem Berg hoch über Kyoto bietet dieser belie gut besuchte buddhistische Tempel einen Einblick die heutigen Glaubenspraktiken Japans.

2

DIE KÜCHE KYOTOS

Weil Kyoto von Land umschlossen liegt und weil es hier am kaiserlichen Hof jahrhundertealte Bräuche gab, entwickelte sich hier ein eigener Kochstil: *Kyō-ryōri* (Kyotoer Küche). Bei der Zubereitung der Gerichte verwendet man auf innovative Art und Weise frisches saisonales Gemüse. Ein Schwerpunkt liegt auf subtilen Geschmacksnoten, wodurch der natürliche Geschmack der Zutaten erhalten bleibt. Die Präsentation und die Atmosphäre des Essens sind genauso wichtig wie der Geschmack: *Kyō-ryōri* wird nach der Stimmung und den Farbtönen der ständig wechselnden Jahreszeiten ausgewählt.

Kaiseki (japanische Haute Cuisine) ist die Spitzenklasse der gehobenen Küche: Zutaten, Zubereitung, Umgebung und Darreichung verschaffen im Zusammenspiel ein einzigartiges Gourmet-Erlebnis. Unter „japanische Küche" (S. 929) gibt's weitere Infos, oder man speist einfach in einem von Kyotos berühmten Restaurants, z. B. im **Kitcho Arashiyama** (S. 375), im **Kikunoi** (S. 373) oder im etwas preiswerteren (aber immer noch ansprechenden) **Kiyamachi Sakuragawa** (S. 372).

ist für viele Vegetarier in Kyoto eine lebenswichtige Institution. Das Essen ist lecker, abwechslungsreich und wird in gemütlicher, heimeliger Umgebung serviert. Zu empfehlen ist der Tofu- und Avocado-Burger zusammen mit frischem Gemüsesaft. Die meisten Gerichte sind vegan, die nicht veganen Optionen sind eindeutig auf der bebilderten Speisekarte markiert.

Tsukimochiya Naomasa SÜSSIGKEITEN ¥

(月餅家　直正; Karte S. 330; ☎075-231-0175; 530 Kamiōsaka-chō, Kiyamachi-dōri, Sanjō-agaru, Nakagyō-ku; tsukimochi 160 ¥; ⏲10–18 Uhr, Di geschl.; Keihan-Linie bis Sanjō) Dieses klassische alte Süßwarengeschäft liegt etwa 50 m nördlich der Sanjō-dōri und ist bestens geeignet, um sich mit Kyotos traditionellen Leckereien vertraut zu machen. Einfach auf etwas zeigen, das gut aussieht; die freundlichen Angestellten verpacken es dann hübsch. Es gibt kein englisches Schild, aber man kann einfach nach dem traditionellen Äußeren im Kyoto-Stil und den Süßigkeiten im Fenster Ausschau halten.

Karafuneya Coffee Sanjō Honten CAFÉ ¥

(からふねや珈琲三条本店; Karte S. 330; ☎075-254-8774; 39 Daikoku-chō, Kawaramachi-dōri, Sanjō-sagaru, Nakagyō-ku; Parfait ab 690 ¥; ⏲9–23 Uhr; 📋; S Tōzai-Linie bis Kyoto-Shiyakusho-mae, Keihan-Linie bis Sanjō) Dieses auf Kaffee und Desserts spezialisierte Café liegt mitten im Haupteinkaufsviertel von Kyoto. Ist dieses Land für seine Lebensmittelimitate berühmt, treibt das Karafuneya es auf die Spitze. Beim Eintreten das Herzstück im Café beachten: Die Mutter aller Eisbecher kostet 50 000 ¥! Wer es etwas bodenständiger mag, probiert den leckeren *matcha*-Parfait (pulverisierter grüner Tee, 870 ¥).

Musashi Sushi SUSHI ¥

(寿しのむさし; Karte S. 330; ☎075-222-0634; www.sushinomusashi.com; Kawaramachi-dōri, Sanjō-agaru, Nakagyō-ku; Teller 146 ¥; ⏲11–22 Uhr; 📋; S Tōzai-Linie bis Kyoto-Shiyakusho-mae, Keihan-Linie bis Sanjō) Wer noch nie *kaiten-sushi* (Sushi vom Fließband) probiert hat, sollte es hier tun – die meisten Teller kosten nur 146 ¥. Klar, hier gibt's nicht das beste Sushi der Welt, aber es ist billig, bewährt und macht Spaß. Außerdem ist es leicht, hier zu essen: Man nimmt sich die gewünschte Speise einfach vom Fließband. Wer nicht fündig wird, kann auf die englische Speisekarte zurückgreifen.

Das Musashi liegt direkt außerhalb des Eingangs der überdachten Sanjō-Arkade; nach dem Miniatur-Sushi-Fließband im Fenster suchen.

Biotei VEGETARISCH ¥

(びお亭; Karte S. 330; ☎075-255-0086; 2. Stock, M&I Building, 28 Umetada-chō, Sanjō-dōri, Higashinotōin nishi-iru, Nakagyō-ku; Mittag-/Abendmenü ab 840/1300 ¥; ⏲So–Fr Mittagessen 11.30–14, Di, Do, Fr & Sa Abendessen 17–20.30 Uhr; 🌿 📋; S Tōzai- oder Karasuma-Linie bis Karasuma-Oike) Schräg gegenüber vom Nakagyō-Postamt liegt dieses Lieblingslokal von Vegetariern in Kyoto. Es serviert japanische Tagesmenüs wie frittierten, panierten Tofu und schwarzen Seetangsalat mit Reis, Miso und Essiggurken. Die Sitzmöglichkeiten sind etwas beengt, aber das Essen ist hervorragend, wird schön dargereicht und aus hochwertigen Zutaten zubereitet.

Es liegt um die Ecke; die metallene Wendeltreppe hochgehen.

Nishiki Warai
OKONOMIYAKI ¥

(錦わらい; Karte S. 330; ☎075-257-5966; www.nishikiwarai.com; 1. OG, Mizukōto Building, 597 Nishiuoya-chō, Nishikikōji-dōri, Takakura nishi-iru, Nakagyō-ku; okonomiyaki ab 700 ¥; ⏲11.30–24 Uhr; 📋; Ⓢ Karasuma-Linie bis Shijō, 🚆 Hankyū-Linie bis Karasuma) Das Nishiki Warai ist ein tolles Lokal, um *okonomiyaki* (herzhafte Pfannkuchen) in entspannter Umgebung zu kosten. Es kann etwas verraucht sein, aber es kann unterhaltsam sein, hier zu essen. Die *okonomiyaki* werden fertig zubereitet auf der Wärmeplatte am Tisch serviert. Das Lokal liegt ca. 20 m westlich der Westseite des Nishiki-Markts; nach dem englischen Schild im Fenster Ausschau halten.

Shunsai Tempura Arima
TEMPURA ¥¥

(旬菜天ぷら 有馬; Karte S. 330; ☎075-344-0111; 572 Sanno-chō, Muromachi-dōri, Takatsuji-agaru, Simogyō-ku; Mittag-/Abendmenü ab 1000/4750 ¥; ⏲11.30–14 & 17.30–22.30 Uhr, Di geschl.; 📋; Ⓢ Karasuma-Linie bis Shijō) Tempura gehören zu den köstlichsten Speisen Japans und dieses einladende Restaurant in der Innenstadt eignet sich ideal, um sie zu probieren. Es ist ein winziges Familienlokal mit herzlicher Atmosphäre. Dank der englischen Speisekarte und der Menüs ist die Bestellung schnell aufgegeben. Das Lokal liegt an einer Ecke, mit einem kleinen englischen Schild.

Tōsuirō
TOFU ¥¥

(豆水楼; Karte S. 330; ☎075-251-1600; www.tousuiro.com; Kiyamachi-dōri, Sanjō-agaru, Nakagyō-ku; Mittag-/Abendessen ab 2494/3969 ¥; ⏲Mo–Sa 11.30–14 & 17–21.30, So 12–15 & 17–20.30 Uhr; 📋; Ⓢ Tōzai-Linie bis Kyoto-Shiyakusho-mae) Einfach unglaublich, wie viele Gerichte in diesem auf Tofu spezialisierten Restaurant mit Tofu zubereitet werden! Das Dekor ist toll und traditionell japanisch, und im Sommer kann man auf der *yuka* (Restaurantterrasse) mit Flussblick im Freien sitzen. Man findet das Lokal am Ende einer Allee auf der Nordseite abseits der Kiyamachi-dōri.

Als Mittagessen ist das Tofu-Menü *machiya zen* (2494 ¥) zu empfehlen, als Abendessen ist das Tofu-Menü Higashiyama (3969 ¥) eine exzellente Wahl.

Tsukiji Sushisei
SUSHI ¥¥

(築地寿司清; Karte S. 330; ☎075-252-1537; 581 Obiya-chō, Takakura-dōri, Nishikikōji-sagaru, Nakagyō-ku; Sushi-Menü 1512–3456 ¥, pro Stück ab 162 ¥; ⏲Mo–Fr 11.30–15 & 17–22, Sa, So & feiertags 11.30–22 Uhr; 📋; Ⓢ Karasuma-Linie bis Shijō) Im Souterrain, neben dem Kaufhaus Daimaru, serviert dieses schlichte Restaurant exzellentes Sushi. Man kann ein Menü bestellen oder einfach auf das zeigen, was einem zusagt. Von der Straße aus kann man in das Lokal hineinschauen, daher ist es leicht zu finden.

Tagoto Honten
KAISEKI ¥¥

(田ごと本店; Karte S. 330; ☎075-221-1811; www.kyoto-tagoto.co.jp; 34 Otabi-chō, Shijō-dōri, Kawaramachi nishi-iru, Nakagyō-ku; Mittag-/Abendessen ab 1850/4000 ¥; ⏲11–20.30 Uhr; 📋; 🚆 Keihan-Linie bis Shijō oder Hankyū-Linie bis Kawaramachi) Gegenüber vom Kaufhaus Takashimaya serviert dieses alteingesessene Restaurant gute *kaiseki*-Gerichte in Separées und Gemeinschaftsräumen. Das *kiku*-Menü (1850 ¥) enthält Sashimi, etwas Tempura und verschiedene andere Leckereien. *Kaiseki*-Abendmenüs sind ab 6500 ¥ zu haben (Reservierung vorab erforderlich). Alternativ probiert man das günstigere Mini-*kaiseki*-Abendessen als Degustation (4000 ¥).

Kerala
INDISCH ¥¥

(ケララ; Karte S. 330; ☎075-251-0141; 2. OG, KUS Building, Kawaramachi-dōri, Sanjō-agaru, Nakagyō-ku; Mittag-/Abendessen ab 900/2600 ¥; ⏲11.30–14 & 17–21 Uhr; 🖉📋; Ⓢ Tōzai-Linie bis Kyoto-Shiyakusho-mae) Kyotos bestes indisches Restaurant ist ein schmales Lokal im Obergeschoss auf der Kawaramachi-dōri. Das Mittagsmenü für 900 ¥ ist ein Schnäppchen, ebenso wie das vegetarische Mittag-

ⓘ KYOTO-TIPPS

Luxuriöses Essen für wenig Geld Viele der erlesenen *kaiseki*-Restaurants (japanische Haute Cuisine) in Kyoto servieren ein köstliches Mittagsmenü oder ein *bentō* (Gericht zum Mitnehmen) für einen Bruchteil des normalen Preises.

Auf den oberen Etagen von Kaufhäusern (wie Daimaru, Takashimaya etc.) liegen bewährte japanische und internationale Restaurants verteilt – viele mit englischer Speisekarte. Gehobene Speisen zum Mitnehmen findet man im Erdgeschoss – ideal für ein Picknick.

Snacks für den Zug mitnehmen Im Einkaufszentrum Porta unterhalb des nördlichen Bereichs des Bahnhofs Kyoto liegen etliche Geschäfte, die Gerichte zum Mitnehmen verkaufen.

essen (1200 ¥). Für die Abendgerichte – viele davon überaus hochwertig – zahlt man eher 2600 ¥ pro Person. Zum Nachtisch das himmlisch cremige Kokosnusseis genießen.

Das Kerala liegt im 2. Stock und hat ein Schild vor der Tür.

★ **Roan Kikunoi** KAISEKI ¥¥¥

(露庵菊乃井; Karte S. 330; ☎075-361-5580; www.kikunoi.jp; 118 Saito-chō, Kiyamachi-dōri, Shijō-sagaru, Shimogyō-ku; Mittag-/Abendessen ab 4000/13 000 ¥; ⏲11.30–13.30 & 17–20.30 Uhr; ; Hankyū-Linie bis Kawaramachi oder Keihan-Linie bis Gion-Shijō) Das Roan Kikunoi ist fantastisch, wenn man die Wunderwelt des *kaiseki* kennenlernen will. Das saubere kleine Restaurant liegt mitten in der Innenstadt. Der Koch hat einen experimentellen und kreativen Zugang zu *kaiseki*, und das Ergebnis ist ein Wunder für Auge und Gaumen. Sehr zu empfehlen. Reservierung über das Hotel oder *ryokan*.

★ **Yoshikawa** TEMPURA ¥¥¥

(吉川; Karte S. 330; ☎075-221-5544; www.kyoto-yoshikawa.co.jp; 135 Matsushita-chō, Tominokōji, Oike-sagaru, Nakagyō-ku; Mittagessen 3000–25 000 ¥, Abendessen 8000–25 000 ¥; ⏲11–14 & 17–20.30 Uhr; ; S Tōzai-Linie bis Karasuma-Oike oder Kyoto-Shiyakusho-mae) *Die* Anlaufstelle für köstliches Tempura. Das zum *ryokan* Yoshikawa (S. 361) gehörige Yoshikawa bietet auch Tische, aber es ist viel interessanter, rund um den kleinen Tresen zu sitzen und den Köchen bei der Arbeit zuzusehen. Das Lokal befindet sich in einem eleganten Gebäude im japanischen Stil unweit der Oike-dōri. Für den Tatami-Raum muss man vorher reservieren; sonntags kann man nicht am Tresen oder an den Tischen sitzen.

Kiyamachi Sakuragawa KAISEKI ¥¥¥

(木屋町　櫻川; Karte S. 330; ☎075-255-4477; Kiyamachi-dōri, Nijō-sagaru, Nakagyō-ku; Mittags-/Abendmenüs ab 5000/10 000 ¥; ⏲11.30–14 & 17–21 Uhr, So geschl.; S Tōzai-Linie bis Kyoto-Shiyakusho-mae) Dieses elegante Restaurant an einem malerischen Abschnitt der Kiyamachi-dōri ist eine hervorragende Anlaufstelle für *kaiseki*. Zwar sind die Portionen moderat, aber sie machen trotzdem satt, außerdem werden sie wunderschön präsentiert. Der Empfang ist zudem herzlich und es ist eine wahre Freude, dem Koch bei der Arbeit zuzusehen. Man sollte reservieren und beim Besuch lässig-elegante Kleidung tragen.

Mishima-tei JAPANISCH ¥¥¥

(三嶋亭; Karte S. 330; ☎075-221-0003; 405 Sakurano-chō, Teramachi-dōri, Sanjō-sagaru, Nakagyō-ku; sukiyaki-Mittagessen/-Abendessen ab 7128/13 662 ¥; ⏲11.30–21 Uhr; ; S Tōzai-Linie bis Kyoto-Shiyakusho-mae) Das Mishima-tei ist ein toller Ort, um *sukiyaki* (dünne Rindfleischscheiben, gekocht in Sake-, Soja- und Essigbrühe) zu probieren. Die Qualität des Fleisches ist sehr hoch, was angesichts dessen, dass der Metzger direkt im Untergeschoss liegt, kaum überrascht. Es liegt an der Kreuzung der beiden überdachten Arkaden Sanjō und Teramachi. Reservierungen sind ohne japanische Telefonnummer nicht möglich, daher sollte man über das Hotel reservieren lassen.

Kaiserpalast & Umgebung

★ **Papa Jon's** CAFÉ ¥

(パパジョンズカフェ　本店; Karte S. 332; ☎075-415-2655; 642-4 Shokokuji-chō, Karasuma-dōri, Kamidachiuri higashi-iru, Kamigyō-ku; Mittagessen ab 850 ¥; ⏲10–21 Uhr; ; S Karasuma-Linie bis Imadegawa) Nur drei Gehminuten vom Nordrand des Kaiserlichen Palastparks entfernt gibt's in diesem sauberen, gut ausgeleuchteten Café sagenhaften New York Cheesecake und warme Getränke. Ebenfalls auf der Speisekarte: Pizza, hausgemachte Quiche, Suppe und leckere Salate. Dazu werden Bilder regionaler Künstler ausgestellt. In der Stadt liegen verschiedene Zweigstellen verteilt, darunter ein neues, günstig gelegenes **Café in der Innenstadt** (Karte S. 330; Ecke Rokkaku-dōri & Sakaimachi-dōri, Higashi-iru, Nakagyō-ku; S Karasuma- oder Tōzai-Linie bis Karasuma-Oike).

Sarasa Nishijin CAFÉ ¥

(さらさ西陣; Karte S. 332; ☎075-432-5075; 11-1 Murasakino Higashifujinomori-chō, Kita-ku; Mittagessen ab 960 ¥; ⏲12–23 Uhr, Mi geschl.; Kyoto-City-Bus 206 bis Daitoku-ji-mae) Eines von Kyotos interessantesten Cafés im Inneren eines historischen *sentō* (öffentliches Badehaus) mit original erhaltenen Fliesen. Leichte Mahlzeiten und Kaffee gehören zu den Spezialitäten. Der Service kann etwas langsam sein, aber wegen des Ambientes ist das Café dennoch einen Zwischenstopp wert. Häufig bildet sich eine Schlange vor der Tür. Nahe dem Funaoka Onsen.

Demachi Futaba SÜSSIGKEITEN ¥

(出町ふたば; Karte S. 332; ☎075-231-1658; 236 Seiryu-cho, Imadegawa-agaru, Kawaramachi-dōri,

Kamigyō-ku; Süßes ab 175 ¥; 8.30–17.30 Uhr, Di geschl.; Keihan-Linie bis Demachiyanagi) Für die mitunter leckersten Süßwaren der Stadt reiht man sich vor diesem Laden in die Schlange der Einheimischen ein. Das absolute Highlight sind die *mame-mochi* (Klebreiskuchen mit schwarzen Bohnen). Es gibt keine englische Speisekarte, also einfach auf das zeigen, was einen anspricht. Auf die aufgehängten Papierschilder und die Süßigkeiten in der Auslage achten.

Süd-Higashiyama

In Süd-Higashiyama findet man etliche hervorragende Restaurants und Cafés sowie eines der besten *kaiseki*-Lokale der Stadt, das Michelin-Restaurant Kikunoi.

★ Omen Kodai-ji NUDELN ¥

(おめん 高台寺店; Karte S. 336; 075-541-5007; 358 Masuya-chō, Kōdaiji-dōri, Shimokawara higashi-iru, Higashiyama-ku; Nudeln ab 1150 ¥, Menü 1850 ¥; 11–21 Uhr; Kyoto-City-Bus 206 bis Higashiyama-Yasui) In einem umgebauten japanischen Gebäude mit hellem, geräumigem Flair liegt diese Zweigstelle von Kyotos berühmter Nudelrestaurantkette Omen. Hier kann man auf einer Besichtigungstour durch Süd-Higashiyama einkehren. Köstlich ist das beliebte Gericht *udon* (dicke Weizennudeln), das mit Brühe und frischem Gemüse serviert wird. Auf der Speisekarte stehen noch viele andere Optionen.

★ Kagizen Yoshifusa TEEHAUS ¥

(鍵善良房; Karte S. 336; 075-561-1818; www.kagizen.co.jp; 264 Gion machi, Kita-gawa, Higashiyama-ku; kuzukiri 900 ¥; 9.30–18 Uhr, Mo geschl.; ; Hankyū-Linie bis Kawaramachi, Keihan-Linie bis Gion-Shijō) Diese Institution in Gion ist einer der ältesten und bekanntesten *okashi-ya* (Süßwarenläden) Kyotos. Er verkauft eine große Auswahl an traditionellen Süßigkeiten, und im schönen Teesalon im hinteren Bereich kann man kalte *kuzukiri* (Glasnudeln aus Pfeilwurz) mit *kuro-mitsu* (dunkler Zuckersirup) probieren oder auch nur eine schöne Schale *matcha* (pulverisierter grüner Tee) mit etwas Süßem genießen.

Sobadokoro Shibazaki NUDELN ¥

(そば処柴崎; Karte S. 336; 075-525-3600; www.kyoto-shibazaki.com; 4-190-3 Kiyomizu, Higashiyama-ku; Sushi pro Stück ab 120 ¥, soba ab 950 ¥; 11–21 Uhr; ; Kyoto-City-Bus 206 bis Kiyomizu-michi, Keihan-Linie bis Kiyomizu-Gojō) Dieses geräumige, komfortable Restaurant eignet sich ideal zum Einkehren bei einer Besichtigungstour rund um den Kiyomizu-dera und bietet etwas für jeden Geschmack. Im Erdgeschoss kann man *kaiten-sushi* (Sushi vom Fließband) und im Obergeschoss exzellente *soba*-Nudeln sowie schön präsentierte Tempura-Menüs und *unagi*-Gerichte (Aal) genießen. Oben findet man auch eine einzigartige Sammlung japanischer Lackwaren.

Kasagi-ya TEEHAUS ¥

(かさぎ屋; Karte S. 336; 075-561-9562; 349 Masuya chō, Kōdai-ji, Higashiyama-ku; Tee & Süßes ab 600 ¥; 11–18 Uhr, Di geschl.; ; Kyoto-City-Bus 206 bis Higashiyama-Yasui) Im Kasagi-ya auf der Sannen-zaka nahe dem Kiyomizu-dera kann man eine leckere Tasse *matcha* (pulverisierter grüner Tee) und verschiedene Süßwaren probieren. Diese schrullige, historische Teestube aus Holz bietet eine erholsame Atmosphäre. Die Angestellten sind freundlich. Das Warten lohnt sich also, falls es eine Schlange gibt. Es ist schwer zu finden; eventuell muss man einen der örtlichen Ladenbesitzer fragen.

★ Kikunoi KAISEKI ¥¥¥

(菊乃井; Karte S. 336; 075-561-0015; www.kikunoi.jp; 459 Shimokawara-chō, Yasakatoriimae-sagaru, Shimokawara-dōri, Higashiyama-ku; Mittag-/Abendessen ab 8000/15 000 ¥; 12–13 & 17–20 Uhr; ; Keihan-Linie bis Gion-Shijō) In einem Winkel in der Nähe des Maruyama-kōen versteckt sich einer von Kyotos bemerkenswertesten kulinarischen Tempeln. Hier wird mit das beste *kaiseki* der Stadt serviert, vom berühmten Michelin-Koch Mutara, doch neben der exquisiten Kochkunst bietet das Restaurant auch eine tolle Lage und einen super Service – eben alles, was *kaiseki* ausmacht. Über den Concierge des Hotels oder des *ryokan* reservieren lassen.

Nord-Higashiyama

★ Omen NUDELN ¥

(おめん; Karte S. 340; 075-771-8994; www.omen.co.jp; 74 Jōdo-ji Ishibashi-chō, Sakyō-ku; Nudeln ab 1150 ¥; 11–21 Uhr; ; Kyoto City Bus 5 bis Ginkakuji-michi) Dieser elegante Nudelladen wurde benannt nach den dicken Weizennudeln, die mit Brühe und frischem Gemüse serviert werden. Einfach *omen* sagen und schon erhält man eine Auswahl an heißen oder kalten Nudeln, eine Suppenschüssel zum Hineintunken und einen Gemüseteller (zusammen mit den Sesamsamen in die Suppe geben).

★ Goya OKINAWISCH ¥
(ゴーヤ; Karte S. 340; ☎ 075-752-1158; 114-6 Nishida-chō, Jōdo-ji, Sakyō-ku; Gerichte ab 680 ¥; 11.30–15.30 & 17.30–24 Uhr, Mi geschl.; Kyoto-City-Bus 5 bis Ginkakuji-michi) Dieses Okinawa-Restaurant bietet leckeres Essen (mit vielen vegetarischen Optionen), eine stilvolle Einrichtung und komfortable Sitzgelegenheiten im Obergeschoss: Es ist perfekt für ein Mittagessen in Nord-Higashiyama und nur einen Katzensprung vom Ginkaku-ji entfernt. Mittags gibt's hier einfache Dinge wie Tacoreis (880 ¥) und *gōya champurū* (Bittermelonen-Pfanne; 680 ¥), das Abendessen umfasst eine Auswahl an *izakaya*-Snacks (*izakaya*: japanische Kneipen).

Falafel Garden ISRAELISCH ¥
(ファラフェルガーデン; Karte S. 332; ☎ 075-712-1856; www.falafelgarden.com; 15-2 Kamiyanagi-chō, Tanaka, Sakyō-ku; Falafel ab 410 ¥; 11–21.30 Uhr; Keihan-Linie bis Demachiyanagi) Wer eine Pause von japanischer Küche braucht, sollte dieses ungezwungene Lokal nahe dem Bahnhof Demachiyanagi aufsuchen. Hier erwarten einen hervorragende, reichhaltige Falafel-Pita-Sandwiches, Teller mit großzügigen, hausgemachten Hummusportionen oder Beilagen wie pikante grüne Chilisoße. Die Menüs (ab 1100 ¥) gibt's zu guten Preisen. An sonnigen Tagen kann man im kleinen Innenhof mit Garten verweilen.

Hinode Udon NUDELN ¥
(日の出うどん; Karte S. 340; ☎ 075-751-9251; 36 Kitanobō-chō, Nanzenji, Sakyō-ku; Nudeln ab 500 ¥; 11–15.30 Uhr, So & manchmal Mo geschl.; Kyoto-City-Bus 5 bis Eikandō-michi) Sättigende Nudel- und Reisgerichte gibt's in diesem netten Laden mit einer englischen Speisekarte. Einfache *udon* kosten nur 500 ¥, aber wir empfehlen das *nabeyaki udon* (*udon* im Tontopf mit Brühe) für 950 ¥. Ein guter Ort für eine Mittagspause zwischen den Tempelbesuchen.

Au Temps Perdu FRANZÖSISCH ¥
(オ・タン・ペルデュ; Karte S. 340; ☎ 075-762-1299; 64 Enshōji-chō, Okazaki, Sakyō-ku; Tee- & Kuchenmenü ab 1100 ¥; 11–19 Uhr, Mo geschl.; S Tōzai-Linie bis Higashiyama) Dieses winzige Café im französischen Stil mit Innen- und Außenbereichen liegt am Shirakawa-Kanal in Nord-Higashiyama, gegenüber vom Nationalmuseum für moderne Kunst. Es bietet sich für eine Pause während einer Besichtigungstour in der Umgebung an. Die köstlichen Kuchen in der Auslage lassen sich wunderbar mit einer Kanne Tee verbinden. Alternativ stehen auch leichte Mittagsgerichte wie Quiches und Salate zur Auswahl.

Arashiyama & Sagano
嵐山・嵯峨野

Hungrig wird man auf der Erkundungstour durch Arashiyama und Sagano sicherlich nicht bleiben – angesichts der großen Auswahl an hervorragenden Lokalen wie dem Kitcho Arashiyama, einem der besten *kaiseki*-Restaurants der Stadt. Die meisten Re-

NICHT VERSÄUMEN

ÜBER DEM FLUSS VON KIBUNE ESSEN

Von Juni bis September sollten es sich Besucher in Kibune nicht nehmen lassen, in einem der malerischen Restaurants am Kibune-gawa zu speisen: auf Plattformen über dem Fluss, *kawa-doko* genannt. Das darunter fließende Wasser sorgt für Abkühlung. Die meisten Restaurants haben ein Mittagsangebot für ca. 4000 ¥. Für eine Auswahl an *kaiseki* (japanische Haute Cuisine; 6000 ¥ bis 12 000 ¥) sollte man den Tisch vorab von einem Japaner reservieren lassen. Hinweis: Die meisten Restaurants akzeptieren keine Buchungen von Einzelpersonen, also entweder mit einem Bekannten hingehen oder sein Glück zur Mittagszeit versuchen.

Das **Hirobun** (ひろ文; Karte S. 354; ☎ 075-741-2147; 87 Kibune-chō, Kurama, Sakyō-ku; Nudeln ab 1300 ¥, *kaiseki*-Menü ab 8600 ¥; 11–21 Uhr; Eiden-Eizan-Linie von Demachiyanagi bis Kibune-guchi) ist ein einladendes Lokal. Die Bedienungen (weiblich) sind freundlich, das Essen ist gut. Einzelne Gäste bekommen hier keine *kaiseki*-Menüs (mittags von 11 bis 16 Uhr können sie Nudeln bestellen). Nach dem schwarz-weißen Schild und der Laterne suchen. Wer abends hier speisen will, sollte vorher reservieren.

staurants des Viertels liegen um den Bahnhof Keifuku Arashiyama, und auch am Hozu-gawa, zwischen der Hauptstraße und dem Anfang der Kameyama-kōen, sind herausragende Einrichtungen zu finden.

Arashiyama Yoshimura NUDELN ¥

(嵐山よしむら; Karte S. 350; ☎ 075-863-5700; Togetsu-kyō kita, Saga-Tenryū-ji, Ukyō-ku; soba ab 1080 ¥, Gerichte ab 1600 ¥; ⏲ 11–17 Uhr; 📖; 🚌 Kyoto-City-Bus 28 von Bahnhof Kyoto bis Arashiyama-Tenryuji-mae, 🚆 JR-Sagano-/San-in-Linie bis Saga-Arashiyama oder Hankyū-Linie bis Arashiyama, umsteigen in Katsura) Mit köstlichen Schüsseln *soba*-Nudeln sowie einem beeindruckenden Blick auf die Arashiyama-Berge und die Togetsu-kyō-Brücke lockt diese extrem beliebte Location direkt nördlich der berühmten Brücke. Von hier aus kann man auf den Katsura-gawa blicken. Es gibt eine englische Speisekarte, aber kein englisches Schild; nach dem großen Glasfenster und der Steinmauer Ausschau halten.

Yoshida-ya SHOKUDO ¥

(よしだや; Karte S. 350; ☎ 075-861-0213; 20-24 Tsuku-rimichi-chō, Saga Tenryū-ji, Ukyō-ku; soba & udon ab 650 ¥; ⏲ 10–16 Uhr, Mi geschl.; 📖; 🚌 Kyoto-City-Bus 28 von Bahnhof Kyoto bis Arashiyama-Tenryuji-mae, 🚆 JR-Sagano-/San-in-Linie bis Saga-Arashiyama oder Hankyū-Linie bis Arashiyama, umsteigen in Katsura) Dieses malerische und einladende kleine *teishoku-ya* (Menü-Restaurant) lädt zum Mittagessen in Arashiyama ein. Es serviert die üblichen *teishoku*-Klassiker, darunter Gerichte wie *oyakodon* (Ei und Hühnchen in Reisschalen, 900 ¥) sowie reich mit *udon* und *soba*-Nudeln gefüllte Schüsseln. Im Sommer kann man ein erfrischendes *uji kintoki* (Rasureis mit gesüßtem grünem Tee, 600 ¥) probieren.

Komichi CAFÉ ¥

(こみち; Karte S. 350; ☎ 075-872-5313; 23 Ōjōin-chō, Nison-in Monzen, Saga, Ukyō-ku; matcha 650 ¥; ⏲ 10–17 Uhr, Mi geschl.; 🚌 Kyoto-City-Bus 28 von Bahnhof Kyoto bis Arashiyama-Tenryuji-mae, 🚆 JR-Sagano-/San-in-Linie bis Saga-Arashiyama oder Hankyū-Linie bis Arashiyama, umsteigen in Katsura) Das nette kleine Teehaus befindet sich in idealer Lage mitten im Touristenzentrum von Arashiyama. Neben heißen und kalten Tee- & Kaffeegetränken serviert es im Sommer auch *uji kintoki* (Kratzeis mit gesüßtem grünem Tee) und das ganze Jahr über leichte Nudelgerichte. Die bebilderte Speisekarte hilft bei der Auswahl.

NICHT VERSÄUMEN

REGIONALER TOFU

Kyoto ist für seinen Tofu (Sojabohnenquark) berühmt, was auf das hervorragende Wasser der Stadt und den großen Bevölkerungsanteil buddhistischer Mönche zurückzuführen ist, die sich zumindest der Theorie nach vegetarisch ernähren. In der ganzen Stadt liegen zahlreiche *tofu-ya-san* (Tofuhersteller) und exquisite *yudōfu*-Restaurants (Eintopf-Tofu) verteilt. Viele liegen in Nord-Higashiyama an den Straßen rund um den Nanzen-ji und das Viertel Arashiyama. Ein typisches Nebenprodukt des Kyoto-Tofus sind *yuba*, die Blätter der weichen, dünnen Haut, die sich auf der Oberfläche von erhitzter Sojamilch bildet. Sie werden für viele *ryokan*-Gerichte und in *kaiseki*-Restaurants verwendet.

★ Shigetsu VEGETARISCH, JAPANISCH ¥¥

(篩月; Karte S. 350; ☎ 075-882-9725; 68 Susukinobaba-chō, Saga-Tenryū-ji, Ukyō-ku; Mittagsmenüs 3500, 5500 & 7500 ¥, inkl. Tempel-Eintritt; ⏲ 11–14 Uhr; ✍📖; 🚌 Kyoto-City-Bus 28 von Bahnhof Kyoto bis Arashiyama-Tenryuji-mae, 🚆 JR-Sagano-/San-in-Linie bis Saga-Arashiyama oder Hankyū-Linie bis Arashiyama, umsteigen in Katsura) Wer *shōjin-ryōri* (buddhistische vegetarische Küche) probieren will, sollte das bei Shigetsu in der Nähe des Tenryū-ji tun. Die gesunde Kost hält japanische Mönche seit mehr als tausend Jahren bei Kräften, also wird man mit ihrer Hilfe wahrscheinlich einen Nachmittag Sightseeing überstehen. Fleischessern wird vielleicht etwas fehlen, dafür entschädigt Shigetsu aber mit einer wundervollen Aussicht in den Garten.

★ Kitcho Arashiyama KAISEKI ¥¥¥

(吉兆嵐山本店; Karte S. 350; ☎ 075-881-1101; www.kitcho.com/kyoto/shoplist_en/arashiyama; 58 Susukinobaba-chō, Saga-Tenryūji, Ukyō-ku; Mittag/Abendessen ab 43 200/48 600 ¥; ⏲ 11.30–15 & 17–21 Uhr, Mi geschl.; 🚆 JR-Sagano-/San-in-Linie bis Saga-Arashiyama) Eines der besten *kaiseki*-Restaurants von Kyoto (und ganz Japan). Das Kitcho Arashiyama ist genau richtig für die komplette *kaiseki*-Erfahrung – Essen, Service, Erklärungen und die Atmosphäre sind allesamt erstklassig. Serviert werden die Gerichte in Separées mit

Blick auf den Garten. Man sollte entweder einem Japaner die Reservierung überlassen oder die Website nutzen.

Stadtteil Kitayama & Nord-Kyoto

Die meisten Restaurants in Kurama und Kibune liegen auf den jeweiligen Hauptstraßen und sind leicht zu finden.

★ **Yōshūji** VEGETARISCH ¥

(雍州路; Karte S. 354; ☎ 075-741-2848; 1074 Honmachi, Kurama, Sakyō-ku; Gerichte ab 1080 ¥; ⏲ 10–20 Uhr, Di geschl.; ; ; Eiden-Eizan-Linie von Demachiyanagi bis Kurama) Das Yōshūji serviert hervorragende *shōjin ryōri* in einem schönen alten japanischen Bauernhaus mit einem *irori* (offener Herd). Die Spezialität des Hauses, ein reichhaltiges Mahl aus vegetarischen Gerichten, die in rot lackierten Schalen präsentiert werden, heißt *kurama-yama shōjin zen* (2700 ¥). Wer nur einen kleinen Happen essen will, sollte *uzu-soba* (*soba* mit Berggemüse, 1080 ¥) probieren.

Das Restaurant liegt auf halbem Weg zum Haupttor des Kurama-dera (S. 354); vorne hängen orangefarbene Laternen.

Kibune Club CAFÉ ¥

(貴船倶楽部; Karte S. 354; ☎ 075-741-3039; 76 Kibune-chō, Kurama, Sakyō-ku; Kaffee ab 500 ¥; ⏲ 11–18 Uhr; ; Eiden-Eizan-Linie ab Demachiyanagi bis Kibune-guchi) Rustikales Café mit freiliegenden Holzbalken und offenem, geräumigem Ambiente. Ideal für eine angenehme Pause bei Kaffee und Kuchen (Menüs ab 800 ¥) nach der Besichtigung durch Kibune. Wenn im Winter der Holzofen angezündet wird (nur manchmal), kann es sehr gemütlich werden.

Ausgehen & Nachtleben

In Kyoto gibt's unzählige Möglichkeiten, einen Drink zu genießen – sei es ein fachmännisch gebrauter, sortenreiner Kaffee in einem Hipster-Café, ein reichhaltiger *matcha* (pulverisierter grüner Tee) in einer traditionellen Teestube, ein sorgfältig gemixter Cocktail und ein Single-Malt-Whiskey in einer eleganten, kleinen Bar oder ein japanisches Craft-Bier in einer Brauerei.

Bahnhof Kyoto & Süd-Kyoto

Vermillion Espresso Bar CAFÉ

(バーミリオン; Karte S. 324; 85 Fukakusa-inari, Onmae-chō, Fushimi-ku; ⏲ Mo–Mi & Fr 10–17.30, Sa & So 9–17.30 Uhr; JR-Nara-Linie bis Inari) Das Vermillion, ein von Melbourne inspiriertes Café, verdankt seinen Namen der Farbe der *torii*-Torbögen des nahen Fushimi-Inari-Taisha-Schreins. Es zeichnet sich durch seinen Kaffee und eine kleine Kuchenauswahl aus und liegt auf der Hauptstraße, nur einen Katzensprung vom Bahnhof Inari entfernt.

Kyoto Brewing Company BRAUEREI

(京都醸造株式会社; Karte S. 324; ☎ 075-574-7820; www.kyotobrewing.com; 25-1 Nishikujō, Takahatacho, Minami-ku; ⏲ an den meisten Sa & So 13–18 Uhr; Kintetsu-Linie bis Jūjō) Das hier gebraute Bier wird auch in vielen Bierkneipen von Kyoto ausgeschenkt, doch der Trip zu diesem kleinen, nur mit Stehtischen ausgestatteten Degustationsraum mit einladender einheimischer Atmosphäre in Süd-Kyoto lohnt sich trotzdem. Mit Blick auf die Fässer der Brauerei trinkt man eine Auswahl an sechs Fassbieren, darunter ein paar limitierte Angebote. Im Sommer an den meisten Wochenenden von 13 bis 18 Uhr geöffnet, mehr Informationen gibt's auf der Website.

Kyotos Innenstadt

Wer ausgehen möchte, begibt sich am besten zur Kiyamachi-dōri und den umliegenden Straßen. In Richtung Shijō-dōri findet man viele Bars und Clubs und in Richtung Sanjo-dōri eine große Auswahl an Restaurants und Bars. Wer ein bisschen die Gegend erkundet, wird bestimmt fündig, da überall in den Straßen tolle Bars versteckt liegen.

★ **Bungalow** CRAFT-BIER

(バンガロー; Karte S. 324; ☎ 075-256-8205; www.bungalow.jp; Shijō-dōri, Shimoji-ku, Nakagyō-ku; ⏲ Di–Sa 15–2, So 12–23 Uhr; Ōmiya) Auf zwei Etagen serviert das Bungalow – eine coole, industriell anmutende Location – eine tolle Auswahl an japanischen Bieren aus Mikrobrauereien. Das Angebot wechselt regelmäßig, doch in der Regel werden 10 Biere vom Fass aus ganz Japan ausgeschenkt – von Ale Baird Brewery Scotch bis zu einem Pfirsichweizen aus Minoh. Es gibt auch hervorragende Speisen – die meisten davon bio.

Weekenders Coffee Tominoko-ji KAFFEE

(ウィークエンダーズ コーヒー; Karte S. 330; ☎ 075-746-2206; www.weekenderscoffee.com; 560 Honeyana-chō, Nakagyo-ku; ⏲ 7.30–18 Uhr,

Mi geschl.; 🚉 Hankyū-Linie bis Kawaramachi) Das Weekenders ist eine nur mit Stehtischen ausgestattete Café-Bar in versteckter Lage hinter einem Parkplatz in der Innenstadt Kyotos. Ein seltsamer Ort, an dem man jedoch den mitunter besten Kaffee Kyotos genießen kann – vom Röstereibesitzer Masahiro Kaneko gebraut.

Sama Sama BAR

(サマサマ; Karte S. 330; ☎ 075-241-4100; 532-16 Kamiōsaka-chō, Kiyamachi, Sanjō-agaru, Nakagyō-ku; ⏲ 18–2 Uhr, Mo geschl.; Ⓢ Tōzai-Linie bis Kyoto-Shiyakusho-mae) Der Besitzer der Bar ist Indonesier. Die Atmosphäre ist die einer überaus gemütlichen Höhle am Mittelmeer. Man kann sich einen Platz an der Theke oder auf den Bodenkissen suchen und zwischen vielen Getränken und Gerichten wählen, darunter indonesische Klassiker wie *nasi goreng* (800 ¥). Die Bar liegt in einer Allee direkt nördlich von Sanjō; nach dem Schild Ausschau halten.

Kaboku Tearoom TEEHAUS

(喫茶室嘉木; Karte S. 340; Teramachi-dōri, Nijō-agaru, Nakagyō-ku; ⏲ 10–18 Uhr; Ⓢ Tōzai-Linie bis Kyoto-Shiyakusho-mae) Das Kaboku, eine charmante Teestube des Geschäfts Ippōdō Tea (S. 381) mit ungezwungener Atmosphäre, serviert eine Auswahl an Teesorten, darunter *sencha, genmaicha* und *matcha*. Hier kann man bei einem Bummel in den Geschäften in der überdachten Teramachi-Arkade wunderbar verschnaufen. Zu empfehlen ist der dickflüssigere *matcha* im *koicha*-Stil; von der Theke aus kann man bei der Zubereitung zusehen.

Tadg's Gastro Pub PUB

(ダイグ ガストロ パブ; Karte S. 330; ☎ 075-213-0214; www.tadgs.com; 1. Stock, 498 Kamikoriki-chō, Nakagyō-ku; ⏲ 11–23 Uhr; 📶; Ⓢ Tōzai-Linie bis Kyoto-Shiyakusho-mae) Mit Blick auf einen malerischen Abschnitt der Kiyamachi-dōri lädt das Tadg's zum Verweilen bei einem abendlichen Drink ein. Man hat die Wahl zwischen vielen verschiedenen Craft-Bieren (darunter acht wechselnde japanische Biere vom Fass) sowie Weinen, Sake und Spirituosen. Sitzmöglichkeiten stehen zur Verfügung, auch in einem geschlossenen Garten für Raucher im hinteren Bereich.

Bar K6 BAR

(バー K6; Karte S. 340; ☎ 075-255-5009; 2. Stock, Le Valls Building, Nijō-dōri, Kiyamachi higashi-iru, Nakagyō-ku; ⏲ 18–3, Fr & Sa bis 5 Uhr; Ⓢ Tōzai-Linie bis Kyoto-Shiyakusho-mae, 🚉 Keihan-Linie bis Jingu-Marutamachi) Mit Blick auf einen der schönsten Abschnitte der Kiyamachi-dōri bietet diese elegante und moderne japanische Bar eine tolle Auswahl an Single-Malt-Whiskeys und mit die besten Cocktails der Stadt. Zum Angebot gehört sogar ein örtliches Craft-Bier. Beliebt bei einheimischen Frauen mit hohen Absätzen und Reisenden, die in nahen Hotels übernachten.

Atlantis BAR

(アトランティス; Karte S. 330; ☎ 075-241-1621; 161 Matsumoto-chō, Ponto-chō-Shijō-agaru, Nakagyō-ku; ⏲ 18–2, So bis 1 Uhr; 🚉 Hankyū-Linie bis Kawaramachi) Eine der wenigen Bars in Ponto-chō, in die Ausländer ohne japanische Begleitung eingelassen werden. Es ist eine schicke, angesagte Location, die Kyotos Schönheiten anzieht – und jene, die es werden wollen. Im Sommer kann man draußen auf einer Terrasse mit Blick auf den Kamo-gawa sitzen.

Es ist häufig voll. Daher kann es sein, dass man etwas warten muss, bis man hineinkommt – besonders wenn man draußen sitzen möchte.

World CLUB

(ワールド; Karte S. 330; ☎ 075-213-4119; www.world-kyoto.com; Untergeschoss, Imagium Building, 97 Shin-chō, Nishikiyamachi, Shijō-agaru, Shimogyō-ku; Eintritt 2000–3000 ¥; ⏲ 20 Uhr–spät; 🚉 Hankyū-Linie bis Kawaramachi) Kyotos größter Club, in dem auch viele der größten Events stattfinden. Das World erstreckt sich über zwei Etagen, hat eine Tanzfläche und Schließfächer, in denen man seine Sachen lagern kann, während man die Nacht durchfeiert. Bei Events wird alles geboten, von Deep Soul über Reggae und Techno bis zu Salsa.

Sake Bar Yoramu BAR

(酒バー よらむ; Karte S. 330; ☎ 075-213-1512; www.sakebar-yoramu.com; 35-1 Matsuya-chō, Nijō-dōri, Higashinotoin, higashi-iru, Nakagyō-ku; ⏲ Mi–Sa 18–24 Uhr; Ⓢ Karasuma- oder Tōzai-Linie bis Karasuma-Oike) Die Bar ist nach ihrem Besitzer Yoramu, einem israelischen Sake-Experten, benannt. Ein Besuch sei allen empfohlen, die mehr über Sake erfahren wollen. Weil die Bar so klein ist, passt nur eine Handvoll Gäste hinein. Die Preise für das Sake-Degustationsmenü beginnen bei ca. 1600 ¥ für drei Personen. Tagsüber fungiert die Bar als *soba*-Restaurant namens Toru Soba.

Süd-Higashiyama

In den vielen Nebenstraßen von Gion und auf der Hauptstraße Shijō-dōri gibt's verschiedene Anlaufstellen, wenn man etwas trinken gehen will.

Beer Komachi CRAFT-BIER
(ビア小町; Karte S. 336; ☎075-746-6152; www.beerkomachi.com; 444 Hachiken-chō, Higashiyama-ku; ⏰Mo & Mi–Fr 17–23, Sa & So 15–23 Uhr, Di geschl.; 📶; Ⓢ Tōzai-Linie bis Higashiyama) In der überdachten Einkaufsarkade Furokawa-chō nahe dem Bahnhof Higashiyama liegt diese winzige Bar, die sich der Förderung japanischer Craft-Biere verschrieben hat. Die Atmosphäre ist ungezwungen. Normalerweise gibt's sieben japanische Biere vom Fass, fast täglich wechselnd. Die Speisekarte mit Bargerichten lockt mit Köstlichkeiten wie Brathähnchen in Bierteig und sogar einer saftigen Schokoladentorte zum Nachtisch.

Tōzan Bar BAR
(Karte S. 336; ☎075-541-3201; www.kyoto.regency.hyatt.com; Hyatt Regency Kyoto, 644-2 Sanjūsangendō-mawari, Higashiyama-ku; ⏰17–24 Uhr; 🚭; 🚇Keihan-Linie bis Shichijō) Auch wenn man nicht im Hyatt Regency (S. 363) übernachtet, kann man in dieser coolen und gemütlichen Underground-Bar auf ein oder zwei Drinks vorbeischauen. Die schwach beleuchtete, stimmungsvolle Location wurde von der bekannten Design-Firma Super Potato eingerichtet. Es gibt interessante Akzente zu entdecken, wie alte Schlösser, hölzerne Balken, einen Bibliotheksraum mit antiken Büchern und traditionelle Holzbackformen für Süßwaren an der Wand.

Gion Finlandia Bar BAR
(ぎをん　フィンランディアバー; Karte S. 336; ☎075-541-3482; www.finlandiabar.com; 570-123 Gion-machi minamigawa, Higashiyama-ku; Eintritt 500 ¥; ⏰18–3 Uhr; 🚇Keihan-Linie bis Gion-Shijō) Diese stilvolle, minimalistisch eingerichtete Bar in einem historischen Geisha-Haus in Gion eignet sich ideal für einen gediegenen Drink – sei es ein fachmännisch gemixter Cocktail oder ein edler japanischer Single-Malt-Whiskey. Es gibt keine Karte, daher die Bestellung einfach beim Barkeeper mit Schleife aufgeben. Freitag- und sonntagabends kann es voll werden, gegebenenfalls muss man anstehen.

Nord-Higashiyama

Kick Up BAR
(キックアップ; Karte S. 340; ☎075-761-5604; 331 Higashikomonoza-chō, Higashiyama-ku; ⏰19–24 Uhr, Mi geschl.; Ⓢ Tōzai-Linie bis Keage) Direkt gegenüber vom Westin Miyako Kyoto (S. 364) zieht diese wundervolle Bar gleichermaßen viele Auswanderer, Einheimische und Gäste aus den nahe gelegenen Hotels an. Ein zurückhaltender, entspannter und freundlicher Ort.

Metro CLUB
(メトロ; Karte S. 340; ☎075-752-4765; www.metro.ne.jp; BF Ebisu Building, Kawabata-dōri, Maru-

ROMANTISCHE SPAZIERGÄNGE IN KYOTO

Kyoto ist weltweit eine der schönsten Städte für Spaziergänge – insbesondere nach Einbruch der Dunkelheit. Für alle, die einen abendlichen Spaziergang mit dem/der Liebsten unternehmen möchten, hier ein paar romantische Wege:

Ponto-chō (S. 329) Einen kurzen, aber angenehmen Spaziergang durch eine der stimmungsvollsten Gassen von ganz Japan unternehmen. Abends ist hier viel los.

Kiyamachi Der Abschnitt der Kiyamachi-dōri zwischen Oike und Gojō ist nach Einsetzen der Dämmerung unglaublich schön – besonders während der Kirschblütensaison. Der Bereich zwischen Sanjō und Shijō ist nicht so romantisch, da hier viele Clubs und Bars der Stadt liegen.

Kiyomizu bis Yasaka Tagsüber wimmelt der Hauptweg vom Kiyomizu-dera bis zum Yasaka-jinja von Touristen, doch nach Sonnenuntergang ist es hier meistens menschenleer. Dann ist das Ambiente hier wahrhaft magisch.

Philosophenweg (S. 343) Für gewöhnlich sind die Massen bis 17 Uhr weg. Dann bleiben auf diesem malerischen Weg Einheimische und clevere Reisende zurück.

Gion (S. 338) Ein kurzer Spaziergang auf der Hanami-kōji, über die Shijō und bis zur Shimbashi wird jede aufkeimende Liebelei in mehr verwandeln.

tamachi-sagaru, Sakyō-ku; ⌚ca. 20–3 Uhr; 🚆 Keihan-Linie bis Jingū-Marutamachi) Das Metro ist halb Disco, halb „Live House"; ab und zu werden sogar Kunstausstellungen gezeigt. Hier tummeln sich allerlei Kreative, und es gibt jede Nacht ein anderes Programm, also sollte man vorher in der *Kansai Scene* nachsehen, was läuft. Das Metro liegt im Innenbereich des Ausgangs 2 im Bahnhof Jingū-Marutamachi auf der Keihan-Linie.

Arashiyama & Sagano
嵐山・嵯峨野

% Arabica KAFFEE
(Karte S. 350; ☎ 075-748-0057; www.arabica.coffee; 3-47 Susukinobaba-chō, Saga-Tenryūji, Ukyō-ku; ⌚8–18 Uhr; 🚆 JR-Sagano-/San-in-Linie bis Saga-Arashiyama) In diesem winzigen Café, das die Kunst des Kaffeebrühens nach Arashiyama geholt hat, bestellt man seinen Kaffee vor raumhohen Fenstern mit Blick auf den Hozu-gawa und die Bergkulisse. Da es nur wenige „reservierbare" Plätze gibt, kauft man am besten ein Getränk zum Mitnehmen, um damit am Fluss entlangzuschlendern oder sich draußen eine Bank mit schöner Aussicht zu suchen.

Unterhaltung

★ Minami-za THEATER
(南座; Karte S. 336; ☎ 075-561-0160; www.kabuki-bito.jp; Shijō-Ōhashi, Higashiyama-ku; Vorführungen 5000–27 000 ¥; 🚆 Keihan-Linie bis Gion-Shijō) Das Minami-za in Gion ist das älteste Kabuki-Theater Japans. Das größte Ereignis des Jahres ist das **Kaomise-Festival** (3. November bis 25. Dezember), bei dem die besten Kabuki-Darsteller Japans auftreten. Weitere Vorführungen finden in unregelmäßigen Abständen statt – das Programm auf der Website einsehen oder in der Touristeninformation Kyoto (S. 383) fragen.

Kyoto Cuisine & Maiko Evening TANZ
(ぎおん畑中; Karte S. 336; ☎ 075-541-5315; www.kyoto-maiko.jp; Hatanaka Ryokan, 505 Minamigawa, Gion-machi, Yasaka-jinja Minamimon mae, Higashiyama-ku; pro Pers. 19 000 ¥; ⌚ Mo, Mi, Fr & Sa 18–20 Uhr; 🚌 Kyoto-City-Bus 206 bis Gion oder Chionin-mae, 🚆 Keihan-Linie bis Gion Shijō) Wer Geishas bei ihrer Performance zusehen und mit ihnen sprechen möchte, findet eine der besten Gelegenheiten bei Gion Hatanaka (S. 360), einem *ryokan* in Gion, das regelmäßig Abende mit eleganter *kaiseki*-Küche und persönlicher Unterhaltung durch eine echte Kyotoer *geiko* (voll ausgebildete Geisha) oder *maiko* (Geisha-Lehrling) anbietet. Kein Zutritt für Kinder unter sieben Jahren.

ROHM Theatre Kyoto THEATER
(京都観世会館; Karte S. 340; ☎ 075-771-6051; www.rohmtheatrekyoto.jp; 44 Okazaki Enshō-ji-chō, Sakyō-ku; Tickets ab 3000 ¥; ⌚ Abendkasse 10–19 Uhr; Ⓢ Tōzai-Linie bis Higashiyama) Nach der Renovierung 2016 wurde aus dem Kyoto Kaikan Theatre das ROHM Theatre Kyoto. Es liegt in einem eindrucksvollen modernistischen Gebäude und verfügt über drei Mehrzweckhallen. In der Haupthalle mit 2000 Plätzen finden alle möglichen Aufführungen statt – von internationalem Ballett über Oper bis zu Comedy-Shows, Musikkonzerten und Nō (stilisiertes Tanzdrama auf leerer Bühne).

Gion Corner THEATER
(ギオンコーナー; Karte S. 336; ☎ 075-561-1119; www.kyoto-gioncorner.com; Yasaka Kaikan, 570-2 Gionmachi Minamigawa, Higashiyama-ku; Erw./Kind 3150/1900 ¥; ⌚ Vorführungen Mitte März–Nov. tgl., Dez.–Mitte März Fr–So 18 & 19 Uhr; 🚌 Kyoto-City-Bus 206 bis Gion, 🚆 Keihan-Linie bis Gion-Shijō) Das Gion Corner veranstaltet regelmäßig einstündige Vorführungen mit Teezeremonie, *koto*-Musik (japanische Zither), Ikebana (Kunst des Blumensteckens), *gagaku* (Hofmusik), *kyōgen* (antike komische Theaterstücke), *kyōmai* (Tanz im Kyoto-Stil) und *bunraku* (klassisches Puppentheater). Es ist auf Touristen ausgerichtet und recht teuer für das, was es bietet. Für Plätze in den vorderen Reihen früh ankommen.

Club Ōkitsu Kyoto JAPANISCHE KULTUR
(京都桜橘倶楽部「桜橘庵」; Karte S. 332; ☎ 075-411-8585; www.okitsu-kyoto.com; 524-1 Mototsuchimikado-chō, Kamichōjamachi-dōri, Shinmachi higashi-iru, Kamigyō-ku; Ⓢ Karasuma-Linie bis Imadegawa) Im Club Ōkitsu Kyoto kann man einen Einblick in verschiedene kulturelle Aspekte, darunter Tee- und Räucherzeremonien, bekommen. In einer exquisiten japanischen Villa in der Nähe des Kyotoer Kaiserpalasts wird den Teilnehmern ein Verständnis davon vermittelt, wie elegant und raffiniert die traditionelle japanische Kultur ist.

Auf Anfrage wird auch eine Kimono-Anprobe angeboten (allerdings nur als Teil eines Pakets mit Tee- und/oder Räucherzeremonie).

NICHT VERSÄUMEN

KYOTOS GEISHA-TÄNZE

Jedes Jahr führen Geishas (oder, richtig gesagt, *geiko* und *maiko* – voll ausgebildete bzw. Lerngeisha) fantastische Tänze (namens *odori*) mit meist saisonalen Themen vor. Wir empfehlen, bei einem Besuch in der Stadt unbedingt eine dieser Veranstaltungen anzusehen. Die **Touristeninformation Kyoto** (S. 383) oder die Unterkünfte helfen gern beim Kartenkauf. Auch Reiseveranstalter können Tickets organisieren.

Kyō Odori (京おどり; Karte S. 336; ☎075-561-1151; Miyagawachō Kaburenjo, 4-306 Miyagawasuji, Higashiyama-ku; nicht reservierter Platz mit/ohne Tee 2800/2200 ¥, reservierter Platz mit/ohne Tee 4800/4200 ¥; ⊙Vorstellungen 13, 14.45 & 16.30 Uhr; 🚉Keihan-Linie bis Gion-Shijō) Eine der märchenhaftesten Vorstellungen des Veranstaltungskalenders in Kyoto – vom ersten bis zum dritten Sonntag im April im Miyagawa-chō-Kaburen-jō-Theater (宮川町歌舞練場), östlich des Kamo-gawa zwischen der Shijō-dōri und der Gojō-dōri.

Miyako Odori (都をどり; Karte S. 336; ☎075-541-3391; www.miyako-odori.jp; Gionkobu Kaburenjo, 570-2 Gion-machi minamigawa, Higashiyama-ku; nicht reservierter Platz / reservierter Platz / reservierter Platz mit Tee 2500/4200/4800 ¥; ⊙Vorstellungen 12.30, 14, 15.30 & 16.50 Uhr; 🚌Kyoto-City-Bus 206 bis Gion, 🚉Keihan-Linie bis Gion-Shijō) Farbenfrohe, betörende Tänze, im April im Kyoto Art Theater Shunjuza (seit Ende 2016, bis zum Ende der Renovierungsarbeiten im gewöhnlichen Veranstaltungsort, dem Gion-Kōbu-Kaburen-jō-Theater).

Kitano Odori (北野をどり; Karte S. 332; ☎075-461-0148; Imadegawa-dōri, Nishihonmatsu nishi iru, Kamigyō-ku; Eintritt / mit Tee 4300/4800 ¥; ⊙Vorstellungen 13.30 & 16 Uhr; 🚌Kyoto-City-Bus 50 bis Kitano Tenmangu-mae) Vorstellungen von *maiko* und *geiko*, Anfang April im Stadtteil Kamishichiken im Kaburen-jō-Theater (上七軒歌舞練場), östlich vom **Kitano Tenman-gū** (S. 346).

Kamogawa Odori (鴨川をどり; Karte S. 330; ☎075-221-2025; Ponto-chō, Sanjō-sagaru, Nakagyō-ku; Standard-/Sonderplatz/Sonderplatz mit Tee 2300/4200/4800 ¥; ⊙Vorstellungen 12.30, 14.20 & 16.10 Uhr; Ⓢ Tōzai-Linie bis Kyoto-Shiyakusho-mae) Geishas tanzen vom 1. bis zum 24. Mai im Kaburen-jō-Theater (先斗町歌舞練場) in **Ponto-chō** (S. 329).

Gion Odori (祇園をどり; Karte S. 336; ☎075-561-0224; Gion, Higashiyama-ku; Eintritt / mit Tee 4000/4500 ¥; ⊙Vorstellungen 13.30 & 16 Uhr; 🚌Kyoto-City-Bus 206 bis Gion) Bei charmanten Tänzen sieht man die Geishas des Viertels Gion Higashi. Vom 1. bis zum 10. November im Gion-Kaikan-Theater (祇園会館), nahe **Yasaka-jinja** (S. 338).

Mehr Informationen zu Kyotos Geisha-Kultur gibt's unter „Lebendige Kunst der Geishas" (S. 955).

Shoppen

Kyoto hat eine lange Geschichte als Kunst- und Kulturschmiede Japans: Hier bewiesen die besten Handwerker des Landes ihr Können. Sie fertigten Waren für Teezeremonien, Kalligrafie, Blumenstecken, religiöse Zeremonien sowie Kimono-Stoffe und andere Textilien. Wer traditionelles Kunsthandwerk aus Japan sucht, ist in Kyoto genau richtig.

Natürlich hat Kyoto viel mehr zu bieten als nur traditionelle Produkte. Brandneue Mode findet man im Einkaufsviertel Shijō-Kawaramachi, die neuesten Elektronikwaren auf der Teramachi-dōri, und eine unglaubliche Vielfalt an Lebensmitteln auf Märkten wie dem Nishiki-Markt.

Bahnhof Kyoto & Süd-Kyoto

Wer etwas Geld in Einkaufszentren, Kaufhäusern und riesigen Elektroläden lassen will, ist hier genau richtig. Hier liegen Zweigstellen von zwei der größten Elektronikgeschäften Japans, **Yodobashi Camera** (ヨドバシカメラ; ☎075-351-1010; 590-2 Higashi Shiokōji-chō, Shimogyō-ku; ⊙9.30–22 Uhr; 🚉Bahnhof Kyoto) und **Bic Camera** (ビックカメラ; ☎075-353-1111; 927 Higashi Shiokōji-chō, Shimogyō-ku; ⊙10–21 Uhr; 🚉Bahnhof Kyoto).

Kyotos Innenstadt

Von mehrstöckigen Kaufhäusern mit aktueller Mode und Technik bis zu traditionellen Geschäften mit exquisitem Kunsthandwerk – Kyotos Innenstadt ist *der* Ort, um sein schwer verdientes Geld loszuwerden.

★ Zōhiko KUNSTHANDWERK
(象彦; Karte S. 340; ☎ 075-229-6625; www.zohiko.co.jp; 719-1 Yohojimae-chō, Teramachi-dōri, Nijō-agaru, Nakagyō-ku; ⌚ 10–18 Uhr; Ⓢ Tōzai-Linie bis Kyoto-Shiyakusho-mae) Zōhiko ist das beste Geschäft in Kyoto, was eine der faszinierendsten Kunst- und Kunsthandwerksarten Japans anbelangt: Lackwaren. Wer nicht weiß, wie schön diese Dinge sein können, sollte sich unbedingt auf den Weg hierhin machen. Es gibt eine große Auswahl an Schalen, Schüsseln und Tabletts und verschiedene Arten von Schachteln.

★ Takashimaya KAUFHAUS
(高島屋; Karte S. 330; ☎ 075-221-8811; Shijō-Kawaramachi Kado, Shimogyō-ku; ⌚ 10–20, Restaurants bis 21.30 Uhr; 🚇 Hankyū-Linie bis Kawaramachi) Die Grande Dame der Kaufhäuser Kyotos, das Takashimaya, ist fast schon selbst eine Touristenattraktion. Es gibt eine unfassbare Fülle an Nahrungsmitteln im Gourmet-Untergeschoss bis zu einer wundervollen Auswahl an Lackwaren und Porzellan in der 6. Etage. Und nicht an den Kimonos in der Auslage vorbeigehen!

★ Aritsugu HAUSHALTSWAREN
(有次; Karte S. 330; ☎ 075-221-1091; 219 Kajiya-chō, Nishikikōji-dōri, Gokomachi nishi-iru, Nakagyō-ku; ⌚ 9–17.30 Uhr; 🚇 Hankyū-Linie bis Kawaramachi) Bei einem Besuch des Nishiki-Markts bietet es sich an, in diesem Laden vorbeizuschauen: Einige der besten Küchenmesser der Welt werden hier verkauft. Man wähle sein Messer – Allzweck-, Sushi-, Gemüse- – und die Angestellten zeigen einem, wie man es pflegt, bevor sie es schärfen und verpacken. Man kann auch seinen Namen eingravieren lassen – vielleicht auf Japanisch? Die Preise beginnen bei 10 000 ¥.

Ursprünglich war das 1560 gegründete Aritsugu an der Herstellung von Schwertern beteiligt. Das Schmiedehandwerk wurde im Laufe der Jahre von Generation an Generation weitergegeben. Es gibt hier auch eine Auswahl an hervorragenden, einzigartigen japanischen Küchenutensilien und Schleifsteinen zum Schärfen der Messer.

★ Ippōdō Tea TEE
(一保堂茶舗; Karte S. 340; ☎ 075-211-3421; www.ippodo-tea.co.jp; Teramachi-dōri, Nijō-agaru, Nakagyō-ku; ⌚ 9–18 Uhr; Ⓢ Tōzai-Linie bis Kyoto-Shiyakusho-mae) Dieser altmodische

NICHT VERSÄUMEN

BESTE GESCHÄFTE FÜR ...

Tee Ippōdō Tea (S. 381)

Küchenutensilien Aritsugu (S. 381)

Lebensmittel Nishiki-Markt (S. 329)

Schreibwaren Wagami no Mise (S. 381)

Souvenirs Kyoto Handicraft Center (S. 383)

Teeladen verkauft den mitunter besten japanischen Tee in Kyoto. Es liegt ein englisches Infoblatt mit Preisen und Beschreibungen aus. Der *matcha* hier eignet sich ideal als leichtes Souvenir – die Preise für 40-Gramm-Behälter starten bei 500 ¥. Das Ippōdō liegt nördlich des Rathauses auf der Teramachi-dōri. Es verfügt über ein angrenzendes Teehaus, das Kaboku Tearoom (S. 377); letzte Bestellung um 17.30 Uhr.

★ Wagami no Mise KUNSTHANDWERK
(倭紙の店; Karte S. 330; ☎ 075-341-1419; 1. Stock, Kajinoha Building, 298 Ōgisakaya-chō, Higashinotōin dōri, Bukkōji agaru, Shimogyō-ku; ⌚ Mo–Fr 9.30–17.30, Sa bis 16.30 Uhr; Ⓢ Karasuma-Linie bis Shijō) In diesem Geschäft wird eine fabelhafte Auswahl an *washi* (japanisches handgemachtes Papier) zu angemessenen Preisen verkauft – sucht man ein Geschenk oder Souvenir, ist man hier gut aufgehoben. An der Mauer vor der Tür nach dem Schild „Morita Japanese Paper Company" Ausschau halten.

Maruzen BÜCHER
(丸善; Karte S. 330; Untergeschoss, BAL, 251 Yamazaki chō, Kawaramachi sanjo sagaru, Nakagyō-ku; ⌚ 11–21 Uhr; 🚇 Hankyū-Linie bis Kawaramachi) Kyotos beliebtester Buchladen schloss 2005 und eröffnete 2015 nach zehn Jahren Pause endlich neu, auf zwei Etagen im Untergeschoss des Kaufhauses BAL. Diese hervorragende Buchhandlung bietet auch eine immense Auswahl an englischsprachigen Büchern zu allen möglichen Themen (im 2. Untergeschoss). Es gibt jede Menge Titel zu Kyoto und Japan, eine große Auswahl an japanischer Literatur, Zeitschriften aus aller Welt und Reiseführer.

Kyoto Design House KUNSTHANDWERK
(Karte S. 330; ☎ 075-221-0200; www.kyoto-dh.com; 1F Nikawa Building, Tominokōji-dōri, 105 Fukanaga-chō, Nakagyō-ku; ⌚ 11–20 Uhr; Ⓢ Kara-

suma- oder Tōzai-Linie bis Karasuma-Oike) Das von Tadao Ando entworfene Nikawa-Gebäude ist genau die richtige Kulisse für diesen Designladen mit Kunsthandwerk. Die Waren stammen größtenteils von Künstlern aus Kyoto, die traditionelle Formen mit modernem Design verbinden. Von handgefertigter Keramik über *ohako*-Süßwarenschachteln bis zu schönen Kissen mit Seide aus dem Textilbezirk Nishijin. Der beste Ort, um tolle Geschenke und Souvenirs zu finden.

Tokyu Hands KAUFHAUS
(東急ハンズ京都店; Karte S. 330; ☎075-254-3109; kyoto.tokyu-hands.co.jp; Shijō-dōri, Karasuma higashi-iru, Shimogyō-ku; ⏲10–22.30 Uhr; Ⓢ Karasuma-Linie bis Shijō) Zwar bietet die Kyoto-Zweigstelle des Tokyu Hands nicht so viele großen Markennamen wie die Filiale in Tokio, aber Fans von innovativer Technik und einzigartigen Haushaltswaren werden hier dennoch fündig. Eine gute Anlaufstelle für interessante Geschenke oder Souvenirs – von Hario-Kaffeezubehör über *bentō*-Lackschachteln bis zu Lomography-Kameras, Schreibwaren und Kosmetik.

Kamiji Kakimoto KUNSTHANDWERK
(紙司柿本; Karte S. 340; ☎075-211-3481; 54 Tokiwagi-chō, Teramachi-dōri, Nijō-agaru, Nakagyō-ku; ⏲9–18 Uhr; Ⓡ Keihan-Linie bis Jingū-Marutamachi) Eines der besten Geschäfte, um in Kyoto *washi* zu kaufen. Es gibt so ungewöhnliche Dinge wie *washi*-Druckerpapier und -Tapeten sowie schönes Brief- und Geschenkpapier. Nach dem weißen *noren* (Vorhang) vor der Tür suchen.

Kyūkyo-dō KUNSTHANDWERK
(鳩居堂; Karte S. 330; ☎075-231-0510; 520 Shimo-honnōjimae-chō, Teramachi-dōri, Aneyakōji-agaru, Nakagyō-ku; ⏲Mo–Sa 10–18 Uhr, So geschl.; Ⓢ Tōzai-Linie bis Kyoto-Shiyakusho-mae) In dem alten Geschäft in der überdachten Teramachi-Arkade findet man Räucherwaren, Zubehör für *shodō* (Kalligrafie), Gerätschaften für Teezeremonien und *washi*. Die Preise sind hoch, aber die Qualität ist gut. Einer der besten Läden für unverwechselbar japanische Mitbringsel.

NICHT VERSÄUMEN

KYOTOS FLOHMÄRKTE

Kōbō-san-Markt Kimonos, Keramik, Antiquitäten und mehr, immer am 21. des Monats am **Tō-ji** (S. 326).

Tenjin-san-Markt Alles von Ramschwaren bis Schätzen, am 25. jeden Monats am **Kitano Tenman-gū** (S. 346).

Tsujikura KUNSTHANDWERK
(辻倉; Karte S. 330; ☎075-221-4396; www.kyototsujikura.com; 7. OG, Tsujikura Building, Kawaramachi-dōri, Shijō-agaru higashi-gawa, Nakagyō-ku; ⏲11–19 Uhr, Mi geschl.; Ⓡ Hankyū-Linie bis Kawaramachi) Das Tsujikura ist ein kleines Geschäft mit schönen *wagasa* (Wachspapierschirmen), die das Unternehmen seit dem 17. Jh. herstellt. Sie sind in verschiedenen Farben mit traditionellem und modernem Design erhältlich. Es gibt auch eine kleine Auswahl der berühmten Akari-Papierlampen von Isamu Noguchi. Das Tsujikura liegt im 7. Stock im gleichen Gebäude wie die Touristeninformation nahe der Shijō-Kawaramachi-Kreuzung.

BAL KAUFHAUS
(バル; Karte S. 330; www.bal-bldg.com; 251 Yamazaki-chō, Kawaramachi-sanjo sagaru, Nakagyō-ku; ⏲11–20 Uhr; Ⓡ Hankyū-Linie bis Kawaramachi) Modebegeisterte kommen im schicken, eleganten Kaufhaus BAL auf ihre Kosten. Es bietet Mode von Helmut Lang und Diane von Furstenberg, pflanzliche Hautpflege von Neal's Yard und das beliebte Muji. In den beiden Untergeschossen liegt die riesige Buchhandlung Maruzen (S. 381).

Daimaru KAUFHAUS
(大丸; Karte S. 330; ☎075-211-8111; Tachiuri Nishi-machi 79, Shijō-dōri, Takakura nishi-iru, Shimogyō-ku; ⏲10–20, Restaurants 11–21 Uhr; Ⓢ Karasuma-Linie bis Shijō, Ⓡ Hankyū-Linie bis Karasuma) Das Daimaru bietet einen fantastischen Service und eine tolle Auswahl an Waren. Im Food Court im Erdgeschoss könnte man nicht wenig Lust bekommen, nach Kyoto zu ziehen.

Süd-Higashiyama

Auf dem Abschnitt der Shijō-dōri vom Bahnhof Gion-Shijō bis zum Yasaka-jinja befinden sich etliche Souvenirstände und Geschäfte, in denen alles Mögliche verkauft wird – von Tee über Süßwaren bis zu *kokeshi*-Puppen und Stäbchen.

★ Ichizawa Shinzaburo Hanpu MODE & ACCESSOIRES
(一澤信三郎帆布; Karte S. 336; ☎075-541-0436; www.ichizawa.co.jp; 602 Takabatake-chō, Higashiyama-ku; ⏲9–18 Uhr; Ⓢ Tōzai-Linie bis

Higashiyama) Dieses Unternehmen stellt seit über 110 Jahren seine Stoffbeutel her. Das Geschäft ist oft rappelvoll mit „Eingeweihten", die fachmännisch hergestelltes Kunsthandwerk aus Kyoto erwerben wollen. Die Taschen wurden ursprünglich als „Handwerksbeutel" für Arbeiter entworfen, um darin Sake-Flaschen, Milch und Eis am Stiel zu tragen – noch heute spiegelt sich das im Design. Man hat die Wahl zwischen verschiedenen Stilen und Farben.

Oben in der Werkstatt erhält man Einblick in die Herstellung der Taschen. Das ist der einzige Ort, an dem diese Beutel zu kaufen sind, und es gibt keinen Online-Vertrieb. Das perfekte Souvenir.

Yojiya KOSMETIK
(よーじや; Karte S. 336; ☎ 075-541-0177; Shijō-dōri, Higashiyama-ku; ⏲ 10–20 Uhr; 🚇 Keihan-Linie bis Gion-Shijō) Eines der bekanntesten Geschäfte Kyotos für Kosmetik und Hautpflege. Die berühmten, öligen Gesichtstücher sind ein wunderbar leichtes und günstiges Mitbringsel. In der Stadt liegen ein paar Zweigstellen verteilt – diese Filiale befindet sich an der Ecke Shijō-dōri und Hanami-kōji; nach dem Gesicht-Logo suchen.

Nord-Higashiyama

Kyoto Handicraft Center KUNSTHANDWERK
(京都ハンディクラフトセンター; Karte S. 340; ☎ 075-761-7000; www.kyotohandicraftcenter.com; 17 Entomi-chō, Shōgoin, Sakyō-ku; ⏲ 10–19 Uhr; 🚌 Kyoto-City-Bus 206 bis Kumano-jinja-mae) Dieses Geschäft ist auf zwei Gebäude (Osten und Westen) verteilt und verkauft eine große Auswahl an japanischem Kunsthandwerk wie Hokusai-Holzschnitte (ab 5000 ¥), japanische Puppen, Perlen und Mode sowie jede Menge Bücher über japanische Kultur und Reiseführer. Es gibt englischsprachige Angestellte und Geldwechsel. Die Haupttouristenroute durch Higashiyama verläuft in fußläufiger Entfernung.

Orientierung

Das Zentrum Kyotos ist schachbrettartig angelegt, was die Orientierung sehr erleichtert. Am meisten Trubel herrscht in dem Bereich zwischen der Kawaramachi-dōri im Osten, der Karasuma-dōri im Westen, der Shijō-dōri im Süden und der Sanjō-dōri im Norden. Wem japanische Zahlen geläufig sind, dem wird es noch leichter fallen, sich in der Stadt zu orientieren. Sanjō kann z. B. „Block drei" heißen (denn „san" bedeutet „drei"); Shijō „Block vier" usw. Allerdings liegen die meisten Sehenswürdigkeiten am Stadtrand am Fuß der Ost- und der Westberge (Higashiyama bzw. Arashiyama).

Praktische Informationen

INFOS IM INTERNET

Lonely Planet (www.lonelyplanet.com/kyoto) Informationen zum Reiseziel, Hotelbuchungen, Travellerforum und mehr.

Kyoto Visitor's Guide (www.kyotoguide.com) Tolle Infos rund um Kyoto.

HyperDia (www.hyperdia.com) Zugfahrpläne auf Englisch.

Inside Kyoto (www.insidekyoto.com) Monatliche Infos zu Events und vielem mehr.

Kyoto Travel Guide (www.kyoto.travel) Hervorragende Informationsquelle zu allen Dingen, die Kyoto betreffen.

MEDIZINISCHE VERSORGUNG

Universitätsklinikum Kyoto (京都大学医学部附属病院; Karte S. 340; ☎ 075-751-3111; www.kuhp.kyoto-u.ac.jp; 54 Shōgoinkawahara-chō, Sakyō-ku; ⏲ Mo–Fr 8.30–11 Uhr; 🚇 Keihan-Linie bis Jingū-Marutamachi) Das beste Krankenhaus in Kyoto. Ein Infoschalter gleich am Eingang weist einem den richtigen Weg.

REISEAGENTUREN

Kansai Scene – Das Magazin bewirbt Reiseagenturen, die sich auf Ausländer spezialisiert haben.

KNT (近畿日本ツーリスト; Karte S. 330; ☎ 075-255-0489; 437 Ebisu-chō, Kawaramachi-dōri, Sanjo-agaru, Nakagyō-ku; ⏲ 11–19 Uhr) Eine gute Anlaufstelle für inländische Reisetickets.

TOURISTENINFORMATION

Touristeninformationsschalter am internationalen Flughafen Kansai (関西国際空港関西観光情報センター; ☎ 0724-56-6160; ⏲ 7–22 Uhr) Dieser Schalter liegt im 1. Stock der internationalen Ankunftshalle. Von den Mitarbeitern erhält man Informationen zu Kyoto, Kansai und Japan.

Kyoto International Community House (京都国際交流開会, KICH; Karte S. 340; ☎ 075-752-3010; 2-1 Torii-chō, Awataguchi, Sakyō-ku; ⏲ 9–21 Uhr, Mo geschl.; Ⓢ Tōzai-Linie bis Keage, Ausgang 2) Ein wichtiges Ziel für Leute, die einen Langzeitaufenthalt in Kyoto planen, doch auch für Kurzzeitbesucher kann sich ein Besuch des KICH lohnen. Es gibt eine Bücherei mit Karten, Büchern, Zeitungen und Magazinen aus aller Welt sowie ein Schwarzes Brett mit Meldungen zu Jobs, Wohnungen, Flohmärkten usw.

Hier kann man WLAN benutzen (vorher am Informationsschalter registrieren) und ein Exemplar der hervorragenden Karte *Guide to Kyoto* sowie das Buch *Easy Living in Kyoto* mitnehmen (beides für Anwohner bestimmt).

Außerdem kann man in der Lobby relaxen und CNN schauen.

Touristeninformation Kyoto (京都総合観光案内所, TIC; Karte S. 328; ☎075-343-0548; 2F Bahnhof Kyoto, Shimogyō-ku; ⏲8.30–19 Uhr; Ⓢ Karasuma-Linie bis Kyoto). Andere kleine Büros der Touristeninformation liegen überall in der Innenstadt auf der Kawaramachi-dōri verteilt, darunter die folgende Anlaufstelle:

Touristeninformation Kawaramachi Sanjo (Karte S. 330; ☎075-213-1717; 1F Kyoto Asahi Kaikan Building, 427 Ebisu-cho, Kawaramachi-dōri, Sanjo-agaru; ⏲10–18 Uhr; Ⓢ Tōzai-Linie bis Kyoto-Shiyakusho-mae) Praktische Touristeninformation mit etlichen Broschüren und Karten – und hilfsbereiten Angestellten.

An- & Weiterreise

BUS

JR-Nachtbusse verkehren zwischen dem Bahnhof Tokio (Nihonbashi-guchi/Ankunft, Yaesu-guchi/Abfahrt der Fernbusse) und dem Busterminal des Bahnhofs Kyoto (京都駅前バスターミナル).

Die Fahrt dauert etwa sieben Stunden und die Preise beginnen bei ca. 5500 ¥ pro Strecke. Es gibt einen ähnlichen Service vom/zum Bahnhof Shin-minami-guchi in Shinjuku in Tokio.

Weitere JR-Busverbindungen verkehren u. a. nach Kanazawa (einfach ab 3800 ¥) und Hiroshima (einfach ab 4450 ¥).

Der **Willer Express** (www.willerexpress.com) ist eine tolle, preiswerte Option für Langstrecken und Nachtbusse. Er verkehrt zwischen den meisten größeren Städten und Kyoto und verfügt über komfortable, verstellbare Sitze mit eigenen Bildschirmen – es gibt verschiedene Optionen, von Sitzen, die mehr Privatsphäre bieten, bis zu solchen, die mehr Beinfreiheit haben. Die Preise für die Fahrt vom Tokio-Bahnhof Shinjuku bis Kyoto beginnen bei ca. 3600 ¥.

FLUGZEUG

Die meisten ausländischen Reisenden kommen über den internationalen Flughafen Kansai (KIX) nach Kyoto. Die Stadt liegt auch in Reichweite von zwei anderen Flughäfen, und manchmal ist es günstiger, nach Tokio zu fliegen und von dort nach Kyoto zu fahren.

Internationaler Flughafen Kansai

Der auf einer künstlichen Insel in der Bucht von Osaka gebaute internationale Flughafen Kansai (KIX) liegt ca. 75 Minuten mit dem Expresszug von Kyoto entfernt.

Der KIX bietet einen Touristeninformationsschalter (gestellt von der Regierung der Präfektur Osaka): ungefähr in der Mitte der internationalen Ankunftshalle. Die Mitarbeiter geben Karten aus und beantworten Fragen.

Wer sein Gepäck nicht selbst nach Kyoto transportieren möchte, kann einen der Gepäcklieferservices in der Ankunftshalle in Anspruch nehmen.

Wer bei der Abreise mit einer japanischen Fluggesellschaft (JAL und ANA) reist, kann den Express-Check-in-Schalter im JR-Ticketbüro des Bahnhofs Kyoto nutzen. Dank dieses Services kann man das Gepäck bereits am Bahnhof aufgeben – für Reisende mit schwerem Gepäck ein großer Vorteil.

Internationaler Flughafen Osaka

Der internationale Flughafen Osaka – gemeinhin als Itami (ITM) bekannt – liegt näher an Kyoto als der KIX, ist aber nur Ziel von Inlandsflügen. Möglicherweise bietet jedoch die internationale Fluggesellschaft, mit der man fliegt, einen Inlandsflug von Tokio nach Itami an.

Neben mehreren Gepäcklieferservices findet man einen Informationsschalter mit englischsprachigen Angestellten in der zentralen Ankunftshalle.

BUS- UND U-BAHN-TICKETS IN KYOTO

Um Zeit und Geld zu sparen, kann man ein *kaisū-ken* (fünf Tickets) für 1000 ¥ erwerben. Eine Option ist auch die *shi-basu Kyoto-bus ichinichi jōshaken kādo* (Tageskarte) für 500 ¥, die für unbegrenztes Fahren in den Kyoto-City-Bussen und den Kyoto-Bussen verfügbar ist (es gibt verschiedene Betreiber). Ein ähnliches Ticket (*Kyoto kankō ichinichi jōsha-ken*), das zur unbegrenzten Nutzung von Bus und U-Bahn berechtigt, kostet 1200 ¥. Für ein *Kyoto kankō futsuka jōsha-ken* (Zwei-Tages-Ticket für Bus und U-Bahn) zahlt man 2000 ¥. *Kaisū-ken* kann man direkt beim Busfahrer kaufen. Die anderen Tickets und Karten sind an größeren Bushaltestellen, im Businformationszentrum des Bahnhofs Kyoto und in der **Touristeninformation Kyoto** (S. 383) erhältlich. Der Kansai Thru Pass (S. 385) eignet sich für Erkundungsfahrten in die Region Kansai.

Mit dem **Kyoto City Subway Pass** (Erw./Kind 600/300 ¥) fährt man einen Tag lang unbegrenzt in der städtischen U-Bahn. Er bietet auch Ermäßigungen auf den Eintritt bei mehreren Sehenswürdigkeiten. Erhältlich ist er in der Touristeninformation Kyoto oder an U-Bahn-Ticketschaltern.

ZUG

Der Flughafen Kyoto ist durch mehrere hervorragende Zuglinien von Japan Railways (JR) an nahe gelegene Städte angebunden. JR bietet auch Verbindungen in weiter entfernte Städte, von denen viele mit dem superschnellen *shinkansen* (Hochgeschwindigkeitszug) erreichbar sind. Wer plant, viel mit dem Zug durch Japan zu reisen, sollte sich einen Japan Rail Pass kaufen.

Züge privater Betreiber verbinden den Bahnhof Kyoto mit Nagoya, Nara, Osaka und Kōbe. Solche Privatlinien sind – wenn vorhanden – immer günstiger als JR. Insbesondere auf der Strecke zwischen dem Bahnhof Kyoto und Nara ist ein *tokkyū* (limitierter Express) wahrscheinlich die schnellere und bequemere Alternative.

Der Bahnhof Kyoto liegt im Süden der Stadt, direkt unterhalb von Shichijō-dōri. Am einfachsten gelangt man mit der Karasuma-Linie von diesem Bahnhof in die Innenstadt. Es gibt einen Busbahnhof auf der Nordseite des Bahnhofs: Von hier fahren Busse in alle Bereiche der Stadt.

KANSAI THRU PASS

Für Reisende, die die Kansai-Region erkunden wollen, ist der Kansai Thru Pass ein Gewinn: Damit kann man die städtischen U-Bahnen, Züge privater Betreiber und Stadtbusse in Kyoto, Nara, Osaka, Kōbe, Kōya-san und Wakayama nutzen. Er berechtigt auch zum ermäßigten Eintritt für viele Attraktionen in der Region Kansai. Ein Zwei-Tages-Ticket kostet 4000 ¥, ein Drei-Tages-Ticket 5200 ¥. Sie sind u. a. am Reiseschalter im 1. Stock der Ankunftshalle des internationalen Flughafens Kansai und im zentralen Businformationszentrum gegenüber dem Bahnhof Kyoto erhältlich. Mehr Informationen gibt's auf www.surutto.com.

Unterwegs vor Ort

BUS

Kyoto verfügt über ein komplexes Nahverkehrsnetz, sodass man die Stadt problemlos und günstig per Bus erkunden kann. In den häufig von Touristen genutzten Linien werden die Haltestellen sogar auf Englisch angekündigt. Die meisten Busse verkehren von 7 bis 21 Uhr (manche fahren auch schon früher und noch später).

Neben den gewöhnlichen Stadtbussen (City Bus) verfügt Kyoto nun auch über den Hop-on-Hop-off-Sightseeingbus **K'Loop** (www.kyoto-lab.jp/kloop; Erw./Kind Tagesticket 2300/1000 ¥, 2-Tages-Ticket 3500/1000 ¥), der die Weltkulturerbestätten der Stadt anfährt.

Das zentrale Businformationszentrum vor dem Bahnhof Kyoto verteilt Busfahrpläne, verkauft Bustickets (für alle Linien, inkl. Autobahnbusse) und erteilt hilfreiche Auskünfte.

In der Touristeninformation Kyoto TIC erhält man die *Bus Navi: Kyoto-City-Bus Sightseeing Map* mit den wichtigsten städtischen Buslinien. Diese Karte ist jedoch nicht sehr umfangreich. Für den ausführlicheren, regulären Busfahrplan muss man etwas Japanisch lesen können; man bekommt ihn an allen größeren Busbahnhöfen in der ganzen Stadt, auch im zentralen Businformationszentrum.

Es ist üblich, hinten ein- und vorne auszusteigen. Eine Fahrt mit den Stadtbussen kostet pauschal 230 ¥ für Erw., 120 ¥ für Kinder zwischen 6 und 12, jüngere fahren kostenlos. Man wirft das Geld vor dem Aussteigen in den durchsichtigen Aufsatz auf dem Automaten gleich neben dem Fahrer. Ein weiterer Automat wechselt 100-Yen- und 500-Yen-Münzen sowie 1000-Yen-Scheine.

In Bussen, die in Randbezirke fahren, wählt man beim Einsteigen ein nummeriertes Ticket *(seiri-ken)*. Wenn man später aussteigt, erscheinen Ticketnummer und Fahrpreis auf einer elektronischen Anzeige beim Fahrer (das *seiri-ken* und den angeforderten Betrag einfach in den Ticketkasten werfen).

FAHRRAD

Die Stadt Kyoto lässt sich auch wunderbar mit dem Fahrrad erkunden. Abgesehen von den Außenbezirken ist das Gelände größtenteils flach, und entlang des Kamo-gawa verläuft ein Radweg.

Viele Pensionen vermieten und verleihen Fahrräder an ihre Gäste, und auch rund um den Bahnhof Kyoto, in Arashiyama und in der Innenstadt von Kyoto sind Fahrradverleihe zu finden. Mit einem anständigen Fahrrad und einer guten Karte kann man bequem die ganze Stadt entdecken. Auch spezielle Radtouren werden angeboten.

Leider sind die Parkmöglichkeiten für Fahrräder in Kyoto eher durchschnittlich, weshalb man überall in der Stadt wahllos abgestellte Fahrräder sieht. Viele Räder werden gestohlen oder beschlagnahmt (insbesondere diejenigen, die in der Nähe von Eingängen zu Bahnhöfen und U-Bahnhöfen abgestellt wurden). Ist das Fahrrad verschwunden, sollte man prüfen, ob in der Nähe ein Poster (auf Japanisch und Englisch) darüber informiert, wann das Rad einkassiert wurde und wo man es gegen eine Strafgebühr von 2000 ¥ wieder abholen kann.

Wer sich keine Gedanken über gestohlene oder beschlagnahmte Fahrräder machen will, sollte einen der städtischen Parkplätze für Fahrräder und Motorräder nutzen. In der Innenstadt liegt einer auf der Kiyamachi-dōri, auf halber Strecke zwischen der Sanjō-dōri und der Shijō-dōri. Andere liegen nahe dem Bahnhof Kyoto und nördlich der Stadt nahe dem Bahnhof Eizan Densha in Demachiyanagi. Man zahlt pro Tag 150 ¥ (beim Ein- oder Ausfahren ein Ticket am Automaten kaufen).

Fahrradverleih

Eine gute Adresse, um ein Fahrrad auszuleihen, ist das **Kyoto Cycling Tour Project** (京都サイクリングツアープロジェクト, KCTP; Karte S. 328; ☎ 075-354-3636; www.kctp.net; 552-13 Higashi-Aburanokoji-chō, Aburanokōji-dōri, Shiokōji-sagaru, Shimogyō-ku; ⏲ 9–19 Uhr; Ⓢ Karasuma-Linie bis Kyoto, 🚆 JR-Kyoto). Mit den Rädern (1000 ¥ pro Tag) kann man wunderbar die Stadt erkunden. Das KCTP organisiert zudem tolle Radtouren durch Kyoto, englischsprachiger Guide inklusive. Eine ausgezeichnete Möglichkeit, Kyoto kennenzulernen (mehr Infos gibt's auf der Website)!

Für die Erkundung von Nord-Higashiyama bietet sich das **Rent a cycle EMUSICA** (Karte S. 332; 24 Tanaka Kamiyanagicho, Sakyo-ku; ⏲ Mo–Fr 7.30–23.30, Sa & So 9–22.30 Uhr; 🚆 Keihan-Linie bis Demachinayagi) an. In günstiger Lage direkt außerhalb des Bahnhofs Keihan Demachinaya, nahe dem Fluss und den Touristenvierteln, verleiht dieses Geschäft Fahrräder für nur 500 ¥ pro Tag. Man zahlt eine Kaution von 2000 ¥.

Bei den meisten Verleihen muss man eine Kaution und einen Ausweis bzw. Reisepass hinterlegen.

U-BAHN

In Kyoto gibt's zwei gut funktionierende U-Bahn-Linien, die von 5.30 bis 23.30 Uhr in Betrieb sind. Eine Fahrt kostet mindestens 210 ¥ (für Kinder 110 ¥).

> **ⓘ AUSLÄNDERFREUNDLICHE TAXIS**
>
> Im März 2016 startete in Kyoto ein ausländerfreundlicher Taxiservice. Nach einer einjährigen Probezeit wurde der Service 2017 fest etabliert. Diese Taxis sollen für Touristen zugänglicher sein – die Fahrer sprechen Fremdsprachen wie Englisch oder Chinesisch und akzeptieren Zahlungen per Kreditkarte. Sie sind unverkennbar als „ausländerfreundlich" gekennzeichnet, und es gibt einen separaten Taxistand vor dem JR-Bahnhof Kyoto. Man kann die Taxis auch über die App JapanTaxi rufen.

Mit der Karasuma-Linie kommt man am schnellsten von Nord nach Süd. Sie hat fünf Haltstellen und verläuft von Takeda im äußersten Süden über den Hauptbahnhof zur Internationalen Konferenzhalle (Haltestelle Kokusaikaikan) im Norden.

Die Tōzai-Linie erstreckt sich von Ost nach West: Im Westen startet sie am Bahnhof Uzumasa-Tenjingawa, kreuzt dann die U-Bahn-Linie Karasuma am Bahnhof Karasuma-Oike und fährt weiter nach Sanjō-Keihan, Yamashina und Rokujizō (die ersten beiden im Osten, Letztere im Südosten).

VOM/ZUM FLUGHAFEN

Internationaler Flughafen Kansai

Bus

Die **Limousinenbusse des internationalen Flughafens Kansai** (☎ 075-682-4400; einfach Erw./Kind 2550/1280 ¥) verkehren regelmäßig zwischen Kyoto und KIX (ca. 90 Min.). In Kyoto fahren die Busse gegenüber der Südseite des Bahnhofs Kyoto, vor dem Kaufhaus Avanti und dem Hotel Keihan ab.

Taxi

Die vielleicht bequemste Wahl ist der **Limousinenbusservice von MK Taxi Sky Gate Shuttle** (☎ 075-778-5489; www.mktaxi-japan.com), der einen für 3600 ¥ in alle Ecken Kyotos bringt. Einfach zum Mitarbeiterschalter am Südende der KIX-Ankunftshalle gehen und man braucht sich um nichts mehr zu kümmern. Von Kyoto zum Flughafen ist eine Reservierung zwei Tage im Voraus erforderlich.

Einen ähnlichen Service bietet **Yasaka Taxi** (☎ 075-803-4800; www.yasaka.jp; einfach 3500 ¥): Sammeltaxis in Form von Kleinbussen. Es kann zu Verzögerungen kommen, wenn der Fahrer andere Fahrgäste abholen oder absetzen muss.

Zug

Am schnellsten und bequemsten fährt man mit dem speziellen JR-Haruka-Flughafenexpress vom KIX nach Kyoto (reserviert / nicht reserviert 3370/2850 ¥, 75 Min.). Die erste bzw. letzte Abfahrt vom KIX nach Kyoto erfolgt von Montag bis Freitag um 6.30 (am Wochenende 6.40) bzw. 22.16 Uhr. Die erste bzw. letzte Abfahrt von Kyoto zum KIX ist um 5.45 bzw. 20.30 Uhr.

Wer Zeit hat und Geld sparen möchte, kann den *kankū kaisoku* (Kansai-Flughafenexpress) zwischen dem Flughafen und dem Bahnhof Osaka nehmen und anschließend in einen gewöhnlichen *shinkaisoku* (Hochgeschwindigkeitszug) nach Kyoto umsteigen. Die 95-minütige Fahrt kostet etwa 1750 ¥, die Anbindungen sind gut.

Internationaler Flughafen Osaka

Bus

Osaka Airport Transport (☎ 06-6844-1124; www.okkbus.co.jp; einfach 1310 ¥) bietet regelmäßig zwischen Itami und dem Bahnhof Kyoto verkehrende Flughafenlimousinenbusse an (1310 ¥, 55 Min.). An einigen größeren Hotels in Kyoto werden weniger regelmäßig Tranferservices angeboten. Die Haltestelle Itami liegt außerhalb der Ankunftshalle – man kann das Ticket am Automaten nahe der Bushaltestelle kaufen und einen der Bediensteten fragen, welchen Stand man für Kyoto aufsuchen muss. Die Haltestelle für den Bahnhof Kyoto liegt vor dem Kaufhaus Avanti, gegenüber der Südseite des Bahnhofs.

Taxi

Der **Limousinenbusservice MK Taxi Sky Gate Shuttle** (☎ 075-778-5489; www.mktaxi-japan.com) fährt für 2400 ¥ vom/zum Flughafen. Mindestens zwei Tage vorab anrufen oder sich an den Infoschalter in der Ankunftshalle wenden.

Zug

Der Hauptbahnhof in Kyoto ist der Bahnhof Kyoto, der tatsächlich zwei Bahnhöfe unter einem Dach vereint: den JR-Bahnhof Kyoto und den Kintetsu-Bahnhof Kyoto.

Neben der privat betriebenen Kintetsu-Linie, die ab dem Bahnhof Kyoto verkehrt, gibt's zwei weitere privat betriebene Zuglinien in Kyoto: die Hankyū-Linie, die von der Innenstadt von Kyoto entlang der Shijō-dōri fährt, und die Keihan-Linie, die Haltestellen entlang des Kamo-gawa bedient.

Kansai

Inhalt ➡

Gut essen

- Wanaka Honten (S. 408)
- Yoshino Sushi (S. 407)
- Shoubentango-tei (S. 408)
- Kōbe Plaisir (S. 420)
- Yokarō (S. 466)

Schön übernachten

- Hostel 64 Osaka (S. 404)
- Cross Hotel Osaka (S. 405)
- Oriental Hotel (S. 419)
- Nishimuraya Honkan (S. 470)
- Blue Sky Guesthouse (S. 454)

Auf nach Kansai

Könnte man nur eine einzige japanische Region besuchen, wäre Kansai (関西) – Japans Herz – auf jeden Fall eine gute Wahl. Nirgends sonst findet man auf derart engem Raum so viele historische und kulturelle Attraktionen.

In Osaka, Zentrum der Region und drittgrößte Stadt Japans, erlebt man das urbane Leben in all seiner Intensität, während Kōbe sich sein internationales Flair aus der Zeit als Seehandelshafen bewahrt hat. Nara, Japans erste dauerhafte Hauptstadt, beherbergt zahlreiche traditionelle Sehenswürdigkeiten, darunter den größten Buddha des Landes im Ehrfurcht gebietenden Tempel Tōdai-ji. Der Ise-jingū in der Präfektur Mie ist eine der drei wichtigsten Shintō-Stätten. Und Wakayama-ken lockt mit Wanderungen, Onsen, felsiger Küste und der buddhistischen Bergtempelanlage Kōya-san, einem der intensivsten spirituellen Orte Japans.

Kyoto (S. 321) und Osaka sind Kansais größte Städte und gute Stützpunkte für eine Erkundung der Region.

Reisezeit

Osaka

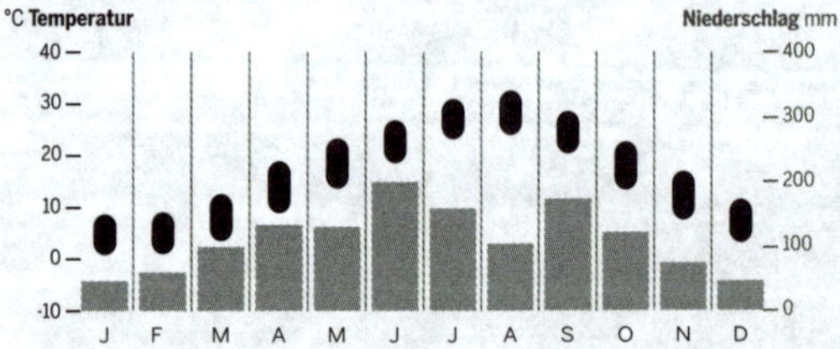

Ende März–Mitte April Die Kirschbäume stehen in voller Blüte.

Mai–Sept. Trotz heißem, schwülem Juli und August eine tolle Zeit für Festivals und Straßenleben.

Okt.–Anfang Dez. Kansai erstrahlt vor leuchtend rotem Herbstlaub.

Anreise & Unterwegs vor Ort

Mit dem Flugzeug gelangt man am besten über Osaka (S. 413) in die Region Kansai. Der Kansai International Airport bietet internationale und Inlandsflüge an und der Osaka Itami Airport nur Inlandsflüge. Mit dem Zug fährt man über Osaka (S. 415) und Kyoto (S. 386), die mit den größeren Städten im restlichen Land durch Bahn und *shinkansen* (Schnellzug) verbunden sind.

Kansai ist mit einem umfangreichen Schienennetz von Japan Rail und anderen („privaten") Bahnlinien gesegnet. Wer an die äußeren Grenzen der Region wie Kumano Kodō auf der Halbinsel Kii möchte, für den ist der Bus wahrscheinlich das beste Transportmittel. Ein Auto zu mieten wird immer beliebter – aber wenn man viele Strecken auf der Autobahn zurückgelegt, summieren sich die Mautgebühren rasant.

OSAKA 大阪

06 / 2705300 EW.

Wenn Kyoto die Stadt des Adels und Tokio die Stadt der Samurai ist, dann ist Osaka die Stadt des Kaufmannsstands. In Japans drittgrößter Stadt bewegten sich die Dinge schon immer schneller, die Menschen sind etwas frecher und Begegnungen werden mit spielerischen Schlägen aufgepeppt – und darauf sind die Einheimischen stolz.

Osaka ist keine klassische Schönheit – obwohl sich ein hübscher Fluss durch die Stadt schlängelt – aber der Ort wirkt lebendiger als die meisten anderen. Die Unmengen an Beton leuchten in Neonfarben und die leuchtenden Schaufenster ziehen Aufmerksamkeit auf sich. Schwarz trägt diese Stadt nicht gerne.

Aber vor allem ist Osaka eine Stadt, in der gerne gegessen wird: Das inoffizielle Motto lautet hier *kuidaore* („Essen bis zum Umfallen"). Nachts leuchtet der Ort regelrecht, wenn alle auf den Beinen sind, um gut zu speisen – und Spaß zu haben.

Geschichte

Osaka (früher „Naniwa" genannt, ein Name, den man auch heute noch hören kann) war schon seit Beginn der japanischen Geschichtsschreibung ein wichtiger Hafen und ein bedeutendes Geschäftszentrum. Ab dem 6. Jh. diente die Stadt hauptsächlich als Basis für den Handel mit Korea und China – ein Eingangstor für Waren, aber auch für Ideen wie Buddhismus, Unternehmertum und neue Technologien.

Nachdem der Kriegsherr Toyotomi Hideyoshi Japan nach Jahrhunderten des Bürgerkrieges geeint hatte, ließ er Ende des 16. Jhs. seine Burg in Osaka errichten. Dadurch gewann die Stadt rasch an Bedeutung: Kaufleute siedelten sich rund um die Burg an und Osaka mauserte sich zu einem geschäftigen Handelsknoten. Als Tokugawa Ieyasu den Herrschersitz Anfang des 17. Jhs. nach Edo (jetzt Tokio) verlagerte, konnten die Händler relativ ungehindert schalten und walten. Während der Edo-Periode (1603–1868) diente Osaka als Japans größtes Vertriebszentrum für Reis (der zu der Zeit einer Währung gleichkam), was der Stadt den Spitznamen „Japans Küche" einbrachte.

Ende des 19. Jhs. und im 20. Jh. festigte sich die wirtschaftliche Bedeutung Tokios. Osaka erfand sich daraufhin als eines der produktivsten Fertigungszentren Ostasiens neu, doch tragischerweise machte genau das die Stadt im Zweiten Weltkrieg zum Ziel von Bombardierungen. Bei den Luftangriffen 1945 wurden ein Drittel des Stadtgebiets dem Erdboden gleichgemacht und mehr als 10 000 Menschen getötet.

Heute gibt's regen Handel in Osaka, dem Geschäftszentrum des westlichen Japan, und die Keihanshin Industrial Zone, zu der Osaka gehört, ist eins von Japans größten Herstellungszentren.

Sehenswertes

Das Zentrum von Osaka wird gewöhnlich aufgeteilt in Norden (Kita), rund um die Bahnhöfe Osaka und Umeda, und Süden (Minami), rund um Namba Station. Durch die Mitte fließen von Osten nach Westen zwei Flüsse, Dōjima-gawa und Tosabori-gawa, die Insel Naka-no-shima trennt die beiden. Sandwichartig eingebettet zwischen dem Tosabori-gawa und Minami liegt das Viertel Semba. Osaka-jō, ein Wahrzeichen und die wichtigste Sehenswürdigkeit, liegt östlich von hier.

Unterhalb von Minami befindet sich Tennōji – ein Viertel, das in letzter Zeit saniert wurde, aber immer noch Ecken und Kanten hat. Westlich vom Zentrum liegen an der Bucht das Viertel Tempōzan und die Universal Studios.

Kita (Umeda) キタ

Kita („Norden") ist mit den Bürogebäuden, Kaufhäusern, Einkaufszentren und Hotels sowie dem Umsteigebahnhof JR Osaka und dem Bahnhof Umeda, an dem sich viele

Highlights

1 Tōdai-ji (S. 428) Ehrfürchtig Japans größten Buddha in Naras tollem Tempel bestaunen.

2 Dōtombori (S. 397) Sich von der bunten Menschenmenge in dieser photogenen Gegend von Osaka verzaubern lassen.

3 Ise-jingū (S. 459) Die Kraft spüren, die von Japans bedeutendstem Shintō-Schrein ausgeht.

4 Oku-no-in (S. 445) Durch den mystischen Wald auf dem Kōya-san zu dem höchst spirituellen buddhistischen Friedhof wandeln.

5 Hongū (S. 452) In das heilende Wasser der drei nahegelegenen Onsen eintauchen.

6 Kumano Kodō (S. 453) Über Wakayamas faszinierende alte Pilgerroute wandern.

7 Kinosaki Onsen (S. 468) Im Yukata (leichter Baumwollkimono) in dieser idyllischen Stadt von Onsen zu Onsen spazieren.

Imajō
Tsuruga-Halbinsel
Hokuriku-Autobahn
Wakasa-wan
Tsuruga
PRÄFEKTUR GIFU
Gujō-Hachiman
Mikata-go-ko
Mikata
Takahama
Obama
PRÄFEKTUR FUKUI
Tanigumi
Mino
Seki
Yaotsu
Gifu
Nagahama
Takashima
Biwa-ko
Sekigahara
Ōgaki
Inuyama
Maibara
Bisai
Ichinomiya
Tajimi
Hikone
Kitamura
Ashiu
Miyamachō
Hirogawara
Shiga
Kasugai
Seto
Hanase-tōgei-Pass
Hanase
Tsushima
Ōmihachiman
Nagoya
Kurama
Ōhara
Moriyama
Meishin-Autobahn
Kuwana
Arimatsu
Takao
Kameoka
Kyoto
Ōtsu
Kusatsu
Tokai
Minakuchi
Chita
Yokkaichi
Shin-Meishin-Autobahn
Uji
Tokoname
Suzuka
Takatsuki
Jōyō
PRÄFEKTUR SHIGA
Internationaler Flughafen Zentraljapan (Centrair)
Kawanishi
Hirakata
Mihama
Ueno
Tsu
Ise-Bucht
Minami-Chita
Higashiōsaka
Nara
Osaka
Tōdai-ji
Nabari
Sakai
Kashihara
Matsusaka
Sakurai
Haibara
Takaishi
PRÄFEKTUR OSAKA
Ise
Toba
Asuka
PRÄFEKTUR MIE
ISE-SHIMA
Yoshino
Gojō
Ago
Hashimoto
Dorogawa
Goza-misaki
Shima
Kii-nagashima
Kōya-san
Ōdai-ga-hara
PRÄFEKTUR NARA
Kami Kitayama
Owase
Kii-Halbinsel
Tōtsukawa
Kumano
Ryūjin
Hongū
Kumano Kodō
Kumano-Nada-Meer
Shiko
PRÄFEKTUR WAKAYAMA
Shingū
Nachi
Taiji
Kushimoto
Shiono-misaki
0
50 km

Osaka

Bahn- und U-Bahnlinien kreuzen, tagsüber das Zentrum der Stadt. Bedeutende Attraktionen hat das Viertel kaum zu bieten, aber auf den Straßen und in dem ausgedehnten Netzwerk an unterirdischen Gängen darunter findet man genug quirliges Großstadtleben.

Umeda Sky Building BEMERKENSWERTES GEBÄUDE
(梅田スカイビル; Karte S. 392; www.kuchu-teien.com; 1-1-88 Ōyodonaka, Kita-ku; Eintritt 700 ¥; ⏲ Aussichtsplattformen 10–22.30 Uhr, letzter Einlass 22 Uhr; 🚉 JR Osaka, Nordausgang) Osakas Wahrzeichen Sky Building (1993) gleicht einem

Osaka

Highlights
1 Ōsaka-jō C4

Sehenswertes
2 Abeno Harukas C6
Kunstmuseum Abeno Harukas . (siehe 2)
3 Billiken B6
4 Liberty Osaka B6
5 Museum für orientalische Kunst B3
6 Naka-no-shima-kōen C4
7 Zentrale Stadthalle Osaka B3
Rathaus Osaka ..... (siehe 7)
8 Geschichtsmuseum Osaka C4
9 Shin-Sekai B6
10 Tsūten-kaku B6
11 Umeda Sky Building B3

Aktivitäten, Kurse & Touren
12 Cycle Osaka A3
13 Ofune Camome C4
14 Spa World B6

Schlafen
15 Arietta Hotel B4
16 Hostel 64 Osaka B4
17 Hotel Fūki D3
18 Mitsui Garden Hotel Osaka Premier B3
19 U-en A3

Essen
20 Denki Soba C3
Ganso Kushikatsu Daruma Honten ..... (siehe 3)
21 Gout C4
Harannaka ..... (siehe 20)
22 Yoshino Sushi B4

Ausgehen & Nachtleben
23 Beer Belly B4
24 Frenz Frenzy B3
25 Leach Bar A4
26 Moto Coffee B4

Unterhaltung
27 Namba Bears B5
28 National Bunraku Theater C5

Shoppen
Tower Knives ..... (siehe 10)

Praktisches
29 Australisches Konsulat D3
Deutsches Konsulat ..... (siehe 11)
30 Japanisches Rotkreuz Krankenhaus C5
31 Niederländisches Konsulat C4
32 Volksrepublik China Konsulat Osaka B4
33 UK Konsulat B4

40-stöckigen Triumphbogen der Moderne. Die beiden Zwillingstürme sind oben durch einen „schwimmenden Garten" (eigentlich eine Aussichtsplattform ganz ohne Garten) verbunden, der in einem Stück an seine jetzige Position gehoben wurde, und Tag und Nacht einen atemberaubenden Panoramablick über die Stadt bietet. Schon der Weg hinauf ist abenteuerlich. Die letzten fünf Etagen geht's in einem durchsichtigen Schacht mit einer Rolltreppe nach oben (nichts für Leute mit Höhenangst!). Der Architekt Hara Hiroshi entwarf auch den Bahnhof in Kyoto (京都駅; www.kyoto-station-building.co.jp; Karasuma-dōri, Higashishiokōji-chō, Shiokōji-sagaru, Shimogyō-ku; Bahnhof Kyoto).

Das Gebäude erreicht man durch eine unterirdische Passage nördlich der Bahnhöfe Osaka und Umeda.

O-hatsu Ten-jin SHINTŌ-SCHREIN
(お初天神, Tsuyu-no-Ten-jinsha; Karte S. 394; 06-6311-0895; www.tuyutenjin.com; 2-5-4 Sonezaki, Kita-ku; 6–24 Uhr; Tanimachi-Linie bis Higashi-Umeda, Ausgang 7, Ausgang 15, JR Osaka, Ausgang Sakurabashi) GRATIS Zwischen Umedas Wolkenkratzern versteckt sich dieser 1300 Jahre alte Tempel. Bekannt wurde er durch eines der berühmtesten Dramen Japans, das auf wahre Ereignisse zurückgeht. Es handelt von der tragischen Liebe zwischen der Prostituierten Ohatsu und dem Kaufmannslehrling Tokubei, die nicht ohne einander leben wollten und hier 1703 gemeinsam Selbstmord begingen, um im Jenseits für immer vereint zu sein. Der heute zu sehende Schrein wurde 1957 gebaut, nachdem er ursprünglich im Zweiten Weltkrieg zerstört wurde. Pärchen kommen hierher, um für Kraft in der Liebe zu beten – und für einen glücklicheren Ausgang.

Der Schrein befindet sich direkt südöstlich der Ohatsutenjin-dōri-Arkaden. Jeden ersten Freitag im Monat ist hier ein Flohmarkt.

Naka-no-shima, Semba & Osaka-jō

Südlich von Kita bildet die von den Flüssen Dōjima-gawa und Tosabori-gawa eingerahmte Insel Naka-no-shima (中之島) eine angenehme Oase mit Uferpromenaden, Kunstmuseen, Architektur aus dem frühen 20. Jh. und dem Park **Naka-no-shima-kōen** (中之島公園; Karte S. 392; Naka-no-shima, Kita-ku; Sakai-suji-Linie nach Kitahama, Ausgang 26).

Kita (Umeda)

Von Kyoto aus fährt die Keihan-Linie direkt bis zur Haltestelle Yodoyabashi. Zur Insel läuft man vom JR-Bahnhof Osaka 15 Minuten in Richtung Süden.

Semba (船場) („Schiffsanlegestelle") ist das historische Geschäftsviertel, das sich entlang des Südufers des Tosabori-gawa erstreckt. Hier gibt's einige angesagte Ufercafés.

Museum für Orientalische Keramik MUSEUM
(大阪市立東洋陶磁美術館; Karte S. 392; www.moco.or.jp; 1-1-26 Naka-no-shima; Erw./Student/Kind 500/300 ¥/frei; ⏲ 9.30–17 Uhr, Mo geschl.; Ⓢ Midō-suji-Linie bis Haltestelle Yodoyabashi, Ausgang 1) Neben kleineren Ausstellungen zu japanischer Keramik und chinesischen Schnupftabakfläschchen ist dieses Museum eine der weltweit besten Kollektionen chinesischer und koreanischer Keramik. Allerdings zeigt die ständige Sammlung immer nur etwa 400 Exponate gleichzeitig. Es finden aber auch immer wieder Sonderschauen statt (die extra kosten). Die Dauerausstellung ist mit guten englischen Beschreibungen ausgestattet.

Vom Bahnhof überquert man den Fluss und geht nach rechts an der Zentralen Stadthalle vorbei.

Kita (Umeda)

Sehenswertes
1 O-hatsu Ten-jin D4

Schlafen
2 Hearton Hotel Nishi-Umeda A4
3 Hotel Sunroute Umeda C1

Essen
4 Eki Marché B3
5 Kaiten Sushi Ganko B4
Kani Chahan-no-Mise .... (siehe 4)
6 Robatayaki Isaribi C2
7 Umeda Hagakure C5
8 Yukari D4

Ausgehen & Nachtleben
9 Blarney Stone D4

Shoppen
10 Daimaru Umeda B4
11 Hankyū Umeda Department Store C3
12 Hanshin Department Store C4
13 Maruzen & Junkudō Umeda C2
14 Yodobashi Umeda B3

Praktisches
15 New Zealand Consulate D2
16 Ohkita Medical Clinic C4
17 USA Consulate D5

Transport
18 JR Osaka Autobahnbusbahnhof Terminal B3

★ Osaka-jō BURG
(大阪城; Osaka Burg; Karte S. 392; www.osakacastle.net; 1-1 Osaka-jō, Chūō-ku; Gelände/Burgfried frei/600 ¥, Kombiticket mit Geschichtsmuseum 900 ¥; ⊙9–17 Uhr, Aug. 9–19 Uhr; Ⓢ Chūō-Linie bis Haltestelle Tanimachi 4-chōme, Ausgang 9, Ⓡ JR-Osaka-Ringbahn bis Haltestelle Osaka-jō-kōen) Nachdem General Toyotomi Hideyoshi (S. 902) Japan Ende des 16. Jhs. erfolgreich geeint hatte, ließ er als Symbol seiner Macht von 100 000 Arbeitern diese Burg (1583) errichten. Das heutige Bauwerk aus Beton ist zwar eine Nachbildung von 1931 (1997 restauriert), dennoch bietet die Burg, die dramatisch über Park und Burggraben aufragt, ein beeindruckendes Bild. Im Inneren befindet sich eine ausgezeichnete Sammlung von Kunst, Waffen und Alltagsobjekten, die mit Hideyoshi, der Burg und Osaka zu tun haben. Von der Aussichtsterrasse im 8. Stock bietet sich ein 360-Grad-Rundumblick.

Hideyoshis ursprüngliches Granitbauwerk galt als unbezwingbar, doch 1614 wurde es von den Truppen Tokugawa Ieyasus (der Gründer des Tokugawa-Shogunats) zerstört. Ieyasu ließ die Burg wieder aufbauen und schuf der neuesten Technik folgend imposante Mauern aus riesigen Steinen; die größten werden auf mehr als 100 Tonnen geschätzt, auf manchen sind die Wappen der Feudalherren eingraviert.

Es gibt 13 Bauten, darunter einige Türme, die noch aus dem Wiederaufbau aus dem 17. Jh. stammen. Die Bürger von Osaka sammelten eigenständig Spendengelder, um den Burgfried wiederaufzubauen. 1931 wurde der neue Turm eröffnet, an dessen Dachtraufen glitzernde Blattgold-Tiger schleichen.

Nachts wird die Burg mit Flutlicht angestrahlt (und sieht dadurch aus wie ein Geist, der über dem Boden schwebt). An einem warmen Tag erwischt man manchmal einheimische Musiker, die auf dem Rasen spontan aufspielen. Am schönsten (und am vollsten) sind Burg und Park während der Kirschblüte und im Herbst, wenn sich die Blätter färben.

Osaka Geschichtsmuseum MUSEUM
(大阪歴史博物館, Osaka Rekishi Hakubutsukan; Karte S. 392; www.mus-his.city.osaka.jp; 4-1-32 Ōtemae, Chūō-ku; Erw./Kind 600/400 ¥, Kombiticket mit der Burg Osaka 900 ¥; ⊙9.30–17, Fr bis 20 Uhr, Di geschl.; Ⓢ Tanimachi- oder Chūō-Linie bis Haltestelle Tanimachi 4-chōme, Ausgang 9) Das Museum wurde auf den Ruinen des Naniwa-Palastes (ca. 650) errichtet, die man durch den Fußboden im Erdgeschoss sehen kann. Es erzählt Osakas Geschichte ab der Zeit dieses frühen Palastes bis Anfang des 20. Jhs. Englischsprachige Erklärungen sind dünn gesät, aber viele Displays sind sehr anschaulich gestaltet – man kann z. B. durch eine Nachbildung des Stadtlebens spazieren. Außerdem gibt's Audioguides auf Englisch (200 ¥). Vom 10. Stock hat man einen tollen Blick auf Osaka-jō.

Das Museum liegt gleich südwestlich des Burgparks in einem segelförmigen Gebäude neben dem NHK Broadcast Center.

Minami ミナミ

Minami („Süden") umfasst die Viertel Namba, Shinsaibashi, Dōtombori und Amerika-Mura und ist das etwas verrückte Gegenstück zum soliden Kita. Hier findet man

Minami (Shinsaibashi & Namba)

die schrillen Neonschilder und das pulsierende Straßenleben, wie man es von Osaka erwartet. Tagsüber ist Minami vor allem Einkaufszone, abends und nachts übernehmen die Restaurants, Bars, Clubs und Theater das Feld.

Die U-Bahnstationen Namba und Shinsaibashi, beide auf der Midō-suji-Linie, sind die richtige Wahl für die Gegend.

★ **Amerika-Mura** VIERTEL
(アメリカ村, Amerikanisches Dorf, Ame-Mura; Karte S. 396; Nishi-Shinsaibashi, Chūō-ku; S Midō-suji-Linie bis Shinsaibashi, Ausgang 7) Im Amerika-Mura, westlich des Midō-suji, finden sich jede Menge hippe, unkonventionelle Läden für ein junges Publikum, Cafés, Bars, Tätowierstudios und Piercing-Salons, Nachtclubs, Friseurläden sowie ein paar diskrete Love Hotels. Mittendrin liegt der **Triangle Park** (三角公園, Sankaku-kōen; Karte S. 396), ein Park ganz aus Beton, auf dessen Bänken man sich ausruhen und das modische Défilée beobachten kann. Nachts ist es ein beliebter Treffpunkt.

Überall im Viertel fallen merkwürdige Straßenlampen ins Auge. Sie ähneln Strichmännchen, und einige wurden von Künst-

Minami (Shinsaibashi & Namba)

Sehenswertes
1 Amerika Mura B2
2 Dōtombori C3

Schlafen
3 Ebisu-bashi C3
4 Hōzen-ji C3
5 Hōzen-ji Yokochō C3
6 Kani Dōraku Honten C3
7 Kuromon Ichiba D4
8 Nakaza Cuidaore Building C3
9 Triangle Park B2

Aktivitäten, Kurse & Touren
10 Tombori-Flussweg C3

Schlafen
11 Capsule Hotel Asahi Plaza Shinsaibashi B2
12 Cross Hotel Osaka B3
13 First Cabin Midosuji Namba B4
14 Kaneyoshi Ryokan D3
15 Khaosan World Namba B4
16 Osaka Hana Hostel B2

Essen
17 Chibō C3
18 Daruma Dōtombori-ten C3
19 Imai Honten C3
20 Shoubentango-tei C3
21 Wanaka Amerika-mura-ten B2
22 Wanaka Honten C5
Za Ikaga .... (siehe 21)

Ausgehen & Nachtleben
Circus .... (siehe 16)
23 Jun-kissa American C3
24 Misono Building D4
25 Rock Rock B1

Shoppen
26 Dōguya-suji Arcade C5
27 Flake Records A2
28 Namba Parks C5
29 Shinsaibashi-suji Shōtengai C2
30 Standard Books B2

Praktisches
31 Comic & Internet Cafe Aprecio C5
32 HIS Osaka Touristeninformationszentrum B1
33 Südkoreanisches Konsulat B3

Transport
34 Osaka City Air Terminal A4

lern gemalt: das **Wandbild „Friede auf Erden“** (1983) des aus Osaka stammenden Künstlers Seitaro Kuroda und natürlich eine kleine **Freiheitsstatue**.

Der seltsame Name Ame-Mura bezieht sich auf die vielen Geschäfte, die hier nach dem Zweiten Weltkrieg eröffneten und US-Produkte wie Zippo-Feuerzeuge und T-Shirts verkauften.

★ Dōtombori — VIERTEL

(道頓堀; Karte S. 396; www.dotonbori.or.jp; Ⓢ Midō-suji-Linie bis Haltestelle Namba, Ausgang 14) Das äußerst fotogene Dōtombori ist wohl Osakas lebhaftestes Ausgehviertel und das Zentrum des Stadtteils Minami (Süden). Sein Name stammt vom 400 Jahre alten Dōtombori-gawa-Kanal, den heute Fußwege säumen. Unzählige Leuchtreklametafeln spiegeln sich hier glitzernd im Wasser. Auf keinen Fall das berühmte Schild vom **rennenden Glico-Mann** verpassen. Südlich vom Kanal liegt eine Fußgängerzone, in der Dutzende Restaurants mit auffälligen Neonschildern um Aufmerksamkeit werben.

Die beste Aussicht hat man von der Brücke **Ebisu-bashi** (戎橋; Karte S. 396) am westlichen Ende der Straße

Hōzen-ji — BUDDHISTISCHER TEMPEL

(法善寺; Karte S. 396; http://houzenji.jp; 1-2-16 Namba, Chūō-ku; Ⓢ Midō-suji-Linie nach Namba, Ausgang 14) Versteckt in einer schmalen Gasse beherbergt dieser winzige Tempel die dick mit Moos bedeckte Statue von Fudō Myō-ō (eine Gottheit im esoterischen Buddhismus). Sie ist beliebt bei Leuten, die sich mit *mizu shōbai* („Wasserhandel“ – ein Euphemismus für das sexuell aufgeladene Nachtleben) beschäftigen und vor der Arbeit kurz hier vorbeigucken, um die Figur mit Wasser zu bespritzen.

Die Straße **Hōzen-ji Yokochō** (法善寺横丁, Hōzen-ji Alley; Karte S. 396; Ⓢ Midō-suji-Linie bis Haltestelle Namba, Ausgang 14) ist gespickt mit traditionellen Restaurants und Bars und erstreckt sich zwischen dem Tempel und den Sennichi-mae-Shoppingarkaden.

Kuromon Ichiba — MARKT

(黒門市場, Kuromon-Markt; Karte S. 396; www.kuromon.com; Nipponbashi, Chūō-ku; ⏲ die meisten Läden 10–17 Uhr, So geschl.; Ⓢ Sakai-suji-Linie bis Haltestelle Nipponbashi, Ausgang 10) Seit mehr als einem Jahrhundert ist dieser 600 m lange Markt ein Wahrzeichen von Osaka. Er dient gleichzeitig als lebhafter Handelsplatz und als Touristenattraktion.

Stadtspaziergang
Sehenswertes in Minami

START HALTESTELLE SHINSAIBASHI
ZIEL HALTESTELLE SHINSAIBASHI
LÄNGE/DAUER 2,5 KM; 2½ STD.

Los geht's mit einem Bummel auf der **1 Shinsaibashi-suji** (S. 399), der berühmten überdachten *shōtengai* (Marktstraße) von Shinsaibashi. Vor der Arkade liegt die **2 Ebisu-bashi** (S. 397). Die Brücke ist ein beliebter Ort für Fotos vom Dōtombori-gawa. Zwischen den Leuchtschildern, die den Kanal säumen, grüßt der immer fröhliche Glico-Läufer.

Vorbei am **3 Kani Dōraku Honten**, dem Restaurant mit der Riesenkrabbe über dem Eingang geht's zur Hauptstraße Dōtombori. Dort bringen Restaurants und Essensständen mit ausgefallenen Werbetafeln Lebensmittel aus Plastik auf ein neues Level. Ausschau halten nach dem trommelnden mechanischen Clown Kuidaore Tarō am **4 Nakaza Cuidaore Building** (S. 401), das Maskottchen der Esskultur der Stadt.

Vor der großen Kuh biegt man rechts in die Sennichi-mae-Passage ein und wendet sich an der Kopfsteinpflastergasse mit dem hölzernen Schild zur **5 Hōzen-ji Yokochō** (S. 397) nochmals nach rechts. Plötzlich ist man in einem älteren, ruhigeren Teil Osakas angekommen. Am Ende der Gasse geht man nach links und durch das Tempeltor in den kleinen **6 Hōzen-ji** (S. 397). Hinter dem Tempel geht's zurück zur Dōtombori. Man kreuzt die Tazaemon-bashi und wendet sich nach links zum **7 Tombori-Flussweg** – die Promenade, die entlang des Kanals verläuft.

Man passiert den Shinsaibashi-suji und geht nach rechts in den Bezirk Amerika-Mura, ein spannender Ort für die Abendplanung. *Ika-yaki* (gegrillter Tintenfisch) gibt's im **8 Za Ikaga** (S. 408), *tako-yaki* in der Filiale des berühmten **9 Wanaka** (S. 408) direkt daneben. Man kann es direkt auf der Straße verputzen oder mitnehmen in den **10 Triangle Park** (S. 396) – der beliebte Versammlungsort dieses Bezirks. Dann verbringt man den Abend mit einer Kneipentour durch Amerika-Mura oder macht sich wieder auf zum Bahnhof Shinsaibashi.

Das Angebot an frischem Fisch, Fleisch, Marktprodukten und Pickles lockt Profi- und Hobbyköche an. Es gibt Sushi zum Mitnehmen oder man lässt sich die Steaks, Austern oder anderen Produkte, die dort verkauft werden, frisch auf dem Grill zubereiten – der Markt eignet sich perfekt zum Schlendern *und* als Fotomotiv.

Tennōji & Umgebung

Abeno Harukas BEMERKENSWERTES GEBÄUDE

(あべのハルカス; Karte S. 392; www.abenoharukas300.jp; 1-1-43 Abeno-suji, Abeno-ku; Aussichtsplattform 1500 ¥; Aussichtsplattform 9–22 Uhr; Midō-suji-Linie bis Haltestelle Tennōji, JR-Ringbahn bis Haltestelle Tennōji) Dieser von Cesar Pelli entworfene und im März 2014 eröffnete Büroturm ist Japans höchstes Gebäude (300 m, 60 Stockwerke). In seinem Innern befinden sich Japans größtes Warenhaus (Kintetsu, Stockwerke B2–14), das **Kunstmuseum Abeno Harukas** (あべのハルカス美術館; Karte S. 392; 06-4399-9050; www.aham.jp; 16. OG, Abeno Harukas, 1-1-43 Abeno-suji, Abeno-ku; Eintritt variiert je nach Ausstellung; Di–Fr 10–20, Sa & So 10–18 Uhr), ein Hotel, Büros und Restaurants. Die Aussichtsplattform im 16. Stock ist kostenlos, für die **Aussichtsterrasse Harukas 300** ganz oben zahlt man Eintritt und wird mit einem Rundumblick auf die ganze Region Kansai belohnt, durch Fenster, die über mehrere Stockwerke gehen. Es gibt auch ein oben offenes Atrium.

Das Abeno Harukas ist zwar Japans höchstes Gebäude, Japans höchstes Bauwerk ist jedoch mit 634 m der Tokyo Sky Tree (S. 107).

Shin-Sekai VIERTEL

(新世界; Karte S. 392; Naniwa-ku; Midō-suji-Linie bis Haltestelle Dōbutsuen mae, Ausgang 5) Vor einem Jahrhundert befand sich in Shin-Sekai („neue Welt") ein seinerzeit topmoderner Vergnügungspark. Heute trifft in diesem Amüsierviertel leicht Heruntergekommenes auf Retro-Schick. Mittendrin steht der verkrustete, aber stabile 103 m hohe Stahlturm **Tsūten-kaku** (通天閣; Karte S. 392; 06-6641-9555; www.tsutenkaku.co.jp; 1-18-6 Ebisu-higashi, Naniwa-ku; Erw./Student/Kind 700/500/300 ¥; 9–21 Uhr; JR-Ringbahn bis Shin-Imamiya), der 1912 gebaut und 1956 umgebaut wurde. Ringsum findet man alte *Pachinko-* und Mahjong-Spielhallen, die einige dubiose Gestalten anlocken. Trotz allem strömen noch immer jede Menge Besucher nach Shin-Sekai – auf der Suche nach Nostalgie und billigen Lokalen, die sich hinter den knalligen Neonschilder-Fassaden verbergen, besonders für *kushikatsu* (frittiertes Fleisch und Gemüse am Spieß (S. 406).

OSAKA IN EINEM TAG

Los geht's mit einem Besuch der Osaka-jō (S. 395); auf dem Weg schnell bei Gout (S. 407) reinhüpfen, um Gebäck zu kaufen, das man auf den Wiesen der Burg genießen kann. Danach mit der Tanimachi-U-Bahnlinie nach Higashi-Umeda, um dem tragischen Liebespaar Ohatsu und Tokubei im O-hatsu Ten-jin (S. 393) die Aufwartung zu machen. Mittags kehrt man auf einen Okonomiyaki im nahegelegenen Yukari (S. 407) ein.

Mit der Midō-suji-Linie in Umeda geht's weiter nach Yodoyabashi, wo man am Fluss entlang zum Moto Coffee (S. 409) schlendert. Mit der U-Bahn fährt man runter nach Shinsaibashi, flaniert durch **Shinsaibashi-suji Shōtengai** (心斎橋筋商店街; Karte S. 396; www.shinsaibashi.or.jp) und über die Ebisu-bashi (S. 397), bevor man sich zu den Nachtschwärmern im neonbeleuchteten Dōtombori (S. 397) gesellt. Es gibt hier zahlreiche Lokale, wie das Imai Honten (S. 408) und das Shoubentango-tei (S. 408). Am Schluss geht's rüber nach Amerika-Mura (S. 396), wo sich Bars und Clubs tummeln.

Liberty Osaka MUSEUM

(大阪人権博物館, Menschenrechtsmuseum Osaka; Karte S. 392; 06-6561-5891; www.liberty.or.jp; 3-6-36 Naniwa nishi, Naniwa-ku; Erw./Student/Kind 500/300/200 ¥; Mi–Fr 10–16, Sa 13–17 Uhr, So, Mo & 4. Fr geschl.; Midō-suji-Linie bis Haltestelle Daikoku-chō, Ausgang 5, JR-Ringbahn bis Haltestelle Imamiya) Japans erstes Menschenrechtsmuseum startete 1985 als Dokumentenarchiv mit Bezug zur *burakumin* – die unterste Kaste des alten Feudalsystems (deren Zugehörige bis in die moderne Zeit Diskriminierungen ausgesetzt waren). Seitdem ist das Museum gewachsen, um auch andere Themenbereiche abzudecken, von Sexualpolitik bis zu den Problemen der Japaner koreanischer Herkunft, und porträtiert unerschrocken das moderne Japan. Für ausländische Besucher gibt's einen Audioguide auf Englisch und eine Broschüre mit den Übersetzungen einiger (wenn auch nicht aller) Ausstellungsstücke.

Sumiyoshi Taisha SHINTO-SCHREIN
(住吉大社; www.sumiyoshitaisha.net; 2-9-89 Sumiyoshi, Sumiyoshi-ku; Sonnenauf- bis Sonnenuntergang; Hankai-Linie bis Haltestelle Sumiyoshi-torii-mae, Nankai-Linie bis Haltestelle Sumiyoshi-taisha) GRATIS Der im frühen 3. Jh. gegründete Schrein ist den Shintō-Gottheiten des Meeres und der Seereisen gewidmet. Er gilt als eine Art Hauptsitz aller japanischen Sumiyoshi-Schreine. Die heutigen Bauwerke sind getreue Nachbildungen der antiken Originale, einige stammen von 1810. Durch die Anlage fließt ein von Bäumen und Laternen gesäumtes Gewässer, über das eine leuchtend orange Trommelbrücke führt. Dieser Shintō-Schrein ist ein seltenes Exemplar aus der Zeit, bevor sich der chinesisch geprägte buddhistische Baustil durchsetzte.

Die Bahnen der Hankai-Linie ab Tennōji halten direkt vorm *torii* (Shintō-Schreintor).

ABSTECHER

MOMOFUKU ANDŌ INSTANT RAMEN-MUSEUM

Seit der schlichten Erfindung von Andō Momofuku (1910–2007; später Vorsitzender von Nissin Foods) im Jahr 1958 haben sich Instant-Ramen zu einem weltumfassenden Geschäft und einem der bekanntesten Exportartikel Japans entwickelt. Die Exponate dieses **Museums** (インスタントラーメン発明記念館; 072-752-3484; www.instantramen-museum.jp; 8-25 Masumi-cho, Ikeda; 9.30–16 Uhr, Di geschl.; Hankyū-Linie bis Haltestelle Hankyū Ikeda, Ausgang Ost) GRATIS zeigen den Geburtsort der Instant-Nudeln und ihre Herstellung; zudem wird in einem „Tunnel" aus Nissin-Produkten das Verpackungsdesign eines halben Jahrhunderts präsentiert. Das Highlight ist aber die Gestaltung eines individuellen Päckchens Instant-Nudeln samt Schüssel (300 ¥) zum Mitnehmen und späteren Essen.

Man sollte sich unbedingt den kostenlosen englischen Audioguide (2000 ¥ Kaution) geben lassen. An den Wochenenden sind die Schlangen hier oft lang. Von der Haltestelle sind es noch etwa zehn Gehminuten. Man nimmt den Ost-Ausgang, geht die Treppe runter, biegt nach links ab und wendet sich an der Touristeninformation nach rechts, das Museum befindet sich auf der rechten Seite.

Tempōzan 天保山

Wer durch die urbanen Viertel Kita oder Minami stapft, vergisst schnell, dass Osaka eine Hafenstadt ist. Abhilfe schafft der Küstenort Tempōzan, dessen Attraktionen vor allem für Familien interessant sind. Man fährt mit der Chūō-Linie bis zur Haltestelle Osaka-kō, steigt die Treppen von Ausgang 1 hinunter und geht Richtung Riesenrad.

Osaka Aquarium Kaiyūkan AQUARIUM
(海遊館; 06-6576-5501; www.kaiyukan.com; 1-1-10 Kaigan-dōri, Minato-ku; Erw./Kind 2300/1200 ¥; 10–20 Uhr; Chuō-Linie bis Haltestelle Osaka-kō, Ausgang 1) Kaiyūkan ist eins der besten Aquarien Japans. Ein 800 m langer Gang führt vorbei an den Becken mit Meeresbewohnern aus den Ozeanen rund um den Pazifischen Feuerring: antarktische Pinguine, Falterfische aus den Korallenriffen, unglaublich niedliche arktische Otter, Robben aus der Monterey Bay und außerirdisch anmutende Tiefsee-Quallen. Am meisten beeindruckt das riesige Hauptbassin, in dem ein Walhai, MantaRochen und Tausende andere Fische schwimmen. Es werden allerdings auch Delfine gehalten, was manchen Besuchern vielleicht nicht behagt, da es sich zunehmend abzeichnet, dass die Gefangenschaft für diese Tiere schädlich ist.

Es gibt gute Erklärungen auf Englisch, noch informativer ist aber der Audioguide (500 ¥). Hier tummeln sich immer viele Familien und Schulgruppen.

Das **Osaka Kaiyu Ticket** (www.kaiyukan.com/language/eng/kaiyu.html; Erw./Kind 2550/1300 ¥) beinhaltet den Eintritt ins Aquarium, unbegrenzte Nutzung der U-Bahn und den ermäßigten Zugang zu anderen Sehenswürdigkeiten. Erhältlich an jeder U-Bahn-Station.

Großes Riesenrad RIESENRAD
(大観覧車, Daikanransha; www.kaiyukan.com/thv/ferriswheel; 1-1-10 Kaigan-dōri, Minato-ku; Eintritt 800 ¥; 10-22 Uhr; Chuō-Linie bis Haltestelle Osaka-kō, Ausgang 1) Mit 112 m Höhe zählt dieses Riesenrad zu den größten der Welt. Der Ausblick über die Bucht von Osaka und das schier endlose Ballungsgebiet von Osaka und Kōbe ist unschlagbar. Ein besonderes Erlebnis ist das riesige nächtliche Lichtermeer.

OSAKAS IKONEN

New York hat die Freiheitsstatue, Brüssel das Mannekin Pis, und Osaka kann sich sogar zweier Ikonen rühmen, die man eigentlich überall in der Stadt sieht.

Kuidaore Tarō Ein (ziemlich gruselig aussehender) Clown, der eine Trommel schlägt und leicht an seiner rot-weiß gestreiften Kleidung und der runden Brille zu erkennen ist. Er repräsentiert Osakas Kultur des *kuidaore* (Essen bis zum Umfallen). Den berühmtesten Kuidaore Tarō findet man in der Lobby des **Nakaza Cuidaore Buildings** (中座くいだおれビル; Karte S. 396; 1-7-21 Dōtombori, Chūō-ku; Ⓢ Midō-suji-Linie bis Haltestelle Namba, Ausgang 14) in Dōtombori.

Billiken (Karte S. 392) Der ewig lächelnde Billiken sitzt mit ausgestreckten Füßen wie eine goldene Kewpie-Puppe auf einem Podest mit der Aufschrift „The God of Things as they Ought to Be" („Der Gott der Dinge, wie sie sein sollten"). Er wurde Anfang 1900 von einem Kunstlehrer in Kansas City, Missouri, USA, als eine Art Glücksbringer erfunden. In Osaka hatte Billiken 1912 seinen ersten Auftritt bei der Eröffnung des Turmes Tsūten-kaku (S. 399). Eine Billiken-Figur soll ihrem Besitzer Glück bringen, ganz besonders, wenn sie ein Geschenk ist.

Banpaku-kinen-kōen

Im Banpaku-kinen-kōen, auch Senri Expo Park genannt, fand 1970 die Expo statt – die erste Veranstaltung dieser Art in Japan und eine große Sache für Osaka. Von den (für die damalige Zeit) zukunftsorientierten Einrichtungen ist nicht mehr viel übrig: Heute befindet sich hier ein ausgedehnter Park mit dem besten Museum der Stadt. Banpaku-kinen-kōen ist eine Haltestelle auf der Osaka Monorail, die sich mit den U-Bahn-Linien Midō-suji und Tanimachi sowie der Linie Hankyū Kyoto überschneidet.

★ Nationales Völkerkundemuseum MUSEUM
(国立民族学博物館; ☎ 06-6876-2151; www.minpaku.ac.jp; 10-1 Senri Expo Park, Suita; Erw./Kind 420/110 ¥; ⏲ 10–17 Uhr, Mi geschl.; Osaka Monorail bis Haltestelle Banpaku-kinen-kōen) Das ehrgeizige Museum zeigt die kontinuierlichen (und verwobenen) Stränge der Weltkulturen. Es sind viele traditionelle Masken, Textilwaren und Keramik ausgestellt, aber auch Schilder ghanaischer Friseurläden, Bollywood-Filmposter und sogar ein Jeepney (Kleinbus) von den Philippinen. Nicht verpassen sollte man das Musikzimmer, wo man über ein Touchpanel Straßenkünstlern auf der ganzen Welt zusehen kann. Zusätzlich gibt's Exponate zur Geschichte Okinawas und Japans indigener Ainu-Kultur. Die Beschilderungen sind auf Englisch, aber der Audioguide ist genauer.

Turm der Sonne SKULPTUR
(太陽の塔, Taiyō-no-tō; Senri Expo Park, Suita; Osaka Monorail bis Haltestelle Banpaku-kinen-kōen) Für die Expo 1970 in Osaka baute der japanische Künstler Okamoto Tarō diesen 70 m hohen Turm der Sonne. Die ausgefallene Kreatur mit den drei Gesichtern (ein Gesicht ist hinten) wird seit Jahrzehnten diskutiert (und kritisiert), aber sie ist zweifellos zum Symbol geworden – nicht nur für die Expo, sondern auch für die Energie und den Optimismus, die sie umgaben.

Aktivitäten

★ Spa World ONSEN
(スパワールド; Karte S. 392; ☎ 06-6631 0001; www.spaworld.co.jp; 3-4-24 Ebisu-higashi, Naniwa-ku; 3 Std./Tageskarte Mo–Fr 2400/2700 ¥, Sa & So 2700/3000 ¥, 24–5 Uhr zusätzlich 1300 ¥; ⏲ 10 Uhr–8.45 Uhr; Ⓢ Midō-suji-Linie bis Haltestelle Dōbutsu-en-mae, Ausgang 5, Ⓡ JR-Ringbahn bis Haltestelle Shin-Imamiya) Der Name „Spa World" ist nicht nur eine schöne Worthülse: Dieser gigantische siebenstöckige Onsen-Badekomplex (Thermalbad) mit Dutzenden Optionen von Sauna bis Salzbad ist wie eine Vereinigung vieler Länder gestaltet, darunter Japan, Finnland, Kanada, das alte Rom und sogar Atlantis. Die „asiatischen" und die „europäischen" Badezonen sind nach Geschlechtern getrennt (gebadet wird nackt, Handtücher werden gestellt) und wechseln monatlich. In den Pools, Restaurants und *ganbanyoku* (Steinbäder; zusätzliche 600 bis 1000 ¥) trägt man Badesachen (für 600 ¥ leihen oder eigene mitbringen) oder spezielle Bekleidung, die bereitgestellt wird.

Viele Besucher halten sich hier stundenlang auf, um zu baden und in den vielen

NICHT VERSÄUMEN

BUNRAKU

Bunraku ist das traditionelle japanische Puppentheater mit fast lebensgroßen Puppen und schwarz gekleideten Puppenspielern, die sich mit auf der Bühne befinden und dramatische Geschichten über Liebe, Pflicht und Politik heraufbeschwören. Die Kunstform stammt zwar ursprünglich nicht aus Osaka, wurde hier aber bekannt. Der berühmteste *bunraku*-Autor Chikamatsu Monzaemon (1653–1724) schrieb Stücke über die Kaufleute von Osaka und über die Bewohner der Vergnügungsviertel – soziale Klassen, die in der japanischen Kunst jener Zeit in der Regel nicht vorkamen. Es überrascht nicht, dass *bunraku* unter ihnen viele Anhänger fand und in Dōtombori eigens ein Theater für Chikamatsus Stücke eröffnet wurde. Die UNESCO hat *Bunraku* auf die Liste des immateriellen Kulturerbes aufgenommen, und das **Nationale Bunraku-Theater** (S. 410) bemüht sich mit Aufführungen sowie mit Ausstellungen über die Geschichte, die Puppenspieler und die Hauptfiguren des *bunraku*, diese Tradition lebendig zu erhalten. Mehr darüber erfährt man auf der Website des Japan Arts Council: www2.ntj.jac.go.jp/unesco/bunraku/en.

zwanglosen Lokalen zu essen. Es gibt sogar Entspannungsräume mit Lehnstühlen, wo man die Nacht verbringen kann. Personen mit Tätowierungen ist der Zutritt nicht gestattet.

Universal Studios Japan VERGNÜGUNGSPARK
(ユニバーサルスタジオジャパン, Universal City; ☎0570-200-606; www.usj.co.jp; 2-1-33 Sakura-jima, Konohana-ku; Tageskarte Erw./Kind 7400/4980 ¥, Zweitagespass 12 450/8420 ¥; ⏰ je nach Saison; 🚉 JR-Yumesaki-Linie bis Haltestelle Universal City) Die nach dem Vorbild entsprechender Parks in den USA erbauten „USJ" versammeln unzählige Fahrgeschäfte, Shows, Läden und Restaurants mit Bezug zu Kinofilmen. Das Highlight ist die 45 Mio. ¥ (!) teure **Wizarding World of Harry Potter**, die 2014 eröffnet wurde. Sie besteht aus einer erstaunlich detailgetreuen Nachbildung des Dorfes Hogsmeade (Geschäfte für Zauberstäbe, Gryffindor-Umhänge und Butterbier) und aus der aufregenden Fahrt „Harry Potter und die verbotene Reise" durch die Hogwarts-Schule. Die Eintrittszeit für die Zauberwelt ist jeweils auf dem Ticket ausgewiesen. Karten und Schilder sind auch auf Englisch beschriftet, doch Erzählungen und Unterhaltungsprogramme erfolgen ausschließlich auf Japanisch.

An den Hauptattraktionen warten häufig lange Schlangen (bei der Harry-Potter-Fahrt sind 90 Minuten und mehr nicht ungewöhnlich). Die USJ bieten verschiedene „Schnellpässe", mit denen man sich nicht hinten anstellen muss, sondern an den Warteschlangen vorbeimarschieren darf, sie kosten allerdings mehr.

Für 2020 angeblich in Planung: eine Nintendo-Attraktion.

Zum Park fährt man mit der JR-Ringbahn bis zur Haltestelle Nishi-kujō und steigt dort in die JR-Yumesaki-Linie zu den Universal Studios (gesamte Strecke 180 ¥, 15 Min.). Von der JR-Haltestelle Osaka verkehren auch Direktzüge (zum gleichen Preis).

Tombori River Cruise BOOTSFAHRTEN
(とんぼりリバークルーズ; Karte S. 396; ☎06-6441-0532; www.ipponmatsu.co.jp/cruise/tombori.html; Don Quijote Bldg., 7-13 Sōemon-chō, Chūō-ku; Erw./Kind 900/400 ¥; ⏰ Mo–Fr 13–21, Sa & So 11–21 Uhr; Ⓢ Midō-suji-Linie bis Haltestelle Namba, Ausgang 14) Um den Menschenmassen in Dōtombori zu entkommen, kann man zum Beispiel einfach auf ein Boot hüpfen. Tomboris kurze 20-Minutentrips vorbei an den Neonschildern fahren zur vollen und zur halben Stunde. Nachts ist es am schönsten – und deshalb auch am beliebtesten und am schnellsten belegt. Tickets werden ab einer Stunde vor Start der ersten Bootsfahrt des Tages am Pier verkauft. Besitzer eines „Osaka Amazing Pass" fahren umsonst.

Die Rezeption ist im 1. Stock des Don Quijote Bldg. (Zu erkennen an dem seltsam geformten Riesenrad oben drauf).

Geführte Touren

★ **Cycle Osaka** RADTOUREN
(Karte S. 392; ☎080-5325-8975; www.cycleosaka.com; 2-12-1 Sagisu, Fukushima-ku; halber/ganzer Tag 5000/10 000 ¥; 🚉 JR-Ringbahn bis Haltestelle Fukushima) Englischsprachige Guides unternehmen gut organisierte Touren zu bekannten und weniger bekannten Sehenswürdigkeiten, entlang des Flussufers und durch die Märkte. Besonders empfehlens-

wert ist die Essensroute (8000¥). Der Preis beinhaltet Fahrrad- und Helmverleih, Wasser und Verpflegung.

Ofune Camome BOOTSFAHRTEN
(御舟かもめ; Karte S. 392; www.ofune-camome.net; Bootsfahrten 2100–4200¥, Kinder die Hälfte; S Tanimachi-Linie bis Haltestelle Temmabashi, Ausgang 18) Das kleine Holzboot mit ein paar Sitzsäcken an Deck schippert an Nakanoshima entlang den Yodo-gawa rauf und runter. Da es so klein ist, gelangt das Boot außer bei sehr hoher Flut an Orte, die größere Kähne nicht erreichen. Der Kapitän spricht Englisch und erklärt die Bedeutung der Gebäude und Brücken. Man sollte mindestens drei Tage im Voraus buchen.

Feste & Events

★ **Tenjin Matsuri** KULTUR
(天神祭; www.tenjinmatsuri.com; 24. & 25. Juli) Dies ist eins der drei größten Feste Japans. Am besten besucht man es am zweiten Tag, dann starten vom Temman-gū in Osaka Prozessionen mit *mikoshi* (tragbaren Schreinen) und Menschen in traditionellen Gewändern. Ziel sind die Hunderte von Booten auf dem O-kawa. Sobald es dunkel ist, wird ein riesiges Feuerwerk entzündet.

Kishiwada Danjiri Matsuri KULTUR
(岸和田だんじり祭; Sept.) Osakas lebhaftestes Festival am 3. Wochenende im September erinnert an ein Stiertreiben, aber mit *danjiri* (Festwagen), von denen viele über 3000 kg wiegen. Hunderte von Menschen ziehen sie an Seilen durch die Straßen. Besucher sollten sich vorsichtig im Hintergrund halten. Der zweite Festtag ist das Highlight.

Am besten postiert man sich westlich der Haltestelle Kishiwada an der Nankai-Hauptlinie (ab der Haltestelle Nankai).

Schlafen

In Osaka gibt's zahlreiche Unterkünfte für jedes Budget, darunter ein paar stylische neue Hostels und Pensionen. Optionen im mittleren Preissegment findet man am besten in einer Hotelkette. Hochklassigere Domizile bieten mehr Komfort und tollen Ausblick. Außerdem gibt's *ryokan*- und Kapselhotels. Rabatte findet man auf den Websites, am Wochenende steigen die Preise gerne mal um 10 bis 20 %. Minami bietet eine größere Auswahl an Bars, Restaurants und Geschäften; Kita ermöglicht den schnellen Zugang zum Fernverkehr.

Kita (Umeda)

U-en PENSION ¥
(由苑; Karte S. 392; 06-7503-4394; www.hostelosaka.com; 2-9-23 Fukushima, Fukushima-ku; B/DZ ab 2800/6600¥; JR-Ringbahn bis Haltestelle Fukushima) In einer ruhigen Straße bietet das restaurierte jahrhundertalte Stadthaus sieben Zimmer im Obergeschoss mit verschiedenen Betten: Futons und Tatamimatten in Privatzimmern und Etagenbetten oder Kapseln (mit Vorhang, Schließfach und Regalbrett) in Schlafsälen. Es ist liebevoll gemacht, aber die schönen Details, wie Papier-*shōji*-Türen, machen es auch sehr hellhörig. Das Personal spricht Englisch und man kann Fahrräder ausleihen (500¥/Tag).

Unten drunter befindet sich ein tolles Café, wo man morgens Kaffee (ab 400¥) und Croissants bekommt (oder Bier am Abend).

Hearton Hotel Nishi-Umeda BUSINESSHOTEL ¥¥
(ハートンホテル西梅田; Karte S. 394; 06-6342-1122; www.hearton.co.jp; 3-3-55 Umeda, Kita-ku; EZ/2BZ/3BZ ab 8100/11 400/15 000¥; S Yotsubashi-Linie bis Haltestelle Nishi-Umeda, JR-Linie Osaka, Ausgang Sakurabashi) Dieses große Businesshotel mit 18 Stockwerken und 430 Zimmern setzt zwar keine neuen Maßstäbe in puncto Stil, wartet aber mit freundlichen Mitarbeitern, sauberen, komfortablen Zimmern, einem japanisch-westlichen Frühstücksbüfett (1080¥ extra) und Waschmaschinen auf – und das alles nur einen Katzensprung vom JR-Bahnhof Osaka und von der U-Bahn entfernt. Wer den Lärm der Züge scheut, fragt nach einem Zimmer gen Süden.

OSAKAS KURTAXE

Am 1. Januar 2017 führte Osaka eine Kurtaxe ein, die pro Person und Nacht erhoben wird:

- 100¥ für Unterkünfte, die 10 000–14 999¥ pro Person und Nacht berechnen
- 200¥ für Unterkünfte, die 15 000–19 999¥ pro Person und Nacht berechnen
- 300¥ für Unterkünfte, die mehr als 20 000¥ pro Person und Nacht berechnen

Es ist wahrscheinlich, dass die Unterkünfte Gebühren sowie die angegebenen Sätze pro Nacht berechnen.

Hotel Sunroute Umeda BUSINESSHOTEL ¥¥
(ホテルサンルート梅田; Karte S. 394; ☎ 06-6373-1111; www.sunroute.jp; 3-9-1 Toyosaki, Kita-ku; EZ/DZ ab 7020/12 960 ¥; ; Ⓢ Midō-suji-Linie bis Haltestelle Nakatsu, Ausgang 4) Gerade noch nah genug an den Haltestellen der JR-Linie Osaka und der Linie Hankyū Umeda (etwa 15 Minuten zu Fuß), dass es eine praktisch Lage hat, aber dabei immer noch weit genug weg, um preiswert zu sein. Das Sunroute ist ein normales Businesshotel mit kleinen Zimmern und effizientem Service.

Naka-no-shima & Semba

Arietta Hotel HOTEL ¥¥
(アリエッタホテル大阪; Karte S. 392; ☎ 06-6267-2787; www.thehotel.co.jp; 3-2-6 Azuchi-machi, Chūō-ku; EZ/DZ inkl. Frühstück ab 8800/13 500 ¥; ; Ⓢ Midō-suji-Linie bis Haltestelle Honmachi, Ausgang 3) Zehn Gehminuten nördlich des Viertels Minami lockt das Arietta mit geräumigen Zimmern mit Holzböden und gefliestem Bad, freundlichen Mitarbeitern und einem einfachen Frühstück mit Brot, Kaffee und Saft – und das alles zu einem guten Preis. Vom Bahnhof kommend biegt man an der ersten Ecke rechts ab, nach zweieinhalb Blocks liegt es auf der rechten Straßenseite.

Mitsui Garden Hotel Osaka Premier HOTEL ¥¥¥
(三井ガーデンホテル大阪プレミア; Karte S. 392; ☎ 06-6444-1131; www.gardenhotels.co.jp/osaka-premier; 3-4-15 Naka-no-shima, Kita-ku; EZ/DZ/2BZ ab 18 000/28 000/32 000 ¥; ; Ⓢ Yotsu-bashi-Linie bis Haltestelle Higobashi, Ausgang 3) Das stattliche Hotel auf Naka-no-shima präsentiert sich modern und cool. Seine Zimmer sind mit Holzfußböden, klaren Linien, vielen Steckdosen und großen Bädern mit getrenntem Bad- und Toilettenbereich ausgestattet. Außerdem gibt's Gästewaschmaschinen und schöne Gemeinschaftsbäder. Für den besten Flussblick der Stadt nach einem Zimmer Richtung Osten fragen.

Auf der Website werden oft beträchtliche Rabatte angeboten (einige ausschließlich für Mitglieder des Clubs MHG, bei dem man sich kostenlos registrieren kann). Das Hotel liegt fünf Gehminuten von der U-Bahn-Haltestelle auf der anderen Flussseite, ein hoteleigener Shuttle verkehrt zum JR-Bahnhof Osaka.

> **INSIDERWISSEN**
>
> **OSAKAS BESTE LOVE HOTELS**
>
> Es haben noch ein paar *love hotels* – Hotels für amouröse Treffen – wie das **Hotel Fūki** (ホテル富貴; Karte S. 392; ☎ 06-6353-4135; www.hotelfuki.jp; 3-7-11 Higashi-Noda, Miyakojima-ku; Zi. ab 5600 ¥; Ⓡ JR-Ringbahn bis Haltestelle Kyobashi, Ausgang Nord) in Japan überlebt. Das Dekor ist angelehnt an die Kurtisanen-Boudoirs aus der Heian-Zeit (794–1185), an das Europa Ende des 19. Jhs. und die Swinging Sixties. Die aufwendigeren Zimmer (eins mit Bett in einem Holzboot) kosten 8950 ¥; draußen hängen Fotos. Man kann erst ab 19 Uhr einchecken.

Minami

★ **Hostel 64 Osaka** HOSTEL ¥
(Karrte S. 392; ☎ 06-6556-6586; www.hostel64.com; 3-11-20 Shinmachi, Nishi-ku; B/DZ ab 3500/8100 ¥; ; Ⓢ Chuō-Linie bis Haltestelle Awaza, Ausgang 2) In einem ruhigen Viertel, das 20 Gehminuten nordwestlich von Shinsaibashi liegt, befindet sich Osakas wahrscheinlich stylischstes Hostel – in einem Gebäude aus den 1960ern, das passend dazu mit Retro-Möbeln eingerichtet wurde. Man hat die Auswahl zwischen Doppelzimmern im japanischen und westlichen Stil sowie einem kleinen Schlafsaal, in dem Wandschirme die Betten voneinander abgrenzen. Der gemütliche Loungebereich dient außerdem als Café-Bar, und das Personal ist freundlich und kompetent.

Es gibt Gemeinschaftsbäder und keinen Aufzug. Den Bahnhof verlässt man nach rechts und geht bis zur dritten Ampel, dort biegt man rechts ab und an der ersten Kreuzung dann nach links. Eine eigens produzierte zweisprachige Karte auf Englisch und Japanisch deckt Osakas hippste „Hoods“ ab.

Osaka Hana Hostel HOSTEL ¥
(大阪花宿; Karte S. 396; ☎ 06-6281-8786; http://osaka.hanahostel.com; 1-8-4 Nishi-Shinsaibashi, Chūō-ku; B/2BZ/3BZ ab 3000/7800/10 200 ¥; ; Ⓢ Midō-suji-Linie bis Haltestelle Shinsaibashi, Ausgang 7) Mitten in Amerika-Mura bietet diese tolle Budgetunterkunft neben Sechsbettzimmern auch Privaträume im japanischen oder westlichen Stil,

KANSAI OSAKA

manche sogar mit eigenem Bad und Küchenzeile. Im Gemeinschaftsbereich befinden sich zwei Küchen/Loungebereiche sowie münzbetriebene Waschmaschinen. Das hilfsbereite Team weitgereister englischsprachiger Mitarbeiter leitet den Laden. Einziger Nachteil ist der Lärm von der Straße.

Khaosan World Namba HOSTEL ¥
(カオサンワールドなんば; Karte S. 396; ☎ 06-6632-7373; http://khaosan-tokyo.com/en/namba; 1-2-13 Motomachi, Naniwa-ku; B/DZ/4BZ ab 2800/7400/16 000 ¥; ; S Midō-suji-Linie bis Haltestelle Namba, Ausgang 13) Das große Hostel der Kette Khaosan wird von den vielen multilingualen Mitarbeitern wie ein gutes Hotel geführt. Man schläft in großen Stockbetten (wie Kapseln), die teureren Sechsbettzimmer sind mit Duschen ausgestattet. Es finden regelmäßig kulturelle Veranstaltungen statt und im Erdgeschoss gibt's eine Bar, die die soziale Atmosphäre in Schwung bringt.

First Cabin Midosuji Namba HOTEL ¥
(ファーストキャビン御堂筋難波; Karte S. 396; ☎ 06-6631-8090; www.first-cabin.jp; 4. OG, Namba Midōsuji Bldg., 4-2-1 Namba, Chūō-ku; Zi. ab 5900 ¥ pro Pers.; ; S Midō-suji-Linie bis Haltestelle Namba, Ausgang 13) Hier schläft man wie in der 1.-Klasse-Suite in einem Airbus 380 – aber in einem Bürogebäude. Die Kabinen, die durch Schiebetüren verschlossen werden, sind mit Fernseher, Schließfach und Steckdosen ausgestattet. Ebenso wie die Gemeinschaftsbäder und -duschen sind sie nach Geschlechtern getrennt. Das Personal ist freundlich und die Lage erstklassig mit direktem Zugang zur U-Bahn. Allerdings kann es laut werden – daher sollte man (genau wie im Flugzeug) Ohrstöpsel benutzen.

Capsule Hotel Asahi Plaza Shinsaibashi KAPSELHOTEL ¥
(カプセルホテル朝日プラザ心斎橋; Karte S. 396; ☎ 06-6213-1991; www.asahiplaza.co.jp; 2-12-22 Nishi-Shinsaibashi, Chūō-ku; Kapsel ab 3000 ¥; ; S Midō-suji-Linie bis Haltestelle Shinsaibashi, Ausgang 7) Ein klassisches Kapselhotel mit Gemeinschaftsbädern und mehr als 400 Schlafwaben auf getrennten Stockwerken für Männer und Frauen. Wegen der praktischen Lage in Ame-Mura finden sich hier viele ausländische Gäste, eine gute Wahl also für Kapselhotel-Neulinge. Das Gepäck, das nicht in die Schließfächer passt, kann am Empfang abgegeben werden (200 ¥/Tag).

Kaneyoshi Ryokan RYOKAN ¥¥
(かねよし旅館; Karte S. 396; ☎ 06-6211-6337; www.kaneyosi.jp; 3-12 Soemon-chō, Chūō-ku; ab 6480 ¥ pro Pers.; ; S Sennichimae-Linie bis Haltestelle Nipponbashi, Ausgang 2) Schon fast ein Jahrhundert im Geschäft und direkt am Viertel Dōtombori gelegen (die Zimmer nach hinten schauen auf den Fluss) ist das Kaneyoshi. Das jetzige Gebäude aus dem Jahr 1980 wirkt etwas altmodisch, doch die Mitarbeiter sind sehr bemüht, die Zimmer sauber und mit komfortablen Tatamimatten (dicht gewebten Bodenmatten) ausgestattet, und im obersten, dem 6. Stock, befindet sich ein einfaches Gemeinschaftsbad. Obwohl das *ryokan* direkt im Ausgehviertel liegt, werden die Türen um 1 Uhr nachts geschlossen.

Es gibt keine Nichtraucherzimmer (allerdings werden alle Räume gut gelüftet).

Cross Hotel Osaka HOTEL ¥¥¥
(クロスホテル大阪; Karte S. 396; ☎ 06-6213-8281; www.crosshotel.com/osaka; 2-5-15 Shinsaibashi-suji, Chūō-ku; DZ/2BZ ab 19 500 ¥; ; S Midō-suji-Linie bis Haltestelle Namba, Ausgang 14) Modernes urbanes Design, bei dem Schwarz, Weiß und Dunkelrot dominieren, prägt das Cross Hotel. Zwar gibt's nur durchschnittlich große Zimmer roß, doch die geräumigen Bäder im japanischen Stil sind ein seltenes Vergnügen. Der Service ist hervorragend, und wer sich eine noch zentralere Lage wünscht, müsste wohl unter der Ebisu-bashi-Brücke übernachten. Das Frühstücksbüfett (2375 ¥) ist billiger, wenn man ein Paket bucht; am Wochenende steigen die Preise um etwa 3000 ¥.

Essen

Kita (Umeda)

Es gibt unzählige Möglichkeiten zu essen, direkt an den Bahnhöfen Osaka und Umeda, in den unterirdischen Passagen und den zugehörigen Shoppingzentren. Südlich des Bahnhofs (in der Nähe der Haltestelle Higashi Umeda) bietet die **Ohatsutenjin-dōri** (お初天神通り) viele billige Optionen, genau wie die **Hankyū Higashi-dōri** (阪急東通り), die östlich der Haltestelle Hankyū Umeda verläuft. Abends geht's in diesen Straßen lebhaft zu, wenn die Pendler sich auf dem Nachhauseweg was zu essen holen.

Umeda Hagakure NUDELN ¥
(梅田はがくれ; Karte S. 394; ☎ 06-6341-1409; 2. UG, Osaka Eki-mae Dai-3 Bldg., 1-1 Umeda, Kita-ku;

Nudeln 600–1100 ¥;; ⌚ Mo–Fr 11–14.45 & 17–19.45, Sa & So 11–14.30 Uhr; S Tanimachi-Linie bis Haltestelle Higashi-Umeda, Ausgang 8, 🚆 JR-Linie bis Bahnhof Osaka, Zentralausgang Süd) Zwei Stockwerke unter der Erde liegt dieses drei Jahrzehnte alte enge und bescheidene Lokal – doch die Einheimischen stehen Schlange nach den *udon*-Nudeln, die direkt vor ihren Augen zubereitet werden. Spezialität des Restaurants sind kalte Nudeln, z.B. die erfrischenden *namajoyu* (mit Sojasoße, geriebenem *daikon*-Rettich und *sudachi*-Limonen) oder *tenzaru* (mit Tempura). Man bestellt aus der bebilderten Karte und der Besitzer erklärt mit Händen und Füßen, wie gegessen wird.

An Wochentagen zwischen 12 und 13 Uhr sollte man das Lokal besser meiden, denn dann strömen die Büroangestellten zum Essen hierher.

Eki Marché FOODCOURT ¥
(エキマルシェ大阪; Karte S. 394; www.ekimaru.com; Osaka Station City, Kita-ku; ⌚ 10–22 Uhr; 🚆 JR-Linie bis Bahnhof Osaka, Ausgang Sakurabashi) Eine ausgezeichnete Ansammlung Lokale und Take-Aways an der südwestlichen Seite des JR-Bahnhofs Osaka, die strapazierte Geldbeutel nicht noch weiter belasten. Eine gute Wahl sind Kaiten Sushi Ganko für Fließband-Sushi und **Kani Chahan-no-Mise** (かにチャーハンの店; Karte S. 394; ☎ 06-6341-3103; Eki Maré, Bahnhof Osaka, Kita-ku; Hauptgerichte ab 680 ¥; ⌚ 10–22.30 Uhr; 🚭) für köstlichen gebratenen Reis mit Krabben.

OSAKA SPEZIALITÄTEN

Okonomiyaki Dicke, herzhafte Pfannkuchen, die mit Kraut sowie nach Belieben mit Fleisch, Meeresfrüchten, Gemüse und anderem gefüllt sind – der Name bedeutet sinngemäß „koche, was du willst". Oft werden sie auf einer *teppan* (eiserne Kochplatte) zubereitet, die in den Restauranttisch eingelassen ist. Der fertige Pfannkuchen wird mit pikanter Soße bestrichen, ähnlich wie Worcestershire-Soße, und mit getrockneten Bonito-Flocken, die im Dampf zu tanzen scheinen, bestreut. Mit einem winzigen Spachtel, der *kote* genannt wird, schneidet man ein Stück ab – aber Vorsicht, erst abkühlen lassen! Probieren kann man die Spezialität im Chibō (S. 408) in Dōtombori oder im Yukari in Umeda.

Tako-yaki Diese Teigbällchen sind mit Tintenfisch (*tako* auf Japanisch) gefüllt und werden in speziellen Formen gegrillt. Sie werden oft an Straßenständen verkauft und mit eingelegtem Ingwer, pulvrigem *aonori* (Seetang), Mayonnaise und Bonito-Flocken serviert und üblicherweise mit Zahnstochern gegessen. Unbedingt erstmal vorsichtig anknabbern, die Mitte kann sehr heiß sein. Am besten kostet man es im Wanaka Honten (S. 408) in Namba.

Kushikatsu *Yakitori* sind gegrillte Spieße mit Fleisch, Meeresfrüchten und/oder Gemüse, *kushikatsu* bestehen aus denselben Zutaten, aber paniert, frittiert und mit einem pikanten Dip serviert (Aber immer nur einmal eintauchen!). Passt wunderbar zu Bier. Das Viertel Shin-Sekai ist für seine *kushikatsu*-Restaurants bekannt. Das Ganso Kushikatsu Daruma Honten (S. 408) ist empfehlenswert.

Kaiten-sushi Diese Erfindung aus Osaka (aus den 1950er-Jahren) hat viele Namen: Fließband-Sushi oder Automaten-Sushi. Aber es ist immer dasselbe – Teller mit Sushi ziehen auf einem Band, das in der Theke eingebaut ist, an einem vorbei (man kann auch von der Karte bestellen). Lange galt es als Billigessen, doch seit sich Japan in der großen Rezession mit preiswertem Essen angefreundet hat, ist die Qualität der *kaiten-sushi*-Bars gestiegen. Zu empfehlen im Kaiten Sushi Ganko (S. 407) im JR-Bahnhof Osaka oder in der Filiale in Abeno Harukas (S. 399).

Kappō-ryōri Osakas Art japanischer Haute Cuisine ist lässig: Ähnliche Gerichte findet man auch im *ryōtei* (ein förmliches Restaurant mit Tatami-Sitzen) in Kyoto – die Gerichte werden unbedingt mit saisonalen Zutaten zubereitet und aufwendigst präsentiert – aber in *kappō*-Restaurants sitzen die Gäste am Tresen und plaudern mit dem Koch, der die Speisen rüberreicht, wenn sie fertig sind. Trotz der entspannten Atmosphäre können diese Restaurants schockierend teuer sein, doch im Shoubentango-tei (S. 408) bekommt man eine bezahlbare Variante.

Kaiten Sushi Ganko SUSHI ¥
(回転寿司がんこ; Karte S. 394; ☎ 06-4799-6811; Eki Maré, Bahnhof Osaka, Kita-ku; 130–735 ¥/Portion; ⏰ 11–23 Uhr; JR-Linie bis Bahnhof Osaka, Ausgang Sakurabashi) Dieser *kaiten-sushi* (Fließband-Sushi)-Laden ist beliebt bei vielen hungrigen Pendlern – die zwei surrenden Bänder mit Tellern werden unaufhörlich mit frischen Sachen versorgt. Zu Essenszeiten ist das Lokal in der Fressmeile vom Eki Marché im JR-Bahnhof Osaka immer voll.

Es gibt Ableger im Bahnhof Shin-Osaka und im Abeno Harukas (S. 399).

Yukari OKONOMIYAKI ¥¥
(ゆかり; Karte S. 394; ☎ 06-6311-0214; www.yukarichan.co.jp; 2-14-13 Sōnezaki, Kita-ku; Okonomiyaki 800–1460 ¥; ⏰ 11–1 Uhr; S Tanimachi-Linie bis Haltestelle Higashi-Umeda, Ausgang 4, JR-Linie bis Bahnhof Osaka, Ausgang Süd) Das beliebte Restaurant in der Ohatsutenjin-dōri-Arkade serviert eine großartige Spezialität aus Osaka – *okonomiyaki* (pikante Pfannkuchen). Zubereitet werden sie auf einer Platte vor den Augen der Gäste. Die Karte mit Abbildungen bietet eine große Auswahl, u. a. vegetarische Varianten. Ein Klassiker ist das *tokusen mikkusu yaki* (gemischte *okonomiyaki* mit gebratenem Schweinefleisch, Garnelen und Tintenfisch; 1080 ¥). Außen hängt ein rot-weißes Schild.

Robatayaki Isaribi IZAKAYA ¥¥
(炉ばた焼き漁火; Karte S. 394; ☎ 06-6373-2969; www.rikimaru-group.com/shop/isaribi.html; 1-5-12 Shibata, Kita-ku; Gerichte 325 ¥; ⏰ 17–23.15 Uhr; S Midō-suji-Linie bis Haltestelle Umeda, Ausgang 2, Hankyū Umeda) Im Untergeschoss bietet dieses schwungvolle, freundliche *izakaya* Standardgerichte wie Fleischspieße, Meeresfrüchte, Gemüse frisch vom Grill und Riesenstücke *tori no karaage* (Brathähnchen). Am besten sitzt man an den halbrunden Theken, wo der Koch das Essen mit einem sehr langen Schieber serviert.

Es liegt an der Straße, die an der Westseite des Bahnhofs Hankyū Umeda verläuft, links von dem Schild, das einen Mann mit Stirnband zeigt, und hat weiße Türvorhänge.

Semba & Osaka-jō

Gout BÄCKEREI ¥
(グウ; Karte S. 392; ☎ 06-6585-0833; 1-1-10 Honmachi, Chūō-ku; Brot ab 200 ¥; ⏰ Fr–Mi 7.30–20 Uhr; S Tanimachi-Linie bis Haltestelle Tanimachi 4-chōme, Ausgang 1) Eine der besten Bäckereien Osakas: Das Gout (es wird wie im Französischen ausgesprochen: gu) verkauft Baguettes, Gebäck, Croissants, Sandwiches und Kaffee, die man mitnehmen oder in dem kleinen Essbereich genießen kann. Hier kann man prima Picknickzutaten kaufen und in die nahe gelegene Osaka-jō mitnehmen.

★ **Yoshino Sushi** SUSHI ¥¥¥
(吉野鯗; Karte S. 392; ☎ 06-6231-7181; www.yoshino-sushi.co.jp; 3-4-14 Awaji-machi, Chūō-ku; mittags/abends ab 3200/6500 ¥; ⏰ Mo–Fr 11–13.30 & 17.30–21.30 Uhr; S Midō-suji-Linie bis Haltestelle Honmachi, Ausgang 1) Schon seit 1841 existiert dieses Restaurant, das sich auf Sushi im Osaka-Stil spezialisiert hat: das *hako-sushi* („gepresstes Sushi"). Bei der älteren Version (verglichen mit der neueren, handgepressten Tokio-Version *nigiri-sushi*) werden in einer Holzform Mondrian-artige Würfel gepresst aus schwammartigem Omelett, in Soja geschmorten Shiitake-Pilzen, Räucheraal und in Essig mariniertem Fisch auf Reis. Abends sollte man reservieren.

Im Erdgeschoss kann man Portionen zum Mitnehmen für unter 2000 ¥ erstehen. Ausschau halten nach den Bäumen und den braunen Vorhängen draußen.

Harannaka GYOZA ¥¥
(腹ん中; Karte S. 392; ☎ 06-6809-5260; 2-4-13 Tenma, Kita-ku; gyōza 6 für 500 ¥; ⏰ 21–2 Uhr an geraden Tagen; S Tanimachi-Linie bis Haltestelle Temmabashi, Ausgang 2) Begleitet von Stammesmusik dreht sich diese One-Man-Show um eine einzige Kochstelle in einem Fass, auf der eine große Pfanne mit *gyōza* vor sich hin brutzelt. Langsamer, aber ehrfurchtsvoller Service. Das Innere hat der Besitzer eigenhändig mit Steintürmen geschmückt. Hier wird im Stehen gegessen. Zu erkennen an der grünen Glühlampe vor der Tür.

Derselbe Mann führt in der Nähe auch das **Denki Soba** (電気蕎麦; Karte S. 392; ☎ 06-6809-5260; 3-5-1 Tenma, Kita-ku; Soba ab 800 ¥; ⏰ 21–2 Uhr an ungeraden Tagen).

Minami

Im lebhaften Dōtombori gibt's unzählige Straßenstände und Restaurants. Da in dieser Gegend viele Touristen unterwegs sind, haben die meisten Lokale englische Speisekarten und englischsprachiges Personal. Abends kann es hier sehr voll werden und bei den beliebtesten Restaurants muss man anstehen. In Namba bietet die Mall **Namba Parks** (なんばパークス; Karte S. 396; www.nambaparks.com; 2-10-70 Namba-naka, Naniwa-ku; 11–21 Uhr; Midō-suji-Linie bis Haltestelle Namba, Ausgang 4) auch eine gute Auswahl an Restaurants.

★ Wanaka Honten STREETFOOD ¥

(わなか本店; Karte S. 396; 06-6631-0127; http://takoyaki-wanaka.com; 11-19 Sennichi-mae, Chūō-ku; Tako-yaki für 8 ab 450 ¥; Mo–Fr 10–22, Sa & So 8.30–22 Uhr; Midō-suji-Linie bis Haltestelle Namba, Ausgang 4) Nördlich der Dōguya-suji-Arkaden steht dieser berühmte *tako-yaki*(Tintenfischbällchen)-Stand. Er benutzt eigene Kupferherdplatten (statt Gusseisen) für seine Bällchen, die außen knuspriger sind als gewöhnlich (aber innen trotzdem weich). Es gibt eine Karte mit Bildern und Tische und Stühle im hinteren Bereich. Ein beliebtes Gericht ist *tako-sen* – zwei Bällchen eingeklemmt zwischen *sembei* (Reiskräcker).

Es gibt eine Filiale in **Ame-Mura** (わなかアメリカ村店; Karte S. 396; 06-6211-3304; 2-12-8 Nishi-Shinsaibashi, Chūō-ku; Mo–Fr 11–22, Sa & So 10–22.30 Uhr; Midō-suji-Linie bis Haltestelle Shinsaibashi, Ausgang 7).

Za Ikaga STREETFOOD ¥

(ザ・イカが; Karte S. 396; 06-6212-0147; www.ikayaki.jp; 2-12-8 Nishi-Shinsaibashi, Chūō-ku; Gerichte ab 300 ¥; Do–Di 18–4 Uhr; Midō-suji-Linie bis Haltestelle Shinsaibashi, Ausgang 7) Das Spezialgericht dieses Essensstandes ist *ika-yaki* – gegrillter Tintenfisch, der hier in einem dünnen Crêpe mit Ei, Mayonnaise und würziger *okonomiyaki*-Soße serviert wird. Drinnen gibt's wenige Plätze am Tresen und ein paar Klappstühle an der Straße (perfekt, um das Kommen und Gehen in Amerika-Mura zu beobachten). Die Speisekarte ist bebildert.

★ Chibō OKONOMIYAKI ¥¥

(千房; Karte S. 396; 06-6212-2211; www.chibo.com; 1-5-5 Dōtombori, Chūō-ku; Hauptgerichte 885–1675 ¥; Mo–Sa 11–1, So 11–24 Uhr; Midō-suji-Linie bis Haltestelle Namba, Ausgang 14) Das Chibō gehört zu Osakas berühmtesten *okonomiyaki*-Restaurants. Vor der Tür stehen die Leute fast immer Schlange, aber es geht trotzdem schnell vorwärts, da sich das Lokal über mehrere Ebenen erstreckt (um die begehrten Tische mit Blick auf den Dōtombori-Kanal muss man betteln). Spezialität des Hauses ist *dōtombori yaki*, ein köstliches Gericht mit Schwein, Rind, Tintenfisch, Krabben und Käse sowie *tonpei-yaki*, ein mit gebratenem Schweinefleisch gefülltes Omelett.

★ Imai Honten UDON ¥¥

(今井本店; Karte S. 396; 06-6211-0319; www.d-imai.com; 1-7-22 Dōtombori, Chūō-ku; Gerichte ab 765 ¥; Do–Di 11–22 Uhr; Midō-suji-Linie bis Haltestelle Namba, Ausgang 14) In einem der ältesten und beliebtesten *udon*-Restaurants wird man von Kellnern in Kimonos willkommen geheißen – nach dem Chaos von Dōtombori eine echte Oase der Ruhe. Wir empfehlen *kitsune udon* – Nudeln mit gebratenen und in Suppe getauchten Tofustreifen. Auf die traditionelle Fassade und die Weide draußen achten.

★ Shoubentango-tei KAISEKI ¥¥¥

(正弁丹吾亭; Karte S. 396; 06-6211-3208; 1-7-12 Dōtombori, Chūō-ku; Abendmenü 3780–10 800 ¥; 17–22 Uhr; Midō-suji-Linie bis Haltestelle Namba, Ausgang 14) Unglaublich, dass ein *kappō-ryōri* (Osakas Haute Cuisine)-Restaurant mit so einem Stammbaum so preisgünstig ist: Es wurde vor mehr als 100 Jahren gegründet und war im frühen 20. Jh. ein Literatentreff. Sogar das billigste Menü besteht aus fünf Gängen, die der Koch am selben Tag erst bestimmt, und es schmeckt – und sieht aus! – wie ein Gala-Diner. Man muss für alle Menüs vorbestellen, außer für das billigste. Das Restaurant liegt an der Hōzen-ji Yokochō.

Tennōji & Umgebung

★ Ganso Kushikatsu Daruma Honten KUSHIKATSU ¥¥

(元祖串かつ だるま本店; Karte S. 392; 06-6645-7056; www.kushikatu-daruma.com; 2-3-9 Ebisu-Higashi, Naniwa-ku; Spieße 110–220 ¥; 11–22.30 Uhr; Midōsuji-Linie bis Haltestelle Dōbutsuen-mae, Ausgang 5) Filialen von Daruma gibt's in der ganzen Stadt, aber für viele Japaner gehört die Pilgerfahrt zum Originalladen in Shinsekai, der 1929 eröffnet wurde und angeblich die Wiege *kushikatsu* ist, zu einem Besuch in Osaka unbedingt dazu. Um den kleinen Tresen ist Platz für vielleicht ein Dutzend Leute. Man beginnt mit der Auswahl aus acht (1140 ¥) himmlischen, knusprigen Spießen. In **Dōtombori** existiert auch ein Laden (だるま 道頓堀店; Karte S. 396; 06-6213-8101; 1-6-4 Dōtombori, Chūō-ku; Spieße 120–230 ¥; 11.30–22.30 Uhr; Midō-suji-Linie bis Haltestelle Namba, Ausgang 14), aber da steht man oft lange an.

Ausgehen & Nachtleben

Osakas Einwohner feiern gerne: In der Stadt wimmelt es von *izakaya*, Bars und Nachtclubs. Die Craft-Bier- und Kaffeeszene wächst auch stetig; es gibt eine *Osaka Craft Beer Map* (www.facebook.com/osakacraftbeermap). Im Sommer eröffnen auf den Dächern der Kaufhäuser Biergärten. Auf der Seite von *Kansai Scene* (www.kansaiscene.com) findet man Informationen über Nachtclubs, Englisch sprechende Bartender in bei Ausländern beliebten Pubs sind eine weitere gute Informationsquelle.

Kita (Umeda)

Da so viele Pendler zum JR-Bahnhof Osaka oder zum Bahnhof Hankyū Umeda kommen oder hier durchlaufen, gibt's in den umgebenden Straßen und vor allem in den Bereichen östlich und südlich der Bahnhöfe jede Menge Bars und *izakaya*. Beim Bezirk Doyama-chō liegt der größte Schwulen- und Lesbendistrikt West-Japans mit etwa 200 (kleinen) Bars.

Frenz Frenzy SCHWULEN- & LESBENSZENE

(Karte S. 392; ☎ 06-6311-1386; http://frenz-frenzy.website; 18-14 Kamiyama-chō, Kita-ku; ⌚ 20–1 Uhr; Ⓢ Tanimachi-Linie bis Haltestelle Higashi-Umeda, Ausgang 3) Das Frenz Frenzy nennt sich selbst „Regenbogenhimmel" und meint das wörtlich: Das ganze Lokal explodiert vor Farben (glücklicherweise auch die Eingangstür, man würde sie sonst nicht finden). Geführt von dem vor vielen Jahren ausgewanderten Sari-chan ist es eine freundliche erste Anlaufstelle für Schwule und Lesben. Kein Mindestverzehr, die Getränkepreise beginnen bei 500 ¥.

Es befindet sich im Erdgeschoss eines Hauses mit anderen Bars, abseits der Straße.

Blarney Stone PUB

(ザ・ブラーニーストーン; Karte S. 394; www.the-blarney-stone.com; 6. OG, Sonezaki Center Bldg., 2-10-15 Sonezaki, Kita-ku; Getränke ab 500 ¥; ⌚ Mo–Do 17–1, Fr & Sa bis 5, So 15.30–1 Uhr; Ⓜ Tanimachi-Linie bis Haltestelle Higashi-Umeda, Ausgang 4; Ⓡ JR Linie bis Bahnhof Osaka, Zentralausgang Süd) Das freundliche Irish Pub lädt bei ein paar Guinness zum Entspannen ein. In Osaka lebende Ausländer und Japaner kommen gern nach der Arbeit her, und an den Wochenenden wird kostenlos Livemusik gespielt. Die Barkeeper sprechen Englisch. Es liegt in Umedas Ohatsutenjin-dōri-Arkade, unten an der Straße gibt's ein Schild.

INSIDERWISSEN

URA-NAMBA

Ura-Namba (wörtlich: „hinter Namba") ist ein inoffizieller Bezirk aus Ansammlungen kleiner Restaurants und Bars im Schatten des Bahnhofs Namba Nankai. Es wird immer mehr zum angesagten Treffpunkt. Starten kann man gut am **Misono Building** (味園ビル; Karte S. 396; 2. OG, Misono Bldg., 2-3-9 Sennichi-mae, Chūō-ku; ⌚ 18 Uhr–open end; Ⓢ Sakai-suji-Linie bis Haltestelle Nipponbashi, Ausgang 5), ein einstmals großes (und jetzt welkes) Gebäude, das auf seinem zweiten Stockwerk Dutzende Bars beherbergt.

Naka-no-shima & Semba

★ **Beer Belly** CRAFT-BIER

(Karte S. 392; www.beerbelly.jp/tosabori; 1-1-31 Tosabori, Nishi-ku; ⌚ Mo–Fr 17–2, Sa 15–23, So 15–21 Uhr; Ⓢ Yotsubashi-Linie bis Haltestelle Higobashi, Ausgang 3) Das Beer Belly gehört zu Osakas bester Mikrobrauerei, Minoh Beer. Es gibt zehn Zapfhähne und eine Handpumpe, die Minohs preisgekrönte Klassiker und saisonale Angebote (Pints ab 1000 ¥) rauslassen. Hier bekommt man eine *Craft Beer Map* von Osaka, mit der man die lokale Bierszene besser kennenlernen kann. Vom U-Bahn-Ausgang geht's zurück und in die Straße, die hinter dem APA Hotel entlangführt.

Moto Coffee CAFÉ

(モトコーヒー; Karte S. 392; ☎ 06-4706-3788; 2-1-1 Kitahama, Chūō-ku; ⌚ 12–19 Uhr; ⊖; Ⓢ Sakai-suji-Linie bis Haltestelle Kitahama, Ausgang 26) Hübsch gelegen in einem kleinen, weiß getünchten Haus neben dem Kyū-Yodogawa serviert das Moto erstklassige Kaffeegetränke (ab 450 ¥) auf der Flussuferterrasse (oder die Treppe hoch, wenn auf der Terrasse kein Platz ist).

Leach Bar BAR

(リーチバー; Karte S. 392; ☎ 06-6441-0983; www.rihga.co.jp/osaka; EG, Rihga Hotel, 5-3-68 Naka-no-shima, Kita-ku; Getränke ab 1200 ¥; ⌚ 11–24 Uhr; Ⓡ Keihan Naka-no-shima-Linie bis Haltestelle Naka-no-shima, Ausgang 3) Osakas attraktivste Hotelbar bietet keinen atemberaubenden Blick auf die Stadt, dafür aber einen von dem legendären Töpfer Bernard Leach (der erhebliche Zeit in Japan verbrachte) entworfenen Innenraum. Man kann hier ein paar seiner Werke und auch Arbeiten von japanischen Künstlern von Anfang des 20. Jhs. bewundern.

Minami

Kommt man an einem Freitagabend nach Minami, könnte man den Eindruck bekommen, es gäbe eine Bar pro Einwohner – einschließlich *izakaya*, Irishpubs und Cocktaillounges (sowie Hostess- und Hostbars, wo die Bedienungen kokette Frauen und Männer und die Drinks sehr teuer sind). Freitag- und samstagabends gehen alle aus (vor allem in die Clubs), aber unter der Woche vereinsamt man hier auch nicht. Die englischsprechende Crowd versammelt sich tendenziell in Amerika-Mura, wo es viele kleine, billige Bars gibt, die zur Straße offen sind. Auch die meisten Nachtclubs befinden sich hier.

★ Circus CLUB

(Karte S. 396; ☎ 06-6241-3822; http://circus-osaka.com; 2. OG, 1-8-16 Nishi-Shinsaibashi, Chūō-ku; 2000–2500 ¥; ⏲ 23–open end; ⊖; Ⓢ Midō-suji-Linie bis Haltestelle Shinsaibashi, Ausgang 7) Dieser kleine Club ist das Herz von Osakas Untergrund-Elektro-Szene, die mit der Musik mehr Leute anzieht als eine Pick-up-Szene. Auf der Tanzfläche ist Rauchen verboten. Der Club ist freitag- und samstagabends und manchmal unter der Woche geöffnet. Einfach dem kleinen englischen Schild folgen und einen Lichtbildausweis mitbringen.

Jun-kissa American CAFÉ

(純喫茶アメリカン; Karte S. 396; ☎ 06-6211-2100; 1-7-4 Dōtombori, Chūō-ku; ⏲ 9–23 Uhr; Ⓢ Midō-suji-Linie bis Haltestelle Namba, Ausgang 15) Mit der Innenausstattung aus den 1940er-Jahren und den Kellnerinnen in langen Röcken ist das American ein klassisches *jun-kissa* – ein Lokal aus der ersten Welle von Cafés, die in Japan nach dem Zweiten Weltkrieg während der amerikanischen Besatzungszeit eröffnet wurden. Vor 11 Uhr gibt's das „Morning Set" (620 ¥) mit dick gebuttertem Toast, einem hartgekochten Ei und Kaffee. Das Café ist an einem Chromschild draußen zu erkennen.

Rock Rock BAR

(ロックロック; Karte S. 396; www.rockrock.co.jp; 3. OG, Shinsaibashi Atrium Bldg., 1-8-1 Nishi-Shinsaibashi, Chūō-ku; ⏲ Mo–Sa 18–5, So bis 1 Uhr; Ⓢ Midō-suji-Linie bis Haltestelle Shinsaibashi, Ausgang 7) Schon seit 1995 zieht das Rock Rock Musikliebhaber an – auch berühmte Gäste – und hat schon Afterpartys für internationale Showgrößen veranstaltet. Bei den regelmäßigen Veranstaltungen zu angemessenen Eintrittspreisen (normalerweise 1500 ¥, ein Getränk inklusive) legen einige der besten Rock-DJs aus Osaka (und berühmte Gast-DJs) auf.

☆ Unterhaltung

★ Namba Bears LIVEMUSIK

(難波ベアーズ; Karte S. 392; ☎ 06-6649-5564; http://namba-bears.main.jp; 3-14-5 Namba-naka, Naniwa-ku; Ⓢ Midō-suji-Linie bis Haltestelle Namba, Ausgang 4) Seit nunmehr drei Jahrzehnten *der* Ort in Osaka, um Underground-Musik live zu erleben. Es ist ein kleines, rauchiges Lokal mit Betonwänden – hervorragend geeignet für die Punk-, Rock und Indiebands, die hier aufspielen. Passend zum alternativen Geist kann man sein eigenes Bier mitbringen. Die meisten Shows beginnen um 19 Uhr, Tickets kosten normalerweise zwischen 2000 und 2500 ¥.

★ National Bunraku Theatre THEATER

(国立文楽劇場; Karte S. 392; ☎ 06-6212-2531, Ticketschalter 0570-07-9900; www.ntj.jac.go.jp; 1-12-10 Nipponbashi, Chūō-ku; komplette Vorstellung 2400–6000 ¥, einzelner Akt 500–1500 ¥; ⏲ Öffnungsmonate variieren, s. Website; Ⓢ Sakai-suji-Linie bis Haltestelle Nipponbashi, Ausgang 7) Die klassische Art der darstellenden Künste, die eng mit Osaka verbunden wird, ist Bunraku, ein Figurentheater mit den kunstvollsten Puppen. Ein Besuch des Theaters ist ein halbtägiges Ereignis: Die Shows mit Szenen aus verschiedenen Stücken gehen über vier Stunden. Wem das zu lang ist, der kann auch Tickets für einzelne Akte am gleichen Tag ab 10 Uhr am Veranstaltungsort erwerben. Es gibt einen englischen Audioguide (ganze Vorstellung/einzelner Akt 700/300 ¥). Die Aufführungen sind schnell ausverkauft und die Tickets für einzelne Akte begrenzt.

Sumo Spring Tournament ZUSCHAUERSPORT

(Haru Bashō; www.sumo.or.jp; ⏲ März) Im März ziehen die imposanten Kerle nach Osaka zu diesem großen Turnier, das im Prefectural Gymnasium (府立体育会館, Fu-ritsu Taiikukan) in Namba stattfindet. Tickets (ab 3800 ¥) werden ab Anfang Februar verkauft und sind online erhältlich.

Kyōcera Dome BASEBALL

(京セラドーム; Karte S. 392; ☎ 06-6586-0106; www.kyoceradome-osaka.jp; 3-2-1 Chiyozaki, Nishi-ku; Ⓢ Nagahori Tsurumiryokuchi-Linie bis Haltestelle Dome-mae Chiyozaki) Das futuristische Stadion, auch bekannt als Osaka Dome, ist die Heimat des Orix Buffaloes-Baseballteams. Die haben vielleicht nicht so eine große Anhängerschaft wie die mächtigen Hanshin Tigers, die im nahe gelegenen Kōbe spielen (nur die Spiele im August finden hier statt), aber dennoch sind ihre Fans sehr engagiert (und sehr laustark). Tickets fürs Außenfeld kosten am Spieltag nur 1800 ¥.

Shoppen

Osaka ist das größte Shoppingziel in West-Japan, mit unfassbar vielen Malls, Kaufhäusern, Shoppingarkaden, Elektronikfachmärkten, Boutiquen und Secondhandläden. Immer mehr Geschäfte erstatten ausländischen Besuchern bei Einkäufen über 10 000 ¥ die Umsatzsteuer, und bewerben das mit einem Schild im Schaufenster. Den Reisepass nicht vergessen. Jeden Monat finden Flohmärkte bei den Schreinen und Tempeln statt, darunter O-hatsu Tenjin und Shitennō-ji.

Kita

Rund um den Bahnhof Osaka drängen sich Malls und Kaufhäuser – sie sind alle durch unterirdische Passagen verbunden, was den Distrikt Umeda zu einem einzigen großen Shoppingzentrum macht. Hier findet man Outlets von Japans beliebtesten Ketten, wie Uniqlo, Muji, Tokyū Hands und **Yodobashi Umeda** (ヨドバシ梅田; Karte S. 394; www.yodobashi-umeda.com; 1-1 Ōfuka-chō, Kita-ku; ⏲ Geschäfte 9.30–22 Uhr, Restaurants 11–23 Uhr; Ⓢ Midō-suji-Linie bis Haltestelle Umeda, Ausgang 4, Ⓡ JR-Linie bis Bahnhof Osaka, Nordausgang Midō-suji), sowie buchstäblich Hunderte Modeboutiquen.

★ Hankyū Umeda Department Store KAUFHAUS

(阪急梅田本店; Karte S. 394; www.hankyu-dept.co.jp/honten; 8-7 Kakuda-chō, Kita-ku; ⏲ So–Do 10–20, Fr & Sa 10–21 Uhr; Ⓢ Midō-suji-Linie bis Haltestelle Umeda, Ausgang 6, Ⓡ Haltestelle Hankyū Umeda) Das 1929 eröffnete Hankyū war der Pionier des heute omnipräsenten Konzepts der Bahnhofkaufhäuser. Heute ist das „Ume-Han" eins der größten Kaufhäuser Japans, gibt sich sehr trendbewusst und bietet im dritten Stock eine gute Auswahl an ausgefallenen japanischen Designern. In der siebten Etage gibt's Kunsthandwerk und im Untergeschoss Unmengen an Feinschmeckerartikeln.

Maruzen & Junkudō Umeda BÜCHER

(丸善&ジュンク堂書店梅田店; Karte S. 394; www.junkudo.co.jp; Chaska Chayamachi Bldg., 7-20 Chayamachi, Kita-ku; ⏲ 10–22 Uhr; Ⓡ Hankyū Umeda) Zwei erfolgreiche Ketten haben sich zu diesem Büchergigant zusammengetan, dem größten in Osaka. Im sechsten Stock gibt's eine große Auswahl englischsprachiger Bücher, Reiseführer im dritten Stock. Der Laden befindet sich im neuen von Andō Tadao entworfenen Chaska Chayamachi Building.

Junkudō mit Sitz in Kōbe hat in der Stadt noch mehr Filialen.

Minami

Am Hauptboulevard Midō-suji reihen sich zwischen den U-Bahn-Stationen Shinsaibashi und Namba beliebte internationale Luxusmarken aneinander. Ein paar Blocks weiter östlich findet man in der rappelvollen Shinsaibashi-suji-Passage (S. 399) beliebte lokale und internationale Ketten. In Ame-Mura gibt's jugendliche Streetware und Secondhandläden; auf der anderen Seite von Midō-suji bietet der Minami-Horie-Distrikt schicke Boutiquen. Der Bahnhof Namba ist von der großen Mall Namba Parks (S. 408) umgeben.

★ Dōguya-suji Arcade MARKT

(道具屋筋; Karte S. 396; www.doguyasuji.or.jp/map_eng.html; Sennichi-mae, Chūō-ku; ⏲ 10–18 Uhr; Ⓢ Midō-suji-Linie bis Haltestelle Namba, Ausgang 4) So ziemlich alles nur Erdenkliche, was mit der Zubereitung, dem Verzehr und dem Verkauf von Osakas größter Leidenschaft – dem Essen – zu tun hat, gibt's in dieser langen Arkade zu kaufen. Vom Bambus-Dampftopf über lackierte Misosuppenschüsseln bis zu Schaufensterlampen und natürlich gusseiserne Herdplatten, um *tako-yaki* (Tintenfischbällchen) zu machen. Die Öffnungszeiten variieren.

★ Standard Books BÜCHER

(スタンダードブックストア; Karte S. 396; ☎ 06-6484-2239; www.standardbookstore.com; 2-2-12 Nishi-Shinsaibashi, Chūō-ku; ⏲ 11–22.30 Uhr; Ⓢ Midō-suji-Linie bis Haltestelle Shinsaibashi, Ausgang 7) Der kultige Buchladen rühmt sich damit, keine Bestseller anzubieten. Stattdessen ist er gefüllt mit Fundstücken kleiner Verlage, Kunstbüchern, Indie-Comics und dergleichen, zudem gibt's CDs sowie verrückte Modestücke und -accessoires.

Flake Records MUSIK

(Karte S. 396; ☎ 06-6534-7411; www.flakerecords.com; No 201, 2. OG, Sono Yotsubashi Bldg.,

1-11-9 Minami-Horie, Nishi-ku; ⏲12–21 Uhr; Ⓢ Yotsubashi-Linie bis Haltestelle Yotsubashi, Ausgang 6) Immer auf dem neuesten Stand ist dieser Musikladen, der neue und gebrauchte, einheimische und importierte CDs und Schallplatten verkauft. Sein Besitzer spricht etwas Englisch und empfiehlt gerne einheimische Bands. Hier findet man auch immer Flyer für Livemusik-Veranstaltungen.

Tennōji & Umgebung

★ **Tower Knives** HAUSHALTSWAREN
(タワーナイブズ; Karte S. 392; ☎06-4395-5218; www.towerknives.com; 1-4-1 Ebisu-higashi, Naniwa-ku; ⏲10–18 Uhr; Ⓢ Midō-suji-Linie bis Haltestelle Dōbutsuen-mae, Ausgang 5) Im Tower Knives hat man eine fantastische Auswahl an Küchenmessern – sowohl aus Kohlenstoff- als auch aus rostfreiem Stahl. Manche wurden sogar von Handwerkern aus Osaka handgeschmiedet. Und das Beste ist: Das englischsprechende Personal erläutert Kunden die verschiedenen Messerarten und wie man sie ordentlich pflegt. Man darf sie auch an Gemüsestücken ausprobieren – allerdings auf eigene Gefahr, denn die Messer sind scharf!

Praktische Informationen

GEFAHREN & ÄRGERNISSE

Osaka hat in Japan ein raues Image – in keiner anderen Stadt des Landes werden mehr Straftaten pro Kopf registriert – und doch ist es deutlich sicherer als die meisten Städte vergleichbarer Größe. Trotzdem ist es ratsam, denselben gesunden Menschenverstand walten zu lassen wie zu Hause. Taschendiebstahl ist keine Seltenheit.

Im Bezirk Nishinari-ku (auch Airin-chiku genannt), südlich des Bahnhofs Shinimamiya (direkt hinter Shin-Sekai), gibt's viele Obdachlose und organisiertes Verbrechen. Einige Budgetunterkünfte hier zielen auf ausländische Reisende ab. Zwar ist es unwahrscheinlich, dass man in echte Gefahr gerät, aber weibliche Reisende laufen Gefahr, unerwünschte Aufmerksamkeit auf sich zu ziehen – vor allem nachts und wenn sie allein unterwegs sind.

> **ORIENTIERUNG IN OSAKA**
>
> Achtung: Osakas größere Bahnhöfe können ziemlich verwirrend sein, besonders der Bahnhof Namba und das Gebiet rund um Umeda und den JR-Bahnhof Osaka. Die Ausgänge sind oft unklar ausgeschildert, selbst für Japaner, und englischsprachige Schilder gibt's verglichen mit ähnlichen Bahnhöfen in anderen japanischen Großstädten recht selten.
>
> Was weiter zur Verwirrung beiträgt, ist die Tatsache, dass die *shinkansen* (Hochgeschwindigkeitszüge) an keinem dieser drei Knotenpunkte halten, sondern am Bahnhof Shin-Osaka, der drei U-Bahn-Stationen (etwa 5 Min.) nördlich von Umeda und vom JR-Bahnhof Osaka an der Midō-suji-Linie liegt.

INTERNETZUGANG

In den meisten Unterkünften, aber auch in immer mehr Cafés können Besucher einen kostenlosen WLAN-Zugang nutzen. Osaka hat die öffentlichen Bereiche mit gratis WLAN ausgestattet (mehr dazu unter www.osaka-info.jp/en/wifi).

MEDIZINISCHE VERSORGUNG

Jedes Viertel in Osaka hat zumindest eine kleine Klinik, englischsprachige Ärzte findet man allerdings eher in den größeren Krankenhäusern. In Japan wird in den Krankenhäusern ausschließlich die japanische Krankenversicherung akzeptiert, aber wer bereit ist, die Kosten im Voraus zu bezahlen, wird ohne Probleme behandelt werden. Viele kleinere Kliniken nehmen nur Bargeld.

Japan Red Cross Hospital (日本赤十字病院; Nihon Sekijyūji Byōin; Karte S. 392; ☎06-6774-5111; www.osaka-med.jrc.or.jp; 5-30 Fudegasaki-chō, Tennōji-ku; ⏲24 Std.; 🚉Kintetsu Ue-Honmachi) Notfallversorgung; manche Ärzte sprechen Englisch.

Ohkita Medical Clinic (大北メディカルクリニック; Karte S. 394; ☎06-6344-0380; www.ookita.com; 4. OG, Umeda Square Bldg., 1-12-17 Umeda, Kita-ku; ⏲Mo–Fr 10–19, Sa bis 13 Uhr; 🚉JR-Linie bis Bahnhof Osaka, Zentralausgang Süd) Englischsprachiger Arzt in Bereitschaftsdienst, in der Nähe des JR-Bahnhofs Osaka.

REISEBÜROS

Touristeninformationszentrum HIS Osaka (HIS大阪ツーリストインフォメーションセンター; Karte S. 396; ☎06-6253-8866; http://his-osaka.com; 8. OG, Shinsaibashi OPA, 1-4-3 Nishi-Shinsaibashi, Chūō-ku; ⏲9–21 Uhr; Ⓢ Midō-suji-Linie bis Haltestelle Shinsaibashi, Ausgang 7) Das englischsprechende Personal bucht Touren in der Gegend von Osaka und Anschlussflüge, wechselt Geld und bewahrt Gepäck auf.

TOURISTENINFORMATION

Besucherinformationszentrum Osaka, Umeda (大阪市ビジターズインフォメーションセンター・梅田; Karte S. 394; ☎06-6345-2189; www.osaka-info.jp; JR-Bahnhof Osaka; ⏲8–20 Uhr; 🚉JR-Linien bis Haltestelle Osaka,

Zentralausgang Nord) Die Haupttouristeninformation mit Informationen, Broschüren und Karten auf Englisch befindet sich im ersten Stock im zentralen Nordbereich des JR-Bahnhofs Osaka. Es gibt weitere Zweigstellen in der 1. Etage des **Bahnhofs Nankai Namba** (大阪市ビジターズインフォメーションセンター・なんば; Karte S. 396; ☎ 06-6631-9100; Bahnhof Nankai Namba; ⌚ 9–20 Uhr; Ⓢ Midō-suji-Linie bis Bahnhof Namba, Ausgang 4, 🚉 Nankai Namba) und am Internationalen Flughafen Kansai (KIX). Touristenbüros helfen gerne bei der Suche nach einer Unterkunft, wenn man persönlich erscheint. Die Website ist auch eine gute Quelle.

ℹ An- & Weiterreise

BUS

Fernbusse starten am **Willer Bus Terminal** (Willerバスターミナル; Karte S. 394; ☎ Buchungszentrale 0570-200-770; www.willerexpress.com; 1. OG, Umeda Sky Bldg. Tower West, 1-1-88 Ōyodo-naka, Kita-ku; ⌚ 6–12.30 Uhr; 🚉 JR-Bahnhof Osaka, Zentralausgang Nord) neben dem **Umeda Sky Building** (S. 392) nach:

Hakata (Fukuoka, Kyūshū; 3920–10 800 ¥, 8–10 Std.)

Hiroshima (4200–6700 ¥, 6–8 Std.)

Matsuyama (Ehime, Shikoku; 3680–9980 ¥; 7–8 Std.)

Takayama (3300–4700 ¥, 5 Std.)

Tokio (4400–11 100 ¥; 8–10 Std.)

Auf längeren Strecken gibt's Nachtbusse; weitere Routen stehen auf der Website. Die Preise hängen von der Busklasse (die besseren haben geräumige Liegesitze), der Jahreszeit und dem Abfahrtstag (wochentags ist es billiger) ab. Tickets gibt's online auf Englisch.

Etwas teurer, aber bequem sind die Busse von **JR West Highway Bus** (www.nishinihonjrbus.co.jp), die ähnliche Ziele anfahren vom **Fernbusbahnhof am JR-Bahnhof Osaka** (大阪駅JR高速バスターミナル; Karte S. 394; 🚉 JR Osaka), außerhalb der nördlichen Bahnhofshalle. Günstigere Tarife bekommt man online fünf Tage im Voraus.

SCHIFF/FÄHRE

Inland

Die folgenden Fähren starten am **Hafen Osaka Nankō** (大阪南港; ☎ 06-6613-1571; 2-1-10 Nankō-kita, Suminoe-ku; 🚉 New Port Town-Linie bis Fährterminal) Richtung Shikoku, Kyūshū und Okinawa:

Orange Ferry (www.orange-ferry.co.jp) Einmal am Tag nach Ehime (ab 5660 ¥, 8 Std.) auf Shikoku.

Ferry Sunflower (www.ferry-sunflower.co.jp) Einmal am Tag nach Beppu (ab 11 200 ¥, 12 Std.) und Kagoshima (ab 12 800 ¥, 16 Std.) auf Kyūshū.

City Line (www.cityline.co.jp) Zweimal am Tag nach Kita-Kyūshū (6170 ¥, 12½ Std.), nördlich von Fukuoka

A Line Ferry (www.aline-ferry.com) Zweimal in der Woche nach Naha (19 330 ¥, 40 Std.) auf Okinawa über Amami-Oshima (15 120 ¥, 27 Std.), vor der Küste von Kyūshū. Tickets gibt's online oder in Reisebüros.

International

Die Fähren legen ab am **Internationalen Fährhafen Osaka** (大阪港国際フェリーターミナル; Fährhafen Osaka-kō Kokusai; ☎ 06-6243-6345; 1-20-52 Nan-kō-kita, Suminoe-ku; Ⓢ Chūō-Linie bis Haltestelle Cosmo Square, 🚉 Nankō Port Town-Linie bis Haltestelle Cosmo Square) nach Shanghai, China, und Busan, Südkorea. Der Fährhafen ist 15 Minuten zu Fuß von der U-Bahn entfernt.

Die **Japan China International Ferry** (日中国際フェリー; ☎ 06-6536-6541; www.shinganjin.com) fährt jeden zweiten Dienstag (im Wechsel mit Kōbe) nach Shanghai, die **Shanghai Ferry Company** (上海フェリー; www.shanghai-ferry.co.jp) jeden Freitag. Einfache Tickets in der 2. Klasse kosten ab 20 000 ¥; die Fahrt dauert etwa 48 Stunden. Tickets gibt's auf der englischsprachigen Website oder im Reisebüro.

Schiffe der **Panstar Ferry** (パンスターフェリー; ☎ 06-6614-2516; www.panstar.jp) setzen montags, mittwochs und freitags nach Busan (2. Klasse einfach ab ca. 13 000 ¥, 19 Std) über. Buchbar im Reisebüro.

FLUGZEUG

Zwei Flughäfen liegen in der Nähe von Osaka: der **Internationale Flughafen Kansai** (KIX; 関西空港; Karte S. 446; www.kansai-airport.or.jp), auf dem alle internationalen und einige Inlandsflüge ankommen, und der **Flughafen Osaka Itami** (ITM; 伊丹空港; ☎ 06-6856-6781; http://osaka-airport.co.jp; 3-555 Hotaru-ga-ike, Nishi-machi, Toyonaka) für Inlandsflüge, verwirrenderweise aber auch Osaka International Airport genannt. Der KIX liegt ca. 50 km südwestlich der Stadt auf einer künstlichen Insel in der Bucht. Osaka Itami befindet sich 12 km nordwestlich von Osaka.

Vom/Zum Flughafen Osaka Itami

Osaka Monorail Verbindet den Flughafen mit Hotarugaike (200 ¥, 3 Min.) und Senri-Chūō (330 ¥, 12 Min.), von wo aus man mit der Hankyū Takarazaka-Linie oder der Hankyū Senri-Linie zum Bahnhof Osaka fahren kann.

Osaka Airport Limousine (www.okkbus.co.jp) Regelmäßige Busse fahren vom Flughafen zum Bahnhof Osaka (640 ¥, 25 Min.), zum Osaka City Air Terminal (OCAT; 640 ¥, 35 Min.) in Namba und zum Bahnhof Shin-Osaka (500 ¥, 25 Min.). Im Itami kauft man die Tickets an einem Automaten außerhalb der Ankunftshalle.

FAHRKARTEN IN KANSAI

Drei Bahnpässe, die nur Besucher mit befristetem Visum (der Pass muss vorgezeigt werden) erwerben können, machen es möglich, günstig durch Kansai zu reisen.

JR West (www.westjr.co.jp) bietet zwei Pässe, die sich hinsichtlich der Geltungsbereiche, Gültigkeitsdauer und Preise unterscheiden. Der Kansai Area Pass gilt für Nahverkehrs- und Expresszüge (nicht aber für *shinkansen*) auf den JR-Linien zwischen Himeji und Kyoto, inklusive Kōbe, Osaka und Nara. Der Kansai Wide Area Pass umfasst dasselbe Gebiet und zusätzlich die Präfektur Wakayama im Süden, die Präfektur Shiga im Nordosten und Kinosaki im Nordwesten sowie *shinkansen* im Westen sogar bis Okayama.

In Kansai gibt's auch ein großes Netz privater Bahnlinien. Mit dem Kansai Thru Pass (S. 987) kann man das gesamte Netz sowie Stadtbusse und U-Bahn-Linien (außer JR-Züge) unbegrenzt nutzen und erhält zudem Ermäßigungen auf viele Attraktionen.

Vom/Zum Internationalen Flughafen Kansai

Der KIX ist durch Direktzüge und regelmäßige Busse gut an die Stadt angebunden.

Nankai Express Rapit (1430 ¥, 40 Min.) Der reservierungspflichtige Zug verkehrt zweimal in der Stunde (7–22 Uhr) zwischen dem Flughafenbahnhof Nankai Kansai (in Terminal 1) und dem Bahnhof Nankai Namba; der Nankai Airport Express benötigt ca. 10 Minuten länger und kostet 920 ¥. Von Terminal 2 muss man mit dem Shuttlebus zu Terminal 1 fahren, um zum Flughafenbahnhof Nankai Kansai zu gelangen.

JR Haruka Kansai-Airport Express Fährt zweimal in der Stunde (6.30–22 Uhr) vom KIX zu den Bahnhöfen Tennōji (ohne Sitzplatzreservierung 1710 ¥, 33 Min.) und Shin-Osaka (2330 ¥, 50 Min.). Häufiger pendeln die JR-Expresszüge vom Flughafen Kansai zwischen KIX, Tennōji (1060 ¥, 50 Min.) und dem Bahnhof Osaka (1190 ¥, 68 Min.); der letzte Zug startet um 23.30 Uhr. Alle diese Stationen haben Anschluss an die Midō-suji-U-Bahn-Linie. Abfahrt ist von Terminal 1; kommt man im Terminal 2 an, nimmt man den kostenlosen Shuttlebus.

KATE (www.kate.co.jp) Airport-Limousinenbusse fahren vom/zum **Osaka City Air Terminal** (OCAT; Karte S. 396; ☎ 06-6635-3000; www.ocat.co.jp) (1050 ¥, 50 Min.) in Namba, zum JR-Bahnhof Osaka (1550 ¥, 1 Std.) und nach Tempōzan (1550 ¥, 1 Std.). Diese Fahrt, vor allem nach Umeda, kann je nach Verkehrslage länger dauern. Nach Mitternacht fährt nur noch ein Bus pro Stunde zum Bahnhof Osaka. Von Terminal 1 fahren häufiger Busse ab.

Taxi Es gibt Standard-Taxipreise nach Umeda (14 500 ¥, 50 Min.), Namba (14 000 ¥, 50 Min.) und Shin-Osaka (18 000 ¥, 1 Std.). Spätabends gibt's einen Preisaufschlag von 2500 ¥.

ZUG

Der Bahnhof Shin-Osaka liegt an der *shinkansen*-Strecke Tōkaidō-Sanyō (zwischen Tokio und Hakata in Fukuoka) und ist der östliche Endbahnhof der Kyūshū-*shinkansen*-Strecke nach Kagoshima. Die Züge fahren regelmäßig.

Es gibt Direktzüge nach Tokio (14 140 ¥, 3 Std.), Hiroshima (10 230 ¥, 1½ Std.), Hakata (15 000 ¥, 3 Std.) und Kagoshima (21 900 ¥, 4¾ Std.).

Von/Nach Kyoto

Tōkaidō-Sanyō shinkansen Fährt vom Bahnhof Shin-Osaka eine Haltestelle östlich vom Bahnhof Kyoto (1420 ¥, 14 Min.), aber vom Zentrum Osakas ist es leichter, mit der **JR Kyoto-Linie** vom Bahnhof Osaka nach Kyoto (560 ¥, 28 Min.) zu fahren.

Hankyū Kyoto-Linie *Tokkyū*-Züge (limitierte Expresszüge) fahren vom Bahnhof Hankyū Umeda nach Karasuma (400 ¥, 40 Min.) und Kawaramachi (400 ¥, 44 Min.) in Kyoto.

Keihan Main-Linie *Tokkyū*-Züge verkehren vom Bahnhof Yodoyabashi in Osaka, einer Haltestelle auf der Midō-suji-U-Bahn-Linie, zu den Bahnhöfen Gion-Shijō und Sanjō (410 ¥, 45–55 Min.) in Kyoto.

Von/Nach Kōbe

Tōkaidō-Sanyō shinkansen Fährt vom Bahnhof Shin-Osaka eine Haltestelle westlich zum Bahnhof Shin-Kōbe (ab 1500 ¥, 13 Min.), aber vom Zentrum Osakas ist es leichter, mit der **JR Kōbe-Linie** vom Bahnhof Osaka zu Kōbes Zentralbahnhof Sannomiya (410 ¥, 22–27 Min.) zu gelangen.

Hankyū Kōbe-Linie *Tokkyū*-Züge (limitierte Expresszüge) verbinden den Bahnhof Hankyū Umeda mit Kōbes Bahnhof Sannomiya (320 ¥, 30 Min.) und sind normalerweise nicht so voll wie die JR-Züge.

Von/Nach Nara

JR Yamatoji-Linie *Kaisoku* (Express)-Züge fahren vom Bahnhof Tennōji zum JR-Bahnhof Nara (470 ¥, 35 Min.) über Hōryū-ji (460 ¥, 25 Min.).

Kintetsu Nara-Linie *Kaisoku*-Züge pendeln zwischen Namba (Bahnhof Kintetsu Namba) und dem Bahnhof Kintetsu Nara (560 ¥, 40 Min.).

Unterwegs vor Ort

FAHRRAD

Hub Chari (☎ 070-5436-2892; http://hubchari-english.jimdo.com; pro Std./Tag 200/1000 ¥) verleiht Stadtfahrräder an verschiedenen Standorten. Es wird geführt von einer NGO, die Osakas Obdachlosengemeinde unterstützt.

ZUG & U-BAHN

Die Züge und U-Bahnen bringen einen überall hin, wo man hinwill (nach Mitternacht fahren sie aber nicht mehr).

Der JR Kanjō-sen – die Osaka-Ringbahn – fährt einen Kreis im Süden des JR-Bahnhofs Osaka, allerdings befinden sich die meisten Sehenswürdigkeiten mittendrin.

Es gibt acht U-Bahn-Linien, doch die für Kurzbesucher nützlichste ist die Midō-suji-Linie (rote Linie), die von Nord nach Süd verläuft und an den Stationen Shin-Osaka, Umeda (neben dem Bahnhof Osaka), Shinsaibashi, Namba und Tennō-ji hält. Einfache Fahrten kosten zwischen 180 und 370 ¥ (Kinder die Hälfte).

KŌBE 神戸

☎ 078 / 1537 860 EW.

Auf einem Hang, der zum Meer hin abfällt, erstreckt sich Kōbe (神戸) als eine der schönsten und kosmopolitischsten Städte Japans. In den Anfangstagen des Handels mit China war es ein maritimes Tor zur Welt, und als sich Japan Mitte des 19. Jhs. wieder nach außen öffnete, ließ sich hier eine der ersten ausländischen Gemeinschaften nieder.

Da Kōbe relativ klein ist, sind die meisten Attraktionen von den Bahnhöfen aus zu Fuß erreichbar, und es macht Spaß, ziellos durch die Straßen zu schlendern und in die vielen guten Restaurants und Cafés einzukehren. Am nettesten ist es in Kitano-chō und in Nankinmachi Chinatown sowie nach Einbruch der Dunkelheit in den lebhaften Ausgehvierteln um den Bahnhof Sannomiya.

Die wichtigsten Bahnhöfe sind Sannomiya und Shin-Kōbe. Von dort sind Attraktionen, Unterkünfte und Restaurants leicht zu Fuß oder mit einer kurzen Zugfahrt zu erreichen. Die *shinkansen* halten aber am Bahnhof Shin-Kōbe, der sich etwas bergauf im Zentrum der Stadt befindet. Beide Bahnhöfe liegen etwa 20 Gehminuten voneinander entfernt und sind durch eine kurze U-Bahn-Fahrt verbunden.

Sehenswertes

Stadtpläne sind bei den Touristeninformationen in den Bahnhöfen Sannomiya und Shin-Kōbe erhältlich. Shin-Kōbe liegt am nächsten an den Bezirken Kitano-chō und Nunobiki, die meisten anderen Sehenswürdigkeiten sind leichter vom Bahnhof Sannomiya zu erreichen. Wer in das Sakebrauer-Viertel Nada-gogō will, nimmt am besten die Hanshin-Zuglinie.

Kitano-chō — STADTVIERTEL

(北野町; Karte S. 416; ijinkan 350–750 ¥, Kombitickets 1300–3000 ¥; ⌚ ijinkan meistens 9–18 Uhr, Okt.–März 9–17 Uhr; Ⓢ Shin-Kōbe, 🚉 Shin-Kōbe) Für Generationen japanischer Touristen ist dieses nette, hügelige Stadtviertel der Inbegriff von Kōbe. Der Grund dafür ist das Dutzend gut erhaltener Wohnhäuser von (meist) westlichen Handelsfamilien und Diplomaten, die sich hier während der Meiji-Periode niederließen. Die kurvigen Straßen mit den nostalgischen *ijinkan* (wörtlich „Ausländerhäuser") aus Backstein und Schindelelementen, Cafés, Restaurants und natürlich auch Souvenirshops laden zu einem netten Streifzug ein. Sie vermitteln alle eine gewisse europäisch-amerikanische Atmosphäre, die aber für westliche Besucher weniger faszinierend sein dürfte als für Japaner.

Wer Lust und Zeit hat, geht auf einen Kaffee ins **Starbucks** (スターバックス異人館; Karte S. 416; ☎ 078-230-6302; 3-1-31 Kitano-chō; ⌚ 8–22 Uhr; 🚉 Sannomiya), ein Concept Store in einem ehemaligen *ijinkan* (ca. 1907). Wem es hier gefällt, der geht weiter bergauf zum Rest des *ijinkan*.

Nunobiki Falls — WASSERFALL

(布引の滝, Nunobikinotaki; Ⓢ Shin-Kōbe, 🚉 Shin-Kōbe) GRATIS Ein derart schönes natürliches Refugium hätte man niemals so dicht an der Stadt erwartet. Diese Wasserfälle, die in vier Abschnitten herabstürzen (der längste ist 43 m hoch), werden seit Jahrhunderten von Malern, Dichtern und Pilgern bewundert und verehrt – ein paar der ihnen gewidmeten Gedichte sind an der Stätte auf Steintafeln wiedergegeben. Vom Bahnhof Shin-Kōbe führt ein ziemlich steiler 400 m langer Pfad hierher. Man erreicht ihn, indem man vom Ausgang im Erdgeschoss nach links unterm Bahnhofsgebäude hindurchgeht.

Ikuta-Schrein — SHINTŌ-SCHREIN

(生田神社, Ikuta Jinja; Karte S. 416; ☎ 078-321-3851; 1-2-1 Shimo-Yamate-dōri; ⌚ 7 Uhr–Sonnen-

Kōbe

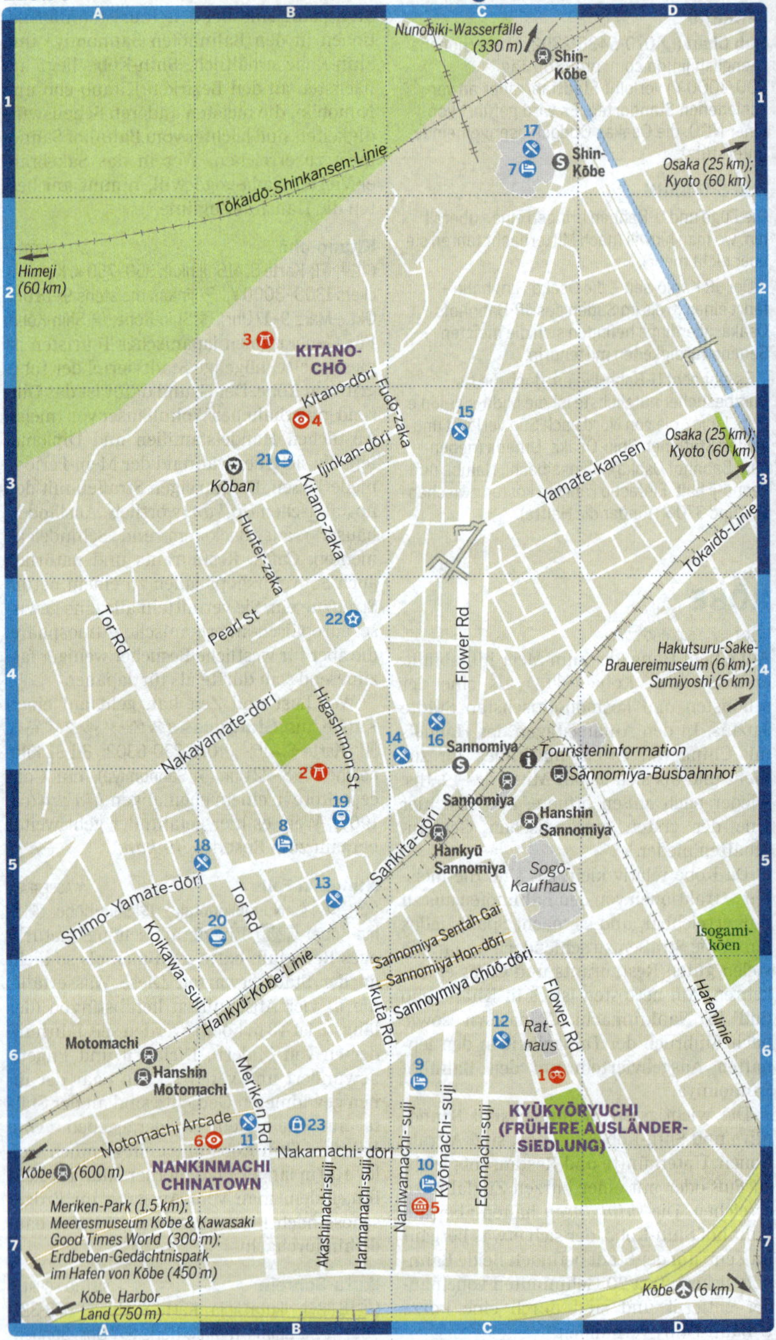

0
400 m
Nunobiki-Wasserfälle (330 m)
Shin-Kōbe
Shin-Kōbe
Osaka (25 km); Kyoto (60 km)
Tōkaidō-Shinkansen-Linie
Himeji (60 km)
KITANO-CHŌ
Kitano-dōri
Fudō-zaka
Ijinkan-dōri
Kitano-zaka
Kōban
Hunter-zaka
Yamate-kansen
Osaka (25 km); Kyoto (60 km)
Tōkaidō-Linie
Tor Rd
Pearl St
Flower Rd
Nakayamate-dōri
Higashimon St
Hakutsuru-Sake-Brauereimuseum (6 km); Sumiyoshi (6 km)
Sannomiya
Touristeninformation
Sannomiya-Busbahnhof
Sannomiya
Hanshin Sannomiya
Sankita-dōri
Hankyū Sannomiya
Sogō-Kaufhaus
Shimo-Yamate-dōri
Tor Rd
Koikawa-suji
Sannomiya Sentah Gai
Sannomiya Hon-dōri
Sannoymiya Chūō-dōri
Isogami-kōen
Hankyū-Kōbe-Linie
Ikuta Rd
Flower Rd
Rathaus
Hafenlinie
Motomachi
Hanshin Motomachi
Meriken Rd
KYŪKYŌRYUCHI (FRÜHERE AUSLÄNDER-SIEDLUNG)
Motomachi Arcade
Nakamachi-dōri
Naniwamachi-suji
Kyōmachi-suji
Edomachi-suji
Kōbe (600 m)
NANKINMACHI CHINATOWN
Akashimachi-suji
Harimamachi-suji
Meriken-Park (1,5 km); Meeresmuseum Kōbe & Kawasaki Good Times World (300 m); Erdbeben-Gedächtnispark im Hafen von Kōbe (450 m)
Kōbe Harbor Land (750 m)
Kōbe (6 km)

Kōbe

Sehenswertes
- 1 City Hall Observation Lobby C6
- 2 Ikuta Shrine B5
- 3 Kitano Tenman-jinja B2
- 4 Kitano-chō B3
- 5 Stadtmuseum Kōbe C7
- 6 Nankinmachi B6

Schlafen
- 7 ANA Crowne Plaza Hotel Kōbe C1
- 8 B Kōbe B5
- 9 Hotel Trusty Kōbe Kyūkyoryuchi C6
- 10 Oriental Hotel C7

Essen
- 11 Daichi B6
- 12 Grill Jūjiya C6
- 13 Isuzu Bakery B5
- 14 Isuzu Bakery C4
- Kōbe Plaisir .... (siehe 8)
- 15 Mikami C3
- 16 R Valentino C4
- 17 Shin-Kōbe Oriental Avenue C1
- 18 Wanto Burger B5

Ausgehen & Nachtleben
- 19 Izn't B5
- 20 Modernark B5
- Sake Yashiro .... (siehe 19)
- 21 Starbucks Ijinkan B3

Unterhaltung
- 22 Sone B4

Shoppen
- 23 Daimaru Kaufhaus B6

untergang; Sannomiya) GRATIS Der friedliche hölzerne Schrein soll 201 n. Chr. gegründet worden sein und spielte eine Schlüsselrolle in der Geschichte der Sakebrauerei. Er überlebte die Bürgerkriege (vor allem als Versteck für den Heike-Clan) sowie den Zweiten Weltkrieg, und bei Naturkatastrophen wie dem Erdbeben von 1995 fungierte er als Sammelplatz für die Einwohner. Tafeln vor dem Hauptgebäude erinnern an die Besuche von Generationen von Kaisern. Auf der Rückseite ermöglichen der Wald und der auffällige Kampferbaum eine wunderbare Verschnaufpause vom Trubel der Stadt.

City Hall Observation Lobby AUSSICHTSPUNKT
(市役所展望ロビー; Karte S. 416; ☎078-331-8181; 6-5-1 Kanō-chō, Chūō-ku; Mo–Fr 8.15–22, Sa & So 10–22 Uhr; S Sannomiya Hanadoke-mae, Sannomiya) GRATIS Vom 24. Stock der Kobe City Hall hat man einen Rundumblick über die Stadt (und kann die Weitläufigkeit genießen). Vor allem bei Sonnenuntergang ist es hier sehr romantisch und beeindruckend, da oben der Himmel die Farben wechselt und am Boden die Lichter der Stadt erstrahlen. Wenn das Wetter es erlaubt, blickt man tagsüber über die Bucht von Osaka bis zum Internationalen Flughafen Kansai.

Stadtmuseum Kōbe MUSEUM
(神戸市立博物館, Kōbe Shiritsu Hakubutsukan; Karte S. 416; ☎078-391-0035; www.city.kobe.lg.jp/culture/culture/institution/museum; 24 Kyō-machi; Eintritt 200 ¥, Sonderausstellungen bis zu 1000 ¥; Di–So 10–17 Uhr, bei Sonderausstellungen auch länger; Sannomiya) Hier kann man sich mit Kōbes Geschichte als Handelshafen und Treffpunkt von Ost und West vertraut machen. Dabei helfen Kunstwerke und Exponate, die recht gut auf Englisch beschildert sind. Die Objekte zeigen den ausländischen Einfluss, ob bei Uhren und Öllampen oder bei Haarstilen. Die Sonderausstellungen sind teuer, aber sie lohnen sich, besonders wenn auch Teile der Sammlung sogenannter *namban*-Kunst (Kunst der „Südbarbaren") gezeigt werden. Diese Kunstrichtung entwickelte sich, als frühe Jesuitenmissionare japanischen Studenten westliche Maltechniken beibrachten.

Das Gebäude im neugriechischen Stil stammt aus dem Jahr 1935.

Nankinmachi STADTVIERTEL
(南京町, Chinatown; Karte S. 416; S Kaigan-Linie bis Haltestelle Kyūkyoryūchi-Daimaru-mae, JR- oder Hanshin-Linie bis Haltestelle Motomachi) Vier traditionelle Tore kennzeichnen die Eingänge zu dieser grellbunten, lebendigen und unverhohlen touristischen Ansammlung chinesischer Restaurants und Läden mit Kinkerlitzchen und medizinischen Kräutern. Die Angebote dürften jedem vertraut sein, der schon irgendeine Chinatown der Welt besucht hat. Es macht Spaß, hier herumzuschlendern, besonders abends, wenn die kunstvoll bemalten Geschäftsfassaden im Licht erstrahlen. Die Restaurants sind eher überteuert und echte Gourmets dürften sie enttäuschen (Menüs um die 850 ¥), andererseits ist dies einer der wenigen Orte in Japan, wo es Snacks gibt (ab 200 ¥).

Meeresmuseum Kōbe & Kawasaki Good Times World MUSEUM
(神戸海洋博物館 & カワサキワールド, Kōbe Kaiyō Hakubutsukan & Kawasaki Wārudo; ☎ 078-327-5401; www.khi.co.jp/kawasakiworld; 2-2 Hatoba-chō, Chūō-ku; Eintritt 600 ¥, Kōbe Port Tower Kombinationsticket 1000 ¥; ⏲ Di–So 10–17 Uhr; Ⓢ Kaigan-Linie bis Haltestelle Minato Motomachi, 🚉 Kōbe oder Motomachi) Dieses Gebäude besteht aus zwei Teilen: einer großen Sammlung erstklassiger Modellschiffe und anderer Exponate im traditionellen **Meeresmuseum**, und der amüsanten **Kawasaki Good Times World** mit moderner Technologie zum Anfassen. Von Kawasaki-Motorrädern hat sicher jeder schon gehört. Doch das aus Kōbe stammende Unternehmen hat auch andere Technikbereiche beeinflusst, von Zügen über Robotertechnik bis Luft- und Raumfahrt. Hier können Besucher einen Original-*shinkansen*, Flugzeuge aus den Anfangstagen und ein paar supercoole Motorräder besteigen. Klar, es ist auch Werbung, aber beeindruckend ist es allemal.

Die Museen befinden sich am Meeresufer im Meriken-Park, den das Eisengerüst des 108 m hohen **Hafenturms von Kōbe** (1963) – ein Wahrzeichen der Stadt – überragt, und im Erdbebengedächtnispark.

Erdbebengedächtnispark im Hafen von Kōbe DENKMAL
(神戸港震災メモリアルパーク; Meriken Park; Ⓢ Kaigan-Linie bis Haltestelle Minato Motomachi, 🚉 Motomachi) GRATIS Am 17. Januar 1995 um 5.46 Uhr suchte das Erdbeben von Kōbe diese Region heim. Es war das stärkste Beben in Japan, seit 1923 das Große Kantō-Erdbeben Tokio verwüstete. Kōbe erwischte es am heftigsten – 6000 Tote, mehr als 40 000 Verletzte, eingestürzte Autobahnen und fast 300 000 zerstörte Gebäude. Dieses schlichte, offene Museum am Hafen erinnert anhand von Artefakten und Videos auf Englisch daran. Am meisten Eindruck macht ein Abschnitt des Docks, der in dem Zustand belassen wurde, in dem man ihn nach der Katastrophe vorfand.

Hakutsuru-Sakebrauereimuseum BRAUEREI
(白鶴造酒資料館; ☎ 078-822-8907; www.hakutsuru-sake.com; 4-5-5 Sumiyoshi Minami-machi, Higashinada-ku; ⏲ 9.30–16.30 Uhr; 🚉 Hanshin-Hauptlinie bis Haltestelle Sumiyoshi) GRATIS Hakutsuru ist die führende Sakebrauerei in Kōbes Stadtbezirk Nada-gogō, einem der wichtigsten japanischen Zentren der Sakebrauerei. Der individuelle Rundgang durch die historischen Holzgebäude der alten Brauerei (die riesige neue Brauerei liegt direkt dahinter) bietet einen faszinierenden Einblick in die traditionellen Methoden der Sakebraukunst. Lebensgroße Modelle illustrieren die alten Gerätschaften, und eine Broschüre sowie Videos auf Englisch helfen beim Verständnis. Nach dem Rundgang dürfen die Besucher kostenlos Sake probieren.

Die Hanshin-Linie führt vom Bahnhof Sannomiya acht Stationen in Richtung Osten bis zum Bahnhof Sumiyoshi (190 ¥). Es dauert sieben Minuten, wenn man in Mikage umsteigt, 15 Minuten, wenn man den *futsū* (Nahverkehrszug) nimmt; Expresszüge halten dort nicht. Nach Verlassen der Haltestelle geht man in südlicher Richtung auf die erhöhte Autobahn zu, überquert die Brücke, geht am Fuß der Treppe in die entgegengesetzte Richtung, biegt an der ersten Straße links und dann rechts ab; der Eingang befindet sich auf der rechten Seite. Als Orientierungshilfe dient das blau-weiße Kran-Logo über dem modernen Fabrikflügel.

Akashi Kaikyō-Brücke BRÜCKE
(明石海峡大橋; ☎ Ausstellungszentrum 078-784-3339, Maikō Marinepromenade 078-785-5090; 2051 Higashi-Maikō-chō, Tarumi-ku; 310 ¥; ⏲ Promenade 9–18 Uhr, Ausstellungszentrum März–Mitte Juli & Sept.–Nov. 9.15–17 Uhr, Mitte Juli–Aug. bis 18 Uhr, Dez.–Feb. bis 16.30 Uhr; 🚉 JR-Linie Kōbe bis Haltestelle Maikō) Westlich des Zentrums von Kōbe befindet sich Japans höchste Brücke (283 m), die über der Akashi-Meerenge verläuft. Aus der Nähe sieht man die **Maikō Marine Promenade**, ein 320 m langer Gang 47 m über dem Meer, der über dem Nordende der Brücke entlangläuft. Aber Achtung: Die Böden sind aus Glas! Im Innenbereich zeigt eine 360-Grad-Kamera Bilder von der Spitze eines Pfostens. Direkt in der Nähe erläutert das **Akashi Kaikyō Brücken-Ausstellungszentrum** die Technik, die hinter dem Brückenbau steckt, anhand von Videos auf Englisch und Ausstellungsstücken, wie z. B. ein Querschnitt des Hauptkabels mit einem Durchmesser von 1,1 m.

Feste & Events

Luminarie LICHTSHOW
(神戸ルミナリエ; ⏲ Anfang Dez.) Das größte jährliche Fest in Kōbe erinnert Anfang Dezember jeden Abend an die 6000 Menschen, die beim Großen Hanshin-Erdbeben 1995 (S. 418) ihr Leben verloren, und zelebriert

gleichzeitig, wie wundersam sich die Stadt danach erholt hat. Dann sind die Straßen südwestlich des Rathauses mit unzähligen beleuchteten Metallbögen dekoriert, was von innen wie eine Kathedrale aus einer anderen Welt aussieht. Die genauen Daten erfährt man in den Touristenbüros.

Schlafen

Kōbe kann man zwar leicht als Tagestripp von Osaka oder Kyoto aus besuchen, aber eine Übernachtung ermöglicht es, die fantastischen nächtlichen Aussichten und das Nachtleben der Stadt zu genießen. Hotels finden sich vor allem in Sannomiya.

Hotel Trusty Kōbe Kyūkyoryuchi BOUTIQUE-HOTEL ¥¥
(ホテルトラスティ神戸旧居留地; Karte S. 416; ☎ 078-330-9111; http://ct.rion.mobi/trusty.kobe; 63 Naniwamachi, Chūō-ku; EZ/DZ/2BZ ab 9800/15 400/18 900 ¥; ; Sannomiya) Obwohl sich der Name sehr nach „Standard-Businesshotel" anhört, entpuppt sich dieses intime kleine Hotel in Kyūkyoryuchi (die frühere Ausländersiedlung) hinter dem Rathaus als absolut stilvolles Boutique-Hotel. Die Zimmer sind recht klein, aber makellos sauber und mit Designakzenten gestaltet. Das Frühstück oder den abendlichen Drink genießt man auf der Innen- und Außenterrasse.

★ **Oriental Hotel** HOTEL ¥¥¥
(神戸旧居留地オリエンタルホテル; Karte S. 416; ☎ 078-326-1500; www.orientalhotel.jp; 25 Kyōmachi, Chūō-ku; Zi. ab 34 000 ¥; ; Sannomiya oder Motomachi; Port Liner bis Haltestelle Boeki Center) In Kyūkyoryuchi (die frühere Ausländersiedlung) befindet sich eines von Japans ältesten Hotels (1870). Nach dem Erdbeben von 1995 wurde es wieder aufgebaut und ist heute ein stilvoller, eleganter Turm, dessen Design geschickt altes und neues Japan vereint. Der Service ist hervorragend, die Mitarbeiter sprechen Englisch und von der Lobby und vom Restaurant im 17. Stock bietet sich eine tolle Aussicht auf die Bucht und die Berge. Online gibt's ordentliche Rabatte.

Achtung: Dieses Hotel gehört nicht zu den Oriental-Hotels in anderen Ländern.

ANA Crowne Plaza Hotel Kōbe HOTEL ¥¥¥
(ANAクラウンプラザ神戸; Karte S. 416; ☎ 078-291-1121; www.anacrowneplaza-kobe.jp; 1-chome, Kitano-chō, Chūō-ku; EZ/DZ oder 2BZ ab 9500/14 500 ¥; ; S Shin-Kōbe, Shin-Kōbe) Dieser 37-stöckige Turm, der hoch über der Stadt aufragt, überblickt die strahlenden Lichter von Kōbe. Das Crowne Plaza bietet neben dem JR-Bahnhof Shin-Kōbe saubere, große Zimmer (wenngleich die Bäder etwas abgenutzt wirken), Englisch sprechende Mitarbeiter, mehrere Bars und Restaurants sowie einen Pool und ein Fitnesscenter (1080 ¥ Gebühr). Weitere Restaurants befinden sich unten im **Einkaufszentrum Oriental Avenue** (新神戸オリエンタルアベニュー; Karte S. 416; http://shinkobe.net; 1 Kitano-chō; Preise variieren; ⏲ Öffnungszeiten variieren).

Essen

Kōbe ist in ganz Japan für sein Rindfleisch, die japanisch-westliche Fusionsküche und die leckeren Bäckereien bekannt, eine Hinterlassenschaft der frühen westlichen Bewohner. Die beste Auswahl an Restaurants findet man rund um den Bahnhof Sannomiya (beim Ikuta-Schrein gibt's viele *izakaya*) und in Chinatown in Nankinmachi. Die Fressmeilen in den Kaufhäusern wie Sogo und Daimaru sind perfekt, um Essen mitzunehmen oder sich in einem der Restaurants niederzulassen. Außerdem ist Kōbe ein bedeutender Standort für Sake: Im Stadtviertel Nada-gogō wird ein Drittel der gesamten Produktion Japans hergestellt.

Isuzu Bakery BÄCKEREI ¥
(イスズベーカリー; Karte S. 416; ☎ 078-391-3963; www.isuzu-bakery.jp; 1-8-18 Nakayamate-dōri, Chūō-ku; Brot & Gebäck 120–560 ¥; ⏲ Mo–Do 10–23 Uhr, Fr & Sa bis 24 Uhr, So bis 22 Uhr; Sannomiya) Kōbe ist berühmt für seine Backwaren, und diese preisgekrönte Bäckerei (geöffnet seit 1946) wurde wegen seiner kreativen Köstlichkeiten wie *toreron* (eine 70 cm lange Wurst), *curry pan* (Doughnut mit Rinderachillessehne in Curry) und Schokokuppel (genau das, wonach es klingt) landesweit im Fernsehen gezeigt. Mit Tablett und Zange nimmt man sich, was man möchte, und zahlt beim Kassierer.

Eine weitere Filiale befindet sich z. B. auf der **Ikuta-Straße** (イスズベーカリー生田ロード店; Karte S. 416; 078-333-4180; 2-1-14 Kitanagasa-dōri, Chūō-ku; ⏲ 9–23 Uhr).

Mikami INTERNATIONAL ¥
(味加味; Karte S. 416; ☎ 078-242-5200; www.kobe-mikami.com; 2-5-9 Kanō-chō; Hauptgerichte 480–1800, Menü ab ca. 850 ¥; ⏲ Mi–Mo 11.30–15 & 17–23 Uhr; ; Sannomiya, Shin-Kōbe) Das freundliche und vielseitige Restaurant

NICHT VERSÄUMEN

KŌBE-RIND

Für Gourmets auf der ganzen Welt steht Kōbe für großartiges Rindfleisch. Das delikat marmorierte Fleisch des Kōbe-Rinds (Kōbe *gyū* auf Japanisch) hat eine besonders geschmeidige Struktur und nach Meinung vieler Feinschmecker eine einzigartige Süße. Nur 0,06 % des in Japan verzehrten Rindfleischs ist Kōbe-Rind, ein Fakt, der mit zur Erklärung des astronomischen Preises beiträgt. Kōbe-Rind ist im Grunde nur eine von vielen Arten von *wagyu* (japanisches Rind). Mehr über Japans Premiumrind erfährt man im Kapitel Japanische Küche (S. 926). Es gibt ausreichend Lokale, um es selbst zu probieren; empfehlenswert sind **Kōbe Plaisir**, **Daichi** und **Wanto Burger**.

bietet eine lange Karte mit preiswertem Mittag- und Abendessen: Nudeln (italienisch und japanisch), Pizza, chinesische Gerichte und großzügige *teishoku* (Menüs), dazu viel Bier und Cocktails. Es befindet sich in dem Block hinter dem Green Hill Hotel. Ausschau halten nach vielen Topfpflanzen und dem kleinen englischen Schild.

★ Wanto Burger BURGER ¥¥
(ワントバーガー; Karte S. 416; ☎078-392-5177; www.wantoburger.com; 3-10-6 Shimo-Yamate-dōri; Burger 1080–3800 ¥; ⊙Mo–Sa 12–22, So bis 17 Uhr; 🚇Sannomiya) Eine coole junge Truppe führt das Wanto Burger, das mit seiner langen Theke und wenigen Tischen an ein amerikanisches Diner erinnert. Dann hören die Gemeinsamkeiten allerdings schon auf, sowohl was das Essen als auch die Preise angeht, denn die Burger sind hier mit Kōbe-Rind belegt (man kann auch die etwas günstigeren *wagyū*-Varianten bestellen). Pluspunkte: Coole Musik und Cocktails!

Daichi STEAK ¥¥
(大地; Karte S. 416; ☎078-333-6688; www.koubegyuu.com/en/shop/daichi; 1-1-3 Motomachi-dori, Chūō-ku; Steakgerichte ab 2500 ¥; ⊙11–21 Uhr; Ⓢ Kaigan-Linie bis Haltestelle Kyūkyorūchi-Daimaru-mae, 🚇Motomachi) *Teppanyaki*-Steak (gegrillt auf einer Stahlplatte) ist bekanntermaßen sehr teuer, aber dieses freundliche Lokal serviert es zu einem Bruchteil des Preises, der in anderen Restaurants verlangt wird. Das preisgekrönte Kōbe- und *wagyū*-Rind wird angerichtet mit gegrilltem Gemüse, mittags gibt's eine Suppe, Salat und Reis dazu. Die Preise variieren je nach Grad und Größe des Fleisches: 2500 ¥ für 80 g einfaches *wagyū*, bis 58 000 ¥ für 300 g Chateaubriand. Ausschau halten nach den riesigen Bullen direkt in Chinatowns Osttor.

Grill Jūjiya INTERNATIONAL ¥¥
(グリル十字屋; Karte S. 416; ☎078-331-5455; 96 Edomachi, Chūō-ku; Hauptgerichte 850–2300 ¥; ⊙Mo–Sa 11–20 Uhr; 🚇Sannomiya) In der Stadt, die so reich an west-östlicher Tradition ist, serviert dieses charmante altmodische, auf *yōshoku* spezialisierte Restaurant westliche Gerichte im japanischen Stil: Rindfleischeintopf, Brathähnchen, gebratene Meeresfrüchte und *hayashi*-Reis (Reis mit Rinderhack, Zwiebeln und leckerer Soße). Ein Craft-Bier passt perfekt dazu. Das Restaurant gibt's schon seit den 1930er-Jahren, doch das Gebäude ist neuer.

R Valentino ITALIENISCH ¥¥
(アール ヴァレンティーノ; Karte S. 416; ☎078-332-1268; www.r-valentino.com; 3. OG, 4-5-13 Kanō-chō, Chūō-ku; Hauptgerichte 950–3200 ¥, Mittags-/Abendmenüs ab 1800/4000 ¥; ⊙11.30–14 & 17.30–21 Uhr; ; 🚇Sannomiya) In einer Seitenstraße in Sannomiya liegt dieses von Italienern geführte und bei Japanern und ausländischen Besuchern gleichermaßen beliebte legere und komfortable Restaurant. Für Gemütlichkeit sorgen Steinwände und rustikale Möbel. Es serviert Dutzende Sorten Pasta und Pizza aus dem Steinofen sowie Fleisch- und Fischgerichte. Das eifrige Personal erklärt die Tageskarte und gibt Empfehlungen.

★ Kōbe Plaisir STEAK ¥¥¥
(神戸プレジール; Karte S. 416; ☎078-571-0141; www.kobe-plaisir.jp; 2-11-5 Shimo-Yamate-dōri, Chūō-ku; Menüs Mittagessen/Abendessen ab 3240/6480 ¥; ⊙11.30–15 & 17–22.30 Uhr; Ⓢ Sannomiya, 🚇Sannomiya) Noch regionaler geht's kaum: Die Zutaten kommen direkt von der örtlichen Filiale der Japanischen Landwirtschaftsgenossenschaft. Gäste können sich ihr Kōbe-Rind oder anderes Steak nach Wunsch *seiro-mushi* (gedämpft), *teppan-yaki* (auf einer Stahlplatte gegrillt) oder *shabu-shabu* (dünne Scheiben Rind mit Gemüse in kochendem Wasser gegart

und dann in Soße getaucht) zubereiten lassen und dann entspannt genießen, wie ihnen ein mehrgängiges Festmahl aus Fleisch und Gemüse aufgetischt wird. Es befindet sich in der Lobby unter dem **B Kōbe-Hotel** (ザ・ビー神戸; Karte S. 416; ☎ 078-333-4880; www.theb-hotels.com/the-b-kobe; 2-11-5 Shimo-YamateB Kōbe, Chūō-ku; EZ/DZ ab 13 000/22 000 ¥;).

Ausgehen & Nachtleben

In Kōbe leben sehr viele Ausländer und in einigen Bars verkehrt ein bunt gemischtes Publikum ganz unterschiedlicher Nationalitäten. Manche Cafés verwandeln sich abends in Bars.

Sake Yashiro BAR

(さけやしろ; Karte S. 416; ☎ 078-334-7339; 4-6-15 Ikuta-chō; 16–23.30 Uhr; Sannomiya) Kōbe ist eine von Japans großen Sakestädten, und in dieser entspannten kleinen Stehbar mit Restaurant ganz in der Nähe vom Ikuta-Schrein kann man super die hier hergestellten Sorten probieren. Und davon stehen mehr als 90 zur Auswahl, darunter 50 von lokalen Brauern. Außerdem gibt's eine wechselnde Speisekarte mit saisonalen Gerichten.

Izn't CLUB

(イズント; Karte S. 416; ☎ 078-334-3040; http://iznt.net; 4. OG, 1-1-8 Shimo-Yamate-dōri; So 17–24, Mo–Do 17–1, Fr & Sa 17–2 Uhr; Sannomiya) In dieser großen, lebhaften Bar treffen sich in der Stadt lebende Japaner und Ausländer zu wechselndem Programm mit Salsatanz, Livebands, Open Mic-Sessions, Akustikabenden, Sportfernsehen, Cocktails, Bier, Wein und Frozen Mojitos. Auf der Speisekarte stehen internationale Bar-Snacks, von Pizzas und Burritos über *tandoori*-Wraps bis zu Sushi. Hier herrscht überwiegend Rauchverbot. Der Eingang befindet sich an der Higashimon-Straße.

Modernark CAFÉ

(モダナーク; Karte S. 416; ☎ 078-391-3060; 3-11-15 Kitanagasa-dōri, Chūō-ku; 11.30–22 Uhr; Motomachi) Ein herrlich funkiges, altmodisches Café, ein mit Holzelementen dekorierter Raum, eine verglaste Veranda und hübsche Souvenirs zum Verkauf. Das Modernark nennt sich selbst „pharm café" („Arznei-Cafe") und legt bei seinen Wraps, Salaten, Kuchen, Kaffees und Tees (Mahlzeiten ab 900 ¥) besonderen Wert auf vegetarische und vegane Optionen. Auf das Dickicht aus eingetopften Bäumen vor dem Café achten.

Unterhaltung

Sone JAZZ

(ソネ; Karte S. 416; ☎ 078-221-2055; www.kobe-sone.com; 1-24-10 Nakayamate-dōri; Mindestverzehr ab 1250 ¥; 17–24 Uhr; Sannomiya) Wer in Kōbe Jazz hören will, der kommt hierher. Meistens gibt's am Abend vier verschiedene Acts – japanische und internationale Künstler – und dazu gibt's Kneipenessen und Getränke. Der Mindestverzehr variiert, aber beim Sonntagnachmittagspecial bekommt man Musik und ein Bier für nur 1000 ¥. Das hölzerne Innere im Bayernstil mag veraltet erscheinen, aber der Laden läuft seit 1969 gut – warum also etwas ändern?

Praktische Informationen

Kōbe-Information (神戸市総合インフォメーションセンター; Karte S. 416; ☎ 078-322-0220; www.feel-kobe.jp; Sannomiya; 9–19 Uhr; Sannomiya) Kōbes zentrale Touristeninformation befindet sich im Erdgeschoss außerhalb des Osteingangs zum JR-Bahnhof Sannomiya. Außerdem gibt's einen kleineren Infoschalter im zweiten Geschoss des Bahnhofs Shin-Kōbe, rechts vor der Schranke zu den *shinkansen*. In beiden bekommt man gute kostenlose Stadtpläne, Broschüren und das Heft *Welcome Coupon* mit Rabattcoupons für die Sehenswürdigkeiten und Attraktionen.

An- & Weiterreise

Bus

Nachtbusse von **Willer Express** (ウィラー・エクスプレス; http://willerexpress.com) fahren vom **Sannomiya-Busbahnhof in** Kōbe (Karte S. 416) nach Tokio (Haltestellen Shinjuku und Tokio). Die Reise kostet ab 5800 ¥ und dauert 8½ Stunden.

FLUGZEUG

Flughafen Itami Osaka

Direkte Limousinenbusse pendeln zwischen dem Itami Osaka (S. 413) (1050 ¥, 40 Min.) und der Südwestseite des Bahnhofs Sannomiya in Kōbe.

Flughafen Kōbe

Vom Flughafen Kōbe (www.kairport.co.jp) starten Maschinen von ANA, Air Do, Skymark Air lines und Solaseed Air, die meisten gehen nach Tokio (Haneda; 12 890 ¥, 1 Std. 10 Min.), Sapporo (Chitose; 21 900 ¥, 2 Std.) und Okinawa (Naha; 22 900 ¥, 2¼ Std.).

Kansai International Airport

Per Zug geht's am schnellsten mit dem JR-*shinkaisoku* über den Bahnhof Osaka, wo man in den

JR-*kanku-kaisoku* zum Flughafen umsteigt (insgesamt 1660 ¥ und 1¾ Std. bei gutem Anschluss). Mit viel Gepäck ist der direkte Limousinenbus vom/zum Flughafen (2000 ¥, 1¼ Std.) bequemer. Der Flughafenbus fährt in Kōbe an der Südwestseite des Bahnhofs Sannomiya ab.

FÄHRE/SCHIFF

Die aufregendste Fahrt zwischen dem Internationalen Flughafen Kansai (KIX) und Kōbe bietet das **Kōbe-Kansai Bay Shuttle-Schnellboot** (神戸関西空港ベイ・シャトル; www.kobe-access.jp; ⏲5.30–23.35 Uhr), das am Flughafen Kōbe hält (Erw./ermäßigt 1850/1000 ¥, 31 Min., ca. stündl.), ab da kann man mit dem **Port Liner** (ポートライナー; www.knt-liner.co.jp) in die Stadt fahren.

Von Kōbe nach Shinmoji (Kitakyūshū, Präfektur Fukuoka; ab 6170 ¥) verkehren regelmäßig Fähren von **Hankyū Ferry** (阪九フェリー; ☎0120-56-3268; www.han9f.co.jp), und Ōita (nahe Beppu auf Kyūshū; ab 12 000 ¥) wird von **Ferry Sunflower** (フェリーさんふらわあ; ☎gebührenfrei 0120-56-3268; www.ferry-sunflower.co.jp) angesteuert.

Orange Ferry (☎06-6612-1811; www.orange-ferry.co.jp) verbindet dienstags bis samstags den Kōbe Rokko Port mit Niihama (Präfektur Ehime, Shikoku; 2. Klasse ab 6690 ¥).

ZUG

Der Bahnhof Sannomiya ist der Bahnknotenpunkt für Fahrten von/nach Osaka mit den privaten Hankyū- und Hanshin-Linien und den meisten JR-Zügen. Auf der JR-Tōkaidō-Linie bieten *shinkaisoku* (Sonderschnellzüge) die schnellste Fahrt zwischen Sannomiya und dem Bahnhof Osaka (410 ¥, 20 Min.). Von den privaten Linien ist die Hankyū-Linie die günstigere; sie verbindet den Bahnhof Sannomiya in Kōbe mit dem Bahnhof Hankyū Umeda (*tokkyū*; 320 ¥, 27 Min.) in der Nähe vom Bahnhof Osaka.

Wer nicht mit dem *shinkansen* fährt, muss auf der Fahrt nach Kyoto in der Regel am Bahnhof Osaka oder in Umeda umsteigen.

Der Bahnhof Shin-Kōbe liegt an der Tōkaidō-/San-yō- und an der Kyūshū-*shinkansen*-Linie. Fahrtziele sind u. a. Fukuoka (Bahnhof Hakata; 14 160 ¥, 2¼ Std.), Tokio (14 160 ¥, 2¾ Std.) und andere große Städte, darunter Osaka, Kyoto, Nagoya, Hiroshima und Kagoshima.

ℹ Unterwegs vor Ort

Die JR-, Hankyū- und Hanshin-Linien durchqueren die Stadt von Ost nach West. Die Seishin-Yamate-U-Bahn-Linie verbindet die Bahnhöfe Shin-Kōbe und Sannomiya (210 ¥, 2 Min.), zu Fuß benötigt man für die Strecke etwa 20 Minuten. Eine weitere U-Bahn-Linie, die Kaigan-Linie, beginnt gleich südlich des Bahnhofs Sannomiya und fährt nach Harbor Land Richtung Süden.

Ein Ringbus (einzelne Fahrt/Tageskarte 60/660 ¥) fährt in einer großen Runde zu den meisten Attraktionen der Stadt und zu den großen Bahnhöfen. Auf die grünen Busse im Retro-Stil achten.

Das neue kommunale Fahrradsystem **Kobelin** (☎gebührenfrei 0120-040-587; www.kobelin.jp; pro Stunde 100 ¥, jede weiteren 30 Min. 100 ¥, pro Tag 500 ¥) hat Stationen überall in der Stadt; auf die roten Fahrräder mit dem Logo des Hanshin Tigers-Baseballteams achten. Um es zu nutzen, muss man zuerst seine Kreditkarte über das Smartphone registrieren.

HIMEJI 姫路

☎079 / 535 807 EW.

Ein Besuch in Himeji in der Präfektur Hyōgo ist ein Muss für alle, die sich für japanische Geschichte und insbesondere für japanische Burgen interessieren. Über dieser ruhigen Stadt erhebt sich die vor Kurzem renovierte Himeji-jō, die schönste Burg in ganz Japan. Der nahe gelegene Kōkō-en ist eine weitläufige Anlage mit neun sorgfältig rekonstruierten Samuraihäusern samt Gärten.

Da Himeji auf der *shinkansen*-Route liegt, kann man es gut als Tagestour von Kyoto, Nara, Osaka oder Kōbe aus besuchen oder hier auf dem Weg nach Okayama oder Hiroshima einen Zwischenstopp einlegen. Die Stadt ist recht flach und lässt sich bequem zu Fuß erkunden, außerdem verleiht die Touristeninformation am Bahnhof kostenlos Fahrräder.

Sehenswertes

★ **Himeji-jō** BURG

(姫路城, Burg Himeji; Karte S. 423; 68 Honmachi; Erw./Kind 1000/300 ¥, Kombiticket mit dem Kōkō-en 1040/360 ¥; ⏲Sept.–Mai 9–17 Uhr, Juni–Aug. 9–18 Uhr) Japans prächtigste Burg, eine UNESCO-Welterbestätte, nationales Kulturgut und eine der wenigen im Original erhaltenen Burgen des Landes (die meisten sind moderne Nachbauten aus Beton). Aufgrund der weiß schimmernden Fassade und der herrschaftlichen Lage auf einem Berg wird die Himeji-jō auch Shirasagi-jō („Burg des Weißen Reihers") genannt. Sie verfügt über einen fünfstöckigen Turm (*tenshū*) und drei kleinere Außentürme. Das gesamte Gelände ist von Gräben und Verteidigungsmauern umgeben, in die viele rechteckige, runde und dreieckige Öffnungen eingefügt sind – durch diese wurden Gewehre abgefeuert und Pfeile geschossen.

In das Gemäuer des Hauptturms sind *ishiotoshi* eingelassen – schmale Öffnungen, durch die die Verteidiger heißes Wasser oder Öl auf die Feinde schütten konnten, um sie am Hochklettern zu hindern, wenn die anderen Verteidigungsanlagen bereits bezwungen waren. Besucher sollten lieber Eintritt bezahlen und die Burg somit auf legalem Weg betreten.

In Himeji gab es bereits im Jahre 1333 eine Festung, die heutige Anlage wurde aber erst 1580 von Toyotomi Hideyoshi erbaut und dann 30 Jahre später von Ikeda Terumasa erweitert. Dieser hatte die Himeji-jō nach seinem Sieg über Toyotomis Truppen als Geschenk von Tokugawa Ieyasu erhalten. In den folgenden Jahrhunderten residierten insgesamt 48 Herrscher in dem prächtigen Bauwerk. 2014 wurde die Burg nach fünf Jahren Renovierung wiedereröffnet.

Die mit Pfeilen ausgeschilderte Rundtour dauert ungefähr eineinhalb Stunden. Letzter Einlass ist eine Stunde vor Schließung.

★Kōkō-en GARTEN

(好古園; Karte S. 423; 68 Honmachi; Erw./Kind 300/150 ¥, Kombiticket mit der Himeji-jō 1040/360 ¥; ⏲Mai–Aug. 9–18 Uhr, Sept.–April 9–17 Uhr) Gegenüber vom westlichen Burggraben von Himeji liegt dieser imposante Nachbau früherer Samuraiquartiere. Die neun Häuser im Stil der Edo-Periode sind von Gärten umgeben, die mit verschiedenen Kombinationen aus Wasserfällen, Koi-Teichen, makellos gestutzten Bäumen, Bambus, blühenden Sträuchern und einer mit Glyzinien überwucherten Laube aufwarten. Wer sich zwischen den Stein- und Gipsmauern, die die Wege säumen, wie an einem Filmset fühlt, liegt gar nicht falsch: Hier wurden viele japanische Historiendramen gedreht. Im Frühling und während der Laubfärbung im Herbst ist es hier besonders hübsch.

In der Teelaube bekommt man für 500 ¥ von in Kimonos gewandeten Damen *matcha* (pulvriger grüner Tee) und eine japanische Süßigkeit gereicht, und das Restaurant **Kassui-ken** (活水軒) serviert *bentō* (Mahlzeit in einem Kästchen) mit *anago* (Meeraal, eine lokale Spezialität; 2080 ¥).

Himeji

Sehenswertes
1 Himeji-jō A1
2 Kōkō-en A2

Schlafen
3 Dormy Inn Himeji B5
4 Hotel Nikkō Himeji B5

Essen
5 Fukutei B4
6 Menme A3

Ausgehen & Nachtleben
7 Kokoromi B5

Feste & Events

Nada-no-Kenka Matsuri FEST

(灘のけんか祭り; 14.–15. Okt.) Anlässlich des Nada-no-Kenka findet u.a. ein *mikoshi-*„Kampf" statt: Drei Tragschreine werden so lange gegeneinandergeschlagen, bis einer zerbricht. Seinen Höhepunkt erreicht das Fest am zweiten Tag um die Mittagszeit; es wird nahe der Haltestelle Shirahamanomiya gefeiert und ist mit der San-yō-Dentetsu-Linie zu erreichen (10 Min. vom Bahnhof Himeji). Einfach den Menschenmassen folgen!

Schlafen

Himeji kann man leicht als Tagestripp von überall in Kansai besuchen, aber wer in einem der Hotels direkt südlich des Bahnhofs übernachtet, verschafft sich einen Vorsprung vor den morgendlichen Menschenmassen.

Dormy Inn Himeji BUSINESSHOTEL ¥¥

(ドーミーイン姫路; Karte S. 423; www.hotespa.net/hotels/himeji; 160-2 Toyozawa-chō; EZ/DZ/2BZ ab 7800/11000/15600¥;) Zwar sind die Zimmer recht klein, dennoch spricht eine Menge für dieses zwölfstöckige Hotel: die Onsen-Bäder drinnen und draußen auf dem Dach (die meisten Zimmer haben nur Duschen), Sauna, Waschmaschinen, ein frischer Stil mit rustikalen und modernen Elementen, chinesische Pyjamas anstelle der üblichen Yukata (Bademantel), rauchfreie Zimmer und der kostenlose abendliche *rāmen*-Service. Beim Frühstücksbüfett (1200¥ Aufpreis) gibt's u.a. lokale Spezialitäten wie *anago* (Aal) auf Reis und Mandeltoast.

Einen Block südlich vom Bahnhof, hinter dem Hotel Nikko.

★ **Hotel Nikkō Himeji** HOTEL ¥¥¥

(ホテル日航姫路; Karte S. 423; 079-222-2231; www.hotelnikkohimeji.co.jp; 100 Minami-ekimae-chō; EZ/DZ ab 13000/20000¥;) Gegenüber vom südlichen Bahnhofsausgang offeriert das beste Hotel der Stadt stilvolle, relativ große, wenn auch leicht veraltete Zimmer mit Badewannen im westlichen Stil, mehrere Restaurants (japanisch, chinesisch, westlich) und eine Bar mit wunderschön gerahmtem Blick auf die Burg. Ein großer Pluspunkt ist der Fitnessbereich (1500¥ Aufpreis) mit gut ausgestattetem Fitnessraum, 20-m-Pool, Jacuzzi, Sauna und Gemeinschaftsbädern im Japan-Stil. Bei Online-Buchung sind manchmal erhebliche Rabatte drin.

Essen & Ausgehen

Menme NUDELN ¥

(めんめ; Karte S. 423; 079-225-0118; 68 Honmachi; Nudeln 550–950¥; Do–Di 12–18 Uhr;) In der Nähe der Burg an der Hauptstraße serviert dieses gemütliche, freundliche kleine Restaurant hausgemachte Nudeln. Schick wirkt es nicht, aber mit den leckeren Schüsseln *udon* mit Soße nach Wahl kann man sich für den Tag stärken. Nach den weißen *noren* (Vorhänge) an der Tür Ausschau halten, auf denen ausgerollte Nudeln abgebildet sind.

★ **Fukutei** JAPANISCH ¥¥

(福亭; Karte S. 423; 079-222-8150; 75 Kamei-chō; Gerichte 480–980 ¥, feste Menüs mittags 1350–2700¥, abends 3200–4000¥; Mo–Fr 11.30–14 & 17–22, Sa & So 11.30–14.30 & 17–21 Uhr;) Das einladende, moderne Restaurant mit japanischen Stuckwänden und Marmorböden ist eine tolle Wahl, wenn man gepflegt essen möchte. Das Besondere hier sind die festen Menüs, etwas Sashimi und Tempura oder andere gängige Köstlichkeiten. Mittags sind die Tagesgerichte *omakese-zen* (Degustationsmenü), *kaisendon* (Meeresfrüchte-Donburi) oder *oden* (Fischbällchen und Gemüseeintopf) zu empfehlen.

Es befindet sich direkt östlich der Miyuki-dōri-Shoppingarkaden.

★ **Kokoromi** BAR

(こころみ; Karte S. 423; 079-280-6172; www.kokoromi.in; 125 Minami-ekimae, Vierra-Arkade; Sake 110–1250¥; Di–Fr 13–21, Sa & So 12–20 Uhr;) In dieser modernen und kultivierten Stehbar dreht sich alles um den lokalen Sake, es gibt etwa 270 Sorten aus Hyōgo, der Präfektur Himeji. Man wählt und bestellt per Touchscreen auf Englisch nach Geschmack, Preis und Klasse (Himeji findet man unter dem Namen West Harima) und bekommt ein Glas mit 65 ml Getränk und englischer Karte und ein Bild der Flasche als Referenz. Im Hintergrund läuft cooler Jazz.

Es liegt in der Vierra-Arkade direkt östlich vom Bahnhof; man geht am Daily Yamazaki-Supermarkt vorbei und sieht links schon die Sakefässer.

Praktische Informationen

Den Stadtplan *Places of Interest Downtown Himeji* und *Himeji Tourist Guide & Map* bekommt man in der **Touristeninformation Himeji** (姫路

市観光案内所[姫路観光なびポート]; Karte S. 423; ☎ 079-287-0003; EG, Bahnhof Himeji; ⌚ 9–19 Uhr). Hier kann man auch ehrenamtliche Guides buchen oder umsonst Fahrräder ausleihen – wer zuerst kommt, mahlt zuerst.

An- & Weiterreise

Wer einen Japan Rail Pass hat oder in Eile ist, kommt am besten mit dem *shinkansen* von Kyoto (ab 4770 ¥, 55 Min.), Hiroshima (7790 ¥, 1 Std.), Shin-Osaka (3240 ¥, 28 Min.) oder Shin-Kōbe (2600 ¥, 16 Min.). Alternativ fahren langsamere *shinkaisoku* auf der JR-Tōkaidō-Linie von/nach Kyoto (2270 ¥, 1 Std. 34 Min.), Osaka (1490 ¥, 1 Std.) und Bahnhof Sannomiya, Kōbe (970 ¥, 40 Min.).

NARA & UMGEBUNG

Von den Kaisern bis zum Sake – die Präfektur Nara hat in Japans Geschichte oft eine entscheidende Rolle gespielt. Nara war Japans erste ständige Hauptstadt und nimmt einen wichtigen Platz im kulturellen Erbe der Nation ein.

Der Süden der Präfektur ist die Wiege der kaiserlichen Herrschaft und reich an historischen Stätten. Wer sich frühmorgens auf den Weg macht, kann sie aber trotzdem problemlos bei einer Tagestour von Osaka, Kyoto oder Nara aus besichtigen. Besonders interessant sind die *kofun*, die Hügelgräber der ersten Kaiser von Japan, die sich rund um Asuka konzentrieren. Außerdem bieten zahlreiche abgeschiedene Tempel eine willkommene Pause von den Touristenströmen. Etwas weiter abseits liegt auf einem Berg die historische Stadt Yoshino, einer der schönsten Orte Japans für *hanami* (das Betrachten der Kirschblüte).

Nara 奈良

☎ 0742 / 360 439 EW.

Japans erste dauerhafte Hauptstadt Nara gehört zu den interessantesten Reisezielen des Landes. Hier liegen insgesamt acht Welterbestätten der UNESCO; damit rangiert Nara hinter Kyoto an zweiter Stelle in Japan.

Das Highlight ist der Daibutsu („Großer Buddha"), der mit dem Fuji und mit Kyotos Goldenem Pavillon (Kinkaku-ji) um den Titel der imposantesten japanischen Sehenswürdigkeit wetteifert. Zu finden ist der Große Buddha im Tempel Tōdai-ji, der hoch über dem Park Nara-kōen aufragt, in dem noch viele weitere Attraktionen warten und der sich für gemütliche Spaziergänge inmitten von Natur und zahmer Rehe eignet.

Nara ist zudem recht kompakt: Die wichtigsten Sehenswürdigkeiten lassen sich durchaus an einem langen Tag besichtigen. Viele Traveller integrieren Nara als Tagesausflug von Kyoto in ihr Reiseprogramm. Wer sich dafür entscheidet, hier zu übernachten (es gibt gute Unterkünfte in allen Preisklassen), kann einen Tag im Stadtzentrum verbringen, sich am zweiten die Attraktionen westlich und südwestlich des Zentrums in den Distrikten Nishinokyō und Ikaruga vornehmen und/oder an einem weiteren die abgelegeneren historischen Ziele besuchen.

Geschichte

Nara liegt im Norden der Yamato-Ebene, benannt nach dem Yamato-Clan, dessen Angehörige die ersten Herrscher über Japan waren. Bis zum 7. Jh. hatte Japan keine ständige Hauptstadt, da diese den schintoistischen Glaubenssätzen zufolge nach dem Tod des jeweiligen Herrschers verlegt werden musste. Diese Tradition verlor an Bedeutung, als der Einfluss des Buddhismus zunahm und mit den Taika-Reformen 646 die kaiserliche Herrschaft auf das ganze Land ausgedehnt wurde.

Zu diesem Zeitpunkt wurde der Bau einer ständigen Hauptstadt beschlossen. Nara (damals noch Heijōkyō) wurde 710 gegründet, blieb aber nur 75 Jahre lang Japans Hauptstadt. Dann nämlich verführte ein Priester namens Dōkyō eine Kaiserin und konnte dadurch beinahe den Thron besteigen. Um sich vor dem zunehmenden Einfluss des Klerus in Nara zu schützen, zog der Hof daraufhin um. Zur neuen Hauptstadt wurde schließlich Kyoto, etwa 35 km weiter nördlich.

In den wenigen Jahren, als sich die Macht in Nara konzentrierte, wurden durch die außerordentlich dynamische Aufnahme chinesischer Einflüsse die Grundlagen für die heutige japanische Kultur und Gesellschaft gelegt. Abgesehen von dem Angriff des Taira-Clans im 12. Jh. blieb Nara später von Angriffen verschont, wie sie Kyoto wiederholt verwüsteten. Deswegen sind einige fantastische Bauwerke bis heute erhalten.

Sehenswertes

Naras im 8. Jh. nach chinesischem Vorbild angelegter schachbrettartiger Grundriss hat

Nara

0
1 km
A
B
C
D
E
F
G
1
2
3
4
Kyoto (40 km)
Sacho-gawa
Saidai-ji (3 km); Osaka (30 km); Kyoto (40 km)
Kintetsu-Nara-Linie
Grab von Kaiser Kaika
Tōshōdai-ji (3 km); Yakushi-ji (4 km)
Nara
JR-Nara-Linie
31
Hōryu-ji (12 km); Osaka (30 km)
Hōryū-ji (14 km)
Sakurai (18 km); Kashihara-jingū (26 km); Yoshino (39 km)
35
34
22
30
Kintetsu Nara
Nara
Konishi-dōri
23
15
28
33
32
Higashi-muki-Arkade
29
20
25
Sanjō-dōri
Sarusawa-ike
12
Michidono-Center-gai-Arkade
27
18
Shimo-Mikado-Arkade
21
NARAMACHI
14
6
19
13
Nobori-Ōji
Kōfuku-ji Hokuen-dō
Kōfuku-ji Nanen-dō
5
Fünfstöckige Pagode des Kōfuku-ji
16
Sakurai (18 km)
17
Pond
4
Tōdai-ji
7
Tamukeyama-hachimangū
8
1
9
11
Isui-en & Neiraku-Kunstmuseum
Nara-kōen
24
3
Nationalmuseum Nara
26
Kasuga Taisha Kamizono
2
Kasuga Taisha
Mikasa-yama (293 m)
Ni-no-Torii
10

Nara

Highlights
1 Isui-en & Neiraku Kunstmuseum E2
2 Kasuga Taisha F3
3 Nationalmuseum Nara D2
4 Tōdai-ji E1

Sehenswertes
5 Kōfuku-ji C2
6 Naramachi Kōshi-no-Ie C4
7 Nigatsu-dō & Sangatsu-dō F1
8 Tōdai-ji Museum E1
9 Tōdai-ji Nandai-mon E2
10 Wakamiya-jinja G3
11 Yoshiki-en D2

Aktivitäten, Kurse & Touren
12 Nara Walk C3

Schlafen
13 Guesthouse Nara Backpackers D1
14 Guesthouse Sakuraya C4
15 Hotel Fujita Nara B3
16 Nara Hotel D3
17 Naramachi Hostel & Restaurant D4
18 Ryokan Matsumae C3
19 Wakasa Bettei D1

Essen
20 Kameya C3
21 Kura C3
22 Sakura Burger C2
23 Washokuya Happoh C2
24 Yumekaze Plaza E2

Ausgehen & Nachtleben
25 Drink Drank C3
26 Mizuya-chaya F2
27 Nara Izumi Yūsai C3

Shoppen
28 Ikeda Gankōdō B3
29 Nipponichi C3

Praktisches
30 Higashi-Muki-Postamt C2
31 Informationszentrum im JR-Bahnhof Nara A3
Informationszentrum im Kintetsu-Bahnhof Nara .... (siehe 23)
32 Informationszentrum Nara-Stadt B3
Nara Visitor Center & Inn .... (siehe 12)
33 SMBC Bank C2

Transport
34 Autobahnbustickets C2
35 Haltestelle für Stadtbusse B2

die Zeiten überdauert. Es gibt zwei wichtige Bahnhöfe, den JR-Bahnhof Nara und den Kintetsu-Bahnhof Nara. Der JR Nara liegt etwas westlich der Innenstadt (die Sehenswürdigkeiten sind jedoch immer noch zu Fuß erreichbar), der Kintetsu im Zentrum. Im Osten erstreckt sich der Park Nara-kōen, der an die kahle Flanke des Berges Wakakusa-yama grenzt und die meisten wichtigen Attraktionen beherbergt. Die Highlights im Stadtkern und der Nara-kōen lassen sich bequem zu Fuß erkunden, man kann aber auch den Bus oder ein Taxi nehmen.

Für eine geringe Gebühr oder auch umsonst bietet das Nara Visitor Center & Inn (S. 436) spannende Programme an, wie eine Teezeremonie und Origami.

Nara-koen & Umgebung

Viele Hauptsehenswürdigkeiten von Nara befinden sich im Nara-kōen (奈良公園). Dieser schöne Park erstreckt sich im östlichen Teil der Stadt und beherbergt 1200 Rehe und Hirsche, die in präbuddhistischen Zeiten als Götterboten galten und heute den Status lebender nationaler Kulturgüter haben. Sie suchen im Gelände nach Nahrung und kommen auch gern auf Kinder zu, die etwas zu essen dabeihaben. Man kann *shika-sembei* (Rehleckerlis; 150 ¥) kaufen und *shika-no-fun*-(Rehköttel-)Schokolade für sich selbst.

★ Nationalmuseum Nara MUSEUM
(奈良国立博物館, Nara Kokuritsu Hakubutsukan; Karte S. 426; ☎050-5542-8600; www.narahaku.go.jp; 50 Noboriōji ohō; Eintritt 520 ¥, Sonderausstellungen 1120–1420 ¥; ⌚9.30–17 Uhr, Mo geschl.) Dieses erstklassige Museum für buddhistische Kunst ist in zwei Teile aufgeteilt. In der 1894 erbauten und 2016 beeindruckend renovierten Halle der buddhistischen Skulpturen & Galerie der rituellen Bronzen Nara wird ständig eine rotierende Auswahl von etwa 100 *butsu zō* (Buddha- und Bodhisattvastatuen) gezeigt, von denen die Hälfte nationale Kulturgüter oder geschichtlich wichtige Artefakte sind. Jedes Abbild ist mit detaillierten englischen Erklärungen versehen und die ausgezeichnete Broschüre *Viewing Buddhist Sculptures* geht noch mehr in die Tiefe und ist die zusätzliche Spende von 500 ¥ absolut wert.

Die chinesischen Bronzen in der Galerie der rituellen Bronzen stammen aus dem 15. Jh. v. Chr.

Die neueren Ost- und Westflügel, einen kurzen Fußweg entfernt, beherbergen die Dauerausstellung (Skulpturen, Gemälde und Kalligrafien).

Von Ende Oktober bis Anfang November kann man in den neueren Flügeln die Schätze aus der Shōsō-in-Halle des Tōdai-ji (S. 428) bewundern. Der genaue Termin variiert von Jahr zu Jahr. Zu den Exponaten gehören wertvolle Gegenstände verschiedener Kulturen, die entlang der Seidenstraße ansässig waren. Diese Ausstellung (Eintritt 1100 ¥) ist sehr lohnenswert, es kann aber auch ganz schön voll werden.

Kōfuku-ji — BUDDHISTISCHER TEMPEL

(興福寺; Karte S. 426; www.kohfukuji.com; Anlage frei, Tōkondō 300 ¥, Nationalmuseum 600 ¥, Kombiticket 800 ¥; ⌚ Anlage 24 Std., Tōkondō 9–17 Uhr) Eine weitere Sehenswürdigkeit Naras auf der UNESCO-Welterbeliste ist dieser Tempel, der 669 n. Chr. in Kyoto gegründet und 710 hierher versetzt wurde. Ursprünglich bestand der Komplex aus 175 Gebäuden, heute sind zwar durch Feuersbrünste oder kriegerische Auseinandersetzungen nur noch ein Dutzend Bauwerke übrig, aber von denen sind viele nationales Kulturgut. Es gibt zwei Pagoden – eine drei-, die andere **fünfstöckig** (五重塔; Karte S. 426) – aus den Jahren 1143 und 1426. Letztere ist die zweithöchste Pagode Japans und wird nur noch von der auf dem Gelände des **Tō-ji** (S. 326) in Kyoto um wenige Zentimeter überragt.

Ein Besuch des Tempelgeländes kostet nichts, aber für manche der Gebäude muss man Eintritt zahlen, darunter die Tōkondō (Östliche Goldene Halle), ein nationales Kulturgut von 726 n. Chr., die 1415 wiederaufgebaut wurde und verschiedene Kulturschätze und buddhistische Statuen beherbergt. Im Museum der Nationalen Kulturgüter des Kōfuku-ji sind Statuen und Kunstschätze untergebracht, die aus den Originalgebäuden gerettet werden konnten. 2017 ist es wegen geplanter Renovierungen das ganze Jahr über geschlossen.

★ Isui-en & Kunstmuseum Neiraku — GÄRTEN

(依水園・寧楽美術館; Karte S. 426; 74 Suimon-chō; Eintritt Museum & Gärten 900 ¥; ⌚ Mi–Mo 9.30–16.30 Uhr, April, Mai, Okt. & Nov. tgl.) Den erlesenen kontemplativen Garten aus der Meiji-Periode zieren üppiges Grün, Teiche sowie Pfade. Letztere führen über Trittsteine und sind so gestaltet, dass sich beim Gehen jeder einzelne Stein in seiner individuellen Schönheit bewundern lässt. Für 850 ¥ kann man auf Tatamimatten sitzend mit Blick auf den Garten eine Tasse Tee trinken. Im Eintritt ist das benachbarte **Kunstmuseum Neiraku** enthalten, das in ruhigem Ambiente chinesische und koreanische Keramik- und Bronzearbeiten zeigt.

Yoshiki-en — GARTEN

(吉城園; Karte S. 426; 68 Noboriōji-chō; Japaner/Ausländer 250 ¥/frei; ⌚ März–Dez. 9–17 Uhr) GRATIS Dieser Park neben dem Isui-en (vor dem Eingang stehend rechts) ist traumhaft schön. Ursprünglich residierte hier der Hohepriester des Tōdai-ji. Die heutige Anlage mit einem bezaubernden kleinen Landhaus samt Strohdach, einem Teich und mehreren Spazierwegen wurde 1918 angelegt. Besonders hübsch ist es hier im November und Anfang Dezember, wenn sich die Ahornblätter purpurrot färben. Es gibt ein kleines englisches Schild.

★ Tōdai-ji — BUDDHISTISCHER TEMPEL

(東大寺; Karte S. 426; 406-1 Zōshi-chō; Daibutsu-den Eintritt 500 ¥, Kombiticket mit Tōdai-ji-Museum 800 ¥; ⌚ Daibutsu-den Nov.–Feb. 8–16.30 Uhr, März & Okt. 8–17 Uhr, April–Sept. 7.30–17.30 Uhr) Naras Topattraktion ist der berühmte **Daibutsu (Großer Buddha)**, das Herzstück dieses großen Tempels auf der UNESCO-Welterbeliste, der aus dem Jahr 728 n. Chr. stammt. Die Daibutsu-Statue ist eine der größten Bronzefiguren weltweit. Seine ursprüngliche Form wurde im Jahr 746 gegossen. Die heutige Figur entstand in der Edo-Zeit, ist etwa 15 m hoch und besteht aus 437 t Bronze sowie 130 kg Gold.

Der Daibutsu befindet sich im Tōdai-ji-Tempel in der Daibutsu-den (大仏殿, Große Buddha-Halle), das größte Holzgebäude der Welt, dabei nimmt das heutige Bauwerk, 1709 neu erbaut, gerade mal zwei Drittel der Originalfläche ein. Mit Ausnahme der Daibutsu-den ist der Besuch der Tōdai-ji-Anlage weitgehend kostenlos.

Der Daibutsu ist ein Bildnis des Dainichi Nyorai (auch Vairocana-Buddha genannt), der als kosmischer Buddha allen Welten und ihren jeweiligen Buddhas vorausgegangen sein soll. Historiker vermuten, dass Kaiser Shōmu seinen Bau veranlasste, um damit einer Pockenepidemie, die damals in Japan wütete, Einhalt zu gebieten. Die Statue wurde wiederholt durch Erdbeben und

Feuer in Mitleidenschaft gezogen und verlor sogar einige Male ihren Kopf (davon zeugen die unterschiedlichen Farben von Kopf und Körper).

Geht man um den Daibutsu herum, entdeckt man eine hölzerne Säule mit einem Durchbruch in Bodenhöhe. Dem Volksglauben zufolge winkt denjenigen die Erleuchtung, die es schaffen, sich durch das Loch hindurchzuzwängen. Die Öffnung ist exakt so groß wie ein Nasenloch der Buddhafigur. Meist trifft man hier auf zahlreiche Kinder, die es mal versuchen wollen, sowie deren Eltern mit der Kamera im Anschlag. Kleiner Tipp für die etwas größeren Kids: Einfacher wird's, wenn man einen oder beide Arme über den Kopf streckt und am besten zusätzlich von vorne gezogen und von hinten geschoben wird …

Zwar drängen sich hier oft Touristengruppen und Schulklassen aus dem ganzen Land, aufgrund seiner Größe verteilen sich die Menschenmassen jedoch ganz gut. Die Tempelanlage gehört zum Pflichtprogramm eines jeden Nara-Besuchs. Unbedingt auch den Nandai-mon angucken.

Tōdai-ji Nandai-mon — BUDDHISTISCHER TEMPEL

(東大寺南大門; Karte S. 426) Das riesige Südtor des Tōdai-ji (S. 428) wird von zwei grimmig dreinblickenden Niō-Wächtern beschützt. Diese Statuen wurden im 13. Jh. von dem Bildschnitzer Unkei gefertigt und kürzlich restauriert. Sie zählen zu den schönsten Holzfiguren Japans – wenn nicht sogar der Welt – und sehen so echt aus, dass man meint, sie könnten sich jeden Moment auf einen stürzen! Das Tor befindet sich 200 m südlich der Tōdai-ji-Tempelanlage.

Nigatsu-dō & Sangatsu-dō — BUDDHISTISCHER TEMPEL

(二月堂・三月堂; Karte S. 426; Nigatsu-dō frei, Sangatsu-dō 500 ¥; ⏲ Nigatsu-dō 24 Std., Sangatsu-dō Nov.–Feb. 8–16.30 Uhr, März & Okt. 8–17 Uhr, April–Sept. 7.30–17.30 Uhr) Diese Nebentempel des Tōdai-ji liegen oberhalb der Daibutsu-den und sind nicht annähernd so glamourös. Eine von Laternen gesäumte Treppe führt hinauf zur Halle Nigatsu-dō, einem nationalen Kulturgut. Sie wurde 1669 errichtet, der ursprüngliche Bau entstand aber schon 750. Die Innenräume sind privat, die Veranda mit der weiten Aussicht über die Stadt – besonders schön in der Abenddämmerung – erinnert ein wenig an die Kiyomizu-dera (S. 335) in Kyoto. Hier findet Naras Omizutori Matsuri (S. 433) statt.

Ein kleines Stück südlich der Nigatsu-dō steht das älteste Gebäude des Tōdai-ji-Komplexes, die Sangatsu-dō, die eine kleine Sammlung von Statuen aus der Nara-Periode beherbergt. Zwar lässt sich der Hügel auf direktem Weg erklimmen, aber wir empfehlen, am Ausgang der Daibutsu-den scharf links abzubiegen und am Rand der Anlage entlang und am Teich vorbei nach oben zu gehen. Dieser Pfad zählt zu den schönsten Spaziergängen in ganz Nara.

Tōdai-ji-Museum — MUSEUM

(東大寺ミュージアム; Karte S. 426; ☎ 0742-20-5511; Nara-shi, Suimon-chō 100; Eintritt 500 ¥, Kombiticket mit Daibutsu-den 800 ¥; ⏲ April–Sept. 9.30–17.30 Uhr, März & Okt. 9.30–17 Uhr, Nov.–Feb. 9.30–16.30 Uhr) Nicht weit von der Daibutsu-den und dem Nandai-mon zeigt das prächtige Tōdai-ji-Museum mehrere kostbare Bodhisattwa und andere Tempelschätze, die für Schüler und ernsthafte Anhänger des Nara-Buddhismus besonders interessant sind. An heißen Sommertagen freut man sich über die Klimaanlage.

★ Kasuga Taisha — SHINTO-SCHREIN

(春日大社; Karte S. 426; 160 Kasugano-chō; ⏲ Sonnenauf- bis Sonnenuntergang) GRATIS Am Fuß eines Hügels mitten im Wald, in dem Herden von als heilig geltenden Rehen auf Futter warten, liegt diese weitläufige Anlage. Der Schrein wurde im 8. Jh. erbaut und steht auf der UNESCO-Welterbeliste. Bis Ende des 19. Jhs. wurde Kasuga Taisha gemäß der schintoistischen Tradition alle 20 Jahre komplett neu aufgebaut. Hunderte Laternen säumen die Pfade, und viele Hunderte mehr schmücken den Schrein selbst. Zweimal im Jahr werden sie während des Laternenfests Mantōrō (S. 433) entzündet, das Anfang Februar und Mitte August gefeiert wird.

Morgens um 8.50 Uhr ist die Öffentlichkeit eingeladen, der täglichen *chōhai*-Gesangszeremonie in der *Naoraiden* (Zeremoniehalle) beizuwohnen, bei der ein halbes Dutzend Priester mit Gläubigen *Norito*-Gebete für Sicherheit und Freiheit der Natur und der Japaner sprechen. Dieser Brauch wurde nach dem Großen Erdbeben von Tohoku 2011 eingeführt.

Um die Haupthalle stehen einige Nebenschreine, sowie beeindruckende 61 Nebenschreine in der ganzen Stadt. Es lohnt, auch einen Blick auf den **Wakamiya-jinja** (若宮神社; Karte S. 426) zu werfen, der wenige Minuten südlich liegt.

Tōdai-ji

DER GROSSE BUDDHA

Zu den fesselndsten Sehenswürdigkeiten Japans zählt der Daibutsu (Großer Buddha) im Tōdai-ji von Nara. Die gewaltige Statue – eine der größten buddhistischen Bronzefiguren weltweit – zieht mit ihrer ehrfurchtgebietenden physischen Präsenz jeden in den Bann. Untergebracht ist sie in der Daibutsu-den, dem größten Holzgebäude der Welt.

Der Tōdai-ji wurde auf Geheiß des Kaisers Shōmu in der Nara-Zeit (710–784) errichtet und 798 vollendet, nachdem die Hauptstadt von Nara nach Kyoto verlegt worden war. Vermutlich sollte der Bau das Land einen und ein spirituelles Zentrum bilden. Angeblich waren 2 Mio. Arbeiter daran beteiligt und fast hätte dieses Projekt Japan in den Bankrott gestürzt.

Ursprünglich wurde der Daibutsu innerhalb von drei Jahren in acht Teilen aus Bronze gegossen. Im Lauf der Jahrhunderte erneuerte man ihn oder Teile davon mehrmals. Das Original war von Blattgold bedeckt und muss auf die Besucher des 8. Jhs. eine überwältigende Wirkung gehabt haben.

Der Tempel gehört zur buddhistischen Kegon-Schule, einer der sechs Strömungen, die während der Nara-Zeit in Japan beliebt waren. Sie entstand aus dem chinesischen Huayan-Buddhismus und basiert auf dem Blumengirlanden-Sutra. Dieser Lehrsatz formuliert den Gedanken, dass alle Welten sich gegenseitig durchdringen und im Kosmischen Buddha (Vairocana oder Dainichi Nyorai) Gestalt annehmen. Der Große Buddha und die Figuren, die ihn in der Daibutsu-den umgeben, verkörpern diese kosmologische Weltkarte perfekt.

DIE FAKTEN

DER DAIBUTSU

Höhe: 14,98 m

Gewicht: 500 t

Weite der Nasenlöcher: 50 cm

DIE DAIBUTSU-DEN

Höhe: 48,74 m

Länge: 57 m

Zahl der Dachziegel: 112 589

COWARDLION/SHUTTERSTOCK ©

Kokuzo Bosatsu

Zur Linken sitzt Kokuzo Bosatsu, der Bodhisattwa der Erinnerung und Weisheit. Studenten beten zu ihm um Hilfe bei ihrem Studium, andere Gläubige um Unterstützung auf ihrem Weg zur Erleuchtung.

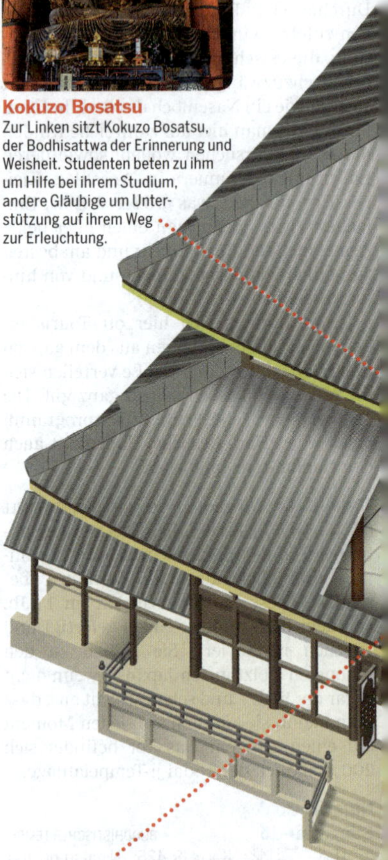

Der Daibutsu (Großer Buddha)

Die große Statue symbolisiert den Kosmischen Buddha (auf Sanskrit Vairocana), aus dem gemäß der Kegon-Schule alle anderen Buddhas hervorgehen. Mit seinen Händen signalisi[e]rt er „Keine Angst" und „Willkommen".

B-HIDE THE SCENE/SHUTTERSTOCK ©

Komokuten
Links vom Daibutsu befindet sich Komokuten (Gott der unbegrenzten Sicht), ein Wächter Buddhas. Er steht auf einem Dämon (*jaki*), der die Unwissenheit verkörpert, und schwingt Pinsel und Schriftrolle, Symbole der Weisheit.

PATTILABELLE/GETTY IMAGES ©

Die Buddhas rund um Dainichi
Um den Kopf des Daibutsu ringen sich wie ein Heiligenschein 16 kleinere Buddhas. Jeder von ihnen symbolisiert eine der verschiedenen Erscheinungsformen Buddhas. Ihre Größen variieren, sodass sie von unten aus gesehen alle gleich groß wirken.

Tamonten
Rechts vom Daibutsu hält Tamonten (der Gott, der alles hört), ein weiterer Wächter Buddhas, eine Pagode in seiner Hand, die ein himmlisches Speicherhaus der Weisheit repräsentiert.

COWARDLION/SHUTTERSTOCK ©

Die Öffnung im Pfeiler
Hinter dem Daibutsu befindet sich ein Pfeiler mit einem 50 cm großen Loch in Bodenhöhe (so groß ist eines der Nasenlöcher des Daibutsu). Schafft man es, hindurchzukriechen, soll einem die Erleuchtung sicher sein.

PIUS99/GETTY IMAGES ©

Nyoirin Kannon
Zur Rechten sitzt Nyoirin Kannon, eine der esoterischen Formen des Kannon-Bodhisattwa. Dies ist einer der Bodhisattwas, die den sechs Bereichen der Wiedergeburt vorstehen.

Stadtspaziergang **im Nara-kōen**

START KINTETSU-HALTESTELLE NARA
ZIEL KINTETSU-HALTESTELLE NARA
LÄNGE/DAUER 5 KM; HALBER TAG

Man folgt der Nobori-Ōji, passiert rechts den Kōfuku-ji und geht dann links zum 1 **Isui-en** (S. 428), einer der schönsten Parks in Nara. Anschließend geht's vom Parkeingang Richtung Norden, nach 100 m in die nächste größere Straße rechts und gen Osten nach Tōdai-ji. Rechts erhebt sich das 2 **Nandai-mon** (S. 429), das Haupttor mit den Niō-Wächtern. Dann folgt der 3 **Tōdai-ji** (S. 428).

Am Südost-Ausgang geht's links an der Tempelmauer entlang. Hinter dem Brunnen führt rechts ein gepflasterter Weg bergan zu einem Platz mit den Hallen 4 **Nigatsu-dō** (S. 429) – von deren Veranda man auf die Bögen des Daibutsu-den und die Nara-Ebene blickt – und 5 **Sangatsu-dō** (S. 429).

Vom Platz geht's Richtung Süden, vorbei an einer Art Holzhütte und dem farbenfrohen 6 **Tamukeyama-hachimang**, ein kleiner Schrein oberhalb des Platzes. Dann folgt man dem Pfad durch den Wald, steigt zwei Treppen hinunter, orientiert sich an den Schildern Richtung Kasuga-Schrein und nimmt die linke Straße bergauf, die unterhalb der Hänge des Wakakusa-yama verläuft. Am Musashino Ryokan geht's geradeaus die Treppe hinunter, über eine Brücke und nach links. Der linke Abzweig an der T-Kreuzung führt zum 7 **Kasuga Taisha** (S. 429) – der Haupteingang befindet sich auf der anderen Seite des Gebäudes.

Raus geht's durchs Haupttor und dann steigt man links hinauf zum 8 **Wakamiya-jinja** (S. 429), vorbei an zahlreichen kleineren Schreinen. Nun geht's zurück Richtung Kasuga Taisha und links die Treppe hinab zurück zur Stadt. Durch das 9 **Ni-no-Torii**, ein großes Schreintor, betritt man die baumbestandene Allee zum 10 **Ichi-no-Torii**, ein weiteres Schreintor. Auf der anderen Straßenseite erhebt sich die 11 **fünfstöckige Kōfuku-ji-Pagode** (S. 428). Man durchquert das Gelände zwischen den Hallen 12 **Nanen-dō** und 13 **Hokuen-dō** und folgt der Straße hinab zur 14 **Higashi-muki-Arkade**. Dort biegt man rechts ab und erreicht bald wieder den Ausgangspunkt: die Kintetsu-Haltestelle Nara.

Naramachi

Südlich der Sanjō-dōri und des Sarusawa-Teichs erstreckt sich das traditionelle Viertel Naramachi (奈良町). Dort verteilen sich zahlreiche gut erhaltene *machiya* (Ladenhäuser) und *kura* (Lagerhäuser). Die ruhige Gegend abseits der stärker frequentierten Attraktionen rund um den Nara-kōen lädt zum Bummeln ein. Hier gibt's mehrere gute Restaurants, Geschäfte, Cafés und Gästehäuser. Im ganzen Viertel schwingt sehr viel kreative Energie, die von den Bewohnern gern mit Reisenden geteilt wird.

Naramachi Kōshi-no-Ie HISTORISCHES GEBÄUDE
(ならまち格子の家; Karte S. 426; ☎0742-23-4820; 44 Gangōji-chō; ⌚Di–So 9–17 Uhr) GRATIS In dem gut erhaltenen Kaufmannshaus kann man ausgezeichnet die Details traditioneller japanischer Architektur erkunden: Gitterfassaden, Balkendecken, die alte Küche, *tansu*-Treppen (Kommoden) und den Hofgarten; es gibt eine Broschüre auf Englisch.

Geführte Touren

Nara Walk GEFÜHRTE TOUREN
(奈良ウォーク; Karte S. 426; ☎090-9708-0036; www.narawalk.com; Nara Park 3000 ¥, Altstadt 2000 ¥; ⌚März–Nov. oder nach Vereinbarung) Nara Walk bietet angesehene Stadtrundgänge auf Englisch an, darunter eine Morgentour durch den Nara-Park (Tōdai-ji, Kasuga Taisha etc.) und einen Nachmittagsspaziergang durch die Altstadt (durch Naramachi). Andere Touren zu den Tempeln Tōshōdai-ji, Yakushi-ji, Hōryū-ji und Tōdai-ji gibt's nach Vereinbarung.

Nara Student Guides GEFÜHRTE TOUREN
(☎0742-26-4753; www.narastudentguide.org) Ehrenamtliche Fremdenführer begleiten seit 1964 internationale Gäste durch Nara.

Feste & Events

Die Termine einiger Feste in Nara variieren – die aktuellen Daten bei den Touristeninformationen in Nara oder Kyoto erfragen.

Mantōrō KULTUR
(Laternenfest; ⌚Anfang März & Mitte Aug.) An einem Abend Anfang Februar um 18 Uhr werden am Kasuga Taisha etwa 3000 Laternen aus Stein und Bronze entzündet, die eine unglaublich stimmungsvolle Atmosphäre erzeugen. Am letzten Tag des Festes wird zudem im Apfelgarten ein *bugaku* (ein Tanz, der im alten Japan von Hofkapellen gespielt wurde) aufgeführt. Das Laternenfest findet auch am 14. August an O-Bon (dem Fest der Toten) statt.

Omizutori KULTUR
(⌚1.–14. März) Bei dem zweiwöchigen Fest Anfang März lassen die Mönche des Tōdai-ji jeden Abend von der Veranda der Nigatsu-dō aus großen Fackeln „reinigende" Asche auf die Zuschauer herabregnen, diese abendliche Zeremonie nennt sich Otaimatsu. In der Nacht zum 13. März findet nach Mitternacht die Zeremonie des Wasserschöpfens statt, nach der das Fest benannt ist (*mizutori* heißt „Wasserschöpfen").

Yamayaki KULTUR
(Grasfeuerfest; ⌚4. Sa im Jan.) Im Januar (am Tag vor Seijin-no-hi bzw. dem Tag der Volljährigkeit) erinnert das Grasfeuerfest an eine Fehde zwischen den Mönchen des Tōdai-ji und des Kōfuku-ji, die schon viele Jahrhunderte zurückliegt. Auf dem Wakakusa-yama werden um 18 Uhr Feuer entzündet und es gibt ein Feuerwerk.

Schlafen

Viele Traveller besuchen Nara im Rahmen eines Tagesausflugs von Kyoto oder Osaka aus, aber eine Übernachtung lohnt sich durchaus, um entspannter verweilen zu können. Es gibt schöne Unterkünfte in allen Preislagen, und ein paar besonders gute für Budgetreisende.

★ Naramachi Hostel & Restaurant HOSTEL ¥
(ナラマチホステルアンドレストラン; Karte S. 426; ☎0742-93-3390; www.naramachihostel.com; 939-1 Takabatake-chō; B 3300 ¥, 4-Pers.-Zi. 13 200 ¥; ⌚Restaurant 11–23 Uhr;) Als wichtiges Kulturgut von Nara wurde der frühere Großgrundbesitz 2016 nach umfassenden Renovierungen eröffnet. Heute ist es das größte Hostel Japans (62 Betten, mehrere Zimmer), und das Äußere aus der Edo-Periode bildet einen wunderschönen Kontrast zu den modernsten Einrichtungen (unbehandelte Holzwände, Dusch-WCs, Duschen). Es gibt Terrassen, eine 100 Jahre alte Pinie, einen Grill, eine Münzwaschmaschine und sogar einen Jacuzzi (Badekleidung erforderlich).

Die stimmungsvolle Restaurant-Bar im früheren *kura* (Lager) bereitet wunderbare japanisch-westliche Fusionsküche zu (Mittagsgerichte 1000–1600 ¥, abends 1200–2900 ¥) und verarbeitet lokale Produkte.

★ Guesthouse Nara Backpackers PENSION ¥
(ゲストハウス　奈良バックパッカーズ; Karte S. 426; ☎ 0742-22-4557; www.nara-backpackers.com; 31 Yurugichō; B 2400 ¥, Zi. ohne Bad 3800 ¥ pro Pers.;) Eine überaus charmante Unterkunft in einem traditionellen Gebäude aus den 1920er-Jahren, das einst das Wohnhaus eines Teemeisters war. Zur Auswahl stehen Schlafsäle mit Etagenbetten und fünf private Zimmer mit Tatamimatten in verschiedenen Größen, einige mit Gartenblick. Es gibt Gemeinschaftsbäder (Toilettenartikel und Handtücher kann man mitbringen, hier kaufen oder ausleihen) und eine Gemeinschaftsküche für Selbstversorger. Je länger man bleibt, desto günstiger wird der Preis.

Kinder unter zehn Jahren haben keinen Zutritt, damit die *shōji* (Schiebetüren aus Papier) und die alten Glasfenster erhalten bleiben. Die Pension liegt etwa acht Gehminuten vom Bahnhof Kintetsu Nara entfernt.

Ryokan Matsumae RYOKAN ¥
(旅館松前; Karte S. 426; ☎ 0742-22-3686; www.matsumae.co.jp; 28-1 Higashi-terabayashi-chō; Zi. 5400 ¥ pro Pers., EZ/DZ mit Bad 8640/12 960 ¥;) Das freundliche kleine *ryokan* liegt günstig in Naramachi und hat japanische Zimmer mit Fernseher und Toilette, manche mit eigenem Bad. Insgesamt ist die Atmosphäre warm und entspannt. Ein zusätzlicher Bonus sind die gelegentlichen Kurse in Yoga, Kalligrafie und *kyōgen* (traditionelle Komödie). Das japanische oder das westliche Frühstück gibt's für zusätzliche 756 ¥.

Guesthouse Sakuraya PENSION ¥¥
(桜舎; Karte S. 426; www.guesthouse-sakuraya.com; 1 Narukawa-chō; EZ/DZ inkl. Frühstück 6200/10 400 ¥;) Nur drei ruhige Gästezimmer in einer ehemaligen Färberwerkstatt aus der Edo-Periode bietet diese unglaublich stimmungsvolle Unterkunft in Naramachi, die um einen hübschen Hofgarten liegt und traditionelle mit modernen Elementen kombiniert. Ein Zimmer hat eine eigene Toilette, sonst gibt's Gemeinschaftsbäder und einen Gemeinschaftsraum. Der Besitzer bietet Kulturkurse (Teezeremonie, Kalligrafie, Kimono) für 3000 ¥ an. Gäste in Partylaune sollten aber woanders hin.

Hotel Fujita Nara HOTEL ¥¥
(ホテルフジタ奈良; Karte S. 426; ☎ 0742-23-8111; www.fujita-nara.com; 47-1 Shimosanjō-chō; EZ/DZ/2BZ ab 8500/12 000/14 000 ¥;) Im Herzen von Naras Innenstadt, fünf Gehminuten von beiden großen Bahnhöfen entfernt, bietet dieses effiziente, makellose (wenn auch etwas schlichte) Hotel vernünftige Preise, ein paar Mitarbeiter, die Englisch sprechen, hübsche Aussichten in den Garten von der Lobbylounge und ein japanisch-westliches Frühstücksbuffet (1800 ¥).

★ Nara Hotel HOTEL ¥¥¥
(奈良ホテル; Karte S. 426; ☎ 0742-26-3300; www.narahotel.co.jp; 1096 Takabatake-chō; EZ/2BZ ab 19 010/34 450 ¥;) In diesem 1909 eröffneten Nobelhotel nächtigten schon Berühmtheiten wie Eduard VIII., Albert Einstein, Audrey Hepburn und der Dalai Lama. Die traditionelle Fassade, hohe Decken, prächtige Holzschnitzereien, niveauvolle japanische und westliche Restaurants, die Teelounge und die schön gestalteten Anlagen weisen noch den Stil der Meiji-Periode auf. In den geräumigen und komfortablen Zimmern warten große Betten. Einige Bäder sind allerdings recht beengt.

Das Honkan (Hauptgebäude) bietet mehr historische Atmosphäre als das Shinkan (neuer Flügel) und hat nur Nichtraucherzimmer.

Wakasa Bettei RYOKAN ¥¥¥
(和鹿彩別邸; Karte S. 426; ☎ 0742-23-5858; www.n-wakasa.com; 1 Kita-handahigashi-machi; Zi. mit 2 Mahlzeiten 34 546 ¥ pro Pers., ohne Mahlzeiten 22 727 ¥;) Das freundliche, moderne *ryokan* ist sehr um seine Gäste bemüht. Die elf großen, stilvollen Zimmer in japanischem und westlichem Stil haben eigene Bäder mit Stein- oder Holzbadewanne, und das Gemeinschaftsbad in der obersten Etage lockt mit Aussicht auf Tōdai-ji und Wakakusa-yama. Es ist zu empfehlen, das neuere Bettei zu wählen statt des originalen (aber nach wie vor freundlichen) Hotels New Wakasa nebenan.

Essen

Nara hat sehr viele gute Restaurants, die meisten in der Nähe der Bahnhöfe und in Naramachi. Wer sich ein wenig umschauen will, kann in der überdachten Arkade **Higashimuki Shōtengai** zwischen dem Kintetsu-Bahnhof Nara und der Sanjō-dōri unter etwa einem Dutzend Restaurants wählen, *udon*, Sushi, italienische Küche, Fastfood- sowie Kaffee- und Sandwichketten.

Nara betrachtet sich selbst als Geburtsort des Sake, darum kommt in Naras Küchen häufig Sakehefe zum Einsatz (die Überbleibsel nach dem Brauen), was eingelegten oder marinierten Gerichten, Suppen und Eintöpfen ein berauschendes Umami verleiht. Eine weitere lokale Spezialität ist *kaki-no-ha sushi* (einzelne Sushistücke, die in Kakibaumblätter gewickelt sind – das Blatt wird nicht mitgegessen!).

Kameya OKONOMIYAKI ¥

(かめや; Karte S. 426; ☎ 0742-22-2434; 9 Tarui-chō; Hauptgerichte 650–1400 ¥, Okonomiyaki ca. 700 ¥; ⏲ 11–22 Uhr; 📋) Eine riesige rote Laterne steht am Eingang zu diesem lockeren, lebhaften *okonomiyaki*-Lokal, das seit den 1960er-Jahren gut läuft. Es gibt schier endlos viele herzhafte Pfannkuchen-Kombinationen, die direkt am Tisch auf Kochplatten zubereitet werden. Der *mix okonomiyaki* kommt mit Tintenfisch, Shrimps, Schweinefleisch und Muscheln auf den Tisch, die *yaki-soba*-Rolle ist mit Nudeln gefüllt.

★ Washokuya Happoh IZAKAYA ¥¥

(和食屋八賓; Karte S. 426; ☎ 0742-26-4834; 22 Higashimuki-nakamachi; Gerichte 360–1380 ¥, Mittagsmenüs 750–1050 ¥; ⏲ Mo–Sa 11.30–22.30, So 11.30–22 Uhr; 📋) Dieses große, heitere, moderne Lokal im Landhausstil feiert Nara als Geburtsort des Sake – und das sogar mit seiner Küche. Neben *izakaya*-Standardgerichten wie Sashimi und *karaage* (Stücke vom Grillhähnchen) sind die in Sakehefe marinierten Gerichte (vor allem Schwein) und das getrocknete *wagyū*-Sushi sehr zu empfehlen. Die umfangreiche, sehr detaillierte Speisekarte bekommt Pluspunkte für die netten Bilder der Zutaten, hilfreich für Gäste mit Allergien oder Ernährungsauflagen.

In der Higashimuki-Arkade auf die Holzbalken rechts achten, ein kurzer Fußweg südlich des Bahnhofs Kintetsu Nara.

★ Kura IZAKAYA ¥¥

(蔵; Karte S. 426; ☎ 0742-22-8771; 16 Kōmyōin-chō; Gerichte 100–1000 ¥; ⏲ 17–22 Uhr; 📋) Das freundliche *izakaya* in Naramachi, das wie ein altes Lagerhaus gestaltet ist, hat nur 16 Sitzplätze rund um eine Theke mit dunklen Holzwänden und einem alten Bierschild. Hier gibt's *mini-katsu* (Mini-Schweinekoteletts), *yakitori* (gegrillte Hähnchenspieße) und *oden* (Fischfrikadellen und Gemüseeintopf). Wer den aus Nara stammenden Kazenomori-Sake bestellt (ab 600 ¥), wird garantiert für einen Sakekenner gehalten.

★ Sakura Burger BURGER ¥¥

(さくらバーガー; Karte S. 426; ☎ 0742-31-3813; http://sakuraburger.com; 6 Higashimuki-kitamachi; Burger & Sandwiches 490–1230 ¥; ⏲ Do–Di 11–16 & 17–21 Uhr; 📋) Ein paar Schritte nördlich vom Bahnhof Kintetsu Nara stößt man auf dieses bescheidene Gourmetburgerlokal. Mittags stehen hier die Gäste meist Schlange, um Burger, Sandwiches und Hotdogs mit Soße nach Wahl zu bestellen. Der namensgebende Sakura-Burger ist gefüllt mit Gemüse und einer dicken Scheibe selbst geräuchertem Schinken. Sogar der Ketchup ist selbgemacht. Als Dessert (solange noch da) gibt's selbstgebackenen Apfelkuchen oder Karamell-Walnuss-Torte.

Yumekaze Plaza FOODCOURT ¥¥

(夢風ひろば; Karte S. 426; ☎ 0742-25-0870; www.yume-kaze.com; 16 Kasuganochō; ⏲ Öffnungszeiten variieren je nach Restaurant, meistens mittags & abends; 📶) Gegenüber vom Nationalmuseum Nara und angrenzend an den Nara-kōen befindet sich diese praktische Ansammlung von Restaurants, deren Angebot von handgemachten *soba* über italienische Pasta- und Paninimenüs, *kamameshi* (Reiseintopf und Nudeln bis zu *wagashi* (japanische Süßigkeiten) reicht. Alle befinden sich in schön modernisierten, im traditionellen Stil gestalteten Gebäuden.

Ausgehen & Nachtleben

Nara Izumi Yūsai BAR

(なら泉勇斎; Karte S. 426; ☎ 0742-26-6078; 22 Nishi-Terabayashi-chō; ⏲ Fr–Mi 11–20 Uhr) In dieser kleinen Bar (nur Stehplätze) in Naramachi kann man Sake aus der Präfektur Nara verkosten (200 bis 600 ¥); 120 Sorten von 29 Herstellern stehen zur Auswahl, auch zum Mitnehmen. Dazu gibt's ein hilfreiches Infoblatt mit englischen Erklärungen.

Drink Drank CAFÉ

(ドリンクドランク; Karte S. 426; ☎ 0742-27-6206; 8 Hashimoto-chō; Smoothies 700–900 ¥; ⏲ Do–Di 11–20 Uhr) Fruchtsmoothies sind in Japan noch relativ neu, doch in diesem charmanten, modernen Café am östlichen Ende der Sanjō-dōri bekommt man sie. Neben traditionellen Früchten sind auch Smoothies mit nur in Japan vorkommenden und regionalen Früchten sowie saisonale Varianten wie Kürbis-Banane und Melone-Kaki im Angebot. Außerdem gibt's mittags immer ein Tagesessen (880 ¥) sowie leichte Gerichte (580–650 ¥) wie Crêpes und Panini (gegrillte Sandwiches).

Mizuya-chaya TEEHAUS
(水谷茶屋; Karte S. 426; ☎07542-22-0627; 30 Kasugano-chō; ⌚Do–Di 10–16 Uhr) Das traditionelle Teehaus mit Strohdach auf einer kleinen Waldlichtung zwischen der Nigatsu-dō und dem Kasuga Taisha ist eines der romantischsten Fleckchen in Nara. Hier gibt's *matcha* (pulverisierter grüner Tee; 700 ¥ inkl. einer Süßigkeit), *onigiri* (Reisbällchen; 350–400 ¥) oder – als schnelle Stärkung – Udon (580–850 ¥).

In der warmen Jahreszeit kann man draußen im Grünen sitzen und sich *kakigōri* (geschabtes Eis mit diversen Toppings, von Kondensmilch über süße rote Bohnen bis zu Fruchtsirup) schmecken lassen.

Shoppen

Nipponichi KUNSTHANDWERK
(日本市; Karte S. 426; ☎0742-23-5650; 1-1 Tsunofuri-shinyamachi; ⌚10–19 Uhr) Seit seiner Gründung im Jahre 1716 hat sich dieses Geschäft vom einfachen Stoffhändler zum Erneuerer des traditionellen Kunsthandwerks (Kleidung, Handtücher, Haushaltswaren und Accessoires) für das 21. Jh. gemausert. Heute ist es Japans erste Adresse für coole, hübsche, lustige und einfach schicke Sachen. Typisch für Nara sind die allgegenwärtigen Hirschmotive: Büroklammern, Taschentücher und *shika-sembei* (Hirschlekerli), allerdings sind diese für Menschen gedacht.

Ikeda Gankōdō KUNSTHANDWERK
(池田含香堂; Karte S. 426; 16 Tsunofuri-chō; ⌚9–19 Uhr, Sept.–März Mo geschl.) Seit sechs Generationen verkauft dieser kleine Laden auf der Sanjō-dōri traditionelle Fächer. Die hübschen *sensu* (Faltfächer) sind sicher besser zum Mitnehmen, aber die lokale Spezialität in Nara sind die *uchiwa*, paddelartige Fächer, in deren *washi*-Papierüberzug kunstvolle Szenen aus Kultur und Natur eingeschnitzt sind. Der Seidenuntergrund macht sie überraschend haltbar. Die Preise reichen von 2000 bis 25 000 ¥.

Praktische Informationen

Alle Touristeninformationen haben nützliche Stadtpläne vorrätig und helfen bei Zimmerreservierungen für denselben Tag. Sie verleihen sogar Regenschirme, falls man in einen Schauer gerät!

Informationszentrum im JR-Bahnhof Nara (Karte S. 426; ☎0742-22-9821; www.narashikanko.or.jp; ⌚9–21 Uhr; 📶) Befindet sich im alten Bahnhofsgebäude neben dem Ostausgang des JR-Bahnhofs. Es ist die Haupttouristeninformation der Stadt und in der Regel sind Mitarbeiter anwesend, die Englisch sprechen. Man kann sein Gepäck hier zur Aufbewahrung abgeben (500 ¥ pro Stück pro Tag).

Nara Besucherzentrum & Inn (奈良県猿沢イン; Nara-ken Sarusawa Inn; Karte S. 426; ☎0742-81-7461; www.sarusawa.nara.jp; 3 Ikeno-chō; ⌚8–21 Uhr) Das Besucherzentrum liegt an der Südseite des Sarusawa Pond. Es gibt ein tägliches Veranstaltungsprogramm, darunter die beliebte Teezeremonie und Kimono-Kurse.

Touristeninformation im Kintetsu-Bahnhof Nara (Karte S. 426; ☎0742-24-4858; ⌚9–21 Uhr; 📶) Wer am Kintetsu-Bahnhof ankommt, wendet sich an diese hilfreiche Informationsstelle am oberen Ende der Treppe über dem Ausgang 3.

Touristeninformationszentrum Nara-Stadt (奈良市観光センター; Karte S. 426; ☎0742-22-3900; 23-4 Kami-Sanjō-chō; ⌚9–21 Uhr) Nur einen kurzen Fußweg vom JR-Bahnhof Nara oder dem Kintetsu-Bahnhof Nara entfernt.

An- & Weiterreise

BUS

Ein Nachtbus verbindet Tokios Viertel Shinjuku mit Nara (einfach 5980–9500 ¥; Preise variieren je nach Tag). In Nara ruft man bei **Nara Kōtsū Bus** (☎0742-22-5110; www.narakotsu.co.jp/kousoku) an oder wendet sich an das **Touristeninformationszentrum Nara-Stadt** (S. 436). Die Nachtbusse fahren von der Haltestelle 4 vor dem Ostausgang des JR-Bahnhofs Nara sowie von der Haltestelle 20 vor dem Kintetsu-Bahnhof Nara ab. In Tokio kontaktiert man **Kantō Bus** (☎03-3371-1225; www.kanto-bus.co.jp) oder geht zur Shinjuku-Autobahnbus-Haltestelle.

ZUG

Kyoto

Die Kintetsu-Nara-Linie ist die schnellste und bequemste Verbindung zwischen Kyoto (Kintetsu-Bahnhof Kyoto, im Bahnhof Kyoto) und dem Zentrum von Nara (Kintetsu-Bahnhof Nara). Die komfortablen, reservierungspflichtigen *tokkyū*-Züge (1130 ¥; 35 Min.) fahren direkt; mit dem *kyūkō* (Express; 620 ¥, 45 Min.) muss man meistens in Yamato-Saidai-ji umsteigen.

Besitzer des Japan Rail Pass können mit der JR-Nara-Linie vom JR-Bahnhof Kyoto zum JR-Bahnhof Nara (*kaisoku*, Express; 710 ¥, 45 Min.) fahren, mit mehreren Verbindungen pro Stunde.

Osaka

Die Kintetsu-Nara-Linie verkehrt zwischen Osaka (Bahnhof Namba) und Nara (Kintetsu-Bahnhof Nara). Mit dem *kaisoku* oder *futsū* ist man etwa 40 Minuten unterwegs (560 ¥). Die reservierungspflichtigen *tokkyū* sind fünf Minuten schneller, kosten aber fast das Doppelte.

Besitzer des Japan Rail Pass fahren mit *kaisoku* auf der JR-Kansai-Linie vom JR-Bahnhof Nara nach Osaka (540 ¥, 45 Min. bzw. 450 ¥, 30 Min.).

Unterwegs vor Ort

BUS

Vom/Zum Flughafen

Nara Kōtsū betreibt den Tag über etwa stündlich **Limousinenbusse** (奈良交通; Nara Kōtsū; www.narakotsu.co.jp/kousoku/limousine/nara_kanku.html) zwischen Nara und dem Internationalen Flughafen Kansai (2050 ¥, 1½ Std.) sowie zum Flughafen Osaka Itami (1480 ¥, 1 Std.). Abfahrt ist an Haltestelle 4 vor dem Ostausgang des JR-Bahnhofs Nara sowie an Haltestelle 20 (zum Internationalen Flughafen Kansai) bzw. 12 (zum Flughafen Itami) vor dem Kintetsu-Bahnhof Nara. Tickets kauft man an den entsprechenden Bahnhöfen oder am Flughafen.

Wer sich die 15 Gehminuten vom JR-Bahnhof Nara zum Tempel- und Schreinbezirk (vom Kintetsu-Bahnhof Nara nur ca. fünf Minuten) sparen will, nimmt den Bus (210 ¥/Fahrt). Die beiden Ringlinien decken die Gegend rund um den Nara-kōen ab: Bus 1 fährt gegen den Uhrzeigersinn, Bus 2 im Uhrzeigersinn. Wer öfter als zweimal fahren will, kann die Tageskarte für 500 ¥ kaufen. Samstags, sonntags und an Feiertagen steuert ein Gurutto-Bus zwischen 9 und 17 Uhr mehrmals pro Stunde die wichtigsten Sehenswürdigkeiten an (100 ¥/Fahrt).

Die Tempel südwestlich von Nara

Zwar beherbergt auch Nara mehrere alte Tempel und buddhistische Statuen, doch wer zu den Wurzeln des japanischen Buddhismus möchte, sollte sich drei Tempel südwestlich von Nara anschauen: Hōryū-ji, Yakushi-ji und Tōshōdai-ji.

Der Hōryū-ji zählt zu den historisch wichtigsten Tempeln Japans, ist aber eher von akademischem als von ästhetischem Interesse. Außerdem ist der Weg dorthin etwas umständlich. Empfehlenswert ist darum eine Halbtagestour zum Yakushi-ji und Tōshōdai-ji. Beide sind von Nara aus gut zu erreichen und laden zu angenehmen Streifzügen ein.

Wer alle Tempel sehen möchte, sollte sich als Erstes zum Hōryū-ji aufmachen (er ist am weitesten vom Stadtzentrum entfernt) und dann mit der Buslinie 97 oder 98 (560 ¥, 30 Min.) zum Yakushi-ji und Tōshōdai-ji weiterfahren. Diese beiden Tempel liegen nur zehn Gehminuten auseinander. Mehrere Busse fahren auf der südwestlichen Tempelroute, doch Bus 97 ist mit seinen englischen Ansagen und Streckenplänen der praktischste.

★ Hōryū-ji — BUDDHISTISCHER TEMPEL

(法隆寺; Karte S. 438; www.horyuji.or.jp; Eintritt 1000 ¥; ⏲Feb.–Okt. 8–17 Uhr, Nov.–März 8–16.30 Uhr) Der Hōryū-ji wurde 607 von Prinz Shōtoku gebaut, der gemeinhin als Begründer des japanischen Buddhismus gilt, und ist nicht nur als ältester Tempel Japans berühmt, sondern auch weil hier einige der kostbarsten Kunstschätze des Landes aufbewahrt werden. Außerdem haben mehrere der Holzgebäude sowohl Erdbeben als auch Feuersbrünsten getrotzt und sind mittlerweile weltweit die ältesten Bauwerke ihrer Art. Im Nationalmuseum von Tokio gibt's eine ganze Sammlung der Schätze von Hōryū-ji (S. 99).

Die Tempelanlage ist in den **Sai-in** (Westtempel) und den **Tō-in** (Osttempel) unterteilt. Am besten nimmt man sich die detaillierte Karte und den Tempelführer auf Englisch.

Normalerweise nähert man sich dem Gelände von Süden her und folgt einer Allee durch die Tore Nandai-mon und Chū-mon, bevor man zum Sai-in gelangt. Dort erheben sich die **Kondō** (Haupthalle) zur Rechten und eine Pagode zur Linken.

Die Kondō birgt bedeutende Kunstwerke, darunter die Trinitas des Buddha Sakyamuni mit zwei Bodhisattwas. Dies ist einer der größten buddhistischen Schätze Japans, doch der Raum ist so schlecht beleuchtet, dass man eine Taschenlampe braucht. Dasselbe gilt für die in Ton gearbeiteten Szenen aus dem Leben des Buddha, die in der Pagode zu sehen sind.

An der Ostseite des Sai-in stößt man auf die beiden Betonbauten der **Daihōzō-in** (Große Schatzkammer). Dort werden sehr viele Wertgegenstände aufbewahrt, die sich in der langen Geschichte des Hōryū-ji angesammelt haben. Von hier geht man Richtung Osten weiter durch das Tōdai-mon zum Tō-in, wo Prinz Shōtoku meditiert und bei problematischen Sutras Hilfe von einer freundlichen goldenen Erscheinung in der **Yumedono** (Halle der Träume) erhalten haben soll.

Da der Eintritt nicht billig ist und die Anfahrt vom Zentrum Naras einige Zeit dauert, sollte man für den Tempelbesuch mindestens einen halben Tag einplanen. Man fährt mit der JR-Kansai-Linie vom JR-Bahn-

Rund um Nara

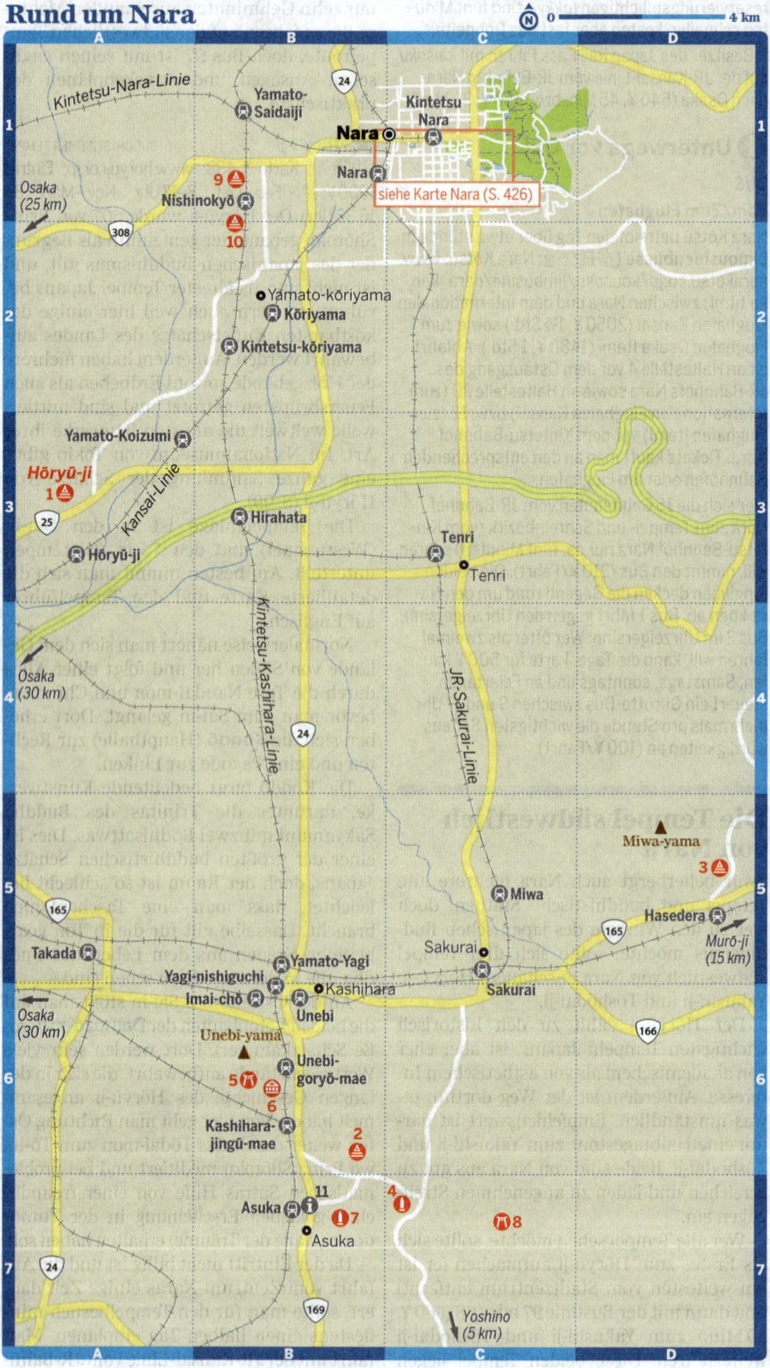

0
4 km
N
A
B
C
D
1
2
3
4
5
6
7
Kintetsu-Nara-Linie
Yamato-Saidaiji
24
Kintetsu Nara
Nara
Nara
siehe Karte Nara (S. 426)
9
Nishinokyō
10
Osaka (25 km)
308
Yamato-kōriyama
Kōriyama
Kintetsu-kōriyama
Yamato-Koizumi
Hōryū-ji
1
Kansai-Linie
Hirahata
25
Hōryū-ji
Tenri
Tenri
Osaka (30 km)
Kintetsu-Kashihara-Linie
24
JR-Sakurai-Linie
Miwa-yama
3
Miwa
Hasedera
165
Murō-ji (15 km)
Sakurai
Sakurai
165
Takada
Yamato-Yagi
Yagi-nishiguchi
Kashihara
Imai-chō
Unebi
Osaka (30 km)
166
Unebi-yama
5
Unebi-goryō-mae
6
Kashihara-jingū-mae
2
11
4
Asuka
7
8
Asuka
24
169
Yoshino (5 km)
A
B
C
D

Rund um Nara

Highlights
1 Hōryū-ji A3

Sehenswertes
2 Asuka-dera B6
3 Hase-dera D5
4 Ishibutai-kofun C7
5 Kashihara-jingū B6
6 Archäologiemuseum der Präfektur Nara in Kashihara B6
7 Takamatsuzuka-kofun B7
8 Tanzan-jinja C7
9 Tōshōdai-ji B1
10 Yakushi-ji B2

Praktisches
11 Touristeninformationsbüro B7

hof Nara bis zur Haltestelle Hōryū-ji (210 ¥, 11 Min.) und steigt dort in den Bus 72. Dieser steuert die Haltestelle Hōryū-ji Mon-mae (180 ¥, 8 Min.) an. Alternativ kann man am JR-Bahnhof Nara (Haltestelle 10) oder am Kintetsu-Bahnhof Nara (Haltestelle 8) in die Busse 52 oder 97 steigen und bis zur Station Hōryū-ji-mae (760 ¥, 1 Std.) fahren. Dann geht's zu Fuß 50 m in westliche Richtung und einmal über die Straße. Von dort sieht man bereits die Allee zum Tempel.

Yakushi-ji BUDDHISTISCHER TEMPEL
(薬師寺; Karte S. 438; 457 Nishinokyō; Eintritt 500 ¥; ⌚8.30 17 Uhr) Eine weitere Sehenswürdigkeit Naras auf der UNESCO-Welterbeliste. Der Tempel beherbergt eine der schönsten Buddhastatuen des Landes und wurde ursprünglich 680 von Kaiser Temmu als Gebet für die Heilung seiner Frau erbaut. Mit Ausnahme der Ostpagode, die aus dem Jahr 730 stammt (und bis 2018 renoviert werden soll) stammen die heutigen Gebäude aus dem 13. Jh. bzw. sind relativ neue Nachbildungen der Originalbauten.

Wer von Süden her kommt, geht vor dem Tor mit den Wächterfiguren nach rechts, um zur **Tōin-dō** (Osthalle) zu gelangen. Dort zeigt die berühmte Shō-Kannon-Figur aus dem 7. Jh. den offenkundigen Einfluss indischer Bildhauerstile und wurde damit zum Vorbild anderer Kannon-Statuen in ganz Japan.

Danach geht man in westlicher Richtung zur **Kondō** (Haupthalle). 1976 wurde sie neu errichtet; sie beherbergt verschiedene Statuen, darunter die berühmte **Yakushi Triad** (Yakushi Nyorai – der heilende Buddha – flankiert von den beiden Bodhisattwas der Sonne und des Mondes) aus dem 8. Jh. Nach einem Feuer im 16. Jh. wich die ursprüngliche Goldfärbung der Figuren einem matten Schwarz.

Nördlich hinter der Kondō steht die **Kōdō** (Vortragshalle). Auch dort ist eine buddhistische Trinitas zu bewundern: der Miroku-Buddha mit zwei Bodhisattwas. Nach ihrer Besichtigung geht's weiter nach Norden zum Tōshōdai-ji.

Um zum Yakushi-ji zu gelangen, nimmt man am JR-Bahnhof Nara (Haltestelle 10) oder am Kintetsu-Bahnhof Nara (Haltestelle 8) den Bus 70 oder 72 bis zum Parkplatz des Yakushi-ji (auf Japanisch Yakushijo Chūshajō; 250 ¥, 15 Min.). Bus 97 fährt von denselben Bahnhöfen bis zur Haltestelle Yakushi-ji Higashiguchi (250 ¥, 15 Min.). Von hier geht man 100 m weiter Richtung Süden (in Fahrtrichtung) bis zu einer Tankstelle, überquert die Straße und geht Richtung Westen über einen Kanal. Von der Hauptstraße sind es 250 m bis zum südlichen Tempeleingang.

Alternativ dazu legen die Züge der Kintetsu Kashihara-Linie (die Kyoto und Kashihara-jingū-mae verbindet) an der Haltestelle Nishinokyo einen Stopp ein, die ca. 200 m nordwestlich des Yakushi-ji und 600 m südlich des Tōshōdai-ji liegt. Man startet an der Haltestelle Kintetsu Nara (260 ¥, 11–15 Min.), steigt an der Haltestelle Yamato-Saidaiji (ca. 4 Min.) um, und fährt dann noch kurz weiter zum Bahnhof Nishinokyō. Von Kyoto starten ein paar Direktzüge nach Nishinokyō (*kyūkō* 620 ¥, 46 Min.; *tokkyū* 1130 ¥, 32 Min.); andere erfordern einen Umstieg in Yamato-Saidaiji.

Tōshōdai-ji BUDDHISTISCHER TEMPEL
(唐招提寺; Karte S. 438; www.toshodaiji.jp; 13-46 Gojo-chō; Eintritt 600 ¥; ; ⌚8.30–17 Uhr, letzter Einlass 16.30 Uhr) Dieser Tempel wurde 759 von dem chinesischen Priester Ganjin (Jian Zhen) errichtet, der von Kaiser Shōmu beauftragt worden war, den Buddhismus in Japan zu reformieren. Das Tempelgelände ist schön mit Wald bedeckt und bemoost – ein angenehmer Kontrast zum nahen Yakushi-ji (Tōshōdai-ji liegt etwas 500 m nördlich vom Nordtor des Yakushi-ji), an dem es fast keine Vegetation gibt. Die Kondō (Goldene Halle) etwa in der Mitte enthält eine beeindruckende Darstellung der tausendarmigen Senjū-Kannon. Dahinter steht die Kōdō (Vortragshalle) mit einem schönen Bildnis des Miroku-Buddha.

Die Gebäude sind, auch im Gegensatz zum bunt angestrichenen Yakushi-ji, natürlich gealtert, doch an der Rückseite der Halle sieht man noch farbige Reste.

Von Nara zum Tōshōdai-ji nimmt man die Kintetsu Nara-Linie bis zur Haltestelle Yamato-Saidaiji, wechselt in die Kintetsu Kashihara-Linie und steigt an der Haltestelle Nishinokyō aus. Der Tempel liegt 500 m nördlich. Die Busse 70 und 72 halten an der Bushaltestelle Tōshōdai-ji und Bus 97 in der Nähe beim Tōshōdai-ji-*higashiguchi*. Alle Busse nach Nara legen hier einen Stopp ein. Die Fahrt vom JR-Bahnhof Nara dauert 15 Minuten und kostet 260 ¥, weitere fünf Minuten sind es bis Kintetsu Nara.

Yamato-Ebene 大和平野

In der Yamato-Ebene im Zentrum der Präfektur Nara konsolidierten die Wegbereiter der einflussreichen Yamato-Dynastie ihre Vormachtstellung. Damals in der vorbuddhistischen Zeit wurden verstorbene Herrscher in riesigen *kofun* (auch bekannt als *tumuli* oder irdene Grabhügel) bei Asuka beigesetzt. Ein umfassendes Archäologiemuseum in Kashihara beschäftigt sich damit.

Anreise & Unterwegs vor Ort

Yamato-Yagi ist von Osaka, Kyoto und Nara mit der Kintetsu-Linie erreichbar und bildet als wichtiger Verkehrsknotenpunkt das Tor zu den Sehenswürdigkeiten. Es ist empfehlenswert, hier einen Mietwagen zu nehmen, denn einige der Sehenswürdigkeiten sind sehr abgelegen und mit öffentlichen Verkehrsmitteln nur schwer zu erreichen.

Von Kyoto gibt's eine direkte Verbindung mit der Kintetsu-Nara-/Kashihara-Linie (*kyūkō*, 880 ¥, 65 Min.).

In Nara nimmt man die Kintetsu-Nara-Linie bis Yamato-Saidaiji und steigt in einen Zug der Kintetsu-Kashihara-Linie um (*kyūkō*, 440 ¥, 40 Min. inkl. Umsteigezeit).

Ab Osaka besteht eine direkte Verbindung mit der Kintetsu-Osaka-Linie von der Haltestelle Tsuruhashi (*kyūkō*, 560 ¥, 35 Min.). Wer einen Japan Rail Pass hat, kann von Nara mit der JR-Mahoroba-Linie nach Kashihara fahren und an der Haltestelle Unebi (500 ¥, 39 Min.) aussteigen.

Kashihara 橿原

Drei Haltestellen südlich von Yamato-Yagi liegt die Stadt Kashihara, berühmt für das Archäologische Museum und den weitläufigen Schrein, die bei der Haltestelle Kashihara-jingū-mae liegen (210 ¥ ab Yamato-Yagi, 5 Min., hier halten alle Züge). Man kann von Nara aus auch mit der JR-Nara-/Sakurai-Linie fahren.

Kashihara-jingū SHINTO-SCHREINE

(橿原神宮; Karte S. 438; ☎ 0744-22-3271; www.naranet.co.jp/kashiharajingu) GRATIS Dieser große, anmutige Schrein liegt am Fuße des Unebi-yama und an einem See in einem parkähnlichen Gelände. Es ist ein Vertreter der klassischen Shintō-Architektur. Viele der Gebäude, die heute besichtigt werden können, befanden sich früher auf dem Gelände des Kaiserpalasts von Kyoto (S. 330). Sie weisen denselben Baustil auf wie die Bauten des Ise-jingū (S. 459). Der Kashihara-jingū ist Japans erstem Kaiser Jimmu geweiht; jedes Jahr am 11. Februar findet am Jahrestag seiner Inthronisation ihm zu Ehren ein Fest statt.

Zu Fuß ist der Schrein fünf Minuten von der Haltestelle Kashihara-jingū-mae entfernt. Vom Hauptausgang geht man der Hauptstraße folgend auf den Berg zu.

Archäologiemuseum der Präfektur Nara MUSEUM

(奈良県橿原考古学研究所付属博物館, Nara Ken-ritsu Kashihara Kōkogaku Kenkyūjo Fuzoku Hakubutsukan; Karte S. 438; ☎ 0744-24-1185; Japaner/Ausländer 400 ¥/frei; ⏲ Di–So 9–17 Uhr) GRATIS Studenten der antiken Geschichte Japans sollten dieses Museum und Forschungszentrum unbedingt besucht haben. Sämtliche Exponate wurden an verschiedenen Stellen in der Umgebung ausgegraben, einige stammen sogar aus *kofun* (irdene Grabhügel) und reichen bis in die Jōmon-Periode (vor 10 000 Jahren) zurück. Die Dauerausstellung ist gut auf Englisch ausgeschildert. Ausländer zahlen keinen Eintritt (Pass mitbringen) und erhalten einen Hochglanzführer, bei Sonderausstellungen muss man eventuell extra bezahlen.

Das Museum ist vom Bahnhof Unebi Goryō-mae fünf Minuten zu Fuß Richtung Westen. Angekommen am Kashihara-jingū-Schrein (S. 440) geht man durch das Nordtor (an der linken Seite, wenn man mit dem Rücken zur Haupthalle steht), folgt der Allee etwa fünf Minuten, überquert die Hauptstraße, geht nochmals ca. 100 m geradeaus und biegt an der ersten Kreuzung links ab. Dort liegt das Museum auf der linken Seite.

Sakurai 桜井

Rund um Sakurai befinden sich viele historische Tempel und Schreine. Von Nara erreicht man die Stadt direkt mit der JR-Nara/Sakurai-Linie (*futsū*, 320 ¥, 33 Min.). Wer von Kyoto kommt, muss in Yamato-Yagi zur Kintetsu-Osaka-Linie umsteigen (*tokkyū* und *junkyū*, 1840 ¥, 1 Std.). Die Sehenswürdigkeiten in der Region liegen recht weit verstreut, am besten mietet man ein Auto, damit man alle an einem Tag sehen kann.

Hase-dera BUDDHISTISCHER TEMPEL

(長谷寺; Karte S. 438; Eintritt 500 ¥; ⌚April–Sept. 8.30–17 Uhr, Okt.–März 9–16.30 Uhr) 399 überdachte Stufen führen hinauf zur Hondō (Haupthalle), wo die größte Holzskulptur Japans, eine 10 m hohe Statue von Kannon (Göttin der Barmherzigkeit), zu sehen ist. Sie stammt aus dem Jahr 1538. Im Frühling kommen scharenweise Besucher, um die Blütenpracht der Pfingstrosen und die vom Wind durch die Luft gewirbelten Kirschblüten zu bewundern. Auch im Herbst, wenn sich die Ahornbäume leuchtend rot färben, wird es sehr voll. Kein Wunder, dass der Tempel den Spitznamen *hana no mitera* (Tempel des Blütenbetrachtens) trägt.

Die Haltestelle Hase-dera liegt zwei Stationen östlich von Sakurai an der Kintetsu-Osaka-Linie (210 ¥, 6 Min.). Von dort sind es 20 Gehminuten bis zum Tempel. Man geht durch den Torbogen, mehrere Treppen hinunter, biegt links ab, überquert den Fluss und biegt rechts in die Hauptstraße ein, die zum Tempel führt.

Murō-ji BUDDHISTISCHER TEMPEL

(室生寺; Sakurai; Eintritt 600 ¥; ⌚März–Nov. 8.30–17 Uhr, Dez.–Feb. 8.30–16 Uhr) In einem dichten Wald versteckt liegt dieser im 9. Jh. gegründete Tempel, der eng mit der Shingon-Sekte des esoterischen Buddhismus verbunden ist. Auch Schülerinnen sind hier gestattet, was ungewöhnlich ist, deswegen trägt der Tempel den Spitznamen „Kōya-san der Frauen". Zu den Highlights zählen zwei nationale Kulturgüter: eine elfköpfige Kannon (Göttin der Barmherzigkeit) aus dem 9. Jh., die nationales Kulturgut ist, sowie oben auf dem Hügel eine fünfstöckige Pagode aus dem späten 8. Jh., die restauriert wurde, nachdem sie 1998 ein Taifun beschädigt hatte. Danach geht's weiter zum Oku-no-In, dem innersten Heiligtum, das am oberen Ende einer sehr steilen Treppe liegt.

Tanzan-jinja SHINTO-SCHREIN

(談山神社; Karte S. 438; Sakurai; Eintritt 500 ¥; ⌚8.30–16.30 Uhr) Diesen Schrein, dessen Zentrum eine 13-stöckige Pagode bildet, besucht man am besten im Herbst, wenn er sich gegen die leuchtend bunten Blätter der Ahornbäume abhebt (November und Anfang Dezember). Er ist die letzte Ruhestätte von Nakatomi no Kamatari, des Patriarchen der Fujiwara-Dynastie, die Japan fast 500 Jahre lang regierte. Der Legende nach traf sich Nakatomi hier heimlich mit Prinz Naka no Ōe, um beim Ballspiel über den Sturz des regierenden Soga-Clans zu beraten. Daran erinnern Bildrollen und Priester, die jedes Jahr am 29. April und am 3. November so etwas Ähnliches wie Brennball spielen.

Zum Tanzan-jinja südlich von Sakurai gelangt man mit dem Sakurai City Community Bus ab Standplatz 1 an der Südseite des Bahnhofs Sakurai (490 ¥, 25 Min.).

Asuka 飛鳥

Einige der besterhaltenen *kofun* (Grabhügel) Japans befinden sich in der Nähe der Stadt Asuka (sprich Ahs-ka), die etwa eine Stunde südlich von Nara liegt. Heute sind die malerischen Hügel mit Reisterrassen und Feldern bedeckt, auf denen u. a. Erdbeeren angebaut werden. Außerdem einen Besuch wert ist der sehr alte Tempel Asuka-dera.

Vor dem Bahnhof von Asuka befindet sich eine **Touristeninformation** (Karte S. 438; ☎54-3624; Asuka Station; ⌚8.30–17 Uhr), aber zuletzt gab es keine hilfreichen Karten. Am besten lässt sich die Gegend mit dem Fahrrad erkunden. **Manyō Rent-a-Cycle** (レンタサイクル万葉; Asuka; Fahrradverleih pro Std./Tag 300/900 ¥) gegenüber vom Bahnhof verleiht Fahrräder und hält eine gute englische Karte der Gegend bereit.

Asuka erreicht man in nur 12 Minuten vom Bahnhof Yamato-Yagi (230 ¥). Umsteigen an der Haltestelle Kashihara-jingū-mae auf der Kintetsu Yoshino-Linie.

Takamatsuzuka-kofun DENKMAL

(高松塚古墳; Karte S. 438; Eintritt Museum 250 ¥; ⌚9–17 Uhr) In einem hübschen Park voller Bäume, etwa 1,2 km von der Haltestelle Asuk entfernt, liegt dieser alte Grabhügel, der aussieht wie ein einfacher grasbewachsener Hügel. Das Innere des *kofun* ist für Besucher geschlossen, doch die benachbarte Halle zeigt exakte Reproduktionen der dort befindlichen Wandbilder, die kurioserweise koreanische Motive und Adlige in Gewändern des koreanischen Hofes zeigen. Dies könnte ein Hinweis darauf sein, dass Yamatos frühe Adlige von – tja, von irgendwo anders stammten. Da es keine Dokumente darüber gibt, wer hier begraben wurde, kann man nur rätseln.

Asuka-dera BUDDHISTISCHER TEMPEL

(飛鳥寺; Karte S. 438; Eintritt 350 ¥; ⌚ April–Sept. 9–17.30 Uhr, Okt.–März 9–17 Uhr) Gilt als erster echter buddhistischer Tempel Japans (gegründet 596) und beherbergt den Asuka Daibutsu, die älteste erhaltene Buddhafigur in Japan (609). Die 15 t schwere Statue, die ursprünglich vergoldet war, soll niemals von dieser Stelle bewegt worden sein, daher dürften schon viele Größen der japanischen Geschichte hier gestanden haben. Flankiert wird der Tempel vom Amida-Buddha und von Prinz Shōtoku, dem Heiligen, der den Buddhismus nach Japan gebracht haben soll.

Ishibutai-kofun DENKMAL

(石舞台古墳; Karte S. 438; Asuka; Eintritt 250 ¥; ⌚ 8.30–17 Uhr) Der Grabhügel in Asuka besteht aus großen Felsen auf offenem Gelände und barg angeblich einst die sterblichen Überreste von Soga no Umako, heute ist er jedoch leer.

Yoshino 吉野

☎ 0746 / 7398 EW.

Am nördlichen Ende der Kii-Berge befindet sich der Distrikt Yoshino (Omine). Er steht auf der UNESCO-Welterbeliste als Geburtsstätte von Japans einzigartiger Shugendō-Religion und hat eine ganz besondere Geschichte als Zufluchtsort. Mit dem bekannten Aussichtspunkt *hito-me-sen-bon* (1000 Bäume auf einen Blick) ist es im Frühling außerdem Japans Topadresse, um Kirschblüten zu bewundern. Von Anfang bis Mitte April sind die Berghänge mit einem rosafarbenen Blütenteppich überzogen. Dann verstopfen Tausende Besucher die schmalen Straßen des Bergdorfes. Den Rest des Jahres verwandelt sich Yoshino wieder in einen verschlafenen Weiler, in dem einige wichtige Schreine und Tempel und ein paar kulinarische Spezialitäten auf Tagesausflügler und Übernachtungsgäste warten.

Sehenswertes

Yoshimizu-jinja SHINTO-SCHREINE

(吉水神社; Eintritt 400 ¥; ⌚ 9–16.30 Uhr) Jahrhundertelang war dieser Schrein ein Zufluchtsort für wichtige historische Persönlichkeiten und ist heute eine UNESCO-Welterbestätte. Eine Ausstellung zeigt Bildrollen, Rüstungen, Masken des stilisierten Tanzdramas *nō* und bemalte *fusuma* (Schiebetüren) aus früheren Zeiten. Der Schwertkämpfer und General Minamoto Yoshitsune floh hierher, nachdem er sich den Zorn seines Bruders, des ersten Herrschers des Kamakura-Shogunats, zugezogen hatte. Nachdem in Kyoto ein Streit um die Thronfolge ausgebrochen war, gründete Kaiser Go-Daigo in Yoshino einen rivalisierenden Hofstaat und lebte hier, während der Palast sich noch im Bau befand. Toyotomi Hideyoshi hielt hier 1594 ein Kirschblütenfest mit 5000 Gästen ab.

Vom Kimpusen-ji geht man 300 m bis zu einer Seitenstraße nach links (erster Abzweig hinter der Post), die zum Schrein führt. Er bietet einen wunderschönen Blick zurück auf den Kimpusen-ji und den Aussichtspunkt *hito-me-sen-bon* (1000 Bäume auf einen Blick).

Kimpusen-ji TEMPEL

(金峯山寺; Eintritt 500 ¥; ⌚ 8.30–16.30 Uhr, letzter Einlass 16 Uhr) Ein nationales Kulturgut, UNESCO-Welterbestätte und der Haupttempel des Shugendō, einer Schule, die auf dem Buddhismus beruht, sich aber freizügig bei anderen Traditionen bediente. Hat man die furchterregenden Kongō Rikishi (Wächterfiguren) am Tor hinter sich gelassen, geht's zur Halle Zaō-dō. Sie gilt als Japans zweitgrößtes Holzgebäude. Frühaufsteher können dem morgendlichen *otsutome* (Gottesdienst) beiwohnen, bei dem *taikō*-Trommeln und der Klang der *horagai* (Riesenmuschelhorn) zu hören sind, die an altehrwürdige *yamabushi* (Bergmönche) erinnern.

Ein Symbol der Stadt ist das im Tempel befindliche Trio der zentralen Götterstatuen mit ihren furchterregenden blauen Gesichtern. Für einen kurzen Zeitraum im Jahr haben Besucher Zugang zu den Statuen (Zeiten bei der Touristeninformation erfragen); 2022 wird er für die Öffentlichkeit geschlossen.

Die Steinstufen zum Tempeltor Niō-mon befinden sich etwa 400 m oberhalb der Seilbahnstation.

Nyoirin-ji BUDDHISTISCHER TEMPEL

(如意輪寺; Karte S. 446; Eintritt 400 ¥; ⌚ Mai–März 9–16 Uhr, April 7–17 Uhr) Dieser wunderbar atmosphärische Tempel, etwa 30 Gehminuten von Zentral-Yoshino entfernt, beherbergt sowohl die Relikte des unglücklichen Hofes von Kaiser Go-Daigo als auch sein Grab. In der Hōmotsu-den (Schatzhalle) befinden sich drei Bildrollen, auf denen je 1000 Buddhas abgebildet sind. Die Legende sagt, dass man sie nur lange genug betrachten muss, um einen zu finden, der aussieht wie man selbst. An der Straße gleich oberhalb des Yoshimizu-jinja und des verfallenen Schreines Katte-jinja (勝手神社) folgt man der linken Gabelung durch den Naka-sen-bon, den Wald der 1000 Kirschbäume, um zum Tempel zu gelangen.

Schlafen & Essen

Überall in der Stadt gibt's kleine Pensionen. Während der Kirschblüte muss man weit im Voraus buchen oder findet sich damit ab, sich von woanders mit den Massen an Tagesausflüglern herzuquälen.

★ Ryokan Katō RYOKAN ¥¥

(旅館歌藤; ☎0746-32-3177; www.kato-yoshino.jp; 3056 Yoshinoyama; Zi. inkl. Frühstück 9720 ¥ pro Pers., ohne Mahlzeiten 7560 ¥; P ❄ 📶) Schon seit zwei Jahrhunderten im Geschäft, doch dank seiner freundlichen, jungen Besitzer noch immer wunderbar in Schuss. Das *ryokan* punktet mit Design-Flair, derben Holzmöbeln und einem *rotemburo* (Außenbad) aus hiesigem Stein. Besonders schön ist das moderne hintere Gebäude im Blockhausstil mit verglaster Rotunde, wo man sich rund um einen Holzofen versammeln und die Kirschbäume betrachten kann. Alle 14 Zimmer im japanischen Stil teilen sich Gemeinschaftsbäder; die Hälfte hat eigene Toiletten. Von der Seilbahn sind es zu Fuß etwa fünf Minuten.

Das zuvorkommende Personal kocht einem nach Wahl japanische oder westliche Gerichte (vorher bestellen).

Chikurin-in Gumpōen RYOKAN ¥¥¥

(竹林院群芳園; ☎0746-32-8081; www.chikurin.co.jp; 2142 Yoshinoyama; Zi. inkl. 2 Mahlzeiten ab 14 040 ¥ pro Pers., ohne Bad 12 960–18 360 ¥, Einzelzimmeraufschlag 5250 ¥; ❄ @ 📶) Generationen von Herrschern haben in diesem Tempel genächtigt, der zugleich als *ryokan* dient, und man versteht schnell, warum. Das Hauptgebäude stammt aus dem Jahr 1790 und wurde häufig erweitert und renoviert. Unter den 43 Zimmern gibt's bescheidene *shukubō* (Tempelunterkünfte), aber auch auf japanische Art noble Zimmer. Von den Bädern und dem Tempelgarten bietet sich ein weiter Blick über das Tal. Einige Mitarbeiter sprechen Englisch. Für die Zeit der Kirschblüte ist eine Reservierung unerlässlich, zu anderen Zeiten zumindest empfehlenswert.

Wer hier nicht übernachtet, sollte wenigstens den herrlichen Tempelgarten (Eintritt 300 ¥) besuchen.

Kakinohasushi Tatsumi SUSHI ¥

(柿の葉すしたつみ; ☎0746-32-1056; 559-3 Yoshinoyama; 130–140 ¥/Stück, Bento ab etwa 1000 ¥; ⏲9–17 Uhr, während der Kirschblüte länger) Dieses winzige familienbetriebene Takeaway-Lokal wartet mit der schlichtesten Karte der Stadt auf: *kakinoha-sushi,* eine lokale Spezialität gepressten Sushis, eingewickelt in Kakiblätter. Man wählt seinen Fisch – Lachs (*sake*), Makrele (*saba*) oder beides (*combi*) – und die Menge (einzelnes Stück bis großes *bentō*) und fertig. Auf die Muster und die hölzerne Sushipresse im Fenster achten.

Wenn die Zutaten alle sind, schließt das Restaurant früher.

Nakai Shunpūdō SÜSSIGKEITEN ¥

(中井春風堂; ☎0746-32-3043; 545 Yoshinoyama; kuzumanju 125 ¥; ⏲Do–Di 10–17 Uhr, im Winter nur Sa & So geöffnet; ✎) Hier kann man zuschauen, wie der Koch hinterm Fenster *kuzu* (gelatineartige Süßigkeit aus Kudzu) zubereitet – es ist wie ein Zauber, wenn sich die Stärke in etwas Essbares verwandelt (eine einfache englische Übersetzung erläutert den Prozess). Dann probiert man es vor Ort in dem schicken Café als *kuzumanju* mit Bohnenpaste gefüllt, oder in einer Nudelschale in schwarzen Honig gedippt.

Praktische Informationen

In Zentral-Yoshino gibt's kein Touristeninformationszentrum, aber man kann im **Yoshino-Besucherbüro** (吉野ビジターズビューロー; ☎0746-34-2522; yoshino-kankou.jp; 2060-1 Kami-ichi, Yoshino-chō; ⏲Mo–Fr 8.30–17.15 Uhr) anrufen, wenn man Hilfe beim Buchen von *ryokan* oder *minshuku* braucht. Ein Teil des Personals spricht Englisch. Das Büro befindet sich gegenüber vom Bahnhof Yamato Kami-ichi an der Kintetsu Yamato-Linie.

Anreise & Unterwegs vor Ort

Besucher kommen zunächst am Bahnhof Yoshino an und begeben sich dann zu Fuß oder mit der **Yoshino-Seilbahn** (吉野大峯ケーブル; einfach/hin & zurück 360/610 ¥; ⏲9.20–17.40 Uhr, April 7.40–19.40 Uhr) zum Dorf. Japans älteste Seilbahn (1929) benötigt etwa fünf Minuten, um die 350 m nach oben zurückzulegen.

Von Kyoto nach Yoshino geht's mit der Kintetsu-Linie zunächst bis Haltestelle Kashihara-jingū-mae, wo man umsteigen muss (*kyūkō* 1230 ¥, 2¼ Std.; *tokkyū* 2550 ¥, 1 Std. 36 Min.). Wer aus Nara kommt, steigt zweimal um, in Yamato-Saidaiji und in Kashihara-jingū-mae (*kyūkō*, 850 ¥, ca. 1 Std. 40 Min.; *tokkyū* 1780 ¥, ca. 1¼ Std.).

Von Osaka fahren Direktzüge auf der Kintetsu-Minami-Osaka-/Yoshino-Linie ab der Haltestelle Abenobashi (nahe dem Bahnhof Tennō-ji) nach Yoshino (*kyūkō* 970 ¥, 1 Std. 33 Min.; *tokkyū* 1480 ¥, 1¼ Std.).

Der am nächsten bei Yoshino gelegene JR-Bahnhof ist Yoshino-guchi mit Verbindungen nach Nara, Osaka und Wakayama. Von hier muss man mit der Kintetsu-Linie (*kyūkō* 380 ¥, 35 Min.; *tokkyū* 890 ¥, 26 Min.) weiterfahren.

KII-HALBINSEL 紀伊半島

Welten entfernt vom Trubel der großen Städte Kansais erstreckt sich die abgeschiedene, bergige Kii-Halbinsel (Kii-hantō). Die meisten Sehenswürdigkeiten sind in der Präfektur Wakayama (Wakayama-ken) zu finden, u. a. der Bergtempel Kōya-san, der zu den bedeutendsten buddhistischen Zentren des Landes gehört, und die alten Pilgerpfade und Onsen der Kumano Kodō.

An der Küste locken die Onsen des Strandorts Shirahama im Westen sowie die zerklüftete Küstenlinie am Kap Shiono-misaki und die Insel Kii-Ōshima an der Südspitze.

ℹ Anreise & Unterwegs vor Ort

Die JR-Kinokuni-Linie fährt an der Küste der Halbinsel entlang und verbindet die Bahnhöfe Shin-Osaka und Nagoya (einige Züge fahren von/nach Kyoto). Mit den speziellen Kuroshio- und Nankii-*tokkyū* kann man sich recht schnell auf der Halbinsel fortbewegen.

Sobald man diese Expresszüge zur Halbinsel verlässt, ist man auf langsame Regionalzüge und -busse angewiesen. Die größte Bewegungsfreiheit bietet natürlich ein Mietwagen. Alle wichtigen japanischen Autovermieter haben Vertretungen an den Flughäfen, in den Großstädten und in einigen Kleinstädten.

Kōya-san 高野山

☎0736 / 3343 EW.

Das dicht bewaldete Hochland des Kōya-san im Norden der Präfektur Wakayama umgeben insgesamt acht Berge. Als bedeutendste Attraktion der Region gilt die hiesige Klosteranlage. Sie ist der Hauptsitz der Shingon-Sekte und eines der lohnendsten Reiseziele Japans. Zwar hat der Tempelkomplex wenig mit Shangri-La gemein, mit dem er manchmal verglichen wird, aber die Lage inmitten unberührter Natur ist großartig. Außerdem hat man die Möglichkeit, mehr über den japanischen Buddhismus zu erfahren.

Am Kōya-san sind die Temperaturen etwa 5 °C kälter als in der Ebene, deshalb sollte man im Winter, Frühling und Herbst warme Kleidung mitbringen.

Bereits die Reise zum Kōya-san ist ein Abenteuer: Der Zug schlängelt sich zunächst durch eine Reihe enger Täler und vorbei an hohen Bergen. Und das letzte Stück Wegs muss mit der Seilbahn zurückgelegt werden – definitiv nichts für Angsthasen!

Geschichte

Unter der Führung von Kūkai (nach seinem Tod als Kōbō Daishi bekannt) entstand 816 eine religiöse Gemeinschaft in der Hochebene des Kōya-san. Als junger Mann reiste Kōbō Daishi nach China, zwei Jahre später kehrte er zurück und begründete die Shingon-Sekte. Er zählt zu Japans berühmtesten religiösen Persönlichkeiten und wird als Bodhisattwa, Gelehrter, Kalligraf sowie Erfinder der japanischen *kana*-Silbenschrift verehrt.

Anhänger der Shingon-Schule glauben nicht, dass Kōbō Daishi tot ist. Vielmehr sind sie davon überzeugt, dass er in seinem Grab auf dem Oku-no-in-Friedhof meditiert und auf die Ankunft von Miroku (Maitreya, der zukünftige Buddha) wartet. Damit Kōbō Daishi keinen Hunger leiden muss, werden täglich Opfergaben zu seiner Grabstätte gebracht. Es heißt, dass nur er in der Lage sein wird, dereinst Mirokus Botschaft an die Menschheit zu entschlüsseln, deshalb muss man sich den großen Friedhof als eine Art Amphitheater vorstellen, in dem sich unzählige Seelen in hoffnungsvoller Erwartung dieser himmlischen Botschaft versammelt haben.

Im Laufe der Zeit wurde der Tempelkomplex ausgeweitet und viele Anhänger der buddhistischen Jōdo-Schule strömten herbei. Ab dem 11. Jh. beerdigten sowohl Adelige als auch einfache Bürger ein paar Haare oder die Asche ihrer Verstorbenen in der Nähe von Kōbō Daishis Grab.

ABSTECHER

YUASA, DIE WIEGE DER SOJASOSSE

Wie viele große Erfindungen war auch die Herstellung der Sojasoße im Grunde ein Unfall, der hier in Yuasa an der Westküste der Kii-Halbinsel passierte. Vor etwa 750 Jahren probierte ein cleverer Mönch die satte mahagonifarbene Flüssigkeit, ein Nebenprodukt der Miso-Herstellung, und fand, dass sie Potenzial hat. Mitte der Edo-Periode gab es hier mehr als 90 Hersteller von *shōyu* (Sojasoße), und heute ist die Soße aus Japans Küche nicht mehr wegzudenken.

Die Haltestelle Yuasa liegt auf der JR-Linie Kinokuni zwischen Wakayama und Kii-Tanabe. Nach dem Aussteigen läuft man etwa 10 Minuten Richtung Nordosten, wo die **Yuasa Soy Sauce Factory** (湯浅醤油工場; Karte S. 446; ☎0737-62-2100; www.yuasasyouyu.co.jp; 1466-1 Yuasa; ⏲9–16 Uhr) GRATIS Führungen und Verkostungen anbietet (und – Überraschung! – es gibt einen gut sortierten Laden). Die traditionelle Methode zur Sojasoßenherstellung dauert zwei Jahre! Zehn Minuten zu Fuß Richtung Nordwesten der Haltestelle findet sich ein besonderes Erhaltungsgebiet für Häuser aus der Edo-Zeit, als die Sojasoßenproduktion auf ihrem Höhepunkt war. Hier kann man die schönen architektonischen Details (Gitterfassaden, Ziegeldächer, charakteristische Fenster, etc.) bewundern, dazu Ausstellungsstätten über die Sojasoßenproduktion sowie Galerien und Souvenirshops besuchen.

Heute dient die Klostersiedlung mit mehr als 110 Tempeln wieder als bedeutendes Zentrum des japanischen Buddhismus. Sie ist darüber hinaus der Hauptsitz der Shingon-Sekte, die etwa 10 Mio. Mitglieder hat und landesweit über mehr als 4000 Tempel verfügt.

Sehenswertes

Das Gelände des Kōya-san ist unterteilt in den **Garan (Heiliger Bezirk)** im Westen, wo sich die interessanten Tempel und Pagoden befinden, und den weitläufigen Friedhof **Oku-no-in** im Osten.

Das Kombiticket (*shodōkyōtsu-naihaiken;* 2000 ¥) gilt für den Kongobu-ji, die Kondō, die Dai-tō, das Reihōkan, das Tokugawa-Mausoleum und mehr; kaufen kann man es entweder im Büro der Kōya-san Shukubō-Assoziation (S. 450) oder direkt in den Stätten selbst.

★ Oku-no-in

BUDDHISTISCHER TEMPEL

(奥の院; Karte S. 448; ⏲24 Std.) GRATIS Der Oku-no-in, eine Gedenkhalle für Kōbō Daishi und einer der berührendsten spirituellen Orte in Japan, ist von einem riesigen bewaldeten buddhistischen Friedhof umgeben. Ein Steinweg führt vorbei an hohen Zedern und Tausenden spitzengekrönter Stupas – besonders bei Nebel wirkt das geradezu ergreifend. Jeder wichtige japanische Buddhist ließ seine sterblichen Überreste, oder wenigstens eine Haarlocke, hier beisetzen, um die Ankunft des Miroku-Buddha auf der Erde aus nächster Nähe miterleben zu können.

Zum Oku-no-in kann man vom Stadtzentrum bequem laufen. Alternativ nimmt man einen Bus Richtung Osten zur Haltstelle Ichi-no-hashi-mae. Dort überquert man die Brücke **Ichi-no-hashi** (一の橋; Karte S. 448) und geht in den Friedhof. Die Busse zurück in die Stadt fahren von der Haltestelle Oku-no-mae; zu Fuß sind es 30 Minuten.

➡ Miroku-ishi

(みろく石; Karte S. 448) In Oku-no-in (S. 445) erhebt sich ein Holzgebäude von der Größe einer Telefonzelle. Dort wird der Miroku-ishi aufbewahrt. Pilger strecken ihre Hände durch die Löcher in der Wand und versuchen, den großen, glatten Stein auf eine Art Regal zu heben. Es heißt, dass der Stein immer so schwer sei wie die Sünden desjenigen, der ihn hochheben möchte – tatsächlich wiegt das Ding sicher mehrere Zentner!

➡ Mimyo-no-hashi

(御廟橋; Karte S. 448) Diese Brücke liegt in Oku-no-in, auf dem Weg zum Tōrō-dō. Auf ihrer rechten Seite schöpfen Gläubige Wasser aus dem Fluss und schütten es über die nahestehenden Jizō-Statuen. So erweisen sie den Toten Ehre. Die beschrifteten Holztafeln links im Wasser wurden zum Gedenken für abgetriebene Babys und Ertrunkene aufgestellt.

➡ Tōrō-dō

(燈籠堂, Laternenhalle; Karte S. 448; ⏲6–17.30 Uhr) GRATIS Am nördlichen Ende des Fried-

Kii-Halbinsel

hofs steht das Hauptgebäude des Komplexes, die Tōrō-dō. Sie beherbergt Hunderte Laternen, die von Würdenträgern gespendet wurden, darunter auch Kaiser; zwei davon brennen angeblich schon seit mehr als 900 Jahren. Hier sind die Gäste eingeladen, Briefe an Kōbō Daishi zu schreiben.

➡ **Kūkai-Mausoleum**

(空海の墓; Karte S. 448) Ganz am Ende des Weges durch Oku-no-in befindet sich die vielleicht heiligste Stätte in Japan. Vor dem Zaun, der das Mausoleum umgibt, kann man Pilger beobachten, die Blumensträuße ablegen und Sutras sprechen.

Kongōbu-ji BUDDHISTISCHER TEMPEL

(金剛峯寺; Karte S. 448; ☎ 0736-56-2011; www.koyasan.or.jp; 132 Kōya-san; Eintritt 500 ¥; ⏲ 8.30–17 Uhr) Dieser große Tempel ist der Hauptsitz der Shingon-Sekte und Sitz des Abts von Kōya-san. Das Haupttor ist das älteste Bauwerk des Tempels (1593); die heutige Haupthalle stammt aus dem 19. Jh. Der neuste Anbau wurde erst 1984 gebaut, zum 1150. Todestag von Kōbō Daishi. In der Großen Haupthalle sind Meisterwerke von *fusuma* (Schiebegittertüren) zu sehen, mit Landschafts- und Naturbildern von berühmten Malern aus dem 17. Jh., darunter welche aus der Kanō-Schule.

Der Banyutei-Steingarten (1984) ist der größte Japans (2349 m^2). Dort stehen 140 große Granitsteine aus Shikoku (Kōbō Daishis Geburtsort) und weiße Kiesel aus Kyoto, die zusammen zwei Schutzdrachen darstellen sollen, die aus einem Wolkenmeer emporsteigen.

Die Anbauten (Betsuden und Shin-Betsuden) sind voller zeitgenössischer Gemälde der Jahreszeiten und Bilder, die von Kōbō Daishis Aufenthalt in China inspiriert sind.

Neben dem Garten werden Tee und Reiskuchen (im Eintrittspreis inbegriffen) serviert.

Kii-Halbinsel

Sehenswertes

1	Kumano Hayatama Taisha	C3
2	Kumano Hongū Heritage Centre	C3
3	Kumano Hongū Taisha	C3
4	Nachi Taisha	C3
5	Nachi-no-taki	C3
	Nachiyama-oku-no-in	(siehe 5)
6	Nyoirin-ji	C1
	Sanseiganto-ji	(siehe 4)
7	Yuasa Soy Sauce Factory	A2

Aktivitäten, Kurse & Touren

8	Ryūjin Onsen Moto-yu	B2
9	Sennin Buro	C3
	Tsubo-yu Onsen	(siehe 11)
10	Watarase Onsen	C3
11	Yunomine Sentō	C3

Schlafen

	Fujiya	(siehe 9)
	Kamigoten	(siehe 8)
	Kirari	(siehe 8)
12	Minshuku Kosakaya	C4
	Minshuku Yunotanisō	(siehe 11)
	Ryokan Yoshino-ya	(siehe 11)

Essen

	Cafe Bonheur	(siehe 2)
	Yuzuyume Cafe	(siehe 8)

Garan BUDDHISTISCHER TEMPEL

(伽藍; Karte S. 448; Eintritt pro Gebäude 200 ¥; ⌚8.30–17 Uhr) Am Westende von Kōya-san ist dieser Komplex aus acht Hauptgebäuden (Tempel, Pagoden) und mehreren anderen Bauwerken neben Oku-no-in und Kongōbu-ji eine der wichtigsten Stätten von Kōya-san. Manchmal wird der Tempel auch Danjo Garan oder Dai Garan genannt, der Name bedeutet in Sanskrit Kloster. Zu den wichtigsten Gebäuden gehören Kondō, Konpon Daitō (S. 447) und Chūmo. Auch wenn vieles Rekonstruktionen aus dem 20. und 21. Jh. sind, ist der Garan unbedingt einen Besuch wert.

➡**Kondō**

(金堂, Haupthalle, Goldene Halle; Karte S. 448; Eintritt 200 ¥; ⌚8.30–17 Uhr) In Garans Haupthalle *kondō* befindet sich Yakushi Nyorai, der Buddha der Medizin und der Heilkunst. Die Halle wurde Anfang des 9. Jhs. erbaut, aber sechsmal durch Feuer zerstört; das aktuelle Gebäude stammt aus dem Jahr 1934. Der Yakushi Nyorai ist versteckt, aber es gibt viele weitere Mandalas und Wandgemälde von Bodhisattwas und buddhistischen Lehren.

➡**Konpon Daitō**

(根本大塔, Große Pagode; Karte S. 448; Eintritt 200 ¥) Die 50 m hohe hellorangene Pagode im Garan (S. 447) wurde zuletzt 1934 nach einem Feuer wieder aufgebaut und soll das Zentrum des Lotusblütenmandalas darstellen, das die acht Berge der Klostersiedlung bilden. Die Gläubigen richten ihre Gebete vor allem an den Dainichi-nyōrai (Kosmischer Buddha) und sein Gefolge aus vier weiteren Buddhas, die auf Säulen gemalt sind und zusammen ein eigenes Mandala formen sollen. Es heißt, ursprünglich hätte Kōbō Daishi die Bilder selbst gemalt. Auch wenn sie seitdem nachgemalt wurden, sind sie ein großartiger Anblick.

Reihōkan MUSEUM

(霊宝館, Schatzmuseum; Karte S. 448; Eintritt 600 ¥; ⌚Mai–Okt. 8.30–17.30 Uhr, Nov.–April 8.30–17 Uhr) Das Schatzmuseum beherbergt eine Sammlung buddhistischer Kunstwerke, die alle mit der Geschichte des Kōya-san verknüpft sind, darunter einige schöne Statuen, Rollbilder und Mandalas.

Tokugawa-Mausoleum DENKMAL

(徳川家霊台, Tokugawa-ke Reidai; Karte S. 448; Eintritt 200 ¥; ⌚8.30–17 Uhr) Das 1643 erbaute Tokugawa-Mausoleum liegt auf einer Lichtung und besteht aus zwei aneinandergrenzenden Mausoleen. Rechts befindet sich die Ruhestätte des ersten Tokugawa-Shoguns Tokugawa Ieyasu, zur Linken die des zweiten Herrschers, Tokugawa Hidetada. Die Grabmäler sind reich verziert – ganz so, wie es für die Tokugawa-Shogune üblich war. Das Mausoleum liegt in der Nähe der Bushaltestelle Namikiri-fudō-mae (波切不動前バス亭).

Geführte Touren

Kōyasan Netzwerk für Interkulturelle Kommunikation GEFÜHRTE TOUREN

(Karte S. 448; ☎090-3263-5184, 0736-56-2270; www.koyasan-ccn.com; 347 Kōya-san, Daishi Kyōkai Bldg.; Gruppentouren 1½ Std. 1500 ¥ pro Pers.; ⌚Touren März–Nov. Oku-no-in Mi 9 Uhr, Garan & Kongōbu-ji Mi 13 & 15 Uhr) Mittwochs bietet dieser Veranstalter im Kōya-san Touren auf Englisch mit Guides vom Koyasan Interpreter Guide Club an. Mittwochmorgens beginnen die Touren durch den Oku-no-in an der Brücke Ichi-no-hashi, der Treffpunkt für die Nachmittagstouren durch den Garan und den Kongōbu-ji ist im Büro des Netzwerks im Besucherinformationszentrum. Es gibt auch individuell ge-

Kōya-san

Kōya-san

Highlights
1 Oku-no-in D1

Sehenswertes
2 Chūmon A3
3 Garan A3
4 Ichi-no-hashi C3
5 Kondō A3
6 Kongōbu-ji B3
7 Konpon Daitō A3
8 Kūkai-Mausoleum D1
9 Mimyo-no-hashi D2
Miroku-ishi .... (siehe 1)
10 Reihōkan A3
11 Sai-tō A3
12 Tokugawa-Mausoleum B2
13 Tōrō-dō D1

Aktivitäten, Kurse & Touren
14 Kōyasan Netzwerk für Interkulturelle Kommunikation B3

Schlafen
15 Ekō-in C3
16 Fukuchi-in B2
17 Koyasan Guest House Kokuu D2
18 Rengejō-in A2
19 Shōjōshin-in C3
20 Sōji-in B3

Essen
21 Bononsha B3

staltete private Führungen (z. B. zwei-/vierstündige Touren 10 000/15 000 ¥) für bis zu zehn Teilnehmer.

Feste & Events

Rōsoku Matsuri KULTUR
(ろうそく祭り; 13. Aug.) Mit diesem faszinierenden Fest wird der Verstorbenen gedacht. Tausende Besucher zünden dann entlang des Weges zum Oku-no-in Kerzen an.

Aoba Matsuri KULTUR
(15. Juni) Anlässlich des Geburtstags von Kōbō Daishi finden in den Tempeln der Stadt verschiedene traditionelle Zeremonien statt.

Schlafen

Der Kōya-san lässt sich theoretisch im Rahmen einer Tagestour von Nara, Kyoto oder Osaka aus besuchen, doch das ist nicht empfehlenswert. Stattdessen sollte man sich Zeit nehmen und in einer der ausgezeichneten *shukubō* (Tempelunterkünfte) der Stadt übernachten.

Über 50 Tempel des Kōya-san bieten *shukubō* an, in denen *shōjin ryōri* (buddhistische vegetarische Küche ohne Fleisch, Fisch, Zwiebeln oder Knoblauch) serviert wird. Die meisten *shukubō* halten morgens Gebetsstunden ab, an denen Gäste teilnehmen oder zuschauen dürfen.

In den Unterkünften starten die Preise bei ca. 9720 ¥ pro Person inklusive zwei Mahlzeiten; Alleinreisende zahlen einen Zuschlag. Nicht nur von Tempel zu Tempel, sondern auch innerhalb eines Tempels können die Preise stark variieren, je nach Zimmer (die meisten ohne eigenes Bad oder Toilette), Mahlzeiten und Saison. Generell gilt: Je höher der Preis, desto besser sind das Zimmer und die Mahlzeiten. In den meisten Tempeln muss man vor 17 Uhr einchecken.

Man sollte mindestens eine Woche im Voraus bei der Kōya-san-Shukubō-Assoziation (S. 450) reservieren; dazu kann man ein Online-Formular auf Englisch ausfüllen. Viele Unterkünfte haben keine Klimaanlage, stellen aber in der wärmeren Jahreszeit einen Ventilator und in den kälteren Monaten Heizgeräte bereit.

★ Koyasan Guest House Kokuu PENSION ¥

(高野山ゲストハウスKokuu; Karte S. 448; ☎ 26-7216; http://koyasanguesthouse.com; 49-43 Kōya-san; Kapseln ab 3500 ¥, EZ/DZ/3BZ ab 6000/9000/12 000 ¥; @ 📶) Die gesellige Pension ermöglicht selbst dem sparsamsten Backpacker eine Übernachtung auf dem Kōya-san. Sie ist klein, hell, luftig, von Bäumen umgeben und hat Privatzimmer und Kapseln sowie Duschkabinen auf dem Flur. Die sachkundigen Mitarbeiter sprechen Englisch und arrangieren gern den Besuch eines Morgengebets oder eine Nachtführung. Außerdem bereiten sie preiswertes Frühstück und leichte Abendgerichte wie indische Currys zu.

Hier muss man direkt reservieren, nicht über die Shukubō-Vereinigung.

Ekō-in SHUKUBO ¥¥

(恵光院; Karte S. 448; ☎ 0736-56-2514; www.ekoin.jp; 497 Kōya-san; Zi. inkl. Mahlzeiten ab 10 800 ¥ pro Pers.; P 🚭 @ 📶) Eine freundliche Gruppe junger Mönche führt diesen hübschen Tempel auf einem Hügel. Sämtliche Zimmer blicken auf einen schönen Garten. Der Ekō-in ist für seine Abendführungen (auf Englisch) auf dem Oku-no-in bekannt. Außerdem ist er einer von zwei Tempeln in der Stadt (der andere ist der Kongōbu-ji), in denen man Sitzmeditation erlernen kann (vorher telefonisch anmelden!). Alleinreisende müssen keinen Zuschlag zahlen.

Fukuchi-in SHUKUBO ¥¥

(福智院; Karte S. 448; ☎ 0736-56-2021; www.fukuchiin.com; 657 Kōya-san; Zi. inkl. Mahlzeiten ab 12 960 ¥ pro Pers., Alleinreisende 16 200 ¥; P ❄ @ 📶) Dieser schöne Tempel hat Außenbäder mit Onsen-Wasser und einen bezaubernden Garten, den der berühmte Designer Shigemori Mirei gestaltete. In der Nähe des Tempelbüros kann man für begrenzte Zeit das WLAN nutzen. Manchmal wimmelt es hier von japanischen Bustouristen. Einige Mitarbeiter sprechen Englisch.

Rengejō-in SHUKUBO ¥¥

(蓮華定院; Karte S. 448; ☎ 0736-56-2233; Zi. inkl. Mahlzeiten ab 9720 ¥ pro Pers., Alleinreisende 11 880 ¥; P 🚭 ❄ 📶) In diesem stattlichen Tempel warten fantastische Zimmer, schöne Gärten, aufwendig bemalte *fusuma* (Schiebepapiertüren) und interessante Kunstwerke. Es wird Englisch gesprochen und an den meisten Tagen am frühen Abend eine Einführung in den Buddhismus und die Meditationstechniken angeboten.

Shōjōshin-in SHUKUBO ¥¥

(清浄心院; Karte S. 448; ☎ 0736-56-2006; www.shojoshinin.jp; 566 Kōya-san; Zi. inkl. Mahlzeiten ab 9720 ¥ pro Pers., mit eigenem Bad ab 16 200 ¥; P 🚭 📶) Freundliche Unterkunft mit WLAN auf den Zimmern und ohne Zuschlag für Alleinreisende. Es gibt eine stimmungsvolle Küche mit hoher Holzdecke sowie mit Blattgold bemalte *fusuma*-Türen (Schiebepapiertüren). Diese *shukubo* liegt dem Eingang zum Oku-no-in am nächsten.

Sōji-in SHUKUBO ¥¥¥

(総持院; Karte S. 448; ☎ 0736-56-2111; www.soujiin.or.jp; Zi. inkl. Mahlzeiten ab 18 360 ¥ pro Pers., Alleinreisende 29 380 ¥; ❄ 📶) Hier ist man mit ausländischen Gästen vertraut. Zu diesem angenehm modernen Tempel gegenüber vom Garan gehören ein schöner Garten, ein paar Zimmer mit Bad sowie ein barrierefreies mit westlichen Betten. Die schönsten Räume hier gehören zu den besten des gesamten Kōya-san; ein weiterer Grund für den höheren Preis sind die sehr guten Mahlzeiten.

Essen

Die kulinarische Spezialität des Kōya-san sind *shōjin-ryōri*, aufwendige und sehr schmackhafte buddhistische vegane Mahlzeiten, die in den Tempelunterkünften serviert werden. Wer dort nicht übernachtet, kann in einem Tempel ein *shōjin-ryōri*-Mittagessen reservieren, und zwar im Voraus bei der Kōya-san-Shukubō-Assoziation. Je nach Zahl der Gänge gelten Festpreise von 2700 ¥, 3800 ¥ und 5400 ¥. Die meisten anderen Restaurants schließen am späten Nachmittag. Für Snacks und einfache Gerichte gibt's ein paar Supermärkte.

★ **Bononsha** CAFÉ ¥

(梵恩舎; Karte S. 448; ☎ 0736-56-5535; 730 Kōyasan; Mittagsmenü 1200 ¥; ⏲ Mi–So 9–17 Uhr; ✎) Das nette Paar, das dieses charmante, entspannte Café mit tollen alten Holzbalken führt, spricht Japanisch, Englisch und Französisch. Auf der Speisekarte stehen Kaffee, Bio-Gerichte und Kuchen, z. B. Schokoladentorte und Tofu-Käsekuchen. Die täglichen Mittagsmenüs werden so lange serviert, bis die Zutaten alle sind – also lieber etwas früher kommen. Das Café ist zugleich eine Galerie für lokale Keramik.

Tonkatsu-tei SHOKUDO ¥

(とんかつ亭; ☎ 0736-56-1039; 49-48 Kōyasan; Hauptgerichte 650–950 ¥, feste Menüs ab 1300 ¥; ⏲ Mi–So 11–14 & 17–22 Uhr; 📋) Wer nach all der buddhistischen veganen Küche mal wieder Lust auf Fleisch hat, bekommt in diesem Tante-Emma-Laden am Stadtrand diverse gebratene Leckereien: die namensgebenden *tonkatsu* (Schweinekotelett) sowie Hähnchen, gegrillten Fisch und Curryreis. Englisch sprechen sie nicht, doch das freundliche ältere Besitzerehepaar bemüht sich um Verständigung. Nach dem gelben Dach Ausschau halten.

ℹ Praktische Informationen

In der gut ausgestatteten Touristeninformation **Kōya-san-Shukubō-Vereinigung** (高野山宿坊協会; Karte S. 448; ☎ 0736-56-2616; http://shukubo.net; ⏲ Dez.–Feb. 8.30–16.30 Uhr, März–Juni & Sept.–Nov. 8.30–17 Uhr, Juli & Aug. 8.30–17.45 Uhr; 📶) des Kōya-san im Stadtzentrum vor der Bushaltestelle Senjūin-bashi (千手院橋バス停) bekommt man Karten und Broschüren, gewöhnlich sind auch englischsprachige Mitarbeiter da. Hier kann man auch Übernachtungen und Mahlzeiten in *shukubō* reservieren (im Voraus) sowie Fahrräder und einen englischen Audioguide (500 ¥) für wichtige Sehenswürdigkeiten in der Stadt ausleihen.

ℹ An- & Weiterreise

Wer nicht im Mietwagen unterwegs ist, fährt von Osaka am besten mit der Nankai-Linie. Die Züge vom Bahnhof Namba (*kyūkō* 1260 ¥, 1 Std. 40 Min.; *tokkyū* 2040 ¥, 43 Min.) enden in Gokurakubashi am Fuß des Berges; von dort geht's mit einer Seilbahn (Gondelbahn; Fahrpreis in der Bahnfahrkarte enthalten) hinauf zum Kōya-san. Von der Seilbahnstation (Karte S. 448) geht's mit dem Bus ins Zentrum, da Fußgänger die Verbindungsstraße nicht benutzen dürfen.

Das **Kōya-san World Heritage Ticket** (3400 ¥, www.nankaikoya.jp/en/stations/ticket.html) der Nankai-Linie umfasst die Bahnfahrt (inkl. der einfachen *tokkyū*-Fahrt von Osaka), die Bus auf dem Kōya-san und Ermäßigungen beim Eintritt in einige Stätten.

Wer aus Kyoto anreist und einen Japan Rail Pass hat, fährt mit der JR-Linie in Richtung der

ABSTECHER

RYŪJIN-ONSEN

Tief drin in der Präfektur Wakayama behütet dieses Dorf mit seinen Gipfeln und Schluchten am Hidaka-gawa-Onsen-Gewässer, die angeblich zu Japans schönsten gehören. Testen kann man das in einem *ryokan* wie **Kirari** (季楽里; Karte S. 446; ☎ 0739-79-0331; www.kirari-ryujin.com; 189 Ryūjin; EZ/DZ inkl. 2 Mahlzeiten ab 10 000/18 000 ¥; P ⊖ ❄ 📶) oder im öffentlichen Bad **Ryūjin Onsen Moto-yu** (龍神温泉元湯; Karte S. 446; ☎ 0739-79-0726; 37 Ryūjin; Eintritt 700 ¥; ⏲ 7–21 Uhr). Auch einer der renommiertesten *ryokan* von Kansai befindet sich hier: **Kamigoten** (上御殿; Karte S. 446; ☎ 0739-79-0005; www.kamigoten.jp; 42 Ryūjin; Zi. inkl. 2 Mahlzeiten ab 19 050 ¥ pro Pers.; P ❄ 📶) wird inzwischen in der 29. Generation geführt und wurde ursprünglich für den *daimyō* von Kii fief erbaut, ein Verwandter der Tokugawas. Im **Yuzuyume Cafe** (ゆず夢カフェ; Karte S. 446; ☎ 0739-79-8025; 165-1 Ryūjin; Hauptgerichte 860–1240 ¥; ⏲ Mo–Fr 9–18 Uhr, Sa & So bis 19 Uhr, Schließungszeiten variieren; P 📋) bekommt man Curryreis, Pizza und hausgemachte Desserts; es liegt an der Schlucht.

Reist man von Kōya-san nach Kumano Kodō oder umgekehrt, ermöglicht eine Übernachtung in Ryūjin eine sinnvolle Nutzung des Morgens oder Nachmittags, an dem man diese Plätze besucht; ansonsten verschwendet man den besten Teil des Tages im Verkehr.

Haltestelle Hashimoto und steigt unterwegs in Nara, Sakurai und Takada um. In Hashimoto hat man Anschluss an die Nankai-Linie, die bis zurHaltestelle Kōya-san (830 ¥, 50 Min.) fährt. Ohne Japan Rail Pass ist es einfacher und günstiger, in Namba in die Nankai-Linie umzusteigen.

Wer vom Kōya-san aus nach Hongū an der Pilgerroute Kumano Kodō weiterreisen möchte, fährt mit der Nankai-Linie nach Hashimoto zurück, nimmt die JR-Linie bis Haltestelle Gōjō (210 ¥, 15 Min.) und steigt dort in den Bus nach Hongū (3200 ¥, 4 Std.).

Unterwegs vor Ort

Busse fahren auf drei Routen von der oberen Seilbahnstation über das Stadtzentrum bis Ichi-no-hashi und zum Oku-no-in (410 ¥) und kommen an der Touristeninformation an der Senjūin-bashi (290 ¥) vorbei. Das Busbüro an der oberen Seilbahnstation verkauft eine Tageskarte (*ichi-nichi furee kippu;* 830 ¥), doch wenn man erst einmal oben auf dem Berg ist, kann man in 30 Minuten überall bequem hinlaufen. Die Busse fahren ziemlich unregelmäßig, weshalb man sich vorher über die Abfahrtszeiten informieren sollte.

Fahrräder (pro Std./Tag 400/1200 ¥) verleiht das Büro der Kōya-san-Shukubō Vereinigung .

Entlang des Kumano Kodō

Tanabe an der Westküste der Halbinsel ist der größte Verkehrsknotenpunkt für die Pilgerwege entlang des Kumano Kodō. Shingū ist das kleinere Pendant an der Ostküste. Südlich von Shingū befinden sich die heiligen Stätten in Nachi und Kii-Katsuura. Hongū, eine größere Pilgerstadt, liegt im Zentrum der Halbinsel.

Tanabe 田辺

0739 / 74 777 EW.

Tanabe liegt an der Westküste Wakayamas und dient als Tor zur Kumano Kodō. Die Verwaltung dieser freundlichen Stadt engagiert sich außerordentlich für den Empfang ausländischer Touristen mit vielen Infos auf Englisch und englischsprachigem Personal in der Touristeninformation.

Sehenswertes

Takijiri-Ōji SHINTO-SCHREIN

(滝尻王子; Karte S. 446; 859 Kurisugawa, Tanabe-shi) Der Takijiri-Ōji ist einer der fünf bedeutenden Ōji-Schreine und markiert den Beginn des Übergangs in die Berge, wo Pilger im 12. und 13. Jh. rituelle Waschungen vollzogen, bevor sie aufbrachen (das Wasser des Flusses zu Rechten hatte angeblich heilende Kräfte). Allerdings wurde der Fluss seitdem ziemlich zurückgestutzt.

> **INSIDERWISSEN**
>
> **JAPANS UME-HAUPTSTADT**
>
> Die Region Tanabe ist bekannt für die hohe Produktion von *ume* (u-mee), die leicht saure Umami-Frucht mit dem unverwechselbaren japanischen Geschmack. Meistens wird sie mit „japanische Pflaume" übersetzt, was man hier aber nicht erwähnen sollte – die Einheimischen bestehen darauf, dass sie zur Familie der Aprikosen gehört. Man kann sie im **Umeshu de Kanpai** (梅酒で乾杯; 0739-26-5225; 993-3 Minato; 10–19 Uhr) probieren, wo es Verkostungen von *umeshu* (*ume*-Wein) gibt und die unter Japanern immer beliebten *umeboshi* (gepflückte *ume*) verkauft werden.

Schlafen & Essen

Wenn man in Tanabe übernachtet, kann man sich früh zum Kumano Kodō aufmachen und das Kleinstadtleben genießen. Das Tourismusbüro (S. 452) hat Infos zu Unterkünften.

Das kulinarische Epizentrum in Tanabe ist Ajikōji (Straße des Geschmacks), ein stimmungsvolles Gewirr enger Straßen mit Dutzenden *izakaya* (japanischen Kneipen), ein kurzer Fußweg vom Bahnhof Kii-Tanabe. Englisch wird zwar nicht gesprochen, aber einige Restaurants haben englische Speisekarten für alle Gäste, die des Japanischen nicht mächtig sind. Diese sind auf dem „Gourmet-Plan" verzeichnet, den man im Tourismusbüro (S. 452) erhält.

Miyoshiya Ryokan RYOKAN ¥

(美吉屋旅館; 0739-22-3448; www.miyoshiya-ryokan.com; 739-7 Minato; Zi. ab 3200 ¥ pro Pers.;) Das Miyoshiya ist ein schlichtes *ryokan* aus den 1940er-Jahren; vor allem wegen des Englisch sprechenden Besitzers lohnt es sich, hier abzusteigen. Die meisten Zimmer im japanischen Stil haben Gemeinschaftseinrichtungen und es gibt ein gemeinsames Steinbad. Vom Bahnhof Kii-Tanabe sind es drei Gehminuten (an der ersten Ampel links abbiegen, und ca.

300 m weitergehen, dort liegt es auf der rechten Seite).

Es gibt Münzwaschmaschinen, das Frühstück kostet 800 ¥ extra.

Konyamachiya GÄSTEHAUS ¥¥
(紺屋町家; www.kumano-travel.com/index/en/action_ContentsDetail_Detail/id209; 74 Konyamachi; 1/2/3 Gäste 8640/10 800/14 580 ¥; P ⊖ ❄ ☎) Ein Paradebeispiel für den japanischen modernistischen Minimalismus: In diesem wunderschön renovierten Gästehaus gibt's überall dunkle Holzbalken und -pfosten, weißen Putz, eine Mini-Küche, ein schönes Bad und sogar Waschmaschinen sowie eine kleine Terrasse. Zwei Schlafzimmer sind im japanischen Stil eingerichtet. Der einzige Nachteil ist, dass es etwa weit weg ist, zu Fuß braucht man 15 Minuten, mit dem Taxi vom Bahnhof Kii-Tanabe 5 Minuten.

Den Schlüssel und die Wegbeschreibung holt man im Tourismusbüro von Tanabe (S. 452) ab.

Shinbe IZAKAYA ¥¥
(しんべ; ☎0739-24-8845; www.jpcenter.co.jp/shinbe; Ajikoji; Gerichte 300–1300 ¥; ⊙Mo–Sa 17–22.30 Uhr; 📖) Dieses lebendige, familienbetriebene *izakaya* in Ajikoji ist berühmt für *ebi-dango* (Krabbenpastenbällchen) mit hausgemachter Mayo, Kroketten und unglaublich frischem Fisch, den der Koch ebenso gut gerade aus lokalen Gewässern gezogen haben könnte. Am Tresen sitzend erlebt man viel Lokalkolorit und spaßige Stunden.

Praktische Informationen

Das hervorragende **Tourismusbüro Tanabe City Kumano** (田辺市熊野ツーリズムビューロー; ☎0739-34-5599; www.tb-kumano.jp; ⊙9–18 Uhr) am Bahnhof hat genaue Infos zu Region und Unterkunftsoptionen sowie nützliche Karten mit einem „Gourmetplan", auf dem Restaurants mit englischen Speisekarten verzeichnet sind.

An- & Weiterreise

Die JR-Linie Kinokuni verbindet Kii-Tanabe mit dem JR-Bahnhof Shin-Osaka (*tokkyū*, 4750 ¥, 2¼ Std.).

Busse zwischen Tanabe und Hongū (2060 ¥, 2 Std., von Haltestelle 2) fahren auch eine Schleife zu den drei Onsen-Städten der Gegend (Watarase, Yunomine und Kawa-yu). Sie halten außerdem an mehreren Orten, die als Startpunkte für Wanderungen zur Kumano Kodō fungieren.

Hongū 本宮

Die UNESCO-Welterbestätte Hongū ist ein guter Startpunkt für den Besuch der naheliegenden Onsen Watarase, Yunomine und Kawa-yu. Andere Highlights sind der Kumano Hongū Taisha, das Kumano Hongū-Kulturerbezentrum und einige wichtige Shintō-Stätten. Die hübsche Pension und ein Café runden den Aufenthalt ab.

Sehenswertes & Aktivitäten

Kumano Hongū Taisha SHINTO-SCHREIN
(熊野本宮大社; Karte S. 446) GRATIS Zusammen mit dem Kumano Nachi Taisha (S. 456) und dem Kumano Hayatama Taisha (S. 455) bildet der Kumano Hongū Taisha eine UNESCO-Welterbestätte – die drei berühmten Schreine des Kumano Sanzan. Der Kumano Hongū Taisha thront beeindruckend auf einem bewaldeten Grat, man erreicht ihn über eine lange Steintreppe. Er befindet sich in der Nähe der Bushaltestelle Hongū Taisha-mae.

Kumano Hongū-Welterbezentrum MUSEUM
(世界遺産熊野本宮館; Karte S. 446; ☎0735-42-0751; 100-1 Hongū; ⊙9–17 Uhr) GRATIS Das schicke, moderne Multimedia-Museum informiert detailliert und auf Englisch über die UNESCO-Weltkulturerbestätte in der heiligen Region Kumano. Inmitten von Reisfeldern hinter dem Kulturerbezentrum steht Japans größtes *torii* (Shintō-Schreintor; 39,9 m hoch), es ist aus Stahl und in dramatischem Schwarz bemalt.

Das Zentrum dient auch als Touristenbüro der Stadt und als Postamt. Direkt davor halten öffentliche Busse.

Onsen

Die Onsen Yunomine, Watarase and Kawa-yu gehören zu den besten in ganz Kansai. Jeder hat seinen ganz eigenen Charakter und sie liegen praktischerweise nah beieinander. In einem bewaldeten Tal um einen schnell strömenden kleinen Fluss mit Onsen in kleinen *ryokan* und öffentlichen Bädern liegt das Bilderbuchdorf Yunomine (湯峰温泉), das eine der ersten Onsenstädte Japans sein soll. Der Watarase-Onsen (わたらせ温泉) zwischen Yunomine und Kawa-yu ist im Grunde ein einziger großer Onsen mit einem Bäderkomplex umgeben von großen Pensionen, während der Kawa-yu (川湯温泉) seinem Namen gerecht wird: heißes Flusswasser. Onsen-Wasser dringt von unterhalb des Flusses durch sein Kiesbett und die Gäste können ihr eigenes Becken buddeln!

Zu Fuß kommt man schnell von einem Onsen zum nächsten. Am westlichen Ende von Kawa-yu führt ein Tunnel zum Watarase-Onsen (Gesamtweg knapp 1km). Von dort muss man der Route 311 etwa 3km lang in westlicher Richtung folgen, bis man Yunomine erreicht.

Yunomine Sentō SENTO

(Karte S. 446; Yunomine; Eintritt Sentō 260¥, Kusuri-yu 390¥; ⏲6–22 Uhr) Das *sentō* (öffentliches Bad) mitten in Yunomine besteht aus zwei Bädern. Zu empfehlen ist das *kusuri-yu* (Heilwasser), das zu 100% aus einer heißen Quelle stammt. Seife und Shampoo kann man kaufen.

Im Eintritt für den Tsubo-yu-Onsen sind auch beide Bäder in diesem *sentō* enthalten.

Tsubo-yu-Onsen ONSEN

(つぼ湯温泉; Karte S. 446; Yunomine; Eintritt 770¥; ⏲6–22 Uhr, letzter Einlass 21.30 Uhr) Im Stadtzentrum von Yunomine liegt diese heiße Quelle in einem kleinen hölzernen Badehaus auf einer Flussinsel. Tickets für bis zu 30 Minuten erhält man im *sentō* (öffentliches Badehaus) neben Tōkō-ji, dem Tempel mitten in der Stadt. Im Eintritt für den Tsubo-yu-Onsen ist auch das *sentō* enthalten.

Watarase-Onsen ONSEN

(わたらせ温泉; Karte S. 446; Watarase; Eintritt 700¥; ⏲6–22 Uhr, letzter Einlass 21.30 Uhr) Der um eine Flussbiegung herumgebaute Watarase ist ein großer Onsen-Komplex und hat nicht so viel Charakter wie seine Onsen-Nachbarn Yunomine und Kawa-yu, bietet aber eine sehr umfangreiche Sammlung von *rotemburo* (Außenbad) in einem urigen bewaldeten Tal. Je weiter man sich von

KUMANO KODŌ: JAPANS ANTIKE PILGERROUTE

Seit Urzeiten glauben die Japaner, dass *kami* (Shintō-Gottheiten) die Wildnis der Kii-Halbinsel bewohnen. Als der Buddhismus im 6. Jh. nach Japan kam, wurden die *kami* zu *gongen* – Manifestationen eines Buddha oder Bodhisattwa – und Teil eines synkretistischen Glaubens, der als *ryōbu* bzw. „dualer Shintō" bekannt ist.

Schon Japans frühe Kaiser pilgerten in diese Region. Ihre Route führte von Kyoto durch Osaka und Tanabe ins Gebirge von Wakayama. Heute ist sie als Kumano Kodō, die alte Straße von Kumano, bekannt. Mit der Zeit wurde diese Wallfahrt nicht nur bei Adligen, sondern auch bei *yamabushi*-Priestern (wandernden Bergasketen) und im gemeinen Volk beliebt.

Der Kumano-Glaube basiert auf prähistorischen Formen der Naturanbetung und vermischte sich über die Jahrhunderte mit anderen Religionen wie dem Buddhismus. Brennpunkte der Andacht sind die „Großen Schreine" Hongū Taisha (S. 452), Hayatama Taisha (S. 455) und Nachi Taisha (S. 456), die über die Kumano-Kodō-Pilgerwege miteinander vernetzt sind. Interessanterweise ist Kumano als Glaube weder definiert noch standardisiert, sondern offen für Neuinterpretationen derer, die an diesen heiligen Ort kommen.

2004 erklärte die UNESCO die heiligen Stätten und Pilgerwege im Kii-Gebirge zum Weltkulturerbe. Viele Abschnitte der Route wurden restauriert, und unterwegs gibt's gute Unterkünfte, sodass man auf eigene Faust durch das Wakayama-Gebirge pilgern kann.

Am besten folgt man dem allgemeinen Pilgerstrom, der bis ins 9. Jh. zurückgeht. Auf über 1000 Jahre Pilgertradition muss schließlich Verlass sein! Man reist von Kyoto oder Osaka die Westküste der Kii-Halbinsel hinunter nach Tanabe, wo es einige tolle *izakaya* (kneipenähnliche Lokale) gibt, und bricht früh am nächsten Morgen auf. Traditionell nehmen Pilger von Tanabe zunächst den Bus und wandern zwei Tage nach Hongū, daneben sind jedoch zahlreiche Varianten und längere oder kürzere Wanderungen möglich.

Die meisten Routen führen unterwegs in der Stadt Hongū zusammen. Hier befinden sich der Hongū Taisha (Großer Schrein) und einige hervorragende Onsen, darunter Yunomine (S. 453) und Kawa-yu; viele Besucher verweilen hier mehrere Tage.

Das Kumano-Tourismusbüro Tanabe-Stadt (S. 452), eine der fortschrittlichsten Touristeninformationen im ganzen Land, bietet detaillierte Infos und Karten zu den Wegen. Auf der Website gibt's eine englische Buchungsseite für Unterkünfte, was die Planung sehr erleichtert.

drinnen nach draußen vorarbeitet, desto kühler werden die Badebecken.

Außerdem gibt's einen schlichten *shokudō* mit Soba und Udon (Hauptgerichte 500–700 ¥).

Sennin Buro ONSEN

(仙人風呂; Karte S. 446; Kawa-yu; 6.30–22 Uhr) GRATIS Der Onsen bei Kawa-yu ist ein Naturwunder: Geothermisch erhitztes Wasser dringt durch das Kiesbett an die Oberfläche. Im Winter, von Dezember bis Ende Februar, verwandeln Bulldozer den Fluss in ein riesiges *rotemburo* (Außenbad). Der Name bedeutet „Tausend-Personen-Bad", doch ob wirklich 1000 Personen hineinpassen, ist unmöglich zu sagen.

Außerhalb dieser Saison kann man sich sein eigenes kleines Becken buddeln, es mit heißem Wasser voll laufen lassen und den Rest des Tages damit zubringen, abwechselnd im heißen Thermalwasser und im kalten Fluss herumzuplanschen. Besonders gut zum Baden eignet sich der Flussabschnitt vor dem Fujiya Ryokan (S. 454). Das ganze Jahr über Badezeug mitbringen.

Schlafen & Essen

In Yunomine gibt's etwa ein Dutzend *minshuku* und *ryokan* und einige größere Pensionen in Watarase. Man kommt allerdings deutlich günstiger weg, wenn man am Flussufer um die Kawa-yu- und Watarase-Onsen zeltet.

Wer nicht in seiner Unterkunft isst, kann zu der öffentlichen heißen Quelle in der Stadt gehen. Dort werden Eier, Mais und anderes gekocht und in nahe gelegenen Geschäften verkauft (unterschiedliche Ruhetage).

★ Blue Sky Guesthouse PENSION ¥¥

(蒼空げすとはうす; 0735-42-0800; www.kumano-guesthouse.com; 1526 Hongū, Hongū-chō; Zi. inkl. Frühstück ab 6000 ¥ pro Pers., Alleinreisende 7000 ¥; P) Ein ausgezeichnetes modernes B&B in einem Tal bei Hongū mit blitzsauberem, komfortablem minimalistischem Design, vielen englischsprachigen Infos zu den Sehenswürdigkeiten und Waschmaschinen. Die vier Zimmer im japanischen Stil haben eigene Bäder.

Von der Bushaltestelle Kumano-Hongū braucht man zu der Pension nur schätzungsweise eine Minute zu Fuß. Vom Informationszentrum Hongū (S. 452) bis zum südlichen Ende der Stadt gehen und auf englische Schilder achten.

★ Fujiya RYOKAN ¥¥

(冨士屋; Karte S. 446; 0735-42-0007; www.fuziya.co.jp; 1452 Kawa-yu, Hongū-cho; Zi. inkl. Mahlzeiten ab 16 350 ¥ pro Pers., Zuschlag für Alleinreisende 5000–10 000 ¥;) Dieses gehobene *ryokan* liegt dem Sennin Buro (S. 454) am nächsten und bietet geschmackvolle, große Zimmer. Alle haben Flussblick und eigene Bäder zusätzlich zu den Onsen-Bädern. Es gibt auch ein paar westliche Zimmer, und während diese in den meisten *ryokan* eher eine Nebenrolle spielen, sind sie hier wirklich schön unter dem Motto „Natur" gestaltet und haben eigene *rotemburo* (Außenbad).

Ryokan Yoshino-ya RYOKAN ¥¥

(旅館よしのや; Karte S. 446; 0735-42-0101; 359 Yunomine; Zi. pro Pers. ohne Mahlzeiten/inkl. zwei Mahlzeiten ab 6090/9500 ¥,Zuschlag für Alleinreisende 1080/2160 ¥; P) Im Yunomine Onsen, ganz in der Nähe des Tsubo-yu, liegt diese atmosphärische Unterkunft mit einem hübschen privaten *rotemburo* (Außenbad). Es ist recht neu, die Besitzer sind sehr freundlich, und der Blick auf den Fluss ist wunderschön. Die Zimmer haben kein eigenes Bad. WLAN gibt's nur in der Lobby.

Minshuku Yunotanisō MINSHUKU ¥¥

(民宿湯の谷荘; Karte S. 446; 0735-42-1620; www.kumano-travel.com; 168-1 Yunomine; Zi. inkl. zwei Mahlzeiten 8640 ¥ pro Pers.; P) Diese *minshuku* mit sechs Zimmern am oberen Ende des Dorfes vom Yunomine Onsen ist so, wie sie sein sollte: einfach, sauber und einladend. Es gibt leckeres Essen und rustikale, holzverkleidete Innenbäder, dennoch sollte man unbedingt das winzige *rotemburo* besuchen: Es ist so *süß*! Die meisten Zimmer haben keine eigene Toilette.

Reservierungen werden online über das kommunale Reisebüro in Kumano abgewickelt, denn die Pension unterhält keine Website.

★ Cafe Bonheur VEGAN ¥¥

(カフェボヌール; Karte S. 446; 0735-42-1833; 436-1 Hongū; Hauptgerichte mittags 850–1000 ¥, Abendmenü 3000 ¥; 11–15 Uhr, abends nach Reservierung;) Am südlichen Ende vom Hongū liegt dieser unerwartete Schatz: ein veganes Café in einem früheren Postamt (mit Holzböden und Ablagen als Beweis). Es gibt herrliche Mittagsgerichte wie grüne Currys und köstliche Sandwiches aus hausgemachten Bagels. Abends kann man seinen Gastwirt bitten, eine Reservierung vorzunehmen. Der reizende Besitzer war mal Designer in Tokio und Osaka.

Anreise & Unterwegs vor Ort

Nach Hongū fahren unregelmäßig Busse vom JR-Bahnhof Gojō (3200 ¥, 4 Std.) sowie vom Kintetsu-Bahnhof Yamato-Yagi (3950 ¥, 5 Std. 10 Min.), beide im Norden; von Kii-Tanabe im Westen (2000 ¥, 2 Std.) und Shingū im Südosten (1500 ¥, 60–80 Min.). Am häufigsten starten welche von Shingū aus. Die meisten Busse nach Hongū halten auch an den Onsen Kawa-yu, Watarase und Yunomine (in dieser Reihenfolge), man sollte sich aber vor dem Einsteigen am besten noch einmal beim Busfahrer erkundigen.

Da nur recht wenige Busse fahren, erkundet man die Gegend am besten mit einem Mietwagen, den man in Tanabe, Shirahama und Wakayama City gut bekommen kann.

Shingū 新宮

☎ 0735 / 29 334 EW.

Das kleine Städtchen Shingū an der Ostküste von Wakayama dient als nützlicher Verkehrsknoten, um die Kumano-Kodō-Pilgerroute und das Onsen-Dorf Hongū zu erreichen. Hier am Kumano Hayatama Taisha befindet sich das Ende des Pilgerweges.

Sehenswertes

Kumano Hayatama Taisha SHINTO-SCHREIN

(熊野速玉大社; Karte S. 446; 0735-22-2533; 1 Shingū) GRATIS Am Ende der Kumano-Kodō-Pilgerroute steht dieser Schrein aus der Urzeit zu Ehren Hayatama-no-Okamis, der Gott, der die Funktion der Natur, und somit des ganzen Lebens bestimmen soll. Sorgfältig gepflegte orangefarbene Pavillons (manche mit unfassbar dickem *shimenawa*, heiliges Tau, gebunden) bilden einen kraftigen Kontrast zum vielen Grün der Umgebung, wozu auch Japans angeblich älteste Konifere gehört.

Ein Anstieg von 15 Minuten auf einer steinernen Treppe von der Stadt führt bis zu einem großen Stein am Kamikura-Schrein, von dem es heißt, hier seien ursprünglich die Götter niedergestiegen.

Schlafen & Essen

Beim Bahnhof befinden sich einige wenige Restaurants.

Kishū RYOKAN ¥

(紀州; ☎ 0735-22-6500; 1-2-15 Isada-chō; Zi. ohne/mit Bad ab 3500/4000 ¥; ❄ @ ☎) Das Kishū bezeichnet sich selbst als „Businesshotel", ist aber eigentlich eine kleine familiengeführte Pension mit Futonbetten und Mini-Kühlschränken auf Tatamimatten oder Teppichboden. Es gibt Waschmaschinen.

Hotel New Palace BUSINESSHOTEL ¥¥

(ホテルニューパレス; ☎ 0735-28-1500; www.hotel-newpalace.com; 7683-18 Shingū; EZ/DZ/2BZ 7000/11 500/13 000 ¥; P ❄ @ ☎) Eine nette Atempause vom einfachen Leben auf der Kumano-Kodō-Pilgerreise bietet dieses neue Businesshotel, fünf Gehminuten vom Bahnhof entfernt. Große Zimmer im westlichen Stil mit modernem Design und Bad, münzbetriebene Waschmaschinen und zusätzlich ein großes Gemeinschaftsbad. Frühstück kostet extra (Büfett/japanisches Frühstück 800/1500 ¥).

Tensui JAPANISCH ¥¥

(天酔; ☎ 0735-21-3175; 1-3-12 Isada-chō; Hauptgerichte 630–1800 ¥; ⏲ Mi–Mo 11–14 & 17–22.30 Uhr) In ein paar lässigen angenehm zeitgemäßen Räumen serviert dieses Lokal eine große Auswahl an japanischen Spezialitäten: Sashimi, Tempura und 100 % Buchweizen-Soba sowie sogar einige westliche Gerichte wie Pasta.

Auf die schwarze Gitterfassade gegenüber vom Kishū achten.

Praktische Informationen

Am Bahnhof gibt's eine hilfsreiche **Touristeninformation** (新宮市観光協会, Shingū-shi Kankō Kyōkai; ☎ 0735-22-2840; 2-1-1 Jofuku, Bahnhof Shingū; ⏲ 9–17.30 Uhr; ☎).

Anreise & Unterwegs vor Ort

Die JR-Linie Kinokuni verbindet Shingū mit den Bahnhöfen Nagoya (*tokkyū*, 6870 ¥, 3–3½ Std.) und Shin-Osaka (*tokkyū*, 6690 ¥, 4 Std.). Von Ise muss man umsteigen (mehrere Optionen, ab 4420 ¥, 2½ Std.), um nach Shingū zu kommen.

Zwischen Shingū und Hongū verkehren Busse, etwa die Hälfte davon fährt unterwegs eine Schleife zu den drei Onsen in der Umgebung (Watarase, Yunomine und Kawa-yu).

Die **Touristeninformation** (S. 455) verleiht Fahrräder (2 Std./Tag 500/1000 ¥); mindestens eine halbe Stunde vor Ladenschluss kommen.

Nachi & Kii-Katsuura 那智・紀伊勝浦

In der Umgebung von Nachi und Kii-Katsuura gruppieren sich mehrere Sehenswürdigkeiten um den heiligen Nachi-no-taki,

Japans höchsten Wasserfall (133 m). Ein Highlight ist das Feuerfest Nachi-no-Ōgi Matsuri, das Mitte Juli stattfindet.

Sehenswertes

Nachi Taisha SHINTOSCHREIN
(那智大社; Karte S. 446) GRATIS Beim Wasserfall **Nachi-no-taki** (那智の滝; Karte S. 446) wurde zu Ehren der Wasserfall-*kami* (Shintō-Gottheit) dieser Shintō-Schrein erbaut. Es handelt sich um einen der drei großen Kumano-Schreine auf der Kii-hantō. Der Aufstieg über die steilen Stufen lohnt sich, denn der Blick über die Schlucht zum Wasserfall und hinunter zum Pazifik ist großartig. Nach der Besichtigung des Schreins kann man zum Nachi-no-taki hinunterlaufen.

Der stimmungsvollste Zugang zum Schrein und zum Wasserfall führt über die fantastische von Bäumen gesäumte Arkade Daimon-zaka (大門坂). Um sie zu erreichen, nimmt man einen Bus vom Bahnhof in Nachi oder Kii-Katsuura und steigt an der Haltestelle Daimon-zaka aus. Am besten sagt man dem Fahrer vorher Bescheid, damit er einem die Richtung zum Weg weist. Dieser ist zwar nicht auf Englisch ausgeschildert, zweigt aber unmittelbar von der Straße ab und führt stetig bergauf. Von der Bushaltestelle läuft man 800 m bis zum Schrein. Im Winter ist dies kein Problem; im Sommer allerdings wird man wahrscheinlich nassgeschwitzt oben ankommen und sollte daher erwägen, mit dem Bus zum Schrein zu fahren und in umgekehrter Richtung bergab zu gehen (unbedingt vor Aufbruch den Busplan studieren).

Sanseiganto-ji BUDDHISTISCHER TEMPEL
(山青岸渡寺; Karte S. 446; Pagode Eintritt 300 ¥) GRATIS Neben dem Schrein Nachi Taisha steht der schöne alte buddhistische Tempel. Der Gong über der Spendenbox in der Haupthalle ist der größte in ganz Japan; er ist ein Geschenk von Toyotomi Hideyoshi.

Nachiyama-oku-no-in BUDDHISTISCHER TEMPEL
(那智山奥の院; Karte S. 446; Eintritt 300 ¥) Unten am Wasserfall Nachi-no-taki (S. 456) steht dieser buddhistische Tempel, wo man bezahlen muss für den Aufstieg zu einem Aussichtspunkt, der eine tolle Sicht auf den Wasserfall bietet.

Feste & Events

Nachi-no-Ōgi Matsuri KULTUR
(Feuerfest; ⏲ 14. Juli) Das lebendige Fest findet am Nachi-no-taki-Wasserfall (S. 456) statt. *Mikoshi* (tragbare Schreine) werden vom Berg hinuntergetragen und von verschiedenen Gruppen mit brennenden Fackeln in Empfang genommen.

Schlafen & Essen

Es gibt einige wenige *minshuku* und Pensionen in Kii-Katsuura.

In der Nähe des Bahnhofs befinden sich außerdem ein paar informelle Läden und Restaurants.

Minshuku Kosakaya MINSHUKU ¥¥
(民宿小坂屋; Karte S. 446; ☎ 0735-52-0335; http://kosakaya.jp; 1-18 Kitahama, Nachi-Katsuura-chō; Zi. pro Pers. ohne/mit Mahlzeiten ab 5150/7950 ¥; P ❄ 📶) Die Familie Kosaka sind Gastwirte in vierter Generation und eröffneten 2015 dieses moderne und glänzende *minshuku*. Die aktuelle Generation Kosaka-san spricht nicht viel Englisch, macht das aber mit ihrer dynamischen Art und ei-

ABSEITS DER ÜBLICHEN PFADE

DIE SÜDKÜSTE DER KII-HALBSINEL

Fährt man von Shirahama die Küste runter bis zur Südspitze der Halbinsel bei Kushimoto (串本), eröffnen sich einem atemberaubende Küstenlandschaften. Hier befindet sich auch **Hashigui-iwa** (Karte S. 446), eine fantastische natürliche Felsformation aus einer Reihe von etwa einem Dutzend säulenartiger Steinbrocken, die sich 900 m weit wie die Pfeiler einer Brücke im Wasser aufreihen. Bei Ebbe kommen gerne Leute zum Wandern, bei Sonnenuntergang zum Fotografieren, das Besucherzentrum nebendran verkauft Softeis mit dem Geschmack der einheimischen *ponkan*-Mandarine.

Kushimoto erreicht man mit dem JR-*tokkyū* (1940 ¥, 50 Min.) von Shirahama und auch von Shin-Osaka (5940 ¥, 3½ Std.). Ohne eigenes Auto kann man die Gegend am besten auf dem Fahrrad erkunden (3 Std./Tag 1500/2000 ¥), zu leihen beim **Tourismusverband Kushimoto** (串本町観光協会; ☎ 0735-62-3171; www.kankou-kushimoto.jp; 33 Kushimoto, Bahnhof Kushimoto). Busse vom Bahnhof fahren selten.

nem Dauergrinsen wett. In den herzhaften Mahlzeiten wird der Fang des Tages verarbeitet. Es gibt Onsen-Gemeinschaftsbäder, manche Zimmer haben ein eigenes Bad (kostet extra). Waschmaschinen sind vorhanden.

Vom Bahnhof Kii-Katsuura geht man durch den Bogen, dann liegt es etwa 300 m weiter auf der rechten Seite.

Anreise & Unterwegs vor Ort

Nachi und Kii-Katsuura (beide liegen zwei Haltestellen auseinander) erreicht man vom Bahnhof Shin-Osaka aus mit der JR-Kii-Hauptlinie (*tokkyū* 6160 ¥, 3 Std. 45 Min.) sowie vom Bahnhof Nagoya (*tokkyū* 7200 ¥, 3 Std. 40 Min.).

An den Bahnhöfen von Nachi (470 ¥, 17 Min.) und Kii-Katsuura (einfach/hin & zurück 620/1000 ¥, 25 Min.) starten Busse zum Wasserfall und zum Schrein. Auch zur Haltestelle Daimon-zaka gibt's Busverbindungen von Nachi (330 ¥, 11 Min.) und Kii-Katsuura (410 ¥, 19 Min.).

Shirahama 白浜

0739 / 21 534 EW.

Shirahama an der Südwestküste der Kii-Halbinsel ist Kansais beliebtester Badeort. Hier gibt's alles, was das (japanische) Touristenherz begehrt: riesige Hotelkomplexe, Aquarien, Vergnügungsparks und vieles mehr. Zudem hat die Gegend verschiedene gute Onsen, einen tollen weißen Sandstrand und eine zerklüftete Küstenlandschaft zu bieten.

Da sich die Japaner jedoch mit Vorliebe an bestimmte Regeln halten – z. B. schwimmen sie nur von Ende Juli bis Ende August im Meer – erscheint die Stadt in der Nebensaison nahezu menschenleer. Am besten bereist man die Gegend im Juni und September (schwimmen kann man noch Ende Oktober).

Sehenswertes

Die Hauptsehenswürdigkeiten in Shirahama können in zwei Kategorien unterteilt werden: eine Anzahl öffentlicher Onsen (vor allem im Zentrum), sowohl drinnen als auch am Meer, und begeisternde Küstenattraktionen südlich des Stadtkerns.

Die Naturwunder von Sandan-beki und Senjō-jiki sind vom Hauptstrand zu Fuß oder per Rad in 30 Minuten zu erreichen. Vom Bahnhof fährt auch ein Bus (430 ¥, 20 Min., Bushaltestelle „Senjō-guchi").

ISE-KUMANO-WAKAYAMA-TOURISTENPASS

Dieser Passierschein (11 000 ¥, www.touristpass.jp) gilt für ausländische Besucher bis zu fünf Tage für die Mitfahrt in fast allen Zügen und Bussen auf der Kii-Halbinsel, einschließlich der Regionen Ise-Shima und Kumano Kodō von den Ausgangsstädten Nagoya, Osaka und Nara, und vom Internationalen Flughafen Kansai in Osaka. Eine große Ausnahme ist das Gebiet Kōya-san. Der Pass muss außerhalb Japans erworben werden und an ausgewählten Bahnhöfen eingetauscht werden.

Sandan-beki NATURERSCHEINUNG

(三段壁, Klippe der drei Stufen; http://sandanbeki.com; Lift 1300 ¥; ; Lift 8–17 Uhr) Die 50 m hohe Klippe Sandan-beki fällt senkrecht ins Meer ab. Entweder fährt man mit einem Aufzug zu einer Höhle am Fuß der Klippe hinunter oder klettert einfach die Felsen entlang zum nördlichen Teil der Klippe, wo sich laut tosend die heranrollenden Wellen brechen.

Senjō-jiki STRAND

(千畳敷) Die Senjō-jiki ist eine stark erodierte Landspitze mit vielen horizontal „übereinandergestapelten" Gesteinsschichten. Das erklärt auch den Namen auf Japanisch, der übersetzt „Landzunge der tausend Tatamimatten" bedeutet.

Shirara-hama STRAND

(白良浜) Für den Hauptstrand der Stadt wurde weißer Sand aus Australien importiert, nachdem die Wellen den ursprünglichen Strand abgetragen hatten. Im Juli und August wimmelt es hier von Touristen, aber in der Nebensaison kann man es am Shirara-hama gut aushalten. Der Sandstreifen erstreckt sich parallel zum Westteil der Stadt.

Aktivitäten

Sakino-yu-Onsen ONSEN

(崎の湯温泉; 1668 Shirahama-chō Yusaki, Nishimuro-gun; Eintritt 420 ¥; April–Juni & Sept. 8–18 Uhr, Juli–Aug. 7–19 Uhr, Okt.–März 8–17 Uhr, Mi. ganzjährig geschl.) Schon im *Nihon Shōki*, dem ältesten Geschichtsbuch Japans, ist dieses fantastische Bad erwähnt, das inmitten von Felsen direkt am Meer liegt (höhere Wellen können schon mal bis ins untere Becken spritzen). Es befindet sich 1 km südlich vom Hauptstrand an der Küstenstraße unterhalb des Hotels Seamore. Seife und Shampoo muss man selbst mitbringen, und die Herren der Schöpfung sollten wissen, dass ihre Seite des Bads nicht gänzlich vor Blicken geschützt ist.

Am besten kommt man frühmorgens, denn dann ist es noch nicht überfüllt.

Shirara-yu ONSEN
(白良湯; 3313-1 Shirahama-chō; Eintritt 420 ¥; Fr–Mi 7–22 Uhr) Am Nordende von Shirara-hama liegt dieses hübsche Holzgebäude mit einer Veranda. Die Bäder sind in der zweiten Etage und haben einen tollen Blick aufs Meer. Der Eingang befindet sich neben dem Family Mart.

Shirasuna-yu ONSEN
(しらすな湯; 864 Shirahama-chō; Eintritt Mai–Sept. 100 ¥, Okt.–April frei; Di–So 10–15 Uhr, Juli–Mitte Sept. tgl. 10–15 Uhr) Dieser Open-Air-Onsen mitten auf der Strandpromenade von Shirara-hama ist die meiste Zeit des Jahres nur ein Fußbad. Doch von Juni bis Mitte September kann man hier in Badekleidung heiß baden und dann zur Abkühlung in den Ozean springen.

Schlafen & Essen

Shirahama bietet einen guten Mix an hoch aufragenden Resorthotels, die auf japanische Pauschalreisende abzielen, sowie kleineren Pensionen, Hotels am Ufer und *minshuku*.

Nahe am Strand sind zahlreiche Restaurants: Fisch und Sushi, Burger, Pizza, *rāmen* und mehr. In der südlichen Ecke der Stadt sammeln sich mehrere Restaurants im **Fisherman's Wharf Shirahama** (フィッシャーマンズワーフ白浜; 0739-43-1700; 1667-22 Shirahama-chō; Preise variieren; unterschiedlich) und für Selbstversorger gibt's einen Supermarkt, der rund um die Uhr geöffnet ist.

Uminoyado PENSION ¥
(海の宿; 0739-34-3205; 1393-6 Shirahama-chō; EZ/DZ inkl. Frühstück ab 4000/6000 ¥;) Das modernisierte, klassisch japanische Gebäude, eine frühere *okiya* (Geisha-Haus), wurde gerade als Pension wiedereröffnet. Es bietet Zimmer im westlichen Stil (auch einige Etagenbetten) und zum Frühstück Brot und Kaffee. Die Bäder (auf dem Flur) haben stylische Wannen mit natürlichem Onsen-Wasser. Aber das Einzigartige hier ist die Kabuki-Tanzshow in einem kleinen Theaterraum (1000 ¥, 40 Min.), die jeden Abend außer Mittwoch um 21 Uhr stattfindet.

★ **Hotel Luandon Shirahama** HOTEL ¥¥
(ホテルルアンドン白浜; 0739-43-3477; www.luandon-sh.com; 3354-9 Shirahama-chō; Zi. ab 6200 ¥ pro Pers.;) Zum Strand sind es leider zehn Gehminuten, doch dafür bietet das Hotel ziemlich große Zimmer in modernem westlichem Stil mit eigenem Bad. Außerdem hat man von den Balkonen einen tollen direkten Blick auf Shirahamas Innenhafen. Das Frühstück kostet 500 ¥ extra (Ei, Toast, Salat und ein Getränk).

Kiraku SHOKUDO ¥
(喜楽; 0739-42-3916; 890-48 Shirahama-chō; Hauptgerichte 650–800 ¥, feste Menüs ab 1200 ¥; Mi–Mo 11–14 & 16.30–21 Uhr;) Dieses gepflegte, freundliche kleine *shokudō* serviert *teishoku* (feste Mahlzeiten) wie *tonkatsu* (frittiertes Schweinkotelett), *tempura*, *katsuo tataki* (leicht gebratener Bonito) und einen beliebten einheimischen Fisch namens *kue* (Zackenbarsch). Wenn man sich auf der Miyuki-dōri vom Strand entfernt und nach ca. 150 m an der zweiten Straße rechts abbiegt, sieht man das traditionelle Haus neben dem Bogen über der Straße.

Praktische Informationen

Tourismusverband Shirahama (白浜観光協会; 1384 Shirahama-chō; 8.30–18 Uhr) Wer in der Stadt Informationen braucht, wendet sich an das Infozentrum gegenüber vom Strand. Man erreicht es über eine kleine Straße bei der Bushaltestelle am Strand von Shirahama.

Touristeninformation (0739-42-2900; JR-Bahnhof Shirahama; 9.30–18 Uhr) In der Info am Bahnhof Shirahama bekommt man Karten mit Sehenswürdigkeiten und Unterkünften.

Anreise & Unterwegs vor Ort

Zwischen Shirahama und dem Bahnhof Shin-Osaka (in Osaka) verkehren *tokkyū* der JR-Kinokuni-Hauptlinie (5080 ¥, 2 Std. 35 Min.). Auf dieser Linie bestehen auch Verbindungen nach Kushimoto, Nachi, Shingū und Wakayama. Eine günstigere Alternative ist **Meikō Bus** (0739-42-2112; www.meikobus.jp; 9–18 Uhr), das Busse zwischen dem JR-Bahnhof in Osaka und Shirahama via Tanaba betreibt (einfach/hin und zurück 2700/5000 ¥, ca. 3½–4 Std.).

Vom Bahnhof Shirahama geht's zu den Hauptsehenswürdigkeiten am besten mit einem Bus (einfache Fahrt/Tagesticket 340/1100 ¥, 15 Min. bis zum Strand).

ISE-SHIMA

0596 / 127 868 EW.

In der Region Ise (伊勢, „I-sei“) auf der Halbinsel Shima in der Präfektur Mie („mi-ei“) befindet sich der Ise-jingū, der bedeutendste Shintō-Schrein Japans, und einer der beeindruckendsten aller Schreine. Einzig der Tōshō-gū in Nikkō kann mit ihm mithalten, doch der ist so fröhlich, wie der Ise-jingū ernst ist. Um ihre Reinheit zu bewahren (und natürlich die antiken Bautechniken), werden die Schreingebäude alle 20 Jahre neu errichtet! Einige interessante historische Bezirke und ein paar Pensionen und Restaurants runden den Aufenthalt in Ise ab.

Ein Stück die Küste runter liegt die Region Shima, deren Küstenlandschaft wirkt wie aus einem Holzschnitt der Edo-Periode.

Von Nagoya, Kyoto und Osaka kann man Ise leicht erreichen und im Rahmen eines Zweitagesausflugs besuchen (mit dem Kintetsu-Expresszug ist es sogar an einem Tag zu schaffen).

Sehenswertes

Ise-jingū SHINTŌ-SCHREIN

(伊勢神宮, Großschrein von Ise) GRATIS Japans bedeutendster Shintō-Schrein stammt aus dem 3. Jh. Er besteht aus zwei Teilen: dem Gekū (S. 461), dem äußeren Schrein, und dem noch wesentlich imposanteren Naikū (S. 460), dem inneren Schrein, der mehrere Kilometer entfernt liegt. Beide stehen auf weitläufigem, dicht bewaldetem Gelände. Die Tradition gebietet, dass Schreingebäude alle 20 Jahre durch exakte Nachbildungen der Originalbauten ersetzt werden. Dabei dürfen nur die alten Bautechniken angewendet werden: Man baut also ohne Nägel, nur mit Holzdübeln und Zapfenverbindungen. Die jetzigen Gebäude stammen aus dem Jahr 2013.

Sobald die Gebäude fertig sind, erfolgt bei der Sengū-No-Gi-Zeremonie der rituelle Umzug des Schreingotts in sein neues Heiligtum. Dieses Ritual wurde 1953 erstmals von westlichen Beobachtern mitverfolgt. Beim Bau eines *torii* (Shintō-Schreintor) am Eingang zum neuen Schrein wird das Holz des alten Schreinkomplexes verwendet oder zu Restaurationszwecken an andere Schreine im ganzen Land verschickt.

Die Bauten sind faszinierende Beispiele für die präbuddhistische japanische Architektur, doch die wichtigsten Schreingebäude liegen verborgen hinter Holzzäunen, denn nur Mitglieder der kaiserlichen Familie und ein paar Priester dürfen das Allerheiligste betreten. Wer aber beharrlich den Hals reckt, kann zumindest einen Blick auf die oberen Abschnitte der Bauten erhaschen (jedenfalls, wenn man groß genug ist). Eine gute Vorstellung von der Architek-

NICHT VERSÄUMEN

HISTORISCHE VIERTEL IN ISE

Außerhalb der Schreine gibt's einige gut erhaltene und restaurierte historische Viertel, deren Besuch sich lohnt.

Am leichtesten zu finden ist **Gekū-sandō** (外宮参道); vom JR-Bahnhof Ise-shi geht's durch das *torii* (Shintō-Schreintor) geradewegs auf den Gekū des Ise-jingū zu, und schon bald findet man sich in der Vergangenheit wieder, in einer Straße voller Restaurants und Souvenirgeschäfte aus der Shōwa-Zeit.

Naikū hat mit **Oharai-machi** (おはらい町) ein eigenes historisches Viertel, eine Fußgängerzone an der edozeitlichen Pilgerroute zum Schrein. Sie wartet mit Dutzenden schön restaurierten Läden auf, die heute Geschäfte, Restaurants, Cafés, Sake- und Bierbrauereien beherbergen. Auch Akafuku (赤福), ein berühmtes 1707 gegründetes Teehaus, hat hier einige Filialen. Mit seinen *mochi* (Reiskuchen aus zerstoßenem Reis) mit süßer Bohnenpaste macht es noch immer ein Riesengeschäft. Etwa in der Mitte der Straße geht links die **Okage-yokochō** (おかげ横町) mit weiteren Geschäften ab; in dem Pavillon dort finden manchmal Vorführungen statt. Oharai-machi beginnt gleich links von der Uji-bashi.

Auf der anderen Seite von Ises Zentrum, hinter den Bahnhöfen, erstreckt sich die stimmungsvolle **Kawasaki Kaiwai** (河崎界隈), die von traditionellen Häusern und Geschäften gesäumt wird. Am Ise Pearl Pier Hotel geht man in die Seitenstraße bei Eddys Supermarkt und biegt 50 m vor dem Kanal links ab. Die ersten alten Häuser befinden sich etwa 200 m weiter nördlich.

Ise-Shima

tur der Schreine bekommt man im neuen Sengūkan-Museum oder in kleineren Schreien in der Nähe, die Nachbildungen in kleinerem Maßstab sind.

Auf dem Schreingelände ist das Rauchen strengstens verboten und rund um die Haupthallen beider Schreine darf man nicht fotografieren. Zudem kleiden sich viele Japaner sehr ordentlich, wenn sie den Schrein besuchen. Traveller in sehr legeren Klamotten dürften sich hier unwohl fühlen. Man muss sich nicht gerade in Schale werfen und kann sogar Shorts tragen, sollte aber auf ordentliches Aussehen achten.

Der Gekū ist zu Fuß zehn Minuten vom Bahnhof in Ise-shi entfernt. Zum Naikū fährt ein Bus vom Bahnhof oder von der Haltestelle am Gekū.

★ Naikū SHINTŌ-SCHREIN
(内宮, Innerer Schrein) GRATIS Vermutlich wurde der innere Schrein des Ise-jingū (S. 459) im 3. Jh. erbaut. Dort verehrt man die Sonnengöttin Amaterasu-Ōmikami, die als Ahnherrin der kaiserlichen Familie und Schutzgottheit des japanischen Volkes gilt. Für die Gläubigen spielt der Naikū eine noch wichtigere Rolle als sein Gegenstück Gekū (S. 461), da hier der Spiegel des Kaisers aufbewahrt wird; dieser gehört neben dem heiligen Schwert im **Kaiserpalast** (皇居; Kōkyo; ☎03-5223-8071; http://sankan.kunaicho.go.jp/english/guide/koukyo.html; 1 Chiyoda, Chiyoda-ku; Führungen Di–Sa 10 & 13.30 Uhr; Ⓢ Chiyoda-Linie bis Ōtemachi, Ausgänge C13b & C10) GRATIS in Tokio und den heiligen Edelsteinen im **Atsuta-jingū** (熱田神宮; ☎052-671-4151; www.atsutajingu.or.jp; 1-1-1 Jingū; Ⓢ Jingū-mae od. Jingū-nishi, Ausgang 2) in Nagoya zu den drei kaiserlichen Insignien.

An einem Stand direkt vorm Eingang zum Schrein erhält man ein Faltblatt auf Englisch (dasselbe, das im Gekū verteilt wird). Neben dem Stand führt die Brücke **Uji-bashi** über den kristallklaren Fluss Isuzu-gawa aufs weitläufige Schreingelände. Am Hauptweg aus Kies befindet sich der *mitarashi,* dort können sich Pilger im Fluss waschen, bevor sie den Schrein betreten.

Die von Sicheltannen gesäumte Allee führt zum **Goshōden**, dem Hauptschrein. Wie beim Gekū ist auch hier über vier Reihen von Holzzäunen hinweg nur ein Blick auf den oberen Abschnitt des Gebäudes möglich. Nicht besonders clever als Bäume getarnte Überwachungskameras haben jeden im Visier, den es gelüstet, über die Zäune zu klettern!

Um zum Naikū zu gelangen, steigt man an der Bushaltestelle 11 vor dem Südausgang des Bahnhofs Ise-shi (auf der Hauptstraße Richtung Süden gehen) oder an der Haltestelle auf der Hauptstraße vor dem Eingang zum Gekū in die Linien 51 oder 55 (410 ¥, 15–20 Min.) und fährt bis zur Station Naikū-mae. Von Naikū aus fahren Busse von der Haltestelle 2 zurück. Ein Taxi für die Fahrt vom Bahnhof Ise-shi zum Naikū kostet etwa 2000 ¥.

Sengūkan MUSEUM

(せんぐう館; ☎0596-22-6263; 126-1 Toyokawa-chō; Eintritt 300 ¥; ⊙9–16.30 Uhr, jeden 4. Di geschl.) Dieses großartige Museum auf dem Gelände des Gekū (S. 461) illustriert den Shikinen-Sengū, den zeremoniellen Nachbau der Gebäude der Ise-Schreine und den Umzug der Götter. Zu sehen sind Techniken und Werkzeuge sowie ein Modell der Gebäude des Gekū im Maßstab 1:20. Das Highlight ist eine Nachbildung des Goshōden (Hauptschreingebäude) in Originalgröße, das Original ist für alle außer dem Kaiser und den höchsten Priestern verschlossen. Ein Faltblatt und ein Audioguide auf Englisch erleichtern das Verständnis.

Gekū SHINTŌ-SCHREIN

(外宮, Äußerer Schrein; ⊙Sonnenauf- bis Sonnenuntergang) GRATIS Der Gekū ist der äußere Schrein des Ise-jingū (S. 459), er stammt aus dem 5. Jh. und ist Toyouke-no-Ōkami geweiht, der Gottheit der Nahrung, der Kleidung und des Wohnens. Täglich bringen ihr Schreinpriester Opfergaben dar, die Gottheit wiederum sorgt für Amaterasu-Ōmikami, die im Naikū (S. 460), Ises anderem Hauptschrein, verehrte Göttin. Am Eingang des Gekū erhält man eine englische Broschüre inklusive Karte. Das Hauptgebäude des äußeren Schreins ist der Goshōden, zehn Gehminuten hinter dem Eingang.

Auf der anderen Flussseite befinden sich drei kleinere Schreine, die einen Besuch lohnen (und meistens nicht so überlaufen sind).

Von den Haltestellen Ise-shi bzw. Uji-Yamada läuft man etwa zehn Minuten auf der Hauptstraße Gekū-sandō Richtung Südwesten bis zum Eingang des Schreins. Etwas leichter zu finden ist er von der Haltestelle Ise-shi (auf der Seite des JR-Bahnhofs aussteigen, gegenüber vom Gekū-sandō).

Feste & Events

Da der Ise-jingū Japans wichtigster Schrein ist, kommen zahlreiche Besucher zum *hatsu-mōde* (erster Schreinbesuch im neuen Jahr) hierher. An den ersten drei Tagen im neuen Jahr herrscht besonders reger Andrang. Dann sind Millionen von Gläubigen in der Umgebung unterwegs und die Unterkünfte komplett ausgebucht.

Kagura-sai DARSTELLENDE KÜNSTE

(⊙Ende April & Mitte Sept.) Anlässlich dieses Fests werden *kagura*- (heiliger Tanz) und *bugaku*-Tänze sowie Nō-Stücke aufgeführt und es erklingt traditionelle Shintō-Musik.

Schlafen

Es gibt viele Unterkünfte für jedes Budget in der Gegend, vom *ryokan* bis zum Businesshotel. Die meisten konzentrieren sich um den Bahnhof Ise-shi.

★ **Ise Guest House Kazami** HOSTEL ¥

(風見荘, Kazami-sō; ☎0596-64-8565; www.ise-guesthouse.com; 1-6-36 Fukiage; B/EZ/DZ 2600/4000/6000 ¥;) Es mag zwar eine Budgetbleibe sein, doch dank der Holzpaneele, der Treibholz-„Bäume" und der skurrilen Wandbilder verströmt es eine sehr individuelle, coole, behagliche Atmosphäre. Man kann Fahrräder (500 ¥ /Tag) ausleihen, und nach dem Besuch der Sehenswürdigkeiten kann man abends bei einem Bier in der Lobby relaxen. Check-in ist von 16 bis 22 Uhr und die Türen werden um 23.30 Uhr geschlossen. Vom JR-Bahnhof Ise-shi sind es zwei Gehminuten.

Asakichi Ryokan RYOKAN ¥¥

(麻吉旅館; ☎0596-22-4101; Fax 0596-22-4102; 109 Nakano-chō; Zi. pro Person mit/ohne 2 Mahlzeiten 12 920/7560 ¥; P) Eine kurze Fahrt außerhalb des Stadtzentrums von Ise liegt dieses stimmungsvolle *ryokan* mit sechs Zimmern, das teilweise noch aus der späten Edo-Periode stammt. Es gibt ein schönes Gemeinschaftsbad und vier Zimmer mit eigenen Bädern. Man nimmt Bus 1 oder 2 von der Haltestelle 7 vor dem Bahnhof Ise-shi oder von Haltestelle 2 vor dem Bahnhof Uji-Yamada (in Richtung Uji-Yamada) bis zur Haltestelle Nakano-chō. Ein Taxi von den Bahnhöfen kostet etwa 1000 ¥.

Die Mitarbeiter empfehlen die Reservierung über ein Reisebüro.

Hoshide-kan RYOKAN ¥¥

(星出館; ☎0596-28-2377; www.hoshidekan.jp; 2-15-2 Kawasaki; EZ/DZ/3BZ ab 5350/10 500/15 575 ¥, mit Frühstück ¥6300/12 500/18 750; @ 📶) Das gemütliche und bei Ausländern sehr beliebte *ryokan* mit zehn Zimmern punktet mit viel traditioneller Atmosphäre, alten Holzschnitzereien und einem zentralen Garten, den eine rote Brücke durchzieht. Aber hier gibt's nur Gemeinschaftsbäder. Vom Bahnhof Ise-shi geht man geradeaus, vorbei am Ise City Hotel, nach 400 m liegt es an der zweiten Ampel auf der rechten Seite – es ist das traditionelle Gebäude mit den Zedern, die aus einem kleinen Garten ragen.

Ise Pearl Pier Hotel BUSINESSHOTEL ¥¥

(パールピアホテル; ☎0596-26-1111; www.pearlpier.com; 2-26-22 Miyajiri; EZ/DZ/2BZ 8100/16 200/17 280 ¥, Deluxe EZ/2BZ 8640/19 400 ¥; P ⊖ ❄ @ 📶) Das nette, modernisierte Businesshotel bietet ordentliche Restaurants, eine kleine Sauna mit Gemeinschaftsbad (540 ¥ zusätzlich) und Münzwaschmaschinen. Es lohnt sich, ein „Deluxe"-Zweibettzimmer zu nehmen, dort hat man mehr Platz. Vom Bahnhof Ise-shi dauert es zwei Minuten zu Fuß vom Nordausgang des Bahnhofs Ise-shi. Wer lärmempfindlich ist, sollte nach einem Zimmer weg von den Bahngleisen fragen.

Ise Shinsen RYOKAN ¥¥¥

(伊勢神泉; ☎0596-26-0100; www.iseshinsen.jp; Zi. pro Person ohne/mit Mahlzeiten 15 000/24 000 ¥; P ⊖ ❄ 📶) Eine modern japanische Coolness durchdringt dieses neue *ryokan* gegenüber vom Bahnhof Ise-shi – vom Blick auf das grüne Gekū von der Lobby im fünften Stock bis zum öffentlichen Bad (Tagesnutzung für Nichtgäste 1230 ¥). Es gibt Zimmer im japanischen und im westlichen Stil, alle haben Innenduschen und Onsen-*rotemburo* (Außenbad) mit Keramikwannen auf den Balkonen, diskret versteckt vor Blicken von draußen.

Essen

Die Gegenden um die beiden Hauptschreine wimmeln vor Restaurants und Snackshops. Lokale Spezialitäten sind Fisch und Meeresfrüchte aus den nahegelegenen Gewässern, darunter *tekone-sushi* (Bonito in Sojasoße getaucht und auf einer Schüssel Reis serviert) und *gyū-don* (eine Schüssel mit dünn geschnittenem mariniertem Rindfleisch mit geschmorten Zwiebeln auf einer Schüssel Reis serviert). Eine Süßigkeit, nach der man Ausschau halten sollte, ist Akafuku *mochi* (zerstoßene Reiskuchen überzogen mit süßer Bohnenpaste), die man in den Souvenirshops überall in der Region finden kann.

★ Butasute JAPANISCH ¥¥

(豚捨; ☎0596-23-8802; Okage-yokochō; gyū-don 1000 ¥; ⏲April–Sept. 9–18 Uhr, Okt.–März 9–17 Uhr) Diese stimmungsvolle Institution der Stadt hat sich auf *gyū-don* (Rindfleischschüssel) spezialisiert: dünn geschnittenes Fleisch serviert mit pikanter Zwiebelsoße auf Reis. Man findet das Butasute in der äußersten linken Ecke der Okage-yokochō-Arkade. Eine weitere Filiale ist am Gekū.

Magatama-tei BÜFETT ¥¥

(勾玉亭; ☎0596-22-7788; 2. OG, 1-1-31 Iwabuchi, Hōon-kan, 豊恩間; Mittags-/Abendbüfett 1620/2375 ¥; ⏲Do–Di 11–14.30 & 18–21 Uhr, 2. & 4. Di im Monat geschl.) 25 mit regionalen Zutaten zubereitete Gerichte werden in diesem schicken Büfett-Restaurant serviert. Die Auswahl an Marktgerichten wechselt täglich, am besten achtet man auf Gerichte wie Ise-*udon* und *tekone-Sushi*. Zu den Stoßzeiten bilden sich hier Schlangen. Man geht die Gekū-sandō in Richtung Gekū, biegt kurz vor dem Ende der Straße links ab und schaut nach dem weißen Gebäude mit einem Balkon im 2. Stock; das Restaurant liegt über einem Lebensmittelladen.

Sushi-kyū SUSHI ¥¥

(すし久; ☎0596-27-0229; Oharai-machi; Menü 1250–2900 ¥; ⏲10.30–19.30 Uhr; 📋) Von den Holzböden bis zu dem großen Tatamiraum verströmt dieses frühere *ryokan* in Oharai-machi den Geist der Edo-Periode. Es serviert die lokale Spezialität *tekone-Sushi* (Bonito in Sojasoße getaucht und auf einer Schüssel Reis serviert). Für die meisten Gäste ist das *ume*-Set völlig ausreichend. Auf der rechten Seite, direkt vorm Eingang zur Okage-yokochō-Arkade.

Daiki SHOKUDO ¥¥

(大喜; ☎0596-28-0281; http://ise.ne.jp/daiki; 2-1-48 Iwabuchi; Gerichte ab 1080 ¥, Menü inkl. Hummer ab 5400 ¥; ⏰11–21 Uhr; 📄) Die Schilder, die das Daiki als „Japans berühmtestes Restaurant" und „von der königlichen Familie empfohlen" preisen, mögen übertrieben sein, doch kann man hier in edlem Ambiente Meeresfrüchte probieren, z. B. *ise-ebi* (japanischen Hummer). Zu den einfacheren Gerichten zählen Sushi und Tempura *teishoku* (Menü). Auf das Holzgebäude rechts vom Bahnhof Uji-Yamada achten.

Praktische Informationen

Das **Touristeninformationszentrum Ise** (伊勢市観光協会; ☎0596-28-3705; 16-2 Honmachi; ⏰8.30–17 Uhr) gegenüber vom Gekū (ca. 10 Min. zu Fuß vom Bahnhof Ise-shi) verteilt die hilfreiche *Map of Ise*, beantwortet Fragen und vermittelt Unterkünfte. Kleinere Infobüros gibt's in den Bahnhöfen Ise-shi und Uji-Yamada.

An- & Weiterreise

In Ise gibt's zwei Bahnhöfe: Ise-shi und Uji-Yamada. Sie liegen nur ein paar Hundert Meter voneinander entfernt; die meisten Züge halten an beiden Bahnhöfen. Ise-shi ist für die meisten Sehenswürdigkeiten und Unterkünfte günstiger.

Von Ise-shi fahren sowohl Züge der JR- als auch der Kintetsu-Linie nach Nagoya, Osaka und Kyoto. Die beste Verbindung für Besitzer des Japan Rail Pass führt über den JR-Bahnhof Nagoya (selbst wenn man von Kyoto/Osaka kommt; einen *shinkansen* nehmen!) und von dort mit einem JR-Mie-*kaisoku* zum Bahnhof Ise-shi (2000 ¥, 1½ Std.).

Ohne Japan Rail Pass reist man am bequemsten mit den komfortablen und schnellen *tokkyū* der Kintetsu-Linie. Die Kintetsu-Linie von/nach Ise-shi fährt u.a. nach Nagoya (*tokkyū*, 2270 ¥, 1 Std. 20 Min.), Osaka (Uehonmachi oder Namba, *tokkyū*, 3120 ¥, 1 Std. 46 Min.) und Kyoto (*tokkyū*, 3620 ¥, 2 Std.).

PRÄFEKTUR SHIGA
滋賀県

Jenseits der Higashiyama-Berge von Kyoto aus wird die Präfektur Shiga (Shiga-ken) vom Biwa-ko bestimmt, Japans größtem See. Am südlichen Teil des Sees liegt Ōtsu, ein guter Ausgangspunkt für zwei wunderbare Tempel. Hikone mit seiner seltenen Originalburg und Nagahama mit seiner gut erhaltenen Altstadt liegen am Ostufer. Diese Ziele kann man dank der guten Zugverbindungen leicht als Ausflüge von Kyoto aus anvisieren.

Ōtsu 大津

☎077 / 340 972 EW.

Ōtsu, die Hauptstadt der Präfektur Shiga, hat sich von einer kaiserlichen Residenz im 7. Jh. (fünf Jahre lang war sie die japanische Hauptstadt) zu einem Binnenhafen und einer wichtigen Poststation an der Tōkaidō-Handelsstraße zwischen Ost- und Westjapan entwickelt. Die großen Attraktionen hier sind die zwei beeindruckenden Tempel Mii-dera und Ishiyama-dera.

Sehenswertes

Mii-dera Temple BUDDHISTISCHER TEMPEL

(三井寺; 246 Onjōji-chō; Eintritt 600 ¥; ⏰8–17 Uhr) 2014 hat dieses weitläufige, stark bewaldete Gelände am Rand des Zentrums von Ōtsu seinen 1200. Jahrestag gefeiert. Der Tempel ist der Hauptsitz der Jimon-Schule des Tendai-Buddhismus. Vier der Gebäude sind als nationales Kulturgut eingestuft, andere sind ebenfalls wichtige Kulturschätze. Das Niō-mon-Tor hat ein ungewöhnliches Dach – statt mit Ziegeln wurde es mit Baumrinde gedeckt. Mii-dera liegt einen kurzen Fußweg nordwestlich der Haltestelle Mii-dera an der Keihan-Ishiyama-Sakamoto-Linie nach Kyoto (wer aus Kyoto kommt, muss an der Haltestelle Hama-Ōtsu umsteigen).

Ishiyama-dera BUDDHISTISCHER TEMPEL

(石山寺; 1-1-1 Ishiyama-dera; Eintritt 500 ¥; ⏰8–16.30 Uhr) Dieser Tempel der Shingon-Sekte wurde im 8. Jh. erbaut. Über viele Stufen geht's vorbei an einem Garten mit großen Steinen hinauf zur *hondō* (Haupthalle), in der die edle Dame Murasaki *Die Geschichte vom Prinzen Genji* schrieb. Von dort ziehen sich etliche Wege durch einen schönen Wald noch weiter nach oben. Einer führt hinauf zur Tsukimitei-Halle, von wo sich ein schöner Ausblick auf den Biwa-See bietet. Man erreicht den Tempel, indem man zu Fuß von der Keihan-Haltestelle Ishiyama-dera einfach zehn Minuten der Fahrtrichtung des Zugs folgt.

Wer aus Kyoto kommt, nimmt die JR-Tōkaidō-Linie vom JR-Bahnhof Kyoto zum JR-Bahnhof Ishiyama (nur *kaisoku*- und *futsū*-Züge, 240 ¥, 13 Min.) und steigt dort für die kurze Fahrt zum Bahnhof Ishiyama-dera (160 ¥) in die Keihan-Linie um. Alternativ fährt man in Kyoto mit der U-Bahn-Linie Tōzai bis zur Keihan-Haltestelle Hama-Ōtsu und steigt dort in einen Zug in Richtung Ishiyama-dera um (ab Haltestelle Sanjo: 560 ¥, 42 Min. inkl. Umsteigezeit).

Präfektur Shiga

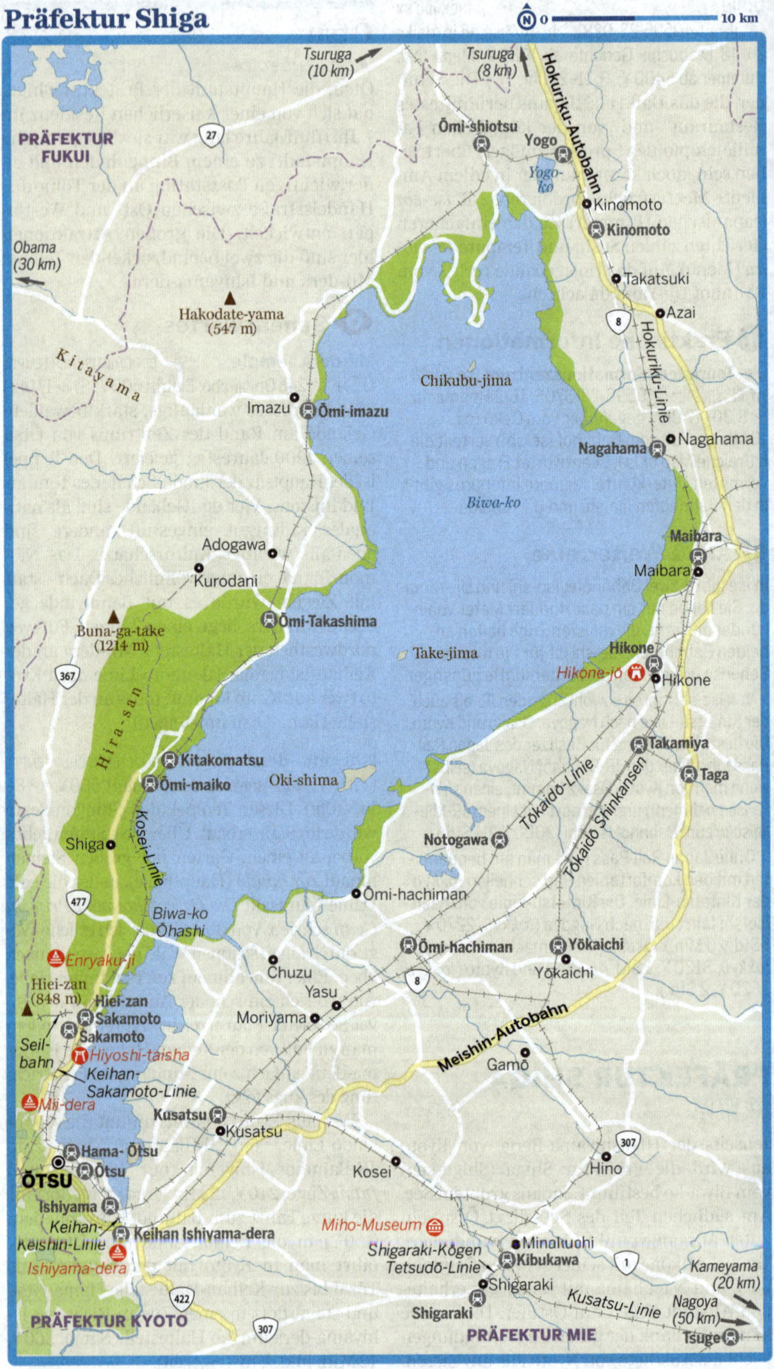

Feste & Events

Biwa-ko Dai-Hanabi Taikai FEUERWERK

(Großes Feuerwerkfest; ⏲Anf. Aug.) Die beste Sicht auf Ōtsus großes Feuerwerk hat man am Seeufer bei der Haltestelle Keihan Hama-Ōtsu. Achtung: Vor und nach dem Fest sind die Züge aus/nach Kyoto total überfüllt!

Hikone 彦根

☎0749 / 113 819 EW.

Hikone am Ostufer des Biwa-ko wird von ihrer schönen geschichtsträchtigen Burg dominiert, die auch der Hauptgrund für einen Besuch ist. Sie gehört zu den fünf Burgen, die als Kulturgut eingestuft werden, weil sie seit den Feudalzeiten gut erhalten sind. Der angrenzende Garten ist auch bemerkenswert und es gibt Überreste aus der Zeit, als die Stadt eine Haltestation auf der alten Nakasen-dō-Straße war. Besucher schlendern und snacken auch gerne in und um den Bezirk der Burgstraße Yumekyō-bashi.

Sehenswertes

★ **Burg Hikone** BURG

(彦根城, Hikone-jō; 1-1 Konki-chō; Kombiticket mit Genkyū-en 600 ¥; ⏲8.30–17 Uhr) Zu Recht gilt die 1622 fertiggestellte Burg der Ii-Familie, die als *daimyō* (lokale Feudalherren) in Hikone herrschte, als nationales Kulturgut. Ein Großteil der Burg ist noch original erhalten. Ungewöhnlich sind die *teppōzama* und *yazama*, Vorrichtungen zum Abschießen von Gewehren und Pfeilen; von außen waren sie zunächst unsichtbar, erst wenn sie benutzt werden sollten, wurden sie ausgefahren. Von den oberen Stockwerken bietet sich ein herrlicher Blick auf den Biwa-ko. Mehr als 1200 Kirschbäume umgeben die Festung; entsprechend großer Beliebtheit erfreut sie sich für *hanami* (Kirschblütenbetrachtung).

Vom Bahnhof sind es zehn Gehminuten bis zur Burg (vor dem Schrein links, dann gleich wieder rechts abbiegen; oder man kann auch durch das Schreingelände gehen).

Genkyū-en GARTEN

(玄宮園; Eintritt im Burgticket enthalten, separater Eintritt 200 ¥; ⏲8.30–17 Uhr) Dieser von China beeinflusste kunstvolle Garten wurde 1679 angelegt und ist von Gewässern und hölzernen Brücken durchzogen. Sein Teich ist mit baumbestandenen Inseln, Halbinseln und interessant geformten Felsen akzentuiert. Im Teehaus kann man für 500 ¥ bei einer Tasse *matcha* und etwas Süßem die schöne Umgebung genießen. Am besten lässt man sich schon in der Burg den Weg in den Garten erklären.

Praktische Informationen

Die **Touristeninformation** (☎22-2954; ⏲9–17.30 Uhr) befindet sich am Westausgang des Bahnhofs Hikone in der Nähe des Treppenfußes. Hier bekommt man die hervorragende Broschüre *Street Map & Guide to Hikone* sowie *A Journey to Hikone* mit vielen interessanten Details zur Burg.

An- & Weiterreise

Mit der JR-Tōkaidō-Linie (*shinkaisoku*, 1110 ¥) braucht man von Kyoto aus weniger als eine Stunde bis Hikone. Wer im Besitz eines Japan Rail Pass oder einfach nur in Eile ist, kann den *shinkansen* bis Maibara (3300 ¥, 20 Min. ab Kyoto) nehmen und dann mit der JR-Tōkaidō-Linie nach Hikone zurückfahren (190 ¥, 5 Min.).

Nagahama 長浜

☎0749 / 118 230 EW.

Nagahama ist eine gut erhaltene kleine Stadt und ein historisches Glasherstellungszentrum am nordöstlichen Ufer des Biwa-ko, deren Besuch gut mit einem Ausflug nach Hikone kombinierbar ist. Hauptattraktion ist das denkmalgeschützte Viertel Kurokabe Square. 2016 wurde Nagahamas *hikiyama* (Festwagen)-Fest auf die UNESCO-Liste des immateriellen Kulturerbes gesetzt.

Sehenswertes

★ **Kurokabe Square** STADTVIERTEL

(黒壁スクエア) *Kurokabe* bedeutet „schwarze Mauern", und die gibt's zuhauf in dem fotogenen historischen Viertel (ein „square", also Platz, ist es nicht). Viele alte *machiya* (traditionelle Stadthäuser) und *kura* (Lagerhäuser) wurden in Antiquitätengeschäfte, Galerien und Studios umgewandelt, die Nagahamas traditionelle Glasindustrie präsentieren. Es liegt etwa fünf Minuten zu Fuß vom Ostausgang des Bahnhofs Nagahama. Man verlässt den Bahnhof nach links, biegt an den Bronzestatuen rechts ab und geht links in die Straße gegenüber der Shiga Bank. Das Viertel Kurokabe Square beginnt etwa 100 m weiter.

★ **Daitsū-ji** BUDDHISTISCHER TEMPEL

(大通寺; Eintritt 500 ¥, Haupthalle & Gelände frei; ⏲9–16.30 Uhr) Dieser Tempel der Jōdō-Schule gleich südöstlich vom Viertel Kurokabe Square kann es mit den besten Tempeln in Kyoto aufnehmen, denn er hat Dutzende his-

ABSTECHER

MIHO-MUSEUM

Das wunderbare **Museum** (ミホミュージアム; ☎0748-82-3411; www.miho.or.jp; 300 Tashiro Momodani; Eintritt 1100 ¥; ⊙10–17 Uhr, Mo, Di & zw. Ausstellungen manchmal geschl.) liegt versteckt inmitten von Hügeln und Tälern in der Nähe des Dorfes Shigaraki und zeigt die Kunstsammlung der Familie Koyama mit japanischen, orientalischen, chinesischen und südasiatischen Exponaten sowie schön präsentierte Sonderausstellungen. Das Bauwerk ist mindestens so beeindruckend wie die Sammlung selbst. Der Architekt I. M. Pei entwarf das Hauptgebäude, zu dem man vom Ticketzentrum über einen Fußweg und einen langen Fußgängertunnel gelangt, der sich zu einer Schlucht hin öffnet. Das Ganze wirkt wie ein Versteck in einem futuristischen Bauernhaus.

Der Bau war eine technisch schwierige Aufgabe: Erst wurde der Berggipfel abgetragen, dann das Gebäude aus Glas und Marmor gebaut und anschließend das Gelände rund um das Gebäude wiederhergestellt, bis hin zu der großen roten Kiefer – Näheres erklärt ein Video.

Die JR-Tōkaidō-Linie fährt von Kyoto und Osaka zur Haltestelle Ishiyama. Dort geht's mit dem **Teisan Bus** (Teisan Konan Kōtsu; www.teisan-konan-kotsu.co.jp) weiter bis zum Museum (820 ¥, ca. 50 Min.). Die Öffnungszeiten variieren, also unbedingt vorher auf die Website schauen!

torische *fusuma* (Schiebetüren) und *byōbu* (Faltwände) mit Landschafts- und Tiermalereien auf Blattgold, darunter wichtige Kulturgüter von Mitgliedern der Kanō-Schule. Traumhaft schön ist auch der Innengarten. Wer das alles nicht interessant findet, der sollte einfach einen Blick in die prächtige Haupthalle und auf das Gelände werfen.

Nagahama Hikiyama-Museum MUSEUM
(長浜曳山博物館; ☎0749-65-3300; 14-8 Motohama-chō; Eintritt 600 ¥; ⊙9–17 Uhr) Eine Auswahl der aufwendig verzierten *hikiyama* (Festwagen), die bei Nagahamas berühmten Fest Nagahama Hikiyama Matsuri zum Einsatz kommen, werden hier den Rest des Jahres zur Schau gestellt.

Feste & Events

Nagahama Hikiyama Matsuri PARADE
(長浜曳山祭り; ⊙14.–16. April) Das berühmteste Fest der Stadt, das Nagahama Hikiyama Matsuri, findet vom 14. bis 16. April statt. Highlight des Festes sind die kostümierten fünf- bis 13-jährigen Kinder, die auf etwa einem Dutzend aufwendig geschmückter *hikiyama* (Festwagen) Kabuki (stilisiertes japanisches Theater) aufführen. Die Festwagen sind etwa 6 m hoch und um die 4,6 t schwer. 2016 wurde das Fest in die Liste des UNESCO-Weltkulturerbes aufgenommen.

Essen

Spezialität der Stadt ist *yakisaba-sōmen* (dünne Nudeln mit gekochter Makrele). Die lokale Rinderart *Ōmi-gyū* findet man in Restaurants und an Ständen überall in der Stadt, auch als Streetfood wie z. B. *nikuman* (Dampfbrötchen).

★ **Yokarō** NUDELN ¥
(翼果楼; ☎63-3663; 7-8 Motohama-chō; Hauptgerichte 650–900 ¥, Menüs 1340–2040 ¥; ⊙11–17 Uhr) Mit seinem Tatamiraum und dem Garten verströmt dieses intime, über 200 Jahre alte Restaurant den Charme des alten Japans. Spezialität des Hauses ist *yakisaba-sōmen* (dünne Nudeln mit gekochter Makrele), auch als Kombination mit *yakisaba*-Sushi (Sushi mit gegrillter Makrele) erhältlich. Man bestellt von der bebilderten Karte. Es liegt im westlichen Teil des Viertels Kurokabe Square.

Praktische Informationen

Im JR-Bahnhof Nagahama gibt's eine **Touristeninformation** (JR-Bahnhof Nagahama; ⊙Mo–Fr 10–16.45, Sa & So 9.15–17 Uhr), wenn man vom Einlassgate kommt, liegt sie rechts. Englisch wird kaum gesprochen, aber man kann nach Karten und Restaurantführern fragen. Das Büro dient auch als Wartesaal des Bahnhofs.

An- & Weiterreise

Von Kyoto fahren *shinkaisoku* (Schnellzüge; 1320 ¥, 1 Std. 10 Min.) direkt nach Nagahama. Alternativ dazu kann man den *Kodama shinkansen* nehmen und in Maibara, neun Fahrminuten südlich von Nagahama, umsteigen (2300 ¥, 40 Min. inkl. Umsteigezeit).

NORD-KANSAI

Der traumhaft schöne Küstenstreifen im Norden der Präfekturen Hyōgo und Kyoto bietet Sandstrände, felsige Landzungen, Inseln und entspannte Atmosphäre. Zu einigen Orten fahren JR-Züge, am besten leiht man sich aber ein Auto, Motorrad oder Fahrrad aus, um die Küste zu entdecken.

Der beste Ausgangspunkt, um diese Gegend zu erkunden, ist die Onsen-Stadt Kinosaki, die man mit komfortablen JR-Expresszügen in 1½ Stunden von Himeji und in zwei Stunden von Kyoto aus erreicht.

Miyama-chō 美山

☎0771 / 33 161 EW. (NANTAN STADT)

Das Gegenprogramm zu den Stadtzentren Kyoto, Osaka und Nara ist ein Besuch in Miyama-chō, eine ausgedehnte Ansammlung von winzigen, ländlichen Orten in den Kitayama-Bergen (Nordberge), nördlich von Kurama in der Präfektur Kyoto. Miyama-chō hat zwei tolle Sehenswürdigkeiten zu bieten: Ashū, ein Wanderparadies; und Kayabuki-no-Sato, eine Siedlung von Reetdachhäusern. Auf dem Weg bietet sich ein Zwischenstopp am Tempel Bujō-ji an.

Zu allen Attraktionen fahren öffentlichen Verkehrsmittel, aber mit einem Auto lassen sich alle drei an einem langen Tag abdecken und sogar noch eine kurze Wanderung in Ashū einschieben. Der nördliche Teil des Distrikts erstreckt sich auf den Saba Kaido, die Makrelen-Straße, auf der in der Vergangenheit Lebensmittel vom Japanischen Meer nach Kyoto gebracht wurden.

Sehenswertes & Aktivitäten

Kayabuki no Sato DORF

(かやぶきの里; ☎0771-77-0660; Kita, Miyama-chō) GRATIS Entlang der Rte 38 im Dorf Kitamura findet man Miyama-chōs Hauptattraktion: eine Ansammlung von 50 reetgedeckten Bauernhäusern, angeblich die größte Konzentration dieser Gebäude in Japan. Viele wurden zu Museen umfunktioniert – wie das Volksmuseum (美山民俗資料館, Minzoku Shiryokan) und das Little Indigo Museum (ちいさな藍美術館, Chīsa na Aibijutukan) – andere zu Läden, Cafés und Pensionen, mitten darunter Privathäuser und Tempel. Man sollte sich mindestens eine Stunde Zeit nehmen für einen ausgiebigen Bummel.

Seit 1994 steht das Dorf unter Denkmalschutz, und seitdem subventioniert die Landesregierung großzügig die exorbitanten Kosten für die Neudeckung der Dächer (durchschnittlich 0 Mio ¥ – ca. 48 500 €).

Bujō-ji TEMPEL

(峰定寺; Hanase-Harachi-chō; Eintritt 500 ¥, Kinder unter 12 Jahren nicht erlaubt; ⏲9–15.30 Uhr, Dez.–März & an Regen-/Schneetagen geschl.) Der abgelegene Bujō-ji ist ein *Shugendo* (Bergaskese)-Tempel, der auch „Nördlicher Omine" genannt wird, eine Referenz zum Omine-san in der Präfektur Nara, ein Zentrum für Japans *yamabushi* (Berg-Mystik). Zur Haupthalle geht es 430 Stufen hoch.

Als Erstes gibt man seine Taschen und Kameras ab, bekommt eine spezielle Pilgertasche und Ausrüstung sowie einen Ausdruck eines Mantras, das man beim Klettern aufsagt. Erst dann darf man das Tor passieren und zur Halle aufsteigen. Kurz vor der Halle läutet man die Glocke, konzentriert sich auf seine Gedanken und klettert dann auf die Veranda, um den Ausblick zu genießen.

Der Tempel liegt abseits der Route 38, 2 km östlich der Bushaltestelle Daihizanguchi.

Ashū WANDERN

(芦生) Über eine enge, kurvige Bergstraße (nach der Abfahrt vom Sasari-tōge-Pass biegt man auf die Rte 38 ein) erreicht man das abgelegene *winzige* Dorf am östlichen Ende von Miyama-chō, das für seinen 4200 ha großen Urwald bekannt ist. Verwaltet von der Landwirtschaftsabteilung der Universität von Kyoto ist es der einzige bestehende Urwald in Kansai. Wanderwege beginnen oberhalb der Steinhütte am Sarari-tōge-Pass und von Ashū am Fuße des Passes. Man registriert sich im Büro in Ashū, bevor man den Wald betritt.

Die einfachsten Routen folgen alten Bahnschienen entlang des unbefestigten Flusses Yura-gawa. Anspruchsvollere Wege führen über die Schienen hinaus den Fluss rauf oder durch Seitentäler. Wer hier ernsthaft wandern will, sollte sich in einem Buchladen in Kyoto Shobunshas Karte Yama-to-Kogen *Kitayama* besorgen.

Schlafen

Jugendherberge Miyama Heimat HOSTEL ¥

(美山ハイマートユースホステル; ☎0771-75-0997; www.jyh.or.jp; 57 Obuchinakasai, Miyama-chō, Nantan; B Mitglieder/Nichtmitglieder 3460/4100 ¥; P 🚭 ❄ 📶) Eine echte Rarität, sogar in Japan: eine Jugendherberge in einem *kayabukiya* (reetgedecktes Haus) – in die Decke sind ein paar Holzbalken eingelassen – mit Betten im japanischen und westlichen Stil. Frühstück (700 ¥) und Abendessen (1240–4300 ¥) kosten extra. Es liegt ganz im Westen von Miyama-chō, ein eigener fahrbarer Untersatz ist darum durchaus zu empfehlen, da es recht weit ist zu den Sehenswürdigkeiten und Aktivitäten und Busse nicht sehr häufig verkehren.

Asiu Yama-no-Ie PENSION ¥¥
(芦生山の家; ☎0771-77-0290; www.cans.zaq.ne.jp/asiuyamanoie; Ashū, Miyama-chō, Nantan-shi; Zi. inkl. 2 Mahlzeiten 7560 ¥ pro Pers.; P ❄) Die gut gepflegte, geräumige Holzpension mit acht Zimmern wurde Anfang der Nullerjahre erbaut und ist superpraktisch für Wanderer, die den Urwald von Ashū besuchen, der direkt nebenan liegt. In den Zimmern können bis zu vier Personen auf japanischen Futons oder in westlichen Stockbetten nächtigen. Am besten reserviert jemand, der Japanisch spricht.

Matabe MINSHUKU ¥¥
(またべ; ☎0771-77-0258; Kita, Miyama-chō, Nantan-shi; Zi. inkl. 2 Mahlzeiten ab 8700 ¥ pro Pers., Alleinreisende 9200 ¥; P ⊖ ❄ ᯤ) Von außen traditionell, aber innen sauber und modern. Dieses *minshuku* (familienbetriebene Pension) befindet sich in Kayabuki-no-Sato, dem Dorf der reetgedeckten Häuser. Es hat drei Zimmer im japanischen Stil mit Gemeinschaftsbad. Die Reservierung sollte am besten auf Japanisch erfolgen.

Kigusuriya RYOKAN ¥¥¥
(きぐすりや; ☎0771-76-0015; www.kigusuriya.com; 8-1 Imayasu Tsurugaoka; Zi. inkl. 2 Mahlzeiten ab 17 280 ¥ pro Pers.; P ❄ ᯤ) Im Norden von Miyama-chō umgeben von Ackerland startete diese familienbetriebene Pension mit vier Zimmern als Apotheke an der alten Straße, die von Kyoto zum Meer führte. Die freundlichen Besitzer legen sehr viel Wert auf die köstlichen Mahlzeiten. Sie haben gerade zusätzliche Gästezimmer in einem renovierten Bauernhaus ein paar Türen weiter eröffnet. Es gibt eine englischsprachige Wanderkarte für einen Spaziergang durch die umgebende Landschaft.

Wer ohne eigenes Auto unterwegs ist, kann den Shuttleservice zum Bahnhof Sonobe und nach Kayabuki-no-Sato nutzen.

Essen & Trinken

Morishige NUDELN ¥
(もりしげ; ☎0771-75-1086; Taninoshimo 15, Uchikubo, Miyama-chō; Nudelgerichte ab 750 ¥; ⏲ Mi–So 11–15 Uhr) Das Lokal unter einem Reetdach an der Straße nach Kayabuki-no-Sato serviert einfache, aber leckere Nudelgerichte sowie *nabe* (Eintopf). Es versteckt sich hinter einer Gruppe Sträucher und Pinien.

Yururi JAPANISCH ¥¥¥
(厨房 ゆるり; ☎0771-76-0741; http://youluly.umesao.com; 15 Sano-mae, Morisato; Menü mittags/abends 3240/5400 ¥) In dem wunderbar eleganten Restaurant werden *kappō-ryōri* (Gourmet-Menüs) unter einem schönen Reetdach serviert. Es liegt etwa 30 Fahrminuten nördlich vom Zentrum von Miyama-chō. Reservierung erforderlich.

Saika CAFÉ
(采花; ☎0771-77-0660; Kayabuki-no-Sato; ⏲11–17 Uhr) Das reizende kleine Café mit Galerie hat sich auf handgemachte Süßigkeiten aus lokalen Zutaten spezialisiert.

An- & Weiterreise

Mit Zug und Bus gelangt man hierher, wenn man mit der JR-Linie Sagano/San-in vom Bahnhof Kyoto zum Bahnhof Hiyoshi fährt (760 ¥, 50 Min.) und dann den Bus von Hiyoshi nach Kita nimmt (Kayabuki-no-Sato; 610 ¥, 50 Min.). Allerdings sollte man beachten, dass dieser Bus nur an Sonn- und Feiertagen fährt, an den anderen Tagen muss man unterwegs in Miyawaki umsteigen.

Auf der Straße gelangt man am schnellsten über die Route 162 (Shūzankaidō) nach Miyama-chō, es gibt aber auch eine schöne, wenn auch längere (2 Std.) Option (Routes 38/477) über Kurama und die Hanase-tōge- und Sasari-tōge-Pässe. Auf dieser Route gelangt man auch gut nach Bujō-ji.

Nach Bujō-ji und Ashū (aber nicht Kita) fährt man mit dem Kyoto-Bus 32 vom Bahnhof Demachiyanagi in Kyoto. Will man nur nach Bujō-ji, steigt man an der Bushaltestelle Daihizan-guchi aus (930 ¥, 95 Min.) und läuft 2 km auf der schmalen Straße Richtung Osten. Nach Ashū fährt man weiter Richtung Hirogawara (1100 ¥, 110 Min.) und wandert über den Sasari-tōge. Von Hirogawara geht's an der Straße zum Pass entlang und dann den Weg runter nach Ashū (die *Kitayama*-Karte aus der Serie Shobunsha's Yama-to-Kogen ist hilfreich).

Kinosaki-Onsen 城崎温泉

☎0796 / 3778 EW.

Der Kinosaki-Onsen in der nördlichen Präfektur Hyōgo gilt als eine der Top-Adressen für ein authentisches Onsen-Erlebnis. Ein von Weiden gesäumter Kanal durchzieht die kleine Stadt. Viele Häuser, Geschäfte und Restaurants haben ihren urigen Charme bewahrt. Während der Wintermonate speist man frische Krabben aus dem Japanischen Meer. Kein Wunder also, dass Kinosaki zu unseren Lieblings-Übernachtungsausflugszielen in Kansai zählt.

Der Kinosaki-Onsen ist flach und darum leicht erwanderbar. Von einem Ende zum anderen braucht man gemütliche 20 Minuten. Die Züge kommen am Bahnhof Kinosaki-Onsen in der südwestlichen Ecke der Stadt an. Von hier führt die Eki-dōri nach Norden und kreuzt den von Weiden gesäumten Fluss Ōtani-gawa. Dann geht's nach links auf die parallel zum Fluss verlaufenden Straßen Kitayanagi-dōri und Minamiyanagi-dōri (Nord- und Süd-Weidenstraßen), wo man die meisten Onsen, Pensionen und Restaurants findet. Müde Füße kann man in den zahlreichen *ashi-yu* (Fußbädern) entlang des Weges besänftigen.

Sehenswertes

Genbudō HÖHLE

5 km südlich vom Kinosaki-Onsen befindet sich eine Ansammlung von fünf geheimnisvollen Höhlen namens Genbudō mit außerirdisch anmutenden Oberflächen mit säulenartigen Rillen, die vor 1,6 Mio. Jahren aus Basaltlava geformt wurden. Der Weg dorthin entlang des Maruyama-gawa durch sanfte Hügel und Reisfelder ist eine reizvolle Route mit Auto oder Fahrrad und entzückt im Herbst mit seinen Ahornbäumen. Nach den Schildern für den San-in Kaigan-Nationalpark Ausschau halten.

Aktivitäten

Hauptattraktion von Kinosaki sind die sieben Onsen in allen Stilen – von einfach bis zur Spitzenklasse. Viele Übernachtungsgäste spazieren in der typischen Badebekleidung Yukata (leichter Baumwollkimono) und *geta* (Holzsandalen) am Kanal entlang von Bad zu Bad. Einen Plan der Onsen von Kinosaki bekommt man in der Touristeninformation (S. 471) oder in der Unterkunft. In jedem Onsen einzeln zu zahlen kann schnell teuer werden, darum ist der *yumeguri*-Pass (1200 ¥) ein super Angebot.

★ **Gosho-no-yu** ONSEN

(御所の湯; Yunosato-dōri; Eintritt 800 ¥; ⌚7–23 Uhr, Einlass bis 22.30 Uhr, 1. & 3. Do im Monat geschl.) Wer nur Zeit für einen von Kinosakis Onsen hat, sollte diesen wählen. Sein Eingangsbereich ist eine Nachbildung des Kaiserlichen Palastes Kyoto. Das hübsche Holzgebäude hat ein nettes zweistöckiges *rotemburo* und verzaubert im Herbst mit Purpurtönen. Es nimmt unter den Onsen den Ehrenplatz an der Hauptstraße Yunosato-dōri ein.

Sato-no-yu ONSEN

(さとの湯; Eintritt 800 ¥; ; ⌚Di–So 13–21 Uhr, Einlass bis 20.40 Uhr) Dieser Onsen fasziniert mit einer Vielfalt an Bädern, darunter arabisch anmutende Saunen, ein *rotemburo* auf dem Dach und eine „Pinguinsauna" (im Wesentlichen ein begehbarer Kühlschrank; großartig nach einem heißen Bad). Frauen- und Männerbereiche werden täglich getauscht, man muss also zwei Tage hintereinander herkommen, um alles zu probieren. Kein Onsen liegt näher am R-Bahnhof Kinosaki Onsen.

Ichi-no-yu ONSEN

(一の湯; Eintritt 600 ¥; ⌚Di–Do 7–23 Uhr, Einlass bis 22.30 Uhr) In diesem Onsen gibt's zwei Bereiche: Das Hauptbad ist nicht mehr das neueste, doch das „Höhlenbad" ist wunderbar. Es liegt in der Nähe der Kreuzung der Kitayanagi-dōri und der Yunosato-dōri.

Schlafen

Ein großer Teil des Spaßes bei einem Besuch hier ist ein Aufenthalt in einem *ryokan*, außerdem gibt's viele verschiedene Pensionen für mittlere bis unausschöpfliche Budgets. Die meisten Unterkünfte haben private Bäder (*uchi-yu*), stellen ihren Gästen aber auch kostenlose Tickets für die öffentlichen Bäder (*soto-yu*) zur Verfügung.

Ryokan Yamamotoya RYOKAN ¥¥

(旅館山本屋; ☎0796-32-2114; www.kinosaki.com; 643 Yushima, Kinosakichō; Zi. inkl. Mahlzeiten ab 16 200 ¥ pro Pers.; ❄📶) Dieses schöne *ryokan* mit 15 Zimmern und einer 350-jährigen Geschichte hat hübsche Unterkünfte, gemütliche Innenbäder und eine hervorragende Küche. Es liegt im Stadtzentrum in der Nähe des Ichi-no-yu-Onsen. Die Zimmer schauen auf den Fluss oder die Berge und haben kein eigenes Bad, aber Waschbecken und Toilette. Alleinreisende müssen einen Zuschlag bezahlen und werden nur im Frühjahr und Herbst akzeptiert.

Suishōen RYOKAN ¥¥

(水翔苑; ☎0796-32-4571; www.suisyou.com; 1256 Momoshima; Zi. ohne Mahlzeiten 6480–15 876 ¥ pro Pers., mit Mahlzeiten ab 18 360 ¥; ❄📶) Ein exzellentes modernes *ryokan* mit 34 Zimmern hat einen tollen Onsen mit Bädern drinnen und draußen, eine Sauna und japanische Zimmer mit eigenem Bad. Es liegt um einen prächtigen Garten, in dem

Nō-Aufführungen auf eine Bühne projiziert werden. Es ist nur eine kurze Fahrt in Richtung Nordosten vom Stadtzentrum entfernt, aber man wird im hauseigenen Londoner Taxi in einen Onsen nach Wahl gefahren und später wieder dort abgeholt. Ein wunderbares Gefühl, mit nichts als einem Yukata bekleidet herumkutschiert zu werden!

Es gibt Zimmer im westlichen Stil mit Waschbecken und Toilette, aber ohne Bad.

Mikuniya RYOKAN ¥¥

(三国屋; ☎0796-32-2414; www.kinosaki3928.com; 221 Yushima; Zi. pro Pers. ohne/mit Mahlzeiten ab 9720/16 200 ¥;) Im Hauptgebäude und im Anbau bietet das charmante, gepflegte *ryokan* 12 gemütliche japanische Zimmer mit Toilette und Waschbecken, private Onsen-Bäder und freundliche Besitzer, die Englisch sprechen. An der Straße vom Bahnhof in die Stadt nach ca. 150 m auf der rechten Seite; nach der Rikscha Ausschau halten.

Das Abendessen wird in den Zimmern serviert; ein westliches Frühstück bekommt man in einem Café in der Nähe der Pension.

★ **Nishimuraya Honkan** RYOKAN ¥¥¥

(西村屋本館; ☎0796-32-2211; www.nishimuraya.ne.jp/honkan; 469 Yushima; Zi. inkl. 2 Mahlzeiten ab 32 550 ¥ pro Pers., Alleinreisende ab 43 350 ¥;) Ein echtes Erlebnis ist dieses luxuriöse Onsen-*ryokan*, das schon in der siebten Generation betrieben wird und das beste der Stadt ist. Die verwinkelte Anlage sorgt für ein Gefühl von Privatsphäre, von den meisten Zimmern blickt man auf private Gärten, außerdem gibt's eine private Galerie mit Kunst und historischen Objekten. Das Sahnehäubchen sind die saisonalen *kaiseki*-Mahlzeiten (japanische Haute Cuisine).

Essen

Die Spezialität im Winter sind frische *kani* (Krabben) im Kinosaki-Onsen (zu anderen Jahreszeiten gibt's sie gefroren). Meistens genießt man sie als *kani-suki*, dabei werden die Krabben in einer Sake-Soja-Essigbrühe direkt am Tisch mit Gemüse gekocht. Viele Restaurants in Kinosaki schließen früh, da die meisten Besucher in ihrem *ryokan* Halbpension buchen.

Masuya NUDELN ¥¥

(ますや; ☎0796-32-2642; 654 Yushima; Gerichte 900–1550 ¥; ⏲11–21.30 Uhr;) Schon seit einem halben Jahrhundert ist dieser Soba- und Udonspezialist im Geschäft – gut zu erkennen an der atmosphärischen Holzverkleidung und den mit alten Bauernhof- und Haushaltsgeräten geschmückten Wänden. Empfehlenswert sind hier *kamozaru* (kalte *soba* mit Ente), *tendon* (Garnelentempura mit Reis) oder Curry-Udon. Sogar das *dashi* (Fischbrühe) ist selbstgemacht.

Der altmodische Briefkasten an der Kitayanagi-dōri, östlich vom Yanagi-yu-Onsen, weist den Weg.

Okeshō FISCH & MEERESFRÜCHTE ¥¥

(おけしょう海中苑; ☎0796-29-4832; 132 Yushima; Kaisendon 1400–1950 ¥; ⏲11–18 Uhr;) Das Restaurant über einem Fischmarkt wartet mit einer abwechslungsreichen Speisekarte auf: Sushi, gebratene Gerichte, Tempura, Salate, etc. Neben dem Spezialgericht *kaisendon* (Meeresfrüchtereis), können betuchte Krabbenfans ein komplettes *kani*-Menü bestellen (9500 ¥ pro Pers., mind. 2 Pers.). Weniger vermögende Krabbenfans sollten das *kani zosui* (Reisbrei mit Krabben) kosten, das ultimative Comfort Food.

Das Personal bereitet den unten gekauften Fisch zum etwa zweifachen Einkaufspreis zu (vierfach bei Krabben). Durch die vielen Fenster hat man einen guten Ausblick auf die Eki-dōri darunter. Auf die meerblaue Markise mit einem Schiffsheck darauf über dem Eingang achten.

Gubigabu KNEIPENESSEN ¥¥

(グビガブ; www.gubigabu.com; 646 Yushima; Hauptgerichte 650–2700 ¥; ⏲Fr–Mi 11.30–22 Uhr, jeden 3. Mi im Monat geschl.;) Neben vier Hausbieren vom Fass bietet dieser zentrumsnahe Craft-Bier-Pub auch eine vielfältige Speisekarte mit Pasta, *jidori* (regionales Hähnchen), Curryreis und Snacks. Die Pfannkuchen aus Bierteig sind toll und das Tajima-Rindersteak zum Niederknien.

Koyume IZAKAYA ¥¥

(こ夢; ☎0796-32-2695; 691 Yushima; Gerichte 150–1500 ¥; ⏲Nov.–März 11.30–14.30 Uhr, ganzjährig 17.30–23 Uhr) In dem winzigen, freundlichen *izakaya* kann man sich unter die Einheimischen mischen. Die Karte offeriert eine große Auswahl, darunter *kani-kamameshi* (Krabben auf Dampfreis), *kushikatsu* (gebratene Spieße), *agedashi-tofu* (cremiger, frittierter Tofu), *moro-kyu* (Gurken mit süßer Misopaste) und jede Menge Sake. Es gibt ein halbes Dutzend Sitzplätze an der Theke sowie Sitzgelegenheiten am *hori-kotatsu* (flache Tische mit einer Vertiefung für die Beine). Die Speisekarte ist bebildert. Es liegt in der kleinen Straße zwischen dem Jizo-yu und dem Yanagi-yu-Onsen.

★**Irori Dining Mikuni** STEAK ¥¥¥
(いろりダイニング三國; ☎0796-32-4870; 2. OG, 219 Yushima; Hauptgerichte mittags 1500–3800 ¥, Menü abends 2000–3600 ¥; ⏲Do–Di 11–14.30 & 18–22 Uhr) Für alle, die eine Pause von Kinosakis Meeresfrüchten brauchen: In diesem neuen, gemütlichen, weißgetünchten Lokal an der Eki-dōri wird Tajima-Rind serviert (ein Cousin und Nachbar vom Kōbe-Rind), entweder auf *donburi* (Reisschüssel; sehr empfehlenswert), in Kroketten oder als Steakdinner (5300 ¥). Um die erwachsene Atmosphäre zu wahren, sind Kinder im Grundschulalter und jünger abends nicht erwünscht.

Es liegt südlich von Mikuniya Ryokan.

Praktische Informationen

Es gibt zwei Informationszentren gegenüber vom Bahnhof.

Kinosaki Onsen Ryokan Service Centre (お宿案内所; ☎0796-32-4141; 78 Yushima; ⏲9–18 Uhr) In diesem Büro der örtlichen Ryokan Association hilft das freundliche Personal bei Buchungen und verteilt Stadtpläne. Außerdem verleiht es Fahrräder und bietet für Gäste einen Gepäcklieferservice an (100 ¥/Stück) für Gäste eines Mitglieds-*ryokans*. Sie sprechen kein Englisch, arbeiten aber mit einem Übersetzungsdienst zusammen.

Sozoro (そぞろ; ☎0796-32-0013; www.kinosaki-info.com; 96 Yushima; ⏲9–18 Uhr; 📶) Die neue Touristeninformation konzentriert sich auf Sightseeing und Aktivitäten und hilft beim Arrangieren von Touren in der Region. Man kann online reservieren.

Anreise & Unterwegs vor Ort

Kinosaki liegt an der JR San-in-Linie. Täglich fahren mehrere *tokkyū* von/nach Kyoto (4320 ¥, 2 Std. 25 Min.), Osaka (5080 ¥, 2 Std. 40 Min.) und Himeji (3340 ¥, 1 Std. 45 Min.).

Es gibt einen kostenlosen Shuttlebus von der Ryokan-Vereinigung, der zu den Zugankunftszeiten Gäste zu den Mitgliederpensionen zum Einchecken bringt. Die Unterkünfte geben Auskunft. Wer zu Fuß unterwegs ist, kann sein Gepäck bei der Touristeninformation abgeben, es wird zur Pension geliefert (100¥/Stück).

Das **Kinosaki Onsen Ryokan Service Centre** (S. 471) verleiht Fahrräder (2 Std./Tag 400/800 ¥; Rückgabe um 17 Uhr).

Tango-Halbinsel 丹後半島

An der Nordküste der Präfektur Kyoto ragt die Halbinsel Tango-hantō ins Japanische Meer. Sie ist im Inland von dichtem Wald bestanden und von terrassierten Farmen, idyllischen Bergdörfern und rauschenden Bächen geprägt. An der Küste wechseln sich Sandstrände, rundliche Inseln, Buchten, Landzungen und felsige Abschnitte ab. Von der Küstenstraße Route 178, die um die Halbinsel führt, hat man eine spektakuläre Aussicht auf die Landschaft.

Am Fuße der Halbinsel an der Ostseite zählt **Amanohashidate** (天橋立, Himmelsbrücke) GRATIS seit Jahrhunderten zu Japans „drei schönsten Panoramen". In Wirklichkeit ist die „Brücke" eine 3,5 km lange, schmale Sandbank, die von 8000 Kiefern bedeckt ist. Man darf Amanohashidate zu Fuß, mit dem Fahrrad oder auf dem Motorrad mit einem Hubraum von nicht mehr als 125 ccm überqueren. Fahrräder kann man für 400 ¥ für zwei Stunden oder für 1600 ¥ für den ganzen Tag an mehreren Orten ausleihen. (Es hat allerdings etwas von einem Touristenzirkus.)

Die Küste weiter hoch liegt **Ine** (伊根), ein Dorf in einer perfekten kleinen Bucht, wo die Boote wie in Carports in speziellen direkt über dem Wasser gebauten Bootshäusern namens *funaya* liegen. Direkt in der Nähe der Spitze der Halbinsel liegt der Onsenkomplex **Ukawa Onsen Yoshino-no-Sato** (宇川温泉よし野の里; ☎0772-76-1000; www.ukawaonsen.jp; 1562 Kyusō; Bad 600 ¥; ⏲11–21 Uhr, im Sommer länger) am Hang mit Blick auf das Meer runter. Es gibt ein einfaches Café und einen Laden, der einheimische Produkte verkauft.

An der Westküste lohnt sich ein Halt in **Kotohiki-hama** (琴引浜; Amino; Parken 1000 ¥/Tag; ⏲Campingplatz April–Okt.), ein wunderschöner Strand umgeben von pinienbewachsenen Hügeln mit einem kleinen Onsenpool am Meer (Badeanzug nicht vergessen). Es gibt auch einen kargen, aber schönen Campingplatz (Stellplatz 3000 ¥; wer zuerst kommt, mahlt zuerst) mit schlichten Toiletten und Duschen.

Am schönsten übernachtet man im **Totoya** (とト屋; www.kyoto-sea.com; 566 Taiza, Tango-chō; Zi. pro Person ohne Mahlzeiten/mit 2 Mahlzeiten ab 4900/11 900 ¥; P ⊖ ❄ 📶), eine Pension mit zehn Zimmern mit gemeinsamen Thermalbädern. Hier hat man das Gefühl, mitten im Nirgendwo zu sein, und genau das ist der Punkt. Der gesellige Besitzer arrangiert Aktivitäten für Gäste, darunter Kimono-Tragen, Stofffärben, Obstpflücken und Erkunden von Meereshöhlen. Nach Vorankündigung wird man auch vom Bahnhof Amino auf der Zuglinie Kyoto Tango (Tantetsu) abgeholt.

Hiroshima & West-Honshū

Inhalt ➜

Gut essen

- Okonomi-mura (S. 481)
- Takadaya (S. 513)
- Mamakari-tei (S. 513)
- Yabure-Kabure (S. 544)
- Sabō Kō (S. 532)

Schön übernachten

- Hattōji International Villa (S. 499)
- Benesse House (S. 504)
- Hiroshima Inn Aioi (S. 481)
- Hinoyama Youth Hostel (S. 543)
- Iwasō Ryokan (S. 487)

Auf nach Hiroshima und West-Honshū

West-Honshū (本州西部) hat gleich zwei Küsten. San-yō (wörtlich „sonnige Seite der Berge") am Seto-Binnenmeer wartet mit größeren Städten, verwinkelten Hafen- und Bergorten, Keramik und dem Hochgeschwindigkeitszug auf. Zudem findet man hier das vom Schicksal gebeutelte, blühende und herzliche Hiroshima.

Auf der anderen Seite der als Trennlinie fungierenden Chūgoku-Bergkette erstreckt sich San-in (wörtlich „im Schatten der Berge") am Japanischen Meer. Die Region prägen gemächliches Tempo, einsame Onsen-Dörfer, historische Stätten, windgepeitschte Ufer und große Gastfreundschaft.

Im Landesinneren führen Wanderwege durch Schluchten und Höhlen. Man kann auch das Festland verlassen und einen Trip zu den vielen verschiedenen Inseln der Inlandsee unternehmen oder zur abgeschiedenen zerklüfteten Oki-shotō im Japanischen Meer aufbrechen.

Reisezeit

Hiroshima

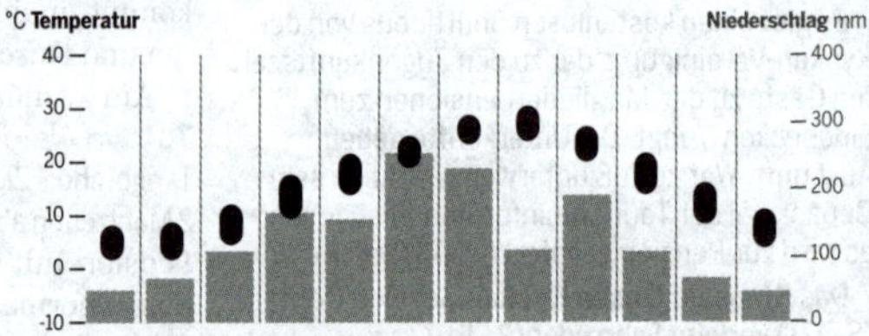

März–Mai & Sept.–Nov. Die beliebtesten Reisemonate. Mildes Klima, tolle Landschaften.

Juli–Sept. Auf den Inseln der Inlandsee und an der Meeresküste herrscht nun großer Andrang.

Aug. Mit Gottesdiensten und einem Fluss voller Laternen erinnert Hiroshima an den 6. August 1945.

Anreise & Unterwegs vor Ort

Der *shinkansen* (Hochgeschwindigkeitszug), der Osaka und Kyoto mit Okayama, Hiroshima und anderen Städten auf dem Weg nach Shimonoseki verbindet, ist das schnellste Verkehrsmittel an der Seto-Inlandsee von West-Honshū. Entlang des Japanischen Meeres verkehren diese Züge allerdings nicht. Die gesamte Strecke von Tottori nach Hagi wird von Zügen bedient, wobei unterwegs wunderschöne zerklüftete Küstenabschnitte warten. Weil das Bahnnetz eher löchrig ist, lassen sich die langsamen Regionalzüge kaum komplett vermeiden. Wer nicht viel Zeit hat und sich abseits der üblichen Touristenpfade bewegen möchte, mietet sich am besten ein Auto. Ziele im Landesinneren werden nur von wenigen Zügen und Bussen angesteuert. Die Hauptbahnstrecke zwischen den beiden Küsten verläuft zwischen Okayama und Yonago.

Setouchi Seaplanes (www.setouchi-seaplanes.com) bietet Panoramaflüge rund um die Seto-Inlandsee ab 32 000 ¥ für 50 Flugminuten.

HIROSHIMA & UMGEBUNG

Natürlich kann man sich schnurstracks nach Miyajima begeben, um einen Blick auf das schwimmende *torii* zu werfen, oder zum Friedenspark in Hirsohima, um zu erleben, wie die Einwohner der Stadt eine Tragödie in ein unerschütterliches Bekenntnis zum Frieden verwandelt haben.

Doch in der Region um Hiroshima laden viele weniger bekannte Attraktionen zu Entdeckungstouren ein. In den engen gepflasterten Straßen der Stadt Tomo-no-ura am Meer kann man wunderbar umherschlendern, in Onomichi locken die Tempel, in Saijō die vielen Sake-Brauereien, und der alte Shintō-Schrein in Ōmi-shima ist ein wunderbarer Ort der Reflektion.

Hiroshima 広島

☎082 / 1196 800 EW.

Für die meisten Menschen wird der Name Hiroshima immer Gedanken an den 6. August 1945 wecken, als die Stadt zum Ziel des ersten Atombombenangriffs der Welt wurde. Der Friedenspark dort erinnert ständig daran und ist mit seiner bewegenden Friedensbotschaft ein Magnet für Besucher aus aller Welt. Doch die grüne Stadt Hiroshima ist mit ihren breiten Boulevards und der entspannten Freundlichkeit alles andere als deprimierend. Heute dient die Stadt einer florierenden internationalen Community als Heimat und es lohnt sich, hier ein paar Nächte zu bleiben, um sie in ihrer ganzen Dynamik zu erleben.

Sehenswertes

Friedenspark

Der auf beiden Seiten von Flüssen gesäumte Friedenspark (平和記念公園; Karte S. 476; Heiwa-kinen-kōen; Genbaku-dōmu-mae) ist ein großes, grünes Gelände, das von Spazierwegen durchzogen und mit Denkmälern gespickt ist. Zentrales Element ist der längliche, baumbestandene Friedensteich, der zum **Kenotaph** (原爆死没者慰霊碑; Karte S. 476) führt, einem geschwungenen Betonmonument, das die Namen aller bekannten Opfer der Atombombe enthält. Am Teich steht zudem die **Flamme des Friedens** (平和の灯; Karte S. 476), die brennen soll, bis alle Nuklearwaffen der Welt zerstört sind.

Blickt man durch das Kenotaph den Teich hinab, fällt auf, dass es die Flamme des Friedens und den Atombombendom auf der anderen Flussseite umrahmt. Der Park wurde so angelegt, dass diese Elemente eine gerade Linie bilden mit dem Friedensmuseum am Südende.

Nördlich der durch den Park verlaufenden Straße erhebt sich das **Kinderdenkmal** (Karte S. 476) GRATIS. Die Idee dazu stammt von Sadako Sasaki, die beim Atombombenangriff zwei Jahre alt war. Als das elfjährige Mädchen von ihrer Leukämieerkrankung erfuhr, beschloss sie tausend Papierkraniche zu falten. In Japan symbolisiert der Kranich Glück und ein langes Leben. Sadako war überzeugt davon, gesund zu werden, wenn sie ihr Ziel erreichen würde. Sie starb, bevor sie ihr Vorhaben abschließen konnte, doch ihre Klassenkameraden führten es für sie zu Ende. 1958 wurde ihr zu Ehren ein Denkmal errichtet. Aufgrund dieser Geschichte lebte die alte Tradition in Japan wieder auf. Das Monument wird von Tausenden bunten Papierkranichen eingerahmt. Sie stammen von Schulkindern aus dem Land und aus der ganzen Welt.

Nicht weit entfernt stößt man auf das **Denkmal für die koreanischen Opfer** (韓国人原爆犠牲者慰霊碑; Karte S. 476). Im Zweiten Weltkrieg wurden viele Koreaner mit dem Schiff hergebracht und als Zwangsarbeiter eingesetzt. Deswegen stammte mehr als jedes zehnte Atombombenopfer

Highlights

1 Hiroshima (S. 473) In dieser kosmopolitischen Stadt über die tragische Vergangenheit nachdenken.

2 Naoshima (S. 501) Bewundern, wie auf dieser Insel Natur und moderne Kunst miteinander verschmelzen.

3 Miyajima (S. 485) Den schwimmenden Schrein fotografieren und in einem *ryokan* übernachten.

4 Shimanami Kaidō (S. 490) Inselhopping mit dem Rad über diese Brückenkette nach Shikoku.

5 Taikodani-Inari-jinja (S. 533) Im Bergort Tsuwano durch die Schreintore spazieren.

6 Onomichi (S. 489) Auf einer Tempeljagd den Fußspuren von Katzen folgen.

7 Izumo Taisha (S. 526) Auf Tuchfühlung mit Göttern gehen.

8 Oki-Inseln (S. 521) Abseits der Touristenpfade wandeln auf diesen Inseln mit ihrer reichen Natur und Kultur.

9 Matsue (S. 515) Einen Spaziergang rund um das Wasserschloss machen und den grandiosen Sonnenuntergang genießen.

10 Iwami Ginzan (S. 528) Das Silberminenareal, eine Welterbestätte, erkunden.

Kitagata
Fukura
Dōgo
Oki-Inseln
Nagu
Saigō
Nishino-shima
8 Oki-Inseln
Nakano-shima
Chiburi-jima
Daisen-Oki-Nationalpark
Shimane-Halbinsel
Shichiriui
Kaga
Sakai-minato
Miho-wan
Matsue 9
Hino-misaki
Hinomi-saki
Hirata
Flughafen
Izumo Taisha 7
Yasugi
Yonago
Izumo
Hirose
Daisen (1729 m)
Kurayoshi
Hamamura Onsen
Hawai Onsen
San-In-Küsten-Nationalpark
Higashi-hama
Higashi-hama
Uradome
Tottori
Iwai Onsen
PRÄFEKTUR TOTTORI
Ōda
Nima
Sanbe-san (1126 m)
10 Iwami Ginzan
Tsuyama
Chūgoku-Autobahn
Niimi
PRÄFEKTUR OKAYAMA
Tojo
Fukiya
Shōbara
Miyoshi
Takebe
Kamigori
Takahashi
Yoshinaga
Flughafen Okayama
Bizen
Hinase
Imbe
Ako
Takahashi-gawa
Sōja
Okayama
Saidaiji
PRÄFEKTUR HIROSHIMA
Ihara
Kurashiki
Ushimado
Fuchū
Inujima
Fukuyama
Tamashima
Flughafen Hiroshima
Kasaoka
Uno
Teshima
Shōdo-shima
Onomichi
2 Naoshima
Higashihiroshima
Mihara
Shiraishi-jima
Megijima
Ogijima
1 Hiroshima
6
Shikoku-mura
Takehara
Manabe-shima
Sanagi-jima
Takamatsu
Harima-nada Meer
Inno-shima
Tomo-no-ura
Setoda
Ikuchi-jima
Shiwaku-shotō
Marugame
Ōmi-shima
Binnenmeer
PRÄFEKTUR KAGAWA
Kure
Tadotsu
Kotohiragū
Ōshima
Shimanami Kaidō 4
Kanonji
Imabari
Hiuchi-Meer
Kashima
Hōjō
Niihama
PRÄFEKTUR TOKUSHIMA
Shikoku
Matsuyama
PRÄFEKTUR KŌCHI

Hiroshima

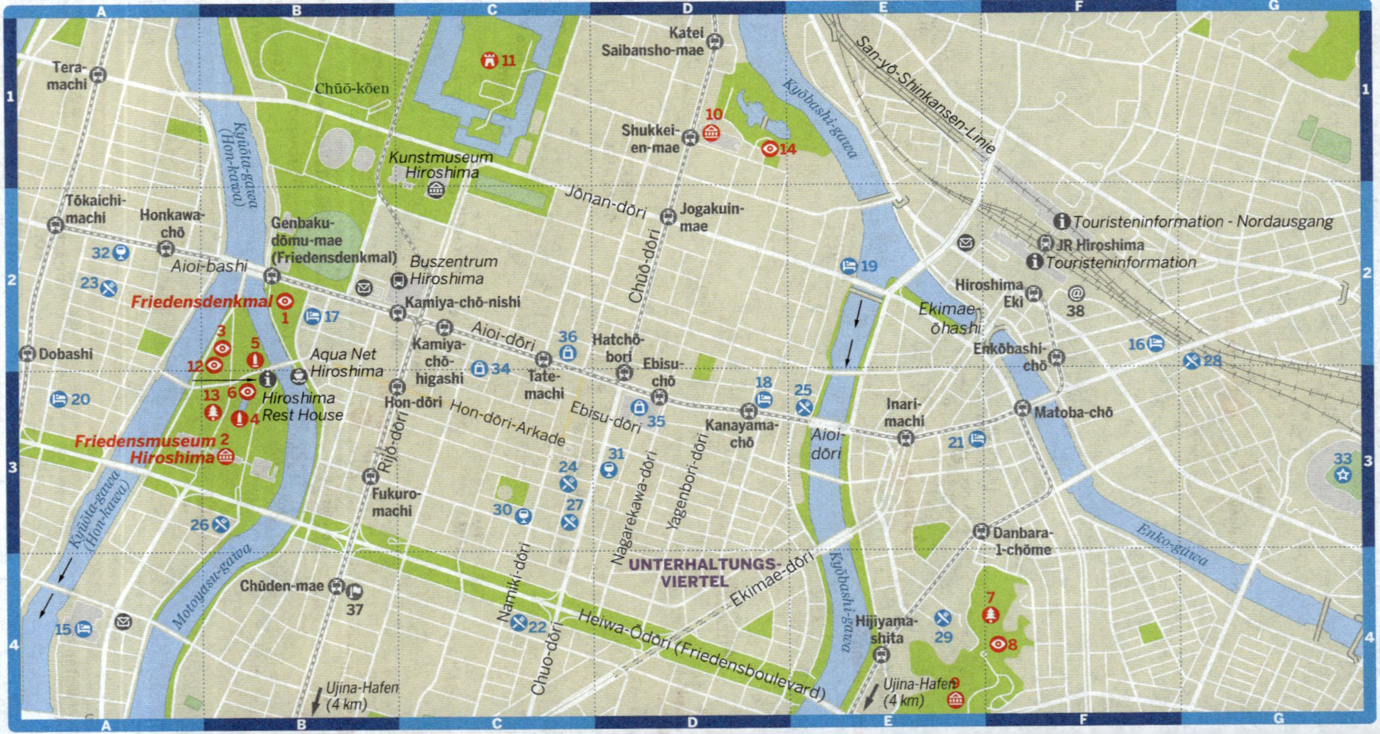
0 400 m
A B C D E F G
1 2 3 4
Tera-machi
Chūō-kōen
11
Katei Saibansho-mae
San-yō-Shinkansen-Linie
Kyōbashi-gawa
10
Shukkei-en-mae
14
Kyūōta-gawa (Hon-kawa)
Kunstmuseum Hiroshima
Jōnan-dōri
Jogakuin-mae
Tōkaichi-machi
Honkawa-chō
Genbaku-dōmu-mae (Friedensdenkmal)
Touristeninformation - Nordausgang
JR Hiroshima
Touristeninformation
32
Aioi-bashi
Buszentrum Hiroshima
Chūō-dōri
19
23
Friedensdenkmal 1
17
Kamiya-chō-nishi
Hiroshima Eki
38
Ekimae-ōhashi
3
5
Aioi-dōri
36
Hatchō-bori
Enkōbashi-chō
16
28
Dobashi
12
Aqua Net Hiroshima
Kamiya-chō-higashi
34
Tate-machi
Ebisu-chō
18
25
13
6
Hiroshima Rest House
4
20
Hon-dōri
Hon-dōri-Arkade
Ebisu-dōri
35
Kanayama-chō
Inari-machi
Matoba-chō
Friedensmuseum 2 Hiroshima
Rijō-dōri
Aioi-dōri
21
31
24
33
Fukuro-machi
30
27
Nagarekawa-dōri
Yagenbori-dōri
26
Danbara-1-chōme
Kyūōta-gawa (Hon-kawa)
Motoyasu-gawa
Enko-gawa
UNTERHALTUNGS-VIERTEL
Ekimae-dōri
Chūden-mae
37
Namiki-dōri
22
Chuo-dōri
Heiwa-Ōdōri (Friedensboulevard)
Kyōbashi-gawa
Hijiyama-shita
7
29
8
15
9
Ujina-Hafen (4 km)
Ujina-Hafen (4 km)

Hiroshima

Highlights
1 Atombombendom B2
2 Friedensmuseum Hiroshima B3

Sehenswertes
3 Atombombenhügel B2
4 Kenotaph B3
5 Kinderdenkmal B2
6 Flamme des Friedens B3
7 Hijiyama-kōen F4
8 Mangabibliothek Hiroshima-Stadt F4
9 Museum für Zeitgenössische Kunst Hiroshima-Stadt E4
10 Kunstmuseum der Präfektur Hiroshima D1
11 Hiroshima-jō C1
12 Denkmal für die koreanischen Opfer B2
13 Friedenspark B3
14 Shukkei-en D1

Schlafen
15 Aster Plaza International Youth House A4
16 Hana Hostel F2
17 Hiroshima Inn Aioi B2
18 Hotel Active Hiroshima D3
19 Hotel Flex E2
20 J-Hoppers Hiroshima A3
21 K's House Hiroshima E3

Essen
22 Hassei C4
23 Mequl A2
24 Okonomi-mura C3
25 Oyster Conclave Kaki-tei E3
26 Ristorante Mario B3
27 Shanti Vegan Cafe C3
28 Tanpopo G2
29 Tōshō E4

Ausgehen & Nachtleben
30 Koba C3
31 Molly Malone's D3
32 Organza A2

Unterhaltung
33 Mazda-Zoom-Zoom-Stadion G3

Shoppen
34 Global Lounge C2
35 Mitsukoshi D3
36 Tokyu Hands C2

Praktisches
37 Kanadisches Konsulat B4
38 Futaba@Cafe F2

aus Korea. Unmittelbar nördlich davon befindet sich der **Atombombenhügel** (Karte S. 476); in einem Gewölbe darunter liegt die Asche Tausender anonymer bzw. nicht identifizierter Opfer.

Es gibt im Park noch weitere Denkmäler und Statuen, zudem laden zahlreiche Bänke – beispielsweise am Ufer mit Blick auf das Friedensdenkmal (Atomic Bomb Dome) – zu einer Verschnaufpause und zum andächtigen Innehalten ein.

★ Friedensdenkmal HISTORISCHE STÄTTE
(原爆ドーム, Genbaku-Dom; Karte S. 476; Genbaku-dōmu-mae) GRATIS Zweifellos ist der Atomic Bomb Dome das intensivste Mahnmal des zerstörerischen Angriffs auf Hiroshima im Zweiten Weltkrieg. Das 1915 von einem tschechischen Architekten errichtete Gebäude diente als Sitz der Industrie- und Handelskammer, bevor fast direkt darüber die Atombombe explodierte. Alle Menschen, die sich hier aufhielten, kamen ums Leben, aber das Bauwerk selbst zählt zu den wenigen in der Nähe des Epizentrums, von denen noch etwas übrig blieb. Nach dem Krieg wurde entschieden, dass die Gebäudehülle als Gedenkstätte erhalten werden sollte.

★ Friedensmuseum MUSEUM
(広島平和記念資料館; Karte S. 476; www.pcf.city.hiroshima.jp; 1-2 Nakajima-chō, Naka-ku; Erw./Kind 200 ¥/frei; Aug. 8.30–19 Uhr, März–Juli & Sept.–Nov. bis 18 Uhr, Dez.–Feb. bis 17 Uhr; Genbaku-dōmu-mae oder Chūden-mae) Hiroshimas bedeutendstes Museum beherbergt im Hauptgebäude eine Sammlung von Habseligkeiten, die nach dem Atombombenangriff geborgen wurden. Die Exponate sind ergreifend und persönlich (zerrissene Kleider, die geschmolzene Brotdose eines Kindes, eine um 8.15 Uhr stehen gebliebene Uhr), zudem sind einige erschütternde Fotos zu sehen. Für Touristen gehört das aufwühlende Museum zum Pflichtprogramm in Hiroshima. Das östliche Gebäude ist der Stadtgeschichte gewidmet sowie der Entwicklung und der zerstörerischen Kraft von Atomwaffen.

Unbedingt sehenswert sind am Ausgang die Videoberichte von Zeitzeugen und das Gästebuch mit Eintragungen von führenden Persönlichkeiten aus aller Welt, darunter Barack Obama, der das Museum 2016 als erster Präsident der USA besuchte und als Geschenk zwei Origami-Kraniche mitbrachte.

Aktuell wird das Museum umfassend renoviert. Das Hauptgebäude bleibt von Februar 2017 bis zur großen Wiedereröffnung im Juni 2018 geschlossen. In der Zwischenzeit sind einige von dessen Exponaten im Ostgebäude ausgestellt. Über den aktuellen Stand informiert die Website, denn es kam bereits zu Verzögerungen.

Hiroshima-jō & Umgebung

Hiroshima-jō BURG

(広島城, Hiroshima Castle; Karte S. 476; 21-1 Moto-machi; ¥370; März–Nov. 9–18 Uhr, Dez.–Feb. bis 17 Uhr; Kamiya-chō) Ursprünglich stammt das auch Karpfenburg (Rijō; 鯉城) genannte Bauwerk aus dem Jahre 1589, doch es wurde nach der Meiji-Restauration größtenteils abgebaut und die Überreste fielen der Atombombe zum Opfer. 1958 errichtete man die Festung neu. Es gibt ein kleines Museum mit historischen Exponaten, am eindrucksvollsten ist jedoch der Burggraben, zudem lädt ein netter Park zu Spaziergängen ein.

Shukkei-en GARTEN

(縮景園; Karte S. 476; 2-11 Kami-nobori-chō, Naka-ku; 260 ¥; April–Sept. 9–18 Uhr, Okt.–März bis 17 Uhr; Shukkei-en-mae) 1620 wurde der Shukkei-en nach dem Vorbild des Westsees im chinesischen Hangzhou für den *daimyō* (Fürsten) Asano Nagaakira angelegt. Sein Name bedeutet „zusammengezogener Blick". Wege führen Besucher durch verschiedene Bereiche mit unterschiedlichen Aussichten um einen mit Inseln gespickten Teich.

Beim Atombombenangriff wurde die Anlage zerstört, dennoch blühten viele Bäume und Pflanzen im folgenden Jahr wieder. Seit Langem schon haben der Park und die Gebäude ihre frühere Pracht zurückerlangt.

Kunstmuseum der Präfektur Hiroshima KUNSTMUSEUM

(広島県立美術館; Karte S. 476; www.hpam.jp; 2-22 Kami-nobori-chō, Naka-ku; 510 ¥; Di–So 10–17 Uhr; Hijiyama-shita) Neben dem Shukkei-Garten zeigt das Kunstmuseum der Präfektur Hiroshima eine kleine Sammlung, darunter Salvador Dalís *Traum der Venus* und Werke von Hirayama Ikuo, der sich während des Atombombenangriffs in der Stadt aufhielt. Das Erdgeschoss beherbergt ein großes, helles Foyer mit hohen Fenstern und Blick in den Garten.

Hijiyama-kōen & Umgebung

Mangabibliothek Hiroshima-Stadt BIBLIOTHEK

(広島市まんが図書館; Karte S. 476; 082-261-0330; www.library.city.hiroshima.jp/manga; 1-4 Hijiyama-kōen; Di–So 10–17 Uhr; Hijiyama-shita) Die Bibliothek empfiehlt sich für Liebhaber von Mangas (japanischen Comics). Ein kleiner Bereich ist fremdsprachigen Mangas sowie einer Sammlung mit al-

DIE ERSTE ATOMBOMBE

Am 6. August 1945 warf der amerikanisch B-29-Bomber *Enola Gay* die Atombombe „Little Boy" über Hiroshima ab. Durch die 2000 °C heiße Detonationswelle wurden 90 % der Stadt zerstört und augenblicklich 80 000 Menschen getötet. Die Bombe explodierte über dem Stadtzentrum Hiroshimas, in dem viele hölzerne Wohnhäuser und Geschäfte standen. Dadurch entstanden massive Feuerbrünste, die drei Tage in der Stadt wüteten, durch beschädigte Gas- und Stromleitungen immer wieder neue Nahrung erhielten und 92 % aller Bauwerke vernichteten. 30 Minuten nach der Explosion ging nuklearer Niederschlag nieder, der 200 verschiedene Typen radioaktiver Isotope enthielt und die durstigen Verwundeten vergiftete, die ihn tranken.

An jenem Tag befanden sich etwa 350 000 Menschen in der Stadt. In den folgenden Monaten starben weitere 130 000 Menschen an den Folgen der nuklearen Strahlung und an anderen schädlichen Nebenwirkungen, darunter schwere Verbrennungen. Die meisten der Opfer waren Zivilisten, unter ihnen Feuerwehrmänner, 90 % aller Ärzte der Stadt, die zu Hilfe eilten, 20 000 koreanische Zwangsarbeiter und 6000 Mittelschüler, die in Erwartung regulärer Angriffe Feuerschneisen in der Stadt angelegt hatten.

Nach Angaben der japanischen Regierung waren 2015 noch etwa 187 000 Opfer des Atombombenabwurfs am Leben. Viele von ihnen waren traumatisiert oder litten an Krebs und anderen Nachwirkungen der nuklearen Strahlung. (Heute ist keine Reststrahlung mehr vorhanden.)

ten und seltenen Exemplaren gewidmet. Nachdem man sich die englischsprachige Broschüre besorgt hat, geht's hinauf in den zweiten Stock.

Museum für Zeitgenössische Kunst Hiroshima-Stadt KUNSTMUSEUM
(広島市現代美術館, MOCA; Karte S. 476; www.hiroshima-moca.jp; 1-1 Hijiyama-kōen; 370 ¥; ⏲ Di–So 10–17 Uhr; 🚋 Hijiyama-shita) Wer sich für zeitgenössische Kunst interessiert, besucht am besten dieses Museum in Hijiyama-kōen, das regelmäßig wechselnde Ausstellungen zeigt. Das Spektrum reicht von großflächigen Installationen bis zu Videokunst. Draußen befindet sich ein Skulpturengarten. Vor einem Besuch lohnt sich ein Blick auf die Website, da es manchmal Sonderausstellungen gibt (eventuell gesonderter Eintrittspreis).

Großraum Hiroshima

Mazda-Museum MUSEUM
(マツダミュージアム; ☎ 082-252-5050; www.mazda.com/about/museum; ⏲ Mo–Fr nach Anmeldung) GRATIS Besucherhighlight ist das eindrucksvolle 7 km lange Fließband. Werktags um 10 Uhr werden englischsprachige Führungen (90 Min.) angeboten. Über aktuelle Termine informieren die Website und die Touristeninformation. Man kann die erforderliche Anmeldung online oder telefonisch vornehmen.

Das Gebäude liegt einen kurzen Fußmarsch von der JR-Haltestelle Mukainada (向洋) – ab Hiroshima zwei Stopps auf der San yō Linie – entfernt.

Naka Incineration Plant ARCHITEKTUR
(環境局中工場, Kankyō-kyoku Naka Kōjō; 1-5-1 Minami-Yoshijima, Naka ku; ⏲ 9–16 Uhr) GRATIS Eine Müllverbrennungsanlage mag nicht sonderlich interessant klingen, für Architekturliebhaber lohnt das Gebäude jedoch einen Besuch. Der eindrucksvolle schlanke Bau am Meer aus Glas und Metall stammt von Taniguchi Yoshio, dem Mann hinter der Neugestaltung des New Yorker MoMA. Bemerkenswert ist der baumbestandene zentrale Lichthof, das Ecorium, von dem man die erstaunlich sauberen und ruhigen Abläufe in der Anlage beobachten kann. Die Aussichtsempore im sechsten Stock bietet einen Auslick übers Wasser.

Besucher können in Eigenregie das Ecorium und die Aussichtsempore erkunden. Infotafeln gibt's überall und im Büro im sechsten Stock ist eine Broschüre erhältlich. (Man sollte daran denken, dass hier kein Englisch gesprochen wird und dies keine Touristeninformation ist). Um hierherzugelangen nimmt man den Bus 24 nach Yoshijima Eigyō-sho, steigt an der Haltestelle Minami-Yoshijima aus (220 ¥, 20 Min.), läuft dann zurück zur Kreuzung und biegt rechts ab. In der Gegend riecht es nicht nach Müll, manchmal liegt jedoch ein wenig *furikake* (Würze) einer nahe gelegenen Anlage in der Luft.

LITERATUR ZU HIROSHIMA

- *Hiroshima* (1946) von John Hersey – Buch (erhältlich auf newyorker.com) des Pulitzer-Preis-Gewinners über die Atombombe.
- *Hiroshima: Three Witnesses* (1990), Hrsg. Richard H. Minear – Augenzeugenberichte dreier Autoren.
- *Schwarzer Regen* (1965) von Masuji Ibuse – Der Roman erzählt von Überlebenden.
- *Sadako und die tausend Papierkraniche* (1977) von Eleanor Coerr – Für jüngere Leser; basiert auf der wahren Geschichte von Sadako Sasaki.

Geführte Touren

Hiroshima Sightseeing Loop Bus BUS
(www.chugoku-jrbus.co.jp; einfache Fahrt/Tageskarte 200/400 ¥) Der Loop Bus *(meipurūpu)* verkehrt auf zwei sich überschneidenden Routen (orange und grün). Zu den Stopps zählen die Hauptattraktionen und die Museen der Stadt, darunter der Friedenspark und das Friedensdenkmal. Beide Linien starten und enden am *shinkansen*-Eingang (Nord) des Hauptbahnhofs und fahren etwa zwischen 9 und 18 Uhr (im Sommer wird die grüne Route länger bedient).

Fahrgäste können an jeder Haltestelle ein- und aussteigen. Auf beiden Routen fahren die Busse im Halbstundentakt, sodass etwa alle 15 Minuten ein Bus abfährt. Einzel- und Tageskarten kauft man beim Fahrer. JR-Pass-Inhaber können die Busse umsonst nutzen (JR-West-Pässe gelten hier nicht). Im Bus gibt's englischsprachige Durchsagen, die Hintergrundinfos zu den Sehenswürdigkeiten sind allerdings auf Japanisch.

HIROSHIMA AN EINEM TAG

Am Bahnhof Hiroshima fährt man mit dem Sightseeing Loop Bus (S. 479) oder einer Straßenbahn zum Frühstück ins hübsche Mequl (S. 481). Dann geht's zu Fuß zum nahen Friedensmuseum (S. 477), um still zu reflektieren und sich zu informieren, ehe die Touristenmassen eintreffen. Draußen im Friedenspark (S. 473) gibt man sich an der Flamme des Friedens (S. 473) seinen Gedanken hin, und lässt sich dann von den Origami-Kranichen, die Kinder aus aller Welt an das Kinderdenkmal (S. 473) geschickt haben, wieder aufheitern. Das Friedensdenkmal (S. 477) stand damals im Epizentrum der Explosion und blieb erhalten.

Weiter geht's zum Museum für Zeitgenössische Kunst Hiroshima-Stadt (S. 479) und zur nahe gelegenen Mangabibliothek (S. 478). Zeit für eine Stärkung: Bei Tanpopo (S. 482) in der Nähe des Bahnhofs Hiroshima gibt's *okonomiyaki* nach Art von Hiroshima. Danach folgt ein Spaziergang im Burggraben der Hiroshima-jō (S. 478) oder ein Besuch des chinesischen Gartens Shukkei-en (S. 478) und des angrenzenden Kunstmuseums der Präfektur Hiroshima (S. 478), um die Werke von Hirayama Ikuo zu betrachten, der sich während des Atombombenabwurfs in der Stadt aufhielt.

Abends probiert man im Oyster Conclave Kaki-tei (S. 483) Hiroshimas berühmte Austern und beendet den Tag im Organza (S. 483), einer verrauchten Lounge-Bar mit Live-Events.

Feste & Events

Friedensgedenkfeier GEDENKGOTTESDIENST
Am 6. August, dem Jahrestag des Atombombenangriffs, findet im Friedenspark ein Gedenkgottesdienst statt. In Erinnerung an die Toten treiben Tausende Papierlaternen den Kyūōta-gawa hinab zum Friedensdenkmal.

Schlafen

Hiroshimas Unterkünfte sammeln sich rund um den Bahnhof nahe dem Friedenspark und entlang den Hauptverkehrsadern Aioi-dōri und Heiwa-Ōdōri. Die Stadt ist allerdings so kompakt, dass die Hauptattraktionen unabhängig von der Lage des Quartiers nie mehr als einen kurzen Fußmarsch oder eine Straßenbahnfahrt entfernt sind.

★ **Hana Hostel** HOSTEL ¥
(広島花宿; Karte S. 476; ☎ 082-263-2980; www.hiroshima.hanahostel.com; 1-15 Kojin-machi; B/2BZ ab 2500/6800 ¥;) Hier gibt's Privatzimmer im japanischen und westlichen Stil, manche davon mit Privattoilette oder (sehr kleinem) eigenem Bad. Gemütliche Lampen und traditionelle Einrichtung machen die Tatamiräume zur besten Option. Einziger Nachteil ist der gelegentliche Lärm von der Straße und den Zügen. Alleinreisende bekommen ein Privatzimmer für den Preis eines Zweibettzimmers.

Vom Südeingang des Bahnhofs geht man links die Schienen entlang, lässt den Bahnübergang hinter sich und biegt rechts ab. Das Hostel befindet sich gegenüber dem Tempel.

★ **K's House Hiroshima** HOSTEL ¥
(ケイズハウス広島; Karte S. 476; ☎ 082-568-7244; www.kshouse.jp/hiroshima-e; 1-8-9 Matoba-chō; B/EZ/2BZ ab 2600/4800/7400 ¥; ; Matoba-chō) Eine praktische Lage in Bahnhofsnähe, kleine Schlafsäle und komfortable Tatamizimmer mit Gemeinschaftsduschen sowie etwas teurere westliche Quartiere mit eigenen Bädern. Die Küchenlounge ist modern und geräumig und das Personal hilfsbereit. Außerdem wartet das Hostel mit einer Dachterrasse auf.

Der Eingang liegt auf der hinteren Seite des Blocks – einfach bei der Aioi-dōri links halten.

J-Hoppers Hiroshima HOSTEL ¥
(ジェイホッパーズ広島ゲストハウス; Karte S. 476; ☎ 082-233-1360; http://hiroshima.j-hoppers.com; 5-16 Dobashi-chō; B/2BZ ab 2500/6000 ¥; ; Dobashi) Diese seit Langem beliebte, saubere Bleibe in der Nähe des Friedensparks erinnert eher an ein Wohnhaus als an ein gewöhnliches Hostel. In den Privatzimmern liegen Tatamimatten, und sogar in den Schlafsälen sorgen kleine Abteile für etwas Privatsphäre. Es ist klein, aber gemütlich. Die netten Mitarbeiter sprechen Englisch. Außerdem gibt's einen preiswerten Wäscheservice und Gästefahrräder. Alleinreisende müssen den vollen Preis für ein Doppelzimmer bezahlen.

★ Hotel Active Hiroshima HOTEL ¥¥
(ホテルアクティブ広島; Karte S. 476; ☎ 082-212-0001; www.hotel-active.com/hiroshima; 15-3 Nobori-chō; EZ/DZ inkl. Frühstück ab 5380/7300 ¥; ; Kanayama-chō) Mit seidiger Bettwäsche und indirekt beleuchteten Kopfenden an den Betten bietet das Hotel Active etwas mehr Stil als das durchschnittliche Businesshotel. Es liegt sehr zentral und Extras wie die kostenlose Nutzung von Getränkeautomaten, ein Spa sowie ein inbegriffenes Frühstücksbüfett sorgen für ein gutes Preis-Leistungs-Verhältnis.

Das Personal spricht etwas Englisch – es ist einfacher, telefonisch zu buchen als über die japanische Website.

Aster Plaza International Youth House HOTEL ¥¥
(広島市国際青年会館; Karte S. 476; ☎ 082-247-8700; http://hiyh.pr.arena.ne.jp; 4-17 Kako-machi; EZ/2BZ ab 4200/6420 ¥; ; Funairi-machi oder Shiyakusho-mae) Das von der Stadt betriebene Hotel (der Name ist irreführend – es ist kein Hostel) mit hübschem Blick von den oberen Etagen auf einem riesigen kulturellen Komplex verfügt über geräumige gut ausgestattete moderne Zimmer zu niedrigen Preisen – die ideale Bleibe für ausländische Budgetreisende. In der Lobby ist WLAN verfügbar, auf den Zimmern gibt's LAN-Anschlüsse. Um 1 Uhr wird das Gebäude abgeschlossen.

Hotel Flex HOTEL ¥¥
(ホテルフレックス; Karte S. 476; ☎ 082-223-1000; www.hotel-flex.co.jp; 7-1 Kaminobori-chō; EZ/DZ inkl. Frühstück ab 7150/12 100 ¥;) Geschwungene Linien und Beton sind die Markenzeichen dieses Hotels am Fluss. Die Standardzimmer sind klein, alternativ stehen eine geräumigere Maisonette und ein Raum mit hohen Decken zur Verfügung. Alle Unterkünfte sind hell und haben große Fenster, die am Fluss bieten einen tollen Ausblick. Im Erdgeschoss gibt's ein helles, luftiges Café, wo das im Preis inbegriffene Frühstück (ein Sandwich und ein Getränk) serviert wird.

★ Hiroshima Inn Aioi RYOKAN ¥¥¥
(広島の宿相生; Karte S. 476; ☎ 082-247-9331; www.galilei.ne.jp/aioi; 1-3-14 Ōtemachi; Zi. inkl. Mahlzeiten ab 19 900 ¥ pro Pers.; ; Genbaku-dōmu-mae) In diesem edlen traditionellen Gasthaus können sich Gäste im Yukata zurücklehnen, vom Tatamizimmer den Blick auf die Stadt und den Park genießen oder sich in dem großen Bad in der siebten Etage entspannen. Dazu wird gute traditionelle Küche serviert, allerdings stehen nur Frühstück und Abendessen zur Auswahl.

Die freundlichen Angestellten sprechen nur wenig Englisch, bemühen sich aber sehr.

Essen

Die Metropole ist berühmt für Austern und *okonomiyaki* (herzhafte Kohlpfannkuchen mit Gemüse und Meeresfrüchten oder auf einem Blech gebackenes Fleisch). Die hiesige Version, *hiroshima-yaki*, hat verschiedene Schichten und Nudeln als Hauptzutat.

Hiroshimas bekanntestes kulinarisches Souvenir ist *momiji-manjū*, ein waffelähnlicher Kuchen in der Form eines Ahornblatts, gefüllt mit süßer Bohnenpaste.

★ Okonomi-mura OKONOMIYAKI ¥
(お好み村; Karte S. 476; www.okonomimura.jp; 2.–4. OG, 5-13 Shintenchi; Gerichte 800–1300 ¥; 11–2 Uhr; ; Ebisu-chō) Die regelrechte Institution Hiroshimas ist eine touristische, aber unterhaltsame Adresse, um *okonomiyaki* zu kosten und einen Plausch mit den Köchen zu halten. Auf drei Etagen servieren 25 Stände herzhafte Varianten der hiesigen Spezialität. Einfach ein Stockwerk wählen und sich an dem Stand, der einen am meisten anspricht, einen leeren Stuhl suchen.

Die Treppe zum Eingang befindet sich abseits der Chūō-dōri, gegenüber dem Platz vor dem weißen Einkaufszentrum Parco.

★ Hassei OKONOMIYAKI ¥
(八誠; Karte S. 476; ☎ 082-242-8123; 4-17 Fujimi-chō; Gerichte 600–1300 ¥; Di–Sa 11.30–14 & 17.30–23, So 17.30–23 Uhr; ; Chūden-mae) Berühmte (und weniger berühmte) zufriedene Gäste haben sich an den Wänden dieses beliebten Lokals, das sich auf *okonomiyaki* spezialisiert hat, mit ihrer Unterschrift verewigt. Die leckeren, großzügigen Portionen sind tatsächlich mehr als zufriedenstellend – vielen Mittagsgästen reicht eine halbe Portion.

Das Hassei liegt an einer Nebenstraße einen Block südlich der Heiwa-Ōdōri.

Mequl CAFÉ ¥
(喫茶めくる; Karte S. 476; ☎ 082-296-9023; www.mequl.jp; 1-6-29 Tōkaichimachi; Mahlzeiten 880–1080 ¥; Do–Di 8–18 Uhr; ; Honkawa-cho) In diesem Café spiegelt sich die charmante Persönlichkeit seines Besitzers wider: Hippe aufgearbeitete Holzmö-

bel und Pflanzen schmücken den hohen Raum, zudem sind die hausgemachten Köstlichkeiten ausgestellt. Der Kaffee und die Frühstücksspeisen sind gut, das Mittagsmenü beinhaltet rohen Lachs mit Avocado. Vom Friedensdenkmal kommend, überquert man die Brücke, biegt an der dritten Straße links und dann an der zweiten Straße rechts ab.

Shanti Vegan Cafe VEGAN ¥

(Karte S. 476; 082-247-8529; 2. OG, 2-20 Mikawatyo; Menü 1500 ¥, Sa & So 2000 ¥; Di–Fr 12–15, Sa & So bis 17 Uhr; ; Tomachi) Ein sauberes, ruhiges Café, in dem die Gäste auf Tatamimatten sitzen und geschmackvolle *shōjin-ryōri*-Gerichte essen, buddhistische vegetarische Speisen, bei denen in jedem Gericht fünf Farben und fünf Aromen ausbalanciert sind. Hier umfasst das Mittagsmenü Wildreis, Salate, Burger ohne Brot, Dessert und Tee. Alles wird aus Biozutaten und ohne Fleisch und Molkereiprodukte zubereitet. Lecker sind auch die Soja-Smoothies.

Tanpopo OKONOMIYAKI ¥

(たんぽぽ; Karte S. 476; 082-263-2077; 3-4 Higashi-kōjin-machi; okonomiyaki 770–1070 ¥; 11–21 Uhr;) Seit Jahren serviert hier ein Ehepaar abseits der Menschenmenge würzige *Hiroshima-yaki*. Es gibt nur ein paar Tische - die meisten Gäste sitzen ohnehin an der langen Bar und essen die lokale Spezialität, die mit Schichten von Kohl, *soba* und knusprigem Tintenfisch zubereitet wird, mit einem Metallspatel direkt von der heißen Platte.

Man findet es neben der Bahnstrecke; auf die grüne Markise und die gelben Laternen achten.

★ **Tōshō** TOFU ¥¥

(豆匠; Karte S. 476; 082-506-1028; www.tou fu-tosho.jp; 6-24 Hijiyama-chō; Menüs 1620–3240 ¥; 11–15 & 17–22, So bis 21 Uhr; ; Danbara-1-chōme) Das Restaurant ist in einem traditionellen Holzgebäude mit Blick auf einen großen Garten mit Teich und Wasserfall untergebracht. Es ist auf hausgemachten Tofu spezialisiert, der in verschiedenen leckeren, wunderschön präsentierten Varianten von in Kimonos gekleidetem Personal serviert wird. Sogar die Süßspeisen sind auf Tofubasis. Es gibt unterschiedliche Menüs und auf der Speisekarte findet man ein paar Bilder und einfache englische Beschreibungen. Wünsche von Vegetariern kann das Tōshō ebenfalls erfüllen.

Von der Straßenbahnhaltestelle aus geht man weiter in Fahrtrichtung und biegt nach dem Hijiyama-Schrein bergaufwärts links ab.

ABSTECHER

SAKESTADT SAIJŌ

In Saijō (西条), gleich östlich von Hiroshima, wird bereits seit rund 300 Jahren Reiswein hergestellt. Hier gibt's sieben Brauereien, die alle vom Bahnhof der Stadt gut zu Fuß erreichbar sind, und die meisten öffnen ihre Türen gern für neugierige und durstige Besucher und veranstalten kostenlose Sake-Proben. Eine Einführung zum Thema Sake und zu den Spezialitäten der einzelnen Brauereien der Stadt ist unter www.saijosake.com erhältlich.

Eine der bekanntesten Sake-Brauereien der Stadt, **Kamotsuru** (賀茂鶴; 082-422-2121; www.kamotsuru.jp; 4-31 Saijō-honmachi; 9–16.30 Uhr), lohnt mit seinem großen Verköstigungsraum, in dem ein Video über den Bezirk gezeigt wird, einen Besuch. **Hakubotan** (白牡丹; 082-422-2142; www.hakubotan.co.jp; 15-5 Saijō-honmachi), eine der ältesten Sake-Brauereien Saijōs, hat eine hübsche detailreiche Ausstellung und einen Probierraum mit Munakata-Holzfarbschnitten an den Wänden. Nachdem man genug Reiswein gekostet hat, kann man dem Sakegott im **Matsuo-jinja** einen kurzen Fußmarsch nördlich des Bahnhofs von Saijō seine Aufwartung machen.

Am zweiten Oktoberwochenende zieht das wunderbare **Saijō Sake Matsuri** (西条酒祭り; www.sakematsuri.com) mit Weinproben und Veranstaltungen jede Menge Besucher nach Saijō.

Die Stadt liegt an der Sanyō-Linie und ist eine 35-minütige Zugfahrt von Hiroshima (580 ¥) entfernt. In der zweiten Etage des Bahnhofs hält die **Touristeninformation** (2. OG, Bahnhof Saijō; Di–So 10–16 Uhr) einen guten englischsprachigen Stadtplan bereit, in dem die Lage der Sake-Brauereien eingezeichnet ist.

Oyster Conclave Kaki-tei FISCH & MEERESFRÜCHTE ¥¥
(牡蠣亭; Karte S. 476; ☎082-221-8990; www.kakitei.jp; 11 Hashimoto-chō; Hauptgerichte 800–1800 ¥; ⊙11.30–14.30 & 17–22 Uhr, Di & 1. & 3. Mi im Monat geschl.; ; Kanayama-chō) Wer Lust auf köstliche Varianten hiesiger Austern hat, ist in diesem intimen Bistro am Fluss richtig. Das Mittagsmenü umfasst verschiedene Austernvariationen, Salat und Suppe; abends gibt's Speisen à la carte.

Ristorante Mario ITALIENISCH ¥¥
(リストランテマリオ; Karte S. 476; ☎082-248-4956; www.sanmario.com; 4-11 Nakajima-chō; Hauptgerichte 1200–1800 ¥; ⊙11.30–14.30 & 17–22 Uhr; ; Chūden-mae) Gegenüber vom Friedenspark serviert das gemütliche, mit Efeu berankte Restaurant ehrliche italienische Küche. Der Service ist gut und abends ist die Atmosphäre sehr romantisch. Am Wochenende sollte man reservieren.

Ausgehen & Nachtleben

Hier gibt's Läden für jede Stimmung. Das wichtigste Ausgehviertel der Stadt wartet mit Hunderten Kneipen, Restaurants und Karaokebars in den Straßen zwischen der Aioi-dōri und Heiwa-Ōdōri auf. Meist werden dort auch leichte Gerichte oder Snacks serviert und teilweise treten zudem Livebands auf.

★ **Organza** BAR
(ヲルガン座; Karte S. 476; ☎082-295-1553; www.organ-za.com; 2. OG, Morimoto Bldg, Tōkaichi-machi; ⊙Di–Fr 17.30–2, Sa 11.30–2, So 11.30–24 Uhr; Honkawa-chō) Bücherregale, altmodische Möbel, ein Klavier und ein ausgestopfter Hirschkopf machen die geschäftige Atmosphäre dieser verrauchten Loungebar aus. Zum Programm gehören Liveveranstaltungen von Akustikgitarrenkonzerten bis Kabarett (manchmal mit Eintritt). Essen wird auch serviert, Mittagessen aber nur am Wochenende.

★ **Koba** BAR
(コバ; Karte S. 476; ☎082-249-6556; 3. OG, Rego Bldg, 1-4 Naka-machi; ⊙Do–Di 18–2 Uhr; Ebisu-chō) Die entspannte Bar verspricht einen guten Abend. Ihr freundlicher Betreiber „Bom-san" liebt Metal-Musik, serviert zu den Getränken auch kleine, leckere Gerichte. Gelegentlich wird Livemusik gespielt.

Das Koba befindet sich oben in einem Betongebäude direkt hinter dem Stussy.

HIROSHIMA IM FILM

Der japanische Animationsfilm *In This Corner of the World* (2016; この世界の片隅に, *Kono Sekai no Katasumi ni*), der durch Crowdfunding finanziert wurde, zeichnet ein Bild des Lebens in Hiroshima in den 1930er-Jahren.

Molly Malone's PUB
(Karte S. 476; ☎082-244-2554; www.mollymalones.jp; 4. OG, Teigeki Bldg, 1-20 Shintenchi; ⊙Mo–Do 17–1, Fr 17–2, Sa 11.30–2.30, So 11.30–24 Uhr; Ebisu-chō) Verlässliches Pub mit herzlichem irischem Betreiber, gutem Bier, leckerem Essen und gelegentlicher Livemusik. Zieht ein gemischtes Publikum aus ortsansässigen Ausländern und Japanern an.

☆ Unterhaltung

Mazda Zoom Zoom Stadium STADION
(Städtisches Stadion Hiroshima; Karte S. 476; 2-3-1 Minami-Kaniya) Dieses Stadion eignet sich wunderbar, um eine Baseballpartie der Carps, der Lokalmatadoren, anzusehen. Es liegt einen kurzen Fußmarsch südöstlich des Bahnhofs – einfach den Schildern und den rot markierten Wegen folgen.

Man muss auch kein Fan der Sportart sein, denn für Unterhaltung sorgen allein schon die lauten, gut organisierten Anhänger, insbesondere wenn die Erzrivalen, die Tokyo Giants, nach Hiroshima kommen. Infos zu den Spielplänen auf Englisch gibt's unter www.japanball.com und in der Touristeninformation.

Shoppen

In den vielen Läden der geschäftigen überdachten Hon-dōri-Arkade gibt's u. a. Kleider, Schuhe und Accessoires. Wer eine Shoppingpause braucht, findet vor Ort Cafés. Die Namiki-dōri, eine weitere Einkaufsstraße, säumen mehrere schicke Boutiquen. In Hiroshima sind außerdem Filialen großer Kaufhausketten ansässig, darunter **Tokyu Hands** (東急ハンズ広島店; Karte S. 476; http://hiroshima.tokyu-hands.co.jp; 16-10 Hatchōbori; ⊙So–Do 10–20 Uhr; Tate-machi) mit einem großen Sortiment an Haushaltswaren, Trendartikeln und Geschenken sowie das schicke **Mitsukoshi** (広島三越; Karte S. 476; http://mitsukoshi.mistore.jp/store/hiroshima; 5-1 Ebisu-chō; ⊙10.30–19.30 Uhr; Ebisu-chō) mit Designermarken und einer tollen Lebensmittelabteilung im Untergeschoss.

Praktische Informationen

GELD

Im Higashi-Postamt gibt's einen Wechselschalter und Geldautomaten, die ausländische Karten akzeptieren. Auch an den Bankautomaten der 7-Eleven-Filialen können Traveller Geld abheben. Die Touristeninformationen verfügen über eine Liste von Banken und Postämtern, die Geld wechseln und Reiseschecks einlösen.

INTERNETZUGANG

In verschiedenen Bereichen von Hiroshimas Innenstadt ist kostenloses (zuweilen störanfälliges) WLAN verfügbar, u. a. im Friedenspark, entlang der Hon-dōri und Ebisu-dōri sowie in einigen Museen. Das Netzwerk nennt sich „Hiroshima Free Wi-fi" und man muss sich zunächst registrieren. Die Nutzung ist auf 30 Minuten begrenzt, allerdings kann man sich beliebig oft wiedereinloggen. Alternativ gibt's in der **Global Lounge** (グローバル・ラウンジ; Karte S. 476; www.hiroshima-no1.com/lounge.html; 2. OG, Kensei Building, 1-5-17 Kamiya-chō; ⌚ Mo–Do 11.30–21, Fr & Sa bis 23 Uhr; 🚋 Kamiya-chō-higachi) Computer mit Internetzugang.

TOURISTENINFORMATION

Neben den Touristeninformationen bietet die Website von Hiroshima Navigator (www.hcvb.city.hiroshima.jp) Tipps für Besucher und praktische Infos, zudem kann man Audioguides für die Sehenswürdigkeiten herunterladen. Das von Ausländern betriebene (Online-)Magazin *Get Hiroshima* (www.gethiroshima.com) beinhaltet einen Veranstaltungskalender, Restaurant- und Barbewertungen sowie regelmäßige Autorenbeiträge.

Hiroshima Rest House (広島市平和記念公園レストハウス; Karte S. 476; ☎ 082-247-6738; www.mk-kousan.co.jp/rest-house; 1-1 Nakajima-machi; ⌚ Aug. 8.30–19 Uhr, März–Juli bis 18 Uhr, Dez.–Feb. bis 17 Uhr; 🚋 Genbaku-dōmu-mae) Im Friedenspark neben der Motoyasu-bashi-Brücke bietet das Touristenbüro umfassende Informationen, englischsprechende Mitarbeiter und einen kleinen Souvenirladen.

Touristeninformation (観光案内所; Karte S. 476; ☎ 082-261-1877; ⌚ 9–17.30 Uhr) Das Büro mit englischsprachigem Personal befindet sich im Bahnhof nahe dem Südausgang. Es gibt eine weitere Stelle am *Nord-(shinkansen-)Ausgang* (Karte S. 476; ☎ 082-263-6822; ⌚ 9–17.30 Uhr).

An- & Weiterreise

BUS

Fernbusse verbinden Hiroshima mit allen Großstädten. Sie starten am **Buszentrum Hiroshima** (広島バスセンター; Karte S. 476; www.h-buscenter.com; 6-27 Motomachi; 🚋 Kamiya-chō-nishi), das sich im Stadtzentrum in der dritten Etage zwischen den Einkaufszentren Sogo und AQ'A befindet.

FLUGZEUG

Zwischen dem **Hiroshima Airport** (☎ 082-231-5171; www.hij.airport.jp), 40 km östlich des Zentrums, und dem Hauptbahnhof verkehren Busse (1340 ¥, 45 Min., alle 15–30 Min.). Ab dem Flughafen fahren sie von 8.30 bis 21.40 Uhr, ab dem Hauptbahnhof (*shinkansen*-Ausgang) von 6 bis 19.20 Uhr

SCHIFF/FÄHRE

Von Hiroshimas Hafen nach Matsuyama in Shikoku verkehren Standardautofähren (Erw./Kind 3600/1800 ¥, 2 Std. & 40 Min., 10-mal tgl.) und Hochgeschwindigkeits-„Super-Jets" (Erw./Kind 7100/3550 ¥, 1¼ Std., 12-mal tgl.) von **Setonaikai Kisen Ferry** (瀬戸内海汽船フェリー; ☎ 082-253-1212; www.setonaikaikisen.co.jp). Der Hafen (広島港) ist die Endhaltestelle der Straßenbahnlinien 1, 3 und 5 Richtung Ujina (宇品).

Setonaikai bietet auch eine Schnellbootverbindung nach Miyajima (S. 488) (einfache Fahrt 1850 ¥, 30 Min., alle 1–2 Std.).

ZUG

Der Bahnhof liegt an der JR-San-yō-Linie, die westwärts nach Shimonoseki verläuft. Er ist zudem ein Stopp der *shinkansen*-Route Tokio–Osaka–Hakata. Aus Tokio oder Kyoto kommend, muss man eventuell in Osaka oder Okayama umsteigen. Einige Beispiele für *shinkansen*-Tarife ab Hiroshima:

Hakata 9150 ¥, 65 Min.

Osaka 10 440 ¥, 1½ Std.

Tokio 19 080 ¥, 4 Std.

Unterwegs vor Ort

Die meisten Sehenswürdigkeiten in Hiroshima erreicht man zu Fuß oder nach kurzer Straßenbahnfahrt. Zudem verbindet ein praktischer **Sightseeing-Ringbus** (S. 479), in dem man nach Belieben ein- und aussteigen kann, die Hauptattraktionen miteinander.

FAHRRAD

Hiroshima ist ziemlich kompakt und deswegen ein guter Ort für Radfahrer. Viele Herbergen und Hotels vermieten für gut 500 ¥ pro Tag Fahrräder.

STRASSENBAHN

Hiroshimas Straßenbahnen (www.hiroden.co.jp) bringen Fahrgäste für den Standardtarif von 160 ¥ fast überall hin. Bezahlt wird beim Aussteigen am Automaten beim Fahrer. Wer umsteigen muss, sollte nach einem *norikae-ken* (Anschlussticket) fragen.

Ab vier Straßenbahnfahrten pro Tag lohnt sich der Kauf einer Trip Card für einen Tag (600 ¥), mit der man beliebig oft fahren kann. Eine Tageskarte für die Straßenbahn inklusive Hin- und Rückfahrt nach/von Miyajima kostet 840 ¥.

Der drei Tage gültige „Visit Hiroshima Tourist Pass" (Small Area) für 1000 ¥ ist ebenfalls ein Schnäppchen, denn damit kann man die Straßenbahn, den Sightseeing-Ringbus, die Ringbusse und die Fähre von/nach Miyajima nutzen. Man erhält die Tickets bei der Straßenbahnhaltestelle am Bahnhof sowie bei den Fahrern (nur Karten für einen Tag) und in verschiedenen Unterkünften.

Miyajima 宮島

0829 / 2015 EW.

Diese kleine Insel wartet mit einer der meistbesuchten Touristenattraktionen Japans auf: Ihr Highlight ist das viel fotografierte zinoberrote *torii* (Schreintor) des Itsukushima-jinja, das bei Flut auf den Wellen zu treiben scheint. Der Schrein zählt zu den drei schönsten Motiven des Landes und gehört zum UNESCO-Welterbe. Am stimmungsvollsten ist er zum Sonnenuntergang oder nach Einbruch der Dunkelheit, wenn er beleuchtet wird.

Davon abgesehen lockt Miyajima mit einigen guten Wanderwegen zum heiligen Misen, Tempeln und frechen Rehen, die machen, was sie wollen, z. B. Karten (oder JR-Pässe) aus Taschen stibitzen und verzehren, wenn man nicht aufpasst.

Sehenswertes

Um direkt zum *torii* (Schreintor) des Itsukushima-jinja zu gelangen, hält man sich nach der Ankunft am Fährhafen rechts und folgt zehn Minuten dem Küstenverlauf.

Einen Block hinter dem Meer erstreckt sich die Haupteinkaufsstraße Omotesando voller Souvenirgeschäfte und Restaurants. Hier stößt man außerdem auf den größten *shakushi* (Reislöffel) der Welt.

★ Itsukushima-jinja SHINTO-SCHREIN

(厳島神社; Karte S. 486; 1-1 Miyajima-chō; 300 ¥; März–Mitte Okt. 6.30–18 Uhr, Mitte Okt.–Nov., Jan. & Feb. bis 17.30 Uhr, Dez. bis 17 Uhr) Der Schrein geht auf das späte 6. Jh. zurück und gab Miyajima den eigentlichen Namen.

Seine pierähnliche Bauweise hat mit dem heiligen Status der Insel zu tun. Einfache Bürger durften Miyajima nicht betreten und kamen deshalb nur per Boot durch das **torii** (Schreintor; 大鳥居; Karte S. 486) der Bucht zum Schrein. Meist werden beide allerdings von Schlamm umgeben. Den klassischen Blick auf das „schwimmende" *torii* genießt man nur bei Flut.

Die heutige Form des Schreins stammt aus dem Jahr 1168, als er unter der Schirmherrschaft von Taira no Kiyomori, Anführer des zum Untergang verurteilten Heike-Clans, wiederaufgebaut wurde. An einer Seite des Schreins befindet sich eine **schwimmende Nō-Bühne** (能舞台; Karte S. 486), die 1680 vom lokalen Herrscher Asano Tsunanaga errichtet wurde und vom 16. bis 18. April noch immer für Nō-Aufführungen (traditionelles Tanztheater) genutzt wird.

Senjō-kaku BEMERKENSWERTES GEBÄUDE

(Karte S. 486; 1-1 Miyajima-chō; 100 ¥; 8.30–16.30 Uhr) Nördlich des Itsukushima-jinja thront dieser riesige, 1587 von Toyotomi Hideyoshi entworfene Pavillon auf einem Hügel. Massive Pfeiler und Balken tragen die atmosphärische Halle, deren Decke Gemälde schmücken. Vom Gebäude blickt man auf eine farbenprächtige fünfstöckige **Pagode** (五重塔) aus dem Jahre 1407.

Daigan-ji BUDDHISTISCHER TEMPEL

(大願寺; Karte S. 486; 3 Miyajima-chō; 9–17 Uhr) GRATIS Miyajima wartet mit mehreren wichtigen buddhistischen Tempeln auf, darunter der 1201 errichtete Daigan-ji unmittelbar südlich des Itsukushima-jinja. Er geht auf die Heinan-Zeit zurück und ist Benzaiten gewidmet, der japanischen Saraswati (Hindugöttin des Glücks). Das Bild des sitzenden Yakushi Nyorai soll von Kōbō Daishi stammen.

★ Daishō-in BUDDHISTISCHER TEMPEL

(大聖院; Karte S. 486; 210 Miyajima-chō; 8–17 Uhr) GRATIS Südlich der Stadt am Fuß des Misen gelegen, lohnt der Daishō-in einen Zwischenstopp auf dem Weg den Berg hinauf oder hinunter. In dem Tempel der Shingon-Schule gibt's einiges Interessantes zu entdecken – von buddhistischen Gemälden und Gebetsrädern bis hin zu *tengu* (vogelartigen Dämonen) mit scharfen Schnäbeln und einer Höhle, in der alle 88 Shikoku-Pilgertempel abgebildet sind. Vom Fährterminal sind es 15 Gehminuten bis zum Daishō-in, wer hinauf zum Gipfel des Misen wandern möchte, sollte weitere 90 Minuten einplanen.

Momiji-dani-kōen PARK

(紅葉谷公園; Momiji-dani-Park; Karte S. 486) Im Herbst tauchen die Ahornbäume (Momiji heißt „Ahorn") den Park am Fluss beim Misen nahe der Seilbahnstation in leuchtend bunte Farben.

Miyajima

Miyajima

Highlights

1 Daishō-in B3
2 Schwimmendes torii B2
3 Itsukushima-jinja B2

Sehenswertes

4 Daigan-ji B2
5 Schwimmende Nō-Bühne B2
6 Geschichts-& Folkloremuseum Miyajima . B2
7 Momiji-dani-kōen C3
8 Senjō-kaku B2
9 Tahō-tō B3

Schlafen

10 Guest House Kikugawa C1
11 Iwasō Ryokan C3
12 Yamaichi Bekkan C1

Essen

13 Baccano B2
14 Mame-tanuki B2
15 Sarasvati B2
16 Yakigaki-no-hayashi B2

Tahō-tō PAGODE

(多宝塔; Karte S. 486) Südlich des Itsukushima-jinja führen Steinstufen vor dem Geschichts- & Folkloremuseum zu einer malerischen Pagode. Dort kann man einem hübschen kurzen Pfad zurück zur Straße folgen.

Geschichts-& Folkloremuseum Miyajima MUSEUM

(歴史民俗資料館; Karte S. 486; 57 Miyajima-chō; 300 ¥; ⏲ Di–So 8.30–17 Uhr) In einem Kaufmannshaus aus dem 19. Jh. mit einem ansprechenden Garten zeigt das Museum Ausstellungen zum Thema Handel in der Edo-Zeit und Exponate zur Insel.

Aktivitäten

★ **Misen & Seilbahn** WANDERN

(弥山; www.miyajima-ropeway.info; Seilbahn einfach/hin & zurück Erw. 1000/1800 ¥, Kind 500/900 ¥; ⏲ Seilbahn 9–17 Uhr) Der heilige, friedvolle, von Primärwald bedeckte Misen ist Miyajimas höchster Berg (530 m). Seine Besteigung gilt als schönste Wanderung auf der ganzen Insel. Wer sich den aufwärts führenden Abschnitt dabei ersparen möchte, nimmt die zweistufige **Seilbahn** mit ihrem schwindelerregenden Meerblick und legt nur die restlichen 30 Minuten bis zum Gipfel mit großartiger Aussichtsplattform zu Fuß zurück.

Am Aussichtspunkt auf dem Gipfel kann man sich auf den Plattformen aus Holz entspannen und den Rundumblick genießen. An klaren Tagen reicht die Sicht bis zur Gebirgskette von Shikoku.

Im Tempel nahe dem Gipfel meditierte Kōbō Daishi nach seiner Rückkehr aus China im 9. Jh. 100 Tage lang. Neben der Haupthalle brennt eine Flamme, die noch nie erloschen ist, seit Kōbō Daishi sie vor 1200 Jahren entzündete. Vom Tempel verläuft ein Weg bergab zum Daishō-in und zum Itsukushima-jinja. Der Abstieg dauert eine gute Stunde; alternativ fährt man mit der Seilbahn hinunter. Oben auf dem Berg rund um die Seilbahnstation entdeckt man manchmal Affen und Rehe.

Die Seilbahnstation (Momiji-dani-Station) hinauf zum Misen liegt zehn Gehminuten vom Momiji-dani-kōen entfernt. Zudem verkehrt ein kostenloser Shuttlebus alle 20 Minuten von einer Haltestelle nahe dem Iwasō Ryokan.

Geführte Touren

Paddle Park KAJAKFAHREN

(☎0829-50-4340; www.paddlepark.com; halb-/ganztägiger Kurs 6480/10 800 ¥) Im Rahmen einer Kajaktour lässt sich das schwimmende *torii* aus einer anderen Perspektive bestaunen. Paddle Park bietet halb- und ganztägige Kurse sowie einen abendlichen Ausflug an. Los geht's auf dem Festland nahe der Haltestelle Maezora, einen Stopp von Miyajima-guchi entfernt. Manchmal kann man sogar durch das Schreintor selbst fahren.

Feste & Events

★ Kangen-sai RELIGIÖSES RITUAL

Bei diesem Fest schaukeln dekorierte Holzboote zu den Klängen traditioneller Trommeln und Flöten auf dem Wasser. Die Feier findet im Sommer am frühen Abend des 17. Tages im sechsten Monat des Mondkalenders (Ende Juli/Anfang Aug.) statt. Den genauen Termin erfährt man in der Touristeninfo.

Schlafen

Es lohnt sich, auf der Insel zu übernachten, um abends die Ruhe und das angestrahlte schwimmende *torii* zu genießen, nachdem die vielen Tagesbesucher wieder weg sind. Vielen genügt es, in Hiroshima (oder in der Nähe der Fähre zum Festland) zu übernachten und eine Tagestour zur Insel zu unternehmen.

Backpackers Miyajima HOSTEL ¥

(バックパッカーズ宮島; ☎0829 56 3650; www.backpackers-miyajima.com; 1-8-11 Miyajima-guchi; B 2900 ¥;) Dieses Hostel mit angeschlossenem Café befindet sich nicht auf Miyajima, ist aber eine gute Budgetoption einen kurzen Fußmarsch vom Festlandfährhafen in Miyajima-guchi entfernt. Nur Bargeldzahlung möglich.

★ Guest House Kikugawa RYOKAN ¥¥

(ゲストハウス菊がわ; Karte S. 486; ☎0829-44-0039; www.kikugawa.ne.jp; 796 Miyajima-chō; EZ/2BZ ab 6800/11 880 ¥;) Charmantes Gasthaus im traditionellen Stil mit Holzeinrichtung bietet Tatamizimmer und Quartiere mit Betten, allesamt mit angeschlossenen Bädern. Gutes Preis-Leistungs-Verhältnis Die Tatamiräume sind etwas größer, die geräumigsten haben ein Zwischengeschoss mit gemütlichem Schlafbereich. Neben Abendessen wird ein einfaches Frühstück nach westlicher Art serviert.

Um herzugelangen, geht man vom Fährhafen Richtung Landesinneres durch den Tunnel und biegt dann rechts ab. Das Kikugawa befindet sich auf der linken Seite gegenüber dem Zonkō-Tempel (存光寺).

Yamaichi Bekkan RYOKAN ¥¥

(山一別館; Karte S. 486; ☎0829-44-0700; www.yamaichibekkan.com; Zi. ab 8500 ¥ pro Pers.;) Gegenüber dem Fährhafen verfügt das Yamaichi Bekkan über einfache, saubere Unterkünfte mit Privatbädern. Zur Auswahl stehen ein Quartier nach westlicher Art sowie drei Tatamizimmer. Die Gastgeberin ist sehr herzlich und spricht ein wenig Englisch

Auf Anfrage werden im hauseigenen Restaurant Frühstück und Abendessen serviert, auf Wunsch auch vegetarische Gerichte.

★ Iwasō Ryokan RYOKAN ¥¥¥

(岩惣; Karte S. 486; ☎0829-44-2233; www.iwaso.com; Momiji-dani Miyajima-chō; Zi. inkl. 2 Mahlzeiten 21 000 ¥ pro Pers.;) Dieses bereits 1854 eröffnete wunderbare *ryokan* besteht aus einem Hauptgebäude, einem Anbau sowie dem Hanare-Cottage und wartet mit einem tollen Garten auf. Für eine Nacht im Cottage muss man am tiefsten in die Tasche greifen. Nicht alle Zimmer haben eigene Bäder, aber das Hauptgebäude beherbergt einen Onsen. Besonders schön ist es hier im Herbst, wenn sich das Momiji-dani (Ahorntal) bunt färbt.

Die Unterkunft ist etwa 15 Gehminuten vom Fährhafen entfernt. Auf Anfrage werden Gäste abgeholt.

Essen

Rund um die Haupteinkaufsstraße Omotesandō und im Hafenviertel gibt's jede Menge Restaurants. Direkt hinter der Hauptstraße verläuft die ruhigere Machiya-dōri mit ein paar Cafés und Lokalen. Fast alle Läden schließen, wenn der Gästeansturm vorbei ist – in der Touristeninformation gibt's eine Liste mit Adressen, die abends geöffnet sind.

★ Cafe Lente CAFÉ ¥
(☎ 0829-44-1204; 1167-3 Miyajimachō; Hauptgerichte 800 ¥; ⏲ Mi–Mo 11–21 Uhr; ❄ 📶 ✎ 📖) Gemütliches, offenes und luftiges Café mit großartigem Blick auf das *torii* und das Meer. Es serviert Mittagsgerichte wie japanisches Hühnercurry oder veganes Risotto, die schon optisch sehr ansprechend sind und zur dezenten, aber stilvollen Einrichtung passen. Der Biokaffee und die Weine sind weitere gute Gründe für einen Besuch.

Baccano ITALIENISCHES EIS ¥
(バッカーノ; Karte S. 486; 435 Miyajima-chō; Eiscreme ab 450 ¥; ⏲ 10–18 Uhr; 📖) Verkauft erfrischendes, hausgemachtes Eis, darunter fruchtige Klassiker und interessante Sorten mit hiesigen Aromen wie geröstetem Grüntee und schwarzem Sesam.

Sarasvati CAFÉ ¥
(Karte S. 486; ☎ 0829-44-2266; www.sarasvati.jp; 407 Miyajima-chō; Mahlzeiten 990–1500 ¥; ⏲ 8.30–20 Uhr; 📖) Das Café mit Holzdielen in einem Lagerhaus aus dem frühen 20. Jh. ist vom Duft gerösteter Kaffeebohnen erfüllt. Es bietet eine einfache Auswahl traditioneller Kaffeegetränke (Espresso, Milchkaffee, Cappuccino) sowie Kuchen, Sandwiches und Pasta.

★ Mame-tanuki IZAKAYA ¥¥
(まめたぬき; Karte S. 486; ☎ 0829-44-2131; www.miyajima-mametanuki.com; 1113 Miyajima-chō; Gerichte 500–1500 ¥, Mittagsmenüs 1400–2500 ¥; ⏲ 11–15.30 & 17–23 Uhr; 📶 📖) Tagsüber hat das Mame-tanuki z. B. leckeres *anago meshi* (gedünsteter Meeraal mit Reis) und frittierte Austern. Abends ist es als eine der wenigen Adressen lange geöffnet. Dann gibt's Getränke und kleine *izakaya*-Gerichte. Den Eingang markieren ein blauer Vorgang und eine angeschlagene Speisekarte.

Abends herrscht Rauchverbot.

★ Yakigaki-no-hayashi FISCH & MEERESFRÜCHTE ¥¥
(焼がきのはやし; Karte S. 486; ☎ 0829-44-0335; www.yakigaki-no-hayashi.co.jp; 505-1 Miyajima-chō; Gerichte 900–1700 ¥; ⏲ Do–Di 10.30–17 Uhr; 📖) Lockt mit seinen Austern aus dem Wassertank und vom Grill jede Menge Leute an. Wir empfehlen *nama-gaki* (rohe Austern), *kaki-furai* (panierte, frittierte Austern) oder Austern auf *udon*-Nudeln. Neben den Muscheln kommen auch andere Gerichte wie Currys und Aalmenüs auf den Tisch.

Praktische Informationen

Infoschalter (宮島観光案内所; Karte S. 486; ☎ 0829-44-2011; http://visit-miyajima-japan.com; ⏲ 9–17 Uhr) Touristeninformation im Fährhafen von Miyajima. Ein weiterer Infoschalter befindet sich auf der zum Festland gelegenen Inselseite zwischen den beiden Kais der Fähren.

An- & Weiterreise

Miyajima ist mit der Fähre zu erreichen und bequem im Rahmen eines Tagesausflugs von Hiroshima aus zu besuchen.

Der Hafen auf dem Festland liegt einen kurzen Fußmarsch vom Bahnhof Miyajima-guchi an der JR-San-yō-Linie entfernt auf halbem Weg zwischen Hiroshima (410 ¥, 26 Min.) und Iwakuni. Zum **Fähranleger** (Karte S. 486) verkehrt außerdem die Straßenbahnlinie 2 (260 ¥, 70 Min., nicht JR) vom Bahnhof Hiroshima über das Friedensdenkmal. Zwei Anbieter bieten regelmäßige Fährverbindungen von Miyajima-guchi auf die Insel an (180 ¥, 10 Min.). Wer einen JR-Pass hat, kann die JR-Fähre umsonst nutzen.

Die Expressfähren (1850 ¥, 30 Min., 6–8-mal tgl.) von **Setonaikai Kisen** (S. 484) starten am Ujina-Hafen in Hiroshima nach Miyajima. Eine weitere Option sind die **Aqua-Net-Fähren** (Karte S. 476; ☎ 082-240-5955; www.aqua-net-h.co.jp/en), die am Friedenspark in der Innenstadt Hiroshimas ablegen (einfach/hin & zurück 2000/3600 ¥, 45 Min., 10–15-mal tgl.). Sie passieren die Brücken des Kyūōta-gawa, bevor sie sich auf den Weg zur Bucht gen Miyajima machen. Reservierungen sind nicht erforderlich.

Unterwegs vor Ort

Miyajima lässt sich bequem zu Fuß erkunden. **Leihräder** (Karte S. 486; 100 ¥ pro Std.; ⏲ 9–17 Uhr) gibt's beim JR-Büro im Fährhafen. Zudem stehen Taxis zur Verfügung (einfach am Infoschalter nachfragen).

Iwakuni 岩国

☎ 0827 / 137 120 EW.

Iwakuni liegt eine rund einstündige Bus- oder Bahnfahrt von Hiroshima entfernt und lässt sich wunderbar im Rahmen eines Tagesausflugs oder als Zwischenstopp auf der Route zwischen Yamaguchi und Hiroshima besuchen. Hauptattraktion ist die imposante fünfbogige Brücke **Kintai-kyō** (錦帯橋; 300 ¥, Kombiticket inkl. Seilbahn & Burg 940 ¥; ⏲ 24 Std.).

Sie wurde ursprünglich 1673 während der Regentschaft des adligen Herrschers Kikkawa Hiroyoshi errichtet und seitdem mehrmals restauriert. Doch ihre hohen Bogen erheben sich noch immer eindrucksvoll über dem weiten Fluss. Auf einem der grünen Hügel im Hintergrund thront die Iwakuni-jō. Auf der anderen Seite der Brücke bilden die Überbleibsel des alten Samuraiviertels von Iwakuni heute den hübschen Park **Kikkō-kōen** (吉香公園).

Im Sommer kann man sich außerdem das traditionelle Kormoranfischen (mit von Fischern trainierten Vögeln) ansehen.

Im Park gibt's kleine Lokale, außerdem säumen Essensstände das Flussufer. Zu den lokalen Spezialitäten zählen *iwakuni-zushi*, in großen quadratischen Formen zubereitetes Sushi, und *renkon* (Lotuswurzel) in *korokke*-(Kroketten-)Form.

Praktische Informationen

Touristeninformation (☎ 0827-21-6050; ⏲ Di–So 10–17 Uhr) Jeweils eine Filiale im JR-Bahnhof Iwakuni und bei der Shin-Iwakuni-Station (⏲ Do–Di 10.30–15.30 Uhr).

An- & Weiterreise

Brücke und Park sind eine 20-minütige Busfahrt (300 ¥) vom JR-Bahnhof Iwakuni entfernt. Zudem verkehren regelmäßig Busse von der Shin-Iwakuni-Station zur Brücke (350 ¥, 15 Min). Ersterer liegt an der San-yō-Linie westlich von Hiroshima (760 ¥, 55 Min.), während sich der Shin-Iwakuni-Bahnhof an der San-yō-*shinkansen*-Linie befindet, die nach Hiroshima (1620 ¥, 15 Min.) und Shin-Yamaguchi (3910 ¥, 30 Min.) führt.

Wer aus Hiroshima anreist und keinen JR-Pass hat, kann auch den Iwakuni-Bus beim Buszentrum in Hiroshima nehmen, der praktischerweise an der Kintai-kyō (einfach/hin & zurück 930/1700 ¥, 50 Min., 9-mal tgl.) hält.

Onomichi 尾道

☎ 0848 / 141 810 EW.

Diese düstere, altmodische Hafenstadt wartet mit Hügeln voller Tempel und literarischer Stätten auf. Von hier stammt der Regisseur Ōbayashi Nobuhiko, außerdem taucht Onomichi in vielen japanischen Filmen auf, z. B. in Ozus *Reise nach Tokio*. Die meisten Traveller nutzen Onomichi als Ausgangsbasis für eine Radtour auf der Shimanami Kaidō. Anhand dieses Straßenbrückensystems kann man auf dem Weg über das Seto-Binnenmeer nach Shikoku die verschiedenen Inseln besuchen.

Sehenswertes & Aktivitäten

Östlich des Bahnhofs erstreckt sich die Neustadt entlang eines schmalen Korridors zwischen den Bahngleisen und dem Meer. Fast alle Attraktionen liegen an einer Reihe steiler Pflastergassen, die sich am Hügel hinter den Schienen erstrecken. Auch die Inseln bieten einige interessante Sehenswürdigkeiten, die ab Onomichi per Fähre und/oder Fahrrad zu erreichen sind. Die nahe gelegene Ikuchi-jima (S. 492) ist ein beliebtes Ziel für einen Halbtages-Ausflug.

★ **Tempelweg** WANDERN

(古寺めぐり) GRATIS Dieser Weg führt zu 25 alten Tempeln in den Hügeln hinter der Stadt. Er folgt schmalen Straßen und steilen Steintreppen, auf denen Katzen faul in der Sonne liegen. Unterwegs gibt's eine **Seilbahn** (千光寺山ロープウェイ; einfach/hin & zurück 320/500 ¥; ⏲ 9–17.15 Uhr alle 15 Min.) zu einem Aussichtsturm und einem Parkgelände (Senkō-ji-kōen) mit dem bekanntestem Tempel Onomichis, dem **Senkō-ji** (千光寺). Zwischen den Tempeln stößt man auf hübsche Cafés, Souvenirläden und Galerien.

Der Tempelweg beginnt direkt östlich des Bahnhofs: Einfach die Straße im Landesinneren nehmen und die Gleise bei der Statue des lokalen Schriftstellers Hayashi Fumiko überqueren. Wer die gesamte Route zu Fuß bewältigen möchte, benötigt einige Stunden. An mehreren Stellen führen Pfade zurück in die Stadt, alternativ steigt man in die Seilbahn.

Schlafen

★ **Onomichi Guesthouse Anago no Nedoko** HOSTEL ¥

(あなごのねどこ; ☎ 0848-38-1005; http://anago.onomichisaisei.com; 2-4-9 Tsuchidō; B ab 2800 ¥; ⊖ ❄ @ 📶) In einem traditionellen alten Holzhaus, das im Rahmen eines NGO-Projektes zur Wiederbelebung leerstehender Gebäude restauriert wurde, ist das Anago untergebracht. Die Budgetoption mit Charakter verfügt über Schlafsäle, zu denen schmale Treppen führen, private Tatamizimmer (ab 3300 ¥), eine Küche und ein Café im Stil eines Schulraums. Der Eingang liegt an der Einkaufsarkade *shōtengai*.

RADTOUR AUF DER SHIMANAMI KAIDŌ

Die **Setouchi Shimanami Kaidō** (瀬戸内しまなみ海道; Shimanami-Meeresroute) ist ein Brückennetz, das Onomichi in der Präfektur Hiroshima über sechs Inseln des Seto-Binnenmeeres mit Imabari in der Präfektur Ehime auf Shikoku verbindet. Die Brücken – echte Meisterwerke der Ingenieurskunst (die drei riesigen Kurushima-kaikyō bei Imabari gehören zu den längsten Hängebrücken der Welt) – bieten die Möglichkeit, die gesamte Strecke mit dem Rad zu bewältigen. Mindestens 50 m über dem von Inseln gespickten Meer zu radeln ist ein unvergessliches Highlight der Reise in diesen Teil Japans. Bei gutem Wetter ist die Tour natürlich am schönsten.

Die Route

Die Route beginnt auf Mukai-shima (eine kurze Bootsfahrt von Onomichi entfernt) und führt über Inno-shima (S. 492), Ikuchi-jima (S. 492), Ōmi-shima (S. 492), Hakata-jima und Ōshima zur letzten Brücke auf der Strecke vor Imabari. Der „offizielle“ Weg ist gut ausgeschildert und mit Infotafeln sowie Karten versehen, allerdings kann man jederzeit Umwege auf Nebenrouten nehmen und sich seine eigene Strecke von Brücke zu Brücke zusammenstellen. Ein Großteil der Strecke ist flach – es gibt nur ein paar kleinere Hügel –, aber vor den Brückeneingängen muss man lange anstrengende Aufstiege bewältigen. Die Tour führt durch Städte und Dörfer, ländliche Gegenden, Zitrushaine und an der Küste entlang, allerdings auch durch weniger schöne Industriegebiete.

Länge & Dauer

Die komplette offizielle Route von Onomichi nach Imabari ist 70 km lang und je nach Fitness und Anzahl der Fotostopps in etwa acht Stunden zu bewältigen. Einige Abschnitte kann man alternativ mit der Fähre zurücklegen, z. B. nach Ikuchi-jima, und die restliche Strecke (wo die Fähre nicht hinfährt) mit dem Rad. Zu den weiteren Optionen zählt eine Tagestour von Onomichi nach Ikuchi-jima (ca. 30 km). Für den Rückweg nach Onomichi nimmt man dann die Nachmittagsfähre. Es besteht außerdem die Möglichkeit, auf einer der Inseln zu übernachten. Ikuchi-jima ist dafür ein beliebter Zwischenstopp. Wer sich nicht zu sehr verausgaben und bloß ein paar Stunden investieren möchte, kann sich alternativ auch nur einen Teilabschnitt der Route auf einer der Inseln vornehmen.

Praktische Informationen

Die Touristeninformationen (S. 491) in Onomichi und auf den Inseln haben alle nötigen Informationen auf Lager, darunter eine exzellente englischsprachige Karte mit Routen, Entfernungen, Sehenswürdigkeiten sowie Fahrradstationen. Unter www.go-shimanami.jp gibt's einige englischsprachige Infos sowie eine Karte auf Englisch zum Herunterladen. Einfache Karten und Fahrpläne für Busse und Fähren bietet www.city.onomichi.hiroshima.jp.

Wer schweres Gepäck dabeihat, kann dieses mit dem *takkyūbin*-Service von Kuroneko Yamato (www.kuronekoyamato.co.jp) bis zum nächsten Werktag (je nach Größe ab rund 1000 ¥) an einen beliebigen Ort transportieren lassen. Die Abholung erfolgt an vielen Gemischtwarenläden.

Fahrräder & Kosten

Mieträder kosten 1000 ¥ pro Tag plus 1000 ¥ Kaution. Gibt man sein Rad bei einem anderen Anbieter auf der Route zurück, wird die Kaution nicht zurückerstattet. Große Verleihstationen findet man in Onomichi und in Imabari sowie auf allen Inseln dazwischen. Elektroräder kosten 1500 ¥ am Tag; sie müssen an derselben Leihstation wieder zurückgegeben werden. Man kann reservieren – an wichtigen Feiertagen ist es durchaus sinnvoll –, aber erst ab einer Woche im Voraus.

Fahrradfahrer müssen keine Maut zahlen und können alle Brücken kostenlos passieren. Bis März 2018 wurden die Gebühren ausgesetzt – eine Maßnahme, die wahrscheinlich verlängert wird – aktuelle Infos gibt's bei den Touristeninformationen. Andernfalls beträgt die Gebühr zwischen 50 und 200 ¥ pro Brücke. Niemand kassiert das Geld, es wird darauf vertraut, dass man es in den Kasten am jeweiligen Brückeneingang wirft.

Der Transport eines Fahrrads mit einer Fähre kostet bis zu 300 ¥.

★ **Hotel Cycle** HOTEL ¥¥¥
(☎0848-21-0550; www.onomichi-u2.com; U2 complex, 5-11 Nishi-gocho cho; 2BZ ab 17 000 ¥;) Auf dem großen U2-Komplex an der Uferpromenade befindet sich dieses Hotel, das Radler und Designliebhaber gleichermaßen begeistert. Die Zweibettzimmer mit gedämpfter Beleuchtung beinhalten Fahrradlagerung und geräumige Bäder, die nach einer langen Radtour zum Entspannen einladen.

Außerdem beherbergt das U2 ein Café (mit dem Fahrrad zugänglich), eine Bar, ein Restaurant, eine Bäckerei und einen Giant-Fahrradladen.

Uonobu Ryokan RYOKAN ¥¥¥
(魚信旅館; ☎0848-37-4175; www.uonobu.jp; 2-27-6 Kubo; Zi. mit Mahlzeiten ab 16 800 ¥ pro Pers.) Das für Fisch und Meeresfrüchte bekannte Uonobu versprüht altmodische Eleganz und verspricht eine tolle *ryokan*-Erfahrung, vor allem, wenn man etwas Japanisch spricht. Nicht-Gäste müssen bis 17 Uhr am Vortag reservieren. Die Unterkunft liegt rund 20 Gehminuten östlich des Bahnhofs direkt hinter dem Rathaus (市役所).

Essen

Onomichi ist für seine *rāmen* bekannt, die viele Restaurants der Stadt servieren. Die Brühe basiert auf Hühnchen und *dashi* (Fischfond), manchmal auch Schweinefett.

Zu den Restaurants am Ufer und im Einkaufszentrum einen Block landeinwärts geht man vom Bahnhof in Richtung Osten. Auf dem Hügel gibt's mehrere Cafés, in denen die Tempelbesucher essen können.

Onomichi Rāmen Ichibankan RĀMEN ¥
(尾道ラーメン壱番館; ☎0848-21-1119; www.f-ichibankan.com; 2-9-26 Tsuchidō; Nudeln 500–950 ¥; ⊙Sa–Do 11–19 Uhr;) Gegenüber dem Sumiyoshi-Schrein, 15 Gehminuten vom Bahnhof, serviert dieser beliebte Nudelstand *rāmen* nach Onomichi-Art mit saftigen dicken Schweinefleischscheiben. Am besten verkaufen sich *kaku-ni rāmen* (Nudeln mit Eiern und zart-fettigen Schweinefleischstücken).

Neko-no-Te Pan BÄCKEREI ¥
(ネコノテパン; http://pan.catnote.co.jp; 7-7 Higashi-tsuchidō-chō; Backwaren 120–450 ¥; ⊙Do–Mo 10 Uhr–Sonnenuntergang) In der wahrscheinlich kleinsten Bäckerei in ganz Japan, der „Katzenpfotenbäckerei", gibt's leckere süße und herzhafte Backwaren. Liegt an dem steilen Weg zum Senkō-ji.

Hana Akari SUSHI ¥¥
(花あかり; ☎0848-24-2287; 1-12-13 Tsuchidō; Mahlzeiten 1300–1630 ¥; ⊙11–22 Uhr;) Ein gemütlich beleuchtetes Meeresfrüchterestaurant, in dem man von allen Tischen freie Sicht aufs Meer hat. Der muntere Besitzer belebt jedes Mittagessen, und die Sashimi, Sushi und Tempura sind nicht nur von guter Qualität, sondern auch noch ausgesprochen günstig. Aber Vorsicht, das servierte *chawanmushi* (pikantes Eigericht mit Fisch) ist etwas für Kenner und kein Dessert! Vom Bahnhof Onomichi geht man fünf Minuten die Hafenstraße entlang Richtung Osten bis zum Restaurant, zu erkennen am orangen Perspex-Zeichen.

Praktische Informationen

Touristeninformation (☎0848-20-0005; www.ononavi.jp; ⊙9–18 Uhr) Hat lokale Karten und Infos zur Shimanami Kaidō auf Lager und hilft bei der Suche nach einer Bleibe. Im JR-Bahnhof Onomichi.

An- & Weiterreise

Bus

Vom Bahnhof Onomichi (teils auch ab dem Bahnhof Shin-Onomichi) bestehen regelmäßige Verbindungen nach Imabari (2250 ¥) auf Shikoku, meistens mit einem Umstieg auf Inno-shima mit 15- bis 40-minütigem Aufenthalt; täglich fahren aber auch drei Direktbusse. Die Fahrt dauert insgesamt bis zu zwei Stunden. Zudem verkehren Busse zwischen Onomichi und dem Hafen von Setoda auf Ikuchi-jima (1030 ¥, 1 Std., 4–7-mal tgl.).

FAHRRAD

Onomichi Port Rent-a-Cycle (☎0848-22-5332; 1000 ¥ pro Tag, Kaution 1000 ¥; ⊙7–18 Uhr) Auf dem Parkplatz neben dem Fährhafen. Hier kann man verschiedene Räder leihen, darunter welche mit mehreren Gängen und auch Elektrobikes.

SCHIFF/FÄHRE

Setouchi Cruising (☎0865-62-2856; www.s-cruise.jp) betreibt Fähren von Onomichi zum Hafen von Setoda auf Ikuchi-jima (1050 ¥, 40 Min., 8-mal tgl.). Darüber hinaus starten regelmäßig Boote nach Mukai-shima (110 ¥, 5 Min.). Wer ein Fahrrad mitnehmen möchte, zahlt zusätzlich 300 ¥.

ZUG

Onomichi liegt auf der JR-San-yō-Hauptlinie östlich von Hiroshima (1490 ¥, 1½ Std.). Die Shin-Onomichi-*shinkansen*-Station befindet sich 3 km weiter nördlich. Busse (190 ¥, 15 Min.) pendeln häufig zwischen beiden Orten.

Shimanami-Kaidō-Inseln

Inno-Shima 因島

Die für ihre Blumen und Früchte bekannte Inno-Insel ist über Brücken mit Mukai-shima gegenüber von Onomichi und Ikuchi-jima im Westen verbunden. Einst war das Seto-Binnenmeer ein Paradies für Piraten und Inno-shima diente als Basis für einen der drei Murakami-Seeräuberclans. An die alten Zeiten erinnert die **Piratenburg** (因島水軍城, Suigun-jō; 310¥; ⌚Fr–Mi 9.30–17 Uhr), ein moderner Nachbau mit Waffenausstellungen. Traveller können mit dem Fahrrad (oder Auto) einen lohnenswerten Ausflug den **Shirataki-yama** (白滝山) hinauf unternehmen, wo eine Sammlung von Skulpturen der 500 Rakan-Schüler des Buddhas zu sehen ist.

Die Inselspezialität *daifuku*, ein Reismehldessert, gefüllt mit süßer Bohnenpaste und Orangenteilchen, wird mit der hiesigen bittersüßen *hassaku*-Orange zubereitet.

Fähren von Setouchi Cruising (www.s-cruise.jp) fahren von Onomichi zum Hafen von Setoda auf Ikuchi-jima und legen unterwegs in Inno-shima am Hafen Shigei-Higashi (550¥, 20 Min., 8-mal tgl.) an. Die Fahrradmitnahme kostet 300¥ zusätzlich.

Inno-shima liegt 22 km von Onomichi an der fahrradfreundlichen Shimanami Kaidō.

Ikuchi-jima 生口島

Ikuchi-jima lockt mit Zitrushainen und Stränden wie dem Sunset Beach an der Westküste.

Im Haupthafenort **Setoda** ist wenig los, allerdings gibt's hier einen prunkvollen Tempelkomplex und eine interessante Kunstgalerie.

Sehenswertes

★ Ikuo-Hirayama-Kunstmuseum MUSEUM
(平山郁夫美術館; www.hirayama-museum.or.jp; 900¥; ⌚9–17 Uhr) Widmet sich dem Leben und Werk des viel gereisten bekannten Künstlers, der aus Setoda stammt. Die Sammlung umfasst mehrere eindrucksvolle Bilder, die von Ikuos Reisen nach Indien und entlang der Seidenstraße inspiriert sind.

Kōsan-ji BUDDHISTISCHER TEMPEL
(耕三寺; www.kousanji.or.jp; Erw./Kind 1400¥/frei; ⌚9–17 Uhr) Wie wär's mit einem buddhistischen Themenpark? Kurz nach dem Tod seiner geliebten Mutter 1934 wurde der lokale Stahlrohrmagnat und Waffenhersteller Kanemoto Kōzō buddhistischer Priester und steckte sein Vermögen in die Errichtung zahlreicher grellbunter Tempelbauten. Das Ergebnis ist der bemerkenswerte Kōsan-ji, eine Anhäufung übertriebenen buddhistischen Kitsches in Form von rund 2000 Exponaten. Dazu zählt z. B. die Höhle der 1000 Buddhas mit anschaulichen Darstellungen der Hölle.

Den Kōsan-ji erreicht man vom Hafen in Sedota zu Fuß in 15 Minuten.

Schlafen & Essen

Radfahrer, die auf der Shimanami Kaidō irgendwo übernachten möchten, treffen mit Ikuchi-jima eine gute Wahl.

Das Café im Inneren des Kōsan-ji punktet mit viel weißem Marmor, einem künstlerischen Touch und beeindruckendem Meerblick. Natürlich stehen hier Meeresfrüchte hoch im Kurs.

Setoda Private Hostel RYOKAN ¥
(瀬戸田垂水温泉; Setoda Tarumi Onsen; ☎0845-27-3137; http://setodashimanami.web.fc2.com; 58-1 Tarumi Setoda-chō; Zi. inkl./ohne Mahlzeiten 4800/3000¥ pro Pers) Das günstige, fröhliche Setoda Private Hostel am Sunset Beach verfügt über einen hauseigenen Onsen und einfache private Tatamizimmer. Hier wird nur Bargeld angenommen. Wer nicht mit dem Fahrrad kommt, kann sich am Fährhafen von Setoda abholen lassen. Die Touristeninformation in Onomichi hilft bei Reservierungen. Frühstück (600¥) und Abendessen (1200¥) kann man ebenfalls bestellen.

An- & Weiterreise

Setouchi Cruising (www.s-cruise.jp) bietet Fähren vom Hafen Onomichi Ekimae (vor dem Bahnhof Onomichi) zum Hafen Setoda (1050¥, 40 Min., 8-mal tgl.) auf Ikuchi-jima. Die Fahrradmitnahme kostet 300¥ zusätzlich.

Radfahrer können die 31 km von Onomichi bis zum Hafen Sedota auf der malerischen Shimanami-Kaidō-Straße zurücklegen. Wer am Hafen Onomichi ein Rad ausgeliehen hat und nun genug vom Radeln hat, kann es hier an verschiedenen Rückgabestationen wieder loswerden.

Ōmi-shima 大三島

Die gebirgige Ōmi-Insel ist über Brücken mit Ikuchi-jima im Osten und Ō-shima im Südosten verbunden. Nahe dem Hafen Miyaura steht einer der ältesten Shintō-Schreine Westjapans, der **Ōyamazumi-jinja** (大山祇神社; Schatzhaus & Kaiji-Museum 1000¥; ⌚8.30–17 Uhr).

Er ist dem Bruder der Sonnengöttin Amaterasu gewidmet. Das heutige Bauwerk wurde 1378 errichtet, der Kampforbaum im Innenhof hingegen hat 2600 Jahre auf dem Buckel. Im Schatzhaus kann man Japans bedeutendste Sammlung alter Waffen bewundern.

Es lohnt sich, von der offiziellen Fahrradroute abzuweichen und Ōmi-shima zu erkunden. Wer etwas mehr Zeit auf der Insel verbringt, für den empfiehlt sich ein Besuch des **Tokoro-Museums** (ところミュージアム大三島; http://museum.city.imabari.ehime.jp/tokoro; 300 ¥; ⏲ Di–So 9–17 Uhr) mit einer kleinen, aber interessanten Sammlung moderner Skulpturen. Hierher gelant man nur nach einer Fahrt bergaufwärts, man wird dafür jedoch mit einem großartigen Blick aufs Meer belohnt.

Auf der Insel gibt's einige Pensionen, darunter eine umgebaute Schule. Die Touristeninformation in Onomichi (S. 491) kann Unterkünfte vermitteln.

Ōmi-shima liegt 42 km von Onomichi an der Shimanami Kaidō, vom Bahnhof Imbari am anderen Ende der Fahrradroute sind es 36 km. Es ist eine der etwas hügeligeren Inseln auf der Radroute, darum benötigt man möglicherweile für die Erkundung etwas mehr Zeit.

Der nächste Fährhafen ist der Hafen Setoda auf der Ikuchi-jima, der Verbindungen nach Onomichi hat; die Fahrradmitnahme ist möglich.

Tomo-no-ura 鞆の浦

☎ 084 / 5000 EW.

Als Zwischenstopp für Schiffe auf der Route zwischen Westjapan und der Hauptstadt erlebte das mittig an der Binnenmeerküste gelegene Tomo-no-ura eine jahrhundertelange Blütezeit. Erst die Erfindung der Dampfmaschine setzte dem ein Ende. Heute präsentiert es sich als verschlafene Hafenstadt: Am alten Hafen treiben Fischerboote gemütlich im Wasser und die umliegenden schmalen Kopfsteinpflasterstraßen haben sich das Flair der rosigen Edo-Zeit bewahrt. Vom Hafen aus in Richtung Landesinneres passiert man rund ein Dutzend Tempel, die sich teils in Wohnstraßen verstecken, zudem führen Steintreppen den Hügel hinauf, der einen schönen Ausblick auf die Seto-Inlandsee bietet. In dem Städtchen kann man wunderbar ein paar Stunden herumschlendern.

Filmliebhaber aufgepasst: In Tomo-no-ura wurden ein paar Szenen von *Wolverine: Weg des Kriegers* (2013) gedreht. Zudem diente die Stadt dem renommierten Regisseur Miyazaki Hayao vom Studio Ghibli als Inspiration; während der Entstehung von *Ponyo* (*Gake no ue no Ponyo;* 2008) verbrachte er hier zwei Monate.

Sehenswertes

★ Sensui-jima INSEL

(仙酔島) Die Insel Sensui-jima liegt eine nur fünfminütige Bootsfahrt von Tomo-no-ura entfernt. Ein Spazierweg führt entlang der Küste, vorbei an interessanten Felsformationen, und bietet bei Sonnenuntergang einen schönen Blick übers Wasser. Nach einem Streifzug oder einem Bad im Meer lohnt ein Besuch des Kokuminshukusha Sensui-jima (S. 494), wo sich auch Nichtgäste in einer Reihe von Bädern entspannen können (525 ¥, 10–21 Uhr).

Die Fähre, die Passagiere auf die Inseln bringt, ist dem Dampfschiff *Iroha Maru* aus der Edo-Zeit nachempfunden.

Auf der Insel gibt's keine englische Beschilderung – Tipps zur Orientierung erteilt die Touristeninformation Tomo-no-ura-Stadt. Die Fähre (einfache Fahrt 240 ¥) verkehrt von 7.10 bis 21.35 Uhr alle 20 Minuten zur Insel.

★ Ōta-Residenz HISTORISCHES GEBÄUDE

(太田家住宅; 400 ¥; ⏲ Mi–Mo 10–16.30 Uhr) An der Ecke einer Straße, die vom Hafenviertel ins Landesinnere führt, stößt man auf die ehemalige Ōta-Residenz, eine hübsche Ansammlung restaurierter Gebäude aus der Mitte des 18. Jhs. Führungen (im Eintritt inbegriffen) bringen Besuchern den eindrucksvollen Familiensitz, der zugleich als Arbeitsstätte diente, nahe. Früher wurde hier *hōmēshu* (süße medizinische Spirituose) hergestellt. Es gibt ein paar Informationen auf Englisch.

Iō-ji BUDDHISTISCHER TEMPEL

(医王寺) GRATIS Um 900 soll Kōbō Daishi den Iō-ji auf einem steilen Berg westlich von Tomo-no-ura gegründet haben. Vom Tempel führt ein Pfad zur Spitze eines Felsvorsprungs, der mit einem großartigen Ausblick lockt.

Fukuzenji BUDDHISTISCHER TEMPEL

(福禅寺; ¥200; ⏲ 8–17 Uhr) Der Tempel in Meernähe geht auf das 10. Jh. zurück. An ihn schließt sich die **Taichōrō** (対潮楼) an, eine Empfangshalle aus den 1690er-Jahren.

Vor Ort genießt man den berühmten Blick über den schmalen Kanal zur unbewohnten Benten-Insel mit ihrem Schrein.

Jōyatō LEUCHTTURM
(常夜燈) Einst diente diese riesige Steinlaterne, die über dem Hafenviertel von Tomo-no-ura thront, als Leuchtturm. Mittlerweile gilt sie als Symbol der Stadt.

Schlafen & Essen

Wer in der Gegend übernachten möchte, kann dies etwa auf Sensui-jima tun. In Tomo-no-ura-Stadt gibt's ein paar Pensionen, zudem bietet das nahe gelegene Fukuyama einige solide Hotels unweit des Bahnhofs. Die Angestellten der Touristeninformationen im dortigen Bahnhof und in Tomo-no-ura helfen bei der Buchung von Unterkünften.

Am und um den Hafen herum befinden sich die meisten Restaurants. Unter der Woche bleiben die Restaurants in der Stadt teilweise geschlossen.

Kokuminshukusha Sensui-jima RYOKAN ¥¥
(国民宿舎仙酔島; ☎084-970-5050; www.tomonoura.co.jp/sen; 3373-2 Ushiroji Tomo-chō; Zi. inkl. 2 Mahlzeiten ab 8800 ¥ pro Pers.; ⊖) Recht preiswertes *ryokan* direkt am Strand mit Zimmern im japanischen und westlichen Stil sowie mehreren Bädern. Zu essen gibt's – wenig überraschend - viele Meeresfrüchte.

★ **Tabuchiya** CAFÉ ¥¥
(田渕屋; www.tomonoura-tabuchiya.com; 838 Tomo-chō-tomo; Mittagsmenü 1300 ¥; ⏲ Mo–Sa 12–17 Uhr) In dem früheren Kaufmannshaus wird nur eine Mahlzeit serviert, die ist aber sehr lecker: *hayashi raisu* (Rindfleisch in einer reichhaltigen Tomatensoße mit Reis). Das Mittagsmenü beinhaltet Tee oder Kaffee. Einfach vom Hafen weg an der Ōta-Residenz vorbeilaufen und nach dem weißen *noren* (Türvorhang) Ausschau halten.

Tomo-no-ura @Cafe CAFÉ ¥¥
(www.facebook.com/tomonouraacafe; Jōyatō-mae, Tomo-chō; Mahlzeiten 600–1600 ¥; ⏲ Do–Di 11–18 Uhr; ☎ ✎ ▣) Das freundliche moderne Café ist in einem 150-jährigen Gebäude neben dem steinernen Leuchtturm am Hafen untergebracht. Auf der kurzen Karte stehen Sandwiches und Menüs, z.B. mit Meeresfrüchtepasta oder vegetarischen Gerichten.

Praktische Informationen

Touristeninformationszentrum Tomo-no-ura
(鞆の浦観光情報センター; ☎084-982-3200; 416-1 Tomo-chō-tomo; ⏲ 6.30–22 Uhr) Gegenüber der Bushaltestelle Tomo-no-ura; ist zugleich ein Souvenirgeschäft. Hier bekommt man englischsprachige Karten und Infos zu den Locations der hier gedrehten Filme und kann Audioguides (500 ¥) ausleihen.

Anreise & Unterwegs vor Ort

Alle 15 Minuten verkehrt Bus 5 vom Vorplatz des JR-Bahnhofs Fukuyama nach Tomo-no-ura (520 ¥, 30 Min.). An der Haltestelle Tomo-no-ura befindet sich die Touristeninformation; der Bus fährt rund 450 m weiter bis zur Haltestelle Tomo-kō (Tomo-Hafen), die dem zentralen Hafenviertel am nächsten liegt. Der JR-Bahnhof Fukuyama ist ein wichtiger Verkehrsknotenpunkt und ein *shinkansen*-Stopp auf der San-yō-Linie.

Am besten erkundet man die Stadt zu Fuß. Fahrräder werden an einem Stand (10–16.30 Uhr) neben dem Bahnhof vermietet (300 ¥ für 2 Std.); dort legen auch die Fähren nach Sensui-jima ab.

OKAYAMA & UMGEBUNG

Die Präfektur Okayama (岡山県; Okayama-ken) ist für ihren dörflichen Charakter bekannt. In der Region befinden sich Kurashiki und sein gut erhaltenes Kaufmannsviertel und der malerischen Kanal sowie das historische Keramikzentrum Bizen – beide liegen unweit der Präfekturhauptstadt Okayama. Von der Küste gelangt man zu einigen der beliebtesten Inseln im Seto-Binnenmeer wie die Kunststadt Naoshima.

An- & Weiterreise

Die Stadt Okayama ist der Verkehrsknotenpunkt der Region. Sie liegt an der JR-San-yō-Linie und der *shinkansen*-Linie und hat Verbindungen nach Osaka im Osten und Hiroshima im Westen. Yonago in der Präfektur Tottori befindet sich an der Limited-Express-Linie Yakumo.

Naoshima und die anderen „Kunst"-Inseln erreicht man vom Hafen Uno, der sich südlich von Okayama befindet, sowie von Takamatsu in Kagawa, das ein praktischerer Ausgangsort für den Besuch Naoshimas sein kann als Okayama. Takamatsu erreicht man mit der Bahn und kann dort die Fähren nach Naoshima und Shōdo-shima nehmen.

Okayama 岡山

☎086 / 721170 EW.

Viele Traveller nehmen Okayama lediglich als flüchtigen Farbfleck auf der schnellen *shinkansen*-Fahrt nach Hiroshima wahr. Ein Zwischenstopp lohnt jedoch, zumindest um ein paar Stunden durch den Kōraku-en zu spazieren, der zu den drei schönsten Gärten Japans zählt und sich vor der Kulisse einer rabenschwarzen Burg erstreckt. Wer es nicht eilig hat, kann von Okayama aus Tagesausflüge zu anderen Attraktionen in der Region machen.

Die Stadt ist stolz auf ihre Verbindung zum „Pfirsichjungen" Momotarō, dem Dämonenbesieger aus einem der bekanntesten Volksmärchen des Landes. Sein Gesicht ist in der Stadt allgegenwärtig.

Sehenswertes

★ Kōraku-en GARTEN

(後楽園; Karte S. 496; www.okayama-korakuen.jp; 1-5 Kōraku-en; 400 ¥; ⌚ April–Sept. 7.30–18 Uhr, Okt.–März 8–17 Uhr, Ende Juli–Mitte Aug. zusätzlich bis 21.30 Uhr) Der Kōraku-en gilt als einer der schönsten Gärten Japans und zieht dementsprechend viele Besucher an. Die weitläufige Rasenanlage ist gespickt mit Teichen, Teehäusern und weiteren Bauten aus der Edo-Zeit wie einer Nō-Bühne, einer kleinen Teeplantage und einem Reisfeld. Im Frühling bieten blühende Pflaumen- und Kirschbäume einen eindrucksvollen Anblick, im Sommer entfalten sich Lotusblüten und im Herbst begeistern goldene Ahornbäume. Überdies finden vor Ort saisonbedingte Veranstaltungen statt (Lust, bei einer Ernte im Mondschein zuzugucken?).

Der Garten entstand 1700 im Auftrag des *daimyō* Ikeda Tsunemasa. Obwohl er in den 1930er-Jahren durch Überschwemmungen und in den 1940ern bei Bombenangriffen stark beschädigt wurde, sieht er größtenteils noch so aus wie zu früheren Zeiten. Öffentlich zugänglich ist er seit 1884.

Von Ende Juli bis Mitte August werden der Garten und die Burg malerisch beleuchtet und bleiben bis 21.30 Uhr geöffnet.

Vom Bahnhof Okayama geht's mit der Higashi-yama-Straßenbahn zur Haltestelle Shiroshita, wo ein rund zehnminütiger Fußmarsch zum Ziel führt. Bus 18 fährt vom Bahnhof bis direkt vor den Garten (Haltestelle Kōraku-en-mae). Wer den ganzen Weg laufen möchte, benötigt etwa 25 Minuten.

Okayama-jō BURG

(岡山城; Karte S. 496; 2-3-1 Marunouchi; 300 ¥, Sonderausstellungen kosten extra; ⌚ 9–17 Uhr, Ende Juli–Mitte Aug. bis 21.30 Uhr) Wegen ihrer tiefschwarzen Farbe wird die Burg U-jō (烏城; Krähenburg) genannt. Sie hat eine eindrucksvolle Fassade, die vergoldete Fischwasserspeier mit erhobenen Schwänzen zieren. Den imposanten Bau kann man sowohl von der Anlage als auch von der anderen Uferseite aus kostenlos bewundern. Im Sommer werden die Burg und der nahe gelegene Kōraku-en schön beleuchtet und bleiben lange geöffnet. Im *donjon* (Hauptwohnturm) stören moderne Einrichtung und ein Aufzug das Flair des 16. Jhs., aber dafür gibt's hier einige interessante Museumsexponate. Vom oberen Stock genießt man eine tolle Aussicht.

Hayashibara-Kunstmuseum MUSEUM

(林原美術館; Karte S. 496; ☎ 086-223-1733; www.hayashibara-museumofart.jp; 2-7-15 Marunouchi; 300 ¥; ⌚ Di–So 10–17 Uhr) Schriftrollen, Waffen und Gemälde, die einst dem Ikeda-Clan (herrschte einen Großteil der Edo-Zeit über Okayama) gehörten, füllen dieses kleine Museum. Es liegt in der Nähe

MOMOTARŌ, DER PFIRSICHJUNGE

Die Präfekturen Okayama und Kagawa auf der Insel Shikoku sind durch die Legende von Momotarō miteinander verbunden. Diese erzählt von einem Jungen, der aus einem Pfirsich schlüpfte und mithilfe eines Affen, eines Fasans sowie eines Hundes einen dreiäugigen, dreizehigen menschenfressenden Dämon besiegte. Schauplatz des Kampfes soll die Insel Megi-jima vor Takamatsu auf Shikoku gewesen sein. Vielleicht war Momotarō sogar ein Yamato-Prinz, der als Kibitsuhiko vergöttert wurde. Sein Schrein, der Kibitsu-jinja, befindet sich auf der Fahrradroute in der Kibiji-Ebene.

Am JR-Bahnhof Okayama stehen Statuen von Momotarō, außerdem zieren er und seine Kumpane Gullydeckel, und die größte Straße der Stadt trägt seinen Namen. Eines der beliebtesten kulinarischen Souvenirs Okayamas ist Momotarōs Lieblingssüßigkeit *kibi-dango*, ein weicher *mochi*-ähnlicher Hirseknödel. Wer die ersten Zeilen des bekannten alten Kinderlieds „Momotarōs Lied" mitsingen kann, wird die Einheimischen schwer beeindrucken – und jetzt alle: *Momotarō-san, Momotarō-san o-koshi ni tsuketa kibi-dango ...*

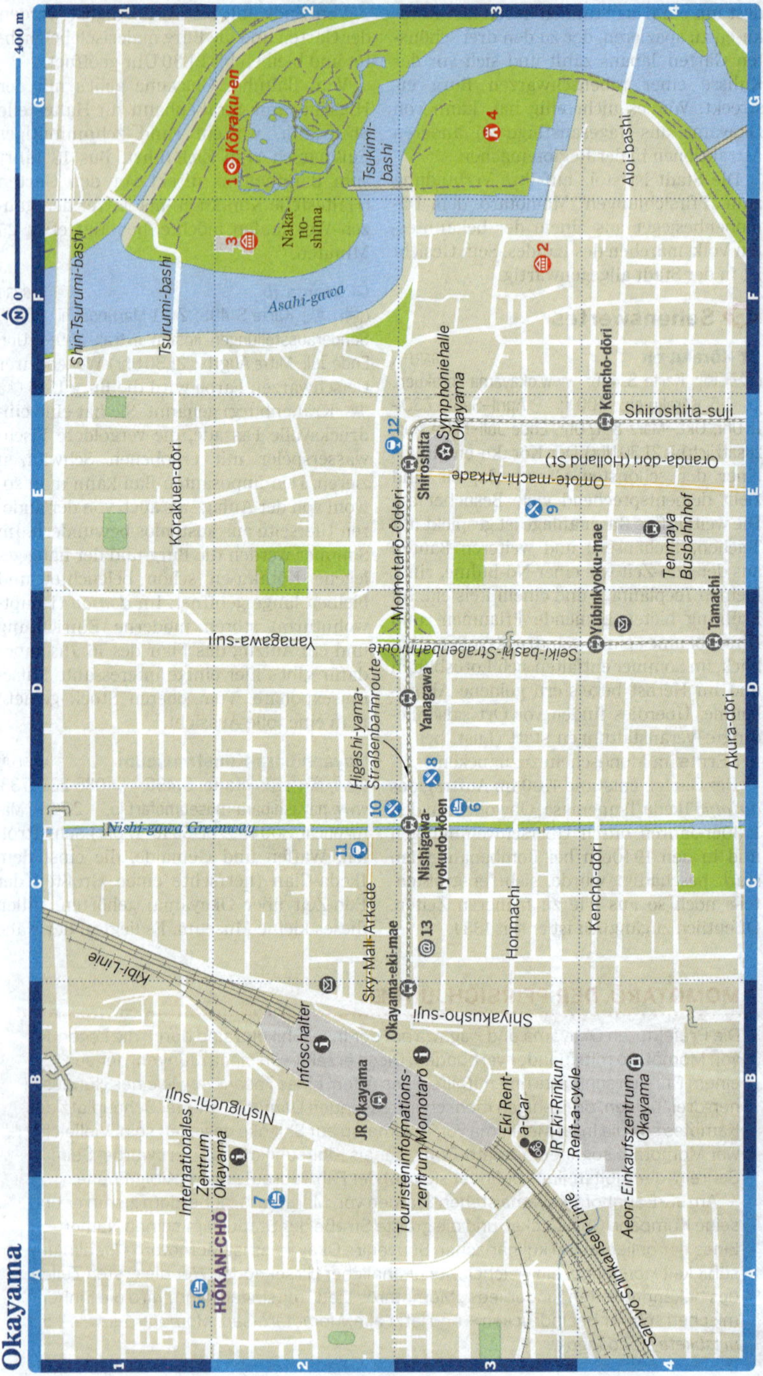
Kōraku-en
Naka-no-shima
Asahi-gawa
Tsukimi-bashi
Shin-Tsurumi-bashi
Tsurumi-bashi
Aioi-bashi
Kōrakuen-dōri
Symphoniehalle Okayama
Shiroshita
Shiroshita-suji
Kenchō-dōri
Oranda-dōri (Holland St)
Omote-machi-Arkade
Tenmaya Busbahnhof
Yūbinkyoku-mae
Tamachi
Momotarō-Ōdōri
Yanagawa-suji
Seiki-bashi-Straßenbahnroute
Yanagawa
Higashi-yama-Straßenbahnroute
Akura-dōri
Nishi-gawa Greenway
Nishigawa-ryokudo-kōen
Honmachi
Kenchō-dōri
Sky-Mall-Arkade
Okayama-eki-mae
Kibi-Linie
Shiyakusho-suji
Infoschalter
JR Okayama
Touristeninformations-zentrum Momotarō
Eki Rent-a-Car
JR Eki-Rinkun Rent-a-cycle
Aeon-Einkaufszentrum Okayama
Sanyō-Shinkansen-Linie
Nishiguchi-suji
Internationales Zentrum Okayama
HŌKAN-CHŌ
400 m
0

Okayama

Okayama

des Hintereingangs der Okayama-jō und ist in einem traditionellen schwarz-weißen Gebäude untergebracht.

Feste & Events

Saidai-ji Eyō KULTUR
(Saidai-ji; 3. Sa im Feb.) Dieses Fest, das auch als Hadaka Matsuri (Fest der Nackten) bekannt ist, findet im Kannon-in-Tempel statt. Bei dem Spektakel kämpft eine chaotische Menge von rund 10 000 Männern in Lendenschurz und *tabi* (Socken mit abgeteiltem großem Zeh) vor vielen Schaulustigen um zwei heilige *shingi* (Holzstöcke), während eiskaltes Wasser über sie gegossen wird. Die eigentliche Show beginnt um 22 Uhr, es gibt jedoch auch eine Variante für Schuljungen am frühen Abend.

Mitmachen dürfen nur Männer, aber alle können zuschauen.

Schlafen

Kamp Hōkan-chō Backpacker's Inn & Lounge HOSTEL ¥
(キャンプ; Karte S. 496; 086-254-1611; http://kamp.jp; 3-1-35 Hōkan-chō; B/2BZ mit Gemeinschaftsbad 3000/7000 ¥;) An der Westseite des Hauptbahnhofs bietet dieses frische, neue Hostel einfache, aber saubere Schlafsäle (mit recht dünnen Wänden). Jede Menge Platz zum Entspannen bieten die große Lounge und die Bar im unteren Stock, in der gelegentlich Veranstaltungen und Livevorführungen stattfinden. An einer Nebenstraße bei einer altmodischen, recht einsamen Einkaufspassage.

★ **Kōraku Hotel** HOTEL ¥¥
(後楽ホテル; Karte S. 496; 086-221-7111; www.hotel.kooraku.co.jp; 5-1 Heiwa-chō; EZ/2BZ ab 6000/8600 ¥, Eckzimmer ab 13 200 ¥;) Edle Details wie Exponate aus hiesigen Museen auf jeder Etage sowie Wohlfühlextras wie Duftkerzen auf den Zimmern machen das Kōraku zu etwas Besonderem. Besonders geräumig sind die Eckzimmer mit großen runden Fenstern. Das Personal spricht Englisch (und andere Sprachen), und der enthusiastische Direktor hält in der Lobby sogar gelegentlich ein Schwätzchen mit seinen Gästen.

Für längere Aufenthalte gibt's gute Rabatte, zudem wird ein Frühstücksbüfett oder Mittagessen für 980 ¥ serviert.

Saiwai-sō HOTEL ¥¥
(ビジネスホテル幸荘; Karte S. 496; 086-254-0020; http://w150.j.fiw-web.net; 24-8 Ekimoto-chō; EZ/2BZ 4300/7600 ¥;) Obwohl sich das „glückliche Haus" selbst als Okayamas erstes Businesshotel bezeichnet, ist es mit seiner verwinkelten Bauweise und einer Auswahl an verschiedenen Zimmern (wir empfehlen die mit Tatamis) eher branchenuntypisch. Manche Räume verfügen über Gemeinschaftsbäder. Gruppen und Familien sind willkommen (bis zu 6 Pers. ab 3800 ¥ pro Pers.), und welches Businesshotel hat schon eine altmodische Videospielkonsole in der Hotellounge?

Frühstück kostet 600 ¥. Die sehr freundlichen Besitzer sprechen kein Englisch.

Essen & Ausgehen

★ **Okabe** TOFU ¥
(おかべ; Karte S. 496; 086-222-1404; 1-10-1 Omote-chō; Menüs 820–870 ¥; Mo–Mi, Fr & Sa 11.30–14.30 Uhr) An der Theke dieses kleinen, einfachen Mittagslokals kann man sich die Wartezeit damit versüßen, den Köchinnen bei der Zubereitung köstlicher Tofugerichte zuzusehen. Auf der bebilderten Karte stehen lediglich drei Speisen. Wer Lust auf ein Tofumenü mit verschiedenen

ABSEITS DER ÜBLICHEN PFADE

RADFAHREN IN DER KIBI-EBENE

Den überwiegend ländlich geprägten Kibi-Distrikt rund um Okayama erkundet man am besten mit dem Fahrrad. Dabei geht's entlang der überwiegend flachen Fahrradroute über die Kibi-Ebene zwischen Bizen-Ichinomiya (備前一宮) und Sōja (総社). Die etwa 15 km lange Strecke führt an mehreren interessanten Tempeln und Schreinen, einem alten Grabhügel und Reisfeldern vorbei. Lässt man sie einfach links liegen, ist man schnell am Ziel – schöner ist es aber, wenn man sich drei oder vier Stunden Zeit nimmt, um sich die Sehenswürdigkeiten anzuschauen oder ein paar Abstecher zu machen (oder sich mal zu verfahren).

Eines der Highlights ist der **Kibitsu-jinja** (吉備津神社; www.kibitujinja.com; 931 Kibitsu, Bezirk Kita; ⏲8.30–16 Uhr) GRATIS, ein bedeutender Schrein, der einem alten Krieger geweiht ist. Dieser bezwang einen Banditen bzw. Dämonen namens Ura und brachte die Gegend unter zentrale Kontrolle. Viele glauben, dass diese Heldentaten die ursprüngliche Quelle der Legende von Momotarō waren. Die Route führt auch in die Nähe des **Tsukuriyama-kofun** (造山古墳; ☎086-270-5066; ⏲24 Std.) GRATIS aus dem 5. Jh., des viertgrößten *kofun*-Grabs (schlüssellochförmiges Hügelgrab) Japans. Es soll die letzte Ruhestätte eines lokalen Königs gewesen sein, der in der Kibi-Region herrschte, als diese mit dem Yamato-Hof (der schließlich das ganze Land regierte) um die Macht konkurrierte. Eine weitere Sehenswürdigkeit ist der **Bitchū Kokobun-ji** (備中国分寺; ☎0866-92-0037; 1046 Kanbayashi, Soja; ⏲7.30–17 Uhr) GRATIS, ein Tempel mit einer pittoresken fünfstöckigen Pagode. Die ältesten Gebäude des Komplexes stammen aus der Edo-Zeit, doch der erste Tempel wurde hier im 8. Jh. gebaut.

Wer die Tour am Bahnhof Bizen-Ichinomiya beginnt, nimmt einen Lokalzug der JR-Kibi-Linie ab Okayama (210 ¥, 11 Min.) und leiht bei **Uedo Rent-a-Cycle** (レンタサイクルウエド; ☎086-284-2311; Bahnhof Bizen-Ichinomiya; ⏲9–18 Uhr) rechts an der Vorderseite des Bahnhofs ein Fahrrad aus. Bei schlechtem Wetter ist es manchmal geschlossen. Wenn niemand da ist, wendet man sich an den Wärter des nahen Parkplatzes, der vielleicht anrufen und dafür sorgen kann, dass jemand aufmacht. Wer in Sōja losfährt, leiht sich bei **Araki Rent-a-Cycle** (荒木レンタサイクル; ☎0866-92-0233; 2 Chome-1-5 Ekimae, Soja; ⏲9–18 Uhr) an der Seite des Busareals vor dem Bahnhof ein Fahrrad aus. Zwischen Okayama und Sōja fahren Züge auf der JR-Momotarō-Linie (410 ¥, 40 Min.) und auf der JR-Hakubi-Linie (500 ¥, 30 Min.).

Leihfahrräder kosten 1000 ¥ pro Tag, wenn man die Räder bei einem Fahrradverleih ausleiht und beim anderen wieder abgibt. Mit dem Fahrrad erhält man eine Routenkarte, der man folgend kann, zudem ist die Route unterwegs mit blauen Straßenschildern mit der Aufschrift „Kibiji District" ausgeschildert. Wenn man sich verfährt, können die Einheimischen helfen – einfach nach dem *Kibiji jitensha dōro* (Kibiji-Fahrradweg) fragen.

Sorten hat, probiert *okabe teishoku*. Das Okabe befindet sich an einer Ecke und ist an der Abbildung eines schwer beladenen Tofuverkäufers mit Strohhut zu erkennen.

Die Speisen sind fleischfrei, werden aber mit Fischfond zubereitet.

Ajitsukasa Nomura TONKATSU ¥
(味司野村; Karte S. 496; ☎086-222-2234; 1-10 Heiwa-chō; Mahlzeiten 900–1400 ¥; ⏲11–21 Uhr; 🚭📵) Das ruhige Restaurant mit Bambusdekor lockt mit der hiesigen Spezialität *demi-katsudon*, frittierten Schweinekoteletts mit reichhaltiger, sämiger brauner Soße mit Reis. Man gibt seine Bestellung durch den Kauf eines Tickets an dem Automaten beim Eingang auf. Dieser hat keine englische Beschriftung, dafür jedoch die separate Speisekarte, zudem hilft das Personal gerne.

Teppan-Ku-Ya JAPANISCH ¥¥
(テッパン クウヤ; Karte S. 496; ☎086-224-8880; http://teppan-ku-ya.com; 1-1-17 Noday-achō; Mahlzeiten 2500–5000 ¥; ⏲18–24 Uhr; ❄📵) Japanische Klassiker wie *tako-yaki* (mit gegrilltem Tintenfisch gefüllte Klöße) dominieren die Speisekarte des extrem beliebten Fusionsrestaurants. Am empfehlenswertesten ist das Sechs-Gänge-Menü, das eine französisch anmutende Kürbissuppe, gegrillte Garnelen, Wagyu-Rind oder

Lachssteak und Grüntee-Eiscreme umfasst. Mit der warmen, unkomplizierten Atmosphäre, den Englisch sprechenden Mitarbeitern, der Weinauswahl und dem Service im westlichen Stil ist dies eine ausländerfreundliche Option, und auch das Peis-Leistungs-Verhältnis stimmt.

Saudade na Yoru BAR

(サウダーヂな夜; Karte S. 496; www.saudade-ent.com/saudade; 2. OG, Shiroshita Bldg, 10-16 Tenjin-chō; ⏲ Mo–Fr 18–3, Sa & So 15–3 Uhr) Mit dem bunt zusammengewürfelten Mobiliar, den verzierten Lampen und der facettenreichen Hintergrundmusik (manchmal auch Livejazz) versprüht die Loungebar jede Menge Retroschick-Charme. Sie bietet einen Ausblick auf die Symphoniehalle sowie eine gute Getränkeauswahl (größtenteils für unter 700 ¥) und Kaffee. Außerdem gibt's eine kleine Karte mit Gerichten und Snacks. Nach 20 Uhr wird ein Eintritt von 300 ¥ verlangt.

Izayoi no Tsuki IZAKAYA

(いざ酔いの月; Karte S. 496; ☎ 086-222-2422; 1-10-2 Ekimae-chō; ⏲ 17–24 Uhr) Im Izayoi no Tsuki werden alle Erwartungen an ein *izakaya* erfüllt, denn die Kneipe hat eine gesellige Atmosphäre (man kann aber auch unbehelligt allein an der Theke sitzen), Wände voller Sakeetiketten und eine riesige Getränkekarte. Zur Auswahl stehen verschiedene Sakesorten aus der Präfektur Okayama sowie Biere aus lokalen Mikrobrauereien wie Doppo-Pils oder ein obergäriges Kibi Doteshita Bakushu.

Der Laden liegt ganz in der Nähe der Sky-Mall-Arkade. Sein Name ist auf einen gelben Mond geschrieben.

☆ Unterhaltung

Okayama Symphony Hall THEATER

(岡山シンフォニーホール; Karte S. 496; ☎ 086-234-2001; www.okayama-symphonyhall.or.jp; 1-5-

ABSTECHER

URLAUB AUF DEM BAUERNHOF IN HATTŌJI

Auf dem Weg durch die Hügel nach Hattōji (八塔寺), das eine gute Stunde nordöstlich von Okayama liegt, kommt man an Bauernhöfen und strohgedeckten Häusern vorbei. Hier scheinen die Menschenmassen und hektischen Straßen der japanischen Großstädte angenehm weit weg zu sein.

Hauptgrund für einen Abstecher ist eine Übernachtung in der **Hattōji International Villa** (八塔寺国際交流ヴィラ; ☎ 086-256-2535; www.international-villa.or.jp; Kagami Yoshinaga-chō, Bizen-shi; EZ/DZ 4100/7200 ¥, Haus für bis zu 8 Pers./9–13 Pers. 25 700/41 000 ¥; ⊖ ❄). Das restaurierte Bauernhaus gehört zu den beiden verbliebenen Unterkünften aus den späten 1980er-Jahren, die im Auftrag der Präfekturregierung für ausländische Touristen errichtet worden waren. Wer hier ein bis zwei Mal übernachtet, erhält großartigen Einblick in das Japan abseits internationaler Metropolen.

Im Haus befinden sich vier große, durch Schiebetüren voneinander getrennte Tatamizimmer, ein Gemeinschaftsbad und eine Küche. Zudem sind kostenlose Leihräder vorhanden. Im Aufenthaltsbereich gibt's eine offene mit Kohle betriebene Kochstelle und ganz in der Nähe locken Wanderwege, Schreine und Tempel, in denen man sich den morgendlichen Meditationssitzungen anschließen kann. Online kann man die Verfügbarkeit prüfen und buchen. Die Unterkunft akzeptiert nur Barzahlung. Es gibt auch ein paar Lokale in der Gegend, allerdings mit unregelmäßigen Öffnungszeiten, deshalb sollte man sich vorher in Okayama oder Yoshinaga mit Proviant eindecken. Nach Hattōji verkehren Busse (200 ¥, 30 Min., Mo–Sa 5–6-mal tgl.) ab Yoshinaga (吉永), das auf der JR-San-yō-Linie liegt und von Okayama aus mit der Bahn (580 ¥, 40 Min., etwa stdl.) zu erreichen ist. Sie halten unweit des Villeneingangs. Ihre Abfahrtszeiten sind auf der Website der International Villa Group nachzulesen.

Wer sich gerade in der Nähe des Bahnhofs Yoshinaga befindet, sollte die historische aus der Edo-Zeit stammende **Shizutani Gakko** (閑谷学校; Shizutani-Schule; ☎ 0869-67-1427; www.shizutani.jp; 784 Shizutani, Bizen, 300 ¥; ⏲ 9–17 Uhr) besuchen. Japans erste öffentliche Schule wartet mit einer Einrichtung aus Holz und wunderbar erhaltenen Bizen-Dachziegeln auf. Das Gebäude liegt etwa 3 km vom Bahnhof entfernt. Busverbindungen dorthin sind unregelmäßig, doch man kann die Strecke auch zu Fuß bewältigen (einfach am Bahnhof nach dem Weg fragen)

1 Omotechō) Im Konzertsaal der Stadt, der sich in einem imposanten runden Gebäude befindet, wird ein breites Spektrum japanischer und internationaler Musik- und Tanzaufführungen geboten.

Praktische Informationen

Momotarō-Touristeninformationszentrum (ももたろう観光センター; Karte S. 496; ☎086-222-2912; www.okayama-kanko.net/sightseeing; ⏲9–20 Uhr) Großes Büro mit Karten und Infos zu Okayama und der Region sowie Coupons, mit denen man bei den Hauptattraktionen kleine Rabatte erhält. Das hilfsbereite Personal spricht ein wenig Englisch und es gibt kostenloses WLAN. Es befindet sich im Untergeschoss des Bahnhofs – den Schildern im Untergeschoss folgen.

Okayama International Centre (岡山国際交流センター; Karte S. 496; ☎086-256-2914; www.opief.or.jp/oicenter; 2-2-1 Hōkan-chō; ⏲Mo–Sa 9–17 Uhr) Informationen, die sich hauptsächlich an ausländische Einwohner der Stadt richten, sowie einige Karten und Broschüren. Kostenloser Internetzugang (30 Min.).

Touristeninformationsschalter (観光案内所; Karte S. 496; ⏲9–18 Uhr) Im Bahnhof, am Eingang zu den *shinkansen*-Gleisen.

An- & Weiterreise

BUS

Fernbusse fahren von Okayama in die großen Städte der Region. Busse verkehren auch zwischen dem Bahnhof Okayama und dem Internationalen Flughafen Kansai (3¼ Std., einfach/hin & zurück 4650/7700 ¥, 7-mal tgl.).

Vom Bahnhof Okayama bestehen Verbindungen zum Shin-Okayama-Hafen (490 ¥, 40 Min., 1–2-mal stdl.) mit einem Halt am **Busbahnhof Tenmaya** (Karte S. 496) im Zentrum.

ABSTECHER

KERAMIKSTADT BIZEN

Die Region Bizen (備前) ist bereits seit der Kamakura-Zeit (1185–1333) für ihre Keramik bekannt. Die Stücke zeichnen sich durch erdige, gedämpfte Farben aus und erfreuen sich bei Liebhabern der Teezeremonie schon lange großer Beliebtheit. Wer sich für Töpferware interessiert, für den lohnt ein Abstecher von Okayama in das düstere Örtchen **Imbe** (伊部) mit seinen Brennöfen.

Die meisten interessanten Stätten erreicht man vom dortigen Bahnhof bequem zu Fuß. Am **Infoschalter Imbe** (☎0869-64-1001; www.touyuukai.jp; ⏲Mi–Mo 9–18 Uhr) im Souvenirladen beim Bahnhofsausgang links bekommt man eine sehr gute Karte namens *Imbe Walk*, auf der Brennöfen, Geschäfte und andere erwähnenswerte Adressen eingezeichnet sind.

Kibido (黄薇堂; ☎0869-64-4467; www.bizenyakikibido.com; 714 Inbe; ⏲Mo–Sa 9–17, So 12–17 Uhr) GRATIS ist eine Brennerei mit Galerieladen unter Leitung der Kimura-Familie. Sie ist eine der sechs Familien, die Anfang des 17. Jhs. in der Bizen-Region die offizielle Lizenz zur Keramikherstellung erhielt. Hier können Besucher an einer kostenlosen Führung des traditionellen stufenförmigen *nobori-gama*-Brennofens in englischer Sprache teilnehmen (vorher per E-Mail Kontakt aufnehmen) und die heutige Generation der Kimura-Künstler bei der Arbeit beobachten.

Tempogama (天保窯), die Ruine eines großen Brennofens (ca. 1832), findet man nach einem kurzen Fußweg bergauf in einer von der Hauptstraße abgehenden Gasse.

Mehr über Bizen-yaki (Bizen-Keramik) erfährt man im **Kunstmuseum für Bizen-Keramik der Präfektur Okayama** (岡山県備前陶芸美術館; ☎0869-64-1400; 1659-6 Inbe; 700 ¥; ⏲Di–So 9.30–17 Uhr) in Imbe. Es zeigt Exponate aus der Muromachi- (1333–1568) und der Momoyama-Periode (1568–1600) sowie Werke verschiedener moderner Künstler, die als „lebende nationale Kulturgüter" gelten.

Bei **Bishūgama** (備州窯; ☎0869-64-1160; www.gift.or.jp/bisyu; 302-2 Imbe; ⏲9–15 Uhr) kann man sich an der Herstellung eines eigenen Kunstwerks versuchen, pro Stück kostet das je nach Brennweise zwischen 2700 und 3780 ¥. Gebrannt wird allerdings erst viel später, und der internationale Versand kann fast so teuer sein wie das Kunstwerk selbst. Eine Buchung ist nicht erforderlich, vor Ort gibt's Informationen (aber keine Anleitung) auf Englisch.

Von Okayama (580 ¥, 40 Min.) fährt stündlich ein direkter Zug auf der Akō-Linie (赤穂線) nach Imbe und von dort weiter Richtung Banshū-Akō (播州赤穂) und Aioi (相生).

SCHIFF/FÄHRE

Fähren fahren vom Hafen Shin-Okayama (40 Min. entfernt) und vom Hafen Uno (1 Std. entfernt) nach Shōdo-shima und Naoshima.

ZUG

Okayama liegt auf der San-yō- und der *shinkansen*-Linie, die nach Osaka (6020 ¥, 50 Min.) im Osten und Hiroshima (6020 ¥, 40 Min.) im Westen führt. Zudem gibt's Verbindungen nach Takamatsu in Kagawa (2030 ¥, 55 Min.), das südlich von Naoshima an der JR-Marine-Linie liegt, und nach Yonago in der Präfektur Tottori mit dem Limited-Express-Zug Yakumo (5270 ¥, 135 Min.).

Unterwegs vor Ort

Am besten erkundet man Okayama zu Fuß oder mit ein paar kurzen Straßenbahnfahrten. Die Higashi-yama-Linie steuert die Hauptattraktionen an. Sie fährt vom Ostausgang des Bahnhofs die gesamte Momotarō-Ōdōri hinauf (an der letzten Haltestelle in dieser Straße aussteigen, um zu fast allen Sehenswürdigkeiten zu gelangen) und biegt dann rechts ab. Mit der Seikibashi-Linie geht's bereits früher an dem großen Kreisverkehr rechts ab und an der Hauptpost von Okayama vorbei. Straßenbahnfahrten innerhalb der Innenstadt kosten 100 ¥. Okayama ist außerdem eine sehr fahrradfreundliche Stadt.

JR Eki-Rinkun Rent-a-cycle (レンタサイクル駅リンくん; Karte S. 496; ☎086-223-7081; 1-2 Motomachi; Leihfahrrad 350 ¥ pro Tag; ⏲7–21.50 Uhr) Fahrradverleih an der Ostseite des Hauptbahnhofs.

Eki Rent-a-Car (駅レンタカー; Karte S. 496; ☎086-224-1363; www.ekiren.co.jp; Mietwagen ab 5940 ¥ pro Tag; ⏲8–20 Uhr) Autovermietung an der Ostseite des Hauptbahnhofs.

Naoshima 直島

☎087 / 3135 EW.

Heute ist die Insel Naoshima dank der Benesse Art Site eine der größten Touristenattraktionen der Region. Sie bietet Besuchern die einzigartige Möglichkeit, beste zeitgenössische japanische Kunst in malerischer Natur zu sehen.

Ins Leben gerufen wurde das Benesse-Projekt in den frühen 1990er-Jahren, als die Benesse Corporation die Insel als Ausstellungsort für ihre wachsende Sammlung moderner Kunst erwählte. Seitdem hat sich Naoshima weiter gewandelt. Einst lebte die schwindende Bevölkerung von den Gewinnen einer kleinen Fischereiindustrie, heute gibt's hier mehrere erstklassige Kunstmuseen und -installationen. Außerdem zieht Naoshima kreative Köpfe aus dem ganzen Land an. Die Kunstbewegung reicht inzwischen auch über Naoshimas Grenzen hinaus. So findet man auch auf anderen Inseln der Seto-Inlandsee Museen und Künstlerstätten.

Neben den Museen sind an der Küste mehrere Skulpturen unter freiem Himmel zu sehen, darunter der **Gelbe Kürbis** (⏲24 Std.) GRATIS von Kusama Yayois, der zu einem Symbol für die Insel wurde.

Sehenswertes & Aktivitäten

Die meisten Sehenswürdigkeiten und Aktivitäten sammeln sich rund um Honmura (本村), Miyanoura (宮ノ浦) und die Benesse Art Site.

Zur Ferienzeit kann es in den Museen recht voll werden, und man muss eventuell Schlange stehen.

★ **Art House Project** KUNSTINSTALLATIONEN
(家プロジェクト; www.benesse-artsite.jp/en/art/arthouse.html; einfaches/Kombiticket 410/1030 ¥; ⏲Di–So 10–16.30 Uhr) In Honmura wurde ein halbes Dutzend traditioneller Häuser zeitgenössischen Künstlern als Ausstellungsräume für kreative Installationen, oft mit Bezug zur lokalen Geschichte, zur Verfügung gestellt. Zu den Highlights gehören Ōtake Shinrōs hüttenähnliches **Haisha** (はいしゃ; 410 ¥), dessen Freiheitsstatue sich über die verschiedenen Etagen des Hauses erhebt, James Turrells Lichtexperiment **Minami-dera** (南寺; ¥410), das Besucher zunächst die komplette Finsternis erleben lässt, sowie Sugimoto Hiroshis Glastreppe und unterirdische Steinkammer beim traditionellen **Go'o-Schrein** (護王神社, 410 ¥).

Von Installation zu Installation gelangt man problemlos zu Fuß. Vorher fährt man mit dem Naoshima-Bus zur Haltestelle Nōkyō-mae. Tickets sind am Touristenschalter im Fährhafen Miyanoura, in der Honmura Lounge und im Tabakladen nahe der Bushaltestelle erhältlich.

Benesse-House-Museum KUNSTMUSEUM
(ベネッセハウス; Karte S. 502; www.benesse-artsite.jp/en/art/benessehouse-museum.html; Erw./Kind/Hotelgäste 1030 ¥/frei/frei; ⏲8–21 Uhr) Andō Tadao, ein mit Preisen ausgezeichneter Architekt, ist für das eindrucksvolle Museum und Hotel an der Südküste der Insel verantwortlich. Hier kann man u. a. Werke von Andy Warhol, David Hockney, Jasper Johns und japanischen Künstlern wie Ōtake Shinrō bewundern. Kunstinstallationen an der angrenzenden Küste und im benach-

Naoshima

Naoshima

Sehenswertes

1 Benesse-House-Museum C3
2 Chichū-Kunstmuseum C3
3 Go'o Schrein B2
4 Haisha A2
5 Lee-Ufan-Museum C3
6 Minami-dera A3
7 Red Pumpkin A2

Aktivitäten, Kurse & Touren

8 Naoshima Bath – I Heart Yū A1

Schlafen

Benesse House .... (siehe 1)
9 Cin.na.mon A1
10 Gallery Inn Kuraya A2
11 Minshuku Oyaji-no-Umi A2
12 Naoshima Backpackers Guesthouse B2
13 Tsutsuji-sō D3

Essen

14 Café Salon Naka-Oku A3
15 Genmai-Shinshoku Aisunao A2
Museum Restaurant Issen .... (siehe 1)
16 Shioya Diner A1

Praktisches

17 Honmura Lounge & -Archive A2
18 Touristeninformation in der Marinestation A1

Transport

Cafe Ougiya Rent-a-Cycle .... (siehe 18)

barten Wald bewirken, dass Architektur und Natur miteinander verschmelzen.

Chichū-Kunstmuseum KUNSTMUSEUM
(地中美術館; Karte S. 502; www.benesse-artsite.jp/en/art/chichu.html; Erw./Kind 2060 ¥/frei; ⌚März–Sept. Di–So 10–18 Uhr, Okt.–Feb. bis 17 Uhr) Einen kurzen Fußmarsch vom Benesse House entfernt befindet sich eine weitere Kreation von Tadao Andō. Schon das Gebäude selbst ist ein echtes Kunstwerk. Es besteht aus einer Reihe unterirdischer moderner Ausstellungsflächen mit Betonwänden, wird von natürlichem Licht beleuchtet und dient als bemerkenswerte Kulisse für verschiedene Seerosenbilder von Monet, einige monumentale Skulpturen von Walter De Maria sowie Installationen von James Turrell. Draußen erstreckt sich der Chichū-Garten, der Monets Garten in Giverny nachempfunden ist.

Während der Hochsaison wird manchmal ein Ticketsystem genutzt, das Besuchern mitteilt, wie lange sie noch warten müssen.

Lee-Ufan Museum KUNSTMUSEUM
(李禹煥美術館; Karte S. 502; www.benesse-artsite.jp/on/art/lee-ufan.html; Erw./Kind 1030 ¥/frei; ⌚ März–Sept. Di–So 10–18 Uhr, Okt.–Feb. bis 17 Uhr) Auch der Neuling unter den Benesse-Museen wurde vom unverwüstlichen Andō Tadao entworfen. Hier sind Werke des bekannten in Korea geborenen Künstlers und Philosophen Lee Ufan, einer führenden Figur in der Mono-ha-Bewegung der 1960er- und 1970er-Jahre, zu sehen.

★ **Naoshima Bath – I Heart Yū** SENTO
(直島銭湯; Karte S. 502; www.benesse-artsite.jp/en/art/naoshimasento.html; Erw./Kind 510/210 ¥; ⌚ Di–Fr 14–21, Sa & So 10–21 Uhr) Dieses von Ōtake Shinrō entworfene Haus – eine farbenprächtige Mischung aus japanischer Badetradition und zeitgenössischer Kunst mit einem wahrhaftigen Elefanten im Gebäude – garantiert ein einzigartiges Badeerlebnis. Es liegt ein paar Gehminuten von Miyanouras Hafen entfernt Richtung Landesinneres. Nach dem Gebäude mit den Palmen vor der Tür Ausschau halten.

Der Name ist ein Wortspiel – „Yū" bedeutet im Japanischen „heißes Wasser".

Feste & Events

★ **Setouchi Triennale** KUNST
(瀬戸内国際芸術祭; Setouchi International Art Festival; www.setouchi-artfest.jp) Alle drei Jahre findet auf verschiedenen Inseln der Inlandsee ein Festival für Kunst, Musik, Schauspiel und Tanz statt. Zum Programm gehören jede Menge Veranstaltungen, und viele davon werden auf Naoshima ausgerichtet. In der Vergangenheit erstreckten sich die Veranstaltungen über drei Jahreszeiten: Frühling, Sommer und Herbst.

Auf der ausgezeichneten Website findet man Infos zu Pässen für Veranstaltungen und Fähren. Der Dreijahreszeiten-Festival-„Pass" (4000 ¥ im Vorverkauf, 5000 ¥ vor Ort) beinhaltet den Eintritt zu fast allen Stätten – für alle Besucher, die mehrere Stätten und Museen sehen wollen, ist er deutlich günstiger und sehr empfehlenswert. Während des Festivals sollte man Unterkünfte in Naoshima und selbst in Takamatsu rechtzeitig im Voraus buchen.

Schlafen

★ **Tsutsuji-sō** CAMPINGPLATZ ¥
(つつじ荘; Karte S. 502; ☎ 087-892-2838; www.tsutsujiso.com; Zelt/Hütte ab 3780/4760 ¥ pro Pers.; ⊖) Liegt nicht weit von der Benesse Art Site am Strand. Die mongolischen Pao-Zelte sind gemütlich, haben Platz für bis zu vier Personen und verfügen über einen kleinen Kühlschrank, Heizlüfter (allerdings keine Klimaanlage) sowie Gemeinschaftsbäder. Außerdem gibt's Wohnwagen und Hütten. Essen muss im Voraus bestellt werden. Nur Barzahlung.

Naoshima Backpackers Guesthouse HOSTEL ¥
(Karte S. 502; ☎ 080-9130-2976; www.naoshimabackpackers.wixsite.com/backpackers; 845-9 Naoshimachō; B 2500 ¥; ⊖ ❄ ☎) In den Schlafsälen befinden sich zwar nur kleine Holzabteile, doch das Hostel ist billig, hat kostenlose Fahrräder für die Gäste und liegt perfekt in der Nähe des Hafens Honmura und der Sehenswürdigkeiten. Unbedingt vorher reservieren, sonst hört möglicherweise niemand die Klingel. Von der Lokalbushaltestelle Honmura geradewegs aufs Meer zugehen und auf ein weißes Schild achten.

Gallery Inn Kuraya PENSION ¥
(ギャラリーインくらや; Karte S. 502; ☎ 087-892-2253; www.kuraya-naoshima.net; Zi. ab 4000 ¥ pro Pers.; ⊖ ☎) Wenn gerade keine Gastkünstler zu Besuch sind, vermietet die Kuraya Gallery ein Tatamizimmer und den gegenüberliegenden kleinen Galerieraum mit Holzdielen, die sich ein Bad teilen. Der nette Besitzer spricht sehr gut Englisch und betreibt auch ein kleines Café mit unregelmäßigen Öffnungszeiten.

Die Unterkunft liegt in der Nähe des Hafens von Honmura auf der linken Seite in Richtung des Ishibashi-Gebäudes, das zum Art House Project gehört.

Minshuku Oyaji-no-Umi MINSHUKU ¥
(民宿おやじの海; Karte S. 502; ☎ 090-5261-7670; www.ameblo.jp/naosima-oyajinoumi; Zi. ab 4200 ¥ pro Pers.; @ ☎) Freundliche, familiäre Bleibe mit durch Schiebetüren voneinander getrennten Tatamizimmern und einem Gemeinschaftsbad. Die Inhaber des alten Hauses nahe dem Art House Project in Honmura sprechen kein Englisch; am besten bucht man per Mail oder über die Website, wenn man kein Japanisch kann. Der Eingang befindet sich neben dem Cat Café.

Cin.na.mon PENSION ¥
(シナモン; Karte S. 502; ☎ 087-840-8133; www.cin-na-mon.jp; Zi. inkl. Frühstück 4000 ¥ pro Pers.; ⊖ ❄ ☎) Über dieser Café-Bar in der Nähe des Hafens in Miyanoura gibt's drei komfortable Zimmer mit Gemeinschaftsbad.

Uno Port Inn RYOKAN ¥¥
(☎0863-21-2729; www.unoportinn.com; 1-4-4 Chikko, Tamano; EZ/DZ ab 6900/9900 ¥; ❄📶) Das gemütliche *ryokan*, dessen zwölf Zimmer teils mit Futons, teils mit regulären Betten eingerichtet sind, liegt zwischen den Bahnhöfen Uno und Uno Hafen auf dem Festland. Die Zimmer sind klein, daher befindet sich das Bad bei einigen Zimmern über den Flur. Im schläfrigen Hafenviertel gibt's ein paar Restaurants, doch das eigene Café des *ryokan* ist gut. Die Mitarbeiter sprechen Englisch. Eine gute Basis für den Besuch sowohl Naoshimas als auch Teshimas.

★**Benesse House** BOUTIQUE-HOTEL ¥¥¥
(☎087-892-3223; www.benesse-artsite.jp/en/stay; 2BZ/Suite ab 32000/59000 ¥; P⊖❄@📶) Für Kunst- und Architekturliebhaber ist dieses einzigartige von Andō entworfene Hotelmuseum ein großartiges Erlebnis. Die Unterkünfte verteilen sich auf vier verschiedene Flügel (Museum, Oval, Park und Beach) mit klarem, modernem Design ohne Schnickschnack und mit Kunst aus der Benesse-Sammlung. Fernseher gibt's nicht. Weit im Voraus reservieren.

Mit einer Einschienenbahn erreicht man das „Oval"-Gebäude auf einem Hügel, dessen Zimmer rund um ein Freiluftbecken liegen und am teuersten sind. Vom grasbewachsenen Dach bietet sich eine traumhafte Aussicht, ebenso wie von den geräumigen Zimmern mit Standardbädern und großen Fenstern; hier oben fühlt man sich so wohl, dass man gar nicht mehr in die niederen Gefilde hinabsteigen möchte. Beim Beach-Flügel handelt es sich um ein neueres Gebäude am Meer mit Blick auf die Skulptur des *Gelben Kürbisses*. Wer der Kunst noch näher kommen möchte, nächtigt in den Unterkünften des Museum-Flügels.

Kinder unter sieben Jahren haben in den Flügeln Oval und Museum keinen Zutritt.

Essen

In der Nähe des Hafens in Miyanoura gibt's ein paar Cafés und den einzigen Minimarkt, und rund um das Art House Project in Honmura verteilen sich einige Restaurants und Cafés sowie ein kleiner Supermarkt. Abends schließen die meisten Läden, außerdem sind die Öffnungszeiten oft unregelmäßig.

★**Shioya Diner** CAFÉ ¥
(シオヤダイナー; Karte S. 502; ☎087-892-3290; Gerichte 400–1000 ¥; ⏲Di–So 11–21 Uhr; 📶📋) Rock'n'Roll-Musik, altmodische Möbel und kitschiger Nippes sorgen dafür, dass das Shioya wie eine skurrile Mischung aus American Diner und Omas Küche daherkommt. Auf der Karte stehen Tacos und Chili-Hotdogs, und manchmal wird auf dem Holzkohlegrill vor dem Haus auch Cajun-Hühnchen gebrutzelt. Eine tolle Adresse für eine entspannte Mahlzeit nahe dem Hafen von Miyanoura.

★**Cafe Salon Naka-Oku** CAFÉ ¥
(カフェサロン中奥; Karte S. 502; ☎087-892-3887; www.naka-oku.com; Mittagessen 600–790 ¥, Abendessen 400–750 ¥; ⏲Mi–Mo 11.30–21 Uhr; 📶📋) Das gesellig-gemütliche Naka-Oku auf einem kleinen Hügel hinter einer Ackerfläche ist eine gute Option im Umland von Honmura und eines der wenigen Cafés, das auch abends öffnet. Mittags werden bodenständige Spezialitäten wie *omuraisu* (mit gebratenem Reis gefülltes Omelett) serviert, abends gibt's kleine Gerichte und Getränke.

Genmai-Shinshoku Aisunao CAFÉ ¥
(玄米心食あいすなお; Karte S. 502; www.aisunao.jp; Mahlzeiten 600–900 ¥; ⏲11–17.30 Uhr; ⊖📶✍📋) 🍃 Wer das Gelände des Art House Project erkundet, kann zwischendurch im Aisunao verschnaufen. Auf erhöhten Tatamimatten sitzend, genießt man durchweg gesundes Essen wie das Aisunao-Mittagsmenü mit lokalem braunem Reis, Suppe und Gemüse. Zum Angebot zählen außerdem Desserts wie Sojamilcheis, Säfte und Fair-Trade-Kaffee.

Man erkennt das Café an dem blauen *noren* (Türvorhang) und an dem Schild mit dem Bild einer Reisschüssel. Es liegt gegenüber von der gleichnamigen Pension.

Museum Restaurant Issen KAISEKI ¥¥¥
(日本料理一扇; Karte S. 502; ☎087-892-3223; www.benesse-artsite.jp/en/stay/benessehouse/restaurant_cafe.html; Frühstück 2495 ¥, Mittagsmenüs 2000–2900 ¥, Abendmenüs 7720–9540 ¥; ⏲7.30–9.30, 11.30–14.30 & 18–21.45 Uhr; ⊖📋) Eigentlich sind die herrlich angerichteten mehrgängigen *kaiseki*-Abendmenüs im Restaurant des Benesse House, dessen Einrichtung im Kontrast zum Essen recht nüchtern ist, fast zu schön, um sie zu essen. Die Karte ändert sich je nach Saison, und der Schwerpunkt liegt auf Meeresfrüchten, aber es gibt auch ein Menü mit viel Gemüse, das ein paar Tage im Voraus bestellt werden muss. Frühstücken und zu Mittag essen kann man auch. Wir empfehlen eine Reservierung.

ABSTECHER

NOCH MEHR KUNST INSELN IN DER INLANDSEE

Die meisten Kunstliebhaber besuchen Naoshima und Teshima, daher kann man auf Inujima, Megijima und Ogijima die Kunst in ruhiger Beschaulichkeit betrachten.

Der große Touristenmagnet **Inujimas** (犬島) ist das großartige **Inujima-Seirensho-Kunstmuseum** (犬島精錬所美術館; Inujima; inkl. Inujima Art House Project 2060 ¥; ⌚ Mi–Mo 10–16.30 Uhr, Dez.–Feb. Mi & Do geschlo.), eine einstige Kupferraffinerie. Sie wurde in ein umweltfreundliches Gebäude verwandelt, das Yanagi Yukinori surreale Kunstwerke zur Umweltthematik zeigt. Das Haus ähnelt eher einem interaktiven Erlebnis als einem traditionellen Museum – man betritt es durch ein dunkles Spiegelkabinett mit der gleißenden Sonne am Ende und kommt dann an schwimmenden Möbeln vorbei. Auf Inujima gibt's auch einige kleinere Kunststätten in umgewandelten japanischen Häusern und hübsche kleine Cafés. Das für die Zukunft geplante Projekt „Inujima Stay" ermöglicht Besuchern, eine längere Zeit mit den Inselbewohnern zu verbringen.

Ist **Megijima** (女木島) das mythische Onigi-shima, die „Teufelsinsel", auf die der legendäre Momotarō kam, um zu kämpfen? Wer hinauf zu den Höhlen klettert, um die skurrilen bunten Teufel zu sehen, könnte der Legende Glauben schenken – zumindest aber die Kinder, während die Großen die Panoramaaussicht bewundern. Daneben gibt's hier einen Strand, das Oni Cafe & Gallery sowie *Mecon*, ein Werk von Ōtake Shinrō (berühmt durch die Bad-Kunst-Kombination *I Heart Yū in Naoshima*), das einen Schulhof mit neonfarbenen Rahmen begrenzt, als Ausdruck der Hoffnung, dass die Einheimischen auf der Insel bleiben werden.

Das winzige **Ogijima** (男木島) ist nur 2 km lang und besteht fast ausschließlich aus grünen Bergen, ist aber ein spannendes „Museum ohne Wände". Die schmale Straße windet sich durch das schläfrige Dorf und öffnet sich dann urplötzlich auf ein Kunstwerk im Freien oder eine Kunstinstallation. Man sollte unterwegs auch auf die *wallalleys* (Mauergalerien) achten, die mit farbenfrohen Gemälden aus Altholz und Schiffsschrott verziert sind.

Fähren verkehren zwischen Inujima und dem Hafen Ieura (1030 ¥, 25 Min., 3-mal tgl.) auf Teshima sowie dem Hafen Hoden (300 ¥, 10 Min., 8-mal tgl.) auf dem Festland. Vom Bahnhof Okayama (750 ¥, 50 Min., 3-mal tlg., außerhalb der Triennale nur Sa & So) fährt ein Bus bis ganz in die Nähe des Hafens Hoden, wo Endstation ist.

Sechsmal täglich startet eine Fähre von Takamatsu zunächst nach Megijima (240 ¥, 20 Min.) und dann nach Ogijima (510 ¥, 40 Min.). Eine Warnung: Wer eine der letzten beiden Fähren nach Ogijima nimmt, schafft die letzte Fähre zurück nicht mehr.

ℹ Praktische Informationen

GELD

Die Geldautomaten in den Postämtern von Miyanoura und Honmura und der 7-Eleven in der Nähe des Hafens Miyanoura akzeptieren internationale Karten. In der Touristeninformation nach dem Weg fragen.

GEPÄCKAUFBEWAHRUNG

Tipp für Tagesausflügler: Am Hafen Miyanoura gibt's einige Gepäckschließfächer, zudem kann man in der Honmura Lounge & Archive Gepäck lagern.

TOURISTENINFORMATION

Honmura Lounge & Archive (Karte S. 502; ☎ 087-840-8273; hDi–So 10–16.30 Uhr) Touristeninformation neben dem Hafen Honmura mit Ruhezone und Gepäckaufbewahrung. Vor Ort werden Tickets für das Art House Project verkauft.

Touristeninformation in der Marinestation (Karte S. 502; ☎ 087-892-2299; www.naoshima.net; ⌚ 8.30–18 Uhr) Am Fährhafen von Miyanoura. Besucher bekommen hier eine umfassende englischsprachige Karte der Insel, die auch auf der Website zum Download bereitsteht, sowie eine Wanderkarte und eine Liste aller Unterkünfte. Unterkunftsbuchungen sind nicht möglich. Vor Ort sind außerdem Tickets fürs Art House Project erhältlich.

ℹ An- & Weiterreise

Naoshima lässt sich im Rahmen eines Tagesausflugs ab Okayama oder Takamatsu besuchen und bietet sich als Zwischenstopp auf der Reise zwischen Honshū und Shikoku an. An den Häfen gibt's extragroße Schließfächer oder Gepäckaufbewahrungen.

In Okayama nimmt man den JR-Uno-Zug nach Uno (580 ¥, ca. 1 Std.; normalerweise muss man in Chayamachi zur anderen Bahnsteigseite umsteigen). Vom Hafen nahe dem Bahnhof Uno verkehren Fähren zu Naoshimas Haupthafen **Miyanoura** (290 ¥, 15–20 Min., stdl.) und zum **Hafen Honmura** (290 ¥, 20 Min., 5-mal tgl.).

Wenn man abends zurück nach Okayama möchte, fahren die Züge in Uno möglicherweise schon seit ein oder zwei Stunden nicht mehr. Dann kann man an Bushaltestelle 1 vor dem Bahnhof Uno in einen Bus zum Bahnhof Okayama (650 ¥, 1 Std., 1–2-mal pro Std.) steigen.

Zwischen Takamatsu und dem Hafen von Miyanoura verkehren Standard- (520 ¥, 50 Min., 9-mal tgl.) und Expressfähren (1220 ¥, 25 Min., März–Nov. Fr, an Wochenenden & Feiertagen 4-mal tgl., restl. Jahr 1-mal tgl.).

Routenpläne und aktuelle Fahrpläne für die Fähren gibt's auf der Website der Benesse Art Site (www.benesse-artsite.jp) und bei den Touristeninformationen in Okayama und Takamatsu.

Unterwegs vor Ort

Naoshima erkundet man am besten mit dem Fahrrad oder dem Stadtbus. Wer Zeit hat, kann sich auch zu Fuß auf den Weg machen. Vom Hafen in Miyanoura nach Honmura und zum Gelände des Art House Project sind es beispielsweise nur 2 km. Auf Naoshima verkehrt ein **Taxi** (☎ 087-892-3036) für bis zu neun Fahrgäste, das vor der Ankunft auf der Insel reserviert werden muss.

BUS

Naoshimas Kleinbusse fahren ein- bis zweimal stündlich zwischen Miyanoura, Honmura und der Gegend um das Benesse House (Haltestelle Campingplatz Tsutsuji-sō) – während der Triennale sollte man auf Schlangen gefasst sein. Der Tarif beträgt 100 ¥ pro Fahrt (passend zahlen - es wird kein Wechselgeld gegeben). Ab Tsutsuji-sō verkehrt ein kostenloser Benesse-Shuttle, der an allen Museen der Benesse Art Site hält. In betriebsamen Monaten sind die Busse schnell besetzt, besonders gegen Abend, wenn viele Traveller zurück zum Hafen möchten, um ihre Fähren zu erwischen. Es ist wichtig, die Fahrpläne zu prüfen und genug Pufferzeit einzuplanen.

FAHRRAD

Naoshima ist ein toller Ort für Radtouren, und rund um den Fährhafen von Miyanoura haben sich einige Leihfirmen niedergelassen. Das **Cafe Ougiya Rent-a-Cycle** (☎ 090-3189-0471; Leihfahrrad 300–500 ¥ pro Tag; ⌚ März–Nov. 9–19 Uhr, Dez.–Feb. bis 18 Uhr) befindet sich in der Marinestation. Zum Angebot gehören auch ein paar Elektrobikes (1000 ¥ pro Tag) und Roller (1500 ¥ pro Tag). Bei anderen Fahrradverleihern in der Nähe sind die Preis ähnlich.

Teshima 豊島

Wem der Sinn nach noch mehr Inspiration steht, der sollte die kleine Insel Teshima (豊島) mit verschiedenen Kunststätten besuchen, die zwischen Naoshima und Shōdo-shima liegt. Ihre größeren Nachbarinseln sieht man auf der Fahrt über die Hügel, die vorbei an Zitronenbäumen und alten japanischen Häusern führt, von mehreren luftigen Aussichtspunkten.

Sehenswertes

★ Teshima-Yokoo-Haus KUNSTGALERIE

(豊島横尾館; www.benesse-artsite.jp/en/art/teshima-yokoohouse.html; 510 ¥; ⌚ März–Sept. Mi–Mo 10–17 Uhr, Okt.–Feb. bis 16 Uhr, Dez.–Feb. Mi & Do geschl.) Ein altes Holzhaus in der Nähe des Hafens Ieura wurde in eine Ausstellungsfläche umgebaut. Draußen erstreckt sich außerdem die farbenfrohe Variante eines traditionellen japanischen Steingartens, der u.a. von Einheimischen angelegt wurde. In jedem Fall sollte man die Turm-„Wasserfall"-Installation näher betrachten. Sie wird von Tausenden Postkarten mit Wasserfällen gesäumt, die sich unter den Füßen unendlich zu erstrecken scheinen. Selbst die schwindelig machenden Toiletten, die ganz aus Chrom sind, lohnen einen Besuch.

Les Archives du Cœur MUSEUM

(心臓音のアーカイブ; www.benesse-artsite.jp/en/art/boltanski.html; Erw./Kind 510 ¥/frei; ⌚ März–Sept. Mi–Mo 10–17 Uhr, Okt.–Feb. bis 16 Uhr, Dez–Feb. Mi & Do geschl.) Ein einzigartiges, faszinierendes Erlebnis ist der Besuch dieses „Herzschlag-Archivs" in einer kleinen Bucht nahe dem Hafenviertel von Karato. Hier werden Zehntausende Herzschläge aus der ganzen Welt gesammelt, die man sich in einer Endlosschleife in Surround-Sound im dunklen „Herzraum" anhören kann. Für 1540 ¥ können Besucher den eigenen Herzschlag aufnehmen und eine Erinnerungs-CD mit nach Hause nehmen.

Teshima-Kunstmuseum MUSEUM

(豊島美術館; www.benesse-artsite.jp/en/art/teshima-artmuseum.html; 1540 ¥; ⌚ März–Sept. Mi–Mo 10–17 Uhr, Okt.–Feb. bis 16 Uhr, Dez.–Feb. Mi & Do geschl.) Beim Kunst-„Museum" Teshimas handelt es sich um eine riesige Betonmuschel, die sich wie eine tränenförmige Kuppel an einen Hügel schmiegt. In dem kontemplativen Areal geben Löcher in den Wänden den Blick auf den blauen Himmel, die Wolken und die grünen umliegenden Berge frei. Unten kann man kleine Wasserteilchen betrachten, die vom Luftzug über den Boden gerollt werden.

Im Museumsladen (ebenfalls aus Beton) gibt's ein kleines Café.

Schlafen & Essen

Die meisten *minshuku* und ryokan auf Teshima sind kleine Häuser, in denen wenig Englisch gesprochen wird. Die Mitarbeiter der Touristeninformation in der Nähe des Fährterminals Ieura können bei der Unterkunftsbuchung helfen.

Auf der Insel verteilen sich mehrere Cafés, die *teishoku* (Mittagsmenüs) anbieten.

Takamatsu-ya RYOKAN ¥

(古宿 たかまつ屋; ☎080-5275-8550; www.takamatsu-ya.jp; Zi. mit Gemeinschaftsbad ab 3000 ¥ pro Pers.; P) Diese Pension blickt auf eine lange Geschichte als Sanatorium und *ryokan* für Kleinkinder und Menschen in Not zurück. Ansehen tut man das den sieben makellosen Tatamizimmern allerdings nicht. Die Mitarbeiter sprechen Englisch, das Frühstück (500 ¥) wird unter Zitronenbäumen serviert und die Lage nur einen kurzen Fußweg vom Fährterminal Ieura ist günstig – darum ist das Takamatsu-ya auch heute noch sehr einladend.

Praktische Informationen

In der Touristeninformation nahe dem Fährhafen von Ieura sind Karten und Informationen erhältlich. Das Personal spricht etwas Englisch.

An- & Weiterreise

Acht Fähren verkehren pro Tag vom Hafen in Uno auf dem Festland zum Hafen von Ieura (770 ¥, 25–40 Min.), wobei sechs zum Hafen von Karato (1030 ¥) sowie zur Insel Shōdo-shima weiterfahren. Drei bis fünf Fähren starten täglich von Takamatsu nach Ieura (1330 ¥, 35 Min.) und stoppen teils in Honmura auf Naoshima. Es verkehren täglich zwei Fähren von Naoshimas Miyanoura-Hafen nach Ieura (620 ¥, 35 Min.; in der Nebensaison nicht tgl.), die weiter zur Insel Inujima fahren.

Die aktuellen Fahrpläne stehen auf der Website des Benesse House, www.benesse-artsite.jp/en/access.

Unterwegs vor Ort

Eine Radtour auf der Insel ist sehr zu empfehlen; mit dem Bus oder zu Fuß ist es zwar einfacher, dauert aber länger. Fahrräder kann man in der Gegend um den Hafen Ieura für 500 ¥ pro Tag ausleihen. Elektrofahrräder (4 Std. 1000 ¥, jede weitere Stunden 100 ¥) sind ebenfalls vorhanden, während der Triennale aber immer schnell weg; sie eignen sich, um quer über die hügelige Insel nach Karato zu radeln. Ein Shuttlebus (200 ¥) verkehrt unregelmäßig zwischen Ieura und Karato, während der Triennale fahren zusätzliche Busse.

Shōdo-shima 小豆島

☎0879 / 31 200 EW.

Shōdo-shima ist für seine Olivenhaine und als Kulisse des japanischen Filmklassikers *Nijūshi-no-hitomi* („24 Augen") bekannt, der die Geschichte einer Dorflehrerin und ihrer jungen Schützlinge erzählt. Die Insel bietet sich als schöner Tagesausflug, eventuell auch mit Übernachtung, an. Es gibt verschiedene Sehenswürdigkeiten, die unbestrittenen Highlights sind jedoch die bergigen Landschaften, malerischen Küstenstraßen und der Auslick auf das Binnenmeer.

Tonoshō, Hauptort und wichtigster Hafen, wartet mit der „weltweit engsten passierbaren Meeresstraße" (Dobuchi-Meeresenge) auf, die mitten durchs Zentrum des Städtchens führt. Den größten Besucheransturm verzeichnet die Insel im Sommer sowie im Oktober und November, wenn die herbstliche Färbung am schönsten ist. Wer außerhalb der Saison kommt, findet eine verschlafene Gegend mit wenigen Besuchern vor.

Sehenswertes

Historisches Marukin-Sojasoßenmuseum MUSEUM

(マルキン醤油記念館; Karte S. 508; www.moritakk.com; Eintritt 210 ¥; ⌚9–16 Uhr) Lange bevor die ersten Oliven angebaut wurden, war Shōdo-shima für seine Sojabohnen berühmt. Noch immer gibt's vor Ort mehrere alte Sojasoßenfabriken. Das kleine Museum in der Hauptstraße zwischen Kusakabe und Sakate zeigt Exponate zum Herstellungsprozess, alte Gerätschaften sowie Fotos und wartet mit interessanten Fakten zu dem allgegenwärtigen braunen Würzmittel auf. Es gibt gute Erklärungen auf Englisch, und Besucher können das erstaunlich leckere Sojasoßeneis probieren.

Nakayama-Reisfelder WAHRZEICHEN)

(中山千枚田; Nakayama Senmaida; Karte S. 508) 4 km in Richtung Landesinneres vom Ikeda-Fährhafen aus befinden sich Nakayamas „tausend Reisfelder", die zu jeder Jahreszeit schön anzusehen sind. Nach der Aussaat Ende April oder Anfang Mai,

Shōdo-shima

wenn die unter Wasser stehenden Felder riesigen Spiegeln ähneln, bieten sie jedoch einen besonders tollen Anblick.

24-Augen-Filmdorf MUSEUM

(二十四の瞳映画村; Karte S. 508; www.24hitomi.or.jp; 700 ¥, Kombiticket inkl. Misaki-Schule 790 ¥; ⌚ 9–17 Uhr) Gleich nördlich von Sakate führt eine Abzweigung zum malerischen Fischerort Tanoura (田ノ浦). Hier steht die Schule aus dem Film *Nijūshi-no-hitomi* („24 Augen"), der auf einem Roman des lokalen Schriftstellers Tsuboi Sakae basiert und im Nachkriegsjapan ein Riesenerfolg war. Im Filmdorf ist die Kulisse für das in den 1980er-Jahren gedrehte Remake des Schwarz-Weiß-Streifens von 1954 zu sehen.

Misaki-Schule HISTORISCHES GEBÄUDE

(岬の分教場; Karte S. 508; www.24hitomi.or.jp; 200 ¥, Kombiticket inkl. 24-Augen-Filmdorf 790 ¥; ⌚ 9–17 Uhr) Dieses perfekt erhaltene Schulgebäude aus dem Jahr 1902 war Schauplatz der Handlung von *Nijūshi-no-hitomi*, wurde 1954 als Kulisse genutzt und liegt einen kurzen Fußmarsch vom Filmdorf entfernt in der Straße zurück nach Sakate.

Shōdo-shima-Olivenpark PARK

(小豆島オリーブ公園; Karte S. 508; www.olive-pk.jp; Nishimura-misaki 1941-1; ⌚ 8.30–17 Uhr)

Shōdo-shima

Highlights
1 Historisches Marukin-Sojasoßenmuseum C2

Sehenswertes
Misaki-Schule .... (siehe 4)
2 Nakayama-Reisfelder B2
3 Shōdo-shima-Olivenpark C2
4 24-Augen-Filmdorf C3

Aktivitäten, Kurse & Touren
5 Kanka-Schlucht & Seilbahn C2
Sun-Olive-Onsen .... (siehe 3)

Schlafen
6 Minshuku Maruse A2
7 Shōdo-shima Olive Youth Hostel C2

Praktisches
Touristeninformationsschalter .... (siehe 6)

Transport
Asahiya Rent-a-Cycle .... (siehe 6)
8 Ishii Rent-a-Cycle A2
Orix Rent-a-Car .... (siehe 6)

GRATIS Dieser Park ist der Tradition des Olivenanbaus auf der Insel gewidmet. Er beherbergt mehrere weiß getünchte Gebäude, ein paar nachgemachte griechische Ruinen, ein Museum und Stände mit Olivensouvenirs. Das Ganze ist zwar sehr kitschig, aber mit dem **Sun-Olive-Onsen** (サン・オリーブ温泉; Karte S. 508; 700 ¥; ⌚12–21 Uhr) kann man es aushalten. Von den verschiedenen Becken des Bads genießt man nämlich einen großartigen Ausblick aufs Binnenmeer.

Aktivitäten

★ Kanka-Schlucht & Seilbahn

OUTDOOR-AKTIVITÄTEN

(寒霞渓; Karte S. 508; www.kankakei.co.jp; Seilbahn einfach/hin & zurück 750/1350 ¥; ⌚Seilbahn 8.30–17 Uhr) Die Seilbahn (寒霞渓ロープウエイ) ist die Hauptattraktion von Kanka-kei in den zentralen Bergen. Am besten unternimmt man die spektakuläre Fahrt durch die Schlucht, wenn die Herbstlandschaft in bunten Farben leuchtet und jede Menge Besucher anlockt. Da die Gegend rund um die obere Station ebenfalls einen atemberaubenden Blick aufs Binnenmeer bietet, kann man aber auch auf den Trip mit der Gondel verzichten.

Eine Alternative für erfahrene Wanderer ist der Weg zwischen der unteren und oberen Station, der über die Omote-Route mit zwölf Aussichtspunkten (表 12 景; 2,3 km) und die Ura-Route mit acht Aussichtspunkten (裏 8 景; 1,8 km) führt. An der oberen Station erstrecken sich weitere schöne Wege, u. a. zum östlichen Gipfel des Hoshigajō-yama (星ヶ城東峰; 817 m).

Am Wochenende und werktags in der Hauptsaison fahren täglich vier Busse vom Hafen von Kusakabe zur unteren Seilbahnstation (紅雲亭; Kōuntei); im Herbst gibt's zusätzliche Verbindungen. Während der Wintermonate ist der Busverkehr eingestellt.

Feste & Events

Nōson Kabuki

THEATER

In der Edo-Zeit war Shōdo-shima für ländliches Kabuki (japanisches Theater) bekannt. Östlich von Tonoshō sind in zwei Bergdörfern noch Theater aus dem 17. Jh. zu sehen. Aufführungen finden am 3. Mai am Rikyū-Hachiman Schrein in Hitoyama (肥土山) und am zweiten Sonntag im Oktober beim Kasuga-Schrein in Nakayama (中山) statt.

Schlafen & Essen

Shōdo-shima hat eine gute Auswahl an Hotels, besonders entlang der Straße, die von Tonoshō aus an der Küste entlangführt.

Das Angebot an Restaurants ist dagegen nicht so groß, wie man bei einer Insel dieser Größe erwarten würde. An der Straße, die von Tonoshō an die Küste führt, gibt's einige schlichte Café, *izakaya* und *rāmen*-Restaurants. Bei den Resorts und großen Hotels sind die Mahlzeiten meistens im Preis enthalten und sie haben Hotelrestaurants, in denen auch Nichtgäste essen können.

Shōdo-shima Olive Youth Hostel

HOSTEL ¥

(小豆島オリーブユースホステル; Karte S. 508; ☎0879-82-6161; www.jyh.gr.jp/shoudo; 1072 Nishimura, Uchinomi-chō; B 3400 ¥; 🚭📶) Das nette Hostel nahe der Küste verfügt über Schlafsäle mit Etagenbetten und Tatamizimmer. Es bietet auch Essen, Leihräder und Wäscheservice. Busse halten direkt vor dem Hostel (an der Haltestelle Shōdoshimi Orību-Yūsu-mae), ansonsten sind es 20 Gehminuten vom Hafen Kusakabe hierher.

Minshuku Maruse

MINSHUKU ¥

(民宿マルセ; Karte S. 508; ☎0879-62-2385; www.new-port.biz/maruse/1.htm; Zi. ab 3700 ¥ pro Pers.; 🚭❄@📶) Einen kurzen Fußmarsch vom Fähranleger bietet die einladende, gepflegte Unterkunft neben Tonoshōs Postamt Zimmer im japanischen Stil mit Gemeinschaftsbädern sowie warme Gerichte mit leckeren lokalen Meeresfrüchten.

Praktische Informationen

Lokale Infos bietet www.town.shodoshima.lg.jp.

Infoschalter (Karte S. 508; ☎0802-853-5857; ⌚8.30–18 Uhr) Im Fährhafen von Tonoshō; die Mitarbeiter sprechen Englisch.

An- & Weiterreise

Es gibt verschiedene Fährverbindungen zu bzw. von Shōdo-shimas Häfen.

Für die Reise von Okayama nach Shōdo-shima sollte man ein *Kamome bus kippu* (einfach 1300 ¥) kaufen. Das ermäßigte Kombiticket gilt für die Busfahrt vom Bahnhof Okayama zum Hafen Shin-Okayama sowie für die Fähre nach Shōdo-shima. Man erhält es am Schalter im Busbahnhof von Okayama und am Fähranleger von Tonoshō.

Unterwegs vor Ort

Am besten erkundet man die Insel und ihre malerischen Straßen mit einem Leihwagen – das lohnt sich auf jeden Fall, auch wenn man das Auto nur für einen Tag mietet! Busse verkehren unregelmäßig und nicht überall.

AUTO & MOTORRAD

Es gibt eine Handvoll Autovermietungen. Ein paar Fähren transportieren auch Autos, aller-

FÄHREN NACH SHŌDO-SHIMA

ABFAHRTSORT	ZIEL	PREIS (¥)	DAUER	HÄUFIGKEIT (PRO TAG)
Himeji	Fukuda	1520	1 Std. 40 Min.	7
Shin-Okayama	Tonoshō	1050	70 Min.	13
Takamatsu	Tonoshō (Standard)	690	1 Std.	15
Takamatsu	Tonoshō (Express)	1170	30 Min.	16
Takamatsu	Ikeda	690	1 Std.	8
Takamatsu	Kusakabe Standard)	690	1 Std.	5
Takamatsu	Kusakabe (Express)	1170	45 Min.	5
Uno	Tonoshō (über Teshima)	1230	1½ Std.	6

dings ist das manchmal teurer, als eines auf der Insel zu mieten.

Orix Rent-a-Car (オリックスレンタカー小豆島; ☎0879-62-4669; http://car.orix.co.jp; 6 Std. ab 4725 ¥; ⌚8.30–18 Uhr) Hat eine einfache Routenkarte auf Englisch. Zwei Minuten der Straße folgen, die vom Fährhafen von Tonoshō wegführt.

BUS

Shōdo-shima Olive Bus (小豆島オリーブバス; www.shodoshima-olive-bus.com) bietet Verbindungen auf der ganzen Insel. Am häufigsten (1–2-mal stdl.) pendeln die Busse zwischen den Häfen von Tonoshō und Kusakabe über Ikeda und den Olivenpark. Manche fahren weiter zum Hafen von Sakate und zum Marukin-Sojasoßen-museum, andere nordwärts zum Hafen von Fukuda. Es gibt unregelmäßige Verbindungen entlang der Nordküste, im Landesinneren nach Nakayama und nach Tanoura. Ein Tages-/Zwei-tagespass kostet 2000/2500 ¥; fährt man allerdings nur einige wenige Male mit dem Bus, sind die Einzeltickets (150–300 ¥) günstiger.

FAHRRAD

Radtouren an der Küste lohnen sich, wenn man genug Zeit hat. Im Landesinneren braucht man stramme Waden, da dort einige steile Anstiege warten. Die Jugendherberge nahe Kusakabe verleiht ebenfalls Räder.

Asahiya Rent-a-Cycle (旭屋レンタサイクル; Karte S. 508; ☎0879-62-0162; Fahrrad ohne Gangschaltung 3 Std./5 Std./Tag 300/600/1000 ¥; ⌚7–19 Uhr) Im Asahiya-Hotel gegenüber dem Postamt in Tonoshō, einen kurzen Fußmarsch vom Fährhafen entfernt.

Ishii Rent-a-Cycle (石井レンタサイクル; Karte S. 508; ☎0879-62-1866; www.ishii-cycle.com; Olive-dōri; Fahrrad ohne Gangschaltung 1000 ¥ pro Tag, Mountain- & Elektrobikes 2000 ¥; ⌚8.30–17 Uhr) Für die Räder mit Gangschaltung kann man den 2 km langen Spaziergang von Tonoshōs Hafen hierher durchaus auf sich nehmen. Am Fähranleger bekommt man auf Nachfrage eine Karte.

Kurashiki 倉敷

☎086 / 477 980 EW.

Kurashikis Hauptattraktion ist das atmosphärische Bikan-Viertel (美観地区) mit historischen Gebäuden an einem alten, von Weiden gesäumten Kanal. Die malerischen schwarz-weiß bemalten Warenhäuser dienen heute als Museen, und die Gässchen säumen alte Holzhäuser und Geschäfte. Abends verleihen die Lichter, die sich im Kanal spiegeln, dem kleinen Viertel ein romantisches Flair.

Während der Feudalzeit wurde in den Hallen Reis gelagert, den Schiffe aus dem Umland hierherbrachten. Später gründete Ōhara Magosaburō die Kurabō-Stofffabrik in der Stadt und machte Kurashiki so zu einem bedeutenden Textilzentrum. Zudem sammelte er europäische Kunst und eröffnete 1930 das Ōhara-Kunstmuseum, das viele japanische Touristen anzieht.

Sehenswertes

★ **Ōhara-Kunstmuseum** KUNSTMUSEUM
(大原美術館; Karte S. 512; www.ohara.or.jp; 1-1-15 Chuō; Erw./Kind 1300/500 ¥; ⌚9–17 Uhr, außer Ende Juli, Aug. & Okt. Mo geschl.) Das beste Museum der Stadt beherbergt eine facettenreiche Sammlung vorwiegend westlicher Kunst. Zusammengetragen wurde diese von dem lokalen Textilmagnat Ōhara Magosaburō (1880–1943) und dem Künstler Kojima Torajirō (1881–1929). Sie umfasst Gemälde, Drucke und Skulpturen von Picasso, Cézanne, El Greco und Matisse sowie eines der Seerosenbilder Monets – Torajirō soll den Maler 1920 besucht und das Werk persönlich von ihm erworben haben.

Den großen europäischen Galerien macht das Kunstmuseum keine Konkurrenz, dennoch ist die Sammlung interessant und für japanische Touristen eine der größten Attraktionen der Stadt.

Mit dem einen ganzen Tag lang gültigen Ticket hat man auch Zutritt zur **Galerie für Kunsthandwerk & Asiatische Kunst** im selben Gebäude, zur **zeitgenössischen japanischen Sammlung** in einem Anbau hinter dem Haupthaus und zur **Kojima-Torajirō-Gedenkhalle** (児島虎次郎記念館; Karte S. 512; ☎086-422-0005; www.ivysquare.co.jp/cultural/torajiro.html; 7-2 Honmachi; 500 ¥; ⏲Di–So 9–17 Uhr).

★ Ōhashi-Haus HISTORISCHES GEBÄUDE
(大橋家住宅; Karte S. 512; www.ohashi-ke.com; 3-21-31 Achi; Erw./Kind 550/350 ¥; ⏲Di–So 9–17 Uhr) Zwischen dem Bahnhof und dem Kanal liegt dieses hübsch restaurierte Haus aus dem Jahre 1793. Es gehörte einer der reichsten Familien Kurashikis und wurde zu einer Zeit errichtet, als wohlhabende Kaufleute begannen, Privilegien einzufordern, die zuvor den Samurai vorbehalten waren.

Museum für ländliches Spielzeug MUSEUM
(日本郷土玩具館; Karte S. 512; 1-4-16 Chuō; Erw./Kind 400/200 ¥; ⏲Di–So 9–17 Uhr) In den vier Räumen des Museums sind jede Menge Holzspielzeug, Masken, Puppen, Kreisel (darunter ein Weltrekordhalter) und eine Sammlung farbenfroher Winkekatzen zu sehen. Neben Spielzeug wird im Laden auch Kunsthandwerk und regionale Kunst verkauft.

Volkskunstmuseum Kurashiki MUSEUM
(倉敷民芸館; Karte S. 512; www.kurashiki-mingeikan.com; 1-4-11 Chuō; 700 ¥, ⏲März–Nov. Di–So 9–17 Uhr, Dez.–Feb. bis 16.15 Uhr) Dieses Museum befindet sich in einem hübschen Ende des 18. Jhs. errichteten Komplex aus Reislagerhallen und zeigt interessante Ausstellungen exquisiter Haushaltsgegenstände aus ganz Japan, darunter Keramik, Glas, Textilien und Möbel.

Momotarō Karakuri Hakubutsukan MUSEUM
(桃太郎のからくり博物館; Karte S. 512; ☎086-423-2008; http://momotarounokarakurihakubutukan.sitemix.jp; 5-11 Honmachi; Erw./Kind 600/400 ¥; ⏲10–17 Uhr; 👪) Das der hiesigen Legende Momotarō (S 495) gewidmete kleine Museum ist eine Mischung aus Galerie und Gruselkabinett. Zu sehen sind Erinnerungsstücke, Spielzeug und Darstellungen des Pfirsichjungen aus verschiedenen Epochen. Im Erdgeschoss täuschen unterhaltsame Exponate das Auge des Betrachters – und man kann Fotos machen, auf denen man wie Momotarō aus einem Pfirsich auftaucht. Die „interaktiven" Ausstellungsstücke (man denke an Oberlichtprojektoren vor dem Computerzeitalter) sind veraltet, doch das ist Teil des Charmes. Alberner Spaß für verregnete Tage.

Ivy Square PLATZ
(アイビースクエア; Karte S. 512) Einst war der Ivy Square Standort der Kurabō-Textilfabrik. Das Unternehmen zog jedoch schon vor langer Zeit in moderne Räume um. Heute befinden sich in den 1889 errichteten, mit Efeu bedeckten Betriebsgebäuden aus rotem Ziegelstein ein Hotel, Restaurants, touristische Geschäfte und Museen (in der Regel 9–17 Uhr), darunter die **Kurabō-Gedenkhalle** (倉紡記念館; Karte S. 512; www.kurabo.co.jp/kurabo_kinenkan; 7-1 Honmachi; 350 ¥; ⏲9–17 Uhr), die sich der Geschichte der japanischen Textilindustrie widmet. Der Eingang ist an der Westseite.

Achi-jinja SHINTO-SCHREIN
(阿智神社; Karte S. 512; 12-1 Honmachi) GRATIS Einen kurzen Fußmarsch vom Kanalviertel Kurashikis entfernt führen Steintreppen hinauf zu diesem Schrein im **Tsurugatayama-kōen**, einem Park mit Blick auf die Altstadt. Im Schrein wächst eine Glyzine, die auf 300 bis 500 Jahre geschätzt wird.

Schlafen

★ Cuore Kurashiki HOSTEL ¥
(クオーレ倉敷; Karte S. 512; ☎086-486-3443; www.bs-cuore.com; 1-9-4 Chūō; B/EZ/2BZ 3500/4500/7500 ¥;) Künstlerisch-skurrile Elemente in den Zimmern, die vom Personal dekorierten Gemeinschaftsbereiche sowie eine große Lounge mit Café und Bar im Erdgeschoss machen das Hostel zu einer tollen Budgetoption. Die kleinen, verwinkelten Betten bieten gemütliche Abwechslung von den üblichen Stockbetten und das private „VIP"-Zimmer hat eine geräumige Dusche. Das Café hat bis Mitternacht geöffnet – länger, als die meisten in der Gegend.

Yuji Inn HOSTEL ¥
(ゆうじいん; Karte S. 512; ☎086-441-1620; www.yuji-inn.com; 1-10-13 Chūō; B 4000 ¥;) Die komfortablen, extrem sauberen Gemeinschaftszimmer mit Tatamimatten machen dieses familiengeführte Haus ein kleines Stück vom Kanal gelegen zu einer ausgezeichneten Budgetoption für Gäste, die keinen großen Wert auf Hostelatmosphäre legen. Wer Lust hat, mit dem Englisch sprechenden Besitzer zu schwatzen, kann es

Kurashiki

Kurashiki

Highlights
1 Ōhara-Kunstmuseum ... C3
2 Ōhashi-Haus ... B2

Sehenswertes
3 Achi-jinja ... D2
4 Ivy Square ... D3
5 Museum für ländliches Spielzeug ... C3
6 Kojima-Torajirō-Gedenkhalle ... C3
7 Kurabō-Gedenkhalle ... C3
8 Volkskundemuseum Kurashiki ... C3
9 Momotarō Karakuri Hakubutsukan ... C3

Schlafen
10 Cuore Kurashiki ... C3
11 Dormy Inn Kurashiki ... B2
12 Ryokan Kurashiki ... C3
13 Ryokan Tsurugata ... C3
14 Yuji Inn ... C3

Essen
15 Bukkake Udon ... B1
16 KuKu ... D2
17 Mamakari-tei ... C3
18 Takadaya ... C3

Ausgehen & Nachtleben
19 Kurashiki Coffee-Kan ... C3

Shoppen
20 Tsuneki Tea Shop ... C3

sich in der großen Lounge mit Essbereich gemütlich machen.

Dormy Inn Kurashiki HOTEL ¥¥
(ドーミーイン倉敷; Karte S. 512; ☎086-426-5489; www.hotespa.net/hotels/kurashiki; 3-21-11 Achi; EZ/2BZ ab 6000/8500 ¥;) Das Dormy Inn in der Nähe des historischen Viertels ist der beste Vertreter der Ketten im westlichen Stil. Es punktet vor allem mit dem Onsen im oberen Stock. Im Preis inbegriffen sind *soba*-Nudeln am Abend.

★ **Ryokan Kurashiki** RYOKAN ¥¥¥
(旅館くらしき; Karte S. 512; ☎086-422-0730; www.ryokan-kurashiki.jp; 4-1 Honmachi; EZ/DZ inkl. 2 Mahlzeiten ab 48 300/73 600 ¥;) Beim Kanal im Herzen des Bikan-Viertels verteilt sich der wohl beste *ryokan* der Stadt auf mehrere wunderschön restaurierte Gebäude aus der Edo-Zeit. Die geräumigen Suiten verfügen über Tatami-Loungebereiche samt angeschlossenen Zweibettzimmern und Bädern. Abends wird hier ein *kaiseki*-Menü mit Köstlichkeiten aus dem

Seto-Binnenmeer serviert. Das Personal spricht etwas Englisch.

Ryokan Tsurugata RYOKAN ¥¥¥
(鶴形; Karte S. 512; ☎ 086-424-1635; www.tsurugata.jp; 1-3-15 Chūō; Zi. inkl. 2 Mahlzeiten ab 17 820 ¥;) Das freundliche *ryokan* in einem umgebauten Haus mitten im historischen Viertel bietet Tatamizimmer mit Blick auf den Garten und Meeresfrüchtegerichte. Die Preise richten sich nach der Größe der Räume, die Bäder muss man sich überwiegend teilen und das Personal spricht ein wenig Englisch.

Essen & Ausgehen

Im historischen Viertel findet man mehrere Restaurants, in denen man nicht nur fürs Essen, sondern auch fürs Ambiente zahlt. Günstigere Snacks gibt's in der Chūō-dōri und den vom Bahnhof abgehenden Arkaden.

★ **Takadaya** BARBECUE ¥
(高田屋; Karte S. 512; ☎ 0120-810-190; 11-36 Honmachi; Spieße 120–420 ¥; ⌚ Di–So 17–22 Uhr;) Diesem Restaurant gelingt die perfekte Balance zwischen viel traditionellem japanischem Charme und einer Cocktailkarte, auf der auch Pflaumenwein und *shōchū* stehen. Dank der Englisch sprechenden Mitarbeiter und der englischen Speisekarte fühlen sich auch einzelne Gäste in dem kleinen Raum wohl. Die Fleischspieße wie *shiso-maki* (um Hühnchen gewickeltes japanisches Basilikum) und *gyū-kushi* (Rindersteak) sind ausgesprochen lecker.

Das Takadaya befindet sich an einer Ecke mit einer roten Laterne.

Bukkake Udon NUDELN ¥
(ぶっかけうどん; Karte S. 512; 2-3-23 Achi; Gerichte 470–870 ¥; ⌚ 7–21 Uhr;) Diese Filiale einer lokalen Restaurantkette in der Dios-Arkade gegenüber vom Bahnhof serviert eine leckere Udon-Spezialität aus Kurashiki namens *bukkake udon* (von *bukkakeru*, das bedeutet Gießen oder Spritzen). Sie heißt so, weil man selbst warme oder kalte Soße über die Nudeln gießt. Auf das Schild mit der Aufschrift ぶ *(bu)* in einem gelben Oval achten. Es gibt eine bebilderte und eine englische Speisekarte.

KuKu INDISCH ¥
(クウクウ; Karte S. 512; ☎ 086-424-3075; 11-19 Honmachi; Mahlzeiten 750–1200 ¥; ⌚ Do–Di 11.30–17.30 Uhr;) Weiße Lehmwände und südasiatischer Schnickschnack bestimmen die Ästhetik dieses winzigen Café-Restaurants. Neben einfachen indischen Currys (und einem grünen Thai-Curry) bekommt man günstige Mittagsmenüs (11.30–14 Uhr) mit Salat, Dessert und einer leckeren Tasse Chai.

★ **Mamakari-tei** FISCH & MEERESFRÜCHTE ¥¥
(ままかり亭; Karte S. 512; ☎ 086-427-7112; www.hamayoshi-kurashiki.jp; 3-12 Honmachi; Gerichte 800–1500 ¥; ⌚ Di–So 11–14 & 17–22 Uhr;) Dieses traditionelle Lokal ist in einem 200 Jahre alten Warenhaus mit klobigen Balken und langen Holztischen untergebracht und bietet ebenfalls die örtliche Sardinenspezialität *mamakari* an. Der leckere Fisch verursacht einen solch enormen Appetit, dass die Gäste gezwungen sind, bei ihren Nachbarn mehr *mama* (Reis) auszuleihen (*kari*), um weiteressen zu können.

Neben Mittagsmenüs und Speisen nach *kaiseki*-Art am Abend (ab 4200 ¥; Reservierung empfehlenswert) kommen auch Gerichte à la carte auf den Tisch.

Kurashiki Coffee-Kan CAFÉ
(倉敷珈琲館; Karte S. 512; ☎ 086-424-5516; www.kurashiki-coffeekan.com; 4-1 Honmachi; ⌚ 10–17 Uhr) In dem niedrigen Innenraum mit Holz und Backsteinen wabert der Duft frisch gerösteter Bohnen umher. Zur Auswahl steht ausschließlich heißer und kalter Kaffee (500–850 ¥). Am Kanal neben dem Ryokan Kurashiki.

Shoppen

★ **Tsuneki Tea Shop** TEE
(つねき茶舗; Karte S. 512; www.tsuneki.net; 3-9 Honmachi; ⌚ Mo–Sa 10–18 Uhr) Der erdige Duft gerösteter Blätter führt zu diesem Fachgeschäft für Tee. Ein Automat vor der Tür spuckt frischen *hōjicha* (gerösteten grünen Tee) aus, der in Beuteln verkauft wird. Zudem bekommt man *mugicha* (Gerstentee) und englischsprachige Anweisungen zum Teebrauen.

Praktische Informationen

GELD

Im historischen Viertel Bikan gibt's keine rund um die Uhr geöffneten Geldautomaten. Die nächsten Geldautomaten, die ausländische Karten akzeptieren, befinden sich am Bahnhof und im 7-Eleven in der Chūō-dōri.

TOURISTENINFORMATION

Kurashiki Eki-mae-Touristeninformation (倉敷駅前観光案内所; Karte S. 512; ☎ 086-424-1220; 2. OG, Kurashiki City Plaza, 1-7-2 Achi;

⏲ April–Sept. 9–19 Uhr, Okt.–März bis 18 Uhr) Rechts vom Bahnhofsausgang in der 2. Etage.
Kurashikikan-Touristeninformation (倉敷館観光案内所; Karte S. 512; ☎ 086-422-0542; www.kurashiki-tabi.jp; 1-4-8 Chuō; ⏲ 9–18 Uhr; 📶) In der Haupttouristeninformation im Viertel Bikan werden mehrere Sprachen gesprochen.

Anreise & Unterwegs vor Ort

Kurashiki liegt an der JR-San-yō-Hauptlinie unmittelbar westlich von Okayama (320 ¥, 15 Min.). Shin-Kurashiki an der *shinkansen*-Route ist zwei Stopps vom Bahnhof Kurashiki (200 ¥, 9 Min.) entfernt.

Die Stadt lässt sich problemlos zu Fuß erkunden. Man kann sich auch ein Fahrrad leihen, allerdings sind die engen, oft belebten Gassen kaum für Radtouren geeignet.

Kasaoka-Inseln 笠岡諸島

Der zwischen Kurashiki und Fukuyama gelegene Hafen von Kasaoka dient als Ausgangspunkt zu sechs kleinen Inseln, die man vom Festland aus nur per Boot erreicht. Vor allem Shiraishi-jima und Manabe-shima lohnen einen Besuch.

Die einzige Unterkunft in Manabe-shima ist ein *ryokan*, während es in Shiraishi-jima eine Villa und eine familiengeführte *minshuku* gibt. Allerdings sollte man die Übernachtung vor der Ankunft organisieren, besonders wenn man kein Japanisch spricht. Bei der Unterkunftsbuchung können Touristeninformationen behilflich sein. Auch die Besitzer der Moooo! Bar wissen sehr gut Bescheid.

An- & Weiterreise

Kasaoka befindet sich 45 Minuten westlich von Okayama (760 ¥) und 30 Minuten westlich von Kurashiki (500 ¥) auf der JR-San-yō-Linie. Vom Bahnhof sind es sieben Gehminuten zum Hafen, wo Fähren nach Shiraishi-jima und weiter nach Manabe-shima in See stechen.

Manabe-shima 真鍋島

☎ 0865 / 325 EW.

Auf Manabe-shima leben mehr Katzen als Menschen. Der einzige Ort der Insel ist sehr klein und besteht aus einem atmosphärischen Gewirr alter Holzhäuser. Den Dorfladen gibt's bereits seit der Meiji-Zeit, zudem findet man eine altmodische Schule. Wie überall in diesem Teil Japans war auch hier Kōbō Daishi der erste Besucher: Er hielt sich eine Weile im Tempel **Enpukuji** (円福寺) auf. Zudem wurden Manabe-shima und seine Bewohner kürzlich auf wunderbare Weise in Florent Chavouets illustriertem Buch *Manabé Shima* dargestellt. Die Einheimischen zeigen Gästen gern eine Ausgabe (insbesondere den Teil, in dem sie selbst auftauchen).

Schlafen & Essen

Auf der Insel befinden sich ein paar Restaurants, meist mit unregelmäßigen Öffnungszeiten. Am besten lässt man sich eines im Büro des Fähranlegers empfehlen.

★ **Santora** RYOKAN ¥¥
(島宿三虎; ☎ 0865-68-3515; www.santora.biz; Zi. inkl. 2 Mahlzeiten ab 10 800 ¥ pro Pers; 🚭 📶) 🍃 In diesem *ryokan* am Wasser kann man im hauseigenen Salzwasserbad im Freien entspannen und die vorbeifahrenden Schiffe beobachten. Alle Zimmer sind geräumig, und auch das Gemeinschaftsbad im Innenbereich lockt mit Meerblick. Das Essen wird aus lokalen Meeresfrüchten und von den freundlichen Besitzern angebautem Gemüse zubereitet. Es gibt verschiedene Zimmer und Pauschalen. Der Fußweg vom Hafen Nonura dauert 10 bis 15 Minuten.

An- & Weiterreise

Pro Tag bedienen acht Fähren von **Sanyo Kisen** (三洋汽船; ☎ 0865-62-2866; www.sanyo-kisen.com) die Route von Kasaokas Hafen nach Manabe-shima. Es gibt vier Standard- (1020 ¥, 70 Min.) und vier Expressverbindungen (1760 ¥, 45 Min.), die alle über Shiraishi-jima verkehren. Jedes eingecheckte Gepäckstück kostet 230 ¥.
Wassertaxis sind eine praktische Alternative, wenn man zum *ryokan* Santora unterwegs ist, insbesondere für Gruppen. Sie fahren von Kasaoka direkt zum Pier des *ryokan* (so spart man sich den 10- bis 15-minütigen Fußweg vom Hafen Honura). Wassertaxis kosten 10 000 ¥ für bis zu zehn Personen – Santora liefert nähere Infos.
Übersichtliche Fahrpläne und Preisinfos in englischer Sprache finden sich auf der offiziellen Website der Insel Kasaoka, www.kasaoka-kankou.jp.

Shiraishi-jima 白石島

☎ 0865 / 525 EW.

Dieses verschlafene Inselchen ist im Sommer wegen seiner Strände beliebt und wartet zudem mit einigen Wanderwegen auf. 806 machte hier der allgegenwärtige buddhistische Heilige Kōbō Daishi auf seinem Rückweg aus China Halt. Auf dem Gelände des ihm gewidmeten Tempels **Kairyū-ji** (開

龍寺; ☎ 0865-68-3014; 855 Shiraishi-jima) führt ein Pfad an kleinen Schreinen vorbei hügelaufwärts zu einem großen Felsbrocken.

Schlafen & Essen

Besucher können sehr günstig in der **Internationalen Villa der Insel Shiraishi** (☎ 086-256-2535; www.international-villa.or.jp; Zi. 3500 ¥ pro Pers.) übernachten. Das große Haus auf einem Hügel verfügt über geräumige Wohnbereiche, eine Küche, eine Veranda mit Meerblick, fünf Schlafzimmer und Gemeinschaftsbäder. Es eignet sich besonders für Gruppen und Familien.

Es gibt auf Shiraishi-jima eine Handvoll Lokale, die außerhalb der Sommermonate unregelmäßig geöffnet haben. Wer in der Villa übernachtet, sollte unbedingt Verpflegung mitbringen. Im Sommer betreibt die ortsansässige Ausländerin Amy Chavez am Strand die **Moooo! Bar** (www.mooоobar.com; ⌚ Juli & Aug. tgl., Juni & Sept. So).

An- & Weiterreise

Täglich fahren acht Fähren von **Sanyō Kisen** (S. 514) von Kasaokas Hafen, rund sieben Minuten vom Bahnhof entfernt, nach Shiraishi-jima. Es gibt vier Standard- (660 ¥, 35 Min.) und vier Expressverbindungen (1100 ¥, 22 Min.).

Übersichtliche Fahrpläne und Preisinfos in englischer Sprache finden sich auf der offiziellen Website der Insel Kasaoka, www.kasaoka-kankou.jp.

MATSUE & DIE SAN-IN-KÜSTE

Die San-in-Küste erstreckt sich im Westen Honshūs am Japanischen Meer. Die gesamte Region liegt abseits der Touristenrouten, dabei gibt's viele gute Gründe für einen Besuch. In Matsue, der Hauptstadt der Präfektur Shimane (島根県; Shimane-ken), gibt's eine fantastische Burg, und der Schrein in Izumo im Westen ist einer der heiligsten Orte Japans. Die Oki-Inseln sind so dramatisch und abgelegen, wie Inseln nur sein können. Im Osten liegt Japans am dünnsten besiedelte Präfektur

Tottori-ken (鳥取県) mit viel schöner Küstenlandschaft, Sanddünen, Onsen und Vulkanen.

Hier draußen verläuft das Leben in ruhigeren Bahnen als an der San-yō-Küste und die Menschen hier sind ganz besonders gastfreundlich.

Obwohl Tottori (鳥取県; Tottori-ken) unter den 47 japanischen Präfekturen die mit der geringsten Bevölkerungsdichte ist und sich wohl auch bei Touristen geringerer Beliebtheit erfreut, wartet die Gegend mit einer Fülle an Küsten, Sanddünen, Onsen und Vulkane auf. Allerdings sind ein bisschen Zeit und Planung notwendig, um in das eine oder andere Gebiet zu gelangen. Am besten mietet man ein Auto und kommt im Sommer her, wenn sich die Strände von ihrer schönsten Seite zeigen.

Anreise & Unterwegs vor Ort

Inlandsflugzeuge bedienen den **Flughafen Izumo** (IZO; ☎ 0853-72-7500; www.izumo-airport.co.jp) westlich von Matsue und den **Flughafen Yonago** (YGJ; ☎ 0859-45-6121; www.yonago-air.com) östlich von Matsue. Limited-Express-Yakumo-Züge fahren nach Okayama (5510 ¥, 2½ Std.). Zwischen Matsue und Hiroshima verkehren Fernbusse (4060 ¥, 3½ Std.). Zur Zeit der Recherche wurde ein einjähriges Sonderangebot zur Förderung des Tourismus verlängert, mit dem Tickets auf dieser Strecke nur 500 ¥ kosten! Bei der **Internationalen Touristeninformation Matsue** (S. 519) erfährt man, ob das Ticket immer noch zu diesem Preis erhältlich ist.

Wer die Gegend abseits der Hauptattraktionen erkunden will, sollte sich einen Mietwagen ausleihen.

Matsue 松江

☎ 0852 / 206 400 EW.

Matsue ist ein attraktiver Ort mit einer schönen Burg, spektakulären Sonnenuntergängen über dem Shinji-ko (See) und interessanten historischen Sehenswürdigkeiten. Es erstreckt sich beidseitig des Ōhashi-gawa, der den Shinji-ko mit dem Salzsee Nakaumi verbindet. Fast alle Hauptattraktionen liegen in einem kompakten Gebiet im Norden, darunter auch die Burg (ein seltener Originalbau). Zudem bietet sich die Stadt als Ausgangsbasis für Ausflüge in die Präfektur Shimane an. Hier kann man ein paar entspannte Tage erleben.

Sehenswertes

★ **Matsue-jō** BURG
(松江城, Matsue-Burg; Karte S. 516; ☎ 0852-21-4030; www.matsue-tourism.or.jp/m_castle; 1-5 Tono-machi; 560 ¥, Ausländer mit Ausweis 280 ¥; ⌚ April–Sept. 8.30–18.30 Uhr, Okt.–März bis 17 Uhr) Die malerische Matsue-jō von 1611 zeigt im holzverkleideten Inneren Schätze

Matsue

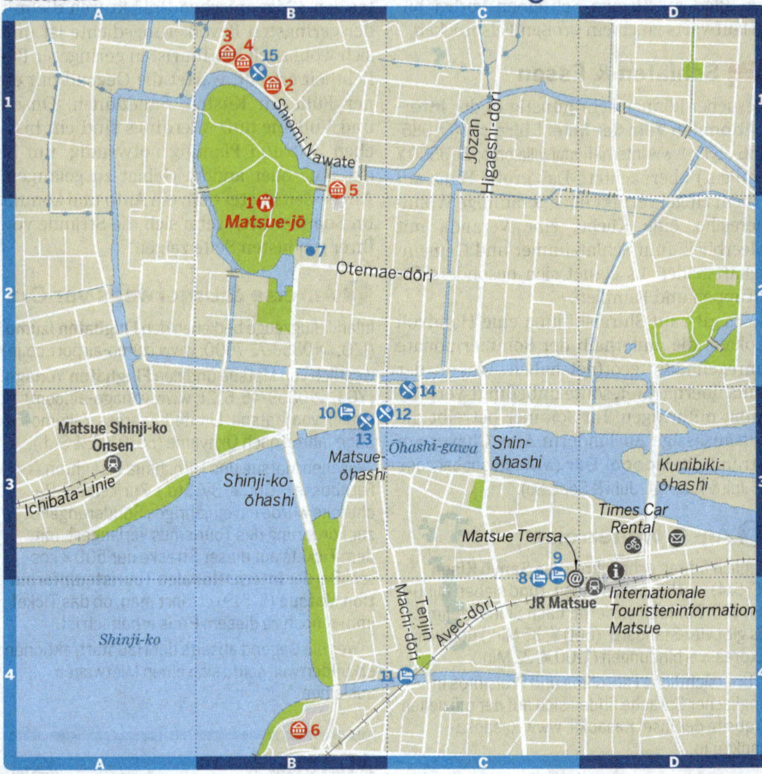

Matsue

Highlight
1 Matsue-jō B2

Sehenswertes
2 Buke-Yashiki-Samurai-Haus B1
3 Koizumi-Yakumo-(Lafcadio Hearn) Muesum B1
4 Altes Wohnhaus von Lafcadio Hearn B1
5 Geschichtsmuseum Matsue B1
6 Kunstmuseum der Präfektur Shimane B4

Aktivitäten, Kurse & Touren
7 Horikawa-Ausflugsboot B2

Schlafen
8 Green Rich Hotel Matsue C4
9 Hotel Knut C3
10 Minamikan B3
11 Ryokan Terazuya C4

Essen
12 Kawa-kyō B3
13 Naniwa B3
14 Tsurumaru C3
15 Yakumo-an B1

Ausgehen & Nachtleben
Cafe Bar EAD .... (siehe 13)

des Matsudaira-Clans. Wegen des kunstvollen Giebelschmucks ist sie als „Regenpfeiferburg" bekannt, und der Wohnturm ist einer von nur zwölf erhaltenen in Japan. Daher lohnt sich ein Blick hinter die Fassade. Neben Dioramen der Stadt sind Waffen ausgestellt, etwa eine Sammlung von Helmen – angeblich soll das jeweilige Design die Persönlichkeit des Trägers widerspiegeln.

Von der Turmspitze genießt man einen tollen Blick auf die weite Landschaft. Besucher können über die Anlage (freier Eintritt) und entlang des Burggrabens mit seinen hübschen Brücken und Kiefern spazieren. Die Gegend lässt sich zudem wunderbar im Rahmen einer Tour mit dem Horikawa-Ausflugsboot (S. 518) erkunden.

Geschichtsmuseum Matsue MUSEUM
(松江歴史館; Karte S. 516; ☎ 0852-32-1607; www.matsu-reki.jp; 279 Tono-machi; 510 ¥, Ausländer mit Ausweis 250 ¥; ⏲ April–Sept. 8.30–18.30 Uhr, Okt.–März bis 17 Uhr, 3. Do im Monat geschl.) Matsues exzellentes neues Museum bietet eine umfassende Einführung in die Geschichte der regionalen Clans sowie die Entwicklung der lokalen Industrie und Kunsthandwerke. Es zeigt alte Stadtpläne, Keramik, Briefe und die Spezialität *wagashi* (Süßwaren) – moderne Varianten findet man im angeschlossenen Laden. Der kostenlose englischsprachige Audioguide ist sehr gut.

Koizumi-Yakumo-(Lafcadio-Hearn-) Museum MUSEUM
(小泉八雲記念館; Karte S. 516; ☎ 0852-21-2147; www.matsue-tourism.or.jp/yakumo; 322 Okudani-chō; 300 ¥, Ausländer mit Ausweis 150 ¥; ⏲ April–Sept. 8.30–18.30 Uhr, Okt.–März bis 17 Uhr) Das Gedenkmuseum präsentiert Exponate zum Leben und Werk von Lafcadio Hearn, der in Matsue gewohnt hat, und einige seiner Habseligkeiten wie seine Hanteln, seine Brille und einen Stapel japanischer Zeitungen, auf denen er Wörter und Ausdrücke niederschrieb, um seinem Sohn Englisch beizubringen. Nebenan befindet sich das **alte Wohnhaus** (小泉八雲旧居; Karte S. 516; ☎ 0852-23-0714; 315 Kitahori-chō; 300 ¥, Ausländer mit Ausweis 150 ¥; ⏲ April–Sept. 8.30–18.30 Uhr, Okt.–März bis 17 Uhr) des Autors.

Buke-Yashiki-Samuraihaus HISTORISCHES GEBÄUDE
(武家屋敷; Karte S. 516; ☎ 0852-22-2243; www.matsue-tourism.or.jp/buke; 305 Kitahori-chō; 300 ¥, Ausländer mit Ausweis 150 ¥; ⏲ April–Sept. 8.30–18.30 Uhr, Okt.–März bis 17 Uhr) Beim Bummel um das tadellos erhaltene Haus und im gepflegten Garten schießt man garantiert jede Menge Fotos. Es wurde im frühen 18. Jh. für eine Samurai-Familie mittleren Ranges errichtet.

Kunstmuseum der Präfektur Shimane KUNSTMUSEUM
(島根県立博物館; Karte S. 516; www.shimane-art-museum.jp; 1-5 Sodeshi-chō; 300 ¥, Ausländer mit Ausweis 150 ¥; ⏲ Okt.–Feb. Mi–Mo 10–18.30 Uhr, März–Sept. bis 30 Min. vor Sonnenuntergang) Dank des weißen geschwungenen Dachs und der riesigen Glasfenster mit Aussicht zum See ist das Museumsgebäude selbst schon sehr beeindruckend. Die Wechselausstellungen zeigen Stücke aus einer Sammlung von Holztafeldrucken (einige stammen von Hokusai) sowie europäische Gemälde und zeitgenössische Kunst. Auch der Blick auf den Sonnenuntergang von der Plattform im zweiten Stock und vom Wasser aus lockt Besucher an. Das Museum liegt 15 Gehminuten westlich des Bahnhofs.

Yūshien-Garten GARTEN
(由志園; ☎ 0852-76-2255; www.yuushien.com; 1206-2 Hanyū, Yatsuka-chō; Erw./Kind 600/300 ¥; ⏲ 8.30–17.30 Uhr) Dieser hübsche 40 000 m² große Garten wurde 1975 von Privatpersonen auf der Daikonshima-Insel im See Nakaumi (zwischen Matsue und Sakai Minato) angelegt. Am bekanntesten ist er für seine Pfingstrosen, außerdem gibt's Steingärten,

ABSTECHER

ADACHI-KUNSTMUSEUM

Dieses exzellente **Museum** (足立美術館; ☎ 0854-28-7111; www.adachi-museum.or.jp; 320 Furukawa-chō, Yasugi-shi; 1150 ¥; ⏲ 9–17 Uhr; Ⓟ) östlich von Matsue in Yasugi wurde von dem lokalen Geschäftsmann und Kunstsammler Adachi Zenkō gegründet. Die Sammlung umfasst über 100 Gemälde von Yokoyama Taikan (1868–1958) und eine gute Auswahl an Werken anderer bedeutender japanischer Maler des 20. Jhs. sowie eine hübsche Galerie „Bilder für Kinder".

Doch die eigentliche Hauptattraktion ist der eindrucksvolle Park, der regelmäßig zu einer der besten Grünanlagen Japans gewählt wird. Im trockenen Landschaftsgarten kann man sich wunderbar erholen und die perfekt geformten Hügel betrachten – Berge ragen in der Ferne in den Himmel und scheinen fast zum Garten zu gehören.

Von Matsue fährt man mit der JR-Linie nach Yasugi (安来; 410 ¥, 22 Min.) und steigt dort in den kostenlosen Shuttlebus zum Museum (11-mal tgl. ab 9.05 Uhr). Der Bus verkehrt auch vom Bahnhof Yonago (12.25 & 13.15 Uhr, 45 Min.).

Wasserspiele und viele traditionelle japanische Elemente. Zum Garten gelangt man mit dem Ichibata-Bus vom JR-Bahnhof Matsue (470 ¥, 25 Min.).

Geführte Touren

Horikawa-Ausflugsboot BOOTSTOUR
(Karte S. 516; ☎ 0852-27-0417; www.matsue-horikawameguri.jp; 507-1 Kuroda-chō; 1230 ¥, Ausländer mit Ausweis 820 ¥; ⏲ 9–17 Uhr alle 15–20 Min.) Die Boote umschiffen den Burggraben und folgen dann den Kanälen der Stadt unter verschiedenen Brücken hindurch zu Matsues Sehenswürdigkeiten. Es gibt verschiedene Zustiegspunkte; der größte befindet sich nahe dem Burgeingang.

Feste & Events

Matsue Suitōro KULTUR
(松江水燈路; www.suitouro.com; Matsue-jō) Bei Matsues abendlichem Wasser- und Lichtfest werden mit handbemalten Laternen atmosphärische Lichtwege rund um den Festungsgraben und hinauf zur Burganlage Matsue-jō angelegt. Oben locken Wettbewerbe von Trommelgruppen und Essstände unter freiem Himmel. Das Fest findet jeden Samstag, Sonntag und Feiertag im Oktober statt.

Schlafen

★ **Hotel Knut** BOUTIQUE-HOTEL ¥
(ホテルクヌート; Karte S. 516; ☎ 0852-61-1400; www.hotel-knut.jp; 481-7 Asahi-machi; EZ/DZ 3100/5300 ¥; ❄ 📶) Wer sich nicht daran stört, dass sich die Zimmer im Hotelstil Gemeinschaftstoiletten und -bäder teilen, wird diese frische, jugendliche Neuauflage des einstigen Geschäftshotels vielleicht lieben. Am besten nach einem der luftigen Eckdoppelzimmer an der Vorderseite des Hotels fragen. Im Foyer befindet sich eine beliebte Café-Bar, die billiges Essen und gute Getränke serviert.

Ryokan Terazuya RYOKAN ¥
(旅館寺津屋; Karte S. 516; ☎ 0852-21-3480; www.mable.ne.jp/~terazuya; 60-3 Tenjin-machi; Zi. mit/ohne Frühstück 5300/4600 ¥ pro Pers.; @ 📶) Gäste dieser familiengeführten Bleibe gegenüber dem Schrein erwarten ein herzliches Willkommen, einfache Tatamizimmer und ein Gemeinschaftsbad. Die Besitzer sprechen ein wenig Englisch und bieten einen Abholservice vom Bahnhof an. Um 22 Uhr schließt die Unterkunft. Man hat die Wahl zwischen einem kompletten Frühstück oder Kaffee und Toast (Letzteres ist inbegriffen, wenn man das Zimmer ohne Frühstück bucht). Nur Barzahlung möglich.

Hinter dem Haus verlaufen ein Kanal und die JR-Linie, aber glücklicherweise gibt's in diesem Teil der Stadt abends nur wenig Verkehr.

Green Rich Hotel Matsue HOTEL ¥¥
(グリーンリッチホテル松江駅前; Karte S. 516; ☎ 0852-27-3000; www.gr-matsue.com; 493-1 Asahi-machi; EZ/2BZ ab 5900/10 300 ¥; ⊖ ❄ @ 📶) Dunkle Möbel und Betten mit von hinten beleuchteten Kopfenden verleihen der modernen Filiale einer Hotelkette Stil. Das Green Rich punktet vor allem mit seinem großen öffentlichen Bad und der Sauna. Für das Frühstücksbüfett muss man 500 ¥ draufzahlen.

★ **Minamikan** RYOKAN ¥¥¥
(皆美館; Karte S. 516; ☎ 0852-21-5131; www.minami-g.co.jp/minamikan; 14 Suetsugu Hon-machi; Zi. inkl. 2 Mahlzeiten ab 23 000 ¥ pro Pers.; P ❄ 📶) Die schicke Unterkunft am Seeufer verfügt über Zimmer der Kategorien „modern", „Retro" und „klassisch", alle mit weitem Meerblick. Besonders viel Luxus bieten die („modernen") Tatamizimmer mit Doppelbetten und eigenen Onsen aus Zypressenholz. In der günstigeren „Klassik"-Variante nächtigten bereits namhafte Gäste wie die literarische Größe Kawabata Yasunari.

Auch das Restaurant ist exzellent. Der Eingang befindet sich ein kleines Stück von der Straße entfernt.

KAI Izumo RYOKAN ¥¥¥
(会出雲; ☎ 0570-073-011; www.hoshinoresorts.com; 1237 Tamayu-chō, Tamatsukuri Onsen; Zi. inkl. 2 Mahlzeiten ab 25 000 ¥ pro Pers.; P ❄ 📶) Dieses moderne *ryokan* liegt nicht in Izumo, sondern 9 km vom Zentrum Matsues entfernt in Tamatsukuri-Onsen. Seine minimalistische und zugleich traditionelle Ästhetik nach dem Motto „weniger ist mehr" ist sehr ansprechend. Jedes Zimmer hat ein eigenes von einem Onsen gespeistes Bad, das teils drinnen, teils im Freien liegt. Auch der Service trägt zum Hochgefühl bei.

Essen & Ausgehen

In Matsue gibt's viele gute Restaurants, die zu einem Besuch verleiten. Der Food Court im JR-Bahnhof Matsue wartet mit vielen ausgezeichneten und bequemen Möglichkeiten auf, etwas zu essen oder zum Mitnehmen zu kaufen.

Vom Nordausgang des Bahnhofs wendet man sich nach links und läuft einen Block bis zur Asahi-Kreuzung, dann biegt man rechts ab und gelangt zu mehreren netten *izakaya* und zum abendlichen Ausgehviertel der Stadt, das rund um die Hauptstraße liegt.

★ Yakumo-an NUDELN ¥
(八雲庵; Karte S. 516; www.yakumoan.jp; 308 Kita-Horiuchi; Gerichte 700–1150 ¥; ⊙10–15 Uhr; [📖]) Das geschäftige, auf *soba* spezialisierte Restaurant mit einem wunderschönen Gelände lädt dazu ein, die lokale Leckerei *warigo soba* zu kosten. Wir empfehlen auch *soba kamo nanban* (Entenscheiben in Brühe). Ein Schild aus Holz weist den Weg.

★ Kawa-kyō IZAKAYA ¥¥
(川京; Karte S. 516; ☎0852-22-1312; 65 Suetsugu Hon-machi; Gerichte 800–1575 ¥; ⊙Mo–Sa 18–22.30 Uhr; [📖]) In dem kleinen Kneipenlokal gibt's ein herzliches Willkommen, die „sieben Köstlichkeiten" aus dem Shinji-See (die Spezialität des Hauses) und in der Gegend gebrauten Sake. Die Tochter des Besitzers spricht Englisch. Vor der Tür hängt die durch ein Bambusdach geschützte Speisekarte aus. Am Wochenende ist es gut besucht, dann sollte man reservieren.

Tsurumaru FISCH & MEERESFRÜCHTE ¥¥
(鶴丸; Karte S. 516; www.tsurumaru2.net; 1-79 Higashi Hon-machi; Gerichte 620–1400 ¥; ⊙Mo–Sa 12–14 & 17.30–22.30 Uhr; [📖]) Der Duft von über Holzkohle gegrilltem Fisch durchzieht dieses Restaurant, das mit Gerichten der Oki-Inseln aufwartet. Zum Angebot zählen *eri-yaki konabe* (scharf gewürzte Suppe, die am Tisch über einer Flamme zubereitet wird) und Sashimi. Man erkennt das Tsurumaru an den *noren* mit einem Kranich und den rustikalen Volksliedern, die schon auf der Straße zu hören sind. Es gibt auch eine kleine englischsprachige Speisekarte.

Naniwa JAPANISCH ¥¥¥
(なにわ; Karte S. 516; ☎0852-21-2835; http://honten.naniwa-i.com; 21 Suetsugu Hon-machi; Mahlzeiten 2260–11 000 ¥; ⊙11–21 Uhr) Neben der Matsue-ōhashi-Brücke serviert das helle, mit viel Holz eingerichtete Naniwa in ruhiger Atmosphäre *unameshi* (Aal und Reis; 2700 ¥). Eine gute Wahl sind die *kaiseki*-Variationen wie das Shinji-ko-Menü (4320 ¥).

Cafe Bar EAD BAR
(カフェバーEAD; Karte S. 516; ☎852-28-3130; www.ameblo.jp/bar-ead; 36 Suetsugu Hon-machi; ⊙Do–Mo 21–1 Uhr) Im dritten Stock eines Gebäudes unweit der Brücke lockt dieser entspannte Laden mit gedämpftem Licht, Sofas und einer breiten Terrasse samt Flussblick. Toll für einen Feierabenddrink. Außerdem gibt's Snacks wie hausgemachte Pizza.

SPEZIALITÄTEN AUS MATSUE

Zu Matsues *kyodo ryōri* (Regionalküche) gehören die „sieben Delikatessen" aus dem Shinji-ko:

- *suzuki* – dampfgegarter und in Papier gewickelter Barsch
- *shirauo* – Jungfische als Tempura oder Sashimi
- *amasagi* – süßes Tempura oder Teriyaki
- *shijimi* – Süßwassermuscheln in Misosuppe
- *moroge ebi* – gedünstete Garnelen
- *koi* – in Soße gebackener Karpfen
- *unagi* – gegrillter Süßwasseraal

Praktische Informationen

INTERNETZUGANG

Die Lobby des großen **Matsue-Terrsa-Gebäudes** (松江テルサ; Karte S. 516; ⊙Mo–Fr 9–21, Sa & So bis 20 Uhr; [📶]) in der Nähe des Bahnhofs bietet kostenloses WLAN und ist auch außerhalb der Öffnungszeiten zugänglich.

TOURISTENINFORMATION

Internationale Touristeninformation Matsue (松江国際観光案内所; Karte S. 516; ☎0852-21 4034; www.kankou-matsue.jp; 665 Asahi-machi; ⊙Juni–Okt. 9–19 Uhr, Nov.–Mai 9–18 Uhr; [📶]) Tolle Anlaufstelle mit nettem Personal, das Englisch, Französisch und andere Sprachen spricht, vor dem JR Bahnhof Matsue. Kostenloses WLAN.

An- & Weiterreise

Matsue befindet sich auf der JR-San-in-Linie, die entlang der San-in-Küste verläuft. Der JR-Hakubi-Zug fährt von hier über Yonago nach Okayama. Bis nach Yonago (30 Min.) zahlt man 500 ¥. Die Weiterreise nach Okayama (2¼ Std.) per *tokkyū* kostet 5270 ¥. Vom Busterminal vor dem Bahnhof bestehen Verbindungen in japanische Großstädte.

Unterwegs vor Ort

Besucher können Matsues Sehenswürdigkeiten bequem zu Fuß oder per Fahrrad erkunden Beim Bahnhof verleiht **Times Car Rental** (タイムズカーレンタル; Karte S. 516; ☎0852-26-8787;

LAFCADIO HEARN: JAPANS ADOPTIERTER SOHN

Patrick Lafcadio Hearn (1850–1904), Sohn einer griechischen Mutter und eines angloirischen Armeearztes, wuchs in Dublin auf und studierte in England, ehe er mit 19 Jahren die Überfahrt nach Amerika ohne Rückreiseticket antrat. Er arbeitete in Cincinatti als Journalist, schrieb in New Orleans über Voodoo und entwickelte eine Vorliebe fürs Exotische, was charakteristisch für seine Artikel und Bücher über Japan wurde. Nachdem er zwei Jahre auf den Französischen Antillen gelebt hatte, nahm er einen Auftrag der Zeitschrift *Harper's* an, ins „Land der aufgehenden Sonne" zu reisen.

Hier verschafften ihm seine Bücher und Schriften über seine neue Heimat bald Berühmtheit. Weil er nach dem Ende seines Vertrags mit Harper's unbedingt in Japan bleiben wollte, nahm er eine Stelle als Sprachlehrer an. 15 idyllische Monate lebte er in Matsue, wo er Koizumi Setsu, die Tochter einer einheimischen Samuraifamilie, heiratete. Danach hielt er sich für kürzere Zeit an verschiedenen Orten auf, ehe er sich schließlich in Tokio – „dem schrecklichsten Ort Japans" – niederließ, wo er als Professor für Englische Literatur an die Kaiserliche Universität Tokio berufen wurde.

Seit Hearn dort lebte, hat sich Japan zwar fast bis zur Unkenntlichkeit verändert, doch seine besten Werke sind noch heute eine sehr lohnende Lektüre. Seine erste Sammlung von Schriften über das Land, *Blicke in das unbekannte Japan* (1894), enthält ein berühmtes Essay über Matsue, „The Chief City of the Province of the Gods" (Hauptstadt der Provinz der Götter), sowie einen Bericht über seine Reise nach Izumo, wo er als erster Europäer überhaupt durch die Tore des antiken Schreins gehen durfte. Noch heute lesen Kinder die japanischen Volksmärchen und Legenden, die vielleicht für immer verloren wären, wenn Hearn sie nicht aufgezeichnet hätte.

590-4 Asahi-machi; Leihfahrrad 300 ¥ pro Tag; ⌚8–18.30 Uhr) Räder, die an sechs verschiedenen Stationen wieder abgegeben werden können (sowie Autos).

Am einfachsten erkundet man die Stadt mit den Bussen der praktischen Ringbusroute: Die roten straßenbahnähnlichen Fahrzeuge starten alle 20 Minuten und folgen der Lake-Linie zu Matsues Attraktionen. Eine Fahrt kostet 200 ¥, ein Tagesticket 500 ¥.

Sakai Minato

☎0859 / 34 200 EW.

Sakai Minato ist zwar keine besonders hübsche Kleinstadt, von hier fahren aber die Boote zu den Oki-Inseln. Zudem ist hier das Mizuki-Shigeru-Museum zu Hause, das sich dem Leben und Werk eines der beliebtesten japanischen Anime-Künstlers widmet, der hier geboren wurde und aufwuchs. Fans seiner Werke kommen nicht nur aus ganz Japan, sondern aus Asien und der ganzen Welt in diese kleine Hafenstadt.

Schlafen & Essen

Onyado Nono WELLNESSHOTEL ¥¥

(御宿野乃; ☎0859-44-5489; www.hotespa.net/hotels/sakaiminato; EZ/DZ ab 6990/10 990 ¥; P ❄ 📶) Der erst 2016 eröffnete Hoteltur mit 195 Zimmern (durchgängig Tatamizimmer – Schuhe in der Lobby ausziehen!) wirkt, als wäre er unverhofft vom Himmel gefallen. Bei Touristengruppen ist er wegen seiner komfortablen, kompakten Zimmer und der günstigen Lage beliebt. Das Highlight ist das *rotemburo* auf dem Dach mit herrlicher Aussicht – an klaren Tagen kann man sogar den Daisen sehen.

Genki-tei FISCH & MEERESFRÜCHTE ¥¥

(元気亭; ☎0859-42-3551; 38 Taisho-machi; Gerichte 1200–2600 ¥; ⌚Fr–Mi 11–15 & 17.30–22 Uhr) Dieses Restaurant ist stolz darauf, dass sein *kaisen-don* (Meeresfrüchte auf Reis) schon im japanischen Fernsehen war. Der freundliche Besitzer hilft den Gästen dabei, die Speisekarte zu verstehen und berät zu den Tagesangeboten: Fisch frisch vom Boot. Auf der Karte stehen auch einige Gerichte im *izakaya*-Stil sowie einige köstliche *gyōza*, die man sich zu einem Bier genehmigen kann.

An- & Weiterreise

Wer aus Matsue kommt, steigt in Yonago in die farbenfroh bemalten Nahverkehrszüge der JR-Sakai-Linie nach Sakai Minato um. Viele Anime-Fans kommen einzig und allein, um in diese Zügen zu steigen. Die Fahrt dauert etwa eine Stunde – je nachdem, wie lange man auf den Anschlusszug wartet – und kostet 840 ¥.

Am Hafen starten auch die Boote zu den Oki-Inseln.

Oki-Inseln 隠岐諸島

Nördlich von Matsue liegen abgeschieden im Japanischen Meer die spektakulären Oki-Inseln (Oki-shotō). Sie sind Teil des Oki-Inseln-Geoparks und umfassen Küstenabschnitte des Daisen-Oki-Nationalpark. Einst wurden Verlierer politischer Auseinandersetzungen (darunter zwei Kaiser) hierher verbannt. Vier Eilande sind bewohnt: die drei Dōzen-Inseln Nishino-shima, Chiburi-jima und Nakano-shima sowie die größere Dōgo-Insel. Aufgrund der Entfernung zum Festland bewahrt der Archipel einzigartige kulturelle und religiöse Traditionen. Das Leben läuft hier in sehr viel langsameren Bahnen, und sogar die Touristenorte verströmen nach wie vor ein angenehm ursprüngliches Flair. Für einen Besuch sollte man mindestens zwei Tage einplanen. Bei schlechtem Wetter verkehren die Fähren unregelmäßig oder gar nicht.

Schlafen & Essen

Auf allen Inseln gibt's *ryokan*, *minshuku* und Campingplätze (man muss aber sein eigenes Zelt mitbringen).

Vor der Anreise sollte man die Touristeninformation der Insel, die man besuchen möchte, kontaktieren. Die Mitarbeiter können die Übernachtung buchen und erklären, wie man diese erreicht – das ist wichtig, da die Unterkünfte weit voneinander entfernt liegen und normalen Wohnhäusern ähneln.

Die Inseln sind sehr abgelegen und viele Lebensmittel werden mit der Fähre hergebracht, darum sind die Preise für normale Waren hier oft teurer. In den Restaurants gibt's jede Menge Fisch und Meeresfrüchte. Außerhalb der geschäftigen Hochsaison im Sommer sind die wenigen Restaurants der Insel nur unregelmäßig geöffnet. Am besten nimmt man es wie die Einheimischen locker und improvisiert.

Praktische Informationen

GELD

Auf allen vier Hauptinseln findet man eine Post mit Geldautomaten, der internationale Karten akzeptiert.

TOURISTENINFORMATION

Jede Insel hat einen Tourismusverband mit einer Touristeninformation. Diese bieten kostenloses WLAN und mindestens einen englischen Muttersprachler, der Aktivitäten und Unterkünfte vermittelt.

Mehr über die landschaftlichen und kulturellen Attraktionen der Inseln erfährt man, wenn man den tollen englischsprachigen Reiseführer und die Karte vom **Oki Islands Geopark Promotion Committee** (☎08512-2-9636; www.oki-geopark.jp) besorgt.

An- & Weiterreise

BUS

Von den Bahnhöfen Matsue (1000 ¥, 40 Min.) und Yonago (870 ¥, 40 Min.) fahren Busse nach Shichirui.

MIZUKI SHIGERUS HORRORMANGA

Taxis mit Augäpfeln sowie gespenstisch bemalte Fähren und Hafenmauern auf den Oki-Inseln sind das Werk des Horrormangakünstlers Mizuki Shigeru (水木 しげる), dem berühmtesten Sohn Sakai minatos.

Seine wunderbar bösen *yōkai* (Geisterdämonen) der Mangareihe *GeGeGe No Kitarō* sind vom japanischen Volksglauben inspiriert. Sie zieren die Fassaden und Abteile von vier Zügen zwischen Yonago und Sakai-minato; sogar die Durchsagen werden von einer seiner Figuren durchgeführt.

Vor allem die Fahrt zur Mizuki Shigeru Road vor dem Bahnhof Sakai-minato lockt zahllose Fans an. Dort können sie sich neben 134 bronzenen *yōkai*-Statuen ablichten lassen und das **Mizuki-Shigeru-Museum** (水木しげる記念館; ☎0859-42-2171; http://mizuki.sakaiminato.net; 5 Hon-machi; 300 ¥; ⏲9.30–17 Uhr; 🅿) besuchen, schaurige Parallelwelt mittels kostenloser Audioguides auf Englisch erklärt, zudem lassen verschiedene Räume das alte Japan aufleben.

Zu Mizukis untoten Charakteren gehören der Junge Kitarō, der auf einem Friedhof zur Welt kam, sein Vater Medama-oyaji, der als Augapfel wiedergeboren wurde, Neko Musume, das „Cat Girl" mit Reißzähnen und gespaltener Persönlichkeit, sowie Nezumi Otoko, der schmutzige „Rat Man", der Blähungen als Waffe nutzt. Kinder lieben es!

FLUGZEUG

Am Flughafen Oki (☎ 08512-2-0703; www.oki-airport.jp) auf Dōgo starten und landen reguläre Direktflüge zu/von den Flughäfen Izumo und Osaka (Itami).

SCHIFF/FÄHRE

Die meisten Besucher erreichen die Inseln mit der Fähre oder dem Tragflächenboot (dem „Rainbow Jet"). Die von **Oki Kisen** (☎ 08512-2-1122; www.oki-kisen.co.jp) betriebenen Boote starten am Hafen Shichirui in der Präfektur Shimane und am Hafen Sakai Minato in der Präfektur Tottori.

Die Boote halten unterwegs auf mehreren Inseln. Von Sakai Minato geht es beispielsweise nach Dōgo (Fähre 3240 ¥, 2½ Std.; Tragflächenboot 6170 ¥, 70 Min.) und nach Nishino-shima (Fähre 3240 ¥, 1½ Std.; Tragflächenboot 6170 ¥, 1 Std.).

Auf den Fähren gibt's einige Bereiche mit Sitzplätzen, doch die meisten Einheimischen strecken sich auf dem schmuddeligen Teppich aus und schlafen. Decken kann man ausleihen! Wer sich etwas gönnen möchte, kann an Bord zu einer eigenen Kabine „upgraden" (ab 4000 ¥). Der „Rainbow Jet" ist komplett mit Sitzplätzen ausgestattet.

Der Ticketkauf ist unnötig kompliziert, selbst wenn man Japanisch spricht. Plätze für den „Rainbow Jet" kann man im Voraus reservieren, aber erst am Tag der Fahrt bezahlen. Man muss immer erst eine Bordkarte ausfüllen, ehe man zu den Fahrkartenschaltern der Oki-Kisen-Büros geht. Daher sollte man vor der Abfahrt genug Zeit einplanen. Im Zweifelsfall kann man bei der Touristeninformation anrufen.

ZUG

Sakai-minato befindet sich am Ende der JR-Sakai-Bahnlinie, die in Yonago an die JR-San-in-Linie (320 ¥, 45 Min.) anschließt.

Unterwegs vor Ort

Ein Teil der Hauptsehenswürdigkeiten ist per Fahrrad erreichbar. Um alle zu besichtigen, benötigt man hingegen einen Mietwagen oder ein Taxi oder muss auf den Transportservice eines Ökotouranbieters zurückgreifen.

Inter-Island Ferry (☎ 089514-6-0016; eine Fahrt 300 ¥) betreibt die Fähren Isokaze und Dōzen zwischen den Inseln.

Dōgo 島後

☎ 08512 / 14 850 EW.

Auf Dōgo, der größten Insel der Oki-Gruppe, ist zwar deutlich mehr los als auf den drei Dōzen-Inseln, doch das Leben spielt sich hier erfreulich gemächlich ab und bekannte Franchise-Ketten und Marken gibt's kaum. Bekannt ist die Insel für ihre riesigen alterswseisen Zedern: Der 800 Jahre alte **Chichi-sugi-Baum** soll der Sitz einer Gottheit sein, und der **Yao-sugi-Baum** am **Tamakawasu-no-mikoto-jinja**, dessen knorrige weitverzweigte Äste mit Pfosten gestützt werden, sogar 2000 Jahre alt.

Die Insel lockt mit Natur, Küstenwanderwegen und Bootstouren im Bereich des Hafens Saigō und entlang der Shirashima-Küste. Stiersumo (Tier gegen Tier, nicht Mann gegen Tier) ist das ganze Jahr über eine Attraktion.

Aktivitäten

Oki Onsen GOKA SENTO

(隠岐温泉GOKA; ☎ 08512-5-3200; 296-1 Nanpō; 500 ¥; ⏲ Di–So 14–20 Uhr) Dōgos einziges *sentō* ist erfrischend altmodisch und wunderbar ruhig. Es befindet sich in der Nordwestecke der Insel, vom Hafen Saigō fährt man etwa 25 Minuten.

Schlafen & Essen

Kichiura Campground CAMPINGPLATZ ¥

(吉浦野営場, Kichiura yaeijō; ☎ 08512-5-2211; Hisami, Okinoshima-chō; Stellplatz 200 ¥ pro Pers.; ⏲ Juni–Sept.) Im Nordwesten der Insel versteckt sich dieser schöne abgeschiedene Campingplatz mit modernen Einrichtungen. Er liegt auf einem steilen Hügel, der zu einem kleinen Strand hin abfällt. Es gibt auch Leihzelte (1500 ¥).

Hotel Uneri HOTEL ¥¥

(ホテル海音里; ☎ 08512-5-3211; www.oki-island.jp/search/uneri.php; Hütten ab 14 200 ¥; P) Das Hotel Uneri, das 16 km vom Hafen Saigō herrlich isoliert an der nordwestlichen Flanke der Insel liegt, bietet Holzhütten an einem friedlichen Fleckchen in der Nähe des Ufers. Man kann sich selbst versorgen oder Abendessen und Frühstück vorbestellen.

Cafe Spuntino CAFÉ ¥

(☎ 08512-2-7417; Mahlzeiten 600–950 ¥; ⏲ Di–So 11–17 Uhr) Hippe junge Inselbewohner betreiben dieses moderne Café und servieren ein köstliches Curry mit geschmolzenem Käse und guten Kaffee. Gegenüber vom Fähranleger.

Praktische Informationen

Touristeninformation Okinoshima (隠岐の島観光案内所; ☎ 8512-2-0787; www.oki-dougo.info; ⏲ 9–17 Uhr; 📶) Gegenüber vom Fährhafen – einfach den Schildern folgen.

Unterwegs vor Ort

Am besten besichtigt und entdeckt man die Insel mit einem Mietwagen, den man am Fährhafen ausleihen kann. Über die Touristeninformation Okinoshima ist es auch möglich, ein Fahrzeug im Voraus zu reservieren.

Dōzen-Inseln

Westlich von Dōgo erstreckt sich **Nishino-shima** (西ノ島) mit der eindrucksvollen zerklüfteten Kuniga-Küste, der 257 m hohen Matengai-Klippe und einem herrlichen Wanderweg, der am Ufer entlangführt. Außerdem findet man hier interessante Schreine wie den Yurahime-jinja nahe einer schmalen Bucht. Einer Legende nach kommen jedes Jahr im Herbst oder Winter zahllose Tintenfische in die Bucht, um die Gottheit um Vergebung zu bitten (als Beweis dafür gelten Bilder im Schrein). Darüber hinaus ist Nishino-shima für die im Bergland umherstreifenden Pferde bekannt.

Das kleine **Chiburi-jima** (知夫里島), auch Chibu genannt, dessen Werbespruch *nonbiri Chiburi* (sorgenfreies Chiburi) lautet, wartet ebenfalls mit einer eindrucksvollen Küste samt einer Reihe rostroter Felsen namens Sekiheki auf. Zu den weiteren Sehenswürdigkeiten zählen Steinmauerreste, Überbleibsel einer Art der Fruchtfolgelandwirtschaft, die im Mittelalter ihren Ursprung hat.

Die Akiya-Küste und der Oki-jinja sind die Attraktionen auf **Nakano-shima** (中ノ島), von Einheimischen auch Ama genannt.

Aktivitäten

Club Noah Oki KAJAKFAHREN, TAUCHEN
(クラブノア隠岐; ☎08514-6-0825; www.oki.club-noah.net; Tauchausflug bei Nacht 8400 ¥, Höhlenkajaktouren bei Sonnenaufgang 5500 ¥) Tauchen und Kajakfahren, darunter Höhlentouren bei Sonnenaufgang und nächtliches Tauchen. Die Guides können das Wesentliche auf Englisch vermitteln.

Schlafen & Essen

Kuniga-so RYOKAN ¥¥
(☎08514-6-0301; www.kunigasou.com; 192 Urago; EZ/DZ ab 7020/12 040 ¥; P ❄) Die beste Unterkunft auf Nishino-shima wird von einer freundlichen Familie geführt und hat Zimmer mit raumhohen Fenstern und schönem Blick auf die Bucht sowie ein Gemeinschaftsbad, ebenfalls mit Blick auf die Bucht. In den 1990er-Jahren wäre das Design höchst stilvoll gewesen. Heute ist es auf angenehme Weise altmodisch und passt zur Insel. Es ist auch Vollpension möglich.

Oki Seaside Hotel Tsurumaru HOTEL ¥¥
(隠岐シーサイドホテル鶴丸; ☎08514-6-1111; www.oki-tsurumaru.jp; DZ inkl. 2 Mahlzeiten ab 21 600 ¥ pro Pers.; P) Dieses Hotel auf Nishino-shima liegt nett am Wasser, hat ein großes Restaurant und veranstaltet regelmäßig Bootstouren. Die Besitzer betreiben auch ein angeschlossenes Restaurant in Matsue auf dem japanischen Festland.

Hotel Chibu-no-Sato HOTEL ¥¥
(ホテル知夫の里; ☎08514-8-2500; www.tibunosato.com; Chibu 1242-1; DZ inkl. 2 Mahlzeiten ab 21 600 ¥ pro Pers.; P) Eine ausgezeichnete Wahl auf Chiburi-jima. Die Zimmer verfügen über Balkone mit traumhaftem Meerblick, und es gibt ein Bad unter freiem Himmel (April–Okt.) sowie kostenlosen Fahrradverleih für Gäste.

Sawano CHINESISCH ¥
(☎08514-6-0181; 367 Urago; Gerichte 700–1280 ¥) Wer etwas Japanisch spricht, kann ein herzerwärmendes Gespräch mit dem freundlichen Besitzer dieses gemütlichen chinesischen Restaurants führen, der in den 1970er-Jahren jahrelang kreuz und quer durch Japan gereist ist, ehe er auf der Insel eine Familie gründete. Er kocht u. a. dicke, saftige Klöße und köstliche *miso-rāmen* mit viel Gemüse.

Praktische Informationen

Touristeninformation Nishino-shima
(☎08514-7-8888; www.nkk-oki.com; ⌚Juni–Okt. 8.30–19 Uhr, Nov.–Mai bis 17.30 Uhr; 📶)

Unterwegs vor Ort

Auf Nishino-shima gibt's einen Nahverkehrsbus, der zur Kuniga-Küste fährt, allerdings nur selten.

Die kleineren Inseln kann man mit dem Fahrrad erkunden, für das größere Nishino-shima mietet man aber am besten einen Leihwagen. Die Touristeninformationen der Inseln können bei der Reservierung helfen.

Eine Fahrt mit den Fähren von Inter-Island Ferry zwischen den Dōzen-Inseln kostet 300 ¥.

Daisen 大山

☎0859

Der nur 10 km von der Küste entfernte 1729 m hohe Daisen zählt zwar nicht zu Japans höchsten Bergen, ist aber trotzdem beeindruckend.

Er ist Teil des Daisen-Oki-Nationalparks (大山隠岐国立公園).

Am **Tempel Daisen-ji** (大山寺; ☎0859-52-2158; 9 Daisen; Schatzhalle 300 ¥; ⏲9–16 Uhr) startet die beliebte Wanderung (hin & zurück 5–6 Std.) auf den Vulkan. Vom Gipfel genießt man einen tollen Ausblick über die Küste und bei gutem Wetter sogar bis zu den Oki-Inseln.

Im Winter bringt der Nordwestmonsun der besten Skisportgegend Westjapans eine Menge Schnee ein. An den Hängen befinden sich das **Daisen White Resort** (大山ホワイトリゾート; ☎0859-52-2315; www.daisen-resort.jp; Lifttageskarte Erw./Kind ab 4300/3500 ¥) und das **Daisen Masumizu-kōgen Ski Resort** (大山ますみず高原スキー場; ☎0859-52-2420; www.masumizu.net/ski; Lifttageskarte Erw./Kind 4000/3000 ¥).

Sehenswertes

★ Shōji-Ueda-Fotografiemuseum MUSEUM
(植田正治写真美術館; ☎0859-39-8000; www.japro.com/ueda; 353-3 Sumura, Hōki-chō; Erw./Kind 900/500 ¥; ⏲März–Nov. Mi–Mo 8–17 Uhr) Zeigt die Arbeiten des bekannten aus der Präfektur Tottori stammenden Fotografen Shōji Ueda (1913–2000). Es ist in einem großen minimalistischen Betongebäude mit tollem Blick auf den Berg untergebracht.

Ōgamiyama-jinja SHINTO-SCHREIN
(大神山神社) Rund um den Daisen-ji gibt's Tempel, Ruinen und Waldpfade, zudem führt ein Steinweg hinauf zu diesem Schrein, dem ältesten Bauwerk im Westen der Präfektur Tottori.

Schlafen

Die wenigen Übernachtungsmöglichkeiten verteilen sich auf die Städte und Dörfer am Fuß des Berges. Eine große Auswahl hat man nicht.

★ Bayside Square Kaike Hotel HOTEL ¥¥
(ベイサイドスクエア皆生ホテル; ☎0859-35-0001; www.kaikehotel.com; 4-21-1 Kaike-onsen, Yonago; EZ/DZ ab 6500/12 000 ¥) In Yonago, ca. 17 km vom Daisen, steht dieses elegante, moderne Strandhotel mit einfachen, stilvollen Zimmern, einem fabelhaften Onsen und schönem Blick auf das Japanische Meer.

Praktische Informationen

Daisen-ji Informationszentrum (大山寺観光案内所; ☎0859-52-2502; ⏲8.30–18 Uhr) Am Tempel; hält Broschüren, Karten und Wanderinfos bereit. Die Mitarbeiter können die Übernachtung in örtlichen *ryokan* buchen.

Englischsprachige Infos findet man auf der Seite http://en.go-to-japan.jp/daisenguide.

An- & Weiterreise

Der dem Daisen nächstgelegene Bahnhof ist Yonago, das etwa 30 Minuten von Matsue (in Shimane) und 60 bis 90 Minuten vom an der San-in-Linie gelegenen Tottori entfernt ist.

In der Ferienzeit im Mai und von August bis November verkehrt von hier am Wochenende der Daisen-Ringbus (Tages-/Zweitagespass 1000/2000 ¥), zum Daisen-ji. Er hält an allen Hauptattraktionen rund um den Berg.

Zwischen dem Tempel und Yonago (830 ¥, 50 Min., 5-mal gl.) verkehren reguläre Busse von **Nihon Kōtsū** (☎0857-23-1121; www.nihonkotsu.co.jp).

Tottori 鳥取

☎0857 / 193 770 EW.

Wer Kamele, Geologie, zerbröselnde Landstraßen, verfallene Architektur aus der Zeit nach dem Zweiten Weltkrieg und Sand mag, ist im kleinen Tottori genau richtig. Die Hauptattraktion sind die Sanddünen, die größten Japans, und das Sandskulpturenmuseum.

Sehenswertes

Im San-in-Küstennationalpark, den man als Abstecher von Tottori aus besuchen kann, gibt's Strände (an die teilweise leider viel Müll angeschwemmt wird) und malerische Küstenabschnitte.

★ Tottori-sakyū (Die Dünen) SANDDÜNEN
(鳥取砂丘) Die 5 km von der Stadt entfernt an der Küste gelegenen Tottori-sakyū dienten als Schauplatz für *Die Frau in den Dünen*, Teshigahara Hiroshis Filmklassiker aus dem Jahr 1964. Von einem Aussichtspunkt auf einem Hang genießt man einen guten Blick darauf, außerdem gibt's hier einen Parkplatz und die üblichen touristischen Einrichtungen. Viele Besucher lassen sich neben einem Kamel als Lawrence von Arabien fotografieren. Das Sand Pal Tottori Information Centre (S. 525) hat Karten auf Lager.

Die Dünen erstrecken sich über rund 10 km und sind an manchen Abschnitten bis zu 2 km breit. Die Busse zu den Tottori-sakyū halten auch beim Sakyū-Sentā (砂丘センター; Dünenzentrum) am Hang, wo eine Seilbahn (einfach/hin & zurück 200/300 ¥) hinunter zum Sand fährt.

★ Sandmuseum MUSEUM
(砂の美術館; ☎0857-20-2231; www.sand-museum.jp; 2083-17 Fukubecho Yuyama; 600¥; ⊙April–Jan. 9–20 Uhr) Lust auf noch mehr Sand? Dieses eindrucksvolle Museum unweit der Dünen bietet ganze Lastwagenladungen davon. Hier hat jeder Besucher die Möglichkeit, eigene Skulpturen zu erschaffen. Vor Ort sind riesige, bemerkenswert detailreiche Werke zu bestimmten Themen zu sehen. Die Ausstellung ändert sich jedes Jahr. Über das jeweilige Thema und die genauen Öffnungszeiten informiert die Touristeninformation.

Schlafen & Essen

Drop Inn Tottori HOSTEL ¥
(ホステル ドロップイン鳥取; ☎0857-30-0311; www.dropinn-tottori.com; 2-276 Imamachi; B ab 3900¥;) Tottoris einziges Hostel, 2016 eröffnet, hat schicke gemischte und nach Geschlechtern getrennte Mehrbettzimmer mit Flachbildfernsehern. Unten serviert ein Café tollen Kaffee.

Matsuya-sō MINSHUKU ¥¥
(松屋荘; ☎0857-22-4891; 3-814 Yoshikata Onsen; EZ/2BZ ab 3880/6580 ¥) Die Unterkunft im *minshuku*-Stil bietet wenig Komfort und kein WLAN, dafür jedoch große, saubere Tatamizimmer mit Waschbecken und Gemeinschaftsbädern. Man erreicht sie, indem man der vom Bahnhof geradeaus führenden Hauptstraße folgt und dann rechts in die Eiraku-dōri (永楽通り) abbiegt. Nach insgesamt etwa 15 Gehminuten taucht linker Hand das Matsuya-sō auf. Der Besitzer spricht ein wenig Englisch.

Tottori-ya YAKITORI ¥
(とっ鳥屋; ☎0857-26-3038; 771 Suehiro Onsen-chō; Spieße ab 85¥; ⊙17–1 Uhr;) Eine große Auswahl an *yakitori* (Spieße mit gegrilltem Hühnchenfleisch) und Reisgerichten wartet in diesem betriebsamen Lokal. Für 626¥ bekommt man sechs, für 1242¥ zwölf verschiedene Spieße. Neben denen mit Hühnchen gibt's auch welche mit gegrilltem Gemüse. Das Tottori-ya liegt in der Suehiro-dōri östlich der Kreuzung mit der Eki-mae-dōri und ist an seinem Seilvorhang im Eingang zu erkennen.

Sumibi Jujuan GRILLGERICHTE, FISCH & MEERESFRÜCHTE ¥¥
(炭火焼ジュジュアン; ☎0857-21-1919; http://sumibi-jujuan.info; 751 Suehiro Onsen-chō; Hauptgerichte 980–3000¥; ⊙11–15 & 17–23 Uhr) Frische Meeresfrüchte und lokales Rindfleisch *sumibiyaki* (vom Holzkohlegrill) sind die Spezialitäten dieses luftigen Restaurants in der Suehiro-dōri östlich der Kreuzung mit der Eki-mae-dōri. Zu den angebotenen Speisen gehören *shabu shabu*, Menüs wie *kaisen gozen* (gegrillte Meeresfrüchte und Gemüsesorten mit Beilagen) sowie saisonbedingte Gerichte, die manchmal Krebse und andere örtliche Leckereien umfassen.

Praktische Informationen

Sand Pal Tottori Information Centre (サンドパルとっとり; 083-17 Yūyama, Fukube-chō; ⊙9–18 Uhr) Hat sich auf alles spezialisiert, was mit Sandskulpturen und Sanddünen zu tun hat, gibt aber auch Tipps zu Ausflügen an die nahe Küste.

Touristeninformation (鳥取市観光案内所; ☎0857-22-3318; www.torican.jp; ⊙9.30–18.30 Uhr) Rechts neben dem Bahnhofsausgang mit englischsprachigen Broschüren, Karten und englischsprachigem Personal, das für Touristen das 1000-Yen-Taxi vermittelt. Unterkunftsbuchungen sind nur über die andere Touristeninformation im Bahnhofseingang möglich.

An- & Weiterreise

Tottori liegt an der JR-San-in-Bahnlinie. Inhaber des JR-Passes, die nach Süden und Westen reisen (z. B. Richtung Himeji, Okayama oder Osaka), müssen an Bord oder bei der Buchung für die Nutzung von Routen außerhalb des JR-Netzes eine Gebühr von rund 1800¥ entrichten; alternative reine JR-Verbindungen brauchen länger. Zu den größeren Zielen zählen

Matsue 2270¥, 2–3 Std.; Express 4620¥, 1¼ Std.
Okayama Express über Kamigōri 5010¥, 2 Std.
Toyooka Regionalbahn 1490¥, 2½ Std.

Außerdem fahren Fernbusse von Tottori in die größeren Städte der Region.

Unterwegs vor Ort

AUTO & MOTORRAD

Cal Rent-a-Car (☎0857-24-0452; www.cal-rent.net; 1-88 Tomiyasu; ab 3800¥ pro 24 Std.; ⊙8–20 Uhr) An der Südseite des Bahnhofs folgt man der Hauptstraße und biegt an der ersten großen Kreuzung links ab. Die Autovermietung befindet sich auf der rechten Seite in einer Tankstelle.

BUS

Der *Kirinjishi*-Ringbus (300/600¥ einfache Fahrt/Tagesticket) verkehrt am Wochenende, zur Ferienzeit sowie vom 20. Juli bis 31. August. Er steuert die wichtigsten Sehenswürdigkeiten und die Dünen an. *Kururi*-Kleinbusse (100¥ pro

Fahrt) mit rot-blauen Dächern starten alle 20 Minuten am Bahnhof. Sie folgen einer Rundstrecke durch die Stadt und passieren die Hauptattraktionen. Darüber hinaus fahren Stadtbusse vom Bahnhof zu den Dünen (360 ¥, 20 Min.). In der Touristeninformation bekommt man Karten und Fahrpläne.

FAHRRAD

Rent-a-Cycle (500 ¥ pro Tag; ⌚8–18.30 Uhr) Vor dem Bahnhof. Fahrräder verleiht außerdem das Sand-Pal-Tottori-Informationszentrum in der Nähe der Dünen.

TAXI

1000 Yen Taxi (www.torican.jp; für Ausländer mit Ausweis 1000 ¥ pro Fahrzeug; ⌚8.30–17.30 Uhr) Eine preiswerte Option, wenn man einige Attraktionen in kurzer Zeit besichtigen möchte. Bis zu vier Fahrgäste können für bis zu drei Stunden ein Taxi buchen, Wartezeit an den Stationen inklusive. Passagiere erhalten zudem einen Gutschein, der für manche Sehenswürdigkeiten Rabatt gewährt und kostenlose Souvenirs (meist ohne viel Wert) beinhaltet. Über das Touristenbüro zu buchen.

San-in-Küstennationalpark 山陰海岸国立公園

Der Küstenabschnitt östlich der Dünen von Tottori bis zur Tango-Halbinsel in der Präfektur Kyoto ist als San-in-Küstennationalpark (San-in Kaigan Kokuritsu-kōen) bekannt. Er wartet mit (leider verschmutzten) Sandstränden, zerklüfteten Landzungen und in den blauen Himmel ragenden Kiefern auf.

Nahe dem Rand der Präfektur Hyōgo erstreckt sich die **Uradome Kaigan** (浦富海岸; Uradome-Küste) ein malerisches Gebiet mit Inselchen, zerklüfteten Klippen und am Abgrund thronenden Kiefern. Ein paar Kilometer östlich liegen zwei beliebte Strände, **Uradome** (浦富) und **Makidani** (牧谷).

Die Wanderwege entlang dieses Küstenabschnitts gehören zum **Chūgoku Shizen Hodō** (中国自然歩道; Chūgoku-Naturwanderweg), der mit Routen in benachbarten Präfekturen verbunden ist.

ℹ Praktische Informationen

Uradome-Tourismusverband (浦富観光協会; ☎0857-72-3481; ⌚Di–So 9–18 Uhr) Dieses Informationszentrum liegt einen Katzensprung vom JR-Bahnhof Iwami entfernt. Hier kann man Fahrräder ausleihen, außerdem helfen die Mitarbeiter bei der Vermittlung von Unterkünften in der Gegend und können einem zeigen, wie man mit dem Bus zum Strand kommt.

ℹ An- & Weiterreise

Einige der Attraktionen der Gegend sind zwar mit einer Kombination aus Bus und Zug erreichbar, die Verkehrsmittel fahren aber nur selten und die Bahnhöfe liegen nicht immer in der Nähe der Sehenswürdigkeiten.

Eine Ausnahme bildet **Higashi-hama** (東浜), einer der schönsten Badestrände an dieser Küste, den man bequem mit dem Zug von Tottori erreicht und der sich ganz in der Nähe des Bahnhofs Higashi-hama befindet (410 ¥, 30 Min.).

Iwami an der JR-San-in-Linie ist von Tottori aus der dem Uradome Kaigan nächstgelegene Bahnhof (320 ¥, 23 Min.).

Wer die Gegend gründlich erkunden will, mietet am besten ein Auto, rund um den Bahnhof Tottori sind verschiedene Autoverleiher ansässig.

Izumo 出雲

☎0853 / 171 580 EW.

Das direkt südwestlich von Matsue gelegene Izumo ist eine hübsche kleine Stadt mit einer Megaattraktion: dem großartigen Izuma-Taisha-Schrein, der gemeinsam mit dem Ise-jingū (Kansai) zu den bedeutendsten Schreinen Japans zählt. Er und das Umland können im Rahmen eines Tagesausflugs ab Matsue besucht werden.

Sehenswertes

Das Heiligtum liegt rund 8 km nordwestlich vom Zentrum Izumos entfernt. Vor Ort erstreckt sich eine Straße voller Lokale und Geschäfte, die zum Eingangstor führt. An ihrem Fuß befindet sich der Bahnhof Izumo Taisha-mae, der vom Ichibata-Zug angesteuert wird.

★ **Izumo Taisha** SHINTO-SCHREIN

(出雲大社; ☎0853-53-3100; 195 Kizuki-higashi, Taisha-chō; ⌚6.30–20 Uhr) GRATIS Vermutlich ist der Izumo Taisha, der auch Izumo Ōyashiro genannt wird, der älteste Shintō-Schrein überhaupt. Er gilt als wichtigstes Heiligtum nach dem Ise-jingū, Heimat der Sonnengöttin Amaterasu. Dieser Schrein ist Ōkuninushi, Hochzeitsgott und Gott des Glücks, gewidmet. Er ist so alt wie das Land selbst: Die Stätte wird schon im *Kojiki*, Japans ältestem Buch, erwähnt, und seine Ursprünge reichen bis in die Zeit der Götter zurück.

Besucher des Schreins klatschen nicht nur zweimal in die Hände, wie sonst üblich, sondern gleich viermal – Ōkuninushi zu Ehren. Dieser trat seine Macht der Überlieferung zufolge über den Izumo Taisha an die Sonnengöttin ab. Zuvor handelte er aber aus, dass ihm zu Ehren ein großer Tempel erbaut würde, der bis an den Himmel reichen sollte.

Früher war das beeindruckende Bauwerk sogar noch größer. Berichte aus dem Jahr 970 v. Chr. beschreiben es als größtes Gebäude des Landes. Es gibt Hinweise darauf, dass es in der Heian-Periode 48 m hoch gewesen sein könnte. Vielleicht war das sogar den Göttern zu hoch, denn der Schrein stürzte zwischen 1061 und 1225 fünfmal ein. Heute reichen die Dächer nur noch bescheidene 24 m hoch.

Das Hauptgebäude geht auf das Jahr 1744 zurück. Bis Mai 2013 wurde die Haupthalle einer der regelmäßigen Restaurierungen unterzogen, die alle 60 Jahre stattfinden.

Über dem Eingang zu den Hauptgebäuden hängen riesige *shimenawa* (gedrehte Strohseile). Angeblich bringt es Glück, wenn man eine Münze wirft und diese auf ihnen liegen bleibt. Die Haupthalle versteckt sich größtenteils hinter großen Holzzäunen und darf nicht betreten werden. Lange *jūku-sha* (Schutzdächer) flankieren das Schreingelände. Hier treffen sich Japans zahlreiche Götter bei ihrer jährlichen Zusammenkunft.

Als Prinzessin Noriko den ältesten Sohn des obersten Priesters des Izumo Taisha heiratete – also einen einfachen Bürger – verzichtete sie auf ihren königlichen Status. Heute lebt sie in einem Haus in der Nähe des Schreins.

Shimane-Museum des Alten Izumo MUSEUM
(島根県立古代出雲歴史博物館; 99-4 Kizuki-higashi, Taisha-chō; 300 ¥; ⏲ März–Okt. 9–18 Uhr, Nov.–Feb. bis 17 Uhr, 3. Di im Monat geschl.) Gleich rechts vom vorderen Tor des Izumo-Taisha-Schreins zeigt dieses Museum Exponate zur lokalen Geschichte, darunter Rekonstruktionen des Schreins in seiner vollen Pracht und Bilder der jährlichen Zeremonien, mit denen die Götter in Izumo begrüßt werden. Darüber hinaus gibt's eine wunderbare Bronzesammlung aus der antiken Yayoi-Periode zu sehen.

Izumo-Kulturerbemuseum MUSEUM
(出雲文化伝承館, Izumo Bunka Denshokan; ☎0853-21-2460; http://izumo-zaidan.jp/tag/izumobunkadensyoukan/; 520 Hama-chō; ⏲9–17 Uhr) GRATIS Dieses kostenlose Museum befindet sich im schön sanierten früheren Haus der Herrscher Izumos, des Ezumi-Clans. Schon der hübsche japanische Garten lohnt einen Besuch. Es gibt zwar kaum englischsprachige Informationen, die Ausstellungsstücke und die Architektur geben aber dennoch einen Einblick in die Geschichte der Gegend, die seit frühester Zeit besiedelt ist.

Feste & Events

Kamiari-sai RELIGIÖSES FEST
In ganz Japan ist der zehnte Monat des Mondkalenders als Kan-na-zuki (Monat ohne Götter) bekannt, doch in Izumo wird er als Kami-ari-zuki (Monat mit Göttern) bezeichnet, da sich in dieser Zeit alle Shintō-Götter im Izumo Taisha versammeln.

Beim Kamiari-sai-Fest, das vom 11. bis zum 17. des zehnten Mondmonats dauert, feiert man die Ankunft der Götter. Die genauen Termine variieren von Jahr zu Jahr.

Schlafen & Essen

Für eine Stadt mit einer so berühmten Touristenattraktion gibt's erstaunlich wenig Unterkünfte. Am besten nimmt man sich ein Zimmer in einem der preisgünstigen, aber komfortablen Businesshotels rund um den Bahnhof.

Dort gibt's auch zahlreiche günstige Restaurants, wobei Meeresfrüchte den kulinarischen Schwerpunkt bilden. Besonders viele konzentrieren sich auf der Nordseite des Bahnhofs.

Green Hotel Morris BUSINESSHOTEL ¥¥
(☎0853-24-7700; www.hotel-morris.co.jp/izumo; 2-3-4 Ekiminami-machi; EZ/DZ ab 4900/7800 ¥; P @ ☎) Am Green Morris kommt man schwer vorbei, denn die Zimmer sind größer als in typischen japanischen Businesshotels üblich, Gäste können sich in der „Kopfkissenbar" ihre Lieblingskissen auswählen, es gibt ein Gemeinschaftsbad mit Außenbereich und ein ausgezeichnetes Frühstücksbufett – und das alles zu wirklich vernünftigen Preisen. Das Hotel liegt direkt vor dem Südausgang des Bahnhofs.

Uosensuisan Izumo-eki Minamiguchi-ten IZAKAYA ¥¥
(魚鮮水産出雲市駅南口店; ☎0853-24-7091; chimney.co.jp; 1-2-6 Ekiminami-machi; Gerichte 575–2380 ¥) Das große Meeresfrüchte-*izakaya* um die Ecke vom Bahnhof ist immer laut und rammelvoll – es kann passieren, dass man warten muss. Doch für Fans von All-you-can-drink-Angeboten und Meeresfrüchten in allen erdenklichen Varianten lohnt sich die Geduld. Die umfangreiche bebilderte Speisekarte bietet viele japanische Spezialitäten, von Tofu bis zu Teriyaki.

Gyōza-ya GYŌZA ¥
(餃子屋; ☎0853-22-5053; 1268-6 Imaichi-chō; gyōza 400–800 ¥; ⏲6.30–23 Uhr) Wenn der Moment gekommen ist, wo man einfach kein *soba*-Restaurant in Izumo mehr sehen kann, sollte man sofort in dieses preiswerte, freundliche Bahnhofsrestaurant gehen, das sich auf schlichte *gyōza* spezialisiert hat. Sie sind genau, wie sie sein sollten - dick und saftig und außen knusprig gebraten. Dazu ein Bier bestellen und ...„*kanpai!*".

Praktische Informationen

Taisha-Touristeninformation (退社観光案内所; ☎0853-30-6015; 1346-9 Kizuki-minami, Taisha-chō; ⏲9–17.30 Uhr) Nicht weit vom Bahnhof Izumo Taisha-mae entfernt in der Hauptstraße.

An- & Weiterreise

Der private altmodische Ichibata-Zug fährt vom Bahnhof Matsue Shinjiko-onsen in Matsue entlang der Nordseite des Shinji-Sees zum Bahnhof Izumo Taisha-mae (810 ¥, 1 Std., mit Umsteigen in Kawato, 川跡).

Mit der JR-Linie kommt man vom JR-Bahnhof Matsue zum JR-Bahnhof Izumo-shi (580 ¥, 40 Min.), wo Anschluss zu einem Ichibata-Zug nach Izumo Taisha-mae (490 ¥, 20 Min.) und zu einem Bus zum Schrein (510 ¥, 25 Min.) besteht.

Darüber hinaus verkehren Fernbusse zwischen Izumo und einigen Großstädten der Region wie Hiroshima, Okayama und Kyoto.

Iwami Ginzan 石見銀山

Südwestlich von Izumo, vom Bahnhof Nima an der San-in-Küste etwa 6 km landeinwärts, liegt die UNESCO-Welterbestätte Iwami Ginzan: In der ehemals wichtigsten Silbermine des Landes wurden im frühen 17. Jh. ganze 38 t Silber pro Jahr abgebaut. Damals produzierte Japan ein Drittel des weltweiten Silbers, und das Tokugawa-Shogunat kontrollierte die rund 500 Minen der Gegend.

Sehenswertes

Die Anlage erstreckt sich entlang eines Tals mit dem kleinen Ort Ōmori in der Mitte. Die Hauptstraßen und die Wanderstrecke am Fluss entlang formen eine Art lange, enge Schleife. Hier und in den bewaldeten Bergen finden sich Minenschächte, Tempel, historische Wohnhäuser und Ruinen. Vom einen bis zum anderen Ende sind es etwa 2 km. Für den Rundweg und die Besichtigung der Attraktionen sollte man mindestens vier Stunden einplanen.

Kumagai-Wohnhaus HISTORISCHES GEBÄUDE
(熊谷家住宅; ☎0854-89-9003; http://kumagai.city.ohda.lg.jp; 63 Omori-chō Hachi; 300 ¥; ⏲Di–So 9.30–17 Uhr) Das wunderschön restaurierte Kumagai-Wohnhaus wurde 1801 wiederaufgebaut, nachdem ein Erdbeben im Jahr zuvor einen Großteil der Stadt zerstört hatte. Es gehörte einer Kaufmannsfamilie, die ihr Vermögen im Silberhandel erwarb.

Gohyakurakan BUDDHISTISCHE STÄTTE
(五百羅漢) In den zwei kleinen Höhlen des Gohyakurakan drängen sich 500 Steinstatuetten von Buddhas Jüngern, die alle verschiedene Gesichtsausdrücke zeigen – die einen lächeln, die anderen drehen den Kopf zur Seite, um mit dem Nachbarn zu sprechen. Die Sammlung wurde 1766 nach 25-jähriger Arbeit fertiggestellt.

Iwami-Ginzan-Kulturerbezentrum MUSEUM
(石見銀山世界遺産センター; ☎0854-89-0183; http://ginzan.city.ohda.lg.jp; 1597-3 Omori-chō; 200 ¥; ⏲8.30–18 Uhr, letzter Di im Monat geschl.) Die mit englischen Informationen versehenen Exponate des Iwami-Ginzan- Kulturerbezentrums illustrieren die Geschichte der Minen und der Umgebung.

Ruinen der Shimizudani-Raffinerie HISTORISCHES GEBÄUDE
(清水谷製錬所跡; ☎0854-89-9090) GRATIS Heute sind die steinernen Ruinen dieser Silberraffinerie malerisch mit Aprikosenbäumen überwachsen.

Ryūgenji-Mabu-Schacht MINE
(龍源寺間歩; ☎0854-82-1600; 200 ¥; ⏲April–Nov. 9–17 Uhr, Dez.–März bis 16 Uhr) Früher war der Ryūgenji-Mabu-Schacht, ein Tunnel in die Silbermine, viel enger. Ein Blick auf den ursprünglichen Tunnel, der sich hinter dem Zaun am Ende des zugänglichen Bereichs erstreckt, macht einen froh, nicht als Minenarbeiter des 17. Jhs. geboren worden zu sein.

Schlafen & Essen

Jōfuku-ji Youth House HOSTEL ¥
(城福寺ユースハウス; ☎0854-88-2233; www14.plala.or.jp/joufukuji; 1114 Nima-machi, Nima-chō; B inkl./ohne Mahlzeiten 4500/3000 ¥; @) Tolle Unterkunft mit komfortablen Tatamizimmern in einem buddhistischen Tempel in

der Nähe des Bahnhofs Nima. Es gibt hier auch etwas zu essen, und die Besitzer holen ihre Gäste bei Bedarf vom Bahnhof ab.

Chaya Yamabuki CAFÉ
(茶屋やまぶき; ☎0854-89-0676; 28 Omori-chō; Donuts 120 ¥; ⌚April–Okt. Do–Di 10–17 Uhr, Nov.–März bis 16 Uhr) Getränke und süße Backwaren gibt's im Yamabuki, dessen Spezialität Süßkartoffel-Krapfen sind. Auf das hölzerne Schild achten.

Praktische Informationen

An einem Stand in der Nähe der Haltestelle Ōmori Daikansho Ato erhält man eine Karte und einen Audioguide (500 ¥). Beides ist auch bei der **Touristeninformation** (☎0854-89-0333; ⌚9–17 Uhr, Okt.–April bis 16 Uhr) beim Parkplatz nahe dem Rakan-ji erhältlich.

Weitere Informationen gibt's unter www.ginzan-wm.jp.

Anreise & Unterwegs vor Ort

Man kann Iwami Ginzan im Rahmen eines (sehr langen) Tagesausflugs ab Matsue besuchen. Alternativ verbindet man den Trip mit einer Übernachtung im nahe gelegenen Yunotsu.

Von der Haltestelle Ōmori Daikansho Ato fahren etwa alle halbe Stunde Busse zum Bahnhof Ōda-shi (620 ¥, 25 Min.) sowie zum Bahnhof Nima (400 ¥, 15 Min., 4- oder 5-mal tgl.). Außerdem gibt's einen Fernbus nach Hiroshima.

Auf dem Minengelände verbinden Shuttlebusse alle 15 Minuten Ōmori Daikansho Ato mit dem Kulturerbezentrum (200 ¥).

Es gibt auch Mietfahrräder (500 ¥ pro 3 Std.; Elektrobike 700 ¥ für 2 Std.).

YAMAGUCHI & UMGEBUNG

Yamaguchi-ken (山口県), die südlichste Präfektur Honshus, erhält nicht so viel Aufmerksamkeit, wie es eigentlich verdient: Die meisten Besucher erhaschen nur einen verschwommenen Blick aus dem hindurchrasenden *shinkansen* nach Kyūshū.

Wer sich zum Aaussteigen entscheidet, wird feststellen, dass das maßvolle Yamaguchi voller Überraschungen steckt: weiße Sandstrände, die der an Japans Küsten verbreiteten Verschmutzung irgendwie entkommen sind, aktive Vulkane, eine gigantische Kalksteinhöhle, sanfte Hügel und Felder, historische Dörfer und UNESCO-Welterbestätten.

Anreise & Unterwegs vor Ort

Weil die Haupt *shinkansen*-Linie zwischen Ost- und Westjapan durch Yamaguchi führt, ist die Anreise ein Kinderspiel, besonders für JR-Pass-Inhaber.

Die langsamere, landschaftlich reizvollere San-in-Linie führt von Shimonoseki an der Küste entlang und nach Norden durch Shimane und Tottori, ehe sie sich zurück in Richtung Kyoto wendet.

Ab Tokio gibt's oft günstige Flüge vom Flughafen Haneda zum Flughafen **Yamaguchi Ube** (UBJ; www.yamaguchiube-airport.jp) in Ube, der allerdings etwas ungünstig liegt.

Man sollte unbedingt in einer der Touristeninformationszentren der Region die ausgezeichnete Broschüre *Enjoy Driving in Yamaguchi* des Tourismusverbandes der Präfektur Yamaguchi (www.oidemase.or.jp) mitnehmen. Die Broschüre, ein Muss für alle, die mit dem Auto in der Präfektur unterwegs sind, enthält zahlreiche Informationen über weniger bekannte Attraktionen.

Yamaguchi 山口

☎083 / 197 500 EW.

Während des hundertjährigen Bürgerkriegs, der Japan erschütterte, bevor es im frühen 17. Jh. unter dem Tokugawa-Clan wiedervereint wurde, erlebte Yamaguchi seine Blütezeit als alternative Hauptstadt zum chaotischen Kyoto. Der jesuitische Missionar Franz Xaver verbrachte hier 1550 auf seinem Weg in die kaiserliche Metropole zwei Monate. Als er den Regenten in Kyoto nicht finden konnte, kehrte er schnell wieder zurück. Heute ist Yamaguchi eine überraschend kleine Präfekturhauptstadt mit einer Handvoll Sehenswürdigkeiten.

Sehenswertes

★ **Kōzan-kōen** PARK
(香山公園; Karte S. 530) Nördlich des Stadtzentrums erhebt sich im Kōzan-Park vor der malerischen Kulisse eines kleinen Sees die 1404 errichtete fünfstöckige Pagode **Rurikō-ji** (瑠璃光寺), die zu den nationalen Kulturgütern gehört. Auf dem Gelände zeigt ein kleines Museum Miniaturmodelle von über 50 weiteren fünfstöckigen Pagoden in Japan. Auf dem Gelände stößt man außerdem auf den **Tōshun-ji** (洞春寺) und die Gräber der Mōri-Herren.

★ **Saikotei** KULTURZENTRUM
(菜香亭; Karte S. 530; ☎083-934-3312; www.c-able.ne.jp/~saikou/; 1-2-7 Tenge; 100 ¥) Von 1878 bis 1996 befand sich in diesem

Yamaguchi

Yamaguchi

Highlight
1 Kōzan-kōen B1
2 Saikotei C1

Sehenswertes
Christliches Museum .... (siehe 3)
3 Franz-Xaver-Gedächtniskirche B3
4 Furusato-Kulturerbezentrum Yamaguchi C2
5 Kunstmuseum der Präfektur Yamaguchi .. B3

Schlafen
6 Sunroute Kokusai Hotel B4
7 Taiyō-dō Ryokan C4

Essen
8 Sabō Kō B4

stattlichen Gebäude ein Spitzenklasserestaurant namens Gion Saikotei. 2004 wurde es in ein Kulturzentrum umgewandelt. Hier können Besucher bei Kalligrafie zuschauen oder es selbst erlernen, einen Kimono tragen und den Garten bewundern. Das komplette Angebot steht auf der Website.

Franz-Xaver-Gedächtniskirche KIRCHE
(ザビエル記念聖堂; Karte S. 530; ☎083-920-1549; www.xavier.jp; 4-1 Kameyama-chō; Spende 100 ¥; ⏲Besucherzeiten Do–Di 9–17 Uhr) Einst war Yamaguchi ein bedeutendes Zentrum christlicher Missionsarbeit, bevor die Glaubensrichtung 1589 verboten wurde. Die 1952 zu Ehren von Franz Xaver errichtete Kirche ähnelt einem großen Zelt und thront über der Stadt im Kameyama-kōen. 1991 brannte sie ab, wurde aber 1998 wiederaufgebaut. Das **Christliche Museum** (Karte S. 530; 300 ¥; ⏲9–17 Uhr) im Erdgeschoss zeigt Exponate zum Leben Xavers und zur frühen Geschichte des Christentums in Japan, leider fast ausschließlich in der Landessprache beschriftet. Gegenüber der Kirche führen Treppen den Hügel hinauf, wo man einen schönen Blick über Yamaguchi genießt.

Furusato-Kulturerbezentrum Yamaguchi KULTURERBEZENTRUM
(山口ふるさと伝承総合センター; Karte S. 530; www.c-able.ne.jp/~denshou; 12 Shimotatekōji; ⏲9–17 Uhr) GRATIS Im Erdgeschoss des ehemaligen Sakelagerhauses aus dem Jahre 1886 (Manabi-kan; まなび館) ist eine kleine Ausstellung lokalen Kunsthandwerks untergebracht. Zu den Exponaten zählen u. a. einige Ōuchi-Puppen. Das Gebäude ist schon für sich genommen interessant. Oben lohnt ein Blick auf die großen Balken aus dunklem Holz. Im Garten befindet sich eine hübsche Hütte für Teezeremonien, die aus alten Sakefässern besteht. Hinter dem Museum können Besucher in einem modernen Gebäude bei der Herstellung von Lackwaren zusehen.

Jōei-ji BUDDHISTISCHER TEMPEL
(常栄寺; 2001 Miyano-shimo; Garten 300 ¥; ⏲Garten 8–17 Uh) 4 km nordöstlich des JR-Bahnhofs Yamaguchi lohnen der Jōei-ji und sein vom Maler Sesshū gestalteter einfacher Zengarten **Sesshutei** einen Besuch. Von der Grünanlage führt ein Weg den Berg hinauf durch die Wälder zu weiteren Tempelbauten. Der Jōei-ji ist vom Stadtzentrum aus per Fahrrad oder Taxi (1300 ¥) zu erreichen. Alternativ fährt man mit dem Zug zwei Stationen bis zur Haltestelle Miyano und legt den letzten Kilometer zu Fuß zurück.

Aktivitäten

Westlich von Yamaguchi erstreckt sich entlang einer viel befahrenen Hauptstraße das 800 Jahre alte Örtchen Yuda Onsen (湯田温泉) mit mehreren Hotels und Badeeinrichtungen, die nicht überragend sind, aber trotzdem ein paar erholsame Stunden versprechen.

Innen- und Außenbäder warten im **Yu-no-Machi Club** (湯の町倶楽部; ☎083-922-0091; 4-6-4 Yudaonsen; ohne Handtuch 800 ¥; ⏲11–22 Uhr), außerdem bietet das **Hotel Kamefuku** (ホテルかめ福; ☎083-922-7000; www.kamefuku.com; 4-5-2 Yudaonsen; 800 ¥; ⏲11.30–22 Uhr) Bademöglichkeiten, ebenso wie, besonders luxuriös, das **Sansui-en** (山水園; ☎083-922-0560; www.yuda-sansuien.com; 4-60 Midori-chō; 1600 ¥; ⏲10–21 Uhr) in einem idyllischen Garten.

Eine komplette Liste der Bäder und Unterkünfte samt Lageplan hält die **Touristeninformation** (☎083-901-0150; 2-1-23 Yuda-Onsen; ⏲9–19 Uhr, Fußbad 10–22 Uhr) in der Hauptstraße bereit. Besucher können hier außerdem kostenlos ein Fußbad nehmen und Handtücher kaufen.

Vom Bahnhof Yamaguchi fahren regelmäßig JR- und Bōchō-Busse nach Yuda-Onsen (220 ¥, 15 Min.). Die Haltestelle befindet sich in der Yuda-Onsen-dōri einen kurzen Fußmarsch von der Touristeninformation entfernt (einfach der Fahrtrichtung des Busses folgen). Es gibt auch einen Bahnhof, mit dem Zug eine Station von Yamaguchi entfernt (140 ¥) bzw. 20 Minuten von Shin-Yamaguchi (240 ¥). Von dort folgt man der ruhigen, roten Straße etwa 1 km bis zur stark befahrenen T-Kreuzung und biegt dann rechts zur Touristeninformation ab.

Schlafen & Essen

Taiyō-dō Ryokan RYOKAN ¥
(太陽堂旅館; Karte S. 530; ☎083-922-0897; 2-3 Komeya-chō; Zi. ab 3200 ¥ pro Pers; 📶) Nettes altes Gasthaus in der Einkaufspassage an der Eki-dōri mit geräumigen Tatamizimmern und großen Gemeinschaftsbädern – je nach Auslastung hat man diese auch mal für sich allein. Das Personal spricht kein Englisch.

Yu Bettō Nohara RYOKAN ¥¥
(湯別当野原; ☎083-922-0018; www.yubettou-nohara.com; 7-8 Yuda Onsen; Zi. inkl. 2 Mahlzeiten ab 9800 ¥ pro Pers.; ⊖ ❄) Gäste des zentral gelegenen *ryokan* in Yuda-Onsen werden von engagierten Angestellten begrüßt und

ABSTECHER

DIE HÖHLEN VON AKIYOSHI-DAI

Innerhalb des **Akiyoshi-dai-Quasi-Nationalparks** (秋吉台国定公園) erstreckt sich die geschwungene Akiyoshi-dai-Hochebene, die mit bizarren Felsspitzen und Hunderten Kalksteinhöhlen aufwartet. Zu Letzteren gehört z. B. die beeindruckende **Akiyoshi-dō** (秋芳洞; 1200 ¥; 8.30–16.30 Uhr), die größte Höhle in ganz Japan.

Sie ist 10 km lang und an manchen Stellen 100 m breit, allerdings dürfen Besucher nur einen 1-km-langen Abschnitt betreten. Durch die Höhle führt ein Fluss, in dem sich die hoch aufragenden Wände spiegeln und teilweise den verwirrenden Eindruck vermitteln, dass man eine tiefe Schlucht durchquert. Speläologen können ihre Ausrüstung jedoch getrost daheim lassen, denn es gibt einen befestigten Weg, mehrere Infopunkte, die auf Knopfdruck Erklärungen in verschiedenen Sprachen liefern, und einen Aufzug in der Mitte, der zu einem Aussichtspunkt fährt. Mehr über die Höhle und die sie umgebende Plateauregion (in der man gut wandern kann) steht auf der Seite www.karusuto.com.

Busse zur Höhle fahren von Yamaguchi (1210 ¥), Higashi-Hagi (1800 ¥) und Shimonoseki (1800 ¥), die Fahrt dauert jeweils etwa eine Stunde. Am nächsten liegt die Haltestelle Shin-Yamaguchi (1170 ¥), von dort sind es ca. 45 Minuten bis zur Höhle.

Wer ein eigenes Fahrzeug hat, erreicht das Plateau und die Höhle problemlos ab Yamaguchi oder Hagi und kann dort auch gut einen Zwischenstopp auf der Fahrt zwischen den beiden Städten einlegen. Wer Lust auf Unbekanntes hat, sollte einen kleinen Abstecher zum wunderbaren **Beppu-Benten-Teich** (別府弁天池湧水, Beppu Benten Ike Yūsui; Mizukami Beppu Shuho-cho, Mine-shi) unternehmen. Beide Orte sind auch in der Broschüre *Enjoy Driving in Yamaguchi* des Tourismusverbandes der Präfektur Yamaguchi aufgeführt, die in den meisten Touristeninformationen vorrätig ist.

kommen vorwiegend in traditionellen Tatamizimmern unter, die teils über Tatamimatten, teils über Bereiche mit zwei Einzelbetten verfügen. Nicht alle haben eigene Bäder. Zu essen gibt's Gerichte nach *kaiseki*-Art mit dem Schwerpunkt auf Meeresfrüchten, wobei man auch ein Zimmer ohne Mahlzeiten bzw. nur mit Frühstück buchen kann.

Sunroute Kokusai Hotel HOTEL ¥¥
(サンルート国際ホテル山口; Karte S. 530; 083-923-3610; www.hsy.co.jp; 1-1 Nakagawara-chō; EZ/2BZ ab 5500/11 775 ¥; P) Diese moderne Bleibe bietet stilvolle Zimmer in neutralen Tönen und eine gute Lage im Zentrum am Anfang der von Bäumen gesäumten Park Road.

★ **Matsudaya Hotel** RYOKAN ¥¥¥
(ホテル松田屋; 083-922-0125; www.matsudayahotel.co.jp; 3-6-7 Yuda Onsen; Zi. inkl. 2 Mahlzeiten ab 22 800 ¥ pro Pers.; @) Einst relaxten in dem Bad des jahrhundertealten, mittlerweile modernisierten und herrlich atmosphärischen *ryokan* die Strippenzieher der Meiji-Restauration. Angesichts des Gartens und des exzellenten Service erstickt hier heute allerdings jeder rebellische Ansatz schon im Keim. Das Matsudaya liegt in der Hauptstraße von Yuda-Onsen.

★ **Sabō Kō** CAFÉ ¥
(茶房幸; Karte S. 530; 1-2-39 Dōjōmonzen; Gerichte 620–980 ¥; Mi–Mo 11.30–18 Uhr) In dem niedrigen kleinen Lokal mit dem gemütlichen Ambiente kann man sich auf Holzstühlen Kaffee schmecken lassen. Auf der japanischsprachigen Speisekarte stehen neben der Spezialität des Hauses – eine großzügige Portion rustikales *omuraisu* (mit gebratenem Reis gefülltes Omelett) – auch Currys und *soba*. Nach einem kleinen holzverkleideten Haus mit Stuckwerk und Topfpflanzen Ausschau halten.

★ **Mottimo Pasta Yuda Onsen** ITALIENISCH ¥¥
(モッチモパスタ 山口湯田店; 083-941-6447; 2-5-41 Yoshikishimo-higashi; Pastas 850–1200 ¥; Do–Di 11–15 & 17–22 Uhr) Verschiedene japanische Versionen italienischer Spezialitäten, darunter acht Varianten köstlicher warmer aromatischer Stockbrote (Wie wär's mit Honig, Basilikum und Vanillecreme?), eine kleine Auswahl an Pizzas und mehrere leckere Pastas. Mittags gibt's Tagesgerichte. Die Speisekarte ist bebildert.

Praktische Informationen

Touristeninformation (山口観光案内所; Karte S. 530; 083-933-0090; www.yamaguchi-city.

jp; ⌚9–18 Uhr) Im Bahnhof Yamaguchi. Eine weitere Filiale befindet sich am Bahnhof **Shin-Yamaguchi** (☎083-972-6373; 2. OG, Bahnhof Shin-Yamaguchi; ⌚9–18 Uhr) beim *shinkansen*-Ausgang.

An- & Weiterreise

BUS

Chūgoku JR Bus (☎083-922-2519; www.chugoku-jrbus.co.jp) bietet täglich neun bis elf Verbindungen vom Bahnhof Yamaguchi nach Hagi (Bahnhof Higashi-Hagi; 1780 ¥, 70 Min.); einige Busse starten auch an der Shin-Yamaguchi-Haltestelle. **Bōchō Bus** (☎0834-32-7733; www.bochobus.co.jp) verkehrt von Shin-Yamaguchi nach Higashi-Hagi (2080 ¥, 1½ Std., mind. stdl.).

ZUG

Der Bahnhof Yamaguchi liegt an der JR-Yamaguchi-Linie. 10 km weiter südwestlich in Ogōri an der San-yō-*shinkansen*-Linie, die zwischen Shimonoseki und Hiroshima sowie Osaka im Osten verläuft, befindet sich der Bahnhof Shin-Yamaguchi. Der lokale Yamaguchi-Zug verkehrt zwischen den Stationen Shin-Yamaguchi und Yamaguchi (240 ¥, 25 Min.).

Der Dampfzug von **SL Yamaguchi** (www.c571.jp; Erw./Kind 1660/830 ¥) tuckert von Mitte März bis Ende November an Wochenenden und in der Ferienzeit durch die malerischen Täler von Shin-Yamaguchi nach Tsuwano. Die Fahrt macht Spaß und ist sehr beliebt. JR-Büros und Touristeninformationen haben die aktuellen Fahrpläne auf Lager und nehmen Buchungen vor. Frühzeitig reservieren!

Unterwegs vor Ort

Die Attraktionen im Stadtzentrum sind vom Bahnhof Yamaguchi aus zu Fuß erreichbar, zu den weiter entfernten Tempelanlagen kommt man allerdings besser mit einem Fahrrad. Der Jōei-ji ist z. B. 4 km entfernt; er liegt in der Nähe des Bahnhofs Miyano. Alternativ kann man auch ein Taxi nehmen. **Fukutake** (福武; Karte S. 530; ☎083-922-0915; 1-4-6 Eki-dōri; Leihfahrrad 700 ¥ pro Tag; ⌚8–19 Uhr) gegenüber dem Bahnhof verleiht Räder.

Von Yamaguchi und Shin-Yamaguchi gibt's Bus- und Zugverbindungen nach Yuda-Onsen.

Tsuwano 津和野

☎0856 / 7660 EW.

Das durch und durch bezaubernde Tsuwano ist ein ruhiger, 700 Jahre alter Ort in den Bergen an einem hübschen Fluss. Es wartet mit einem bedeutenden Schrein, einer Burgruine und einem atmosphärischen Samuraiviertel auf. Zudem tummeln sich in den Kanälen neben den Straßen jede Menge farbenprächtige Karpfen (tatsächlich gibt's hier mehr Fische als Menschen).

Sehenswertes

Obwohl vom einstigen Samuraiviertel Tonomachi (殿町) nur die Mauern und einige schöne Tore erhalten sind, kann man hier wunderbar spazieren gehen. In den Kanälen neben der malerischen Tonomachi-Straße schwimmen zahlreiche Karpfen, außerdem stößt man auf ein paar alte Sakebrauereien, vor denen *sugidama* (Kugeln aus Zedernzweigen) hängen.

★ Taikodani-Inari-jinja SHINTO-SCHREIN
(太鼓谷稲成神社; Karte S. 535; ⌚8–16.30 Uhr) Dieser florierende Schrein direkt über der Sesselliftstation wurde 1773 von dem siebten Herrscher Kamei Norisada errichtet. Er gehört zu den fünf bedeutendsten Inari-Schreinen Japans. Hierher führt ein Weg bergauf durch einen von Hunderten *torii* geformten Tunnel. Abends werden die Tore angestrahlt und bieten von der Stadt aus einen tollen Anblick. Auf dem Gipfel genießt man zudem eine fabelhafte Aussicht über das Tal und die Berge.

Tsuwano-jō BURG
(津和野城; Karte S. 535; Sessellift einfache Fahrt 450 ¥; ⌚Sessellift 9–17 Uhr, im Winter unregelmäßige Öffnungszeiten) Über dem Tal thronen die bröckelnden Mauern einer Burg. Ein leicht klappriger Sessellift befördert Besucher gemächlich den Berg hinauf. Oben angekommen, sind es bis zur Ruine noch 15 Gehminuten durch Wälder. Oben lockt ein toller Blick.

Morijuku-Museum MUSEUM
(杜塾美術館; Karte S. 535; 542 Morimura; 500 ¥; ⌚9–17 Uhr) Einst diente das 150 Jahre alte Museumsgebäude als Wohnhaus des *shōya* (Dorfoberhaupt). Unten befinden sich eine Sammlung der sanften Bilder des in der Gegend geborenen Künstlers Nakao Shō, ein Raum mit Zeichnungen von Goya und eine Reihe eingerahmter wunderschön bestickter Kimonokragen aus der Taishō-Zeit. Der Verwalter erläutert gern die Besonderheiten des Bauwerks wie die Lochkamera im oberen Stock.

Marienkapelle KAPELLE
(乙女峠マリア聖堂, Otometoge Maria Kinenseido; Karte S. 535; ☎856-72-0251) Die winzige Maria-dō stammt aus dem Jahre 1951. Mehr als 150 „versteckte Christen" wurden

in den frühen Jahren der Meiji-Restauration in einem buddhistischen Tempel auf dem Gelände eingesperrt. 36 von ihnen starben für ihren Glauben, bevor 1873 das Gesetz für Religionsfreiheit verabschiedet wurde. Am 3. Mai gibt's vor Ort eine Prozession.

Anno-Kunstmuseum KUNSTMUSEUM
(安野光雅美術館; Karte S. 535; ☎ 0856-72-4155; 60-1 Ushiroda; 800 ¥; ⌚ 9–17 Uhr, 2. Do im März, Juni, Sept. & Dez. geschl.) Anno Mitsumasa, der in Tsuwano geboren wurde, ist für seine detailreich illustrierten Bücher bekannt, zu denen *Anno's Alphabet* und *Anno's Journey* zählen. Seine Werke sind in diesem traditionell gestalteten weißen Gebäude in Bahnhofsnähe zu sehen. Die Exponate aus der großen Sammlung werden regelmäßig ausgewechselt.

Katholische Kirche Tsuwano KIRCHE
(津和野カトリック教会; Karte S. 535; Tono-machi; ⌚ April–Nov. 8–17.30 Uhr, Dez.–März bis 17 Uhr) Ein Zeugnis der christlichen Geschichte der Stadt. In der frühen Meiji-Periode flohen „versteckte" Christen aus Nagasaki hierher. Ein Blick hinein überrascht, denn die Besucher sitzen auf Tatamimatten und nicht auf Kirchenbänken.

Ehemaliges Wohnhaus von Nishi Amane HISTORISCHES GEBÄUDE
(西周旧居; Karte S. 535; ⌚ 9–17 Uhr) GRATIS Vom Stadtzentrum führt ein hübscher Spazierweg den Fluss hinunter zu dem mit einem Spitzdach versehenen ehemaligen Wohnhaus Nishi Amanes (1829–1897), einem bedeutenden Philosophen und politischen Gelehrten der Meiji-Regierung.

Ehemaliges Wohnhaus von Mori Ōgai HISTORISCHES GEBÄUDE
(森鴎外旧宅; Karte S. 535; ☎ 856-72-3210; www.town.tsuwano.lg.jp/shisetsu/ougai.html; 100 ¥; –17 Uhr, Dez.–Anfang März Mo geschl.) Auf der anderen Uferseite steht das frühere Wohnhaus von Mori Ōgai (1862–1922). Der angesehene Schriftsteller diente als Arzt in der Kaiserlichen Japanischen Armee. Nebenan befindet sich das **Mori-Ōgai-Museum** (Karte S. 535).

Aktivitäten

Nagomi-no-sato ONSEN
(なごみの里; www.nagomi-nosato.com; 256 Washibara; 600 ¥; ⌚ Fr–Mi 10–21 Uhr) Nach einem Tag Sightseeing ist diese Anlage 2,5 km vom Stadtzentrum bzw. 15 Gehminuten vom Mori-Ōgai-Museum entfernt genau das Richtige. Dreimal täglich fahren Busse vom Bahnhof (200 ¥, 8 Min.) hierher.

Feste & Events

★ **Yabusame** BOGENSCHIESSEN
Am Washibara Hachiman-gū (鷲原八幡宮) südlich der Stadt, 4 km vom Bahnhof entfernt, finden immer am zweiten Sonntag im April Bogenschießwettbewerbe auf Pferden statt.

Schlafen

Tsuwano lässt sich gut im Rahmen eines Tagesausflugs ab Yamaguchi besuchen. Wer lieber über Nacht bleiben möchte, kann sich in einer *minshuku* oder einem *ryokan* erholen und abends einen Spaziergang durch die von Lampen erleuchteten Straßen unternehmen. Englischsprachige Infos gibt's unter www.gambo-ad.com/english; unter „Tsuwano" sind ein paar lokale Unterkünfte aufgelistet.

Shokudō Minshuku Satoyama MINSHUKU ¥
(食堂民宿 さと山; Karte S. 535; ☎ 080-1913-9396; www.genki-ya.com/sato; 345 Washibara; EZ/2BZ ab 2700/4700 ¥; P ❄ @ 📶 🐾) Das Satoyama vor spektakulärer ländlicher Kulisse verfügt über Zimmer im japanischen Stil mit Ausblick in die Berge und verlässlichem WLAN. Allerdings sind die Gemeinschaftsbäder etwas ungepflegt. Der Betreiber spricht Englisch und kocht anständige Mahlzeiten, zudem können Gäste kostenlos Wäsche waschen. Am Berg läuft die Straße nach Satoyama entlang; sie ist flach, gut mit dem Rad zu bewältigen und auch nach Einbruch der Dunkelheit begehbar, jedoch nicht beleuchtet. Einfach nach dem weißen Haus, blauem *noren* und roten Flaggen Ausschau halten.

Wakasagi-no-Yado MINSHUKU ¥
(民宿わかさぎの宿; Karte S. 535; ☎ 0856-72-1146; 98-6 Morimura-guchi; Zi. inkl./ohne 2 Mahlzeiten 7700/4700 ¥) Gepflegte *minshuku* mit Gemeinschaftsbädern an der Hauptstraße zwischen Tonomachi und dem Mori-Ōgai-Haus. Vom Bahnhof kann man zu Fuß gehen. Das Gebäude hat eine Fassade mit diamantförmigen Kacheln und einen Vorhang, auf dem ein Reiher abgebildet ist.

★ **Hoshi Ryokan** MINSHUKU ¥¥
(星旅館; Karte S. 535; ☎ 0856-72-0136; 53-6 Ushiroda; Zi. inkl./ohne Mahlzeiten 8000/6000 ¥ pro Pers.; 📶) Gäste der großen knarrenden

Tsuwano

Tsuwano

Highlight
1 Taikodani-Inari-jinja B3

Sehenswertes
2 Anno-Kunstmuseum C1
3 Marienkapelle B1
4 Ehemaliges Wohnhaus von Mori Ōgai .. B5
5 Mori-Ōgai-Museum B5
6 Morijuku Museum C3
7 Ehemaliges Wohnhaus Nishi-Amane .. B5
8 Katholische Kirche Tsuwano C2
9 Tsuwano-jō A4

Schlafen
10 Hoshi Ryokan C1
11 Noren Yado Meigetsu C2
12 Shokudō Minshuku Satoyama B5
13 Wakasagi-no Yado C4

Essen
14 Tsurubo C2
15 Yūki D1

minshuku ganz nahe am Bahnhof erwartet eine überaus herzliche Begrüßung. Die Tatamizimmer sind geräumig, und es gibt ein familienfreundliches Gemeinschaftsbad.

Noren Yado Meigetsu RYOKAN ¥¥
(のれん宿明月; Karte S. 535; ☎0856-72-0685; 665 Ushiroda-guchi; Zi. inkl. 2 Mahlzeiten ab 10 400 ¥ pro Pers.; ❄📶) In einer engen Nebenstraße der Tonomachi liegt dieses Gasthaus mit ansprechenden holzgetäfelten Gemeinschaftsbädern. Die Zimmer haben *fusuma* (Schiebetüren) zum Garten hin und teilweise eigene Bäder. Das Gebäude ist an dem altmodischen Tor und dem Ziegeldach zu erkennen.

Essen

In der Hauptstraße, der Tonomachi, stößt man auf ein paar Cafés und Restaurants. Weitere Lokale liegen in der weniger schönen Straße, die vom Bahnhof in Richtung Süden verläuft. Nur wenige sind abends geöffnet, da die meisten Besucher in ihrer Unterkunft essen. Manche Restaurants schließen auch, wenn nicht viel los ist (vor allem im Winter).

★ **Tsurube** NUDELN ¥
(つるべ; Karte S. 535; 384-1 Ushoroda-guchi; Gerichte 575–1050 ¥; ⊙Sa–Do 11–16 Uhr; 📋) Die Spezialität des Hauses sind frische Weizennudeln, die hier von Hand hergestellt und zu sättigenden Gerichten verarbeitet werden. Auf der Karte stehen Speisen wie *sansai udon* (Nudeln mit Wildpflanzen) und *umeboshi udon* (Nudeln mit Trockenpflaumen). Gegen einen kleinen Aufpreis bekommt man eine Portion *omusubi* (Reisball). Das Tsurube befindet sich neben einem kleinen Friedhof.

Yūki FISCH & MEERESFRÜCHTE ¥¥
(遊亀; Karte S. 535; ☎0856-72-0162; 271-4 Ushiroda; Mahlzeiten 1400–2800 ¥; ⊙11–15 Uhr) In dem elegant-rustikalen Restaurant mit Holztischen und plätscherndem Wasser als Geräuschkulisse kann man *tsuwano teishoku* (eine Mischung lokaler Gerichte mit Karpfen) kosten. Der Schwerpunkt liegt auf *koi* (Karpfen), die in einem Becken am Boden herumschwimmen. Das Lokal ist in einem altmodischen Gebäude mit einer kleinen Kiefer vor dem Haus untergebracht. Abends muss man reservieren.

Praktische Informationen

Touristeninformation (津和野町観光協会; Karte S. 535; ☎0856-72-1771; www.tsuwano-kanko.net; ⊙9–17 Uhr; 📶) Rechts vom Bahnhofsausgang. Hier bekommt man Audioguides für die Sehenswürdigkeiten (300 ¥ pro Tag) sowie kostenloses WLAN, auch wenn das Büro geschlossen ist.

An- & Weiterreise

Tsuwano liegt auf der JR-Yamaguchi-Linie, die von Shin-Yamaguchi und Yamaguchi im Süden nach Masuda an der Küste des Japanischen Meers führt und an die San-in-Linie anschließt. Die *Super-Oki*-Verbindung ab Yamaguchi oder Shin-Yamaguchi ist rund 25 bis 35 Minuten schneller, jedoch doppelt so teuer wie der Standardservice (bzw. kostenlos für Inhaber des JR-Passes).

Masuda 580 ¥, 40 Min.

Shin-Yamaguchi 1140 ¥, 100 Min.

Yamaguchi 970 ¥, 80 Min.

Fernbusse fahren vom **Buszentrum Tsuwano** (Karte S. 535) nach Higashi-Hagi (2190 ¥, 1¾ Std., 5-mal tgl. 8.10–17.10 Uhr; JR-Pass nicht gültig). Außerdem bestehen Nachtverbindungen nach Kōbe/Osaka und Tokio.

Unterwegs vor Ort

Die meisten Attraktionen sind vom Bahnhof aus zu Fuß oder mit dem Fahrrad zu erreichen. Es gibt einen Stadtbus, der für Besucher allerdings unpraktisch ist und nur wenige Male am Tag verkehrt. Am einfachsten erkundet man die Stadt mit einem Leihfahrrad von **Kamai** (貸自転車かまい; Karte S. 535; Fahrradverleih pro 2/24 Std. 500/800 ¥; ⊙8 Uhr–Sonnenuntergang), das sich gegenüber vom Bahnhof befindet.

Hagi 萩

☎0838 / 49 580 EW.

Hagi, das Juwel in der Krone Yamaguchis, ist für seine schönen Keramikwaren und das gut erhaltene Samuraiviertel bekannt. In der Feudalzeit diente Hagi als Burgstadt des Chōshū-Herrschaftsbereichs und war gemeinsam mit Satsuma (dem heutigen Kagoshima im südlichen Kyūshū) wichtig für die Verteidigung der Tokugawa-Regierung. Nach der Meiji-Restauration wurde hier ein neues Zeitalter eingeläutet. Hagis bedeutende Rolle bei der Modernisierung Japans wurde 2015 auch von der UNESCO anerkannt, die fünf historische Industriestätten zum Welterbe erklärte.

Das westliche und das zentrale Stadtviertel werden von den beiden Flüssen Hashimoto-gawa und Matsumoto-gawa sowie dem Japanischen Meer begrenzt und bilden dadurch eine Insel. Am Ostufer des Matsumoto-gawa erstreckt sich der Ostteil der Stadt mit dem großen JR-Bahnhof Higashi-Hagi (für die Hauptattraktionen hier aussteigen).

Hagis Nähe zum Japanischen Meer, die friedliche Atmosphäre und die vielen idyllischen Panoramen machen die Stadt zum lohnendsten Ziel der Präfektur.

Weil internationale Touristen Hagi in der Vergangenheit nicht auf dem Schirm hatten, waren viele Serviceunternehmen nicht auf die Wünsche der *gaijin* eingestellt und es wurde kaum Englisch gesprochen. Das ist oft heute noch so, doch allmählich ändern sich diese Dinge – mit dem neuen Status als Welterbestätte, auf den die Stadt sehr stolz ist, kommen immer mehr Besucher aus dem Ausland. Man sollte mit den freundlichen und oft älteren Einwohnern Geduld haben, die sich bemühen, sich auf die neuen Gäste einzustellen.

Sehenswertes

Hagi ist eine weitläufige Stadt, die auf dem Gebiet zwischen der Küste und den Bergen ringsum keinen Quadratmeter ungenutzt lässt. Die für Besucher interessanten Gegenden sind die Welterbestätten und das malerische Samuraiviertel **Jōkamachi** („Burgstadt Hagi" genannt, seit es von den UNESCO-Welterbestätten umgeben ist). In den Straßen dort befinden sich schöne Villen, die von weißgetünchten Mauern umschlossen werden. Da die meisten Attraktionen recht weit voneinander entfernt liegen, ist es eine gute Idee, ein Auto oder ein Fahrrad auszuleihen.

★ Kikuya-Residenz — HISTORISCHES GEBÄUDE

(菊屋家住宅; Karte S. 538; 1-1 Gofuku-machi; 520 ¥; 9.30–17 Uhr) Eigentlich waren die Kikuya eher Kaufleute als Samurai. Die offiziellen Lieferanten des *daimyō* verfügten über die finanziellen Mittel und Verbindungen, um sich gleich oberhalb des Bahnhofs ein Haus bauen zu lassen. Dieses geht auf das Jahr 1604 zurück und hat ein hübsches Tor sowie einen ansprechenden Garten. Vor Ort sind mehrere interessante Exponate aus dem Alltagsleben wie eine alte öffentliche Telefonzelle und alte Pläne von Hagi zu sehen. Letztere zeigen, wie wenig sich am Grundriss der Stadt geändert hat.

Shizuki-kōen — PARK

(指月公園; Karte S. 538) Von der alten **Hagi-jō** (萩城; Karte S. 538; 0838-25-1826; 500 Horiuchi; inkl. Asa-Mōri-Haus 210 ¥; März–Okt. 8.30–18.30 Uhr, Nov.–Feb. bis 16.30 Uhr) im Park ist mit Ausnahme der imposanten Außenmauern der Burg und des Burggrabens, in dem sich Karpfen tummeln, nicht viel geblieben. Die Festung wurde 1604 errichtet und 1874 nach der Meiji-Restauration niedergerissen. Auf dem inneren Gelände erstreckt sich eine hübsche Grünanlage mit Kirschbäumen, die im Frühjahr blühen, dem **Shizuki-yama-jinja** (志都岐山神社; Karte S. 538), dem **Hanano-e-Teehaus** (花江茶亭; Karte S. 538) aus der Mitte des 19. Jhs. und anderen Gebäuden, darunter ein *nagaya* (japanisches Langhaus), das als **Asa-Mōri-Haus** bekannt ist.

Von der Burgruine aus kann man bis zum 143 m hohen Gipfel des Shizuki-yama wandern.

Hagi-Uragami-Museum — MUSEUM

(山口県立萩美術館・浦上記念館; Karte S. 538; 0838-24-2400; www.hum.pref.yamaguchi.lg.jp; 586-1 Hiyako; 300 ¥; Di–So 9–17 Uhr) Das hübsche moderne Gebäude beherbergt eine großartige Sammlung von Keramikwaren und Holztafeldrucken, darunter Arbeiten von Katsushika Hokusai und Utamaro Kitagawa. Zudem finden regelmäßig Sonderausstellungen statt.

★ Tōkō-ji — BUDDHISTISCHER TEMPEL

(東光寺; Karte S. 538; www.toukouji.net; 1647 Chintō; 300 ¥; 8.30–17 Uhr) Östlich des Ufers nahe dem Shōin-jinja erhebt sich ein hübscher Zentempel aus dem Jahre 1691 mit Gräbern von fünf Mōri-Herren. Die Pflasterwege am Berghang säumen fast 500 Steinlaternen, die von den Dienern der Adligen aufgestellt wurden.

Shōin-jinja — SHINTO-SCHREIN

(松陰神社; Karte S. 538) Der Schrein mit Garten und einem kleinen Gelände geht auf das Jahr 1890 zurück und ist Yoshida Shōin, dem Führer der Bewegung der Meiji-Restauration, gewidmet. Sein **ehemaliges Wohnhaus** (吉田松陰幽囚の旧宅, Yoshida Shōin Yūshū-no-kyūtaku; Karte S. 538; 8–17 Uhr) GRATIS und die Schule, in der er vor der Revolution gegen das Shogunat agitierte, stehen ebenfalls hier. Darüber hinaus gibt's ein **Schatzhaus** (宝物館; Karte S. 538; 500 ¥; 9–17 Uhr). Der Shōin-jinja liegt südöstlich des Bahnhofs Higashi-Hagi. Vor der Tür hält der Ringbus.

Shoka-Sonjuku-Akademie — HISTORSCHES GEBÄUDE

(松下村塾; Karte S. 538; 0838-22-4643; 1537-1 Chinto) GRATIS Beim Wort Akademie denken viele wohl an imposante Bildungseinrich

Hagi

Hagi

Highlight
1 Kikuya-Residenz B2
2 Tōkō-ji D1

Sehenswertes
3 Hagi-Uragami-Museum B2
4 Hagi-jō A1
5 Hagi-jō Kiln A1
6 Hanano-e-Teehaus A1
7 Itō-Hirobumi-Haus D2
8 Shizuki-kōen A1
9 Shizuki-yama-jinja A1
Ehemalige Shōin-Residenz ..... (siehe 10)
10 Shōin-jinja D2
Shoka-Sonjuku-Akademie ..... (siehe 10)
Schatzhaus ..... (siehe 10)

Aktivitäten, Kurse & Touren
11 Jōzan A1

Schlafen
12 Guesthouse Hagi Akatsukiya B1
13 Guesthouse Ruco B2
14 Hagi no Yado Tomoe C1

Essen
15 Hagi Shinkai C1
16 Hotoritei B2
17 Maru C1

Ausgehen & Nachtleben
18 Cafe Tikal C2

tungen, doch dieses Schulhaus ist ganz im Gegenteil schlicht und bescheiden. Hier unterrichtete Yoshida Shōin in den 1850er-Jahren Studenten, die später während der Meiji-Revolution eine entscheidende Rolle spielten.

Itō-Hirobumi-Haus BEMERKENSWERTES GEBÄUDE
(伊藤博文旧宅; Karte S. 538; 1515 Chinto; 100 ¥; ⌚9–17 Uhr) 200 m vom Shōin-jinja entfernt stößt man auf das strohgedeckte frühere Heim des viermaligen Premierministers, der ein Anhänger von Yoshida Shōin war und später die Meifi-Verfassung ausarbeitete. Das bescheidene Gebäude unterscheidet sich in beträchtlichem Maß von der eindrucksvollen Villa nebenan, die Itō Hirobumi während seiner Zeit in Tokio bewohnte und die nach seinem Tod hierherversetzt wurde.

Kasa-yama BERG
(笠山) 5 km nordöstlich der Stadt thront dieser 112 m hohe inaktive Vulkan. Vom Gipfel bietet sich ein großartiger Blick aufs

Japanische Meer und einen winzigen 30 m tiefen Krater. An der Küste erstreckt sich ein Wanderweg. Von Ende Februar bis Ende März blühen hier wunderschöne Kamelienstraucher.

Myōjin-ike (明神池), der Salzwasserteich an seinem Fuß, ist mit dem Meer verbunden. In den umliegenden Bäumen tummeln sich jede Menge Vögel.

Kraxelt man etwa fünf Minuten vom Teich den Berg hinauf, erreicht man **Hagi Glass** (萩ガラス工房; ☎0838-26-2555; hagi-glass.jp; ⏲9–18 Uhr, Vorführungen 9–12 & 13–16.30 Uhr) GRATIS, wo aus dem Quarzbasalt des Vulkans extrem harte Glaswaren entstehen. Es gibt einen Vorführraum und einen Laden mit wunderschönen farbigen Vasen. Besucher können zudem den Glasbläsern bei ihrer Arbeit zusehen. Nebenan liegen Hagis hauseigene Brauerei und Zitronensaftfabrik **Yuzuya Honten** (柚子屋本店; www.e-yuzuya.com; 1189 Chintō; ⏲9–17 Uhr) GRATIS, wo die wenigen Beschäftigten Einblick in den Herstellungsprozess gewähren. Überdies kann man Saft im angeschlossenen Laden probieren oder sich mit einem Mikan-Softeis (*satsuma*) erfrischen.

Alle 60 oder 90 Minuten fahren Busse vom Bahnhof Higashi-Hagi zum Kasa-yama (280 ¥, 15 Min.). Wer die Gegend erkunden will, steigt an der Haltestelle Koshi-gahama aus. Zum Fuß des Vulkans und zum Myōjin-ike sind es von dort etwa acht Gehminuten.

Unrinji-Tempel TEMPEL
(雲林寺; 2480 Kibekami) GRATIS Der einzigartige Tempel 22 km östlich von Hagi ist der bescheidenen Katze geweiht, und Katzen gibt's hier einfach überall. Na, jedenfalls geschnitzte Katzen. Fans der Vierbeiner mieten gern ein Auto, um herzukommen.

Schlafen

★ **Guesthouse Ruco** HOSTEL ¥¥
(ゲストハウスRuco; Karte S. 538; ☎0838-21-7435; www.guesthouse-ruco.com; 92 Karahimachi; B/DZ mit Gemeinschaftsbad 2800/7500 ¥;) Ein modernes Wunderland mit handgemachten Möbeln und Vintage-Dekor. Angesichts des unangestrengt stylishen, minimalistischen Designs, das sich von der Café-Bar bis in die Badezimmer zieht, fühlt man sich, als ob man die Nacht in einem Muji-Geschäft verbringt. Die kleinen, aber sauberen Schlafsäle haben Vorhänge, die für Privatsphäre sorgen, zudem gibt's geräumige Doppelzimmer im japanischen Stil. Das hilfsbereite Personal spricht etwas Englisch. Einfach am Hagi-Buszentrum zweimal links halten.

Guesthouse Hagi Akatsukiya HOSTEL ¥
(古民家ゲストハウス萩・暁屋; Karte S. 538; ☎050-3624-4625; www.guesthouse-hagi-akatsukiya.jimdo.com; 237-1 Hamasakimachi; B 2600–2800 ¥;) Ein aufgehübschtes japanisches Haus mit einem süßen Garten und weichen Etagenbetten, in denen man nur zwei Minuten vom Strand entfernt sein Haupt betten kann. Der weitgereiste Betreiber kennt sich bestens in der Gegend aus, spricht Englisch und verleiht Räder (500 ¥ pro 24 Std.). Das Akatsukiya befindet sich neben einem Schrein; vom nördlichsten Strand läuft man die Straße gegenüber den blaugefliesten Toiletten hinunter und passiert das Sägewerk.

KERAMIK AUS HAGI

Toyotomi Hideyoshi, ein japanischer Feldherr, entführte während seiner Kämpfe um die koreanische Halbinsel 1592 und 1598 ganze Töpferfamilien, als durch das wachsende Interesse an der Teezeremonie auch der Bedarf an bester koreanischer Keramik stieg. Die jahrhundertelang überlieferten Brenntechniken prägen bis heute die Töpferei in Japan.

Hagi-yaki (Hagi-Keramik) ist für feine Glasuren sowie sanfte Pastelltöne bekannt und überzeugt echte Kenner japanischer Keramik. In verschiedenen Geschäften und Brennereien, darunter **Hagi-jō Kiln** (萩城窯; Karte S. 538; ☎0838-22-5226; 2-5 Horiuchi; ⏲8–17 Uhr) GRATIS, können Besucher beim Herstellungsprozess zusehen und die fertigen Produkte erwerben. Die **Touristeninformation** (S. 540) hat eine komplette Liste aller Brennereien der Gegend. In der Werkstatt **Jōzan** (城山; Karte S. 538; ☎0838-25-1666; 31-15 Horiuchi Nishi-no-hama; Kurse 1730 ¥; ⏲8–16 Uhr) dürfen sich Besucher selbst im Herstellen von Keramik versuchen; sobald die Stücke gebrannt sind, können sie an einen beliebigen Ort innerhalb Japans versandt werden. Das Gebäude befindet sich neben der großen Brennerei.

★ **Hagi Kankō Hotel** HOTEL ¥¥
(萩観光ホテル; ☎0838-25-0211; www.hagikan.com; 1189 Chintō; Zi. ab 10 560 ¥; P ❄) Solides Touristenhotel am Fuß des Kasa-yama mit wunderbar freundlichen, aber förmlichen Mitarbeitern, die alles tun, um behilflich zu sein, selbst wenn sie mit der englischen Sprache zu kämpfen haben. Die eleganten Zimmer im *ryokan*-Stil und das großartige *rotemburo* haben einen schönen Blick über die Bucht zu den fernen Bergen.

★ **Hagi no Yado Tomoe** RYOKAN ¥¥¥
(萩の宿常茂恵; Karte S. 538; ☎0838-22-0150; www.tomoehagi.jp; 608-53 Kōbō-ji Hijiwara; Zi. ab 18 850 ¥ pro Pers.; ❄ @) Hagis schönstes Gästehaus verfügt über tolle japanische Zimmer mit Gartenblick, eine ausgezeichnete Küche und luxuriöse Bäder. Die Preise variieren je nach Jahreszeit. Auf der Website findet man verschiedene Angebote (wer kein Japanisch lesen kann, reserviert am besten per E-Mail). Man erreicht die Unterkunft vom Bahnhof kommend, indem man die Brücke überquert und der Straße den Fluss entlang folgt.

Essen & Ausgehen

Hagi Seaside Market FISCH & MEERESFRÜCHTE ¥
(道の駅　萩しーまーと; ☎0838-24-4937; www.seamart.axis.or.jp; 4160-61 Chinto; ⌚9.30–18 Uhr) Auf diesem lebhaften Markt gibt's frische und wilde Delikatessen aller Art, sowohl in den vielen Restaurants als auch direkt bei den Händlern, falls man selbst grillen möchte.

★ **Hotoritei** CAFÉ ¥¥
(畔亭; Karte S. 538; ☎0838-22-1755; www.hotoritei.com; 62 Minami-Katakawa; Gerichte 1100–1850 ¥; ⌚Feb.–Dez. Fr–Mi 11–17 Uhr) Das Hotoritei nahe dem Jōkamachi-Viertel ist in einem großen Haus inmitten eines Gartens untergebracht. Zur Auswahl stehen vor allem Kaffee, Tee und Kuchen. Wir empfehlen das luftige *matcha*-Brötchen (grüner Tee) mit Cremefüllung. Außerdem gibt's ein paar Mittagsmenüs und die Speisekarte ist z. T. bebildert. Der Eingang liegt unweit der Straße neben Sam's Irish Pub.

Maru IZAKAYA ¥¥
(まる; Karte S. 538; ☎0838-26-5060; 78 Yoshida-chō; Gerichte 750–1850 ¥; ⌚Mo–Sa 17–23 Uhr) Gerichte mit frischen regionalen Zutaten sind die Spezialität des lebhaften *izakaya*. Fisch und Meeresfrüchte spielen natürlich eine wichtige Rolle und es gibt viel Sushi und Sashimi, aber auch andere warme Speisen.

Hagi Shinkai FISCH & MEERESFRÜCHTE ¥¥¥
(萩心海; Karte S. 538; ☎0838-26-1221; www.hagishinkai.com; 370-71 Hijiwara; Menüs 2500–7000 ¥; ⌚11–14.30 & 17–21 Uhr) Dank dem rund um einen großen offenen Tank angeordneten Sitzbereich können die Gäste dabei zusehen, wie die Fische vom Personal für die Zubereitung herausgeholt werden. Es gibt einige Menüs und *shinkai teishoku* (mittags/abends 1080/1990 ¥) mit Sashimi, Tempura und *chawanmushi* (gedämpfter Eierstich). Bei Letzterem handelt es sich um die Empfehlung des Hauses, die nicht auf der Karte steht. Das Restaurant ist in einem weißen Gebäude mit einem Leuchtturm untergebracht.

Cafe Tikal CAFÉ
(長屋門珈琲・カフェティカル; Karte S. 538; ☎838-26-2933; www.hagi-nagayamoncoffee.jimdo.com; 298-1 Hijiwara; ⌚Di–Sa 9.30–20, So bis 18 Uhr) Durch das alte Tor der Kogawa-Familienresidenz gelangt man zu diesem kleinen Café mit großen Fenstern und Blick auf einen wunderbar wilden Garten. An Holztischen werden verschiedene Kaffeegetränke wie Cappuccino sowie Kuchen serviert. Bücher und Spiele zum Zeitvertreib sind ebenfalls vorhanden.

Praktische Informationen

Touristeninformation (萩市観光案内所; Karte S. 538; ☎0838-25-3145; ⌚März–Nov. 9–17.45 Uhr, Dez.–Feb. bis 17 Uhr) Im Bahnhof Higashi-Hagi. Die Mitarbeiter sprechen Englisch, und es gibt eine gute englischsprachige Fahrrad- und Wanderkarte. Eine weitere Touristeninformation befindet sich nahe dem **Bahnhof Hagi** (萩駅観光案内所; Karte S. 538; ☎0838-25-3145; 2997 Chintō; ⌚9–17 Uhr).

An- & Weiterreise

BUS

Busse fahren vom Bahnhof Higashi-Hagi über das **Buszentrum Hagi** (Karte S. 538) u. a. hierhin:

Shin-Yamaguchi 2100 ¥, 1½ Std., mind. stündl.

Tsuwano 2290 ¥, 1¾ Std., 5-mal tgl.

Yamaguchi 1860 ¥, 70 Min., 9–11-mal tgl.; JR-Pässe sind auf dieser Strecke gültig

ZUG

Hagi liegt auf der JR-San-in-Linie, die entlang der Küste von Tottori nach Matsue führt. Die Regionalzüge zwischen Shimonoseki und Higashi-Hagi (1940 ¥) benötigen je nach Umsteigezeit bis zu drei Stunden. Wer von Higashi-Hagi nach Tsuwano möchte, nimmt am besten den Zug die Küste hoch nach Masuda (970 ¥, 70 Min.) und steigt dort in die JR-Yamaguchi-Bahn (580 ¥, 40 Min.) oder in den *Super Oki* (580 ¥, 30 Min.) nach Tsuwano. Alle Verbindungen sind für Inhaber des JR-Passes kostenlos. Wer beim Umsteigen im verschlafenen Masuda lange warten muss, steuert einfach das versteckte Restaurant einen Block nördlich des Bahnhofs an.

Unterwegs vor Ort

Das Stadtzentrum und das Jōkamachi-Viertel lassen sich bequem zu Fuß erkunden, aber viele Attraktionen, darunter die Welterbestätten, liegen am Stadtrand. Ein Fahrzeug – auch ein Fahrrad – ist daher vorteilhaft.

BUS

Der *māru basu* (まぁーるバス; Ringbus) steuert alle Attraktionen im Stadtzentrum an. Es gibt eine östliche (東回り) und eine westliche (西回り) Route. Pro Stunde starten an jeder Haltestelle zwei Busse. Eine Fahrt kostet 100 ¥ und ein Tages- bzw. Zweitagesticket 500 bzw. 700 ¥. Beide Strecken führen über den Bahnhof Higashi-Hagi.

FAHRRAD

Smile Rental Bike (Karte S. 538; ☎ 0838-22-2914; Leihfahrrad pro Std./Tag 200/1000 ¥; ⏲ 8–17 Uhr) Die erste von zwei Leihfirmen direkt links nach Verlassen des Bahnhofs Higashi-Hagi. Bei Smile kann man Räder über Nacht ausleihen, beim anderen Anbieter nicht.

Shimonoseki 下関

☎ 083 / 268 620 EW.

Eine schmale Meerenge trennt Shimonoseki an der Südwestspitze Honshūs von Kyūshū. Als Schauplatz einer entscheidenden Schlacht rivalisierender Samuraiclans im 12. Jh. ging die Stadt in die Geschichtsbücher ein. Die Schnellstraße führt auf der Kanmon-bashi (Brücke) über die Kammon-Straße (関門海峡; Kanmon-kaikyō), während die *shinkansen*- und die JR-Bahnlinie unterhalb durch einen Tunnel verlaufen. Man kann sogar zu Fuß unter dem Meer nach Kyūshū gehen. Shimonoseki dient als wichtiger Verbindungspunkt für Reisen nach Südkorea und ist überdies für seine Meeresfrüchte bekannt, insbesondere für den potenziell tödlichen *fugu* (Kugelfisch).

Sehenswertes

★ Karato Ichiba MARKT
(唐戸市場; Karte S. 542; www.karatoichiba.com; 5-50 Karato; ⏲ Mo–Sa 5–13, So 9–15 Uhr) Wer einen Abstecher nach Shimonoseki unternimmt, sollte sich keinesfalls den Fischmarkt in Karato entgehen lassen. Hier kann man wunderbar Sashimi zum Frühstück oder Mittagessen kosten. Frischer geht's nicht – ein Teil der Fische bewegt sich sogar noch. Am besten kommt man an einem Freitag oder Samstag her, denn dann stellen die Händler Tische auf und verkaufen *bentō* mit Sashimi und gekochten Gerichten. Mittwochs ist der Markt manchmal geschlossen.

Die Speisen können eingepackt oder an den Theken im Zwischengeschoss verzehrt werden. Busse nach Karato (220 ¥) fahren vorm Bahnhof ab und benötigen sieben Minuten.

Akama-jingū SHINTO-SCHREIN
(赤間神宮; Karte S. 542; 4-1 Amidaiji-chō; ⏲ 24 Std.) Der Akama-jingū ist dem siebenjährigen Kaiser Antoku gewidmet, der 1185 in der Schlacht von Dan-no-ura starb. Auf der linken Seite steht eine Statue von Mimi-nashi Hōichi (Ohrloser Hōichi), dem blinden Barden, der wegen seines musikalischen Talents in Konflikt mit Geistern gerät. Die Geschichte erlangte durch Lafcadio Hearn Berühmtheit.

Der zinnoberrot leuchtende Schrein liegt zwischen Karato und Hino-yama, etwa fünf Gehminuten von Karatos Marktviertel entfernt. Vom Bahnhof fährt man mit dem Bus bis zur Haltestelle Akamajingū-mae (260 ¥, 10 Min.).

Ehemaliges Britisches Konsulat HISTORISCHES GEBÄUDE
(旧下関英国領事館, Kyu Shimonoseki Eikoku Ryōjikan; Karte S. 542; ☎ 083-235-1906; www.kyu-eikoku-ryoujikan.com; 4-11 Karato cho, ⏲ Mi–Mo 9–17 Uhr) GRATIS Ein nettes kleines Museum mit einem kleinen (und sehr britischen) Café-Pub-Restaurant. Das 1906 erbaute Haus ist ein schönes Beispiel der Meiji-Architektur und eines von nur wenigen derartigen Gebäuden, die in Japan erhalten blieben (die meisten wurden zerstört oder versetzt).

Hino-yama-kōen PARK
(火の山公園; Karte S. 542) 5 km nordöstlich des Bahnhofs Shimonoseki bietet der Gipfel des 268 m hohen Hino-yama einen großartigen Ausblick auf die Kammon-Straße. Um zur **Seilbahn** (火の山ロープウエイ; Karte S. 542; einfach/hin & zurück 300/500 ¥; ⏲ März–Nov. Do–Mo 10–17 Uhr) zu gelangen, die zum Aussichtspunkt hinauffährt, nimmt man den Bus bis zur Haltestelle Mimosusōgawa (御裳川; 200 ¥, 12 Min.). Von dort führt ein zehnminütiger Spaziergang

Shimonoseki

Shimonoseki

Highlights
1 Karato Ichiba E3

Sehenswertes
2 Akama-jingū E2
3 Ehemaliges Britisches Konsulat D2
4 Hino-yama-kōen H2
5 Kaikyō-Yume-Turm B2

Schlafen
6 Dormy Inn Shimonoseki A2
7 Hinoyama Youth Hostel H2
8 Kaikyō View Shimonoseki H2

Essen
Kaiten Karato Ichiba Sushi ..... (siehe 1)
9 Kamon Wharf D3
10 Kawaku D2
11 Sea Mall Shimonoseki A1
12 Yabure-Kabure B1

Praktisches
13 Touristeninformation am Bahnhof Shimonoseki A1

Transport
14 Akama-jingū-mae-Bushaltestelle E3
15 Busbahnhof A1
16 Karato-Bushaltestelle D2
17 Mimosusōgawa-Bushaltestelle G3
18 Seilbahn zum Hino-yama-Aussichtspunkt H2

entlang einer steilen Straße zum Eingang. Es gibt auch Busse ab dem Bahnhof Shimonoseki, die am Eingang der Seilbahnstation Hino-yama (290 ¥, 15 Min., stdl.) halten.

Kōzan-ji BUDDHISTISCHER TEMPEL
(功山寺; ☎ 083-245-0258; 1-2-3 Chōfukawabata; ⏲ 9–17 Uhr) Der Tempel, ein nationales Kulturgut, beherbergt das Familiengrab der lokalen Mōri-Herren und eine 1327 errichtete Halle im Zenstil, der älteste Bau dieser Art in Japan. In den engen Straßen rund um den Tempel stößt man auf alte Mauern und Tore.

Feste & Events

Feuerwerksfest an der Kammon-Straße FEUERWERK
(Hanabi Taikai) Am 13. August gibt's an beiden Seiten der Meerenge ein spektakuläres Feuerwerk.

Sentei Festival TRADITIONELLES FEST
Dieses Fest findet vom 2. bis 4. Mai beim Akama-jingū statt. Es erinnert an die Heike-Frauen, die als Prostituierte arbeiteten, um die Zeremonien für ihre verstorbenen

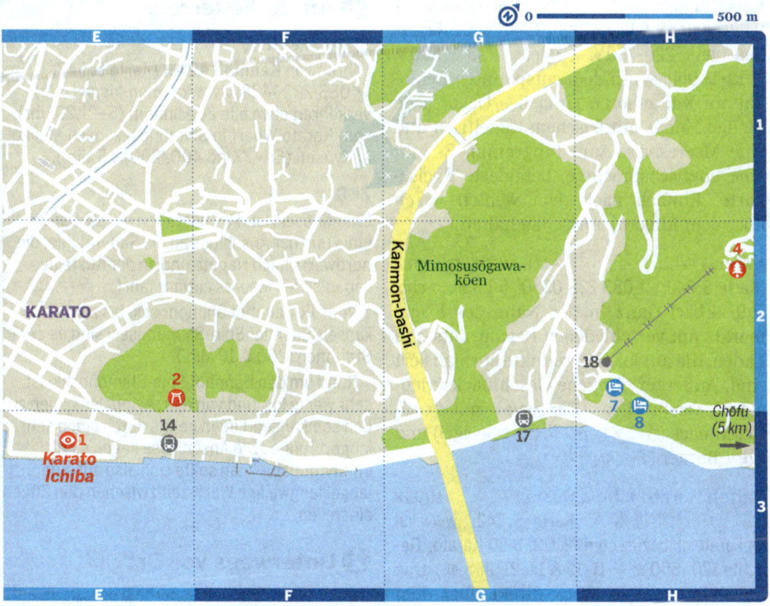

Angehörige zahlen zu können. Am 3. Mai veranstalten als Kurtisanen der Heian-Zeit gekleidete Frauen rund um den Schrein eine farbenprächtige Prozession.

Schlafen

★ Hinoyama Youth Hostel HOSTEL ¥
(火の山ユースホステル; Karte S. 542; ☎ 083-222-3753; www.e-yh.net/shimonoseki; 3-47 Mimosusōgawa-chō; B 3300 ¥;) Toller Ausblick auf die Meerenge und freundlicher Service machen dieses Hostel zu einem der besten in West-Honshū. Vom Bahnhof mit dem Bus zum Hino-yama-Observatorium (290 ¥, 15 Min., stdl.) fahren und das letzte Stück zu Fuß gehen. Die Rezeption ist nicht immer besetzt, deshalb meldet man sich am besten vorab, wenn man sein Gepäck dalassen möchte.

Dormy Inn Shimonoseki HOTEL ¥¥
(ドーミーイン下関; Karte S. 542; ☎ 083-223-5489; www.hotespa.net/hotels/shimonoseki; 3-10 Shinmachi, EZ/DZ ab 6800/10 890 ¥;) Größter Pluspunkt des modernen Hotels ist der Onsen in der obersten Etage, wo man unter einer fuguförmigen Laterne mit Blick auf die Kammon-Straße badet. Die Zimmer sind klein, aber stilvoll, und die Lage ist zentral und gut. Morgens fährt ein kostenloser Hotelshuttlebus zum Bahnhof, abends vom Bahnhof zum Hotel; weit laufen muss man aber auch nicht.

Kaikyō View Shimonoseki HOTEL ¥¥¥
(海峡ビューしものせき; Karte S. 542; ☎ 083-229-0117; www.kv-shimonoseki.com; 3-58 Mimosusogawa-chō; Zi. inkl. 2 Mahlzeiten ab 11 800 ¥ pro Pers.;) Das Kaikyō View auf dem Hino-yama bietet professionellen Service sowie Zimmer im japanischen und westlichen Stil. Erstere haben nicht alle eigene Bäder. Es gibt einen großartigen Onsen mit Meerblick, den von Donnerstag bis Dienstag zwischen 11 und 16 Uhr auch Nichtgäste nutzen dürfen (Eintritt 720 ¥, letzter Einlass 15 Uhr).

Essen

In den oberen Etagen der **Sea Mall Shimonoseki** (Karte S. 542; ☎ 083-232-4705; 4-8 Takezaki-chō; 8–21 Uhr) unweit des Bahnhofs findet man mehrere Restaurants, die lokale und internationale Speisen anbieten. Alle haben Karten und ausgestellte Beispielgerichte.

Rund um Chōfu gibt's einige Cafés.

Viele Fischlokale in Shimonoseki servieren Walfleisch *(kujira)* – von くじら oder クジラ nimmt man deshalb besser Abstand.

Kawaku FISCH & MEERESFRÜCHTE ¥

(河久; Karte S. 542; ☎083-235-4129; 5-1 Karato; Gerichte 220–780 ¥, Menüs ab 500 ¥; ⏲10–18 Uhr; 📋) In dem entspannten Ecklokal am Kai gehören einfaches Dekor, jede Menge Menüs mit frischem Kugelfisch und eine Meeresbrise zum Programm. Es gibt eine englischsprachige, bebilderte Speisekarte. Einfach nach dem weißen *noren* über dem Eingang Ausschau halten.

Kamon Wharf FISCH & MEERESFRÜCHTE ¥

(Karte S. 542; ☎083-228-0330; 6-1 Karato-cho; ⏲9–22 Uhr) Ganz in der Nähe des Fischmarkts mit verschiedenen Restaurants und Läden, die auf lokale Produkte spezialisiert sind. Außergewöhnliche Geschmackserlebnisse versprechen Eiscreme mit *uni*-Geschmack (うにソフトクリーム; Seeigel) und *fugu*-Burger (ふぐバーガー).

Kaiten Karato Ichiba Sushi SUSHI ¥

(海転からと市場寿司; Karte S. 542; www.kaitenkaratoichibazusi.com; 2. OG, 5-50 Karato; Gerichte 120–600 ¥; ⏲11–15 & 17–21 Uhr; 📋) Das Lokal im zweiten Stock direkt über dem Fischmarkt wartet mit superfrischem Sushi vom Fließband auf – man muss also nicht wissen, wie die verschiedenen Köstlichkeiten heißen. Wenn der Markt gelegentlich mittwochs schließt, bleibt auch das Restaurant zu. Nur Barzahlung.

★ **Yabure-Kabure** FISCH & MEERESFRÜCHTE ¥¥¥

(やぶれかぶれ; Karte S. 542; ☎083-234-3711; www.yaburekabure.jp; 2-2-5 Buzenda-chō; Mittagsmenüs 3240 ¥, Abendmenüs 5000–12 000 ¥; ⏲11–21 Uhr) Auf der Karte des betriebsamen Lokals steht ausschließlich *fugu*. Das Ebisu-Abendmenü umfasst kleine Kugelfische in rohem Zustand, getrocknet, gebraten oder in Sakevariationen. Mittags gibt's u. a. *tetsuyaki setto* (Menü mit gegrilltem *fugu*). Man kann auch einzelne Gerichte bestellen. Nach dem blau-weißen Kugelfisch vor dem Haus Ausschau halten.

ℹ Praktische Informationen

Touristeninformation am Bahnhof Shimonoseki (下関駅観光案内所; Karte S. 542; ☎083-232-8383; www.city.shimonoseki.lg.jp; ⏲9–18 Uhr) Nach dem Durchgang zur Fahrkartenkontrolle die Treppen hinunter gegenüber einem Supermarkt.

Touristeninformation am Bahnhof Shin-Shimonoseki (☎083-256-3422; ⏲9–18 Uhr) Ein kleiner Schalter hinter den Ticketschranken beim Verlassen des Bahnhofs.

ℹ An- & Weiterreise

SCHIFF/FÄHRE

Fähren von **Kanmon Kisen** (Karte S. 542; ☎083-222-1488; www.kanmon-kisen.co.jp) verkehren etwa alle 20 Minuten (6–21.29 Uhr) vom Karato Wharf in Shimonoseki nach Mojikō in Kyūshū (Erw./Kind 400/200 ¥, 5 Min.).

ZUG

Shimonoseki ist die Endstation der JR-San-yō-Linie und hat Anschluss an die San-in-Linie, die nordwärts nach Nagato und an der Küste des Japanischen Meeres entlangfährt.

Vom JR-Bahnhof Shimonoseki bis zum *shinkansen*-Bahnhof Shin-Shimonoseki sind es zwei Stationen (200 ¥, 10 Min.).

Rund um den Bahnhof Shin-Shimonoseki ist sehr wenig los, und von den regionalen Linien zu den shinkansen-Linien geht's durch einen sehr langen Tunnel. Die Anschlüsse liegen nicht immer günstig, man sollte sich also auf eine lange, langweilige Wartezeit zwischen den Zügen einstellen.

ℹ Unterwegs vor Ort

Die Hauptattraktionen außerhalb des Stadtzentrums werden regelmäßig von Bussen angesteu-

FÄHRE ZWISCHEN SHIMONOSEKI UND KOREA

Vom **Internationalen Fährhafen Shimonoseki** (下関港国際ターミナル; Karte S. 542; ☎083-235-6052; www.shimonoseki-port.com) bestehen Verbindungen nach Busan in Korea. Die Abfahrtszeiten stehen auf den Websites der Fährunternehmen, die auch Büros am Hafen haben. Auch die Website des Hafens bietet Infos, wird jedoch nicht regelmäßig aktualisiert. Ab Shimonoseki verkehren keine Passagierfähren nach Shanghai (nur Frachter), jedoch ab Osaka.

Kampu Ferry (関釜フェリー; Karte S. 542; ☎083-224-3000; www.kampuferry.co.jp) bedient die Route zwischen Shimonoseki und Busan. Los geht's täglich um 19.45 Uhr (letzter Einlass um 19 Uhr) in Shimonoseki, die Ankunft in Busan erfolgt am nächsten Morgen um 8 Uhr. Eine einfache Fahrt ab Shimonoseki kostet 9000 ¥ (plus ein Benzinzuschlag von 300 ¥ und 610 ¥ Terminal-Gebühr, die beim Einchecken bar bezahlt werden müssen).

ert, die am **Bahnhof** (Karte S. 542) starten. Zum Kai von Karato und zum Fischmarkt führt auch ein hübscher 2 km langer Spaziergang ostwärts am Wasser entlang. Shimonoseki lässt sich auch gut per Fahrrad erkunden. Räder ausleihen kann man an einem **Schalter** (Karte S. 542; Radverleih pro Tag 500 ¥; ⌚8–19 Uhr) auf dem Parkplatz neben dem Busbahnhof.

Bei mehr als zwei Busfahrten in Shimonoseki lohnt der Kauf eines **Tagestickets** (*ichi-nichi furī jōsha-ken;* 700 ¥), das man am Schalter beim Busterminal vor dem Bahnhof sowie am Busbahnhof von Karato bekommt. Es ist sehr günstig (eine Fahrt nach Chōfu und zurück kostet schon mehr als 700 ¥), außerdem muss man beim Aussteigen nicht jedes Mal nach Kleingeld suchen.

Nord-Honshū (Tōhoku)

Auf nach Nord-Honshū

Hinter Tokio erstreckt sich Tōhoku (東北; „Nordosten") mit den Präfekturen Miyagi, Yamagata, Iwate, Fukushima, Akita und Aomori, wo Eismonster und Flusskobolde lauern. An der Westküste liegt das Ski- und Wanderparadies Niigata-ken mit der entlegenen Insel Sado (Sado-ga-shima).

Drei Nationalparks mit dichten Bergwäldern, aktiven Vulkanen und Küstensümpfen bieten ganzjährig Outdooraktivitäten, während die spektakulären Seen Tazawa-ko und Towada-ko im Sommer Schwimmer anziehen. Sendai ist perfekt für alle, die eine urbane Umgebung suchen.

An zahlreichen Orten findet man eine lebendige traditionelle Kultur, und in Städten wie Hiraizumi und Kakunodate gibt's noch viele Bauwerke aus der Feudalzeit.

Die Region hat stark unter dem Erdbeben und Tsunami von 2011 gelitten, und obwohl in einigen Küstenregionen entlang des Sanriku Kaigan der Wiederaufbau noch im Gange ist, nehmen sie gern Gäste in Empfang.

Gut essen

➜ Kosendō (S. 591)
➜ Kadare Yokochō (S. 579)
➜ Azumaya Honten (S. 562)
➜ Aji Tasuke (S. 554)
➜ Mitsutaya (S. 620)

Schön übernachten

➜ Komatsukan Kofu-tei (S. 557)
➜ Zao Shiki no Hotel (S. 599)
➜ Tsuru-no-yu Onsen (S. 593)
➜ Urashima (S. 611)
➜ Westin (S. 553)

Beste Reisezeit

Aomori

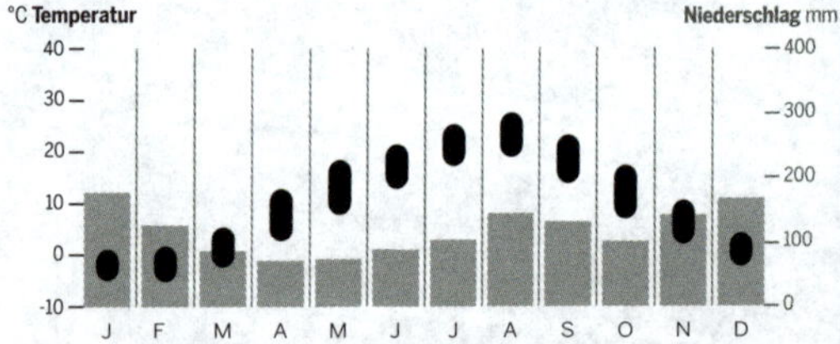

Dez.–Feb. Skifahren, Winterfeste und Berghotels.

Juni–Aug. Im trockenen Hochsommer locken Gourmetfeste, Kulturfestivals und tolle Vegetation.

Sept.–Okt. Foto- und Naturfans kommen her, um die spektakuläre Laubfärbung zu erleben.

Geschichte

Tōhoku ist schon mindestens seit der Jōmon-Periode (13 000–400 v. Chr.) besiedelt. Doch die ersten historischen Dokumente stammen aus dem 8. Jh., als die neu gebildete Zentralregierung in Nara Generäle anwarb, um das hier heimische Volk der Emishi zu unterwerfen. Bis Mitte des 9. Jhs. hatte das Kaiserreich das damalige Michinoku (wörtlich „das Land hinter dem Ende der Straßen“) – wenn auch nur mühsam – unter seine Kontrolle gebracht.

Im 11. Jh. gründete der Ōshu-Fujiwara-Clan eine kurzlebige Siedlung bei Hiraizumi, von der es hieß, dass ihre Pracht es mit der von Kyoto aufnehmen konnte. Doch es war der Krieger und Herrscher Date Masamune, der die Region im 17. Jh. bekannt machte. Er verwandelte das Fischerdorf Sendai in die Hauptstadt eines mächtigen Reiches. Seine Nachfahren herrschten, bis die Meiji-Restauration dem Feudalsystem und dem Einfluss Tōhokus ein Ende setzte und die kaiserliche Kontrolle wiederherstellte.

Die Küste am Japanischen Meer, die mit reichen Schwemmlandebenen gesegnet ist, wurde ein landwirtschaftliches Zentrum, das die kaiserliche Hauptstadt mit Reis versorgte und dadurch an Einfluss gewann. Auf der Pazifikseite war die Landwirtschaft weniger produktiv, die Küste felsig, windgepeitscht und schwer zu erreichen. Diese Isolation und das harte Leben prägte eine starke Mentalität der Beharrlichkeit und des Durchhaltevermögens.

Nationalparks

Der **Bandai-Asahi-Nationalpark** (磐梯朝日国立公園), der sich über die Präfekturen Fukushima, Niigata und Yamagata erstreckt, ist mit 1870 km² Japans drittgrößtes Schutzgebiet. Im Süden begrenzt die Bandai-Azuma-Bergkette die Region, im Norden sind es die heiligen Gipfel der Dewa Sanzan.

Der **Rikuchū-kaigan-Nationalpark** (陸中海岸国立公園) zieht sich 180 km von Kuji in der Präfektur Iwate bis nach Kesennuma in der Präfektur Miyagi an der Pazifikküste. Ihn prägen steile Klippen, donnernde Wellen und im Süden weit ins Meer ragende Landzungen und steinige Strände.

Weiter nördlich an der Grenze zwischen den Präfekturen Akita und Aomori birgt der 855 km² große **Towada-Hachimantai-Nationalpark** (十和田八幡平国立公園) eine riesige Wildnis mit Buchenwäldern, Vulkangipfeln, Kraterseen und alpinen Hochplateaus.

Ebenfalls an der Grenze von Akita und Aomori liegt die UNESCO-Welterbestätte **Shirakami-sanchi** (白神山地), ein Buchenurwald, der in Ostasien zu den letzten dieser Art zählt. Hier leben mehrere geschützte Arten wie der Asiatische Schwarzbär und der Steinadler.

An- & Weiterreise

Der JR-Tōhoku-*shinkansen* fährt bis Aomori. Von dort verkehren Express- und Nahverkehrszüge weiter nach Norden bis Hokkaidō. Durch Zentral-Tōhoku verlaufen die Akita- und Yamagata-*shinkansen*-Routen bis zur Küste des Japanischen Meeres.

Die JR-Tōhoku-Hauptlinie folgt in etwa derselben Strecke wie der Tōhoku-*shinkansen*, aber mit regulären Nahverkehrs- und Expresszügen und nur bis Morioka; ab dort fahren private Linien. An der Ost- und Westküste fahren private und JR-Linien. Wenn man einen JR-Zugpass hat, ist dies der perfekte Ort, um auf ein Green Car upzugraden, denn dort gibt's fast immer einen Sitzplatz.

Mit Bussen kann man viel billiger von Stadt zu Stadt reisen, obwohl die kleineren Busgesellschaften recht teuer sein können, vor allen in entlegenen Gebieten. Ein Mietauto ist die preisgünstigste und effizienteste Möglichkeit, um abseits ausgetretener Pfade zu reisen.

Inlandsflughäfen befinden sich in Niigata, Sendai, Akita und Aomori.

JR EAST PASS

Der **JR East Pass** (www.jreast.co.jp/e/eastpass) ist in zwei Varianten erhältlich: „Niigata & Nagano“ (17 000 ¥) und „Tōhoku“ (19 000 ¥). Beide ermöglichen unbegrenzte Bahnfahrten rund um Tokio und in den jeweiligen Regionen. Der East Pass ist billiger als der komplette JR Pass und gilt innerhalb von zwei Wochen an fünf beliebig wählbaren Tagen. In einigen Reisebüros außerhalb Japans kann man Bestellungen aufgeben und den Pass dann am JR-Schalter am Bahnhof des Flughafens Narita oder in den JR-Reisebüros der größeren Bahnhöfe abholen. Den Pass dürfen nur Ausländer mit einem befristeten Besuchervisum erwerben; beim Kauf sind Reisepass und Visum vorzulegen. In JR-Bussen gilt das Ticket nicht.

Highlights

1 **Dewa Sanzan** (S. 602) Auf den heiligen Gipfeln den Spuren der *yamabushi* (Bergmönche) folgen.

2 **Kakunodate** (S. 589) In die Zeit der Samurai eintauchen.

3 **Towada-ko** (S. 581) Sich an den grünen Ufern des **Kratersees** vergnügen.

4 **Yamadera** (S. 597) In den Fußstapfen des Dichters Matsuo Bashō seine innere Shintō-Seele entfachen.

5 **Nyūtō-Onsen** (S. 593) Alle Sorgen vergessen in den heißen Quellen der Berge über Tazawa-ko.

6 **Zaō-Onsen** (S. 598) In der schönen Onsen- und Skistadt

cen Eismonstern auswe chen.

7 Matsushima (S. 556) Ein Wochenende in der wunderschönen Küstenstadt Matsushima verbringen.

8 Naeba (S. 616) Das Fuji Rock Festival besuchen und im Winter die Pisten runterjagen.

9 Hiraizumi (S. 563) Die feudale Pracht der unberührten Unesco-Welterbestätte erkunden.

10 Sanriku Kaigan (S. 539) Einen der beliebtesten Küstenstreifen Japans im Wiederaufbau nach dem Tsunami entdecken.

ℹ Unterwegs vor Ort

Zwar ist es möglich, die abgelegenen Gebiete Tōhokus mit Nahverkehrszügen und Bussen zu bereisen, aber ein Mietwagen empfiehlt sich für Ziele wie die Shimokita-Halbinsel, Towada-ko, Tazawa-ko und Sado-ga-shima, wo man verweilen und den fantastischen Ausblick genießen kann oder wo es auch einfach riesigen Spaß macht, die kurvigen Landstraßen zu befahren. Man sollte sich vergewissern, ob das Navi im Fahrzeug auf Englisch umgestellt werden kann, was heute meist der Fall ist.

Geduld haben und *go-yukkuri* (sich Zeit nehmen) ist wichtig; die Geschwindigkeitsbegrenzung liegt in der Regel zwischen 40 km/h und 80 km/h, und in dieser Gegend sind viele vorsichtige ältere Fahrer unterwegs.

Tōhoku hat ein gutes Netz aus gebührenpflichtigen Autobahnen und gut gewarteten Straßen, das in *romaji* (in lateinischer Schrift) beschildert ist. Hier herrscht viel weniger Verkehr als in Zentral-Honshū, allerdings liegen auch die Serviceeinrichtungen oft sehr weit auseinander. Wer zwischen November und April unterwegs ist, sollte sich immer am Zielort nach den aktuellen Straßenbedingungen erkundigen; wegen starken Schneefalls und Eis kann es zu Straßenschließungen kommen. Auch wer mit den Wetterbedingungen keine Erfahrung hat, sollte das Auto besser stehen lassen und sich nicht in Gefahr begeben.

Präfektur Miyagi

Mit dem neuen **Treasureland-Tōhoku-Autobahnbusticket** kann man auf fast allen wichtigen Strecken unbegrenzt durch die Präfekturen Aomori, Akita, Iwate, Yamagata, Miyagi und Fukushima reisen. Ein vier-/siebentägiges Ticket kostet 10 000/13 000 ¥.

Mehrere Themenzüge in dieser Region (S. 558) bieten ein stilvolles und kitschiges Fahrerlebnis.

PRÄFEKTUR MIYAGI
宮城県

Sendai, die Hauptstadt von Miyagi-ken, ist die größte, belebteste Stadt Tōhokus und der wichtigste Verkehrsknotenpunkt der Region, hat aber trotzdem eine schöne, entspannte Atmosphäre. Wer das Stadtzentrum verlässt, kommt schnell in eine herrlich ländliche Umgebung. In der Küstenstadt Matsushima gibt's schöne *ryokan* am Meer, die ein guter Ausgangspunkt für die Erkundung der Küste sind, die sich gerade vom Tsunami erholt. Naruko Onsen ist ein zu Recht beliebtes Berg-Onsen.

Schlafen

Sendai bietet die beste Auswahl an Hotels in Nord-Honshū. Auch im Naruko Onsen gibt es viele ländliche Unterkünfte, während Matsushima eine lange Tradition von hochwertigen *ryokan* am Meer aufweist.

Sendai
仙台

022 / 1 063 100 EW.

Sendai ist eine geschäftige Regionalhauptstadt und das beliebteste urbane Zentrum Tōhokus. Tanabata Matsuri, eines der berühmtesten Feste Japans, lockt im Sommer unzählige Menschen auf die breiten, von Bäumen gesäumten Straßen. Auch das Ausgehviertel ist sehr beeindruckend für die kleine Stadt, und viele japanische Touristen besuchen die Sendai, um das Flair von Tōhoku zu erleben, bevor sie in die wilderen Regionen des Nordens weiterreisen. Sendai ist auch ein beliebter Ausgangsort für Touren zum südlichen Abschnitt der Sanriku-Küste.

Japaner assoziieren die Stadt vor allem mit ihrem Wohltäter, dem Samurai Date Masamune; sein Vermächtnis ist eine Burgruine, die in einer hübschen Gartenanlage steht.

Geschichte

Sendai, die Stadt der „1000 Generationen", wurde 1600 von Date Masamune gegründet. Masamune, ein skrupelloser, ambitionierter *daimyō* (lokaler Herrscher), verwandelte sie in eine feudale Hauptstadt, die in großen Teilen Tōhokus die Handelswege, die Salzversorgung und die Getreidemühlen kontrollierte. Die Date-Familie regierte Sendai-Han, bis 1868 die Meiji-Restauration der Feudalzeit ein Ende setzte.

Sehenswertes

Die meisten Sehenswürdigkeiten sind mit dem Touristenbus Loople (S. 556) erreichbar.

★ Zuihō-den Mausoleum
HISTORISCHES BAUWERK

(瑞鳳殿; Karte S. 552; 022-262-6250; www.zuihoden.com; 23-2 Otamaya-shita, Aoba-ku; Erw./Kind 550/200 ¥; 9–16 Uhr; Loople-Haltestelle 4) Date Masamunes Mausoleum thront majestätisch auf einem baumbestandenen Hügel über dem Hirose-gawa. Es wurde 1637 gebaut und im Zweiten Weltkrieg durch Bomben der Alliierten zerstört. Das neue Gebäude von 1979 ist eine exakte Nachbildung des Originals und blieb dem prächtigen dekorativen Stil der Momoyama-Zeit treu.

Sendai Mediatheque
BIBLIOTHEK

(仙台メディアテーク; Karte S. 552; 022-713-3171; www.smt.city.sendai.jp; 2-1 Kasuga-machi, Aoba-ku; 9–22 Uhr, Galerie wechselnde Öffnungszeiten) GRATIS Dieses Kulturzentrum befindet sich in einem preisgekrönten Gebäude des japanischen Architekten Itō Toyō und umfasst eine Bibliothek, eine Kunstgalerie und Veranstaltungsräume. Aktuelle Termine stehen auf der Website.

Ruinen der Burg Sendai
BURG

(仙台城跡; Karte S. 552; 022-261-1111; www.sendaijyo.com; 1 Kawauchi, Aoba-ku; Loople-Haltestelle 6, reguläre Bushaltestelle Sendai Jo Ato Minami) Hoch über der Stadt ragen die Überreste der Sendai-jō auf. Sie wurde 1602 von Date Masamune auf dem Aoba-yama erbaut und im Zweiten Weltkrieg von Bomben der Alliierten getroffen. Die gigantischen moosbedeckten Außenmauern, so stattlich wie imposant, blieben intakt, und von der Anlage eröffnet sich ein weiter Ausblick über die Stadt.

Feste & Events

Sendai Tanabata Matsuri
KULTURELL

(仙台七夕まつり, Star Festival; www.sendaitanabata.com; 6.–8. Aug.) Sendais größtes Fest feiert eine chinesische Legende über die Sterne Wega und Altair. Wega, die Tochter

Sendai-Zentrum

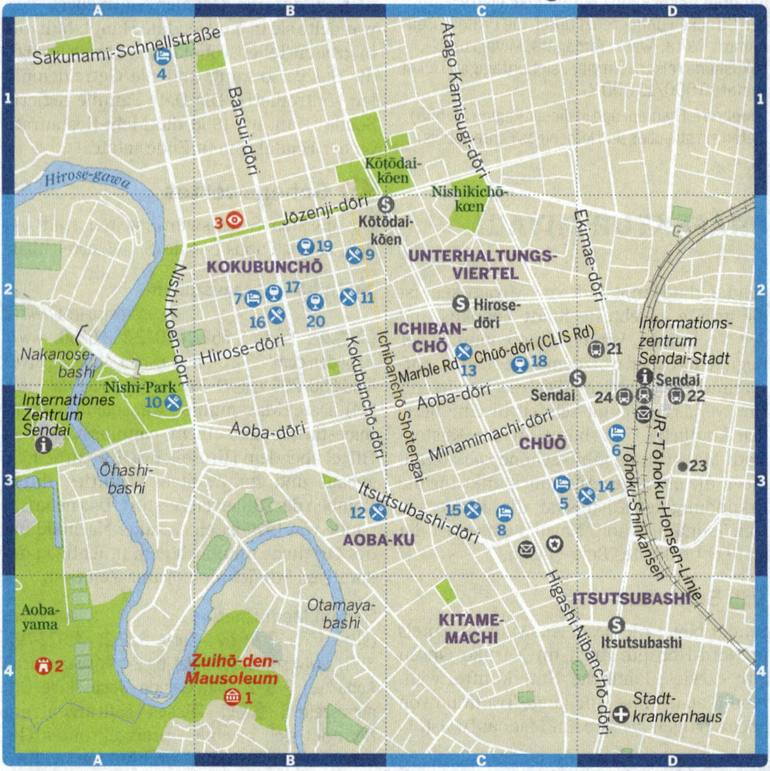

Sendai Zentrum

Highlights
1 Zuihō-den-Mausoleum B4

Sehenswertes
2 Ruinen der Burg Sendai A4
3 Sendai Mediatheque B2

Schlafen
4 Bansuitei Ikoiso A1
5 Hotel Foliage C3
6 Hotel Metropolitan Sendai D3
7 Minshuku Keyaki B2
8 Westin C3

Essen
9 Aji Tasuke B2
10 Gengo Chaya A3
11 Jiraiya B2
12 Jogi Tofuten B3
13 Manhattan Bakery C2
14 Ohisamaya D3
15 Rikyu Ichibancho Yanagimachi C3
16 Santarō B2

Ausgehen & Nachtleben
17 Club Luxs B2
18 Craftsman Sendai C2
19 Gallo B2
20 Peter Pan B2

Transport
21 Bushaltestelle 34 .... D2
22 JR-Tōhoku-Buszentrum D3
Loople .... (siehe 24)
23 Toyota Rent a Car D3
24 Busbahnhof West D3

des Himmelsgottes, verliebte sich in den einfachen Hirten Altair und heiratete ihn. Der König missbilligte die Verbindung und schuf die Milchstraße, um die beiden zu trennen. Einmal im Jahr sollen Elstern ihre Flügel über das Universum ausbreiten, damit die Liebenden zusammenkommen können traditionell am 7. Juli (nach dem alten Mondkalender).

Jōzenji Street Jazz Festival MUSIK
(定禅寺ストリートジャズフェスティバル; www.j-streetjazz.com; ⏲ 2. Wochende im Sept.) Hunderte Straßenkünstler aus ganz Japan treten in den Straßen und Arkaden von Sendai auf. Unterkünfte ganz, ganz lange im Voraus buchen!

Schlafen

Sendai bietet eine großartige Auswahl an Luxus- und Mittelklassehotels sowie gute Budgetunterkünfte.

★ **Minshuku Keyaki** MINSHUKU ¥
(民宿欅; Karte S. 552; ☎ 022-796-4946; http://keyaki2014.com/english.html; 13-4 Tachi-machi, Aoba-ku; B/DZ 2800/5600 ¥) Keyaki befindet sich in einem alten Restaurant, das zum besten Gästehaus Sendais umgebaut wurde. Es bietet schicke Holzböden, stilvolle Schlafsäle und eine erstklassige Bar. Das Minshuku liegt im Herzen von Kokubunchō und ist ein tolles Schnäppchen für Einzel- und Budgetreisende.

Dōchū-an Youth Hostel HOSTEL ¥
(道中庵ユースホステル; ☎ 022-247-0511; www.jyh.or.jp/yhguide/touhoku/dochuan; 31 Kita-yashiki, Ōnoda, Taihaku-ku; B/S 3890/4645 ¥, YHA-Rabatt B 3250 ¥; P 🚭 @ 📶) Zwar ist das ehemalige Bauernhaus etwas schwer zu finden, aber die Mühe wert. Man fährt mit der JR-Tōhoku-Linie vom Bahnhof Sendai zur Station Taishidō (180 ¥, 8 Min.). Von hier sind es noch sechs Gehminuten (einen Stadtplan gibt's im Bahnhof). Das einfache Anwesen ist von Bäumen umgeben und wurde geschickt umgebaut, um Individualreisende mit geringem Budget unterzubringen. Es gibt auch ein herrliches Zedernbad.

Sendai Royal Park Hotel HOTEL ¥¥
(仙台ロイヤルパークホテル; ☎ 022-377-1111; www.srph.co.jp; 6-2-1 Teraoka, Izumi; DZ 14 000 ¥; P 🚭 ❄ 📶) Perfekt für Familien mit Kindern oder Paare, die nach einem luxuriösen, altmodischen Wochenendhotel suchen. Hier hat man das Gefühl, in eine farbenprächtige Kulisse für den Film „Der große Gatsby" spaziert zu sein. Für die Region bietet das Hotel sehr große Zimmer, die Hotelanlage ist eine Erkundung wert und die Mahlzeiten sowie der Service sind ausgezeichnet – es gibt sogar ein Tagesspa. Das Hotel liegt 30 Minuten nördlich des Bahnhofs Sendai (wer vorher anruft, wird kostenlos abgeholt).

Bansuitei Ikoiso RYOKAN ¥¥
(晩翠亭いこい荘; Karte S. 552; ☎ 022-222-7885; www.ikoisouryokan.co.jp; 1-8-31 Kimachi-dori, Aoba; 8500 ¥ pro Pers.) Sendais bestes traditionelles *ryokan* hat ein tolles Preis-Leistungs-Verhältnis. Er zieht vor allem Gäste an, die etwas Stimmungsvolleres als das übliche Businesshotel suchen. Die alten, knarrenden Holzdielen, duftenden Öllampen und gepflegten Gemeinschaftsbäder machen den Aufenthalt zu einem unvergesslichen, typisch japanischen Erlebnis.

Hotel Foliage HOTEL ¥¥
(ホテルフォーリッジ仙台; Karte S. 552; ☎ 022-221-3939; www.libraryhotel.jp/hotelfoliage.html; 4-7-1 Chūō; EZ mit Frühstück ab 8000 ¥; ❄ 📶) Foliage liegt nur wenige Gehminuten vom Bahnhof entfernt an einer geschäftigen kleinen Straße. In der Lobby befindet sich ein buntes Café und die Korridore sind mit Silberdekor geschmückt. Die Zimmer haben das Flair von luxuriösen Universitäts-Schlafsälen, und die Mitarbeiter geben gute Tipps zum lokalen Nachtleben.

★ **Westin** HOTEL ¥¥¥
(ウェスティンホテル仙台; Karte S. 552; ☎ 022-722-1234; www.westin.com; 1-9-1 Ichiban-chō, Aoba-ku; Zi. ab 14 500 ¥; P 🚭 ❄ 📶) Das Westin befindet sich über einem schicken Einkaufszentrum (mit tollen Restaurants und Massagesalons) auf der Hauptverkehrsstraße Sendais. Es ist das beste Fünf-Sterne-Kettenhotel im Norden Japans. Die Cocktailbar bietet einen herrlichen Ausblick, die Zimmer sind dekadent und komfortabel eingerichtet und so groß wie Luxussuiten.

Hotel Metropolitan Sendai HOTEL ¥¥¥
(ホテルメトロポリタン仙台; Karte S. 552; ☎ 022-268-2525; www.sendaimetropolitan.jp; 1-1-1 Chūō, Aoba-ku; EZ/DZ ab 10 500/21 000 ¥; 🚭 @ 📶) Dank eindrucksvoller Renovierungen hat sich das Metropolitan zu einem echten Favoriten unter den Businesshotels am Bahnhof gemausert. Die „japanische Suite" ist am schicksten, während der „Character Room" ein echtes Comic-Wunderland für Kinder ist.

Essen

Gyūtan (auf Holzkohle gegrillte Rinderzunge) ist eine überaus beliebte Delikatesse in Sendai.

Rikyu Ichibancho Yanagimachi JAPANISCH ¥
(牛たん炭焼　利久　一番町やなぎ町店; Karte S. 552; ☎ 022-722-3550; 1-10-1 Ichiban-chō, Aoba-ku; Gerichte ab 650 ¥; ⊙ 11.30–15 & 17–23 Uhr; 📖) Sendais bestes Restaurant für *gyūtan* (auf Holzkohle gegrillte Rinderzunge) ist dieses winzige, immer gut gefüllte Lokal, das vor allem von Einheimischen besucht wird. Das Essen ist sehr billig und frisch; es gibt auch eine englischsprachige Speisekarte, damit man nicht versehentlich einen Rinderschwanz bestellt.

Jogi Tofuten VEGETARISCH ¥
(定義とうふ店; Karte S. 552; ☎ 022-393-2035; 1-2 Okura, Aoba-ku; Snacks ab 400 ¥; ⊙ 11–23 Uhr) In diesem großen, vor allem bei Studenten beliebten Tofurestaurant in einer ruhigen Straße von Aoba-ku dreht sich alles um Sojabohnen. Der Tofu wird in Dreiecksform und leicht gebraten serviert und kann von den Gästen mit verschiedenen Soßen genossen werden.

Bäckerei Manhattan BÄCKEREI ¥
(マンハッタンベーカリー; Karte S. 552; ☎ 022-208-5566; 1-7-18 Chūō, Aoba-ku; Sandwiches ab 380 ¥; ⊙ 7–20 Uhr) Japanische Bäckereien haben oft nur süßes, lappiges Brot – nicht so Manhattan: Hier stehen köstliche Sandwiches mit einer großen Auswahl frisch belegter Sandwiches zum Verkauf. Es gibt nur wenige Tische, also muss man das Gebäck meist gleich mitnehmen (und zum Beispiel ein Picknick machen). Die Bäckerei befindet sich unweit der Einkaufsstraße Clis Road (kurz vor der Marble Road).

Gengo Chaya CAFE ¥
(源吾茶屋; Karte S. 552; ☎ 022-222-2830; 1-1 Sakuragaoka-kōen, Aoba-ku; Snacks ab 350 ¥; ⊙ 11–18 Uhr; ✍ 📖) Dieses Teehaus ist seit 130 Jahren im Geschäft und bekannt für seine *zunda-mochi*, Reiskuchen mit einer Marmelade aus frischen Sojabohnen – eine Spezialität der Stadt. Es liegt am östlichen Rand des Nishi-Parks, davor hängen weiße *noren*-Vorhänge.

★ **Ohisamaya** VEGETARISCH ¥¥
(おひさまや; Karte S. 552; ☎ 022-224-8540; 4-8-17 Chūō, Aoba-ku; Mahlzeiten ab 1200 ¥; ⊙ Mo–Sa 11.30–14.30 Uhr; ✍) Gemüsecurrys, makrobiotisches Tofu und frische, bunte Salate sind die Highlights dieser Institution für frische Küche. Die Speisekarte wechselt ständig, gekocht wird aus den Rezeptbüchern, die in der Bibliothek stehen. Ab und zu gibt's auch Fischgerichte.

Aji Tasuke JAPANISCH ¥¥
(味太助; Karte S. 552; ☎ 022-225-4641; www.aji-tasuke.co.jp; 4-4-13 Ichiban-chō, Aoba-ku; Hauptgerichte ab 1470 ¥; ⊙ Mi–Mo 11.30–22 Uhr; 📖) Schon seit Langem zählt das kleine *gyūtan* zu den besten Restaurants der Stadt für *gyūtan* – Rinderzunge vom Holzkohlegrill. Von den Plätzen an der Theke kann man beim Grillen zuschauen. Das Restaurant befindet sich neben einem kleinen *torii* (Schreintor), meistens steht eine Schlange davor.

Jiraiya IZAKAYA ¥¥
(地雷也; Karte S. 552; ☎ 022-261-2164; www.jiraiya.com/pc; Kellergeschoss, 2-1-15 Kokubun-chō, Aoba-ku; Gerichte ab 1100 ¥; ⊙ 17.30 Uhr–open end; 📖); 📖) Das klassische *izakaya* (japanisches Barlokal) ist nach einem Epos aus der Song-Zeit benannt und spezialisiert sich auf *kinki* (ein Meeresfisch; auch *kichiji* genannt) vom Holzkohlegrill, der von den Sake-trinkenden Gästen direkt an der Bar genossen wird. Es befindet sich in einer Seitenstraße, der Eingang ist an einer riesigen roten Laterne zu erkennen.

Santarō JAPANISCH ¥¥¥
(三太郎; Karte S. 552; ☎ 022-224-1671; www.santarou.jp; 1-20 Tachi-machi, Aoba-ku; Gerichte ab 1200 ¥, Menüs ab 1700 ¥, kaiseki-Menüs 8000–16 000 ¥ pro Pers.; ⊙ 11.30–14 & 17–22 Uhr) In diesem traditionellen Gebäude mit viel Atmosphäre im Herzen von Kokubun-chō kommen spektakuläre *kaiseki*-Abendmenüs (japanische Haute Cuisine) und mittags knusprige Tempura auf den Tisch. Besonders schön für ein Abendessen zu zweit oder zu mehreren.

Ausgehen & Nachtleben

Kokubunchō, das größte Vergnügungsviertel in Tōhoku, ist laut, leicht chaotisch und grell. In seinen Straßen finden sich alle möglichen Läden von winzigen Kneipen über britische Pubs bis zu wilden Discos und schäbigen Animierschuppen. Hier gibt's auch etliche Hostess- und Host-Clubs sowie scheinbar ganz gewöhnliche Bars, die eine heftige Gebühr für das Gedeck verlangen.

★ **Peter Pan** BAR
(ロックカフェ　ピーターパン; Karte S. 552; ☎ 022-264-1742; 2-6-1 Chōme, Kokubunchō) Ein Vater-Sohn-Team führt diese „Rock"-Bar mit Lounge-Atmosphäre: Der Vater sorgt mit seiner riesigen Plattensammlung aus der Sparte Alternative Rock für den Sound-

track, während der Sohn sich um die Gäste kümmert. Kaffee, Alkohol, Kuchen und fröhliches Miteinander.

Craftsman Sendai CRAFT-BIER
(クラフトマン; Karte S. 552; ☎050-7576-4480; http://craftsman-sendai.com; 1F, 2-2-38 Chūō, Aoba-ku; Hauptgerichte ab 1300 ¥; ⏲11.30–1 Uhr) Bei globalen Trends – wie Craft-Bier – sind die Japaner immer ganz vorn mit dabei. Dieses kleine Handwerksunternehmen (es gibt mehrere davon im ganzen Land) kombiniert italienische Küche mit den Produkten der japanischen Craft-Bier-Szene. Gäste sitzen an der Bar oder auf Ledersesseln an Fliesentischen und reden laut über Indiemusik, während überall das Klirren von Gläsern zu hören ist.

Gallo BAR
(ガッロ; Karte S. 552; ☎022-765-7493; 2-12-23 Kokubunchō, Aoba-ku; Gedeck 500 ¥; ⏲19–2 Uhr, unregelmäßig geschl.) Diese winzige Kellerbar hält das Tempo gemächlich und serviert Fruchtcocktails mit japanischer Note. Unser Favorit ist der *umeshū* (Pflaumenwein; 650 ¥) mit Limone und Ingwer. Die besten DJs der Stadt spielen sanfte Musik. Es gibt regelmäßig Party- und Themenabende, bei denen man wahrscheinlich mehr Freunde findet als in den üblichen Superclubs von Kokubunchō.

Club Luxs CLUB
(ラックスセンダイ; Karte S. 552; ☎0222-16-3921; www.luxs-sendai.com; 14-3 Tachi-machi; ⏲Do–So 21 Uhr–open end) Ein großartiger Ort, um japanische Clubmusik in all ihren Facetten zu hören. Laute Musik, Drumcomputer, Leuchtröhren und begeisterte Clubber in Hoodys.

Praktische Informationen

Stadtkrankenhaus (仙台市立病院; Karte S. 552; ☎022-266-7111, 24 Std. Notfalltelefon 022-216-9960; http://hospital.city.sendai.jp; 3-1 Shimizu-kōji, Wakabayashi-ku; ⏲Ambulanz Mo–Fr 8.30–11.30 Uhr)

Informationszentrum Sendai-Stadt (仙台市観光案内所; Karte S. 552; ☎022-222-4069; www.sentabi.jp; 2. OG, JR-Bahnhof Sendai; ⏲8.30–19 Uhr) Englischsprachige Karten und Broschüren.

Internationales Zentrum Sendai (仙台国際センター; Karte S. 552; ☎022-265-2471; www.sira.or.jp/icenter/english/index.html; Aoba-yama, Aoba-ku; ⏲9–20 Uhr) Englisch sprechende Mitarbeiter, eine Bibliothek mit internationalen Zeitungen und ein Schwarzes Brett.

SENDAI MARUGOTO PASS

Der **Sendai Marugoto Pass** (仙台まるごとパス; Erw./Kind 2670/1330 ¥) gilt zwei Tage für unbegrenzte Fahrten in Sendai mit dem **Loople**-Touristenbus, der U-Bahn sowie Regionalzügen und Bussen bis Matsushima-kaigan, zum Akiu-Onsen und nach Yamadera (in der Präfektur Yamagata). Er ist am JR-Bahnhof Sendai erhältlich.

An- & Weiterreise

AUTO & MOTORRAD

Die Tōhoku-Autobahn (東北自動車道) führt von Tokio in den Großraum Sendai.

Toyota Rent a Car (Karte S. 552; ☎022-293-0100; https://rent.toyota.co.jp; 1-5-3 Tsutsujigaoka, Miyagino-ku; ⏲8–20 Uhr) hat ein paar Blocks östlich vom Bahnhof eine Filiale.

BUS

Autobahnbusse fahren vor dem Ostausgang des Bahnhofs ab und steuern größere Städte in ganz Honshū an. Tickets gibt es im **JR-Tōhoku-Buszentrum** (Karte S. 552; ☎022-256-6646; www.jrbustohoku.co.jp; ⏲6.50–19.30 Uhr) neben der Bushaltestelle 42.

FLUGZEUG

Vom Flughafen Sendai, 18 km südlich des Zentrums, starten Flüge nach Tokio, Osaka, Nagoya, Hiroshima, Sapporo und zu vielen anderen Zielen.

Die Sendai-Kūkō-Access-Linie verkehrt etwa alle 20 Minuten vom Flughafen zum Bahnhof Sendai (630 ¥, 25 Min.).

SCHIFF/FÄHRE

Vom Hafen Sendai-kō bietet **Taiheyo Ferry** (☎022-263-9877; www.taiheiyo-ferry.co.jp/english/index.html) täglich eine Fährverbindung nach Tomakomai auf Hokkaidō (ab 7200 ¥, 15 Std.) und drei bis vier Fähren pro Woche nach Nagoya (ab 6700 ¥, 22 Std.).

Busse zum Sendai-kō fahren bis 18 Uhr an Haltestelle 34 am Bahnhof Sendai (530 ¥, 40 Min.).

ZUG

Der JR-Tōhoku-*shinkansen* fährt stündlich zwischen Tokio und Sendai (11 200 ¥, 2 Std.) sowie zwischen Sendai und Morioka (6460 ¥, 45 Min.).

Außerdem verkehren täglich mehrere *kaisoku* (Schnellzüge) auf der JR-Senzan-Linie von Sendai über Yamadera (840 ¥, 1 Std.) nach Yamagata (1140 ¥, 1¼ Std.). Nahverkehrszüge verbinden Sendai auf der JR-Senseki-Linie mit Matsushima-kaigan (410 ¥, 35 Min.); man sollte darauf achten, dass der Zug bis Takagi-machi fährt, sonst muss man in Higashi-Shiogama umsteigen.

Unterwegs vor Ort

Der Touristenbus **Loople** (Karte S. 552; eine Fahrt/Tageskarte 250/600 ¥) startet zwischen 9 und 16 Uhr alle 30 Minuten von der Haltestelle 15-3 am westlichen Busbahnhof und dreht eine praktische Runde im Uhrzeigersinn durch die Stadt.

Sendais einzige U-Bahn-Linie fährt von Izumi-chūō im Norden nach Tomizawa im Süden, kommt aber an keinem touristischen Highlight vorbei; eine einfache Fahrt kostet 200 bis 350 ¥.

Matsushima 松島

☎ 022 / 14 733 EW.

Matsushima wird von japanischen Touristen aufgrund seines Status als eine der Drei Großen Sehenswürdigkeiten (Nihon Sankei) Japans stark romantisiert. Die Stadt wurde auch von dem Dichter Matsuo Bashō unsterblich gemacht, der ihre prachtvollen 260 pinienbedeckten Inseln besang, die von Wind und Meer gebeutelt eine Art Zen-Garten im Ozean bilden. Bei Sonnenuntergang oder Sturm herrscht eine fantastische Atmosphäre auf den Inseln. Das Hauptdorf selbst bietet schöne Tempel, eindrucksvolle *ryokan*, Meeresfrüchte-Lokale und eine idyllische Strandatmosphäre. Man sollte nicht im Hochsommer herkommen, weil dann die Touristenmassen nach Matsushima strömen.

Sehenswertes & Aktivitäten

Matsushima-kaigan, wo sich die Sehenswürdigkeiten befinden, ist eigentlich ein kleines Dorf, das sich leicht zu Fuß erkunden lässt.

Zuigan-ji BUDDHISTISCHER TEMPEL

(瑞巌寺; Eintritt 700 ¥; ⌚ April–Sept. 8–17 Uhr, Okt.–März kürzer geöffnet) Im Jahr 828 wurde Tōhokus schönster Zentempel gegründet, der Zuigan-ji. Die heutigen Gebäude erbaute Date Masamune 1606 als Familientempel. Zurzeit wird der Zuigan-ji noch bis 2019 umfassend restauriert, darum sind einige Bauten geschlossen, andere sind zwar von Planen verhüllt, können aber dennoch besichtigt werden. Weiterhin geöffnet ist das herausragende **Seiryūden** (Tempelmuseum), das mehrere gut erhaltene Kunstwerke der Date-Familie zeigt, darunter auch einige nationale Kulturgüter.

Der Tempel liegt 500 m nördlich des Bahnhofs Matsushima-kaigan und ist ausgeschildert.

Godai-dō BUDDHISTISCHER TEMPEL

(五大堂) Date Masamune errichtete 1604 diesen kleinen Holztempel. Er steht auf einem Inselchen in der Bucht, die mit dem Festland durch eine Brücke verbunden ist, und blieb 2011 wunderbarerweise vom Tsunami verschont. Die Tempeltüren öffnen sich für die Öffentlichkeit nur alle 33 Jahre (das nächste Mal 2039). Stattdessen kann man in Ruhe den Meerblick genießen und die zwölf geschnitzten Tiere des Chinesischen Tierkreises auf dem Dachvorsprung bewundern.

Der Godai-dō liegt im Park gegenüber vom Bahnhof Matsushima-kaigan. Zu Fuß geht man an den Bootskais vorbei insgesamt ca. 600 m.

Fuku-ura-jima INSEL

(福浦島; Eintritt 200 ¥; ⌚ März–Okt. 8–17 Uhr, Nov.–Feb. 8–16.30 Uhr) Die 252 m lange rote Holzbrücke, die Fukuura-jima mit dem Festland verbindet, ist nicht zu verfehlen. Auf den schattigen Wegen unter heimischen Kiefern und durch einen botanischen Garten lässt sich eine angenehme Stunde verbringen.

Matsushima-wan BOOTSTOUR

(松島湾; www.matsushima.or.jp; Erw./Kind 1500/750 ¥; ⌚ 9–15 Uhr) Um eine Vorstellung von der Größe der Bucht und ihren vielen mit Kiefern bewachsenen Inseln zu bekommen, die wie unzählige Bonsais in einem riesigen Gartenteich zu schwimmen scheinen, kann man jede Stunde vom zentralen Fährpier eine 50-minütige Bootsfahrt beginnen. Zwischen April und Oktober ist auch eine längere Bootstour (2700 ¥, 1¾ Std.) im Angebot, die bis nach Oku-Matsushima führt.

Schlafen & Essen

Es gibt in Matsushima zahlreiche charmante Hotels und Küsten-*ryokans* im japanischen Stil, aber die meisten Unterkünfte sind luxuriös und teuer.

Am Fährterminal gibt's ein paar gute zwanglose Restaurants; alternativ kann man auch in seiner Unterkunft essen.

Minshuku Kami-no-Ie MINSHUKU ¥

(☎ 0225-88-4141; 16-1 Mura, Miyato, Higashi-Matsushima; mit 2 Mahlzeiten 8000 ¥ pro Pers.; P ❄ @) Das einfache Gasthaus ist zum Symbol für den nachhaltigen Tourismus nach dem Tsunami geworden, der die kleine Gemeinde Higashi-Matsushima 2011 mit voller Gewalt traf. Seine sechs Zimmer mit Tatamimatten sind hell und luftig, die Meeresfrüchte-Abendmahlzeiten salzig-frisch. Wenn das Minshuku ausgebucht ist, kann man sich nach Aufenthalten in den Bauernhöfen der Region erkundigen.

★ **Komatsukan Kofu-tei** RYOKAN ¥¥¥
(松島小松館 好風亭; ☎0223-54-5065; 35-2 Matsushima; mit 2 Mahlzeiten 29 000 ¥ pro Pers.; P ❄ 📶) Ein klassisches Küsten-*ryokan*/-Hotel mit unverwechselbarem, dezenten japanischem Stil. Die Zimmer sind Meisterwerke in Balance und Modernismus – und mit so vielen Kunstwerken und Requisiten dekoriert, dass man einen Designerkatalog damit füllen könnte. Es gibt einen komfortablen (wenn auch etwas kleinen) Freiluft-Onsen, aber das wirkliche Highlight ist das Fußbad mit Blick auf die Bucht. Die *kaiseki*-(japanische Haute Cuisine-)Gerichte sind hingegen nichts Besonderes.

Santori Chaya JAPANISCH ¥
(さんとり茶屋; ☎050-5796-4571; 24-4-1 Senzui; Mahlzeiten ab 980 ¥; ⏲Do–Di 11.30–15 & 17–22 Uhr) Auf der Karte stehen bewährte einheimische ländliche und maritime Gerichte, z. B. *kaisen-don* (gemischte Sashimi auf Reis) und *gyūtan* (Rinderzunge vom Holzkohlegrill) sowie saisonale Spezialitäten wie die berühmten Matsushima-Austern. Man sitzt im zweiten Stock auf Kissen auf dem Boden; am schönsten sind die Tische am Fenster. Das Restaurant befindet sich in einem beigefarbenen Gebäude mit blauem Banner und hat eine bebilderte Speisekarte.

Shoppen

Matsushima Yukitakeya GESCHENKE & SOUVENIRS
(松島雪竹屋; ☎0223-54-2612; 109-Senzui; ⏲10–17.30 Uhr) Die schicke Bäckerei/Geschenkboutique liegt gegenüber vom Fährhafen und verkauft handgefertigten Schmuck und Haushaltswaren sowie leckeres Gebäck, darunter auch handtellergroße Reiscracker.

Praktische Informationen

Touristeninformation (松島観光協会; ☎022-354-2263; www.matsushima-kanko.com; Matsushima-kaigan Station; ⏲Mo–Fr 9.30–16.30, Sa & So 8.30–17 Uhr) Liegt am Bahnhof und bietet englische Broschüren sowie die aktuellsten Informationen über Oku Matsushima. Bucht auch Unterkünfte.

ABSEITS DER ÜBLICHEN PFADE

OKU-MATSUSHIMA

Die geografisch eindrucksvolle Halbinsel Oku-Matsushima (奥松島) liegt 20 km südwestlich von Matsushima und wurde 2011 durch den Tsunami verwüstet. Es ist aber weiterhin möglich, den **Ōtakamori** (大高森) zu besuchen, einen Berg in der Mitte der Hauptinsel Miyato, der eine atemberaubende Aussicht auf die Bucht bietet. Der 20-minütige Auf- und Abstieg ist sehr zu empfehlen, allerdings braucht man einen Mietwagen (Zufahrt über die Zugangsbrücke), denn öffentliche Verkehrsmittel fahren nicht.

An- & Weiterreise

Auf der JR-Senseki-Linie fahren häufig Züge zwischen Sendai und Matsushima-kaigan (410 ¥, 35 Min.).

Die Sehenswürdigkeiten liegen am Bahnhof Matsushima-kaigan, nicht am Bahnhof Matsushima – was häufig verwechselt wird. Achtung: Matsushima erreicht man mit der Jōban-Linie (Sendai, Bahnsteig 3), Matsushima-kaigan liegt an der Senseki-Linie (Sendai, Bahnsteig 10 – *jū-ban*, auf Japanisch).

Die Zuglinie zwischen Takagi-machi und Rikuzen-Ono wurde 2015 nach einem umfassenden Wiederaufbau wieder in Betrieb genommen.

Mit dem Auto geht es von Sendai über die Sanriku-Autobahn (三陸自動車道) nach Matsushima.

Ishinomaki 石巻

☎0225 / 145 805 EW.

Ishinomaki ist die größte Stadt an der Sanriku-Küste, einer wunderschönen Region, die 2011 vom Tsunami stark zerstört wurde. Viele Traveller reisen schnell weiter, dabei dient die leicht erreichbare Stadt als leuchtendes Beispiel für kreativen Städtebau nach der Zeit des Tsunami – es gibt viele neue Geschäfte – und lohnt auf jeden Fall einen längeren Besuch.

Sehenswertes

Ishinomori-Mangattan-Museum MUSEUM
(石ノ森萬画館; ☎0225-96-5055; 2-7 Nakase; Erw./Kind 800/200 ¥; ⏲9–17 Uhr) Das beliebte Manga-Museum sieht aus wie ein Raumschiff und hat den Tsunami weitestgehend

intakt überlebt. Seine restaurierte und erst vor Kurzem aufpolierte Sammlung steckt voller Erinnerungen an den einflussreichen *manga-ka* (Mangazeichner) und Lokalhelden Shōtarō Ishinomori, der vor allem mit den Serien *Cyborg 009* und *Kamen Rider* berühmt wurde. Man erreicht das Musuem vom Bahnhof in 20 Minuten zu Fuß.

Hiyori-yama Kōen PARK
(日和山公園) In den Bergen oberhalb von Ishinomaki steht 56 m über dem Meeres-

TŌHOKUS THEMENZÜGE

Tetsudō otaku (Eisenbahnfans) werden von den bunten Themenzügen Tōhokus begeistert sein. Die schicken, unterhaltsamen Bahnen bieten Touristen eine ganz neue und stilvolle Möglichkeit, durch das Land zu reisen. Das Beste: Man kann sie ohne Extrakosten mit dem JR-Pass und dem JR East Pass (je nach Verfügbarkeit von Sitzplätzen) nutzen. Wer keinen dieser Zugpässe besitzt, zahlt einfach den normalen Preis für die Fahrt zwischen den zwei Reisezielen. Tickets bekommt man in jedem JR-Büro. Unter www.jreast.co.jp/e/joyful/index.html gibt's eine komplette Liste aller Themenzüge inklusive Fahrtzeiten und Routen. Die folgenden Züge sind unsere Favoriten:

Resort Shirakami Wer von Akita nach Aomori reisen will, sollte die dreistündige Fahrt mit dem skurrilen *Resort Shirakami* (3350 ¥) unternehmen. Die Inneneinrichtung aus Holz ist leicht und geräumig und man genießt einen herrlichen Blick auf das Japanische Meer. Die Züge fahren um 8.20, 10.40 und 14.17 Uhr in Akita ab. Von Aomori starten sie um 8.10 und 13.51 Uhr.

Toreiyu Tsubasa Man fährt durch das eindrucksvolle Yamagata-Gebirge mit den Füßen in einem heißen Quellenbad (vorher reservieren!) oder auf dem Tatamiboden sitzend mit einem Sake in der Hand. Die Züge (4940 ¥) fahren um 10.02 Uhr in Fukushima ab und um 15 Uhr ab Shinjo zurück.

FruiTea Fukushima Das Zugcafé mit Fruchtthema auf Rädern fährt sechsmal täglich von Kōriyama nach Aizu-Wakamatsu (1140 ¥). Man kann Zitronentee trinken, Obstkuchen essen oder einfach nur in einen Apfel beißen und die unterhaltsame Fahrt genießen. Die Züge fahren um 9.41 und 12.44 Uhr in Kōriyama ab, die Fahrt dauert 90 Minuten. In Aizu-Wakamatsu fährt jeweils um 11.08 und 15.06 Uhr ein Zug ab.

SL Ginga Inspiriert von dem Roman *Night on the Galactic Railroad*, hat 2014 eine außergewöhnliche SL-*Ginga*-Dampflokomotive auf der Strecke von Hanamaki über Tōno nach Kamaishi (1680 ¥) ihren Betrieb aufgenommen. Das Design mit weichen Ledersesseln, alten Fotos und dekorativen Kupfermarkisen erinnert an die Meiji-Epoche. Die Züge fahren um 10.37 Uhr (4½ Std.) in Hanamaki ab; die Rückfahrt erfolgt um 10.55 Uhr ab Kamaishi.

Genbi Shinkansen Kunst- und/oder Zugliebhaber sollten eine Fahrt mit dem „Kunstzug" *Genbi Shinkansen* unternehmen, der sechsmal täglich zwischen Niigata und Echigo-Yuzawa (5380 ¥) verkehrt. Er unternimmt eine kurze und schnelle Fahrt und verfügt über eine Galerie mit moderner Kunst, einen Kunstbereich für Kinder sowie eine stilvolle Café-Bar. Die Züge fahren um 8.24, 12.44 und 15.20 Uhr in Echigo-Yuzawa bzw. 11.26, 14.02 und 18.18 Uhr in Niigata ab.

Pokemon Train Von der comicartigen Aufmachung bis hin zu den riesigen Spielbereichen: Dieser Zug ist komplett für Kinder gestaltet. Er staret einmal täglich um 11.05 Uhr von Ichinoseki nach Kesennuma (2960 ¥) und fährt um 15.08 Uhr wieder zurück.

Tōhoku Emotion Es gibt Zugreisen und es gibt Zugreisen: Diese eindrucksvolle Bahn, die täglich zwischen Hachinohe und Kuji (4430 ¥) verkehrt, fällt eindeutig in letztere Kategorie. Es wird Gourmetküche serviert, und das Dekor und der Service wären es wert, weit höhere Preise zu zahlen. Der Zug wurde in Betrieb genommen, um wieder Touristen in die durch den Tsunami zerstörte Region zu ziehen – und jeder Fahrgast ist herzlich willkommen. Los geht's in Hachinohe um 11.05 Uhr und von Kuji zurück um 14.20 Uhr.

spiegel am Standort der früheren Burg von Ishinomaki der schöne Hiyori-yama Kōen (日和山公園). Er bietet einen weiten Blick über die Stadt und eignet sich wundervoll zum Entspannen. Ernüchternd ist allerdings, dass es sich gleichzeitig um den besten Aussichtspunkt handelt, um das Ausmaß der Zerstörung durch den Tsunami von 2011 zu erfassen.

Schlafen & Essen

Es gibt nur wenige gute Unterkünfte in der Stadt: Die meisten Businesshotels liegen am Bahnhof, aber es werden gerade ein paar neue Gästehäuser gebaut. In der Touristeninformation kann man sich zu allen neuen Unterkünften informieren. Hier bekommt man auch die Broschüre *Ishinomaki Navi*, die eine aktuelle Auflistung der vielen Pop-up-Cafés der Stadt bietet.

Long Beach House GÄSTEHAUS ¥

(ロングビーチハウス; ☎0225-98-4714; http://longbeachhouse.wixsite.com/lbh314/; 47-1 Watanoha Hamasone-no-ichi; B/EZ/DZ ab 2200/3800/5500 ¥; P, WLAN) Die Inhaber des Long Beach House, die zur neuen Generation der gesellschaftlich engagierten Kreativen in Ishinomaki zählen, haben ein minimalistisches Gästehaus mit lässigem Boho-Flair errichtet. Vor Ort befinden sich ein japanisches und ein modernes spanisches Restaurant, das starke Cocktails serviert, die einen vielleicht dazu bringen, hier auch zu übernachten.

Cho-de-Burger BURGER ¥

(☎080-6006-9054; 8-9 Chūō 2-chōme; Burger ab 800 ¥; ⌚10–21 Uhr) In diesem silberglänzenden Van-Café am Fluss, das zu dem neuen Restaurant- und Unterhaltungsviertel Common gehört, spielen hübsche junge Leute gefühlvolle Musik und es werden saftige Burger serviert. Das Flair und die gehobene Atmosphäre des Cafés sind typisch für die Restaurants in dieser Gegend.

Praktische Informationen

Touristeninformationszentrum (石巻観光案内所; ☎0225-93-6448; www.i-kanko.com; ⌚9–17.30 Uhr) Im JR-Bahnhof.

An- & Weiterreise

Zwischen Sendai und Ishinomaki verkehrt ein Schnellzug der JR-Senseki-Linie (840 ¥, 1 Std.). Vor dem Bahnhof Sendai (Steig 33) fahren etwa halbstündlich Autobahn-Direktbusse nach Ishinomaki (800 ¥, 1½ Std.).

Naruko-Onsen 鳴子温泉

☎0229 / 8000 EW.

Naruko-Onsen ist einen schönen Tagesausflug oder Übernachtungstrip von Sendai aus wert. Die ländliche Stadt ist für die eindrucksvolle Naruko-Schlucht und neun heiße Quellen bekannt, von denen alle ihre eigene mineralische Zusammensetzung und daher verschiedenartige Heileigenschaften besitzen.

Aktivitäten

★ Taki-no-yu ONSEN

(滝の湯; 150 ¥; ⌚7.30–22 Uhr) Das wunderbar stimmungsvolle hölzerne Badehaus hat sich in den letzten 150 Jahren kaum verändert und ist immer noch ein wahres Vergnügen. Aus *hinoki*-(Zypressen-)Kanälen strömt Wasser herein, das verschiedene Elemente und Mineralien wie Schwefel, Natriumbikarbonat und Natriumchlorid enthält. Bekannt ist das Onsen vor allem für seine therapeutische Wirkung bei Bluthochdruck und Arterienverkalkung.

Naruko-Schlucht WANDERN

(鳴子峡, Naruko-kyō) Die 100 m tiefe Schlucht nordwestlich von Naruko (Stadt) ist vor allem im Herbst spektakulär, wenn die Blätter ihre Farbe wechseln. Der Pfad, der von der Stadt zur Schlucht führt, ist seit einiger Zeit wegen Reparaturarbeiten geschlossen, soll aber 2017 wiedereröffnet werden. Alternativ gibt es noch einen Rundwanderweg, der eine Stunde dauert und über zwei Brücken führt.

Den Rundweg erreicht man vom Bahnhof Nakayama-daira-Onsen aus, der nur eine kurze Fahrt vom Bahnhof Naruko-Onsen (180 ¥, 5 Min.) entfernt und auch über einen leichten, gut ausgeschilderten Wanderweg zugänglich ist. An einer Stelle kreuzt sich der Pfad mit einem 10 km langen Abschnitt der alten Fernstraße, über die einst der Haiku-Dichter Matsuo Bashō schritt und die jetzt ein Wanderweg ist. Karten und aktuelle Infos zu den Wanderwegen gibt's im Touristeninformationszentrum.

Schlafen & Essen

Man kann gut in den Restaurants am Bahnhof essen oder das Café an der Touristeninformation besuchen. Wer vor Ort übernachtet: In den Unterkunftspreisen sind gute Mahlzeiten inbegriffen.

NORTHERN TŌHOKU WELCOME CARD

Die **Northern Tōhoku Welcome Card** bietet Ermäßigungen auf Eintrittspreise, Unterkünfte und sogar Verkehrsmittel bei den teilnehmenden Anbietern – zu erkennen am rot-weißen „Welcome Card"-Sticker – in den Präfekturen Iwate, Aomori und Akita. Man erhält die Karte in den meisten JR-Bahnhöfen der Präfekturen. Sie gilt nur für ausländische Reisende, die weniger als ein Jahr in Japan bleiben.

Ryokan Onuma RYOKAN ¥¥
(旅館大沼; ☎0229-83-3052; www.ohnuma.co.jp/en; 34 Narukonsen Akayu, Osaki; mit 2 Mahlzeiten ab 14 000 ¥ pro Pers.;) Um den friedlichen *ryokan* zu erreichen, steigt man in Naruko Goten-yu aus dem Zug und läuft 500 m nach Westen. Die unermüdlichen Mitarbeiter kümmern sich aufopfernd um ihre Gäste. Jedes Zimmer hat Zugang zu einem privaten Onsenbad, und es gibt einen weiteren Onsen am Wald. Die Zimmer sind groß und makellos.

Yusaya Ryokan RYOKAN ¥¥
(ゆさや旅館; ☎0229-83-2565; www.yusaya.co.jp; 84 Yumoto; Zi. mit 2 Mahlzeiten ab 14 800 ¥ pro Pers.; P @) Einer der vielen Vorzüge des Landgasthauses ist sein beeindruckendes *rotemburo* (Freibad), das sich mitten im Wald in einem isolierten Gebäude befindet. Das Hauptgebäude wurde 1936 errichtet und verfügt über Tatamizimmer, die durch *shoji* (Reispapierschirme) von den Aufenthaltsbereichen im westlichen Stil getrennt sind. Als Mahlzeiten gibt's elegante Festessen mit Flussfisch und Berggemüse.

Praktische Informationen

Touristeninformation (鳴子観光・旅館案内センター; ☎0229-83-3441; www.naruko.gr.jp; 8.30–18 Uhr) Gleich vor dem Bahnhof.

An- & Weiterreise

Der JR-Tōhoku-*shinkansen* zwischen Sendai und Furukawa (3220 ¥, 15 Min.) fährt stündlich, ebenso wie die Züge der JR-Rikū-tō-Linie zwischen Furukawa und Naruko Onsen (670 ¥, 45 Min.). Die JR-Linie Tōhoku bietet regelmäßig Züge von Sendai über Kogota nach Furukawa (920 ¥, 1 Std.).

PRÄFEKTUR IWATE 岩手県

Abgesehen von den herrlichen Tempeln Hiraizumis ist nicht mehr viel von der herausragenden Bedeutung spürbar, die Iwate-ken in der japanischen Feudalgeschichte hatte. Aber die zweitgrößte Präfektur des Landes hat eine wundervolle Natur, die es zu erkunden lohnt. Die verschlafenen Täler, zerklüfteten Küsten und eindrucksvollen Berge ziehen viele Wanderer und Naturliebhaber an, allen voran das Tōno-Tal, in dem zahllose Volkslegenden entstanden sind und wo Traveller das inzwischen allzu seltene verlorene Japan entdecken können.

Seit dem Großen Erdbeben Ost-Japans haben sich die Küstengemeinden neu formiert und Leute, die mit dem Auto oder langsamen Zügen reisen, werden mit herrlichen Sonnenaufgängen und viel Gastfreundschaft belohnt.

Schlafen

In Morioka gibt's einige Businesshotels, aber die meisten Traveller übernachten in den traditionellen *ryokan* und Gästehäusern im Tōno-Tal.

Morioka 盛岡

☎019 / 299 169 EW.

Drei Flüsse fließen durch Morioka, ein schöner Park in Zentrumsnähe sorgt für Aufmerksamkeit, und im Hintergrund erhebt sich der stolze Iwate-san. Ansonsten ist die Präfekturhauptstadt eher unspektakulär für Besucher: Sie dient hauptsächlich als Verkehrsknotenpunkt und hat ein paar gute Nudelrestaurants. Die Stadt ist auch bekannt für ihre gusseisernen Kunstwerke.

Sehenswertes

Steinspaltender Kirschbaum WAHRZEICHEN
(石割桜; Ishiwari-zakura; Karte S. 562) Diese überaus beliebte örtliche Attraktion steht nördlich vom Iwate-kōen vor Moriokas Gericht: ein 300 Jahre alter Kirschbaum, der aus einem Spalt in einem riesigen Granitbrocken herauswächst. Manche behaupten, er habe sich im Lauf der Zeit seinen Weg durch den Felsen gebahnt, wir halten das jedoch für unwahrscheinlich

Schlafen

Es gibt ein paar praktische und einladende Businesshotels am Bahnhof.

Präfektur Iwate

Hotel Ace Morioka BUSINESSHOTEL ¥¥
(ホテルエース盛岡; Karte S. 562; ☎034-510-8651; www.hotel-ace.co.jp; 2-11-35 Chūō-dōri; EZ/DZ ab 6000/8000 ¥;) Ein neu renoviertes und ziemlich stilvoll eingerichtetes Hotel nur 10 Gehminuten östlich vom Bahnhof, das allerdings die kleinsten Zimmer hat, die wir je gesehen haben! Die Lobby und die Bäder sind sehr edel, die Mitarbeiter kümmern sich ausgesprochen gut um ihre Gäste (mehr als üblich in Japan).

Kumagai Ryokan RYOKAN ¥¥
(熊ヶ井旅館; Karte S. 562; ☎019-651-3020; www.kumagairyokan.com; 3-2-5 Ōsawakawara; EZ/DZ 5000/9000 ¥; @) Morioka ist keine Touristenattraktion, aber dieser *ryokan* ist einen Aufenthalt wert. Er ist mit viel Kunsthandwerk dekoriert und von einem Garten umgeben. Die Gemeinschaftsbereiche sind kitschig, aber cool, und für die abendliche Entspannung steht ein hübsches *iwa-buro* (Felsbad) zur Verfügung. Das *ryokan* erreicht man vom Bahnhof aus zu Fuß nach ca. 800 m (hinter der großen Kirche).

Hotel Shion HOTEL ¥¥¥
(ホテル紫苑; ☎019-689-2288; www.aishinkan.co.jp/shion_e; 74-2 Yunotate, Tsunagi; mit 2 Mahlzeiten 29 000 ¥ pro Pers.; P) Shion ist ein dekadentes Onsen-Hotel, das hauptsächlich auf Reisegruppen abzielt und jede Menge Charme versprüht. Es liegt 14 km westlich von Morioka und bietet einen schönen Blick auf den Gosho-See. Das Hotel verfügt über zahlreiche Bademöglichkeiten sowie über gepflegte westliche und japanische Zimmer. Außerdem gibt's hier sensationelle Mahlzeiten. Wer vorher Bescheid gibt, wird vom JR-Bahnhof Morioka abgeholt.

Essen

Nudelfreunde dürfen sich in Morioka auf köstliche und ungewöhnliche Nudelvarianten freuen. Probieren sollte man *wanko-soba*

Morioka

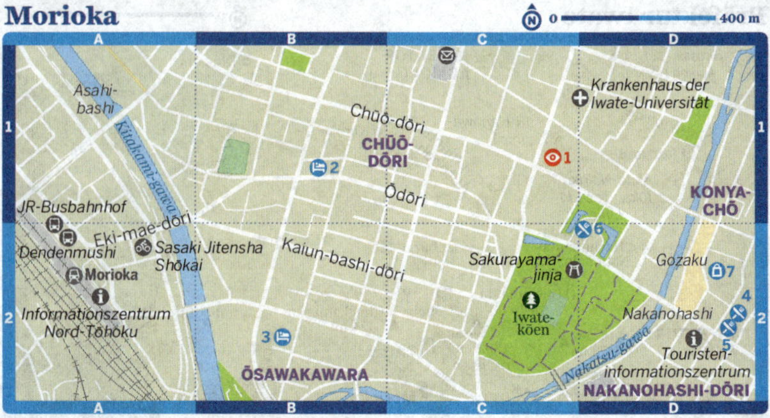

Morioka

Sehenswertes
1 Steinspaltender Kirschbaum C1

Schlafen
2 Hotel Ace Morioka B1
3 Kumagai Ryokan B2

Essen
4 Azumaya Honten D2
5 Karē Kōbō Chalten D2
6 Pairon Honten D2

Shoppen
7 Kamasada Honten D2

(わんこそば), Buchweizennudeln, die als Miniportionen in winzigen Holzschüsseln serviert werden. Das Essen gleicht einem Wettbewerb zwischen Gast und Kellnerin: Sie versucht, die Schüssel schneller nachzufüllen, als die Gäste sagen können, sie seien satt.

Wer lieber in eigenem Tempo genießen möchte, sollte *jaja-men* (じゃじゃめん) bestellen, *udon*-ähnliche Nudeln bunt gemischt mit einem Berg Gurken, Misopaste und Hackfleisch, und mit Essig, pikantem Öl und Knoblauch gewürzt.

Karē Kōbō Chalten JAPANISCHES CURRY ¥
(カレー工房チャルテン; Karte S. 562; ☎019-651-1223; 1-8-1 Nakanohashi-dōri; Currys ab 850 ¥; ⏰ Mo–Sa 11.30–15 & 18–20 Uhr) Ein kleines, charmante Lokals, das ausschließlich cremige Currys mit Reis und Salat serviert – und zwar die besten, die wir in ganz Nordjapan probiert haben. Die herrliche vegetarische Variante besteht aus acht verschiedenen Gemüsesorten, die in Würfel geschnitten und zu Brei zerkocht werden. Man kann zwischen Schärfegraden von 1 bis 5 wählen (3 war ziemlich scharf!). Auch der *masala chai* (400 ¥) schmeckt gut.

Pairon Honten UDON ¥
(白龍本店; Karte S. 562; ☎019-624-2247; 5-15 Uchi-maru; Nudeln ab 350 ¥; ⏰ Mo–Sa 9–21, So 11.30–18 Uhr) *Jaja-men* (flache Nudeln mit Miso und Hackfleisch) wird in vielen Restaurants der Stadt serviert, aber dieses winzige Lokal ist immer noch der Marktführer. Bestellen ist ein Kinderspiel: einfach um *shō* (klein), *chū* (mittel) oder *dai* (groß) bitten. Wenn man fertig ist, schlägt man ein rohes Ei (50 ¥) in die Schüssel, und die Mitarbeiter füllen heiße Suppe und noch mehr von der fantastischen Misopaste auf.

Das Restaurant liegt in einer Seitenstraße und ist sofort an der langen Schlange davor zu erkennen.

Azumaya Honten SOBA ¥¥
(東屋本店; Karte S. 562; ☎019-622-2252; www.wankosoba-azumaya.co.jp; 1-8-3 Nakanohashi-dōri; wanko-soba ab 2700 ¥; ⏰11–20 Uhr; 📋) In diesem superbeliebten Lokal stehen die Gäste (sowie viele Reisegruppen) Schlange für *wanko-soba*, die Nudeln, die in Morioka Tradition haben. Fünfzehn dieser winzigen Schälchen, die mit *soba* (Buchweizennudeln) nachgefüllt werden, sobald man alle geleert hat, entsprechen einer normalen Schüssel. Der durchschnittliche Gast verputzt 50 (manche sogar 100 oder 200 Schälchen).

Shoppen

Gozaku, das alte Händlerviertel östlich des Nakatsu-gawa, bietet Ateliers und Cafés.

Kamasada Honten HAUSHALTSWAREN
(釜定本店; Karte S. 562; ☎ 019-622-3911; 2-5 Konya-chō; ⌚ Mo–Sa 9–17.30 Uhr) Morioka ist für seine *nanbu tekki* (Waren aus Gusseisen) bekannt, besonders seine Wasserkessel. Dieses ehrwürdige alte Geschäft hat einige sehr schöne Stücke, aber auch preiswertere Dinge wie Windglockenspiele und Räucherkerzenhalter.

Praktische Informationen

Krankenhaus der Iwate-Universität (岩手医科大学附属病院; Karte S. 562; ☎ 24 Std. Notfalltelefon 019-651-5111; www.iwate-med.ac.jp/hospital; 19-1 Uchi-maru; ⌚ ambulante Versorgung Mo–Fr 8.30–23, 13–16 Uhr)

Informationszentrum Nord-Tōhoku (北東北観光センター; Karte S. 562; ☎ 019-625-2090; ⌚ 9–17 Uhr) Im zweiten Stock des Bahnhofs Morioka; einige Mitarbeiter sprechen Englisch und helfen bei der Buchung von Unterkünften.

Touristeninformation (盛岡観光コンベンション協会; Karte S. 562; ☎ 019-604-3305; www.hellomorioka.jp; 2. OG, Odette Plaza, 1-1-10 Nakanohashi-dōri; ⌚ 9–18 Uhr, jeden 2. Di des Monats geschl.; 📶) Liegt in der Nähe des Nakanohashi-Distrikts. Die freundlichen Mitarbeiter sprechen etwas Englisch und freuen sich, wenn sie in Morioka Besucher begrüßen dürfen.

An- & Weiterreise

AUTO & MOTORRAD

Von Tokio führt die Tōhoku-Autobahn (東北自動車道) in den Großraum Morioka.

BUS

Regionalbusse, die vor dem Ostausgang des JR-Bahnhofs (Karte S. 562) abfahren, verbinden Morioka mit Sendai (2890 ¥, 2½ Std.) und Hirosaki (2980 ¥, 2¼ Std.). Nachtbusse nach Tokio (7870 ¥, 7½ Std.) starten vor dem Ostausgang.

ZUG

Auf der JR-Tōhoku-Linie fahren stündlich *shinkansen* zwischen Tokio und Morioka (14 740 ¥, 2½ Std.) sowie zwischen Morioka und Shin-Aomori (6130 ¥, 1¼ Std.).

Von Morioka nach Akita (4620 ¥, 1½ Std.) verkehren häufig Züge auf der JR-Akita-*shinkansen*-Linie mit Halt in Tazawa-ko (2030 ¥, 30 Min.) und Kakunodate (2840 ¥, 50 Min.). Die lokale Tazawa-ko-Linie bedient dieselbe Strecke in etwa der doppelten Zeit für ca. den halben Preis, möglicherweise muss man in Ōmagari umsteigen.

Unterwegs vor Ort

Die Touristenstraßenbahn **Dendenmushi**, deren charmanter Name wörtlich „elektronische Wanze" bedeutet, dreht zwischen 9 und 19 Uhr eine praktische Runde durch die Stadt (einfache Fahrt/Tageskarte 250/600 ¥). Von der Haltestelle 15 vor dem Bahnhof Morioka fährt sie im Uhrzeigersinn, von der Haltestelle 16 in entgegengesetzter Richtung.

Sasaki Jitensha Shōkai (佐々木自転車商会; Karte S. 562; ☎ 019-624-2692; 10-2 Morioka Eki-mae-dōri; pro Std./Tag 200/1000 ¥; ⌚ 8.30–18 Uhr) in der Nähe des Bahnhofs Morioka verleiht Fahrräder.

Hiraizumi 平泉

☎ 0191 / 8000 EW.

Hiraizumi, die erste UNESCO-Welterbestätte Tōhokus, ist eine schöne Stadt aus der Feudalzeit mit architektonischen Bauwerken, die einst vom Ōshu-Fujiwara-Clan errichtet wurden, der im 12. Jh. hier herrschte und Gold abbaute. Die Stadt ist den Prinzipien Buddhas geweiht und wurde bedachtsam in die natürliche Umgebung integriert. Obwohl feudale Konflikte schließlich zum Niedergang der Stadt führten, werden Traveller ihren dezenten Charme sehr reizvoll finden.

Geschichte

Hiraizumis Geschichte ist untrennbar verbunden mit dem Schicksal von Minamoto Yoshitsune, einem der berühmten tragischen Helden des Landes. Der große Krieger zog die neidvolle Verachtung seines älteren Halbbruders Minamoto Yoritomo (Japans erstem Shogun) auf sich und floh nach Osten, wo er 1187 schließlich in Hiraizumi Zuflucht fand. Dies lieferte Yoritomo den perfekten Vorwand für einen Angriff, was zur Niederlage des Ōshu-Fujiwara-Clans und zum Tod von Yoshitsune führte. Von den Tempeln in Hiraizumi soll Yoritomo so beeindruckt gewesen sein, dass er ihr Weiterbestehen gestattete, und es war das Kamakura-Shogunat (Militärregierung), das später den Bau der ersten Holzhalle zum Schutz des Konjiki-dō-Mausoleums finanzierte.

Sehenswertes

★ **Chūson-ji** BUDDHISTISCHER TEMPEL
(中尊寺; Karte S. 564; ☎ 0191-46-2211; www.chusonji.or.jp/en; Erw./Kind 800/300 ¥, ⌚ 9–17 Uhr) Der Chūson-ji wurde 850 vom Priester Ennin gegründet und die Ōshu-Fujiwara-Familie vergrößerte die Anlage im 12. Jh. Dabei entstanden insgesamt 300 Gebäude und allein 40 Tempel. Doch das große Fa-

Hiraizumi

Hiraizumi

Highlights
1 Chūson-ji B1

Sehenswertes
2 Weltkulturerbezentrum Hiraizumi C3
3 Konjiki-dō A1
4 Kyōzō A1
5 Mōtsū-ji B4

Schlafen
6 Minpaku Hiraizumi C4

Essen
7 O-shokuji-dokoro Sakura D4
8 Sobadokoro Yoshiie B2

milienprojekt, ein buddhistisches Utopia zu errichten, währte nur kurz: Ein gewaltiger Brand zerstörte 1337 fast alle Bauten. Nur zwei der ursprünglichen Gebäude, die Konjiki-dō und Kyōzō, stehen heute noch zwischen den neueren Bauwerken. Eine steile, von Zedern gesäumte Allee führt hinauf zu den Tempeln.

Konjiki-dō

BUDDHISTISCHER TEMPEL

(金色堂, Goldene Halle; Karte S. 564; ⏲ April–Okt. 8–16.30 Uhr, Nov.–März 8.30–16 Uhr) Als der Konjiki-dō 1124 erbaut wurde, war er mit seinen kunstvollen Lackarbeiten, Perlmuttintarsien und üppigen Vergoldung ein innovatives Meisterwerk der Heian-Epoche – und er ist auch heute noch sehr eindrucksvoll. Unter den drei Altären werden die mumifizierten Überreste der Familie Ōshu Fujiwara aufbewahrt. Angesichts der glücklosen Geschichte Hiraizumis wirkt es wie ein Wunder, dass der Konjiki-dō noch erhalten ist. Um das Schicksal nicht herauszufordern, befindet sich der Pavillon heute hinter Glas in einer feuerfesten Hülle.

Die angrenzende Schatzkammer (讃衡蔵; Sankōzō) enthält die Särge und den Grabputz des Fujiwara-Clans – Schriftrollen,

Schwerter und Ikonen, die aus lange verschwundenen Hallen und Tempeln hierhergebracht wurden.

Kyōzō BUDDHISTISCHER TEMPEL
(経蔵; Sutra-Verwahrungsort; Karte S. 564) In dem schlichten Sutra-Aufbewahrungsort, der von Kishi Monju Bosatsu und den Vier Wärtern bewacht wird, wurden früher heilige Sutras und Artefakte gelagert.

Mōtsū-ji GARTEN
(毛越寺; Karte S. 564; 0191-46-2331; 500 ¥; 9–17 Uhr) Gleichzeitig mit dem Chūson-ji gründete der Priester Ennin im Jahr 850 den Mōtsū-ji, einst der größte und prächtigste Tempelkomplex in Tōhoku. Die Bauwerke sind längst verschwunden, doch der sogenannte „Garten des reinen Landes", der als Teil des geplanten buddhistischen Paradieses auf Erden angelegt wurde, blieb erhalten.

Weltkulturerbezentrum Hiraizumi MUSEUM
(平泉文化遺産センター; Karte S. 564; 44 Hanadate; 9–17 Uhr) GRATIS Erzählt vom Aufstieg und Fall Hiraizumis und wartet mit vollständigen englischsprachigen Erklärungen auf.

Aktivitäten

Geibi-Schlucht BOOTSTOUR
(厳美渓; 90-min. Bootsfahrt 1600 ¥; 8.30–16.30 Uhr) Singende Bootsmänner steuern ihre Passagiere in flachen Holzbooten den Fluss Satetsu hinunter und durch eine von hohen Kalksteinwänden gesäumte Schlucht. Die Geibi-kei liegt 15 km östlich von Hiraizumi. Von der Haltestelle 7 vor dem Bahnhof Ichinoseki fährt stündlich ein Bus (660 ¥, 40 Min.). Außerdem verkehren *kaisoku* (Schnellzüge) auf der JR-Ōfunato-Linie von Ichinoseki zum Bahnhof Geibi-kei (500 ¥, 30 Min.).

Schlafen & Essen

Minpaku Hiraizumi MINSHUKU ¥
(民泊平泉町; Karte S. 564; 090-267-7889; 117-17 Hiraizumi Shirayama; mit Frühstück 6000 ¥ pro Pers.; P) Die zwei Zimmer dieser charmanten Unterkunft sind aus gutem Grund meist ausgebucht. Die Inhaber, ein freundliches älteres Paar, präsentieren ihr Haus in exquisitem Stil, angefangen von den hellen, stimmungsvollen Schlafbereichen bis hin zum herzhaften Frühstück und dem friedlichen Aufenthaltsraum. Wir freuen uns sehr, dass es dieses Minshuku in der Stadt gibt.

O-shokuji-dokoro Sakura JAPANISCH ¥
(お食事処さくら; Karte S. 564; 0191-46-5651; 73-4 Hiraizumi-ya; Snacks/Mahlzeiten ab 100/700 ¥; 8.30–19 Uhr) Wirkt eher wie eine einheimische Mittags-Snackbar als ein Touristenrestaurant, und auf der Karte stehen auch viele leckere Gerichte nach hiesiger Art. Spezialität des Hauses sind hausgemachte *hatto gozen* (Weizenknödel), die besonders gut mit süßer Sesamsoße schmecken. Neben dem Bahnhof.

Sobadokoro Yoshlle SOBA ¥
(そば処義家; Karte S. 564; 0191-46-4369; 43 Koromonoseki; Gerichte ab 800 ¥) Das kleine, touristenfreundliche Restaurant neben dem Ausgang des Konjiki-dō (S. 564) serviert *wanko-soba* (わんこそば; Buchweizennudeln) in Minischalen. Ländliche japanische Küche vom Feinsten!

Praktische Informationen

Touristeninformationszentrum (平泉町観光協会; Karte S. 564; 0191-46-2110; 8.30–17 Uhr) Liegt neben dem Bahnhof und hat englische Broschüren. Hier kann man auch nach Leihfahrrädern fragen.

An- & Weiterreise

Auf der JR-Tōhoku-Linie pendeln stündlich *shinkansen* zwischen Sendai und Ichinoseki (4020 ¥, 30 Min.). Alle ein bis zwei Stunden fahren auf derselben Strecke Nahverkehrszüge (1660 ¥, 2 Std.) der JR-Tōhoku-Hauptlinie und verbinden auch Ichinoseki und Hiraizumi (230 ¥, 10 Min.).

Von Ichinoseki nach Morioka fahren der JR-Tōhoku-*shinkansen* (4020 ¥, 40 Min.) und *futsū* (Nahverkehrszüge; 1660 ¥, 1½ Std.) der JR-Tōhoku-Hauptlinie.

Tōno 遠野

0198 / 27 262 EW.

Tōno erlebt gerade eine Renaissance bei Inlandstouristen, die ein Gegenstück zum hektischen Stadtleben suchen. Es bietet einen guten Einblick in das landwirtschaftliche Leben und erstreckt sich vor der Kulisse einer eindrucksvollen Bergkette. Seine berüchtigte Folklore, die Grundlage für zahlreiche Spukgeschichten über *yōkai* (Geister, Dämonen und Monster), gibt der Stadt eine faszinierende spirituelle Dimension. Allerdings sind die Sehenswürdigkeiten weit verstreut, sodass man für die Zeit seines Aufenthalts am besten ein Auto oder Fahrrad mietet.

Tōno-Tal

Tōno-Tal

Sehenswertes
1 Magariya der Chiba-Familie A2
2 Gohyaku Rakan C3
3 Jōken-ji D2
4 Tōno Denshōen D2
5 Folkloredorf Tōno A2
6 Stadtmuseum Tōno A2
7 Tsuzuki-ishi A3
8 Unedori-sama C3

Schlafen
9 Aeria Tohno A2
10 Kuranoya C2
11 Tōno Youth Hostel D2

Essen
12 Itō-ke A2

Tōno ist auch ein guter Ausgangspunkt für Reisen in den Süden durch die Küstenregion Sanriku Kaigan (S. 569).

Sehenswertes

Folkloredorf Tōno MUSEUM
(とおの昔話村, Tōno Mukashibanashi-mura; Karte S. 566; ☎0198-62-7887; 2-11 Chūō-dōri; Eintritt 300 ¥; ⏲9–17 Uhr) Das stimmungsvolle Museum befindet sich in dem restaurierten *ryokan*, in dem Yanagita Kunio seine berühmte Arbeit *Legenden aus Tōno* verfasste. Neben audiovisuellen Ausstellungen zu ein paar Legenden präsentiert es Gegenstände mit Bezug zu Yanagita. Mehrmals täglich unterhalten einheimische Geschichtenerzähler die Besucher mit *mukashi-banashi* (Geschichten aus den alten Zeiten); angesichts des starken ländlichen Dialekts dürften aber selbst Japaner Schwierigkeiten haben, sie zu verstehen.

Stadtmuseum Tōno MUSEUM
(遠野市立博物館; Karte S. 566; ☎0198-62-2340; 3-9 Higashidate-chō; Eintritt 310 ¥; ⏲9–17 Uhr) Mit seinen Exponaten stellt das Museum einige der berühmten Legenden Tōnos dar. Es bietet eine gute Mischung aus Hintergrundinfos und Kontext für einen Besuch des Tals hinter der Stadt.

Feste & Events

Tōno Matsuri KULTURELL
(遠野祭り; ⏲3. Wochenende im Sept.) Dieses prächtige Spektakel, zu dem auch Gebete für eine gute Ernte gehören, ist eng mit Tōnos Legenden verbunden. In der ganzen

Stadt finden *yabusame* (Bogenschießen zu Pferd, das hier eine 700-jährige Tradition hat), traditionelle Tänze und Kostümparaden statt.

Schlafen & Essen

Es gibt zahlreiche exzellente Gästehäuser in der Stadt und der Umgebung; wer nicht im Voraus gebucht hat, fragt am besten bei der Touristeninformation (S. 569) nach.

Ein paar *izakaya* (japanische Barlokale) servieren Abendessen; ansonsten muss man sich auf seine Gastgeber verlassen.

Tōno Youth Hostel HOSTEL ¥
(遠野ユースホステル; Karte S. 566; ☎0198-62-8736; 13-39-5 Tsuchibuchi-chō; B ab 3800 ¥, Frühstück/Abendessen 700/1400 ¥; P ⊗ @ ≋) Wer nach einer ruhigen ländlichen Unterkunft sucht, ist in diesem Hostel – das in einem umgebauten Bauernhaus untergebracht ist – genau richtig. Die Gemeinschaftsbibliothek und der Speiseraum laden zum Entspannen ein, und die Freiluftbäder erinnern an alte Zeiten, als mythische Wesen die Fantasie der Einheimischen beflügelten. Zwar sind die Schlafsäle recht einfach, aber die Stille, die weichen Kissen und der Iwate-Wein sorgen für einen friedlichen Schlaf.

Vom Bahnhof Tōno nimmt man den Bus nach Saka-no-shita bis zur Haltestelle Nitagai (290 ¥, 12 Min.). Von dort sind es noch zehn Minuten zu Fuß; das Hostel ist unterwegs deutlich ausgeschildert – man muss nur auf die kleinen kniehohen Holzschilder achten.

VORSICHT: SCHELMISCHE WASSERGEISTER!

Zu Beginn des 20. Jhs. veröffentlichte der Schriftsteller und Gelehrte Yanagita Kunio (1875–1962) seine *Tōno Monogatari* (遠野物語; *Legends of Tōno*), eine Sammlung mit regionalen Volksmärchen. Die Geschichten basieren auf Interviews mit Sasaki Kyoseki, einem gebildeten Mann, der einer Bauernfamilie aus Tōno entstammte und sich an über 100 *densetsu* (regionale Legenden) erinnern konnte. Das Buch lenkte die Aufmerksamkeit einer ganzen Nation auf die mündliche Erzähltradition einer Region, die bis dahin fast vollständig ignoriert worden war. Wer die Gelegenheit hat, sollte vor dem Besuch der Gegend die (nur auf Japanisch und Englisch erhätliche) Sammlung lesen.

Die skurrilen und wunderbaren Figuren und Situationen beruhen auf den Vorstellungen des Animismus, der allem, was existiert, auch Tieren und unbelebten Gegenständen, einen eigenen Geist zuschreibt. Für Tōno besonders wichtig ist die Geschichte von Oshira-sama. Sie beginnt mit einem Bauernmädchen, das tiefe Zuneigung zu ihrem Pferd entwickelt und dieses schließlich ohne Zustimmung ihres Vaters heiratet. Eines Nachts findet der Vater das Mädchen schlafend im Stall, zerrt das Pferd, außer sich vor Wut, hinaus in den Garten und tötet es. Daraufhin umklammert das verzweifelte Mädchen den Kopf des Pferds, und beide steigen gemeinsam als Geister in den Himmel auf und werden zu der Gottheit Oshira-sama.

Außerdem trifft man in den Geschichten auf Füchse, die eine andere Gestalt annehmen können, und *oni* (Menschenfresser), die in den Bergen hausen und verirrte Menschen fressen. Am bekanntesten sind aber die *kappa* (ja, wie die in „Super Mario"): schelmische Wassergeister mit dicken Panzern, schuppiger Haut und spitzen Schnäbeln, die allen möglichen Schabernack und Unheil anrichten. Tōnos zahlreiche *kappa* haben die unschöne Angewohnheit, ihren Opfern durch das Hinterteil die Gedärme herauszuziehen und ihr *shirikodama* zu verspeisen, einen mystischen Ball, den Menschen als Seele bezeichnen würden und die *kappa* als köstlich.

Unbedingt merken: *Kappa* lieben Gurken, also sollte man welche bereithalten – mit solcher Großzügigkeit könnte man sich eine Gnadenfrist erwirken. (Cleveren Sushiexperten wird auffallen, dass *kappa-maki* nichts anderes sind als Gurkensnacks.) Wer im Wald einen *kappa* trifft, sollte sich verbeugen. Die durch und durch japanischen *kappa* erwidern diese Geste, schütten dabei das in ihrem Kopf eingelagerte Wasser aus und werden vorübergehend machtlos. Eine Gefälligkeit werden *kappa* immer erwidern und sie verstehen sehr viel von Medizin, Landwirtschaft und Geschicklichkeitsspielen.

Ein Thema ist all den *Tōno-Monogatari*-Geschichten gemeinsam: der Kampf, mit den alltäglichen Problemen des ländlichen Lebens fertig zu werden.

FAHRRADFAHREN IN TŌNO

In Tōno zieht ein wunderbar leichter Weg am Fluss viele Fahrradfahrer an (keine Sportkleidung nötig!). Die schöne Landschaft des Tōno-Tals wird Richtung Osten immer beeindruckender. Die meisten der unten beschriebenen Sehenswürdigkeiten liegen in diesem Tal verstreut. Sie zu suchen ist schon ein Teil des Vergnügens. Man leiht sich ein Fahrrad, holt in der Touristeninformation (S. 569) eine Karte und sollte etwas Entdeckergeist mitbringen. Die Welt der Sagen ist gut auf Englisch ausgeschildert – was aber niemanden davon abhalten sollte, hin und wieder von den beschilderten Wegen abzuweichen und sich überraschen zu lassen, was einen dort erwartet.

Etwa 2,5 km südwestlich des Bahnhofs Tōno steht der **Unedori-sama** (卯子酉様; ☎ 0198-62-2111; Shimokumi-chō), ein Schrein, der helfen soll, einen Lebenspartner zu finden. Einer Legende zufolge begegnet man ihm, wenn man einen roten Stoffstreifen um eine der Kiefern bindet und dabei nur die linke Hand benutzt. In den Hügeln über **Gohyaku Rakan** (五百羅漢) sind gespenstische moosbewachsene Skulpturen von 500 Schülern Buddhas zu sehen, die ein Priester anfertigen ließ, um die Seelen jener zu trösten, die 1754 bei einer Hungersnot starben. Die Skulpturen sind einzigartig – man sollte sich respektvoll verhalten.

Wer auf der Route 283 etwa 8 km weiter in Richtung Morioka fährt, kommt schließlich zum **Tsuzuki-ishi** (続石). Es ist unklar, ob die sonderbare Felsformation inmitten eines duftenden Zedernwalds auf natürliche Weise entstanden ist oder als Dolmen (prähistorisches Grab) errichtet wurde. Für den kurzen steilen Aufstieg wird man mit weiter Aussicht über das Tal belohnt, aber Vorsicht: In dieser Gegend sollen hungrige Menschenfresser (S. 567) und Bären umherstreifen! 1 km hinter dem Tsuzuki-ishi erreicht man das **Magariya der Chiba-Familie** (南部曲り家千葉家; ☎ 0198-62-9529; Erw./Kind 310/100 ¥; ⏲ 9–16 Uhr), ein großes 200 Jahre altes Bauernhaus, das die in Tōno traditionell übliche L-Form aufweist.

Auf der anderen Seite der Stadt, ca. 5 km östlich vom Stadtzentrum, steht mit dem **Tōno Denshōen** (遠野伝承園; ☎ 0198-62-8655; www.densyoen.jp; 6-5-1 Tsuchibuchi, Tsuchibuchi-chō; Eintritt 300 ¥; ⏲ 9–16 Uhr) ein weiteres altehrwürdiges Bauernhaus, in dem sich heute ein kleines Kulturmuseum befindet. Sein Highlight sind die 1000 Oshira-sama-Götter aus Maulbeerholz. Ein paar Hundert Meter südöstlich vom Denshōen birgt der friedliche **Jōken-ji** (常堅寺; ☎ 0198-62-1333; 7-50 Tsuchibuchi, Tsuchibuchi-chō) eine Götterstatue der Obinzuru-sama. Hinter dem Tempel liegt der Teich **Kappa-buchi**, in dem sich Tōnos berüchtigte Wassergeister tummeln. Es heißt, dass schwangere Frauen, die am Schrein beim Flussufer beten, viel Milch produzieren werden, wenn sie vorher ein brustförmiges Opfer darbringen. Daher ist der winzige Altar voller kleiner roter und weißer Stofftaschen, die bis oben hin mit künstlichen Brustwarzen vollgestopft sind.

Alternativ kann man auch versuchen, den **Aragami Jinja** (荒神神社; 21 Nakazawa, Aozasa-chō) zu finden, einen unglaublich fotogenen kleinen Schrein mitten in einem goldgelb leuchtenden Rapsfeld – am besten nimmt man einen ortskundigen Führer mit. Oder man geht weiter zum hübschen **Yamaguchi-Wasserrad** (山口の水車), das unter seinem strohgedeckten Dach einst zum Mahlen von Getreide diente und nun als Symbol für Tōnos Geschichte erhalten wird. Von dort sind es 12 km zurück zur Stadt.

Aeria Tohno HOTEL ¥¥
(あえりあ遠野; Karte S. 566; ☎ 0198-60-1700; 1-10 Shin-machi; EZ/DZ mit Frühstück ab 8230/14 300 ¥; P ❄ 📶) Direkt beim Stadtmuseum befindet sich das beste Luxushotel der Stadt. Seine gastfreundlichen Mitarbeiter wissen jede Menge über die Region und ermutigen ihre Gäste, die Umgebung zu erkunden. Das Hotel ist oft mit Konferenzdelegierten und Tourgruppen ausgebucht. Abendessen gibt's für 4300 ¥ extra.

Kuranoya MINSHUKU ¥¥
(くら乃屋; Karte S. 566; ☎ 0198-60-1360; www.kuranoya-tono.com; 45-136 Sanchiwari, Kōkōji, Matsuzaki-chō; EZ/DZ ab 6500/12,000 ¥) Gäste schwärmen von dieser klassischen Privatunterkunft, deren freundliche Inhaber aus Tokio hierhergezogen sind. Sie sprechen fantastisches Englisch, begeistern sich für die Geschichte und Zukunft ihrer Stadt und teilen ihr Wissen gern. Die Unterkünfte im modernen japanischen Stil entsprechen höchs-

ten Standards. Serviert auch gesundes Abendessen (1000 ¥). Auf Wunsch (vorher anrufen) wird man abgeholt.

Itō-ke SOBA ¥

(伊藤家; Karte S. 566; ☎ 0198-60-1110; 2-11 Chūō-dōri; Hauptgerichte ab 650 ¥; ⌚ 11–17 Uhr) Auf der Karte stehen alle typischen *soba*-(Weizennudel-)Varianten, doch das Highlight sind die *hitsuko soba* (ひつこそば), die mit Hühnchen, Pilzen, Zwiebeln und rohem Ei gegessen werden. Empfehlenswert sind auch *hittsumi* (ひっつみ), handgeschnittene Nudeln mit Hühnchen-Gemüse-Klößchen in heißer Brühe. Das Restaurant befindet sich in einem traditionellen dunklen Holzgebäude neben dem Folkloredorf Tōno (S. 566); über den Schiebetüren hängt ein Holzschild.

Praktische Informationen

Touristeninformation (遠野市観光協会; Karte S. 566; ☎ 0198-62-1333; www.tonojikan.jp; ⌚ 9–17 Uhr; 📶) Gegenüber vom Bahnnhof bietet das freundliche Personal Besuchern Fahrradverleih (1000 ¥ pro Tag), englische Karten und kostenloses Internet.

An- & Weiterreise

Auf der JR-Tōhoku-Linie fahren stündlich Züge zwischen Hiraizumi und Hanamaki (840 ¥, 45 Min.). Die JR-Kamaishi-Linie verbindet Hanamaki mit Tōno (840 ¥, 1 Std.), die JR-Tōhoku-Linie führt von Hanamaki nach Morioka (670 ¥, 45 Min.).

Wer aus Sendai kommt, fährt mit dem Tōhoku-*shinkansen* nach Shin-Hanamaki (5700 ¥, 1 Std.) und steigt dort in die JR-Kamaishi-Linie nach Tōno um (760 ¥, 45 Min.). Der *shinkansen* verbindet auch Shin-Hanamaki und Morioka (3030 ¥, 15 Min.).

Die Sennin-Tōge-Autobahn hat zwischen Tōno und Kamaishi Anschluss an die Straße 283, ideal für Ausflüge in die Küstenregion Sanriku Kaigan.

SANRIKU KAIGAN
三陸海岸

Das weite Sanriku Kaigan (Sanriku-Küste), ein von steilen Klippen geprägter, zerklüfteter und landschaftlich reizvoller Streifen Ria-Küste, erstreckt sich von der Präfektur Aomori im Norden bis zu den Präfekturen Iwate und Miyagi im Süden. Eine Ria ist ein breiter Meeresarm, der Richtung Inland immer schmaler wird. Auf dem flachen Land um die Rias des Sanriku Kaigan haben sich zahlreiche Städte und Gemeinden entwickelt, allerdings begünstigen die topografischen Besonderheiten, die zur Besiedlung geführt haben, auch Tsunamis. Und als es im März 2011 zu dem Großen Ostjapanischen Erdbeben mit anschließendem Tsunami kam, war die Sanriku-Küste am stärksten betroffen und hatte die meisten Todesopfer zu beklagen.

Fast alle Städte und Dörfer in den flachen Regionen wurden dem Erdboden gleichgemacht. Mit eigenen Augen zu sehen, was übrig geblieben ist, und zu wissen, wie es vorher ausgesehen hatte, lässt einen sehr demütig werden. Doch inzwischen werden praktisch überall Geschäfte, Hotels und Restaurants (wieder)eröffnet.

Wer den aktuellen Stand der Dinge sehen möchte, sollte ein Auto mieten. Tōno im Norden und Ichinoseki im Süden sind die zwei wichtigsten Städte im Inland, aber wer so weit fährt, sollte sich Zeit für mindestens ein oder zwei Übernachtungen in der Region nehmen – um zu verstehen, das Reisen auch zu Heilung führen kann.

Feste & Events

Tour de Sanriku RADFAHREN

(www.tour-de-sanriku.com; ⌚ Ende Sept.) Seit 2012 findet jedes Jahr die 65-km-lange Tour de Sanriku durch die Region statt, um den Wiederaufbau nach dem Tsunami zu fördern. Auch gemächliche Radler sind willkommen.

Schlafen & Essen

Tōno und Ichinoseki sind gute Ausgangspunkte für Touren entlang der Küste, und auch in einigen Küstendörfern wie Rikuzen-takata, Kesennuma und Kamaishi gibt's inzwischen eine ordentliche Auswahl schicker neuer Hotels und *ryokan*.

Die hiesige Restaurantszene ist unglaublich dynamisch, da viele junge Kreative und Gemeindegruppen sich zusammenfinden, um angesagte Restaurants mit gesunder Küche zu eröffnen und die lokale Wirtschaft wieder in Schwung zu bringen.

In Rikuzen-takata haben einige Köche das Hota-waka Go-zen ins Leben gerufen, ein Verkostungsmenü mit 12 Gerichten, die auf Holztabletts serviert werden und aus Zutaten wie Jakobsmuscheln und Meeresalgen bestehen. Weitere Infos dazu gibt's unter www.rikuzentakata-hotatewakame.com.

Praktische Informationen

Tourismusgesellschaft Kamaishi (釜石観光物産協会; ☎ 0193-22-5835; 22-1 Suzuko-chō,

Kamaishi; ⌚9–17 Uhr) Am Bahnhof Kamaishi versorgen freundliche Mitarbeiter Besucher mit Informationen und Karten der Umgebung.

Anreise & Unterwegs vor Ort

Wer viel entdecken möchte, sollte sich ein Auto mieten (in Morioka, Sendai oder Ichinoseki). Die Straßen der Gegend und auf dem Weg dorthin sind in hervorragendem Zustand und es werden viele neue Straßen und Autobahnen gebaut.

Alle Züge der JR-Kamaishi-Linie fahren nach wie vor, aber große Abschnitte der JR-Ōfunato-, JR-Kesennuma- und JR-Yamada-Linien wurden durch Busverbindungen ersetzt.

Sanriku Tetsudō hat den Betrieb seiner durch den Tsunami schwer beschädigten privaten Küsten-Kita-Riasu (zwischen Miyako und Kuji) und Minami-Riasu (zwischen Sakari und Kamaishi) voll wiederaufgenommen. Von der Kita-Riasu-Linie kann man in die JR-Hachinohe-Linie in Kuji umsteigen, wenn man gen Norden bis Hachinohe in der Präfektur Aomori reisen möchte. Von dort ist es möglich (allerdings zeitintensiv), bis in die Stadt Aomori weiterzufahren oder mit der privaten Aoimori-Linie nach Norden auf die Shimokita-Halbinsel. Da sich die Fahrpläne in dieser Region häufig ändern, informiert man sich am besten unter www.hyperdia.com über Verbindungen, Fahrzeiten und Preise.

Minami-Sanriku & Kesennuma 南三陸・気仙沼

Minami-Sanriku ist eine Küstenstadt in der Präfektur Miyagi am Südende der Sanriku Kaigan. 2011 wurden 95 % der Stadt zerstört, doch Tausende von Menschen konnten sich auf höhergelegene Hügel retten und überlebten. Etwa 40 km weiter nördlich liegt Kesennuma, eine der größten Städte der Küste. Seitdem 2011 hier 2000 Menschen starben, hat das Leben in den Vororten fast wieder zur Normalität zurückgefunden. Die zwei exzellenten „Revovery Markets" der Stadt sind faszinierende Beispiele für das japanische Gemeinschaftsbewusstsein. In Kesennuma wurde auch das berühmte Foto des Schiffes *Kyotoku Maru 18* aufgenommen, das auf einem Meer aus Trümmern strandete. Das Wrack wurde 2013 schließlich entfernt.

Sehenswertes

Krisen-Managementzentrum Minami-Sanriku GEDENKSTÄTTE
(南三陸防災対策庁舎; Minami-Sanriku) Die Stahlhülle ist das Einzige, was von diesem dreistöckigen Gebäude übrig blieb, sie steht nun einsam dort, wo sich früher der Ort Minami-Sanriku erstreckte. Die Einheimischen haben sie erhalten als bewegendes Denkmal für die Menschen, die hier ihr Leben verloren.

Ue-no-yama Ryokuchi PARK
(上の山緑地; Minami-Sanriku) Der kleine Park in Minami-Sanriku war einer der höher gelegenen Evakuierungsbereiche. Von hier bekommt man ein Bild von den Ausmaßen der Zerstörung des Tsunamis und des Wiederaufbaus. Am nahen Schrein kann man ein Gebet sprechen oder die Glocke läuten.

★**Kunstgalerie RIAS Ark** MUSEUM
(リアスアーク美術館; ☎0226-24-1611; www.riasark.com; 138-5 Akaiwamakisawa, Kesennuma; Eintritt 300 ¥; ⌚Mi–So 9.30–16.30 Uhr) Hoch oben in den Bergen über Kesennuma beherbergt das lokale Kunstmuseum die größte existierende Sammlung an Fotos und Artefakten zur Großen Ostjapanischen Erdbeben- und Tsunami-Katastrophe von 2011. Es gibt auch einen umfangreichen Katalog mit englischsprachigen Erläuterungen zu jedem Ausstellungsstück. Allein die Größe und die Aufmachung der Ausstellung sind wirklich überwältigend.

Schlafen

Accommo Inn Kesennuma BUSINESSHOTEL ¥¥
(アコモイン気仙沼; ☎0226-21-2565; www.accommo-inn.com; 2-1 Shinden, Kesennuma; EZ/DZ 6200/12 400 ¥; P ⊖ ❄ 📶) In dem 2013 erbauten, niedrigen Accommo Inn warten sehr moderne Zimmer in sanften Farbtönen, die mit hochwertiger Bettwäsche, kleinen Schreibtischen und viel natürlichem Licht ausgestattet sind. Das kostenlose Frühstück ist die japanische Version eines englischen Frühstücks.

Rikuzen-takata & Ōfunato 陸前高田・大船渡

Gleich hinter der Grenze der Präfektur liegt bei Kesennuma im südlichen Iwate die kleine Stadt Rikuzen-takata, die 2011 fast völlig zerstört wurde. Über ein großes Netzwerk aus Förderbändern wird Erde aus den benachbarten Bergen in die Stadt transportiert, um das Bodenniveau zu erhöhen. Der Ort ist heute ein schönes Küstendorf mit einer guten Tourismus-Infrastruktur (also vielen Hotels und Restaurants) und ein guter Ausgangspunkt für Ausflüge in die Region.

In der Hafenstadt Ōfunato, 15 km nördlich von Rikuzen-takata, fluteten beim Tsunami von 2011 24 m hohe Wellen 3 km ins Inland. Die Einwohner befolgten die Warnungen, und es gab vergleichsweise wenige Todesopfer.

Sehenswertes & Aktivitäten

Rikuzen-takata Ippon-matsu GEDENKSTÄTTE
(陸前高田一本松; www.city.rikuzentakata.iwate.jp/kategorie/fukkou/ipponmatu/ipponmatu.html; Rikuzen-takata) Tausende Pinien säumten die Küste um Rikuzen-takata. Alle, bis auf einen, fielen dem Tsunami 2011 zum Opfer. Dieser Baum überlebte noch ein Jahr lang, bis die durch die Überschwemmung hervorgerufene Versalzung des Bodens auch ihm den Garaus machte. Eine an seinem Standort errichtete Nachbildung dient als bewegende Gedenkstätte und Symbol der Hoffnung. 2017 soll hier ein Park eröffnet werden.

Goishi Kaigan STRAND
(碁石海岸; Ōfunato) Der 6 km lange, landschaftlich schöne Abschnitt aus Felsküste und idyllischen Stränden um Ōfunato gehört zum Sanriku-Nationalpark (Sanriku Recovery National Park), der im Rahmen des Wiederaufbaus geschaffen wurde. Über die Klippen führen insgesamt 4 km Wanderwege.

Kurosaki Senkyo Onsen ONSEN
(黒崎仙境温泉; ☎0192-57-1126; www.kurosaki-onsen.com; 9-41 Hirotacho Kurosaki, Rikuzen-takata; bis zu 4 Std. 500 ¥, Handtuch 240 ¥; ⏲9–21 Uhr) Ein schicker neuer Komplex am Meer mit herrlichem Ausblick und einem Nudelrestaurant, in dem man sich nach dem Baden sattessen kann.

DAS GROSSE OSTJAPANISCHE ERDBEBEN

Am 11. März 2011 um 14.46 Uhr Ortszeit traf ein Erdbeben der Stärke 9 die Ostküste von Tōhoku.

Das Große Ostjapanische Erdbeben (東日本大震災; Higashi-nihon Dai-shinsai), das stärkste Beben in Japan seit Beginn der Aufzeichnungen im frühen 20. Jh., zählt zu den fünf stärksten Beben, die je in der Welt registriert wurden. Der Boden wackelte unglaubliche sechs Minuten lang. Es spricht für das japanische Erdbebenwarnsystem, dass viele Menschen eine Minute vor dem Beben eine Warnung auf ihren Handys empfingen. Dieselbe Warnung stoppte auch automatisch Hochgeschwindigkeitszüge: Beides rettete unzählige Leben. Dank strenger Baubestimmungen brachte das Beben nur wenige Gebäude zum Einsturz.

Verwüstungen verursachte jedoch die 15 Minuten später folgende Tsunamiwelle, mit einer in manchen Gegenden bis zu 38 m hohen Brandung. Die Städte an der 500 km langen Küste von Sanriku Kaigan (S. 569) wurden komplett dem Erdboden gleichgemacht und über 15 000 Menschen verloren ihr Leben.

Reisen in der Region

Mehr als sechs Jahre nach dem Tsunami zeigen die Wiederaufbauarbeiten in dieser wunderschönen Küstenregion, wie groß die Widerstandskraft und der Gemeinschaftsgeist der Japaner sind. Inlandstouristen unterstützen die Einwohner, indem sie die Region bereisen und hier Geld ausgeben; der Tourismus wird als eine der besten Möglichkeiten gesehen, die lokale Wirtschaft wieder anzukurbeln.

Das beliebte Matsushima, das teilweise durch eine der schönsten Buchten Japans geschützt ist, kam relativ unbeschadet davon, aber andere Dörfer hatten weit weniger Glück. Die Orte Oku-Matsushima, Ishinomaki, Kamaishi, Ofunato und Rikuzen-takata wurden fast dem Erdboden gleichgemacht, aber es entstehen viele neue Gästehäuser, Onsenhotels, Restaurants und Gemeindetourismus-Initiativen, die den Überlebenden helfen, neuen Mut zu schöpfen und weiterzumachen.

Es ist eine geradezu lebensverändernde Erfahrung, mit einem Mietwagen an der Küste entlangzufahren und die Orte zu besuchen, die von der Katastrophe am meisten betroffen waren – viele Reisende zählen dies zu den Höhepunkten ihres Besuchs in Japan.

Der Zugverkehr funktioniert wieder, und abgesehen von einigen Bahnhöfen an der Ōfunato-Linie, die nur noch von Bussen angefahren werden, sind wieder alle Zugstrecken in Betrieb. Mehr Informationen gibt's unter www.jreast.co.jp/e/eastpass.

Schlafen & Essen

Hakoneyama Terrace BOUTIQUE-HOTEL ¥¥
(はこねやまテラス; ☎0192-22-7088; www.hakoneyama-terrace.jp; 1-Myoga, Otomocho; mit 1/2 Mahlzeiten 7000/8000 ¥ pro Pers.) In erhöhter Lage und von Bäumen umgeben steht dieses schöne Holzgebäude vor einer wundervollen Kulisse aus Meer und Bergen. Seine Pinienzimmer sind ausgestattet mit hochwertigen Handtüchern, edler Bettwäsche und viel natürlichem Licht. Auf der riesigen Terrasse kann man mit anderen Travellern Reiseerlebnisse austauschen. Ein gesundes Frühstück ist im Preis inbegriffen. Samstagnachts muss man einen Aufschlag von 1000 ¥ zahlen.

Reisen Tamanoyu Onsen HOTEL ¥¥
(霊泉玉乃湯; ☎0192-55-6866; 104-8 Takekoma-chō, Rikuzen-takata; mit 2 Mahlzeiten 12 000 ¥ pro Pers.; P ❄ 📶) Eine zauberhafte ländliche Zuflucht mit heißen Bädern und einem separaten Gebäude mit Unterkünften im japanischen Stil. Für 500 ¥ können auch Tagesbesucher die Badeeinrichtungen nutzen.

Capital Hotel 1000 HOTEL ¥¥¥
(キャピタルホテル1000; ☎0192-55-3111; www.capitalhotel1000.jp; 0-1 Nagasuna Takata-chō, Rikuzen-takata; EZ/DZ 9000/17 000 ¥; P ❄ 📶) Ein Symbol für den Wiederaufbau: Das Hotel wurde 2013 wiedereröffnet und ist jetzt ein rechteckiges Gebäude im Industriestil mit exzellenten Zimmern, die fast alle über kleine Sofas verfügen. In der Umgebung wird eifrig Wiederaufbau betrieben. Das Frühstück ist köstlich.

Riku Café JAPANISCH ¥
(りくカフェ; ☎0192-22-7311; www.rikucafe.jp; 22-9 Naruishi Takata-chō, Rikuzen-takata; Gerichte ab 900 ¥; ⏲9–21 Uhr) Rikuzen-takatas Gemeindezentrum ist auch ein lebhaftes Café mit hausgemachter Küche, gutem Kaffee und dem üblichen Service. Es dient auch als inoffizielles Informationszentrum – Individualreisende bekommen hier gute Tipps.

Frypan Farmers Cafe JAPANISCH ¥
(農家フライパンカフェ; ☎0192-55-3358; 2-63 Aza Tonokuchi, Rikuzen-takata; Hauptgerichte ab 990 ¥; ⏲10–16 Uhr; 👪) Familienorientiertes Café mit beliebten *teishoku* (festen Menüs) aus regionalen Zutaten. Der schöne Spielbereich für Kids lässt Eltern in Ruhe leckere Obstsalate und Kuchen genießen.

Waiwai JAPANISCH ¥
(わいわい; ☎0192-47-3102; 93-1 Osumi Takata-chō, Rikuzen-takata; Gerichte ab 750 ¥; ⏲11–14.30 & 17.30–20.30 Uhr) Hier gibt's innovative Gerichte wie Fischkuchen mit *nattō*-Füllung und einen erfrischenden alkoholischen *nacchiku*-Cocktail mit Orangensaft. Der Besitzer ist in dieser Region eine kleine Berühmtheit.

Kamaishi & Ōtsuchi 釜石・大槌町

Östlich von Tōno liegt die Industrie- und Fischereistadt Kamaishi; 2011 wurden ihre flachen Gebiete dem Erdboden gleichgemacht und 1250 Menschen verloren ihr Leben. Über die Stadt wacht eine berühmte Buddhastatue. Das kleine, vom Chojamori-san und Komagamori-san flankierte Fischerdorf Ōtsuchi liegt 10 km nördlich von Kamaishi und bietet im Frühjahr eine herrliche Azaleenpracht. 2011 starben hier etwa 16 000 Menschen (10 % der Einwohner).

Sehenswertes

Kamaishi Dai-kannon BUDDHISTISCHES DENKMAL
(釜石大観音; ☎0193-24-2125; www.kamaishi-daikannon.com; 3-9-1 Ōdaira, Kamaishi; Erw./Kind 500/300 ¥) Die riesige Statue (48,5 m hoch) der Göttin der Barmherzigkeit war in den Bergen über Kamaishi Zeuge vieler großen Tragödien unterhalb, bleibt aber dennoch für Tausende Pilger jährlich eine Quelle der Hoffnung. Im Innern kann man nach oben steigen und genießt von dort einen großartigen Ausblick.

Geführte Touren

★ **Yume-no-hiroba** WANDERN
(夢の広場; ☎0193-55-5120; www.oragaotsuchi.jp; 23-37-3 Ōtsuchi; Tour ab 1000 ¥ pro Pers.; ⏲nach Voranmeldung) In Ōtsuchi bieten die unverwüstlich nach vorne schauenden, engagierten Miglieder dieser lokalen Organisation für Einzelreisende und Gruppen Wanderungen rund um Ōtsuchi an. Sie berichten persönlich und aus erster Hand über das Erdbeben von 2011 und geben Besuchern Einblick in Katastrophenmanagement und humanitäre Fragen. Das geht sehr ans Herz, ist aber äußerst empfehlenswert.

Schlafen & Essen

Hotel Route Inn Kamaishi HOTEL ¥¥
(ホテルルートイン釜石; ☎0193-22-0301; www.route-inn.co.jp; 2-5-17 Ōhara, Kamaishi; EZ/DZ ab 7300/12 000 ¥; P ❄ 📶) Businesshotel mit kleinen modernen Zimmern und einem Onsen.

Hamabeno Ryouriyado Houraikan RYOKAN ¥¥¥
(浜べの料理宿宝来館; ☎0193-28-2526; www.houraikan.jp; 2-1 Shinden, Kamaishi; Zi. mit 2 Mahlzeiten 28 000 ¥) Es ist wieder etwas Luxus in die Region zurückgekehrt. In diesem *ryokan* gibt's für eine so abgelegene Gegend außergewöhnliches Essen. Zu den Onsenbädern gehört auch ein Zengarten, der sich um ein großes Holzbad ringt; von den heißen und kalten Innenbädern genießt man einen tollen Ausblick. Die Zimmer sind hell, stilvoll und – abgesehen vom Tatamiboden – größtenteils im westlichen Stil eingerichtet.

Eine Übernachtung ist wirklich nicht billig, aber nach der Ankunft muss man sein Protemonnaie während des gesamten superkomfortablen Aufenthalts nicht mehr anrühren.

Sunfish Kamaishi MARKT ¥
(サン・フィッシュ釜石; www.sunfish-kamaishi.sakura.ne.jp; gegenüber dem Bahnhof Kamaishi; Sushibox mit 10 Stück ab 1100 ¥; ⏲7–16 Uhr) Ein großartiger Ort, um frisches Sushi zu kaufen. Im 1. Stock befinden sich auch ein paar kleine Restaurants.

Ririshiya JAPANISCH ¥¥
(凜々家; ☎0193-44-2366; 1-3-53 Kiri Kiri, Ōtsuchi; Hauptgerichte ab 850 ¥; ⏲11–14.30pm & 17.30–21.30 Uhr) In Ōtsuchi sollte man dieses beliebte Restaurant besuchen, das Meeresfrüchte *donburi* (Reisschalen) serviert und von einem ehemaligen Fischer betrieben wird. Für die Gerichte werden viele regionale Zutaten aus den umliegenden Bergen verarbeitet.

Shoppen

Fukko Kirari Shōtengai MARKT
(23-9 Daichiwari, Ōtsuchi; ⏲9–18 Uhr) Ōtsuchis „Wiederaufbaumarkt" hat sich zu einer richtigen Geschäftszone entwickelt und es lohnt sich, hier Zeit zu verbringen und etwas zu kaufen. In den meisten Städten der Region gibt's ähnliche Märkte.

PRÄFEKTUR AOMORI
青森県

Traveller, die Nord-Honshū bereisen, fahren auf dem Weg zur Insel Hokkaidō oft ohne Zwischenstopp an der Präfektur Aomori vorbei. Wer extreme geografische Naturlandschaften – und nur wenige Touristen – sehen will, muss aber gar nicht so weit reisen. Man steigt aus dem Schnellzug, bevor er am Meer ankommt, mietet ein Auto und kann die axtförmige Halbinsel Shimokita, die heiligen Vulkane rund um Osore-zan und die wilde und ursprüngliche Natur des verschneiten Hakkōda-Hochlands erkunden. Im Sommer sind auch die schönen Strände bei Towada-ko einen Besuch wert. Die schicke frühere Hauptstadt Hirosaki ist eine Stadt mit coolen Modeläden und einem hübschen Park.

Aomori 青森

☎017 / 288 029 EW.

Im Norden der japanischen Hauptinsel befindet sich die ruhige Präfekturhauptstadt Aomori mit einem hübschen Hafen in der Nähe des Bahnhofs. Viele Traveller machen hier einen kurzen Zwischenstopp, um die Wildnis von Hokkaidō zu erkunden, aber schlaue Wanderer nutzen den Ort als Ausgangspunkt, um die nur selten besuchte Präfektur zu erkunden. Die größte Attraktion der Region ist das Festival Nebuta im August, aber die Stadt hat auch das restliche Jahr über ein friedliches Küstenflair. In Aomori ist es im Sommer sonnig und kühler als im restlichen Japan, aber im Winter kann es superkalt werden.

Sehenswertes

★ **Sannai Maruyama** ARCHÄOLOGISCHE STÄTTE
(三内丸山遺跡; ☎017-766-8282; www.sannaimaruyama.pref.aomori.jp; Sannai Maruyama 305; ⏲Juni–Sept. 9–17.30 Uhr, Okt.–Mai 9–16.30 Uhr) GRATIS Ausgrabungen an dieser Stelle förderten eine erstaunliche Anzahl intakter Artefakte aus der japanischen Jōmon-Zeit (vor 10 000–2000 Jahren) zutage, die im hiesigen Museum ausgestellt sind. Neben Tonfiguren, Jadeschmuck und riesigen roten Säulen sind auch ein paar rekonstruierte Häuser zu sehen. Sannai Maruyama liegt etwa 5 km westlich vom Bahnhof Aomori. Stadtbusse, die von der Haltestelle 6 Richtung Menkyō Center fahren, halten an der Haltestelle Sannai Maruyama Iseki-mae (300 ¥, 20 Min.)

Kunstmuseum Aomori MUSEUM
(青森県立美術館; ☎017-783-3000; www.aomori-museum.jp/en/index.html; 185 Chikano, Yasuta; Erw./Kind 510/300 ¥; ⏲9–17 Uhr; 👪) In der ständigen Ausstellung dieses Museums, das auch viele spannende Exponate für Kinder bietet, dominieren Künstler aus der

Präfektur Aomori

Präfektur Aomori. Zu ihnen zählen die Popikone Yoshitomo Nara (und sein 2,7 m großer Hund), der meisterhafte Holzschneider Munakata Shikō sowie Tohl Narita, der viele der Monster in der legendären japanischen Science-Fiction-Fernsehserie *Ultraman* entwarf. Das Museum liegt etwa 5 km westlich vom Bahnhof Aomori neben der Sannai-Maruyama-Stätte.

Stadtbusse, die von der Haltestelle 6 zum Menkyō Center fahren, halten unterwegs an der Station Kenritsu-bijyutskan-mae (270 ¥, 20 Min.).

Nebuta no Ie Wa Rasse MUSEUM
(ねぶたの家ワ・ラッセ; Karte S. 576; ☎ 017-752-1311; www.nebuta.or.jp/warasse; 1-1-1 Yasukata; Erw./Kind 600/250 ¥; ⌚ 9–17 Uhr) Wer das eigentliche Fest verpasst, kann die großartige Handwerkskunst der Nebuta-Festwagen in diesem neuen Museum am Ufer bewundern. An den Wochenenden gibt's auch Tanz- und Trommelvorführungen.

Feste & Events

Aomori Nebuta Matsuri PARADEN
(青森ねぶた祭り; www.nebuta.or.jp/english/index_e; ⌚ 2.–7. Aug.) Zum Nebuta Matsuri ziehen Prozessionen mit spektakulär beleuchteten Festwagen durch die Stadt, begleitet von Tausenden singenden wilden Tänzern. Die Paraden starten bei Sonnenuntergang und dauern vier Stunden; am letzten Tag beginnt der Trubel schon gegen Mittag. Da dies eines der berühmtesten Feste in Japan ist, sollte man Unterkünfte lange im Voraus buchen.

Schlafen

In Aomori gibt's viele Business-Hotels, die meist nördlich am Bahnhof in der überdachten Shinmachi-Arkade liegen.

Art Hotel Color HOTEL ¥
(アートホテル カラー; ☎ 017-775-4311; www.arthotelcolor.com; 2-5-6 Shin-machi; EZ/DZ ab

3200/5300 ¥; P ⊝ ⊜) Freundliches Management, das Einzelreisende und Paare herzlich begrüßt und angesagte, schicke Zimmer bietet. Die „Farbe" ist im Obergeschoss unbedingt nach einem Zimmer oben fragen – und im gemeinschaftlichen Speisebereich zu finden, wo leckeres Frühstück serviert wird.

Hyper Hotels Passage HOTEL ¥¥
(ハイパーホテルズパサージュ; Karte S. 576; ☎ 017-721-5656; 1-8-6 Shin-machi; EZ/DZ ab 5080/7180 ¥; P ⊝ ⊜) Manchmal ist es sehr abschreckend, wenn man einen Bahnhof verlässt. Zum Glück haben die japanischen Städtebauplaner hier eine überdachte Arkade errichtet, die auch tolle kleine Hotels umfasst. Dieses Businesshotel hat einen Kronleuchter in der Lobby, freundliche Mitarbeiter und überdurchschnittlich große, makellose Zimmer.

Essen & Ausgehen

Meeresfrüchte sind der Hit in dieser Hafenstadt; viele Restaurants servieren die berühmten lokalen Jakobsmuscheln.

★ **Shinsen Ichiba** MARKT ¥
(新鮮市場; Karte S. 576; ☎ 017-721-8000; Kellergeschoss, Auga-Gebäude, 1-3-7 Shin-chō; Mahlzeiten ab 580 ¥; ⏲ 5–18.30 Uhr) Man sollte ohne Umwege diesen Meeresfrüchte-Markt ansteuern, wo stapelweise Muscheln, Kabeljaus, Äpfel, Gemüse und viele andere Produkte angeboten werden und auch die Restaurantbesitzer einkaufen. Es gibt ein paar Restaurantstände, die Ramen und *sanshoku-don* (Reis mit Muscheln, Fischrogen und Seeigelrogen) feilbieten. Preiswert und sehr quirlig.

Osanai FISCH & MEERESFRÜCHTE ¥
(おさない; Karte S. 576; 1-1-17 Shin-machi; Stück ab 450 ¥; ⏲ Di–So 7–21.30 Uhr) Unter den Einheimischen hat das Osanai ein hervorragendes Renommee für seine billigen und einfachen *hotate*-(Muschel-)Rezepte – und diese Stadt kennt sich mit Muscheln aus. Das Lokal liegt am Anfang der belebten Shinmachi-dōri und serviert Gerichte wie *marucchi tsumire soba* (Klößchen aus Äpfeln und Muscheln auf heißen Sobanudeln). Wir haben unsere heiß und mit Butter genossen.

Ringobako JAPANISCH ¥¥
(りんご箱; Karte S. 576; ☎ 017-763-5155; 1-3-7 Shin-machi; Hauptgerichte ab 900 ¥; ⏲ 18–23 Uhr) In dem hell erleuchteten Kellerlokal spielen Musiker *shamisen* (dreisaitiges Instrument, das einem Banjo ähnelt) und unterhalten mit ihren hellen Stimmen die Gäste. Eine gute Adresse für frische Sashimi oder Curry-Jakobsmuscheln in festlicher Umgebung. Hat auch zahlreiche Biersorten.

A-Factory BRAUEREI
(エーファクトリー; Karte S. 576; ☎ 017-752-1890; 1-4-2 Yanagigawa; Mahlzeiten ab 600 ¥; ⏲ 11–20 Uhr) Jede Menge winzige japanische und westliche Lokale bevölkern die Speisehalle der A-Factory, aber die Apfelcider-Brauerei ist die wahre Attraktion – das süße Getränk wird im Glas oder in der Flasche verkauft. Ein angenehmer Ort für einen unterhaltsamen Nachmittag.

Praktische Informationen

Aomori City Hospital (青森市民病院; ☎ 24 Std. Notfalltelefon 017-734-2171; 1-14-20 Katsuda; ⏲ ambulante Versorgung Mo–Fr 9–17 Uhr) 3 km südöstlich vom Bahnhof unweit der Straße 103.

Touristeninformation im Bahnhof Aomori (青森市観光交流情報センター; ☎ 017-723-4670; www.city.aomori.aomori.jp/contents/english; ⏲ 8.30–19 Uhr) Hat alle nötigen Informationen über die Stadt und die Präfektur, auf Englisch.

Touristeninformation im Bahnhof Shin-Aomori (あおもり観光情報センター; ☎ 017-752-6311; ⏲ 8.30–19 Uhr) Im 2. OG des Shinkansen-Bahnhofs; hier kann man alles zu Aomori und über die Weiterreise nach Hokkaidō im Norden erfragen.

An- & Weiterreise

AUTO & MOTORRAD

Die Tōhoku-Autobahn (東北自動車道) führt von Tokio in den Großraum Aomori.

Toyota Rent a Car (トヨタレンタカー; ☎ 017-782-0100; http://rent.toyota.co.jp/en/index.html; 104-79 Takama, Ishie; ⏲ 8–22 Uhr) befindet sich vor dem Westeingang des Shin-Aomori-*shinkansen*-Bahnhofs und hat weitere Filialen ein paar Blocks vom JR-Bahnhof Aomori entfernt.

BUS

JR-Autobahnbusse verbinden Aomori mit Sendai (6000 ¥, 5 Std.) und Tokio (ab 9000 ¥, 9½ Std.). Der Ausstieg erfolgt an der Haltestelle des JR-Autobahnbusses.

Stadtbusse nach Hakkōda (1180 ¥, 50 Min.) und Towada-ko (3200 ¥, 3 Std.) fahren von der Haltestelle 11 ab; die Fahrpläne richten sich stark nach der Saison und im Winter gibt's nur unregelmäßig Verbindungen. Einige englische Fahrpläne findet man unter www.jrbustohoku.co.jp

Aomori

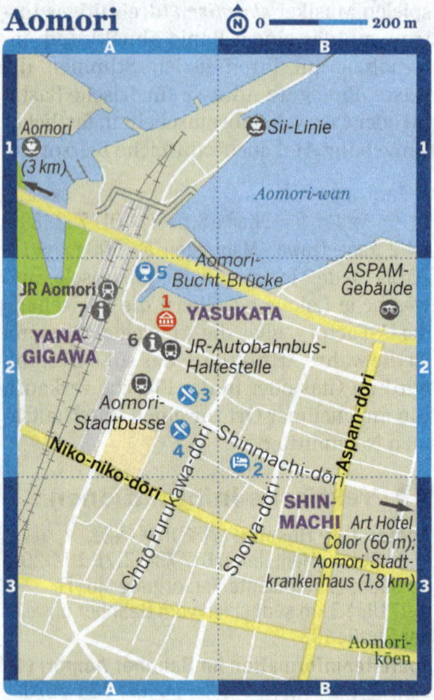

Aomori

Sehenswertes
1 Nebuta no Ie Wa Rasse........................A2

Schlafen
2 Hyper Hotels Passage........................B2

Essen
3 Osanai........................A2
4 Ringobako........................A2
Shinsen Ichiba........................(siehe 4)

Ausgehen & Nachtleben
5 A-Factory........................A2

Praktisches
6 Touristeninformationszentrum im Bahnhof Aomori........................A2
7 Touristeninformationszentrum im Bahnhof Shin-Aomori........................A2

FLUGZEUG

Vom Flughafen Aomori, 11 km südlich vom Zentrum, gehen Flüge nach Tokio, Osaka, Sapporo und Seoul. Die Flughafenbusse sind auf die Starts und Landungen abgestimmt und fahren vor dem JR-Bahnhof Aomori von der Haltestelle 11 ab (700 ¥, 40 Min.).

SCHIFF/FÄHRE

Fähren der **Sii Line** (シィライン; Karte S. 576; ☎ 017-722-4545; www.sii-line.co.jp) starten zweimal täglich vom Fährterminal Aomori-kō Ryokyaku Fune (青森港旅客船ターミナル) nach Wakinosawa (2610 ¥, 1 Std.).

Tsugaru Kaikyō (津軽海峡; ☎ 017-766-4733; www.tsugarukaikyo.co.jp) betreibt ganzjährig täglich acht Fähren zwischen Aomori und Hakodate (ab 2220 ¥, 3 Std.). Abfahrt ist am Fährterminal Aomori (青森フェリーターミナル) im Westen der Stadt, mit dem Taxi braucht man vom Bahnhof Aomori zehn Minuten dorthin (ca. 1600 ¥).

ZUG

Der Tōhoku-*shinkansen* (Schnellzug) fährt etwa stündlich vom Bahnhof Tokio über Sendai und Morioka zur Endstation am Bahnhof Shin-Aomori (17 350 ¥, 3½ Std.).

Futsū, Nahverkehrszüge der JR-Ōu-Hauplinie verbinden Aomori mit Shin-Aomori (190 ¥, 5 Min.) und Hirosaki (670 ¥, 45 Min.). Einige *tokkyū* (Expresszüge) der JR-Tsugaru-*Linie* pendeln auf derselben Strecke täglich zwischen Aomori und Akita (5400 ¥, 3 Std.).

Auf der JR-Tsugaru-Kaikyō-Linie verkehren stündlich *tokkyū*-Züge zwischen Aomori und Hakodate auf Hokkaidō (3240 ¥, 2 Std.), die Fahrt führt durch den Seikan-Tunnel.

Ein täglicher *kaisoku*-Expresszug auf der JR-Ōminato-Linie verbindet Aomori mit Shimokita (2700 ¥, 1½ Std.). Alternativ kann man einen privaten Aoimori-Tetsudō-*futsū* nehmen und in Noheji in den JR-Ōminato-Zug (2180 ¥, 1¾ Std.) umsteigen.

Unterwegs vor Ort

Shuttlebusse (eine Fahrt/Tageskarte 200/500 ¥) drehen eine Runde durch die Stadt und kommen an den Bahnhöfen Shin-Aomori und Aomori, am Fährterminal Aomori und an den meisten Sehenswürdigkeiten vorbei. Sie fahren zwar nicht so direkt wie die städtischen Busse, sind aber die preiswerteste Art der Fortbewegung in der Stadt. Die Busse starten am Terminal von **Aomori City Buses** (Karte S. 576) und halten unterwegs an mehreren kleinen Stationen.

Hirosaki 弘前

☎ 0172 / 176 590 EW.

Die geheimnisvolle historische Stadt Hirosaki stellt zu Recht den Anspruch, die Kulturhauptstadt der Präfektur zu sein – denn sie hat mehr zu bieten als die nichtssagende Hauptstadt, die nur einige Zugstationen weiter liegt. Hirosaki erstreckt sich vorm Hintergrund des eindrucksvollen Iwaki-san (S. 579) und hat eine junge, quirlige Atmosphäre, die über ihre feudale Vergangenheit unter dem Tsugaru-Clan hinwegtäuscht. Ihre halb ländliche Lage, gepaart mit wunderschönen Parks, einem prachtvollen Tempeldistrikt und weitverzweigten Gassen, in denen sich eine lebendige Geschichte entdecken lässt, sowie die schicken Modeboutiquen und stilvolle Architektur hinterlassen einen bleibenden Eindruck.

Sehenswertes

Apfelplantage PARK
(リンゴ公園; ☎0172-36-7439; www.city.hirosaki.aomori.jp/ringopark/; Shimizu Tomita Aza Terasawa 125; ⏲Apfelsaison Aug.–Nov.;) In der Apfelsaison ist ein Ausflug zu dieser immer noch aktiven Plantage mit königlichem Blick auf den Iwaki-san (S. 579) ein großer Spaß für die ganze Familie! Besucher pflücken so viele Äpfel wie nur möglich (2 kg für 200 ¥) – sie sind wirklich köstlich! Man kann hier auch Fahrräder leihen, es ist aber wohl praktischer, mit einem Mietwagen oder ab dem Bahnhof mit dem Bus anzureisen. Nähere Informationen auf der Website.

Hirosaki-kōen PARK
(弘前公園; Karte S. 578) Der weitläufige öffentliche Park ist ideal zum Picknicken. Im Lauf der Jahrhunderte hat er sich aus drei Burggräben entwickelt und ist heute mit mehr als 5000 ausladenden Kirschbäumen bepflanzt, die Ende April oder Anfang Mai blühen. In der Mitte der Anlage stehen die Ruinen der Burg Hirosaki-jō.

Fujita Memorial Garden GARTEN
(藤田記念庭園; Karte S. 578; ☎0172-37-5525; 8-1 Kamishiro-gane; Erw./Kind 310/100 ¥; ⏲April–Nov. Di–So 9–17 Uhr) Dieses Haus mit Garten gehörte einmal der reichen Familie Fujita. Auch heute noch ist der beispielhaft gepflegte japanische Garten – der zweitgrößte in Tōhoku – eine Augenweide. In ihm befinden sich noch ein bezauberndes Teehaus und eine Villa im westlichen Stil aus der Meiji-Zeit, die heute ein Café mit einem Klavierflügel beherbergt.

Neputa Mura BEMERKENSWERTES BAUWERK
(ねぷた村; Karte S. 578; ☎0172-39-1511; 61 Kamenoko-machi; Erw./Kind 550/350 ¥; ⏲9–17 Uhr) Hier können Besucher die Neputa-Festwagen von Hirosaki bewundern und sich an der gigantischen *taiko* (Trommel) versuchen. Ausstellungen zeigen örtliches Kunsthandwerk. Das Zentrum liegt einen kurzen Fußweg von der Haltstelle Bunka Center des Dote-machi-Loop-Busses entfernt.

Chōshō-ji BUDDHISTISCHER TEMPEL
(長勝寺; ☎0172-32-0813; 1-23-8 Nishi-Shigemori; Eintritt 300 ¥; ⏲9–16 Uhr) Zehn Gehminuten südwestlich der Burgruinen liegt ein stimmungsvoller Tempelbezirk, der Besucher in die Feudalzeit zurückversetzt. Oben auf dem Berg befinden sich im Tempel Chōshō-ji das älteste Holzgebäude der Präfektur Aomori und ganze Reihen von Mausoleen für die Herrscher des Tsugaru-Clans. Der Blick zum Iwaki-san (S. 579) von dem beeindruckenden Stupa rechts des Haupttempels ist herrlich.

Hirosaki-jō BURG
(弘前城; Karte S. 578; 300 ¥; ⏲April–Nov. 9–17 Uhr) Im Herzen von Hirosaki-kōen stehen die antiken Ruinen der 1611 erbauten Burg Hirosaki-jō. Leider wurde sie nur 16 Jahre nach ihrem Bau von einem Blitz getroffen und brannte vollständig nieder. Zwei Jahrhunderte später wurde einer der Ecktürme wiederaufgebaut und beherbergt heute ein kleines Museum, in dem Samurai-Waffen ausgestellt sind.

Feste & Events

Hirosaki Neputa Matsuri PARADEN
(弘前ねぷたまつり; ⏲1.–7. Aug.) Hirosakis Neputa Matsuri ist für seine beleuchteten Festwagen berühmt, die abends zum Klang von Flöten und Trommeln durch die Stadt ziehen. Das Fest symbolisiert die zeremonielle Vorbereitung auf eine Schlacht und verleiht den Empfindungen der Tapferkeit für das Bevorstehende und des Kummers über das Zurückliegende Ausdruck.

Schneelaternenfest auf der Burg Hirosaki LICHTERFEST
(ひろさきじょ　ゆきどうろう　まつり; ⏲Feb.) Im Hirosaki-kōen (S. 577) erhellen im Februar über 200 Schneelaternen und 300 Mini-Iglus die Winternächte.

Schlafen

★**Ishiba Ryokan** RYOKAN ¥
(石場旅館; Karte S. 578; ☎0172-32-9118; www.ishibaryokan.com; 55 Mototera-machi; Zi. ab 4860 ¥ pro Pers.;) Ishiba ist der einzige gute *ryokan* in Hirosaki, aber er bietet zum Glück ein ausgezeichnetes Preis-Leistungs-Verhältnis. In dem Gebäude aus dem 19. Jh., das nur einen Block von der Burg entfernt liegt, befinden sich helle, große Tatamizimmer mit schönen Bodenmatten und edlen Vorhängen. Die Zimmer blicken auf einen hübschen Garten, in dem viele Bäume stehen. Es werden auch Mahlzeiten serviert, außerdem gibt's einen Fahrradverleih.

Hirosaki

Hirosaki

Sehenswertes
1 Fujita Memorial Garden A2
2 Hirosaki-jō A1
3 Hirosaki-kōen B1
4 Neputa Mura B1

Schlafen
5 Dormy Inn Hirosaki B2
6 Ishiba Ryokan B2
7 Super Hotel Hirosaki C3

Essen
8 Curry House Hōryū D3
9 Kadare Yokochō B2
10 Kikufuji C2
11 Manchan B2
12 Yamakazi B2

Ausgehen & Nachtleben
13 Robbin's Nest D3

Shoppen
14 Tanaka-ya B2

Super Hotel Hirosaki BUSINESSHOTEL ¥¥
(スーパー ホテル弘前; Karte S. 578; ☎ 0172-35-9000; 148 Dote-machi; EZ/DZ 6200/9500 ¥; P ❄ 📶) Das diskrete Business-Hotel befindet sich im angesagten Teil von Dote-machi. Hinter der fantasielosen grauen Fassade warten viele persönliche Extras auf die Gäste, z. B. leckere Mahlzeiten, ein kleines Onsen, ein Fahrradverleih und ein unkomplizierter Check-in. Eines der besten Hotels der Stadt.

Dormy Inn Hirosaki HOTEL ¥¥
(ドーミーイン弘前; Karte S. 578; ☎ 0172-37-5489; www.hotespa.net/hotels/hirosaki; 71-1 Hon-machi; EZ/DZ ab 8700/10 200 ¥) Sehr schön auf einem Hügel bei Hirosaki-kōen (S. 577) gelegen bietet dieses bunte Gästehaus von seinem Onsen und *rotemburo* (Freibad) auf der Dachterrasse einen herrlichen Ausblick. Ganz in der Nähe befindet sich ein quirliges Ausgehviertel. Die Zimmer sind makellos und funktional; von 21 bis 23 Uhr wird kostenlos *rāmen* serviert. Das Hotel ist nur eine kurze Taxifahrt vom Bahnhof entfernt.

Essen & Ausgehen

Die besten Restaurants befinden sich an der Dote-machi.

Hirosaki hat interessante Bars und Clubs zu bieten; an den Wochenenden herrscht hier eine fröhliche, quirlige Atmosphäre.

An den Fassaden und Straßenlaternen entlang der Dote-machi hängen viele Plakate mit den aktuellsten Clubnächten.

★ Kadare Yokochō FOODCOURT ¥

(かだれ横丁; Karte S. 578; ☎ 0172-38-2256; www.kadare.info; 2-1 Hyakkoku-machi; ⊙ 11–14 Uhr; ✎) In diesem unauffälligen Bürogebäude verstecken sich gleich acht winzige Restaurants, die abends zu Bars umfunktioniert werden, es ist somit ein lebhafter Treffpunkt der Einheimischen. Abends kommen auch viele Studenten hierher. Besonders empfehlenswert ist das Hinata-bokko (日向ぼっこ) mit den orangefarbenen *noren*-Vorhängen, das tolle Varianten von *hotate misoyaki* (gegrillte Jakobsmuscheln in Miso; 600 ¥) und *ikamenchi* (fein gehackter, gebratener Tintenfisch; 400 ¥) serviert. Im nepalesischen Curry House gibt's ein gutes Gemüse-*thali* (800 ¥).

Curry House Hōryū JAPANISCHES CURRY ¥

(カレーハウス芳柳; Karte S. 578; ☎ 0172-33-2189; 2-1-2 Ōmachi; Mahlzeiten 600–800 ¥; ⊙ 11–15 & 17–20.30 Uhr) Seit 50 Jahren serviert das Restaurant süße cremige Currys, die wahre Meisterwerke an Würze und Konsistenz sind – und außerdem superbillig. Trotz seiner ruhigen Lage ist es immer gut gefüllt. Die Speisekarte ist leicht zu verstehen: Es gibt nur sechs Gerichte und ein Tagesmenü – alles Currys. Achtung: Das „vegetarische" Curry wird in Schweinefond gebraten.

Manchan CAFÉ ¥

(万茶ン; Karte S. 578; ☎ 0172-35-4663; 36-6 Dote-machi; Dessert ab 600 ¥; ⊙ 11–18.30 Uhr) Das altmodische Kuchen- und Teelokal wurde 1929 gegründet und gilt als das älteste Café in Tōhoku. Beim Genuss des berühmten Apfelkuchens mit Sahne kann man die Künstler beobachten, die im Café sitzen und schreiben (oder am Computer tippen). Auf das Cello vor der Tür achten.

Kikufuji JAPANISCH ¥¥

(菊富士; Karte S. 578; ☎ 0172-36-3300; www.kikufuji.co.jp; 1 Sakamoto-chō; Mahlzeiten ab 900 ¥; ⊙ 11–15.30 & 17–21 Uhr) Ein sehr authentisches lokales Restaurant, das herzhafte Eintöpfe, Schmorgerichte und leckere Meeresfrüchte serviert. Es gibt eine umfangreiche Karte für Aomori-Sake, der auch als *otameshi* (Probierset) mit drei Sorten serviert wird. Papierlaternen und Volksmusik sorgen für eine schöne Atmosphäre, ohne dabei kitschig zu wirken. Auf das vertikale weiße Schild davor achten!

Yamakazi MODERN FRANZÖSISCH ¥¥¥

(やまかじ; Karte S. 578; ☎ 0172-38-5515; 41 Oyakata-machi; 5-Gänge-Menü ab 5000 ¥; ⊙ 10–22 Uhr) Tagsüber eine Patisserie, abends ein unkonventionelles französischen Restaurant. An der Bar trinken einzelne Gäste Kaffee, während die anderen köstliche Fünf-Gänge-Menüs an rot gedeckten Tischen genießen. Die Mitarbeiter sprechen

IWAKI-SAN & SHIRAKAMI-SANCHI

Hoch über Hirosaki erhebt sich der heilige Iwaki-san (岩木山; Mt. Iwaki; 1625 m), der aus manchen Blickwinkeln sehr an den Fuji-san erinnert und manchmal zum Anfassen nah erscheint. Vom Bahnhof Hirosaki fahren täglich Busse zum **Iwaki-san-jinja** (岩木山神社; 720 ¥, 40 Min., April–Okt.), wo es Tradition ist, zuerst ein Opfer darzubringen, bevor man versucht, den Gipfel zu erklimmen. Der Blick von oben ist wunderbar! Hinunter führt ein anderer Weg am kleineren Gipfel des **Tori-no-umi-san** (鳥ノ海山) vorbei zum Dorf **Dake-onsen** (岳温泉). Von dort fahren sporadisch Busse zurück nach Hirosaki (1050 ¥, 1 Std.). Die gesamte 9 km lange Wanderung dauert etwa sieben Stunden.

Zum letzten Mal ausgebrochen ist der Iwaki-san im Jahr 1863.

Südwestlich des Iwaki-san liegt der **Shirakami-sanchi** (白神山地), ein Urwald aus Kerbbuchen, der als UNESCO-Weltnaturerbe geschützt ist. Von der Bushaltestelle im Dorf Anmon Aqua führt ein einstündiger Weg in den Wald und zu den drei **Anmon-Wasserfällen** (暗門の滝; Anmon-no-taki), deren größter 42 m hoch ist. Dieser Teil des Parks ist eine Pufferzone, die Besucher ohne Genehmigung betreten dürfen. Vom Busbahnhof Hirosaki fahren jeden Morgen zwei Busse zum Dorf Anmon Aqua (einfach/hin & zurück 1650/2470 ¥, 1½ Std., Mai–Okt.) und am Nachmittag zwei zurück.

Wer einen dieser Ausflüge machen möchte, sollte sich bei den hilfsbereiten Mitarbeitern in der Touristeninformation Hirosaki (S. 580) nach Karten und Fahrplänen erkundigen.

ABSTECHER

AONI-ONSEN

Rustikaler, romantischer und einsamer als im **Rampu-no-yado** (ランプの宿; ☎0172-54-8588; www.yo.rim.or.jp/~aoni; 1-7 Aoni-sawa, Taki-no-ue, Okiura, Kuroishi; Zi. mit 2 Mahlzeiten ab 9870 ¥, Tagesbesucher Bad 520 ¥; ⊙Tagesbesuch 10–15 Uhr; P) im kleinen Aoni-Onsen (青荷温泉) geht's kaum. Er liegt tief im Tal und ist von stark bewaldeten Bergen umgeben – der ultimative Zufluchtsort, um der Zivilisation und dem modernen Alltag zu entfliehen. Alle Flure werden mit Öllampen *(rampu)* beleuchtet, obwohl es in den einfachen Tatamizimmern mittlerweile auch Strom gibt. Wenn die Sonne untergeht und die Sterne sich am Himmel zeigen, entspinnt sich eine magische Stimmung. Kamera und Stativ bereithalten!

Zahlreiche Innenbäder und *rotemburo (Außenbäder) verteilen sich* auf mehrere kleine Holzhütten zu beiden Seiten des Flusses, den eine Fußgängerbrücke überquert. Da es keinerlei andere Zerstreuung gibt, hat man genügend Zeit, zu baden und an die wichtigen Dinge des Lebens zu denken.

Das gemeinschaftliche Abendessen schmeckt ausgezeichnet: Auf den Tisch kommen herzhafte, gesunde, vorwiegend vegetarische lokale Produkte.

Aoni-Onsen liegt an der Route 102 zwischen Hirosaki und dem Towada-ko. Wer kein Auto hat, muss sich schon anstrengen, um mit öffentlichen Verkehrsmitteln hinzukommen. Man nimmt die private Kōnan-Tetsudō-Linie von Hirosaki nach Kuroishi (460 ¥, 30 Min), steigt in einen Kōnan-Bus um und fährt bis Niji-no-ko (830 ¥, 30 Min.). Von hier fahren kostenlose Shuttlebusse nach Aoni-Onsen (30 Min., 4-mal tgl.). Von Dezember bis März ist die schmale Straße, die zum Aoni-Onsen hinunterführt, für private Fahrzeuge gesperrt.

Reservierung im Voraus ist ein Muss!

nur begrenzt Englisch, aber die Zutaten stammen aus der Region und bestehen meist aus Schweinefleisch, Hühnchen und frischem Gemüse. Auch die Desserts sind superlecker.

Robbin's Nest PUB
(ロビンズネスト; Karte S. 578; ☎090-6450-1730; www.robbins-nest.jp; 1-3-16 Ōmachi; ⊙17 Uhr–open end) Hervorragende japanische Variante eines britischen Pubs: Es ist eng und kostet keinen Eintritt (außer manchmal, wenn Bands auftreten), es gibt häufig Livemusik, das Guiness kommt vom Fass und ein paar Tische stehen (im Sommer) im Freien.

Shoppen

Tanaka-ya KUNST & KUNSTHANDWERK
(田中屋; Karte S. 578; ☎0172-33-6666; www.tugarunuri.jp; Ichiban-chō-kado; ⊙10–19 Uhr) Verkauft hochwertige Arbeiten örtlicher Kunsthandwerker. Sie sind nicht billig, doch ein Besuch lohnt sich auch, um einfach nur einen Blick auf die farbenfrohen *tsugaru-nuri* (Lackwaren der Region Tsugaru) zu werfen, die vor Ort hergestellt werden. Auf der Straße gegenüber hat noch eine zweite Filiale eröffnet.

Praktische Informationen

Sehenswürdigkeiten-Informationszentrum Hirosaki (弘前市立観光館; Karte S. 578; ☎0172-37-5501; www.en-hirosaki.com; 2-1 Shimoshirogane-chō; ⊙9–18 Uhr) Befindet sich im Kankōkan (Tourismusgebäude). Man kann Fahrräder ausleihen und alle möglichen englischsprachigen Broschüren mitnehmen. Unbedingt den Platz und seine Umgebung besuchen!

Touristeninformation am Bahnhof Hirosaki (弘前市観光案内所; Karte S. 578; ☎0172-26-3600; ⊙8.45–18 Uhr; 📶) Im Erdgeschoss des JR-Bahnhofs Hirosaki. Am besten lässt sich die Stadt per Fahrrad erkunden. Hier kann man für eine Stunde (200 ¥) oder einen Tag (500 ¥) Räder ausleihen. Die Mitarbeiter sind sehr hilfsbereit.

An- & Weiterreise

Auf der JR-Ōu-Hauptlinie verkehren stündlich *tokkyū* zwischen Aomori und Hirosaki (670 ¥, 50 Min.) sowie zwischen Hirosaki und Akita (4450 ¥, 2 Std.).

Der JR-Busbahnhof (Karte S. 578) befindet sich direkt gegenüber vom JR-Bahnhof Hirosaki und bietet Busse in viele japanische Städte.

Der Tsugaru Free Pass (Erw./Kind 2060/1030 ¥) gilt an zwei aufeinanderfolgenden Tagen in den Bussen und Zügen der Gegend, einschließlich Fahrten zum Iwaki-san und Shirakami-sanchi sowie zu einigen guten nahegelegenen Onsen. Nähere Infos bekommt man in der **Touristeninformation am Bahnhof Hirosaki**.

Unterwegs vor Ort

Der Dote-machi-Loop-Bus (100 ¥ pro Fahrt) startet am JR-Bahnhof Hirasaki und dreht eine Runde durch das Stadtzentrum.

Am Busbahnhof Hirosaki (Karte S. 578), der 200 m westlich vom Westausgang des JR-Bahnhofs liegt, fahren verschiedene Stadtbusse ab.

In den Touristeninformationen kann man von Mai bis November Fahrräder ausleihen (500 ¥ pro Tag, 9 bis 17 Uhr).

Towada-ko 十和田湖

0176 / 6000 EW.

Der Towada-ko liegt von einer felsigen Küste und dichten Wäldern umrahmt im Towada-Hachimantai-Nationalpark und ist der größte Kratersee in Honshū (mit 52 km Umfang). Er ist eine herrliche Naturattraktion für Leute, die Ruhe suchen und im Sommer ungestört schwimmen wollen. Im Nationalpark kam es einst zu zahlreichen Vulkanausbrüchen; heute brodelt hier nur noch der Oirase Keiryū (Gebirgsfluss), der in vielen Windungen Richtung Pazifik fließt. Im Haupttouristenort Yasumiya verlangsamt sich der Puls so sehr, dass man sich wie eine der prähistorischen Amöben am Seeufer fühlt.

Aktivitäten

Oirase Keiryū WANDERN

(奥入瀬渓流; Karte S. 581) Rauschende Wasserfälle, ausgewaschene Schluchten und sprudelnde Stromschnellen prägen diesen kurvenreichen Fluss. Eine einfache Wanderung führt von Nenokuchi, einem kleinen Touristenort am Ostufer des Sees, 14 km am Fluss entlang bis nach Yakeyama; von dort fahren relativ häufig Busse zurück nach Nenokuchi (680 ¥, 30 Min.) oder nach Yasumiya (1200 ¥, 1 Std.).

Die gesamte Wanderung dauert nur drei Stunden; wer früh am Morgen oder am späten Nachmittag aufbricht, geht langsamen Reisegruppen aus dem Weg.

Geführte Touren

Towada-ko BOOTSFAHRTEN

(十和田; Karte S. 581; 8–16 Uhr) Eine Vorstellung von der gewaltigen Größe des Sees bekommt man bei einer 40-minütigen landschaftlich reizvollen Bootsfahrt ab Yasumiya

Towada-ko

Towada-ko

Aktivitäten, Kurse & Touren
1 Oirase Keiryū B1
2 Towada-ko A3

Schlafen
3 That Sounds Good B2
4 Towada Hotel A2
5 Towadako Backpackers B2
6 Towadako-Oide-Campingplatz A3

(April–Nov. 1440 ¥). Zwischen Yasumiya und Nenokuchi pendelt auch eine Fähre (1400 ¥). In der Nähe der Anlegestelle werden Ruder- und Paddelboote verliehen.

Schlafen & Essen

Im August (Sommerferien in Japan) und Ende Oktober, wenn das Laub sich rot färbt, steigen die Hotelpreise drastisch an.

Am Busbahnhof Towado-ko in Yasumiya gibt's ein paar einfache Restaurants und einen Lebensmittelladen. Am besten isst man in der eigenen Unterkunft.

Towadako Backpackers HOSTEL ¥

(十和田湖バックパッカーズ; Karte S. 581; 0176-75-2606; www.laketowada.wordpress.com; 116-201 Yasumiya, Towada-ko; B/EZ mit 2 Mahlzeiten 4000/6000 ¥; P @) Unscheinbares Hostel mit einer tollen einladenden Atmosphäre. Die Gemeinschaftsbäder sind sauber und geräumig, die im westlichen Stil eingerichteten Schlafsäle komfortabel, wenn auch ein wenig überfüllt – die Zweibetthütten haben uns besser gefallen. Unschlagbar ist aber die Lage: Der See ist nur zehn Gehminuten vom Towadako entfernt. Außerdem werden kostenlos Fahrräder verliehen.

Towadako-Oide-Campingplatz CAMPINGPLATZ ¥
(十和田湖生出キャンプ場; Karte S. 581; ☎ 0176-75-2368; www.bes.or.jp/towada/camp.html; 486 Yasumiya, Towada-kohan; 300 ¥ pro Pers., Stellplatz ohne/mit Strom 200 ¥/3000 ¥; ⏰ 25. April–5. Nov.; P) Der hübsche Campingplatz am Fluss hat sehr gepflegte Einrichtungen und verleiht Ausrüstung (Zelte etc.).

★ **That Sounds Good** PENSION ¥¥
(ペンションサウンズグッド; Karte S. 581; ☎ 0187-43-0127; www.hana.or.jp/~takko; 160-58 Kata-mae; Zi. mit Frühstück ab 6200 ¥ pro Pers.; P ❄ 🛜) Neben ruhigen Hütten mit Privatbädern gibt's hier auch schickere Lofts auf zwei Etagen, in denen man das Schnarchen der anderen Gäste hören kann. Lebhaft geht es um die offene Café-Bar zu, wo Mahlzeiten serviert werden. Von dort wabern am Wochenende jazzige Klangwellen über den Tazawa-ko. Ein Ort mit kosmopolitischem Flair!

Auf Wunsch wird man vom Bahnhof abgeholt. Herkommen, abschalten und entspannen – warum nicht gleich für ein paar Tage?

★ **Oirase Keiryū Hotel** HOTEL ¥¥
(奥入瀬渓流ホテル; ☎ 0176-74-2121; www.oirase-keiryuu.jp; 231 Tochikubo, Oirase; Zi. mit 2 Mahlzeiten ab 12 500 ¥ pro Pers.; P 🛜) Am Startpunkt des wundervollen Wanderwegs zum Oirase Keiryū (S. 581) liegt eines unserer Lieblingshotels in der Stadt. Hier kann man sich nach einem langen Wandertag herrlich in den zahlreichen holzverkleideten Onsen am Fluss entspannen. Die Zimmer bieten eine Mischung aus japanischem und westlichem Dekor, und die Mahlzeiten werden in einer lichtdurchfluteten Hartholz-„Kathedrale" mit Waldblick eingenommen.

Auf Wunsch wird man kostenlos vom Bahnhof Shin-Aomori abgeholt. Alles in allem ein außergewöhnlich gutes Preis-Leistungs-Verhältnis.

Towada Hotel HOTEL ¥¥
(十和田ホテル; Karte S. 581; ☎ 0176-75-1122; www.towada-hotel.com; Namariyama, Kosaka-machi; Zi. mit 2 Mahlzeiten ab 15 500 ¥ pro Pers.; P) Das Hotel Towada stammt aus der Zeit vor dem Zweiten Weltkrieg. Die offenen Balken seiner grandiosen Lobby reichen bis hinauf zur von Kronleuchtern erhellten Decke. Im historischen Hauptgebäude gibt's elegante renovierte Zimmer im japanischen Stil (mit Bad oder ohne), während die Zimmer im westlichen Stil im neueren Anbau vergleichsweise charakterlos wirken. Alle Räume haben Seeblick, auch die Gemeinschaftsbäder. Das Abendessen ist köstlich.

Vom Hotel führt ein Wanderweg zum entlegenen Südwestufer des Sees.

ℹ Praktische Informationen

Touristeninformation (十和田湖総合案内所; Karte S. 581; ☎ 0176-75-2425; ⏰ 8–17 Uhr) Neben dem Busbahnhof in Yasumiya, hat Broschüren in englischer Sprache.

ℹ Anreise & Unterwegs vor Ort

Wer in Aomori oder Hirosaki ein Auto mietet, hat am meisten von einem Besuch in dieser pittoresken und entlegenen Region. Die Route 103 verläuft südlich von Aomiri nach Towada-ko.

JR-Busse fahren von Aomori über Yakeyama (2300 ¥, 2 Std.) nach Towada-ko-eki in Yasumiya (1000 ¥, 3 Std.); der Fahrplan hängt stark von der Saison ab, im Winter gibt's selten Verbindungen.

Rund um den See verkehren einige lokale Busse, allerdings so unregelmäßig, dass sich ein eigenes Fahrzeug hier wirklich lohnt.

Hakkōda-san 八甲田山

☎ 017

Honshūs nördlichste Vulkankette ist von Mai bis Oktober ein Paradies für Wanderer, während echte Profis im Winter in der herrlich unerschlossenen Region abseits der Pisten Ski fahren und snowboarden. Nach dem Skifahren kann man sich im Sukayu, dem besten Onsen Tōhokus, wunderbar aufwärmen.

Hakkōda-san ist eine Region mit trauriger Geschichte. 1902 geriet ein Regiment mit 210 japanischen Soldaten bei einer Winterübung plötzlich in einen schweren Schneesturm. Nur elf Männer überlebten, und mit dieser Tragödie grub sich Hakkōda-san tief in die japanische Seele ein.

Sehenswertes & Aktivitäten

Seilbahn Hakkōda SEILBAHN
(八甲田山ロープウェー; ☎ 017-738-0343; www.hakkoda-ropeway.jp; 1-12 Kansuizawa, Arakawa; einfach/hin- & zurück 1180/1850 ¥; ⏰ 9–16.20 Uhr)

DELIKATESSEN IM HOHEN NORDEN

In der Küche von Tōhoku stehen einfache saisonale Genüsse im Vordergrund: die Früchte von Land und Meer.

- **gyū-tan** (牛タン) Rinderzunge, auf Holzkohle gegrillt (Sendai).
- **Yonezawa-gyū** (米沢牛) Erstklassiges Rindfleisch aus Yonezawa.
- **kiritanpo-nabe** (きりたんぽ鍋) Gekneteter Reis, der um Bambusspieße gewickelt, dann über einem Holzkohlefeuer gegrillt und in einem Hühnereintopf mit Sojasoße und Gemüse serviert wird (Akita).
- **inaniwa udon** (稲庭うどん) Ungewöhnlich dünne Weizennudeln (Akita).
- **wanko-soba** (わんこそば) All-you-can-eat-Nudeln (Morioka).
- **jaja-men** (じゃじゃ麺) Flache Weizennudeln mit Gurkenscheiben, Misopaste und Hackfleisch (Morioka).

kamaboko (かまぼこ) Paste aus gedünstetem Fisch (Sendai).

Die Präfektur Aomori ist berühmt für ihre Meeresfrüchte:

- **uni** (うに) Seeigelrogen.
- **hotate** (ホタテ) Jakobsmuscheln.
- **maguro** (まぐろ) Thunfisch: Den besten des Landes soll es im Dorf Ōma an der Spitze Honshūs geben.

Wer die alpine Landschaft genießen möchte, ohne sich den steilen Aufstieg anzutun, kommt mit dieser reizvollen Seilbahn in Windeseile auf den Gipfel des Tamoyachi-dake (田茂萢岳; 1324 m). Oben erstreckt sich ein ausgefeiltes Wanderwegenetz. Puristen ziehen allerdings die Tagesrundwanderung vor, die am Sukayu-Onsen *ryokan* beginnt und endet.

★ Hakkōda-san WANDERN

(八甲田山) Hakkōda-sans zermürbende, aber lohnende 12 km lange Tageswanderung beginnt in der Nähe des Sukayu *ryokan* im Schatten des **Ōdake** (大岳; 1584 m). Der Kammweg verläuft weiter zum Ido-dake (井戸岳; 1550 m) und zum Akakura-dake (赤倉岳; 1548 m) und auf einem Abzweig schließlich zum Tamoyachi-dake (田茂萢岳; 1326 m), von wo aus man mit der Seilbahn wieder zum Sukaya *ryokan* zurückkommt.

Anfangs führt der Pfad relativ eben durch Sumpfgebiete, wird dann jedoch immer steiler: gute Kondition und etwas Wandererfahrung sind empfehlenswert. Wer seine Wanderung auf Mitte bis Ende Oktober legt, sollte seine Kamera bereithalten, um das herrlich bunte Herbstlaub zu fotografieren.

Hakkōda Ski-Park WINTERSPORT

(八甲田スキー場; ☎017-738-0343; www.hakkoda-ropeway.jp; Fünferkarte 5050 ¥; ⏲9–16.20 Uhr) Der kleine, verschneite Tamoyachi-dake (田茂萢岳; 1324 m) ist kein besonders anspruchsvolles Skigebiet. Er hat zwei offizielle (mittelschwere) Abfahrten, die am oberen Ende der Hakkōda-Seilbahn beginnen. Die längere – der 5 km lange **Forest Course** – führt auch durch die Baumwipfel und beinhaltet einige sehr rasante Abschnitte, die sich nur für Profis eignen. Aber Vorsicht: Die Wetterbedingungen können sich hier ganz plötzlich verschlechtern und man verirrt sich leicht.

Im Frühling sind hier zahlreiche Skitouren in unmarkiertem Gelände möglich, bis hin zu einigen der benachbarten Gipfel. Aber selbst erfahrene Alpinisten sollten in nicht gespurtes Gelände nur mit ortskundigen Führern aufbrechen. An den Seilbahnstationen kann man Skiausrüstung leihen (3500 ¥ pro Tag) und es gibt dort auch ein paar Restaurants, die abends geöffnet sind.

Schlafen & Essen

Wer in der Region wandern will, sollte dafür genug Verpflegung mitnehmen; die meisten Unterkünfte stellen gute Mahlzeiten bereit.

Sukayu-Campingplatz CAMPINGPLATZ ¥

(酸ヶ湯キャンプ場; ☎017-738-6566; www.sukayu.jp/camp; Camping 500 ¥ pro Pers., Stellplatz ab 500 ¥; ⏲Ende Juni–Ende Okt.; Ⓟ) Ein guter Platz zum Zelten mit sauberen Gemeinschaftseinrichtungen und Leihausrüstung. Er liegt am Ende einer kleinen Zufahrtstraße direkt südlich vom Sukayu-Onsen *ryokan*.

★ Sukayu-Onsen Ryokan RYOKAN ¥¥

(酸ヶ湯温泉; ☎017-738-6400; www.sukayu.jp; Zi. mit 2 Mahlzeiten ab 12 000 ¥ pro Pers., Tagesbesucher Bad 610 ¥; ⏰Tagesbesuch Bad 7–17.30 Uhr; Ⓟ) Sukayus grottenartiges Badehaus scheint einem *ukiyo-e*-(Holzschnitt) entsprungen zu sein und ist ein Genuss für alle Sinne. Das Wasser ist heiß, säure- und schwefelhaltig (man sollte es nicht in die Augen bekommen). Einmalig, wie die Hitze in alle Poren eindringt! Übrigens: Das Hauptbad ist *konyoku* (gemischt). Die Zimmer des weitläufigen altmodischen japanischen Gasthofs sind einfach, aber komfortabel und haben Gemeinschaftsbäder.

Hakkōda Hotel HOTEL ¥¥¥

(八甲田ホテル; ☎017-728-2000; www.hakkodahotel.co.jp; 1 Minami-arakawayama, Arakawa; EZ/DZ mit Frühstück ab 17 000/26 000 ¥) Die riesigen Zimmer dieser Berglodge ziehen erschöpfte Wintersportler an, die ihre Bretter abstellen, todmüde umfallen und abends wieder aufwachen, um wie Könige zu schlemmen. Das Hotel ist offen und geräumig; es liegt in der Nähe der besten Wanderwege Hakkōdas. Großartig für hungrige Skifahrer im Winter und Wanderer im Sommer. Es ist nicht billig, aber man kann Geld sparen, wenn man sich abends selbst verpflegt.

An- & Weiterreise

JR-Busse starten vor dem JR-Bahnhof Aomori an der Haltestelle 11 und halten an der Station Hakkōda Ropeway (1100 ¥, 50 Min.), und anschließend beim Sukayu-Onsen (1350 ¥, 1 Std.). Von dort fährt der Bus weiter nach Towada-ko (2070 ¥, 1½ Std.). Die Busfahrzeiten sind saisonabhängig.

Halbinsel Shimokita
下北半島

☎0175

Die wilden, kurzbeinigen Pferde, zerklüfteten Felsformationen und ihre bewegte Geschichte verleihen der entlegenen, axtförmigen Shimokita-hantō ein legendäres Flair. Scharen pechschwarzer Raben kreisen über den schwefligen Flüssen der Gegend, durch die – wie die Einwohner glauben – rastlose buddhistische Seelen streifen; auf der Halbinsel befindet sich auch ein bedeutender buddhistischer Schrein, der von vielen Japanern besucht wird.

Auf der Halbinsel gibt's drei große Städte: Mutsu (erreicht man mit dem Auto oder Zug als Erstes), Wakinosawa (dort kommt man mit der Fähre an) und Ōma am äußersten nördlichen Punkt des japanischen Festlands (hierher kommt man mit Auto oder Bus). In jedem Fall eine lange und zeitintensive Anreise. Das Zentrum der Region bildet der Osore-zan (恐山; 874 m), ein inaktiver Vulkan, der als einer der heiligsten Orte Japans gilt.

Sehenswertes & Aktivitäten

★ Osorezan-bodaiji BUDDHISTISCHER TEMPEL

(恐山菩提寺; ☎0175-22-3825; Eintritt 500 ¥; ⏰Mai–Okt. 6–18 Uhr; Ⓟ) Dieser heilige Schrein oben auf dem Gipfel des Osore-zan ist ein sehr bewegender schöner Ort mit faszinierender Atmosphäre, an dem Jizō Bosatsu verehrt wird, der Beschützer der Kinder und ein sehr beliebter Gott in der japanischen Mythologie. Hier soll auch das Tor zur Hölle liegen: ein kleiner Gebirgsbach, der in den schönen Kratersee Usori fließt. Dabei handelt es sich angeblich um den legendären Fluss Sanzu, den die Seelen auf dem Weg ins Jenseits überqueren müssen. Entsprechend suchen ihn Menschen auf, die um ein verlorenes Kind trauern oder mit den Toten Verbindung aufnehmen möchten.

Mehrere Jizō-Steinstatuen wachen über zerklüfteten, von Schwefel gefärbten Felsen, aus denen Dämpfe wabern. Besucher sind eingeladen, den verlorenen Seelen ihre Buße in der Unterwelt zu erleichtern, indem sie weitere Steine auf die Steinhaufen legen. An der Pforte zur Hölle kann man sogar kostenlos im Onsen neben der Haupthalle baden. Die Landschaft in tiefer meditativer Versenkung zu durchwandern dauert ein bis zwei Stunden.

Hotoke-ga-ura BOOTSFAHRTEN

(仏ヶ浦) An der spektakulären Westküste der Halbinsel ragen 100 m hohe, vom Wind geformte Klippen auf, die Bildern von Buddha ähneln sollen. Zwischen April und Oktober starten zwischen 10.45 und 14.55 Uhr Boote zu Aussichtsrundfahrten von Wakinosawa nach Hotoke-ga-ura (3900 ¥, 2 Std.). Bei schlechtem Wetter fallen die Fahrten oft aus.

Auch im hübschen Dorf Sai (佐井村) werden beliebte 30-minütige Bootstouren angeboten (2400 ¥). Infos gibt's unter www.saiteikikanko.jp.

Feste & Events

Osore-zan Taisai KULTURELL

(恐山大祭; ⏰20.–24. Juli & 9.–11. Okt.) Zu diesen beiden jährlichen Festen strömen Mas-

THUNFISCH AUS ŌMA

Ōma an der Spitze der Shimokita-Halbinsel mag wie das Ende der Welt wirken, doch in Sachen Thunfisch ist es das Zentrum des Universums! Aus den eisigen Gewässern der Tsugaru-Straße direkt vor der Küste soll Japans leckerster *maguro* (Blauflossenthunfisch) kommen. Auf dem Höhepunkt der Saison kann ein besonders guter Fang für 25 000 ¥ pro Kilo gehandelt werden.

Die Fischereikooperativen in Ōma fischen noch ganz altmodisch mit Handangeln und lebenden Ködern (sowie viel Muskelkraft). Mit dieser Arbeitsweise setzen sie sich klar von großangelegten kommerziellen Bestrebungen ab und begünstigen so bessere Bestimmungen zum Schutz des Blauflossenthunfisch-Bestands.

Kaikyōsō (海峡荘; ☎0175-37-3691; 17-734 Ōma-taira, Ōma; Mahlzeiten ab 1100 ¥; ⏲Ende April–Anfang Nov. 11–15 Uhr) ist ein beliebtes Lokal, wo man den Thunfisch aus der Region probieren kann. Es befindet sich in einem leuchtend grünen Gebäude, das eher wie ein Eisenwarengeschäft als ein Restaurant für edlen rohen Fisch aussieht. Wir empfehlen das *maguro-don* (Thunfischsashimi auf Reis) mit dicken, im Munde zergehenden Stücken *akami* (mageres rotes Fleisch), *chū-toro* (fetter Thunfisch mittlerer Qualität) und – hmmmm – *ō-toro* (fetter Thunfisch allererster Güte).

Thunfisch wird von Ende August bis Januar frisch gefangen, obwohl die meisten Läden mit dem Aufkommen der kalten Stürme Mitte November schließen.

sen von Besuchern, um ein *itako* (Medium) zu konsultieren und mit verstorbenen Angehörigen Kontakt aufzunehmen.

Schlafen & Essen

In Ōma und Mutsu, nahe dem Bahnhof Shimokita, gibt's ein paar einfache Business-Hotels.

★ **Wakinosawa Youth Hostel** HOSTEL ¥
(脇野沢ユースホステル; ☎0175-44-2341; www.wakinosawa.com; 41 Senokawame, Wakinosawa; B 3900 ¥, Frühstück, Abendessen 630/1050 ¥; P ⊜ ☜) Das abgelegene Hostel steht auf einem Hügel im Dorf Wakinosawa, ca. 15 Min. westlich vom Bootsanleger – wer kein eigenes Fahrzeug hat, kann anrufen und sich abholen lassen. Es wird von einem Fotografen geführt, der sehr stolz auf die Naturattraktionen seiner Region ist (es gibt hier auch Schneeaffen!). Die gemütlichen holzverkleideten Zimmer bieten etwas mehr als den typischen japanischen Standard.

Ein wenig Japanisch zu sprechen ist von Vorteil, die Besitzer sind außerordentlich entgegenkommend.

An- & Weiterreise

SCHIFF/FÄHRE

Die **Sii Line** (S. 576) betreibt täglich zwei Fähren zwischen Wakinosawa und Aomori (2610 ¥, 1 Std.).

Zwei oder drei Fähren von **Tsugaru Kaikyō** (S. 576) fahren täglich von Ōma nach Hakodate auf Hokkaidō (ab 1810 ¥, 1¾ Std.).

ZUG

Täglich verbindet ein *kaisoku*-Expresszug der JR-Ōminato-Linie Aomori, Shimokita *und* Ōminato (2700 ¥, 1½ Std.).

Alternativ kann man ab Aomori mit dem lokalen *futsū*-Zug der privaten Aoimori-Tetsudō-Linie fahren und in Noheji in die JR-Ōminato-Linie (2180 ¥, 1¾ Std.) umsteigen.

Unterwegs vor Ort

Am besten lässt sich die Region mit dem Auto erkunden.

Von Mai bis Oktober fahren täglich bis zu fünf Busse vom JR-Bahnhof Shimokita zum Osore-zan (750 ¥, 45 Min.). Zwischen Shimokita und Ōma (1990 ¥, 2 Std.) gibt's ganzjährig Verbindungen. Außerdem verkehren täglich mehrere Busse vom JR-Bahnhof Ōminato nach Wakinosawa (1800 ¥, 70 Min.).

PRÄFEKTUR AKITA 秋田県

Akita-ken liegt eingeschmiegt zwischen dem Japanischen Meer und den spektakulären Bergketten Oū-sanmyaku und Dewa, wo Wanderer und Pilgerer sich auf den Weg zu Schreinen und Berggipfeln machen. In der Präfektur gibt's unzählige heiße Quellen, von denen das Nyūtō-Onsen besonders heraussticht: Es bietet vielfältige Unterkünfte und liegt in der Nähe des Tazawa-ko, eines selten besuchten Vulkansees, der sich im Sommer perfekt zum Schwimmen eignet. Die charmante feudale Stadt Kakunodate ist das kulturelle Highlight der Region – ihre alten Samurai-Häuser und piniengesäumten Straßen machen sie zu einer der malerischsten Städte Japans.

Schlafen

Akita bietet viele schicke Businesshotels, Kakunodate hat ein paar gute Gästehäuser. In den Bergregionen gibt's viele *ryokan* und Onsen-Hotels, vor allem rund um Nyūtō-Onsen. Die beste traditionelle Jugendherberge liegt in Tazawa-ko.

In Akitas ländlicher Umgebung gibt's Dutzende *nōka minshuku* (ländliche Gästehäuser). Eine komplette Liste (auf Japanisch) findet man unter www.akita-gt.org/stay.

Akita 秋田

☎018 / 315 374 EW.

Akita ist eine belebte, kompakte Industriestadt im Nordosten der Präfektur. Sie dient Travellern als Verkehrsknotenpunkt für Reisen entlang der Westküste oder als Ausgangspunkt für Touren nach Kakunodate. Wie viele japanische Städte hat auch Akita ein schönes Stadtmuseum und eine gepflegte Parkanlage – das Unterhaltungsviertel ist jedoch besonders gut.

Das Zentrum der Stadt, wo sich alle Sehenswürdigkeiten befinden, lässt sich sehr gut zu Fuß erkunden.

Sehenswertes

Senshū-kōen PARK

(千秋公園; Karte S. 588; ☎018-832-5893) Die Burg von Akita wurde ursprünglich 1604 gebaut, jedoch während der Meiji-Restauration zusammen mit anderen feudalen Bauten zerstört. Den Eingang zu dem grünen Park schützt noch immer ein Burggraben; er wirkt zwar nicht sehr abschreckend, erstickt im Sommer aber geradezu unter riesigen Wasserlilien. Erhalten blieben auch ein paar Reste des Burgfundaments, außerdem gibt's viel Rasen und Spazierwege. Vom nachgebauten Wachturm in der Nordecke bietet sich eine schöne Aussicht auf die Stadt.

Kunstmuseum Akita MUSEUM

(秋田県立美術館; Karte S. 588; ☎018-853-8686; http://common3.pref.akita.lg.jp/art-museum; 1-4-2 Naka-dōri; Erw./Kind 300/200 ¥; ⌚10–18 Uhr) Akitas berühmtestes Gemälde, *Geschehnisse in Akita* von Fūjita Tsuguharu, soll das größte auf Leinwand gemalte Bild der Welt sein. Es misst 3,65 x 20,5 m und stellt das traditionelle Leben in Akita im Wandel der Jahreszeiten dar. Das Bild ist das eindeutige Highlight der ansonsten eher enttäuschenden Sammlung des von Andō Tadao entworfenen Museums, das an einem traumhaften öffentlichen Platz liegt. Im Café im zweiten Stock können Besucher eine Pause einlegen und darüber staunen, dass der reflektierende Teich direkt in den Graben des Senshū-kōen zu fließen scheint.

Akarenga-kan-Museum MUSEUM

(赤れんが郷土館, Akarenga Kyōdokan; Karte S. 588; ☎018-864-6851; www.city.akita.akita.jp/city/ed/ak; 3-3-21 Ō-machi; Eintritt 200 ¥; ⌚9.30–16.30 Uhr) Das 1912 gebaute Ziegelgebäude war einst das prächtige Hauptquartier der Akita Bank und beherbergt heute ein Volkskunstmuseum. Es zeigt faszinierende Holzschnitte des traditionellen Lebens in Akita, die der Autodidakt Tokushi Katsuhira schuf.

Feste & Events

Akita Kantō Matsuri KULTURELL

(秋田竿燈まつり; www.kantou.gr.jp/english/index.htm; ⌚3.–6. Aug.) Mitten im Sommer feiert Akita sein atemberaubendes Laternenfest. Wenn der Abend dämmert, balancieren mehr als 160 Männer geschickt riesige, 60 kg schwere Stangen, an denen beleuchtete Laternen hängen, auf Kopf, Kinn, Hüften oder Schultern. Dazu trommeln *taiko*-Gruppen.

Schlafen

Naniwa Hotel MINSHUKU ¥¥

(ホテルなにわ; Karte S. 588; ☎018-832-4570; www.hotel-naniwa.jp; 6-18-27 Naka-dōri; Zi. mit 2 Mahlzeiten 6500 ¥ pro Pers.; P ⊖ @) Eine freundliche *mama-san* leitet dieses preiswerte Gästehaus. Die Zimmer sind sehr klein, aber das rund um die Uhr geöffnete *hinoki*-(Zypressen-)Bad sowie die Massagesessel und hausgemachten Mahlzeiten machen das mehr als wett. Wer Japanisch spricht, kann vorher anrufen und sich vom Bahnhof abholen lassen (obwohl es auch nicht weit zu laufen ist). Das Naniwa befindet sich in einem roten Gebäude mit Holztür.

Akita Castle Hotel HOTEL ¥¥

(秋田キャッスルホテル; Karte S. 588; ☎018-834-1141; www.castle-hotel.co.jp; 1-3-5 Naka-dōri; EZ/DZ ab 9200/15 000 ¥; P ⊖ @ 📶) In bester Lage am Park befindet sich das schickste Hotel der Stadt, mit bedächtigem und sorgfältigem Service. Am besten lässt man sich ein Zimmer mit Blick auf den Burggraben geben.

Präfektur Akita

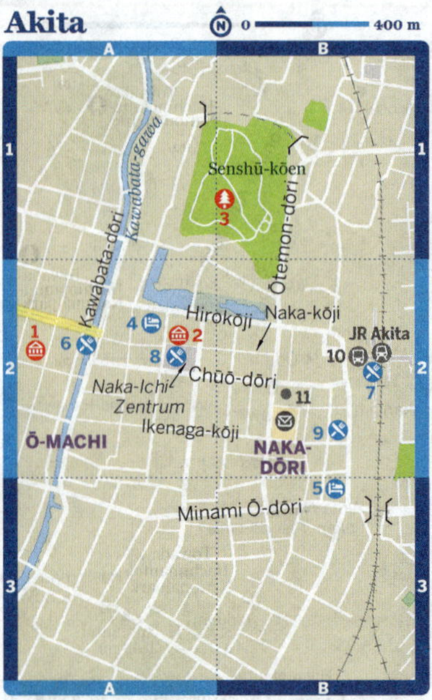

Akita

Sehenswertes

1 Akarenga-kan-Museum A2
2 Kunstmuseum Akita A2
3 Senshū-kōen B1

Schlafen

4 Akita Castle Hotel A2
5 Naniwa Hotel B3

Essen

6 Cafe Pamplemousse A2
7 Hinai Jidoriya B2
8 Kanbun Gonendō A2
9 Nagaya Sakaba B2

Praktisches

Touristeninformationszentrum (siehe 7)

Transport

10 Busbahnhof B2
11 Toyota Rent a Car B2

Essen & Ausgehen

Entlang dem Kawabata-dōri finden sich sowohl gediegene Restaurants als auch anrüchige Lokale und Bars. Er bildet auch das Zentrum des Nachtlebens in der Stadt. Die nötigen Zutaten für ein Picknick bekommt man im Supermarkt im Naka-Ichi-Zentrum.

Kanbun Gonendō UDON ¥

(寛文五年堂; Karte S. 588; ☎0120-17-2886; www.kanbun5.jp; 1-4-3 Naka-dōri; Nudeln ab 800 ¥; ⌚11–22.30 Uhr; 🖉) Einheimische auf Shoppingtour im Einkaufszentrum Naka-Ichi legen in dem angesehenen Spezialitätenlokal gerne eine Pause ein, um *inaniwa udon* (dünne Weizennudeln) zu genießen. Die Nudeln werden oft kalt serviert und mit verschiedenen Soßen verfeinert; es gibt auch vegetarische Varianten – am besten vor der Bestellung fragen.

Cafe Pamplemousse CAFÉ ¥

(パンプルムゥス 秋田; Karte S. 588; ☎018-801-6677; 3-1-6 Ō-machi; Gerichte ab 400 ¥; ⌚11–21 Uhr) Quirlige junge Gourmets, die sich auf Desserts, außergewöhnliche Tees und Bioprodukte spezialisiert haben, führen dieses kuriose Concept-Café mit schöner Lage am Fluss. Die Spezialität des Hauses sind riesige fluffige Eierkuchen (zu groß für eine Person). Zum niedlichen Dekor gehören stapelweise Kinderbücher, japanische CDs (die auch zum Verkauf stehen) sowie unzählige gelbe Gummienten.

Nagaya Sakaba IZAKAYA ¥¥

(秋田長屋酒場; Karte S. 588; ☎018-837-0505; 4-16-17 Naka-dōri; kleine Gerichte ab 600 ¥; ⌚17 Uhr–open end) Das bei den Einheimischen hochangesehene Nagaya Sakaba ist einfach zu finden – vor dem Eingang steht ein riesiger, rotgesichtiger Namahage-Dämon. Sobald man von der japanischen Speisekarte bestellt hat, fließt der Sake in Strömen. Wer nicht weiß, was er nehmen soll, ruft einfach *o-susume*; die Mitarbeiter bringen einem dann gern verschiedene Fischgerichte mit der Spezialität des Hauses: Kuchen aus zerstoßenem Reis.

Hinai Jidoriya JAPANISCH ¥¥

(秋田比内地鶏や; Karte S. 588; ☎018-874-7282; 7-2-1 Naka-dōri; feste Menüs ab 1200 ¥; ⌚10–21 Uhr) In dem belebten Bahnhofslokal gibt's ausgezeichnete Menüs mit *oyako-don* (Hühnchen und Eier auf Reis) sowie eine gute Variante der hiesigen Eintopfspezialität (*kani*; Krabben), die in anderen Restaurants der Stadt viel, viel teurer verkauft wird.

Praktische Informationen

Rotes-Kreuz-Krankenhaus Akita (秋田赤十字病院; ☎24 Std. Notfalltelefon 018-829-5000; www.akita-med.jrc.or.jp; 222-1 Nawashiro-sawa; ⌚ambulante Versorgung Mo–Fr 8–11.30 Uhr) Liegt 5 km südöstlich vom Bahnhof in der Nähe der Route 41.

Touristeninformation (秋田市観光案内所; Karte S. 588; ☎018-832-7941; www.akitacity.info; ⌚9–19 Uhr) Gegenüber von den *shinkansen*-Gleisen im zweiten Stock des JR-Bahnhofs Akita.

An- & Weiterreise

AUTO & MOTORRAD

Die Akita-Autobahn (秋田自動車道) führt von Akita Richtung Osten, bis sie in die Tōhoku-Autobahn mündet. Richtung Süden entlang der Küste verläuft die Nihonkai-Tōhoku-Autobahn (日本海東北自動車道).

Rund um den Bahnhof bieten Mietwagenunternehmen ihre Dienste an, darunter das zuverlässige **Toyota Rent a Car** (トヨタレンタカー; Karte S. 588; ☎018-833-0100; 4-6-5 Naka-dōri; ⌚8–22 Uhr), ein paar Gehminuten nach Westen.

BUS

Autobahnbusse (Karte S. 588) fahren vor dem Westausgang des Bahnhofs ab und verbinden Akita mit großen Städten in ganz Honshū.

FLUGZEUG

Vom Flughafen Akita, 21 km südlich vom Stadtzentrum, gehen Flüge von/nach Tokio, Osaka, Nagoya, Sapporo und Seoul. Busse zum Flughafen fahren häufig von der Plattform 1 vor dem JR-Bahnhof Akita ab (930 ¥, 40 Min.).

SCHIFF/FÄHRE

Am Hafen Akita-kō, der 8 km nordwestlich der Stadt liegt, betreibt **Shin Nihonkai** (新日本海; ☎018-880-2600; www.snf.jp) Fähren nach Tomakomai auf Hokkaidō (ab 4530 ¥, 10 Std.); Abfahrt ist Dienstag, Mittwoch, Freitag, Samstag und Sonntag um 7 Uhr. 6.05 Uhr fährt von Plattform 11 vor dem JR-Bahnhof Akita ein Anschlussbus zum Hafen Akita-kō ab (440 ¥, 30 Min.).

ZUG

Der JR-Akita-*shinkansen* fährt stündlich zwischen dem nördlichen Endbahnhof Akita und dem südlichen Endbahnhof Tokio (17 460 ¥, 4 Std.). Die Strecke führt über Kakunodate (3020 ¥, 45 Min.) und Tazawa-ko (3360 ¥, 1 Std.).

Seltener fahren auch Nahverkehrszüge der JR-Ōu-Hauptlinie zwischen Akita und Kakunodate (1320 ¥, 1½ Std.). Wer sie nutzt, muss in Ōmagari auf die JR-Tazawako-Linie umsteigen. Täglich verkehren ein paar *tokkyū* (Expresszüge) der JR-Inaho-Linie zwischen Akita und Niigata (7210 ¥, 3¾ Std.).

Kakunodate 角館

☎0187 / 28 300 EW.

Stolz können die Nachkommen des Satake-Clans in Kakunodate auf die architektonischen und ästhetischen Visionen ihrer Vorfahren zurückblicken. Das *buke yashiki* (Samuraiviertel) ist wahrscheinlich das schönste im Land; die meisten Gebäude sind immer noch sehr gut erhalten und für Besucher geöffnet. Auch Gartenliebhaber kommen auf ihre Kosten: Die gepflegten Gärten und Kirschbäume werden von massenweise Inlandstouristen besucht, die dieses lebende Relikt des feudalen Japans sehen wollen.

Ashina Yoshikatsu, der Anführer des Satake-Clans, gründete die an drei Seiten von Bergen umgebene Stadt 1620.

Sehenswertes

Etwa ein halbes Dutzend Villen ist für Besucher geöffnet. Sie liegen an einer von Kirschbäumen beschatteten Straße 20 Gehminuten nordwestlich vom Bahnhof. Manche wurden aufwendig wie kleine Museen gestaltet, andere hat man einfach so belassen, wie sie waren, und Besucher dürfen einen Blick hineinwerfen.

Andō-Brauerei BRAUEREI
(安藤醸造; ☎0187-53-2008; 27 Shimo-Shinmachi; ⌚11–17 Uhr) GRATIS Reihenweise Hinamatsuri-Puppen begrüßen die Besucher in dieser 100 Jahre alten Brauerei, die von einer der ältesten Familien in Akita-ken geführt wird. In dem schönen Ziegellagerhaus aus dem späten 19. Jh. stellt Andō Sojasoße und Miso her (Alkoholisches gibt's hier leider nicht). Gäste können einige Räume besichtigen und im gemütlichen Café Pickles und Misosuppe probieren (kostenlos!).

Bukeyashiki Ishiguro-ke HISTORISCHES BAUWERK
(武家屋敷石黒家; ☎0187-55-1496; 1 Omote-machi; Erw./Kind 300/200 ¥; ⌚9–17 Uhr) Erbaut wurde dieses Haus – das älteste des Viertels – 1809 als Residenz der Isihiguro-Familie, die als Berater des Satake-Clans fungierte. Einige Nachfahren der Familie leben noch immer hier und bieten Führungen durch Teile des Hauses an. Interessant sind neben den Samuraigewändern die von Wind und Wetter gezeichneten Karten und die Präzisionswaagen für Reis.

Aoyagi Samurai Manor Museum MUSEUM
(角館歴史村青柳家; Kakunodate Rekishi-mura Aoyagi-ke; ☎0187-54-3257; www.samuraiworld.com; 3 Omote-machi; Erw./Kind 500/300 ¥; ⌚9–16 Uhr) Als wäre der Komplex der Aoyagi-Familie nicht ohnehin schon beeindruckend, birgt jedes der gut erhaltenen Gebäude auch eine faszinierende Ausstellung des Familienerbes. Die Sammlung reicht über viele Generationen und umfasst jahrhundertealte

Samuraiwaffen, Volkskunst und wertvolle Antiquitäten, aber auch Grammofone und klassische Jazzplatten. Schön für Kinder: Einige Exponate darf man auch anfassen.

Kirschbaumrinden-Kunsthandwerkszentrum Kakunodate KUNSTZENTRUM
(角館樺細工伝承館, Kakunodate Kabazaiku Denshōkan; ☎0187-54-1700; 10-1 Omote-machi; Erw./Kind 300/150 ¥; ⏲9–16.30 Uhr) Das Zentrum zeigt Ausstellungen und Vorführungen von *kabazaiku*, einer Kunst, bei der Haushalts- und Dekogegenstände mit feinen Streifen Kirschbaumrinde überzogen werden. Die Ersten, die in schwierigen Zeiten dieses Handwerk ausübten, waren herrenlose Samurai niedrigen Ranges.

Feste & Events

Kakunodate Sakura KULTURELL
(角館の桜; ⏲Mitte April–Anfang Mai) Am Flussufer verwandelt sich während der *hanami*-Saison (Betrachten der Kirschblüte) von Mitte April bis Mitte Mai ein 2 km langer Streifen mit Kirschbäumen in einen Tunnel aus purem Rosa. Einige der *shidarezakura* (Kirschbäume mit hängenden Ästen) im *buke yashiki* (Samuraiviertel) sind bis zu 300 Jahre alt.

Kakunodate O-matsuri KULTURELL
(角館祭り; ⏲7.–9. Sept.) Wie seit 350 Jahren ziehen die Teilnehmer begleitet von Volksmusik und Tanz riesige 7 t schwere *yama* (Holzwagen) durch die Straßen, um für Frieden zu beten.

Schlafen & Essen

Während der Kirschblüte und zu Festen steigen die Zimmerpreise stark an.

Am Bahnhof gibt's ein paar gute Speiselokale, die besten Restaurants befinden sich aber in der Altstadt.

Iori MINSHUKU ¥
(☎0187-55-2262; www.akita-gt.org/stay/minshuku/iori.html; 65 Maeda, Ogata; Zi. 4500 ¥ pro Pers., mit 2 Mahlzeiten 6000 ¥) Kakunodate ist noch immer eine landwirtschaftliche Gemeinde, und auf diesem Bauernhof 3 km nördlich vom Bahnhof kann man sich die Hände schmutzig machen oder einfach nur in ländlicher Umgebung entspannen. Die Gäste wohnen in stilvollen, minimalistischen Hütten mit weißgetünchten Wänden, dunklen Holzbalken, frischen Tatamis und indigoblauen Kissen. Ein großartiges Angebot – vor allem, wenn man die Mahlzeiten mitbucht.

Auf Wunsch wird man vom Bahnhof Kakunodate abgeholt.

Tamachi Bukeyashiki Hotel BOUTIQUE-HOTEL ¥¥
(田町武家屋敷ホテル; ☎0187-52-1700; www.bukeyashiki.jp; 23 Ta-machi; Zi. mit/ohne 2 Mahlzeiten ab 8500/13 800 ¥ pro Pers.; P ❄ 📶) Tamachi hat eine idyllische Lage im historischen Bukeyashiki-Viertel und ist ein überraschend modernes Hotel, das japanische und westliche Ästhetik miteinander vereint. Alle Zimmer haben dunkle Holzbalken und sind mit Papierlaternen dekoriert. Die Gemeinschaftsbereiche sehen aus wie in typischen europäischen Hotels.

Wabizakura RYOKAN ¥¥¥
(わびざくら; ☎0187-47-3511; www.wabizakura.com/en/; 2-8 Sasayama, Nishikichokadoya; mit 2 Mahlzeiten 35 000 ¥ pro Pers.; P ❄ 📶) Das 200 Jahre alte Haus 15 km nördlich der Stadt wurde aus der Präfektur Iwate nach Kakunodate gebracht und hier wiederauf-

BERÜHMTE FESTIVALS IN TŌHOKU

Tōhokus Festivals sind der Stoff für Legenden, und die Japaner erzählen sich viele Geschichten über die wilden Feste der Region. In den wärmeren Monaten hat man gute Chancen, einige Städte und Dörfer zu passieren, die gerade voll am Feiern sind. Die folgenden Festivals zählen zu den besten (Unterkünfte müssen Monate im Voraus gebucht werden!):

Sendai Tanabata Matsuri (S. 551) Tausende bunte Bänder erinnern im Stadtzentrum an die Sage von zwei Liebenden, deren Beziehung unter keinem guten Stern stand.

Aomori Nebuta Matsuri (S. 574) Künstler aus der Gegend übertreffen sich mit der Gestaltung aufwendiger Festwagen, und Feierlustige erobern scharenweise die Straßen Aomoris.

Akita Kantō Matsuri (S. 586) Mit hohen Bambusstangen, an denen Lampions hängen, werden erstaunliche akrobatische Kunststücke vollführt.

gebaut. Heute beherbergt es einen hervorragenden *ryokan* im westlichen Stil. Das Wabizakura (eine Art Kirschblüte) ist beliebt bei wohlhabenden Tokiotern, die eine historische Unterkunft in ruhiger Lage suchen. Die zehn Suiten haben eigene Freiluftonsen und stilvolle Lounge-Bereiche. Hier will man gar nicht wieder weg!

Kosendō SOBA ¥¥

(古泉洞; ☎0187-53-2902; 9 Higashi-katsurakuchō; Nudeln ab 1050 ¥; ⊙10–16 Uhr; 📋) Kakunodates historisches Mittagsrestaurant ist im fast 250 Jahre alten hölzernen Schulhaus aus der Edo-Zeit untergebracht und serviert die besten Nudeln der Stadt. Spezialität des Hauses sind *buke-soba*, die mit *takenoko* (Bambus) und im Tempurastil gebratenen *ōba* (große Perillablätter) serviert werden. Im Laufe der Jahre hat sich hier wenig verändert: Das Lokal wird nach wie vor von vielen Stammkunden und Travellern besucht.

Das Lokal liegt mitten im *buke yashiki (Samuraiviertel);* überm Eingang hängt ein Holzschild. Auf der Rückseite befindet sich ein schöner Geschenkeladen.

Nishi-no-miyake JAPANISCH ¥¥

(西宮家レストラン北蔵; ☎0187-52-2438; 11-1 Kami-chō, Tamachi; Mahlzeiten ab 1100 ¥; ⊙11–17 Uhr; P 📋) Auf halber Strecke zwischen dem Bahnhof und dem Touristenviertel liegt dieses Samuraihaus, das teilweise zu einem schönen Café-Restaurant ausgebaut wurde. Auf der Speisekarte stehen moderne und historische Gerichte, aber hauptsächlich klassische *yōshoku*-Gerichte (westliches Essen im japanischen Stil). Auch die Tee- und Kuchenauswahl ist verlockend.

Praktische Informationen

Touristeninformation (角館町観光協会; ☎0187-54-2700; ⊙9–17 Uhr) In dem Gebäude vor dem Bahnhof, das wie ein *kura* (traditionelles japanisches Lagerhaus) aussieht, bekommt man englische Karten.

Anreise & Unterwegs vor Ort

Auf der Akita-Linie fahren stündlich *shinkansen* (Hochgeschwindigkeitszüge) zwischen Kakunodate und dem Tazawa-ko (1590 ¥, 15 Min.) sowie zwischen Kakunodate und Akita (3020 ¥, 45 Min.).

Unregelmäßig verkehren auch Nahverkehrszüge auf der JR-Tazawako-Linie zwischen Kakunodate und dem Tazawa-ko (320 ¥, 20 Min.) sowie zwischen Kakunodate und Akita (1320 ¥, 1½ Std.) mit Umstieg in die JR-Ōu-Hauptlinie in Ōmagari.

Gegenüber vom Bahnhof kann man für 300 ¥ pro Stunde Fahrräder ausleihen.

Tazawa-ko 田沢湖

☎0187 / 12 500 EW.

Tazawa-ko ist mit dem *shinkansen* zu erreichen und hat dennoch eine abgeschiedene Atmosphäre, deshalb ist es in den wärmeren Monaten vor allem bei Inlandstouristen beliebt. Es gibt ein paar gut erschlossene Strände, aber auch einige, an denen man die Natur für sich allein hat. Mit 423 m ist der Tazawa-ko der tiefste See Japans – bisher sind allerdings noch keine Ungeheuer aus dem Wasser aufgestiegen.

Die nahegelegenen Berge bieten einen tollen Ausblick auf den See sowie ganzjährige Möglichkeiten für Aktivitäten, z. B. Skifahren. Um den See und das nahe gelegene Nyūtō-Onsen am besten erkunden zu können, sollte man sich am Bahnhof Tazawa-ko ein Auto mieten.

Sehenswertes & Aktivitäten

Tazawa-ko SEE

(田沢湖) Mit seinem klaren Wasser, dem flachen Zugang ins Meer und einer atemberaubenden Bergkulisse ist der selten besuchte Strand von **Shirahama** (白浜) ein wahres Paradies für Schwimmer und Strandliebhaber – allerdings lohnt sich ein Besuch nur in den Monaten mit den höchsten Temperaturen. Im nahen Bootshaus kann man von Frühjahr bis Herbst Boote ausleihen. Zu jeder Jahreszeit lohnen sich hier romantische Spaziergänge im Sonnenuntergang. Am Ostufer steht das Wahrzeichen des Tazawa-ko, die Bronzeskulptur der legendären Schönheit Tatsuko, eine Arbeit von Funakoshi Yasutake.

Um den See führt eine 20 km lange Straße, die sich für eine gemächliche Autofahrt oder eine anspruchsvolle Radtour eignet; Fahrräder kann man in Tazawa Kohan (400 ¥/Std.) ausleihen. Sightseeingbusse fahren vom Bahnhof Tazawa-ko ab und umrunden den See, an der Tatsuko-Skulptur machen sie 15 Minuten Pause.

★ Akita Komaga-take WANDERN

(秋田駒ヶ岳) Dieses Gebirge an der Grenze zur Präfektur Iwate ist beliebt wegen der sommerlichen Wildblumen, der herbstlichen Laubfärbung und der seltenen Pflanzenarten, die dort sowohl auf trockenem Gelände als auch in Feuchtgebieten gedeihen. Wer zwei Tage Zeit hat, kann eine 17 km lange Wanderung unternehmen, die auf drei Gipfel führt, dabei in einer malerl-

INSIDERWISSEN

DIE LEGENDE VON TATSUKO

Einer Legende zufolge soll das Mädchen Tatsuko im Glauben, dass Quellwasser ihr unvergängliche jugendliche Schönheit schenken würde, so viel davon getrunken haben, dass sie sich in einen Drachen verwandelte und für immer im See blieb. In einer anderen Version der Geschichte spielt ein zweiter Drache eine Rolle, ein einstiger Prinz und Tatsukos Geliebter. Ihre leidenschaftlichen nächtlichen Spiele sollen der Grund dafür sein, dass der Tazawa-ko im Winter nicht zufriert!

schen Berghütte übernachten und sich am Ende mit einem Bad im angeblich heilsamen Wasser des Nyūtō-Onsen belohnen.

Zum Ausgangspunkt des Wegs in Komaga-take Hachigōme (achte Station) gelangt man täglich mit einem der sieben Busse (alle fahren vor 13.30 Uhr ab), die vom Bahnhof Tazawa-ko starten (1120 ¥, 1 Std.). Von der achten Station läuft man zwei Stunden zum Gipfel des Oname-dake (男女岳; 1637 m).

Dann geht es unten am östlichen Rand der oval geformten Senke weiter bis zur unbewirtschafteten Berghütte Amida-ike Hinan Goya (阿弥陀池避難小屋). Für einen Schlafplatz dort ist ein kleines Trinkgeld angebracht (1000 ¥). Von hier kann man ca. 20 Minuten zurückgehen und den O-dake (男岳; 1623 m) besteigen.

Am zweiten Tag steht der siebenstündige Abstieg zum Nyūtō-Onsen an, einschließlich der Besteigung des Yoko-dake (横岳; 1583 m). Der Weg hinunter folgt die meiste Zeit einer Kammlinie und schlängelt sich schließlich durch ein ausgedehntes Feuchtgebiet, in dem viele Vogelarten beheimatet sind. Die Tour endet an der Bushaltestelle am Nyūtō-Onsen, von dort läuft man nur noch ein paar Schritte bis zum heißen Bad.

Skipark Tazawako WINTERSPORT
(田沢湖スキー場; ☎0187-46-2011; www.tazawako-ski.com; 73-2 Shimo-Takano; Skilift-Tagesticket Erw./Kind 4000/1000 ¥, Ausrüstungsverleih pro Tag 3600 ¥; ⏲Dez.–April) Skifahrern stehen in Nordjapan zahlreiche Pisten zur Verfügung, daher ist es nicht verwunderlich, dass Skigebiete wie der Skipark Tazawako, der 2016 Standort der Weltmeisterschaft Freestyle Moguls war, nur selten von Ausländern besucht wird. Die etwa 13 Abfahrten liegen mit Ausnahme der 1,6 km langen Pisten nach Kokutai und Shikara auf der kürzeren Seite. Abfahrten für Anfänger, Fortgeschrittene und Experten verteilen sich etwa gleichmäßig.

Vom Berg hat man einen umwerfenden Ausblick auf die Ufer des nahen Tazawa-ko.

Die Beschilderung am Berg und in den Restaurants ist auf Englisch. In den Wintermonaten halten die Busse, die vom Bahnhof Tazawa-ko zum Nyūtō-Onsen fahren, am Tazawako Sukī-jō (550 ¥, 30 Min.).

Schlafen & Essen

Sehr beliebt sind die hervorragenden *ryokan* von Nyūtō-Onsen (S. 593).

Am See servieren mehrere Restaurants Mittag- und Abendessen, aber mit dem Auto lässt sich die Gegend am besten erkunden.

Tazawa-ko Youth Hostel HOSTEL ¥
(田沢湖ユースホステル; ☎0187-43-1281; www.jyh.or.jp/yhguide/touhoku/tazawako/index.html; 33-8 Kami-Ishigami; B 3890 ¥, YHA-Mitglieder 3240 ¥, Frühstück/Abendessen 650/1050 ¥; Ⓟ) Ein paar Minuten vom See entfernt liegt dieses etwas in die Jahre gekommene Hostel, das aber für Backpacker, die eine preiswerte Unterkunft in der Gegend suchen, trotzdem eine gute Wahl ist. Es gibt saubere Schlafräume im *tatami*-Stil mit Seeblick, gemischte Bäder und herzhafte Hausmannskost.

Tamagawa Onsen Ryokan RYOKAN ¥¥
(玉川温泉旅館; ☎0187-58-3000; www.tamagawa-onsen.jp; Shibukurosawa, Tamagawa; Zi. mit 2 Mahlzeiten ab 8300 ¥ pro Pers., Bäder 600 ¥; ⏲Tages-Badegäste 7–17 Uhr; Ⓟ📶) Das neue, erschwingliche Onsen-Resort bietet gute Unterhaltung – vor allem für Leute, die sich mit den japanischen Gepflogenheiten auskennen (oder die sich gern durchwursteln). Seine Bäder sind für ihren hohen Säuregehalt bekannt und sollen die inneren Organe entgiften. Der Speisebereich ist im Stil einer Cafeteria gehalten, und die Zimmer sind außergewöhnlich groß und oft mit westlichen Betten ausgestattet.

Hutte Birke RYOKAN ¥¥
(ヒュッテ ビルケ; ☎0187-46-2833; 72 Shimotakano, Obonai; mit 2 Mahlzeiten 8000 ¥ pro Pers.; Ⓟ❄📶) Bescheidener, sehr einladend *ryokan* am Skipark Tazawa-ko mit guten Preisen und einer familienfreundlichen Atmosphäre. Einige der großen Zimmer (nur acht verfügbar) sind miteinander verbunden, und die freundlichen Besitzer sind sehr flexibel bei den Essenszeiten.

Orae FUSION-KÜCHE ¥
(☎ 0187-58-0608; www.orae.net; 37-5 Haru-yama; Mahlzeiten ab 700 ¥; ⏲ 11.30–17 Uhr) Café am See mit leckeren Biomahlzeiten, das schon als Kulisse in einem koreanischen Film diente. Die Suppen und Biere aus der Region sorgen für ein gutes Mittagessen.

Restaurant der Bierbrauerei Tazawako FUSION-KÜCHE ¥¥
(☎ 0187-44-3988; www.warabi.or.jp; 430 Waseda; 300/500 ml Bier 380/600 ¥, Menüs ab 1050 ¥; ⏲ 11–20 Uhr) Die Brauerei am See ist eine wahre Entdeckung für Bierfans. Sie serviert feine Hopfen und Wasser aus der Region. Auch die Gerichte sind großartig, vor allem die *donburi*-Menüs und die Desserts. Wer nicht mit dem Auto da ist, wird die Happy Hour interessant finden – für 1300 ¥ kann man so viel trinken, wie man will.

Praktische Informationen

Touristeninformations (田沢湖観光情報センター, Folake; ☎ 0187-43-2111; ⏲ 8.30–17.30 Uhr) Im Bahnhof. Kostenloses Internet.

Anreise & Unterwegs vor Ort

Der JR-Bahnhof Tazawa-ko liegt ein paar Kilometer südöstlich vom See und ist der wichtigste Zugangspunkt in die Gegend.

Der Akita-*shinkansen* pendelt mehrmals täglich zwischen Tazawa-ko und Tokio (15 830 ¥, 3 Std.) und zwischen Tazawa-ko und Akita (3360 ¥, 1 Std.) mit Stopp in Kakunodate (1500 ¥, 15 Min.).

Zwischen dem JR-Bahnhof Tazawa-ko und Tazawa Kohan (370 ¥, 10 Min.), dem touristischen Zentrum am Ostufer des Sees, fahren häufig Nahverkehrsbusse.

Die Route 46 führt von der Akita-Autobahn (秋田自動車道) zum Tazawa-ko.

Auch nach Nyūtō-Onsen (690 ¥, 45 Min.) verkehren Busse, aber nur bis Sonnenuntergang.

Nyūtō-Onsen 乳頭温泉

☎ 0187

Nyūtō Onsen (*nyūtō* bedeutet „Nippel") ist nach den busenförmigen Bergen benannt, aus denen die milchweißen Quellen entspringen. Das bekannte Onsen-Dorf am Ende einer Bergstraße bietet *konyoku*-Bäder (gemischte Bäder), und es gibt kaum einen besseren Ort, um die Natur in all ihrer Pracht zu genießen. Noch besser: Acht Onsen können mit einem einzigen Ticket besucht werden. Wenn das Wasser zu heiß ist, kann man den Berg runtergehen, um sich abzukühlen oder im grünen Tazawa-ko wandern.

Aktivitäten

Kuroyu Onsen ONSEN
(黒湯温泉; ☎ 0187-46-2214; www.kuroyu.com; 2-1 Kuroyu-zawa; Tagesbesucher Bad 510 ¥; ⏲ Tagesbesuch Mai–Nov. 9–16 Uhr) Den 300 Jahre alten Kuroyu-*ryokan* mit herrlich altmodischer Atmosphäre sollte man am besten als Tagesgast besuchen (die Unterkünfte sind für den Preis sehr schlecht). Der Schwefelgeruch ist manchen vielleicht zu stark, aber die Lage im Wald ist die schönste der Gegend, und kleine Extras wie Wasserfall-Strahlen, kostenlose Handtücher und die rustikalen Umkleideräume aus Holz lassen spüren, das man sich hier sehr gut um die Bedürfnisse der Badegäste kümmert.

Schlafen & Essen

Eine komplette Liste der Pensionen in Nyūtō und einige sehr schöne Onsen findet man unter www.nyuto-onsenkyo.com. Wer genügend Zeit hat, wird eine Übernachtung in der herrlichen Umgebung zu schätzen wissen. Stets etwas Besonderes sind dabei die Mahlzeiten, außerdem hat man als Übernachtungsgast auch die Möglichkeit, die schönen Bäder im Freien ganz privat oder sogar bei Mondschein zu genießen.

Alle *ryokans* bieten Halbpension; alternativ muss man den Berg runtergehen, um ein Restaurant oder einen Supermarkt in Tazawa-ko zu besuchen.

★ **Tsuru-no-yu-Onsen** RYOKAN ¥¥
(鶴の湯温泉; ☎ 0187-46-2139; www.tsurunoyu.com; 50 Kokuyurin, Sendatsui-zawa; Zi. mit 2 Mahlzeiten 8790–16 350 ¥ pro Pers., Tagesbesucher Bad 500 ¥; ⏲ Tagesbesuch Bad Di–So 10–15 Uhr; Ⓟ) Tsuru-no-yu ist der Inbegriff eines japanischen *ryokan*: diskret, stimmungsvoll und luxuriös. An jeder Ecke ergeben sich neue Eindrücke, angefangen von den schicken Suiten mit Blick zum Wald bis hin zu den Kunstwerken aus der Edo-Epoche in den Fluren. Die Gäste erleben nostalgische Abende, die sich durch unvergessliche Mahlzeiten und Geselligkeit bei Laternenschein mit anderen Gästen in Yukata (leichten Baumwoll-Kimonos) hervorheben. Eine Reservierung ist erforderlich.

Einen Kilometer weiter landeinwärts befindet sich das neue und sehr komfortable Yamanoyado-Gebäude.

Der Überlieferung zufolge wurde die heiße Quelle zum offiziellen Badehaus der herrschenden Elite in Akita erkoren, nachdem ein Jäger hier einst einen *tsuru* (Kranich) beobachtet hatte, der seine Wunden in der Quelle heilte. Ihr milchiges Wasser ist reich an Schwefel, Natrium, Kalziumchlorid und Kohlensäure. Das *rotemburo* für Männer und Frauen ist sehr angenehm – wer schüchtern ist, findet drinnen Zuflucht in nach Geschlechtern getrennten Bädern.

Ganiba-Onsen RYOKAN ¥¥
(蟹場温泉; ☎0187-46-2021; 4-1 Komagatake; Zi. mit 2 Mahlzeiten ab 9870 ¥ pro Pers.; P ❄ 📶) In dem herrlich unprätentiösen „Krabben"-Onsen warten gemischte Onsenbäder, hervorragende japanische Küche und große, komfortable Zimmer. Allerdings sind letztere etwas abgenutzt, deshalb sollte man sich vorher ein paar ansehen. Der Onsen liegt an der Endhaltestelle der Buslinie, daher kommen kaum Tagesbesucher hierher.

Tae-no-yu RYOKAN ¥¥
(妙乃湯; ☎0187-46-2740; www.taenoyu.com; 2-1 Komagatake; Zi. mit 2 Mahlzeiten ab 13 100 ¥, Tagesbesucher Bad 720 ¥; ⏲Tagesbesuch Bad Mi–Mo 10–15 Uhr; P 📶) 🍃 Der kleine *ryokan* ist der modernste im Ort. Die stilvolle Unterkunft bietet eine tolle Mischung aus urbaner Architektur und schöner Waldlage und erinnert an ein Pariser Apartment mit Tatamiböden. Die raffinierten Mahlzeiten aus regionalen Produkten werden mit wilden Pflanzen verfeinert, die auf dem Gelände wachsen. Es gibt zahlreiche Bademöglichkeiten, darunter private Familien-Onsen, Sitzbäder in Zypressenholzwannen und herrliche *rotemburo*. Alleinreisende sind willkommen.

NYŪTŌ ONSEN PASS

Man kann die Bäder des Nyūtō-Onsen auch ohne Übernachtung als Tagesgast besuchen. Der exzellente *hi-gaeri*-(Tages-)Pass ist in den meisten Gästehäusern erhältlich (1800 ¥), die ihre Bäder zwischen dem Aus- und Einchecken (zwischen 10 und 15 Uhr) für Nichtgäste öffnen. Das Ticket gewährt Zutritt zu acht Bädern. Ohne Pass muss man den Eintritt für jeden Onsen einzeln bezahlen (500–1000 ¥). Man sollte auch sein eigenes Handtuch mitbringen oder eines kaufen. Ein Wermutstropfen: Viel von der Atmosphäre geht verloren, wenn man das herrliche Berg-*rotemburo* (Außenbad) mit ganzen Busladungen anderer Touristen teilen muss.

Anreise & Unterwegs vor Ort

Von Tazawa-ko fahren von Sonnenauf- bis Sonnenuntergang stündlich Busse zum Nyūtō-Onsen (690 ¥, 45 Min.). Von Akita fahren Züge nach Tazawa-ko (3360 ¥, 1 Std.), die unterwegs in Kakunodate (1590 ¥, 15 Min.) halten.

Wer in Tazawa-ko ein Auto mietet, kann die Region am besten erkunden.

PRÄFEKTUR YAMAGATA
山形県

Die drei heiligen Gipfel von Dewa Sanzan – und ein Großteil des bergigen Yamagata-ken – sind dank des Dichters Matsuo Bashō in das Bewusstsein der japanischen Touristen getreten. Seine Beschreibungen der Region und die asketischen Praktiken der *yamabushi* (lokalen Priester) haben der Präfektur den Ruf eingetragen, ein Paradies des Friedens und der Reflektion zu sein.

Weiter landeinwärts befindet sich in der Nähe des Dorfes Yamadera der eindrucksvolle Bergtempel Risshaku-ji (S. 597), der von den Großstädten aus auf einem lohnenswerten Tagesausflug besucht werden kann, während Zaō-Onsen mit seinem herrlichen Kratersee, tollen Wanderwegen und anspruchsvollen Skipisten eher Aktivurlauber anzieht. Der Küstenzug von Tsuruoka nach Sakata fährt eine landschaftlich reizvolle Route, und auch im Inland gibt's viele schöne Zugstrecken – am besten lassen sich die Berge jedoch mit einem Auto erkunden.

Schlafen

Yamagata und Tsuruoka haben eine gute Auswahl an Businesshotels. Die meisten Traveller übernachten jedoch in Zaō-Onsen, Ginzan-Onsen oder in Dewa Sanzan, wo sich viele luxuriöse und rustikale Bergresorts befinden.

Yamagata 山形

☎023 / 252 600 EW.

Yamagata ist eine quirlige *inaka*-(Land-)Hauptstadt, ein guter Ausgangspunkt zur Erkundung der Bergpfade rund um Yamadera und ein lohnenswerter Zwischenstopp für Reisende, die auf dem Weg nach Zaō-Onsen und Ginzan-Onsen sind. Abends ist im Unterhaltungsviertel am Bahnhof jede Menge los. Hirashimizu ist ein angesehenes Töpferviertel in der Nähe.

Sehenswertes & Aktivitäten

Töpferviertel Hirashimizu HISTORISCHE STÄTTE
(平清水焼陶芸地域) Von den glühenden Brennöfen, die den Hazukashi-kawa („Verlegener Fluss") säumen, gab es im 19. Jh. noch Dutzende – heute sind nur noch ein paar Werkstätten übrig. Sie stellen wunderschöne Keramik mit bläulich-grauer Glasur her, die *nashi-seiji* („Pfirsichhaut") genannt wird. In mehreren Geschenkeläden, die auch häufig von Reisegruppen besucht werden, kann man Keramikwaren kaufen. Busse nach Nishi-Zaō oder Geikō-dai fahren täglich jede Stunde oder alle 30 Minuten von Haltestelle 5 vor dem Bahnhof Yamagata zur Haltestelle Hirashimizu (290 ¥, 15 Min.).

Shichiemon-gama TÖPFERWERKSTATT
(七右エ門窯; ☎023-642-7777; 153 Hirashimizu; ⏲8.30–17.30 Uhr, Töpferwerkstatt 9–15 Uhr) In diesem renommierten Studio im Töpferviertel Hirashimizu dürfen Besucher selbst töpfern. Kurse (auf Japanisch) dauern 90 Minuten; der Preis richtet sich nach der verbrauchten Tonmenge (2000 ¥ pro kg; plus Versandkosten). Die gebrannten Arbeiten werden einen Monat später an eine Adresse in Japan verschickt.

Feste & Events

Internationales Dokumentarfilmfestival Yamagata FILM
(www.yidff.jp; ⏲Okt.) Alle zwei Jahre werden im Oktober eine Woche lang Filme aus aller Welt gezeigt. Außerdem gibt's Retrospektiven und Symposien.

Schlafen & Essen

Guesthouse Mintaro Hut GÄSTEHAUS ¥
(ゲストハウスミンタロハット; ☎090-2797-1887; www.mintarohut.com; 5-13 Ōte-machi; EZ/DZ 3500/6000 ¥; P @ ☎) In japanischen Hotels interagieren Mitarbeiter und Gäste nur sehr selten frei miteinander, was diese Unterkunft des englischsprechenden Sato-san umso attraktiver macht. Er verwandelte das Haus seiner Kindheit in eine komfortable Pension. In der Mitte des Gemeinschaftsbereichs steht ein glühender Ofen, der für warme, familiäre Atmosphäre sorgt und zum Schwatz mit anderen Gästen einladt. Die Küche ist mit allem Nötigen für Selbstversorger ausgestattet. Ein großartiges Preis-Leistungs-Verhältnis!

Die Pension liegt unweit der Nordostecke des zentralen Parks.

Yamagata Kokusai Hotel HOTEL ¥¥
(山形国際ホテル; ☎023-633-1313; www.kokusaihotel.com; 3-4-5 Kasumi-chō; EZ/DZ 6000/9000 ¥; ❄ ☎) Das äußerst komfortable, unabhängige Hotel befindet sich in einem unterhaltsamen Viertel der Stadt direkt neben einem beliebten *izakaya* und einer Schule. Es bietet viele schöne Extras, z. B. Fernseher mit englischsprachigen Känälen, Frühstück aus regionalen Zutaten und herzliche, kenntnisreiche Mitarbeiter.

Sobadokoro Shōjiya SOBA ¥
(そば処庄司屋; ☎023-622-1380; 14-28 Saiwai-chō; Schalen ab 600 ¥; ⏲11–14.30 & 17–20.30 Uhr) Hier werden mit schlichter Eleganz leckere *udon*-Nudeln und Schalen mit *soba* (heiß oder kalt) serviert. Auch die Tempura und Miso schmecken leicht und würzig.

Kitanosuisan IZAKAYA ¥¥
(北野水産; ☎023-624-0880; 2. OG, 1-8-8 Kasumi-chō; Tischgebühr 500 ¥, Gerichte 300–1500 ¥; ⏲17–24 Uhr) Hier kann man Sake sowie Yamagatas Spezialitäten, z. B. *imo nabe* (Kartoffeleintopf) und *dongara* (Kabeljau), probieren, die in allen möglichen Varianten zubereitet werden. Die Speisenangebote sind auf einer bebilderten Holztafel ausgehängt. Vom Ostausgang des Bahnhofs kommend, nimmt man die erste Straße nach links und achtet auf das blaue Schild im zweiten Stock.

Praktische Informationen

Touristeninformation (山形市観光案内センター; ☎023-647-2266; ⏲9–17.30 Uhr) Im zweiten Stock des Bahnhofs Yamagata in einem kleinen Glaskiosk.

An- & Weiterreise

Der *shinkansen* zwischen Tokio und Yamagata (10 450 ¥, 2¾ Std.) fährt stündlich, ebenso wie die *kaisoku* (Schnellzüge) der JR-Senzan-Linie zwischen Yamagata und Yamadera (240 ¥, 15 Min.).

Alternativ fahren JR-Nachtbusse über die Autobahn zwischen Yamagata und Tokio (6400 ¥, 6½ Std.).

Yamadera 山寺

☎023

In Yamadera, das der wandernde Haiku-Meister Matsuo Bashō in seinem Werk *Auf schmalen Pfaden durchs Hinterland* (1689) verewigte, stehen einige außergewöhnliche Bergtempelgebäude. Gegründet

Präfektur Yamagata

wurde die Stadt im Jahr 860 von Priestern, die aus dem Enryaku-ji bei Kyoto die heilige Flamme mitbrachten. Sie glaubten, die Felsen von Yamadera bildeten die Grenze zwischen dieser Welt und der nächsten. Angeblich brennt die Flamme ununterbrochen bis heute. Es ist zwar möglich (wenn auch gefährlich), Yamadera im Winter zu besuchen, aber in den wärmeren Monaten hat man mehr davon.

Sehenswertes

★ **Risshaku-ji** BUDDHISTISCHER TEMPEL
(立石寺; ☎ 023-695-2843; www.rissyakuji.jp; Eintritt 300 ¥; ⏲ 8–17 Uhr) Man erreicht den „Tempel der stehenden Steine", besser bekannt unter dem Namen Yamadera, über eine aus dem Fels gehauene Treppe. Sie war über Jahrhunderte den unerbittlichen Elementen ausgesetzt und ist dementsprechend in Verfall geraten. Am Fuß des Bergs leuchtet, von kleinen Laternen flankiert, die heilige Flamme **Konpon-chūdō** (根本中堂; Eintritt 200 ¥), die vor vielen Jahrhunderten aus Kyoto hergebracht worden sein soll.

Am **San-mon**-(山門)Tor beginnen die 1015 Stufen, die man erklimmen muss, um zum Tempel zu gelangen. Sie führen an Schnitzereien vorbei, die so moosig und verwittert sind, dass sie mittlerweile wie ein Teil der Landschaft aussehen. Nach dem steilen meditativen Aufstieg wirkt der Ausblick von oben auf die Berge und die idyllische Landschaft umso spektakulärer. Im Sommer ist das Zirpen der Heuschrecken ohrenbetäubend laut.

Am **Nio-mon** (仁王門), dem zweiten Tor, das nur jene mit einer reinen Seele durchschreiten dürfen (ehrlich sein!), teilt sich der Weg. In einer Richtung führt er zum **Oku-no-in** (奥の院; Inneren Heiligtum) und in der anderen zum **Godaidō** (五大堂), einem Pavillon aus dem 18. Jh., der sich seitlich an einen Felsen schmiegt und eine wirklich faszinierende Aussicht bietet.

Am besten genießen lässt sich die meditative Stimmung, die Bashō so inspiriert hat, frühmorgens oder spätnachmittags. Man kann Yamadera auch im Winter besuchen; wenn Schnee fällt, werden die Pfade jedoch nicht immer geräumt.

Schlafen & Essen

Am Bahnhof gibt's ein paar einfache *ryokan*.

Viele Straßenstände verkaufen leckere *tamakon*, klebrige Bällchen aus zerstoßenen Gemüsewurzeln am Spieß. Dann gibt's noch ein paar nette Nudellokale, aber damit ist das kulinarische Angebot von Yamadera auch schon erschöpft.

An- & Weiterreise

Kaisoku (Schnellzüge) fahren stündlich auf der JR-Senzan-Linie zwischen Yamadera und Yamagata (240 ¥, 15 Min.) und weiter nach Sendai (840 ¥, 1 Std.).

ABSTECHER

YONEZAWA

Yonezawa (米沢) ist eine hübsche, abgelegene mittelalterliche Stadt mit prachtvoller Architektur aus der Feudalzeit – berühmt ist sie aber für ihr Rindfleisch, das zarte *Yonezawa-gyū*, das dem Rindfleisch aus Kōbe ernsthaft Konkurrenz macht. Man kann es In Dutzenden Restaurants in der Stadt probieren. Eines der bekanntesten ist das 100 Jahre alte **Tokiwa** (登起波; ☎ 0238-24-5400; www.yonezawabeef.co.jp/info/eng.html; 7-2-3 Chūō; Mahlzeiten ab 4200 ¥; ⏲ 11–21 Uhr, Di geschl.). Man sollte sich in der Touristeninformation im Bahnhof Yonezawa den Weg erklären lassen, denn es liegt etwas abseits.

In Yonezawa steht auch die Ruine der Burg des Uesugi-Clans aus dem 17. Jh. Auf ihrem Gelände erstreckt sich heute der schöne Park **Matsugasaki-kōen** (松ヶ崎公園), den ein beschaulicher Burggraben voll mit Lotusblüten begrenzt.

Yonezawa ist eine Haltestelle des Yamagata-*shinkansen* (Hochgeschwindigkeitszuges), außerdem verkehren von hier regelmäßig *futsū* (Nahverkehrszüge) auf der JR-Ōu-Hauptlinie zwischen Yonezawa und Yamagata (840 Y, 45 Min.).

Zaō-Onsen 蔵王温泉

☎ 023 / 13 800 EW.

Versteckt am Ende einer kurvenreichen, vernebelten Bergstraße liegt das hübsche Resort Zaō-Onsen, das Abenteuer und Erholung gleichermaßen verspricht. In den warmen Monaten bietet Zaō malerische Wanderungen und die Möglichkeit, in schwefelreiche *rotemburo* (Außenbäder) einzutauchen. In der Skisaison rasen (oder

MATSUO BASHŌ

Dem in eine Samurai-Familie geborenen japanischen Meister des Haiku, Matsuo Bashō (1644–1694), ist es zu verdanken, dass die Gedichtform Haiku nicht mehr nur als heiterer Zeitvertreib betrachtet wird, sondern als vom Zen beeinflusste Erleuchtung. Bashōs Haiku wurden in der Tat mit *koan* (kurze Rätsel) aus dem Zen verglichen, die dem Hörer unerwartete Erkenntnis bringen sollen. Beeinflusst von der Naturphilosophie des chinesischen Taoisten Chuangzi berücksichtigte Bashō in seinem Werk die Rhytmen und Gesetze der Natur. Später entwickelte er eigene poetische Prinzipien, die sich auf das Konzept von *wabi-sabi* stützen, der schlichten, einsamen Schönheit.

Im Alter von 40 Jahren ließ Bashō sein bisheriges Leben zurück, um durch Japan zu reisen, unterwegs Freundschaften zu schließen und mit der Natur eins zu werden. Er veröffentlichte anschauliche Reiseberichte wie *Das verwitterte Skelett* und *Aufzeichnungen einer wettergegerbten Schultasche*; am bekanntesten aber dürfte seine Sammlung *Auf schmalen Pfaden durchs Hinterland* über seine Tōhoku-Reise von 1689 sein.

stolpern) Amateure und Profis riesige Skipisten herunter und weichen den skurrilen *juhyō* (Eismonstern) aus – Nadelbäumen, die im rauen sibirischen Wind zu eisigen Skulpturen erstarren, ein Phänomen, das es so nur in dieser Gegend gibt.

Aktivitäten

★ Zaō-Onsen Skiresort WINTERSPORT
(蔵王温泉スキー場; ☎023-647-2266; www.zao-spa.or.jp; Skilift-Tagesticket 3500–5000 ¥; ⏲Dez.–April) Zaō punktet mit breiten, kurvigen Pisten, von denen einige fast 10 km lang sind, sowie mit dem berühmten **Juhyō Kōgen** (樹氷高原; Eismonsterplateau), das sich am wildesten im eisigen Februar präsentiert. Zaō hat mehr als 40 Skilifte und Seilbahnen, die 14 Abfahrten mit zahlreichen Abzweigungen bedienen und somit reichlich Pisten für Anfänger und Fortgeschrittene bieten. Alles ist hervorragend auf Englisch beschildert und man kann die komplette Skiausrüstung ausleihen.

Die nächtlich beleuchteten „Eismonster" (Jan.–Feb.) sind ein großer Spaß für alle (Erw./Kind 2500/1300 ¥). Skineulinge werden begeistert sein, dass sie den ganzen Weg vom höchsten Punkt des Berges bis ins Tal abfahren können, ohne auf eine schwere Piste oder in ein Buckelfeld zu geraten, während erfahrene Skihasen Größe und Vielfalt des Gebiets schätzen.

Zaō-Sanroku-Seilbahn SEILBAHN
(蔵王山麓ロプウェー; ☎023-694-9518; einfach/hin- & zurück 1500/2600 ¥; ⏲April–Nov. 8.30–17 Uhr) Mit der Seilbahn schweben Besucher hoch über dem Nadelwald hinauf auf den **Zaō-san** (蔵王山). In unmittelbarer Nähe liegt der Kratersee **Okama** (御釜), der in tiefem Kobaltblau leuchtet. Der Weg zum See führt an im Grün versteckten buddhistischen Statuen und Denkmälern vorbei, bis sich die Landschaft in bröckeliges Vulkangestein in den Farben des Sonnenuntergangs verwandelt.

Wer die Wanderung verlängern (oder Geld sparen) möchte, kann hinauf oder hinunter eine der beiden kürzeren Seilbahnen nehmen, die **Zaō Chūō Ropeway** oder die **Zaō Sky Cable**.

Zaō-Onsen Dai-Rotemburo ONSEN
(蔵王温泉大露天風呂; ☎023-694-9417; Eintritt 470 ¥, Schließfächer 100 ¥; ⏲Mai–Okt. 6–19 Uhr) Oberhalb vom Dorf liegt am Fuß des Bergs dieser riesige Open-Air-Thermalpool. Von Schwefel gezeichnete Felsen bilden die Kulisse für das Schauspiel, in dem Dutzende einander völlig fremde Menschen fröhlich vereint nackt baden. Wer in den wärmeren Monaten im Morgengrauen kommt, hat das Bad fast ganz für sich allein.

Shinzaemon-no-Yu ONSEN
(新左衛門の湯; ☎023-693-1212; www.zaospa.co.jp; 905 Kawa-mae; Erw./Kind 700/400 ¥; ⏲Mo–Fr 10–18.30, Sa & So bis 21.30 Uhr) Der moderne gehobene Thermalkomplex umfasst mehrere große Pools. Die schönsten liegen im Freien zwischen Steinen und unter Holzdächern.

Schlafen

Zwar gibt's Unterkünfte in Hülle und Fülle, doch während der Skisaison und an Sommerwochenenden geht ohne Reservierung gar nichts.

Yoshida-ya RYOKAN ¥

(吉田屋; 13 Zaō Onsen; Zi. ab 5000 ¥ pro Pers., Frühstück/Abendessen 800/2000 ¥; P 📶) Yoshida-ya liegt direkt im Herzen des Trubels. Es wird viel von jungen, abenteuerlustigen Travellern besucht und hat daher eine tolle internationale Atmosphäre. Die Mitarbeiter sind sehr hilfsbereit. Vom Busbahnhof und der Zaō Sky Cable erreicht man das moderne Gebäude nach ca. 500 m Fußweg bergauf.

Pension Boku-no-Uchi PENSION ¥

(ペンションぼくのうち; ☎023-694-9542; www.bokunouchi.com; 904 Zaō Onsen; Zi. ab 3700 ¥ pro Pers., mit 2 Mahlzeiten ab 6800 ¥; P 📶) Eine Skihütte, wie sie im Buche steht – von den Postern an der Wand im geselligen Speisesaal bis zur Top-Lage direkt beim Family Mart und neben der Zaō-Chūō-Seilbahn. Die Zimmer sind japanisch eingerichtet und teilen sich Gemeinschaftsbäder, darunter ein rund um die Uhr geöffnetes Schwefelbad. Nicht von der verwitterten Fassade abschrecken lassen!

Zao Shiki no Hotel HOTEL ¥¥

(蔵王四季のホテル; ☎023-693-1211; www.zaoshikinohotel.jp/en; mit 2 Mahlzeiten ab 10 800 ¥ pro Pers.; P ⊖ ❄ 📶) Neben riesigen Zimmern im japanischen oder westlichen Stil – oft mit tollem Bergblick – verfügt dieses Skihotel auch über einen wundervollen Freiluftonsen und einen lebhaften Speise-Gemeinschafts-Bereich. Es ist sehr beliebt bei japanischen Wochenendbesuchern, die wegen des tollen Preis-Leistungs-Verhältnisses, dem guten Zugangs zu Wanderwegen und des hohen Komforts hierherkommen.

Tsuruya Hotel HOTEL ¥¥

(つるやホテル; ☎023-694-9112; www.tsuruyahotel.co.jp; 710 Zaō Onsen; Zi. mit 2 Mahlzeiten ab 10 950 ¥) Die freundlichen Mitarbeiter des praktisch gegenüber der Bushaltestelle gelegenen kleinen Hotels tun alles, damit ihre Gäste hier eine wundervolle Zeit verbringen. Aus den hübschen Tatamizimmern hat man eine herrliche Aussicht, und verschiedene Bäder drinnen und draußen helfen, Stress und Sorgen abzuwaschen. Ein großartiges Preis-Leistungs-Verhältnis für Skitouristen. Zu den Skiliften fährt ein Shuttle.

★ Takamiya RYOKAN ¥¥¥

(高見屋; ☎023-694-9333; www.zao.co.jp/takamiya; 54 Zaō Onsen; Zi. mit 2 Mahlzeiten ab 32 000 ¥ pro Pers.; P 📶) Takamiya, das seit fast drei Jahrhunderten existiert, ist ein luxuriöses *ryokan* mit viel Atmosphäre. Drinnen wie draußen findet man verschiedene schöne Bäder aus Stein oder aus aromatischem Zedernholz. Zu den Mahlzeiten gibt's traditionelle *kaiseki ryōri* (förmliche Bankette mit mehreren Gängen), deren Highlight regionales Rindfleisch allererster Güte ist. In den geräumigen Zimmern warten Tatamisitzbereiche und kuschelige *wa-beddo* (dicke Futons auf einer Plattform).

Die Preise sind hoch, aber es ist ein wirklich lohnenswertes Ziel und sein Geld wert – vor allem für Paare.

Oomiya Ryokan RYOKAN ¥¥¥

(おおみや旅館; ☎023-694-2112; www.oomiyaryokan.jp/en; mit 2 Mahlzeiten ab 16 200 ¥ pro Pers.; P ❄ 📶) Unser Lieblings-Ryokan im hübschen kleinen Zaō: Dieses im Stil der Taishō-Zeit erbaute Retro-Hotel ist sehr praktisch für Skifahrer und Wanderer, vor allem mit Kindern, und doch charmant genug, um einen unvergesslichen Aufenthalt zu garantieren. Für diese Region hat es außerdem ein ausgezeichnetes Preis-Leistungs-Verhältnis.

Essen & Ausgehen

Mongolische Grillgerichte sind in Zaō beliebt. Die örtliche Küche wird als *Jingisukan* bezeichnet, weil die Form der Grillplatten kurioserweise an den Hut von Dschingis Khan erinnert.

Marumo CAFÉ ¥

(まるも; ☎0948-60-2438; 55-10 Zaō Onsen; ⏲8–19 Uhr) Die Pizza in diesem lässigen, freundlichen Café macht nicht nur hungrige Skifahrer mit einer Vorliebe für westliche Küche satt, sondern schmeckt auch noch sehr gut.

Robata GRILLRESTAURANT ¥¥

(ろばた; ☎023-694-9565; 42-7 Kawara; Gänge ab 1200 ¥; ⏲Fr–Mi 11–23 Uhr; 📋) Zaōs wohl bestes mongolisches Grill- bzw. *Jingisukan*-Restaurant ist ein pfiffiges Lokal, in dem die Gäste sich Lammfleisch und Gemüse selbst grillen können. Das Essen schmeckt rauchig und lecker, und es gibt auch eine gute Getränkekarte mit Fruchtsake und dem allseits beliebten Joghurtlikör.

Oto-chaya BAR

(音茶屋; ☎023-694-9081; 935-24 Zaō Onsen; Mahlzeiten ab 850 ¥; ⏲Do–Di 11–21 Uhr; 📶) Das Oto-chaya ist fast zu jeder Tageszeit ein unterhaltsamer Ort mit vielen verschiedenen Angeboten: Kaffee, Auflauf, chinesische Teetafel, Eintöpfe, Sake und Bier. Gelegent-

NICHT VERSÄUMEN

DIE BESTEN ONSEN

- Nyūtō-Onsen (S. 593)
- Sukayu-Onsen (S. 584)
- Zaō-Onsen (S. 598)
- Akiu-Onsen (Karte S. 550)

lich gibt's auch Livemusik. An der Hauptstraße hinter der Chūō-Seilbahn auf das Holzschild mit der Teekanne achten!

Praktische Informationen

Touristeninformation (蔵王温泉観光協会; ☎023-694-9328; www.zao-spa.or.jp; 708-1 Zaō Onsen; ⏲9–18 Uhr) Im Busbahnhof. Hier gibt's reichlich Informationsmaterial auf Englisch.

An- & Weiterreise

Busse zwischen dem Busbahnhof in Zaō-Onsen und dem JR-Bahnhof Yamagata fahren stündlich (1060 ¥, 40 Min.).

In der Hauptskisaison betreiben private Unternehmen Shuttlebusse zwischen Tokio und Zaō. Die Hin- und Rückfahrt ist manchmal schon für 7000 ¥ zu haben – weitere Informationen bekommt man in den Reisebüros in Tokio.

Ginzan-Onsen 銀山温泉

☎0237 / 17 500 EW.

Mit seinen jahrhundertealten Gästehäusern, die sich zu beiden Seiten des friedlichen Obana-zawa im Wasser spiegeln, erinnert Ginzan-Onsen an eine Filmkulisse. Die ungewöhnliche Sammlung mehrerer *ryokan* im klassischen Stil der Taishō-Zeit, der die traditionellen Holzbauwerke mit romantischen Elementen der westlichen Architektur vereint, war tatsächlich einst der Drehort des in den 1980er-Jahren unglaublich beliebten historischen TV-Dramas *Oshin*. Am romantischsten wirkt Ginzan am Abend oder wenn es in einen Mantel aus Schnee gehüllt ist. Von Yamagata bietet sich ein Tagesausflug hierher an. Mehrere *ryokan* öffnen ihre Bäder für *hi-gaeri* (Tagesgäste).

Schlafen & Essen

Auf der einzigen (denkmalgeschützten) Straße in Ginzan-Onsen befinden sich zahlreiche traditionelle japanische *ryokan*.

Alle Unterkünfte bieten mindestens Halbpension an, einige Restaurants servieren aber auch lokale Gerichte.

Ginzan-so RYOKAN ¥¥¥

(☎0237-28-2322; www.ginzanso.jp; Suite mit 1/2 Spas inkl. 2 Mahlzeiten ab 16 500/19 500 ¥ pro Pers.) Ein Gemälde des Künstlers Kenji Uchino begrüßt die Gäste am Eingang des Ginzan-so. Das bezaubernde Berghotel hat geräumige traditionelle Unterkünfte, deren sanfte Farbtöne gut mit den schönen Papierlampen harmonieren. Man sollte ein Zimmer mit eigenem Spa und Blick auf die Bäume buchen. Die Mahlzeiten schmecken großartig.

Notoya Ryokan RYOKAN ¥¥¥

(能登屋旅館; ☎0237-28-2327; www.notoyaryokan.com; 446 Ginzan Shin-hata, Obanazawa; Zi. mit 2 Mahlzeiten ab 18 900 ¥ pro Pers.; Ⓟ) Das dreistöckige Gebäude aus dem Jahr 1922 ist mit Balkonen, kunstvollen Holzschnitzereien und einem sonderbaren Mansardenturm geschmückt. Unbedingt nach einem Zimmer im Haupthaus mit Blick auf den Fluss fragen!

An- & Weiterreise

Mit dem Yamagata-*shinkansen* (1940 ¥, 30 Min., Endstation) oder der JR-Ou-Linie (670 ¥, 50 Min.) fährt man bis zur Station in Ōishida und steigt dann in einen der fünf Busse um, die täglich vom Busbahnhof am Westausgang nach Ginzan-Onsen (710 ¥, 40 Min.) fahren.

Tsuruoka 鶴岡

☎0235 / 129 700 EW.

Mitten in der Shōnai-Ebene ist die entspannte, kompakte Stadt Tsuruoka der ideale Ausgangspunkt für Reisen zu den Bergen von Dewa Sanzan. Sie wurde vom Sakai-Clan gegründet, einer der wichtigsten Familien in Yamagata während der Feudalzeit. Heute ist es die zweitgrößte Stadt der Präfektur mit ein paar bescheidenen Sehenswürdigkeiten für Touristen.

Sehenswertes

Kamo-Aquarium AQUARIUM

(加茂水族館; ☎0235-33-3036; 657-1 Ōkubo, Imaizumi; Erw./Kind 1000/500 ¥; ⏲9–17 Uhr) Das größte Quallenaquarium der Welt – mit 30 bis 40 Quallenarten – wurde durch einen Wissenschaftler und Nobelpreisträger bekannt, der in der Quallenart Aequorea coerulescens ein fluoreszierendes Protein entdeckte und dem Aquarium verriet, wie man Quallen zum Leuchten bringen kann. Heute bieten sie ein wahrhaft surreales Schauspiel. Andernorts tanzen Robben zu den Anweisungen von Dompteuren. Vom Bahnhof Tsuruoka nimmt man den Bus Richtung Yunohama-Onsen und steigt an der Haltestelle Kamo Suizokukan (30 Min.) aus.

Das Gebäude hat die Form eines zum Meer hin ausgerichteten stromlinienförmigen Bootes.

Zenpō-ji TEMPEL

(善寶寺) Sieben Kilometer westlich von Tsuruoka liegt der Zenpō-ji, ein Tempel, der dem Zen-Buddhismus geweiht ist und über eine fünfstufige Pagode sowie ein großes Zugangstor verfügt. Er stammt aus dem 10 Jh. und wurde dem Drachenkönig, dem Wächter des Meeres, gewidmet. In der Nähe des Tempels befindet sich eine modernere Attraktion, die berühmten *jinmen-gyo* (Karpfen mit Menschengesicht). Von oben betrachtet sehen die kuriosen Fische wirklich so aus, als hätten sie Menschengesichter. Vom Bahnhof fährt man mit dem Bus in Richtung Yunohama-Onsen bis zur Haltestelle Zenpō-ji (580 ¥, 30 Min.).

Schlafen

Tsuruoka hat ein paar komfortable Businesshotels, von denen aus man zu den nahe gelegenen Dewa Sanzan reisen kann. Zwei zuverlässige, wenn auch unpersönliche Optionen sind das **Hotel Route Inn Tsuruoka Eki-mae** (ホテルルートイン鶴岡駅前; ☎0235-28-2055; www.route-inn.co.jp; 1-17 Suehiro-machi; EZ/DZ 6900/10 350 ¥) vor dem Bahnhof Tsuruoka und das **Tokyo Daiichi Hotel Tsuruoka** (東京第一ホテル鶴岡; ☎0235-24-7611; www.tdh-tsuruoka.co.jp; 2-10 Nishiki-machi; EZ/DZ ab 8800/12 700 ¥; P @), das mit dem Einkaufszentrum S-Mall verbunden und nur wenige Gehminuten entfernt ist.

Essen & Ausgehen

Das Zentrum wirkt ziemlich verschlafen, wer Hunger hat oder Proviant kaufen möchte, kann es ein paar Gehminuten vom Bahnhof im Einkaufszentrum S-Mall versuchen.

Sapporo Rāmen RĀMEN ¥

(サッポロラーメン; ☎0235-23-4300; 15-10 Suehiro-machi; Schüsseln ab 600 ¥; ⏲11.30–14 & 17.30–22 Uhr) Angesichts der hohen kulinarischen Standards in Japan muss ein *rāmen*-Lokal, das seit Jahrzehnten in Betrieb ist, einfach gut sein. Es gehört einem entzückenden Pärchen, das buttrige Nudeln mit dünnen Scheiben von süßem Schweinefleisch und/oder grünem Blattgemüse serviert. Zu dem preiswerten Essen gibt's die gute Stimmung gratis dazu. Vom Bahnhofsausgang geht's nach links, dann steht das Restaurant zwei Blocks weiter auf der linken Seite.

High Noon Diner BAR

(ハイヌーン; ☎0235-25-0081; 15-18 Suehiro-machi; ⏲Mi–Mo 19–1 Uhr) Geht man vom Bahnhof aus nach links, entdeckt man nach weniger als zwei Blocks den unübersehbaren neonpinkfarbenen Flamingo im Schaufenster dieser Retro-Bar. Sie schenkt Guinness vom Fass aus und ist bei Ausländern und Einheimischen beliebt.

Praktische Informationen

Touristeninformation (鶴岡市観光案内所; ☎0235-25-7678; ⏲10–17 Uhr) Rechts beim Ausgang vom Bahnhof. Hier bekommt man Informationen, Busfahrpläne sowie englische Karten für Dewa Sanzan und weitere Attraktionen.

An- & Weiterreise

Auf der JR-Uetsu-Hauptlinie fahren täglich mehrere *tokkyū* (Expresszüge) zwischen Tsuruoka und Akita (4130 ¥, 1¾ Std.) und zwischen Tsuruoka und Niigata (4450 ¥, 1¾ Std.).

Busse starten vor dem Bahnhof Tsuruoka sowie vom Busbahnhof an der S-Mall zum Dorf Haguro (1000 ¥, 35 Min.). Zwischen Tsuruoka and Yamagata (2470 ¥, 1¾ Std.) verkehren täglich ein paar Busse, aber im Winter wird der Service reduziert.

Dewa Sanzan 出羽三山

☎0235 / 30 000 EW.

Haguro-san (Geburt), Gas-san (Tod) und Yudono-san (Wiedergeburt) verkörpern den Kreislauf des Lebens und sind die Stationen, die man durchläuft, wenn man die drei berühmten Gipfel von Dewa Sanzan besteigt. Die Gipfel werden von Anhängern des Shugendō verehrt, einer volkstümlichen Religion, die Elemente aus Buddhismus und Shintō vereint, und auf dem Pilgerpfad sieht man die weiß gekleideten Wallfahrer mit Holzstab, Sandalen und Strohhut Seite an Seite mit Wanderern in Fleece-Klamotten mit Trekkingstöcken und Wanderstiefeln.

Die Bergpriester beschreiten den Weg mit ihren unverkennbaren Muschelhörnern, karierten Jacken und weiten weißen Hosen. Im Winter kann man mit ihnen unter eisigen Wasserfällen sitzen, um Körper und Geist zu stärken, oder sie an der eigenen Tempelunterkunft vorbeilaufen sehen.

Sehenswertes & Aktivitäten

Wer alle drei Berge besteigen will, was von Juni bis September möglich ist, braucht mindestens zwei volle Tage – empfehlenswert sind drei. Eine Unterkunft sollte man im Voraus buchen. Die Tradition verlangt, dass die Wallfahrt mit dem Haguro-san beginnt und mit dem Yudono-san endet. Doch man kann sie auch in umgekehrter Richtung angehen, allerdings ist der Aufstieg vom Yudono-san auf den Gas-san extrem steil. Vielen genügt es, allein den Haguro-san zu besteigen.

★ Haguro-san BERG

(羽黒山) Im Lauf der Jahrhunderte haben die vielen Pilger die 2446 Steinstufen zum Gipfel des Haguro-san (419 m) abgewetzt und geglättet. Der Aufstieg dauert bis zu zwei Stunden und führt an der schönen fünfstöckigen hölzernen Pagode **Gojū-no-tō** (五重塔) aus dem 14. Jh. vorbei. Auf dem Gipfel steht die **San-shin Gōsaiden** (三神合祭殿), eine leuchtend rote Halle, die den Gottheiten aller drei Berge gewidmet ist.

Wallfahrer, die den ganzen Weg vorhaben und zum Gas-san weiterwandern wollen, nehmen am Parkplatz auf der anderen Seite des Schreins den Bus nach **Hachigōme** (八合目; achte Station), von wo der Weg zum Gipfel des Gas-san weiterführt, denn seit in den 1960er-Jahren hier eine Straße gebaut wurde, ist der größte Teil des Pilgerwegs entlang der Kammlinie zum Gas-san zugewachsen. Der letzte Bus fährt kurz nach 14 Uhr.

★ Gas-san BERG

(月山) Der Gas-san (1984 m) ist der höchste der drei heiligen Berge. Von **Hachigōme** (八合目; achte Station) führt die Route über ein alpines Plateau in 1¾ Stunden bis **Kyūgōme** (九合目; neunte Station) und windet sich dann weitere 1¼ Stunden bergauf.

Von hier verläuft die Pilgerroute weiter zum steilen Abstieg Richtung Yudono-san (S. 602), der etwa drei Stunden dauert. Dabei ist Vorsicht geboten, denn unterwegs muss man an einer Felswand über rostige Leitern hinunterklettern und am Ende des Weges ein rutschiges Flussbett durchqueren.

Gassan-jinja SHINTO-SCHREIN

(月山神社; Eintritt 500 ¥; ⌚ Juli–Mitte Sept. 5–17 Uhr) Auf der Spitze des Gas-san (S. 602) befindet sich der tief spirituelle Shintō-Schrein Gassan-jinja. Bevor man ihn betritt, muss man sich einem Reinigungsritual unterziehen: Mit gesenktem Kopf empfängt man den Segen des Priesters und reibt sich dann mit einem Stück Papier von Kopf bis Fuß ab; dieses wird anschließend in den Brunnen geworfen. Hinter dem Tor ist Fotografieren nicht gestattet.

★ Yudono-san BERG

(湯殿山) Spiritueller Höhepunkt der Dewa-Sanzan-Wanderung ist der von Mai bis Oktober zugängliche Yudono-san (1504 m). Am Ende des Abstiegs vom Gas-san führt eine kurze Wanderung vom Flussbett bis zum Yudono-san-jinja.

Um den Pilgerweg abzuschließen, geht es dann nur noch zehn Minuten den Berg hinunter bis zum Ende des Wanderwegs am **Yudono-san Sanrōsho** (湯殿山参籠所). Er ist an einem *torii* (Tor) zu erkennen und befindet sich neben der Bushaltestelle Sennin-zawa (仙人沢).

Yudono-san-jinja SHINTO-SCHREIN

(湯殿山神社; Eintritt 500 ¥; ⌚ 9–17 Uhr, Nov.–April geschl.) Wenn man durch das riesige rote *torii* (Tor) des Schreins schreitet, verbieten es die Tradition – und streng blickende Priester –, darüber zu sprechen, was man hier sieht. Fotografieren ist verboten und es gilt als Tabu, mit Uneingeweihten über den Schrein zu reden, darum muss sich jeder selbst sein Bild machen. Etwas Vergleichbares wird man wohl nirgends sonst finden. Es gelten strenge rituelle Regeln: Man muss die Schuhe ausziehen und den Kopf beugen, damit der Priester sein Reinigungsritual vollziehen kann. Anschließend folgt man den anderen Pilgern.

Nur 200 m vom Schrein entfernt befindet sich eine Bushaltestelle, falls das moderne Leben oder eine straffe Reiseroute einen davon abhalten, die ganze Pilgerroute zu Fuß zu beschreiten.

Daishōbō MEDITATION

(大聖坊; 99 Haguro-machi; Schulungsprogramm mit 2 Übernachtungen 30 000 ¥) Die neue Generation der *yamabushi* (Bergpriester) hat ihren *shukubō* (Tempelunterkunft) für Besucher geöffnet, die wieder in Verbindung mit der Natur treten wollen. Zweimal monatlich veranstalten die weißgekleideten Meister dreitägige Schulungsprogramme für Leute, die die nächste Stufe erreichen wollen.

Es ist eine einzigartige Möglichkeit, die spirituellen Praktiken der Shugendō-Meister kennenzulernen, die in ganz Japan wegen ihrer mystischen Kräfte verehrt werden.

Die Schlafquartiere sind äußerst angenehm, die vegetarischen Mahlzeiten sehr empfehlenswert. Gäste nehmen an Morgengebeten teil, unternehmen lehrreiche Naturwanderungen, lernen Shugendō-Beschwörungsformeln und werden sogar in Exorzismus ausgebildet.

Feste & Events

Der Gipfel des Haguro-san ist Schauplatz einiger lebhafter Feste.

Hassaku Matsuri KULTURELL

(八朔祭; 31. Aug.) *Yamabushi* (Bergpriester) führen die ganze Nacht über uralte Feuerrituale durch, dür für eine gute Ernte sorgen sollen.

Shōrei-sai KULTURELL

(松例祭; 31. Dez.) Am Silvesterabend vollziehen die *yamabushi* ähnliche Rituale wie beim Hassaku Matsuri und wetteifern nun nach 100 Tagen der Enthaltsamkeit miteinander.

Schlafen

Wer in der Gegend übernachten will, muss unbedingt im Voraus reservieren. Unterkünfte gibt's an den jeweiligen Endpunkten des Pilgerweges – in Haguro-san oder Yudono-san – oder zwischendrin auch ein paar.

★ **Saikan** TEMPEL-LODGE ¥¥

(斎館; 0235-62-2357; 7 Tōge, Haguro-machi; Zi. mit 2 Mahlzeiten 7700 ¥ pro Pers.; P) Zum eleganten Saikan auf dem Gipfel des Haguro-san (S. 602) gelangt man durch ein imposantes Tor. Die Lodge liegt neben dem Tempel und ist ein Paradies für Leute, die Reflexion und Ruhe suchen. Zwar ist das Hauptgebäude nur spärlich möbliert, aber dafür bietet es makellose, komfortable Zimmer und einen schönen Blick aufs Tal. Es gibt Mahlzeiten (auch Mittagessen) der *shōjin ryōri* (buddhistische Küche) aus am Berg gesammelten Pilzen und Gemüse. Ein ganz besonderer Ort!

Gas-san Shizu Onsen Ochimizu no Yu Tsutaya HOTEL ¥¥

(月山志津温泉変若水の湯つたや; 0237-74-4119; www.gassan-shizuonsen.net; mit 2 Mahlzeiten 15 000 ¥ pro Pers.) In diesem ruhigen Onsenhotel im Dorf Shizu kann man ein *toji* (stärkendes Bad) nehmen und anschließend durch die hübschen Straßen schlendern, um Bergpflanzen und Flussfische zu schlemmen. Die Tatamizimmer verfügen über eigene Aufenthaltsbereiche zum Teetrinken.

Midahara Sanrōsho HÜTTE ¥¥

(御田原参篭所; 090-2367-9037; Zi. inkl. 2 Mahlzeiten 7560 ¥ pro Pers.; Okt.–Juni geschl.) Diese Berghütte an der achten Station auf dem Gas-san bietet sich für eine Unterbrechung der langen Drei-Berge-Wanderung an. In einem großen Gemeinschaftsraum liegen Futons. Duschen gibt's keine, doch die Mahlzeiten sind reichhaltig, und die engen Räumlichkeiten verführen dazu, sich mit den anderen Gästen auszutauschen. Wer bei Sonnenaufgang aufsteht, ist schon auf dem Weg zum Gipfel, ehe die Reisebusse ankommen.

Yudono-san Sanrōsho LODGE ¥¥

(湯殿山参籠所; 0235-54-6131; 7 Rokujuri-yama, Tamugimata; Zi. mit 2 Mahlzeiten ab 7560 ¥; April–Nov.; P) In der luftigen Berglodge am Fuß des Yudono-san tummeln sich viele fröhliche Pilger, die das Ende ihrer mehrtägigen Wallfahrt feiern. Es gibt ein heißes Bad und herzhafte Mahlzeiten sowie Bier und Sake, und alles findet bei den Gästen großen Zuspruch. Auch Mittagsmenüs mit Flussfisch und Berggemüse (ab 1575 ¥) werden hier serviert (auch für Tagesgäste).

Essen & Ausgehen

Am Eingang zum Haguro-san gibt's ein paar tolle, einladende Nudelstände, die Gerichte mit frischem Berggemüse servieren.

Ni-no-saka-chaya TEEHAUS

(二の坂茶屋; Teegedeck 700 ¥; April–Nov. 8.30–17 Uhr) Das zauberhafte Teehaus Ni-no-saka-chaya liegt an einem Rastplatz auf halber Strecke der Drei-Berge-Wanderung von Dewa Sanzan. Hier genießt man herrliche Ausblicke und trifft auf lächelnde Frauen, die Erfrischungen verkaufen.

Praktische Informationen

Im Büro der **Touristeninformation** (S. 605) in Tsuruoka kann man sich mit Karten eindecken.

An- & Weiterreise

Während der Wandermonate im Sommer fahren täglich bis zu zehn Busse (der erste um 6 Uhr) von Tsuruoka zum Dorf Haguro (820 Y, 35 Min.), die meisten verkehren dann weiter zum Haguro-sanchō (Haguro-Gipfel; 1180 ¥, 50 Min.). Außerhalb der Hochsaison gibt's wesentlich seltener Verbindungen.

NICHT VERSÄUMEN

DIE BESTEN WANDERUNGEN

- Dewa Sanzan (S. 602)
- Hakkōda-san (S. 582)
- Iwaki-san (S. 579)
- Akita Komaga-take (S. 591)
- Oirase Keiryū (S. 581)

Von Anfang Juli bis Ende August und danach an Wochenenden und Feiertagen bis Ende September fahren täglich bis zu vier Busse vom Haguro-sanchō zum **Gas-san** bis nach Hachigōme (1560 ¥, 1 Std.).

Zwischen Juni und Anfang November verkehren täglich bis zu vier Busse vom Ende des Wanderwegs beim Yudono-san Sanrōsho am Yudono-san nach Tsuruoka (1880 ¥, 1¼ Std.), die auch in Ōami (1200 ¥, 35 Min.) halten. Sobald es zu schneien beginnt, kann es vorkommen, dass die Busse nicht fahren.

Sakata 酒田

☎0234 / 105 000 EW.

Sakata war in der Edo-Zeit eine reiche Hafenstadt der Adeligen und Händler. Heute enthüllt der erste Blick die traurige Geschichte einer im Niedergang begriffenen Stadt mit alternder Bevölkerung. Bei näherer Betrachtung entdeckt man jedoch den großen Reichtum an kulturellen und historischen Attraktionen. Es gibt überraschend viele englische Schilder und sehr viel zu sehen und zu unternehmen, wenn die Sonne scheint und man ein paar Stunden Zeit hat.

Sehenswertes

Historisches Wohnhaus Abumiya HISTORISCHES BAUWERK

(旧鐙屋; ☎0234-22-5001; 14-20 1-chōme; Erw./Kind 320/210 ¥; ⌚9–16.30 Uhr) Einst gehörte dieses private Wohngebäude gegenüber vom Rathaus einem reichen Schiffshändler. Es hat einen schönen Garten und faszinierend vielfältig geschnittene Räume, die durch *shōji* (Wandschirme) unterteilt sind. Man kann hier herrlich die japanische Ästhetik nachvollziehen, die darin besteht, die Außenwelt nach innen zu holen.

Historisches Obata ('NK Agent') Building HISTORISCHES BAUWERK

(旧割烹小幡 (NKエージェント)事務所; ☎0234-26-5759; 2-9-37 Hiyoshi-machi; Eintritt 100 ¥; ⌚9–17 Uhr) Das wundervolle und einzigartige Museum – oder besser das Gebäude, in dem es untergebracht ist – kommt in dem Film *Nokan – Die Kunst des Ausklangs* (おくりびと; Okuribito – *Departures*) vor, der 2009 mit dem Oskar für den besten fremdsprachigen Film ausgezeichnet wurde. Man bekommt hier auch Auskunft zu weiteren Filmschauplätzen in der Stadt.

Schlafen

Am Bahnhof gibt's ein paar einfache Businesshotels, aber für eine so kleine Stadt stehen auch sehr schöne *ryokan* zur Auswahl.

Obwohl Sakata am Meer liegt, befindet es sich nahe genug an den Bergen, dass man statt in Tsuruoka auch hier übernachten kann.

Wakaba Ryokan RYOKAN ¥¥

(若葉 旅館; ☎0967-44-0500; 2-3-9 Honcho; mit 2 Mahlzeiten 11 600 ¥ pro Pers.) Dank seiner freundlichen, Englisch sprechenden Inhaber und der guten Lage unweit mehrerer Geschäfte und Restaurants ist das Wakaba unser Lieblings-*ryokan* in der Stadt. Er bietet helle und saubere Zimmer.

Essen & Ausgehen

Sakata Kaisen Ichiba FISCH & MEERESFRÜCHTE ¥

(酒田海鮮市場; ☎0234-23-5522; 5-10 2-chōme; Sushibox ab 1000 ¥; ⌚8–18 Uhr) Auf diesem überdachten Fischmarkt kann man an verschiedenen Ständen essen oder Sushi und Picknick-Köstlichkeiten einkaufen.

Kumura no Sakaba IZAKAYA ¥

(久村の酒場; ☎0234-24-1935; 1-41 Kotobukicho; Gerichte ab 700 ¥; ⌚17–22 Uhr) Viele halten Sakata für eine unterschätzte Stadt, aber das Kumura no Sakaba ist mit absoluter Sicherheit eine unterschätzte *izakaya* (japanisches Barrestaurant). Die Atmosphäre wird von fröhlichen Einheimischen bestimmt, die einfache Meeresfrüchte-, Hühnchen- und Gemüsegerichte miteinander teilen, und an den meisten Tischen fließt das Bier in Strömen.

Kerun COCKTAILBAR

(ケルン; ☎0234-23-0128; 2-4-20 Naka-machi; ⌚12–21 Uhr) Ein achtzigjähriger Japaner führt das schon seit Jahrzehnten existierende Kerun. An einer gut ausgestatteten Bar, die von Spiegeln und Sitznischen umgeben ist, schenkt er duftende Whisky Sours aus. Tagsüber gibt's auch leckeren Filterkaffee und Eisschokolade.

Praktische Informationen

Touristeninformation (酒田駅観光案内所; ☎0234-24-2454; www.sakata-kankou.com; ⏲9–17 Uhr) Die Mitarbeiter der Touristeninformation im Bahnhof von Sakata sprechen kaum Englisch, verleihen aber kostenlos Fahrräder und haben hervorragende englische Wanderkarten.

An- & Weiterreise

Von Tsuruoka gelangt man leicht auf einem Tagesausflug mit dem *fūtsū*-Nahverkehrszug (500 ¥, 35 Min.) nach Sakata. Der Ort ist auch ein schöner Zwischenstopp auf dem Weg nach Akita (*tokkyū*-Schnellzug, 1940 ¥, 2 Std.), das man mit der Uetsu-Hauptlinie entlang der pittoresken Küste erreicht.

PRÄFEKTUR NIIGATA
新潟県

Die Präfektur Niigata-ken erstreckt sich entlang der Westküste Tōhokus und ist für ihre hervorragenden Skipisten, felsigen Strände und angesehenen Onsendörfer bekannt. Im Sommer versammeln sich im kleinen Dorf Naeba Tausende Besucher beim berühmten Fuji Rock Festival (S. 616), und im Winter kommen viele Städter nach Myōkō Kōgen und Echigo-Yuzawa-Onsen, um Ski zu fahren. Die weitläufige Hauptstadt ist ein Industrie- und Verkehrsknotenpunkt und von Tokio aus leicht zu erreichen. Ihr schöner Hafen dient als Tor zur Sado-ga-shima, einer Insel mit interessanter Geschichte und ursprünglicher Natur.

Niigata 新潟

☎025 / 810 514 EW.

Die Präfekturhauptstadt Niigata ist die größte Stadt am Japanischen Meer und ein guter Ort für einen Zwischenstopp auf dem Weg zu den Skigebieten oder nach Sado-ga-shima. Zu ihren Highlights zählen ein quirliges Restaurantviertel, wo man den berühmten Reis und Sake der Region genießen kann, ein schöner Stadt-**Park** (白山公園; ☎025-228-1000; 1-2 Ichiban Hori-dori-chō; ⏲Sonnenauf- bis Sonnenuntergang) und der hübsche Shinano-gawa, die durchs Zentrum verläuft. Wir empfehlen einen Besuch des Aussichtspunktes **Nippō** (新潟日報メディアシップそらの広場; ☎025-385-7500; 1-1-3 Chome, Bandai; ⏲8–23 Uhr) GRATIS, um einen Eindruck davon zu erhalten, in welcher Umgebung man sich gerade befindet.

Schlafen

Niigata bietet die üblichen Businesshotels am Bahnhof und ein paar schicke Unterkünfte in der Nähe des Sado-ga-shima-Fährterminals. Nördlich des Flusses im Unterhaltungsviertel befinden sich weitere gute Hotels (und Love Hotels).

Hotel Nikkō Niigata HOTEL ¥¥
(ホテル日光新潟; ☎025-240-1888; www.jalhotels.com/domestic/chubu_hokuriku/niigata; 5-1 Bandai-jima; EZ/DZ ab 7200/12 000 ¥; P 📶) Das Nikkō befindet sich im 23. Stock des höchsten Gebäudes der Präfektur hoch über dem Shinano-gawa und dem Sado-ga-shima-Fährterminal. Alle Zimmer bieten 5-Sterne-Standard, sind geräumig, in angenehmen Farbtönen gehalten und haben einen fantastischen Ausblick. Das Frühstücksbüfett besteht aus exquisiten japanischen und westlichen Gerichten; der Kaffee ist gut und stark.

ANA Crowne Plaza Niigata HOTEL ¥¥
(ANAクラウンプラザホテル新潟; ☎025-245-3333; www.ihg.com; 5-11-20 Bandai; EZ/DZ ab 7275/10 250 ¥; P 📶) Mit seiner praktischen Lage – nur zehn Gehminuten vom Bahnhof – ist das Crowne Plaza eine gute Wahl für erschwinglichen Luxus und leichten Zugang zum Fluss. Die Zimmer variieren in Größe und Schnitt – die japanischen Suiten sind am besten für zwei bis drei Leute geeignet.

Essen & Ausgehen

Pulp Fiction FUSION-KÜCHE ¥¥
(パルプフィクション; ☎025-378-0677; 7-1545-2 Nishibori-dōri; Mahlzeiten ab 1200 ¥; ⏲18 Uhr–open end) In dieser Bier-Bourbon-Bar werden großartige *yakitori*, Räucherfleisch- und Käseplatten sowie frittierte Leckereien und starke Cocktails serviert. Das Dekor besteht aus poliertem Holz, Lavalampen und Filmpostern. Es wird allerdings kein Englisch gesprochen.

Pia Bandai MARKT ¥¥
(ピアBandai; ☎025-249-2560; 2-10 Bandai-shima, Chūō-ku; Mahlzeiten ab 1000 ¥; ⏲9–21 Uhr) Auf dem ausgedehnten Gelände, das günstig auf dem Weg zum Sado-Kisen-Fährterminal (S. 607) liegt, befinden sich Märkte und Restaurants, und Besucher können die Fülle der Produkte von Niigatas Küste bestaunen und auch probieren. Wer in Niigata genügend Zeit hat, um zu essen, muss hier unbedingt die verführerische Auswahl ge-

Präfektur Niigata

nießen! Falls die Entscheidung schwerfällt: Sehr beliebt ist das *kaiten-sushi* (Sushirestaurant mit Fließband) **Benkei** (弁慶).

Craft Beer Kan CRAFT-BIER
(クラフトビールかん; ☎025-278-7622; 500-ml-Glas ab 400 ¥; ⏲12–23 Uhr) Beim Südausgang des Bahnhofs Niigata liegt diese fröhliche kleine Bierbar, die an vorderster Front der lokalen Craft-Bier-Szene steht. Es gibt über 40 Biersorten vom Fass – wer probieren will, muss an einem Automaten Tickets kaufen. Die Besitzer können einem den Weg zur zweiten Filiale im Unterhaltungsviertel zeigen.

Ponshukan DESTILLERIE
(ぽんしゅ館; ☎025-240-7090; http://ponshukan-niigata.com; 1-96-47 Hanazono; ⏲11–22 Uhr) Gleich vor dem Bahnhof verkauft dieser charmante Sakeladen Hunderte Sakesorten nach *kikizake*-Art, bei der man fünf Proben für 500 ¥ kaufen kann. Es werden auch kleine Gourmetgerichte serviert. Nicht den Zug verpassen!

ℹ Praktische Informationen

Krankenhaus & Zahnklinik der Universität Niigata (新潟大学医歯学総合病院; ☎025-227-2460, nach Feierabend 025-227-2479;

www.nuh.niigata-u.ac.jp/index_e.html; 1-757 Asahimachi-dōri, Ichiban-chō; ⌚ ambulante Versorgung Mo–Fr 8.30–11.30 Uhr)

Touristeninformation (新潟駅万代口観光案内センター; ☎025-241-7914; www.nvcb.or.jp/en; ⌚9–18 Uhr) Links vom Bandai-Ausgang des Bahnhofs Niigata versorgen sehr freundliche und hilfsbereite Mitarbeiter Besucher mit englischen Karten und Informationen. Auch die Website ist gut.

ℹ Anreise & Unterwegs vor Ort

AUTO & MOTORRAD

Von Tokio führt die **Kan-Etsu-Autobahn** (関越自動車道) in den Großraum Niigata. Die **Nihonkai-Tōhoku-Autobahn** (日本海東北自動車道) verbindet Niigata mit Akita.

BUS

Autobahnbusse starten am **Bandai-Buszentrum** (万代シテイバスセンター), einem großen gelben Gebäude 1 km nordwestlich vom Bahnhof. Die Busse fahren größere Städte in ganz Honshū an.

FLUGZEUG

Vom Flughafen Niigata (KIJ), 13 km nördlich vom Stadtzentrum gibt's Inlandsflüge nach Sapporo, Nagoya, Osaka, Fukuoka und Okinawa und internationale Flugverbindungen nach Khabarovsk, Vladivostok, Seoul, Shanghai, Harbin und Guam.

Busse zum Flughafen fahren zwischen 6.30 und 18.40 Uhr etwa halbstündlich von der Haltestelle 5 vor dem Südausgang des Bahnhofs Niigata ab (410 ¥, 25 Min.); ein Taxi kostet um die 2500 ¥.

SCHIFF/FÄHRE

Am Hafen Niigata-kō legen täglich außer montags um 10.30 Uhr Fähren von **Shin-Nihonkai** (新日本海; ☎025-273-2171; www.snf.jp) nach Otaru auf Hokkaidō (ab 6480 ¥, 18 Std.) ab. Nach Niigata-kō nimmt man einen der Busse Richtung Rinko-nichōme von der Bushaltestelle 6 am Bandai-Ausgang des Bahnhofs Niigata und steigt an der Haltestelle Suehiro-bashi aus (200 ¥, 25 Min.). Ein Taxi kostet etwa 1500 ¥.

Sado Kisen (佐渡汽船; ☎025-245-1234; www.sadokisen.co.jp; ⌚8–18 Uhr) bietet regelmäßige Autofähren (ab 1930 ¥, 3 Std.) und Tragflächenboote (6130 ¥, 1 Std.) nach Ryōtsu auf Sado-ga-shima. Die Busse zum Fährterminal (200 ¥, 15 Min.) fahren 15 Minuten vor Abfahrt der Fähren von der Bushaltestelle 5 am Bandai-Ausgang des Bahnhofs ab. Ein Taxi kostet ca. 1000 ¥. Zu Fuß dauert der Weg etwa 40 Minuten.

Die 2½-stündige Reise vom Hafen Naoetsu-kō nach Ogi on Sado-ga-shima kostet 2720 ¥ pro Person und 19 500 ¥ mit Auto. Vom März bis November fährt täglich mindestens eine Fähre ab.

SAKE AUS NIIGATA

Die Präfektur Niigata ist eine der führenden Sakeregionen Japans und besonders für ihren klaren, trockenen Sake bekannt, der *tanrei karakuchi* genannt wird. In den langen, kalten Wintern fällt genug frischer Bergschnee und fließt bei der Schmelze dann in die Täler; er bewässert den köstlichen Reis, der zu ebenso leckerem Sake gebraut wird. Wer gern ein Gläschen trinkt, sollte bei der Fahrt durch die Präfektur unbedingt Sake probieren. Im März findet in der Stadt Niigata ein gigantisches Bacchanal namens **Sake-no-jin** (酒の陣; www.niigata-sake.or.jp/en; ⌚März) statt, das über 90 Sakesorten aus der gesamten Präfektur präsentiert.

ZUG

Shinkansen fahren auf der Jōetsu-Linie etwa alle halbe Stunde von Niigata über Echigo-Yuzawa (5380 ¥, 45 Min.) nach Tokio (10 570 ¥, 2¼ Std.).

Einige *tokkyū* (Expresszüge) bedienen täglich die JR-Uetsu-Linie zwischen Niigata und Tsuruoka (4450 ¥, 1¾ Std.) und zwischen Niigata und Akita (7000 ¥, 3¾ Std.).

Zum Hafen Naoetsu-kō, dem Ausgangspunkt der Fähren und Tragflächenboote zur Stadt Ogi auf Sado-ga-shima, verkehren täglich einige *tokkyū* auf der JR-Shinetsu-Linie zwischen Niigata und Naoetsu (4940 ¥, 1½ Std.). Vom Bahnhof Naoetsu geht's mit dem Bus (200 ¥, 10 Min.) oder mit dem Taxi (ca. 1000 ¥) zum Hafen.

Sado-ga-shima 佐渡島

☎0259 / 62 313 EW

Die S-förmige Insel Sado-ga-shima ist ein abgelegenes, kaum bewohntes Stück Land mit einem einzigartigen Kulturerbe und einer eindrucksvollen Naturlandschaft. Ihre Geschichte als Strafkolonie, Goldmine, religiöser Rückzugsort und Bollwerk kultureller Denkmalpflege verleiht Sado einen besonderen Platz in der japanischen Seele, selbst wenn immer noch sehr wenige ausländische Besucher hierherkommen.

Der meiste Trubel herrscht am dritten Augustwochenende während des dreitägigen Festivals Earth Celebration, dessen Hauptattraktion die weltberühmten Kodō-Trommler sind. Außerhalb der Sommerurlaubssaison ist es hier herrlich ruhig.

Geschichte

Sado lag stets ein wenig abseits, wenn auch nicht immer freiwillig. In der Feudalzeit war die Insel eine berüchtigte Strafkolonie, wohin in Ungnade gefallene Intellektuelle auf Lebenszeit verbannt wurden. Zur illustren Liste früherer Gefangener zählen der Kaiser Juntoku, der Nō-(stilisiertes Tanz-Schauspiel-)Meister Ze-Ami und Nichiren, der Gründer einer der einflussreichsten buddhistischen Schulen Japans. Als 1601 in der Nähe von Aikawa Gold gefunden wurde, strömten Goldgräber auf die Insel, viele davon Landstreicher, die gewaltsam vom Festland hergebracht wurden und hier wie Sklaven schuften mussten.

Feste & Events

Sado bietet kulturell unglaublich viel und ist in ganz Japan für seine zahlreichen Feste bekannt, die davon zeugen, dass die Inselbewohner einen traditionelleren Lebensstil pflegen. Nō-Aufführungen (stilisiertes Tanzdrama) sind hier sehr beliebt und in den Schreinen auf der Insel treten mehrere verschiedene Truppen auf, oft kostenlos. Eine vollständige Liste der kuriosen und wundervollen Events, darunter auch das bekannte Festival Earth Celebration (S. 612), steht auf den Websites www.visitsado.com und http://sado-biyori.com/en.

Schlafen

Sado hat exzellente *ryokan* und einige kleinere *minshuku* (Gasthäuser), aber auch die typischen Businesshotels. Die besten Unterkünfte befinden sich in oder bei Ogi, Sawata und Mano.

An- & Weiterreise

Sado Kisen (佐渡汽船; Karte S. 610; www.sadokisen.co.jp) betreibt Autofähren und Passagiertragflächenboote zwischen Niigata und Ryōtsu. Täglich fahren bis zu sechs Fähren (einfach ab 2510/17 900 ¥ pro Pers./Auto, 2½ Std.) und in der Hauptsaison elf schnelle Tragflächenboote (einfach 6520 ¥, 1 Std.). Außerhalb der Sommermonate werden die Verbindungen stark reduziert. In der Regel ist es günstiger, auf der Insel ein Auto zu mieten, als ein Auto mit auf die Fähre zu nehmen.

Vom Hafen Naoetsu-kō, 90 km südwestlich von Niigata, verkehren außerdem täglich bis zu drei Autofähren nach **Ogi** (einfach 2720/19 500 ¥ pro Pers./Auto, 2½ Std.), was besonders während des Festivals **Earth Celebration** von Vorteil ist.

Von März bis November pendeln täglich ein oder zwei Schnellboote (einfach, 2960 ¥, 1 Std.) zwischen Akadomari und Teradomari, 45 km südlich von Niigata.

Unterwegs vor Ort

AUTO & MOTORRAD

Mit einem Mietwagen lässt sich die Insel am besten erkunden: Es ist wesentlich billiger, vor Ort zu mieten, als das Auto auf der Fähre mitzubringen. Die Sehenswürdigkeiten und Unterkünfte verteilen sich großräumig über die Insel. Ein Mietwagen kostet pro Tag je nach Größe und Verfügbarkeit zwischen 6000 und 10 000 ¥. **Sado Kisen Car Rental** (Karte S. 610; ☎ 0259-27-5195) im Fährterminal ist ein freundlicher und hilfsbereiter Anbieter. Tankstellen gibt's nur wenige und außerhalb der größeren Städte liegen sie weit auseinander, aber oft bezahlt man einen Kilometerpreis inklusive Benzin und muss das Auto nicht vollgetankt zurückgeben. Wer nicht vorhat, um die gesamte Insel zu fahren oder längere Zeit zu bleiben, wird kaum eine ganze Tankfüllung verbrauchen.

BUS

Die Busanbindung auf der Insel ist gut, aber die Busse fahren langsam und unregelmäßig und es ist nicht leicht, sich mit den Linien zurechtzufinden.

Die Minami-Linie verbindet Ryōtsu mit Mano (670 ¥, 45 Min.). Die Hon-Linie fährt von Ryōtsu nach Aikawa (820 ¥, 1 Std.) und passiert den großen Verkehrsknotenpunkt Sawata (620 ¥, 40 Min.). Die Ogi-Linie verbindet Ogi mit Mano (820 ¥, 55 Min.) und Sawata (820 ¥, 1¼ Std.). Entlang der Nordküste pendeln täglich mehrere Busse auf der Kaifu-Linie zwischen Aikawa und Iwayaguchi (820 ¥, 1 Std.). Von Iwayaguchi führt die Uchikaifu-Linie nach Ryōtsu (820 ¥, 1½ Std.).

Wer viel unterwegs sein möchte, ist mit dem Buspass für unbegrenzte Fahrten (2 Wochentage/Wochenende 2500/2000 ¥) gut beraten.

FAHRRAD

Radfahren ist eine angenehme Art, von einer Stadt in die andere zu gelangen, längere Touren sind angesichts der steilen Anstiege aber ziemlich anstrengend. Die Touristeninformationen verleihen in allen Städten Elektrofahrräder für happige 2000 ¥ pro Tag (oder 500 ¥ für 2 Std.); normale Räder werden in Geschäften in Ryōtsu und Ogi zu einem etwas geringeren Preis vermietet.

Aikawa 相川

Die einstige Goldgräberstadt Aikawa hatte in der Edo-Zeit über 50 000 Einwohner. Ihre heutigen Attraktionen sind die Überreste der Goldminen und die oberhalb der Stadt gelegenen Ruinen von Kamidera-machi, das einst zahlreiche Tempel beherbergte. Auch die herrliche Lage der Stadt ist sehr reizvoll.

Zwischen Aikawa und Sawata verkehren fast stündlich Busse.

Sehenswertes

Sado Hanga-mura Museum MUSEUM
(佐渡版画村美術館; Karte S. 610; ☎0259-74-3931; 38-2 Aikawa Komeyamachi; Erw./Kind 400/200 ¥; ⌚März–Nov. 9–17 Uhr; Ⓟ) In der weitläufigen Galerie stellen lokale Künstler *hanga*-Holzschnittdrucke aus, die das Landleben auf Sado darstellen – eine wahre Freude für Liebhaber japanischer Kunst. Es werden auch Kurse (auf Japanisch) angeboten.

Sado Kinzan HISTORISCHE STÄTTE
(佐渡金山; Karte S. 610; ☎0259-74-2389; www.sado-kinzan.com/en; 1305 Shimo-Aikawa; 1/2 Tunnel 900/1400 ¥; ⌚8.30–16.30 Uhr; Ⓟ) Um diese Goldmine zu erreichen, die bis zu ihrer Schließung 1989 große Mengen Gold und Silber förderte, muss man einen steilen Berg bezwingen. Dann geht es in die kühle Tiefe, wo mechanische Puppen den Besuchern das harte Los der einstigen Bergarbeiter vor Augen führen. Eine zweite Route führt weitere 300 m den Hügel hinauf, wo man in der Tagebaumine **Dōyū-no-Wareto** noch Überreste des Arbeitsbetriebs sehen kann. Es gibt hier keine öffentlichen Verkehrsverbindungen.

Man sollte sich erkundigen, wo der **Kami-Aikawa**-Wanderweg ab dem Parkplatz 3 beginnt: Die faszinierende Wanderung mit tollem Ausblick führt bergab über eine historische Straße vorbei an verborgenen Tempeln.

Essen & Ausgehen

Rund um die Bushaltestelle und in Aikawa Yaoya-machi gibt's gute Restaurants und Cafés.

Isonoya SOBA ¥
(磯の家; Karte S. 610; ☎0259-74-2213; 16 Aizawa Edozawa-machi; Nudeln ab 600 ¥; ⌚11–20 Uhr; Ⓟ) Von der Bushaltestelle läuft man 200 m nach Norden, biegt vor der Polizeiwache, wo die Straße eine Kurve beschreibt, rechts ab und hält nach dem blauen *noren*-Vorhang Ausschau. Der beliebte Soba-Shop serviert ein köstliches Tempura-Menü.

Kyōmachi Chaya CAFÉ
(京町茶屋; Karte S. 610; ☎080-1093-6341; 5 Aikawa Yaoya-machi; Erfrischungen ab 300 ¥; ⌚Mi–Mo 9–17 Uhr) In dieser Café-Galerie in einem restaurierten Händlerhaus kann man fluffigen Chiffon-Kuchen und Eiskaffee genießen. Der Ausblick, die Meeresbrise, die hineinweht, und der kleine Platz davor sind herrlich.

Praktische Informationen

Touristeninformation (相川観光案内所; Karte S. 610; ☎0259-74-2220; 15 Aikawa Haneda-machi; ⌚April–Okt. 9–17 Uhr) Fünf Gehminuten von der Bushaltestelle entfernt, hinter der Polizeiwache.

Mano & Sawata 真野・佐和田

Sawata ist der Verkehrsknotenpunkt der Insel, aber trotzdem ein ziemlich ruhiger Ort mit ein paar Geschäftsstraßen, in denen sich die Verwaltungbüros sowie Läden und Restaurants befinden. Sie versorgen Traveller, die froh sind, es bis hierher geschafft zu haben.

Etwa 20 Minuten weiter südöstlich liegt Mano, seit dem 14. Jh. Hauptstadt und kulturelles Zentrum der Insel. Der Ort ist ein superruhiges Dorf mit schönen Holzgebäuden, in dem kürzlich gepflanzten Weidenbäume stehen.

Sehenswertes

Ein friedlicher 7 km langer Naturlehrpfad führt östlich vom Ort durch Reisfelder und an Manos wichtigsten Sehenswürdigkeiten vorbei. Er beginnt in der Nähe der Bushaltestelle Danpū-jō an der Minami-Linie zwischen Ryōtsu und Sawata. Nach kurzer Zeit ist der Tempel **Myōsen-ji** (妙宣寺; Karte S. 610; ☎0259-55-2061; ⌚Sonnenauf- bis Sonnenuntergang) GRATIS mit seiner markanten fünfstöckigen Pagode erreicht, der von einem Schüler des buddhistischen Mönchs Nichiren gegründet wurde.

Vom Myōsen-ji wandert man zehn Minuten durch Felder und über alte Holztreppen hinauf auf einen Hügel zum **Kokubun-ji** (国分寺; Karte S. 610; ☎0259-55-2059; 113 Kokubun-ji; ⌚Sonnenauf- bis Sonnenuntergang) GRATIS, dem ältesten Tempel auf Sado-ga-shima, der 741 gebaut wurde. Die folgenden 3 km führen an wunderbaren Aussichtspunkten vorbei bis zum **Mano Go-ryō** (真野御陵), dem Grab von Tenno Juntoku. Von hier geht's ein kurzes Stück bergab zu **Sados Museum für Geschichte & Tradition** (佐渡歴史伝説館; Sado Rekishi Densetsukan; Karte S. 610; ☎0259-55-2525; www.sado-rekishi.jp; 655 Mano; Erw./Kind 800/400 ¥; ⌚8–17.30 Uhr; Ⓟ). In diesem

Sado-ga-shima

Inselmuseum spielen mechanische Puppen unermüdlich Szenen aus Sados dramatischer Geschichte nach.

Schlafen & Essen

An der Hauptstraße Manos befinden sich hübsche *ryokan* und Restaurants. Auch in Sawata gibt's ein paar *ryokan* sowie Bäckereien, kleine Lebensmittelläden und hübsche Strandcafés.

★ **Urashima** RYOKAN ¥¥

(浦島; Karte S. 610; ☎ 0259-57-3751; www.urashima.com; 978-3 Kubota; Zi. mit 1/2 Mahlzeiten 9000/13 000 ¥ pro Pers.; P ❄ 📶) Urashima ist ein früheres Fischhandelshaus, das von zwei berühmten japanischen Architekten umgebaut wurde und sich heute ganz im Industriestil präsentiert. Ein schickes Hotel, das japanische Elemente mit einem Gespür für europäisches Flair verbindet. Der beste Ort der Insel für ein paar Übernachtungen, vor allem mit Kindern. Der Rasen der Hotelanlage verläuft am Meer entlang und vermittelt das Gefühl von Weite.

Der *ryokan* liegt 400 m westlich Sawatas an der Busroute nach Mano.

Sado-ga-shima

Sehenswertes
1 Kokubun-ji ... C4
2 Konpon-ji ... C4
3 Mano Go-ryō ... B4
4 Myōsen-ji ... C4
5 Ogi-Volkskundemuseum ... B5
6 Sado-Hanga-mura-Museum ... B3
7 Sado Kinzan ... B3
8 Geschichts- & Traditionsmuseum von Sado ... B4

Aktivitäten, Kurse & Touren
9 Sado Island Taiko Centre ... B5

Schlafen
10 Green Village Patio House ... C3
11 Hana-no-ki ... B5
12 Itōya Ryokan ... B4
13 Sado Belle Mer Youth Hostel ... B3
14 So-bama Campingplatz ... B5
15 Sotokaifu Jugendherberge ... C1
16 Tōkaen ... C3
17 Urashima ... B4

Essen
18 Isonoya ... B3
19 Shichiemon ... B5
20 Uohara ... B5

Ausgehen & Nachtleben
21 Kyōmachi Chaya ... B3

Itōya Ryokan RYOKAN ¥¥
(伊藤屋; Karte S. 610; ☎0259-55-2019; www.itouyaryokan.com; 278 Mano Shin-machi, Mano; Zi. 5300 ¥ pro Pers., mit 2 Mahlzeiten 7300 ¥; P 📶) Mitten im Dorf Mano, nur 50 m südwestlich der Ampel an der Shin-machi, steht das Itōya Ryokan. Das Haus ist mit Kunsthandwerk von der ganzen Insel geschmückt, und zum Abendessen gibt's Fisch und Muscheln aus dem Meer. Anschließend ist das einladende, mit Meereswasser gefüllte *hinoki*-(hölzerne) Bad genau das Richtige für müde Knochen.

Praktische Informationen

Touristeninformation (真野観光案内所; Karte S. 610; ☎0259-55-3589; 488 Mano Shin-machi; ⏲9–17 Uhr, unregelmäßig geschl.) Hier gibt's Informationen zu den Wanderungen und Tempeln in der Gegend und es werden Fahrräder verliehen (300/800 ¥ pro Std./Tag). Vor der Bushaltestelle Shin-machi.

An- & Weiterreise

Vom Fährterminal in Ryōtsu fährt ein Bus nach Sawata (880 ¥, 50 Min.). Mano liegt zehn Minuten die Straße hinunter und ist leicht vom Fährterminal aus zu erreichen (820 ¥, 45 Min.).

Ogi & Shukunegi 小木・宿根木

Ogi ist ein winziges Dorf an der Südwestspitze der Insel und einer der beliebtesten Orte der Gegend. Die Fahrt entlang der felsigen Küste ist wunderschön, wenn man abgelegene Reiseziele liebt, und seine wundervolle Isolation spürt man auch in den kulturellen Praktiken, die sich in den vergangenen 400 Jahren kaum verändert haben. Ogi ist auch das Zentrum des berühmten Festivals Earth Celebration.

Shukunegi, ca. 3 km westlich von Ogi und wahrlich ein seltenes traditionelles Kleinod: Das winzige, geschlossene Fischerdorf wirkt wie ein Museum, seine verwitterten hölzernen Handelshäuser winden sich in engen Gassen und über steinerne Treppen den Hang hinauf.

Sehenswertes & Aktivitäten

Bei japanischen Besuchern ist Ogi für seine *taraibune* berühmt, runde Boote, die aus großen Fässern gebaut wurden, um in den vielen Buchten Schalentiere zu sammeln. Heute werden sie vor allem von Frauen in traditioneller Tracht für touristische **Bootsfahrten** (500 ¥, 10 Min.) genutzt. Besucher mit eigenem Fahrzeug (ein Zweirad tut es auch) finden an der Küstenstraße westlich von Ogi zahlreiche Höhlen und Grotten zum Erkunden. Noch etwas weiter an der Landspitze weicht die Felsküste sandigen Stränden wie dem **So-bama** (素浜) in der Mano-Bucht.

Volkskundemuseum Ogi MUSEUM
(小木民俗博物館; Ogi Minzoku Hakubutsukan; Karte S. 610; ☎0259-86-2604; 270-2 Shukunegi; Erw./Kind 500/200 ¥; ⏲9–17 Uhr) Das einstige Schulgebäude aus den 1920er-Jahren wurde vor dem Abriss bewahrt und in ein Museum umgewandelt. Jetzt gibt's hier alle erdenklichen kulturellen Artefakte aus Sado zu bestaunen (über 30 000 Exponate) sowie den Nachbau eines *sengokubune*-Frachtschiffs aus dem 19. Jh. in Originalgröße.

NICHT VERSÄUMEN

EARTH CELEBRATION AUF SADO

Ein Highlight jeder Japan-Reise ist das einzigartige dreitägige Musik-, Kunst- und Umwelt-Festival **Earth Celebration** (アース・セレブレーション; www.kodo.or.jp/ec/en; ⌚ Mitte Aug.) in der dritten Augustwoche. Es feiert die Vielfalt der japanischen Traditionen, den Wert der Gemeinschaft und die magische Kraft der Musik. Seit 1988 kommen passionierte Anhänger immer wieder nach Sado, um an den vielen Aktivitäten teilzunehmen, die Information, Unterhaltung und das Zusammensein mit anderen Menschen verbinden.

Das Event bietet diverse Performances und Workshops zum Mitmachen, die Hauptattraktion sind jedoch die nächtlichen Auftritte unter freiem Himmel der weltbekannten japanischen Kodō-Trommler. Sie sind ein echtes Erlebnis, vor allem wenn man noch nie vorher *taiko*-Trommeln gehört hat. Alle Mitglieder des Ensembles, das als eine der führenden Trommelgruppen der Welt gilt, müssen sich einem strengen physischen, mentalen und spirituellen Training unterziehen. Den größten Teil des Jahres sind sie weltweit auf Tournee.

Ob Regen, Hagel oder Sonnenschein, für eingefleischte Fans sind die abendlichen Motto-Darbietungen das reinste Vergnügen: Es macht Spaß, schon in der Hitze des Tages mitzuerleben, wie sich unter den Menschenmengen Spannung aufbaut, während sie sich geduldig in Gruppen um den **Kisaki-Schrein** versammeln, um Plätze mit der besten Sicht zu ergattern, bevor es den steilen Pfad zum schönen Amphitheater im **Shiroyama-Park** hinaufgeht. Wenn dann das frenetische Trommeln beginnt, die Sonne untergeht und es sich etwas abkühlt, herrscht eine elektrisierende Atmosphäre. Earth Celebration ist für Japaner nach wie vor eine der seltenen und einzigartigen Gelegenheiten, auf heimatlichem Boden Zeuge eines historischen und kulturellen Erbes zu werden und daran teilzuhaben.

Schauplatz der bedeutendsten Konzerte und Workshops von Earth Celebration sind das Dorf Ogi und Umgebung, aber auch auf der gesamten Insel stehen Aktivitäten und Touren auf dem Programm. Das Festival ist international bekannt, daher werden die Unterkünfte knapp und sind schon weit im Voraus ausgebucht. Doch wer seine Reise gut plant, wird belohnt.

Taiko-Zentrum der Insel Sado MUSIK
(佐渡太鼓体験交流館; Sado Taiko Taiken Takō-kan; Karte S. 610; ☎ 0259-86-2320; www.sadotaiken.jp; 150-3 Ogi-kanetashinden; ⌚ Di–So 9–17 Uhr) In einer schönen Halle auf einem Hügel mit Blick zum Meer kann man an Trommelkursen mit Mitgliedern der elitären Kodō-Trommelgruppe teilnehmen. Man kann jederzeit vorbeikommen, um es sich anzusehen, aber Kurse muss man im Voraus buchen. Sie kosten in der Regel 2000 ¥ pro Person, bei mindestens fünf Teilnehmern.

Schlafen & Essen

Es gibt ein paar *ryokan* und Campingplätze im Ort, aber in der belebten Hochsaison sollte man vorher anrufen. Falls nötig, kann man auch die Touristeninformation besuchen.

So-bama-Campingplatz CAMPINGPLATZ ¥
(素浜キャンプ場; Karte S. 610; ☎ 0259-86-3200; Zeltplatz pro Pers. ab 300 ¥, Zeltmiete ab 1700 ¥; ⌚ Mai–Okt.; P) Hochbeliebt ist dieser schöne Campingplatz, nur 6 km von Ogi entfernt direkt gegenüber einem hübschen Strand, während des Festivals Earth Celebration. Dann pendeln täglich mehrere Shuttlebusse zwischen Ogi und dem Zeltplatz; am besten lässt er sich jedoch mit dem Auto erreichen.

★ **Hana-no-ki** RYOKAN ¥¥
(花の木; Karte S. 610; ☎ 0259-86-2331; www.sado-hananoki.com; 78-1 Shukunegi; Zi. ab 6000 ¥ pro Pers., mit 2 Mahlzeiten ab 9000 ¥; P) Wer so weit gereist ist, braucht einen Platz zum Ausruhen. Um diesen *ryokan* zu errichten, nahmen die Besitzer in mühevoller Kleinarbeit ein 150 Jahre altes Bauernhaus auseinander und setzten es zwischen den Reisfeldern an der Straße nach Shukunegi wieder zusammen. Die Zimmer im japanischen Stil liegen im Haupthaus oder in frei stehenden Bungalows im Garten. Gäste, die vorher anrufen, werden in Ogi abgeholt.

Uohara FISCH & MEERESGERICHTE ¥¥

(魚晴; Karte S. 610; 0259-86-2085; 415-1 Ogi-machi; Mahlzeiten ab 1100 ¥; 11–17 Uhr, unregelmäßig geschl.) Die Spezialität des Uohara ist *awabi* (Abalone), es wird wie ein Steak gebraten (zum aktuellen Marktpreis) oder günstiger in süßer Sojasoße mariniert gegrillt und mit Reis serviert. Man folgt der von Geschäften gesäumten Straße hinter der Touristeninformation etwa 250 m bergauf bis zu einem weißen Gebäude mit rot-weiß-blauer Schrift an der Seite. Die Speisekarte ist bebildert.

Shichiemon SOBA ¥

(七右衛門; Karte S. 610; 0259-86-2046; 643-1 Ogi-machi; Nudeln ab 700 ¥; 11–14 Uhr) In dem alteingesessenen Restaurant gibt's handgemachte *teuchi soba* in allen möglichen Varianten, die hier etwas flacher aussehen als gewohnt.

Praktische Informationen

Touristeninformation (小木観光案内所; Karte S. 610; 0259-86-3200; 1935-26 Ogi-machi; 8.30–17.30 Uhr) Englischsprachige Karten und Fahrradverleih, liegt ein paar Gehminuten westlich vom Busbahnhof und den Fähranlegern.

An- & Weiterreise

Bis Sonnenuntergang fahren vor dem Fährterminal in Ryōtsu mindestens einmal stündlich Busse nach Ogi (1430 ¥, 90 Min.) ab, die unterwegs auch in Mano halten. Zwischen Mano und Ogi (880 ¥, 40 Min.) kann man überall Busse heranwinken.

Ryōtsu 両津

Ryōtsu ist der wichtigste Fährhafen und das Zugangstor zu Sado-ga-shima, hat aber ansonsten nichts Sehenswertes zu bieten. Richtung Binnenland weicht das Ortsbild Reisfeldern, rustikalen Bauernhäusern und antiken Tempeln.

Sehenswertes

Konpon-ji BUDDHISTISCHER TEMPEL

(根本寺; Karte S. 610; 0259-22-3751; 1837 Niibo Ōno; Eintritt 300 ¥; 9–16.30 Uhr; P) Als der buddhistische Mönch Nichiren 1271 nach Sado ins Exil kam, wurde er zuallererst in diesen rustikalen hölzernen Tempel mit Strohdach und hübschem Garten gebracht. Fahrgäste können sich von jedem Bus auf der Minami-Linie ab Ryōtsu an der Haltestelle Konpon-ji-mae absetzen lassen.

Schlafen & Essen

Am Ausgang des Fährterminals gibt's ein paar Cafés, und zehn Gehminuten weiter südlich befinden sich einige gute Restaurants.

Green Village Patio House HOSTEL ¥

(グリーンヴィレッジパティオハウス; Karte S. 610; 0259-22-2719; www.e-sadonet.tv/~gvyh/eng; 750-4 Niibo Uryuya; B/EZ 3500/3800 ¥ pro Pers., Frühstück/Abendessen 700/1000 ¥; P) Es fühlt sich schon etwas seltsam an, wenn man im Zentrum von Sado diese westliche Frühstückspension betritt, aber die englischsprachigen Gastgeber tun alles, um für einen angenehmen Aufenthalt zu sorgen. Man übernachtet in Schlafsälen mit sechs Betten oder in einem der beiden privaten Zimmer mit Gemeinschaftsbad. Die Busse, die von Ryōtsu auf der Minami-Linie fahren, können Fahrgäste an der Haltestelle Niibo Yubinkyoku-mae absetzen, etwa 100 m hinter der Abzweigung zum Hostel.

Tōkaen MINSHUKU ¥¥

(桃華園; Karte S. 610; 0259-63-2221; www.on.rim.or.jp/~toukaen; 1636-1 Kanai-Shinbo; Zi. ab 4500 ¥ pro Pers., mit zwei Mahlzeiten ab 8800 ¥; P) Das *minshuku* (Gästehaus) liegt schön abgelegen an einem ruhigen Ort mitten in der zentralen Ebene. Hier kann man Reitausflüge machen und in einer superheißen Sauna Salztherapien genießen. Die Tatamizimmer sind offen und hell, und zu den Mahlzeiten wird man richtig satt. Wer kein Auto hat, nimmt einen Bus der Hon-Linie von Ryōtsu nach Undōkōen-mae und gibt dem Fahrer als Ziel Tōkaen an. Alternativ muss man 3 km laufen.

Die Besitzer kennen alle Wanderwege der Insel.

Praktische Informationen

Touristeninformation (佐渡観光協会; Karte S. 610; 0259-27-5000; www.visitsado.com/en; 2. OG, Sado-Kisen-Fährterminal; 8.30–18 Uhr) Hier gibt's eine tolle Auswahl an englischen Karten und Broschüren, darunter Wander- und Fahrradführer für alle Hauptgebiete der Insel. Die hilfsbereiten Mitarbeiter sprechen Englisch und können bei der Anmietung eines Leihwagens helfen.

Postamt Ryōtsu (両津郵便局; Karte S. 610; 0259-27-3634; 2-1 Ryōtsu-ebisu; Mo–Fr 9–17 Uhr) Dieses Postamt hat einen internationalen Geldautomaten. Im Fährterminal gibt's eine weitere Filiale, allerdings mit kürzeren Öffnungszeiten.

An- & Weiterreise

Ryōtsu ist der erste Hafen, den Traveller erreichen, wenn sie aus Niigata-shi ankommen. Von einem gut ausgeschilderten Busbahnhof rechts vom Fährausgang verkehren Busse zu mehreren Zielen auf der Insel.

Sotokaifu 外海府

Sados raue Nordküste ist eine Landschaft aus steilen Felswänden, die dramatisch ins tiefblaue Wasser abfallen. Die Küstenfahrten auf den engen, kurvenreichen Straßen sind gefährlich, aber spektakulär. Einmal stündlich halten Busse von Aikawa in Sotokaifu.

Schlafen & Essen

In der Gegend gibt's ein paar einfache Hostels, die aber nur mit dem Auto zu finden sind.

Essen kann man in kleinen Nudellokalen und Meeresfrüchte-Restaurants, die allerdings nach Sonnenuntergang alle geschlossen haben.

Sado Belle Mer Youth Hostel HOSTEL ¥
(佐渡ベルメールユースホステル; Karte S. 610; ☎ 0259-75-2011; http://sado.bellemer.jp; 369-4 Himezu; B mit Frühstück 4320 ¥; P ⊖) Angeln, Wandern und am windgepeitschten Meer abhängen sind die Highlights dieses etablierten Hostels, das seine Gäste ins japanische Dorfleben integriert (ob sie es wollen oder nicht!). Seine Inhaber kennen mindestens einen tollen Strand. Man übernachtet in einfachen Schlafräumen, die fast alle schönen Meerblick bieten. Das Hostel liegt in der Nähe der Bushaltestelle Minami-Himezu.

Sotokaifu Youth Hostel HOSTEL ¥
(外海府ユースホステル; Karte S. 610; ☎ 0259-78-2911; www.sotokaifu.jp; 131 Iwayaguchi; B mit 2 Mahlzeiten 6000 ¥; P ⊖) Versteckt in einem winzigen Fischerdorf liegt dieses gemütliche, bei Gästen beliebte Hostel. Es befindet sich in einem traditionellen Sado-Haus mit zentralem Herd sowie Gemeinschafts- und Privatzimmern. Zu den reichhaltigen Mahlzeiten werden frische Meeresfrüchte serviert. Das Hostel direkt vor der Bushaltestelle Iwayaguchi (岩谷口) liegt sehr abgeschieden.

Echigo-Yuzawa-Onsen
越後　湯沢温泉

☎ 025 / 7972 EW.

Wenn man Kawabata Yasunaris berühmtem Roman *Yuki-guni* (*Schneeland*), der hier spielt, Glauben schenkt, dann war Echigo-Yuzawa einst ein dekadentes Thermalbad, in dem Geishas um die Gunst der Gäste buhlten. Dann kamen die Skisportler und der *shinkansen*. Im Winter begeben sich viele Gäste direkt auf die Hänge des Gala Yuzawa und fahren anschließend wieder nach Hause, es gibt hier aber auch ganzjährig eine große Auswahl wundervoller Onsen.

Sehenswertes & Aktivitäten

Echigo-Tsumari Art Field KUNSTZENTRUM
(越後妻有大地の芸術祭の里; www.echigo-tsumari.jp/eng) Im Jahr 2000 wurde diese Open-Air-Galerie eröffnet, um wieder Menschen in diese bezaubernd schöne ländliche Gegend mit ihren historischen Bauernhäusern aus Holz und den grünen Feldern zu locken, deren Bevölkerung sich in kurzer Zeit stark reduziert hat. Auf 770 m² verteilen sich zahlreiche Installationen japanischer und internationaler Künstler, die sich so natürlich wie möglich in die Umgebung einfügen. Von Echigo-Yuzawa-Onsen geht's mit dem Zug nach Tōkamachi (610 ¥, 30 Min.); Karten sind online verfügbar. Am meisten hat man von dem Besuch mit einem Mietwagen.

Während der Echigo-Tsumari Triennial (findet 2018 das nächste Mal statt), die immer den ganzen Sommer dauert, geht es hier lebhaft zu.

Stadtmuseum Yuzawa MUSEUM
(雪国館; Yukiguni-kan; ☎ 025-784-3965; 354-1 Yuzawa; Eintritt 500 ¥; ⏲ Do–Di 9–16.30 Uhr) Das wunderbare kleine Museum zeigt Erinnerungsstücke aus dem Leben Kawabata Yasunaris, des ersten Japaners, der den Literaturnobelpreis erhielt. Außerdem bietet es interessante Ausstellungen über das Leben im Schneeland, die seinen berühmten Roman zum Leben erwecken. Vom Westausgang des Bahnhofs Echigo-Yuzawa liegt das Museum rechter Hand; zu Fuß sind es zehn Minuten.

Gala Yuzawa WINTERSPORT
(ガーラ湯沢; www.galaresort.jp/winter/english; Skilift-Tagesticket 4600 ¥; ⏲ Dez.–April) Da das Skigebiet eine eigene *shinkansen*-Halte-stelle (Hochgeschwindigkeitszug) direkt am Fuß des Bergs hat, ist es möglich, vormittags in Tokio aufzuwachen, sich nach dem Frühstück auf die Skipiste zu begeben und zum Abendessen wieder zurück in Japans Metropole zu sein. Auf den Pisten

kann es daher ziemlich voll werden. Drei Viersitzer- sowie sechs Dreier- und Zweier-Lifte sorgen dafür, dass sich die Skifahrer schnell verteilen, doch zu den Hauptzeiten muss man mit Schlangen rechnen.

Die Abfahrten decken das gesamte Spektrum ab, für Anfänger und durchschnittliche Skiläufer wie für Könner; die längste Piste bietet 2,5 km Abfahrt. Eine komplette Ausrüstung kann man für teure 5200 ¥ pro Tag ausleihen. Reisebüros in Tokio können oft preiswerte Pakete arrangieren, die Bahnfahrt und Skilifte beinhalten, was besonders an Wochentagen interessant ist.

Schlafen & Essen

Die meisten Besucher sind Tagesausflügler aus der Hauptstadt, aber man kann auch hier übernachten, um die heißen Quellen zu genießen und morgens der Erste auf den Skipisten zu sein.

Im Bahnhofsviertel gibt's ausgezeichnete Restaurants, die im Winter stets gut gefüllt sind. Ansonsten kann man auch in seiner Berglodge essen.

Hotel Futaba HOTEL ¥

(☎ 0257-84-3357; www.hotel-futaba.com; 419 Yuzawa; ohne/mit 2 Mahlzeiten ab 8500/14 000 ¥ pro Pers.; P ❄ 📶) Das Hotel Futaba bietet Onsen-Genuss pur. Außerdem hat es einen kostenlosen Shuttleservice zum Gala Yuzawa. Die Gemeinschaftsbereiche sind zwar etwas unpersönlich, aber die großen, gemütlichen Zimmer im japanischen Stil und das großartige Essen machen das mehr als wett.

★ **Hatago Isen** GÄSTEHAUS ¥¥

(HATAGO井仙; ☎ 025-784-3361; www.hatago-isen.jp; 2455 Yuzawa; Zi. inkl. 1/2 Mahlzeiten ab 8800/13 075 ¥ pro Pers.; P ❄ 📶) Wer die Atmosphäre eines traditionellen Gästehauses mit viel dunklem Holz und schummeriger Beleuchtung erleben möchte, ohne auf moderne Annehmlichkeiten zu verzichten, ist in diesem luxuriösen ryokan genau richtig. Seine Übernachtungsmöglichkeiten reichen von einfachen Einzelzimmern bis zu luxuriösen Suiten mit eigenem *rotemburo* (Außenbad). Die Mahlzeiten werden mit vielen regionalen Zutaten zubereitet und bieten ungewöhnlich viel Flexibilität: Abends stehen drei Menüs zur Auswahl, und wer will, kann das Frühstück gegen ein Mittagessen und einen späteren Check-out eintauschen.

NASPA New Ōtani HOTEL ¥¥¥

(NASPAニューオータニ; ☎ 025-780-6111; www.naspanewotani.com; 2117-9 Yuzawa; Zi. mit 2 Mahlzeiten & Skipass ab 18 500 ¥ pro Pers.; P 🚭 @ 📶 🏊) Das familien- und ausländerfreundliche Resort hat hinterm Haus einen eigenen Skipark, der sich besonders für Anfänger und Kinder eignet. Neben geräumigen Zimmern im westlichen Stil gibt's eine ganze Palette an Resorteinrichtungen, darunter einen Onsen. Die kostenlosen Shuttlebusse zwischen dem Resort und dem Bahnhof Echigo-Yuzawa benötigen nur fünf Minuten.

Kikushin SOBA ¥

(菊新; ☎ 025-784-2881; 1-1-2 Yuzawa; Schüssel ab 900 ¥; ⏲ Mi–Mo 11–14 & 17.30–21 Uhr) An der Ecke direkt vor dem Ostausgang des Bahnhofs serviert das Kikushin köstliche *soba* (Buchweizennudeln; heiß oder kalt) und knusprige *tempura* (mit Pilzen aus den Bergen) – perfekt für kalte Tage.

Moritaki UDON ¥¥

(森瀧; ☎ 0257-84-3600; 357-5 Yuzawa; Hauptgerichte ab 1100 ¥; ⏲ 17 Uhr–open end) Die Familie in diesem herrlichen kleinene *nabe*-(Eintopf)-Restaurant serviert handgemachte *udon*-Nudeln und verschiedene Biersorten. Sehr intim und stets gut gefüllt.

An- & Weiterreise

BUS

Von Echigo-Yuzawa-Onsen nach Naeba fahren regelmäßig Nahverkehrsbusse (650 ¥, 40 Min.). Zwischen dem Bahnhof Echigo-Yuzawa und dem Skigebiet Gala Yuzawa (S. 615) pendelt ein kostenloser Shuttlebus.

ZUG

Stündlich verkehren mehrere *shinkansen*-Züge auf der Jōetsu-Linie von Tokio nach Echgo-Yuzawa (6670 ¥, 1¼ Std.). Züge fahren von Echigo-Yuzawa weiter nach Niigata (5380 ¥, 50 Min.).

Naeba 苗場

☎ 026

Naeba hat nicht viel mehr als eine Bushaltestelle und ein Skiresort zu bieten, verfügt aber über eine herrliche Lage in den Bergen. Es gibt anspruchsvolle Skipisten und eine fröhliche Après-Ski-Szene. Indiemusik-Fans aus aller Welt kennen Naeba wegen seines wunderbaren Fuji Rock Festivals, des größten Open-Air-Festivals in Japan.

Aktivitäten

Skiresort Naeba WINTERSPORT

(苗場スキー場; ☎ 025-789-4117; www.princehotels.co.jp/ski/naeba; 202 Mikuni, Yuzawa; Skilift-Tagesticket/Kombiticket Naeba & Kagura 5000/5700 ¥; ⌚ Dez.–April; 🚸) Die mit 4 km längste der über 20 Abfahrten in Naeba schlängelt sich durch Birkenwald und buckeliges Gelände, ehe sie in einem ganzen Kilometer Schussfahrt endet. In der Regel ist der Schnee hier trocken und leicht, und es gibt viele naturbelassene Bereiche, in denen die Skifahrer durch richtig guten Pulverschnee carven können. Hier wird viel Englisch gesprochen, und die Skiausrüstung kann man ab 5000 ¥ pro Tag leihen.

Zudem gibt's einen Schneepark für Kinder sowie einen Freestyle-Park für Snowboarder mit Rails, Halfpipes und Kickern. Am Fuß des Hangs befindet sich das N-Plateau, ein umfangreicher Komplex mit Food Court, Onsen, Minimarkt und Skigeschäft.

Der 5,5 km lange Lift mit dem furchteinflößenden Namen **Dragondola** (ドラゴンドラ) ist angeblich der längste Gondellift der Welt, in nur 15 Minuten befördert er die Skifahrer hinüber ins benachbarte Skiresort Kagura.

Skiresort Kagura WINTERSPORT

(かぐらスキー場; ☎ 025-788-9221; www.princehotels.co.jp/ski/kagura; 742 Mitsumata, Yuzawa; Skilift-Tagesticket 5000 ¥, Kombiticket Naeba & Kagura 5700 ¥; ⌚ Nov.–März) Mit Naeba verbunden ist der imposante Berg Kagura mit einem unabhängigen eigenen Skigebiet. Hier warten nochmals über 20 Abfahrten für Anfänger und Könner, auch Skifahren im Gelände abseits markierter Pisten ist hier sehr leicht möglich: So kommen auch erfahrene und waghalsige Skiläufer voll auf ihre Kosten. Wer lieber auf den markierten Pisten bleibt: Eine der Abfahrten ist beeindruckende 6 km lang.

Mit dem Kombiticket kann man jederzeit den Gondellift Dragondola zwischen Naeba und Kagura nutzen. Kostenlose Shuttlebusse starten unten im Gebiet Mitsumata.

NICHT VERSÄUMEN

DIE BESTEN SKIGEBIETE

- Zaō-Onsen (S. 598)
- Naeba (S. 616)
- Tazawa ko (S. 592)
- Myōkō Kōgen (S. 617)
- Gala Yuzawa (S. 615)

Feste & Events

Fuji Rock Festival MUSIK

(www.fujirockfestival.com; ⌚ Ende Juli) Das Fuji Rock Festival zählt mittlerweile zu den berühmtesten Musikfestivals der Welt. An drei Tagen spielen hier legendäre Bands aller Genres (viel Indie, Pop und Electronica). Die Atmosphäre ist friedlich, die Lage in den Bergen großartig. Ein Muss für Musikliebhaber.

Schlafen

Viele Traveller übernachten unten am Berg in Yuzawa-Onsen, wo mehr los ist, aber wer die Menschenmengen umgehen will, sollte sich direkt im Dorf eine Unterkunft suchen.

Außerhalb der Resorts gibt's keine Restaurants.

Berghütte Wadagoya HÜTTE ¥

(和田小屋; ☎ 025-789-2211; www.princehotels.com/en/ski/mtnaeba/accommodation; Mt. Kagura; B mit 2 Mahlzeiten 7800 ¥ pro Pers.; ⌚ Dez.–Mai). Dasselbe Management führt das Prince Hotel (unten) und diese Berghütte auf dem Kagura. Die Gäste schlafen Seite an Seite auf Futons in einem Gemeinschaftsraum. Vorteil: Man lernt sich kennen und ist morgens schon früh auf dem Hang. Allerdings muss man vor 15 Uhr in Naeba ankommen, um sämtliche Skilifte bis hinauf zur Hütte zu erwischen.

Prince Hotel Naeba HOTEL ¥¥

(プリンスホテル苗場; ☎ 025-789-2211; www.princehotels.co.jp/naeba; 202 Mikuni, Yuzawa; Zi. ab 8000 ¥; P ⊖ @ 📶) Am Fuß des Bergs bildet dieses monolithische Resort das Zentrum von Naebas Skizirkus. Es bietet eine Reihe Zimmer und Suiten im westlichen Stil, die sich in Größe, Ausstattung und Preis erheblich unterscheiden – am besten im Internet nach Sonderangeboten suchen –, sowie zahlreiche Bars, Cafés, Restaurants und Fitness- bzw. Wellnesseinrichtungen.

An- & Weiterreise

Regelmäßige Nahverkehrsbusse verbinden Naeba und Echigo-Yuzawa-Onsen (650 ¥, 40 Min.). Angemeldete Gäste des Prince Hotel können auf dieser Strecke kostenlose Shuttles nutzen.

Zum Höhepunkt der Skisaison betreibt **Seibu Travel** (☎ 03-5910-2525; http://bus.seibutra

vel.co.jp/en) einen Shuttlebus zwischen dem Shinagawa Prince Hotel in Tokio und Naeba (3600 ¥, 4 Std.).

Myōkō Kōgen 妙高高原

☎0255 / 32 829 EW.

Die Myōkō-Bergkette ist ein beliebtes Reiseziel für Wintersportler und Skihasen – dank der Nähe zum Meer fällt über dem Myōkō-Gebirge der erste Schnee früher als anderswo –, aber auch die stilvollen, leicht erreichbaren Resorts bieten zahlreiche Attraktionen für Bergliebhaber.

Aktivitäten

Akakura-Onsen-Skipark WINTERSPORT

(赤倉温泉スキー場; ☎0255-87-2169; www.akakura-ski.com; Skilift-Tagesticket 4200 ¥; ⊙Dez.–April;) Akakura-Onsen Sukī-Jō ist eines der beliebtesten Resorts, besonders bei Reisenden mit kleinen Kindern. Von den 20 Abfahrten sind 18 auf die Bedürfnisse von Anfängern ausgelegt; selbst die schwereren Pisten (schwarzer Diamant) sind kaum mehr als kurze Schussfahrten. Doch der erstklassige Schnee und die malerische Lage sorgen dafür, dass sich hier alle wohlfühlen. Rund um die Hänge liegen Familienrestaurants, viele von europäischen Berghütten inspiriert, und fast überall gibt's englische Schilder.

Geführte Touren

Dancing Snow WINTERSPORT

(ダンシングスノー; ☎090-1433-1247; www.dancingsnow.com) Wer Abenteuer abseits der Skipisten erleben will, sollte sich an diese örtlichen Experten wenden: Sie organisieren geführte Skitouren und Schneeschuhwanderungen und bieten privaten Skiunterricht an – und alles auf Englisch. Die Preise richten sich nach Länge und Art der Tour. Näheres auf der Website.

Schlafen & Essen

Das gemütliche Bergdorf Akakura-Onsen ist mit seinen vielen Restaurants der perfekte Ort für einen längeren Aufenthalt. Auch am Bahnhof gibt's viele gute Restaurants.

Hotel Alp GÄSTEHAUS ¥¥

(ホテルアルプ; ☎0255-87-3388; www.alp-myoko.com/english/index.html; 585-90 Akakura Onsen; Zi. inkl. 1/2 Mahlzeiten ab 11 000/14 000 ¥ pro Pers.;) Das ruhige Hotel Alp liegt am Fuß der Skihänge und ist ein echtes Skihotel. Mit seinen nicht einmal 20 Zimmern bietet es eine Intimität, die Resorthotels fehlt. In der therapeutischen Sauna und im Thermalbad können Gäste ihre Gelenke lockern und das süße Nichtstun genießen.

Red Warehouse LODGE ¥¥¥

(インターナショナルロッジ　赤の蔵; ☎0255-78-7828; 25-549 Akakura Onsen; B/EZ ab 4900/17 900 ¥) Kenntnisreiche, englisch sprechende Gastgeber führen diese wundervolle Lodge mit heimeliger Atmosphäre. Die sauberen, schlichten Zimmer eignen sich perfekt für Familien. Angesichts des einfachen Zugangs zu den Skipisten, der makellosen Gemeinschaftsbereiche und des lockeren Traveller-Flairs ein großartiges und preiswertes Angebot.

Praktische Informationen

Touristeninformationszentrum (妙高市観光協会; ☎0255-86-3911; www.myoko.tv/english; 291-1 Taguchi; ⊙9–17 Uhr) Hier kann man sich über die verschiedenen Berg- und Monatspässe für ausländische Besucher sowie über Unterkünfte, Ausrüstungsverleih und englischsprachige Skischulen informieren. Das Büro liegt rechts vom Bahnhof Myōkō Kōgen, hinter der Bushaltestelle.

Anreise & Unterwegs vor Ort

Der Nagano-*shinkansen* pendelt ein- bis zweilmal pro Stunde zwischen Tokio und Nagano (8200 ¥, 1¾ Std.). Nagano ist durch die JR-Shinano-Linie mit Myōkō Kōgen verbunden; auf dieser Strecke verkehren stündlich *kaisoku* (Schnellzüge; 830 ¥, 45 Min.). Vom Bahnhof Myōkō Kōgen fahren Shuttlebusse und Taxis zum **Akakura-Onsen-Sukī-Jō** (S. 617) und zu anderen Skiresorts.

PRÄFEKTUR FUKUSHIMA 福島県

Fukushima-ken (福島県), die drittgrößte Präfektur des Landes, erstreckt sich vom Pazifik im Osten bis zu einem riesigen Bergterrain im Westen. Im Zentrum befindet sich das üppig grüne, friedliche Bandai-Plateau mit der mittelalterlichen Hauptstadt Aizu-Wakamatsu, ein ideales Ziel für Wanderer und Camper, um die vielen traditionellen Dörfer entlang der wackligen Bahngleise zu erkunden. Im Winter fahren Skifahrer entlegene Pisten herunter, und an den Wochenenden kommen viele Besucher in die Onsen.

Die Sperrzone von Fukushima Dai-ichi nimmt nur 10 % der Präfektur ein – sie ist deutlich ausgeschildert und gut abgesichert.

Aizu-Wakamatsu 会津若松

☎0242 / 122 715 EW.

Aizu-Wakamatsu ist die einstmalige feudale Hauptstadt mit interessanten historischen Sehenswürdigkeiten und einer idyllischen Lage auf dem Bandai-Plateau. Bei einer gemütlichen Fahrradtour durch die breiten, ruhigen Straßen – in der Nanokamachi-dōri verkaufen mehrere altmodische Läden vor Ort gefertigtes Kunsthandwerk – kann man in aller Ruhe die Stadt erkunden und sich anschließend an wackligen Bahngleisen entlang zu den traditionellen Bergdörfern aufmachen. Es gibt außerdem mehrere berühmte Sake-Brauereien in der Stadt, die auch Führungen und Verkostungen anbieten.

Geschichte

Aizu-Wakamatsu war einst die Hauptstadt des Aizu-Clans. Dessen Herrschaft fand während des Bōshin-Bürgerkriegs von 1868 ein Ende, nachdem sich der Clan mit dem Tokugawa-Shogunat gegen die kaiserliche Fraktion verbündet hatte. In ganz Japan bekannt wurde der Fall von Aizu wegen der *Byakkotai* (Weiße Tiger). Diese Gruppe jugendlicher Samurai beging *seppuku* (ein grausamer ritueller Suizid), als sie sahen, dass die Burg Tsuruga von Rauch verhüllt war. In Wirklichkeit stand aber die Gegend rings um die Burg in Flammen, und bis zur endgültigen Niederlage sollten noch Wochen vergehen. So wurden die Weißen Tiger zu einem mächtigen Symbol für Loyalität und Brüderlichkeit.

Sehenswertes

Aizus wichtigste Sehenswürdigkeiten liegen am Rand der Innenstadt. Englische Schilder machen es leicht, die Stadt zu Fuß zu erkunden, man sollte sich jedoch auf langes Laufen einstellen. Auf jeden Fall besuchenswert ist die Gegend um den Berg Iimori-yama.

Aizu Bukeyashiki HISTORISCHES BAUWERK

(会津武家屋敷; Karte S. 621; ☎0242-28-2525; Innai Higashiyama-machi; Erw./Kind 850/450 ¥; ⌚9–16.30 Uhr; Ⓟ) Die *yashiki* (Villa) von Saigō Tanomo, dem wichtigsten Gefolgsmann des Aizu-Clan-Oberhaupts, wurde großartig rekonstruiert. Zu den 38 Räumen zählen ein Gästezimmer für Aizus Herrscher, ein Haus für die Teezeremonie, die Unterkunft für den Richter des Clans und eine Reismühle, die noch lautstark ihren Dienst verrichtet.

Tsuruga-jō BURG

(鶴ヶ城; Karte S. 621; ☎0242-27-4005; www.tsurugajo.com; 1-1 Ōte-machi; Erw./Kind 410/150 ¥; ⌚8.30–16.30 Uhr) In einer weitläufigen Anlage, die von dem ursprünglichen Burggraben und einigen Ruinen der alten Burgmauern umringt wird, steht die hoch aufragende 1965 rekonstruierte Tsuruga-jō. Ein Museum in der Burg zeigt historische Exponate von Schlachten und aus dem Alltagsleben, doch die eigentliche Attraktion ist das Panorama vom Aussichtspunkt im fünften Stock. Eine Teezeremonie (1000 ¥) kann man im **Oyakuen** miterleben, einem 400 Jahre alten Teehaus. Es wurde von einer einheimischen Familie gerettet, als die Burg zerstört wurde, und 1990 wieder hierher zurückgebracht.

Iimori-yama HISTORISCHE STÄTTE

(飯盛山; Karte S. 621) Am östlichen Rand von Aizu hebt sich der Iimori-yama empor, auf dem die Samurai der Weißen Tiger während des Bōshin-Bürgerkrieges (1868) Selbstmord begingen. Mit dem Fahrstuhl (250 ¥) kann man auf den Gipfel fahren und ihre Gräber besuchen. Auch ein paar gruselige alte Denkmäler stehen dort, gestiftet von den einstigen faschistischen Regimen Deutschlands und Italiens, um die Loyalität und den Mut der Samurai zu ehren.

Sazae-dō HISTORISCHES BAUWERK

(さざえ堂; Karte S. 621; ☎0242-22-3163; 1404 Bentenshita; Eintritt 400 ¥; ⌚9–17 Uhr) Auf halbem Weg hoch zum Iimori-yama verbirgt sich in einer budhistischen Tempelanlage das kuriose und wundervolle Juwel Sazae-dō. Die 1796 errichtete, 16,5 m hohe sechseckige Struktur aus Holz beherbergt 33 Statuen von Kannon, der buddhistischen Gottheit der Barmherzigkeit. Im Innern führt der Weg über eine sagenhafte Wendeltreppe, an Escher erinnernd, in einer Runde nach oben und wieder hinunter, ohne dass man auch nur eine Stufe doppelt betreten muss.

DER KAMPF GEGEN DIE RADIOAKTIVITÄT: FUKUSHIMA

Wie Tschernobyl ist Fukushima zu einem Schreckensbegriff geworden, das mit seiner ursprünglichen Bedeutung gar nichts mehr zu tun hat. Die japanischen Schriftzeichen für *Fuku* (福) und *-shima* (島) stehen für „Glück, gesegnetes Schicksal" und „Insel". Die Menschen dieser großen Region empfinden es als grausame Ironie des Schicksals, dass der Name ihrer Heimat zum Synonym für einen der schlimmsten von Menschenhand verursachten Unglücksfälle unserer Zeit geworden ist.

Nach dem Großen Ostjapanischen Erdbeben und dem Tsunami kam es in dem Kernkraftwerk Fukushima Dai-ichi in drei Reaktorblöcken zur Kernschmelze und im vierten zu einer Explosion, die den Bau beschädigte, in dem der hoch radioaktive Nuklearbrennstoff gelagert wird. Es war eine beispiellose Nuklearkatastrophe, die bis heute andauert. Über 55 000 Menschen wurden dauerhaft aus ihren Häusern evakuiert. Viele leben noch immer in provisorischen und überfüllten Unterkünften und dürfen nicht in ihre Heimatstädte zurückkehren.

Viele Japanreisende fragen sich, wie gefährlich es ist, die Region zu bereisen. Allerdings sind die Risiken für die Langzeitbewohner wesentlich höher als bei einem kurzen Reiseaufenthalt. Und laut dem *Journal of Radiological Protection* (2015) bestehen keine Gesundheitsrisiken außerhalb der 20 km breiten Sperrzone, die sich 58 km von der Hauptstadt Fukushima und 80 km von Sendai an der Küste erstreckt.

Informationen über die Katastrophe, die Atomindustrie und die Wirkung radioaktiver Strahlung auf Menschen, Tiere und Pflanzen gibr's kostenlos auf der Website von Fairewinds Energy Education unter www.fairewinds.org. Aktuelle wissenschaftliche Daten und Strahlungskarten sind unter www.ieaa.org zu finden.

Fukushima ist die drittgrößte Präfektur Japans, und die 20 km breite Sperrzone nimmt nur einen kleinen Abschnitt der Region ein. Wer Fukushima und die vom Tsunami zerstörte Küstenlinie besucht, zeigt den Bewohnern, dass sie nicht in Vergessenheit geraten sind.

Weiße-Tiger-Gedenkhalle MUSEUM
(白虎隊記念館, Byakkotai Kinenkan; Karte S. 621; ☎ 0242-24-9170; 33 Bentenshita; Erw./Kind 410/200 ¥; ⊙ April–Nov. 8–17, Dez.–März 9–16 Uhr) Am Fuß des Iimori-yama dokumentiert die Weiße-Tiger-Gedenkhalle die Geschichte der dramatischen Selbstmorde der jungen Samurai während des Bōshin-Bürgerkrieges (1868) und stellt persönliche Gegenstände der verstorbenen Samurai aus.

Schlafen

Aizuno Youth Hostel HOSTEL ¥
(会津野ユースホステル; Karte S. 621; ☎ 0242-55-1020; www.aizuno.com; 88 Kaki-yashiki, Terasaki, Aizu-Takada-chō; B/EZ 3600/4600 ¥; P ⊗ @) Das herrlich (oder furchtbar) ruhig gelegene, renovierte Landanwesen ist eine gute Option für Budgetreisende, obwohl es ein wenig an ein Schulferienlager erinnert. Wenn man Vogelgesang nicht mag, gibt es auch eine Bar, außerdem locken in der Region gute Wanderwege. Aizuno liegt etwa 20 Gehminuten vom Bahnhof Aizu-Takada an der Tadami-Linie (ab Aizu-Wakamatsu 240 ¥, 20 Min.).

Wer vorher anruft, kann sich vom Bahnhof abholen lassen.

Minshuku Takaku MINSHUKU ¥
(民宿多賀来; Karte S. 621; ☎ 0242-26-6299; www.naf.co.jp/takaku; 104 Innai Higashiyama-machi; Zi. 4200 ¥ pro Pers., mit 2 Mahlzeiten 6300 ¥; P ⊗ @) Mit seiner typisch japanischen Ästhetik passt das Takaku gut zu der feudalen Stadt. Es bietet schlichte Zimmer, ein schönes *o furo* (Bad) und einen eleganten Speisebereich. Das Gasthaus liegt gleich östlich der Bushaltestelle Aizu Bukeyashiki: Von dort geht man die Straße weiter geradeaus und biegt am Postamt links ab, direkt dahinter findet man es auf der linken Seite.

Essen

Aizu ist berühmt für leckeres *wappa meshi*, gedünsteten Fisch oder gedünstetes Gemüse auf Reis, zubereitet in einem runden Behälter aus Baumrinde, was dem Essen eine holzige Note verleiht.

Mitsutaya JAPANISCH ¥
(満田屋; Karte S. 621; ☎ 0242-27-1345, 0242-27-1345; 1-1-25 Ō-machi; Spieße ab 120 ¥; ⊙ Do–Di

10–17 Uhr; P ✎) In der früheren Bohnenmühle aus dem Jahr 1834 werden Sojabohnen zerstoßen und köstlich zubereitet am Spieß serviert. Die Spezialität des Hauses sind *dengaku* – über Holzkohle gebackene Bambusspieße mit Tofu, *mochi* (gedämpfte Reiskuchen) oder in süßer Misopaste eingelegtem Gemüse. Man zeigt einfach auf das Gewünschte oder entscheidet sich für das *dengaku cōsu* (Probiermenü; 7 Spieße 1150 ¥).

Sakuranabe Tsuruga JAPANISCH ¥¥
(さくら鍋 鶴我; Karte S. 621; ☎ 0242-29-4829; www.turuga829.com; 4-21 Higashisakae-machi; Hauptgerichte ab 1100 ¥; ⏲ 11.30–14 & 17–22 Uhr) Pferdefleisch ist in Japan eine Delikatesse und wird auch in anderen Ländern immer beliebter. Hier kann man jeden Teil des Tieres probieren, außerdem gibt's noch zahlreiche weitere japanische Köstlichkeiten. Hinunterspülen kann man alles mit Sake, der in Holztassen serviert wird und in vielen Varianten zur Verfügung steht.

Takino JAPANISCH ¥¥
(田季野; Karte S. 621; ☎ 0242-25-0808; www.takino.jp; 5-31 Sakae-machi; wappa meshi ab 1480 ¥; ⏲ 11–21 Uhr; P ✎ 📋) Eines der beliebtesten Restaurants, um großartiges *wappa meshi* zu probieren. Das Takino bietet mehrere Varianten an, darunter Lachs, Krabben und Wildpilze. Für die Größe der Portionen sind die Preise nicht gerade billig, aber die Bestellung ist unkompliziert und das Essen kommt schnell an den Tisch.

ℹ Praktische Informationen

Touristeninformation (会津若松観光案内所; Karte S. 621; ☎ 0242-33-0688; www.e.samurai-city.jp; ⏲ 9–17.30 Uhr) Im JR-Bahnhof, das Personal spricht nur ein bisschen Englisch, aber man bekommt hier viele Broschüren.

ℹ An- & Weiterreise

AUTO & MOTORRAD

Zwischen Tokio und Kōriyama verläuft die Tōhoku Expressway (東北自動車道); die Ban-etsu-Autobahn (磐越自動車道) verbindet Kōriyama und Aizu-Wakamatsu.

BUS

Autobahnbusse verkehren zwischen Aizu-Wakamatsu und Tokio (4970 ¥, 4½ Std.).

ZUG

Der JR-Tōhoku-*shinkansen* (Hochgeschwindigkeitszug) pendelt stündlich zwischen Tokio und Kōriyama (8200 ¥, 1¼ Std.). Von Kōriyama gelangt man mit der JR-Banetsu-saisen-Linie nach Aizu-Wakamatsu; auf der landschaftlich schönen Strecke fahren stündlich *kaisoku*-Schnellzüge (1140 ¥, 1¼ Std.).

Täglich fahren einige *kaisoku* auf der JR-Banetsu-Westlinie zwischen Aizu-Wakamatsu und Niigata (2270 ¥, 3 Std.).

ℹ Unterwegs vor Ort

Der nostalgische **Classic Town Bus** (まちなか周遊バス; Karte S. 621; eine Fahrt/Tageskarte 210/500 ¥) fährt vor dem Bahnhof ab und dreht eine gemächliche Runde zu den wichtigsten Sehenswürdigkeiten.

An mehreren Stellen in der Stadt kann man für 500 ¥ pro Tag Fahrräder ausleihen, genauere Infos bekommt man in der **Touristeninformation**.

Bandai-Plateau 磐梯高原

☎ 0241 / 4000 EW.

Das Bandai-Plateau ist Teil des Bandai-Asahi-Nationalparks (磐梯朝日国立公園). Seine spektakuläre Landschaft und die Möglichkeit, ihn auf eigene Faust zu erkunden, ziehen Wanderer, Bergsteiger, Angler, Skifahrer und Snowboarder an. Im Herzen des Parks erhebt sich der schlafende Vulkan Bandai-san (1819 m), der 1888 unerwartet ausbrach und unglaubliche Mengen Geröll ausspuckte; dadurch soll er ganze 600 m an Höhe verloren haben. Dieser Ausbruch zerstörte Dutzende Dörfer, veränderte die Landschaft grundlegend und führte zur Entstehung dieses riesigen, mit Seen gespickten Plateaus, das heute Bandai-kōgen heißt.

Aktivitäten

Goshiki-numa WANDERN
(五色沼; Karte S. 621) Der beliebte 3,7 km lange Naturlehrpfad Goshiki-numa führt um etwa ein Dutzend Teiche, die als die Fünf-Farben-Seen bekannt sind. Mineralablagerungen des Vulkanausbruchs von 1888 verleihen ihnen Farbtöne wie Kobaltblau, Smaragdgrün und Rotbraun, die sich je nach Wetterlage ändern.

Wanderwege beginnen an den Bushaltestellen Goshiki-numa Iriguchi und Bandai-kōgen, den wichtigsten Verkehrsknotenpunkten am Hibara-ko, dem größten See in Ura-Bandai.

Sie werden von Bussen aus Inawashiro angefahren. Im April kann der Goshiki-numa-Wanderweg noch unter einer Schneedecke liegen, der lange Winter beginnt in Tōhoku im November.

Bandai-Plateau & Umgebung

Bandai-Plateau & Umgebung

Sehenswertes
1 Aizu Bukeyashiki D3
2 Iimori-yama A3
Sazae-dō .... (siehe 4)
3 Tsuruga-jō D3
4 Weiße-Tiger-Gedenkhalle D2
5 Yamatogawa-Sake-Brauerei Museum A1

Aktivitäten, Kurse & Touren
6 Bandai-san C2
7 Goshiki-numa C1
8 Snow Paradise Inawashiro C2

Schlafen
9 Aizuno Youth Hostel A3
10 An English Inn C2
11 Minshuku Takaku D3
Sasaya Ryokan .... (siehe 5)
12 Urabandai Youth Hostel C1

Essen
Genraiken .... (siehe 5)
Kōhei .... (siehe 5)
13 Mitsutaya C3
14 Sakuranabe Tsuruga D3
15 Takino D3

Praktisches
16 Aizu-Wakamatsu Post Office D3
17 Tourist Information Center D2
18 Tourist Information Center C2
Tourist Information Center .... (siehe 5)
Ura-Bandai Visitors Center .... (siehe 7)

Transport
19 Bandai-kōgen-Bushaltestelle C1
Classic Town Bus .... (siehe 17)
Goshiki-numa Iriguchi Bushaltestelle .... (siehe 7)

Bandai-san WANDERN
(磐梯山; Karte S. 621; Gipfel von Mai–Okt. zugänglich) Insgesamt sechs Wanderwege führen hinauf zum Gipfel des Bandai-san. Oben angekommen, reicht die Aussicht über die Bergketten der Umgebung bis zum See Inawahiro im Süden. Vom Bahnhof Inawashiro fährt man mit dem Bus nach Bandai-kōgen zum Startpunkt des **Ura-Bandai Tozan-guchi**-(裏磐梯登山口)Wanderwegs. Er ist mit öffentlichen Verkehrsmitteln am leichtesten zu erreichen, allerdings auch der schwierigste. Der Auf und Abstieg dauern zusammen sieben Stunden. Nachdem man die Skihänge erklommen hat, trifft der Ura-Bandai Tozan-guchi auf den Weg von **Happō-dai** (八方台), die kürzeste und beliebteste Strecke.

Snow Paradise Inawashiro WINTERSPORT
(猪苗代スキー場; Karte S. 621; ☎ 0242-62-5100; 7105 Hayama, Inawashiro-machi; Skilift-Tagesticket Erw./Kind 4600/3800 ¥, Skiausrüstung pro Tag 4000 ¥ Leihgebühr; ⏰ Dez.–März;) Inawashiro, das ursprüngliche Skigebiet auf dem Bandai-san, hat 16 Abfahrten – die meisten leicht oder mittelschwer. So ist das an Wochentagen relativ ruhige Skiresort für Anfänger und Familien mit kleinen Kindern eine gute Wahl. Erfahrene Skiläufer könnten sich angesichts der beschränkten Optionen allerdings schnell langweilen. Die Skihänge liegen in den Bergen über der Stadt Inawashiro. Während der Skisaison pendeln viele Shuttlebusse zwischen dem JR-Bahnhof Inawahiro und dem Resort.

Schlafen & Essen

Inawashiro bietet die größte Auswahl an Unterkünften und ist der beste Ort, um etwas zu essen.

Urabandai Youth Hostel HOSTEL ¥
(裏磐梯ユースホステル; Karte S. 621; ☎ 0241-32-2811; http://homepage3.nifty.com/urabandai/indexe.html; 1093 Kengamine, Hibara, Kita-Shiobara; Camping 1080 ¥ pro Pers., B ab 3780 ¥, B mit 2 Mahlzeiten ab 5630 ¥, Hütten ab 5900 ¥; ⏰ Mai–Okt.; P @) Erholung für die Seele bietet dieses zauberhafte Hotel! Es liegt hervorragend am Beginn des Goshiki-numa-Wanderwegs, sieben Minuten von der Bushaltestelle Goshiki-numa-Iriguchi entfernt (S. 622) (ausgeschildert). Wer Geselligkeit sucht, ist in den Schlafsälen gut aufgehoben; weniger Anspruchsvolle können ihr Zelt auf dem benachbarten Goshiki Paradise Campground aufschlagen, und die romantischen Hütten im Wald eignen sich prima für Paare.

An English Inn PENSION ¥¥
(アン・イングリッシュ・イン; Karte S. 621; ☎ 0242-63-0101; http://aei.inawasiro.com; 3449-84 Higashi-Nakamaru, Osada; Zi. mit 1/2 Mahlzeiten ab 6500/9200 ¥ pro Pers.; P) Eine englische Frühstückspension (es gibt auch Abendessen), die von einem englisch-japanischen Paar geführt wird. Der ruhige Speiseraum eignet sich gut für fröhliche Unterhaltungen nach dem Skifahren, und die gemütlichen Zimmer im westlichen Stil haben Gemeinschaftsbäder und laden zum Verweilen ein. Hat auch ein gutes Onsen.

Praktische Informationen

Touristeninformation (裏磐梯観光協会; Karte S. 621; ☎ 0242-62-2048; ⏰ 8.30–17 Uhr) Vor dem Bahnhof Inawashiro; hier bekommt man Karten zu den Wanderwegen auf dem Bandai-san und in der Umgebung.

Besucherzentrum Ura-Bandai (裏磐梯ビジターセンター; Karte S. 621; ☎ 0241-32-2850; 1093-697 Kengamine, Hibara; ⏰ 9–16 Uhr) Nahe dem Startpunkt des **Goshiki-numa**-Iriguchi-Wanderwegs.

Anreise & Unterwegs vor Ort

Mehrere *kaisoku*-Expresszüge verkehren täglich auf der JR-Ban-etsu-Westlinie zwischen Aizu-Wakamatsu und Inawashiro (500 ¥, 30 Min.). Von Haltestelle 3 vor dem JR-Bahnhof Inawashiro fahren regelmäßig Busse (770 ¥, 25 Min.) zum Ausgangspunkt des **Goshiki-numa-Iriguchi**-Wanderwegs (Karte S. 621) und weiter zur Haltestelle Bandai-kōgen (Karte S. 621; 890 ¥, 30 Min.).

Kitakata 喜多方

☎ 0241 / 49 900 EW.

Ein altes Sprichwort in Kitakata besagt: „Ein Mann ist erst dann ein Mann, wenn er ein *kura* (ein Lagerhaus mit Lehmwänden) gebaut hat." In dieser Gegend, nicht weit von Aizu-Wakamatsu, sind Tausende einzigartiger *kura* erhalten, die in dem Zeitraum zwischen dem Ende des 18. und Anfang des 20. Jhs. erbaut wurden. Bei aller Begeisterung für *kura* – noch weitaus bekannter ist Kitakata für seine *rāmen*. Es hat auch einige historische Sehenswürdigkeiten zu bieten, zieht ansonsten aber eher wenige Traveller an – außer solche, die den Ort als Ausgangspunkt für Wanderungen in der Region nutzen.

Sehenswertes

Yamatogawa-Sake-Brauereimuseum MUSEUM
(大和川酒蔵北方風土館; Karte S. 621; ☎ 0241-22-2233; 4716 Teramachi; ⏰ 9–16.30 Uhr) GRATIS Wer das Yamatogawa-Sake-Brauereimuseum betritt, kann sich ein *kura* (Lagerhaus aus Lehmwänden) aus dem Jahr 1790 ansehen, das bis vor 20 Jahren noch als Sakebrauerei in Betrieb war. Es liegt 15 Gehminuten nördlich vom Bahnhof Kitakata. In der Otazukikura-dōri, östlich vom Museum und auf der anderen Seite des Flusses, steht eine ganze Gruppe schöner *kura* – ein wahrer Magnet für Fotografen.

Schlafen & Essen

Kitakata ist bekannt für seine großartigen *rāmen* – es gibt mehr als 120 darauf spezialisierte Restaurants in dieser Stadt. Eins haben sie alle gemeinsam: Die dicken, geringelten Eiernudeln werden in einer kräftigen Schweinefleisch- und Fischbrühe serviert, zubereitet mit regionalem Quellwasser, Sojasoße und Sake. Unter den vielen Lokalen ein bestes auszusuchen ist unmöglich. Jeder muss einfach nach dem eigenen Geschmack gehen – die typischen Soja- und Miso-Zubereitungen existieren in Hunderten Varianten.

Sasaya Ryokan RYOKAN ¥
(笹屋旅館; Karte S. 621; ☎ 0241-22-0008; 4844 3-Chōme; Zi. ab 5500 ¥; 🚌 Burain-go Haltestelle B9) Das traditionelle *ryokan* im Herzen von Kitakata wartet mit viel dunklem Holz, Meiji-Atmosphäre und eigener Kunstsammlung auf.

Kōhei RAMEN ¥
(こうへい; Karte S. 621; ☎ 0241-22-4328; 6981 Numata; Schüssel ab 600 ¥; ⏲ Do–Di 11–20 Uhr) Schon seit Jahrzehnten wird dieses unverfälscht einfache und sehr gastfreundliche Nudelhaus von ein- und derselben Familie bewirtschaftet. Ihr berühmtes Geheimrezept: leckere suppige *shikkoku* (samtschwarze) *rāmen*. Man erkennt das Lokal an der roten Markise in einer Seitenstraße in der Nähe des NTT-Turms.

Genraiken RAMEN ¥
(源来軒; Karte S. 621; ☎ 0241-22-0091; 7745 Ippongi-ue; Schüssel ab 650 ¥; ⏲ Mi–Mo 10–19.30 Uhr) Man kann an einem Tag nur eine begrenzte Menge *rāmen* essen (bei der letzten Zählung waren es acht Schalen), also genießt man sie am besten im ältesten und bekanntesten *rāmen*-Lokal der Stadt. Es liegt einen Block nördlich und einen Block östlich des Bahnhofs und hat eine rote Fassade.

ℹ Praktische Informationen

Touristeninformation (喜多方観光案内所; Karte S. 621; ☎ 0241-24-5200; ⏲ 8.30–17 Uhr) Im Bahnhof; hier bekommt man hervorragende englische Karten, aber das Personal spricht leider kein Englisch.

ℹ Anreise & Unterwegs vor Ort

Von Aizu-Wakamatsu fahren regelmäßig Züge der JR Banetsu-Westlinie (320 ¥, 25 Min.) nach Kitakata. Autofahrer können die Route 121 zwischen Aizu und Kitakata nutzen. Gegenüber vom Bahnhof werden Fahrräder für 500 ¥ pro Tag verliehen.

Die Stadt ist recht weitläufig, aber mit dem englischen Stadtplan für Touristen, den man in der **Touristeninformation** bekommt, findet man sich leicht zurecht. Von April bis November fährt der Hop-on-Hop-off-Burain-go-Touristenbus (500 ¥ proTag) an den Sehenswürdigkeiten der Stadt vorbei.

Sapporo & Hokkaidō

Inhalt ➜

Gut essen

- Menya Saimi (S. 638)
- Kikuyo Shokudo (S. 699)
- Niseko Loft Club (S. 647)
- Robata Chidori (S. 676)
- Poronno (S. 690)

Schön übernachten

- Marukibune (S. 693)
- Momoiwa-sō Youth Hostel (S. 676)
- SappoLodge (S. 637)
- Lodge Nutapukaushipe (S. 668)

Auf nach Sapporo & Hokkaidō

Hokkaidō (北海道) macht zwar 20 % der Gesamtfläche Japans aus, doch nur 5 % der Gesamtbevölkerung leben hier. Die natürliche Wildnis der Insel umfasst prächtige Urwälder, tropisch blaue Kraterseen, alpine Wildblumenwiesen und unberührte heiße Quellen. Im Sommer lockt das kühlere, trockenere Wetter Wanderer, Radfahrer und Spaziergänger an.

Im Winter bescheren sibirische Kaltfronten der Region leichten Pulverschnee in Massen, der für Hokkaidōs Ruf als Skifahrer- und Snowboarderparadies gesorgt hat. Skiresorts von internationalem Format sind hier ebenso zu finden wie abgeschiedene Alternativen im Hinterland.

Hokkaidōs atemberaubende Landschaft und die vielfältigen Outdooraktivitäten überschatten oft all die anderen Highlights, die Japans nördlichste Insel zu bieten hat – und das sind nicht wenige: ausgezeichnetes Essen, vor allem Fisch und Meeresfrüchte, eine pulsierende Hauptstadt und eine fesselnde Geschichte, die auf das Vermächtnis ihrer Ureinwohner, der Ainu, zurückgeht.

Reisezeit

Sapporo

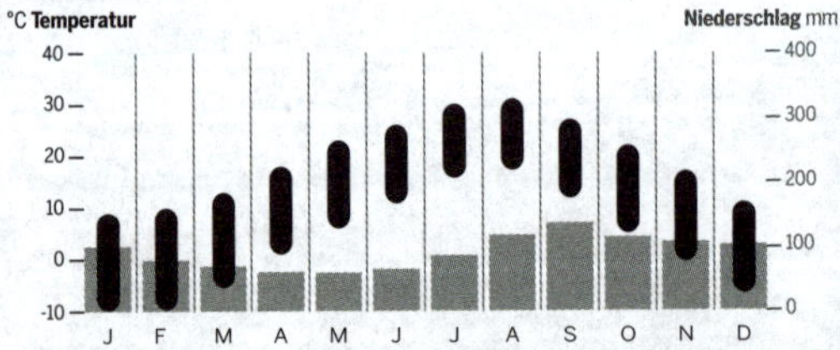

Juni–Aug. Die Wandersaison findet ihren Höhepunkt in der Ferienzeit von Juli bis August.

Sept. & Okt. Der Herbst ist kurz, aber farbenprächtig.

Dez.–März Minusgrade und starke Schneefälle läuten den Beginn der Skisaison ein.

Geschichte

Während der Eiszeit war Hokkaidō durch Sachalin, die große Insel im Norden, und die Kurilen, ein langes Archipel, das sich von der Kamtschatka-Halbinsel bis zum Osten der Insel erstreckt, mit dem nordasiatischen Festland verbunden. Man nimmt an, dass die Region vor 30 000 Jahren erstmals von Menschen bevölkert wurde, die den Mammuts und Bisons folgten, die diese Gegend einst durchstreiften. Im 12. und 13. Jh. entstand allmählich eine eigene Kultur, die von der aufblühenden japanischen Zivilisation im Süden und den Stämmen der Jäger und Fischer im Norden (in Sachalin und noch weiter nördlich) beeinflusst wurde. Die Menschen nannten sich selbst Ainu, „Menschen", ihr Land schlicht Mosir: „Welt".

Bis 1869 trug die Insel den japanischen Namen Ezo (oder Yezo), ihre Einwohner hießen *emishi* (was so viel wie „Barbaren" bedeutet). Hokkaidō war ein fremdes Land. Als das Japanische Kaiserreich im 14. und 15. Jh. stärker wurde und sich ausweitete, zogen viele Japaner nach Norden, angelockt von der Aussicht auf florierenden Handel. Gelegentlich kam es zu Konflikten zwischen den Ainu und den japanischen Siedlern, aber sie blieben wichtige Handelspartner: Die Japaner waren scharf auf den getrockneten Fisch, die Meeresalgen, Pelze und Felle der Ainu, und diese wiederum waren auf die Eisenwaren angewiesen, die aus dem Süden importiert wurden.

1590 erhielt der Matsumae-Clan aus dem nördlichen Honshū die Erlaubnis des Shogun Toyotomi Hideyoshi, sein Reich über den Süden von Ezo auszuweiten, um Japan so besser vor den Angriffen der „Barbaren" zu schützen. 1604 übertrug das neu gegründete Tokugawa-Shogunat dem Matsumae Clan die exklusiven Handelsrechte in Ezo. Mit vereinter Autorität (und gelegentlich mit Gewalt) gelang es den Matsumae, neue Handels- und Produktionsregelungen durchzusetzen. Diese führten dazu, dass die Ainu für die Japaner arbeiten mussten (etwa in Fischereibetrieben), um dieselben Güter zu bekommen, die sie zuvor durch Handel erhalten hatten.

Im 18. und 19. Jh. dehnte sich der japanische Einfluss immer weiter nach Norden aus. Nach der Meiji-Restauration begann die eigentliche Kolonialisierung. 1869 annektierte die Regierung Ezo offiziell, benannte es in Hokkaidō („Nördliches Meeresterritorium") um und gründete die Kaitakushi (Entwicklungskommission), um Siedlungen voranzutreiben und Landwirtschaft sowie Industrie in der Region zu fördern. Auch die nun arbeitslosen (und potenziell aufständischen) Samurai sowie glücklose zweitgeborene Söhne (traditionell erbten die erstgeborenen Söhne alles) wurden dazu ermutigt, in den Norden zu ziehen.

Hauptzweck dieses Drängens nach Norden war es, der russischen Expansion nach Süden Einhalt zu gebieten – mit verheerenden Folgen für die Ainu. Obwohl es ihnen zuvor (aus Gründen der Erkennbarkeit) untersagt gewesen war, sich wie Japaner zu kleiden, verlangten die neuen Vorschriften jetzt eine Anpassung und verboten die Sprache und traditionelle Lebensweise des Volkes.

Nachdem die Japaner den Russisch-Japanischen Krieg (1904–1905) gewonnen hatten, übernahm Japan die Kontrolle über die gesamte Insel Karafu-tō (das heutige Sachalin). 1940 lebten dort dank der fortdauernden Besiedlungspolitik bereits 400 000 Japaner. In den letzten Tagen des Zweiten Weltkriegs eroberte Russland Sachalin und die südlichen Kurilen zurück, die damals ebenfalls zu Japan gehörten (und dort heute als „Nördliches Territorium" bezeichnet werden).

Bis heute erhebt Japan Anspruch auf Letztere, da sie eingenommen wurden, nachdem Japan sich den westeuropäischen Mächten ergeben hatte (Russland gehörte nicht zu den Vertragsparteien). Die Inseln sind nach wie vor ein großer Streitpunkt zwischen Japan und Russland und die beiden Länder haben noch immer keinen Friedensvertrag unterschrieben, um den Krieg offiziell zu beenden.

Klima

Es mag vielleicht überraschen, dass Sapporo (43 °N) auf demselben Breitengrad liegt wie Marseille im Süden von Frankreich oder das südliche Oregon in den USA. Die eisigen Winter, für die Hokkaidō bekannt ist, erklären sich durch die Nähe der Insel zu Sibirien und die kalten Nordwestwinde, die starke Schneefälle bringen, vor allem auf der zum Japanischen Meer hin gelegenen Inselseite.

Die Sommer auf Hokkaidō sind im Vergleich zum schwül-heißen Honshū im Süden relativ kühl und trocken, was die Insel zu einem beliebten Erholungsziel macht. Die Taifune, die Reisepläne in der Südhälf-

Highlights

1 Daisetsuzan-Nationalpark (S. 667) Sich in Japans größtem Nationalpark mit dem Spitznamen „Dach von Hokkaidō" einen Pfad durch die Wildnis bahnen.

2 Niseko (S. 644) In Asiens bestem Skigebiet neue Spuren in den berühmten Pulverschnee carven.

3 Sapporo (S. 631) In den Restaurants und Bars von Susukino Großstadtflair schnuppern und Sapporos Bier direkt an der Quelle genießen.

4 Noboribetsu-Onsen (S. 654) Sich in den dampfenden Bädern mit heißem Quellwasser von verspannten Muskeln verabschieden.

5 Rishiri-Rebun-Sarobetsu-Nationalpark (S. 674) Mit der Fähre zu den abgeschiedenen Inseln Rishiri-tō und Rebun-tō schippern, dort wandern und *uni* (Seeigel) kosten.

6 Hakodate (S. 696) In der historischen Hafenstadt durch eine Straßenkulisse aus dem 19. Jh. schlendern.

7 Shiretoko-Nationalpark (S. 682) In diesem UNESCO-Welterbe das „Ende der Welt" besuchen.

8 Akan-Nationalpark (S. 687) Im *kotan* (Dorf) am Seeufer des Parks mehr über Hokkaidōs indigenes Volk erfahren.

0
100 km
N
Ochotskisches Meer
Esashi
238
Nayoro
Monbetsu
Shibetsu
Saroma-ko
Engaru
Abashiri
Shiretoko-misaki
Shiretoko-Nationalpark
7
Iwaobetsu
Utoro
Rausu-dake (1660 m)
Rausu
Nemuro-Straße
RUSSLAND
Nokke-Straße
Shari
334
335
Flughafen Memanbetsu
Kamikawa
Sekihoku-Hauptlinie
Kitami
Bihiro
ahikawa
Flughafen Asahikawa
Asahi-dake (2290 m)
Kuro-dake (1984 m)
Sōunkyō
39
Kawayu Onsen
Kussharo-ko
Shibetsu
Biei
etsu
Furano-Linie
Daisetsuzan-Nationalpark
1
Hokkaido
Akan-Nationalpark
8
Mashu-ko
Naka-Shibetsu
Akan-ko
Akanko Onsen
Akankohan
Teshikaga
Nosappu-misaki
Tokachi-dake (2077 m)
Nukabira-ko
Me-Akan-dake (1499 m)
O-Akan-dake (1371 m)
Senmō-Hauptlinie
Nemuro-wan
Nemuro
273
Shikaribetsu-ko
Ashoro
274
Bärenberg
Kushiro-Feuchtgebiete Nationalpark
44
39
ō-Hauptlinie
Shimizu
Flughafen Kushiro
Kushiro
Obihiro
Ikeda
Shiranuka
Hidaka
38
Nemuro-Hauptlinie
Poroshiri-dake (2052 m)
Flughafen Obihiro
utani
lori
Shizunai
Hirō
Hidaka-Hauptlinie
Urakawa
Samani
Erimo-misaki
PAZIFISCHER OZEAN

te Japans schon mal durchkreuzen können, reichen für gewöhnlich nicht bis hierher – einmal aber schon: 2016 richtete einer von ihnen so große Schäden an, dass einige Eisenbahnstrecken monatelang lahm lagen. Der Winter trifft hier früh ein: In Daisetsuzan schneit es im Oktober zum ersten Mal (manchmal auch Ende September). Die Bergkette im Herzen von Hokkaidō ist die kälteste Gegend Japans. Hier können die Temperaturen unter −20 °C fallen.

Nationalparks

Hokkaidō beheimatet sechs Nationalparks, darunter auch den Daisetsuzan-Nationalpark, der größte in ganz Japan. Da ein Großteil der geschützten Insellandschaft durch vulkanische Aktivität geformt wurde, sprudeln in allen Parks (außer in Kushiro-Shitsugen) natürliche heiße Quellen.

Akan (S. 687) Kraterseen, umschlossen von ursprünglichen Tannen- und Fichtenwäldern.

Daisetsuzan (S. 667) Eine wahre Urwald-Wildnis auf einer Fläche von 2267 km^2 mit 15 Gipfeln über 2000 m.

Kushiro-Shitsugen (S. 694) Japans größtes Feuchtgebiet und ein wichtiger Lebensraum für den bedrohten Mandschurenkranich.

Rishiri-Rebun-Sarobetsu (S. 674) Abgelegene Inseln und Sumpfland mit einheimischer Flora.

Shikotsu-Tōya (S. 651) Klare Kraterseen und aktive Vulkane.

Shiretoko (S. 682) Eine abgeschiedene wilde Halbinsel mit wenig menschlicher Einmischung, aber umso mehr Tieren.

RAIL-PÄSSE

Neben dem landesweit gültigen Japan Rail Pass sind für Hokkaidō-Reisende auch die folgenden Pässe erhältlich. Man kann sie bereits vor der Reise im Reisebüro oder vor Ort bei den JR-Infozentren auf Hokkaidō und Tokio kaufen, z. B. an den Flughäfen Narita oder Haneda und am New Chitose Airport. Näheres gibt's unter www2.jrhokkaido.co.jp/global.

Hokkaidō Rail Pass Unbegrenzte Fahrten an fixen Tagen (drei/fünf/sieben 16 500/22 000/24 000 ¥, Kinder halber Preis) oder vier flexiblen Tagen (22 000 ¥, Kinder halber Preis) mit allen „limited express"- und Nahverkehrszügen (*shinkansen* ausgenommen) auf Hokkaidō.

JR East-South Hokkaidō Rail Pass (Erw./Kind 27 000/13 500 ¥) Sechs Tage unbegrenzte, flexible Nutzung (innerhalb von 14 Tagen) von *shinkansen*-Zügen zwischen Tokio und Hakodate sowie „limited express"-Zügen zwischen Hakodate und Sapporo (über Niseko).

Gefahren & Ärgernisse

Tiere und das Wetter stellen auf Hokkaidō die größten Bedrohungen dar. Wanderer müssen sich vor Bären (S. 685) und Füchsen in Acht nehmen. Laut Schätzungen tragen 40 % der hier lebenden Füchse den parasitären Wurm *echinococcus* in sich. Man sollte sich daher am besten von ihnen fernhalten und Wasser beim Campen immer abkochen. Wer mit dem Auto unterwegs ist, sollte auf Rehe aufpassen, vor allem nachts. Außerdem kann es nicht schaden, sich vorab nach den Straßenbedingungen zu erkundigen, wenn man außerhalb der Sommersaison in die Berge will.

An- & Weiterreise

FLUGZEUG

Nach Hokkaidō zu fliegen ist oft die günstigste Anreisemöglichkeit. Der **New Chitose Airport** (新千歳空港; CTS; ☎0123-23-0111; www.new-chitose-airport.jp/en) in Sapporo ist das Haupttor der Insel. Er wird von immer mehr internationalen Flügen aus ganz Asien und der Pazifikregion angeflogen, etwa aus Taiwan, Hongkong, China, Korea, Thailand, Guam und Hawaii.

Der auf Hokkaidō ansässige Billigflieger **Air Do** (www.airdo.jp) fliegt direkt vom Flughafen Tokio-Haneda zum New Chitose und zu anderen regionalen Flughäfen, etwa Asahikawa, Hakodate, Kushiro, Memanbetsu und Obihiro. Außerdem stehen Flüge aus Hiroshima, Kobe, Nagoya und Sendai zum New Chitose auf dem Plan.

ANA (www.ana.co.jp) bietet aus Städten in ganz Japan Flüge zum New Chitose Airport sowie Direktflüge aus Tokio zu einigen Regionalflughäfen auf Hokkaidō an, etwa Asahikawa, Hakodate, Kushiro, Memanbetsu, Obihiro und Wakkanai.

Folgende Billig-Airlines bieten ab 4000 ¥ (einfach) Verbindungen aus Tokio zum New Chitose Airport an. Wer ein Ticket ab Narita kauft, sollte die Kosten und die Zeit für die Fahrt zum Flughafen mit einkalkulieren.

Jetstar (www.jetstar.com) Fliegt auch nach/von Nagoya und Osaka.

Peach (www.flypeach.com) Fliegt auch nach/von Osaka.

Skymark (www.skymark.jp)

Vanilla Air (www.vanilla-air.com)

SCHIFF/FÄHRE

Es verkehren Fähren von Honshū nach Hokkaidō. Sie sind so gut wie nie die günstigste Transportmöglichkeit und nie die schnellste, aber die Fahrt macht trotzdem Spaß. Fernfähren bieten Gemeinschaftsbäder, Speisesäle und sogar Karaoke-Zimmer.

Tomakomai ist der wichtigste Hafen für Fernfähren. Kürzere Verbindungen verkehren von Aomori, der nördlichsten Präfektur Honshūs, nach Hakodate. Die Fähren entlang der Küste des Japanischen Meers fahren nach Otaru.

Folgende Unternehmen bieten Fähren nach/von Hokkaidō:

MOL Ferry (www.sunflower.co.jp) Zwischen Tomakomai und Ōarai (Ibaraki-ken), dem Tokio am nächsten gelegenen Hafen.

Shin-Nihonkai Ferry (www.snf.jp) Pendelt an der Japanisches-Meer-Seite von Honshū zwischen Tomakomai, Akita, Niigata und Tsuruga (Fukui-ken) sowie zwischen Otaru, Niigata und Maizuru (Kyoto-fu).

Silver Ferry (www.silverferry.jp) Zwischen Tomakomai und Hachinohe (Aomori-ken).

Taiheiyō Ferry (www.taiheiyo-ferry.co.jp) An der Pazifikküste von Honshū zwischen Tomakomai, Sendai und Nagoya.

Tsugaru Kaikyō Ferry (www.tsugarukaikyo.co.jp) Zwischen Hakodate und Aomori sowie Hakodate und Ōma (an der äußersten Nordspitze Honshūs).

ZUG

Seit der Eröffnung des Hokkaidō-Shinkansen 2016 ist es möglich, mit dem shinkansen (Hochgeschwindigkeitszug) von Tokio bis nach Hakodate zu fahren, der Endstation im Süden von Hokkaidō. Der landesweite Japan Rail Pass berechtigt auch zu Fahrten mit dem Hokkaidō-Shinkansen.

Unterwegs vor Ort

AUTO & MOTORRAD

Seit es mehrsprachige Navis gibt, entscheiden sich immer mehr Traveller dazu, Hokkaidō per Auto zu erkunden. Die Insel verfügt über ein stetig wachsendes, mautpflichtiges Autobahnnetz (高速道路; *kōsoku-dōro*), das ziemlich teuer ist. Sofern man es nicht eilig hat, kann man es aber umgehen. Für ausländische Besucher ist der vergünstigte **Hokkaidō Expressway Pass** (www.drivoplaza.com/trip/drawari/hokkaido_expass) über Mietwagenfirmen erhältlich.

Am einfachsten ist es, den Wagen am **New Chitose Airport** (S. 628) zu mieten. Es verkehren Shuttlebusse zu den Autodepots am Flughafen, wo das freundliche, Englisch sprechende Personal weiterhilft.

Die Preise der größten Anbieter unterscheiden sich kaum und liegen zwischen 7000 ¥ und 10 000 ¥ pro Tag (je nach Saison), plus Benzinkosten. Die Folgenden sind zuverlässig und bieten eine Online-Buchung auf Englisch:

JR Hokkaido Rent a Car (www.jrh-rentacar.com) Mit Zweigstellen an den wichtigsten Bahnhöfen; gut für kurzfristige Buchungen in Verbindung mit Zugreisen.

Nippon Rent-a-Car Hokkaido (www.nrh.co.jp) Zweigstellen in Sapporo, Hakodate und an den meisten regionalen Flughäfen.

Nissan Rent a Car (http://nissan-rentacar.com) Zweigstellen in Sapporo, Hakodate und an den meisten Regionalflughäfen.

Toyota Rent-a-Car (www.toyotarentacar.net) Zweigstellen in Sapporo und Niseko.

BUS

Busse sind für Einzelfahrten meist die billigste Option auf Hokkaidō, das über ein weitreichendes Streckennetz verfügt. Die meisten Verbindungen sollte man vorab reservieren; ein Hin- und Rückfahrticket kann günstiger sein. Busbahnhöfe liegen meist sehr praktisch, entweder neben dem Bahnhof oder, falls er sich außerhalb der Stadt befindet, dennoch zentral. **Chūō Bus** (S. 648) aus Sapporo ist der größte Anbieter und verbindet die Hauptstadt praktisch mit jeder Ecke der Insel.

FAHRRAD

Hokkaidō lässt sich wunderbar mit dem Fahrrad erkunden. Radfahrer sind auf der Insel häufig zu sehen, vor allem im Sommer. Das Cycle Tourism Hokkaido Promotion Network gibt eine nützliche Broschüre heraus, *Hokkaido Cycle Tourism*, die über Routen, Klima, Vorschriften zur Mitnahme von Fahrrädern in öffentlichen Verkehrsmitteln und vieles mehr informiert. Unter www.hkd.mlit.go.jp/kanribu/chosei/hct_e.pdf kann man sie herunterladen.

FLUGZEUG

Fliegen ist eine gute Option, wenn man wenig Zeit hat und auch abgelegene Ziele besuchen möchte.

ANA (www.ana.co.jp) Fliegt vom **New Chitose Airport** (S. 628) zu den meisten Regionalflughäfen auf Hokkaidō, darunter auch Rishiri-tō (1. Juni bis 30. September).

Hokkaidō Air System (HAC; www.hac-air.co.jp) Fliegt hauptsächlich vom zweitgrößten Flughafen in Sapporo, **Okadama** (S. 642), u. a. nach Rishiri-tō.

ZUG

Der *shinkansen* fährt zwar nur bis Hakodate, aber einige „limited express"-Züge (tokkyū), die

HOKKAIDŌ-ROADTRIP

Bei „Roadtrip" denken die meisten vermutlich nicht sofort an Japan, das liegt aber nur daran, dass die meisten bei „typisch Japan" nicht sofort an Hokkaidō denken. Hier sind die Straßen lang und gerade und es herrscht nur wenig Verkehr. Hokkaidō ist nicht von dicht besiedelten Städten durchzogen, sondern von Kraterseen und mächtigen Vulkanen. Dazwischen erstrecken sich weite Felder sowie unerschlossenes Land, und an den Rändern endlose, verlassene Küstenstreifen. Man kann einfach der Nase nach zu heißen Schwefelquellen fahren oder sich von den bunten Bannern der Lokale in den Fischerstädtchen anlocken lassen. Und all das bekommt man, ohne Abstriche bei der Infrastruktur machen zu müssen.

Die schönsten Straßenrouten

- Straße 334 zwischen Utoro und Rausu über den hoch aufragenden **Shiretoko-Pass** (S. 682) im Shiretoko-Nationalpark.
- Straße 237 von Furano nach Biei mit Abstecher entlang der **Patchwork Road** und **Panorama Road**, vorbei an Feldern voller Wildblumen.
- Straße 243 von Abashiri nach Kawayu-Onsen über den **Bihoro-Pass** (S. 691) mit fantastischem Blick über Kussharo-ko im Akan-Nationalpark.
- Die **Ororon-Strecke** (オロロンライン; Straße 231) von Otaru nach Wakkanai, mit dem Japanischen Meer auf der einen Seite und dem Sumpfland des **Sarobetsu** (S. 671) auf der anderen.
- Straße 273 am Ostrand des Daisetsuzan-Nationalparks, über den Mikuni-Pass und an der Sōunkyō-Schlucht entlang.
- Die **Oiwake-Soran-Strecke** (追分ソーランライン; Straße 228) entlang der kurvenreichen Küste von Südhokkaidō von Hakodate nach Esashi.
- Die lange, verlassene Küstenlinie von Wakkanai nach Abashiri auf der **Ochotsk-Strecke** (オホーツクライン; Straße 238).

Tipps für Fahrer

- Die beste Zeit für eine Tour durch Hokkaidō ist von Mitte Mai bis Mitte Oktober. Später kann auf den Bergpässen Schnee liegen und Glatteis zum Problem werden. Auch auf den Küstenstraßen ist es dann sehr windig. Im Daisetsuzan fällt für gewöhnlich der erste Schnee des Jahres in Japan, meist im September. Sich im Winter abseits der erschlossenen Feriengebiete wie Niseko zu bewegen, ist nicht ratsam. Im Juli und August ist es am überfülltesten.
- Hokkaidōs Straßen sind gut asphaltiert und auf Englisch ausgeschildert. Straßensperrungen werden allerdings nicht auf Englisch angezeigt. Wer in der Zwischensaison (April, Mai, Oktober und November) unterwegs ist, sollte die geplante Route vorher mit jemandem besprechen, der sich auskennt.
- Ebenfalls wichtig: Immer ein Auge auf den Tacho halten (die Geschwindigkeitsbegrenzungen sind hin und wieder irrational niedrig und die Polizei ist immer auf der Suche nach Verkehrssündern) und auf Wildwechsel gefasst sein, v. a. auf Rehe.
- In den meisten Städten gibt's eine Tankstelle und einen Gemischtwarenladen, dennoch sollte man den Tank nie mehr als halbleer fahren. Viele Tankstellen schließen gegen 19 Uhr oder 20 Uhr.
- Außerhalb von Sapporo kann man fast überall kostenlos parken.
- Da japanische Adressen ziemlich kompliziert sein können (und schwer zu lesen, selbst für Japaner) ist es oft einfacher, die Telefonnummer des Fahrtziels ins Navi des Autos einzugeben.
- Weitere Informationen zum Autofahren auf Hokkaidō gibt's im herunterladbaren englischsprachigen Handbuch der Tourismusbehörde (www.hkd.mlit.go.jp/topics/toukei/chousa/h20keikaku/e/e_all.pdf).

nur an wenigen Stationen halten, verkehren zwischen den größeren Städten bis nach Wakkanai im Norden und Kushiro im Osten. Sapporo ist der wichtigste Verkehrsknotenpunkt für diese Verbindungen. Nahverkehrszüge fahren auf denselben sowie weiteren Strecken und kosten weniger, brauchen aber viel länger und man muss oft mehrmals umsteigen.

SAPPORO 札幌

☎011 / 1,96 MIO. EW.

Sapporo, Japans fünftgrößte Stadt und der wichtigste Ort der Präfektur Hokkaidō, ist ein dynamisches Ballungszentrum mit allem, was man von einer japanischen Stadt erwartet: eine aufstrebende Gastroszene, stilvolle Cafés, Nachtleben im Neonlicht, Shopping in Hülle und Fülle und vieles mehr. Viele Besucher betrachten die Stadt nur als Transitzentrum auf dem Weg zu Hokkaidōs Bergen und heißen Quellen, man kann aber durchaus mehrere Tage hier verbringen, ohne sich zu langweilen. Im Sommer locken Bierfeste und kulinarische Festivals und im Februar verdoppelt sich Sapporos Bevölkerung trotz der eisigen Temperaturen während des berühmten Schneefests (S. 636).

Geschichte

Wenn man von einem der vielen Aussichtspunkte über die Stadt blickt, kann man sich nur schwer vorstellen, dass Sapporo bis in die Mitte des 19. Jhs. nur ein kleiner Handelsposten war. Die Ainu gaben dem Ort den Namen Sari-poro-betsu oder „Ein Fluss fließt über eine mit Schilf bedeckte Ebene". Er wurde 1868 zur Hauptstadt der neuen Provinz Hokkaidō ernannt, weil er leichter zu verteidigen war als die etablierten Hafenstädte Hakodate und Otaro. Außerdem ließ die weite, offene Ebene ein zukünftiges Wachstum zu.

Sapporos Entwicklung wurde sorgfältig geplant. Der Ort bot den Bürokraten aus der Meiji-Zeit die Möglichkeit, die moderne, geordnete Stadt ihrer Träume zu erschaffen und die europäischen und amerikanischen Planungskonzepte umzusetzen, die damals in Mode waren (nach denen auch die zentrale Oase der Stadt entwickelt wurde: Ōdōri-kōen).

Bis zur Nachkriegszeit schritt das Wachstum nur langsam voran. Da Sapporo im Zweiten Weltkrieg jedoch nicht so stark von Bomben zerstört wurde wie die Städte im Süden, stieg die Bevölkerung nach Kriegsende stetig an. Viele Menschen wagten einen Neuanfang im Norden. 1972 betrat die Stadt als Austräger der ersten Olympischen Winterspiele in Japan erstmals die Weltbühne.

Auch wenn die Bevölkerungszahlen in Japan insgesamt heutzutage zurückgehen, hält sich Sapporo weiterhin wacker. In dieser relativ neuen Stadt herrschen nicht dieselben fest verwurzelten Hierarchien wie im Rest des Landes und sie zieht nach wie vor junge (und nicht mehr ganz so junge) Träumer auf der Suche nach neuen Möglichkeiten an.

Sehenswertes

Hochsaison ist von April bis Oktober. Das restliche Jahr über gelten bei den meisten Attraktionen verkürzte Öffnungszeiten.

Bahnhof Sapporo, Ōdōri-kōen & Umgebung

★ Biermuseum Sapporo MUSEUM

(サッポロビール博物館; ☎011-748-1876; www.sapporoholdings.jp/english/guide/sapporo/; N7E9 Higashi-ku; ⌚11.30–20 Uhr; Ⓟ; 🚌88 nach Sapporo Biiru-en, Ⓢ Tōhō Linie nach Higashi-Kuyakusho-mae, Ausgang 4) GRATIS Diese legendäre Attraktion in Sapporo befindet sich in der ursprünglichen Brauerei von Sapporo Beer in einem hübschen, mit Efeu bewachsenem Ziegelgebäude. Auf die geführte Tour kann man verzichten: Es gibt reichlich Erklärungstafeln auf Englisch, die über Japans ältestes Bier informieren (die Brauerei wurde 1876 gegründet). Am Ende kann man in einem Verkostungssalon (Bier 200–300 ¥) Sapporos berühmtes Black Label mit dem Sapporo Classic (das es nur auf Hokkaidō gibt) oder dem Kaitakushi Pils vergleichen, einer Neuschöpfung nach dem Originalrezept (die auch nur hier ausgeschenkt wird).

Anschließend geht's in den Sapporo-Biergarten (S. 641), wo man sich noch mehr Bier und *jingisukan* (Büfett mit Lammfleisch) schmecken lassen kann.

Von der U-Bahn sind es zehn Minuten zu Fuß; direkt vor der Tür ist eine Bushaltestelle.

★ Ōdōri-kōen PARK

(大通公園; Karte S. 632; www.sapporo-park.or.jp/odori/; Ⓢ Tōzai-, Tōhō- & Namboku-Linie nach Ōdōri) Dieser Hafen der Ruhe im Herzen der

Sapporo

Stadt ist 13 Blocks (1,5 km) lang; an seinem Ostende ragt der Fernsehturm auf. Inmitten grüner Rasenflächen und Blumengärten stehen Bänke, Springbrunnen und Skulpturen. Nicht verpassen sollte man Noguchi Isamus elegantes Werk **Black Slide Mantra** (ブラックスライドマントラ). Außerdem finden hier viele große städtische Events und Feste statt.

Zu finden ist der Park zehn Gehminuten südlich des JR-Bahnhofs Sapporo entlang der Eki-mae-dōri.

Sapporo

Highlights
1 Ōdōri-kōen ... C3

Sehenswertes
2 Black Slide Mantra ... A4
3 Hokkaidō Ainu-Zentrum ... B3
4 Botanischer Garten der Universität Hokkaidō ... A3
5 Altes Regierungsgebäude von Hokkaidō ... B3
6 Uhrenturm Sapporo ... C3
7 Fernsehturm Sapporo ... D3
8 Turm Drei-Acht ... C1

Aktivitäten, Kurse & Touren
9 Hokkaidō Chūō Bus Tours ... C2

Schlafen
10 Capsule Inn Sapporo ... C5
11 JR Tower Hotel Nikko Sapporo ... C1
12 Marks Inn Sapporo ... C6
13 Nakamuraya Ryokan ... B2
14 SappoLodge ... D5
15 Sapporo Grand Hotel ... C3

Essen
16 Daruma ... C5
17 Kani-honke ... C2
18 Kani-honke Susukino-ten ... C5
19 Milk Mura ... C5
20 Ni-jō Ichiba ... D4
21 Ramen Yokochō ... C5
22 Saera ... C4

Ausgehen & Nachtleben
23 Mugishutei ... C6
24 TK6 ... B4

Praktisches
25 Hokkaidō-Sapporo Essen & Touristeninformationszentrum ... B2
26 JR-Informationsschalter ... B2
27 Nomad ... C4
28 Sapporo International Communication Plaza ... C3

Transport
29 Chūō Busbahnhof ... D3
30 Ōdōri Busbahnhof ... D3
31 Sapporo Eki-mae Busbahnhof ... C2

Fernsehturm Sapporo TURM
(さっぽろテレビ塔, Sapporo Terebi-tō; Karte S. 632; www.tv-tower.co.jp; Ōdōri-nishi 1-chōme; Erw./Kind 720/200 ¥; 9–22 Uhr; Tōzai-, Tōhō- & Namboku-Linie nach Ōdōri, Ausgang 2 & 7) Sapporos Fernsehturm (147 m) schlug den Tokyo Tower um zwei Jahre, wurde 1956 eröffnet und läutete das moderne Fernsehzeitalter ein. Er wurde von „Dr. Tower" Naitō Tachū entworfen, der auch für Nagoyas Fernsehturm (1954) und den Tokyo Tower (1958) verantwortlich war. Die Aussichtsterrasse in 90 m Höhe ist ziemlich eng, aber man kann direkt auf den Ōdōri-kōen runterschauen.

Uhrenturm Sapporo HISTORISCHES GEBÄUDE
(札幌市時計台; Sapporo Tokei-dai; Karte S. 632; http://sapporoshi-tokeidai.jp; N1W2 Chūō-ku; Erw./Kind 200 ¥/frei; 8.45–17 Uhr; Tōzai-, Tōhō- & Namboku-Linie nach Ōdōri, Ausgang 31) Kein japanischer Tourist kann aus Sapporo abreisen, ohne ein Foto vom bekanntesten Wahrzeichen und ältesten Gebäude der Stadt geschossen zu haben: dem Uhrenturm. Er wurde 1878 erbaut, die Uhr hat seit über 130 Jahren keine Stunde verpasst und immer pünktlich geschlagen. Im Inneren befindet sich ein Turm-**Museum**.

Altes Berufungsgericht Sapporo MUSEUM
(札幌市資料館; Shiryokan; 011-251-0731; www.s-shiryokan.jp/; W13 Ōdōri; Di–So 9–19 Uhr; Tōzai-Linie nach Nishi-juitchōme, Ausgang 4) GRATIS Dieses imposante Tuffsteingebäude am Westende des Ōdōri-kōen (S. 633) wurde 1926 erbaut und beherbergte Sapporos Oberstes Gericht. Im Gebäude zeigen verschiedene Galerien Ausstellungen zur lokalen Geschichte.

Museum für Moderne Kunst Hokkaidō MUSEUM
(北海道立近代美術館, Hokkaidō Ritsukindai-bijutsukan; http://www.dokyoi.pref.hokkaido.lg.jp/hk/knb/index.htm; N1W17, Chūō-ku; 500 ¥; Di–So 9.30–17 Uhr; Tōzai-Linie nach Nishi-juhatchōme, Ausgang 4) Hokkaidōs beste Sammlung moderner Kunst umfasst zahlreiche Werke von Künstlern, die hier geboren wurden, hier lebten oder Inspiration auf der nördlichen Insel fanden. Die Ausstellungen wechseln, also am besten vorab informieren.

Botanischer Garten der Universität Hokkaidō GARTEN
(北大植物園, Hokudai Shokubutsuen; Karte S. 632; 011 221 0066; www.hokudai.ac.jp/fsc/bg; N3W8 Chūō-ku; Erw./Kind 420/300 ¥; Di–So 9–16 Uhr; JR-Bahnhof Sapporo, Südausgang) Zu den Highlights dieses weitläufigen, 14 Hektar großen Gartens, der von der Universität Hokkaidō gepflegt wird, gehört eine Sammlung mit 200 Pflanzen und Kräutern, die von den Ainu traditionell als

Heilmittel, zum Kochen oder als Rohmaterial für Kleidung verwendet wurden. Ein speziell angelegter Bereich ist der alpinen Szenerie eines Bergs in Daisetsuzan im Norden Hokkaidōs nachempfunden.

Ainu-Zentrum Hokkaidō KULTURZENTRUM
(北海道アイヌ協会, Hokkaidō Ainu Kyōkai; Karte S. 632; 011-221-0462; www.ainu-assn.or.jp/english/eabout01.html; 7. St., Kaderu 2.7 Bldg, N2W7 Chūō-ku; Mo–Sa 9–17 Uhr; JR-Bahnhof Sapporo, Südausgang) GRATIS Das Kulturzentrum befindet sich in einem Bürogebäude gegenüber vom Botanischen Garten der Universität Hokkaidō. Es wird von der Vereinigung der Ainu Hokkaidō geführt und zeigt eine kleine Ausstellung mit Artefakten und Informationen zur Geschichte.

Wer mehr erfahren will, findet im Leseraum so ziemlich jedes Buch, das jemals auf Englisch über die Ainu (damals und heute) veröffentlicht wurde.

Altes Regierungsgebäude Hokkaidō BEMERKENSWERTES GEBÄUDE
(北海道庁旧本庁舎; Karte S. 632; 011-204-5019; N3W6 Chūō-ku; 8.45–18 Uhr; Namboku- & Tōhō-Linie nach Sapporo-eki, Ausgang 10) GRATIS Ein prächtiges Neobarockgebäude, das als Akarenga („rote Ziegel") bekannt ist. Es wurde 1888 aus Backstein erbaut und ist von hübschen Rasenflächen und Gärten umgeben. Im Inneren werden verschiedene historische Ausstellungen und Shows lokaler Künstler gezeigt. Das Akarenga selbst schließt um 18 Uhr, die Gärten sind aber bis 21 Uhr geöffnet und ein beliebter Ort für idyllische Spaziergänge.

Turm Drei-Acht AUSSICHTSTURM
(タワースリーエイト; T38; Karte S. 632; 011-209-5500; www.jr-tower.com/t38; JR-Turm, JR-Bahnhof Sapporo; Erw./Kind 720/300 ¥; 10–23 Uhr; JR-Bahnhof Sapporo, Ostausgang) Mit 38 Stockwerken schlägt der JR Tower (173 m) Sapporos Fernsehturm (S. 633) zwar in Sachen Aussicht und Klasse, aber nicht in kultureller Bedeutung. Auf die großzügige Aussichtsplattform mit Stühlen und Sofas begibt man sich am besten bei Dunkelheit. Der Eingang befindet sich im 6. Stock des JR Tower East.

Maru-yama & Moiwa-yama

Moiwa-yama-Seilbahn SEILBAHN
(もいわ山ロープウェイ; 011-561-8177; www.sapporo-dc.co.jp/eng; Erw./Kind hin & zurück 1700/850 ¥; 10.30–22 Uhr; Rōpuwei-iriguchi) In 531 m Höhe bietet sich vom Moiwa-yama ein fantastisches Panorama über die Stadt. Teil des Spaßes ist die Anreise: Zuerst fährt man fünf Minuten in einer Gondel und steigt dann für weitere zwei Minuten in eine hübsche kleine Seilbahn um. Kostenlose Shuttlebusse verkehren von der Straßenbahnhaltestelle Rōpuwei-iriguchi zur Seilbahn. Alternativ sind es zehn Minuten zu Fuß.

Hokkaidō-jingū SHINTŌ-SCHREIN
(北海道神宮; www.hokkaidojingu.or.jp/eng/index.html; 474 Miyagaoka Chūō-ku; Tōzai-Linie nach Maruyama-kōen, Ausgang 1) GRATIS Dieser Schrein aus dem Jahr 1869 ist einer der ältesten in Hokkaidō. Bekannt ist er für seine spektakuläre Kirsch- und Pflaumenblüte im Frühling, zu finden ist er im weitläufigen bewaldeten Maruyama-kōen (円山公園).

Rund um Sapporo

★ **Skisprungstadion Ōkura-yama** MUSEUM
(大倉山ジャンプ競技場; 011-641-8585; www.sapporowintersportsmuseum.com; 1274 Miyanomori, Chūō-ku; Kombiticket Lift & Museum 1000 ¥; Mai–Okt. 8.30–18 Uhr, Nov.–April 9–17 Uhr; P) Der Skisprunghügel Ōkura-yama wurde 1972 für die Winterspiele in Sapporo erbaut. Mit 133,60 m ist er nur wenig niedriger als der städtische Fernsehturm (S. 633), und dabei 33 Grad steil. Wie es sich wohl anfühlt, da runterzusausen? Das kann man nur erahnen, nachdem man mit dem klapprigen alten Lift hochgefahren ist und den Hang hinabblickt. Und an genau dieses Bild kann man sich dann wieder erinnern, wenn man den höchst amüsanten Computersimulator unten im Museum ausprobiert.

Außerdem gibt's im Museum noch ein paar weitere Simulatoren sowie Fotografien und Ausrüstungsgegenstände der Spiele von 1972, die zeigen, wie weit sich die Wintersporttechnologie – und die Mode! – in den letzten 45 Jahren entwickelt hat.

Das Stadion wird immer noch genutzt. Wenn man Glück hat, kann man den Sportlern beim Training zusehen.

Man erreicht Ōkura-yama mit der Tōzai-Linie nach Maruyama Kōen (円山公園) und über Ausgang 2 zum Busbahnhof Maruyama. Anschließend geht's mit Bus 14 nach Ōkurayama-kyōgijō-iriguchi (大倉山競技場入り口; 210 ¥, 15 Min.) und dann per pedes in zehn Minuten bergauf zum Stadion.

Moerenuma-kōen SKULPTUR, PARK
(モエレ沼公園; ☎ 011-790-1231; www.sapporo-park.or.jp/moere/english; 1-1 Moerenuma-kōen; ⏰ 7–22 Uhr; P; 🚌 69 oder 79 nach Moerunuma-kōen Higashi-guchi, Ⓢ Tōhō-Linie nach Kanjo-dōri Higashi) GRATIS Diese frühere Müllverwertungsanlage nordöstlich des Stadtzentrums erwachte 2005 eindrucksvoll als grüne Lunge zu neuem Leben. Ursprünglich wurde der Park vom angesehenen japanisch-amerikanischen Künstler Noguchi Isamu vor seinem Tod 1988 entworfen. Neben Noguchis Steinarbeiten (auf die Kinder gerne klettern dürfen) sind Skulpturen von Land und Wasser zu sehen.

Zum Park gelangt man mit Bus 69 oder 79 (210 ¥, alle 10 bis 30 Min.) von der U-Bahnstation Kanjo-dōri Higashi.

Hokkaidō-Museum MUSEUM
(北海道博物館; Hokkaidō hakubutsukan; ☎ 011-898-0466; www.hm.pref.hokkaido.lg.jp; 53-2 Konopporo, Atsubetsu-chō, Atsubetsu-ku; Erw./Kind/Student 600/frei/300 ¥; ⏰ Mai–Sept. 9.30–17 Uhr, Okt.–April bis 16.30 Uhr; P) Hokkaidōs vielschichtige Geschichte, von den Tagen der Wollmammuts bis ins Zeitalter der Dampfloks, wird in diesem kürzlich renovierten Museum auf eindrucksvolle Weise – und immer mit englischen Erläuterungen – erklärt. Es liegt östlich von Sapporos Stadtmitte im Nopporo Shinrin-kōen.

Von der Station Shin-Sapporo geht's mit Bus 新22 (210 ¥, 15 Min., alle 30 Min.) von der Bushaltestelle 10 Richtung Kaitaku-mura (開拓の村); an der Haltestelle Hokkaidō hakubutsukan aussteigen.

Gedenkturm zum hundertjährigen Jubiläum DENKMAL
(百年記念塔; Hyaku-nen Kinen-tō; 53-2 Konopporo, Atsubetsu-chō, Atsubetsu-ku; P) Mit dem Bau dieses modernistischen Turms, vom Architekten Iguchi Ken entworfen, wurde 1968 zu Sapporos Hundertjahrfeier begonnen (fertiggestellt wurde er 1970). Der Grundriss ist ein Sechseck, das an eine sechsseitige Schneeflocke erinnern soll. Im Querschnitt erkennt man das Kanji für „Norden" (北; *kita*). Das Denkmal befindet sich im Nopporo Shinrin-kōen, wenige Gehminuten hinter dem Hokkaidō-Museum.

Kaitaku-mura HISTORISCHES GEBÄUDE
(開拓の村; ☎ 011-898-2692; www.kaitaku.or.jp; 50-1 Konopporo, Atsubetsu-chō, Atsubetsu-ku; Erw./Kind/Student 800/frei/600 ¥; ⏰ Mai–Sept. 9–17 Uhr, Okt.–April Di–So 9–16.30 Uhr; P) Wie vielfältig das Leben auf Hokkaidō im 19. Jh. war, zeigt diese weitreichende Sammlung historischer Gebäude (und einiger Nachbildungen) im Nopporo Shinrin-kōen östlich von Sapporos Stadtzentrum. Neben prachtvollen viktorianischen Stadthallen sind ebenso imposante, von Heringsbaronen im traditionellen japanischen Stil erbaute Villen sowie strohgedeckte Pionierhütten zu sehen. Die meisten Gebäude darf man betreten.

Von der Station Shin-Sapporo fährt Bus 新22 (210 ¥, 15 Min., alle 30 Min.) von Bushaltestelle 10 nach Kaitaku-mura (開拓の村), der Endhaltestelle.

Hokkaidō-Brauerei BRAUEREI
(サッポロビール北海道工場; ☎ 011-748-1876; www.sapporoholdings.jp/english/guide/hokkaido/; 542-1 Toiso, Eniwa; ⏰ Touren Di–So 10–16 Uhr) GRATIS Touren in dieser derzeitigen Brau- und Abfüllanlage für Sapporo Beer werden (nur auf Japanisch) von sehr enthusiastischen Markenbotschaftern geführt. Es geht vorbei an Fenstern, die einen Blick auf die Hightech-Fabrik erlauben. Buchen muss man die Tour bis 17 Uhr am Vortag (am besten lässt man sich von jemandem begleiten, der Japanisch spricht). Die Fabrik ist nicht jeden Tag in Betrieb, bei der Buchung also unbedingt nachfragen. Aber so oder so: Am Ende bekommt man auf jeden Fall zwei Freibier!

BIER AUS SAPPORO

Die Sapporo Brauerei, gegründet 1876, war Japans erste Brauerei. Ihr erster Braumeister, Nakagawa Seibei, machte in Deutschland eine Ausbildung und nahm sein Wissen über das Gebräu – das in Japan damals als exotisch galt – mit in seine Heimat. Heute ist das Sapporo das beliebteste japanische Bier außerhalb Japans – obwohl das meiste, was im Ausland verkauft wird, auch dort hergestellt wird. Für echte Bierfans bedeutet eine Reise nach Hokkaidō nicht nur, dass sie das Sapporo direkt an der Quelle verkosten können, sondern auch, dass sie in den Genuss des Sapporo Classic kommen: Dieses Bier der Sapporo-Produktreihe wird nur auf Hokkaidō angeboten. Probieren kann man beide in der Originalfabrik, dem heutigen **Biermuseum Sapporo** (S. 631), oder in der neueren **Hokkaidō-Brauerei**.

Die Hokkaidō-Brauerei liegt eine 40-minütige Bahnfahrt von Sapporo entfernt. Mit der JR-Linie Chitose geht's Richtung Flughafen, aussteigen am JR-Bahnhof Sapporo Beer Teien. Hier gibt's ein paar große Gepäckschließfächer, falls man direkt vom/zum Flughafen unterwegs ist.

Aktivitäten

Sapporo Teine WINTERSPORT

(サッポロテイネ; ☎011-223-5830, Bus-Pauschalangebot Reservierung 011-223-5901; www.sapporo-teine.com/snow; Tagespass Erw./Kind 4900/2400 ¥; ⏲9–16 Uhr; 👪) Teine liegt unschlagbar praktisch: Die Hänge, auf denen 1972 die Olympischen Winterspiele ausgetragen wurden, befinden sich im wahrsten Sinne des Wortes am Stadtrand von Sapporo. Das Gebiet ist in zwei Bereiche unterteilt: die untere **Olympia Zone**, die sich an Anfänger und Familien richtet, und die höher gelegene, anspruchsvollere **Highland Zone**. Insgesamt gibt's 15 Abfahrten und neun Skilifte. Verschiedene Pauschalangebote sorgen für günstigere Preise.

Familien können das „Familienpaket" nutzen, mit dem man auch bei der Leihausrüstung spart. Das „Buspaket" (Erw./Kind 6700/4300 ¥) umfasst die Hin- und Rückfahrt mit dem Bus vom JR-Bahnhof Sapporo sowie einen Skipass, der sieben Stunden gültig ist. Man muss das Angebot bis spätestens 15 Uhr am Vortag buchen. Eine komplette Leihausrüstung für Skifahrer/Snowboarder gibt's ab 5100 ¥ pro Tag.

Teine liegt nur zehn Bahnminuten von Sapporo entfernt. Es kann hier sehr voll werden, vor allem am Wochenende und in den Schulferien. JR-Hakodate-Züge verkehren regelmäßig zwischen Sapporo und Teine (260 ¥). Vom JR-Bahnhof Teine fahren praktische Shuttlebusse in beide Zonen.

Geführte Touren

Hokkaidō Chūō Bus Tours BUS

(北海道中央バス; Karte S. 632; ☎011-231-0500, Englisch 090-2878-8237; http://teikan.chuo-bus.co.jp/en; 2. St., Busbahnhof Sapporo Eki-mae; ⏲7.30–18 Uhr) Die halbtägigen Stadtrundfahrten (Erw./Kind 2600/1300 ¥) führen zu Sehenswürdigkeiten, die mit dem öffentlichen Nahverkehr schwierig zu erreichen sind, darunter das Wintersportmuseum (S. 636) und der Zentrale Großmarkt. Außerdem stehen längere Touren nach Otaru, Furano, Shikotsu-ko und Tōya-ko (um nur einige zu nennen) auf dem Programm. Alle bieten mehrsprachige Audio-Optionen. Näheres erfährt man am Infoschalter im Busbahnhof.

Feste & Events

Eine Liste mit allen Festen und Events findet sich unter www.welcome.city.sapporo.jp/cal/?lang=en.

★ **Sapporo Yuki Matsuri** KULTUR

(さっぽろ雪まつり, Schneefest Sapporo; www.snowfes.com/english; ⏲Feb.; 👪) Dieses Fest findet Anfang Februar statt und gehört zu den besten in ganz Japan. Seit den bescheidenen Anfängen 1950, als ortsansässige Schüler sechs Schneestatuen im Ōdōri-kōen (S. 631) bauten, hat sich das Fest zu einem internationalen Schneeskulpturen-Wettbewerb entwickelt und zieht alljährlich zwei Millionen Besucher an.

Die Eisstatuen im Ōdōri-kōen und im Rest der Stadt sind aber längst nicht alles: Musiker treten auf gefrorenen Bühnen auf und Kinder toben auf Eisrutschen und durch Eislabyrinthe. Zahlreiche Straßenhändler sorgen für das leibliche Wohl und man kann definitiv mit feucht-fröhlicher Stimmung rechnen, vor allem nach Sonnenuntergang (in diesen Breitengraden also ziemlich früh!). Bezahlbare Unterkünfte zu finden ist oft gar nicht so leicht, also am besten so früh wie möglich im Voraus buchen.

Sapporo Summer Matsuri BIERFEST

(札幌夏まつり; http://sapporo-natsu.com; ⏲Mitte Juli–Mitte Aug.) Von Mitte Juli bis Mitte August präsentieren sich große Marken sowie Mikrobrauereien in einem riesigen Biergarten im Ōdōri-kōen (S. 631) – und dann wird einen ganzen Monat lang Bier im Sonnenschein getrunken! Das eine Woche dauernde **O-Bon-Festival** Mitte August – bei dem traditionelle Tänze dargeboten werden – gehört ebenfalls zum Summer Matsuri.

Schlafen

Sapporos Budgetkategorie hat sich entschieden verbessert. In jüngster Vergangenheit haben ein paar hippe neue Hostels eröffnet. Auch Mittelklasseoptionen gibt's reichlich und die Ausstattung entspricht meist dem Preis (wer nicht wählerisch ist, findet leicht ein sehr anständiges Zimmer). Zur Zeit von Festen (vor allem rund um das Schneefest), an Feiertagswochenenden und im Sommer sollte man weit im Voraus buchen. An Freitagen und Samstagen steigen die Preise für gewöhnlich (um 1000–3000 ¥).

★ **SappoLodge** PENSION ¥
(サッポロッジ; Karte S. 632; ☎ 011-211-4314; http://sappolodge.com; S5E1-1-4 Chūō-ku; B/2BZ ab 3000/8000 ¥; Ⓢ Namboku-Linie nach Susukino, Ausgang 5) Ein Hauch Berg-Feeling, nur einen Steinwurf von Susukino entfernt: Die Schlafsäle im 2. Stock erreicht man nicht nur über die Treppe, sondern auch über eine Kletterwand. Die SappoLodge zieht Outdoorfans, die sich in die Stadt verirrt haben, geradezu magnetisch an. Einziger Nachteil der Unterkunft ist der Lärm durch die spaßige und sehr beliebte Bar im Erdgeschoss, ab Mitternacht wird jedoch die Nachtruhe eingehalten.

Nara-san, der aus Sapporo stammende Besitzer, ist ein echter Abenteurer. Er arbeitete 14 Jahre lang als Fremdenführer – und dies hier ist seine Vorstellung von „Ruhestand". Trotzdem führt er weiterhin Gäste auf Wanderungen oder Expeditionen ins Hinterland zu seinen Lieblingsorten (wer Lust hat, kann ihm einfach eine E-Mail schicken).

★ **Ino's Place** HOSTEL ¥
(イノーズプレイス; ☎ 011-832-1828; http://inos-place.com/e/; 3-4-6-5 Higashi-Sapporo, Shiroishi-ku; B/EZ/DZ ab 2900/4300/7600 ¥; Ⓢ Tōzai-Linie nach Shiroishi, Ausgang 1) Ein beliebter Backpacker-Treff mit allem Drum und Dran: freundlichem zweisprachigem Personal, sauberen Zimmern mit modernen Stockbetten, privaten Spinden, gratis Kaffee und Tee, einem japanischen Bad, Waschmaschinen, Küche und Gemeinschaftsraum – und ohne Sperrstunde. Prima Extra: Der Besitzer ist Jongleur und das Hostel gleichzeitig ein Laden für Jonglierzubehör.

Vom U-Bahn-Ausgang (nicht zum JR-Bahnhof Shiroishi gehen!) ein paar Minuten geradeaus der Hauptstraße Richtung Eneos-Tankstelle folgen. An der vierten Ampel rechts abbiegen, dann sieht man ein frei stehendes, zweistöckiges weißes Gebäude und ist angekommen. Auf der englischen Website steht alles, was man sonst noch wissen muss.

Untapped Hostel HOSTEL ¥
(☎ 011-788-4579; http://untappedhostel.com; N18W4 Kita-ku; B/DZ ab 3200/8000 ¥; Ⓢ Namboku-Linie nach Kita-juhachi-jō, Ausgang 2) Dies ist eins der neuen hippen Hostels in Sapporo – ganz in rohem Holz und Beton gehalten –, in einem alten *unagi*(Aal)-Laden untergebracht und nur eine Minute von der U-Bahn entfernt. Die Zimmer sind mit westlichen Betten und Stockbetten ausgestattet und makellos, der Aufstieg zu den Schlafsälen im 3. Stock zieht sich aber. Es gibt eine Lounge, eine Küche und einen Waschraum zur gemeinschaftlichen Nutzung.

Die Besitzer renovieren gerade das Haus hinter dem Hostel, um mehr Platz zu schaffen.

Jimmyz Backpackers HOSTEL ¥
(☎ 011-206-8632; www.jimmyzbp.com/english; S5E3 Chūō-ku; pro Pers. 2950 ¥; Ⓢ Tōhō-Linie nach Hōsui Susukino, Ausgang 5) Mit insgesamt nur zehn Betten – sechs in einem gemischten Schlafsaal, vier in einem Frauenschlafsaal – umfasst das kleine Jimmyz nur zwei Zimmer im oberen Stock eines typisch japanischen Wohnhauses. Unten warten eine gemütliche Lounge mit gratis Tee und Kaffee und eine Gemeinschaftsküche. Der Besitzer spricht gut Englisch.

Capsule Inn Sapporo KAPSELHOTEL ¥
(カプセル・イン札幌; Karte S. 632; ☎ 011-251-5571; www.capsuleinn-s.com/english; S3W3 Chūō-ku; pro Pers. 3100 ¥; Ⓢ Namboku-Linie nach Susukino, Ausgang 1) Männer, die nicht viel brauchen und in engen Räumen keine Panik kriegen, bekommen in diesem Kapselhotel (nur für Gäste mit XY-Chromosomen) eine standardmäßige Kabine sowie eine Sauna, ein großes Bad, münzbetriebene Waschmaschinen und morgens kostenlosen Kaffee – und das nur einen Steinwurf von der Hauptkreuzung in Susukino entfernt. Check-in ab 13 Uhr, Check-out bis 10 Uhr.

Auf der englischen Website kann man nachlesen, wie man das Maximum aus der Kapselhotelerfahrung rausholt.

Sapporo International Youth Hostel HOSTEL ¥
(札幌国際ユースホステル; ☎ 011-825-3120; www.youthhostel.or.jp/kokusai; 6-5-35 Toyohira 6-jō, Toyohira-ku; B/Zi. pro Pers. ab 3200/3800 ¥; Ⓟ; Ⓢ Tōhō-Linie nach Gakuen-mae, Ausgang 2) Dieses seltsamerweise sehr schicke Hostel – es sieht aus wie ein modernes Apartmentgebäude – ist ein echtes Schnäppchen, liegt aber ein bisschen ab vom Schuss. Es gibt Privatzimmer im westlichen und japanischen Stil sowie „Schlafsäle" mit vier großen Betten, die auch als

Familienzimmer dienen. Das Hostel ist immer schnell ausgebucht.

Es liegt nur zwei Minuten von der U-Bahn-Station entfernt hinter dem Sapporo International Student Centre.

Nakamuraya Ryokan RYOKAN ¥¥
(中村屋旅館; Karte S. 632; ☎ 011-241-2111; www.nakamurayaryokan.com; N3W7-1 Chūō-ku; EZ/DZ ab 7560/14 800 ¥; ; S JR-Bahnhof Sapporo, Südausgang) In einer Seitenstraße, nahe dem Eingang zum Botanischen Garten der Universität Hokkaidō (S. 633) und nur zehn Gehminuten vom JR-Bahnhof Sapporo entfernt, zeigt dieses charmante Hotel im japanischen Stil auf wundervolle Weise, was traditionelle Gastfreundschaft bedeutet. Man schläft auf Futons auf Tatamiböden und kann das große Gemeinschafts-o-furo (Bad) nutzen. Die Besitzer sind freundlich und an ausländische Gäste gewohnt.

Mahlzeiten werden auch angeboten, einfach bei der Buchung nachfragen. Auf der Website erfährt man alles zu den interessanten Anfängen des Hotels.

Marks Inn Sapporo HOTEL ¥¥
(マークスイン札幌; Karte S. 632; ☎ 011-512-5001; www.marks-inn.com; S8W3 Chūō-ku; EZ/DZ ab 4800/7000 ¥; ; S Namboku-Linie nach Nakajima-kōen, Ausgang 1) Günstigere und praktischere Zimmer als die in diesem Businesshotel am Rand des Amüsierviertels Susukino auf der anderen Seite des Kanals findet man nirgends in der Stadt. Sie sind zwar ein bisschen eng, aber die Betten sind wunderbar weich und das Frühstück ist inklusive.

Sapporo Grand Hotel HOTEL ¥¥¥
(札幌グランドホテル; Karte S. 632; ☎ 011-261-3311; www.grand1934.com/english/index.html; N1W4 Chūō-ku; EZ/DZ ab 19 000/29 000 ¥; ; JR-Bahnhof Sapporo, Südausgang) Die Grand Dame unter Sapporos Hotels wurde 1934 als erstes Hotel der Stadt im europäischen Stil eröffnet. Heute umfasst es drei nebeneinanderstehende Häuser an der südöstlichen Ecke des ehemaligen Regierungsgebäudes von Hokkaidō. Die Zimmer sind sehr unterschiedlich; im Honkan (Hauptflügel) bieten sie das beste Preis-Leistungs-Verhältnis.

JR Tower Hotel Nikko Sapporo HOTEL ¥¥¥
(JRタワーホテル日航札幌; Karte S. 632; ☎ 011-251-2222; www.jrhotels.co.jp/tower; N5W2-5 Chūō-ku; EZ/DZ/2BZ ab 26 000/34 000/46 500 ¥; ; JR-Bahnhof Sapporo, Ostausgang) Was die Lage angeht, ist dieses loftartige Hotel unschlagbar – es befindet sich gewissermaßen auf dem JR-Bahnhof Sapporo. Die Zimmer sind schick, der Service ist zuvorkommend und die Aussicht fantastisch. Einziges Manko: Es gibt einen Wellnessbereich mit natürlichen heißen Quellen, aber selbst Hotelgäste müssen für die Nutzung 1600 ¥ extra bezahlen.

Essen

In Sapporo mit seiner ganz eigenen Essenskultur kann man fantastisch essen. Als Hokkaidōs Hauptstadt und wichtigster Verkehrsknotenpunkt der Region kommt sie in den Genuss all der frischen Meeresfrüchte (z. B. Krebse), des Gemüses (vor allem Kartoffeln und Mais) und der Milchprodukte (Butter und Sahne), für die Hokkaidō berühmt ist. Man kann sehr gut essen, ohne den Korridor JR-Bahnhof Sapporo–Ōdōri–Susukino je zu verlassen, einige Restaurants lohnen aber durchaus einen Abstecher.

★ **Menya Saimi** RĀMEN ¥
(麺屋彩未; ☎ 011-820-6511; Misono 10-jō Toyohira-ku; rāmen ab 750 ¥; Di–So 11–15.15 & 17–19.30 Uhr; P ; S Tōhō-Linie nach Misono, Ausgang 1) Sapporo nimmt seine *rāmen* sehr ernst und das Saimi wird oft zum besten *rāmen*-Lokal der Stadt (und manchmal des ganzen Landes) gewählt – was absolut gerechtfertigt ist. Man muss Schlange stehen, was etwas nervt, wird dafür aber mit einem sensationellen Essen zum Preis eines *bentō* aus dem Supermarkt belohnt. Wir empfehlen die Miso-*rāmen*.

Kōhīhausu JAPANISCHES CURRY ¥
(こうひいはうす; ☎ 011-561-9115; S20W15-3; Gerichte ab 800 ¥; Mo, Di & Do–Sa 11.30–21, Mi bis 15, So bis 20 Uhr; P ; Rōpuwei-iriguchi) Sapporos Einwohner empfehlen dieses Suppen- und Curry-Lokal in der Nähe der Moiwa-yama-Seilbahn (S. 634) wärmstens. Am beliebtesten ist das Hühnchen-Curry (チキンカレー; *chikin karē*) in „medium" (中; *chū*) scharf. Für insgesamt 1000 ¥ gibt's dazu noch einen Kaffee. Das Kōhīhausu ist ein entspannter, spärlich beleuchteter Laden mit vielen hübschen Antiquitäten.

Saera SANDWICHES ¥
(さえら; Karte S. 632; ☎ 011-221-4220; 3. Kellergeschoss, W2 Ōdōri; Sandwiches 600–850 ¥; Do–Di 10–18 Uhr; ; S Tōzai-, Tōhō- &

Namboku-Linie nach Ōdōri, Ausgang 19) Diese Institution in Sapporo serviert feine Sandwiches (ohne Rinde, leicht gefüllt) mit Dutzenden verschiedenen Belägen. Wir empfehlen das Königskrabben-Sandwich und das ungewöhnliche Fruchtsandwich mit Mandarinen und Schlagsahne. Der Laden befindet sich in der U-Bahn-Station Ōdōri; an Ausgang 19 nach unten statt nach oben gehen. Für 200 ¥ extra kriegt man einen Kaffee dazu.

Milk Mura
EISCREME ¥

(ミルク村; Karte S. 632; ☎ 011-219-6455; S4W3-7-1; pro Portion 1300 ¥; ⌚ Di–So 12–23 Uhr; 🚭; Ⓢ Namboku-Linie nach Susukino, Ausgang 1) Das Milk Mura ist die erwachsene Version einer klassischen Eisdiele: Zu den Tassen mit cremig-weichem Eis kommen drei kleine Gläschen mit den Likören der Wahl (es gibt Hunderte verschiedene) auf den Tisch. Zahllose Flaschen, die teilweise echt antik aussehen, füllen die Theke, Lichterketten blinken und im Hintergrund laufen Chansons. Das Beste: Einen Nachschlag Eis gibt's kostenlos.

Ramen Yokochō
RĀMEN ¥

(元祖さっぽろラーメン横丁; Karte S. 632; www.ganso-yokocho.com; S5W3 Chūō-ku; rāmen ab 800 ¥; ⌚ 11–3 Uhr; Ⓢ Namboku-Linie nach Susukino, Ausgang 3) Diese berühmte Gasse im Amüsierviertel Susukino ist voll von *rāmen*-Läden, darunter auch Filialen mehrerer renommierter Lokale aus ganz Hokkaidō. Es gibt sie seit 1952 und sie legt Wert darauf, sich von den neuen „unechten" *rāmen*-Gassen zu distanzieren.

Sie ist etwas schwer zu finden, alt wie sie ist und nicht so grell erleuchtet wie der Rest von Susukino, aber die Einheimischen können weiterhelfen. Die Öffnungszeiten der einzelnen Läden variieren.

Daruma
BARBECUE ¥¥

(だるま; Karte S. 632; ☎ 011-552-6013; http://best.miru-kuru.com/daruma/index.html; S5W4; Teller ab 750 ¥; ⌚ 17–3 Uhr; Ⓢ Namboku-Linie nach Susukino, Ausgang 5) Hierher führen Sapporoer ihre Besucher von außerhalb, um ihnen die lokale Spezialität *jingisukan* (Lammfleisch-Büfett) nahezubringen. Der Laden bietet kein Chichi, nur erstklassiges Fleisch und eine warme, heimelige Atmosphäre. Das Daruma ist seit 60 Jahren im Geschäft und hat ein paar Filialen in der Stadt. Zum Glück, denn im Hauptrestaurant muss man oft Schlange stehen.

Am besten kommt man sehr früh oder sehr spät, um die Massen zu umgehen, oder informiert sich auf der Website über die anderen Zweigstellen.

Sushi-no-uo-masa
SUSHI ¥¥

(鮨の魚政; ☎ 011-644-9914; www.asaichi-maruka.jp; Chūō Oroshi-uri-ichiba Maruka Centre 1F, N12W21, Chūō-ku; Portion 2800 ¥; ⌚ Mo, Di & Do–Sa 6–11 Uhr; Ⓟ 📋; Ⓢ Tōzai-Linie nach Nijū-yonken, Ausgang 5, Ⓡ JR-Hakodate-Linie nach Sōen) Hier gibt's was ganz Besonderes: Sushi zum Frühstück, direkt vom Fischmarkt. Der Weg hierher ist zwar etwas aufwendig, aber das Sushi ist ausgezeichnet und man kann vor und nach dem Essen über den Markt schlendern. Zu finden ist das Sushi-no-uo-masa inmitten der Stände im Erdgeschoss des Maruka Centre (マルカセンター).

Der Zentrale Großmarkt (Chūō Oroshi-uri-ichiba; 中央卸売市場), nicht zu verwechseln mit dem Ni-jō Ichiba (siehe unten), liegt zehn Minuten zu Fuß von der U-Bahnstation bzw. dem Bahnhof entfernt.

Ni-jō Ichiba
MARKT ¥¥

(二条市場; Karte S. 632; S3E1&2 Chūō-ku; Gerichte 800–3500 ¥; ⌚ 7–18 Uhr; Ⓢ Tōzai-, Tōhō- & Namboku-Linie nach Ōdōri, Ausgang 34) Sapporos ursprünglicher Fischmarkt ist heute vor allem eine Touristenattraktion (der Großmarkt ist in ein großes, modernes Gebäude außerhalb des Stadtzentrums umgezogen). Mehrere Läden verkaufen *kaisen-don* (rohe Meeresfrüchte auf Reis) ab 3000 ¥, für ein Drittel des Preises bekommt man aber auch köstliches *yaki-zakana* (gegrillten Fisch) zum Frühstück.

Kani-honke
FISCH & MEERESFRÜCHTE ¥¥¥

(札幌かに本家; Karte S. 632; ☎ 011-222-0018; www.kani-honke.jp/e; N3W2 Chūō-ku; Mittag-/Abendessen ab 2600/4400 ¥; ⌚ 11.30–22 Uhr; 📋; Ⓡ JR-Bahnhof Sapporo, Südausgang) Das kalte Meer rund um Hokkaidō ist voll mit den leckersten Krustentieren der Gegend – und das Kani-honke ist das Restaurant für Krabben. Probieren sollte man *kani-suki* (4400 ¥ pro Pers.), eine Sukiyaki-Krabben-Version: Zuerst werden Krabben und Gemüse im Topf gekocht, dann kommen Reis und Ei in die Brühe.

Man kann das Lokal nicht verpassen: Ein riesiges Krabbenschild prangt außen am Gebäude. Es gibt auch eine **Filiale** (かに本家すすきの店; Karte S. 632; ☎ 011-551-0018; S3W6 Chūō-ku; ⌚ 11.30–23 Uhr; Ⓢ Namboku-Linie nach Susukino, Ausgang 5) in der Nähe der Susukino-Kreuzung.

ESSEN AUF HOKKAIDŌ: WAS, WO & WANN?

Eine Reise durch Hokkaidō bietet auch kulinarisch allerlei. Wer hier unterwegs ist, sollte nach den folgenden regionalen Delikatessen Ausschau halten. Prinzipiell könnten wir dieser Liste alles aus dem Seico Mart hinzufügen, einer Supermarktkette, die es nur auf Hokkaidō gibt. Autofahrer können ihren Hunger in den Michi-no-eki (S. 660) genannten Raststätten meist mit etwas Leckerem stillen.

Fisch & Meeresfrüchte

Für viele Japanreisende ist Hokkaidō ein Synonym für Krabben. Im Winter haben *tarabagani* (タラバガニ; Königskrabben), *zuwaigani* (ズワイガニ; Eismeerkrabbe) und *kegani* (毛蟹; Kegani-Krabben) Saison, die in den kalten Wassern des Ochotskischen Meers gefangen werden. Restaurants in Sapporo und Ferienorte wie Niseko bringen üppige Krabben-Festmahle auf den Tisch. Man muss aber kein Vermögen ausgeben: *Kani-jiru* (かに汁) – Misosuppe mit Krabben – ist eine Köstlichkeit, die viele *shokudō* anbieten.

Sommerzeit ist *uni*(うに; Seeigel)-Zeit. Besonders die Inseln Rebun-tō und Rishiri-tō sind dafür bekannt, ebenso wie Shakotan. Man bekommt also sowohl in Süd- wie auch in Zentral-Hokkaidō während der Saison sehr gute *uni*. Fischmärkte, Sushi-Restaurants und *shokudō* kredenzen *uni-don* (うに丼), eine Schüssel mit Reis und jeder Menge frischem Rogen. Unter der Bezeichnung *kaisen-don* (海鮮丼; gemischte Meeresfrüchte auf Reis) erhält man sie auch mit anderen Zutaten. Im Sommer gibt's außerdem die leuchtend roten *hanasakigani* (花咲ガニ; Stachelige Königskrabbe), die nur rund um Nemuro zu finden sind, und im Herbst kann man frischen *ikura* (Lachsorgen) genießen.

Im Frühling beginnt die Tintenfischzeit, die sich bis Herbst langsam Richtung Norden verlagert. Vor allem Hakodate ist für seinen Tintenfisch bekannt (in der Stadt gibt's sogar ein Fest); hier erreicht die Saison im Juni ihren Höhepunkt. *Ika-sōmen* (イカそうめん), rohen Tintenfisch, so dünn wie Nudeln geschnitten, sollte man auf jeden Fall probieren.

Rāmen

Auf Hokkaidō gibt's sage und schreibe drei *rāmen*-Städte, die jeweils auf eine andere Art spezialisiert sind. In Sapporo isst man traditionell herzhafte Miso-*rāmen* (味噌ラーメン), in Asahikawa *shōyu* rāmen (醤油ラーメン; mit Sojasoße gewürzte *rāmen*) und in Hakodate *shio* rāmen (塩ラーメン), eine leichte, salzige Suppe. Die Präfektur ist aber noch für zwei weitere Produkte bekannt: Butter und Mais. Deshalb hat man oft die Gelegenheit, die *rāmen* mit einem (oder beiden) aufzupeppen.

Jingisukan

Dieses Gericht aus Lammfleisch, auf Kohle gegrillt, ist das inoffizielle Symbol Hokkaidōs. Es geht auf die kurze Geschichte der Insel als Schafzuchtregion im 19. Jh. zurück. Seinen Namen – eine japanische Abwandlung von „Dschingis Khan" – hat es der einzigartigen Form der gusseisernen heißen Platte zu verdanken, auf der das Fleisch gegrillt wird und die angeblich an den Helm des Kriegsherrn erinnert. Das Fleisch wird im oberen Bereich der heißen Platte gegart, und der Saft läuft an den Seiten zu den Zwiebeln und dem Lauch hinunter, die am Rand brutzeln. Jingisukan (ジンギスカン) wird überall auf der Insel serviert, aber vor allem im Zentrum, und schmeckt am besten mit reichlich Bier.

Ainu-Küche

Mit den Augen eines Feinschmeckers betrachtet ist es eine kleine Tragödie, dass von Hokkaidōs indigener Küche kaum noch etwas erhalten ist. Durch anthropologische Berichte und Reisetagebücher aus dem 19. Jh. ist jedoch bekannt, dass die Ainu mit Zutaten wie wild gefangenem Lachs und Rehen, Sprossen und Wurzeln aus den Wäldern, Algen, Hirse, Bärenfett und Fischöl kochten.

Im Akan-Nationalpark bieten eine Handvoll Restaurants die wenigen Ainu-Gerichte an, die bis heute überlebt haben, etwa *ruibe* (ルイベ) – Lachs, der in Hokkaidōs winterlicher Kälte im Freien lagert, dann à la Sashimi dünn geschnitten und mit Sojasoße und Wasserpfeffer serviert wird –, *pocche* (ポッチェ) – traditonelle Klöße aus fermentiertem Kartoffelpüree – und *ohaw* (オハウ), eine Suppe mit Lachs oder Wild und wildem Gemüse.

Ausgehen & Nachtleben

Sapporo bietet mit Abstand das beste Nachtleben auf Hokkaidō. Während in größeren Städten wie Tokio verschiedene Vergnügungsviertel existieren, die sich jeweils an ein anderes Publikum richten, versammelt sich in Sapporo alles in Susukino: Craft-Bier, Hostessen-Bars, schicke Nachtclubs und Jazzcafés.

★ Sapporo Biergarten — BRAUEREI

(サッポロビール園; ☎ Reservierungshotline 0120-150-555; www.sapporo-bier-garten.jp; N7E9 Higashi-ku; ⏰ 11.30–22 Uhr; 🚌 88 nach Sapporo Biiru-en, Ⓢ Tōhō-Linie nach Higashi-Kuyakusho-mae, Ausgang 4) Dieser Komplex neben dem Biermuseum Sapporo (S. 631) umfasst nicht weniger als fünf Bierhallen. Die beste ist die „Kessel Hall", in der man sich ein *jingisukan*-Büfett (Lammfleisch) und dazu Fassbier direkt aus der Fabrik schmecken lassen kann (3900 ¥ pro Pers.). Reservierung sehr zu empfehlen.

Von der U-Bahn sind es zu Fuß zehn Minuten hierher und der Bus hält direkt vor der Tür.

Mugishutei — BAR

(麦酒亭; Karte S. 632; ☎ 011-512-4774; www.mugishutei.com; S9W5 Chūō-ku; ⏰ 19–3 Uhr; Ⓢ Nakajima-kōen, Ausgang 2) In Sapporos erster Craft-Bier-Kneipe kann man aus rund 300 Sorten wählen, darunter verschiedene Ezo-Biere von Besitzer Phred Kauffman, die von der Rogue Brewery in Portland hergestellt und abgefüllt werden. Neben dem Bier kommt auch das entspannte Flair gut an, von den Kronkorken-Mosaiken bis zu den MTV-Clips aus den 1980ern, die auf den Bildschirmen flimmern. Der Eintritt kostet allerdings 900 ¥.

Cafe Morihiko — CAFÉ

(森彦; ☎ 011-622-8880; www.morihiko-coffee.com; S2N26-2-18 Chūō-ku; ⏰ Mo–Fr 11–21.30, Sa & So 10–21.30 Uhr; 🚭; Ⓢ Tōzai-Linie nach Maruyama-kōen, Ausgang 4) Ein winziges altes Holzhäuschen mit roten Traufen und rankendem Efeu beherbergt dieses Café, das vor allem in Sachen Ambiente punktet. Der Kaffee wird von Hand ausgeschenkt (550–680 ¥) und die hausgemachten Kuchen sind auch lecker.

TK6 — BAR

(Karte S. 632; ☎ 011-272-6665; http://tk6.jp; S2W6 Chūō-ku; ⏰ 16 Uhr–open end; 📶; Ⓢ Namboku-Linie nach Susukino, Ausgang 2) Das TK6 ist Sapporos beste Sportbar und dank der täglichen Happy Hour von 16 Uhr bis 19 Uhr (in der das Bier nur 400 ¥ kostet) geht's hier immer munter zu. Auf dem großen Fernseher laufen internationale Sportereignisse. Von den einheimischen Gästen, Japanern wie Einwanderern, bekommt man immer gute Tipps, was in der Stadt so los ist. Das Essen schmeckt genauso gut wie das Bier.

☆ Unterhaltung

Sapporo Dome — BASEBALL

(札幌ドーム; ☎ 011-850-1000, Reservierungen Dome-Tour 011-850-1020; www.sapporo-dome.co.jp; 1 Hitsujigaoka, Toyohira-ku; Ⓢ Tōhō-Linie nach Fukuzumi, Ausgang 3) Der Sapporo Dome wurde 2002 für die Fußball-WM erbaut und ist das heimische Stadion der Baseballmannschaft Hokkaidō Nippon Ham Fighters (www.fighters.co.jp) sowie des J-League-Fußballteams Consadole Sapporo (www.consadole-sapporo.jp). Das Spielfeld ändert sich je nach Sportart: Die Fighters spielen auf Kunststoffboden, wenn Consadole aufläuft, wird Naturrasen aufgelegt.

Vor allem die Fighters erfreuen sich einer sehr ausgelassenen Fangemeinde und ein Besuch im Dome ist eine tolle Möglichkeit, das provinzielle Japan in Aktion zu erleben. Auf der Website gibt's alle Spielpläne. Wenn kein Spiel läuft, finden zwischen 10 und 16 Uhr immer zur vollen Stunde geführte Touren statt (1000 ¥; Reservierung erforderlich). Das Stadion liegt zehn Gehminuten von der U-Bahn entfernt.

ⓘ Orientierung

Im Gegensatz zu den meisten anderen japanischen Städten ist Sapporo in einem Straßengitter nach westlichem Muster angelegt, in dem man sich leicht zurechtfindet. Die Blocks im Stadtzentrum sind als Ost (東; *higashi*) oder West (西; *nishi*) bzw. Nord (北; *kita*) oder Süd (南; *minami*) gekennzeichnet. Entsprechend lauten die Adressen. Der Uhrenturm (S. 633) beispielsweise, ein berühmtes Wahrzeichen, liegt im Block Nord 1, West 2 (Kita Ichi-jo, Nishi Ni-chōme) – N1W2.

Der Ōdōri-kōen (S. 631) ist die Grenze zwischen Nord und Süd; der kanalartige Sōsei-gawa (創成川) teilt die Stadt in Ost und West. Sapporos Fernsehturm (S. 633) bildet den ungefähren Mittelpunkt und ist eine praktische Orientierungshilfe. Südlich des Ōdōri liegt die Einkaufsgegend der Innenstadt. Susukino, das Vergnügungsviertel, befindet sich größtenteils zwischen den Blocks Süd 2 und Süd 6.

Sapporo kann man fast das ganze Jahr über gut zu Fuß erkunden, nur im Winter wird es bitterkalt. Dann ist das unterirdische Wegesystem *chika-ho*

(チカホ) praktisch, das vom JR-Bahnhof Sapporo zur U-Bahn-Station Susukino führt.

Praktische Informationen

MEDIZINISCHE VERSORGUNG

Städtisches Krankenhaus Sapporo (市立札幌病院; ☎ 011-726-2211; www.city.sapporo.jp/hospital; N11W13 1-1 Chūō-ku; ⌚ Rezeption Ambulanz 8.45–11 Uhr, Notaufnahme 24 Std.; 🚌 Hakodate-Hauptlinie nach Sōen) Notfallversorgung rund um die Uhr.

TOURISTENINFORMATION

Im Untergeschoss der Ankunftshalle des New Chitose Airport (S. 628) gibt's eine Touristeninformation.

Lebensmittel- & Touristeninformationszentrum Hokkaidō-Sapporo (北海道さっぽろ「食と観光」情報館; Karte S. 632; ☎ 011-213-5088; www.welcome.city.sapporo.jp/english; JR-Bahnhof Sapporo; ⌚ 8.30–20 Uhr; 🚌 JR-Bahnhof Sapporo, Westausgang) Das riesige Infozentrum bietet Karten, Fahrpläne, Broschüren und Flyer auf Englisch rund um Sapporo und ganz Hokkaidō. Das Personal ist hilfsbereit und spricht Englisch. Das Zentrum befindet sich im Erdgeschoss des Sapporo Stellar Place in der Nordhalle des JR-Bahnhofs Sapporo.

JR-Informationsschalter (Karte S. 632; JR-Bahnhof Sapporo; ⌚ 8.30–19 Uhr; 🚌 JR-Bahnhof Sapporo, Westausgang) Hier gibt's Hilfe (auf Englisch) zu JR-Zügen und Zugpässen; in der Nordhalle des JR-Bahnhofs Sapporo.

Sapporo International Communication Plaza (札幌国際プラザ; Karte S. 632; ☎ 011-211-3678; www.plaza-sapporo.or.jp/en; 3. St., MN Bldg, N1W3 Chūō-ku; ⌚ Mo–Sa 9–17.30 Uhr; 📶; Ⓢ Tōzai-, Tōhō- & Namboku-Linie nach Ōdōri, Ausgang 31) Diese Einrichtung gegenüber dem Uhrenturm (S. 633) richtet sich an ausländische Studierende sowie Besucher und bietet eine umfangreiche Liste englischsprachiger Informationsquellen. Hilfreiches, freundliches Personal.

An- & Weiterreise

AUTO & MOTORRAD

Ein Auto mietet man auf Hokkaidō am besten am New Chitose Airport (S. 628). Im Ankunftsbereich in der ersten Etage haben ein Dutzend Mietwagenfirmen ihre Filialen. Die meisten Unternehmen haben auch in Sapporo ein Büro.

BUS

Fernbusse sind für die meisten Strecken günstiger als Züge. In Sapporo gibt's drei zentrale Busbahnhöfe:

Busbahnhof Sapporo Eki-mae (札幌駅前バスターミナル; Karte S. 632; 🚌 JR-Bahnhof Sapporo) Sapporos Hauptbusbahnhof, unter dem Esta-Gebäude auf der Südseite des JR-Bahnhofs Sapporo.

Busbahnhof Chūō Bus (中央バスターミナル; Karte S. 632; Ōdōri E1; Ⓢ Namboku-Linie nach Bus Center-mae, Ausgang 2) Die meisten Busse fahren am Busbahnhof Sapporo Eki-mae ab und halten dort, was praktisch ist, wenn man rund um Ōdōri oder Susukino absteigt.

Busbahnhof Ōdōri (大通バスターミナル; Karte S. 632; S1E1; Ⓢ Namboku-Linie nach Bus Center-mae, Ausgang 1) Vor allem für Ziele rund um Sapporo.

Busse fahren vom Busbahnhof Sapporo Eki-mae über den Busbahnhof Chūō zu folgenden Zielen:

Abashiri 6390 ¥, 6 Std., 8-mal tgl.

Asahikawa 2060 ¥, 2 Std., alle 30 Min.

Furano 2260 ¥, 3 Std., stündl.

Hakodate 4810 ¥, 5½ Std., 8-mal tgl. (darunter ein Nachtbus)

Niseko 2240 ¥, 3 Std., Abfahrtszeiten variieren je nach Saison

Noboribetsu-Onsen 1850 ¥, 2 Std., stündl.

Shin-Hakodate-Hokuto (Shinkansen-Bahnhof Hokkaidō) 4810 ¥, 5 Std., 8-mal tgl. (darunter ein Nachtbus)

Tōya-ko-Onsen 2700 ¥, 2¾ Std., 4-mal tgl.

Vom Busbahnhof Ōdōri verkehren Busse nach Wakkanai (6000 ¥, 6 Std., 6-mal tgl., darunter ein Nachtbus).

FLUGZEUG

Der **New Chitose Airport** (S. 628) liegt 45 km südöstlich von Sapporo in Chitose. Von hier kann man in über 25 Städte in ganz Japan und zu vielen Zielen in Asien fliegen. Die meisten Traveller kommen hier an.

Vom **Okadama Airport** (丘珠空港; Okadama Kūkō; ☎ 011-785-7871; www.okadama-airport.co.jp; Okadama-chō, Higashi-ku) in Sapporo gibt's Kurzstreckenflüge nach Hakodate, Kushiri, Rishiri und Misawa (in Aomori).

ZUG

Vom Bahnhof Sapporo fahren „limited" JR-Expresszüge zu folgenden Zielen:

Abashiri (Okhotsk Liner) 9910 ¥, 5½ Std., 4-mal tgl.

Asahikawa (Super Kamui Liner) 4810 ¥, 90 Min., alle 30 Min.

Hakodate (Hokuto Liner) 8830 ¥, 3½ Std., stündl.

Kushiro (Super Ōzora Liner) 9370 ¥, 4 Std., 6-mal tgl.

Noboribetsu-Onsen (Hokuto Liner & Suzuran Liner) 4480 ¥, 70 Min., stündl.

Shin-Hakodate-Hakuto (Hokuto Liner) 8830 ¥, 3¼ Std., stündl.

Wakkanai (Super Sōya Liner & Sarubetsu Liner) 10 450 ¥, 6 Std., 3-mal tgl.

Züge der JR-Hakodate-Linie fahren über Otaru (640 ¥, 45 Min.) nach Kutchan (weiter nach Niseko; 2360 ¥, 2 Std.).

Unterwegs vor Ort

VOM/ZUM FLUGHAFEN

New Chitose Airport

Flughafen-Schnellzüge (1070 ¥, 36 Min.) fahren alle 15 Min. zum JR-Bahnhof Sapporo. Auch häufige Busse (1030 ¥, 70 Min.) stehen zur Verfügung; sie halten nicht nur am JR-Bahnhof Sapporo, sondern auch an den großen Hotels. Ein Taxi ins Zentrum von Sapporo kostet rund 10 000 ¥.

Okadama Airport

Hokuto-Flughafenshuttles starten an der Südseite des JR-Bahnhofs Sapporo (400 ¥, 30 Min.) und richten sich nach den Abflugzeiten. Eine Taxifahrt vom JR-Bahnhof dauert rund 20 Min. (2500 ¥).

AUTO & MOTORRAD

Auto fahren ist in Sapporos Stadtzentrum kein Vergnügen: Der Verkehr und die angespannte Parksituation sind ein ständiges Ärgernis. Einige der etwas außerhalb gelegenen (aber interessanten) Sehenswürdigkeiten sind mit öffentlichen Verkehrsmitteln nur schwer zu erreichen. Wer sie besuchen will, kann sich für einen Tag ein Auto mieten.

BUS

Der Touristenbus „Sapporo Stroller" (einfache Fahrt 300 ¥, Tagespass 750 ¥) fährt in einer praktischen Schleife zu den Hauptattraktionen der Stadt, etwa zum **Museum für Moderne Kunst** (S. 633), zum **Hokkaidō-jingū** (S. 634) und zum **Wintersportmuseum** (S. 634). Start- und Endpunkt ist der JR-Bahnhof Sapporo.

Bus 88 pendelt in einer Schleife vom JR-Bahnhof Sapporo zum **Biermuseum Sapporo** (S. 631), **Ōdōri-Park** (S. 631) und zum **Uhrenturm** (S. 633); ein Tagespass kostet 750 ¥, eine einfache Fahrt 210 ¥. Der Bus fährt am Südausgang des Bahnhofs ab, vor dem Kaufhaus Tokyū.

FAHRRAD

Porocle (ポロクル; ☎ 011-242-4696; https://porocle.jp/; 24 Std. 1080 ¥, nach 15 Uhr 540 ¥; ⏰7.30–21 Uhr) Sapporos ebenes Straßengitter ist wie fürs Radfahren geschaffen. Wer ein Smartphone und einen Reisepass hat, kann sich dem leicht zu nutzenden Fahrradprogramm der Stadt anschließen, das über 30 Leihstellen überall in der Innenstadt umfasst. Beim Lebensmittel- & Touristeninformationszentrum Hokkaidō-Sapporo im Bahnhof (S. 642) oder im Grand Hotel (S. 638) kann man sich anmelden.

PÄSSE FÜR ÖFFENTLICHE VERKEHRSMITTEL RUND UM SAPPORO

Common Use One-Day Card Zur Nutzung von U-Bahnen, Straßenbahnen und Stadtbussen für 1000 ¥ pro Tag.

Kitaca (http://www2.jrhokkaido.co.jp/global/english/kitaca/) Wiederaufladbare IC-Chipkarte von JR Hokkaidō. Sie muss im Voraus bezahlt werden und gilt für Züge, U-Bahnen, Straßenbahnen und Busse, die IC-Karten akzeptieren (im Umland Sapporos und in Städten wie Tokio). Am JR-Infoschalter im New Chitose Airport (S. 628) oder im JR-Bahnhof Sapporo erfährt man Näheres.

Sapica Die wiederaufladbare IC-Karte für Sapporos U-Bahnen, Stadtbusse und Straßenbahnen muss im Voraus bezahlt werden. Ein Plus: Man sammelt Punkte, wenn man die Karte benutzt, und bekommt so elf Fahrten zum Preis von zehn.

Sapporo-Otaru Welcome Pass (1700 ¥) Berechtigt zur Hin- und Rückfahrt zwischen Sapporo und Otaru sowie zur unbegrenzten Nutzung von Sapporos U-Bahn innerhalb von 24 Stunden. Man spart 410 ¥, wenn man seine Zeit geschickt nutzt. Der Pass ist am JR-Infoschalter im JR-Bahnhof Sapporo erhältlich.

STRASSENBAHN

Durch Sapporo fährt eine hübsche Straßenbahn in einer Schleife von Ōdōri zum Fuß des **Moiwa-yama** (S. 634) und wieder zurück (7–22 Uhr). Die Fahrt kostet 170 ¥.

TAXI

Taxis kann man normalerweise ganz leicht herranwinken. Die Grundgebühr beträgt 670 ¥ und reicht für 1,6 km. Anschließend kostet die Fahrt 80 ¥ je weitere 300 m (oder je 2 Min., je nach Verkehr).

U-BAHN

In Sapporo gibt's drei nützliche U-Bahn-Linien, die von 6 bis 24 Uhr verkehren: Die Tōzai-Linie verläuft von Ost nach West, die Namboku-Linie von Nord nach Süd und die geschwungene Tōhō-Linie. Eine Fahrt kostet ab 200 ¥.

Tagespässe kosten 830 ¥, am Wochenende sogar nur 520 ¥ (Kinder zahlen immer die Hälfte).

ZENTRAL-HOKKAIDŌ 道央

In Zentral-Hokkaidō (Dō-ō) befindet sich mit Sapporo die Hauptstadt und das wichtigste Verkehrszentrum der Region. Hier ist die Insel am leichtesten zugänglich – perfekt für einen Kurztrip. Die Region bietet alles, was man von Hokkaidō erwartet: erstklassige Skihänge in Niseko mit legendärem Pulverschnee, Kraterseen oder dampfende Onsen-Städte im Nationalpark Shikotsu-Tōya sowie ein bisschen Geschichte in der Hafenstadt Otaru aus dem 19. Jh.

Niseko ニセコ

☎0136 / 4920 EW.

Hokkaidō wartet mit zahlreichen erstklassigen Wintersportorten auf, aber die unangefochtene „Königin des Pulverschnees" ist und bleibt Niseko. An der Ostseite des Bergs Niseko Annupuri erstrecken sich vier zusammenhängende Skigebiete, ein mehr als 800 ha großes skifreundliches Terrain. Dank des weichen, leichten Schnees und eines durchschnittlichen Schneefalls von 15 m pro Jahr zieht Niseko Wintersportler aus aller Welt an. Viele von ihnen besitzen in der Gegend ein Ferienhäuschen. Als Folge dessen ist die Ausgeh- und Restaurantszene sehr abwechslungsreich – sonst absolut untypisch für ländliche Regionen in Japan – und Englisch wird wirklich überall gesprochen. Man kann zwar auch mit kleinem Budget nach Niseko reisen, aber das wird immer schwieriger.

Am östlichen Fuß des Berges liegen mehrere Städte und Dörfer, die gemeinsam das „Resort" Niseko bilden. Die meisten Restaurants und Bars findet man in Hirafu (ひらふ).

DAS ERBE DER AINU: ORTSNAMEN

Auch wenn heute kaum noch jemand die Sprache der Ainu beherrscht, hat sie doch sichtbare Spuren auf Hokkaidō hinterlassen. Es fällt auf, dass viele Berge nicht „san" oder „yama" heißen (wie auf Japanisch), sondern „nupuri", das Ainu-Wort für Berg. Ein Beispiel: der berühmte **Annupuri** (S. 647) im Niseko Resort. „Nai" und „pet" bedeuten „Fluss". Wörtlich übersetzt heißt Wakkanai „Fluss des kalten Wassers". Rishiri-tō ist eigentlich redundant: Sowohl „tō" (Japanisch) als auch „shir" (Ainu) bedeuten dasselbe: Insel.

Annupuri (アンヌプリ), Niseko Village (ニセコビレッジ, auch Higashi-yama-Onsen) und Hanazono (花園) sind viel ruhiger und weniger touristisch. Weiter östlich liegen Kutchan (倶知安) und Niseko-Stadt (ニセコ) mit einer größeren, ständigen Bevölkerung; sie versprühen eher ein urbanes als ein Resort-Flair.

Aktivitäten

Niseko gibt alles, um sich zu einem ganzjährigen Ferienziel zu entwickeln. Noch ist es nicht so weit, aber die Infrastruktur wächst stetig und verschiedene Anbieter haben bereits Rafting-, Kajak- und Mountainbike-Touren auf dem Programm. Dank seiner Kombination aus Bergen und Farmland eignet sich Niseko auch hervorragend zum Wandern und Radfahren. Außerdem gibt's in der Gegend 25 Onsen, von Bädern in Luxushotels bis zu stillen Oasen in den Bergen.

★ **Niseko United** WINTERSPORT

(ニセコユナイテッド; Karte S. 652; www.niseko.ne.jp/en; Erw./Kind 7400/4500 ¥; ⏲ Nov.–April 8.30–20.30 Uhr) Niseko United ist ein Oberbegriff für vier Skigebiete auf dem Niseko Annupuri (1308 m): Annupuri, Niseko Village, Grand Hirafu und Hanazono. Das Tolle an Niseko ist (neben dem berühmten Pulverschnee), dass man außer den individuellen Skipässen auch einen einzigen Skipass für den ganzen Berg kaufen kann. Er bietet Zugang zu 60 Pisten sowie 18 Skiliften und Gondeln.

Alle Resorts bieten Abfahrten für alle Levels an, wobei das ruhigere Hanazono sich für Familien am besten eignet. Der Skipass für den ganzen Berg berechtigt außerdem zur Nutzung des Shuttlebusses, der stündlich zwischen den einzelnen Gebieten verkehrt. Acht-Stunden- und Mehrtagespässe sind ebenfalls erhältlich.

Da sich hier so viele Skifahrer und Snowboarder aus dem Ausland tummeln, sprechen viele Skilehrer und Fremdenführer Englisch. Auch in den meisten Verleihen arbeiten ein paar Ausländer.

Niseko ist ziemlich streng, was das Skifahren abseits der Pisten betrifft. Hin und wieder gehen Lawinen ab; wird die Situation aber als sicher eingestuft, werden einige ausgewählte Hänge freigegeben.

Moiwa SKIFAHREN

(モイワ; ☎0136-59-2511; http://niseko-moiwa.jp; 448 Niseko, Niseko-chō; Liftpass 4300 ¥; ⏲ 8–16 Uhr) Der Moiwa (nicht zu verwechseln mit dem Moiwa in Sapporo) ist Nisekos „fünfter

ABSTECHER

SKIVERGNÜGEN IN RUSUTSU

Das **Rusutsu Resort** (ルスツリゾート; Karte S. 652; ☎0136-46-3111; http://en.rusutsu.co.jp; 13 Izumi-kawa, Rusutsu; Liftpass Erw./Kind 5800/2900 ¥, nach 16 Uhr 2500/1200 ¥; ⊙Nov.–April 9–21 Uhr) lockt mit Schneemassen, die es fast mit Niseko aufnehmen können, und bietet neben gut präparierten Pisten auch fantastische Waldabfahrten. Das Resort richtet sich ebenso an Skifahrer wie an Snowboarder, von Anfängern bis hin zu Profis, und verfügt über 18 Lifte, mehr als drei Dutzend Abfahrten, eine Halfpipe und zahlreiche Optionen abseits der Pisten. Es ist weniger verbaut und daher meist weniger überfüllt als Niseko und eignet sich prima für einen Tagesausflug.

Neben einer Handvoll Pensionen ist das offizielle Hotel des Ortes, das **Rusutsu Resort Hotel** (ルスツリゾートホテル; Karte S. 652; ☎0136-46-3111; http://en.rusutsu.co.jp/accommodations; 13 Izumi-kawa, Rusutsu; DZ inkl. Frühstück ab 31 000 ¥; P ⊜ ❄ ⓦ), die einzige Unterkunft. Es befindet sich über einem Indoor-Vergnügungspark, der so kitschig ist, dass er schon fast wieder charmant wirkt. Als eigenständige Anlage mit zahlreichen Restaurants eignet sie sich besonders für Familien (ist aber auch bei Tourgruppen beliebt). Oft sind günstigere Pauschalangebote inklusive Zimmer, Liftpass und Essen erhältlich. Außerhalb des Resorts gibt's nur wenige Einrichtungen.

Das Rusutsu liegt nur eine 20- bis 30-minütige Autofahrt von Niseko entfernt, abseits der Straße 230 Richtung Tōya-ko. Falls man kein eigenes Auto hat: Verschiedene Anbieter haben Tagesausflüge nach Rusutsu im Programm.

Beatle". Er ragt direkt neben dem Annupuri auf, gehört aber nicht zu Niseko United. Das kleine Skigebiet hat sich heimlich, still und leise eine treue Fangemeinde erarbeitet, die den tiefen Pulverschnee und die Hänge im Hinterland zu schätzen weiß. Was das Fahren abseits der Piste angeht, gelten dieselben Regeln wie in Niseko – es gibt hier aber keine Absperrungen.

Erfahrene Skifahrer können von Moiwa nach Annupuri fahren (bei offenem Tor). Aber wie immer sollte man vorher den Lawinenbericht lesen (http://niseko.nadare.info).

Goshiki-Onsen ONSEN

(五色温泉; ☎0136-58-2707; 510 Niseko, Niseko-chō; 700 ¥; ⊙Mai–Okt. 8–20 Uhr, Nov.–April 10–19 Uhr) Der Goshiki-Onsen liegt am Fuß (750 m) des aktiven Vulkans Iwaonupuri und bietet von den Außenbädern mit schwefelreichem, sehr saurem Wasser (pH-Wert 2,6!) einen grandiosen Blick. Er ist einem sehr rustikalen *ryokan* angeschlossen, aber die meisten Besucher kommen nur zum Baden. Wer hierherkommen will, braucht ein Auto; einige Unterkünfte bieten jedoch auch Ausflüge zu den Bädern an.

Niseko-Rundweg WANDERN

Direkt oberhalb des Goshiki-Onsen (S. 645) führt ein Wanderweg in die Wildnis. An der ersten Gabelung kann man entweder dem 70-minütigen Rundweg hinauf zum Iwaonupuri (イワオヌプリ; 1116 m) folgen oder zum Teich Ō-numa (大沼) wandern. Am Ō-numa hat man dann die Möglichkeit, sich an die epische neunstündige Wanderung zu wagen, die über 16 km hinauf zum Nitonupuri (ニトヌプリ; 1080 m) und weiter zum Chisenupuri (チセヌプリ; 1134 m) führt, bevor man wieder zum Goshiki-Onsen zurückkehrt.

Am Informationszentrum Goshiki-Onsen (S. 648) am Beginn des Wanderwegs gibt's Karten und Infos zu den Bedingungen unterwegs.

Niseko Adventure Centre (NAC) OUTDOORAKTIVITÄTEN

(ニセコアドベンチャーセンター; ☎0136-23-2093; www.nacadventures.jp; Yamada, Kutchan-chō; ⊙8–21 Uhr) Der absolute Vorreiter in Japan. Hier hat man sich ähnliche Unternehmen in anderen Teilen der Welt zum Vorbild genommen. Im Winter bietet NAC schlichtweg alles an, von Ski- und Snowboardunterricht bis zu Schneeschuhwanderungen und Skitouren mit erfahrenen Englisch sprechenden Führern. Im Sommer stehen Rafting, Wandern, Kajak fahren (auf dem Meer) und Canyoning auf dem Programm – und das ist erst der Anfang!

In dem gigantischen, speziell entworfenen Gebäude in Hirafu gibt's sogar eine 11 m hohe Kletterwand. Im Obergeschoss befindet sich **Jojo's Café & Restaurant** (ジョジョズカフェ; www.nacadventures.jp/jojos-restaurant; Yamada, Kutchan-chō; Hauptgerichte ab 1000 ¥; ⊙11–21 Uhr; P ⊜ ⓦ 📋 👪).

Schlafen

In Hirafu gibt's, dicht gefolgt von Annupuri, die meisten Unterkünfte, während sich die Optionen in Niseko Village fast nur auf das teure Hilton begrenzen. Die meisten Hotels bieten im Winter einen Transportservice zu den Pisten an, man kann sich aber auch per Bus und Shuttle fortbewegen. Im Winter sollte man unbedingt weit im Voraus buchen. Die Preise steigen mit jedem Jahr weiter, die Nebensaison ist jedoch immer noch ein Schnäppchen.

Eki-no-yado Hirafu MINSHUKU ¥

(駅の宿ひらふ; ☎0136-22-1956; http://hirafu-eki.com; 594-4 Hirafu, Kutchan-chō; DZ 3500–4000 ¥; P ⊖ @ ☎) Dies ist die wohl einzige *minshuku* (familiengeführte Pension) Japans, die direkt an einem Bahnhof liegt – und sie ist herrlich exzentrisch. Sie ist im wahrsten Sinne des Wortes ein Teil des JR-Bahnhofs Hirafu – und ins Bad gelangt man nur über den Bahnsteig. Zwar bietet sich die Pension an, wenn man mit dem Zug ankommt, was Hirafus Zentrum angeht, liegt sie aber eher unpraktisch. Dafür organisieren die Betreiber für 200 ¥ einen Transport ins Skigebiet.

Im Sommer veranstaltet der „Bahnhofsvorsteher" Grillfeste auf dem Bahnsteig. Eine kleine Küche, die für Selbstversorger bestens ausgestattet ist, gibt's auch.

Youth Hostel Karimpani Niseko HOSTEL ¥

(ユースホステルカリンパニ・ニセコ藤山; Karte S. 652; ☎0136-44-1171; www.karimpani-niseko.com/english; 336 Niseko, Niseko-chō; B/DZ ab 4900/9800 ¥, Frühstück/Abendessen 600/1200 ¥; P @ ☎) Die Klassenzimmer dieses 80 Jahre alten Schulhauses wurden in Schlafsäle verwandelt und in der Sporthalle finden regelmäßig Konzerte statt. Die freundlichen Besitzer Max und Yūko sprechen ausgezeichnet Englisch und fahren ihre Gäste kostenlos zu den Pisten am Annupuri (5 Min.). Die Privatzimmer sind im japanischen Stil gehalten; in der Nebensaison gelten vergünstigte Preise. Ausgezeichnetes Essen.

Niseko Annupuri Youth Hostel HOSTEL ¥

(ニセコアンヌプリユースホステル; ☎0136-58-2084; www.annupuri-yh.com; 479-4 Niseko, Niseko-chō; B ab 4000 ¥; ⊙Mitte Okt.–Anfang Dez. geschlossen; P ⊖ ☎) Eine freundliche Lodge in den Bergen, die sich vieler Stammgäste erfreut. Sie wurde komplett aus Hartholz errichtet und liegt praktische fünf Gehminuten vom Skigebiet Annupuri entfernt. Abends versammelt man sich am Feuer und tauscht Skitipps aus. Frühstück ist für 800 ¥ zu haben.

Moiwa Lodge 834 KAPSELHOTEL ¥¥

(☎050-3171-5688; www.thelodgebythnf.com; 447-5 Niseko, Niseko-chō; B inkl. 2 Mahlzeiten 14 000 ¥; P ⊖ ❄ ☎) Die Moiwa Lodge 834 ist das einzige Ski-in-Kapselhotel der Welt. Sie befindet sich direkt an den Moiwa-Skiliften und ist bei jenen Skifans beliebt, die keine Geduld für die morgendlichen Warteschlangen in Hirafu haben. Die Lodge hat die Kapsel-Grundidee super aufgepeppt: Die nach Geschlechtern aufgeteilten Kapseln bieten jede Menge sicheren Stauraum für Ausrüstung.

In der gemütlichen Lounge mit Blick auf die Berge gibt's ein Büfett (vorwiegend westliche Gerichte). Außerdem werden die Gäste kostenlos von der nächstgelegenen Bushaltestelle an der Schnellstraße in Kanronomori abgeholt.

Außerhalb der Skisaison fallen die Preise auf 4300 ¥ pro Nacht ohne Mahlzeiten.

Hotel Niseko Alpen HOTEL ¥¥¥

(ホテルニセコアルペン; ☎0136-22-1105; www.grand-hirafu.jp/hotel_niseko-alpen/en; 204 Yamada, Kutchan-chō; DZ inkl. Frühstück ab 23 300 ¥; P ⊖ ❄ @ ☎ ≋) Ein zweckmäßiger Komplex, der dringend eine Generalüberholung braucht. Wir hoffen aber, dass das niemals passiert, denn diese Unterkunft ist momentan die ökonomischste Ski-in-Option in Niseko. Sie liegt direkt an der Grand-Hirafu-Gondel, die Zimmer sind schlicht, aber komfortabel und das Frühstücksbüfett bietet eine gute Auswahl. Pauschalangebote inklusive Liftpass gibt's auch.

Hilton Niseko RESORT ¥¥¥

(ニセコヒルトンヴィレジ; Karte S. 652; ☎0136-44-1111; www.placeshilton.com/niseko-village; Higashi-yama-Onsen; DZ ab 29 000 ¥; P ⊖ ❄ @ ☎) Das Hilton genießt die beste Lage von allen: Es ist im wahrsten Sinne des Wortes an die **Niseko-Gondel** (ニセコアンヌプリゴンドラ; Karte S. 652; ☎0136-58-2080; http://annupuri.info; einfach/hin & zurück 750/1240 ¥; ⊙9–16.30 Uhr) angeschlossen. Gäste wohnen in großzügigen Zimmern im westlichen Stil und genießen allerlei Annehmlichkeiten, etwa einen Onsen mit Blick auf den Yōtei-zan.

Auf der Website kann man sich vorab über spezielle Angebote informieren, die günstigere Zimmerpreise inkl. Frühstück und Abendbüfett umfassen.

Annupuri Village CHALET ¥¥¥
(アンヌプリ・ヴィレジ; Karte S. 652; ☎0136-59-2111; www.annuprivillage.com; Niseko Annupuri; Chalets für 4–12 Personen 83 900–196 900 ¥; P ⊜ ☎) Wer in einer größeren Gruppe mit Freunden reist, kann die Resorthotels einfach links liegen lassen und stattdessen eines dieser makellosen Ski-Chalets in Annupuri Village mieten, direkt am Fuße der Annupuri-Hänge. Ausstattung: natürliches Hartholz, Panoramafenster, steinerner Kamin, Wellnesstempel-Bad und eine komplett ausgestattete Küche. Ein Concierge- und Catering-Service ist übrigens auch noch zu haben.

Essen & Ausgehen

Rund um die Pisten gibt's haufenweise Pizza, *rāmen* und andere Snacks. Nach Betriebsschluss auf den Pisten bietet Hirafu internationale Restaurants und in der Skisaison ein buntes Nachtleben (in der Nebensaison bleiben viele Läden geschlossen). Das ganze Jahr über locken in Kutchan-Stadt jede Menge *izakaya* (japanische Kneipen), vor allem in der Miyako-dōri. Neben dem JR-Bahnhof Kutchan befindet sich ein Supermarkt.

★ **Graubunden** CAFÉ ¥
(グラウビュンデン; ☎0136-23-3371; www.graubunden.jp; 132-26 Yamada, Kutchan-chō; ⏲ Fr–Mi 8–19 Uhr; P ⊜ ☎ ✎ ▤) Dieses Café im East Village von Hirafu ist einer der beliebtesten Treffpunkte in ganz Niseko und bei Stammgästen und langjährigen Auswanderern dank seiner leckeren Sandwiches, Omeletts und Kuchen beliebt. In ganz Niseko gibt's kein besseres Frühstück als den Sandwich-Klassiker mit Speck, Eiern und Käse, und noch dazu ist der Service richtig freundlich.

Sobadokoro Rakuichi SOBA ¥
(そば処 楽一; ☎0136-58-3170; 431 Niseko, Niseko-chō; Mittagessen ab 900 ¥; Abendessen 8000 ¥; ⏲ Mittagessen/Abendessen Fr–Mi ab 11.30/ab 17 Uhr; P ⊜) Nisekos berühmtestes Nudelhaus ist auch dafür bekannt, dass es so schwer zu finden ist, wobei die abgeschiedene Lage (es ist nur über einen Holzsteg zu erreichen) natürlich einen großen Teil seine Reizes ausmacht. Dazu kommt, dass man Koch Tatsuri Rai dabei zusehen kann, wie er hinter der Theke die *soba* (Buchweizennudeln), die man gerade bestellt hat, von Hand zubereitet. Am besten bestellt man die *namako uchi seiro* (生粉打ちせいろ; frisch zubereitete kalte Nudeln) für nur 900 ¥.

Im Rakuichi bilden sich bekanntermaßen lange Warteschlangen beim ersten Mittagessen um 11.30 Uhr (Mittagessen wird so lange serviert, bis alles weg ist). Falls man nicht jede Menge Zeit investieren will, kommt man am besten in der Nebensaison hierher. Reservierungen sind nötig fürs Abendessen (das Mittagessen ist aber besser). Zu finden ist das Lokal abseits der Zufahrtsstraße zum Annupuri; einfach nach dem Banner Ausschau halten. Keine Kinder unter 12.

Green Farm Café CAFÉ ¥
(☎0136-23-3354; http://nisekogreenfarm.com; 67-6 Yamada, Kutchan-chō; Gerichte 900–1500 ¥; ⏲ Sommer 8–16 Uhr, Winter 8–22 Uhr; ⊜ ☎ ✎ ▤) 🍃 Vegetarische Wraps, Bananenpfannkuchen und Müsli – ganz zu schweigen von der Lage mitten im Herzen Hirafus: Dieses Café ist und bleibt ein beliebter Treffpunkt. Es wird von den Eigentümern der Niseko Green Farm geführt, einem Bio-Bauernhof außerhalb der Stadt, dessen Erzeugnisse sich in den Gerichten wiederfinden.

★ **Niseko Loft Club** GRILLGERICHTE ¥¥
(ニセコロフト倶楽部; Karte S. 652; ☎0136-44-2883; 397-5 Sōga, Niseko-chō; pro 300 g 1900 ¥; ⏲ 17.30–21.30 Uhr; P ⊜ ▤) Ein Stück von den Annupuri-Pisten entfernt lockt der Loft Club mit Lichterketten und dem warmen Versprechen auf eine sättigende Mahlzeit, die man mit einem kühlen Bier in gemütlicher Atmosphäre genießen kann. Spezialität des Hauses ist *yakiniku* (Fleisch zum Selbergrillen); neben dem üblichen Rind und Schwein stehen hier aber auch Lamm und Kalb auf der Karte. Die Gerichte sind zum Teilen gedacht.

Niseko Pizza ITALIENISCH ¥¥
(ニセコピザ; ☎0136-55-5553; 167-3 Yamada, Kutchan-chō; Pizza ab 1700 ¥; ⏲ 11–23 Uhr; ⊜ ▤) Unter Leitung des freundlichen Cezar bringt dieser authentische, familiengeführte Laden Holzofen-Pizza mit dünnem Boden und allerlei leckeren Belägen auf den Tisch; außerdem gibt's Pasta und Steak. Pluspunkt: Es wird auch geliefert. Das Lokal befindet sich im Zentrum von Hirafu, bergab von der Gondel. In der Nebensaison reduzierte Öffnungszeiten.

Milk Kōbō SÜSSIGKEITEN
(ミルク工房, Milchfabrik; Karte S. 652; ☎0136-44-3734; www.milk-kobo.com; 888-1 Sōga, Niseko-chō; ⏲ 9.30–18 Uhr; ▤) An der Straße hinauf zum Niseko Village vereint dieser be-

liebte Laden gleich mehrere von Hokkaidōs Klassiker-Milchprodukten unter einem Dach: Eis, Joghurt, Käsekuchen und Windbeutel. Dazu gibt's Espresso-Getränke, zubereitet mit Milch aus der Region.

Sprout CAFÉ
(スプラウト; ☎0136-55-5161; http://sprout-project.com; N1W3-10, Kutchan-chō; Kaffee ab 400 ¥; ⏲Mi–Mo 8–20 Uhr; ⓦ📶) In diesem beliebten Café – gemanagt von einem ehemaligen Fremdenführer – gibt's den besten Kaffee von ganz Niseko. Es liegt 100 m bergauf vom Bahnhof Kutchan und ist wie ein richtig cooler Campingplatz eingerichtet. Außerdem kann man in der riesigen Bibliothek in Outdoorbüchern und -zeitschriften (auf Japanisch) blättern.

ℹ Praktische Informationen

Informationszentrum Goshiki-Onsen (五色温泉インフォメーションセンター; ☎0136-59-2200; 510 Niseko, Niseko-chō; ⏲Juni–Okt. 8–17 Uhr) Englische Wanderkarten und Informationen zu aktuellen Wetter- und Wegbedingungen. Direkt oberhalb des Goshiki-Onsen (S. 645) am Beginn des Wanderwegs.

Hirafu Welcome Centre (ひらふウエルカムセンター; ☎0136-22-0109; www.grand-hirafu.jp/winter/en/index.html; 204 Yamada, Kutchan-chō; ⏲8.30–21 Uhr) In der Nähe der Hirafu-Gondel (und der Start-/Endhaltestelle für Busse zum/vom New Chitose Airport), mit Informationen auf Englisch. Nur in der Wintersaison geöffnet.

Informationszentrum Plat (☎0136-22-3344; www.niseko.co.jp; Kita 1 Nishi 2, Kutchan-chō; ⏲Di–So 10–19 Uhr; 📶) Zahlreiche englische Broschüren und Karten (zu Niseko und anderen Gebieten), 200 m vom JR-Bahnhof Kutchan entfernt. Im Bahnhof selbst gibt's noch ein kleineres Informationszentrum (geöffnet 9–18 Uhr).

Touristeninformation Niseko (ニセコ観光案内所; ☎0136-44-2468; www.nisekotourism.com; Chūō-dōri, Niseko-chō; ⏲8–17 Uhr; 📶) Am JR-Bahnhof Niseko; hält Broschüren, Karten und Busfahrpläne bereit und hilft bei Buchungen. Unterhält eine weitere Zweigstelle im View Plaza Michi-no-Eki an der Straße 66 Richtung Stadt.

ℹ An- & Weiterreise

AUTO & MOTORRAD

Die malerische Straße 5 windet sich an der Küste von Sapporo entlang nach Otaru und führt dann landeinwärts durch die Berge nach Niseko. Ein Leihwagen vereinfacht die Fortbewegung zwischen den verschiedenen Skigebieten, allerdings sollte man sehr vorsichtig fahren. Im Sommer (Nebensaison) sind weniger öffentliche Verkehrsmittel unterwegs – noch ein Grund mehr, in Sapporo oder am New Chitose Airport (S. 628) ein Auto zu mieten. Die größeren Mietwagenfirmen betreiben auch in Hirafu ein Büro.

BUS

In der Skisaison bietet **Chūō Bus** (中央バス; ☎Busbahnhof Hakodate 0128-22-3265, Busbahnhof Sapporo 011-231-0600; www.chuo-bus.co.jp) Verbindungen vom Busbahnhof Eki-mae in Sapporo (einfach/hin & zurück 2240/4000 ¥, 3 Std.) und vom New Chitose Airport (einfach/hin & zurück 2600/4500 ¥, 3¾ Std.) nach Niseko an. Die Fahrtdauer variiert je nach Wetterbedingungen. Die Busse halten am Hirafu Welcome Centre sowie am Hilton (S. 646) und in Annupuri. Tickets müssen reserviert werden, am besten weit im Voraus.

ZUG

Die JR-Linie Hakodate führt von Sapporo nach Kutchan (2360 ¥, 2 Std.), Hirafu (2360 ¥, 2½ Std.) und Niseko (2680 ¥, 3 Std.). Man muss in Otaru umsteigen. Von dort fahren außerdem Züge direkt zum New Chitose Airport (S. 628).

Der JR-Bahnhof Hirafu liegt für das Zentrum von Hirafu eher ungünstig, es sei denn, man hat einen Abholservice organisiert.

ℹ Unterwegs vor Ort

Busse (300 ¥, 15 Min.) verkehren unregelmäßig (und im Sommer selten) zwischen dem Bahnhof Kutchan und den Skidörfern. Am besten kümmert man sich um einen Abholservice.

In der Wintersaison pendelt das Niseko United Shuttle (www.niseko.ne.jp) ungefähr stündlich von 8 bis 23 Uhr zwischen Hirafu, Niseko Village und Annupuri (kostenlos für Gäste mit Bergpass). Zwischen 17 und 23 Uhr fährt es bis zum Bahnhof Kutchan und eröffnet so zusätzliche Optionen zum Abendessen. Fahrpläne gibt's bei jeder Touristeninformation.

Niseko leidet in der Skisaison unter chronischem Taximangel, da die meisten im Voraus gebucht werden. Oft bieten Unterkünfte (gegen Gebühr) einen Shuttleservice an, der für gewöhnlich günstiger und zuverlässiger ist als ein Taxi. Wenn man doch mal eins braucht, hilft die Rezeption in der Unterkunft bestimmt gerne bei der Vorabbuchung.

Otaru 小樽

☎0134 / 121 000 EW.

Im frühen 20. Jh. war Otaru das Finanzzentrum Hokkaidōs und eine lebendige Stadt, die einen florierenden Handel mit Russland und China betrieb. Die Elite der Stadt hat einen Teil ihres Reichtums in den Bau gran-

Otaru

dieser Stein- und Ziegelgebäude im westlichen Stil investiert, die damals hochmodern waren und heute noch in großer Zahl den zentralen Kanal der Stadt säumen. Diese (für Japan) exotische Atmosphäre macht Otaru zu einem beliebten Ziel einheimischer Besucher. Zwar ist die Stadt sehr touristisch, sie zeigt aber auch eine interessante Seite von Hokkaidōs Geschichte und bietet sich als praktischer Tagesausflug oder für einen Kurztrip mit Übernachtung aus Sapporo an.

Sehenswertes & Aktivitäten

Otarus Sehenswürdigkeiten sind rund um den Kanal versammelt, zehn Gehminuten entlang der Chūō-dōri vom Bahnhof entfernt. Man kann die Gegend prima zu Fuß erkunden.

★ Otaru-Kanal KANAL
(小樽運河; Karte S. 649) Lagerhäuser aus dem späten 19. und frühen 20. Jh. säumen den historischen Otaru-Kanal. Die traditionelle japanische Architektur wurde in jener Zeit stark von westlichen Bautechniken beeinflusst und einige der Gebäude sind wirklich interessant. Die meisten wurden restauriert und beherbergen heute Museen und Cafés. Leider ist der halbe Kanal unter einer großen Durchfahrtsstraße begraben, trotz des Einsatzes lokaler Denkmalschützer.

Otaru

Highlights
1 Otaru-Kanal C2

Sehenswertes
2 Altes Bank-of-Japan-Gebäude C3
3 Nichigin-dōri C3
4 Otaru-Museum C1

Aktivitäten, Kurse & Touren
5 Otaru Canal Cruise C1

Schlafen
6 Hotel Nord Otaru C2

Essen
7 Kita-no Aisukurīmu-ya-san C2
8 Otaru Sushi-kō C1

Ausgehen & Nachtleben
9 Otaru Sōko No 1 .... C2

Otaru-Museum MUSEUM
(小樽市総合博物館; Karte S. 649; ☎0134-22-1258; 2-1-20 Ironai; Erw./Kind 300 ¥/frei; ⌚9.30–17 Uhr) Diese Erweiterung des Otaru-Museums ist als Ungakan (運河館) bekannt und in einem restaurierten Lagerhaus von 1893

in der Nähe des Kanals untergebracht. Das Museum illustriert sehr anschaulich (und mit englischen Erläuterungen) Otarus Aufstieg dank der Heringsindustrie, die im frühen 20. Jh. ihren Höhepunkt erlebte, und den späteren Niedergang der Stadt.

Ehemaliges Nihon-Yūsen-Gebäude HISTORISCHES GEBÄUDE
(旧日本郵船株式会社小樽支店; ☎0134-22-3316; 3-7-8 Ironai; Erw./Kind 300/150 ¥; ⌚Mi–Mo 9.30–17 Uhr) Hier wurden in Otarus goldenem Zeitalter sämtliche Handelsgeschäfte abgewickelt. Als das Steingebäude 1906 mit den neuesten Konstruktionsmethoden fertiggestellt wurde, war es hochmodern. Die vergoldete geprägte Tapete aus Reispapier ist definitiv ein Hingucker. Das Haus steht am Nordende des Kanals.

Museum Bank of Japan Otaru HISTORISCHES GEBÄUDE
(日本銀行旧小樽支店金融資料館; Karte S. 649; ☎0134-21-1111; 1-11-16 Ironai; ⌚Do–Di 9.30–17 Uhr) GRATIS Die ehemalige Filiale der Bank of Japan (日本銀行) in Otaru wurde 1912 fertiggestellt und vom selben Architekten entworfen wie der Bahnhof von Tokio. Das Gebäude wurde so umfassend restauriert, dass es beinahe zeitgenössisch aussieht. Die eindrucksvollen Eulen-Schlusssteine an der Fassade ehren die Schutzgottheit der Ainu.

Nichigin-dōri GEBIET
(日銀道り; Karte S. 649) Die Nichigin-dōri wurde einst als „Wall Street des Nordens" bezeichnet. Ihre eleganten Gebäuden zeugen von Otarus Vergangenheit als wichtiges Finanzzentrum.

Otaru Canal Cruise BOOTSFAHRTEN
(Karte S. 649; ☎0134-31-1733; http://otaru.cc/en; 5-4 Minato-machi; Tagesrundfahrt Erw./Kind 1500/500 ¥, Nachtrundfahrt 1800/500 ¥) Vom Wasser aus ist der Blick auf den Kanal am schönsten. Die Rundfahrten beginnen an der Chūō-bashi-Brücke und dauern 40 Minuten. Reservierungen sind zwar nicht nötig, aber zu empfehlen.

Schlafen

Otaru lässt sich prima als Tagesausflug von Sapporo aus besuchen, bietet sich aber auch als praktischer Zwischenstopp auf dem Weg nach Niseko an. Unterkünfte gibt's zuhauf und die besten (und teuersten) bieten Zimmer mit Blick auf die Bucht.

★ Otarunai Backpackers' Hostel Morinoki HOSTEL ¥
(おたるないバックパッカーズホステル杜の樹; ☎0134-23-2175; www.infotaru.net; 4-15 Aioi; B 3000 ¥; P ⊖ @ ☜) Otarus Sehenswürdigkeiten kann man gut an einem Tag abhaken, aber wer etwas länger bleiben möchte, ist hier gut aufgehoben. Das Morinoki ist ein altes, weitläufiges Gebäude direkt an einem steinernen Kai. Man schläft in recht schlichten Männer- und Frauenschlafsälen, es gibt eine Küche und Waschmaschinen, zweisprachiges Personal und sehr gemütliche Gemeinschaftsbereiche.

Das Essen ist gut und günstig (Frühstück/Abendessen 390/500 ¥). Es liegt 15 Minuten Fußmarsch vom JR-Bahnhof Otaru entfernt und ist ein bisschen schwer zu finden.

Hotel Nord Otaru HOTEL ¥¥¥
(ホテルノルド小樽; Karte S. 649; ☎0134-24-0500; www.hotelnord.co.jp/en/index.php; 1-4-16 Ironai; EZ/DZ/4BZ ab 9200/16 200/23 760 ¥; ⊖ ❄ @ ☜) Diese zuverlässige Spitzenklasseoption ist in einem restaurierten Lagerhaus am Kanal untergebracht. Die Preise richten sich nach Zimmergröße und Ausblick: Am teuersten sind natürlich die größeren mit Blick auf den Kanal.

Essen & Ausgehen

★ Kita-no Aisukurīmu-ya-san EISCREME ¥
(北のアイスクリーム屋さん; Karte S. 649; ☎0134-23-8983; 1-2-18 Ironai; Eis ab 300 ¥; ⌚9.30–18 Uhr; 📋) Diese in Otaru bereits legendäre Eisdiele in einem umgebauten Lagerhaus von 1892 serviert wirklich ganz besondere Sorten. *Ika-sumi* (Tintenfischtinte) etwa schmeckt leicht süßlich, *uni* (Seeigel) wollten wir lieber nicht probieren. Melone hingegen, eine etwas traditionellere lokale Eisspezialität, ist himmlisch.

Otaru Sushi-kō SUSHI ¥¥
(小樽すし耕; Karte S. 649; ☎0134-21-5678; 2-2-6 Ironai; Sushi-Platten 1900–4000 ¥; ⌚Do–Di 12–20.30 Uhr; 📋) Hier gibt's ausgezeichnetes Sushi und *kaisen-don* (Reis mit Sashimi) mit Hokkaidō-Spezialitäten wie *sake* (Lachs), *ikura* (Lachsrogen), *uni* (Seeigel) und *kani* (Krabben). Nachmittags ist das Lokal oft für ein paar Stunden geschlossen, zum Abendessen wird's schnell voll, eine Reservierung ist daher sinnvoll.

Otaru Sōko No 1 KNEIPE
(小樽倉庫 No 1; Karte S. 649; ☎0134-21-2323; http://otarubeer.com/jp; 5-4 Minato-machi; Bier

500–1300 ¥; 11–23 Uhr) In diesem umgebauten Lagerhaus am Kanal kann man lokale Biere von Otaru Beer frisch vom Fass verkosten. Uns haben das Pilsner und die dunklen Sorten am besten geschmeckt.

Shoppen

Kitaichi (北一硝子三号館; 0134-33-1993; www.kitaichiglass.co.jp; 7-26 Sakaimachi; 8.45–18 Uhr), ein hiesiger Glashersteller, betreibt mehrere Läden in der Stadt. Außerdem gibt's ein paar Antiquitätenläden.

Praktische Informationen

Touristeninformation Canal Plaza (運河プラザ観光案内所; Karte S. 649; 0134-33-1661; 2-1-20 Ironai; 9–18 Uhr) In Otarus ältestem Lagerhaus untergebracht; bietet jede Menge Flyer und Broschüren auf Englisch rund um Otaru und Umgebung.

Touristeninformation Bahnhof Otaru (小樽駅観光案内所; Karte S. 649; 0134-29-1333; 9–18 Uhr) Wer mit dem Zug ankommt, kann an diesem Kiosk im Bahnhof einen englischen Stadtplan mitnehmen.

An- & Weiterreise

SCHIFF/FÄHRE

Shin-Nihonkai Ferry (新日本海フェリー; 0134-22-6191; www.snf.jp; 7-2 Chikkō) unterhält Fähren entlang der Küste des Japanischen Meers, die Otaru mit Niigata (18 Std.) und Maizuru (Kyoto-fu, 20 Std.) verbinden. Preise und Abfahrtszeiten ändern sich je nach Saison, aber die aktuellen Informationen finden sich auch auf Englisch auf der Website.

Wenn die Fähren verkehren, fahren Busse (220 ¥, 30 Min.) von der Haltestelle 4 vor dem JR-Bahnhof Otaru um 8.59 Uhr, 17.29 Uhr (nur sonntags) und 21 Uhr zum Fährterminal, pünktlich zur Abfahrt der Fähre. Vom Fährterminal fahren um 21.30 Uhr Busse nach Otaru.

ZUG

Zweimal pro Stunde verbinden kaisoku-Züge der JR-Hakodate-Linie Otaru und Sapporo (1160 ¥, 30 Min.), die stündlichen Nahverkehrszüge brauchen 45 Min. (640 ¥). Seltener fahren Züge derselben Linie bis nach Kutchan (1070 ¥, 1¼ Std.).

Shikotsu-Tōya-Nationalpark 支笏洞爺国立公園

Der Shikotsu-Tōya-Nationalpark (993 km²) ist ein seltsam unzusammenhängender Park, der sich über eine weite Fläche mit verschiedenen geschützten Gebieten erstreckt. Zu seinen Highlights gehören zwei Kraterseen, Shikotsu-ko und Tōya-ko, zwei beliebte Orte mit heißen Quellen, Jōzankei und Noboribetsu, sowie zahlreiche Berge. Am eindrucksvollsten ist der Yōtei-zan (S. 654) – auch bekannt als Ezo-Fuji, weil er an den berühmten Fuji erinnert. Der Park liegt in praktischer Nähe südlich bzw. südwestlich von Sapporo und ist ein attraktives Ausflugsziel, das viel zu bieten hat.

Aufgrund seiner Weitläufigkeit sind die einzelnen Gebiete des Shikotsu-Tōya-Nationalparks schlecht mit öffentlichen Verkehrsmitteln zu erreichen. Nur nach Noboribetsu und zum Tōya-ko gibt's eine direkte Busverbindung. Wer die ganze Gegend erkunden will, sollte sich ein Auto mieten.

Jōzankei 定山渓

011 / 2250 EW.

Jōzankei liegt an der Toyohira-gawa, einer tiefen Schlucht. Der Ort ist der Sapporo am nächsten gelegene Onsen und eine prima Wahl, wenn man etwas Erholung sucht. Im Herbst, wenn sich die Blätter verfärben, ist er besonders hübsch (und beliebt) und man kann den Anblick von zahlreichen Außenbädern aus genießen. Jōzankei liegt nur eine Stunde mit dem Auto oder Bus von Sapporo entfernt und bietet sich als Tagesausflug an. Die meisten Hotels und *ryokan* erlauben es auch Nichtgästen, die Onsen gegen Gebühr zu benutzen (500–1500 ¥). Ein Stück weiter liegt Hōheikyō (S. 653), der oft als einer der besten Onsen Hokkaidōs bezeichnet wird.

Sehenswertes & Aktivitäten

Ainu-Kulturförderzentrum KULTURZENTRUM
(札幌ピリカコタン, Sapporo Pirka Kotan; 011-596-5961; www.city.sapporo.jp/shimin/pirka-kotan/en; 27 Kogane-yu, Minami-ku; Erw./Kind 200 ¥/frei; Di–So 9–17 Uhr; P) Im Gegensatz zu Museen, deren Artefakte hinter Glas ausgestellt werden, darf man hier alles anfassen und erfühlen, etwa die leinenartigen weichen Textilien aus Baumrinde. Die Ausstellungen bestehen aus Repliken, die von den Angehörigen der Ainu-Gemeinde in Sapporo mit eigenen Familienerbstücken als Modell handgefertigt wurden. Das Zentrum befindet sich in Kogane-yu, 3 km östlich von Jōzankei.

Der Bus zwischen Sapporo und Jōzankei hält in Kogane-yu (650 ¥, 50 Min.); das Museum liegt einen kurzen Spaziergang von der Bushaltestelle entfernt.

Niseko & Shikotsu-Tōya-Nationalpark

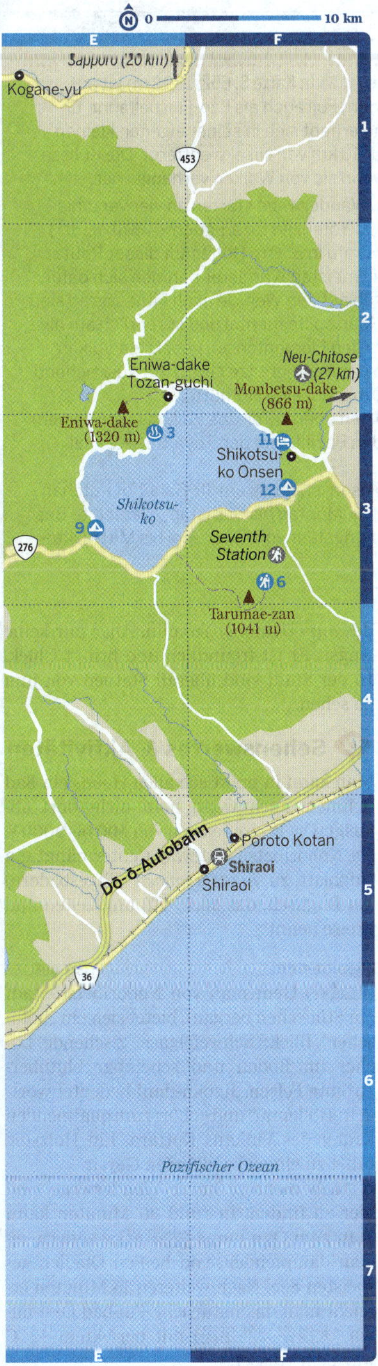

Niseko & Shikotsu-Tōya National Park

Sehenswertes
1 Kuttara-ko D5
2 Usu-zan B5

Aktivitäten, Kurse & Touren
3 Marukoma Onsen E3
4 Niseko United A2
5 Rusutsu Resort B3
6 Tarumae-zan F3
7 Yōtei-zan A2

Schlafen
8 Annupuri Village A2
9 Bifue Campsite E3
10 Hilton Niseko A2
11 Log Bear F3
12 Morappu Campsite F3
13 Rusutsu Resort Hotel B3
14 Youth Hostel Karimpani Niseko A2

Essen
15 Milk Kōbō A2
Niseko Loft Club .... (siehe 14)

Praktisches
Besucherzentrum Shikotsu-ko (siehe 11)

Iwato Kannon-dō BUDDHISTISCHER TEMPEL
(岩戸観音堂; ☎011-598-2012; 3 Jōzankei Onsen-higashi; ⏲7–20 Uhr) Der kleine Tempel steht vor einer 120 m langen Höhle, die 33 Statuen von Kannon beherbergt, der buddhistischen Göttin des Mitgefühls. Er ist den Arbeitern gewidmet, die beim Bau der Straßen in dieser Gegend ihr Leben verloren. Außerdem sind schöne alte Fotos von Jōzankei zu sehen und nebenan ist ein kostenloses *ashi-yu* (Fußbad).

★ **Hōheikyō** ONSEN
(豊平峡; ☎011-598-2410; www.hoheikyo.co.jp; 608 Jōzankei; Erw./Kind 1000/500 ¥; ⏲10–22.30 Uhr) Hōheikyō ist das größte Außenbad auf Hokkaidō und dank seiner Lage – direkt über der Stadt auf dem bewaldeten Hang der Schlucht – eine Wucht. Die riesige Anlage erinnert an eine große Baracke, was ihrem Charme aber keinen Abbruch tut: Man merkt sofort, dass das hier ein ganz besonderer Ort ist. Die Türvorhänge weisen darauf hin, welche Bäder für Männer und welche für Frauen sind, und werden täglich gewechselt.

Seltsamerweise gibt's im Erdgeschoss ein indisches Restaurant. Der Bus von Sapporo nach Jōzankei fährt weiter zur Endhaltestelle Hōheikyō (840 ¥, 1¼ Std.).

ABSTECHER

WANDERUNG AUF DEN YŌTEI-ZAN

Der perfekt geformte Vulkankegel **Yōtei-zan** (羊蹄山; Karte S. 652; 1898 m) ist aufgrund seiner verblüffenden Ähnlichkeit mit dem Fuji auch als Ezo-Fuji bekannt. Er gehört zu Japans 100 berühmten Bergen und erhebt sich in seiner eigenen kleinen Nische des Shikotsu-Tōya-Nationalparks, nur 10 km von Niseko entfernt. Die Kulisse ist atemberaubend und nur zu übersehen, wenn sie von Wolken verhangen ist.

Die Besteigung des Vulkans hat es in sich. Wanderwege starten an vier verschiedenen Stellen. Beliebtester Ausgangspunkt ist Yōtei-zan tozan-guchi (羊蹄山登山口) südlich von Kutchan nahe dem JR-Bahnhof Hirafu in 350 m Höhe. Auf dieser Route überwindet man 1500 steile Höhenmeter. Die meisten Wanderer nehmen sich dafür nur einen Tag Zeit und machen sich schon früh auf den Weg. Je nach Fitnessgrad sind sie in sechs bis neun Stunden wieder unten. Man sollte mental und körperlich auf alles vorbereitet sein: Das Wetter kann auf diesem den Elementen ausgesetzten Vulkan schnell umschlagen, insbesondere oberhalb der Baumgrenze (1600 m). Ausreichend Proviant und Getränke mitbringen. Auf 1800 m steht eine Nothütte.

Im Sommer überzieht ein Blumenteppich den oberen Teil des Vulkans. Von seinem Gipfel blickt man auf das Japanische Meer, den Pazifik und den Tōya-See – es sei denn, natürlich, er liegt in den Wolken.

Wer auf öffentliche Verkehrsmittel angewiesen ist, muss am JR-Bahnhof Kutchan den Bus um 6.40 Uhr erwischen (300 ¥, 11 Min., Montag bis Samstag). Der letzte Bus zurück fährt um 20.07 Uhr. Wandersaison ist ungefähr von Mitte Juni bis Mitte Oktober.

Praktische Informationen

Touristeninformation (☎ 011-598-2012; http://jozankei.jp; 3-222 Jōzankei Onsen-higashi; ⏲ 9–17 Uhr) Direkt an der Straße 230, der Hauptstraße durch das Tal. Mit englischen Broschüren und Karten, teils Englisch sprechendem Personal und einem kleinen Museum mit Fotos von Jōzankei in seiner früheren Blütezeit.

An- & Weiterreise

Fünf Busse verkehren täglich zwischen dem **Busbahnhof Sapporo Eki-mae** (S. 642) und Jōzankei (770 ¥, 1 Std.).

Noboribetsu-Onsen 登別温泉

☎ 0143 / 49 525 EW.

Noboribetsu-Onsen ist ein wahrer Onsen: Man kann den Schwefel schon aus kilometerweiter Entfernung riechen. Der Ort ist recht klein, verfügt aber über unzählige Quellen mit mineralreichem Wasser. Berühmtheit erlangten die Bäder, als die Stadt nach dem Russisch-Japanischen Krieg 1904–1905 zu einem Erholungsort für verwundete Soldaten wurde. Bis heute ist sie Hokkaidōs berühmtester Onsen.

Seine Wasserquelle ist der Jigoku-dani, ein zischender, dampfender Vulkankrater oberhalb der Stadt. Der Legende zufolge ist diese höllenartige Landschaft das Zuhause des *oni* (Dämons) Yukujin. Aber nur keine Angst: Er ist freundlich und bringt Glück. In der Stadt sind überall Statuen von ihm zu sehen.

Sehenswertes & Aktivitäten

Man kann in praktisch allen Hotels ein Bad nehmen, auch wenn man nicht dort absteigt. Die Preise reichen von 400 bis 2000 ¥. Im Noboribetsu Gateway Center hängt ein Infoblatt zu *higaeri onsen* (Tagesbädern) auf Englisch, das auch Öffnungszeiten und Preise nennt.

Jigoku-dani HEISSE QUELLEN

(地獄谷) Geht man von Noboribetsu-Stadt ein Stückchen bergauf, bietet sich ein „höllischer" Blick: Schwefelgase, zischende Löcher im Boden und scheinbar blutüberströmte Felsen. Jigoku-dani bedeutet wörtlich „Höllental" und gehört zum qualmenden Krater des Vulkans Kuttara. Ein Holzsteg führt zu einem brodelnden Geysir.

Auch mehrere kurze Wanderwege sind hier zu finden. In rund 30 Minuten kann man zum Ōyu-numa (大湯沼) wandern, einem dampfenden, von heißen Quellen gespeisten See. Nach weiteren 15 Minuten erreicht man das natürliche Fußbad Ōyu-numa (大湯沼天然足湯) mit perfektem 42 °C warmem Wasser.

Kuttara-ko SEE

(倶多楽湖; クッタラコ; Karte S. 652) Wer ein eigenes Auto hat, kann durch die Stadt fahren und an Jigoku-dani vorbei der Straße 350 folgen, die sich bald in eine schmale Bergstraße verwandelt. Nach 4 km erreicht man einen Aussichtspunkt mit Blick auf den Kuttara-ko. Der runde Kratersee ist gleich aus zwei Gründen erstaunlich: Nicht ein einziger Fluss fließt hinein oder hinaus und er ist vom Menschen praktisch unberührt geblieben. Weiter ran kommt man nicht: Die Durchfahrt ist gesperrt, um den See zu schützen.

★ **Onsen Tengoku** ONSEN

(温泉天国; www.takimotokan.co.jp/english/onsen; Dai-ichi Takimoto-kan, 55 Noboribetsu Onsen-chō; 2000 ¥, nach 16 Uhr 1500 ¥; ⊙ 9–18 Uhr) Das dem Hotel Dai-ichi Takimoto-kan angeschlossene Badchaus verdient eine extra Erwähnung, weil es schlichtweg spektakulär und ein wahrer „Onsen-Himmel" (*tengoku* bedeutet „Himmel") ist. Die weitläufige Anlage mit pastellfarbenen Kacheln, Springbrunnen und Spiegeln bietet mehr Vielfalt als andere in der Gegend. Sie umfasst sieben verschiedene Quellen (die alle für irgendwas Bestimmtes gut sind) sowie mehrere Außenbäder.

Schlafen & Essen

Dank seines kompakten Aufbaus und der anständigen Busanbindungen ist Noboribetsu die beste Wahl, wenn man mehrere Tage im Shikotsu-Tōya-Nationalpark verbringen will und auf öffentliche Verkehrsmittel angewiesen ist. Etwa zehn Hotels gibt es hier, alle mit eigenem Onsen.

Abends ist hier ein bisschen mehr los als in den meisten anderen ländlichen Onsen-Städtchen. Es gibt eine Handvoll *rāmen*-Lokale und Gemischtwarenläden entlang der Gokuraku-dōri, der kleinen, leicht zu Fuß erkundbaren Hauptstraße.

Shōkōin MINSHUKU ¥

(聖光院; ☎ 0143-84-2359; http://jodo.jp/01-063; 119-1 Noboribetsu Onsen-chō; pro Pers. 3400 ¥; P 📶) Nicht viele Tempel sehen aus wie ein Bürogebäude, aber dieser hier schon! Der Eingang befindet sich im Erdgeschoss, die Tempelräume im zweiten Stock und die Frau des Priesters führt im dritten Stock ein *minshuku* mit kleinen, aber ordentlichen Tatamizimmern. Das Gemeinschaftsbad mit Onsen-Wasser kann auch privat genutzt werden und ist rund um die Uhr geöffnet.

Der Tempel ist lokal als Kannon-ji (観音寺) bekannt. Wer möchte, kann um 8 Uhr am Morgengebet teilnehmen.

Dai-ichi Takimoto-kan HOTEL ¥¥¥

(第一滝本館; ☎ 0143-84-3322; www.takimotokan.co.jp/english; 55 Noboribetsu Onsen-chō; EZ/DZ inkl. 2 Mahlzeiten ab 18 900/24 840 ¥; P ❄ 📶) In diesem weitläufigen Onsen-Hotel mit Rolltreppen und Kiosks ist immer was los. Es versprüht in etwa das Flair eines auffällig dekorierten Flughafenterminals – was nicht abwertend gemeint ist: Das ausgezeichnete Badehaus, Onsen Tengoku, kann man rund um die Uhr aufsuchen und ein Aufenthalt hier lohnt sich definitiv. Am besten wählt man ein Zimmer im japanischen Stil (die westlichen Zimmer sind ein bisschen schäbig). Das Essen wird als Büfett aufgetischt.

WLAN gibt's nur im Honkan (Hauptflügel) und im Minami-kan (Südflügel).

Aji no Daiō RĀMEN ¥

(味の大王; ☎ 0143-84-2415; 29-9 Noboribetsu Onsen-chō; rāmen 800–1150 ¥; ⊙ 11.30–15 & 21–24 Uhr, 1., 3. & 5. Di im Monat geschlossen; 📖) Noboribetsus bekanntestes *rāmen*-Lokal serviert teuflisch scharfe *jigokudani*-Nudeln, die die örtlichen *oni* (Teufel) mit Stolz erfüllen würden. Man kann die angenehm milde Schärfe wählen, aber für 50 ¥ mehr gibt's noch eine Schippe obendrauf, auf Wunsch bis hoch zu Stufe 10. (Warnhinweis: An den Wänden hängen viel mehr Fotos von Berühmtheiten als von Kunden, die es tatsächlich geschafft haben, ein Gericht der Stufe 10 aufzuessen.)

Praktische Informationen

Noboribetsu Gateway Center (登別ゲートウェイセンター; ☎ 0143-84-3111; 26 Noboribetsu Onsen-chō; ⊙ 8.30–18 Uhr) im Busbahnhof Noboribetsu-Onsen; bietet Busfahrpläne, englische Karten und eine Gepäckaufbewahrung (500 ¥ pro Tag.).

Servicecenter Noboribetsu-Park (登別パークサービスセンター; ☎ 0143-84-3141; www.noboribetsu-spa.jp; Noboribetsu Onsen-chō; ⊙ 8–18 Uhr) Englische Broschüren und Wanderkarten; am Eingang zum **Jigoku-dani**.

An- & Weiterreise

Limitierte Expresszüge fahren auf der JR-Linie Muroran von Hakodate (6890 ¥, 2½ Std.), Sapporo (4480 ¥, 1¼ Std.) und dem JR-Bahnhof Tōya (2720 ¥, 40 Min.) zum JR-Bahnhof Noboribetsu.

Häufige Busse (340 ¥, 15 Min.) verbinden den Bahnhof mit dem Busbahnhof Noboribetsu-Onsen am Südrand der Stadt. Ein Taxi zwischen Bahnhof und Stadt sollte 2000 ¥ kosten.

Direktbusse verkehren über die Schnellstraße zwischen dem Busbahnhof Noboribetsu-Onsen und Sapporo (1950 ¥, 100 Min.) sowie zum New Chitose Airport (1370 ¥, 1 Std.).

Shikotsu-ko 支笏湖

Gleich südlich von Sapporo liegt der Shikotsu-ko, Japans zweittiefster See, umgeben von hoch aufragenden Vulkanen. Er ist für sein besonders klares Wasser bekannt und befindet sich 250 m über dem Meeresspiegel. Sein tiefster Punkt liegt jedoch bei 363 m und damit 113 m unter dem Meeresspiegel. Wer zum See will, benötigt ein Fahrzeug, er eignet sich aber hervorragend für eine Erkundung auf eigene Faust und ist ein tolles Campingziel.

Shikotsu-ko-Onsen (支笏湖温泉) auf der Ostseite des Sees ist die einzige Ortschaft hier. Das kompakte kleine Feriendorf bietet ein paar schöne kurze Wanderwege, darunter ein Naturpfad für Vogelbeobachter. Man kann mit einem Ausflugsboot auf den See hinausfahren oder sich ein Fahrrad, Boot oder Kanu ausleihen.

Aktivitäten

Tarumae-zan WANDERN

(樽前山; Karte S. 652) An der Südseite des Sees thront ein aktiver Vulkan, der Tarumae-zan (1041 m). Hier verläuft der beliebteste Wanderweg der Gegend. Der Krater selbst ist meist gesperrt – der Lavadom qualmt immer noch –, man kann aber von der siebten Station (650 m; nur per Auto erreichbar, abseits der Straße 141) bis zum Rand hinaufkraxeln und drumherum spazieren. Für den Hin- und Rückweg braucht man 1½ Stunden.

Vom selben Punkt gelangt man auch auf den Fuppushi-dake (風不死岳; 1102 m; hin & zurück 5–6 Std.) mit einer großartigen Aussicht auf den See und den Park. Einheimische raten dringend dazu, eine Bärenglocke mit auf die Wanderung zu nehmen.

Marukoma-Onsen ONSEN

(丸駒温泉; Karte S. 652; ☎ 0123-25-2341; 7 Horobinai, Chitose; 1000 ¥; ⏰ 10–15 Uhr) Oberflächlich betrachtet ist Marukoma-Onsen ein typisches in die Jahre gekommenes Hotelresort. Hinter der Betonfassade verstecken sich jedoch fantastische Bäder, die auch für Tagesbesucher geöffnet sind. Vom großen *rotemburo* (Außenbad) blickt man direkt über den Shikotsu-ko.

Schlafen & Essen

Im Ort gibt's eine Handvoll kleiner Pensionen sowie zwei attraktive Campingplätze: **Morappu** (モラップキャンプ場; Karte S. 652; ☎ 0123-25-2201; Shikotsu-ko Onsen, Chitose; Erw./Kind 800/500 ¥; ⏰ Ende April–Mitte Okt.; P) nahe der Stadt und **Bifue** (美笛キャンプ場; Karte S. 652; ☎ 090-5987-1284; Bifue, Chitose; Erw./Kind 1000/500 ¥; ⏰ Anfang Mai–Mitte Okt.) am ruhigen, sandigen Westufer (beide sind über die Straße 276 erreichbar).

Restaurants gibt es nur wenige und sie schließen alle um 17 oder 18 Uhr. Entweder isst man in der Unterkunft oder bringt sein Essen selber mit.

Log Bear MINSHUKU ¥¥

(ログベアー; Karte S. 652; ☎ 0123-25-2738; http://logbear.moto-nari.com/shikotsu/Welcome.html; Shikotsu-ko Onsen, Chitose; pro Pers. 5500 ¥; 📶) Das Log Bear liegt mitten in Shikotsu-ko-Onsen und wird von Robin geführt, einer echten Type. Es bietet nur zwei schlichte Zimmer: ein Zwei- und ein Vier-Bett-Zimmer. Im Café im Erdgeschoss (geöffnet von 9 Uhr bis 22 Uhr) bekommt man das inbegriffene Frühstück und den besten Kaffee am Ort.

Praktische Informationen

Besucherzentrum Shikotsu-ko (支笏湖ビジターセンター; Karte S. 652; ☎ 0123-25-2404; http://shikotsukovc.sakura.ne.jp; Shikotsu-ko-Onsen; ⏰ April–Nov. 9–17.30 Uhr, Dez.–März 9.30–16.30 Uhr) Bevor man loswandert, kann man sich auf der Karte hier über geschlossene Wege informieren und erfährt, wo Bären gesichtet wurden. Das Personal ist hilfsbereit. Für 500 ¥ pro Tag kann man sich ein Fahrrad leihen.

An- & Weiterreise

Leider gibt's zum Shikotsu-ko keinen öffentlichen Nahverkehr. Aber der See liegt nur 25 km vom New Chitose Airport (S. 628) entfernt – ein kurzer Abstecher also, wenn man den Mietwagen am Flughafen abholt.

Tōya-ko 洞爺湖

Der perfekt geformte runde Kratersee Tōya-ko mit einer großen Insel in der Mitte (Naka-jima) erstreckt sich im südwestlichen Teil des Shikotsu-Tōya-Nationalparks. Besonderheit hier ist der immer noch sehr aktive Vulkan Usu-zan (有珠山; 729 m), der seit 1910 viermal ausgebrochen ist, zuletzt im Jahr 2000.

Der Usu-zan ist Fluch und Segen zugleich: Die Einwohner wissen, dass er irgendwann wieder ausbrechen und ihre Stadt mit Asche bedecken und womöglich mit Steinen bombardieren wird. Andererseits wurden durch den Ausbruch 1910 heiße Quellen entdeckt, die Tōya-ko-Onsen (洞爺湖温泉) entstehen ließen, ein kleines Resort am Südufer des Sees.

Sehenswertes & Aktivitäten

In ganz Tōya-ko-Onsen trifft man auf Hand- und Fußbäder, die kostenlos genutzt werden dürfen (man kann sie auf einer Art Onsen-Schatzsuche erkunden). Außerdem sind die Bäder vieler Hotels tagsüber geöffnet (550–1500 ¥). Von April bis Oktober findet jeden Abend um 20.45 Uhr ein Feuerwerk am See statt und Raddampfer schippern über den See. Sein Umfang beträgt 50 km und er ist leicht per Fahrrad oder Auto zu umrunden.

Wissenschaftliches Vulkanmuseum MUSEUM
(火山科学館; 0142-75-2555; www.toyako-vc.jp; 142-5 Tōya-ko-Onsen; 600 ¥; 9–17 Uhr; P) Die Ausbrüche des Uzu-san gehörten zu den ersten, die mit modernen Mitteln verzeichnet wurden (und die Arbeit hier hat die Wissenschaft in Sachen Früherkennung weit vorangebracht). Das Museum zeigt Filme diverser Ausbrüche sowie Vorher-Nachher-Fotos, die eindeutig belegen, wo sich neue Landmassen gebildet haben.

Das Museum liegt einen kurzen Spaziergang westlich vom Busbahnhof Tōya-ko-Onsen entfernt und gehört zum Besucherzentrum Tōya-ko, das außerdem ausgezeichnete (und kostenlose!) Informationen zur örtlichen Topografie und einheimischen Flora und Fauna bietet.

Usu-zan BERG
(有珠山; Karte S. 652; 0142-74-2401; www.wakasaresort.com; 184-5 Shōwa Shin-zan, Sōbetsu-chō; Seilbahn Erw./Kind hin & zurück 1500/750 ¥; 8.30–17 Uhr) Hier bietet sich die seltene Chance, Zeuge einer modernen Bergentstehung zu werden: Der Shōwa Shin-zan (昭和新山; 398 m) – der Name bedeutet „neuer Berg der Shōwa-Zeit" – ragt nach dem Ausbruch des Usu-zan 1943 aus einem Weizenfeld auf. Die **Usu-zan-Seilbahn** fährt zu einer Aussichtsplattform hinauf, von der sich ein Blick auf den Shōwa Shin-zan bietet, mit Tōya-ko im Hintergrund.

Von der Plattform führt ein Weg (geöffnet von Mai bis Oktober) in 90 Minuten rund um den äußeren Rand des Usu-zan und bietet Ausblicke auf Tōya-ko und Yōtei-zan (S. 654). Busse (einfach/hin & zurück 340/620 ¥, 10.10 Uhr, 12.45 Uhr, 13.40 Uhr und 15.50 Uhr) verkehren 4-mal täglich vom Busbahnhof Tōya-ko-Onsen zur Seilbahn. Ein Taxi sollte 1800 ¥ kosten, vom JR-Bahnhof Tōya-ko aus 3000 ¥.

Schlafen

Neben einer Auswahl an teureren Resorts gibt's in Tōya-ko-Onsen auch ein paar günstige *ryokan*.

Daiwa Ryokan RYOKAN ¥¥
(大和旅館; 0142-75-2415; http://daiwa-ryokan.jp; 105 Tōya-ko-Onsen; EZ/DZ ab 5200/9200 ¥; P) Ein schlichtes, heimeliges Budget-*ryokan* mit echtem Charakter. Es ist im frühen Shōwa-Stil (1926–1989) gehalten und mit haufenweise altem Schnickschnack dekoriert. Die Besitzer sind freundlich, das Bad ist 100 % Onsen natur und es gibt einen kleinen Garten. Nichtgäste können den Onsen für 500 ¥ nutzen.

Praktische Informationen

Touristeninformation Tōya-ko (洞爺湖観光情報センター; 0142-75-2446; www.laketoya.com; 142 Tōya-ko-Onsen; 9–18 Uhr) Im Busbahnhof Tōya-ko-Onsen; mit Karten, Broschüren und Busfahrplänen auf Englisch.

Besucherzentrum Tōya-ko (洞爺湖ビジターセンター; 0142-75-2555; www.toyako-vc.jp; 142-5 Tōya-ko-Onsen; 9–17 Uhr) Ausgezeichnete (und kostenlose!) Informationen zur lokalen Topografie und zur einheimischen Flora und Fauna. Es liegt einen kurzen Spaziergang westlich vom Busbahnhof Tōya-ko-Onsen.

An- & Weiterreise

Tokkyū-Züge der JR-Linie Muroran verbinden den JR-Bahnhof Tōya-ko mit Hakodate (5490 ¥, 2 Std.), Sapporo (5920 ¥, 2 Std.) und Noboribetsu (2720 ¥, 40 Min.). Vom Bahnhof sind es 15 Min. mit dem Bus (330 ¥, 2-stündl.) oder Taxi (1800 ¥) zum Busbahnhof Tōya-ko-Onsen.

Täglich verkehren vier Busse zwischen dem Busbahnhof Tōya-ko-Onsen und Sapporo (2780 ¥, 2¾ Std.).

Tomakomai 苫小牧

0144 / 173 285 EW.

Tomakomai ist eine relativ große Industriestadt an Hokkaidōs zentraler Südküste, die meisten Traveller kennen sie jedoch nur als Hauptankunftshafen der Fernfähren.

FÄHRVERBINDUNGEN VON TOMAKOMAI

Vier Anbieter, Shin-Nihonkai Ferry (www.snf.jp), Silver Ferry (www.silverferry.jp), MOL Ferry (www.sunflower.co.jp) und Taiheiyō Ferry (www.taiheiyo-ferry.co.jp), unterhalten Fähren zwischen Tomakomai und den folgenden Zielen auf Honshū. Fahrpläne und Preise schwanken je nach Saison.

ZIEL	PREIS (¥; 2. KLASSE)	DAUER (STD.)	HÄUFIGKEIT	ANBIETER
Akita	4530	10	Mo–Sa	Shin-Nihonkai Ferry
Hachinohe (Aomori-ken)	5000	7½	4-mal tgl.	Silver Ferry
Nagoya	9800	40	alle 2 Tage	Taiheiyō Ferry
Niigata	6480	18	Mo–Sa	Shin-Nihonkai Ferry
Oarai (Ibaraki-ken)	8740	17	1–2-mal tgl.	MOL Ferry
Sendai	7200	15	tgl.	Taiheiyō Ferry
Tsuruga (Fukui-ken)	9570	19	tgl.	Shin-Nihonkai Ferry

Schlafen & Essen

Es gibt wirklich keinen Grund, eine Nacht in Tomakomai zu verbringen, es sei denn, man kommt mit der Fähre an oder reist ab oder kann anderweitig seine Anschlussverbindungen nicht einhalten. Genau aus diesem Grund gibt's in der Stadt zahlreiche Geschäftshotels, darunter auch große Ketten.

Das **Toyoko Inn Tomakomai Eki-mae** (東横イン苫小牧駅前; ☎0144-32-1045; www.toyoko-inn.com/e_hotel/00108/index.html; 3-2-21 Ōji-machi; EZ/DZ ab 6265/7885 ¥) vor dem JR-Bahnhof Tomakomai ist eine zuverlässige Wahl.

In der Nähe der Hotels befinden sich auch mehrere Restaurants. Wer mit der Fähre abreist, sollte vorher etwas essen und sich mit Snacks eindecken, da das Essen an Bord ziemlich mies ist (wer gerade mit der Fähre angekommen ist, kann ein Lied davon singen).

An- & Weiterreise

Der JR-Bahnhof Tomakomai liegt an der JR-Linie Muroran, eine Stunde von Sapporo (1450 ¥) entfernt. Dōnan Bus (www.donanbus.co.jp) verkehrt zwischen dem Fährterminal und dem JR-Bahnhof Tomakomai (250 ¥, 15 Min.); ein Taxi sollte rund 1500 ¥ kosten.

Chūō Bus (www.chuo-bus.co.jp) unterhält Busse, die über die Schnellstraße zwischen dem Fährterminal in Tomakomai und dem Busbahnhof Sapporo Eki-mae (1310 ¥, 1¾ Std.) verkehren.

NORD-HOKKAIDŌ 道北

Im Norden von Hokkaidō (Dō-hoku) regiert die Natur in majestätischer Pracht. Südöstlich von Asahikawa, der zweitgrößten Stadt der Insel, erstreckt sich der Daisetsuzan-Nationalpark, Japans größter Nationalpark – eine raue, unberührte Landschaft von enormem Ausmaß. Weiter im Norden, westlich von Wakkanai und in direkter Nachbarschaft zu Sibirien, wartet der Rishiri-Rebun-Sarobetsu-Nationalpark mit einer spektakulären Inselwelt und Wildblumen auf. Für Wanderer und Extremskifahrer sind die Möglichkeiten hier schwindelerregend. Südlich von Asahikawa bietet Furano eine etwas entspanntere Alternative: Im Winter ist es ein familienfreundliches Skiresort und im Sommer kann man durch idyllische Felder fahren, radeln oder einfach nur schlendern.

Asahikawa 旭川

☎0166 / 343 400 EW.

Asahikawa, Hokkaidōs zweitgrößte Stadt, hält zwei Rekorde: die meisten Tage mit Schneefall in ganz Japan und die kälteste je gemessene Temperatur (–40 °C). Von Travellern wird sie hauptsächlich als Transitort genutzt, sei es nach Wakkanai im Norden, zum Daisetsuzan-Nationalpark im Südosten oder nach Biei und Furano im Süden. Sollte einmal schlechtes Wetter die Reisepläne durchkreuzen, strandet man hier jedoch in einer angenehmen Stadt mit einer Handvoll Sehenswürdigkeiten und jeder Menge Restaurants und Bars, in der man gut ein oder zwei Tage verbringen kann.

Die Heiwa-dōri, eine große Fußgängerzone, erstreckt sich nördlich des JR-Bahnhofs Asahikawa über acht Blocks. Hier befinden sich die meisten Hotels und viele Restaurants vom Bahnhof aus fußläufig zu erreichen.

Sehenswertes

Kawamura-Kaneto-Ainu-Gedenkhalle MUSEUM
(川村カ子トアイヌ記念館; Karte S. 664; ☎0166-51-2461; http://ainu-museum.sakura.ne.jp; 11 Hokumon-chō; Erw./Kind 500/300 ¥; ⏲9–17 Uhr) Das Museum feierte kürzlich seinen 100. Geburtstag. Es zeigt weniger Artefakte (obwohl die auch zu sehen sind), als die Geschichte einer hiesigen Ainu-Familie, die verzweifelt an der Erhaltung der alten Lebensweise festhält. Die Ausstellung umfasst viele faszinierende, nicht inszenierte Fotos aus dem frühen 20. Jh. Gegründet wurde das Museum von Kaneto Kawamura, einem Ainu-Häuptling und bekannten Landvermesser, der bei vielen Eisenbahnprojekten in ganz Japan für die Schienenführung mitverantwortlich war. Das Museum hat er mit seinen Ersparnissen finanziert.

Bus 24 fährt von der Haltestelle 14 vor dem JR-Bahnhof Asahikawa zur Haltestelle Ainu Kinenkan-mae (190 ¥, 15 Min., stündl.).

Asahiyama Zoo ZOO
(旭山動物園; Karte S. 664; ☎0166-36-1104; www.city.asahikawa.hokkaido.jp/asahiyamazoo/; Kuranuma, Higashi-Asahigawa; Erw./Kind 820 ¥/frei; ⏲Mai–Okt. 9.30–17.15 Uhr, Nov.–April 10.30–15.30 Uhr) Japans nördlichster Zoo ist im ganzen Land bekannt und begeistert seine Besucher mit Tieren aus eisigen Gefilden, etwa Eisbären und Pinguine. Für Traveller mögen jedoch die Gehege mit einheimischen Tieren aus Hokkaidō interessanter sein, z. B. Riesenfischuhus, *higuma* (Braunbären) und *ezo-jika* (Sikahirsche).

Shuttlebusse (440 ¥, 40 Min.) fahren alle 30 Minuten von der Bushaltestelle 6 vor dem JR-Bahnhof Asahikawa zum Zoo.

Feste & Events

Alles zu lokalen Events findet sich unter www.asahikawa-daisetsu.jp/event.

Asahikawa Winter-Matsuri KULTUR
(旭川冬祭り; http://www1.city.asahikawa.hokkaido.jp/files/kankou/awf/) Das Winterfest von Asahikawa findet seit knapp 60 Jahren jeden Februar statt und wird nur vom Fest in Sapporo übertroffen. Der **Internationale Eisskulpturenwettbewerb** ist ein besonderes Highlight, ebenso wie andere spaßige Events und die lokalen Köstlichkeiten.

Kotan Matsuri KULTUR
(コタン祭り; ⏲Sept.) Zur Herbst-Tagundnachtgleiche im September wird am Ufer des Chubestu-gawa südlich der Stadt gefeiert. Es gibt tradiotionelle Ainu-Tänze, Musik und Gebetszeremonien als Opfer für die Götter des Feuers, des Flusses, des *kotan* (Dorfes) und der Berge.

Schlafen

Rund um den Bahnhof tummelt sich eine gute Auswahl nationaler Hotelketten.

Guest House Asahikawa HOSTEL ¥
(ゲストハウス旭川; ☎0166-73-8269; www.guesthouseasahikawa.jp; 7-31-10 6-jō-dōri; B 3000 ¥; 🚭 @ 📶) Dieses mit viel Liebe gestaltete Hostel nimmt das zweite Stockwerk eines ehemaligen Bürogebäudes ein. Die Zimmer sind etwas eng, die Besitzer legen sich aber sehr ins Zeug und es gibt Gratiskaffee sowie eine Küche, Spiele und einen Büchertausch. Vom JR-Bahnhof Asahikawa aus – entlang der Fußgängerzone – erreicht man das Hostel mit einem etwa zehnminutigen Fußmarsch.

Art Hotel Asahikawa HOTEL ¥¥
(アートホテル旭川; ☎0166-25-8811; www.arthotelsasahikawa.com; 6 7-jō-dōri; EZ/DZ ab 8000/10 000 ¥; 🚭 ❄ 📶) Leicht zu erkennen (in einem weißen Hochhaus) und das beste Hotel in Asahikawa – zwar nicht besonders schick, aber sauber und gemütlich, mit sehr professionellem Service. Wer früh online bucht, kann tolle Schnäppchen machen. Es liegt zehn Minuten zu Fuß vom JR-Bahnhof entfernt, einen Block westlich der Fußgängerzone.

Im Keller befindet sich ein Wellnessbereich, der Eintritt kostet aber extra (an der Rezeption kann man sich nach vergünstigten Tickets erkundigen).

> **NICHT VERSÄUMEN**
>
> **DIE BESTEN WANDERUNGEN**
>
> - Rishiri-zan (S. 677)
> - Shiretoko-Traverse (S. 682)
> - Rebun-tō-Traverse (S. 675)
> - Yōtei-zan (S. 654)
> - Asahi-dake (S. 667)

Essen & Ausgehen

Asahikawa ist für seine *rāmen* mit *shōyu* (Sojasoße) berühmt. In der Stadt gibt's zahllose Läden und alle streiten sich darüber, welcher wohl der beste ist. Das dem JR-Bahnhof angeschlossene Einkaufszentrum verfügt über einen Food Court und einen Supermarkt, entlang der Heiwa-dōri ist die Auswahl aber ebenfalls groß.

Ramen Aoba RĀMEN ¥

(らーめん青葉; ☎0166-23-2820; 8 2-jō-dōri; rāmen ab 750 ¥; ⌚Do–Di 9.30–14 & 15–19.45 Uhr; 📵) Das älteste *rāmen*-Lokal der Stadt (70 Jahre jung!) serviert köstliche Nudeln, herrlich al dente, in einer mit *shōyu* verfeinerten *assari* (leichten) Brühe – nach klassischer Asahikawa-Art. Der etwas ältere Inhaber liebt ausländische Gäste und bittet sie oft darum, sich in sein Gästebuch einzutragen.

Zu finden ist das Lokal fünf Gehminuten vom JR-Bahnhof entfernt, einen Block östlich der Fußgängerzone, in der Midori-bashi-dōri; einfach nach den orangefarbenen Türvorhängen Ausschau halten.

Furarīto-Gasse JAPANISCH ¥¥

(ふらりーと小路; www.furari-to.com; ⌚17–23 Uhr) Zehn Gehminuten nördlich des JR-Bahnhofs Asahikawa erstreckt sich zwischen der 4-jō-dōri und der 5-jō-dōri die Furarīto-Gasse mit 18 winzigen Restaurants. Einfach mal hinschlendern (die freie Übersetzung für *furarīto*) und sehen, was einen anlacht. Besonders beliebt sind *yakitori* (gegrillte Hähnchenspieße), *izakaya* (japanische Pubs) und ein Tapas-Restaurant. Die Preise variieren, aber keins dieser Lokale ist teuer.

INSIDERWISSEN

MICHI-NO-EKI

Die Landstraßen sind gesprenkelt mit Michi-no-eki (道の駅; Raststätten). Sie ähneln Autobahn-Raststätten, sind aber nur an kleineren, mautfreien Nebenstraßen zu finden. Es gibt Toiletten, eine Touristeninformation und Kaffee, außerdem verkaufen die Michi-no-eki frisches Obst und Gemüse, weitere Lebensmittel und Kunsthandwerk, alles aus regionaler Erzeugung. Normalerweise ist auch eine Cafeteria dabei. In den meisten Fällen arbeiten und kochen hier Bauersfrauen – eine tolle Gelegenheit, die heimische Küche zu kosten. Die Raststätten sind gut ausgeschildert und erscheinen wie verlockende Leuchtfeuer in der Nacht, wenn man Kilometer um Kilometer hinter sich gebracht hat, ohne etwas zu sehen.

★ Tirol CAFÉ

(チロル; ☎0166-26-7788; http://cafe-tirol.com/; 8-7 3-jō-dōri; ⌚8.30–18 Uhr) Das Tirol hat zwar erst vor ein paar Jahren eröffnet, aber der Besitzer hat das 70 Jahre alte Gebäude gut in Schuss gehalten. Die Vintage-Einrichtung passt perfekt, zur musikalischen Untermalung gibt's Jazz. Der Kaffee (550 ¥) wird vor Ort geröstet und schmeckt fantastisch. Wer vor 11 Uhr herkommt, kann noch das „Morgenmenü" (モーニングセット; 650 ¥) mit Kaffee, Toast und hart gekochtem Ei bestellen.

Das Tirol liegt fünf Gehminuten vom JR-Bahnhof Asahikawa entfernt. Einfach der Fußgängerzone folgen und einen Block vor dem Lawson-Gemischtwarenladen rechts abbiegen; das Café liegt dann rechts.

Praktische Informationen

Internationales Zentrum Asahikawa (旭川国際交流センター; ☎0166-25-7491; http://asahikawaic.jp/en; 7. St., Feeeal Asahikawa Geb., 8 1-jō-dōri; ⌚10–19.30 Uhr; 📶) Dieses Zentrum für ausländische Einwohner bietet einen hilfreichen Infoschalter und ein Schwarzes Brett zum Austausch von Informationen.

Touristeninformationsschalter (旭川観光案内所; ☎0166-26-6665; www.asahikawa-daisetsu.jp; ⌚Juni–Sept. 8.30–19 Uhr, Okt.–Mai 9–19 Uhr) Im Erdgeschoss des JR-Bahnhofs Asahikawa, mit englischen Karten, Broschüren und Busfahrplänen. Das hilfreiche Personal spricht Englisch.

An- & Weiterreise

AUTO & MOTORRAD

Am Flughafen Asahikawa oder bei Agenturen rund um den JR-Bahnhof Asahikawa kann man sich ein Auto mieten.

BUS

Busse fahren alle 30 Min. vom **Chūō-Busbahnhof Asahikawa** (中央バス旭川ターミナル; ☎0166-25-3000; ⌚5.45–21.30 Uhr) nach Sapporo (2060 ¥, 2 Std.; Reservierungen erforderlich).

Vier Busse täglich verkehren nach/von Asahidake-Onsen (1430 ¥, 1½ Std.); Abfahrt ist von Bushaltestelle 9 vor dem JR-Bahnhof Asahikawa.

Furano Bus (www.furanobus.jp) bietet täglich acht Verbindungen nach/von Furano (880 ¥, 1¾ Std.) über Biei (620 ¥, 50 Min.). Sie fahren von Bushaltestelle 22 oder 23 vor der Aeon Mall neben dem JR-Bahnhof Asahikawa ab.

Dōhoku Bus (www.dohokubus.com) fährt täglich 6-mal nach/von Sōunkyō-Onsen (2160 ¥, 2 Std.); Abfahrt von Haltestelle 7 vor dem JR-Busbahnhof Asahikawa.

FLUGZEUG

Asahikawa Airport (旭川空港; Karte S. 664; ☎ 0166-83-3939; www.aapb.co.jp/en; E2-16-98, Higashi-Kagura) 10 km südöstlich der Stadt, zwischen Asahikawa und Biei. Es gibt Inlandsflüge nach Tokio, Nagoya und Osaka sowie internationale Verbindungen nach Beijing, Shanghai und Taipeh. Flughafenshuttles (620 ¥, 30 Min.) fahren von Bushaltestelle 9 vor dem JR-Bahnhof Asahikawa ab und richten sich nach Abflug- und Ankunftszeiten. Ein Taxi sollte rund 4000 ¥ kosten.

ZUG

Die limitierten JR-Expresszüge Super Kamui, Okhotsk, Super Sōya und Sarubetsu Liner verkehren zwischen Asahikawa und Sapporo (4290 ¥, 1 Std., stündl.).

Der Okhotsk Liner fährt weiter nach Abashiri (8170 ¥, 3¾ Std., 4-mal tgl.). Die Züge der JR-Sekihoku-Linie verkehren etwas häufiger, aber man muss in Kamikawa umsteigen.

Der Super Sōya und Sarubetsu Liner fahren weiter nach Wakkanai (8500 ¥, 4 Std., 3-mal tgl.). Wer Nahverkehrszüge nutzt, muss mehrfach umsteigen.

Stündliche JR-Furano-Züge fahren nach Biei (540 ¥, 40 Min.); die meisten verkehren weiter nach Furano (1070 ¥, 1¼ Std.).

Biei 美瑛

☎ 0166 / 10 950 EW.

Auf etwa halber Strecke zwischen Asahikawa und Furano liegt das malerische Biei (美瑛; 11 000 Ew.) in der vielleicht schönsten Landschaft Hokkaidōs vor der dramatischen Bergkulisse des Daisetsuzan-Nationalparks. Sehenswürdigkeiten findet man hier nicht viele, dafür aber jede Menge Landstraßen, die sich an Feldern voller Sonnenblumen, Lavendel und Weißbirken vorbeischlängeln. Biei ist vor allem im Sommer beliebt, dann erkunden Besucher die Gegend, kaufen an Bauernständen lokale Erzeugnisse und/oder verbringen einen Nachmittag in einem der hübschen kleinen Landcafés.

In Biei gibt's zwei Panoramastraßen, die **Patchwork Road** (パッチワークの路) und die **Panorama Road** (パノラマロード). Erstere führt zu einem Flickenteppich aus kleinen Bauernhöfen, Letztere besteht aus einem Netz kleiner Gassen mit Blick über die Landschaft. Beide sind gut ausgeschildert und können per Auto oder Fahrrad erkundet werden. Wer sich frühmorgens auf den Weg macht, schafft es auch zu Fuß. An der Touristeninformation gibt's eine englische Karte.

Schlafen & Essen

Biei beherbergt eine Handvoll Pensionen, die besten befinden sich auf dem Land. Die Touristeninformation hält eine Liste bereit, im Sommer sollte man aber lieber vorab buchen. Nur ein paar der Unterkünfte sind das ganze Jahr über geöffnet.

Rund um den Bahnhof gibt's ein paar Lokale, aber die besseren Restaurants, Bäckereien und Cafés finden sich außerhalb der Stadt inmitten der Felder.

★ **Biei Potato-no-Oka** PENSION ¥¥

(美瑛ポテトの丘; Karte S. 664; ☎ 0166-92-3255; www.potatovillage.com/eng/top.html; Ōmura Mura-yama; B/Zi. pro Pers. ab 4960/6600 ¥, Frühstück/Abendessen 800/1500 ¥; ⏲ Mitte Nov.–Mitte Dez. & Mitte März–Mitte April geschlossen; P ⊘ ☎) Zwischen den Feldern der hübschen „Patchwork Road" liegt das charmante Potato-no-Oka. Es ist zwar klein, bietet aber viele Unterkunftsmöglichkeiten, darunter Schlafsäle, private Zimmer im westlichen bzw. japanischen Stil und ein paar Hütten. Das Abendessen ist ein Fest und wird mit frischen Erzeugnissen aus der Nachbarschaft zubereitet. Der Besitzer ist freundlich und spricht Englisch. Man kann sich kostenlos vom Bahnhof Biei abholen lassen, wenn man vorab bucht.

Praktische Informationen

Touristeninformation Biei (美瑛観光案内所; Karte S. 664; ☎ 0166-92-4378; www.biei-hokkaido.jp; ⏲ Juni–Sept. 8.30–19 Uhr, Okt.–Mai 8.30–17 Uhr) Die ausgezeichnete englischsprachige Karte zu Biei, auf der sogar die GPS-Koordinaten wichtiger Aussichtspunkte verzeichnet sind, mitnehmen (links, wenn man den Bahnhof verlässt).

An- & Weiterreise

Züge der JR-Furano-Linie verkehren stündlich zwischen Biei und Asahikawa (540 ¥, 32 Min.) und alle zwei Stunden zwischen Biei und Furano (640 ¥, 36 Min.).

8-mal täglich verkehren Busse zwischen dem JR-Bahnhof Asahikawa über den **Flughafen Asahikawa** und Biei zum JR-Bahnhof Furano. Die Fahrt vom Flughafen Asahikawa nach Biei dauert 15 Min. (370 ¥).

Die Straße 237 verläuft zwischen Asahikawa, Biei und Furano.

Unterwegs vor Ort

Wer vorhat, die Gegend rund um Biei zu erkunden, kann in Asahikawa ein Auto mieten. Ein paar Läden rund um den Bahnhof bieten auch einen Fahrradverleih an (200/1000 ¥ pro Std./Tag). Die meisten passen so lange auf Gepäck oder Taschen auf.

Furano 富良野

0167 / 22 800 EW.

Furano liegt für japanische Verhältnisse weit im Landesinneren und gilt als Zentrum von Hokkaidō, was ihm auch den lustigen Spitznamen Heso-no-machi (Bauchnabel-Stadt) beschert hat. Es ist im Sommer ebenso attraktiv wie im Winter – im Sommer kann es allerdings fast (aber nur fast) zu heiß sein. Dann erblühen die Felder in einem Blumenmeer, die Bauernhöfe bieten frische Erzeugnisse an und zahlreiche Stände verkaufen leckeres Eis. Außerdem warten zahlreiche Möglichkeiten für Wanderer und Radfahrer. Die Winter hingegen sind eisig kalt und bieten massenweise Pulverschnee. Furano ist eins der besten Ziele des Landes für Ski- und Snowboardfans, auch wenn es international längst nicht so bekannt ist wie sein Rivale Niseko.

Sehenswertes & Aktivitäten

Im Sommer (der Höhepunkt ist im Juli) blühen rund um Furano die Lavendelfelder. Inländische Besucher rücken dann in Scharen an und es kann ziemlich voll werden.

Farm Tomita BAUERNHOF

(ファーム富田; Karte S. 664; 0167-39-3939; www.farm-tomita.co.jp/en; 15-gō, Kisen-kita, Naka-Furano; Okt.–Ende April 9–16.30 Uhr, Ende April–Sept. 8.30–18 Uhr; P) GRATIS Bis im Oktober der erste Schnee fällt, erstrahlen die Blumenfelder hier in allen Farben des Regenbogens vor der Bergkulisse des Daisetsuzan-Nationalparks – eines der meistfotografierten Motive auf Hokkaidō. Die Gegend ist vor allem wegen ihres Lavendels bekannt, der Anfang Juli seinen Höhepunkt erreicht und in sämtlichen Darreichungsformen auf der Farm verkauft wird, von Potpourris bis hin zu Tee.

Der Ort ist tatsächlich so beliebt, dass JR von Juni bis September einen Sonderbahnhof öffnet – Lavendel-Batake genannt (ラベンダー畑; Lavendel-Farm) –, um dem großen Besucherstrom Herr zu werden. Ansonsten liegt der JR-Bahnhof Naka-Furano am nächsten.

Skigebiet Furano WINTERSPORT

(富良野スキー場; Karte S. 664; www.princehotels.com/en/ski/furano/index.html; Liftpass ganzer Tag/abends 5200/1600 ¥, Kinder bis 12 frei; tagsüber 8.30–19.30 Uhr, abends 16.30–19.30 Uhr;) Furano ist von Dezember bis Anfang Mai geöffnet und lockt mit ausgezeichnetem leichtem, trockenem Schnee. Die meisten ausländischen Besucher haben das Gebiet noch nicht entdeckt und fahren eher nach Niseko. Die Hänge sind vor allem für Anfänger und Fortgeschrittene geeignet, aber es gibt auch ein paar steile Abfahrten für Profis. Ein großes Plus für Familien: Alle Kinder, die zwölf Jahre alt oder jünger sind, bekommen einen kostenlosen Liftpass.

Elf Skilifte, darunter der schnellste Gondellift Japans, sorgen dafür, dass die Menschenmassen in Bewegung bleiben. Zum Après-Ski geht's in die beiden Hotels der Prince-Kette mit Restaurants und Bars. Für 5600 ¥ pro Tag (3700 ¥ für Kinder) kann man sich eine komplette Ausrüstung leihen. Die englische Beschilderung ist ausreichend.

Kitanomine-Gondel SEILBAHN

(北の峰ゴンドラ; Karte S. 664; 0167-22-1111; hin & zurück 1900 ¥; Juli & Aug. 6.30–9 Uhr, Sept. 5.45–8.15 Uhr) Von Juli bis September bringt diese Gondel ihre Passagiere frühmorgens auf 940 m Höhe, damit sie den Ausblick bei Sonnenaufgang über einem Meer aus Wolken genießen können. Die Gondel fährt allerdings nicht jeden Tag und nicht bei schlechtem Wetter, also vorher anrufen. (Während der Skisaison dient sie als einer der beiden Hauptlifte in Furano.)

Feste & Events

Hokkai Heso Matsuri KULTUR

(北海へそ祭り; Juli) Furano nimmt sich seinen humorvollen Spitznamen Heso-no-machi (Bauchnabel-Stadt) zu Herzen und feiert am 28./29. Juli das „Nabelfest" Hokkai Heso Matsuri. Wer zu dieser Zeit in der Stadt ist, sollte die Gelegenheit beim Schopfe ergreifen, sich obenrum freimachen, sich ein albernes Gesicht auf den Bauch malen und beim Bauchnabel-Tanz mitmachen.

Schlafen

In Furano gibt's jede Menge Pensionen und *minshuku* und ein Aufenthalt in einer der Unterkünfte auf dem Land ist einer der Hauptgründe für einen Besuch (ein eigener fahrbarer Untersatz ist aber nötig). Wer zum Skifahren herkommt, kann in der Gegend um Kitanomine absteigen, die den Pisten am nächsten liegt. Viele Unterkünfte haben in der Zwischensaison von Mitte November bis Mitte Dezember und im April geschlossen. Am besten vorher anrufen.

★ **Alpine Backpackers** HOSTEL ¥
(アルパインバックパッカーズ; Karte S. 664; ☎0167-22-1311; www.alpn.co.jp/english/index.html; 14-6 Kitanomine-chō, Furano; B pro Pers. 2800 ¥, 2BZ/4BZ 5600/11 200 ¥; P ⊖ @) Diese tolle Unterkunft für Skifahrer und Aktivurlauber liegt praktische fünf Gehminuten von der Kitanomine-Gondel (S. 662) entfernt. Für Selbstversorger gibt's eine Küche und Waschmaschinen und obendrein einen kochend heißen Onsen. Außerdem werden alle möglichen Aktivitäten angeboten, von Rafting über Angeln bis hin zu Heißluftballon-Fahrten. Näheres gibt's auf der Website.

Furano Hostel HOSTEL ¥
(富良野ホステル; Karte S. 664; ☎0167-44-4441; http://furanohostel.sakura.ne.jp/english.htm; 3-20 Oka-machi, Naka-Furano; B inkl. Frühstück & Abendessen 3450 ¥; P @) Fünf Gehminuten westlich des JR-Bahnhofs Naka-Furano (nicht mit dem JR-Bahnhof Furano verwechseln!) befindet sich dieses Hostel in einem großen Bauernhaus, umrahmt von hübscher Landschaft. Es ist ein echtes Schnäppchen: Frühstück und Abendessen sind inbegriffen (außer am Sonntagabend, dann hat der Koch frei). Die einfachen Mahlzeiten schmecken lecker und sind aus regionalen Erzeugnissen zubereitet. Manchmal besteht die Möglichkeit, für 2100 ¥ extra ein Privatzimmer zu beziehen.

Die Besitzer sind sehr freundlich und chauffieren ihre Gäste sogar ins Skigebiet Furano.

New Furano Prince Hotel HOTEL ¥¥¥
(新富良野プリンスホテル; Karte S. 664; ☎0167-22-1111; www.princehotels.com/en/newfurano; EZ/DZ inkl. Liftpass & Frühstück ab 22 300/33 600 ¥; P ⊖ ❄ @) Dies ist das schönere der beiden Prince Hotels. Es bietet komfortable, klassische, wenn auch nicht sehr stilvolle Zimmer, anständige Restaurants und effizienten Service – und alles direkt am Fuß der Furano Seilbahn. Ein paar neue Extras gibt's auch, etwa das Freiluft-Kunsthandwerkszentrum **Ningle Terrace** (ニングルテラス; Karte S. 664; ☎0167-22-1111; ⌚Juli & Aug. 10–20.45 Uhr, Sept.–Juni 12–20.45 Uhr), ein Café und eine Lounge-Bar am Ende eines Waldpfads.

Kinder bis einschließlich zwölf bekommen zwar einen kostenlosen Liftpass für das Skigebiet, ab sieben Jahren müssen sie in diesem Hotel aber den Erwachsenenpreis bezahlen. Wer über die japanische Seite bucht, bekommt oft günstigere Preise.

Der Bus vom Flughafen Asahikawa (S. 661) nach Furano endet hier (930 ¥, 80 Min.); eine praktische Alternative, wenn man nicht selber fahren will.

Furano Natulux Hotel HOTEL ¥¥¥
(富良野ナチュラクスホテル; ☎0167-22-1777; www.natulux.com/en/index.html; 1-35 Asahi-chō; EZ/DZ ab 15 850/21 000 ¥; P ❄) Gleich gegenüber dem JR-Bahnhof Furano befindet sich dieses frische, moderne Hotel. Die Zimmer sind eher klein, aber stilvoll eingerich-

ABSTECHER

DER BÄRENBERG

Der **Bärenberg** (ベアマウンテン; ☎0156-64-7007; www.sahoro.co.jp/language/english/green/bear/bear.html; Karikachi-kogen, Shintoku; Erw./Kind 1840/1080 ¥, mit Busoption 2920/2160 ¥; ⌚Ende April–Okt. 9–16 Uhr; P), ein 15 ha großes umzäuntes Waldgebiet im Norden von Tokachi, ist das Zuhause von zwölf männlichen *higuma* (die jeweils zwischen 300 und 400 kg wiegen!). Zu den cleveren Beobachtungsmöglichkeiten gehört auch ein Holzsteg, fünf Meter über dem Boden. Für ein paar Yen wird man in einem schwer gepanzerten Bus – der aussieht, als hätte man ihn für Jurassic Park gebaut –, durch den Park kutschiert. Die Bären scheint das alles nicht groß zu stören und es ist praktisch garantiert, dass man mindestens einen von ihnen sieht.

Für die Fahrt zum Bärenberg benötigt man ein eigenes Fahrzeug. Er gehört zum Gelände des Sahoro Resort (サホロリゾート) an der Straße 38, 54 km nordöstlich von Obihiro und 66 km südöstlich von Furano. Im Winter ist der Bärenberg natürlich geschlossen, da die Bären dann Winterschlaf halten.

Furano, Biei & Daisetsuzan-Nationalpark

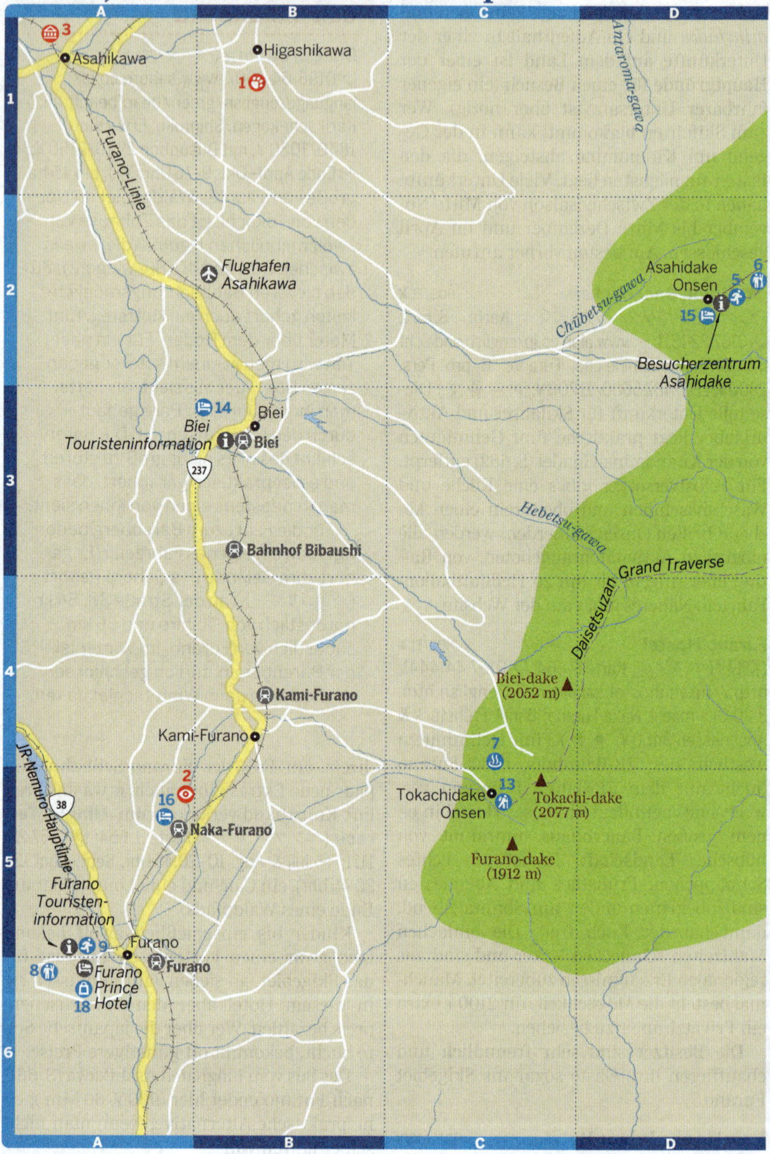

tet und die besseren bieten Ausblicke auf den Tokachi-dake. Ein Spa mit Bad und Sauna gibt's auch.

Falls man zum Skifahren hier ist: Die Anfahrt zu den Pisten ist ohne eigenes Auto etwas kompliziert.

Essen & Ausgehen

Rund um den JR-Bahnhof Furano und im Kitanomine-Bezirk nahe der Pisten sind zahlreiche Restaurants versammelt. In Furano werden ein paar wirklich gute Weine angebaut und leckere Käse produziert, die oft

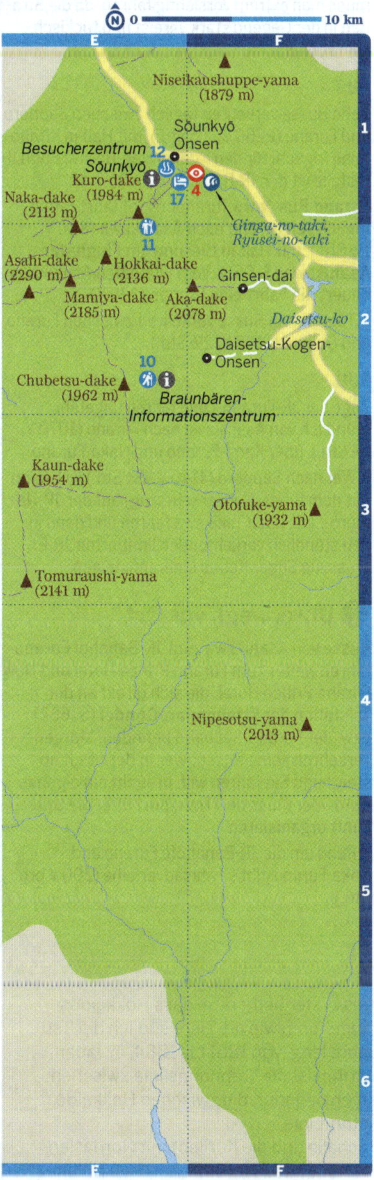

auf den Speisekarten der Stadt stehen, zusammen mit eher bescheidenen lokalen Spezialitäten wie Kartoffeln und Zwiebeln.

Furano bietet nicht mal annähernd dieselbe Après-Ski-Szene wie Niseko, aber rund um Kitanomine sind ein paar Bars zu finden.

Furano, Biei & Daisetsuzan NP

Highlights

1 Asahiyama Zoo B1
2 Farm Tomita A5
3 Kawamura-Kaneto-Ainu Gedenkhalle A1
4 Sōunkyō F1

Aktivitäten, Kurse & Touren

Asahi-dake .... (siehe 6)
5 Seilbahn Asahi-dake D2
6 Skigebiet Asahi-dake D2
7 Fukiage Roten-no-yu C4
8 Skigebiet Furano A6
9 Kitanomine-Gondel A5
10 Kōgen-numa Meguri-Wanderweg E2
Kuro-dake .... (siehe 11)
11 Skigebiet Kuro-dake E2
12 Kurodake-no-yu E1
Sōunkyō Kuro-dake Seilbahn .... (siehe 12)
13 Tokachi-dake C5

Sleeping

Alpine Backpackers .... (siehe 9)
14 Biei Potato-no-Oka B3
Daisetsu Kōgen Sansō .... (siehe 10)
15 Daisetsuzan Shirakaba-sō D2
16 Furano Hostel A5
Kamihoro sō .... (siehe 13)
Lodge Nutapukaushipe .... (siehe 15)
New Furano Prince Hotel .... (siehe 18)
Pension Yama-no-ue .... (siehe 12)
17 Sōunkyō Youth Hostel E1

Shopping

18 Ningle Terrace A6

Chīzu Rāmen-no-mise Karin RĀMEN ¥
(チーズラーメンの店かりん; ☎0167-22-1692; 9-12 Moto-machi, Furano; Gerichte ab 1000 ¥; ⊙11–20 Uhr; 📋) Angeblich schmeckt mit Käse ja alles besser, und im Karin streut man den lokalen Käse aus Furano sogar über die *rāmen*. Ob man nun findet, dass das köstlich oder widerlich klingt – probieren muss man es auf jeden Fall! Das Lokal versteckt sich in einem unauffälligen braun-weißen Gebäude (nach dem roten Vorhang Ausschau halten), ein paar Gehminuten südwestlich des JR-Bahnhofs Furano. Die etwas älteren Besitzer begrüßen ihre Gäste begeistert.

Kunen-kōbō Yamadori JAPANISCHES CURRY ¥
(くんえん工房 Yamadori; ☎0167-39-1810; 4-14 Asahi-machi, Furano; Gerichte ab 1080 ¥; ⊙Fr–Mi 11–15 Uhr; P 🚭 📋) Eine der Spezialitäten in Furano ist *omu-karē* (オムかれー), Omelett auf Reis, umringt von einem wahren Burg-

graben aus japanischem Curry. Das Yamadori setzt mit Speck sogar noch einen drauf. Das Lokal ist in einem hübschen rosa Bauernhaus mit weißen Akzenten untergebracht, ein paar Gehminuten vom JR-Bahnhof Furano entfernt.

Shoppen

Furano Marche ESSEN & TRINKEN

(フラノマルシェ; ☎0167-22-1001; www.furano.ne.jp/marche; 13-1 Saiwai-chō, Furano; ⏲10–19 Uhr) In diesem Laden gibt's alles Ess- und Trinkbare, was in Furano produziert wird, etwa lokale Weine, Käse, Sülze, Joghurt und Süßes. Außerdem kann man über den Obst- und Gemüsemarkt bummeln oder dem Food Court einen Besuch abstatten.

Praktische Informationen

Internationales Touristenzentrum Furano (富良野国際観光センター; Karte S. 664; ☎0167-22-5777; 1. St., Kitanomine-Terminal, 18-Kitanomine-chō; ⏲9–18 Uhr) Touristeninformationsschalter im Terminal der **Kitanomine-Gondel** (S. 662).

Touristeninformation (富良野観光案内所; ☎0167-23-3388; www.furanotourism.com; ⏲9–18 Uhr) Hier kann man sich mit englischen Karten und Broschüren eindecken; direkt neben dem JR-Bahnhof Furano. Das Personal hilft auch bei Buchungen.

An- & Weiterreise

AUTO & MOTORRAD

Die Straße 237 verläuft zwischen Asahikawa, Biei und Furano. Es sind 59 km bis Asahikawa, 125 km zum **New Chitose Airport** (S. 628) und 142 km nach Sapporo. In den Wintermonaten muss man extrem vorsichtig fahren, da die Straßen in der Gegend stark vereist und tückisch sein können.

BUS

Zehn Busse verkehren täglich zwischen Sapporo und Furano (2260 ¥, 2½ Std.), mit Halt in Kitanomine Iriguchi für den Kitanomine-Bezirk; Endhaltestelle ist der JR-Bahnhof Furano.

Furano Bus (www.furanobus.jp) fährt 8-mal täglich von Furano nach Asahikawa (880 ¥, 1½ Std.), mit Halt in Biei und am **Flughafen Asahikawa** (S. 661). Vom Flughafen Asahikawa dauert die Fahrt eine Stunde (770 ¥).

Täglich drei Busse verkehren zwischen Furano und Obihiro (2160 ¥, 2½ Std.).

ZUG

Züge der JR-Furano-Linie fahren ungefähr stündlich von Asahikawa nach Furano (1070 ¥, 1¼ Std.), über Kami-Furano und Naka-Furano.

Wer nach Sapporo (4140 ¥, 2½ Std.) will, kann mit dem futsū (Nahverkehrszug) auf der JR-Nemuro-Linie nach Takikawa fahren und dann in den stündlich verkehrenden limitierten JR-Expresszug Super Kamui Liner umsteigen.

Unterwegs vor Ort

Busse von Asahikawa zum JR-Bahnhof Furano fahren weiter zum Furano Prince Hotel und New Furano Prince Hotel, die sich direkt an der Talstation der **Kitanomine-Gondel** (S. 662) bzw. der Furano-Seilbahn befinden. Morgens verkehren keine Busse. Wer in der Stadt absteigt und Ski fahren will, braucht ein eigenes Auto oder muss den Transport über die Unterkunft organisieren.

Rund um die JR-Bahnhöfe Furano und Naka-Furano gibt's Fahrradverleihe (200 ¥ pro Std.).

DIE BLAKISTON-LINIE

Es war der Engländer Thomas Blakiston, der als Erster bemerkte, dass Hokkaidōs einheimische Tiere nicht denselben Spezies angehören wie die Tiere südlich der Tsugaru-Straße auf Honshū. Blakiston lebte 23 Jahre lang, von 1861 bis 1884, in Japan, hauptsächlich in Hakodate auf Hokkaidō. Nach ihm ist die Trennungslinie zwischen den Lebensräumen verschiedener Tiergattungen benannt, die zwischen Hokkaidō und dem restlichen Japan verläuft: die „Blakiston-Linie".

Einst war Hokkaidō durch Landbrücken (Sachalin und die Kurilen) mit Nordasien verbunden, Japans südliche Inseln hingegen vor allem mit der koreanischen Halbinsel. Auf Honshū leben Asiatische Schwarzbären, auf Hokkaidō Ussuri-Braunbären, die auch in Nordasien zu finden sind. Südlich der Tsugaru-Straße leben Japan-Makaken, deren Verbreitungsgebiet auf Honshū bis nach Aomori im Norden reicht. Auf Hokkaidō findet man diese Affenart nicht. Zu den weiteren Spezies nördlich der Blakiston-Linie gehören das Sibirische Streifenhörnchen, das rote Hokkaidō-Eichhörnchen, das *ezo-jika* (Hokkaidō-Rotwild), der *kita-kitsune* (Nordfuchs), der Nördliche Pfeifhase und Blakistons Fischeule.

Daisetsuzan-Nationalpark
大雪山国立公園

Der Daisetsuzan-Nationalpark wurde 1934 als Schutzgebiet ausgewiesen und ist mit einer Fläche von ca. 2300 km² der größte Nationalpark Japans: eine weite Wildnis aus mächtigen Bergen – Daisetsuzan bedeutet wörtlich „Großer Schneeberg" –, aktiven Vulkanen, abgeschiedenen Onsen, klaren Seen und dichten Wäldern. Der Park ist vom Menschen praktisch unberührt und nur wenige Touristen kommen hierher. Besucher steigen eher in den Onsen-Dörfern der Umgebung ab. Asahidake-Onsen im Nordwesten, Sōunkyō-Onsen im Nordosten und Tokachidake-Onsen im Südwesten sind die drei Haupttore zum Park. Ein weiterer besonderer Ort ist Daisetsu-Kōgen-Onsen auf der Ostseite des Parks.

Aktivitäten

Einige Ski- und Snowboardanbieter in Furano organisieren Touren ins Hinterland zum Asahi-dake (S. 667) und Kuro-dake (S. 669). Wer allein reist, sollte einen ortskundigen Führer anheuern. Die Unterkunft hilft bestimmt gerne weiter (man muss sich nur frühzeitig erkundigen).

Unterwegs vor Ort

Mit dem öffentlichen Nahverkehr erreicht man zwar die verschiedenen Zugangspunkte zum Park, vor Ort kommt man damit aber nicht so gut voran. Wer mehrere Orte besuchen möchte, muss viel hin- und herfahren und leiht sich besser ein Auto. Vorsicht: Schneien kann es schon Anfang Oktober, auch auf den tiefer liegenden Straßen.

Asahidake-Onsen 旭岳温泉

0166

Asahidake-Onsen liegt in 1100 m Höhe am Fuß des Asahi-dake, dem höchsten Gipfel Hokkaidōs. Hier kommt man am einfachsten in den Park – mit regelmäßigen Bussen aus Asahikawa. Im Sommer bieten sich zahlreiche Wandermöglichkeiten, im Winter locken Abfahrtspisten und Langlaufloipen. Anschließend heißt es entspannen in einem Heil-Onsen der Pensionen am Ort. Die meisten sind tagsüber für die Öffentlichkeit zugänglich (500–1500 ¥).

Wichtig: Geldautomaten, Läden oder Restaurants sucht man hier vergeblich; die nächsten gibt's in Higashikawa, eine halbstündige Fahrt entfernt.

WANDERN IM DAISETSUZAN-NATIONALPARK

Der Winter hält im Daisetsuzan früh Einzug. Verglichen mit den Bergen auf Honshū, die über 3000 m aufragen, mögen seine Erhebungen (um 2000 m) relativ niedrig erscheinen, die Bedingungen sind jedoch ähnlich. Bis Anfang Juli ist Schnee auf den Wanderwegen nichts Ungewöhnliches (und schneebedeckte Schluchten sind das ganze Jahr über zu sehen). Die Hochsaison dauert von Ende Juli bis Anfang August, wenn die Alpenblumen blühen. Mitte September verfärben sich die Blätter, der erste Schnee fällt Ende des Monats. Ab Oktober sind sogar die Ausgangspunkte der Wege eingeschneit und man sollte sich nur mit Winterausrüstung und Bergsteigererfahrung an eine Wanderung wagen.

Das Personal in den Besucherzentren in Asahidake-Onsen und Sōunkyō-Onsen hält aktuelle Informationen zu den Wetter- und Wegbedingungen bereit und informiert über die benötigte Ausrüstung, Bärensichtungen usw. Hier befindet man sich in Bärenterritorium und sollte die nötigen Vorkehrungen treffen. Ein Bärenglöckchen beispielsweise kann nicht schaden.

Aktivitäten

★ **Asahi-dake** WANDERN

(旭岳; Karte S. 664) Asahi-dake, Hokkaidōs höchster Gipfel (2290 m) und einer der 100 berühmten Berge Japans, bietet einen grandiosen Ausblick und lässt sich gut an einem Tag erwandern (Juni bis September). Man kann mit der **Seilbahn** (旭岳 ロープウェイ; Karte S. 664; 0166-68-9111; http://asahidake.hokkaido.jp/en/; einfach/hin & zurück 1. Juni–20. Okt. 1800/2900 ¥, 21. Okt.–31. Mai 1200/1800 ¥; Juli–Mitte Okt. 6–17.30 Uhr, Okt.–Juni 9–16 Uhr) nach Sugatami fahren und sich von dort aus auf eine steile 2½-stündige Wanderung zum Gipfel machen (für den Rundweg sollte man vier bis fünf Stunden einplanen). Alternativ wählt man den einfacheren einstündigen Rundweg um den Sugatamidaira (姿見平), der ebenfalls in Sugatami beginnt.

Wer mag, wandert vom Gipfel des Asahi-dake weiter zum Kuro-dake und fährt mit der Seilbahn nach Sōunkyō-Onsen hinunter. Man sollte früh aufstehen, sich am Besucherzentrum über die Bedingungen informieren und sieben bis neun Stunden für die Wanderung einplanen.

Skigebiet Asahi-dake SKIFAHREN
(Karte S. 664; http://asahidake.hokkaido.jp/en; Tagespass 4200 ¥; ⌚1. Dez.–6. Mai) Ein außergewöhnliches Skierlebnis auf einem qualmenden Vulkan! Für Anfänger ist es allerdings nicht geeignet. Als einziger Lift dient die Asahi-dake-Seilbahn (S. 667), man kann aber höher hinaufwandern. Pulverschnee und herrliche Aussicht gibt's in Hülle und Fülle. Wir empfehlen, einen erfahrenen Bergführer anzuheuern, da die Sichtverhältnisse ziemlich schlecht sein können.

Aktuelle Informationen findet man unter www.snowjapan.com.

Schlafen

★ Lodge Nutapukaushipe LODGE ¥¥
(ロッジ・ヌタプカウシペ; Karte S. 664; ☎0166-97-2150; Zi. pro Pers. inkl. 2 Mahlzeiten ab 8000 ¥; P) Die Unterkunft im Holzhütten-Stil ist ein Traum. Der Besitzer, ein echter Charakter, hat die meisten Möbel und die Ausstattung aus regionalem Holz selbst gezimmert. Der Onsen ist grandios, ebenso wie das Essen. Die Buchung ist allerdings eine Herausforderung, da es keine Website gibt. Also ran ans Telefon und ganz langsam sprechen – die Mühe lohnt sich!

Daisetsuzan Shirakaba-sō PENSION ¥¥
(大雪山白樺荘; Karte S. 664; ☎0166-97-2246; http://shirakabasou.com/; inkl. 2 Mahlzeiten, B ab 7890 ¥, Zi. pro Pers. ab 8940 ¥; P) Eine Kreuzung zwischen Jugendherberge und *ryokan* – so lässt sich diese Berghütte am besten beschreiben. Sie liegt in der Nähe der Seilbahn-Talstation (S. 667) und verfügt über komfortable Zimmer im japanischen und westlichen Stil sowie Heiße-Quellen-Bäder. Selbstversorgern steht eine große Küche zur Verfügung, die Halbpensionsvariante lohnt sich aber definitiv. Auf der Website findet man die unterschiedlichen Optionen. Für 500 ¥ können auch Nichtgäste den Onsen nutzen.

Praktische Informationen

Besucherzentrum Asahidake (旭岳ビジターセンター; Karte S. 664; ☎0166-97-2153; www.town.higashikawa.hokkaido.jp/vc; ⌚Juni–Okt. 9–17 Uhr, Nov.–Mai 9–16 Uhr) Hier gibt's ausgezeichnete Karten, auf denen das Personal die aktuellen Wegbedingungen markiert. Wer eine lange Wanderung plant, sollte hier Bescheid sagen, was er vorhat.

An- & Weiterreise

Täglich verkehren vier Busse zwischen Bushaltestelle 9 vor dem JR-Bahnhof Asahikawa und Asahidake-Onsen (1430 ¥, 1½ Std.). Der erste Bus startet um 7.40 Uhr in Asahikawa und kehrt um 18 Uhr aus Asahidake-Onsen zurück. Die Busse fahren über den Flughafen Asahikawa (1000 ¥, in beide Richtungen).

ABSEITS DER ÜBLICHEN PFADE

DIE DAISETSUZAN-GRAND-TRAVERSE

Die Ainu nannten das Gebiet, das heute als Daisetsuzan-Nationalpark bekannt ist, *kamui mintara*: „Spielplatz der Götter". Diese Götter waren Tiere, vor allem der Braunbär – der Gott der Berge –, der das Land frei durchstreifte. Erfahrene Wanderer haben im Park tolle Möglichkeiten, die wilde Natur wirklich zu erleben.

Die 55 km lange Grand-Traverse des Daisetsuzan erstreckt sich über die gesamte Länge des Parks und ist in fünf bis sieben Tagen zu bewerkstelligen. Man kann entweder in Asahidake-Onsen oder Sōunkyō-Onsen starten und erreicht sein Ziel in Tokachidake-Onsen. Entlang des Weges stehen sehr schlichte Hütten, am besten nimmt man aber ein Zelt und Campingausrüstung mit. Auch das eigene Essen und Kochzubehör muss man mitschleppen.

Die beste Zeit für die Durchquerung ist von Mitte Juli bis Ende August. Früher trifft man mit ziemlicher Sicherheit auf Schnee und Eis, später könnte man Probleme damit bekommen, Wasser zu finden. Vorab entweder im Besucherzentrum in Asahidake-Onsen oder Sōunkyō-Onsen Rat einholen und die Shōbunsha-Wanderkarte *Yama-to-Kōgen Chizu 3: Daisetsuzan* (昭文社山と高原地図３大雪山) mitnehmen.

Wer ganz früh aufbricht, kann auch zu einer Ein-Tages-Durchquerung starten, die vom **Asahi-dake** (S. 667) in Asahidake-Onsen zum **Kuro-dake** (S. 669) in Sōunkyō-Onsen führt; man fährt mit der einen Seilbahn hoch und mit der anderen wieder runter.

Sōunkyō-Onsen 層雲峡温泉

☎ 01658

Sōunkyō-Onsen (670 m) liegt am Fuß des Kuro-dake im Nordosten des Parks und eignet sich als Basislager für Erkundungstouren im Inneren des Daisetsuzan. Neben Alpenwanderungen kann man auch das Naturspektakel der umgebenden Schluchten genießen.

Hier bietet sich mehr Infrastruktur (u. a. Geldautomaten, Restaurants und ein paar Gemischtwarenläden) als in den anderen Dörfern der Gegend. Trotzdem sollte man sich vorab mit Vorräten eindecken, wenn man Ausflüge ins Hinterland plant. Eine Tankstelle gibt es nicht.

Sehenswertes & Aktivitäten

Sōunkyō SCHLUCHT

(層雲峡; Schichtwolkenschlucht; Karte S. 664) Die 15 km lange Sōunkyō besteht aus mehreren vom Fluss Ishikari geformten Schluchten. Ja, genau: Das ist der Fluss, der nördlich von Sapporo ins Japanische Meer mündet. Ein paar Kilometer südöstlich der Stadt an der Straße 39 ist ein beliebter Aussichtspunkt, von dem man die Wasserfälle **Ryūsei-no-taki** (流星の滝; Sternschnuppen-Wasserfall) und **Ginga-no-taki** (銀河の滝; Milchstraßen-Wasserfall) betrachten kann. Er ist einen Abstecher wert, wenn man einen fahrbaren Untersatz hat.

Kuro-dake WANDERN

(黒岳; Karte S. 664) Mit der **Sōunkyō-Kuro-dake-Seilbahn** (大雪山層雲峡・黒岳ロープウェイ; Karte S. 664; www.rinyu.co.jp/kurodake; einfach/hin & zurück 900/1700 ¥; ⌚ Juni–Aug. 8–19 Uhr, Sept.–Mai 7–17 Uhr, im Winter zeitweise geschlossen) und dem Sessellift geht's hinauf zur 7. Station des Bergs (1520 m). Von dort aus führt eine 90-minütige Wanderung zum Gipfel in 1984 m Höhe. Sie ist von Juni bis Anfang Oktober machbar (am Besucherzentrum kann man sich informieren, ob es schon früh geschneit hat) und bei Freunden von Gebirgspflanzen und -blumen beliebt.

Skigebiet Kuro-dake SKIFAHREN

(Karte S. 664; www.rinyu.co.jp/kurodake; Pass 3800 ¥) Kurodake ist mit haufenweise fantastischem Schnee gesegnet und lässt dank Mund-zu-Mund-Propaganda die Herzen jener Hardcore-Skifahrer höher schlagen, die steiles und anspruchsvolles Terrain lieben. Die Saison dauert von Dezember bis Anfang Mai, Seilbahn und Sessellift sind im Januar und Februar aufgrund von Wartungsarbeiten aber teilweise geschlossen; den Aufenthalt also gut vorausplanen. Für Anfänger ist das Gebiet nicht geeignet und Abfahrten im Hinterland erfordern Lawinenausrüstung.

Ein Führer ist empfehlenswert. Aktuelle Infos gibt's unter www.snowjapan.com.

Kurodake-no-yu ONSEN

(黒岳の湯; Karte S. 664; ☎ 01658-5-3333; www.sounkyo.com/kurodakenoyu.html; 600 ¥; ⌚ 10–21 Uhr) Nach einem harten Tag voller Spaß steuert man am besten die heißen Becken des Kurodake-no-yu in der Fußgängerzone an, darunter auch ein *rotemburo* in der dritten Etage. Schmerzende Füße können zudem mit einem kostenlosen Fußbad neben dem Ginsenkaku Hotel verwöhnt werden.

Schlafen

Sōunkyō Youth Hostel HOSTEL ¥

(層雲峡ユースホステル; Karte S. 664; ☎ 01658-5-3418; www.youthhostel.or.jp/sounkyo/en/index.html; B pro Pers. inkl./exkl. 2 Mahlzeiten 5550/3800 ¥; ⌚ Juni–Okt.; P ⊖ @ ☜) Ein freundlicher Empfang erwartet die Gäste dieses bescheidenen Hostels aus Holz, zehn Gehminuten oberhalb des Busbahnhofs. Geschlummert wird in Schlafsälen mit Etagenbetten und in ein paar Privatzimmern (Letztere muss man weit im Voraus buchen). Dies ist ein perfekter Ort, um andere Wanderer zu treffen, bevor man sich zu den Wegen im Park aufmacht. Allerdings ist die Unterkunft nur im Sommer geöffnet.

Die Küche ist minimal ausgestattet. Am besten bucht man die schlichte, aber sättigende Halbpension mit dazu.

Pension Yama-no-ue PENSION ¥¥

(ペンション山の上; Karte S. 664; ☎ 01658-5-3206; www.p-yamanoue.com; 2BZ inkl./exkl. 2 Mahlzeiten 18 900/11 600 ¥; P ☜) Netter Familienbetrieb mitten im Ort (von der Seilbahnstation einfach geradeaus bergab gehen). Überall hängen Naturfotos und das Essen wird mit viel Liebe zubereitet. Man übernachtet in Tatamizimmern und teilt das Bad mit anderen Gästen. Im Bad fließt dasselbe Quellwasser wie im Kurodake-no-yu nebenan.

Praktische Informationen

Besucherzentrum Sōunkyō (層雲峡ビジターセンター; Karte S. 664; ☎ 01658-9-4400; http://sounkyovc.net; ⌚ Juni–Okt. 8–17.30 Uhr, Nov.–Mai 9–17 Uhr) Nahe der Talstation der

Sōunkyō-Seilbahn bietet dieses ausgezeichnete Besucherzentrum Ausstellungen, Fotos und Karten (teilweise auf Englisch). Am besten bespricht man die Wanderpläne mit dem hilfsbereiten Personal.

An- & Weiterreise

Täglich verkehren in beide Richtungen sieben Busse zwischen Sōunkyō-Onsen und Asahikawa (2160 ¥, 2 Std.) über Kamikawa.

Wer einen JR Rail Pass hat, kann mit der JR-Sekihoku-Linie von Asahikawa nach Kamikawa fahren und dort in den Bus nach Sōunkyō-Onsen (870 ¥, 35 Min.) umsteigen.

Täglich fahren außerdem zwei Busse nach Kushiro (4930 ¥, 5 Std.) über Akanko-Onsen (3350 ¥, 4 Std.) im Akan-Nationalpark und ein Bus täglich nach Obihiro (2260 ¥, 2¼ Std.).

Wer mit dem Auto unterwegs ist: Die Straße 39 verbindet Sōunkyō-Onsen mit Asahikawa im Westen und Abashiri im Osten.

Daisetsu-Kōgen-Onsen 大雪高原温泉

☎01658

Auf der Ostseite des Parks, etwa 20 km südlich von Sōunkyō-Onsen, liegt Daisetsu-Kōgen-Onsen in völliger Abgeschiedenheit. Wer der unbefestigten Straße über 10 km folgt, trifft mitten im Nirgendwo im Herzen des Nationalparks auf eine kleine Ansammlung von Häusern. Doch die Anstrengung wird belohnt – mit einem einzigartigen Bergabenteuer.

Im Ort gibt's keine Geschäfte, Geldautomaten oder Tankstellen.

Aktivitäten

Kōgen-numa-Meguri-Wanderweg WANDERN

(高原沼めぐり登山コース; Karte S. 664; ⏲22. Juni–10. Okt.) Der vierstündige Wanderweg um die Kōgen-numa (kleine Seen) bietet gute Chancen, Braunbären in freier Wildbahn zu erleben. Wer hier wandern will, hat strenge Regeln zu beachten: Man muss sich vorher einen Vortrag im Braunbären-Informationszentrum anhören, darf den Pfad nur zwischen 7 und 13 Uhr betreten und muss ihn bis 15 Uhr wieder verlassen.

Den ganzen Tag über sind Ranger auf dem Weg unterwegs. Sie geben per Funk durch, wo Bären zu sehen sind, und haben ein Auge auf die Tiere und die Wanderer. Die Strecke ist eine wundervolle Tageswanderung unter den hohen Berggipfeln. Anschließend kann man sich im Onsen in Daisetsu Kōgen Sansō erholen.

Schlafen & Essen

★ **Daisetsu Kōgen Sansō** LODGE ¥¥

(大雪高原山荘; Karte S. 664; ☎01658-5-3818; www.daisetsu-kogen.com; pro Pers. inkl. Mahlzeiten ab 12 570 ¥; ⏲10. Juni–10. Okt.; P) Wer das meiste aus seinem Trip in die Berge herausholen will, sollte in dieser Lodge absteigen. Sie hat nur an 123 Tagen im Jahr geöffnet und ein Aufenthalt hier gleicht einem Urlaub in einer idyllischen Berghütte – ohne dass man dafür eine fünfstündige Wanderung auf sich nehmen müsste. Die Zimmer mit Gemeinschaftsbädern sind schlicht, aber das Essen ist gut, der Onsen heiß und die Luft frisch.

Zur Lodge gehört auch ein *shokudō* (einfaches Lokal), das zwischen 11.30 Uhr und 13 Uhr einfache Gerichte wie *rāmen* und Curry-Reis serviert.

Zwei Busse aus Sōunkyō-Onsen bringen täglich Übernachtungsgäste hierher (Reservierungen erforderlich), mit einem eigenen Fahrzeug ist man aber am besten dran. Auch wer nicht hier absteigt, kann den Onsen nutzen (700 ¥). In der zweiten Septemberhälfte steigt der Preis auf 17 430 ¥, dann ist das prächtige Herbstlaub hier die Hauptattraktion.

Praktische Informationen

Braunbären-Informationszentrum (ヒグマ情報センター; Karte S. 664; ⏲22. Juni–10. Okt.) Wer den **Kōgen-numa-Meguri-Wanderweg** absolvieren will, muss vorher dieses Zentrum besuchen. Hier gibt's Infos zu Bären, jüngsten Sichtungen, aktuellen Wegbedingungen und Streckenschließungen sowie gute Tipps und Wanderkarten auf Englisch.

An- & Weiterreise

Daisetsu-Kōgen-Onsen liegt am Ende einer unbefestiigten Straße abseits der Straße 273 im Osten des Parks. Die Abzweigung ist 15 km südöstlich von Sōunkyō-Onsen ausgeschildert.

Alternativ kann man auch in Daisetsu Kōgen Sansō übernachten und das Shuttle für Gäste des Sōunkyō-Onsen nutzen (2-mal tgl.).

Tokachidake-Onsen

☎0167

In 1270 m ist das abgeschiedene Tokachidake-Onsen das höchste Dorf im Daisetsuzan. Gleichzeitig ist es das am wenigsten entwickelte. Es gibt keine Seilbahn und nur zwei Pensionen; entsprechend ist der Ort auch nicht überfüllt, obwohl er von Furano aus leicht zu erreichen ist. Hier endet nicht nur die legendäre Grand-Traverse-Route, in Tokachidake-Onsen starten auch zahlreiche Tageswanderungen auf dem Parkgelände. Geschäfte, Geldautomaten und Tankstellen gibt es hier nicht – und noch nicht einmal ein Besucherzentrum –, deshalb muss man entsprechende Vorkehrungen treffen.

Aktivtitäten

★ Fukiage Roten-no-yu ONSEN

(吹上露天の湯; Karte S. 664) GRATIS Wem die Vorstellung gefällt, nackt in dampfend heißem Wasser zu sitzen, umgeben von unberührten Wäldern, der sollte hierher kommen. Die Abzweigung zum Fukiage Roten-no-yu ist 2 km vor Tokachidake-Onsen an der Straße 291 ausgeschildert. Es gibt einen Parkplatz, von dem ein 200 m langer Weg zu den heißen Quellen führt.

Außer den beiden heißen Becken – das obere ist etwas heißer – gibt's hier nichts. Für Schüchterne ist der Onsen nicht zu empfehlen: Hier heißt es nackig machen und reinspringen! Das Bad ist kostenlos und *konyoku*, will heißen: Männer und Frauen baden gemeinsam. Wer mag, kann aber ein kleines „Anstandshandtuch" mitnehmen.

Tokachi-dake WANDERN

(十勝岳; Karte S. 664) Die Rundwanderung auf den Tokachi-dake (2077 m) – ein aktiver Vulkan, der zu Japans Hyakumeizan (100 berühmten Bergen) gehört – dauert sechs bis acht Stunden und führt durch eine grandiose Vulkanlandschaft, sofern man Glück mit dem Wetter hat.

Nach etwa 40 Minuten teilt sich der Weg. Ein Pfad steigt zum Gipfel des Tokachi-dake hinauf, der andere führt Richtung Süden zum Furano-dake (富良野岳; 1912 m). Die Rundwanderung auf Letzteren dauert vier bis sechs Stunden.

Schlafen

Kamihoro-sō LODGE ¥¥

(カミホロ荘; Karte S. 664; ☎ 0167-45-2970; http://tokachidake.com/kamihoro; DZ inkl. 2 Mahlzeiten ab 10 500 ¥; P) Hier kann man sich nach einer Wanderung prima erholen. Die Zimmer sind im japanischen Stil gehalten, die Mahlzeiten sättigend und die heißen Quellen bieten Blick auf die Berge. Nichtgäste können die Bäder für 600 ¥ nutzen.

Wenn die Lodge nicht ausgebucht ist, werden möglicherweise auch Alleinreisende beherbergt. Vorher telefonisch erkundigen.

NICHT VERSÄUMEN

DIE BESTEN ONSEN

- Hōheikyō (S. 653)
- Onsen Tengoku (S. 655)
- Goshiki-Onsen (S. 645)
- Mizunashi-Kaihin-Onsen (S. 699)
- Fukiage Roten-no-yu (S. 671)

An- & Weiterreise

Busse (500 ¥, 45 Min.) fahren 3-mal täglich vom JR-Bahnhof Kami Furano – 15 Min. nördlich von Furano an der JR-Linie Furano – nach Tokachidake-Onsen.

Wakkanai 稚内

☎ 0162 / 35 700 EW.

Wakkanai, mit 45 °N Japans nördlichste Stadt, verwandelt sich mit den Jahreszeiten. Von November bis März wirkt sie wie ein abgeschiedener sibirischer Außenposten, in dem kernige Fischer, Kelp-Bauern und eine Sattelrobbenkolonie leben. Außerhalb der Wintermonate ist das Klima in der Hafenstadt, von der Fähren zu den Inseln Rishiri-tō und Rebun-tō übersetzen, angenehm mild.

Sehenswertes

Sarobetsu-Feuchtgebiet NATURSCHUTZGEBIET

(サロベツ原野; Sarobetsu Genya; Karte S. 672) Dieses Sumpfgebiet gehört zum Rishiri-Rebun-Sarobetsu-Nationalpark und liegt 40 km südwestlich von Wakkanai. Im Sommer stehen die Wildblumenfelder in herrlicher Blütenpracht. Man kann sie von einem Holzsteg aus bewundern, der über die Sümpfe führt. Zwischen Wakkanai und Toyotomi (*futsū* 030 ¥, 50 Min.; *tokkyū* 1550 ¥, 40 Min.) verkehren Züge auf der JR-Linie Sōya, allerdings nicht sehr häufig. Busse pendeln vom JR-Bahnhof Toyotomi zum **Infozentrum Sarobetsu-Feuchtgebiet** (サロベツ原野センター; ☎ 0162-82-3232; http://sarobetsu.or.jp; 8662 Sarobetsu, Toyotomi-chō; ⌚ Mai–Okt. 9–17 Uhr, Nov.–März 10–16 Uhr, Nov.–April Mo geschlossen), Abfahrt ist um 8.30, 13.25 und 14.50 Uhr (Juni bis September) bzw. um 9.15 und 13.50 Uhr (Oktober bis Mai).

Von hier bietet sich außerdem ein toller Blick auf den Rishiri-zan (S. 677), vor allem im Winter, wenn die Adler über den Köpfen hinwegsegeln und man sich am Besucherzentrum Schneeschuhe (500 ¥) ausleihen kann, um über die Schneedecke zu wandern.

Wakkanai & Rishiri-Rebun-Sarobetsu-Nationalpark

Fukukō-ichiba MARKT
(副港市場; ☎ 0162-29-0829; www.wakkanai-fukukou.com; 1-6-28 Minato; ⏲ variieren je nach Laden; P) Zehn Gehminuten südlich des JR-Bahnhofs Wakkanai erstreckt sich ein Gebäudekomplex, der neben einem Lebensmittelmarkt auch Andenkenläden, Restaurants und den **Minato-no-yu-Onsen** (港の湯温泉; ☎ 0162-22-1100; 2. St., Fukukō-ichiba, 1-6-8 Minato; Erw./Kind 750/420 ¥; ⏲ 10–22 Uhr; P) beherbergt. Er soll das alte Wakkanai wieder aufleben lassen. Man kann umherschlendern und sich historische Fotos sowie Videos über die Stadt und Sachalin (das vor 1945 noch Karafu-tō hieß und zu Japan gehörte) anschauen.

Nördlicher Wellenbrecher-Dom BEMERKENSWERTES GEBÄUDE
(北防波堤ドーム) Kitsch-Fans können nach ein paar Gehminuten nördlich des Fährterminals Wakkanais Wellenbrecherdamm bewundern, der 1936 erbaut wurde und wie eine lang gestreckte Version des Kolosseums in Rom aussehen soll.

Sōya-misaki LANDSPITZE
(宗谷岬) 30 km östlich von Wakkanai liegt Sōya-misaki, Japans nördlichster Punkt. Das Kap ist entweder der End- oder Startpunkt für Wanderer und Radfahrer, die das Land in seiner gesamten Länge durchqueren. Es fahren täglich sieben Busse von der Haltestelle 1 am JR-Bahnhof Wakkanai (einfach/hin & zurück 1390/2500 ¥, 50 Min.) hierher.

Schlafen & Essen

Wakkanai Moshiripa Youth Hostel HOSTEL ¥
(稚内モシリパユースホステル; ☎ 0162-24-0180; www.moshiripa.net; 2-9-5 Chūō; B 4500 ¥; ⊖ 📶) Das dunkelblaue, dreistöckige Gebäude liegt praktischerweise nur ein paar Blocks nördlich des JR-Bahnhofs Wakkanai und bietet zweckmäßige, schlichte Schlafsäle. Gäste mit

Wakkanai & Rishiri-Rebun-Sarobetsu-Nationalpark

Sehenswertes
1 Sarobetsu-Feuchtgebiete F4
2 Sukai-misaki A1

Aktivitäten, Kurse & Touren
3 Momoiwa-Route A2
4 Pon-yama................B3
5 Rebun-dake A2
6 Rebun-tō-Traverse................A1
7 Rishiri-Fuji-Onsen................B3
8 Rishiri-zan................C3
9 Usuyuki-no-yu-Onsen................A2

Schlafen
10 Hokuroku Campingplatz................B3
11 Kushu-kohan Campingplatz A1
12 Maruzen Pension Rera Mosir................B3
13 Momoiwa-sō Youth Hostel................A2
Pension Uni................ (siehe 9)
14 Rishiri Green Hill Inn................B3

Essen
15 Atoi Shokudō................A1
Robata Chidori .... (siehe 9)
16 Tsuki Café................B3

Praktisches
Touristeninformationszentrum Oshidomari .... (siehe 16)
17 Touristeninformationsschalter................A2

Transport
Heartland Ferry................ (siehe 18)
18 Hokkaidō Sakhalin Line................F1

Jugendherbergsausweis zahlen 3400 ¥, Frühstück kostet 750 ¥. Check-in ist zwischen 15 und 20 Uhr und abends muss man um 22.30 Uhr zurück sein.

Tenpoku no Yu Dormy Inn HOTEL ¥¥
(天北の湯ドーミーイン稚内; ☎0162 24 5180; www.hotespa.net/hotels/wakkanai/; 2-7-13 Chūō; EZ/DZ ab 7390/11 290 ¥;) Eine gute Wahl. Das Hotel bietet einen hauseigenen Onsen, kostenlose Waschmaschinen (Trockner kosten extra) und eine praktische Lage vier Gehminuten vom JR-Bahnhof Wakkanai entfernt. Die standardmäßigen Zimmer sind sauber und nicht zu eng.

ANA Crowne Plaza Wakkanai HOTEL ¥¥¥
(ANAクラウンプラザホテル稚内; ☎0162-23-8111; www.ana-hotel-wakkanai.co.jp; 1-2-2 Kaiun; EZ/DZ inkl. Frühstück ab 11 900/19 500 ¥;) Wakkanais einziges (wenn auch etwas verwittertes) Spitzenklassehotel liegt direkt am Wasser und ist fußläufig vom Fährterminal und Bahnhof zu erreichen. Eine gute Alternative, vor allem, wenn man ein Pauschalangebot mit Flug bucht. Bei der Reservierung unbedingt um ein Zimmer mit Meerblick bitten. Zusätzliches Plus: Der Flughafenbus hält auch hier.

Pechika RUSSISCH ¥
(ペチカ; ☎0162-23-7070; www.w-kenki.com/pechka; Fukukō-ichiba, 1-6-8 Minato; Gerichte ab 400 ¥, Menüs ab 1500 ¥; ⏰17–23 Uhr;) Wer nach all den russischen Straßenschildern in Wakkanai Lust auf *pelmeni* (Klöße) oder *pirozhki* (gefüllte Teigtaschen) hat, ist im Pechika genau richtig. Es ist zwar nicht besonders authentisch, man kann das Essen aber mit reichlich russischem Bier und Wodka runterspülen.

Take-chan FISCH & MEERESFRÜCHTE ¥¥
(竹ちゃん; ☎0162-22-7130; http://take-chan.co.jp; 2-8-7 Chūō; Gerichte ab 700 ¥, Menüs 1400–5000 ¥; ⏰17–23 Uhr;) In diesem belebten

Fischlokal gibt's günstige Sushi-Platten (1400–2900 ¥) und japanische Klassiker in Meeresfrüchte-Varianten. Das *tako-shabu* (2500 ¥) sollte man probieren: Statt Schweine- oder Rindfleisch, die üblicherweise verwendet werden, kommt hier Oktopus in den Eintopf. Ebenfalls lecker: das *tako kara-age* (700 ¥; frittierter Oktopus). Das Take-chan liegt einen kurzen Fußweg vom JR-Bahnhof Wakkanai entfernt, erkennbar an einem senkrechten, weißen Leuchtschild.

Praktische Informationen

GELD

Postamt Wakkanai (稚内郵便局; 2-15-2 Chūō; ⏲ Mo–Fr 8.45–19, Sa & So 9–17 Uhr) Wer auf dem Weg nach Rishiri-tō oder Rebun-tō ist, kann sich hier mit Bargeld eindecken. Kreditkarten werden auf den Inseln nur selten akzeptiert.

TOURISTENINFORMATION

Am **Flughafen** (稚内空港; Karte S. 672; ☎ 0162-27-2111; http://wkj-airport.jp; 6744 Koetoi-mura) und im Fährterminal gibt's Infozentren, die von Mai bis September geöffnet sind.

Am **Touristeninformationsschalter** (☎ 0162-22-2384; www.welcome.wakkanai.hokkaido.jp/en; ⏲ 10–18 Uhr) im JR-Bahnhof Wakkanai bekommt man Karten und Busfahrpläne.

> **FÄHREN WAKKANAI–RUSSLAND**
>
> Die **Hokkaidō Sakhalin Line** (北海道サハリン航路; Karte S. 672; ☎ 0162-22-2550; sahkouro@giga.ocn.ne.jp; einfach/hin & zurück 18 000/36 000 ¥) verbindet Wakkanai mit Korsakow (auf der russischen Insel Sachalin). Die Fähren verkehren von August bis Mitte September 2-mal wöchentlich, die Fahrt dauert 4½ Stunden. Viele Passagiere sind Japaner, die Familie auf Sachalin haben, aber es sind auch ein paar Touristen darunter.
>
> Man muss das Ticket im Reisebüro buchen, das auch die nötigen Visumsformalitäten abwickeln sollte. Sowohl **Hokuto Kankō** (北都観光; ☎ 0162-23-3820; www.hoktokanko.co.jp; 4-5-29 Chūō, Wakkanai; ⏲ Mo–Fr 9–18, Sa 8–17 Uhr) in Wakkanai als auch **Nomad** (ノマド; Karte S. 632; ☎ 011-200-8840; www.hokkaido-nomad.co.jp; S2W6 Chūō-ku; ⏲ Mo–Fr 9–18 Uhr; Ⓢ Tōzai-, Tōhō- & Namboku-Linie nach Ōdōri, Ausgang 2) in Sapporo können weiterhelfen. Die Fährverbindung wurde in der Vergangenheit schon öfter ausgesetzt; momentan befindet sie sich in einer Probephase. Wer nicht nach Japan zurückfährt, wird am russischen Zoll möglicherweise gebeten, ein Ticket zur Weiterreise vorzulegen.

An- & Weiterreise

AUTO & MOTORRAD

Die lange Fahrt nach Wakkanai dauert einen halben Tag, egal auf welcher Strecke: auf direktem Weg von Asahikawa über die Straße 40 oder entlang der malerischen Küstenstraßen, entweder von Abashiri (die Ochotsk-Strecke) oder Otaru (die Ororon-Strecke).

Wer nach Rishiri-tō oder Rebun-tō unterwegs ist, kann für 1000 ¥ pro Tag am Fährterminal parken.

BUS

Busse verkehren 6-mal täglich (einschließlich eines Nachtbusses) zwischen Wakkanai und Sapporo (einfach/hin & zurück 6200/11 300 ¥, 6 Std.), teilweise direkt zum/vom Fährterminal.

SCHIFF/FÄHRE

Heartland Ferry (ハートランドフェリー; Karte S. 672; ☎ 0162-23-3780; www.heartlandferry.jp) Fährt nach Rishiri-tō und Rebun-tō.

ZUG

Täglich verbinden drei limitierte JR-Expresszüge Super Sōya/Sarobetsu Liner Wakkanai mit Asahikawa (7780 ¥, 3¾ Std.) und Sapporo (9930 ¥, 5 Std.).

Unterwegs vor Ort

Die Innenstadt von Wakkanai kann man prima zu Fuß erkunden. Der JR-Bahnhof liegt direkt neben dem Busbahnhof und sowohl das Stadtzentrum als auch der Bahnhof sind nur zehn Gehminuten vom Fährhafen entfernt. Am **Touristeninformationsschalter** gibt's Infos zu Leihfahrrädern, mit denen man zu ein paar weiter entfernten Sehenswürdigkeiten entlang der Küste radeln kann.

Rishiri-Rebun-Sarobetsu-Nationalpark
利尻礼文サロベツ国立公園

Die Inseln Rishiri-tō und Rebun-tō liegen vor der Küste Wakkanais, der nördlichsten Stadt des Landes, und gehören zu den abgeschiedensten Ecken Japans. Sie sind Teil des Rishiri-Rebun-Sarobetsu-Nationalparks und größtenteils unerschlossen, abgesehen von ein paar vereinzelten Fischerdörfern und einer bescheidenen Tourismusindustrie. Geografisch unterscheiden sie sich völlig voneinander: Rishiri-tō wird von einem Vulkan beherrscht, dem Rishiri-zan (S. 677); Rebun-tō – langgestreckt und schmal – wurde durch Plattentektonik geformt. Die meisten Besucher kommen im Sommer, steigen auf den Rishiri-zan oder wandern die Bergkämme auf Rebun-tō entlang, wo im Juni und Juli die Wildblumen blühen. Südwestlich von Wakkanai lockt das Sarobetsu-Feuchtgebiet (S. 671), das ebenfalls zum Park gehört, mit seiner eindrucksvollen Blütenpracht.

Schlafen & Essen

Auf Rishiri-tō und Rebun-tō gibt's Campingplätze, Hostels, Pensionen und Hotels. Die Hafenstadt Oshidomari auf Rishiri-tō ist eine der größten Siedlungen der Gegend und bietet die meisten Unterkünfte und Einrichtungen. Viele sind nur saisonal geöffnet, ungefähr von Mai bis Oktober.

Uni (Seeigel) sind die Spezialität der Insel. Es gibt zwei Arten: *kita-murasaki uni* (Juni bis September) und *bafun uni* (Juli und August). Die frischen Meeresfrüchte sind köstlich, aber man sollte keine Schnäppchen erwarten: Der übliche Preis für *uni-don* (Seeigel-Rogen auf Reis) liegt bei 3500 ¥. In Oshidomari und Kafuka gibt's ein paar Restaurants und einen Seico Mart. Die meisten Besucher essen in ihrer Unterkunft oder sind Selbstversorger.

Rebun-tō 礼文島

0163 / 2700 EW.

Rebun-tō, Japans nördlichste Insel, begrüßt fast all ihre Besucher innerhalb von zwei Monaten im Juni und Juli, wenn die Wildblumenpracht in voller Blüte steht. Zwischen Mai und September blüht aber immer irgendwas – der September kann besonders schön sein, wenn sich das Bambusgras golden verfärbt. Dank der Abgeschiedenheit der Insel wachsen hier einige seltene und ungewöhnliche Blumen, etwa die Rebun-Frauenschuh-Orchidee. Rebun-tō ist vor allem ein Sommerziel, im Winter ist es hier kalt und sehr windig.

Sehenswertes & Aktivitäten

Viele Touristen kommen zum Wandern nach Rebun-tō und sind auf verschiedenen Wegen mit unterschiedlichen Schwierigkeitsgraden unterwegs. Man kann sich aber auch einen Motorroller oder ein Auto mieten, um die Kaps am Nordende der Insel zu besuchen, von denen sich ein grandioser Blick aufs Meer bietet (sofern das Wetter mitspielt). Normalerweise sieht man das ganze Jahr über Sattelrobben, die in der **Funadomari-Bucht** (船泊湾) und in **Kaneda-misaki** (金田岬) faul auf den Felsen liegen.

Sukai-misaki AUSSICHTSPUNKT

(澄海岬; Karte S. 672) Das hübscheste Kap der Insel – mit strahlendem, beinahe tropisch blauem Wasser, umrahmt von zerklüfteten Felsen und grasbewachsenen Hängen. Die Rebun-tō-Traverse führt hier vorbei, aber das Kap ist auch per Auto erreichbar.

★ Rebun-tō-Traverse WANDERN

(8時間コース; 8-Stunden-Route; Karte S. 672) Ausgangspunkt dieser anspruchsvollen, aber lohnenswerten Wanderung entlang der Westküste ist **Sukoton-misaki** (スコトン岬), der nördlichstePunkt der Insel. Von dort führt sie zum wunderschönen Sukai-misaki und endet unten am Hafen von Kafuka. Trotz ihres Namens sollte man zehn Stunden einplanen. Eine vierstündige Kurzversion ist ebenfalls möglich, bei der man von Sukai-misaki Richtung Norden zur Bushaltestelle in Hama-naka (浜中) weitergeht.

Wer die komplette Wanderung machen will, muss um 6.30 Uhr den ersten Bus vom Fährterminal nach Sukoto erwischen. Das bedeutet auch, dass man zweimal in Rebun übernachtet. Bei der Wanderung unbedingt lange Hosen und Ärmel tragen, da einige der hiesigen Pflanzen einen Hautausschlag verursachen können.

Rebun-dake WANDERN

(礼文岳; Karte S. 672) Der Rebun-dake (礼文岳; 490 m) ist der höchste Punkt der Insel. Für die nicht allzu anstrengende 4,5 km lange Wanderung wird man mit einem 360-Grad-Panorama der Insel belohnt. An der Bushaltestelle in Nairo (内路), 20 Busminuten (690 ¥) vom Fährterminal entfernt, beginnt der Rundweg, für den man drei bis vier Stunden einplanen sollte.

Momoiwa-Route WANDERN

(桃岩コース; Karte S. 672) Am schönsten ist die einfachste und beliebteste Wanderung auf der Insel, wenn die Wildblumen blühen. Der Weg schlängelt sich vom südlichsten Punkt in Shiretoko (知床) über das Hochland nach Momoiwa (桃岩; Pfirsichfelsen) und weiter nach Kafuka. Dauer der Tour: ungefähr drei Stunden.

Usuyuki-no-yu-Onsen ONSEN
(うすゆきの湯; Karte S. 672; ☎0163-86-2345; 961-1 Besshu, Kafuka-mura; 600 ¥; ⌚12–22 Uhr) Nach einem langen Wandertag gibt es nichts Besseres als den Onsen direkt am Wasser, nur ein paar Minuten von Kafukas Fähranleger entfernt. Vom *rotemburo* (Außenbecken) aus sieht man den Rishiri-zan.

Schlafen & Essen

★ Momoiwa-sō Youth Hostel HOSTEL ¥
(桃岩荘ユースホステル; Karte S. 672; ☎0163-86-1421; www.youthhostel.or.jp/n_momoiwaso.htm; B 3600 ¥, Frühstück/Abendessen 600/1000 ¥; ⌚Juni–Sept.; P) Teils Lost-Boys-Versteck, teils verrücktes Sommerlager – das Momoiwa-sō ist ein ganz besonderer Ort, den man entweder hasst oder liebt. Hier gelten strenge Regeln, aber es wird auch viel gesungen und getanzt (der Weckruf beispielsweise, der um 6 Uhr morgens aus den Lautsprechern dröhnt, klingt wie Fahrradhupen plus Retro-Pop). Die Lage an der abgeschiedenen Westküste ist atemberaubend (wenn auch eher unpraktisch).

Früher war das 150 Jahre alte Holzgebäude eine Fischerei, entsprechend schlicht ist die Unterkunft: Man schläft in Stockbetten oder auf Tatamimatten. Gleiches gilt fürs Essen, auf das man angewiesen ist, wenn man nicht selbst etwas dabeihat.

Das Momoiwa-sō organisiert Gruppenwanderungen auf der Rebun-tō-Traverse (S. 675) inklusive Shuttleservice (700 ¥) um 5.40 Uhr nach Sukoton. Außerdem bietet es einen kostenlosen Transport zum/vom Fährterminal an (zu Fuß dauert's eine Stunde). Die Atmosphäre ist sehr gesellig und es ist fast unmöglich, wieder abzureisen, ohne neue Freundschaften geschlossen zu haben.

Kushu-kohan-Campingplatz CAMPINGPLATZ ¥
(久種湖畔キャンプ場; Karte S. 672; ☎0163-87-3110; Funadomari-mura; Zeltplatz pro Pers. 600 ¥; ⌚Mai–Sept.; P) Neben dem Kushu-ko am Nordende der Insel bietet dieser Campingplatz grasbewachsene Zeltplätze und ein paar schlichte Hütten für vier Personen (2000 ¥ plus Grundgebühr pro Pers.). Die nächste Bushaltestelle befindet sich in Byōin-mae, 45 Minuten Fahrt (960 ¥) vom Fährterminal entfernt.

Pension Uni PENSION ¥¥
(ペンションうーにー; Karte S. 672; ☎0163-86-1541; www.p-uni.burari.biz; Tonnai, Kafuka-mura; pro Pers. inkl./exkl. 2 Mahlzeiten 11 880/8860 ¥; P @) Diese strahlend blaue, makellos saubere Pension mit Zwei-Bett-Zimmern im westlichen Stil liegt vom Hafen aus gesehen bergauf. Zu essen gibt's regionale Meeresfrüchte. Die Preise inkl. Halbpension sinken, wenn im September die *uni*-(Seeigel-)Saison endet. Die Besitzer bieten einen gratis Shuttleservice an, solange man sich in einem 5-km-Radius bewegt (der das Fährterminal einschließt).

★ Robata Chidori FISCH & MEERESFRÜCHTE ¥
(炉ばたちどり; Karte S. 672; ☎0163-86-2130; 1115-3 Tonnai; Gerichte 700–1500 ¥; ⌚11–22 Uhr, Sept.–Mai unregelmäßig geschlossen) Das Chidori serviert echte *robata-yaki*, zubereitet auf einem Holzkohlegrill, der direkt in den Tisch eingelassen ist. Spezialität des Hauses ist hokke chanchan-yaki (ホッケチャンチャン焼; 900 ¥), vor der Insel gefangene, gegrillte Ochotsk-atka-Makrele mit Miso. Und auch das *ika-teppō-yaki* (いか鉄砲焼; gegrillter gefüllter Tintenfisch; 800 ¥) ist nicht zu verachten. Das Restaurant befindet sich am Wasser in Kafuka, fünf Gehminuten vom Fährterminal entfernt.

Atoi Shokudō FISCH & MEERESFRÜCHTE ¥¥
(あとい食堂; Karte S. 672; ☎0163-87-2284; Funadormari-mura; Gerichte 1200–3500 ¥; ⌚April–Sept. 10–16 Uhr; P) Das Atoi wird von der Fischergemeinschaft der Insel geführt und serviert großzügige Portionen *kaisen-don* (rohe Meeresfrüchte auf Reis) mit lokal gefangenem *uni* (Seeigel) und *ebi* (Shrimps). Es gibt eine Speisekarte mit Bildern.

Praktische Informationen

Touristeninformationsschalter (Karte S. 672; ☎0163-86-1001; www.rebun-island.jp; ⌚Mitte April–Okt. 8–17 Uhr) Hier gibt's Wanderkarten und Busfahrpläne auf Englisch. Das Personal spricht etwas Englisch und hilft bei Buchugen. Geöffnet, bis die letzte Fähre ablegt.

An- & Weiterreise

Heartland Ferry (S. 674) unterhält (ganzjährig) zwei bis vier Fähren täglich zwischen Wakkanai und dem Hafen von Kafuka (Karte S. 672) (ab 2260 ¥, 2 Std.). Weniger häufig verkehren Fähren von Kafuka nach Oshidomari bzw. Kutsugata (ab 800 ¥, 45 Min.) auf Rishiri-tō. Tickets sind in jedem Hafen erhältlich.

Unterwegs vor Ort

Fünf Busse täglich fahren entlang der Ostküste der Insel von Kafuka im Süden nach Sukoton-misaki im Norden (1220 ¥, 1 Std.). Außerdem verkehren fünf Busse täglich (drei am Wochenende) zur Südspitze in Shiretoko (290 ¥, 10 Min.). Beachten sollte man, dass am Nachmittag eine riesige Lücke klafft; am besten nimmt man sich am Touristeninformationsschalter einen Busfahrplan (auf Englisch) mit und plant entsprechend, vor allem, wenn man später noch eine Fähre erwischen muss.

Mietwagen (ab 7000 ¥ für 3 Std.), Motorroller (1000 ¥ pro Std.) und Elektro-Hybrid-Fahrräder (3000 ¥ pro Tag) kann man direkt vor dem Fährterminal leihen. Die Preise sind allerdings höher als im Rest von Hokkaidō.

Rishiri-tō 利尻島

☎ 0163 / 5400 EW.

Aus der Ferne wirkt Rishiri-tō wie ein einziger Berg: ein perfekter Vulkankegel, der den Großteil des Jahres schneebeckt aus dem Meer aufragt. Der **Rishiri-zan** (1721 m) ist einer der 100 berühmten Berge Japans und die Hauptattraktion der Insel – er steht auf der To-do-Liste aller japanischen Wanderfreunde. Dank seiner extremen Abgeschiedenheit ist Rishiri-tō jedoch nie wirklich überfüllt. Das Wetter auf der Insel ist allerdings völlig unvorhersehbar: Wer wandern möchte, sollte am besten drei Nächte bleiben und darauf hoffen, dass das Wetter wenigstens an einem Tag mitspielt.

Aktivitäten

Auf dem Fahrradsattel kann man die Insel wunderbar erkunden: Die 60 km lange Umrundung dauert sieben bis acht Stunden. Außerdem verläuft ein 25 km langer Radweg durch die Wälder und Küstenebenen von Oshidomari nach Kutsugata. Auch viele Unterkünfte verleihen Fahrräder.

★ Rishiri-zan WANDERN

(利尻山; Karte S. 672) Weil sein einsam aufragender, perfekt geformter Kegel dem berühmten Fuji so ähnlich sieht, wird der Rishiri-zan auch Rishiri-Fuji genannt. Ihn zu besteigen ist eine unglaublich lohnenswerte Erfahrung. Vom Gipfel bietet sich ein grandioser Blick auf Rebun-tō und bis nach Sachalin, aber man muss dafür schon ziemlich fit sein. Der Wanderweg beginnt in 220 m Höhe und steigt 1500 Höhenmeter auf. Im Durchschnitt dauert die Rundwanderung zehn bis elf Stunden.

Im Gegensatz zum Fuji ist der Aufstieg auf den Rishiri-zan jedoch auch landschaftlich schön und der Weg im unteren Abschnitt von Tannen, Fichten und Birken gesäumt, in den höheren Regionen von Wiesen voller Alpenblumen. Die beste Zeit für den Aufstieg ist von Juni bis September, aber selbst dann kann das Wetter sehr wechselhaft sein, vor allem, weil der Berg nicht windgeschützt ist. Eigentlich gibt's sogar zwei Gipfel, den Kita-mine (北峰) und den Minami-mine (南峰), Letzterer ist aber aus Sicherheitsgründen gesperrt.

Auf dem Berg gibt's keinerlei Infrastruktur, abgesehen von einer nicht besetzten Schutzhütte zwischen der achten und neunten Station. Man sollte mindestens 2 l Wasser dabeihaben und ein „mobiles Toilettenset" kaufen (400 ¥), das man an ausgewiesenen Kabinen am Berg benutzen kann.

Der Hauptausgangspunkt des Wanderwegs liegt 5 km vom Fährhafen in Oshidomari (鴛泊) entfernt, hinter dem Hokuroku-Campingplatz (S. 678). Ein weiterer Einstieg befindet sich 6 km außerhalb von Kutsugata, Rishiri-tōs anderem Hafen. Man kann auf dem einen Weg auf- und auf dem anderen absteigen. Die Kutsugata-Route ist schwieriger, oft durch lose Felsen und Steinschlag erschwert, und sollte nur von erfahrenen Bergsteigern begangen werden.

Weder Busse noch Taxis fahren schon so früh, dass man den Ausgangspunkt der Wanderung rechtzeitig erreicht. Da die meisten Besucher jedoch zum Wandern hier sind, bieten fast alle Unterkünfte um 5 Uhr morgens einen kostenlosen Shuttleservice zum Wanderweg an.

Die Touristeninformation (S. 679) am Fährterminal in Oshidomari hält einen recht guten Wanderführer auf Englisch bereit, die (japanische) Shobunsha-Karte *Yama-to-kōgen Chizu 1 Rishiri; Rausu* (山と高原地図 1 利尻 ; 羅臼) ist jedoch viel detaillierter

Pon-yama WANDERN

(ポン山; Karte S. 672) Wer einen fantastischen Ausblick auf den Rishiri-zan (und eine viel entspanntere Wanderung) genießen will, kann den benachbarten Pon-yama (444 m) erklimmen. Die Tour dauert rund zwei Stunden hin und zurück und beginnt am Aufstiegspunkt zum Rishiri-zan; nach zehn Minuten zweigt der Pfad zum Pon-yama nach links ab.

Rishiri-Fuji-Onsen ONSEN

(利尻富士温泉; Karte S. 672; ☎ 0163-82-2388; 500 ¥; ⏰ Juni–Aug. 11–21 Uhr, Sept.–Mai 12–21 Uhr) Gibt es eine bessere Möglichkeit, sich vom Aufstieg auf den Rishiri-zan (S. 677) zu erholen? Wohl kaum. Dieser Onsen liegt sehr günstig an der Straße, die von Oshidomari zum Ausgangspunkt des Wanderwegs

SKIFAHREN & SURFEN IN RISHIRI

Ja, richtig gelesen: In Rishiri kann man Ski fahren und surfen (sofern man kühn genug und erfahren ist). Der **Rishiri Nature Guide Service** (利尻自然ガイドサービス; ☎0163-82-2295; www.maruzen.com/tic/guide), unter Leitung des ortsansässigen Abenteuerführers Watanabe Toshiya bietet von Ende Dezember bis Ende Mai Touren durchs Hinterland auf den Rishiri-zan an. Hier erlebt man Natur pur (ganz ohne Lifte) und muss jeden Hang selbst hinaufkraxeln, bevor man die steilen Vulkanabfahrten und den grandiosen Blick aufs Meer genießen kann. Andere Skifahrer oder Snowboarder sieht man hier kaum.

Die Touren (max. 6 Pers., ab 10 800 ¥ pro Pers.) sind beliebt und schnell ausgebucht, vor allem während der Pulverschnee-Hochsaison im Januar und Februar (laut Toshiya bietet der April aber die meisten Sonnentage). Die Ausrüstung muss man selbst mitbringen.

Was das Surfen angeht, schwört der Abenteuerführer, dass das Wasser hier oben lange nicht so kalt ist, wie man glaubt. September und Oktober sind die besten Monate, wenn die Sommersonne das Meer aufgewärmt hat und Taifune aus dem Süden nach Norden ziehen und große Wellen bringen. Allerdings ist die Verlockung, während eines einzigen Trips Ski zu fahren und zu surfen so groß, dass sich einige auch in der Nebensaison ins Wasser wagen (dafür braucht man aber einen Trockenanzug). Toshiya spricht etwas Englisch und gibt gerne Tipps zu den besten Surfgegenden. Für gewöhnlich findet man ihn abends in seiner Pension Maruzen Pension Rera Mosir (S. 678).

führt. Wenn man morgens aufbricht, kann man sich die Stelle genauer anschauen, damit man auf dem Rückweg weiß, wo man hin muss. Vom Oshidomari-Fährterminal verkehren ein paar Regionalbusse (150 ¥, 7 Min.) zum Onsen.

Schlafen & Essen

Hokuroku-Campingplatz CAMPINGPLATZ ¥
(北麓野営場; Karte S. 672; ☎0163-82-2394; Zeltplatz pro Pers. 500 ¥, Hütte 5000 ¥; ⏲15. Mai–15. Okt.; P) Mit seiner Lage am Ausgangspunkt der Rishiri-zan-Wanderroute (S. 677) ist dieser Campingplatz ideal für Leute, die bereits in aller Herrgottsfrühe losmarschieren wollen. Die mit Decken und Kissen ausgestatteten Hütten bieten Platz für vier. Er liegt zehn Auto- oder 60 Gehminuten vom Fährterminal entfernt – oder man nimmt den Bus, fährt bis zum Rishiri-Fuji-Onsen und geht die restlichen 30 Minuten zu Fuß.

Rishiri Green Hill Inn HOSTEL ¥
(利尻ぐりーんひるInn; Karte S. 672; ☎0163-82-2507; http://rishiri-greenhill.net; 35-3 Fujino, Oshidomari; B ab 3800 ¥; ⏲Mitte März–Mitte Okt.; P @) Eine ausgezeichnete Budgetoption mit schlichten Schlafsälen im japanischen und westlichen Stil. Morgens gibt's kostenlos Brot und man kann in der Küche selbst etwas kochen, muss allerdings zehn Minuten zu Fuß in die Stadt marschieren und Vorräte besorgen (oder man leiht sich eins der hauseigenen Fahrräder aus). Die freundlichen Besitzer holen ihre Gäste auch am Hafen ab und fahren sie zum Beginn des Wanderwegs auf den Rishiri-zan (S. 677).

★ **Maruzen Pension Rera Mosir** PENSION ¥¥
(マルゼンペンションレラモシリ; Karte S. 672; ☎0163-82-2295; www.maruzen.com/tic/oyado; 227-5 Sakae-chō, Oshidomari; pro Pers. inkl./exkl. 2 Mahlzeiten 11 000/7460 ¥; P @) Das Rera Mosir, gemanagt vom ortsansässigen Abenteuerführers Watanabe Toshiya, ist auf der ganzen Insel die beste Wahl für Aktivurlauber – egal, ob man im Sommer den Rishiri-zan (S. 677) besteigen oder im Winter im Hinterland Ski fahren möchte. Zudem gehört die Pension zu den wenigen Unterkünften, die ganzjährig geöffnet haben. Sie ist klein, aber modern, wird wie ein Hotel geführt und hat sogar einen eigenen Onsen.

Es gibt einen kostenlosen Transportservice zum/vom Hafen bzw. dem Ausgangspunkt der Rishiri-zan-Wanderung. Wer auf eigene Faust losziehen will: Die Leihwagen sind die billigsten auf der ganzen Insel. Außerdem gut: die Meeresfrüchte zum Abendessen. Im Winter sinken die Preise um 2000 bis 2500 ¥.

Tsuki Café CAFÉ ¥
(月カフェ; Karte S. 672; ☎0163-82-2305; http://tsukirishiri.wix.com/tsuki; 2. St., Oshidomari-Fährterminal; ⏲Do–Di 11–15 Uhr) Ein überraschend cooles kleines Café für ein Fährterminal, in

dem wartende Passagiere mit Kaffee, Kuchen und Currys versorgt werden. Die großen Panoramafenster bieten einen Blick über den Hafen.

In geschäftigen Zeiten öffnet es manchmal schon früher und schließt auch später.

Praktische Informationen

Touristeninformation Oshidomari (Karte S. 672; ☎0163-82-2201; www.town.rishiri.hokkaido.jp/kanko; ⏲15. April–31. Okt. 8–17.30 Uhr) Im Erdgeschoss des neuen Fährterminals. Hier bekommt man englische Kletterführer, Karten und Busfahrpläne. Das Personal spricht Englisch und hilft bei Buchungen weiter.

An- & Weiterreise

Der Flughafen Rishiri-tō liegt nur ein paar Kilometer westlich von Oshidomari und bietet Flüge von **ANA** (www.ana.co.jp) und **Hokkaidō Air System** (HAC; www.hac-air.co.jp) nach/von Sapporo an.

Nahverkehrsbusse (460 ¥, 20 Min.) fahren pünktlich zu den Abflugzeiten zum Flughafen (an der Touristeninformation gibt's Genaueres). Ein Taxi in die Stadt kostet rund 1200 ¥. **Heartland Ferry** (S. 674) unterhält ganzjährig zwei bis vier Fähren täglich zwischen Wakkanai und **Oshidomari** (Karte S. 672) (ab 2030 ¥, 1¾ Std.). Weniger häufige Fähren (800 ¥, 45 Min.) fahren in beide Richtungen von den Häfen Oshidomari und **Kutsugata** (Karte S. 672) auf Rishiri-tō zum Hafen von Kafuka auf Rebun-tō. Tickets gibt's in allen Häfen.

Unterwegs vor Ort

Regionalbusse fahren im Uhrzeigersinn (7-mal tgl.) und gegen den Uhrzeigersinn (5-mal tgl.) um die Insel. Die Fahrt von Oshidomari nach Kutsugata (750 ¥) dauert 30 bis 45 Min., je nachdem, ob der Bus am Flughafen hält. Man kann die komplette Insel in zwei Stunden umrunden (2260 ¥). An der **Touristeninformation** gibt's einen englischen Fahrplan.

Vor dem Fährterminal kann man ein Auto mieten, aber die Preise sind höher als im Rest Hokkaidōs und starten bei 5000 bis 7000 ¥ für drei Stunden. Motorräder kosten 3000 bis 5000 ¥ pro Tag.

OST-HOKKAIDŌ 道東

Ost-Hokkaidō (Dō-tō) ist rau, dabei aber bezaubernd schön. Vulkanische Aktivität und extreme Temperaturen haben das Land geformt. In den Wintermonaten kann man an Deck der Eisbrecher die beeindruckenden Eisströme vor Abashiri im Ochotskischen Meer beobachten. Die beiden Nationalparks Akan und Shiretoko (Letzterer ist eine Welterbestätte) warten mit tollen Wanderrouten auf und lassen sich am besten während der milden Sommermonate erkunden. Im Kushiro-Shitsugen-Nationalpark lebt der Mandschurenkranich, in Japan ein Symbol für Langlebigkeit.

Abashiri 網走

☎0152 / 37 000 EW.

Für Japaner ist Abashiri ebenso ein Synonym für „Gefängnis" wie Alcatraz für Amerikaner – die bloße Erwähnung löst eiskalte Schauer aus. Ebenso wie die sehr harten Winter hier: Abashiri ist für sein zugefrorenes Meer bekannt, das man an Bord eines Eisbrechers genauer erkunden kann. In den wärmeren Monaten dient die Stadt als Ausgangspunkt für Ausflüge in die Nationalparks Akan und Shiretoko.

DAS OCHOTSKISCHE MEER

Das Ochotskische Meer erstreckt sich zwischen Sachalin (das ehemalige Karafu-tō, das von 1905 bis 1945 zu Japan gehörte), einem langen Küstenabschnitt Sibiriens, der Halbinsel Kamtschatka, den Kurilen und Hokkaidō. Außerdem liegen hier unzählige kleine unbewohnte Inseln, die als wichtige Brutgebiete für Seehunde und Meeresvögel dienen. Das Meer, dessen Name auf die erste russische Siedlung in Fernost zurückgeht, ist das kälteste in ganz Ostasien und friert bis nach Hokkaidō im Süden zu. Im Februar, dem kältesten Monat, kommen Besucher nach Abashiri und Rausu, um an Bord von Eisbrechern durchs Packeis zu fahren, in der Hoffnung, Seehundbabys auf dem Eis zu entdecken.

Abgeschiedener geht's auf Hokkaidō kaum: Die Ochotskische Linie – die Straße, die Wannakai mit Abashiri verbindet – ist ein langer, einsamer Landstrich voller Nichts. Hier gibt's keine Städte, keine Ampeln, nur wenige Autos und nichts als windumpeitsche Küste. Für Autofahrer aus Tokio ist die Gegend ein wahr gewordener Traum – und sie zerstört jedes Vorurteil, das besagt, Japan sei ein dicht besiedeltes, überbevölkertes Land.

Aktivitäten

★ Aurora BOOTSFAHRTEN
(おーろら; ☎0152-43-6000; http://ms-aurora.com/abashiri/en; Erw./Kind 3300/1650 ¥; ⏰9–18 Uhr) Der Eisbrecher Aurora legt vom 20. Januar bis 31. März vier- bis sechsmal täglich im Hafen von Abashiri zu einer einstündigen Rundfahrt auf dem zugefrorenen Ochotskischen Meer ab. Unbedingt warm anziehen.

Busse fahren von Haltestelle 1 vor dem JR-Bahnhof Abashiri zum Einstiegsdock der Aurora.

Feste & Events

Packeisfest Ochotsk KULTUR
(オホーツク流氷まつり; ⏰Mitte Feb.) Eine gute Gelegenheit, die Kälte zu feiern! Am Abend werden die Eisskulpturen und -statuen angestrahlt, während der warme Sake in Strömen fließt und das Blut weiterhin zirkulieren lässt.

Schlafen

Geschäftshotels säumen die Straße vor dem JR-Bahnhof Abashiri, die meisten sind allerdings ziemlich heruntergekommen. In der Nähe des malerischen Notoro-ko kommt man schöner unter – sofern man nicht auf den öffentlichen Nahverkehr angewiesen ist.

Minshuku Lamp MINSHUKU ¥
(民宿ランプ; ☎0152-43-3928; 3-3-9 Shin-machi; pro Pers. 2800 ¥; P 📶) Es ist ein bisschen schäbig, aber die Tatamizimmer und Gemeinschaftsbäder des Minshuku Lamp sind sauber, die Besitzer freundlich und die Flure mit Fotos von alten Dampfloks dekoriert. Außerdem gibt's Münzwaschmaschinen und Leihfahrräder. Vorab buchen bzw. die Mitarbeiter in der Touristeninfo um eine Reservierung bitten.

Vom JR-Bahnhof Abashiri gelangt man mit einem 10-Minuten-Fußmarsch hierher, die Unterkunft ist aber etwas schwer zu finden, weil man über die Bahngleise gehen muss. Am besten an der Touristeninfo nach dem Weg fragen.

Toyoko Inn Okhotsk Abashiri Eki-mae HOTEL ¥¥
(東横インオホーツク網走駅前; ☎0152-45-1043; www.toyoko-inn.com/e_hotel/00003/index.html; 1-3-3 Shin-machi; EZ/DZ ab 5180/8450 ¥; P ⊖ ❄ @ 📶) Direkt gegenüber vom JR-Bahnhof Abashiri ist dies das schönste Geschäftshotel der Stadt: schlicht, aber sauber und praktisch. Frühstück ist inklusive.

Essen & Ausgehen

Eine Handvoll Restaurants liegen in der Hauptstraße, die vom JR-Bahnhof Abashiri wegführt.

Abashiri Bīru-kan KNEIPE
(網走ビール館; ☎0152-41-0008; www.takahasi.co.jp/beer/yakiniku/index.html; S2W4-1-2; Gerichte 500–1800 ¥, Bier ab 400 ¥; ⏰17–23 Uhr) Traditionalisten sollten beim Besuch dieses Brauerei-Restaurants sämtliche Vorurteile beiseite schieben: Ein Klassiker der Brauerei ist Ryūhyō („Packeis") Draft, hergestellt mit geschmolzenem Meereis und tiefblau eingefärbt (mit Algen). Ziemlich lecker: *yakiniku* (Grillfleisch).

Praktische Informationen

Touristeninformation (☎0152-44-5849; http://abashiri.jp/tabinavi/en/index.html; ⏰Mo–Fr 12–17, Sa & So 9–17 Uhr) Bietet englische Karten und Busfahrpläne; meist ist jemand da, der Englisch spricht und bei der Buchung von Unterkünften und Touren helfen kann. Im JR-Bahnhof Abashiri.

Anreise & Unterwegs vor Ort

AUTO & MOTORRAD

Rund um den JR-Bahnhof Abashiri finden sich mehrere Leihwagenfirmen, darunter auch **JR Hokkaido Rent-a-car** (JR北海道レンタカー; ☎0152-43-6197; www.jrh-rentacar.jp; 2-2 Shin-machi; ⏰8–18 Uhr). Außerdem gibt's Filialen am Flughafen Memanbetsu.

BUS

Abashiri Bus (網走バス; ☎0152-43-4101; www.abashiribus.com) unterhält neun Busse täglich (darunter ein Nachtbus) zwischen dem **Busbahnhof Abashiri** (網走バスターミナル; ☎0152-43-2606; S2W1-15; ⏰6.40–18 Uhr) und Sapporo (6390 ¥, 6 Std.). Reservierungen erforderlich.

Von Abashiri fahren Busse nach Shari (2100 ¥, 1½ Std.) und Utoro-Onsen (3300 ¥, 2 Std.).

FLUGZEUG

Der **Flughafen Memanbetsu** (女満別空港; ☎0152-74-3115; http://mmb-airport.co.jp.e.ug.hp.transer.com; 201–3 Memanbetsu, Abashiri), 15 km südlich des Stadtzentrums, ist der nächstgelegene Flughafen. Er bietet Verbindungen nach/von Sapporo, Tokio, Nagoya und Osaka. Flughafenbusse (910 ¥, 35 Min.) fahren an Bushaltestelle 3 vor dem JR-Bahnhof Abashiri so ab, dass sie 40 Min. vor Abflug ankommen.

ZUG

Die *tokkyū*-JR-Expresszüge Okhotsk Liner fahren 4-mal täglich zwischen Abashiri und Asahikawa

DER STREIT UM DIE NÖRDLICHEN TERRITORIEN

Die Kurilen, ein vulkanisches Archipel, erstrecken sich über 1300 km von Kamtschatka in Russland Richtung Hokkaidō und trennen das Ochotskische Meer vom Pazifik. Die Habomai-Inseln, die abgesehen von einem russischen Grenzposten unbewohnt sind, liegen Hokkaidō am nächsten und sind kaum 10 km vom östlichsten Punkt der Insel, Nemuro, entfernt. Zusammen mit drei anderen Inseln der südlichsten Kurilen werden sie in Japan als Nördliche Territorien bezeichnet und sind ein ewiger Streitpunkt zwischen Russland und Japan.

Bereits Anfang des 18. Jhs. gab es zwischen Russland und Japan diverse Gebietsstreitigkeiten. Vor dem Zweiten Weltkrieg gehörten die Inseln zu Japan. Nach Kriegsende, am 15. August 1945, stimmte Japan den Kapitulationsbedingungen der Potsdamer Erklärung zu, doch Russland gehörte nicht zu den Unterzeichnern – es hatte Japan erst am 9. August den Krieg erklärt. Am 18. August startete Russland seine Militäroffensive auf den Kurilen und hält sie seitdem besetzt.

Der andauernde Streit beeinträchtigt die japanisch-russischen Beziehungen schwer – so sehr, dass die beiden Länder nach dem Zweiten Weltkrieg noch immer kein Friedensabkommen unterzeichnet haben. Obwohl sie nur spärlich besiedelt sind, verfügen die Kurilen über wertvolle Mineralvorkommen, möglicherweise auch Öl und Gas, und sind von reichhaltigen Fischgründen umgeben.

(7450 ¥, 4 Std.) mit Weiterfahrt nach Sapporo (9390 ¥, 5½ Std.).

Die JR-Senmō-Hauptlinie verbindet Abashiri mit Kushiro (3670 ¥, 3½ Std., 5–7-mal tgl.). Sie verläuft über den Bahnhof Shiretoko-Shari (840 ¥, 50 Min.), der dem Shiretoko-Nationalpark am nächsten liegt, und Kawayu-Onsen (1640 ¥, 2 Std.) im Akan-Nationalpark.

Shari 斜里

☎0152 / 11 900 EW.

Die Kleinstadt Shari liegt 40 km östlich von Abashiri an der Küste und dient als Tor zum Shiretoko-Nationalpark. Der JR-Bahnhof Shiretoko-Shari liegt dieser Welterbestätte am nächsten, aber trotzdem noch eine Stunde mit dem Bus oder Auto vom Eingang zum Nationalpark entfernt.

Sehenswertes & Aktivitäten

Koshimizu Gensei-kaen PARK

(小清水原生花園; ☎0152-63-4187; ⌚Mai–Sept. 8.30–17.30 Uhr, Okt. 9–17 Uhr) GRATIS Dieser wirklich spektakuläre Wildblumenstreifen erstreckt sich über 20 km entlang der Küste zwischen Abashiri und Shari. Am schönsten ist es hier zur Hauptblütezeit im Frühsommer, denn dann sorgen 40 verschiedene Arten für ein farbenfrohes Spektakel.

Der Gensei-kaen hat einen eigenen kleinen JR-Bahnhof samt Infozentrum. Kurze Wanderwege führen durch die Anlage und durch Dünen zum Meer. Außerdem kann man kostenlos Räder leihen und damit andere Aussichtspunkte entlang der Straße abklappern.

Shari-dake WANDERN

(斜里岳) Der Shari-dake (1547 m), ein spektakulärer Vulkankegel, liegt südlich der Stadt und gehört zu Japans 100 berühmten Bergen. Für die Rundwanderung, bei der man mehrere Bäche überquert, sollte man sieben bis acht Stunden einplanen. In schwierigem Gelände sorgen Seile und Ketten für Halt. Die Aussicht vom Gipfel ist grandios. Am besten kommt man zwischen Juni und Oktober hierher und bringt genügend Vorräte und ein Bärenglöckchen mit.

Entweder fährt man mit dem eigenen Auto zum Ausgangspunkt des Wanderwegs (Parken 500 ¥) an der Hütte Kiyodake-sō (清岳荘) in 680 m Höhe oder steigt am JR-Bahnhof Kiyosato (清里町) aus dem Zug und lässt sich mit dem Taxi dorthin bringen (4000 ¥, 30 Min.). Wer hier strandet, kann für 1000 ¥ in der Kiyodake-sō übernachten (zwischen Juni und September), zu essen gibt's dort aber nichts.

Schlafen

Einen guten Grund, hier abzusteigen, gibt es nicht – es sei denn, man nutzt den Ort als praktischen Zwischenstopp auf dem Weg zum Shiretoko-Nationalpark. Die Auswahl an Unterkünften ist allerdings nicht sehr groß.

Minshuku Yumoto-kan MINSHUKU ¥
(民宿湯元館; ☎0152-23-3486; www.yumotokan.info; 13-11 Nishi-machi; EZ/DZ ab 4480/7960 ¥; P) Diese beliebte Unterkunft mit Berghütten-Ambiente verfügt über Zimmer im japanischen Stil, die sich an unterschiedlich große Gruppen richten, und über einen hauseigenen Onsen (Nichtgäste können ihn zwischen 7 und 20 Uhr für 400 ¥ nutzen). Das Frühstück (390 ¥) ist ausgezeichnet. 20 Gehminuten vom JR-Bahnhof Shiretoko-Shari entfernt.

Hotel Grantia HOTEL ¥¥
(ホテルグランティア斜里; ☎0152-22-1700; www.hotel-grantia.co.jp/shiretoko; 16-10 Minato-machi; EZ/2BZ ab 8400/17 100 ¥; P @) Praktisch, wenn man auf den öffentlichen Nahverkehr angewiesen ist: Das Hotel liegt direkt vor dem Bahnhof und Busbahnhof in Shari. Es ist in einem modernen Hochhaus untergebracht und bietet komfortable Zimmer und einen Onsen. Frühstück kostet 850 ¥.

Essen & Ausgehen

Rund um den Bahnhof gibt's ein paar Lokale.

Ekibasha RĀMEN ¥
(えきばしゃ; ☎0152-67-2152; Bahnhof Yamubetsu; rāmen 750–1600 ¥; ⏲11–19.30 Uhr; P) Dieses nette Restaurant – der Name bedeutet „Postkutsche" – im alten Holzgebäude des Bahnhofs Yamubetsu bringt köstliche *rāmen* auf den Tisch und ist – wenig überraschend – ein Favorit unter Eisenbahnfans.

Yamubetsu ist eine Station auf der JR-Senmō-Linie und liegt zwischen Abashiri und Shiretoko Shari, zwei Stationen östlich von Gensei-kaen.

Teishaba CAFÉ
(停車場; ☎0152-46-2410; Kita-Hama Station; Getränke ab 480 ¥; ⏲Mi–Mo 11–17 Uhr) Das Teisahaba ist im 90 Jahre alten Bahnhof Kita-Hama untergebracht und wie ein altmodischer Eisenbahnwaggon eingerichtet: mit viel Holz, Sitzbänken aus weinrotem Samt und Deckenventilatoren. Von hier bietet sich ein perfekter Ausblick auf das Ochotskische Meer und die an- und abfahrenden Züge – ein hübsches Plätzchen für eine Kaffeepause.

Kita-Hama ist eine Station auf der JR-Senmō-Linie zwischen Abashiri und Shiretoko Shari, eine Station westlich von Gensei-kaen.

Praktische Informationen

Touristeninformation (☎0152-23-2424; ⏲April–Okt & Feb. 8.30–17.30 Uhr) Karten, Busfahrpläne und Broschüren; im JR-Bahnhof Shiretoko-Shari.

An- & Weiterreise

Auf der JR-Senmō-Linie verkehren gelegentlich Züge zwischen Shiretoko-Shari und Abashiri (840 ¥, 50 Min.) bzw. Shiretoko-Shari und Kushiro (2810 ¥, 2½ Std.). Zwischen Shari und Kushiro liegt Kawayu-Onsen (930 ¥, 45 Min.) im Akan-Nationalpark.

Fünf bis neun Busse fahren täglich zwischen Shari und Utoro-Onsen (1650 ¥, 50 Min.) im Shiretoko-Nationalpark. Der Busbahnhof liegt dem Bahnhof direkt gegenüber.

Shiretoko-Nationalpark
知床国立公園

Die Shiretoko-Halbinsel, auf der sich dieser Nationalpark erstreckt, wurde von den Ainu als „Ende der Welt" bezeichnet. Der wunderschöne Landstrich ist als UNESCO-Welterbe verzeichnet und eins der letzten wahren Wildnisgebiete in Japan. Hauptsächlich kommen erfahrene Wanderer hierher, es gibt auch ein paar leichtere Wege rund um Seen oder zu Wasserfällen sowie Bootstouren entlang der Küste und heiße Quellen inmitten der Wälder. Der Park hat zwei Zugänge: Utoro (ウトロ) auf der Nordwestseite der Halbinsel und Rausu (羅臼) auf der Südostseite.

Sehenswertes & Aktivitäten

Shiretoko-Pass AUSSICHTSPUNKT
(知床峠; Karte S. 683) Der Abschnitt der Straße 334, der über den Shiretoko-Pass führt, gilt als eine der malerischsten Straßen in ganz Japan. Sie schlängelt sich durch das Hügelvorland des Rausu-dake und vorbei an Wäldern mit Gold-Birken und Japanischen Zwerg-Kiefern. In 740 m Höhe gibt's einen Aussichtspunkt mit Parkplatz.

★ Shiretoko-Traverse WANDERN
(Karte S. 683) Die klassische Durchquerung der Halbinsel dauert zwei Tage. Sie zieht sich über 25 km von Iwaobetsu-Onsen zum Kamuiwakka-yu-no-taki. Dabei unerlässlich: die richtige Ausrüstung. Vom Ausgangspunkt des Wanderwegs am Iwaobetsu-Onsen geht's auf den Rausu-dake, dann über die Gipfel zum Iō-zan (S. 691) und hinab zum Kamuiwakka-yu-no-taki, einem „Wasserfall-Onsen".

Shiretoko-Nationalpark

Shiretoko-Nationalpark

Sehenswertes
1 Shiretoko-Pass B4

Aktivitäten, Kurse & Touren
Aurora Cruises .... (siehe 8)
Godzilla-Iwa Sightseeing .... (siehe 8)
2 Iwaobetsu Onsen B4
3 Kamuiwakka-yu-no-taki B3
4 Kuma-no-yu B5
Rausu-dake .... (siehe 2)
5 Shiretoko Traverse B4
6 Shiretoko-go-ko-Naturpfad A4

Schlafen
7 Marumi B5
8 Oyado Kiraku A4
9 Rausu Dai-Ichi Hotel B5
Rausu Onsen Campingplatz ...... (siehe 4)
10 Shiretoko Iwaobetsu Youth Hostel A4

Transport
Utoro Michi-no-eki .... (siehe 8)
Busbahnhof Utoro-Onsen .... (siehe 8)

Auf dem Berg gibt's insgesamt vier Campingplätze mit stählernen Essensbehältern (Vorsicht, Bären!). Man sollte das anspruchsvolle Terrain nicht unterschätzen. Das letzte Wegstück der Wanderung wurde kürzlich wiedereröffnet. Am Shiretoko-Naturzentrum (S. 686) sollte man sich über die aktuellen Bedingungen informieren und dem Personal sagen, was man vorhat. Offiziell ist der Weg von Mitte Juni bis zur Ferienzeit im September durchgehend geöffnet.

Shiretoko-go-ko-Naturpfad WANDERN

(知床五湖; Karte S. 683; www.goko.go.jp/english; ⌚ Ende April–Ende Nov. 7.30–18 Uhr) Diese kleine Gruppe aus fünf Seen (go-ko) ist der am leichtesten zugängliche Teil des Shiretoko und damit auch der beliebteste. Rund um den **Ichi-ko** (See Eins) führt ein 800 m langer erhöhter Holzsteg, auf dem wirklich jeder spazieren kann (Rundweg 40 Min.). Er wird von einem Elektrozaun geschützt (um die Bären abzuhalten, die sich hier manchmal blicken lassen).

Rund um die anderen vier Seen hat man wieder Bodenkontakt (Erw./Kind 250/100 ¥, 1½ Std., 3 km). Die Besucherzahl auf dem Weg ist begrenzt. Man muss im Besucherzentrum des Parks am Shiretoko-go-ko (S. 686) einen Antrag ausfüllen und schaut sich, während man wartet, ein Sicherheitvideo über Bären an.

SHIRETOKO-NATURTOUREN

Mehrere Unternehmen bieten Bootstouren entlang der Küste der Halbinsel an, auf denen man Killerwale, Seeadler und vielleicht sogar *higuma* (Braunbären), die an Land umherstreifen, sieht. Die Saison dauert von Mai bis Oktober. **Aurora Cruises** (おーろら; Karte S. 683; ☎ 0152-24-2147; http://ms-aurora.com/shiretoko/en; 107 Utoro-higashi, Shari-chō) und **Godzilla-Iwa Sightseeing** (ゴジラ岩観光; Karte S. 683; ☎ 0152-24-3060; http://kamuiwakka.jp; 50 Utoro-higashi, Shari-chō) bieten vergleichbare Touren an. Sie dauern entweder 90 Minuten (bis nach Kamuiwakka-yu-no-taki) oder 3½ (bis ans äußerste Ende des Kaps). Zusätzlich auf dem Programm von Godzilla-Iwa Sightseeing stehen einstündige Touren durchs Packeis mit Start in Rausu (zwischen Ende Januar und Mitte April). Mit etwas Glück entdeckt man dann Largha-Robben auf dem Eis.

Rausu-dake WANDERN

(羅臼岳; Karte S. 683) Der Rausu-dake (1660 m) gehört zu den 100 berühmten Bergen Japans und eignet sich prima für eine Tageswanderung, am besten mit Ausgangspunkt am Iwaobetsu-Onsen. Man sollte hin und zurück sieben bis neun Stunden einplanen. Vom Gipfel bietet sich ein atemberaubender Ausblick auf die Nördlichen Territorien/Südlichen Kurilen (umstrittene Gebiete).

Der Wanderweg startet 4 km von der Bushaltestelle entfernt, die dem Iwaobetsu am nächsten liegt. Wer kein Auto hat, muss zu Fuß gehen (ein Taxi von Utoro-Onsen kostet rund 4000 ¥). Der Weg öffnet offiziell am 1. Juli (dann kann noch Schnee liegen) und schließt, wenn es Mitte November zu schneien beginnt.

Kuma-no-yu ONSEN

(熊の湯; Karte S. 683; ⌚ 7–5 Uhr) GRATIS Die beiden dampfenden Becken sind einfach grandios. Sie liegen ein paar Kilometer bergauf und landeinwärts von Rausu auf der anderen Flussseite. Man kann an der Straße parken und zu Fuß über die Brücke gehen. So mancher Einheimische kommt täglich hierher. Die Einrichtung wird von einem Team engagierter Ehrenamtlicher in Schuss gehalten. Der Onsen ist nach Geschlechtern getrennt und verfügt über Umkleidekabinen.

Kamuiwakka-yu-no-taki ONSEN

(カムイワッカ湯の滝; Karte S. 683) GRATIS Auf der Westseite der Halbinsel, ganz am Ende der Straße, liegt dieser Wasserfall. Heiße Quellen erwärmen ihn auf 30 °C. Wer mag, kann 100 m über die Felsen zum Teich klettern (weiter nicht, der Rest ist abgesperrt). Falls man den Onsen nicht wie durch ein Wunder für sich allein hat, muss man Badekleidung tragen.

Schlafen

Sowohl Utoro als auch Rausu bieten ein paar Pensionen, *minshuku* und Hotels. Wer auf öffentlichen Nahverkehr angewiesen ist, sollte aber besser in Utoro absteigen, das eher auf Touristen ausgerichtet ist. Das Fischerdorf Rausu schmiegt sich an die Küste. Entlang der Bergpfade gibt's ein paar Campingplätze ohne Einrichtungen – hier muss man sich komplett selbst versorgen.

ACHTUNG, BÄREN!

Hokkaidō ist Bärenterritorium. Die Tiere hier oben unterscheiden sich von den kleinen Schwarzbären auf Honshū: Diese hier sind *higuma* (Ussuri-Braunbären), die als Urahnen des nordamerikanischen Grizzlys gelten und viel größer und aggressiver sind.

Vorsichtig sollte man immer sein, vor allem frühmorgens und in der Dämmerung, und möglichst nicht allein losziehen. Am besten macht man richtig viel Krach. Japanische Wanderer befestigen eine *kuma-yoke* (Bärenglocke) an ihrem Rucksack, denn die Bären wollen den Menschen genauso wenig begegnen und Auge in Auge gegenüberstehen wie umgekehrt: Wenn sie uns kommen hören, weichen sie in einem möglichst großen Bogen aus.

Wer zeltet, sollte die stählernen Essensboxen benutzen oder das Essen fest verpacken und keinen Müll vergraben. Im Frühherbst sind die Bären deutlich aktiver und suchen vor dem Winterschlaf verstärkt nach Futter. In dieser Zeit sollte man besonders wachsam sein.

Auf der Shiretoko-Halbinsel findet man die höchste *higuma*-Dichte auf ganz Hokkaidō, im Daisetsuzan-Nationalpark sind sie aber ebenfalls oft zu sehen. Im Prinzip können sie überall auftauchen, wo's Berge gibt. Nur die abgeschiedenen Inseln Rishiri-tō und Rebun-tō sind bärenfrei.

Rausu-Onsen-Campingplatz CAMPINGPLATZ ¥
(羅臼温泉野営場; Karte S. 683; ☎0153-87-2126; Yunosawa-chō; pro Pers. 300 ¥; ⏲Juni–Okt.) Am Fuß des Rausu-dake, am Ausgangspunkt des sehr anspruchsvollen Yunosawa-Wanderwegs, befindet sich dieser schlichte Campingplatz. Er liegt einen kurzen Spaziergang von den heißen Quellen des Kuma-no-yu- bzw. Rausu-Onsen entfernt.

Shiretoko Iwaobetsu Youth Hostel HOSTEL ¥
(知床岩尾別ユースホステル; Karte S. 683; ☎0152-24-2311; www.youthhostel.or.jp/English/e_iwaobetsu.htm; B 4800 ¥; ⏲Juli–Sept.; P) Beliebt bei Wanderern, aber nur im Sommer geöffnet. Die Unterkunft liegt an der Bushaltestelle Iwaobetsu, 5 km nördlich von Utoro, ist ein bisschen schmuddelig und ziemlich schlicht, punktet aber mit ihrem Standort mitten im Park – hin und wieder sieht man sogar wilde Tiere. Es gibt nur drei Busse pro Tag und keine Einrichtungen in der Nähe. Für 2500 ¥ pro Person kann man das köstliche Abendessen genießen.

Rausu Dai-Ichi Hotel HOTEL ¥¥
(羅臼第一ホテル; Karte S. 683; ☎0153-87-2259; http://rausu-daiichi-hotel.jp; Yunosawa-chō; EZ/DZ 5800/10 200 ¥, inkl. 2 Mahlzeiten ab 9330/17 580 ¥; P) Dieses gemütliche Hotel in Rausu-Onsen liegt nur ein paar Kilometer landeinwärts an der Straße nach Utoro. Die Zimmer im japanischen Stil mit eigenem Bad sind geräumig, es gibt einen großen Onsen mit *rotemburo* und das freundliche Personal spricht ein bisschen Englisch.

Am besten kommt man zwar mit dem eigenen Auto hierher, aber auch der Rauso-Utoro-Bus hält direkt auf der anderen Straßenseite am Rausu-Onsen.

Oyado Kiraku MINSHUKU ¥¥
(お宿来羅玖; Karte S. 683; ☎0152-24-2550; 133 Utoro-nishi, Shari-chō; EZ/DZ 4800/9000 ¥, inkl. 2 Mahlzeiten 7800/15 500 ¥; P) Das Kiraku liegt einen kurzen Spaziergang von der Haltestelle Utoro Michi-no-eki (S. 686) entfernt (eine Bushaltestelle vor dem Utoro-Onsen) und ist eine preisgünstige Wahl mit Tatamizimmern, Gemeinschaftsbädern und leckerem Essen. Das Personal am Infoschalter im Utoro Michi-no-eki hilft bei der telefonischen Reservierung, im Sommer sollte man allerdings möglichst vorab buchen.

Marumi RYOKAN ¥¥
(羅臼の宿まるみ; Karte S. 683; ☎0153-88-1313; www.shiretoko-rausu.com; 24 Yagihama-chō; EZ/DZ 7560/10 800 ¥, inkl. 2 Mahlzeiten ab 9060/17 500 ¥; P @) Das Marumi ist stolz auf seine üppigen Meeresfrüchte-Büfetts – eine gute Wahl, wenn man in den Bergen ein paar Kalorien verbrannt hat. Die Zimmer im japanischen Stil sind schlicht und es gibt Gemeinschaftsbäder (Zimmer mit Meerblick und eigenem Bad sind auch erhältlich), aber dafür wartet draußen ein Onsen mit Blick aufs Wasser auf müde Wanderer.

Das moderne *ryokan* aus Beton liegt 8 km südwestlich von Rausu an der Straße 335. Bootstouren, auf denen man Wale und Delfine und im Winter das Packeis sieht, stehen außerdem auf dem Programm des Marumi. Am besten gleich bei der Buchung nach Pauschalangeboten erkundigen.

Essen

Utoro und Rausu beherbergen ein paar kleine Restaurants, die meist lokale Meeresfrüchte servieren (im Zweifelsfall immer *kaisen-don* bestellen: rohe Meeresfrüchte auf Reis). Vor den meisten Lokalen wehen bunte Banner, damit sie leicht zu finden sind. *Michi-no-eki* (Raststätten) sind immer eine sichere Wahl, außerdem kann man dort abgepacktes Essen kaufen. Im Rausu-Michi-no-eki gibt's eine praktische Liste, auf der alle Restaurants der Stadt verzeichnet sind.

Praktische Informationen

Im Shiretoko-Nationalpark gibt's mehrere Infozentren mit kompetentem Personal. Egal, was man vorhat – ob mehrtägige Treks oder Onsen-Planschen –, man sollte in einem der Zentren aktuelle Informationen zum Zustand der Wege und Straßen, zu Unwetterwarnungen und Bärensichtungen einholen. Alles wird auf Englisch oder leicht verständlichen Bildern ausgehängt.

Besucherzentrum Rausu (羅臼ビジターセンター; Karte S. 683; ☎ 0153-87-2828; http://rausu-vc.jp; 6-27 Yunosawa-chō; ⏲ Mai–Okt. 9–17 Uhr, Nov.–April 10–16 Uhr, Mo geschlossen) Auf der Rausu-Seite der Halbinsel an der Straße 334.

Rusa Field House (ルサフィールドハウス; Karte S. 683; ☎ 0153-89-2722; http://shiretoko-whc.jp/rfh; 8 Kita-hama; ⏲ Mai–Okt. 9–17 Uhr, Feb.–April 10–16 Uhr, Di geschlossen) Dieses Zentrum bietet erfahrenen Wanderern und Abenteurern, die nach Shiretoko-misaki wandern oder Kajak fahren wollen, beste Unterstützung. Wer entsprechende Pläne hat, sollte unbedingt zuerst hier vorbeischauen. Das Infozentrum liegt an der Straße 87, 13 km an der Küste entlang nordöstlich von Rausu.

Naturzentrum Shiretoko (知床自然センター; Karte S. 683; ☎ 0152-24-2114; http://center.shiretoko.or.jp/en; ⏲ Mitte April–Mitte Okt. 8–17.30 Uhr, Mitte Okt.–Mitte April 9–16 Uhr) Das größte Besucherzentrum im Park. Es wird von der Naturstiftung Shiretoko geführt und liegt 5 km hinter Utoro.

Parkservicezentrum Shiretoko-go-ko (知床五湖パークサービスセンター; ☎ 0152-24-3323; ⏲ Mai–Juli 7.30–18.30 Uhr, Aug. bis 18 Uhr, Sept. bis 17 Uhr, Okt. bis 16 Uhr, Mitte Nov. bis 15 Uhr)

An- & Weiterreise

Man kann sich zwar mit dem öffentlichen Nahverkehr fortbewegen, Busse fahren allerdings selten. Mit dem Auto kommt man besser voran. Mieten kann man eines in Abashiri oder Kushiro auf dem Weg in den Park.

BUS

Vom **Chūō-Busbahnhof** (S. 642) in Sapporo fährt um 23.15 Uhr ein Nachtbus zum **Busbahnhof Utoro-Onsen** (ウトロ温泉バスターミナル; Karte S. 683; 107 Utoro-nishi, Shari-chō) (einfach/hin & zurück 8230/15 430 ¥); Reservierungen erforderlich. Der Bus in die andere Richtung startet um 9.20 Uhr. Er hält auch am **Utoro Michi-no-eki** (ウトロ道の駅; Karte S. 683), eine Haltestelle vor dem Busbahnhof.

Von Mai bis Oktober verkehren sieben Busse täglich zwischen Shari und Utoro-Onsen (1650 ¥, 50 Min.) mit Weiterfahrt zum Naturzentrum Shiretoko (1800 ¥, 10 Min.), nach Iwaobetsu (1960 ¥, 15 Min.) und Shiretoko-go-ko (2000 ¥, 25 Min.). Die Busse bieten Anschluss zu den Zügen aus Abashiri und Kushiro.

Außerdem verkehren täglich Busse zwischen Rausu und Kushiro (4850 ¥, 3½ Std.); sie fahren an der Bushaltestelle hinter dem Michi-no-eki in Rausu ab.

FLUGZEUG

Der **Flughafen Memanbetsu** (S. 680) liegt für Shiretoko am günstigsten. Zwischen Mitte Juni und Mitte Oktober fahren täglich drei „Shari Airport Liner"-Busse vom Flughafen Memanbetsu über den Bahnhof Abashiri nach Shari (2100 ¥, 1½ Std.) und Utoro (3300 ¥, 2 Std.).

Unterwegs vor Ort

Ein Shuttlebus fährt zwischen dem 1. und 25. August und während der Ferien im September (etwa in der dritten Woche des Monats) von Utoro-Onsen über das Naturzentrum Shiretoko nach Shiretoko-go-ko (960 ¥) und Kamuiwakka-yu-no-taki (1300 ¥).

Von Juni bis Oktober verkehren täglich vier Busse zwischen Utoro-Onsen und dem Busbahnhof Rausu Akan (1390 ¥, 50 Min.) über den dramatischen **Shiretoko-Pass** (S. 682).

Wenn das Sommershuttle in Betrieb ist, ist die Straße von Shiretoko-go-ko (S. 684) nach Kamuiwakka-yu-no-taki (S. 684) für den Privatverkehr gesperrt. Täglich werden Straßensperrungen und -bedingungen am Naturzentrum Shiretoko ausgehängt. Ab November muss man damit rechnen, dass früher Schneefall den Verkehr lahmlegt.

Akan-Nationalpark
阿寒国立公園

Der 905 km² große Akan-Nationalpark war bei seiner Eröffnung 1934 einer der ersten Nationalparks Japans. Er beheimatet Vulkankegel, mehrere große Kraterseen, dichte Wälder aus Sachalin-Fichten, Rudel mit Sikahirschen, erholsame Onsen und ein kleines Ainu-*kotan* (Dorf). Die Berge ziehen selbstverständlich viele Wanderer an, wer aber keine Lust auf Fußmärsche hat (und mit dem Auto unterwegs ist), kann im Park eine Reihe ausgezeichneter Aussichtspunkte abfahren.

Schlafen

Im Angebot: Campingplätze, Hostels, *minshuku* und resortartige Onsen-Hotels. Einige Hotels haben allerdings schon bessere Zeiten gesehen und man sollte sie nur buchen, wenn der Preis stimmt. Viele Budgetunterkünfte wie Campingplätze und Hostels sind nur im Sommer geöffnet.

Anreise & Unterwegs vor Ort

Kushiro und Abashiri sind die Haupttore zum Park. Zwei Stationen der JR-Senmō-Linie, die Kushiro mit Shiretoko-Shari verbindet, liegen praktisch für Kawayu-Onsen: die Bahnhöfe Kawayu und Mashū. Von Kushiro, Abashiri oder Asahikawa kann man mit dem Bus nach Akan-ko-Onsen fahren.

Von Mitte Juli bis Mitte Oktober unterhält **Akan Bus** (阿寒バス; ☎ 0154-37-2221; www.akanbus.co.jp) ein Touristenshuttle zwischen den Bahnhöfen Abashiri und Kushiro, das am Bihoro-Pass, in Kawayu-Onsen, am Bahnhof Mashū und in Akanko-Onsen hält. Ein Vier-Tages-Pass kostet 4000/2000 ¥ pro Erw./Kind.

Akan Bus verkehrt 2-mal täglich zwischen dem Bahnhof Mashū (nach Kawayu-Onsen) und Akan-ko-Onsen (1500 ¥, 1 Std.) und hält unterwegs am Aussichtspunkt 1 in Mashū-ko.

Man kann sich zwar auch mit öffentlichen Verkehrsmitteln im Park bewegen, muss die Fahrpläne aber gut im Auge behalten, da Busse und Züge nur selten fahren, selbst in der Hochsaison im Sommer. Wir empfehlen, in Kushiro oder Abashiri ein Auto zu mieten.

Akanko-Onsen 阿寒湖温泉

☎ 0154 / 6400 EW.

Die Resortstadt Akanko-Onsen im westlichen Teil des Akan-Nationalparks liegt am Südufer des Akan-ko. Neben dem Seeblick und seinen heißen Quellen ist Akanko für zwei weitere Dinge bekannt: *marimo*, eine seltene Algenart, die seltsame, perfekte Kugeln bildet, und Japans größtes (und trotzdem sehr überschaubares) Ainu-*kotan* (Dorf). Wer ein eigenes Auto hat, kann Akan-ko-Onsen als praktisches Basislager zur Erkundung der umliegenden Berge nutzen.

Sehenswertes

Mehrere Hotels öffnen ihre heißen Quellen gegen Gebühr auch für Nichtgäste (500–1500 ¥); an der Touristeninformation gibt's eine Liste.

★ **Ainu Kotan** DORF

(アイヌコタン; Karte S. 688) Diese Ansammlung von 36 Haushalten ist tatsächlich das größte Ainu-Dorf Hokkaidōs. Seine Bewohner bestreiten ihren Lebensunterhalt, indem sie Besuchern ihre Kultur näherbringen: Sie tanzen in Ikor auf der Bühne, kochen *pochie* (fermentierte Kartoffelklöße) in Restaurants und verkaufen Kunsthandwerk aus Holz und Leder, das mit traditionellen Techniken und Motiven hergestellt wird.

Abends (Mai bis November) findet um 20.30 Uhr eine Prozession statt, bei der im ganzen Dorf Fackeln entzündet werden.

MOOSGRÜNE MARIMO

Akan-ko ist in ganz Japan bekannt für seine *marimo* (まりも; *Cladophora aegagropila*), kugelrunde grüne Algen, die nicht nur biologisch faszinierend sind – sie brauchen 200 Jahre, um auf die Größe eines Baseballs heranzuwachsen –, sondern auch sehr, sehr *kawaii* (niedlich). Seit sie zum nationalen Kulturgut ernannt wurden, sind *marimo* jedoch gefährdet. Plötzlich musste jeder in Japan eine haben. Mitglieder der Ainu-Gemeinde eilten zur Hilfe und riefen das **Marimo Matsuri** (まりも祭り) ins Leben, das Mitte Oktober stattfindet. Während dieses Festes werden *marimo* in einer Zeremonie nach Akan-ko zurückgebracht.

Im Öko-Museumszentrum Akan Kohan (S. 688) ist eine *marimo*-Ausstellung zu sehen. Außerdem kann man im Marimo-Beobachtungszentrum eine **Seerundfahrt** (S. 689) machen und dabei auf einem Monitor Livebilder von den samtigen Kugeln unter Wasser betrachten.

Akan-Nationalpark

Ainu-Volkskundemuseum MUSEUM

(アイヌ文化伝承館, Ainu Bunka Denshō-kan; ☎0154-67-2727; www.akanainu.jp/; 4-7-19 Akanko-Onsen; ⏰9–21 Uhr; P) GRATIS Im Ainu-*kotan* – oben auf dem Hügel – zeigt dieses kleine Museum Wechselaustellungen mit zeitgenössischem Ainu-Kunsthandwerk. Hin und wieder gibt es Aufführungen, die zum Nachdenken anregen (etwa „Die touristische Retro-Kunst der Ainu neu überdenken" im Jahr 2016). Außerdem sind ein paar traditionelle Behausungen zu sehen.

Öko-Museumszentrum Akan Kohan MUSEUM

(阿寒湖畔エコミュージアムセンター; ☎0154-67-4100; http://business4.plala.or.jp/akan-eco; 1-1-1 Akanko Onsen, Akan-chō; ⏰Mi–Mo 9–17 Uhr) GRATIS Ausstellungen zur lokalen Flora und Fauna, darunter auch *marimo* (S. 687) in Aquarien, gibt's in diesem Zentrum am Ostrand des Dorfes. Außerdem gibt's hier Wanderkarten auf Englisch und Infos zu Wegbedingungen und Bärensichtungen.

Hinterm Zentrum führt ein Pfad in einer schattig-luftigen Schleife hinaus zum Akan-ko, durch den Wald und über blubbernde vulkanische Lehmtümpel (*bokke* genannt) wieder zurück. Der Rundweg dauert 40 Minuten.

Aktivitäten

★ **Me-Akan-dake** WANDERN

(雌阿寒岳; Weiblicher Berg; Karte S. 688) Höchster Gipfel im Park ist der Me-Akan-dake (1499 m). Der aktive Vulkan gehört zu den 100 berühmten Bergen Japans. Drei Wege führen hinauf, zur Zeit unserer Recherche war aber der Weg in der Nähe von Akanko-Onsen wegen Taifunschäden gesperrt. Wir empfehlen, nach **Me-Akan-Onsen** (720 m) zu fahren und von dort in zwei Stunden auf den Gipfel zu wandern.

Einige Abschnitte sind recht steil und führen über loses Vulkangestein, aber die Aussicht von oben ist spektakulär. Vom Gipfel kann man auch über den Onneto-Naturpfad

Akan-Nationalpark

Highlights
1 Ainu Kotan B4
2 Kussharo-ko D1
3 Mashū-ko E2

Sehenswertes
4 Bihoro Pass C2
5 Iō-zan D2
6 Ainu-Folkloremuseum D2

Aktivitäten, Kurse & Touren
7 Kotan-yu D2
8 Mashū-dake-Wanderweg E3
9 Me-Akan-dake A4
10 O-Akan-dake B4
11 Onneto-Naturpfad A4
12 Tsutsuji-ga-hara-Naturpfad D2

Schlafen
13 Kussharo-Genya Youth Guesthouse D3
Marukibune .... (siehe 7)
14 Onsen Minshuku Mako D3

Essen
Marukibune Restaurant .... (siehe 7)
15 Poppotei D3

Ausgehen & Nachtleben
16 Orchard Grass D2

wieder absteigen und in einer Schleife zurück zum Fahrzeug in Me-Akan Onsen wandern (insgesamt vier bis fünf Stunden). Eine Karte sollte man unbedingt mitnehmen.

Onneto-Natureptad WANDERN
(オンネトーネイチャートレイル; Karte S. 688) Der malerische See **Onneto-ko** glänzt smaragdgrün in den Bergen westlich von Me-Akan-dake und kann zu Fuß umrundet werden. Hier gibt's Aussichtsplattformen, Toiletten, Parkplätze, ein Restaurant und ein paar kurze Naturpfade. Für die Umrundung des Sees sollte man eine Stunde einplanen, weniger braucht man für den Rundweg zum Wasserfall **Yu-no-taki** (湯の滝).

Am Südende des Sees befindet sich ein Campingplatz. Mit öffentlichen Verkehrsmitteln ist der Onneto-ko nicht zu erreichen.

O-Akan-dake WANDERN
(雄阿寒岳; Männlicher Berg; Karte S. 688) Der O-Akan-dake ist der große Vulkan (1371 m) östlich von Akanko-Onsen. Die Rundwanderung auf den Berg beginnt in 450 m Höhe in Takiguchi und dauert fünf bis sechs Stunden. Vom Gipfel bietet sich ein toller Ausblick auf den **Penketō-ko** und den **Panketō-ko**, zwei kleine Seen. Sie entstanden, als der O-Akan ausbrach und sie vom Akan-ko trennte.

Bootsrundfahrt Akan-ko BOOTSFAHRTEN
(☎0154-67-2511; www.akankisen.com; pro Pers. 2500 ¥; ⏲Juni–Sept. 6–18 Uhr) Am besten sieht man *marimo* aus der Nähe, wenn man ein Motorboot anheuert und zu einem kleinen Beobachtungszentrum hinausfährt. Von hier bietet sich hoffentlich ein Blick auf ein paar der Algenkugeln, die an der Wasseroberfläche Photosynthese betreiben (ansonsten kann man sich auch das Livevideo anschauen, das die Algen unter Wasser zeigt). Auf beiden Seiten der Stadt gibt's einen Pier.

Schlafen

Campingplatz Akanko-Onsen CAMPINGPLATZ ¥
(阿寒湖温泉キャンプ場; ☎0154-67-3263; 5-1 Akan-Onsen; Campingplatz pro Erw./Kind 630/

315 ¥; ⌚ Juni–Sept.; Ⓟ) Fünf Gehminuten westlich vom Zentrum Akanko-Onsens, gegenüber vom Ainu-Theater auf der anderen Seite der Straße 214, liegt dieser Campingplatz. Er bietet schattige Zeltplätze, Duschen, Waschmaschinen und ein *ashi-yu* (Fußbad), in dem sich müde Füße erholen können.

Minshuku Kiri MINSHUKU ¥
(民宿桐; ☎ 0154-67-2755; www10.plala.or.jp/kiriminsyuku; 4-3-26 Akanko-Onsen; Zi. pro Pers. 3990 ¥; Ⓟ 📶) Die *minshuku* bietet winzige, schnörkellose Zimmer in toller Lage direkt über einem Souvenirladen und nur ein paar Gehminuten vom Ainu-*kotan* entfernt. Außerdem gibt's einen Onsen aus Holz und ein herzliches Willkommen.

Akan Yuku-no-sato Tsuruga RYOKAN ¥¥¥
(あかん遊久の里鶴雅, Lake Akan Tsuruga Resort Spa; ☎ 0154-67-4000; www.tsuruga.com/en; 4-6-10 Akan-Onsen; EZ/2BZ inkl. Mahlzeiten ab 17 000/30 000 ¥; Ⓟ ❄ @ 📶) Dieses Resort im traditionellen Stil ist die schickste Adresse der Stadt und erstreckt sich über drei Gebäude. Die Zimmer in der *honkan* (Haupthalle) sind die günstigsten und müssen ohne Seeblick auskommen. Die Alternativen im aufwendigen *bekkan* (Anbau) bieten einen eigenen Freiluft-Onsen. Alle Gäste dürfen die beiden großen Badehäuser nutzen. In der Lobby sind Skulpturen von Ainu-Künstlern zu bestaunen.

Essen & Ausgehen

★ Poronno AINU ¥
(ポロンノ; ☎ 0154-67-2159; www.poronno.com; 4-7-8 Akanko-Onsen; Gerichte 400–1500 ¥; ⌚ Mai–Okt. 12–15 & 18–22 Uhr; Ⓟ 📋) Von allen – auf Ainu-Küche spezialisierten – Restaurants der Stadt bietet das Poronno im Ainu-*kotan* (S. 687) die interessanteste Karte. Hier kann man *yukku ruibe* (gefrorenes eingelegtes Wild) und getrockneten Lachs oder Pizza mit einem Boden aus *pochie* (fermentierte Kartoffelklöße) probieren, belegt mit Käse, Gemüse aus den Bergen und Wildsalami.

Marukibune Akanko-ten AINU ¥¥
(丸木舟阿寒湖店; ☎ 0154-67-230; 4-7-9 Akanko-Onsen; Gerichte 1100–2100 ¥; ⌚ 11–20 Uhr) Ein Ableger des Ainu-Restaurants Marukibune in Kussharo-ko (S. 693) im Ainu-*kotan* von Akanko-Onsen.

Onsen Kōbō Akan CAFÉ
(温泉工房あかん; ☎ 0154-67-2847; 1-4-29 Akanko-Onsen; ⌚ 8–20 Uhr; ⊜) Einfach großartig: Ein Café mit *ashi-yu* (Fußbad), in das man die Füße eintauchen kann, während man Kaffee (250 ¥) schlürft. Etwas zu essen gibt es auch, z. B. *zari-bonara* (Pasta Carbonara mit *zarigani*, Süßwasserkrebsen; 950 ¥). Mit bebilderter Karte.

Das Café liegt direkt an der Hauptstraße, die vom Öko-Museumszentrum Akan Kohan hügelabwärts Richtung Ainu-*kotan* führt.

Unterhaltung

Ikor LIVEDARBIETUNG
(イコロ; ☎ 0154-67-2727; www.akanainu.jp/; Erw./Kind 1080/540 ¥) Täglich mehrere Shows mit traditionellem Gesang und Tänzen kommen in diesem Theater im Ainu-*kotan* zur Vorstellung. Von Mai bis November führen Darsteller allabendlich um 21 Uhr ein Feuerfestival auf, das schon 30 Minuten vorher mit einer Prozession beginnt, bei der Fackeln im ganzen Dorf entzündet werden.

Praktische Informationen

Touristeninformation (☎ 0154-67-3200; www.lake-akan.com/en; 2-6-20 Akanko-Onsen; ⌚ 9–18 Uhr; 📶) Mitten im Dorf, mit Busfahrplänen und Veranstaltungskalender, Wanderkarten und Infos zu Unterkünften und Onsen – alles auf Englisch. Hilft auch bei Buchungen.

An- & Weiterreise

Zwei Busse fahren täglich nach/von Asahikawa (4710 ¥, 5 Std.) über Sōunkyō-Onsen (3350 ¥, 4 Std.) im Daisetsuzan-Nationalpark. Von April bis November verkehren täglich drei oder vier Busse nach/von Kushiro (2700 ¥, 2 Std.) über den Flughafen Kushiro (2110 ¥, 1 Std.).

Von Mitte Juli bis Mitte Oktober gibt's täglich zwei Busse zum/vom Bahnhof Mashū (nach Kawayu-Onsen, 1 Std., 1500 ¥), mit Halt am Aussichtspunkt 1 in Mashū-ko.

Wer selbst fährt: Akanko-Onsen liegt an der Straße 240, die (natürlich!) in Marimo Highway (まりも国道) umbenannt wurde.

Unterwegs vor Ort

Zwischen Juni und Oktober verkehrt ein kostenloser Shuttlebus in Akanko-Onsen, der vom Busbahnhof über das Ainu-**kotan** (S. 687) und das **Öko-Museumszentrum Akan Kohan** (S. 688) fährt. Ein paar von ihnen fahren weiter nach Takiguchi zum Ausgangspunkt der Wanderung auf den **O-Akan-dake**. An der **Touristeninformation** kann man sich ein Fahrrad ausleihen (500 ¥ pro Tag), aber die Stadt ist ziemlich kompakt und lässt sich auch gut zu Fuß erkunden.

Kawayu-Onsen 川湯温泉

☎ 0154 / 7660 EW.

Im ruhigen Onsen-Städtchen Kawayu gibt's rund ein Dutzend Hotels mit heißen Quellen, doch es ist eher die Umgebung, in der der Akan-Nationalpark seine volle Pracht entfaltet. Ganz in der Nähe befinden sich zwei atemberaubende Kraterseen, Kussharo-ko und Mashū-ko, sowie Wandermöglichkeiten und zahlreiche heiße Quellen, darunter auch ein paar kostenlose in freier Natur.

Sehenswertes

Öko-Museumszentrum Kawayu MUSEUM
(川湯エコミュージアムセンター; ☎ 0154-83-4100; www6.marimo.or.jp/k_emc; 2-2-6 Kawayu-Onsen; ⏲ Mai–Okt. 8–17 Uhr, Nov.–April 9–16 Uhr, Mi geschlossen) GRATIS Im Museum bzw. Infozentrum von Kawayu-Onsen sind tolle Ausstellungen zur Entstehung der umliegenden Vulkanlandschaft zu sehen. Außerdem bekommt man hier Wanderkarten und kann sich auf den Weg auf ein paar kurze **Naturpfade** machen.

Ainu-Volkskundemuseum MUSEUM
(コタンアイヌ民俗資料館; Karte S. 688; ☎ 0154-84-2128; Erw./Kind 420/280 ¥; ⏲ Mai–Okt. 9–17 Uhr) Das Museum im *kotan* (Dorf) Kussharo am Südufer des Kussharo-ko stellt traditionelle Ainu-Werkzeuge und Kunsthandwerk aus. Auf Anfrage zeigt das Personal ein 25-minütiges Video in englischer Sprache zur Geschichte der Ainu und zur zeitgenössischen Ainu-Kultur.

★ **Kussharo-ko** SEE
(屈斜路湖; Karte S. 688) Japans größter Kratersee leuchtet an sonnigen Tagen tiefblau. In seiner Mitte erhebt sich ein kleiner Vulkan und bildet die Insel **Naka-jima**, die man am besten vom **Bihoro-Pass** (美幌峠; Karte S. 688) aus bestaunt.

Der See ist angeblich das Zuhause eines Wesens mit dem Spitznamen Kusshi, das dem Loch-Ness-Ungeheuer nicht unähnlich sein soll.

★ **Mashū-ko** SEE
(摩周湖; Karte S. 688) Einst hielt der vielleicht schönste See Japans den Rekord als klarstes Gewässer der Welt. Die Ainu nannten das Eiland in seiner Mitte „Insel der Götter". Am Westrand des beeindruckenden Kratersees fährt eine Straße entlang. Zum Wasser hinunter kann man nicht, es gibt aber zwei offizielle Aussichtspunkte: Aussichtspunkt 1 und Aussichtspunkt 3; Letzterer bietet kostenlose Parkplätze.

Iō-zan VULKAN
(硫黄山; Karte S. 688) Dieser zischende Berg (512 m) liegt wenige Kilometer südlich von Kawayu-Onsen und ist durch den Schwefel teilweise sonnengelb verfärbt. In den heißen vulkanischen Dämpfen garen die Einheimischen Eier für die hiesige Spezialität: *onsen-tamago*. Gut möglich, dass man das „Tamago! Tamago! Tamago!" (Eier!) der Händler schon hört, bevor man den Parkplatz überhaupt erreicht hat.

Aktivitäten

★ **Mashū-dake-Wanderweg** WANDERN
(摩周岳; Karte S. 688) Die Wanderung zum Gipfel des Mashū-dake (857 m) führt um den See herum zur Ostseite und wieder zurück und dauert vier bis sechs Stunden. Die Mühe lohnt sich: Auf dem Großteil der Strecke bietet sich ein unglaublicher Vulkanblick. Los geht's am Aussichtspunkt 1 am Mashū-ko (400 m) am Südende des Sees. Öffentliche Busse fahren zwar hierher, allerdings nur selten.

Kotan-yu ONSEN
(コタン湯; Karte S. 688; ⏲ 14–15 Uhr geschlossen) GRATIS Dieses *rotemburo* (Außenbad) am Südufer des Kussharo-ko (S. 691) im Ainu-*kotan* liegt direkt am See und bietet freien Blick über das Wasser. Auch von der Straße aus hat man eine tolle Sicht auf das Bad – also Badekleidung mitbringen, falls man eher genant ist! Ein Felsen „teilt" das Bad in eine männliche und eine weibliche Seite. Dank engagierterer Ehrenamtlicher ist es sehr gut in Schuss.

Naturpfad Tsutsuji-ga-hara WANDERN
(つつじヶ原ネイチャートレイル; Karte S. 688) Der Naturpfad – ein sehr angenehmer, 2,5 km langer Weg – verbindet das Öko-Museumszentrum Kawayu (S. 691) mit Iō-zan. Der Aufstieg zum Iō-zan ist aus Sicherheitsgründen untersagt, aber auf dem Naturpfad kommt man der vulkanischen Aktivität ganz nah und kann sogar den Schwefel riechen!

Schlafen

Onsen Minshuku Mako MINSHUKU ¥
(温泉民宿摩湖; Karte S. 688; ☎ 0154-82-5124; www.onsenmako.com; 1-2-17 Sakuraoka, Teshikaga-chō; Zi. pro Pers. inkl./exkl. 2 Mahlzeiten 5000/3500 ¥; P ⊖ 📶) Der Besitzer dieser

AINU: HOKKAIDŌS UREINWOHNER

Die Ahnenreihe der Ainu reicht bis zu den ersten Siedlern auf Hokkaidō zurück, eine eigenständige Ainu-Kultur entstand aber erst vor rund 700 Jahren. Sie waren Jäger, Sammler und Fischer und ließen sich rund um Lachszugsgebiete und Küstenebenen nieder. Die Männer trugen lange, buschige Bärte und die Frauen hatten blau tätowierte Hände und Gesichter, vor allem um die Lippen, wodurch sie immer zu lächeln schienen.

Ihre Götter, *kamuy* genannt, fanden sich in der Natur: in Steinen und Bäumen und vor allem in den Tieren ringsum. Der wichtigste aller Götter war *kim-un kamuy*, der Gott der Berge – auf Japanisch als *higuma* (Ussuri-Braunbär) bekannt. Bei rituellen Zeremonien, den *iyomante*, wurden die Geister von geopferten Bärenjungen, aber auch von Pflanzen und zerbrochenen Töpfen, zurück ins Reich der Götter gesandt. Der Tag begann mit einem Gebet an den Gott des Feuers, *apehuci kamuy*, der in der Feuerstelle wohnte.

Japaner und Ainu waren jahrhundertelang Handelspartner, als aber das Japanische Reich an militärischer und wirtschaftlicher Macht gewann, verlagerte sich das Gleichgewicht zu seinen Gunsten. Nach der formellen Annektierung Hokkaidōs 1869 unterzeichnete die neue Meiji-Regierung 1899 das Gesetz zum Schutz der Ehemaligen Ureinwohner von Hokkaidō. Auch wenn es wohlmeinend klang, verbot es traditionelle Praktiken wie die Jagd oder Tätowierungen, ebenso wie die Sprache der Ainu. Die Ainu erhielten Grundstücke (die für gewöhnlich klein waren und sich nicht für die Landwirtschaft eigneten) und wurden angewiesen, sich als Bauern niederzulassen. Wer sich weigerte, wurde diskriminiert. Viele andere passten sich an. Sie mussten jedoch fürchten, irgendwann „geoutet" zu werden – weshalb sie ihr Erbe im tiefsten Inneren verbergen mussten.

Heute leben rund 25 000 Menschen in Japan, die sich als Nachkommen der Ainu bezeichnen. Während der kulturellen Unruhen in den 1960ern wehrten sich immer mehr von ihnen öffentlich gegen Diskriminierung und Armut und fanden zusammen mit anderen indigenen Völkern den Mut, für Anerkennung und Gerechtigkeit in aller Welt zu kämpfen. Zahlreiche Gemeindezentren wurden gegründet. Ihre Entstehung fiel mit dem zunehmenden Hokkaidō-Inlandstourismus zusammen, und viele Ainu fanden Arbeit, indem sie den Touristen ihre Kultur näherbrachten: Sie sangen Volkslieder für Tourgruppen und verkauften traditionelles Kunsthandwerk. Einige sahen das als Durchbruch, als Gelegenheit, ihrer Kultur die verdiente Anerkennung zu verschaffen und – vielleicht noch wichtiger – ihren Lebensunterhalt zu verdienen. Andere jedoch empfanden diese verwässerten kulturellen Darbietungen im besten Fall als Ablenkung von der Protestbewegung gegen soziale Ungerechtigkeit und im schlimmsten Fall als Rückschritt.

Der Weg nach vorn bleibt für die Nachfahren der Ainu ein steiniger Pfad. Noch immer sind politische Kämpfe im Gang: Nach jahrzehntelanger Lobbyarbeit wurde das Gesetz zum Schutz der Ehemaligen Ureinwohner 1997 aufgehoben und erst 2009 errangen Aktivisten mit einem Beschluss des Kokkai (japanisches Parlament) einen Erfolg, durch den die Ainu als eingeborenes Volk Japans anerkannt werden.

Aber was bedeutet es, Ainu zu sein? Nur eine Handvoll Menschen sind der Sprache noch mächtig (obwohl es Radioprogramme zum Erlernen gibt) und traditionelle Praktiken können oft das Gefühl vermitteln, in der Vergangenheit festzustecken. Letzteres gilt vor allem für die jüngere Generation, die wie andere Teenager aufwächst. Es gibt jedoch auch Künstler, Musiker und Köche, die sich auf die alten Bräuche einlassen und ihnen neues Leben einhauchen. Wer die Möglichkeit hat, sollte sich die Oki Dub Ainu Band (www.tonkori.com) oder Marewrew (http://marewrewfes.jimdo.com) live ansehen.

Im Akan-Nationalpark gibt's sowohl in Akanko-Onsen (S. 687) als auch in Kawayu-Onsen (S. 691) ein Ainu-*kotan* (Dorf) – hier kann man die Ainu-Kultur in ihrer zeitgenössischen Form am besten erleben. Die Dörfer sind mit ihren Volkskundemuseen und den Restaurants, die Ainu-Gerichte servieren, definitiv touristisch ausgerichtet. In Akanko-Onsen werden auf einer Bühne, **Ikor** (S. 690), traditionelle Volksmusik-Darbietungen gezeigt. In Kawayu-Onsen lebt der moderne Ainu-Musiker Atuy, der auch die fantastische Pension Marukibune (S. 693) führt, die gelegentlich als Showbühne dient.

Wer mehr erfahren möchte, kann das **Ainu-Zentrum Hokkaidō** (S. 634) in Sapporo besuchen. Neben Ausstellungen zur Geschichte und Kultur findet sich dort ein Lesezimmer, in dem man so ziemlich jedes auf Englisch veröffentlichte Buch über die Ainu findet.

einfachen familiengeführten Unterkunft ist selbst ein begeisterter Traveller und heißt ausländische Gäste herzlich willkommen. Man schläft in Tatamizimmern mit Gemeinschaftsbad (inklusive Onsen). Das Preis-Leistungs-Verhältnis stimmt, auch beim Essen. Am besten reist man mit eigenem Auto an – das Haus liegt 20 Minuten zu Fuß vom JR-Bahnhof Mashū entfernt.

Kussharo-Genya Youth Guesthouse HOSTEL ¥
(屈斜路原野ユースゲストハウス; Karte S. 688; ☎ 0154-84-2609; www.gogogenya.com/intro/e-intro.htm; B/Zi. pro Pers. ab 3300/5200 ¥, Frühstück/Abendessen 750/1300 ¥; P ⊖ @ 📶) Diese attraktive Jugendherberge mit ihren Kuppeldecken, luftigen Oberlichtern, polierten Holzböden und eigenem Onsen liegt in einer Nebenstraße der Straße 243 am Südufer des Kussharo-ko (S. 691). Ein Restaurant gibt's ebenfalls (aber keine Kochmöglichkeit).

Da es ein wenig abseits der Straße inmitten von Feldern liegt, ist man mit eigenem Auto am besten beraten, auch wenn das Englisch sprechende Personal die Gäste am JR-Bahnhof Mashū abholt, sofern man sich vorher anmeldet.

★ **Marukibune** RYOKAN ¥¥
(丸木舟; Karte S. 688; ☎ 0154-84-2644; www.sh.rim.or.jp/~moshiri; Kotan, Kussharo-Shigai, Teshikaga-chō; EZ/2BZ ab 8000/14 000 ¥; P ⊖ ❄ 📶) Ainu-Musiker Atuy führt diese besondere Unterkunft im Ainu-*kotan* am Südende des Kussharo-ko (S. 691). Sie bietet eine Handvoll Zimmer, teilweise mit Seeblick, die mit traditionellen Elementen eingerichtet sind, und einen Onsen. Das „Ainu-Zimmer" (EZ/DZ 17 000/24 000 ¥) mit Holzwänden, Schnitzereien und bunten Textilien ist ein wahres Kunstwerk. Essen kann man im Restaurant im Erdgeschoss.

Essen & Ausgehen

Bei den Bahnhöfen von Mashū und Kawayu sowie rund um den Kussharo-ko (S. 691) gibt's ein paar Lokale. Wesentlich mehr Möglichkeiten bieten sich, wenn man ein Auto hat. Außerhalb der Sommermonate (Juli und August) sind viele Restaurants geschlossen.

Poppotei SHOKUDO ¥
(ぽっぽ亭; Karte S. 688; ☎ 0154-82-2412; 1-7-18 Asahi, Teshikaga-chō; Gerichte 620–1080 ¥; ⏲ 10–20 Uhr) In diesem kleinen, gemütlichen Restaurant direkt vor dem JR-Bahnhof Mashū kommen Klassiker wie *rāmen* und *buta-don* (gegrilltes Schweinefleich auf Reis) mit einer großzügigen Portion buntem Biogemüse auf den Tisch. Großes Plus: Der Kaffee (350 ¥ zum Essen) ist richtig gut. Eine Karte mit Bildern gibt's auch.

Marukibune Restaurant AINU ¥¥
(丸木舟レストラン; Karte S. 688; Kotan, Kussharo-Shigai, Teshikaga-chō; Gerichte 1100–2100 ¥; ⏲ 11–19 Uhr; P) Okay, das Essen hier unterscheidet sich nicht groß von jedem beliebigen japanischen Schnellrestaurant, aber es gibt donburi (Reisschüssel) mit Hokkaidō-Wild und *gyōja niniku* (Bergknoblauch), ein örtliches Gewürz, das in der langen Geschichte der Ainu-Küche einen festen Platz hat. Außerdem werden *pochie* (ポッチェ) serviert, fermentierte Kartoffelklöße.

Orchard Grass CAFÉ
(オーチャードグラス; Karte S. 688; ☎ 0154-83-2906; Bahnhof Kawaya-Onsen; Kaffee ab 370 ¥; ⏲ Mai–Okt. 10–18 Uhr, Nov.–April 11–16 Uhr, Di geschlossen; ⊖ 📶) Das Café im historischen Bahnhof Kawayu (1936) hat seinen Originalcharakter im Wesentlichen bewahrt, etwa in der Form hoher Holzdecken, antiker Hängelampen, von Buntglasfenstern und einem Ofen aus Eisen und Kacheln. Zu essen gibt's Toast, Pizza und Eis.

Wer Lust auf ein kostenloses Fußbad hat, findet dies auf der anderen Seite des Bahnhofs.

Praktische Informationen

Touristeninformation JR-Bahnhof Mashū (Karte S. 688; ☎ 0154-82-2642; www.masyuko.or.jp; ⏲ Mai–Okt. 9–17 Uhr, Nov.–April 10–16 Uhr) Im JR-Bahnhof Mashū, mit englischen Karten und Broschüren. Das Personal hilft bei der Buchung von Unterkünften. Ein kleinerer Schalter befindet sich im JR-Bahnhof Kawayu-Onsen.

An- & Weiterreise

Eher selten verkehren Züge Richtung Norden auf der JR-Senmō-Hauptlinie zwischen Kawayu-Onsen und Shiretoko-Shari (930 ¥, 45 Min.) sowie Richtung Süden zwischen Kawayu-Onsen und Kushiro (1840 ¥, 1¾ Std.) über Mashū (360 ¥, 15 Min.).

Wer ein eigenes Auto hat, kann den Park ausführlicher erkunden. Die Straße 241 zwischen dem Bahnhof Mashū und Akanko-Onsen ist besonders malerisch. In Sokodai gibt's einen Aussichtspunkt, von dem man den Penketō-ko und den Panketō-ko sehen kann.

Unterwegs vor Ort

Von Mitte Juli bis Mitte Oktober bietet **Akan Bus** (S. 688) täglich vier Verbindungen zwischen dem JR-Bahnhof Mashū und Mashū-ko (25 Min.). Außerdem führt eine Rundroute 3-mal täglich zum/vom Bahnhof Kawayu über Mashū-ko, den JR-Bahnhof Kawayu-Onsen, Iō-zan (S. 691), das Ainu-*kotan* (S. 687) und den Bihoro-Pass (S. 691). Dieser Bus hält normalerweise für 15 bis 30 Min., sodass man genügend Zeit hat, sich umzuschauen.

Weitere Busse bieten Anschluss zu Zügen und pendeln in zehn Minuten zwischen dem Bahnhof Kawayu-Onsen und der Stadt Kawayu-Onsen.

Mit dem **Teshikaga-Ökopass** (弟子屈えこパスポート; Pass 2/3/5 Tage 1500/2000/2500 ¥) kann man alle oben genannten Busse nutzen. Er ist ein Muss, wenn man sich mit öffentlichen Verkehrsmitteln fortbewegen will. Der Pass beinhaltet auch eine kostenlose Gepäckaufbewahrung und ein Leihfahrrad. Im Bahnhof von Mashū oder Kawayu-Onsen kann man seine Taschen loswerden und sich aufs Rad schwingen.

Kushiro 釧路

☎ 0154 / 175 000 EW.

Kushiro, die bevölkerungsreichste Stadt Ost-Hokkaidōs, ist ein Industriehafen – Berühmtheit erlangte sie, weil ihre Küste im Winter größtenteils eisfrei ist. Sie ist ein Verkehrsknotenpunkt für Besucher, die auf dem Weg in den nahen Kushiro-Shitsugen-Nationalpark oder den Akan-Nationalpark weiter im Norden sind.

Sehenswertes

Washō-Markt MARKT

(和商市場, Washō Ichiba; www.washoichiba.com; 13-25 Kurogane-chō; Gerichte 1000–2000 ¥; ⏲ Mo–Sa 8–18 Uhr) Auf diesem Fischmarkt kann man nicht nur essen, er ist auch eine echte Sehenswürdigkeit. Die Spezialität hier ist *katte-don* (勝手丼) – wörtlich „Reisschüssel, wie man sie mag". Zuerst kauft man sich bei einem der Stände eine Schüssel Reis und geht dann weiter zu einem der Fischhändler, der sie mit rohem Fisch nach Wahl auffüllt.

Der Markt liegt ein paar Fußminuten südlich vom JR-Bahnhof Kushiro.

Schlafen & Essen

Als Verkehrsknotenpunkt der Region bietet Kushiro eine gute Auswahl an Hotels in Bahnhofsnähe, die meist nationalen Ketten angehören.

Im Bahnhof gibt's Cafés und Bäckereien, in den Straßen rundum allerdings kaum.

An- & Weiterreise

BUS

Zwei Busse täglich verkehren zwischen Kushiro und Asahikaawa (5450 ¥, 6½ Std.) über Akan-ko-Onsen (1530 ¥, 1½ Std.) und Sōunkyō-Onsen (4930 ¥, 5 Std.). Außerdem pendeln fünf Busse täglich (zwei am Wochenende) zwischen Rausu und Kushiro (4850 ¥, 3½ Std.). Der Busbahnhof befindet sich neben dem Bahnhof.

FLUGZEUG

Der **Flughafen Kushiro** (釧路空港; ☎ 0154-57-8304; www.kushiro-airport.co.jp; 2 Tsuruoka), 10 km westlich der Stadt, bietet Flüge nach/von Sapporo und Tokio. Die Busse zwischen dem Flughafen und dem JR-Bahnhof Kushiro (940 ¥, 45 Min.) richten sich nach den Ankunfts- und Abflugzeiten.

ZUG

Täglich verkehren sechs limitierte JR-Expresszüge Super Ōzora Liner zwischen Sapporo und Kushiro (9370 ¥, 4½ Std.) über Obihiro (4810 ¥, 1½ Std., von Kushiro). Die JR-Nemuro-Linie verläuft Richtung Osten nach Nemuro (2490 ¥, 2¼ Std.).

Die JR-Senmō-Linie führt von Kushiro nach Norden. Sie verbindet die Stadt mit Abashiri (3670 ¥, 3½ Std.) und verläuft über Kushiro-Shitsugen (360 ¥, 20 Min.), Kawayu-Onsen (1840 ¥, 1½ Std.) und Shiretoko-Shari (2810 ¥, 2½ Std.).

Kushiro-Shitsugen-Nationalpark 釧路湿原国立公園

☎ 0154

Mit einer Fläche von 269 km² ist der Kushiro-Shitsugen-Nationalpark das größte geschützte Feuchtgebiet Japans. Es wurde 1987 zum Nationalpark erklärt, damit es nicht irgendwann von der wachsenden Stadt geschluckt wird und um den Lebensraum zahlreicher Tierarten zu schützen, etwa des *tanchō-zuru* (Mandschurenkranich), das traditionelle Symbol für Langlebigkeit und für Japan selbst.

Im frühen 20. Jh. galten die Kraniche als ausgestorben. Man hatte sie zu stark gejagt und ihren Lebensraum zerstört. Doch 1926 wurden etwa 20 Vögel in den Marschen hier entdeckt. Dank effektiver Schutzmaßnahmen zählt die Population heute wieder mehr als 1000 Tiere. Die Kraniche können das ganze Jahr über gesichtet werden, am erfolgversprechendsten ist aber der Winter, wenn sich die Vögel an den Futterstellen versammeln.

Sehenswertes & Aktivitäten

Die Straße 53 verläuft entlang des Parkrands. Wer ein eigenes Auto hat, kann den Park ausgiebig erkunden und verschiedene Aussichtspunkte abklappern.

Zugreisende können zum JR-Bahnhof Kushiro-Shitsugen fahren, dann 15 Minuten bergauf wandern und den Blick vom **Hosooka-Marsh-Aussichtspunkt** (細岡展望台) genießen.

Mandschurenkranich-Reservat WILDRESERVAT
(丹頂鶴自然公園; Tanchō-zuru Shizen-kōen; ☎0154-56-2219; http://kushiro-tancho.jp; 112 Tsuruoka; Erw./Kind 470/110 ¥; ⌚April–Sept. 9–18 Uhr, Okt.–Mai 9–16 Uhr) Dieses Schutzgebiet, unter Leitung des Zoos von Kushiro, war maßgeblich am Wiederanwachsen der Kranichpopulation beteiligt. Momentan leben hier 14 *tanchō-zuru* (Mandschurenkraniche); sie können das Reservat aber jederzeit verlassen (die Zäune sind für die Menschen, nicht für die Vögel).

Internationales Kranichzentrum Akan (GRUS) WILDRESERVAT
(阿寒国際ツルセンター"グルス"; ☎0154-66-4011; http://aicc.webcrow.jp; 23-40 Kami-Akan, Akan-chō; Erw./Kind 470/240 ¥; ⌚9–17 Uhr) Hier kann man einige Kraniche in Brutställen sehen, die wahre Attraktion ist aber das **Kranich-Beobachtungszentrum** (Nov.–März 8.30–16.30 Uhr), eine Winterfutterstelle. Wer Kraniche außerhalb eines Vogelparks zu Gesicht bekommen will, hat hier die besten Chancen dazu.

Kushiro-Shitsugen-Norokko-Zug EISENBAHN
(釧路湿原ノロッコ号; ⌚Juli–Sept.) Dies ist die beste Möglichkeit, das Feuchtgebiet ohne Auto zu erkunden. Ein- oder zweimal täglich fährt eine alte Eisenbahn mit großen Panoramafenstern in aller Ruhe von Kushiro über Kushiro-Shitsugen (360 ¥) bis zum Bahnhof Tōro (540 ¥). Sie ist sehr beliebt, deshalb sollte man lieber einen Sitzplatz reservieren (560 ¥ extra). Am Schalter der Touristeninformation im Bahnhof Kushiro erfährt man Näheres.

Im Februar rumpelt eine alte Dampflok, der **Fuyu-Shitsugen-Norokko-Zug**, über dieselbe Strecke. Er fährt nicht jeden Tag und das Ticket muss vorab gelöst werden.

Schlafen & Essen

Rund um den Park sind Möglichkeiten zum Essen spärlich gesät. Wer Hunger hat, begibt sich am besten ins nahe Kushiro.

ABSTECHER

DIE JR-SENMŌ-LINIE

Traveller, die eine Eisenbahnfahrt als Teil der Reise betrachten – und nicht nur als Mittel zum Zweck – sollten mit der JR-Senmō-Linie fahren. Sie führt von Abashiri nach Kushiro durch eine atemberaubende Kulisse: Im Sommer sind es die Blumenfelder von Koshimizu Gensei-kaen (S. 681), das einsame Ochotskische Meer und die Sümpfe des Kushiro-Feuchtgebiet-Nationalparks (S. 694), im Winter die weiß glitzernden Schneefelder und eine eisige See.

Die Eisenbahnlinie und ihre Stationen wurden in den 1920ern und 1930ern erbaut; viele Originalbahnhöfe sind bis heute erhalten. Die meisten Passagiere entscheiden sich bewusst für die Senmō-Linie und nicht, weil sie keine andere Wahl haben. Für gewöhnlich ist der Zug nur zwei Waggons lang. Viele Bahnstationen sind mittlerweile unbesetzt und die ehemaligen Büros und Wartesäle wurden in charmante Cafés verwandelt, etwa das Teishaba (S. 682) oder das Grass (S. 693), in anderen haben Restaurants wie das Ekishaba (S. 682) eröffnet.

★ **Kushiro-Shitsugen Tōro Youth Hostel** HOSTEL ¥
(釧路湿原とうろユースホステル; ☎0154-87-2510; www.tohro.net; 7 Tōro, Shibecha-chō; B/EZ/DZ ab 4540/5400/9080 ¥, Frühstück/Abendessen 650/1080 ¥; P ⊖ ≋) Bei der Planung dieses Hostels, das zum Teil mit Solarstrom betrieben wird, hatte man vor allem Vogelbeobachter im Blick. Eine (teilweise verglaste) Veranda bietet direkten Blick auf die Sümpfe; Ferngläser können ausgeliehen werden. Hier kann man wunderbar ein paar ruhige Tage verbringen – in gemütlichen Schlafsälen und bei gutem Essen (vorab buchen, es gibt wenige andere Unterkünfte in der Gegend).

Von Mai bis November bietet das Hostel Kanutouren und Fremdenführer an, von Dezember bis März werden Touren zur Kranichbeobachtung organisiert. Es liegt ein paar Gehminuten vom JR-Bahnhof Tōro (塘路) entfernt, zwei Haltestellen nördlich von Kushiro-Shitsugen an der JR-Senmō-Linie.

An- & Weiterreise

Die JR-Senmō-Linie verläuft von Kushiro nach Kushiro-Shitsugen (360 ¥, 20 Min.) auf der Ostseite des Parks. Von Kushiro-Shitsugen fahren Züge weiter nach Kawayu-Onsen, Shiretoko-Shari und Abashiri.

Der Bus vom Bahnhof Kushiro nach Akanko-Onsen hält am Mandschurenkranich-Reservat (910 ¥, 1 Std.) und am Internationalen Kranichzentrum Akan (GRUS) (1450 ¥, 1¼ Std.). Beide liegen an der Straße 240, die Kushiro mit Akanko-Onsen verbindet.

Tokachi 十勝

Das ziemlich ländliche Tokachi ist in ganz Japan für seine Milch- und Viehbetriebe sowie seine Weingüter bekannt. Traveller passieren den Ort meist nur auf der Durchreise auf ihrem Weg zum Daisetsuzan-Nationalpark oder nach Ost-Hokkaidō, obwohl die Gegend hier sehr hübsch ist.

Wer sich auf die lange Reise über die Insel gemacht hat, kann hier gut einen Zwischenstopp einlegen.

Schlafen & Essen

Obihiro bietet die meisten Optionen und die beste Verkehrsanbindung. Wer ein eigenes Auto hat, kann aber auch in einem der hübschen Hostels auf dem Land absteigen, ganz in der Nähe der größeren Städte.

Tokachi lebt von Ackerbau und Viehzucht, entsprechend finden sich auf den örtlichen Speisekarten vor allem lokale Erzeugnisse: Rind- und Schweinefleisch, Milchprodukte und Wein. Außerhalb von Obihiro (und außerhalb der Sommersaison) sind Restaurants eher schwer zu finden.

Toipirka Kitaobihiro Youth Hostel HOSTEL ¥
(トイピルカ北帯広ユースホステル; ☎0155-30-4165; http://toipirka.eco.coocan.jp; N4E52-8 Shimo-Shihoro, Otofuke-chō; B ab 3450 ¥, Frühstück/Abendessen 750/1300 ¥; P ⊜ @ ☮) Schönes Holzhaus mit Hängematte auf der Veranda und Sofas rund um den Holzofen in der Lounge. Das Essen – ohne Fertigprodukte und Zusatzstoffe – schmeckt fantastisch. Das Hostel ist in der Nähe von Tokachi-gawa-Onsen, einer resortartigen Ansammlung von Onsen und Hotels entlang der Tokachi-gawa, 15 Autominuten östlich von Obihiro.

An- & Weiterreise

Obihiro, mit dem **Flughafen Tokachi Obihiro** (十勝帯広空港; ☎0155-64-5320; www.tokachiobihiro-airport.jp; W9 Chūō 8-41, Izumi-chō) ganz in der Nähe, ist das wichtigste Verkehrszentrum der Region.

Die limitierten JR-Expresszüge Super Tokachi Liner und Super Ōzora Liner verbinden Sapporo und Obihiro (6700 ¥, 2¾ Std., 11-mal tgl.); der Super Ōzora Liner fährt von Obihiro nach Kushiro (4810 ¥, 1½ Std., 6-mal tgl.). Obihiro und Ikeda sind außerdem Stationen auf der JR-Nemuro-Hauptlinie zwischen Nord-Hokkaidō und der Ostspitze von Nemuro.

In Obihiro und am Flughafen Tokachi Obihiro sind die meisten größeren Mietwagenfirmen vertreten.

HAKODATE 函館

☎0138 / 266 600 EW.

Hakodate, erbaut auf einem schmalen Landstreifen zwischen dem Hakodate-Hafen im Westen und der Tsugaru-Straße im Osten, ist das südliche Tor zur Insel Hokkaidō. Nach dem Kanagawa-Abkommen von 1854 war dies einer der ersten Häfen, die sich für den internationalen Handel öffneten. Deshalb siedelte sich hier auch eine kleine ausländische Gemeinde an. Ihr Einfluss zeigt sich bis heute im **Viertel Motomachi.** Der steile Hügel ist gesprenkelt mit europäischen Gebäuden und Kirchen, Lagerhäuser aus rotem Backstein säumen das Ufer und eine nostalgische Straßenbahn rumpelt noch immer durch die Stadt.

Sehenswertes

Hakodates Highlights lassen sich leicht an einem Tag erkunden, da sie alle einem bestimmten Zeitablauf folgen: In der Frühe geht's auf den morgendlichen Meeresfrüchtemarkt. Anschließend schlendert man durch die attraktiven Steinstraßen des Motomachi-Viertels und steigt dann hinauf zum Hakodate-yama (S. 698). Von dort genießt man schließlich den berühmten Ausblick über die Bucht bei Nacht.

Für das Alte Britische Konsulat (S. 698), die Alte Versammlungshalle von Hakodate, das Museum der Nördlichen Völker Hakodate und das **Museum für Literatur Hakodate** sind vergünstigte Kombitickets erhältlich (zwei/drei/vier Sehenswürdigkeiten 500/720/840 ¥).

★ **Morgenmarkt Hakodate** MARKT
(函館朝市, Hakodate Asa-ichi; Karte S. 697; www.hakodate-asaichi.com; 9-19 Wakamatsu-chō; ⏲5–12 Uhr; 🚉 JR Hakodate) GRATIS Auf heißen Kohlen werden Krebse gegrillt, frisch gefange-

Hakodate Zentrum

Hakodate Zentrum

Highlight
1 Morgenmarkt Hakodate D1
2 Hakodate-yama A3

Sehenswertes
3 Museum der Nördlichen Völker Hakodate B2
4 Altes Britisches Konsulat B2
5 Alte Versammlungshalle von Hakodate . B2
6 Orthodoxe Kirche B2
7 Rote Ziegel Lagerhausviertel C2

Schlafen
8 B&B Pension Hakodate-mura C2
9 Hakodate Perry House B1
10 La Vista Hakodate Bay Hotel C2
11 Tōyoko Inn Hakodate Eki-mae Asaichi D1

Essen
12 Daimon Yokochō D1
Kikuyo Shokudo .... (siehe 1)
13 Lucky Pierrot B2

Ausgehen & Nachtleben
14 Hakodate Beer C1

Transport
15 Hakodate Eki-mae Busbahnhof D1
16 Hakodate-yama Seilbahn B3
17 Hakorin D1

ner Tintenfisch liegt eng gepackt in eisgefüllten Styroporkisten und die Händler preisen ihre Waren lautstark an: Der Morgenmarkt von Hakodate wirkt wie ein Fischmarkt vergangener Zeiten – auch wenn die Besucher heute hauptsächlich Touristen sind und keine Großhändler. (Der ursprüngliche „echte“ Markt brauchte mehr Platz und ist vor einiger Zeit umgezogen.)

Lagerhausviertel HISTORISCHES GEBÄUDE
(赤レンガ倉庫; Karte S. 697) Die roten Backstein-Lagerhäuser aus dem frühen 20. Jh. säumen das Wasser und zeugen von Hakodates historischer Stellung als internationaler Handelsposten. Sie wurden restauriert und in eine Touristenmeile verwandelt (was nur passend erscheint). Mit ihrer abendlichen Beleuchtung ist die Anlage besonders schön.

Museum der Nördlichen Völker Hakodate MUSEUM
(函館市北方民族資料館; Hakodate-shi Hoppō-minzoku Shiryōkan; Karte S. 697; ☎0138-22-4128; www.zaidan-hakodate.com/hopporninzoku

/#sisetu; 21-7 Suehiro-chō; 300 ¥; April–Okt. 9–19 Uhr, Nov.–März bis 17 Uhr; Suehiro-chō) Im alten Gebäude der Bank of Japan (1926) zeigt dieses Museum interessante Ausstellungen (mit englischen Erklärungen) zur Kultur der Ainu und anderer indigener Völker, die aus Sachalin (Insel nördlich von Hokkaidō, heute Russland) und noch weiter aus dem Norden stammen.

Orthodoxe Kirche KIRCHE
(函館ハリストス正教会, Hakodate Harisutosu Seikyōkai; Karte S. 697; http://orthodox-hakodate.jp; 3-13 Motomachi; Spende 200 ¥; Mo–Fr 10–17, Sa 10–16, So 13–16 Uhr; Suehiro-chō) Eine auffällige Kupferkuppel und Türmchen zieren die Russisch-Orthodoxe Kirche aus dem Jahr 1916. Die rund 300 (meist älteren) Mitglieder der Japanisch-Orthodoxen Gemeinde nutzen sie noch immer.

Alte Versammlungshalle von Hakodate HISTORISCHES GEBÄUDE
(旧函館区公会堂, Kyū-Hakodate Kukōkaidō; Karte S. 697; 0138-22-1001; www.zaidan-hakodate.com; 11-13 Motomachi; Erw./Kind 300/150 ¥; April–Okt. 9–19 Uhr, Nov.–März bis 17 Uhr; Suehiro-chō) Die Alte Versammlungshalle von Hakodate wurde 1910 erbaut – eine kunstvolle, gut erhaltene Villa und ein Paradebeispiel für den Baustil der Meiji-Zeit (1868–1912). Von der Veranda bietet sich ein schöner Blick über die Bucht.

Altes Britisches Konsulat HISTORISCHES GEBÄUDE
(旧イギリス領事館, Kyū-Igirisu Ryōjikan; Karte S. 697; 0138-27-8159; www.hakodate-kankou.com/british/en; 33-14 Motomachi; Erw./Kind 300/150 ¥; April–Okt. 9–19 Uhr, Nov.–März bis 17 Uhr; Suehiro-chō) Von 1913 bis 1934 diente das weiß getünchte Herrenhaus als Britisches Konsulat. Heute kann man das restaurierte Innere besichtigen und im Erdgeschoss eine Tasse Tee (540 ¥) genießen.

Ausländerfriedhof FRIEDHOF
(外国人墓地, Gaikokujin Bochi; 23 Funami-chō; Sonnenaufgang–Sonnenuntergang; Hakodate Dokku-mae) Auf diesem kleinen grasbewachsenen Friedhof entlang der Bucht am Westrand der Stadt (der selten Besucher sieht) wurden Seemänner, Missionare und andere Fremde beigesetzt, die weit weg von ihrer Heimat starben. Viele Grabsteine tragen englische, russische und französische Inschriften. Der Friedhof ist abgesperrt, man kann aber gut über das Geländer schauen.

Goryō-kaku-kōen PARK
(五稜郭公園; Goryōkaku-kōen-mae) GRATIS Japans erste Festung im westlichen Stil wurde 1864 errichtet und hat die Form eines fünfzackigen Sterns (*goryō-kaku* bedeutet „fünfseitige Festung“). Sie wurde so konzipiert, dass Angreifer in ein tödliches Kreuzfeuer hineinliefen. Vom Originalgebäude ist nur noch der Grundriss übrig: ein Park, der von einem sternenförmigen Burggraben umschlossen ist. Den besten Blick darauf hat man vom Aussichtspunkt auf dem 98 m hohen **Goryō-kaku-Turm** (五稜郭タワー; 0138-51-4785; www.goryokaku-tower.co.jp; 43-9 Goryōkaku-chō; Erw./Kind 840/420 ¥; 8–19 Uhr). Die Ausstellungen dort erzählen von der Geschichte der Festung; außerdem bietet sich von hier ein toller Blick über Hakodate. Der Park selbst ist eine hübsche Grünfläche mit mehr als 1600 Kirschbäumen.

★ Hakodate-yama BERG
(函館山; Karte S. 697) Erzählt man einem Japaner, dass man in Hakodate war, wird er garantiert fragen, ob man das nächtliche Panorama vom Gipfel des Hakodate-yama (334 m) genossen hat – so berühmt ist die Aussicht! Am besten kommt man zum Sonnenuntergang oder nach Einbruch der Dunkelheit hierher. Der Blick auf die erleuchtete Halbinsel (von der die Einheimischen sagen, sie hätte dieselbe Form wie Hokkaidō) vor dem tiefschwarzen Wasser ist wirklich atemberaubend.

Es gibt mehrere Wege auf den Berg: per **Seilbahn** (函館山ロープウェイ; Karte S. 697; 0138-23-3105; www.334.co.jp; 19-7 Motomachi; Erw./Kind hin & zurück 1280/640 ¥; 25. April–15. Okt. 10–22 Uhr, 16. Okt.–24. April 10–21 Uhr), Bus, Auto oder zu Fuß. Busse zur Seilbahn (240 ¥, 10 Min.) und zum Gipfel (360 ¥, 30 Min.) fahren an der Bushaltestelle 4 am JR-Bahnhof Hakodate ab. Von der Tramstation Jūjigai ist man in zehn Minuten zu Fuß an der Seilbahn. Alternativ kann man von Mai bis Ende Oktober auf einem der verschiedenen Wege (alle dauern rund eine Stunde) zum Gipfel wandern. Die Straße zum Gipfel ist nach Sonnenuntergang für Privatfahrzeuge oft gesperrt, da es dann sehr voll wird.

Feste & Events

Nähere Informationen zu hiesigen Festen finden sich unter www.hakodate.travel/en/event.

Hafenfest Hakodate KULTUR
(函館港祭り; Hakodate Minato Matsuri; ⏲ Aug.) Tausende Einheimische kommen zusammen, um in den Straßen traditionelle Tänze aufzuführen, darunter auch Hakodates berühmten Tintenfischtanz.

Schlafen

Die meisten der üblichen Budgetketten sind auch hier vertreten und finden sich in Fußentfernung zum JR-Bahnhof Hakodate. Schickere (und etwas überteuerte Optionen) bieten Blick auf die Bucht. Der Winter ist in Hakodate Nebensaison, dann sollten die Preise deutlich sinken.

Hakodate Perry House PENSION ¥
(函館ぺりーハウス; Karte S. 697; ☎ 0138-83-1457; www.hakodate-perryhouse.com; 3-2 Ōmachi; EZ/DZ 3500/7500 ¥; P; Ōmachi) 160 Jahre nach dem Besuch der amerikanischen Marine unter Perrys Kommando wurde dieses Gästehaus eröffnet und nach dem großen Seekapitän benannt. Die Zimmer sind eher klein, es gibt nur Gemeinschaftsbäder und -toiletten, aber der Preis stimmt und die Lage unweit der Tramstation Ōmachi ist praktisch.

B&B Pension Hakodate-mura PENSION ¥¥
(B&Bペンションはこだて村; Karte S. 697; ☎ 0138-22-8105; www.bb-hakodatemura.com; 16-12 Suehiro-chō; EZ/DZ ab 5940/9500 ¥; P @; Jūjigai) Schon seit Langem ist diese Pension mit ihrer tollen Lage in Hafennähe – fußläufig von Motomachi zu erreichen – ein Traveller-Favorit. Die Besitzer sprechen Englisch und bereiten ihren Gästen ein herzliches Willkommen. Verschiedene Zimmer stehen zur Auswahl, darunter auch Familienzimmer. Das sättigende Frühstück (840 ¥) wird in der Lounge im Erdgeschoss serviert.

Tōyoko Inn Hakodate Eki-mae Asaichi HOTEL ¥¥
(東横イン函館駅前朝市; Karte S. 697; ☎ 0138-23-1045; www.toyoko-inn.com/e_hotel/00063/index.html; 22-7 Ōtemachi; EZ/DZ ab 4100/6800 ¥; @; JR Hakodate) Dieser Ableger einer Budgetkette liegt nur einen Steinwurf vom Morgenmarkt (S. 696) und drei Minuten vom JR-Bahnhof Hakodate entfernt.

La Vista Hakodate Bay Hotel HOTEL ¥¥¥
(ラビスタ函館ベイ; Karte S. 697; ☎ 0138-23-6111; www.hotespa.net/hotels/lahakodate; 12-6 Toyokawa-chō; EZ/DZ ab 17 500/35 000 ¥; @; Uoichiba-dōri) Die Zimmer sind zwar etwas klein, aber hübsch aufgepeppt. Sie versprühen das Flair eines Hotels aus dem frühen 20. Jh. (sind aber trotzdem modern). Das Hotel liegt direkt am Wasser im Lagerhausviertel (S. 697). Auf dem Dach gibt's einen Onsen mit Außenbecken und Blick auf die Bucht.

ABSEITS DER ÜBLICHEN PFADE

MIZUNASHI-KAIHIN-ONSEN

Der **Mizunashi-Kaihin-Onsen** (水無海浜温泉) GRATIS ist ein verborgenes Schmuckstück – ein Onsen im Meer! Man muss zur richtigen Zeit hierherkommen, da die beiden größten Felsenbecken bei Flut vom Meer überspült werden; Informationen zu den besten Badezeiten bekommt man bei der Touristeninformation Hokkaidō (S. 700). Es gibt Umkleidekabinen; einige Badende gehen nackt, andere in Badekleidung. Für die Anfahrt braucht man ein eigenes Auto: Von Hakodate geht's auf der Straße 278 Richtung Osten zur Kameda-Halbinsel. Wenn die Straße landeinwärts führt, folgt man ihr weiter bis zur anderen Küste, biegt dann auf der Straße 231 rechts ab und fährt bis zum Ende der Straße nach Südosten.

Essen & Ausgehen

Viele Besucher kommen nur aus einem einzigen Grund nach Hakodate: um zu essen. Spezialität der Stadt ist Tintenfisch, gefangen in der Tsugaru-Straße. Außerdem ist Hakodate bekannt für sein *shio-rāmen* (塩ラーメン; *rāmen* in leichter, salziger Brühe).

★ **Kikuyo Shokudo** FISCH & MEERESFRÜCHTE ¥
(きくよ食堂; Karte S. 697; www.hakodate-kikuyo.com/asaichi; Morgenmarkt Hakodate; Gerichte ab 1000 ¥; ⏲ 5–14 Uhr; JR Hakodate) Das Kikuyo Shokudo auf dem Morgenmarkt von Hakodate (S. 696) startete in den 1950ern als Imbissstand für die Marktarbeiter. Heute ist es einer der wichtigsten Gründe für einen Besuch in der Stadt. Als Spezialität gilt *Hakodate tomoe-don* (函館巴丼; 1680 ¥), Reis mit rohem *uni* (Seeigel), *ikura* (Lachsrogen) und *hotate* (Jakobsmuscheln). Es gibt eine bebilderte Karte.

Man kann sich aus der Liste mit Zutaten sein *kaisen-don* (rohe Meeresfrüchte auf Reis) selbst zusammenstellen oder eine andere regionale Spezialität kosten: *ika-sōmen* (roher, dünn wie Nudeln geschnittener Tintenfisch).

ABSTECHER

DAS HISTORISCHE ESASHI

Esashi (江差; 8110 Einwohner) war eine der ersten blühenden Städte Hokkaidōs. Im 18. und 19. Jh. florierte hier der Handel mit *nishin* (Hering), im frühen 20. Jh. wanderten die Heringsschulen jedoch nach Norden ab und mit der Stadt ging es bergab. Den jüngsten Rückschlag erlebte sie, als ihre Eisenbahnlinie, die JR-Esashi-Linie, mit der Eröffnung des Hokkaidō-*shinkansen* stillgelegt wurde. Die **Nakamura-ke-Residenz** (中村家住宅; www.hokkaido-esashi.jp/modules/english/content0005.html; 22 Nakauta-chō, Esashi-chō; Erw./Kind 300/100 ¥; April–Okt. 9–17 Uhr, Nov.–Dez. Mo geschlossen, Jan.–März geschlossen) ist das einzige Vermächtnis aus Esashis ruhmreicher Zeit. Das wunderschöne, imposante Holzhaus wurde von einem wohlhabenden Kaufmann aus Zypressen und Stein (und ganz ohne Nägel) erbaut.

Von Hakodate aus kommt man per Bus hierher (1880 ¥, 2¼ Std., 5-mal tgl.), aber am besten fährt man selbst: Die Oiwake-Sōran-Linie (追分ソーランライン) folgt den sanften Hügeln der Küste und ist einfach traumhaft. Sie entstand auf aufgeschüttetem Gelände. Ursprünglich grenzte die Nakamura-ke-Residenz ans Wasser, damit Fischerboote dort anlegen konnten. Im Haus sind auch einige fantastische alte Fotos der Stadt zu sehen.

Lucky Pierrot BURGER ¥
(ラッキーピエロ; Karte S. 697; 0138-26-2099; 23-18 Suehiro-chō; Burger 270–1100 ¥; 10–12.30 Uhr; P; Suehiro-chō) Hakodates legendärer Burgerladen wurde schon mehrfach zum besten des Landes gewählt – trotz seines Spelunken-Images. Die Spezialität des Hauses ist der chinesische Hühnchen-Burger, eine seltsam süchtig machende Kombi aus zweimal gekochtem Hühnchen, knackigem Salat und Mayonnaise im Sesambrötchen. Ein Großteil der Karte bietet ähnliche Fusion-Kreationen und die Einrichtung schreit nach späten 80ern.

In der Stadt gibt's mehrere Filialen; diese hier ist eine der größeren.

Daimon Yokochō ESSENSSTÄNDE ¥
(大門横丁; Karte S. 697; www.hakodate-yatai.com; 7-5 Matsukaze-chō; 17–24 Uhr; JR Hakodate) Ein guter Ort für den Abend! Zur Auswahl stehen 25 Stände auf einem altmodischen Marktplatz mit Tischen im Freien (wenn es nicht gerade eiskalt ist!). Man kann sich verschiedene *rāmen*, *donburi*- (Reisschüssel-) Gerichte und typisches *izakaya*-Essen schmecken lassen. Die meisten Anbieter haben Bilderkarten; mit rund 2000 ¥ pro Person sollte man rechnen.

Vom JR-Bahnhof Hakodate geradeaus gehen und dann an der ersten Ampel links abbiegen.

★ **Tea Shop Yūhi** TEEHAUS
(ティーショップ夕日; 25-20 Funami-chō; Portion Tee ab 600 ¥; Mitte März–Mitte Dez. Fr–Mi 11 Uhr–Sonnenuntergang; Hakodate Doku-mae) Dieses zauberhafte Teehaus ist in den Hallen eines alten Holzgebäudes von 1885 (einst Hakodates Quarantäne-Amt) untergebracht und blickt direkt aufs Wasser. Für Helligkeit sorgt ausschließlich natürliches Licht – deshalb schließt es nach Sonnenuntergang. Hier kann man prima einen Nachmittag verbringen, die winzige Kanne immer wieder mit sortenreinem grünem Tee auffüllen und dazu *wagashi* (japanische Süßigkeiten) und andere Knabbereien naschen.

Das Teehaus liegt einen kurzen Spaziergang hinter dem Ausländerfriedhof.

Hakodate Beer BRAUEREI
(はこだてビール; Karte S. 697; 0138-23-8000; www.hakodate-factory.com/beer; 5-22 Ōtemachi; Bier 875 ¥, Gerichte 480–1100 ¥; Do–Di 11–15 & 17–22 Uhr; Uōichiba-dōri) Hakodate Beer braut seinen Gerstensaft direkt hier in der Bucht, mit dem Grundwasser des Hakodate-yama (S. 698). Man kann es in Flaschen kaufen oder Bier vom Fass kosten, das mit typisch japanischem Kneipenessen serviert wird (Pommes frites und gebratener Tintenfisch). Das Hakodate Weizen ist das leckerste Gebräu.

ℹ Praktische Informationen

Touristeninformation Hakodate (函館市観光案内所; Karte S. 697; 0138-23-5440; www.hakodate.travel; April–Okt. 9–19 Uhr, Nov.–März 9–17 Uhr) Im JR-Bahnhof Hakodate, mit englischen Broschüren und Karten. Näheres auf der Website.

An- & Weiterreise

AUTO & MOTORRAD

Wer eben erst auf Hokkaidō angekommen ist, kann sich in Hakodate ganz praktisch einen Wagen mieten und zur Abenteuerreise über die Insel aufbrechen. Die großen Mietwagenfirmen haben Filialen rund um den JR-Bahnhof Hakodate und vor dem JR-*shinkansen*-Bahnhof Shin-Hakodate-Hokuto.

BUS

Busse von **Chūō Bus** (S. 648) verkehren 8-mal täglich (darunter ein Nachtbus) zwischen dem JR-Bahnhof Hakodate und dem JR-Bahnhof Sapporo (4810 ¥, 5½ Std.); Reservierung erforderlich. Der **Busbahnhof** (函館駅前バスターミナル; Karte S. 697) befindet sich vor dem JR-Bahnhof Hakodate. Busse halten auch am JR-Bahnhof Shin-Hakodate-Hokuto.

FLUGZEUG

Vom **Flughafen Hakodate** (函館空港; ☎ 0138-57-8881; www.airport.ne.jp/hakodate/en; 511 Takamatsu-chō), nur ein paar Kilometer östlich des Stadtzentrums, starten internationale Flüge nach Seoul und Taipeh sowie Inlandsflüge in verschiedene Städte, darunter Sapporo, Tokio und Kansai.

Busse pendeln regelmäßig zwischen dem Flughafen Hakodate und dem JR-Bahnhof Hakodate (410 ¥, 20 Min.). Alternativ kann man ein Taxi nehmen (2000–3000 ¥).

SCHIFF/FÄHRE

Tsugaru Kaikyō Ferry (津軽海峡フェリー; www.tsugarukaikyo.co.jp) unterhält Fähren (Abfahrt ganzjährig) zwischen Aomori und Hakodate (ab 3100 ¥, 3¾ Std., 8-mal tgl.) sowie zwischen Hakodate und Ōma (2600 ¥, 1¾ Std., 2-mal tgl.) auf der Halbinsel Shimokita. Das Fährterminal, in dem man auch Tickets kaufen kann, befindet sich in der Nordostecke des Hafens von Hakodate.

Busse (310 ¥, 20 Min.) zum Fährterminal fahren an Bushaltestelle 11 vor dem JR-Bahnhof Hakodate ab; ein Taxi sollte rund 2000 ¥ kosten.

ZUG

Der JR-Hokkaidō-*shinkansen* fährt von Honshū Richtung Norden durch den Seikan-Tunnel zum JR-Bahnhof Shin-Hakodate-Hokuto, nördlich von Hakodate. Täglich gibt's zehn Züge nach/von Tokio (22 490 ¥, 4 Std.). Der JR-Hakodate-Liner verbindet die JR-Bahnhöfe Shin-Hakodate-Hokuto und Hakodate (360 ¥, 20 Min., 16-mal tgl.).

Die *tokkyū*-JR-Expresszüge Hokuto Liner fahren 12-mal täglich zwischen Hakodate und Sapporo (8830 ¥, 3½ Std.) über den JR-Bahnhof Shin-Hakodate-Hokuto.

Eine Kombination aus *tokkyū* („limited express") und *kaisoku* (Schnellzug) verkehrt auf der JR-Hakodate-Linie zwischen Hakodate und Niseko über Oshamambe (5560 ¥, ca. 4 Std. mit Umsteigen).

Unterwegs vor Ort

Eine Fahrt mit der Straßenbahn oder dem Bus schlägt je nach Fahrtstrecke mit 210 bis 250 ¥ zu Buche. Tagespässe für Busse (800 ¥) bzw. Straßenbahnen (600 ¥) oder einen Kombipass für beides (1000 ¥) kann man an der Touristeninformation oder beim Fahrer kaufen.

Die Hakodate-yama-Seilbahn (S. 698) fährt zum Gipfel des Hakodate-yama (S. 698) hinauf.

Bei **Hakorin** (はこりん; Karte S. 697; pro Tag 1600 ¥; ⏲ 9–18 Uhr) im Four Point Bay Sheraton Hotel vor dem JR-Bahnhof Hakodate kann man Fahrräder ausleihen.

Shikoku

Inhalt ➜

Gut essen

- Sanzenkai (S. 731)
- Hirome Ichiba (S. 728)
- Bahati (S. 715)
- YRG Café (S. 709)
- Kappō Yano (S. 736)

Schön übernachten

- Shimanto-no-yado Iyashi-no-sato (S. 731)
- Nakahaga Residence Guesthouse (S. 744)
- Chiiori (S. 720)
- Kaiyu Inn (S. 731)
- Sen Guesthouse (S. 735)

Auf nach Shikoku

Shikoku (四国), Geburtsort des verehrten Asketen und Begründers des Shingon-Buddhismus Kōbō Daishi (774–835), steht für die Schönheit der Natur und das Streben nach spiritueller Perfektion. Hier verläuft die Route der 88 Tempel, Japans berühmtester Pilgerweg.

Zuzeiten des Feudalismus war die Insel in vier Regionen unterteilt, deshalb auch der Name – Shikoku setzt sich aus *shi* (vier) und *koku* (Region) zusammen. Das abgeschiedene Eiland war jahrhundertelang isoliert, ist aber inzwischen von Honshū aus über drei beeindruckende Brückensysteme zu erreichen, die in den letzten dreißig Jahren entstanden sind.

Das eindrucksvolle Iya-Tal, die zerklüftete Pazifikküste, ungebändigte Flüsse und Gebirgsketten laden dazu ein, entdeckt zu werden: beim Wandern, Surfen, Kajak- oder Bootfahren. Die entlegenen Tempel, historischen Burgen und Gärten, die ausgezeichnete regionale Küche und die modernen Verführungen von Tokushima, Kōchi, Matsuyama and Takamatsu lassen Besucherherzen höher schlagen.

Reisezeit

Takamatsu

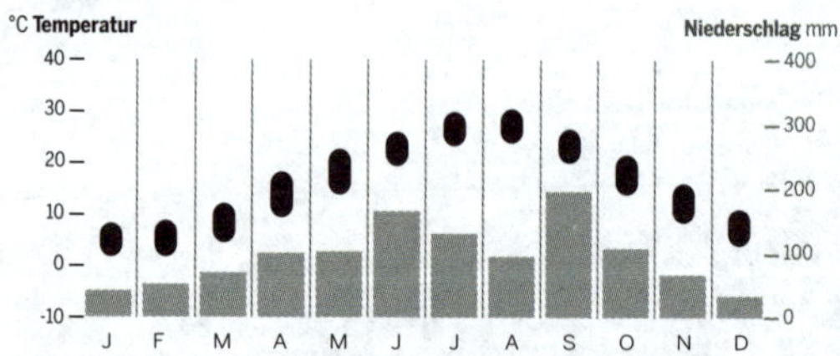

April Auf die Pilgerwege begibt man sich am besten im Frühjahr.

Juli–Sept. Die Flüsse führen Wasser, die Brandung rollt und die Sonne scheint.

Aug. Bei Awa-odori Matsuri, Japans wildester Feier, zwischen Männern, Frauen und Kindern tanzen.

Schlafen

Seit 1200 Jahren begrüßt Shikoku nun schon Pilger, entsprechend vielfältig ist das Unterkunftsangebot. In den größeren Städten stehen Zimmer im westlichen Stil zur Verfügung, in kleineren Ortschaften locken Übernachtungen in *ryokan* (traditionelle Gasthäuser) und *minshuku* (japanische Pensionen) und viele der 88 Heiligen Tempel warten mit *shukubō*, Schlafgelegenheiten speziell für Pilger, auf. Surfer quartieren sich am Strand ein, Wanderer können in Berghütten übernachten.

An- & Weiterreise

In den letzten 1200 Jahren waren die meisten Shikoku-Reisenden Pilger, die auf dem Seeweg zur Insel kamen und einer Route im Uhrzeigersinn folgten, deren Ausgangspunkt sich nahe Tokushima befindet. Heutzutage stehen mehr Transportmittel zur Verfügung, etwa der Zug ab Okayama (über die Seto-Ōhashi-Brücke), der Flieger (in der Präfektur gibt's vier größere Flughäfen), der Autobahnbus ab Honshū oder diverse Fähren.

BUS

Zahlreiche Busse nutzen die drei Brückensysteme zwischen Shikoku und Honshū.

- Die Shimanami Kaidō im Westen besteht aus neun Brücken (mit Fahrradwegen), die zum Inselhopping einladen. Sie führen von Imabari in Ehime-ken (Präfektur Ehime) nach Onomichi in der Nähe von Hiroshima.
- In der Mitte führt die Seto-ōhashi (Seto-Brücke) von Sakaide, westlich von Takamatsu, nach Okayama.
- Die Akashi Kaikyō-ōhashi (Akahi-Kaikyō-Brücke) im Osten verbindet Tokushima über Awaji-shima (Insel Awaji) mit Kōbe und Osaka.

Lokale Anbieter

JR Shikoku Bus (www.jr-shikoku.co.jp/bus) Verkehrt zwischen den größeren Städten auf Shikoku und steuert Orte auf Honshu an, z. B. Tokio, Nagoya, Osaka und Okayama. Das Streckennetz findet man online.

Tokushima Bus (http://tokubus.co.jp) Betreibt Fernbusse nach/ab Tokushima.

FLUGZEUG

Achtung: Die Flugverbindungen ändern sich ständig.

Was den internationalen Flugverkehr betrifft, sind Direktflüge von Takamatsu nach Taipeh, Seoul und Shanghai verfügbar, von Matsuyama geht's nonstop nach Seoul und Shanghai.

Zu den Inlandsflügen: **All Nippon Airways** (www.ana.co.jp), **Japan Airlines** (www.jal.co.jp) und immer mehr Billigairlines wie **Peach** (www.flypeach.com) und **Jetstar** (www.jetstar.com/jp/en/home) bieten Verbindungen von Matsuyama, Kōchi, Takamatsu und Tokushima auf Shikoku nach Tokio, Osaka und in andere Großstädte an.

ZUG

Das einzige Brückensystem mit Eisenbahngleisen ist die Seto-ōhashi (Seto-Brücke) zwischen Sakaide, westlich von Takamatsu, und Okayama. Regelmäßig verkehren JR-Züge zwischen Okayama und der Insel.

Unterwegs vor Ort

Die größeren Städte auf Shikoku sind an das Eisenbahnschienennetz angeschlossen, es reicht jedoch nicht bis an die südlichen Kaps Muroto-misaki und Ashizuri-misaki oder in das bergige Inland.

Wo keine Züge fahren, verkehren Busse. Sie verbinden alle größeren Städte, Zeiten und Anschlüsse sind aber manchmal schwierig zu koordinieren.

FÄHREN NACH/AB SHIKOKU

Zwischen Shikoku und Tokio sowie Orten in Kansai, West-Honshū und Kyūshū bestehen diverse Fährverbindungen.

ABFAHRTSHAFEN	REISEZIEL
Matsuyama	Hiroshima (1¼ Std., 12-mal tgl.), Kita-Kyūshū (7 Std., tgl.)
Takamatsu	Kōbe (3 Std. und 40 Min., 5-mal tgl.), Naoshima und Uno (Präfektur Okayama)
Tokushima	Wakayama (2 Std., 6-mal tgl.), Kita-Kyūshū (15 Std., 1-mal tgl.) und Tokio (18 Std., 1-mal tgl.)
Yawatahama (südlich von Matsuyama)	Beppu (3 Std., 6-mal tgl.) und Usuki (2½ Std., 6-mal tgl.) auf Kyūshū

Highlights

1. **Die 88-Tempel-Pilgerschaft** (S. 716) In den alten Spuren unzähliger Pilger wandeln.
2. **Muroto-misaki** (S. 717) Wie Kōbō Daishi Abgeschiedenheit, vielleicht sogar Erleuchtung finden.
3. **Ishizuchi-san** (S. 743) Den heiligen Berg erklimmen, eine der faszinierendsten Gipfelbesteigungen in Japan.
4. **Iya-Tal** (S. 718) In malerischer Einsamkeit über schwanende Lianenbrücken balancieren.
5. **Dōgo-Onsen** (S. 737) In das ehrwürdige Wasser des historischen Onsen in der Burgstadt Matsuyama eintauchen.
6. **Konpira-san** (S. 756) 1368 Stufen erklimmen, um dem Gott der Seefahrer die Aufwartung zu machen.
7. **Ritsurin-kōen** (S. 750) Bei einem Spaziergang durch Takamatsus exquisiten Garten aus der Edo-Zeit die Eindrücke von Japans bekanntestem *udon* verdauen.
8. **Tairyū-ji-Seilbahn** (S. 725) Mit der spektakulären Seilbahn auf den Berg hinauffahren, auf dem Tempel 21 thront.
9. **Naruto** (S. 710) An Bord eines Touristenboots die wirbelnden Gezeitenstrudel aus nächster Nähe betrachten – und staunen.
10. **Ōkinohama** (S. 731) Geniale Wellen reiten oder am Strand entspannen.

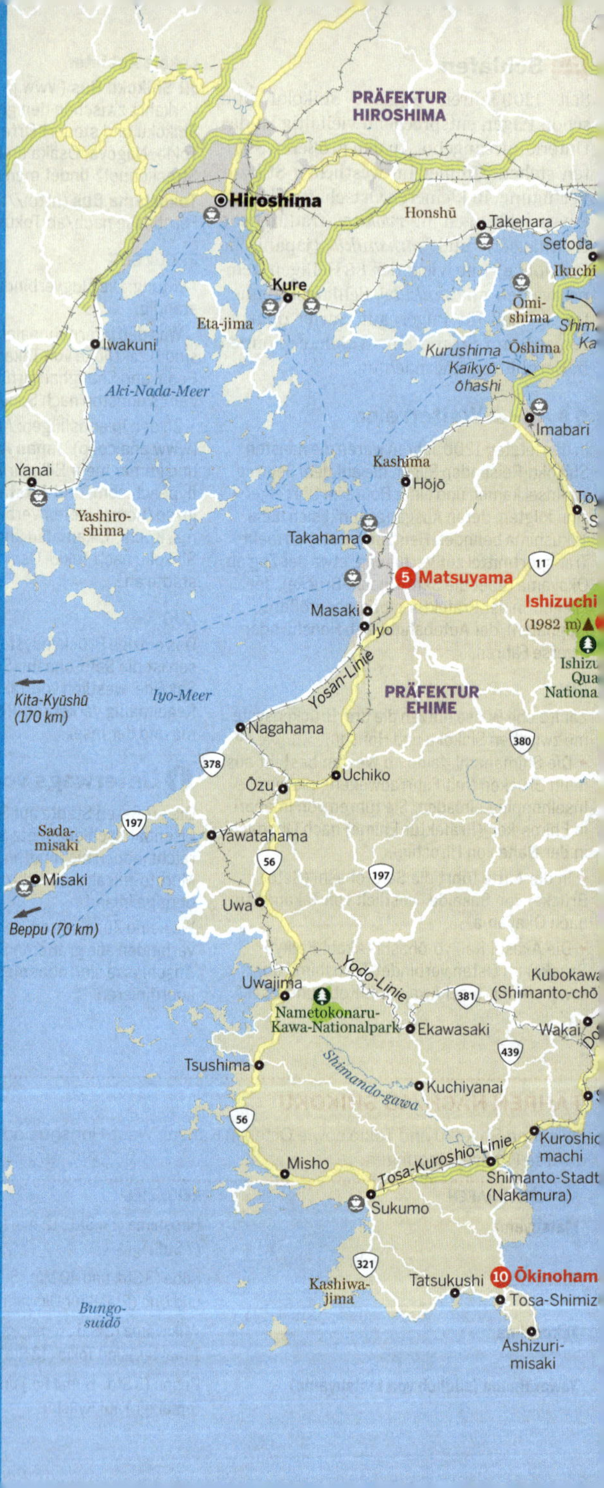

Osaka (170 km)
PRÄFEKTUR OKAYAMA
Fukuyama
Uno
Naoshima
Teshima
Shōdo-shima
Kōbe (120 km)
michi
Shiraishi-jima
Manabe-shima
Sanagi-jima
Seto-ōhashi
Yashima
Mure-cho
Harima-Nada
Kōbe (67 km); Osaka (70 km); Akashi Kaikyō-ōhashi (80 km)
Awaji-shima
Binnenmeer
Takamatsu 7
Shido
Sakaide
Shiwaku-shotō
Utazu
Marugame
Tadotsu
Nagao
Ōchi
Naruto-Tunnel
Fukura
Zentsuji
PRÄFEKTUR KAGAWA
Shirotori
Kōtoku-Linie
11
Kotohira
6 Konpira-san
9 Naruto
438
Ikenotani
Kanonji
Wakayama (70 km)
Ishii
Tokushima
Hiuchi-Nada
Mima
Tokushima-Linie
Anabuki
Kamojima
Yosan-Linie
Kawanoe
Awa-Ikeda
Komatsushima
Iyomishima
hama
PRÄFEKTUR TOKUSHIMA
Tokyo (640 km)
Koboke
4 Iya-Tal
Anan
Kamikatsu
8
Kii-suidō
Ōboke
439
Tsurugi-san (1955 m)
Tairyū-ji Ropeway
Pilgerroute der 88 Tempel
Shikoku
32
Muine-san (1894 m)
Tsurugi-san-Sankei-Nationalpark
Kitō
1
Ōtoyo
194
Hiwasa
Monobe
PRÄFEKTUR KŌCHI
Dosan-Linie
Todoroki-Wasserfälle
Mugi-Linie
Mugi
195
Ryūga-dō
Kainan
Kōchi
Nankoku
Kaifu
Shishikui
Ino
Noichi
Umaji
Kannoura
Gomen-Nahari-Linie
Sakawa
Tosa
55
Aki
Ikumi
55
Tosa-wan
Susaki
Nahari
Muroto
2 Muroto-misaki
PAZIFISCHER OZEAN
0
50 km

TOKUSHIMA & DIE ANAN-KÜSTE
徳島・ 阿南海岸

Die Präfektur Tokushima (ehemals Awa), seit 1200 Jahren der traditionelle Startpunkt der Pilger, beherbergt die ersten 23 der 88 Tempel von Shikoku. Der Ryōzen-ji ist Tempel Nr. 1, der erste Tempel, den Pilger aufsuchen, nachdem sie am Kōya-san in der Präfektur Wakayama um Kōbō Daishis Unterstützung auf ihrer Reise gebeten haben. Für *henro* (Pilger) ist Tokushima der Hosshin-no-dōjō, der Ort, an dem man beschließt, Erleuchtung zu erlangen. Wer nicht die Zeit hat, alle 88 Tempel abzuklappern, könnte stattdessen eine nette Minipilgerreise unternehmen: Die ersten fünf Tempel liegen auf einer ca. 15 km langen Ost-West-Achse nördlich des Flusses Yoshino.

Zu den wichtigsten Attraktionen zählen heutzutage das lebhafte Awa-odori Matsuri, das im August in Tokushima gefeiert wird, die gewaltigen Gezeitenstrudel in der Meerenge von Naruto zwischen Shikoku und Awaji-shima und die Surfstrände an der Anan-Küste (Anan-kaigan) im Süden.

Weitere Informationen unter www.topia.ne.jp/english/tourism.

Tokushima 徳島

☎0886 / 266 000 EW.

Der Bizan (ein Berg) im Westen und der Fluss Shinmachi-gawa, der sich gemächlich seinen Weg durch Tokushima bahnt, prägen die nette, quirlige Hauptstadt der gleichnamigen Präfektur. Sie ist ein modernes regionales Zentrum und ein solider Startpunkt für die 88-Tempel-Wanderung, da sich ganz in der Nähe gleich mehrere Pilgerstätten befinden. Außerdem ist zwischen dem JR-Bahnhof Tokushima im Stadtzentrum und der Bizan-Seilbahn immer einiges los.

Der Bunka-no-mori-kōen im Süden ist eine tolle Adresse an Regentagen: Der Komplex beheimatet mehrere Museen, etwa das Museum für Moderne Kunst und das Museum der Präfektur Tokushima sowie die Bibliothek der Präfektur.

Jedes Jahr im August lockt das traditionelle Tanzfestival Awa-odori Matsuri Tausende Japaner aus dem ganzen Land an. Unterkünfte sollte man für diese Zeit rechtzeitig im Voraus reservieren und sich darauf gefasst machen, dass die Preise deutlich höher sind als sonst.

Sehenswertes

★ Bizan BERG

(眉山; Karte S. 707) Am Fuß des Bizan, des 280 m hohen Hügels am südwestlichen Ende der Shinmachibashi-dōri, zeigt das Museum **Awa Odori Kaikan** (阿波おどり会館; Karte S. 707; ☎088-611-1611; www.awaodori-kaikan.jp; 2-20 Shinmachibashi; 300 ¥; ⏲9–17 Uhr, 2. & 4. Mi im Monat geschl.) viele Exponate rund um das Awa-odori Matsuri und dessen Tanz. Täglich gibt's Tanzvorführungen um 14, 15 und 16 Uhr (an Wochenenden zusätzlich um 11 Uhr) sowie am Abend um 20 Uhr (Nachmittags-/Abendvorstellung 600/800 ¥). Vom fünften Stock fährt die **Bizan-Seilbahn** (Karte S. 707; ☎088-652-3617; einfach/hin und zurück 610/1020 ¥; ⏲Nov.–März 9–17.30 Uhr, April–Okt. bis 21 Uhr & zu besonderen Gelegenheiten) zum Gipfel des Bizan, wo sich ein schöner Blick auf die Stadt eröffnet. Ein Kombiticket für Museum, Seilbahn und Tanz kostet 1620 ¥.

Museum für Moderne Kunst Tokushima MUSEUM

(徳島県立近代美術館; ☎088-668-1088; www.art.tokushima-ec.ed.jp; Bunka-no-mori-kōen, Hachiman-chō; 200 ¥, Sonderausstellungen zusätzl. 600 ¥; ⏲Di–So 9.30–17 Uhr) Das überraschend anspruchsvolle Museum wartet mit einer Ausstellung moderner japanischer und westlicher Meister auf. U. a. gibt's zwei- und dreidimensionale Kunstwerke von Picasso und Klee sowie von Kaburagi und Seishi zu sehen. Besonders interessant ist es, die bekannteren europäischen Werke mit ihren japanischen Gegenstücken zu vergleichen. Das gilt vor allem für die Werke, die die japanische Identität nach dem Krieg darstellen; die Verschmelzung traditioneller und vom Westen beeinflusster Stile verkörpert den Zeitgeist der Epoche.

Awa Jūrobe Yashiki Puppentheater THEATER

(阿波十郎兵衛屋敷; ☎088-665-2202; http://joruri.info/jurobe/english; 184 Miyajima Motoura, Kawauchi-chō; ⏲9.30–17 Uhr, Juli & Aug. bis 18 Uhr) Jahrhundertelang war das Puppentheater eine beliebte Form der Unterhaltung in den ländlichen Gebieten um Tokushima. Vorführungen werden heute noch immer hier im ehemaligen Wohnhaus von Bandō Jūrobe gezeigt. Dieser Samurai ließ sich für ein Verbrechen hinrichten, das er nicht begangen hatte, um die Ehre seines Herrn zu retten. Seine Geschichte lieferte den Stoff für das Drama *Keisei Awa no Naruto*, das 1768 Premiere feierte. Teile des

Tokushima

Tokushima

Highlights
1 Bizan A3

Sehenswertes
2 ACTY 21 .... C3
3 Awa Odori Kaikan B2
4 Bizan Ropeway A3
5 Chūō-kōen D1
6 Senshūkaku-teien D2
7 Tokushima Castle Museum D1

Aktivitäten, Kurse & Touren
8 Hyōtan-jima Boats C2

Schlafen
9 Agnes Hotel Tokushima C1
10 Hotel Plaza Inn Tokushima D1
11 Sakura-sō C2
12 Tokushima Tōkyū REI Hotel C2

Essen
13 Sawaragi C2
14 Tokushima Ramen Men Ō C2
15 YRG Café D2

Ausgehen & Nachtleben
16 Ingrid's International Lounge C3
17 Izakaya Ikiiki D1

Praktisches
18 Tokushima Prefecture International Exchange Association C1
19 Touristeninformation C1

Transport
20 Busbahnhof C1
21 Leihfahrräder C1
22 Leih-E-Bikes Verleih C1

Stücks werden täglich um 11 und um 14 Uhr vorgeführt.

Anfahrt mit einem der Busse Richtung Tomiyoshi Danchi (富吉団地), die von der Haltestelle 7 am Busbahnhof Tokushima abfahren. An der Haltestelle Jūrobei Yashiki-mae (270 ¥, 25 Min.) aussteigen. Weitere Puppen sind im nahen **Awa Deko Ningyo Kaikan** (阿波木偶人形会館; Awa Puppenhalle; ☎ 088-665-5600; www3.tcn.ne.jp/~awadekoningyokk/top.html; 1-226 Miyajima Motoura, Kawauchi-chō; 400 ¥; ⏲ 9–17 Uhr, 1. und 3. Mo im Monat geschl.) zu sehen, einem kleinen Museum. Der hiesige Puppenmacher hält Vorträge über die Herstellung der Figuren (auf Japanisch).

Chūō-kōen PARK
(中央公園; Karte S. 707) Nordöstlich vom Bahnhof erstreckt sich Tokushimas zentraler Park, der Chūō-kōen. Er ist ein netter Ort für einen Spaziergang zu den spärlichen Ruinen der **Tokushima-jō** (Tokushima-Burg) und zum bildschönen **Senshūkaku-teien** (千秋閣庭園; Karte S. 707; 50 ¥, im Eintritt für das Museum enthalten), einem lauschigen Garten aus dem 16. Jh. mit Felsbrücken und Teichen. Einen Eindruck von der einstigen Erhabenheit der Burg bekommt man im **Burgmuseum Tokushima** (徳島城博物館; Karte S. 707; ☎ 088-656-2525; www.city.tokushima.tokushima.jp/johaku; 1-8 Jōnai; 300 ¥; ⌚ Di–So 9.30–17 Uhr). Das Bauwerk beruht auf dem Originalentwurf der einstigen Burg und steht auch genau an der Stelle der ehemaligen Anlage. Zu sehen sind ein Modell der Burgstadt zu ihrer Blütezeit sowie Artefakte.

Geführte Touren

Hyōtan-jima-Boote BOOTSFAHRTEN
(ひょうたん島周遊船; Karte S. 707; ☎ 090-3783-2084; Bootstouren 100 ¥) Boote gondeln um die kürbisförmige Hyōtan-jima (Hyōtan-Insel) im Zentrum Tokushimas. Die Touren starten von Mitte März bis Mitte Oktober montags bis freitags alle 40 Minuten zwischen 13 und 16 Uhr an der Ryōgoku-bashi (両国橋; Ryōgoku-Brücke) am Shinmachi-gawa, vom 20. Juli bis 31. August werden die Bootsfahrten täglich angeboten, außerdem gibt's im Juli und August von 17 bis 20 Uhr Zusatzfahrten (ebenfalls im 40-Minuten-Takt).

INSIDERWISSEN

SHIKOKU FÜR SURFER

Es ist vielleicht nicht die North Shore von O'ahu, doch das südliche Tokushima ist ein Surferparadies mit wunderbaren Wellen – und einer überschaubaren Anzahl von Leuten, die sie reiten. Beton prägt die Küstenlinie, aber die Strände sind schön und die Einheimischen ein relaxtes, nettes Völkchen. Nicht wenige von ihnen haben die Welt bereist und sprechen Englisch. Die Region mausert sich zur Attraktion und zieht immer mehr Menschen mit alternativem Lebensstil an, die ebenso alternative Einrichtungen betreiben, in denen die ebenfalls immer mehr werdenden ausländischen Touristen einkehren.

Shishikui (S. 715) (宍喰) in Tokushima und die Surfer-und-Sonnenanbeter-Stadt Ikumi (S. 715) (生見) kurz hinter der Grenze in Kōchi zählen zu den besten Spots.

Feste & Events

Das **Awa-odori Matsuri** (⌚ 12.–15. Aug.) zeichnet sich durch Japans größten und berühmtesten *bon*-Tanz aus (ein Brauch im japanischen Buddhismus zur Verehrung der Ahnen). Er ist charakteristisch für das O-Bon-Fest. Mitte August tragen Männer, Frauen und Kinder jeden Abend Yukata (leichte Baumwollkimonos) und Strohhüte und tanzen auf den Straßen zum sambaartigen Rhythmus des Liedes „Awa Yoshikono", begleitet von *shamisen* (dreisaitige Gitarren), *taiko* (Trommeln) und *fue* (Flöten). Über eine Million Menschen strömen jedes Jahr zu diesem Festival nach Tokushima und Unterkünfte sind nur noch zu Höchstpreisen zu haben.

Schlafen

Ein Großteil der schönsten Übernachtungsmöglichkeiten (alles vom Hotel bis zur *minshuku*) befindet sich nahe dem JR-Bahnhof Tokushima.

Sakura-sō MINSHUKU ¥
(さくら荘; Karte S. 707; ☎ 088-652-9575; 1-25 Terashima-honchō-higashi; EZ/DZ ohne Bad 3300/6000 ¥; 📶) Eine bezaubernde ältere Dame empfängt Ausländer herzlich in ihrer hübschen Unterkunft mit zwölf großen günstigen Tatamizimmern. Sie befindet sich gleich gegenüber der Eisenbahngleise, ein paar Blocks östlich vom Bahnhof, kurz vor dem NHK-Fernsehturm. Es gibt kostenloses WLAN, eine Waschküche, Parkplätze und Gepäckaufbewahrung. Am besten lässt man jemanden telefonisch reservieren, der Japanisch spricht.

Da es kein Schild mit englischer Beschriftung gibt, nach diesen Schriftzeichen Ausschau halten: さくら荘.

★ **Agnes Hotel Tokushima** BOUTIQUE-HOTEL ¥¥
(アグネスホテル徳島; Karte S. 707; ☎ 088-626-2222; www.agneshotel.jp; 1-28 Terashima-honchō-nishi; EZ/DZ ab 7500/12 000 ¥; P ⊖ ❄ @ 📶) Wesentlich schicker als durchschnittliche Businesshotels ist das hippe kleine Agnes, 200 m westlich vom Bahnhof: Stilvoll eingerichtete Zimmer (alle mit WLAN), ein ganz-

tägig geöffnetes Café mit edel-lässigem Flair und dazu gibt es noch die „Gebäck-Boutique" – ein kleines Highlight für sich.

Tokushima Tōkyū REI Hotel HOTEL ¥¥
(徳島東急ＲＥＩホテル; Karte S. 707; ☎ 088-626-0109; www.tokyuhotels.co.jp; 1-24 Motomachi; EZ/DZ ab 8000/13 000 ¥; P ⊖ ❄ @ ☎) Das Tōkyū Inn bietet mehr Komfort und Klasse als die beengten Businesshotels. Es hat relativ große Zimmer und liegt zentral am Platz gegenüber dem JR-Bahnhof Tokushima. Der Eingang befindet sich an der Flussseite des Sogō-Kaufhauses. Online buchen und Schnäppchen machen!

Hotel Plaza Inn Tokushima BUSINESSHOTEL ¥¥
(ホテルプラザイン徳島; Karte S. 707; ☎ 088-626-1771; www.gladonehotels-tokushima.jp; 1-20 Suketobashi; EZ/DZ/2BZ 7000/9000/10 000 ¥; P ⊖ ❄ ☎) Ein Businesshotel mit einfachen, sauberen Zimmern im japanischen oder westlichen Stil, 15 Gehminuten vom Bahnhof entfernt. Insgesamt nichts Besonderes, aber der Preis ist okay und man kann seine Wäsche waschen, Fahrräder leihen (gratis) und das WLAN nutzen (auch gratis) sowie für 500 ¥ vor Ort parken (praktisch, wenn man mit dem Mietwagen unterwegs ist). In unmittelbarer Umgebung gibt's mehrere Restaurants.

Essen & Ausgehen

Rund um den JR-Bahnhof und im Bahnhofsgebäude selbst (oben und unten) sind unzählige Restaurants und Imbisse zu finden. Weitere Optionen bietet z. B. Akita-machi, auf der anderen Seite des Shinmachigawa.

Dort ist auch das größte Vergnügungsviertel von Tokushima beheimatet – in den Straßen rund um das auffällige **ACTY-21-Gebäude** (Karte S. 707).

★ **YRG Café** CAFÉ ¥
(Karte S. 707; ☎ 088-656-7899; http://yrgcafe.html.xdomain.jp; 1-33-4 Terashima Honchō Higashi; Mahlzeiten 700–1500 ¥; ⏲ Fr–Mi 11.30–20 Uhr; 📋) YRG steht für „Yellow, Red, Green". Betreiber des niedlichen kleinen Cafés an den Bahngleisen ist ein freundlicher Mann namens Takao. Er spricht Englisch und verwöhnt seine Gäste mit nahrhaften, leckeren Gerichten, die zu einer ausgewogenen Ernährung passen. Egal, was man bestellt, es wird gesund sein. Bei unserem Besuch haben wir beobachtet, wie sich mehrere junge Japanerinnen förmlich in die Desserts hineingekniet haben, vor allem in den Stapel Schokopfannkuchen.

Tokushima Ramen Men Ō RĀMEN ¥
(徳島ラーメン麺王; Karte S. 707; ☎ 088-623-4116; www.7-men.com; 3-6 Terashima-Honchō-higashi; Gerichte ab 500 ¥; ⏲ 11–24 Uhr; 📋) Ein echter Tokushima-Klassiker mit ungefähr 20 Sitzplätzen, zu erkennen an der roten Markise und der Laterne, nur wenige Gehminuten vom Bahnhof entfernt. Draußen neben dem Eingang steht ein Automat samt Speisekarte und Fotos von den verschiedenen Gerichten. Auswählen, was einem zusagt, den richtigen Geldbetrag einwerfen und den erhaltenen Bon drinnen abgeben.

Sawaragi JAPANISCH ¥¥
(さわらぎ; Karte S. 707; ☎ 088-625-2431; 5-3 Ichiban-chō; Mittagessen 980 ¥; ⏲ 11.30–14 & 17–22 Uhr) Zwar ist die beigefarbene Fassade unscheinbar und die Atmosphäre zurückhaltend, doch das familiengeführte Restaurant serviert hübsch angerichtete, traditionelle japanische Speisen. Abends gibt's drei unterschiedlich umfangreiche Menüs (1650–5500 ¥) mit Produkten der Saison.

★ **Izakaya Ikiiki** IZAKAYA
(活意気; Karte S. 707; ☎ 088-635-7130; 1-2-5 Minami-jōsanjima-chō; Tellergerichte ab 400 ¥; ⏲ Mo–Sa 12–14.30 & 17–2 Uhr, So bis 24 Uhr) Dieses schnittige kleine *izakaya* gleich hinter der nordöstlichen Ecke des Parks lohnt die Mühe, es mit einer Speisekarte ohne englische Übersetzung aufnehmen zu müssen. Die Mitarbeiter sind freundlich und hilfsbereit, die Meeresfrüchte schön frisch und, das Beste zum Schluss, es gibt Probier-Tabletts mit in Tokushima hergestelltem Sake – zwei verschiedene *nomi-kurabe*-(„Vergleich den Geschmack")Varianten mit drei Reisweinsorten pro Tablett für jeweils 900 ¥.

Ingrid's International Lounge KARAOKE
(Karte S. 707; ☎ 088-626-0067; https://ingridsinternational.wordpress.com; 2-7-1 Sakaemachi; ⏲ 18 Uhr–open end) Wem in Tokushima der Sinn nach Auswandererklatsch und langen Karaokenächten steht, der geht zu Ingrid. Die Lounge der Philippinerin ist zwar nicht leicht zu finden – sie liegt versteckt zwischen den Hostess-Clubs im Südwesten von Akita-machi –, aber ganz und gar nicht zwielichtig und eine Institution für Travel-

KOSTENLOSES WLAN AUF SHIKOKU

In Sachen Gratis-WLAN für Touristen steht Shikoku den anderen Inseln in nichts nach. Die landesweite App Japan Connected-free Wi-Fi (www.ntt-bp.net/jcfw/en.html) läuft einwandfrei und jede der vier Präfekturen hat obendrein noch eine eigene Version.

Tokushima Free Wi-fi (http://tokushima-wifi.jp)

Kōchi Free Wi-fi (http://visitkochijapan.com/travelers_kit/wifi)

Ehime Free Wi-fi (www.ehime-wifi.jp/en)

Kagawa Free Wi-fi (www.my-kagawa.jp/wifi)

ler in Tokushima. Livemusik, Karaoke und mehr.

Praktische Informationen

Tokushima Prefecture International Exchange Association (徳島県国際交流協会; TOPIA; Karte S. 707; ☎088-656-3303; www.topia.ne.jp; 6. OG, Clement Plaza, 1-61 Terashima Honchō-nishi; ⏲10–18 Uhr) Zu finden im Clement-Plaza-Gebäude, gleich über dem Bahnhof. Ein effizient geführtes Büro mit freundlichem, Englisch sprechenden Personal und haufenweise Infos rund um die Präfektur Tokushima.

Touristeninformation (徳島総合観光案内所; Karte S. 707; ☎088-622-8556; ⏲9–19 Uhr) Auf dem Bahnhofsvorplatz.

An- & Weiterreise

BUS

Autobahnbusse fahren nach Tokio (9 Std.), Nagoya (5 Std.) und Kyoto (3 Std.). Darüber hinaus gibt's Verbindungen nach Osaka (2½ Std.) und zum Flughafen Kansai (2¾ Std.). Abfahrt ist am **Busterminal** (Karte S. 707) außerhalb des Bahnhofs.

FLUGZEUG

Vom **Tokushima Awaodori Airport** (徳島阿波おどり空港; ☎088-699-2831; www.tokushima-airport.co.jp/en) aus gelangt man nach Tokio, Fukuoka und Sapporo.

Busse (440 ¥; 30 Min.) starten an der Haltestelle 1 vorm Bahnhof. Die Fahrpläne sind auf die Flüge abgestimmt.

SCHIFF/FÄHRE

Nankai Ferry (南海フェリー; ☎088-636-0750; www.nankai-ferry.co.jp; 5-7-39 Minami-Okinosu) Pendelt täglich zwischen Tokushima und Wakayama (2 Std., 6-mal tgl.).

Ocean Tōkyū Ferry (オーシャン東九フェリー; ☎088-662-0489; www.otf.jp; 2-62-2 Higashi-Okinosu; ⏲9–17 Uhr) Verkehrt einmal täglich von/nach Tokio/Tokushima/Kita-Kyūshū (18 Std. bis Tokio, 15 Std. bis Kita-Kyūshū).

ZUG

Tokushima ist nur knapp über eine Stunde von Takamatsu entfernt (3160 ¥ mit dem „eingeschränkten Express", dem *tokkyū*). Um ins Iya-Tal und nach Kōchi zu fahren, steigt man in Awa-Ikeda (阿波池田, 3340 ¥, 1¼ Std.) um.

Unterwegs vor Ort

An Haltestelle 3 an der mittleren Verkehrsinsel des Busterminals Tokushima fährt ein Bus zum Bunka-no-mori-kōen (210 ¥, 20 Min.).

Leihfahrräder (貸し自転車; Karte S. 707; ☎088-652-6661; halber/ganzer Tag 270/450 ¥, Pfand 3000 ¥; ⏲9–17 Uhr) gibt's im unterirdischen Bikepark; nach Verlassen des Bahnhofs links halten.

E-Bikes (ぐるとくサイクル; Karte S. 707; ☎088-655-6133; 100/500/2500 ¥ pro Std./Tag/Woche; ⏲9–19.30 Uhr) sind gegenüber vom Bahnhof erhältlich, die Rolltreppe bei Sogō runter.

Naruto

60 000 EW.

Naruto, ein weitläufiges Städtchen im Nordosten von Shikoku, ist landesweit bekannt für die „Whirlpools" im Meer unter der beeindruckenden **Ōnaruto-Brücke** (大鳴門橋), die Shikoku und die Insel Awaji verbindet. Unterhalb der Brücke befindet sich eine Aussichtsplattform, **Uzu-no-michi** (渦の道; ☎088-683-6262; www.uzunomichi.jp; 772-0053 Naruto-Park; 510 ¥; ⏲9–18 Uhr, Okt.–Feb. bis 17 Uhr). **Touristenboote** (鳴門観光汽船; Naruto Kankō Kisen; ☎088-687-0101; www.uzusio.com/en; 264-1 Oge, Tosadomariura; ab 1800 ¥ pro Pers.; ⏲9–16.20 Uhr alle 20 Min.) fahren von dem kleinen Hafen neben der Bushaltestelle Naruto Kankō-kō (鳴門観光港) zu den Gezeitenstrudeln hinaus. Wer sich diesen Spaß gönnt, sollte auf der Website nachschauen, wann an dem jeweiligen Tag die beste Zeit für den Ausflug ist; etwa alle sechs Stunden zeigen sich die Strudel von ihrer imposantesten Seite.

In der Nähe steht das sehr faszinierende **Kunstmuseum Otsuka** (大塚国際美術館;

088-687-3737; www.o-museum.or.jp; Naruto-Park; Erw./Kind 3240/540 ¥; Di–So 9.30–17 Uhr). Das „Keramiktafel-Meisterwerk-Museum" mit mehr als 1000 Reproduktionen unbezahlbar wertvoller westlicher Kunstwerke auf Keramiktafeln hat fünf Stockwerke und wurde in einem Berg im Naruto-Park eingerichtet. Es gehört eindeutig zur Kategorie „Das gibt's nur in Japan!".

Schlafen & Essen

Wer in der Nähe von Naruto übernachtet, lässt sich am besten in der Unterkunft bekochen, es sei denn, man hat einen Wagen und ist bereit, auf Erkundungstour zu gehen. Viele kleine Restaurants sind tagsüber geöffnet, auch im Naruto-Park (Naruto-kōen).

Ryokan Kōen Mizuno RYOKAN ¥
(旅館公園水野; 088-687-0411; www.koen-mizuno.com; Tosadomariura, Azafukuike 65; EZ/DZ ab 8000/12 000 ¥; P) Ein japanisches Gästehaus im traditionellen Stil. Das *ryokan* an der Spitze des Parks hat effiziente, freundliche Mitarbeiter und geräumige Zimmer im japanischen Stil mit wunderbarem Blick über die Meerenge von Naruto. Außerdem bietet es Onsen-Bäder, kostenloses WLAN und Parkplätze. Die Bushaltestelle Naruto-kōen (Naruto-Park) ist fünf Gehminuten entfernt.

Anreise & Unterwegs vor Ort

Der JR-Bahnhof Naruto liegt an der JR-Naruto-Linie, 40 Minuten nördlich von Tokushima (360 ¥). Am Bahnhof fahren Busse zum Naruto-Park ab (20 Min.).

Anan-Küste 阿南海岸

Südlich von Tokushima-Stadt führt die Autobahn durch wohlhabende Agrarstädtchen an Surferstränden mit entspanntem Flair. Spektakuläre Steilufer und versteckte Tempel säumen den Weg. Wir können die relaxte Atmosphäre der verschiedenen Surfspots zu beiden Seiten der Grenze zwischen den Präfekturen Tokushima und Kōchi nur empfehlen.

Hiwasa 日和佐

0884 / 5500 EW.

Die größte Attraktion des kleinen Fischerortes Hiwasa ist der **Yakuō-ji** (薬王寺; 0884-77-0023; http://yakuouji.net; 285-1 Teramae Okugawachi, Minami-chō) GRATIS), der 23. der 88 Tempel. Gegründet im Jahr 726, zählt er zu den berühmten *yakuyoke-no-tera* (Tempel mit besonderen Kräften, um in unglückseligen Jahren Schaden abzuwehren). Als schlechtestes Alter für Män-

DIE ERSTEN FÜNF TEMPEL: VOM RYŌZEN-JI ZUM JIZŌ-JI

Naruto ist Ausgangspunkt der 88-Tempel-Wanderung. Die ersten fünf Tempel liegen nah beieinander, sodass man entspannt von einem zum nächsten laufen und sich auf einem Tagesausflug ab Tokushima einen ersten Eindruck von dem Pilgerpfad verschaffen kann.

Traditionell pflegten *henro* zunächst am Kōya-san in der Präfektur Wakayama um Kōbō Daishis Unterstützung auf ihrer Reise zu bitten, bevor sie mit dem Boot nach Shikoku übersetzten. Dort war der **Ryōzen-ji** (霊山寺; 088-689-1111; www.88shikokuhenro.jp/tokushima/01ryozenji; 126 Bandō, Oasa-chō) GRATIS die erste Station. Er bietet alles, was das Pilgerherz begehrt, von Wanderführern (auch auf Englisch) bis hin zu Ausrüstung und Stempelheften für die Tempelbesuche.

Den Tempel 1 erreicht man mit einem Nahverkehrszug von Tokushima nach Bandō (板東; 260 ¥, 25 Min.). Zum Tempel läuft man 10 bis 15 Minuten (ca. 700 m) die Hauptstraße entlang; eine Karte am Bahnhof Bandō weist in die richtige Richtung. Vom Ryōzen-ji geht's eine kurze Strecke über die Hauptstraße zum Tempel 2, **Gokuraku-ji** (極楽寺). Weitere 2 km von dort entfernt steht der dritte Tempel, **Konsen-ji** (金泉寺). Entlang der Straße weisen Schilder (auf Japanisch) mehr oder weniger regelmäßig den Weg: Sie tragen den Schriftzug *henro-michi* (へんろ道 oder 遍路道), oft auch eine rote *henro*-Silhouette. Ein immer ländlicherer Weg führt 5 km bis zum vierten Tempel, dem **Dainichi-ji** (大日寺), und weitere 2 km zum fünften Tempel, dem **Jizō-ji** (地蔵寺), der eine beeindruckende **Skulpturensammlung** (Eintritt 200 ¥) der 500 *rakan* (Buddhaschüler) birgt. Von der Bushaltestelle Rakan (羅漢) an der Hauptstraße vor dem Tempel fahren Busse bis zum Bahnhof Itano (板野). Dort steigt man in den Zug zurück nach Tokushima (360 ¥, 30 Min.).

Die 88 Tempel von Shikoku

SHIKOKU

0
50 km
E
F
G
H
Ōsaka (170 km)
Shōdo-shima
Seto-ōhashi
Sakaide
Harima-Nada
Akash (75 km); Kōbe (80 km); Osaka (120 km)
Yashima
Takamatsu
Awaji-shima
Marugame
Shido
Tadotsu
Nagao
Shirotori
Naruto-Tunnel
Fukura
Zentsuji
Kotohira
PRÄFEKTUR KAGAWA
Kōtoku-Linie
Naruto-Gezeitenstrudel
Naruto
Kanonji
Mima
Anabuki
Kamojima
Ishii
Tokushima
Awa-Ikeda
Kawanoe
Tokushima-Linie
Yoshino-gawa
Komatsushima
Iyomishima
Iya Tal
Nakagawa
Koboke
Anan
Kamikatsu
Ōboke
Kii-suidō
Tsurugi-san (1955 m)
Muine-san (1894 m)
Tsurugisan-Sankei-Nationalpark
Kitō
Yoshino-gawa
Ōtoyo
PRÄFEKTUR TOKUSHIMA
Dosan-Linie
Hiwasa
Monobe
Mugi-Linie
Mugi
Ryūga-dō
Kainan
Nankoku
Kaifu
Kōchi
Noichi
Umaji
Shishikui
Tōyō
Aki
Tosa wan
Nahari
PAZIFISCHER OZEAN
Muroto
Muroto-misaki
SHIKOKU

Die 88 Tempel von Shikoku

Sehenswertes

1 Tempel 1 (Ryōzen-ji) H2
2 Tempel 2 (Gokuraku-ji) G2
3 Tempel 3 (Konsen-ji) G2
4 Tempel 4 (Dainichi-ji) G2
5 Tempel 5 (Jizō-ji) G2
6 Tempel 6 (Anraku-ji) G2
7 Tempel 7 (Jūraku-ji) G2
8 Tempel 8 (Kumadani-ji) G2
9 Tempel 9 (Hōrin-ji) G2
10 Tempel 10 (Kirihata-ji) G2
11 Tempel 11 (Fujii-dera) G2
12 Tempel 12 (Shōzan-ji) G3
13 Tempel 13 (Dainichi-ji) H3
14 Tempel 14 (Jōraku-ji) G2
15 Tempel 15 (Kokubun-ji) H2
16 Tempel 16 (Kannon-ji) G2
17 Tempel 17 (Ido-ji) H2
18 Tempel 18 (Onzan-ji) H3
19 Tempel 19 (Tatsue-ji) H3
20 Tempel 20 (Kakurin-ji) H3
21 Tempel 21 (Tairyū-ji) H3
22 Tempel 22 (Byōdō-ji) H3
23 Tempel 23 (Yakuō-ji) H3
24 Tempel 24 (Hotsumisaki-ji) G5
25 Tempel 25 (Shinshō-ji) F5
26 Tempel 26 (Kongōchō-ji) F5
27 Tempel 27 (Kōnomine-ji) F4
28 Tempel 28 (Dainichi-ji) E4
29 Tempel 29 (Kokubun-ji) E4
30 Tempel 30 (Zenraku-ji) E4
31 Tempel 31 (Chikurin-ji) E4
32 Tempel 32 (Zenjibu-ji) E4
33 Tempel 33 (Sekkei-ji) E4
34 Tempel 34 (Tanema-ji) D4
35 Tempel 35 (Kiyotaki-ji) D4
36 Tempel 36 (Shōryū-ji) D5
37 Tempel 37 (Iwamoto-ji) C6
38 Tempel 38 (Kongōfuku-ji) C7
39 Tempel 39 (Enkō-ji) B6
40 Tempel 40 (Kanjizai-ji) B6
41 Tempel 41 (Ryūkō-ji) B5
42 Tempel 42 (Butsumoku-ji) B5
43 Tempel 43 (Meiseki-ji) A5
44 Tempel 44 (Taihō-ji) C4
45 Tempel 45 (Iwaya-ji) C4
46 Tempel 46 (Jōruri-ji) B3
47 Tempel 47 (Yasaka-ji) B3
48 Tempel 48 (Sairin-ji) B3
49 Tempel 49 (Jōdo-ji) C3
50 Tempel 50 (Hanta-ji) B3
51 Tempel 51 (Ishite-ji) B3
52 Tempel 52 (Taisan-ji) B3
53 Tempel 53 (Enmyō-ji) B3
54 Tempel 54 (Enmei-ji) C2
55 Tempel 55 (Nankō-bō) C2
56 Tempel 56 (Taisan-ji) C2
57 Tempel 57 (Eifuku-ji) C2
58 Tempel 58 (Senyū-ji) C3
59 Tempel 59 (Kokubun-ji) C3
60 Tempel 60 (Yokomine-ji) C3
61 Tempel 61 (Kōon-ji) C3
62 Tempel 62 (Hōju-ji) C3
63 Tempel 63 (Kichijō-ji) D3
64 Tempel 64 (Maegami-ji) C3
65 Tempel 65 (Sankaku-ji) E3
66 Tempel 66 (Unpen-ji) E2
67 Tempel 67 (Daikō-ji) E2
68 Tempel 68 (Jinne-in) E2
69 Tempel 69 (Kanon-ji) E2
70 Tempel 70 (Motoyama-ji) E2
71 Tempel 71 (Iyadani-ji) E2
72 Tempel 72 (Mandara-ji) E2
73 Tempel 73 (Shusshaka-ji) E2
74 Tempel 74 (Kōyama-ji) E1
75 Tempel 75 (Zentsū-ji) E2
76 Tempel 76 (Konzō-ji) F1
77 Tempel 77 (Dōryū-ji) E1
78 Tempel 78 (Gōshō-ji) E1
79 Tempel 79 (Kōshō-in) F1
80 Tempel 80 (Kokubun-ji) F1
81 Tempel 81 (Shiromine-ji) F1
82 Tempel 82 (Negoro-ji) F1
83 Tempel 83 (Ichinomiya-ji) F1
84 Tempel 84 (Yashima-ji) F1
85 Tempel 85 (Yakuri-ji) F1
86 Tempel 86 (Shido-ji) G1
87 Tempel 87 (Nagao-ji) G1
88 Tempel 88 (Ōkubo-ji) G2

ner gilt 42, für Frauen 33. Kōbō Daishi soll ihn 815, im Jahr seines 42. Geburtstags, besucht haben. Die lange Steintreppe, die zum Haupttempel hinaufführt, ist zweigeteilt: 33 Stufen für die Frauen, anschließend 42 für Männer. Traditionell legen die Pilger auf jede Stufe eine Münze. Wenn viel Andrang herrscht, ist die Treppe geradezu mit 1-Yen-Stücken übersät.

Eine *michi-no-eki* (Raststätte) an der Hauptstraße mitten im Ort, nicht weit von den Eingangstoren des Yakuō-ji entfernt, bietet müden Pilgern Zuflucht. Hier gibt's neben den üblichen Imbissständen auch saubere Toiletten, einen kleinen Markt und ein kostenloses Fußbad.

Wer sich für Meeresschildkröten interessiert, sollte sich an den hübschen Strand **Ōhama** (大浜) begeben. Dort legen Schildkröten von Mai bis August ihre Eier ab. Das **Meeresschildkrötenmuseum Caretta** (うみがめ博物館カレッタ; ☎ 0884-77-1110; http://caretta-hiwasa.com; 370-4 Hiwasa-ura; 600 ¥; ⊙ Di–So 9–17 Uhr) vor Ort umfasst eine Brutstation und Wasserbecken mit Babyschildkröten.

An- & Weiterreise

Hiwasa liegt 54 km südlich von Tokushima an der Straße 55. Die Züge der JR-Mugi-Linie benötigen 1¼ Stunden ab Tokushima (1090 ¥).

Shishikui 宍喰

☎0884 / 3500 EW.

Nördlich der Grenze zwischen den Präfekturen Tokushima und Kōchi liegt Shishikui. Der Ort ist sehr beliebt bei Surfern und anderen Wasserratten. Außerdem gibt's einen Onsen und mehrere tolle kleine Restaurants – die richtige Mischung für ein paar schöne Tage.

Aktivitäten

Pavilion Surf School SURFEN, SUP

(☎0884-76-3277; www.kaorimayaguchi.com; 251-1 Matsubara Azaura; Surf-/SUP-Unterricht ab 5400/6480 ¥) In dieser Surfschule nordöstlich von Shishikui (zwei Häuser weiter vom 7-Eleven) bietet Kaori Miyaguchi Unterricht im Surfen und SUP (Stehpaddeln) sowie Ausflüge (Ausrüstung und Neoprenanzüge inklusive). Ihre Eltern helfen mit. Die Familie hat mehrere Jahre in Honolulu verbracht und spricht Englisch. Ein Surfbrett zu leihen kostet 3240 ¥ pro Tag.

Shishikui Onsen ONSEN

(宍喰温泉; ☎0884-76-3300; www.hotel-riviera.co.jp; 226-1 Aza Matsubara; Erw./Kind 600/300 ¥; ⏰6.30–9 & 11–22 Uhr) Der Onsen im Obergeschoss des Hotel-Riviera-Komplexes an der Hauptstraße von Shishikui bezieht sein natürliches Wasser aus 1000 m Tiefe. Seine Hauptbäder gewähren einen Blick aufs Meer. Mit Restaurant und Shop.

Schlafen & Essen

In der entspannten Surferstadt gibt's ein paar coole, kleine Restaurants.

Pavilion Surf PENSION ¥

(☎0884-76-3277; www.pavilion-surf.com; 251-1 Matsubara Azaura; 3000 ¥ pro Pers.; P ⊖ ❄ 📶) Hier erwarten einen ausschließlich einfache Surferunterkünfte (Bett und fertig; münzbetriebene Klimaanlagen), aber auch Nichtsurfer sind willkommen. In anderen Gebäuden befinden sich die Gemeinschaftsbäder für Männer und Frauen sowie die Küche. Die freundlichen, enthusiastischen Besitzer sprechen Englisch; sie haben eine Zeitlang in Hawaii gelebt.

Eine tolle Adresse für Budgetreisende direkt am Wasser, ein Stück nordöstlich von Shishikui (zwei Häuser weiter vom 7-Eleven).

Pension Shishikui PENSION ¥¥

(ペンションししくい; ☎0884-76-2130; www.p-shishikui.com; 84-18 Akazomo; inkl. Mahlzeiten ab 9250 ¥ pro Pers.; P ❄ @) An einer lauschigen Bucht findet man diese entzückende Pension, die sich perfekt für Familien oder einen romantischen Kurzurlaub eignet. Wellenbrecher schützen den sichelförmigen Privatstrand. Alle Zimmer, sowohl im Haupthaus als auch in den frei stehenden Holzhütten, haben Meerblick und private Bäder. Der englischsprachige Besitzer vermietet Surfbretter, Kajaks und Fahrräder und Gästen stehen auch ein Tennisplatz und zwei Gemeinschaftsbäder zur Verfügung.

Die Karte auf der Website anschauen; die Pension liegt an der ersten Straße südlich der Shishikui-Brücke.

★ **Bahati** INTERNATIONAL ¥

(☎0884-76-2696; 222-1 Shishikui; Hauptgerichte ab 800 ¥; ⏰11.30–15 & 18–21 Uhr, im Winter ab 17 Uhr; 📋) Ein tolles kleines Lokal ein Stück östlich von Shishikui. Wenn es mal ein bisschen später aufmacht, liegt das daran, dass Betreiber Tsuji-san draußen ein paar Wellen reitet. Im Bahati gibt's alles von Pasta bis *katsu-kareē* (Schweinekotelett, Curry und Reis). Außerdem: Surfbretter auf den Dachsparren, Surffotos an den Wänden, Sitzplätze drinnen wie draußen und ein relaxter Vibe.

Cafe Hikōsen CAFÉ ¥

(ひこうせん; ☎0884-76-3488; 82-2 Shishikui-ura; ⏰8.30–18 Uhr; 📋) Das kleine Café am Straßenrand ist ein beliebter Einheimischentreff, u. a. wegen des japanischen/westlichen Frühstücks für 540 ¥, das alle Gäste glücklich macht. Freundliches Personal (vielleicht spricht sogar jemand Englisch), eine englische Speisekarte und bildschöne Tonwaren.

An- & Weiterreise

Vom JR-Bahnhof Tokushima braucht der Zug zweieinhalb Stunden bis Shishikui (1880 ¥). Wer mit Zwischenstopp am Muroto-misaki aus Kōchi anreist, muss den Bus nehmen. In dieser Gegend ist ein eigener Wagen Gold wert.

Ikumi 生見

☎0887 / 800 EW.

Ikumi gehört zu Kōchi und liegt an der Grenze zur Präfektur Tokushima. Richtig viel zu bieten hat der Ort nicht, sieht man mal von dem hübschen Strand ab. Die Bran-

DEN PILGERWEG DER 88 TEMPEL BESCHREITEN

Wandernde *henro* (Pilger auf der 88-Tempel-Route) sind von den Wegen Shikokus nicht wegzudenken. Überall sieht man sie: Sie laufen auf belebten Straßen und erklimmen Anhöhen in entlegenen Bergtälern – einsame Gestalten in Weiß, die auf ihrem Weg von Tempel zu Tempel entschlossen durch den Hitzedunst und durch Regengüsse tappen. Wer sind diese Leute? Und was treibt sie dazu, für Monate ihr komfortables Zuhause zu verlassen, um eine Reise von mehr als 1400 km zu Fuß zu unternehmen?

Zwar mögen die Hintergründe und Motive der *henro* höchst unterschiedlich sein, doch sie folgen alle den legendären Fußstapfen von Kōbō Daishi, einem Mönch, der auf Shikoku die Erleuchtung fand, den Shingon-Buddhismus in Japan begründete und einen erheblichen Beitrag zur japanischen Kultur leistete. Ob Kōbō Daishi tatsächlich alle 88 heiligen Stätten gegründet oder besucht hat? Jedenfalls steckt hinter diesem Pilgerrundweg die Idee, sich beim Wandern ganz auf den Geist des Heiligen einzulassen. Daher steht auf den Rucksäcken und anderen Ausrüstungsgegenständen vieler Pilger geschrieben: 同行二人 (*dōgyō ninin*), das heißt übersetzt „zwei auf derselben Reise".

Ganz unabhängig von der Motivation jedes einzelnen *henro* folgen alle, die den Pilgerweg gehen, einer sehr ähnlichen Routine. Auch die Kleidung ist uniform: Ein weißes Gewand (*hakue*) signalisiert ernsthafte Pilgerabsichten und einen reinen Geist, der Strohhut (*sugegasa*) schützt Pilger schon seit Ewigkeiten vor Sonne und Regen, in die Hand gehört der *kongōzue*, ein farbenfroher Stab. Auch die Zeremonie in den Tempeln ist fast überall gleich: das Klingeln der Glocke, das Singen des Herz-Sutra am Daishi-dō (einem der beiden Hauptgebäude auf jedem Tempelgelände) und schließlich die Anmeldung am *nōkyō-jo* (Schalter), wo das Pilgerbuch mit schönen Schriftzügen versehen wird, die den Tempelnamen und das Datum der Wallfahrt dokumentieren.

Wer selber ein *aruki henro* (wandernder Pilger) werden möchte, sollte für den Gesamtweg 40 bis 60 Tage einplanen, was einer durchschnittlichen Laufdistanz von 25 km am Tag entspricht. Für die Planung der Pilgerwanderung liefern die Website www.shikokuhenrotrail.com und der Reiseführer *Shikoku Japan 88 Route Guide* (Buyodo Publishing) hervorragende Infos auf Englisch. Das Buch sowie alles an Ausrüstung, was ein echter *henro* benötigt, wird im Tempel 1, dem Ryōzen-ji (S. 711), verkauft.

Reisende, denen es an Zeit oder Lust für die ganze Pilgertour mangelt, können auf einer der Minitageswanderungen einen Eindruck gewinnen. Neben Naruto (S. 710; hier befinden sich die ersten paar Tempel) bieten z. B. Matsuyama (S. 732; Tempel 46 bis 53) und Zentsuji (S. 756) in der Präfektur Kagawa eine hohe Dichte an nah beieinanderliegenden Tempeln.

Wer eigentlich Lust auf das Pilgerabenteuer hat, aber ungern läuft, sollte wissen, dass der moderne Pilger von heute auch oft mit dem Reisebus, im Taxi, Auto, auf dem Motorrad oder Fahrrad zu den 88 Tempeln gelangt. Es anzupacken zählt – egal wie!

dung lockt Surfer aus dem ganzen Land her, es gibt ein oder zwei Surfshops, ganz nette Budgetunterkünfte und ein paar günstige Restaurants. Ikumi eignet sich prima zum Chillen: Hier kann man eine entspannte Zeit verbringen und gleichzeitig eine andere Seite Japans kennenlernen. Wir empfehlen, sich am Strand mit einer Lektüre aus Surfmagazinen in der Sonne zu aalen, ein paar Wellen zu reiten, im Meer zu planschen und sich das eine oder andere Kaltgetränk zu genehmigen.

Aktivitäten

Surf Shop More SURFEN, BODYBOARDEN
(☎0887-29-3615; www.surfshopmore.com; 575-1 Ikumi) Alles rund ums Surfen, ob Unterricht oder Ausrüstung zum Leihen oder Kaufen. Brett und Neoprenanzug/nur Brett kann man für 5000/3000 ¥ leihen, ein Bodyboard und Flossen für 3000 ¥. Zweistündiger Unterricht im Surfen/Bodyboarden kostet 5000 ¥. Das Geschäft befindet sich mitten im Epizentrum der Aktivität am Ikumi Beach.

Schlafen & Essen

Ikumi bietet einige tolle Optionen, wobei alles eher schlicht gehalten ist. Essen sollte man in der jeweiligen Unterkunft, da abends nur wenige Läden geöffnet sind. Der nächste Gemischtwarenladen befindet sich im 10 km entfernten Shishikui (Präfektur Tokushima).

South Shore GÄSTEHAUS ¥
(サウスショア; ☎0887-29-3211; www.southshore-ikumi.com; 12-10 Ikumi; mit/ohne Mahlzeiten 7250/3800 ¥ pro Pers.; P ❄ 📶 ≋) Etwa einen Block hinter dem Strand in Ikumi steht das South Shore, ein sonnendurchflutetes, einfaches Gästehaus mit Gemeinschaftsbädern. Sein entspanntes Ambiente erinnert an Hawaii. Nach dem Surfen laden das hübsche Café und der kleine Pool zum Chillen ein.

Minshuku Ikumi MINSHUKU ¥
(民宿いくみ; ☎0887-24-3838; www.ikumiten.com; 7-1 Ikumi; mit Frühstück 4100 ¥ pro Pers.; P 📶) Gemütliche, familiengeführte *minshuku* (Pension) in unmittelbarer Nähe zur Autobahn. Dank ihrer gepflegten Zimmer und des hilfsbereiten und kenntnisreichen Besitzers Ten ist sie bei Surfern beliebt. Oft sind auf der Website Sonderangebote zu haben.

★ **Ikumi White Beach Hotel** HOTEL ¥¥
(生見ホワイトビーチホテル; ☎0887-29-3018; www.wbhotel.net; 575-11 Ikumi; ab 4200 ¥ pro Pers.; P ❄) Die japanischen und westlichen Zimmer dieses sauberen, gemütlichen Strandhotels in Ikumi liegen fast direkt am Strand – aus der Tür stolpern und rein in die Wellen! Handtücher muss man selbst mitbringen. Zu dem Hotelkomplex gehört ein preiswertes Restaurant, das **Olu Olu** (オルオル; ☎0887-29-3018; www.wbhotel.net; Mahlzeiten 800-1000; ⏲7–14 & 17–20 Uhr). Dort werden Frühstück, Mittag- und Abendessen serviert. Viele Parkplätze.

Aunt Dinah JAPANISCHES CURRY ¥
(アント・ダイナ; ☎0887-29-2080; 24-107 Kawauchi, Tōyō-chō; Mahlzeiten 800–1500 ¥; ⏲ Mi–Mo 10–21 Uhr) Zu japanischer Folkmusik serviert dieses altmodische Lokal in der Nähe der Hauptdurchgangsstraße in Kannoura verschiedene Currygerichte. Ein reichhaltiges Thai-Cocos-Curry für 1390 Y gehört zu den Spezialitäten des Hauses.

An- & Weiterreise

Ikumi Beach liegt an der *Straße* 55 in Kōchi, kurz hinter der Präfekturgrenze. Bis Hiwasa (im Nordosten) und zum Muroto-misaki (im Südwesten) fährt man jeweils etwa eine Stunde. Ein Auto (S. 759) ist hier eigentlich unerlässlich.

Muroto-misaki 室戸岬

☎0887

Das Muroto-misaki ist eins der zwei großen Kaps auf Shikoku, die in den Pazifik hinausragen. In der japanischen Literatur wird Muroto als einer der wildesten Orte des Landes gerühmt – und als „Tor zum Land der Toten". Pilgern ist das Kap bekannt, weil Kōbō Daishi hier Erleuchtung erlangte. Viele von ihnen versuchen, es ihm gleichzutun. Bei schönem Wetter ist der Pazifik ruhig wie ein Mühlteich, bei schlechtem Wetter dreschen riesige Wellen auf das Kap ein und der Wind scheint sich mit dem Land anlegen zu wollen. Besucher können Kōbō Daishis Badestelle zwischen den Felsbecken aufsuchen, genauso wie die Höhle, in der er meditierte. Ein *henro*-Pfad führt durch Gestrüpp zum 24. Tempel hinauf, dem Hotsumisaki-ji. Kōbō Daishi gründete ihn im frühen 9. Jh.

Das Muroto-Kap ist ein Global Geopark der UNESCO. Das bedeutet, dass Stätten und Landschaften von internationaler geologischer Bedeutung mit einem holistischen Konzept gemanagt werden, das den Naturschutz, Bildungsprogramme und eine nachhaltige Entwicklung umfasst.

Sehenswertes

Muroto Unesco Global Geopark Center MUSEUM
(室戸ユネスコ世界ジオパーク; ☎0887-22-5161; www.muroto-geo.jp/en; 1810-2 Murotomisaki-cho) GRATIS Der Muroto-Geopark soll verständlich machen, wie die hiesige Bevölkerung mit den im stetigen Wandel begriffenen Landformen umgeht. Ein reiches Erbe aus diversen geologischen Formationen zeichnet die faszinierende regionale Geografie aus. Der Park umfasst Wander-, Rad- und Autorouten; Genaueres dazu (plus Karten) im Geopark Center.

Tempel 24: Hotsumisaki-ji BUDDHISTISCHER TEMPEL
(最御崎寺; Higashi-dera; ☎0887-23-0024; www.88shikokuhenro.jp/kochi/24hotsumisakiji; 4058-1 Muroto-misaki-chō) GRATIS Eine der wichtigsten Stationen der 88-Tempel-Pilgerschaft ist dieser bildhübsche Tempel auf einem Hügel, denn hier, am Muroto-Kap, fand Kōbō Daishi Erleuchtung. Man kann den jahrhundertealten *henro*-Pfad hinaufwandern, der nordöstlich vom Kap beginnt, oder der gewundenen Straße einen Kilome-

ter nordwestlich vom Kap folgen. Die spirituelle Kraft der alten Gebäude und Statuen ist deutlich spürbar.

Schlafen & Essen

Wer über Nacht bleibt, sollte in der Unterkunft essen. Mit dem Mietwagen findet man zwar wahrschelinlich ein geöffnetes Lokal, muss aber vielleicht eine Weile fahren.

Tempel 24: Hotsumisaki-ji Shukubō PENSION ¥¥
(☎ 0887-23-0024; Hotsumisaki-ji; mit/ohne Mahlzeiten 6500/4200 pro Pers.; P) Zu der Pension gehört eine friedliche *shukubō* (Pilgerunterkunft) mit blitzsauberen Tatami- oder Schlafzimmern und Gemeinschaftsbad. Außerdem kann man hier traditionelle vegetarische Pilgerkost probieren. Die 88 Tempel gewähren Pilgern schon seit 1200 Jahren Obdach und Verpflegung; die Bewirtung stellt eine zusätzliche Einkommensquelle dar.

Hoshino Resort Utoco Auberge & Spa BOUTIQUE-HOTEL ¥¥¥
(星野リゾートウトコオーベルジュ&スパ; ☎ 0887-22-1811, 050-3786-0022; www.utocods.co.jp; 6969-1 Muroto-misaki-chō; inkl. Mahlzeiten ab 23 000 ¥ pro Pers.; P) Mal was ganz anderes ist das Hoshino Resort Utoco Auberge & Spa, ein bemerkenswertes Konzept-Hotel des Kosmetikmoguls Uemura Shū. Um die regenerierenden Kräfte des mineralreichen Tiefseewassers zu nutzen, wird es für das Spa und Resort aus 1000 m Tiefe hochgepumpt.

An- & Weiterreise

Mehrmals täglich machen sich Busse vom Kap aus auf den Weg nach Nahari oder Aki im Nordwesten, wo man auf die JR-Bahnlinie umsteigen und nach Kōchi reisen kann.

Weitere Busse folgen der Küste auf der anderen Seite des Kaps nach Nordosten. In Kannoura und Mugi besteht die Möglichkeit, Züge nach Tokushima zu erwischen.

Das Gleisnetz reicht nicht bis ans Kap. Hier macht ein Mietwagen wirklich Sinn.

IYA-TAL & UMGEBUNG

Das Herz von Shikoku lockt mit umwerfenden Panoramen und heißen Bergquellen, Raftingabenteuern und Wandermöglichkeiten. Wer alles hinter sich lassen und das japanische Landleben im Chiiori (S. 720) kennenlernen will, ist hier genau richtig.

Iya-Tal 祖谷渓

Das spektakuläre Iya-Tal ist ein besonderer Ort, dessen schwindelerregend tiefe Schluchten und dichten Bergwälder Besucher zu einer Atempause vom hektischen Lebensstil des „Festlands" einladen. Was könnte schöner sein, als über schmale, an die Klippen geschmiegte Straßen zu kurven, während unter einem das eisige Wasser des Iya-gawa über den Talgrund rauscht. Erstklassige Onsen (heiße Quellen) liegen in erreichbarer Nähe, und am Abend braucht man nichts Anstrengenderes zu tun als die lokalen Iya-*soba* (Buchweizennudeln) zu probieren und die Erlebnisse des Tages Revue passieren zu lassen.

Die frühesten Aufzeichnungen über das Tal berichten von einer Gruppe Schamanen, die im 9. Jh. hierher flohen, um der Verfolgung in Nara zu entkommen. Ende des 12. Jhs. wurde Iya berühmt als Rückzugsort besiegter Heike-Krieger, die während der Gempei-Bürgerkriege auf der Flucht vor den Minamoto waren. Ihre Nachfahren sollen bis heute in den hiesigen Bergdörfern leben.

Obwohl das Tal so abgeschieden ist, gibt's einige tolle Unterkünfte vor Ort, darunter Onsen-Hotels, *minshuku* und renovierte Bauernhäuser.

An- & Weiterreise

Dies ist eine der Gegenden, in denen man ein Auto haben möchte (S. 759).

Öffentliche Busse verkehren sehr eingeschränkt. Es gibt nur wenige Verbindungen am Tag; ein paar Busse machen sich am Busterminal Awa-Ikeda nahe dem JR-Bahnhof Awa-Ikeda auf den Weg ins Tal. Für Infos wendet man sich an die Angestellten der **Miyoshi City Tourism Association** (三好市観光協会; Karte S. 719; ☎ 0883-76-0877; www.miyoshinavi.jp/english; 1810-18 Sarada, Ikeda-chō; ⏲ 9–18 Uhr).

Mit dem eigenen Auto kann man sich dem Iya-Tal von Westen her nähern, entweder auf der *Straße* 32 aus Iya-guchi, wo der Iya in den Yoshino mündet, oder auf der *Straße* 45 aus Ōboke. Beide Orte liegen im oberen Yoshino-Flusstal und verfügen über Bahnhöfe an der JR-Dosan-Linie zwischen Takamatsu und Kōchi. Die Iya-guchi-Route ist besser.

Zum östlichen Ende des Tals (Higashii Iya) die *Straße* 438 nach Tsurugi-san von Tsurugi-Stadt im Norden oder Tokushima-Stadt im Osten nehmen. Beide Strecken erfordern eine Bergfahrt nach Mi-no-koshi (1420 m) am Fuß des Tsurugi-san und Scheitel des Iya-Tals.

Iya-Tal

Iya-Tal

Highlights
1 Nagoro ... D4
2 Oku Iya Ni-jū Kazura-bashi ... D4
3 Tempel 66: Unpen-ji ... A1

Sehenswertes
4 Buke Yashiki ... C3
5 Geschichts- & Völkerkundemuseum ... C4
6 Kazura-bashi ... B3
7 Lapis Ōboke ... A3
8 Peeing Boy Statue ... B3

Aktivitäten, Kurse & Touren
Happy Raft ... (siehe 13)
9 Iya Onsen ... B3
10 Oku-Iya Monorail ... D4

Schlafen
11 Awa Ikeda Youth Hostel ... A1
12 Chiiori ... B3
13 Happy Guest House ... A4
Hotel Iya Onsen ... (siehe 8)
14 Hotel Kazura-bashi ... B3
15 Iyashi no Onsen-kyō ... C4
16 Kazura-bashi Camping Village ... B3
17 Ku-Nel-Asob ... A3

Essen
18 Iya Bijin ... B3
19 Iya-soba Momiji-tei ... A3
20 Soba Dōjō ... C3

Nishi Iya 西祖谷

Nishi-Iya (West-Iya) ist zweifellos das besser zugängliche Ende des Tals. Ein Rattenschwanz aus Reisebussen folgt der *Straße* 45 aus Ōboke; ihr Ziel ist der riesige Auto- und Busparkplatz an der Lianenbrücke **Kazura-bashi** (かずら橋; Karte S. 719; 550 ¥; ⏲ 8–

ABSTECHER

CHIIORI – ZUFLUCHT IN DEN BERGEN

Einer der ungewöhnlichsten Orte Japans liegt im entlegenen Iya-Tal hoch oben an einem Berghang mit Blick auf bewaldete Hänge und tiefe Schluchten.

Chiiori (Die Hütte der Flöte; Karte S. 719; www.chiiori.org; Hauptsaison EZ/DZ ab 34 000/36 000 ¥, günstigere Tarife für Gruppen; P ⊖) ist ein ehemals verlassenes, strohgedecktes Bauernhaus aus dem 18. Jh., das sehr akribisch restauriert wurde, um wieder in seiner originalen Pracht zu erstrahlen. Hier verderben weder Beton noch Plastik die Ästhetik der Architektur, wie man es sonst häufig bei Japans Kulturerbe sieht. Stattdessen trifft man auf Dielen aus Rotkiefernholz und offene Kochstellen unter hohen Dachsparren. Lange Zeit galt Iya mit seinen von strohgedeckten Häusern gesprenkelten steilen Hängen und den mit Pfaden durchzogenen dichten Wäldern als Musterbeispiel für ein Leben im Einklang mit der Natur, wenn auch ohne großen Wohlstand und Komfort.

In den letzten Jahrzehnten haben der traditionelle Lebensstil der Einheimischen und das Gleichgewicht der Umwelt jedoch einschneidende Veränderungen erfahren. Heute arbeiten die Bewohner des Tals nicht mehr vorwiegend in der Landwirtschaft, sondern an von der Regierung geförderten und oft sinnlosen Bauprojekten. Deren negative Folgen, wie beispielsweise betonierte Flussbetten, sieht man mittlerweile an vielen Straßenrändern. Ziel des Chiiori-Projekts ist, gemeinsam mit den Bewohnern den nachhaltigen Tourismus zu fördern und das wirtschaftliche Potenzial ihrer traditionellen Lebensweise zu nutzen, die von vielen Einheimischen bis vor Kurzem noch als rückständig und wertlos betrachtet wurde. Schritt für Schritt geht's voran: Noch sind zwar viele Strohdächer in der Gegend unter Wellblech versteckt, aber die steigende Zahl der Touristen und der in die Projektarbeit involvierten Menschen, die sich in der Gegend niederlassen, trägt dazu bei, das historische Erbe zu erhalten.

Der Autor und Ästhet Alex Kerr kaufte das Bauernhaus Chiiori in den frühen 1970er-Jahren und beschrieb das Iya-Tal in seinem preisgekrönten Buch *Lost Japan*. Heute bildet das Chiiori mit seinen *shōji* (beweglichen Wandschirmen), antiken Möbeln und *irori* (traditionellen Herden) ein schönes und authentisches Ziel für einfühlsame Reisende. Abgerundet wird alles durch eine glänzende, voll ausgestattete Küche und ein herrliches Bad mit einer Wanne aus *hinoki* (japanische Zypresse). Seit der Gründung des gemeinnützigen Chiiori Trust im Jahr 2005 hat die Regionalregierung die Restaurierung weiterer kleiner traditioneller Häuser in der Gegend gefördert. Diese wurden ähnlich aufwendig und ästhetisch ansprechend restauriert und dienen ebenfalls als Unterkünfte. Alle verfügen über moderne Küchen, Bäder und sogar Waschmaschinen. Allgemeine Informationen sowie die Preise dieser kleineren Häuser erfährt man, wenn man auf der Website des Chiiori Trust auf den Higashi-Iya Ochiai-Link klickt.

Übernachtungen in diesem besonderen Rahmen müssen im Voraus reserviert werden; die Bezahlung erfolgt ausschließlich in bar. Aufgrund der abgeschiedenen Lage des Chiiori und der anderen Häuser rät der Chiiori Trust den Gästen dringend zur Anreise mit eigenem PKW. Deshalb: Wagen mieten und im Supermarkt mit Proviant eindecken!

17 Uhr). Die Menschen kommen von nah und fern, um sie zu sehen. Die zweite Attraktion ist die **Statue des „Manneken Pis“** (小便小僧; Karte S. 719), der in das Tal weit unterhalb uriniert (das sollen vor ihm schon viele einheimische Jungs getan haben!).

Besonders denkwürdig ist die Anfahrt auf der alten *Straße* 32 aus Iya-guchi, die sich an Felswänden entlangwindet (Konzentration, liebe Fahrer!). Zudem ist eine Übernachtung sinnvoll, damit man das Tal erlebt, wenn die Tagesausflügler wieder fort sind. Nishi-Iya ist nett, doch wir empfehlen, weiter nach Osten zu fahren, tiefer ins Tal. Dort stellt sich eher das Gefühl von Abgeschiedenheit ein.

Aktivitäten

Iya-Onsen ONSEN

(祖谷温泉; Karte S. 719; ☎ 0883-75-2311; www.iyaonsen.co.jp; 367-2 Matsuo Matsumoto; 1500 ¥; ⌚ Tagesbesuche 7–18 Uhr) Ein toller Onsen an der alten *Straße* 32. Vom Hotel Iya Onsen aus fährt eine Standseilbahn eine steile Felswand hinunter zu einigen schwefelhaltigen Außenbecken am Fluss. Im heißen Wasser ausspannen (das dürfen auch Nichtgäste) und dabei den traumhaften Blick auf die bewaldete Schlucht genießen.

Schlafen & Essen

Kazura-bashi Camping Village CAMPINGPLATZ ¥

(かずら橋キャンプ村; Karte S. 719; ☎ 090-1571-5258; Stellplatz 1000 ¥, plus 200 ¥ pro Pers., Bungalow für 4 bis 5 Pers. 5350 ¥; ⏲ April–Nov. Mi–Mo) 500 m flussaufwärts von der Hängebrücke liegt dieser rustikale, aber gut gepflegte Campingplatz. Duschen ist kostenlos; die Ausrüstung – vom Zelt bis zu den Küchenutensilien – kann man preisgünstig leihen. Wer kein Japanisch spricht, sollte jemanden mit Sprachkenntnissen bitten, telefonisch zu reservieren – spontan auftauchen kann problematisch sein. Check-in ist zwischen 9 und 17 Uhr.

★ Hotel Iya Onsen HOTEL ¥¥¥

(ホテル祖谷温泉; Karte S. 719; ☎ 883-75-2311; www.iyaonsen.co.jp/english; 367-28 Matsuo Malsumoto, Ikeda-cho; inkl. 2 Mahlzeiten ab 19 590 ¥ pro Pers.; P ❄ ☎) Wer das entsprechende Kleingeld hat, sollte sich hier einquartieren. Die mehrsprachige Website deutet bereits darauf hin, dass Ausländer sehr herzlich willkommen sind. Es steht eine Mischung aus Tatami- und westlichen Zimmern zur Auswahl, im Restaurant mit Blick über die Schlucht gibt's wunderbares Essen. Die Onsen-Bäder sind auf Hotelebene, die *rotemburo* (Außenbäder) befinden sich fast auf einer Höhe mit dem Fluss und sind mit der Standseilbahn zu erreichen (für Übernachtungsgäste kostenlos).

Hotel Kazura-bashi RYOKAN ¥¥¥

(ホテルかずら橋; Karte S. 719; ☎ 0883-87-2171; www.kazurabashi.co.jp; 33-1 Zentoku; inkl. 2 Mahlzeiten ab 15 900 pro Pers.; P ⊖ ❄ ☎) Nahe der berühmten Brücke findet man geräumige, komfortable Zimmer im japanischen Stil mit Bergblick. Abends servieren umsichtige Kellner liebevoll zubereitete, traditionelle Gerichte. Eine außergewöhnliche Standseilbahn (sieht aus wie eine fahrende Hütte) befördert die Gäste zum Hotel-Highlight, einem entzückenden Freiluft-Onsen oben auf dem Berg. Nichtgäste dürfen den Onsen (1200 ¥) zwischen 10 und 16 Uhr nutzen.

Iya Bijin SOBA ¥

(祖谷美人; Karte S. 719; ☎ 0883-87-2009; www.iyabijin.jp; 9-3 Zentoku; Mahlzeiten 700–3700 ¥; ⏲ 8–17 Uhr; 📋) Um die lokale Spezialität Iya-*soba* zu probieren, empfiehlt sich das Iya Bijin in einem hübschen schwarz-weißen Gebäude mit Laternen an der Fassade und Blick über die Schlucht. Lecker sind ein einfacher Teller *zaru soba* (kalte Nudeln mit Soße zum Dippen) oder ein Mittagsmenü mit Gerichten aus der Region wie *dekomawashi* (Grillspieße mit Taro, Tofu und *konnyaku* – Teufelszunge), Wildschwein und Wildgemüse.

Higashi Iya 東祖谷

Higashi-Iya (Ost-Iya), auch bekannt als Oku-Iya (das bedeutet „tiefes Iya"), ist genau die richtige Adresse, wenn man Shikoku von seiner abgeschiedensten Seite kennenlernen möchte. Das Tal verjüngt sich, die Straße steigt an und auf beiden Seiten rücken die zerklüfteten Berge näher. Die hiesigen Kazura-bashi sind spektakulär und ihr Besuch ist ein absolutes Vergnügen, da nur wenige Touristen so tief ins Tal vordringen. Hinzu kommt noch das „Vogelscheuchendorf" Nagoro, eine echte Kuriosität. Die Straße 439 ist hier schmal und kurvig und erfordert höchste Aufmerksamkeit vom Fahrer – sonst läuft man Gefahr, Teil der Verkehrsstatistik zu werden! Ganz oben, am Scheitelpunkt des Tals, erhebt sich der zweitgrößte Gipfel auf Shikoku, der Tsurugi-san.

Sehenswertes & Aktivitäten

★ Oku Iya Ni-jū Kazura-bashi BRÜCKEN

(奥祖谷二重かずら橋; Karte S. 719; 550 ¥; ⏲ 7–17 Uhr) Fernab von Menschenaufläufen und Reisebussen hängen diese zwei spektakulären Brücken Seite an Seite hoch über dem Fluss – nachdem man auf der einen hinüber ans andere Ufer spaziert ist, kann man auf dem Weg zurück die andere Brücke nehmen! Eine zweisitzige Seilbahn aus Holz mit Selbstantrieb ermöglicht es, auf abenteuerliche Art den Fluss zu überqueren; am anderen Ufer liegt ein kleiner, öffentlicher Zeltplatz. Außerdem geht's an mehreren Stellen runter zum Fluss, der zum Genießen der Ruhe einlädt.

★ Nagoro KUNST IM ÖFFENTLICHEN RAUM

(名頃かかしの里; „Vogelscheuchendorf" Nagoro; Karte S. 719) Wer auf der *Straße* 439 reist, traut unter Umständen seinen Augen nicht, wenn Nagoro in Sicht kommt. Die „Personen“, die an der Bushaltestelle warten, sich auf der Veranda unterhalten und auf dem Feld arbeiten, sind nämlich tatsächlich lebensgroße, an Vogelscheuchen erinnernde Puppen. Angefertigt wurden sie von der Einheimischen Ayano Tsukimi, die auf diese Weise der ehemaligen Bewohner ihrer Heimatstadt gedenkt. Die Figuren wirken erstaunlich echt und haben auch aus der Nähe betrachtet individuell ausgeprägte Gesichtszüge und Körperhaltungen. Sie wirken gleichermaßen gespenstisch wie niedlich und sorgen für eine surreale Szenerie in dem ruhigen Flusstal.

Einen ersten Eindruck vermittelt der schöne Kurzfilm *Im Tal der Puppen* (http://vimeo.com/92453765) des deutschen Filmemachers Fritz Schumann, der Nagoro in Begleitung von Ayano-san besuchte.

Der Ort liegt 12 km westlich der Oku Iya Ni-jū Kazura-bashi.

Buke Yashiki HISTORISCHES GEBÄUDE
(武家屋敷喜多家; Karte S. 719; ☎0883-88-2040; 300 ¥; ⏲9–17 Uhr, Di & Dez.–März geschl.) Von Kyōjō führt eine schmale, kurvige Straße mehrere Kilometer bergauf zum Buke Yashiki, einem strohgedeckten Samuraihaus und Museum mit beeindruckendem Talblick. Am Shinto-Schrein nebenan steht außerdem eine riesige, mehr als 800 Jahre alte Zeder.

NICHT VERSÄUMEN

LIANENBRÜCKEN IM IYA-TAL

Die Hängebrücken aus Schlingpflanzen *(kazura-bashi)* im Iya-Tal sind wunderbare Überbleibsel eines entlegenen und zeitlosen Japans. Jahrhundertelang ließen sie sich nur schwer überqueren, was den Banditen und gedemütigten Kriegern, die in den isolierten Schluchten Zuflucht suchten, sehr gelegen kam. Die Brücken – Zeugen der Baukunst früherer Zeiten – wurden vor ca. 1000 Jahren geformt, indem man die wilden Ranken, die an beiden Seiten des schmalen Tals hingen, zusammenflocht. Erst jüngst hat man sie mit Seitengeländern, Brettern und Draht verstärkt.

Nur drei *kazura-bashi* blieben erhalten, eine sehr touristische Brücke in **Nishi Iya** (S. 719) und die Ehemann-und-Ehefrau-Hängebrücken in **Higashi Iya** (S. 721) 30 km weiter östlich – diese abgeschiedene tiefe Schlucht lohnt die weite Anfahrt.

Geschichts- & Völkerkundemuseum Higashi Iya MUSEUM
(東祖谷歴史民俗資料館; Karte S. 719; ☎0883-88-2286; 14-3 Kyōjō; 410 ¥; ⏲8.30–17 Uhr) In einem großen roten Gebäude in Kyōjō zeigt das Völkerkundemuseum historische Artefakte und Geräte des täglichen Gebrauchs ebenso wie Objekte, die mit der Heike-Legende zu tun haben.

Oku-Iya-Einschienenbahn TOURISTENBAHN
(奥祖谷モノレール; Karte S. 719; ☎0883-88-2975; Erw./Kind 2000/1000 ¥; ⏲8.30–16 Uhr) Am Hotel Iyashi no Onsen-kyō findet man diese niedliche, kleine Einschienenbahn mit Zweisitzerwagen, in denen die Passagiere auf einem 4,6 km langen Schienenstrang in entspanntem Tempo durch größtenteils unberührten Wald fahren. Unerwartet ist wohl, dass dabei fast 600 Höhenmeter gewonnen werden. Es geht durch abwechslungsreiche Vegetation bis auf 1400 m und wieder zurück zum Ausgangspunkt (70 Min.).

Schlafen & Essen

Iyashi no Onsen-kyō HOTEL ¥¥¥
(いやしの温泉郷; Karte S. 719; ☎0883-88-2975; http://iyashino-onsenkyo.com; 28 Sugeoi, Higashi Iya; inkl. Mahlzeiten ab 14 000 ¥ pro Pers.; ⏲Onsen 10–21 Uhr; P ⊖ ❄ 📶) In dem hübschen, einfachen Hotel mit Thermalbad sind Grundkenntnisse der japanischen Sprache hilfreich. Es steht abseits der Hauptstraße zwischen Kyōjō und den Higashi-Iya-Lianenbrücken und hat japanisch und westlich eingerichtete Zimmer, einen Onsen und ein ansprechendes Restaurant (auch für Nichtgäste zugänglich). Außerdem betreibt das Hotel eine nette Einschienenbahn (siehe oben) für Touristen.

Soba Dōjō SOBA ¥
(そば道場; Karte S. 719; ☎0883-88-2577; zaru soba 800 ¥; ⏲Fr–Mi 11–17 Uhr) Bei Soba Dōjō an der Straße 439 kann man eine Schale *zaru soba* (kalte Nudeln mit einer Soße zum Dippen) essen und sogar eine eigene Portion kreieren (2500 ¥; Reservierung erforderlich). Das Restaurant hat ein rötliches Dach; über der Tür hängt ein brauner Vorhang.

Ōboke & Koboke
大歩危・小歩危

Ōboke und Koboke sind zwei malerische Schluchten am Yoshino-gawa, der ein wechselhaftes Temperament zwischen träge dahinfließendem grünem Wasser und Stromschnellen der Kategorie IV hat. Es handelt sich dabei um denselben Fluss, der bei Tokushima in den Pazifik mündet; der obere Abschnitt des Yoshino hat sich zu einer kleinen Hochburg für Outdoortourismus gemausert.

Die Touristeninformation im Bahnhof Ōboke hält gute Infos bereit, Ausrüstung für Flussabenteuer gibt's in dem Geschäft Mont Bell und Snacks in dem *konbini* (Minimarkt). Ebenfalls vor Ort: hervorragende Iya-*soba* im Restaurant Momiji-tei und verschiedene Nudelvarianten bei Tokushima Ramen. Leider macht um 17 Uhr alles bis auf den Minimarkt zu.

Kleine Touristenboote kreuzen auf dem Fluss umher. Alternativ bucht man eine Rafting- oder Canyoning-Tour. Die vielen Outdooraktivitäten haben diese abgelegene Ecke in den Bergen von Shikoku wiederbelebt.

Sehenswertes & Aktivitäten

Lapis Ōboke MUSEUM
(ラピス大歩危; Karte S. 719; ☎0883-84-1489; 1553-1 Kamimyo; 500 ¥; ⏲April–Nov. 9–18 Uhr, Dez.–März bis 17 Uhr) In erster Linie fungiert das Lapis Ōboke als Museum zu Geologie und den lokalen *yōkai* (Geistern). Die Steine sind interessant, doch viel spannender ist die Gespenster-Folklore, die in einer wunderbaren Halle farbenfroh (und mit einigen englischen Erklärungen) ausgestellt wird.

Happy Raft RAFTING
(ハッピーラフト; Karte S. 719; ☎0887-75-0500; www.happyraft.com; 221-1 Ikadagi) Rund 20 Unternehmen führen von Mitte März bis Mitte Oktober Wildwasserrafting und Kajaktouren durch. Happy Raft, nahe dem JR-Bahnhof Tosa Iwahara, unternimmt Rafting-Touren und Canyoning-Trips (9000 ¥) mit englischsprachigen Führern (halber Tag 5500–7500 ¥, ganzer Tag 10 000–15 500 ¥).

Schlafen & Essen

Das Tal bietet reichlich Möglichkeiten, aber auch auf der anderen Seite des Hügels, im Iya-Tal, wird man fündig.

Am besten odert man das Essen in der Unterkunft gleich mit; tagsüber kann man anderswo einkehren.

Awa Ikeda Youth Hostel HOSTEL ¥
(阿波池田ユースホステル; Karte S. 719; ☎0883-72-5277; http://awaikeda-yh.com; 3798 Sako, Nishiyama; B 3900 ¥, Frühstück/Abendessen 540/1080 ¥; P) Einsam gelegenes Hostel mit großen gemeinschaftlichen Tatamizimmern neben dem Mitsugon-ji, weit oberhalb von Awa-Ikeda. Wer am 5 km entfernten JR-Bahnhof Awa-Ikeda abgeholt werden möchte und Mahlzeiten wünscht, muss vorab reservieren. Eine prima Gelegenheit für eine Übernachtung in einem Bergtempel.

Ku-Nel-Asob PENSION ¥¥
(空音遊; Karte S. 719; ☎090-9778-7133; www.k-n-a.com; 442 Enoki; nur Abendessen/Frühstück & Abendessen 9720/10 800 ¥ pro Pers.; P) Vier einfache, attraktive Tatamizimmer in einem knapp einhundert Jahre alten Haus. Das Gebäude thront auf einem schönen Felsvorsprung über dem Fluss. In familiärer Atmosphäre werden vegane Mahlzeiten serviert. Da es im Haus kein Bad gibt, bieten die freundlichen, Englisch sprechenden Besitzer ihren Gästen den Transfer inklusive Eintritt zu einem lokalen Onsen an. Mindestens drei Tage im Voraus reservieren (falls möglich, noch früher).

Praktisch: der kostenlose Abhol-/Bringservice vom/zum 3 km entfernten JR-Bahnhof Ōboke.

Happy Guest House PENSION ¥
(Karte S. 719; ☎0887-75-0500; www.happyraft.com; 3500 ¥ pro Pers.; P) Der lokale Veranstalter Happy Raft betreibt diese fünf über das Tal verteilten kleinen Gästehäuser. Sie bieten jeweils Platz für bis zu sechs Gäste und sind mit einer Küche ausgestattet. Ein frei stehendes, komplett restauriertes Bauernhaus mit einem Tatamizimmer, von dem man einen tollen Ausblick über das Yoshino-Tal hat, ist die ursprüngliche Pension. Details auf der Website.

★**Iya-soba Momiji-tei** SOBA ¥
(祖谷そば　もみじ亭; Karte S. 719; ☎0883-84-1117; Mahlzeiten 900–2000 ¥; ⏲Do–Di 10–17 Uhr) Eine prima Anlaufstelle für Iya-*soba* im West-West-Zentrum. Das Momiji-tei ist das hübsche alte Gebäude in dem Garten am nördlichen Ende des Komplexes. Wir empfehlen das heiße oder kalte Tempura-*soba*-Menü (1450 ¥).

Praktische Informationen

Touristeninformation Bahnhof Ōboke (大歩危駅観光内所; Karte S. 719; ☎0883-76-0877; www.miyoshinavi.jp/english; ⌚Mo, Di, Do & Fr 8.30–15.30, Sa & So bis 17.30 Uhr) Ein außergewöhnlich effizientes Büro mit englischsprachigen Mitarbeitern sowie haufenweise Broschüren und Karten im winzigen Bahnhof Ōboke. Die Angestellten helfen bei der Planung der Fahrt ins Iya-Tal.

River Station West-West Information (Karte S. 719; ☎0887-84-1117; www.west-west.com) Infos im Touristenkomplex River Station West-West.

An- & Weiterreise

An der JR-Dosan-Linie, die Takamatsu mit Kōchi verbindet, liegen die JR-Bahnhöfe Ōboke und Koboke. Der JR-Bahnhof Ōboke ist näher an Kōchi (50 Min., 2980 ¥) als an Takamatsu (1½ Std., 3510 ¥).

Im bergigen Herzen Shikokus ist ein eigener fahrbarer Untersatz sehr von Vorteil.

Tsurugi-san 剣山

Mit einer Höhe von 1955 m ist der Tsurugi-san der zweitgrößte Berg auf Shikoku und einer der *100 Famous Japanese Mountains*, die in dem Buch von Kyūya Fukada erwähnt werden. Anders als der scharfkantige Gipfel des Ishizuchi-san weiter westlich – Shikokus höchster Berg –, der mit einem strengen Vater verglichen wird, ist der Gipfel des Tsurugi-san weich gerundet und wird oft mit einer sanftmütigen Mutter verglichen.

Das Gipfelplateau Heike-no-baba soll im 12. Jh. als Übungsplatz für die Rösser des hiesigen Heike-Clans gedient haben. Als die Heike dann 1185 in der Schlacht von Dan-no-ura von den rivalisierenden Genji-Kriegern geschlagen wurden, vergruben sie der Legende nach das Schwert ihres Kaisers oben auf der Spitze des Tsurugi-san, der deshalb auch *Ken-zan* (Schwertgipfel) genannt wird.

Aktivitäten

Ein **Sessellift** (剣山観光登山リフト; ☎0883-62-2772; www.turugirift.com; Mi-no-koshi; hin & zurück/einfache Fahrt 1860/1030 ¥; ⌚Mitte April–Ende Nov. 9–17 Uhr, letzte Talfahrt 16.45 Uhr) bringt die Besucher vom Parkplatz in Mi-no-koshi bis unter den Gipfel. Von dort führt ein 40-minütiger Spaziergang (gemütliches Tempo) nach oben. Der Blick vom Gipfel ist majestätisch. Wer mag, kann dem einfach auszumachenden Pfad auf den **Jirōgyū** (1929 m) folgen; für Hin- und Rückweg 1½ Stunden einplanen. Auf diesen Bergen verlaufen mehrere Wanderwege, und wenn man sorgfältig plant, ist es möglich, eine Drei-Tages-Tour vom Tsurugi-san nach Westen zum **Miune-san** (1894 m) und hinab nach **Kubo** in Higashi Iya zu unternehmen.

Schlafen

Tabi-no-yado Kiri-no-mine MINSHUKU ¥
(旅の宿霧の峰; ☎0883-67-5211; www.kirinomine.jp; Mi-no-koshi; Zi. mit/ohne 2 Mahlzeiten 7000/4000 ¥ pro Pers.; Ⓟ) Ein Tausendsassa auf dem Parkplatz in Mi-no-koshi, der die „Grundbedürfnisse" abdeckt; er ist Restaurant, Andenkenladen und *minshuku* in einem und nur eine Minute von der Sesselliftstation entfernt. Die Zimmer sind klein und die Einrichtungen werden gemeinschaftlich genutzt. Gäste können ihre Wäsche waschen und das Bad ist genau richtig für müde Wandererknochen.

Tsurugi-san Chōjō Hutte HÜTTE ¥
(剣山頂上ヒュッテ; ☎088-622-0633; http://tsurugisan-hutte.com; Tsurugi-san; mit/ohne Mahlzeiten 8000/4800 ¥) Diese einfachen Unterkünfte liegen gleich unterhalb des Gipfels. Insgesamt ist die Tsurugi-san Chōjō Hutte so bodenständig, wie man es von einer Berghütte erwartet, doch das Essen schmeckt auf 1955 m ganz großartig, das Bad soll das höchstgelegene *ofuro* in Westjapan sein und es wird für eine ordentliche Mütze Schlaf gesorgt – um 21 Uhr geht das Licht aus. Das Allerbeste ist die Nähe zum Gipfel: Lust auf einen Sonnenaufgang oben auf einem Berg?

An- & Weiterreise

Am besten erkundet man die Gegend um den Tsurugi-san mit einem eigenen Fahrzeug (S. 759); für die Flexibilität und Freiheit, die ein Leihwagen hier auf Erkundungstouren bietet, wird man Kōbō Daishi (mindestens) ein Dankgebet schicken.

Der Tsurugi-san liegt am oberen Ende des Iya-Tals. Der *Straße* 439 bis Mi-no-koshi folgen oder ab Sadamitsu im Hauptal des Yoshino weiter nördlich die faszinierende *Straße* 438 nehmen. Lang und bergig ist die Anfahrt auf der 438 ab Tokushima-Stadt im Osten.

Zwar fahren Busse nach Mi-no-koshi, die Anfahrt ist aber umständlich. Genaueres in der Touristeninformation.

KŌCHI & UMGEBUNG
高知県

Als größte der vier Präfekturen Shikokus erstreckt sich Kōchi-ken vom Kap Muroto-misaki im Osten entlang der pazifischen Küste bis zum Kap Ashizuri-misaki im Westen. Historisch unter dem Namen Tosa bekannt, galt die Region stets als wild und abgeschieden, da sie durch einen Gebirgszug auf der einen und durch den Pazifischen Ozean auf der anderen Seite vom Umland abgeschnitten ist. Pilgern ist Kōchi als Shūgyō-no-dōjō bekannt, der „Ort der Übung". Die Präfektur gilt als eine Art Testgelände. Auch wenn die Reise durch Tosa über ein Drittel der Wallfahrtsstrecke ausmacht, stehen in der Provinz nur 16 der 88 Tempel. Tatsächlich liegen 84 km zwischen dem letzten Tempel in der Präfektur Tokushima (in Hiwasa) und dem ersten Tempel in Kōchi (am Muroto-misaki).

Die Präfektur Kōchi ist ein ideales Reiseziel für alle, die gern an der frischen Luft sind; sie strotzt förmlich vor malerischen Fleckchen in den Bergen und an der Küste. Siehe auch http://visitkochijapan.com.

Kōchi 高知

☎0888 / 343 000 EW.

Kōchi, eine elegante, überschaubare Stadt, genießt zu Recht den Ruf, dass man es sich hier gutgehen lassen kann. Die Burg ist größtenteils erhalten und noch immer ein schönes Beispiel für japanische Architektur. In leicht erreichbarer Nähe liegen das Muroto-misaki, das Ashizuri-misaki und das Iya-Tal, gut machbare Tagesausflüge führen zu Höhlen, Stränden und auf Berge. All dies macht Kōchi zu einem perfekten Ausgangspunkt für Reisen um die Insel. Aus der Stadt stammt außerdem ein im ganzen Land berühmter Samurai: Sakamoto Ryōma spielte während der Meiji-Restauration eine wesentliche Rolle beim Sturz der Feudalherrschaft.

Das Zentrum der Stadt liegt 12 km nördlich vom Meer. Am belebtesten ist die Gegend um die Straßenbahnlinienkreuzung nahe der roten Harimaya-bashi (eine winzige nachgebaute Brücke, die in Japan durch Lieder und Filme Berühmtheit erlangt hat). Die wichtigste Einkaufspassage Obiyamachi trifft lotrecht auf die Harimayabashi-dōri. Diesen Bezirk findet man 1 km südlich vom JR-Bahnhof Kōchi.

Sehenswertes

★Kōchi-jō BURG

(高知城; Karte S. 726; 1-2-1 Marunouchi; 420 ¥; ⏲9–17 Uhr) Die Kōchi-jō zählt zu nur noch einem Dutzend Burgen in Japan, die mitsamt ihrem originalen *tenshu-kaku* (Turm) erhalten blieben. Errichtet wurde sie ursprünglich im ersten Jahrzehnt des 17. Jhs. von Yamanouchi Katsutoyo, den Tokugawa Ieyasu zum *daimyō* ernannte, weil er in der Schlacht von Sekigahara im Jahr 1600 auf der siegreichen Seite der Tokugawa gekämpft hatte. Im Jahr 1727 zerstörte ein großes Feuer einen Großteil der originalen Bauten, zwischen 1748 und 1753 wurden sie weitgehend wiederaufgebaut.

Kōchis Burg ist ein Überbleibsel aus einer friedlichen Ära. Sie wurde niemals angegriffen und diente in der restlichen Tokugawa-Zeit eher als stattliche Residenz denn als militärische Festung. Der Eintritt muss nur bei Betreten der Burg gezahlt werden, die Besichtigung der Anlage ringsum ist gratis.

ABSTECHER

TEMPEL 21: TAIRYŪ-JI

1200 Jahre lang haben sich die *henro* steile Pfade hinaufgequält, um zum **Tairyū-ji** (太龍寺; ☎0884-62-2021; www.88shikokuhenro.jp/tokushima/21tairyuji; 2 Ryūzan Kamo-chō, Anan-shi) GRATIS zu gelangen, einem bildschönen Bergtempel. Eine 2,7 km lange **Seilbahn** (太龍寺ロープウェイ; ☎0884-62-3100; www.shikoku-cable.co.jp/tairyuji/index.htm; 76 Tano, Naka-chō; einfache Strecke/hin & zurück 1300/2470 ¥; ⏲7.20–17 Uhr), die längste im Westen Japans, macht die Anreise inzwischen zu einem Kinderspiel, sodass jedermann die Möglichkeit hat, diesen stimmungsvollen Ort zu besuchen. Ein Abstecher lohnt sich, denn der Ausblick ist fantastisch! Die ländliche Talstation der Seilbahn ist am einfachsten mit dem eigenen Auto zu erreichen, die Anfahrt ist jedoch auch mit dem Bus möglich (ab Bahnhof Tokushima, 1½ Std.). Dort angekommen, findet man ein Museum, ein Restaurant und eine Unterkunft vor. An den Reisepass denken: ausländische Touristen zahlen häufig nur die Hälfte.

Kōchi

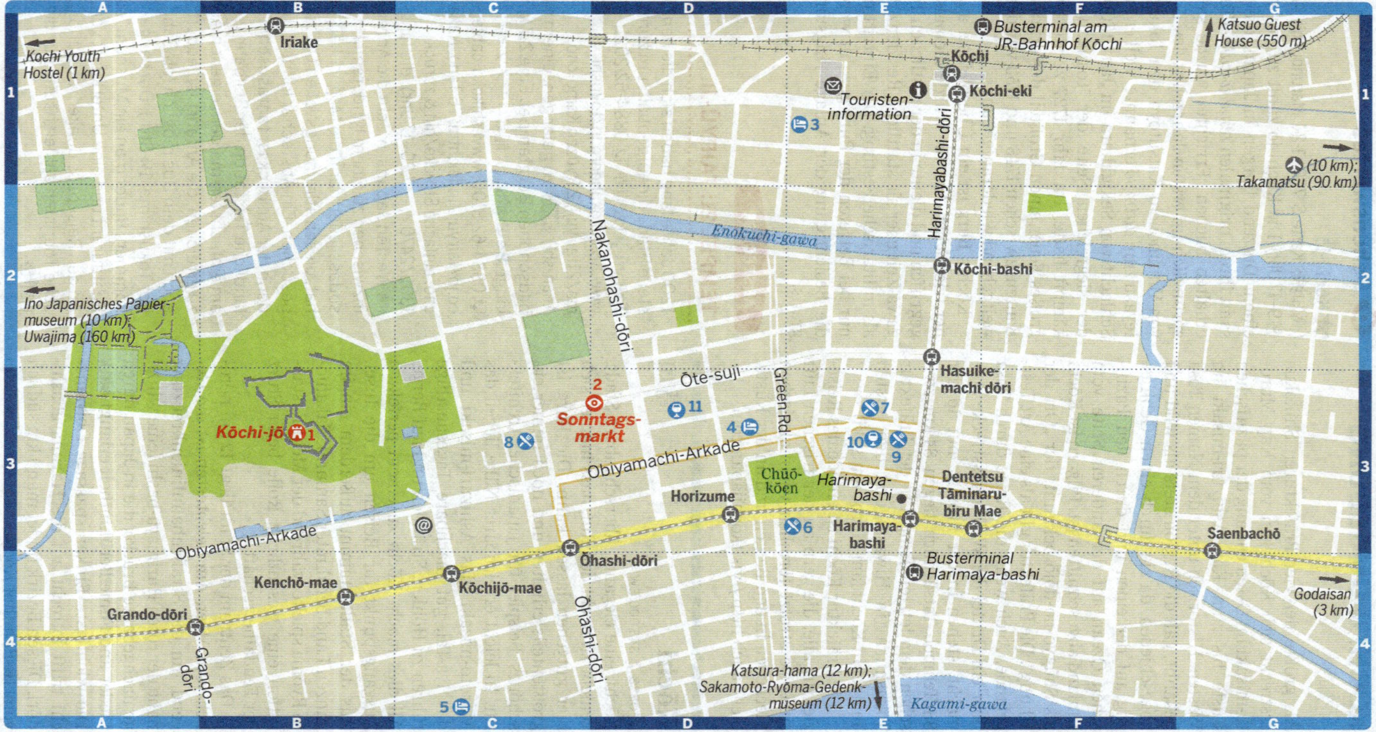
0 — 400 m
Iriake
Kochi Youth Hostel (1 km)
Busterminal am JR-Bahnhof Kōchi
Kōchi
Kōchi-eki
Katsuo Guest House (550 m)
Touristen-information
3
(10 km); Takamatsu (90 km)
Harimayabashi-dōri
Enokuchi-gawa
Kōchi-bashi
Ino Japanisches Papier-museum (10 km); Uwajima (160 km)
Nakanohashi-dōri
Hasuike-machi dōri
Ōte-suji
Green Rd
2
Sonntags-markt
11
4
7
10
9
8
Kōchi-jō 1
Obiyamachi-Arkade
Chūō-kōen
Harimaya-bashi
Dentetsu Tāminaru-biru Mae
Horizume
6
Harimaya-bashi
Saenbachō
Obiyamachi-Arkade
Ōhashi-dōri
Busterminal Harimaya-bashi
Kenchō-mae
Kōchijō-mae
Grando-dōri
Grando-dōri
Ōhashi-dōri
Godaisan (3 km)
Katsura-hama (12 km); Sakamoto-Ryōma-Gedenk-museum (12 km)
Kagami-gawa
5
A
B
C
D
E
F
G
1
2
3
4

Kōchi

Sehenswertes
- 1 Kōchi-jō B3
- 2 Sonntagmarkt D3

Schlafen
- 3 Petit Hotel E1
- 4 Richmond Hotel D3
- 5 Sansuien C4

Essen
- 6 Habotan E3
- 7 Hakobe E3
- 8 Hirome Ichiba C3
- 9 Tosa Ichiba E3

Ausgehen & Nachtleben
- 10 Amontillado E3
- 11 Tosa-shu Baru D3

★ **Sonntagsmarkt** MARKT

(日曜市; Karte S. 726; April–Sept. So 5–18 Uhr, Okt.–März So 5.30–17 Uhr) Unser Lieblingsstraßenmarkt auf Shikoku ist 300 Jahre alt und findet sonntags auf einem 1,3 km langen Abschnitt der Ōte-suji statt, der Hauptstraße zur Burg. Etwa 430 bunte Stände bieten frisches Obst und Gemüse, Wässerchen und Tinkturen, Messer, Blumen, Steine für den Garten und Antiquitäten aus Holz feil.

Godaisan PARK

(五台山) Mehrere Kilometer östlich des Stadtzentrums erhebt sich der Godaisan, von dessen **Aussichtspunkt** (展望台) man einen schönen Blick über die Stadt genießt. Oben auf dem Hügel steht der Chikurin-ji (S. 727), Tempel 31. Neben den Eingangstoren befindet sich der **Botanische Garten Makino der Präfektur Kōchi** (高知県立牧野植物園; 088-882-2601; www.makino.or.jp; 4200-6 Godaisan; 720 ¥; 9–17 Uhr), eine wunderbare Mischung aus Gärten und Parkanlagen. Der Godaisan ist eine der Haltestellen des My-Yū-Touristenbusses.

Tempel 31: Chikurin-ji BUDDHISTISCHER TEMPEL

(竹林寺; 088-882-3085; www.chikurinji.com; 3577 Godaisan) GRATIS Im Godaisan im Osten der Stadt erhebt sich der 31. Tempel der 88, der Chikurin-ji. Auf dem weitläufigen Gelände findet man eine fünfstöckige **Pagode** und Tausende Statuen des Bodhisattwa Jizō, des Schutzgottes für Kinder und Reisende. Das **Schatzhaus** (400 ¥) des Tempels beherbergt eine beeindruckende Sammlung buddhistischer Skulpturen der Heian- und Kamakura-Zeit. Das Schatzhausticket gewährt auch Zutritt zu dem hübschen **Garten** aus der Kamakura-Zeit gegenüber.

Japanisches Papiermuseum Ino MUSEUM

(いの町紙の博物館; 088-893-0886; http://kamihaku.com/en; 110-1 Saiwai-chō, Ino-chō; 500 ¥; Di–So 9–17 Uhr) In Ino, ca. 10 km westlich vom Zentrum, lernt man alles über die Geschichte und Entwicklung von *washi* (japanisches Papier). Geboten werden z. B. *nagashizuki*-Vorführungen (eine traditionelle Fertigungstechnik) und Unterricht am ersten Sonntag im Monat (400 ¥). Die tolle englische Website liefert genauere Infos. Sowohl vom JR-Bahnhof Ino als auch von den Straßenbahnhaltestellen läuft man zehn Minuten.

Katsura-hama STRAND

(桂浜) 12 km südlich von Kōchis Zentrum erstreckt sich der beliebte Strand Katsura-hama an der Mündung des Hafens in die Bucht. Leider kann man hier wegen der starken Strömungen nicht schwimmen, dafür aber schön spazieren gehen und den kleinen **Schrein** auf einer Landzunge am Meer anschauen. Kurz vor dem Strand selbst steht das **Sakamoto-Ryōma-Gedenkmuseum** (坂本龍馬記念館; 088-841-0001; www.ryoma-kinenkan.jp; 830 Urado-shiroyama; 500 ¥; 9–17 Uhr). Die Ausstellung ist dem Leben eines lokalen Helden gewidmet, der maßgeblich zur Etablierung der Meiji-Restauration in den 1860er-Jahren beitrug.

Feste & Events

Yosakoi Matsuri KULTUR

(よさこい祭り; Yosakoi-Festival) Kōchis lebhaftes Yosakoi Matsuri bildet die perfekte Ergänzung zum Awa-odori Matsuri (12.–15. Aug.), das in Tokushima stattfindet. Veranstaltungen gibt's schon am Vorabend, dem 9. August, sowie am 12., dem Tag danach, aber die großen Festtage sind der 10. und der 11. August.

Schlafen

Rund um den JR-Bahnhof, die Harimaya-bashi und Richtung Burg sind zahlreiche Mittelklassehotels angesiedelt, wer es gern etwas günstiger hätte, muss sich etwas weiter außerhalb eine Bleibe suchen.

★ **Kochi Youth Hostel** HOSTEL ¥

(高知ユースホステル; ☎ 088-823-0858; www.kyh-sakenokuni.com; 4-5 Fukuihigashi-machi; B/EZ 2500/3000 ¥; P ⊖ ❄ @ 📶) An einem Kanal in der Nähe des Bahnhofs Engyōjiguchi (円行寺口) findet man das makellos saubere, holzgetäfelte Hostel. Es verfügt über einfache, gemütliche Zimmer und wirkt einladend und lebendig. Das Frühstück ist für 400 ¥ wirklich top. Der nette Englisch sprechende Gastgeber Kondo Tomio arbeitete früher als Vertreter für ein Sakeunternehmen und bietet für 500 ¥ Sakeverkostungen an. Eine detaillierte Wegbeschreibung (auf Englisch) steht auf der Website.

★ **Richmond Hotel** HOTEL ¥¥

(リッチモンドホテル高知; Karte S. 726; ☎ 088-820-1122; http://kochi.richmondhotel.jp; 9-4 Obiyamachi; EZ/DZ ab 6400/8500 ¥; P ⊖ ❄ @ 📶) Kōchis schickstes Hotel hat makellose, moderne Zimmer und professionellen Service, wie man ihn für eine Unterkunft dieser Kategorie erwartet. Es liegt ganz in der Nähe der Haupteinkaufspassage im Herzen der Stadt, Restaurants, das Nachtleben und mehr sind gleich in der Nähe. Der zum Hotel gehörende Parkplatz (700 ¥ pro Tag) ist auch nicht weit.

Katsuo Guest House PENSION ¥¥

(かつおゲストハウス; ☎ 070-5352-1167; http://katuo-gh.com; 4-7-28 Hijima-chō; B/EZ/DZ 2800/3800/7600 ¥; P ⊖ 📶) Klein, aber fein präsentiert sich in einem Wohngebiet von Kōchi das Katsuo Guest House – es hat einen Schlafsaal und ein Einzelzimmer. Wer Lust auf spontane Jam-Sessions mit der hauseigenen Gitarre oder Djembe, Mahlzeiten zum Selberkochen in der Gemeinschaftsküche und auf Gemeinschaftsbäder mit künstlerischen Darstellungen regionaler Wahrzeichen hat, ist hier richtig.

Die schnuckelige Pension liegt zehn Gehminuten nördlich vom Bahnhof.

Petit Hotel BUSINESSHOTEL ¥¥

(プチホテル高知; Karte S. 726; ☎ 088-826-8156; www.phk.jp; 1-8-13 Kitahon-machi; EZ/DZ ab 7000/10 000 ¥; P ⊖ ❄ @ 📶) Nahe dem Bahnhof Kōchi bildet dieses hervorragende Businesshotel eine gute Alternative zu den größeren Ketten. Das Personal ist effizient und freundlich und die Zimmer sind groß genug, insbesondere die blitzsauberen Bäder. Tolle Frühstücksauswahl!

Sansuien HOTEL ¥¥

(三翠園; Karte S. 726; ☎ 088-822-0131; www.sansuien.co.jp; 1-3-35 Takajō-machi; Zi. mit Frühstück ab 7500 ¥ pro Pers.; P ⊖ ❄ @) Drei Straßenzüge südlich der Burg an der Kenchō-mae Dōri findet man dieses schicke mehrstöckige Hotel mit luxuriösen Onsen-Bädern. Im Garten stehen mehrere Gebäude, die früher zur Residenz des *daimyō* gehörten. Die japanischen Tatamizimmer sind wesentlich größer und komfortabler als ihre westlichen Pendants. Nichtgäste können von 10 bis 16 Uhr (900 ¥) den Onsen besuchen.

Essen & Ausgehen

Kōchis größtes Restaurant- und Ausgehviertel liegt in der Gegend rund um die Obiyamachi-Arkade und die Harimaya-bashi-Kreuzung, an der die Straßenbahnlinien aufeinandertreffen, etwa 1 km südlich des JR-Bahnhofs Kōchi. Zu den örtlichen Spezialitäten gehört *katsuo tataki* (leicht angebratener Bonito).

★ **Hirome Ichiba** JAPANISCH ¥

(ひろめ市場; Karte S. 726; ☎ 088-822-5287; www.hirome.co.jp; 2-3-1 Obiyamachi; Gerichte ab 300 ¥; ⏲ 8–23, So ab 7 Uhr; 📋) Dutzende Minirestaurants und Bars mit gemeinsamen Sitzbereichen haben sich hier auf alle möglichen Gerichte spezialisiert, von *gomoku rāmen* (Nudeln mit Meeresfrüchten) bis zu *tako-yaki* (Oktopusbällchen). Dies ist der Brennpunkt der preisgünstigen kulinarischen Szene von Kōchi. An den Wochenenden wimmelt es nur so vor jungen Leuten, die viel trinken und fröhlich sind. Hirome Ichiba ist ein wuseliges, buntes Chaos am Ende der Haupteinkaufspassage und unmittelbar vor der Burg.

Habotan IZAKAYA ¥

(葉牡丹; Karte S. 726; ☎ 088-872-1330; http://habotan.jp; 2-21 Sakai-machi; Gerichte 150–1100 ¥; ⏲ 11–23 Uhr) Um 11 Uhr – geradezu schockierend früh – öffnet das bei Einheimischen beliebte *izakaya* (Kneipenwirtschaft) mit den roten Laternen gegenüber vom Chūō-kōen seine Tür. Das Essen ist unter der Glastheke ausgestellt, sodass man einfach auf das Gewünschte zeigen kann. Sashimi *moriawase* (Sashimiplatte) kostet 1050 ¥. Zu den lokalen Schnäpsen zählen Tosa-tsuru-Sake und Dabada Hiburi, ein *shōchū* (gebrannter Getreideschnaps) aus Kastanien.

Hakobe OKONOMIYAKI ¥

(はこべ; Karte S. 726; ☎ 088-823-0084; 1-2-5 Obiyamachi; Gerichte 650–1200 ¥; ⏲ 11–24 Uhr) Dies ist eins von Kōchis wenigen verbleibenden *okonomiyaki*, in dem man seinen Pfann-

ESSEN IN SHIKOKU

Shikoku hat eine lange Küstenlinie sowie fruchtbare Täler und die hiesige Küche ist erwartungsgemäß vorzüglich. Abgesehen von regionalen Spezialitäten ist die *shōjin-ryōri* (精進料理; vegetarische Kost für gläubige Buddhisten), mit der Pilger in Tempelunterkünften verköstigt werden, ein absolutes Muss.

Nudeln

Die Präfektur Kagawa ist in ganz Japan für das lokaltypische Nudelgericht *Sanuki udon* bekannt, dicke Weizenmehlnudeln. In Tokushima-Stadt gibt's mehr als 100 Geschäfte, in denen Tokushima-*rāmen* angeboten werden, während das Iya-Tal für *soba* (Buchweizennudeln) bekannt ist.

Fisch & Meeresfrüchte

Der Fisch und die Meeresfrüchte der Präfektur Kōchi mit ihrer langen Pazifikküste sind legendär, insbesondere *katsuo-tataki*, scharf angebratener Bonito, der in dünne Scheiben geschnitten und mit geriebenem Ingwer gegessen wird. Bei *sawachi-ryōri* handelt es sich um eine große Platte *(sawachi)* Fisch und Meeresfrüchte mit verschiedenen Sashimi- und Sushivariationen.

Jakoten ist ein Küchlein aus pürierter Fischpaste, die gebraten wird, ein beliebter Snack in der Präfektur Ehime. Uwajima im Süden von Ehime ist berühmt für *tai-meshi*, ein Gericht mit Schnapper und Reis. In der Präfektur Kagawa isst man gern *iriko-meshi*, ein Gericht mit Sardinen und Reis. Reiscracker werden aus Inlandsee-Shrimps gemacht.

kuchen selbst zubereitet – ein günstiger und spaßiger Snack. Himmlisch schmeckt der „Mix" aus *ika* (Tintenfisch), *ebi* (Garnelen) und *tori* (Huhn). Es gibt auch *buta* (Schweinefleisch) und *yasai* (Gemüse). Kellner tragen die Zutaten auf, die Gäste „verabeiten" sie dann auf einer Kochplatte weiter. Man findet das Hakobe genau in der Mitte der Einkaufspassage.

Tosa Ichiba JAPANISCH ¥¥
(土佐市場; Karte S. 726; ☎ 088-872-0039; www7a.biglobe.ne.jp/~hayakawa_c/tosaichi.htm; 1-3-11 Harimayachō; Menüs ab 1100 ¥; ⌚ 11–22.30 Uhr) Eine gute Anlaufstelle für lokaltypische Menüs, falls man sich mit Speisekarten in japanischer Sprache schwertut, denn zu so ziemlich jedem Gericht gibt's draußen oder im Fenster ein Plastikmodell. Etwas aussuchen und den freundlichen Angestellten zeigen. Jede Menge Auswahl für Meeresfrüchtefans! Kurz hinter dem Anfang der Obiyamachi-Einkaufspassage

★ **Tosa-shu Baru** BAR
(土佐酒バル; Karte S. 726; ☎ 088-823-2216; 1-9-5 Ōte-suji; ⌚ Di–Sa 6.30–23.30, So bis 21.30 Uhr) Die Nichtraucherbar ist die Adresse schlechthin, um in Kōchi gefertigten Sake zu kosten. Der Besitzer, Kōji, liebt dieses Getränk und weiß so ziemlich alles darüber. Er bezieht verschiedene Varianten aus allen 18 Sakebrauereien in der Stadt. Jeden Tag wechseln die drei *nomi-kurabe* („Probiermenüs"). Dazu kommen kleine Gerichte aus lokalen Zutaten (super!) und eine sehr gesellige Atmosphäre. Im Hintergrund läuft toller Jazz.

Amontillado PUB
(アモンティラード; Karte S. 726; ☎ 088-875-0599; www.facebook.com/IrishpubAmo; 1-1-17 Obiyamachi; ⌚ 17–1 Uhr) Wer genug *izakaya* gesehen hat und nach einer Portion Fish and Chips und einem Pint Guinness (900 ¥) giert, ist in dem Irish Pub abseits der Einkaufspassage Obiyamachi gerade richtig Hier geht immer was.

ℹ Praktische Informationen

Kōchi International Association (高知県国際交流協会; Karte S. 726; ☎ 088-875-0022; www.kochi-kia.or.jp; 2. OG, 4-1-37 Honmachi; ⌚ Mo–Sa 8.30–17.15 Uhr, Aug. Sa geschl.) Kostenloser Internetzugang, Bibliothek und englische Zeitungen.

Touristeninformation (高知観光案内所; Karte S. 726; ☎ 088-826-3337; http://visitkochijapan.com; ⌚ 8.30–17 Uhr, Infos zu Unterkünften bis 19.30 Uhr) Hilfsbereite Angestellte (mindestens einer spricht Englisch) arbeiten in dem Pavillon vor dem JR-Bahnhof Kōchi und unterstützen bei der Unterkunftssuche. Außerdem bekommt man hier Stadtpläne auf Englisch und Miniguides zu Kōchi und kann zwischen 8.30 und 17 Uhr kostenlos Räder leihen (nicht an Regentagen; nur mit Ausweis).

An- & Weiterreise

BUS

Das **Busterminal** (Karte S. 726) befindet sich an der Nordseite des JR-Bahnhofs Kōchi.

FLUGZEUG

Vom Bahnhof aus gelangt man mit dem Bus (720 ¥, 40 Min.) zum **Flughafen Kōchi Ryōma** (www.kochiap.co.jp) 10 km östlich der Stadt. Täglich gehen Maschinen nach/ab Tokio, Nagoya, Osaka und Fukuoka.

ZUG

Kōchi liegt an der JR-Dosan-Linie und ist über Awa-Ikeda (*tokkyū* 3340 ¥, 70 Min.) mit Takamatsu (*tokkyū* 5100 ¥, 2¼ Std.) verbunden. Richtung Westen fahren Züge nach Kubokawa (*tokkyū* 3160 ¥, 70 Min.), wo man nach Shimanto-Stadt (ehemaliges Nakamura; *tokkyū* 4870 ¥; 1¾ Std. ab Kōchi) umsteigen kann.

Unterwegs vor Ort

BUS

My-Yū-Busse (MY遊バス; 1-/2-Tages-Ticket 1000/1600 ¥) fahren vom Busbahnhof Kōchi zum Godaisan, zum Katsura-hama und wieder zurück. Tickets sind in der Touristeninformation vorm Bahnhof Kōchi erhältlich. Wer seinen (ausländischen) Reisepass vorzeigt, zahlt nur die Hälfte.

Die öffentlichen Busse zum Strand Katsura-hama fahren am Busterminal Harimaya-bashi ab (Karte S. 726).

FAHRRAD

Die Touristeninformation (S. 729) stellt Leihräder kostenlos zur Verfügung (8.30 bis 17 Uhr, nicht an Regentagen; nur mit Ausweis).

STRASSENBAHN

Kōchis bunte Straßenbahnen (200 ¥ pro Fahrt) verkehren schon seit 1904. Es gibt zwei Linien: die Nord-Süd-Linie startet am Bahnhof und trifft an der Kreuzung Harimaya-bashi (はりまや橋) auf die Ost-West-Linie. Man bezahlt beim Aussteigen, wer umsteigen muss, braucht ein *norikae-ken* (Transferticket).

ABSEITS DER ÜBLICHEN PFADE

SPRITZTOUR: ENTLANG DER UFER DES SHIMANTO-GAWA

Wenig Verkehr und eine spektakuläre Landschaft – Shikoku ist eines der besten Ziele für Autoausflüge in Japan. Auch mangelt es in einigen Gegenden an regelmäßigen öffentlichen Verkehrsverbindungen, insbesondere an den beiden Kaps im Süden und im Iya-Tal, sodass man am besten einen internationalen Führerschein im Gepäck hat, um sich ein Auto mieten zu können. Unsere Lieblingsstrecke ist die *Straße* 381 am Ufer des Shimanto-gawa entlang, die man in Shimanto-Stadt (S. 730) organisieren kann. Hier wetteifert man mit kuriosen Lkws um die einspurigen Straßen, die zu den engsten, kurvigsten und schönsten des Landes zählen. Während man der Strecke folgt, die sich, eingezwängt zwischen Felsen auf der einen und dem glänzenden Fluss auf der anderen Seite, dahinschlängelt, fühlt man sich wie in einem Rallye-Computerspiel, in dem die animierten Autos wissen, wie sie einen Zusammenstoß vermeiden können.

Shimanto-Stadt 四万十市

☎0880 / 37 000 EW.

Shimanto-Stadt, das ehemalige Nakamura, ist leicht mit dem kleineren Shimanto weiter die Küste hinauf zu verwechseln. Selbst die Einheimischen vertun sich regelmäßig. Dass der Name so beliebt ist, liegt an dem gleichnamigen Fluss, dem Shimanto-gawa, der in ganz Japan für seine Schönheit bekannt und der letzte Fluss des Landes ohne Dämme ist. Shimanto-Stadt nahm seinen Namen an, weil der Fluss hier ins Meer mündet. Das andere Shimanto weiter nördlich wählte den Namen, weil sich dort das Quellgebiet des Flusses befindet.

Shimanto-Stadt eignet sich prima, um Touren auf und am Shimanto-gawa (四万十川) und in dem umgebenden Tal zu organisieren. Je weiter flussaufwärts man sich begibt, desto einsamer und schöner wird die Szenerie.

In der **Shimanto City Tourist Association** (四万十市観光協会; ☎0880-35-4171; www.shimanto-kankou.com; 383-15 Uyama; ⏰8.30–17.30 Uhr) kann man sich über das wachsende Angebot an regionalen Aktivitäten unter freiem Himmel informieren, wie Kajak- und Kanuausflüge oder Camping.

Mehrere Unternehmen bieten **Flussfahrten** in sogenannten *yakata-bune*-Booten an (2000 ¥ für 50 Min.) und vermieten Kajaks (halber/ganzer Tag ab 3500/5000 ¥).

Zudem können **Räder** (auch Mountainbikes) gemietet werden (5 Std./ganzer Tag 600/1000 ¥) und es gibt Infos und Karten zu fünf Radtouren.

ABSTECHER

ŌKINOHAMA

An der *Straße* 321, etwa 25 km südlich von Shimanto-Stadt (Nakamura) und 15 km nördlich des Ashizuri-misaki, liegt der Ōkinohama (大岐の浜), Shikokus herrlichster Sandstrand. Bis auf die Surfer aus der Gegend, ein paar Eier legende Schildkröten und Muscheltaucher verschlägt es keine Seele an den unberührten 2 km langen Streifen. Er ist nach Osten gerichtet, sodass man vom Strandtuch aus die Sonne und den Mond aufgehen sehen kann. Warme Strömungen ermöglichen ganzjähriges Baden.

Ein interessanter, moderner Zufluchtsort ist der **Kaiyu Inn** (海癒; ☎0880-82-8500; www.kaiyu-inn.jp; 2777-12 Ohki; EZ 7000–23 000 ¥, zusätzl. Pers. 2500 ¥; P ⊖ ❄ ☎ 🐾). Besitzer Mitsu spricht fließend Englisch und hat den Betonklotz, den sein Vater in den 60ern gebaut hat, selbst zu unabhängigen Apartments umgestaltet bzw. von aufstrebenden japanischen Nachwuchsarchitekten umgestalten lassen. Dank Mitsus Sinn für Ästhetik und vielen Designermöbeln entstanden Räume, die auf das Cover von *Schöner Wohnen* passen würden. Alle Zimmer blicken zum Pazifik. Der von einem Boiler beheizte Onsen vor Ort ist ein einfaches Stück Alltagsluxus und die gemeinsamen Mahlzeiten sind erfinderisch, sehr frisch und biologisch. Als Zutaten dienen z. B. die legendären hiesigen Muscheln, fangfrischer Fisch und viel Obst und Gemüse. Das Essen muss im Voraus gebucht werden und ist nicht im Zimmerpreis inbegriffen. Viele Unterkünfte verfügen über eine Küche. Längere Aufenthalte werden begrüßt.

Um zum Kaiyu Inn zu gelangen, am Bahnhof Nakamura einen Bus zum Ashizuri-misaki nehmen und an der Haltestelle Kaiyu-no-yu-mae (1100 ¥, 40 Min.) aussteigen.

Schlafen & Essen

Kawarakko CAMPINGPLATZ ¥
(かわらっこ; ☎0880-31-8400; www.kawarakko.com; Stellplatz ab 3300 ¥) Ein Reisebüro für Abenteuertouren betreibt diesen gepflegten Campingplatz am Flussufer, ca. 12 km landein- und flussaufwärts gelegen und über die Straße 441 zu erreichen. Man kann Kanus, Mountainbikes und sogar Zelte mieten – für alle, die spontan Lust auf eine Nacht unter dem Sternenhimmel bekommen.

★ **Shimanto-no-yado Iyashi-no-sato** WELLNESSHOTEL ¥¥
(四万十の宿　いやしの里; ☎0880-33-1600; www.shimantonoyado.co.jp; 3370 Shimoda; ab 7000 ¥ pro Pers.; P ⊖ ❄ ☎) Das selbsterklärte „Resortartige Öko-Hotel" ist seinen Preis wert. Es nimmt ein wunderbares Fleckchen auf einem Hügel unweit des Hafens Shimoda an der Shimanto-Mündung ein. Es wartet mit schönen, individuell gestalteten Zimmern, erstklassigen Mahlzeiten und einem Onsen auf, der auch von Nichtgästen besucht werden darf (680 ¥). Für die Anreise ist ein eigenes Auto praktisch.

★ **Sanzenkai** JAPANISCH ¥¥
(山川海; ☎0880-31-5811; www.shimantonoyado.co.jp; 3370 Shimoda; Hauptgerichte ab 1500 ¥; ⊙11.30–14 & 17–21 Uhr) Drei Kanji-Schriftzeichen bilden den Namen dieses klassischen Restaurants: Berg, Fluss, Meer. Damit ist eigentlich auch schon alles gesagt. Das Lokal befindet sich im spektakulären „Öko-Hotel" Iyashi-no-sato und verführt Hotelgäste wie Besucher mit saisonalen, lokalen Zutaten. Wer nicht hier übernachtet, sollte in der Touristeninformation eine telefonische Reservierung vornehmen lassen. Ebenfalls vor Ort: ein Onsen.

An- & Weiterreise

Der Bahnhof von Shimanto heißt Nakamura. Mit dem schnellsten Zug (4870 ¥) ist man ab Kōchi 1¾ Stunden unterwegs. Weiter in den Süden geht's per Zug nicht. Zur Weiterreise ans Ashizuri-misaki ist eine Busfahrt bzw. ein Wagen erforderlich. Von Nakamura aus fährt die Tosa-Kuroshio-Sukumo-Linie weiter nach Westen bis Sukumo (30 Min.; 620 ¥).

Es besteht die Möglichkeit, mit dem Zug nach Uwajima in der Präfektur Ehime und von dort aus weiter durch Shikoku zu reisen. Das erfordert eine Fahrt von Nakamura nach Norden, entweder zum Bahnhof Wakai (若井駅) oder Kubokawa (窪川駅), wo es mit der JR-Yodo-Linie (予土線) Richtung Westen durch die Berge nach Uwajima geht.

Ashizuri-misaki 足摺岬

☎0880

Das Ashizuri-misaki ist ein raues, malerisches Kap. Es ist für den Kongōfuku-ji (Tempel 38), einen Leuchtturm und extremes Wetter bekannt.

Ashizukuri bedeutet so viel wie „Fußstampfen"; der Name erinnert an die Geschichte von einem alten Mönch, der mit dem Fuß aufstampfte, als sein junger Schüler in einem Boot hinausfuhr, um nach dem gelobten Land Fudaraku zu suchen. Fudaraku galt als das gesegnete Königreich von Kannon, der Göttin der Barmherzigkeit. Viele sind schon am Ashizukuri-Kap in See gestochen, um das Paradies zu finden, und nie zurückgekehrt. Unterdessen hat es immer wieder Selbstmörder an diesen Ort gezogen. Man erzählt sich z. B. von einer jungen Geisha, die über den Rand des Abgrunds tanzte und auf die Felsen unterhalb stürzte.

Das Kap lockt mit netten, kurzen Spaziergängen, etwa zu einer Aussichtsplattform und dem Leuchtturm.

Sehenswertes

★ Tempel 38: Kongōfuku-ji

BUDDHISTISCHER TEMPEL

(金剛福寺; ☎ 0880-88-0038; www.88shikokuhenro.jp/kochi/38kongofukuji; 214-1 Ashizuri-misaki) GRATIS Das Gelände des 38. Tempel der 88 erstreckt sich auf dem spektakulären Ashizuri-misaki und hat etwas unleugbar Tropisches an sich. Hier findet sich ein abwechslungsreiches Aufgebot aus kleinen Tempeln, Statuen, Gärten und Teichen. Wandernde Pilger atmen bei ihrer Ankunft erleichtert auf, weil sie die längste Distanz zwischen zwei Tempeln (94 km ab dem Iwamoto-ji in Kubokawa) hiermit bewältigt haben.

Schlafen & Essen

Am besten isst man in der jeweiligen Unterkunft, denn abends sind nur wenige Restaurants geöffnet.

Ashizuri Youth Hostel

HOSTEL ¥

(足摺ユースホステル; ☎ 0880-88-0324; www.jyh.or.jp; 1351-3 Ashizuri-misaki; B ab 3780 ¥; WLAN) Dieses Hostel westlich vom Tempel wird von einem niedlichen älteren Ehepaar betrieben. Seit Jahren vermieten sie große, gepflegte Tatamizimmer an Reisende und bereiten ihnen einen freundlichen Empfang. Nach vorheriger Anmeldung werden Mahlzeiten zubereitet. Frühstück kostet 650 ¥, Abendessen 1080 ¥.

Ashizuri Kokusai Hotel

HOTEL ¥¥¥

(足摺国際ホテル; ☎ 0880-88-0201; www.ashizuri.co.jp; 662 Ashizuri-misaki; Zi. inkl. Mahlzeiten ab 11 500 ¥ pro Pers.; P ❄) Geräumige Zimmer (japanisch eingerichtet) und Onsen-Bäder mit Meerblick. Das Ashizuri Kokusai ist nur eins von mehreren Hotels entlang der Hauptstraße, die in erster Linie Reisegruppen als Gäste begrüßen.

An- & Weiterreise

Dies ist einer der Orte, an denen ein Wagen vonnöten ist (S. 759). Immerhin fahren Busse vom Bahnhof Nakamura zum Ashizuri-misaki (1900 ¥, 1½ Std.).

PRÄFEKTUR EHIME
愛媛県

Die Präfektur Ehime nimmt den westlichen Teil Shikokus ein. Hier liegt die größte Stadt der Insel, Matsuyama. Außerdem beherbergt sie die meisten Tempel der vier Präfekturen (27, um genau zu sein). Ähnlich wie Tosa (Präfektur Kōchi) galt auch in Ehime der Süden stets als wild und abgeschieden. Pilger haben bei ihrer Ankunft in Matsuyama förmlich die Zielgerade vor Augen; sie wissen, dass der härteste Abschnitt der Wanderung hinter ihnen liegt. Ehime kennen sie als Bodai-no-dōjō, den Ort, an dem man Weisheit erlangt. Zahlreiche Tempel konzentrieren sich rund um Matsuyama und Imabari am südlichen Ende des Shimanami-Kaidō-Brückensystems, das Shikoku mit Honshū verbindet und zu spektakulären Fahrradtouren einlädt.

Zu den Highlights der Präfektur zählen die tadellos erhaltene feudale Burg sowie der historische Dōgo-Onsen in Matsuyama und der heilige Gipfel des Ishizuchi-san (1982 m), der höchste Berg in Westjapan.

Ebenfalls typisch für Ehime ist eine Zitrusfrucht namens *mikan*, die Ähnlichkeit mit einer Mandarine hat. Einheimische nennen sie *Iyokan*, nach dem alten Namen der Präfektur, Iyo.

Genaueres zu Ehime findet man z. B. hier: http://iyokannet.jp.

Matsuyama 松山

☎ 089 / 515 000 EW.

Shikokus größte Stadt liegt in einem weiten Flussbecken und besitzt ebenso viel Flair und Charme wie vergleichbare Städte auf Honshū. In ganz Japan bekannt ist Matsuyama für das Dōgo-Onsen-Honkan, ein luxuriöses öffentliches Badehaus aus dem 19. Jh., das über alten, heißen Quellen erbaut wurde. Über den schicken Straßenbahnen, die durch die Straßen der Stadt kreuzen, thront die schönste Burg der Insel, und in der Ferne sieht man den Hafen glitzern. Matsuyama beherbergt acht der 88 Tempel, z. B. den Ishite-ji, eine der berühmtesten Stationen der Pilgerroute.

Die Burg erhebt sich auf einem Hügel mitten in der Stadt; westlich davon liegt der JR-Bahnhof Matsuyama, das Stadtzentrum ist im Süden und der Dōgo-Onsen im Osten. Dazwischen verkehren Straßenlinien; sie umrunden auch den Burghügel. Den Fährhafen und den Flughafen findet man im Westen der Stadt.

Sehenswertes

★Matsuyama-jō BURG

(松山城; Karte S. 734; ☎089-921-4873; www.matsuyamajo.jp; 510 ¥; ⏲9–17 Uhr, Aug. bis 17.30 Uhr, Dez. & Jan. bis 16.30 Uhr) Seit Jahrhunderten prangt die Burg im Zentrum der Stadt auf dem Hügel Katsuyama. Sie gehört zu den schönsten erhaltenen Burgen Japans und zu den wenigen, in denen auch drinnen Interessantes zu sehen ist: Dort wartet ein wahrer Schatz an hervorragend auf Englisch beschrifteten Ausstellungsstücken. Eine **Seilbahn** (einfach/hin & zurück 270/510 ¥) bringt Besucher auf den Hügel hinauf, alternativ nimmt man den angenehmen Fußweg.

Es lohnt sich, den Hang hinter der Burg hinabzulaufen, um unterwegs die alten Gärten und modernen Wasserspiele des **Ninomaru Shiseki Tei-en** (二之丸史跡庭園; Karte S. 734; 100 ¥; ⏲9–17 Uhr, Aug. 9–17.30 Uhr, Dez. & Jan. 9–16.30 Uhr) in der äußeren Zitadelle des Forts zu besichtigen.

★Tempel 51: Ishite-ji BUDDHISTISCHER TEMPEL

(石手寺; ☎089-977-0870; www.88shikokuhenro.jp/ehime/51ishiteji; 2-9-21 Ishite) GRATIS Östlich vom Dōgo-Onsen steht der Ishite-ji, der 51. der 88 Tempel und einer der größten und eindrucksvollsten des Rundwegs. *Ishite* bedeutet „steinerne Hand" und spielt auf eine Legende über ein Baby an, das mit einem Stein in seiner Hand geboren wurde. Sie wird mit Kōbō Daishi in Verbindung gebracht. Eine Statue des Heiligen blickt vom Hang aus über den Tempel.

Botchan-Karakuri-Uhr DENKMAL

(坊ちゃんからくり時計; Karte S. 734) Am Anfang der Arkade am Bahnhof Dōgo-Onsen steht die Botchan-Karakuri-Uhr, die 1994 anlässlich der Hundertjahrfeier des Dōgo-Onsen-Honkan aufgestellt wurde. Von 8 bis 22 Uhr zeigt sie zu jeder vollen Stunde Figuren aus *Botchan* – ein Spektakel, das Trauben japanischer Touristen begeistert mitverfolgen.

RADELN AUF DER SHIMANAMI KAIDŌ

Eine tolle Radstrecke zwischen Shikoku und der Präfektur Hiroshima führt über die Shimanami Kaidō (S. 490). Die Fahrradroute überquert eine Reihe von Brücken und sechs Inlandsee-Inseln.

Ein praktischer Ausgangspunkt auf der Shikoku-Seite ist **Sunrise Itoyama** (サンライズ糸山; ☎0898-41-3196; www.sunrise-itoyama.jp; 2-8-1 Sunaba-chō, Imabari; Leihfahrrad ab 1000 ¥ pro Tag; ⏲7–21 Uhr) in Imabari, direkt am Fuß der ersten Brücke. Hier ist alles bestens organisiert: Die Leihfahrräder (normale, Tandems und elektrische) können auf der Honshū-Seite abgegeben werden, man kann übernachten (EZ/2BZ 4320/6500 ¥), es gibt ein Restaurant und ein Informationsbüro. Genaueres dazu online. Der JR-Bahnhof Imabari ist mit dem Taxi 15 Minuten entfernt (2000 ¥).

Shiki-Gedenkmuseum MUSEUM

(松山市立子規記念博物館; Karte S. 734; ☎089-931-5566; http://sikihaku.lesp.co.jp; 1-30 Dōgo-kōen; 400 ¥; ⏲Mai–Okt. 9–18 Uhr, Nov.–April bis 17 Uhr) Dieses Museum ist dem Leben und Werk des in Matsuyama geborenen Dichters Masaoka Shiki (1867–1902) und der Geschichte der Stadt gewidmet. Shiki initiierte die Reform des Haiku und *tanka* (zwei Formen der traditionellen Dichtkunst) und beeinflusste eine gesamte nachfolgende Dichtergeneration. Das Museum hat einige Infotafeln auf Englisch. Nach Voranmeldung bietet es auch englischsprachige Führungen mit ehrenamtlichen Führern an.

Dōgo-kōen PARK

(道後公園; Karte S. 734; www.dogokouen.jp) GRATIS In diesem kleinen Park liegt die Ausgrabungsstätte der Yuzuki-jō, die frühere Residenz des Kōno-Clans, der die Provinz Iyo in der Feudalzeit regierte. Funde der letzten Ausgrabungen sind im **Yuzuki-jō-Museum** (湯築城資料館; Karte S. 734; ☎089-941-1480; Dōgo-kōen; ⏲Di–So 9–17 Uhr) GRATIS in der Nähe des Westeingangs zum Park ausgestellt.

Matsuyama

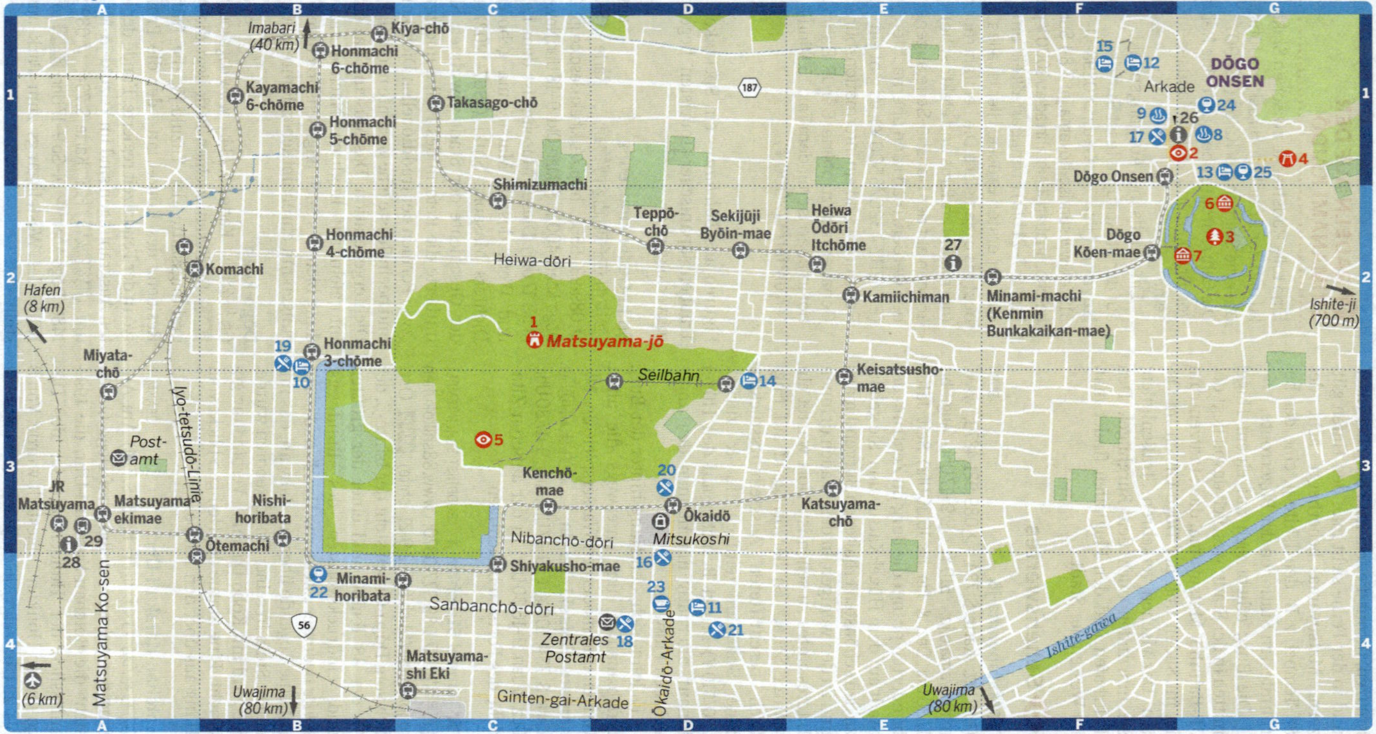

0 500 m
DŌGO ONSEN
Arkade
Dōgo Onsen
Dōgo Kōen-mae
Ishite-ji (700 m)
Minami-machi (Kenmin Bunkakaikan-mae)
Kamiichiman
Heiwa Ōdōri Itchōme
Keisatsusho-mae
Katsuyama-chō
Sekijūji Byōin-mae
Teppō-chō
Ōkaidō
Mitsukoshi
Seilbahn
Matsuyama-jō
Kenchō-mae
Nibanchō-dōri
Shiyakusho-mae
Sanbanchō-dōri
Ōkaidō-Arkade
Zentrales Postamt
Ginten-gai-Arkade
Heiwa-dōri
Shimizumachi
Takasago-chō
Kiya-chō
Honmachi 6-chōme
Honmachi 5-chōme
Honmachi 4-chōme
Honmachi 3-chōme
Kayamachi 6-chōme
Imabari (40 km)
Minami-horibata
Matsuyama-shi Eki
Nishi-horibata
Ōtemachi
Komachi
Iyo-tetsudō-Linie
Miyata-chō
Postamt
Matsuyama ekimae
JR Matsuyama
Matsuyama Ko-sen
Hafen (8 km)
(6 km)
Uwajima (80 km)
Uwajima (80 km)
Ishite-gawa
187
56

Matsuyama

Highlights
1 Matsuyama-jō ... C2

Sehenswertes
2 Botchan-Karakuri-Uhr ... G1
3 Dōgo-kōen ... G2
4 Isaniwa-jinja ... G1
5 Ninomaru Shiseki Tei-en ... C3
6 Shiki-Gedenkmuseum ... G2
7 Yuzuki-jō-Museum ... G2

Aktivitäten, Kurses & Touren
8 Dōgo-Onsen-Honkan ... G1
9 Tsubaki-no-yu ... F1

Schlafen
10 APA Hotel Matsuyamajō-nishi ... B2
11 Check Inn Matsuyama ... D4
12 Dōgo Yaya ... F1
13 Funaya ... G1
14 Guest House Matsuyama ... D3
15 Sen Guesthouse ... F1

Essen
16 Café Bleu ... D4
17 Dōgo-no-machiya ... F1
18 Goshiki Sōmen ... D4
19 Kappō Yano ... B2
20 SOHSOH ... D3
21 Tengu no Kakurega ... D4

Ausgehen & Nachtleben
22 Bokke ... B4
23 Cafe BC ... D4
24 Dōgo Bakushukan ... G1
25 Wani to Sai ... G1

Praktisches
26 Touristeninformation Dōgo-Onsen ... G1
27 Internationales Zentrum der Ehime-Präfektur ... E2
28 Touristeninformation ... A3

Transport
29 Bushaltestelle ... A3
Fahrradverleih am JR-Bahnhof Matsuyama ... (siehe 28)

Isaniwa-jinja SHINTŌ-SCHREIN
(伊佐爾波神社; Karte S. 734; 173 Sakuradani-chō) GRATIS Der zum nationalen Kulturgut gehörende Schrein ist dem Iwashimizu-Hachimangū in Kyoto nachgebildet und stammt aus dem Jahr 1667. Er liegt einen kurzen Fußweg östlich des Dōgo-Onsen.

Schlafen

Schlafmöglichkeiten gibt's in Matsuyama zuhauf – sowohl südlich der Burg im Zentrum als auch östlich, am Dōgo-Onsen. In der Innenstadt gibt's sehr viele Businesshotels, der Dōgo-Bezirk ist mit großen *ryokan* mehr auf den typischen Onsen-Besucher eingestellt.

★ **Sen Guesthouse** PENSION ¥
(泉ゲストハウス; Karte S. 734; ☎ 089-961-1513; www.senguesthouse-matsuyama.com; 4-14 Dōgo-takōchō; B/EZ/DZ 2800/4600/7200 ¥; P ⊜ @ ☎) Die einladende neue Pension ist *die* Adresse in Shikoku, um sich in Sachen Pilgerreise zu informieren. Geführt wird das Haus mit geräumigen Tatamizimmern und Gemeinschaftsbädern von einem überaus freundlichen amerikanisch-japanischen Paar. Zur Ausstattung gehören auch eine gut bestückte Küche, eine kleine Bar und ein gemütlicher Gemeinschaftsbereich. Von der Dachterrasse kann man den Sonnenuntergang über Matsuyama bewundern, und zum Dōgo-Onsen sind es zu Fuß nur fünf Minuten.

Die Besitzer vermieten Fahrräder, informieren gern über Matsuyama und Umgebung und geben Tipps zur 88-Tempel-Wanderung.

Guest House Matsuyama PENSION ¥
(ゲストハウス松山; Karte S. 734; ☎ 089-934-5296; www.sophia-club.net/guesthouse; 8-3-3 Ōkaidō-chō; EZ/2BZ/3BZ 2800/4500/6000 ¥, Apt. 10 000 ¥; ❄ ☎) Tamanoi san hat einen ausgeprägten Gemeinschaftssinn und heißt ausländische Gäste herzlich in ihrer Pension mit Café willkommen, zwei Komponenten ihres gemeinnützigen Projekts zur Förderung des Kulturaustauschs. Die Zimmer sind schlicht, aber ordentlich, die Lage ist top und man hat kostenloses WLAN sowie die Möglichkeit, Wäsche zu waschen. Im Voraus per Mail reservieren.

APA Hotel Matsuyamajō-nishi HOTEL ¥¥
(アパホテル松山城西; Karte S. 734; ☎ 089-943-1011; www.apahotel.com; 2-5-5 Honmachi; EZ/DZ ab 6000/8000 ¥; P ⊜ ❄ ☎) Das generalüberholte APA Hotel ist eine weitere gute Option mit genügend großen, schicken Zimmern an der Straßenbahnhaltestelle

Honmachi 3, praktisch für Erkundungstouren. Hinzu kommen Pluspunkte wie kostenloses WLAN, Waschmöglichkeiten, ein Frühstücksbüfett (950 ¥) und Parkplätze vor Ort (600 ¥). Hohe Schnäppchenwahrscheinlichkeit bei Online-Buchung!

★ Dōgo Yaya HOTEL ¥¥

(道後やや; Karte S. 734; ☎ 089-907-1181; www.yayahotel.jp; 6-1 Dōgo-takōchō; EZ/DZ ab 7800/11 100 ¥; P ❄ @ 📶) Schön fürs Auge und für den Geldbeutel. Das Dōgo Yaya ist hübsch anzusehen und sehr preiswert. Seine 68 Zimmer in zahlreichen Designs sind Vorzeigemodelle sauberer, moderner Einrichtung mit traditionellen japanischen Elementen. Dazu gehören z. B. erhöhte Tatamiplattformen, auf denen gemütliche westliche Betten stehen, Schiebetüren, die an *shōji* erinnern, und Holzverkleidungen. Ein Onsen gehört nicht zum Hotel, Gäste bekommen aber verbilligten Eintritt im nahe gelegenen Dōgo Onsen.

Check Inn Matsuyama HOTEL ¥¥

(チェックイン松山; Karte S. 734; ☎ 089-998-7000; www.checkin.co.jp/matsuyama; 2-7-3 Sanban-chō; EZ/2BZ ab 5120/7920 ¥; P ⊖ ❄ @ 📶) Dieses Businesshotel bietet mit gut ausgestatteten und modernen Zimmern, einem *konbini* (Minimarkt) in der Lobby und einem Onsen auf dem Dach (bzw. für die Damen im 2. OG) sehr viel für seinen Preis. Es liegt in der Nähe der Nachtclubs, Bars und Restaurants der Stadt, nur einen kurzen Fußweg von der Ōkaidō-Einkaufspassage (大街道) entfernt.

Funaya RYOKAN ¥¥¥

(ふなや; Karte S. 734; ☎ 089-947-0278, gebührenfrei 0120-190-278; www.dogo-funaya.co.jp; 1-33 Dōgo-yunomachi; Zi. inkl. Mahlzeiten ab 22 000 ¥ pro Pers.; P ⊖ ❄ 📶 ♨) Hierher zog sich Natsume Sōseki zurück, um sich von seiner Schreibblockade und von Gliederschmerzen zu kurieren – wer es sich leisten kann, sollte seinem Beispiel folgen, auch ohne Gliederschmerzen und Schreibblockade. Schönheit kommt von innen, vom zentralen Garten über den privaten Onsen bis zu den exquisiten Tatamizimmern, die einer Königsfamilie würdig sind. Von der Tramhaltestelle Dōgo-Onsen folgt man der Straße, die zum Isaniwa-jinja hochführt.

Essen

Rund um die Einkaufspassagen Gintengai und Ōkaidō im Zentrum Matsuyamas findet man zahlreiche Restaurants und Kneipen. Auch das Dōgo-Onsen-Viertel hat ein umfangreiches Angebot.

★ Café Bleu CAFÉ ¥

(Karte S. 734; ☎ 089-907-0402; www.cafe-bleu.net; 4. OG, 2-2-8 Ōkaidō; Mahlzeiten 600–900 ¥; ⏰ 11.30–24 Uhr) Ein hübsches kleines Musikcafé, das leckere, einfache Kost serviert. Die bebilderte Speisekarte erleichtert das Auswählen. Auch Tagesgerichte sind im Angebot. Zur Deko gehören Fotos von Andy Warhol und Mick Jagger in den Toiletten, alte Schreibmaschinen und Regale voller hervorragender Kunstbücher. Außerdem werden Bier (z. B. Guinness vom Fass) und großzügig portionierte Cocktails ausgeschenkt. Augen auf (es gibt ein Schild) und Kopf in den Nacken – das Café ist im 4. Stock.

Dōgo-no-machiya CAFÉ ¥

(道後の町屋; Karte S. 734; ☎ 089-986-8886; www.dogonomachiya.com; 14-26 Dōgo-yunomachi; Mahlzeiten 650–1000 ¥; ⏰ Mi–Mo 10–22 Uhr, jeden 3. Mi geschl.; ⊖ 📋) Das einstige Teehaus mit seiner traditionellen Ladenfront an der Dōgo-Arkade fungiert heute als Bäckerei mit Café. Im Angebot sind Burger und Sandwiches sowie köstliche Kaffee- und Teegetränke. Durch gut erhaltene Räume aus dunklem Holz gelangt man in einen japanischen Garten und ein Tatamizimmer hinter dem Haus.

Tengu no Kakurega IZAKAYA ¥

(てんぐの隠れ家; Karte S. 734; ☎ 089-931-1009; http://tengunokakurega.co.jp; 2-5-17 Sanban-chō; Gerichte 400–1200 ¥; ⏰ 12–24 Uhr, Fr & Sa bis 1 Uhr) Das schicke *izakaya* serviert *yakitori* (Grillspieße) und andere Gerichte in nettem Rahmen. Wir empfehlen *omakase* (Wahl des Küchenchefs), ein Menü aus gegrillten Köstlichkeiten am Spieß (1260 ¥). Im rückwärtigen Teil verbergen Papierwandschirme einen kleinen Garten. Vom Einkaufszentrum Ōkaidō Richtung Osten gehend hält man rechts im zweiten Block nach dem *tengu* (einem langnasigen Fabelwesen) Ausschau, das über dem Eingang hängt.

★ Kappō Yano FISCH & MEERESFRÜCHTE ¥¥

(割烹矢野; Karte S. 734; ☎ 089-931-6346; Matsumae-chō 2-5-8; Mahlzeiten ab 1500 ¥; ⏰ Mo–Sa 11–15.30 & 17–22 Uhr) Yano-san und seine Familie betreiben ihr Restaurant schon seit mehr als 30 Jahren. Es befindet sich einen Häuserblock hinterm APA Hotel in Matsumae-chō.

INSIDERWISSEN DŌGO-ONSEN

Einer Legende zufolge wurde der Dōgo-Onsen (道後温泉) bereits im Zeitalter der Götter entdeckt, als das Quellwasser einen verletzten weißen Reiher heilte. Seither spielte das Bad in vielen literarischen Klassikern eine bedeutende Rolle und seine Heilkräfte haben sich herumgesprochen. Besonders wirksam soll das schwefelhaltige Wasser gegen rheumatische Erkrankungen, Neuralgien und Hysterie sein.

1894 wurde das **Dōgo-Onsen-Honkan** (Karte S. 734; 5-6 Dōgo-yunomachi; ⏲ 6–22 Uhr, kami-no-yu bis 23 Uhr) erbaut. Es zählt seit 1994 zum nationalen Kulturgut. Das dreistöckige burgähnliche Bauwerk wird von der Statue eines weißen Reihers gekrönt, die an die Legende erinnert. 1906 setzte Natsume Sōseki, der bedeutendste Schriftsteller des modernen Japans, dem Dōgo-Onsen-Honkan in seinem berühmten Roman *Botchan* ein literarisches Denkmal. Das Werk basiert auf Erinnerungen an seine Zeit als Lehrer in Matsuyama Anfang des 20. Jhs.

Auch wenn man sich mit heißen Quellen auskennt, kann der Dōgo-Onsen einen verwirren. Es gibt nämlich zwei separate Bäder und vier verschiedene Preisklassen. Das größere und beliebtere Bad ist das *kami-no-yu* (神の湯; „Wasser der Götter"). Dieses ist nach Geschlechtern getrennt und mit Reihermosaiken verziert. Ein einfaches Bad kostet 410 ¥, für ein Bad inklusive Tee und *senbei* (Reiskräcker) im Tatamizimmer in der zweiten Etage zahlt man 840 ¥. Darin inbegriffen ist der Leih-Yukata, ein leichter Baumwollkimono. Ein Handtuch und Seife kosten weitere 50 ¥. Das kleinere *tama-no-yu* (魂の湯; „Wasser der Geister") ist ebenfalls nach Geschlechtern getrennt und mit einfachen Fliesen ausgestattet. Für ein Bad inklusive Tee und *dango* (süße Teigtaschen) im Tatamizimmer im zweiten Stock zahlt man 1250 ¥. Wer den Höchstpreis von 1550 ¥ auf den Tisch legt, kann seine Mahlzeit in einem privaten Tatamizimmer im dritten Geschoss genießen.

Englische Broschüren vor Ort erklären die korrekte Abfolge der Schritte. Man zahlt draußen, betritt das Gebäude und schließt seine Schuhe in einem Schrank ein. Wer 410 ¥ berappt hat, geht zur Umkleidekabine des *kami-no-yu* (auf Englisch ausgeschildert). Hier kann man seine Kleidung gratis einschließen. Wer 840 oder 1250 ¥ bezahlt hat, geht zuerst nach oben, um seinen Yukata in Empfang zu nehmen, und steuert dann entweder die Umkleidekabine des *kami-no-yu* oder des *tama-no-yu* (ebenfalls auf Englisch ausgeschildert) an. Nach dem Bad schlüpft man in den Yukata und nimmt im zweiten Stock eine Tasse Tee zu sich. Dabei kann man die Badenden ein Stockwerk tiefer beobachten; viele von ihnen tragen *geta* (traditionelle Holzsandalen). Wer den höchsten Preis bezahlt hat, steuert direkt die dritte Etage an und wird dort zu einem privaten Tatamiraum geführt. Hier kann man seinen Yukata anziehen, bevor man in den Umkleideraum des *tama-no-yu* geht, und nach dem Bad in aller Ruhe seinen Tee trinken.

Das Gebäude ist eine Erkundung wert: Im zweiten Stock befindet sich ein kleiner **Ausstellungsraum**, in dem u. a. traditionelle Eintrittskarten aus Holz zu sehen sind. Wer für den teureren oberen Bereich gezahlt hat, kann an einer Führung (auf Japanisch) durch die privaten **kaiserlichen Bäder** teilnehmen, die zuletzt 1950 genutzt wurden. Im **Eckzimmer** (3. OG), Natsume Sōsekis Lieblingszimmer, liefert eine kleine Schautafel (auf Japanisch) Informationen zum Leben des berühmten Schriftstellers.

Voll wird es besonders an Wochenenden und Feiertagen. Wer gar keine Lust auf Menschenmassen hat, kann das **Tsubaki-no-yu** (椿の湯; Karte S. 734; 360 ¥; ⏲ 6.30–23 Uhr) aufsuchen, das eine Gehminute vom Honkan entfernt in einem Anbau des Dōgo-Onsen untergebracht ist (dazu durchquert man die Einkaufspassage). Dieses Thermalbad wird vorwiegend von Einheimischen frequentiert.

Wenn man kein Vollbad nehmen möchte, kann man seine Füße in eines der neun kostenlosen **ashi-yu** (足湯; Fußbad) des Dōgo-Onsen tauchen und wärmen.

Auf den Teller kommen traditionelle Gerichte; wir empfehlen die *omakase*-Gänge (ab 3000 ¥) und die *teishoku*-Menüs, etwa Sashimi-*teishoku* oder *yakizakana teishoku* (gegrillter Fisch) für 1500 ¥. Sehr gute Meeresfrüchte zu einem vernünftigen Preis.

1

1. Izumo-Taisha (S. 526), Izumo
Riesige *shimenawa* (verdrillte Taue aus Reisstroh) hängen am Izumo-Taisha, einem der bedeutendsten Schreine Japans.

2. Ibusuki (S. 831)
Sandbäder – bei denen Menschen in heißen vulkanischen Sand eingegraben werden – sind in diesem Thermalquellen-Resort sehr beliebt.

3. Dōtombori (S. 397), Osa
Mit seinen glitzernden Neonlichtern s jeder Menge Restaurants und Theate ist dies bei Nacht Osakas angesagtes Bezirk.

2

BRIZ99/SHUTTERSTOCK ©

3

LUCIANO MORTULA/SHUTTERSTOCK ©

GLOWIMAGES/GETTY IMAGES ©

GRACE'S PHOTO/GETTY IMAGES ©

apporo Yuki Matsuri (Schnee-
: in Sapporo, S. 030)
r den aufwendigen Eisskulpturen dieses
vals waren schon maßstabsgetreue Theater-
en, riesige Hello-Kitty-Figuren und Statuen
: Eisbahnen.

'urano (S. 662)
esem hübschen Städtchen kann man im
er Ski fahren und in den Sommermonaten
eeindruckenden Blumenarrangements
ındern.

tsukushima-Schrein,
ajima (S. 485)
es häufig fotografierte zinnoberrote torii
eltor) scheint bei Flut über dem Wasser zu
eben. Es zählt offiziell zu den drei schönsten
licken (Nihon sankei) Japans.

hiretoko-Nationalpark (S. 682)
inem Besuch dieser UNESCO-Welterbestätte
man sich an dem atemberaubenden Pano-
erfreuen und seine müden Gliedmaßen in
n dampfenden Onsen entspannen.

COWARD_LION/GETTY IMAGES ©

SOHSOH VEGETARISCH ¥¥

(お野菜食堂SOHSOH; Karte S. 734; ☎ 089-998-7373; http://greenlabel-group.com; 3-2-10 Ōkaido; Menü ab 1050 ¥; ⌚11–23 Uhr; ✎) Inzwischen ist die Kette SOHSOH mit Sitz in Ehime landesweit vertreten, dies war jedoch der erste Laden. Die Speisen sind nicht zu hundert Prozent vegetarisch – die Hauptzutaten sind Gemüse und Salat, während Fisch und Fleisch nur in kleinen Portionen hinzugefügt werden (die man bei den Kellnern aber auch einfach abbestellen kann). Oft bilden sich Warteschlangen am Eingang, so beliebt ist das Konzept. Eine weitere Filiale befindet sich unter der Erde, neben dem Takashimaya-Warenhaus am Bahnhof Shi-eki.

Goshiki Sōmen NUDELN ¥¥

(五色そうめん; Karte S. 734; ☎ 089-933-3838; 3-5-4 Sanban-chō; Mahlzeiten 780–2000 ¥; ⌚11–22.30 Uhr; 📋) Neben dem Hauptpostamt hat sich diese elegante Institution in Matsuyama auf *goshiki somen* (dünne Nudeln in fünf verschiedenen Farben) spezialisiert. Man erkennt das Lokal an den vielen bunten Nudeln im Fenster, die nur darauf warten, dass man sie kauft und als Souvenir mit nach Hause nimmt. Menüs kosten ca. 1500 ¥; es gibt eine bebilderte Speisekarte mit englischen Beschreibungen der beliebtesten Gerichte.

Ausgehen & Nachtleben

Die meisten Bars und Kneipen konzentrieren sich in Ichiban-chō und Niban-chō in den vielen neonbeleuchteten Straßen zu beiden Seiten der Ōkaidō-Arkade.

Bokke CRAFT-BIER

(Karte S. 734; ☎ 089-906-8349; 5-6 Minami-Horibata; ⌚17–24 Uhr) Die kleine Craft-Bier-Bar hat sich eine beachtliche Fangemeinde in Matsuyama aufbauen können. Sie bietet eine gute Auswahl an Bieren aus ganz Japan, darunter Pale Ales, India Pale Ales und Starkbiere. Davon abgesehen gibt's leckere Kneipenküche. Im Bokke ist vor allem freitag- und samstagabends viel los. Die Sitzplätze drinnen und draußen, die freundlichen Mitarbeiter und das stilvolle Design machen es zu einem beliebten Treffpunkt.

Wani to Sai BAR

(ワニとサイ; Karte S. 734; ☎ 080-3319-2765; www.facebook.com/wanitosai; 1-39 Dōgo-yunomachi; Getränke ab 600 ¥; ⌚18 Uhr–open end) Matsuyamas flippigste Adresse ist diese kleine „Zirkus-Bar", deren faszinierender einheimischer Chef einst Freskenmalerei in Florenz studieren wollte. Stattdessen widmete er sich aber der Herstellung von Marionetten und reiste acht Jahre lang durch Europa. Wer künstlerisches Flair sucht, ist hier genau richtig.

Dōgo Bakushukan MIKROBRAUEREI

(道後麦酒館; Karte S. 734; ☎ 089-945-6866; www.dogobeer.co.jp/bakusyukan.html; 20-13 Dōgo-yunomachi; ⌚11–22 Uhr) Direkt am Dōgo-Onsen-Honkan gelegen, bietet sich diese Brauerei für ein Bier aus der Gegend und eine Mahlzeit nach einem entspannenden Bad an. Die Namen der Biere sind Anspielungen auf den Schriftsteller Natsume Sōseki und seinen berühmten Roman *Botchan*. Auf der bebilderten Speisekarte findet sich eine große Auswahl an Speisen (z. B. *iwashi no karaage* – gebratene Sardinen).

Cafe BC CAFÉ

(Karte S. 734; ☎ 089-945-9295; http://bonjour-cafebc.com; 2-2-20 Ōkaidō; ⌚9–22, Do & So bis 19 Uhr) Hier gibt's den besten Kaffee in ganz Matsuyama. Außerdem bereitet die Inhaberin hervorragende Sandwiches zu, die sich perfekt für ein leichtes Mittagessen eignen; Sandwich-Mittagsmenüs inkl. kleinem Salat und Heißgetränk kosten 680 bis 780 ¥.

Praktische Informationen

Internationales Zentrum der Präfektur Ehime (愛媛県国際交流協会; EPIC; Karte S. 734; ☎ 089-917-5678; www.epic.or.jp; 1-1 Dōgo Ichiman; ⌚Mo–Sa 8.30–17 Uhr) Bietet Informationen, Internetzugang und Leihfahrräder. Das EPIC liegt in der Nähe der Tramhaltestelle Minami-machi (南町; auch bekannt als Kenmin Bunkakaikan-mae). Nach Verlassen der Straßenbahn in Richtung Burg blicken, etwa 200 m entfernt weist ein Schild über der Straße den Weg.

Touristeninformation (Karte S. 734; ☎ 089-931-3914; ⌚8.30–20.30 Uhr) Das Hauptbüro befindet sich im JR-Bahnhof Matsuyama; eine **Filiale** (Karte S. 734; ☎ 089-943-8342; ⌚8–20 Uhr) liegt gegenüber der Tramendhaltestelle für den Dōgo-Onsen.

An- & Weiterreise

BUS

JR-Autobahnbusse fahren von der **Bushaltestelle** (Karte S. 734) am Bahnhof nach Osaka (5½ Std., 5-mal tgl.) und Tokio (12 Std.) und zurück und es gibt zahlreiche Busverbindungen in die größeren Städte Shikokus. Die Fahrpreise können je nach Datum stark schwanken.

FLUGZEUG

Vom **Flughafen Matsuyama** (www.matsuyama-airport.co.jp), 6 km westlich der Stadt, geht's nonstop nach Seoul und Shanghai. Außerdem können alle größeren Städte in Japan erreicht werden.

Vor dem JR-Bahnhof fahren Busse zum Flughafen ab; die Anfahrt ist unkompliziert (310 ¥, 15 Min., halbstündl.).

SCHIFF/FÄHRE

Das Superjet-Tragflächenboot der Fährgesellschaft **Setonaikai Kisen** (瀬戸内海汽船; ☎ Buchungsbüro Matsuyama 089-953-1003; www.setonaikaikisen.co.jp; ⏲7–21 Uhr) pendelt regelmäßig zwischen Matsuyama und Hiroshima (7100 ¥, 1¼ Std., 12-mal tgl.). Auch die Fähre Hiroshima–Matsuyama (3600 ¥, 2½ Std., 10-mal tgl.) ist ein beliebtes Verkehrsmittel von/nach Shikoku.

Die **Matsuyama-Kokura-Fähre** (松山・小倉フェリー; ☎ 089-967-7180; www.matsuyama-kokuraferry.co.jp; 5-2292-1 Takahama-chō) verkehrt täglich zwischen Matsuyama und Kita-Kyūshū (7 Std.).

ZUG

Die JR-Yosan-Linie verbindet Matsuyama mit Takamatsu (*tokkyū* 6190 ¥, 2½ Std.), außerdem fahren Züge über die Seto-ōhashi nach Okayama (*tokkyū* 6830 ¥, 2¾ Std.) auf Honshū.

Unterwegs vor Ort

FAHRRAD

Leihfahrräder (Karte S. 734; 300 ¥ pro Tag; ⏲Mo–Sa 9–18 Uhr) erhält man in dem großen Fahrradpark rechts vom Ausgang des JR-Bahnhofs Matsuyama.

STRASSENBAHN

Tickets kosten pro Fahrt pauschal 160 ¥ (man bezahlt beim Aussteigen). Tageskarten gibt's für 500 ¥. Die Linien 1 und 2 fahren als Ringbahnen im bzw. gegen den Uhrzeigersinn um den Katsuyama (Burgberg). Zum Dōgo-Onsen verkehren die Linie 3 vom Bahnhof Matsuyama-shi, die Linie 5 vom JR-Bahnhof Matsuyama und die Linie 6 von Kiya-chō (木屋町).

Man kann auch mit den altmodischen Botchan Ressha (坊ちゃん列車) fahren, kleinen Zügen, die nach Natsume Sōsekis berühmtem Roman benannt sind. Sie wurden 1887 aus Deutschland importiert und fuhren 67 Jahre lang durch Matsuyamas Straßen. Jetzt werden sie ab und zu wieder eingesetzt. Das Kombiticket für die Botchan Ressha inkl. Tagesticket für die Straßenbahn kostet 500 ¥.

Ishizuchi-san 石鎚山

☎ 0897

Der 1982 m hohe Ishizuchi-san ist der höchste Gipfel Westjapans und bekannt als Dach Shikokus – oben hat man einen spektakulären Blick. Ishizuchi-san bedeutet so viel wie „Steinhammerberg". Er zählt zu den Hyakumeizan, Japans 100 Berühmten Bergen (aus dem Buch *One Hundred Mountains of Japan* von Kyuya Fukada), und war lang ein Zentrum der Bergverehrung. Sowohl Pilger als auch Kletterer fühlen sich magisch von ihm angezogen, insbesondere während der Klettersaison (Juli & Aug.). An den ersten zehn Tagen im Juli steigt das „Bergeröffnungsfestival", dem in Weiß gekleidete Pilger aus ganz Japan beiwohnen.

Wer einen Wagen hat, schafft es von Matsuyama aus problemlos an einem Tag auf den Ishizuchi-san (Anreise via Tsuchigoya). Eine Tagestour ab Matsuyama ohne fahrbaren Untersatz erfordert eine sorgfältige Planung und die Nutzung von Zug, Bus und Seilbahn (Anfahrt via Iyo-Saijo).

Aktivitäten

Von Januar bis April kann man Ski und Snowboard fahren. Die Ishizuchi-Tōzan-Seilbahn macht's möglich.

★ **Ishizuchi-san** WANDERN

Es gibt zwei gute Ausgangspunkte für die Besteigung des Ishizuchi-san. Einfacher ist der Aufstieg via **Tsuchi-goya** (1500 m) östlich des Bergs; hin und zurück ist man um die vier Stunden unterwegs. Eine größere Herausforderung ist die Route ab der Seilbahnstation Ishizuchi in **Nishi-no-kawa** nördlich des Ishizuchi-san. Die **Seilbahn** (石鎚登山ロープウェイ; ☎ 0897 59 0331; www.ishizuchi.com; einfache Strecke/hin & zurück 1030/1950 ¥; ⏲Juli & Aug. 8–18 Uhr, Sept.–Juni unterschiedl.) bringt Wanderer von 455 m auf eine Höhe von 1300 m. Von dort sollte man für den Rundweg zum Gipfel ungefähr sechs Stunden einplanen.

Die beiden Wanderwege vereinen sich kurz vor dem finalen Aufstieg zum Gipfel des **Misen** (1974 m). An dem Zusammenlauf befinden sich auch der **Ishizuchi-jinja** und eine Berghütte. In Letzterer kann man etwas essen und auch übernachten.

Das letzte Stück Weg zum Gipfel kann mithilfe von *kusari* bewältigt werden, im Fels verankerten Stahlketten, die steil nach oben führen – eine Mutprobe. Für alle, die sich nicht an den Metallketten hochziehen wollen, gibt's alternative Wanderrouten. Vom Gipfel des Misen geht es über einen scharfkantigen Grat zum **Tengu-dake** (1982 m), der höchste Punkt.

Schlafen & Essen

Wanderer können sich in der Bergstation der Seilbahn, in der Berghütte auf dem Gipfel und in Tsuchi-goya stärken. Snacks für unterwegs einpacken!

Gipfelhütte Ishizuchi-san HÜTTE ¥¥
(Chōjō-sansō; 石鎚山 頂上山荘; ☎ 0897-55-4168; http://ishizuchisan.jp/sansou/sub02-0.htm; inkl. 2 Mahlzeiten 8700 ¥ pro Pers.) Die abgeschiedene Berghütte auf dem exponierten Gipfel des Ishizuchi-san ist von Anfang Mai bis Anfang November geöffnet. Sie hat 50 Schlafplätze – nichts Luxuriöses, nur ein Dach überm Kopf – schützende Wände, warme Mahlzeiten und ein Eckchen mit Bettzeug auf einer Tatamimatte in einem warmen Schlafsaal. Japanisches Berg-Feeling pur!

An- & Weiterreise

Am unkompliziertesten ist Tsuchi-goya mit dem Wagen zu erreichen. Am Wochenende und an Feiertagen kann man alternativ in Matsuyama in den Bus steigen (Umstieg in Kuma erforderlich).

Was die Anreise zur Seilbahnstation Ishizuchi betrifft: **Setouchi Bus** (せとうちバス; ☎ 0898-23-3450; www.setouchibus.co.jp; einfache Strecke 1000 ¥) bedient die Strecke zwischen dem JR-Bahnhof Iyo-Saijo (früheste Fahrt um 7.47 Uhr) und der Seilbahnstation Shimodani (1 Std.). Die letzte Rückfahrt ist um 17.23 Uhr. Für diejenigen, die mit dem Auto herkommen: An der Talstation stehen zahlreiche Parkplätze zur Verfügung (400 ¥).

Uchiko 内子

☎ 0893 / 20 500 EW.

Uchiko erlebt gerade eine kleine Renaissance, denn immer mehr japanische Touristen interessieren sich für das hübsche Städtchen mit seiner reichen Vergangenheit. In der späten Edo- und frühen Meiji-Zeit war es ein wichtiger Produzent von Pflanzenwachs. Die Familie Hon-Haga etablierte die Produktion von feinem Wachs in Uchiko und gewann sogar Preise bei den Internationalen Weltausstellungen in Chicago (1893) und Paris (1900).

Aus dieser Ära sind mehrere exquisite Häuser entlang einer Straße erhalten, die unter dem Namen Yōkaichi bekannt ist. Sie steht unter Denkmalschutz. Die Stadt Uchiko ist emsig bemüht, mehr Besucher anzulocken, und die Angestellten in der Touristeninformation sind mit viel Eifer bei der Sache und sehr hilfsbereit.

Sehenswertes

★ Historisches Viertel

Yōkaichi HISTORISCHES VIERTEL
(八日市) Uchikos malerische Hauptstraße säumen zahlreiche interessante Gebäude, die heute Museen, Souvenirstände, Geschäfte, Pensionen und hübsche Teehäuser beherbergen. Die alten Bauten wurden lokaltypisch cremefarben verputzt und tragen „Flügel" unterhalb der Dachtraufen, die verhindern sollten, dass im Falle eines Brands die Flammen von einem Haus auf das nächste übersprangen. Da sich die Straße in einem denkmalgeschützten Bezirk befindet, gibt's strenge Vorgaben für Renovierungsarbeiten an den Gebäuden.

Uchiko-za THEATER
(内子座; ☎ 0893-44-2840; 1515 Uchiko; 400 ¥; ⏲ 9–16.30 Uhr) Etwa auf halbem Weg zwischen dem Bahnhof und der Yōkaichi findet man das Uchiko-za, ein prachtvolles traditionelles Kabuki-Theater. Ursprünglich 1916 erbaut, wurde es 1985 vollständig restauriert, inklusive der Drehbühne. Das Programm für die Vorstellungen kann man telefonisch erfragen.

Ōmori Wa-rōsoku FABRIK
(大森和ろうそく; ☎ 0893-43-0385; http://o-warousoku.com; ⏲ 9–17 Uhr, Di & Fr geschl.) Uchikos letzter Kerzenmacher. Hier werden Kerzen immer noch von Hand auf traditionelle Weise gefertigt, wobei Besucher auch zuschauen dürfen.

Schlafen & Essen

★ Nakahaga Residence Guesthouse PENSION ¥¥
(中芳我邸ゲストハウス; ☎ 0893-50-6270; www.we-love-uchiko.jp/stay/581; 2655 Uchiko; EZ/2BZ 8000/12 000 ¥;) In Uchiko gibt's ein paar wunderschöne traditionelle Unterkünfte. Ganz oben auf der Rangliste steht die Nakahaga Residence an der Yōkaichi. Das stilvolle, umgebaute Lagerhaus ist ein echter Klassiker; ein bisschen kommt es einem vor, als würde man in die Edo-Zeit zurückreisen. Vermietet wird nur ein Zimmer; darin stehen zwei Betten. Keine Mahlzeiten, doch in der Nähe sind reichlich Restaurants.

Takahashi Residence MINSHUKU ¥¥
(文化交流ヴィラ高橋邸; ☎0893-44-2354; www.we-love-uchiko.jp/stay/562; 2103 Uchiko; EZ/2BZ mit Frühstück 5720/10 360 ¥; P ⊖ ⓦ) Gleich um die Ecke von der Yōkaichi befindet sich diese hübsch renovierte und traditionell aufgemachte zweigeschossige Pension. Das eingetragene „Kulturaustausch-Haus" akzeptiert nur eine Buchung pro Nacht und hat Platz für bis zu zehn Personen. Am Eingang erheben sich mächtige Steinmauern. Ein Hingucker ist das Tor im Stil der Edo-Zeit, und der japanische Garten ist sehr gepflegt. Ein durch und durch japanisches Erlebnis.

Oyado Tsuki-no-ya PENSION ¥¥
(御宿月乃家; ☎0893-43-1160; http://uchiko-tsukinoya.com; 2646 Uchiko; EZ/2BZ 6300/10 500 ¥; ⊖ ⓦ) Eine tolle Unterkunft mitten auf der Yōkaichi im denkmalgeschützten Bezirk. Das Tsuki-no-ya ist ein herrlich restauriertes traditionelles Gebäude mit klassischen Tatamizimmern und gemeinschaftlich genutzten Bädern und Toiletten im japanischen Stil. Die Mahlzeiten werden mit Herzblut und lokalen Zutaten von dem Betreiberpärchen zubereitet (Abendessen für 2310 Y, Frühstück 1050 Y) – unbedingt mitordern!

Nanze CAFÉ ¥
(☎0893-44-6440; 2023 Uchiko; Mahlzeiten ab 700 ¥; ⏲Fr–Mi 10–17 Uhr) Nette Adresse hinter dem Besucherzentrum mit massig Parkplätzen. Das Speisenangebot ist interessant: Es gibt ein saisonales Mittagsmenü, Armer Ritter, Spaghetti und die hawaiische Leibspeise Locomoco. Außerdem werden lokale Erzeugnisse verkauft.

Uchiko Fresh Park Karari MARKT ¥
(内子フレッシュパークからり; ☎0893-43-1122; www.karari.jp; 2452 Uchiko; ⏲9–17 Uhr) Dieser Bauernmarkt oberhalb vom Fluss Oda bietet frische lokale Produkte, fertige *bentō*-Mahlzeiten (in Schachteln verpackt) und regionale Spezialitäten. Im **Restaurant** (レストランからり; www.karari.jp; 2452 Uchiko; Karari-Menü 1200 ¥; ⏲11–19.30 Uhr) gibt's gute *teishoku*-Gerichte.

ℹ Praktische Informationen

Besucherzentrum Uchiko (内子町ビジターセンター; ☎0893-44-3790; www.we-love-uchiko.jp; 2020 Uchiko; ⏲April–Sept. 9–17.30 Uhr, Okt.–März bis 16.30 Uhr, Do geschl.) Karten, Broschüren und Infos zu Uchiko. Die Mitarbeiter stellen nach vorheriger Buchung den Kontakt zu enthusiastischen, freiwilligen Guides her, die Englisch sprechen (www.facebook.com/uchiko.locals). Die Touristeninformation ist in der ehemaligen Polizeiwache untergebracht, zehn Gehminuten vom JR-Bahnhof Uchiko entfernt. Hinter dem Gebäude befinden sich kostenlose Parkplätze und man kann Räder leihen (350 ¥ für 2 Std.).

ABSTECHER

TEMPEL 45: IWAYA-JI

Pilger geben ordentlich Gas im bergigen Herzen von Shikoku, um möglichst schnell zum 45. Tempel zu gelangen, andere Besucher sollten einen fahrbaren Untersatz haben, denn der **Iwaya-ji** (岩屋時; ☎0892-57-0417; www.88shikokuhenro.jp/ehime/45iwayaji; 1468 Nanatori, Kuma-kōgen) GRATIS ist nicht nur sehr stimmungsvoll, sondern auch ausgesprochen abgeschieden. Er klammert sich an einen Steilhang hoch über dem Tal und die Gegenwart des heiligen Mannes vor vielen, vielen Jahren scheint noch immer spürbar. Ein von alten Statuen gesäumter Weg windet sich zu den Tempelgebäuden hinauf und noch weiter, über den Berg. Die hölzerne Leiter neben der Haupthalle zu der Plattform in der Felswand hochklettern; hier steigen die Pilger hinauf, um zu beten.

ℹ Anreise & Unterwegs vor Ort

Mit dem schnellsten Zug braucht man von Matsuyama ins weiter südlich gelegene Uchiko 25 Minuten (2030 ¥), nach Uwajima im Norden 55 Minuten (2790 ¥).

Das Besucherzentrum und die Yōkaichi sind gut ausgeschildert (auch auf Englisch) und liegen zehn Gehminuten nordöstlich vom Bahnhof. In der Stadt kommt man überall gut zu Fuß hin. Am Bahnhof sind Leihfahrräder erhältlich (300 ¥ für 2 Std.).

Ōzu 大洲

☎0893 / 49 500 EW.

Die ruhige Kleinstadt Ōzu liegt an der JR-Yosan-Linie und ist bekannt für ihre hübsche Burg, den Garten und „fischende" Kormorane. In der Saison können Besucher Bootsfahrten auf dem Fluss unternehmen und die Vögel beim Fangen, Verschlingen und Wiederhochwürgen ihrer Beute beobachten. Heutzutage sind die meisten Touristen Tagesausflügler, die aus Matsuyama anreisen.

NICHT VERSÄUMEN

OUTDOORABENTEUER

- Rafting auf dem Yoshino-gawa (S. 723)
- Besteigung des Ishizuchi-san (S. 743)
- Surfen entlang der Küste Tokushimas (S. 708)
- Besteigung des Tsurugi-san (S. 753)
- Canyoning im Nametoko-Tal (S. 747)

Sehenswertes

Ōzu-jō BURG

(大洲城; ☎ 0893-24-1146; www.ozucastle.jp; 903 Ōzu; 500 ¥; Kombiticket inkl. Garyū-sansō 800 ¥; ⏲ 9–17 Uhr) Nur wenige Burgen Japans wurden so originalgetreu rekonstruiert wie diese. Die Ōzu-jō und ihre umliegenden Gebäude stammen noch aus der Edo-Zeit. Die Burg oberhalb des Flusses bietet einen beeindruckenden Anblick, besonders faszinierend sind jedoch ihre Innenräume – Querschnitte der Dachkonstruktion, Rüstungen und ein Modell der Grundfesten der Burg werden in makellosem Zustand ausgestellt.

Garyū-sansō GARTEN

(臥龍山荘; ☎ 0893-24-3759; www.garyusanso.jp; 411-2 Ōzu; 500 ¥, Kombiticket inkl. Ōzu-jō 800 ¥; ⏲ 9–17 Uhr) Auf der anderen Seite der Stadt steht dieses elegante Teehaus aus der Meiji-Periode in einem idyllischen Garten über dem Fluss. Von April bis Oktober kann man sonntags an der Teezeremonie teilnehmen (9.30–15.30 Uhr; 400 ¥).

Geführte Touren

Ukai-Ausflugsboote BOOTSFAHRTEN

(☎ 0893-57-6655; www.kurarinet.jp/ozu-ukai/index.html; Mittags-/Abendtour 4000/6000 ¥ pro Pers.; ⏲ 12 oder 18 Uhr) Vom 1. Juni bis 20. September wird auf dem Hiji-kawa das traditionelle *ukai* (鵜飼; Kormoranfischen) praktiziert. Touristenboote folgen den Fischern auf ihrem Weg flussabwärts, während die zahmen Kormorane die Beute aus dem Wasser ziehen. Reservieren!

Das *ukai* hat eine mehr als tausendjährige Geschichte. Früher war es ein lukrativer Geschäftszweig, heute ist es vor allem eine Touristenattraktion. Die Fischer legen den Vögeln am unteren Ende des Halses eine enge Schlinge um, wodurch sie nur noch kleine Fische schlucken können – die Großen bleiben in der Kehle stecken. Hat ein Kormoran einen dicken Fisch gefangen, wird er von seinem Herrn an Bord geholt, wo das Tier die Beute wieder hochwürgt. Guten Appetit!

Schlafen & Essen

In Schlossnähe wird man keine Probleme haben, etwas zu essen zu bekommen.

Ōzu Kyōdokan Youth Hostel HOSTEL ¥

(大洲郷土館ユースホステル; ☎ 0893-24-2258; http://reiko1932.la.coocan.jp; Sannomaru; B 3200 ¥; P ⊖ 📶) Die ehemalige Schule ist eine wunderbare Bleibe am Fuß der Ōzu-jō. Ihre Tatamizimmer könnten eine ganze Armee beherbergen. Das Hostel fungiert gleichzeitig als Museum und zeigt interessante Kuriositäten und antike Keramik aus der Blütezeit der Burgstadt während der Tokugawa-Periode. Seine Besitzerin, eine liebenswerte Achtzigjährige, spricht Englisch und kennt die Gegend bis ins Detail.

An- & Weiterreise

Der JR-Bahnhof Iyo-Ōzu ist mit dem schnellsten Zug 40 Minuten (2220 ¥) von Matsuyama entfernt. Ab Uwajima fährt man 45 Minuten bis Ōzu (2220 ¥) im Norden, ebenfalls mit der schnellsten Verbindung.

Yawatahama 八幡浜

☎ 0894 / 40 000 EW.

Jahrhundertelang setzten Pilger aus Kyūshū traditionell mit der Fähre nach Yawatahama über und begannen und beendeten ihre Wallfahrt am nahe gelegenen Tempel 43, dem Meiseki-ji (明石寺). Westlich der Stadt erstreckt sich die längste Halbinsel Japans, Sada-misaki.

Sinnvoll ist ein Aufenthalt in Yawatahama nur, wenn man, wie oben erwähnt, mit der Fähre aus Kyūshū anreist bzw. dorthin fahren möchte.

Die beste Übernachtungsoption ist das **Super Hotel Yawatahama** (スーパーホテル八幡浜; ☎ 0894-20-9000; www.superhotel.co.jp; 1460-123 Chiyoda-machi; EZ/DZ inkl. Frühstück 6150/8200 ¥; P ⊖ ❄ 📶) direkt an der Hauptdurchgangsstraße von Norden nach Süden.

Anreise & Unterwegs vor Ort

Die **Uwajima-Unyu-Fähre** (宇和島運輸フェリー; ☎ 0894-23-2536; www.uwajimaunyu.co.jp) setzt von Yawatahama nach Beppu (3100 ¥, 3 Std., 6-mal tgl.) und Usuki (2250 ¥, 2½ Std., 6- oder 7-mal tgl.) in Kyūshū über. Man kann auch ein Auto mitnehmen.

Mit dem schnellsten Zug benötigt man ab Matsuyama 55 Minuten bis Yawatahama (2980 ¥), ab Uwajima sind es 30 Minuten (1930 ¥).

Der Hafen von Yawatahama ist eine fünfminütige Fahrt mit dem Bus (150 ¥) oder Taxi (ca. 630 ¥) vom Bahnhof entfernt. Da die Busse nur unregelmäßig fahren, ist man oft besser damit beraten, die 1,5 km zu Fuß zu laufen (20 Min.).

Uwajima 宇和島

☎0895 / 87 000 EW.

Mit einem Shintō-Fruchtbarkeitsschrein und dem angegliederten Sexmuseum zieht die beschauliche Burgstadt Uwajima einen steten Strom neugieriger Reisender an. Die meisten Touristen machen auf ihrem Weg nach Matsuyama keinen Zwischenstopp in Uwajima, dabei lohnt sich ein Besuch, denn hier haben sich ein paar Traditionen hartnäckig gehalten, z. B. die Perlenzucht, der Terrassenfeldbau und der unblutige Stierkampf.

Sehenswertes & Aktivitäten

★ Taga-jinja & Sexmuseum SHINTŌ-SCHREIN

(多賀神社・凸凹神堂; Karte S. 748; ☎0895-22-3444; www.geocities.jp/taga_shrine; 1340 Fujie; 800 ¥; ⊙8–17 Uhr) Früher einmal hatten zahlreiche Shintō-Schreine einen starken Bezug zu Fruchtbarkeitsriten. Unter den erhaltenen zählt der Taga-jinja heute zu den bekanntesten. Auf dem Gelände des Schreins stehen ein paar phallisch geformte Baumstämme sowie zahlreiche Statuen und Steinreliefs. In dem berühmt-berüchtigten dreistöckigen Museum sind erotische Objekte aus der gesamten Welt der menschlichen Fortpflanzung zu bestaunen.

Uwajima-jō BURG

(宇和島城; Karte S. 748; ☎0895-22-2832; 1 Marunouchi; 200 ¥; ⊙Di–So 9–16 Uhr) Die kleine dreistöckige Uwajima-jō von 1601 steht im Stadtzentrum auf einem 80 m hohen Hügel. 1666 wurde das heutige Gebäude vom *daimyō* Date Munetoshi wiederaufgebaut. Der *donjon* (Hauptturm) ist einer von zwölf original erhaltenen in Japan, innen gibt's aber nicht viel zu sehen. Der Burgpark **Shiroyama-kōen** (城山公園; Karte S. 748; ⊙Sonnenauf- bis Sonnenuntergang) lädt zum Spazierengehen ein.

Städtische Stierkampfarena BEMERKENSWERTES GEBÄUDE

(宇和島市営闘牛場; Karte S. 748; www.tougyu.com; 3000 ¥) *Tōgyū* (闘牛) ist eine Art Stier-Sumo. Sieger der unblutigen „Wrestling"-Kämpfe ist jener Stier, welcher den anderen auf die Knie oder zur Umkehr und Flucht aus dem Ring zwingt. Ausgetragen werden die Kämpfe am 2. Januar, am ersten Sonntag im April, am 24. Juli, 14. August und am vierten Sonntag im Oktober. Eine Wegbeschreibung zur Stierkampfarena bekommt man in der Touristeninformation.

★ Forest Canyon ABENTEUERSPORT

(フォレストキャニオン; ☎0895-49-6663; http://nametoko.net; Meguro, Matsuno-chō; Canyoning ganzer/halber Tag 11 000/9000 ¥) Wer Lust auf einen kleinen Adrenalinrausch hat, kann sein Glück mit Canyoning im schönen Nametoko-Tal probieren (von Uwajima aus problemlos als Tagesausflug machbar). Forest Canyon hat sich der Sicherheit verschrieben und beschäftigt erfahrene Führer. Gäste können sich also guten Gewissens in tiefe Becken fallen lassen, Wasserfälle hinaufklettern, sich abseilen und natürliche, durch den Fluss entstandene Rutschen hinuntergleiten (eine ist sogar 40 m lang!).

Sämtliche Ausrüstung, darunter Neoprenanzug, Helm und Schwimmweste, ist im Preis inbegriffen. Wildwasserrafting wird ebenfalls angeboten.

Tempel 41 & 42: Ryūkō-ji & Butsumoku-ji WANDERN

(龍光寺・佛木寺; ☎0895-58-2186; www.88shikokuhenro.jp/ehime/41ryukoji; 173 Togari, Mima-chō) GRATIS Wer die Pilgerwallfahrt zu den 88 Tempeln einmal ausprobieren möchte, ohne sich über stark befahrene Hauptstraßen schleppen zu müssen, folgt diesem Minirundweg, der in Uwajima beginnt und endet. Die Strecke zwischen Tempel 42, dem Butsumoku-ji, und Tempel 41, dem Ryūkō-ji, ist gut 5 km lang.

Man nimmt den Bus vom Bahnhof Uwajima direkt zum Tempel 42, dem Butsumoku-ji. Nachdem man den strohgedeckten Glockenturm und die Statuen der sieben Götter des glücklichen Schicksals gesehen hat, folgt man dem deutlich markierten *henro*-Weg zurück durch malerische Dörfer und Reisfelder zum Tempel 41, dem Ryūkō-ji. Dort führt eine steile Steintreppe hinauf zu einem hübschen Tempel und Schrein mit Blick über die Felder. Draußen vor dem Ryūkō-ji weisen Schilder einem den Weg zum Bahnhof Muden (務田駅), der zu Fuß 15 Minuten (800 m) entfernt ist. Von dort gelangt man mit dem Zug oder Bus zurück nach Uwajima.

Uwajima

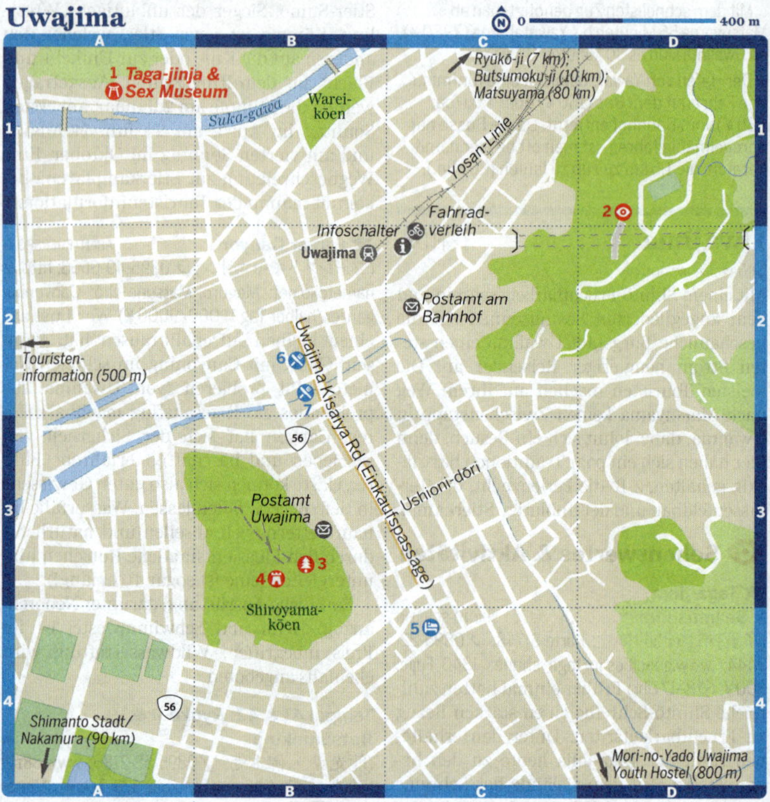

Uwajima

Highlights
1 Taga-jinja & Sex Museum A1

Sehenswertes
2 Städtische Stierkampfarena D1
3 Shiroyama-kōen B3
4 Uwajima-jō B3

Schlafen
5 Kiya Ryokan C4

Essen
6 Boulangerie Riz B2
7 Wabisuke B2

Schlafen & Essen

Restaurants, Lokale und Bars findet man auf der Hauptstraße vorm JR-Bahnhof Uwajima sowie in und rund um die Einkaufspassage Uwajima Kisaiya zwischen dem Bahnhof und der Burg.

★ Kiya Ryokan — RYOKAN ¥¥¥

(木屋旅館; Karte S. 748; ☎ 0895-22-0101; http://kiyaryokan.com; 2-8-2 Honmachiōte; Miet-ryokan 21 600 ¥ pro Nacht, Frühstück 5400 ¥ pro Pers.; ❄) Das Kiya Ryokan allein ist schon ein Grund für einen Halt in Uwajima, denn es bietet die seltene Gelegenheit, ein ganzes Haus zu mieten, in dem bereits große Schriftsteller zu Gast waren. Zwar ist das *ryokan*-Erlebnis hier kein traditionelles (es gibt kein Personal und keine *kaiseki*, gehobene japanische Küche), aber dafür ist es einzigartig modern und ansprechend. Es bietet acht Schlafplätze und wird am günstigsten und besten mit einer Gruppe genutzt.

Das Haus hat einen Garten im Innenhof und die Bäder integrieren moderne und traditionelle Elemente. Auch wenn man hier nicht übernachten will, lohnt eine kleine Stippvisite, bei der man durch die gut sortierte Boutique schlendern und erfahren kann, was in der Stadt gerade los ist.

Boulangerie Riz BÄCKEREI ¥

(ブランジュリーリズ; Karte S. 748; ☎ 0895-22-8800; http://boulangerio-riz.com; 1 4 22 Ebisu-machi; Backwaren 50–400 ¥; ⏲ Mo–Sa 9–16 Uhr) Himmlisch leichte, knusprige Backwaren und Brote aus Reismehl (50 % – also nicht glutenfrei) sind die Spezialität dieser Bäckerei in der Einkaufspassage an der Kisaiya Road (きさいやロード). Man kann das einfache Frühstück an der Theke essen und dabei zusehen, wie die Bäcker mit geschickten Händen Croissants mit lokalen Zitrusfrüchten betupfen oder *matcha*-Kuchen (mit pulverisiertem grünen Tee) rollen.

★ **Wabisuke** FISCH & MEERESFRÜCHTE ¥¥

(和日輔; Karte S. 748; ☎ 0895-24-0028; www.sk-wabisuke.com; 1-2-6 Ebisu-machi; Gerichte 1000–1500 ¥; ⏲ Do–Di 11–22 Uhr) Dieses Restaurant außerhalb der Einkaufspassage ist ein elegantes Plätzchen, um die lokale Spezialität *tai* (Seebrasse) zu probieren, z. B. als *tai-meshi gozen* (Seebrassenmenü; 1880 ¥). Es gibt eine bebilderte Speisekarte mit einer großen Auswahl an kleinen Gerichten. Zu erkennen ist das Wabisuke an dem roten *ushi-oni* (Teufelsbulle) draußen.

ℹ Praktische Informationen

Touristeninformation (宇和島市観光協会; ☎ 0895-22-3934; ⏲ 9–18 Uhr) Am Hafen von Kisaiya Hiroba; bequemer zu erreichen ist der **Infoschalter** (Karte S. 748; ☎ 0895-23-5530; ⏲ 9–18 Uhr) am JR-Bahnhof.

ℹ Anreise & Unterwegs vor Ort

Wer aus dem Süden anreist, stellt fest, dass man mit Erreichen Uwajimas wieder im Land der Züge angekommen ist. Uwajima liegt an der JR-Yosan-Linie; über Uchiko (*tokkyū* 2790 ¥, 1 Std.) geht's nach Matsuyama (*tokkyū* 3510 ¥, 1½ Std.). Die JR-Yodo-Linie fährt nach Kubokawa, Präfektur Kōchi, im Osten.

Am Bahnhof kann man im Büro an der Ecke links hinter dem Ausgang **Fahrräder** (Karte S. 748; 100 ¥ pro Std.; ⏲ 9.30–17 Uhr) mieten.

TAKAMATSU & DIE PRÄFEKTUR KAGAWA

Kagawa (香川県), einst Sanuki genannt, ist die kleinste der vier Regionen Shikokus und die kleinste von Japans insgesamt 47 Präfekturen. Das angenehme Klima und die freundlichen Bewohner waren stets eine Wohltat für Wallfahrer, die hier ihre lange Reise zum Abschluss bringen. *Henro* kennen Kagawa als Nehan-no-dōjō, den Ort der Vollendung: Hier stehen die letzten 22 der 88 Pilgertempel.

> **NICHT VERSÄUMEN**
>
> **DIE SCHÖNSTEN TEMPEL**
>
> - Tempel 45: Iwaya-ji (S. 745)
> - Tempel 51: Ishite-ji (S. 733)
> - Tempel 38: Kongōfuku-ji (S. 732)
> - Tempel 21: Tairyū-ji (S. 725)
> - Tempel 88: Ōkubo-ji (S. 751)
> - Tempel 66: Unpen-ji (S. 760)

Zu den Attraktionen der Präfektur zählen u. a. der berühmte Schrein Konpira-san in Kotohira, die lebendige Hafenstadt Takamatsu mit ihrem weltberühmten japanischen Garten Ritsurin-kōen und das Freilichtmuseum Shikoku-mura in Yashima. Heute ist Kagawa die erste Station für viele Shikoku-Reisende, denn die einzige Zugverbindung nach Honshū führt von hier über die Seto-Brücke nach Okayama. Von Takamatsu, dem Verwaltungssitz der Präfektur, ist es nur eine kurze Fährfahrt zu den bemerkenswerten Inseln der Inlandsee mit ihrer florierenden Kunstszene. Siehe hierzu www.my-kagawa.jp.

Kagawa ist klein – man kann Takamatsu als Basis wählen und von dort aus Tagesausflüge zu den Sehenswürdigkeiten in der Region unternehmen.

Takamatsu 高松

☎ 087 / 418 500 EW.

Die lebhafte Hafenstadt Takamatsu hat viel zu bieten: ein altehrwürdiges Burggelände, auf dem Handwerkermärkte für moderne Kunst stattfinden, die Lebendigkeit einer Präfekturhauptstadt trotz ihrer relativ kleinen Größe, regionale kulinarische Spezialitäten wie *Sanuki udon* und Sehenswürdigkeiten wie den Ritsurin-kōen. In Takamatsu erlebt man das urbane Japan von seiner schönsten und bescheidensten Seite.

Die Stadt dient aber auch als praktischer Verkehrsknotenpunkt. Mit der Fähre gelangt man z. B. zu den Inseln der Inlandsee mit ihrer boomenden Kunstszene, die sich als tolle Tagesausflugsziele eignen, und dank guter Zuganbindungen ist es möglich, Takamatsu als Basislager zu wählen und von dort aus Touren nach Kotohira, Zentsūji, Marugame und Yashima zu unternehmen.

Takamatsu

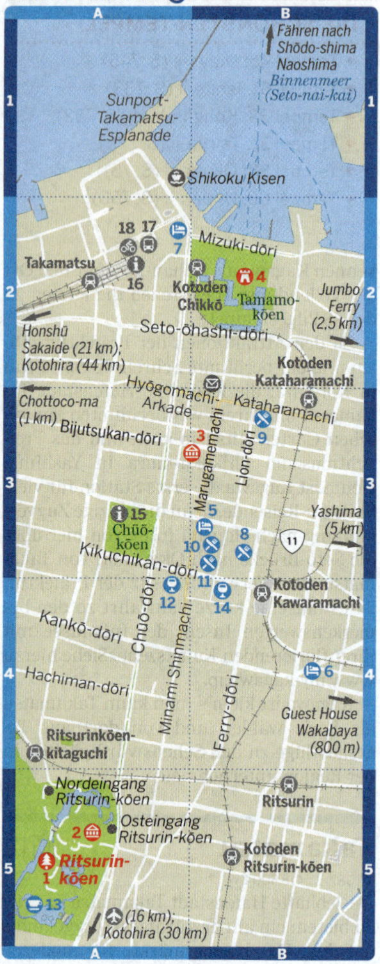

Takamatsu

Highlights
1 Ritsurin-kōen A5

Sehenswertes
2 Sanuki-Volkskunstmuseum A5
3 Kunstmuseum Takamatsu-Stadt B3
4 Takamatsu-jō B2

Schlafen
5 Dormy Inn Takamatsu B3
6 Hotel No 1 Takamatsu B4
7 JR Hotel Clement Takamatsu A2

Essen
8 Bijin-tei B3
9 Kawafuku B3
10 Ofukuro B3
11 Yakiniku Jinsuke B3

Ausgehen & Nachtleben
12 Grandfather's A4
13 Kikugetsu-tei A5
14 King's Yawd B4

Praktisches
15 Kagawa International Exchange Zentrum A3
16 Touristeninformation A2

Transport
17 Busbahnhof A2
18 Takamatsu-shi Rental Cycles A2

Sehenswertes

★ **Ritsurin-kōen** PARK

(栗林公園; Karte S. 750; ☎ 087-833-7411; www.my-kagawa.jp/brochure; 1-20-16 Ritsurin-chō; 410 ¥; ⌚ Sonnenauf- bis Sonnenuntergang) Einer der schönsten Gärten des Landes ist der Ritsurin-kōen, der Mitte des 16. Jhs. angelegt und erst nach mehr als einem Jahrhundert fertiggestellt wurde. Als Wandelgarten zum Vergnügen des *daimyō* konzipiert, windet er sich um mehrere Teiche und Teehäuser, über Brücken und Inseln. Im Westen formt der **Shiun-zan** (Berg Shiun) eine eindrucksvolle Kulisse. Die klassische Ansicht der **Engetsu-kyō-Brücke** mit dem Berg im Hintergrund zählt zu den schönsten in Japan.

Im Garten liegen interessante Sehenswürdigkeiten wie das **Sanuki-Volkskunstmuseum** (讃岐民芸館; Karte S. 750; ⌚ 8.30–17 Uhr) GRATIS, welches Kunsthandwerk aus der Tokugawa-Periode ausstellt. Mehrere Teehäuser, darunter das Kikugetsu-tei (S. 752) aus dem 17. Jh., bieten *matcha* mit traditionellen Süßigkeiten und von den Tatamizimmern einen tollen Ausblick auf den Garten. Oder man besucht das strohgedeckte **Higurashi-tei** von 1898.

Am einfachsten ist die Anreise mit dem Direktbus (230 ¥, 15 Min.) ab dem JR-Bahnhof Takamatsu zum Ritsurin-kōen.

Takamatsu-jō BURG

(高松城; Karte S. 750; 2-1 Tamamo-chō; 200 ¥; ⌚ Sonnenauf- bis Sonnenuntergang) Wo einst die Burg von Takamatsu stand, erstreckt sich heute der bezaubernde **Tamamo-kōen**, in dem noch einige Ruinen und mit Meerwasser gefüllte Festungsgräben sowie mehrere original erhaltene Türme zu sehen sind. Jedes Jahr erinnert ein Schwimmwettbewerb im Wassergraben an jahrhundertealte ritterliche Traditionen. Ursprünglich wurde die Burg 1588 für Itoma Chikamasa errichtet und war bis zur Meiji-Restauration, 300 Jahre später, die Residenz der militärischen Befehlshaber der Region. Der kürzlich renovierte Burgfried ist öffentlich zugänglich.

Kunstmuseum Takamatsu-Stadt MUSEUM
(高松市美術館; Karte S. 750; ☎ 087-823-1711; www.city.takamatsu.kagawa.jp/museum/takamatsu; 10-4 Konya-machi; 200 ¥; ⊙ Di–So 9.30–17 Uhr) Das eindrucksvolle Kunstmuseum im Zentrum zeugt von Takamatsus anspruchsvoller Kunstszene. In einem wahren Geniestreich wurde ein ehemaliges Gebäude der Bank of Japan in helle luftige Räumlichkeiten umgestaltet, die nun den passenden Rahmen für interessante Wechselausstellungen japanischer und internationaler Kunst bilden. Bei Sonderausstellungen häufig bis 19 Uhr geöffnet.

Schlafen

In Takamatsu gibt's einige tolle Budgetunterkünfte. Die hiesigen Mittelklassehotels bieten ein gutes Preis-Leistungs-Verhältnis.

★ **Guest House Wakabaya** PENSION ¥
(ゲストハウス若葉屋; ☎ 070-5683-5335; http://wakabaya.main.jp/en; 603-1 Kankō-chō; B/EZ/2BZ 3000/3800/7000 ¥; P ❄ @ ☰) Neben einer supernetten Atmosphäre hat das Wakabaya noch jede Menge weitere Pluspunkte: Sein Besitzer spricht Englisch, die Preise sind vernünftig, die Zimmer und Bäder blitzsauber, außerdem gibt's ein Wohnzimmer und eine Küche sowie eine Waschmaschine (100 ¥), kostenlose Parkplätze, WLAN und Leihfahrräder (500 ¥ pro Tag). Und als wäre das alles noch nicht genug, kann man außerdem sein Gepäck hier aufbewahren lassen.

Chottoco-ma PENSION ¥
(ちょっとこま; ☎ 090-6548-8735; chottoco-ma.com; 3-7-5 Ōgi-machi; B/DZ 2500/6000 ¥; ❄ ☰) Makellos sauber, hell und gemütlich ist das charmante Chottoco-ma unter der Leitung von Yutaka, einem ehemaligen Weltreisenden, und seiner Frau Emi, einem freundlichen Pärchen, das Englisch spricht. Die winzige Pension (Reservierung zwingend erforderlich) hat nur zwei Schlafsäle und ein Privatzimmer sowie ein Gemeinschaftsbad für alle Gäste. Sie liegt ca. 2 km vom Bahnhof Takamatsu entfernt in einem interessanten Viertel. Ganz in der Nähe gibt's einen Onsen und gute Restaurants für Fisch und Meeresfrüchte aus der Gegend.

Details zur An- und Abreise sowie eine Karte findet man auf der Website.

Dormy Inn Takamatsu HOTEL ¥¥
(ドーミーイン高松; Karte S. 750; ☎ 087-832-5489; www.hotespa.net/hotels/takamatsu; 1-10-10 Kawaramachi; EZ/DZ ab 7000/10 000 ¥; ⊖ ❄ @ ☰) Mit seinem ansprechenden Design und der Lage mitten im Vergnügungsviertel hebt sich das Dormy von den üblichen großen Hotels ab. Die Zimmer sind geräumig und gepflegt und der Service ist für den Preis sehr gut. Als zusätzliches Plus warten ein Onsen und ein *rotemburo* (Außenbad) im Dachgeschoss. In allen Zimmern gibt's WLAN.

Hotel No 1 Takamatsu BUSINESSHOTEL ¥¥
(ホテルNo.1高松; Karte S. 750; ☎ 087-812-2222; www.hotelno1.jp/takamatsu; 2-4-1 Kankō-dōri; EZ/2BZ 5500/9000 ¥; P ⊖ ❄ @ ☰) Drei Blocks östlich und drei Blocks südlich der Haltestelle Kotoden Kawaramachi findet man dieses schicke Businesshotel mit Standardzimmern. Vom *rotemburo* auf der Dachterrasse öffnet sich ein weiter Blick über die Stadt. Außerdem: WLAN-Empfang im gesamten Gebäude, Münzwaschmaschinen, ein Restaurant und kostenlose Leihräder.

ABSTECHER

TEMPEL 88: ŌKUBO-JI

Der letzte Tempel der 88, der **Ōkubo-ji** (大窪寺; ☎ 0879-56-2278; www.88shikokuhenro.jp/kagawa/88ookuboji/index.html; 96 Tawa-kanewari, Sanuki-chō) GRATIS, versteckt sich in den Bergen im Südosten der Präfektur Kagawa. Er ist sehr sehenswert!

Irgendwie erscheint es nur recht und billig, dass wandernde *henro* noch einen letzten steilen Anstieg bewältigen müssen, um die letzte Station ihrer Pilgerschaft zu erreichen. Wobei – streng genommen müssten sie anschließend zum ersten Tempel wandern, damit sich der Kreis schließt. Denn die Suche nach Erleuchtung ist wie ein Kreis: unendlich.

JR Hotel Clement Takamatsu HOTEL ¥¥¥
(JRホテルクレメント高松; Karte S. 750; ☎ 087-811-1111; www.jrclement.co.jp; 1-1 Hamano-chō; EZ/DZ ab 14 000/23 000 ¥; P ⊜ ❄ @ 📶) Wenn man aus dem JR-Bahnhof Takamatsu kommt, springt dieses moderne auffällige Hotel so ziemlich als Erstes ins Auge – es ist das beste in der ganzen Stadt, der Bequemlichkeitsfaktor ist hoch. Die Zimmer sind geräumig und mehrere Bars und Restaurants bieten einen weiten Blick über die Inlandsee.

Essen & Ausgehen

In den überdachten Einkaufspassagen und im Vergnügungsviertel westlich der Bahngleise (zwischen den Haltestellen Kotoden Kotoharamachi und Kotoden Kawaramachi) reihen sich zahlreiche Restaurants und Bars aneinander. Takamatsus Bewohner schwören auf ihre *udon* und kein Reisender sollte die Stadt verlassen, ohne mindestens eine Schüssel *Sanuki udon* probiert zu haben. Man halte nach den Worten *te-uchi udon* (手打ちうどん) Ausschau, die „handgemachte Nudeln" bedeuten.

Kawafuku UDON ¥
(川福; Karte S. 750; ☎ 087-822-1956; www.kawafuku.co.jp; 2-1 Daiku-machi; udon-Mittagsmenü 600 ¥; ⏲ 11–24 Uhr) Das Kawafuku, eines der bekanntesten Nudelhäuser von Takamatsu, serviert seine seidigen *Sanuki udon* in vielen Varianten. Bestellen kann man mithilfe der Plastikmodelle vor dem Restaurant, das rot-weiß gestreifte Laternen an der Lion-dōri markieren.

Ofukuro IZAKAYA ¥
(おふくろ; Karte S. 750; ☎ 087-862-0822; 1-11-12 Kawara-machi; Gerichte 500–1500 ¥; ⏲ Mo–Sa 17–23 Uhr; 📋) Mitten im Vergnügungsviertel bietet das legendäre *washofu* (lokales Speisehaus) abends preiswerte und herzhafte Küche. Auf der Theke stehen zahlreiche köstliche vegetarische und Fischgerichte, die mit einem Salat und Misosuppe serviert werden. Es liegt östlich von Minami Shinmachi.

> **NAOSHIMA & SHŌDO-SHIMA**
>
> Takamatsu ist eine tolle Basis für Ausflüge zu den Olivenhainen von Shōdo-shima (S. 507), für einen Streifzug durch die Kunstszene von Naoshima (S. 501) und für Touren über die Inlandsee-Inseln. All diese Ziele sind in unter einer Stunde mit dem Boot zu erreichen.

★ **Bijin-tei** IZAKAYA ¥¥
(美人亭; Karte S. 750; ☎ 087-861-0275; 2-2-10 Kawara-machi; Gerichte 700–1500 ¥; ⏲ Mo–Sa 17–22 Uhr) Die lächelnde *mama-san* in diesem unauffälligen Meeresfrüchte-*izakaya* sieht alles. Man zeigt einfach auf die Gerichte, die schon auf dem Teller liegen – die eingelegte *tako* (Krake) ist köstlich – oder fragt nach einer *osusume* (Empfehlung). Das Bijin-tei liegt im Erdgeschoss eines Gebäudes mit mehreren Snackbars und Karaokeläden. Auf einem weißen Schild steht der Name in schwarzen Schriftzeichen.

Yakiniku Jinsuke GRILLRESTAURANT ¥¥
(焼肉ジンスケ; Karte S. 750; ☎ 087-834-8808; www.yakiniku-jinsuke.jp; 2-9-9 Kawara; Menü 2500 ¥; ⏲ 17–24 Uhr) Einheimische wie japanische Celebrities frequentieren das Yakiniku Jinsuke, in dem es für nur 2500 ¥ ein solides Menü für Fleisch- und Bierliebhaber gibt. Darin enthalten sind Schweinefleisch, Hühnchen, Suppe, Reis und eingelegtes Gemüse und dazu zwei Getränke nach Wahl, man hat aber auch noch viele weitere Optionen.

★ **King's Yawd** BAR
(Karte S. 750; ☎ 087-837-2660; www.facebook.com/KINGSYAWD; 1-2-2 Tokishin-machi; ⏲ Di–Sa 18–3 Uhr) In dieser jamaikanischen Bar chillt ein gemischtes Publikum. Auf der Speisekarte steht authentische jamaikanische Küche (z. B. scharfes Huhn mit Akee) und die Cocktails sind großzügig. Im Hintergrund läuft Reggae, das Dekor dominieren die Farben Rot, Gold und Grün. Zu Recht bei Einheimischen und Auswanderern beliebt.

Kikugetsu-tei TEEHAUS
(掬月亭; Karte S. 750; matcha 710 ¥; ⏲ 9–16 Uhr) In einer besonders hübschen Ecke des Ritsurin-kōen (S. 750) eine Tasse *matcha* mit einer traditionellen Süßigkeit genießen und die verschiedenen Gartenansichten in den Tatamizimmern auf sich wirken lassen.

Grandfather's BAR
(グランドファーザーズ; Karte S. 750; ☎ 087-837-5177; http://grandfather.jp/takamatsu; 1. UG (B1), 1-6-4 Tokiwa-chō; ⏲ 19 Uhr–open end) Das Grandfather's wirkt so glatt, dass man von seinem Sitz rutscht, sobald der auf Bücher versessene Besitzer Funk- und Soulplatten aus den 1960er- und 1970er-Jahren aus seiner riesigen Sammlung auflegt. Während-

WANDERN IN SHIKOKU

Shikoku ist eine sehr bergige Insel – ein Paradies für Wanderer– und wartet mit zwei der japanischen *Hyakumeizan* (die 100 Berühmten Berge) auf: dem **Ishizuchi-san** (S. 743), dem mit 1982 m höchsten Gipfel Westjapans, und dem 1955 m hohen **Tsurugi-san**. Beide können an einem Tag bezwungen werden, wobei natürlich auch die Möglichkeit besteht, eine mehrtägige Trekkingtour daraus zu machen. In einer japanischen Berghütte zu übernachten kann ein witziges Erlebnis sein!

Der bekannteste Wanderweg der Insel ist natürlich die 88-Tempel-Wanderung (S. 716). Wer allerdings keine 40 bis 60 Tage Zeit bzw. auch gar keine Lust hat, den kompletten Weg zurückzulegen, könnte sich auf einen Abschnitt der Route beschränken. Die ersten fünf Tempel (S. 711), die Strecke vom Ryōzen-ji zum Jizō-ji, nimmt nur einen halben Tag in Anspruch.

Zwischen vielen Tempeln verlaufen *henro-michi* (alte Pilgerpfade). Der alte Bergpfad von Tempel 11 zu Tempel 12 (beide in Tokushima) gilt als härteste Etappe der gesamten Pilgerroute. Manche Tempel können derweil mit modernen Transportmitteln wie (Stand-)Seilbahnen erreicht werden. Die **Unpenji-Seilbahn** (S. 760) befördert Pilger in Nullkommanix auf 900 m, zum spektakulären Tempel Nr. 66, dem **Unpen-ji** (S. 760). Von dort sind es 10 km bergab zu Tempel Nr. 67, dem Daikō-ji.

dessen schweben Kellnerinnen umher und servieren eiskalte Getränke.

ℹ Praktische Informationen

Kagawa International Exchange Centre (アイパル香川国際交流会館; I-PAL Kagawa; Karte S. 750; ☎ 087-837-5908; www.i-pal.or.jp; 1-11-63 Banchō; ⏲ 9–18 Uhr) Die Gesellschaft für internationalen Austausch an der nordwestlichen Ecke des Chūō-kōen hat eine kleine Bibliothek, Satelliten-TV und Internetzugang.

Touristeninformation (高松市観光案内所; Karte S. 750; ☎ 087-851-2009; ⏲ 9–20 Uhr) Alle Infos, die man benötigt, gibt's im JR-Bahnhof. Mitarbeiter, die Englisch sprechen, geben Broschüren auf Englisch heraus und helfen beim Finden einer Unterkunft.

ℹ An- & Weiterreise

BUS

Am **Busbahnhof** (Karte S. 750) machen sich Busse auf den Weg nach Tokio (9½ Std.), Nagoya (5½ Std.), Kyoto (3½ Std.) und in die meisten anderen Großstädte.

FLUGZEUG

Vom **Flughafen Takamatsu** (www.takamatsu-airport.com) kann man nonstop nach Taipeh, Seoul und Shanghai fliegen. Nationale Flugziele sind Tokio, Narita und Naha.

SCHIFF/FÄHRE

Jumbo Ferry (ジャンボフェリー; ☎ 087-811-6688; www.ferry.co.jp; 5-12-1 Asahi-machi) bedient die Strecken Takamatsu–Kōbe und Takamatsu–Shōdo-shima.

Fährboote von **Shikoku Kisen** (Karte S. 750; www.shikokukisen.com; 8-21 Sanpōto) verkehren zwischen Takamatsu, der „Künstlerinsel" Naoshima und Uno in der Präfektur Okayama.

ZUG

Takamatsu ist die einzige Stadt auf Shikoku mit regelmäßigen Zugverbindungen nach Honshū. Häufig fahren Züge nach Okayama (2030 ¥, 55 Min.), dort kann man in einen *shinkansen* umsteigen und erreicht in nur wenigen Stunden alle größeren Städte.

Von Takamatsu fahren *tokkyū* der JR-Kōtoku-Linie Richtung Südosten nach Tokushima (3160 ¥, 70 Min.); die JR-Yosan-Linie verkehrt Richtung Westen nach Matsuyama (6190 ¥, 2½ Std.); die JR-Dosan-Linie bringt einen nach Kochi (5100 ¥, 2½ Std.). Nach Kotohira (820 ¥, 1 Std.) gibt's eine direkte Verbindung mit der privaten Kotoden-Linie.

ℹ Unterwegs vor Ort

FAHRRAD

Takamatsu ist flach und eignet sich hervorragend zum Radfahren. Die „blauen Fahrräder" der Stadt sind eine tolle Option (100 ¥ pro 24 Std.; Reisepass erforderlich) und können bei **Takamatsu-shi Rental Cycles** (高松駅前広場地下レンタサイクルポート; Karte S. 750; ☎ 087-821-0400; ⏲ 7–22 Uhr) im unterirdischen Fahrradpark draußen vor dem JR-Bahnhof Takamatsu geliehen werden.

ZUG

Kotoden (ことでん; ☎ 087-831-6008; www.kotoden.co.jp) ist ein effizientes lokales Eisenbahnunternehmen mit freundlichen Angestellten und drei Zuglinien:

- Die gelbe Linie fährt vom Bahnhof Takamatsu-Chikko am Burgpark im Stadtzentrum vorbei nach Kotohira (mit Halt am Ritsurin-kōen).
- Die grüne Linie fährt vom Bahnhof Takamatsu-Chikko nach Nagao, wo sich Tempel Nr. 87, der Nagao-ji, befindet.
- Die rote Linie fährt von Kawaramachi Richtung Osten nach Shido und hält unterwegs am Bahnhof Kotoden-Yashima und in Yakuri.

Yashima 屋島

Rund 5 km östlich von Takamatsu und von der Stadt aus gut sichtbar erhebt sich das 292 m hohe Yashima-Plateau. Dort steht der 84. Tempel, der Yashima-ji. Yashima bedeutet so viel wie „Dachinsel"; die Lavahalbinsel gehört zum Nationalpark Seto-nai-kai. An verschiedenen Aussichtspunkten eröffnet sich ein fantastisches Panorama der Inlandsee und Takamatsus.

Direkt östlich von Yashima und immer noch im Seto-nai-kai-Nationalpark erstreckt sich der steinige Berg Goken. Um an der (Stein-)Quelle für seine Skulpturen zu sein, ließ sich Isamu Noguchi hier nieder. Dies ist auch der Standort von Tempel 85, dem Yakuri-ji.

ABSTECHER

UTAZU

Wer eine Nacht oder zwei Nächte im historischen Viertel einer Kleinstadt fernab von touristischer Infrastruktur verbringen möchte, kann sich in der Stadt Utazu einquartieren. Die Lokalregierung dort hat sich mit dem **Chiiori Trust** (S. 720) zusammengeschlossen, um zwei historische Häuser am alten *henro*-Pfad zu schützen und wieder in Betrieb zu nehmen, die **Co-machi-no-ie** (古街の家; ☎0877-85-6941; http://co-machi-no-ie.jp; EZ/DZ/3BZ ab 14 000/16 000/21 000 ¥; ⊖ ❄).

Am besten eignen sich die Co-machi-Häuser für Selbstversorger, die mit den Einheimischen in Kontakt kommen möchten und sich gern in das Mini-Abenteuer eines Einkaufs auf Japanisch stürzen. Auch wer die Gegend rund um **Gōshō-ji** (郷照寺; Tempel 78) erkunden und sich die Landschaftsmalereien im **Kunstmuseum Higashiyama Kaii Setouchi** (東山魁夷せとうち美術館; ☎0877-44-1333; www.pref.kagawa.jp/higashiyama/english/museum; 224-13 Aza Minami-dōri, Shamijima, Sakaide; 300 ¥; ⊙Di–So 9–17 Uhr) am Meeresufer anschauen möchte, ist hier richtig. Utazu ist ein günstig liegender Ausgangspunkt für Besucher mit eigenem Fahrzeug, da man von dort aus gut nach Marugame, zum Zentsū-ji und zum Konpira-san kommt.

◉ Sehenswertes

★ Shikoku-mura MUSEUM
(四国村; ☎087-843-3111; www.shikokumura.or.jp; 91 Yashima-nakamachi; 1000 ¥; ⊙April–Okt. 8.30–18 Uhr, Nov.–März bis 17.30 Uhr) Rund 500 m nördlich vom Bahnhof erstreckt sich das ausgezeichnete Museumsdorf Shikoku-mura mit alten Häusern, die aus ganz Shikoku und von den benachbarten Inseln hierher versetzt wurden. Die schöne Kabuki-Bühne des Dorfes stammt von der Insel Shōdo-shima, die für ihre traditionellen bäuerlichen Kabuki-Vorführungen weithin bekannt ist. In einem alten Bauernhaus am Dorfausgang serviert ein hervorragendes Restaurant *Sanuki udon* (ab 450 ¥).

Tempel 85: Yakuri-ji BUDDHISTISCHER TEMPEL
(八栗寺; ☎087-845-9603; www.88shikokuhenro.jp/kagawa/85yakuriji; 3416 Mure, Mure-chō) GRATIS Zum Besuch des Yakuri-ji gehört die Fahrt mit der **Retro-Standseilbahn** (八栗ケーブル; ☎087-845-2218; www.shikokucable.co.jp; 3378-3 Mure, Mure-chō; hin & zurück/einfache Fahrt 930/460 ¥; ⊙7.30–17.15 Uhr alle 15 Min.), ein nettes Erlebnis. Der Tempel selbst hat eine spektakuläre Lage im Wald unterhalb der hohen Felswände des Goken. Wenn sie Tempel 85 erreichen, sind die meisten Pilger ganz aus dem Häuschen, denn ihr Ziel, das Ende ihres Wegs, ist zum Greifen nah! Im Yakuri-ji bittet man um Erfolg bei Geschäften, beim Lernen und Studieren sowie bei der Partnersuche. Reisepass mitnehmen; Ausländer zahlen gewöhnlich nur die Hälfte.

Tempel 84: Yashima-ji BUDDHISTISCHER TEMPEL
(屋島寺; ☎087-841-9418; www.88shikokuhenro.jp/kagawa/84yashimaji; 1808 Yashima-higashimachi) GRATIS Auf dem Yashima-Plateau erhebt sich der Yashima-ji, Tempel Nr. 84. An diesem Ort wurde im 12. Jh. die entscheidende Schlacht zwischen dem Genji- und dem Heike-Clan ausgefochten. Das **Schatzhaus** (500 ¥) des Tempels zeigt Ausstel-

lungsstücke zu diesem Gefecht. Im **Blutteich** sollen die siegreichen Genji-Krieger ihre blutverschmierten Schwerter gereinigt haben. Entweder läuft man vom Bahnhof aus hoch oder folgt der Panoramastraße mit dem Wagen.

Isamu-Noguchi-Gartenmuseum MUSEUM

(イサムノグチ庭園美術館; ☎087-870-1500; www.isamunoguchi.or.jp; 3-5-19 Mure-chō; Führungen 2160 ¥; ⏲Führungen n. V. Di, Do & Sa 10, 13 & 15 Uhr) Der Künstler Noguchi wurde in Los Angeles als Sohn eines japanischen Dichters und einer amerikanischen Schriftstellerin geboren. 1970 richtete er sich in Mure-chō einen Wohnsitz mit Atelier ein. Heute sind in dem Komplex Hunderte seiner Werke versammelt; ein Großteil ist unvollendet, doch in den liebevoll restaurierten Gebäuden und auf dem umliegenden Gelände sind verschiedene inspirierende Skulpturen zu sehen. Man kann sich auch das Haus ansehen, in dem Noguchi gewohnt hat. Per E-Mail reservieren, am besten zwei Wochen oder mehr im Voraus (weitere Infos zur Reservierung etc. auf der Website).

Essen

Restaurants & Co. findet man in und nahe den Bahnhöfen Yashima und Yakuri.

★ **Udon Honjin Yamada-ya** UDON ¥

(うどん本陣山田家; ☎087-845-6522; www.yamada-ya.com; 3186 Mure, Mure-chō; Gerichte ab 800 ¥; ⏲10–20 Uhr) Etwas Besonderes nicht allzu weit von der Talstation der Yakuri-Standseilbahn ein Stück östlich von Takamatsu. Hier gibt's Udon im bildhübschen Ambiente der alten Yamada-Residenz, einem „Wichtigen Kulturgut Japans". Gespeist wird in eleganten Tatamizimmern mit Blick auf einen perfekt zurechtgestutzten japanischen Garten. Wir empfehlen, den Besuch des Yakuri-ji, Tempel Nr. 85, mit einem Mittagessen im Yamada-ya zu kombinieren.

An- & Weiterreise

Yashima liegt sechs Haltestellen vom Bahnhof Kawaramachi (Takamatsu) entfernt an der privaten Kotoden-Linie (240 ¥). Man kann in einer Stunde den schönen Weg an der bewaldeten Rückseite des Plateaus zum Tempel hinaufwandern. Wer mit dem eigenen Auto unterwegs ist, wird auf dem Weg hinauf zum Yashima-Plateau schöne Ausblicke über Takamatsu und die Inlandsee genießen; die Straße führt bis vor den Tempeleingang. Bei Redaktionsschluss konnte die Straße gebührenfrei genutzt werden, das mag sich jedoch wieder ändern (300 ¥).

Yakuri ist acht Haltestellen von Kawaramachi an der Kotoden-Linie entfernt (320 ¥). Die Standseilbahnstation Yakuri erreicht man von Takamatsu aus in 30 Minuten mit dem Auto.

Marugame 丸亀

☎0877 / 110 500 EW.

Mit dem Zug braucht man nur 25 Minuten von Takamatsu nach Marugame. In der lebendigen Stadt erwarten einen eine alte Burg von 1597, die Marugame-jō, und ein interessantes Papierfächermuseum namens Uchiwa-no-Minato, lohnenswerte Ziele für einen gelungenen Tagesausflug. Wer das wahre Shikoku erleben will, könnte sich in einem Co-machi-no-ie-Haus in Utazu, der nächsten Stadt nördlich von Marugame, einquartieren.

Sehenswertes

★ **Marugame-jō** BURG

(丸亀城; ☎877-24-8816; www.marugame-castle.jp; 200 ¥; ⏲9–16.30 Uhr) Die kleine Burg von 1597 wurde binnen fünf Jahren fertiggestellt. Sie ist eine von nur zwölf Burgen in Japan, deren originaler *donjon* (Hauptturm) aus Holz noch erhalten ist. Darüber hinaus ist sie für ihre wunderbaren Steinmauern bekannt. Eintritt wird nur für die Besichtigung des *donjon* erhoben, der Bummel über das restliche Burggelände ist gratis. Vom JR-Bahnhof Marugame läuft man ca. zehn Minuten nach Südosten.

Uchiwa-no-Minato-Museum MUSEUM

(うちわの港ミュージアム; ☎0877-24-7055; www.city.marugame.kagawa.jp/sightseeing/spot/uchiwa_museum; 307-15 Minato machi; ⏲Di–So 9.30–17 Uhr) GRATIS In diesem Museum nahe dem Hafen wird mithilfe von Ausstellungsstücken und Vorführungen demonstriert, wie *uchiwa* (runde Papierfächer) hergestellt werden. Marugame ist mit rund 90 % Hauptstandort der japanischen *uchiwa*-Produktion. Wer sich vorab anmeldet, lernt in einem einstündigen Workshop, wie ein Papierfächer angefertigt wird (500 ¥). Vom Bahnhof läuft man 15 Minuten.

Praktische Informationen

Touristeninformation Marugame (丸亀市観光案内所; ☎0877-22-0331; www.love-marugame.jp; ⏲9.30–18 Uhr) Das Büro am JR-Bahnhof Marugame gibt Stadtpläne und Faltblätter aus, darunter auch englisches Infomaterial.

Anreise & Unterwegs vor Ort

Von Takamatsu aus lässt sich bequem ein Tagesausflug nach Marugame unternehmen (*tokkyū* 1070 ¥, 25 Min.).

Im Fahrradpark gegenüber vom Bahnhof sind **Leihräder** (☎ 0877-25-1127; www.love-marugame.jp/traffic_03-1.html; normales Rad/E-Bike 200/300 ¥ pro Tag; ⏲ 7–19 Uhr) erhältlich. Mit dem Rad braucht man fünf Minuten zur Burg und weniger als 60 Minuten bis Zentsuji.

Zentsuji

☎ 0877 / 35 000 EW.

Zentsū-ji, Tempel Nr. 75 und Geburtsort Kōbō Daishis, ist das Herzstück der kleinen Stadt Zentsuji. Der Tempel war zuerst da, die Stadt wuchs später um ihn herum. Wer die Gegend mit dem Fahrrad erkundet, kann noch mehr Pilgertempel in der näheren Umgebung besuchen, darunter die Nr. 72, den Mandara-ji, und die Nr. 73, den Shusshaka-ji. Diese gehörten ursprünglich einmal zum Zentsū-ji, wurden aber bald unabhängig und eigenständige Stationen an der 88-Tempel-Pilgerroute.

Sehenswertes

★ Tempel 75: Zentsū-ji BUDDHISTISCHER TEMPEL

(善通寺; ☎ 0877-62-0111; www.zentsuji.com; 3-3-1 Zentsūji-chō) GRATIS Der 75. ist der größte der 88 heiligen Tempel – die meisten anderen sind kleiner als der Parkplatz des Zentsū-ji. Er ist der Geburtsort von Kōbō Daishi; die gigantischen Kampferbäume sollen hier schon in seiner Kindheit gestanden haben. Auf dem Gelände erhebt sich zudem eine großartige fünfstöckige Pagode. Der Tempel ist ca. 1,5 km vom JR-Bahnhof Zentsuji entfernt.

Besucher können sich in das Untergeschoss der **Mie-dō** begeben und einen 100 m langen, stockfinsteren Gang (戒壇めぐり; 500 ¥) durchqueren. Es heißt, dass wer dabei seine Hand an die Wand presst, die mit Mandalas, Engeln und Lotusblumen bemalt ist, sicher auf dem Pfad des Buddha wandelt.

Tempel 73: Shusshaka-ji BUDDHISTISCHER TEMPEL

(出釈迦寺; ☎ 0877-63-0073; www.88shikokuhenro.jp/kagawa/73shusyakaji; 1091 Yoshiwara-chō) GRATIS Vor 200 Jahren wurde der Shusshaka-ji ins Tal „verpflanzt", damit er besser erreichbar für Pilger sei – zuvor thronte er auf einem Berg 500 m über der Ebene und der steile Aufstieg war beschwerlich. Es heißt, dass sich Kōbō Daishi im Alter von sieben Jahren von eben diesem Gipfel stürzte und schrie: „Wenn es meine Aufgabe ist, die Menschen zu retten, so rette mich, Buddha!" Der Legende nach brachten ihn Engel sicher zurück auf den Berg.

Dies ist einer der Orte, an denen man den Bergen magische Kräfte zuspricht.

Schlafen & Essen

Rund um den JR-Bahnhof Zentsuji haben sich einige günstige Restaurants mit entspanntem Ambiente niedergelassen.

Kaze-no-Kuguru HOSTEL ¥

(風のくぐる; ☎ 0877-63-6110; www.kuguru.net; B 3000 ¥, EZ/DZ ab 3800/6600 ¥; P ❄ 📶) An einer Hauptstraße auf dem *henro*-Pilgerpfad steht dieses Hostel, eine ganz exzellente Wahl – freundlich, tadellos und lichtdurchflutet. Wäschewaschen und WLAN sind kostenlos. Das braune Gebäude hat sehr viele Fenster und ist 15 Gehminuten vom Bahnhof entfernt; eine Karte ist auf der Website zu finden.

An- & Weiterreise

Kagawa ist eine kleine Präfektur. Der JR-Bahnhof Zentsuji ist gerade mal 45 Minuten von Takamatsu (*tokkyū* 1810 ¥) und nur fünf Minuten von Kotohira (210 ¥) entfernt.

Kotohira 琴平

☎ 0877 / 9800 EW.

Das kleine Kotohira beherbergt den Konpira-san. Dieser Shintō-Schrein ist den Seefahrern gewidmet und zählt zu Shikokus berühmtesten Touristenattraktionen. Erwähnt man älteren Japanern gegenüber, dass man Shikoku bereist hat, werden sie so ziemlich als Erstes fragen, ob man denn auch beim Konpira-san war. Viele Japaner betrachten den Aufstieg über 1368 steile Steinstufen als rituellen Gang. Auf dem Weg gibt's zahlreiche interessante Ablenkungen.

Sehenswertes & Aktivitäten

★ Konpira-san SHINTŌ-SCHREIN

(金刀比羅宮; Karte S. 757; 892-1 Kotohira-chō; Hōmotsu-kan 800 ¥, Shoin 800 ¥; ⏲ Hōmotsu-kan & Shoin 8.30–16.30 Uhr) Der Konpira-san, etwas förmlicher Kotohira-gū genannt, diente ursprünglich zugleich als buddhistischer und Shintō-Tempel und war dem Wächter über die Seefahrer gewidmet. Nach der Mei-

Kotohira

Kotohira

Highlights
1 Kanamaru-za C3
2 Konpira-san A3

Sehenswertes
3 Asahi-no-Yashiro A3
4 Ema-dō A3
5 Gohonsha A3
6 Hōmotsu-kan B3
7 Kinryō-no-Sato C2
8 Ō-mon B3
9 Shoin A3
10 Takadōrō C1

Aktivitäten, Kurse & Touren
11 Nakano Udon School C2

Schlafen
12 Kotobuki Ryokan D2
13 Kotohira Kadan D3
14 Kotohira Riverside Hotel D2
15 Kotohira Spa Kotosankaku C1

Essen
16 Konpira Udon C2
17 New Green D2

ji-Restauration wurde er in einen Shintō-Schrein umgewandelt.

Zwar wird viel Aufhebens um den anstrengenden Weg (1368 Stufen) zur Spitze gemacht, doch wer auf seiner Reise durch Japan hier angelangt ist, hat wahrscheinlich schon einige lange Aufstiege zu Schreinen hinter sich gebracht.

Als erstes bemerkenswertes Bauwerk passiert man unterwegs das **Ō-mon** (大門; Karte S. 757). Dieses Steintor führt zum **Hōmotsu-kan** (宝物館; Schatzhaus; Karte S. 757; 800 ¥; ⌚8.30–16.30 Uhr), dessen Sammlung für einen so bedeutenden Schrein recht bescheiden ausfällt. Ganz in der Nähe verkaufen fünf Händler traditionelle Süßigkeiten an Tischen im Schatten großer weißer Sonnenschirme. Als Nachkommen jener Familien, die auf dem Schreingelände Handel betreiben durften, symbolisieren diese *Gonin Byakushō* (Fünf Bauern) die alten Zeiten. Weiter oben steht die **Shoin** (書院; Empfangshalle; Karte S. 757; 800 ¥; ⌚8.30–16.30 Uhr), aus dem Jahr 1659, die als nationales Kulturgut klassifiziert ist. Sie wartet mit interessanten Wandmalereien und einem kleinen Garten auf.

Schließlich erreicht man den großen **Asahi-no-Yashiro** (旭社; Schrein der aufgehenden Sonne; Karte S. 757). Die 1837 gebaute große

Halle ist der Sonnengöttin Amaterasu gewidmet und für ihre kunstvollen Holzschnitzereien berühmt. Von hier führt der letzte und schönste Wegabschnitt zum Gipfel, vorbei an der **Gohonsha** (御本社; Gohon-Halle; Karte S. 757) und dem **Ema-dō** (絵馬堂; Ema-Pavillon; Karte S. 757). Letzterer birgt viele maritime Opfergaben, von Bildern und Modellen bis zu modernen Schiffsmotoren. Von der Anhöhe bietet sich ein spektakulärer Blick auf die Küste und die Inlandsee.

Wer noch Energie hat, kann weitere rund 500 Stufen zum **Oku-sha** (Innerer Schrein) erklimmen und dort an einer Felswand Steinreliefs des Fabelwesens Tengu (ein vogelähnlicher Dämon) bewundern.

★ Kanamaru-za THEATER
(金丸座; Karte S. 757; ☎0877-73-3846; 500 ¥; ⌚9–17 Uhr) Japans ältestes Kabuki-Theater wurde lange Zeit als Kino genutzt und dann fantastisch restauriert. Hinter der Bühne kann man die Drehbühnentechnik, Falltüren und einen Tunnel zur Vorderseite des Theaters sehen. Das Kanamaru-za liegt 200 m westlich vom Hauptweg zum Konpira-san. Es gibt eine gute Broschüre auf Englisch und ab und zu stehen freiwillige englischsprachige Führer zur Verfügung.

Kinryō-no-Sato MUSEUM
(金陵の郷; Karte S. 757; ☎0877-73-4133; 623 Kotohira-chō; ⌚Mo–Fr 9–16, Sa & So bis 18 Uhr) GRATIS Dieses Sakemuseum am Hauptweg zum Schrein befindet sich in den alten Räumlichkeiten einer Brauerei, die das Gebäude bis 1789 besaß. In einer englischsprachigen Broschüre wird die Sakeherstellung erläutert, Sakeverkostungen werden leider nicht mehr angeboten. Ausschau halten nach den Sakefässern draußen!

Takadōrō WAHRZEICHEN
(Laternenturm; Karte S. 757) Japans höchste Holzlaterne (27 m) wurde ursprünglich errichtet, um in der Inlandsee kreuzenden Schiffen die Orientierung zu erleichtern.

Nakano-Udon-Schule KOCHEN
(中野うどん学校; Karte S. 757; ☎0877-75-0001; www.nakanoya.net; 796 Kotohira-chō; 1500 ¥) In einer Stunde lernt man, die legendären *Sanuki udon* herzustellen. Schulungsort ist ein Laden an der Hauptstraße, die zu den Stufen zum Konpira-san führt. Die Teilnehmer kneten den Teig, hüpfen auf ihm herum, zerschneiden und kochen ihn, um ihn zuletzt zu verspeisen. Es macht ziemlich viel Spaß, und ein Zertifikat gibt's auch.

Schlafen & Essen

Kotohira Spa Kotosankaku RYOKAN ¥¥
(ことひら温泉琴参閣; Karte S. 757; ☎0877-75-1000; www.kotosankaku.jp; 685-11 Kotohira-chō; Zi. inkl. 2 Mahlzeiten ab 9000 ¥ pro Pers.; P ❄ 📶) Die große Unterkunft mit zwölf Stockwerken wartet mit Zimmern im japanischen und westlichen Stil auf, manche bieten eine Kombination aus beidem. Es gibt wunderbare Bäder und die Mahlzeiten werden formvollendet zubereitet – das Frühstücksbüfett ist herausragend! Bis zum JR-Bahnhof und dem Kotoden-Bahnhof sind es nur fünf Gehminuten. Sehr beliebt bei japanischen Reisegruppen; frühzeitig reservieren.

Kotohira Kadan RYOKAN ¥¥
(琴平花壇; Karte S. 757; ☎0877-75-3232; www.kotohira-kadan.jp; 1241-5 Kotohira-chō; Zi./Haus ab 12 000/24 000 ¥ pro Pers.; P ⊖ ❄ @) Nach dem Aufstieg zum Konpira-san kann man im eleganten, rund drei Gehminuten vom Zentrum von Kotohira entfernten *ryokan* ausspannen. Die meisten Zimmer sind im japanischen Stil gehalten, dazu gibt's drei freistehende Häuser in einem Garten. Im hauseigenen Onsen oder in der eigenen Badewanne (einige davon unter freiem Himmel) lässt sich der Muskelkater auskurieren.

Die hübsch angerichteten Mahlzeiten werden mit Meeresfrüchten aus der Gegend und Spezialitäten der Region zubereitet. Zwar spricht das Personal nicht viel Englisch, ist dafür aber ausgesprochen herzlich und zuvorkommend.

Kotobuki Ryokan RYOKAN ¥¥
(ことぶき旅館; Karte S. 757; ☎0877-73-3872; 245-5 Kotohira-chō; mit Frühstück ab 7000 ¥ pro Pers.; P ❄ @) Mit offenen Armen wird man in dem gastfreundlichen, günstig am Fluss gelegenen *ryokan* empfangen. Es bietet komfortable Tatamizimmer, Sonnenschirme, Internetzugang und blitzsaubere Gemeinschaftsbäder. Die Badewanne aus Holz ist umwerfend! Links geht's in die Einkaufspassage mit einigen kleinen Restaurants, rechts zum Schrein.

Kotohira Riverside Hotel HOTEL ¥¥
(琴平リバーサイドホテル; Karte S. 757; ☎0877-75-1880; www.hananoyu.co.jp/river; 246-1 Kotohira-chō; EZ/DZ mit Frühstück ab 7500/13 000 ¥; 📶) Ein paar komfortable Zimmer im westlichen Stil bietet dieses gut geführte Businesshotel. Im Haus gibt's ein Bad, zusätzlich bekommen die Gäste Rabatt für den Onsen des Schwesterhotels in der Nähe.

Weiterhin umfassen die Einrichtungen ein komfortables Restaurant, eine Münzwäscherei und WLAN im gesamten Gebäude.

Konpira Udon UDON ¥
(こんぴらうどん; Karte S. 757; ☎0877-73-5785; www.konpira.co.jp; 810-3 Kotohira-chō; Mahlzeiten 500–1200 ¥; ⏲8–17 Uhr) In der Nähe der ersten Stufen zum Konpira-san serviert dieses Lokal, wie Dutzende andere in Kotohira, *Sanuki udon*. Es ist nicht zu verfehlen – durch das Fenster zur Straße kann man den fleißigen *udon*-Machern beim Ausrollen und Schneiden des Teigs zusehen. Wir empfehlen *kake udon* (500 ¥), ein einfaches Gericht mit heißen oder kalten Nudeln in Brühe.

New Green CAFÉ ¥
(ニューグリーン; Karte S. 757; ☎0877-73-3451; 722-1 Kotohira-chō; Mahlzeiten 850–1600 ¥; ⏲8.30–20.30 Uhr; 📄) Das New Green ist ein niedliches Café, in dem sich hiesige Damen zum Kaffeeklatsch treffen, und zugleich eines der wenigen Lokale der Stadt, das Abendessen serviert. Wer nach Salat, *kaki-furai* (panierte gebratene Austern) und *omuraisu* (mit gebratenem Reis gefülltes Omelett) noch Appetit hat, kann zu Kuchen übergehen.

Praktische Informationen

Die **Touristeninformation Kotohira** (琴平観光協会; Karte S. 757; ☎0877-75-3500; www.kotohirakankou.jp; 811 Kotohira-chō; ⏲10–17.30 Uhr) befindet sich kurz vor den ersten Stufen zum Konpira-san. Hier gibt's Stadtpläne und Broschüren auf Englisch. Zudem steht eine begrenzte Anzahl Leihfahrräder zur Verfügung.

An- & Weiterreise

Kotohira erreicht man von Kōchi (*tokkyū* 4450 ¥, 1½ Std.) und Ōboke (2790 ¥; 45 Min.) mit der JR-Dosan-Linie. Wer nach Takamatsu oder zu anderen Orten der Nordküste reisen möchte, muss in Tadotsu umsteigen. Auf der privaten Kotoden-Linie verkehren auch regelmäßig Direktzüge von Takamatsu (620 ¥, 1 Std.).

Kanonji 観音寺

☎0875 / 64 000 EW

Kanonji, benannt nach der Göttin der Barmherzigkeit, Kannon, ist eine interessante Zwischenstation. In der Stadt erstreckt sich der Kotohiki-kōen samt nettem Strand und einer münzförmigen Sandskulptur mit Namen Zenigata. In der Nähe stehen zwei der 88 Tempel, der **Jinne-in und der Kanon-ji** (神恵院・観音寺; ☎0875-25-3871; www.shikoku88-6869.com; 3875 Yahata-chō) GRATIS, auf demselben Grundstück. Es handelt sich um die Tempel 68 und 69. Landeinwärts kann man sich von der 2,6 km langen Unpenji-Seilbahn zum Unpen-ji, Tempel Nr. 66, hinaufbringen lassen. Pass einstecken; ausländische Besucher zahlen häufig nur den halben Preis.

Sehenswertes

★Tempel 66: Unpen-ji BUDDHISTISCHER TEMPEL
(雲辺寺; Karte S. 719; ☎0883-74-0066; www.88shikokuhenro.jp/kagawa/66unpenji/index.html; 763-2 Hakuchi, Ikeda-chō) GRATIS Sein Name, „Tempel der umgebenden Wolken", lässt es bereits erahnen: Der Unpen-ji liegt

SHIKOKU: ROADTRIP

Es wird zunehmend einfacher, in Japan einen Wagen zu mieten. Mehrsprachige Navis ermöglichen eine problemlose Orientierung und Shikoku eignet sich hervorragend für einen Road Trip! Highlights wie das Iya-Tal, die beiden südlichen Kaps Muroto-misaki und Ashizuri-misaki, aber auch viele der 88 Tempel sind nicht an das Schienennetz angeschlossen und die Busverbindungen sind kompliziert. Ein Auto macht die Anreise um ein Vielfaches leichter, insbesondere, wenn die Reisezeit begrenzt ist.

Deshalb: Wagen mieten und ab auf Erkundungstour! Man könnte über eins der drei Brückensysteme nach Shikoku gelangen oder aber eine Fähre nehmen. Wer ein Auto leihen will, sollte vor der Abreise einen internationalen Führerschein beantragen.

Die 88-Tempel-Pilgerschaft auf vier Rädern schafft man ohne Probleme in 15 bis 20 Tagen. Die Navigation ist kinderleicht: Einfach die Telefonnummer des nächsten Tempels auf der Liste in das englischsprachige Navi im Leihwagen eintippen.

Toyota Rent a Car (https://rent.toyota.co.jp/eng) Unterhält Büros in allen vier Präfekturen auf Shikoku.

Nissan Rent a Car (https://nissan-rentacar.com/english) In den vier größten Städten und an den Flughäfen auf Shikoku.

auf 900 m und ist damit der höchstgelegene der 88 Tempel. Tatsächlich gehört er zur Präfektur Tokushima, dabei hockt er mehr oder minder direkt auf der Grenze zur Präfektur Kagawa. Jahrhundertelang fürchteten Pilger den Aufstieg; der moderne *henro* setzt sich einfach in die **Seilbahngondel** (雲辺寺ロープウェイ; ☎0875-54-4968; www.shikoku-cable.co.jp; 1974-57 Onohara-chō Marui; hin & zurück 2060 ¥; ⏱7.20–17 Uhr alle 20 Min.), die von der Kagawa-Seite hinauffährt. Faszinierend sind die 500 *rakan*-Statuen. Es heißt, dass sich ein jeder in einer der Figuren wiedererkennen kann – viel Spaß bei der Doppelgängersuche!

Zenigata WAHRZEICHEN

(銭形; Kotohiki-kōen) Das Sandrelief mit 350 m Durchmesser stammt aus dem Jahr 1633. Riesige Gräben im Sand formen eine Münze und ihre Inschriften. Sie soll einst über Nacht von Anwohnern als Willkommensgeschenk für ihren Lehnsherrn angelegt worden sein. Den besten Blick auf die beeindruckende Skulptur hat man an dem Aussichtspunkt auf dem Hügel im Kotohiki-kōen (hochlaufen oder -fahren), unmittelbar hinter Tempel 68. Hinter dem Gebäude verläuft ein Pfad.

ℹ Praktische Informationen

Stadtpläne bekommt man in der kleinen **Touristeninformation** (☎0875-25-3839), vom Bahnhof aus auf der anderen Seite der Brücke.

ℹ An- & Weiterreise

Mit dem schnellsten Zug benötigt man ab Takamatsu 45 Minuten bis zum JR-Bahnhof Kanonji (2790 ¥), ab Matsuyama ist man 1¾ Stunden unterwegs (4780 ¥).

Kyūshū

Inhalt ➜

Gut essen

- ➜ Tōsenkyō Sōmen Nagashi (S. 832)
- ➜ Kawachima Tōfu (S. 777)
- ➜ Shippoku Hamakatsu (S. 793)
- ➜ Takamori Dengaku-no-Sato (S. 807)
- ➜ Gyōza Kogetsu (S. 814)

Schön übernachten

- ➜ Yōyōkaku (S. 777)
- ➜ Hotel Nampuro (S. 797)
- ➜ Hostel Akari (S. 791)
- ➜ Yufu-no-Oyado Hotaru (S. 809)
- ➜ ANA Holiday Inn Resort Miyazaki (S. 840)

Auf nach Kyūshū

Die südlichste und westlichste Hauptinsel Japans ist wohl auch die wärmste, freundlichste und schönste – mit aktiven Vulkanen, einer fast tropischen Küste sowie zahlreichen Onsen. Doch Kyūshū (九州) ist auch reich an Geschichte. Jōmon-Ruinen, die Shintō-Sonnengöttin, reiche Handelshäfen, ausländische Missionare, Samurairebellen und eine der größten Kriegstragödien aller Zeiten spielten dabei eine Rolle.

Fukuoka präsentiert sich als multikulturelle Metropole. Im freundlichen, malerischen Nagasaki kontrastiert das Tragische mit einer bunten Geschichte, Kumamotos Burg ist die schönste Japans, und der Vulkankrater Aso der größte der Welt, allerdings wurden beide bei den Erdbeben 2016 schwer beschädigt. In der Präfektur Saga befinden sich gleich drei legendäre Keramikzentren. Nichinan in Miyazaki lockt mit toller Aussicht, Affen und den besten Surfspots Japans und in Kagoshima, dem Zentrum der Meiji-Restauration, brodeln aktive Vulkane. Dazwischen liegen zahlreiche Städte mit Thermalquellen und Wandermöglichkeiten.

Reisezeit

Fukuoka

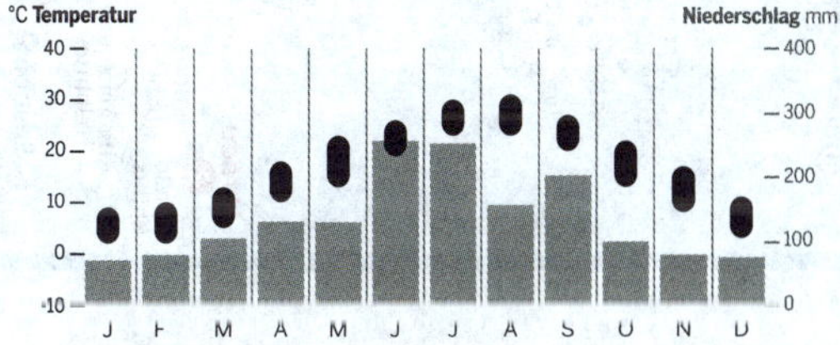

April–Mai Angenehmes Wetter und blühende Azaleen auf den Vulkanhängen.

Juli–Aug Die Nachthitze bekämpft man an köstlichen *yatai* (Imbissständen) in Fukuoka.

Okt.–Nov. Bei guten Temperaturen gibt's tolle Festivals wie das Kunchi Matsuri in Nagasaki.

Kyūshū Highlights

1 **Fukuoka** (S. 770) An einem *yatai*-Imbissstand zusammen mit anderen Nachteulen Bier trinken und *yakitori*-Spieße schmausen.

2 **Hirado** (S. 778) Von der einzigartigen Geschichte dieser abgeschiedenen Insel bewegt und bezaubert werden.

3 **Ibusuki** (S. 831) Sich in diesem Onsen-Ferienort in warmen Vulkansand eingraben lassen.

4 **Kurokawa-Onsen** (S. 807) In einem ruhigen *rotemburo* (Bad unter freiem Himmel) am Fluss wieder auftanken.

5 **Hashima** (S. 795) Die gespenstische verlassene „Geisterinsel"(auch: Gunkan-jima) erkunden.

6 Töpferstädte (S. 782) Japans einzigartige Keramiktraditionen in Arita, Imari und Karatsu bewundern.

7 Takachiho-Schlucht (S. 819) Zwischen Wasserfällen und hungrigen Enten rudern.

8 Kumamoto-jō (S. 800) Sehen, wo die letzten Samurai ihre letzte Schlacht austrugen. Trotz Erdbebenschäden immer noch eine beeindruckende Burg.

9 Nichinan Coast (S. 840) Auf den Wellen reiten.

10 Kagoshima (S. 821) Shōchū aus Süßkartoffeln schlürfen, während der Sakurajima Asche über die Bucht wogen lässt.

Geschichte

Ausgrabungsstätten, die auf 10 000 v. Chr. datieren, deuten darauf hin, dass die Jōmon-Kultur wahrscheinlich in Süd-Kyūshū aufkam und sich von hier langsam nach Norden ausbreitete.

Japans Handel mit China und Korea begann in Kyūshū, und die Ankunft der portugiesischen Schiffe im Jahre 1543 markierte den Beginn der manchmal schwierigen Beziehungen Japans zum Westen und bildete den Auftakt des „Christlichen Jahrhunderts" (1549–1650). Neben dem Christentum brachten die Portugiesen auch Feuerwaffen mit, die zum Niedergang der Samuraitradition führten.

1868 spielten Rebellen aus Kyūshū eine entscheidende Rolle bei der Meiji-Restauration, die das Militär-Shogunat mit seiner Isolationspolitik beendete und die Geburt des modernen Japans begründete. In der folgenden Meiji-Ära (1868–1912) führte die rapide Industrialisierung zu einem starken sozialen, politischen und ökologischen Wandel.

Leider ist diese historisch reiche Region aber am ehesten für ein Ereignis bekannt – den Atombombenabwurf auf Nagasaki am 9. August 1945.

An- & Weiterreise

FLUGZEUG

Der Flughafen Fukuoka ist hinsichtlich der Passagierzahlen der viertgrößte des Landes und bedient Ziele in Japan und ganz Asien. Neben Inlandsflügen bieten die Flughäfen Ōita (der nächstgelegene Flughafen für Beppu), Kagoshima, Kumamoto, Miyazaki und Nagasaki auch Verbindungen nach Seoul. Von Kagoshima und Nagasaki gehen Flüge direkt nach Shanghai. Von Miyazaki starten Flüge nach Taipeh, aber nicht immer täglich. Ab Kitakyūshū gibt es Flüge nach Busan. Viele Fluggesellschaften bieten ausländischen Besuchern ermäßigte Flüge zu „Visit-Japan"-Preisen von vielen Flughäfen Kyūshūs nach Tokio und Naha (Okinawa).

ERMÄSSIGTE BUS-PÄSSE

In den JR-Kyūshū- und Kyūshū-Bussen sind verbilligte All-you-can-ride-Tickets erhältlich. Für drei Tage in Nord-Kyūshū/ganz Kyūshū zahlt man 8000/10 000 ¥, ein Viertagespass für ganz Kyūshū kostet 14 000 ¥. Weitere Infos gibt's unter www.sunqpass.jp.

SCHIFF/FÄHRE

Auf dem Seeweg gelangt man von Osaka und Okinawa nach Kyūshū. Zwischen Fukuoka und Busan in Südkorea pendeln Schnellfähren.

ZUG

Der *shinkansen* verbindet Shin-Osaka mit Kagoshima über den Bahnhof Hakata (Fukuoka) und Kumamoto.

Unterwegs vor Ort

AUTO & MOTORRAD

Außerhalb der Städte eignen sich Mietautos am besten, um viele der unberührten und kaum bekannten Landschaften zu erreichen, besonders im ländlichen Süd- und Nordost-Kyūshū sowie rund um den Aso-san. Autovermietungen findet man überall auf der Insel.

BUS

Kyūshūs weitverzweigtes Autobahnbusnetz ist oft die effizienteste und billigste Möglichkeit, von Ort zu Ort zu gelangen. Für Routen und Reservierungen siehe www.atbus-de.com.

ZUG

Die Kyūshū-*shinkansen*-Linien verlaufen von Nord nach Süd durch West-Kyūshū zwischen Hakata und Kagoshima, andere Großstädte der Insel werden durch *tokkyū* (Expresszüge) verbunden.

Es fährt sogar der Luxuszug **Seven Stars** (www.cruisetrain-sevenstars.jp). Eine zweitägige Fahrt mit einer Übernachtung (EZ/DZ ab 480 000/600 000 ¥) oder eine viertägige Fahrt mit drei Übernachtungen (EZ/DZ ab 950 000/1 260 000 ¥) sind ebenfalls im Angebot.

FUKUOKA & UMGEBUNG

Urbaner als in Fukuoka an der Nordwestküste wird's in Kyūshū nicht – und richtig Spaß macht es hier auch. Gen Westen teilt sich das Land in mehrere Landzungen und Buchten. Hier warten die Töpferstädte Karatsu, Imari und Arita. Ganz im Westen liegt Hirado, eine kleine Insel mit großer Geschichte.

Fukuoka 福岡

092 / 1 530 000 EW.

Fukuoka ist die größte Stadt Kyūshūs (und Japans sechstgrößte) und wächst immer noch. Sie besteht aus der Fukuoka-Burgstadt am Westufer des Naka-gawa sowie Hakata im Osten: 1889 vereinten sich beide Städte zu Fukuoka, obwohl der Name Hakata ebenfalls oft verwendet wird (z. B. heißt der Flughafen Fukuoka, der Bahnhof aber Hakata).

Die Handelsgeschichte von Hakata reicht 2000 Jahre zurück und wird auch heute von Besuchern aus Seoul und Shanghai fortgeführt. Unter Japanern ist die Stadt für das Baseballteam SoftBank Hawks und herzhafte Hakata-*rāmen* (Eiernudeln) bekannt.

Mit seiner freundlichen Atmosphäre ist Fukuoka ein schönes Tor nach Kyūshū, und das warme Wetter und die modernen Attraktionen – Kunst, Architektur, Shoppen und schmackhafte Küche – machen es zu einem Ausgangspunkt für Ausflüge in die Region.

NICHT VERSÄUMEN

KYŪSHŪS BESTE ONSEN

Ibusuki Sunamushi Kaikan Saraku (S. 831) Sandbad am Strand weit im Süden von Kagoshima.

Takegawara-Onsen (S. 811) Heißer und historischer Onsen, den die Zeit nicht verändert hat.

Shitan-yu (S. 808) Wasser mit viel Atmosphäre im stillen Yufuin.

Kirishima-Yaku Nationalpark (S. 833) Im Schatten der Takachiho-Bergkette verbindet sich Schwefel mit Schönheit.

Takeo-Onsen (S. 781) Uralter Onsen mit eigenen Bädern.

Sehenswertes

Fukuoka kann in drei Hauptbezirke geteilt werden. Hakata, die alte *shitamachi* (Innenstadt), wird heute von der belebten *shinkansen*-Haltestelle, dem JR-Bahnhof-Hakata, dominiert. Drei U-Bahn-Stationen weiter am anderen Ufer des Naka-gawa befindet sich Fukuokas Herz, das Tenjin-Viertel, in dem es von Einkaufszentren, Boutiquen und Restaurants wimmelt und wo das Nachtleben tobt. Oberirdisch zentriert sich Tenjin an der Watanabe-dōri, unterirdisch um die Tenjin Chikagai, eine lange Einkaufsarkade mit sanfter Beleuchtung und schmiedeeisernen Decken, die sie zu einem tollen Zufluchtsort im Sommer machen. Westlich von Tenjin liegt das trendige Daimyō – Fukuokas Hommage an Tokios Harajuku, aber ohne die Menschenmassen –, das an das frühere Burggelände grenzt.

Die Stadtviertel an der Küste, die am besten mit dem Bus oder Taxi zu erreichen sind, beherbergen viele attraktive Sehenswürdigkeiten, Restaurants und Hotels.

Hakata

★ Museum für asiatische Kunst Fukuoka MUSEUM

(福岡アジア美術館; Karte S. 766; ☎092-263-1100; http://faam.city.fukuoka.lg.jp; 7. & 8. OG, Riverain Centre Building, 3-1 Shimo-Kawabata-machi; Erw./Stud. 200/150 ¥; ⏲Do–Di 10–20 Uhr; Ⓜ Nakasu-Kawabata) In oberen Etagen des Hakata Riverain Centre (博多リバレイン) findet man die weltbekannte **Asiengalerie** dieses Museums sowie weitere Galerien für Sonderausstellungen (Eintrittspreise variieren) und die Ateliers mehrerer Künstler. Die Wechselausstellungen zeigen moderne Werke aus 23 Staaten, von Ostasien bis nach Pakistan.

★ Hakata Machiya Furusato-kan MUSEUM

(博多町家ふるさと館; Karte S. 766; ☎092-281-7761; www.hakatamachiya.com; 6-10 Reisenmachi; 200 ¥; ⏲10–18 Uhr; Ⓜ Gion) Auf drei *machiya* (traditionelle japanische Stadthäuser) verteilt, bildet das Museum ein Hakata-*nagare* (Stadtviertel) aus der späten Meiji-Ära nach. Die rekonstruierten Gebäude bergen historische Fotos und Exponate zur traditionellen Hakata-Kultur, zu Festivals, Kunsthandwerk und darstellenden Künsten. Außerdem sind Aufnahmen (im Unterrichtsstil) im Hakata-*ben* (Dialekt) zu hören. Regelmäßig führen Künstler vor Ort ihr Handwerk vor.

Kushida-jinja SHINTO-SCHREIN

(櫛田神社; Karte S. 766; ☎092-291-2951; 1-41 Kami-kawabata; ⏲8–18 Uhr; Ⓜ Gion oder Nakasu-Kawabata) GRATIS Der intime Kushida-jinja, Hakatas städtischer Shintō-Schrein, stammt von 757 n. Chr. und sponsert das Hakata Gion Yamakasa Matsuri (S. 769), bei dem haushohe Umzugswagen durch die Stadt fahren. Auf dem Gelände des Schreins werden Bilder der Festwagen ausgestellt sowie ein echter Wagen – für alle, die nur mal schauen wollen, wie es weitergeht. Ein **regionales Geschichtsmuseum** (博多歴史館; Karte S. 766; 1-41 Kami-kawabata; Eintritt Museum 300 ¥; ⏲Di–So 10–17 Uhr; Ⓜ Gion oder Nakasu-Kawabata) widmet sich diesem Festival und zeigt außerdem Schwerter, antike Keramiken und anderes.

Shōfuku-ji BUDDHISTISCHER TEMPEL

(聖福寺; Karte S. 766; 6-1 Gokushō machi; ⏲24 Std.; Ⓜ Gion) 1195 gründete Eisai, der Zen und Tee in Japan einführte, den Zentempel Shōfuku-ji; hier sollen die ersten Teesträucher der Nation gepflanzt worden sein. Die Gebäude sind nicht öffentlich zugänglich, aber die baumgesäumten Steinwege laden zu einem Spaziergang ein.

Fukuoka Zentrum
500 m
Museum für Asiatische Kunst Fukuoka
Hakata Machiya Furusato-kan
Fährterminal im Hafen von Hakata & Internationales Terminal (2 km)
Hilton Fukuoka Sea Hawk (2,5 km); Fukuoka Yafuoku! Dome (2,5 km); Stadtmuseum Fukuoka (3 km); Fukuoka Tower (3 km); Städtischer Fährhafen Meinohama (5 km)
Internationale Klinik Tojin-machi (2,5 km); Karatsu (40 km)
Fukuoka-jō & Ōhori-kōen (600 m); Nihon-teien (1 km)
Dazaifu (17 km)
Fukuoka Backpacker's Hostel (800 m)
Kitakyūshū (67 km); Honshū (70 km)
(2,5 km)
Shinkansen-Linie
JR-Kagoshima-Linie
Nishitetsu-Ōmuta-Linie
Hakata-wan
Naka-gawa
Hakata-gawa
Mikasa-gawa
CHŪŌ-KU
TENJIN
DAIMYŌ
IMAIZUMI
HARUYOSHI
NAKASU
HAKATA
SUMIYOSHI
KATAKASU
CANAL CITY
Susaki-kōen
Tenjin Chūō-kōen
Kego-kōen
Kego-Jinja
Meiji-kōen
Nanotsu-dōri
Oyafuku-dōri
Tenjin-nishi-dōri
Shōwa-dōri
Taishō-dōri
Kokutai-dōri
Keyaki-dōri
Watanabe-dōri
Meiji-dōri
Taihaku-dōri
Sumiyoshi-dōri
Kawabata Shōtengai
Tenjin Chikagai
Nishi-Nakashima-bashi
Nishi-Ōhashi
Fukuhatsu-bashi
Haruyoshi-bashi
Senokana-bashi
Sumiyoshi-bashi
Polizei-Zelle Maizuru
Polizei-Zelle Nakasu
Polizei-Zelle Kego
Daimyo Catholic Church
Zentrale Hauptpost
Fuku Building
Internationale & Postbank-Geldautomaten
Rathaus Fukuoka
Nishitetsu Fukuoka
Fukuoka Bank
Postamt Hakata
JR-Bahnhof Hakata
Hakata-guchi
JR Hakata City
Akasaka
Tenjin
Tenjin-minami
Watanabe-dōri
Nakasu-Kawabata
Gion
Gofuku-Machi
A
B
C
D
E
F
G
1
2
3
4

Fukuoka Zentrum

Highlights
1 Museum für Asiatische Kunst Fukuoka D1
2 Hakata Machiya Furusato-kan E2

Sehenswertes
3 Akarenga Bunka-kan C2
4 Ehemalige Präfekturhalle & offizielles Gästehaus D2
5 Lokales Geschichtsmuseum Hakata Rakusuien E2
6 Kushida-jinja E2
7 Rakusuien F4
8 Shōfuku-ji F1
9 Tenjin Chūō-kōen C3
10 Tōchō-ji F1

Schlafen
11 Dormy Inn Premium E2
12 Hotel New Simple G2
13 Kashima Honkan F1
14 Nishitetsu Hotel Croom Hakata G2
15 Plaza Hotel Premier B3
16 With the Style G4

Essen
17 Fish Man C4
18 Henry & Cowell C4
19 Ichiran D2
20 Ippudō G3
21 Murata E2
22 Rāmen Jinanbō F2
23 Rāmen Stadium E3
24 Tenjin Nobunaga B3
25 Zauo A2

Ausgehen & Nachtleben
26 CC Cafe B2
27 Morris' Black Sheep B3

Shoppen
28 Canal City E3
29 Daimaru C3
30 Hakata-ori no Sennen Kōbō D1
31 IMS Building C3
32 Mandarake A3
33 Maruzen G2
34 mina tenjin C2
35 Mitsukoshi C3
36 Shōgetsudō D2
37 Solaria Plaza C3
38 Tenjin Chikagai B2
39 Tenjin Core C2

Praktisches
40 ACROS Fukuoka C2
41 Allgemeines Informationszentrum im Bahnhof Hakata G3
42 HIS Travel F3
43 JR-Kyūshū-Reisebüro G3
44 Buszentrum Nishitetsu-Tenjin Touristeninformation C3
Rainbow Plaza (siehe 31)

Transport
45 Fukuoka-Kōtsū-Zentrum G2
46 JR-Hakata-Bahnhof G3
47 Nishitetsu-Tenjin-Busterminal C3

Tōchō-ji BUDDHISTISCHER TEMPEL
(東長寺; Karte S. 766; 2-4 Gokushō-machi; ⏲24 Std.; Ⓜ Gion) Der Tōchō-ji beherbergt den größten Holzbuddha Japans (10,8 m hoch, 30 t schwer, 1992 erbaut) und einige beeindruckende Statuen der Kannon (Göttin der Barmherzigkeit). Den Tempel soll Kūkai, der Begründer der buddhistischen Shingon-Schule, im Jahr 806 errichtet haben.

Tenjin

Fukuoka-jō & Ōhori-kōen HISTORISCHE STÄTTE
(福岡城・大濠公園; Ⓜ Ōhori-kōen) Es sind nur die Mauern der Fukuoka-jō (Burg Fukuoka) erhalten, vom Burghügel (Maizuru-kōen) hat man aber einen tollen Blick auf die Stadt und auf die landenden Flugzeuge am nahe gelegenen Flughafen Fukuoka.

Direkt an das Burggelände grenzt der Ōhori-kōen, ein großer Park mit einem Teich, der früher Teil des Festungsgrabensystems der Burg war. Im Park befindet sich der traditionell gestaltete **Nihon-teien** (日本庭園, Japanischer Garten; ☎092-741-8377; 1-7 Ōhori-kōen; Erw./Kind 240/120 ¥; ⏲Juni–Aug. Di–So 9–18 Uhr, Sept.–Mai bis 17 Uhr), der jüngeren Datums ist (1984) und um einen Teich mit Steingärten und einem Teehaus angelegt ist.

Tenjin Chūō-kōen PARK
(天神中央公園; Karte S. 766; Ⓜ Nakasu-Kawabata oder Tenjin) Diesen Park beim Rathaus sprenkelt schöne historische westliche Architektur. Eindrucksvoll ist vor allem die **Ehemalige Präfekturhalle mit dem Offiziellen Gästehaus** (旧福岡県公会堂貴賓館; Karte S. 766, 6-29 Nishi-nakasu; 240 ¥, ⏲Di–So 9–17 Uhr) von 1910 im französischen Renaissancestil und mit einem französischen Café. Ein paar Blocks weiter nördlich steht das kupferbetürmte **Akarenga Bunka-kan** (福岡市赤煉瓦文化館; Backstein-Kulturzentrum; Karte S. 766; ☎092-722-4666; ⏲Di–So 9–21 Uhr) GRATIS, das 1909 von demselben Architekten

ABSTECHER

MOJIKŌ & YAHATA

Kitakyūshū liegt im äußersten Norden der Insel. Seine beiden Enklaven bieten sich für eine schöne Tagestour an.

Mojikō (門司港) ist seit 1889 ein Hafen, und die angeschlossene „Retrostadt" ist eine Schatztruhe mit Architektur der Meiji- und Taishō-Zeit, schönen Backsteingebäuden, die einst Reedereien und Zollämter beherbergten, sowie einer Zugbrücke für Fußgänger. Vor dem Besuch sollte man sich auf www.en.mojiko.info über die Sehenswürdigkeiten informieren. Man kann durch den Tunnel unter der Gempei-Meeresenge nach Shimonoseki auf Honshū laufen. Eine Reihe von Läden am Ufer serviert das typische Gericht Mojikōs, *yaki-curry* (mit Käse überbackener Curryreis).

Yahata (八幡) eine ehemalige Industriestadt, hat sich mit inspirierendem Erfolg neu erfunden. Das **Kitakyūshū-Kankyō-Museum** (Kitakyūshū-Umweltmuseum, ☎ 093-663-6751; www.eco-museum.com; 2-2-6 Higashida Yahata; ⏲ Di–So 9–17 Uhr; ♿) GRATIS dokumentiert mit „Radioramas", die auch in englischer Sprache verfügbar sind, die Umweltzerstörung auf Kyūshū zu Beginn der Industrialisierung, u. a. auch die chronische Minamata-Krankheit: Sie brach in den 1950er-Jahren bei Kumamoto aus – als Folge einer Quecksilberverschmutzung, verursacht durch eine Chemiefabrik. Laut Regierungsangaben von 1968 wussten die Verantwortlichen drei Jahrzehnte lang Bescheid. Interaktive Exponate illustrieren die Auswirkungen der Verschmutzung. Ein paar Schritte weiter sind in der futuristischen **Kitakyūshū-Innovationsgalerie & Studio** (北九州イノベーションギャラリー; ☎ 093-663-5411; www.kigs.jp; 2-2-11 Higashida Yahata; ⏲ Di–Fr 9–19, Sa & So 9–17 Uhr; ♿) Wechselausstellungen (Eintritt unterschiedlich, oft 500 ¥) und eine exzellente Chronik technischer Innovationen zu sehen. Auf der anderen Straßenseite liegt eine riesige **Stahlgießerei** von 1901, die saniert wurde und sich als toller Ort für ein *bentō*-Picknick (mit Essen aus der Box) eignet.

Von Hakata kommend, steigt man in Kokura um (*shinkansen* 3390 ¥, 16 Min.; *tokkyū* 1320 ¥, 40 Min.). Ab Kokura kosten die Lokalzüge 280 ¥ nach Mojikō (13 Min.) oder zur Station Space World (nach Yahata, 10 Min.).

erbaut wurde, der auch den Bahnhof Tokio entwarf. Heute werden hier einfache historische Ausstellungen gezeigt.

Die Küste von Fukuoka

Fukuokas Nordwestküste ist eine moderne Mischung aus Firmensitzen, Hotels, großen Einkaufszentren und Veranstaltungsorten sowie Apartmentblöcken. Man erreicht sie am besten mit dem Bus von Tenjin oder Hakata aus.

Außerdem gibt es mehrere hübsche Inseln, die nur eine kurze Bootsfahrt vom Festland entfernt sind – ein schöner Tagesausflug für all jene, die genügend Zeit dafür haben.

Fukuoka City Museum MUSEUM
(福岡市博物館; http://museum.city.fukuoka.jp; 3-1-1 Momochi-hama; 200 ¥; ⏲ Di–So 9.30–17.30 Uhr) Dieses schicke Museum präsentiert Artefakte aus der lokalen Geschichte und Kultur. Der Stolz der Sammlung ist ein antikes, 2,3 cm^2 großes, 108 g schweres goldenes Siegel mit einer Inschrift, die Japans historische Verbindungen mit China beweist.

Fukuoka Tower AUSSICHTSTURM
(福岡タワー; www.fukuokatower.co.jp; 2-3-26 Momochi-hama; Erw./Stud. 800/500 ¥; ⏲ 9.30–22 Uhr) Über dem Momochi-Bezirk erhebt sich der 234 m hohe Fukuoka Tower, ein Symbol der Stadt und größtenteils leer stehend (er dient hauptsächlich als Funkturm). Auf 123 m Höhe befindet sich eine Aussichtsplattform mit Café – besonders bei Sonnenuntergang genießt man einen grandiosen Ausblick. Nach einer Ermäßigung für Ausländer fragen!

Fukuoka Yafuoku! Dome STADION
(福岡ヤフオク！ドーム; ☎ 092-847-1006; www.softbankhawks.co.jp/stadium; 2-2-2 Jigyohama) Das gigantische Stadion mit verschließbarem Dach ist die Heimspielstätte des beliebten Baseballteams SoftBank Hawks. Es werden Führungen (auf Japanisch) angeboten; richtig eingefleischte Fans können auch das Museum über das Leben des internationalen Homerun-Königs Oh Sadaharu besuchen.

Nokonoshima INSEL
(能古島) Nur eine 15-minütige Fährfahrt von Fukuoka entfernt erstreckt sich die schöne Insel **Nokonoshima** mit von Menschen geschaffenen Parks. Der künstliche **Island Park** (アイランドパーク; www.nokonoshima.com; Erw./Kind 1000/500 ¥) verfügt über einen Badestrand, Wildblumenwiesen, Hütten, in denen Kunsthandwerk verkauft wird, sowie über einen atemberaubenden Blick auf den Ozean.

Leihfahrräder (300/1000 ¥ pro Std./Tag) und englische Landkarten gibt's im Noko-Markt (のこの市) am Fährhafen. Die Busse 300 und 301 fahren regelmäßig vom Busterminal Nishitetsu Tenjin (360 ¥, 20 Min.) zum städtischen Fährhafen Meinohama (nicht zu verwechseln mit Meinohama an der U-Bahn-Linie).

Shikanoshima INSEL
(志賀島) Die Hafenstraßen dieser wunderbar ländlichen Insel säumen Meeresfrüchterestaurants. Fähren legen vom Bayside Place ab (670 ¥, 33 Min.); hier starten saisonal auch Kreuzfahrten um die Bucht von Hakata. Auf Shikanoshima befindet sich außerdem ein Fischerschrein (志賀海神社), der mit Hirschgeweihen dekoriert ist, sowie ein beliebter Strand, etwa 5 km östlich des Schreins. Aber aufgepasst: Der Schrein bittet alle Frauen, die trauern, schwanger sind, menstruieren oder in den letzten hundert Tagen geboren haben, von einem Besuch abzusehen.

Feste & Events

Hakata Gion Yamakasa Matsuri KULTUR
(1.–15. Juli) Das wichtigste Fest der Stadt beginnt jedes Jahr am 1. Juli und erreicht seinen Höhepunkt am 15. Juli um 4.59 Uhr. Dann brechen sieben Männergruppen am Kushida-jinja mit tragbaren Schreinen namens *yamakasa* zu einem 5 km-Rennen auf. Der Legende nach entstand diese Tradition im 13. Jh., als ein buddhistischer Priester herumgetragen wurde und dabei Weihwasser über die Opfer einer Seuche sprenkelte.

Hakata Dontaku Minato Matsuri KULTUR
(3.–4. Mai) Dieses Festival geht auf das uralte Hafenfest zurück. Am 3. und 4. Mai erbebt Fukuokas Meiji-dōri förmlich unter den Klängen von *shamoji* (Holzlöffeln), die wie Kastagnetten aneinandergeschlagen und von *shamisen* (dreisaitige Banjos) begleitet werden.

Schlafen

Fukuoka ist ein Ziel für Business- und Urlaubsreisende, daher gibt's hier Unterkünfte für jedes Budget. Wer viel Zug fährt, sollte in der Nähe des JR-Bahnhofs Hakata übernachten; wer lieber shoppen und sich in Bars amüsieren will, wohnt besser in Tenjin.

Hotel New Simple HOTEL ¥
(ホテルニューシンプル; Karte S. 766; 092-411-4311; www.hotel-newsimple.jp; 1-23-11 Hakata-ekimae; B/EZ/2BZ ab 3900/5000/9900 ¥; ; Gion, Hakata) Diese kompakte, günstige und doch moderne Unterkunft bietet saubere Schlafsäle, in denen zwischen sechs (bequem) und zwölf (eng) Personen Platz haben. Außerdem gibt's Einzel- und Doppelzimmer mit eigenen Bädern. In den „Familienzimmern" können bis zu fünf Personen für 3900 ¥ schlafen. Gäste in Einzel- und Zweibettzimmern bekommen ein einfaches japanisches Frühstück. Der Eingang liegt auf der Straßenseite, die dem Family Mart gegenüberliegt.

Die Schlafsäle muss man sich übrigens nicht mit Fremden teilen, sondern mit Familien- oder Gruppenmitgliedern, Leuten jedenfalls, die man kennt.

Fukuoka Backpacker's Hostel HOSTEL ¥
(092-404-6035; www.fukuoka-hostel.com; 11-34 Hiemachi; B/EZ/2BZ ab 2600/3900/5900 ¥; ; Hakata) In dem Hostel befinden sich 19 ziemlich spartanisch eingerichtete Zimmer sowie ein Gemeinschaftsraum mit Fernseher und DVD-Player. Auf der Dachterrasse kommt man schnell mit anderen Travellern ins Gespräch. Vom Bahnhof Hakata geht man die Chikushi-dōri hinunter und biegt beim Hotto-Motto-*bentō*-Laden rechts ab.

★ **Kashima Honkan** RYOKAN ¥¥
(鹿島本館; Karte S. 766; 092-291-0746; 3-11 Reisen-machi; EZ/DZ So–Do 3700/7000 ¥, Fr & Sa 4000/8000 ¥; ; Gion) Das charmante und unprätentiöse *ryokan* aus der Taishō-Ära ist ein historisches Wahrzeichen, schön verblichen und gebaut um einen kleinen Garten mit einer Steinlaterne. Mit seiner speziellen Atmosphäre lädt es dazu ein, das traditionelle Japan zu erleben. Die freundlichen Besitzer sprechen gut Englisch. Die Zimmer haben keine eigenen Badezimmer, aber es gibt ein japanisches/westliches Frühstück für 865 ¥. Parken kostet 1000 ¥.

Dormy Inn Premium BUSINESSHOTEL ¥¥
(ドーミーインPremium; Karte S. 766; ☎ 092-272-5489; www.hotespa.net; 9-1 Gionmachi; EZ/DZ So–Do ab 11 990/13 990 ¥, Fr & Sa ab 21 000/22 000 ¥; P ⊖ ❄ @ ≋) Hier gibt's nicht die günstigsten Preise, und die Zimmer sind etwas eng, aber das Hotel hat etwas zu bieten: Das Dormy Inn hat einen natürlichen Onsen (Thermalquelle). Zudem gibt's Duschen in den Zimmern, und abends werden kostenlose *rāmen* serviert. Fast unschlagbar ist auch die Lage direkt neben der Canal City. Am Wochenende sind die Zimmer deutlich teurer.

Plaza Hotel Premier HOTEL ¥¥
(プラザホテルプルミエ; Karte S. 766; ☎ 092-734-7600; www.plaza-hotel.net; 1-14-13 Daimyō; EZ/DZ/2BZ ab 8700/14 200/16 150 ¥; P ⊖ ❄ @ ≋; Ⓜ Tenjin oder Akasaka) Die Lage, die Lage, und nochmals die Lage – das ist der Hauptgrund, um hier zu übernachten. Die trendigen Daimyō-Zimmer sind so groß wie die Räume in vielen weitaus teureren Businesshotels. Auf der Straße vor dem Hotel tobt das Nachtleben, und die Trattoria im Erdgeschoss sieht aus wie eine Bar auf einer superelegantenStraße in Tokio. Wer sucht, kann im Internet Rabattcoupons finden.

★ **With the Style** HOTEL ¥¥¥
(ウィズザスタイル福岡; Karte S. 766; ☎ 092-433-3900; www.withthestyle.com; 1-9-18 Hakataeki-minami; Zi. ab 45 200 ¥; ⊖ ❄ @ ≋; Ⓜ Hakata) Wir wissen nicht, was der Name bedeutet, aber „Style" passt durchaus zu diesem schicken Designhotel. Im Innenhof mit Springbrunnen kann man sich gut vorstellen, an einem Pool in Hollywood zu liegen. Jedes der 16 Zimmer strahlt eine extravagante Rockstar-Coolness aus, Frühstück und ein Begrüßungsgetränk sind im Preis enthalten, und nach vorheriger Reservierung können die Gäste das Dach-Spa oder die Penthousebar ganz allein nutzen.

Hilton Fukuoka Sea Hawk HOTEL ¥¥¥
(ヒルトン福岡シーホーク; ☎ 092-844-8111; www.hilton.com; 2-2-3 Jigyohama; EZ/DZ ab 17 000/20 000 ¥; P ⊖ ❄ @ ≋ ≋) Wer Eindruck machen will, findet keinen besseren Platz in Japan als hier. Das Lobbyrestaurant des von César Pelli designten Hotels schießt in die Höhe wie der namengebende „Sea Hawk" (Seefalke), und mit 1052 Zimmern ist das Haus das größte der Hilton-Kette in ganz Asien.

Nishitetsu Hotel Croom Hakata HOTEL ¥¥¥
(西鉄ホテルクルーム博多; Karte S. 766; ☎ 092-413-5454; www.croomhakata.com; 1-17-6 Hakata; ⊖ ❄ @ ≋; Ⓜ Hakata) Gegenüber vom Bahnhof steht dieses glänzende, makellose Hotel mit 503 gut geschnittenen Zimmern. Echte Pluspunkte gibt's für die Gemeinschaftsbäder und -sauna (zusätzlich zu den Badezimmern auf den Zimmern), in die man im schicken Yukata (leichter Baumwollkimono) mit Waffelmuster pilgert. Außerdem gibt es eine Etage nur für Frauen.

NICHT VERSÄUMEN

STREET FOOD IN FUKUOKA

In Fukuoka isst man beim *yatai* (屋台), mobilen Imbisswagen mit schlichten Tresen und Sitzgelegenheiten; Fukuoka rühmt sich, rund 150 *yatai* zu beherbergen, mehr als im restlichen Japan zusammen! Man sollte sich einfach von den Aromen und Gesprächsfetzen zu den besten Ständen mit den nettesten Gästen führen lassen. Wer noch lokaler speisen will, versucht die *yatai* in Tenjin oder Nagahama. Möglichst früh herkommen, sonst sind die Plätze besetzt. Übrigens: Wer zu lange schwatzt, ohne genug zu bestellen, wird aufgefordert zu gehen.

Essen

Für die meisten Japaner ist Hakata gleichbedeutend mit *tonkotsu rāmen* – Nudeln in einer charakteristischen Brühe aus Schweineknochen.

Wer aus welchen Gründen auch immer die *rāmen* nach Hakata-Art nicht mag, findet in Canal City das **Rāmen Stadium** (ラーメンスタジアム; Karte S. 766; ☎ 092-282-2525; 5. OG, Canal City; ramen 550–1290 ¥; ⊙ 11–23 Uhr), eine komplette Etage mit acht *rāmen*-Lokalen, die Variationen aus ganz Japan zubereiten.

★ **Ichiran** RĀMEN ¥
(一蘭; Karte S. 766; ☎ 092-262-0433; www.ichiran.co.jp; 5-3-2 Nakasu; rāmen 790–1200 ¥; ⊙ 24 Std.; Ⓔ; Ⓜ Tenjin) Seit 39 Jahren werden im Ichiran Nudeln serviert. Die Kunden essen an abgetrennten Plätzen, jedoch nicht ohne zuvor ein Formular auszufüllen – mit präzisen Angaben zur gewünschten Zubereitung ihrer Nudeln: Geschmacksintensität, Fettgehalt, Härte der Nudeln, Menge der speziellen Soße und des Knoblauchs.

Danach kann man sein Essen in Ruhe genießen.

Die Hauptfiliale in Nakasu, wo sich auch das Firmenbüro befindet, geht über zwei Etagen: In der oberen befinden sich die individuellen, abgetrennten Sitzplätze, für die die Kette bekannt ist. Im Erdgeschoss sitzt man traditioneller an Tischen; dort gibt es auch eine Bar. Nach der leuchtend grün-roten Markise Ausschau halten.

Rāmen Jinanbō RĀMEN ¥

(ラーメン二男坊; Karte S. 766; ☎ 092-473-5558; 2-16-4 Hakata Eki-mae; rāmen 700–1100 ¥; ⏲ Mo–Sa 11–24, So bis 21 Uhr; Ⓜ Hakata) Das gemütliche *rāmen*-Lokal/Pub liegt nur ein paar Minuten vom Higashi-guchi in Hakata entfernt. Schlichte, dicke Brühe nach Fukuoka-Art, Nudeln und Fassbiere; die meisten Sitzplätze befinden sich an der Bar. Hat auch eine Filiale im Rāmen Stadium.

Ippudō RĀMEN ¥

(Karte S. 766; ☎ 092-413-5088; 10. OG, JR Hakata City, 1-1 Hakata-eki-chūō-gai; ramen 700–800 ¥; ⏲ 11–24 Uhr; Ⓜ Hakata) Diese *rāmen*-Kette betreibt solide, immer belebte Filialen in Tenjin und serviert die Bestseller „Akamaru Modern" (mit schwarzem Sesamöl und einem duftenden *umami-dama*, ein Aromabällchen), „Shiromaru Classic" (mit dünnen Nudeln) und „Karaka" (scharfe *rāmen*). Diese Filiale ist im JR Hakata City Shopping Center.

Murata NUDELN ¥

(信州そばむらた; Karte S. 766; ☎ 092-291-0894; 2-9-1 Reisen-machi; soba 650–1100 ¥; ⏲ 11.30–21 Uhr, am 2. So des Monats geschl.; ; Ⓜ Gion) Wer vom Hakata Machiya Furusato-kan die Straße hinabläuft, stößt auf dieses tolle Lokal mit hausgemachten *soba* (Buchweizennudeln) aus der Shinshū-Region Zentraljapans (bei Nagano). Sie werden auf verschiedene Arten zubereitet, u.a. als *kake-soba* (in heißer Brühe), *zaru-soba* (kalt mit Dipsoße) und *oroshi-soba* (kalt mit geriebenem Rettich).

★ **Zauo** FISCH & MEERESFRÜCHTE ¥¥

(ざうお; Karte S. 766; ☎ 092-716-9988; www.zauo.com; 1-4-15 Nagahama; Fischangeln 3000 4000 ¥; ⏲ Mo–Fr 17–23, Sa & So 11.30–23 Uhr; P; Ⓜ Akasaka) Von den Angestellten erhält man Angeln, Köder und Netze, um seinen eigenen *tai* (Seebrasse), *hirame* (Flunder) oder anderen Fisch zu angeln. Sie schwimmen in riesigen Tanks, um die sich die Tische auf bootsförmigen Plattformen gruppieren. Wer etwas fängt, wird mit einem Trommeltusch gefeiert; danach wird der Fisch in der Küche je nach Wunsch individuell zubereitet: als Sashimi, gegrillt, gebraten etc. Das Ganze ist zwar recht kitschig, aber lustig. Wer keinen Fisch mag, auf den warten weitere Gerichte im *izakaya*-Stil.

★ **Fish Man** IZAKAYA ¥¥

(魚男フィッシュマン; Sakana Otoko; Karte S. 766; ☎ 092-717-3571; 1-4-23 Imaizumi; feste Menüs 680–1500 ¥; ⏲ 11.30–15 & 17.30–1 Uhr; Ⓜ Tenjin-minami) Postindustrielles Ambiente mit lackiertem Sperrholz und großen Fenstern: So lenkt nichts von den unkonventionellen Gerichten aus Meeresfrüchten ab, die frisch vom Nagahama-Markt kommen: *kaidan-zushi* (Sushi, serviert auf einer Holzspirale), *tsubotai no misoyaki* (in Miso gegrillter Schnapper) oder *maguro*-Hamburger auf einem Stahlteller (980 ¥).

Hier gibt's keine englische Speisekarte, aber die englischsprachigen Angestellten helfen gern. Draußen trägt ein Banner die Aufschrift „No Fish, No Life".

Danach mundet ein Dessert in der dazugehörigen großartigen Konditorei **Henry & Cowell** (Karte S. 766; ☎ 092-741-7888; 1-3-11 Imaizumi; Kuchen 945–1260 ¥; ⏲ 11–21 Uhr), gleich die Straße hinab. Hier wird außerdem eine kleine Auswahl an Gerichten zum Mitnehmen verkauft.

Tenjin Nobunaga YAKITORI ¥¥

(天神信長; Karte S. 766; ☎ 092-721-6940; 2-6-21 Tenjin; Spießchen 110–265 ¥; ⏲ Mo–So 17–1 Uhr; Ⓜ Tenjin) Das Nobunaga ist laut und lärmend, und das sind nur die Köche! Es gibt keine englische Speisekarte, aber man kann sich problemlos seine Spieße hinter dem Tresen aussuchen. Eine weitere Spezialität des Hauses ist *potato-mochiage* (420 ¥), ein frittiertes Klößchen aus Kartoffelbrei, Käse und *mochi* (zerstoßenem Reis). Rechter Hand neben der Big-Echo-Karaokehalle nach den roten Laternen Ausschau halten.

Ausgehen & Nachtleben

Im multikulturellen, partybegeisterten Fukuoka beginnt das Wochenende bereits donnerstags. Die Straßen von Tenjin und Daimyō sind sicher, leicht zu erkunden und toll zum Beobachten von Leuten geeignet. Das Partyzentrum, die Oyafuko-dōri, heißt grob übersetzt „Straße der unbändigen Kinder", eine Reminiszenz an die Büffelschulen, die hier einst standen. Der Spitzname passt auch heute noch. Nakasu Island

INSIDERWISSEN

KNEIPENTOUR

James Taylor ist ein ganz Netter (aber nicht der Musiker!) und der Gastgeber von BPC Fukuokas (www.facebook.com/bpcfukuoka) Kneipentouren durch die beliebtesten Bars und Clubs der Stadt. Dinner Partys werden auch veranstaltet. Auf der Facebook-Seite gibt's Infos über die Treffpunkte für die nächsten Events.

ist zwar eines der belebtesten Ausgehviertel Japans, aber häufig etwas anrüchig.

Morris' Black Sheep BAR
(モーリスブラックシープ; Karte S. 766; ☎092-725-8773; 2-1-20 Daimyō; ⏲17–1 Uhr) Diese Morris Bar liegt etwas weiter die Straße hinunter als die verwandte Red Fox Bar. Hier ist es oft voll, laut und lustig, je nach Andrang bleiben die Türen freitag- und samstagnachts vielleicht sogar länger geöffnet.

CC CAFÉ BAR
(Karte S. 766; ☎092-791-5444; www.cccafe.jimdo.com; 3-5-15 Tenjin; ⏲19–3 Uhr) In diesem kuscheligen Pub trifft sich eine freundliche Mischung aus Expats und an Englisch interessierten Einheimischen. Tagsüber ist hier eine Englisch-Schule mit Kursen und einigen internationalen Events.

☆ Unterhaltung

Kyūshū Bashō Sumo Turnier ZUSCHAUERSPORT
Findet Mitte November zwei Wochen lang im Fukuoka-Kokusai-Zentrum statt. Die Zuschauer stehen hier bereits bei Sonnenaufgang Schlange, um eines der limitierten Tagestickets zu ergattern (*tōjitsu-ken;* 3400–15 000 ¥).

Shoppen

Große Einkaufszentren dominieren Tenjins Skyline und die Gegend um den Bahnhof Hakata. Sie belegen drei ganze Blocks der Watanabe-dōri in Tenjin. Am beliebtesten sind **Tenjin Core** (天神コア; Karte S. 766; www.tenjin-core.com), **Mitsukoshi** (三越; Karte S. 766; www.m.iwataya-mitsukoshi.co.jp), **Daimaru** (大丸; Karte S. 766; www.daimaru.co.jp), **Solaria Plaza** (ソラリアプラザ; Karte S. 766; www.solariaplaza.com), das **IMS Building** (天神イムズ; Karte S. 766; www.ims.co.jp; Tenjin 1-7-11) und **Mina Tenjin** (ミーナ天神; Karte S. 766; ☎092-713-3711) sowie das unterirdische **Tenjin Chikagai** (天神地下街; Karte S. 766; www.mina-tenjin.com; 📶).

Für moderne Mode geht man in die kleineren Boutiquen im Daimyō-Bezirk, die lokale Marken anbieten. Die Avenue Keyaki-dōri säumen intime Läden, die Antiquitäten, Designerartikel und ausländisches Kunsthandwerk verkaufen.

Hakata-ori no Sennen Kōbō KLEIDUNG
(博多織の千年工房; Karte S. 766; ☎092-283-8111; 1. UG, Hakata Riverain, 3-1 Shimo-Kawabata-machi; ⏲10.30–19.30 Uhr; Ⓜ Nakasu-Kawabata) Hakata ist auch für seine traditionellen Webarbeiten namens *Hakata-ori* bekannt. Dieses elegante Geschäft offeriert Obis, Kimonos und Accessoires (von Visitenkartenetuis bis hin zu Handtaschen) in dem charakteristischen Stil. Die Sachen sind nicht billig (ein Seiden-Obi ist ab rund 10 000 ¥ zu haben), sollen aber mehrere Generationen lang halten. *Hakata-ori* gibt's auch in den Einkaufszentren von Tenjin.

Shōgetsudō KUNSTHANDWERK
(松月堂; Karte S. 766; ☎092-291-4141; 5-1-22 Nakasu; ⏲9–19 Uhr; Ⓜ Nakasu-Kawabata) Weißgesichtige Hakata-*ningyō* (Hakata-Puppen) aus Keramik, die Frauen, Kinder, Samurai und Geishas darstellen, sind beliebte Kunsthandwerksartikel aus Fukuoka. Hier werden sie verkauft; der Laden bietet auch Malkurse an (1575–3150 ¥).

Mandarake BÜCHER
(まんだらけ; Karte S. 766; ☎092-716-7774; 2-9-5 Daimyō; ⏲12–20 Uhr; Ⓜ Tenjin) Die Mandarake-Filiale in Fukuoka ist der größte Manga-Shop auf Kyūshū – Spiele, Comics und DVDs füllen mehrere Etagen.

Maruzen BÜCHER
(丸善; Karte S. 766; 8. OG, Hakata-Bahnhof, Hakata-eki; ⏲10–21 Uhr; Ⓜ Hakata) Das Maruzen hat eine riesige Auswahl japanisch- und englischsprachiger Bücher, Magazine und DVDs.

Canal City EINKAUFSZENTRUM
(キャナルシティ; Karte S. 766; www.canalcity.co.jp; 1-2 Sumiyoshi; ⏲Geschäfte 10–21 Uhr, Restaurants 11–23 Uhr) Fukuokas größtes Einkaufszentrum „prahlt" mit einem künstlichen Kanal mit beleuchteter Springbrunnensymphonie, einem Multiplexkino, einem Theater und über 250 Boutiquen, Bars und Bistros. Entworfen wurde es von Jon Jerde, der später die Roppongi Hills in Tokio schuf.

Praktische Informationen

INTERNETZUGANG

Fukuoka ist erfreulich gut vernetzt. Im Rathaus, in den großen Bahnhöfen und der U-Bahn, in Touristeninformationszentren und in der Tenjin Chikagai (unterirdische Arkade) gibt's kostenloses öffentliches WLAN.

MEDIZINISCHE VERSORGUNG

International Clinic Tojin-machi (☎ 092-717-1000; www.internationalclinic.org; 1-4-6 Jigyo; ⏲ Mo, Di, Do & Fr 9–13 & 14.20–18, Sa 9–13 Uhr; Ⓜ Tōjin-machi, Ausgang 1) Mehrsprachige Klinik für allgemeine ärztliche Versorgung und Notfälle. Zwei Blocks vom Bahnhof entfernt.

REISEBÜROS

HIS Travel (Karte S. 766; ☎ 092-415-6121; www.his-j.com; 4. OG, Yodobashi Hakata Building, 6-12 Chūō-gai; ⏲ 10–20.30 Uhr; Ⓜ Hakata) In der Hakata-Filiale dieser internationalen Kette können verbilligt internationale und nationale Buchungen durchgeführt werden.

JR Kyūshū Reisebüro (Karte S. 766; 092-431-6215; 1-1 Chuo-gai; ⏲ Mo–Sa 10–20, So bis 18 Uhr; Ⓜ Hakata) Verbilligte internationale Flugtickets und zuverlässige Infos auf Englisch.

TOURISTENINFORMATION

Die Schalter der **Touristeninformation Fukuoka-Stadt** (福岡市観光案内所) am Flughafen Fukuoka, im **Allgemeinen Informationszentrum Bahnhof Hakata** (福岡市観光案内所JR 博多駅支店; Karte S. 766 ☎ 092-431-3003; ⏲ 8–21 Uhr) sowie im **Nishitetsu-Buszentrum** in Tenjin (福岡市観光案内所天神支店; Karte S. 766, ☎ 092-751-6904; ⏲ 10–18.30 Uhr) verteilen Stadtpläne, Coupons und den hilfreichen *City Visitor's Guide*. Außerdem helfen sie bei der Buchung von Unterkünften oder Tickets für die Weiterreise und geben Infos zu Autovermietungen. Die Informationszentren im **ACROS Fukuoka** (アクロス福岡; Karte S. 766 ☎ 092-725-9100; www.acros.or.jp/r_facilities/information.html; Kulturinformationszentrum, 2. OG, ACROS Building, 1-1-1 Tenjin; ⏲ 10–18 Uhr, 29. Dez.–3. Jan. geschl.; Ⓜ Nakasu-Kawabata oder Tenjin) und im **Rainbow Plaza** (レインボープラザ; Karte S. 766 ☎ 092-733-2220; www.rainbowfia.or.jp; 8F, IMS Building, 1-7-11 Tenjin; ⏲ 10–20 Uhr, jeden 3. Di im Monat geschl.) zielen mehr auf ausländische Einwanderer ab.

Fukuoka Now (www.fukuoka-now.com), eine unverzichtbare englischsprachige Monatszeitschrift, bietet detaillierte Stadtpläne.

Yokanavi.com (www.yokanavi.com/eg) ist eine umfangreiche Seite mit touristischen Informationen über Fukuoka/Hakata.

An- & Weiterreise

BUS

Fernbusse (☎ nach einem Englischdolmetscher fragen 0570-00-1010) starten vom **Fukuoka-Kōtsū-Zentrum** (福岡交通センター; Karte S. 766) neben dem JR-Bahnhof Hakata (Hakata-Tor) sowie vom **Nishitetsu-Tenjin-Busterminal** (西鉄天神バスセンター; Karte S. 766). Sie steuern Ziele wie Tokio (Economy/Business 8300/12 000 ¥, 14½ Std.), Osaka (ab 8800 ¥, 10½ Std.), Nagoya (7500 ¥, 11 Std.) und viele Städte in Kyūshū an; beim Kauf sollte man nach verbilligten Tickets für die Hin- & Rückreise fragen.

FLUGZEUG

Fukuoka Airport (S. 975)) ist ein internationaler Umschlagplatz für Flüge von/nach Ost- und Südostasien sowie viele Inlandsverbindungen, darunter von/nach Tokio (Flughäfen Haneda/Narita), Osaka und Okinawa (Naha).

ABSTECHER

TACHIARAI

Von 1919 bis 1945 befand sich in dem isolierten Bauerndorf Tachiarai (大刀洗) eine Schule für japanische Kampfpiloten, die auch auf Kamikaze-Selbstmordmissionen vorbereitete. Das 2009 erweiterte **Tachiarai Heiwa Kinenkan** (大刀洗平和記念館; Tachiarai-Friedensgedenkmuseum; ☎ 0946-23-1227; http://www.tachiarai-heiwa.jp; Eintritt 500 ¥; ⏲ 9.30–17 Uhr) dokumentiert das harte Training, das diese Männer erdulden mussten. Englische Beschilderungen sind nur begrenzt vorhanden, aber die Artefakte rütteln auf (Uniformen, Medaillen, vergoldete Saketassen etc.). Das Highlight bildet ein Jet Fighter, der im Krieg abgeschlossen und 1996 aus der Hakata-Bucht geborgen wurde. Das Museum gedenkt auch der Kamikaze-Piloten und Stadtbewohner, die bei einem amerikanischen B-29-Bombardement am 27. März 1945 ums Leben kamen.

Das Museum befindet sich gegenüber vom Bahnhof Tachiarai. Von Fukuoka nimmt man die Nishitetsu-Linie nach Nishitetsu Ogōri (510 ¥, 30 Min.); von Dazaifu (340 ¥) dauert die Fahrt 25 Minuten plus Umstiegszeit in Nishitetsu Futsukaichi. Dann läuft man zur Station Ogōri an der Amagi-Zuglinie und fährt von dort nach Tachiarai (290 ¥, 15 Min.). JR-Passagiere können in Kiyama in die Amagi-Bahn umsteigen (340 ¥, 20 Min.).

Die Billigairline **Skymark** (☎ in Tokio 0570-051-330; www.skymark.co.jp) fliegt zum Tokioter Flughafen Haneda.

SCHIFF/FÄHRE

Im Hafen von Hakata legen Fähren nach Okinawa und zu anderen Inseln vor Kyūshū ab. Die Hochgeschwindigkeits-Tragflächenboote von **Beetle** (S. 976) verbinden Fukuoka mit Busan in Korea (einfach/hin & zurück 13 000/26 000 ¥, 3 Std., mind. 3-mal tgl.). Die **Camellia-Linie** (S. 976) bietet einen regelmäßigen Fährservice von Fukuoka nach Busan (einfach/hin & zurück 9000/17 100 ¥, 5 ½ Std., tgl. 12.30 Uhr). Beide Schiffe starten am Chūō Futō **Hakata Port International Terminal** (S. 976), das man mit Bus 88 vom JR-Bahnhof Hakata (230 ¥) oder Bus 80 von Tenjin (Solaria Stage-mae; 190 ¥) erreicht.

ZUG

JR Hakata Station (JR博多駅; Karte S. 766; englischsprachige Informationen 471-8111, englische JR-Infoline 03-3423-0111) ist ein Verkehrsknoten für Nord-Kyūshū. *Shinkansen*-Linien fahren von hier nach Tokio (21 810 ¥, 5 Std.), Shin-Osaka (14 480 ¥, 2½ Std.), Hiroshima (8420 ¥, 62 Min.), Kumamoto (4610 ¥, 37 Min.) und Kagoshima-Chūō (9930 ¥, 84 Min.).

Innerhalb Kyūshūs verkehren normale Züge auf der JR-Nippō-Linie über Beppu nach Miyazaki; die Sasebo-Linie verläuft von Saga nach Sasebo, die Nagasaki-Linie fährt nach Nagasaki. Mit U-Bahn und JR-Zug geht's nach Karatsu und von dort mit dem Zug weiter nach Nagasaki.

Unterwegs vor Ort

VOM/ZUM FLUGHAFEN

Die U-Bahn braucht nur fünf Minuten bis zum JR-Bahnhof Hakata (260 ¥) und elf Minuten nach Tenjin (260 ¥). Shuttlebusse verbinden das Inlands- mit dem internationalen Terminal.

Taxis nach Tenjin/Hakata kosten rund 1600 ¥.

BUS

Stadtbusse starten vom **Fukuoka Kōtsū Center** (福岡交通センター; Karte S. 766), das gleich neben dem JR-Bahnhof Hakata liegt, sowie vom Nishitetsu-Tenjin-Busterminal (西鉄天神バスセンター). Viele halten vor dem Bahnhof (Hakataguchi). Speziell markierte Busse bieten Festpreise (100 ¥) für Fahrten durch das Stadtzentrum an. Tageskarten kosten 900 ¥.

U-BAHN

Fukuoka City U-Bahn (http://subway.city.fukuoka.lg.jp; ⏲ ab 5.30–0.25 Uhr) Fukuoka hat drei U-Bahn-Linien, von denen Touristen die Kūkō-(Flughafen-)Linie meist am hilfreichsten finden: Sie verläuft vom Flughafen Fukuoka zur U-Bahn-Station Meinohama und hält unterwegs u. a. an den Stationen Hakata, Nakasu-Kawabata und Tenjin. Der Preis beträgt 200 ¥ aufwärts (100 ¥, wenn man nur eine Haltestelle weiter fährt); eine Tageskarte kostet 620/310 ¥ pro Erwachsenen/Kind.

Dazaifu 太宰府

☎ 092 / 72 000 EW.

Dazaifu, das frühere Regierungszentrum Kyūshūs, verfügt über viele schöne Tempel, einen berühmten Schrein und ein beeindruckendes Nationalmuseum, weshalb die Stadt ein beliebtes Tagesausflugsziel von Fukuoka darstellt.

Sehenswertes

★ Nationalmuseum Kyūshū MUSEUM
(九州国立博物館; ☎ 092-918-2807; www.kyuhaku.com; 4-7-2 Ishizaka; Erw./Stud. 430/130 ¥; ⏲ Di–So 9.30–17 Uhr) Das eindrucksvolle, in die ruhigen Hügel von Dazaifu eingebettete Bauwerk (2005 erbaut) gleicht einer massiven Raumstation für die schönen Künste. Erreichbar ist es über mehr Rolltreppen, als in einem durchschnittlichen Flughafen zu finden sind. Das Museum beherbergt eine der besten (wenn nicht die beste) Kunstsammlungen in Kyūshū und ist ein Muss für Kunstliebhaber.

Zu den Highlights zählen eine faszinierende Ausstellung über die Beziehung der japanischen Kunst und Kultur zu der des restlichen Asiens, wechselnde Sonderausstellungen, Keramiken und ein wundervoller Bereich für Kinder mit Exponaten zum Anfassen.

★ Tenman-gū SHINTŌ-SCHREIN
(太宰府天満宮; www.dazaifutenmangu.or.jp; 4-7-1 Saifu; ⏲ 6.30–19 Uhr) Der Poet und Gelehrte Sugawara no Michizane war in Kyoto ein angesehener Mann, bis er ins ferne Dazaifu ins Exil gehen musste, wo er zwei Jahre später starb. Später wurde er zum Tenman Tenjin, dem Gott der Kultur und der Gelehrten, erhoben. Unter den zahllosen Besuchern der großen, weitläufigen Tenman-gū-Anlage, seines Schreins und seiner Begräbnisstätte, sind auch viele Studenten, die darauf hoffen, ihre Zugangsprüfung zur Universität zu bestehen. Die *hondō* (Haupthalle) wurde 1591 neu aufgebaut.

Hinter dem Schrein befindet sich das **Kankō-Geschichtsmuseum** (菅公歴史館; ☎ 092-922-8225; 200 ¥; ⏲ Mi–Mo 9–16.30 Uhr), in dem Dioramen das Leben Tenjins dokumentieren (eine englischsprachige Broschüre bietet Erläuterungen). Auf der anderen Seite des Geländes zeigt das **Dazaifu-Tenman-gū-Museum** (太宰府天満宮宝物殿; 400 ¥; ⌚ Di–So 9–16.30 Uhr) Artefakte aus seinem Leben, darunter auch einige hervorragende Schwerter. Selbst an Werktagen drängen sich hier Besucherschwärme, denn auf den Bustouristen-Routen ist dies quasi ein Pflichtstopp.

Kōmyōzen-ji BUDDHISTISCHER TEMPEL
(光明禅寺; ☎ 092-922-4053; 2-16-1 Saifu; 200 ¥; ⌚ 8–16.30 Uhr) Versteckt am südlichen Rand von Dazaifu steht dieser kleine Tempel mit einem äußerst exquisiten Zengarten – ein friedlicher Kontrast zu den Menschenmassen am nahen Schrein.

Kaidan-in KLOSTER
(戒壇院) Das Kloster Kaidan-in liegt inmitten von Reisfeldern. 761 erbaut, zählte es einst zu den bedeutendsten buddhistischen Ordinationsklöstern in Japan. Man erreicht es problemlos mit dem Bus (100 ¥).

Kanzeon-ji BUDDHISTISCHER TEMPEL
(観世音寺; ☎ 092-921-2121) GRATIS Neben dem Kaidan-in steht dieser Tempel von 746; original ist allerdings nur noch die große Glocke erhalten (welche die älteste Japans sein soll). Seine **Ausstellungshalle** (宝蔵; ☎ 092-922-1811; 500 ¥; ⌚ 9–16.30 Uhr) birgt eine beeindruckende Sammlung von Statuen, die größtenteils aus Holz gefertigt sind und aus dem 10. bis 12. Jh. stammen. Viele der Kunstwerke zeigen indische oder tibetische Einflüsse.

Dazaifu Ausstellungshalle MUSEUM
(大宰府展示館; ☎ 092-922-7811; ⌚ Di–So 9–16.30 Uhr) GRATIS In der Dazaifu-Ausstellungshalle sind Funde von lokalen archäologischen Ausgrabungen zu sehen. In der Nähe stehen die **Tofurō-Ruinen** (都府楼) von antiken Regierungsgebäuden.

Essen

In der Hauptstraße zwischen Bahnhof und Tempel tummeln sich über 40 Geschäfte, die alle örtliche *meibutsu* (Delikatessen) verkaufen – in diesem Fall *umegaemochi* (ein mit süßer Bohnenpaste gefüllter Kuchen in einer Kruste aus gerostetem *mochi*-Reis). Alle Produkte tragen das Zeichen des Pflaumenzweiges: Dieser symbolisiert den Blütenzweig, der den Poeten und Gelehrten Sugawara no Michizane im Exil in Dazaifu „aufheitern" sollte.

NICHT VERSÄUMEN

DIE BESTEN WANDERZIELE

Wanderer werden schnell feststellen, dass es in Kyūshū einige der spektakulärsten Wanderwege von ganz Japan gibt (einige der Top-Gebiete sind unten aufgeführt). Fast jede Präfektur kann mit großartigen Trips aufwarten. Die Pfade folgen Vulkanen, die oft noch aktiv sind und für atemberaubende Aussichten sorgen, manchmal aber auch besondere Vorkehrungen erforderlich machen (zur Zeit der Recherche waren die Routen am Aso-san wegen der Schäden durch den Vulkanausbruch noch geschlossen, sie könnten aber jederzeit wieder öffnen). Am besten, man besorgt sich die Broschüre *Kyūshū Olle*, die an vielen Touristenschaltern erhältlich ist und Wanderrouten, auch solche durch Städte, beschreibt.

- Kirishima-yaku-Nationalpark (S. 833), Kagoshima
- Unzen (S. 798), Nagasaki
- Hirado (S. 779), Nagasaki
- Kaimon-dake (S. 832), Kagoshima
- Kujū-san (S. 809), Ōita

★ **Saifu Udon** NUDELN ¥
(さいふうどん; ☎ 092-922-0573; 3-4-31 Saifu; ⌚ Mi–Mo 11–16 Uhr) Die handgemachten *udon*-Nudeln hier sind so begehrt, dass dieser winzige Laden mit acht Plätzen schlicht zumacht, wenn sie alle sind. Wer früh kommt, muss wahrscheinlich trotzdem warten. Die Belohnung für so viel Geduld ist eine Schale mit Nudeln und Brühe, die so lecker ist, wie es nur frisch gemachtes Essen sein kann. Für warme Tage gibt's draußen zusätzliche Plätze.

Kasanoya CAFÉ ¥
(かさの家; ☎ 092-222-1010; www.kasanoya.com; 2-7-24 Zaifu; Mahlzeiten 750–1080 ¥; ⌚ 9–18 Uhr; 🚉 Nishi-tetsu Dazaifu) Hauptsächlich kommt man hierher, um sich einen der wohl besten *umegaemochi* dieser Straße zu schnappen (5 für 600 ¥) – das geht allerdings nicht ohne Warteschlangen. Man kann auch hierbleiben zum Essen, ob für feste Menüs oder à la carte. Das Café liegt auf dem Weg vom Bahnhof zum Tempel gleich hinter dem zweiten *torii* (Schrein-Eingangstor) auf der rechten Seite.

Praktische Informationen

Im Touristeninformationsbüro (太宰府市観光案内所; ☎092-925-1880; ⌚9–17 Uhr) im Bahnhof Nishitetsu Dazaifu findet man hilfsbereite Mitarbeiter und einen englischsprachigen Stadtplan.

Anreise & Unterwegs vor Ort

Die private Nishitetsu-Zuglinie verbindet Nishitetsu Fukuoka (in Tenjin) mit Dazaifu (400 ¥, 30 Min.). Man steigt am Bahnhof Nishitetsu Futsukaichi um. Ein Bus nach Dazaifu fährt vom JR-Bahnhof Hakata (600 ¥, 40 Min.) und vom Flughafen Fukuoka (500 ¥, 25 Min.).

Fahrräder sind für 500 ¥ pro Tag zu leihen. Elektrofahrräder kosten 800 ¥ pro Tag.

Karatsu 唐津

☎0955 / 125 200 EW.

Karatsu ist das Tor zur pittoresken Halbinsel Higashi-Matsuura und hatte für den historischen Keramikhandel eine ideale Lage. Dank koreanischer Einflüsse entwickelte sich das Handwerk der Stadt von praktischer Keramik zur hohen Kunst.

Keramikliebhaber können sich in Karatsu wie im Paradies fühlen, angesichts der erdfarbenen Vasen und Teeschalen, die mehr als ein Luxuswagen kosten. Für alle anderen gibt's eine Burg, historische Bauwerke, ein schlichtes Stadtzentrum aus der Shōwa-Zeit und einen schönen Fahrradweg am Meer entlang. Außerhalb der Stadt sorgt die vom aufgewühlten Genkai-Meer geformte Küste für eine tolle Aussicht und für angenehme Tageswanderungen.

Im fünf Minuten entfernten Einkaufsviertel Nakamachi finden sich in unmittelbarer Nähe gute Restaurants und Souvenirläden.

Sehenswertes

Vom JR-Bahnhof Karatsu läuft man etwa 25 Minuten zum Meer. Überall in der Stadt gibt's Keramikgeschäfte sowie **Brennöfen** und **Studios**, wo man den lokalen Töpfern bei der Arbeit zusehen kann.

Ein Wander- und Radweg führt an Kiefern vorbei, die hinter dem 5 km langen Strand Niji-no Matsubara gepflanzt wurden.

★ Karatsu-jō BURG
(唐津城; 8-1 Higashi-jōnai; Erw./Kind 410/200 ¥; ⌚Juli & Aug. 9–18 Uhr, Sept.–Juni bis 17 Uhr) Auf einem Hügel mit Blick auf das Meer erhebt sich die malerische Burg von 1608 (1966 wiederaufgebaut). Sie beherbergt antike Keramik, Samuraiwaffen und archäologische Artefakte. Schon von außen bietet sie einen imposanten Anblick. Um den anstrengenden Aufstieg durch den Park Maizuru-kōen zu vermeiden, kann man mit einem Außenlift fahren (Erw./Kind 100/50 ¥).

Ein Besuch lohnt sich auch ohne Ausstellung: Die Aussicht vom Burggelände ist atemberaubend. Die Bucht von Meinohama und ganz Karatsu erstrecken sich unterhalb – man versteht schnell, warum der Shogun vor Hunderten von Jahren diese Lage so sehr zu schätzen wusste.

Kyū-Takatori-tei HISTORISCHES GEBÄUDE
(旧高取邸; 5-40 Kita-jōnai; Erw./Kind 510/260 ¥; ⌚Di–So 9.30–17 Uhr) Diese wunderschön renovierte Villa eines lokalen Händlers aus der späten Meiji-Zeit weist eine Mischung aus japanischem und westlichem Stil auf. Zur Anlage gehören Gärten mit Laternen, ein buddhistischer Altarraum, zahlreiche Gemälde auf Zedernholz sowie eine Nō-Bühne im Haus. Es gibt einen englischen Audioguide (300 ¥).

Nakazato Taroēmon MUSEUM
(中里太郎右衛門; ☎095-572-8171; www.nakazato-tarouemon.com; 3-6-29 Chōda; ⌚Do–Di 9–17.30 Uhr) GRATIS Die Brennofengalerie widmet sich dem Leben und Werk des Töpfers Nakazato Taroēmon (1923–2009), der der Karatsu-Ware zu ihrem Revival verhalf. Seine Arbeiten sind in der inneren Galerie zu sehen.

Ausstellungshalle der Hikiyama-Festwagen MUSEUM
(曳山展示場; ☎0955-72-8278; 6-33 Nishi-jōnai; 300 ¥; ⌚9–17 Uhr) Diese Halle birgt 14 wunderschöne Festwagen, die beim jährlichen Karatsu Kunchi Matsuri eingesetzt werden, darunter der Aka-jishi (Roter Löwe, erbaut 1819), Samuraihelme sowie der glückverheißende Phönix. Es gibt gute Erklärungen in englischer Sprache, ein Video zeigt Festivalszenen. Das Museum liegt unweit des malerischen Schreins **Karatsu-jinja**, der das Festival sponsert.

Ausstellungshalle der Vereinigung für Karatsu-Keramik GALERIE
(唐津焼総合展示場; ☎0955-73-4888; 2. OG, Arpino Building; ⌚9–18 Uhr) GRATIS Neben dem Bahnhof Karatsu zeigt und verkauft diese Ausstellungshalle die Werke lokaler Töpfer ab 500 ¥, aber auch solche der Kategorie „Nicht zu fassen, dass jemand SO VIEL für

SO WAS ausgeben würde". Töpfer haben einen Ausstellungsbereich, viele mit Infos (nur auf Japanisch).

Karatsu-jinja SHINTŌ-SCHREIN
(唐津神社; 3-13 Minami-jōnai) Malerischer Schrein, der das Festival sponsert.

Feste & Events

Karatsu Kunchi Matsuri KULTUR
(唐津くんち祭り; 2.–4. Nov.) Karatsu erwacht bei diesem spektakulären Festival zum Leben, das erstmals 1592 abgehalten wurde und von großer kultureller Bedeutung ist. Das Highlight bildet eine Parade von massiven, kunstvoll dekorierten *hikiyama* (Umzugswagen).

Doyō-yoichi ESSEN & TRINKEN
(土曜夜市; 095-572-9114; Ende Juli–Anfang Aug.) Bei diesem Fest mit Markt dreht sich alles um's Essen, es findet an vier aufeinanderfolgenden Samstagen vom späten Juli bis in den August hinein im Stadtzentrum statt und endet, wenn Obon anfängt.

Schlafen & Essen

An Übernachtungsmöglichkeiten gibt es im ruhigen Karatsu nur beschränkte Optionen: Business Hotels und Luxus-*ryokans*, deren Gäste hauptsächlich aus Keramik-Einkäufern bestehen, die hier sind, um Hunderte (oder Tausende!) von Yen für Töpferkunst auszugeben.

Karatsu Dai-Ichi Hotel HOTEL ¥¥
(唐津第一ホテル; 0955-74-1000; www.kugimoto.co.jp; 488-1 Nishi Teramachi; EZ/DZ/2BZ ab 7000/11 000/12 000 ¥; P) Sieben Gehminuten vom Bahnhof Karatsu findet man dieses Hotel. Es ist zwar nicht besonders stilvoll, hat aber saubere Zimmer und nette Angestellte. Ein paar Einzelzimmer sind Nichtraucherzimmer. Im Preis ist ein einfaches Frühstücksbüfett mit japanischen und westlichen Gerichten enthalten.

Karatsu Dai Ichi Hotel Riviere HOTEL ¥¥
(唐津第一ホテルリベール; 0955-75-2000; www.kugimoto.co.jp; 1-9 Higashi machi; EZ/DZ/2BZ 7000/11 000/13 000 ¥; P) Das Schwesterhotel des Karatsu Dai Ichi macht seinem Namen alle Ehre: am Ufer des Matsuura-gawa bietet es eine schöne Aussicht auf Wasser und Burg sowie ein fantastisches Onsen-Bad mit ebenfalls gutem Blick. Außerdem gibt's das gleiche Frühstücksbüfett für Japaner und Westler.

★ **Yōyōkaku** RYOKAN ¥¥¥
(洋々閣; 0955-72-7181; www.yoyokaku.com; 2-4-40 Higashi-Karatsu; Zi. pro Pers. inkl. 2 Mahlzeiten ab 18 360 ¥; P) Mit einem Wort: wunderbar. Aber auch: weitläufig, minimalistisch, mit hundert Jahre altem Balkenwerk und Kieferngarten. Die Meeresfrüchtemenüs werden in *Karatsu-yaki*-Keramik im Zimmer serviert. Kois schwimmen gelassen im 200 Jahre alten Gartenteich. Eine wahre Zuflucht, nur zehn Gehminuten von der Burg entfernt. Wer nicht das Geld für die Übernachtung ausgeben will, sollte zumindest die angeschlossene Galerie besuchen, die Keramik der Nakazato-Familie zeigt.

Karatsu Bāgā BURGER ¥
(からつバーガー; 090-6299-0141; Burger 310–490 ¥; 9–20 Uhr) Mitten im Nirgendwo (auf einem Parkplatz) im Niji no Matsubara steht ein braun-weißer Toyota, vor dem sich schon seit Jahrzehnten regelmäßig Schlangen bilden. Grund dafür sind die berühmten Burger, die man hier bekommt. Am beliebtesten ist der „Special": ein dampfender Cheeseburger mit Spiegelei und einer Scheibe Schinken. Es gibt auch eine Filiale in **Nakamachi** (からつバーガー; 080-9101-6912; 1513-18 Nakamachi; Burger 340–460 ¥), in der Nähe des Bahnhofs Karatsu.

★ **Kawashima Tōfu** TOFU ¥¥¥
(川島豆腐店; 0955-72-2423; www.zarudoufu.co.jp; Kyōmachi 1775; Menü mittags 1500–3500 ¥, abends 7000–13 000 ¥; 8–22 Uhr, Platzierung zu den Mahlzeiten 8, 10, 12, 14 & 17.30 Uhr) Auf der Einkaufsstraße unweit des Bahnhofs liegt dieses bekannte Tofurestaurant, das bereits seit der Edo-Periode in Betrieb ist. Es serviert Menüs mit Tofu und anderen Spezialitäten rund um einen Tresen mit zehn Sitzplätzen in einem wunderschönen Hinterzimmer. Weich, warm und frisch – hier ist der Tofu so, wie er sein soll. Es gibt auch ein Tofu-Softeis für 300 ¥.

Reservierungen sind unbedingt erforderlich – wer ohne auftaucht, sollte sich auf eine barsche Reaktion gefasst machen.

Praktische Informationen

Touristeninformationsbüro (0955-72-4963; 2935-1 Shinkomachi; 9–18 Uhr) im JR-Karatsu-Bahnhof; mit einer Auswahl an englischsprachigen Touristenkarten, -plänen und -broschüren sowie enthusiastischen englischsprachigen Angestellten, die auch Unterkünfte buchen oder einem Interessantes auf der Karte zeigen können. Ein Halt hier lohnt sich in jedem Fall, bevor man in die Stadt weiterzieht.

Anreise & Unterwegs vor Ort

Von Fukuoka gelangt man mit der U-Bahn-Linie Kūkō (Flughafenlinie) von Hakata oder Tenjin bis zur Endstation Meinohama. Von dort verkehren viele Züge direkt (manchmal mit Umstieg) weiter zur JR-Chikuhi-Linie nach Karatsu (1140 ¥, 70 Min.). Von Karatsu nach Nagasaki (3710 ¥, 3 Std.) nimmt man die JR-Karatsu-Linie nach Saga und von dort den Kamome-*tokkyū* auf der JR-Nagasaki-Linie.

Busse starten vom **Ōteguchi-Buszentrum** (大手口バスセンター; ☎0955-73-7511) in Karatsu nach Fukuoka (1030 ¥, 70 Min.) und Yobuko (750 ¥, 30 Min.).

Im **Arpino** Building (アルピノ; ☎0955-75-5155; www.karatsu-arpino.com; 2881-1 Shinko-machi) direkt neben dem Bahnhof gibt's im 1. OG ein paar kostenlose Leihfahrräder (Reisepass vorzeigen). Am Bahnhof werden keine Fahrräder mehr vermietet.

Imari 伊万里

☎0955 / 55 300 EW.

Dass man sich Imari nähert, ist schon an den blau-weißen Kacheln erkennbar, die plötzlich überall zu sehen sind: auf Straßenschildern, Brückenpfeilern und selbst im Schotter gibt es Scherben dieser blau-weißen Keramik, für die Imari bekannt ist. Die Stadt selbst liegt unweit der Grenze zur Präfektur Nagasaki.

Imari ist von Karatsu aus ein schöner Tagesausflug.

Sehenswertes

★ Ōkawachiyama DORF

(大川内山) Die Keramik-Brennöfen, für die diese Gegend berühmt ist, konzentrieren sich im fotogenen **Ōkawachiyama** (大川内山), eine 15-minütige Busfahrt vom Bahnhof entfernt. Bei einem wunderschönen Spaziergang hügelaufwärts kann man etwa 30 Werkstätten und öffentliche Galerien besichtigen; dazwischen liegen zahlreiche Cafés und eine erstaunliche Brücke, die mit lokalen Imari-Ware-Keramikscherben bedeckt ist. Am besten kommt man mittags, um die Stadt zu erkunden und um einzukaufen.

Kaufmannsmuseum für Imari-Keramik MUSEUM

(伊万里市陶器商家資料館; ☎0955-22-7934; ⌚Di–So 10–17 Uhr) GRATIS Das wunderschön restaurierte Haus einer ehemaligen Kaufmannsfamilie in Imari in der Nähe des Flusses beherbergt einige unschätzbare Stücke von Koimari-Keramik (wie die alte Imari-Ware genannt wird) aus dem 18. und 19. Jh.

Schlafen & Essen

In der Nähe des Bahnhofs gibt's ein paar regionale Restaurants.

Central Hotel Imari HOTEL ¥

(セントラルホテル伊万里; ☎095-522-0880; www.central-imari.jp; 549-17 Hamanoura; EZ/DZ inkl. Frühstück ab 5900/9600 ¥;) Sauberes und zweckmäßiges Hotel nur ein paar Minuten zu Fuß vom JR-Bahnhof Imari entfernt. Hier kann man Fahrräder leihen, und es gibt Nichtraucherzimmer.

Kippō TEMPURA ¥¥

(天ぷらの吉峰; ☎0955-23-3563; 196 Tatemachi; Mittags Menü 1000–2000 ¥; ⌚Do–Di 11–14 & 17–21 Uhr) Ein paar Hundert Meter vom Bahnhof Imari entfernt wird in diesem Familienbetrieb superfrische Tempura serviert, teilweise auf Geschirr aus Imari-Ware. Es wird kein Englisch gesprochen, also sagt man einfach *setto o kudasai* („das Menü, bitte").

Praktische Informationen

Stadtinformation Imari (伊万里市観光協会; ☎0955-23-3479; ⌚9–18 Uhr). Touristenbroschüren gibt's im Bahnhof Imari an der regionalen Matsūra-Eisenbahnlinie, die gegenüber vom JR-Bahnhof Imari verläuft.

Anreise & Unterwegs vor Ort

Imari ist von Karatsu aus mit der JR-Chikuhi-Linie (650 ¥, 50 Min.) oder mit dem Bus (1030 ¥, 60 Min.) zu erreichen; von Imari nach Arita gelangt man mit der privaten Matsūra-tetsudō-Linie (460¥, 25 Min.).

Täglich fahren fünf bis sechs Busse (170 ¥) nach Ōkawachiyama. Alternativ nimmt man ein Taxi (ca. 1800 ¥ pro Strecke).

Hirado 平戸

☎0950 / 32 000 EW.

Einst war die hübsche, abgelegene Insel Hirado *der* Ort für Japanbesucher – bevor durch den *sakoku* (Isolationismus) die Insel Dejima zum einzigen Zugangsort wurde. Als zunächst Züge und dann Flugzeuge die Schiffe als wichtigstes Verkehrsmittel für Trips nach Japan ablösten, geriet Hirado in Vergessenheit, zumal da die Stadt an einer privaten Bahnlinie und nicht an einer JR-Linie liegt.

Auf dieser abgeschiedenen, aber charmanten kleinen Insel erinnern noch viele Spuren an die frühen Jahre der westlichen Besucher, besonders an die *Kakure Kirishitan* (versteckte Christen), die in der Region lebten. Hirado ist außerdem ein beliebtes Strandparadies und bietet eine hübsche, traditionell gestaltete Einkaufsstraße, tolle Meeresfrüchte, eine Burg und wunderbare Museen.

Sehenswertes

★ Oranda Shōkan HISTORISCHES GEBÄUDE
(オランダ商館; ☎0950-26-0636; 2477 Ōkubo; 300 ¥; ⌚8.30–17.30 Uhr, im Juni am 3. Di, Mi & Do geschl.) Gegenüber vom Hafen steht das ehemalige Handelshaus der Niederländischen Ostindien-Kompanie. Die Shogunatsbehörden deuteten das gregorianische Datum auf dem Gebäude (1639) als Hinweis auf das verbotene Christentum, ließen es zerstören und verbannten die holländischen Händler nach Dejima (S. 786). Kürzlich wurde es nach den Originalplänen wiederaufgebaut und beherbergt heute Textilien, Gin und Keramik – damit wurde einst gehandelt.

★ Ji-in to Kyōkai no Mieru Michi STRASSE
(寺院と教会の見える道, Straße mit Blick auf Tempel & eine Kirche) Diese Straße führt von der Stadt aus einen steilen Hügel hinauf und zählt zu den schönsten Ansichten in ganz Kyūshū. Buddhistische Tempel und eine große Kirche zeugen von der Inselgeschichte.

Geschichtsmuseum Matsūra MUSEUM
(松浦史料博物館; ☎0950-22-2236; www.matsura.or.jp; 12 Kagamigawa-chō; 510 ¥; ⌚8.30–17.30 Uhr) Auf der anderen Seite der Bucht gegenüber vom Touristenzentrum wurde in der Residenz des Matsura-Clans, der die Insel vom 11. bis zum 19. Jh. regierte, ein Museum eingerichtet. Zu sehen sind Waffen, mit denen man für Fotos posieren kann, bemalte *byōbu* (Wandschirme) und das strohgedeckte **Kanun-tei**, ein Teehaus für die Chinshin-ryū-Teezeremonie im Kriegerstil, die auf der Insel noch immer praktiziert wird (500 ¥).

Wer die Möglichkeit hat, an einem sonnigen Tag herzukommen, sollte unbedingt an der Teezeremonie (zwischen 9.30 und 17 Uhr) teilnehmen. Mit einem traditionellen Kimono bekleidet, bekommt man hier einen Eindruck von den Zeremonien jener Tage, als dieser Brauch vor Jahrhunderten erstmals aus China nach Japan kam. Zum Tee werden traditionelle Hirado-Süßigkeiten serviert.

Christliches Museum Hirado MUSEUM
(平戸切支丹資料館; ☎0950-28-0176; Ōnowa-kimachi 1502-1; 200 ¥; ⌚Do–Di 9–17.30 Uhr) In der Mitte der Insel liegt dieses kleine Museum mit Exponaten wie einer Maria-Kannon-Statue, die die versteckten Christen statt der Jungfrau Maria nutzten.

Hirado-jō BURG
(平戸城; ☎0950-22-2201; 1458 Iwanoue-chō; 510 ¥; ⌚8.30–17.30 Uhr) Über der Stadt thront die Hirado-jō mit einer Vielzahl an rekonstruierten Gebäuden. In der Burg kann man sich traditionelle Waffen und Kleidungsstücke sowie Fotos und Modelle des alten Hirado ansehen.

Aktivitäten

Kawachi-Pass WANDERN
(川内峠) Westlich des zentralen Hirado blickt man von dieser begrasten Hügelkette über beide Seiten der Insel – nach Osten zum japanischen Festland und nach Westen zum Ostchinesischen Meer sowie über die winzigen Inseln im Ozean. Die Wege sind von Eulaliengras und Azaleen gesäumt, und am Himmel kreisen gelegentlich Kondore.

Shijiki-Kap STRAND
(👪) Von Hirado fährt man 40 km mit dem Auto (1 Std.) bis zur Südspitze der Insel, dem Kap Shijiki. Von dort genießt man einen Blick auf den Gotō-rettō-Archipel. Unterwegs kommt man am Hotel Ranpū vorbei – eine mögliche Unterkunft für die, die auf Hirado übernachten wollen.

Der lange **Neshiko-Strand** an der hübschen Westküste Hirados ist ein beliebter Badeplatz. Quallen sind weit verbreitet, also auf Warnungen achten.

Feste & Events

Jangara Matsuri KULTUR
(ジャンガラ祭り; ⌚18. Aug.) Das berühmte Jangara Matsuri erinnert mit seiner Farbenfreude entfernt an Feste in Okinawa oder Korea. Am besten kommt man am späten Morgen nach Hirado, um nachmittags die schönsten Events zu genießen.

Okunchi Matsuri KULTUR
(平戸おくんち祭り; ⌚24.–27. Okt.) Beim Okunchi Matsuri tanzen Drachen und Löwen um den Kameoka-jinja.

Schlafen & Essen

Inomoto Ryokan MINSHUKU ¥¥
(井元旅館; ☎095-022-2719; 873 Sakigata-cho; EZ/DZ 3900/7000 ¥; ❄) Spartanisch, aber sauber und günstig. Das Inomoto Ryokan liegt außerdem perfekt, wenn man alles Sehenswerte und die geschichtsträchtige Küste von Hirado abhaken will.

Hotel Ranpū HOTEL ¥¥
(ホテル蘭風; ☎0950-23-2111; www.hotelranpu.com; 55 Kawauchi-chō; EZ/2BZ inkl. 2 Mahlzeiten 8500/10 800 ¥; P ⊖ ❄ 📶) Etwa 30 km (1 Std.) mit dem Auto von Kap Shijiki entfernt, bietet dieses Hotel große Onsen-Bäder draußen und drinnen, einen Strand sowie ein Restaurant. Wer in dieser Gegend übernachten will, hat auch keine andere Option.

Samson Hotel RESORT ¥¥
(サムソンホテル; ☎0950-57-1110; www.samson-hotel.jp; 210-6 Nodamen, Tabira-chō; Kapsel 3390 ¥, Zi. pro Pers. inkl. 2 Mahlzeiten ab 9720 ¥; P ⊖ ❄ @) Das zehnstöckige Hotel mit eigener heißer Quelle wurde 2012 renoviert. Wie Aussichtspunkte liegen die öffentlichen Bäder über dem Wasser. Die teuren, riesigen Suiten umfassen viele Zimmer, teilweise mit Balkonen; die Kapselhotelbetten dagegen könnten nicht schlichter ausfallen (keine Mahlzeiten inklusive). Im Sommer öffnet ein Biergarten. Die genannten Preise gelten für das alte Gebäude.

Shunsenkan FISCH & MEERESFRÜCHTE ¥
(旬鮮館; ☎0950-22-4857; 655-13 Miyano-chō; Sashimi-Menü 700 ¥; ⏲ Mi–Mo 10–16 Uhr) Lokale Fischerfamilien betreiben diese Kooperative gegenüber der Touristeninformation. Sie ist so etwas wie ein Markt mit Picknicktischen, die Angestellten bereiten auf Wunsch alle möglichen Mahlzeiten zu. Nach dem roten Gebäude Ausschau halten und nach Sashimi *moriawase* (Sashimiauswahl; 400 ¥) oder *kaisendon* (Meeresfrüchte auf Reis) fragen – oder einfach auf die Gerichte deuten.

Ichiyama STEAK ¥¥
(市山; ☎0950-22-2439; 529 Tsukiji-machi; Menü 3800 ¥; ⏲ Mi–Mo 11.30–14 & 17–22 Uhr) Hirado-Rind schmeckt ebenso lecker wie andere *wagyū*-Versionen. In diesem geräumigen und gemütlichen Restaurant für *yakiniku* (gegrilltes Rind im koreanischen Stil) kann man es probieren. Die mehrgängigen Menüs sind ein gutes Schnäppchen.

Praktische Informationen

Touristeninformationszentrum (平戸観光案内所; ☎0950-22-2015; 776-6 Sakigata; ⏲ 8–18 Uhr; 📶) Englischsprachige Broschüren, kostenlose PCs und WLAN sowie hilfsbereite Mitarbeiter, die bei der Buchung von Unterkünften helfen.

An- & Weiterreise

Hirado liegt näher an Saga-ken als an Nagasaki und ist durch eine kleine Brücke, die wie die Golden Gate Bridge aussieht und in Hirado-guchi beginnt, mit Kyūshū verbunden. Der nächstgelegene Bahnhof, Tabira-Hirado-guchi an der privaten Matsūra-tetsudō-Linie (nach Imari 1120 ¥, 67 Min.; nach Sasebo 1340 ¥, 90 Min.) ist Japans westlichster Bahnhof. Auch lokale Busse überqueren die Brücke zur Insel (260 ¥, 10 Min.). Von Nagasaki reist man mit dem JR-/Expressbus (1600/1450 ¥, beide 1½ Std.) nach Sasebo und steigt dort in den Bus nach Hirado (1500 ¥, 1½ Std.) um.

Unterwegs vor Ort

Die Hauptstadt der Insel, Hirado, ist klein genug, um zu Fuß erkundet zu werden, aber für den Rest der Insel braucht man ein eigenes Verkehrsmittel.

Leihfahrräder gibt's im **Touristeninformationszentrum** für 500 ¥ für vier Stunden. Mietwagen sind ab 5300 ¥ pro Tag zu haben und lohnen sich, wenn man die entlegeneren Sehenswürdigkeiten oder die Strände besuchen will.

Arita 有田

☎0955 / 20 170 EW

Ri Sampei, ein eingebürgerter koreanischer Töpfer, entdeckte in Arita 1615 Kaolin (weißen Ton) und ermöglichte damit erstmals die Herstellung edlen Porzellans in Japan. Ab Mitte des 17. Jhs. wurde dieses auch nach Europa exportiert.

Zwischen dem Bahnhof und dem Kyūshū-Keramikmuseum säumen rund 16 Galerien die **Yakimono Sanpo-michi** (Keramikpromenade). In der Touristeninformation gibt's einen japanischen Galerienplan, aber sie lassen sich auch so leicht finden. Beim jährlichen **Töpfermarkt** vom 29. April bis zum 5. Mai füllen sich die Straßen Aritas mit Straßenhändlern.

Außerhalb des Stadtzentrums praktizieren zwei der berühmtesten Hersteller von *Arita-yaki* seit über 14 Generationen: Die Imaemon-Galerie und der Kakiemon-Brennofen haben beide ein Museum zusätzlich zum Geschäft. Der Genemon-Brennofen stellt modernere Stücke her, die dort auch verkauft werden.

Sehenswertes

★ Kouraku-Brennofen

MANUFAKTUR

(幸楽窯; ☎0955-42-4121; www.kouraku.jp.net; Marunohei 2512; ⊙9–20 Uhr) Diese faszinierende Keramik-Manufaktur hat für jeden das Richtige zu bieten: Besucher können sich daran versuchen, etwas Einfaches auf der Töpferscheibe zu drehen (das fertige Produkt wird auf Wunsch gebrannt und innerhalb Japans zugeschickt). Wer mag, kann auch länger bleiben und das Handwerk erlernen (49 000/200 000 ¥ pro Woche/Monat). Neugierige zieht es vielleicht auf die „Schatzjagd" ins riesige zweite Lagerhaus, um dort eine Kiste (5000 ¥) so voll zu machen, wie es nur geht.

Der Chef, ein herzlicher Brasilianer, hat sich für erschwingliche touristische Angebote entschieden, ungeachtet der möglichen Kritik von schwerreichen Kunstsammlern. Darum wirkt es hier zwangsläufig weit weniger gepflegt als anderswo. Doch die Aussicht, so viel Arita-yaki, wie man für 5000 ¥ tragen kann, mit nach Hause zu nehmen, ist einmalig. Die Schatzjagd macht richtig Spaß. Wer als Künstler da bleibt, bekommt bis zu 40 kg Porzellan, lernt die Kunst der Arita-Keramikproduktion und wohnt und arbeitet mit den Töpfern zusammen.

★ Keramikmuseum Kyūshū

MUSEUM

(九州陶磁文化館; ☎095-543-3681; ⊙Di–So 9–17 Uhr) GRATIS Das Keramikmuseum auf dem Hügel, nur fünf Minuten vom Bahnhof Arita entfernt, ist das beste in der Region. Die Shibata-Sammlung zeigt auf umfassende Weise die Entwicklung und die Stilrichtungen der vielen Keramikkünste Kyūshūs; alles ist exzellent auf Englisch beschildert. Für Sonderausstellungen wird möglicherweise Eintritt fällig.

Imaemon-Galerie

GALERIE

(今右衛門ギャラリー; ☎0955-42-5550; 300 ¥; ⊙Di–So 9.30–16.30 Uhr) Einer von Japans lebenden „Nationalschätzen" stellt in dieser Galerie seine Arbeiten aus. Der angeschlossene Shop ist täglich geöffnet, auch dann, wenn die Galerie geschlossen ist.

Kakiemon-Brennofen

MANUFAKTUR

(柿右衛門窯; ☎0955-43-2267; ⊙9–17 Uhr) GRATIS Diesen Brennofen darf man in Arita nicht verpassen. Er wird mit Holz befeuert und in ihm wird ein bestimmtes Porzellan gebrannt, das (Überraschung!) Kakiemon-Ware genannt wird.

Aktivitäten

Takeo-Onsen

ONSEN

(武雄温泉; ☎095-423-2001; 400 ¥; ⊙6.30–24 Uhr) Der ursprüngliche Takeo-Onsen hat eine 1300-jährige Tradition, und soll bereits die Armeen von Toyotomi Hideyoshi erfrischt haben. Sein beeindruckendes lackiertes Eingangstor im chinesischen Stil wurde ohne Nägel erbaut, das älteste noch bestehende Badehaus (Moto-yu) ist eine Holzhalle von 1870. Der Onsen liegt 15 Gehminuten westlich vom Nordausgang des Takeo-Bahnhofs.

Die Anlage umfasst *rotemburo* (Bäder im Freien) und *kashikiri* (Bäder für Familien oder Paare, die reserviert werden müssen). Hier können sich also auch Besucher wohlfühlen, die ungern vor Fremden nackt baden.

Schlafen & Essen

Es gibt hier ein paar nichtssagende Hotels. Wer übernachten will, ist in Takeo-Onsen besser aufgehoben.

Takeo Onsen Youth Hostel

HOSTEL ¥

(武雄温泉ユースホステル; ☎0954-22-2490; www.e-yh.net/takeo; 16060-1 Nagashima, B HI-Mitglied/Nichtmitglied 3400/4000 ¥; P ⊖ ❄ @ ᯤ) Das Takeo Onsen Youth Hostel liegt inmitten der heißen Quellen und verfügt über 14 Zimmer. Vermutlich erkennt man die leuchtend orange-grüne Fassade dieser Unterkunft sogar aus dem All. Die freundlichen Besitzer holen Gäste, die erst nach dem offiziellen Check-in um 16 Uhr ankommen, vom Bahnhof ab. Einfach vorher anrufen und Bescheid sagen. Es gibt auch ein paar Leihfahrräder. Im Preis ist ein einfaches Frühstück enthalten.

Unbedingt Essen aus der Stadt mitbringen oder gleich noch dort essen, denn Mittag- oder Abendessen werden im Hostel nicht angeboten.

Gallery Arita

CAFÉ ¥¥

(☎095-542-2952; Honmachi Ōtsu 3057; godōfu-Menü 1350 ¥, Kaffee ab 450 ¥; ⊙9–19 Uhr) Hier kann man sich unter mehr als 2000 Tassen und Untersetzern von Hunderten verschiedenen Arita-Yaki-Töpfern die schönste aussuchen. Die Kellner kennen jede einzelne. Der Kaffee wird gefiltert und das *godōfu*-Menü ist ein hervorragendes Mittagessen. Nicht übersehen vor lauter Hunger: den Mini Cooper im Arita-Yaki-Stil, der in der Auffahrt steht.

KYŪSHŪS TÖPFERSTÄDTE

Im bergigen Kyūshū hatten viele Dörfer Probleme, Reis anzubauen, und suchten daher nach anderen Industriezweigen, um zu überleben. Wegen des guten Zugangs zu Ton, Wäldern und Flüssen bot sich die Keramikherstellung an, und so entwickelten sich in der Region einige herausragende Stile.

Karatsu, Arita und Imari sind die bedeutendsten Keramikstädte der Saga-ken. Seit dem frühen 17. Jh. stellten gefangene koreanische Töpfer hier Keramik her; diese Experten wurden streng bewacht, damit keiner entfliehen und die Geheimnisse ihrer Kunst preisgeben konnte. Mit dem Aufkommen der ersten Handelsrouten in den Westen begannen die japanischen Töpfer die hochdekorative chinesisch inspirierte Keramik, die in Europa so beliebt war, zu imitieren. Die Keramikstile werden häufig mit dem an den Städtenamen angehängten Suffix-*yaki* (Keramik) benannt.

Arita (S. 780) Kunstvoll dekoriertes Porzellan, oft mit blauen, roten, grünen oder goldenen Karomustern.

Imari (S. 778) Das edle Porzellan, ursprünglich in Blau- und Weißtönen gehalten, wurde seit Mitte der Edo-Periode in vielen prächtigen Farbtönen hergestellt.

Karatsu (S. 776) Charakteristische sanfte Erdtöne; vor allem bei Teezeremonien verwendet.

Die in Süd-Kyūshū gelegene Präfektur Kagoshima ist für *Satsuma-yaki* bekannt (Satsuma ist der Adelsname dieser Region). Es variiert von Eierschalenglasuren und goldbemaltem Porzellan bis hin zu gröberen, schwereren Produkten namens „Schwarzes Satsuma".

Shoppen

Genemon-Brennofen KERAMIK
(源右衛門窯; ☎0955-42-4164; www.gen-emon.co.jp; ⊙Mo–Sa 8–20 Uhr) In dem großen Studio arbeiten Töpfer und stellen erstaunliche Arita-Ware-Meisterwerke her.

Praktische Informationen

Touristeninformationsschalter (☎0955-42-4052; www.arita.jp; ⊙9–17 Uhr) Das Personal hinter diesem winzigen Infoschalter im Bahnhof Arita hält englische Stadtpläne und Fahrpläne bereit und bucht Unterkünfte, vor allem kleine private *minshuku* (Gästehäuser). Man sollte sich von dort unbedingt eine *hama* (Keramikscheibe, die beim Brennen benutzt wird) als kostenloses Souvenir mitnehmen.

An- & Weiterreise

Die private Matsūra-tetsudō-Linie verbindet Arita mit Imari (460 ¥, 24 Min.). JR-*tokkyū*-Züge zwischen Hakata (2750 ¥, 80 Min.) und Sasebo (460 ¥, 31 Min.) halten in Arita und Takeo-Onsen. Letzteres ist durch lokale Züge mit Arita verbunden (280 ¥, 20 Min.).

Die meisten Sehenswürdigkeiten werden sporadisch von Gemeindebussen angefahren (200 ¥), aber man spart Zeit, wenn man ein Taxi nimmt (etwa 1000 ¥ zu den meisten Attraktionen). Im Bahnhof Arita werden Fahrräder verliehen (500 bis 1000 ¥ pro Tag).

NAGASAKI & UMGEBUNG

Nagasaki steht weit oben auf der Liste der Dinge, die man in Kyūshū gesehen haben muss. Und das nicht nur wegen der Tragödie, die sich hier abspielte: der Abwurf der Atombombe durch die Vereinigten Staaten. Die Stadt hat eine bunte, multikulturelle Geschichte und eine ebensolche Küche. Richtung Osten gibt's auf der Shimabara-Halbinsel noch mehr Geschichte sowie Vulkanlandschaften zu sehen.

Nagasaki 長崎

☎095 / 430 000 EW.

Es ist bedrückend, aber auch wichtig, dass der Name Nagasaki zu einem Synonym für den zweiten Atombombenabwurf geworden ist. Natürlich überschattet dieses historische Ereignis alles andere. Dennoch ist Nagasaki heute eine lebendige, charmante und ganz einzigartige Stadt, die nur darauf wartet, entdeckt zu werden. Neben den Museen, Denkmälern und Monumenten, die von der Bombardierung berichten, gibt es noch so viel mehr zu sehen. Die Geschichte des Zweiten Weltkriegs lässt sich weder übersehen noch verleugnen; sie prägt die Stadt ebenso wie die hügelige Landschaft und die Pflastersteine. Ein Besuch der Atombomben-Stätten ist ein Muss, aber man wird auch feststellen, dass diese herzliche, friedliche Stadt eine bunte Handelsgeschichte, bezaubernde Kirchen, Schreine und Tempel aufweist. Hinzu kommt eine einzigartige Gastronomieszene, die Ost und West miteinander verbindet. Nagasaki liegt wunderschön eingeschmiegt in den Hügeln rund um einen eleganten Hafen. Wer mehr als nur die Oberfläche sehen will, sollte eine Woche oder länger für diese Stadt einplanen.

Sehenswertes

Nagasakis Sehenswürdigkeiten sind über ein weitläufiges Gebiet verstreut, aber wenn man einmal in einem Bezirk ist, kann man die Attraktionen problemlos zu Fuß erreichen. Das Hypozentrum der Atombombenexplosion liegt im Vorort Urakami, etwa 2,5 km nördlich des JR-Bahnhofs Nagasaki. In Zentral- und Süd-Nagasaki finden sich Sehenswürdigkeiten mit Bezug zur Handelsgeschichte. Die Hauptenklaven liegen rund um den JR-Bahnhof Nagasaki und etwa 2 km südlich in der Shinchi-Chinatown, am Holländerhang und im Glover Garden. Unweit der Shinchi-Chinatown befindet sich Shianbashi, das größte Ausgeh- und Einkaufsviertel.

Da Teile von Nagasaki sehr hügelig sind, sollte man gute Wanderschuhe mitbringen. Wegen der Hügel fährt man hier selten mit dem Rad und selbst Autofahren kann anstrengend sein.

Urakami (Nord-Nagasaki)

Urakami, das Hypozentrum der Atombombenexplosion, ist heute ein wohlhabender und friedlicher Vorort. Auch wenn die Spuren der Nuklearkatastrophe inzwischen – sieben Jahrzehnte danach – fast verschwunden sind, halten viele Stätten hier die Erinnerung wach.

★ Atombombenmuseum Nagasaki — MUSEUM

(長崎原爆資料館; Karte S. 784; ☎ 095-844-1231; www.nagasakipeace.jp; 7-8 Hirano-machi; 200 ¥, Audioguide 154 ¥; ⏲ Mai–Aug. 8.30–18.30 Uhr, Sept.–April 8.30–17.30 Uhr) Dieses düstere Museum ist ein Muss für jeden Nagasaki-Besucher. Anhand von Fotos und Artefakten berichtet es von der Verwüstung der Stadt und den vielen Todesopfern. Gezeigt werden zerstörte Felsen, Bäume, Möbel, Keramik und Kleidung sowie eine Uhr, die um 11.02 Uhr (dem Zeitpunkt der Detonation) stehen blieb. Zeitzeugenberichte erzählen von Überlebenden und von heroischen Hilfsaktionen. Die Ausstellung dokumentiert auch den anschließenden Kampf um nukleare Abrüstung und schließt mit einer erschreckenden Illustration, die zeigt, welche Nationen Atomwaffen besitzen.

Nationale Friedensgedenkhalle für die Atombombenopfer in Nagasaki — GEDENKSTÄTTE

(国立長崎原爆死没者追悼平和祈念館; Karte S. 784; www.peace-nagasaki.go.jp; 7-8 Hirano-machi; ⏲ Mai–Aug. 8.30–18.30 Uhr; Sept.–April bis 17.30 Uhr; 🚊 Matsuyama-machi) GRATIS Neben dem Atombombenmuseum steht das 2003 fertiggestellte minimalistische Denkmal von Kuryū Akira, ein besonders aufrüttelndes Monument. Am besten liest man die eingemeißelten Inschriften in aller Stille und läuft ruhig um das von Skulpturen gesäumte Wasserbecken. In der Halle darunter erheben sich zwölf Glassäulen mit Regalen voller Bücher, in denen die Namen der Todesopfer stehen.

★ Friedenspark — PARK

(平和公園; Heiwa-kōen; Karte S. 784; 🚊 Ōhashi) Nördlich des Hypozentrums erstreckt sich der Friedenspark, dominiert von der 10 t schweren **Nagasaki-Friedensstatue** (平和祈念像) aus Bronze, die 1955 von Kitamura Seibō entworfen wurde. Hier befinden sich auch der taubenförmige Friedensbrunnen (1969) und die Zone der Friedenssymbole, ein Skulpturengarten mit Darstellungen aus aller Welt zum Thema Frieden. Am 9. August findet in Hörweite der respektvollen Gedenkzeremonie für die Bombenopfer ein lärmender Protest gegen Nuklearwaffen statt.

Park des Atombomben-Hypozentrums — PARK

(長崎爆心地公園; Karte S. 784, 🚊 Matsuyama machi) Jeder, der wegen der Geschichte in die Stadt kommt, sollte sich das hier ansehen. Eine glatte schwarze Steinsäule markiert genau den Ort, über dem die Bombe explodierte. In der Nähe stehen zerbombte Relikte, darunter auch ein Mauerstück der Urakami-Kathedrale.

Urakami-Kathedrale — KIRCHE

(浦上天主堂; Karte S. 784; 1-79 Motō-machi; ⏲ 9–17 Uhr; 🚊 Matsuyama machi) Einst war die Kathedrale die größte Kirche Asiens (1914) – es dauerte drei Jahrzehnte, sie zu bauen, und drei Sekunden, sie zu zerstören. 1959 wurde auf den Ruinen des ursprünglichen Bauwerks eine kleinere Ersatzkathed-

Nagasaki

0
1 km
Isahaya (26 km); Sasebo (50 km)
Ōhashi
15
16
20
4
Friedenspark
8
Nationale Friedensgedenkhalle für die Atombombenopfer in Nagasaki
3
18
Matsuyama-machi
Atombombenmuseum Nagasaki
1
Daigakubyōin-mae
Nishi-zaka (286 m)
17
JR Urakami
Urakami-eki-mae
Mori-machi
29
Straßenbahnlinien 1 & 3
Zenza-machi
Urakami-gawa
Takara-machi
9
12
11
35
Yaichiyo-machi
6
7
Busterminal Kenei
10
19
2
5
Suwa-jinja
Suwa-jinja-mae
Geschichts- & Kulturmuseum Nagasaki
34
31
32
Nagasaki-eki-mae
Nagasaki
28
Straßenbahnlinie 3
Straßenbahnlinien 4 & 5
Kōkaidō-mae
Sakura-machi
Goto-machi
25
22
30
13
Kajiya-machi
14
27
202
24
Nakashima-gawa
Fährterminal-gebäude
33
Ōhato-Hafenterminal
21
26
Straßenbahnlinie 5
Hafen von Nagasaki
siehe Karte Nagasaki Zentrum (S. 788)
324
23
siehe Karte Glover Garden (S. 790)
Takashima (15 km); Tatsunokuchi (16 km); Hashima (18 km)

Nagasaki

Highlights
1 Atombombenmuseum Nagasaki B2
2 Geschichts- & Kulturmuseum Nagasaki C5
3 Nationale Friedensgedenkhalle für die Atombombenopfer in Nagasaki B2
4 Friedenspark A1
5 Suwa-jinja D5

Sehenswertes
6 Denkmal der 26 Märtyrer C5
7 Museum der 26 Märtyrer C5
8 Park des Atombomben-Hypozentrums .. A1
9 Fuchi-jinja A4
10 Fukusai-ji Kannon C5
11 Inasa-yama A4
12 Inasa-yama-Seilbahn A4
13 Kōfuku-ji D6
14 Megane-bashi D6
15 Nagai-Takashi-Gedenkmuseum B1
16 Nagasaki-Friedensstatue B1
17 Torii-Säule B3
18 Shiroyama-Grundschule A2
19 Shōfuku-ji C5
20 Urakami-Kathedrale B1

Aktivitäten, Kurse & Touren
21 Nagasaki Hafenkreuzfahrten B6

Schlafen
22 Hostel Akari D5
23 Hotel Monterey Nagasaki C7
24 Sakamoto-ya C6
25 S-Peria Hotel Nagasaki C6

Essen
AlettA .... (siehe 29)
26 Dejima Wharf B6

Ausgehen & Nachtleben
27 Inokuchiya C6

Shoppen
28 Amu Plaza C5
29 Mirai Nagasaki Cocowalk A3
30 Shōkandō D6

Praktisches
31 JR Kyūshū-Reisebüro B5
32 Nagasaki City Touristeninformationszentrum B5
33 Tourismusverband & Besucherbüro der Präfektur C6

Transport
34 Eki Rent-a-Car B5
35 Ropeway-mae Bushaltestelle A4

rale errichtet. Am Hügelhang der Kirche ruht ein umgestürzter Glockenstuhl genau an der Stelle, wo das Originalgebäude nach der Explosion der Atombombe in sich zusammenfiel.

Nagai-Takashi-Gedenkmuseum MUSEUM
(永井隆記念館; Karte S. 784; 22-6 Ueno-machi; 100 ¥; 9–17 Uhr; Ōhashi) Das kleine, aber sehr bewegende Museum feiert die Courage und den Mut eines Mannes in überwältigender Not. Selbst bereits an Leukämie leidend, überlebte Dr. Nagai die Atomexplosion, verlor aber seine Frau. Bis zu seinem Tod im Jahre 1951 widmete er sein Leben der Behandlung der Opfer. Auch in den letzten Tagen seines Lebens schrieb er noch zahlreiche Spendenaufrufe und sicherte Spenden für die Überlebenden und Waisen, was ihm den Spitznamen „Heiliger von Nagasaki" eintrug. Ein dort gezeigtes Video ist auch auf Englisch verfügbar.

Nebenan steht die **Nyokodō** (如己堂), eine einfache Hütte, in der Dr. Nagai arbeitete – ihr Name ist von dem biblischen Gebot „Liebe deinen Nächsten wie dich selbst" abgeleitet.

Shiroyama-Grundschule HISTORISCHES GEBÄUDE
(城山小学校; Karte S. 784; 095-861-0057; 23-1 Shiroyama-chō; Mo–Fr 8.30–16.30 Uhr; Matsuyama-machi) Nur 500 m vom Ort der Atomexplosion entfernt stand die nächstgelegene Schule auf einem Hügel; hier starben 1400 Kinder. Es ist bewegend zu sehen, wie normal das Leben hier heute verläuft. Außer einem Gebäude, das noch so dasteht wie kurz nach der Explosion (rechts oberhalb der Treppen), wirkt die aktive Schule wie jede andere – abgesehen von den Skulpturen, Denkmälern und Monumenten, die der Todesopfer gedenken.

Eines der Mahnmale ist mit 1000 Origami-Kranichen – dem traditionellen Friedensaufruf der Kinder – besetzt.

Torii-Säule DENKMAL
(一本柱鳥居; Karte S. 784; Daigakubyōin-mae oder Urakami eki mae) Die Explosion zerstörte die Hälfte des steinernen Torbogens zum Schrein Sanno-jinja, der 800 m südöstlich des Hypozentrums stand. Doch die andere Säule ist erhalten geblieben – ein stilles Zeugnis der Kraft und Widerstandsfähigkeit.

DIE ATOMEXPLOSION ÜBER NAGASAKI

Als der US-amerikanische B-29-Bomber namens *Bock's Car* am 9. August 1945 von den Marianeninseln abflog, um eine zweite Atombombe über Japan abzuwerfen, war sein Ziel eigentlich Kokura an der Nordostküste Kyūshūs. Aufgrund schlechter Sichtverhältnisse wich das Pilotenteam auf das zweitwichtigste Ziel Nagasaki aus.

Der B-29 erreichte das stark bewölkte Nagasaki um 10.58 Uhr. Als die Wolken kurz aufrissen und die Mitsubishi-Waffenfabrik in Sicht kam, wurde die 4,57 Tonnen schwere Bombe „Fat Man" mit einer Sprengkraft von 21,3 Kilotonnen TNT (fast das Doppelte der Bombe „Little Boy" von Hiroshima) auf Nagasaki abgeworfen.

Die Bombe verfehlte die Waffenfabrik, ihr beabsichtigtes Ziel, und explodierte um 11.02 Uhr in 500 m Höhe fast direkt über der größten katholischen Kirche Asiens (der Urakami-Kathedrale). Unmittelbar danach löschte sie den Vorort Urakami aus und tötete 74 000 der 240 000 Bewohner Nagasakis. Im Hypozentrum erreichten die Bodentemperaturen schätzungsweise 3000 bis 4000 °C, in 1,5 km Entfernung noch 600 °C. Im Umkreis von 1 km wurde alles vernichtet, und der glühend heiße Wind fegte mit einer Geschwindigkeit von bis zu 170 km/h (Taifune erreichen in der Regel höchstens 150 km/h) das Tal des Urakami-gawa hinab in Richtung Stadtzentrum. Da sich die meisten gesunden Männer im Krieg oder bei der Arbeit befanden, zählten vor allem einheimische Frauen, Kinder und Rentner zu den Opfern, ebenso wie 13 000 zwangsverpflichtete koreanische Arbeiter und 200 alliierte Kriegsgefangene. Weitere 75 000 Menschen wurden schwer verletzt (man schätzt, dass noch einmal so viele an den Nachwirkungen starben). Als die Feuer erloschen, war ein Drittel der Stadt verschwunden.

Dennoch hätte der Schaden noch schwerer sein können, wäre die Waffenfabrik getroffen worden. Anders als im Flachland von Hiroshima oder im Hafen von Nagasaki schützten die Hügel um das Flusstal die abseits gelegenen Vororte vor noch größerer Zerstörung.

Stadtzentrum Nagasaki

★ Dejima — HISTORISCHE STÄTTE

(出島; Karte S. 788; Dejima) 1641 verbannte das Tokugawa-Shogunat alle Ausländer aus Japan, nur nicht aus Dejima, einer künstlichen Insel mit einem Durchmesser von 560 m (15 000 m²) im Hafen von Nagasaki. Bis in die 1850er-Jahre war dieser winzige holländische Handelsposten die einzige sanktionierte ausländische Präsenz in Japan. Heute hat sich um Dejima herum eine belebte Stadt entwickelt, sodass man die Insel möglicherweise übersieht. Das sollte man nicht tun. Im **Dejima-Museum** (出島資料館; Karte S. 788; 095-829-1194; www.nagasakidejima.jp; 6-1 Dejima-machi; 510 ¥; Mitte Juli–Mitte Okt. 8–19 Uhr, Mitte Okt.–Mitte Juli bis 18 Uhr) wurden 17 Gebäude, Mauern und Konstruktionen (inkl. einem Miniatur-Dejima) sorgfältig rekonstruiert.

Diese Bauten, die nach einer Renovierung 2006 wiedereröffnet und seitdem ständig erweitert wurden, sind von innen ebenso aufschlussreich wie ihre schönen Fassaden. Sie bergen Ausstellungen zur Ausweitung des Handels und zu westlichen Studien und westlicher Kultur, archäologische Fundstücke sowie Räume, die japanische Tatamis (dicht gewebte Bodenmatten) mit westlichen Tapeten kombinieren. Es gibt exzellente englische Erklärungen. Für die Besichtigung sollte man sich mindestens zwei Stunden Zeit nehmen. Besucher, die ganz mit der Atmosphäre verschmelzen wollen, können sich in einem Laden sogar Kimonos ausleihen (2000/6000 ¥ pro Std./Tag).

Shinchi-Chinatown — VIERTEL

(新地中華街; Karte S. 788; Tsuki-machi) Während Japans langer Zeit der Abschottung waren die chinesischen Händler theoretisch ebenso eingeschränkt wie die Holländer, in Wirklichkeit aber relativ frei. Von der alten Chinatown blieben nur wenige Gebäude übrig, aber Nagasaki beherbergt noch immer eine vitale chinesische Gemeinde, was sich in der Kultur und Architektur, den Festivals und der Gastronomie der Stadt zeigt. Besucher kommen von nah und fern hierher, um in den Restaurants einzukehren und chinesisches Kunsthandwerk oder Schmuck zu kaufen.

Nakashima-gawa-Brücken BRÜCKEN

(中島川; Kōkaidō-mae oder Nigiwai-bashi) Parallel zu Teramachi fließt der Nakashima-gawa, den malerische Steinbrücken aus dem 17. Jh. überqueren. Einst dienten sie als Zugang zu verschiedenen Tempeln. Am bekanntesten ist die mit Doppelbögen geschmückte **Megane-bashi** (めがね橋; Brillenbrücke, Karte S. 784), die ursprünglich 1634 erbaut wurde und so heißt, weil die Spiegelung der Bögen im Wasser wie eine Brille aus der Meiji-Ära aussieht. Sechs der zehn Brücken, darunter auch die Megane-bashi, wurden 1982 bei einer Überflutung weggeschwemmt und mit den Originalsteinen wieder aufgebaut.

Sōfuku-ji BUDDHISTISCHER TEMPEL

(崇福寺; Karte S. 788; 7-5 Kajiya-machi; 300 ¥; 8–17 Uhr; Shōkakuji-shita) Dieser Ōbaku-Tempel (die Ōbaku-Schule ist die drittgrößte Zen-Schule nach der Rinzai-Schule und der Sōtō-Schule) in Teramachi wurde 1629 von dem chinesischen Mönch Chaonian erbaut. Sein rotes Eingangstor (Daiippo-mon) ist ein schönes Beispiel für die Architektur der Ming-Dynastie. Im Tempel kann man einen riesigen Kessel, der für die Zubereitung von Essen für die Opfer der Hungersnot von 1681 genutzt wurde, sowie eine Statue der Meeresgöttin Maso bewundern.

Kōfuku-ji BUDDHISTISCHER TEMPEL

(興福寺; Karte S. 784; 4-32 Tera-machi; 300 ¥; 8–17 Uhr; Kōkaidō-mae) Dieser Tempel in Teramachi stammt aus den 1620er-Jahren und ist für seine Haupthalle im Ming-Stil bekannt. Er ist ebenso wie der Sōfuku-ji ein Ōbaku-Zentempel – der älteste in Japan.

★ **Geschichts- und Kulturmuseum Nagasaki** MUSEUM

(長崎歴史文化博物館; Karte S. 784; 095-818-8366; www.nmhc.jp; 1-1-1 Tateyama; 600 ¥; am 3. Di des Monats geschl.; 8.30–19 Uhr; Sakura-machi) Das große Museum mit interessanten Exponaten wurde 2005 eröffnet, um die stolze Geschichte Nagasakis im internationalen Handel zu dokumentieren. Seine Hauptgalerie ist eine wunderbare Rekonstruktion einer Abteilung des städtischen Magistraturbüros aus der Edo-Periode, das den Handel und die Diplomatie kontrollierte. Englischsprachige Beschilderungen werden vorbereitet.

★ **Suwa-jinja** SHINTO-SCHREIN

(諏訪神社; Karte S. 784; 18-15 Kaminishiyama-machi; 24 Std.; Suwa-jinja-mae) GRATIS Auf einem bewaldeten Hügel steht dieser gewaltige 1625 gegründete Schrein, der über zahlreiche Treppen zu erreichen ist. Die Anlage birgt mehrere Statuen von *komainu* (Schutzhunden) sowie *kappa-komainu* (Wassergeisthunde), die man anbetet, indem man Wasser in die Teller auf ihren Köpfen sprengt. Den *gankake komainu* (Drehteller-Hund) riefen oft Prostituierte an und baten ihn um Sturm, damit die Matrosen noch einen Tag länger im Hafen bleiben mussten.

Fukusai-ji Kannon BUDDHISTISCHER TEMPEL

(福済寺·長崎観音, Nagasaki Kannon; Karte S. 784; 2-56 Chikugo-machi; 200 ¥; 8–16 Uhr; Sakura-machi) Dieser Tempel ist wie eine riesige Schildkröte geformt, die eine 18 m hohe Figur der Göttin Kannon auf ihrem Rücken trägt. Im Innern hängt ein Foucaultsches Pendel, das die Rotation der Erde demonstriert, von einem Bereich nahe dem höchsten Punkt der hohlen Statue herab. Nur in St. Petersburg und Paris gibt es größere Pendel.

Der Originaltempel chinesischen Ursprungs wurde 1628 erbaut, aber vollständig vom Feuer der Atombombe zerstört. Dieser hier stammt aus dem Jahr 1976. Die Tempelglocke läutet jeden Tag um 11.02 Uhr, der genauen Zeit der Explosion der Atombombe.

Denkmal der 26 Märtyrer GEDENKSTÄTTE

(日本二十六聖人殉教地; Karte S. 784) Diese Gedenkstätte zeigt Reliefs der 26 Christen-Märtyrer, die 1597 gekreuzigt wurden: sechs spanische Mönche und 20 Japaner. Die jüngsten waren 12 und 13 Jahre alt. Hinter dem Denkmal befindet sich ein kleines **Museum** (二十六聖人記念館; Karte S. 784; 095-822-6000; www.26martyrs.com; 7-8 Nishisaka-machi; Eintritt 500 ¥; 9–17 Uhr) mit Ausstellungen über das Christentum. Es ist zehn Minuten zu Fuß vom JR-Bahnhof Nagasaki entfernt.

Inasa-yama BERG

(稲佐山; Karte S. 784) Westlich des Hafens fährt alle 20 Minuten eine **Seilbahn** (長崎ロープウェイ; Karte S. 784; www.nagasaki-ropeway.jp; hin & zurück 1230 ¥; 9–22 Uhr;) auf den Gipfel des 333 m hohen Inasa-yama, der einen tollen Ausblick auf Nagasaki bietet (besonders nachts). Von 7 bis 22 Uhr pendelt ein kostenloser Shuttlebus von fünf Hotels in Nagasaki (Reservierung an der Rezeption) und vom JR-Bahnhof Nagasaki in Richtung Shimo-Ōhashi; an der Haltestelle **Ropeway-mae** (ロープウェイ前) steigt man aus und geht die Treppen durch die Anlage des **Fuchi-jinja** (淵神社; Karte S. 784) hinauf.

Nagagsaki Zentrum

Nagasaki Zentrum

Süd-Nagasaki

Glover Garden GARTEN

(グラバー園; Karte S. 790; 095-822-8223; www.glover-garden.jp; 8-1 Minami-yamate-machi; Erw./Stud. 610/300 ¥; Mai–Mitte Juli 8–21.30 Uhr, Mitte Juli–28. April 8–18 Uhr; Ōura Tenshudō-shita) In diesem hügeligen Garten wurden einige Häuser europäischer Einwohner aus der Meiji-Periode wiederaufgebaut. Benannt ist die Anlage nach Thomas Glover (1838–1911), dem schottischen Kaufmann, der die erste Eisenbahnstrecke Japans baute, den Schiffbau in Schwung brachte und durch seine Waffenimporte den Verlauf der Meiji-Restauration beeinflusste. Ein hübsches Fleckchen für einen Spaziergang!

Am besten erkundet man den Garten, indem man die Rollsteige zur Spitze des Hügels hinauf nimmt und dann wieder hinuntergeht. Vom höchsten Bauwerk, dem **Mitsubishi-Hafengebäude Nr. 2** (旧三菱第２ドックハウス; Erw./Stud. 610/300 ¥; 29. April–Mitte Juli 8–21.30 Uhr, Mitte Juli–28. April 8–18 Uhr) genießt man aus dem zweiten Stock einen tollen Panoramablick über die Stadt und den Hafen. Das nächsthöchste Gebäude ist das **Walker-Haus** (旧ウォーカー住宅; Karte S. 790) mit von den Familien gespendeten Artefakten, danach folgen noch das **Ringer-Haus** (旧リンガー住宅; Karte S. 790), das **Alt-Haus** (旧オルト住宅; Karte S. 790) und dann schließlich das **Glover-Haus** (旧グラバー住宅). Auf halber Strecke den Berg hinab steht die **Madame-Butterfly-Statue** (Karte S. 790) der japanischen Opernsängerin Miura Tamaki, die die Cio Cio in Puccinis berühmter Oper sang (die Geschichte spielte sich hier in Nagasaki ab). Man verlässt den Garten durch das **Museum für Traditionelle Darstellende Kunst Nagasaki**, das Drachen und Umzugswagen zeigt, die bei Nagasakis farbenprächtigem Kunchi Matsuri eingesetzt werden (S. 791).

Katholische Ōura-Kirche KIRCHE

(大浦天主堂; Karte S. 790; 095-823-2628; 5-3 Yamate-machi; 300 ¥; 8–18 Uhr; Ōura Tenshudō-shita) Diese Bergkirche ist die älteste Kirche Japans (1865) und den 26 Christen gewidmet, die 1597 in Nagasaki gekreuzigt wurden. Eher ein Museum denn ein Gotteshaus, birgt sie einen kunstvollen gotischen Altar und einen Bischofsstuhl sowie ein Ölgemälde der 26 Märtyrer. Wer kostenlos beten will, benutzt die reguläre Kirche gegenüber.

Holländerhang STRASSE

(オランダ坂; Karte S. 790; Oranda-zaka; Ishibashi) Einst waren die leicht abfallenden Plattenwege, die als Holländerhang bekannt sind, von **holländischen Holzhäusern** gesäumt. Mehrere Gebäude wurden wunderschön restauriert und bieten einen Überblick über Japans erste Kontakte mit dem Westen. Das ruhige **Ko-shashin-shiryōkan** (古写真資料館; Karte S. 790) und das **Maizō-shiryōkan** (埋蔵資料館; Karte S. 790) dokumentieren die Geschichte der Region (hauptsächlich japanisch beschildert; Museum für Ausgegrabene Artefakte; 6-25 Higashi-yamatemachi, kombinierter Eintritt 100 ¥; Di–So 9–17 Uhr).

Kōshi-byō & Museum der Geschichte Chinas KONFUZIANISCHER SCHREIN

(孔子廟・中国歴代博物館; Karte S. 790; 095-824-4022; 10-36 Ōuramachi; Schrein & Museum 600 ¥; 8.30–17.30 Uhr; Ishibashi) Angeblich ist dieser fröhlich bemalte Kōshi-byō-Schrein der einzige konfuzianische Schrein außerhalb Chinas, der von und für Chinesen erbaut wurde. Und tatsächlich erwecken die Weisenstatuen im Hof das Gefühl, man wäre in China. Ursprünglich 1893 er-

KYŪSHŪ NAGASAKI

Glover Garden

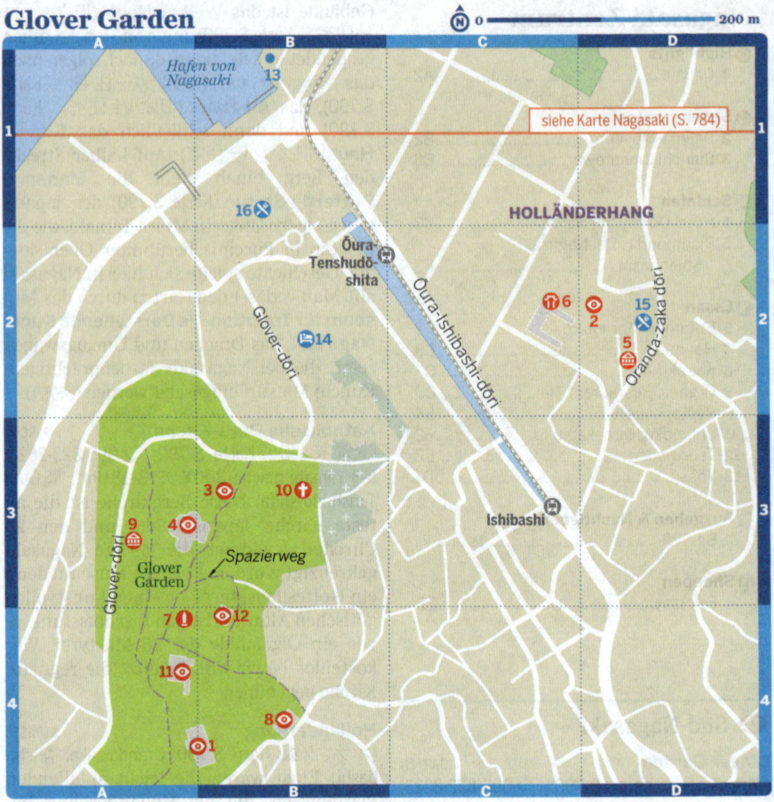

Glover Garden

Sehenswertes

1 Alt-Haus B4
2 Holländerhang D2
3 Glover Garden B3
4 Glover-Haus A3
5 Ko-shashin-shiryōkan D2
6 Kōshi-byō & Historisches Chinamuseum C2
7 Madame-Butterfly-Statue A4
Maizō-shiryōkan .... (siehe 5)
8 Mitsubishi-Hafengebäude Nr. 2 .... B4
9 Musuem für Traditionelle Darstellende Kunst Nagasaki A3
10 Katholische Ōura-Kirche B3
11 Ringer-Haus A4
12 Walker-Haus B4

Aktivitäten, Kurse & Touren

13 Gunkanjima Concierge B1

Schlafen

14 ANA Crowne Plaza Hotel Nagasaki Gloverhill B2

Essen

15 Higashi-yamate Chikyū-kan D2
16 Shikairō B1

richtet, wurde das Originalgebäude vom Feuer nach der Atombombenexplosion zerstört.

Hinter dem Schrein zeigt ein schickes Museum einige chinesische Kunstwerke, Artefakte aus Jade sowie archäologische Funde, die von neolithischen Stücken bis zu Terrakottakriegern und Porzellan aus der Qing-Dynastie reichen. Zum Haus gehört ein großer Souvenirladen mit chinesischem Schmuck – von klassisch bis kitschig ist alles dabei.

Geführte Touren

Auf einer der einstündigen **Nagasaki Hafenrundfahrten** (長崎港めぐりクルーズ; Karte S. 784; ☎095-822-5002; Nagasaki Harbour Terminal Building; Erw./Kind 2000/1000 ¥; ⏲Do–Mo 12 & 16 Uhr) lässt sich das malerische Nagasaki toll besichtigen. Aktuelle Fahrpläne erhält man am Fährterminal.

Feste & Events

Kunchi Matsuri KULTURELL

(⏲7.–9. Okt.) Vom 7. bis 9. Oktober tanzen bei diesem lebensfrohen Festival chinesische Drachen durch die Straßen der Stadt, vor allem aber am Suwa-jinja. Die Feierlichkeiten sind geprägt von kunstvollen Kostümen, Feuerwerken, Zimbeln und riesigen Drachenpuppen.

Peiron Drachenbootrennen KULTURELL

(⏲Ende Juli) Mitte des 17. Jhs. von den Chinesen eingeführt, sollten die farbenprächtigen Bootsrennen den Gott des Meeres bei Laune halten. Sie finden auch heute noch im Hafen von Nagasaki statt.

Shōrō-nagashi KULTURELL

(⏲15. Aug.) Am 15. August lässt man am Hafen laternenbeleuchtete Boote ins Wasser, um die Vorfahren zu ehren. Sie werden in unterschiedlichen Größen von Hand aus ganz verschiedenen Materialien (Bambus, Holz, Reishalme) hergestellt. Schließlich treiben sie aufs Meer hinaus und werden von den Wellen zerstört. Am besten lässt sich die Prozession vom Fährhafen Ōhato aus beobachten.

Schlafen

Für eine problemlose Weiterreise und einen einfachen Zugang zu Restaurants und Nachtleben empfiehlt es sich, in der Nähe der JR-Bahnhöfe Nagasaki oder Shianbashi zu übernachten.

★ **Hostel Akari** HOSTEL ¥

(ホステルあかり; Karte S. 784; ☎095-801-7900; www.nagasaki-hostel.com; 2-2 Kōjiya-machi; B/EZ ab 2700/3300, DZ & 2BZ ab 6800, 3DZ 9000 ¥; Rezeption 9–13 & 15–20 Uhr; 🚭 ❄ @ 📶; 🚊Kōkaidō-mae) Dieses freundliche 28-Betten-Hostel setzt einen hohen Standard mit seinen hellen, sauberen japanischen Zimmern samt westlichen Betten und Bädern. Außerdem hat es äußerst nette Angestellte, eine offene Küche und ein eifriges Team von lokalen Freiwilligen, die kostenlose Stadtrundgänge veranstalten. Das Hostel liegt am schönen Nakashima-gawa. Handtücher werden für 100 ¥ verliehen. Zwischen 13 und 15 Uhr kann es schwierig sein, einzuchecken oder auch nur seine Taschen abzustellen.

ANA Crowne Plaza Hotel Nagasaki Gloverhill HOTEL ¥¥

(ANAクラウンプラザホテル長崎グラバーヒル; Karte S. 790; ☎095-818-6601; www.anacrowneplaza-nagasaki.jp; 1-18 Minami-yamate-machi; EZ/DZ/2BZ ab 9060/13 800/16 800 ¥; P 🚭 ❄ @ 📶; 🚊Ōura-Tenshudō-shita) Unweit des Glover Garden, der Ōura-Kirche und des Holländerhangs bietet dieses Hotel drei Zimmertypen: Die Standardzimmer sind recht schlicht; die Superior- und die Deluxe-Zimmer wurden vor Kurzem renoviert und kommen ziemlich elegant daher. Einziger Nachteil: Eine Aussicht gibt's hier praktisch gar nicht.

Hotel Dormy Inn Nagasaki BUSINESSHOTEL ¥¥

(ドーミーイン長崎; Karte S. 788; ☎095-820-5489; www.hotespa.net; 7-24 Dōza-machi; EZ/DZ/2BZ ab 6790/7790/9790 ¥; P 🚭 ❄ @ 📶; 🚊Tsuki-machi) Neben der Chinatown gelegen, ist dieses Hotel allein schon wegen seiner Lage einen Aufenthalt wert. Die Zimmer sind frisch, blitzsauber und haben hochwertige Matratzen. Es gibt große, nach Geschlechtern getrennte Gemeinschaftsbäder und Saunen sowie raffinierte Einrichtungen in den Zimmern. Das Frühstücksbüfett (1200 ¥) beinhaltet *sara-udon*, und von 21.30 bis 23 Uhr werden kostenlose *soba* serviert. Die Preise variieren je nach Saison stark; online bucht man billiger.

S-Peria Hotel Nagasaki BUSINESSHOTEL ¥¥

(エスペリアホテル長崎; Karte S. 784; ☎095-826-1211; www.s-peria.com; 5-35 Goto-machi; EZ/DZ/2BZ 6500/9000/10 000 ¥; P 🚭 ❄ @ 📶; 🚊Goto-machi) Mitten in der Touristenzone findet man dieses schicke Hotel mit 153 tollen dunkel getäfelten Zimmern samt separaten Duschen und Wannen. Die Angestellten sind an ausländische Gäste gewöhnt, außerdem gibt's eine Waschmaschine mit Münzeinwurf. Auf der Website nach vergünstigten Angeboten schauen. Parken kostet 1000 ¥ pro Nacht.

★ **Sakamoto-ya** RYOKAN ¥¥¥

(料亭御宿坂本屋; Karte S. 784; ☎095-826-8211; www.sakamotoya.co.jp; 2-13 Kanaya-machi; Zi. pro Pers. inkl. 2 Mahlzeiten ab 16 200 ¥; P 🚭 ❄ @ 📶; 🚊Goto-machi) Dieses herrliche altmodische *ryokan* wurde bereits 1894 er-

NAGASAKIS REICHE GESCHICHTE

Die vielschichtige Rolle der Präfektur Nagasaki in der japanischen Geschichte fand ihren Anfang bei der Landung eines vom Kurs abgekommenen chinesischen Schiffs 1543 in der Präfektur Kagoshima. Es hatte Waffen und portugiesische Abenteurer an Bord. Kurz darauf kamen katholische Missionare an und läuteten Japans „Christliches Jahrhundert" (1549–1650) ein, das sich in Nagasaki, Hirado und anderen lokalen Gemeinden zentrierte.

1570 war Nagasaki eine wohlhabende, moderne Hafenstadt; portugiesische Handelsleute pendelten zwischen Japan, China und Korea, und Missionare bekehrten zahlreiche Japaner. 1580 überließen die daimyō (Lokalherrscher) Nagasaki kurz der Gesellschaft der Jesuiten.

Einige Jahre später erhob der Shogun Anspruch auf Nagasaki und vertrieb die Jesuiten. 1597 ließ er 26 europäische und japanische Christen kreuzigen. Im Jahr 1613 wurde das Christentum schließlich offiziell verboten, doch einige „verborgene Christen" praktizierten ihren Glauben weiterhin.

Nach einem Bauernaufstand in Shimabara in den Jahren 1637–1638 verbot das Shogunat allen Japanern und in Japan lebenden Ausländern Reisen nach Übersee; damit begann eine Periode namens *sakoku* (nationale Abschottung), die über zwei Jahrhunderte dauerte. Die einzige Ausnahme bildete Dejima, eine künstliche Insel am Hafen von Nagasaki, auf der unter strenger Beobachtung holländische Händler lebten.

Als Japan sich in den 1850er-Jahren wieder gen Westen öffnete, errang Nagasaki große wirtschaftliche Bedeutung, besonders im Schiffbau – jener Industrie, die schließlich zur tragischen Bombardierung der Stadt am 9. August 1945 führte.

öffnet. Es verfügt über Zimmer voller Kunstwerke und mit *Arita-yaki*-Keramik dekorierte Flure. Die Räume im Erdgeschoss gehen auf winzige Gärten hinaus, zu essen gibt's *shippoku-ryōri* (Nagasakis Haute Cuisine). Bei nur elf Zimmern – jedes mit einem *hinoki-buro* (Zedernholzbad) – ist persönlicher Service garantiert. Von der Tramhaltestelle Goto-machi läuft man am S-Peria Hotel vorbei und biegt links ab. Das *ryokan* liegt diagonal gegenüber vom Fernsehturm.

Richmond Hotel Nagasaki Shianbashi HOTEL ¥¥¥
(リッチモンドホテル長崎思案橋; Karte S. 788; ☎ 095-832-2525; http://nagasaki.richmondhotel.jp; 6-38 Motoshikkui-machi; EZ/DZ/2BZ ab 20 000/20 000/25 000 ¥; P ⊖ ❄ @ ☜; 🚊 Shianbashi) Näher am Herzen von Shianbashi kann man nicht wohnen als in diesem bei Travellern beliebten Hotel. Die Deluxe-Zimmer sind für japanische Maßstäbe groß. Die englischsprachigen Angestellten haben immer gute Laune, und auf dem wundervollen Frühstücksbüfett (1200 ¥) stehen Spezialitäten aus Nagasaki.

Hotel Monterey Nagasaki HOTEL ¥¥¥
(ホテルモントレ長崎; Karte S. 784; ☎ 095-827-7111; www.hotelmonterey.co.jp/nagasaki; 1-22 Ōura-machi; DZ/2BZ ab 20 000/25 000 ¥; P ⊖ ❄ @ ☜; 🚊 Ōura-Tenshudōshita) Im portugiesischen Stil geführtes Hotel unweit des Holländerhangs und des Glover Garden mit geräumigen, lichtdurchfluteten Zimmern und gemütlichen Betten. Die freundlichen Angestellten sind mit den Bedürfnissen ausländischer Reisender vertraut. Bei Onlinebuchung gibt's Rabatt.

Essen

Im vierten und fünften Stock des Einkaufszentrums **Mirai Nagasaki Cocowalk** (みらい長崎ココウォーク; Karte S. 784; ☎ 095-848-5509; www.cocowalk.jp; 1-55 Morimachi; ⏲ 10–21 Uhr; 🚊 Mori-machi, 🚊 JR Urakami) versammeln sich etwa 20 Restaurants. Das **AlettA** (アレッタ; ☎ 095-801-5245; Karte S. 784; Mittag-/Abendessen 1650/2070 ¥; ⏲ 11–15.30 & 17–23 Uhr; 🚊 Mori-machi) ist ein luftiges Büfettrestaurant im vierten Stock, das jeden Monat ein anderes nationales Gourmetthema bietet.

Weitere gute Optionen sind die Restaurantetagen des Einkaufszentrums **Amu Plaza** (アミュプラザ長崎; Karte S. 784) und der **Dejima-Kai** (出島ワーフ; Karte S. 784; 🚊 Dejima), eine malerische Ansammlung von Freiluftrestaurants am Hafen, die von Meeresfrüchten bis zu italienischer Küche alles Mögliche in verschiedenen Preisklassen servieren. Hier findet man auch Bars und Galerien.

Hōuntei IZAKAYA ¥
(宝雲亭; Karte S. 788; ☎ 095-821-9333; 1-8 Motoshikkui-machi; Gerichte 360–520 ¥; ⏱ 17–23 Uhr; 🚊 Shianbashi) Seit den 1970er-Jahren bestellen Stammkunden in diesem winzigen, rustikalen Lokal die wunderbaren *hito-kuchi gyōza* (*gyōza*-Happen; zehn Stück 380 ¥). Wir empfehlen auch *butaniratoji* (Schweinefleisch und Schalotten im Omelettstil; 540 ¥). Es gibt eine bebilderte Speisekarte. Das Hōuntei liegt gegenüber von With Nagasaki und ist an der Laterne und dem braunen *noren* (Türvorhang) zu erkennen.

Shikairō CHINESISCH ¥
(四海楼; Karte S. 790; ☎ 095-822-1296; 4-5 Matsugae-machi; champon 970 ¥; ⏱ 11.30–15 & 17–20 Uhr; 🚭 📋; 🚊 Oura-Tenshudō-shita) Dieses riesige, frei stehende Chinarestaurant (nach den riesigen roten Säulen Ausschau halten) unweit des Glover Garden hat das Gericht *champon* erfunden und ist seit 1899 in Betrieb. Es bietet einen schönen Hafenblick und ein kleines *champon*-Museum. Wenn viel los ist, muss man warten. Und warten. Und warten.

★ **Organic Restaurant Tia** JAPANISCH ¥¥
(ティア; Karte S. 788; ☎ 095-828-2984; www.tia-nagasaki.com; 7-18 Ginza-chō; feste Menüs ab 1500 ¥; ⏱ Di–So 11–14.30 & 18–22 Uhr; 🚊 Tsuki-machi) Tia serviert jetzt an einem neuen Standort die leckerste Japanische Küche mit regionalen Biozutaten; im 2. OG. Am Eingang an der Ecke des Links Ginza Buildings kann man leicht vorbeilaufen.

★ **Shippoku Hamakatsu** KAISEKI ¥¥
(卓袱浜勝; Karte S. 788 ¥; ☎ 095-826-8321; www.sippoku.jp; 6-50 Kajiya-machi; Mittag-/Abendessen ab 1500/3500 ¥; ⏱ 11.30–22 Uhr; 📋; 🚊 Shianbashi) Hierher kommt man, weil man *shippoku ryōri* genießen und sich trotzdem noch die Heimreise leisten können will. Die Menüs sind sehr üppig und in verschiedenen Varianten erhältlich (das Otakusa-*shippoku* wird auf einem schönen runden Tablett serviert). Außerdem gibt's eine Auswahl an japanischen und westlichen Gerichten.

Higashi-yamate Chikyū-kan INTERNATIONAL ¥¥
(東山手「地球館」; Karte S. 790; ☎ 095-822-7966; www.h3.dion.ne.jp/~chikyu; 6-25 Higashi-yamate-machi; jede Woche anders ⏱ Do–Mo Café 10–17 Uhr, Restaurant Sa & So 12–15 Uhr; 🚊 Ishi-bashi) Dieses originelle kleine Restaurant am Hollandhang hat an den meisten Wochenenden geöffnet. Jede Woche bereiten hier andere Köche günstige Gerichte aus ihren Heimatländern zu. Bisher waren schon 70 Länder vertreten, Tendenz steigend. Das kleine Juwel ist der Inbegriff kulturellen Austausches. Man kann auch zum Schachspielen und Sprachenlernen herkommen.

Tsuru-chan CAFÉ ¥¥
(ツル茶ん; Karte S. 788; ☎ 095-824-2679; 2-47 Aburaya-machi; Toruko-Reis 1180 ¥; ⏱ 9–22 Uhr; 📋; 🚊 Shianbashi) Trotz des Namens „Toruko (türkischer) Reis" ist an diesem herzhaften regionalen Gericht rein gar nichts türkisch: Schweinekotelett in herzhafter Currysoße auf Pasta und Reis (1080 ¥). Der *kissaten* (Coffeeshop) im Retrostil behauptet gar, das Gericht erfunden zu haben. Zu seinen neuen Kreationen zählen Speisen mit Hühnchen, Rindfleisch und sogar Sahnesoße. Tipp: Zum Dessert den „Nagasaki-Milkshake" probieren. Er ist so dickflüssig, dass man ihn eher isst als trinkt.

NAGASAKIS KÜCHE

Nagasakis Küche ist stolz auf ihre multikulturelle Geschichte. *Champon* ist eine regionale *rāmen*-Version mit Oktopus, Schwein und Gemüse in einer milchig-salzigen Brühe. *Sara-udon* bekommt die gleichen Zutaten in einer Soße über Bratnudeln. Chinesische und portugiesische Einflüsse haben sich zu *shippoku-ryōri*, Nagasakis *kaiseki* (Japanische Haute Cuisine) vereint. *Kakuni-manju* ist Schweinebauch in süßer Soße, ein chinesisches Gericht, das man oft an Straßenständen findet. Und *chirin-chirin*, Kratzeis mit Geschmack, wird im Sommer an mobilen Ständen verkauft.

Die gelben, ziegelförmigen *castella*-Kuchen – eine einzigartige Nagasaki-Süßigkeit – muss man einfach probieren. Zwei der besten Geschäfte dafür sind **Fukusaya** (福砂屋; Karte S. 788; ☎ 095-821-2938; www.fukusaya.co.jp; 3-1 Funadaiku-machi; ⏱ 8.30–20 Uhr; 🚊 Shianbashi), wo die Kuchen seit 1624 hergestellt werden, und **Shōkandō** (匠寛堂; Karte S. 784; ☎ 095-826-1123; www.shokando.jp; 7-24 Uo-no-machi; ⏱ 9–19 Uhr; 🚊 Nigiwaibashi), das gegenüber der Megane-bashi liegt und die japanische Kaiserfamilie beliefert.

Yosso JAPANISCH ¥¥

(吉宗; Karte S. 788; ☎ 095-821-0001; www.yossou.co.jp; 8-9 Hama-machi; Menüs ab 1350 ¥; ⊙ 11–20 Uhr; 🚋 Shianbashi) Seit 1866 kehren die Leute hier für *chawanmushi* (japanischer Eierstich in der Teeschale) ein. Zum Yosso-*teishoku* (2380 ¥) gehören Fisch, *soboro* (gesüßtes Hühnchenhack auf Reis), *kakuni* (geschmorter Schweinebauch), Dessert und mehr. Es gibt keine englische Speisekarte, aber die ausgestellten Gerichte an der Theke machen die Auswahl leicht. Vor der traditionellen Ladenfront hängen rote Laternen.

Kairaku-en CHINESISCH ¥¥

(会楽園; Karte S. 788; ☎ 095-822-4261; www.kairakuen.tv; 10-16 Shinchi-chō; Gerichte 800–1600 ¥; ⊙ 11–16 & 17 -21.30 Uhr; 📋; 🚋 Tsuki-machi) In diesem Restaurant in der Shinchi-Chinatown, das seit der Shōwa-Ära existiert, sind die fröhlichen Kellner ganz in Schwarz und mit weißen Schürzen bekleidet. Serviert wird südchinesische Küche: Die Mittagsmenüs für 800¥ umfassen Nudelgerichte, süßes und saures Schweinefleisch und mehr – ein richtig gutes Schnäppchen. Genießer bestellen die Pekingente (5000 ¥).

Ryōtei Kagetsu KAISEKI ¥¥¥

(史跡料亭花月; Karte S. 788; ☎ 095-822-0191; www.ryoutei-kagetsu.co.jp; 2-1 Maruyama-machi; Mittag-/Abendessen Menü ab 10 370/14 260 ¥; ⊙ Mi–Mo 12–15 & 18–22 Uhr; 🚋 Shianbashi) Ein *shippoku*-Restaurant in einem ehrenwerten Haus, das 1642 als elegantes Freudenhaus eröffnet wurde. Wer sich mit den japanischen Essgewohnheiten auskennt oder eine einheimische Begleitung dabeihat, Essen liebt und in der Gruppe kommt, wird bei den Preisen nicht zusammenzucken. Draußen hängt ein Schild, auf dem auf Englisch die Geschichte des Hauses erzählt wird. Man durchläuft beim Betreten einen wunderschönen Garten, alles sieht aus wie auf dem Set eines Samurai-Films. Unbedingt reservieren.

★ **Butaman Momotaro** CHINESISCH ¥

(ぶたまん　桃太呂; Karte S. 788; ☎ 0120-23-7542; www.butaman.co.jp; 10-19 Hamanomachi; Klößchen 80 ¥; ⊙ 10–3 Uhr) Diese kleinen, superleckeren Klöße sind in Nagasaki Standard. Im Familienbetrieb Butaman Momotaro gibt es sie seit 1960. Sie schmecken zum Frühstück, zum Mittagessen, zwischendurch, abends oder wenn man vom Feiern heimkommt. Diese Zweigstelle hat gerade gegenüber der Bar IWI in Shianbashi aufgemacht. Achtung: Wenn die Knödel ausverkauft sind, wird früher geschlossen.

Ausgehen & Nachtleben

Bar IWI BAR

(イーウィ; Karte S. 788; 1-7 Motoshikkui-machi; ⊙ Mo–Sa 20–3 Uhr) Diese gemütliche One-Coin-Bar (hier kostet alles 500 ¥!) gehört Brynn, einem freundlichen Kiwi. Diese Bar bleibt lange auf, hier sind immer wieder andere Ausländer und englischsprachige Einheimische. Nur ein paar Schritte von der Shianbashi-Straßenbahnhaltestelle entfernt; über der Tür hängt ein großes gelb-rotes Schild.

Inokuchiya WEINBAR

(猪ノ口屋; Karte S. 784; ☎ 095-821-0454; 4-11 Sakae-machi; ⊙ Mo–Sa 17.30–23 Uhr; 🚋 Nigiwaibashi) Die coole Weinbar liegt zwar weit weg von Shianbashi, ist aber die Anreise wert: Im angeschlossenen Weinladen darf man Wein, *shōchū* (starker, destillierter Alkohol) und Nagasaki-*sake* verkosten. Dazu werden köstliche kleine Teller mit Pâté, Carpaccio und Salaten serviert. Auf der Speisekarte stehen nur wenige englische Erklärungen, aber man kann sich problemlos verständlich machen.

Praktische Informationen

INTERNETZUGANG

An vielen öffentlichen Plätzen Nagasakis ist kostenloses WLAN verfügbar, z. B. im JR-Bahnhof Nagasaki, am Dejima-Kai und in der Shinchi-Chinatown. Alle Orte mit WLAN sind unter www.ninjin-area.net/sites/map verzeichnet; um sich einzuloggen, gibt man im Browser ninjin.net ein (es ist auch eine englische Option vorhanden).

Cybac Café (サイバックカフェ; Karte S. 788; ☎ 095-818-8050; 3. & 4. OG, Hashimoto Building, 2-46 Aburaya-chō; Anmeldegebühr 320 ¥, erste 30 Min. 320 ¥; alle weiteren 15 Min. 110 ¥; 🚋 Shianbashi) Riesiges Internetcafé mit Duschen, Dart und Getränken.

GELD

Geld wechseln oder abheben kann man an den Automaten der Postämter und 7-Eleven-Märkte, außerdem in mehreren Filialen der **18 Bank** (十八銀行), besonders gut gelegen ist diese Filiale in Dejima (十八銀行; Karte S. 788; ☎ 095-824-1818; 1-11 Douza-machi; ⊙ Mo–Fr 9–15 Uhr, Geldautomat tgl. 8–21 Uhr).

TOURISTENINFORMATION

Neben den Touristenbroschüren, die in folgenden Büros erhältlich sind, gibt's auch das kostenlose englischsprachige Magazin *Nagazasshi*, das von hier heimischen Auswanderern publiziert wird und Infos zu Events sowie Sightseeingtipps enthält. Ein neues mehrsprachiges **Call-**

ABSEITS DER ÜBLICHEN PFADE

GEISTERINSEL HASHIMA

Von Weitem sieht man von der Insel **Hashima** (端島) nur eine Reihe Gebäude, die aus der Bucht aufragen, einem Kriegsschiff nicht unähnlich, daher auch ihr zweiter Name: Gunkan-jima (軍艦島; Kriegsschiffinsel) . Große Teile der Insel sind nicht ungefährlich, und mehrere Gebäude sind in jüngster Zeit nach Hurrikanen eingestürzt oder wurden beschädigt. Dennoch finden mehrmals am Tag geführte Touren auf die Insel statt. Auf sicheren Fußwegen streifen die Besucher durch die seit Langem leer stehenden Wolkenkratzer. Von April bis Oktober starten bei gutem Wetter zweimal täglich dreistündige Kreuzfahrten (Reservierung erforderlich), von November bis März seltener. Um sich dafür anzumelden, kontaktiert man **Gunkanjima Concierge** (軍艦島コンシェルジュ; Karte S. 790; ☎ 095-895-9300; www.gunkanjima-concierge.com; Tokiwa town, 1-60 Tokiwa terminal Building 102; Tour 4300 ¥). Sonnencreme mitbringen und unbedingt noch mal auf dem Schiff die Toilette aufsuchen – auf der Insel gibt's keine.

Hashima war einst eines der am dichtesten besiedelten Gebiete der Welt, wurde aber rasch zur Geisterinsel, als das Kohlebergwerk, in dem seit 1890 gearbeitet worden war, 1974 geschlossen wurde. Die Insel wurde den Elementen überlassen und sieht jetzt aus wie aus einem apokalyptischen Manga entsprungen und wurde auch als Kulisse für das Versteck des Bösewichts im James-Bond-Film *Skyfall* (2012) genutzt. Dank der unermüdlichen Arbeit einiger engagierter Einwohner Nagasakis wurde sie unter Schutz gestellt und ist nun sogar ein Kandidat für die Aufnahme in die Welterbeliste der UNESCO.

Einzelne architektonische Elemente (etwa die berühmte x-förmige Treppe, die auf den Touren nicht zu sehen ist) gelten als für ihre Zeit bemerkenswert, denn damals mussten die Ingenieure die Anlagen auf sehr kleinem Raum entwerfen. Die meisten Touren finden auf Japanisch statt, englische Informationen sind aber ebenfalls erhältlich.

center (☎ 095-825-5175) soll englischsprachigen Besuchern helfen und wird mit großem Nachdruck von den Infoschaltern empfohlen, leider – das Sprechen von Angesicht zu Angesicht ist oft zehnmal effektiver als ein Telefongespräch. Das Ergebnis kann suboptimal ausfallen, aber derzeit wird man vermutlich gebeten, diese Nummer anzurufen, wenn man nicht gerade nur wissen will, welchen Zug man nehmen soll oder ob es eine Karte gibt. Ein Besuch am Infoschalter kann sehr frustrieren, aber glücklicherweise sind die Menschen draußen viel netter und hilfsbereiter.

Nagasaki City Touristeninformationszentrum (長崎市総合観光案内所; Karte S. 784; ☎ 095-823-3631; www.at-nagasaki.jp/foreign/english; 1. OG, JR-Bahnhof Nagasaki; ⏲ 8–20 Uhr) In diesem Zentrum ist oft viel los, das Personal hilft bei grundlegenden Dingen wie der Unterkunftssuche und hält Broschüren sowie Stadtpläne in Englisch bereit. Allerdings wird nur sehr wenig Englisch gesprochen und englischsprachige Touristen werden schnell gebeten, die Telefonnummer anzurufen.

Tourismusverband & Besucherbüro der Präfektur (Karte S. 784; ☎ 095-828-9407; www.visit-nagasaki.com; 8. OG, 14-10 Motofuna machi; ⏲ 9–17.30 Uhr, 27. Dez.–3. Jan. geschl.; 🚊 Ōhato) Auf der Website gibt's detaillierte Infos über Tourismus-Aktivitäten.

REISEBÜROS

JR Kyūshū Travel Agency (Karte S. 784; ☎ 095-822-4813; JR-Bahnhof Nagasaki; ⏲ Mo–Fr 10–19, Sa & So 10–18 Uhr) Bucht Inlandsreisen und Hotels.

An- & Weiterreise

BUS

Vom Kenei-Busbahnhof gegenüber dem JR-Bahnhof Nagasaki starten Busse nach Unzen (1800 ¥, 1¾ Std.), Sasebo (1500 ¥, 1½ Std.), Fukuoka (2570 ¥, 3 Std.), Kumamoto (3700 ¥, 3¼ Std.) und Beppu (4630 ¥, 3½ Std.). Nachtbusse nach Osaka (10 900 ¥, 10 Std.) fahren vom **Kenei-Busterminal** (県営バスターミナル; Karte S. 784) und vom **Shinchi-Busterminal** (新地バスターミナル; Karte S. 788) ab.

FLUGZEUG

Nagasakis **Flughafen** (☎ 0957-52-5555; www.nabic.co.jp; 593 Mishima machi, Ōmura-shi) liegt etwa 40 km von der Stadt entfernt. Flüge verbinden Nagasaki mit Tokio (Haneda), Osaka (Itami), Okinawa und Nagoya sowie mit Seoul und Shanghai. Zusätzlich verkehren Maschinen von Skymark nach Kobe, Peach bietet einen Flug nach Kansai International an. Oriental Air Bridge (ANA Codeshare) fliegt zu Nagasakis Inselstädten, wie Iki, Tsushima und Gotō-Fukue.

SCHIFF/FÄHRE

Fähren legen von mehreren Punkten in Nagasaki ab, darunter das **Ōhato Hafenterminal** (Karte S. 784) südlich des JR-Bahnhofs Nagasaki.

ZUG

Von Nagasaki fahren die JR-Linien nach Sasebo (1650 ¥, 2¼ Std.), Hirado (2990 ¥, 4 Std.) und Fukuoka (Bahnhof Hakata; *tokkyū;* 4500 ¥, 2 Std.). Für andere Ziele muss man umsteigen. Zurzeit wird Nagasaki nicht von *shinkansen* bedient.

Unterwegs vor Ort

In Nagasaki fällt die Orientierung leicht, die meisten Sehenswürdigkeiten sind zu Fuß oder mit der Straßenbahn gut zu erreichen.

VOM/ZUM FLUGHAFEN

Flughafenbusse (900 ¥, 45 Min.) fahren vom Stand 4 des Kenai-Busterminals gegenüber dem JR-Bahnhof Nagasaki sowie vor dem Shinchi-Busterminal (新地バスターミナル; Karte S. 788) ab. Ein Taxi zum Flughafen kostet rund 10 000 ¥.

FAHRRÄDER

Fahrräder kann man im JR-Bahnhof Nagasaki bei **Eki Rent-a-Car** (Karte S. 784; ☎ 095-826-0480; 1-89 Onoemachi; pro 2 Std./Tag 500/1500 ¥; ⏲ 8–20 Uhr) ausleihen. Es handelt sich zwar um E-Bikes, dennoch sind sie angesichts des hügeligen Geländes nicht die idealen Fortbewegungsmittel. Wer einen JR-Pass hat, bekommt 20 % Rabatt.

STRASSENBAHN

Der beste Weg, um in Nagasaki herumzukommen, sind die Straßenbahnen. Es gibt vier farblich markierte Routen mit den Nummern 1, 3, 4 und 5 (Route 2 bleibt für spezielle Events reserviert), alle Haltestellen sind englisch beschildert. Eine Fahrt kostet 120 ¥. Gratis umsteigen kann man nur an der Haltestelle Tsuki-machi (築町) (nach einem *noritsugi* oder Transferticket fragen), es sei denn, man hat einen Ganztagespass für 500 ¥ für unbegrenzte Fahrten. Er ist in den Touristeninformationen und vielen Hotels erhältlich. Die meisten Bahnen verkehren nur bis 23.30 Uhr.

Shimabara-Halbinsel
島原半島

Die hügelige Halbinsel Shimabara an der ruhigen Ariake-Bucht ist ein populärer Ausflugsort zwischen Nagasaki und Kumamoto und mit der Fähre von Shimabara aus zu erreichen.

Wegen des Shimabara-Aufstands von 1637 bis 1638 wurde das Christentum verboten und in den folgenden zwei Jahrhunderten schottete Japan sich völlig ab. Ihr letztes Gefecht führten die Bauernrebellen gegen eine überwältigende Übermacht (37 000 gegen 120 000); sie hielten 80 Tage durch, bevor sie niedergemetzelt wurden.

Am 3. Juni 1991 wurde erneut Geschichte gemacht, als der 1359 m hohe Vulkan Unzen-dake nach einer Ruhezeit von 199 Jahren ausbrach und 43 Journalisten und Wissenschaftler dabei ums Leben kamen. Über 12 000 Menschen wurden aus den umliegenden Dörfern evakuiert, bevor die Lava den Stadtrand von Shimabara erreichte.

Zum Erkunden der Insel ist ein Auto ideal, doch Busse und Bahnen bringen einen hier auch ans Ziel.

Shimabara 島原

☎ 0957 / 45 000 EW.

In diesem entspannten Burgort (und Fährhafen für Kumamoto) sprudeln so klare Quellen, dass Kanäle voller Kois die Straßen säumen. Sie tauchten erstmals 1792 nach der Eruption des nahe gelegenen Unzen-dake auf. An dessen tödlichen Ausbruch von 1991, von dem ein erschütterndes Museum zeugt, erinnert sich die Stadt noch immer schaudernd. Zu ihren Attraktionen zählen die rekonstruierte Shimabara-Burg, eine Samuraistraße und ein liegender Buddha.

Sehenswertes

★ Samuraihäuser HISTORISCHE STÄTTE
(武家屋敷; Karte S. 797) GRATIS Im Viertel Teppō-machi, nordwestlich der Burg, säumen mehrere *buke yashiki* (Samuraihäuser) eine schöne 450 m lange Schotterstraße mit einem Kanal in der Mitte. Die meisten Gebäude sind bewohnt, aber einige auch öffentlich zugänglich.

★ Shimabara-jō BURG
(島原城; Karte S. 797; ☎ 0957-62-4766; www.shimabarajou.com; Kombi-Eintritt inkl. Museen Erw./Kind 540/260 ¥; ⏲ 9–17.30 Uhr) In der fünfstöckigen Burg auf dem Hügel regierte seit den 1660er-Jahren größtenteils der Matsudaira-Clan; sie spielte auch im Shimabara-Aufstand eine Rolle. 1964 wurde sie wiederaufgebaut. Rundum liegen Lotusteiche, Gärten und fast 4 km lange moosige Mauern. Die Angestellten der vier Museen auf dem Burggelände tragen historische Kostüme. Am interessantesten ist die Burg selbst, in der Waffen, Rüstungen und Exponate mit Bezug zum christlichen Aufstand

ausgestellt sind; es gibt Erläuterungen auf Englisch. Das ebenso lohnende **Seibō Kinenkan** (西望記念館; Karte S. 797) widmet sich den Werken von Kitamura Seibō, der die Friedensstatue von Nagasaki schuf.

Gamadas Dome Unzen-Ausbruch-Gedenkstätte MUSEUM
(がまだすドーム雲仙岳災害記念館; ☎0957-65-5555; www.udmh.or.jp; 1-1 Heisei-machi; 1000 ¥; ⌚9–18 Uhr) Ein hervorragendes Hightech-museum (größer als so manches Rathaus), etwa 4 km südlich des Zentrums schaurig am Fuß der Lavaströme platziert, informiert über die Eruption von 1991 und die Vulkanologie im Allgemeinen. Hier kann man sich einen kostenlosen englischen Audioguide holen und das erschreckend realistische Simulationstheater besuchen.

Nehan-zō STATUE
(ねはん像; Karte S. 797) Auf dem Friedhof des buddhistischen Tempels Kōtō-ji (江東寺) ruht eine Nirwana-Statue von 1957. Mit 8,6 m ist dies der längste liegende Buddha Japans.

Schlafen & Essen

★ **Hotel Nampuro** HOTEL ¥¥
(ホテル南風楼; ☎0957-62-5111; www.nampuro.com; 2-7331-1 Bentenmachi; EZ ab 9000, DZ mit/ohne 2 Mahlzeiten 17 600/11 600 ¥; P). Wenn man Lust auf ein wenig Luxus verspürt, sollte man im neuen Hotel Nampuro absteigen. Auch wer gern mal wieder in warmen Onsen planschen möchte, ist hier richtig, denn es gibt mehrere *rotemburo* mit fantastischem Meerblick, auch für Tagesgäste. Die freundlichen Angestellten nehmen sich Zeit, damit sich die Gäste wie zu Hause fühlen. Es gibt sogar einen großen, familienfreundlichen Spielbereich für Kleinkinder, aufblasbares Spielzeug und einen Käfig mit *kabuto* (Nashornkäfer). Das Schwimmbecken ist nur im Sommer geöffnet.

Das Nampuro bemüht sich (wirklich!) sehr, jedem etwas zu bieten: Es gibt eine kostenlose Getränke- und Eisbar, Tischtennisplatten, Rasenspiele und sogar eine eigene Zuckerwattemaschine.

Hotel & Spa Hanamizuki BUSINESS HOTEL ¥¥
(花みずき; Karte S. 797; ☎0957-62-1000; www.hanamizuki-shimabara.com; 548 Nakamachi; EZ/2BZ 5300/9500 ¥; P) Unweit des Bahnhofs Shimabara steht dieser hübsche 42-Zimmer-Turm. Er bietet Gemeinschaftsbäder mit Holzwannen (zusätzlich zu den

Shimabara

Shimabara

Highlights
1 Samuraihäuser A1
2 Shimabara-jō A1

Sehenswertes
3 Nehan-zō B3
4 Seibō Kinenkan A1

Schlafen
5 Hotel & Spa Hanamizuki B1

Essen
6 Himematsu-ya A1
7 Inohara B1

Ausgehen & Nachtleben
8 Shimabara Mizuyashiki B2
9 Shimeisō B2

Bädern auf den Zimmern), eine Sauna und japanisches Frühstück (800 ¥). Parkplätze kosten 500 ¥ zusätzlich

★ **Inohara** CAFÉ ¥
(猪原金物店; Karte S. 797; ☎0957-62-3117; www.inohara.jp; 912 Ueno-machi; geschabtes Eis 400 ¥, Curry 1000 ¥, *sōmen* 680 ¥; ⌚Do–Di 11–18 Uhr, geschl. am 3. Do des Monats) Dieses lebhafte Messergeschäft mit Messerschleiferei ist voll von unglaublichen Messern, Schwer-

tern, Beilen und sogar Ninja-*shuriken* (Wurfsterne). Zugleich ist es aber auch ein nettes Café, das gute japanische Currys, *sōmen*, *dango* und geschabtes Eis offeriert. Alles wird mit frischem Shimabara-Wasser und handgeschliffenen Klingen zubereitet.

Himematsu-ya JAPANISCH ¥
(姫松屋; Karte S. 797; ☎ 0957-63-7272; 1-1208 Jōnai; Gerichte 500–1000 ¥, Menü 750–2100 ¥; ⏲ am 2. Di des Monats geschl., 11–19 Uhr; 📷) Das ehrwürdige Lokal gegenüber der Burg serviert Shimabaras bekanntestes Gericht: *guzōni* (980 ¥), eine klare Brühe mit *mochi* (Klößen aus zerstoßenem Reis), Meeresfrüchten und Gemüse. Es gibt auch japanische Standardgerichte; *wagyū* aus Unzen kostet 1600 ¥.

Information

Touristeninformationsbüro (島原温泉観光協会; ☎ 0957-62-3986; 7-5 Shimokawashiri-machi; ⏲ 8.30–17.30 Uhr) Im Busbahnhof des Fährterminals (Aufgepasst: ausnahmsweise nicht im Bahnhof!).

Anreise & Unterwegs vor Ort

JR-Züge von Nagasaki nach Isahaya (*futsū/tokkyū* 460/760 ¥, 34/17 Min.) bieten Anschluss an die privaten Shimabara-tetsudō-Züge, die stündlich zur Burg bzw. zum Hafen (1430/1510 ¥, 1/1¼ Std.) fahren.

Fähren nach Kumamoto legen regelmäßig am Shimabara-Hafen ab (7–19 Uhr). Die **Ocean-Arrow-Fähren** (オーシャンアロー; ☎ 0957-63-8008; www.kumamotoferry.co.jp; Erw./Kind 1000/500 ¥, 30 Min.; Auto, Economy-Klasse, inkl. Fahrer 3100 ¥; ⏲ 7.30–17.30 Uhr) brauchen eine halbe Stunde. Langsamer (1 Std.) geht's mit **Kyusho Ferry Co** (九商フェリー; ☎ Kumamoto 096-329-6111, Shimabara 0957-65-0456; www.kyusho-ferry.co.jp; 7-5 Shimokawashirimachi; Erw./Kind 780/390 ¥, Auto, Economy-Klasse, inkl. Fahrer 2310 ¥; ⏲ Büro Mo–Fr 9–19 Uhr, Fahrkartenschalter tgl. 6–19.30 Uhr). Vom Hafen in Kumamoto pendeln Busse in die Stadt (480 ¥, 30 Min.).

Regionalbusse verbinden den Bahnhof Shimabara mit dem Hafen (170 ¥) und dem Bahnhof (150 ¥). Fahrräder werden im Bahnhof Shimabara-gaikō verliehen (150 ¥/Std.).

Unzen 雲仙

☎ 0957 / 900 EW.

Der Unzen-Amakusa-Nationalpark soll der erste Nationalpark Japans gewesen sein. Er ist ein weiteres Juwel, das abseits der ausgetretenen Pfade liegt, dabei aber absolut sehenswert ist. Dutzende Onsen und Waldwege durch vulkanische Landschaften warten hier darauf, entdeckt zu werden. Das Dorf lässt sich problemlos an einem Nachmittag erkunden, und wenn die Tagesbesucher weg sind, kann man hier eine friedliche Nacht in einer der großartigen Unterkünfte mit Thermalquellen verbringen. Das Dorf kann sich zudem rühmen, der vermutlich letzte Ort in ganz Japan zu sein, der keinen 24-Stunden-Supermarkt (*kombini*) hat.

Gleich außerhalb des Dorfes windet sich ein Pfad durch die blubbernden *jigoku* (wörtlich „Höllen", kochende Mineralquellen). Anders als die touristischen *jigoku* von Beppu, sind diese Naturwunder höchstens von Ständen gesäumt, die Onsen-*tamago* (in Onsen-Wasser gekochte Eier) verkaufen. Vor einigen Jahrhunderten wurden die „Höllen" ihrem Namen wirklich gerecht, als etwa 30 Christen lebend in die Oito Jigoku geworfen wurden.

Aktivitäten

Onsen

Der Unzen-Tourismusverein weiß, in welchen Unterkünften zur Besuchszeit auch Nichtgäste baden dürfen. Eine Reihe öffentlicher Einrichtungen sind regelmäßig geöffnet und mehrere Hotels bieten *higaeri* (Tagesnutzung) an.

Besonders beliebt ist **Kojigoku** (小地獄温泉館; ☎ 0957-73-2351; 462 Unzen; 420 ¥; ⏲ 9–21 Uhr), Sehr rustikales Holzbad, das nur wenige Autominuten bzw. 15 Gehminuten vom Dorfzentrum entfernt liegt. **Shinyu** (雲仙新湯温泉館; ☎ 0957-73-3233; 320 Unzen; 100 ¥; ⏲ Do–Di 9–23 Uhr) ist einfach ein *sentō* (öffentliches Bad) mit viel Lokalkolorit; **Yunosato Kyōdō Yokujō** (湯の里共同浴場; ☎ 080-5286-2576; 303 Unzen; 200 ¥; ⏲ 9–23 Uhr, geschl. am 10. und 20. des Monats) ist bekannt für seine charakteristischen runden Steinbadewannen.

Wandern

Von der Stadt führen beliebte Wanderwege auf den Kinugasa, Takaiwa-san und Yadake, die alle im Nationalpark liegen. Das **Unzen-dake-Besucherzentrum** (雲仙お山の情報館; ☎ 0957-73-3636; www.unzenvc.com; ⏲ Mitte Juli–Aug. Fr–Mi 9–18 Uhr; Sept.–Mitte Juli bis 17 Uhr) informiert über die Vulkane und deren Flora und Fauna (auch auf Englisch).

Über den Nita-Pass erreicht man den nahen **Fugen-dake** (1359 m), der Teil des Unzen-dake-Massivs ist. Er ermöglicht einen faszinierenden Blick auf die Lavafluten, die einst vom Gipfel niederströmten. Zum Parkplatz Nita tōge, dem Startpunkt des Fugen-dake-Wanderwegs, gelangt man mit einem **Heisei-Gemeinschaftstaxi** (S. 800). Eine **Seilbahn** (雲仙ロープウェイ; ☎0957-73-3572; Ticket pro Strecke 630 ¥; ⊙8.50–17.20 Uhr) bringt Besucher bis dicht an einen Schrein und den Gipfel des **Myōken-dake** (1333 m). Von dort führt ein Rundweg in zwei Stunden über den **Kunimi-wakare**. Vom Schrein läuft man 3,5 km über das Dorf Azami-dani im gleichnamigen Tal zurück nach Nita.

Für eine längere Exkursion (3 Std.) bietet sich ein Abstecher zum **Kunimi-dake** (1347 m) an. Dort genießt man einen schönen Blick auf Japans jüngsten Berg, den rauchenden Vulkankegel des **Heisei Shinzan** (1483 m), der im November 1990 beim Ausbruch des Fugen-dake entstand.

Schlafen & Essen

Da fast alle nur im Hotel essen, gibt's kaum anderen Möglichkeiten, woanders etwas zu bekommen, und diese wenigen Lokale schließen ziemlich früh.

Shirakumo-no-Ike Campingplatz CAMPINGPLATZ ¥
(白雲の池キャンプ場; ☎0957-73-2543; www.unzenvc.com/camp.html; Stellplatz pro Person ab 1000 ¥; ⊙29. April–7. Mai & 23. Juli–30. Aug.) Der idyllische Campingplatz liegt neben dem Shirakumo-Teich, von der Post 600 m bergab und dann einige Hundert Meter abseits der Straße. Hier kann man Zelte ausleihen (3000 ¥) oder sein eigenes aufschlagen (1/2 Pers. 600/2000 ¥). Die Öffnungszeiten ändern sich jedes Jahr mit den Schulferien, also besser erst nachfragen und dann planen.

★ **Unzen Sky Hotel** HOTEL ¥¥
(雲仙スカイホテル; ☎0957-73-3345; www.unzen-skyhotel.com; Zi. pro Pers. mit/ohne 2 Mahlzeiten ab 11 150/6630 ¥; P ❄ ᯤ) Die Lobby mag ein bisschen kitschig sein, die gepflegten Zimmer (größtenteils im japanischen Stil) sind jedoch ein tolles Schnäppchen. Hier bekommt man das „klassische" Onsen-Hotel zu einem Bruchteil des gewöhnlichen Preises. Der Willkommenstee, die familienfreundliche Atmosphäre und das höfliche und herzliche Personal sind ein großes Plus.

Das *rotemburo* befindet sich in einem hübschen Garten, und das bootsförmige Innenbad ist das größte in Unzen. Familien wissen die Babysitze für das Bad zu schätzen. Auch Tagesbesucher (800/700 ¥ mit/ohne Handtuch) sind hier willkommen. Im Gegensatz zu vielen anderen Hotels bereitet dieses auf Wunsch vegetarische Mahlzeiten zu.

Fukudaya HOTEL ¥¥
(福田屋; ☎0957-73-2151; www.fukudaya.co.jp; Unzen Kokuritsu Koen; Zi. ab 12 000 ¥; P ❄ ᯤ) Das Fukudaya ist ein stylishes und hippes Onsen-Hotel, eingerichtet im westlich-japanischen Stilmix. Die Zimmer mit eigenem Bad im Freien sind traumhaft – mit milchigem Wasser und Terrassen samt Ausblick auf einen kleinen Bach darunter. In der Café-Lounge in der Lobby kann man sich Steaks schmecken lassen, die auf erhitzten Lavasteinen gebraten werden. In der Bar wartet eine große Plattensammlung (von Klassik bis hin zu Raritäten) – sogar eine Discokugel ist vorhanden.

Unzen Kankō Hotel HOTEL ¥¥¥
(雲仙観光ホテル; ☎0957-73-3263; www.unzenkankohotel.com; EZ ab 18 000, DZ & 2BZ ab 20 000 ¥; P ⊖ ❄ ᯤ) Die Designer dieses 1936 erbauten Luxushotels hatten eindeutig eine Schweizer Berghütte im Kopf. Das Hotel ist fast schon selbst eine Sehenswürdigkeit – die Wände sind mit historischen Zeugnissen gepflastert – und verfügt über eine schöne

NICHT VERSÄUMEN

SHIMABARAS TEEHÄUSER

Mit all dem klaren Wasser, das durch die Stadt fließt, ist Shimabara natürlich bekannt für seine Teehäuser. Für eine kurze Pause geht man in die stadteigene einstige Villa **Shimeisō** (四明荘; Karte S. 797; ☎095-763-1121; 2-125 Shinmachi; ⊙9–17 Uhr) GRATIS Sie thront auf Stelzen über einem quellengespeisten Teich und serviert kostenlosen Tee. (Man kann den Sand regelrecht blubbern sehen.) Unweit der Zentralarkade Shimabaras steht das wunderbare **Shimabara Mizuyashiki** (しまばら水屋敷; Karte S. 797; ☎0957-62-8555; www.mizuyashiki.com; 513 Yorozumachi; Tee & Süßigkeiten 325–700 ¥; ⊙11–17 Uhr) aus der Meiji-Ära mit einem schönen Garten, einem Quellteich und einer tollen Sammlung von *maneki-neko* (Glückskatzen) aus ganz Japan; einige werden auch verkauft. Der enthusiastische Besitzer hat eine detaillierte Wanderkarte der Sehenswürdigkeiten und Restaurants der Stadt kreiert.

Bibliothek, einen hölzernen Billardraum, dekadente Onsen-Bäder (Tagesbesuch mit Mittagessen 1080 ¥) und riesige, bombastische, aber nicht überladene Zimmer, in denen Badewannen auf Füßen stehen.

Im Café gibt's leckeres Essen, Abendessen ist ab 10 600 ¥ zu haben.

Kyūshū Hotel HOTEL ¥¥¥
(九州ホテル; ☎0957-73-3234; www.kyushuhtl.co.jp; Zi. pro Pers. inkl. 2 Mahlzeiten ab 16 430 ¥; P ⊖ ❄ @ 📶) Unzens *jigoku* bilden eine malerische Kulisse für dieses fünfstöckige Anwesen mit einer stilvollen Lobby, ganz unterschiedlichen einladenden Zimmertypen (japanisch und westlich, teilweise mit Freiluftbad), schönen gemeinschaftlichen Innen- und Außenbädern, Japanischer und Fusionsküche und jeder Menge Fotos an den Wänden. Wer wandern gehen will, sollte für unterwegs eine Lunchbox vorbestellen.

ℹ Praktische Informationen

Unzen-Tourismusverein (雲仙観光協会; ☎0957-73-3434; 320 Unzen; ⏲9–17 Uhr) Hier gibt's Stadtpläne und man kann Unterkünfte reservieren.

ℹ An- & Weiterreise

Täglich verkehren drei Busse zwischen Nagasaki und Unzen (1800 ¥, 1 Std. 40 Min.). Unzen ist auch eine Haltestelle an der stärker frequentierten Busroute von Shimabara (830 ¥, 54 Min.) nach Isahaya (1350 ¥, 1 Std. 24 Min.) mit Zugverbindungen nach Nagasaki (460 ¥, 34 Min.).

Unzen ist so klein, dass man problemlos zu Fuß zu den meisten der größeren Hotels kommt. Wer zur Seilbahn oder zu Wanderwegen will, braucht ein **Taxi** (☎0957-73-2010).

ZENTRAL-KYŪSHŪ

Dieses schöne Fleckchen Erde hat einen festen Platz auf der Touristenkarte – mit seinen historischen Städten, hohen Bergen, aktiven Vulkanen, grasgrünen Ebenen, Flüssen und Schluchten und natürlich heißen Quellen. Beppu, Yufuin und Kurokawa-Onsen gehören zu den berühmtesten heißen Quellen des Landes. Takachiho ist die mythische Heimat der Sonnengöttin Amaterasu (Achtung: nicht Takachiho-no-mine, Berg Takachiho, – der ist drüben in Kagoshima. Beides wird gern miteinander verwechselt).

Kumamoto ist die Drehscheibe für Kyūshūs Mitte und berühmt für seine Burg. 2016 gab es in der Region mehrere schwere Erdbeben mit vielen Opfern und zerstörten Häusern. Im Oktober ist der Aso-san (Aso-Berg) ausgebrochen und hat weitere Zerstörungen gebracht. Bei unserer Recherche waren einige Straßen und Stätten noch geschlossen und warteten auf die Instandsetzung.

Kumamoto 熊本

☎096 / 731 000 EW.

Kumamoto ist sehr stolz auf sein größtes Wahrzeichen, die Burg Kumamoto-jō, die das Zentrum der Stadt bildet. In den belebten Arkaden östlich der Burg findet man verlockende Restaurants, Bars und Geschäfte. Kumamoto bildet außerdem das Tor zur Aso-san-Region, die für ihre kühleren Temperaturen im Sommer und einen beeindruckenden Vulkan berühmt ist. Außerdem gibt's in der Präfektur Kumamoto das unglaublich beliebte Maskottchen Kumamon, das schon bald seinen Platz neben Hello Kitty und Pikachu in der *kawaii* Hall of Fame einnehmen wird.

Am 14. und 16. April 2016 wurde die Region Kumamoto von starken Erdbeben erschüttert, die viele Todesopfer forderten und große Schäden an Straßen und Gebäuden hinterließen – auch an der Burg Kumamoto-jō: Ihre vollständige Restaurierung wird – so die Schätzungen – Jahrzehnte dauern.

◎ Sehenswertes

★ Kumamoto-jō BURG
(熊本城; Karte S. 801; ☎096-322-5900; 500 ¥; ⏲März–Nov. 8.30–18 Uhr, Dez.–Feb. bis 17 Uhr) Kumamotos Silhouette wird von der robusten Burg dominiert. Sie ist eine der schönsten in Japan und wurde 1601–1607 von dem *daimyō* Katō Kiyomasa erbaut, dessen Konterfei einem rundum allerorten begegnet (man halte Ausschau nach dem charakteristischen spitzen Hut). Seit 1632 diente die Kumamoto-jō als Sitz des mächtigen Hosokawa-Clans. Leider sind die Burg und die dazugehörenden Gebäude bis auf Weiteres wegen der Erdbebenschäden geschlossen, aber ein Blick von der Straße aus lohnt sich noch immer.

★ Suizenji-jōjuen GARTEN
(水前寺成趣園; Suizenji Park; www.suizenji.or.jp; 8-1 Suizenji-kōen; 400 ¥; ⏲März–Okt. 7.30–18 Uhr, Nov.–Feb. 8.30–17 Uhr) Südöstlich des Stadtzentrums repräsentiert dieser malerische Seegarten die 53 Stationen der Tōkaidō (der alten Straße, die Tokio und Kyoto

Kumamoto-Zentrum

Kumamoto-Zentrum

Highlights
1 Kumamoto-jō B2

Sehenswertes
2 Chibajo Anbau C2
3 Honmaru-Palast B3
4 Traditionelles Kunsthandwerkszentrum der Präfektur Kumamoto B2
5 Sakuranobaba Johsaien A3
6 Sōseki-Gedenkhalle C1

Schlafen
7 Kumamoto Hotel Castle C3
8 Maruko Hotel D2
9 Wasuki D3

Essen
10 Kome no Kura C4
11 Koran-tei C4
12 Ramen Komurasaki D2
13 Yokobachi D2

Ausgehen & Nachtleben
14 Andcoffeeroasters D2
15 Good Time Charlie C4

verband). Das Miniaturmodell des Fuji erkennt man sofort, der Rest der Analogien bleibt allerdings größtenteils unverständlich. Während des Erdbebens lief der Teich aus: Die Gärtner brachten so viele Karpfen wie möglich in sichere Becken; nach dem Wiederauffüllen des Teichs wurden sie zurückgebracht.

Ein „Yukata-Erlebnis“: Besuchern können sich in einem Kostüm aus der Ära fotografieren lassen (2160 ¥).

Honmyō-ji BUDDHISTISCHER TEMPEL

(本妙寺) Auf der Anlage dieses weitläufigen Tempelkomplexes, der sich nordwestlich der Burg auf einem Hügel erstreckt, führen 176 laternengesäumte Stufen zum Mausoleum von Katō Kiyomasa (加藤清正公のお墓; 1562–1611), des *daimyō* und Architekten der Kumamoto-jō. Das Grabmal wurde auf gleicher Höhe angelegt wie der *tenshūkaku* (Zentralturm) der Burg. Ein **Schatzhaus** zeigt die Krone und weitere persönliche Gegenstände Kiyomasas.

Shimada-Kunstmuseum MUSEUM

(島田美術館; ☎ 096-352-4597; 4-5-28 Shimazaki; 700 ¥; ⌚ Do–Di 10–18 Uhr) Durch die gewundenen Seitenstraßen südlich des Honmyō-ji gelangt man in 20 Gehminuten zu diesem stillen Museum, das Kalligrafien und Schriftrollen des Samurai, Künstlers und Strategen Miyamoto Musashi (1584–1645) zeigt. In den umliegenden Galerien werden moderne Kunstwerke ausgestellt. Wer eine Stärkung braucht, findet im Museum auch ein Café.

Traditionelles Kunsthandwerkszentrum der Präfektur Kumamoto GALERIE

(熊本県伝統工芸館; Karte S. 801; 3-35 Chibajō-machi; 210 ¥; ⌚ Di–So 9–17 Uhr) Nahe dem Annex des Kunstmuseums der Präfektur beherbergt diese große Einrichtung lokale Higo-Einlegearbeiten sowie Yamaga-Laternen, -Porzellan und Holzschnitte; vieles davon wird im hervorragenden Museumsshop (man kommt hier auch ohne Eintritt rein) angeboten. Auch **Sakuranobaba Johsaien** (桜の馬場城彩苑; Karte S. 801; ⌚ 9–17 Uhr) und das Produktzentrum der Präfektur Kumamoto verkaufen Kunsthandwerk (sowie Lebensmittel & *shōchū*-Brände).

Chibajo Annexe GALERIE

(熊本県立美術館　分館; Karte S. 801; ☎ 096-351-8411; 2-18 Chibajō-machi; ⌚ Di–Fr 9.30–18.30, Sa & So bis 17.15 Uhr) GRATIS Der postmoderne Chibajo-Anbau des Kunstmuseums Kumamoto, der 1992 von den spanischen Architekten Elias Torres und José Antonio Martínez-Lapeña im Rahmen des Artpolis-Stadtrekonstruktionsprojekts errichtet wurde, genießt heute weltweite Anerkennung.

Feste & Events

Herbstfest KULTURELL

Von Mitte Oktober bis Anfang November steigt auf der Kumamoto-jō das Burgfest mit *taiko*-Trommelmusik und kulturellen Events.

Schlafen

Wasuki HOTEL ¥¥

(和数奇; Karte S. 801; ☎ 096-352-5101; www.wasuki.jp; 7-35 Kamitōri-machi; DZ/2BZ 8900/11 000 ¥, inkl. 2 Mahlzeiten 14 400/16 500 ¥; P ⊖ ❄ ᯤ) Das Gebäude aus den 1950er-Jahren ist ganz im Stil der Burg gehalten, mit schwarzen Balken und weiß verputzten Mauern; die Zimmer sind groß, mit *tansu*-artigen Möbeln (aus Holz), Tatamimatten, Hartholzböden und westlichen Betten. Das Hotel liegt günstig unweit des Ausgeh- und Restaurantviertels, im oberen Stock gibt's Gemeinschaftsbäder (zusätzlich zu den Bädern auf den Zimmern). Die Mitarbeiter sind freundlich, allerdings gibt es kaum englische Schilder, die bei der Orientierung helfen.

Maruko Hotel RYOKAN ¥¥

(丸小ホテル; Karte S. 801; ☎ 096-353-1241; www.maruko-hotel.jp; 11-10 Kamitōri-machi; Zi. pro Pers. mit/ohne 2 Mahlzeiten ab 12 960/7560 ¥; P ❄ ᯤ) Nett.Klassische Zimmer im japanischen Stil, ein *o-furo* (traditionelles japanisches Bad) im obersten Stock und winzige Keramik-*rotemburo*. Mehrere Angestellte sprechen Englisch. Außerhalb der überdachten Passage; parken kostet 1000 ¥.

★ **Kumamoto Hotel Castle** HOTEL ¥¥¥

(熊本ホテルキャッスル; Karte S. 801; ☎ 096-326-3311; www.hotel-castle.co.jp; 4-2 Jōtō-machi; EZ/DZ/2BZ ab 10 100/17 820/19 000 ¥, Zi. im jap. Stil 35 640 ¥; P ⊖ ❄ ᯤ) Professionelle, freundliche Angestellte (wenn es im Sommer heiß ist, tragen sie meist Hawaiihemden – aber seit dem Erdbeben verzichten sie bis auf Weiteres auf diesen Gag) leiten dieses luxuriöse Hotel mit Blick auf die Burg. Das Balkenwerk und die schick renovierten Zimmer in Braun- und Weißtönen erinnern an die Burg. Man sollte sich ein Zimmer mit Burgblick geben lassen.

JR Kyūshū Hotel Kumamoto BUSINESS HOTEL ¥¥¥
(JR九州ホテル熊本; ☎096-354-8000; www.jrhotelgroup.com; 3-15-15 Kasuga; EZ/2BZ ab 8700/16 200 ¥; P ⊖ ❄ @ 📶) Die beste Unterkunft rund um den JR-Bahnhof Kumamoto. Der 150-Zimmer-Turm hat ein angenehm modernes Design, mehrere Englisch sprechende Angestellte und für ein Businesshotel ungewöhnlich große Zimmer. Dick verglaste Fenster halten den Zuglärm fern, aber wer empfindlich ist, lässt sich ein Zimmer abseits der Bahngleise geben. Manchmal sind Rabatte und Sonderpreise erhältlich.

Essen

Die Arkaden Kamitōri und Shimotōri und ihre Umgebung laden zu herrlichen Streifzügen durch die japanische und ausländische Küche ein. Kumamoto ist berühmt für *karashi-renkon* (frittierte Lotuswurzel mit Senf) und *Higo-gyū* (Higo-Rind) oder das chinesisch inspirierte *taipien*, eine Glasnudelsuppe mit Meeresfrüchten und Gemüse. Als beliebtestes Gericht gilt aber *basashi* (rohes Pferdefleisch). Achtung: Auf manchen Speisekarten steht Wal (*kujira;* 鯨).

Will man viele Speisen probieren, empfiehlt sich das Sakuranobaba Johsaien (S. 802), ein Touristenkomplex nahe der Burg mit zahlreichen Ständen und Restaurants, die lokale Spezialitäten servieren.

Rāmen Komurasaki RĀMEN ¥
(熊本ラーメンこむらさき; Karte S. 801; ☎096-325-8972; 8-16 Kamitōri; rāmen 580–1030 ¥; ⊙10–16 & 18–22 Uhr; 📋) Neben Yoshinoya am Nordende der Kamitōri Arkade liegt dieses *rāmen*-Lokal. Spezialität des Hauses sind „Königs-*rāmen*" (620 ¥), eine knoblauchlastige, milchige *tonkotsu*-(Schweine-)Brühe im Kumamoto-Stil mit Bambussprossen, Pilzen und *chāshū* (Schweinebraten).

★ **Kome no Kura** IZAKAYA ¥¥
(米乃蔵; Karte S. 801; ☎096-212-5551; 2. OG, 1-6-27 Shimotōri; Gerichte 250–950 ¥; ⊙17–24 Uhr; 📋) Schickes *izakaya* (japanisches Kneipenrestaurant) mit schwarzen Wänden, gemütlichen Separées mit *hori-kotatsu* (japanischer Tisch mit einer Vertiefung darunter, für optimale Beinfreiheit). Es gibt eine ganze Speisekarte mit regionalen Spezialitäten sowie Standardgerichten. *Tsukune* (Hühnchen-Hackbällchen) werden auf einem Bambusspießchen serviert. Auf dem quadratischen Schild über der Tür steht in Rot auf Schwarz-Weiß *dynamic kitchen*.

Wer Schwierigkeiten hat, es zu finden: Nach dem benachbarten Docomo Ausschau halten.

★ **Yokobachi** IZAKAYA ¥¥
(Karte S. 801; ☎096-351-4581; 11-40 Kaminoura; kleine Teller 480–1800 ¥; ⊙17–24 Uhr; 📋) Unverwechselbar: der grüne Hof und die offene Küche des Yokobachi. Großartig: die kleinen Teller. Dazu gehören scharfe *tebasaki* (Chicken Wings), ein kreativer Caesarsalat mit Süßkartoffel- und Lotoswurzelchips, leckeres *mābō-doufu* (Tofu in scharfer Fleischsoße) und, für Wagemutige, *basashi* (880 ¥). Außerdem stehen ganze 13 *shōchū*-Brände zur Auswahl. Man sollte reservieren.

Kōran-tei CHINESISCH ¥¥
(紅蘭亭; Karte S. 801; ☎096-352-7177; www.kourantei.com; 5-26 Ansei-machi; Hauptgerichte ab 810 ¥; ⊙11–21 Uhr; ⊖ 📋 👪) Im zweiten Stock über einer Schweizer Konditorei an der Shimotōri-Arkade findet man dieses trendige Restaurant mit einer endlosen Speisekarte. Hier kann man wunderbar Leute beobachten und *taipien* (auf der englischen Karte *bean thread noodle with veggies*, 750 ¥), täglich wechselnde Mittagsmenüs (810 ¥) oder ein Sechs-Gänge-Festmahl für nur 1620 ¥ genießen.

Ausgehen & Nachtleben

Nachts beleben sich vor allem die Gassen rund um die Shimotōri-Arkade und das schicke Viertel um die Namikizaka-dōri am Nordende der Kamidōri-Arkade.

★ **Good Time Charlie** BAR
(Karte S. 801; ☎096-324-1619; 5. OG, 1-7-24 Shimotōri; ⊙Do–Di 20–2 Uhr) Charlie Nagatani ist eine lebende Legende, der japanische „Johnny Cash", der Vater der gesamten japanischen Country-Szene und ein wirklich talentierter Texter und Songwriter. Er hat sich für seinen Beitrag zur Countrymusik den Beinamen Kentucky Colonel verdient (er stellt das Country Gold Festival am Aso-san auf die Beine), und diese Bar ist sein „Hauptsitz".

An den Wänden hängen Tausende Bilder, es gibt einen kleinen Tanzbereich und ab und zu Livemusik. Nagatani ist jetzt über achtzig, aber er spielt immer noch jeden Abend, geht regelmäßig auf Tour und schwatzt immer gern mit Gästen. Sogar wenn man für Countrymusik nichts übrig hat, lohnt sich ein Umweg auf ein Bier bei Good Time Charlie.

KUMAMOTO NACH DEM ERDBEBEN

Außer der Burg **Kumamoto-jō** (S. 800) war zur Zeit der Recherche noch eine Reihe weiterer Sehenswürdigkeiten in Kumamoto geschlossen. Dazu gehören der **Honmaru Palast** (本丸御殿, Honmaru Goten; Karte S. 801), die **Ehemalige Hosokawa Gyōbutei** (旧細川刑部邸; 3-1 Furukyō-machi), ein Herrenhaus, das einst für den Hosokawa-Clan gebaut wurde, die **Sōseki Gedenkhalle** (夏目漱石内坪井旧居; Karte S. 801; 4-22 Tsuboi-machi), das Zuhause des Autors Natsume Sōseki von 1870, und das **Schatzhaus** (S. 802) in **Honmyō-ji** (S. 802). Bei den Touristeninformationszentren nach aktuellen Infos fragen.

★ **Andcoffeeroasters** CAFÉ
(Karte S. 801; ☎096-273-6178; www.andcoffeeroasters.com; 11-22 Kamitōri-machi; ⌚8–20 Uhr) Hinreißender Boutique-Coffeeshop mit frisch geröstetem Kaffee und einer „Tarte des Tages", etwa Kaki- oder Earl-Grey-Tarte. Kaffeefans werden sich hier wie zu Hause fühlen angesichts der reichhaltigen Latte-Varianten, cremigen Cappuccinos und anderen Espresso-Spezialitäten. Zu finden ist das Café draußen vor dem Nordende der Arkade.

Praktische Informationen

Es gibt Touristeninformationsschalter im **JR-Bahnhof Kumamoto** (熊本駅総合観光案内所; ☎096-352-3743; ⌚8.30–20 Uhr) und im **Sakuranobaba Johsaien** (桜の馬場城彩苑総合観光案内所; Karte S. 801; ☎096-322-5060; ⌚9–17.30 Uhr). Beide Schalter haben englischsprachiges Personal und Unterkunftsverzeichnisse.

Internationales Zentrum Kumamoto-Stadt (熊本市国際交流会館; Karte S. 801; ☎096-359-2020; 4-18 Hanabata-chō; ⌚am 2. & 4. Mo des Monats geschl.; 9–22 Uhr; 📶) Kostenloses WLAN im 1. und 2. Stock sowie BBC-News und englischsprachige Zeitschriften. Die Rezeption schließt bereits um 19 Uhr.

Auf www.kumamoto-icb.or.jp gibt's mehr Informationen über die Stadt.

An- & Weiterreise

Flüge verbinden den **Aso–Kumamoto Airport** (www.kmj-ab.co.jp) mit Tokio und Osaka. Busse zum und vom Flughafen (800 ¥, 50 Min.) halten am **Kumamoto Kōtsū zentralen Busbahnhof** (熊本交通センター; Karte S. 801; ☎096-325-0100; 7-20 Sakura-machi; ⌚7–21.30 Uhr) und am Bahnhof JR Kumamoto.

Der JR-Bahnhof Kumamoto liegt unpraktisch einige Kilometer südwestlich des Zentrums (ist aber mit der Straßenbahn leicht zu erreichen). Hier hält der Kyūshū-*shinkansen* mit Zielen wie Kagoshima-Chūō (6740 ¥, 45 Min.), Fukuoka (Bahnhof Hakata; 4930 ¥, 35 Min.), Hiroshima (13 340 ¥, 1¾ Std.) und Shin-Osaka (18 340 ¥, 3¼ Std.). Die JR-Hōhi-Linie fährt nach Beppu (4610 ¥, 3 Std.).

Autobahnbusse starten von Kumamoto-Kōtsū-Zentrum (熊本交通センター) u. a. nach Fukuoka (2060 ¥, 2 Std.), Kagoshima (3700 ¥, 3½ Std.), Nagasaki (3700 ¥, 3¼ Std.) und Miyazaki (4630 ¥, 3 Std.).

Unterwegs vor Ort

Kumamotos Straßenbahn (Shiden) steuert für 170 ¥ pro Fahrt alle wichtigen Attraktionen an. An Bord sind Eintagespässe (500 ¥) erhältlich, die verbilligten Eintritt zu Sehenswürdigkeiten gewähren und auch in den Stadtbussen gelten.

Ohne Japanischkenntnisse ist es schwierig, die Stadtbusse zu nutzen, mit einer Ausnahme: Der Burgringbus (eine Fahrt/Tagespass 150/400 ¥) verbindet das Stadtzentrum mit den meisten Attraktionen in der Burggegend; er verkehrt täglich zwischen 9 und 17 Uhr alle halbe Stunde.

Für Ausflüge zum Aso und darüber hinaus empfiehlt sich ein Mietwagen, der ab 5250 ¥ für 12 Stunden zu haben ist. Autovermietungen gibt's entlang der Straßen gegenüber vom JR-Bahnhof Kumamoto.

Aso-san & Umgebung
阿蘇山

☎0967 / 27 000 EW.

Auf halber Strecke zwischen Kumamoto und Beppu erhebt sich der Vulkankrater Aso-san. Er ist einer der größten der Welt (128 km Durchmesser) – so groß, dass man sich seinen Umfang kaum vorstellen kann – und wunderschön. Eine Reihe von Eruptionen formte vor über 300 000 Jahren den äußeren Krater; in seiner heutigen Gestalt ist er etwa 90 000 Jahre alt. Es gibt Städte, Dörfer und Zugrouten. Aso ist die wichtigste Stadt, Takamori im Süden wirkt jedoch heimeliger und hat mehr Charme.

Der Aso-san ist immer noch aktiv, sein Gipfel aufgrund von Gasemissionen oder Böen regelmäßig gesperrt. Im Oktober 2016 gab es einen größeren Ausbruch, der die Region nachhaltig geschädigt hat. Zwar lassen sich die wunderschönen Strecken, die vielfältige Landschaft und die friedlichen Zufluchtsorte in dieser Region am besten mit einem eigenen Fahrzeug erkunden, aber manche Zufahrtsstraßen könnten noch gesperrt sein, also unbedingt beim Touristeninformationszentrum fragen oder unter www.aso.ne.jp/~volcano/eng nachschauen. Die Routen 57, 265 und 325 umrunden den Außenkrater, die JR-Hōhi-Linie verläuft von Kumamoto quer über den Nordteil, aber auch sie ist derzeit noch abgeschnitten (es gibt also keinen durchgehenden Zugverkehr).

Sehenswertes & Aktivitäten

Wer mit dem Auto unterwegs ist, sollte den **Daikanbō-Aussichtspunkt** (大観峰; Karte S. 806) besuchen, der aber viel von Tourbussen angesteuert wird und demnach überfüllt ist. Die **Shiroyama Tembōdai** (城山展望所; Karte S. 806; Yamanami-Schnellstraße) ist eine schöne Alternative.

★ Aso-gogaku BERGE

(阿蘇五岳) Die **Fünf Berge des Aso** nennt man die kleineren Gipfel im äußeren Krater: Eboshi-dake (1337 m), Kijima-dake (1321 m), Naka-dake (1506 m), Neko-dake (1408 m), der am östlichsten liegt, und Taka-dake (1592 m), der höchste Gipfel. Die Zufahrtsstraßen wurden 2016 beim Erdbeben beschädigt und waren zur Zeit der Recherche noch geschlossen.

Aso-Vulkan-Museum MUSEUM

(阿蘇火山博物館; Karte S. 806; ☎ 0967-34-2111; www.asomuse.jp; 1930-1 Akamizu; 840 ¥, Parken 410 ¥; ⏰ 9–17 Uhr) Dieses einzigartige Museum bietet Echtzeitvideos aus dem Inneren des Kraters und hat außerdem informative englischsprachige Broschüren und kostenlose Audioguides sowie eine Videopräsentation im Angebot.

Schlafen & Essen

Aso Base Backpackers HOSTEL ¥

(阿蘇ベースバックパッカーズ; Karte S. 806; ☎ 0967-34-0408; www.aso-backpackers.com; 1498 Kurokawa; B/EZ/2BZ/DZ ohne Bad 2800/5500/6000/6600 ¥; ⏰ Mitte Jan.–Mitte Feb. geschl.; P ⊖ @ ᯤ) Dieses saubere Hostel ist nur ein paar Schritte vom JR-Bahnhof Aso entfernt (es ist gut englisch ausgeschildert). Es hat 30 Betten und es gibt Balkone mit Bergblick, einen Hauch Zedernholz im Zimmer, Münzwaschmaschinen, herzliches Personal und einen herausragenden Guide für die Region mit Infos zu Transportmöglichkeiten und Sehenswertem. Zwar gibt's auch Duschen im Haus, aber viele Gäste bevorzugen ein Band in dem Onsen ganz in der Nähe.

Shukubō Aso RYOKAN ¥¥

(宿坊あそ; Karte S. 806; ☎ 0967-34-0194; 1076 Kurokawa; Zi. pro Pers. inkl. 2 Mahlzeiten ab 12 000 ¥; P ᯤ) Dieses zauberhafte rustikale *ryokan* ist in einem rekonstruierten 300 Jahre alten Samuraihaus untergebracht, das von Bäumen umringt wird. Seine 12 Zimmer mit modernem Touch haben alle eigenes WC und Gemeinschaftsbäder. Rund um einen *irori* (offene Feuerstelle) werden abends lokale Fleisch- und Fischgerichte serviert. Das *ryokan* liegt weniger als 500 m vom Bahnhof Aso entfernt in der Nähe des hübschen Saiganden-ji-Tempels von 726. (Achtung: es gibt kein Nichtraucherhaus.)

AUSBRUCH DES NAKA-DAKE

Der Naka-dake gehört zum Aso-san und ist ein ziemlich aktiver Vulkan. Der 100 m tiefe Krater mit dem blassgrünen Wasser, das unten kocht und dampft, ist eine der beliebtesten Attraktionen der Region. Zur Zeit der Recherche war das Gebiet nach einem Ausbruch 2016 für Besucher geschlossen. Sollte es wieder geöffnet werden, so erfolgt der Zugang mit einer **Seilbahn** (Ropeway; Karte S. 806; einfach/hin & zurück 750/1200 ¥; ⏰ Mitte März–Okt. 8.30–18 Uhr, Nov. 8.30–17 Uhr, Dez.–Mitte März 9–17 Uhr), oder man geht vom Parkplatz aus eine halbe Stunde zu Fuß.

Mehrere Wanderwege, wie der durch die **Sensui-Schlucht** (仙酔峡, Sensui-kyō; Karte S. 806), in der Mitte Mai die Azaleen blühen, winden sich vom Gipfel aus durch die Region. Zur Zeit der Recherche waren sie ebenfalls geschlossen. Der **Aso-jinja** (阿蘇神社; Karte S. 806), der den 12 Göttern des Berges gewidmet ist, wurde ebenfalls beschädigt und ist geschlossen.

Die Panoramen hier sind atemberaubend – wenn der Naka-dake wieder geöffnet ist, lohnt sich ein Besuch definitiv. Die allerneuesten Infos hat die Touristeninformation hier oder in Kumamoto.

Aso-San & Umgebung

Aso-San Area

Sehenswertes

1 Aso-Vulkan-Museum	B5
2 Aso-jinja	D3
3 Seilbahn	C5
4 Daikanbō-Aussichtspunkt	C1
5 Sensui-Schlucht	D4
6 Shiroyama-Tembōdai-Aussichtspunkt	D2

Schlafen

7 Aso Base Backpackers	C3
8 Shukubō Aso	C3

Essen

9 Takamori Dengaku-no-Sato	D6

★ **Takamori Dengaku-no-Sato** GRILL ¥¥
(高森田楽の里; Karte S. 806; ☎0967-62-1899; 2685-2 Ōaza-Takamori; Menü 1890–2850 ¥; ⏲10–19.30 Uhr; 📵) In diesem fantastischen strohgedeckten ehemaligen Bauernhaus speist man rund um seinen eigenen in den Boden eingelassenen *irori*, auf dem die Mitarbeiter mit Handschuhen bewaffnet *dengaku* (Spieße mit Gemüse, Fleisch, Fisch, eingelegt in die namensgebende Soße) grillen. Mit dem Auto oder Taxi (ca. 600 ¥) sind es vom Bahnhof Takamori nur ein paar Minuten hierher. Nur Bargeld.

ℹ Praktische Informationen

Touristeninformationszentrum (道の駅阿蘇施設案内所; Karte S. 806; ☎0967-35-5077; 1440-1 Kurokawa; ⏲9–18 Uhr; 📶) Dieses hilfreiche Infozentrum liegt gleich neben dem JR-Bahnhof Aso; es hat kostenlose Straßen- und Wanderkarten sowie Lokalinfos auf Englisch im Angebot; außerdem gibt's hier Münzschließfächer.

ℹ Anreise & Unterwegs vor Ort

Aso liegt an der JR-Hōhi-Linie zwischen Kumamoto und Ōita. Im Moment aber enden Züge aus Beppu in Aso (3050 ¥, 1¾ Std.) und Züge aus Kumamoto enden in Higo-Ōtsu (2980 ¥, 3¼ Std.). Die Linie wird irgendwann wieder aufgebaut werden, aber zur Zeit der Recherche war die Verbindung bis auf Weiteres eingestellt.

Zwischen Aso und Takamori verkehren aktuell keine Züge. Busse von Takamori fahren Richtung Südosten bis Takachiho (1320 ¥, 80 Min., 2-mal tgl.).

Vom JR-Bahnhof Aso fahren normalerweise etwa stündlich Busse über das Vulkanmuseum zur Seilbahnstation Aso-nishi (650 ¥, 40 Min.); unterwegs halten sie an der Kusasenri (570 ¥). Zur Zeit der Recherche kam man mit dem Bus nur bis Kusasenri.

Elektrofahrräder kann man direkt am JR-Bahnhof Aso ausleihen (400 ¥ pro 2 Std.), Autos bei **Toyota Rent-a-Car** (Karte S. 806; ☎096-735-5511; pro Tag ab 5600 ¥; ⏲8–18 Uhr), gleich neben dem Bahnhof (man sollte vorher reservieren).

Kurokawa-Onsen 黒川温泉

☎0967 / 1700 EW.

An beiden Seiten einer steilen Schlucht, etwa eine Stunde nordöstlich von Aso-Stadt, liegt der friedliche Kurokawa-Onsen. Es ist eines der schönsten Thermaldörfer Japans, das mehrere Jahre hintereinander wichtige Onsen-Auszeichnungen gewonnen hat. Fernab vom Rest der Welt ist es der perfekte Ort, um ein Onsen-*ryokan* zu erleben.

Für Tagesausflügler lohnt sich ein *nyūtō tegata* (Onsen-Ausweis; 1300 ¥), der Zugang zu drei Bädern der 24 *ryokan* Kurokawas gewährt (8.30–21 Uhr geöffnet) und am **Touristeninformationsschalter** (旅館組合, Ryokan Association; ☎0967-44-0076; www.kurokawaonsen.or.jp; Kurokawa-sakura-dōri; ⏲9–18 Uhr) erhältlich ist; dort erfährt man auch, welche Einrichtungen gerade geöffnet sind. Hier gibt's sogar einen Onsen-Sommelier!

Yamamizuki, Kurokawa-sō und Shimmei-kan bieten Höhlenbäder und Fluss-*rotemburo* (Kurokawa ist berühmt für seine *rotemburo*). Viele haben *konyoku* (gemischte Bäder).

Schlafen

Kurokawas Onsen-*ryokan* sind nicht billig, aber eine solche Erfahrung macht man nicht jeden Tag. Englisch wird in unterschiedlichem Maß gesprochen, und in einigen *ryokan* kann eine Abholung von der Bushaltestelle Kurokawa-Onsen arrangiert werden.

Wer hier übernachtet, sollte auch im *ryokan* essen. Wer nur tagsüber hier ist, sollte wissen, dass nur wenige Restaurants Mittagessen anbieten und dass viele früh schließen.

Chaya-no-Hara Campingplatz CAMPING ¥
(茶屋の原キャンプ場; ☎0967-44-0220; 6323 Manganji; Stellplatz pro Person ab 600 ¥, plus pro Zelt/Auto 600/600 ¥, Bungalows 6000 ¥; 🅿) Etwa 5 km vor Kurokawa-Onsen liegt dieser Campingplatz, eigentlich nur ein üppig grünes Feld mit tollem Ausblick. Rustikale Bungalows gibt's auch.

Sanga Ryokan RYOKAN ¥¥¥

(山河旅館; ☎0967-44-0906; www.sanga-ryokan.com; Zi. pro Pers. inkl. 2 Mahlzeiten ab 16 000 ¥; P ❄) Tief in der Schlucht, etwa 1,5 km vom Stadtzentrum entfernt, beherbergt dieses romantische *ryokan* 16 Luxuszimmer, die alle bis auf eins eigene Onsen haben. Die exquisiten *kaiseki*-Mahlzeiten (Japanische Haute Cuisine), der Blick fürs Detail und der herzliche Service machen dieses Haus zu einem perfekten Ort, um die japanische Kunst der Gastfreundlichkeit zu erleben.

Okyakuya Ryokan RYOKAN ¥¥¥

(御客屋旅館; ☎0967-44-0454; www.okyakuya.jp; Zi. pro Pers. inkl. 2 Mahlzeiten ab 15 270 ¥; P ❄ ᯤ) Im ältesten *ryokan* von Kurokawa-Onsen (in der siebten Generation von derselben Familie geführt) haben alle zehn Zimmer einen tollen Flussblick sowie eigene Toiletten und gemeinschaftliche Onsen-Bäder; allein schon das Fluss-*rotemburo* ist einen Besuch wert.

An- & Weiterreise

Am besten erkundet man die Region mit dem Auto, aber es fahren täglich auch mehrere Busse zwischen Kurokawa-Onsen und Aso (990 ¥, 1 Std.) sowie Kumamoto (2060 ¥, 2½ Std.). Mehrere fahren nach Beppu (2980 ¥, 2½ Std.) über Yufuin (2370 ¥). Wer einen Tagesausflug vorhat, sollte vorher die Fahrpläne checken. Wegen der Erdbebenschäden wurden die Routen geändert, das wirkt sich auch auf die Fahrtzeiten aus.

Der Expressbus braucht drei Stunden vom Bahnhof Hakata (und Flughafen) und kostet 3090 ¥; es gibt zwei Abfahrten am Morgen und zwei von Kurokawa-Onsen am Nachmittag.

Yufuin 由布院

☎0977 / 34 000 EW.

Etwa 25 km landeinwärts von Beppu liegt das zauberhafte Yufuin, umringt von einer Bergkette, die von den Zwillingsgipfeln des Yufu-dake dominiert wird. Die Stadt lebt für den Tourismus und ist ein guter Ort, um modernes japanisches Kunsthandwerk zu sehen: Keramik, Kleidung, Holzarbeiten und sogar interessante Lebensmittel. In den Ferien und an Wochenenden ist Yufuin sehr überfüllt. Wer hier übernachten will, kommt am besten vor Sonnenuntergang an, wenn die Tagesausflügler gerade abreisen und die reicheren Japaner sich in ihr *ryokan* zurückziehen.

Aktivitäten

Wie in Beppu gilt auch hier das Pilgern von Onsen zu Onsen als beliebter Zeitvertreib. Wer gern ins Schwitzen kommt, steigt in etwa 90 Minuten auf den Vulkan **Yufu-dake** (1584 m), der über Yufuin aufragt.

Shitan-yu ONSEN

(下ん湯; ☎097-784-3111; 200 ¥; ⏲10–21 Uhr) Ein strohgedecktes Badehaus mit nur einem Raum und gemischtem Publikum am Nordufer des **Kinrin-ko** (See der goldenen Fischschuppen, so benannt von einem Philosophen der Meiji-Ära). Nicht vergessen, das Geld in den Schlitz draußen zu werfen.

Nurukawa Onsen ONSEN

(ぬるかわ温泉; ☎0977-84-2869; 1490-1 Kawakami Takemoto; 430 ¥; ⏲8–20 Uhr) Hier badet man nach Geschlechtern getrennt in kleinen Baderäumen mit viel Charakter und wundervollem Bergblick.

Schlafen

Yufuin ist eine Onsen-Stadt und so überrascht es kaum, dass die meisten Hotels, *ryokan* und sogar Hostels Onsen-Bäder anbieten.

Yufuin Country Road Youth Hostel HOSTEL ¥

(湯布院カントリーロードユースホステル; ☎0977-84-3734; www.countryroadyh.com; 441-29 Kawakami; B HI-Mitglied/Nichtmitglied 3300/3900 ¥; P ⊖ @ ᯤ) John-Denver-Fans werden das erstklassige Hostel auf einem bewaldeten Hügel mit Blick auf die Stadt lieben. Zu den Fans gehören sicher auch die gastfreundlichen englischsprachigen Besitzer, in deren Leben der Sänger ganz klar eine große Rolle spielt. Abends ist es hier besonders schön. Das Hostel verfügt über 25 Betten, Busse fahren unregelmäßig in diese Gegend (200 ¥, nur Montag bis Freitag). Wenn man vorher anruft, kann man sich aber auch abholen lassen.

Für 1750 ¥ extra werden täglich zwei Mahlzeiten serviert.

Makiba-no-ie RYOKAN ¥¥

(牧場の家; ☎0977-84-2138; 2870-1 Kawakami; Zi. pro Pers. inkl. 2 Mahlzeiten ab 14 190 ¥; P ❄ ᯤ) In diesen strohgedeckten Hütten mit Toiletten rund um ein schönes *rotemburo* geht's sehr stimmungsvoll zu. Im Gartenrestaurant, das mit Antiquitäten dekoriert ist, werden *jidori* (lokales Hühnchen) und *Bungō-gyū-teishoku* (regionales Rind) ab 1600 ¥ serviert. Für 600 ¥ können Ta-

ABSTECHER

KUJŪ-SAN & TAKETA

In Ōitas südwestlichster Ecke erhebt sich die größte Bergkette der Präfektur, gemeinhin Kujyū-san genannt. Man erreicht sie mit dem Auto von Ōita und von Kumamoto aus (über den Aso-Nationalpark). Sie ist ein Magnet für Wanderer und Bergsteigerclubs und vereint mehr als 20 Gipfel, darunter den höchsten der Insel, den Naka-dake (1791 m). Aus diesem Grund wird die Bergkette auch als „Dach Kyūshūs" bezeichnet. Einer der beliebtesten Aufstiege beginnt in Makinotoi-tōge und ist dank des Einstiegs an der schönen Ringstraße, auf der man den größten Teil des Weges zurücklegen kann, eine unkomplizierte Tageswanderung. Wer will, kann von hier bis ganz hinauf zum Naka-dake steigen. Ein gutes Basislager für Exkursionen ist das **Aso Kujū-Kōgen Youth Hostel** (阿蘇くじゅう高原ユースホステル; ☎0967-44-0157; www.asokujuuyh.sakura.ne.jp; 6332 Senomoto; B HI-Mitglied/Nichtmitglied ab 2000/2600 ¥, mit 2 Mahlzeiten 5000 ¥; P ⊖ ❄ @) in Kurokawa-Onsen.

Am Randbereich des Kujū-san versteckt sich die hübsche Stadt Taketa (竹田). Wie das Schriftzeichen „竹" andeutet, ist diese Gegend berühmt für beeindruckende Handwerkskunst aus Bambus, es gibt auch Workshops für Touristen. Ebenfalls bekannt ist die Stadt für ihren presigekrönten *shōchū* (starker, destillierter Alkohol) – es lohnt sich, eine Flasche oder zwei mitzunehmen!

Alles, was von Taketas Burg (Oka-jō) übrig ist, sind nur die schönen Mauern, doch ein Spaziergang unter den Kirschbäumen vorbei an den moosbedeckten Steinen bringt einen zurück in ein einfacheres Japan.

Vor Kurzem wurde eine Höhle entdeckt, die von „versteckten Christen" als Kirche benutzt worden war. Interessanterweise war die in den Fels geschlagene Kapelle fast direkt hinter der Residenz eines wohlbekannten Samurai. Aktuellen Theorien nach muss der Krieger, oder jemand in seinem Haushalt, davon gewusst haben oder war sogar einer der Christen.

Nach Taketa fährt man am besten mit dem Auto von Yufuin (70 Min.) oder Beppu (75 Min.), da die Sehenswürdigkeiten recht weit verteilt liegen und man sie leider nicht einfach mit dem Bus erreichen kann.

gesbesucher das *rotemburo* nutzen, außerdem gibt's noch sieben Familienbäder.

★ Yufu-no-Oyado Hotaru RYOKAN ¥¥¥
(由布のお宿ほたる; ☎0977 84 5151; www.yufuin-hotaru.com; 1791-1 Kawakita; Zi. pro Pers. ab 16 500 ¥; ⏲Rezeption 7–21 Uhr; P ❄ 📶) Das reizende familiengeführte und traditionelle *ryokan* liegt inmitten von Zypressen und Bambus. Die verschiedenen Onsen sind ein Traum für Badelustige, und einer der Besitzer spricht ausgezeichnet Englisch.

Kamenoi Bessō RYOKAN ¥¥¥
(亀の井別荘; ☎0977-84-3166; www.kamenoi-bessou.jp; 2633-1 Kawakami; Zi. pro Pers. inkl. 2 Mahlzeiten ab 44 000 ¥; P @ 📶) Für ein kompromissloses Yufuin-Erlebnis sollte man hier übernachten. Vom Kinrin-ko geht man durch das *kayabuki*-Tor (mit strohgedecktem Dach) die Kieswege hinab zum Campus mit Holzgebäuden, die sich um Steinbäder mit spitzen Holzdächern reihen. Die Mahlzeiten beinhalten lokale Spezialitäten, und die Mitarbeiter sagen nie Nein. Es stehen japanische, westliche und kombinierte Zimmer zur Auswahl.

✕ Essen

Die meisten Gäste speisen in ihren Gasthöfen, aber am Bahnhof gibt's ein paar Lokale.

Hidamari JAPANISCH ¥
(陽だまり食堂; ☎0977-84-2270; 2914 Kawakami; Hauptgerichte 750–1620 ¥; ⏲Mittagessen 11–15 Uhr, Shop 8.30–17.30 Uhr ; P ⊖) Das lässige Restaurant mit Lebensmittelmarkt wird von lokalen Bauernfamilien betrieben und serviert Standards wie *toriten* (Tempura mit Huhn), *dangojiru* (Misosuppe mit dicken Nudeln) und lokales Rindfleisch als *teishoku* (Menü). Außerhalb der Mittagszeit kann man hier *bentō*, lokalen Joghurt und Eiscreme kaufen. Hidamari liegt etwa 150 m vom Bahnhof entfernt an der Kreuzung mit dem großen Stein-*torii*.

Izumi Soba NUDELN ¥¥
(泉そば; ☎0977-85-2283; 1599-1 Kawakami; *soba* 1295–2160 ¥; ⏲11–17 ¥) Es gibt billigere

soba-Lokale in der Stadt, aber in diesem klassischen Restaurant mit Blick auf den Kinrin-ko kann man zusehen, wie die Nudeln zubereitet werden, bevor man sich hinsetzt. Das Standardgericht ist *seirō-soba* (auf einer Bambusmatte); *oroshi-soba* kommt mit einem Belag aus geraspeltem Daikon (Rettich).

Praktische Informationen

Touristeninformationsbüro (由布院温泉観光案内所; ☎0977-84-2446; ⌚9–17.30 Uhr) Die Touristeninformation im Bahnhof bietet Infos in Englisch, darunter eine detaillierte Wanderkarte mit Galerien, Museen und Onsen.

An- & Weiterreise

Züge verbinden Beppu mit Yufuin (*futsū/tokkyū* 1110/1410 ¥, 1¼ Std./100 Min.) über Ōita.

Tagsüber verkehren Busse zwischen dem JR-Bahnhof Beppu und Yufuin (900 ¥, 57 Min.). Schnellbusse fahren nach Fukuoka (2880 ¥, 2 Std.), Aso (2370 ¥, 2½ Std.) und Kumamoto (3550 ¥, 4½ Std.).

Unterwegs vor Ort

Einige Busse von Yufuin halten am Fuß des Yufu-dake bei Yufu-tozanguchi (由布登山口; 360 ¥; 15 Min., etwa stdl.).

Am JR-Bahnhof können Elektroräder geliehen werden (2 Std. mit/ohne JR-Pass 400/500 ¥). Normale Fahrräder gibt's auch, für 250 ¥ pro Stunde, von 9 bis 17 Uhr.

Beppu 別府

☎0977 / 123 000 EW.

In Beppu in der Präfektur Ōita muss man nicht lange suchen, um den Grund für seine Beliebtheit zu finden: Der von der Erde aufsteigende Dampf weist schon darauf hin, dass es hier jede Menge Onsen-Bäder gibt. Beppu ist gleichzeitig ruhig, aber auch touristisch, modern, aber auch traditionell, grundsolide, aber auch heruntergekommen. Doch der Charme dieser hügeligen und gastfreundlichen Stadt fesselt Besucher, solange das Wasser brodelt. Wintergäste können bestaunen, wie die ganze Stadt in warmen Dampf gehüllt ist.

Sehenswertes

Beppu hat zwei Arten von heißen Quellen, die gemeinsam mehr als 100 Millionen Liter täglich ausspucken. Die *jigoku* (kochende, heiße Quellen, wörtl.: Hölle) sind nur zum Besichtigen, die Onsen zum Baden da.

★ Zentrum für traditionelle Bambuskunst Beppu — MUSEUM

(別府市竹細工伝統産業会館; Karte S. 812; ☎0977-23-1072; 8-3 Higashi-sōen; 300 ¥; ⌚Di–So 8.30–17 Uhr) Das Kunsthandwerkszentrum zum Anfassen zeigt raffinierte Werke von Meistern aus der Edo-Zeit sowie moderne Objekte aus diesem vielseitigen Material, das in dieser Region reichlich wächst. Wer sich selbst in der Bambuskunst versuchen möchte, muss mindestens eine Woche im Voraus buchen (400/1000 ¥, je nach Komplexität des Objekts). Vom Bahnhof Beppu nimmt man den Bus 22 oder 25 bis Takezaiku-densankan-mae oder den Bus 1 bis Minami-baru (etwa 200 m Fußweg).

Höllen — HEISSE QUELLEN

(einzeln/Kombiticket 400 ¥/2000 ¥; ⌚8–17 Uhr) Beppus am meisten beworbene Attraktion ist der **jigoku meguri** (Höllenrundgang), wo das Wasser – mit außergewöhnlichen Ergebnissen – aus der Erde blubbert. Anders als in Unzen, wo die geothermischen Wunder noch schlicht aussehen, haben sich die acht Stationen dieses Höllenrundgangs in kleine Unterhaltungsparks verwandelt, die jeweils ein eigenes Motto haben und teilweise voller Touristenkitsch sind; dies nur zur Warnung. Die Berghölle (Yama Jigoku) ist beim Kombiticket nicht mehr inklusive.

Die Höllen verteilen sich auf zwei Gruppen, sechs in **Kannawa**, mehr als 4 km nordwestlich des Bahnhofs Beppu, und zwei 2,5 km weiter nördlich. Zur Kannawa-Gruppe zählen die dampfende blaue (海地獄, Meereshölle; Karte S. 817; 400 ¥; ⌚8–17 Uhr), die **Oni-ishibōzu Jigoku** (鬼石坊主地獄, Hölle der Dämonenmönche; Karte S. 817; 400 ¥; ⌚8–17 Uhr), deren blubbernder Schlamm wie ein rasierter Mönchskopf aussieht, die **Shira-ike Jigoku** (白池地獄, Hölle des weißen Teiches; Karte S. 817; 400 ¥; ⌚8–17 Uhr) und die **Kamado Jigoku** (かまど地獄, Ofenhölle; Karte S. 817; 400 ¥; ⌚8–17 Uhr), die so heißt, weil sie einst zum Kochen verwendet wurde. An der **Oni-yama Jigoku** (鬼山地獄, Hölle der Bergdämonen; Karte S. 817; 400 ¥; ⌚8–17 Uhr) und der **Yama Jigoku** (山地獄, Berghölle; Karte S. 817; 400 ¥; ⌚8–17 Uhr) werden Tiere in erschreckend beengten Gattern gehalten. Vom Bahnhof Beppu nimmt man den Bus bis nach Umi-Jigoku-mae (330 ¥), wo die Tour startet.

Die kleinere Höllengruppe umfasst die **Chi-no-ike Jigoku** (血の池地獄, Blutteich-Hölle; Karte S. 812; 400 ¥; ⌚8–17 Uhr), mit fotogenem rotem Wasser und die **Tatsumaki Jigo-**

KYŪSHŪ BEPPU

ku (龍巻地獄, Tornadohölle; Karte S. 812; 400 ¥; ⏲ 8–17 Uhr), in der alle 35 Minuten ein Geysir ausbricht.

Aktivitäten

Beppu ist in acht Onsen-Bezirke, **Beppu Hattō** (www.city.beppu.oita.jp/01onsen/english/index.html), unterteilt. Onsen-Liebhaber vertreiben sich hier die Zeit, indem sie von einem Bad zum nächsten ziehen und mindestens drei am Tag besuchen; das Baden kostet 100 bis 1000 ¥. Man muss seine eigene Seife, Waschlappen und Handtücher mitbringen, denn in einigen Bädern werden keine ausgeliehen.

★ Takegawara-Onsen ONSEN
(竹瓦温泉; Karte S. 814; ☎ 097-723-1585; 16-23 Moto-machi; 100 ¥, Sandbad 1030 ¥; ⏲ 6.30–22.30 Uhr, Sandbad 8–21.30 Uhr, Sandbad am 3. Mi des Monats geschl.) Dieser klassische Onsen aus der Meiji-Zeit ist ganz in der Nähe des JR-Bahnhofs Beppu. Das Bad ist sehr schlicht und sehr heiß: man schöpft Wasser aus einem Kübel, gießt es sich über den Kopf und springt rein! Hier gibt's auch ein entspannendes Sandbad, für das man einen Yukata bekommt.

Beim Sandbad legt man sich in eine flache Grube und wird bis zum Hals in erwärmten Sand eingegraben, gefolgt von einem Tauchbad im Onsen und einer Dusche. Die ganze Sache dauert so vierzig Minuten.

Kaihin Sandbad ONSEN
(海浜砂湯; Karte S. 812; ☎ 097-766-5737; 1030 ¥; ⏲ April–Okt. 8.30–18 Uhr, Nov.–März 9–17 Uhr) Dieses Strandbad zwischen dem JR-Bahnhof Beppu und Kamegawa Onsen liegt am beliebten Shōnin-ga-hama-Strand. Die Location ist toll und Englisch wird auch gesprochen. Wenn das Warten zu lange wird, schließt man dort früh – also früh hinkommen, um nichts zu verpassen!

Kannawa Mushi-yu ONSEN
(鉄輪蒸し湯; Karte S. 817; ☎ 097-767-3880; 1-gumi Kannawa-kami; 510 ¥; ⏲ 6.30–20 Uhr) Kannawa Mushi-yu liegt von der Bushaltestelle Kannawa bergab. Hier lässt man sich in einen Yukata gehüllt auf japanische Binsen legen und bei einer Temperatur von 65 °C (Autsch!) bedampfen. Acht bis zehn Minuten sollen die reinigende Kraft von 30 Minuten in einer Sauna haben.

Shibaseki Onsen ONSEN
(柴石温泉; Karte S. 812; ☎ 097-767-4100; 4-kumi Noda; 210 ¥; ⏲ 7–20 Uhr, am 2. Mi des Monats geschl.) Dieser Onsen liegt auf dem Weg zur kleineren Höllengruppe. Hier kann man für 1620 ¥ pro Stunde ein *kazoku-buro* (Familienbad) mieten.

Ichinoide Kaikan ONSEN
(いちのいで会館; Karte S. 812; ☎ 097-721-4728; 14-2 Uehara-machi; ⏲ 11–17 Uhr) Der Besitzer des Ichinoide Kaikan liebt Onsen – so sehr, dass er drei schwimmbadgroße *rotemburo* in seinem Hinterhof gebaut hat. Die Aussicht über Beppu und die Bucht gehört zu den schönsten der Stadt. Wer ein Menü bestellt (*teishoku;* ca. 1500 ¥), muss das Bad nicht bezahlen und die Köche werden in der Zwischenzeit alles zubereiten. Wie man zu Fuß und mit dem Bus hinkommt, weiß die Touristeninformation. Wahrscheinlich lohnt sich ein Gemeinschaftstaxi (ab Beppu, ca. 900 ¥).

Kitahama Termas Onsen ONSEN
(北浜温泉テルマス; Karte S. 812; ☎ 0977-24-4126; 510 ¥; ⏲ Fr–Mi 10–22 Uhr) Wer gerne in einem Onsen am Strand baden möchte, sollte nach Kitahama kommen. Es gibt getrennte Bäder für Männer und Frauen, der *rotemburo* ist gemischt, aber man braucht Badekleidung.

Onsen Hoyōland ONSEN
(温泉保養ランド; ☎ 097-766-2221; 5-1 Myōban; 1100 ¥; ⏲ 9–20 Uhr) Wundervolle, riesige Schlammbäder, gemischtes Baden und Baden unter freiem Himmel.

Schlafen

Beppu ist nicht besonders weitläufig und bietet eine große Bandbreite an Unterkunftsmöglichkeiten: Für das kleine Budget gibt es mehrere Jugendherbergen und *minshuku*, alles andere ist ziemlich schick und teuer. Zimmer zur Straße hin können manchmal recht laut sein, da das Nachtleben in der Stadt sehr ausgelassen ist, oft bis zum frühen Morgen.

Cabosu House Beppu HOSTEL ¥
(かぼすハウス別府; Karte S. 814; ☎ 097-785-8087; www.facebook.com/cabosuhouse; 3-3-10 Kitahama; B/EZ 2000/3000 ¥; P ⊖ ✱ @ ⓦ) Dieses neue Hostel ist über zwei Gebäude verteilt, die zwei Minuten auseinanderliegen. Im älteren gibt's eine eigene heiße Quelle und unten eine gut sortierte Bar sowie schöne Gemeinschaftsräume, in denen man schnell Freunde findet. Die Türen werden um 21 Uhr geschlossen, danach kommt man aber mit einem Code hinein.

Beppu

Kunisaki-Halbinsel (20 km); Ôita (30 km)
Kamegawa
siehe Karte Kannawa-Höllen (S. 817)
KANNAWA-HÖLLEN-GELÄNDE
Yamanami-Autobahn
Beppu Daigaku
Matsuyama; Osaka
Haruki-gawa
Sunflower-Fähre Kansai Kisen
Zentrum für traditionelle Bambuskunst Beppu
Beppu-wan
HORITA
Sakai-gawa
Fujimi-dori
Yufuin (24 km)
Beppu-Koen
Beppu
siehe Karte Beppu Zentrum (S. 814)
Rakutenchi-Vergnügungspark
Asami-gawa
Ôita (14 km)
Usuki (20 km)
0 1 km

Beppu

Highlights
1 Zentrum für traditionelle Bambuskunst Beppu B5

Sehenswertes
2 Chi-no-ike Jigoku B1
3 Tatsumaki Jigoku.........................B1

Aktivitäten, Kurse & Touren
4 Ichinoide Kaikan.........................B7
5 Kaihin Sand Bath D3
6 Kitahama-Termas-Onsen D6
7 Shibaseki-Onsen A1

Schlafen
8 Suginoi Hotel A6

Essen
9 Shinanoya C6
10 Tomonaga Panya.........................D7

Beppu Guest House HOSTEL ¥
(別府ゲストハウス; Karte S. 814; ☎0977-76-7811; http://beppu.cloud-line.com; 1-12 Ekimae-chō; B/EZ/DZ 1700/2700/5000¥;) Die große Küche und die Wohnräume dieses unkonventionellen, trendigen und freundlichen Hostels sind tolle Orte, um mit anderen Reisenden abzuhängen. Weitere Vorteile: Leihfahrräder für 200¥, Waschmaschinen und englischsprachige Mitarbeiter mit Kenntnissen über die Region. Vor Ort gibt's kein Bad, aber in der Nähe liegt ein öffentliches Bad für 100¥. Nur Bargeld.

★ **Yamada Bessou** RYOKAN ¥¥
(山田別荘; Karte S. 814; ☎0977-24-2121; www.yamadabessou.jp; 3-2-18 Kitahama; Zi. pro Pers. mit/ohne Frühstück ab 7500/6500¥;) In diesem weitläufigen familiengeführten Gasthof aus den 1930er-Jahren fühlt man sich in die Vergangenheit zurückgesetzt. Es gibt wundervoll eingerichtete Zimmer und tolle Art-déco-Elemente und -Möbel. Der Onsen und das private *rotemburo* (Tagesnutzung 10 bis 15 Uhr, 500–700¥) sind so genial, dass es gar nicht stört, dass nur zwei der acht Räume über ein eigenes Bad mit Toilette verfügen.

Kokage International Minshuku MINSHUKU ¥¥
(国際民宿こかげ; Karte S. 814; ☎0977-23-1753; www.tiki.ne.jp/~kokage; 8-9 Ekimae-chō; EZ/DZ 4350/7650¥;) An einer Gasse nahe der Ekimae-dori findet man dieses gemütliche alte Gasthaus mit neun hübschen Zimmern, freundlichen Mitarbeitern, stimmungsvoller Holztäfelung, Antiquitäten und Kuriositäten. Es gibt einen zauberhaften Stein-Onsen sowie Toast und Kaffee zum Frühstück. Die Räume über dem Eingang bieten die meiste Ruhe.

Hotel Seawave Beppu BUSINESSHOTEL ¥¥
(ホテルシーウェーブ別府; Karte S. 814; ☎0977-27-1311; www.beppuonsen.com; 12-8 Ekimae-chō; EZ/DZ/2BZ/Suite ab 6000/7500/8600/18000¥;) Wer spät ankommt oder frühmorgens abreist, geht am besten in dieses Hotel gegenüber dem Bahnhof. Es verfügt über kleine Zimmer mit eigenem Bad und einen vor Kurzem eröffneten Onsen im Haus. Ein Restaurant gibt's auch.

★ **Beppu Hotel Umine** HOTEL ¥¥¥
(別府ホテルうみね; Karte S. 814; ☎0977-26-0002; www.umine.jp; 3-8-3 Kitahama; Zi. pro Pers. inkl. Frühstück ab 17280¥;) Die beste Unterkunft von Beppu bietet Onsen-Bäder in den Zimmern, hinreißende Gemeinschaftsbäder, ein schickes modernes Design, exzellente Restaurants und einen perfekten persönlichen Service. Die Preise sind hoch, beinhalten aber Getränke und Snacks in der Bibliothekslounge. WLAN gegen Gebühr.

Suginoi Hotel HOTEL ¥¥¥
(杉乃井ホテル; Karte S. 812; ☎0977-24-1141; www.suginoi-hotel.com; 1 Kankaiji; Zi. pro Pers. inkl. 2 Mahlzeiten ab 10000¥,) Auf einem Hügel über der Stadt wartet das Suginoi mit einem mehrstufigen Tanayu-*rotemburo* auf dem Dach, dem Aqua-Garden-Onsen-Pool (kombinierte Tagesnutzung 1300¥, Badekleidung erforderlich), sowie tollen Zimmern auf. Die Räume im japanischen Stil sind schöner als die westlichen, die 15 schicken im Ceada-Flur stechen besonders heraus. Die Preise variieren je nach Saison.

Essen

Beppu ist bekannt für *toriten* (Hühnchen-Tempura), Süßwasserfisch, *Bungō-gyū* (lokales Rind), *fugu* (Kugelfisch), wildes Berggemüse und *dangojiru* (Misosuppe mit dicken Nudeln). Im ersten Stock des **Einkaufszentrums You Me Town** (ゆめタウン別府; Karte S. 814; ☎097-726-3333; 382-7 Kusunoki-machi; 9.30–22.30 Uhr) sind die ausländerfreundlichen Restaurants mit englischsprachigen Mitarbeitern; hier gibt's unter anderem Fließbandsushi, Nudeln und Büfetts.

Beppu Zentrum

★ **Gyōza Kogetsu** GYOZA ¥
(餃子湖月; Karte S. 814; ☎ 0977-21-0226; 1-9-4 Kitahama; *gyōza* 600 ¥; ⌚ Mi–Mo 14–21 Uhr; 🚭) Dieses Tresenlokal mit sieben Sitzplätzen und einer treuen einheimischen Stammkundschaft hat nur zwei Dinge auf der Karte, die beide 600 ¥ kosten – großzügige Portionen *gyōza*, die kross gebraten werden, und Flaschenbier. Es liegt in der winzigen Gasse hinter der überdachten Arkade; man erkennt es an der Vitrine mit Katzenfiguren.

★ **Shinanoya** CAFÉ ¥
(信濃屋; Karte S. 812; ☎ 0977-25-8728; 6-32 Nishi-noguchi; Hauptgerichte 600–1300 ¥; ⌚ Do–Mo 9–21, Di & Mi bis 18 Uhr) Ein paar Minuten vom Westausgang des Bahnhofs beherbergt ein traditionelles Gebäude direkt vor dem Family Mart dieses freundliche *kissaten* von 1926, das seine berühmte *dangojiru* mit Gemüse serviert. Man speist mit Blick auf den Kieferngarten oder sitzt um einen gewaltigen Gemeinschaftstisch in einem plüschig-grünen Samtsessel.

Tomonaga Panya BÄCKEREI ¥
(友永パン屋; Karte S. 812; ☎ 0977-23-0969; Chiyo-machi 2-29; Kuchen ab 100 ¥; ⌚ Mo–Sa 8.30–17.30 Uhr) Seit 1916 ist die charmante, historische Bäckerei in Betrieb, und auch heute noch stehen die Leute Schlange für die ständig wechselnde Auswahl an ofenfrischen Broten und Gebäck. Das *wanchan* (Hundebrötchen, 110 ¥) ist mit Puddingcreme gefüllt, Augen und Nase sind mit Rosinen markiert. Der Laden schließt, wenn alles verkauft ist. Das Personal hat auch zu viel zu tun, um Fragen zu beantworten, – am besten nimmt man einfach seine Sachen und geht.

Jin Robata & Beer Pub IZAKAYA ¥
(ろばた仁; Karte S. 814; ☎ 0977-21-1768; 1-15-7 Kitahama; Gerichte 400–1400 ¥; ⌚ 17–24 Uhr) Ein Neon-Fisch leitet einen zu diesem einladenden internationalen Pub. Man wählt aus dem präsentierten frischen Fisch (als Sashimi oder zubereitet serviert) oder probiert *toriten* und lokales Rind. Wer Heimweh hat, tröstet sich mit dem beliebten Fried Chicken.

Toyotsune JAPANISCH ¥¥
(とよ常; Karte S. 814; ☎ 0977-22-3274; 2-13-11 Kitahama; Hauptgerichte 750–1650 ¥; ⌚ Do–Di 11–14 & 17 –22 Uhr) Das Toyotsune bietet alle Spezialitäten Beppus: *toriten, Bungo-gyū* und viel frischen Fisch sowie Tempura. Die Hauptfiliale liegt an der Ecke hinter dem Jolly Pasta; eine **zweite** (Karte S. 814; ☎ 0977-23-7487; 3-7 Ekimae-honmachi; ⌚ Fr–Mi 11–14 & 17 –22 Uhr; 📋) findet man gegenüber vom

Beppu Zentrum

Aktivitäten, Kurse & Touren
1 Oita Kōtsū Bus B2
2 Takegawara-Onsen C3

Schlafen
3 Beppu Guest House B3
4 Beppu Hotel Umine D1
5 Cabosu House Beppu B1
6 Hotel Seawave Beppu B2
7 Kokage International Minshuku B2
8 Yamada Bessou C1

Essen
9 Fugu Matsu C1
10 Gyōza Kogetsu C2
11 Jin Robata & Beer Pub C2
12 Toyotsune D2
13 Toyotsune B2
14 You Me Town D3

Ausgehen & Nachtleben
15 Beppu Social Bar C3
16 Kissa Natsume C3
17 Real Point C2

Shoppen
18 Oita Made Shop C3

Praktisches
19 Touristeninformation für ausländische Besucher B2
20 Touristeninformation für ausländische Besucher C2
21 Ōita Bank C2

Transport
22 Flughafenbusse C2
23 Bushaltestelle am Bahnhof (Ostseite) B2
24 Bushaltestelle am Bahnhof (Westseite) A2
25 Busse zum Kannawa-Onsen C2

Bahnhof Beppu. Wartezeit einplanen für den Fall, dass es voll ist.

Fugu Matsu FISCH & MEERESFRÜCHTE ¥¥¥
(ふぐ松; Karte S. 814; ☎0977-21-1717; www.fugumatsu.jp; 3-6-14 Kitahama; *fugu*-Menü ab 8640 ¥; ⊙11–21; 📋) Schon seit 1958 wird in diesem freundlichen Lokal einfacher *fugu* serviert. Man sitzt unter dem *hori-kotatsu* und genießt Sashimi, *karaage* (frittierten fugu) und *hirezake* (heißer Sake mit einer gegrillten *fugu*-Flosse). Reservierung erforderlich.

Ausgehen & Nachtleben

Wenn die Sonne in Beppu untergeht, geht's erst richtig los – hier weiß man, wie man feiert. Die meisten Clubs und Bars sind ganz auf Japaner ausgerichtet, aber es gibt ein paar Läden, in denen man andere Reisende kennenlernen oder mit englischsprechenden Einheimischen abhängen kann.

★ **Real Point** CAFÉ
(リアルポイント; Karte S. 814; ☎080-5255-1141; 1-2-24 Kitahama; ⊙Do–Di 12–22 Uhr; 📶) Wenn ein Tipi im urbanen Teil von Beppu nicht die Neugier weckt, was dann? Dieses vielseitige Café bietet frisch aufgebrühten Kaffee, Sojalatte, Tee, gelegentlich Grillpartys und Ukulele-Unterricht. Eines der ungewöhnlichsten Cafés in Japan. Leider schwierig zu finden: von der Kitahama dōri nach einem blau-weißen Schild in einer kleinen Gasse neben der Taniguchi-Zahnklinik Ausschau halten.

Kissa Natsume CAFÉ
(喫茶なつめ; Karte S. 814; ☎097-721-5713; 1-4-23 Kitahama; ⊙Do–Di 10–20 Uhr) Bekannt ist dieser Retro-Snack- und Dessertladen in der überdachten Arkade vor allem für seinen *onsen kōhī* (530 ¥), Kaffee aus heißem Quellwasser. Ein Holzfass über der Tür markiert den Laden. Die Chinesische Weichschildkröte wohnte hier schon, als sie gerade einmal so groß war wie eine 500 ¥-Münze.

Beppu Social Bar BAR
(BSB; Karte S. 814; ☎080-4367-4850; www.facebook.com/aurabsb; 1-4-24 Kitahama; ⊙20–3 Uhr) Eine gute Auswahl an Getränken und eine junge Atmosphäre, dazu Tanzfläche, Tische und sogar eine Wasserpfeife. Das Publikum wechselt, aber hier findet man leicht Freunde und kann sogar eine Partie oder auch drei bei Four Squares verlieren, mit etwas Glück vielleicht. Eines der wenigen Lokale, die mit dem Rollstuhl zu erreichen sind.

Shoppen

Oita Made Shop GESCHENKE & SOUVENIRS
(Karte S. 814; ☎097-775-8413; www.oitamade.asia; 6-21 Moto-machi; ⊙Mi–Mo 11–18 Uhr) In diesem hübschen Laden gibt's besondere Dinge, Lebensmittel, Alkohol und Kunsthandwerk aus der Präfektur Ōita, die meisten mit Erklärungen auf Japanisch, Englisch und Koreanisch zu Handwerk, Region und Geschichte. Am hinteren Ende der Ginza-Arkade.

Praktische Informationen

GELD

Internationale Geldautomaten gibt's am Bahnhof, im **Kitahama-Postamt** (別府北浜郵便局; Karte S. 814; 2-9-1 Kitahama; ⌚ Mo–Fr 9–17; Geldautomat Mo–Fr 8–20, Sa 9–20, So 9–19 Uhr) und im nahe gelegenen Einkaufszentrum Cosmopia. Die **Ōita Bank** (大分銀行; Karte S. 814; ☎ 097-723-3111; 2-9-1 Kitahama; ⌚ Mo–Fr 9–15 Uhr) wechselt ausländische Währungen.

TOURISTENINFORMATION

Touristeninformationen für ausländische Besucher (別府外国人観光客案内所; www.beppuftio.blogspot.com) Filialen in der **Beppu International Plaza** (Karte S. 814; ☎ 0977-21-6220; 12-13 Ekimae-machi; ⌚ 8.30–17 Uhr), im Bahnhof Beppu (Karte S. 790; ☎ 0977-23-1119; Ecke Ekimae-dōri & Ginza-Arkade; ⌚ 10–16 Uhr) und in **Kannawa** (Karte S. 817; ☎ 0977-66-3855; 5-kumi Furomoto; ⌚ 9–17 Uhr; 📶). Sie sind gut ausgestattet mit hilfsbereiten zweisprachigen Ehrenamtlichen und bieten ein ganzes Arsenal an Infos und Tipps für die Region.

An- & Weiterreise

BUS

Der Kyūshū-Odan-(Trans-Kyūshū-)Bus verkehrt zum Bahnhof Aso (2980 ¥, 3¼ Std.) und nach Kumamoto (960 ¥, 5 Std.). Vom Flughafen Fukuoka fahren stündlich Busse zum Bahnhof Kitahama (3190 ¥, 2 Std.).

FLUGZEUG

Es gibt Flüge zum nahe gelegenen **Ōita Airport** (☎ 0978-67-1174; www.oita-airport.jp) von Tokio Haneda und Osaka. Außerdem gehen Flüge nach Seoul.

Beppu-Flughafenbusse (1500 ¥), die vom Flughafen Ōita kommen, halten vor dem Kaufhaus Tokiwa (48 Min.) und am Bahnhof Beppu (51 Min.).

SCHIFF/FÄHRE

Die **Fähre Sunflower Kansai Kisen** (Karte S. 812; ☎ 0977-22-1311) verkehrt über Nacht zwischen Beppu, Osaka und Kōbe (einfach/hin & zurück 7900/15 500 ¥, 12 Std.), mit Halt in Matsuyama (4½ Std.). Die Abendfähre legt zwischen 18.45 und 19.35 Uhr nach West-Honshū ab und überquert das Binnenmeer (Seto-nai-kai), um am nächsten Morgen zwischen 6.35 Uhr und 7.35 Uhr anzukommen. Zum Hafen fährt der Bus 20 oder 26 vom **Westausgang** des Bahnhofs Beppu (Karte S. 814).

ZUG

Der Kyūshū-*shinkansen* von Hakata (Fukuoka) bietet Anschluss an die JR-Nippō-Linie in Kokura (*shinkansen* und *tokkyū*; 5740 ¥, 100 Min.), die nach Beppu verkehrt. Von dort führt sie via Ōita weiter nach Miyazaki (*tokkyū*; 5480 ¥, 3¼ Std.). Züge fahren auch nach Kagoshima-Chūō (14 610 ¥, 194 Min.) über Kokura.

Ein Expresszug verbindet Beppu mit dem Bahnhof Hakata (5050 ¥, 120 Min.): praktisch und günstig.

> **NICHT VERSÄUMEN**
>
> **KOCHEN IM ONSEN**
>
> Genial! Inmitten der Höllen von Kannawa kann man bei diesem **Jigoku Mushi Kōbō** (地獄蒸し工房, Höllendampf-Workshop; Karte S. 817; ☎ 0977-66-3775; 5-kumi Furomoto; Ei 150 ¥, Gerichte 600–1300 ¥, Dampfkörbe 510 ¥ pro 30 Min., Meeresfrüchte-Set 2500 ¥; ⌚ 9–21 Uhr, jeden 3. Mi im Monat geschl.) sein eigenes Essen über Onsen-Dampf kochen. Man kauft die Zutaten direkt vor Ort (oder bringt selbst etwas mit) und dämpft sie in *kama* (Behältern), die durch den darunterliegenden Onsen erhitzt werden. Der Workshop teilt sich ein Gebäude mit der Touristeninformation für ausländische Besucher, daher ist zumindest bis 17 Uhr in der Regel jemand da, der Englisch spricht. Zu den Stoßzeiten, wie mittags am Wochenende, kann es ziemlich voll werden.

Unterwegs vor Ort

In Beppus Zentrum kommt man gut zu Fuß klar, Busse bringen einen zu den Höllen und in die Außenbezirke.

Kamenoi ist das größte Busunternehmen. In den Touristeninformationen für ausländische Besucher sowie beim Bahnhof, am Fährterminal und in einigen Unterkünften erhält man einen unbegrenzten „My Beppu Free"-Pass, den es in zwei Varianten gibt: „mini" (Erw./Stud. 900/700 ¥) deckt die Stadt Beppu ab (beinhaltet Rabatte); „wide" (1/2 Tage 1600/2400 ¥) gilt bis Yufuin. Vom JR-Bahnhof Beppu fahren die Buslinien 2, 5, 7, 9, 20, 24, 25 und 41 nach Kannawa (15–25 Min.), die Busse 26 und 26A bedienen Chi-no-ike und Tatsumaki Jigoku. Busse Richtung Kannawa fahren ebenfalls von einer **Bushaltestelle** (Karte S. 814) in der Nähe der Route 10 ab.

Wer hier wirklich weg will, mietet einen Wagen bei **Eki Rent-a-Car** (Karte S. 814; ☎ 097-724-4428; www.ekiren.co.jp; 12-13 Ekimae-chō), für ab 5400 ¥ pro Tag.

Kannawa-Höllen

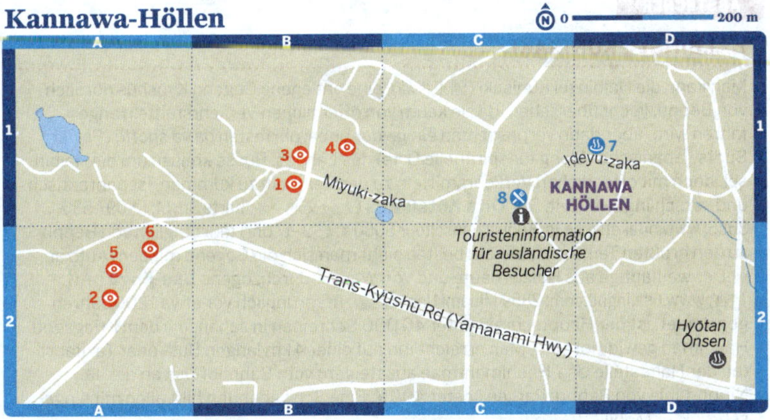

Kannawa-Höllen

Sehenswertes

1 Kamado Jigoku B1
2 Oniishibōzu Jigoku A2
3 Oni-yama Jigoku B1
4 Shira-ike Jigoku B1
5 Umi Jigoku A2
6 Yama Jigoku A2

Aktivitäten, Kurse & Touren

7 Kannawa Mushi-yu D1

Essen

8 Jigoku Mushi Kōbō C1

Usuki 臼杵

☎0972 / 39 000 EW.

Usuki ist berühmt für seine erstaunlichen tausend Jahre alten Buddhas aus Stein, aber die Stadt kann auch mit diversen Tempeln und gut erhaltenen Häusern aufwarten sowie einer hübschen Innenstadt mit historischen, verputzten Holzgebäuden. Am letzten Samstag im August steigt in der Stadt ein **Feuerfest**, sowie weitere Feste das ganze Jahr über. Details dazu gibt's in der Touristeninformation in der Nähe des Bahnhofs Usuki.

Sehenswertes

★ Usuki Stein-Buddhas BUDDHISTISCHE STÄTTE

(臼杵石仏; 804-1 Fukata; Stein-Buddhas & Museum Kombiticket 710 ¥; ⏰6–18 Uhr, April–Sept. 6–19 Uhr) Vier Gruppen mit über 60 Buddhas (59 wurden zu nationalen Kulturgütern ernannt) reihen sich in einer Schlucht in mehreren Nischen auf. Einige sind vollständige Statuen, von anderen blieben nur die Köpfe erhalten. Wenn hier wenig los ist, wirkt der Ort sehr spirituell, durch das touristische Ambiente draußen verliert er allerdings etwas von seiner Magie. Das Museum stellt Funde aus der Edo-Zeit und andere Stücke von Ausgrabungen aus der Nähe aus. Kostenlose Münzschließfächer.

Ganz in der Nähe: ein wunderschöner Lotus-Teich.

Schlafen & Essen

Die Übernachtungsmöglichkeiten in Usuki sind recht begrenzt, die meisten Unterkünfte haben sich auf Komplettangebote für Bustouren spezialisiert. In Beppu oder Yufuin gibt's bessere Optionen.

Etwa ein Dutzend Restaurants servieren mit den besten *fugu* (Kugelfisch) in ganz Japan; für ein Mittags-/Abendmenü inklusive Sake zahlt man etwa 5000/8000 ¥.

Credo Hotel Usuki HOTEL ¥¥

(クレドホテル臼杵; ☎0972-63-5666; www.credo-hotel.com; 2573-10 Kaizoe; EZ/DZ/3BZ 6400/13 000/15 900 ¥; P ⊖ ❄ 📶) Praktische Unterkunft nur eine Minute vom Bahnhof entfernt. Hier gibt's westliche und japanische Zimmer und ganze Nichtraucher-Etagen.

Chikuba FUGU ¥¥¥

(竹馬; ☎0972-62-5073; 3-Kumi Hamamachi; *fugu*-Menü ab 10 000 ¥; ⏰16.30–22.30 Uhr) Wer unbedingt *fugu* probieren will, sollte es in diesem renommierten Restaurant mit nur drei Tischen tun. Es gibt auch Gerichte ohne *fugu* sowie eine gute Auswahl an Bier, Sake und Spirituosen.

ABSTECHER

HALBINSEL KUNISAKI

Man kann die Halbinsel Kunisaki (国東半島), eine entlegene Gegend Kyūshūs nördlich von Beppu, leicht übersehen, da sie kaum von öffentlichen Verkehrsmitteln angefahren wird, aber dann verpasst man einige der unberührtesten *pawā spotto* (Power Spots, japanischer Slang für spirituelle Orte) des Landes. Busse kreisen um die Halbinsel, doch mit öffentlichen Verkehrsmitteln zu den Tempeln zu kommen, ist unpraktisch und verschlingt viel Zeit. Der **Oita Kōtsū Bus** (大分交通バス; Karte S. 814; ☎ 097-536-3655; www.oitakotsu.co.jp; Kunisaki-Inseltour 5050 ¥; ⌚ 9–17 Uhr) fährt täglich von Beppu zu den größten Tempeln, aber am besten sieht man sich die Gegend mit dem Auto an.

Der weitläufige aus Holz erbaute und von Wasser durchzogene **Usa-jingū** (宇佐神宮; www.usajinguu.com; 2859 Minami Usa) GRATIS, ursprünglich vor etwa 1200 Jahren gegründet, ist der Hauptschrein unter 40 000 Schreinen in Japan, die dem Kriegsgott Hachiman gewidmet sind. Man erreicht ihn auf einer 4 km langen Bus- oder Taxifahrt (an der Haltestelle Usa-Hachiman-mae aussteigen) vom Bahnhof Usa an der JR-Nippō-Linie von Beppu. Parken kostet 400 ¥. Eine Schwebebahn hilft allen mit eingeschränkter Mobilität.

Die Stadt Bungo-takada trägt den Spitznamen „Buddhas Dorf", und die Region ist bekannt für ihre frühen buddhistischen Spuren, darunter einige aus dem Felsen gehauene Buddhabilder, die mit den berühmteren in Usuki in Zusammenhang stehen. Vor Bungo-takada findet sich **Fuki-ji** (富貴寺; 300 ¥; ⌚ 8.30–16.30 Uhr), ein Nationalschatz ganz aus duftendem Muskatholz, der älteste Holzbau in Kyūshū und einer der ältesten Holztempel in ganz Japan. Die von Gras überwucherte Anlage und die moosbedeckten Stupas verleihen ihm eine vollendete Schönheit. Vom Bahnhof Usa verkehren Ōita-Kōtsū-Busse nach Bungo-takada (810 ¥, 20 Min.); von dort sind es noch zehn Minuten mit dem Taxi (rund 1000 ¥).

Im Zentrum der Kunisaki-Halbinsel, unweit vom Gipfel des Futago-san (721 m), steht der 718 gegründete **Futago-ji** (両子寺; www.futago.jp; 1548 Futago, Akimachi; 300 ¥; ⌚ April–Nov 8–17 Uhr, Dez.–März 8.30–16.30 Uhr). Er ist Fudō-Myō-o, der von Feuer umhüllten, schwerttragenden Gottheit, geweiht. Der Weg hinauf ist besonders im Frühjahr oder Herbst wunderschön, und in den umliegenden Waldschluchten gibt's viele Nebentempel zu entdecken. Hier plätschert ein Bach über das Moos und es gibt viele Wanderwege.

Nahebei befindet sich der **Taizō-ji** (胎蔵寺; ⌚ 9–17 Uhr) GRATIS, bekannt für seine unebenen Steinstufen. Einer lokalen Legende zufolge sind sie so ungeordnet und gefährlich, dass die Oni (Teufel) sie in einer einzigen Nacht erbaut haben müssen. Mönche geben einem Aufkleber, die man an seine chinesische Horoskop-Statue kleben kann.

Tief im Wald an einem moosigen Flussbett sind zwei Buddhabildnisse aus der Heian-Periode in die Felswand gemeißelt: eine 6 m große Figur des Dainichi-Buddha und eine 8 m große Figur des Fudō-Myō-o. Beide sind als **Kumano Magaibutsu** (熊野磨崖仏; Eintritt 300 ¥; ⌚ April–Okt. 8–17 Uhr; Nov.–März 8.30–16.30 Uhr) bekannt und die größten Buddhafiguren dieser Art in Japan. Wer glaubt, die paar Hundert Stufen zu den Schnitzereien seien anstrengend, wird von den paar Hundert folgenden zum Schrein auf der Hügelkuppe begeistert sein ...

Wer seinen Besuch richtig timt, erlebt im **Soba CAFÉ Yuuhi** (Soba CAFÉ ゆうひ; ☎ 0978-25-8533; www.facebook.com/sobacafeyuuhi; 5125 Usuno; *soba*-Gerichte 650–1000 ¥; ⌚ Mi–Mo 11–Sonnenuntergang) möglicherweise den spektakulärsten Anblick seiner gesamten Reise: die glühende Sonne, die im Meer oder hinter den scheinbar bis zum Horizont reichenden Ebenen versinkt. An Kunisakis nordwestlicher Küste verkauft der bescheidene *soba*-Laden an einem Straßenabzweig handgemachte *soba* und verleiht Stehpaddelbretter (2000 ¥ pro Stunde), die man bei Flut benutzen kann.

ℹ Praktische Informationen

Touristeninformationsbüro (臼杵市観光情報協会; ☎ 0972-63-2366; JR-Bahnhof Usuki; ⌚ 9–15 Uhr) Im JR-Bahnhof.

Usuki Stadt-Tourismus & Community Plaza (臼杵市観光交流プラザ; ☎ 097-263-1715; 100-2 Ōaza; ⌚ 9–18 ; 📶) Diese superneue Touristenplaza liegt unpraktischerweise weit weg vom Bahnhof. Hier gibt's Karten, Broschüren und lebensgroße Figuren von Usukis Maskottchen „Hotto-san", einem niedlichen Stein-Buddha im Mangastil.

Anreise & Unterwegs vor Ort

Usuki liegt 40 km südöstlich von Beppu. Man nimmt die JR-Nippō-Linie bis zum Bahnhof Usuki (*tokkyū/futsū* 2070/940 ¥, 45/60 Min.), normalerweise muss man in Ōita umsteigen.

Vom Bahnhof aus verkehren unregelmäßig Busse zu den Buddhas (20 Min.), alternativ nimmt man ein Taxi (2020 ¥) oder radelt (35 Min.). Am Bahnhof von 9 bis 15 Uhr – und bis 18 Uhr bei der **Tourismus & Community Plaza** – kann man normale Fahrräder (kostenlos!) oder Elektrofahrräder (300 ¥ pro Stunde) ausleihen.

Takachiho 高千穗

☎0982 / 12 650 EW.

Ganz im Norden der Präfektur Miyazaki liegt abgeschieden die hübsche Bergstadt Takachiho, deren Besuch sich aber wirklich lohnt: Der Legende nach brachte die japanische Sonnengöttin hier das Licht zurück in die Welt. Als ob dies nicht Grund genug für einen Aufenthalt wäre, verläuft auch noch eine tiefe, beeindruckende Schlucht durch den Ort.

Sehenswertes

★ Takachiho-Schlucht SCHLUCHT

(高千穂峡, Takachiho-kyō; Karte S. 820) Takachihos beeindruckende Schlucht mit ihrem Wasserfall, der über Felsen und blanke Wände schießt, ist vor über 120 000 Jahren durch einen doppelten Vulkanausbruch entstanden. Oberhalb der Schlucht verläuft ein 1 km langer Naturpfad. Eine Alternative ist die Besichtigung mit einem **Ruderboot** (Karte S. 820; ☎0982-73-1213; 2000 ¥ pro 30 Min.; bis zu 3 Erw. pro Boot; ⏲7.30–17 Uhr), allerdings kann es in der Hochsaison wie zur Rushhour zugehen. In der Hauptsaison werden die Ruderer von Scharen hungriger Enten belagert, von Todesfällen wurde bisher jedoch noch nicht berichtet …

Ama-no-Iwato-jinja SHINTO-SCHREIN

(天岩戸神社; Karte S. 820; 1073-1 Iwato; ⏲24 Std., Büro 8.30–17 Uhr) Einer der schönsten Schreine des Shintō ehrt die Höhle, in der sich die Göttin Amaterasu verbarg. Die Höhle selbst darf man nicht betreten, dafür aber das Nishi Hongū (Hauptgebäude des Schreins) gegenüber am anderen Ufer des Iwato-gawa (Iwato-Fluss). Wer Japanisch kann, kann die Mitarbeiter bitten, einem den Aussichtspunkt hinter der Honden (Haupthalle) zu zeigen. Busse fahren etwa stündlich (300 ¥, 20 Min.) vom Miyakō-Buszentrum in Takachihō ab.

Ein siebenminütiger Spaziergang führt an einem malerischen Flüsschen entlang zur **Ama-no-Yasukawara**, einer tiefen Höhle, in der sich der Sage gemäß Tausende Götter versammelten, um Amaterasu wieder aus ihrem Versteck zu locken. Inzwischen haben Besucher hier unzählige Steine niedergelegt, um den Göttern Tribut zu zollen, was der Höhle eine gewisse Indiana-Jones-Atmosphäre verleiht.

Takachiho-jinja SHINTO-SCHREIN

(高千穂神社; Karte S. 820). Der Takachiho-jinja verbirgt sich etwa zehn Gehminuten vom Buszentrum entfernt in einem Hain aus Sicheltannen, zu denen auch ein 800 Jahre altes Exemplar zählt. Einige der Gebäude sehen aus, als seien sie schon fast genauso alt.

Schlafen & Essen

Takachiho hat etwa 30 Hotels, *ryokan*, *minshuku* und Pensionen, die in der Herbstlaubsaison meist ausgebucht sind.

Es gibt nur wenige Restaurants in dieser kleinen Stadt, weil die meisten Besucher es vorziehen, in ihrem Hotel zu essen.

Takachiho Youth Hostel HOSTEL ¥

(高千穂ユースホステル; Karte S. 820; ☎0982-72-3021; http://ww6.tiki.ne.jp/~takachiho-yh; 5899-2 Mitai; B HI-Mitglied/Nichtmitglied 2800/3400 ¥, P ⊖ ❄ @) Dieses große Hostel liegt zwar weit von den Sehenswürdigkeiten entfernt, ist aber sauber, effizient und von Wald umgeben. Die Zimmer sind im japanischen Stil gestaltet, Frühstück gibt's für 500 ¥, waschen in der Waschmaschine kostet ebenso viel, wie auch das Abholen vom Buszentrum (vorher anrufen).

Hotel Takachiho HOTEL ¥¥

(ホテル高千穂; Karte S. 820; ☎098-272-3255; 1037-4 Mitari; EZ/DZ 6600/11 600 ¥, inkl. 2 Mahlzeiten 12 600/24 600 ¥; P ⊖ ❄ ᯤ) Dieses kostengünstige Luxushotel liegt 15 Minuten steil bergab von der Schlucht entfernt. Im Bad plätschert kein echtes Onsen-Wasser, erfrischend ist es trotzdem. Ein Restaurant auf dem Gelände serviert *shabu-shabu* (hauchdünn geschnittenes Rind mit Gemüse, das kurz in heißes Wasser getaucht und dann in Soßen gedippt wird), *yakiniku* (gegrilltes Fleisch) und andere japanische Spezialitäten.

Takachiho

Takachiho

Chiho-no-ie NUDELN ¥
(千穂の家; Karte S. 820; ☎ 0982-72-2115; 62-1 Mukoyama; *sōmen* 500, Menü ab 1300 ¥; ⏰ 9–17 Uhr; 📖) Am Fuße der Schlucht (aber leider ohne Blick auf den Wasserfall) serviert dieses einfache Lokal *nagashi-sōmen* (fließende Nudeln; 500 ¥) – es macht Spaß, die leckeren Nudeln mit den Stäbchen zu fangen, die in halbierten Bambusrohren schwimmen. Aufpassen: Es gibt drei Gebäude mit dem gleichen Namen. Das gewünschte ist das mit den großen Fischteichen davor.

Gamadase Ichiba MARKT ¥¥
(がまだせ市場; Karte S. 820; ☎ 0982-73-1109 (Nagomi); 1099-1 Mitai; Nagomi Menü mittags 1700–3000 ¥, abends 2600–6000 ¥; ⏰ Märkte & Nagomi 11–14.30 & 17–21 Uhr, am 2. Mi des Monats geschl.) Eine Landwirtschaftskooperative betreibt diesen Marktkomplex mit lokalen Produkten. Im Restaurant **Nagomi** (和) gibt's Menüs mit heimischem Rindfleisch. Man sollte es nicht versäumen, einen Blick auf die lebensgroßen Nachbildungen der verblichenen Rinder zu werfen, die vor dem Markt stehen.

Praktische Informationen

Michi-no-Eki Touristeninformationsstand (道の駅観光案内所; Karte S. 820; ☎ 098-272-4680; www.takachiho-kanko.jp; 1296-5 Mitai; ⏰ 8.30–17.30 Uhr) Ein gut ausgestatteter Touristeninfostand mit freundlichem Personal, das bei Ausflugsplänen und Reservierungen helfen kann.

Stadtzentrum Informationsbüro (町中案内所; Karte S. 820; ☎ 0982-72-3031; 1296-5 Mitai; ⏰ 8.30–17.30 Uhr) Hier gibt's hilfsbereite Mitarbeiter, viele Karten, Broschüren, Infos, Postkarten und Souvenirs.

Anreise & Unterwegs vor Ort

Takachiho ist am einfachsten mit dem Auto von der Region Aso-san in der Präfektur Kumamoto zu erreichen. Täglich verkehren zwei Busse zum **Miyakō-Buszentrum**高千穂宮交バスセンター; Karte S. 820; ☎ 0982-72-4133), einer aus Kumamoto (2300 ¥, 2¾ Std.) normalerweise über Takamori (1320 ¥, 1¼ Std.). Seit November 2016 wird diese Route wegen der Erdbebenschäden umgeleitet; ohne die Umleitung dauert es über Takamori etwas weniger als drei Stunden.

Vom Buszentrum kann man zur Schlucht und zum Takachiho-jinja laufen, die anderen Sehenswürdigkeiten sind dagegen nur mit einem eigenen Fahrzeug zu erreichen. Die Touristeninformation stellt WLAN zur Verfügung und verleiht Elektrofahrräder für 300 ¥ pro Stunde und 1500 ¥ pro Tag.

SÜD-KYŪSHŪ

Südlicher als im Süden Kyushus kommt man in Japan ohne Fähre nicht, die Präfekturen Kagoshima (鹿児島) im Westen und Miyazaki(宮崎) im Osten und die Bucht von Kagoshima in der Mitte gehören dazu.

Kagoshima war in der Geschichte Japans schon immer mal wieder von Bedeutung; angefangen mit uralten Siedlungen zur Jōmon-Zeit bis hin zum Beginn der Meiji-Restauration. Im Zweiten Weltkrieg starteten hier Tausende Flieger. Die Präfektur ist stolz auf die qualmende Kirishima-Bergkette, die alle lieben, die gern Vögel und Wildtiere beobachten. James Bond-Fans wird die Aussicht auf Sakurajima gefallen: Hier wurde *Leben und sterben lassen* gedreht.

Miyazaki ist Kagoshimas „Hippie-Bruder", entspannt, ruhig, mit einer bekannten Küste, die Surfer aus ganz Japan anzieht. Die malerischen Küstenstraßen erinnern hier an Kalifornien oder die Italienische Riviera, wenn es einen nicht landeinwärts zu den wilden Affenbanden zieht.

Kagoshima 鹿児島

☎ 099 / 600 000 EW.

Das sonnige Kagoshima hat einen zum Klima passenden Charakter und wurde gar zu Japans freundlichster Stadt gewählt. Im Hintergrund erhebt sich wie eine Gottheit der Sakurajima, ein sehr aktiver Vulkan gleich gegenüber der Bucht. Bei Eruptionen, wenn feine Aschepartikel die Landschaft wie Schnee bedecken und die Sonne wie Nebel verdunkeln – mystisch und faszinierend –, geben sich die Einheimischen unbeeindruckt und öffnen einfach ihre Regenschirme. Für die gesamte Präfektur gibt's sogar eine spezielle „Asche-Vorhersage" als Teil des Wetterberichts. Wenn die Asche fällt, versteht man schnell, warum: Sie brennt, man hat sogar kleine körnige Teilchen auf den Zähnen, sie verschmutzt Futons und trocknende Wäsche und lässt jeden, der gerade sein Auto gewaschen hat, in Tränen ausbrechen.

Geschichte

Einst wurde Kagoshima Satsuma genannt und beeindruckende 700 Jahre vom Shimazu-Clan regiert. Seine Lage begünstigte den Handel, besonders mit China, wodurch die Gegend zu großem Wohlstand kam. Es gab auch Kontakte zu Korea, dessen Keramikkunst die Entstehung der Satsuma-yaki beeinflusste.

Als sich Japan Mitte des 19. Jhs. der Welt öffnete, konkurrierte die Regierung Satsumas mit dem Shogunat, verwickelte sich in einen Krieg mit Großbritannien und hatte bei der Expo 1867 in Paris unabhängig vom japanischen Pavillon einen eigenen Pavillon. Im Zentrum Kagoshimas steht eine **Statue von Saigō Takamori** (Karte S. 824), Satsumas bekanntestem Samurai: Der vielschichtige und (wörtlich) gewaltige Saigō Takamori spielte eine Schlüsselrolle bei der Meiji-Restauration.

DIE HEILIGEN TÄNZE VON TAKACHIHO

Takachihos Beitrag zur Kunst ist der **kagura** (heiliger Tanz). Im Mai, September und November (die Daten ändern sich jährlich) finden am Ama-no-Iwato-jinja von 10 bis 22 Uhr Vorführungen statt. In derselben Zeit werden am Takachiho-jinja jede Nacht einstündige Aufführungen des **yokagura** (*kagura* bei Nacht; Tickets 700 ¥; ⌚ 20 Uhr) gezeigt. Am besten kommt man zeitig, um einen Platz in der ersten Reihe zu ergattern.

Zwischen November und Februar finden an 19 Abenden Auftritte in Bauernhäusern statt, die die ganze Nacht dauern *(satokagura)*. Insgesamt werden von 18 Uhr abends bis 9 Uhr morgens 33 Tänze aufgeführt. Wer bis zum Morgen der Kälte trotzt, wird von einer Woge der Euphorie überrollt. Für Details kontaktiert man die Touristeninformation.

Laut einer alten Shintō-Legende verbannte sich die Sonnengöttin Amaterasu, verärgert durch das Fehlverhalten ihres Bruders, selbst in eine Höhle, die mit einem Felsen versiegelt war, und tauchte die Welt damit ins Dunkel. Alarmiert versammelten sich die anderen Götter in einer nahe gelegenen Grotte und berieten sich, wie sie sie überzeugen könnten, wieder aufzutauchen. Schließlich führte die Göttin Ame-no-Uzume einen unzüchtigen Tanz auf, der Amaterasus Neugier weckte, sodass sie aus der Höhle kam und die Welt wieder in Licht tauchte. Die *iwato-kagura*-Tänze, die heute in Takachiho aufgeführt werden, spielen diese Geschichte nach.

Sehenswertes

Museum der Meiji Restauration MUSEUM
(維新ふるさと館; Karte S. 824; ☎099-239-7700; 23-1 Kaijiya-chō; 300 ¥; ⏱9–17 Uhr; 🚊JR Kagoshima-Chūō) Dieses Museum mit guter Smartphone-App bietet Einblicke in das einzigartige Bildungssystem, die Loyalität der Samurai und die Schwerttechniken, deretwegen Satsuma einst eine der führenden Provinzen Japans war. Stündlich informieren audiovisuelle Präsentationen über die bahnbrechenden Besuche von Satsuma-Studenten im Westen sowie über die Satsuma-Rebellion, erzählt von animatronischen Reformern der Meiji-Ära, darunter Saigō Takamori und Sakamoto Ryōma.

Sengan-en (Iso-teien) GARTEN
(仙巌園·磯庭園; ☎099-247-1551; 9700-1 Yoshinochō; Eintritt mit/ohne geführte Tour durch die Villa & Teezeremonie 1600/1000 ¥; ⏱8.30–17.30 Uhr) Im Jahre 1658 errichtete der 19. Shimazu-Herrscher dieses hügelige, wunderschön an der Bucht gelegene Anwesen mit Wäldchen, Gärten, Hügelpfaden und einer der schönsten „geliehenen Landschaften" Japans: dem rauchenden Gipfel des Sakurajima. Das Gelände war ein Ort des Vergnügens und ein strategisch wichtiger Ausguck auf die Schiffe, die in die Kinkō-wan einfuhren.

Für einen gemütlichen Spaziergang sollte man mindestens eine halbe Stunde einplanen, 20 Minuten mehr für die Goten, die einstige Villa des Shimazu-Clans mit 25 Zimmern (hier gibt's traditionellen Tee und Süßigkeiten).

Reimeikan MUSEUM
(黎明館, Kulturmuseum der Präfektur Kagoshima; Karte S. 824; 7-2 Shiroyama-chō; 310 ¥; ⏱Di–So 9–18 Uhr, am 25. des Monats geschl.; 🚊Shiyakushō-mae) Exponate zur Geschichte Satsumas und zur antiken Schwertmacherkunst lassen sich hier betrachten. Es steht innerhalb der einstigen Burg Kagoshimas, **Tsurumaru-jō** (1602), von der nur noch von Kanonen durchlöcherte Mauern und der Festungsgraben übrig sind. Man findet das Museum hinter dem Rathaus und den Regierungsgebäuden Kagoshimas.

Aktivitäten

Kagoshima hat etwa 50 Badehäuser, von denen sich die meisten an Einheimische richten und an das gute alte *sentō* (öffentliches Bad) erinnern. Dazu zählen der regionale Favorit **Nishida-Onsen** (西田温泉; Karte S. 824; 1-2-17 Takashi; Eintritt 390 ¥; ⏱5.30–22.30 Uhr, jeden 2. Mo im Monat geschl.), nur wenige Gehminuten vom JR-Bahnhof Kagoshima-Chūō gelegen, und der **Kagomma-Onsen** (かごっま温泉; Karte S. 824; 3-28 Yasui-chō; Yasui-chō; 390 ¥; ⏱8–24 Uhr, 15. Tag im Monat geschl.) unweit des Rathauses. Eine tolle Onsen-Broschüre gibt's bei den meisten Touristeninformationsschaltern und in vielen Hotellobbys.

Geführte Touren

Fischmarkttour GEFÜHRTE TOUREN
(鹿児島市中央卸売市場; ☎099-226-8188; www.gyokago.com; Erw./Kind 1500/800 ¥; ⏱März–Nov. Sa 6.45 Uhr; 🚊Shinyashiki) Raus aus den Federn, rein in die Gummistiefel und auf zum zentralen Fischmarkt Kagoshimas! Er wirkt wie eine (zugänglichere) Miniaturversion des Tsukiji-Marktes in Tokio. Die Teilnehmer werden aus vielen Hotels der Stadt abgeholt. Wer eine englische Übersetzung braucht, sollte weit im Voraus reservieren. Nach der Tour (8 Uhr) zeigen einem die Guides auch gerne die Restaurants auf dem Markt für ein Sushifrühstück (ab etwa 1000 ¥).

Kinder, die das „Schulalter" noch nicht erreicht haben, können an der Tour nicht teilnehmen.

Feste & Events

Sogadon-no-Kasayaki KULTUR
(⏱Ende Juli) Zu den ausgefalleneren Events Kagoshimas zählt das Regenschirmfest Ende Juli. Dabei verbrennen Jungen am Ufer des Kōtsuki-gawa Regenschirme, um zwei Brüder zu ehren, die in einer der ältesten Rachegeschichten Japans Schirme als Fackeln nutzten.

Schlafen

Kagoshima hat viele günstige Unterkünfte. Der Bahnhof liegt etwas weit vom Trubel entfernt, am besten übernachtet man in der Nähe des Viertels Tenmonkan.

Green Guest House HOSTEL ¥
(グリーンゲストハウス; Karte S. 824; ☎0998-02-4301; www.green-guesthouse.com; 5-7 Sumiyoshi-chō; B/2BZ/EZ 1800/2300/2800 ¥; ⊖❄@📶; 🚊Izuro-dōri) In praktischer Nähe zur Fähre findet sich dieses saubere, kompakte und relativ neue Hotel – perfekt, wenn man auf dem Weg von oder nach Sakurajima ist. Es gibt Frauen- und Männerschlafsäle sowie Einzel- und Doppelzimmer. An

der Rezeption spricht man etwas Englisch und alle wichtigen Schilder sind auf Englisch und Japanisch.

Sun Days Inn Kagoshima BUSINESSHOTEL ¥¥
(サンデイズイン鹿児島; Karte S. 824; ☎ 099-227-5151; www.sundaysinn.com; 9-8 Yamanokuchi-chō; EZ/DZ/2BZ 5550/7600/9200 ¥; P ⊖ ❄ @ ᯤ; 🚊 Tenmonkan-dōri) Das Sun Days Inn bietet ein tolles Preis-Leistungs-Verhältnis im Zentrum von Tenmonkan, die Lobby ziert eine ganze Wand voll *shōchū*-Flaschen. Die Zimmer sind kompakt, aber die Betten, Duschen und das warmherzige Dekor machen dies wieder wett. Kagoshimas Hot Spots liegen nur ein paar Schritte entfernt. Wer online bucht (auf Japanisch), erhält billigere Preise. Das Frühstücksbüfett (rund 30 Gerichte, darunter lokale Spezialitäten) ist mit 540 ¥ ein echtes Schnäppchen.

Hotel Gasthof HOTEL ¥¥
(ホテルガストフ; Karte S. 824; ☎ 099-252-1401; www.gasthof.jp; 7-1 Chūō-chō; EZ/DZ/3BZ 5700/9200/13 200 ¥; P ⊖ ❄ @ ᯤ; 🚉 JR Kagoshima-Chūō) In diesem ungewöhnlichen Hotel vereinen sich der Stil der alten europäischen Welt und des urbanen Japans. Es bietet 48 geräumige Zimmer mit Hartholztäfelung und Stein- sowie Ziegelmauerdekor. Mit seinen Dreibett- und Durchgangszimmern ist es auch eine gute Wahl für Familien. Unweit des Bahnhofs.

★ **Onsen Hotel Nakahara Bessō** HOTEL ¥¥¥
(温泉ホテル中原別荘; Karte S. 824; ☎ 099-225-2800; www.nakahara-bessou.co.jp; 15-19 Terukuni-chō; Zi. pro Pers. mit/ohne 2 Mahlzeiten ab 12 960/8640 ¥; P ⊖ ❄ @ ᯤ; 🚊 Tenmonkan-dōri) Unweit von Tenmonkan und gegenüber einem Park steht dieses familiengeführte Gasthaus, das seit 1904 in Betrieb ist. Das kastenartige Aussehen des Gebäudes sollte man ignorieren; drinnen befinden sich moderne *rotemburo*, geräumige Zimmer im japanischen Stil mit eigenen Bädern und traditionellen Kunstwerken sowie ein gutes *Satsuma-ryōri*-Restaurant. Nichtraucher werden die strenge Nichtraucherpolitik schätzen und WLAN ist ebenfalls verfügbar.

Remm Kagoshima HOTEL ¥¥¥
(レム鹿児島; Karte S. 824; ☎ 099-224-0606; http://kagoshima-remm.hh-hotels.jp; 1-32 Higashi-sengoku-chō; EZ/DZ/2BZ ab 10 800/15 120/19 980 ¥; P ⊖ ❄ @ ᯤ; 🚊 Tenmonkan-dōri) Die Zimmer dieses neuen Hotels in Tenmonkan sind klein, aber futuristisch eingerichtet und bieten alle möglichen Annehmlichkeiten: auf die Bedürfnisse der Gäste zugeschnittene Betten mit fluffigen Bettdecken, Massagestühle, Regenduschen und Glasfenster für natürliches Licht (samt – wohlüberlegten – Vorhängen) in den Bädern. Für das zeitlose Design der öffentlichen Bereiche wurden antike Steine und Harthölzer verarbeitet, und das umfassende Frühstücksbüfett (Gäste/Nichtgäste 1000/1100 ¥) im Restaurant ist sehr empfehlenswert.

Essen

Rund um den JR-Bahnhof Kagoshima-Chūō, in den Seitenstraßen von Tenmonkan und im Dolphin-Port-Einkaufszentrum unweit der Fährterminals wimmelt es von Restaurants. Einheimische Freunde werden denken, man kennt sich wirklich aus, wenn man sich in die schmalen Gassen des Viertels Meizanbori südöstlich vom Rathaus wagt: Hier finden sich jede Menge winzige, aber doch schicke Lokale, die von *yakitori* über Curryreis bis hin zu französischer und spanischer Küche einfach alles servieren.

★ **Yamauchi Nōjō** IZAKAYA ¥
(山内農場; Karte S. 824; ☎ 099-223-7488; 2. OG, 1-26 Higashi-sengoku-chō; Gerichte 410–1250 ¥; ⏲ Mo–Do 16–2, Fr bis 3, So & Sa bis 1 Uhr; 🚊 Tenmonkan-dōri) *Kuro Satsuma-dori* (schwarzes Satsuma-Huhn) ist der Name des Tieres, das hier serviert wird, und genauso sieht es auch aus, nachdem es über offener Kohle im *sumibi-yaki*-Stil gegrillt wurde. Weitere lokale Gerichte: mariniertes *katsuo*-(Bonito-)Sashimi, Salat mit *kurobuta* (Fleisch vom Schwarzen Schwein) und *tsukune* (Hühnerfleischbällchen) mit Käse oder rohem Ei. Im Dekor vereinen sich rustikale

KAGOSHIMAS KÜCHE

Kagoshimas regionale Küche, die *Satsuma-ryōri*, wird vor allem für Gerichte wie *kurobuta shabu-shabu* (Fleischeintopf vom Schwarzen Schwein), *tonkotsu* (Schweinerippchen) mit Miso und braunem Zucker, *jidori* (lokales schwarzes Huhn), *katsuo* (Bonito, lokal *buen* genannt) und *Satsuma-age* (frittierter Fischkuchen) geschätzt. Ebenfalls beliebt sind *Satsuma-imo* (lilafarbene Süßkartoffeln) und *Satsuma-mikan* (Orangen).

Kagoshima Zentrum

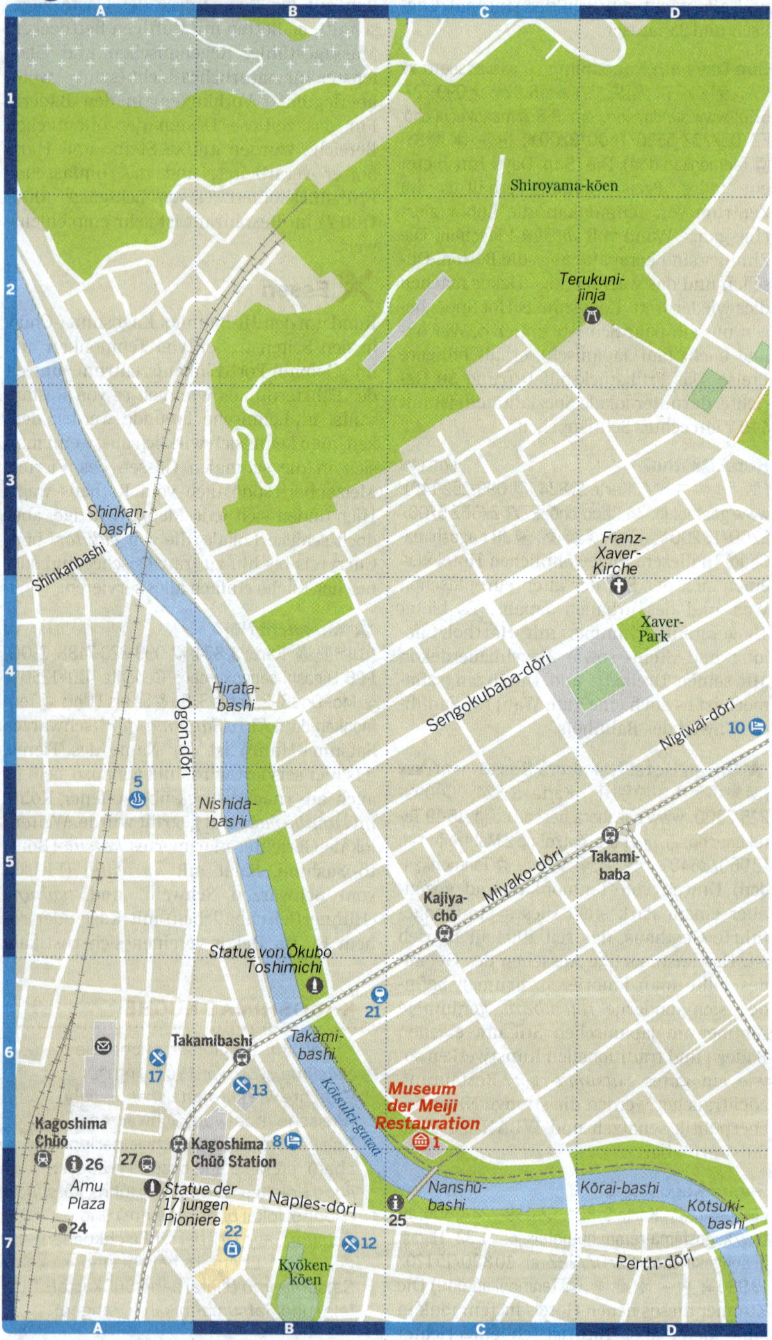

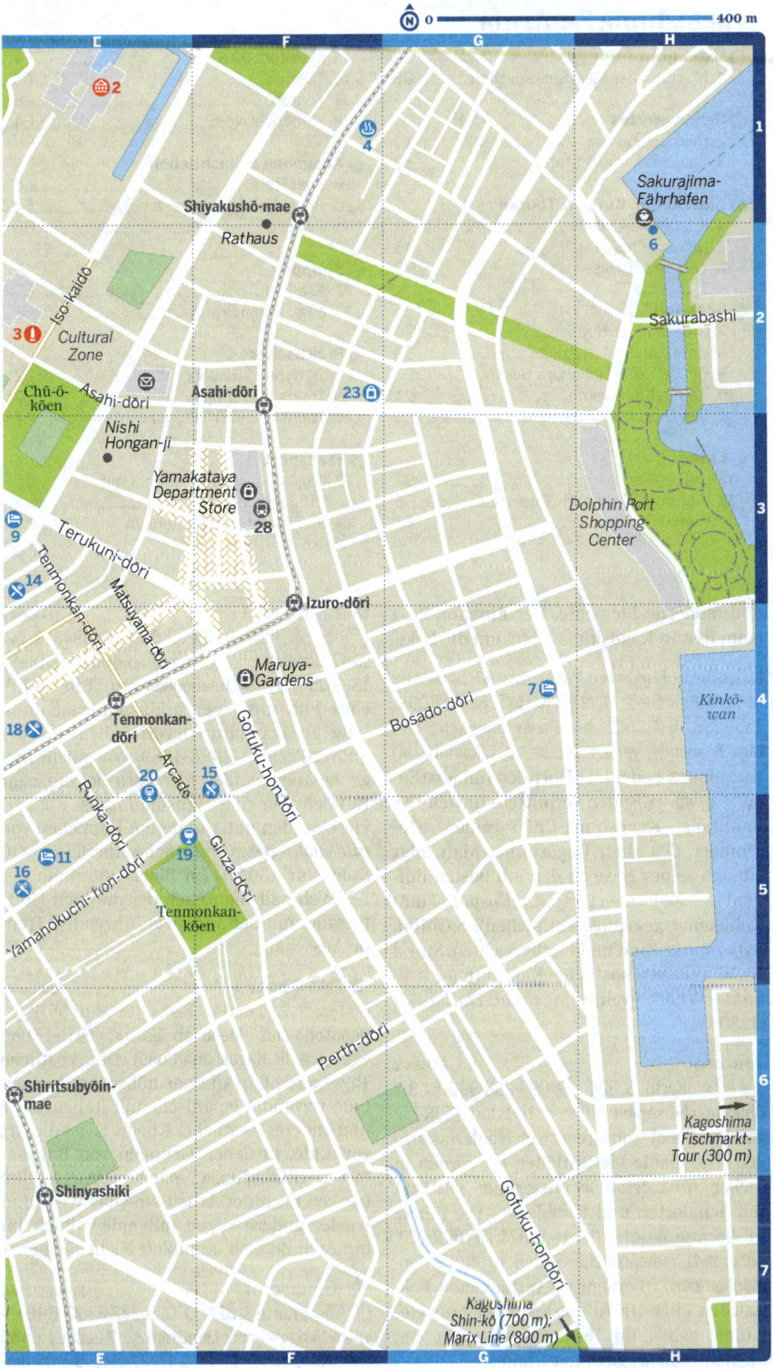
0
400 m
E
F
G
H
1
2
3
4
5
6
7
2
4
Shiyakushō-mae
Rathaus
Sakurajima-
Fährhafen
6
Iso-kaidō
3
Cultural
Zone
Sakurabashi
Chū-ō-
kōen
Asahi-dōri
Asahi-dōri
23
Nishi
Hongan-ji
Yamakataya
Department
Store
28
9
Terukuni-dōri
Dolphin Port
Shopping-
Center
Tenmonkan-dōri
14
Matsuyama-dōri
Izuro-dōri
Maruya-
Gardens
7
Kinkō-
wan
Tenmonkan-
dōri
18
Gofuku-hondōri
Bosado-dōri
20
Arcade
15
Bunka-dōri
19
Ginza-dōri
11
16
Yamanokuchi-hon-dōri
Tenmonkan-
kōen
Perth-dōri
Shiritsubyōin-
mae
Kagoshima
Fischmarkt-
Tour (300 m)
Shinyashiki
Gofuku-hondōri
Kagoshima
Shin-kō (700 m);
Marix Line (800 m)

Kagoshima Zentrum

und moderne Elemente. Der Eingang liegt beim Remm Kagoshima Hotel um die Ecke.

Kagomma Furusato Yatai-mura JAPANISCH ¥
(かごっまふるさと屋台村; Karte S. 824; ☎ 099-255-1588; 6-4 Chūō-chō; Preise untersch.; Mittags & abends, versch. Preise; Takami-bashi) Yatai-mura bedeutet „Dorf der Imbissstände" – etwa 24 Buden vermitteln unweit des Bahnhofs Kagoshima-Chūō einen Geschmack des alten Kagoshima. Man folgt einfach seiner Nase zu den am besten duftenden Speisen, etwa *sumibi-yaki* (auf Kohlefeuer gegrilltes Hühnchen), Sashimi, *teppanyaki*-Rind und Fischgerichten. Stand Nr. 16 serviert köstliche Kagoshima-*kurobuta* (Wildschwein) im *shabu-shabu*-Stil (1280 ¥).

Tontoro RĀMEN ¥
(豚とろ; Karte S. 824; ☎ 099-258-9900; 3-3 Chūō-machi; rāmen 750 ¥; 11–1 Uhr; JR Kagoshima-Chūō) Tontoros zwei Niederlassungen sind lokale Institutionen für *rāmen* in dicker *tonkotsu*-Schweinsbrühe, gewürzt mit Schalotten und Knoblauch. Die Filiale in **Yamanokuchi** (Karte S. 824; ☎ 099-222-5857; 9-41 Yamanokuchi; 11–3.30 Uhr; Tenmonkan-dōri) in einem rot verkleideten Eckhaus ist eher ein Alltagslokal; weitaus eleganter geht's im Restaurant unweit des JR-Bahnhofs Kagoshima-Chūō zu.

Marutora Ikka IZAKAYA ¥
(〇虎一家; Karte S. 824; ☎ 099-219-3948; 2. OG, 14-17 Sennichi-chō; Gerichte ab 400 ¥; Di–So 18–3 Uhr; ; Tenmonkan-dōri) Ein fröhliches Pub mit einer umfassenden Sammlung an Popkultur-Devotionalien aus der Shōwa-Periode (1926–1989). Vor allem junge Japaner hängen hier gern bei ein paar Runden Bier und Hausmannskost ab. Serviert werden unter anderem Häppchen von *hitokuchi-gyōza* mit Schweinefleisch (10 Stück für 450 ¥!). Im Block unterhalb des 7-Eleven hält man nach der dunklen Holzfassade und der aufwärts führenden Treppe Ausschau.

★ **CAFÉ Lakan** FUSION ¥¥
(カフェラカン; Karte S. 824; ☎ 0992-10-5572; 3-1 Uenosono-chō; Menü ab 1200 ¥; 11–16 Uhr; ; JR Kagoshima-Chūō) Das köstliche Tagesgericht in diesem hübschen, kleinen Café verbindet japanische mit italienischer und anderer westlicher Küche. Es ist die Art von Café, in denen Gruppen von Bürodamen Mittagspause machen, Angestellte trinken nach der Arbeit ein Glas Wein und wieder andere sitzen mit einem Buch im hinteren Bereich. Komplett Nichtraucher.

★ **Kumasotei** JAPANISCH ¥¥
(熊襲亭; Karte S. 824; ☎ 099-222-6356; 6-10 Higashi-Sengoku-chō; Menü Mittag-/Abendessen ab 1500/3000 ¥; 11–14 & 17–22 Uhr; ; Ten-

monkan-dōri) Das stimmungsvolle mehrstöckigo Restaurant unweit des Zentrums von Tenmonkan stillt alle *Satsuma-ryōri*-Gelüste: *Satsuma-age, tonkotsu, kurobuta shabu-shabu* sowie viel frischer Fisch und Meeresfrüchte. Dank des senkrechten Schildes mit roten Buchstaben und großen Kanji aus Holz über dem Eingang gut zu finden.

Ausgehen & Nachtleben

In Tenmonkan ist nachts am meisten los – hier gibt's Kneipen, Clubs und Karaokeboxen. Die Tanzclubs erwachen in der Regel erst gegen 23 Uhr zum Leben, viele Bars verlangen Eintritt (durchschnittlich 500–1000 ¥). Viele verlangen auch eine Tisch- oder Service-Gebühr für kleine Snacks oder Nüsse, die serviert werden, ganz gleich, ob man die isst oder nicht.

★ Honkaku Shōchū Bar Ishizue BAR
(本格焼酎Bar 礎; Karte S. 824; ☎ 099-227-0125; www.honkakushochu-bar-ishizue.com; 6-1 Sengoku-chō, 4. OG, Flower Building; 2000 ¥; ⏲ 20–3 Uhr) Diese schicke *shōchū*-Bar, gehalten in Bernstein und Holz, hat alles, was eine gute Bar ausmacht und gilt als eine der besten Bars, um Kagoshimas Spezialität zu trinken. Hier stehen mehr als 500 Flaschen, jede mit ihrer eigenen Geschichte, die der Besitzer gern persönlich erzählt (wenn dafür Zeit ist). Reservierung nötig.

Recife BAR
(レシフェ; Karte S. 824; ☎ 099-213-9787; 1-3 Kajiya-chō; ⏲ So, Mo, Mi & Do 12–23, Fr & Sa bis 24 Uhr; 🚊 Kajiya-chō) In der kunstsinnigen, entspannten Kombination aus Geschäft, Bar und Restaurant auf drei Etagen legen DJs auf und gelegentlich werden Partys veranstaltet. Das Recife ist bei Expats und Japanern, die Englisch sprechen, gleichermaßen beliebt und serviert lateinamerikanische Gerichte, ehe es sich nachts in eine Bar verwandelt. In Kagoshimas Szene ist es zwar altbekannt, aber es ist in eine neue Location umgezogen: an der Miyako-dōri auf dem halben Weg zwischen den Straßenbahnhaltestelle Kajiya-chō und Takamibashi. Nur auf dem Dach darf geraucht werden.

Beer Reise BAR
(ビアライゼ; Karte S. 824; ☎ 099-227-0088; Hirata Building, 9-10 Sennichi-chō; ⏲ 17–2 Uhr; 🚊 Tenmonkan-dōri) Die fröhliche, schmale Bar schenkt Guinness und YonaYona aus Nagano sowie eine Auswahl an Bieren aus Deutschland und Belgien aus. Von 17 bis 19 Uhr ist Happy Hour – dann gibt's 100 ¥ Rabatt. Hinein geht's durch die Seitentür links vom Tabakladen.

SHŌCHŪ

Lange verschmäht, ist das liebste Getränk der Präfektur Kagoshima heute eine der zahlreichen Quellen ihres Stolzes. *Shōchū*, ein starker Schnaps (manchmal auch japanischer Wodka genannt), wird nun in den noblen Bars in ganz Japan getrunken. Kagoshima-ken rühmt sich des höchsten Konsums in ganz Japan, was vielleicht erklärt, warum alle hier so freundlich sind! Jede Präfektur brennt ihre eigene Version: In Kumamoto wird der *shōchū* aus Reis hergestellt, in Ōita aus Gerste; der hiesige *imojōchū* basiert auf Süßkartoffeln. Man trinkt ihn in einem Zug, mit Soda oder auf Eis, ganz traditionell jedoch als *oyuwari*: mit Wasser, das in einem Steintopf über glühenden Kohlen erhitzt wurde. Man trinkt so lange, bis man selbst zu glühen beginnt.

Shoppen

Zu den lokalen Spezialitäten zählen geschliffenes Satsuma-Kiriko-Glas, Tsumugi-Seide, Bambus- und Holzprodukte sowie *Satsuma-yaki*-Keramik (meist in Schwarz und Weiß). Einiges wird im Sengan-en (S. 822) und im **Kagoshima-Markenshop** (鹿児島ブランドショップ; Karte S. 824; ☎ 099-225-6120; 1. OG, Sangyo Kaikan Building, 9-1 Meizan-chō; ⏲ 9–18 Uhr; 🚊 Asahi-dōri) unweit von Tenmonkan verkauft. Am besten besorgt man sich den kostenlosen englischsprachigen Führer *A Guide to Kagoshima Products*.

Shoppen kann man auch gut auf dem **Asa-ichi** (朝市, Morgenmarkt; Karte S. 824; ⏲ Mo–Sa 4.30–13 Uhr) gleich südlich des JR-Bahnhofs Kagoshima-Chūō.

Praktische Informationen

TOURISTENINFORMATION

Touristeninfos erhält man auf der Website der Präfektur, www.kagoshima-kankou.com/for. Die Homepage der Stadt (www.city.kagoshima.lg.jp) informiert detailliert über Verkehrsmittel, Sehenswürdigkeiten und das Leben in der Stadt. Für Sightseeing-Infos sowie Kunst- und Unterhaltungsevents siehe www.kic-update.com.

KAGOSHIMA TRANSITKARTE

Besucher können die Cute-Transitkarte nutzen (1/2 Tage 1200/1800 ¥), die alle Stadtbusse (auch die Stadtbesichtigungs- und Sakurajima-Inselbesichtigungsbusse), Trams, Fähren nach Sakurajima und Yorimichi-Kreuzfahrtschiffe abdeckt. Außerdem gibt's Rabatt bei vielen Attraktionen. Man erhält sie in den Touristeninformationen.

Touristeninformationszentrum (鹿児島中央駅総合観光案内所; Karte S. 824; ☎099-253-2500; JR Kagoshima-Chūō Station; ⌚8–20 Uhr) Hält viele Infos auf Englisch und den handlichen Besucherführer *Kagoshima* bereit.

Tourism Exchange Centre (観光交流センター; Karte S. 824; ☎099-298-5111; 1-1 Uenosono-chō; ⌚9–19 Uhr) Unweit vom Museum der Meiji-Restauration, hat Broschüren und nimmt Hotelreservierungen vor.

REISEBÜROS

JR Kyūshū Reisebüro (JR九州旅行鹿児島支店; Karte S. 824; ☎099-253-2201; 2. OG, JR Kagoshima-Chūō Station; ⌚Mo–Fr 11–19, Sa & So 10.30–18 Uhr) Kann bei Buchungen von Inlandsreisen helfen.

An- & Weiterreise

BUS

Fernbusse starten am Expressbuszentrum des **Kagoshima Chūō Bahnhofs mit Busbahnhof** (Karte S. 824), in der Nähe des Ostausgangs des Bahnhof, sowie an nahe gelegenen Haltestellen vor der Takashima Plaza (auch: „Takapura") in **Tenmonkan** (Karte S. 824).

Sie fahren u.a. nach Miyazaki (2780 ¥, 3 Std.), Fukuoka (5450 ¥, 4 ½ Std.), Ōita (5660 ¥, 7½ Std.) und Nagasaki (6690 ¥, 5½ Std.).

FLUGZEUG

Kagoshima Airport (www.koj-ab.co.jp) Der Flughafen Kagoshima bietet Verbindungen nach Shanghai und Seoul sowie Inlandsflüge u. a. nach Tokio, Osaka und Okinawa (Naha).

SCHIFF/FÄHRE

Fähren legen vom Minami-futō-Pier nach Yakushima ab (Tragflächenboot 8300 ¥, 1 Std. 40 Min.; reguläre Fähre 4900 ¥, 4 Std.). Von Kagoshima Shin-kō (Neuer Hafen Kagoshima) betreibt die **Marix Line** (☎099-225-1551) Fähren nach Naha (Okinawa) über den Amami-Archipel (14 610 ¥, 25 Std.).

Zwischen Kagoshima und Sakurajima pendeln rund um die Uhr Passagier- und Autofähren (160 ¥, 15 Min.). Das **Fährterminal** (Karte S. 824) in der Nähe des Aquariums erreicht man mit dem City View Bus oder anderen Bussen Richtung Suizokukan-mae, oder mit der Straßenbahn nach Suizokukan-guchi.

Die **Yorimichi Cruise** (よりみちクルーズ船; Karte S. 824; ☎099-223-7271; Erw./Kind 500/250 ¥; ⌚11.05 Uhr) macht sechs Hafenrundfahrten vom Hafen Kagoshima zum Hafen Sakurajima, eine davon in ca. 50 Minuten.

ZUG

Der JR-Bahnhof Kagoshima-Chūō ist die Endstation des Kyūshū-*shinkansen*, mit Stopps in Kumamoto (6420 ¥, 52 Min.), Hakata (9930 ¥, 90 Min.), Hiroshima (17 150 ¥, 2½ Std.) und Shin-Osaka (21 380 ¥, 3¾ Std.). Die JR-Nippō-Linie hält ebenfalls am Bahnhof Kagoshima und fährt weiter nach Miyazaki (*tokkyū* 3710 ¥, 2 Std.) und Beppu (9090 ¥, 5 Std.).

Unterwegs vor Ort

AUTO & MOTORRAD

Viele Vermietungen rund um den JR-Bahnhof Kagoshima-Chūō verleihen Autos für Trips in die Region.

BUS

Stadtbesichtigungsbusse mit Ein- und Ausstiegsmöglichkeiten an jeder Station (190 ¥, alle 30 Min., 9–18.20 Uhr) fahren in zwei Routen alle Sehenswürdigkeiten ab. Ein Tagespass (600 ¥) ist auch in den Trams und Stadtbuslinien gültig und bietet verbilligten Eintritt zu vielen Attraktionen. Ansonsten sind die lokalen Busse eher unpraktisch, besonders wenn man kein Japanisch spricht (dann ist man mit den Straßenbahnen besser dran).

FAHRRAD

Am JR-Bahnhof Kagoshima-Chūō werden Fahrräder verliehen (500/1500 ¥ pro 2 Std./Tag, 20 % Rabatt für JR-Pass-Besitzer).

STRASSENBAHN

Wer nur auf eigene Faust Sehenswürdigkeiten besichtigen will, sollte mit der Straßenbahn fahren. Route 1 beginnt am Bahnhof Kagoshima und fährt durch das Zentrum in die Vororte. Route 2 biegt an der Takami-baba (高見馬場) zum JR-Bahnhof Kagoshima-Chūō ab und endet in Kōrimoto. Entweder zahlt man den Einheitstarif (170 ¥) oder man kauft sich einen Tagespass (600 ¥), erhältlich im Touristeninformationszentrum oder direkt an Bord. Eine dritte Linie verkehrt nur während Stoßzeiten ab Bahnhof Kagoshima, umgeht Kōrimoto und endet in Taniyama.

VOM/ZUM FLUGHAFEN

Alle fünf bis 20 Minuten pendeln Expressbusse von/nach Kagoshima-Chūō/Tenmonkan (1250 ¥, 45/60 Min.).

Sakurajima

☎099 / 4880 EW.

Kagoshimas berühmtes Symbol, der Sakurajima, speit seit 1955 beinahe pausenlos Rauch und Asche; mehr als 1000 kleine Eruptionen im Jahr sind nicht ungewöhnlich. 1914 verschlangen über drei Milliarden Tonnen Lava zahlreiche Inseldörfer – mit mehr als 1000 Häusern – und schlossen den Vulkan im Südosten an das Festland an.

Trotz seiner Aktivität ist er zurzeit freundlich genug, dass man ihm (relativ) nahe kommen kann. Von seinen drei Gipfeln ist nur der Minami-dake (Südspitze; 1040 m) aktiv. Besteigen darf man den Berg nicht, aber es gibt mehrere Aussichtspunkte.

Auf dem Festland sprechen die Bewohner Kagoshimas mit Stolz vom Sakurajima. Er soll *nanairo* (sieben Farben) haben, denn das Licht changiert im Laufe des Tages auf der Oberfläche des Berges.

Sehenswertes

Karasujima-Aussichtspunkt AUSSICHTSPUNKT

(烏島展望台) Dieser Aussichtspunkt liegt südlich vom Besucherzentrum, wo 1914 Lavafluten eine kleine Insel verschlangen, die einst 500 m vor der Küste lag. Heute ist da ein *ashi-yu* (Fußbad), das zweitlängste in Japan.

Arimura Lava Observatorium AUSSICHTSPUNKT

(有村溶岩展望所; ☎099-298-5111; 952 Arimura; ⌚24 Std.) GRATIS Am besten nicht vom Namen „Observatorium" verwirren lassen, denn hier ist kein Gebäude. Es ist ein schattiges Picknick-Gebiet mit mehrere Lavatunneln und Wanderwegen, bei denen man neuerer Lava nahekommt. Weite Bereiche sind mittlerweile mit kleinen Kiefern bewachsen.

Vergrabenes Torii WAHRZEICHEN

(黒神埋没鳥居) An der Ostküste erhebt sich bei Kurokami die Spitze eines einst 3 m hohen *torii* aus der Vulkanasche; der Rest wurde bei der Eruption von 1914 begraben.

Yunohira-Aussichtspunkt AUSSICHTSPUNKT

(湯之平展望所) Eine Fahrt entlang der friedlichen Nordküste und dann landeinwärts führt zum Yunohira-Aussichtspunkt, mit einer Aussicht auf den Berg, über die Bucht und Kagoshima.

Feste & Events

Feuerinsel-Festival KULTUR

(⌚Ende Juli) Das Sommerfest in Sakurajima mit Tänzen und Feuerwerk.

Schlafen & Essen

Die Übernachtungsmöglichkeiten hier sind begrenzt, es gibt nur wenige Unterkünfte. Man kann mit der Fähre nach Kagoshima oder Richtung Norden nach Kirishima übersetzen.

In Kagoshima gibt's auch tolle Restaurants, die nur eine kurze Fahrt mit der Fähre entfernt sind. In der Nähe des Terminals finden sich ein paar 24-Stunden-Supermärkte.

Rainbow Sakurajima Hotel RYOKAN ¥¥

(レインボー桜島; ☎099-293-2323; www.rainbow-sakurajima.com; 1722-16 Yokoyama-chō; Zi. pro Pers. inkl. 2 Mahlzeiten ab 9700 ¥; P ⊖ ❄ 📶) Neben dem Fährterminal steht das lichtdurchflutete Hotel, das auf einer Seite zum Vulkan und auf der anderen über die Bucht auf Kagoshima blickt. Die meisten Zimmer sind im japanischen Stil gehalten, aber es gibt auch sieben im westlichen Stil. Es gibt einen Onsen, der von 10 bis 22 Uhr für die Öffentlichkeit zugänglich ist (390 ¥); an Sommerwochenenden ist an der Bucht ein Biergarten geöffnet. Am Wochenende kosten die Zimmer etwa 1000 ¥ mehr.

Praktische Informationen

Sakurajima Besucherzentrum (☎099-293-2443; www.sakurajima.gr.jp/svc; ⌚9–17 Uhr) Es liegt unweit des Fährterminals, informiert über den Vulkan und zeigt an einem Modell dessen Wachstum. Hier findet man auch hilfsbereite, Englisch sprechende Mitarbeiter.

An- & Weiterreise

Passagier- und Autofähren pendeln eng getaktet und rund um die Uhr zwischen Kagoshima und Sakurajima (160 ¥, 15 Min.).

Die **Yorimichi Cruise** (よりみちクルーズ船; Karte S. 824; ☎099-223-7271; Erw./Kind 500/250 ¥; ⌚11.05 Uhr) bietet sechs Sightseeing-Rundfahrten an; eine davon, vom Hafen Kagoshima zum Hafen Sakurajima, dauert 50 Minuten; zurück kommt man mit der normalen Fähre von Sakurajima nach Kagoshima.

Unterwegs vor Ort

Sakurajima-Inselbesichtigungsbusse (eine Strecke 120–440 ¥, Tagespass 500 ¥; ⌚9–16.30 Uhr; 8 pro Tag) fahren rund um den Sakurajima. Alternativ kann man bei **Sakurajima Rentacar** (☎099-293-2162) einen Wagen (2 Std./Tag ab 4800/11 000) oder ein Fahrrad (300 ¥ pro Std.) mieten. Das Radfahren ist aber nicht unbedingt zu empfehlen: Wenn der Vulkan währenddessen ausbricht, kann man möglicherweise nicht verhindern, die Asche einzuatmen.

Zwar gibt's Busse, aber am besten erkundet man die Vulkaninsel mit dem Auto; die Fahrt dauert etwa eine Stunde oder länger, je nachdem, wie oft man anhält.

Satsuma-Halbinsel
薩摩半島

Südlich von Kagoshima-Stadt bietet die Satsuma-Halbinsel eine schöne ländliche Szenerie, Samuraihäuser, ein verstörendes Kamikaze-Museum und spektakuläre Sandbäder. Obwohl Busse nach Chiran und Züge nach Ibusuki fahren, ist es einfacher und zeitsparender, in Kagoshima ein Auto zu mieten. Bei der Fahrt über die „Ibusuki-Skyline" bietet sich ein wundervoller Blick auf die Kinkō-wan und die südlichsten Berge der Hauptinseln. Wer genug Zeit hat, sollte den ganzen Weg bis zur Spitze zurücklegen, um einen Blick auf den Kaimon-dake, den Fuji dieser Region, zu erhaschen.

Chiran 知覧

☎0993 / 13 250 EW.

Chiran, 34 km südlich von Kagoshima, ist von einem Fluss durchzogen, der parallel zu einer Reihe von Samuraihäusern verläuft. Der Ort liegt inmitten von Feldern mit grünem Tee und Süßkartoffeln. Am Stadtrand erinnert ein faszinierendes Denkmal an die Kamikaze-Piloten im Zweiten Weltkrieg.

Sehenswertes

★ Chiran-Friedensmuseum MUSEUM

(知覧特攻平和会館; ☎0993-83-2525; www.chiran-tokkou.jp; 17881 Chiran-chō; 500 ¥; 9–17 Uhr) Etwa 2 km westlich der Stadt liegt die Luftwaffenbasis, von der im Zweiten Weltkrieg 1036 Kamikaze-Piloten (Tokkō) aufstiegen – der höchste Anteil im japanischen Militär. Heute steht auf der einstigen Basis das große, nachdenklich stimmende Kamikaze-Friedensmuseum. Es zeigt Flugzeuge, Erinnerungsstücke und Fotos der jungen Männer, die für das Spezial-Angriffskorps ausgewählt wurden. Es lohnt sich, die englischen Tablets (200 ¥) auszuleihen, die die erschütternden Geschichten der einzelnen Piloten erzählen.

Samuraihäuser HISTORISCHE GEBÄUDE

(武家屋敷; 6198 Chiran-chō; Kombiticket für alle Häuser 500 ¥; 9–17 Uhr) In der 700 m langen Gasse blieben sieben Samuraihäuser aus der mittleren Edo-Periode erhalten. Ihre Trockengärten sind für die Öffentlichkeit zugänglich. Wasser wird zumeist durch Sand, *shirasu* (Vulkanasche) oder Kies symbolisiert. Um alles in Ruhe zu besichtigen, braucht man etwa eine Stunde.

Essen & Trinken

Taki-An NUDELN ¥

(高城庵; ☎0993-83-3186; 6329 Chiran-chō; *soba* 650 ¥, Menüs ab 2100 ¥; 10.30–15 Uhr) Ganz in der Nähe der Samuraihäuser kann man in diesem traditionellen Haus gemütlich auf Tatamimatten sitzen, den Garten genießen und dazu eine Schale heiße *soba* (650 ¥), Satsuma-Spezialitäten wie *tonkotsu teishoku* (Menü mit Schweinefleisch; 1620 ¥) und den berühmten grünen Tee Chirans genießen. Es gibt eine bebilderte Speisekarte.

Satsuma Eikoku-kan TEEHAUS

(知覧英国館, Teewelt; ☎0993-83-3963; 13746-4 Chiran-chō; Mi–Mo 10–18 Uhr) Das Eikou-kan befindet sich vis-à-vis der Samuraihäuser, auf der anderen Seite der Straße. Man erkennt es an dem leicht verbeulten Doppeldeckerbus englischen Stils. Wer hier eine Tasse Tee (ab 540 ¥) trinkt, kann im angeschlossenen winzigen **Anglo-Satsuma-Museum** Zeitungsberichte, Fotos und Erinnerungsstücke betrachten.

Die Sammlung beschäftigt sich mit dem Britisch-Satsumischen Krieg von 1862, der ausbrach, als eine Gruppe britischer Besucher es versäumte, sich vor einem Samurai des Shimazu-Clans zu verbeugen. Der lose Yumefuki-Tee des Eikoku-kan mit Chiran-Blättern hat schon mehrmals hintereinander den britischen Great Taste Award gewonnen.

Praktische Informationen

Chiran Samurai Residence & Garden Preservation Association (知覧武家屋敷庭園事務所; ☎0993-58-7878; www.chiran-bukeyashiki.jp; 13731-1 Chiran-chō; 9–17 Uhr) Hier findet man alle Einzelheiten, die man über die Samuraihäuser wissen will. Es gibt sogar einen Helm zum Anprobieren.

An- & Weiterreise

Busse von Kagoshima Kōtsū (鹿児島交通) nach Chiran (Samuraihäuser/Friedensmuseum 890/930 ¥, 80/85 Min., stündlich) starten an den Bushaltestellen in Kagoshima Tenmonkan und vor dem JR-Bahnhof Kagoshima-Chūō. Von Chiran fahren täglich fünf Busse nach Ibusuki (940 ¥, 69 Min.).

Ibusuki 指宿

☎0993 / 41 850 EW.

Im Südosten der Satsuma-Halbinsel, rund 50 km von Kagoshima entfernt, liegt das Resort Ibusuki mit zahlreichen heißen Quellen. In der Nebensaison geht's hier sehr ruhig zu, und abends scheint das Leben stillzustehen. Der Bahnhof Ibusuki ist etwa 1 km vom Strand und den meisten Unterkünften entfernt, in der Nähe befinden sich jedoch einige Restaurants.

Sehenswertes & Aktivitäten

Ibusukis größte Attraktion sind seine Sandbäder: Der aus dem Boden aufsteigende Onsen-Dampf soll blutreinigende Eigenschaften haben. Die meisten verbringen ihre Zeit in den Bädern, doch es gibt auch schöne Ausflüge, für den Fall, dass man sich von ihnen losreißen kann.

Chiringashima INSEL

(知林ヶ島) Eine dünne Sandbank, sichtbar nur bei Ebbe, verbindet das hübsche Chiringashima mit dem Festland. Sobald sie auftaucht, können Wanderer, Strandspaziergänger und Gezeitenbecken-Erforscher über die von Korallen und Muscheln gespickte Verbindung zur Insel laufen. Dort können sie einen kleinen Schrein besuchen, dessen Öffnungszeiten sich nach den Gezeiten richten. Wer zu sehr trödelt, muss sich am Ende möglicherweise sputen, um auch wieder zurückzukommen. Ein Taxi vom Bahnhof Ibusuki fährt in zehn Minuten hierher. Die Wanderung über die Sandbank dauert eine halbe Stunde – oder länger, wenn man unterwegs oft anhält.

Satsuma Denshōkan MUSEUM

(薩摩伝承館; www.satsuma-denshokan.com; 12131-4 Higashikata; 1500 ¥; ⏲8.30–19 Uhr) Das außergewöhnliche Museum ist in einem tempelartigen Gebäude untergebracht, das über dem See zu schweben scheint. Es gibt einen englischsprachigen Audioguide. Das Museum liegt etwa 3,5 km (Taxi 1220 ¥, 10 Min.) vom Bahnhof Ibusuki entfernt, beim Onsen-Hotel Hakusuikan.

★ Ibusuki Sunamushi Kaikan Saraku ONSEN

(いぶすき砂むし会館 砂楽; ☎0993-23-3900; 5-25-18 Yunohama; Sandbad & Onsen 1080 ¥, nur Onsen 610 ¥; ⏲Mo–Fr 8.30–21 Uhr, 12–13 Uhr geschl.) Man zahlt am Eingang, zieht den bereitgestellten Yukata an und wandert hinunter zum Strand, wo man unter einem Dach aus Bambusschirmen von Frauen in heißen Vulkansand eingegraben wird. Die Reaktionen reichen von Panik bis zu Euphorie. Angeblich sollen zehn Minuten im Sand einen von Verunreinigungen befreien, viele bleiben aber länger drin. Anschließend kann man sich im Onsen-Becken erholen.

Yaji-ga-yu ONSEN

(弥次ヶ湯; 1068 Jūcchō; 300 ¥; ⏲7–21 Uhr, jeden 2. & 4. Di im Monat geschl. 👪) Das historische, hölzerne *sentō* (1892) abseits des Stadtzentrums hat viel Atmosphäre – es ist so alt, dass es nicht einmal über Duschen verfügt; man wäscht sich, indem man mit Eimern Wasser aus den Wannen schöpft. Im Frauenbad steht ein Bettchen für Kleinkinder.

Yoshi-no-yu ONSEN

(吉乃湯; 4-2-41 Yunohama; 300 ¥; ⏲Fr–Mi 14–21.30 Uhr) Modernes *sentō* mit einem hübschen *rotemburo* in einem Garten.

Schlafen & Essen

Ibusuki bietet eine Reihe verschiedener Unterkünfte, die meisten davon haben einen Onsen. Eine Lage am Meer und nahe den Sandbädern ist der Bahnhofsnähe vorzuziehen.

Am besten (und leckersten!) isst man im Hotel, außerhalb ist es schwierig, etwas zu essen zu bekommen.

Minshuku Takayoshi MINSHUKU ¥

(民宿たかよし; ☎0993-22-5982; 5-1-1 Yunohama; Zi. mit/ohne 2 Mahlzeiten 6630/3880 ¥; P ❄ 📶) Schnörkellose, saubere *minshuku*, die nur sieben Gehminuten von den Sandbädern entfernt liegen. Für die Mahlzeiten werden selbst angebautes Gemüse und andere Lebensmittel aus eigener Produktion verwendet.

Tsukimi-sō RYOKAN ¥¥

(月見荘; ☎0993-22-4221; www.tsukimi.jp; 5-24-8 Yunohama; Zi. pro Pers. inkl. 2 Mahlzeiten ab 13 110 ¥; P ❄ 📶) Gegenüber den Sandbädern bietet dieser makellose *ryokan* sieben Zimmer mit eigenen Bädern, hübsche gemeinschaftliche Innen- und Außenbecken sowie Mahlzeiten der *Satsuma-ryōri* (z. B. *tonkotsu* und Sashimi). Es wird nicht viel Englisch gesprochen, aber die freundlichen Mitarbeiter bemühen sich sehr. WLAN gibt es nur in der Lobby, die auch eine Totoro Puppe und andere Kuriositäten beherbergt.

Ryokan Ginshō RYOKAN ¥¥¥

(旅館吟松; ☎0993-22-3231; www.ginsyou.co.jp; 5-26-27 Yunohama; Zi. pro Pers. inkl. 2 Mahlzeiten ab 16 200 ¥; P ⊖ ❄ 📶) Von den exquisiten *rotemburo* im zweiten und neunten Stock dieses gehobenen Strand-*ryokan* öffnet sich ein toller Ausblick, außerdem gibt's einen zauberhaften Entspannungsgarten. Zimmer mit Ozeanblick beginnen bei 17 280 ¥, manche verfügen auch über Bäder auf dem Balkon. In den Restauranttischen befinden sich Onsen-Löcher, in denen die vornehmen Kellner direkt vor den Gästen *Satsuma-age* zubereiten. Tagesbesucher (1000 ¥) können das Bad von 18 bis 21 Uhr nutzen.

Hakusuikan HOTEL ¥¥¥

(白水館; ☎0993-22-3131; www.hakusuikan.co.jp; 12126-12 Higashi-kata; Zi. pro Pers. inkl. 2 Mahlzeiten ab 18 510 ¥; P ⊖ ❄ @ 📶 ≋) Würdenträger und VIPs übernachten höchstwahrscheinlich in den superteuren Räumlichkeiten des luxuriösen Rikyū-Flügels mit 40 Zimmern, aber alle mit einem etwas bescheideneren Budget genießen den Aufenthalt in einem der günstigeren 164 Zimmer. Die opulenten Onsen, *rotemburo* und Sandbäder allein sind schon den Besuch wert. Im Denshōkan-Gebäude serviert das wunderschöne Restaurant Fenice köstliche Gerichte.

Aoba IZAKAYA ¥

(青葉; ☎0993-22-3356; 1-2-11 Minato; Gerichte ab 480 ¥; ⏲ Do–Di 11–15 & 17.30–22 Uhr; 📋) Hinter dem gelb-grünen *noren* (Türvorhang) versteckt sich ein fröhliches Lokal, das leckere *kurobuta rōsukatsu* (Kotelett vom Schwarzen Schwein) *teishoku* (1420 ¥) oder, für Wagemutigere, *Satsuma-jidori*-Sashimi (rohes, in Scheiben geschnittenes Hühnchen; 850 ¥) serviert. Es gibt eine bebilderte Speisekarte. Das Lokal ist nur eine Gehminute vom Bahnhof entfernt.

ℹ Praktische Informationen

Ibusuki City Touristeninformationszentrum (指宿市観光協会; ☎0993-22-3252; 2-5-33 Minato; ⏲9–17 Uhr; 📶) 15 Gehminuten vom Bahnhof gelegen; mit zahlreichen Broschüren, Karten und anderen Informationen. Die Angestellten sind hilfsbereit und freundlich, ob jemand Englisch spricht, ist allerdings Glückssache.

Station Information Desk (指宿駅総合観光案内所; ☎0993-22-4114; ⏲9–18 ; 📶) Hier gibt's WLAN, einfache Karten, Hilfe bei Wegbeschreibungen und Infos zu Unterkünften.

ℹ Anreise & Unterwegs vor Ort

Den Bahnhof Ibusuki erreicht man von Kagoshima in etwa 1½ Stunden mit dem Bus (950 ¥) und in 51 Minuten mit dem Zug von Kagoshima-chūō (*tokkyū* 2130 ¥). Eisenbahnliebhaber werden den holzgetäfelten Ibutama-*tokkyū* mit schräggestellten Sitzplätzen für einen atemberaubenden Meerblick genießen.

Mit dem „Mawari Bus My Plan"-Pass (1100 ¥) kann man in Busse der Linie in der Stadt unbegrenzt ein- und aussteigen. Am Bahnhof kann man Fahrräder ausleihen (2 Std. 500 ¥). Autovermietungen findet man nur ein paar Schritte vom Bahnhof entfernt.

Von Ibusuki nach Makurazaki

Ikeda-kō ist ein Vulkansee (Calderasee) westlich von Ibusuki. Hier gibt's riesige Aale, die in Tanks neben dem Parkplatz gehalten werden. Südlich des Sees liegt das **Nagasaki-bana-Kap**, von dem man an klaren Tagen die vor der Küste gelegenen Inseln sehen kann.

Der wunderbar symmetrische 924 m hohe Kegel des Kaimon-dake mit dem Spitznamen „Satsuma Fuji" dominiert die südliche Skyline und kann in zwei Stunden bestiegen werden. Wer früh startet, wird mit einem tollen Blick auf den Sakurajima, die Sata-Halbinsel sowie die Inseln Yakushima und Tanegashima belohnt.

Zahlreiche Japaner (jährlich etwa 200 000 Besucher) pilgern zu **Tōsenkyō Sōmen Nagashi** (唐船峡そうめん流し; ☎0993-32-2143; 5967 Jūchō; *sōmen* 570 ¥; ⏲ Aug. 10–20 Uhr, Juli & Sept. bis 19 Uhr; März–Juni & Okt. bis 17 Uhr, Nov.–Feb. bis 15 Uhr), gelegen in einer Schlucht nahe dem Ikeda-kō, – denn hier wurden 1967 die *nagashi-sōmen* („fließende Nudeln") erfunden. In reifenförmigen Tischbecken drehen sich *sōmen* (dünne Weizennudeln) in langsam fließendem, 13 °C kaltem Wasser; man nimmt sie mit Stäbchen, taucht sie in Soße und genießt. Das macht Spaß und ist an heißen Tagen sehr erfrischend. Teishoku (ab 1340 ¥) wird mit *onigiri* (Reisbällchen), gegrillter *masu* (Forelle) und Misosuppe serviert. In Becken rund ums Restaurant schwimmen die Forellen (und Stör).

Auf halbem Weg zwischen Ibusuki und Makurazaki befindet sich das **Seepferdchenhaus** (タツノオトシゴハウス; ☎0993-38-1883; www.seahorseways.com; 5202-2 Beppu, Eichō; ⏲ Mo–Fr 10–16.30 Uhr) GRATIS. Hier kann man Tausende junge Seepferdchen aus nächster Nähe beobachten und es gibt Informationen, Videos, Souvenirs und ein kleines Café. Außerdem locken tolle Wanderwege, einige Gezeitenbecken, perfekte Strände zum Muschelsammeln und – an klaren Tagen – ein großartiger Blick auf den Kaimon-dake.

Am südwestlichen Ende der Halbinsel, etwa eine Stunde von Ibusuki, liegt **Makurazaki**, das für seinen *katsuo* (Bonito) bekannt ist. Fischliebhaber sollten ins bescheidene **Daitoku** (だいとく; ☎0993-72-0357; 17 Origuchi-chō; *donburi* 880 ¥; ⏲11–15.30 & 17.30–20.30 Uhr, unregelmäßig geschl.) an der Hauptstraße Makurazakis einkehren, das preisgekröntes *katsuo funado meshi* (hier *funajin meshi* genannt), ein *donburi* (Gericht auf Reis) mit frischem Bonito, Bonitoflocken, Nori-Streifen und Reischips in *katsuo*-Brühe serviert. Im **Makurazaki O-Sakana Center** (枕崎お魚センター; ☎0993-73-2311; www.makurazaki-osakana.com; 33-1 Matsunō-chō; ⏲9–17 Uhr) verkaufen etwa 20 Händler Fisch und Ähnliches auf einem Markt. Es gibt viel zu Probieren und interessante Vorführungen – zum Beispiel kann man beobachten, wie *katsuo-bushi* (Bonito-Flocken) hergestellt werden.

Kirishima-yaku-Nationalpark 霧島屋久国立公園

Dieser bergige Park erstreckt sich zwischen dem nördlichen Kagoshima und dem westlichen Miyazaki und bietet exzellente Wanderwege mit unterschiedlichen Längen. Allerdings sind sie manchmal wegen Eruptionen, toxischer Gase und anderer Vulkanaktivitäten schwer zugänglich. Die Region ist für ihre wilden Azaleen, heißen Quellen und den 75 m hohen Wasserfall **Senriga-taki** bekannt. In der japanischen Mythologie ist sie zudem berühmt als der Ort, an dem die Götter erstmals hinab zur Erde stiegen und ihre Kaiserdynastie schufen, die bis heute währt.

ABSTECHER

ARCHÄOLOGISCHE AUSGRABUNGEN IN KYŪSHŪ

Uenohara Jōmon-no-Mori

Archäologiebegeisterte werden sich dieses **Museum** (☎0995-48-5701; 1-1 Uenohara Jōmon-no-mori, Kokubu; Eintritt 310 ¥; ⏲Di–So 9–17 Uhr) ansehen wollen. Es steht an dem Ort, wo bei Ausgrabungen für nahe gelegene Büroparks die bisher ältesten Keramikscherben aus der Jōmon-Ära entdeckt wurden. Diese Funde veranlassten Anthropologen zu der Überlegung, ob die ersten Menschen vielleicht eher aus dem Süden statt aus dem Norden nach Japan kamen, und zwar auf Kanus oder Flößen über die Ryūkyū-Inselkette. Man sollte sich auch das rekonstruierte Jōmon-Dorf mit Wohnungen, Vorführungen, Werkzeugen und Artefakten aus der Jōmon-Ära ansehen. Das Museum erreicht man mit dem Zug von Kagoshima nach Kokubu; von dort sind es noch 8 km (20 Min.) mit dem Taxi oder Privatauto.

Saitobaru

Nördlich von Miyazaki erstreckt sich der **Saitobaru-Grabhügelpark**. Er wirkt auf den ersten Blick wie ein Golfplatz; aber die kleinen Hügel, die die mehrere Quadratkilometer großen Felder und Wälder sprenkeln, sind eigentlich über 300 *kofun* (Tumuli oder Hügelgräber). Diese meist schlüssellochförmigen Grabmäler wurden zwischen 300 und 600 n. Chr. angelegt und hatten für die frühe japanische Adelsklasse eine ähnliche Funktion wie die ägyptischen Pyramiden. Leihfahrräder sind kostenlos.

Das große **Archäologiemuseum Saitobaru** (西都原考古博物館; ☎0983-41-0041; ⏲Di–So 10–18 Uhr) GRATIS zeigt ausgegrabene Objekte, wie Jōmon-Keramik, antike Schwerter, Rüstungen und *haniwa* (Tonfiguren aus Grabmälern der Kofun-Periode). Am besten leiht man sich einen englischen Audioguide aus (400 ¥), denn beschildert ist alles nur auf Japanisch. In der Nähe befindet sich eine Ausgrabungsstätte unter einer Schutzhalle.

Vom Miyakō-Busterminal fahren regelmäßig Busse nach Saitobaru (1140 ¥, 70 Min.), aber wer die von Gräbern übersäte Umgebung erkunden will, braucht ein eigenes Fahrzeug. Der Buspass *Visit Miyazaki* gilt nicht in Saitobaru.

Bevor man startet, muss man das Wetter prüfen. Gewitter und Nebel sind in der Regenzeit (Mitte Mai bis Juni) üblich; die Winter können hart sein, ansonsten genießt man eine hervorragende Sicht.

Sehenswertes

Kirishima-jingū SHINTO-SCHREIN
(霧島神宮; 2608-5 Kirishima-Taguchi; 24 Std.) GRATIS Der malerische orangerote Kirishima-jingū ist ein Augenschmaus. Ursprünglich im 6. Jh. gegründet, entstand der heutige Schrein 1715. Er ist Ninigi-no-mikoto gewidmet, der laut dem *Kojiki* (einem 712 zusammengestellten Buch) die Götter vom Himmel zum Gipfel des Takachiho-no-mine geleitete. Zum Schrein gelangt man mit dem Bus vom JR-Bahnhof Kirishima-jingū (240 ¥, 15 Min.).
Am Fuß des Schreines liegt ein kleines Dorf mit Gasthöfen und Restaurants.

Aktivitäten

Onsen

In dieser Gegend gibt es eine Menge Onsen, sowohl „wilde" (heiße Quellen in Flüssen!) wie auch große Onsen-Hotels. Wer hier unterwegs ist, sieht an vielen Stellen Dampf aufsteigen. Alle hier ansässigen Hotels haben Bäder, manche davon sind auch für Tagesbesucher zugänglich. Einige Hotels verfügen sowohl über gemischte Badebecken als auch über getrennte Bäder für Frauen und Männer.

Wandern

Auf dem **Ebino-kōgen-Rundweg** wandert man bequem 4 km um mehrere Vulkanseen, darunter der fantastische, leuchtend türkisblaue **Rokkannon Mi-ike**. Auf der anderen Seite der Straße liegt am Fuß des Karakuni-dake der **Fudō-ike**, eine dampfende *jigoku*. Der steile Aufstieg zum 1700 m hohen Gipfel des **Karakuni-dake** folgt dem Rand des tiefen Vulkankraters, bevor er an der Ostseite seinen höchsten Punkt erreicht. Nach Süden öffnet sich ein atemberaubender Panoramablick auf den kreisrunden Kratersee Ōnami-ike, den **Shinmoe-dake** (der Vulkan, der im Januar 2011 ausbrach; er ist weiterhin teilweise unzugänglich) und den perfekten Kegel des **Takachiho-no-mine**. An klaren Tagen kann man sogar Kagoshima und den rauchenden Gipfel des Sakurajima erspähen. Durch die Stadt **Ebino-kōgen** streifen freundliche wilde Rehe und Hirsche, die gern fotografiert werden. In mehreren Flüssen befinden sich Becken, die warm genug zum Baden sind, und die Wege dorthin sind gespickt mit *higaeri* (Onsen-Hütten für Tagesbesucher).

Schlafen & Essen

Unterkünfte befinden sich vor allem beim Kirishima-jingū oder im Dorf Ebino-kōgen.

Etwas zu essen zu bekommen ist nur eingeschränkt möglich, die meisten essen im Hotel. Viele der Läden im Dorf schließen um 17 Uhr.

Minshuku Kirishima-ji MINSHUKU ¥
(民宿きりしま路; 0995-57-0272; 2459 Kirishima-Taguchi; Zi. pro Pers. mit/ohne 2 Mahlzeiten 7080/4500 ¥; P) Dieser spartanische, aber freundliche Gasthof hat sechs Zimmer und befindet sich beim Schrein auf der anderen Seite der Schlucht. Er bietet einen tollen Bergblick und gemeinschaftliche Onsen-Bäder. Tagesbesucher können hier zu Mittag essen, z. B. hausgemachte *soba*-Gerichte (480–880 ¥) wie die Spezialität des Hauses *champon*. Ein Tagesbesuch des Bades schlägt mit 300 ¥ zu Buche.

Kirishima Jingū-mae Youth Hostel HOSTEL ¥
(霧島神宮前ユースホステル; 0995-57-1188; 2459-83 Kirishima-Taguchi; B HI-Mitglied/Nichtmitglied 3390/3990 ¥, *minshuku* pro Pers. inkl. 2 Mahlzeiten 7710 ¥; P @) Ein paar Minuten vom Kirishima-jingū liegt diese nette, gemütliche Jugendherberge mit japanischen Zimmern und Bergblick von den Onsen-Bädern. Frühstück/Abendessen kostet 540/1080 ¥. Die Besitzer führen auch die teurere *minshuku* mit besseren Mahlzeiten und Einrichtungen.

Ebino-Kōgen Campingplatz & Hütten CAMPINGPLATZ ¥
(えびの高原キャンプ村; 0984-33-0800; 1470 Ōaza Suenaga; Stellplatz/Leihzelt/Hütte ab 830/1440/1640 ¥ pro Pers.; Öffnungszeiten im Winter variieren; P) Diesen schönen Campingplatz mit Onsen-Bädern (17–20 Uhr geöffnet) durchzieht ein hübscher Fluss. Er liegt 500 m vom Ökomuseumszentrum entfernt. Im Juli und August steigen die Preise, der Saisonschluss im Winter variiert.

★ **Ebino-Kōgen Sō** HOTEL ¥¥¥
(えびの高原荘; 0984-33-0161; www.ebinokogenso.com; 1489 Ōaza Suenaga; Zi. pro Pers. inkl. 2 Mahlzeiten mit/ohne Bad ab 10 500/9500 ¥; P) Dieses freundliche Onsen-Hotel

bietet Zimmer mit Bergblick sowie eine Münzwaschmaschine. Das zauberhafte *rotemburo* ist von 11.30 bis 20 Uhr für die Öffentlichkeit zugänglich (520 ¥), tief im Wald versteckt sich ein gemischtes Bad für beide Geschlechter (1030 ¥ pro Stunde). Die Lage unweit des Dorfes Ebino-Kōgen ist hervorragend, und das Restaurant tischt leckere Mahlzeiten auf. Die Preise variieren je nach Speiseplan. Bei der Reservierung deshalb einfach nachfragen.
Ein Shuttlebus pendelt zu den JR-Bahnhöfen Kirishima-Jingū und Kobayashi; vorher telefonisch reservieren.

Praktische Informationen

Die Naturzentren an jedem Ende des Vulkanwanderweges haben zweisprachige Landkarten und Wanderinfos für Touristen; außerdem gibt's hier Ausstellungen zu lokalen Wildtieren.

Ebino-kōgen-Ökomuseumszentrum (えびのエコミュージアムセンター; ☎ 0984-33-3002; ⏲ 9–17 Uhr) Das Zentrum, das mit Informationen über Natur und Tierwelt, Karten, einigen Dioramen der Gegend und hilfsbereiten Mitarbeitern aufwartet, gleicht einer Berghütte. Außerdem gibt's für Wanderer täglich aktuelle Infos über Vulkanaktivitäten.

Touristeninformation Kirishima Stadt (霧島市観光案内所; ☎ 0995-57-1588; 2459-6 Taguchi; ⏲ April–Sept. 9–18 Uhr, Okt.–März bis 17 Uhr) Gleich neben dem gigantischen *torii*-Tor am Eingang zum Kirishima-jingū. Wenige Schritte neben dem Eingang befindet sich ein Fußbad-Onsen. Es gibt Leihfahrräder, aber für nicht gerade wenig Geld (1000 ¥ pro 2 Std.).

Takachiho-gawara-Besucherzentrum (高千穂河原ビジターセンター; ☎ 0995-57-2505; ⏲ 9–17 Uhr) Ein kleines Besucherzentrum am Fuß des Takachiho mit Wanderinfos, Karten und Sicherheitstipps.

Anreise & Unterwegs vor Ort

Die wichtigsten Bahnhöfe sind der JR-Bahnhof Kobayashi nordöstlich des Ebino-Plateaus und der Bahnhof Kirishima-Jingū im Süden.

Zwei Busse verkehren täglich zwischen Kirishima-jingū mit Ebino-kōgen (990 ¥), allerdings lässt sich die Region mit einem Auto wesentlich besser erschließen.

Miyazaki 宮崎

☎ 0985 / 401 000 EW.

Die Hauptstadt der Präfektur Miyazaki ist ein guter Ausgangspunkt für Ausflüge in die Region. Die Atmosphäre ist freundlich, unprätentiös und fröhlich, die Restaurants sind einzigartig. Das Nachtleben konzentriert sich im Viertel Nishitachi, etwa 700 m vom Bahnhof.

AUSBRUCH DES SHINMOE-DAKE

Am 26. Januar 2011 brachte die massive Eruption des Shinmoe-dake, der im Zentrum des bergigen Kirishima-yaku Nationalpark aufragt, den Straßen- und Luftverkehr zum Erliegen und bedeckte einen Großteil der Region mit einer dicken Schicht aus Asche. Auch die beliebte 15 km lange Wanderroute entlang der anderen Vulkangipfel des Parks wurde unpassierbar: der Weg vom Karakuni-dake (1700 m) über den Shishiko-dake, Naka-dake und Takachiho-gawara zum Gipfel des Takachiho-no-mine (1574 m). Man sollte bei den lokalen Behörden nachfragen, ob sich die Lage mittlerweile verändert hat. Besucherzentren haben jeden Tag die neuesten Updates.

Sehenswertes

Heiwadai-kōen PARK

(平和台公園, Peace-Park; ☎ 098-535-3181; www.heiwadai-bunkakoen.info; ⏲ 24 Std.) Im Zentrum des Parks steht der 37 m hohe **Friedensturm**, 1940 mit Steinen aus der ganzen Welt errichtet. Mit seinem zeitlosen Design erinnert das Denkmal an antike Inka- oder Khmer-Monumente. Die kleinen bemoosten Hügel des **Haniwa-Gartens** sprenkeln Reproduktionen von *haniwa* (Lehmfiguren aus Gräbern der Kōfun-Periode), die in den Hügelgräbern von Saitobaru (S. 833) gefunden wurden.

Der Heiwadai-kōen liegt etwa 1 km nördlich vom Miyazaki-jingū. Busse vom Bahnhof Miyazaki halten auf der Tachibana-dōri (290 ¥, 20 Min., mind. 2-mal stündlich).

Wissenschaftszentrum Miyazaki MUSEUM

(宮崎科学技術館; Karte S. 836; ☎ 0985-23-2700; 1-2-2 Miyazaki-eki Higashi; Eintritt mit/ohne Skyshow 750/540 ¥; ⏲ Di–So 9–16.30 Uhr) Nur wenige Schritte vom Bahnhof Miyazaki entfernt beherbergt dieses interaktive Wissenschaftsmuseum eines der größten Planetarien weltweit; einige Exponate sind auf Englisch ausgeschildert. Nach der Rakete in Originalgröße Ausschau halten, drinnen gibt's Roboter und ein Baumschiff-Landemodul zu sehen.

Miyazaki

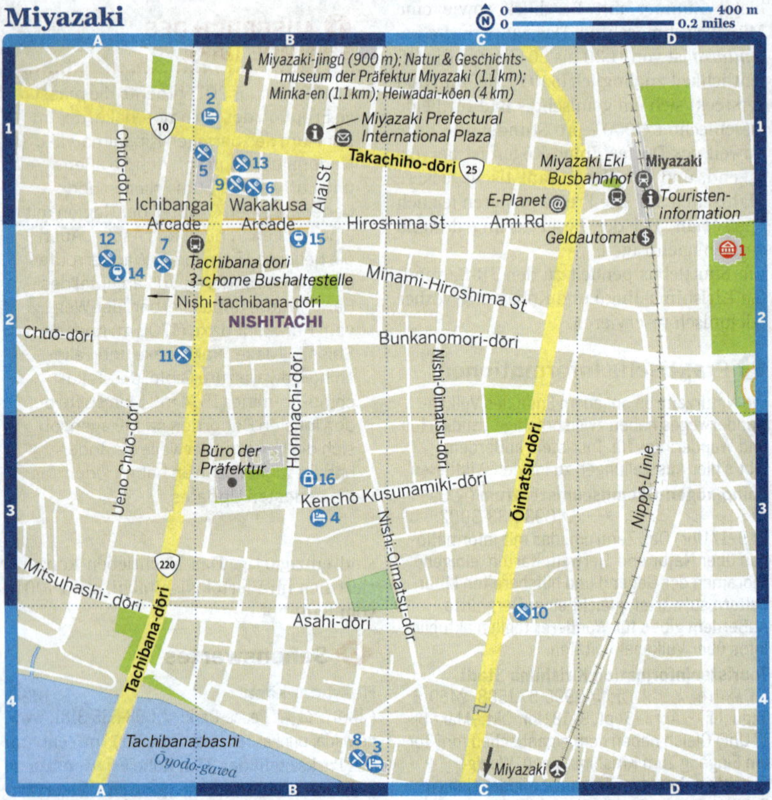

Miyazaki

Sehenswertes
1 Wissenschaftszentrum Miyazaki D2

Schlafen
2 Hotel Route Inn B1
3 Miyazaki Kankō Hotel B4
4 Youth Hostel Sunflower Miyazaki B3

Essen
5 Bon-Belta-Einkaufszentrum B1
6 Kitchen Hiro Nee B1
7 Maruman Honten A2
8 Miyachiku B4
9 Ogura Honten B1
10 Ogura Segashira C4
11 Okashi no Hidaka A2
12 Togakushi A2
13 Yamakataya-Kaufhaus B1

Ausgehen & Nachtleben
14 Igokochiya Anbai A2
15 The Bar B2

Shoppen
16 Miyazaki Products Shop Konne B3

Miyazaki-jingū SHINTO-SCHREIN
(宮崎神宮; 2-4-1 Jingū) Der Schrein ehrt Jimmu, Japans halbmythischen ersten Herrscher und Gründer des Yamato-Hofes. Spektakuläre jahrhundertealte Wisteria-Ranken, die im April blühen, überwuchern das dicht bewaldete Gelände. Er liegt 500 m von der Haltestelle Miyazaki-jingū, eine Station (160 ¥, 3 Min.) nördlich des Bahnhofs Miyazaki.

Natur- & Geschichtsmuseum der Präfektur Miyazaki MUSEUM
(宮崎県総合博物館; ☎098-524-2071; 2-4-4 Jingū; ⌚Mi–Mo 9–17 Uhr) Nur ein wenig nörd-

lich vom Miyazaki-jingū zeigt dieses Museum Exponate zur Lokalgeschichte und Archäologie, Festivalartefakte und Volkskunst. Im **Minka-en** (民家園) GRATIS dahinter gibt's vier traditionelle Miyazaki-Bauernhäuser und weitere Gebäude.

Feste & Events

Miyazaki-jingū Großes Festival KULTURELL
(Ende Okt.) Ende Oktober begrüßt das Fest den Herbst mit Pferden und *mikoshi* (Tragschreinen), die durch die Straßen ziehen.

Feuerwerk FEUERWERK
(Anfang Aug.) Dieses große Feuerwerk erleuchtet Anfang August den Sommerhimmel über dem Oyodo-gawa.

Schlafen

Youth Hostel Sunflower Miyazaki HOSTEL ¥
(ユースホステルサンフラワー宮崎; Karte S. 836; 0985-24-5785; 1-3-10 Asahi; B HI-Mitglied/Nichtmitglied 3240/3888 ¥; P) Unweit vom Präfekturamt hat dieses 20-Betten-Hostel mit Zimmern im japanischen und westlichen Stil einen Hauch von Anstalt; Doppelzimmer dienen tagsüber als Gemeinschaftsbereiche. Es gibt eine riesige Küche, Leihfahrräder (für Gäste gratis), eine Münzwaschmaschine, ein Restaurant und eine Sperrstunde (22 Uhr).

Hotel Route Inn BUSINESSHOTEL ¥¥
(ホテルルートイン宮崎; Karte S. 836; 0985-61-1488; www.route-inn.co.jp; 4-1-27 Tachibana-dōri-nishi; EZ/DZ/2BZ inkl. Frühstück 6550/11 800/12 300 ¥; P) Gegenüber vom Nishitachi Viertel liegt dieses Hotel mit einem hervorragenden Preis-Leistungs-Verhältnis und ca. 200 geräumigen, schön eingerichteten Zimmern. Es gibt ein tolles Frühstücksbüfett und sowohl Privat- als auch Gemeinschaftsbäder. In der Lobby erhält man Gratiskaffee.

Miyazaki Kankō Hotel HOTEL ¥¥¥
(宮崎観光ホテル; Karte S. 836; 0985-27-1212; www.miyakan-h.com; 1-1-1 Matsuyama; EZ/2BZ ab 9870/19 740 ¥; P) Das hoch aufragende Hotel besteht aus zwei Gebäuden, dem kürzlich renovierten Ostflügel (in dem die Zimmer etwa 3000 ¥ pro Person mehr kosten) und dem Westflügel. Alle Räume sind relativ groß. Außerdem gibt's einen Onsen mit *rotemburo* (1150 ¥ für Tagesgäste). Die Lage am Fluss ermöglicht schöne Spaziergänge am Abend, die Entfernung zum Bahnhof und zum Ausgehviertel ist aber recht groß.

Essen

Das Stadtviertel Nishitachi bietet viele tolle Restaurants, die aber meist keine englischen Speisekarten haben. Essen zum Mitnehmen bekommt man in den Märkten in den Untergeschossen der Einkaufszentren **Bon Belta** (ボンベルタ橘; Karte S. 836; 098-578-2983; 3-10-32 Tachibana-dōri-nishi; 10–22 Uhr) und **Yamakataya** (山形屋; Karte S. 836; 3-4-12 Tachibana-dōri-higashi; 10–20 Uhr oder später), oder man holt sich ein *shiitake ekiben* (Pilz-Mittagessen aus der Box) im Bahnhof Miyazaki.

★ **Okashi no Hidaka** SÜSSES ¥
(お菓子の日高; Karte S. 836; 0985-25-5300; 2-7-25 Tachibana-dōri-nishi; Süßes ab 120 ¥; 9.30–21 Uhr) Seit 67 Jahren wird dieses legendäre Geschäft familiengeführt. Man kann sich die Kühltheke mit den köstlich aussehenden japanischen und westlichen Gebäckteilen ruhig genau ansehen, sollte aber den riesigen *nanjakō-daifuku* (Kloß aus süßer Bohnenpaste, Erdbeeren, Maronen und Frischkäse in einer Hülle aus luftigem *mochi;* 336 ¥) bestellen. Ein weiteres charakteristisches Gericht aus Miyazaki sind Käse-*manju* (Klößchen; 157 ¥). Wenn es die Zeit erlaubt, serviert das Personal die süßen Köstlichkeiten mit Tee direkt im Geschäft.

★ **Togakushi** NUDELN ¥
(戸隠; Karte S. 836; 0985-24-6864; www.miyazaki-togakushi.com; 7-10 Chūō-dōri; Nudeln 650–950 ¥; 19–2 Uhr) Im soliden Togakushi gibt's keine englische Speisekarte, aber man sollte trotzdem kommen, um die feine, dünne *kama-age-udon* zum Dippen in *negi*-Soße (aus grünen Zwiebeln), die *tempura-ko* (Tempurachips) und die erfrischende *yuzu* (japanische Zitrusfrucht) zu genießen; man gießt das Wasser der Nudeln in die Soße, um eine Suppe herzustellen. Die Einheimischen lieben das nach einem Besäufnis. Man erkennt das Gebäude an der riesigen roten Laterne.

Kitchen Hiro Nee JAPANISCH ¥
(Karte S. 836; 098-527-1233; 3-4-25 Tachibana-dōri Higashi; Mittag-/Abendessen 700/1000 ¥; 11.30–15 & 18–21 Uhr) Dieses gemütliche Ein-Mann-eine-Kellnerin-Café serviert eine Auswahl typischer japanischer Hauptgerichte. Schwein mit Ingwer, Omelett mit Reis, geschmortes Hühnchen mit Gemüse. Studenten sind wegen der Hausmannskost und der netten Gespräche hier. Gesprochen wird nur Japanisch, einige der Studenten sprechen vielleicht etwas Englisch.

Maruman Honten YAKITORI ¥¥

(丸万本店; Karte S. 836; ☎ 0985-22-6068; 3-6-7 Tachibana-dōri-nishi; gegrilltes Huhn 1100 ¥; ⏲ Mo–Sa 17–23 Uhr) In diesem anheimelnden Shop werden *jidori* (Hühnchen aus der Region) serviert, die sehr geschmackvoll, aber mächtiger und roher sind als üblich. Das Standardgericht ist *momoyaki* (gegrilltes Hühnerbein), ebenfalls beliebt sind *tataki* (scharf angebraten; 600 ¥) und Sashimi (wie erwartet; 650 ¥). Zu den Mahlzeiten wird eine leichte köstliche Hühnerbrühe gereicht. Wer sein Essen mehr durchgebraten wünscht, sagt *yoku yaite kudasai*. Es wird ein wenig Englisch gesprochen. Nach der roten Marmorfassade Ausschau halten.

Ogura Honten JAPANISCH ¥¥

(おぐら本店; Karte S. 836; ☎ 0985-22-2296; 3-4-24 Tachibana-higashi; chikin nanban 1010 ¥; ⏲ Mi–Mo 11–15 & 17–20.30 Uhr) *Chikin nanban* wurde hier vor über 50 Jahren erfunden, doch vor der rot-weißen Markise des Ogura in der Gasse gleich hinter dem Einkaufszentrum Yamakataya stehen die Leute immer noch Schlange. Wer sich die langen Wartezeiten sparen will, kann es auch in der größeren, aber ziemlich kitschigen Filiale **Ogura Segashira** (おぐら瀬頭店; Karte S. 836; ☎ 0985-23-5301; 2-2-23 Segashira; *chikin nanban* 1010 ¥; ⏲ 11–22 Uhr; 🚼) versuchen.

★ **Miyachiku** STEAK ¥¥¥

(みやちく; Karte S. 836; ☎ 0985-62-1129; 2. OG, Miyazaki Kankō Hotel, 1-1-1 Matsuyama; Mittags-/Abendmenü ab 2500/5750 ¥; ⏲ 11–15 & 17–22 Uhr) Eine Einkehr in dieses großartige *yakiniku* (Barbecue auf koreanische Art) und Steakhaus mit Flussblick empfiehlt sich für alle, die Miyazaki-*gyū* genießen wollen. Die Mittagsmenüs sind gute Schnäppchen mit Vorspeise, Salat, Rind, Gemüse, Dessert und Kaffee.

MIYAZAKIS KÜCHE

Miyazaki ist berühmt für *chikin nanban* (süßes Brathähnchen mit Sauce Tartare), *hiya-jiru* (kalte Sommersuppe aus gebackenem Tofu, Fisch, Misopaste und Gurken, serviert auf Reis), *jidori* (lokales Hühnchen) und *kama-age udon* (im Kessel gekochte Weizennudeln). Miyazaki-*gyū* (Rind) hat bereits mehrere Landeswettbewerbe gewonnen. Zu den beliebten Snacks zählen *nikumaki onigiri* (Reisbällchen, eingehüllt in mariniertes Rindfleisch) und *chiizu manjū* (mit Frischkäse gefüllte Klößchen). Ebenfalls aus der Region kommen Mangos und *yuzu* (eine Zitrusfrucht), die u. a. mit Pfeffer zu einer scharfen *yuzu-kōshō*-Paste verarbeitet wird.

Ausgehen & Nachtleben

Miyazaki feiert bis in die Morgenstunden, besonders im Sommer. Es gibt Hunderte winziger Bars: Die meisten findet man im Viertel Nishitachi. Unbedingt dran denken: viele Bars hier schreiben eine „Servicegebühr" – zwischen 300 und 500 ¥ – mit auf die Rechnung.

Igokochiya Anbai BAR

(いごこち屋 あんばい; Karte S. 836; 1. OG, 7-30 Chūō-dōri; ⏲ Mo–Sa 18–1 Uhr) Versteckt in der Chūō-dōri, gegenüber der Onishi-Klinik, liegt das Anbai, ein elegantes *izakaya* mit über 350 Versionen von *shōchū*, Guinness vom Fass, gut ausgewählten lokalen Gerichten und cooler Jazzmusik im Hintergrund. Die *mama-san* (Barbesitzerin) ist extrem freundlich, und wenn man Alkohol bestellt, wird der Kellner die Flasche bringen, damit man beim Nippen das Label genau lesen kann.

The Bar BAR

(ザ・バー; Karte S. 836; www.thebarmiyazaki.com; 3. OG, Paul Smith Building, 3-7-15 Tachibana-dōri-higashi; ⏲ 20–3 Uhr; 🚭) Hier verkehrt die Expat-Community mit ihren lokalen Freunden. In der Bar trifft man ein gemischtes Publikum, das stolz auf seine Stadt ist und sich gerne bei ein paar Bieren mit Besuchern unterhält. Es gibt sogar einen richtigen Billardtisch. Erstaunlicherweise darf hier nicht geraucht werden – eine Seltenheit in Japan.

Shoppen

Miyazaki Products Shop Konne KUNSTHANDWERK

(みやざき物産館; Karte S. 836; ☎ 098-522-7389; 1-6 Miyata-chō; ⏲ Mo–Fr 9–19, Sa & So bis 18.30 Uhr) Hier werden Kunsthandwerk aus Holz, *haniwa (Tonfiguren)*, Snacks und unzählige *shōchū*-Brände verkauft.

Information

Internationaler Plaza der Präfektur Miyazaki (宮崎県国際交流協会; Karte S. 836; ☎ 0985-32-8457; 9. OG, Carino Building; ⏲ Di–Sa 10–19 Uhr) Wer länger in Japan bleiben will, kann hier Beziehungen knüpfen, Dienstleistungen finden oder einen Job suchen; der Eingang zum Büro im 9. Stock ist hinter dem Gebäude.

Touristeninformationszentrum (宮崎市観光案内所; Karte S. 836; ☎0985-22-6469; ⏲9–18 Uhr) Hilfsbereites Zentrum im JR-Bahnhof Miyazaki; hier bekommt man Stadtpläne und Karten der Umgebung.

An- & Weiterreise

BUS

Busse fahren nach Kagoshima (2780 ¥, 3 Std.), Kumamoto (4630 ¥, 3½ Std.), Nagasaki (6690 ¥, 5½ Std.) und Fukuoka (4630 ¥, 4½ Std.). Vor der Fahrt sollte man im **Miyazaki-Ekimae-Buszentrum** (宮崎交通; Karte S. 836; ☎0985-23-0106) anrufen, um mehr Infos zu bekommen.

FLUGZEUG

Miyazaki wird von einer Reihe von Fluglinien bedient, die nach Tokio, Osaka, Nagoya, Fukuoka, Okinawa, Seoul, Taipei und Hong Kong verkehren. **Miyazaki Airport** (www.miyazaki-airport.co.jp) wird vom Stadtzentrum aus von Bussen (440 ¥, 26 Min.) und Zügen (350 ¥, 10 Min.) vom JR-Bahnhof Miyazaki angefahren.

SCHIFF/FÄHRE

Miyazaki-Autofähre (宮崎カーフェリー; ☎0985-29-5566; www.miyazakicarferry.com; 2. Klasse ab 9050 ¥) Fährt nach Kōbe (12 Std.).

ZUG

Die JR-Nippō-Linie verläuft hinunter nach Kagoshima (*tokkyū* 4020 ¥, 2 Std.) und hinauf nach Beppu (*tokkyū* 5790 ¥, 3¼ Std.).

Unterwegs vor Ort

Die meisten Stadtbusse starten und halten am Miyazaki-Ekimae-Buszentrum schräg gegenüber vom Bahnhof.

Mit einem Mietwagen (12 Std. ab ca. 5500 ¥) lässt sich die Küstenregion vor der Stadt am bequemsten erkunden. Vor dem Westausgang des Bahnhofs gibt's mehrere Autovermietungen.

Aoshima 青島

☎0985 / 3810 EW.

Aoshima heißt sowohl die winzige, von Palmen bedeckte Insel (1,5 km Durchmesser) als auch die nächstgelegene Festlandstadt, die zu den entspanntesten und alternativsten Gemeinden Japans zählt. Die schönen Strände, die nach rauen Stürmen mit Sanddollars bedeckt sind, ziehen Surfer und Sonnenanbeter an. Eine ruhige Alternative zu Miyazaki.

> **VISIT MIYAZAKI BUS CARD**
>
> Für Budgetreisende mit viel Zeit ist dieser Buspass (1000 ¥ pro Tag) ein großartiges Schnäppchen: Er deckt fast alle Stadt- und Regionalbusse sowie die Busse nach Aoshima und zur Nichinan-Küste ab. Busse nach Takachiho oder Nobeoka sind aber nicht eingeschlossen. Man erhält ihn an den Touristeninformationsschaltern und in einigen Hotels. Es gibt auch einen Wochenendpass namens „One Coin" für 500 ¥.

Sehenswertes

Insel Aoshima INSEL

Das Erste, was einem auf der Fahrt zur Insel Aoshima auffällt, ist ihre einzigartige geologische Umgebung. Sie wird als **Waschbrett des Teufels** (*oni no sentaku-ita,* 鬼の洗濯板) bezeichnet und sieht auch aus wie ein uraltes Waschbrett. Auf der Insel stehen der malerische Shintō-Schrein **Aoshima-jinja** (青島神社), der bei der Heiratsvermittlung helfen soll, sowie die **Halle der Legende von Hyūga** (日向神話館; ☎098-565-1262; 600 ¥; ⏲Juli & Aug. 8–18 Uhr, Sept.–Juni bis 17 Uhr). Sie erzählt mithilfe von Dioramen und Wachsfiguren die Geschichte von Amaterasu, dem Herrscher Jimmu und der Gründung Japans (englischsprachige Erklärungen vorhanden).

Ringsherum sind etwa 200 Pflanzen- und Tierarten beheimatet.

Am zweiten Montag im Januar springen nur mit einem Lendenschurz bekleidete Einheimische feierlich ins Meer vor Aoshima-jinja. Ende Juli wird noch mehr geplanscht, wenn die *mikoshi* durch seichte Gewässer zum Schrein getragen werden.

Kaeda Schlucht SCHLUCHT

(加江田渓谷) Westlich der Stadt windet sich ein 8 km langer, gut gepflegter **Wanderweg** durch die **Kaeda-Schlucht** (加江田渓谷) am Kaeda-gawa entlang, einem klaren Fluss mit Geröll und schönen Badeplätzen. Am Ufer wachsen Bananenpalmen und Zypressen.

Am einfachsten gelangt man mit einem Mietfahrzeug hierher; von der Route 220 nimmt man den Abzweig auf die Präfekturstraße 339.

Schlafen & Essen

Die Spezialität von Aoshima ist *ise-ebi* (Languste).

★ **Minshuku Misakisō** MINSHUKU ¥¥
(民宿みさき荘; ☎0985-65-0038; www.misakisou.com; 1 chōme 5-4; EZ/DZ mit Gemeinschaftsbad 5000/8000 ¥; P ❄ 📶) Im freundlichen Misakisō gibt's alles, was das Touristenherz begehrt: einen Platz zum Schlafen, eine Bar (nur für Gäste), ein Café und einen Surfbrettverleih (Surfbretter ab 2500 ¥, Café und Verleih mittwochs geschlossen). Die meisten Zimmer sind im japanischen Stil eingerichtet, westliche Ausstattung wird aber ebenfalls geboten.

Englisch wird hier nicht gesprochen, Ausländer sind jedoch herzlich willkommen.

★ **ANA Holiday Inn Resort Miyazaki** HOTEL ¥¥
(ANA ホリデイインリゾート宮崎; ☎0985-65-1555; www.anahirmiyazaki.com; 1-16-1 Aoshima; EZ/2BZ ab 8200/12 200 ¥; P ⊖ ❄ @ 📶 ≋) In dem schneeweißen halbkreisförmigen Hotelklotz am Strand warten Zimmer mit Meerblick und Onsen-Bäder (Tagesgebühr 1050 ¥), die in der Nebensaison angesichts der Qualität des Hotels erstaunlich günstig sind. In der Hauptsaison steigen die Preise um mehr als 5000 ¥ an. Das Hotel bietet einen großen Springbrunnen und Pool (Mitte Juli bis August) sowie einige Attraktionen für Kinder – mit dem Strand direkt vor der Tür.

Fast alle der über 200 Zimmer haben Meerblick. Die wenigen ohne sind eventuell günstiger. Wer ein bisschen sparen möchte, sollte danach fragen.

Minato Aoshima FISCH & MEERESFRÜCHTE ¥¥
(港あおしま; ☎0985-65-1044; 3-5-1 Aoshima; Menü 1100–1700 ¥; ⏲Di–So 11–14.30 Uhr) Die örtliche Fischereigenossenschaft besitzt und betreibt dieses Restaurant, das die frischesten und besten Meeresfrüchte auftischt, die Aoshima zu bieten hat. Die meisten Gerichte gibt's als Menü mit mehreren Beilagen und Misosuppe.

ℹ An- & Weiterreise

Aoshima erreicht man mit der JR-Nichinan-Linie von Miyazaki (720 ¥, 48 Min.). Auch die Busse vom Bahnhof Miyazaki Richtung Udo-jingū halten hier (1480 ¥, 40 Min., stündlich). Vom Bahnhof sind es 800 m zur Insel.

Nichinan-kaigan & Kap Toi 日南海岸・都井岬

Von Aoshima führt die von Palmen gesäumte Küstenstraße über die Stadt Nichinan zum Toi-misaki (Kap Toi). Auf der malerischen Fahrt genießt man einen schönen Blick auf Meeresklippen und Inseln, die wie Kamele oder Gummibonbons aussehen. Wenn die Sonne scheint, strahlt das Meer in einem intensiven Blau und sorgt an jeder Kurve für das nächste perfekte Foto. Kap Toi und Kō-jima sind beliebte Ziele. Unterwegs kommt man am **Koigaura-Strand** vorbei, an dem die *surf-zoku* (Surfergemeinde) abhängt.

Wer weiter landeinwärts fährt, sollte das Tempo drosseln: Auf den Hängen leben mehrere Gruppen von Affen, die sich oft sogar zeigen. Weitere sonderbare Bewohner dieser Gegend sind Erdwürmer – so groß wie Ringelnattern.

Sehenswertes

Udo-jingū SHINTO-SCHREIN
(鵜戸神宮; ☎0987-29-1001; 3232 Ōaza Miyaura) Ein Küstenweg führt zu diesem leuchtend bemalten Shintō-Schrein in einer offenen Kaverne, die einen schönen Blick auf ungewöhnliche Felsformationen in der Höhle darunter bietet. Es gehört zum guten Ton, fünf *undama* (Glückssteine; 100 ¥) zu kaufen, sich etwas zu wünschen und dann zu versuchen, die flache Senke des schildkrötenförmigen Felsens zu treffen.

Männer werfen mit der linken Hand, Frauen mit der rechten. Meistens drehen sich die Hoffnungen ums Heiraten, Kinderwünsche und Stillen, denn die Steine vor der Kaverne sollen die Brüste der Großmutter des Herrschers Jimmu darstellen (ja, wirklich!).

Stündlich verkehren Busse von Aoshima (1010 ¥, 36 Min.) und Miyazaki (1480 ¥, 1½ Std.), die an der Autobahn halten. Von der Bushaltestelle sind es noch 700 m zu Fuß zum Schrein; unterwegs kommt man an interessanten Felsformationen und malerischen Fischerbooten vorbei.

Kō-jima INSEL
(幸島; ☎098-772-0479; ⏲je nach Tide und Wetter unterschiedlich) Gleich vor der Küste von Ishinami-kaigan liegt das winzige Eiland Kō-jima. Hier lebt eine Gruppe von Affen, die ihr Essen vor dem Verzehr im Ozean waschen, aber sie sind launisch und schwer zu entdecken. Boote können am Strand in der Nähe der Bushaltestelle gemietet werden (1000 ¥ pro Person oder 3000 ¥ pro Boot). Wenn keines an der Ufermauer ist, einfach einen Fischer fragen.

Anreise & Unterwegs vor Ort

Ein Mietwagen ist mit Abstand die beste Option, weil man so flexibel an jeder Kurve anhalten kann, um Fotos zu machen. Ein Bus bringt einen zwar zum Kap Toi, aber da der Nationalpark sehr groß ist, ist ein Wagen vielleicht die beste oder einzige realistische Möglichkeit, um vorwärtszukommen.

Obi 飫肥

☎0987

In dieser ruhigen Stadt mit dem Spitznamen „Kleines Kyoto" herrschte ab 1587 der reiche Ito-Clan 14 Generationen lang von der Obi-Burg aus über die Region, ungeachtet der Maxime von 1615 „eine Provinz, eine Burg". Die Ruinen der Burg sind heute die größte Touristenattraktion.

Im Rest der Stadt kann man schöne Straßenzüge, Schreine und eine historischen Einkaufsstraße erkunden; auf dem Eintrittsticket befindet sich ein kleiner Stadtplan.

Von der **Obi-jō** (飫肥城; ☎0987-25-4533; 610 ¥; ⏲9–16.30 Uhr) blieben nur die Mauern intakt, aber auf der Anlage stehen sechs bedeutende Bauwerke, darunter das beeindruckende, sorgfältig rekonstruierte **Ōte-mon-Tor** und die Privatresidenz des Herrschers **Matsuo-no-maru**. Ein **Museum** widmet sich der langen Regentschaft des Itō-Clans. Gleich vor dem Eingang zur Burg steht die **Yōshōkan**, die einstige Residenz des Haushofmeisters des Clans, mit einem großen Garten, in den der Atago-san im Hintergrund als „geliehene Landschaft" integriert wurde.

An der Burg Obi-jō serviert **Obiten** (おび天; ☎0987-25-5717; 9-1-8 Obi; Hauptgerichte 850–1150 ¥; ⏲9–17 Uhr) eine lokale Version von *Satsuma-age* (gebackene Fischkuchen mit Gemüse, hier Tempura genannt). Eine Portion *Obiten* mit *udon* kostet 850 ¥.

Die JR-Nichinan-Linie verbindet Obi mit Miyazaki (*kaisoku;* 940 ¥, 65 Min.) via Aoshima. Vom Bahnhof Obi sind es zehn Gehminuten bis zur Burg. Busse von Miyazaki (2080 ¥, 2¼ Std., letzte Rückfahrt nach Miyazaki 16 Uhr) halten unterhalb des Burgeingangs. Leihfahrräder gibt's auf dem Burgparkplatz (500 ¥ pro Tag).

Okinawa & die Südwestinseln

Inhalt ➡

Gut essen

- Nanraku (S. 877)
- Pōcha Tatsuya (S. 877)
- Yūnangi (S. 867)
- Nuchigafu (S. 866)

Schön übernachten

- Sōyōtei (S. 849)
- Sankara Hotel & Spa (S. 849)
- Minshuku Sango Beach (S. 855)
- Minshuku Gettō (S. 863)
- Soraniwa (S. 879)

Auf zu den Südwestinseln

Die subtropischen korallengesäumten Inseln im Südwesten (南西諸島; Nansei-shotō) offenbaren eine andere Seite Japans: Sie erinnern an Hawaii oder Südostasien.

In der nördlichen Präfektur Kagoshima warten Yakushimas grüne Primärwälder, zerklüftete Gipfel sowie schöne Strände an der seesternförmigen Amami-Ōshima. Okinawa-hontō (沖縄本島) weiter südlich ist die quirlige Hauptinsel der Präfektur Okinawa und das Tor zu den Kerama-Inseln mit weißen Sandstränden und kristallklarem Wasser. Auch die entspannte Miyako-jima mit ihrem spürbaren Retro-Flair hat fantastische Strände, während die Yaeyama-Inseln im äußersten Süden die schönsten Korallenriffe, subtropischen Regenwald sowie Mangrovensümpfe beherbergen.

Darüber hinaus zeichnen sich die Inseln durch eine für Japan ganz untypische Kultur aus. Aufgrund ihrer Geschichte sind sie fast ein Land für sich, in dem man den Puls der Hochkultur des Königreichs Ryūkyū weiter deutlich spürt.

Reisezeit

Naha

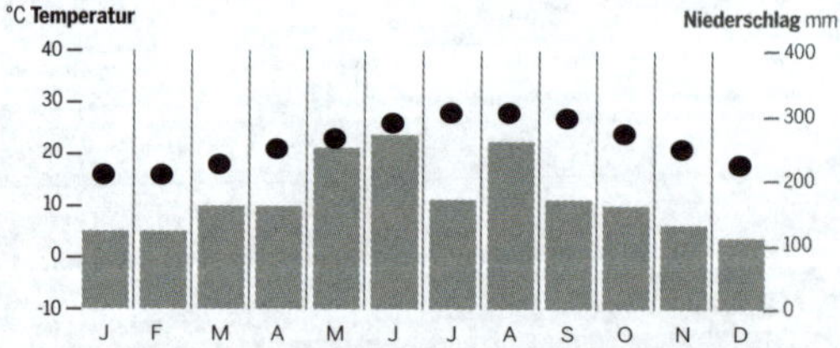

Mai & Juni Regenzeit ohne viel Niederschlag, aber eventuell zeigt sich die Sonne nur selten.

Juli–Sept. Toll für Strandbesuche, aber es ist auch am vollsten und gelegentlich treten Wirbelstürme auf.

Okt.–März Trotz des kälteren Wassers kann man schwimmen und hat die Strände für sich.

Highlights

1. An einem der weißen Sandstrände der **Kerama-Inseln** (S. 870) relaxen.

2. Eine Wanderung im Herzen von **Yakushima** (S. 845) unternehmen und unter alten *yakusugi*-Bäumen meditieren.

3. Mit den verspielten Mantarochen vor **Ishigaki-jima** (S. 879) herumschwimmen.

4. Die Mangrovensümpfe, den Regenwald und die Korallenriffe von **Iriomote-jima** (S. 885) erkunden.

5. Per Fähre zur „lebenden Museumsinsel" **Taketomi-jima** (S. 888) übersetzen und das einfache Leben genießen.

6. Auf der herrlich ruhigen Insel **Yoron-tō** (S. 859) mit ihrer wunderschönen Landschaft aus Stränden und Zuckerrohrfeldern entspannen.

7. Von Japans westlichster Insel **Yonaguni-jima** (S. 890) bis nach Taiwan blicken und zu den geheimnisvollen Ruinen am Meeresboden hinuntertauchen.

DIE SÜDWESTINSELN IN ...

Zwei Tagen

- Einen Tag lang Naha erkunden und am nächsten auf Aka-jima oder Zanami-jima am Strand faulenzen und schnorcheln.
- Alternativ kann man direkt nach Miyako-jima fliegen, ein Auto mieten und die Strände der Inseln erkunden, die über eine Brücke miteinander verbunden sind.

Vier Tagen

- Auf Yakushima lange Wanderungen machen und in Onsen am Meer entspannen, dann mit der Fähre nach Tanegashima übersetzen und dort surfen und am Strand liegen.
- Zwei Tage wandern und Kajak fahren auf Iriomote-jima, einen Tag lang Ishigaki-jima erkunden und am vierten Tag auf Taketomi-jima Fahrrad fahren.

Geschichte

Sho Hashi, der König von Chūzan, vereinte 1429 die zuvor jahrhundertelang von *aji* (einheimische Stammesfürsten) regierten Inseln Okinawas mit denen im Südwesten. So etablierte er die Ryūkyū-Dynastie. Außerdem vertiefte er den Kontakt mit China, wodurch Musik, Literatur und Porzellankunst auf Okinawa aufblühten. Waffen waren in diesem „Goldenen Zeitalter" verboten, und die Region erlebte eine Ära der Ruhe und des Friedens.

Im Jahr 1609 konnte sich das Königreich Ryūkyū jedoch nicht gegen die Invasion des Shimazu-Clans aus Satsuma (heute Kagoshima) wehren. Nach einer mühelosen Eroberung führten die Shimazu strenge Handelskontrollen ein. Sie regierten die Inseln 250 Jahre lang mit eiserner Faust und beuteten sie durch hohe Steuereinnahmen maßlos aus.

Als schließlich der Meiji-Kaiser an die Macht kam, wurde Ryūkyū 1879 zur Präfektur Okinawa ernannt und an Japan angeschlossen. Für die Einwohner änderte sich nun vieles, denn die japanische Regierung behandelte sie wie ausländische Untertanen. Darüber hinaus ging sie gegen die heimische Kultur an, indem sie die Geschichte Ryūkyūs als Unterrichtsfach gesetzlich verbot und Japanisch als Amtssprache einführte.

Ende des Zweiten Weltkriegs beschlossen die japanischen Militärs, die Okinawa-Inseln als Schild gegen die Alliierten zu nutzen. Das bezahlten die Inselbewohner teuer, denn in der Schlacht von Okinawa fielen mehr als 100 000 von ihnen.
1952 endete die Besatzung des japanischen Festlands nach dem Krieg, aber Okinawa blieb bis 1972 unter der Herrschaft der USA. Die Rückgabe war an die Bedingung gebunden, dass die Amerikaner hier Militärbasen behalten durften. Bis heute sind auf den Inseln rund 30 000 US-Soldaten stationiert.

Klima

Auf den Inseln im Südwesten herrscht subtropisches Klima. Mit Ausnahme der Berge Yakushimas, die zwischen Dezember und Februar sogar schneebedeckt sein können, gibt's hier keine echten Winter. Man kann die Region ganzjährig bereisen, zum Schwimmen ist es zwischen Ende Oktober und Anfang Mai allerdings zu kalt.

Im Dezember liegt die Durchschnittstemperatur auf Okinawa-hontō bei 20 °C, im Juli bei 30 °C. Etwas kühler ist es auf den Inseln der Präfektur Kagoshima; auf Yaeyama sowie Miyako ist es dagegen ein paar Grad wärmer. Von Juni bis August und während der Goldenen Woche Anfang Mai sind die Inseln überlaufen, ansonsten hält sich der Andrang aber in Grenzen.

Bei einem Besuch sollte man unbedingt daran denken, dass von Juni bis einschließlich Oktober Taifunzeit ist. Wer in diesen Monaten umherreist, muss flexibel sein, denn die Stürme führen oft zu Verspätungen bei Flügen und Fährverbindungen. Ideal sind Tickets, die sich ohne Aufpreis ändern lassen. Aktuelle Taifunwarnungen für Japan stehen auf der Website des **Japanischen Wetterdienstes** (www.jma.go.jp/en/typh).

Sprache

Die ursprünglich auf den Ryūkyū-Inseln verbreitete Sprache und die Dialekte der Inseln sind in der jüngeren Generation größtenteils in Vergessenheit geraten. Fast jeder Einwohner spricht heute Japanisch. Dennoch können die lokalen Dialekte und Akzente für Traveller, die nur ein paar Brocken Japanisch sprechen, schwer zu verstehen sein.

An- & Weiterreise

FLUGZEUG

Zwischen den größeren Städten auf dem japanischen Festland und Amami-Ōshima, Okinawa-hontō (Naha), Miyako-jima sowie Ishigaki-jima bestehen Flugverbindungen. Von Kagoshima werden alle zuvor genannten sowie viele kleinere Inseln angesteuert. Yonaguni-jima und Kume-jima sind von Naha und Ishigaki aus zu erreichen.

Die neue Billigfluglinie Peach Airlines (www.flypeach.com) bietet günstige Flüge von vielen großen Städten auf dem japanischen Festland nach Naha und Ishigaki.

SCHIFF/FÄHRE

Zwischen Osaka/Kōbe, Kagoshima und den Amami-Inseln sowie Okinawa-hontō verkehren Fähren, ebenso zwischen Kagoshima, Yakushima und Tanegashima. Von Häfen wie Naze auf Amami-Ōshima oder Naha auf Okinawa-hontō geht's weiter zu den Inseln der Umgebung. Die Miyako- und die Yaeyama-Inseln werden vom japanischen Festland bzw. von Okinawa-hontō aus nicht von Fähren bedient, man muss also fliegen.

Unterwegs vor Ort

Abgesehen von regelmäßigen Fährverbindungen und Tragflügelbooten zwischen den Inselgruppen sind auch die Flugverbindungen zwischen den Inseln ausgezeichnet. Auf den meisten verkehren zudem öffentliche Busse, oftmals sind es allerdings nur wenige pro Tag. Am besten bringt man einen Internationalen Führerschein mit und mietet vor Ort ein Auto oder einen Motorroller, insbesondere auf Yakushima, Ishigaki, Iriomote und Okinawa-hontō

ŌSUMI-INSELN 大隅諸島

Dieser Archipel besteht aus den beiden Hauptinseln Yakushima und Tanegashima und dem selten besuchten Inseltriumvirat Mishima-mura. Yakushima bildet das Herzstück der paradiesischen Gegend, die jede Menge Naturliebhaber aus dem In- und Ausland anlockt. Nur wenige Touristen steuern Tanegashima, das Zentrum des japanischen Raumfahrtprogramms, an. Bei Japanern steht das Eiland aber als Surfmekka hoch im Kurs. Nicht zu vergessen das kleine Juwel Iō-jima, eine von Travellern normalerweise eher links liegen gelassene Vulkaninsel mit traumhaften Onsen (Thermalquellen).

Yakushima 屋久島

☎0997 / 12 915 EW.

Yakushima gehört seit 1993 zum UNESCO-Welterbe und ist eines der lohnenswertesten Reiseziele auf den Nansei-Inseln. Auf den felsigen Bergen des Eilandes wachsen die weltbekannten *yakusugi* (屋久杉; *Cryptomeria japonica*), uralte Sicheltannen, die Miyazaki Hayao zu einigen Szenen seines Trickfilmklassikers *Prinzessin Mononoke* inspiriert haben sollen.

Dies ist ein Ort der Extreme: Jede Regenwolke verfängt sich unwillkürlich im Gebirge, was das Inselinnere zu einem der feuchtesten Gebiete Japans macht. Im Winter

YAKUSHIMA: REISEPLANUNG VOR DER ABREISE

Schlau lesen

Die Website yakumonkey.com ist eine sehr praktische Infoquelle für Yakushima-Besucher. Wer viel wandern gehen möchte, sollte sich den exzellenten *Yakumonkey Guide to Yakushima* zulegen, allerdings vor der Anreise – es ist nahezu unmöglich, den Reiseführer vor Ort aufzutun (oder man lädt ihn online herunter). Er steckt voller nützlicher Tipps zur Insel und umfasst auch detaillierte Beschreibungen zu Wanderwegen.

Eine weitere wichtige Infoquelle für Wanderer ist die japanischsprachige Wanderkarte *Yama to Kougen-no-Chizu-Yakushima* (山と高原の地図屋久島; 1080 ¥), die in allen größeren japanischen Buchläden verkauft wird.

Trocken bleiben

Yakushima ist einer der feuchtesten Orte auf Erden. Im Inselinneren regnet es viel. So richtig viel. Sturmflutartiger Niederschlag den ganzen Tag über ist nicht ungewöhnlich, deshalb sollte man für eine Wanderung durch den Regenwald gut ausgestattet sein. **Nakagawa Sports** (ナカガワスポーツ; ☎0997-42-0341; http://yakushima-sp.com; 421-6 Miyanoura; Verleih von Regenzeug 1200–2400 ¥; ⏲9–19 Uhr, jeden 2. Mi geschl.) in Miyanoura hat u. a. Regenjacken und wasserdichte Wanderschuhe (auch in großen Größen), Zelte und sogar Babytragen im Angebot.

Yakushima

Yakushima

Sehenswertes
1 Issō-kaisuiyokujō B1
2 Jōmon-sugi C2
3 Nagata Inaka-hama A2
4 Ōko-no-taki A3
Umigame-kan .... (siehe 3)
5 Umwelt- & Kulturdorf Yahushima C1
6 Yakusugi-Museum D3

Aktivitäten, Kurse & Touren
7 Arakawa-tozanguchi C3
8 Hirauchi Kaichū Onsen B4
9 Miyanoura-dake B3
10 Onoaida Onsen C4
11 Shiratani-unsuikyō-tozanguchi C2
12 Yakusugi Land C3
13 Yodogawa-tozanguchi B3
14 Yudomari Onsen B4

Schlafen
15 Lodge Yaedake-sansō C2
16 Sankara Hotel & Spa C4
Sōyōtei .... (siehe 3)
17 Yakushima Iwasaki Hotel C4
18 Yakushima South Village B4

Essen
19 Naa Yuu Cafe B4

können die Gipfel bereits mit Schnee bedeckt sein, während an der Küste noch ein relativ mildes Klima herrscht. Keinesfalls sollten bei einer Wandertour die entsprechende Ausrüstung und gutes Kartenmaterial fehlen.

Sehenswertes

Zu den Hauptattraktionen Yakushimas zählen Wanderungen durch moosgrüne Wälder und auf die Gipfel sowie wunderbare Onsen an der Küste und ein paar Sandstrände.

An der Nordostküste liegt Yakushimas Haupthafenort Miyanoura (宮之浦), in dem auch die meisten Busse starten. Außerdem führt von hier eine Straße zum zweiten Hafen Anbō (安房) und entlang der Ostküste bis zum Thermalresort **Onoaida** (尾之間) im Süden. Folgt man der Straße von Miyanoura aus gen Norden, erreicht man Nagata (永田), ein Dorf mit wunderbaren weißen Sandstränden.

Jōmon-sugi WAHRZEICHEN
(縄文杉; Karte S. 846) GRATIS Der riesige *yakusugi*-Baum ist angeblich zwischen 3000 und 7000 Jahre alt, und auch wenn er abgestorben ist, bietet er trotzdem einen majestätischen Anblick. Die meisten Wanderer folgen einem 19,5 km langen, acht- bis zehnstündigen Rundweg zu dem Baum, der am **Arakawa-tozanguchi** (Ausgangspunkt Arakawa; 荒川登山口; Karte S. 846) beginnt.

Yakusugi-Museum MUSEUM
(屋久杉自然館; Karte S. 846; ☎0997-46-3113; 273 9343 Anbō; 600 ¥; ⏲9–17 Uhr, 1. Di im Monat geschl.) In einem kleinen Wald mit Meerblick gelegen, zeigt das Museum eine informative und schöne Ausstellung über *yakusugi* und die Beziehung der Inselbewohner zu den beeindruckenden Bäumen. Es gibt einen hervorragenden Audioguide auf Englisch. Das Gebäude befindet sich in der Straße, die zum Yakusugi Land (S. 848) hinaufführt. Täglich fahren zwei Busse nach und von Miyanoura (960 ¥, 80 Min., März–Nov.).

Ōko-no-taki WASSERFALL
(大川の滝; Karte S. 846) An der Westküste stürzt sich Yakushimas höchster Wasserfall 88 m in die Tiefe. Man erreicht ihn in fünf Gehminuten von der Ōko-no-taki-Haltestelle aus. Einige Busse, die von Miyanoura bzw. Anbō nach Süden bzw. Westen verkehren, enden hier (Achtung: nur zweimal am Tag fährt ein Bus bis zum Wasserfall).

Umigame-kan MUSEUM
(うみがめ館; Karte S. 846; ☎0997-49-6550; 489-8 Nagata; 300 ¥; ⏲Mi–Mo 9–17 Uhr) Die hier tätige gemeinnützige Organisation hat eine Schildkrötenausstellung (hauptsächlich auf Japanisch) zusammengestellt und arrangiert während der Brut- (Juni & Juli) und Schlupfzeiten (August) nächtliche Ausflüge an den Strand. Zum Wohl der Tiere, zum Schutz ihrer Eier und des frisch geschlüpften Nachwuchses dürfen Besucher sich ausschließlich im Rahmen einer Führung zu den Brut- und Nistplätzen begeben.

Umwelt- & Kulturdorf Yakushima MUSEUM
(屋久島環境文化村センター; Karte S. 846; ☎0997-42-2900; Eintritt & Film 520 ¥; ⏲9–17 Uhr, 3. Di im Monat geschl.) Das Museum in Miyanoura an der Ecke der Straße zum Fährterminal widmet sich der Natur und der Geschichte der Insel, verfügt aber nur über wenige Infotafeln auf Englisch. Immer um 20 nach wird ein 25-minütiger Film im Großformat mit sporadischen englischsprachigen Untertiteln gezeigt.

Issō-kaisuiyokujō STRAND
(一湊海水浴場; Karte S. 846) Der kleine, grobkörnige Nordküstenstrand in der Mitte zwischen Miyanoura und Nagata ist nur wenige Gehminuten von der Yahazu-Haltestelle entfernt. Hier stoppen die Busse von Miyanoura nach Nagata.

Nagata Inaka-hama STRAND
(永田いなか浜; Karte S. 846) Der an der Nordwestküste der Insel gelegene Strand Nagata Inaka-hama ist toll, um den Sonnenuntergang zu beobachten, und von Mai bis Juli legen dort Schildkröten ihre Eier ab. Alle Busse von Miyanoura nach Nagata steuern die Inaka-hama-Haltestelle an, neben der sich der Sandstreifen erstreckt.

Aktivitäten

Wandern

Yakushimas Schönheit erlebt man am besten beim Wandern. Die beliebteste Wandertour ist ein Tagesausflug zum Jomon-sugi und zurück, es gibt aber auch reizvolle Alternativen. Yakusugi Land ist wie gemacht für moderate Wanderungen.

Auch wenn die Wege in den Ferien oft recht bevölkert sind, empfehlen wir in der Unterkunft Bescheid zu sagen, welche Strecke man gehen möchte, und am Ausgangspunkt des Pfades den *tōzan todokede* (Routenplan) auszufüllen.

★ **Shiratani-unsuikyō-tozanguchi** WANDERN
(白谷雲水峡登山口; Karte S. 846; 300 ¥) Die lange Tagestour zum Jōmon-sugi ist die berühmteste in Yakushima, doch die kürzere Shiratani-unsuikyō-Wanderung vorbei an Wasserfällen, moosbewachsenen Felsen und hoch aufragenden *yakusugi* zum Aussichtspunkt bei **Taiko-iwa** ist vielleicht sogar die schönere Option. Der Ausgangspunkt (622 m) wird täglich von bis zu zehn Bussen auf ihrem Weg von bzw. nach Miyanoura (550 ¥, 40 Min., März–Nov.) angesteuert. Für die Wanderung sollte man drei bis vier Stunden einplanen.

Miyanoura-dake WANDERN
(Karte S. 846) Yakushimas älteste Route ist der Tagesaufstieg zum 1935 m hohen Gipfel des Miyanoura-dake, dem höchsten Berg in Südjapan. Wer eine gute Kondition hat, kann am **Yodogawa-tozanguchi** (Ausgangspunkt Yodogawa; 淀川登山口; Karte S. 846) starten und sollte für den Hin- und Rückweg sieben Stunden einplanen.

Es ist auch möglich, den Miyanoura-dake zu überqueren und unterwegs einen Zwischenstopp in Jōmon-sugi einzulegen. Dies sollte man jedoch nicht an einem Tag versuchen, sondern die Nacht in einer der *yama-goya* (Berghütten) oberhalb von Jōmon-sugi verbringen. Typische Wege verlaufen zwischen Yodogawa und Arakawa oder Yodogawa und Shiratani-unsuikyō.

Der Ausgangspunkt liegt 1,5 km (ca. 30 Min.) von der **Kigen-sugi-Haltestelle** (Karte S. 846) entfernt. Täglich verkehren zwei Busse von/nach Anbō (940 ¥, 1 Std.), allerdings erlauben es die Fahrtzeiten nicht, den Ausflug an einem Tag zu machen. Wenn man aber am frühen Morgen in Miyanoura ein Taxi (11 000 ¥) nimmt, bleibt genügend Zeit, um den zweiten Bus nach Anbō zu erwischen. Mit einem Mietwagen ist man zeitlich flexibler.

YAKUSHIMAS MEERESSCHILDKRÖTEN

An den Stränden von Yakushima legen Unechte Karettschildkröten und Grüne Meeresschildkröten ihre Eier ab. Leider werden sie dabei immer häufiger von Menschen gestört. Wer die Sandstreifen, insbesondere jene an der Nordwestküste, besuchen möchte, sollte deshalb folgende Regeln beachten:

- Niemals auf eine Meeresschildkröte zugehen, die an Land kommt.
- Kein Lagerfeuer machen: Das Licht verwirrt die frisch geschlüpften Tiere, die sich am Mondschein orientieren. Keine Taschenlampen oder Autoscheinwerfer benutzen.
- Keine nächtlichen Strandspaziergänge.
- Aufpassen, dass man nicht auf eine frisch geschlüpfte Schildkröte tritt.

Wer die Tiere beobachten möchte, sollte sich vorab im Umigame-kan **Umigame-kan** (S. 847) informieren.

Yakusugi Land WANDERN
(ヤクスギランド; Karte S. 846; ☎0997-42-3508; http://y-rekumori.com; 300 ¥; ⊙9–17 Uhr) Toll für alle, die *yakusugi* sehen wollen, ohne lange in den Wald hineinwandern zu müssen. Hier gibt's sowohl kürzere Wege über Holzbretter als auch längere Pfade tief in den alten Zedernwald. Jeden Tag fahren vier Busse nach/von Anbō (740 ¥, 40 Min.).

Onsen

Yakushima wartet mit zahlreichen Onsen auf, darunter schöne einsame Becken an der Küste und gehobene Einrichtungen in Hotels. Die Open-Air-Bäder am Meer sind in der Regel *konyoku* (für beide Geschlechter). Badezeug ist dort nicht erlaubt. Frauen wickeln sich aus Schicklichkeitsgründen in ein dünnes Handtuch.

Hirauchi Kaichū Onsen ONSEN
(平内海中温泉; Karte S. 846; 100 ¥; ⊙rund um die Uhr) Onsen-Fans schweben hier im siebten Himmel. Die Außenbecken liegen zwischen Felsen direkt am Wasser und sind nur bei Ebbe bzw. kurz vorher zugänglich. Von der Kaichū-Onsen-Bushaltestelle erreicht man das Bad zu Fuß, aber von der nächsten Haltestelle, Nishikaikon, ist der Weg noch kürzer: Zuerst geht's 200 m bergab und dann am Fuß des Hügels nach rechts.

Yudomari Onsen ONSEN
(湯泊温泉; Karte S. 846; ¥ 100; ⊙rund um die Uhr) Dieser entspannte Onsen ist jederzeit zugänglich. Von der Bushaltestelle Yudomari aus folgt man der Straße gegenüber dem Postamt Richtung Meer. Ab dem Dorf sind die letzten 300 m ausgeschildert. Unterwegs kommt man an einem tollen Banyan-Baum vorbei.

Onoaida Onsen ONSEN
(尾之間温泉; Karte S. 846; ☎0997-47-2872; 136-2 Onoaida; 200 ¥; ⊙Mai–Okt. 7–9.30 Uhr, Nov.–April bis 21 Uhr, Mo ab 12 Uhr) 350 m oberhalb der Onoaida-Onsen-Bushaltestelle in Onaida befindet sich ein rustikales Badehaus, in dem man Schulter an Schulter mit den Dorfältesten relaxt. Alles mitnehmen, was man braucht, und sich im himmlichen heißen Wasser aus einer natürlichen Quelle fallen lassen.

Schlafen

Am besten übernachtet man in Miyanoura, es gibt aber auch Unterkünfte in größeren Dörfern und mehrere spartanische *yama-goya* (Hütten) in den Bergen. Im Juli und

August und während der Goldenen Woche im Frühjahr sollte man sein Zimmer vorab reservieren, denn dann ist alles schnell ausgebucht.

★ Yakushima South Village HOSTEL ¥
(屋久島サウスビレッジ; Karte S. 846; ☎ 0997-47-3751; www.yakushima-yh.net; 258-24 Hirauchi; B/EZ/DZ 3500/4500/6500 ¥; P ❄ @ ☎) 3 km westlich von Onoaida wartet dieses gepflegte, saubere Hostel in einem dichten Wald mit westlichen und japanischen Schlafsälen sowie einer Gemeinschaftsküche und Gemeinschaftsbädern auf. In Miyanoura nimmt man einfach einen der Busse Richtung Süden bis zur Haltestelle Hirauchi-iriguchi und folgt dann der Straße zum Meer noch 200 m.

Yakushima Youth Hostel HOSTEL ¥
(屋久島ユースホステル; ☎ 0997-49-1316; www.yakushima-yh.net; 278-2 Miyanoura; B/DZ 3800/4400 ¥; P ❄ @ ☎) Mahlzeiten gehören in dem einfachen, sauberen Hostel – zehn Gehminuten vom Hafen in Miyanoura entfernt – nicht zum Angebot, aber ganz in der Nähe findet man einige gute Restaurants. Wer sich für diese Bleibe entscheidet, biegt von der Haupthafenstraße links ab und nach dem Park am Hafen wieder links. Nun sind es noch 100 m bis zum Ziel.

Minshuku Kaisei 1 MINSHUKU ¥¥
(民宿海星; ☎ 0997-42-2145; 378-3 Miyanoura; mit Frühstück pro Pers. ab 5000 ¥; P ❄ ☎) Die einladende familiengeführte *minshuku* (japanisches Gästehaus) liegt günstig an der Hauptstraße von Miyanoura. Das Frühstück wird in einem gemütlichen Speiseraum serviert, und obwohl nicht viel Englisch gesprochen wird, ist die herzliche Gastfreundschaft unverkennbar. Vom Hafen kommend, hält man Ausschau nach dem Schild und geparkten Autos. Aufpassen: Der Hoteleingang liegt an der Gebäudeseite, nicht zur Straße hin.

Lodge Yaedake-sansō LODGE ¥¥
(ロッジ八重岳山荘; Karte S. 846; ☎ 0997-42-1551; http://yaedake.jp; Miyanoura; Zi. pro Pers. inkl. Mahlzeiten 8100 ¥; P ☺ ⊞ ☎) Bohlenwege verbinden die japanischen und westlichen rustikalen Hütten der Lodge Yaedake-sansō miteinander. Die Häuschen liegen im Inselinneren am Miyanoura-gawa, in dem Kinder Spaß beim Planschen haben. Gäste können die schöne Umgebung außerdem in Gemeinschaftsbädern auf sich wirken lassen. Abends servieren die Angestellten in den Tatamizimmern ein ausgewogenes und köstliches Abendessen. Auf Nachfrage wird man in Miyanoura abgeholt.

Dieselben Besitzer betreiben auch das **Minshuku Yaedake Honkan** (民宿八重岳本館; ☎ 0997-42-2552; 208 Miyanoura; Zi. pro Pers. inkl. Mahlzeiten 6800 ¥; P ❄) in der Stadt.

★ Sankara Hotel & Spa HOTEL ¥¥¥
(Karte S. 846; ☎ 0997-47-3488, kostenfreie Rufnummer 0800-800-6007; www.sankarahotel-spa.com; 553 Haginoue, Mugio; Zi. pro Pers. inkl. Frühstück ab 36 000 ¥; P ❄ @ ☎ ≋) Die beeindruckend luxuriösen Villen dieses Resorts locken mit einem Blick auf die Südküste von Yakushima und Designelementen im balinesischen Stil. Außerdem wird Nachhaltigkeit großgeschrieben: Das Wasser für die gesamte Anlage stammt direkt aus einer Bergquelle, und im Restaurant werden vor allem lokale und biologische Produkte verwendet, die größtenteils exklusiv für das Hotel angebaut werden. Kinder unter 15 Jahren dürfen allerdings nicht hier übernachten.

Küchenchef Takei Chiharu, der sein Handwerk in Frankreich in mehreren Restaurants mit drei Michelin-Sternen gelernt hat, tischt im Hauptlokal französische Fusionsküche auf. Gäste können sich abholen lassen. Bei Anreise auf eigene Faust nimmt man die Straße zwischen Hirano und Hara und folgt den grünen englischsprachigen Schildern.

★ Sōyōtei RYOKAN ¥¥
(送陽邸; Karte S. 846; ☎ 0997-45-2819; pro Pers. inkl. Mahlzeiten 13 650 ¥; P ❄) An der Nordwestküste bei Nagata Inaka-hama liegt ein hübsches, familiengeführtes japanisches Gasthaus mit mehreren, teils voneinander unabhängigen Wohneinheiten samt privaten Terrassen und Meerblick. Es verfügt über einzigartige Dächer, deren Ziegel mit Steinen befestigt sind, und ist deshalb auf den ersten Blick zu erkennen. Darüber hinaus gibt's hier mehrere Bäder zur privaten Nutzung (eines unter freiem Himmel mit Meerblick!).

Die leckeren Mahlzeiten (viele Meeresfrüchtegerichte) werden in einem Open-Air-Speisesaal mit Blick über den Strand und das Meer serviert.

Yakushima Iwasaki Hotel HOTEL ¥¥¥
(屋久島いわさきホテル; Karte S. 846; ☎ 0997-47-3888; http://yakushima.iwasakihotels.com; 1306 Onoaida; DZ ab 26 140 ¥; P ❄ @ ☎ ≋) Zwar ist es ein wenig in die Jahre gekom-

men, doch das recht luxuriöse Iwasaki thront mit einem traumhaften Blick über Onoaida. Mitten in der Eingangshalle ragt ein riesiger Baum empor. Die geräumigen Zimmer im westlichen oder japanischen Stil zeigen entweder aufs Meer oder in die Berge. Das Hotel hat einen eigenen Onsen und zwei Restaurants. Direkt vor der Tür halten die Busse von Miyanoura nach Süden.

Essen

In allen Dörfern auf Yakushima haben sich Restaurants niedergelassen. Die beste Auswahl bietet Miyanoura. Wer woanders übernachtet, bucht am besten Vollpension. Plant man eine Wanderung, kann man in der Unterkunft am Abend vorher ein *bentō* (Essenspaket) bestellen.

Naa Yuu Cafe CAFÉ ¥
(なーゆーカフェ; Karte S. 846; ☎0997-49-3195; http://charu.air-nifty.com/naayuu/naa-yuu-cafe.html; 349-109 Hirauchi; Mittagsmenüs 850–1250 ¥; ⏲Mi–So 11.30–19 Uhr; 📋) Das süße Café in einer unbefestigten Straße gegenüber von einem Feld erinnert ein wenig an ein hawaiianisches Lokal, wobei die Speisekarte eher thailändisch geprägt ist. Mittags gibt's z. B. rote Currygerichte oder Pizza mit Wurst von schwarzen Schweinen aus Kagoshima sowie traumhafte, frische hausgemachte Brote. 3 km westlich von Onoaida weist ein englischsprachiges grünes Schild den Weg.

Restaurant Yakushima JAPANISCH ¥
(レストラン屋久島; ☎0997-42-0091; 2. OG, Yakushima Kankō Centre; Mahlzeiten 1000 ¥; ⏲9–16 Uhr; @) Morgens bekommt man in dem einfachen Restaurant ein Frühstück für 520 ¥ mit Eiern, Toast und Kaffee, mittags köstliches *tobi uo sashimi teishoku* (Menü mit Sashimi von fliegenden Fischen; 980 ¥). Nach dem grünen zweistöckigen Gebäude in der Hauptstraße unweit der Straße zur Pier Ausschau halten.

Yakuden SUPERMARKT ¥
(ヤクデン; ⏲9–22 Uhr) Vorräte fürs Camping oder Wandern bekommt man im Supermarkt an der Hauptstraße in Miyanoura, direkt nördlich des Eingangs zum Hafen.

Shiosai FISCH & MEERESFRÜCHTE ¥¥
(潮騒; ☎0997-42-2721; 305-3 Miyanoura; Gerichte 1200 ¥; ⏲Fr–Mi 11.30–14 & 17.30–21.30 Uhr) Serviert werden hier viele Klassiker der japanischen Küche, wie *sashimi teishoku* (Sashimimenü; 1700 ¥) oder *ebi-furai teishoku* (Menü mit frittierten Garnelen; 1400 ¥). Das Lokal ist in dem blau-weißen Gebäude mit automatischen Glastüren in Miyanouras Hauptstraße untergebracht.

> **DER OKINAWA-ISLAND-PASS**
>
> Interessant für Reisende, die mit dem Flugzeug nach Japan kommen, ist der Okinawa-Island-Pass von Japan Transocean Air (JTA) für fünf Flüge innerhalb der Inseln (gültig zwischen Okinawa-hontō, Miyako-jima, Ishigaki-jima und Kume-jima). Der Pass muss außerhalb von Japan erworben werden, wobei eine Bestätigung der Weiterreise vorgelegt werden muss. Mit dem Pass spart man viel Geld im Vergleich zu Inlandsflügen, die man vor Ort bucht.

Praktische Informationen

Miyanouras hilfreiche **Touristeninformation** (☎0997-42-1019; 823-1 Miyanoura; ⏲8.30–17 Uhr) liegt an der Straße, die vom Hafen wegführt, und ist wegen seiner ausgefallenen Architektur nicht zu übersehen. Das Personal hilft dabei, eine Unterkunft zu finden, und beantwortet sämtliche Fragen zur Insel.

Anbō beherbergt eine kleinere **Touristeninformation** (Karte S. 846; ☎0997-46-2333; ⏲9–17.30 Uhr) in der ersten Gasse, die nördlich vom Fluss von der Hauptstraße abgeht.

Bargeld besorgt man am besten in einem der Postämter. Am praktischsten ist die Niederlassung in Miyanoura.

An- & Weiterreise

FLUGZEUG

Japan Air Commuter (JAC) fliegt ab Osaka, Fukuoka und Kagoshima nach Yakushima, von Kagoshima sogar mehrmals täglich.

Der **Flughafen** (屋久島空港; Karte S. 846; ☎0997-42-1200) der Insel liegt an der nordöstlichen Küste zwischen Miyanoura und Anbō. Jede Stunde halten dort Busse, aber eventuell kann man mit der Unterkunft vereinbaren, dass man abgeholt wird.

SCHIFF/FÄHRE

Einige der Tragflächenboote zwischen Kagoshima und Yakushima steuern unterwegs Tanegashima an. **Tane Yaku Jetfoil** (Karte S. 846; ☎in Kagoshima 099-226-0128, in Miyanoura 0997-42-2003; ⏲Mo–Fr 8.30–17.30, Sa & So bis 19 Uhr) betreibt täglich vier Toppy- und Rocket-Tragflächenboote zwischen Kagoshima (sie legen am Terminal der Schnellfähren im Süden des Minamifutō-Piers ab) und Miyanoura (9100 ¥, 1 Std. 50 Min. auf direktem Weg, 2 Std. 40 Min. mit einem Halt in Tanegashima). Außerdem gibt's jeden Tag zwei Verbindungen zwischen Kagoshima und Anbō auf Yakushima (2½ Std.). Es ist ratsam, im Vorfeld zu reservieren.

Die *Yakushima 2* fährt vom Minamifutō-Hafen in Kagoshima nach Miyanoura auf Yakushima (einfach/hin & zurück 4900/8900 ¥). Sie legt um 8.30 Uhr ab und braucht vier Stunden.

Die **Hibiscus** (フェリーはいびすかす; ☎ 099-261-7000) pendelt ebenfalls zwischen Kagoshima und Yakushima. Sie startet um 18 Uhr, legt über Nacht in Tanegashima an und erreicht Miyanoura um 7 Uhr am folgenden Morgen (einfach/hin & zurück 3600/7200 ¥). Für die Fähre ist keine Reservierung nötig. Los geht's am Taniyama-Pier in Kagoshima.

Unterwegs vor Ort

Alle ein bis zwei Stunden folgen Busse der Küstenstraße, die fast ganz um die Insel führt, doch nur wenige bedienen das Inland. Einzeltickets sind teuer, und man spart mit einem Yakushima Kotsu Free Pass viel Geld. Der Pass berechtigt zu unbegrenzter Nutzung von Yakushimas Kotsu-Bussen. Ein-/Zweitageskarten kosten 2000/3000 ¥ und sind am Flughafen, am **Hafen von Anbō** (Karte S. 846) und bei der Touristeninformation in Miyanoura erhältlich.

Wanderer aufgepasst: Um Staus und Umweltbelastung zu verhindern, muss man zum Arakawa-tozanguchi von März bis November am Parkplatz des Yakusugi-Museums in den **Arakawa-Bergbus** (hin & zurück 1740 ¥) umsteigen und das Ticket dafür mindestens einen Tag im Voraus kaufen. Achtung: Ein- und Zweitagestickets haben hierfür keine Gültigkeit.

Trampen ist ebenfalls möglich, aber am besten bringt man einen Internationalen Führerschein mit und mietet vor Ort ein Auto oder einen Motorroller. **Toyota Rent-a-Car** (☎ 0997-42-2000; https://rent.toyota.co.jp; bis zu 12 Std. ab 5250 ¥; ⏲ 8–20 Uhr) hat eine Filiale nördlich des Hafens in Miyanoura.

Tanegashima 種子島

☎ 0997 / 29 839 EW

20 km nordöstlich von Yakushima erstreckt sich Tanegashima, Standort des japanischen Luft- und Raumfahrtzentrums. Wegen ihrer entspannten Atmosphäre erfreut sich die lange Insel bei Surfern und Sonnenanbetern besonders großer Beliebtheit. Eher unrühmlich ist dagegen die Tatsache, dass schiffbrüchige Portugiesen hier 1543 die ersten Feuerwaffen ins Land einführten. Dank der guten Fährverbindungen lässt sich der Besuch wunderbar mit einem Ausflug nach Yakushima verbinden.

Der Hafen **Nishi-no-Omote** (西之表) liegt an der Nordwestküste, und der Flughafen befindet sich etwa auf halbem Weg nahe der Westküste. An der Ostküste findet man tolle Strände, viele Surfspots und einen Onsen.

Sehenswertes

Museum für Raumfahrt & Raumfahrttechnik MUSEUM
(宇宙科学技術館; ☎ 0997-26-9244; Kukinaga, Minamitane-chō; ⏲ Di–So 9.30–17.30 Uhr, geschl. wenn Raketen abgeschossen werden) GRATIS Tanegashimas Luft- und Raumfahrtzentrum an der spektakulären Südostküste der Insel ist eine große, parkartige Anlage mit Raketenabschussrampen und einem Museum zur Geschichte des japanischen Raumfahrtprogramms. Zu den Ausstellungsstücken gehören Modelle japanischer Raketen und einige Satelliten, die vor Ort abgeschossen wurden (mit bebilderten Erklärungen auf Englisch).

Busse fahren von Nishi-no-Omote direkt hierhin (2 Std.).

Takezaki-kaigan STRAND
(竹崎海岸) An der Küste unweit des Raumfahrtzentrums erstrecken sich ein paar, bei Surfern beliebte weiße Sandstrände. Beeindruckende Felsformationen prägen den besten Abschnitt vor dem Iwasaki Hotel. Vor der Unterkunft befindet sich eine Bushaltestelle.

Nagahama-kaigan STRAND
(長浜海岸) Außerdem liegt an der Westküste noch dieser 12 km lange Strand, der Surfer und eierlegende Meeresschildkröten anzieht.

Tanegashima Development Centre – Waffenmuseum MUSEUM
(種子島開発総総合センター・鉄砲館; ☎ 0997-23-3215; 7585 Nishi-no-Omote; Eintritt 420 ¥, Kombiticket 550 ¥; ⏲ 8.30–17 Uhr, am 25. jedes Monats geschl.) Obwohl ein Schwerpunkt des Museums auf Tanegashimas Beziehung zu Waffen liegt und Besucher eine hervorragende Sammlung antiker Schusswaffen bewundern können, dient diese Einrichtung gleichzeitig als Kultur- und Naturwissenschaftszentrum. Im Kombiticket ist der Eintritt zum rund 50 m entfernten interessanten Gessōtei-Samuraihaus enthalten. Besucher müssen vom Hafen aus so weit

ABSEITS DER ÜBLICHEN PFADE

IŌ-JIMA & TOKARA-RETTŌ

Zu bestimmten Zeiten sind die entlegenen Südwestinseln echte Oasen der Ruhe, in denen einem nur wenige andere Reisende begegnen. Wer jedoch wirklich allem entfliehen möchte, muss einfach nur die richtige Fähre nehmen und sich z. B. auf **Iō-jima** (硫黄島), einer kleinen bambusbewachsenen Insel in der Präfektur Kagoshima mit einem schwelenden Vulkan und zwei hervorragenden Onsen am Meer, absetzen lassen. Die **Mishima-Fähre** (フェリーみしま; ☎ 099-222-3141) steuert das Eiland von Kagoshima aus an. In der Stadt startet außerdem die **Toshima-Fähre** (フェリーとしま; ☎ 099-222-2101) zum **Tokara-rettō** (トカラ列島), einem Archipel aus sieben bewohnten und fünf unbewohnten Inseln zwischen Yakushima und Amami-Ōshima. Hier kann man nach Herzenslust wandern, angeln und in Onsen baden. Selbst für Japaner fühlen sich die beiden Ziele wie das Ende der Welt an.

wie möglich geradeaus den Berg hinaufgehen. Das Gebäude erinnert an das Heck einer alten Galeone.

Gessōtei HISTORISCHES GEBÄUDE
(月窓亭; ☎ 0997-22-2101; http://gessoutei.blogspot.com; 7528 Nishi-no-Omote; 200 ¥; ⏲ 9–17 Uhr, am 25. des Monats geschl.) Am Südrand der Ruinen der Akaogi-Burg steht dieses erhaltene Samuraihaus mit Garten, in dem einige kulturelle Exponate ausgestellt sind. Ein kurzer Infofilm auf Englisch, von einheimischen Studenten gedreht, wird gezeigt, dazu gibt es Tee und einen kleinen Snack.

Aktivitäten

Akaogi-no-Yu ONSEN
(赤尾木の湯; ☎ 0997-22-1555; http://araki-hotel.co.jp; 78 Nishimachi, Nishi-no-Omote; Einzeleintritt/Tagesticket 800/1000 ¥; ⏲ 6–23 Uhr) Nur fünf Gehminuten vom Hafen Nishi-no-Omote entfernt liegt dieser prächtige neue Onsen, der Entspannung nach einem Tag auf dem Surfbrett oder in der Sonne verspricht. Ein eigenes Handtuch mitbringen. Oder man erfrischt vor oder nach einer Fährfahrt seine Füße im kostenlosen Fußbad.

Nakatane-chō Onsen Center ONSEN
(中種子町温泉保養センター; ☎ 0997-27-9211; 5542 Sakai, Nakatane; 300 ¥; ⏲ Fr–Mi 11–20 Uhr) Zu dieser heißen Quelle bei Kumano-kaigan mit Blick auf den Ozean bringt man seine eigenen Badesachen mit. Dank der deckenhohen Spiegelgläser kann man sich unbeobachtet im Wasser entspannen und den Blick auf die vorgelagerten Felsformationen im Meer genießen. Die nächste Bushaltestelle ist Kumano-kaisuiyokujō; wer mit dem Auto anreist, folgt der Beschilderung zum Onsen Kumano.

Schlafen & Essen

Fast alle Traveller übernachten im Hafenort Nishi-no-Omote. Wer sich nicht in Nishi-no-Omote einquartiert, bucht am besten gleich die Mahlzeiten in seiner Unterkunft.

Nagareboshi MINSHUKU ¥
(流れ星; ☎ 0997-23-0034; www.t-shootingstar.com; 7603-10 Nishi-no-Omote; Zi. mit Gemeinschaftsbad & Frühstück ab 3500 ¥; P ❄ @ 📶) Eine nette Frau, die Englisch spricht, betreibt das super entspannte Nagareboshi mit sauberen, großen Zimmern. Wer dort unterkommen möchte, folgt der Pier-Straße in Nishi-no-Omote bis zur Ampel und rechts am Postamt vorbei. Dann geht's bergauf und am Ende der Treppe nach rechts. Bei dem Schild oben biegt man rechts zum Tempel ab.

Miharu-sō RYOKAN ¥¥
(美春荘; ☎ 0997-22-1393; 7486-6 Nishi-no-Omote; Zi. pro Pers. inkl. Frühstück 5500 ¥; P ⊖ ❄ 📶) In dem *ryokan* in Nishi-no-Omote, einem Familienbetrieb, stehen ordentliche Zimmer im japanischen Stil zur Verfügung. Sie sind gemütlich und lichtdurchflutet. Wer Japanisch spricht, kann den Besitzer zu den Surfspots in der Umgebung befragen – notfalls gibt's Erklärungen mit Händen und Füßen.

East Coast BUNGALOWS ¥¥
(イーストコースト; ☎ 0997-25-0763; www.eastcoast.jp; 140-2 Anjō; EZ/DZ/DBZ ab 2700/5400/8100 ¥, große Hütte 13 000 ¥; P) Die beiden lauschigen, voll ausgestatteten Bungalows unweit des lokalen Surfspots stehen (Überraschung) an der Ostküste *(east coast)* von Tanegashima. Ohne Reservierung geht nichts. Der Besitzer ist ein japanischer Surfer, der Englisch spricht und auch ein tolles Café auf dem Gelände betreibt. Dort bekommt man einfache Klassiker, wie Curry und gebratenen Reis mit Garnelen (geöffnet Do–Di 11–18 Uhr).

Koryōri Shirō IZAKAYA ¥¥
(小料理しろう; ☎0997-23-2117; 24-6 Higashi-chō; Gerichte ab 500 ¥; ⏱17–23 Uhr; 📵) In dem netten kleinen *izakaya* (japanische Kneipe) östlich der Postfiliale in Nishi-no-Omotes Hauptstraße werden köstliche Gerichte wie *sashimi teishoku* (Sashimimenü; 1200 ¥) serviert. Man erkennt das Koryōri Shirō an den Pflanzen vor der Tür und den blau-weißen *noren* (Türvorhängen); es liegt an der Hauptstraße, östlich der Post.

Praktische Informationen

Das hilfreiche **Informationsbüro** (種子島観光案内所; ☎0997-23-0111; ⏱9–17 Uhr) der Insel ist am Pier von Nishi-no-Omote im Warteraum des Büros der Fährgesellschaft untergebracht. Die Straße, die von der Anlegestelle wegführt, endet am Postamt; dort findet man einen internationalen Geldautomaten.

An- & Weiterreise

Japan Air Commuter (JAC) fliegt sechsmal täglich von Kagoshima nach Tanegashima (ca. 30 Min.).

Je nach Jahreszeit betreibt **Tane Yaku Jetfoil** (S. 850) täglich mindestens fünf Schnellfähren (7100 ¥, 1½ Std.) zwischen Kagoshima und Tanegashima. Die **Hibiscus-Fähre** (S. 851) verkehrt jeden Abend zwischen Kagoshima und Tanegashima (3500 ¥, 3 Std. 40 Min.).

Unterwegs vor Ort

Leider verkehren vor Ort nur wenige Busse. Wer das Eiland ausgiebig erkunden möchte, sollte ein Auto, einen Roller oder zumindest ein gutes Trekkingrad mieten.

Eine Autovermietung gibt's in der Ankunftshalle des Flughafens, dazu einige Agenturen in der Nähe des Hafens in Nishi-no-Omote.

AMAMI-INSELN 奄美諸島

Der südlichste Archipel der Präfektur Kagoshima ist Amami-shotō. Am nördlichen Ende liegt Amami-Ōshima, größte Insel der Gruppe und Hauptverkehrsknotenpunkt. Herrliche Traumstrände und dichter Dschungel machen sie sehr beliebt. Auf den übrigen Inseln wird hauptsächlich Zuckerrohr angebaut, doch neben schönen, ruhigen Stränden und wenig besuchten Tauchstellen haben sie auch einen entspannten Charme. Tokunoshima ist berühmt für sein *itōgyū* (Stiersumo). Okinoerabu-jima hat spannende Höhlen und riesige Bengalische Feigenbäume zu bieten, das winzige Yoron-tō pflegt inbrünstig seine einzigartige Kultur und seinen Dialekt.

Amami-Ōshima 奄美大島

☎0997 / 61 291 EW.

Amami-Ōshima (奄美大島) ist Japans drittgrößte vorgelagerte Insel nach Okinawa-hontō und Sado-ga-shima. Im ganzjährig subtropisch-milden Klima gedeiht eine ungewöhnliche Flora und Fauna: Hier ist beispielsweise das Ryukyu-Kaninchen (奄美野黒兎) beheimatet, dazu Baumfarne und Mangroven. Die Küste besteht aus einer schier endlosen Abfolge großer und kleiner Buchten, immer wieder gespickt mit weißen Sandstränden, die alle in dichten Regenwald abfallen und Amami-Ōshima zu einer spannenden Alternative zu den Eilanden weiter südlich machen.

Verwirrenderweise wird der Haupt- und Hafenort an der Nordküste sowohl Amami-shi als auch Naze (名瀬) genannt.

Sehenswertes

Amami-Ōshima lässt sich großartig mit einem Reiserad oder Mietwagen erkunden. Die Küstenstraße nach **Uken** (宇検) im Westen der Insel lockt mit einigen wunderschönen Abschnitten. Eine Alternative ist die Straße 58 nach **Koniya** (古仁屋) Richtung Süden. Von hier geht's nach Südosten weiter zum beeindruckenden **Honohoshi-kaigan** (ホノホシ海岸), einem felsigen Strand. Darüber hinaus kann man die Fähre zur kleinen Insel **Kakeroma-jima** (加計呂麻島) nehmen, die einige flache Sandstreifen hat. Die schönsten Strände liegen am nördlichen Ende der Insel.

Ōhama-kaihin-kōen STRAND
(大浜海浜公園; Karte S. 854) Am wundervollen Ōhama-kaihin-kōen erstreckt sich der Wald bis hinab zum weißen Sandstrand und türkisfarbenen Wasser. Der Strand ist zum Schwimmen, Schnorcheln, Kajakfahren und Angeln beliebt. Da er am dichtesten bei Naze liegt, kann es im Sommer voll werden, aber er ist gut zu erreichen und bietet viel Platz. Von Amami fahren Busse mit dem Ziel Ōhama bis zur Haltestelle Ōhama (400 ¥).

Sakibaru-kaigan STRAND
(崎原海岸; Karte S. 854) Dieser herrliche Strand liegt 4,5 km nördlich von Kise (ca. 20 km nordöstlich von Naze) auf einer Landzunge. In Amami nimmt man einen Bus Richtung Sani bis Kiseura (950 ¥) und geht dann zu Fuß weiter. Für Autofahrer ist der Sakibaru-kaigan nahe der Hauptstraße

Amami-Ōshima

Amami-Ōshima

Sehenswertes
1 Amami-no-Sato ... D2
2 Ōhama-kaihin-kōen ... C2
3 Sakibaru-kaigan ... D1
4 Tomori-kaigan ... D1

Schlafen
5 Minshuku Sango Beach ... B2
6 Native Sea Amami ... D2
7 Pension Green Hill ... D2

Essen
Surf x Cafe Green Hill ... (siehe 7)

Praktisches
8 Touristeninformationsschalter ... D2

Transport
9 A Line Ferry ... C2
Marix Line ... (siehe 9)
Times Car Rental ... (siehe 8)

auf Englisch ausgeschildert, allerdings muss man sich auf sehr enge Straßen einstellen.

Tomori-kaigan STRAND
(土盛海岸; Karte S. 854) Der Tomori-kaigan ist leicht zu erreichen, indem man in Naze mit dem Bus Richtung Sani bis zur Haltestelle Tomori (1210 ¥) fährt. Er wartet mit tollem weißem Sand und großartigen Schnorchelmöglichkeiten auf: Vor Ort führt ein Kanal raus zum Riff. Der Strand liegt rund 3 km nördlich vom Flughafen.

Amami-no-Sato MUSEUM
(奄美の郷; Karte S. 854; ☎ 0997-55-2333; www.amamipark.com; 1834 Setta, Kasari-chō; Eintritt 620 ¥; ⏰ 9–18, Juli & Aug. bis 19 Uhr, 1. & 3. Mi im Monat geschl.) Die meisten Erklärungen sind auf Japanisch, das Museum zur Kultur- und Naturgeschichte ist dennoch faszinierend (Multimedia macht's möglich!), auch wenn

die Feinheiten verloren gehen. Kurze Filme illustrieren inseltypische Traditionen, Musik und Dioramen. Das Kulturzentrum dient auch als Kunstmuseum mit den Werken von Tanaka Isson und gehört zum Amami-Park, mit dem Bus fünf Minuten vom Flughafen entfernt.

Schlafen

★ Minshuku Sango Beach MINSHUKU ¥¥
(民宿さんごビーチ; Karte S. 854; ☎0997-57-2580; sangobeach0315@gmail.com; 68 Kuninao; Zi. inkl. 2 Mahlzeiten ab 6800 ¥ pro Pers; P ❄ @) Diese lässige traditionelle japanische Bleibe an einem herrlichen Sandstrand ist wunderbar friedlich. Sie verfügt über sechs Doppelhaushälften. Gespeist wird mit Blick zum Meer. Wer vom Fährhafen oder aus Naze abgeholt werden möchte, ruft einfach vorher an. Vom Flughafen nimmt man einen Bus nach Naze, steigt an der Haltestelle West-Court-mae aus und wartet darauf, abgeholt zu werden.

Pension Green Hill PENSION ¥¥
(ペンショングリーンヒル; Karte S. 854; ☎0997-62-5180; www.greenhill-amami.com; 1728-2 Akaogi, Tatsugō-chō; EZ/DZ mit 2 Mahlzeiten 9720/17 280 ¥; P ❄ @ 📶) Bei japanischen Surfern steht die gastfreundliche Pension hoch im Kurs. Sie bietet einen Blick aufs Meer (und den hiesigen Surf Break, Tebiro Point) sowie westliche und japanische Zimmer, einige mit Loft. Das Green Hill liegt 30 Minuten vom Flughafen entfernt. Zum Strand sind es nur ein paar Minuten. Auf Wunsch kann im Vorfeld organisiert werden, dass man abgeholt wird.

Amami Sun Plaza Hotel BUSINESSHOTEL ¥¥
(奄美サンプラザホテル; ☎0997-53-5151; www.amami-sunplaza.co.jp; 2-1 Minato-machi; EZ/DZ inkl. Frühstück ab 6500/9500 ¥; P ⊖ ❄ @ 📶) Im Zentrum von Naze, nur 10 Gehminuten vom Hafen entfernt und in unmittelbarer Nähe einiger lokaler Restaurants, befindet sich dieses blitzsaubere, komfortable und einladende Businesshotel – das beste in seiner Kategorie. Es ist sehr praktisch, wenn man frühmorgens die Fähre erwischen muss.

Native Sea Amami HOTEL ¥¥¥
(ネイティブシー奄美; Karte S. 854; ☎0997-62-2385; www.native-sea.com; 835 Ashitoku, Tatsugō-chō; pro Pers. inkl. 2 Mahlzeiten ab 16 200 ¥; P ❄ @ 📶) Das Tauchschulenresort 28 km östlich von Naze (bzw. 3 km von der Bushaltestelle Akaogi) hat bequeme westliche Unterkünfte mit Holzböden in Gebäuden, die auf einem Felsvorsprung über einer hübschen Bucht thronen. Die Gästezimmer haben einen prächtigen Weitblick über die Bucht und Zugang zu einem hübschen flachen Strand unterhalb des Hotels. Romantischer sind die geräumigen Zimmer mit Strandzugang im Anbau, dem Petit Resort (プチリゾート) ca. 100 m weiter die Straße hinab.

Essen

Am besten bucht man die Mahlzeiten in seiner Unterkunft. Alternativ kann man in Naze Lebensmittel für Zwischenmahlzeiten und Picknicks einkaufen, wenn man kein Mietauto hat. Außerhalb der Stadt gibt's nur vereinzelt Läden, die recht weit weg sind.

TAUCHEN AUF DEN SÜDWESTINSELN

Die Südwestinseln sind auch unter der Wasseroberfläche traumhaft: sie bieten genau die richtige Kulisse für spektakuläre Tauchgänge, bei denen man eine beeindruckende Artenvielfalt vor die Brille bekommt. Walhaie, Mantarochen, Seeschlangen, Schildkröten und Korallen gehören zur Standardbesetzung. Schiffswracks, Höhlensysteme, mysteriöse Ruinen oder ungewöhnliche Gesteinsformationen machen das Ganze noch interessanter.

Hier zu tauchen ist teurer als sonst in Südostasien, dafür ist die Ausrüstung gewöhnlich sehr hochwertig. Wer noch keinen Tauchschein hat, kann erst mal einen Schnupper- oder Tauchkurs für Anfänger machen. Um Ausrüstung auszuleihen, muss man sein Gewicht kennen sowie die Körper- und Schuhgröße (in cm) angeben können.

Hier ein paar Anbieter, bei denen Englisch gesprochen wird:

Penguin Divers (S. 875), Miyako-jima

Piranha Divers (S. 869), Okinawa-hontō

Umicoza (S. 882), Ishigaki-jima

Yonaguni Diving Service (S. 891), Yonaguni-jima

Okonomiyaki Mangetsu OKONOMIYAKI ¥
(お好み焼き満月; ☎0997-53-2052; 2-2 Irifune-chō; Gerichte 1000 ¥; ⏲12–2 Uhr; 📖) Mit hervorragenden *okonomiyaki* (Pfannkuchen aus Teig und Kohl vom Backblech) lockt das gute Restaurant in Naze jede Menge Einheimische an. Fleischliebhabern empfehlen wir die *kurobuta*-Platte (eine Mischung aus Schweinefleisch, Garnelen und Tintenfisch; 1260 ¥) und Vegetariern das *isobecchi* (*mochi*-Reis und Nori-Seetang; 750 ¥). Es gibt eine bebilderte Speisekarte.

Surf x Cafe Green Hill CAFÉ ¥
(Karte S. 854; ☎0997-62-3131; http://greenhill-amami.com/cafe; 1728-2 Akaogi, Tatsugō-chō; Mahlzeiten 900–1200 ¥; ⏲10–22 Uhr) Im geräumigen, entspannten Café der Pension Green Hill gibt (natürlich) Reggae musikalisch den Ton an und auf der Speisekarte stehen japanische Surferklassiker, wie grünes Curry und Tom-Yum-*rāmen*. Für alle, die ohne Auto unterwegs sind, ist es im Prinzip die einzige Adresse für ein Abendessen in der Gegend. Die Terrasse eignet sich toll für das eine oder andere Bier nach einem Strandtag.

Hokorashi-ya IZAKAYA ¥¥
(誇羅司屋; ☎0997-52-1158; 13-6 Irifune-chō; Mahlzeiten 3000 ¥; ⏲17.30–24 Uhr; 📖) Atmosphärisches *izakaya* in „Downtown-Naze". In der Küche werden Köstlichkeiten aus Amami zubereitet, z. B. *aosa-no-tempura* (Fisch- und Krustentierküchlein, die in einem Süßwassertangteig gebraten werden; 600 ¥) und regionaler *chāhan* (gebratener Reis mit Bonitostücken und Ei; 800 ¥), aber auch Sushi und Sashimi. Es gibt eine bebilderte Speisekarte.

Praktische Informationen

Einen einfachen **Infoschalter** (Karte S. 854; ☎0997-63-2295; ⏲8–17.30 Uhr) findet man in der Ankunftshalle des Flughafens.

An- & Weiterreise

Von Amami-Ōshima bestehen Flugverbindungen nach Tokio, Osaka, Fukuoka und Kagoshima mit Japan Airlines (JAL) oder JAC.

Ryukyu Air Commuter (RAC) verkehrt einmal täglich zwischen Naha und Amami-Ōshima. Außerdem gibt's Flüge zwischen Amami-Ōshima und den anderen Inseln des Archipels.

Die Fährlinien Marix und A Line betreiben Fähren auf denselben Strecken zu den gleichen Preisen, allerdings an verschiedenen Tagen. Wenn das Schiff des einen Unternehmens zum Wunschtermin nicht verkehrt, bucht man einfach eines der anderen Gesellschaft.

Marix (マリックスライン; Karte S. 854; ☎in Amami 0997-53-3112, in Kagoshima 099-225-1551; www.marix-line.co.jp) und **A Line** (Karte S. 854; ☎in Amami 099-222-2338, in Kagoshima 099-226-4141; www.aline-ferry.com) betreiben im Monat vier bis fünf Fähren von Osaka/Kobe (15 120 ¥, 29 Std.) sowie täglich Fähren nach und von Kagoshima (9050 ¥, 11 Std.) und Naha (9570 ¥, 13 Std.).

Unterwegs vor Ort

Auf Amami-Ōshima sind viele Busse unterwegs, aber wer einen Internationalen Führerschein besitzt, ist mit einem Leihwagen besser beraten. **Times Car Rental** (タイムズレンタカー; Karte S. 854; ☎0997-63-0240; 467 Kasari-chō; ⏲8–19 Uhr) hat eine Filiale in Amami und eine weitere gegenüber dem Flughafen und vermietet kleine Autos ab 5500 ¥.

Der winzige Flughafen der Insel liegt am nordöstlichen Ende. Knapp stündlich fahren Busse auf die Flugzeiten abgestimmt von Naze aus zum Flughafen (1100 ¥, 55 Min.).

Tokunoshima 徳之島

☎0997 / 23 513 EW.

Tokunoshima (徳之島), die zweitgrößte Insel der Amami-Gruppe, lockt mit interessanten Felsformationen und schönen Stränden. Außerdem ist sie bekannt für ihre **tōgyū** (闘牛, Stier-Sumo), die hier seit über 500 Jahren stattfinden. Zu den weiteren Attraktionen zählen die Tauch- und Schnorchelplätze sowie Aussichten, die bisweilen Assoziationen mit Hawaii hervorrufen.

An der Ostküste erstrecken sich der große Hafen **Kametoku-kō** (亀徳港) und der Hauptort **Kametsu** (亀津), der Flughafen liegt unweit des kleineren Hafens **Hetono** (平土野) an der Westküste.

Sehenswertes

Wer sich für Stierkämpfe interessiert, findet auf Tokunoshima 13 offizielle *tōgyū*-Arenen. Beim *tōgyū* werden die Tiere von Menschen angestachelt, die Kämpfe sind aber unblutig und enden, sobald ein Bulle klein beigibt und sich zurückzieht. Das Ganze erinnert an einen achtbeinigen Sumokampf und hat wenig mit dem zu tun, was wir von europäischen Stierkämpfen kennen. Die drei größten Kämpfe sind im Januar, Mai und Oktober zu sehen – detaillierte Infos dazu gibt's bei der Touristeninformation.

Mehrere reizvolle Strände säumen die Küste.

Mushiroze STRAND
(ムシロ瀬) 9 km nördlich des Flughafens an der Nordwestspitze der Insel stößt man auf Mushiroze, eine interessante Ansammlung von Felsen, die das Meer glattgespült hat. Die Steine eignen sich wunderbar für ein Picknick. An stürmischen Tagen vorsichtig sein, da sich die Wellen mit viel Kraft am Strand brechen.

Innojō-futa AUSSICHTSPUNKT
(犬の門蓋) Bei den Innojō-futa an der Nordwestküste der Insel handelt es sich um bizarr erodierte Korallenriffe, die mit ihrer Form ein bisschen so aussehen wir eine riesige Brille. Den Wegweiser an der Hauptstraße 10 km südlich des Flughafens übersieht man leicht. Von der Abzweigung in das Labyrinth aus Zuckerrohrfeldern ist die Sehenswürdigkeit sporadisch auf Kanji ausgeschildert.

Aze-Prince-Strand STRAND
(畦プリンスビーチ) Nahe der Bushaltestelle Aze/Fruits Garden an der Nordostküste liegt dieser traumhafte Strand vor einem schlichten Park.

Schlafen & Essen

Wer in Hafen- und Restaurantnähe unterkommen möchte, bleibt besser in Kametoku. Mit einem eigenen Fahrzeug ist Kanami-sō allerdings die ruhigere und rustikalere Option direkt am Strand.

Tokunoshima bietet nicht viele Lokale. Die meisten findet man in Kametsu.

Zeltplatz Aze ZELTPLATZ
(畦キャンプ場; P) GRATIS Der hübsche kleine Campingplatz am Aze Prince Beach hat Duschen und ansprechende mit Gras bewachsene Stellplätze. Ein Weg führt zum privaten Strand der Anlage.

★ **Pension Shichifukujin** MINSHUKU ¥
(ペンション七福人; ☎0997-82-1126; 1637-3 Kametoku; EZ/DZ 3500/4500 ¥; P ❄ 📶) Gäste der von einer herzlichen Familie geführten Pension an einem Hang dürfen sich auf geräumige, komfortable Zimmer im japanischen und westlichen Stil freuen. Dazu gibt es einen netten Küchenbereich, außerdem bekommt man bei einem längeren Aufenthalten Rabatt. Wer zwei Mahlzeiten pro Tag möchte, muss dafür pro Person 1600 ¥ mehr bezahlen. Nach vorheriger Absprache wird man gratis vom Hafen abgeholt; wer auf eigene Faust anreist, folgt der türkisfarbenen Beschilderung.

Kanami-sō MINSHUKU ¥¥
(金見荘; ☎0997-84-9027; www.kanamiso.com; Zi. pro Pers. inkl. 2 Mahlzeiten mit/ohne Bad 9180/7560 ¥; P ❄ @ 📶) Im Dorf Kanami an der Nordostspitze der Insel liegt eine nette Taucherbleibe mit einem tollen Strandschnorchelspot direkt vor der Haustür. Einige der oberen Zimmer warten mit einem weiten Ausblick auf. Bucht man einen der günstigeren Räume, muss man mit Gemeinschaftsbädern vorliebnehmen. In der Küche werden gern *ise ebi ryōri* (Gerichte mit japanischem Hummer) zubereitet.

Praktische Informationen

Die Angestellten der kleinen **Touristeninformation** (徳之島観光協会; ☎0997-82-0575; ⏲Mo–Sa 9–17.30 Uhr) im Fährhafengebäude stellen Besuchern eine ausführliche japanischsprachige Inselbroschüre und eine einfachere Version auf Englisch zur Verfügung. Sie vermitteln auch Unterkünfte, allerdings sollte man sein Zimmer besser vorab reservieren.

Anreise & Unterwegs vor Ort

Von Tokunoshima verkehren mehrere Flieger nach Kagoshima (JAL) und Amami-Ōshima (JAC).

Darüber hinaus erreicht man die Insel mit den Fähren von Marix (S. 860) und A Line (S. 860). Diese pendeln zwischen Kagoshima (einige kommen auch aus Honshū) und Naha. Fähren des Unternehmens Amami Kaiun sind zwischen Kagoshima und Okinoerabu-jima unterwegs.

Es gibt in den beiden Hafenbezirken Hetono und Kametoku Bushaltestellen, von denen aus die gesamte Insel bedient wird, doch mit einem Mietwagen, Motorroller oder Reiserad ist man flexibler. **Toyota Rentacar** (トヨタレンタカー; ☎0997-82-0900; ⏲9–18 Uhr) liegt direkt am Kametoku-Hafenpier. Weitere Anbieter findet man beim Flughafen.

Okinoerabu-jima
沖永良部島

☎0997 / 13 008 EW.

33 km südwestlich von Tokunoshima erstreckt sich diese von Zuckerrohrfeldern bedeckte Insel. Sie besitzt einige hervorragende Strände, interessante Felsformationen an der Küste und eine tolle Kalksteinhöhle.

Im Hauptort **Wadomari** (和泊) scheint die Zeit stehen geblieben zu sein. Der Flughafen liegt an der Ostspitze der Insel. Auch der 6 km entfernte **Hafen von Wadomari** (和泊港) ist an der Ostküste zu finden.

Sehenswertes

Auf der Insel erstrecken sich fantastische, größtenteils menschenleere Strände, von denen viele mit interessanten geologischen Formationen aufwarten. Darunter befinden sich auch einige recht unbekannte kleine Sandstreifen jenseits der Uferstraße zwischen dem Kalksteinloch Fūcha und dem Flughafen. Darüber hinaus steht hier der größte Banyan-Baum Japans.

Tamina-misaki AUSSICHTSPUNKT
(田皆岬) An diesem Kap an der Nordwestspitze von Okinoerabu-jima ragt ein 40 m hohes steiles Korallenriff aus dem Meer empor. Ein aufregender Punkt, um in die Brandung zu schauen und zu sehen, wie die Wellen durch die Felsformationen peitschen.

Fūcha AUSSICHTSPUNKT
(フーチャ) Im Nordosten der Insel stößt man auf ein 10 m tiefes Kalksteinloch namens **Fūcha** (フーチャ), aus dem an windigen Tagen eine Wassersäule in die Höhe schießt.

Shōryū-dō HÖHLE
(昇竜洞; ☎0997-93-4536; 1520 Yoshino; 1100 ¥; ⌚9–17 Uhr) An den südwestlichen Ausläufern des Ōyama – das ist der Berg im Westen – kann man diese faszinierende Kalksteinhöhle erkunden. Die Shōryū-dō lockt auf 600 m Länge mit mehreren beleuchteten Wegen und verschiedenen Erzählungen auf Japanisch. Von der Küstenstraße im Südwesten aus liegt sie ein paar Kilometer landeinwärts.

Schlafen & Essen

Wadomari ist keine aufregende Stadt, aber die günstigste zum Übernachten, da hier die Infrastruktur am besten ist.

Viele Lokale öffnen nur am Abend oder für eine begrenzte Zeit über Mittag, sodass man entsprechend planen muss.

NICHT VERSÄUMEN

SCHÖNSTE STRÄNDE

- Ida-no-hama, Iriomote-jima (S. 885)
- Sunset Beach, Ishigaki-jima (S. 882)
- Sunayama Beach, Miyako-jima (S. 875)
- Nishibama Beach, Aka-jima (S. 870)
- Furuzamami Beach, Zamami-jima (S. 872)

Zeltplatz Okidomari ZELTPLATZ
(沖泊キャンプ場; P) GRATIS Ein hervorragender Campingplatz am Okidomari Kaihinkōen mit Duschen und großen grasbewachsenen Stellflächen im Schatten von Bäumen. Der Platz befindet sich neben einem kleinen Hafen. Am Strand bekommt man einige interessante pilzähnliche Korallenformationen zu sehen.

Azuma Hotel HOTEL ¥¥
(観光ホテル東; ☎0997-92-1283; 568 Wadomari; 2BZ inkl./ohne Mahlzeiten 14 000/9000 ¥; P ❄) Das Wadomari-Hotel in der Innenstadt bietet einen kostenlosen Abholservice vom Hafen oder Flughafen und Zimmer in einem ruhigen Gebäude ein wenig abseits der Straße an. Nicht von der in die Jahre gekommenen Lobby abschrecken lassen: Das Hotel ist freundlich und die Zimmer sind einfach und gemütlich.

Mōri Mōri IZAKAYA ¥¥
(もおりもおり; ☎0997-92-0538; 582 Wadomari; Mahlzeiten ab 1500 ¥; ⌚Mo–Sa 17–24 Uhr) In diesem sehr netten *izakaya* in Wadomari werden auch kleine Gerichte, wie *gōyā champurū* (pfannengerührte Bittermelone; 500 ¥), angeboten. Vielleicht schafft es ja irgendwann jemand, den lokalen Biertrinkrekord zu brechen, der bei unter drei Sekunden liegt. Das Lokal ist nicht ganz leicht zu finden: Von der Einkaufsstraße Menshiori (aus Richtung Hafen kommend) geht's in die erste Straße nach rechts, danach in die erste nach links. Dann nach einer Ladenfassade aus dunklem Holz Ausschau halten.

Sō IZAKAYA ¥¥
(草; ☎0997-92-1202; 512-7 Tedechina; Mahlzeiten ab 1800 ¥; ⌚17–24 Uhr) Wer vom Ortskern Richtung Hafen schlendert, stößt in der Hauptstraße hinter der Brücke auf ein nachgebildetes Wasserrad vor einem Eckrestaurant. Hinter der Tür verbirgt sich ein Kneipenlokal, das einige interessante lokale Spezialitäten, darunter *yagi-jiru* (Suppe mit Ziegenfleisch; 800 ¥) und *yachimochi* (mit schwarzem Zucker gebackener Reiskuchen; 650 ¥) sowie typische *izakaya*-Gerichte auftischt.

Praktische Informationen

Am Hafen von Wadomari findet man in der zweiten Etage des Terminalgebäudes eine kleine **Touristeninformation** (☎0997-92-2901; ⌚8.30–17 Uhr) gleich neben dem Verkaufsschalter für Fährtickets.

Anreise & Unterwegs vor Ort

Nach Okinoerabu bestehen Flugverbindungen mit JAC von Kagoshima, Amami-Ōshima und Yoron-tō.

Darüber hinaus erreicht man die Insel mit Fähren von Marix (S. 860) und A Line (S. 860), die zwischen Kagoshima (mache starten auch von einem Hafen in Honshū) und Naha verkehren.

Die Insel verfügt über ein gutes Busnetz, aber mit einem Mietwagen, Roller oder Reiserad ist man flexibler. **Toyota Rentacar** (トヨタレンタカー; ☎0997-92-2100; ⊙9–18 Uhr) liegt gegenüber vom Flughafen.

Yoron-tō 与論島

☎0997 / 5190 EW.

Bilderbuchstrände mit weißem Sternensand und große Korallenriffe säumen Yoron-tō, eine der schönsten Inseln im Südwesten. Die südlichste Insel der Präfektur Kagoshima ist nur 5 km breit. An Tagen mit klarer Sicht sieht man von hier aus Okinawas nördlichste Spitze, das 23 km weiter südwestlich gelegene Hedo-misaki (Hedo-Kap).

Der Hafen befindet sich neben dem Flughafen am Westende der Insel, und der Hauptort **Chabana** (茶花) erstreckt sich 1 km weiter östlich.

Sehenswertes

Schöne Strände säumen die Insel. Die besten Tauchstellen liegen vor der Nordwest- und der Südwestküste.

★ Yoron Minzoku-mura MUSEUM

(与論民族村; ☎0997-97-2934; http://minzokumura.jp; 693 Higashi-ku; 400 ¥; ⊙9–18 Uhr) Das hervorragende Museum am südöstlichen Ende der Insel besteht aus mehreren traditionellen, strohgedeckten Wohn- und Lagerhäusern, in denen Exponate zur Kultur und Geschichte Yoron-tōs gezeigt werden. Wenn möglich, sollte man jemanden mitbringen, der aus dem Japanischen übersetzen kann, denn der Inhaber weiß unglaublich viel Interessantes über die Lokalgeschichte und den hiesigen Dialekt zu erzählen.

Southern Cross Center MUSEUM

(サザンクロスセンター; ☎0997-97-3396; 3313 Ritchō; 400 ¥; ⊙9–18 Uhr) Einen kurzen Fußweg von der Bushaltestelle Ishini (石仁) entfernt und 3 km südöstlich von Chabana widmet sich das in einem Wachturm untergebrachte Southern Cross Center der Geschichte und Kultur auf Yoron-tō und den Amami-Inseln. Nach Süden bietet es einen guten Blick auf Okinawa. Seinen Namen verdankt es der Tatsache, dass Yoron-tō die nördlichste Insel Japans ist, von wo aus das Sternbild Kreuz des Südens gesichtet werden kann.

NICHT VERSÄUMEN

BESTE TAUCHSTELLEN

- Yonaguni-jima (S. 890)
- Kerama Islands (S. 870)
- Ishigaki-jima (S. 879)
- Iriomote-jima (S. 885)

Terasaki-kaigan STRAND

(寺崎海岸) Terasaki-kaigan an der Nordostküste ist ein ganz typischer Amami-Strand mit weißem Sand, Felsnasen und aquamarinblauem Wasser.

Oganeku-kaigan STRAND

(大金久海岸) Dieser beliebte Strand an der Ostküste der Insel ist der schönste in ganz Yoron-tōs. Rund 500 m vorgelagert liegt **Yurigahama** (百合ヶ浜), ein überwältigender weißer Sandstreifen, der bei Flut komplett im Wasser verschwindet und bei Ebbe voller Sternensand wieder auftaucht. Boote (hin und zurück 2000 ¥) bringen Besucher zweimal am Tag vom einen zum anderen Strand.

Schlafen

Chabana ist die größte Stadt auf Yoron-tō und der beste Ausgangspunkt, um die Insel zu erkunden.

Shiomi-sō MINSHUKU ¥

(汐見荘; ☎0997-97-3582, 0997-97-2167; 2229-3 Chabana; Zi. ohne Bad inkl. 2 Mahlzeiten 5940 ¥ pro Pers.; P ❄ @) Bei jungen Travellern erfreut sich diese entspannte *minshuku* großer Beliebtheit. Sie hat ein paar Zimmer im westlichen und japanischen Stil. Es gibt nur Gemeinschaftsbäder. Wer der Hauptstraße vom Hafen in Chabana bergauf gen Norden aus dem Ort hinaus folgt, stößt nach der Abzweigung an der linken Seite auf das niedliche, kleine, weiße Gebäude. Wenn man vorher anruft, wird man abgeholt.

★ Pricia Resort HOTEL ¥¥¥

(プリシアリゾート; ☎0997-97-5060; www.pricia.co.jp; 358-1 Ritchō; Zi. inkl. Frühstück ab 10 800 ¥ pro Pers; P ❄ @ 📶 🏊) Nicht weit vom Flughafen lockt das Pricia Resort mit hübschen weißen Hütten, die an Unterkünfte auf Mykonos in Griechenland erinnern. Am besten entscheidet man sich für eine der Kategorie-B-Einheiten am Strand. Die luftigen westlichen Zimmer und die Bäder mit Whirlpools ziehen viele japanische Taucher und urlaubende US-Soldaten aus Okinawa an. Vor Ort kann man zahlreiche Freizeitvergnügungen buchen, darunter Windsurfen, Schnorcheln und Bananenbootfahren. Vermietet werden auch Fahrräder und Autos.

Essen & Ausgehen

Im Zentrum von Chabana gibt's einen großen Supermarkt und zwei kleine Läden.

Umi Café CAFÉ ¥

(海カフェ; ☎ 0997-97-4621; 2309 Chabana; Mahlzeiten ab 800 ¥; ⏲ So–Mi & Fr 11–18, Sa 13–18 Uhr, Do geschl.; 📷) Eigentlich würde das bezaubernde Café mit Terrasse und Meerblick besser auf einen Felsen in Griechenland passen. Es überrascht also kaum, dass auf der Karte Hühnchengyros (700 ¥) steht. Beim Rathaus am Ende der Hauptstraße biegt man links ab und geht dann am Ende der Straße nach rechts. Kleine Schilder weisen dort den Weg (es geht bergauf).

Der Besitzer betreibt auch ein kleines Hostel (B 1500 ¥).

Bar Natural Reef BAR

(ナチュラルリーフ; ☎ 0997-97-3661; 16-1 Chabana; Snacks ab 600 ¥; ⏲ 21–1 Uhr) In der Hauptstraße von Chabana befindet sich die beste Kneipe der Insel. Hier wird jede Menge *yū sen* ausgeschenkt, ein lokaler *shōchū* (Schnaps) aus Zuckerrohr. Inhaber Kowaguchi-san hat viele Tipps zu den schönsten Stellen der Insel auf Lager.

Praktische Informationen

Neben dem Rathaus in Chabana verteilen die netten Angestellten der **Touristeninformation** (ヨロン島観光協会; ☎ 0997-97-5151; 32-1 Chabana; ⏲ 8.30–17.30 Uhr) eine einfache englische Karte von der Insel und vermitteln Unterkünfte. Einen internationalen Geldautomaten gibt's in der Post von Chabana.

An- & Weiterreise

Auf Yoron-tō starten Direktflieger nach Kagoshima, Amami-Ōshima (JAC) und Naha (RAC).

Auch **Marix** (マリックスライン; Karte S. 854; ☎ in Amami 0997-53-3112, in Kagoshima 099-225-1551; www.marix-line.co.jp) und **A Line** (Karte S. 854; ☎ in Amami 099-222-2338, in Kagoshima 099-226-4141; www.aline-ferry.com) verkehren zwischen Kagoshima (einige Maschinen ab Honshū) und Naha.

Unterwegs vor Ort

Es gibt hier Busse, aber mit einem Mietwagen, Roller oder Reiserad ist man wesentlich flexibler. Angestellte von **Yoron Rentacar** (ヨロンレンタ

OKINAWAS „BEDROHTE" SPRACHEN

Wer etwas Zeit auf Okinawa verbringt, wird wahrscheinlich im Inseldialekt mit *„mensōre"* („willkommen") statt mit dem japanischen *„yōkoso"* begrüßt und hört hier *„nifei dēbiru"* statt *„arigatō"*. Neben dem Okinawischen gibt's auf der Inselgruppe eine bunte Vielfalt verschiedener Mundarten, die Ryūkyū-Sprachen. Leider sterben viele davon mit der älteren Generation aus.

Laut der UNESCO sind ganze 2500 der rund 7000 in der Welt gesprochenen Sprachen stark bedroht. Als Kiku Hidenori, der Besitzer des Yoron Minzoku-mura, vor vielen Jahren von dieser Statistik erfuhr, stellte er bestürzt fest, dass auch die Dialekte der Amami- und der Okinawa-Inseln dazu zählen. Er widmet sich aktiv der Pflege der Yoron-Kultur und ist mit Yoron-hōgen, dem Yoron-Dialekt, aufgewachsen, deshalb wollte er fortan dazu beitragen, die Sprache seiner Insel zu erhalten.

Er bemerkte, dass er und seine Generation zwar noch Yoron-hōgen sprechen können, dass aber inzwischen die Kinder, die nicht mehr mit ihren Großeltern unter einem Dach aufwachsen, Yoron-hōgen nicht mehr regelmäßig hören, was letztlich zum Verlust des Dialekts bei den jüngeren Generationen führt.

Mittlerweile unterrichtet Kiku *Yoron-hōgen* in lokalen Grundschulen und begleitet die unteren Klassen der Oberschule ins Yoron Minzoku-mura, um auch älteren Kindern ein Gefühl für ihr einzigartiges Erbe und ihren Dialekt zu vermitteln. Seine Eigeninitiative hat japanische Sprachexperten aufmerksam gemacht. Kiku tauscht sich aktiv mit anderen Japanern aus, die ihre Dialekte pflegen, um gemeinsam Strategien und Ansätze zu finden. Mit etwas Glück erweckt eine solche Basisarbeit durch ihn und andere die Inselsprachen wieder zum Leben.

カー; ☎0997-97-3633; 48-7 Chabana; ⏲8–18 Uhr) in Chabana treffen ihre Kunden am Flughafen und geben manchmal einen Energy Drink aus, bevor sie den Schlüssel für das Leihfahrzeug überreichen. Wer sich gegen diesen Abholservice entscheidet, findet das Unternehmen in der Straße östlich des Postamts, nahe der Hauptstraße von Chabana.

OKINAWA-HONTŌ
沖縄本島

Okinawa-hontō, einst das Machtzentrum der Ryūkyū-Dynastie, ist die größte unter den Südwestinseln. Ursprünglich standen hier Kultur und Architektur in deutlichem Kontrast zum japanischen Festland, doch durch den Zweiten Weltkrieg wurden die Spuren der Vergangenheit fast komplett verwischt. Glücklicherweise aber wirklich nur fast. Und so wartet Okinawa-hontō heute mit einer einzigartigen Kulinarik, Kunst und Musik auf.

Besucher können sich auf ein paar hervorragende Strände, köstliches Essen und nette Bewohner freuen, von denen viele außerdem besser Englisch sprechen als die meisten Leute vom Festland. Da man in der Luft gelegentlich Flugzeuge der US Air Force sieht, fällt es natürlich schwer, die weiterhin bestehende Präsenz des amerikanischen Militärs und die dazugehörige Geschichte zu vergessen.

Die Präfekturhauptstadt Naha dient als Verkehrsknotenpunkt, um auf die anderen Inseln zu kommen. Im Süden von Okinawa-hontō befinden sich die meisten Kriegsdenkmäler, während die Motobu-Halbinsel mit einigen hübschen Sandstreifen und anderen Attraktionen aufwartet. Der Norden ist landschaftlich relativ urwüchsig. Okinawa-hontō gilt als Hochburg des Inlandstourismus. Wer Strände wie in Südostasien und eine weniger mit großen Resorts bebaute Landschaft sucht, verbringt seine Zeit am besten auf den kleineren Eilanden der Präfektur.

Naha 那覇

☎098 / 319 449 EW.

Ende des Zweiten Weltkriegs wurde Naha dem Erdboden gleichgemacht. Heute präsentiert es sich als lebhafte Stadt mit einer praktischen Einschienenbahn, den unvermeidlichen Staus und einer ständig im Wandel begriffenen Skyline aus Apartmenthochhäusern.

Naha zieht eine interessante Mischung aus jungen japanischen Urlaubern, amerikanischen GIs, die sich außerhalb des Stützpunktes amüsieren wollen, und einer wachsenden Zahl ausländischer Touristen an. Auf dem 2 km langen Vergnügungsboulevard Kokusai-dōri konzentriert sich das Leben und über allem thront östlich der Stadt die wundervoll restaurierte Shuri-Burg, einst Residenz der Ryūkyū-Könige.

Sehenswertes

In Naha finden sich Besucher meist gut zurecht, da sich die Hauptsehenswürdigkeiten alle im Zentrum verteilen. Die Hauptschlagader der Stadt, die **Kokusai-dōri** (国際通り), wartet mit einem wilden Durcheinander aus Lärm, Neonlichtern, Souvenirshops, geschäftigen Restaurants und jungen, ganz offensichtlich wohlhabenden Japanern auf. Wer für dieses Festival des Ramsches und der Geschmacklosigkeiten in der richtigen Stimmung ist, wird sich dort prächtig amüsieren.

Viele lieben die Atmosphäre in den überdachten Einkaufspassagen **Ichibahon-dōri** (市場本道り), **Mutsumibashi-dōri** (むつみ橋通り) und **Heiwa-dōri** (平和通り).

Das Viertel Shuri liegt rund 3 km östlich des Stadtzentrums.

Daichi Makishi Kōsetsu Ichiba MARKT
(第一牧志公設市場; Karte S. 864; 2-10-1 Matsuo; ⏲8–20 Uhr, Restaurants 10–19 Uhr) Lieblingsort in der Gegend der Einkaufspassagen ist der überdachte Markt nahe der Ichibahon-dōri, 200 m südlich der Kokusai-dōri, der einen mit seinem riesigen Angebot an Fisch und Lebensmitteln fast erschlägt. Kein Besucher sollte sich die lokalen Spezialitäten in den Restaurants der oberen Etage entgehen lassen.

★ **Tsuboya-Töpferstraße** STADTVIERTEL
(壷屋やちむん道り; Tsuboya Yachimun-dōri; Karte S. 864) Bereits seit 1682, als ein königlicher Erlass die Errichtung von Brennöfen auf den Ryūkyū-Inseln genehmigte, ist dieses Viertel ein Töpfereizentrum. Fast alle Geschäfte in der altmodischen Tsuboya Yachimun-dōri verkaufen die beliebte Okinawa-Keramik, z. B. in Form von *shiisa*-Figuren (löwenartige Hunde, die als Dachwächter dienen) und Dekantierkaraffen für den *awamori*, den lokalen Reisschnaps. In den Gassen nahe der Töpferstraße stehen noch einige für die Okinawa-Inseln typische verfallene alte Häuser. Man erreicht den Be-

Okinawa-hontō

zirk, indem man von der Kokusai-dōri aus durch die komplette Heiwa-dōri-Einkaufspassage (ca. 350 m) nach Süden geht.

Tsuboya-Keramikmuseum MUSEUM
(壷屋焼物博物館; Karte S. 864; ☎ 098-862-3761; www.edu.city.naha.okinawa.jp/tsuboya; 1-9-32 Tsuboya; 350 ¥; ⏱ Di–So 10–18 Uhr) In dem hervorragenden Museum kann man einige Meisterwerke traditioneller Okinawa-Keramik, Töpferscheiben sowie *arayachi* (glasierte) und *joyachi* (unglasierte) Stücke bewundern. Toll ist auch der Querschnitt eines *nobori-gama* (in die Erde gebauter Ofen) an seinem originalen Standort. Darin erblickt man noch Tonscherben aus dem 17. Jh.

★ **Museum der Präfektur Okinawa & Kunstmuseum** MUSEUM
(沖縄県立博物館・美術館; Karte S. 864; ☎ 098-941-8200; www.museums.pref.okinawa.jp; Omoromachi 3-1-1; Museum/Kunstmuseum 410/310 ¥; ⏱ Di–Do & So 9–18, Fr & Sa bis 20 Uhr) Das 2007 eröffnete Museum zu Okinawas Geschichte, Kultur, Geografie und Folklore zählt zu den besten in Japan. Die Exponate werden übersichtlich und attraktiv präsentiert, und

hervorragende zweisprachige Erklärungen führen durch die Ausstellung. Im Bereich des Kunstmuseums sind interessante Sonderausstellungen mit Arbeiten lokaler Künstler zu sehen (Eintritt variiert). Das Museumsgebäude liegt 15 Minuten nordwestlich der Einschienenbahnhaltestelle Omoromachi.

Shikina-en GARTEN

(識名園; Karte S. 862; ☎ 098-855-5936; 421-7 Aza Māji; 400 ¥; ⌚ April–Sept. Do–Di 9–18 Uhr, Okt.–März bis 17.30 Uhr) 4 km östlich des Stadtzentrums erstreckt sich dieser chinesische Garten mit Steinbrücken, einem Pavillon und einer Villa, die einst der Königsfamilie von Ryūkyū gehörte. Er ist eine detailgetreue Rekonstruktion des im Zweiten Weltkrieg zerstörten Originals. Hierher kommt man mit den Buslinien 2, 3 oder 5. An der Haltestelle Shikinaen-mae (230 ¥, 20 Min.) aussteigen.

Fukushū-en GARTEN

(福州園; Karte S. 864; ☎ 098-869-5384; 2-29 Kume; ⌚ Do–Di 9–18 Uhr) GRATIS Gartenliebhabern empfehlen wir einen Spaziergang durch die im chinesischen Stil angelegte Anlage. Alle Elemente, einschließlich der Pagode am oberen Rand des kleinen Wasserfalls, kommen aus Nahas chinesischer Schwesterstadt Fuzhou.

Naha City Traditional Arts & Crafts Center GALERIE

(那覇市伝統工芸館; Karte S. 864; ☎ 098-868-7866; 2. OG, 3-2-10 Makishi; 310 ¥; ⌚ 9–18 Uhr) Ganz in der Nähe der Kokusai-dōri wird von Meistern ihres Fachs eine bemerkenswerte Sammlung traditionellen Kunsthandwerks aus Okinawa gezeigt. Besucher können sich bei verschiedenen Workshops (1500–3000 ¥) selbst in der Kunst der Glasbläserei, wie sie auf Ryūkyū praktiziert wird, im Weben, *bingata* (Bemalen von Stoffen) und Töpfern versuchen, um ein Souvenir made in Okinawa herzustellen.

Shuri-Viertel

Ursprünglich war Shuri die Hauptstadt von Okinawa. Ihre Tempel, Schreine, Gräber und Schlösser fielen dem Zweiten Weltkrieg zum Opfer, aber 1992 wurden die Burg und die umliegenden Bauwerke wiederaufgebaut.

★ Shuri-jō BURG

(首里城; ☎ 098-886-2020; http://oki-park.jp/shurijo; 1-2 Kinjō-chō, Shuri; 820 ¥, Eintritt mit 1- oder 2-tägigem Monorail-Tagespass ermäßigt 660 ¥; ⌚ April–Juni, Okt. & Nov. 8.30–19, Juli–Sept. bis 20, Dez.–März bis 18 Uhr, im Juli am 1. Mi & Do geschl.) Die rekonstruierte Festung wurde im 14. Jh. errichtet und diente bis ins 19. Jh. als Verwaltungszentrum und Residenz der Ryūkyū-Könige. Man betritt das Burggelände durch das Kankai-mon (歓会門) und geht von dort zum Hōshin-mon (奉神門) hinauf, dem Zugang ins Gebäudeinnere. Dominiert wird Letzteres von der beeindruckenden **Seiden** (正殿). Die Haupthalle beherbergt eine Ausstellung zur Shuri-jō und zu den Okinawa-Königen.

Die Aussichtsterrasse **Iri-no-Azana** (西のアザナ) 200 m westlich des Seiden bietet eine tolle Sicht auf Naha und die Kerama-Inseln. In der nahe gelegenen **Hokuden** (北殿) kann man ebenfalls eine kleine Ausstellung bewundern.

Wer die Burg besuchen möchte, die auf einem Hügel über der Stadt thront, fährt mit der Yui-rail-Einschienenbahn bis zum Shuri-Bahnhof. Hier geht's durch den Westausgang raus, die Treppe hinunter und geradeaus weiter über eine große Straße, anschließend über eine kleinere und auf der anderen Seite rechts ab. Nach 350 m ist die Festung auf der linken Seite ausgeschildert.

Feste & Events

Drachenbootrennen KULTUR

(⌚ Mai) Insbesondere in Itoman und Naha werden jedes Jahr im Mai Drachenbootrennen *(hari)* veranstaltet. Sie sollen den Fischern Glück und Wohlstand bringen.

Naha Ōzunahiki SPORT

(⌚ Okt.) An einem Sonntag im Oktober treten anlässlich des nationalen Sportfeiertags in Naha Mannschaften im weltgrößten Tauziehwettkampf gegeneinander an. Das riesige 1 m dicke Seil wiegt über 40 t.

Ryūkyū-no-Saiten KULTUR

(⌚ Okt.) Mit über einem Dutzend Festivals und Veranstaltungen feiern die Stadtbewohner Ende Oktober drei Tage lang die okinawische Kultur.

Schlafen

★ Minshuku Gettō MINSHUKU ¥

(民宿月桃; Karte S. 864; ☎ 098-861-7555; 1-16-24 Matsuo; EZ mit/ohne Gemeinschaftsbad ab 3500/3000 ¥; P ❄ @ 📶) In einem ruhigen kleinen Viertel wenige Gehminuten von der Kokusai-dōri entfernt liegt diese makellose

Naha

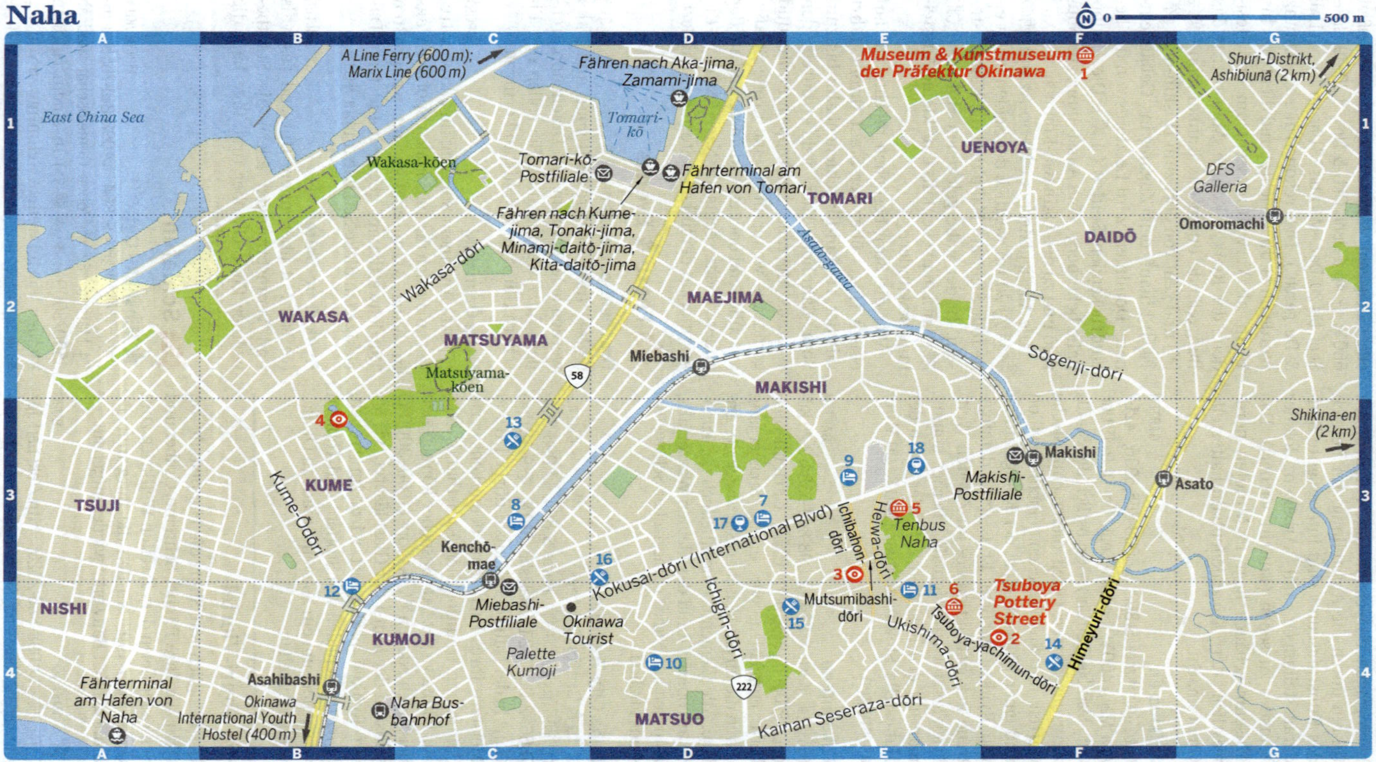
0
500 m
A
B
C
D
E
F
G
1
2
3
4
East China Sea
A Line Ferry (600 m); Marix Line (600 m)
Fähren nach Aka-jima, Zamami-jima
Tomari-kō
Museum & Kunstmuseum der Präfektur Okinawa
1
Shuri-Distrikt, Ashibiunā (2 km)
Wakasa-kōen
Tomari-kō-Postfiliale
Fährterminal am Hafen von Tomari
TOMARI
UENOYA
DFS Galleria
Omoromachi
DAIDŌ
Fähren nach Kume-jima, Tonaki-jima, Minami-daitō-jima, Kita-daitō-jima
Wakasa-dōri
Asato-gawa
MAEJIMA
WAKASA
MATSUYAMA
58
Miebashi
Sōgenji-dōri
MAKISHI
Matsuyama-kōen
4
13
Shikina-en (2 km)
18
9
Makishi
Makishi-Postfiliale
Asato
KUME
TSUJI
Kume-Ōdōri
8
7
17
Ichibahon-dōri
Heiwa-dōri
5
Tenbus Naha
Kenchō-mae
16
Kokusai-dōri (International Blvd)
3
11
6
Tsuboya Pottery Street
Himeyuri-dōri
12
NISHI
Miebashi-Postfiliale
Okinawa Tourist
Ichigin-dōri
15
Mutsumibashi-dōri
Ukishima-dōri
Tsuboya-yachimun-dōri
2
14
KUMOJI
Palette Kumoji
10
222
Fährterminal am Hafen von Naha
Asahibashi
Okinawa International Youth Hostel (400 m)
Naha Bus-bahnhof
MATSUO
Kainan Seseraza-dōri

Naha

Highlight
1 Museum & Kunstmuseum der Präfektur Okinawa ... F1
2 Tsuboya-Töpferstraße ... F4

Sehenswertes
3 Daichi Makishi Kōsetsu Ichiba ... E3
4 Fukushū-en ... B3
5 Traditionelles Kunsthandwerkszentrum Naha-Stadt ... E3
6 Tsuboya-Keramikmuseum ... E4

Schlafen
7 Hotel JAL City Naha ... D3
8 Hotel Sun Palace Kyūyōkan ... C3
9 Lohas Villa ... E3
10 Minshuku Gettō ... D4
11 Stella Resort ... E4
12 Tōyoko Inn ... B4

Essen
13 Mikasa ... C3
14 Nuchigafu ... F4
15 Ukishima Garden ... E4
16 Yūnangi ... D3

Ausgehen & Nachtleben
17 Helios Pub ... D3
18 Rehab ... E3

Praktisches
Manga Kissa Gera Gera ... (siehe 18)
Touristeninformation ... (siehe 5)

kleine *minshuku* mit freistehenden Apartments, von denen manche eigene Bäder und Küchenzeilen haben. Rechtzeitig im Voraus reservieren, denn das günstige Quartier ist ausgesprochen beliebt!

Stella Resort PENSION ¥
(ステラリゾート; Karte S. 864; ☎ 098-863-1330; www.stella-cg.com; 3-6-11 Makishi; B/EZ/DZ 1400/3000/4200 ¥; P ❄ @ 📶) Das tropisch anmutende Gästehaus zwischen der Heiwa-dōri-Arkade und dem Tsuboya-Töpferviertel hat kleine, schlichte Zimmer mit Gemeinschaftsbädern für zwei Personen, einen Billardtisch, einen Raum zum Entspannen, außerdem spricht ein Teil des Personals Englisch. Es ist in einem türkisfarbenen Gebäude am Ende des überdachten Bereichs der Heiwa-dōri untergebracht. Eine Treppe führt zur Rezeption hoch. Die Inhaber betreiben auch die **Lohas Villa** (ロハスヴィラ; Karte S. 864; ☎ 098-867-7757; www.lohas-cg.com; 3. OG, Breath Bldg, 2-1-6 Makishi; B/EZ/DZ 1600/3600/5200 ¥; @ 📶) an der anderen Seite der Kokusai-dōri.

★ Hotel Sun Palace Kyūyōkan HOTEL ¥¥
(ホテルサンパレス球陽館; Karte S. 864; ☎ 098-863-4181; www.palace-okinawa.com/sunpalace; 2-5-1 Kumoji; EZ/DZ inkl. Frühstück ab 7000/14 700 ¥; P ⊖ ❄ 📶) Zu Fuß drei Minuten von der Kokusai-dōri entfernt bietet das Sun Palace deutlich mehr Gemütlichkeit und Qualität als ein Businesshotel. Die Angestellten sind nett, und in den recht großen Zimmern mit anheimelndem Okinawa-Flair stehen kleine Topfpflanzen. Darüber hinaus punktet die Unterkunft mit einer hübschen, leicht begrünten Dachterrasse.

Tōyoko Inn HOTEL ¥¥
(東横イン; Karte S. 864; ☎ 098-951-1045; www.toyoko-inn.com/e_hotel/00076/; 2-1-20 Kume; EZ/DZ inkl. Frühstück ab 6050/8200 ¥; P ⊖ ❄ @ 📶) Nur wenige Gehminuten nördlich der Kokusai-dōri liegt das Businesshotel Tōyoko mit gutem Preis-Leistungs-Verhältnis. Die Zimmer sind klein, aber erfüllen ihren Zweck voll und ganz und warten mit praktischen Annehmlichkeiten wie kostenlosem Internet und Frühstück auf. Eine der besseren Optionen in dieser Preisklasse.

Hotel JAL City Naha HOTEL ¥¥¥
(ホテルJALシティ那覇; Karte S. 864; ☎ 098-866-2580; http://naha.jalcity.co.jp; 1-3-70 Makishi; EZ/DZ ab 13 300/16 500 ¥; P ⊖ ❄ @ 📶) Gleich an der quirligen Kokusai-dōri lockt diese Bleibe mit 304 schicken, zeitgemäßen Zimmern, in denen sogar die Einzelbetten groß genug für zwei sind. Die Angestellten sprechen kaum Englisch, aber der Service ist hervorragend, und das Hotel ist eine elegante Rückzugsmöglichkeit mitten an der lauten Kokusai-dōri.

Essen

Wer typische Okinawa-Küche kennenlernen möchte, sollte sich durch die Leckerbissen der Restaurants in der 2. Etage von Daichi Makishi Kōsetsu Ichiba (S. 861) schlemmen; ruhig mal auf die Teller der Einheimischen linsen und Platz nehmen.

Ashibiunā OKINAWISCH ¥
(あしびうなぁ; ☎ 098-884-0035; 2-13 Shuri Tonokura-chō; Mittagsmenüs 800–1250 ¥; ⏰ 11.30–15.30 & 17.30–24 Uhr; 📖) Ein toller Ort für ein Mittagessen nach dem Besuch der Shuri-

Burg (S. 863). Das traditionelle Lokal hat einen Garten wie aus dem Bilderbuch und verwöhnt die Gäste mit lokaltypischen Spezialitätenmenüs, wie *gōyā champurū* (pfannengerührte Bittermelone), *okinawa-soba* (dicke weiße Nudeln in Schweinefleischbrühe) und *ikasumi yakisoba* (mit Tintenfischtinte geschwärzte Nudeln aus der Pfanne). Von der Burg kommend, liegt das Ashibiunā rechter Hand, direkt vor der Kreuzung mit der Hauptstraße.

Mikasa OKINAWISCH ¥
(三笠; Karte S. 864; ☎ 098-868-7469; 1-3-17 Matsuyama; Gerichte ab 500 ¥; ⏲ rund um die Uhr) Im Mikasa sitzt man unter Einheimischen. Rund um die Uhr tischt das Personal mit einem Lächeln große Portionen authentischer okinawischer Gerichte auf. Zu den Klassikern auf der Speisekarte zählen u. a. *gōyā champuru* und *champon* (gedünstetes Fleisch, Zwiebeln und Ei auf Reis). Das Restaurant liegt in einem nichtssagenden Block an der vielbefahrenen Rte. 58, wenige Straßenzüge von der Kokusai-dōri entfernt.

★ **Nuchigafu** OKINAWISCH ¥¥
(ぬちがふ; Karte S. 864; ☎ 098-861-2952; 1-28-3 Tsuboya; Abendmenü ab 3000 ¥; ⏲ Mi–Mo 11.30–17 & 17.30–22 Uhr) Unvergesslich und elegant isst man im Nuchigafu auf einem Hügel in Naha abseits des südlichen Endes der Töpferstraße Tsuboya (S. 862). Einst war es ein schönes okinawisches Teehaus, und lange davor ein historischer Ryūkyūan-Wohnsitz. Heute bekommt man hier tagsüber Mittagessen und duftenden *buku-buku*-Tee, abends schön angerichtete okinawische Gerichte mit mehreren Gängen. Kinder ab 11 Jahren sind willkommen.

OKINAWISCH ESSEN

Okinawa liegt weit ab vom Schuss und hat sich, auch wegen der geografischen Isolation, anders entwickelt als das Festland. Das spiegelt sich auch in den okinawischen Esstraditionen wider, die wenig mit dem, was man aus den anderen Teilen des Landes kennt, gemein haben. Die okinawische Küche fußt auf der Pracht des Ryūkyū-Königreichs und der Bescheidenheit der verarmten Inselbevölkerung. Sich gesund zu ernähren hat einen sehr hohen Stellenwert. Lange Zeit wurden Medizin und Nahrung in Okinawa tatsächlich als ein und dieselbe Sache verstanden. Und schließlich zählen die Bewohner Okinawas weltweit zu den Menschen, die am ältesten werden!

Heute ist Schweinefleisch eines der Grundnahrungsmittel auf der Insel. Es ist säurehaltig und reich an Proteinen. Vom Schwein wird jedes Stück verzehrt. *Mimigā* (ミミガー), dünn geschnittene Schweinsohren, in Essig eingelegt, schmecken hervorragend zu einem kalten Glas Orion (オリオンビール), ein lokales Bier. *Rafutē* (ラフテー) ist ein Eintopf mit Schweinefleisch, Ingwer, braunem Zucker, Reiswein und Sojasoße. Das Fleisch wird so lange gekocht, bis es zerfällt. Wer mehr Ausdauer braucht, bekommt von *ikasumi-jiru* (イカスミ汁), in Tintenfischtinte geschmortes Schwein, den richtigen Kick.

Eintöpfe sind sehr typisch, doch die Inselbewohner bevorzugen eigentlich Kurzgebratenes aus der Pfanne. Die Zubereitungstechnik wird *champurū* (チャンプルー) genannt. Wahrscheinlich am bekanntesten ist *gōyā champurū* (ゴーヤーチャンプルー), ein Mix aus Schwein, Bittermelone und dem lokaltypischen, einzigartig festen Tofu *shima-dōfu* (島豆腐). Hin und wieder stolpert man auch mal über eine ungewöhnliche Tofusorte namens *tōfuyō* (豆腐痒), eine Art *shima-dōfu*, das seinen starken Geschmack durch Fermentierung in *awamori* (okinawische Spirituose auf Reisbasis) erhält.

Das allgegenwärtige *okinawa-soba* (沖縄そば) besteht aus *udon* – dicken, weißen Nudeln – in einer Schweinefleischbrühe. Die bekanntesten Varianten sind *sōki-soba* (ソーキそば; mit Rippchen) und *Yaeyama-soba* (八重山そば), *soba* mit winzigen Stückchen zarten Schweinefleischs, Bohnensprossen und Frühlingszwiebeln.

Bittermelone taucht nicht nur in *gōyā champuru*, sondern in allen Arten von Gerichten auf. Sie enthält ordentlich viele Antioxidanzien und ist gut gegen Diabetes.

Zu guter Letzt ist die Eiscrememarke Blue Seal (ブルーシール) kaum zu überbieten. Sie wurde nach dem Zweiten Weltkrieg von den Amerikanern in Okinawa eingeführt. Am besten probiert man sie im Laden oder Lokal und nicht abgepackt.

★ Yūnangi OKINAWISCH ¥¥

(ゆうなんぎい; Karte S. 864; ☎098-867-3765; 3-3-3 Kumoji; Gerichte 1200 ¥; ⏰Mo–Sa 12–15 & 17.30–22.30 Uhr; 📋) In dem überaus beliebten traditionellen Restaurant erwartet einen die beste Küche weit und breit. Wir raten zum *okinawa-soba*-Menü (1400 ¥), aber man kann natürlich auch ein anderes leckeres Gericht aus der bebilderten Karte bestellten. Zu erkennen ist das Yūnangi in einer Seitenstraße der Kokusai-dōri am Holzschild mit weißen Schriftzeichen über dem Eingang.

Ukishima Garden VEGETARISCH ¥¥

(浮島ガーデン; Karte S. 864; ☎098-943-2100; www.ukishima-garden.com/okinawa; 2-12-3 Matsuo; Mittag/Abendessen ab 1250/3800 ¥; ⏰11.30–15 & 18–23 Uhr; 🌶📋) Das Ukishima Garden bietet eine willkommene Abwechslung zu der ansonsten traditionell schweinefleischlastigen okinawanischen Küche. Hier werden ausgewogene und komplexe vegetarische Varianten von Taco-Reis bis zu Spaghetti Carbonara (soweit möglich mit Zutaten aus heimischem Bio-Anbau) zubereitet. Dazu trinkt man Bio-Wein und zum Nachtisch einen *amazake*-(fermentierte Reismilch)Smoothie.

Ausgehen & Nachtleben

Naha ist im Umkreis von Hunderten von Kilometern die größte und lauteste Stadt. Das Nachtleben konzentriert sich vor allem auf die Kokusai-dōri.

Rehab BAR

(Karte S. 864; ☎098-988-1198; 3. OG, 2-4-14 Makishi; ⏰19 Uhr–open end) Die coole Bar im dritten Stock in der Kokusai-dōri zieht ein nettes, gemischtes Publikum an. Sie bietet gemütliche Sitzecken, importiertes Bier und dienstags zwei Getränke zum Preis von einem. Die Angestellten sprechen Englisch.

Helios Pub PUB

(ヘリオスパブ; Karte S. 864; ☎098-863-7227; 1-2-25 Makishi; ⏰So–Do 11.30–23, Fr & Sa bis 24 Uhr) Bierkenner, die mal etwas anderes trinken möchten als Orion, können hier vier verschiedene Sorten aus der hauseigenen Brauerei (900 ¥) und Pints für 525 ¥ bestellen. Auf der Speisekarte steht typische Kneipenkost. Alles ist recht günstig.

Praktische Informationen

Am hilfreichen **Touristeninfoschalter** (Karte S. 862; ☎098-857-6884; 1F Ankunftsterminal, Internationaler Flughafen Naha; ⏰9–21 Uhr) am Flughafen in Naha besorgt man sich die *Naha Guide Map*. Wer auch die Umgebung erkunden möchte, sollte sich zusätzlich die *Okinawa Guide Map* zulegen.

Die städtische **Touristeninformation** (那覇市観光案内所; Karte S. 864; ☎098-868-4887; 3-2-10 Makishi; ⏰9–20 Uhr) im Tenbus Building gibt kostenlose Karten und Informationsflyer aus.

Die kompetenten Angestellten des Reisebüros **Okinawa Tourist** (沖縄ツーリスト; OTS; Karte S. 864; ☎098-862-1111; 1-2-3 Matsuo; ⏰Mo–Fr 9.30–18, Sa bis 15.30 Uhr) in der Kokusai-dōri sprechen Englisch und helfen beim Buchen von Fähr- und Flugtickets.

AWAMORI

Wer die Südwestinseln bereist, sollte unbedingt das hiesige Feuerwasser *awamori* (泡盛) probieren. Es wird aus Reis gebraut und hat einen Alkoholgehalt von 30 bis 60 %. Es wird es in der Regel *mizu-wari* (水割; mit Wasser verdünnt) serviert und ist unverdünnt nahezu untrinkbar, vor allem der *habushu* (ハブ酒), in dessen Flasche eine kleine Schlange schwimmt. Wer es mit dem *awamori* übertrieben hat, sollte seine Pläne für den nächsten Tag (oder auch die nächsten zwei Tage) streichen.

An- & Weiterreise

FLUGZEUG

Vom Internationalen Flughafen Naha (OKA) kann man nach Seoul, Taipeh, Hongkong und Shanghai fliegen. Zu den Zielen auf dem japanischen Festland zählen Fukuoka, Osaka, Nagoya und Tokio. Wer sein Ticket einen Monat im Voraus bucht, bekommt manchmal lohnende Ermäßigungen (*tabiwari* bei All Nippon Airways und *sakitoku* bei JAL). Dies sind nur ein paar Beispiele, denn es gibt Verbindungen zu den meisten japanischen Städten. Die Billigfluglinie Peach Airlines fliegt von Fukuoka, den Flughäfen Haneda und Narita in Tokio und dem Flughafen Kansai in der Präfektur Osaka nach Naha.

Von Naha gelangt man außerdem auf die Südwestinseln, wie Ishigaki-jima, Kume-jima, Miyako-jima und Yoron-tō.

SCHIFF/FÄHRE

Zwischen Naha und Honshū (Tokio und Osaka/Kōbe) sowie Kyūshū (Kagoshima) bestehen regelmäßige Fahrverbindungen.

Marix (☎in Kagoshima 099-225-1551; www.marix-line.co.jp) und **A Line** (☎in Naha 098-861-1886, in Tokyo 03-5643-6170; www.aline-ferry.com) fahren vier- bis sechsmal monatlich nach Tokio (27 230 ¥, 47 Std.) und Osaka/Kobe

(19 330 ¥, 42 Std.) sowie täglich nach Kagoshima (14 610 ¥, 25 Std.).

Es gibt in Naha drei Häfen, was verwirrend sein kann: Die Fähren nach Amami starten im **Hafen von Naha** (Naha-kō; Karte S. 864), die nach Tokio/Osaka/Kōbe/Kagoshima im **Hafen von Naha Shin** (Naha Shin-kō) und die nach Kume-jima und Kerama im Hafen von Tomari (Tomari-kō; Karte S. 864).

Die Miyako- und die Yaeyama-Inseln werden von hier aus nicht bedient.

Unterwegs vor Ort

Die Yui-rail-Einschienenbahn fährt günstig vom Internationalen Flughafen Naha im Süden zum Shuri-Bezirk im Norden. Tickets kosten zwischen 200 und 290 ¥, für eine Ein- bzw. Zwei-Tageskarte zahlt man 700 bzw. 1200 ¥. Die Kenchō-mae-Station liegt am Westende der Kokusai-dōri, die Makishi-Station am Ostende.

Vom Hafen Naha erreicht man die Haltestelle Asahibashi im Südwesten in zehn Gehminuten. Der Hafen Tomari ist in etwa genauso weit von der Miebashi-Station entfernt.

Bus 101 fährt vom Busbahnhof Naha (那覇バスターミナル; Karte S. 864) Richtung Norden zum Hafen Naha Shin (20 Min., stdl.).

Im Nahverkehr genügt es, beim Einsteigen in den Bus 200 ¥ in den Münzautomaten neben dem Fahrer einzuwerfen. Für längere Strecken löst man ein Ticket, auf dem der Abfahrtsort steht; bezahlt wird erst beim Aussteigen. Von Naha aus verkehren Busse in alle Richtungen rund um die Insel.

Das beste Fortbewegungsmittel auf Okinawa ist ein Mietauto. Der Leihwagenschalter in der Ankunftshalle des Flughafens bietet Infos über die ein Dutzend Anbieter in Naha, sodass man die Preise vergleichen kann.

Südliche Okinawa-hontō
沖縄本島の南部

In den letzten Tagen der Schlacht von Okinawa diente der südliche Teil von Okinawa-hontō als einer der letzten Stützpunkte des japanischen Militärs und als Evakuierungsort für verwundete Soldaten. Ein Besuch der Gegend, die man von Naha aus in einem halb- bis ganztägigen Ausflug erreicht, lohnt, wenn man sich für Kriegsgeschichte oder die moderne okinawische Identität interessiert.

Okinawas wichtigste Kriegsdenkmäler liegen im Friedenspark in Itoman an der Südküste.

Den südlichen Teil von Okinawa-hontō erreicht man günstig mit Linienbussen von Naha aus.

Sehenswertes

★ Friedensmuseum der Präfektur Okinawa — MUSEUM

(沖縄県平和祈念資料館; Karte S. 862; ☎ 098-997-3844; www.peace-museum.pref.okinawa.jp; 614-1 Aza Mabuni, Itoman; 300 ¥; ⏲ 9–17 Uhr) Herzstück des Peace Memorial Parks ist das Friedensmuseum der Präfektur Okinawa, welches das Leiden der heimischen Bevölkerung unter dem Joch des japanischen Militärs und unter der anschließenden amerikanischen Besatzung veranschaulicht. Manches Material ist vielleicht strittig, doch Aufgabe des Museums ist es, ein abschreckendes Mahnmal zu sein, auf dass sich die Gräuel des Kriegs niemals wiederholen. Touristen können den kostenlosen englischen Audioguide auf dem Besichtigungsstreifzug durch das 2. Stockwerk mitnehmen, der die Exponate detailliert erklärt.

➡ Friedenspark

(平和祈念公園; Karte S. 862; ⏲ Sonnenaufgang–Sonnenuntergang) Der Friedenspark in einer ruhigen Lage in der Stadt Itoman an der Südküste beherbergt Okinawas wichtigste Erinnerungsstücke an den Krieg.

Zum Park gelangt man mit dem Bus 89, der vom Busbahnhof in Naha nach Itoman (580 ¥, 1 Std., alle 20 Min.) fährt. Dort steigt man in die 82 um und steigt an der Heiwa-Kinen-dō-Iriguchi-Haltestelle (470 ¥, 30 Min., stündl.) aus.

➡ Meilenstein des Friedens — DENKMAL

(平和の礎; ⏲ Sonnenaufgang–Sonnenuntergang) GRATIS Vor dem Friedensmuseum der Präfektur Okinawa steht der Meilenstein des Friedens, auf dem alle Namen der in der Schlacht von Okinawa Gefallenen verewigt wurden.

Himeyuri-Friedensmusem — MUSEUM

(ひめゆり平和祈念資料館; Karte S. 862; ☎ 098-997-2100; www.himeyuri.or.jp; 671-1 Ihara, Itoman; 310 ¥; ⏲ 9–17.30 Uhr) Das Himeyuri-Friedensmuseum thront über einer Höhle, die am Ende der Schlacht von Okinawa als Feldlazarett genutzt wurde. Es ist eine bewegende Gedenkstätte, die ein Zeichen für den Frieden setzen soll. Sie wird von Überlebenden und ehemaligen Schülern betrieben. 240 Oberschülerinnen mussten dort als Krankenschwestern arbeiten und sich um die verwundeten japanischen Soldaten kümmern. Als die Amerikaner näherkamen, zwang man sie zu gehen und die meisten Soldaten starben. Die Erklärungen (auf Englisch) sind umfassend und sehr gut. Der Bus 82 hält direkt vor dem Eingang.

Ehemaliges Unterirdisches Hauptquartier der Japanischen Marine MUSEUM
(旧海軍司令部壕; Kyūkaigun Shireibu-gō; Karte S. 862; ☎ 098-850-4055; 236 Tomishiro, Tomigusuku; 440 ¥; ⊙ Okt.–Juni 8.30–17 Uhr, Juli–Sept. bis 17.30 Uhr) In Kaigungo-kōen, unmittelbar südlich von Naha, liegt das ehemalige unterirdische Hauptquartier der japanischen Marine, wo 4000 Männer Selbstmord begingen bzw. getötet wurden, als sich die Schlacht von Okinawa ihrem blutigen Ende zuneigte. Nur 250 m der Tunnel sind für Besucher geöffnet, aber man hat die Möglichkeit, durch das Labyrinth der Gänge zu wandern, die letzten Worte des Kommandanten auf der Wand seines Zimmers zu betrachten und die Löcher der Granateneinschläge zu inspizieren, die viele der Männer töteten. Vom Busbahnhof in Naha nimmt man die Linie 55 oder 98 zur Haltestelle Uebaru Danchi-mae (220 ¥, 10 Min., mehrmals stdl.) und geht von dort noch fünf Minuten zu Fuß. Der Weg ist auf Englisch ausgeschildert (der Eingang befindet sich fast auf dem Gipfel des Hügels).

Aktivitäten

Reef Encounters TAUCHEN
(Karte S. 862; ☎ 098-995-9414, 090-1940-3528; www.reefencounters.org; 1-493 Miyagi, Chatan-chō; Bootstouren mit 2 Tauchgängen ab 14 040 ¥, Leihausrüstung 5000 ¥) Die erfahrenen, auf Sicherheit bedachten Guides dieses gut organisierten Veranstalters sprechen zusammen genommen fließend Englisch, Spanisch, Portugiesisch, Japanisch, Mandarin und Kantonesisch.

Piranha Divers TAUCHEN
(Karte S. 862; ☎ 098-067-8487, 080-4277-1155; www.piranha-divers.jp; 2288-532 Aza-Nakama, Nago; Bootstouren mit 2 Tauchgängen ab 14 000 ¥, Leihausrüstung 5000 ¥) Dieses Familienunternehmen in Onna (Dorf) in der Region Nago richtet sich an Einzelreisende und kleine Gruppen. Die Tauchlehrer sprechen fließend Englisch, Deutsch und Japanisch.

Essen

Die meisten Sehenswürdigkeiten in der Gegend haben ein angeschlossenes Restaurant oder es gibt Lokale in der Nähe.

Yama-no-Chaya OKINAWISCH ¥¥
(山の茶屋; Karte S. 862; ☎ 098-948-1227; http://yama.hamabenochaya.com; 19-1 Tamagusuku, Nanjō-shi; Mahlzeiten 800–1350 ¥; ⊙ Fr–Mi 11–18 Uhr; ✎ 📋) Wer das südliche Okinawa-hontō erkundet, sollte diesem schlichten Café im Wald mit Blick aufs Meer einen Besuch abstatten. Hier bekommt man tolle vegetarische Gerichte aus Bio-Zutaten aus der Region. Das Café liegt 10 Gehminuten von der Haltestelle Mibaru-Strand der Buslinie 39 ab Naha entfernt.

Motobu-Halbinsel 本部半島

Die hügelige Motobu-hantō im Nordwesten von Nago bietet einige malerische Aussichten, vorgelagerte Inselchen, schöne Strände und ein unglaublich beliebtes Aquarium.

Sehenswertes

Okinawa Churaumi Aquarium AQUARIUM
(沖縄美ら海水族館; Karte S. 862; ☎ 0980-48-3748, für GPS-Navigationssysteme 0980-48-2741; https://churaumi.okinawa; 424 Ishikawa, Motobu-chō; Erw./Kind 1850/610 ¥; ⊙ Okt.–Feb. 8.30–18.30, März–Sept. bis 20 Uhr) Das Herzstück von Motobus **Ocean Expo Park** (海洋博公園) ist das Okinawa Churaumi Aquarium mit dem größten Wasserbecken der Welt. Es wartet mit einer fantastischen Vielfalt an Meeresbewohnern auf, darunter Walhaie. Auch Delfine werden hier gehalten, was viele als Gefährdung des Wohls der Tiere betrachten.

Weil das Aquarium (leider) ein Muss für alle Besucher darstellt, ist es folglich fast immer brechend voll. Von Nago fahren die Buslinien 65, 66 und 70 direkt zum Park (860 ¥, 50 Min.).

Kōri-jima INSEL
(古宇利島; Karte S. 862) Keine Lust auf Aquarien und Menschenmengen? Wer mit einem eigenen Fahrzeug unterwegs ist, kann zur Insel Kōri-jima über die **Yagaji-jima** (屋我地島) hinüberfahren. Die Brücke zwischen den beiden Inseln ist von türkisfarbenem Wasser wie aus dem Bilderbuch umgeben. Kurz vor dem Ziel erstrecken sich an beiden Seiten der Straße Strände. Die Brücke nach Yagaji-jima befindet sich nördlich der Motobu-Halbinsel nahe der Straße 58.

Bise DORF
(備瀬) An der Nordwestspitze der Halbinsel liegt das gut erhaltene Dorf Bise, eine grüne Gemeinde mit traditionellen Okinawa-Häusern an einer Strandpromenade. Die schöne, von alten Mangostanen gesäumte Straße **Fukugi-namiki-dōri** (フクギ並木通り) lädt zum Flanieren ein. An deren Nordende liegt der Strand, am südlichen Ende das Strandcafé

Cahaya Bulan (チャハヤブラン; ☎098-051-7272; 429-1 Bise; ajian-soba 800 ¥; ⏰Do–Di 12 Uhr–Sonnenuntergang, im Winter Fr–Di; Ⓟ ⊖ 📶 ▣).

ℹ An- & Weiterreise

Auf der Motobu-Halbinsel Peninsula fahren Busse von Nago aus eine Schleife um die Halbinsel: Die 66 und die 65 umrunden sie im bzw. gegen den Uhrzeigersinn.

Mit dem Auto dauert die Fahrt von Naha hierher rund 1½ Stunden.

Nördliche Okinawa-hontō 沖縄本島の北部

Der Norden ist in weiten Teilen urwüchsig und vergleichsweise wild und zerklüftet. Die Straße 58 verläuft entlang der Westküste bis zum **Hedo-misaki** (辺土岬; Hedo-Kap) an der Nordspitze Okinawas. Dies ist ein traumhafter Ort vor einer hügeligen Kulisse mit Felsen, die aus dichtem Grün aufragen. Bei guter Witterung rückt sogar Yoron-tō, das südlichste Eiland der Amami-Inseln, ins Blickfeld (es liegt nur 23 km nordöstlich der Küste).

KERAMA-INSELN 慶良間諸島

Die Inseln des Kerama-Archipels scheinen Welten entfernt von dem geschäftigen Trubel Okinawa-hontōs, jedoch platzen sie im Sommer dennoch oft aus allen Nähten, weil sie so gut zu erreichen sind. Die Kerama-Inseln sind 2014 zum Nationalpark (Kerama Shotō Kokuritsu Kōen, 慶良間諸島国立公園) erklärt worden und warten nicht nur mit Riffen und zahlreichen Korallen auf, vielmehr ist das klare, blaue Wasser rund um die Inseln auch Brutstätte von Buckelwalen und Weidegrund für Meeresschildkröten.

Die drei Hauptinseln Zamami, Aka und Tokashiki lassen sich von Naha aus auf einem Tagesausflug erkunden. Empfehlenswerter ist es jedoch, eine oder zwei Nächte in einer *minshuku* zu verbringen, um das ruhige Tempo der Inseln voll auszukosten.

Aka-jima 阿嘉島

☎098 / 300 EW.

Mit einem Durchmesser von gerade mal 2 km macht das winzige Eiland seine fehlende Größe durch Schönheit wett. Es lockt mit den besten Stränden der Kerama-Inseln und einer friedlichen Atmosphäre, sodass man leicht für mehrere Tage hängen bleibt. In der Nähe gibt's zudem herrliche Schnorchel- und Tauchplätze und eventuell erhascht man auf Aka-jima einen Blick auf den **Kerama-Hirsch** (慶良間シカ). Diese Rotwildspezies brachten die Satsuma aus Kagoshima mit, als sie das Ryūkyū-Reich 1609 eroberten. Aufgrund der Andersartigkeit dieser Tiere – im Vergleich zu ihren Artgenossen auf der Hauptinsel sind sie kleiner und dunkler – gehören sie zu den nationalen Kulturgütern.

Sehenswertes & Aktivitäten

Rundherum säumen schöne Strände die Insel, doch der **Nishibama-Strand** (北浜ビーチ) ist der klare Favorit, im Sommer aber oft überlaufen. Wer es abgeschiedener mag, findet auf der anderen Seite der Insel ruhigere Plätze.

Das Marine House Seasir und das Kawai Diving fungieren gleichzeitig als Tauchläden und *minshukus*. In beiden sprechen die Tauchlehrer Englisch und ist die Stimmung gut.

Schlafen & Essen

Die Insel ist zwar klein, bietet aber erstaunlich viele Unterkünfte. Trotzdem im Voraus reservieren, denn die Zimmerzahl ist begrenzt.

Da es auf der Insel nur wenige Lokale gibt, sollte man die Mahlzeiten in der Unterkunft buchen. Insgesamt gibt's eine Handvoll Cafés und Märkte, die nur tagsüber geöffnet haben.

Hanamuro Inter-Islander's Hotel MINSHUKU ¥¥
(ハナムロインターアイランダーズホテル; ☎098-987-2301; http://hanamuroint.wixsite.com/keramablue; 179 Aka; pro Pers. inkl. 2 Mahlzeiten ab 9100 ¥; ⊖ ❄ 📶) Da das Gebäude gleichzeitig eine Meeresforschungseinrichtung beherbergt, wirkt diese *minshuku* von außen ein wenig industriell. Die Zimmer sind aber ruhig, geräumig und gemütlich und haben eigene Terrassen mit hervorragendem Blick auf den Sonnenaufgang. Vor Ort kann man sich eine Schnorchelausrüstung ausleihen (1000 ¥) und mit dem kostenlosen Shuttlebus an den Nishibama-Strand fahren, bevor man ein kreativ-köstliches Abendessen im Hotel genießt. Bei Aufenthalten von mehr als einer Nacht gelten günstigere Preise.

Hanamuro Inn PENSION ¥¥
(ハナムロ・イン; ☎098-98-2301; www.geocities.jp/hanamuroint; 52 Aka; pro Pers. inkl. 2 Mahlzeiten 7500 ¥;) Die sechs Zimmer dieser gemütlichen Pension unmittelbar am Strand haben Gemeinschaftsbäder und eine Terrasse mit Badewannen für jeweils eine Person. Nach der Hauptsaison schließt es komplett, doch die Gastwirte betreiben ganzjährig auch das Hanamuro Inter-Islander's Hotel im hinteren Teil des Dorfs.

Kawai Diving MINSHUKU ¥¥
(☎098-987-2219; http://oki-zamami.jp/~kawai/; 153 Aka; EZ/DZ inkl. Mahlzeiten ab 7780/15 550 ¥; P) Direkt oberhalb des Maehama-Strandes an der Südküste gelegen, verfügt das Kawai Diving über recht einfache Zimmer und eine familiäre Atmosphäre. Das Personal spricht Englisch und informiert Gäste gern über die Inselattraktionen bzw. begleitet sie beim Tauchen (ein/zwei Tauchgänge 6480/10 840 ¥, Leihausrüstung inkl.).

Marine House Seasir MINSHUKU ¥¥
(マリンハウスシーサー; ☎090-8668-6544, in English 098-869-4022; www.seasir.com; EZ/DZ inkl. 3 Mahlzeiten ab 9280/16 360 ¥; P) Am westlichen Ende des Hauptortes liegt diese an Taucher gerichtete *minshuku* mit guten Zimmern in westlichem und japanischem Stil nur eine Minute vom Strand entfernt.

Anreise & Unterwegs vor Ort

Zamami Sonei (☎098-868-4567) verkehrt zweimal täglich mit Schnellbooten (3140 ¥, 70 Min.) und einmal täglich mit einer regulären Fähre (2120 ¥, 1½ Std.) zum Hafen Tomari in

AMERIKANISCHE MILITÄRSTÜTZPUNKTE IN OKINAWA

1972 gaben die USA Okinawa offiziell an Japan zurück. Zuvor wurde jedoch ein SOFA-Vertrag (Status of Forces Agreement) ausgehandelt, der die Amerikaner dazu berechtigte, große Flächen der Präfektur als Militärstützpunkte zu nutzen, viele davon auf Okinawa-hontō. Insgesamt arbeiten in den Stützpunkten 27 000 Soldaten.

In der Vergangenheit haben die Militärbasen zwar zum Wirtschaftswachstum der Insel beigetragen, aber heute liegt ihr Anteil an der Wirtschaft nur noch bei 5 %. Den Einwohnern sind die Stützpunkte ein Dorn im Auge, was teilweise darin begründet ist, dass amerikanische Soldaten an mehreren Verbrechen beteiligt waren. Die Antipathie erreichte ihren Höhepunkt, als drei US-Soldaten eine Zwölfjährige aus Okinawa entführten und vergewaltigten. Ähnliche Vorkommnisse, wie der Tod einer 20-jährigen Frau aus Okinawa – ein ehemaliger Marine des US-Stützpunkts wurde angeklagt, sie vergewaltigt und ermordet zu haben –, verschlimmerten die Situation weiter.

1996 hatten sowohl die USA als auch Japan den Umzugsplänen des Militärstützpunkts Futenma in den weniger dicht besiedelten Bezirk Henoko zugestimmt, doch die Bewohner Okinawas sind dagegen: Ein Großteil wünscht sich, dass die US-Soldaten vollständig abgezogen werden.

Im April 2010 forderten 90 000 Menschen in einer der größten Demonstrationen der letzten 15 Jahre den Abzug der Amerikaner. Im selben Jahr musste Premierminister Hatoyama Yukio zurücktreten, nachdem er sein Versprechen brach, die Luftwaffenbasis Futenma räumen zu lassen.

Anfang 2012 stimmten die USA formal zu, 9000 Marinesoldaten (also etwa die Hälfte der auf Okinawa stationierten Marines) nach Guam, Hawaii und an andere Orte im Pazifik zu versetzen. Das wird allerdings faktisch nicht vor 2025 passieren.

Im Dezember 2016 prozessierte Onaga Takeshi, der Gouverneur von Okinawa, vor Gericht gegen die japanische Regierung, um die Erlaubnis zur Landgewinnung, die sein Vorgänger ausgestellt hatte, zu annulieren. Mit dieser Verzögerung der Bauarbeiten entsprach er dem Wunsch der Bürger von Okinawa, die Militärpräsenz auf der Insel deutlich zu verringern.

Im gleichen Monat gaben die USA 4000 ha Land an Okinawa zurück – was vordergründig wie eine positive Entwicklung aussah. Die Herausgabe des Landes erfolgte jedoch unter der Auflage, dass der Bau des Landeplatzes für die umstrittenen Militärflugzeuge vom Typ Osprey fertiggestellt wird. Viele Bewohner Okinawas wehren sich gegen den Einsatz von Ospreys in der Nähe von Wohngebieten, da die Flugzeuge in den letzten Jahren in eine Serie von Unfällen verwickelt waren, wie erst im Dezember 2016 bei einem Absturz in Nago.

Naha. Außerdem pendelt das Mitsu-Shima-Motorboot viermal pro Tag zwischen Aka-jima und Zamami-jima (300 ¥, 15 Min.).

Die kleine Insel lässt sich sehr gut zu Fuß erkunden.

Zamami-jima 座間味島

☎098 / 870 EW.

Nur einen Steinwurf von Aka-jima entfernt, lockt Zamami-jima mit einer etwas besseren Infrastruktur und ebenso großartigen Stränden. Einige der vorgelagerten Inseln sind fantastisch, und in den hiesigen Gewässern kann man hervorragend tauchen und schnorcheln.

Sehenswertes & Aktivitäten

Etwa 1 km südöstlich des Hafens (auf der anderen Seite des Hügels) erstreckt sich der **Furuzamam-Strand** (古座間味ビーチ), ein atemberaubender, 700 m breiter weißer Sandstreifen mit seichtem, kristallklarem Wasser und ein paar Korallen. Tagesausflügler erwartet eine ausreichende Infrastruktur, sprich Duschen, Toiletten, Imbissbuden und ein Verleih für Schnorchelausrüstungen (1000 ¥).

Wer es etwas abgeschiedener mag, findet malerische Strände in einer der vielen Buchten auf der anderen Seite der Insel abseits der Dörfer.

Die besten liegen allerdings auf den kleinen Inseln **Gahi-jima** (嘉比島) und **Agenashiku-jima** (安慶名敷島), 1 km südlich vom Hafen. Mit ihrem weißen Sand sind sie ideal, um sich einen halben Tag lang wie Robinson Crusoe zu fühlen. **Zamami Tour Operation** (☎080-1766-6745) organisiert Fahrten zu den Inseln und Schnorcheltrips. Bei der Planung von Bootstouren kann auch die Touristeninformation helfen (hin & zurück 1500 ¥ pro Pers.).

Tauchen ist eine der Hauptattraktionen auf den wunderschönen Keramas-Inseln; wer nicht im Vorfeld gebucht hat, wendet sich an Joy Joy. Die Tauchlehrer sprechen nur wenig Englisch, aber fürs Tauchen reicht es.

Die Monate Dezember bis April eignen sich wunderbar zur Walbeobachtung. Nähere Auskünfte hierzu bekommt man entweder in der Touristeninformation (S. 873) oder beim **Zamami-mura-Verband für Walbeobachtung** (座間味村ホエールウォッチング協会; ☎098-896-4141; www.vill.zamami.okinawa.jp/whale; Erw./Kind 5400/2700 ¥), der täglich ein bis zwei Touren anbietet (2 Std.).

Schlafen & Essen

Im Dorf gibt es zahlreiche verschieden große Pensionen und *minshukus*. In den vollen Sommermonaten reserviert man am besten im Voraus.

Die Restaurants vor Ort haben in der Regel beschränkte Öffnungszeiten. Das Mittagessen sollte man zwischen 11.30 und 14 Uhr einplanen oder sich rechtzeitig eine *bentō*-Box kaufen. Eine Ausnahme macht das Zamamia International Guesthouse, wo man den ganzen Nachmittag über westliche Burger bekommt.

Zamamia International Guesthouse HOSTEL ¥
(☎098-987-3626; www.zamamia-guesthouse.com; B/EZ/DZ ab 2000/5000/6000 ¥; ❄📶) Das gesellige Zamamia International Guesthouse wird von einem supernetten, geselli-

DREISAITIGE HARMONIE

Wer durch die Straßen von Okinawa schlendert, vernimmt wahrscheinlich schon sehr bald den Klang des *sanshin*, eines banjoähnlichen Vorfahren der auf dem japanischen Festland allgegenwärtigen *shamisen*. Das Instrument besteht traditionell aus einem mit einer Pythonhaut bedeckten Holzrahmen. Es hat einen langen, lackierten Hals, eine Bambusbrücke und drei Saiten. Letztere werden zumeist mit einem Plektrum aus Wasserbüffelhorn gespielt.

Während der Ryūkyū-Zeit war das im 16. Jh. aus China importierte *sanshin* ein klassisches Instrument am königlichen Hof. Später begeisterte sich auch das gemeine Volk dafür. Nach dem Zweiten Weltkrieg munterten *sanshin* aus Dosen und mit Nylonsaiten die erschöpften Überlebenden auf. Heute sind in ganz Japan Volkslieder verbreitet, die mit diesem Instrument dargeboten werden. Musiker, wie Takashi Hirayasu und Yoriko Ganeko, trugen dazu bei, seinen Klang über Japans Landesgrenzen hinaus bekanntzumachen. Mittlerweile trifft man sogar in Übersee auf *sanshin*-Gruppen.

gen Kanadier betrieben, der häufig Grillabende für die Gäste organisiert. Die großzügigen Betten in den Schlafsälen sind für mehr Privatsphäre mit Vorhängen versehen, die Bäder teilt man sich.

Joy Joy PENSION ¥

(ジョイジョイ; ☎ 0120-10-2445, 098-987-2445; http://keramajoyjoy.com; 434-2 Zamami; Zi. pro Pers. ohne Bad inkl. Frühstück ab 5400 ¥; ❄ 📶) Die Pension in der nordwestlichen Ecke des Orts hat Zimmer im westlichen und japanischen Stil rund um einen kleinen Gartenbereich. Gleichzeitig betreiben die Eigentümer einen Tauchshop, der Bootsfahrten mit zwei Tauchgängen inklusive Ausrüstung anbietet (ab 11 700 ¥).

Cha Villa PENSION ¥¥

(チャーヴィラ; ☎ 098-987-3737; www.miniyon3737.sakura.ne.jp; 90 Zamami; EZ/DZ 8000/12 000 ¥; ⊖ ❄ 📶) Im Schatten eines Baumes im Garten liegt das gemütliche Cha Villa mit einem netten Café, in dem man Frühstück bekommt: Anstelle der japanischen Klassiker kommen hier Toast und Eier auf den Tisch. Die Zimmer im japanischen und westlichen Stil haben allesamt eigene Bäder und Küchenzeilen. Nach einem Schild gucken, das eine enge Gasse hinab den Weg weist.

Marumiya OKINAWISCH ¥¥

(まるみや; ☎ 098-987-3166; 432-2 Zamami; Mittagsangebot 750 ¥; ⊙ Do–Di 11–14.30 & 18–22.30 Uhr; ❄ 📋) Günstig, köstlich und freundlich und darum sehr beliebt ist das gut besuchte Marumiya. Auf der Speisekarte steht eine große Auswahl an okinawischen und japanischen Gerichten. Wirklich günstig ist ein Mittagsangebot.

Praktische Informationen

Eine Karte und sehr hilfreiche Infos auf Englisch erhält man in Zamamis **Touristeninformation** (☎ 098-987-2277; https://zamamitouristinfo.wordpress.com; ⊙ 9–17 Uhr; 📶).

Anreise & Unterwegs vor Ort

Zamami Sonei (☎ 098-868-4567) steuert den Hafen Tomari in Naha täglich zwei- bis dreimal mit Schnellbooten (3140 ¥, 50 Min.) und einmal mit einer normalen Fähre (2120 ¥, 2 Std.) an. Unterwegs gibt's meist einen Zwischenstopp auf Aka-jima. Das Mitsu-Shima-Motorboot pendelt viermal pro Tag zwischen Aka-jima und Zamami-jima (300 ¥, 15 Min.).

Mietwagen, Roller und Räder werden in der Nähe des Piers vermietet.

KUME-JIMA 久米島

☎ 098 / 8133 EW.

Die abgelegenste der äußeren Inseln zieht sehr viel weniger Besucher an als die Kerama-Gruppe. Sie ist fast gänzlich flach und überzogen mit Zuckerrohrfeldern. Neben ein paar guten Stränden wartet sie mit einer riesigen Sandbank vor der Ostküste auf. Der Flughafen liegt an ihrem Westende, der Haupthafen Kanegusuku (兼城) ist nur ein paar Kilometer weiter südlich.

Sehenswertes

Hate-no-hama STRAND

(はての浜) Kume-jimas Hauptattraktion ist diese 7 km lange Sandbank. Sie erstreckt sich von der Ostspitze der Insel Richtung Okinawa-hontō. Vom Flugzeug genießt man die beste Sicht auf den von Korallen umsäumten weißen Streifen im türkisblauen Wasser. **Hatenohama Kankō Service** (はての浜観光サービス; ☎ 090-8292-8854; ⊙ 9–17 Uhr) bietet eine dreistündige Schnorcheltour zur Sandbank (4500 ¥) an. Das Hotel kann eine Reservierung vornehmen und bei vorheriger Reservierung werden Teilnehmer im Hotel abgeholt.

Eef-Strand STRAND

(イーフビーチ) Der Eef-Strand an der Ostküste ist der beliebteste Strand der Insel. *Iifu (Eef)* heißt im Inseldialekt „weiß", was den Pulversand exakt beschreibt.

Tatami-ishi STRAND

(畳石) Auf dem Inselchen **Ōjima** (奥武島), das über einen Damm mit der Ostküste von Kume-jima verbunden ist, kann man die Felsformation Tatami-ishi aus flachen, fünfeckigen Steinen entlang der Küste bewundern.

Shinri-hama STRAND

(シンリ浜) Dieser Strand ist bei den Einheimischen der beliebteste auf der Insel, um den Sonnenuntergang über dem Ostchinesischen Meer anzuschauen. Er liegt an der Westküste in der Nähe des Flughafens.

Schlafen & Essen

Am 1,5 km langen Eef-Strand verteilen sich mehrere Restaurants und Unterkünfte.

Minshuku Nankurunaisā MINSHUKU ¥

(民宿なんくるないさぁ; ☎ 098-985-7973; 160-68 Higa; Zi. pro Pers. ab 5000 ¥; P @ 📶) Die saubere, sichere und einfache familiengeführte *minshuku* ist eine solide Unterkunft am Eef-Strand.

Kumejima Eef Beach Hotel HOTEL ¥¥¥
(久米島イーフビーチホテル; ☎098-985-7111; www.courthotels.co.jp/kumejima; 548 Janadō; EZ/DZ inkl. Frühstück ab 7200/18 900 ¥; P ⊖ ❄ @ ☎ ≋) Direkt am Strand gelegen, ist das leicht altmodisch wirkende Eef Beach Hotel die beste Adresse zum Übernachten. Praktisch ist auch, dass die Busse vom Flughafen direkt vor dem Eingangsbereich des Hotels halten.

Yangwa Soba OKINAWISCH ¥
(そば やん小〜; ☎080-3150-2720; 509 Nakadomari; Gerichte 550–800 ¥; ⏲ Mo–Sa 12–14 Uhr bzw. bis alles ausverkauft ist; P 📋) Kume-jimas bekanntestes *soba*-Lokal hat zu Mittag geöffnet und ist einen Abstecher wert. Der gastfreundliche Nakasone-san serviert hausgemachte Nudeln in seinem Privathaus in herzlicher, einladender Inselatmosphäre. Gegessen werden Kume-jima-*soba* (mit gegrillten Schweinerippen), Miso-*soba* oder Bohnensprossen-*soba* im Tatami-Speiseraum unter freiem Himmel oder am Tisch im vorderen Garten.

ℹ Praktische Informationen

Die **Touristeninformation** (☎098-985-7115) am Flughafen hat nur im Sommer für ankommende Reisende geöffnet.

ℹ Anreise & Unterwegs vor Ort

JTA und RAC fliegen fünf- bis sechsmal täglich zwischen Naha und Kume-jima.

Kume Shōsen (久米商船; ☎098-868-2686) betreibt ein bis zwei Fähren pro Tag zwischen dem Hafen Tomari in Naha und Kume-jima (3390 ¥, 3 Std.).

Auf Kume-jima sind Busse unterwegs. Am Hafen und Flughafen kann man Wagen mieten.

MIYAKO-INSELN 宮古諸島

Die Miyako-Inseln sind ein offenes Geheimnis, das immer mehr Reisende entdecken. Was die Inseln ausmacht, ist offensichtlich: Sie haben die schönsten weißen Sandstrände der Südwestinseln zum Tauchen, Schnorcheln und Kiteboarden. Die Inselgruppe besteht aus der Hauptinsel Miyako-jima, den Inseln Ikema-jima, Irabu-jima, Shimoji-jima und Kurima-jima sowie etlichen winzigen Inselchen.

2015 wurde nach neunjähriger Bauphase die 3540 m lange **Irabu-Brücke** (伊良部大橋) eröffnet, dank derer man viel einfacher von Miyako-jima nach Irabu-jima und Shimoji-jima kommt, ohne auf die Fähre angewiesen zu sein. Obwohl sie besser erreichbar sind, wirkt es, als wäre die Zeit auf den Inseln stehen geblieben. Hier geht das Leben mit viel Inselgemütlichkeit einen ruhigen Gang.

Miyako-jima 宮古島

☎0980 / POP 51,196

Die Hauptinsel des Miyako-Archipels ist von Zuckerrohr überwachsen und wartet mit herrlichen Stränden sowie weit ins Meer ragenden Landzungen auf. Vor der Küste liegen vier kleinere Inseln, von denen alle durch Brücken mit Miyako-jima verbunden sind.

Absolutes Highlight sind die Strände: Man kann tagelang von einem zum nächsten tingeln und an jedem schnorcheln oder sich im Stand-up-Paddling versuchen. Wer genug davon hat, fährt die Küstenstraße entlang zu den vielen Landspitzen und Feuchtgebieten.

Sehenswertes

Miyako-jimas weiße Sandstrände und das extrem klare türkisfarbene Wasser mit tollen Tauchmöglichkeiten sind der ausschlaggebende Grund für einen Besuch der Insel. Verträumte Strände findet man in der südwestlichen Ecke der Insel, an der Südwestseite direkt unterhalb der Hauptstadt Hirara, ein paar Kilometer nördlich von Hirara und auf den vorgelagerten Inseln.

Am einfachsten entdeckt man seinen neuen Lieblingsstrand auf der Insel mit einem Mietauto.

Yonaha-Maehama STRAND
(与那覇前浜ビーチ; Karte S. 875) An der Südwestküste erstreckt sich ein 6 km langer weißer Sandstrand, der wegen seines flachen Wassers viele Familien und Kinder anzieht. Leider kann es hier sehr voll werden, außerdem düsen Leute mit Jetskis herum. Der Yonaha-Maehama liegt an der Nordseite vor der Kurima-Brücke.

Nagamahama STRAND
(長間浜; Karte S. 875) Wenn der Yoneha-Maehama aus allen Nähten platzt und man eine ruhigere Umgebung schätzt, überquert man einfach die Kurima-Ōhashi und steuert die Nordwestküste von **Kurima-jima** (来間島) an. Hier lockt der herrliche (und in der Regel einsame) Nagamahama.

Miyako-Inseln

★ Sunayama-Strand STRAND

(砂山ビーチ; Karte S. 875) Nur 4 km nördlich von Hirara liegt dieser für das tropische Japan typische kleine Strand am Fuß einer langen Sanddüne (daher auch der Name „Sandbergstrand"). Perfekt, wenn man nur Zeit für einen Strandtag hat oder mit dem Bus umherreist. Duschen und WCs gibt's am Strand.

Ikema-jima INSEL

(池間島; Karte S. 875) Richtung Norden fahrend kommt man über die **Ikema-Ōhashi** (池間大橋) zur kleinen Insel. Das flache, türkisfarbene Wasser auf beiden Seiten der 1,4 km langen Brücke ist an einem sonnigen Tag unglaublich schön (trotzdem auf die Straße gucken!). An der Küste von Ikema-jima findet man zahlreiche abgelegene Buchten.

Aragusuku-kaigan STRAND

(新城海岸; Aragusuku-Küste; Karte S. 875) Dieser beliebte Strand eignet sich mit seinem flachen Wasser toll zum Schnorcheln. Er liegt an der Nordseite des südöstlichen Endes der Insel und bietet Duschen und WCs.

Yoshino-kaigan STRAND

(吉野海岸; Yoshino-Küste; Karte S. 875) An der Nordseite des Südkaps von Miyako-jima liegt dieser lange, flache Strand mit einem Park mit Duschen und Toiletten.

Higashi Henna-zaki LEUCHTTURM

(東平安名崎; Karte S. 875) Für Besucher mit Auto empfiehlt es sich, einen Ausflug zur Südostspitze der Insel zu machen. Die Landzunge ragt wie ein Finger 2 km lang in den Pazifik. Hier gibt's Picknicktische, Wanderwege und einen Leuchtturm.

Boraga-Strand STRAND

(保良泉ビーチ; Karte S. 875) Dieser Strand im Südosten der Insel lädt zum Schnorcheln und Kajakfahren ein. Achtung: Die Zufahrtsstraße ist haarsträubend steil.

Aktivitäten

Penguin Divers TAUCHEN

(ペンギンダイバーズ; ☎0980-79-5433; www.diving-penguin.com; 40 Shimozato, Hirara; Bootsfahrt mit 2 Tauchgängen 13 000 ¥) Ein Paar, das fließend Englisch spricht, betreibt diesen Tauchshop in Hirara.

Kurse

Werkstätten für Kunsthandwerk Miyako KURSE

(宮古島市体験工芸村; Karte S. 875; ☎090-2961-4111, 0980-73-4111; www.miyakotaiken.com; 1166-286 Higashi-nakasone, Hirara; Kurse ab 1500 ¥; ⌚10–18 Uhr) In dem kleinen Kunst-

Hirara

Hirara

Schlafen

1 Hiraraya B1
2 Hotel Peace Island Miyakojima B3

Essen

3 Kuusu A3
4 Mojapan B1
5 Pōcha Tatsuya B3

Ausgehen & Nachtleben

6 Bar Pulse B3

handwerkerzentrum neben dem Botanischen Garten von Miyako steht lokaltypisches traditionelles Handwerk im Mittelpunkt – und die Besucher können sich in verschiedenen Kursen kreativ ausleben. Sie fertigen *shiisā* (löwenartige Hunde, die als Dachwächter dienen) aus Ton, kochen Spezialitäten aus Miyako und weben auf traditionelle Art (*Miyako-jōfu*). Die meisten Workshops sind auch für Kinder geeignet. Spontane Teilnahmen sind z. T. möglich, dennoch ist es angebracht, vorher zu reservieren.

Schlafen

Die meisten Unterkünfte findet man in Hirara, aber es gibt auch näher an den Stränden Übernachtungsmöglichkeiten. An vielen Strandparks erstrecken sich kostenlose Campingplätze, z. B. am Yonaha-Maehama (S. 874), Boraga (S. 875) und Aragusuku-kaigan (S. 875).

Hiraraya PENSION ¥
(ひららや; Karte S. 876; ☎0980-75-3221; www.miyako-net.ne.jp/~hiraraya; 282-1 Higashi-nakasone, Hirara; B pro Nacht/Woche 2500/15 000 ¥, EZ/DZ 3500/6000 ¥; P ❄ 📶) Der wunderbare englischsprachige Hiro führt eine relaxte Pension (auf dem Vorhang an der Tür steht „Hiraraya"), in der gern Nachbarn und Freunde vorbeischauen. Es gibt einen Schlafsaal mit großen Betten mit Vorhängen und ein Privatzimmer in japanischem Stil. Einrichtungen, wie eine große Küche, werden von allen Gästen gemeinsam genutzt. In der ruhigen Seitenstraße nach der Türgardine Ausschau halten, auf der „Hiraraya" steht.

Guesthouse Miyako-jima PENSION ¥
(ゲストハウス宮古島; Karte S. 875; ☎0980-76-2330; www2.miyako-ma.jp/yonaha/test-top.html; 233 Yoneha; B/EZ/DZ mit Gemeinschaftsbad 1800/3500/5000 ¥, EZ/DZ mit eigenem Bad 4500/7000 ¥; P ❄ 📶) Ein begeisterter Kiteboarder betreibt diese helle, freundliche Pension in malerischer Lage unweit des Yoneha-Maehama. Die nette Bleibe hat Schlafsäle in westlichem Stil und kleine Privatzimmer, und es gibt Sondertarife für längere Aufenthalte. Gäste können Fahrräder, Motorroller und Schnorchelausrüstung mieten. Die Abholung am Flughafen vorher arrangieren (500 ¥).

Hotel Peace Island Miyakojima HOTEL ¥¥
(ホテルピースアイランド宮古島; Karte S. 876; ☎0980-74-1717; http://peace-k.jp/miyako; 310 Nishizato, Hirara; EZ/DZ inkl. Frühstück 7800/13 000 ¥, EZ/DZ im Neubau 7800/9500 ¥; P ❄ 📶) Das helle, saubere Peace Island ist sehr einladend, auch wenn die Zimmer nur durchschnittlich sind. Mit einem Luxus hingegen warten sie auf: In jedem Zimmer gibt es eine Waschmaschine mit Trockner! Der brandneue Anbau auf der anderen Straßenseite (namens „Hotel Peacely In Miyakojima Nexus") bietet die besten Zimmer. Sie sind angelegt wie Mini-Apartments und haben Holzböden, winzige Küchenzeilen und Wascheinheiten in den Zimmern.

Raza Cosmica Tourist Home HOTEL ¥¥
(ラザ・コスミカツーリストホーム; Karte S. 875; ☎0980-75-2020; www.raza-cosmica.com; 309-1 Hirara-maezato; Zi. pro Pers. ohne Bad 7000 ¥;

(P ❄ 📶) Oberhalb eines herrlich abgeschiedenen Strands auf Ikema-jima bietet die bezaubernde südasiatisch gestylte Bleibe Zimmer im westlichen Stil mit Holzböden und jede Menge Ruhe und Erholung, vielleicht auch, weil Kinder unter zwölf Jahren nicht erlaubt sind. Die Bäder teilt man sich zwar, aber sie sind makellos sauber. Aufgrund der isolierten Lage empfiehlt sich die Anfahrt mit dem Leihwagen. Achtung: Reservierungen per E-Mail sind obligatorisch.

Island Terrace Neela BOUTIQUE-HOTEL ¥¥¥
(アイランドテラス・ニーラ; Karte S. 875; ☎0980-74-4678; www.neela.jp; 317-1 Hirara-maezato; EZ/DZ inkl. Frühstück ab 38 500/70 000 ¥; P ❄ 📶 🏊) Das gemütliche, gehobene Hotel über einem hellen, weißen Sandstrand auf Ikema-jima sieht aus wie eine weiß getünchte Ferienanlage, die vom Mittelmeer nach Japan versetzt wurde. Die privaten Bungalows eignen sich für luxuriöse Flitterwochen. In der Nebensaison sind die Quartiere ein wenig preiswerter.

Essen & Ausgehen

Die Gassen in der Innenstadt von Hirara erwachen nachts zum Leben und bieten zahlreiche Optionen.

Eine der lokalen Spezialitäten von Miyako-jima ist *umibudō* (Seegras; wörtlich „Meeresweintrauben"). Es ist knackig und schmeckt gleichzeitig süß und salzig. Da es sich beim Transport nicht gut hält, wird es fast ausschließlich als Delikatesse auf den Yaeyama-Inseln angeboten.

Mojapan BÄCKEREI ¥
(モジャパン; Karte S. 876; ☎090-3977-6778; 20 Higashi-Nakasone, Hirara; Brot 160–180 ¥, Kaffee 250–400 ¥; ⏲Di–Sa 11–15 Uhr bzw. bis alles ausverkauft ist) Wenn man sie nicht sucht, riecht man sie – aber dennoch läuft man schnell an der winzigen Bäckerei vorbei. Der Besitzer hat es sich zum Ziel gemacht, während der Öffnungszeiten taufrisches Brot zu verkaufen. So bekommt man frische Brötchen ohne alles, Brötchen mit schwarzem Sesam, Walnüssen und in zahlreichen anderen Varianten heiß aus dem Ofen.

Kuusu SÜDOSTASIATISCH ¥
(Karte S. 876; ☎0980-75-5963; 553-3 Shimozato, Hirara; Gerichte 500–800 ¥; ⏲Fr–Mi 18–2 Uhr; 📋) Ob frische Frühlingsrollen, grüne Currys, *gōyā champurū* oder Nasi Goreng, all diese Leckereien tauchen auf der Speisekarte auf. Hier sitzen gerne junge Leute zusammen, die für lebendige Stimmung sorgen. Sprich: Das Kuusu ist auch nett für ein schnelles Singha-Bier oder einen Schluck *awamori*.

★ Nanraku IZAKAYA ¥¥
(南楽; ☎0980-73-1855; 568 Nishizato, Hirara; Mahlzeiten 2500 ¥; ⏲18–24 Uhr, unregelmäßig geschl.) Das Nanraku ist ein für Miyako-jima urtypisches *izakaya* und punktet mit seiner urigen, geselligen Atmosphäre und Gerichten mit Zutaten aus der Region. Küchenchef Nanraku-san stammt von hier, und seine Verehrung für die Inselküche und ihren Ursprung spiegelt sich in seinen Kreationen wieder. Er ist berühmt für seine *nekomanma* (*donburi* mit Tunfisch und *umibudō*) und sein köstliches Miyako-Rindfleischsashimi (3500 ¥ für einen kleinen Teller für 2 Pers.).

Wer beim Bestellen sein Budget und seine kulinarischen Vorlieben angibt, wird toll beraten. Möglicherweise zieht das Restaurant 2018 um – wer es nicht gleich findet, sollte herumfragen.

★ Pōcha Tatsuya IZAKAYA ¥¥
(ぽうちゃたつや; Karte S. 876; ☎0980-73-3931; 275 Nishizato, Hirara; Mahlzeiten 3000–4000 ¥; ⏲Mi–Mo 18.30–23 Uhr) Das einladende *izakaya* ist eine Bastion bester Qualität made in Miyako-jima. Hier kommt frische, sorgfältig zubereitete, lokaltypische Küche auf den Tisch, z. B. *kobushime-yawaraka-ni* (gedämpfter Tintenfisch; 730 ¥) oder *sūchiki* (in Wein gegartes Schweinefleisch mit Bittermelone; 630 ¥). Die Popularität dieses Ladens ist absolut gerechtfertigt, deshalb geht allerdings auch nichts ohne Reservierung. Ein paar Brocken Japanisch werden sich als nützlich erweisen; die Angebote wechseln regelmäßig. Immer ein prima Tipp ist das *omakase* (die Empfehlung des Küchenchefs) – er stellt reihenweise regionale Delikatessen zusammen.

Bar Pulse BAR
(バーパルス; Karte S. 876; ☎0980-73-6441; 299-7 Nishizato; Getränke 700 ¥; ⏲20–4 Uhr) Boo, der Besitzer, spricht Englisch und besitzt eine riesige, erlesene Musiksammlung. Daraus stellt er einen coolen Soundtrack für seine Gäste zusammen. Seine Bar ist ein willkommenes Refugium für die Ohren, denn typischerweise bekommt man in Okinawa softe Samba-Cover von Beatles-Liedern zu hören. Die Inneneinrichtung ist zwar spartanisch, aber P-Boo nimmt keinen Eintritt, und die Klientel ist ziemlich spannend. Draußen befindet sich ein pinkfarbenes Neonschild.

Praktische Informationen

Am **Infoschalter** (Karte S. 875; ☎ 0980-72-0899; ⌚ 9–18 Uhr) im Ankunftsbereich des Flughafens bekommt man den *Miyakojima Sightseeing Guide*. Wer Japanisch beherrscht, sollte auch die detaillierte *Guide Map Miyako* mitnehmen.

Die zentral gelegene **Postfiliale von Hirara-Nishizato** (平良西里郵便局; Karte S. 876; 142 Nishizato, Hirara; ⌚ Mo–Fr 9–17 Uhr, Geldautomat bis 19 Uhr) hat einen internationalen Geldautomaten.

An- & Weiterreise

Zwischen Miyako-jima und Tokios Flughafen Haneda (JTA/ANA), dem Flughafen Kansai in Osaka (ANA), Naha (JTA/RAC/ANA) und Ishigaki (RAC/ANA) bestehen Direktflüge.

Unterwegs vor Ort

Auf Miyako-jima verkehren nur wenige Busse, die von zwei Haltestellen in Hirara starten. Sie pendeln u. a. zwischen dem Flughafen und Hirara (210 ¥, 10 Min.). Vom Yachiyo-Haltepunkt bestehen Verbindungen nach Ikema-jima (500 ¥, 35 Min.) und vom Miyako-Kyōei-Haltepunkt, 700 m östlich der Ortschaft, zur Yoshino-kaigan/Boraga-Strand (500 ¥, 50 Min.). Eine weitere Buslinie bedient die Strecke zwischen Hirara und Yoneha-Maehama/Kurima-jima (390 ¥, 30 Min.). Die flache Insel eignet sich hervorragend zum Radfahren. In der Pension Hiraraya in Hirara kann man Räder leihen. Wer sich schneller fortbewegen möchte: Mietwagenfirmen haben Schalter am Flughafen und Büros in Hirara.

Irabu-jima & Shimoji-jima
伊良部島・下地島

Auf Irabu-jima und Shimoji-jima passiert wenig, außer dass Zuckerrohr angebaut wird und ANA-Piloten „Touch-and-go"-Manöver üben, bei denen sie landen und anschließend direkt wieder durchstarten. Irabu-jima und Shimoji-jima sind mit menschenleeren Stränden gesegnet und zeichnen sich durch ein extrem entschleunigtes Leben aus, zwei schöne Tagesausflugsziele ab Miyako-jima.

Sehenswertes

Nakanoshima-Strand STRAND
(中の島ビーチ; Karte S. 875) Nakanoshima-Strand, der schönste Schnorchelstrand, erstreckt sich an der Westküste von Irabu-jima und liegt an einer geschützten Bucht mit einer hohen Mauer. Am schönsten ist es hier am frühen Morgen, gegen Mittag und in der Nebensaison, wenn nicht ständig Busse und Boote gleichzeitig den Strand ansteuern. Er ist als „Nakano Island the Beach" ausgeschildert.

Tōri-ike HÖHLE
(通り池; Karte S. 875) Zu Spaziergängen und zum Tauchen laden die zwei „Meerwasserteiche" an der Westküste von Shimoji-jima ein, die eigentlich Krater in den Korallen sind, aus denen die Insel besteht. Die Einheimischen nennen sie „Drachenaugen".

Toguchi-no-hama STRAND
(渡口の浜; Karte S. 875) Der schönste Strand zum Schwimmen liegt an der Westküste von Irabu-jima. Er bietet Duschen, WCs und ein kleines Café, das nur in der Hauptsaison geöffnet hat.

Schlafen & Essen

Seit die neue Brücke die beiden verschlafenen Inseln zum Leben erweckt hat, schießen immer mehr Lokale aus dem Boden. Alteingesessen und beliebt ist dagegen das Café des Soraniwa.

Guesthouse Birafuya PENSION ¥
(ゲストハウスびらふやー; Karte S. 875; ☎ 0980-78-3380; 1436-1 Irabu; B/EZ/DZ 2000/3000/5000 ¥, Frühstück 300 ¥) Wenige Häuserblocks vom Strand aus landeinwärts liegt diese winzige Pension, die vom herzlichen Paar Aya und Raita geführt wird. Sie ist Treffpunkt der lokalen Musiker- und Künstlerszene. Angeboten werden günstiger Fahrradverleih, Schnorcheltouren, Bier bei Sonnenuntergang auf der Dachterrasse und eine durch und durch heitere Atmosphäre. Wer eine Woche hierbleibt, bekommt eine Nacht geschenkt.

Casa de Hamaca PENSION ¥
(カサ・デ・アマカ; Karte S. 875; ☎ 080-3277-8941; 621-3 Kuninaka; EZ/DZ ohne Bad 3000/5400 ¥; ⌚ Jan.–März geschl.; P ❄ 📶) Wer ein ausgefallenes Quartier sucht, sollte in der einzigartigen, durch und durch herrlichen Casa de Hamaca einchecken. Sekiyama Tadashi ist ein japanischer Läufer und Weltreisender. Dies ist gewiss die einzige Unterkunft in Japan, in der man zum einen ausschließlich in Hängematten schläft und der Besitzer zum anderen Spanisch spricht! Er vermietet Fahrräder, mit denen man toll die Insel erkunden kann (für Gäste 500 ¥ pro Tag).

★ Soraniwa BOUTIQUE-HOTEL ¥¥
(そらにわ; Karte S. 875; ☎0980-74-5528; www.soraniwa.org; 721-1 Irabu-azairabu; EZ inkl. Frühstück/2 Malzeiten ab 12 500/17 000 ¥, Mittagessen 950–1400 ¥; P ❄ @) Abgelegen und romantisch ist das Soraniwa an der Südküste. Ein junges Paar vom „Festland" leitet das kleine stilvolle Café-Hotel. Im Restaurant (Freitag–Dienstag 11.30–18 Uhr) werden lokale Zutaten aus biologischem Anbau verwendet. Die gemütliche moderne Unterkunft überzeugt mit luxuriösen Betten, Regalen aus recyceltem Holz und einem Jacuzzi auf der Dachterrasse.

Anreise & Unterwegs vor Ort

Irabu-jima und Shimoji-jima sind über eine Brücke miteinander und mit Miyako-jima verbunden und können mit dem Bus oder Auto angesteuert werden.

YAEYAMA-INSELN
八重山諸島

Am südwestlichsten Ende der Südwestinseln liegt der traumhafte Yaeyama Archipel mit Ishigaki-jima, Iriomote-jima und 17 kleineren Eilanden. Nicht weit vom Wendekreis des Krebses entfernt sind die tropischen Inseln mit ihren hübschen Stränden, herrlichen Tauchrevieren und üppigen Landschaften der Inbegriff des Paradieses.
Yaeyama gilt als Top-Reiseziel der Gegend, denn hier findet man Japans beste Tauch- und Schnorchelgebiete. Außerdem gibt's auf Iriomote-jima einige der letzten noch intakten subtropischen Dschungel und Mangrovensümpfe des Landes. Der Archipel ist herrlich vielseitig und lässt sich zudem leicht erkunden: Zwischen Ishigaki-Stadt und Inseln wie Iriomote-jima und Taketomi-jima verkehren zahlreiche Fähren. Im Rahmen eines einzigen Ausflugs kann man mühelos drei bis vier Eilande besuchen.

Ishigaki-jima 石垣島

☎0980 / 47 660 EW.

Die mit malerischen Stränden und hervorragenden Tauchplätzen gesegnete Ishigaki-jima punktet außerdem mit einer malerischen, zerklüfteten Landschaft, die zu Spritztouren und Tageswanderungen einlädt. Sie liegt 100 km südwestlich von Miyako-jima und ist die am dichtesten bevölkerte und am meisten erschlossene Insel der Yaeyama-Gruppe und ein Beispiel für das tropische Japan, wie es im Buche steht.

Sehenswertes

Ishigaki-Stadt (石垣市) erstreckt sich an der Südwestspitze der Insel. Am meisten los ist in den zwei Einkaufspassagen der **Euglena Mall** (ユーグレナモール), parallel zur Hauptstraße Shiyakusho-dōri. Innerhalb von ein bis zwei Stunden lässt sich in dem fußgängerfreundlichen Ort alles bequem zu Fuß erkunden, und es lohnt, einen halben Tag hier zu verbringen, um mehr über die lokale Identität zu erfahren.

Das Meer rund um Ishigaki-jima ist unter den japanischen Tauchern berühmt für seine reichen Bestände an Mantarochen, insbesondere von Juni bis Oktober. Einige der schönsten Strände der Insel liegen an der Westküste.

Ab Ishigaki verlaufen mehrere Straßen sternförmig ins Landesinnere und entlang der Küste. Am Meer liegen einige größere Dörfer, während das Inselinnere vorwiegend aus Bergen und Feldern besteht.

Yaeyama-Museum Ishigaki-Stadt MUSEUM
(石垣市立八重山博物館; Karte S. 883; ☎0980-82-4712; 4-1 Tonoshiro; 200 ¥; ⏲ Di–So 9–17 Uhr) In dem bescheidenen Museum werden Exponate zur Geschichte und Kultur der Insel mit englischsprachigen Erläuterungen gezeigt. Bemerkenswert sind einige Seiten mit Informationen über die ältesten menschlichen Überreste (mit der Methode der Kohlenstoffdatierung auf 24 000 Jahre geschätzt), die 2011 beim Bau des neuen Flughafens in Ishigaki entdeckt wurden.

Miyara Dōnchi HISTORISCHES GEBÄUDE
(宮良殿内; Karte S. 883; 178 Ōkawa; 200 ¥; ⏲ Mi–Mo 9–17 Uhr) Das einzigartige Wohnhaus aus dem Ryūkyū-Königreich stammt aus dem Jahre 1819. Wer es sehen möchte, folgt der Sanbashi-dōri Richtung Norden, bis man englischsprachige Schilder sieht. Das Gebäude wird nach wie vor bewohnt, deshalb kann man nur von außen einen Blick in die offenen Zimmer und den kleinen Garten werfen.

Yonehara-Strand STRAND
(米原海岸; Karte S. 880) An der Nordküste von Ishigaki entlang der Route 79 erstreckt sich ein hübscher Sandstrand mit einem langen Korallenriff. In allen Läden an der Hauptstraße (dort sind auch viele Cafés zu

Yaeyama-Inseln

Yaeyama-Insel

Highlights
1 Ida-no-hama A4
2 Kabira-wan F2
3 Sunset Beach H1

Sehenswertes
4 Barasu-tō B3
5 Hoshisuna-no-hama B3
6 Iriomote Wildlife Conservation Center C4
7 Kaiji-hama A2
8 Kanpire-no-taki B4
9 Kihōin Shūshūkan A1
10 Kondoi Beach A1
11 Mariyudō-no-taki B4
12 Nagomi-no-tō A1
13 Nishitō Utaki A1
14 Pinaisāra-no-taki B3
15 Taketomi Mingei-kan A1
16 Tsuki-ga-hama B3
17 Yonehara Beach F3

Aktivitäten, Kurse & Touren
18 Manta Scramble F2
19 Umicoza F3
20 Urauchi-gawa Kankō B3

Schlafen
21 ANA Intercontinental Ishigaki Resort G4

Coral Garden .... (siehe 5)
22 Iriwa F2
23 Irumote-sō B3
24 Takana Ryokan...................................... B1
25 Tsundara Beach Retreat G2

Essen
26 Densā Shokudō B3
Kitchen Inaba .... (siehe 16)
Oishiisā-gu .... (siehe 22)
27 Soba-dokoro Takenoko A1

Shoppen
28 Minsā Kōgeikan....................................... F4

Praktisches
29 Informationsschalter B1

Transport
Anei Kankō .... (siehe 29)
30 Funaura Fährhafen A4
Ishigaki Dream Kankō .... (siehe 29)
31 Ōhara Fährhafen C5
32 Shirahama Fährhafen B4
Uehara Fährhafen .... (siehe 26)
Yaeyama Kankō Fähre .... (siehe 29)
Yamaneko Rentacar .... (siehe 23)

finden) werden Schnorchelutensilien zum Verleih (1000 ¥) angeboten. Vorsicht: Teilweise ist die Strömung stark. Kinder und schwache Schwimmer sollten an anderer Stelle baden.

★ Kabira-wan STRAND

(川平湾; Karte S. 880) Die geschützte Bucht lockt mit weißem Sand und mehreren interessanten, klumpenartigen Inselchen vor der Küste. Das Schwimmen ist in der Bucht nicht gestattet, da hier Perlen gezüchtet werden; dafür liefern zahlreiche Glasbodenboote einen Blick auf das Leben rund ums Riff im Wasser.

★ Sunset Beach STRAND

(サンセットビーチ; Karte S. 880) An der Westküste ganz im Norden der Insel liegt ein langer Sandstreifen mit einem Riff. Wie es der Name schon vermuten lässt, erlebt man dort wunderbare Sonnenuntergänge. Duschen und WCs findet man vor Ort.

Aktivitäten

Umicoza TAUCHEN

(海講座; Karte S. 880; ☎ 0980-88-2434; www.umicoza.com; 1287-97 Kabira; 1/2 Tauchgänge mit Leihausrüstung 9450/12 600 ¥; ⏰ 8–18 Uhr) Alle Tauchlehrer von Umicoza auf Kabira sprechen Englisch. Dieser Veranstalter hat sich einen Ruf als professioneller und verlässlicher Tauchanbieter gemacht.

Manta Scramble TAUCHEN

(Karte S. 880) Größter Beliebtheit erfreut sich das so genannte Manta Scramble, ein Tauchspot vor der Küste von Kabira Ishizaki. Hier sind zwar immer mehrere Boote unterwegs, aber in der Saison sieht man fast unter Garantie mindestens einen Manta. Auf Ishigaki-jima gibt's zahlreiche Tauchanbieter.

Schlafen

In Ishigaki-Stadt gibt es zahlreiche günstige Pensionen, ein eleganteres Strandresort sowie zahlreiche Mittelklasseoptionen. Das nördliche Ende der Insel ist weniger stark bebaut und lockt mit schönen ruhigen Orten.

★ Iriwa PENSION ¥

(イリワ; Karte S. 880; ☎ 0980-88-2563; http://iriwa.org; 599 Kabira; B 2700 ¥, EZ/DZ ab 4800/8200 ¥; P ❄ @ 📶) Gleich oberhalb des Kabira-wan an der Nordküste wartet diese komfortable Pension mit Schlafsaalbetten, zwei großen privaten Zimmern und zwei Wohncontainern auf. Alle Quartiere sind anheimelnd im Hawaiistil eingerichtet. Außer den Containern haben alle Gemeinschaftsbäder. Die Betreiber, ein sehr entspanntes und nettes junges koreanisch-japanisches Pärchen, leisten ihren Gästen gern beim Essen oder bei Schnorchelausflügen Gesellschaft. Im Haupthaus gibt's einen Gemeinschaftsraum und eine große, sonnige Küche. Vom Dach, dem höchsten Punkt im Dorf Kabira, genießt man tagsüber einen schönen Blick über das Meer und nachts auf die Sterne.

Pension Yaima-biyōri PENSION ¥

(ペンションやいま日和; Karte S. 883; ☎ 0980-88-5578; http://yaimabiyori.com; 10-7 Miaski-chō; EZ/DZ ohne Bad 3200/5600 ¥, mit Bad 3600/6600 ¥; P ❄ @ 📶) Zwei Häuserblocks nördlich des Fähranlegers und Busbahnhofs bietet diese zentral in Ishigaki-Stadt gelegene einladende Pension attraktive geräumige Zimmer im westlichen und japanischen Stil mit Gemeinschafts- oder Privatbädern. Die Holzböden knarren ein wenig und in der Umgebung ist abends oft viel los. Wer lärmempfindlich ist, wählt besser ein anderes Quartier.

Rakutenya PENSION ¥

(楽天屋; Karte S. 883; ☎ 0980-83-8713; www3.big.or.jp/~erm8p3gi; 291 Ōkawa; Zi. ohne Bad 3500 ¥ pro Pers.; P ❄ @ 📶) Die gastfreundliche Bleibe zwei Häuserzeilen nördlich der überdachten Märkte verfügt über mehrere alte Holzhäuser mit ausgesprochen hübschen westlichen und japanischen Zimmern. Das japanische Inhaberpaar spricht ein wenig Englisch und hat jede Menge gute Infos auf Lager.

Hotel Patina Ishigaki-jima HOTEL ¥¥

(ホテルパティーナ石垣島; ☎ 0980-87-7400; www.patina.in; 1-8-5 Yashima-chō; EZ/2BZ inkl. Frühstück ab 7300/10 500 ¥; P ⊖ ❄ @ 📶) Bis zum Hafen und zum Zentrum von Ishigaki-Stadt sind es von dem kleinen netten Hotel nur wenige Gehminuten, trotzdem kann man hier nachts in Ruhe schlafen. Eine französische Bäckerei bietet ganz in der Nähe Snacks oder ein zweites Frühstück, und in der entspannten Unterkunft werden Fahrräder und Motorräder vermietet. Pluspunkte gibt's auch für den kostenlosen Waschservice (die Trockner sind Münzapparate).

Ishigaki-Stadt

★ Tsundara Beach Retreat APARTMENT ¥¥¥
(つんだらビーチ・リトリート; Karte S. 880; ☎090-7587-2029, 0980-89-2765; http://tsundarabeach.com; 895-2 Nosoko; DZ/3BZ/4BZ inkl. Frühstück 40 000/50 000/60 000 ¥; P ❄ 📶) Mit reichlich Ruhe und einer intimen Atmosphäre zieht dieses große, gut ausgestattete Strandhotel Gäste an. Es befindet sich in einer weitläufigen Grünanlage (1 ha) mit einem Gemüsegarten auf Ishigakis wenig bevölkerter Nordhalbinsel. Wege führen zu einem malerischen Privatstrand und einem riesigen Indianerzelt.

Darüber hinaus organisieren die pazifistischen amerikanischen Besitzer, die fließend Japanisch sprechen und ebenfalls auf dem Grundstück wohnen, Ökotouren, z. B. mit Dschungel-Zipling. Sie wissen zudem sehr viel über Ishigaki. Ein herrliches Refugium für Familien, Hochzeitsreisende und Leute, die es gern beschaulich und einsam mögen!

ANA Intercontinental Ishigaki Resort HOTEL ¥¥¥
(ANAインターコンチネンタル石垣リゾート; Karte S. 880; ☎0980-88-7111; www.anaintercontinental-ishigaki.com; 354-1 Maezato; Zi. ab 19 000 ¥; P ⊜ ❄ @ 📶 ≋) Das Hotel besitzt hübsch renovierte Zimmer mit Holzböden, die alle zumindest teilweise über Meerblick verfügen. Die Räume im Hauptgebäude haben zusätzlich Balkone. Aufgrund der Strandlage werden im Intercontinental häufig Hochzeiten gefeiert. Uns gefallen die größeren Zimmer im günstigeren Korallenflügel am besten, denn sie gruppieren sich rund um Open-Air-Gänge und einen Innenhof mit Garten.

Ishigaki-Stadt

Sehenswertes
1 Yaeyama-Museum Ishigaki-Stadt C3
2 Miyara Dōnchi D1

Schlafen
3 Pension Yaima-biyori B2
4 Rakutenya C2

Essen
5 Ishigaki-jima Kids C2
6 Ishigakijima Village B2
7 Paikaji C2

Ausgehen & Nachtleben
8 Cafe Taniwha C1
9 Mori-no-Kokage C2

Transport
10 Anei Kankō B3
Ishigaki Dream Kankō ...... (siehe 10)
Ishigaki-jima Rittō Fähr-Terminal ...... (siehe 10)
Yaeyama Kankō Fähre ...... (siehe 10)

Essen

Ishigaki-Stadt bietet eine gute Mischung an nobleren Touristenunterkünften, in denen man Ishigaki-Rind und okinawische Küche bekommt, und günstigen atmosphärischen, lebendigen ortstypischen Kneipen.

Oishiisā-gu NUDELN ¥

(おいシーサー遇; Karte S. 880; ☎0980-88-2233; 906-1 Kabira; Mahlzeiten 600–1000 ¥; ⏲11–17, im Sommer bis 19 Uhr; P) Ein sonnenverwöhntes *soba*-Restaurant in Kabira, das die Gäste mit lokalen Gerichten verwöhnt, wie kalten *yomogi-soba* (Beifuß-*soba*, serviert in Muschelschalen) oder *tebichi soba*, einer okinawischen *soba*-Variante mit geschmorten Schweinfüßen. Als Nachtisch gibt es dann hausgemachtes Eis in ungewöhnlichen Geschmacksrichtungen, wie Ishigaki-Bier, *gōyā* oder schwarze Sesam und Soja.

Ishigaki-jima Kids SOBA ¥

(石垣島キッズ; Karte S. 883; ☎0980-83-8671; 203-1 Ōkawa; Mahlzeiten 850 ¥; ⏲Do–Di 12–14 & 18–21 Uhr) Das Ishigaki-jima Kids ist ein winziges, sauberes Lokal in der Euglena Mall und kredenzt gut zubereitete Gerichte nach Yaeyama-Art, darunter *sōki-soba* und Taco-Reis. Alles steht detailliert auf der bebilderten Speisekarte. Das Mittagsmenü, Taco-Reis oder *Yaeyama soba* (*soba* mit winzigen Stücken zarten Schweinefleischs, Bohnensprossen und Frühlingszwiebeln) inklusive einem Glas Orion-Bier für 1250 ¥ ist super.

★ **Paikaji** IZAKAYA ¥¥

(南風; Karte S. 883; ☎0980-82-6027; 219 Ōkawa; Gerichte 700 ¥; ⏲17–24 Uhr) Dieses besonders beliebte Izakaya in Ishigaki-Stadt serviert alle Standardgerichte aus Okinawa und Yaeyama. Die fröhliche Atmosphäre und die Küche bekommen gute Kritiken, der einzige Haken ist, dass geraucht werden darf. Wir empfehlen *ikasumi chahan* (in Tintenfischtinte gebratener Reis; 700 ¥), *gōyā champurū* (750 ¥) und *sashimi moriawase* (Sashimisortiment; 750/1300/1800 ¥, je nach Größe). Das *izakaya* hat eine traditionelle Fassade, einen mit Korallen verzierten Eingang und ein rot-weißes Schild.

Ishigakijima Village JAPANISCH ¥¥

(石垣島ヴィレッジ; Karte S. 883; ☎0980-87-0708; 8-9 Misaki-chō; Mahlzeiten ca. 2000 ¥; ⏲11–22 Uhr, individuelle Öffnungszeiten des Ladens können abweichen) Die moderne Variante einer klassischen *yokochō* (Gasse) voller kleiner Lokale, wie man sie im heutigen Japan nicht mehr findet, ist dieser neue Restaurantkomplex. Er ist eine perfekte Anlaufstelle für Unentschlossene: Winzige Lokale bieten eine breite Vielfalt von kulinarischen Besonderheiten wie Ishigaki-Rind über *izakaya*-Gerichte bis hin zu italienischer Küche. Und das Sahnehäubchen sind die freundlichen Restaurantbesitzer und Einheimischen.

Ausgehen & Nachtleben

Cafe Taniwha BAR

(カフェたにふぁ; Karte S. 883; ☎0980-88-6352; 188 Ōkawa; ⏲Di–Sa 11–23 Uhr) Eine bessere erste Anlaufstelle in Ishigaki als dieses Café gibt es nicht. Die weltoffenen Besitzer Kuri und Fusa haben einen gemütlichen, einladenden Treffpunkt für einheimische Exzentriker und Reisende aus aller Welt geschaffen. Manchmal finden Livekonzerte statt, und hier kann man toll einen Abend einläuten oder auch gleich hierbleiben.

Mori-no-Kokage IZAKAYA

(森のこかげ; Karte S. 883; ☎0980-83-7933; 199 Ōkawa; Gerichte 800 ¥; ⏲Fr–Mi 17–24 Uhr) Dieses kleine *izakaya* in Ishigaki-Stadt ist ein freundliches Lokal, das seinem Namen „Der Schatten des Waldes" alle Ehre macht. Zu den lokalen Spezialitäten zählen in Stücke geschnittene Ishigaki-Rindersteaks (1280 ¥) und das heimische Gebräu *ishigaki-jima-zake* (500 ¥). Man erkennt das Mori-no-Kokage an den Pflanzen und Baumstämmen vor der Tür, und die freundlichen Einheimischen sitzen unter einem künstlichen Blätterdach.

Shoppen

Eine gute Adresse für *o-miyage* (Souvenirs) ist die Gegend rund um die Euglena Mall, die Haupteinkaufspassage, in der sich auch ein Markt befindet. Tipp: Die Ladeninhaber senken die Preise am frühen Abend etwa eine Stunde vor Geschäftsschluss.

Minsā Kōgeikan KUNST

(みんさー工芸館; Karte S. 880; ☎0980-82-3473; 909 Tonoshiro; ⏲9–18 Uhr) Ein Webatelier und Ausstellungsraum für Yaeyama-Textilien. Besucher können sich auch selbst im Weben versuchen, wenn sie sich vorab telefonisch anmelden. Für einen selbstgemachten Untersetzer zahlt man 1500 ¥. Das Gebäude liegt zwischen Stadtzentrum und Flughafen und ist mit dem Flughafenbus zu erreichen (es gibt eine Haltestelle am Minsā Kōgeikan).

Praktische Informationen

Einen kleinen, aber nützlichen **Infoschalter** (☎0980-87-0468; ⏲7.30–21 Uhr) gibt's in der Ankunftshalle des Flughafens.

Die **Touristeninformation** (石垣市観光協会; Karte S. 883; ☎0980-82-2809; 1. OG, Ishigaki-shi Shōkō Kaikan; ⏲Mo–Fr 8.30–17.30 Uhr) hat ein englisches Faltblatt zu den Inseln auf Lager. Manchmal spricht auch jemand von den Mitarbeitern Englisch. Wer Japanisch lesen kann, sollte den *Ishigaki Town Guide* und *Yaeyama Navi* mitnehmen. Alle oben aufgeführten Publikationen bekommt man auch am Fährterminal in der Innenstadt.

Die Yaeyama-Postfiliale (八重山郵便局; Karte S. 883; ☎0980-82-3742; 12 Ōkawa; Eingangsbereich; ⏲Mo–Fr 9–19, Sa bis 15 Uhr, Geldautomat 8–21 Uhr) in der Innenstadt von Ishigaki-Stadt hat internationale Geldautomaten.

An- & Weiterreise

FLUGZEUG

Es bestehen Direktflüge zwischen dem **Flughafen Painushima Ishigaki** (南ぬ島石垣空港; Karte S. 880; ☎0980-87-0468; www.ishigaki-airport.co.jp; ⏲7.30–21 Uhr) in Ishigaki-jima und dem Flughafen Narita in Tokio (Vanilla Air), dem Flughafen Haneda (JTA/ANA), dem Internationalen Flughafen Kansai in Osaka (JTA/ANA/Peach Airlines), Naha (JTA/ANA), Miyako-jima (RAC/ANA) und Yonaguni-jima (RAC).

SCHIFF/FÄHRE

Am **Ishigaki-jima-Rittō-Fährterminal** (石垣港離島ターミナル; Karte S. 883) starten Boote zu den Inseln, z. B. nach Iriomote-jima, Kohama-jima, Taketomi-jima und Hateruma-jima. Sie verkehren häufig, sodass man in der Regel morgens einfach hierherkommen und die nächste Fähre zum gewünschten Ziel nehmen kann (außer während der Sommermonate in der Hochsaison). Die drei Anbieter sind die Fähre **Yaeyama Kankō** (八重山観光フェリー; Karte S. 883; ☎0980-82-5010; www.yaeyama.co.jp), **Ishigaki Dream Kankō** (石垣島ドリーム観光; Karte S. 883; ☎0980-84-3178; www.ishigaki-dream.co.jp) und **Anei Kankō** (安栄観光; Karte S. 883; ☎0980-83-0055; www.aneikankou.co.jp; ⏲6–22 Uhr). Um zum Fährhafen zu kommen, geht man von der Kreuzung 730 Richtung Südwesten am Wasser entlang.

Unterwegs vor Ort

Der **Busbahnhof** (Karte S. 883) von Ishigaki-Stadt liegt gegenüber dem Hafen. Stündlich fahren mehrere Busse zum Flughafen (540 ¥, 45 Min.) und teilweise auch zum Kabira-wan (680 ¥, 50 Min.) sowie zum Yonehara-Strand (820 ¥, 1 Std.). Beim Fahrer bekommt man Tages- (1000 ¥) und Fünftagestickets (2000 ¥).

Leihwagen, -roller und -räder sind bei vielen Anbietern im Stadtzentrum erhältlich. Wer gern Moped fährt, kann in vier bis fünf Stunden eine hübsche Rundtour um die ganze Insel unternehmen. Am besten dehnt man den Trip jedoch aus und entspannt sich zwischendurch an den Stränden. **Ishigaki Rentacar** (石垣島レンタカー; Karte S. 883; ☎0980-82-8840; 25 Ōkawa; ⏲8–19 Uhr) im Stadtzentrum verlangt vernünftige Preise.

Iriomote-jima 西表島

☎0980 / 2402 EW.

Iriomote-jima liegt nur 20 km westlich von Ishigaki-jima und ist sozusagen Japans letzte Grenze. Dichte Dschungel- und Mangrovensümpfe überwuchern mehr als 90 % der Insel, die zudem mit den schönsten Korallenriffen des Landes aufwartet. Echte Glückspilze bekommen vielleicht eine der sehr seltenen nachtaktiven *yamaneko*-Wildkatzen zu Gesicht.

Mehrere Flüsse durchkreuzen das überwucherte Inselinnere und können per Boot oder Kajak erkundet werden. Nimmt man die vielen sonnigen Strände und spektakulären Tauch- und Schnorchelreviere hinzu, dann wird klar, warum Iriomote für Naturliebhaber zu den beliebtesten Zielen in Japan gehört.

Sehenswertes

Die schönsten Sehenswürdigkeiten von Iriomote-jima findet man in der Natur – Strände mit Sternensand, Wasserfälle, die das ganze Jahr über Wasser führen, und grüne Flüsse, die sich durch Mangrovenwälder ziehen. Wegen des langen Korallenriffs rund um die Insel sind die meisten Strände flach.

★ Ida-no-hama — STRAND

(イダの浜; Karte S. 880) Jeden Tag fahren vom **Shirahama** (白浜港; Karte S. 880) am Westende der Küstenstraße im Norden vier Boote (500 ¥) zu der entlegenen Siedlung **Funauki** (船浦港; Karte S. 880). Von dort aus erreicht man in einem etwa zehnminütigen Spaziergang den bezaubernden Ida-no-hama.

Hoshisuna-no-hama — STRAND

(星砂の浜; Sternensandstrand; Karte S. 880) Wer schnorcheln möchte, sollte diesen Strand an der Nordwestspitze der Insel ansteuern. Seinen Namen verdankt er dem „Sternensand", der aus Skeletten maritimer Protozoen (Einzeller) besteht. Gute Schwimmer können bei ruhiger See mit Maske und Schnorchel die Außenseite des Riffs erkunden. Die Korallen und tropischen Fische hier sind spektakulär.

Iriomote Wildlife Conservation Center MUSEUM
(西表野生生物保護センター; Karte S. 880; ☎0980-85-5581; Komi Taketomi; ⊙Di–So 10–16 Uhr, zwischen 12 und 13 Uhr geschl.) GRATIS Für alle Traveller, die sich auch nur im Entferntesten für *yamaneko* (Iriomotes endemische Wildkatzen) interessieren, deren vom Aussterben bedrohter Bestand auf ca. 100 Tiere gesunken ist, stellt dieses kleine naturgeschichtliche Zentrum ein lohnenswerter Stopp dar. Einige der Ausstellungsstücke sind auf Englisch erklärt, dazu wird außerdem ein kurzer Dokumentarfilm auf Japanisch über *yamaneko* gezeigt. Er informiert über die schwindende Population aufgrund von Gefahren wie Müll oder Verkehr. Das einfache Faltblatt auf Englisch kostet 100 ¥.

Pinaisāra-no-taki WASSERFALL
(ピナイサーラの滝; Karte S. 880) Hinter der von Mangroven gesäumten Funaura-Bucht ein paar Kilometer östlich von Uehara sieht man schon von Weitem den hübschen Pinaisāra-no-taki, Okinawas höchsten Wasserfall, der sich ganze 55 m von den Klippen hinabstürzt. Bei entsprechendem Wasserstand können Kajakfahrer durch die seichte Lagune und weiter flussaufwärts über den Hinai-gawa (links) bis zum Fallbecken paddeln. Der kurze Māre-gawa (rechts) trifft auf einen Wanderweg und wird dort schmaler. Dieser Pfad führt zum oberen Teil der Kaskade, von wo man einen herrlichen Ausblick auf die unterhalb gelegene Küste genießt. Vom Fluss geht's dann Richtung Inland bis zu einem Pumpwerk, anschließend kehrt man um und folgt der rechten Weggabelung. Die gesamte Wanderung dauert weniger als zwei Stunden, und der Fluss eignet sich wunderbar für ein kühlendes Bad.

Leider erfordert es Geduld, einen Veranstalter aufzutreiben, der Kajaks verleiht, ohne dass man an einer geführten Tour (halber/ganzer Tag ca. 6000/10 000 ¥) teilnehmen muss.

Tsuki-ga-hama STRAND
(月ヶ浜; Mondstrand; Karte S. 880) Der beste Badestrand ist ein halbmondförmiger gelber Sandstreifen an der Mündung des Urauchi-gawa an der Nordküste.

Aktivitäten

Wer richtig in die Schönheit von Irimote eintauchen möchte, kann durch den Dschungel wandern, mit dem Kajak durch Mangrovenwälder paddeln oder an den zugänglichen Riffen schnorcheln.

Wandern

Auf Iriomote erstrecken sich einige wirklich großartige Wanderwege, allerdings sollte man den Regenwald auf keinen Fall erkunden, ohne zunächst die Polizei über sein Vorhaben zu informieren, denn die Pfade sind nicht immer gut markiert. Viele Touristen haben sich bereits verlaufen und mussten gerettet werden. Wir empfehlen, auf leicht nachvollziehbaren Strecken, wie beispielsweise entlang des Urauchi-gawa, zu bleiben oder gleich mit einem Guide der Unterkunft, in der man übernachtet, loszulaufen (ab 10 000 ¥).

Tauchen

Schnorchler können einen Großteil der herrlichen Korallen an der hiesigen Küste erreichen. Tauchveranstalter auf Ishigaki haben Trips zu den meisten Tauchspots rund um Iriomote im Angebot.

Bemerkenswert ist z. B. die außergewöhnliche **Barasu-tō** (バラス島; Karte S. 880) zwischen Iriomote-jima und Hatoma-jima, eine kleine Insel, die komplett aus zerbrochenen Korallenstücken besteht. Daneben eignen sich auch die gut erhaltenen Riffe in der Nähe bei ruhigem Seegang.

Geführte Touren

Iriomotes größte Attraktion ist ein Bootsausflug auf dem mäandernden braunen **Urauchi-gawa** (浦内川), der wie eine kleine Version des Amazonas wirkt. Ein toller, gut zugänglicher Weg, um die Inselwildnis im Inland von Irimote kennenzulernen.

Iriomote Osanpo Kibun KAJAKFAHREN
(西表おさんぽ気分; ☎0980-84-8178; www.iriomote-osanpo.com; ganz-/halbtägige Kajak- & Wandertouren ab 10 000/6000 ¥) Dieser verlässliche Veranstalter bietet Wander-, Kajak- und Schnorcheltouren mit englischsprachigen Führern an, die die Gegend wie ihre Westentasche kennen. Sie sind der einfachste Weg, um Pinaisāra-no-taki (S. 886) und Iriomotes übrige natürliche Sehenswürdigkeiten an Land und im Wasser zu besuchen. In den Tourpreisen sind in der Regel Mittagessen sowie An- und Abreise enthalten.

Urauchi-gawa Kankō GEFÜHRTE TOUREN
(浦内川観光; Karte S. 880; ☎0980-85-6154; www.urauchigawa.com; Flusstouren Erw./Kind 1800/900 ¥, ganztägige Trekking- & Kajaktouren 8400 ¥) Von der Flussmündung aus bietet Urauchi-gawa Kankō 8 km lange Touren flussaufwärts an (Rundtour 1800 ¥, 30 Min. pro Strecke, mehrmals tgl., 9.30–15.30 Uhr). Nachdem das Boot die 8 km gefahren ist, legt es an und man kann 2 km zum malerischen Wasserfall **Mariyudō-no-taki** (マリユドゥの滝; Karte S. 880) marschieren. 200 m weiter erreicht man einen weiteren Wasserfall, den **Kanpire-no-taki** (カンピレーの滝; Karte S. 880).

Die Wanderung von der Anlegestelle zum Kanpire-no-taki und zurück dauert ungefähr zwei Stunden. Natürlich ist es auch möglich, nur mit dem Boot bis zum Anleger und wieder zurück zu schippern. Der Pier (浦内川遊覧船乗場) liegt 6 km westlich von Uehara. Flussfahrten muss man nicht reservieren, ganztägige Kajaktouren hingegen schon.

Schlafen

Es gibt überall auf der Insel verstreut Unterkünfte. Die Angestellten der meisten Pensionen holen ihre Gäste mit dem Auto vom Fähranleger ab, wenn man ihnen vorab die Ankunftszeit mitteilt.

Kanpira-sō MINSHUKU ¥
(カンピラ荘; ☎0980-85-6508; www.kanpira.com; 545 Uehara; Zi. pro Pers. mit/ohne Bad ab 4700/3700 ¥; P ❄ 📶) Zwei Gehminuten vom Fähranleger in Uehara entfernt wartet die *minshuku* mit einfachen Zimmern im japanischen Stil auf. Der mitteilsame Manager fertigt selbst außergewöhnlich gute zweisprachige Karten der Insel an (allerdings wird wenig Englisch gesprochen). Das Frühstück ist im Preis enthalten. Wenn man vom Hafen Uehara aus nach rechts auf die Hauptstraße einbiegt, liegt die Pension auf der rechten Seite.

Irumote-sō HOSTEL ¥
(いるもて荘; Karte S. 880; ☎0980-85-6255; 870-95 Uehara; B mit/ohne Abendessen ab 5300/4000 ¥, Zi. mit/ohne Abendessen 7250/5900 ¥ pro Pers.; P ❄ @ 📶) Das ruhige Hostel in Hanglage zwischen den Häfen von Uehara (上原港) und Funaura (船浦港) hat komfortable Schlafsäle und einfache Privatzimmer im japanischen Stil. Mahlzeiten werden in dem großen Gemeinschaftsesszimmer serviert. Wir empfehlen, vor der Ankunft anzurufen, um sich abholen zu lassen, denn die Unterkunft ist schwer zu finden. Mitglieder von Hostelling International bekommen Rabatt.

Coral Garden PENSION ¥¥
(コーラルガーデン; Karte S. 880; ☎0980-85-6027; www.e-iriomote.com; 289-17 Uehara; EZ/DZ inkl. Frühstück ab 8500/13 000 ¥; ⏱Dez.–Febr. geschl.; P ❄ @ 📶 🏊) Eine fünfminütige Autofahrt von Uehara entfernt bietet das Coral Garden einfache Zimmer im japanischen und westlichen Stil mit Blick über den Hoshisuna-no-hama (S. 885). Es gibt einen kleinen Pool, und ein Pfad führt zum unterhalb gelegenen Strand, der sich großartig zum Schnorcheln eignet. Vorher anrufen, wenn man vom Flughafen abgeholt werden möchte.

Essen

Da die Insel nur wenige Restaurants beherbergt, essen die meisten Urlauber im Hotel oder versorgen sich selbst. Iriomote hat auch einige anständige Lokale.

Densā Shokudō OKINAWISCH ¥
(デンサー食堂; Karte S. 880; ☎0980-85-6453; 558 Uehara; Mahlzeiten 850 ¥; ⏱Do–Mo 11.30–18, Di bis 16 Uhr) Das gemütliche, nur tagsüber geöffnete Restaurant mit heimeligem Speisesaal und Außenterrasse hat sich auf Lokaltypisches wie *gōyā champurū teishoku* (850 ¥) und *Yaeyama soba* (500 ¥) spezialisiert. Mit den herumliegenden Mangas kann man sich die Wartezeit vertreiben. Den Uehara-Hafen verlassen; das Densā Shokudō liegt dann gleich auf der anderen Straßenseite.

Laugh La Garden OKINAWISCH ¥
(ラフラガーデン; ☎0980-85-7088; 2. OG, 550-1 Uehara; Gerichte 900 ¥; ⏱Fr–Mi 11.30–14 & 18–21 Uhr) Das entspannte Lokal liegt unweit der Straße vom Hafen in Uehara neben der Tankstelle. Es serviert verschiedene Menüs, darunter *ishigakibuta-no-misokatsu teishoku* (mit Miso gewürzte Ishigaki-Schweinekoteletts; 950 ¥), und Iriomote-Leibspeisen, wie leckeres *inoshishi-sashimi* (Wildschweinsashimi; 600 ¥).

Kitchen Inaba OKINAWISCH ¥¥
(Karte S. 880; ☎0980-84-8164; http://kitcheninaba.com; 742-6 Uehara; Gerichte 400–1800 ¥; ⏱11.30–14.30 & 18–20.30 Uhr; P ❄ 📖) Im relativ gehobenen Kitchen Inaba im Bereich Tsuki-ga-hama, wo es ansonsten keine Restaurants gibt, werden die üblichen regionalen Spezialitäten serviert. Eine tolle Adres-

se, wenn man den Tag am Strand verbracht hat und auf öffentliche Verkehrsmittel angewiesen ist; am besten im Vorfeld reservieren, da es abends voll werden kann.

An- & Weiterreise

Fähre Yaeyama Kankō (八重山観光フェリー; ☎0980-82-5010; www.yaeyama.co.jp; nach Uehara/Ōhara 2060/1570 ¥), **Ishigaki Dream Kankō** (石垣島ドリーム観光; ☎0980-84-3178; www.ishigaki-dream.co.jp; nach Uehara/Ōhara 1420/1570 ¥) und **Anei Kankō** (安栄観光; ☎0980-83-0055; www.aneikankou.co.jp; nach Uehara/Ōhara 2060/1570 ¥) verkehren zwischen Ishigaki-Stadt auf Ishigaki-jima und Iriomote-jima. Fähren aus Ishigaki fahren zu den beiden Haupthäfen auf Iriomote: nach **Uehara Port** (上原港; Karte S. 880; 1 Std., bis zu 20-mal tgl.), von wo aus man die meisten Ziele gut erreicht, und nach **Ōhara Port** (大原港; Karte S. 880; 40 Min., bis zu 27-mal tgl.). Bei starkem Nordwind müssen die Boote nach Uehara auf die sicherere Strecke nach Ōhara ausweichen. Dann bringen kostenlose Shuttlebusse die Passagiere nach Uehara.

Unterwegs vor Ort

Eine 58 km lange Küstenstraße führt halb um Iriomote-jima. Im unberührten Inselinneren gibt's keine Straßen.

Sechs bis neun Busse pendeln täglich zwischen Ōhara (Hafen) und Shirahama (1240 ¥, 1½ Std.). Man kann sie überall per Handzeichen anhalten. Buspässe (Tages-/Dreitagesticket 1030/1540 ¥) bieten auch auf Attraktionen, wie die Bootsfahrt auf dem Urauchi-gawa, 10 % Ermäßigung.

Wer einen Internationalen Führerschein besitzt, hat die Möglichkeit, bei **Yamaneko Rentacar** (やまねこレンタカー; Karte S. 880; ☎0980-85-6111; 984-57 Uehara; ⏲8–18 Uhr) ein Auto zu mieten.

Die meisten Unterkünfte verfügen über Leihräder für ihre Gäste.

Taketomi-jima 竹富島

☎0980 / 361 EW.

Die kleine Insel, eine 15-minütige Bootsfahrt von Ishigaki-jima entfernt, gilt als „lebendiges Museum" der Ryūkyū-Kultur. Im Zentrum erstreckt sich ein blumengeschmücktes Dorf aus traditionellen Häusern mit roten Ziegeldächern (*kawara*), Korallenwänden und *shiisa*-Statuen (löwenartige Hundefiguren, die als Hauswächter dienen). Auf Taketomi kann man frische Luft schnappen, wenn einem das moderne Japan zu viel wird.

Um das historische Ambiente der Insel nicht zu beeinträchtigen, haben sich die Einwohner zusammengeschlossen und einige moderne Elemente verbannt. So gibt's hier nur Korallenkiesstraßen mit Bougainvillen und keine Ladenketten.

In den Sommermonaten ist das Eiland von japanischen Tagesausflüglern überlaufen, erst abends kehrt himmlische Stille ein, denn nach Einbruch der Dunkelheit bietet Taketomi-jima keine Unterhaltung. Wer die Möglichkeit hat, sollte hier übernachten, um den wahren Zauber der Insel zu spüren.

Die Fähren legen in dem engen Hafen im Nordosten an, während das Dorf Taketomi in der Inselmitte liegt.

Sehenswertes

Das Dorf Taketomi lockt mit einigen kleinen Sehenswürdigkeiten, lässt sich aber am besten genießen, wenn man umherstreift und die Atmosphäre auf sich wirken lässt. Am besten erkundet man die Insel mit einem Mietfahrrad. Man radelt über Straßen aus zerkleinerten Korallen, lässt gemütlich trottende Ochsenkarren vorbei und bewundert die Vielfalt an *shiisā*, die Häuser und Wände zieren.

Nagomi-no-tō MONUMENT

(なごみの塔; Karte S. 880; ⏲rund um die Uhr) GRATIS In der Dorfmitte gewährt der schlichte Aussichtsturm einen herrlichen Blick über die roten Ziegeldächer der pfannkuchenflachen Insel.

Nishitō Utaki SCHREIN

(西塘御獄; Karte S. 880) Dieser Schrein ist einem Herrscher der Yaeyama-Inseln aus dem 16. Jh. gewidmet, der auf Taketomi-jima geboren wurde, und dessen Grab hinter dem Schrein liegt.

Kihōin Shūshūkan MUSEUM

(喜宝院蒐集館; Karte S. 880; ☎0980-85-2202; 300 ¥; ⏲9–17 Uhr) Das private Museum im Westen der Ortschaft zeigt eine abwechslungsreiche Sammlung folkloristischer Artefakte.

Taketomi Mingei-kan GALERIE

(竹富民芸館; Karte S. 880; ☎0980-85-2302; 381-4 Taketomi; ⏲9–17 Uhr) GRATIS In dieser Werkstatt entstehen gewebte *minsā*-Gürtel und andere Textilien.

Kaiji-hama STRAND

(カイジ浜; 皆治浜; Karte S. 880) An der Südwestküste liegt der schöne Strand Kaiji-hama. Hier decken sich Souvenirjäger mit *hoshi-suna* (Sternensand) ein. Wer keinen Behälter für die winzigen Schätze dabei hat, findet in der Regel einen Stand, an dem kleine Fläschchen mit Sternensand verkauft werden.

Kondoi-Strand STRAND

(コンドイビーチ; Karte S. 880) Der Kondoi-Strand an der Westküste ist der wahrscheinlich schönste Badestrand der Insel, wenn man sich an den zahlreichen streunenden Katzen vorbeigekämpft hat, die hier leben. Am Eingang zum Strand gibt es einen Fahrradparkplatz, Picknicktische sowie WCs.

Schlafen & Essen

Auf der Insel bieten viele *ryokan* Zimmer an. Im Sommer wird es hier schnell voll; wer hier übernachten möchte, muss seine Bleibe unbedingt im Voraus buchen.

Auf wirklich jeder Speisekarte auf Taketomi findet man *Yaeyama soba*. Das Gericht ähnelt dem okinawischen *sōki-soba*: *soba* mit winzigen Stücken zarten Schweinefleischs, Bohnensprossen und Frühlingszwiebeln.

Takana Ryokan RYOKAN ¥

(高那旅館; Karte S. 880; ☎0980-85-2151; www.kit.hi-ho.ne.jp/hayasaka-my; 499 Taketomi; B inkl./exkl. Mahlzeiten 5000/3500 ¥, Zi. pro Pers. Inkl. Mahlzeiten ab 8800 ¥,) Gegenüber der kleinen Postfiliale erhebt sich das Takana Ryokan. Es verfügt über einfache Herbergszimmer und gehobene Quartiere im japanischen *ryokan*-Stil. Traveller mit schmalem Geldbeutel buchen meistens die einfachen westlichen Mehrbettzimmer, aber die Tatamizimmer sind etwas komfortabler (und natürlich etwas teurer).

Soba-dokoro Takenoko NUDELN ¥

(そば処竹の子; Karte S. 880; ☎0980-85-2251; 101-1 Taketomi; Gerichte 800 ¥; 10.30–16 & 19–21 Uhr;) In dem winzigen Restaurant auf der Nordwestseite des Dorfes (zu erkennen an der blauen Fahne und den Schirmen) kommt man in den Genuss von *sōki soba* (800 ¥) und *Yaeyama-soba* (600 ¥) in einer ganz fantastischen Brühe.

Praktische Informationen

Ein kleiner **Infoschalter** (Karte S. 880; ☎0980-84-5633; 7.30–18 Uhr) liegt im Hafengebäude.

Im Ort Taketomi findet man einen internationalen Geldautomaten in der **Postfiliale** (竹富郵便局; Karte S. 880; ☎0980-85-2342; 500 Taketomi; Mo–Fr 9–17 Uhr).

An- & Weiterreise

Yaeyama Kankō Ferry (八重山観光フェリー; Karte S. 880; ☎0980-82-5010), **Ishigaki Dream Kankō** (石垣島ドリーム観光; Karte S. 880; ☎0980-84-3178) und **Anei Kankō** (安栄観光; Karte S. 880; ☎0980-83-0055) verkehren zwischen Ishigaki-Stadt auf Ishigaki-jima und Taketomi-jima (600 ¥, 10 Min., bis zu 45-mal tgl.).

Unterwegs vor Ort

Da die Insel nur 3 km lang und 2 km breit ist, lässt sie sich leicht zu Fuß erkunden. Zahlreiche Fahrradvermieter kommen bei Ankunft der Fähren zum Hafen und bieten einen kostenlosen Transfer zu ihren Läden an. Der gängige Tarif für Leihfahrräder beträgt 300 ¥ pro Stunde bzw. 1500 ¥ für einen Tag. Wasserbüffelkarren sind eine Alternative der Inselerkundung. Zwei Veranstalter im Dorf führen halbstündige Fahrten für 1200 ¥ pro Person durch (auf Japanisch).

Hateruma-jima 波照間島

☎0980 / 528 EW.

45 km südlich von Iriomote liegt die winzige Hateruma-jima, Japans südlichste bewohnte Insel. Sie hat einen Umfang von gerade mal 15 km und lockt mit einigen schönen Stränden sowie wundervoll entspannter Atmosphäre.

Fähren legen am kleinen Hafen an der Nordwestspitze an, die gleichnamige Ortschaft der Insel erstreckt sich im Herzen von Hateruma.

Sehenswertes

Das einfache, entspannte ländliche Inselleben ist der Grund für eine Reise nach Hateruma. Hier trifft man auf Ziegen auf der Straße, kann in unglaublich klarem Wasser schnorcheln und ein Selfie am südlichsten Punkt Japans machen – was vermutlich auch das Aufregendste hier ist.

Nishihama STRAND

(ニシ浜) Westlich des Hafens stößt man auf den Bilderbuchstrand mit schneeweißem Sand und vorgelagerten Korallen. Hier gibt's kostenlose Duschen, Toiletten und einen Campingplatz.

Südlichster Punkt Japans WAHRZEICHEN

(日本最南端の碑) Am südlichsten Punkt Japans radelt man durch Zuckerrohrfelder, während man auf eine kilometerlange, unberührte Küste blickt – kommt man an den südlichsten Punkt Japans, fühlt man sich entsprechend fernab der Zivilisation. Ein Denkmal, an dem sich praktisch jeder Besucher auf Fotos verewigen lässt, markiert die Stelle.

Takanazaki STRAND
(高那崎) Auf der südöstlichen Inselseite liegen auf einer Länge von 1 km die beeindruckenden Ryūkyū-Kalksteinklippen, die von den peitschenden Stürmen des Pazifiks geformt wurden. Hier steht eine kleine Sternwarte und das westliche Ende dieses Naturwunders ziert ein kleines Denkmal, das den südlichsten Punkt Japans markiert. Vor Ort lassen sich viele Japaner auf Fotos ablichten – was man auch unbedingt machen sollte, wenn man die Fahrt bis hierher auf sich genommen hat.

Schlafen & Essen

In den meisten *minshuku* kann man Mahlzeiten dazubuchen. Selbstversorger finden im Ort ein paar kleine Läden.

House Minami MINSHUKU ¥
(ハウス美波; ☎0980-85-8050, 080-5885-5050; 3138 Hateruma; EZ/DZ ab 3000/5000 ¥; P ❄ ☎) Östlich des Ortszentrums liegen die komplett ausgestatteten, separaten Quartiere um einen gemütlichen Innenhof in der Nähe von Zuckerrohrfeldern. Leider sprechen die Besitzer kein Englisch, doch sie sind sehr herzlich und heißen Ausländer willkommen.

Pension Sainantan PENSION ¥¥
(ペンション最南端; ☎0980-85-8686; http://pensionsainantan.wixsite.com/hateruma/contact; 886-1 Hateruma; Zi. pro Pers. inkl. 2 Mahlzeiten ab 8800 ¥; P ❄ @) Die luftige Pension bietet japanische Zimmer und kleine Terrassen im unteren Stockwerk sowie westliche Zimmern mit Balkonen im oberen Stockwerk. Die Dachterrasse wartet mit einem spektakulären Blick über den Strand und das Meer auf. Bis zum Nishihama sind es nur drei Gehminuten.

Anreise & Unterwegs vor Ort

Drei bis vier Fähren von **Anei Kankō** (安栄観光; ☎0980-83-0055; www.aneikankou.co.jp) verkehren täglich zwischen Hateruma-jima und Ishigaki (3090 ¥, 1 Std.). Es gibt auf der Insel keine öffentlichen Verkehrsmittel. Fahrräder und Roller kann man in der Nähe des Hafens und in den *minshuku* vor Ort mieten.

Yonaguni-jima 与那国島

☎0980 / 1843 EW.

125 km westlich von Ishigaki bzw. 110 km östlich von Taiwan erstreckt sich Japans westlichste bewohnte Insel. Ihren guten Ruf verdankt sie nicht nur dem starken Sake, einheimischen Ponys und dem Marlinfischen, sondern auch dem Atlasspinner, dem größten Schmetterling der Welt, der auf Yonaguni beheimatet ist.

Es sind aber vor allem die Unterwasserpreziosen, die viele Besucher anlocken. 1985 entdeckte ein Taucher versunkene Ruinen vor der Südküste. Einen besonderen Reiz üben die großen Hammerhai-Schwärme aus, die sich häufig vor der Westküste tummeln. Kaum verwunderlich also, dass die Insel als Japans berühmtestes Taucherparadies gilt.

Kuburas Fährhafen (久部良) liegt an der Westspitze der Insel. Der Hauptort erstreckt sich an der Nordküste um den zweiten Hafen von Sonai. (祖納) Dazwischen, an der Nordwestküste, befindet sich der Flughafen.

Sehenswertes

Die Insel ist ähnlich wie die Ostküste Taiwans wind- und seegepeitscht und von einer zerklüfteten Küste mit dramatischen Felsformationen geprägt. Die schönsten Inseln liegen vor der Südostküste.

Am berühmtesten sind die Klippen namens **Tachigami-iwa** (立神岩), die „Gottesfelsen“ (wobei man hier auch andere Assoziationen haben kann). Den Obelisken kann man von mehreren Stellen auf den Klippen am Ufer aus sehen. **Sanninu-dai** (サンニヌ台) und der passend benannte **Gunkan-iwa** (軍艦岩; Schlachtschiff-Felsen) sind zwei weitere interessante Felsen.

Auf der äußersten östlichen Landspitze grasen wilde Yonaguni-Ponys vor der Kulisse des Leuchtturms von **Agarizaki** (東崎). An der Südküste liegt das schöne kleine Örtchen Higawa mit einer breiten halbmondförmigen Sandbucht **Higawa-hama** (比川浜). Das Wasser ist klar und flach und wegen der Ufermauer kann man hier in ruhigem Wasser schwimmen und schnorcheln.

So wie Hateruma-jima einen Grenzstein für den südlichsten Punkt hat, gibt's auch auf Yonaguni eine Markierung für den westlichsten Punkt (日本最西端の碑) bei **Irizaki** (西崎). Bei idealen Wetterbedingungen erspäht man am Horizont die Berge Taiwans, allerdings kommt das höchstens zweimal im Jahr vor.

Aktivitäten

Heimische Taucher wissen schon lange um den Adrenalinkick, der sich einstellt, wenn man am **Irizaki Point** (西崎ポイント) in den Wintermonaten inmitten von Hammerhaischwärmen taucht.

Neben den Tauchmöglichkeiten sind die Gewässer von Yonaguni für ihre Speerfische berühmt. Vor Ort findet jedes Jahr im Juni oder Juli ein internationaler Angelwettbewerb statt, das All-Japan Billfish Tournament. Wer möchte, kann in Kubura ab 55 000 ¥ pro Tag ein Boot chartern. Mehr Infos dazu gibt's bei der **Yonaguni Fishing Co-operative** (与那国町漁協; ☎ auf Japanisch 0980-87-2803).

★ Kaitei Iseki TAUCHEN
(海底遺跡, Unterwasserruinen) Die Kaitei Iseki entdeckte der Meeresforscher Aratake Kihachirō 1985 durch Zufall. Einige vertreten die These, dass diese Ruinen, die wie riesige Blöcke oder Stufen einer versunkenen Pyramide aussehen, Überreste einer Art Atlantis im Pazifik sind, aber es gibt auch ebenso überzeugende Argumente dafür, dass es sich um Produkte geologischer Prozesse handelt.

Yonaguni Diving Service TAUCHEN
(与那国ダイビングサービス; ☎ 0980-87-2658; 3984-3 Yonaguni; Bootsfahrten mit 2 Tauchgängen 12 500 ¥, Leihausrüstung 4600 ¥) Der verlässlichste Tauchanbieter auf Yonaguni betreibt auch die taucherfreundliche Minshuku Yoshimaru-sō in Kubura.

Mosura no Tamago BOOTFAHREN
(もすらのたまご; ☎ 0980-87-2112; 4022-380 Yonaguni; pro Pers. 3700 ¥) Fahrten mit dem Glasbodenboot für alle Nicht-Taucher, die Kaitei Iseki kennenlernen möchten.

Schlafen & Essen

Angesichts der weiten Anreise ist es empfehlenswert, sein Zimmer vorab telefonisch zu buchen.

An der Südküste in der Nähe des Dorfes Higawa liegt neben dem schönen Kataburu-Strand ein guter Campingplatz.

Am besten bestellt man Mahlzeiten bei seiner Unterkunft gleich mit. Selbstversorger finden in Sonai und Kubura einfache Supermärkte.

Minshuku Yoshimaru-sō MINSHUKU ¥
(民宿よしまる荘; ☎ 0980-87-2658; www.yonaguniyds.com; 3984-3 Yonaguni; D/Zi. pro Pers. inkl. 2 Mahlzeiten 6000/7050 ¥; P ❄ 📶) Vom Fährhafen in Kubura aus gesehen liegt die Pension den Hügel hinauf. Sie ist die ideale Bleibe für Taucher, da die netten Inhaber auf dem Gelände den alteingesessenen Yonaguni Diving Service betreiben. Die einfachen Zimmer (japanisch oder westlich) mit großen Gemeinschaftsbädern gewähren einen tollen Ausblick auf die Bootsanlegestelle. Uns hat vor allem die örtliche Taucherfahrung der Besitzer überzeugt. Gäste können sich zudem am Flughafen oder Fährterminal einsammeln lassen.

Villa Eden no Sachi RYOKAN ¥¥
(Villa エデンの幸旅館; ☎ 0980-87-2450; 4022-253 Yonaguni; pro Pers. inkl. 2 Mahlzeiten 9000 ¥; P ❄ 📶) Hügelaufwärts vom Hafen von Kubura aus liegt dieses saubere, helle *ryokan*, das einen günstigen und erholsamen Ausgangspunkt für die Erkundung von Yonaguni darstellt.

Island Cuisine Isun IZAKAYA ¥¥
(島料理; ☎ 0980-87-2158; 4022 Yonaguni; Mahlzeiten ca. 2500 ¥; ⏲ Do–Di 11.30–14 & 18–23 Uhr) Dieses gemütliche *izakaya* ist das beliebteste in Kubura. Die Speisekarte ist zwar ausschließlich auf Japanisch, doch empfehlenswert sind das *kajiki* (Schwertfisch aus der Region)-Sashimi und der *sansai*-Salat aus wildem Berggemüse aus der Gegend. Am besten bittet man jemanden, der der japanischen Sprache mächtig ist, zu reservieren, da das beliebte kleine Izakaya schnell voll wird.

Dōurai IZAKAYA ¥¥
(どぅーらい; ☎ 0980-87-2909; 62 Yonaguni; Gerichte 800 ¥; ⏲ Mo–Sa 17–24 Uhr) Im Zentrum von Sonai serviert das entzückende kleine okinawische *izakaya* lokale Spezialitäten wie *Ishigakigyū-sutēki* (Ishigaki-Steaks; 1300 ¥) und *rafutē* (mit Ingwer gewürzter Schweinefleischeintopf; 700 ¥). Das Lokal befindet sich 100 m südöstlich der Postfiliale. Nach dem kleinen blauen Schild bei der Tür Ausschau halten.

Praktische Informationen

Am Flughafen gibt es einen **Infoschalter** (☎ 0980-87-2402; ⏲ 8.30–12 Uhr, danach telefonisch), an dem Unterkünfte vermittelt werden. Außerdem bekommt man dort die japanische Karte *Yonaguni-jima* und eine englischsprachige Version, auf der Drehorte des auf

Yonaguni gedrehten TV-Dramas *Dr. Koto's Clinic* verzeichnet sind.

Die Postämter in Kubura und Sonai verfügen über internationale Geldautomaten.

Anreise & Unterwegs vor Ort

RAC bietet einmal täglich einen Flug zwischen Yonaguni und Naha und täglich drei zwischen Yonaguni und Ishigaki-jima.

Zwei Fähren von **Fukuyama Kaiun** (福山海運; ☎ in Ishigaki 0980-82-4962, in Yonaguni 0980-87-2555) bedienen täglich die Strecke zwischen Ishigaki-jima und dem Hafen von Kubura auf Yonaguni (3550 ¥, 4 Std.). Achtung: Sie sind nichts für Leute, denen schnell schlecht wird.

Öffentliche Busse umrunden die Insel nur viermal am Tag, sodass man am besten einen Wagen oder auch einen Roller mietet. Der Anbieter **Yonehama Rentacar** (米浜レンタカー; ☎ 0980-87-2148; www.yonehama.com; ⊙ geöffnet, wenn Flüge landen) überzeugt mit günstigen Preisen und hat einen Schalter im Flughafenterminal.

Japan verstehen

Japan aktuell

Die weiterhin stagnierende Wirtschaft und sinkende Bevölkerung (in den nächsten 50 Jahren soll sie um ein Drittel schrumpfen) prägen Japans politische Debatte seit Jahrzehnten. War der Boom nach dem Zweiten Weltkrieg reine Glückssache oder kann Japan sich wieder aufrappeln, idealerweise noch vor der Olympiade 2020? Wirtschaftlich besteht durchaus Hoffnung, auch wenn noch keine Champagnerkorken knallen, und das Erdbeben 2011 stärkte unverhoffterweise das bürgerliche Engagement.

Top-Filme

Osaka Elegy (Mizoguchi Kenji; 1936) Ein modernes Mädchen behauptet sich in Osaka.

Die Reise nach Tokio (Ozu Yasujirō; 1953) Familienporträt im sich stark wandelnden Japan nach dem Zweiten Weltkrieg.

Lost in Translation (Sofia Coppola; 2003) Verwirrendes, faszinierendes Tokio aus der Perspektive zweier Amerikaner.

Adrift in Tokyo (Satoshi Miki; 2008) Zwei glücklose Antihelden auf einem langen Marsch durch die Stadt.

Top-Bücher

A Different Kind of Luxury (Andy Couturier; 2010) Lebenstipps von Japanern, die Zeit und Freiheit Wohlstand vorziehen.

Erbschaft der Schuld (Ian Buruma; 1994) Vergleich der Nachkriegspsyche in Japan und Deutschland.

The Book of Tokyo: A City in Short Fiction (Hrsg. Michael Emmerich, Jim Hinks und Masashi Matsuie; 2015) Zehn Geschichten zeitgenössischer japanischer Autoren, die in der Hauptstadt spielen.

Sazae-san (Hasegawa Machiko; 1946–1974) Langlebiger Manga (japanischer Comic) über eine beherzte Hausfrau in der Nachkriegszeit.

Die Olympischen Spiele

Als 2013 das Internationale Olympische Komitee Tokio zum Austragungsort der Olympischen Sommerspiele 2020 erklärte, war das für viele Japaner die erste gute Nachricht seit Langem. Endlich konnten die Medien wieder Unverfängliches berichten, etwa über das Design neuer Stadien. Doch der Enthusiasmus hielt nicht lange an: Nachdem die Baukosten für das von Zaha Hadid entworfene Stadion explodiert waren, ersetzte die Regierung dieses durch ein günstigeres Design von Kuma Kengo. Viele Einheimische mochten Hadids Entwurf nicht – er erinnerte sie an einen riesigen Fahrradhelm –, doch auch der von Kuma (der mit einem Hamburger verglichen wurde) ist wenig populär. Wegen der weiterhin steigenden Kosten brachte Tokios entschlossene Gouverneurin Koike Yuriko neue Pläne zur Diskussion.

Opfer des Erdbebens von 2011, die ihre Häuser oder Heimatorte an den Tsunami oder die Strahlung verloren, sind zunehmend verärgert, da sie bis heute in provisorischen Siedlungen leben, während öffentliche Gelder in publikumswirksame Projekte fließen. Laut Statistiken des Wiederaufbaubüros wohnten 2016 noch immer über 100 000 Personen in behelfsmäßigen Unterkünften, die meisten davon aus Fukushima.

Japans Atomkraftdilemma

Über fünf Jahre nach der Kernschmelze im Atomkraftwerk von Fukushima wird Nuklearenergie noch immer heiß diskutiert. Vor 2011 lieferte sie 30 % von Japans Energie, anschließend waren bis 2013 alle Reaktoren wegen Wartung und neuer Sicherheitsprüfungen offline. Höherer Ölverbrauch ließen den CO_2-Ausstoß um 14 % steigen. Die Regierung will zurück zur Atomkraft: 2015 gingen zwei Reaktoren in Kyūshū ans Netz, weitere sollen folgen.

Bürger und Regionalregierungen zeigten sich jedoch ungewohnt engagiert. Manche nutzten Rechtsmittel, um den Bau von Reaktoren in der Nähe zu stoppen und stellten sich einem scheinbar aussichtslosen Kampf gegen die Zentralregierung und den nationalen Atomkraftregulierungsausschuss. Bewohner der Präfektur Fukui setzten sich erfolgreich gegen eine erneute Inbetriebnahme der Reaktoren ein, während 2016 in der Präfektur Niigata ein unabhängiger Atomkraftkritiker Gouverneur wurde.

Artikel 9

Artikel 9 der nach dem Zweiten Weltkrieg entstandenen Verfassung Japans verbietet dem Land die militärische Einmischung in internationale Konflikte. Dennoch unterhält das Land Streitkräfte zur Verteidigung, die an UN-Friedensmissionen im Ausland teilnehmen. Die Regierungskoalition unter der Liberaldemokratischen Partei (LDP) beschloss 2014 eine Umdeutung des Artikels, sodass die rund 200 000 Mann starken Streitkräfte Alliierten beistehen können.

2016 bewilligte dann das Kabinett unter Premierminister Shinzo Abe für im Sudan stationierte Soldaten den Gebrauch von Waffen in Situationen, die über Selbstverteidigung hinausgehen. Manche fragen sich, ob dies den Weg zu weiterem Engagement in internationalen bewaffneten Konflikten ebnete.

Abe strebt eine Verfassungsänderung an, die Öffentlichkeit sieht dies jedoch mehrheitlich kritisch. Laut einer 2016 von Japans führender Zeitung durchgeführten Umfrage ist über die Hälfte der Bevölkerung dagegen. Vor allem die ältere Generation – eigentlich klassische LDP-Wähler, denen die Erinnerungen an den Zweiten Weltkrieg jedoch noch präsent ist – stellen sich gegen eine Änderung. Das erste Mal seit Jahrzehnten protestierten Rentner deswegen friedlich auf der Straße.

Tourismusboom

Lange hoffte Japan auf eine Ankurbelung der unterentwickelten Tourismusbranche. Visaerleichterungen für Besucher aus asiatischen Nachbarstaaten erfüllten diesen Wunsch und führten mit dem oft schwachen Yen zu einem dramatischen Anstieg ausländischer Touristen. Seit 2010 hat sich deren Zahl mehr als verdoppelt. Mit 19,7 Mio. Besuchern 2015 ist das Land nicht mehr weit von der für 2020 gesetzten Zielmarke von 20 Mio. entfernt.

Manche bezweifeln, ob dieser Tourismusboom dem Land tatsächlich guttut. Andere sind ganz fasziniert von der Frage, was so interessant an Japan ist. Zahlreiche Fernsehsendungen widmen sich mittlerweile diesem Thema, interviewen Touristen und schicken sogar TV-Promis zu Adressen, die von Lonely Planet empfohlen wurden. Die beliebte Show „You! ha nani shini nihon e?" („Warum bist du nach Japan gekommen?") sucht am Narita Airport nach interessanten Interviewpartnern und begleitet sie auf ihrer Reise.

Nach Jahrzehnten trübseliger Stagnation scheint die Außensicht Japans eine belebende Wirkung zu haben: Wenn es Leute gibt, die Geld ausgeben, um uns zu besuchen, kann es hier ja nicht so schlecht sein.

BEVÖLKERUNG: **126,9 MIO.**

BIP: **4,12 BIO. US$**

INFLATION: **–0,2 %**

ARBEITSLOSIGKEIT: **3 %**

wenn in Japan nur 100 Menschen lebten

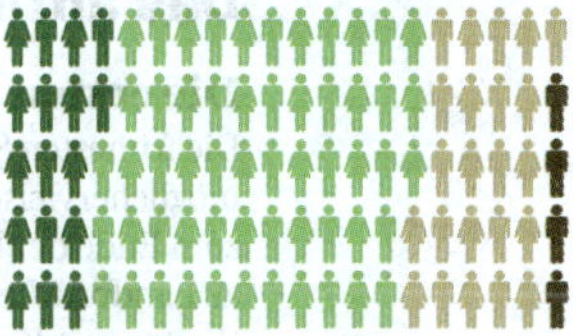

17 wären 0-19 Jahre alt
56 wären 20-64 Jahre alt
23 wären 65-84 Jahre alt
4 wären 85 oder älter

Glaubensrichtungen

(% der Bevölkerung)

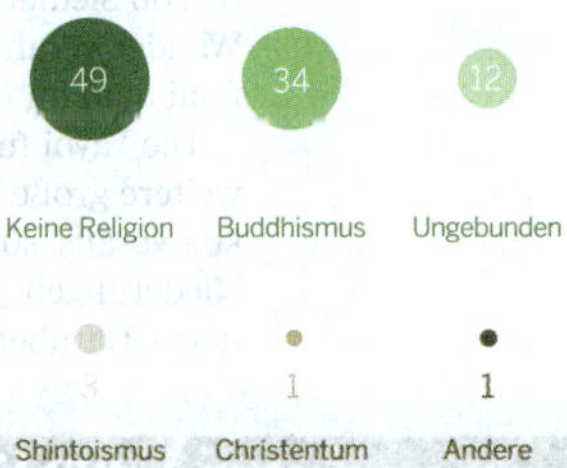

Bevölkerung pro km²

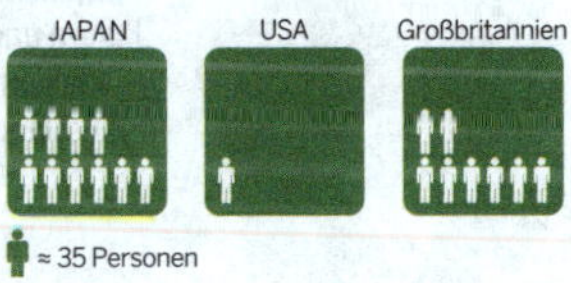

Geschichte

Zwei Dinge haben die Geschichte Japans nachhaltig geprägt: die geografische Isolation der Inselnation einerseits und der gewaltige asiatische Kontinent (insbesondere die „Nachbarländer" Korea und China) andererseits. In Zeiten der Öffnung wurden Gedankengut und Kultur derer, die an Japans Küsten an Land gegangen waren, aufgesogen, in Zeiten der Abschottung entwickelte Japan seine ureigene Art. Natürlich ging dies nicht ohne Konflikte, Expansion und Blutvergießen vonstatten.

Das antike Japan

Die ersten Siedler

Die frühesten Spuren menschlichen Lebens in Japan sind 30 000 Jahre alt, möglicherweise waren die Inseln jedoch schon lange zuvor besiedelt. Bis zum Ende der letzten Eiszeit vor rund 15 000 Jahren war Japan durch einige Landbrücken mit dem Festland verbunden –im Norden mit Sibirien, im Westen mit Korea und im Süden wahrscheinlich über Taiwan mit China.

Ab 13 000 v. Chr. bildete sich eine erste erkennbare Kultur heraus: die neolithischen Jōmon, von Wissenschaftlern nach der für sie typischen Schnurkeramik benannt – mit Schnüren pressten die Töpfer Rillenmuster in handgefertigte Tongefäße. Die Jōmon waren Halbnomaden mit Siedlungen in den Küstenregionen, insbesondere im Nordosten Japans, wo sie fischten, Algen und wilde Pilze sammelten sowie Wild und Bären jagten.

Zwischen 800 und 300 v. Chr. nahm eine neue Kultur Konturen an. Auch die Yayoi werden über ihre spezielle Töpferkunst definiert, die heute auf der Drehscheibe hergestellt wird. Forscher sind sich uneins darüber, ob Siedler aus China oder Korea (oder beides) für diesen kulturellen Wandel verantwortlich sind. Die ältesten bekannten Yayoi-Siedlungen fand man im Norden Kyūshūs, unweit der koreanischen Halbinsel.

Die Yayoi führten den Nassreisanbau in Japan ein. Diese Technik zog weitere große Veränderungen nach sich: Sie setzte nicht nur Sesshaftigkeit voraus, sondern der arbeitsintensive Anbau war auch besser für die Niederungen geeignet, was in der Besiedelung fruchtbarer Täler resultierte. Darüber hinaus brachten die Yayoi Eisen und Bronze mit.

ZEITACHSE

um 13 000 v. Chr.

Erste Nachweise der Jōmon-Kultur, neolithischer Völker von Jägern und Sammlern, die vom asiatischen Festland nach Japan kamen.

um 400 v. Chr.

Im Südwesten Japans tauchen die Yayoi auf; wahrscheinlich kamen sie via Korea nach Japan. Das Volk betreibt Nassreisanbau, nutzt Metallwerkzeuge und fördert die Bildung von Territorien.

3. Jh. nach Chr.

Königin Himiko herrscht über eine Region mit Namen Yamatai und wird von chinesischen Reisenden als Herrscherin über die mehr als 100 japanischen Königreiche anerkannt.

Im 1. Jh. n. Chr. hatten sich die Yayoi bereits bis ins Zentrum von Honshū ausgebreitet, der nördliche Teil blieb allerdings noch mindestens bis ins 8. Jh. in der Hand der Jōmon (Hokkaidō und Okinawa waren zu diesem Zeitpunkt noch nicht bekannt).

Der Aufstieg des Yamato-Clans

Aus den landwirtschaftlich geprägten Siedlungen entwickelten sich befestigte Zentren, und sehr bald wurden auch Grenzen gezogen. Chinesischen Quellen zufolge gab es in Japan gegen Ende des 3. Jhs. mehr als hundert Königreiche. Einige standen unter der Kontrolle einer Königin Himiko, deren Territorium als Yamatai bekannt war (möglicherweise geht der Name Yamato darauf zurück). Wo dies genau lag, ist umstritten. Manche Wissenschaftler vermuten es im nordwestlichen Kyūshū, doch die meisten setzen auf die Nara-Region. Die Chinesen nannten diesen aufstrebenden Staat auch Wa und erkannten Himiko als Regentin an. Sie bewies ihre Loyalität gegenüber dem chinesischen Kaiser durch Tributzahlungen.

Gleichzeitig kam die Bestattung von Stammesoberhäuptern in *kofun* (Hügelgräbern) in Mode. Deren Größe und Form ließen Rückschlüsse auf den Status des Beigesetzten zu – ein Beweis, dass sich ein Sinn für Materialismus ausbildete und die Gesellschaft hierarchische Strukturen erhielt. (Nach ihrem Tod 248 soll Himiko – gemeinsam mit hundert geopferten Sklaven – in

BLICKPUNKT: SCHÖPFUNGSMYTHOS

Einst stiegen zwei Gottheiten, der Gott Izanagi und die Göttin Izanami, vom Himmelsgefilde Takamagahara hinab in die Welt des Wassers, um dort Land zu erschaffen. Dabei fielen Tropfen von Izanagis Speer und bildeten die ersten Inseln Japans. Izanami und Izanagi bevölkerten das neue Land daraufhin mit Göttern. Eine von ihnen war Japans oberste Gottheit, die Sonnengöttin Amaterasu (Himmelslicht). Deren Ururenkel Jimmu sollte später, angeblich im Jahre 660 v. Chr., der erste Kaiser Japans werden.

So lautet der grundlegende Schöpfungsmythos Japans und so ist er in den ersten historischen Schriften über Japan beschrieben, dem *Kojiki* (*Niederschrift alter Dinge*; 712) und dem *Nihon Shoki* (*Niederschrift zu Japan*; 720). Die Kaiserfamilie hatte die beiden Werke im späten 7. bzw. frühen 8. Jh. verfassen und damit die direkte Abstammung vom Göttlichen belegen lassen, um ihren Machtanspruch zu legitimieren.

Wissenschaftler sind skeptisch, ob es die ersten Kaiser wirklich gab. Einige glauben, dass Sujin (die Nummer 10) der erste und möglicherweise Begründer der Yamato-Dynastie war (manche glauben auch, dass er eine Gruppe berittener Männer von der koreanischen Halbinsel aus nach Japan führte). Wann er genau regiert hat, ist unklar; unterschiedliche Quellen lassen den Zeitraum auf das 1. Jh. v. Chr. bis zum 4. Jh. n. Chr. eingrenzen.

Kimmei (509–571 n. Chr.), der von 539 bis 571 regierte, ist der erste historisch verbriefte Kaiser. Der Abstammungslinie der Legende zufolge war er bereits der 29. Kaiser.

Mitte des 5. Jhs.

Gelehrte aus dem koreanischen Königreich Baekje bringen die Schrift – und somit die Möglichkeit, Aufzeichnungen anzufertigen – nach Japan. Sie basierte auf chinesischen Schriftzeichen.

Mitte des 6. Jhs.

Gelehrte aus Baekje führen den Buddhismus ein. Mithilfe der Texte, die eine gebildete Elite nun lesen kann, wird die Nation vereint.

8. Jh.

Im klassischen Zeitalter der japanischen religiösen Bildhauerei entstehen einige der großartigsten Werke buddhistischer Kunst. Manche sind noch heute in und um Nara zu sehen.

710

Als erste permanente Hauptstadt wird Nara nach chinesischem Vorbild gestaltet. Japan hat zu diesem Zeitpunkt geschätzte 5 Millionen Einwohner und zahlreiche Merkmale eines Nationalstaats.

einem riesigen Grab beigesetzt worden sein.) Diese Entwicklungen läuteten die Kofun- oder Yamato-Periode ein, in der der Yamato-Clan in Kansai die administrative und militärische Macht zu bündeln begann.

Kaiserin Suiko (592–628) und ihr einflussreicher Gemahl, Prinzregent Shōtoku (573–620), erließen mehrere Verwaltungsreformen (die chinesische Tang-Dynastie diente als Vorbild), um ihre Macht durch Steuern, eine regulierte Landverteilung und offizielle Ränge zu konsolidieren.

Prinz Shōtoku sorgte überdies durch den Bau mehrerer Tempel in Kansai für die frühe Ausweitung des Buddhismus (der seinen Weg nach Japan ebenfalls durch den Einfluss Koreas gefunden hat).

Keine Monarchie der Welt war so lange ununterbrochen an der Macht wie die Yamato-Dynastie. Von allen japanischen Kaisern regierte Hirohito am längsten (1926–1989).

Zeitalter der Höflinge

Die Gründung einer Hauptstadt

Bis 694 ließ der Yamato-Clan einen neuen Palast in einem neuen Ort errichten, sobald ein neuer Kaiser (männlich oder weiblich) an die Macht kam (je nach Zählweise hatte es schon 30 oder 40 Regenten gegeben!). Kaiserin Jito befahl erstmals die Gründung einer dauerhafteren Hauptstadt, basierend auf dem chinesischen Modell eines gitterförmigen Grundrisses. Sie hatte zwar nur 16 Jahre Bestand, doch Jitos Idee wurde später wieder aufgegriffen. 710 entstand eine neue Hauptstadt in Nara (Heijō-kyō).

Zu jener Zeit florierte der Buddhismus bereits – davon zeugt u. a. der Bau des Tempels Tōdai-ji (745), der bis heute steht. Er beherbergt einen riesigen Bronzebuddha und ist das größte (und eines der ältesten) Holzgebäude der Welt. In der Hauptstadt war die Beisetzung in *kofun* nicht länger Usus (in entlegeneren Territorien wurden sie nach wie vor errichtet). Grabmäler schmückte man mit buddhistischen Motiven.

784 beschloss Kaiser Kammu (reg. 781–806) die Verlegung der Hauptstadt. Die Gründe sind unklar, könnten aber mit einer Reihe von Unglücksfällen in Nara zusammenhängen, darunter eine verheerende Pockenepidemie (735–737), die mehr als ein Drittel der Bewohner dahinraffte. 794 wurde die Hauptstadt in der Nähe von Kyoto (Heian-kyō) nach ähnlichem Muster neu aufgebaut. Sie sollte für mehr als tausend Jahre Japans Hauptstadt bleiben – wenn auch nicht unbedingt immer das aktuelle Machtzentrum.

Am Heian-Hof wurden zum Verfassen von Texten chinesische Schriftzeichen verwendet. Frauen, die häufig keine offizielle Schulbildung erhielten, bedienten sich einer Kurzschrift, Hiragana genannt. Die Kurtisane Murasaki Shikibu schrieb ihre *Geschichte vom Prinzen Genji* (1004) in Hiragana.

Aufstieg & Niedergang des Heian-Hofs

In den nächsten Jahrhunderten erlebte der Hof in Kyoto eine Blütezeit der schönen Künste und der Etikette. In der Novelle *Genji Monogatari* (*Die Geschichte vom Prinzen Genji*), um 1004 von der Hofdame Murasaki Shikibu verfasst, ist das damalige Leben hervorragend festgehalten. Hier wird eine Welt beschrieben, in der die Höflinge ausgiebig dem neuesten Luxus frönten und sich so schwärmerischen Amüsements hingaben wie Blumen am Geruch erraten oder extravagante Streiche spielen. Positiv

712 & 720

Die kaiserliche Familie beruft sich auf ihre „göttlichen" Wurzeln und legitimiert ihre Macht mithilfe zweier wichtiger historischer Werke, *Kojiki* (712) und *Nihon Shoki* (720).

740

In Nara beginnt der Bau des weitläufigen Tempelkomplexes Tōdai-ji. Vermutlich wurde er als Herz der Nation und zur Abwendung von Pockenseuchen errichtet.

794

Die kaiserliche Hauptstadt wird nach Heian-kyō (im 11. Jh. umbenannt in Kyoto) verlegt. Sie hat gemäß chinesischen Geomantikprinzipien einen rasterförmigen Grundriss.

804

Nach seiner Chinareise zum Studium des Buddhismus gründet Kūkai (auch als Kōbō Daishi bekannt) die Shingon-Schule (esoterischer Buddhismus) in Japan und errichtet das Religionszentrum Kōya-san.

daran war, dass sich am Hof ästhetische Feinheiten wie *mono no aware* (das Bittersüße der Dinge) und *okashisa* (wohltuend überraschende Inkongruenz) herausbildeten, welche bis heute eine Rolle spielen. Andererseits entfremdete sich dieser eigene Kosmos zunehmend von der Realität. Jahrhundertelang manipulierte der politisch mächtige Fujiwara-Clan den kaiserlichen Thron, der seine Autorität einbüßte.

Während sich der Adel immer mehr in höfische Wonnen und/oder Intrigen verstrickte, sah der Alltag in den Provinzen ganz anders aus. Dort entwickelten sich starke militärische Einheiten. Ihre Anführer entstammten in der Regel dem niederen Adel und waren oft vom Hofadel in die Provinzen entsandt worden, um „ermüdende" Regierungs- und Behördenaufträge zu erledigen. Darunter waren auch entfernte Verwandte der kaiserlichen Familie, die von der Thronfolge ausgeschlossen und dem Hof gegenüber entsprechend feindlich eingestellt waren. Zu ihrem Gefolge gehörten ausgebildete Krieger, bekannt als Samurai (wörtlich „Begleiter").

Die beiden größten entrechteten – und verfeindeten – Adelsfamilien von niederem Rang waren die Minamoto (auch bekannt als Genji) und die Taira (Heike). Im Jahre 1156 wurden sie beauftragt, rivalisierende Anwärter auf die Führungsposition der Fujiwara-Familie zu unterstützen. Bald geriet das eigentliche Anliegen jedoch in den Hintergrund, denn zwischen den Minamoto und Taira brach darüber eine Fehde auf Leben und Tod aus.

Die Taira errangen einen Sieg unter Kiyomori (1118–1181), der sich in der Hauptstadt niederließ und sich dort in den kommenden 20 Jahren vielen Lastern hingab. Im Jahre 1180 inthronisierte er seinen eigenen zweijährigen Enkel Antoku. Ein Thronrivale rief daraufhin die neu organisierte Minamoto-Familie um Hilfe an, und deren Führer Yoritomo (1147–1199) war mehr als bereit, auf diese Bitte einzugehen.

Sowohl Kiyomori als auch der Thronrivale starben kurz darauf, aber Yoritomo und sein jüngerer Halbbruder Yoshitsune (1159–1589) setzten ihre Kampagne gegen die Taira fort. Um 1185 war Kyoto gefallen, und die Taira waren bereits bis an die Westspitze Honshūs getrieben worden. In der folgenden Seeschlacht von Dannoura siegten die Minamoto. Einer bekannten tragischen Legende zufolge stürzte sich Kiyomoris Witwe mit ihrem inzwischen siebenjährigen Enkel Antoku in die Fluten, um ihn nicht ausliefern zu müssen. Von nun an war Minamoto Yoritomo der mächtigste Mann Japans, und mit ihm begann eine äußerst kriegerische Zeit.

Shintō ist eine der wenigen Religionen auf der Welt, in der eine weibliche Sonnengottheit verehrt wird. Der Hauptschrein von Amaterasu (Licht des Himmels), der Sonnengöttin, und gleichzeitig der bedeutendste Schrein im ganzen Land ist der Ise-jinja. Mitglieder der kaiserlichen Familie dienen dort als Hauptpriester und -priesterin.

Im Jahre 1191 soll der Zenmönch Eisai Teeblätter aus China mitgebracht haben, womit die japanische Tradition des Teetrinkens begann.

Zeitalter der Krieger

Der erste Shogun

Yoritomo strebte selbst nicht nach der Kaiserwürde, stattdessen bat er den neuen Herrscher, ihm den Titel eines Shoguns (Generalissimus) zu verleihen, was ihm 1192 gewährt wurde. Yoritomo behielt viele bestehen-

frühes 11. Jh.
Die Hofdame Murasaki Shikibu schreibt, was als erster Roman der Geschichte gilt: *Genji Monogatari*, die Geschichte von Prinzen Genji.

12. Jh.
Der Fujiwara-Clan aus dem Norden ist weitestgehend unabhängig vom Hof und bringt den Nordosten Honshūs (das heutige Tohoku) unter seine Kontrolle. Die indigene Bevölkerung verdrängt er nach Hokkaido.

1156
Die wichtigsten Familien in der Provinz, die Taira und die Minamoto, liefern sich im Auftrag rivalisierender Hoffraktionen einen erbitterten Krieg. Sieger sind die Taira und ihr Anführer Kiyomori.

1185–1192
Minamoto Yoritomo stürzt die Taira und eliminiert Rivalen (selbst seinen Halbbruder), um seinen Herrschaftsanspruch zu sichern. 1189 besiegt er den Fujiwara-Clan und kann sein Territorium um den Nordosten erweitern.

de Ämter und Institutionen bei und ließ sich statt in Kyoto in seiner Heimat Kamakura, nicht weit vom heutigen Tokio, nieder. Sein „Shogunat" wurde auf Japanisch *bakufu* genannt, was so viel heißt wie „Zeltlager eines Feldherrn". Theoretisch repräsentierte Yoritomo lediglich den militärischen Arm der kaiserlichen Regierung, in der Praxis jedoch hielt er sämtliche Regierungsgeschäfte in der Hand. Während des Kamakura-*bakufu* entstand ein feudales System aus Lehnsherren und Vasallen, das auf Loyalität basierte und fast 700 Jahre Bestand hatte.

Als Yoritomo 1199 durch einen Sturz vom Pferd starb (die Umstände dieses Sturzes waren verdächtig), übernahm sein Sohn den Titel des Shoguns. Doch bis zuletzt hatte Yorimotos Witwe Masako (1157–1225), eine eindrucksvolle Person, die dem Hōjō-Clan angehörte, enormen Einfluss (und das, obwohl sie sich nach dem Tode ihres Gatten die Haare abrasiert und religiöse Gelübde abgelegt hatte). Ihr Vater übernahm die Funktion des Regenten. Diesen Titel bewahrten sich die Hōjō, bis Argwohn und Machtkämpfe den letzten Minamoto-Erben das Leben kosten. Darauf beanspruchte der Hōjō-Clan das Shogunat vollständig für sich.

Invasionen der Mongolen

Während des Hōjō-Shogunats fielen zweimal die Mongolen in Japan ein: 1274 und 1281. Unter Kublai Khan (reg. 1260–1294) war das mongolische Reich immer mächtiger geworden. Nachdem er 1259 Korea erobert hatte, forderte er Japan auf, sich ihm zu unterwerfen, was aber ignoriert wurde.

Der erste Angriff erfolgte im November 1274, angeblich mit rund 900 Booten und etwa 40 000 Mann Besatzung – darunter viele zwangsverpflichtete Koreaner –, aber diese Zahlen sind wahrscheinlich übertrieben. Die mongolischen Truppen landeten bei Hakata im nordwestlichen Kyūshū und bahnten sich trotz des beherzten japanischen Widerstands den Weg ins Inland. Aus unklaren Gründen kehrten sie jedoch bald wieder zu ihren Schiffen zurück. Kurz darauf kam ein starker Sturm auf und zerstörte rund ein Drittel der Flotte, die Überlebenden retteten sich nach Korea.

Ein entschlossenerer Versuch wurde sieben Jahre später von China aus unternommen. Angeblich ordnete Kublai den Bau einer gewaltigen Flotte von 4400 Kriegsschiffen an, die ein Heer von 140 000 Mann transportieren sollten – auch diese Zahlen sind eher zweifelhaft. Im August 1281 landeten die Truppen erneut im nordwestlichen Kyūshū. Wieder trafen sie auf beherzten Widerstand und mussten sich zurückziehen. Und wieder spielte das Wetter eine Rolle. Diesmal zerstörte ein Taifun die Hälfte der Boote. Viele davon waren kiellos, und damit rauem Wetter hilflos ausgeliefert. Die Überlebenden kehrten nach China zurück. Von da an gab es keine mongolischen Angriffsversuche mehr auf Japan.

Besonders der Taifun von 1281 förderte die Idee von einer göttlichen Intervention zum Schutz Japans und prägte den Begriff des *kamikaze*

KAMIKAZE

1281 sollen durch einen *kamikaze* („Götterwind") 70 000 mongolische Kämpfer ertrunken sein. Wenn das stimmt, wäre es das verheerendste maritime Desaster aller Zeiten gewesen.

1192
Yoritomo erhält von einem schwachen Kaiser den Titel Shogun (Generalissimus) verliehen und etabliert in seiner Heimat Kamakura das *bakufu* (Shogunat). Damit beginnt der Feudalismus in Japan.

1199
Nach dem mysteriösen Tod Yoritomos legt seine beeindruckende Frau Masako – bekannt als „Shogun-Nonne" – den Grundstein, damit die Shogune fortan aus den Reihen ihrer Familie, den Hōjō, stammen würden.

1200–1250
Hōnen und Shinran fördern die Schulen der „Reines-Land"-Lehre des Buddhismus, die sich zu den beliebtesten buddhistischen Strömungen entwickeln.

1223
Der Mönch Dōgen studiert den Chang-Buddhismus in China und gründet nach seiner Rückkehr die Sōtō-Schule des Zenbuddhismus. Zen spricht vor allem Krieger an und beeinflusst die japanische Kunst.

HISTORISCHE ZEITABSCHNITTE IN JAPAN

NAME	ZEITRAUM	SCHLÜSSELEREIGNISSE
Jōmon	ca. 13 000 v. Chr.–ca. 400 v. Chr.	Neolithische Völker leben in Japan. Sie stammen ursprünglich vom asiatischen Festland.
Yayoi	ca. 400 v. Chr.–ca. 250 n. Chr.	Die Yayoi kommen per Boot von der koreanischen Halbinsel und bringen technischen Fortschritt (Nassreisanbau, Bronzewerkzeuge) nach Japan.
Kofun	250–538	Hügelgräber, deren Beschaffenheit auf den Status des Inhabers schließen ließ, zeugen von einer zunehmend hierarchisierten Gesellschaft.
Asuka	538–710	Der Buddhismus verbreitet sich zunehmend. Der regierende Yamato-Clan verfasst eine bürgerliche Gesetzgebung für das aufstrebende Reich.
Nara	710–794	Nara wird die erste permanente Hauptstadt des Landes.
Heian	794–1185	Unter der Führung des kaiserlichen Hofs in der neuen Hauptstadt Kyoto erfolgt eine Zeit des Friedens und der kulturellen Ausrichtung.
Kamakura	1185–1333	Ein Militärregime in Kamakura mit einem Shogun an der Spitze führt den Feudalismus ein. Der Kaiser überträgt seine Macht auf den Shogun.
Muromachi	1333–1568	Das Shogunat zieht unter neuer Führung wieder nach Kyoto. Trotz unruhiger Zeiten erlebt die vom Zenbuddhismus inspirierte Kultur eine Blüte.
Azuchi-Momoyama	1568–1603	Die Bürgerkriege scheinen kein Ende nehmen zu wollen, bis Tokugawa Ieyasu ein neues Shogunat in Edo (Tokio) etabliert.
Edo	1603–1868	Während des Tokugawa-Shogunats schottet sich Japan von der Außenwelt ab, doch es herrschen Frieden und Wohlstand.
Meiji	1868–1912	Das Shogunat wird abgeschafft und der Kaiser wieder die höchste Machtinstanz. Japan öffnet sich und übernimmt westliches Gedankengut.
Taishō	1912–1926	Für kurze Zeit herrscht eine Demokratie nach westlichem Vorbild, doch dann reißt das Militär das Ruder an sich.
Shōwa	1926–1989	Die erste Hälfte dieser Ära ist von imperialistischer Aggression und Krieg bestimmt, die zweite von einem erstaunlichen Nachkriegswachstum und dem Entstehen einer soliden Mittelschicht.
Heisei	1989–heute	Das Wachstum stoppt über Nacht, die soziale Ungleichheit derweil wächst. Japan versucht, seinen Platz und seine Aufgabe in der Welt zu finden.

(wörtlich „Gotteswind"). Im Zweiten Weltkrieg bezeichnete man damit die Selbstmordpiloten, die, angeblich vom göttlichen Geist inspiriert, ihr Leben opferten, um Japan zu beschützen.

1274 & 1281

Unter Kublai Khan versuchen die Mongolen zwei Mal, Japan zu erobern. Sie scheitern jedoch an schlechter Planung, am mutigen Widerstand der Japaner und an Taifunen, die ihre Flotte zerstören.

1333

In Allianz mit Kaiser Go-Daigo stürzt General Ashikaga Takauji das ungeliebte Hōjō-Shogunat. Takauji fordert den Titel des Shoguns, den Go-Daigo ihm verweigert, und es kommt zu einem Zerwürfnis.

1338–1392

Takauji ernennt einen neuen Marionettenkaiser, der ihn zum Shogun ernennt (1338). Von da an existieren zwei rivalisierende Kaiser, bis die Linie von Go-Daigo durch den Verrat von Takaujis Enkel im Jahre 1392 untergeht.

spätes 14. Jh.

Der Kinkaku-ji (Goldener Tempel) in Kyoto ist als Rückzugsort für den Shogun gedacht. Auf dessen Wunsch hin wird er nach seinem Tod in einen Zentempel umfunktioniert.

Der Untergang von Kamakura

Nach der erfolgreichen Verteidigung gegen die Mongolen war das Hōjō-Shogunat angeschlagen. Versprochene Zahlungen an beteiligte Kriegerfamilien konnten nicht geleistet werden, was erhebliche Unzufriedenheit hervorrief. Wenn gezahlt wurde, riss dies tiefe Löcher in die Kassen.

Unter dem ungewöhnlich durchsetzungsfähigen Kaiser Go-Daigo (1288–1339) spitzten sich die Unruhen zu. Von den Hōjō in die Verbannung geschickt, floh er und begann in West-Honshū, eine Gegenbewegung zum Shogunat aufzubauen. Im Jahre 1333 sandte das Shogunat einen seiner hoffnungsvollsten Generäle, den jungen Ashikaga Takauji (1305–1358), gegen die Rebellen. Takauji wusste um die Unbeliebtheit des Hōjō-Shogunats und erkannte, über welch beachtliche Streitmacht er und Go-Daigo gemeinsam verfügen würden. Er kehrte dem Shogunat den Rücken, verbündete sich mit dem Kaiser und griff die Shogunatsämter in Kyoto an. Kurz darauf kam es auch in Kamakura zu Aufständen.

Damit endete das Hōjō-Shogunat, nicht aber seine Institutionen. Takauji beanspruchte den Titel Shogun nun für sich, aber sein Verbündeter Go-Daigo fürchtete um seine Position als Kaiser und wollte darüber nicht verhandeln. Es kam zum Zerwürfnis und schließlich schickte der Kaiser seine Truppen gegen Takauji. Dieser siegte, eroberte Kyoto und zwang Go-Daigo zur Flucht in die Yoshino-Berge einige 100 km südlich der Stadt, wo dieser einen Hofstaat im Exil gründete. In Kyoto setzte Takauji einen Marionettenkaiser aus einer rivalisierenden Familie ein, der ihn im Gegenzug 1338 zum Shogun ernannte. Nun existierten zwei Höfe nebeneinander, bis 1392 Ashikaga Yoshimitsu (1358–1408), ein Enkel Takaujis und dritter Ashikaga-Shogun, den „südlichen Hof" (in Yoshino) preisgab.

Historische Stätten

- *Ishibutai-kofun, Asuka*
- *Izumo Taisha, Shimane*
- *Tōdai-ji, Nara*
- *Tō-ji, Kyoto*
- *Hiraizumi, Iwate*
- *Daibutsu, Kamakura*
- *Dejima, Nagasaki*
- *Shimoda, Shizuoka*
- *Kaiserpalast, Tokio*

Streitende Reiche

Takauji errichtete seinen Amtssitz in Muromachi (Kyoto), das dieser Periode des Ashikaga-Shogunats ihren Namen gab. Mit einigen Ausnahmen – Takauji selbst und sein Enkel Yoshimitsu, der u.a. Kyotos berühmten Kinkaku-ji (Goldener Tempel) baute und sich einmal als „König von Japan" bezeichnete – waren die meisten Ashikaga-Shogune relativ schwach. Weil eine starke Zentralregierung fehlte, versank das Land immer mehr im Bürgerkrieg. *Daimyō* (lokale Machthaber) lieferten sich langwierige Blutfehden. Mit dem Ōnin-Krieg 1467 bis 1477 begann schließlich eine Zeit beinahe ständiger Bürgerkriege, die über 100 Jahre lang andauerten. Treffenderweise nennt man diese Periode daher Ära der streitenden Reiche (Sengoku).

Die Kriegerkaste nahm dem Adel nicht nur Teile seines Grundbesitzes ab, sondern machte ihm auch die kulturelle Vormachtstellung streitig, sodass sie bald tonangebend war. Im 13. Jh. war der Zenbuddhismus aus China nach Japan hinübergeschwappt, und der für diese Strömung typische Verzicht und die Selbstdisziplin sprachen Krieger in hohem Maße an.

15. Jh.	1543	1568	1582
Mit dem Ōnin-Krieg (1467–1477), ausgelöst durch einen Erbfolgestreit, beginnt eine Zeit immer neuer Bürgerkriege, die als Sengoku (Streitende Reiche) bezeichnet wird und bis ins 16. Jh. andauert.	Portugiesen bringen Feuerwaffen sowie den christlichen Glauben mit nach Japan. Erstere sind bald sehr beliebt bei den Kriegsherren, während das Christentum gemischte Reaktionen hervorruft.	Der Kriegsherr Oda Nobunaga erobert Kyoto und wird bald zum mächtigsten Mann im Land, obwohl er nicht den Titel des Shoguns annimmt. Er ist für sein großes Ego und seine Brutalität bekannt.	Nobunaga wird verraten und zum Selbstmord gezwungen. Die Macht geht auf einen seiner loyalen Generäle, Toyotomi Hideyoshi, über.

Sie beeinflusste auch ihren Sinn für Ästhetik. Besonderen Wert legten sie auf *sabi* (elegante Schlichtheit), *yūgen* (elegante, ruhige Jenseitigkeit, wie im Nō dargestellt), *wabi* (rustikal) und *kare* (ernsthaft und schmucklos).

So konnte es passieren, dass in einer Phase, in der nahezu durchgängig Krieg und Instabilität herrschten, die Kunst eine Blütezeit erlebte, z. B. das kultivierte Nō (stilisiertes Tanz-Theater auf einer schmucklosen Bühne), Ikebana (Blumensteckkunst) und *chanoyu* (Teezeremonie).

SAMURAI: JAPANS LEGENDÄRE KRIEGERKASTE

Erste Pflicht eines Samurai (so der Name der Mitglieder der Kriegerkaste ab dem 12. Jh.) war die treue Ergebenheit gegenüber seinem Lehnsherrn. Tatsächlich ist der Ursprung des Terminus' „Samurai" eng mit einem Wort verbunden, das so viel wie „dienen" bedeutet. Die Samurai gehörten zu den besten Schwertkämpfern der Welt und waren hervorragende Einzelkämpfer. Ihre bekannteste Waffe war das *katana*-Schwert.

Im Lauf der Jahrhunderte entwarfen die Samurai einen auf der konfuzianischen Lehre, dem Shintoismus und Buddhismus beruhenden Verhaltenskodex, den *bushidō*: der Weg des Kriegers. Der Konfuzianismus forderte die absolute Loyalität des Samurai gegenüber seinem Herrn, gegenüber den Unterdrückten sollten die Krieger derweil mildtätig und gerecht agieren. List und Tücke sowie kommerzielle oder finanzielle Transaktionen verdienten Geringschätzung. Ein echter Samurai zeichnete sich durch sein endloses Durchhaltevermögen, absolute Selbstkontrolle und Ehrlichkeit aus und zeigte keine Gefühle. Die Ehre war sein höchstes Gut, Schimpf und Schande waren unter allen Umständen zu vermeiden, jedwede Beleidigung musste vergolten werden.

Der Buddhismus lehrte den Samurai, dem Tod gelassen entgegenzublicken. Der Shintoismus wiederum vermittelte den patriotischen Glauben an den gottgleichen Status des Kaisers und des Heimatlandes (Japan galt als Wohnstätte der Götter).

Der rituelle Selbstmord Seppuku, auch bekannt als Harakiri, war eine Art, Schande und Unglimpf zu entgehen. Der Samurai musste sich dazu selbst ausweiden im Beisein eines Gehilfen, der ihm im Anschluss den Kopf abschlug. Dieses Ritual beruht auf dem Grundsatz, dass ein Samurai sich niemals ergeben durfte; es war sein Schicksal, kämpfend zu sterben.

Natürlich lebten nicht alle (wahrscheinlich sogar eher sehr wenige) Samurai nach diesen strikten Vorgaben. Manche waren Söldner, unzuverlässige, oftmals abtrünnige Männer. Samurai, die Intrigen spannen oder offen ihre Feigheit demonstrierten, waren beliebte Themen in japanischen Theaterstücken. Kämpfer, die herrenlos geworden waren, nannte man *rōnin* (Wanderer oder herrenlose Samurai). Sie verhielten sich allerdings eher wie Briganten und stellten ein ernstes soziales Problem dar.

Mit der Modernisierung im 19. Jh. erkannte die Regierung – zu denen auch Samurai gehörten –, dass eine Armee als einheitliche Streitkraft wesentlich effizienter war. Darauf schaffte man die Kaste der Samurai ab. Ihre Ideale wie Ausdauer und Kampf bis zum letzten Atemzug wurden später von der Propaganda wieder aufgenommen und waren für viele japanische Soldaten im Krieg verbindlich.

spätes 16. Jh.
Sen-no Rikyū legt die formale Teezeremonie fest, das rituelle Trinken von Tee, das erst von der Adelsklasse und später auch vom reichen Bürgertum praktiziert wird.

1592 & 1597–98
Um seine Herrschaft auszudehnen, versucht Hideyoshi zwei Mal, Korea zu erobern. 1598 endet der zweite Versuch mit seinem Tod. Die Beziehungen zwischen Japan und Korea leiden darunter.

1600
Der Kriegsherr Tokugawa Ieyasu verspricht dem sterbenden Hideyoshi, dessen Sohn und Erben Hideyori zu schützen, ergreift nach der Schlacht von Sekigahara aber selbst die Macht.

1603
Ieyasu wird Shogun und erklärt die kleine Burgstadt Edo (das heutige Tokio) zu seinem Sitz. Die Tokugawa-Herrschaft steht für 250 vergleichsweise friedliche Jahre.

Wiedervereinigung

Nobunaga ergreift die Macht

1543 erreichten die ersten Europäer Japan: In diesem Jahr strandeten drei portugiesische Händler auf der Insel Tanegashima südlich von Kyūshū. Bald folgten ihnen weitere Europäer, den christlichen Glauben und Feuerwaffen im Gepäck. Sie fanden ein vom Krieg zerrissenes Land, das reif war für das Christentum – zumindest in den Augen von Missionaren wie Fran-

VERBORGENE CHRISTEN

Japans sogenanntes „Christliches Jahrhundert" begann 1549 mit der Ankunft portugiesischer Missionare auf der Insel Kyūshū. Innerhalb von Jahrzehnten konvertierten Hunderttausende Japaner, vom Bauern bis hin zum *daimyo* (lokaler Herrscher mit Ländereien)

Die rasche Verbreitung des christlichen Glaubens sowie seine Assoziation mit Handel, westlicher Waffenkunst und, möglicherweise, Landgewinn wurde vom *bakufu* (Shogunat) unter Toyotomi Hideyoshi bald als Bedrohung angesehen. 1597 ordnete Hideyoshi die Kreuzigung von 26 japanischen und spanischen Franziskanern in Nagasaki an. Trotz seines Todes 1598 hatte eine Zeit der Unterdrückung der Christen begonnen. 1614 ließ Tokugawa Hidetada Missionare vertreiben, und in den folgenden sechs Jahrzehnten wurden Tausende Christen verfolgt. Viele Tausende christliche Bauern leisteten Widerstand in der Shimabara-Rebellion (1637–1638), nach der das Christentum ganz verboten wurde.

Weitere Verfolgungen kamen in Gestalt von *efumi*, bei dem mutmaßliche Christen gezwungen wurden, Jesusbilder zu zertreten. Das gregorianische Datum am holländischen Handelshaus auf der Insel Hirado galt als Beweis für den christlichen Glauben der Handelsleute und diente als Rechtfertigung für deren Verbannung auf die Insel Dejima bei Nagasaki. Darauf folgten mehr als zwei Jahrhunderte *sakoku* (Abschottung von der Welt).

Die japanischen Christen reagierten, indem sie im Geheimen als *kakure Kirishitan* (verborgene Christen) agierten. Ihre Gottesdienste hielten sie ohne Priester in versteckten Räumen ihrer Privathäuser ab. Nach außen glichen ihre Rituale denen anderer japanischer Religionen – sie stellten in ihren Häusern *kamidana* (schintoistische Altäre) und *butsudan* (buddhistische Truhen für die Ahnen) auf und verwendeten Reis sowie Sake für Zeremonien. Doch daneben besaßen die *kakure Kirishitan* auch Bildrollen von Jesus, Maria und den Heiligen sowie Statuen wie die Maria-Kannon, eine Figur der Jungfrau Maria in Form der buddhistischen Göttin des Mitgefühls mit einem Kind im Arm, das Jesus symbolisieren sollte. Auch bei ihren Gebeten ahmten sie die Klänge buddhistischer Beschwörungen nach. Wissenschaftler schätzen, dass es etwa 150 000 geheime Christen gab.

Erst 1865, zwölf Jahre nach Eintreffen der US-Flotte unter Kommodore Matthew Perry, die die Öffnung des Landes gegenüber dem Westen erzwang, entstand in Japan die erste große Kirche, die Ōura-Kathedrale in Nagasaki. Die Meiji-Regierung verkündete 1871 offiziell Religionsfreiheit. Heute leben in Japan zwischen einer und zwei Millionen Christen (etwa 1 % der Bevölkerung).

1606
Japan streckt die Fühler nach Norden aus. Im Süden Hokkaidōs, damals noch Ezo genannt und bewohnt von dem Volksstamm der Ainu, wird die Burg Matsumae errichtet.

1638
Die Isolationspolitik *sakoku* wird umgesetzt. Bei dem von Christen angezettelten Shimabara-Aufstand metzeln Truppen des Shoguns die Rebellen nieder.

1689–1691
Matsuo Bashō, der bedeutendste Vertreter der Haiku-Poesie, unternimmt eine Reise durch Japan, die ihn zu seiner berühmtesten Gedichtsammlung *Auf schmalen Pfaden ins Hinterland* inspiriert.

19. Jh.
Ukiyo-e, hochstilisierte Holzschnitte und Malereien, zeigen die quirligen Unterhaltungsviertel, die im streng kontrollierten Japan der Tokugawa-Regentschaft aus dem Boden schießen.

cisco de Javier (Franz Xaver), der 1549 eintraf. Die japanischen Machthaber interessierten sich allerdings weit mehr für weltliche Dinge: die Waffen.

Zu den erfolgreichsten Kriegsherren, welche die neuen Schusswaffen nutzten, zählte Oda Nobunaga (1534–1582). Er residierte in der Gegend der heutigen Präfektur Aichi. Obwohl er eine relativ kleine Machtbasis hatte, konnte er als fähiger und rücksichtsloser Feldherr mehrere Siege über seine Rivalen verzeichnen. Im Jahre 1568 rückte er in Kyoto ein, um Yoshiaki aus dem Ashikaga-Clan als Shogun einzusetzen, vertrieb ihn allerdings 1573 wieder und errichtete seinen eigenen Stützpunkt in Azuchi. Obwohl er selbst nicht den Titel Shogun annahm, wurde Nobunaga der mächtigste Mann im Land.

Er war berüchtigt für seine Brutalität, hasste buddhistische Priester und hieß die christlichen Missionare als Gegengewicht zu ihnen willkommen. Für sein erklärtes Ziel „Tenka Fubu" (ein einheitliches Reich unter militärischer Führung) ergriff er Maßnahmen wie die strategische Landaufteilung unter den *daimyō* und die Standardisierung von Gewichten und Maßen. Es kann nur gemutmaßt werden, als welche Art Herrscher er in die Geschichtsbücher eingegangen wäre, hätte er seine Mission vollenden können – verraten von einem seiner eigenen Feldherren fand er jedoch 1582 den Tod.

Hideyoshis Streben

Ein anderer Feldherr Nobunagas, Toyotomi Hideyoshi (1536–1598), machte es sich zur Aufgabe, das Land zu einen. Auch er war ein außergewöhnlicher Mann, der sich vom einfachen Soldaten emporgearbeitet hatte und zum Favoriten Nobunagas aufgestiegen war. Klein und hässlich geraten, nannte Nobunaga ihn mit Spitznamen Saruchan (kleiner Affe), doch sein ausgeprägter Machtinstinkt ließ die physische Erscheinung in den Hintergrund treten.

Er entledigte sich möglicher Rivalen unter Nobunagas Söhnen, nahm den Titel des Regenten an und setzte Nobunagas Politik der Landverteilung fort. Von den *daimyō* verlangte er, dass sie ihm ihre Familien als Geiseln aushändigten, und hielt diese in Kyoto fest. Außerdem entwaffnete Hideyoshi alle Gesellschaftsschichten mit Ausnahme der Samurai.

Im fortgeschrittenen Alter wurde Hideyoshi zunehmend paranoid, grausam und größenwahnsinnig. Überbringer schlechter Nachrichten ließ er in zwei Teile sägen und junge Mitglieder seiner eigenen Familie exekutieren, als er eine Verschwörung vermutete. 1587 ordnete er die Ausweisung aller christlichen Missionare an, weil er sie als Vorhut einer Invasion sah. Hideyoshis machtpolitische Vision umfasste auch eine panasiatische Eroberung: Als Erstes versuchte er, im Jahre 1592 Korea zu erobern, was aber mit einer Niederlage und viel Blutvergießen endete. 1597 schickte er erneut Truppen, doch der Feldzug kam zum Erliegen, als Hideyoshi 1598 starb.

NINJAS

Abgesehen von loyalen Samurai sicherte Tokugawa Ieyasu die Hauptstadt auch mit Ninja-Kämpfern. Ihr Befehlshaber war Hattori Hanzō, bekannt für seine gerissenen und tödlichen Taktiken, die Ieyasu in den Schlüsselmomenten seiner Karriere dienlich waren. Der Ninja-Meister wird am Hanzōmon verehrt, einem Tor am Kaiserpalast, das bis heute existiert.

1. Hälfte des 19. Jhs.
Ausländische Walfangschiffe und andere Boote, die in japanische Gewässer vordringen, bedrohen die Politik der nationalen Isolation. Wer versucht, an Land zu gehen, wird hart bestraft.

1853–1854
Vor der Küste von Shimoda tauchen die „schwarzen Schiffe" von US-Admiral Matthew Perry auf. Japan ist gezwungen, die Vorräte der Schiffe aufzufüllen und sich für den Handel zu öffnen.

1859
In Yokohama, Hakodate, Kōbe, Niigata und Nagasaki werden internationale Häfen eingerichtet, was den Weg für ausländische Siedler ebnet.

1854–1867
Samurai aus den Provinzen Satsuma und Chōshū führen eine wachsende Opposition gegen das Shogunat an. Es kommt zum Bürgerkrieg. Der letzte Shogun dankt 1867 ab.

Das Tokugawa-Regime unterstützte eine Form des Neokonfuzianismus, die die hierarchische Ordnung betonte und einen positiven Nebeneffekt hatte: Sie trieb die Alphabetisierung voran. Am Ende der Tokugawa-Herrschaft konnte etwa ein Drittel der 30 Millionen Japaner lesen und schreiben – weit mehr als im Westen.

Ieyasu übernimmt das Ruder

Hideyoshis Machtanspruch wurde von einem gewissen Tokugawa Ieyasu (1542–1616) angefochten. Er war der Sohn eines unbedeutenden Fürsten, der eine Allianz mit Nobunaga geschmiedet hatte. Nach kurzem Kampf erklärte sich Ieyasu zu einem Waffenstillstand bereit. Im Gegenzug überließ Hideyoshi ihm acht Provinzen im Osten Japans. Hideyoshi wollte Ieyasu schwächen, indem er ihn von seiner Heimat Chūbu (in der heutigen Präfektur Aichi) abschnitt, doch der Emporkömmling betrachtete dieses Geschenk als eine Gelegenheit, seine Macht auszuweiten. Er erklärte eine kleine Burgstadt namens Edo – das spätere Tokio – zu seinem Sitz.

Auf dem Totenbett betraute Hideyoshi Ieyasu, der sich unterdessen als einer seiner fähigsten Generäle erwiesen hatte, damit, das Land zu verteidigen und die Nachfolge seines jungen Sohnes Hideyori (1593–1615) zu sichern. Ieyasu hatte allerdings andere Pläne. Schon bald zog er gegen diejenigen ins Feld, die Hideyori die Treue geschworen hatten. Ieyasu und seine Gefolgsleute konnten Hideyori und dessen Unterstützer in der legendären Schlacht von Sekigahara im Jahre 1600 schlagen, wodurch er der mächtigste Mann im Land wurde. Dies war der Auftakt für zweieinhalb Jahrhunderte Tokugawa-Herrschaft. Ieyasu wählte Edo als ständigen Sitz.

Innerhalb von drei Jahrzehnten hatten drei Männer – Nobunaga, Hideyoshi und Ieyasu –, teilweise mit rechtmäßigen, meist jedoch mit unredlichen Mitteln, das Land wieder vereint.

Eine Phase der Stabilität

Die Herrschaft der Tokugawa

David Mitchells *Die tausend Herbste des Jacob de Zoet* (2010) erzählt von den Holländern, die in der Zeit des *sakoku* auf der Insel Dejima lebten. Der Autor, von dem auch der preisgekrönte Roman *Der Wolkenatlas* stammt, verbrachte einen Großteil der 1990er-Jahre im Westen Honshūs.

Nachdem seine Macht gesichert war, suchten Ieyasu und seine Nachfolger, sie zu erhalten. Ihre grundlegende Strategie kann man als extremes Mikromanagement beschreiben. Dazu zählte die strenge Kontrolle der *daimyō* in den Provinzen, die als Vasallen für das Tokugawa-Regime agierten. Für Burgbau und Heirat mussten sie eine Erlaubnis einholen. Das Land wurde weiterhin strategisch umverteilt (oder konfisziert) und – besonders wichtig – die *daimyō* und ihre Gefolgsleute mussten gemäß einem Edikt namens *sankin kōtai* jedes zweite Jahr in Edo verbringen, wo ihre Familien permanent als Geiseln lebten. Diese Politik erschwerte es ehrgeizigen *daimyō*, am Thron der Tokugawa zu rütteln.

Zusätzlich hatte das Shogunat die unmittelbare Kontrolle über die Häfen, Minen, größeren Städte und andere strategische Orte. Die Bewegungsfreiheit war aufgrund der zu passierenden Kontrollposten stark eingeschränkt, das Reisen war nur noch mit schriftlicher Erlaubnis möglich, der fahrbare Transport wurde abgeschafft.

Innerhalb der Gesellschaft herrschte von nun an eine strenge Hierarchie. An erster Stelle kamen die *shi* (Samurai), gefolgt von den *nō* (Bauer),

1867–1868

Die Meiji-Restauration stellt die Macht des Kaisers wieder her, die eigentlichen Herrscher sind jedoch Oligarchen. Japans Hauptstadt wird Edo, umbenannt in Tokio.

1869

Japan annektiert Hokkaidō offiziell. 1889 treten Gesetze in Kraft, die die Assimilierung der indigenen Ainu vorsehen.

1879

Japan annektiert das Königreich Ryūkyū (damals noch abhängig von China) und tauft es um in Okinawa. Auch hier sind die Ureinwohner gezwungen, sich an die japanische Kultur anzupassen.

1870er–1890er-Jahre

Die Meiji-Regierung betreibt eine Politik der Modernisierung und Verwestlichung: Sie führt die Wehrpflicht ein (1873), löst die Samuraiklasse auf (1876) und legt eine Verfassung fest (1889).

kō (Handwerker) und *shō* (Händler). Die Kleidung der einzelnen Gruppen, die Wohnviertel und selbst die Art zu sprechen unterlagen strengen Codices und ein Wechsel in eine andere Klasse war nicht möglich. In den Dörfern und Vierteln wurden Anführer angeworben, die für die Umsetzung der Gesetze auf lokaler Ebene sorgten und eine Atmosphäre wie in einem Überwachungsstaat schufen. Bestrafungen fielen z. T. schon bei kleinen Vergehen hart aus. Manchmal wurden sie sogar mit dem Tod geahndet.

Rückzug vom Weltgeschehen

Schon bald verschrieb sich das Tokugawa-Shogunat der *sakoku* (Abschottung von der Außenwelt). Diese Ära sollte mehr als zwei Jahrhunderte andauern. Die Regierung betrachtete das Christentum und seinen Einfluss

DER „ECHTE" LETZTE SAMURAI

Saigō Takamori (1828–1877) stammte aus einer Samuraifamilie aus Kagoshima in Kyūshū (der damaligen Satsuma-Provinz in der südwestlichen Ecke der Hauptinseln) und war ein begeisterter Anhänger des Kaisers Meiji sowie Feldkommandant der kaiserlichen Armee gegen die Truppen des Tokugawa-Shogunats. Unter seiner Führung konnte 1868 eine Rebellion von Tokugawa-Anhängern in Ueno (heute ein Viertel von Tokio) niedergeschlagen und dadurch die Meiji-Restauration gefestigt werden.

Aber die Dinge entwickelten sich nicht so, wie Saigō es gehofft hatte. Als Meiji den Thron bestieg, schaffte er die Samuraiklasse ab, und 1872 wurde dieses System der Berufskrieger durch ein westliches Wehrpflichtmodell ersetzt. Saigō gehörte der neuen Regierung an und setzte sich für Investitionen ins Militär statt in ein Gleisnetz und für eine Invasion in Korea ein. Seine Ideen fanden jedoch nur wenige Befürworter. 1873 trat er zurück und ging wieder nach Satsuma.

Saigō war nicht der einzige unzufriedene Ex-Samurai, doch er war der bekannteste. Andere Samurai scharten sich um ihn und drängten ihn, eine Rebellion gegen die kaiserlichen Truppen anzuführen. Die darauffolgende Belagerung der Kumamoto-Burg im Jahre 1877 dauerte 54 Tage – dabei marschierten 40 000 Samurai und bewaffnete Bauern gegen die Reichsarmee auf. Als die Burg eingeäschert und die Niederlage unvermeidbar war, soll Saigō sich nach Kagoshima zurückgezogen und *seppuku* (ritueller Suizid) begangen haben.

Die Satsuma-Rebellion, wie sie später hieß, wurde unter den Japanern bald zu einer Legende. Um aus seinem Ruhm Kapital zu schlagen, begnadigte die Meiji-Regierung Saigō posthum und gewährte ihm alle Ehren – er gilt bis heute als schillernder Vertreter des Samuraigeistes. Statuen von ihm stehen vor allem in Kagoshima sowie im Uenokōen-Park in Tokio, wo er mit seinem treuen Hund dargestellt wird. Seine berühmteste Maxime, *keiten aijin*, heißt übersetzt „Ehre den Himmel, liebe die Menschen".

Fans des Kinofilms *Last Samurai* von 2003 erkennen vielleicht Elemente von Saigō in Katsumoto wieder, dem Samurai, der von Ken Watanabe gespielt wird. Die Figur, die Tom Cruise verkörpert, ist historisch nicht belegt.

1895
1894 greift Japan China an und geht aus dem Chinesisch-Japanischen Krieg als Sieger hervor. Das Land erhält Taiwan und beginnt so, sein Territorium zu erweitern.

1902
Japan unterzeichnet die Anglo-Japanische Allianz, das erste gleichwertige Bündnis zwischen einer westlichen und einer nichtwestlichen Nation und ein untrügliches Indiz dafür, dass der Einfluss Japans wächst.

1904–1905
Japan gewinnt den Russisch-Japanischen Krieg. Die Antipathie gegenüber Russland war gewachsen, als es Japan gedrängt hatte, chinesisches Territorium aufzugeben, um es dann selbst zu besetzen.

1910
Von der russischen Bedrohung befreit, annektiert Japan Korea, an dem es seit den 1870er-Jahren zunehmendes Interesse hatte. Die internationale Gemeinschaft billigt dies.

mit Argwohn, weshalb Missionare im Jahre 1614 des Landes verwiesen wurden. Als Folge des von Christen angezettelten Shimabara-Aufstands 1637 wurde das Christentum verboten. Mehrere Hunderttausend japanische Christen waren gezwungen unterzutauchen und alle Europäer mit Ausnahme holländischer Protestanten mussten 1638 das Land verlassen.

Das Shogunat hielt den Katholizismus für gefährlicher als den Protestantismus, wusste man doch, dass der Vatikan eine der größten Armeen weltweit auf die Beine stellen konnte. Möglicherweise hätte man auch die Engländer weiter toleriert, aber die gewieften holländischen Händler überzeugten die japanische Führung davon, dass England ein katholisches Land war. Allerdings gestand man auch den Holländern lediglich eine geografisch begrenzte Handelsbasis auf der künstlichen Insel Dejima nahe Nagasaki zu.

Als die autoritäre Tokugawa-Ära zu Ende ging, kam es zu einer Art Massenhysterie, genannt *ee ja nai ka* („Wen kümmert's?"). Traumatisierte Menschen tanzten nackt auf den Straßen und verschenkten ihre Habseligkeiten.

Japaner durften nicht mehr ins Ausland reisen (und Japaner, die sich im Ausland aufhielten, durften nicht mehr in ihr Heimatland zurückkehren). Dennoch war das Land nicht komplett von der Außenwelt abgeschnitten: Die Niederländer und das Ryūkyū-Reich (das heutige Okinawa) sorgten für einen kontinuierlichen Handel mit den Ländern in Asien und dem Westen, er wurde jedoch streng kontrolliert und kam ausschließlich dem Shogunat zugute.

Der Aufstieg der Händlerklasse

Trotz aller Beschränkungen zeichnete sich die Tokugawa-Zeit durch eine ausgeprägte Dynamik aus – die Städte z. B. wuchsen beachtlich. Zu Beginn des 18. Jhs. knackte die Bevölkerung Edos die Millionenmarke und verwies die wesentlich älteren Städte London und Paris auf die Plätze. Kyoto entwickelte sich zu einem Produktionsstandort für Luxusgüter und Osaka zu einem Zentrum des Handels. In beiden Städten lebten über weite Teile dieser Ära rund 400 000 Menschen.

Obwohl sich die Herrscher die größte Mühe gaben, die wachsende Klasse der Händler zu reglementieren, verdienten sie ein Vermögen, indem sie die *daimyō* für ihre Reisen von und nach Edo mit den erforderlichen Waren und Dienstleistungen versorgten. Da diese äußerst kostspielig waren, mussten viele *daimyō* ihre Besitztümer in Bargeld umwandeln, was der Wirtschaft Schwung verlieh.

Eine neue Kultur knospte, die sich nicht um die soziale Unbill und die durch das Shogunat verhängten Einschränkungen scherte. Wohlhabende Händler bevölkerten die Kabuki-Theater, Sumo-Wettkämpfe und Vergnügungsviertel und frönten dem Hedonismus, worüber die mürrischen Bewohner der Edo-Burg die Nase rümpften. Ein essenzieller Bestandteil dieser „Spaßgesellschaft" war das Konzept der *ukiyo* – die „fließende Welt". Der Begriff geht auf eine buddhistische Metapher über die flüchtigen Freuden des Daseins zurück (vielleicht wurde er aber auch

1912

Kaiser Meiji (Mutsuhito) stirbt, nachdem er Japans Aufstieg zu einer Weltmacht in nur einem halben Jahrhundert miterlebt hat. Sein geistig behinderter Sohn Yoshihito tritt seine Nachfolge an.

1914–1915

Im Ersten Weltkrieg verbündet sich Japan 1914 mit der Entente. 1915 legt die Regierung China die „21 Forderungen" vor, um mehr Kontrolle über das Land zu gewinnen, und wird dafür von seinen neuen Alliierten gerügt.

1923

Das Große Kantō-Erdbeben nahe Tokio erschüttert Japan und fordert schätzungsweise 100 000 bis 140 000 Opfer. Die größte Zerstörung richten Brände nach dem Beben in Tokio und Yokohama an.

1931

Dem Westen trotzend fällt Japan unter einem Vorwand in der Mandschurei ein und verlässt den Völkerbund, nachdem es von diesem kritisiert worden war.

verballhornt). Heutzutage vermitteln *ukiyo-e* (Farbholzschnitte) den zuverlässigsten Einblick in diese Zeit.

Die gut ausgebildeten Samurai hatten derweil keine größeren militärischen Aufgaben mehr. Viele widmeten sich nun als Verwalter und Manager dem Papierkrieg.

Modernisierung

Die Ankunft der Schwarzen Schiffe

Es ist fraglich, wie lange das Tokugawa-Shogunat seine abgeschiedene Welt hätte verteidigen und aufrechterhalten können. Letztendlich beschleunigten Kräfte von außen ihren Niedergang. Seit Beginn des 19. Jhs. waren mehrmals westliche Schiffe in japanischen Gewässern aufgetaucht. Die Japaner bezeichneten sie als *kurofune* (schwarze Schiffe), da sie mit Pech bestrichen waren. Wer sich an Land traute, und sei es nur wegen Schiffbruchs, wurde normalerweise direkt wieder ausgewiesen oder sogar exekutiert.

Vor allem die USA wollten ihre Interessen auf den gesamten pazifischen Raum ausdehnen, da ihre zahllosen Walfangschiffe im Nordwesten regelmäßig auf frische Vorräte angewiesen waren. Sowohl 1853 als auch im Jahr darauf drang US-Admiral Matthew Perry mit mehreren Kanonenbooten in die Bucht von Edo ein und verlangte von Japan die Öffnung des Handels. Weil man seiner Feuerkraft nichts entgegenzusetzen hatte, musste das Shogunat notgedrungen auf die Forderungen eingehen. Umgehend traf ein amerikanischer Konsul ein, und andere westliche Mächte folgten bald. Japan war gezwungen, eine später als die „ungleichen Verträge" betitelte Abmachung zu unterzeichnen, die Häfen zu öffnen und den westlichen Nationen die Kontrolle über die Zölle zu geben.

Meiji-Restauration

Das Tokugawa-Regime unternahm letzte Bemühungen, seine Autorität zu behaupten, doch die Ablehnung des Shogunats in der Bevölkerung war groß, insbesondere in den entlegenen Provinzen Satsuma (südliches Kyūshū) und Chōshū (westliches Honshū). Es entstand eine Bewegung, um „den Kaiser zu ehren und die Barbaren zu vertreiben" (*sonnō jōi*), sprich: Der Kaiser sollte wieder tatsächlich Macht haben, nicht nur dem Titel nach, und die Eindringlinge aus dem Westen sollten vertrieben werden.

Nach erfolglosen Scharmützeln mit den westlichen Mächten erkannten die Reformer, dass sie sich der Barbaren zwar unmöglich entledigen, wohl aber das Kaisertum wiederherstellen konnten. Nach einer Reihe von Auseinandersetzungen zwischen der Armee des Shoguns und den Rebellen, bei denen die Aufständischen die Oberhand gewannen, stimmte der letzte Shogun, Yoshinobu (1837–1913), 1867 zu, sich zur Ruhe zu setzen. Er verbrachte seine letzten Lebensjahre in Shizuoka – friedlich und unbehelligt.

Die Geschichte der 47 *rōnin* (herrenlose Samurai), die mehr als ein Jahr Ränke schmiedeten (1701–1703), um den Tod ihres Herrn zu rächen, gehört zu den berühmtesten historischen Ereignissen Japans. Den zum Tode verurteilten Männern wurde so viel Respekt zuteil, dass sie ihre Ehre behalten und Seppuku (rituellen Selbstmord) begehen durften.

1937
Während seiner Invasion in China verüben japanische Truppen ein grausames Massaker in Nanjing und töten Zehntausende Menschen, hauptsächlich Zivilisten.

1941
Japan beteiligt sich am Zweiten Weltkrieg. Es greift am 7. Dezember ohne Vorwarnung Pearl Harbor an, zerstört große Teile der US-Pazifikflotte und bringt die USA dazu, ihrerseits in den Krieg einzutreten.

1942
Nach anfänglichen Erfolgen wird Japans Vormarsch bei der Schlacht von Midway im Juni mit großen Verlusten gestoppt. Von diesem Zeitpunkt an ist Japan auf dem Rückzug.

1945
Nachdem im März Tokio bombardiert wurde, fällt am 6. August eine Atombombe auf Hiroshima und am 9. August eine weitere auf Nagasaki. Am 15. August kapituliert Hirohito.

1868 wurde der halbwüchsige Kaiser Mutsuhito (1852–1912), später bekannt als Meiji, zum mächtigsten Führer im Land ernannt. Mit ihm begann die Meiji-Zeit (1868–1912; „Erleuchtete Herrschaft"). Die Funktion des Shoguns wurde abgeschafft und Edo in eine kaiserliche Hauptstadt mit neuem Namen – Tokio (Östliche Hauptstadt) – umfunktioniert. Das bedeutet nicht, dass sich treue Tokugawa-Anhänger kampflos zurückzogen. Die kriegerischen Auseinandersetzungen (der Boshin-Krieg; 1868–1869) dauerten an, vor allem im Norden.

In der Praxis hatte der Kaiser unverändert wenig Einfluss. Eine neue Regierung formierte sich. Sie bestand vor allem aus führenden Samurai aus Satsuma und Chōshū im Alter von Anfang 30. Zwar beteuerten sie, dass sie im Sinne des Kaisers und auf sein Geheiß hin handelten, doch ihre Triebfeder war neben der aufrichtigen Sorge um ihr Land auch persönlicher Ehrgeiz.

Bis zu seiner Besetzung durch die USA und andere Alliierte nach dem Zweiten Weltkrieg war Japan (als Nation) nie von einer fremden Macht erobert oder besetzt worden.

Verwestlichung

Die neuen führenden Köpfe Japans beobachteten genau, was im restlichen Asien vor sich ging. Ihre größte Angst war die Kolonisierung durch den Westen. So machten sie sich umgehend daran, das Land nach den Vorgaben der westlichen Mächte zu modernisieren. Sie wollten beweisen, dass sie ihnen ebenbürtig waren.

Die Regierung stellte die Weichen für die Industrialisierung und Militarisierung des Landes und es kam zu einem regen Austausch mit dem Westen. Japanische Akademiker reisten nach Europa, um querbeet alles von Literatur und Ingenieurswissenschaften bis hin zu Staatskunde und moderner Kriegskunst zu studieren, während Wissenschaftler und Gelehrte aus dem Westen an die frisch gegründeten japanischen Universitäten gerufen wurden, um dort zu unterrichten.

Die neue Führung des Landes lernte schnell. 1872 wurde die erste Eisenbahnstrecke in Betrieb genommen. Sie verband Tokio mit dem neuen Hafen von Yokohama an der Tokyo Bay. 1889 hatte das Land bereits eine Verfassung nach dem Vorbild der englischen und preußischen. Man gründete Banken und politische Parteien und entwarf ein neues Gesetzbuch. *Daimyō* wurden dazu „überredet", ihre Ländereien an die Regierung abzutreten. Im Gegenzug erhielten sie Gouverneursposten oder anders geartete Entschädigungen, wodurch der Weg für die Einrichtung von Präfekturen geebnet wurde.

Natürlich brauchte der Demokratisierungsprozess Zeit und die Vetternwirtschaft ließ sich nicht über Nacht abschaffen. Die Regierung engagierte sich beim Aufbau wichtiger Industriebereiche und verkaufte sie dann bei günstiger Gelegenheit in Raten an „regierungsfreundliche" Unternehmen. Dadurch entstanden riesige Industrieverbände, bekannt als *zaibatsu*. Viele davon bestehen noch heute, etwa Mitsubishi, Sumitomo und Mitsui.

1945–1952

Die USA besetzen Japan, was einen rapiden wirtschaftlichen Aufschwung bringt. Hirohito wird nicht als Kriegsverbrecher verurteilt, was viele Verbündete der Amerikaner empört.

1955

Das Gründungsjahr der liberaldemokratischen Partei. Sie regiert mit Ausnahme der Jahre 1993–1994 und 2009–2012 ununterbrochen.

1960er-Jahre

1960 begehrt die Bevölkerung gegen die Unterzeichnung des „Vertrags über gegenseitige Kooperation und Sicherheit zwischen Japan und den Vereinigten Staaten" (ANPO) auf. Es folgt ein Jahrzehnt sozialer Unruhen.

1964

Tokio richtet die Sommerolympiade aus. Für viele Japaner symbolisiert sie den vollständigen Wiedereintritt in die internationale Gemeinschaft und einen Neubeginn nach dem Zweiten Weltkrieg.

Zu Beginn lag der Schwerpunkt auf der Textilindustrie – Seide war ein Exportschlager. In der späteren Meiji-Zeit entwickelten sich die verarbeitende und die Schwerindustrie und Japan erreichte eine führende Position im Schiffbau.

Neue Ideologien

Die Meiji-Restauration brachte überdies weitreichende gesellschaftliche Veränderungen mit sich. Das Vier-Klassen-System wurde abgeschafft. Nachdem den Menschen jahrhundertelang alles vorgeschrieben worden war, konnten sie von nun an frei entscheiden, welchen Beruf sie ausüben und wo sie wohnen wollten. Die neue intellektuelle Elite – weitgereist und belesen – ermutigte die Mitbürger dazu, etwas aus sich zu machen und Stärke zu zeigen, um der Welt zu demonstrieren, was für eine erfolgreiche, mächtige Nation Japan war. Modernisierungen in der Landwirtschaft sorgten dafür, dass viele Arbeitskräfte freigesetzt wurden und vom Land in die Stadt zogen, um dort den Bedarf an Arbeitern in den wachsenden Industriebetrieben zu decken.

Der eng mit dem Shogunat verknüpfte Buddhismus litt unter der neuen Regierung. An seiner Stelle bewarb man nämlich den Shintoismus (und vor allem Rituale der Kaiserverehrung) als reines (oder besser nativistisches) Glaubenssystem. Elemente des Neukonfuzianismus wurden derweil beibehalten, da sie zu Ordnung anspornten. Neue Gesetze legten ein patriarchalisches Familiensystem fest, in dem Frauen ihren Ehemännern untergeordnet waren. Der christliche Glaube durfte wieder praktiziert werden (doch es gab nur noch wenige, die von dieser Möglichkeit Gebrauch machten).

Die Weltbühne

Imperialismus

Auf dem Weg zur Weltmacht war das Militär ein Schlüsselelement. Japan orientierte sich an der preußischen Armee und der britischen Marine und baute ein beachtliches Heer auf. Mit der gleichen „Kanonenbootdiplomatie", die seinerzeit Perry gegenüber den Japanern genutzt hatte, zwang Japan 1876 Korea zu einem Abkommen und griff darauf immer mehr in die koreanische Politik ein.

1894 wurde die chinesische „Einflussnahme" auf Korea zum Anlass, einen Krieg gegen China anzuzetteln – damals trotz der riesigen Ausdehnung eine schwache Nation. Japan siegte mit Leichtigkeit und erhielt in der Folge Taiwan sowie die Halbinsel Liaotung. Doch Russland übte Druck auf Japan aus, die Halbinsel zu räumen, und besetzte sie prompt selbst. Dies führte 1904 bis 1905 zum Russisch-Japanischen Krieg, den Japan ebenfalls gewann. Japans offizielle Annexion von Korea im Jahr 1910 löste nur mäßigen internationalen Protest aus.

Historische Literatur

Unbeaten Tracks in Japan (Isabella Bird; 1881)

The Coming of the Barbarians (Pat Barr; 1967)

Embracing Defeat (John Dower; 2000)

Samurai William (Giles Milton; 2003)

Inventing Japan (Ian Buruma; 2004)

1972
Die USA gibt die Verwaltungskontrolle Okinawas an Japan zurück, behält aber zahlreiche Stützpunkte vor Ort bei, was zu fortdauernden Spannungen führt.

1990
Die sogenannte Bubble Economy (Blasenwirtschaft), die auf überteuerten Landpreisen und Aktienkursen basiert, zerplatzt in Japan. Bis Ende des Jahres hat der Aktienmarkt um 48 % an Wert verloren.

1995
Das große Hanshin-Erdbeben erschüttert Kōbe und kostet mehr als 6000 Menschenleben. Zwei Monate später verübt eine Sekte einen Giftgasanschlag in der Tokioter Metro, bei dem zwölf Personen sterben.

2005
Zum ersten Mal seit dem Zweiten Weltkrieg ist die Bevölkerungszahl rückläufig – ein anhaltender Trend.

Als Mutsuhito 1912 starb, war Japan eine anerkannte Weltmacht. Zu den militärischen Siegen und der territorialen Ausdehnung kam die 1902 unterzeichnete Allianz mit England – das erste Bündnis auf Augenhöhe zwischen dem Westen und einer nichtwestlichen Nation. Die ungleichen Verträge von 1855 waren bereits aufgehoben worden.

Nach Mutsuhitos Tod trat sein Sohn Yoshihito (bekannt als der Taishō-Kaiser) die Nachfolge an. Aufgrund gesundheitlicher Probleme musste er die Regentschaft jedoch bereits 1921 an seinen Sohn Hirohito (1901–1989) abtreten. Die kurze Taishō-Ära (1912–1926; „Große Gerechtigkeit") war keine einfache Zeit und dennoch vorrangig von Optimismus geprägt. Alte Allianzen aus der Feudalzeit brachen endlich auseinander und es kam zu einer Blüte der Parteipolitik, weshalb auch von der Taishō-Demokratie gesprochen wird.

Als die nationale Rundfunkanstalt NHK Kaiser Hirohitos vorab aufgezeichnete Erklärung der Kapitulation Japans im Zweiten Weltkrieg abspielte, hörte die Bevölkerung die Stimme ihres Regenten zum allerersten Mal.

Japan zog Seite an Seite mit den Alliierten in den Ersten Weltkrieg und erhielt als Belohnung einen Sitz im Rat des neu gegründeten Völkerbunds. Zudem erwarb das Land deutsche Besitzungen in Ostasien und dem Pazifikraum. Außerdem war der Krieg ein Segen für die Industrie und bescherte einem Teil der Bevölkerung Wohlstand (die meisten Japaner gingen allerdings leer aus).

Militarisierung

In den 1920ern wuchs im Land einmal mehr die Unzufriedenheit gegenüber dem Westen, weil sich viele Japaner ungerecht behandelt fühlten. Auf der Washingtoner Konferenz 1921 bis 1922 setzte ein Flottenabkommen fest, dass Japan drei große Kriegsschiffe befehligen sollte, die USA und England dagegen jeweils fünf. Obwohl es damit immer noch mehr zugesprochen bekam als Frankreich (1,75 Schiffe), waren die Japaner verärgert. Zur selben Zeit wurde eine Gleichbehandlungsklausel abgelehnt, die Japan dem Völkerbund vorgeschlagen hatte. Und 1924 starteten die USA eine auf Herkunft basierende Immigrationspolitik, die offensichtlich gegen Japan gerichtet war.

Basierend auf dem Preis für das teuerste Grundstück, der Ende der 1980er gezahlt wurde, hat Tokio einen höheren Bodenwert als die gesamten USA.

Die Unzufriedenheit intensivierte sich in der Shōwa-Zeit (1926–1989; „Glorreicher Friede"), die mit dem Tod von Yoshihito und der formellen Thronbesteigung Hirohitos begann. Die Landbevölkerung beklagte, dass die Elite unter der Fuchtel westlicher Dekadenz stehe. Aufgrund der Weltwirtschaftskrise der späten 1920er-Jahre entstand eine neue städtische Unterschicht, die Abstand nahm von dem, was man als Fortschritt betrachtet hatte. Inspiriert von den Entwicklungen in Russland begannen linke Gruppierungen, sich für die Rechte der Arbeiter stark zu machen.

Das Militär war derweil überzeugt, dass Japan seine eigenen Interessen verfolgen musste. Gemeint war damit eine ressourcenreiche, von Japan kontrollierte Großostasiatische Wohlstandsphäre. Premierminister Hamaguchi Osachi wollte lieber einen wirtschaftlichen Sparkurs fahren

2010
China überholt Japan als zweitgrößte Wirtschaftsnation nach den USA.

2011
Am 11. März wird die Küste Nordostjapans (Tōhoku) von einem Beben erschüttert, auf das ein Tsunami folgt. Dieser fordert Tausende Todesopfer und führt zu einer Katastrophe im Atomkraftwerk Fukushima.

2013
Die japanische Regierung verabschiedet ein Geheimhaltungsgesetz. Kritiker befürchten Zensur und Einschränkungen der Redefreiheit.

2013
Das Internationale Olympische Komitee erklärt Tokio zum Gastgeber der Olympischen Sommerspiele 2020.

statt die Militärausgaben zu steigern. Er wurde 1931 angeschossen und starb wenige Monate später. Zum Zeitpunkt seines Todes fällte das Militär Entscheidungen bereits selbständig.

Krieg in China

Mitglieder der japanischen Armee, die in der Mandschurei stationiert waren, um von China an Japan verpachtete Eisenbahngleise zu bewachen, jagten im Herbst 1931 Sprengstoffladungen entlang der Strecke in die Luft und schoben den Anschlag auf chinesische Dissidenten. Diese Finte lieferte dem japanischen Militär die Rechtfertigung für einen bewaffneten Vergeltungsschlag, der als „Mandschurei-Zwischenfall" in die Geschichtsbücher einging. Die Truppen der Japaner hatten leichtes Spiel mit den Chinesen, brachten die Mandschurei (das Gebiet der heutigen Provinzen Heilongjiang, Jilin und Liaoning) innerhalb weniger Monate unter ihre Kontrolle und setzten eine Marionettenregierung ein, die der Völkerbund jedoch nicht anerkannte. Als Folge trat Japan 1933 aus der Organisation aus.

Der Konflikt zwischen der chinesischen und japanischen Armee ging weiter, und 1937 entspann sich daraus der Zweite Japanisch-Chinesische Krieg. Nach einem hart erkämpften Sieg in Shanghai machten sich die japanischen Truppen auf den Weg nach Süden, um Nanjing einzunehmen. Das Massaker von Nanjing (auch Vergewaltigung von Nanjing genannt) kostete in einem Zeitraum von wenigen Wochen zwischen 40 000 und 300 000 Chinesen das Leben. Bis heute sind die Zahl der Todesopfer und die massenhaften Vergewaltigungen, Misshandlungen und Plünderungen durch japanische Soldaten ein hitzig diskutiertes Thema unter Historikern (und Nationalisten) beider Seiten. Japan hat diese und weitere Gräueltaten immer heruntergespielt, was die Beziehungen zu anderen asiatischen Nationen bis heute belastet.

Zweiter Weltkrieg

Beeindruckt von den anfänglichen Erfolgen Deutschlands im Zweiten Weltkrieg, schloss Japan 1940 den Dreimächtepakt mit Deutschland und Italien (die tatsächliche Unterstützung der beiden europäischen Alliierten war allerdings gering). Da Frankreich und die Niederlande durch den Krieg geschwächt und abgelenkt waren, griff Japan deren koloniale Territorien an – das französische Indochina und Niederländisch-Indien.

Die Spannungen zwischen Japan und den USA nahmen zu, als die Amerikaner forderten, dass sich Japan aus China zurückziehen möge. Als diplomatische Bemühungen scheiterten, stoppten die USA den Ölexport nach Japan. Am 7. Dezember 1941 überfielen die Japaner Pearl Harbor und vernichteten einen Großteil der US-Pazifikflotte. Viele Historiker vermuten, dass die japanische Führung nie an einen Sieg über die USA glaubte, sondern diese an den Verhandlungstisch zwingen wollte, um daraus Vorteile zu ziehen.

Japan stieß schnell in die Pazifikregion vor, doch mit der Schlacht um Midway im Juni 1942, in der ein Großteil der japanischen Trägerflotte zerstört wurde, wendete sich das Blatt. Japan hatte sich übernommen und führte in den folgenden drei Jahren erbitterte Rückzugsschlachten von Insel zu Insel gegen die Streitmächte unter General Douglas MacArthur. Mitte 1945 bereitete Japan sich, die in der Potsdamer Erklärung geforderte bedingungslose Kapitulation ignorierend, auf den finalen Angriff der Alliierten auf seinem eigenen Gebiet vor. Am 6. August fiel die erste Atombombe auf Hiroshima und tötete 90 000 Zivilisten. Am 8. August erklärte die Sowjetunion, auf die man als Vermittler gehofft hatte, Japan den Krieg. Am 9. August fiel eine weitere Atombombe auf Nagasaki und forderte weitere 50 000 Opfer. Diese Ereignisse zwangen Japan zur Kapitulation, die der Kaiser am 15. August öffentlich verkündete.

Entwicklungen seit dem Zweiten Weltkrieg

Die Kapitulationsbedingungen sahen vor, dass der Kaiser zwar Staatsoberhaupt bleiben durfte, aber keinerlei Einfluss besaß und auch nicht mehr als gottbegnadet betrachtet wurde. Japan musste seine Gebietsansprüche in Korea und China aufgeben und blieb bis 1952 von US-amerikanischen Truppen unter der Führung von General Douglas MacArthur besetzt. Die Niederlage war für die Japaner eine bittere Pille, doch ein Großteil der Bevölkerung litt Hunger und amerikanische Lebensmittel waren besser als nichts.

In den 1950ern startete das Land dann richtig durch und erfuhr ein phänomenales Wachstum, das geradezu als Wunder bezeichnet werden kann. Viele Historiker – aus Japan und den USA – glauben, dass es Japans Rolle als amerikanische Basis im Vietnamkrieg war, die die nationale Wirtschaft wiederbelebte. Erst das Zerplatzen der Bubble Economy 1990 holte das Land wieder auf den Boden der Tatsachen zurück.

Die folgenden Jahrzehnte waren von wirtschaftlicher Stagnation geprägt, und die weltweite Finanzkrise 2008 verschlimmerte die Situation weiter. Als wäre das noch nicht genug, wurde Japan 2011 vom Tōhoku-Erdbeben und dem folgenden Tsunami heimgesucht, denen über 15 000 Menschen zum Opfer fielen. Bislang ist das 21. Jh. für Japan eine Art Gewissensprüfung gewesen. Die Nation ringt mit ihrer Vergangenheit voller Aufs und Abs und versucht ihren Platz in der sich rasant verändernden Welt von heute zu finden.

Leben in Japan

Die Japaner werden oft als undurchschaubar empfunden. Oder als zurückhaltend. Oder als schüchtern. Oft sind sie das, oft aber auch nicht. In der Regel wird Japan für ein homogenes Land gehalten, und obwohl das ethnisch größtenteils stimmt (es gibt jedoch auch ethnische Minderheiten), gibt es einen tiefen Graben zwischen der Stadt- und der Landbevölkerung, hartnäckig bestehende Geschlechtervorurteile und eine zunehmende soziale Schichtenbildung. Immer mehr Japaner kämpfen mit denselben Problemen wie die Einwohner anderer Industrieländer.

Bevölkerung

Japan hat etwa 127 Mio. Einwohner, was es zu einem dicht besiedelten Land macht. Erschwerend kommt hinzu, dass 91 % der Bevölkerung in städtischem Raum lebt – rund ein Viertel davon (ca. 36 Millionen Menschen) im Ballungsraum Tokio, der die Städte Tokio, Kawasaki und Yokohama sowie die Pendlervorstädte umfasst, und damit das am dichtesten besiedelte Gebiet der Welt ist. Weitere 20 Millionen Menschen verteilen sich auf den Ballungsraum Kyoto–Osaka–Kōbe (oft auch Keihanshin genannt).

Doch inzwischen nimmt die Bevölkerung ziemlich rasch ab. Die erstaunlich niedrige Geburtenrate von 1,4 Kindern pro Frau gehört zu den niedrigsten der Industrienationen und bereits über ein Viertel der Bevölkerung ist älter als 65 Jahre. Im Jahr 2008 erreichte die Bevölkerung mit 128 Millionen ihren Höchststand, seitdem geht die Zahl zurück; im Jahr 2050 wird sie wahrscheinlich bei 100 Mio. liegen, und 2100 bei 67 Mio. Eine solche demografische Veränderung wird natürlich in den kommenden Jahrzehnten großen Einfluss auf die Wirtschaft nehmen.

Ethnische Vielfalt

Ein auffallendes Merkmal der japanischen Bevölkerung ist ihre relativ hohe ethnische und kulturelle Homogenität, die besonders Besuchern ins Auge sticht. Der japanische Zensus fragt nicht nach Rasse, nur nach Staatsangehörigkeit. Entsprechend wird bei Diskussionen zur ethnischen Vielfalt in Japan in der Regel nur unterschieden zwischen Japanern und Nicht-Japanern.

2015 ergab die Volkszählung, dass in Japan 2,23 Millionen Ausländer leben – 5 % mehr als im Vorjahr. Eingerechnet sind dabei sowohl Ausländer mit festem Wohnsitz als auch Studenten und Zeitarbeiter. Die größte nicht-japanische Bevölkerungsgruppe machen die Chinesen mit rund 666 000 Menschen und damit 30 % der ausländischen Bevölkerung in Japan aus; an zweiter Stelle stehen die Koreaner (458 000 Menschen und damit 20 %), an dritter Stelle Filipinos (229 600 Menschen; 10 %).

Trotz des Bevölkerungsrückgangs lässt Japan nur widerwillig Einwanderung aus anderen Ländern zu.

Ethnische Minderheiten

In Japans Bevölkerungsstatistik verstecken sich unsichtbare Minderheiten – gebürtige Japaner, die sich nicht von anderen gebürtigen Japanern

WIR JAPANER

Wenn die Japaner ihre Kultur erklären, beginnen sie dies oft mit den Worten *ware ware nihonjin*, was so viel bedeutet wie „wir Japaner". In Japan existiert ein starkes Gefühl nationaler Zusammengehörigkeit, das bestärkt wird durch die Medien, die Japan als einen einzigartigen Kulturraum darstellen; so sind z. B. Fernsehsendungen beliebt, die ausländische Besucher überwältigt davon zeigt, wie Japaner bestimmte Dinge machen. Die Japaner hingegen sind oft fasziniert (und eingeschüchtert) von der empfundenen Andersartigkeit anderer Kulturen.

zu unterscheiden scheinen, deren Wurzeln man jedoch historisch auf entrechtete Völker zurückführen kann, besonders die Nachfahren der Ainu, der Ureinwohner von Hokkaidō, und der Bewohner der Insel Okinawa.

Bevor sie im 19. Jh. von Japan einverleibt wurden, waren Hokkaidō und Okinawa (das einstige Ryūkyū-Reich) unabhängige Gebiete. Nach der Einverleibung erlegte die japanische Regierung den Bewohnern Angleichungsmaßnahmen auf, die viele traditionelle Bräuche und sogar das Lehren der Muttersprache untersagten.

Man nimmt an, das sich rund 20 000 Japaner als Ainu identifizieren, doch vermutlich existieren deutlich mehr Nachfahren der indigenen Bevölkerung von Hokkaido – einigen ist es vermutlich gar nicht bewusst, da eventuell ihre Vorfahren (aus Angst vor Diskriminierung) ihre Wurzeln so gut wie möglich vor der nächsten Generation geheim hielten. Heute gibt's vielleicht noch 10 Ainu-Sprecher, doch seit einigen Jahrzehnten befasst sich die jüngere Generation wieder stärker mit der Sprache und der Kultur der Ainu.

Oya-koko ist das japanische Wort für kindliche Gehorsamkeit. Wörtlich bedeutet es „die Eltern glücklich machen". Dies kann bedeuten, dass man sich um sie kümmert, wenn sie älter werden, oder auch, dass man sie anruft, sie zum Mittagessen ausführt oder mit ihnen zusammen Arbeiten im Haus und ums Haus erledigt.

Die heutigen Bewohner der Insel Okinawa identifizieren sich stark mit ihrer Heimat, allerdings weniger mit dem Ryūkyū-Reich als mit ihrer gemeinsamen jüngsten Geschichte seit dem Zweiten Weltkrieg. Die Bewohner von Okinawa hat es besonders schwer getroffen, was die Zahl der Opfer und die Belagerung anging.

Eine weitere Gruppe sind die *burakumin*, die sich von ihrer Abstammung her nicht von anderen Japanern unterscheiden. In der Zeit der Feudalherrschaft wurden sie entrechtet und verloren ihren Platz in der sozialen Rangordnung. Zu ihren Aufgabengebieten gehörten u. a. Gerberei, Schlachten, der Umgang mit Leichen und andere Berufe, die mit dem Tod in Zusammenhang standen. Sie lebten als Geächtete in abgelegenen Siedlungen namens *buraku*. Die Abschaffung des alten Kastensystems und die Modernisierung des Landes hätten der Stigmatisierung ein Ende setzen sollen, haben sie aber nicht: offizielle Haushaltsregister (die oft bei einer Bewerbung auf eine Stelle als Aufenthaltsnachweis genutzt werden) lieferten den Beweis, dass die Vorfahren der *burakumin* in Orten lebten, die einst *buraku*-Siedlungen waren.

Diskriminierung auf der Arbeit und in der Ehe war gang und gäbe, wobei mit jeder Generation die Vorbehalte gegen *buraku*-Nachfahren geringer zu werden scheinen.

Das Museum der Freiheit in Osaka zeigt Ausstellungen zu Japans Minderheiten und ihren Kampf für soziale Gerechtigkeit, allerdings sind nur wenige Ausstellungsstücke auf Englisch beschildert.

Lebensart

Noch zu Beginn des letzten Jahrhunderts lebten die meisten Japaner in eng miteinander verbundenen Bauerngemeinden. Heute ist nur noch einer von zehn Japanern in Bauern- und Fischerdörfern zu Hause, die in den Bergen und an den rauen Küsten verstreut liegen. Eine große Landflucht nach dem Zweiten Weltkrieg hat die Struktur der japanischen Gesellschaft und auch der Landschaft verändert, ebenso wie die Übermacht der westlichen Güter und Popkultur. Heutzutage verbindet die durchschnittliche junge Tokioterin mehr mit ihren Altersgenossen in Berlin oder London als mit ihrer Großmutter auf dem Land.

In der Stadt

Japans notorisch hektisches Leben wird von oft aufreibenden Arbeitszeiten bestimmt. Hinzu kommen längere Pendelfahrten von den preiswerteren Vororten in die Innenstädte.

Dreh- und Angelpunkt dieser Geschäftigkeit bildeten bis vor Kurzem die japanischen Firmen, die den Heerscharen von Büroangestellten lebenslange Arbeitsplätze boten. Die Männer – selten Frauen – lebten, arbeiteten, tranken, aßen und schliefen im Dienste der Unternehmen, für die sie schufteten. Früher sah es in den meisten Familien so aus, dass der Vater angestellt und die Mutter Hausfrau war, die Kinder fleißig lernten, um einen Platz an einer Eliteuniversität zu ergattern, und dass ein älterer Verwandter bei ihnen lebte.

Heute durchläuft die japanische Wirtschaft einen Wandel von einer Produktions- zu einer Dienstleistungsgesellschaft, und die alte Sicherheit gibt's nicht mehr. Japans berühmtes Angestelltenverhältnis „von der Wiege bis zur Bahre" und die altersabhängigen Beförderungen stellen Auslaufmodelle dar. Stattdessen findet man heute unzählige *furitaa* (Teilzeitarbeiter); einige von ihnen haben sich bewusst für dieses Modell entschieden, um sich gegen den Lebensstil ihrer Eltern aufzulehnen, die meisten jedoch gezwungenermaßen, da sie keine Vollzeitbeschäftigung finden. Inzwischen ist es wie in den meisten Industrieländern immer üblicher, dass beide Ehepartner arbeiten gehen (*tomobataraki*).

Über Jahrzehnte rühmte sich Japan, fast ausschließlich ein Land der Mittelklasse zu sein. In den letzten Jahren sprechen die Zahlen jedoch eine andere Sprache: Die Kombination aus wirtschaftlichem Stillstand und einer Liberalisierungspolitik hat zu einem wachsenden Einkommensgefälle vor allem bei Alleinerziehenden geführt.

ZAINICHI-KOREANER

Heute leben knapp 500 000 Koreaner in Japan. Diejenigen, deren Wurzeln auf das japanische Kolonialreich zurückgehen, haben eine komplizierte Familiengeschichte. Nach der Annexion Koreas durch Japan im Jahr 1910 kamen viele Einwanderer zum Arbeiten zu den Besatzern; im Zweiten Weltkrieg wurden Tausende von der japanischen Regierung als Arbeitskräfte ins Land geholt, um in der Produktion zu arbeiten oder an der Front zu kämpfen. Als der Krieg zu Ende war und Korea seine Unabhängigkeit zurückerlangte, kehrten die meisten Koreaner zurück in die Heimat, doch recht viele blieben auch. Für einige war Japan zur Heimat geworden, andere konnten sich die Reise zurück nach Korea nicht leisten, wieder andere fürchteten die Instabilität auf der Halbinsel.

Unter der Kolonialherrschaft waren die Koreaner Untertanen des japanischen Kaisers. Nach dem Krieg gewährte die japanische Regierung den Koreanern, die im Land blieben, nicht automatisch die japanische Staatsbürgerschaft. Stattdessen wurden sie zu *zainichi* (Ansässigen mit vorübergehendem Wohnsitz) und waren damit quasi staatenlos. Bis in die 1980er-Jahre mussten *zainichi*-Koreaner, die in Japan eingebürgert werden wollten, japanisch klingende Namen annehmen.

Zainichi-Koreaner, die sich nicht einbürgern ließen, wurden am Arbeitsplatz und bei der Eheschließung diskriminiert. Diejenigen, die sich diesem Druck beugten, wurden oft von nicht-eingebürgerten Koreanern als Verräter beschimpft. Und wenn sie sich gebürtigen Japanern zu erkennen gaben, wurden sie sowieso diskriminiert.

Als Japan im Jahr 1965 wieder diplomatische Beziehungen mit Südkorea aufnahm gewährte Südkorea den *zainichi*-Koreanern die südkoreanische Staatsangehörigkeit, die von nun an in Japan anerkannt wurde. Diejenigen, die sich dagegen entschieden – etwa weil ihre familiären Wurzeln in Nordkorea lagen – und nicht japanische Staatsbürger geworden waren, blieben staatenlos. Nach einer Volkszählung im Jahr 2015 betrifft dies 34 000 Menschen.

Manche der *zaichini*-Koreaner, die heute in der vierten oder fünften Generation japanische Staatsbürger sind, beklagen noch immer Diskriminierung und Hassreden.

Die Kinder lernen wahrscheinlich immer noch wie verrückt und büffeln insbesondere für die Aufnahme in eine renommierte Oberschule. Dafür besuchen sie sogar abends Nachhilfeinstitute (*juku*). In der Oberstufe mühen sie sich dann ab, um die Zulassungsprüfung für die Uni zu bestehen. Angesichts der sinkenden Anzahl von Vollzeitstellen wird es immer wichtiger, sich an einer der Top-Unis ausbilden zu lassen.

Doch es geht nicht nur ums Malochen: Die Menschen in den japanischen Stadtgebieten arbeiten hart und feiern gerne, was das berühmte Nachtleben der Großstädte beflügelt.

Auf dem Land

Die ländliche Bevölkerung übt zahlreiche verschiedene Tätigkeiten aus, viele davon saisonabhängig – einen Teil des Jahres verbringen sie mit Landwirtschaft und Fischerei, in der Nebensaison nehmen sie Jobs z. B. in der Baubranche an. Im Jahr 2015 arbeiteten in Japan 2,1 Millionen gewerbliche Landwirte in Vollzeit, von denen beinahe zwei Drittel über 65 Jahre alt waren. Viele bewirtschaften kleine Parzellen für ihren Lebensunterhalt und stehen im Morgengrauen auf, um Unkraut zu jäten und Pflanzen zu beschneiden, bevor sie in die Stadt zur Arbeit fahren.

Kinder, die eigentlich in die Fußstapfen ihrer Eltern getreten wären, ziehen heute in die Städte, um dort an die Uni zu gehen, und verlieren oft ihre Heimat aus den Augen. Nach einigen Jahrzehnten in einem Unternehmen kehren allerdings einige von ihnen in ihre *jika* (Heimatstadt) zurück – oftmals, um sich um ihre Eltern zu kümmern, manchmal auch, weil sie des Stadtlebens überdrüssig sind oder es sie in ihre alte Heimat zurückzieht.

Mittlerweile romantisiert die junge Generation japanischer Großstädter das Landleben, ohne es je kennengelernt zu haben. Sie träumt davon, ein altes *minka* (Landhaus) zu erwerben, es zu renovieren, einen Öko-Bauernhof zu gründen und die Erzeugnisse online an ihre ehemaligen Gefährten in der Stadt zu verkaufen. Einige ziehen den Traum auch durch. Ob das ausreicht, um die ländlichen japanischen Gemeinden vor einem massiven Bevölkerungsrückgang zu bewahren, muss man abwarten.

Religion

Shintō und Buddhismus sind die Hauptreligionen Japans. Seit Anbeginn waren die beiden eng miteinander verwoben. Nur etwa ein Drittel der Japaner sieht sich heute als Buddhisten, nur 3 % sind Anhänger des Shintoismus. Dennoch nehmen die Japaner an alljährlichen Ritualen teil, die in beiden Religionen verwurzelt sind. Diese verstehen sie als wesentlichen Bestandteil ihrer Kultur und Gemeinschaft. So besuchen sie z. B. an Neujahr Schreine und Tempel. Generell verbinden Japaner Shintō mit dem Leben:

DER BESUCH EINES SHINTŌ-SCHREINS

Der Besuch eines Schreins ist ein streng reglementiertes Ritual. Beim Eintreten durch ein *torii* (Tor) ist es üblich, sich mit gegeneinandergepressten Händen zu verbeugen und dann zum *temizuya* (Brunnen) zu gehen. Mit der Kelle schöpft man Wasser aus dem Hahn, gießt es sich erst über die linke Hand und dann über die rechte (wobei man aufpasst, dass das Wasser nicht zurück in den Brunnen tropft). Dann füllt man Wasser in die linke Hand und spült sich den Mund, abschließend entleert man das verbleibende Wasser über die linke Hand.

Danach geht's erst in die *haiden* (Gebetshalle), bevor man die *honden* (Haupthalle) betritt, die den *kami* (Gott des Schreins) beherbergt. Dort hängt ein Gong mit einem dicken Seil, davor steht ein Spendenkästchen. Besucher werfen eine Münze hinein – eine 5-¥-Münze soll Glück bringen – ziehen an dem Seil, um den Gong zu läuten und so die Gottheit zu rufen, beten, klatschen zweimal in die Hände und entfernen sich nach einer Verbeugung rückwärts. Auf dem Weg nach draußen verbeugt man sich am Tor.

Geburten und Hochzeiten werden beispielsweise an Schreinen gefeiert. Der Buddhismus hingegen beschäftigt sich mit dem Leben nach dem Tod: In buddhistischen Tempeln finden Beerdigungen und Gedenkfeiern statt.

Shintō

Shintō, der „Weg der Götter", ist eine indigene Religion Japans. Die Shintoisten glauben an die Gegenwärtigkeit des Göttlichen in der Natur. Die *kami* (Götter) bewohnen Bäume, Felsen, Wasserfälle und Berge. Die Götter können durch rituelle Tänze und Musik in Schreine heraufbeschworen werden, die die Japaner für sie gebaut haben, und an denen sie für eine gute Ernte, Fruchtbarkeit und Ähnliches beten. Die Götterwelt besteht aus Tausenden von Göttern von der berühmten Sonnengöttin Amaterasu bis hin zum einfachen Herd-*kami*.

Shintō hat keine zentrale Schrift, ist also schwer zu konkretisieren, aber ein zentraler Grundsatz ist die Reinheit. Vor dem Besuch eines Schreins waschen sich Gäste Hände und den Mund am Brunnen am Tor. Es gibt viele Rituale mit Feuer oder Wasser, die für ihre reinigende Wirkung geschätzt werden. Mit der Zeit haben sich Schreine spezialisiert: So gibt es einen für Geschäfte, einen für Partnervermittlung etc. Zwar bekennen sich nur sehr wenige Japaner zum Shintō-Glauben, doch viele besuchen Schreine, da dies Glück bringen soll. Und schaden kann es zumindest nicht, denken sich die Menschen.

Buddhismus

Als der Buddhismus im 6. Jh. über Korea nach Japan kam, verdrängte dieser Glaube nicht den Shintohismus, sondern nahm ihn vielmehr auf; ab diesem Zeitpunkt gab es *kami* und Bodhitsattwas (Menschen, die auf den Eingang ins Nirwana verzichten, um den Rest der Menschheit zu retten, der in der korrupten Welt festsitzt).

Die buddhistischen Lehren kamen in mehreren Wellen nach Japan: vor allem der meditative Zen-Buddhismus, Shingon (eine esoterische, an den tantrischen Buddhismus angelehnte Sekte) und der Amitabha-Buddhismus (die „Reine-Land-Schule"), die für die himmlische Erlösung betet (das Reine Land). Der Amithaba-Buddhismus ist die bei den Japanern noch heute beliebteste Form des Buddhismus. Kannon (der Bodhitsattwa des Mitgefühls und eine wichtige Figur im Amithaba-Buddhismus) ist die am meisten verehrte Gottheit Japans.

Weiterführende Literatur

Contemporary Japan: History, Politics and Social Change Since the 1980s (Jeff Kingston; 2010)

Zen und die Kultur Japans (Daisetz T. Suzuki; 2010)

Ametora: How Japan Saved American Style (W. David Marx; 2016)

Handbook of Japanese Mythology (Michael Ashkenazi; 2008)

Frauen in Japan

Traditionell war die Rolle der japanischen Frau auf den häuslichen Bereich beschränkt, wo sie als Haushälterin die Verantwortung für alle Geldangelegenheiten hatte, die Erziehung der Kinder beaufsichtigte und sich dem Tagesgeschäft wie Kochen und Putzen widmete. Natürlich stimmten Ideal und Realität nur selten überein. Bei Arbeitskräftemangel wurden Frauen häufig in Fabriken beschäftigt, und schon früher arbeiteten sie oft Seite an Seite mit Männern auf den Feldern.

Heute gestaltet sich ihre Situation erwartungsgemäß vielfältig. Manche Frauen halten noch an der althergebrachten Rollenverteilung fest. Sie entscheiden sich für kürzere Studiengänge, oft an reinen Frauen-Unis, arbeiten ein paar Jahre und genießen ihre Freiheit, bevor sie sich häuslich niederlassen, das Geldverdienen ihren Männern überlassen und Vollzeitmütter werden.

Dies wird oft als Weg des geringsten Widerstands gesehen. Zwar ist Diskriminierung aufgrund des Geschlechts in der Arbeitswelt gesetzlich verboten, und arbeitende Frauen werden in der Gesellschaft zwar immer stärker akzeptiert, sie stehen aber noch immer unter dem enormen Druck, gleichzeitig liebevolle Mütter zu sein. Die meisten Frauen sind der Ansicht, dass sich die langen Arbeitszeiten, die japanische Unternehmen fordern, nicht mit Erziehung besonders kleiner Kinder vereinbaren lässt. Nur wenige Väter sind bereit, ihre Arbeitszeit zu reduzieren oder gar ihre Karriere zu opfern, um zu Hause einzuspringen. Die Versuche einer besseren Verbindbarkeit von Beruf und Familie, z. B. durch Telearbeit, enden oft damit, dass Chefs oder Kollegen den Angestellten Schuldgefühle einreden. Arbeitende Frauen haben den Ausdruck „Mütterschikane" für die Kommentare geprägt, die sie sich nach Bekanntgabe einer Schwangerschaft im Büro anhören mussten – und die ihnen nahelegten, doch lieber zu kündigen als Probleme zu bereiten.

Frauen stellen über 40 % der Arbeitskraft in Japan. Die Hälfte von ihnen arbeitet jedoch in Teilzeit und verrichtet niedere, schlecht bezahlte Arbeit.

Angesichts sinkender Geburtszahlen hat die japanische Zentralregierung das ungenutzte Arbeitspotenzial der weiblichen Bevölkerung erkannt (während sie gleichzeitig Frauen dazu ermutigt, mehr Kinder zu bekommen), und 2003 das Ziel ausgegeben, bis zum Jahr 2020 30 % der Führungspositionen mit Frauen zu besetzen – mittlerweile wurden die Erwartungen auf 15 % zurückgeschraubt. Derzeit liegt die Quote bei 12 % in der Privatwirtschaft und damit ähnlich niedrig wie im Parlament.

Japan hat das drittgrößte Lohngefälle der Industrieländer: 2015 berichtete Bloomberg, dass Frauen in Vollzeitbeschäftigung etwa 30 % weniger verdienen als ihre männlichen Kollegen. Unter Berücksichtigung all dieser Kriterien hat das World Economic Forum Japan im Global Gender Gap Report 2016 auf den vernichtenden 111. Platz von 144 Ländern verwiesen.

Positiv hingegen: Japanische Frauen haben mit 86,83 Jahren die längste Lebenserwartung der Welt.

Die japanische Küche

Die japanische Küche ist wundervoll leicht, stark saisonal ausgerichtet und wird aus frischen regionalen Zutaten zubereitet. 2013 wurde die *washoku* (japanische Küche) auf die Liste des Immateriellen Kulturerbes der UNESCO gesetzt. Sie umfasst klassische Gerichte wie Tempura, die überall erhältlich sind, sowie regionale Spezialitäten, die es manchmal nur in einer Stadt gibt. Die Großstädte verfügen inzwischen über blühende kosmopolitische Gourmetszenen.

In einem japanischen Restaurant essen

Wer in Japan ein Restaurant betritt, wird mit einem herzlichen *iras shaimase* („Willkommen") begrüßt. In der Regel fragt der Kellner als Nächstes *nan-mei sama* („Wie viele Personen?"). Die Antwort gibt man mit den Fingern, so wie es auch die Japaner tun. Man wird vielleicht gefragt, ob man an einem *zashiki* (niedriger Tisch auf der Tatamimatte), an einem *tēburu* (Tisch) oder am *kauntā* (Tresen) sitzen möchte. Nachdem man Platz genommen hat, bekommt man ein *o-shibori* (heißes Handtuch), eine Tasse Tee und eine Speisekarte.

Heutzutage haben immer mehr Restaurants (vor allem in den Touristenregionen) englischsprachige Speisekarten. Wenn das nicht der Fall ist und man nicht weiß, was man bestellen soll, helfen vielleicht die folgenden zwei Phrasen: *o-susume wa nan des ka* („Was empfehlen Sie?") und *o-makase shimas* („Bitte entscheiden Sie für mich.").

Die Rechnung wird meist diskret auf dem Tisch platziert. Wenn nicht, kann man darum bitten, indem man den Kellner ansieht und mit dem Zeigefinger ein Kreuz in der Luft macht (ein „x") oder *o-kanjō kudasai* sagt.

Trinkgeld ist nicht üblich, gehobene Restaurants berechnen allerdings eine Servicegebühr von 10 %. Abends zahlt man in einigen Restaurants (besonders in *izakaya)* eine Art Eintrittsgebühr (in der Regel ein paar Hundert Yen); das ist der Fall, wenn man beim Hinsetzen einen kleinen Appetizer (*o-tsumami* oder „Charme") serviert bekommt.

Man bezahlt normalerweise an der Kasse am Eingang. Viele kleinere Restaurants, vor allem auf dem Land, akzeptieren keine Kreditkarten.

Kulinarische Lesetipps

Kitcho: Japan's Ultimate Dining Experience (Kunio Tokuoka & Nobuko Sugimoto; 2010)

Food, Sake, Tokyo (Yukari Sakamoto; 2010)

What's What in Japanese Restaurants: A Guide to Ordering, Eating & Enjoying (Robb Satterwhite; 2011)

MAGISCHE WORTE BEIM ESSEN IN JAPAN

Wer gerne etwas Neues ausprobiert und neugierig ist, sollte sich nicht davon abschrecken lassen, wenn es keine englische Speisekarte gibt. Stattdessen sagt man einfach zum Kellner (oder Koch): *omakase de onegaishimasu* (Ich überlasse es dir).

Das funktioniert besonders gut, wenn man am Tresen eines kleinen Restaurants oder einer *izakaya* sitzt, wo sich zwischen den Gästen und Köchen eine enge Beziehung entwickelt. Am besten sagt man die Phrase mit Begeisterung und einem entwaffnenden Lächeln, um sicherzustellen, dass man wirklich mutig ist.

Das ist nicht nur ein Tipp für Touristen: Japanische Restaurantgäste machen das ständig. Auf der Speisekarte stehen nicht immer alle saisonalen Gerichte, und manchmal ist der Koch gerade dabei, etwas Neues zu kreieren, das man gern ausprobieren will.

Gleich dazu die Preisgrenze nennen, z. B. *hitori de san-zen-en* (eine Person für 3000 ¥).

Umgangsformen beim Essen

Außer den anspruchsvollsten Köchen sagen alle Gastronomen, dass ihre ausländischen Gäste das Essen genießen statt sich mit den richtigen Umgangsformen herumplagen sollen. Wer einen guten Eindruck hinterlassen will, sollte dennoch ein paar Dinge beachten:

Essstäbchen Das ist wirklich wichtig: Man sollte seine Essstäbchen nicht senkrecht in eine Schale Reis stecken oder mit den Stäbchen Essen weiterreichen – beides erinnert an japanische Begräbnisriten. Wenn man sich von einem Gemeinschaftsgericht etwas nimmt, ist es höflich, die Rückseite der Stäbchen zu benutzen (also nicht das Ende, das man in den Mund nimmt), um das Essen auf den Teller zu legen.

Mittagszeit Das Mittagessen ist in Japan sehr preiswert; die Restaurants können aber nur so billige Preise anbieten, weil sie einen großen Umsatz einplanen. Wer nach dem Essen zu lange an seinem Kaffee trinkt, erntet wahrscheinlich verärgerte Blicke aus der Küche.

Höfliche Ausdrücke Vor dem Essen ist es in Japan üblich, *itadakimasu* (wörtlich „Ich werde bekommen", bedeutet aber eher „Guten Appetit") zu sagen. Am Ende einer Mahlzeit dankt man dem Gastgeber oder dem Koch mit den Worten *gochisō-sama deshita,* was bedeutet „Es war ein wahres Festmahl".

Sojasoße Nichts macht einen japanischen Chef ungehaltener als Ausländer, die ihr Essen überwürzen – ein wenig Sojasoße und Wasabi reichen (man sollte Sojasoße auf keinen Fall über den ganzen Reis gießen; er lässt sich dann viel schwerer mit Stäbchen essen).

Kampai Es gilt als schlechtes Benehmen, sich selbst ein Getränk einzugießen. Stattdessen sollte man zuerst die Gläser um sich herum füllen; jemand wird sich schnell erkenntlich zeigen – dann sollte man zum Dank sein Glas leicht mit beiden Händen anheben. Ist schließlich jedes Glas gefüllt, lautet das übliche Startsignal im Chor *kampai*, das bedeutet „Prost!".

Schlürfen Es gilt in Japan als normal, ja, es wird sogar erwartet, dass man seine Nudeln schlürft. Sie sollten schnell gegessen werden, bevor sie feucht werden (denn das gilt als Beleidigung für den Koch); deshalb hört man überall Nudelgeschlürfe; zwischendurch holen die Leute schnell Luft, um ihren Mund zu kühlen.

Kulinarische Lesetipps

Kitcho: Japan's Ultimate Dining Experience (Kunio Tokuoka & Nobuko Sugimoto; 2010)

Food, Sake, Tokyo (Yukari Sakamoto; 2010)

What's What in Japanese Restaurants: A Guide to Ordering, Eating & Enjoying (Robb Satterwhite; 2011)

Wo & was essen

Die japanische Restaurantszene zeichnet sich durch (mindestens) zwei Dinge aus: die Anzahl der Restaurants und die Tatsache, dass viele von ihnen eher klein sind und sich oft nur auf ein oder zwei Gerichte spezialisieren. Sushiläden servieren Sushi; Tempuraläden servieren Tempura. Ein Restaurant, das zu viele Gerichte anbietet, gilt als suspekt: Wie kann es sich mit einem Spezialitätenlokal vergleichen, das sein Handwerk seit über drei Jahrzehnten ausführt?

Ein unbeabsichtigter Vorteil davon ist natürlich, dass die Bestellung sehr leicht ist. Restaurants mit größerer Auswahl, vor allem Franchise-Lokale, haben oft bebilderte Speisekarten. Gourmetrestaurants haben oft gar keine Speisekarte: Sie bieten nur Tagesmenüs an, die vom Chefkoch zusammengestellt werden und aus Zutaten bestehen, die am Morgen auf dem Markt gut aussahen.

Shokudō

Gourmettrends kommen und gehen, aber *shokudō* (食堂; billige Allroundlokale) wird es immer geben. Man findet sie in und an Bahnhöfen und in Touristengegenden.

Sie servieren klassische Hausmannskost wie Reisschalen mit verschiedener Garnierung (*donburi*; どんぶり oder 丼) und *katsu*-(panierte und gebackene)Gerichte. Büroarbeiter lieben die *shokudō*, denn sie sind schnell und billig (ein Gericht kostet oft weniger als 1000 ¥); Familien lieben sie, weil sie eine gute Auswahl an Mahlzeiten anbieten, die Kinder gern essen.

Mittags, manchmal auch zum Abendessen, bestellt man in einem *shokudō* am besten *teishoku* (Mahlzeit aus festgelegten Gängen), gelegentlich heißt es auch *ranchi setto* (Mittagsmenü). Es besteht aus einem Hauptgericht mit Fleisch oder Fisch, einer Schale Reis, *miso-shiru* (Bohnenpastensuppe), zerkleinertem Kohl und *tsukemono* (eingelegtes japanisches Gemüse).

Viele *shokudō* haben ausgestellte Plastikspeisen im Fenster, die das Bestellen sehr leicht machen. Kleinere Lokale haben immer mittags ein Tagesgericht (*kyō-no-ranchi*; 今日のランチ) im Angebot.

ebi-katsu	海老カツ	Panierte, gebratene Garnelen
katsu-don	かつ丼	Reis mit gebratenem Schweineschnitzel
katsu-karē	カツカレー	Reis mit gebratenem Schweineschnitzel und Curry
omu-raisu	オムライス	Omelett und Bratreis mit Ketchup
oyako-don	親子丼	Reis mit Ei und Hühnchen
shōga-yaki	生姜焼き	Schweinefleisch und Ingwer aus der Pfanne
ten-don	天丼	Reis mit Tempura-Garnelen und Gemüse

Izakaya

Izakaya (居酒屋) heißt übersetzt „Trinkhaus"; das japanische Äquivalent eines Pubs ist überall in Japan zu finden. Eines zu besuchen ist eine großartige Möglichkeit, die japanische Kultur kennenzulernen.

Ein Abend in einer *izakaya* bedeutet Abendessen und Getränke in einem. Man bestellt mehrere Gerichte auf einmal sowie mehrere Runden Bier, Sake oder *shōchū* (ein starker, destillierter Schnaps, der oft aus Kartoffeln hergestellt wird). Die Atmosphäre ist lebhaft und gesellig, es ist aber auch in Ordnung, wenn man allein am Tresen sitzt. Wer keinen Alkohol trinken will, bestellt einfach ein Softgetränk (es wäre allerdings seltsam, gar kein Getränk zu bestellen).

Es gibt orthodoxe, familiengeführte *izakaya*, oft mit rustikaler Einrichtung, die Sashimi und Grillfisch zum Sake servieren; große, preiswerte Restaurantketten, die bei Studenten beliebt sind und oft gesunde westliche Gerichte anbieten (aber auch ungesunde wie z. B. Pommes frites); und stilvolle, von renommierten Köchen geführte Lokale mit kreativen Speisekarten.

Ein Abend in einer durchschnittlichen *izakaya* kostet 2500 bis 5000 ¥ pro Person, je nachdem, wie viel man trinkt. Die Ketten bieten oft Pakete an, bei denen man einen festen Preis für eine bestimmte Anzahl an Gerichten zahlt und kostenlos Getränke serviert bekommt.

agedashi-tōfu	揚げだし豆腐	Frittierter Tofu in *dashi*-(Fisch-)Brühe
edamame	枝豆	Frische Sojabohnen, gesalzen und gekocht
hiyayakko	冷奴	Ein kaltes Stück Tofu mit Sojasoße und Frühlingszwiebeln
jaga-batā	ジャガバター	Backkartoffeln mit Butter
karaage	唐揚げ	Brathähnchen
moro-kyū	もろきゅう	Gurkenscheiben und Gersten-Miso
niku-jaga	肉ジャガ	Eintopf mit Rindfleisch und Kartoffeln
sashimi mo-ri-awase	刺身盛り合わせ	Eine Auswahl an geschnittenen Sashimi
shio-yaki-za-kana	塩焼魚	Ein ganzer gegrillter Fisch mit Salz
yaki-onigiri	焼きおにぎり	Gegrilltes Reisdreieck mit *yakitori*-Soße

Die teuren *matsutake*-Pilze bringen bis zu 2000 US$ pro Kilo. In der Regel werden sie im Herbst genossen, manchmal als Tee, manchmal gegrillt oder mit Reis.

Yakitori

Japaner essen *yakitori* (Spieße mit auf Holzkohle gegrilltem Huhn und Gemüse) gerne nach der Arbeit als Snack zum Feierabendbier. Die meisten *yakitori-ya* (*yakitori*-Restaurants) sind gesellige Lokale mit Theken, an denen das Essen direkt vor den Gästen über heißen Kohlen gegrillt wird. Es ist üblich, mehrere Spieße auf einmal zu bestellen. Sie kosten zwischen 100 und 300 ¥ pro Stück; eine Bestellung besteht aus zwei Spießen (und kann den Preis verdoppeln). Der Koch fragt einen, ob man seine Spieße mit *shio* (Salz) oder *tare* (Soße) gewürzt haben will. *Yakitori*-Lokale befinden sich oft neben Bahnhöfen. Man achte einfach auf eine rote Laterne außen und folge dem Geruch von gegrilltem Huhn.

hasami/negima	はさみ/ねぎま	Stücke von weißem Fleisch mit Lauch
kawa	皮	Hühnerhaut
piiman	ピーマン	Kleine grüne Paprikaschoten
rebā	レバー	Hühnerleber
sasami	ささみ	Hühnchenbruststücke ohne Haut
shiitake	しいたけ	Japanische Pilze
tama-negi	玉ねぎ	Runde weiße Zwiebeln
tebasaki	手羽先	Hühnerflügel
tsukune	つくね	Fleischbällchen aus Hühnerfleisch
yaki-onigiri	焼きおにぎり	Gegrilltes Reisdreieck mit *yakitori-* Soße

Die wichtigste Shintō-Gottheit ist Inari, traditionell die Gottheit der Reisernte. Heute ist Inari hingegen die Gottheit des Erfolgs aller möglichen Geschäfte – das zeigt den Wandel der japanischen Wirtschaft. Bei der letzten Zählung gab es in Japan 2970 Inari-Schreine.

Sushi & Sashimi

Sushi (寿司 oder 鮨) ist roher Fisch mit Reis, der mit Essig gewürzt und in zahlreichen Varianten serviert wird. Die am weitesten verbreitete Zubereitungsart ist *nigiri-zushi*, bei der häppchengroße Scheiben aus Fisch oder Meeresfrüchten von Hand auf Reissockel gepresst werden. Ursprünglich stammt diese Variante aus Tokio, es gibt sie aber überall im Land. Sushi können sehr luxuriös sein und Stück für Stück in exklusiven *sushi-ya* (Sushirestaurants) serviert werden, wo eine Mahlzeit aus saisonalen Delikatessen über 20 000 ¥ pro Person kostet.

Es geht aber auch sehr billig – zum Beispiel in *kaiten-zushi* (回転寿司), wo servierbereite Sushiteller (200 ¥ pro Teller) auf Fließbändern durch das Restaurant laufen. Hier muss man nicht extra bestellen, sondern nimmt sich einfach, was gut aussieht.

In durchschnittlichen *sushi-ya* kostet eine Mahlzeit zwischen 2000 und 5000 ¥ pro Person. Man kann à la carte bestellen – indem man auf den Fisch in der Kühlvitrine am Tresen deutet – oder *mori-awase*, als Menüteller; die letztere Variante ist besser und preiswerter (es sei denn, man will nur seine Lieblings-Sushi). Drei Varianten der Menüteller sind verfügbar: *futsū* oder *nami* (regulär), *jō* (spezial) und *toku-jō* (extra-spezial). Die Preise richten sich nicht nach der Menge, sondern nach dem Wert der Zutaten.

Wenn nicht anders vom Chefkoch angeordnet (der einige Stücke bereits vor dem Servieren würzt), tunkt man Sushi leicht in *shōyu* (Sojasoße) ein, die man aus einer Karaffe in ein kleines, speziell zu diesem Zweck gereichtes Schälchen füllt. *Nigiri-sushi* wird meist mit Wasabi zubereitet; wer es ohne Wasabi möchte, bestellt *wasabi-nuki*.

Sushi ist eine der wenigen Speisen in Japan, die man problemlos mit Fingern essen kann (selbst in Gourmetrestaurants!). Für einen frischeren Geschmack wird außerdem *gari* (eingelegter Ingwer) in Scheiben serviert.

Sushirestaurants servieren meist *chirashi-zushi*, häppchengroße Stücke aus Fisch und Meeresfrüchten auf einer Schale Reis in verschiedenen Varianten (mit denselben Fachbegriffen wie oben) – eine großartige Mittagsmahlzeit. Man kann auch Fisch/Meeresfrüchte ohne Reis (*sashimi* oder *o-tsukuri*) oder in Reis und Algen gerollten Fisch *(maki-zushi)* bestellen.

Für modernes Sushi sind frische Zutaten sehr wichtig, aber ursprünglich sollte das Gericht Fisch haltbarer machen: Der Essig im Reis wirkte als Konservierungsmittel. In Westjapan ist eine ältere Version von Sushi namens *hako-zushi* oder *oshi-zushi* („Kasten" oder „gepresstes" Sushi) üblich: Es besteht aus Fisch, der mit einem Stempel auf ein Bett aus Reis gepresst wird, der stark mit Essig getränkt ist und in einer Holzform liegt. Anschließend muss er eine Weile ruhen und entwickelt ein leichtes Gärungsaroma.

ama-ebi	甘海老	Süße Shrimps
awabi	あわび	Meerschnecke
ebi	海老	Garnele oder Shrimp
hamachi	はまち	Japanische Seriola (Fisch)
ika	いか	Tintenfisch
ikura	イクラ	Lachsrogen
kai-bashira	貝柱	Jakobsmuschel
kani	かに	Krabbe
katsuo	かつお	Bonito
maguro	まぐろ	Thunfisch
tai	鯛	Seebrasse
tamago	たまご	Gesüßtes Ei
toro	とろ	Bestes Stück von fettigem Thunfischbauch
unagi	うなぎ	Aal mit süßer Soße
uni	うに	Seeigelrogen

Tabelog (https://tabelog.com/en) ist die beliebteste Website Japans für Kundenbewertungen von Restaurants. Sie ist zwar nicht unanfechtbar, aber ganz zuverlässig.

DINIEREN LEICHT GEMACHT

Einige Tipps, wenn die Auswahl zu groß ist und man nur einen Happen essen will:

Einkaufszentren

Die Einkaufszentren haben immer Restaurantetagen in den oberen Stockwerken; die Lokale sind oft Filialen berühmter Restaurants, die Qualität des Essens ist hoch und die Preise sind gut. Viele dieser Restaurants sind familienfreundlich, bieten Rollstuhlzugang und haben englische Speisekarten. Gerichte zum Mitnehmen bekommt man in den Esenshallen im Kellergeschoss; wer kurz vor Ladenschluss herkommt, erhält Rabatte.

Kettenrestaurants

Fast Food ist sehr angesagt in Japan, und es gibt mehrere Inlandsketten, die über eine treue Anhängerschaft verfügen. Außerdem haben sie oft englische Speisekarten.

Curry House CoCo Ichibanya Serviert große Platten mit japanischen Currys und Reis.

MOS Burger Bietet statt klassischen Burgern Shrimp-Kroketten und Reisbrötchen. Hat auch vegetarische Burger im Angebot.

Ootoya (大戸屋) Restaurants im *Shokudō*-Stil mit gesunden Menüs aus Reis, Fisch, Gemüse und Suppe.

Yoshinoya (吉野家) Die Spezialität dieser Kette ist *gyūdon* (Rindfleisch im Sukiyaki-Stil auf einer Schüssel Reis) – das macht satt und ist supergünstig.

Mini-Märkte

Konbini (コンビニ; Mini-Märkte) gibt's fast überall. Sie verkaufen *bentō* (Mahlzeiten in Kartons, die man in der Mikrowelle erhitzen lassen kann) sowie fertig verpackte Sandwiches und *onigiri* (gefüllte Reisbällchen) zum Mitnehmen. Neben der Kasse liegen meist *niku-man* (肉まん) aus, gedämpfte Brötchen, belegt mit Schweinefleisch, Curry u. a.. Im Winter gibt's *oden*, ein Gericht aus Fischkuchen, hartgekochtem Ei und Gemüse in *dashi* (Fischbrühe).

Sukiyaki & Shabu-shabu

Sukiyaki und *shabu-shabu* sind Eintopfgerichte, die direkt am Tisch zubereitet werden. Oft servieren Restaurants beide Eintöpfe, manche haben sich aber auch ganz auf eines der beiden spezialisiert. Für *sukiyaki* werden dünne Rindfleisch-Scheiben kurz in einer Brühe aus *shōyu* (Sojasoße), Zucker und Sake geschmort und dann in rohes Ei getaucht (man kann das Ei weglassen, obwohl es den Rindfleischgeschmack noch cremiger macht).

Für *shabu-shabu* verrührt man dünne Scheiben von Schweine- und/oder Rindfleisch mehrmals in einer kochenden Brühe und tunkt sie dann entweder in Sesamsoße *(goma-dare)* oder in *ponzu* (Zitronen-Soja-Soße).

Dem Eintopf werden noch Gemüse, Tofu und am Ende Nudeln beigegeben. *Sukiyaki* und *shabu-shabu* wirken zwar teuer (ab 3000 ¥ pro Person bis 10 000 ¥ für Premium-Rindfleisch), sind aber Pauschalangebote.

Man teilt sich pro Tisch meist einen Topf; normalerweise muss man mindestens zu zweit bestellen (obwohl einige Lokale auch Mittagsangebote für Einzelgäste haben); wenn man zu viert oder mit mehr Leuten herkommt, trifft jeder eine Auswahl zwischen *sukiyaki* oder *shabu-shabu*. Die Mitarbeiter bereiten dann alles vor und geben mit Handzeichen Instruktionen.

Die besten rāmen-Städte

- *Fukuoka, Kyūshū*
- *Sapporo, Hokkaidō*
- *Onomichi, Hiroshima*
- *Asahikawa, Hokkaidō*
- *Tokio*

Tempura

Tempura besteht aus Meeresfrüchten (Fisch, Aal oder Garnelen) und Gemüse (Kürbis, grüne Paprika, Süßkartoffel oder Zwiebel), die leicht zerstoßen und in Sesamöl frittiert werden. Anschließend taucht man die Stücke einzeln in Salz oder *ten-tsuyu* (Tempura-Brühe) und geriebenen *daikon* (japanischer Rettich).

JAPANISCHES RINDFLEISCH

Wagyū (japanisches Rindfleisch) hat in Japan und weltweit Kultstatus. Das Fleisch ist unglaublich zart, hauptsächlich, weil es von weichem, zart schmelzendem Fett durchzogen ist – ein Ergebnis umsichtiger Zuchtmethoden. Das meiste *wagyū* stammt von einer speziell gezüchteten Rinderart, die als Japanese Black bekannt ist. Einige Kühe werden von Hand gefüttert oder bekommen Quellwasser aus den Bergen zu trinken.

In der Welt des *wagyū* gibt's einige Premiummarken, die einer strengen Qualitätskontrolle unterliegen und als erstklassiges Fleisch angeboten werden. Dazu gehören Kōbe, Matsusaka und Ōmi. Kōbe, die bekannteste Marke, ist streng auf Rindfleisch von Kühen beschränkt, die in Hyogō-ken (der Präfektur, in der die Stadt Kōbe liegt) aufgezogen wurden und Nachkommen von Tajiri-go, einem berühmten (und fruchtbaren) Bullen aus den 1930er-Jahren, sind.

Kōbe, Matsusaka und Ōmi haben sich zu bekannten Pilgerorten für neugierige Fleischliebhaber entwickelt, obwohl Premium-*wagyū* in jeder japanischen Großstadt erhältlich ist. Das Markenrindfleisch hat einen Stammbaum und ist daher nicht billig (die Preise beginnen ab 5000 ¥ für eine kleine Mittagsportion und sind nach oben hin offen). An zwei Dinge sollte man denken: Da das Fleisch sehr gehaltvoll ist, reicht eine kleine Portion oft aus. Auch *wagyū* ohne Markenbranding mit Güteklasse A4 oder, noch besser, A5, ist erstklassig (und wahrscheinlich billiger).

Das Fleisch wird oft bei hoher Temperatur auf einem *teppan* (Stahlheizplatte) scharf angebraten, in Würfel geschnitten und mit Reis und Miso-Suppe serviert. In koreanisch inspirierten Grillrestaurants (*yakiniku*) kann man auch Streifen von *wagyū* über Kohlen grillen und dann im *sukiyaki*- oder *shabu-shabu*-Stil genießen; oder man bestellt das Fleisch in Steakhäusern und trinkt dazu ein Glas Wein.

Für japanisches Premiumfleisch gilt folgende Warnung: Wer es isst, wird sein Leben lang anderes Rindfleisch daran messen.

Tempura wird als festes Menü (alles auf einmal, mit Reis und Suppe) oder als Mehr-Gang-Menü kredenzt, bei dem die einzelnen Stücke frisch zubereitet serviert werden; ein Tempura-Menü kostet zwischen 2000 und 10 000 ¥ (ein Mehr-Gang-Menü ist am teuersten).

kaki age	かき揚げ	Tempura mit kleingeschnittenem Gemüse oder Fisch
shōjin age	精進揚げ	Vegetarische Tempura
tempura moriawase	天ぷら盛り合わせ	Eine Auswahl an Tempura

Rāmen

Rāmen stammt ursprünglich aus China, ist aber unglaublich beliebt in Japan. Wenn ein Ort nur ein Restaurant hat, ist es wahrscheinlich ein Ramenlokal.

Rāmen besteht grundlegend aus einer großen Schale mit Eiernudeln in Brühe, die mit Zutaten wie *chāshū* (Schweinebraten in Scheiben), *moyashi* (Bohnensprossen) und *negi* (Lauch) serviert wird. Die Brühe besteht aus Schweine- oder Hühnerknochen bzw. getrockneten Meeresfrüchten; die genaue Zubereitung ist streng geheim, ist aber in der Regel eine Kombination aus einigen oder allen oben genannten Zutaten und fällt irgendwo in das Spektrum zwischen *kotteri* (dickflüssig und fett – ein Merkmal von *rāmen* mit Schweineknochen) und *assari* (dünn und leicht).

Rāmen wird mit *shio* (Salz), *shōyu* (Sojasoße) oder herzhaftem Miso gewürzt – in weniger strengen Restaurants sind jedoch alle möglichen Gewürze erlaubt. Die meisten Lokale spezialisieren sich auf eine oder zwei Brühen und bieten eine Auswahl an Garnierung und Gemüse an. Eine weitere beliebte Variante ist *tsukemen*, Nudeln mit einer Dipsoße (z. B. einer konzentrierten Brühe).

Die meisten bestellen ihre Nudeln *katame* (wörtlich „hart", entspricht aber eher al dente). Wer wirklich hungrig ist, bestellt *kaedama* (eine weitere Portion Nudeln), was nur ein paar Hundert Yen mehr kostet.

Gut zubereitetes *rāmen* ist ein komplexes, vielseitiges Gericht, obwohl es selten mehr als 1000 ¥ pro Schale kostet. Die Kosten werden durch den Service im Fast-Food-Stil minimiert: Oft bestellt man an einem Automaten (man bekommt ein Papierticket, das man dem Koch gibt), das Wasser muss man sich selbst nehmen. Viele *rāmen-ya* (*ramen*-Restaurants) servieren auch *chāhan* (Bratreis) und *gyōza* (Klößchen).

chāshū-men	チャーシュー麺	*rāmen* mit gebratenen Schweinefleischstücken
miso ramen	みそラーメン	*rāmen* mit Brühe und Miso-Geschmack
ramen	ラーメン	Suppe und Eiernudeln mit Fleisch und Gemüse
tsuke-men	つけ麺	*rāmen*-Nudeln mit extra Suppe

Soba & Udon

Soba (dünne, braune Buchweizennudeln, oft gemischt mit Weizenmehl) und *udon* (dicke weiße Nudeln aus Weizenmehl) sind die traditionellen Nudeln Japans. Restaurants servieren meist beide Varianten, obwohl *soba* in Ostjapan und *udon* in Westjapan beliebter sind.

Man findet überall billige Nudelshops, die Gerichte für weniger als 100 ¥ anbieten. Außerdem gibt's schönere Lokale mit geschmackvoller, oft rustikaler Einrichtung, die sich auf handgeschnittene Nudeln aus Premium-Mehl und Quellwasser aus den Bergen spezialisieren. Dort kostet eine Mahlzeit zwei- bis dreimal so viel.

Japans berühmte Märkte

Tsukiji (S. 79), Tokio

Nishiki (S. 329), Kyoto

Kuromon (S. 397), Osaka

Ōmi-chō (S. 269), Kanazawa

Makishi (S. 861), Naha

Die Nudeln bekommt man meist in einer heißen Brühe, leicht mit Bonito und Sojasoße aromatisiert und mit verschiedenen Garnierungen. Sie werden auf Wunsch aber auch kalt mit einem Schälchen Dipsoße (konzentrierter Brühe) serviert. Das Wetter ist ein entscheidender Faktor, aber auch die persönliche Vorliebe: Kalte Nudeln werden nicht matschig wie die in heißer Brühe und können daher langsam gegessen (statt schnell heruntergeschlungen) werden.

Ein empfehlenswertes Gericht in einem guten *soba*-Lokal ist *zaru soba* (ざるそば), kalte soba, die auf einer Bambusmatte mit einer Schale Brühe dazu serviert werden. Man würzt die Brühe je nach Geschmack mit Wasabi und Frühlingszwiebeln und nimmt sich dann mit den Essstäbchen eine Handvoll Nudeln, taucht sie in die Brühe und schlürft sie herunter. Wenn die Nudeln alle sind, bringt der Kellner einen Kessel heißes *soba-yu* (das Wasser, in dem die Nudeln gekocht wurden), das man in die restliche Brühe gießt, die man dann als heiße Suppe trinkt.

kake soba/udon	かけそば/うどん	*soba-/udon*-Nudeln in Brühe
kitsune soba/udon	きつねそば/うどん	*soba-/udon*-Nudeln mit gebratenem Tofu
tempura soba/udon	天ぷらそば/うどん	*soba-/udon*-Nudeln mit Tempura-Garnelen
tsukimi soba/udon	月見そば/うどん	*soba-/udon*-Nudeln mit rohem Ei
te-uchi	手打ち	handgemacht
to-wari soba	十割そば	*soba* aus 100 % Buchweizen (nicht gemischt mit Weizenmehl)

Tonkatsu

Tonkatsu ist frittiertes paniertes Schweinekotelett, das als festes Menü mit Reis, Misosuppe und einer Riesenmenge Kohlsalat serviert wird. Mit rund 1500 bis 2500 ¥ pro Mahlzeit ist es eine perfekte Wahl, wenn man etwas Herzhaftes und Sättigendes essen will. Wer in einem Spezialitätenladen *tonkatsu* bestellt, kann zwischen *rōsu* (ein etwas fetteres Stück Schweinefleisch) und *hire* (ein etwas magereres Stück) wählen. Gewürzt wird es mit *tonkatsu*-Soße, einer speziellen Worcester-ähnlichen Soße, die ein wenig an Ketchup erinnert.

hire katsu	ヒレかつ	*tonkatsu*-Filet
tonkatsu teishoku	とんかつ定食	Festes Menü aus *tonkatsu*, Reis, *miso-shiru* (Suppe aus Bohnenpaste) und geriebenem Kohl
rōsu katsu	ロースかつ	*tonkatsu*-Schweinelende

Der Lonely-Planet-Band *Japanisch kochen: So schmeckt Japan. Authentische Rezepte und Geschichten aus erster Hand* (2016) enthält herrliche Farbfotos und erkundet die regionale Landesküche Japans durch Interviews mit Küchenchefs, Hobbyköchen und Fischerkooperativen, die Rezepte aus erster Hand vorstellen.

Okonomiyaki

Okonomiyaki widerspricht dem Image der japanischen Küche als durchweg fein und subtil: Ein dicker, herzhafter Eierkuchen, der mit Schweinefleisch, Tintenfisch, Kohl, Käse und *mochi* (Kuchen aus zerstoßenem Reis) gefüllt ist – also allem Möglichen (*okonomi* bedeutet „wie du willst"; *yaki* bedeutet „braten"). Man würzt ihn mit *katsuo-bushi* (Bonito-Thunfischflocken), *shōyu* (Sojasoße), *ao-nori* (erinnert an Petersilie), *tonkatsu*-Soße und Mayonnaise.

Die Restaurants, die sich auf *okonomiyaki* spezialisieren, haben Tresen oder Theken, in die heiße Herdplatten eingebaut sind. In einigen Lokalen bereiten die Köche die Eierkuchen zu, in anderen bekommt man eine Schale Teig und Füllungen und muss selbst aktiv werden. (Keine Panik: Die Kellner zeigen einem, wie das Gericht zubereitet wird und haben ein wachsames Auge darauf, dass keine größere Katastrophe passiert.)

gyū okonomiyaki	牛お好み焼き	Rindfleisch-*okonomiyaki*
ika okonomiyaki	いかお好み焼き	Tintonfisch-*okonomiyaki*
mikkusu	ミックスお好み焼き	*okonomiyaki* mit einer gemischten Füllung aus Fisch/Meeresfrüchten, Fleisch und Gemüse
modan-yaki	モダン焼き	*okonomiyaki* mit *yaki-soba* und einem gebratenen Ei
negi okonomiyaki	ネギお好み焼き	dünne *okonomiyaki* mit Frühlingszwiebeln

Kaiseki

Kaiseki ist der Höhepunkt der japanischen Küche. Die Zutaten, die Zubereitung, sowie Rahmen und Gestaltung schaffen gemeinsam ein unvergleichliches, hochgradig rituelles und ästhetisches kulinarisches Erlebnis. Ursprünglich Teil der Teezeremonie in Kyoto, ist es heute hauptsächlich eine vegetarische Angelegenheit – oft wird zwar auch Fisch serviert, Fleisch erscheint aber nie auf einer *kaiseki*-Speisekarte.

Das Essen wird in mehreren kleinen Gängen gereicht, die dem Gast Gelegenheit geben, die sorgfältig ausgewählten, zum Gericht und zur Jahreszeit passenden Teller und Schalen zu bewundern. Das Menü beinhaltet *sashimi* (rohen Fisch), etwas Gedünstetes, etwas Gegrilltes und Suppe; es endet mit Reis und einem einfachen Dessert (obwohl meist noch viel mehr Gänge serviert werden).

Am besten schlemmt man *kaiseki* in den privaten Räumen eines *ryōtei* (ein besonders elegantes, traditionelles Restaurant), oft mit Blick auf einen ruhigen, abgeschiedenen Garten. *Kaiseki* ist das teuerste Essen in Japan, ein Dinner kostet pro Person 20 000 ¥ und mehr, außerdem muss man im Voraus reservieren. Es gibt aber auch preiswertere *kaiseki*-Restaurants, und einige Lokale bieten ein gutes „Lunchpaket" an, das für rund 2500 ¥ Kostproben des Abendessens enthält.

bentō	弁当	Mahlzeit im Karton mit Reis und verschiedenen Beilagen
kaiseki	懐石	Traditionelle japanische Haute Cuisine
matsu	松	Extra-Spezial-Gang
take	竹	Spezial-Gang
ume	梅	Regulärer Gang

Die besten Kochbücher

Izakaya: The Japanese Pub Cookbook (Mark Robinson; 2012)

Japanese Farm Food (Nancy Singleton Hachisu; 2012)

Kansha (Elizabeth Andoh; 2010)

Japanisch kochen: So schmeckt Japan. Authentische Rezepte und Geschichten aus erster Hand. (Lonely Planet; 2016)

Japanese Soul Cooking (Tadashi Ono & Harris Salat; 2013)

DER WASSERHANDEL

Die dunkle Seite des japanischen Nachtlebens wird beschönigend „Wasserhandel" *(mizu-shōbai)* genannt. Hier zahlen die Kunden eher für den Charme (und Sexappeal) der Cocktail-Serviererinnen (und manchmal Servierer) als für die Getränke, und eine Nacht in einer „Hostessen"- oder „Hostbar" kann sündhaft teuer sein. Solche Bars sind oft leicht zu erkennen an den Fotos attraktiver junger Frauen oder Männer, die draußen hängen; andere – meist die teureren – sind diskreter.

In der Regel verweigern sie Besuchern, die kein Japanisch sprechen, den Eintritt, aber in einigen Unterhaltungsvierteln sind Kundenfänger unterwegs, die es auf alleinreisende, männliche Traveller abgesehen haben (die Schlepper wissen, dass die Touristen keine Ahnung haben, wie die Bars funktionieren, und hoffen, dass sie dort viel Geld ausgeben).

Ein „Snack" (スナック; *sunakku*) ist eine einfachere und billigere Version einer Hostessenbar, wo das Verhältnis zwischen Kellnerinnen und Kunden (meist älteren Männern) eher freundlich als geldorientiert ist. Diese Bars haben verhängte Fenster und spielen laute Karaoke-Musik.

Süßigkeiten

Desserts sind in der japanischen Küche nicht verbreitet, obwohl einige Restaurants am Ende der Mahlzeiten geschnittenes Obst oder Eiscreme servieren; Süßigkeiten werden eher als Beigabe zum Tee angeboten.

Japanisches Konfekt ist als *wagashi* (Gegenstück zu *yōgashi*, westlichen Süßigkeiten wie Kuchen oder Keksen) bekannt. Die Grundzutaten sind Reis und eine gesüßte Paste aus roten *azuki*-Bohnen (*anko*). Der Geschmack (meist sehr mild) und das Design (oft exquisit) werden von den Jahreszeiten beeinflusst. Im Frühjahr hat das Konfekt die Form von Kirschblüten oder wird in Kirschblätter gewickelt; im Herbst sind die Süßigkeiten goldfarben wie die Blätter oder werden mit Maronen aromatisiert.

Okashi-ya (Süßwarenläden) sind leicht auszumachen und meistens zur Straße hin geöffnet. Dort liegen die Waren in Holzkörben aus und locken Passanten an. Der Kauf ist kein Problem: Man deutet einfach auf eine Süßigkeit und zeigt mit Fingern, wie viel man haben will.

anko	あんこ	Süße Paste oder Marmelade aus *azuki*-Bohnen
kashiwa-mochi	柏餅	Zerriebener Klebreis mit süßer Füllung, in ein aromatisches Eichenblatt gewickelt
mochi	餅	Kuchen aus zerriebenem Klebreis
wagashi	和菓子	Süßigkeiten im japanischen Stil
yōkan	ようかん	Süßer Gelee aus roten Bohnen

Kochkurse

Buddha Bellies (S. 117), Tokyo

A Taste of Culture (www.tasteofculture.com), Tokio

Green Cooking School (S. 255), Takayama

Tokyo Cooking Studio (S. 117), Tokio

Uzuki (S. 357), Kyoto

Haru Cooking Class (S. 357), Kyoto

Spezielle Ernährungsweisen

Vegetarisch & Vegan

Oberflächlich betrachtet wirkt Japan wie ein Land, das ideal für Vegetarier und Veganer geeignet ist, aber der Teufel steckt im Detail: Viele Gerichte (auch Miso-Suppe) sind mit *dashi*, einer Fischbrühe, gewürzt.

In vielen japanischen Städten gibt's Restaurants, die sich auf vegetarische und vegane Gerichte spezialisiert haben. Eine gute Informationsquelle hierfür ist **Happy Cow** (www.happycow.net/asia/japan). Auf dem Land muss man ein wenig länger suchen und sich darauf vorbereiten, genau erklären zu müssen, was man essen kann und was nicht. Wer in einem *ryokan* übernachtet, sollte bei der Buchung eine Anfrage nach vegetarischen Mahlzeiten stellen; Unterkünfte, die regelmäßig Touristen aufnehmen, können sich darauf einstellen.

KARAOKE

Karaoke (カラオケ; ausgesprochen kah-rah-oh-ke) dreht sich nicht nur ums Singen: Es ist ein Vorwand, um sich gehen zu lassen, ein Ritual, um Verbindungen zu knüpfen, ein Grund, um zu feiern, bis der letzte Zug abgefahren ist, und eine Möglichkeit, um Zeit totzuschlagen, bis der erste morgens wieder fährt. Wenn Worte fehlschlagen, ist es ein Weg, um sich auszudrücken – ist man eher der Typ für einen Pop-Hit (mit Tanzbewegungen) oder bevorzugt man eine Volksballade aus Okinawa? Es ist egal, ob man gut singen kann (obwohl unmusikalische Leute oft Gesangsstunden nehmen – so wichtig ist die soziale Funktion von Karaoke), solange man es mit Leib und Seele tut.

Karaoke wird in Japan in einem privaten Raum mit Freunden gesungen. Der Eintritt gilt pro Person für eine halbe Stunde. Essen und Getränke (telefonisch bestellt) werden zur Tür gebracht. Lieder wählt man über einen Touchscreen aus, mit dem man nach Künstlern oder Titeln sucht; die meisten Geräte haben auch eine englische Sprachfunktion und viele englische Titel zur Auswahl. Hier kann man die innere Diva zum Strahlen bringen!

Karaokesalons gibt's in jeder Großstadt; sie befinden sich meist in gut ausgeschilderten Hochhäusern und verfügen über Dutzende Privaträume.

Vielleicht versucht man es auch einmal mit der *shōjin-ryōri*, der traditionellen vegetarischen Küche der buddhistischen Mönche; Kōya-san in Kansai ist ein guter Ort dafür.

Glutenfreie Speisen & Allergien

Viele Kettenrestaurants und Delikatessenläden zeichnen ihre Gerichte mit Symbolen aus, die auf potenzielle Allergene hinweisen (z. B. Milch, Eier, Erdnüsse, Weizen und Schalentiere). Glutenfreie Speisen zu finden ist schwer: Viele Gerichte, wie Sojasoße, enthalten Weizen, was sogar den Restaurants oft nicht bewusst ist. Die Facebook-Gruppe „Gluten-Free Expats Japan!" ist eine gute Informationsquelle.

Halal-Gerichte

In Japan gibt's inzwischen mehr Halal-Gerichte als früher. Unter Halal Gourmet Japan (www.halalgourmet.jp) findet man eine Liste mit Restaurants, die Halal- und vegetarische Gerichte anbieten.

Japan has lots of farmers markets, especially in the big cities. For info on upcoming ones (and some musing on seasonal produce), see the English-language blog Japan Farmers Markets (www.japanfarmersmarkets.com).

Getränke

Besucher Japans haben zahlreiche Möglichkeiten, sich mit den charakteristischen Getränken Japans – Sake und Grüntee – vertraut zu machen. In den letzten Jahren wurden in den Großstädten zahlreiche Craft-Bier-Pubs und Coffeeshops eröffnet.

Wo trinken?

Alkohol wird zum Essen getrunken (oder andersherum), daher fungieren Lokale wie *izakaya* (japanische Pubs) und *yakitori-ya* (Restaurants, die sich auf gegrillte Fleischspieße spezialisieren) gleichzeitig auch als Bars und Kneipen. Statt einer vollen Mahlzeit werden nacheinander mehrere Teller mit kleinen Gerichten bestellt, die man sich untereinander teilt und Stück für Stück zu Getränken verzehrt. In den Großstädten gibt's eine riesige Auswahl an Bars, viele Kneipen, die sich auf Craftbier spezialisiert haben, und eine wachsende Café-Szene. Im Sommer werden auf den Dächern der Einkaufszentren Biergärten eröffnet.

Die vielgescholtenen „Gaijin Bars" – die vor allem von Zuwanderern besucht werden und oft ein wenig schäbig sind – können eine gute Informationsquelle für Geheimtipps sein, da die Barkeeper meist Englisch sprechen.

Unterhaltungsviertel

Jede japanische Großstadt hat ein lebhaftes *hankagai* (繁華街; Geschäfts- und Unterhaltungsviertel). Die berühmtesten sind Kabukichō in Tokio, Dōtombori in Osaka und Susukino in Sapporo. Diese Stadtviertel sind vollgestopft mit Bars und Kneipen, oft mehrere Stockwerke hoch, zu denen *izakaya* (traditionelle Pubs), Cocktailbars, westliche Pubs, Jazzcafés, Karaokeläden, Nachtclubs und mehr gehören – alle durchflutet von den Neonlichtern, die das Stadtleben von Japan charakterisieren.

Was trinken?

Alkohol

Ab einem Alter von 20 Jahren darf man in Japan Alkohol trinken. In Bars werden keine Ausweise mit Foto verlangt, um das Alter nachzuweisen, aber die Nachtclubs sind verpflichtet, die Personalausweise ihrer Gäste zu kontrollieren (von jedem, egal, wie alt man aussieht).

Bier

Biiru (Bier) wurde in Japan erstmals Ende des 19. Jhs. gebraut und ist heute das Lieblingsgetränk im Land. Viele Abende in einer *izakaya* (japanisches Publokal) beginnen mit den Worten *toriaezu biiru*! („Erstmal ein Bier!").

2015 wurden 425 Mio. Kästen Bier verkauft (der Bierverbrauch wird von den Ökonomen genau verfolgt; die letzten Zahlen verzeichneten eine leichte Zunahme und wurden mit Begeisterung aufgenommen).

Bier in Japan wurde lange von den „Big Five" bestimmt: Kirin, Asahi, Sapporo, Suntory und Orion (Letzteres ist das Markenbier aus Okinawa). Kirin Lager, das in den klassischen *izakaya* oft in 633-ml-Flaschen (大瓶; *ō-bin*) serviert wird, galt lange als Synonym für Bier im Allgemeinen. Die jüngere Generation bevorzugt Super Dry von Asahi (auch ein Lagerbier), das in Dosen oder vom Fass erhältlich ist.

Ein Glas Lagerbier kostet in einer Bar oder einem Restaurant rund 500 ¥. Automaten und Mini-Märkte verkaufen Bier für rund 200 ¥ pro Dose.

biiru	ビール	Bier
bin-biiru	瓶ビール	Flaschenbier
nama biiru	生ビール	Fassbier

Auf der Website und App von Japan Beer Times (http://japanbeertimes.com) findet man zahlreiche Informationen zur Craft-Bier-Szene in Japan; in den Brauereien liegen häufig Zeitschriften des Unternehmens aus.

Sake

Der weltweit bekannte Sake heißt bei den Japanern *nihonshu* („Getränk Japans"). Er besteht aus Reis, Wasser und *kōji*, einem Schimmelpilz, der dabei hilft, die Stärke im Reis in gärbaren Zucker umzuwandeln.

Sake ist so alt wie Japan (und wahrscheinlich noch älter). Es spielt bei verschiedenen Shintō-Festen und -Riten, einschließlich Hochzeitsfeiern, eine zeremonielle Rolle. Darüber hinaus stehen vor zahlreichen Shintō-Schreinen riesige Sake-Fässer (die jedoch fast alle leer sind). Und natürlich das beste Begleitgetränk zur traditionellen japanischen Küche.

Er wird stets im Winter gebraut, in den kalten Monaten nach der Reisernte im September. Frischer, junger Sake ist ab Herbstbeginn verfügbar.

Shōchū

Shōchū ist ein destilliertes, hochprozentiges Getränk, das aus verschiedenen Rohstoffen hergestellt werden kann – aus Kartoffeln (in dem Fall heißt es *imo-jōchū*), aus Gerste (*mugi-jōchū*) oder aus schwarzem Zucker (*kokutō-shōchū*). Mit einem Alkoholgehalt von ungefähr 25 % ist es recht stark (kann aber auch bis zu 45 % Alkoholgehalt aufweisen).

Das Getränk wird vor allem mit Kagoshima im südlichen Kyūshū assoziiert, wo es wahrscheinlich erstmals in Okinawa gebraut wurde (Okinawa hat seinen eigenen Schnaps namens *awamori*, der aus Langkornreis hergestellt wird). Wie jede Spirituose kann auch *shōchū* sehr herb schmecken – es stand lange im Ruf, sehr hart zu sein – oder herrlich komplex und ausbalanciert. In den letzten 20 Jahren ist *shōchū* immer ausgewogener geworden, was dem Ruf des Getränks sehr zuträglich ist.

Man trinkt *shōchū* auf Eis (*rokku de*). Wer es milder mag, trinkt es *oyu-wari* (mit heißem Wasser) oder gemischt in einem *chūhai* (einem Highball mit Soda und Zitrone). *Chūhai* in fruchtigen, saisonalen Geschmacksrichtungen wird auch in Lebensmittelgeschäften verkauft.

chūhai	チューハイ	*shōchū* mit Soda und Zitronensaft
oyu-wari	お湯割り	*shōchū* mit heißem Wasser
shōchū	焼酎	Stark destillierter Likör

Tee & Kaffee

Kaffee

Die ersten Coffeeshops Japans werden *kissaten* genannt und servieren kleine Tassen mit dunklen Röstungen (für etwa 500 ¥) und kleinen, niedlichen Krügen mit Sahne dazu. Viele sind sehr einladend und mit Vintagemöbeln aus den 1950er- und 1960er-Jahren eingerichtet, sie können allerdings auch sehr verraucht sein. Bis 11 Uhr servieren sie *mōningu setto* (Morgengedecke) mit Tee und Kaffee sowie Toast und Eiern für denselben Preis, den sie gewöhnlich für Kaffee berechnen.

Das Geschäft mit Kaffee boomt in den Großstädten, und es gibt alle möglichen Privatcafés, die sich auf von Hand zubereiteten Single-Origin-Kaffee und aufwendige Latte-Kunst spezialisieren. Viele servieren wirklich ausgezeichneten Kaffee.

Einige Ketten haben sich dem Coffee To Go verschrieben (der Bedarf ist groß). Sie berechnen etwa 300 ¥ pro Becher und sind in jeder Stadt zu finden. Die Mitarbeiter fragen zuerst, ob man den Kaffee *hotto* (heiß) oder *aisu* (kalt) will. Wer nur Kaffee trinken und sich nicht hinsetzen will, kann in den Mini-Märkten mehr oder minder guten Kaffee für 100 ¥ kaufen.

In Japan gibt's auch Dosenkaffee, der heiß oder kalt an Automaten oder in Geschäften erhältlich ist. Er schmeckt oft sehr süß und eher wie ein Getränk mit Kaffeearoma, gibt aber den notwendigen Koffeinkick.

Abgesehen von den privaten Spezialitätenläden servieren die Cafés in Japan auch schwarzen Tee, Softgetränke und Säfte.

American kōhii	アメリカンコーヒー	schwacher Kaffee
burendo kōhii	ブレンドコーヒー	gemischter Kaffee, ziemlich stark
kafe ore	カフェオレ	*Café au lait*, heiß oder kalt
kōcha	紅茶	englischer Schwarztee
kōhii	コーヒー	normaler Kaffee
orenji jūsu	オレンジジュース	Orangensaft

Das Onlinemagazin *Sake Today* (www.sake-today.com) enthält Artikel über regionale Sakestile und neue Trends. Der Redaktionsleiter John Gaunter ist auch Autor des Buches *Sake Confidential: A Beyond-the-Basics Guide to Understanding, Tasting, Selection and Enjoyment* (2014).

Japanischer Tee

Japan ist ein Paradies für Teeliebhaber. *O-cha* (Tee) steht hier für grünen Tee, von dem es grob gesagt zwei Sorten gibt: *ryokucha* (mit Teeblättern) und *matcha*. Letzterer ist ein schaumiges, cappuccinoartiges Getränk, das entsteht, wenn man getrocknete, gemahlene Blätter mit Wasser verquirlt. Er wird bei der Teezeremonie serviert und schmeckt bitter, weshalb man immer eine traditionelle Süßigkeit dazu gereicht bekommt.

Wer in einem japanischen Restaurant *o-cha* bestellt (er ist meist kostenlos, wie Wasser), erhält normalerweise *bancha*, gewöhnlichen Tee (im Sommer vielleicht *mugicha*, gerösteten Gerstentee.) Um die selteneren Teesorten auszuprobieren, muss man ein Teehaus oder ein Spezialitätengeschäft aufsuchen. Nach einem mehrgängigen Menü servieren die Restaurants oft *hōjicha*, gerösteten Grüntee, der schwächer ist und weniger Koffein enthält.

An Automaten und in Mini-Märkten ist eine riesige Auswahl an heißen und kalten Tees in Flaschen erhältlich; die Food Courts der Einkaufszentren sind gute Orte, um hochwertige Tees aus losen Blättern zu kaufen.

bancha	番茶	normaler Grüntee mit bräunlicher Farbe
matcha	抹茶	pulverisierter Grüntee, der bei der Teezeremonie verwendet wird
mugicha	麦茶	gerösteter Gerstentee
o-cha	お茶	grüntee
sencha	煎茶	mittlerer Gütegrad von Grüntee
hōjicha	ほうじ茶	gerösteter Grüntee
genmaicha	玄米茶	Mischung aus Grüntee und geröstetem braunem Reis
gyokuro	玉露	höchster Gütegrad von Grüntee; dieser Tee wird vor der Sonne geschützt und früh in der Saison gepflückt

Softgetränke

Das Trinken spielt zwar eine große Rolle in Japan, aber man muss keinen Alkohol zu sich nehmen, um dazuzugehören. Das meistgetrunkene alkoholfreie Getränk in einer *izakaya* ist Oolong-Tee (烏龍茶; *ūron-cha*), ein chinesischer Tee, der heiß oder kalt bestellt werden kann; Bars servieren auch Softgetränke und Säfte. Man muss nur irgendetwas bestellen, zumindest in der ersten Runde, damit man ein Glas hat, das man erheben kann.

In Schreinen, Teehäusern und bei Winterfesten gibt's manchmal ein süßes, alkoholfreies und fermentiertes Reisgetränk namens *amazake* (甘酒), das heiß serviert wird.

In einem Teehaus in Tokio wird Tee serviert

Kunst & Kultur

Japan hat eine außergewöhnlichen Kunsttradition, die nicht nur in Galerien, bei der Gestaltung von Büchern und auf der Kabuki-Bühne zum Ausdruck kommt, sondern alle Bereiche des Lebens durchdringt. Sie bereichert die bei der Teezeremonie genutzten Tassen ebenso wie die Blumen des Ikebana (und viele andere Dinge). Es ist eine Tradition, die von den Kulturen des asiatischen Festlands und später des Westens beeinflusst wurde und die die Tendenz hat, Techniken und Materialien bis zum Äußersten zu perfektionieren.

Traditionelle bildende Kunst

Die fast 400 Jahre alten Wandschirmgemälde von Hasegawa Tohaku gelten als erste Beispiele impressionistischer Kunst.

Malerei

Japan hat eine große Tradition der Malerei, die allerdings immer auch Einflüsse aus China und später ab dem 19. Jh. vom Westen (der seinerseits von Japan beeinflusst war) aufwies. Üblicherweise wurden Bilder mit schwarzer Tinte oder Mineralienpigmenten auf *washi* (handgefertigtes japanisches Papier) gemalt. Diese Arbeiten schmücken Faltwände, Schiebetüren und Hängerollen. Sie befanden sich niemals hinter Glas, sondern waren immer Teil des täglichen Lebens.

Töpfereistädte

- *Arita*
- *Bizen*
- *Hagi*
- *Kanazawa*
- *Mashiko*

Die Bilder der Heian-Ära (794–1185) stellen Episoden des höfischen Lebens dar, wie sie im Roman *Genji Monogatari (Die Geschichte vom Prinzen Genji)* erzählt werden, oder Motive der vier Jahreszeiten, und sind häufig auf Rollen gemalt. Solche Werke wurden später *yamato-e* (Yamato verweist auf die kaiserliche Dynastie) genannt, denn sie unterschieden sich thematisch von jenen Bildern, die bloße Kopien chinesischer Gemälde waren. Allmählich entwickelte sich eine Reihe von stilistischen Merkmalen, die die *yamato-e* noch klarer abhoben; eines davon ist der Blick – nicht ganz aus der Vogelperspektive – in die Palasträume, deren Dächer weggelassen wurden (um die Intrigen besser zu sehen!).

Mit dem Aufkommen des Zen-Buddhismus im 14. Jh. wurden einfarbige Tintenbilder modern – die Maler waren selbst Priester, und der schnelle, spontane Pinselstrich harmonierte mit ihrer Leitphilosophie.

Während der Muromachi-Periode (1333–1573) wurde die herrschende Klasse zu Mäzenen der japanischen Maler und gab ihnen den Raum und die Mittel, ihre eigene Ausdrucksform zu entwickeln. In dieser Zeit entstanden zwei neue Stile: die Tosa-Schule und die Kano-Schule.

Die Künstler der Tosa-Dynastie arbeiteten für das Kaiserhaus und waren die Pioniere der heute klassischen *yamato-e*-Malerei. Mit feinen Pinselstrichen schufen sie stark stilisierte Figuren und elegante Szenen sowohl aus der Geschichte als auch aus den vier Jahreszeiten, die manchmal halb in den Schleier zarter goldener Wolken gehüllt waren.

Die Kano-Maler standen unter der Schirmherrschaft des Ashikaga-Shogunats und wurden damit betraut, ihre Burgen und Villen zu dekorieren. Sie schufen den Stil, der am stärksten mit japanischer Malerei assoziiert wird: dekorative, kraftvolle, mehrfarbige Darstellungen mythischer chinesischer Geschöpfe und Naturszenen, die große Faltwände und Schiebetüren schmückten.

Die Kano-Schule wurde für die japanische Malerei prägend und erreichte eine fast vollständige Vorherrschaft, die über die gesamte Tokugawa-Ära anhielt, während der die Herrscher immer prächtigere Arbeiten, die dick mit Blattgold überzogen waren, bevorzugten. Parallel entstand in der Edo-Periode eine weitere, die Rimpa-Schule, die das schimmernde Gold der Kano-Künstler mit den zarteren Linien der Tosa-Schule kombinierte.

Mit der Meiji-Restauration (1868) kam es zu einem Austausch von Künstlern und Ideen zwischen Europa und Japan, der bewirkte, dass die Malerei den westlichen Einfluss entweder ablehnte oder aufnahm. Zwei neue Begriffe wurden geprägt: *yōga* für Bilder im westlichen Stil und *nihonga* für Bilder im traditionellen japanischen Stil. Tatsächlich integrierten auch viele *nihonga*-Künstler Schattierungen und Perspektive in ihre Arbeit, während sie zugleich Techniken aller großen traditionellen japanischen Malerschulen anwandten. Viele Künstler setzen die *nihonga*-Tradition heute fort und entwickeln sie weiter.

Shodō (Kalligrafie)

Shodō, der Weg des Schreibens, gehört in Japan zu den am höchsten geschätzten Künsten und wurde von Adligen, Priestern und Samurai ausgeübt; heute noch lernen es die Schulkinder als *shūji*. Ebenso wie die japanischen *kanji*-Schriftzeichen wurde die Kunst des *shodō* aus China übernommen. In der Heian-Zeit entwickelte sich eine flüssige, kursive und deutlich japanische Form des *shodō* namens *wayo,* aber auch der chinesische Stil war bei Zenpriestern und Gelehrten noch lange beliebt.

Sowohl im chinesischen als auch im japanischen *shodō* gibt's drei wichtige Ausprägungen. Am meisten verbreitet ist *kaisho*, eine Blockschrift. Wegen ihrer Deutlichkeit wird sie bevorzugt, wenn es hauptsächlich auf die Lesbarkeit ankommt. *Gyosho*, eine Halbkursivschrift, findet oft in persönlicher Korrespondenz Anwendung. *Sosho*, die Grasschrift, ist eine echte Kursive, die Zeichen abkürzt und verbindet, um ein fließendes, elegantes Bild zu erzeugen.

Ukiyo-e (Holzschnitte)

Der Begriff *ukiyo-e* bedeutet „Bilder der fließenden Welt" und bezieht sich auf eine buddhistische Metapher über die vergängliche Welt flüchtiger Vergnügungen. Diese „fließende Welt" war die verrückte Welt der Vergnügungsviertel in Städten wie Edo (das heutige Tokio), Kyoto und Osaka. Hier wurden die vom Tokugawa-Shogunat vorgegebenen sozialen Hierarchien auf den Kopf gestellt: Geld bedeutete mehr als gesellschaftliche Stellung, Schauspieler waren stilprägend und Kurtisanen galten als die versiertesten

HIGHLIGHTS DES JAPANISCHEN KINOS

1950er-Jahre

Das goldene Zeitalter des japanischen Films. **Anschauen:** Akira Kurosawas *Rashōmon* (1950); Mizoguchis *Ugetsu Monogatari (Ugetsu – Erzählungen unter dem Regenbogen*, 1953).

1960er-Jahre

Farbe und Reichtum erreichen Japan. **Anschauen:** Ozu Yasujirōs *Sanma no Aji* (*Ein Herbstnachmittag*, 1962).

1970er-Jahre

Nagisa Ōshima bringt visuelle Techniken des New-Wave-Kinos und unverblümten Sex in die Filmlandschaft. **Anschauen:** *Ai no Korīda* (*Im Reich der Sinne*, 1976).

1980er-Jahre

Mit Shōhei Imamura und Jūzō Itami sind zwei Vertreter einer neuen Generation bei den Kritikern erfolgreich. **Anschauen:** Imamuras *Naruyama Bushiko* (*Die Ballade von Naruyama*, 1983); Itamis *Tampopo* (1986).

1990er-Jahre

Aufstieg des verdienstreichen, visionären Schauspielers und Comedians Takeshi Kitano. **Anschauen:** *Hana-bi* (1997).

2000er-Jahre

Animes und Horrorstreifen sind internationale Hits. **Anschauen:** Hayao Miyazakis *Sen to Chihiro no Kamikakushi* (*Chihiros Reise ins Zauberland*, 2001) und Kinji Fukasakus *Battle Royale* (2000).

2010er-Jahre

Neue Stimmen und Visionen. **Anschauen:** Shion Sonos *Rabu & pīsu* (*Love & Peace*, 2015) und Hirokazu Koreedas *Soshite Chichi ni Naru* (*Like Father Like Son*, 2013), der in Cannes den Preis der Jury gewann.

Künstlerinnen. *Ukiyo-e* waren oft recht derb, einige glichen eher Reisepostkarten – für eine Bevölkerung, die nicht reisen durfte.

Die kräftigen Farben, neuartigen Kompositionen und fließenden Linien des *ukiyo-e* erregten in der westlichen Welt großes Aufsehen und lösten eine künstlerische Welle aus, die ein französischer Kritiker als „Japonisme" bezeichnete. *Ukiyo-e* beeinflusste Impressionisten wie etwa Toulouse-Lautrec, Manet und Degas ebenso wie Post-Impressionisten. In Japan erhielten die Holzschnitte hingegen höchstens flüchtige Beachtung, jedes Jahr stellte man in Edo Millionen davon her. Oft wurden sie weggeworfen oder als Packpapier für Töpferwaren verwendet. Lange Zeit verwunderte die Japaner das große Interesse des Auslands für diese Kunstform, die für sie nur von kurzlebigem Wert war.

Eines der berühmtesten *ukiyo-e-Werke* ist *Die große Welle vor Kanagawa* von Katsushika Hokusai (1760–1849) aus der Bildserie *36 Ansichten des Berges Fuji*. Seine Werke findet man im Hokusai-Museum in Obuse, wo der Künstler seinen Lebensabend verbrachte, und im neuen Sumida-Hokusai-Museum in Tokio.

Shikki (Lackwaren)

Für Lackwaren, in Japan *shikki* oder *nurimono* genannt, verwendet man den Saft des Lackbaums *(urushi)*, der eng mit der Gifteiche verwandt ist. Sein zäher Harz ist giftig und verursacht schwere Hautreizungen, wenn man keine Immunität entwickelt hat. Der Lack wird aufwendig in mehreren Lagen aufgetragen und danach zu wunderbarem Glanz poliert. Sobald er gehärtet ist, hat er eine außergewöhnliche Beständigkeit.

Der Lack ist von Natur aus klar. Um ihn zu färben, werden Pigmente wie Eisenoxide (für Zinnoberrot) hinzugefügt. Schon seit mindestens 5000 v. Chr. nutzten die Japaner Lack, um die Schönheit von Holz zu verstärken. In der Heian-Periode wurden schwarze Lackwaren, die mit Gold- und Silberpulver dekoriert waren (*maki-e* genannt), bei den höfischen Adligen beliebt. Zu den raffiniertesten Techniken, die sich während dieser Zeit entwickelten, zählen Intarsien (etwa Perlmutt) sowie das Auftragen verschiedener Farbschichten, um anschließend die oberste Schicht abzuschleifen und so eine gewisse Patina zu erreichen (*negoro*-Stil).

Ikebana

Ikebana, die japanische Kunst des Arrangierens von Blumen, geht vermutlich auf das 6. Jh. zurück, als Buddha nach Japan reiste und die Tradition einführte, Blumengaben für die Geister der Toten niederzulegen.

WABI-SABI

Wabi-sabi ist ein ästhetisches Konzept, das die Idee der Vergänglichkeit und Unvollkommenheit repräsentiert. Es ist Japans markantester, wenn auch schwer festzumachender Beitrag zur Kunst. *Wabi* bedeutet grob übersetzt „rustikal" und meint damit die Einsamkeit der Wildnis, *sabi* kann als „verwittert", „vergänglich" oder „mit dem Alter gereift" interpretiert werden. Gemeinsam verweisen beide Begriffe auf die natürliche Unvollkommenheit eines Objekt, die es von Anfang an in sich trägt, und die gereifte Patina und Schönheit, die im Laufe der Zeit entsteht.

Oft verbindet man es mit der Teezeremonie, einer Art partizipatorischer Kunstperformance um das Ritual des Teetrinkens, die im 16. Jh. beliebt wurde. Das eigens für die Teezeremonie angefertigte Geschirr – mit der die japanische Keramik schließlich etwas Eigenständiges hervorbrachte – weist oft kleine Verformungen oder Unregelmäßigkeiten in der Glasur auf, etwa Glasurtropfen, die an der Seite heruntergelaufen sind. Wegen seiner Unvollkommenheit wurde es umso mehr geschätzt. Die berühmtesten Stile im Zusammenhang mit der Teezeremonie sind *raku*, *shigaraki* und *bizen*.

Auch im kleinen, ausgesprochen bescheidenen und oft (neben den Villen, an das es angeschlossen ist) etwas verloren wirkenden Teehaus finden sich *wabi-sabi*-Motive wieder, ebenso wie im Ikebana (Blumenarrangements) und in den kalligrafischen Schriftrollen, die im Alkoven des Teehauses hingen.

Möglicherweise reichen die Wurzeln dieser Kunst aber sogar noch weiter zurück, da auch die ältere Shintō-Religion die Natur vergöttert.

Das japanische Ikebana (wörtlich „lebende Blumen" unterscheidet sich von der westlichen Art Blumen zu arrangieren durch die Betonung der räumlichen Anordnung und durch die symbolische Bedeutung der Blüten und manchmal auch kahler Zweige. Ikebana ist aber nicht so esoterisch, wie es klingt. Es ist nicht klar, wann die vergänglichste japanische Kunstgattung entstand, doch seinen Höhepunkt erreichte das Ikebana im 16. Jh., als es in die Rituale und Traditionen der Teezeremonie aufgenommen wurde.

Es gibt mehrere eigenständige Ikebana-Stile. Zu den wichtigsten zeitgenössischen Schulen zählen Ikenobo (www.ikenobo.jp) in Kyoto sowie Ohara (www.ikebanahq.org/ohara.php) und Sōgetsu (www.sogetsu.or.jp) in Tokio, die alle Ausstellungen veranstalten. Die Tokioter Schulen bieten auch englischsprachige Kurse an.

Berühmte Lackwaren werden u. a. in Wajima (Präfektur Ishikawa) gefertigt. Dort erfolgt die Herstellung in über 100 Schritten, und die Waren sind für ihre robuste Eleganz berühmt. Aus Okinawa stammt der *Ryūkyū-shikki*-Stil mit Blumen und Drachen, die an chinesische Kunst erinnern.

Zeitenössische Kunstszene

Die 90er-Jahre waren für die japanische zeitgenössische Kunst ein wichtiges Jahrzehnt: Ob man ihn nun mag oder nicht, Takashi Murakami brachte Japan zurück ins internationale Rampenlicht wie zuletzt im 19. Jh., als Sammler ganz verrückt nach *ukiyo-e* waren. Murakamis Arbeiten verwandeln die tiefenlosen Darstellungen, klaren Linien und dekorativen Techniken des *nihonga* in fantastische Welten und nehmen Motive aus der „niveaulosen" Subkultur der Mangas (japanische Comics) auf. Seine schwungvollen, verspielten Bilder und Installationen sind zum Symbol einer japanischen Ästhetik geworden, die *poku* genannt wird: ein Konzept, das Pop-Art mit der Sensibilität von *otaku* (leidenschaftliche Manga- und Anime-Fans) verbindet.

Murakami, der nicht nur Künstler, sondern auch ein kluger Theoretiker ist, erklärt in seinem Manifest „Superflat", dass seine Arbeit dort ansetzte, wo die japanischen Künstler nach der Meiji-Restauration aufgehört haben. Genau diese fehlende Zweidimensionalität könnte die Zukunft der Malerei sein, da die meisten Menschen die Welt durch Bildschirme wahrnehmen. Murakami inspirierte eine ganze Generation von Künstlern, die in seiner „Fabrik" Kaikai Kiki arbeiteten und ihre Werke auf seiner Geisai-Kunstmesse präsentierten.

Für jüngere Künstler war es natürlich schwierig, sich im Sog des „Tokyo Pop", wie die international sehr erfolgreiche Kunst der 90er-Jahre genannt wurde, abzugrenzen. Zu den einflussreichen Kunstschöpfern zählen Hisashi Tenmyouya, der den Begriff „Neo-nihonga" prägte, um seine Werke zu beschreiben, die die flachen Oberflächen und tiefen Eindrücke der Holzschnitte aufnehmen und vom Straßenleben erzählen, der Konzeptkünstler Koki Tanaka (von der Deutschen Bank 2015 als „Künstler des Jahres" geehrt) und die respektlosen Schelme des Künstlerkollektivs ChimPom, das in Tokio eine Galerie betreibt.

Das Zentrum der zeitgenössischen Kunst Japans ist Tokio, doch auch in Kyoto gibt's eine florierende Galerieszene. Traveller, die sich sehr für zeitgenössische Kunst interessieren, sollten auch Naoshima einen Besuch abstatten.

Kunstfestivals

- *Echigo-Tsumari Art Triennale (www.echigo-tsumari.jp)*
- *Fukuoka Asian Art Triennale (fukuoka triennale.ajibi.jp)*
- *Sapporo International Arts Festival (siaf.jp)*
- *Setouchi Triennale (www.setouchi-artfest.jp)*
- *Yokohama Triennale (www.yokohama triennale.jp)*

Kunst im Internet

- *KIE (int.kateigaho.com)*
- *Performing Arts Network (www.performingarts.jp)*

Traditionelles Theater & Tanz

Nō

Nō ist Japans älteste Form der traditionellen darstellenden Kunst und hat seine Wurzeln in Shintō-Ritualen. Es ist kein Drama im klassischen Sinne, sondern drückt mit symbolischen, fast abstrakten Mitteln wie stilisierten Bewegungen, klangvollen Chören und Musik sowie subtiler Ausdruckweise einen poetischen Moment aus. Die Bühnendekoration beschränkt sich auf eine einzelne Kiefer.

Es kommen zwei Hauptcharaktere vor: Der *shite* ist manchmal ein lebender Mensch, meist aber ein Dämon oder ein Geist, dessen Seele keinen Frieden findet; der *waki* begleitet den Protagonisten bis zum Höhepunkt des Stücks. Die eindringlichen Masken des Nō-Theaters stellen immer weibliche oder nichtmenschliche Charaktere dar. Männer werden ohne Masken gespielt.

Die manchmal schwer verdaulichen Nō werden durch komische kurze Charakterdarstellungen namens *kyōgen* aufgelockert. Einige davon beziehen sich auf das Hauptstück, andere sind eigenständige Einheiten. Es wird umgangssprachlich gesprochen, sodass sie für das moderne Publikum einfacher zu verstehen sind als die esoterischen Gesänge des Nō.

Das Nationale Nō-Theater befindet sich in Tokio, außerdem gibt's viele aktive Schulen, die manchmal Vorstellungen geben. Im Sommer und Herbst finden an Schreinen mit Fackeln beleuchtete Aufführungen namens *takagi-nō* statt, berühmt dafür ist besonders Sado-ga-shima.

Buchtipps

From Postwar to Postmodern, Art in Japan 1945–1989 (Doryun Chong, 2013)

Hundred Years of Japanese Film (Donald Richie; 2012)

The Columbia Anthology of Modern Japanese Drama (Hrsg. J. Thomas Rimer, Mitsuya Mori & M. Cody Poulton, 2014)

Kabuki

Um das Jahr 1600 führte ein Trupp von Künstlerinnen in einem Schrein in Kyoto unter der Leitung einer charismatischen Priesterin einen neuen Tanz auf, der Kabuki genannt wurde – umgangssprachlicher heißt das „sehr beliebt" oder „in Mode". Die oft recht derben Tänze, die in einem trockenen Flussbett vor den sich versammelnden Zuschauern vorgeführt wurden, waren auch ein Tor zur Prostitution. Nachdem das Tokugawa-Shogunat mehrfach gegen Kabuki vorging (zunächst gegen die Tänzerinnen, dann gegen jugendliche männliche Darsteller), entstand eines der faszinierendsten Elemente des Kabuki, der *onnagata* (erwachsener männlicher Schauspieler, der sich auf weibliche Rollen spezialisierte).

Als sich Kabuki nach Edo (Tokio) ausbreitete, entwickelte es sich Hand in Hand mit der zunehmend wohlhabenden Klasse der Kaufleute, deren dekadenter Geschmack die atemberaubenden Kostüme, dramatische Musik und aufwendige Spielkunst hervorbrachte, die für diese Kunstform kennzeichnend wurden. Seine stark visuelle Ausprägung macht Kabuki auch für Ausländer zugänglich – man muss gar nicht verstehen, worum es in der Geschichte geht, um das Spektakel zu genießen. (Wer sich für die billigen Plätze entscheidet, sollte allerdings Operngläser mitbringen.)

Karten für *kabuki*-Aufführungen in Tokio und Kyoto gibt's unter www.kabuki-bito.jp/eng/contents/theatre/kabukiza.html. Tickets für traditionelle Aufführungen (Nō, *bunraku*) in den japanischen Nationaltheatern bekommt man beim Japan Arts Council (www.ntj.jac.go.jp/english.html).

Im Laufe mehrerer Jahrhunderte entwickelte das Kabuki ein Repertoire, das sich mit populären Themen wie berühmten historischen Begebenheiten und Geschichten über Selbstmord aus Liebe befasste und gleichzeitig Elemente aus dem Nō, *kyogen* (komisches Drama) und *bunraku* (klassisches Figurentheater) aufnahm.

Formalisierte Schönheitsideale und Stilisierung bilden die wichtigsten ästhetischen Prinzipien des Kabuki. Die dramatischen Posen (*mie* genannt), die die Schauspieler in entscheidenden Momenten einnehmen, sind für viele Zuschauer das Highlight. Kabuki-Schauspieler werden in diese Kunstform hineingeboren, die Ausbildung beginnt bereits im Kindesalter. Sie bereiten sich auf eine Rolle vor, indem sie den von ihren Vorgängern perfektionierten Stil studieren und nachahmen. Einige Schauspieler genießen ein so hohes gesellschaftliches Ansehen, dass ihre künstlerischen Aktivitäten und ihr Leben abseits der Bühne von der Boulevardpresse verfolgt werden.

Bunraku

Im *bunraku*, dem traditionellen japanischen Figurentheater, führen bis zu drei in schwarze Umhänge gekleidete Puppenspieler aufwendig gestaltete, große Puppen (etwa im Maßstab 2:3). Die Puppenspieler sprechen nicht, die Geschichte wird von einem Erzähler in Form von *jōruri* (erzählender Gesang) zur Begleitung einer *shamisen* (dreisaitiges Instrument, der Laute und dem Banjo ähnlich) vorgetragen – dass Puppen,

Erzähler und Musik dabei so perfekt harmonisieren, ist eine wirklich fantastische Leistung.

Bunraku entwickelte sich zeitgleich mit dem Kabuki und tatsächlich wurden viele bekannte Stücke aus dem Kabuki-Repertoire ursprünglich für das Puppentheater geschrieben. Besonders beliebt war es in Osaka, das Nationale Bunraku-Theater in Osaka ist der beste Ort, um eine Vorstellung zu sehen.

Rakugo

Rakugo (wörtlich „gefallene Wörter"), eine traditionelle japanische Form des komischen Monologs, stammt aus der Edo-Zeit. Der Sprecher, der meist einen Kimono trägt, sitzt auf einem quadratischen Kissen auf der Bühne. Als Requisiten sind nur ein Fächer und ein Handtuch erlaubt. Der Monolog beginnt mit einem *makura,* Prolog; dann folgen die Geschichte und der *ochi,* die Pointe, oder auch der „Fall", eine weitere Lesart des chinesischen Schriftzeichens für *raku* in *rakugo.* Einige Schauspieler spezialisieren sich auf klassische Monologe, die aus der Edo- und Meiji-Periode stammen, andere schreiben neue, die sich wichtigen Themen der Gegenwart widmen. Mehrere berühmte Schauspieler, darunter auch Filmregisseur Kitano Takeshi, haben als Teil ihrer künstlerischen Entwicklung *rakugo* studiert. Es hilft zwar, wenn man etwas Japanisch spricht, doch auch sonst kann es sehr amüsant sein, *rakugo* in einem der alten Theatersäle zu erleben. In Tokio gibt's mehrere davon, etwa die Asakusa Engei Hall.

Tokyo Art Beat (www.tokyoartbeat.com) und seine Schwester Kansai Art Beat (www.kansaiartbeat.com) sind zweisprachige Führer zu Kunst und Design mit regelmäßig aktualisierten Veranstaltungshinweisen zu Events und Happenings in der Kunstwelt.

Modernes Theater & Tanz

Während der (Untergrund-)Theaterbewegung *angura* in den 1960er-Jahren fanden die Aufführungen an allen nur erdenklichen Orten statt: in Zelten, Kellern, auf Freiflächen und an Straßenecken. Darin zeigte sich zweifellos der Einfluss paralleler Bewegungen im Ausland wie der Situationisten, doch zugleich beinhaltete diese Bewegung auch eine neue Betrachtung und Neubewertung dessen, was eine japanische Ästhetik nach einem Jahrhundert kultureller Einflüsse aus dem Westen bedeuten könnte und sollte. Für den einflussreichen Avantgarde-Dramatiker und -Regisseur Jūrō Kara war das Theaterspielen auf Bühnen im Freien eine Reminiszenz an die prägenden Jahre des Kabuki, als dieser in Flussbetten aufgeführt wurde. Aus der angura-Bewegung entstand das *shōgeki* (wörtlich „kleines Theater", eigentlich aber eher „Avantgarde-Theater").

Interessante zeitgenössische Dramatiker sind u.a. Toshiki Okada und seine Truppe *chelfitsch,* deren Stück *Fünf Tage im März* (*Sangatsu no Itsukukan,* 2004) von der Kritik hoch gelobt wurde. Es ist das hyperrealistische Porträt zweier *furītā* (Teilzeitarbeiter), die sich zu Beginn des zweiten Irakkrieges in einem Love-Hotel in Shibuya verstecken. Chelfitsch greift dabei stark auf sprunghafte, extreme umgangssprachliche Ausdrucksweise zurück. Für Besucher, die wenig oder gar kein Japanisch können, sind die körperbetonten, oft waghalsigen Stücke von Daisuke Miura und seiner Truppe Potudo-ru zugänglicher. Unlängst adaptierte er sein preisgekröntes Stück *Love's Whirlpool* (*Ai no Uzu,* 2005), das auf einer Swinger-Party in Roppongi spielt, für einen gleichnamigen Film (2014).

Tokio erhob mit seinem internationalen Festival F/T (www.festival-tokyo.jp/en) lange den Anspruch, Japans Zentrum des modernen Theaters zu sein, doch Kyoto rückt mit seinem progressiven Festival Kyoto Experiment (kyoto-ex.jp) verdientermaßen zunehmend in den Fokus. Mehr über Japans zeitgenössische Theaterszene erfährt man auf dem Blog Tokyo Stages (tokyostages.wordpress.com).

Butō

Butō ist Japans einzigartiger, faszinierender Beitrag zum modernen Tanz. Er entstand als Gegenstück zur exzessiven Formstrenge, die traditionelle japanische Tanzformen prägt und entstammt der Absicht, zu älteren Wurzeln zurückzukehren. Tatsumi Hijikata (1928–1986) gab 1959 die erste *butō*-Vorstellung, Ōno Kazuo (1906–2010) war ebenfalls eine Schlüsselfigur dieses Tanzes.

Bei den Vorstellungen versuchen ein oder mehrere Tänzer, mit ihren halbnackten bis nackten Körpern die tiefsten, intensivsten menschlichen Emotionen auszudrücken. Im *butō* ist nichts verboten, häufig behandeln die Aufführungen Tabuthemen wie Sexualität oder Tod. Deshalb beschreiben es Kritiker oft als skandalös, und *butō*-Tänzer loten mit Vorliebe die Grenzen dessen aus, was in künstlerischen Darbietungen noch als geschmackvoll gelten kann. Zudem ist dies eine fast ausschließlich visuelle Kunstform, sodass japanische wie ausländische Zuschauer die Vorstellung gleichermaßen genießen können.

Butō hat eine große Underground-Szene und die Aufführungen finden oft an ungewöhnlichen Orten im Freien statt. 2016 eröffnete aber in Kyoto das Kyoto Butoh-kan (www.butohkan.jp) als reiner *butō-Aufführungsort*. Zu den Spitzen-Tanzensembles aus Tokio, die in der Hauptstadt (und andernorts) auftreten, gehören u.a. Sankai Juku (www.sankaijuku.com) und Dairakudakan Kochūten (www.dairakudakan.com).

Literatur

Die Geschichte der japanischen Literatur reicht über Tausend Jahre zurück.

Geschichten vom Hof von Heian

Japans erste bedeutende literarische Werke wurden von Frauen des Heian-Hofes verfasst. Murasaki Shikibus *Genji Monogatari* (*Die Geschichte vom Prinzen Genji*, 1008) gilt als der erste Roman der Welt. Die lange und komplexe Serienhandlung um Prinz Genji, einen niedrigen Adligen und Frauenheld, schildert detailliert die Intrigen und Romanzen am Hof. Eine einfachere (und schnellere) Lektüre ist Sei Shōnagons *Makura no Sōshi* (*Das Kopfkissenbuch*, 1002), das sich kurioserweise wie der Blog einer Hofdame liest.

Haiku

Einige der frühesten Werke japanischer Literatur stammen aus der Feder von Frauen. Da sie kein Chinesisch schreiben konnten, verwendeten sie die vereinfachte phonetische Sprache *hiragana*. Ihre männlichen Kollegen waren in dieser Zeit damit beschäftigt, die chinesischen Schriftzeichen *kanji* zu kopieren und zu perfektionieren.

Japan hat eine große Tradition der Dichtkunst, die historisch einen sehr sozialen Charakter hatte: Poesiegruppen trafen sich, um gemeinsam an langen *renga* (Kettengedichte) zu arbeiten, wobei jede neue Strophe ein Wort oder eine Assoziation aus der vorherigen aufnahm. *Renga* wurden in einer Spiele-Atmosphäre gedichtet, es ging mehr um einen witzigen Schlagabtausch als darum, ein bleibendes literarisches Werk zu schaffen. Irgendwann im 17. Jh. wurde die Eröffnungsstrophe dann als eigenständiges Gedicht anerkannt, und so war das Haiku geboren. Es ist heute die bekannteste Form der japanisches Poesie und mit nur 17 Silben auch die kürzeste

Matsuo Bashō (1644–1694) gilt als bedeutendster Haiku-Künstler und ist Japans berühmtester Dichter. Er begründete auch das beliebte Bild vom Haiku-Künstler als einer zen-artigen asketischen Gestalt. 1689 verließ Bashō seine Heimatstadt Edo (Tokio), um fünf Monate lang 2400 km durch den Norden Japans zu wandern, der damals als das Ende der Welt galt. Er kehrte zurück, um sein berühmtestes Werk zu schreiben, *Oku no Hosomichi* (*Auf schmalen Pfaden durchs Hinterland*, 1702), ein poetisches Reisetagebuch.

Die Ausschweifungen der Edo-Ära

Ihara Saikaku (1642–1693), ein Zeitgenosse von Bashō und ebenfalls in Poetenzirkeln aktiv (in seiner Heimatstadt Osaka), war ein berühmter Chronist der *ukiyo* – der „fließenden Welt" der Vergnügungsviertel, die auch in den *ukiyo-e*, Holzschnitten, festgehalten wurde. Sein erster Roman, *Koshoku Ichidai Otoko* (*Das Leben eines verliebten Mannes*, 1682), liest sich wie eine aktualisierte (und lustigere) *Geschichte vom Prinzen Genji*, in der ein wohlhabender Kaufmannssohn aus Osaka des 17. Jhs. der Antiheld ist. Das Buch war in der damaligen Zeit ein Riesenerfolg.

Die moderne Periode

Die meisten wichtigen Werke der modernen Literatur stammen von Autoren, die in Städten wohnen und über das dortige Leben schreiben. Manche zeichnen ein positives Bild, doch viele bedauern auch, dass das traditionelle Leben auf dem Land dem Stress einer modernen, industrialisierten Gesellschaft gewichen ist. Natsume Sosekis (1867–1916) moderner Klassiker *Kokoro* (1914) beschreibt dieses angespannte Verhältnis zwischen Land und Stadt, ebenso wie der Roman *Yukiguni* (*Schneeland*, 1935–1937) des Nobelpreisträgers Kawabata Yasunari (1899–1972). Beide Werke thematisieren den Konflikt zwischen Sehnsucht nach Vergangenem und Streben nach Zukunft, zwischen ländlicher Idylle und aufstrebenden Städten.

Zeitgenössische Literatur

Der größte Star der zeitgenössischen Literatur in Japan wie international ist Haruki Murakami (geb. 1949). Sein Roman *Shikisai o Motanai Tazaki Tsukuru to, Kare no Junrei no Toshi (Die Pilgerjahre des farblosen Herrn Tazaki*, 2013) verkaufte sich in einer Woche über 1 Mio. Mal. Nach der Veröffentlichung stürmte die englische Übersetzung im Jahr darauf an die Spitze der Bestsellerliste in den USA und in Deutschland verkaufte es sich bereits am Tag der Veröffentlichung über 100 000 Mal. (Seine jüngste Sammlung von Kurzgeschichten, *Von Männern, die keine Frauen haben*, erschien 2014 auf Deutsch.) Unter all seinen Werken ist *Noruwei no Mori (Naokos Lächeln*, 1987) das Buch, das die meisten Japaner am ehesten als ihr Lieblingsbuch nennen und das seinen Ruhm begründete. Es ist eine wehmütige Geschichte von Studenten, die im Tokio der 1960er-Jahre versuchen, sich selbst und einander zu finden.

Der andere Murakami in der Literaturwelt, Ryū Murakami, ist für seine dunkleren, gesellschaftskritischeren Werke bekannt, die sich der Schattenseite der japanischen Großstädte widmen. Sein bekanntester Roman ist *Koin rokkā beibīzu* (*Coin Locker Babies*, 1980), eine Geschichte vom Erwachsenwerden zweier Jungen, die in Schließfächern dem Tode überlassen wurden. Beide überleben, doch Tokio, in dem sie leben, erweist sich buchstäblich als giftig.

In der japanischen Literatur sind die Männer nicht ganz unter sich. Banana Yoshimoto (geb. 1964), die ihren Namen wählte, weil er so androgyn klang, gelang mit *Kitchen* (1988) ein internationaler Hit. Der prestigeträchtige Akutagawa-Preis für Nachwuchsschriftsteller wurde 2003 an zwei junge Frauen verliehen: an Risa Wataya (geb. 1984) für den Roman *I Want to Kick You in the Back* (2015 auf Englisch erschienen) und Kanehara Hitomi (geb. 1983) für den Roman *Snakes and Earrings*. Wataya feierte danach weitere Erfolge und gewann 2012 den Oe-Kenzoburo-Preis für ihr letztes Buch *Isn't It a Pity?*

Monkey Business (monkeybusinessmag.tumblr.com) veröffentlicht jährlich eine Anthologie neuer japanischer Literatur. Auf dem Blog *Contemporary Japanese Literature* (japaneselit.net) der Wissenschaftlerin Kathryn Hemmann findet man News und Kritiken japanischer Literatur in englischer Sprache. Der deutsche Blog Japanliteratur.net ist eine gute Quelle für Literatur aus und über Japan und stellt sowohl aktuelle Titel als auch alte Klassiker vor.

Mangas & Animes

Manga

Jeder japanische Supermarkt hat mehrere aktuelle Manga-Sammelbände im Sortiment. Sie sind so groß wie ein Telefonbuch und erscheinen wöchentlich. Die Bände umfassen rund 25 Comic-Erzählungen aus allen Themenbereichen, von Gangster-Saga und Teenie-Romanzen bis hin zu Radrennen und *shōgi* (japanisches Schach), häufig auch mit viel Sex und Gewalt. Die erfolgreicheren Serien sind in Bänden (*tankōbon*) zusammengestellt, die in den Hauptabteilungen von Buchläden zu finden sind. Es überrascht nicht, dass Mangas rund ein Viertel des Umsatzes von Büchern und Zeitschriften (knapp 15 Mrd. €) ausmachen.

Die Wurzeln der Mangas lassen sich bis auf die Grafikkunst der *kibyōshi*-Holzschnitte der Edo-Ära und auf die Comics, die mit der ame-

Comiket (www.comiket.co.jp; kurz für „Comic-Market") ist eine riesige Convention, die alle zwei Jahre in Tokio stattfindet. Hier dreht sich alles um *dōjinshi* (Amateur-Mangas) für Fans. Für ungeschulte Augen sehen *dōjinshi* aus wie „offizielle" Mangas, doch die meisten sind Parodien (einige davon sexueller Art) auf berühmte Mangas.

rikanischen Besatzung ins Land kamen, zurückverfolgen. Doch Mangas sind eine eigenständige Kunstgattung und widmen sich oft komplexen Themen und der Entwicklung von Charakteren, wie man sie eher von Romanen erwartet. Beliebte Serien wie *One Piece* von Eiichirō Oda werden schon seit über 20 Jahren fortgesetzt, und viele treue Leser sind daher inzwischen in den mittleren Jahren.

Eine hervorragende Einführung in die Kunst der Mangas bietet das Kyoto International Manga Museum.

Die beliebten TV-Animes *Astro Boy* und *Kimba, der weiße Löwe* basieren auf den erfolgreichen Mangas von Osamu Tezuka (1928–1989), einem Künstler, der oft als *manga no kamisama* – der „Gott des Mangas" bezeichnet wird.

Anime

Anime kann vieles bedeuten, von den auf Hochglanz polierten, handgezeichneten Filmen aus dem Studio Ghibli bis zu den Low-Budget-Serien, die wie am Fließband für das japanische Fernsehen produziert werden. Animes richten sich an alle Altersgruppen und sozialen Schichten. Ihre Genres reichen von Science-Fiction und Abenteuer bis zu Liebesfilmen und historischen Dramen.

Viele erörtern philosophische Fragen und gesellschaftliche Probleme, andere bieten spaßige Unterhaltung für Kinder oder bizarre Fantasien. Viele beliebte Mangas wurden später zu Anime-Serien verarbeitet. Einige von ihnen warten mit atemberaubenden Bildern, einer enormen Detailverliebtheit, komplexen und ausdrucksstarken Figuren und aus-

HAYAO MIYAZAKI – KÖNIG DER ANIMES

Hayao Miyazaki, der gemeinsam mit Isao Takahata das Studio Ghibli gründete, ist es vor allem zu verdanken, dass Animes im Ausland weithin bekannt wurden und Zugang zum Mainstream fanden. Sein Film Chihiros Reise ins Zauberland (2001) erhielt den Oscar als bester Animationsfilm und er selbst wurde 2014 mit dem Ehrenoscar für sein Lebenswerk geehrt.

Hayao Miyazaki wurde 1941 während des Krieges in Tokio geboren. Sein Vater arbeitete als Direktor in einer Firma, die Teile für die bekannten A6M-Jagdflugzeuge herstellte. Dieser frühe Kontakt zu Flugzeugen hinterließ bei dem jungen Miyazaki einen bleibenden Eindruck, und so tauchen in seinen Filmen immer wieder die skurrilsten Fluggeräte auf: Sein Film *Wie der Wind sich hebt* (2013) ist die fiktionalisierte Biografie des Flugzeugkonstrukteurs Jirō Hirokoshi. Der Name des Studios Ghibli („Schibli" ausgesprochen) kommt von einem italienischen Aufklärungsflugzeug, das im Zweiten Weltkrieg eingesetzt wurde.

In der Schule sah Miyazaki Japans ersten Anime in Spielfilmlänge, *Hakujaden* (*Erzählung einer weißen Schlange*, 1958), und beschloss, selber Trickfilmzeichner zu werden. Nach seinem Universitätsabschluss 1963 arbeitete er für das große Filmstudio Tōei, wo er bei einigen der bekanntesten Produktionen mitwirkte, darunter *Little Norse Prince* (1968), bei der er erstmalig mit Takahata zusammenarbeitete. Sein Regiedebüt war der Film *Lupin III: Das Schloss des Cagliostro* aus dem Jahr 1979.

1984 verfilmte Miyazaki seinen Manga *Nausicaä aus dem Tal der Winde* als Anime. Im Film deuten sich in wunderbarer Umsetzung viele der Themen an, die in seinen späteren Arbeiten immer wieder auftauchen, darunter Umweltprobleme und die zentrale Rolle starker weiblicher Charaktere. Der Film war sowohl bei Kritikern als auch beim Publikum erfolgreich und festigte Miyazakis Status als einflussreicher Animekünstler. Er nutzte diesen Erfolg, um sein eigenes Animationsstudio Ghibli zu gründen, das alle folgenden Werke produzierte.

1988 brachte das Studio Ghibli *Mein Nachbar Totoro* heraus. Der Film ist schlichter und weniger dicht dargestellt als viele andere seiner Werke. *Totoro* erzählt die Geschichte von zwei kleinen Mädchen, die mit ihrer Familie aufs Land ziehen, während ihre Mutter im Krankenhaus auf ihre Genesung wartet. Die Mädchen freunden sich mit einem märchenhaften Wesen namens Totoro an, das im Wurzelwerk eines riesigen Kampferbaums lebt. Wenn man Miyazakis Welt erkunden möchte, bietet dieser Film den perfekten Einstieg.

gefeilten Handlungen auf. Wichtige Regisseure und Sprecher sind hoch angesehen, ihre Figuren werden zu wahren Publikumslieblingen.

Einer der bekanntesten Animes ist *Akira* (1988) von Otomo Katsuhiro, eine überbordende, fantastische Reise in ein Tokio der Zukunft, voller Motorradgangs und Kinder mit übernatürlichen Fähigkeiten. *Ghost in the Shell* (1995) von Oshii Mamoru, eine Science-Fiction-Geschichte, die Philip K. Dicks würdig wäre, dreht sich um Cyborgs, Hacker und das ultimative Computer-Netzwerk. Zu den Werken von Satoshi Kon (1963–2010) gehören u. a. der an Hitchcock erinnernde Film *Perfect Blue* (1997), der charmante *Tokyo Godfathers* (2003) und der Science-Fiction-Thriller *Paprika* (2006), die ebenso Klassiker sind.

Ein vielversprechender neuer Regisseur ist Makoto Shinkai: Sein Film *Kimi no Na wa* (*Dein Name*, 2016) war sowohl bei der Kritik als auch an den Kinokassen ein Hit, nach Chihiros Reise ins Zauberland der kommerziell zweiterfolgreichste japanische Film aller Zeiten. Er soll 2017 international in die Kinos kommen.

Ein Muss für Fans des Studio Ghibli ist ein Besuch des tollen Ghibli-Museums im Tokioter Stadtteil Mitaka.

Traditionelle Musik

Japans klassische Musik ist *gagaku*, die Musik, die seit dem 7. Jh. am Hof aufgeführt wurde. Gespielt wird sie mit der *koto* (Zither) und der *biwa* (Laute mit kurzem Hals) sowie anderen Instrumenten, die aus China nach Japan kamen. Diese eindringliche, urtümlich klingende Musik wird manchmal in Nationaltheatern oder an Shintō-Schreinen öffentlich aufgeführt.

Zugänglicher (und zugegebenermaßen fröhlicher) ist *min'yo* (Volksmusik), die in der Regel auf einer *shamisen* (einer Laute oder einem Banjo ähnlich) gespielt wird. Verschiedene Regionen haben unterschiedliche Stile (und sogar unterschiedliche musikalische Strukturen). In einigen Gegenden Japans (besonders in Aomori und Okinawa) finden in Bars und Restaurants schwungvolle Konzerte statt. Sehr beliebt sind auch die energiegeladenen (und das ist noch gelinde ausgedrückt) Vorstellungen der auf Sado-ga-shima basierenden *taiko*-(Trommel-)Truppe Kodo (www.kodo.or.jp).

Die Handlung vieler moderner japanischer Horrorfilme geht auf die beliebten *kaidan* (traditionelle Horror- oder Geistergeschichten) aus der Edo- und Meiji-Zeit zurück.

Musik spielt auch bei der traditionellen darstellenden Kunst Japans eine große Rolle: Beim Nō setzen *taiko*-und Flötenmusik Akzente, Kabuki und *bunraku* werden von *shamisen* begleitet.

Architektur

Japans traditionelle Designs mit klaren Linien, natürlichen Materialien, erhöhtem Raumbewusstsein und subtiler Ausdehnung sind seit Langem eine Inspiration für Schaffende aus aller Welt. Sie spiegeln sich in den Jahrhunderte alten Schreinen, Tempeln, Teehäusern und Gärten des Landes wider, aber auch in modernen Werken, die an Altes anlehnen und zugleich nach Neuem streben. Japans zeitgenössische Architekten werden weltweit gefeiert. Ihre Werke zu sehen – in den Städten und auf dem Land – gehört zu den Highlights eines jeden Besuchs.

Traditionelle Architektur

Traditionelle japanische Architektur besteht fast ausschließlich aus Holz. Japanische Tischler waren wahre Meister ihres Fachs und wandten ein kompliziertes System von Schreinertechniken an, um große Holzbauten ohne Nägel zu errichten. Manche davon stehen auch noch Hunderte Jahre später (falls nicht, liegt das wahrscheinlich an einem Brand).

Der Hōryū-ji (607) soll die beiden ältesten Holzbauten der Welt beherbergen, darunter eine 32 m hohe Pagode. Die Haupthalle des Tōdai-ji zählt zu den größten Holzbauten der Welt. Tatsächlich hat das aktuelle Gebäude (1709) nur zwei Drittel der ursprünglichen Größe aus dem 8. Jh.

Frühe Architekturstile und -techniken wurden stark von Korea und China beeinflusst. Bis weit in die Neuzeit (und womöglich noch heute) begann ein Bauprojekt mit der Beratung durch einen Geomantiker, der die Kunst des Feng-Shui beherrschte. Die Geschmäcker der verschiedenen herrschenden Klassen haben über die Jahrhunderte hinweg ihre Spuren hinterlassen – von der nüchternen Eleganz des mittelalterlichen Kriegerstands bis zu den prunkvolleren Stilen, die in der Edo-Zeit in Mode waren. Doch selbst bei den auffälligsten Gebäuden erfüllen die Verzierungen den Zweck, die Schönheit des Gebäudes und der verwendeten Materialien zu unterstreichen.

In der gesamten japanischen Geschichte bis hin zur Meiji-Zeit wurde das Bauwesen stark nach gesellschaftlichem Rang reglementiert, was sich sogar auf die Breite eines Tores auswirkte. Die prachtvollsten Gebäude waren die Tempel, Schreine und Villen der herrschenden Klasse – und natürlich die Burgen.

Traditionelle Holzbauten waren sehr brandgefährdet und es sind nur wenige wahrhaft historische und ursprüngliche Bauwerke erhalten, auch wenn viele Nachbauten den historischen Vorgaben folgen.

Ausländische Einflüsse

Als Japan nach der Meji-Restauration (1868) seine Tore für westliche Einflüsse öffnete, wollten die Städteplaner der Innenstadt von Tokio das Aussehen einer europäischen Stadt verleihen. Es folgte ein jahrhundertelanges Tauziehen zwischen Befürwortern und Gegnern: Architekten, die die neuen Stile und Materialien begrüßten, und andere, die sich dagegenstellten. Mit seiner Ziegelsteinfassade und seinen Kuppeln sieht der 1914 errichtete Bahnhof von Tokio wie ein europäisches Bahnhofsgebäude aus. Das Nationalmuseum Tokio (1938) hingegen wurde im sogenannten kaiserlichen Stil gebaut – eine robuste moderne Veranschaulichung traditionellen Designs.

Die neuen Hafenstädte wie Yokohama, Kōbe und Hakodate mit ihren ausländischen Gemeinden und Einflüssen erhielten viele neue Gebäude im westlichen Stil, darunter Kirchen mit unverkennbaren Kirchtürmen und Kuppeln. Oft wurden diese neuen Bauwerke aus Ziegelstein oder Stein gebaut. Am auffälligsten an der Architektur aus dieser Zeit ist das bunte Durcheinander: eine russisch-orthodoxe Kirche neben einem Herrenhaus im viktorianischen Stil, um die Ecke ein buddhistischer Tempel und gegenüber vielleicht ein neobarockes Bankgebäude. Besonders in Hakodate ist dieser kosmopolitische Mix erhalten geblieben. Damals war es unter der wohlhabende Elite in Mode, Hybridhäuser mit Seitenflügeln im japanischen und europäischen Stil zu bauen.

Im Jahr 1917 besuchte Frank Lloyd Wright, ein bekannter Japanliebhaber, das Land und hinterließ sechs Gebäude sowie etliche Fachrichtungen, die auf modernen Grundsätzen basierten. Viele Gebäude aus der Meiji-Zeit, darunter ein Teil von Wrights ursprünglichem Entwurf für das (1967 wiederaufgebaute) Imperial Hotel, sind im Meiji-mura außerhalb von Nagoya zu sehen.

Moderne Kultbauten

Die moderne japanische Architektur erreichte ihren Höhepunkt in den 1960er-Jahren. Der berühmteste unter den japanischen Baumeistern des 20. Jhs. war Tange Kenzō (1913–2005), der von traditionellen japanischen Formen und den kühnen Skulpturen des französischen Architekten Le Corbusier beeinflusst wurde. Einer seiner frühen Werke war das Hiroshima Friedenszentrum mit Friedenspark (1955). Zudem entwarf er die Sporthalle Kokuritsu Yoyogi Kyōgijō für die Olympischen Spiele von 1964, die leicht an einen Samurai-Helm erinnert und Hängebrückentechnologie verwendet. Später schuf er auch die Tokyo Metropolitan Government Offices (1991), ein gewaltiges Bauwerk mit der Silhouette einer gotischen Katehdrale.

Zeitgenossen von Tange waren die „Metabolisten" Shinohara Kazuo, Kurokawa Kishō, Maki Fumihiko und Kikutake Kiyonori. Die Strömung des Metabolismus stand für flexible Räume und Funktionen anstatt fester Formen in Gebäuden. In Bezug auf Design war es eine radikale Truppe, die verschiedene faszinierende Skizzen und Entwürfe hervorbrachte – von denen die meisten aber nie über diesen Status hinauskamen. Tatsächlich gebaut wurde jedoch der Kurokawa's Nakagin Capsule Tower

Der 634 m hohe Tokyo Sky Tree (2012) ist der höchste freistehende Turm der Welt. Es wurden antike bei Pagoden verwendete Bautechniken von zweiteiligen Strukturen angewandt: eine *shimbashira*-Säule (aus zeitgenössischem Stahlbeton) und ein äußerer Stahlrahmen. Letzterer dient als Gegengewicht bei Schwingungen des Turms und mindert sie um 50 %.

GLOSSAR ZU TRADITIONELLER JAPANISCHER ARCHITEKTUR

fusama	mit Papier bespannte Schiebeschirme, die als Raumaufteiler dienen
gasshō-zukuri	spezieller Stil reetgedeckter Bauernhäuser, der nach der Form der Dachsparren benannt sind, die wie gefaltete Hände beim Gebet aussehen
hinoki	japanische Zypresse, bevorzugtes Material für monumentale Gebäude
kawara	Schieferdachziegel
machiya	traditionelle japanische Stadthäuser aus Holz, für gewöhnlich zweistöckig mit einem Geschäft im Erdgeschoss und Wohnbereichen im Obergeschoss
mon	Haupteingangstor eines Tempels oder einer Burg mit mehreren Säulen oder Fensterflügeln und einem mehrstufigen Dach; ein Eingangstor im chinesischen Stil wird *karamon* genannt
shoin-zukuri	eine Stilrichtung eleganter, gehobener Architektur für den herrschenden Kriegerstand, entstand im 14. Jh. mit der Verbreitung des Zen-Buddhismus
sukiya-zukuri	ähnlich wie ein *shoin-zukuri*, aber einfacher; Shabby-chic-Stil, der sich aus der Teezeremonie im 16. Jh. entwickelte
shōji	Schiebetüren aus Holz, mit Maulbeerpapier bespannt
tatami	Matten aus gewebtem Reisstroh, die in traditionellen japanischen Gebäuden als Bodenbelag liegen; die Größe ist festgelegt und der Bereich wird oft anhand der Mattenzahl gemessen
torii	Shintō-Schein-Tor mit zwei senkrechten Säulen und zwei horizontalen Querbalken, von denen der obere oft leicht gebogen ist; häufig in hellem Zinnoberrot angestrichen

TRADITIONELLE JAPANISCHE GÄRTEN

Gärtnern gehört zu den schönsten Kunstformen Japans. Bei Erkundungstouren trifft man auf vier Gartenformen:

Funa asobi Bedeutet so viel wie „Ausflugsboot", und diese Gärten waren in der Heian-Ära beliebt. Oft sind sie rund um vornehme Herrenhäuser angelegt und warten mit einem großen Teich zum Bootfahren auf. Ein hübscher Vertreter dieser Art ist der Garten rund um den Byōdō-in in Uji.

Shūyū Diese Art von „Flaniergärten" soll man von einem sich hindurchschlängelnden Pfad aus betrachten. So kann sich die Szenerie etappenweise aus verschiedenen Blickwinkeln entfalten. *Shūyū*-Gärten waren in der Heian-, Kamakura- und Muromachi-Zeit beliebt. Ein berühmtes Beispiel ist die Anlage des Ginkaku-ji in Kyoto.

Kanshō Zen-Steingärten (auch bekannt als *kare-sansui*-Gärten) sind „kontemplative" Gärten, die nur aus einer Perspektive betrachtet werden und bei der Meditation helfen sollen. Wohl am bekanntesten ist der Ryōan-ji in Kyoto.

Kaiyū Gärten der „zahlreichen Genüsse" bestehen aus vielen kleinen Gärten mit einem oder mehreren Teehäusern rund um einen Teich in der Mitte. Wie den Flaniergarten soll man ihn zu Fuß erkunden. Dem Betrachter bieten sich verschiedene Szenen, darunter oft literarische Anspielungen. Ein klassisches Beispiel ist die Kaiservilla Katsura Rikyū in Kyoto.

(1972), ein Apartmentkomplex in Tokio mit Kapselwohnungen, die vollständig vom zentralen Kern abgenommen und ersetzt werden können. Besonders erfolgreich war Maki, der Realist der Gruppe, der 1993 den renommierten Pritzker-Architekturpreis gewann (Tange hatte ihn zuvor 1987 gewonnen). Seine Gebäude, bei denen neue und verschiedenartige Materialien eingesetzt wurden, haben einen geometrischen, nicht zentrierten Aufbau. Das Spiral Building ist ein tolles Beispiel.

Zeitgenössische Architektur

In den 1980er-Jahren tauchte eine neue Generation japanischer Architekten auf, die weiterhin aus der Moderne und der Postmoderne schöpft und zugleich ein erneuertes Interesse am architektonischen Erbe Japans bekundet. Zu den namhaftesten Vertretern gehören Itō Toyō und Andō Tadao, beide Gewinner des Pritzker-Preises.

Japans feudale Paläste und Burgen verfügten über ein unkompliziertes Sicherheitssystem (Nachtigallenböden). Die knarrenden Böden vom Nijō-jō in Kyoto sind ein hervorragende Beispiel für diese melodische Sicherheitstechnik, mit der heranschleichende Ninjas ertappt wurden.

Andōs Werke sind schwer, geerdet und monumental. Sein bevorzugtes Material ist Beton. In Tokio und auf Naoshima kann man viele seiner Bauwerke finden. Itōs Designs sind leichter und begrifflicher. Zu seinen bekanntesten Werken gehört das Sendai Mediatheque.

Sejima Kazuyo und Nishizawa Ryue, Geschäftsführer des Unternehmens SANAA (ebenfalls mit dem Pritzker-Preis ausgezeichnet) folgen bei der Gestaltung ihrer lichternen Räume dem Credo *form follows function* („die Form folgt der Funktion"). Dutzende beeindruckende Projekte gehen auf ihr Konto, darunter das Museum für zeitgenössische Kunst des 21. Jhs. in Kanazawa und das ausgefallene Kunstmuseum Teshima.

Der letzte japanische Gewinner des Pritzker-Preises war Ban Shigeru im Jahr 2014. Er verfolgt einen eigenen Ansatz – absichtlich verwendet er preisgünstige und recycelte Materialien und baut neben angesehenen Projekten Fertighäuser und Notunterkünfte. Zu seinen bekannteren Werken zählt eine temporäre Kathedrale aus Pappe, die nach dem Hanshin-Erdbeben von 1995 in Kōbe gebaut wurde. Als man schließlich ein dauerhaftes Gebäude errichtet hatte, wurde Bans Bauwerk nach Taiwan verschifft, das vor Kurzem ebenfalls von einem Erdbeben heimgesucht wurde.

Traditionelle japanische Unterkünfte

Ein Hotel ist ein Hotel, egal wo man ist. Zwar gibt's in Japan einige richtig schöne Bleiben, doch in einer Unterkunft im traditionellen Stil zu übernachten ist ein Erlebnis für sich. Auf Futons (gequilteten Matratzen) zu schlafen, im *o-furo* zu baden (Bad im japanischen Stil, oft ein Gemeinschaftsbad) oder den Tag mit gegrilltem Fisch und Reis zu beginnen sind alles Erfahrungen, die dabei helfen, tiefer in Japan einzutauchen. Möglich ist das in *ryokan* (traditionellen Herbergen), *minshuku* (traditionellen Pensionen) und *shukubō* (Tempel-Unterkünfte).

Die Grundlagen

Pantoffeln

In jeder traditionellen Unterkunft sollte man die Schuhe an der Tür stehen lassen und die Pantoffeln überstreifen, die dort bereitgestellt wurden. Kleinere Häuser haben Schuhregale oder -schränke (falls nicht: einfach ordentlich an die Seite stellen). In besseren Häusern zieht man die Schuhe aus und das Personal räumt sie dann geschwind weg. Für die Toilette gibt's wieder andere Pantoffeln – nicht vergessen, wieder die normalen anzuziehen, wenn man das Bad wieder verlässt! Außerdem gibt es noch Pantoffeln für draußen (*geta* mit Holzsohlen, traditionelle Sandalen, oder Plastiksandalen) im Eingang, wenn man mal kurz raus möchte. Da man sich all diese Pantoffeln teilt, ziehen die meisten Gäste das Tragen von Socken vor.

Die besten Ryokan

- *Tawaraya, Kyoto*
- *Arai Ryokan, Shuzen-ji Onsen*
- *Hōshi Onsen Chōjūkan, Minakami*
- *Lamp no Yado, Aoni Onsen*
- *Iwasō Ryokan, Miyajima*

Yukata

Alle Unterkünfte in Japan (bis auf Hostels) versorgen Gäste mit Nachtwäsche – in einer traditionellen Herberge ist das ein Yukata, ein leichter Baumwoll-Kimono. Wer XL bekommt, sollte nicht beleidigt sein, die Größe richtet sich nach der Länge, nicht der Breite! Er wird über der Unterwäsche angezogen, links über rechts, Frauen ziehen oft ein Top darunter, da Yukata dazu neigen, oben unerwartet aufzuklaffen. Männer binden den *obi* (Gürtel) tief auf der Hüfte, Frauen fest in der Taille. In der Unterkunft selbst kann man sich überall im Yukata blicken lassen, auch beim Essen (das ist natürlich optional). In manchen Ferienorten tragen die Gäste ihn auch in der Stadt, während sie von Badehaus zu Badehaus ziehen.

Check-in

Für Japaner ist ein *ryokan* das Reiseziel, darum checken die meisten so früh wie möglich ein (gegen 15 Uhr). Die meisten *ryokan*, *minshuku* und *shukubō* erwarten, dass Gäste bis 18 Uhr da sind, sofern nicht anders vereinbart. Nachdem man sich eingetragen hat (handschriftlich) wird man ins Zimmer gebracht, vielleicht gibt's noch einen kleinen Rundgang, um zu zeigen, wo die Bäder und der Speisesaal sind. Das Personal kommt oft mit ins Zimmer und zeigt, wo die Yukata und Handtücher aufbewahrt werden. Wer Mahlzeiten gebucht hat, wird gefragt, wann serviert werden darf. Abendessen gibt's typischerweise gegen 18 oder 19 Uhr, Frühstück zwischen 7 und 8.30 Uhr. Utensilien zur Teezubereitung sollten in jedem Zimmer auf einem Tisch stehen, zusammen mit traditionellen Süßigkeiten oder kleinen Snacks – einfach zurücklehnen und entspannen.

Bäder

Die allermeisten traditionellen Unterkünfte – ganz gleich, ob die Zimmer ein eigenes Bad haben oder nicht – verfügen über Gemeinschaftsbäder, die nach Geschlechtern getrennt sind. Pensionen, die häufig von Besuchern aus Übersee aufgesucht werden, bilden vielleicht eine Ausnahme und bieten stattdessen viele kleine Bäder, die privat genutzt werden können. Es gilt die gleiche Etikette wie in öffentlichen Bädern: Erst im Duschbereich waschen und danach ins Becken gehen.

Viele Japaner werden sofort nach dem Einchecken die Bäder aufsuchen. Wer viel gegessen und Alkohol getrunken hat, sollte etwas warten und erst später ins Bad gehen, da das heiße Wasser für Unwohlsein sorgen kann. Und wer in einem *Onsen-ryokan* übernachtet, sollte unbedingt mehrmals baden gehen!

Ryokan-Reservierungsservice

Japanese Inn Group (http://japaneseinngroup.com)

Ryokan Collection (www.ryokancollection.com)

Selected Onsen Ryokan (http://selected-ryokan.com)

Ryokan

Einfach ausgedrückt, sind *ryokan* traditionelle japanische Gasthäuser, in denen japanische Reisende übernachteten, ehe sie je das Wort *hoteru* (Hotel) gehört hatten. Und das heißt für gewöhnlich Tatamimatten und Futons statt Betten. Die meisten servieren auch Mahlzeiten.

Doch auch bei *ryokan* kann es große Unterschiede geben. Manche sind für ihre Onsen-Bäder berühmt, die drinnen oder draußen sein können – an Flussufern, auf der eigenen Veranda oder mit Blick auf die Berge. Andere sind berühmt wegen des Essens und servieren *kaiseki ryōri* (gehobene japanische Küche), die es mit den besten Restaurants aufnimmt. Die exklusivsten sind für beides berühmt. Manche *Onsen-ryokan* bieten *kashikiri-buro* (Bäder drinnen oder draußen) an, die man

TIPPS & HINWEISE FÜR UNTERKÜNFTE

- Es ist immer am besten, eine Reservierung zu haben, auch wenn man nur wenige Stunden vor der Ankunft kurz anruft. Am einfachsten geht das, wenn man die aktuelle Unterkunft bittet, die Reservierung in der nächsten zu machen. Touristeninformationen können oft etwas vorschlagen und reservieren dann auch auf Wunsch.
- Email ist die beste Kommunikationsform, die meisten Japaner kommen mit geschriebenem Englisch viel besser klar als mit gesprochenem.
- Wer in seiner Ernährung eingeschränkt ist (oder bestimmte Dinge nicht essen will) sollte das bei der Buchung ansprechen. Unterkünfte, die regelmäßig Gäste aus dem Ausland aufnehmen, können auf bestimmte Anfragen eingehen, andere allerdings vielleicht nicht.
- Die meisten bieten auch *sudomari* (nur Übernachtung) an.
- Großes Gepäck kann in Japans alten Gebäuden ohne Fahrstühle etwas unhandlich sein. Wer in vielen solcher Unterkünfte übernachten will, sollte so leicht wie möglich packen. Bei nur einer Übernachtung kann es eine gute Idee sein, in der Unterkunft davor zu fragen, ob man seinen Koffer dort unterstellen kann, und dann nur mit einer Tagestasche fahren.
- Oder man nutzt das neue *hands-free*-Reiseangebot und lässt seine großen Taschen zum nächsten Halt vorschicken. Einzelheiten bei www.jnto.go.jp/hands-free-travel.

Etikette

- Geräusche hallen weit in alten Häusern, also ist es nett und rücksichtsvoll, nach dem Abendessen ruhig zu sein.
- Bitte das Gepäck nicht in die tokonoma (heilige Wandnische) stellen, die ist für gewöhnlich mit einer Schriftrolle dekoriert.
- Niemals mit Pantoffeln auf die Tatamimatten treten.

für 40 Minuten oder bis zu einer Stunde privat mieten kann (allein, zu zweit, als Familie), das kostet etwa 2000 ¥ bis 4000 ¥.

Ryokan können verwinkelte alte Holzhäuser direkt wie aus einem *ukiyo-e* (Holzschnitt) sein oder moderne Betongebäude. Die Letzteren haben häufiger einen Fahrstuhl, Zimmer mit Bad und ein paar Unterkünfte mit Betten, auch eins für Rollstuhlfahrer. In den älteren Herbergen kann es gern mal ziehen, die Wände sind dünn und oft gibt's nur Gemeinschaftstoiletten, aber die Atmosphäre gleicht das alles aus: dank der natürlichen Baustoffe wie Holz, Erde, Papier, Reet, Bambus und Stein fühlt man sich fast wie in der Natur. Viele haben auch schöne, traditionelle Gärten.

Das *ryokan*-Personal (oft in Kimono gekleidet) ist sehr beflissen. Während des Essens servieren sie einen Gang nach dem anderen – in den besseren kann man das Essen auch im Zimmer bekommen. Während oder nach den Mahlzeiten rollt das Personal den Futon aus. Nach dem Auschecken werden die Gäste mit einer tiefen Verbeugung verabschiedet.

Es gibt *ryokan* an beiden Enden des Preisspektrums. Einfachere, bei denen die Grenze zwischen *ryokan* und *minshuku* etwas verschwommen ist, kosten nur zwischen 5000 ¥ und 7000 ¥ pro Person (inklusive Mahlzeiten). Eine Nacht in einem exklusiven *ryokan* kann zehn Mal so viel kosten. Für einen sehr schönen Aufenthalt sollte man zwischen 12 000 ¥ und 20 000 ¥ pro Person einkalkulieren.

Laut Statistik der Regierung gibt's etwa 40 000 *ryokan* in Japan, allerdings sinkt die Anzahl jedes Jahr. Viele junge Japaner bevorzugen den Komfort und die Anonymität von Hotels, außerdem sind Renovierungen alter Gebäude teuer, dazu kommt noch die Erbschaftssteuer.

Minshuku

Eine *minshuku* ist meistens eine familiengeführte Pension, vergleichbar mit einem B&B in Europa. In einigen sehr einfachen *minshuku* wohnen die Gäste bei einer japanischen Familie, die ein paar Räume ihres Hauses in Gästezimmer verwandelt hat. Bei anderen handelt es sich um eigens errichtete Zweckbauten. Die Ausstattung der Zimmer umfasst in jedem Fall mit Tatamimatten und Futons im japanischen Stil. Dazu gehören meistens Gemeinschaftsbäder. Die Mahlzeiten sind wesentlich einfacher und eher Hausmannskost, die Gäste essen alle gemeinsam in einem Speiseraum. Im Gegensatz zu einem *ryokan* macht man in einer *minshuku* die Betten morgens und abends selbst.

Der durchschnittliche Preis pro Person und Nacht beträgt inklusive zwei Mahlzeiten etwa 5500 ¥. Minshuku lassen sich oft schwer finden, wenn man nicht Japanisch sprechen oder lesen kann. Viele werden noch ziemlich analog geführt und bieten keine Buchungen über das Internet an, nur wenige Besitzer sprechen Englisch. Am leichtesten zu buchen sind *minshuku* über eine Touristeninformation. Die dortigen Mitarbeiter rufen in der Regel in der Unterkunft an und arrangieren alles.

Shukubō

Eine *shukubō* ist eine Unterkunft in buddhistischen Tempeln, die traditionell für Pilger oder offizielle Besucher des Tempels gedacht war, heute aber oft auch normalen Touristen offensteht. Was man dort vorfindet, ist sehr unterschiedlich: Einige *shukubō* sind regelrecht luxuriös und können es mit den exklusivsten *ryokan* Japans aufnehmen, andere sind einfach spartanische Zimmer, die denen in billigen Hostels oder Pensionen gleichen. Größtenteils liegen sie aber irgendwo dazwischen. Die Zimmer sind fast immer traditionell japanisch eingerichtet, also mit Tatamimatten auf dem Boden und Futons zum Schlafen. Manchmal sind Männer und Frauen getrennt, doch meistens dürfen Paare zusammen übernachten. Es kann vorkommen, dass man einfach einen Raum auf dem Tempelgelände bekommt und dann sich selbst überlassen bleibt. In anderen Tempeln darf (bzw. soll) man an Gebeten, Gottesdiensten oder der Meditation teilnehmen. Wer Glück hat, stößt auf einen Mönch, der Englisch spricht und bereit ist, Besuchern den Tempel zu zeigen und dessen Schätze und Geschichte zu erklären.

Shukubō gibt's in ganz Japan, darunter in Tempeln in Kyoto und Nara. Bei vielen werden auch Mahlzeiten serviert. Je nachdem, ob es Essen und andere Angebote gibt, sollte man mit 6000 ¥ bis 14 000 ¥ rechnen.

Der beliebteste Ort, um in Japan in einer *shukubō* zu übernachten, ist zweifellos der Bergklosterkomplex Kōya-san in der Präfektur Wakayama (Kansai), mit der Bahn etwa zwei Stunden südlich von Osaka. Fast alle Tempel hier haben Unterkünfte. Einige sind geradezu spektakulär mit wundervollen Gärten und stilvollen Zimmern, bescheidenere gibt's aber auch. Die Spezialität des Kōya-san ist *shōjin-ryōri* (buddhistische vegetarische Küche), und einige Tempel servieren wahrhaft unvergessliches Essen. Eine Liste aller Tempel-Unterkünfte in Kōya-san findet man bei der Koyasan Shukubo Association (http://eng.shukubo.net).

Sport

Japans Nationalsport ist das traditionsreiche Sumo. Doch obwohl es auch sehr populär ist, hat Baseball es inzwischen in der Beliebtheit überflügelt. Auch Fußball ist sehr populär, und viele Japaner sehen und praktizieren gerne Kampfsport – besonders Judo. 2019 wird der Rugby-Weltcup in Japan stattfinden – ein kleiner Vorgeschmack auf das Spektakel ein Jahr später, wenn in Tokio die Olympischen Sommerspiele stattfinden.

Sumo

Japans Nationalsport geht auf antike Shintō-Rituale zurück, mit denen um gute Ernten gebeten wurde. Zwei übergewichtige, muskelbepackte Männer mit zurückgegelten, in einem Knoten zusammengebunden Haaren, kämpfen in einem von Erde bedeckten *dōyo* (Ring) vor vollen Rängen unter einem Dach, das an einen Schrein erinnert, und tragen dabei nur einen *mawashi* (Lendenschurz). Vor den Runden, die meist nur wenige Sekunden dauern, spülen sich die *rikishi* (Ringer) den Mund mit Wasser aus und werfen Salz in den Ring – zwei Reinigungsrituale. Eine klassische Sumo-Bewegung heißt *shiko*: Um Stärke und Wendigkeit zu demonstrieren, gehen sie in die Hocke, klatschen in die Hände und heben die Beine abwechselnd so hoch es geht, um dann möglichst fest aufzustampfen.

Bashō (große Turniere) dauern 15 Tage und finden sechsmal im Jahr statt (im Januar, Mai und September in Tokio, im März in Osaka, im Juli in Nagoya und im November in Fukuoka). Neben dem eigentlichen Ringen ist vor allem das ganze Drumherum beeindruckend, wie der zeremonielle Aufmarsch der *maku-uchi* (erste Liga) in ihren reich verzierten *keshō-mawashi*-Schürzen und der Tanz mit dem Bogen der *yokozuna*-Kämpfer (der höchste Rang, den ein Sumoringer erreichen kann).

SUMO

Bei Nihon Sumo Kyokai (www.sumo.or.jp) kann man online Tickets kaufen. Sumo Fan Magazine (www.sumofanmag.com) ist ein mehrsprachiges Online-Fanzine. Sumotalk (www.sumotalk.com) hält alle wichtigen Informationen rund um das Thema Sumo bereit.

Baseball

In Japan *yakyū* genannt. Horace Wilson, ein US-amerikanischer Lehrer, hat den Sport 1873 in Tokio eingeführt. Die Saison läuft von April bis Oktober. Spiele finden im ganzen Land in zwei professionellen Ligen statt (Central und Pacific; www.npb.or.jp), die aus jeweils sechs Mannschaften bestehen. Sponsoren sind bedeutende Unternehmen. Zwischen den Gewinnern der zwei Ligen kommt es am Ende der Saison zum Showdown, der Seven Match Japan Series. Das mit Abstand erfolgreichste Team sind Tokios Yomiuri Giants, die bereits 35 Titel in der Central League und 22 Japan-Series-Titel gewonnen haben. In Kansai sind die Hanshin Tigers das populärste Team. Ob man sich nun für Baseball interessiert oder nicht, es lohnt sich in jedem Fall, ein Spiel zu besuchen, um die Fans bei ihrem aufwendig einstudiertem Jubel zu beobachten.

Kampfsport

Die für Japan typischen Kampfsportarten gehen zwar auf Kampftechniken der Samurai und anderer Krieger zurück, ihre heutige Form haben sie aber erst in moderner Zeit angenommen. Bei diesen *gendai budō* (japanischer Kampfsport) liegt der Fokus auf persönlicher Weiterentwicklung und Selbstverteidigung, nicht auf dem offensiven Angriff.

Aikidō

Aikidō, das sich Techniken des Judo, Karate und Kendō bedient, gibt es seit dem frühen 20. Jh. Statt Angriffe abzuwehren, nutzten Aikidō-Kämpfer ihre Energie mittels Wurf- und anderer Techniken für sich. Der Hombu-*dōjō* in Tokio ist das Hauptquartier der Internationalen Aikidō-Föderation (www.aikikai.or.jp). Hier kann man sich auch für Unterricht anmelden.

Kendō

Kendō geht auf die Schwertkämpferkunst *kenjutsu* zurück. Bei Kämpfen kommen stumpfe Bambusschwerter (*shinai*) und eine leichte Rüstung (*bōgu*) zum Einsatz. Die offizielle Instanz ist die **Nationale Kendō-Föderation** (www.kendo-fik.org) mit Sitz im Nippon Budōkan in Tokio. Dort werden auch viele Wettkämpfe ausgetragen.

Fünf neue Sportarten wurden vom IOC für die Sommerspiele 2020 in Tokio zugelassen: Karate, Skateboardfahren, Surfen, Klettern und – seit 2008 erstmals wieder dabei – Baseball und Softball.

Judo

Judo (wörtlich „der sanfte Weg“) ist seit 1964 olympische Disziplin. Es ging der Ende des 19. Jhs. aus dem offensiveren Jiu Jitsu hervor. Kontrollorgan ist die **Nationale Judo-Föderation** (www.judo.or.jp), deren Website Infos zu Wettkämpfen bietet. Das Kodokan Judo-Institut betreibt Trainingszentren in Tokio and Osaka – Letzteres hat auch ein Hostel, in dem Studenten mit besonderer Empfehlung übernachten können.

Karate

Karate bedeutet „leere Hand“ und hat seinen Ursprung in Okinawa. Es ist eine Verschmelzung der Kampfkunst *ke* aus Okinawa und chinesischer Kampfsporttechniken. Heutzutage gibt es verschiedene Stile. Die **Japanische Karate-Vereinigung** (www.jka.or.jp) repräsentiert die beliebteste Shokotan-Tradition. In der *dōjō* (Trainingshalle) der Vereinigung in Tokio dürfen auch Besucher am Training teilnehmen.

Fußball

Fußball hat in Japan schon 150 Jahre auf dem Buckel, wurde aber erst mit Gründung der professionellen J-League (www.j-league.or.jp) 1993 zu einem beliebten Zuschauersport. 2002 war Japan mit Korea Gastgeber der Fußballweltmeisterschaft. Das Großereignis war ein voller Erfolg.

Die erste Liga J1 zählt 18 und die zweite Liga J2 22 Clubs. Sie alle spielen zwischen März und Oktober um den Yamazaki Nabisco Cup.

SUMO – RINGTECHNIKEN

Die Größe spielt eine bedeutende Rolle beim Sumo, aber wehe dem, der sich allein auf seine Masse verlässt, denn zuletzt sind meist die *kimari-te* (Ringtechniken) entscheidend. Es gibt 82 offiziell anerkannte *kimari-te*, die die *rikishi* (Ringer) anwenden dürfen.

Abisetaoshi Den Gegner mit dem eigenen Körpergewicht rückwärts zu Boden stoßen.

Oshidashi Den Gegner aus dem Ring schieben, indem man unter die Arme fasst oder gegen die Brust drückt.

Oshitaoshi Den Gegner innerhalb oder außerhalb des Rings zu Boden stoßen.

Shitatenage Den Gegner an den Innenseiten der Arme packen.

Tsukiotoshi Den Arm oder die Seite des Gegners packen und ihn quer zu Boden zwingen.

Uwatenage Außen um die Arme herum den *mawashi* (Lendenschurz) des Gegners zu fassen bekommen und ihn damit umwerfen.

Uwatedashinage Wie *uwatenage*, nur dass der Gegner zusätzlich gezogen wird.

Yorikiri Den Gegner am *mawashi* aus dem Ring „tragen“.

Zur Disqualifikation führen Hiebe mit der geschlossenen Faust, Schläge auf die Ohren, Würgegriffe und Griffe in die Weichteile oder Haareziehen.

Die Kunst der Geishas

Das Wort Geisha heißt buchstäblich „Person der Kunst". In Kyoto werden sie Geiko genannt, „Kind der Kunst". Geishas in ihren wertvollen Seidenkimonos sind vor allem versierte Musikerinnen und Tänzerinnen, ebenso wie sehr charmante, gebildete Unterhalterinnen. Heutzutage trifft man sie zunehmend selten, doch die Frauen, die aus einer anderen Welt und einer anderen Zeit zu stammen scheinen, unterhalten (und arbeiten) noch immer. Kyoto ist besonders berühmt für seine Geishaviertel, in denen man oft *maiko* (Geisha in Ausbildung) auf der Straße sehen kann.

Das Leben der Geisha: Damals und heute

Die heutigen Geishas haben ein ganz anderes Leben als ihre Vorgängerinnen. Noch bis Mitte des letzten Jahrhunderts kam ein kleines Mädchen vielleicht in die *okiya* (Wohnhaus der Geisha), um dort als Hausmädchen zu arbeiten, tatsächlich wurden damals noch Kinder von verzweifelten, verarmten Familien verkauft. Wenn sich das Kind als vielversprechend herausstellen sollte, schickte die Besitzerin sie im Alter von sechs Jahren in die *kaburenjo* (Schule der Geisha-Künste). Sie arbeitete weiterhin als Hausmädchen und bediente die älteren Geishas im Haus, aber gleichzeitig lernte sie viel und würde sich letztlich für eine der Künste entscheiden: beispielsweise die *shamisen* (Saiteninstrument mit drei Saiten, ähnlich wie eine Laute oder ein Banjo) oder den Tanz.

Die Ausbildung dauerte etwa sechs Jahre, wer die Prüfungen bestand, fing unter der Aufsicht einer älteren Geisha als Lehrling an und wurde schließlich selbst Geisha.

Geishas hatten bei ihrer *okiya* oft Schulden, denn diese finanzierte die Ausbildung und alles andere. Es besteht kein Zweifel, dass sich viele Geishas, mangels Alternativen, in der Vergangenheit an einem Punkt ihrer Karriere auf eine besondere Beziehung mit einem *danna* (Patron) eingelassen haben: Sie gingen mit ihm eine vertraglich abgesicherte Beziehung (einer Ehe nicht unähnlich) ein, die allerdings auch beendet werden konnte. Ein wohlhabender *danna* konnte einer Frau helfen, die Schulden bei der *okiya* zu begleichen oder eine eigene zu eröffnen.

Andere Geishas gaben den Beruf auf, um zu heiraten, wieder andere wurden von der *okiya* adoptiert und erbten die Rolle der Hausmutter, manche arbeiteten auch bis ins hohe Alter.

Die heutigen Geishas fangen ihre Ausbildung erst im Teenager-Alter an, während sie noch ihrer Schulpflicht nachkommen (in Japan bis 15 Jahre). Dann ziehen sie zu Hause aus und in die *okiya* (die gibt es immer noch) ein, danach beginnt die Lehrzeit. In der Vergangenheit hätte man nie eine *maiko* außer Haus in etwas anderem als dem Kimono gesehen, die Lehrlinge heute sehen in ihrer Freizeit aber aus wie ganz normale Teenager. Manche genießen die *maiko*-Stufe, werden aber nie Geisha. Wer es doch wird, lebt ein größtenteils normales Leben – wo immer sie will, mit wem sie will – und kann sich auch jederzeit für einen anderen Beruf entscheiden.

Mizoguchi Kenjs Schwarzweiß-Film von 1936 *Die Schwestern von Gion* ist ein fesselndes Porträt zweier sehr unterschiedlicher Schwestern, die in Kyotos berühmten Geishavierteln arbeiten. Die Schauspielerin Yamada Isuzu, die eine der Schwestern spielt, war die Tochter einer Geisha.

GEISHA-ETIKETTE

Ohne jeden Zweifel ist es ganz erstaunlich und wundervoll, auf den Straßen Kyotos eine *maiko* im vollen Ornat zu sehen, und ein Foto von ihr ist ein sagenhaftes Souvenir aus Japan. Allerdings sollte jeder daran denken, dass diese jungen Frauen – viele von ihnen sind noch minderjährig – auf dem Weg zur Arbeit sind. In Kyoto ist das Geisha-Gucken zu einer Art Sport geworden und völlig außer Kontrolle geraten, dabei versperren Touristen ihnen in beliebten Vierteln wie Gion den Weg, um ein Foto zu bekommen. Bevor man sie so bedrängt, sollte man sich klarmachen: *maiko* und Geisha sind Profis – wer ihre Nähe sucht, sollte ihre Kunst ansehen und eine Vorstellung besuchen. Tagsüber findet man auf den Straßen von Higashiyama viele Touristinnen, die wie Geishas angezogen sind, viele lassen sich gern fotografieren, wenn man sie vorher fragt.

Die Kleidung der Geisha

Die *maiko* in Kyoto sind leicht an ihren prächtigen Kimonos zu erkennen, mit dem lang herabhängenden *obi* und den hohen Holzsandalen, das Haar ist dramatisch hochgesteckt, Akzente setzen opulente Kämme und Haarnadeln, die *kanzashi* heißen. Geishas oder *geiko* tragen im Gegensatz dazu gedämpfte Farben und einen einfachen Haarknoten (oder eine Perücke). Jede Karrierestufe einer Geisha wird mit einer Veränderung in ihrer Kleidung gekennzeichnet. Am auffälligsten ist der Aufstieg vom Lehrling zur Geisha, bei dieser Zeremonie wird der rote Kragen des Unterkimonos gegen einen weißen ausgetauscht, dieses Ritual nennt man *erikae*.

Maiko und junge Geishas schminken ihre Gesichter weiß und lassen nur zwei sinnliche Spitzen im Nacken frei. Die Augenbrauen werden neu gemalt, nur die Unterlippe bekommt rote Farbe, früher benutzte man Kohle für die Augenbrauen und Färberdistel für die Lippen. Je älter die Geisha wird, desto natürlicher wird ihr Make-Up, jetzt spricht allein ihre Kunst ganz für sie und sie braucht keinen zusätzlichen Zierrat.

Der Roman *Rivalisierende Geishas* aus dem Jahr 1918 von Nagai Kafu beschreibt das Liebesleben von zwei Geishas in Tokio mit großem Drama. Kafu war ein notorischer Dandy und hat aufopferungsvoll viel vor Ort recherchiert.

Die Geisha-Kultur erleben

Moderne *maiko* und Geisha unterhalten ihre Kunden in edlen Restaurants, Bankettsälen und traditionellen *ochaya*, genau wie vor hundert Jahren. Diese Welt ist normalen Reisenden verschlossen, da eine persönliche Empfehlung benötigt wird, um einen Fuß in die Tür zu bekommen, allerdings helfen manche Reiseagenturen gern als Vermittler. Natürlich kosten diese Erlebnisse mehrere hundert Euro (oder noch mehr).

Am besten lernt man die Geisha-Kultur kennen, in dem man sich eine von Kyotos jährlichen Tanzdarbietungen (*odori*) ansieht, eine mehr als hundert Jahre alte Tradition. Drei der Geishaviertel zeigen ihre Tänze im April, gleichzeitig mit der Kirschblüte, ein Viertel tanzt im Mai und das letzte schließlich im November zum Herbstlaub.

In den historischen Geishavierteln wie Gion und Pontochō ist die Atmosphäre einer *hanamachi* gut erhalten. Kagurazaka in Tokio mit seinem Kopfsteinpflaster ist eines der kleinsten Vergnügungsviertel von Tokio, aber wunderschön. In Kanazawa gibt's ebenfalls einige gut erhaltene *hanamachi*, viele der alten *ochaya* wurden restauriert und sind heute Museen oder Bars.

Einige Geishas arbeiten mit dem regionalen Tourismus-Büro zusammen, um ihre Kunst zu retten und Besuchern ein Erlebnis zu bieten – wer Kyoto, Tokio oder Kanazawa besucht, sollte schnell im Internet recherchieren oder bei einem Touristeninformationszentrum nach möglichen Events fragen.

Natur & Umwelt

Die fantastisch vielfältige japanische Inselwelt erstreckt sich von den Tropen bis zum Ochotskischen Meer. Nur wenige Länder bieten so viele verschiedene Klimazonen und Ökosysteme, von Inseln mit Korallenriffen bis zu schneebedeckten Bergen. Leider zählt diese herrliche Landschaft auch zu den am stärksten bevölkerten der Erde und fast jeder Zentimeter auf dem Festland ist von menschlicher Aktivität geprägt.

Geografie

Japans vier Hauptinseln, Honshū (etwas größer als Großbritannien), Hokkaidō, Kyūshū und Shikoku, machen 95 % der Landmasse aus. Die Inselgruppe, die sich von den Ryūkyū-Inseln (die größte von ihnen ist Okinawa) bei ca. 25°N bis zum nördlichen Ende von Hokkaidō bei 45°N erstreckt, besteht aus weiteren 6848 kleineren Inseln. Die Städte Miami im Süden und Montreal im Norden liegen auf einem ähnlichen Breitengrad. Insgesamt umfasst Japan eine Landfläche von 3 km^2, rund 80 % davon bilden Gebirgszüge. Deswegen konzentriert sich die Bevölkerung größtenteils auf dicht besiedelte Küstengebiete.

Japan liegt am „Feuerring" in einer der seismografisch aktivsten Regionen auf der Welt, was Geografie und Kultur bedeutend prägte und bis heute Auswirkungen hat. Vor der letzten Eiszeit war es über eine Landbrücke mit dem ostasiatischen Kontinet verbunden.

Seismische Aktivität

Nach Schätzungen finden in Japan jedes Jahr rund 1500 Erdbeben statt. Die meisten bleiben unbemerkt, teils spürt man leichte Erschütterungen. Das letzte verheerende Erdbeben war das große Erdbeben Ostjapans 2011, mit einer Stärke von 9,0 das viertstärkste der Neuzeit. Zwar lösen Beben regelmäßig Tsunamis aus, doch das ungewöhnliche Ausmaß der Flutwelle von 2011 überraschte selbst Experten. Nach solchen Katastrophen zieht es die Menschen weg von der Küste ins Hochland.

Vulkane

10 % der weltweit aktiven Vulkane befinden sich in Japan, darunter der majestätische Fuji, der zuletzt vor 300 Jahren ausbrach. Die aktivsten liegen in Kyūshū: Besonders der spektakuläre Sakura-jima in Kagoshima zeigt regelmäßig, was er kann. Die Vulkane werden intensiv überwacht, deswegen sind Todesfälle selten, doch 2014 starben bei einem überraschenden Ausbruch des Ontake-san in Nagano 56 Wanderer.

Japans Baumanie

Da die Natur und der Jahreszeitenwechsel in der traditionellen japanischen Kultur eine große Rolle spielen, sind viele Besucher angesichts der zugebauten Landschaft negativ überrascht. Tatsächlich dienten die öffentlichen Bauprojekte ursprünglich dem Ausbau der Infrastruktur – die Asphaltierung ländlicher Straßen und die Absicherung von Hängen gegen Erdrutsche waren wichtige Maßnahmen der Nachkriegszeit und sorgten für Arbeitsplätze auf dem Land. Inzwischen sind Baumaßnah-

CO_2

2005 initiierte das japanische Umweltministerium die Kampagne „Cool Biz" zur Verringerung des CO_2-Ausstoßes. Das Programm warb für „Casual Fridays" in Büros und dafür, im Sommer Thermostate hochzudrehen (um Klimaanlagen weniger zu nutzen). Schätzungen zufolge sank dadurch der CO_2-Ausstoß nach einem Jahr um über 1 Mio. Tonnen.

men jedoch eine der wenigen Jobquellen für die schrumpfende Landbevölkerung.

In der nationalen Politik haben die ländlichen Bezirke Japans sehr viel Macht, denn dort sind sie nicht nach Bevölkerungsdichte, sondern eher nach Fläche vertreten. Um sich die Unterstützung ihrer Wahlkreise zu sichern, haben Lokalpolitiker kaum eine andere Wahl, als Regierungszuschüsse für öffentliche Bauprojekte zu fordern, um Arbeitsplätze in ihrem Bezirk zu halten. Daher ist Japan weltweit die Nummer vier im Dammbau. Modernste Brücken überspannen Dörfer, die kaum Verwendung für sie haben, und Kleinstädte haben ausgefeilte, jedoch oft inhaltslose kulturelle Komplexe.

2009 erlangte die oppositionelle Demokratische Partei die Macht. Teil ihrer Wahlversprechen war die Eindämmung der Baumanie (die Liberaldemokratische Partei, LDP, regierte seit 1955), allerdings stießen sie in ländlichen Gemeinden auf Widerstand, als sie anstehende Projekte stoppten. 2012 wurde die LDP wiedergewählt.

In seinem Buch *Dogs and Demons* (2011) setzt sich Alex Kerr intensiv mit dem Thema auseinander.

Tiere & Pflanzen

Durch die große Ausdehnung der japanischen Inseln über mehrere Klimazonen ist die Flora und Fauna sehr vielfältig. Auf dem Nansei- und dem Ogasawara-Archipel weit im Süden herrscht subtropisches Klima, hier erinnert die Tier- und Pflanzenwelt an jene der Malaiischen Halbinsel. Japans Festland (Honshū, Kyūshū und Shikoku) zeigt mehr Ähnlichkeit mit Korea und China, während Hokkaidō viele Gemeinsamkeiten mit der nahe gelegenen russischen Sachalin-Insel hat. Weitere Informationen stehen auf der Website des Biodiversity Center of Japan: www.biodic.go.jp.

Tiere

Über Japans Landbrücke zum asiatischen Kontinent sind zahlreiche Tiere aus Korea und China (und in Hokkaidō aus Sachalin) eingewandert. Im Land sind auch einige endemische Arten beheimatet, etwa der Ja-

VERANTWORTUNGSVOLL REISEN

Als Traveller hat man verschiedene einfache Möglichkeiten, um seine Auswirkungen auf Japans Umwelt gering zu halten.

Verpackungen ablehnen Beim Einkaufen sagt man: *fukuro wa irimasen* („Ich brauche keine Tüte") oder man hält seine Tasche hoch, um zu zeigen, dass man schon eine hat.

Eigene Essstäbchen mitbringen Immer ein Paar *hashi* (abwaschbare Stäbchen mit einem Behälter zum Aufbewahren) in der Tasche haben, um nicht auf die Einwegstäbchen in vielen Restaurants angewiesen zu sein.

Weniger Thunfisch und Aal bitte Den Konsum von Fischarten, die durch Überfischung gefährdet sind, wie *unagi* (Aal) und *maguro* (Thunfisch), einschränken, also auch den von *toro* (fetter Thunfischbauch). Uns ist klar: Das ist nicht leicht!

Mit öffentlichen Verkehrsmitteln fahren Japan verfügt über eines der besten öffentlichen Verkehrssysteme der Welt – und das sollte man auch nutzen!

Fahrrad fahren Viele Gasthäuser und auch einige Touristeninformationen verleihen (oft kostenlos) Fahrräder.

Keine Verkaufsautomaten benutzen Verkaufsautomaten sind in Japans Städten allgegenwärtig, verbrauchen jedoch jede Menge Energie.

panische Riesensalamander und der Schneeaffe, auch Japanmakak genannt. Darüber hinaus findet man auf den schon länger vom Festland getrennten Nansei-Inseln Lebewesen, die Experten als „lebende Fossilien" bezeichnen, wie z. B. die Iriomote-Katze.

Von Japans größten Fleischfressern, den Bären, sind zwei Arten zu entdecken: der *higuma* (Braunbär) auf Hokkaidō und der *tsukinowaguma* (Asiatischer Braunbär oder „Mondbär" wegen des weißen Halbmonds auf seiner Brust) auf Honshū, Shikoku und Kyūshū.

Auf der Roten Liste der International Union for Conservation of Nature and Natural Resources (IUCN, Weltnaturschutzunion) sind derzeit 123 gefährdete Tierarten in Japan verzeichnet, darunter der Riesen-Fischuhu, der in hohem Maß verzehrte Japanische Aal und der Mandschurenkranich, in Japan ein kaiserliches Wappentier und Symbol für langes Leben. Die Iriomote-Katze gilt neben 28 weiteren Arten als stark bedroht und der Japanische Fischotter gilt seit 2012 als ausgestorben. Die Mehrheit der stark bedrohten Spezies lebt auf den Ogasawara-Inseln, einem abgeschiedenen Archipel im Pazifik, einer Art japanische Galapagosinseln.

Pflanzen

Japans Pflanzenwelt ist heute größtenteils eine andere als noch vor einigen Jahrhunderten. In den kühlen bis gemäßigten Klimazonen von Zentral- und Nord-Honshū und Süd-Hokkaidō wuchsen einst gemischte Laubwälder. Während rund zwei Drittel des Landes noch bewaldet sind, machen natürliche Wälder nur etwa die Hälfte davon aus. Beim Rest handelt es sich um angelegte Wälder, vor allem aus Zedern und Zypressen. Man nimmt an, dass seit der Meiji-Ära 200 bis 500 Arten ins Land eingeführt wurden, hauptsächlich aus Europa, aber auch aus Nordamerika.

Die subtropischen Inseln Yakushima und Iriomote gehören zum Nansei-Archipel, der sich südwestlich von Kyūshū erstreckt. Beide Inseln sind für ihre größtenteils unberührten Landschaften bekannt. In den Urwäldern von Iriomote sind zahlreiche endemische Pflanzen heimisch, die nur hier vorkommen. Am anderen Ende des Landes an der Nordostspitze von Hokkaidō wachsen im Shiretoko-Nationalpark gemäßigte und subalpine Primärwälder aus Erman-Birken, Sachalin-Tannen und Mongolischen Eichen. Aufgrund ihrer Unzugänglichkeit konnten sich einige Bergregionen in Zentral-Honshū ihre großartige Natur bewahren.

Nationalparks

1931 legte Japan den Grundstein für sein Nationalparksystem. Heute gibt's 32 Nationalparks, die sich von weit im Süden (Iriomote-Nationalpark) bis zur Nordspitze Hokkaidōs (Rishiri-Rebun-Sarobetsu-Nationalpark) verteilen, sowie 57 Quasi-Nationalparks. Die Nationalparks bedecken 5,5 % von Japans Landmasse und werden vom Umweltministerium verwaltet. Ge-

HONSHŪ-BLÜTE & HERBSTLAUB

Januar

Pink leuchtende Kamelien verleihen dem Winter Farbe.

Anfang Februar–Mitte März

Ob weiß oder pink, Pflaumenblüten kündigen das Ende des Winters an.

Mitte März–Mitte April

Sakura-Saison. Überall in Japan sieht es in guten Kirschblütenjahren so aus, als habe Mutter Natur ihre Bescheidenheit vergessen und sich ihr bestes Kleid angezogen, um wild zu feiern. Überall versammeln sich die Menschen, um die *hanami* (Kirschblüte) zu bewundern.

April & Mai

Wanderer erfreuen sich an den vielen Wildazaleenarten, die das Hochland überziehen.

Ende April–Mai

Auf Japanisch gibt's ein Wort für den leuchtenden Grünton der jungen Blätter in den ersten Wochen nach ihrem Austrieb: *shinryoku*. Fotografen sprechen von „Übersättigung".

Mai

Die prächtigen purpurfarbenen Blüten der Glyzinien schmücken Tempelgärten und Berghänge.

Juni

Schwertlilien geben Gärten und Tempelanlagen lila und gelbe Farbtupfer.

Juli & August

Wildblumen blühen auf Bergwiesen.

DER ATOMUNFALL VON FUKUSHIMA

Das Große Erdbeben von Ostjapan 2011 löste einen Tsunami aus, der das am Meer liegende Kernkraftwerk Fukushima Dai-ichi mit sechs Reaktoren überflutete. Dabei wurden Hilfsgeneratoren außer Betrieb gesetzt, was einen verheerenden Verlust an dringend benötigter Kühlkapazität zur Folge hatte und zur totalen Kernschmelze in drei Reaktoren führte.

Während angenommen wird, dass sich noch viel von dem tödlichen radioaktiven Material im Reaktor befindet, wurde ein beträchtlicher Teil der Strahlung in einer Rauchwolke Richtung Nordwesten getragen. Nach wie vor (und wohl noch für viele Jahre) fließt radioaktiv verseuchtes Wasser durch Lecks oder Schleusen in den Pazifik. Hunderte von Behelfstanks wurden zur Kühlung mit kontaminiertem Wasser gefüllt.

Noch immer ist das tatsächliche Ausmaß des Schadens für Mensch und Umwelt nicht abzuschätzen. Die Zentralregierung versichert, dass die Situation unter Kontrolle sei und die Dekontamination in angemessenem Tempo voranschreite. Mit detaillierten Informationen hält sich die LDP-Regierung – die für Atomkraft eintritt – jedoch zurück und schränkt sogar die Pressefreiheit ein.

Wissenschaftler bestärken die Machthaber größtenteils in ihrem Vorgehen, auch wenn es kaum vergleichbare Fälle gibt. Nur die Atomkatastrophe von Tschernobyl hat ein solches Ausmaß erreicht, wobei es trotzdem große Unterschiede gibt (in Tschernobyl entwich wohl sehr viel mehr Strahlung in die Luft).

Das 20 km lange Sperrgebiet, das kurz nach der Katastrophe eingerichtet wurde, besteht größtenteils bis heute, auch wenn die Rückkehr in einige Gemeinden erlaubt wurde (viele frühere Bewohner verzichteten darauf). Wissenschaftler sind vor Ort kaum zugelassen.

Forscher der Universität von Nagoya untersuchten bei einer Studie im Jahr 2015 die Reaktorkerne mittels hochmoderner Röntgentechnologie. Dabei stellten sie fest, dass einer der Reaktoren wenig bis keinen Brennstoff im Sicherheitsbehältnis hatte (die anderen hingegen schon). Daraufhin wurden Spekulationen laut, dass durch den Bruch der Behälter der Boden darunter kontaminiert wurde.

Schätzungen der Regierung gehen davon aus, dass die Anlage erst 2051 stillgelegt werden kann – und diese sind wohl noch optimistisch.

meinsam mit den Quasi-Nationalparks und Nationalparks der Präfekturen macht das Schutzgebiet 14,3 % der gesamten Fläche aus.

Im Vergleich zu manch anderen Ländern stehen Japans Nationalparks nicht komplett unter staatlichem Besitz, denn das System wurde erst relativ spät eingeführt. Shintō-Schreine erhoben schon vor langer Zeit Anspruch auf die Berge. Nationalparks beherbergen außerdem Städte, Ackerland, Onsen-Resorts, Industrie und vieles mehr. Ein Großteil des staatlichen Gebiets ist bewaldet und wird vom Landwirtschafts-, nicht vom Umweltministerium verwaltet. Mithilfe eines komplizierten mehrstufigen Systems soll die Erschließung reguliert und Auswirkungen auf die Umwelt minimiert werden.

Japan hat die fünfthöchsten CO_2-Emissionen der Welt. 2016 unterzeichnete das Land das Klimaabkommen von Paris.

All dies schafft ein eigenartiges Panorama: Am Eingang eines Nationalparks trifft man eher auf ein *torii*-Tor und auf einem Berggipfel eher auf einen Nudelimbiss als auf eine Ranger-Station, auch wenn deren Zahl steigt. Beschreibungen der Parks findet man unter www.env.go.jp/en/np.

Umweltprobleme

Umweltschutz ist in Japan vor allem eine Konsumbewegung. Hybridautos, Toiletten ohne Tanks und ähnliche Produkte führender japanischer Hersteller sind beliebt, ökologischer Aktivismus ist (wie jede Art des Aktivismus) in Japan hingegen größtenteils eine Randerscheinung. Dennoch setzen sich Organisationen wie Japan for Sustainability (japanfs.org), Green Action (www.greenaction-japan.org) und Greenpeace Japan (www.greenpeace.org/japan) für Themen wie den Ausstieg aus der Atomenergie, Forschung und Entwicklung von Technologien für erneuerbare Energieträger und die Senkung der Kohlenstoffemissionen ein.

Ende Oktober–Anfang Dezember
Das leuchtende Spektakel *kōyō* (Herbstlaubfärbung) taucht *momiji* (Ahorn), Ginkgos und andere breitblättrige Bäume in farbenfrohes Gelb, Purpurrot, Orange und Knallrot.

Walfang

In den 1980er-Jahren verbot die Internationale Walfangkommission (IWC) den kommerziellen Walfang. Dennoch finanziert die japanische Regierung weiterhin das Japanische Walforschungsinstitut (JICR), das jedes Jahr im Namen der Forschung mehrere hundert Wale tötet. Kritiker stellen schon lange den wissenschaftlichen Anspruch des Programms in Frage, denn in 30 Jahren lieferte es keine wichtigen Erkenntnisse. Zudem wird das Fleisch nach der angeblichen Forschungsarbeit auf dem freien Markt verkauft. Japan kontert den Vorwurf mit dem Argument, dass man das Fleisch nicht verschwenden möchte und der Walfang zur japanischen Kultur gehört.

Der kulturelle Anspruch ist jedoch fragwürdig. Früher fand der Walfang in einigen Küstengemeinden statt, das Walforschungsinstitut ist hingegen auf einem Fabrikschiff in tiefen Gewässern nahe der Antarktis aktiv. Walfleisch wurde wegen der Lebensmittelknappheit vor allem im Zweiten Weltkrieg und in der Zeit danach verzehrt, deswegen ist es für einige Ältere von nostalgischer Bedeutung. Heute ist der Konsum so niedrig, das ein Großteil des Walfleischs auf Auktionen keine Käufer findet. Aufgrund der steigenden Bestände verkauft das JICR es zu Schnäppchenpreisen an Schulen, die das Fleisch in ihren Cafeterien servieren, obwohl es für seine hohen Quecksilberrückstände bekannt ist.

2010 schrieb der Walfang internationale Schlagzeilen, als japanische Walfänger das Schiff *Ady Gil* der gegen den Walfang kämpfenden Tierschutzorganisation Sea Shepherd rammten und es so zum Sinken brachte. Im folgenden Jahr stellte sich heraus, dass rund 22 Mio. € aus dem Tsunami-Hilfsfond zur Förderung der Walindustrie verwendet wurden. Kritiker können nicht verstehen, warum Japan angesichts der Negativschlagzeilen an der Praxis festhält. Eine Umfrage des Nippon Research Center von 2012 zeigt, dass die Öffentlichkeit Walfleisch gegenüber ambivalent eingestellt ist und kaum oder kein Interesse an der Weiterfinanzierung des Walprogramms hat.

2014 urteilte der Internationale Gerichtshof, Japans Walfangprogramm habe keinen wissenschaftlichen Hintergrund, und wies das Land an, den Walfang einzustellen. In der Saison 2015/16 wurden 333 Zwergwale von japanischen Walfängern in der Antarktis getötet. Für 2017 kündigte Japan eine Überprüfung des Programms an.

ESSSTÄBCHEN

Jedes Jahr werden in Japan 25 Mrd. *warihashi*-Paare (Wegwerf-Essstäbchen aus Holz) benutzt – das entspricht dem Holz, das für den Bau von 17 000 Häusern benötigt würde.

Die Delfinjagd von Taiji

2009 brachte der Dokumentarfilm *Die Bucht* eine bis dahin kaum bekannte Praxis in der kleinen Stadt Taiji im südlichen Kansai ans Licht, bei der große Delfingruppen in eine Höhle getrieben und niedergemetzelt werden. Internationale Tierschutzorganisationen waren empört und der Film wurde mit dem Oscar für den besten Dokumentarfilm ausgezeichnet. In Japan war er dagegen nur in sechs Kinos zu sehen. Die Fischer von Taiji bezeichnen die Filmemacher als Lügner und fühlen sich missverstanden.

Taiji (3500 Ew.) gehörte bis zum Verbot der kommerziellen Jagd durch die IWC zu den Küstenorten mit langer Walfangtradition. Einheimische essen tatsächlich Delfin- und Walfleisch. Eine Studie des Nationalen Instituts für die Minamata-Krankheit von 2010 wiesen bei Taijis Bewohnern höhere Quecksilberwerte nach als beim Landesdurchschnitt.

Die alljährliche Jagd geht weiter und sorgt für internationale Proteste. Hunderte Delfine werden getötet, um ihr Fleisch zu vermarkten; andere werden gefangen und an Aquarien verkauft. 2015 feierten Aktivisten dennoch einen Erfolg: Der Japanische Zoo- und Aquarienverband wies seine Mitglieder an, keine Delfine aus Taiji zu kaufen.

Praktische Informationen

Allgemeine Informationen

Arbeiten in Japan

Die Lebens- und Arbeitsbedingungen sind in Japan ausgezeichnet. Am häufigsten geben Einwanderer aus dem Westen Sprachunterricht, übernehmen aber auch Jobs als Barkeeper, Hostessen, Models oder gehen verschiedenen redaktionellen Tätigkeiten nach. Für alle anderen Arbeitsbereiche sind japanische Sprachkenntnisse oder lokale Kontakte unerlässlich.

Nichtjapaner dürfen in Japan nicht ohne entsprechendes Visum arbeiten. Für die meisten Arbeitsvisa benötigt man ein vierjähriges Universitätsstudium mit Abschluss (selbst für solche Jobs, bei denen auch Inhaber von Working-Holiday-Visa beschäftigt werden, die einen solchen Abschluss nicht benötigen). Ausnahmen sind Modeling, Schauspielern und andere Tätigkeiten in der Unterhaltungsbranche; die meisten Agenturen haben aber ihre eigenen Kanäle, um neue Mitarbeiter zu rekrutieren, sodass es ohne Beziehungen und ein Portfolio fast unmöglich ist, bei der Ankunft in Japan einen Vertrag zu ergattern.

Der Schlüssel zum Erfolg bei der Jobsuche ist, sich gut zu präsentieren. Natürlich ist auch ein Zertifikat als Englischlehrer hilfreich, doch mit einer sehr gepflegten Erscheinung und einer zielstrebigen, positiven Haltung kann man viel erreichen.

Botschaften & Konsulate

Deutsche Botschaft (☎03-5791-7700; www.japan.diplo.de; 4-5-10 Minami-Azabu, Minato-ku, Tokio; Ⓢ Hibiya-Linie bis Hiro-o, Ausgang 1)

Deutsches Konsulat (☎06-6440-5070; www.japan.diplo.de; 35. OG, Umeda Sky Building Tower East, 1-1-88-3501 Ōyodo-naka, Kita-ku, Osaka; 🚉 JR-Bahnhof Osaka, Ausgang nördliches Zentrum)

Österreichische Botschaft (☎03-3451-8281; www.bmeia.gv.at/tokio; 1-1-20 Moto Azabu, Minato-ku, Tokio; 🚉 Nanboku-/Oedo-Linie bis Azabu-juban, Ausgang 7)

Schweizer Botschaft (☎03-5449-8400; www.eda.admin.ch; 5-9-12 Minami Azabu, Minato-ku, Tokio; 🚉 Hibiya-Linie bis Hiro-o, Ausgang 1)

Essen

Mehr zum Thema Essen erfährt man ab S. 54 und S. 921.

Frauen unterwegs

Frauen können sich relativ sicher in Japan bewegen, auch wenn das Land vielleicht nicht ganz so ungefährlich ist, wie manche es sich vorstellen. Vor allem Japanerinnen glauben, dass zu selten über Verbrechen gegen Frauen berichtet wird. Gelegentlich sind Frauen gewissen verbalen Belästigungen oder neugierigen Fragen ausgesetzt. Körperliche Übergriffe kommen zwar selten vor, aber es gibt sie durchaus.

Am besten verhält man sich so, wie man es auch zu Hause tun würde – setzt also den gesunden Menschenverstand ein: Wenn eine Gegend oder ein Lokal unsicher erscheint, dann sollte man sich dort entsprechend vorsichtig verhalten. So wird „frau" Japan höchstwahrscheinlich als angenehmes und lohnendes Reiseland erleben.

Etliche Bahngesellschaften in Japan haben Abteile nur für Frauen eingeführt, um weibliche Passagiere vor *chikan* (Männer, die Frauen und Mädchen in überfüllten Zügen angrabschen) zu

PREISSPANNEN FÜR MAHLZEITEN

Die folgenden Preise beziehen sich auf ein Hauptgericht.

¥ unter 1000 ¥ (unter 2000 ¥ in Tokio und Kyoto)

¥¥ 1000 bis 4000 ¥ (2000 bis 5000 ¥ in Tokio und Kyoto)

¥¥¥ über 4000 ¥ (über 5000 ¥ in Tokio und Kyoto)

schützen. Diese werden meistens an Wochentagen in den Hauptverkehrszeiten auf stark befahrenen Strecken eingesetzt. Auf dem Bahnsteig zeigen (üblicherweise pinkfarbene) Schilder, wo sich der Einstieg befindet. Die Abteile selbst sind meist auf Japanisch und Englisch beschriftet (auch in Pink).

Being A Broad in Japan (2001) von Caroline Pover ist zwar schon etwas älter, eignet sich aber immer noch sehr gut für Frauen, die sich auf Japan einstimmen möchten.

ERMÄSSIGUNGEN

- Viele japanische Sehenswürdigkeiten bieten Senioren (in der Regel ab 65 Jahren) Ermäßigungen an. Normalerweise reicht der Pass als Altersnachweis.
- Ermäßigungen für Studenten sind weit verbreitet, doch nicht alle Einrichtungen akzeptieren ausländische Studentenausweise.

Freiwilligenarbeit

Um sinnvolle Freiwilligenarbeit in Japan zu leisten, muss man eigentlich Japanisch können. Es gibt aber auch ein paar Organisationen, die Englisch sprechende Freiwillige für Kurzzeiteinsätze akzeptieren.

World Wide Opportunities on Organic Farms Japan (www.wwoofjapan.com) Diese bei Travellern beliebte Organisation setzt auf Biobauernhöfen im ganzen Land Freiwillige ein, wo diese bei der täglichen Bewirtschaftung helfen und am Leben in der Familiengemeinschaft teilnehmen. Dabei bekommt man einen guten Einblick ins japanische Landleben und kann nebenbei auch noch seine Japanischkenntnisse verbessern.

OGA for Aid (www.ogaforaid.org) Diese zweisprachige (Japanisch und Englisch) Gruppe leistet Gemeinwesenarbeit in den Küstenregionen, die 2011 vom Tsunami betroffen waren.

Geld

Geldautomaten

Die meisten japanischen Geldautomaten akzeptieren keine ausländischen Karten. Selbst wenn sie die Logos von Visa und MasterCard anzeigen, nehmen sie in der Regel nur in Japan ausgestellte Karten dieser Unternehmen an.

Die Geldautomaten der folgenden Einrichtungen akzeptieren die meisten Karten (darunter Visa, MasterCard, American Express, Plus, Cirrus und Maestro; einige MasterCards und Maestro-Karten mit IC-Chips funktionieren vielleicht nicht). Nicht vergessen: Viele Banken haben ein Limit, wieviel Bargeld man pro Tag abheben darf.

7-Eleven (セブン・イレブン; www.sevenbank.co.jp/english) Die Geldautomaten der Seven Bank an den 7-Eleven-Minimärkten haben ein englisches Sprachmenü und stehen rund um die Uhr zur Verfügung. Da 7-Eleven-Filialen allgegenwärtig sind, ist dies die einfachste Möglichkeit, schnell an Bargeld zu kommen. Der Höchstbetrag pro Transaktion beträgt 100 000 ¥.

Japan Post Bank (ゆうちょ銀行; www.jp-bank.japanpost.jp/en/ias/en_ias_index.html) In japanischen Postämtern stehen Geldautomaten der Japan Post Bank mit englischsprachiger Menüführung. Die Öffnungszeiten hängen von der Größe des Postamtes ab und sind meistens länger als die regulären Schalteröffnungszeiten. Pro Transaktion kann man maximal 50 000 ¥ abheben.

Kredit- & Debitkarten

Kreditkarten sind inzwischen in Japan gebräuchlicher geworden und Buchungen kann man mittlerweile oft online bezahlen. Unternehmen haben häufig Schilder, auf denen die Logos aller akzeptierten Kreditkartenanbieter zu sehen sind. Am weitesten verbreitet ist Visa, gefolgt von MasterCard, American Express und Diners Club. Im Ausland ausgestellte Karten funktionieren in der Regel einwandfrei.

Währung

Die Währung in Japan ist der Yen (¥). Japaner sprechen das Wort wie „en" aus, ohne hörbaren „y"-Laut. Das *kanji*-Schriftzeichen für Yen ist 円.

Münzen und Banknoten in Japan:

10 ¥ Münze; kupferfarben

50 ¥ Münze; silberfarben, Loch in der Mitte

100 ¥ Münze; silberfarben

500 ¥ Münze; groß, silberfarben

1000 ¥ Banknote

2000 ¥ Banknote (selten)

5000 ¥ Banknote

10 000 ¥ Banknote

Internationale Transfers

Western Union (http://wu-japan.com/find locations/en) hat in den meisten Großstädten Schalter. Wer Geld aus Japan senden möchte, ist mit dem GoRemit-Service der Shinsei Bank (www.shinseibank.com/goremit/en) gut beraten.

Geldwechsel

Reiseschecks oder Bargeld kann man mit dem Reisepass bei allen autorisierten Banken (ausgewiesen durch englische Schilder), großen Postämtern, einigen großen Hotels und den meisten großen Warenhäusern wechseln.

Für alle Währungen außer dem US-Dollar sind größere Banken wie die Sumitomo Mitsui (SMBC) die beste Option. Sie können normalerweise auf jeden Fall US-Dollars, kanadische und australische Dollars, britische Pfund, Euro und Schweizer Franken wechseln.

Tokyo-Mitsubishi UFJ (MUFG) betreibt in Tokio, Nagoya, Kyoto, Osaka und Fukuoka in der Nähe großer Einkaufszentren Wechselschalter namens World Currency Shop (www.tokyo-card.co.jp/wcs/wcs-shop-e.php). Hier kann man relativ viele Währungen wechseln, darunter chinesische Renminbi/Yuan, koreanische Won sowie Taiwan-, Hongkong-, Singapur- und Neuseeland-Dollar.

Beim Abheben vom Geldautomaten bekommt man in Japan einen besseren Wechselkurs als beim Wechseln von Bargeld oder Reiseschecks. Für US-Dollar und Euro sind die Wechselkurse meistens in Ordnung, für andere Währungen wie den Australischen Dollar oder die Währungen der Nachbarländer dagegen ziemlich mies.

Steuern & Rückerstattungen

Japans Mehrwertsteuer beträgt 8% (für Oktober 2019 ist eine Steigerung auf 10 % geplant). Immer mehr Geschäfte bieten steuerfreies Einkaufen an (an einem englischen Sticker im Schaufenster zu erkennen), wenn man über 5000 ¥ ausgibt. Dafür ist der Pass erforderlich.

Da die Steuer in diesem Fall beim Verkauf nicht erhoben wird, muss man sich beim Verlassen des Landes auch nicht um eine Steuererstattung bemühen, sollte aber bei der Ausreise das entsprechende Formular, das am Pass befestigt wird, abgeben. Einzelheiten siehe http://enjoy.taxfree.jp.

Gesundheit

Vor der Reise

KRANKENVERSICHERUNG

Japanische Krankenhäuser akzeptieren einzig und allein die Karten japanischer Krankenversicherungen. Alle medizinischen Behandlungen muss man selbst bezahlen und sich den Betrag nach der Rückkehr zu Hause erstatten lassen.

MEDIKAMENTE

- Japanische Apotheken haben keine ausländischen Medikamente auf Lager, am besten bringt man einen eigenen Vorrat mit. Falls dieser knapp wird, findet man normalerweise ein vernünftiges Ersatzpräparat, die Dosierung ist dann aber möglicherweise niedriger als gewohnt.
- Zäpfchen sind zwar nicht rezeptpflichtig, werden aber nur hinter der Ladentheke verkauft, und viele Apotheken führen sie gar nicht.
- Stimulantien, darunter auch das ADHS-Medikament Adderall, sind in Japan streng verboten.
- Um gewisse Narkotika (wie das Schmerzmittel Kodein) einzuführen, benötigt man ein *yakkan shōmei* – ein Importzertifikat für Pharmazeutika. Weitere Einzelheiten zu den betroffenen Medikamente und zum Ausfüllen des Formulars stehen auf der Website des Ministeriums für Gesundheit, Arbeit und Soziales (www.mhlw.go.jp/english/policy/health-medical/pharmaceuticals/01.html).

IMPFUNGEN

Für die Einreise nach Japan sind keine Impfungen erforderlich.

In Japan

MEDIZINISCHE VERSORGUNG IN JAPAN – VERFÜGBARKEIT UND KOSTEN

Das Niveau der medizinischen Versorgung in Japan ist hoch, doch leider gibt es in den meisten Krankenhäusern und Kliniken keine Ärzte und Schwestern, die Englisch sprechen. Selbst bei denjenigen, die die Sprache beherrschen, kann es ein Problem sein, an der Rezeption vorbeizukommen.

Die beste Wahl sind immer Universitätskrankenhäuser, denn dort ist die Wahrscheinlichkeit am größten, dass die Ärzte Englisch sprechen, und das Niveau der Versorgung am höchsten.

In Großstädten, besonders in Tokio, gibt's meistens Kliniken, die auf ausländische Patienten eingestellt sind und wo die Ärzte Englisch sprechen; sie sind allerdings teuer. Die meisten Krankenhäuser und Klinikern nehmen nur morgens (in der Regel von 8.30 bis 11 Uhr) Patienten ohne Termin auf; man sollte sich auf Wartezeit einstellen.

Für einen einfachen Besuch in einer Ambulanz muss man mit ca. 3000 ¥ rechnen, die medizinische Hilfe im Notfall kostet von 20 000 ¥ aufwärts.

LEITUNGSWASSER

Das japanische Leitungswasser ist tadelloses Trinkwasser; in einigen ländlichen Gebieten schwören die Einheimischen sogar auf seinen gesundheitlichen Nutzen.

Internetzugang

Viele japanische Städte (darunter Tokio, Osaka und Kyoto) und sogar einige Regionen wie Shikoku haben kostenlose WLAN-Netze für Reisende, wenngleich das System stellenweise schwerfällig ist. Starke Nutzer sollten ein Pocket Wifi mieten, um Frust zu vermeiden.

In den meisten Unterkünften gibt's mittlerweile WLAN. Am zuverlässigsten findet man es in Hostels und Businesshotels, die zu Hotelketten gehören. Bei anderen Unterkünften hat man vielleicht nur in der Lobby eine stabile Internetverbindung.

WLAN-Hotspots WLAN-Hotspots gibt's auf Bahn- und U-Bahnsteigen, an touristischen Stätten und in Minimärkten; das Signal ist allerdings oft schwach. Auf den Sticker mit der Aufschrift „Japan Wi-Fi" achten. Am besten lädt man die App Japan Connected (www.ntt-bp.net/jcfw/en.html) herunter, damit man sich nicht immer bei den einzelnen Netzwerken einloggen muss. Wenn keine Verbindung hergestellt werden kann, muss man den Cache leeren.

Pocket-Wifi Wer immer ein starkes WLAN-Signal haben möchte, sollte ein Pocket-Wifi mieten, mit dem man mehrere Endgeräte verbinden kann. Gerade für Gruppen ist es eine sehr gute Option. Japan Wireless (http://japan-wireless.com) und Rentafone Japan (www.rentafonejapan.com) vermieten die Geräte für ca. 5000/12 000 ¥ pro Woche/Monat und liefern sie direkt ins Hotel.

Boingo Wer sich bei Boingo (www.boingo.com) anmeldet, kann BB-Mobilepoint-WLAN in McDonald's-Restaurants sowie in einigen Kaufhäusern und Restaurants nutzen; in japanischen Städten ist die Netzabdeckung gut.

Internetcafés Die allgegenwärtigen *manga kissa* (Manga-Lesecafés) fungieren zugleich als Internetcafé, die Stunde kostet zwischen 200 und 700 ¥.

Starbucks Alle (mehr als 1000) Starbucks-Cafés in Japan bieten kostenloses WLAN. Um den Service zu nutzen, muss man sich online registrieren (unter http://starbucks.wi2.co.jp).

Medien

Tageszeitungen werden in Minimärkten, an Bahnhofskiosken und in Großstädten in einigen Hotels verkauft. Am Flughafen und in Hotels, Bars und Restaurants liegen kostenlose Zeitschriften aus, die bei den in Japan lebenden Ausländern beliebt sind; in vielen Städten gibt's sogar von Ausländern geführte Online-Zeitschriften. Zweisprachige DJs des Tokioter Radiosenders InterFM (76.1FM; www.interfm.co.jp) bringen Beiträge und wichtige öffentliche Ankündigungen in englischer Sprache; in Kansai sollte man den mehrsprachigen Sender FM Cocolo (76.5FM; www.cocolo.jp) einstellen.

Japan Times (www.japantimes.co.jp) Alteingesessene englischsprachige Tageszeitung.

Japan News (http://the-japan-news.com) Englische Version der meistgelesenen (und konservativen) japanischen Tageszeitung *Yomiuri Shimbun*.

Asahi Shimbun (www.asahi.com/ajw) Die Online-Ausgabe von Japans linker Tageszeitung bringt auch englischsprachige Artikel.

Time Out Tokyo (www.timeout.com/tokyo) Vierteljährliche Zeitschrift zur Popkultur und zu Events, mit tollen Ministadtführern. Erhältlich in TICs in ganz Japan.

Metropolis (http://metropolisjapan.com) Tokios kostenlose Postille der Ausländergemeinde ist nicht mehr ganz so anspruchsvoll wie früher.

Kansai Scene (www.kansaiscene.com) Kostenlose Zeitschrift für die Ausländergemeinde Kansais.

Kyoto Journal (www.kyotojournal.org) Detaillierte Artikel zu Kunst und Kultur aus Japan und Asien.

Öffentliche Feiertage

Fällt ein öffentlicher Feiertag auf einen Sonntag, wird er auf den folgenden Montag verlegt. Ist auch dieser Tag ein Feiertag, fällt er auf den Dienstag

Ganjitsu (Neujahrstag) 1. Januar

Seijin-no-hi (Tag der Volljährigkeit) Zweiter Montag im Januar

Kenkoku Kinem-bi (Tag der Staatsgründung) 11. Februar

Shumbun-no-hi (Frühlingsanfang) 20. oder 21. März

Shōwa-no-hi (Tag des Kaisers Shōwa) 29. April

Kempō Kinem-bi (Tag der Verfassung) 3. Mai

Midori-no-hi (Grüner Tag) 4. Mai

Kodomo-no-hi (Kindertag) 5. Mai

Umi-no-hi (Tag des Meeres) Dritter Montag im Juli

Yama-no-hi (Tag des Bergs) 11. August

Keirō-no-hi (Tag der Achtung vor dem Alter) Dritter Montag im September

Shūbun-no-hi (Herbstanfang) 22. oder 23. September

Taiiku-no-hi (Tag des Sports und der Gesundheit) Zweiter Montag im Oktober

Bunka-no-hi (Tag der Kultur) 3. November

Kinrō Kansha-no-hi (Tag der Arbeit) 23. November

Tennō Tanjōbi (Geburtstag des Kaisers) 23. Dezember

Öffnungszeiten

Einige Attraktionen unter freiem Himmel (z. B. Gärten) schließen im Winter manchmal früher. Die üblichen Öffnungszeiten:

Banken Montag bis Freitag 9 bis 15 Uhr

Bars ab ca. 18 Uhr bis open end

Museen 9 bis 17 Uhr, letzter Eintritt 16.30 Uhr, montags oft geschlossen (wenn ein staatlicher Feiertag auf einen Montag fällt, bleiben die Museen stattdessen am Dienstag geschlossen).

Postämter Montag bis Freitag 9 bis 18 Uhr; große Postämter sind länger und auch am Samstag geöffnet

Restaurants Mittagessen 11.30 bis 14 Uhr, Abendessen 18 bis 22 Uhr, letzte Bestellung 30 Minuten vor Schließung

Warenhäuser 10 bis 20 Uhr

Post

➔ Das japanische Postsystem ist zuverlässig, effizient und – was Postkarten und Luftpostbriefe betrifft – nicht merklich teurer als in anderen Industrieländern.

➔ Der Luftposttarif für Postkarten nach Übersee beträgt 70 ¥, für Briefe 90 ¥. Schreiben unter 25 g kosten 110 ¥ nach Europa.

PRAKTISCH & KONKRET

- **Maße & Gewichte** Japan verwendet das metrische System.
- **Rauchen** Japan hat eine merkwürdige Politik in Bezug aufs Rauchen. In vielen Städten, darunter Tokio, Osaka und Kyoto, ist das Rauchen an öffentlichen Orten verboten, in Bars und Restaurants aber erlaubt. Besonders in Tokio verbieten aber auch immer mehr Restaurants und Bars das Rauchen. An Bahnhöfen gibt's ausgewiesene Raucherbereiche. Die Zahl der Raucher nimmt Jahr für Jahr ab.

- Kartons für Dinge, die man nach Hause schicken möchte, bekommt man in den Postämtern.
- Eine Besonderheit des japanischen Postsystems ist, das ein Zuschlag berechnet wird, wenn man auf einer Postkarte in die Adresshälfte (rechte Seite) schreibt.
- Das Symbol für Postämter ist ein rotes T mit einem Balken darüber auf weißem Hintergrund (〒).
- Man kann Post nach, von und innerhalb Japans versenden, wenn sie auf Englisch adressiert ist (lateinische Schrift).

Rechtsfragen

Japanische Polizisten haben weitreichende Befugnisse. Sie dürfen einen Verdächtigen verhaften und ohne Anklage bis zu drei Tage festhalten. Danach kann ein Staatsanwalt diesen Zeitraum um weitere 20 Tage verlängern. Außerdem bestimmen die Polizisten, ob ein Verdächtiger seine Botschaft oder einen Rechtsanwalt anrufen darf. Wer in Polizeigewahrsam gerät, sollte auf einen entsprechenden Anruf bestehen und sich ansonsten in keiner Weise zu einer Zusammenarbeit bereiterklären. Wenn man die Gelegenheit zu einem Anruf bekommt, ist die Botschaft die erste Anlaufstelle.

Da viele Polizisten kaum Englisch sprechen, muss man darauf bestehen, dass ein *tsūyakusha* (Dolmetscher) hinzugezogen wird. Dazu ist die Polizei gesetzlich verpflichtet, bevor sie mit ihrer Befragung fortfährt. Selbst wer Japanisch beherrscht, sollte es besser abstreiten und stattdessen bei seiner Muttersprache bleiben.

Per Gesetz muss man den Pass (bzw. bei Aufenthalten über 90 Tagen die Einwohnerkarte) ständig bei sich tragen. Das wird zwar selten kontrolliert, doch wer von der Polizei angehalten wird und Pass bzw. Einwohnerkarte nicht vorweisen kann, wird zur Polizeiwache mitgenommen und dort festgehalten, bis jemand das benötigte Dokument holt und dort vorlegt.

In puncto Drogenbesitz fährt Japan eine harte Linie, selbst Erststraftäter müssen mit langen Gefängnisstrafen und hohen Geldbußen rechnen.

Reisen mit Behinderung

Die Bedingungen für Reisende mit Behinderung sind in manchen Teilen Japans gut, in anderen eher nicht. Viele neue Gebäude haben Zugangsrampen, in großen Bahnhöfen gibt's Fahrstühle, und an Ampeln spielen Lautsprecher eine Melodie, sobald man die Straße überqueren kann. Zugplattformen verfügen über Punkte und Linien als Leitpunkte für Blinde. Die meisten Servicemitarbeiter geben sich größte Mühe, um zu helfen, selbst wenn sie kaum Englisch sprechen.

Trotz dieser Maßnahmen ist das Reisen in einem Großteil der japanischen Städte schwierig für Behinderte, denn in den schmalen Straßen gibt's meist keine normalen Gehsteige.

Bedeutende Attraktionen bemühen sich sehr, behindertengerecht zu sein und in vielen kann man kostenlos Rollstühle ausleihen. Doch in traditionellen Bauwerken (wie Burgen und Tempeln) bedeutet „behindertengerecht" manchmal auch steile Anstiege oder lange Schotterwege. Oft sind die behindertengerechten Wege auch nicht erkennbar; am besten sagt man den Mitarbeitern (z. B. an der Kasse), dass man mit einem Rollstuhl (車椅子; *kuruma-isu*) unterwegs ist, dann wird man vielleicht durch versteckte Seitengänge geleitet.

Fast alle Züge sind mit Bereichen für Rollstuhlfahrer ausgestattet. Leute mit anderen Behinderungen können die speziellen Sitzplätze neben den Zugtüren nutzen. Diese gibt es auch im Vorderbereich der Busse und meist haben sie eine andere Farbe als die restlichen Sitzplätze.

Etliche Hotels der oberen Mittelklasse und der Spitzenklasse bieten ein oder zwei „barrierefreie" (バリアフリー; *bariafurii*) Zimmer; diese sollte man lange im Voraus buchen. Größere Attraktionen und Bahnhöfe, Warenhäuser und Einkaufszentren haben in der Regel rollstuhlgerechte Toiletten (mit Toiletten im westlichen Stil).

Einen perfekten Überblick über barrierefreie Sehenswürdigkeiten und Hotels in Tokio bietet das Japan Accessible Tourism Center (www.japan-accessible.com/city/tokyo.htm).

Den kostenlosen Reiseführer Accessible Travel von Lonely Planet kann man unter http://lptravel.to/AccessibleTravel herunterladen.

Schwule & Lesben

Schwule und Lesben dürften in Japan kaum Probleme bekommen. Von der üblichen Altersbeschränkung abgesehen gibt es keine gesetzlichen Verbote, die das sexuelle Verhalten gleichgeschlechtlicher Paare betreffen.

Einige Traveller haben berichtet, dass sie abgewiesen wurden oder viel zu viel bezahlen mussten, als sie mit einem Partner des gleichen Geschlechts in einem Love Hotel einchecken wollten. Ansonsten ist Diskriminierung sehr ungewöhnlich (man bekommt im Hotel aber wahrscheinlich ein Zimmer mit zwei einzelnen Betten). Im Übrigen sind Japaner generell sehr zurückhaltend, was Gefühlsäußerungen und Zärtlichkeiten in der Öffentlichkeit angeht, egal ob hetero- oder homosexuell.

Tokio hat die größte und offenste Schwulenszene, gefolgt von Osaka. In den meisten Städten existieren zumindest ein paar Schwulenbars, die aber Ausländern möglicherweise nicht so offen stehen wie die in Tokio und Osaka. Wenn es in ländlichen Gebieten eine Art Schwulentreff gibt, dann sehr wahrscheinlich im Geheimen. Gute Tipps für Japan gibt's bei Utopia Asia (www.utopia-asia.com).

Sicherheit

Japan ist anfällig für Naturkatastrophen wie Erdbeben, Tsunamis, Vulkanausbrüche, Taifune und Erdrutsche. Effektive Frühwarnsysteme und strenge Bauvorschriften tragen dazu bei, die Auswirkungen zu mildern (sind aber nicht absolut sicher – das war die bittere Lehre aus dem Erdbeben und Tsunami im Jahr 2011). Die Smartphone-App Safety Tips schickt Benachrichtigungen wie Wetterwarnungen, Tsunamiwarnungen, bevorstehende seismische Aktivitäten sowie Listen mit Schlüsselphrasen, um im Notfall an die richtigen Informationen zu kommen.

Ansonsten ist die größte Gefahr für Traveller in Japan, dass sie sich zu sehr in Sicherheit wiegen. Man sollte genauso vorsichtig sein und ebenso auf seinen gesunden Menschenverstand hören, wie man das zu Hause tun würde.

Strom

Die Wechselstrom-Frequenz beträgt in Tokio und Ostjapan 50 Hertz und in Westjapan einschließlich Nagoya, Kyoto und Osaka 60 Hertz.

100 V/50 Hz/60 Hz

Telefon

Handys

Japans Mobilfunknetze benutzen den Mobilfunkstandard 3G, ausländische Handys mit 3G-Technologie sollten also funktionieren.

Prepaid-SIM-Karten zum Telefonieren gibt's in Japan nicht. Man muss einen Vertrag abschließen (Mindestlaufzeit sechs Monate mit Stornogebühren).

Karten von Iijmio Japan Travel SIM (https://t.iijmio.jp/en) umgehen dieses Problem durch eine Partnerschaft mit dem Telekom-Unternehmen Brastel (www.brastel.com/pages/eng/home), mit dessen spezieller App man über eine eigene 050-Telefonnummer Telefonate machen und empfangen kann. Mit der SIM-Karte erhält man eine Brastel-Karte, die sich mit Guthaben für Telefongespräche aufladen lässt. Es gibt Pakete für 30 Tage und für drei Monate.

Für Kurzzeitbesucher (die das alles schrecklich kompliziert finden) bietet Rentafone Japan (www.rentafonejapan.com; email@rentafonejapan.com) unkomplizierte Leihhandys für 3900 ¥ pro Woche (jeder weitere Tag kostet 300 ¥ zusätzlich). Damit kosten Inlandsgespräche nur günstige 35 ¥ pro Minute, Auslandsgespräche ab 45 ¥ pro Minute).

Für Vieltelefonierer bietet JCR (http://jcrcorp.com) Smartphones mit Programmen, die Telefonate, ein großes Datenvolumen und Tethering (d.h. das Smartphone dient als tragbarer Internet-Zugang für andere Geräte) beinhalten, ab 3300 ¥ pro Woche.

Sowohl Rentafone Japan als auch JCR haben einen

REISEHINWEISE DER REGIERUNG

Die folgenden Websites geben Reisehinweise und informieren über aktuelle Gefahren.

Deutschland – Auswärtiges Amt (www.auswaertiges-amt.de)

Österreich – Außenministerium (www.bma.gv.at)

➡ **Schweiz – Eidgenössisches Departement für auswärtige Angelegenheiten** (www.eda.admin.ch)

JAPAN HELPLINE

Die Japan Helpline (☎0570-000-911) ist ein englischsprachiger Notruf, der rund um die Uhr besetzt ist, außerdem kann man auch online unter http://jhelp.com/english/index.html Kontakt aufnehmen. Die Mitarbeiter können bei schwierigen Situationen helfen, z. B. wenn man sich auf einer Polizeiwache befindet), aber auch bei alltäglicheren Problemen wie in der U-Bahn liegen gelassenem Gepäck.

guten Kundenservice in englischer Sprache.

Reine Daten-Sim-Karten für entsperrte Handys bekommt man an Kiosken in den Flughäfen Narita, Haneda und Kansai sowie in großen Elektronikgeschäften wie Bic Camera, Yodobashi Camera etc. Dafür muss man ein APN-Profil herunterladen und installieren, im Zweifelsfall kann man die Mitarbeiter um Hilfe bitten, die meistens etwas Englisch sprechen.

Je nach gewünschter Datenmenge und Geschwindigkeit sind zahlreiche Optionen vorhanden (viele Karten funktionieren weiterhin, wenn das Datenvolumen überschritten ist, aber mit sehr langsamer Geschwindigkeit).

Eine gute Wahl ist die Visitor SIM von B-Mobile (www.bmobile.ne.jp/english/index.html), die für 2380 ¥ 14 Tage lang unbegrenztes Datennutzung bietet (bei starker Nutzung wird die Geschwindigkeit reduziert.

Ortsgespräche

Japanische Telefonnummern bestehen aus einer Vorwahl und der individuellen Nummer. Die Vorwahl muss im Festnetz nicht gewählt werden, wenn man in derselben Region ist. Wer aus dem Ausland in Japan anruft, wählt die Ländervorwahl (☎81), dann die regionale Vorwahl (die 0 weglassen) und anschließend die Telefonnummer. Zu den gebräuchlichsten gebührenfreien Vorwahlen zählen ☎0120, ☎0070, ☎0077, ☎0088 und ☎0800. Nummern der Telefonauskunft:

Lokale Auskunft ☎104 (60–150 ¥ pro Anruf)

Lokale Auskunft auf Englisch ☎0120-36-4463 (Mo–Fr 9–17 Uhr)

Internationale Gespräche

Für internationale Anrufe mit Telefonvermittlung wählt man ☎0051 (KDDI; die Telefonisten sprechen Englisch). Die Preise der Durchwahlnummern unterscheiden sich kaum. Man wählt einfach eine der oben stehenden Nummern, dann die internationale Landesvorwahl, den Regionalcode und schließlich die individuelle Telefonnummer.

- KDDI ☎001-010
- NTT ☎0033-010
- SoftBank Telecom ☎0041-010

Münztelefone

Es gibt immer noch Münztelefone, oft in der Nähe von Bahnhöfen, und so gut wie immer funktionieren sie. Normale Münztelefone sind grün, und solche, mit denen man ins Ausland telefonieren kann, sind grau und meistens mit einem Sticker „International & Domestic Card/Coin Phone" gekennzeichnet.

Ortsgespräche kosten 10 ¥ pro Minute, für eine 100-¥-Münze bekommt man aber kein Restgeld zurück. Wer Münztelefone öfter benutzen will, kann eine Telefonkarte für 500 oder 1000 ¥ *(terefon kādo)* kaufen; man erhält sie in Minimärkten.

Die Mindestgebühr für internationale Ferngespräche ist 100 ¥, was aber nur einige Sekunden reicht – gut, um sich mal ganz kurz zu melden, für alles andere aber zu teuer.

Telefonkarten

Prepaid-Telefonkarten können an allen Tastentelefonen benutzt werden, darunter auch alle normalen Münztelefone. In Minimärkten nach der KDDI Superworld Card oder der SoftBank Telecom Comica Card fragen.

Toiletten

- In Japan gibt's sowohl westliche Toiletten als auch traditionelle Hockklosetts, über denen man sich mit Blick zum Abzug (weg von der Tür) positioniert.
- Öffentliche Toiletten sind in Japan grundsätzlich kostenlos. Das *katakana*-Zeichen für Toilette ist トイレ, das *kanji*-Zeichen お手洗いトイレ. Auch wichtig: die *kanji*-Zeichen für weiblich (女) und männlich (男).
- Toilettenpapier ist normalerweise vorhanden, trotzdem sollte man ruhig Taschentücher dabeihaben. Manchmal werden in Japan auf der Straße kleine Päckchen als Werbegeschenke verteilt.
- In vielen Toiletten befindet sich direkt hinter der Tür ein spezielles Paar Hausschuhe. Sie sind wirklich nur für diesen Raum gedacht – also nicht vergessen, sie wieder auszuziehen.

Touristeninformation

Selbst in den kleinsten Städten gibt's im oder vorm Hauptbahnhof eine Touristeninformation (*kankō annai-sho;* 観光案内所). Abseits der Großstädte kann man sich nicht darauf verlassen, dass die Mitarbeiter Englisch sprechen. Doch meistens ist Infomaterial in englischer Sprache vorhanden und die Angestellten sind mit den typischen Fragen von Ausländern (Essen, Unterkunft und Fahrpläne) vertraut. In vielen Toisteninformationszentren (TCs) gibt's kostenloses WLAN.

Die **Japanische Fremdenverkehrszentrale** (JNTO; www.jnto.go.jp) ist die staatliche Tourismusorganisation. Sie gibt viel hilfreiche Literatur heraus, die man in den Auslandbüros der JNTO sowie in den TICs in **Tokio** (☎03-3201-3331; www.jnto.go.jp; 1. OG, Shin-Tokyo Bldg, 3-3-1 Marunouchi, Chiyoda-ku; ⌚9–17 Uhr; 📶; Ⓢ Chiyoda-Linie bis Nijūbashi-mae, Ausgang 1) bekommt. Auf der ebenfalls sehr nützlichen JNTO-Website stehen Inhalte in vielen Sprachen, und sie unterhält ein Büro in Frankfurt.

Unterkunft

Japan hat eine große Auswahl an Unterkünften, von günstigen Pensionen bis hin zu Nobelherbergen. Außerdem gibt's typisch japanische Optionen wie *ryokan* (traditionelles Gästehaus) und *minshuku* (Pension). Es ist immer ratsam, im Voraus zu reservieren, besonders in großen Touristenorten. Mehr zu traditionellen japanischen Unterkünften s. S. 949.

PREISSPANNEN FÜR UNTERKÜNFTE

Die Preisangaben beziehen sich auf ein Doppelzimmer im Hotel bzw. auf den Doppelzimmertarif pro Person in einem *ryokan* (ohne Verpflegung). Wenn nicht anders angegeben, ist die nationale Mehrwertsteuer von 8 % im Preis enthalten. Einige Hotels berechnen sie allerdings extra.

¥ unter 6000 ¥ (unter 8000 ¥ in Tokio)

¥¥ 6000 bis 15 000 ¥ (8000 bis 25 000 ¥ in Tokio)

¥¥¥ über 15 000 ¥ (über 25 000 ¥ in Tokio)

Reservierungen

➡ Außer bei einigen älteren, traditionellen Gästehäusern kann man auf Englisch buchen, entweder auf Buchungsseiten oder direkt auf der Homepage der Unterkünfte.

➡ Viele kleinere, unabhängige Gästehäuser und Pensionen bieten etwas günstigere Preise, wenn man direkt bei ihnen (und nicht über eine Hotelbuchungsseite) bucht.

➡ Die Preise schwanken bei Hotels aller Preisklassen stark, im Internet sind die Preise oft erheblich günstiger als der offizielle Standardpreis. Viele Hotels gewähren auch einen Rabatt, wenn man zwei Wochen oder einen Monat im Voraus bucht.

➡ Nicht alle Touristeninformationen können Unterkünfte buchten. In den kleineren Städten, wo es schwierig sein kann, eine Übernachtungsmöglichkeit zu finden, tun sie es aber in der Regel. In ländlichen Gebieten schließen die Touristeninformationen teilweise schon um 17 Uhr.

➡ Telefonische Anfragen auf Englisch sind in größeren Hotels und ausländerfreundlichen *ryokan* meist kein Problem, wenn man deutlich spricht und einfache Begriffe benutzt.

BUCHUNGSSEITEN

Jalan (www.jalan.net) Beliebte Seite für Unterkünfte in Japan zu ermäßigten Preisen, mit englischsprachiger Suche.

Japanese Inn Group (www.japaneseinngroup.com) Hier kann man ryokan und andere kleine, familiengeführte Gasthäuser buchen.

Japanican (www.japanican.com) Unterkunftsseite von JBT; dem größten japanischen Reisebüro, für ausländische Besucher.

Lonely Planet (lonelyplanet.com/japan/tokyo/hotels) Bewertungen, Empfehlungen und Buchungen.

Berghütten

In vielen Wander- und Bergsteigergegenden stößt man auf Berghütten (*yama-goya*). Gelegentlich handelt es sich dabei um kostenlose Notunterkünfte, doch die meisten Hütten werden privat geführt und verlangen Geld für die Übernachtung. Sie bieten ein Bett und zwei Mahlzeiten für rund 5000 bis 8000 ¥ pro Person (3000–5000 ¥, wenn man sein Essen selbst zubereitet). Übernachtet wird in Gemeinschaftszimmern, entweder in Stockbetten oder auf dem Boden. Bei viel besuchten Bergen wie dem Fuji ist eine Reservierung unbedingt erforderlich. Am besten ruft man in jedem Fall vorher an; wenn Platz ist, kann man meistens aber auch ohne Reservierung bleiben.

Campingplätze

In Japan gibt's unglaublich viele Campingplätze (キャンプ場; *kyampu-jō*), die in den Sommerferien Studenten und Familien anziehen; viele öffnen nur von Juli bis September. In der Regel sind sie sehr gepflegt und haben Duschen und Grillplätze. Die JNTO hat eine Liste empfohlener Campingplätze: www.jnto.go.jp/eng/location/rtg/pdf/pg-804.pdf.

Sofern die Bedingungen es zulassen, ist es jedoch das ganze Jahr über möglich, auf – oft einfacheren – Plätzen in den Bergen oder rund um Berghütten (siehe oben) zu übernachten. Zwar kann man in vielen ländlichen Gegenden auch „wild" zelten, aber wir empfehlen, sich bei jemandem vor Ort nach geeigneten Stellen zu erkundigen.

Hostels

Japan hat ein umfangreiches Hostel-Netz. Darunter fallen sowohl die offiziellen Häuser von Youth Hostel (JYH; www.jyh.or.jp/e/index.php) als auch die wachsende Zahl unabhängiger, oft sehr stilvoller Hostels.

In den JYH-Unterkünfte gelten meistens strenge Regeln: Herbergsgäste sollten zwischen 15 und 20 bis 21 Uhr einchecken. Gelegentlich ist um 22 oder 23 Uhr Sperrstunde. Der Check-out ist meist bis 10 Uhr möglich. Schlafsäle sind zwischen 10 und 15 Uhr oft nicht zugänglich. Bäder dürfen normalerweise von 17 bis 21 Uhr genutzt werden. Das Abendessen wird zwischen 18 und 19.30 Uhr und das Frühstück zwischen 7 und 8 Uhr serviert.

Mitglieder zahlen für ein Bett im Schlafsaal ca. 3000 ¥ (Nichtmitglieder etwa 3600 ¥); eine Jahresmitgliedschaft kostet 2500 ¥. In den meisten dieser Hotels werden Mahlzeiten serviert, die in der Regel gut schmecken und fantastisch günstig sind (Abendessen ca. 1000 ¥, Frühstück ca. 500 ¥). Da diese im Haus zubereitet werden, dürfen die Gäste die Küche nicht benutzen. Eine Liste der JYH-Hostels und Infos zur Mitgliedschaft stehen auf der Website.

In unabhängigen Hostels herrscht oft eine lockerere Atmosphäre, die Check-in-Zeiten sind flexibler und es gibt keine Sperrstunde (aber auch mit Mängeln geht man dort legerer um). Die Mitarbeiter, oft selbst Traveller, sprechen meistens gut Englisch und sind eine gute Informationsquelle. Mahlzeiten gibt's in der Regel nicht, dafür steht aber eine Gästeküche zur Verfügung. Preislich sind sie mit den offiziellen Hostels vergleichbar, manchmal sogar noch etwas billiger. Zu den beliebtesten Hostel-Gruppen zählen K's House (https://kshouse.jp/index_e.html) und J-Hoppers (http://j-hoppers.com).

Alle Hostels stellen Bettwäsche zur Verfügung, beziehen muss man die Betten aber selbst. In den meisten gibt's Schlafsäle, in einigen aber Tatamizimmer mit Futons. Fast alle Hostels haben auch private Zimmer und Familienzimmer, die pro Person etwa 1000 ¥ mehr kosten. Handtücher kann man für um die 100 ¥ ausleihen, einfache Toilettenartikel wie Seife und Shampoo sind manchmal vorhanden, manchmal nicht.

Hotels

In den meisten japanischen Großstädten und Urlaubsgebieten gibt's eine gute Auswahl an Unterkünften im westlichen Stil. Selbst Budgethotels sind im Allgemeinen sauber und gepflegt (wenngleich es in älteren noch verrauchte Zimmer geben kann). Die Spitzenklassehotels warten mit den gleichen Annehmlichkeiten auf wie bei Deluxe-Hotels weltweit üblich.

Boutique-Hotels sind in Japan dünn gesät. Vielleicht liegt dies daran, dass ihr Konzept (intime Atmosphäre und individuelle Gestaltung) zu sehr an Hotels mit zweifelhaftem Ruf erinnert, nämlich an Love Hotels.

BUSINESSHOTELS

Die zweckmäßigen, preiswerten „Businesshotels" (ビジネスホテル; *bijinesu hoteru*) zielen auf einzelne Geschäftsreisende, eignen sich aber für alle Reisenden – solange man nicht viel Platz braucht. Kleine Zimmer sind in der Regel mit einem französischen Bett (1,40 m breit; für eine Person bequem, für zwei ein bisschen eng) und einem winzigen Bad ausgestattet. Die Businesshotels sind dafür berüchtigt, dass sie zutiefst konservativ sind, in den vergangenen Jahren haben aber einige Hotelketten ihre Zimmer modernisiert. Ein Einzelzimmer/Doppelzimmer kostet ab 8000/12 000 ¥ (in Großstädten wie Tokio mehr).

Businesshotels konzentrieren sich häufig in der Nähe von Bahnhöfen. Bewährte Hotelketten mit sehr vielen Hotels sind Toyoko Inn (www.toyoko-inn.com/eng) und **Dormy Inn** (www.hotespa.net/dormyinn/en).

KAPSELHOTELS

Kapselhotels (カプセルホテル; *kapuseru hoteru*) haben Räume von der Größe eines einzelnen Betts, die oft gerade hoch genug sind, um aufrecht darin zu sitzen. Am ehesten kann man sie als Stockbett mit etwas mehr Privatsphäre (und Leselampe, Fernseher und Wecker) beschreiben. Sie kosten zwischen 3500 und 5000 ¥ – darin ist in der Regel der Eintritt zu einem großen Gemeinschaftsbad und einer Sauna enthalten. Persönliche Sachen werden in einem Raum mit verschließbaren Spinden aufbewahrt. Die meisten Kapselhotels akzeptieren nur Barzahlung, Gäste mit sichtbaren Tätowierungen haben keinen Zutritt.

Diese Art von Unterkunft ist vor allem in Großstädten zu finden. In den Hotels nächtigen in erster Linie Arbeiter und Angestellte, die zu stark gefeiert haben und es nicht mehr nach Hause schaffen bzw. den letzten Zug verpasst haben. Die meisten *capseru hoteru* akzeptieren nur männliche Gäste, aber einige haben auch Etagen für Frauen. Mittlerweile gibt's eine wachsende Zahl von stilvollen Kapselhotels für ausländische Touristen.

LOVE HOTELS

Diese Hotels – auf Japanisch *rabu hoteru* (ラブホテル oder *rabuho* für kurz) genannt – nutzen Paare für kurze, diskrete Treffen, daher kann man sie schon für eine kurze „Nachmittagsruhe" (ab 3000 ¥) oder für eine

UNTERKUNFT ONLINE BUCHEN

Weitere Hotelbeschreibungen von Lonely Planet Autoren gibt's unter http://hotels.lonelyplanet.com. Dort gibt's unabhängige Kritiken und Empfehlungen zu den besten Unterkünften, außerdem kann man gleich online buchen.

einzelne Übernachtung (ab 6500 ¥) buchen, aber natürlich auch mehrere Nächte bleiben. Einige haben auffällige Fassaden oder sind innen recht kitschig gestaltet. Die Annehmlichkeiten reichen von Kostümen bis zu Videospielkonsolen.

Love Hotels sind auf maximale Privatsphäre ausgerichtet: Ein- und Ausgang sind an unterschiedlichen Stellen und Schlüssel werden durch eine kleine Öffnung ausgegeben, ohne dass Angestellte und Gäste miteinander in Kontakt kommen. Um Kunden die Auswahl zu erleichtern, liegen Fotos der Zimmer aus.

Sie befinden sich in den Vergnügungsvierteln der Großstädte, und man sieht sie beim Autofahren auch von den Schnellstraßen aus (es sind die am auffälligsten gestalteten). Die meisten Love Hotels nehmen auch ausländische Gäste auf; einige Leser wurden aber schon mal abgewiesen. Gleichgeschlechtliche Paare könnten eher Schwierigerigkeiten haben.

Kokumin-shukusha

Kokumin-shukusha (Volksherbergen) sind staatliche Einrichtungen, die in reizvollen Gegenden günstige Übernachtungsmöglichkeiten bieten. Eine japanische Ausstattung ist die Regel, manche Häuser haben aber auch westliche Zimmer. Die Preise liegen zwischen 5500 und 6500 ¥ pro Person und Nacht, inklusive zwei Mahlzeiten.

Mietwohnungen

Die kurzfristige Vermietung von Ferienwohnungen und Apartments ist in Japan gegenwärtig eine Grauzone. Per Gesetz beträgt die Mindestmietdauer einer Mieteinheit zurzeit 30 Tage. Ausnahmen sind Ota-ku in Tokio (wo sich der Flughafen Haneda befindet) und die Stadt Osaka, dort beträgt der Mindestaufenthalt sieben Nächte. Dies könnte sich ändern, denn die Regierung plant eine Überarbeitung der Gesetze, die Ferienwohnungen (auf Japanisch *minpaku* genannt) betreffen.

Raidā hausu

„Rider Houses" (ライダーハウス; *raidā hausu*) sind einfache Budgetunterkünfte für Motorradfahrer, die sich meistens am Stadtrand befinden. Die netteren ähneln Jugendherbergen, in den einfachsten bekommt man vielleicht nur einen Futon in einem Schuppen. Die Preise variieren, doch im Durchschnitt kostet die Übernachtung pro Nacht und Nase 1500 ¥. Entweder bringt man seinen eigenen Schlafsack mit oder leiht sich vor Ort Bettwäsche. Zum Waschen wird man oft in das örtliche *sentō* (öffentliches Bad) geschickt.

Viele *raidā hausu* existieren schon seit Jahrzehnten und haben treue Stammkunden. Sie können ein bisschen schwer zu finden sein, denn es gibt kaum englischsprachige Informationen. Wer aber in einem übernachtet, bekommt so Zugang zum lokalen Netz der Biker und Radfahrer, die einem bei der Planung der nächsten Übernachtung helfen können. *Raidā hausu* findet man am häufigsten in Hokkaidō, es gibt jedoch überall welche. Die Website Hatinosu (www.hatinosu.net/house) ist zwar auf Japanisch, hat aber Infos und eine Karte mit *raidā hausu in ganz Japan*.

Da sie klein sind, füllen sich die Betten schnell; im Sommer ist es daher ratsam, zu reservieren. Besonders in Hokkaidō sind die *raidā hausu* nicht immer ganzjährig geöffnet.

HOCHSAISON

Spitzenreisezeiten sind u.a. die Kirschblütensaison (Ende März bis Anfang Mai), die Goldene Woche (Ende April bis Anfang Mai), O-Bon (Mitte August), die Zeit der Laubfärbung (je nach Region Oktober bis Anfang Dezember) und rund um Neujahr (Ende Dezember bis Anfang Januar). In dieser Zeit kann es schwer werden, eine Unterkunft zu finden, besonders in Kyoto und in Ferienorten, und die Übernachtungspreise steigen (manchmal deutlich). Wer zu einem dieser Ereignisse nach Japan reist, sollte so lange wie möglich im Voraus reservieren.

Versicherung

Wir empfehlen eine Reiseversicherung, die Diebstahl, Gepäckverlust und medizinische Versorgung abdeckt. Weltweite Reiseversicherungen gibt's unter www.lonelyplanet.com/travel-insurance. Man kann sie jederzeit online abschließen oder erweitern, sogar von unterwegs.

Visa

Besuchervisa

Die Einwohner von 67 Staaten, darunter Deutschland, Österreich, die Schweiz und fast alle europäischen Staaten, erhalten bei der Ankunft automatisch ein *tanki-taizai*-Visum (befristetes Besuchervisum). Dies gilt in der Regel 90 Tage. Eine vollständige Liste der von der Visapflicht befreiten Länder findet man unter www.mofa.go.jp/j_info/visit/visa/short/novisa.html#list.

Wer mit einem befristeten Besuchervisum nach Japan einreist, muss ein gültiges Rückreiseticket für den Luft- oder Seeweg oder einen entsprechenden Nachweis vorzeigen. Zwar werden in der Praxis nur wenige Traveller nach diesen Dokumenten gefragt, aber man sollte lieber auf Nummer sicher gehen.

Für weitere Informationen über Visabestimmungen wendet man sich am besten an die nächste japanische Botschaft bzw. das Konsulat oder besucht die Website des Japanischen Außenministeriums (www.mofa.go.jp).

Bei der Einreise in Japan werden von allen ausländischen Kurzzeitbesuchern Fotos und Fingerabdrücke gemacht.

VISAVERLÄNGERUNG

Besucher aus Deutschland und der Schweiz können ihr befristetes Visum einmalig um 90 Tage verlängern. Dazu müssen sie sich an die nächstgelegene japanische Einwanderungsbehörde wenden, ehe das ursprüngliche Visum ausläuft. Die Bearbeitungsgebühr beträgt 4000 ¥. Eine Liste der Einwanderungsbehörden findet man unter www.immi-moj.go.jp/english/soshiki/index.html.

Für Österreicher ist es schwierig, ein befristetes Visum zu verlängern, es sei denn, sie haben familiäre oder geschäftliche Kontakte in Japan, die für sie bürgen können.

Arbeitsvisum

Wer ein Studenten- oder Kulturvisum besitzt und eine Arbeitserlaubnis oder ein Working-Holiday-Visum beantragt hat, darf in Japan mit bestimmten Einschränkungen arbeiten. Für eine Vollzeittätigkeit ist ein Arbeitsvisum erforderlich. Es gibt verschiedene Visakategorien für die Beschäftigung von Ausländern mit genauen Vorschriften hinsichtlich der benötigten Berufserfahrung und Qualifikation.

Heutzutage ist es sehr schwierig, in Japan anzukommen und einen Job zu finden, bei dem sich der Arbeitgeber um das entsprechende Visum bemüht, wenngleich es manchen gelingt; man sollte allerdings die finanziellen Mittel haben, um die Dauer dieses Prozesses zu überbrücken.

Hat man einen Arbeitgeber in Japan gefunden, der bereit ist, ein Arbeitsvisum für einen zu beantragen, benötigt man von der nächstgelegenen japanischen Einwanderungsbehörde ein „Certificate of Eligibility". Dieselbe Behörde kann anschließend auch das Arbeitsvisum ausstellen, das ein oder drei Jahre gültig ist. Insgesamt dauert dieses Prozedere zwei bis drei Monate.

Das JET-(Japan Exchange and Teaching)-Programm sowie einige große Sprachschulen für Englisch mit Schwerpunkt Konversation unterstützen qualifizierte Bewerber. Am besten bewirbt man sich für diese Stellen aber schon vor der Abreise.

EINWOHNERKARTE

Alle Ausländer, die länger als die üblichen 90 Tage für Touristen in Japan bleiben, erhalten eine Einwohnerkarte, die man ständig bei sich tragen muss.

Working-Holiday-Programm

Deutsche Staatsangehörige im Alter von 18 bis 25 Jahren (die Altersgrenze kann in Einzelfällen auf 30 angehoben werden) können Ferienarbeitsvisa beantragen.

Diese berechtigen zu einem sechsmonatigen Aufenthalt, der zweimal um weitere sechs Monate verlängert werden kann. Sie sind für junge Leute vorgesehen, die während ihres Aufenthaltes viel reisen wollen; es gelten gesetzliche Einschränkungen, wie lange und wo man damit arbeiten kann. Wer überlegt, nach Japan zu ziehen, und das Ferienarbeitsvisum beantragen kann, ist damit gut beraten – so kann man bereits arbeiten, während man sich um eine Vollzeitstelle bei einem Arbeitgeber bemüht, der das Arbeitsvisum beantragt.

Antragsteller müssen über den Gegenwert von 1800 US$ (verheiratete Paare über 3000 US$) an Geldmitteln verfügen, und ein Rückreiseticket haben. Working-Holiday-Visa kann man bei einer japanischen Botschaft oder einem Konsulat außerhalb Japans beantragen. Mehr darüber erfährt man bei www.mofa.go.jp/j_info/visit/w_holiday.

Zeit

Ganz Japan liegt in derselben Zeitzone und es gibt keine Sommer- bzw. Winterzeit. Berlin liegt acht Stunden (während der Sommerzeit in Europa sind es sieben Stunden) hinter Japan. Wenn es in Deutschland 12 Uhr ist, ist es in Japan also 20 Uhr.

Zoll

- In Japan gelten die typischen Grenzen für die Ein- und Ausfuhr zollfreier Waren; nähere Infos dazu siehe Visit Japan Customs (www.customs.go.jp).
- Wer ein Schwert ausführen will, muss eine Genehmigung beantragen; renommierte Händler erledigen dies für ihre Kunden.
- Pornografische Erzeugnisse, auf denen die Genitalien deutlich zu erkennen sind, sind in Japan illegal.

Verkehrsmittel & -wege

AN- & WEITERREISE

Flüge, geführte Touren und Zugtickets können online unter lonelyplanet.com/bookings gebucht werden.

Einreise nach Japan

Die meisten Traveller können mühelos nach Japan einreisen. Visa (S. 973) erhalten Besucher vieler Nationalitäten bei der Einreise. Ausländischen Touristen wird bei der Ankunft ein Fingerabdruck abgenommen und sie werden fotografiert.

Flugzeug

Flughäfen & Fluglinien

Der **Narita Airport** (NRT; 成田空港; ☎0476-34-8000; www.narita-airport.jp) bei Tokio ist der Hauptanreiseflughafen für Touristen aus dem Ausland; in Tokio gibt's noch einen kleineren internationalen Flughafen, **Haneda** (HND; 羽田空港; ☎internationales Terminal 03-6428-0888; www.tokyo-airport-bldg.co.jp/en), der näher am Stadtzentrum liegt. Für Reisen in spezielle Regionen außerhalb Tokios sind die internationalen Flughäfen von **Kansai** (KIX; 関西空港; Karte S. 446; www.kansai-airport.or.jp) (für Flüge nach Osaka und Kyoto), **Hokkaidō** (新千歳空港; CTS; ☎0123-23-0111; www.new-chitose-airport.jp/en), **Kyūshū** (☎Inlandsterminal 092-621-6059, internationales Terminal 092-621-0303; ⊙Inland 6.20–10.20 Uhr, international 7–21.30 Uhr; 🅁Fukuoka Airport) und Naha (für Flüge nach Okinawa) zeit- und kosteneffektiver.

Chubu Centrair International Airport (www.centrair.jp) Nagoyas Flughafen bietet Direktflüge in ost- und südostasiatische Länder.

Fukuoka International Airport (www.fuk-ab.co.jp) Fukuoka an der Nordspitze von Kyūshū ist der wichtigste Verkehrsknotenpunkt Westjapans. Der Internationale Flughafen Fukuoka liegt günstig nahe der Stadt und bietet Verbindungen in zahlreiche überwiegend asiatische Länder.

Haneda Airport (www.tokyo-airport-bldg.co.jp) Auf Tokios praktisch gelegenem – etwa 30 Minuten mit dem Zug oder der Monorailbahn vom Stadtzentrum entfernt – Flughafen Haneda, der auch als Tokyo International Airport bekannt ist, landen immer mehr internationale Flüge, und es gibt Inlandsflüge nach/von Tokio.

Kagoshima Airport (www.koj-ab.co.jp) Am südlichen Rand von Kyūshū; bietet Flüge nach/von Hongkong, Shanghai, Seoul und Taipeh.

Kansai International Airport (www.kansai-airport.or.jp) Bedient die Städte Kyoto, Osaka, Nara und Kōbe. Bietet nicht so viele internationale Direktverbindungen wie die Tokioter Flughäfen, ist aber hilfreich, wenn man nur Kansai bereisen will.

Kumamoto Airport (www.kmj-ab.co.jp) Im Zentrum Kyūshūs, bietet Flüge nach/von Seoul und Kaohsiung.

KLIMAWANDEL & REISEN

Fast jede Art der motorisierten Fortbewegung erzeugt CO_2 (die Hauptursache für die globale Erwärmung), doch Flugzeuge sind mit Abstand die schlimmsten Klimakiller – nicht nur wegen der großen Entfernungen und der entsprechend großen CO_2-Mengen, sondern auch weil sie diese Treibhausgase direkt in hohen Schichten der Atmosphäre freisetzen. Auf vielen Websites kann man mit speziellen „CO_2-Rechnern" ermitteln, wie das persönliche Emissionskonto nach einer Reise aussieht, und mit einer Spende für Umweltprojekte eine Art Wiedergutmachung leisten. Auch Lonely Planet spendet Gelder, wenn Mitarbeiter und Autoren auf Reisen gehen.

AUSREISEGEBÜHR

Die Ausreisegebühr ist im Ticketpreis inbegriffen.

Nagasaki Airport (http://nagasaki-airport.jp) An der Westküste Kyūshūs, bietet Flüge nach/von Shanghai und Seoul.

Naha Airport (www.naha-airport.co.jp) Auf Okinawa-hontō (der Hauptinsel von Okinawa); bietet Flüge nach/von Peking, Hongkong, Pusan, Seoul, Shanghai, Taichung und Taipeh.

Narita International Airport (www.narita-airport.jp) Der internationale Flughafen Narita liegt 75 Minuten östlich von Tokio und ist mit dem Schnellzug zu erreichen. Hier landen die meisten internationale Flüge und auch viele Billig-Fluglinien, die nach Tokio fliegen.

New Chitose Airport (www.new-chitose-airport.jp) Im Zentrum Hokkaidōs, südlich von Sapporo. Flüge in viele hauptsächlich asiatische Länder.

Niigata Airport (www.niigata-airport.gr.jp) In Honshū, an der Küste des Japanischen Meeres. Flüge nach/von Harbin, Khabarovsk, Seoul, Shanghai, Taipeh und Wladiwostok.

Zwei große internationale Fluggesellschaften mit einem umfangreichen Netz an Inlandsflügen sind **Japan Airlines** (JAL; ☎0570-025-121, 03-6733-3062; www.jal.co.jp/en) und **All Nippon Airways** (ANA; ☎0570-029-709, in Osaka 06-7637-6679, in Tokio 03-6741-1120; www.ana.co.jp).

Schiff/Fähre

Südkorea

Zwischen Japan und seinen Nachbarländern China und Südkorea (und im Sommer auch Russland) verkehren regelmäßig Fähren. Nach Busan in Südkorea gibt's mehrere Strecken. Folgende Fährlinien starten am **Hakata Port International Terminal** (博多港国際ターミナル; ☎092-282-4871; www.hakataport.com):

Beetle (☎in Japan 092-281-2315, in Korea 051-469-0778; www.jrbeetle.co.jp) 13 000 ¥, 3 Std., 2-mal tgl.

Camellia Line (☎in Japan 092-262-2323, in Korea 051-466-7799; www.camellia-line.co.jp) Busan–Fukuoka, ab 9000 ¥, 5½ Std. von Fukuoka nach Busan, 6–10 Std. von Busan nach Fukuoka, tgl. 12.30 Uhr.

Vom **Shimonoseki International Ferry Terminal** (下関港国際ターミナル; Karte S. 542; ☎083-235-6052; www.shimonoseki-port.com):

Kampu Ferry (関釜フェリー; Karte S. 542; ☎083-224-3000; www.kampuferry.co.jp) ab 9000 ¥ (zzgl. 300 ¥ Spritpauschale und 610 ¥ Terminalgebühr), 12 Std., tgl.

Vom **Osaka Port International Ferry Terminal** (大阪港国際フェリーターミナル; Osaka-kō Kokusai Ferry Terminal; ☎06-6243-6345; 1-20-52 Nan-kō-kita, Suminoe-ku; Ⓢ Chūō-Linie zum Cosmo Square, 🚌 Stadtlinie vom Hafen Nankō zum Cosmo Square):

Panstar Ferry (パンスターフェリー; ☎06-6614-2516; www.panstar.jp) Einfache Fahrt zweiter Klasse ab 13 000 ¥, 19 Std., Mo, Mi und Fr.

China

Folgende Fähren starten am **Osaka Port International Ferry Terminal** (大阪港国際フェリーターミナル; Osaka-kō Kokusai Ferry Terminal; ☎06-6243-6345; 1-20-52 Nan-kō-kita, Suminoe-ku; Ⓢ Chūō line to Cosmo Square, 🚌 Stadtlinie vom Hafen Nankō zum Cosmo Square) nach Shanghai, China:

Japan China International Ferry (日中国際フェリー; ☎06-6536-6541; www.shinganjin.com) Jeden zweiten Dienstag (abwechselnd mit Kōbe).

Shanghai Ferry Company (上海フェリー; www.shanghai-ferry.co.jp) Freitags.

Eine einfache Fahrt in der zweiten Klasse ist ab 20 000 ¥ zu haben; die Reise dauert ca. 48 Stunden.

Russland

Die **Hokkaidō-Sachalin-Linie** (北海道サハリン航路; Karte S. 672; ☎0162-22-2550; sahkouro@giga.ocn.ne.jp; einfach/Hin- & Rückfahrt 18 000/36 000 ¥) verbindet Wakkanai (S. 671) mit Korsakow (auf der russischen Insel Sachalin). Die Fähren verkehren zweimal wöchentlich von August bis Mitte September; die Fahrt dauert 4½ Stunden. Viele Fahrgäste sind Japaner, die Verwandte auf Sachalin haben, es fahren aber auch ein paar Touristen mit.

Man muss sein Ticket in einem Reisebüro buchen, das auch die Visaformalitäten vorbereitet. Achtung: Dieser Fährservice wurde in der Vergangenheit eingestellt und operiert zurzeit nur probeweise.

UNTERWEGS VOR ORT

Auto & Motorrad

In Japan ein Auto zu nutzen dürfte auch für weniger routinierte Fahrer kein großes Problem sein. Die meisten Straßen sind auf Englisch beschildert; viele Autovermietungen bieten Autos mit englischsprachigen Navigationssystemen; die Straßen sind in ausgezeichnetem Zustand; Verkehrsregeln werden im Allgemeinen eingehalten, und das Fahren ist sicherer als in vielen anderen asiatischen Ländern. Sprit ist zwar relativ teuer, aber nicht unerschwinglich. In einigen Gegenden sollte man die Fahrt mit dem Auto sogar jeder anderen Art des Reisens vorziehen, und bei Fahrgemeinschaften lohnt es sich auch finanziell.

In einigen Teilen Japans (vor allem in Hokkaidō, auf der Noto-Halbinsel, in manchen Gebieten von Kyūshū und auf den Südwestinseln) stellt ein Auto das einzig praktikable Fortbewegungsmittel dar – es sei denn, man hat ein gutes Tourenrad oder die Geduld, lange auf den nächsten Bus zu warten, wenn man irgendwohin möchte.

In Großstädten wie Tokio und Osaka hat es hingegen nicht viel Sinn, mit dem Auto zu reisen, denn der Verkehr ist dicht, die vielen Einbahnstraßen sind eine echte Herausforderung und Parkplätze teuer.

Sturzhelme für Motorradfahrer sind in Japan Pflicht.

Automobilclubs

Wer in seiner Heimat Mitglied eines Automobilclubs ist, kann entsprechende Leistungsansprüche bei der Japan Automobile Federation geltend machen, die ein Büro in **Tokio** (JAF; Karte S. 72; ☎03-6833-9100, Notfalltelefon 0570-00-8139; www.jaf.or.jp; 2-2-17 Shiba, Minato-ku ⏲Mo–Fr 9–17.30 Uhr; Ⓢ Mita-Linie bis Shiba-kōen, Ausgang A1) hat.

Führerschein

Reisende aus Deutschland, Österreich und der Schweiz (sowie anderen Ländern, die nicht die Genfer Konvention von 1949 zum internationalen Führerschein unterzeichnet haben) dürfen in Japan nicht mit einer regulären internationalen Fahrerlaubnis Auto und Motorrad fahren. Sie benötigen stattdessen ihren eigenen Führerschein sowie eine beglaubigte japanische Übersetzung davon, die man entweder in Japan in der Botschaft bzw. im Konsulat seines Heimatlandes erhält oder bei der JAF bekommen kann. Mehr darüber erfährt man auch in der nächstgelegenen Touristeninformation.

Ausländische Führerscheine sind in Japan sechs Monate gültig. Wer länger bleibt, muss einen japanischen Führerschein bei den örtlichen Verwaltungsbehörden für Kraftfahrzeuge beantragen.

Autobahnen

Japan hat ein schnelles, effizientes und unaufhörlich wachsendes Autobahnnetz – aber es ist nicht billig.

- Die Gebühren liegen bei 24,6 ¥ pro Kilometer (plus Aufpreis für einige Tunnel). Für die Strecke von Tokio nach Kyoto zahlt man beispielsweise etwa 10 050 ¥.
- Wer die Standorte seines Start- und Zielpunkts kennt, kann unter www.driveplaza.com die Fahrpreise kalkulieren. Auf der Website von Nexco West (http://global.w-nexco.co.jp), das die Autobahnen in West-Honshū und Kyūshū kontrolliert, findet man englischsprachige Preistabellen für die jeweiligen Regionen.
- Die Ausfahrten sind gut auf Englisch ausgeschildert, aber man sollte den Namen seiner Ausfahrt kennen, da manchmal nicht die Stadt angegeben ist, die man ansteuert.
- Mautstationen mit Personal sind grün mit den Buchstaben 一般 *(ippan)* markiert (für Fahrer ohne ETC-Karte); vollautomatische ETC-Mautstationen sind mit den Buchstaben ETC markiert.
- Die Mautstationen an den nationalen Autobahnen akzeptieren Kreditkarten; andere nehmen nur Bargeld.

ETC-KARTEN

Mit einer ETC-Karte (www.go-etc.jp/english/guidebook/index.html) kann man die vollautomatischen Mautstationen mit einer Geschwindigkeit von 20 km/h passieren, ohne anzuhalten. Außerdem spart man mit den Karten Geld: Die Mautgebühren für ETC-Kartenbesitzer können bis zu 30 % unter der Standardmaut liegen (je nach Tageszeit und Fahrtstrecke).

Mietautos haben ETC-Karten-Leser, und große Autovermietungen verleihen die Karten gegen eine kleine Gebühr; wenn man das Auto zurückgibt, erhält man eine Rechnung mit den Mautgebühren.

PÄSSE

Einige Regionen bieten ausländischen Reisenden Autobahnpässe zu Festpreisen an. Diese können viel Geld sparen, wenn man innerhalb einer kurzen Zeit viel auf Autobahnen fahren möchte; sie lohnen sich allerdings nicht, wenn man lieber malerische Landstraßen bereist.

GEPÄCKVERSAND

Gepäck-Kurierdienste (*takkyūbin*) sind sehr beliebt in Japan, und viele Inlandstouristen nutzen sie, um ihre Taschen, Golfschläger, Surfbretter etc. zu ihrem Reiseziel zu verschicken, um sie im öffentlichen Verkehr nicht mitschleppen zu müssen. Die Tourismusbehörde stellt diesen Service auch ausländischen Reisenden zur Verfügung: In ihrer Broschüre Hands Free Travel Japan (www.jnto.go.jp/hands-free-travel) findet man eine Liste von Kurierschaltern, die für Traveller eingerichtet wurden und sich meist in Flughäfen, Bahnhöfen und Einkaufszentren befinden.

Der Service ist großartig, hat aber einen Nachteil: In den meisten Fällen wird das Gepäck erst am folgenden Tag angeliefert. (Wer z. B. seine Koffer zum/vom Flughafen transportieren lassen will, braucht einen Tagesrucksack mit allem nötigen Gepäck.) Auf der anderen Seite hat man freie Hand, ohne lästige Koffer ein Onsen zu besuchen und dort zu übernachten – das Gepäck lässt man einfach zum nächsten Tagesziel schicken.

Auch die Hotels können diesen Service arrangieren (die Kurierdienste holen das Gepäck aus der Lobby ab). Die Preise variieren je nach Größe und Gewicht der Koffer sowie nach Zielort, liegen aber meist bei rund 2000 ¥.

Central Nippon Expressway Pass (http://hayatabi.c-nexco.co.jp/cep)

Hokkaidō Expressway Pass (www.driveplaza.com/trip/drawari/hokkaido_expass)

Kyūshū Expressway Pass (http://global.w-nexco.co.jp/en/kep)

Tōhoku Expressway Pass (www.driveplaza.com/trip/drawari/tep2015)

Benzin

Tankstellen *(gasoreen sutando)* gibt's in fast jeder japanischen Stadt und an den Autobahnraststätten. Die Benzinkosten lagen zu Redaktionsschluss bei rund 130 ¥ pro Liter für Normalbenzin. Kreditkarten werden überall akzeptiert.

Es entstehen immer mehr Tankstellen mit Selbstbedienung, aber die meisten Tankstellen bieten Komplettservice. „Auftanken" heißt auf Japanisch *mantan* (voller Tank). Man wird wahrscheinlich gefragt, wie man zahlen möchte: *Oshiharai ha dono yō ni saremasu ka?* (Wie wollen Sie zahlen?) Die zwei möglichen Antworten sind *genkin* (bar) oder *kaado* (mit Kreditkarte). Tankstellen mit Komplettservice sind etwas teurer, aber der Service ist hervorragend: Die Warte leeren die Aschenbecher, sammeln den Müll ein, wischen die Windschutzscheibe von innen und außen ab und winken einen dann zurück in den Verkehr.

Mietwagen

➜ Die Preise für einen Kleinwagen liegen zwischen 5000 und 7000 ¥ für den ersten Tag, danach wird der Tagessatz billiger. Zusätzlich zur Leihgebühr werden pro Tag ca. 1000 ¥ für die Versicherung verlangt. Die Preise der Autovermietungen sind in etwa gleich.

➜ Autovermietungen findet man an den meisten Verkehrsknotenpunkten: auf Flughäfen, an großen Bahnhöfen und an Fährhäfen. Die Unternehmen an den großen internationalen Flughäfen (**Narita** (NRT; 成田空港; ☎0476-34-8000; www.narita-airport.jp), **Haneda** (HND; 羽田空港; ☎internationales Terminal 03-6428-0888; www.tokyo-airport-bldg.co.jp/en), **Kansai** (KIX; 関西空港; Karte S. 446; www.kansai-airport.or.jp) und **New Chitose** (新千歳空港; CTS; ☎0123-23-0111; www.new-chitose-airport.jp/en) haben meist englischsprachige Mitarbeiter.

➜ Toyota Rent-a-Car (https://rent.toyota.co.jp) und Nippon Rent-a-Car (www.nrgroup-global.com) verfügen über ein umfassendes Netzwerk an Autovermietungen und Autos mit englischsprachigen Navigationssystemen. Die Buchung ist auch auf den englischsprachigen Websites möglich.

➜ Für Kinder unter sechs Jahren gilt in Japan die Kindersitzpflicht; die Autovermietungen verleihen gegen einen kleinen Aufpreis auch Kindersitze.

➜ Ein Motorrad für weite Strecken auszuleihen ist nicht so leicht wie ein Auto zu mieten. Nur wenige Agenturen bieten Buchungen auf Englisch an, darunter Rental 819 (www.rental819.com).

➜ Auf den kleineren Inseln gibt's viele Anbieter, die Roller

BEISPIELE FÜR FÄHRPREISE & FAHRTZEITEN

Die Fährpreise variieren je nach Saison und Ölpreis; sie ändern sich alle drei Monate.

ROUTE	PREIS IN DER 2. KLASSE (¥)	FAHRTDAUER (STD.)
HOKKAIDŌ–HONSHŪ		
Otaru–Maizuru	9570–16 350	20
Otaru–Niigata	6480–10 180	18
Tomakomai–Hachinohe	5000	7–9
Tomakomai–Ōarai	8740–14 910	17
VON TOKIO		
Shinmoji (Kitakyūshū)	16 110	35
Tokushima (Shikoku)	11 690	18–19½
VON OSAKA/KŌBE		
Beppu (Kyūshū)	11 200–12 000	12
Miyazaki (Kyūshū)	9460–10 700	12½
Naha (Okinawa)	19 330	40
Shibushi (Kyūshū)	12 880–13 400	15
Shinmoji (Kitakyūshū)	6170–6480	12½
KYŪSHŪ–OKINAWA		
Kagoshima–Naha	14 610	25

vermieten; um sie zu leihen, braucht man einen internationalen Führerschein (ein Motorradschein ist nicht nötig).

➡ Wer eine Autovermietung aufsucht, die keine englischsprachigen Mitarbeiter hat, sollte zuerst seinen internationalen Führerschein vorzeigen, denn der ist den Mitarbeitern am wichtigsten.

Karten & Navigation

➡ Der *Japan Atlas: A Bilingual Guide* von Kodansha beinhaltet Karten in Englisch und *kanji*; die Straßenkarten sind jedoch nicht sehr detailliert.

➡ Die bei Weitem empfehlenswertesten japanischen Straßenatlanten erscheinen in der Reihe *Super Mapple* (Shōbunsha). Sie werden in Buchhandlungen und einigen Kaufhäusern verkauft. Sie sind zwar nicht in Englisch verfügbar, aber dafür sehr detailgetreu (und viele Routen sind nummeriert).

Parken

In Großstädten (wie Tokio, Osaka und Kyoto) ist Parken teuer und meist auf Parkplätze beschränkt, die 300 bis 600 ¥ pro Stunde kosten; gebührenpflichtige Parkplätze an den Straßen gibt's in Japan nur selten. Die Parkplätze sind leicht zu finden, da sie mit einem großen „P" markiert sind. Stadthotels haben meistens eigene Parkplätze, die 500 bis 1500 ¥ pro Nacht kosten (je größer die Stadt, umso teurer).

In kleineren Städten und auf dem Land, wo die Einheimischen auf Autos angewiesen sind, gibt's in der Regel viele kostenlose Parkplätze.

Raststätten

Auf den nationalen Autobahnen findet man reguläre Rasthöfe (SA) und Parkplätze (PA); erstere bieten meist mehr Serviceeinrichtungen, wie Restaurants, Cafés und Souvenirgeschäfte. Nicht alle sind 24 Stunden geöffnet, aber auch auf den anderen steht immer eine saubere, gut beleuchtete Toilette zur Verfügung.

Landstraßen haben eigene Raststätten, die *michi-no-eki* (道の駅; Straßenstationen) genannt werden; hier gibt's Toiletten und Kaffee (und manchmal sogar Bauernstände), aber kein Benzin.

Verkehrsregeln

In Japan herrscht Linksverkehr. Es gibt keine ungewöhnlichen Verkehrsregeln oder Verhaltensweisen und die meisten Schilder folgen internationalen Konventionen. Die JAF hat das praktische, englischsprachige Buch *Rules of the Road* (digitale/Druckversion 864/1404 ¥) im Angebot.

Die Geschwindigkeitsbegrenzungen sind niedrig, obwohl viele lokale Fahrer sie nicht einhalten (auf eigene Gefahr: Es gibt viele Straßenkontrollen).

Sicheres Fahren

Die Japaner sind sichere und zuvorkommende Fahrer, aber es gibt ein paar Eigenarten, die man beachten sollte:

Blinker Die Fahrer blinken, wenn sie an einer Ampel halten, auf eine Kreuzung fahren oder die Fahrspur wechseln.

Scheinwerfer In der Dämmerung oder bei Nebelwetter schalten die Fahrer die Scheinwerfer oft erst spät ein – ein Problem, weil die meisten Autos in Japan weiß, grau oder schwarz sind.

Bus

Japan hat ein umfangreiches Netzwerk an Fernstreckenbussen. Sie sind mittlerweile fast so schnell wie die *shinkansen,* aber viel billiger. Die Busse befahren auch Routen, die nicht von Zügen abgedeckt werden.

Japan Railways (JR) betreibt das größte Autobahnbus-Netzwerk in Japan; das Unternehmen ist etwas teurer als andere Anbieter, aber dafür zuverlässig, und die Busse starten und halten an Bahnhöfen statt an anderen Haltestellen in der Stadt. Tickets erhält man in den JR-Bahnhöfen.

Ein billigerer Anbieter mit einem großen Busverkehrs-

BEISPIELE FÜR BUSPREISE

Typische Preise für Fernstreckenbusse (einfache Fahrt) ab Tokio. Wer früh bucht, erhält häufig Rabatt; an den Wochenenden steigen die Preise.

ZIEL	PREIS (¥)	FAHRTDAUER (STD.)
Aomori	9000	9½
Hakata	9000	14½
Hiroshima	10 230	11½
Kōbe	5000	10
Kyoto	5000	8
Nagano	3200	4
Nagoya	5250	5½
Nara	5000	8½
Osaka	5000	8½

netz ist **Willer Express** (☎außerhalb Japans 050-5805-0383; http://willerexpress.com), das Drei-, Vier- und Fünf-Tagespässe anbietet. Sitzplätze bei Willer und anderen Busunternehmen sind bei Japan Bus Lines Service (http://japanbuslines.com) erhältlich.

Einige Busunternehmen bieten auch richtige Schnäppchen an, aber die Regierung geht hart gegen sie vor, denn die Billiganbieter umgehen häufig die Sicherheitsvorkehrungen (indem sie ihre Fahrer überarbeiten).

Nachtbusse

Für Traveller mit schmalem Geldbeutel und ohne einen Japan Rail Pass ist die Fahrt mit einem Nachtbus eine gute Option, denn sie sind billig und – je nachdem, wieviel man ausgeben will – auch relativ geräumig; darüber hinaus spart man das Geld für eine Übernachtung. Sie starten meist gegen 22 oder 23 Uhr und erreichen ihr Ziel gegen 6 oder 7 Uhr.

Fahrrad

Japan eignet sich wunderbar für Fahrradtouren: Jedes Jahr radeln mehrere tausend Japaner und Ausländer quer durch das Land. Zu den beliebtesten Gegenden zählen Kyūshū, Shikoku, die Japanischen Alpen (wenn man steile Berge mag!), die Halbinsel Noto und Hokkaidō.

Es ist nicht ratsam, sich den Weg aus den großen Städten heraus mit dem Fahrrad zu erkämpfen. Stattdessen sollte man erst einmal mit dem Zug oder Bus aufs Land rausfahren. Um ein Fahrrad im Zug mitnehmen zu können, ist eventuell eine große Transporttasche erforderlich, die man in guten Fachgeschäften erhält.

Wir empfehlen Travellern die Kartenserie Touring Mapple (Shōbunsha). Sie wurde für Motorradfahrer konzipiert, ist aber auch für Radfahrer hilfreich.

Weitere Infos zum Thema Radfahren bietet die hervorragende Website von KANCycling (www.kancycling.com); auf der Website von Japan Cycling Navigator (www.japancycling.org) kann man Anleitungen für das Fahrradfahren in Japan sowie Reiseberichte nachlesen.

Verleih

Fahrradvermietungen sind in vielen Touristengebieten zu finden. Die Fahrräder werden als Teil von lokalen Tourismusinitiativen manchmal kostenlos verliehen; private Unternehmen, die meist im Umfeld der Bahnhöfe zu finden sind, vermieten Fahrräder für etwa 1000 ¥ pro Tag. Infos gibt's in den jeweiligen Touristeninformationen. Auch viele Jugendherbergen verleihen Fahrräder.

Leider sind die geliehenen Räder für gewöhnlich eher das, was die Japaner *mama chari* (wörtlich „Mamas Rad") nennen: Cityräder mit einem oder drei Gängen, die für über 1,80 m große Menschen zu klein sind.

NAVIGATIONSSYSTEME IN AUTOS

Viele Mietwagen haben inzwischen satellitengesteuerte Navigationssysteme, die sehr zuverlässig sind; die großen Autovermietungen bieten Navis mit englischer Funktion. Da japanische Adressen sehr verwirrend sein können, gibt man einfach die Telefonnummer der Zieladresse ins Navi ein. Viele Touristenorganisationen stellen Broschüren mit „Kartencodes" für wichtige Reiseziele zur Verfügung, die man in das Navigationssystem seines Mietwagens eintippt.

Fahrradkauf

In Japan reichen die Preise für gebrauchte Fahrräder von ein paar Tausend Yen für ein altes Citybike bis zu mehreren Zehntausend Yen für gute Mountainbikes und Rennräder. Neue Fahrräder kosten mehr, als man zu Hause bezahlen würde: Die Preise starten ab 10 000 ¥ für ein Citybike und können bis über 100 000 ¥ für ein Mountainbike oder Rennrad steigen.

Das Angebot an Fahrrädern innerhalb der Zuwanderer-Gemeinde ist vielfältig – besonders gut für großgewachsene Radler. Man findet viele Kleinanzeigen in Zeitschriften wie der Tokioter *Metropolis* (http://metropolisjapan.com) oder in der *Kansai Scene* (www.kansaiscene.com). Auch ein Blick auf das Schwarze Brett des Kyoto International Community House (www.kcif.or.jp) lohnt sich.

Flugzeug

Das Angebot an Flügen in Japan ist groß und die Verbindungen sind sicher und zuverlässig. Fliegen ist oft schneller und billiger als die *shinkansen* (Hochgeschwindigkeitszüge) und zudem effizienter, wenn man weite Strecken fliegen oder Inselhopping machen will.

Alle lokalen Fluggesellschaften haben englischsprachige Websites, auf denen man die Preise einsehen und Tickets buchen kann.

Fluglinien in Japan

All Nippon Airways (ANA; ☎0570-029-709, in Osaka 06-7637-6679, in Tokio 03-6741-1120; www.ana.co.jp) Große internationale Fluggesellschaft mit einem umfangreichen Netz an Inlandsverbindungen.

Hokkaidō Air System (HAC; www.hac-air.co.jp) Fliegt vom Okadama, dem Inlandsflughafen in Sapporo, zu Orten auf Hokkaidō.

Japan Airlines (JAL; ☎0570-025-121, 03-6733-3062; www.jal.co.jp/en) Große internationale Fluglinie mit einem umfangreichen Netz an Inlandsverbindungen.

Japan Transocean Air (☎0570-025-121, 03-6733-3062; www.jal.co.jp/jta) kleine Fluglinie, die zur JAL-Gruppe gehört und größtenteils Routen auf die Südwestinseln bedient. Die Website ist nur in Japanisch verfügbar; Flüge kann man auf der englischsprachigen Website von JAL buchen.

New Central Air Service (NCA; Shinchūō Kōkū; ☎0422-31-4191; www.central-air.co.jp) Verbindungen mit dem Leichtflugzeug zwischen dem Chōfu Airport bei Tokio und den Inseln des Izu-Archipels.

BILLIGFLUGLINIEN

Der japanische Flugmarkt hat sich für Billigairlines geöffnet, deshalb gibt's nun günstige Flüge in verschiedene Gebiete des Landes. Nun sind sogar einst sehr teure und entlegene Gegenden wie Hokkaidō und Okinawa für Traveller mit kleinem Budget zugänglich.

Air Do (www.airdo.jp) Verbindet Hokkaidōs **New Chitose Airport** (新千歳空港; CTS; ☎0123-23-0111; www.new-chitose-airport.jp/en) mit vielen japanischen Großstädten.

Jetstar (www.jetstar.com) Billigflüge vom Tokioter **Narita Airport** (NRT; 成田空港; ☎0476-34-8000; www.narita-airport.jp) und dem **Kansai International Airport** (KIX; 関西空港; Karte S. 446; www.kansai-airport.or.jp) in Osaka nach Okinawa (Naha) und Sapporo (New Chitose).

Peach (www.flypeach.com) Gut für Flüge außerhalb von Kansai.

Skymark Airlines (www.skymark.co.jp) Verbindet viele regionale Flughäfen; Flüge vom/zum Tokioter Flughafen **Haneda** (HND; 羽田空港; ☎Internationales Terminal 03-6428-0888; www.tokyo-airport-bldg.co.jp/en).

Vanilla Air (www.vanilla-air.com) Billigflüge von Tokio (Narita) nach Okinawa (Naha) und Sapporo (New Chitose).

ADRESSEN IN JAPAN

In Japan kann es sehr schwer sein, einen Ort nach seiner Adresse zu finden – selbst für Einheimische. Die Adressen sind nicht nach Straßen geordnet, sondern nach konzentrischen Gebieten, Blocks und Gebäudenummern, die aber nicht unbedingt in einer Reihenfolge mit den umliegenden Häusern stehen. Smartphones mit Navigations-Apps sind daher ein wahrer Segen für Traveller – und wahrscheinlich der wichtigste Grund, stets einen stabilen WLAN-Empfang zu haben. In den Großstädten halten die allgegenwärtigen *kōban* (Polizeiboxen) Stadtpläne bereit, und die Polizisten zeigen einem gern den Weg (obwohl nur wenige Englisch sprechen).

Tickets & Rabatte

- **All Nippon Airways** (ANA; ☎0570-029-709, in Osaka 06-7637-6679, in Tokio 03-6741-1120; www.ana.co.jp) (ANA) und **Japan Airlines** (JAL; ☎0570-025-121, 03-6733-3062; www.jal.co.jp/en) (JAL) geben bis zu 50 % Ermäßigung, wenn man sein Ticket einen Monat oder länger vor dem Abflug kauft. Kleinere Rabatte gibt's für Tickets, die drei Wochen vor Abreise gebucht wurden.
- Ausländische Reisende können One-Way-Inlandstickets von **ANA Experience Japan Fare** für einen Pauschalpreis von 10 800 ¥ kaufen. Details gibt's unter www.ana.co.jp/wws/th/e/wws_common/promotions/share/experience_jp.
- **Visit Japan Fare** von JAL bietet ausländischen Reisenden ein ähnliches Pauschalticket für 10 800 ¥. Damit kann man mit allen Oneworld-Fluglinien durch Japan reisen. Details gibt's unter www.jal.co.jp/yokosojapan.
- Mitglieder des ANA Mileage Club im Alter von über 65 Jahren können **Senior-Sorawari**-Inlandstickets für 8000 bis 10 000 ¥ pro Strecke kaufen. Weitere Infos: www.ana.co.jp/wws/japan/c/local/book-plan/fare/domestic/senior-sorawari.
- Der **Okinawa Island Pass** (www.churashima.net/jta/company/islandpass_en.html) von JAL eignet sich gut für preiswertes Inselhopping; er ist nur für ausländische Reisende verfügbar und muss im Ausland gekauft werden.
- Flüge am frühen Morgen und späten Abend sind am billigsten.

Nahverkehr

Japans Großstädte verfügen über ein Netz aus U-Bahnen oder Straßenbahnen, Bussen und Taxis; viele Einheimische sind komplett auf öffentliche Verkehrsmittel angewiesen.

Bus

Fast jede japanische Stadt hat ein Busnetzwerk, obwohl die Haltestellen – mit Ausnahme von Touristengebieten wie Tokio oder Kyoto – meist nur in Japanisch angesagt werden. In den Stadtbussen gilt oft ein Pauschalpreis.

In Tokio steigt man an der Vordertür ein und zahlt vorn beim Fahrer, indem man eine IC-Karte (S. 982) scannt oder Geld in den Ticketautomaten wirft, und steigt hinten aus; in Kyoto ist es genau andersherum – für Touristen oft etwas verwirrend.

Busse, die aus den Großstädten heraus oder durch ländliche Gebiete fahren, kalkulieren die Preise nach Strecke. Beim Einstieg (der meist hinten erfolgt) nimmt man sich ein Papierticket, das mit einer Zonennummer markiert ist, aus dem Spender; beim Ausstieg vergleicht man seine Zonennummer mit der elektrischen Tafel im

IC-KARTEN

IC-Karten sind aufladbare Fahrkarten mit Chips, die in U-Bahnen, Straßenbahnen und Bussen im Großraum Tokio, Kansai, Sapporo, Niigata, Nagoya, Okayama, Hiroshima und Fukuoka funktionieren. Jede Region hat ihre eigene Karte, aber die Karten können untereinander austauschbar in jeder Region verwendet werden, in der IC-Karten gültig sind; sie sind jedoch nicht im Fernverkehr einsetzbar.

Die zwei am häufigsten verwendeten IC-Karten sind die Suica (www.jreast.co.jp/e/pass/suica.html) von JR East und die Icoca (www.westjr.co.jp/global/en/ticket/icoca-haruka) von JR West; sie sind an den JR-Reiseschaltern in den Flughäfen Narita und Haneda oder Kansai erhältlich. Die Karten können auch an Ticketautomaten in den teilnehmenden Städten gekauft und aufgeladen werden.

Um die Karte zu benutzen, hält man sie an die Lesegeräte an den Ticket-Toren oder Türen der Straßenbahnen und Busse.

Vorderbereich des Busses und steckt das entsprechende Fahrgeld und das Ticket in den Ticketautomaten (oder man zeigt dem Fahrer das Ticket und eine Handvoll Münzen und lässt ihn die entsprechende Summe selbst aussuchen; die Fahrer sind daran gewöhnt).

Alle Busse haben Wechselautomaten in der Nähe der Vordertür, die 100- und 500-¥-Münzen sowie 100-¥-Scheine wechseln.

Taxi

- Taxis sind in den Großstädten allgegenwärtig; es gibt sie in Kleinstädten und sogar auf winzigen Inseln, wenn auch nur an den Verkehrsknotenpunkten (Bahn- und Busbahnhöfe und Fährhäfen) – alternativ muss man jemanden bitten, telefonisch ein Taxi zu rufen.
- Vor den Umstiegstationen und Hotels stehen Taxistände, an denen man sich anstellen muss. Wenn es keinen Stand gibt, kann man sich an den Bordstein stellen, den Arm ausstrecken und an der Straße ein Taxi heranwinken.
- Es gibt im ganzen Land einheitliche Preise. Alle Taxis fahren mit Taxametern.
- Der Grundtarif (am Fenster des Taxis ausgewiesen) beträgt für die ersten zwei Kilometer 600 bis 710 ¥, danach werden pro 350 m weitere 100 ¥ fällig. Wenn die Geschwindigkeit unter 10 km/h fällt, wird zudem eine Zeitgebühr aufgeschlagen. Zwischen 22 und 5 Uhr wird ein Aufschlag von 20 % berechnet.
- Ein rotes Licht bedeutet, das Taxi ist frei, ein grünes, es ist besetzt.
- Der Fahrer öffnet und schließt die Türen automatisch – sehr guter Service!
- Die Fahrer sprechen selten Englisch, aber inzwischen haben die meisten Taxis Navigationssysteme. Am besten schreibt man sein Fahrtziel in Japanisch auf oder, noch besser, hält eine Visitenkarte mit der Zieladresse bereit.

U-Bahn, Zug & Straßenbahn

U-Bahn-Netze gibt's in Fukuoka, Kōbe, Kyoto, Nagoya, Osaka, Sapporo, Tokio und Yokohama. Sie sind das schnellste und bequemste Verkehrsmittel, um die Stadt zu erkunden. Die Metronetze von Tokio und Kansai sind außerdem durch ein Netzwerk von JR- und Privatzügen miteinander verbunden. Die Stationen und Liniennamen sind in Englisch ausgeschildert.

Wer eine Stadt an einem Tag erkunden will, sollte sich ein Tagesticket (*ichi-nichi-jōsha-ken*) holen, mit dem man unbegrenzt öffentliche Verkehrsmittel nutzen kann; diese Tickets gibt's in den meisten Großstädten; sie werden an den Bahnhofsschaltern verkauft. Wer länger bleiben will, sollte sich unbedingt eine Prepaid-IC-Karte besorgen.

Straßenbahnen gibt's vor allem in den kleineren Städten. Dazu gehören Nagasaki, Kumamoto und Kagoshima auf Kyūshū; Hiroshima auf Honshū; Kōchi und Matsuyama auf Shikoku und Hakodate auf Hokkaidō. Auch für Straßenbahnen werden Tagestickets angeboten.

Schiff/Fähre

Fähren sind die billigste Möglichkeit, durch Japan zu reisen; sie sind zwar nicht besonders zeiteffizient, aber die Fahrt kann sehr viel Spaß machen: Die japanischen Fernstreckenfähren haben Gemeinschaftsbadehäuser, Speisehallen und sogar Karaokeräume.

Wer die Nachtfähre nimmt und ein Ticket für die 2. Klasse bucht, schläft auf Plastikmatten in einem mit Tatamis ausgelegten Raum; für einen etwas höheren Preis kann man sich auf einen Schlafsaal upgraden lassen (wer viel mehr zahlt, sogar auf eine Suite).

Die meisten großen Fährunternehmen haben englische Websites, auf denen man Tickets buchen kann; alternativ nutzt man ein Reisebüro, z. B. JTB (www.jtb.co.jp).

Trampen

Trampen ist nie wirklich sicher, deshalb empfehlen wir es grundsätzlich nicht.

Reisende, die sich dennoch dazu entschließen, sollten wissen, dass sie ein potenziell schwerwiegendes Risiko eingehen.

Besonders allein trampende Frauen sind in Japan gefährdet. In mehreren Fällen wurden Frauen, die ohne Begleitung unterwegs waren, angegriffen, belästigt und vergewaltigt. Wer unbedingt trampen möchte, ist zu zweit einfach sicherer. Darüber hinaus sollte man jemandem mitteilen, wohin man reisen will.

Wer sich der Risiken bewusst ist und sich entsprechend vorsichtig verhält, kann in Japan durchaus gute Erfahrungen machen: Uns haben jedenfalls schon viele Traveller von außergewöhnlich freundlichen Autofahrern berichtet.

Die Regeln für Tramper sind dieselben wie überall sonst auf der Welt. Man sollte sich ordentlich kleiden und eine geeignete Stelle, z. B. an Autobahnauffahrten und Raststätten, suchen.

Die Mitreise in einem Lastwagen ist gut für längere Strecken, denn die Fahrzeuge sind oft nachts auf den Autobahnen unterwegs. Verlässt ein Fahrer die Autobahn vor dem eigenen Ziel, kann man sich vielleicht vorher an einer Raststätte absetzen lassen. Für Tramper ideal sind die Karten *Service Area Parking Area* (SAPA). Sie werden gratis an Raststätten ausgegeben und verzeichnen jedes Autobahnkreuz und jede Raststätte. Solche Orientierungspunkte sind äußerst wichtig, wenn man kein Japanisch lesen kann.

Zug

Das japanische Bahnsystem gehört zu den besten der Welt, denn die Züge sind schnell, sauber, komfortabel und fahren häufig.

Die „nationale" Eisenbahngesellschaft Japan Railways, „JR" genannt, besteht eigentlich aus mehreren Privatunternehmen, die einen Verbund bilden. Das JR-Netz deckt das gesamte Land ab und betreibt auch die *shinkansen* (Hochgeschwindigkeitszüge). Es gibt eine große Auswahl an Zugpässen, die das Netzwerk sehr preiswert machen.

Daneben gibt's noch ein riesiges Netz privater Eisenbahnen. Jede große Stadt hat mindestens eine private Bahnlinie, die auch Orte in der Umgebung und nahegelegene Städte ansteuert. Oft sind die privaten Züge etwas günstiger als die Konkurrenz von JR.

Zugtypen

Die meisten Fernstrecken werden von Regional- (*futsū* or *kaku-eki-teisha*), Express- (*kyūkō* oder *kaisoku*) und Limited-Espresszügen (*tokkyū*) bedient. Letzere haben reservierte Sitzplätze mit komfortablen Liegesitzen sowie Toiletten. Abgesehen von den neuen *shinkansen* ist Rauchen in allen Zügen verboten. Viele verschiedene Züge fahren vom selben Gleis ab, daher sollte man auf die Ausschilderungen mit den Abfahrtszeiten achten.

In zahlreichen Fernstreckenzügen gibt's „grüne" Waggons, die mit der Business-Class gleichzusetzen sind. Sie haben etwas größere Sitzplätze, sind ruhiger und weniger überfüllt – und meist als letzte ausverkauft.

SHINKANSEN

Japans *shinkansen* (Hochgeschwindigkeitszüge), die eine Maximalgeschwindigkeit von 320 km/h erreichen, fahren

ZUGVOKABULAR

AUSSPRACHE	JAPANISCH	DEUTSCH
futsū	普通	regional
green-sha	グリーン車	1.-Klasse-Wagen
jiyū-seki	自由席	nicht reservierter Platz
kaisoku	快速	JR-Expresszug
kaku-eki-teisha	各駅停車	lokal
katamichi	片道	einfache Strecke
kin'en-sha	禁煙車	Nichtraucherwagen
kitsuen-sha	喫煙車	Raucherwagen
kyūkō	急行	einfacher Expresszug
ōfuku	往復	Hin- & Rückfahrt
shin-kaisoku	新快速	JR-Spezialschnellzug
shinkansen	新幹線	Hochgeschwindigkeitszug
shitei-seki	指定席	reservierter Platz
tokkyū	特急	Limited-Express-Zug
wanman-kā	ワンマンカー	Zug ohne Schaffner (nur Fahrer)

von separaten Bahngleisen ab. In einigen Städten sind die *shinkansen*-Stationen weit von den JR-Bahnhöfen entfernt (z. B. in Osaka), und man muss umsteigen, um ins Stadtzentrum zu kommen.

Auch die Hochgeschwindigkeitszüge fahren Regional- und Expressrouten; der Preis bleibt jedoch immer gleich. Zur Gepäckverwahrung befindet sich oberhalb der Sitzplätze ein Fach, das in etwa so groß ist wie die Kabinenfächer eines Flugzeugs.

NACHTZÜGE

Früher gab es in Japan mehrere Nachtzüge, die aber eingestellt wurden, da das *shinkansen*-Netzwerk ständig wächst und billige Busse und Flüge immer beliebter werden. Seit 2016 verkehrt nur noch ein Nachtzug, der Sunrise Seto/Izumo, der die Route Tokio–Okayama fährt, bevor er in zwei Richtungen verläuft – nach Takamatsu auf Shikoku (Sunrise Seto; ab 15 750 ¥) und nach Izumo (Sunrise Izumo; ab 15 070 ¥). Die Züge haben Privatabteile und *nobi-nobi*-Schlafbereiche (unterteilte, mit Teppichen ausgelegte Schlafkojen); letztere sind mit dem Japan Rail Pass (S. 985) kostenfrei, für erstere fällt ein Aufpreis an.

Tickets kann man einen Monat im Voraus ab 10 Uhr an den JR-*midori-no-madoguchi*-Ticketschaltern kaufen; die *nobi-nobi*-Plätze sind besonders schnell ausverkauft.

Ticketkauf

Fahrkarten kauft man in den großen Bahnhöfen an Automaten mit Touchscreen; die meisten haben eine englische Sprachfunktion; die *shinkansen*-Automaten akzeptieren oft auch Kreditkarten.

Wer mehrere Zugfahrten buchen will, Fragen hat oder sein Ticket persönlich an einem Schalter kaufen will, kann zu den *midori-no-madoguchi* in den JR-Bahnhöfen gehen, die als eine Art Reisebüro fungieren; heutzutage sprechen die meisten Mitarbeiter genug Englisch, um einfache Fragen beantworten zu können. Private Zuglinien haben ihre eigenen Verkaufsschalter.

Auch die Reisebüros in Japan, die oft in den Bahnhöfen zu finden sind, verkaufen Zugtickets. Japan Travel Bureau (JTB; www.jtb.co.jp) hat Filialen in jeder Stadt.

Sitzplatzreservierungen sind nur für die Limited-Express-Züge *(tokkyū)* und *shinkansen* möglich. Im *shinkansen* gibt's auch nicht reservierte Sitzplätze; die Richtlinien in den Limited-Express-Zügen variieren je nach Route und Anbieter (in einigen muss man reservieren, in anderen nicht).

An Wochenenden, Nationalfeiertagen und in der Hochsaison, wie der Goldenen Woche (Ende April bis Anfang Mai), zu Obon (Mitte August) und zur Neujahrszeit, lohnt sich eine Reservierung, sonst in der Regel nicht.

Tickets mit Sitzplatzreservierung erhält man ab einem Monat vor Abreise.

RESERVIERUNG

- Es gibt kein wirkliches System, um im Ausland Züge zu reservieren. Bei JR East können Reisende (mit oder ohne Zugpass) online über die Website (www.jreast.co.jp/e/index.html) reservieren, obwohl der Service viele wichtige Strecken nicht abdeckt.
- Es gibt Online-Reisebüros, die den Ticketkauf übernehmen, dafür aber einen hohen Preisaufschlag berechnen.
- Wer den Japan Rail Pass (S. 985) hat, kann nicht in einem Reisebüro im Ausland reservieren, sondern muss den Pass erst in Japan akti-

BEISPIELE FÜR ZUGPREISE

Die JR-Preise richten sich nach dem Zugtyp. Für Nahverkehrszüge gilt der *futsū-unchin* (Grundpreis), außerdem gibt's einen *tokkyū-ryōkin* (Zuschlag für Expresszüge) und einen *shinkansen-ryōkin* (*shinkansen*-Zuschlag). Wer eine Hin- und Rückfahrkarte für eine über 600 km lange Strecke kauft, erhält für die Rückfahrt innerhalb eines bestimmten Zeitraumes 10 % Ermäßigung.

Ein Ticket mit Platzreservierung kostet im Durchschnitt 520 ¥ mehr als eines ohne Platzreservierung. Der Preis wird nach Fahrtstrecke und Jahreszeit kalkuliert (in der Hochsaison ist er teurer, in der Nebensaison billiger). Inhaber des JR-Rail-Passes können kostenfrei Sitzplätze reservieren, müssen jedoch für einen privaten Liegeplatz in einem Schlafwagen extra zahlen.

In der Tabelle unten stehen typische Preise für die Fahrt mit einem einfachen Zug/*shinkansen* vom Bahnhof Tokio.

ZIEL	GRUNDPREIS (¥)	SHINKANSEN (¥)
Hakata	13 820	22 950
Hiroshima	11 660	19 080
Kanazawa	7340	14 120
Kyoto	8210	13 910
Morioka	8420	14 740
Nagoya	6260	10 880
Niigata	5620	10 570
Okayama	10 480	17 340
Shin-Hakodate-Hokuto	11 560	22 690
Shin-Osaka	8750	14 450
Shin-Shimonoseki	13 180	21 470

vieren und bei der Reservierung vorzeigen.

- Reisende mit straffem Zeitplan können ihre Zugtickets bei der Ankunft in Japan im nächsten großen JR-Bahnhof alle auf einmal kaufen.
- Vor der Abreise können Zugreservierungen einmal kostenlos geändert werden.

ERMÄSSIGTE FAHRKARTEN

Platt Kodama (www.jrtours.co.jp/kodama) Discountkarte (20 % Rabatt) für den *shinkansen* zwischen Tokio und Osaka (via Nagoya und Kyoto) in Kodama-Zügen. Sie sind die langsamsten Züge dieser Linie und halten unterwegs an vielen Stationen. Die Tickets müssen mindestens einen Tag vor der Abfahrt gekauft werden und sind nicht stornierbar.

Geschäfte für ermäßigte Fahrkarten Geschäfte für ermäßigte Fahrkarten heißen auf Japanisch *kakuyasu-kippu-uriba* (格安切符売り場) oder *kinken shoppu* (金券ショップ). Sie bieten verbilligte Tickets für Züge, Busse, Inlandsflüge und Fähren und viele andere im Preis heruntergesetzte Dinge wie Briefmarken und Telefonkarten an. *Shinkansen*-Tickets sind hier etwa 5 bis 10 % günstiger. Die Ticketdiscounter liegen in der Nähe von Bahnhöfen mittelgroßer und großer Städte. Am besten fragt man in der Unterkunft, wo sich der nächste Laden befindet.

JAPAN RAIL PASS

Der Japan Rail Pass (www.japanrailpass.net) ist für alle Traveller, die in Japan überwiegend mit dem Zug umherreisen wollen, ein Muss. Er eignet sich perfekt für Touristen, die das erste Mal in Japan sind und die Highlights des Landes besichtigen wollen.

Der Pass gilt für Fahrten mit allen *shinkansen*-Zügen, außer den schnellsten: den Nozomi- und Mizuho-Zügen an den Linien Tokaidō, San-yō und Kyūshū. Ein „grüner" Pass berechtigt zu Fahrten in den „grünen" Waggons erster Klasse.

Da ein reservierter Sitzplatz im *shinkansen* von Tokio nach Kyoto 13 910 ¥ kostet, rentiert sich der Wochenpass fast schon, wenn man nur einmal mit dem *shinkansen* von Tokio nach Kyoto und zurück fährt (fährt man außerdem noch einmal von Tokio nach Narita und zurück, hat man bereits Geld gespart).

Der Japan Rail Pass muss außerhalb des Landes gekauft werden. Wer sich für den Pass entscheidet, erwirbt zunächst in einem JAL- oder ANA-Auslandsbüro oder in einer großen Reiseagentur einen Gutschein. Bei der Ankunft in Japan steuert man dann ein JR Travel Service Centre an (Filialen gibt's in den meisten JR-Bahnhöfen und den internationalen Flughäfen **Narita** (NRT; 成田空港; ☎0476-34-8000; www.narita-airport.jp), **Haneda** (HND; 羽田空港; ☎internationales Terminal 03-6428-0888; www.tokyo-airport-bldg.co.jp/en) und **Kansai** (KIX; 関西空港; www.kansai-airport.or.jp)). Dort muss man neben dem Auftrag den Gutschein und seinen Reisepass vorlegen.

Der Reisende selbst bestimmt, ab wann sein Rail Pass gelten soll. Man kann ihn entweder sofort einsetzen oder auch erst später. Wer also plant, ein paar Tage in Kyoto oder Tokio zu verbringen, ehe er andere Gegenden des Landes mit dem Zug erkunden möchte, trägt als Gültigkeitsdatum den Tag ein, an dem die Reise aus der Stadt heraus losgeht.

Sobald der Pass aktiviert ist, kann man auf den JR-Bahnhöfen in jedem *midori-no-madoguchi* („grünes Fenster"-Ticketschalter) Sitzplatzreservierungen vornehmen. Wer will, kann seinen Pass auch einfach an den Tickettoren vorzeigen und in ein Zugabteil mit nicht reservierten Sitzplätzen einsteigen (obwohl man in der Hochsaison im Voraus reservieren sollte).

Weitere Informationen zum Pass und Verkaufsstellen in Übersee siehe die Website des Japan Rail Pass.

Preise

DAUER	REGULÄR (ERW./KIND)	GRÜN (ERW./KIND)
7 Tage	29 110/14 550 ¥	38 880/19 440 ¥
14 Tage	46 390/23 190 ¥	62 950/31 470 ¥
21 Tage	59 350/29 670 ¥	81 870/40 930 ¥

STUDENTENRABATTE

Studenten, die an japanischen Universitäten eingeschrieben sind (auch ausländische Austauschstudenten mit einem Studentenausweis, der von einer japanischen Universität ausgestellt wurde) erhalten Gutscheine mit 20 % Rabatt auf die *shinkansen*- und JR-Limited-Express-Züge sowie einige Fähren; Studenten ausländischer Universitäten gehen leider leer aus.

Zugpässe

JR East Rail Pass JR East (www.jreast.co.jp) bietet Zugpässe für verschiedene Gebiete in Ost-Honshū – eine Region, die den Großraum Tokio, die Izu-Halbinsel, Nagano und die Japanischen Alpen sowie Tōhoku (Nord-Honshū) umfasst.

Neben den unten genannten Routen kann man mit den folgenden Pässen auch die JR-Limited-Express-Züge zwischen Tokio, Nikkō, Kofu (beim Fuji), Shimoda (an der Spitze der Izu-Halbinsel) und dem **Narita Airport** (NRT; 成田空港; ☎0476-34-8000; www.narita-airport.jp) nutzen.

Der Tokyo Wide Pass ist der einzige Zugpass, den Traveller mit ausländischem Reisepass und ohne Touristenvisum nutzen können

(z. B. ausländische japanische Bürger).

➜ **Nagano & Niigata Area Pass** (Erw./Kind 18 000/9000 ¥) Gilt in einem Zeitraum von zwei Wochen an fünf frei wählbaren Tagen; nutzbar für Fahrten mit dem Jōetsu-*shinkansen* zwischen Tokio und Niigata sowie dem Hokuriku-*shinkansen* zwischen Tokio und Jōetsu-Myōkō. Da dies Bergregionen sind, eignet sich der Pass gut für Skifahrer und Wanderer.

➜ **South Hokkaidō Rail Pass** (Erw./Kind 26 000/13 000 ¥) Gilt in einem Zeitraum von zwei Wochen an sechs frei wählbaren Tagen; nutzbar für Fahrten mit dem Tōhoku- und Hokkaidō-*shinkansen* zwischen Tokio und Hakodate. Er ist zwar nur geringfügig billiger als der landesweite JR-Pass, aber dafür flexibel einsetzbar.

➜ **Tōhoku Area Pass** (Erw./Kind 22 000/11 000 ¥) Gilt in einem Zeitraum von zwei Wochen an fünf frei wählbaren Tagen; nutzbar für Fahrten mit dem Tōhoku-*shinkansen* zwischen Tokio und Aomori (an der Nordspitze Honshūs) sowie mit dem Jōetsu-*shinkansen* zwischen Tokio und dem Skiresort **Gala Yuzawa** (ガーラ湯沢; www.galaresort.jp/winter/english; Tagesticket Skilift 4600 ¥; ⌚Dez.–April). Gut für Touren durch den ländlichen Norden (und zum Skifahren).

➜ **Tokyo Wide Pass** (Erw./Kind 10 000/5000 ¥) Gültig an drei aufeinanderfolgenden Tagen im Jōetsu-Shinkansen zwischen Tokio, Gala Yuzawa und Karuizawa. Gut zum Sightseeing für Traveller mit wenig Zeit.

JR CENTRAL RAIL PASS

JR Central (http://english.jr-central.co.jp/shinkansen/value/index.html) bietet einige Zugpässe, von denen der **Takayama-Hokuriku Area Pass** (Erw./Kind 14 000/7000 ¥) der praktischste ist. Er gilt an fünf aufeinanderfolgenden Tagen und deckt Fahrten mit den Limited-Express-Zügen ab, die den **Kansai International Airport** (KIX; 関西空港; Karte S. 446; www.kansai-airport.or.jp) mit Osaka, Kyoto, Kanazawa, Takayama, Gero-Onsen und Nagoya verbinden – eine Rundreise, die viele bedeutende Sehenswürdigkeiten sowie Bergstädte und Onsen abdeckt.

JR WEST RAIL PASS

JR West (www.westjr.co.jp) bietet mehrere Zugpässe, mit denen man verschiedene Gebiete in West-Honshū

ZUGPÄSSE

JR-Kyūshū-Zugpässe

JR Kyūshū (www.jrkyushu.co.jp) bietet zwei Pässe an, die sich gut zur Erkundung der oft ignorierten Region eignen.

Der **Northern Kyūshū Area Pass** deckt Fahrten mit dem Kyūshū-*shinkansen* zwischen Hakata und Kumamoto sowie Fahrten mit allen JR-Limited-Express-Zügen zwischen Nagasaki, Aso, Beppu und Yufuin ab. Der **All Kyūshū Area Pass** deckt dieselbe Region wie der Northern Kyūshū Area Pass ab und berechtigt zusätzlich zu Fahrten mit dem Kyūshū-*shinkansen* bis Kagoshima (via Kumamoto) sowie zu Fahrten mit Limited-Express-Zügen nach Miyazaki und Ibusuki.

DAUER	GESAMTE REGION KYŪSHŪ (ERW./KIND)	NORDEN VON KYŪSHŪ (ERW./KIND)
3 Tage	15 000/7500 ¥	8500/4250 ¥
5 Tage	18 000/9000 ¥	10 000/5000 ¥

Shikoku-Zugpass

Das touristisch kaum erschlossene Shikoku hat keine *shinkansen*-Linien, aber den preiswerten **All Shikoku Pass** (http://shikoku-railwaytrip.com/railpass.html), mit dem Traveller alle Expresszüge auf der Insel sowie Nicht-JR-Linien und Bummelzüge unbegrenzt nutzen können.

DAUER	REGULÄRER PREIS (ERW./KIND)
2 Tage	7400/3700 ¥
3 Tage	8500/4250 ¥
4 Tage	9400/4700 ¥
5 Tage	10 000/5000 ¥

JR Hokkaidō Rail Pass

Der **Hokkaidō Rail Pass** (www2.jrhokkaido.co.jp/global/english/railpass/rail.html) berechtigt zu Fahrten mit allen JR-Limited-Expresszügen auf Hokkaidō (aber nicht zu Fahrten mit dem Hokkaidō-*shinkansen*). Da Passbesitzer bei der JR-Agentur Ekiren 30 % Rabatt auf Mietwagen erhalten, bietet der Pass ein sehr gutes Preis-Leistungs-Verhältnis für Reisende, die viel auf Hokkaidō herumreisen wollen.

DAUER	REGULÄRER PREIS (ERW./KIND)
3 Tage	16 500/8250 ¥
4 frei wählbare Tage	22 000/11 000 ¥
5 Tage	22 000/11 000 ¥
7 Tage	24 000/12 000 ¥

bereisen kann – eine Region, die den Großraum Kansai (Kyoto, Osaka, Kōbe und Nara), die Region Hokuriku (Kanazawa und die Küste des Japanischen Meeres), die Region Okayama (Himeji und Kurashiki) und die Region Hiroshima abdeckt. Einige Pässe umfassen auch Takamatsu (das nördliche Tor zu Shikoku) und Hakata (das nördliche Tor zu Kyūshū).

Neben den unten genannten Routen decken die Zugpässe für die Region Kansai auch Fahrten mit den JR-Linien zwischen dem **Kansai International Airport** (KIX; 関西空港; Karte S. 446; www.kansai-airport.or.jp) und Kyoto bzw. Osaka ab.

Kansai Area Pass (Ein-/Zwei-/Drei-/Vier-Tagespass 2200/4300/5300/6300 ¥, Kinder zahlen den halben Preis) Unbegrenzte Fahrten mit allen JR-Linien – außer dem *shinkansen* – zwischen den Großstädten von Kansai, z. B. Himeji, Kōbe, Osaka, Kyoto und Nara. Perfekt, um die Region Kansai ausgiebig zu erkunden. Weitere Infos gibt's unter www.westjr.co.jp/global/en/travel-information/pass/kansai/.

Kansai Wide Area Pass (Erw./Kind 8500/4250 ¥) Gilt an fünf aufeinanderfolgenden Tagen; deckt dieselben Ziele wie der Kansai Area Pass ab sowie Fahrten mit dem San-yō-*shinkansen* zwischen Osaka und Okayama und den JR-Limited-Express-Zügen nach Kinosaki im Norden und Shingū im Süden. Gut für die Region Kansai sowie Ausflüge nach Himeji (in Richtung Okayama) und zum Onsen Kinosaki.

Kansai–Hiroshima Area Pass (Erw./Kind 13 000/6500 ¥) Gilt an fünf aufeinanderfolgenden Tagen; deckt alle JR-Limited-Express-Züge in Kansai ab und gilt auch im San-yō-*shinkansen* zwischen Osaka und Hiroshima (mit Halt in der Burgenstadt Himeji). Perfekt für die Highlights von Kansai und West-Honshū.

Kansai–Hokuriku Area Pass (Erw./Kind 15 000/7500 ¥) Gilt an sieben aufeinanderfolgenden Tagen; deckt alle JR-Limited-Express-Züge in Kansai und Kanazawa (an der Küste des Japanischen Meeres) ab und gilt auch im San-yō-*shinkansen* zwischen Osaka und Okayama sowie dem Hokuriku-*shinkansen* zwischen Kanazawa und Joetsu-Myōkō (in Niigata; gut für Skifahrer). Der Pass deckt eine große Auswahl an Touristenregionen und seltener besuchte Gebiete ab.

SEISHUN JŪHACHI KIPPU

Wer Zeit hat, abenteuerlustig ist und gern gemächlich reist, wird den **Seishun Jūhachi Kippu** (www.jreast.co.jp/e/pass/seishun18.html) toll finden, mit dem man das Land auf sehr unterhaltsame Weise erkunden kann. Der Name bedeutet „Jugendliche 18 Ticket" und der Pass zielt auf Schüler ab, die billig reisen wollen, eine Altersbeschränkung gibt's allerdings nicht.

Für 11 850 ¥ erhält man im Prinzip fünf Tageskarten, die zu Fahrten mit JR-Zügen in ganz Japan berechtigen. Leider gilt der Pass nicht in *tokkyū* und *shinkansen*, zudem muss jedes Ticket innerhalb der nächsten 24 Stunden genutzt werden.

Man erhält den Pass an jedem JR-Ticketschalter (*midori-no-madoguchi*). Da der Pass auf Schüler ausgerichtet ist, gilt er nur in den Ferien. Die Verkaufs- und Gültigkeitszeiten stehen in der folgenden Tabelle:

SAISON	VERKAUFSZEIT	GÜLTIGKEIT
Sommer	1. Juli–31. Aug.	20. Juli–10. Sept.
Winter	1. Dez.–31. Dez.	10. Dez.–10. Jan.

Hiroshima–Yamaguchi Area Pass (Erw./Kind 11 000/5500 ¥) Gilt an fünf aufeinanderfolgenden Tagen; deckt Fahrten mit dem San-yō-*shinkansen* zwischen Mihara (östlich von Hiroshima) und Hakata (Kyūshū) via Miyajima ab. Gut für ausgiebige Reisen durch die weniger erschlossenen Regionen West-Honshū und die anschließende Weiterreise nach Kyūshū.

Hokuriku Area Pass (Erw./Kind 5000/2500 ¥) Gilt an vier aufeinanderfolgenden Tagen; deckt JR-Limited-Express-Züge entlang der Küste des Japanischen Meeres in der Region Hokuriku Zentral-Honshūs ab und ist auch im Hokuriku-*shinkansen* zwischen Kanazawa und Kurobe-Unazuki-Onsen einsetzbar. Der Pass kann mit dem Kansai Area Pass kombiniert werden, was etwas Geld spart und flexiblere Reisezeiten ermöglicht.

San-yō-San'in Area Pass (Erw./Kind 19 000/9500 ¥) Gilt an sieben aufeinanderfolgenden Tagen; deckt alle JR-Limited-Express-Züge in und um Kansai sowie in Takamatsu (Shikoku) ab und gilt auch im San-yō-*shinkansen* zwischen Osaka und Hakata in Kyūshū mit Halt in Okayama und Hiroshima. Wer Tokio und die Städte im Osten auslässt, kann einen Großteil Honshūs ausgiebig erkunden und zahlt für diesen Pass weitaus weniger als für den klassischen JR-Pass.

KANSAI THRU PASS

Der **Kansai Thru Pass** (www.surutto.com/tickets/kansai_thru_english.html) ist kein JR-Pass und eine gute Alternative zum Kansai Area Pass (S. 987). Er ist zwei (Erw./Kind 4000/2000 ¥) oder drei Tage (Erw./Kind 5200/2600 ¥) gültig und deckt U-Bahnen, Stadtbusse und private Zuglinien ab, die nach Kyoto, Nara, Osaka, Kōbe, Himeji und Wakayama (inklusive Kōya-san) verkehren. Er berechtigt auch zu Rabatten in vielen Attraktionen der Region Kansai.

Man erhält ihn im **Kansai International Airport** (KIX; 関西空港; Karte S. 446; www.kansai-airport.or.jp) oder in den Touristeninformationen der Region Kansai.

HOKURIKU ARCH PASS

Der **Hokuriku Arch Pass** (Erw./Kind 24 000/12 000 ¥) ist etwas billiger als der Japan Rail Pass (S. 985). Er gilt an sieben aufeinanderfolgenden Tagen für Fahrten mit dem Hokuriku-*shinkansen*, der Tokio mit Kanazawa (via Nagano) und der Küste des Japanischen Meeres verbindet, sowie in den JR-Limited-Express-Zügen, die von Kanazawa in den Großraum von Kansai (in Richtung Kyoto, Osaka, Nara and Kōbe) fahren. Auch Fahrten mit dem Expresszug zum/vom Flughafen **Narita** (NRT; 成田空港; ☎0476-34-8000; www.narita-airport.jp) and **Kansai** (KIX; 関西空港; Karte S. 446; www.kansai-airport.or.jp) sind inbegriffen (jedoch keine Direktfahrten mit dem *shinkansen* zwischen Tokio oder Kansai). Der Pass eignet sich gut für Traveller, die an einem Flughafen landen und von einem anderen weiterfliegen bzw. innerhalb eines bestimmten Zeitraums eine klassische Route bereisen wollen.

Es gibt auch eine Variante, die an vier frei wählbaren Tagen in einem Zeitraum von zehn Tagen gültig ist.

Die Bedingungen können sich ändern; aktuelle Infos findet man online.

Fahrpläne & Informationen

Japans großflächiges Zugnetz wird von zahlreichen Anbietern betrieben (die jeweils eigene Websites haben), was die Suche nach Fahrplänen sehr anstrengend macht. In den Bahnhöfen hängen die Fahrpläne für die Linien aus, die am jeweiligen Bahnhof abfahren/enden. Auf der Website von HyperDia (www.hyperdia.com) kann man Routen und Fahrtzeiten in Englisch suchen.

Wer Fragen zu JR hat, z. B. zu Fahrplänen, Preisen, schnellen Verbindungen, verlorenem Gepäck, ermäßigten Bahntickets, Hotels oder Mietwagen, kann die **JR East Infoline** (☎von Japan aus 050-2016-1603, aus Übersee 81-50-2016-1603; www.jreast.co.jp/e/customer_support/infoline.html; ⏲10–18 Uhr) anrufen. Sie gibt Auskünfte auf Englisch, Koreanisch und Chinesisch.

Sprache

Japanisch wird von mehr als 125 Millionen Menschen gesprochen. Obwohl eine gewisse Ähnlichkeit mit altaischen Sprachen wie Mongolisch und Türkisch besteht und es große grammatikalische Parallelen zum Koreanischen gibt, konnten Forscher bisher keine eindeutige Verwandtschaft mit anderen Sprachen feststellen. Chinesisch ist verantwortlich für die Existenz vieler sinojapanischer Wörter im Japanischen sowie für die Verwendung von chinesischen Kanji-Schriftzeichen in Kombination mit den landeseigenen Hiragana- bzw. Katankana-Zeichen.

Die Aussprache ist einfach zu meistern, wenn man die blauen Begriffe so spricht, wie man sie liest und die nachfolgenden Hinweise beachtet. Es ist sehr wichtig, die Vokallänge zu beachten, da diese bedeutungsändernd sein kann. Lange Vokale sind durch einen Querstrich über dem Buchstaben gekennzeichnet (ā, ē, ī, ō, ū) und müssen doppelt so lang wie kurze Vokale geprochen werden. Wichtig ist außerdem die Unterscheidung von einzelnen und doppelten Konsonanten, da sich auch hier die Bedeutung eines Wortes durch die Aussprache ändern kann. Doppelkonsonanten werden mit einer kurzen Pause dazwischen gesprochen, z. B. sak·ka (Autor).

Besonderheiten bei einigen Vokalkombinationen: ai wird wie in „Mais", eer wie in „leer" und au wie in „Haus" gesprochen. Bei den Konsonanten spricht man ts wie in „Witz", w wie das „w" im englischen „win", f klingt fast wie „fw" und das r ist ein Laut zwischen „r" und „l". Alle Silben werden in etwa gleich stark betont.

NOCH MEHR JAPANISCH?

Wer sich intensiver mit der Sprache beschäftigen möchte, legt sich am besten den praktischen Lonely Planet *Reise-Sprachführer Japanisch* zu. Er ist erhältlich im Buchhandel und unter shop.lonelyplanet.de

GRUNDLAGEN

Im Japanischen gibt's viele sprachliche Nuancen, in denen die soziale und situationsabhängige Hierarchie zum Ausdruck kommt. Diese Klippe lässt sich jedoch mit einer sprachlichen Form umschiffen, die eine Vielzahl von Situationen abdeckt – genau so haben wir es in diesem Kapitel gehandhabt.

Guten Tag.	こんにちは。	kon·ni·tschi·wa
Auf Wiedersehen.	さようなら。	ßa·jō·na·ra
Ja.	はい。	hai
Nein.	いいえ。	ī·e
Bitte? (fragend)	ください。	ku·da·ßai
Bitte sehr. (anbietend)	どうぞ。	dō·so
Danke.	ありがとう。	a·ri·ga·tō
Entschuldigung. (um Aufmerksamkeit zu erreichen)	すみません。	ßu·mi·ma·ßen
Es tut mir leid.	ごめんなさい。	go·men·na·ßai

Gern geschehen.
どういたしまして。 dō i·ta·schi·masch·te

Wie geht es Ihnen/dir?
お元気ですか？ o·gen·ki deß ka

Gut. Und Ihnen/dir?
はい、元気です。 hai, gen·ki deß
あなたは？ a·na·ta wa

Wie heißen Sie/heißt du?
お名前は何ですか？ o·na·ma·e wa nan deß ka

Ich heiße ...
私の名前は…です。 ua·ta·schi no na·ma·e wa ... deß

Sprechen Sie/sprichst du Englisch?
英語が話せますか？ ē·go ga ha·na·ße·maß ka

Das verstehe ich nicht.
わかりません。 wa·ka·ri·ma·ßen

Spricht irgendjemand Englisch?
どなたか英語を話せますか？ do·na·ta ka ē·go o ha·na·ße·maß ka

ESSEN & TRINKEN

Ich möchte einen Tisch (für zwei) reservieren.
(2人)の予約を お願いします。 (fu·ta·ri) no jo·ja·ku o o·ne·gai schi·maß

Was würden Sie empfehlen?
なにが おすすめですか? na·ni ga o·ßu·ßu·me deß ka

Was ist in diesem Gericht?
あの料理に何 が入っていますか? a·no rjō·ri ni na·ni ga hait·te i·maß ka

Haben Sie vegetarische Gerichte?
ベジタリアン料理 がありますか? be·dschi·ta·ri·an rjō·ri ga a·ri·maß ka

Ich bin Vegetarier/in.
私は ベジタリアンです。 wa·ta·schi wa be·dschi·ta·ri·an deß

Ich bin Veganer/in.
私は厳格な 菜食主義者 です。 wa·ta·schi wa gen·ka·ku na sai·sho·ku·shu·dschi·scha deß

Ich esse kein/e ... …は 食べません。 ... wa ta·be·ma·ßen

(rotes) Fleisch	(赤身の) 肉	(a·ka·mi no) ni·ku
Fleisch oder Milchprodukte	肉や 乳製品は	ni·ku ja njū·ßē·hin
Meeresfrüchte	シーフード 海産物	schī·fū·do/ kai·ßam·bu·tsu
Milchprodukte	乳製品	njū·ßē·hin
Schwein	豚肉	bu·ta·ni·ku

Ist das mit Schweinefett oder Hühnerbrühe zubereitet?
これはラードか鶏の だしを使って いますか? ko·re wa rā·do ka to·ri no da·schi o tsu·kat·te i·maß ka

Ich bin allergisch gegen (Erdnüsse).
私は(ピーナッツ) にアレルギーが あります。 wa·ta·schi wa (pī·nat·tsu) ni a·re·ru·dschī ga a·ri·maß

Das war lecker!
おいしかった。 oj·schi·kat·ta

SCHILDER

入口	**Eingang**
出口	**Ausgang**
営業中/開館	**Offen**
閉店/閉館	**Geschlossen**
インフォメーション	**Information**
危険	**Gefahr**
トイレ	**Toiletten**
男	**Herren**
女	**Damen**

Prost!
乾杯! kam·pai

Ich hätte gern die Rechnung.
お勘定をください。 o·kan·dschō o ku·da·ßai

Schlüsselbegriffe

Abendessen	夕食	jū·scho·ku
Flasche	ビン	bin
Frühstück	朝食	tschō·scho·ku
Gabel	フォーク	fō·ku
Glas	グラス	gu·ra·ßu
heiß (warm)	熱い	a·tsu·i
kalt	冷たい	tsu·me·ta·i
Lebensmittelladen	食料品	scho·ku·rjō·hin
Löffel	スプーン	spūn
Markt	市場	i·tschi·ba
Messer	ナイフ	nai·fu
mit	いっしょに	iß·scho ni
Mittagessen	昼食	tschū·scho·ku
ohne	なしで	na·schi de
Schale	ボール	bō·ru
scharf	スパイシー	spai·schī
Speisekarte	メニュー	me·njū
Teller	皿	ßa·ra
vegetarisch	ベジタリアン	be·dschi·ta·ri·an
Vorspeise	前菜	sen·ßai

Fisch & Fleisch

Aal	うなぎ	u·na·gi
Ente	アヒル	a·hi·ru
Fisch	魚	ßa·ka·na
Fleisch	肉	ni·ku
Garnele	エビ	e·bi
Huhn	鶏肉	to·ri·ni·ku
Hummer	ロブスター	ro·buß·tā
Kalb	子牛	ko·u·schi
Krabbe	小エビ	ko·e·bi
Lachs	サケ	ßa·ke
Lamm	子羊	ko·hi·tsu·dschi
Meeresfrüchte	シーフード 海産物	schī·fū·do/ kai·ßam·bu·tsu
Rind	牛肉	gjū·ni·ku
Schwein	豚肉	bu·ta·ni·ku
Thunfisch	マグロ	ma·gu·ro
Truthahn	七面鳥	schi·tschi·men·tschō

SCHLÜSSELSÄTZE

Mit den folgenden Satzteilen sollte man sich gut verständigen können:

Wann (fährt der nächste Bus ab)?
(次のバスは) 何時ですか? — (tsu·gi no baß wa) nan·dschi deß ka

Wo (ist der Bahnhof)?
(駅は)どこですか? — (e·ki wa) do·ko deß ka

Haben Sie (eine Karte)?
(地図) がありますか? — (tschi·su) ga a·ri·maß ka

Gibt's dort (eine Toilette)?
(トイレ) がありますか? — (toj·re) ga a·ri·maß ka

Ich hätte gern (die Speisekarte).
(メニュー) をお願いします。 — (me·njū) o o·ne·gai schi·maß

Darf ich (hier sitzen)?
(ここに座って) もいいですか? — (ko·ko ni ßu·wat·te) mo ī deß ka

Ich brauche (einen Dosenöffner).
(缶切り) が必要です。 — (kan·ki·ri) ga hi·tsu·jō deß

Benötige ich (ein Visum)?
(ビザ) が必要ですか? — (bi·sa) ga hi·tsu·jō deß ka

Ich habe (eine Reservierung).
(予約)があります。 — (jo·ja·ku) ga a·ri·maß

Ich bin (ein Lehrer).
私は(教師) です。 — wa·ta·schi wa (kjo·schi) deß

Obst & Gemüse

Ananas	パイナップル	pai·nap·pu·ru
Apfel	りんご	rin·go
Banane	バナナ	ba·na·na
Bohnen	豆	ma·me
Erbsen	豆	ma·me
Erdbeere	イチゴ	i·tschi·go
Gemüse	野菜	ja·ßai
Gurke	キュウリ	kjū·ri
Karotte	ニンジン	nin·dschin
Kartoffel	ジャガイモ	dscha·ga·i·mo
Kirsche	さくらんぼ	ßa·ku·ram·bo
Kürbis	カボチャ	ka·bo·tscha
Nuss	ナッツ	nat·tsu
Obst	果物	ku·da·mo·no
Orange	オレンジ	o·ren·dschi
Paprika	ピーマン	pī·man
Pfirsich	桃	mo·mo
Salat	レタス	re·taß
Spinat	ホウレンソウ	hō·ren·ßō
Tomate	トマト	to·ma·to
Trauben	ブドウ	bu·dō
Wassermelone	スイカ	ßu·i·ka

Anderes

Brot	パン	pan
Butter	バター	ba·tā
Chili	唐辛子	tō·ga·ra·schi
Ei	卵	ta·ma·go
Honig	蜂蜜	ha·tschi·mi·tsu
Käse	チーズ	tschī·su
Marmelade	ジャム	dscha·mu
Meerrettich	わさび	wa·ßa·bi
Nudeln	麺	men
Pfeffer	コショウ	ko·schō
Reis (gekocht)	ごはん	go·han
Salz	塩	schi·o
Seegras	のり	no·ri
Sojasoße	しょう油	schō·ju
Zucker	砂糖	ßa·tō

Getränke

Bier	ビール	bī·ru
Joghurt	ヨーグルト	jō·gu·ru·to
Kaffee	コーヒー	kō·hī
Limonade	レモネード	re·mo·nē·do
Milch	ミルク	mi·ru·ku
Mineralwasser	ミネラルウォーター	mi·ne·ra·ru·wō·tā
Rotwein	赤ワイン	a·ka wain
(Orangen-) Saft	(オレンジ) ジュース	(o·ren·dschi·) jū·ßu
Sake	酒	ßa·ke
Tee	紅茶	kō·tscha
Wasser	水	mi·su
Weißwein	白ワイン	schi·ro wain

NOTFÄLLE

Hilfe!
たすけて! — taß·ke·te

Gehen Sie weg!
離れろ! — ha·na·re·ro

Ich habe mich verlaufen.
迷いました。 — ma·joj·masch·ta

FRAGEWÖRTER

Wann?	いつ?	i·tsu
Warum?	なぜ?	na·se
Was?	なに?	na·ni
Welcher/e/es?	どちら?	do·tschi·ra
Wer?	だれ?	da·re
Wie?	どのように?	do·no dschō ni
Wo?	どこ?	do·ko

Rufen Sie die Polizei.
警察を呼んで。 kē·ßa·tsu o jon·de

Rufen Sie einen Arzt
医者を呼んで。 i·scha o jon·de

Wo sind die Toiletten?
トイレはどこですか? toj·re wa do·ko deß ka

Ich bin krank.
私は病気です。 wa·ta·schi wa bjō·ki deß

Es tut hier weh.
ここが痛いです。 ko·ko ga i·tai deß

Ich bin allergisch gegen ...
私は… wa·ta·shi wa ...
アレルギーです。 a·re·ru·gī des

SHOPPEN & SERVICE

Ich möchte ... kaufen.
…をください。 ... o ku·da·ßai

Ich sehe mich nur um.
見ているだけです。 mi·te i·ru da·ke deß

Kann ich mir das anschauen?
それを見てもいいですか? ßo·re o mi·te mo ī deß ka

Wie viel kostet das?
いくらですか? i·ku·ra deß ka

Das ist mir zu teuer.
高すぎます。 ta·ka·su·gi·maß

Bekomme ich Rabatt?
ディスカウントできますか? diß·kaun·to de·ki·maß ka

Da ist ein Fehler auf der Rechnung.
請求書に間違いがあります。 ßē·kjū·scho ni ma·tschi·gai ga a·ri·maß

Geldautomat	ATM	ē·tī·e·mu
Kreditkarte	クレジットカード	ku·re·dschit·to·kā·do
öffentliches Telefon	公衆電話	kō·schū·den·wa
Postfiliale	郵便局	jū·bin·kjo·ku
Touristen-information	観光案内所	kan·kō·an·nai·dscho

UHRZEIT & DATUM

Wie spät ist es?
何時ですか? nan·dschi deß ka

Es ist (10) Uhr.
(10)時です。 (dschū)·dschi deß

Halb (10).
(10)時半です。 (dschū)·dschi han deß

Montag	月曜日	ge·tsu·jō·bi
Dienstag	火曜日	ka·jō·bi
Mittwoch	水曜日	ßu·i·jō·bi
Donnerstag	木曜日	mo·ku·jō·bi
Freitag	金曜日	kin·jō·bi
Samstag	土曜日	do·jō·bi
Sonntag	日曜日	ni·tschi·jō·bi
Januar	1月	i·tschi·ga·tsu
Februar	2月	ni·ga·tsu
März	3月	ßan·ga·tsu
April	4月	schi·ga·tsu
Mai	5月	go·ga·tsu
Juni	6月	ro·ku·ga·tsu
Juli	7月	schi·tschi·ga·tsu
August	8月	ha·tschi·ga·tsu
September	9月	ku·ga·tsu
Oktober	10月	dschū·ga·tsu
November	11月	dschū·i·tschi·ga·tsu
Dezember	12月	dschū·ni·ga·tsu

UNTERKUNFT

Wo ist ein/e ...?	…がありますか?	... ga a·ri·maß ka
Campingplatz	キャンプ場	kjam·pu·dschō
Gasthaus	旅館	rjo·kan
Hotel	ホテル	ho·te·ru
Jugend-herberge	ユースホステル	jū·ßu·ho·ßu·te·ru
Pension	民宿	min·schu·ku
Haben Sie ein ...-zimmer?	…ルームはありますか?	...·rū·mu wa a·ri·maß ka
Einzel-	シングル	schin·gu·ru
Doppel-	ダブル	da·bu·ru
Wieviel kostet das Zimmer pro ...?	…いくらですか?	... i·ku·ra deß ka
Nacht	1泊	ip·pa·ku
Person	1人	hi·to·ri
Badezimmer	風呂場	fu·ro·ba
Fenster	窓	ma·do
Klimaanlage	エアコン	eer·kon

VERKEHRSMITTEL & -WEGE

Bus	バス	baß
Flugzeug	飛行機	hi·kō·ki
Schiff/Fähre	船	fu·ne
Straßenbahn	市電	schi·den
U-Bahn	地下鉄	tschi·ka·te·tsu
Zug	電車	den·scha

Wann fährt der/die/das nächste...ab?
これは何時に 出ますか? — ko·re wa nan·dschi ni de·maß ka

Hält er/sie/es in (...)?
(…)に 停まりますか? — (...) ni to·ma·ri·maß ka

Bitte sagen Sie mir Bescheid, wenn wir in (...) sind.
(…)に着いたら 教えてください。 — (...) ni tsu·i·ta·ra o·schi·e·te ku·da·ßai

Ein Ticket für eine einfache Fahrt/Hin- und Rückfahrt (nach ...).
(. . . 行きの) 片道/往復 切符。 — (...·ju·ki no) ka·ta·mi·tschi/ō·fu·ku kip·pu

Bahnhof	駅	e·ki
Bushaltestelle	バス停	baß·tē
erster/e/s	始発の	schi·ha·tsu no
letzer/e/s	最終の	ßai·schū no
Fahrkarten-schalter	窓口	ma·do·gu·tschi
Fahrplan	時刻表	dschi·ko·ku·hjō

Ich möchte ein/en ... leihen. …を借りたい のですが。 ... o ka·ri·tai no deß ga

Allradwagen	四駆	jon·ku
Auto	自動車	dschi·dō·scha
Fahrrad	自転車	dschi·ten·scha
Motorrad	オートバイ	ō·to·bai

Ist das die Straße nach ...?
この道は . . . まで行きますか? — ko·no mi·tschi wa ... ma·de i·ki·maß ka

(Wie lange) Kann ich hier parken?
(どのくらい)ここに 駐車できますか? — (do·no·ku·rai) ko·ko ni tschū·scha de·ki·maß ka

WEGWEISER

Wo ist der/die/das ...?
…はどこですか? — ... wa do·ko deß ka

Könnten Sie mir das (auf der Karte) zeigen?
(地図で)教えて くれませんか? — (tschi·su de) o·schi·e·te ku·re·ma·ßen ka

Wie lautet die Adresse?
住所は何で すか? — dschū·scho wa nan deß ka

Können Sie mir bitte die Adresse aufschreiben?
書いてくれませんか? — kai·te ku·re·ma·ßen ka

gegenüber ...	…の向かい側	... no mu·kai·ga·wa
geradeaus	この先	ko·no ßa·ki
hinter ...	…の後ろ	... no u·schi·ro
in der Nähe ...	…の近く	... no tschi·ka·ku
neben ...	…のとなり	... no to·na·ri
vor...	…の前	... no ma·e

Biegen Sie ... ab	…まがって ください。	... ma·gat·te ku·da·ßai
an der Ampel	その信号を	ßo·no schin·gō o
an der Ecke	その角を	ßo·no ka·do o
links	左へ	hi·da·ri e
rechts	右へ	mi·gi e

ZAHLEN

1	一	i·chi
2	二	ni
3	三	san
4	四	shi/yon
5	五	go
6	六	ro·ku
7	七	shi·chi/na·na
8	八	ha·chi
9	九	ku/kyū
10	十	jū
20	二十	ni·jū
30	三十	san·jū
40	四十	yon·jū
50	五十	go·jū
60	六十	ro·ku·jū
70	七十	na·na·jū
80	八十	ha·chi·jū
90	九十	kyū·jū
100	百	hya·ku
1000	千	sen

GLOSSAR

Listen mit kulinarischen Begriffen gibt's ab S. 923, wichtige Wörter für einen Onsen-Besuch stehen im Kasten auf der S. 63 und Begriffe rund ums Thema Züge findet man auf der S. 983.

Ainu – indigenes Volk in Hokkaidō und manchen Gebieten Nord-Honshūs
Amaterasu – Sonnengöttin und Verbindung zum Kaiserthron
ANA – All Nippon Airways
annai-sho – Informationsbüro
asa-ichi – Morgenmarkt

bama – Strand; siehe auch *hama*
bashō – Sumowettkampf
Bonsai – die Kunst, Miniaturbäume zu ziehen, indem man Zweige und Wurzeln sorgfältig zurückschneidet
bugaku – Tanzstück, das im alten Japan von einem Orchester am Hofe gespielt wurde
buke yashiki – Wohnsitz eines Samurai
bunraku – klassisches Puppentheater mit riesigen Puppen für kabukiähnliche Theaterstücke
burakumin – traditionell Ausgestoßene, die niedere Arbeiten verrichten; wörtlich „Dorfmenschen"
bushidō – Wertekodex der Samurai; wörtlich „Weg des Kriegers"
butsudan – buddhistischer Altar in japanischen Häusern

chō – Stadtgebiet (in größeren Städten), zwischen *ku* und *chōme*; auch eine Straße
chōchin – Papierlaterne
chōme – Stadtgebiet aus mehreren Straßenzügen

Daibutsu – Großer Buddha
daimyō – regionaler Herrscher unter den Shogunen
daira – Flachland; siehe auch *taira*
dake – Bergspitze; siehe auch *take*
dani – Tal; siehe auch *tani*
danjiri – Festwagen
dera – Tempel; siehe auch *tera*
dō – Tempel oder Tempelhalle

eki – Bahnhof

fu – Präfektur; siehe auch *ken*
fusuma – Schiebetür
futsū – Nahverkehrszug; wörtlich „normal"

gaijin – Ausländer; wörtlich „Leute von außerhalb"
gasoreen sutando – Tankstelle
gasshō-zukuri – Architekturstil (normalerweise Gebäude mit Strohdächern); wörtlich „betende Hände"
gawa – Fluss; siehe auch *kawa*
geiko – das Wort für Geisha in Kyoto
Geisha – Frau, die sich mit den Themen Kunst und Theater auskennt und Gäste unterhält; *keine* Prostituierte
gekijō – Theater
genkan – Eingangsbereich in einem Haus, wo man die Schuhe auszieht oder wechselt
geta – traditionelle Holzsandalen
gū – Schrein
gun – Bezirk

habu – Giftschlange auf Okinawa
Haiku – 17-silbiges Gedicht
hama – Strand; siehe auch *bama*
hanami – Blüten betrachten (normalerweise Kirschblüten)
haniwa – Tonfigur aus Gräbern der Kofun-Zeit
hantō – Halbinsel
hara – Feld oder Land, das landwirtschaftlich nicht genutzt wird
hari – Drachenbootrennen
hatsu-mōde – erster Schreinbesuch im neuen Jahr
henro – Pilger auf dem 88-Tempel-Rundweg in Shikoku
Hikari – das zweitschnellste *shinkansen*-Modell
Hiragana – phonetische Silbenschrift zur Schreibung japanischer Wörter
hondō – Hauptstraße oder Haupthalle
honsen – Hauptbahnlinie
ichi-nichi-jōsha-ken – Tagesticket für unbegrenzte Fahrten mit Bus-, Straßenbahn- oder U-Bahn-Linien
Ikebana – Kunst des Blumenarrangierens
irezumi – Tätowierung oder die Kunst des Tätowierens
irori – Herd oder Feuerstelle
izakaya – Kneipenlokal

JAF – Japan Automobile Federation
JAL – Japan Airlines
ji – Tempel
jigoku – siedend heiße Mineralquelle, die eindeutig nicht zum Baden geeignet ist; wörtlich „Hölle"
jikokuhyō – Fahrplan oder Fahrplanheft
jima – Insel; siehe auch *shima*
jingū – Schrein
jinja – Schrein
jizō – kleine Steinstatue des buddhistischen Beschützers der Reisenden und der Kinder
JNTO – Japan National Tourism Organization
jō – Burg/Festung
JR – Japan Railways
JTB – Japan Travel Bureau
juku – Nachhilfeschule
JYHA – Japan Youth Hostel Association

Kabuki – eine Form des japanischen Theaters, die auf volkstümlichen Legenden beruht und für ausgefeilte Kostüme, stilisiertes Spiel sowie den Einsatz männlicher Schauspieler für alle Rollen bekannt ist
kaikan – Halle oder Gebäude
kaikyō – Kanal/Meerenge
kaisoku – Expresszug
kaisū-ken – Fahrscheinheft
kami – Shintō-Götter; Geister von Naturphänomenen
kamikaze – Taifun, der im 13. Jh. die Kriegsflotte von Kublai Khan versenkte; der Name wurde von den Selbstmordpiloten am Ende des Zweiten Weltkriegs übernommen; wörtlich „göttlicher Wind"

kana – die beiden phonetischen Silbenschriften Hiragana und Katakana

Kanji – chinesische Zeichen, die in der japanischen Schrift verwendet werden; wörtlich „chinesische Schrift"

Kannon – Bodhisattwa des Mitgefühls bzw. buddhistische Göttin der Barmherzigkeit

Karaoke – Bar, in der man zu Musik vom Band singt; wörtlich „leeres Orchester"

Katakana – phonetische Silbenschrift zur Schreibung fremdsprachiger Wörter

katamichi – Ticket für eine einfache Fahrt

katana – Japanisches Schwert

kawa – Fluss; siehe auch *gawa*

ken – Präfektur; siehe auch *fu*

Kendo – älteste Kampfkunst; wörtlich „der Weg des Schwerts"

ki – Lebenskraft, Wille

Kimono – kleidähnliche traditionelle Oberbekleidung in vielen Farben

kin'en-sha – Nichtraucherwaggon

kippu – Ticket

kissaten – Kaffeehaus

ko – See

kō – Hafen

kōban – Polizeizelle

kōen – Park

kōgen – Hochebene (in den Bergen); Plateau

kokumin-shukusha – Volksunterkunft; preiswerte Übernachtungsmöglichkeit

kokuritsu kōen – Nationalpark

kotatsu – beheizter Tisch mit einem Quilt oder einer Tischdecke darüber, der die untere Körperhälfte warmhält

koto – 13-saitiges Instrument ähnlich der chinesischen Zither; um es zu spielen, muss der Musiker knien, da es flach auf dem Boden liegt

ku – Stadtbezirk

kūkō – Flughafen

kura – Lagerhaus mit Lehmwänden

kyō – Schlucht

kyūkō – regulärer Expresszug (schneller als ein *futsū*, hält nur an bestimmten Bahnhöfen)

machi – Stadtgebiet (in großen Städten) zwischen einem *ku* und einem *chōme*; auch Straße

machiya – traditionelles japanisches Stadt- oder Kaufmannshaus

maiko – Geisha in der Ausbildung

mama-san – Frau, die eine Bar oder einen Club leitet

maneki-neko – Katzenfigur, die man oft in Restaurants und Bars sieht; sie soll Kunden anlocken und das Geschäft fördern

Manga – japanische Comics

matsuri – Fest

meishi – Visitenkarte

midori-no-madoguchi – grün-weiße Fahrkartenschalter in großen japanischen Bahnhöfen, die kompliziertere Buchungen ermöglichen

mikoshi – Schrein, der während eines Festivals umhergetragen wird

minato – Hafen

minshuku – japanische Entsprechung einer Frühstückspension; familiengeführte günstige Unterkunft

misaki – Kap; siehe auch *saki*

mon – Tor

mura – Dorf

N'EX – Narita Express

NHK – Nihon Hōsō Kyōkai (Japanische Fernsehanstalt)

Nihon – japanische Bezeichnung für „Japan", wörtlich „Quelle der Sonne"; auch Nippon

ningyō – japanische Puppe

Nippon – siehe Nihon

Nō – klassisches japanisches Theater, das auf einer undekorierten Bühne gespielt wird

noren – Tücher/Stoffe als Sonnenschutz, normalerweise mit dem Namen des Ladens oder Betriebs; sie zeigen an, dass ein Restaurant geöffnet ist

norikae-ken – Umsteigefahrschein (für Straßenbahnen und Busse)

NTT – Nippon Telegraph & Telephone Corporation

o- – Vorsilbe, die Respekt und Achtung für etwas ausdrückt

ōfuku – Hin - und Rückfahrticket

o-furo – traditionelles japanisches Bad

OL – „Office Lady"; weibliche Büroangestellte; ausgesprochen „ō-eru"

onnagata – männlicher Schauspieler in einer Frauenrolle (normalerweise im Kabukistück)

Onsen – heiße Quelle; Spaресort; gewöhnlich mit einer oder mehreren angeschlossenen Unterkünften

oshibori – heißes Tuch, das in Restaurants zur Verfügung gestellt wird

Pachinko – beliebter senkrechter, flipperähnlicher Automat in Spielhallen

rakugo – japanischer Erzähler, Stand-up-Comedian

rettō – Inselgruppe; siehe auch *shotō*

Rinzai – Schule des Zenbuddhismus mit besonderer Gewichtung auf *kōan* (Rätsel)

Romaji – lateinische Umschrift der japanischen Sprache

rōnin – Student, der seine Aufnahmeprüfungen für die Universität wiederholen muss; wörtlich „meisterloser Samurai"; manchmal auch als Bezeichnung für „Wanderer" verwendet

ropeway – japanischer Ausdruck für eine Seil-, Straßen- oder Standseilbahn

rotemburo – Bad unter freiem Himmel

ryokan – traditionelles japanisches Gasthaus

saki – Kap; siehe auch *misaki*

sakoku – Zeit der Abschottung Japans vor der Meiji-Restauration

sakura – Kirschblüte

salaryman – männlicher Arbeitnehmer, normalerweise in einer großen Firma

sama – noch respektvollere Nachsilbe als *san*; z. B. *o-kyaku-sama* – der „verehrte Gast"

Samurai – Kriegerklasse

san – Berg; auch eine Nachsilbe, die Respekt vor der angesprochenen Person ausdrückt

san-sō – Berghütte

sentō – öffentliches Bad

Seppuku – ritueller Selbstmord durch Bauchaufschlitzen

shamisen – traditionelles dreisaitiges japanisches Instrument, ähnlich wie ein Banjo oder eine Laute

shi – Stadt (zur Unterscheidung der Innenstädte im Gegensatz zu Präfekturen, die denselben Namen haben, z. B. Kyoto-shi)

shikki – Lackarbeiten

shima – Insel; siehe auch *jima*

shinkaisoku – spezieller (JR-) Schnellzug

shinkansen – Hochgeschwindigkeitszug

Shintō – Japans einheimische Religion; wörtlich „Weg der Götter"

shirabyōshi – traditioneller Tänzer

shitamachi – traditionell die tiefer gelegenen, weniger wohlhabenden Gegenden von Tokio

shodō – japanische Kalligrafie; wörtlich „Weg des Schreibens"

shōgekijō – kleines Theater

shōgi – eine Art Schachspiel, bei dem jeder Spieler 20 Steine hat; Ziel ist es, den König des Gegners zu fangen

Shogun – früherer militärischer Herrscher in Japan

Shogunat – militärische Regierung

shōji – Schiebewand aus Reispapier

shōjin ryōri – buddhistisches vegetarisches Gericht (wird in Tempelunterkünften etc. serviert)

shokudō – Restaurant mit einem vielseitigen Angebot

shotō – Archipel oder Inselgruppe; siehe auch *rettō*

Shugendō – unkonventionelle buddhistische Schule, die alte schamanische Riten, den Shintō-Glauben und asketische buddhistische Traditionen vereint

shūji – eine weniger anspruchsvolle Form der *shodō*; wörtlich „Zeichen üben"

shukubō – Tempelunterkunft

soapland – japanische Umschreibung für Badehäuser, in denen sexuelle Dienste angeboten werden, z. B. Massagesalons

Sōtō – Schule des Zenbuddhismus mit einem Schwerpunkt auf *zazen*

sumi-e – Tuschmalerei mit schwarzer Tinte

Sumo – japanischer Ringsport

tabi – japanische Socken mit abgeteiltem großen Zeh, die man in *geta* trägt

taiko – Trommel

taira – Ebene; siehe auch *daira*

taisha – großer Schrein

take – Gipfel; siehe auch *dake*

taki – Wasserfall

tani – Tal; siehe auch *dani*

tanuki – Waschbär oder hundeähnliches volkstümliches Tier, das oft als Keramikfigur dargestellt wird

Tatami – dicht gewebte Bodenmatte, die nicht mit Schuhen berührt werden darf; die Größe eines Raumes wird traditionell mit der Anzahl der Tatamis angegeben

teien – Garten

tera – Tempel; siehe auch *dera*

to – Metropole, z. B. Tokyo-to

tō – Insel

tokkyū – Limited-Express-Zug; schneller als ein *kyūkō*

tokonoma – sakrale Wandnische in einem Haus, in der Blumen deponiert werden oder eine Schriftrolle aufgehängt wird

torii – Eingangstor zu einem Shintō-Schrein

tōsu – Toilette

uchiwa – Papierfächer

ukiyo-e – Holzschnittdruck; wörtlich „Bilder der fließenden Welt"

wa – Harmonie, Teamgeist; auch das alte Kanji-Zeichen für Japan; wird immer noch in chinesischen und japanischen Vorsilben verwendet, um anzugeben, dass etwas japanischen Ursprungs ist, z. B. *wafuku* (japanischer Kleidungsstil)

wabi – Freude an Frieden und Ruhe

wan – Bucht

washi – handgeschöpftes japanisches Papier

yabusame – Bogenschießen zu Pferd im Samuraistil

yakimono – Töpferei oder Keramik

yakuza – japanische Mafia

yama – Berg; siehe auch *zan*

yamabushi – Bergpriester (im Shugendō-Buddhismus)

yama-goya – Berghütten

yamato – Ausdruck von viel diskutierter Herkunft, der sich auf die japanische Welt bezieht

yamato-e – traditionelle japanische Malerei

yatai – Festwagen/Verkaufsstand

Yukata – leichter sommerlicher Baumwollkimono, den man zu Hause oder zu anderen lockeren Anlässen trägt; Standardkleidung beim Aufenthalt in einem *ryokan*

zaibatsu – industrielles Konglomerat; der Ausdruck kam vor dem Zweiten Weltkrieg auf, aber die japanische Wirtschaft wird auch heute noch von großen Firmen wie Mitsui, Marubeni und Mitsubishi dominiert, die an vielen unterschiedlichen Industriezweigen beteiligt sind

zaki – Kap

zan – Berg; siehe auch *yama*

zazen – Sitzmeditation, wie sie in der Sōtō-Schule des Zenbuddhismus herausgestellt wird

Zen – dieser in Japan im 12. Jh. aus China eingeführte Ableger des Buddhismus legt mehr Wert auf eine direkte, intuitive Annäherung zur Erleuchtung als auf rationale Deutungen

Hinter den Kulissen

WIR FREUEN UNS ÜBER EIN FEEDBACK

Post von Travellern zu bekommen ist für uns ungemein hilfreich – Kritik und Anregungen halten uns auf dem Laufenden und helfen, unsere Bücher zu verbessern. Unser reiseerfahrenes Team liest alle Zuschriften genau durch, um zu erfahren, was an unseren Reiseführern gut und was schlecht ist. Wir können solche Post zwar nicht individuell beantworten, aber jedes Feedback wird garantiert schnurstracks an die jeweiligen Autoren weitergeleitet, rechtzeitig vor der nächsten Nachauflage.

Wer Ideen, Erfahrungen und Korrekturhinweise zum Reiseführer mitteilen möchte, hat die Möglichkeit dazu auf **www.lonelyplanet.com/contact/guidebook_feedback/new**. Anmerkungen speziell zur deutschen Ausgabe erreichen uns über **www.lonelyplanet.de/kontakt**

Hinweis: Da wir Beiträge möglicherweise in Lonely Planet Produkten (Reiseführer, Websites, digitale Medien) veröffentlichen, ggf. auch in gekürzter Form, bitten wir um Mitteilung, falls ein Kommentar nicht veröffentlicht oder ein Name nicht genannt werden soll. Wer Näheres über unsere Datenschutzpolitik wissen will, erfährt das unter www.lonelyplanet.com/privacy.

UNSERE LESER

Vielen Dank an folgende Traveller, die uns nach der letzten Auflage hilfreiche Tipps, Ratschläge und spannende Anekdoten geschickt haben:

Alberto Escribano, Alvin Hudec, Amandine Favier, Carlos Mendez, Christoph Ris, Connie Nakamura, Damping Wang, David Lee, Emma Dhesi, Eric Lauryn, Florence Petrie , Gertjan Martens, Harumi Murata, Jade Johnston, James Martin, John Osman, Kaomi Goetz, Kevin Bruce, Kirsten Kinkead, Lisa Nolan, Lucy & Stuart Stirland, Madoka Aoyama, Marie Armstrong, Marina Ramos, Marjolein Stegeman, Mark Chesney, Megumi Takamori, Michael Jahn, Miriam Vázquez, Niall Christie, Robin Kish, Sarah Dhesi, Tim Glover, Tristram Wyatt, Yasutaka Hori, Yuko Kobayashi

DANK DER AUTOREN

Rebecca Milner

Vielen Dank an alle Autoren im Japan Team. Laura danke ich für die vielen Möglichkeiten, die sie mir eröffnet hat, Simon und Craig danke ich für ihren guten Rat. Danke auch an Ross, Tomoko, Roberto, Nara-san, Kokubu-san, Watanabe-san, Will, Max, Jon, Andy und Shannon für ihre Zeit, Tipps sowie die Gespräche und ihre Gesellschaft. Außerdem danke ich meinem Ehemann und meiner Familie dafür, dass sie mich immer wieder ermuntern, selbst wenn sie dann lange auf mich verzichten müssen.

Ray Bartlett

Niemandem gebührt mehr Dank als meiner Familie, die mein Verschwinden ausgehalten und mich bei diesem Projekt voll unterstützt haben. Vielen Dank auch an meine Redakteurin, Laura C, und den Rest von Lonely Planet, und nicht zuletzt an James T, Mia Y, Adeline R, Toru-san, Deea, Jamie, Miki H, Memory-san, Noriko-san, Satoko-san, und zahllose andere, die mir dabei geholfen haben, diese wunderbare Ecke Japans im bestmöglichen Licht zu zeigen.

Andrew Bender

Mein besonderer Dank gilt Yohko Scott, Matsuura Kei, Rose Tanasugarn, Urakami Masahiro, Taniguchi Takehiro, Noro Randria, Colin Fukai, Hiraoka Hiroko, Hayashi Minako, Akagi Hideki, Hattori Katsuhiko, Brad Towle, Tabata Kumiko und jedem Gastwirt, Restaurantbesitzer und Mitarbeiter einer Touristeninformation, die meine nervigen Fragen ertragen haben. Ihr seid der Inbegriff von *omotenashi*.

Craig McLachlan

Ein herzliches Dankeschön an alle, die mir auf meiner Reise geholfen haben, aber vor allem an meine Kanji-Übersetzerin und wunderschöne Ehefrau Yuriko. Außerdem danke ich Nezia, die ihren Ehemann und meinen Kumpel Paul mit auf die Pilgerfahrt nach Shikoku kommen ließ. Und natürlich gilt mein Dank Kōbō Daishi, der auf unserer Reise über uns gewacht hat.

Kate Morgan

Ein großes Dankeschön an unsere verantwortliche Redakteurin Laura für die Möglichkeit, an diesem Traumprojekt zu arbeiten und für alle die Unterstützung währenddessen. Und ein großes *arigatou gozaimasu* an Kengo Nakao von der Kyotoer Touristeninformation für die viele Hilfe, an Keiji Shimizu für die Unterstützung und an Motoki Ito für viele tolle Insider-Tipps. Und nicht zuletzt danke ich meinem Partner Trent, den ich als Reisebegleitung auf diesem Trip furchtbar vermisst habe – vielen Dank für deine Unterstützung!

Simon Richmond

Mein Dank gilt Hollie Mantle, Will Andrews, Yoshizawa Tomoko, Toshiko, Kenichi, Chris, Giles, Steve and Emiko, und meiner Mitautorin Rebecca.

Tom Spurling

Ich danke all den *yamasbushi*, die unermüdlich durch die Berge von Tohoku wandern; allen, die einen Onsen mit mir geteilt haben; jedem *ryokan*-Betreiber, der seine Tatamimatten sauberhält; den *shinkansen* für die grünen Waggons; den nicht-ganz-*shinkansen* für die Fahrten durch wunderschöne Täler; den *tachinomi*, dass sie mich auf dieses wundervolle Land haben anstoßen lassen; natürlich meiner Mutter, Lucy, Oliver, Poppy, Anna, Tez, Mia, Evie, Lex, Fred; und meinem Vater dafür, dass er nicht mitgekommen ist.

Phillip Tang

Einen Riesendank an Xavier 邹嘉 für atemberaubende Ausblicke, Regenbögen, Hochzeiten ... und Hilfe mit dem Gepäck. Mein Dank gilt auch 郝成义 dafür, Fukuyama und Miyajima zum Leben erweckt zu haben. Vielen Dank an Eric Mikuski, Ayako Noguchi und Nic Williamson für die seelische Bereicherung, und an Dale Stein für die Okayama-Tipps. Sehr dankbar bin ich auch den Engeln von den unterschiedlichen Touristeninformationen, und Laura Crawford, die wieder West-Honshū mit mir geteilt hat.

Benedict Walker

Ich widme diesen Band meiner Tante Bonnie, die mir meinen ersten Lonely Planet (Japan) geschenkt hat, als ich noch ein kleiner Junge war, und die gewartet hat, bis ich von meiner Recherchereise zurück war, um sich von mir zu verabschieden. Vielen Dank an ihren Onkologen Dr. Sanjiv Gupta, und an meine Mutter, Collywolly and Meg, für eure aufopfernde Fürsorge. Danke uach an Michelle und Saralinda (meine Redakteure), für eure Geduld und an Laura Crawford, deren Güte und Vertrauen es mir erlaubt hat, immer zur richtigen Zeit am richtigen Ort zu sein. Und zu guter Letzt vielen Dank an meine Freunde auf der Reise: Grahame Roth, Kaori und Takashi Shimizu, Taku Yamada und Yuko Yasuoka. Ich liebe euch alle!

Wendy Yanagihara

Vielen Dank an alle, die mir auf meiner Reise Einblicke gegeben, Erkenntnisse geliefert und Gesellschaft geleistet haben, ganz besonders Tsuchiya Keiko, Yokoyama Ikuyo und Shin in Shimoda, Karina und Oscar in Toi, Ezaki Sachiyo und Junta in Amami, Endo Satoko in Nikkō, Utsumi Shino in Matsuzaki, Michael und Doug in Fuji-Yoshida, Toita Yoshiyuki und Yun Yongdu in Ishigaki und Ogata-san in Yokohama. Danke auch an Laura, Rebecca, und Imogen dafür, dass die Arbeit mir euch so viel Spaß macht. Und alles Liebe für meine unermüdlichen Unterstützer: Sanchita, Whitney, Victoria, Jason and Jasper.

QUELLENANGABEN

Klimakartendaten aus Peel MC, Finlayson BL & McMahon TA (2007) 'Updated World Map of the Köppen-Geiger Climate Classification', Hydrology and Earth System Sciences, 11, 163344.

Illustrationen auf S. 100–101 und S. 430–431 von Michael Weldon.

Umschlagbild: Pflaumenbaum mit roten Blüten, Kyoto, Masanori Shimizu/500px ©

DIESES BUCH

Dies ist die 5. deutsche Auflage von *Japan*, basierend auf der mittlerweile 15. englischen Ausgabe. Sie wurde verfasst von Rebecca Milner, Ray Bartlett, Andrew Bender, Craig McLachlan, Kate Morgan, Simon Richmond, Tom Spurling, Phillip Tang, Benedict Walker und Wendy Yanagihara. Produziert wurde dieser Reiseführer von den folgenden Personen:

Verantwortliche Redakteurin Laura Crawford

Leitende Redakteurin Sandie Kestell

Leitende Kartografin Diana von Holdt

Kartografieassistenz Julie Dodkins, Rachel Imeson, Gabe Lindquist, Alison Lyall

Buchdesign Gwen Cotter

Redaktionsassistenz Imogen Bannister, Michelle Bennett, Pete Cruttenden, Gabrielle Innes, Helen Koehne, Kristin Odijk, Monique Perrin, Gabrielle Stefanos, Saralinda Turner, Maja Vatrić, Simon Williamson

Umschlagrercherche Naomi Parker

Dank an Naoko Akamatsu, Heather Champion, Kate Chapman, Katie Connelly, Joel Cotterell, Victoria Harrison, Liz Heynes, Indra Kilfoyle, Genna Patterson, Kathryn Rowan, Jessica Ryan, Dianne Schallmeiner, Angela Tinson

Register

Kartenseiten **000**
Fotoseiten **000**

F

G

REGISTER K

N

O

Kartenseiten **000**
Fotoseiten 000

P

Kartenseiten **000**
Fotoseiten 000

T

Kartenlegende

Sehenswertes
- Strand
- Vogelschutzgebiet
- Buddhistisch
- Burg/Festung
- Christlich
- Konfuzianisch
- Hinduistisch
- Islamisch
- Jainistisch
- Jüdisch
- Denkmal
- Museum/Galerie/ Historisches Gebäude
- Ruine
- Sento/Onsen
- Shintoistisch
- Sikhistisch
- Taoistisch
- Weingut/Weinberg
- Zoo/Tierschutzgebiet
- Andere Sehenswürdigkeit

Aktivitäten, Kurse & Touren
- Bodysurfen
- Tauchen
- Kanu-/Kajakfahren
- Kurs/Tour
- Skifahren
- Schnorcheln
- Surfen
- Schwimmen/Pool
- Wandern
- Windsurfen
- Andere Aktivität

Schlafen
- Hotel/Pension
- Campingplatz

Essen
- Restaurant

Ausgehen & Nachtleben
- Bar/Kneipe/Club
- Café

Unterhaltung
- Theater/Kino/Oper

Shoppen
- Geschäft/Einkaufszentrum

Praktisches
- Bank
- Botschaft/Konsulat
- Krankenhaus/Arzt
- Internet
- Polizei
- Post
- Telefon
- Toilette
- Touristeninformation
- Noch mehr Praktisches

Landschaften
- Strand
- Hütte/Unterstand
- Leuchtturm
- Aussichtspunkt
- Berg/Vulkan
- Oase
- Park
- Pass
- Rastplatz
- Wasserfall

Städte
- Hauptstadt
- Landeshauptstadt
- Stadt/Großstadt
- Ort/Dorf

Transport
- Flughafen
- Grenzübergang
- Bus
- Seilbahn/Standseilbahn
- Fahrradweg
- Fähre
- Metro/MRT-Bahnhof
- Einschienenbahn
- Parkplatz
- Tankstelle
- Skytrain-/S-Bahn-Station
- Taxi
- T-bane-/Tunnelbane-Station
- Bahnhof/Eisenbahn
- Straßenbahn
- U-Bahn-Station
- Anderes Verkehrsmittel

Hinweis: Nicht alle Symbole kommen in den Karten dieses Reiseführers vor.

Verkehrswege
- Mautstraße
- Autobahn
- Hauptstraße
- Landstraße
- Verbindungsstraße
- Sonstige Straße
- Unbefestigte Straße
- Straße im Bau
- Platz/Fußgängerzone
- Stufen
- Tunnel
- Fußgängerbrücke
- Spaziergang/Wanderung
- Wanderung mit Abstecher
- Pfad/Wanderweg

Grenzen
- Staatsgrenze
- Bundesstaaten-/Provinzgrenze
- Umstrittene Grenze
- Regionale Grenze/Vorortgrenze
- Meeresschutzgebiet
- Klippen
- Mauer

Gewässer
- Fluss/Bach
- Periodischer Fluss
- Kanal
- Gewässer
- Trocken-/Salz-/ Periodischer See
- Riff

Gebietsformen
- Flughafen/Start- & Landebahn
- Strand/Wüste
- Christlicher Friedhof
- Sonstiger Friedhof
- Gletscher
- Watt
- Park/Wald
- Sehenswertes Gebäude
- Sportanlage
- Sumpf/Mangroven

UNSERE AUTOREN

Rebecca Milner

Hauptautorin, Tokio, Hokkaido, Osaka Rebeccca wurde in Kalifornien geboren, lebt aber seit 14 (!) Jahren in Tokio. Als freiberufliche Autorin für die Themen Reisen, Essen & Kultur ist sie für Lonely Planet schon durch Japan, Korea und China gereist und hat außerdem u. a. für *Guardian, Independent, Sunday Times Travel Magazine, Japan Times* gearbeitet. Sie verbrachte einen Großteil ihrer Zwanziger damit, alle möglichen Jobs in Tokio anzunehmen, um genug Geld zu verdienen, damit sie anschließend monatelang als Backpacker durch Asien reisen konnte. Doch 2011 wendete sich das Blatt, als sie sich dem Team der freiberuflichen Autoren von Lonely Planet anschloss.

Ray Bartlett

Kyushu Seit fast zwanzig Jahren arbeitet Ray als Reiseautor und hat in führenden Verlagen, Zeitungen und Zeitschriften hochinformative Reiseberichte über Japan, Korea, Mexiko und viele Regionen der USA veröffentlicht. Sein bejubelter Debütroman *Sunsets of Tulum* wurde vom *Midwest Book Review 2016* zum besten Roman gekürt. Neben vielen anderen Interessen liebt er das Surfen und tanzt perfekt argentinischen Tango. Man kann ihm auf Facebook, Twitter und Instagram folgen oder – wenn man Fragen hat oder ein Motivationstraining buchen will – ihn persönlich auf seiner Website www.kaisora.com kontaktieren. Ray Bartlett lebt zurzeit abwechselnd in den USA, Japan und Mexiko.

Andrew Bender

Kansai Andrew stammt aus Neuengland und arbeitete zuerst im Finanzsektor in Tokio und für die Filmindustrie in Los Angeles, bevor er sich seinen Traum erfüllte, zu reisen und darüber zu schreiben. Seitdem hat er an drei Dutzend Lonely Planet Reiseführern mitgearbeitet, die so vielfältige Länder wie Japan, Korea, Taiwan, Norwegen, Amsterdam, Deutschland und seinen derzeitigen Wohnort Südkalifornien umfassen. Außerdem ist er Autor der Reisewebsite Seat 1A von Forbes.com und publiziert in der *Los Angeles Times* sowie in Fluglinien-Zeitschriften. Seine Arbeiten kann man unter www.wheres-andy-now.com einsehen.

Craig McLachlan

Wandern in Japan, Skifahren in Japan, Shikoku Craig reist seit zwanzig Jahren für Lonely Planet durch die Welt. Er lebt die Hälfte des Jahres in Queenstown, Neuseeland, wo er ein Unternehmen für Outdooraktivitäten und eine Sake-Brauerei leitet; die andere Hälfte verbringt er auf Reisen in Übersee, als Reiseleiter und Autor für Lonely Planet. Er beschreibt sich selbst als „Alles-Freiberufler", hat einen MBA von der Universität Hawaii und arbeitet auch als Japanisch-Dolmetscher, Pilot, Fotograf, Wanderführer, Reiseführer, Karatelehrer und angehender Romanautor. Mehr Infos unter www.craigmclachlan.com.

Kate Morgan

Kyoto In mehr als zehn Jahren hat Kate für Lonely Planet schon Ziele wie Shanghai, Japan, Indien, Simbabwe, die Philippinen und Phuket bereist. Sie wohnte zeitweise in London, Paris und Osaka, ist heute aber an ihrem Lieblingsort angekommen – Victoria, Australien. Zwischen dem Reisen und Schreiben arbeitet Kate gern zu Hause als freiberufliche Lektorin und Redakteurin.

Simon Richmond

Tokio Der Journalist und Fotograf Simon Richmond ist seit den frühen 1990er-Jahren auf Reiseliteratur spezialisiert und war erstmals 1999 für Lonely Planet unterwegs, um für den Reiseführer Zentralasien zu recherchieren. Längst hat er aufgehört, die Reiseführer zu zählen, in denen seine Texte erschienen sind – aber sie umfassen Länder wie Australien, China, Indien, den Iran, Japan, Korea, Malaysia, die Mongolei, Myanmar (Birma), Russland, Singapur, Südafrika und die Türkei. Er schreibt auch regelmäßig Beiträge für die Website von Lonely Planet, z. B. über die besten Swimmingpools der Welt oder die Freuden des Urban Sketching – seine Fotos und Skizzen findet man auf seiner Instagram-Seite.

Tom Spurling

Nord-Honshū Ein australischer Reiseautor und Highschool-Lehrer, der für Lonely Planet an 13 Reiseführern mitgewirkt hat, z. B. an den Titeln *Australien, Türkei, Zentralamerika für wenig Geld, China, Indien* und *Südafrika*. Für seinen zweiten Japan-Reiseführer hat er den mythischen Nordosten bereist, wo Wildnis herrscht, aber die „Green Cars" des *shinkansen* unterwegs sind. Er freut sich darauf, im Winter zurückzukehren und dort Ski zu fahren, wo er früher Recherche betrieben hat.

Phillip Tang

Hiroshima & Umgebung, Okayama & Umgebung Phillip Tang wuchs mit typisch australischen Pho und Fish'n'Chips auf. Nach seinem Abschluss in chinesischer und lateinamerikanischer Kultur begann er zu reisen und für die Lonely-Planet-Reiseführer *Kanada, China, Japan, Korea, Mexiko, Peru* und *Vietnam* zu schreiben – seine Fotos und Artikel findet man unter philliptang.co.uk. Er lebt abwechselnd in Sydney, Melbourne, London und Mexico City, und hat bereits die meisten Länder Europas, einen Großteil von Asien und Lateinamerika sowie die Highlights Nordamerikas bereist.

Benedict Walker

Japanische Alpen & Zentral-Honshū, Matsue & Umgebung, Tottori & Umgebung, Yamaguchi & Umgebung Der in Newcastle, Australien, geborene Ben ist ein absoluter Strandfan – von den Küsten seiner Heimat ist er Hunderttausende Kilometer gereist, um die Strände dieser Welt zu erkunden. Seinen ersten Auftrag für Lonely Planet (*Japan*) erhielt er bereits im Alter von zwölf Jahren – und zwanzig Jahre später schreibt er immer noch für das Unternehmen. Der studierte Kommunikationswissenschaftler und Reisekaufmann hat seine Zwanziger größtenteils damit verbracht, durch die Welt zu ziehen. Er spricht fließend Japanisch und war bereits an zwei Japan-Reiseführern von Lonely Planet beteiligt. Für Ben geht es beim Reisen nicht darum, wohin man fährt, sondern wem man begegnet: Die Geschichten freundlicher Fremder mitzuerleben ist eine Bereicherung für die eigene Seele. Ben hat auch ein Theaterstück verfasst und inszeniert, in Australien die Logistik für bekannte Musikfestivals geleitet und will sich bald wieder auf sein eigentliches Handwerk als Fotograf und Filmemacher besinnen.

Wendy Yanagihara

Rund um Tokio, Okinawa & Südwestinseln Wendy hat 2003 ihren Traumjob als Autorin für Lonely Planet ergattert und in den folgenden Jahren an Reiseführern wie *Südostasien für wenig Geld, Vietnam, Japan, Mexiko, Costa Rica, Indonesien* und *Grand Canyon National Park* mitgewirkt. Im Namen der Reiseforschung ist sie durch die entlegenen Täler von West-Papua gewandert, hat die winzigen Gassen Tokios erkundet, einen patagonischen Gletscher bestiegen und Raftingtouren im Wildwasser des Colorado River unternommen. Wendy schreibt u. a. für BBC Travel, den *Guardian, das Lonely Planet Magazine* und lonelyplanet.com; zwischendurch arbeitet sie auch als Grafikdesignerin, Illustratorin und bildende Künstlerin. Instagram: @wendyyanagihara

DIE LONELY PLANET STORY

Ein uraltes Auto, ein paar Dollar in den Hosentaschen und Abenteuerlust, mehr brauchten Tony und Maureen Wheeler nicht, als sie 1972 zu der Reise ihres Lebens aufbrachen. Diese führte sie quer durch Europa und Asien bis nach Australien. Nach mehreren Monaten kehrten sie zurück – pleite, aber glücklich –, setzten sich an ihren Küchentisch und verfassten ihren ersten Reiseführer *Across Asia on the Cheap*. Binnen einer Woche verkauften sie 1500 Bücher und Lonely Planet war geboren. Heute unterhält der Verlag Büros in Franklin, London, Melbourne, Oakland, Dublin, Peking und Delhi mit über 600 Mitarbeitern und Autoren. Sie alle teilen Tonys Überzeugung, dass ein guter Reiseführer drei Dinge tun sollte: informieren, bilden und unterhalten.

Lonely Planet Global Limited,
Unit E, Digital Court,
The Digital Hub,
Rainsford Street,
Dublin 8,
Ireland

Verlag der deutschen Ausgabe:
MAIRDUMONT, Marco-Polo-Straße 1, 73760 Ostfildern,
www.lonelyplanet.de, www.mairdumont.com, lonelyplanet-online@mairdumont.com

Chefredakteurin deutsche Ausgabe: Birgit Borowski

Redaktion: Thomas Grimpe, Kai Wieland, Tina Steinhilber, Claudia Fahlbusch, Juliane Hanser, Melanie Ippach, Marion Krause;
Verlagsbüro Wais & Partner, Stuttgart
Mitarbeit: Sarah Keller, Nadine Hensinger
Übersetzung der 5. Auflage: Doris Attwood, Julie Bacher, Anne Cappel, Cora Hartwig, Gabriela Huber Martins, Britt Maaß, Claudia Riefert, Svenja Tengs, Katja Weber
(An früheren Auflagen haben zusätzlich mitgewirkt: Tobias Büscher, Eva Kemper, Margit Riedmeier, Margit Sander, Petra Sparrer, Karin Weidlich)
Technischer Support: Primustype, Notzingen

Japan
5. deutsche Auflage November 2017,
übersetzt von *Japan 15th edition*, August 2017
Lonely Planet Publications Pty

Printed in Poland

MIX
Papier aus verantwortungsvollen Quellen
FSC® C018236
FSC
www.fsc.org